国学经典文库　图文珍藏版

中华点子库

王艳军◎主编

线装书局

图书在版编目（CIP）数据

中华点子库：全4册／王艳军主编．-- 北京：线
装书局，2012.10
ISBN 978-7-5120-0648-5

Ⅰ．①中… Ⅱ．①王… Ⅲ．①谋略－中国－通俗读
物 Ⅳ．① C934-49

中国版本图书馆 CIP 数据核字（2012）第 232695 号

中华点子库

主　　编：	王艳军
责任编辑：	高晓彬
封面设计：	博雅圣轩藏书馆 Boyashengxuan Cangshuguan
出版发行：	线装书局
地　　址：	北京市西城区鼓楼西大街 41 号（100009）
	电话：010-64045283
	网址：www.xzhbc.com
印　　刷：	北京彩虹伟业印刷有限公司
字　　数：	1360 千字
开　　本：	710×1040 毫米　1/16
印　　张：	112
彩　　插：	8
版　　次：	2012 年 10 月第 1 版第 1 次印刷
印　　数：	1-3000 套
书　　号：	ISBN 978-7-5120-0648-5

ISBN 978-7-5120-0648-5

9 787512 006485 >

定　　价：598.00 元（全四册）

第一篇　修心妙点子

　　修心即修炼心志，修养心性。任何一个人升沉、苦乐、正邪……都是由心决定的。静以修心，俭以养德，心灵永远是行动的先导。

第二篇　修身金点子

　　修身是指修养身心，努力提高自身的思想道德修养水平，使自己的心灵得到净化、纯洁。一部《论语》半部论修身。

第三篇　处世巧点子

　　处世是一种艺术，是一种哲学，也是一种功夫。善处世者，无论在任何环境下，常能逍遥自在，怡然自得，澹然自安，欣欣自乐。

第四篇　社交亮点子

　　社交是指社会上的正常交往活动。当今时代，经济和社会环境的变化使得人与人之间的交往显得更加重要。社交在人际交往与日常生活时刻存在。

第五篇　口才妙点子

口才是指人们在交际中因时因地，因人因事凭借自己的知识和阅历，力求正确表达自己思想的才能。有一番好口才不仅是一件好事，而且是一件值得大声欢呼的好事。如果你没有这种能力，也不要气馁，更不要放弃。人的外貌都可以通过整容来塑造，说话的能力当然也可以后天训练出来。

第六篇　应酬金点子

应酬原指饮酒礼节，现指为了达到某种目的，去做不想做，但又不得不做的事。应酬是人际交往中的重要环节，会应酬能让你在社交中游刃有余、光彩夺目；懂应酬能助你在生活中事事顺心、广结人脉；精通应酬的学问，更能助你在职场上得到重用、频频晋升。

第七篇　求人妙点子

求人是生活的一种策略、一种技巧、一种方法。所谓求人，是胜人一筹的谋略，是抢占先机的目光，是恰到好处的应对，是播种与收获的成功法则。聪明不是你办事的法宝，金钱和地位也不是办事的资本，只有求人才是你成事的秘诀。

第八篇　用时奇点子

　　总感觉时间不够用，需要更多的时间；想给朋友和家人留更多的时间，但很难做到；总是四处奔忙，想更多地享受生活，但没有时间；很难平衡生活与工作，总是顾了这头，顾不了那头；该做的事太多，而且都很重要。该如何选择？人生的一切失败与后悔，皆因没有"用好时间对事"。

第九篇　理财金点子

　　理财即对于财产的经营。投资理财的最大目的是积累财富，创造更大收益！理财改变命运，投资赢得财富，投资有方，理财有道。钱虽不是万能的，但生活真的离不开钱，会赚钱是好事，会理财是大事！理财不是富人的专利，而是一套任何人都可以学习的技术和方法。

第十篇　育儿好点子

　　育儿是一种生命艺术，培育孩子就是培育未来。有智慧的家长，才能造就天才孩子；孩子学习优秀并不难，但别让快乐输在起跑线上；沟通才是成就好孩子的重要功课，父母与老师之间的沟通不为别的，只为了孩子的快乐幸福成长，成就孩子的美好未来。

第十一篇　识人宝点子

和人打交道，说到底就是一场心理对峙，借助于细微之处，靠近他，走进他，知晓他，也就随之有了攻心策略。用眼看着你面前的这个人，用耳倾听他的话语，嘴巴在交流，脑袋在运转，看透对面的人，达到自己的目的，办成自己定的事，其实，只要达到"身心合一"的境界，就能通过识人达到攻心的目的。

第十二篇　职场秘点子

职场是指职业的场所，是人类共同追求物质价值的地方，职场反应了人与人之间经济与政治的关系定位，其目的是保证自己持续地发展。人生有两项重要投资：经营好一段感情和打理好一份事业，情场不输人，职场不输阵。

第十三篇　情场金点子

情场指谈情说爱的场合。爱情微妙，追逐它，除了缘分外，还要一些心思和巧计。精致机巧，别出心裁，小小的计谋充满着创意和智慧。娶一个天生一副"败夫"相的女人，即便有万贯家产，也会被折腾得负债累累；嫁一个忘恩负义的男人，待他功成名就时，也就是你成为"下堂妻"的时刻。

第八篇　用时奇点子

总感觉时间不够用，需要更多的时间；想给朋友和家人留更多的时间，但很难做到；总是四处奔忙，想更多地享受生活，但没有时间；很难平衡生活与工作，总是顾了这头，顾不了那头；该做的事太多，而且都很重要。该如何选择？人生的一切失败与后悔，皆因没有"用好时间对事"。

第九篇　理财金点子

理财即对于财产的经营。投资理财的最大目的是积累财富，创造更大收益！理财改变命运，投资赢得财富，投资有方，理财有道。钱虽不是万能的，但生活真的离不开钱，会赚钱是好事，会理财是大事！理财不是富人的专利，而是一套任何人都可以学习的技术和方法。

第十篇　育儿好点子

育儿是一种生命艺术，培育孩子就是培育未来。有智慧的家长，才能造就天才孩子；孩子学习优秀并不难，但别让快乐输在起跑线上；沟通才是成就好孩子的重要功课，父母与老师之间的沟通不为别的，只为了孩子的快乐幸福成长，成就孩子的美好未来。

第十一篇　识人宝点子

和人打交道，说到底就是一场心理对峙，借助于细微之处，靠近他，走进他，知晓他，也就随之有了攻心策略。用眼看着你面前的这个人，用耳倾听他的话语，嘴巴在交流，脑袋在运转，看透对面的人，达到自己的目的，办成自己定的事，其实，只要达到"身心合一"的境界，就能通过识人达到攻心的目的。

第十二篇　职场秘点子

职场是指职业的场所，是人类共同追求物质价值的地方，职场反应了人与人之间经济与政治的关系定位，其目的是保证自己持续地发展。人生有两项重要投资：经营好一段感情和打理好一份事业，情场不输人，职场不输阵。

第十三篇　情场金点子

情场指谈情说爱的场合。爱情微妙，追逐它，除了缘分外，还要一些心思和巧计。精致机巧，别出心裁，小小的计谋充满着创意和智慧。娶一个天生一副"败夫"相的女人，即便有万贯家产，也会被折腾得负债累累；嫁一个忘恩负义的男人，待他功成名就时，也就是你成为"下堂妻"的时刻。

第十四篇　公关俏点子

公关就是让我们找到合适的方法做事，找到最恰当的方法说话，建立最广阔的人脉，最大努力地提升自己的能力。公关是一种艺术，技术熟练，则会在人生的长河中挥洒自如，游刃有余；笨拙木讷，则难免会处处碰壁，失意不断。良好的公关能力是现代社会生活中人的重要素质之一。

第十五篇　领导妙点子

领导是领导者为实现组织的目标而运用权利向其下属施加影响力的一种行为或行为过程。而领导工作是一门博大精深、奥妙无穷的学问，是一门永无止境没有顶峰的科学。它是领导在实施领导活动过程中所表现出的学识、胆略、品德和创造性思维的综合。

第十六篇　为政金点子

为政即执政之意。中国传统文化中蕴涵着丰富的治国安邦的历史经验。在新的历史条件下，运用历史唯物主义观点对这些历史经验进行新的总结，吸收前人在治国理政等方面的智慧和经验，养浩然之气，塑高尚人格，不断提高人文素养和精神境界，对于领导干部提高领导能力无疑具有重要意义。

第十七篇　管理秘点子

管理是一门高深的艺术，任何经营成果的取得，都是在管理中应运而生的。为此，掌握管理的妙法，必将对企业的良好运作和稳步发展起到决定性的作用。管理的学问与艺术，不仅是社会各界各级领导者的事情，也是一切"被领导者"应当关心的问题。

第十八篇　商战金点子

商战就是激烈的商业竞争。商场如战场，一不留神，就有被战败出局的危险，计谋是商战必须的战略战术，战场上硝烟弥漫，尸横遍野；商场上胜败难料，不是你死就是我活。商业竞争无处不在，没有高人一筹的智慧谋略，就无法在对手如云的商场中脱颖而出。

第十九篇　军事奇点子

军事是与战争、军队、军人有关事务的总称。战争的残酷和军事谋略从始而终。本篇透过大量珍贵翔实的战争资料，将中外战争史上最具谋略、最出乎意料的典型战役一一呈现，并深入剖析赢方的制胜秘诀，让您亲身感受战争的惊心动魄。

前　言

我们每天都在忙，但又有谁认真考虑过我们究竟在忙什么？是否忙得正确、忙得合理？在忙前忙后的生活中为什么我们永远都觉得时间不够用、琐事太多、问题层出不穷呢？是什么原因让我们成为"救火队长""修复重复问题专家""无效工作狂"？忙着就盲目了，心里就茫然了，行动起来就更盲，最终忙不过来也就不足为奇了。

俗话说"好钢用在刀刃上"，忙也要忙在关键上。而要快速找到事情的关键之处，运用生活中的金点子则是最佳的解决方案。关于"点子"一词，字典上有两种含义，一是指关键的地方，如：这句话说到点子上了；二是指主意方法，也就是聪明智慧。一说起点子，很多人感觉似乎是小聪明，难登大雅之堂。其实从上面的解释中就可以看出，点子是事物关键之所在与解决方案。

成功出在点子上，点子是以智取胜的关键之处，它不必花很大的代价，但往往能收到点石成金、化腐朽为神奇的特效。凡成功的点子，无不验证了这一点。几多阳术阴谋，暗藏机锋；更有妙点奇招，力挽狂澜。

小故事蕴含大智慧，小点子深藏大谋略，这些绝不是浪得虚名、徒有其表的口号，而是屡试不爽、经久考验的至理名言。纵观历史，每位成功者无不是智慧的化身、点子谋略的集大成者。在当今忙碌的生活中，一个好点子可以使你轻松解决工作上的难题，可以使你得心应手地处理好人际关系，可以使你在职场和商场上立于不败之地，可以使你无论在上下级还是同僚之间都左右逢源，可以使你在不违反原则的情况下把事情做得更好……所以，好点子是通向成功的关键。每个人都应该在不断学习提高自己能力的同时，多动脑，多观察，多采用成功者的点子，才可能使生活忙得有秩序，忙得有效率，从容不迫地登顶人生之巅。

生活中被人们传颂的点子无不金贵难求。这种现象不能简单认为是一种巧合，而应该认为是一种智慧交汇的必然。《中华点子库》试图理清其中的脉络，以此窥破现实生活中点子的天机。世事难料，谁主沉浮？多少人一夜成名，多少人一时身败！人生的神话，成功的传奇，总是那么令人心悸魄动、神驰不已。

本套丛书博采众长，披沙拣金，集著名点子之大成，并分门别类，介绍了修身、处世、领导、管理、公关、职场、商战、军事、情场等十几个方面的金点子，能点拨广大读者修身精业齐家治国中的困惑，驱散忙乱生活中的迷雾，进而从容不迫地工作、学习和生活。

目　　录

国学经典文库

中华点子库

目录

图文珍藏版

第一篇　修心妙点子

人生不如意者十之八九,生活坎坷处常多悲艰。在生活的洪流中,现实的压力、世事的纷繁让一些人的内心世界越来越浮躁,行为莽撞而冲动,斤斤计较而徒生牵累。

其实,这一切的根源都是因为人们要求得太多、背负得太多、挂碍太多。在生命的追逐中,人们总是希望以一种激进的方式猎取幸福与成功,岂不知幸福却在这种追逐中离你越来越远。别和自己过不去,别让自己的生命白白浪费在徒劳之中。快乐不是谁拥有得多,而是谁更懂得营造快乐的心境。只有你用微笑面对生活,扔下生活中的烦琐和背负,不再苛求他人,给自己一个幸福快乐的目标和归宿,懂得舍得,学会"享受",你的人生才能处处是幸福,时时都快乐。

第一章　别和自己过不去

人的苦恼,不在于获得多少、拥有多少,而在于想得到更多;人的快乐,不是因为他拥有得多,而因为他计较得少。静下心来仔细想想,任何事都有一个度,超过这个度,很多事就可能变得极其荒谬。因为得不到而苦苦折磨自己,只能用一个字给其定论,那就是"累"。为什么要跟自己过不去?要知道,怎么过都是一天,我们为何不开开心心地度过每一天呢?

你想快乐,快乐就会来找你

人们常说:"心想事成""万事如意"。实际情况却常常相反:"心想难以事成","不如意事常有八九"。喜怒哀乐本是人之常情,但是如果不加以调节,让不良情绪长期左右自己,就会有损于健康,甚至使人失去生活的信心。

现代心理医学研究表明:人的心理活动和人体的生理功能之间存在着内在联系。良好的情绪状态可以使生理处于最佳状态,反之则会降低或破坏某种功能,引发各种疾病。俗话说:"吃饭欢乐,胜似吃药。"说的就是良好的情绪能促进食欲,有利于消化。心不爽,则气不顺;气不顺,则病易生。难怪有的生理学家把情绪称为"生命的指挥棒""健康的寒暑表"。

许多医学专家认为，良好的情绪本身就是良医，人体85%的疾病可以自我控制，只要心情愉快，神经松弛，余下的15%也不全靠医生，病人的情绪和精神状态是个不可忽视的重要因素。故而，每个人都应做自己情绪的主人，培养自己愉快的心情，调节好自己的情绪，提高适应环境的能力，保持乐观向上的精神状态。

保持一颗平常心，做到仁爱、平静、理智、乐观、豁达，不以物喜，不以己悲，想得开，想得宽，想得远，对名利得失，完全采取超然物外的态度，一切顺其自然，处之泰然。把什么风风雨雨、飞短流长，统统置之脑后。对那些不愉快的事情，要拨开迷雾，化忧为喜。因为不管你遇到什么不顺心、不如意的事，如果整日愁眉不展，不但于事无补，反而有损于身心健康。

常怀一颗欢喜心，调节好自己的情绪，使好的心情与自己结伴而行，是完全可以做到的。因为情绪是主观对客观的一种感受和体验，是可以自己支配的。人到晚年，调节好自己的情绪，使自己进入洒脱通达的境界，就掌握了生命的主动权，就能感受和体会到生命和生活中的无穷乐趣。做到这一点，生命之花一定会大放光彩。

积极的心态和确定的目标是走向一切成就的起点。播下一个行为，你就会收获一个习惯。播下一个习惯，你就会收获一种品德。播下一种品德，就会收获一种命运。用积极的心态，指挥你的思想，控制你的情绪，掌握你的命运。

人的心理具有神秘的力量，要敢于探索你的心理力量，学会使用适当的暗示去影响别人，学会应用正确的有意识的自我暗示。做到了这两点，你就能在生理、心理和道德上获得健康、幸福、快乐和成功。

人人都会有许多难题。那些具有积极心态的人能从逆境中求得极大的发展。要用积极的心态去激励自己。人的心理所能构想和相信的东西，人就能用积极的心理态度去得到它。要认识那些看似不可能办到的事物的可能性。

不要怕失败，失败可以是一块垫脚石，也可以是一块绊脚石，这决定于你的态度是积极的还是消极的。炽烈的愿望可以产生行动的动力，这是伟大的成就所必需的。

如果你把苦难和不幸分摊给别人，更多的苦难和不幸就会来到你的身边。要得到快乐，首先就要使别人快乐。

一个乞丐来到一个庭院，向女主人乞讨。可是女主人毫不客气地指着门前一堆砖说："你帮我把这砖搬到屋后去吧。"

乞丐生气地说："我只有一只手，你还忍心叫我搬砖，不愿给就不给，何必捉弄人呢？"女主人并不生气，她故意用一只手搬了一趟，说："你看，并不是非要两只手才能干活。我能干，你为什么不能干呢？"乞丐怔住了，终于俯下身子，用他那唯一的一只手搬起砖来，一次只能搬两块，他整整搬了4个小时，才把砖搬完，累得气喘如牛。妇人递给乞丐20元钱，乞丐接过钱，感激地说了声："谢谢你。"妇人说："你不用谢我，这是你自己凭力气挣的工钱啊！"乞丐说："我不会忘记你的。"说完深深地鞠了一躬，然后上路了。

过了很多天，又有一个乞丐来这里乞讨，那妇人又让他把以前搬到屋后的砖搬到屋前去，可乞丐不屑地走开了。妇人的孩子不解地问母亲："上次你让那乞丐把砖从屋前搬到屋后，为何这次你又让这人搬到屋前呢？"母亲对他说："砖放在屋前屋后都一样，可搬与不搬对他们却不一样。"

若干年后，一个很体面的人来到这个庭院，这个人是一只手。他俯下身，对坐在院中的已有些老态的女主人说："如果没有你，我还是个乞丐，可现在我成了公司的董事长。"老妇人只是淡淡地对他说："这是你自己干出来的。"

在这个故事里，老妇人其实就是"生活"的化身，她把一个只有一只手的乞丐教成一位董事长，但她也无法让一个四肢健全的乞丐脱离乞丐。她在告诉人们人生在世自己是自己最好的帮手的同时，也在告诉人们，工作是一种幸福，勤奋比什么都快乐。如果将工作视为义务，人生就成了地狱，如果将工作视为乐趣，人生就成了乐园。

有一位国王终日闷闷不乐，为了解除他的心病，大臣们遍访名医。一位智者献计说："只要找到世界上最快乐的人。把他的衬衫脱下来给国王穿上，国王就会高兴起来。"

于是，国王立刻下旨寻遍全国各地，找一个最快乐的人。不久他们就发现，这世界上快乐的人可真少。富人们衣食充足却无所事事，备感无聊；智者们终日恻恻、思虑过多；美人们日日担忧年华老去。最后，他们终于在柴草堆上找到了一个快乐地唱着歌的年轻人，可是，当他们遵照国王的旨意决定脱去他的衬衫时，却发现他竟穷得连衬衫也没有。

世界上有一种情绪，它并不因为人们财富的多寡、地位的高低而增减，全部的奥秘只在内心，那就是快乐。有一种人生最可宝贵的无形财富，它简单易得却又千里难求，任谁也无法将它夺走，那还是快乐。

简单的才是精彩的

作家刘心武说："在五光十色的现代世界中，让我们记住一个古老的真理：活得简单才能活得自由。"

国学经典文库

中华点子库

修心妙点子

图文珍藏版

的确,简单是一种美,是一种朴实且散发着灵魂香味的美。

简单是一种智慧,是一种经历复杂之后的更上一层楼的彻悟。

人们常常会叹息生活这部车太沉、太重,累得我们疲惫不堪,几乎要迷失方向。于是心生疑惑:是自己缺少热情和精力去面对生活,还是生活本身就如此呢?

人来到这个世上,并非为了受苦受累。寻找生活的乐趣、追求人生的幸福才是人类永恒的追求。有人说,没有最好的生活,只有最好的设计,这是很有道理的。生活轻松快乐与生活劳累烦闷的感觉,大半是由自己心里营造出来的。

现代人的生活过得太复杂了,到处都充斥着金钱、功名、利欲的角逐,到处都充斥着新奇和时髦的事物。被这样复杂的生活所牵扯,你能不疲惫吗?

梭罗有一句名言感人至深:"简单点儿,再简单点儿! 奢侈与舒适的生活,实际上妨碍了人类的进步。"他发现,当他生活上的需要简化到最低限度时,生活反而更加充实。因为他已经无须为了满足那些不必要的欲望而使心神分散。

简单地做人,简单地生活,想想也没什么不好。金钱、功名、出人头地、飞黄腾达,当然是一种人生。但能在灯红酒绿、推杯换盏、斤斤计较、欲望和诱惑之外,不依附权势,不贪求金钱,心静如水,无怨无争,拥有一份简单的生活,不也是一种很惬意的人生吗? 毕竟,你用不着挖空心思去追逐名利,用不着留意别人看你的眼神,没有锁链的心灵,快乐而自由,随心所欲,该哭就哭,想笑就笑,虽不能活得出人头地、风风光光,但这又有什么关系呢?

生活未必都要轰轰烈烈,"云霞青松作我伴,一壶浊酒清淡心",这种意境不是也很清静自然,像清澈的溪流一样富于诗意吗? 生活在简单中自有简单的美好,这是生活在喧嚣中的人所渴求不到的。晋代的陶渊明似乎早已明了其中的真意,所以有诗云:结庐在人境,而无车马喧。问君何能尔? 心远地自偏。采菊东篱下,悠然见南山。山气日夕佳,飞鸟相与还。此中有真意,欲辩已忘言。简单的生活其实是很迷人的:窗外云淡风轻,屋内香茶萦绕,一束插在牛奶瓶里的漂亮水仙,穿透洁净的耀眼阳光,美丽地开放着;在阳光灿烂的午后,你终于又来到年轻时的山坡,放飞着童年时的风筝;落日的余晖之中,静静地享受着夕阳下清心寡欲的快乐……

简单做人,不依附权势,不贪求名利、金钱,无怨无争,也是一种人生。这种人生为自己而活,不必看别人的脸色行事,想笑就笑,想哭就哭,快乐自在。虽然没有人送礼,没有人吹捧,但也没有人惦记,出门不用小心坏人,单位不用提防小人,生活反而更轻松。这种人生更精彩。

简单做人,洒脱自在。简单是一种平淡,但不是单调;简单是一种平凡,但不是平庸;简单是一种美,是一种原汁原味的美。

记住,你不需要过高的期望。

不少人对生活的憧憬是这样的:拥有宽敞豪华的寓所;争取更高的社会地位;买高档商品,穿名贵的皮草;跟上流行的大潮,永不落伍,等等。

不能否认这些方面可以成为生活的一部分,但生活就是这些吗? 富裕奢华的生活需要付出巨大的代价,如果你降低对物质的需求,你将节省更多的时间充实自己。轻闲的生活会让你更加自信,增进并珍视人与人之间的情感,提高生活质量。幸福、快乐、轻松或许对你来说更有意义。

有一个人几年前厌倦了城市生活,于是辞去了工作,卖掉房屋,携带妻儿出外漫游。回来以后,他们租了一间宽敞明亮的公寓,这为他们省下很多开支。当他们想再去旅行的时候,也不再觉得房产是沉重的负担。他们看起来就像是生活朴素而逍遥自在的人。

租房子的好处是不会有巨大的经济压力,租房的费用与买房相比简直不值一提。租房也意味着很多的选择,对现在的状况不满意了,就简单地改变一下。

"简化"是生活中第一要做的事情,就像美丽精致的杂物一样,再好,也是杂物,应该从生活中坚决剔除出去。

简化的第一步就是要知道什么是自己真正想要的。不妨在手边常备一张便条纸、一支笔,把自己想要的东西、想完成的目标列个清单。当达到其中一项目标时,你会有强烈的成就感和满足感;如果暂时做不到,那么只是把它放在清单上就好了。过一段时间,你可能会惊奇地发现有的愿望居然自己实现了,或者你不再那么想要它。

简化生活就是要做到心存简单,不要让太多的欲望拖着上路,不要总认为别人拥有的自己也应当拥有,终日惶惶不安地迷失在自己制造的种种需求中,在物欲的罗网里苦苦挣扎;简化生活,就是要安于淡泊、远离名利。不要让太多的虚荣不停地抽击生活的陀螺,不要让太多的名利思想遮去心头灿烂的阳光;简化生活就是积极创造生活、热爱生活。你不能以被动的消极姿态去对待生活。

简单的生活是有目的的生活,保证有时间做自己想做的事,而不是让时光在繁乱的家事中流走。

简单的生活是将生活和现实(有限的收入、时间和精力)与价值结合,并将它们应用到一种舒适、有效的生活方式中。它是一种生活的艺术,是一种谋求生存、面对自我和勇于革新的艺术。

记住,最简单的生活往往才是最精彩的!

心底是快乐的源泉

有故事云:终南山麓,水丰草美。在这一带出产一种快乐藤,凡是得到这种藤的人一定会喜形于色、笑逐颜开,不知烦恼为何物。曾经有一个人为了得到快乐,

国学经典文库

中华点子库

修心妙点子

图文珍藏版

不惜跋千山涉万水,去找这种藤。不想他历尽千辛万苦来到终南山麓,虽然得到了这种藤,却仍然不快乐。这天晚上,他在山下一位老人屋中借宿,面对皎洁的月光,不由慨然长叹。他问老人:为什么我已经得到了快乐藤,却仍然不快乐?老人一听乐了:其实,快乐藤并非终南山才有,而是人人心中都有,只要你有快乐的根。无论走到天涯海角,都能够得到快乐。

是啊!人生一世,草木一秋,能够快快乐乐开开心心地过一生,相信这是每个人心中的一个梦。雨果说:比海洋更广阔的是天空,比天空更广阔的是人的心灵。人心浩瀚,可以容纳许多东西,但如果你的心灵总是被自私、贪婪、卑鄙、懒惰所笼罩,不论你富甲天下还是位极至尊,也不可能求得快乐。但如果你的心灵能不断得到坚韧、顽强、刻苦、淳朴之泉的灌溉,不论你一贫如洗或是位卑如蚁,也可以求得快乐。

在短短的人生之旅中,人人都有所求。有的人求子孙满堂,即得满足;有的人求福如东海,深感幸福;有的人求无上智慧,最是得意;有的人求万事如意,甚为欢喜。如果就表面看来,他们所求各不相同,但万涓细流,汇合成海,归根结底,他们所求的仍然是快乐。

心灵最柔弱也最细腻。如果你不懂得呵护自己的心灵,你就不可能求得快乐;而一旦你的心灵得到关爱,你就可获得无上快乐。说到底,内心的快乐才是永远的。

假如你下决心使自己快乐,你就能够使自己快乐。快乐无需理由,它本身就是理由。快乐无需回报,它本身就是回报!

我国名作曲家刘炽,《让我们荡起双桨》的作者,他曾经说过:"忘记恩怨。10岁时的事情,30岁回头再看全是笑话;30岁时的事情,50岁回头再看全是笑话;50岁时的事情,70岁回头再看,仍然是笑话。做人,快乐是最要紧的。我们不是缺少快乐,而是缺少对快乐的发现和感受。"刘炽的豁达溢于言表,深深地震撼了人们。是的,你太拘泥于一时一事,太在意成败得失,就会忽视寻找其中的乐趣。回过头来想一想,一切犹如过眼云烟,功名利禄、成败得失,这些你孜孜以求的渴望可以为你带来快乐幸福的东西,却是你寻找快乐之道的绊脚石。

快乐的最高境界还不是能够发现快乐,而是能够创造快乐。

生活是世界上最难的一道题,复杂得永远解不清。可是生活又简单得像一颗透明的水滴,一首诗,一支歌,一朵小花,一片绿叶,一只小动物……就能让我们快乐得翩翩起舞。

快乐是真实的,是发自内心的。除非获得你的允许,没有人能够令你苦恼。

你每天都应该记住:快乐是你赠送给自己的礼物,不是圣诞节的点缀,而是整年的喜悦。

传说在天堂上的某一天。上帝和天使们召开了一个头脑风暴会议。上帝说："我要人类在付出一番努力之后才能找到幸福快乐,我们把人生幸福快乐的秘密藏在什么地方比较好呢?"

有一位天使说："把它藏在高山上,这样人类肯定很难发现,非得付出很多努力不可。"

上帝听了摇摇头。

另一位天使说："把它藏在大海深处,人们一定发现不了。"

上帝听了还是摇摇头。

又有一位天使说："我看哪,还是把幸福快乐的秘密藏在人类的心中比较好,因为人们总是向外去寻找自己的幸福快乐,而从来没有人会想到在自己身上去挖掘这幸福快乐的秘密。"

上帝对这个答案非常满意。

从此,这幸福快乐的秘密就藏在了每个人的心中。

放得下才是最大的幸福

有一位老太太生病了,心里像压了块石头,结果身体越来越差,原来不太重的病,反而越来越厉害。相反,另一位老太太已然做了癌症切除手术,但她想得开,反正都快80岁了,死了也值了,管它呢! 越是这样想,老人精神越好,每天照样挂着拐杖到处去玩、去转,一年多下来,病情并未恶化。

从健康的角度讲,得病是很正常的,人吃五谷杂粮,不得病怎么可能呢? 但是也很奇怪,有些身体极差的人群,反倒活得很健康,而有些条件很好的人,反倒得了病。原因何在呢? 答案是:凡事放不下的人最容易染病,而凡事放得下的人最健康向上。

年过八旬的吴阶平教授在谈及精神养生时,介绍的一条主要经验就是"不把悲伤的事放在心上"。他认为人生不如意的事十有八九,总要想得开,以理智克制感情。著名学者季羡林老教授的养生经验是奉行"三不主义",其中有一条就是"不计较"。这都体现了"放得下"的心理素质。

在现实生活中,"放不下"的事情实在太多了。

奥运会上,有许多运动员患得患失放不下,本来挺有能力夺冠,结果反倒丧失了机遇。而有些人一切都放得下,原本没有能力夺冠,反倒发挥超常,一举夺冠。

生活中,有些人总想什么都得到,凡事放不下,结果越是放不下,越得不到。而有些人凡事都随遇而安,不但可以绝处逢生,而且能够抓住机遇,获得意想不到的成就。

还有,比如子女升学啦,家长的心就首先放不下,又比如老公升职或者发财啦,老婆也会忐忑不安放不下心，怕男人有钱变坏了；再如遇到挫折、失落或者因说错话、做错事受到上级和同事批评，以及好心被人误解受到委屈，于是心里总有个结解不开、放不下等。总之有些朋友就是这也放不下，那也放不下，想这想那，愁这愁那，心事不断，愁肠百结。

"文革"期间有位从部队调到地方工作的师级干部，他因不服"四人帮"横行而被打成"老右派"。当时批判他的大字报铺天盖地。但这位干部也真绝，在大热天居然披着棉大衣去看大字报。别人以为他"发寒热"，他却幽默地说："这就叫心定自然凉。"有位著名演员在受审查的"牛棚"里，不但说笑如常，而且还自编了一套"牛棚健身法"，直到如今，他还在用此法锻炼身体，年过八旬照样到戏曲沙龙凑热闹。这是多么的放得下啊！这些都是特殊情况下特殊人物的特殊放得下。

李白

在通常情况下，"放得下"主要体现在以下几方面。

财能否放得下。李白在《将进酒》中写道："天生我材必有用，千金散尽还复来。"如能在这方面放得下，那可称得上是非常潇洒的"放"。

情能否放得下。人世间最说不清道不明的就是一个情字。凡是陷入感情纠葛的人，往往会理智失控，剪不断，理还乱。若能在情方面放得下，可称得上是理智的"放"。

名能否放得下。据专家分析，高智商、思维型的人，患心理障碍的比例相对较高。其主要原因在于他们一般都喜欢争强好胜，对名利看得较重，有的甚至爱"名"如命，累得死去活来。倘若能对"名"放得下，就称得上是超脱的"放"。

愁能否放得下。现实生活中令人忧愁的事实在太多了，就像宋朝女词人李清照所说的："才下眉头，却上心头。"忧愁可说是妨害健康的"常见病，多发病"。狄更斯说："苦苦地去做根本就办不到的事情，会带来混乱和苦恼。"泰戈尔说："世界上的事情最好是一笑了之，不必用眼泪去冲洗。"如果能对忧愁放得下，那就可称是幸福的"放"，因为没有忧愁确是一种幸福。

宠辱不惊，看庭前花开花落；去留无意，望天上云卷云舒。人一定学会"放得下"，以此来增强自己的幸福感。

你看得开,所以你快乐

一个人坐在轮船的甲板上看报纸。突然一阵大风把他新买的帽子刮落大海中,只见他用手摸了一下头,看看正在飘落的帽子,又继续看起报纸来。另一个人大惑不解:"先生,你的帽子被刮入大海了!""知道了,谢谢!"他仍继续看报。"可那帽子值几十美元呢!""是的,我正在考虑怎样省钱再买一顶呢!帽子丢了,我很心疼,可它还能回来吗?"说完那人又继续看起报纸来。

一位70多岁的老先生,拿了一幅祖传古画上电视节目,要求宝物鉴定团的专家作鉴定。据老先生去世的父亲生前说,这幅画是名家所作,价值数百万。老先生自己不懂,因而想请专家加以鉴定。结果揭晓,专家认为它是赝品,连一万元都不值,全场欷歔……主持人问老先生:"您一定很难过吧?"来自乡下的老先生脸上的线条变得无比的柔和和憨厚,微笑着说:"啊,这样也好,不会有人来偷,我可以安心把它挂在客厅里了。"

的确,一切看开了,失去的已经失去,又何必为之大惊小怪或耿耿于怀呢?

小李的钱包被盗了,他很心烦,不光是钱不见了,里面还有他的身份证,这让他愁眉不展。要知道他的户口在邢台,而他在北京打工,办身份证还要来回跑,挺麻烦的,以致这几天他心情都不好。

不过。这样的心情没有持续很久,一位朋友的话让他顿悟,心情也随之好转。朋友对他说:"钱包已经不见了,你再怎么想,也不可能重新出现在你的面前。钱丢了事小,如果好心情没了,影响你的情绪,让你忧伤,让你不安,这会影响你的食欲,影响你的健康,就太不值得了。身份证办起来是很麻烦,却让你多回家几次,增加了与家人的沟通,这也是一件挺好的事情呀!"朋友的话让他反思了很久:如果换一个角度来思考问题,生活中又有什么能让你感到烦恼的呢?

世事难以预料,倒霉和不幸的事谁也不想发生,但如果发生了,你应怎样去面对呢?生活的挫折和磨难来临时,你应以一颗乐观、豁达、健康的平常心面对,这样生活会美好得多。

许多人都有过丢失某种重要或心爱之物的经历:比如不小心丢失了刚发的工资,最喜爱的自行车被盗了,相处了好几年的恋人拂袖而去了,等等,这些大多会在人的心理上投下阴影,有时甚至因此而备受折磨。究其原因,就是人们没有调整好心态去面对失去,没有从心理上承认失去,只沉湎于已不存在的东西,而没有想到去创造新的东西。人们安慰丢东西的人时常会说:"旧的不去新的不来。"事实正是如此,与其为失去的自行车懊悔,不如考虑怎样才能再买一辆新的;与其对恋人向你"拜拜"而痛不欲生,不如振作起来,重新开始,去赢得新的爱情。

人世间就是有许许多多自己制造的烦恼。烦恼是很不讨人喜欢的词,因为它令你感到无助、劳累。

人生总是在不断地失去和拥有。拥有快乐,失去烦恼;捡到幸福,丢掉悲伤。不管将来你要怎样选择,最重要的是现在自己能够开心地面对。

生活中,难免失去,如果失去什么之后,再失去快乐的心情,岂不是失去更多了?

法国杰出作家罗曼·罗兰说得好:"一个人快乐与否,决不依据获得了或失去了什么,而只能在于自身感觉怎样。"

有的人大富大贵,别人看他很幸福,可他自己身在福中不知福,心里老觉得不痛快;有的人,别人看他离幸福很远,他自己却时时与幸福邂逅。

有对下岗的年轻夫妇,在早市上摆个小摊,靠微薄的收入维持全家5口人的生活。这夫妇俩过去爱跳舞,现在没钱进舞厅,就在自家院子里打开收录机转悠起来。男的喜欢喂鸟,女的喜欢养花。下岗后,鸟笼里依旧传出悦耳动听的鸟鸣声,阳台上的花儿依旧鲜艳夺目。他俩下了岗,收入减少了许多,还乐个不停,邻居们都用羡慕的目光看着他俩。

是的,你虽然无法改变你的境况,但你可以改变自己的心态。没了工作不要紧,但不能没有快乐,如果连快乐都失去了,那活着还有什么意义。因为快乐是人的天性的追求,开心是生命中最顽强、最执着的动力。

荣启期在泰山,优哉游哉,鼓琴而歌,孔子路过,就问他为何这等快乐?

荣启期回答道:"天生万物,惟人为贵,我得为人,何不乐也?"

正如荣启期所说,生而为人即是一种快乐,快乐是人生的主题。只要你用心去体会,用豁达的胸怀去面对人生,以饱满的热情去对生活,就能快乐度过每一天。

生活中的快乐要仔细品味

爸爸问女儿:"你快乐吗?"女儿答:"快乐。"

爸爸让女儿试着举例,女儿说:"比如现在呀。"这是晚饭后,爸爸陪女儿一起登上楼顶,仰卧观天上星星的情景。

这只是一件平常的小事,差不多每个人小时候都有类似的经历,都有这样的无数快乐时刻。

爸爸让女儿再举例，女儿说比如妈妈爱用茶叶水洗枕头，每每睡觉时都有淡淡的茶叶香味。还有妈妈在刚刷完油漆的屋子里放些菠萝，风儿一吹整个屋子就充满了芳香的菠萝味了。

这段故事是收音机曾经播出的，听完之后，总是让人萌生了一种感动。生活中原来时时刻刻充满了快乐，这快乐来自生活的细枝末节，只要用心去品味，快乐同样有色香味，同样可观可闻可吃可品。

一个欲离婚的女子厌烦了现有的琐屑生活，但她一直对其外祖母的快乐和谐生活充满好奇。有一天她终于忍不住打开了外祖母的日记，原来里面记录着外公为她洗了多少衣服，吻过她多少次，帮她洗过多少次脚……相信任何人读到此处都会吃惊，原来生活中的琐屑小事便是快乐的源泉。

生活是由一件件的琐碎之事连缀而成的，在这根线上的点点滴滴都融汇着快乐的纽扣。细品着细琐的每一点每一滴，你都会觉得生活更加丰富多彩。

品味生活要多想些美好之处。因为生活毕竟不是只有鲜花和充满阳光。你要想成功地走出郁闷和哀愁，就要多思考生活中美好的一面，从中品味幸福。比如下班了，妻子做好的可口的饭菜，这就是一种快乐，不要因为她时常埋怨而自悔自恼，也不要因为她的心胸褊狭而自怨自艾。再如，生病了，同事都拿着礼物来看望你，应该感到他们对你的关心，而不能过多考虑他们是否怀有其他目的。

一滴水珠可以照见太阳的光辉。品味生活的快乐是从小处着眼，不要因为事情小而忽略了别人对你的关爱。你上班迟到了，同事帮你打扫了卫生，擦干净了桌子；下雨了，有人将伞伸到你头上面与你遮雨；向朋友借钱，哪怕是借给你一元也是好的。所有这些都是生活的一部分，都值得你深深地怀恋，让你感动。

收获与付出往往成正比。你在品味别人给你带来的一处便利时也要想到去给予。其实，给予别人快乐也是一种快乐。给予快乐，你就会收获快乐，因为你为自己创造了快乐。生活是被快乐包围着的，只要你用心去品味，你就会时时感受到快乐的时光。

怨天尤人会伤害你的幸福

不自信的人喜欢怨天尤人，认为别人的运气总比他好。他之所以不顺心，原因全在没有运气，或在别人没有全力支持，根本不从自己身上找根源。

喜欢怨天尤人的人，总有他的理直气壮之处。工作升迁的机会被别人抢去了，他会抱怨领导没有识人之才；事业关键的时候，突然身体生病了，他会抱怨老天爷怎么这样惩罚自己；女友离他而去的时候，他会抱怨这个女人真是水性杨花，从来不会检讨自己是不是也有责任；朋友很长时间不联系了，他会抱怨："该死的，是不是把我给忘了？"

习惯埋怨和责备他人的人自感无能，于是设法贬低他人来抬高自己。怨天尤人到极处就是愤世嫉俗。但愤世嫉俗不但不为他人喜欢，甚至也会使他不再爱自己。此种态度的养成，多半是因他在某处失败了而找个理由来弥补。例如他对婚姻不忠实，却把责任推到对方身上；他在商业上不能坚持操守，却硬说这世界本来就是个自相残杀的地方，根本没有老实人。愤世嫉俗不但会使他的行为脱离正轨，更糟的是，他还会用它来掩饰自己的过错。如果他每次都对外在的一切嗤之以鼻，他就会更相信所有的人——包括他自己——做什么事都令人失望。

有一个女友，失业、离婚，之后又得了子宫肌瘤做了大手术。但你从她的脸上看不到任何怨气。她总是一脸阳光，灿烂的笑让人以为她是那种春风得意的女子。

她就这样微笑着度过了人生中的一个又一个难关。下岗了。她没有哭丧着脸怨天尤人，而是坚强地接受命运挑战。她很快自己开了一间美容院，不仅把许多女人变得更美丽，也把自己打扮得很时尚。离婚了，她也没和许多人诉说。她说，当一个祥林嫂似的人物只能让人更加可怜。更让人想不到的是，她居然说婚姻的裂缝绝对不是一个人撕开的，想必她也有责任。很快。她找到了自己的新爱情。即使做了那样大的一个手术。她也是很坦然地说："这下，我感觉到了生命的美好，所以，必将更加珍惜每一天。"

请相信，被称作"运气"的东西，是公平地分配给每一个人的。每一个人都在为自己创造运气。假如你认为自己的运气不好，是因为你努力的方法不对。

现实与理想有时相距甚远，当宏伟的目标被残酷现实击穿的时候，不要唉声叹气，不要怨天尤人，更不要就此沉沦，而要笑对人生，笑对生命，只争朝夕，奋发图强，改变轨迹接着再来。只有这样，展现在自己面前的才是一派山清水秀、桃红柳绿的景观。诚然，生命对于每个人都只有一次，每个人都在其中不停地耕耘，不停地付出。然而，付出与收获也并不是不变的正比关系，不要看重付出，也无须奢求收获，付出并不意味着失去，收获也并不表明得到，重要的在于过程，在于你如何自豪地充实每一天，每一个过程，而这个过程不正是一个很好的圆吗？你的一生本身就是一个圆，从出生开始你就意味着要以死亡收尾，留在世上的也只是你所走过的路程。在这纷繁的尘世中能够在这里留下点滴痕迹，也不枉走一回。

朋友！倘若你无法改变面前的事实，你为什么不可以改变存在于你心中的那份心情？生命既然赋予了你如此美好的世界，它的意义、它的本质也许就是需要你鼓足勇气,慷慨走上那份属于自己的人生之路! 你要在漫漫的人生征途上,永远笑对生命!

第二章　失意的人,未必是不幸的

在这个世界上,有许多事情是你所难以预料的。你不能控制机遇,却可以掌握自己;你无法预知未来,却可以把握现在;你不知道自己的生命到底有多长,但你却可以安排当下的生活;你左右不了变化无常的天气,却可以调整自己的心情。只要活着,就有希望。别跟自己过不去,只要每天给自己一个希望,就算人生不够完美,也要微笑着去唱失意生活的歌谣。

坎坷是你最宝贵的财富

人们都希望自己的生活中能够多一些快乐,少一些痛苦,多些顺利少些挫折,可是命运却似乎总爱捉弄人、折磨人,总是给人以更多的失落、痛苦和挫折。

草地上有一个蛹,被一个小孩发现并带回了家。过了几天,蛹上出现了一道小裂缝,里面的蝴蝶挣扎了好长时间,身子似乎被卡住了,一直出不来。天真的孩子看到蛹中的蝴蝶痛苦挣扎的样子十分不忍。于是,他便拿起剪刀把蛹壳剪开,帮助蝴蝶脱蛹出来。然而,由于这只蝴蝶没有经过破蛹前必须经历的痛苦挣扎,以致出壳后身躯臃肿,翅膀干瘪,飞不起来,不久就死了。这只蝴蝶的欢乐也就随着它的死亡而永远地消失了。

这个小故事说明了一个道理:要得到欢乐就必须能够承受痛苦和挫折。这是对人的磨炼,也是一个人成长必经的过程。

人生在世,都会遇到厄运,适度的厄运具有一定的积极意义,它可以帮助人们驱走惰性,促使人奋进。因此厄运又是一种挑战和考验。你的生活因厄运变得丰富而多彩,你的性格因坎坷而锤炼得成熟。厄运来临——与厄运挑战—在战斗中升华自己,这就是逆境与厄运的意义所在。

人生重要的不是拥有什么,而是经历了什么,任何坎坷的经历都是一种宝贵的人生财富。

英国哲学家培根说过:“超越自然的奇迹多是在对逆境的征服中出现的。”关键的问题是应该如何面对厄运与不幸。

最高的境界是在逆境中学会微笑。

要在逆境中学会微笑却相当不易,挫折,成功,失败……有几个人能看透? 又有几个人能够做到从容?

逆境中的微笑可以让人心平气和,不急不怒,能让人仔细分析所处困境,理清思路,找出解决办法,顺利渡过难关。不利局面下能保持微笑,会给竞争对手以极大的心理压力,此时的微笑会让对手心惊胆战,不寒而栗。顺境中的微笑也可以让人保持心态平静,戒骄戒躁,可以让人看清鲜花丛中的荆棘,看到阳光道上的陷阱,使人头脑清醒,继续勇往直前。

当对外部自由无能为力时也不要放弃,要培养自我的心灵自由,将自我引向积极和美好的一面。始终在内心积聚力量,等待时机,最终为自己赢来好的外在环境。

生活总是这个样子,想美好的事情,你就会找到快乐,走向成功;想失意的事情,就会走向失望的深渊,无力面对生活,无力面对失败。

人有选择的力量。选择健康、快乐和幸福,你的潜意识就会接受,并使你成为这样的人;选择做一个健康、快乐、友善的人,整个世界就会跟着反应。

失意并非不幸

幸运的人,未必是快乐的。失意的人,未必是不幸的。不要奢望着靠天、靠地,其实一切都只能靠自己。

也许你会觉得工作很累,也许你会觉得需要处理的事情太过乏味,那么,从今天开始,从现在开始,抱着一颗热忱的心,抱着一颗精益求精的态度,投入你所认为最平凡的事情中去吧,你一定会从其中发现乐趣的!

一只四处漂泊的老鼠终于在佛塔顶上安了家。

佛塔里的生活实在是太幸福了,老鼠仿佛到了天堂。它不仅可以在各层之间随意穿越,而且可以享受到各种美味的供品。老鼠的物质生活极大丰富,精神生活同样让它陶醉。因为每天都享有常人所无法想象的特权,它可以随意咀嚼那些不为人知的秘密。人们为了表示虔诚。从来不敢正视佛像,所以它可以自由闲逛,恶作剧时,甚至还可以在佛像的脸上留些乌七八糟的排泄物。

这只老鼠总是看着那令人陶醉的烟气冉冉升起,它深深地吸口气,心中暗暗发笑:"可笑的善男信女们,在你们烧香叩头的时候。膝盖竟然这样柔软,说跪就跪下了!"

幸福生活过了一天又一天。

一个阴雨天,一只饿极了的野猫突然闯了进来,彻底改变了老鼠的命运,它用肮脏的爪子一把将老鼠抓住。

"你不能吃我。我代表着佛，你应该像人类一样向我跪拜！"这位自命不凡的俘虏大声地抗议道。

野猫面目狰狞地讥讽道："傻瓜，人们向你跪拜，只是因为你侵略了佛的位置，而不是因为你自己本身！"然后，它像掰开一段香肠那样把老鼠掰成了两半。老鼠到死也没有明白，命运之神为什么既然曾经垂青与它，而最后却又抛弃了它呢？

生活中，一些可以凭着手中的权力呼风唤雨的人们，往往会被甜蜜的阿谀奉承吹昏了头脑，其实他们和小老鼠的处境是一样的。只有聪明的人才会明白人们看好的只是他的位置，而不是他这个人本身。

还有位颇感失意的年轻人，来到了一位神算子的面前，问道："前辈，你给成千上万名信徒算过命，那么你能告诉我，这个世界到底有没有命运？"神算子说："当然有啊。"年轻人再问："那命运究竟是怎么回事？既然命中注定，那奋斗又有什么用？"这次神算子没有直接回答他的问题，但笑着抓起他的左手，说："不妨让我先看看你的手相，帮你算算命。"讲过了一通生命线、爱情线、事业线等诸如此类让人听了似懂非懂的话之后，突然，他又说："把手伸出来，照我的样子做一个动作。"他举起左手，慢慢地，而且越来越紧地握起了拳头。末了，他问："握紧了没有？"年轻人有些迷惑，答曰："握紧啦。"他又问："那些命运线在哪里？"年轻人机械地回答："在我的手里呀。"他再追问："请你仔细看看，你的命运在哪里？"年轻人如梦初醒，恍然大悟："原来，命运竟然握在自己的手里！"

神算子依旧很平静地继续说道："从今以后，不管别人怎么跟你说，不管'算命先生们'如何给你算，切记，命运始终在自己的手里，而不是在别人的嘴里！请你再一次握紧你的手掌，再仔细地看看自己的拳头，你还会发现，你的生命线有一部分任凭你如何用力，它们依旧还留在外面，不可能被全部握住，它又带给你什么样的启示呢？我能告诉你的是，命运绝大部分掌握在自己手里，但还有一部分掌握在'上天'手里。古往今来，凡成大业者，'奋斗'的意义就在于用其一生的努力，去争取。"

常怀一颗快乐之心

一大早，我跳上一部出租车，要去郊区一企业参加应聘。正巧遇到了车流的高峰时刻，没多久车子就卡在车阵中，此时前座的司机先生开始不耐烦地骂起街来。我也觉得苦闷，于是和他聊了起来："最近生意好吗？"后照镜的脸立马耷拉了下来："能有什么好？到处都下岗，你想我们出租车生意会好吗？每天早起晚睡十几个小时，刚好赚够公司的份子钱，真是气人！"

我觉得由于自己的不小心，扯到了一个不好的话题，换个主题好了，我想。于于是我说："不过还好,你的车很大很舒服,即便是塞车,也不会让人觉得憋闷——"他打断了我的话,声音提高了一个基调:"舒服个鬼!要不你每天来坐上12个小时看看,看你还会不会觉得舒服?"接下来他的话多了起来,抱怨从政府无能开始、到油价还要上调,从社会不公到人民无望。我只能一声不吭地听着,我没有丝毫欲望再去插嘴。

一场紧张的应聘结束了,我再一次跳上了一辆出租车。一上车,一张笑容可掬的脸庞转了过来,伴随着轻快愉悦的声音问道:"你好,先生请问要去哪里?"离开了面无表情的主考官后,见了这样的司机,真是难得的亲切,我心中有些讶异,随即告诉了他目的地。他笑了笑:"好,您坐好了,没问题!"

和来的时候一样,走没两步,车子又在车阵中动弹不得了。前座的司机先生手握方向盘,开始在轻松的口哨声中慢慢等待,显然今天心情不错。于是我问:"看来你今天心情蛮好的嘛!"

他笑得露出了健康的牙齿:"我天生就这样,每天心情都很好。""为什么呢?"我问:"大家不都在抱怨工作时间长。收入不理想吗?"司机先生说:"没错,我也上有老下有小,一家子都指着我呢,所以开车时间只能跟着拉长为14个小时。不过,日子过得还算开心,我有个秘密……"他停顿了一下:"说不定你也有用。"

他说:"别看我没有受过高等教育,但我总是会换个角度来想事情。例如,我把出来开车看作是客人付钱请我出来到处游玩。像今天,就拿碰到你来说吧,是你花钱请我跟你到市里去玩,这不是很好吗?等到了市里,你去办你的事,我就正好可以顺道欣赏一下城市的景色。"他继续说:"像前几天我载一对情侣去水库看夕阳,他们下车后,我也顺道下来喝了碗羊汤,挤在他们旁边看了一会夕阳才走,反正来都来了嘛,更何况还有人花钱作陪呢?"

我突然意识到自己今天很幸运。既能坐车,心情又开心,这样的服务如今很难得,我向这位司机先生要了他的联系方式,以便以后有机会再联系他。他递给我名片的同时,手机铃声正好响起。从谈话中我猜到有位老客人要搭他的车去机场。看来喜欢他的不只我一位。良好的工作态度。不但替他赢得了人心,也必定带来更多的生意。

工作不景气,心情就更要争气。其实,行为本身并不能说明自身的性质,而是取决于你行动时的精神状态。工作是否单调乏味,往往取决于你做它时的心境。用一种愉悦的心情去面对,每一件小事,你会惊喜地发现,有许多事情远非你所想象的那样枯燥无味,甚至有时会感到它竟然很有趣。

心理学家发现,快乐其实是一种习惯,不管大环境怎么变,快乐决心是不会被改变的。一个人的思想决定他的行为,一切改变之前最重要的是你对工作态度的转变。当你能换一种心态去看待自己的工作,并带着游戏般的愉快心情面对工作,你会发觉自己的内在能量会强大许多，抗压应变的功力也因此大为增进，而这，也正是贯彻快乐决心的漂亮做法。

对待工作要充满热忱，这样才会有创造力。一切伟大的作品无一不是热忱和坚韧的产物。生活总会不尽如人意，永不屈服，百折不回是成功的基础。

相信自己的感觉

小镇上有一个漂亮的女孩子，从小家境贫寒，所以长大了她立志要嫁个有钱的男人。

托上帝的福，她如愿以偿了。丈夫是当地最年轻的副县级干部，并一路顺风地继续进步着。小两口从小屋搬到了大屋，从平房搬到了楼房。那位年轻漂亮的女孩在人们的赞叹和艳美的眼光中快乐地生活了一年又一年。只是最近聪明的邻居发现女孩变得忧伤起来，因为年过30的她一直没有小孩。事实上，女孩在结婚的第二年怀孕了，只是因为大夫说是女孩，她便毅然打掉了孩子。也许还年轻，也许她认为自己会生一个和丈夫一样出色的男孩……不知是否是她的举动触怒了神灵，总之，该来的始终没有来。每次路过幼儿园，女孩都会停下来，和忙碌的家长分享一会儿为人父母的幸福。为此，她在全国各地接受了数十次的穿刺、透水、腹腔镜之类的手术，但最终还是没有实现"当母亲"的愿望。她说："如果我能有一个自己的孩子，不论男女，我都可以为他付出一切。有时，我甚至羡慕那些抱着娃娃在街上乞讨的流浪女人……"

常言道：当幸福降临时，请善待它。这位可怜的女人是否应该受到过多的指责暂且放在一边，但她的故事总让人感到太多的遗憾。那些已为人父母的和即将准备为人父母的人们一定会有更深的感悟。

古人说得好："花堪折时只需折，莫待花开空折枝。"忽视了自己眼前拥有的东西，当花谢残红，你只能看到飞红万点惆怅悲伤，任泪眼问花，得到的只是枝头一片空寂的沉默。珍惜拥有的幸福，才不会让自己觉得失落，才不会觉得生活的原野一片荒芜。

其实，羡慕乞丐的远不止女孩一人。有一位男子，热衷于买彩票。做梦都想变成富翁，一次竟误打误撞，中了500万。消息不胫而走，亲戚、朋友、三乡四邻、十八竿子打不到的人都来看他，名义上是来祝贺，事实上都是来借钱的。有的没达到目的，甚至扬言要用武力。最后逼得他不得不离开故乡，跑到大城市里隐姓埋名。他所热爱的老家那几亩水田，那几头快下犊子的奶牛，以及养育了他家世世代代的老木屋……都只能在梦里出现了。

他和自幼生活在农村里的老父老母，对大城市拥挤而陌生的环境充满了憋屈和无奈的情绪。他几乎没有一天不担心身后随时会出现一个举着杀猪刀的人来分享他的意外之财。他也因此开始失眠，以往不请自来的瞌睡居然从此不再光顾他。有一次，他红着眼睛说："我觉得我不是富翁，我是一个众叛亲离的逃犯，有时，我真羡慕那些在街边倒头就能睡着的乞丐。"

其实，每个人都有别人所羡慕的。富翁有少年羡慕的房子车子和财富；少年有富翁羡慕的年轻体魄、如火的激情和飞扬的梦想。白领女强人拥有下岗女工羡慕的名誉、地位和收入；而下岗女工则拥有白领女强人所羡慕的准时回家吃饭的老公。

生活就像一盘自己调制的凉菜，其中的淡与咸只有吃菜的人才会知道。

保持一颗平和的心

有个商人因为经营不善而欠下一大笔债务，由于无力偿还，在债权人频频催讨下，精神几乎崩溃了，他因此萌生了结束生命的念头。

苦闷至极的他，有一天独自来到亲戚的农庄拜访，打算在仅有的时间里，享受最后的恬静生活。

当时，正值8月瓜熟时节，田里飘出的阵阵瓜香吸引了他。守着瓜田的老人看见他到来，便热情地摘了几个瓜果，请他品尝。不过，心情仍然低落的他，一点享用的心情也没有，但是又无法拒绝老人家的好意，便礼貌地吃了半个，并随口赞美了几句。

然而，老人家听到赞扬，却非常喜悦，他开始滔滔不绝地诉说着自己种植瓜果所付出的心血与辛苦：

"4月播种，5月锄草，6月除虫，7月守护……"

原来，他大半生都与瓜秧相伴，流了不少汗水，也流过许多泪水。在瓜苗出土时，遭遇旱灾，但是为了让瓜苗得以成长，老人家即使每天来回挑水也不觉得辛苦。

又有一年，就在收获前，一场冰雹来袭，打碎了他的丰收梦；还有一年，金黄花朵开得相当茂盛时，一场洪水让这一切都泡汤了……

老人说："人和老天爷打交道，少不了要吃些苦头或受些气，但是，只要你能咬紧牙，挺一挺也就过去了。因为，最后瓜果收获时，仍然全部都是我们的。"

老人指着缠绕树身的藤蔓，对着心事重重的商人说："你看，这藤蔓虽然活得轻松，但是它却一辈子都无法抬头。只要风一吹，它就弯了，因为它不愿靠自己的力量活下去。"

这番话让商人醒悟了过来。他吃完手中剩下的半个瓜果，在瓜棚下的椅子上放了100元钱，以示感激，翌日便踏着坚毅的步履离开了农庄。

五年后,他在城市里重新崛起,并且成为一个现代化企业的老板。

人生在世,谁都会遇到挫折,适度的挫折具有一定的积极意义,它可以帮助人们驱走惰性,促使人奋进。挫折又是一种挑战和考验。英国哲学家培根说过:"超越自然的奇迹多是在对逆境的征服中出现的。"关键的问题是应该如何面对挫折。

当挫折站在你的面前时,你开始了选择。正如世上没有完全相同的树叶一样,人与人的选择也是不尽相同的。你可以选择放弃挫折,绕道而行,不必为了遇到挫折而难过,也不用去付出什么努力;你也可以选择正面地迎接挫折,毫无畏惧,虽然你为此付出了辛勤的劳动,可是你却可以收获战胜困难的喜悦与兴奋,也有了今后战胜困难的勇气。

当挫折来临时,你首先要培养自己的一颗平和心。所谓平和心,并非自甘平庸缺乏进取,而是以一种平静的心态耕耘在自己人生的土地上,不人浮于事,不随波逐流,踏踏实实履行自己生命的职责。

你不仅要以一颗平和心去面对挫折,面对困难,面对失意,也要以平和心面对成功,面对顺境,面对得意。不管自己的人生处于怎样的状态,都要始终以一颗平和心走好自己的人生路。成功不值得骄傲,那不过是人生的一个小站;失败不值得悔恨,那不过是一不小心走错的一段路,纠正方向从头再来;失意不要沮丧,一年四季里,肯定有风雨交加的时候,要明白,只有狂风大雨才能一洗空气中的尘埃,当空气中的尘埃被洗涤殆尽时,是空气最清新、阳光最明媚的时候。这便是平和心,这便是人生路。当你以一颗平和心走过人生的风风雨雨,你才能看到那金色的果实。

可以改变的只有你的看法

要正确地认识生活,还应该善于变换角度看待自己。

譬如照相,同一景物,从不同角度拍摄,就会得到不同的形象。对待生活也是这样。你应当看到,偶然与不幸是生活的组成部分,但它仅仅是生活的一小部分。在你的整个生活中,还有那么多的欢乐和幸福的事情,你为什么不去注意它们,而要对自己的一些创痛念念不忘呢?有的人在不幸袭来时,就觉得自己是天底下最倒霉的人。其实,事情并不完全是这样。也许你在某件事上是"倒霉"的,但你在其他方面可能依然很幸运。和那些更不幸者相比,你或许还是一个十分幸运的人。英国作家萨克雷有句名言:"生活是一面镜子,你对它笑,它就对你笑;你对它哭,它也对你哭。"的确,如果你以欢悦的态度微笑着对待生活,生活就会对你"笑",你就会感受到生活的温暖和愉快。而你如果总是以一种痛苦的、悲哀的情绪注视生活,那么生活的整个基调在你心中也就会变得灰暗了。

你还可以这样认识顺境和逆境:人们固然乐于接受顺境,不欢迎逆境,但是,逆境也可以砥砺人生,增长人的才干,使人通过破除障碍和不良情绪而得到新的突破与发展,心理达到更高层次的平衡;而顺境,则可能使人怀安丧志,一事无成。中国古代有个故事,说的是公元前657年,晋国君主晋献公听信夫人骊姬谗言,逼死太子申生,逼公子重耳出逃在外。重耳立志回国继位,振兴家园。后来,他在齐国娶了妻子,又接受了齐桓公馈赠的20辆马车,很感满足。其妻见状,痛心疾首,劝勉他:"行也!怀与安,实败名!"意思是:您且行动吧,满足现状是会毁掉一个人的前途的!重耳从此振作起来,几年后夺回了王位。根据这个故事,人们引申出"怀安丧志"这个成语,告诫人们:迷恋、苟安于享受,就会变成碌碌无为的庸人。

晋献公

顺境和逆境,在一定条件下是会互相转化的。面临困境时你如果能够适当地变换思维的角度和方式,多从其他方面重新评价和审视所遭遇的困境,也会有助于摆脱自己所处的困境。

第三章　快乐不是拥有得多,而是计较得少

没有一种生活是完美的,也没有一种生活会让一个人完全满意。如果抱怨成了习惯,就像搬起石头砸自己的脚,于人无益,于己不利,生活就成了牢笼一般,处处不顺,处处不满;反之,则会明白,自由地生活着,本身就是最大的幸福,哪会有那么多的抱怨呢?

快乐就在当下

童年时,孩子们都玩过积木。在不同的孩子手中,可以拼出不同的造型,可以说是千姿百态,千变万化。但不管怎样去拼积木,总是有缺陷,设计好一种造型后,觉得不完善,于是又重新去拼,结果还是有不满意之处,于是有可能继续下去……做人就像拼积木一样,到达一个目标,实现一个想法之后,总觉得还有这样或那样的缺憾,于是又去找想象中的那种圆满。一生总是不停地在寻找,但总是未能如愿,最后,许多人都是带着一丝遗憾离开了世界。

其实,十全十美在现实生活中是很难找到的,这种完美只存在于人的想象当中。而且生活的美好并不完全取决于完美无缺，而恰恰是因为有缺憾之处才会有追求和拼搏，才会使自己的生命分外多彩起来。大多数人都知道断臂的维纳斯塑像，她的断臂当然不是雕塑家的初衷，而是从地下挖掘出来时无意中给碰掉的，可是人们却惊讶地发现她是如此之美。也许这种美恰恰就在于她的残缺——失去双臂，这就是残缺美。失去也是得到，有缺憾的地方正好给人们留下了广阔的想象空间。没有最好，只有更好，有志者总是在这样的信念下追求着。要做到这一点，就要打开两扇心灵窗户，只开一扇窗户，就会视野狭隘，使自己变得孤陋寡闻，只能看到比自己逊色的人；多打开一扇窗，眼前就会变得豁然开朗，不仅会欣赏到自然美景，而且还会接触到智慧和才能比自己更优秀的人。

从前，一只圆缺了一块楔子。它想保持完整，便四处寻找那块楔子。由于不完整，所以它只能慢慢地滚动。一路上它对花儿露出美慕之色。它与虫子谈天说地，还享受到阳光之美。圆找到了不同的楔子，但没有一件与它相匹配。所以它将它们统统置于路旁，继续寻找。终于有一天，它找到了一个完美的配件。圆非常高兴，认为自己真是完美无缺了。它装好配件，并开始滚动起来。现在它已成为一个完美无缺的圆。所以滚动得非常快，路边的野花难以欣赏，也无暇和小虫子说话。当它意识到因自己的快速奔跑而要失去原有的世界时，不禁停了下来。将找到的配件弃之路旁，又开始慢慢地滚动。

从某种意义上讲，当你失去一些东西的时候，反而更加完整，一个拥有一切的人，其实在某些方面是一个穷人，他永远体会不到什么是渴望、期待以及如何用美好的梦想来滋养自己的灵魂，他永远也不会有这样的体验：一个爱他的人给他送来某种梦寐以求的或者未曾有过的东西意味着什么。

做人的完整性，在于知道如何面对缺陷，如何勇敢地摒弃不现实的幻想而又不以此为缺憾。做人的完整性还在于学会勇敢地面对悲剧而继续生存，能够在失去亲人后依然表现出完整的个人风范。做人不是上帝为谴责你而给你布下的陷阱。做人也不是一场拼字游戏比赛，不会因为出现一个错误，就使你前功尽弃。做人更像球赛，即使最好的球队，也有输掉的时候，最差的球队也有春风得意的时候。因此你的目标就是多赢球，少输球。当你接受不完整是人类本性的一部分时，当你不断地进行人生创造并能欣赏其价值时，你就能获得渴望的完整人生。

走自己的路，任人评说

生活中有一种人，很计较别人对自己的看法，完全以别人的评价为行事准则。别人说好，他就按人家的想法和意思去做；别人说不好，他就会后悔、恐慌、自责、情绪低落、偃旗息鼓。他时时为别人的看法担心、害怕、烦恼、痛苦，经常掩饰自己，迎合他人，不知道自己是谁。

有一则寓言，非常生动地描述了这种人的心态。

一个老翁和一个孩童赶着一头驴驮着货物去赶集。货卖完了，小孩骑驴回家，老翁跟着走，但路人责备孩子，说他太没礼数，不知敬老，叫老人徒步。他们便对换一下，而旁人又说老人太狠心，不懂得爱幼，让孩子徒步走。老人于是就将孩子抱到驴背上，两人共骑一驴，后来看见的人却说他们残酷，太没有善心，把驴子累得要死。于是他们都从驴背上下来，走了不久，又有人笑话他们，说他们是呆子，空着现成的驴不骑。于是老人对孩子说：我只剩下一个办法了，就是我们俩抬着驴走。

为了得到他人的好感、好评，就去刻意改变自己，扭曲自己，迷失自己，因一失之累，烦恼一生，痛苦一生。因为人们对一个人的反映总是像各种各样的多棱镜，不会一致说好，即使你做得再好，也会有人说不好。

屈辱可以成为前进的动力

说到屈辱，最广为人知，最被人称道的，恐怕就是韩信受胯下之辱的事迹了。韩信年轻时，家穷，整日游手好闲，什么都不愿干，他身强力壮。却靠讨饭过生活，一无所长，家乡人都瞧不起他。

有一天，一群无赖拦住韩信，其中一个说："如果你有胆量不怕死，你就把我杀了；如果你怕死，就从我的裤裆下钻过去，否则绝不和你善罢甘休。"韩信狠狠盯着他，手不自觉地攥紧了，过了许久，他松开手，趴在地上，居然从那人胯下爬过去。为此，家乡人更瞧不起他。

屈辱，可以成为泯灭一个人理想之火的冰水，也可以成为鞭策一个人发奋成功的动力。如果没有这次胯下之辱，韩信还会不会为后人所知，还真值得怀疑。韩信的成功，是他没有被屈辱打倒，而是从屈辱中奋起。人们现在已无从知道韩信当时的心理感受，但从文字描述来看，有人认为韩信当时可能更多的考虑是看到对方人多而屈从。其实韩信是为图将来干大事暂且不在意这种屈辱。

像韩信这种胯下之辱，亲身经历的人不会多，但一个人被数人围攻打劫，遭受屈辱和韩信胯下受辱有相似之处。不同的是，韩信从胯下爬过去后站了起来，而且站到了人前头，更多的人是爬了过去，却没有站起来或站起来却永远地弓着腰。

遭受屈辱对韩信来说变成了好事。而对更多的人来说，却变成了坏事，沉甸甸地坠在心底，就像邪恶的痛苦种子，种在心底幸福的土壤中，随时都会伸出它恶毒的牙齿,刺一下你的幸福。

心理学家认为:人有三大精神能量源——创造的驱力,爱情的驱力,压迫、歧视的反作用驱力。屈辱就是一种精神上的压迫,屈辱就像一根鞭子,既能鞭策你鼓足勇气,奋然前行,也会鞭打得你鲜血淋淋,体无完肤。而鞭柄,握在你自己手里。

受辱的人,会有三种不同的情况。一种情况是像韩信那样从此振作起来,有所作为;一种情况是从受辱的阴影中走出来,但仍然不会有作为;再有一种情况是根本从受辱的阴影中走不出来,从此萎靡不振、意志消沉,就此破罐子破摔。

善于从屈辱中学习,实在是成就业绩的一个重要因素。记得一位先哲说过,无论怎样学习,都不如他在受到屈辱时学得迅速、深刻、持久。屈辱使人学会思考,体验到顺境中无法体会的东西;它使人更深入地去接触实际,去了解社会,促使人的思想得以升华,并由此开辟出一条宽广的成功之路。

能够从屈辱中走出来,即使没有像韩信那样的大作为,也是人生的一种成功。

风物长宜放眼量,受一时之辱,换得未来个人价值的实现事业的成功是值得的。

对待嫉妒,要有好的心态

何谓嫉妒? 嫉妒就是害"红眼病",就是当一个人发现其他人在某些方面(如金钱、才能、地位、名誉甚至爱情等)比自己强时,就会产生一种说不出来的情绪感受,如难受、不舒服、烦恼、痛苦、怨恨,从而竭力想超过他人,甚至破坏他人的心理状态。

嫉妒是人类最为常见的一种心理现象,它是一种微妙的情感,强烈而又隐蔽,即使你不愿意承认,它也会时不时地表现出来,但这并不见得是件坏事。心存适当的嫉妒,是不甘示弱的表现,可以转化为自己前进的动力,超越别人的推力。

比如看见别人在某一个领域获了大奖,或在技术上比自己高出一筹,或在学习上出类拔萃,就会既羡慕又不服气,心里暗下决心,一定要赶上或超过他。有这样的嫉妒心,对于自己和社会未尝不是一件好事。所以不要太计较别人的嫉妒。但这只是嫉妒的一方面,另一方面如由嫉妒而使坏,去诋毁和阻拦别人,自己达不到别人也休想达到,这样的嫉妒就有点可怕了。这种情况下,嫉妒就成了灾难的根源。

三国演义中的周瑜就是一个例子。他嫉妒诸葛亮的智谋,三番五次难为诸葛亮,诸葛亮每逃离一次嫉妒的迫害,就使周瑜的嫉妒增加一分,周瑜最终因为嫉妒送掉了自己的性命。

成语"二桃杀三士",讲的是皇帝赐予三个大臣两个桃子,三个人分两个桃子,互不相让,于是决定以决斗定胜负,最后,三人都因桃子而死。

人们通常以为嫉妒是女人的专利，其实不然，男人同样是嫉妒的受害者。女人容易嫉妒，但女人也容易消除嫉妒，并且当女人嫉妒的对象遭到厄运时，女人会转而同情对方；男人的嫉妒则像不断蔓延的毒藤，甚至会使他们失去理智，以报复来平衡自己被扭曲的心。

那么，一般人会嫉妒什么样的人呢？亚里士多德有这样一段非常直白的说明——我们嫉妒那些在时间、空间、年龄或声望方面接近我们的人，也嫉妒与我们竞争的对手。我们不会嫉妒那些生活在一百年以前的人，那些未出生的人，那些死人，那些在我们或他人看来，远低于或高于我们的人。我们恰恰嫉妒那些和我们有相同奋斗目标的人。

你嫉妒别人，也会被别人嫉妒。别人的嫉妒，是从反面证明了自己优秀或者卓越。不要被嫉妒打倒，如果别人的嫉妒就能把你打倒，这说明你虽然可能是优秀的，却不是最优秀的，尤其是在意志上。

冯骥才写过一篇关于富人区的故事，提到了不同人的嫉妒心态。

刚到美国，一位美国朋友陪他去富人区观光。看着那些千姿百态的房子和庭院，个个幽雅、宁静、舒适，恍若人间天堂。冯先生问身边的美国朋友："你们看见富人们住在这么漂亮的房子里，会不会嫉妒？"这位美国人惊讶地看着他说："嫉妒他们？为什么？他们能住在这里，说明他遇上了一个好机会。如果将来我也遇到好机会，我会比他们住得还好！"这是一个标准的"老美"式答案。美国人很看重机会。后来冯先生去日本，日本朋友也热情地陪他去看富人区。冯先生又问日本朋友同样的问题，这位日本人想了想。回答道："不会的，如果一个日本人见到别人比自己强，通常会主动接近，以便把他的长处学到手，再设法超过他。"日本人真厉害！回国后，他将同样一个问题问一位南方人时，得到的回答却是："何止嫉妒？恨不得把那小子宰了！"

也可能是文化差异的缘故，相同的嫉妒会导致不同的结果。

对待嫉妒，要有好的心态和正确的应对方法。如果面对的嫉妒是恶意的中伤，最容易做出的也是最下策的反应就是反唇相讥。因为这样，你会因为别人的无聊，而使自己也变得无聊，上了别人的圈套。智者的做法是："我不如你，这是现实，但是我可以努力，增强自己的知识和本领，在不久的将来超过你。"

很多人都有嫉妒之心，但并非任何人都会被嫉妒所伤，只有那些虚荣心极强、心胸狭窄和贪婪的人，有一定位子又唯恐下级超过自己的人，思想偏执、"夜郎自大"的人，好胜心过盛却存有不良动机的人……只有这些过于嫉妒的人，才会为嫉妒所伤。

自己把握命运

当你为渴望已久的东西付出很多的时间和心血,却发现自己依然与它失之交臂的时候,你便常会想到命运。

命运,一种神秘莫测、若有若无的力量,总是在同你的执着做着无休止的人生游戏。它就像一个无情的指挥棒,全然不顾你的喜好,把你推入一个个陌生的地方、危险的领域,让你的生命起起落落。它又是张大网,你被束缚其中,苦苦挣扎,刚刚感到有些光明,有些希望,却又立刻被它毫不费力地拉了回来。

在命运的面前,你能说什么? 无奈、叹息、愤懑,抑或是坦然、平静?

当你历经艰难险阻,却发现自己不仅没有到达目的地,反而迷失在路途上时;当你夜以继日地苦读,却总是与理想的学校无缘时;当你辛辛苦苦、兢兢业业的奋斗换来的却是一无所有时;当你愿意赴汤蹈火、一生相守的他(她)毅然决然地离你远去时;当你被突然而来的灾难砸得麻木,几乎没有知觉时,你是否感到了命运朝你做出的狰狞鬼脸?

而当你获得了意外的财富,比如无心而赢得一笔大奖,比如得到丰厚的馈赠,比如突然间由一只"丑小鸭"变为翱翔在天空的"天鹅"时,你是否觉得命运实在是一个奇妙的精灵,向你现出美丽的微笑?

没有一个人能在完全的好运中度过一生,每个人都会遇到坏的命运,都需要面对灾难,只是你对它的态度不同罢了。

记忆中有很多不敢向命运说"不"的人。伟大的诗人陆游,对于自己深爱着的唐婉,对于他们的幸福婚姻,没敢坚持抗争到底,只因自己母亲不喜欢唐婉,陆游就将自己爱人的幸福,将自己的幸福交给了无情的东风。陆游在向命运低头的同时,也离他的快乐远了更多。尽管他后来明白了这一点,但一切都已晚矣,偌大的沈园,只剩下诗人的叹息:"错! 错! 错! 莫! 莫! 莫!"

虽然后人因此而得到两首凄艳哀婉的人间绝唱,但这比之两颗彼此相爱的心所受的煎熬,实在让人不忍卒读。你选择"认命"的时候,其实是想逃避现实,因为你觉得将要面对的是沉重的压力,可是你忽视了,在"认命"的同时,你就已给自己背上更沉的包袱,而且这种包袱,随着岁月的流逝,会更使你感到窒息。躲避了一时,又怎能躲过一世?

记忆中也有很多敢于向命运说"不"的人。为人熟知并景仰的音乐家贝多芬,就经历了非常不幸的命运,正当他的音乐创作进入成熟期时,他的听力急剧衰退,五十岁左右,他就再也无法听见自己的音乐了。一个聋子和音乐,几乎是无法想象的组合。很多人都为贝多芬感到惋惜,但他并没有向命运低头,而是凭着自己对音乐的挚爱,用心去聆听、去感受音乐,终于创作出了震撼人心的《命运交响曲》《英

修心妙点子

图文珍藏版

雄交响曲》等。这些音乐。是用生命谱就的,它象征着贝多芬在命运面前顽强拼搏的精神,也象征着人类在命运面前顽强拼搏的精神。是对于命运的不屈从,是对于音乐的挚爱,让贝多芬征服了命运,创造出奇迹。

只有不敢去碰的刺蜇人才是最疼的,就像只有不敢走进的黑夜才是最黑一样,这有心理的作用,但也是事实。

命运如此,艰难挫折也是如此。

你选择"抗拒"的时候,就选择了艰难,这种艰难虽然强大,但你一旦选择了它,它就已经开始脆弱了。

欲望太多造成心灵的贫穷

有座山,山里有一个神奇的洞,里面的宝藏足以使人一生享用不尽。但是这个山洞一百年才开一次。有一个人无意中经过那座山时,正巧碰到百年难得的一次洞门大开的机会,他兴奋地进入洞内。发现里面有大堆的金银珠宝,他急忙快速地往袋子里装。由于洞门随时都有可能关上,他必须动作很快,并且要尽快离开。

当他得意扬扬地装了满满一面袋珠宝后,神色愉快地走出了洞口,出来后却发现帽子忘在里面了,于是他又冲入洞中,可惜时刻已到,他和山洞一起消失得无影无踪。

故事很简单,却耐人寻味。

贪婪的人,被欲望牵引,欲望无边,贪婪无边。

贪婪的人,是欲望的奴隶,他们在欲望的驱使下终身忙忙碌碌,不知所终。

贪婪的人,常怀有私心,一心算计,斤斤计较,却最终一无所获。

古语说:"人为财死,鸟为食亡。"人不能没有欲望,不然就会失去前进的动力,但人却不能有贪婪,因为贪欲是个无底洞,你永远也填不满。苏联教育家马卡连柯曾经说过:"人类欲望本身并没有贪欲,如果一个人从烟雾弥漫的城市里来到一个松树林里,吸到清新的空气,非常高兴,谁也不会说他消耗氧气是过于贪婪。贪婪是从一个人的需要和另一个人的需要发生冲突开始的,是由于必须用武力、狡诈、盗窃,从邻人手中把快乐和满足夺过来而产生的。"

一个穷人会缺很多东西,但是,一个贪婪者却是什么都会缺!

贫穷的人只要一点东西就可以感到满足,奢侈的人需要很多东西也可满足,但是贪婪的人却需要一切东西才能满足。所以贪婪的人总是不知足,他们天天生活在不满足的痛苦中,贪婪者想得到一切,但最终两手空空。

现代社会是一个极具诱惑力的社会,是一个欲望膨胀的年代,人们的心里总是塞满欲望和奢求,追名逐利的现代人,总是奢求穿要高档名牌,吃要山珍海味,住要乡间别墅,行要宝马香车。一切都被欲望支配着。

法国杰出的启蒙哲学家卢梭曾对物欲太盛的人做过极为恰当的评价,他说:"10岁时被点心、20岁被恋人、30岁被快乐、40岁被野心、50岁被贪婪所俘虏。人到什么时候才能只追求睿智呢?"的确,人心不能清净,是因为欲望太多,欲望的沟壑永远填不满,人心永不知足,没有家产想家产,有了家产想当官,当了小官想大官,当了大官想成仙……精神上永无宁静,永无快乐。

有一个人想得到一块土地,地主就对他说,清早你从这里往外跑,跑一段就插个旗杆,只要你在太阳落山前赶回来,插上旗杆的地都归你。那人就不要命地跑,太阳偏西了还不知足。太阳落山前,他是跑回来了。但人已精疲力竭,摔个跟头就再也没起来。于是有人挖了个坑,就地埋了他。牧师在给这个人做祈祷的时候说:"一个人要多少土地呢?就这么大。"

人生的许多沮丧都是因为你得不到想要的东西。其实你辛辛苦苦地奔波劳碌,最终的结局不都是只剩下埋葬你身体的那点土地吗?伊索说得好:"许多人想得到更多的东西,却把现在所拥有的也失去了。"这可以说是对得不偿失最好地诠释了。

其实,人人都有欲望,都想过美满幸福的生活,都希望丰衣足食,这是人之常情。但是,如果把这种欲望变成不正当的欲求,变成无止境的贪婪,那你就无形中成了欲望的奴隶了。在欲望的支配下,你不得不为了权力,为了地位,为了金钱而削尖了脑袋向里钻。你常常感到自己非常累,但是仍觉得不满足,因为在你看来,很多人比自己的生活更富足,很多人的权力比自己大。所以你别无出路,只能硬着头皮往前冲,在无奈中透支着体力、精力与生命。

扪心自问,这样的生活能不累吗?被欲望沉沉地压着,能不精疲力竭吗?静下心来想一想,有什么目标真的非让你实现不可,又有什么东西值得你用宝贵的生命去换取?朋友,让我们斩除过多的欲望吧,将一切欲望减少再减少,从而让真实的欲求浮现。这样,你才会发现真实的、平淡的生活才是最快乐的。拥有这种超然的心境,你就能做起事来,不慌不忙,不躁不乱,井然有序。面对外界的各种变化不惊不惧,不愠不怒,不暴不躁。而对物质引诱,心不动,手不痒。没有小肚鸡肠带来的烦恼,没有功名利禄的拖累。活得轻松,过得自在。白天知足常乐,夜里睡觉安宁,走路感觉踏实,蓦然回首时没有遗憾。

古人云:"达亦不足贵,穷亦不足悲。"当年陶渊明荷锄自种,嵇康树下苦修,两位虽为贫寒之士,但他们能于利不趋,于色不近,于失不馁,于得不骄。这样的生活,也不失为人生的一种极高境界!

人生好像一条河,有其源头,有其流程,有其终点。不管生命的河流有多长,最终都要到达终点，流入海洋，人生终有尽头。活着的时候，少一点儿欲望，多一点快乐，有什么不好？

第四章　扔下包袱，一路欢笑一路歌

能放下是一种领悟、一种在历经磨难后的豁达，因为有时候想放下也不一定能放下。"放下包袱，且歌且行"——对于生活，你要积极应对，放下精神和物质的"包袱"。以一种超然的态度去看待人生、创造人生、享受人生。不要因为一点点与目标无关的小事使自己的身体和心理承受不必要的压力，"放下"便是为自己打开一扇通向光明的窗，"放下"便是选择了一条豁然开朗的欢乐之路。

钱买不来幸福

钱带给人的好处多得说不完。当商品交换发展到以货币为媒介，并在某种程度上用来衡量人的价值的时候，金钱的魅力越来越大，开始成为众多人追求的对象，有人深信"有钱能使鬼推磨"，为此不惜铤而走险。

因此，许多聪明的现代人不顾一切地去赚钱。许多人认为只有赚够了足够的钱，便可以幸福快乐地享受人生了。

在市场经济中，金钱是市场的"通货"，其作用可谓神通广大，可以买到市场上出售的一切东西。于是便有人推崇"金钱万能论"，于是便有人不惜牺牲健康来换取金钱。金钱成了幸福的代名词。

虽然生活中离不开金钱，但钱多了就快乐吗？事实并非如此。如今许多人钱赚得越多，反而负担越重，就是因为钱赚得越多，就花费越多，花费越多，就必须去赚更多的钱来支付更多的开销，也必须花更多时间去管理金钱和投资。金钱的诱惑是个巨大的无底洞，你永远也填不满，如果陷入其中，便只能活在追逐金钱的强大压力及追而不得的懊恼中，深深陷入而不能自拔。

在实际生活中，没有钱是不行的。假如遭遇困厄，生活拮据，身患重病……人们总是那样渴望金钱，渴望它给人们健康，渴望它让人们摆脱困境，渴望它给人们带来舒适生活。这一切，的确无可厚非。可是，一旦对它有过多的贪欲，把它当成生活唯一的目标，一旦心灵完全被金钱占据，那你便永无安宁之日了，因为它会让你丧失人格、尊严、友情等，甚至为钱葬送了自己的一生。当一个人被金钱所异化时，他会什么事情都干得出来的。某些人民的公仆，由于贪欲膨胀，会把国家的机密出卖，会把大笔的巨款据为己有，甚至会侵吞国家拨的救灾款……妙龄的女子，由于铜臭腐蚀了灵魂，会把名誉、贞操、廉耻统统扔掉，用肉体换取金钱，以至葬送了自己的青春。金钱被看作神圣的、万能的、第一位的东西时，人便丧失了生命中一切宝贵的东西，人生便毫无幸福可言，人便不能再称之为人。一个最后"穷"得只剩下钱的人，一定活得很累、很乏味、很空虚。

有些人信奉金钱至上，金钱万能。说什么"金钱主宰一切"，"除了天堂的门，金子可以叩开任何门"等等。他们视金钱为上帝，不择手段去得到它。他们一边用损坏良心的办法挣钱，一边又用损害健康的方法花钱。钱越多的人，内心的恐惧越深重，他们怕偷，怕抢，怕被绑票。他们时时小心，处处提防，惶惶不可终日，寝食难安。恐惧的压力造成心理严重失衡，哪里有快乐可言？其实，钱财乃身外之物，生不带来死不带走，应该取之有道，用之有度。金钱也并非万能，健康、友谊、爱情、青春等都无法用金钱购买。金钱是一个很好的奴隶，但却是一个很坏的主人。人们应该做金钱的主人，而不应该沦为它的奴隶。

钢铁大王安德鲁·卡耐基说："一个人死的时候还极有钱，实在死得极可耻。"要有合于时代的金钱观，即合理地支配你们拥有的钱财。在《赢家的强运法则》一书中作者这样写道：这句话说来容易，实际做来却有困难，因为人对事情的想法和创意，多多少少曾受限于生长的环境，所以虽然知道，却不容易做到。因此，我要告诫大家一个基本的哲学命题：做金钱的主人，不要做它的奴仆！换句话说，不要被金钱束缚，单是这个基本的想法，就值得跨越任何时代而铭记在心。人们虽然难以达到洛克菲勒的境界和卡耐基所说的标准，但作为普通人，却也可以在金钱的植培里活出自己的样子。诚如托尔斯泰所说的那样：钱只有在使用时，才会产生它的价值，如果放着不用，就根本毫无意义。让金钱为我所用，为人所用，而不要成了不肯花钱的可怜的守财奴，这样的人生才能痛快潇洒。

幸福的宝塔不是用钱堆起来的，生活中还有许多远比钱更有意义的东西值得你去追寻，比如爱情，比如友谊，比如健康……有句名言说得好："能用钱买来的都不贵"。不要让钱挡住你的眼睛，不要让钱成为套住你心灵的枷锁。做一个洒脱的现代人吧！切记，钱乃身外之物，生不带来，死不带去，如果连生命都丢了，钱再多又有何用？

世上有很多比钱更宝贵的东西，譬如崇高的理想、伟大的事业、高尚的道德、优良的品质、无私的友谊、忠贞的爱情，等等。正如一位知名国际问题专家所言：钱可以买到房屋，但买不到家；可以买到药物，但买不到健康；可以买到珠宝，但买不到美；可以买到伙伴，但买不到朋友；可以买到虚名，但买不到实学；可以买到权力，但买不到威望；可以买到"小人的心"，但买不到"君子的志"。

人们世界观所决定的思想、立场、情感是对待钱的"总开关"。只要把好世界观这个"总开关"，就不会被钱所左右。虽然一些犯罪分子在东窗事发时，总是悲叹"我真糊涂，是钱害了我"，但如果不是人生观扭曲、信念丧失、道德败坏，又怎么会沦为金钱的奴隶、人民的罪人？钱是一面镜子，干净的人照出洁白无瑕，污浊的人照出丑陋嘴脸。对于钱,培根强调"应当用正当的手段去谋求",靠"卑劣手段得来的财富却是肮脏的"。如果以有钱为乐、以享受为人生追求,必然会挣黑钱、贪不义之财,聚敛越多越是不幸,越是罪过。

内心的认同才是真正的财富

一个富人去拜访一位哲学家,请教他为什么自己有钱后变得越发狭隘自私了。哲学家把他带到窗前,问:"向外看,告诉我你看到了什么?"富人说:"我看到外面世界的很多人。"哲学家又将他带到一面镜子前,问:"现在你又看到了什么?"富人回答:"我自己。"哲学家一笑说:"窗子和镜子都是玻璃做的,区别只在于多了一层薄薄的银子。但就是因为这一点银子,便叫你只看到自己而看不到世界了。"

雅虎CEO杨志远说:"很多人把钱看成人生目标,或者职业的目标。我不是在有钱的家庭里长大的,有的人家里没有钱,所以很需要钱;也有的人没有钱,但一家人仍然过得很快乐,我属于后一种家庭。所以,在这一点上我认为,有一个快乐的家庭,有很好的朋友;不是在物质上,而是在精神上得到心灵的快乐,这是最重要的。"

不知拜金主义者是什么心态,或许对于他们来说,金钱就是一切。但人们却可以用另一种姿态让他们看到,金钱买不来快乐,买不来朋友,买不来精神上所需要的一切。看来,在这个物欲横流、纸醉金迷的世界里还有金钱所无能为力的事情。

一个人的财富观肯定是受其人生观、价值观等的影响。其实不管一个人的财富状况如何,平和、健康、积极向上的心态是最重要的。它是决定人们行事的根本。如果一个人无论是在腰缠万贯还是一文不名的情况下都能做到"不管风吹雨打,胜似闲庭信步"的从容和优雅,你就拥有了一生中最大的财富。

真正的财富是一种内心的认同,而不是一种鼓动。当很多的人不顾一切追逐金钱的时候,其实他们在做一个赔本的买卖,结果他们输得精光。除了钱,什么都没有了。

慢一步并不一定是坏事

有两棵大小相同的树苗,同时被主人种下,也被一视同仁地细心照料着,不过,这两棵树的起跑点虽然相同,后续的成长状况却大不相同。

第一棵树拼命地吸收养分,一点一滴储备下来,仔细地滋润身上的每一根枝干,慢慢地累积能量,默默地盘算如何让自己扎扎实实、健康苗壮地成长。

另一棵树也一样非常努力地吸收营养,不过它追求的目标与第一棵不同。它将养分全部聚集起来,并使劲地将这些养分推至树端,一心想着如何让开花结果的时间提早来到。

第二年，第一棵树开始吐出了嫩芽，也十分积极地让自己的主干长得又高又壮；而另一棵树也长出了嫩叶，不过它却迫不及待地挤出了花蕾，似乎随时都可以开花结果。

这个景象让农夫非常吃惊，因为第二棵树的成长状况非常惊人。只是。当果实结成时，由于这棵树尚未长成，却提早承担了开花结果的责任，因此一时间吃不消，把自己折腾得累弯了腰，至于所结的果实更是因为无法充分吸收养分，比起一般正常的果实要酸涩。

再加上它的体型矮小，许多孩子都喜欢攀上树端嬉戏玩乐，并且拿那些还未成熟的果实游戏，时日一久，这棵树在身心受创的情况下，逐渐失去了生长的活力。

第一棵树的情况却完全相反，原本不被看好的它，反而越来越茁壮，在经年累月的耐心等待之后。终于花蕾绽放。

由于养分充足、根基稳固，不久结成的果子也比其他的树更大更甜，而那急于开花结果的第二棵树却日渐枯萎。

很多人就像第二棵树一般，只学会了皮毛，便急着出头与表现，然而，当他的皮毛用尽，也就意味着能力不过如此而已。

这时候，不仅难以占有立足之地，还会跌到更深的谷底，甚至连重新开始的机会都很难找到。

有人怨天尤人，有人感叹世事变迁，那低低的话语中尽是对生活的厌恶，对人生的绝望，难道自己的生活就这样平庸吗？只要你能以平常心面对人生，进而发现生活中的美，你的人生就有无尽的价值。

漫步在幽深的小路上，呼吸着清新的空气，透过树荫，阳光在地上洒落无数碎石般的斑纹。微风拂过，扑面而来的是淡淡的花香，使人心旷神怡。仰天长望，白云掠过，几丝白云在轻轻地飘。哼一首无名的小曲，默念一首小诗。你感受到生活之美了吗？

在生命漫长的旅程中，你会遭遇这样那样的挫折和困难，但也正是因此，生命变得更加丰富多彩。没有人希望自己的一生是在平淡无奇、庸庸碌碌中度过，那样似乎总觉得是枉来人间走一趟。那么，当挫折和困难要来点缀我们生命的时候，你为何还要远避！

在你困难之际，一双双温暖的手会向你伸来，在你欢乐之际，一句句祝福会向你飘来，在你悲伤之时，安慰的话、贴心的话会抚慰你受伤的心……这都是你的幸福，这都是生活中的美啊！

生活本身是快乐的。何必因为一些事情而生气呢？遗忘它，放走它。用想象的方法，假设它是一只气球，被扎破后，慢慢缩小，"气"也随之飘到九霄云外。选择遗忘，一定能让自己感到舒服、放松。你的生活负担正在渐渐消失，你感受到了吗？

品味生活，在于抓住生活的空隙。一些不经意间发生的事情，往往会带来许多欢乐。

生活的意义，正如一杯清茶，越冲越香，越品越醇。谁都能体会到它的清苦，可只有细细品味，才能体会到其中的香醇。

一寸光阴一寸金，今天的每分每秒都值得珍惜。因此，品味你眼前的每一刻，尽你可能地淋漓尽致的生活。偶尔的时候，不妨放慢前进的脚步，领着你的蜗牛去散散步，你就会领略很多在忙碌中错过的美景。

心怀诡计的人永远得不到快乐

凡是太聪明、太能算计的人，实际上都是很不幸的人，甚至是多病和短命的。

一个太能算计的人，通常也是一个事事计较的人。无论他表面上多么大方，他的内心深处都不会坦然。算计本身首先已经使人失掉了平静，陷在一事一物的纠缠里。而一个经常失去平静的人，一般都会引起较严重的焦虑症。一个常处在焦虑状态中的人，不但谈不上快乐，甚至是痛苦的。

爱算计的人在生活中，很难得到平衡和满足。反而会由于过多的算计，引起对人对事的不满和愤恨。常与别人闹意见，分歧不断，内心布满了冲突。

爱算计的人，心胸常被堵塞，每天只能生活在具体的事物中不能自拔，习惯看眼前而不顾长远。更严重的是，世上千千万万事情，爱算计者并不是只对某一件事情算计，而是对所有事都习惯于算计。太多的算计埋在心里，如此积累便是忧患。忧患中的人怎么会有好日子过？

太能算计的人，也是太想得到的人。而太想得到的人，很难轻松的生活。往往还因为过分算计引来祸患，平添麻烦。

太能算计的人，必然是一个经常注重阴暗面的人。他总在发现问题，发现错误，处处担心，事事设防，内心总是灰色的。

太能算计的人，目光总是怀疑的，常常把自己摆在世界的对立面。这实在是一种莫大的不幸。太能算计的人骨子里还贪婪，拥有更多的想法，成为算计者挥之不去的念头，像山一样沉重地压在心上，生命变得没有彩色。

很多人都曾经说过"难得糊涂"四个字，但真正理解其含义的，又有几人呢？

当初郑板桥为官之时，将官场、世事看得太清楚、太明白、太透彻而又无以为释之时，又因其性情刚直，不谄媚、不圆滑，而不平不公之事太多，凭一己之力却又无能为力的时候，只好在"糊涂"之中寻求遁世之术。

如今，每个人都希望自己聪明，越聪明越好，越聪明越显示自己为人处世的高明。可是,任何事情都不是绝对的,聪明过头并非是件好事。王熙凤不是机关算尽太聪明,反误了卿卿性命吗?看来一个人还是别过于精明,知道得太多,事事计较,反而会让人伤神。

聪明有大聪明与小聪明之分,糊涂亦有真糊涂、假糊涂之别。

北宋人吕端,官至丞相,是三朝元老,他平时不拘小节,不计小过,仿佛很糊涂,但处理起朝政来,他却机敏过人,毫不含糊。宋太宗称他是"小事糊涂,大事不糊涂"。有一种人恰恰相反,只要是便宜就想占,只要是好处就想贪。为了一点小利,不顾前程;为了一点小过,推三搡四。这种人看似聪明,其实再糊涂不过。

人毕竟没有三头六臂,当你事事比别人聪明时总会引起别人的反感和嫉妒,终究"明枪易躲,暗箭难防",导致自己受到无谓的伤害。真正聪明的人,大可不必在一些琐碎小事上锱铢必较,此时"糊涂"一下又何妨?只要能在大事上、原则上保持清醒头脑就行了。为人处世,千万不要在小事上纠缠不休,搞得自己精疲力竭,心绪不宁,而到了大事面前,却又真的糊涂了。这样的生活,太得不偿失了。

小事糊涂者,轻权势、少功利、无烦恼,则终成正果;大事糊涂者,则朽木不可雕也。

俗话说:真正聪明的人,往往聪明得让人不以为其聪明。这句话的本意不也就是难得糊涂的内涵吗?聪明的人表面愚拙、糊涂,实则内心清楚明白,这不是一种更为高明的处事艺术吗?

在瞬息万变的现代社会中,许多事情非要寻出个究竟,有时也是不现实的。多一点"糊涂",少一点计较,何尝不是另一番开朗、超脱的生活风光呢?

功名实为浮名

在岁月的长河中,在历史的篇章中,有许多人被视为伟人。他们崇高的人格,伟大的功绩,使人类将牢牢记住他们的名字。他们深邃的目光,深刻而崇高的思想与风范气质,超越常人,达到众人难以企及的高度,在人类的社会中,他们如同夜空中灿烂的群星,在黑暗中闪烁着神圣、耀眼的光芒。

人生一世,短短几十年,总有一天连生命都不得不放弃,还有什么看不开的呢?懂得放弃的人往往要比一味追求的人得到的更多些,也更放松些和快乐些。人生的路很宽,为官为民,有钱没钱,一样可以活得有滋有味,只不过各有各的活法而已。民有民的乐,官有官的忧;穷有穷的喜,富有富的悲,此皆随个人与环境的不同而变化,你真的没有必要处心积虑地去追求不属于自己的东西。

当然,平常心并不是寻常人具有的,它是经历磨难、挫折后的一种心灵上的感悟,一种精神上的升华。"宠辱不惊,去留无意"说起来容易,做起来却十分困难。红尘的多姿、世界的多彩令大家怦然心动,名利皆你我所欲,又怎能不忧不惧、不喜不悲呢？否则也不会有那么多的人穷尽一生追名逐利，更不会有那么多的人失意落魄、心灰意冷了。只有做到了宠辱不惊、去留无意方能心态平和，恬然自得，方能达观进取，笑看人生。

"世人都说神仙好，唯有功名忘不了"，人人都想活得潇洒一点，轻松一点，快乐一点，但终其一生也潇洒不了，轻松不了。快乐不了。他们被什么东西拖住了，缠住了，压住了，这东西就是功名利禄。功名利禄成了人生的境界，似乎功名愈厚，人生也愈美妙滋润。其实功名利禄是一副用花环编织的罗网，只要你进去了，你就无法自在与逍遥。没有功名利禄，于是想得到功名利禄。得到了小的功名利禄想得到更大的功名利禄，得到功名利禄，又害怕失去功名利禄。人生就在这患得患失中度过，哪里品尝得到人生的甘美清纯滋味呢？世人只知道功名利禄会给人带来幸福，殊不知功名利禄也会给人带来痛苦。为了功名利禄，人们劳心、劳神、劳力。为了功名利禄，人们计划、忙碌、奔波。为了功名利禄，人们怀疑、欺诈、争斗。为了功名利禄，人们玩阴谋、耍诡计、溜须拍马。为了功名利禄，人们如履薄冰、患得患失。

孔子说："逝者如斯夫，不舍昼夜。"这世间的事物都像流水一样流动着，没有静止不变的，得失既是永恒的，也是易变的。有了付出才有回报，没有无回报的付出，也没有无付出的回报。付出越多，回报越大，没有付出就没有回报。一分耕耘，一分收获，"为人处，即是为己处"，说的都是这道理。企求不劳而获，像阿里巴巴与四十大盗中的叫声"芝麻开门"就可得到无尽财富一样，那不过是存于人们的幻想之中的"天方夜谭"而已。

在名利问题上，得失的对立似乎特别明显。然而究其实，两者总是相互转化的，得到反而意味着失去，失去反而意味着得到，甚至得失的不仅是名利，还有身家性命。在形式上放弃它，反而能够永久地保存。当刘备将死时，此时三分天下之势已确立，他看到诸葛亮确实是人杰，就劝他如果儿子阿斗可以辅助就加以辅助，如果实在上不了台面就自己做君称王罢了。而诸葛亮未必不是做君主的料，他甘做人臣，这似乎没有得到人主之高位与尊荣，但千载之后，他的英名却比任何一位皇帝都高。一句"鞠躬尽瘁，死而后已"，把他与历史与汉文字永久性地联系在一起。如果他废阿斗自立，那他前半生的一切英名，都将被篡权者的恶名所掩盖。

培根说："真正之名誉，在虚荣之外。""名誉像一条河，轻漂而虚肿地浮在上面，沉重而坚实的东西沉到底下。"如同稻田里的稗子一样，与名誉孪生的是虚荣。巴斯卡说："虚荣心在人们的心中如此稳固，因此每一个人都希望受人羡慕；即使写这句话的我和念这句话的你都不例外。"这只是指一般人的正常心态，但虚荣心过强会给人带来无穷的烦恼。踏上虚荣的高台阶，必定迈进自私的低门槛。

其实呢，名誉不过是人生的化妆品，美的也好，丑的也罢，都不必太在意。俗话说："退一步阳光大道，进一步死路一条。"追求虚名是人类的一大弱点，是害别人也是害自己的祸患。应谈笑看虚名,追求事业,不为名利牵累。

累了自己,彩色人生变黑白

"生活真是太累了!"常听一些人喊出这样一句话。其实,生活本身并不累,它只是按照自然规律、按照它本身的规律在运转。说生活太累的人是他本人活得太累了。

是啊,生活的涵盖量是太大了。生活在这个世界上,你要为衣食住行去奔忙,要去应付各种各样的事,要去与各种各样的人相处。可谁又能保证你所接触的事都是好事,你所遇到的人都是谦谦君子呢? 即使是上帝掌握在你手中,恐怕也不会那么幸运,更何况并没有万能的上帝呢? 所以,生活中必然要有这样或那样的事,有喜就会有悲,有幸运之神也会有不幸的降临。人也是如此,有君子就有小人,有高尚之士就有卑鄙之徒。事物都是相对而生的,否则生活又怎么能称之为生活呢?只有各种各样的事、各种各样的人糅合在一起,才能构成色彩斑斓的世界,也只有这样的生活才是有滋味的。

在生活中,面对着各种各样不合自己心意的事,与各种各样不与自己性格相符的人相处,你会采取什么样的态度呢? 是坦然、磊落、轻松地对待,还是谨小慎微,抬头怕顶破天,走路怕踩到蚂蚁呢? 值得告诉大家的是,不要让自己长期生活在紧张、压抑之中,不要让自己的琴弦绷得太紧,也就是别活得那么累。必要的时候,放松一下自己,轻松地活着。

生活毕竟是公平的,对谁都一样,没有绝对的幸运儿,更没有彻底的倒霉鬼。你有这样的不幸,他还有那样的烦心事;别人有那样的好机会,你还会有这样的好运气。所以,千万别把自己说得那么悲惨,更不要把自己缠绕在自己织的网中,挣扎不出来。

感觉生活太累的人一般都是一些胆小怕事者。每说一句话都要考虑别人会怎么看待自己,会不会因为这一句话而伤害某人;每做一件事都要瞻前顾后,生怕因为自己的举动给自己带来不好影响。工作中,对领导、同事小心翼翼,生活中对朋友、邻居万分小心,那真是连个臭虫都不敢打死的"谨慎"之人。其实,你的周围有那么多人,而每个人的脾气都不一样,你不可能做到使每个人都满意。即使你样样谨小慎微,还是有人对你有成见。所以只要不违背常情,不失自己的良心,就要挺起胸膛来做人做事。

感觉活得太累的人往往不能很好地调整自己,每遇不幸之事发生时,不能辩证、乐观地去看待。而且容易对生活产生悲观想法,似乎世界末日就要来临了。哪怕是看电视时看到日本发生了地震,死了许多人,也会紧张得要命,夜里不得安睡,总是疑心地球要爆炸了,说不定哪天自己就上西天了。你说,这不是杞人忧天吗?

国学经典文库

中华点子库

修心妙点子

图文珍藏版

如果长此以往,总是生活在心情沉重、感情压抑之中,那将是非常可怕可悲的事。处处都要考虑得失,时时都要注意不必要的小节,你还有更多的时间去干大事,去成就你的大事业吗?回答当然是否定的。因为你连很小的一件事都要左思右虑,时间就在你的犹豫中溜走了。也许,当你老了的时候,你回过头来会发现自己是那么渺小,两手空空,一事无成。到那时,只有眼看着五彩斑斓的人生变成黑白无趣的了。

时刻感觉生活太累的人,必然看不到生活中光明的一面,更感觉不到生活的乐趣。因为他的时间统统用来盯住自己周围狭小的一点空间,而无暇顾及他事。而且,他的生活是非常被动的,因为他不愿主动去做什么,生怕天上飞鸟的羽毛砸了自己。这样的生活不会幸福,更没有快乐可言。

活得累的人很少有幽默感,更不会去放松一下自己,唯恐别人以为自己对生活不严肃。

活得累的人就像身上穿着一件厚重的铠甲:既不能活动自如,又不能脱去它,因为它太沉了,压在身上重如千斤。活得累的人就像永远戴着一副面具,这副面容在人前谨小慎微,在人后愁眉苦脸。真是太累了,让人喘不过气来。既然活得累是件很痛苦的事,既然生命对你来说又是那么宝贵、那么短暂,你何不换一种活法,活得轻松、幽默一点,努力去感受生活中的阳光,把阴影抛在后头。即使工作任务很重,也要抽出一点时间来放松一下自己,那样会对你的工作更有益处。

是的,乐观、豁达可以使人信心百倍,即使是天大的困难,他也能够克服。

多一点幽默感,那将使你觉得生活乐趣无穷。有人说中国人是不会笑的民族,这实在是一种侮辱。中国人性格虽然拘谨一点,但不会拘谨到不会笑的程度。当然,幽默并不等于笑话,一个油嘴滑舌喜欢说笑话的人并不一定有幽默感,相反,一个性格拘谨的人如果遇事豁达,则必定有不少幽默细胞。做人就应该多培养点幽默感,这是人类的特性之一。人生中有那么多不如意的事,能够有点幽默感,日子岂不好过得多。

笑对人生,万事都能泰然处之。这样,你就能活得轻松多了。

成功的代价不应该是损害健康

有这么一道选择题:你最宝贵的东西是什么? 答案 A.知识;B.财富;C.健康。毫无疑问,绝大多数的人会选择健康,没有健康的身体做载体,代表精神生活的知识和代表物质生活的财富都无从谈起。

"充沛的体力和精力是成就伟大事业的先决条件,这是一条铁的法则!"虚弱无力、没精打采的人有可能过上高雅的、令人羡慕的生活,但他很难走在人生的前列。

伟大的人物往往有着旺盛的生命力,因而身体中焕发出的生命力量是巨大的。"出师未捷身先死,长使英雄泪满襟",这是杜甫称颂诸葛亮的两句诗。

诸葛亮是我国三国时期一位足智多谋的政治家、军事家,有许多关于他的传说几乎被神化,成为"智慧"的代名词。

为了统一天下、结束混乱的局面,诸葛亮"六出祁山",但终因身体不佳而未能完成统一天下的重任。

你到处可以看见,某些有作为、有智慧、有才能的青年男女,为不健康的身体所羁绊,壮志未酬。天下最大的失望,莫过于有志而不能酬,感觉到自己有着大量的精神能力,而同时没有充分的体力作为拼搏的后盾;感觉到自己有凌云壮志,却没有充分的力量足以实现它,这是人世间最悲哀的一件事情。

诸葛亮

许多人之所以饱尝"壮志未酬"的痛苦,就因为他们不懂得去维持自己身体的健康。

李奋勇是一家银行的计算机专家。2005 年初,他被选拔为单位系统开发小组副组长。开发工作任务极其繁重,常常晚上加班到 12 点左右,平均一天要有十几个小时与计算机相伴而过。越是天热,计算机越"犯脾气",动不动就死机。人总感觉置身于紧张之中,即使回到家中也不能安下心来。他所负责的那部分工作是核心,所以感觉责任和压力都很大。项目内容总在脑中萦绕,挥之不去,如果不依靠酒力,就难以入眠。有一天在上班途中突然头痛,他以为是感冒了,但此后头痛就频繁发生了。精力也大为减弱,提不起劲儿来。后来在家人的劝说下去医院就诊,被诊断为身心疲劳综合征。

于海洋是一家电脑公司技术咨询部门的项目主管。随着互联网的迅速发展,他们所承接的业务急剧增加,完成期限越压越短。他白天在电脑前与顾客商谈,夜里又要编程序,这样持续了一个月左右就撑不住了,先是情绪焦虑、急躁,精神状态极为不好,后来发展到不想跟任何人说话。他还觉得眼睛疲劳难受,眼前似乎总有白色光点一闪一闪的。这些感觉不断加重,他只好去医院就诊,结果被诊断为身心过度疲劳。

21 世纪,快节奏的生活方式,已经成为人们身体健康方面的巨大威胁。

当你满心欢喜享受经济发展带来的舒适生活时,当你为自己的美好生活和家

修心妙点子

图文珍藏版

庭努力打拼时,你在没完没了应接不暇的劳作、会议、公务、应酬中,拼命在从自己的身体矿藏中索取甚至透支资源。

现在流行这么一句话:40岁之前用健康换金钱,40岁之后用金钱换健康! 多么形象的描绘啊! 如果你真正地了解了生活的本质时,就不应该再向健康去透支金钱、地位、荣誉了,因为,身体第一,工作第二。健康是你为之奋斗、赖以生存的一切,成功可以有一千种,但身体只有一个。你实在没有必要,为了成功去牺牲健康的身体。

正所谓:"留得青山在,不怕没柴烧。"

记住,再多的金钱买不来健康,再大的成功不能与健康等值。如果你能很好地按照科学、文明的生活方式,用健康的卫生知识来充实自己,那么每一天都是成功的人生。

忙里也要偷个闲

作为繁忙的都市人,你有多久没有躺卧在草地上,凝望苍穹,望天空云卷云舒,看夜空繁星闪烁了? 你有多久没有亲近大地,观草木荣衰了? 你有多久没有陪家人朋友共享一顿丰盛的烛光晚餐了? 很久了吧,对不对?

现代人太忙了,忙碌烦躁,是多数人生活的写照。每天总是忙、忙、忙,越忙碌,就越觉得生活茫然。不知为何要这么忙,却又是忙、忙、忙。于是,盲目、忙碌、茫然,成天游来荡去,累了、烦了,却还是摆脱不了。忙碌仿佛成了一种惯性,而一旦脱离了这种惯性,整个人又似没有了魂的幽灵,整天晃来荡去不知所措。偶尔工作的余暇有片刻的松懈,又仿佛是偷来的快乐,不敢受用。

商界一个名人在接受访时说道:"我每天工作超过18个小时,常常是连吃饭的时间都在工作。"而此人得到的结果竟是吃几场官司,坐了一次牢狱。并最终于47岁英年早逝。虽然累积了几亿财富,但在世时他得到的似乎仅仅是忙碌和烦躁而已。

忙碌已非一种状况,而成了一种习惯。没有人喜欢忙碌,但不忙碌又害怕自己会落伍,会被社会所淘汰。对于大多数人来说,淘汰的危机与发展的危机并存,因此许多人都处在不穷也不富的尴尬阶段,放弃工作便一穷二白,停下脚步便身心皆空。于是,只能马不停蹄地向前奔,只能用透支的身体作为生命中唯一的本钱,为"希望中的未来"而辛苦奔波。

没见过一个发条永远上得十足的表会走得长久,没见过一个马力经常加到极限的车会用得长久,没见过一个绷得过紧的琴弦不易断,也没见过一个心情日夜紧张的人不易得病。人们在尘世的喧嚣中日复一日地进行着各自的奔波劳碌，像蜜蜂般振动着生活的羽翼，难免会有种种不安。所以，你何不放慢脚步，静下心来想想，每分每秒的忙碌，除了累坏了身体，增加了脸上的皱纹外，你又得到了什么？

"革命尚未成功，同志仍需努力"，社会要发展，人类要进步，忙是自然要忙的。然而这绝不是人生的全部。人生不仅需要工作，也需要休息，不仅需要忙碌，也需要休闲。你不能无休止地忙，人生如果没有休闲，就像一幅国画挤满了山水而不留一点空隙，缺乏美感。人生没有悠闲，就不能领悟、体味、享受人生。所以忙碌中要学会偷闲。

泰戈尔在《飞鸟集》中写道："休息之隶属于工作，正如眼睑之隶属于眼睛。"不会休息的人就不会工作，只有休息好了，才能更好地工作，才会有更好的生活。如果一味地、盲目地去忙，连"革命"的本钱都搞垮了，那人生也就没有忙的意义了。

人生就像登山，不是为了登山而登山，而着重在于攀登中的观赏、感受与互动，如果忽略了沿途风光，也就体会不到其中的乐趣。人们最美的理想、最大的希望便是过上幸福生活，而幸福生活是一个过程，不是忙碌一生后才能到达的一个顶点。

古人云：一张一弛，乃文武之道。人生也应该有张有弛，也应该忙中有闲。人生就像条弦，太松了，弹不出优美的乐曲，太紧了，容易断，只有松紧合适，才能奏出舒缓优雅的乐章。

俗话说："磨刀不误砍柴工。"悠闲与工作并不矛盾。处理好二者的关系，最重要的是能拿得起，放得下。工作时就全身心投入，高效运转。该放松时就放松，把工作完全放在一边，不要总是牵肠挂肚。去钓鱼、去登山、去观海，想干啥就干啥。

其次就是工作休闲应该搭配得当，不能忙时累个半死，闲时又闲得让人受不了。可以隔三岔五地安排一个小节目，比如雨中散步、周末郊游、体育娱乐等。适时的忙里偷闲，可以让人适时从烦躁、疲惫中及时摆脱，为了更好地工作而积蓄精力。

负重而行的人生是暗淡的

一个人觉得生活很沉重，便去见哲人，寻求解脱之法。

哲人给他一个篓子背在肩上，指着一条沙砾路说："你每走一步就捡一块石头扔进去，看看有什么感觉。"

过了一会儿，那人走到了头，哲人问有什么感觉。那人明白了生活越来越沉重的道理。当人们来到世界上时，每个人都背着一个空篓子，然而人们每走一步都要从这世界上捡一样东西放进去，所以才有了越走越累的感觉。

于是那人问："有什么办法可以减轻这负重吗？"

哲人问他："那么你愿意把工作、爱情、家庭、友谊哪一样拿出来呢？"

那人不语。

哲人曾说过：当你感到沉重时，也许应该庆幸自己不是总统，因为他背的篓子比你的大多了，也沉重多了。

人生路坎坷的时日居多，升学、工作、晋级、成家哪一个环节都不可能一帆风顺，大部分时间人在负重而行，领导同事的误会、工作上的摩擦、生活上的不如意等，都是令人难过的原因，这时候，人就得有负重而行的心理承受力，否则不够宽容，不够豁达，不会变通，最终会把自己逼入死角。

负重而行当然是一种痛苦，但没有负重就不可能体会无重的轻松惬意，没有负重而行，也就无所谓责任，从而也就无所谓取得成就，当然也就体验不到上了坡后那种如释重负的快感了。没有负重的生命是不完整的生命，没有负过重的人生是不圆满的人生。

每个人都不知道未来怎样。但你不应该想生活怎样，应该多想想怎样生活。还是维持那颗平常心比较好，平淡的生活同样精彩。在平淡中品味出快乐才是真正的幸福。

人生这么短，何必要让自己在名利之中折腾呢？攀比只会产生烦恼。开奔驰的固然威风潇洒，并肩漫步又另有一番幸福甜蜜。怎么样才是一个完整的家？不是豪华洋房，昂贵花苑，而是两个人共同建筑、共同守护的"城堡"。这座"城堡"，牵着手才能找到，幸福是因为互相依靠。"城堡"的大小不在于它的实际面积，而在于两人心里的感觉。感情这个地基打得越牢固，你就越能强烈地感受到爱情的甜蜜。

压力是不可避免的，因此你应该学会缓解压力，以下建议仅供参考：

首先，要知道自己的目标。只要目标明确了，在行动上就不要发生动摇。人是需要精神支柱的，这个支柱是自己给自己树立的。有了这个心理上的强大动力，任何压力带来的疲惫和痛苦都是微不足道的。

其次，要会衡量自己的能力。知道自己的斤两，知道自己需要什么，能做到什么。无望的追求是空谈，每个人的理想都应该是脚踏实地的，就像吃惯了素菜的人非要去享受牛排，那油汪汪的东西固然很诱人，但真吃到自己肚里，半生不熟的还真消化不了。

第三，要仔细分辨自己的欲望是不是合理的。这个世界到底是有道德标准和行为准则的，随意突破规范是要承担后果的。假如你的欲望是不善良的，是会给自己带来痛苦或给别人带来伤害的，就应该果断摒弃，把这种黑色的欲望压力消灭于无形。

第四，缓解压力要讲究方式方法，要给自己一个健康、美好的心态。世界美丽纷繁，充满了阳光和温情，要懂得去欣赏她、接纳她、追求她。一时的痛苦是过眼云烟,长久的快乐是成熟心态应得到的回报。不要迷失方向、不要为情所困、不要妄自菲薄、不要贪得无厌,好好把握自己手中的幸福,每一分钟都会成为你自己的宝藏。

刘墉对人生的解释是:"面对人生的起起落落,人生的恩恩怨怨,却能冷冷静静一一化解,有一天终于顿悟,这就是人生。"

第五章　懂得放弃寻获释然

放弃是一种解脱,它可以使你寻回迷失的思想,恢复正常的心态。放弃不是盲目的舍弃,也不同于懦弱者的退却,它是为了某种目的而进行的有原则、有价值的主动选择。鱼与熊掌不能兼得,只有懂得放弃才能寻获释然。

人生经历之后更要懂得取舍

春秋战国时期,鲁国有一个人,他特别擅长打草鞋,他的妻子纺的白绸特别漂亮。他们在鲁国生活得并不开心,于是想搬到越国去。

有个从越国来的人告诉他说:"你们到了越国,一定会变得很穷的。"

鲁国人很奇怪地问是什么原因。

这个人解释说,打草鞋是为了给人穿的,而越国人并不喜欢穿鞋,他们通常都赤脚走路;织的白绸是为了用来做帽子的,但是越国人也不喜欢戴帽子,而特别喜欢披着长发。如果你们搬到不能施展自己才能的国家去,必然会受穷。

人们要学会发挥自己的长处,要在自己能够发挥长处的地方活动,否则很容易把自己的长处变成短处。其实人们如何取舍和自己的知识背景有很大的关系。因为有些对于某人来说不是资源的东西,对于别人来说可能就是大资源。因此,人们应该开阔自己的视野,看得多、经历得比较多,才有可能有更多的出路。

从前有个宋国人特别擅长配制防治冻手的药,他家祖祖辈辈都是靠这种药涂抹在手上,然后给别人漂洗棉絮来过日子的。

有一个外乡人听说了这件事情,便找到这个人愿意以一百两黄金买他的药方。宋国人很快把全家人招在一起商量该怎么办。最后的结果是自己家祖祖辈辈都干漂洗棉絮的活儿,一年到头也不过赚几两黄金。现在只要出售这个药方就可以一下子得到一百两黄金,那就把药方卖给他吧。

那个外乡人得到药方后,立即去拜见吴王。向吴王夸赞这种药如何如何有用。

这个时候正好越国出现内乱,吴王就派这个外乡人跟随他的部队去讨伐越国。当时正是寒冬季节,由于他的药很管用,尽管天气很冷,但是吴军丝毫没有受到影响,他们和越国军队进行水战。最后将越国军队打得落花流水。吴王得胜后特别高兴,立即就割出一块土地封赏给了这个献药方的人。

这种药能够让手不皲裂,功用始终是一样的。但是,有的人可以利用它得到封赏,而有的人虽然拥有它却依然避免不了继续做漂洗棉絮的苦活,这就是因个人眼界不同造成的。因此人们要学会开阔眼界,眼界越开阔,选择的机会越多,成功的可能性就会越大。

人们要寻找到适合自己的事情做也必须懂得不断学习,从来就没有一生下来就什么都知道的人。人都是在有意或者无意地学习,并且将学到的东西用于实践。对于一个人来说,学习永远都是必需的,尤其是现代社会,知识更新得很快,如果人们还抱残守缺,将自己以前的陈年知识作为炫耀的资本,而不思汲取新的知识,那么必然会很快失败。

人掌握的知识越多,思路就越开阔,所能做的事情就越多,自然就越有希望生活得比其他人都好。

不要有太重的得失心

一个人的得失心不要太重了,太重了会影响自己的成长。人生没有常用,也很少会有后悔,唯一后悔的是自己用了太多时间和精力去计较得失。

30年前,有一个年轻人想要离开故乡,去创造自己的事业。根据乡里的规矩,他动身的第一站应该去拜访本族的族长,以便求得指点。这个年轻人去见族长时,族长正在练字。当族长听说他想离开故乡去外地闯荡闯荡,想了想,就立即挥毫写了三个字:不要怕。然后望着年轻人说:"其实人这一生的秘诀没有什么。只有六个字,今天我可以先告诉你三个,我想这三个字已经够你半生受用了。"

30年过去了,当初离家的那个年轻人已经过了中年,取得了一些成就。但是也有了许多伤心事。此时他特意回到了家乡,去见那个族长。很快他来到了族长家,不过不幸的是,族长在几年前就已经去世了。然而族长的家人却取出一个封信给这个人,对他说这是族长留给他的东西。这个时候,还乡的游子才想起来30年前他还有一半的人生秘诀没有听到,打开信一看,里面赫然又是三个大字:不要悔。

不要怕,不要悔,这是对人生深刻的体会。人生没有常用,所以不要害怕什么。别人能做到的,自己同样也能够做到;别人做不到的,自己为什么不能做到。有了这种感悟,就不要再担心以后会发生什么。人不言败,最终都会取得成功。

所以不要后悔,不论曾经是否伤害了别人,或者是否做错了事情,都要告诫自己不要后悔。伤害过别人,想一个办法给别人以补偿;做错了事情,以后不要再犯同样的错误,这样才能进步。在未来的日子里才能够获得非比寻常的成就。

后悔是一种耗费精神的情绪,后悔是比损失更大的损失,比错误更大的错误。

不舍不得,大舍大得

舍得舍得,大舍大得,懂得放弃的人才会真正拥有自己想要的一切。

历史上永州人都特别善于游泳。有一天,河水突然暴涨,有几个永州人正乘坐在一条小船上。结果刚到江中心,船就漏水了。船上的人只好跳到水里往岸上游。其中最会游泳的一个人也使出了全身的力气,但还是没有平常游得快。他的同伴很疑惑,于是问他为什么今天这么吃力。那个人回答说:"我腰里缠着太多的钱,重得不行,所以今天特别吃力。"于是同伴劝他快把钱扔掉,但是这个人说什么也不肯。

过了一会儿,这个人更加没有力气了。那些已经到了岸上的同伴又大声劝说他扔掉钱,他摇摇头,最后他沉入水中淹死了。

人要舍掉生活的惰性。人一旦形成惰性,做什么事情都很难有激情,即使下定决心做一件事情的时候,往往一遇到困难就想退回到原来的生活状态之中。这就是如果想毁掉一个人就只需要让他安逸起来的原因。

人还应该舍掉目标以外的东西。因为人的时间和精力都很有限,只有把有限的时间和精力放在事业上,才能够确保取得最大的成功。每一个人定然有很多目标,但最后必须确定一个目标,然后努力将这个目标实现。但许多人常常会有一些不切合实际的想法,总想着为了逃避风险,便多确定几个目标,这样即使一个目标无法实现,另外一个目标也有可能实现。殊不知这种想法是最致命的,多个目标自然分散精力,一个目标无法实现,很容易像多米诺骨牌一样导致一片都无法实现。人在面临多个目标时往往不会全力以赴,而是以为这个不行,下个可以补充,以这样的心态,又怎么能实现目标呢?

最后,人应该舍掉的是以成功者自居的心态。也就是说人要有一种归零心态。不管以前怎么样成功,既然选择了从事新的事业,那么以前的成功都要一概抹掉,一切从零开始,一切从头再来。很久以前成功的经验并不符合今天的实际,但人们往往容易抱残守缺,容易相信自己曾经亲身经历过的一切,于是不相信理性的判断,不相信别人的劝说,一意孤行,其结果可想而知。

《吕氏春秋》记载了这样一个故事。

有个人路过江边，看见一个汉子正领着一个婴儿，想要把他投进江里去，婴儿吓得哇哇地乱哭乱叫。这人走上前去问那汉子："你怎么把婴儿往江里投呢？"那汉子说："怕什么？他的爸爸很会游水。"他的爸爸会游泳，他的儿子难道生来也会游泳吗？

很多创业者有其父善游的心态，认为自己曾经成功过，现在成功也是不难的事情，殊不知这是自欺欺人。

得失心太重的人往往放不开手脚，不能做到忘我。一个演员在演戏的时候应该很投入，绝对不应分心。那些不投入的人，往往会有太多的顾虑，这样是没有办法演好戏的。人在得失心重的时候不妨问一下自己，得到了又怎么样？失去了又怎么样？如果回答了这两个问题，心态自然会平和起来。

为了达到目标，就必须扔掉很多累赘。这些累赘很多时候都会影响目标的实现，因此必须扔掉。舍不得自然得不到。

学会变通，宽容别人

当你与对方的意见不一致时，你的第一反应往往是对方错了，这也就是你的固执造成了你的偏见。先来看看你是否有下面这几种感觉：

你是不是一味坚持走直路，宁可硬碰硬也不肯跨上通往目的地的那座桥？

在日常生活中，你是一字不落地遵从专家的命令，按着指令盲目地生活吗？

其实，如果一切都不是你自动自发的，一旦专家忘了发号施令，那么，你的人生也将到此结束。

有一天，东郭先生派了三个弟子到襄阳去。

东郭先生送他们到路口时，说道："从这儿往南走，全是畅通的大道，你们沿着这条道路走就对了，别走岔路啊！"

这三个弟子分别是左野、焦茗和南宫无忌，他们三个人向南走了50多里时，遇上了一条大河，横在老师指示的正前方。他们左右观察了一下，发现沿河走半里左右，便有一座桥可行。

这时，南宫无忌说："那儿有座桥，我们从那儿过河吧！"

但是，左野这时却皱着眉头说："这怎么行？老师要我们一直往南走啊！我们怎么能走弯路呢？这不过是个水流罢了，没什么可怕的。"

说完之后，三个人互相扶持，一起涉河而过，由于水流湍急，好几次他们都险些葬身河底。

虽然全身都湿透了，但也总算安全地过河了，他们继续赶路。又往南走了100

多里时,再次遇上了阻碍。

这回,他们遇到一堵墙,挡住了前进的道路。

这次,南宫无忌不再听其他两个人的意见了。他坚持地说:"我们还是绕道走吧!"

但是,左野和焦苕却固执地说:"不行,我们要遵循老师的教导,绝不违背,因为我们一定能无往不胜。"

于是,焦苕和左野朝着墙面撞去,只听见"呼"的一声。两个人猛烈地倒弹在地上。

南宫无忌恼怒地说:"才多走半里路而已,你们干吗不考虑呢?"

左野说:"不,我就算死在这里也不后悔,与其违背师命苟且偷生,不如因为遵从师命而死。"

焦苕也附和地说:"我也是,如果违背老师的话,就是背叛者。"

两个人话一说完,便相互搀扶,奋力地往墙面撞了上去,南宫无忌想挡也挡不住,于是他们两个人就这么撞死在墙下了。

在人际交往的过程中,思维不能变通与转弯的人,只会陷在死胡同中,永远找不到自己的出路。

不知变通的人,不仅无法宽容别人,更糟糕的是还会害人又害己。现实生活中的应对进退之道也是如此,若不想让故事中的蠢事发生,那么面对难缠的人的时候就多绕几个弯,别老是钻牛角尖。

有这么一个有趣的故事,可以让人们检讨一下,这种不经意就会流露出来的优越感有多么可笑。

某日,一位被众人视为,"白痴"的人对天才说:"你猜,我的牙齿能咬住我的左眼睛吗?"

天才盯着白痴看了几眼,笃定地说:"绝对不可能啊!"

白痴说:"那,我们来打个赌!"

天才认为这绝对是不可能的事,于是同意打赌,但只见白痴将左眼窝里的假眼球取出丢进口中,用上下牙齿咬着。

天才吓了一跳,说道:"没想到,真的可以呀!"

白痴又说:"那你信不信。我的牙齿也能咬住我的右眼睛?"

天才说:"不可能的!"他心想,难道这个家伙两只眼睛都是假的?这绝对不可能,否则他就看不见东西了。

于是,两人再次打赌,只见白痴轻易地把假牙拿下,往右眼一扣。

天才再度吃惊了,说:"没想到,真的可以呀!"

你说,到底谁才是白痴呢?

其实,在这个社会上,对于白痴和天才的定义有很大的雷同之处。

第一、他们的人数不多。

第二、他们都异于常人。

第三、有时候所谓的天才想法,在没试成功之前,其实看来都很白痴;反之,很多白痴单纯执着的举动,最后却能激发出天才的灵感。

所谓天才的想法,有时候因为太过惊世骇俗,超过凡人的想象太多,所以根本无法被接受,甚至遭到排斥,但究竟谁才是真的白痴呢?

无法被人接受的点子,或是被人视为天真、愚蠢的想法,真的毫无用处,只是浪费时间吗?

别把自己的脑子加上大锁,人类就是需要扬弃自己脑中食古不化的观念,多以开放的心来接纳外界的信息,才能彼此良好互动,激荡出创意的火花。

保持一颗纯真、无往无染的心,以单纯与开阔的态度来面对生活难题,并不丢脸。

今天的放弃,是为了明天的得到

你不可能什么都得到,所以你应该学会放弃。生活有时会逼迫你,不得不交出权力,不得不放走机遇,甚至不得不抛下爱情。放弃,并不意味着失去,因为只有放弃才会有另一种获得。

要想采一束清新的山花,就得放弃城市的舒适;要想做一名登山健儿,就得放弃娇嫩白净的肤色;要想穿越沙漠,就得放弃咖啡和可乐;要想有永远的掌声,就得放弃眼前的虚荣。梅、菊放弃安逸和舒适,才能得到笑傲霜雪的艳丽;大地放弃绚丽斑斓的黄昏,才会迎来旭日东升的曙光;春天放弃芳香四溢的花朵,才能走进累累硕果的金秋;船舶放弃安全的港湾,才能在深海中收获满船鱼虾。

你之所以举步维艰,是你背负太重,你之所以背负太重,是你还不会放弃,功名利禄常常微笑着置人于死地。你放弃了烦恼,你便与快乐结缘,你放弃了利益,你便步入超然的境地,如果你能连放弃都放弃了,那你便更伟大了,你已与圣人无异。

今天的放弃,是为了明天的得到。干大事业者不会计较一时的得失,他们都知道放弃,如何放弃,放弃些什么。

学会放弃吧,放弃失恋带来的痛楚,放弃屈辱留下的仇恨,放弃心中所有难言的负荷,放弃浪费精力的争吵,放弃没完没了的解释,放弃对权力的角逐,放弃对金钱的贪欲,放弃对虚名的争夺……凡是次要的、枝节的、多余的、该放弃的都应放弃。

放弃是一种智慧,放弃是一种豪气,放弃是真正意义的潇洒,放弃是更深层面的进取。

不想占有，就不会有坎坷

从前，一个想发财的人得到了一张藏宝图，上面标明了在密林深处的一连串宝藏。他立即准备好了一切旅行用具，他还找出了四五个大袋子用来装宝物。一切就绪后，他进入了那片密林。他斩断了挡路的荆棘，蹚过了小溪，冒险冲过了沼泽地，终于找到了第一个藏宝处，满屋的金币熠熠夺目。他急忙掏出袋子，把所有的金币装进了口袋。离开这一宝藏时，他看到了门上的一行字："知足常乐，适可而止。"

他笑了笑，心想，有谁会丢下这闪光的金币呢？于是，他没留下一枚金币，扛着大袋子来到了第二个藏宝处，出现在眼前的是成堆的金条。他见状，兴奋得不得了，依旧把所有的金条放进了袋子，当他拿起最后一条时，上面刻着："放弃了下一个屋子中的宝物，你会得到更宝贵的东西。"

他看了这一行字后，更迫不及待地走进了第三个藏宝处，里面有一块磐石般大小的钻石。他发红的眼睛中泛着亮光，贪婪的双手抬起了这块钻石，放入了袋子中。这时他发现，这块钻石下面有一扇小门，心想，下面一定有更多的东西。于是，他毫不迟疑地打开门，跳了下去，谁知，等着他的不是金银财宝，而是一片流沙。他在流沙中不停地挣扎着，可是越挣扎他陷得越深，最终与金币、金条和钻石一起长埋在了流沙下。

如果这个人能在看了警示后离开的话，能在跳下去之前多想一想，那么他就会平安地返回，成为一个真正的富翁了。放弃，从某种意义上来讲，给了自己一个生存的空间，给了自己一条走向成功的道路。

谁说喜欢一样东西就一定要得到它？有时候，有些人，为了得到他喜欢的东西，殚精竭虑，费尽心机，更有甚者可能会不择手段，以至走向极端。也许他得到了他喜欢的东西，但是在他追逐的过程中，失去的东西也无法计算，他付出的代价是其得到的东西所无法弥补的。其实喜欢一样东西不一定要得到它。因为有时候为了强求一样东西而令自己的身心都疲惫不堪，是很不划算的。有些东西是"只可远观而不可近瞧的"。一旦你得到了它，日子一久你可能会发现其实它并不如原本想象中的那么好。如果你再发现你失去的和放弃的东西更珍贵的时候，你一定会懊恼不已。常有这样的一句话，"得不到的东西永远是最好的"。所以当你喜欢一样东西时，得到它并不是你最明智的选择。

不想占有就不会太坎坷，所以，无论是喜欢一样东西也好，喜欢一个位置也罢，与其让自己负累，不如放轻松地面对，即使有一天放弃或者离开，你也学会了平静。

生活就是五味瓶

记得有人说过这样的话:"没有遗憾的人生才最遗憾。"确实,假如没有"惆怅阶前红牡丹,晚来唯有几枝残"的遗憾,怎么会有古人夜里秉烛赏花的美。所以,很多时候,人们总是埋怨美梦不能成真。却不知,倘若什么梦想都能轻易地实现,也就无所谓美梦了。这是一种遗憾的美,一种让人想起仍觉甘甜,忆起犹觉美妙的美。

"尺之木必有节,寸之玉必有瑕。"有个故事很耐人寻味——有个渔夫从海里捞到一颗晶莹圆润的大珍珠。为了去掉珍珠上的小黑点,他层层将黑点剥去,最后黑点没了,珍珠也不复存在了。看完故事,也许,此时你在为那颗珍珠的不复存在而感到惋惜,是否也应告诉自己:缺憾也是美!

"人有悲欢离合。月有阴晴圆缺,此事古难全。"自古就有人明白这个道理。你可知道人应该感谢缺憾? 有了悲欢离合,人们才会懂得去珍惜现在所拥有的;有了阴晴圆缺,月儿才能更加妩媚动人。娇艳的花儿必要有丑陋的根;美丽的蝴蝶定是由讨厌的毛毛虫变化而来。十全十美的东西是不存在的,因而缺憾也是美。

往往,存在缺憾的东西并不比看似完美的东西差。美,可以在金碧辉煌的宫殿中,也可以在炸毁的大桥旁;美,可以在芳香扑鼻的鲜花上,也可以在风中跳动的烛光中;美,可以在超凡脱俗的维纳斯的雕像上,也可以在平凡少女的笑脸里。

电视剧《精卫填海》大结局,炎帝女儿精卫化成了青鸟,她已忘记了前陈往事,对后羿深情的呼唤置若罔闻,但是她没有忘记自己的职责,不停地衔着石子投向大海。虽然只是电视剧,但是这种凄美的场景还是让我们潸然泪下。

小说里的那些英雄们更大多如此,《天龙八部》中的大英雄乔峰,他身怀一身的好武艺,有那么多的人支持他,而且他也是当之无愧的英雄,然而他的女友却被他误杀,到了最后他还不是落得和自己本国的决裂,害得他要当场自杀谢罪;《神雕侠侣》中的杨过相貌和功夫自不必说,可他偏偏少了一只臂膀,虽然他和小龙女最后有一个完美的结局,可是他失去的却永远也找不回来了;还有《射雕英雄传》中的黄老邪,虽然有个宝贝女儿黄蓉聪明得要死,可他的妻子不还是因为帮他死记那本破《九阴真经》而死于劳累吗?

难道天底下的美都要有缺憾吗? 为什么当西施拥有了美貌就要注定成为用来当做国王复国的牺牲品呢? 而当复国后吴王还不是给西施一个祸国的罪名,要她死在了淮水边。她的痛苦又有谁知道,难道她不想过好日子吗? 可是就因为她太美了,那就是罪;为什么当唐太宗娶了杨玉环之后就会有人背叛他,到了最后却要杨贵妃自杀来帮助他完成最后的霸业,难道美就有罪,难道别人有美女就是过错,难道在天底下就没有一种美是不带伤感气氛的? 可能就是因为缺憾本身就是一种美,这也正是缺憾之美,是它让世界上所有的事情变得更加的有味道,让世界如此美妙!

其实人生在世,不如意事十有八九,月有阴晴圆缺,人有悲欢离合。能修成正果皆大欢喜,如果不能当然会有遗憾。但用心体会。你会发现残缺有其独特的美——缺憾之美。

断瓦残垣固然没有富丽堂皇的故宫那么让人赏心悦目和设计精美的苏州园林让人流连忘返,但是因其独有韵味,也不失一种美。

万事万物,难有十全十美。相爱的人不能长相厮守,当然是一大憾事,但正因为有了这距离,才能把彼此永放心间,永远在对方心中留下最美丽的记忆。

当然,在品味这种缺憾之美时,苦甜参半,这是一种凄凉的美。只有品尝过的人,才知道其中的滋味,喜忧参半,刻骨铭心,永世不忘!

第六章 做自己的主人,告别生气和忧伤

发怒会破坏人们健全的思维能力,使人难以理智地看待和处理问题。有什么样的行为,自然会导致什么样的后果。无论你是普通人,还是伟人,都不必为此而大惊小怪。

正确对待愤怒

愤怒是一种很常见的情绪,尤其是血气方刚的小伙子。他们往往三两句话不对,或为了一点芝麻大的事情就大打出手,造成十分严重的后果。

其实,愤怒是一种很正常的情绪,它本身不是什么问题,但如何表达愤怒则易出问题。有效地表达愤怒会提高人们的自尊感,使人在自己的生存受到威胁的时候能勇敢地战斗。

但对大多数人来说,适当有效地表达愤怒是很困难的。一般来说,你要么肆无忌惮、漫无目的地发泄愤怒,要么是把愤怒埋在心底,任它发霉腐烂。暴雨倾盆的愤怒会对别人和自己造成伤害,把你带离自己原来的目标;而把愤怒强行压制下去也是行不通的,因为压抑的愤怒不会消失,它会以头痛、抑郁、无缘无故的妒忌等形式表现出来。

性情暴躁的人的几种表现:

第一,情绪不稳定。他们往往容易激动。别人的一点友好的表示,他们就会将其视为知己;而话不投机就会怒不可遏,拳脚相向。

第二,多疑,不信任他人。暴躁的人往往很敏感,对别人无意识的动作或轻微

的失误,都看成是对他们极大的冒犯。

第三,自尊心脆弱,怕被否定,以愤怒作为保护自己的方式。有的人希望和别人交朋友,而别人让他失望,他就给人家强烈的羞辱,以挽回自己的自尊心,可是同时也就永远失去了和这个人亲近的机会。

第四,不安全感,怕失去。

第五,从小受娇惯,一贯任性,不受约束,随心所欲。

第六,以愤怒作为表达情感的方式。有的人从小父母的教育模式就是打骂,所以他也学会了将拳头作为表达情绪的唯一方式。甚至有时候,愤怒是表达爱的一种方式。

第七,将别处受到的挫折和不满情绪发泄在无辜的人身上。

那么,我们如何才能有效地控制愤怒的情绪呢?

学会自我调节,适当宣泄,以达到心理平衡;

积极参与人际交往,坦诚待人;

培养良好的生活习惯和健康的人格;

冷静地分析自己愤怒的原因,学会宽容。

认识到愤怒的情绪是可以控制的。具体来说,当我们想要发怒时,试试推迟动怒的时间,或者给自己积极的暗示,让自己逃离发怒的情景,从而使自己控制愤怒的情绪;

借用宗教制怒。佛学著作对培养人的平和、宽容、慈悲的胸怀是有很大的帮助的。佛学中讲究"戒、定、慧"三学,其中"定"就是一种"制怒术"。

要想思维好,就别生气

古代的老子曾说过:"世人秉性不相同,万事万物有前行有后随,有缓慢有急躁。有的坚强,有的虚弱,有的安稳,有的危险。圣人只是除去那种极端的、奢侈的、过分的东西。因此,圣人是顺应自然而不妄为的。"现代心理学教授钱玉芬则告诉人们:情绪谁都有,即使是大人物,生生气也不是什么大不了的事。说穿了,发怒不过是由于外在强烈刺激而引起的一种不良情绪反应,是人身上真正自然的东西。

你看,伟大的孙中山先生就因为一时的不小心生过气,甚至被部下当面驳了面子。

一天,孙中山在胡汉民的办公室发现了一大堆由他签发、可是被胡汉民束之高阁的手令。他勃然大怒,忍不住拍桌子高声大叫:"展堂!展堂!"

胡汉民匆匆进来,望着孙中山,像是不懂他为什么大发脾气似的。

孙中山脸色苍白,喊道:"我不相信这是真的,这种事情是不可能的!"

"先生究竟说什么事情？"

孙中山一下子把胡汉民的公事箱翻了个底朝天，从里面倒出一堆尘封的文件。他双眉紧锁，气势汹汹，预示着一场风暴的来临。"你还问我什么事？你看你自己做了什么事！"孙中山大声斥骂。

胡汉民凝然不动，微侧着脸，注意地听着孙中山的训斥，最后他问："先生还有其他的话要说吗？"

孙中山板着脸："没有了！"

胡汉民"呼"的一声窜到桌旁，抓起那些文件，一份一份递到孙中山的鼻子下面，并口若悬河地进行自辩："这份手令事关升黜任免，处置不当，于理不应颁发；那份手令是关于调兵遣将的，不合机宜，发下去势将贻误戎机；而这几份又是关于拨款过多或过少，自待另行斟酌。"

"即使在专制时代，"胡汉民语气尖刻地说，"也有大臣封驳诏书，请皇帝收回成命的故事。例如唐太宗将以给事中郭承嘏为华州防御使，给事中卢载因为郭承嘏公正守道，屡次封驳，认为他不宜置之外郡，因而他也封还这道诏书，太宗欣然接受，立刻恢复郭承嘏的原职。先生可曾读过这段历史吗？"

"读过。"

"当年先生亲拟中华革命党的党员誓词，其中有'慎施命令'一条，先生还记得吗？"

"记得。"

胡汉民急急地说着，好像生怕失去了他所占据的上风，"调和鼎鼐，总理阴阳，原是宰相分内的事。我虽无宰相之名，却有其实。请问先生，今日之事是不是我在行使我应有的职权，尽我应尽的责任？"

孙中山紧盯着对方。一声不吭。

"先生，我在请教你呢。"胡汉民咄咄逼人。

这件事令孙中山很尴尬。

以孙中山先生的胸怀与气魄，谁能想到他也会做出一个脾气暴躁的人的行为呢？可见，在生气这件事上，连伟人也是不能免俗的。

说到底，发怒会破坏人们健全的思维能力，使人难以理智地看待和处理问题。有这样的行为，自然会导致那样的后果。无论你是普通人还是伟人，都不必为此而大惊小怪。

坏脾气不是天生的

有很多人在生气之后习惯于给自己找借口，他们说道："我天生就这样。""我也没办法呀！"并以此来求得别人的原谅。如果是偶尔如此，人们就会嘲笑他，又在给自己找借口了。可是当他习惯于这样说之后,当人们数十百遍的劝谏都无济于事之后,也许你就会疑惑起来,难道他的脾气真是天生的吗?

有这么一个盘圭禅师的故事说得很好。

盘圭禅师说法时不仅浅显易懂,也常在结束之前,让信徒提问题,并当场解说,因此不远千里慕道而来的信徒很多。

有一天。一位信徒请示盘圭禅师说:

"我天生暴躁。不知要如何改正?"

盘圭:"是怎么一个天生法?你把它拿出来给我看,我帮你改掉。"

信徒:"不!现在没有,一碰到事情,那'天生'的性急暴躁才会跑出来。"

盘圭:"如果现在没有,只是在某种偶发的情况下才会出现,那么就是你和别人争执时自己造就出来的,现在你却把它说成是天生的。将过错推给父母,实在是太不公平了。"

信徒经此开示,会意过来,再也不轻易地发脾气了。

答案很自然也很明显,没有天生的脾气。任何人只要有心,没有改不了的恶习。

所谓科学的解释也不能把它作为为自己开脱的借口。科学家说,人之所以暴躁爱发怒,是和大脑神经系统有关。11岁左右的青少年,正处于大脑前额叶皮层(在前额骨后)发育的阶段,大量的神经连接正处于"改造"之中,而大脑前额叶皮层对感情、道德等情绪有影响,并负责产生行动的神经冲动。大脑的其他部分,在这一年龄之前就基本发育完毕,前额叶皮层是大脑最后发育的部分,发育过程伴随整个青春期。这就导致了发育期的青少年有感情判断失常、举止暴躁等表现,如果他们顺利度过这一阶段,那么就会一切恢复正常了。也就是说,小孩子们为自己开脱可以原谅,而一个成年人则无法自圆其说。

对于脾气,你如果迷信,你就是愚蠢的。

冲动是魔鬼,想好再生气

并不是所有的生气行为都是可以被否定的。有些情况下,人的生气是一种建设性的情绪。可是,人们如何才能知道并且把握哪一种生气是破坏性的而哪一种是建设性的呢?

建设性的、有益的生气和不被提倡的生气之间最大的不同,在于你的意图和目标。

你是仅仅为了发泄一下你的个人情绪呢?还是要坚持自己理智所认同的原则呢?

抗战英雄冯玉祥将军便是一个坚持原则的"发怒者"。五原誓师后,冯玉祥担任了国民军联军总司令。为了抵制官场歪风,杜绝上司敛财、下级行贿和低层官兵忍痛送礼、出份子的风气,冯玉祥不仅对外如此,在自己部队内更是如此。为了保护中下级军官和士兵的经济利益。冯玉祥特地规定:只准上级请下级吃饭,不准下级请上级吃饭;只准上级给下级送礼,不准下级给上级送礼。

当时的西北军生活条件非常艰苦。他和士兵们吃一样的饭菜。穿一样的衣服,丝毫不享受任何特殊待遇。冯玉祥生就一副铁塔般的身躯。但由于吃不饱,明显地消瘦了:颧骨凸出、眼睛布满血丝、脸色蜡黄。见此情景,副官和厨师们急得团团转。当然,要使冯玉祥吃好并不难,只要从全军的军饷费用中抠出一些钱即可。可是,这种"喝兵血"的行为是冯玉祥深恶痛绝的。正当副官们一筹莫展的时候,五原县县长刘必达得到消息后,连忙从家里抓起两只鸭子,送到国民军联军司令部。

常言道:"官儿不打送礼的。"可是冯玉祥却一点儿也不领情。对于这种违反他军令的行为,他显然很生气。只见他在办公室里快速踱来踱去,面色极其难看,终于忍不住向刘必达发作起来,大声质问道:"不知道我的军令吗?""你好大的胆子!"

不仅如此,他还命令刘必达背出"送礼准则"。并责问他为何明知故犯。刘必达回答说因为考虑到冯玉祥是全军的主帅,吃不好饭会影响大事。冯玉祥则坚持认为官兵应该同甘共苦,只有这样,官兵才能心无二致。他面色涨得通红,脸上青筋暴起,最后情绪激昂地对刘必达说:"你想想看,士兵吃糠咽菜,我坐在司令部里吃鸭子,我成什么人了?我的士兵还能和我一条心吗?这样下去,好端端组织起来的国民军不就完了吗?告诉你刘必达,今天我轻饶不了你。来人哪,给我拉下去,打20军棍!"在副官的引导下,五原县长拎着两只鸭子,垂头丧气地退出冯玉祥的办公室,无可奈何地伏在地上,挨了20军棍。

做人要有原则。只有用自己的实际行动,才能使人们认识到,你是开诚布公无欺诈的。比如说,你想号令天下人清廉,而自己首先要做到;要想号令天下人公正,自己首先要做到公正;要想号令天下人节俭,自己首先要做到节俭。冯玉祥一生做事光明磊落,没有哪一点不可以对人说,他以身教重于言教,因而取得了卓越的成就。

坚持自我,坚持公正,这就是富有积极意义的目标和意图。没有谁不需要有一定的原则来指导自己,没有谁会否认自立自重的重要性。

即使如此,你仍然要改善你的生气表达方式。即使在坚持自我表现、坚持原则的同时,也要尽量避免伤害别人。对大部分人来说,对自己感觉越好,就越不会以伤害自己或伤害别人的方式来表达情绪。这就是为什么改善你的自我尊重是相当重要的原因。有一个方法可以提高你的自我表现尊重：多和尊重你、支持你的人相处。有品质的人际关系会让你真实感受到认同感和归属感，他们会鼓励你说"不！"

真正有德的人总会精益求精。

避免焦虑情绪的产生

每个人都知道什么是焦虑：在你面临一次重要的考试以前，在你第一次和某一位重要人物会面之前，在你的老板大发脾气的时候，在你知道孩子得了某种疾病的时候，你可能都会感到焦虑不安。焦虑并不是坏事，适当的焦虑，对个体的生存保持警觉性，激发人的积极性，对促进个人和社会的进步都有好处。焦虑往往能够促使你鼓起力量，去应付即将发生的危机。

但是如果你有太多的焦虑，以至于达到焦虑症，这种情绪就会起到相反的作用——它会妨碍你去应付、处理面前的危机，甚至妨碍你的日常生活。

焦虑不仅可以引起心理上的变化，也可引起生理上的一系列变化。焦虑时，心烦意乱、坐立不安，搓手顿足、心绪不宁，甚至有灾难临头之感。工作学习时不能集中注意力、杂念万千，做事犹豫不决。焦虑会影响睡眠，引起失眠、多梦或噩梦频繁。白天头昏脑涨，感觉过敏，怕噪声、强光及冷热，容易激动，常会有不理智的激情发作。生理方面，出现唇焦舌燥、口渴、多汗、心悸、血压升高及发热感，同时大小便次数增多。

严重时，有三种焦虑发作形式：

濒死感发作时胸闷，气不够用，心中难受，有快断气之恐惧，有人会在急诊室大呼："医生护士，快拿氧气来！"但决不会因此死人。

惊恐发作莫名其妙地出现恐惧感，如怕黑暗、怕带毛的动物、怕锋利的刀剪、怕床下有小偷……甚至素来胆大的人也会有恐惧，但指不出害怕的对象。

精神崩溃感此时心乱如麻，六神无主，有精神失控感，担心自己会"疯"而恐惧焦虑，但这绝不会是精神病发作。

以上三种发作形式均短暂，只历时数小时，焦虑缓解后，一切如常，风平浪静。

长期处于焦虑状态可以引起诸多疾病，如焦虑性神经官能症，高血压、糖尿病、神经性皮炎等心身疾病。急性焦虑发作时，往往易引起脑血管破裂或心肌梗死而死亡，故应对焦虑及时处理治疗。

那么，我们应该如何避免焦虑情绪的产生呢？

首先，要做放松练习。放松练习是以一种暗示语集中注意力、调节呼吸，使肌肉得到充分放松，从而达到调节中枢神经系统兴奋的方法。

它能够降低中枢神经系统的兴奋性，降低由情绪紧张而产生的过多的能量消耗，使身心得到适当休息并加速疲惫的恢复。你可以在课后、睡前、考试前以及面临危机时使用这种方法,它能够使你的身心得到充分休息,使你的情绪得到平稳。

其次,进行集中注意力的练习。焦虑使人六神无主,注意力分散。通过集中注意力的练习,可以增强自己不为其内外刺激的干扰而产生分心的能力,也是避免或克服焦虑情绪产生的有效方法。

再次,不能封闭自己,常出去转转。焦虑的情绪一般都是由于自己想得过多或者胡思乱想造成的,因此避免焦虑情绪的最好方法就是不能封闭自己,多出去转转,常和朋友、同学、同事聊聊天、谈谈心或者多参加一些大众的娱乐活动等,及时化解自己的疑虑和担心。

放松自己的情绪

过度精神紧张给人身心健康带来的威胁是明显的、严重的,那么应怎样做才能解除人的过度精神紧张而达到心理平衡呢?

提出合理的期望水平。俗语说"人贵有自知之明",每一个人都应对自我有一个客观地评价,正确地分析自己的优势与不足,据此提出适合自己的合理期望,不要事事想成,也不要每一件事都要求完美。你的一生可能不很伟大,但却活得有价值。各行各业的能手之所以能成功,就是因为他们认识到了自我的优势,并根据优势提出合理期望。其实每个人都可以做到这一点。

每个人都应活得轻松些,尤其当自己身处逆境时,要学会超脱,所谓"来日方长",要看到生活好的一面,无忧无虑,自得轻松。

对自己说"我行",做任何事都不要怕失败,因为只有自信才会使你抓住成功的机会。要善于挖掘自身的潜能,改善原有的认识结构和行为模式,以提高自己对周围环境的适应性和调节能力。克服自卑心理,因为生活中一个自我感觉强大的人要比一个自我感觉渺小的人精神负担要少得多。因此,认准了的事就去做,大声对自己说"我行!",那么你一定会获得成功。这里所说的自信不是狂妄自大,也不是自以为是,而要学会自我控制。如果只指望他人把事情办好,或坐等他人把事办好,就可能使你处于被动地位,也可能成为环境的牺牲品。因此,办任何事情,首先要相信自己,依靠自己,不要将希望寄托于别人,否则将坐失良机,产生懊丧心理,加重精神紧张。

死守着一个毫无希望的目标,不论对你自己,还是对你周围的人,都会增加心理压力和精神紧张。一个聪明人一旦打算完成某项任务时,就应马上做出决断并付诸行动。当你发现已做的决定是错误的,就应立即另谋办法。优柔寡断,会加剧精神负担。

要养成宽容的习惯,古人说得好:宰相肚里能撑船。只有心胸似海的人,才能有效地控制自己,特别是在挫折面前表现出大度。你不应一遇挫折就自怨自艾,或在别人身上泄愤。应学会宽容和宽恕,这样你就能忘却那些不愉快的事,消除产生精神紧张的根源。大事不应糊涂,但小事不妨糊涂些,做个"难得糊涂"的人,这样,你会生活得比以前更轻松、愉快。

建立支持系统人生之路并非全是坦途,生活中每个人都会遇到这样那样的麻烦,每个在困境中的人都希望得到别人的帮助,因而这要求你必须建立相互支持系统。它可为你在挫折时提供良好的情感支持,令你减少孤独或紧张。你的亲友、同学、同事、邻里都可成为你的支持者。在这个人际圈当中,你要得到别人帮助就先要多去关心别人,而且关心别人还会使你有一种美好的感受。与周围的人建立友谊,可以增加来自外界的支持和帮助,从而减轻精神紧张。不要害怕扩大你的社会影响,这样有助你寻找应付紧急事件的新渠道。据美国科研人员在对 2700 多人进行为期 14 年的跟踪研究后指出,帮助别人有助于免除精神紧张,这就很能说明这个问题。

自我封闭有两种。一是以自已为圆心,多是自卑心重或曾受到大的挫折,这只要加强自信正视现实就会逐步迈出自己编织的小圈子;二是以别人为圆心的自我封闭。中国人最能忍辱负重,有些人是为别人而活着,有的为父母,有的为儿女,有的为家庭,有的为事业,等等。虽然你不能完全以自我为中心,但也不能空来世上走一遭,只为别人拉磨盘,而把自己封闭起来,这样的活法哪能不累。走出去,做你喜欢的事,你将发现外面的世界的确很精彩,你的紧张、烦恼也将随风消散。

经常处于精神紧张状态,可能会吞噬掉你健康的机体。你需要对人诉说自己的感受,哪怕这样做改变不了多少事情。向谁诉说,取决于想要说的内容,必须选择合适的诉说对象。记住,绝对不要将不愉快的事情隐藏在自己的心里。

当别人身处困境时应乐于助人。在这种时刻,他们最需要你去倾听他们的诉说,需要你给予帮助。俗话说,善有善报,如果你有朝一日也出现某种危机之时,如果对方是一位真诚的朋友,他也会来帮助你的。

要完成一件工作,可能有许多方法,你自己的那种方法不一定是最好的,或者虽然是最好的方法,但不一定行得通。如果你总认为事事都必须按你的想法去做,那么当事物不按你的想法发展时,你就会烦恼生气。其实你的目标只应是把事情办成,至于方法,不必拘于某一种。

不要让自己抑郁

如果你持续两个星期以上表现出以下 5 个或以上的症状,你就需要就医或拜访其他心理健康专家:

持续的悲伤、焦虑,或头脑空白;

睡眠过多或过少;

体重减轻，食欲减退；

失去活动的快乐和兴趣；

心神不宁或急躁不安；

躯体症状持续对治疗没有反应；

注意力难以集中，记忆力下降，决策困难；

疲劳或精神不振；

感到内疚、无望或者自身毫无价值；

出现自杀或死亡的想法。

当然，大多数的人只是轻微地感到忧郁，还达不到抑郁症的严重程度。但这时也需要引起重视，调整心态和生活方式，防止抑郁变得更加严重。

抑郁症在西方社会被称为"精神上的流行性感冒"，其传播范围之广，受其影响之容易，可以从"流感"二字看得出来。在东方社会，抑郁症也并不少见，尤其是中国人，性格内向，往往真实思想不愿暴露，宁愿被抑郁情绪折磨，也不愿向精神病专家进行心理咨询。如此发展下去，可由抑郁情绪跨入抑郁症患者的行列，有的人便以自杀了结。

一般而言，导致抑郁的原因主要是性格原因。所以你首先要做的事就是改变自己看问题的方式，调整自己的心态。

造成这种情绪上的不良状态，主要与8种心态有关。

走极端。这种现象表现为运用非此即彼的方式思考问题，不是白就是黑。这种人一遇挫折便有彻底失败的感觉，进而觉得自身已不具任何价值，失去自信。

以偏概全。认为事情只要发生一次，就会不断重现。生活中遇到困难与不幸，即认为困难、不幸会重复出现。一次恋爱失败，就认为以后也不会找到真心的爱人。

消极思维。有的人遇事总想消极的一面，就像戴了一副变色镜看问题，滤掉了所有的光明，整个世界看起来暗淡无光，都是灰色的。他们常常用一个忧郁的假设支配着自己的思想，对事物只抓住它的消极部分，并牢牢记住。

敏感多疑。有些人无事生非，终日担心自己将大病临头，遇事往往自我断论，主观猜疑，杞人忧天。

自卑心理。有些人总习惯用悲观、消极、绝望的观点看问题，不自觉地具有自卑心理，在自卑心理的指引下，认为自己处处不如别人，例如当看见别人取得某种成功，就会想"人家有本事，我不能跟人家比"。如果自己遇到挫折，不去从根本上找原因，而是想"我的运气本来就不好"，毫无根据地自怨自艾或愤世嫉俗，导致本来松弛的情绪变得紧张。

自我评价过低。有的人把一般性过失、欠缺、挫折和困难看得过于严重，似乎做了不可逆转的错事。生活中总是过分夸大自己的不足和过低估计自身的长处。

做事时常常灰心大于信心。

扩大推理。有的人把自己的不良感觉当成事实的证据,如:"我有负罪感,那么我一定是干了什么坏事","我觉得力不从心,那么我一定是'低能儿'"。对失败只认为"早知道结果会是这样,又一次证明了我的无能"。尤其情绪低沉时,这种感觉推理特别活跃。

自责自罪。有的人总是主动承担别人的责任,并且妄下结论,认为一切坏的结果都是自己的过失和无能所致。即使外出,正巧天气不好,也会自认倒霉。如果自己无意中有了过失,别人并没有计较,或者早已忘掉了,自己也还会忧心忡忡,担心别人对自己有看法、有成见。他们过分注意别人的脸色,以致更加束手无策,不敢行事,或者自暴自弃,不能有所进取。此种变形的自卑、内疚心理,来源于人格的变形和过分的责任感及义务感。

以上的错误认知,导致了许多人陷入抑郁困境而不能自拔。

再有就是生活中的一些事件、挫折也会导致抑郁,比如患了重病、顽疾,家庭出现了大的纠纷,工作、事业遭到了重大失败等等。

第七章　拥有一颗享受之心

做人不能光知道忙碌,有人常常说自己这么忙,那么忙。没时间去旅游,去游玩,可是真正生病的时候,却不得不花非常多的时间来照顾自己的身体。所以,要学会照顾自己,要学会享受生活,在忙碌的同时,也要有一颗安然的心。

敞开心扉才能开心

一个人不高兴,总有多种理由。他们不是因为钻"牛角尖"所致,就是陷入得失之中不可自拔,或者误认为某一关口,就是人生的完结。

一个人要高兴,也很容易。容易的核心,归结为一句话:要开心,先敞开心扉。

跳出心灵的圈套,劈开僵硬的自我,松开紧握的拳头,勇敢地钻出并打碎"牛角尖"。你会感觉天原来这么空,海原来这么阔!

不要怨恨自己的命运不好,不要抱怨自己的处境恶劣。换换角度,哪怕简单地松弛一下,就有可能从恶劣的情绪中走出来。王蒙有一次接受记者采访时说了这样的话。

打开心灵的窗户,容纳整个世界。

封闭的心灵使人无法与外界沟通,囿于自己的一片天空,在自己的"势力范围"内打转,这样永远无法体会生命运动的乐趣。

　　开放的心灵使人像大海一样容纳百川的归来,尽可能地吸纳世界上的新鲜事物,其乐也融融!

　　很难想象,一个封闭的心能有多快乐。永远在自己的圈子打转,永远不走出去,永不和别人交往,自己的世界就是死水一片、波澜不惊。没有变化的生活是枯燥的生活,没有变化的生活是没有生机的世界。没有生机,哪有快乐?

　　敞开自己心扉,容纳世界上一切可以容纳的东西,让自己的内心世界充满生机和活力、充满变化与新鲜,这样才能开开心心、快快乐乐地过一辈子。

　　凡事看开。

　　不要拘泥小节。

　　随缘。

　　充满爱心。

　　……

　　打开心扉,快乐自来。

　　如果你的一生没有几件开心的事情,你的一天没有几声爽朗的笑声,那只证明你最不会活。

　　人活一辈子,需要的东西还真多。只有婴儿和老人活得最本真。婴儿刚生下来,还不会争、不会论、不会抢、不会夺,而老人已经和别人争过、论过、抢过和夺过了,现在他不得不躺在病榻上,身体破败得像一床棉絮,掐着手指数日子,生命进入了倒计时:"要什么荣华富贵,要什么功名利禄呢? 只要让我活着,就好!"是啊,临去之人,其言也善。可是,为什么年轻时人们不会明白、不会生活、不会将最宝贝的光阴用在最有意义的事情上?

　　古时一位老妇,常为一些鸡毛蒜皮的小事生气。有一天她去找高僧谈禅论道,高僧听了她的讲述,把她领到一间禅房里,落锁而去。妇人气得破口大骂,骂了许久,高僧也不理会。妇人又开始哀求,高僧还是置若罔闻。妇人终于沉默了,高僧来到门外,问她:"你还生气吗?"妇人说:"我只为我自己生气。我怎么会来到这个鬼地方受这份罪?"

　　"连自己都不肯原谅的人,怎么能心如止水?"高僧拂袖而去。

　　过了一会儿。高僧又问:"还生气吗?"妇人说:"不生气了。"

　　"为什么?"

　　"气也没办法啊!"

　　高僧又离开了。

　　当高僧第三次来到门前时,妇人告诉他:"我不生气了,因为不值得气。"高僧笑道:"你还知道值不值得,看来心中还有气根。"

　　当高僧的身影迎着夕阳立在门外时,妇人问道:"大师,什么是气?"高僧将手中的茶水倾洒于地,妇人视之良久,顿悟,叩谢而去。

人们的生命就像高僧手中的那杯茶水一样,转瞬间就和泥土化为一体,光阴如此短暂,生活中一些无聊小事,又哪里值得人们花费时间去生气呢？相信你们在生活中都有过为琐事生气的经历,无非是为了争高低、论强弱,可争来争去,谁也不是最终的赢家。你在这件事上赢了某个人,保不准会在另一件事上输给他,输输赢赢,赢赢输输。当你闭上眼睛和这个世界告别的时候,你和普天下所有的人是一样的:一无所有,两手空空。

人生在世,最重要的是做一些有意义的事,才无愧于自己美好的生命。不要把时间耗在争名夺利上,不要总把"就争这口气"挂在嘴边。真正有水平的人会把这口气咽下去,因为气都是争来的,你不争就没气,只有没气你才会做好事情,也只有没气你才会健康地活着,好生气的人很难不生病。

人,为什么只有虚弱的时候(譬如婴儿、老人、病人)才会珍惜生命,才懂得爱与被爱呢？命运竟是如此残酷:人们自作聪明,自欺欺人,而上苍冷眼旁观,暗自发笑。

人活一辈子,只有"开心"两字让人最心动。开心是一种生命的状态,是一种宁静的心情,是自己想开了的硕果,别人想争也是徒劳。开心让你忘记和别人争名利、论是非;和别人斗心眼儿、生真气;和别人抢位子、夺情感……开心给你一颗坦然的心,给你一个宽阔的视野,给你一个清醒的头脑,让你从忙着斗天、斗地、斗人,精心计算,日夜辗转中摆脱出来,让你明白自己的生活状态,让你明白自己一生到底需要什么,让你明白真正的幸福是什么,在何处,如何拥抱。

开心是一种智慧。难得糊涂是开心,笑对挫折是开心,活得简单是开心,身体健康是开心,活出自己也是开心。获得成功要开心,失去机会也要学会想开,也要开心。

开心本身就是幸福,是幸福的最大标准,也是幸福的本源。

让自然成为自己生活中的一部分

亲近大自然是人的本性。可惜在喧嚣嘈杂的现代都市里,人们在自我保护意识的支配下,沉醉在高科技手段所制造出来的"虚拟空间"中,丧失了这一亲近大自然的欲望和本能。犹如在动物园中长大的野生动物一样,失去了自然生态条件,就势必会失去许多野性。

如今城市里的人们越来越远离蓝天、阳光、花草、动物等大自然因素,这是中国城市中的一种十分普遍的现代生存状态。

"滚滚长江东逝水,浪花淘尽英雄。是非成败转头空,青山依旧在,几度夕阳红。白发渔樵江渚上,惯看新月春风。一壶浊酒喜相逢,古今多少事,都付笑谈中。"在奔流涌动的生命长河中,即使你生活得顺心如意、潇洒自如,甚至多姿多彩,留下千古佳名,然而,在潇洒得意、纵横驰骋的背后,无以言说的无奈和困惑,古人、今人概莫能外。

"人心不足蛇吞象",人的欲望永远没有止境,也无法填补,因而得寸进尺,得陇望蜀,就成为世人的通病。世人为了填补

美丽的大自然

自己各方面的欲望,东奔西突,忙得焦头烂额,像不停转动的机器,好像永远没有停下脚步的时候。再去看看深山茅棚的僧人、樵夫,不难发现他们的生活竟是何等的无忧无虑、逍遥自在。

人是大自然之子,大自然中的花草树木、虫鸟禽兽,山川河流、风霜雪雨。向人们的好奇心、探索精神发出声声呼唤。在现代科技不断发展的今天,人们更应实行"开放"政策,打开家门,走进自然。

只有在大自然中,人们心境才能平和,思绪才能清晰,行为也才能自在。因此回归大自然,也可以说是回归纯真,回归自我。所以,你自己不妨设想一下:

在某一年的春天,你只身旅行到了非洲的肯尼亚,住进了大草原的帐篷旅馆,然后租了部吉普车,开始在草原上进行狩猎之旅。置身在一望无际的非洲草原中,你观赏着身边不时出现的野生动物——大象、狮子、牛羚等等,个个自在地与大地共生共存,草原上所展现的巨大野生能量,震慑得你许久说不出话来。

一刹那间,你会发觉身上的每个细胞、每根神经都鲜活了起来,自己的感官有着前所未有的敏锐。风声、草动都接收得一清二楚,身体随之产生了一阵颤动,久久无法自抑。

这时,你才会感觉到,直至现在,你才是一个真真正正的人,一个属于自然的、远离尘嚣的纯粹的自然人。没有尔虞我诈,没有钩心斗角,没有功名利禄,完全融入奇妙的生机勃勃的大自然,这种感觉不言而喻,无法用文字来表达。

奇妙自然,快乐天堂。是的,不看不知道,世界真奇妙,不亲口尝尝,是不知道大自然的滋味。只有人们走进自然,成为自然的一个部分,才能体会到自然的乐趣与奇妙。

是的,找回生命的本真,唯一的出路就是亲近自然。

在你心里,是否有个声音一直在呼唤:抛开无休止的工作,远离令人窒息的都市,让渴望自然的心静下来。小桥流水、一池荷塘、大片竹林、庭院花草……生活开始进入另一种淡泊间的平静境界——当世界浮躁的时候,唯有心平气和者方能

制胜!

人们为什么如此热爱旅游,尤其喜欢到名山大川,到大自然中去,道理其实很简单,那就是去寻找生命的真谛。

你应该将亲近自然确定为精神追求中的重要的一部分,不妨每天出去散步,这样一方面可以呼吸新鲜空气,锻炼身体;另一方面可以让你的内心感受阳光、蓝天、大地、世间万物的美丽。

在这个世界上,人们常常寻觅和聆听。譬如在大自然中你寻觅那"明月松间照,清泉石上流"的韵致,寻觅那"蝉噪林愈静,鸟鸣山更幽"的空灵,寻觅那"红树醉秋色,碧溪弹夜弦"的意境。

聆听轻风喁喁低语,聆听松涛娓娓吟唱,聆听蛐蛐细细鸣叫,聆听山林中鸟儿欢啼。亲近自然会使你胸中的块垒随溪水逝去,工作的疲惫被溪水洗去,心灵的尘垢随溪水流去,身心如沐,愉悦清朗,潇洒通透。

有位睿智者说:"当我们明心见性,达到内外如一、心物合一的境界,我们便能从任何细微的事物中获得智慧的启示。安静地看一瓢水,可以听到它演示的清净义,请汲来柔润自己的心田;细致地看一朵花,可以听见它宣说的庄严义,请采来美化自己的生命。这就是奇妙,万事万物,无时无地不在百般譬喻、殷勤示教,你听见了吗?"

让自己心甘情愿地安守于自己不甘厮守的生活,确实很累。有时觉得自己就像一只被绳子牵着的风筝,只能绕着固定的半径打转。即使怎样挣扎,怎样扑腾,也只能领略一点点有限的风景。而外面世界的缤纷多彩总似同镜中月、水中花,可以清清楚楚地看见,却无法真实地触摸。于是,在这个平凡枯寂而又缺乏激情的玻璃屋子里,在百无聊赖中享受自己苍白的渴望。我渴望欣赏更多的美丽,我渴望更真更纯的爱恋,我渴望变成风,一直飞啊飞,飞往一个不为人知的角落。伴阳光,随落红,与彩蝶共舞,与山水对话,不为眼前眼花缭乱的繁华迷惑,不为声色犬马的变迁伤感……

亲近自然吧,让自然界欣欣向荣的景象激活你的身体,丰盈你的内心,振作你的精神!

换一种方式,在休闲中生活

有位猎人看到一件有趣的事情。有一天,他偶然发现村里一位十分严肃的老人与一只小鸡在说话游戏。猎人好生奇怪,为什么一个生活严谨、不苟言笑的人会在没人时像一个小孩那样快乐呢?

他带着疑问去问老人,老人说:"你为什么不把弓带在身边。并且时刻把弦扣上?"猎人说:"天天把弦扣上,那么弦就失去弹性了。"老人便说:"我和小鸡游戏,理由也是一样。"

生活也一样，每天总有干不完的事。但是，你有没有仔细想过，如果天天为工作疲于奔命，最终这些让人们焦头烂额的事情也会超过人们所能承受的极限。

尤其是当今社会，生活节奏不断加快，"时间"似乎对每个人都不再留情面。于是，超负荷的工作给人造成不可避免的疾患。

因为人们的生活起居没了规律，所以患职业病、情绪不稳、心理失衡甚至猝死等一系列情况时有发生，给人们生活、工作及心理上造成无形的压力。

这时，需要你换一种心情，轻松一下，学会放下工作，试着做一些其他的运动，以偷得片刻休闲，消去心中烦闷。记得有一位网球运动员，每次比赛前别人都去好好睡一觉，然后去练球，他却一个人去打篮球。人有问他，为什么你不练网球？他说，打篮球我没有丝毫压力，觉得十分愉快。对于他来说，换一种心态，换一种运动方式，就是最好的休闲。

你每天行色匆匆，为了生存、为了生活而奔波劳碌，你说根本没有时间。当今社会形势瞬息万变，随着生活节奏的加快，争时间、抢速度已成为市场经济这个大环境中的普遍现象。

其实，人人都有时间，并且可以试着改变自己。当你下班赶着回家做家务时，你不妨提前一站下车，花半小时，慢慢步行，到公园里走走。或者什么都不做，什么也不想，就是看看身边的景色，放松一下自己的心情，肯定会有意想不到的效果。

在一个美丽的海滩上，有一位不知从哪里来的老翁，每天坐在固定的一块礁石上垂钓。无论运气怎么样，钓多钓少，两小时的时间一到，便收起钓具。扬长而去。

老人的古怪行动引起了商人的好奇。

商人忍不住问："当你运气好的时候，为什么不一鼓作气钓上一天？这样一来，就可以满载而归了。"

"钓更多的鱼用来干什么？"老者平淡地反问。

"可以卖钱呀！"商人觉得老者傻得可爱。

"得了钱用来干什么？"老者仍平淡地问。

"你可以买一张网，捕更多的鱼，卖更多的钱。"商人迫不及待地说。

"卖更多的钱来干什么？"老者还是那副无所谓的神态。

"买一条渔船，出海去，捕更多的鱼，再赚更多的钱。"商人认为有必要给老者订一个规划。

"赚了钱再干什么？"老者仍显出那副无所谓的样子。

"组织一支船队。赚更多的钱。"商人心里直笑老者的愚钝不化。

"赚了更多的钱再干什么？"老者已准备收竿了。

"开一家远洋公司,不光捕鱼,而且运货,浩浩荡荡地出入世界各大港口,赚更多的钱。"商人眉飞色舞地描述道。

"赚了更多的钱还干什么?"老者的口吻已经明显地带着嘲弄的意味。

商人被这位老者激怒了,没想到自己反倒成了被问者。"你不赚钱又干什么?"

老人笑了:"我每天钓上两小时的鱼,其余的时间嘛,我可以看看朝霞,欣赏落日,种种花草蔬菜,会会亲戚朋友,优哉游哉,更多的钱于我何用?"说话间。已打点行装走了。

老者以一种休闲的心态在海滩上垂钓,观朝霞,赏日落,这是多么令人神往的人生境界啊! 喧嚣的都市,繁忙的工作,到底能给人们带来些什么呢?

当然,我们不可能像那位老者那样做到完全的休闲,因为我们有太多的事情,太多的目标要去实现,但是,在承担来自各方面压力同时,我们偶尔是否也应该抽些时间,去放松一下自己,释放一下自己的压力,做到张弛有度不是更好吗?

心理学家说,摆脱眼前的一切,挣脱例行公事的羁绊,能使你远离旧有的困境,带给你新的希望,让你的心里产生正面的前瞻,甚至让熄灭的热情重新点燃,也会让你对自己的认识更深一层。于是,等你返家的时候,你会变得更快乐一些,更健康一些,应付压力时也更有效率一些。美国心理学家希柯斯博士说:"你去度假的时候,就逃离了日常生活的单调性,把烦恼抛在脑后。即使你所做的,只是坐在河边、看着溪水流动而已,但这还是一种极为可贵的步调变化,能让你重新充电。于是,等你回去的时候便会觉得精神更为饱满,有活力。"

有的人认为,休闲不就是去玩吗? 那没有什么可学的。其实不然,王阳明曾经说过:"世事洞明皆学问。"休闲也有学问,要想玩出个花样来,玩出个痛快来,就得去学。

先说休闲方式吧,现在的休闲方式五花八门,你应该耐心思考一下,自己适合哪一种,如果你是个急性子,偏去钓鱼,那岂不是自找没趣? 在都市人的休闲活动中,有以下几项休闲活动最受到青睐。

钓鱼是一项培养个人耐性的休闲活动。普通的装备很简单,一根钓竿、一些鱼饵和一个水桶就可以出发了。但真要是老钓客他对装备要求就高了。

学画自古就是修身养性的绝佳方式,是一种既高雅又怡情养性的活动。当今工作学习生活节奏紧张的条件下,抽出一点时间来学画写字也是一种很好的休闲活动,对心灵无疑是一种清涤。

跳舞可以陶冶性情、愉悦身心,而且也比较容易学习,适合中老年人。跳舞除了可以增强心肺功能外,还有助于健美减肥。

登山对于年轻人来讲,无疑是既理想又时尚的运动,既放松压力,又可以锻炼一个人的意志和体魄。当然,现在的老年人体格越来越棒,也有许多登山爱好者。

登山时,不仅山光水色令人大饱眼福,而且清新的空气可以涤荡都市浊气,实在是妙不可言。

网球运动是深受人们喜爱而极富乐趣的一项体育活动。它既是一种消遣,一种增进健康的方式,也是一种艺术追求和享受,当然它还是一种扣人心弦的竞赛项目。打网球,文明,高雅,动作优美,每打出一次好球,都会使人感觉兴奋异常,愉快无比。

打高尔夫球也逐渐受到都市人的青睐,但由于消费过于高昂,一般的人是玩不起的,被人们称为贵族运动。

到农村去度假也很受欢迎。这项活动不仅轻松愉悦,而且经济便宜,一般人都能承受得起,在空气污染严重、生活节奏紧张的都市待久了,不妨到乡村去体验一下。

此外,别的休闲方式还有击剑、扬帆出海、驾驶飞机等,咱们中国老百姓似乎不太喜欢,就不再介绍了。

休闲是生命本身的一种自然状态。休闲无法刻意去创造,而要靠心去感受。工作之余,偕三五知己一起去公园散步,有的人可以忘情无极,优哉游哉,不知身躯和灵魂之所在,不知不觉地坠入了休闲的境界;而有些人虽然一心想休闲起来,但几点几分还有什么事情要处理的念头会不时冒出来,挥之不去,他是无论如何也休闲不起来的。

休闲也是一种人文品位。醉中舞剑,隔窗读雨,无不是情趣欣然。但休闲更是一种生态品位。茶余饭后,老农躺在院坪的竹椅上,"吧吧"地吸着烟,什么也不想,什么也不做,任微笑照亮满脸铜釉般的慈祥;信步由足,樵夫和着扁担的节奏,自由散漫地唱着古老的情歌,你能说这不是休闲?

会休闲的人其实往往都是很出色的人,不仅仅是工作上,更重要的是他们的生活愉快度和幸福感会更出色,因此,心累了,你为什么不学会休闲呢? 让心灵在休闲中得以解放吧!

快乐是和你的兴趣成正比的

作家王蒙曾经说过这样一段话:"在人的各种各样的毛病中,在各种骂人的词中,无趣是一个很重的词,是一个毁灭性的词。可悲的是,无趣的人还是太多了。这样的人除了一两样东西,如金钱、官职,顶多再加上鬼鬼祟祟耍心眼儿,再无爱好再无趣味。一脑门子官司,一脑门子私利,一脑门子是非,顶多再加一肚子吃喝。不读书,不看报,不游山,不玩水,不赏花,不种草,不养龟、鱼、猫、狗,不下棋,不打牌,不劳动,不锻炼,不学习,不唱歌,不跳舞,不打太极拳,不哭,不笑,不幽默,不好奇,不问问题,不看画展,不逛公园,不逛百货公司……自己活得毫无趣味,更败坏所有与他接触过的人的心绪。"

兴趣爱好比较广泛的人,视界比较开阔,思路比较活跃,较容易从多方面得到启迪而促进创造性活动获得成就。

兴趣能焕发旺盛的精力,你既要培养较广泛的兴趣,同时又要确定一个中心兴趣,并使这一兴趣保持持久、稳定的状态。坚持发展中心兴趣,能使人在某一领域贪婪地、大容量地吸纳知识,在某一方面发展特殊的才能,不断产生新的成绩。许多成功者的实践证明,他们几乎无一不是在中心兴趣的领域结出创造之果的。中心兴趣导向成功,是人才成长的一条法则。

一个人干起自己所感兴趣的事来,往往不易感到劳累,它能使人在心理上始终保持着一种亢奋状态。他绝不会感到工作是受苦、是折磨。因此,对身心发展极为有利。兴趣,能使人不知疲倦地连续工作,甚至可使人将终身的精力都献给它。

小兴趣可以愉悦身心,放松心情,而且还有延年益寿之功。有人做过这样的研究,他们试图找到长寿老人的共同特点。他们研究了食物、运动、观念等多方面因素对健康的影响,结果令人惊讶,长寿老人们在饮食和运动方面几乎没有完全共同的特点,但有一点却是共同的,即他们都有自己的小爱好,并且把这作为自己的人生目标而为之奋斗,这是他们的精神寄托。

所以,无论你对生活多么不满,一定要有人生目标,要有点爱好,有点精神食粮,因为它能使能使你看轻人生的使命,能让你找到心灵家园,从而使人生更有意义。

在整个人类文明史上,不少文坛俊杰、科学巨擘、商界行家、政坛精英,他们都有自己独特的、丰富的事业和生活的兴趣雅好。他们既是执着创造的事业中人,又是富于生活情趣的性情中人。事业是他们的不朽生命,生活则是他们纵横捭阖的精美舞台。他们在享受立业欢愉的同时,又以自己斑斓多彩、瑰美绝有的闲情雅趣,装点生活的艺术,拓展独特的才华。

许多文人、学者、画师钟情于大自然,他们或是拨动山水之韵,或是追寻绿的踪迹,或是醉赏风花雪月,或是独享月色的清幽。他们栉风沐雨,散怀山水,江海踏浪,遨游天下,贪婪地阅读着浩浩宇宙之书。

大自然的神韵带给他们创造的灵感,助他们在事业的海洋中自由地游弋。不少名家在休闲时刻都有自己多姿多彩的爱好,他们或情系花香,或醉恋草木,或宠爱生灵,或迷于音乐,或欣赏艺术,或闲读诗书,或博藏珍玩,或强身养性……在五彩缤纷的生活中享受人生之趣,使自己的事业、身心都得到和谐、均衡、健康地发展。

兴趣与快乐是相伴相生的。要热情地培育兴趣,积极地寻觅快乐,主动"创造"愉悦之境,是每一个奋斗者应具备的态度。快乐不会自动到来,它需要你努力寻找和创造出来。人活在世界上,究竟是快乐的时候多,还是不那么快活的时候多呢?

人生不如意事十之八九。快活并不是每个人都有运气碰上的,不快活则是随时随地在等待着你。一个人踏进社会,不知会有哪些坑坑洼洼,等着你去跌个鼻青脸肿呢?所以,越寻思越觉得活在这个世界上太累了。怎么办呢?如果你不想精神崩溃,如果你并不甘心,那么最佳之计,你一定要努力寻找快乐,去追求心目中的理想世界。

每个人都有属于自己的快乐

作家王蒙曾经说过这样一段话:"我每天都吃三顿饭,睡八小时觉,大便一次,小便六七次,从来没有考虑过这样是雅还是俗。我爱听柴可夫斯基、贝多芬、马勒、舒曼的交响乐,是因为我爱听。不是因为它们雅或是还不够雅。据说,素食是雅的,而'肉食者鄙',但是我还是鄙鄙地常常吃肉,除了吃肉要票的那些年。所以,我深为吃肉不要票而欢欣鼓舞歌功颂德,不论这有多么鄙。我爱听梆子戏、相声、芭芭拉·斯特拉桑德与凤飞飞的流行歌曲,不害怕也不避讳它们的俗,因为我爱听,从中能够得到某种愉悦。写文章,我要稿费,因为我有这个俗俗的需要,也就不怕其俗。我又不会专门盯在稿费上,不是为了雅,而是为了文章的最佳效果和我与编辑出版部门的友谊,还有我作为一个作家的自尊自信。"

王蒙富有哲理的话向人们说明了这样一个道理:做自己喜欢的事情,使自己的兴趣广泛一点,多涉猎一些雅的、俗的,喜欢自己喜欢的,能给人生增添无限的乐趣。

音乐必不可少。重金属摇滚、蓝调爵士、乡村民谣、古典音乐、流行音乐、民族音乐、轻音乐能听的最好都要听一听。音乐可以陶冶人的情操,这是不言而喻的。好的音乐让人心旷神怡,感悟生活。所以,如果有条件,就尽量欣赏欣赏音乐吧。

电影也是不错的选择。爱情片、音乐片、战争片、科幻片、动画片、恐怖片、灾难片、探险片、动作片、喜剧、戏剧、历史剧,各有各的优点,各有各的过人之处。无论哪种电影,无论哪部电视剧,皆有其独到之处。有条件,要看,没有条件创造条件也要看。

爱跳舞。交谊舞给人带来青春的活力。每当耳边响起悠扬浪漫的慢三步舞曲,脚步总会不由自主地滑到舞池,踏着音乐的节奏配合舞伴翩然起舞,尤其是遇到合拍的舞伴,那种酣畅愉悦的感觉堪称一流享受。

读书。书籍温暖了寂寞的心灵,丰富了内心世界。小说中至善至美的人间真情让人们懂得做人贵在与人为善;报刊中丰富的知识、幽默的小文让人们在认识世界的同时,增加了些许幽默;每当遇到挫折无人能排解孤独和寂寞的时候,充满人生哲理的书籍则可以让人们打开心结。好书如良友,一生伴你行。

上网。网络给人带来了温暖的友情和写作的动力。网友之间的交流仿佛将你带回故乡的少年时代，这种没有功利色彩的友情令人们乐此不疲。

游泳、打乒乓球、羽毛球。这些运动项目给你的生活增添了活力。工作学习之余，多运动运动，不仅锻炼身体，还能为自己的生活带来不可多得的乐趣，何乐而不为？

那些有益于身心健康的业余爱好丰富了个人的日常生活，充实了个人的内心世界。而如果一个人能将自己的兴趣爱好和职业联系起来，那么他就更能够经营出丰富多彩幸福欢乐的人生。

人生成功的重要诀窍就是经营自己的长处，因为经营自己的长处能给人生增值，而经营自己的短处则会使人生贬值。马克·吐温曾经弃文经商，因不懂经营之道，几次尝试几次失败；后来重走创作之路，因其文学天赋而很快摆脱了失败的困境，成为一代文豪，他的成与败皆为兴趣使然。由此看来，一个人在选择职业的时候，无须多考虑这个职业能为自己带来多少名利，重要的是应该选择最能使自己全力以赴、最能发挥自己兴趣特长的职业，这样才能把自己放在最合适的位置上，经营出有声有色的人生。

兴趣爱好是生活中不可缺少的原动力，愿每个人在自己所喜欢做的事情上都能小有成就，那么对个人而言日子将会过得有滋有味；对世界而言，又增添了无数个推进人类文明的可能性，这个世界也会因此而变得更美好，更有生机。

鱼以饵悲，人以鱼乐

整日生活在嘈杂的环境里，很容易让人身心疲惫、心烦气躁，让人增加心理负荷，从而有碍身心健康，诱发胃溃疡、高血压、心脏病、脑血管意外等多种病症。所以，你应该工作休闲两不误，在工作的同时，不忘给心情一个放松的机会。如果放长假，时间允许，你可以选择去远足，但如果忙里偷闲，那最好选择钓鱼，这既不会让你太过劳累，又能让你消除紧张的精神状态，使你恢复良好的心境。

钓鱼活动有动有静，动静结合，静可以养神，可以让人放松心情，心平气和，使心灵得到陶冶，动则可以养形，让人舒展筋骨，锻炼身体。马克思曾说过："一个美好的心境，要比十服良药更能解除心理上的疲惫和痛楚。"钓鱼时，手握渔竿，独坐在钓鱼台前，不需费尽心思，专等"愿者上钩"即可，这种意境让人心旷神怡，生活中的一切烦恼，早已抛到脑后，心情会一下子豁然开朗。所以说，钓鱼可谓是修身养性、防治疾病和增强体质的最佳运动方式。坚持垂钓，不但可以陶冶性格，培养耐性，调剂生活，消除疲劳，能让人重新燃起生活的勇气，和战胜困难的信心，让人以旺盛的精力，充沛的体力再次投入工作和学习中去。

佛家修身养性讲究静，认为静可以"炼心、强体"，所以打坐是他们的必修课。

记得有这样一个故事：一个新来的小和尚夏天热得受不了，一个劲地扇扇子还是汗流浃背，可他却见自己的师父，坐在蒲团上闭目养神，一点也不感到热，似有凉风吹过。他便好奇地问："师父，为何弟子感到这般闷热，而你却如此清凉？"师父笑着说道"心静自然凉，心里能放得下，不去想着热，也就不感到热了。"看来，"静"字对修身、处世都是大有好处的。钓鱼也讲究一个"静"字。钓鱼时你要能耐得三分静，有耐心地等待鱼儿上钩，要能够冷看鱼漂起伏静观竿梢颤动。如果你心浮气躁，永远也不会钓到鱼。你必须忘我，你必须全身心放松，你必须任凭风浪起，稳坐钓鱼台，此时，你心如止水，似眠非眠，哪里还有什么名利、是非之争啊？

钓鱼讲究一个火候，讲究恰到好处，讲究一点"中庸之道"。钓鱼时竿提早了，钩子还未被鱼吃进嘴不行；提晚了，吃进鱼嘴的钩子又被吐出来也不行。而人生不也是如此吗？只有你投入全部的热情和希望，集中全部的精力和智慧，从容追求沉着守候，才能适时抓住机遇，在生命的长河里钓起人生的辉煌。此外，钓鱼时也能让人心起慈悲怜悯之心，眼见得活生生的一个生命，在自己手中泯灭，心中肯定会忏悔。生活中也需要有这样一处心态，为人也讲究一个"善"字。真正的钓鱼之人，个个都有菩萨心肠。

钓鱼不仅可以让人忘却烦恼，放松身心，而且可以锻炼心性。脾气急躁者钓不得鱼，因为他们耐不得寂静；心胸狭窄者钓不得鱼，因为身旁的人钓到鱼会让他们嫉妒，让他们心中起波澜；贪婪吝啬者钓不得鱼，因为他们只想钓到更多更大的鱼，而不想下大鱼饵，他们满脑子是鱼，最后却钓不到鱼。真正的钓鱼高手，是不为钓鱼而钓鱼的人。他们图的是个过程，是种体验，正所谓"钓翁之意不在鱼"。不管是姜太公垂钓，还是诸葛亮、罗斯福和达尔文在余暇时去钓鱼，都不是仅为了吃鱼，而是为了修炼身心，为了松弛一下紧张情绪和有意磨炼毅力和耐力，为了静心休养。

朋友，整日奔波劳苦的你，不妨离开繁忙的都市，到郊外觅个好去处，呼吸着新鲜的空气，欣赏大自然的景色，于和风暖日之中，执杆垂钓，亲身体验一下张志和《渔歌子》诗中"西塞山前白鹭飞，桃花流水鳜鱼肥。青箬笠、绿蓑衣，斜风细雨不须归"的垂钓意境，一定会让你流连忘返；而在垂钓时的全神贯注，静观水面鱼漂的沉浮动静，定会倍感心旷神怡，别有一番情趣，也大有益于你的身心健康。

在书画的世界中寻找自己的快乐

巴尔扎克说："一位高明的画家，不刻意照抄一个风景，则他留给我们的就不仅是表面形象，而是实质性的精髓。"

生活中不如意者常十之八九，人生道路上碰上点障碍在所难免，忧郁、彷徨、烦恼、悲愤可能每个人都体验过。如果你喜欢，你可以寄情于水墨丹青，让这些充满灵性的艺术瑰宝去抚慰你那伤痛的心。

"琴书诗画,达士以之养性灵",寄情于水墨丹青之中,沉浸于那洒满墨香的氛围之中,笔走神龙,气韵畅通,你的心胸会顿觉舒畅,感受艺术的同时也是更好的感受生命。

据传南北朝时鄱阳郡王爷被齐明帝所杀后,其王妃悲痛欲绝,整日茶饭不思,终于一病不起。试过了各种妙方,尝遍了天下良药,仍不见好转,最后,其兄慕名请来一位画师为鄱阳郡王爷作了一幅画像。画师深知王妃之病为相思病,经过一番冥想之后,便作好一幅画密封后转交给王妃,并让人转告她说,有人曾偷画王爷像,要王妃派亲信以高价赎取。亲信取回后,王妃展开一看,当即勃然大怒,从病床上一跃而起,大骂道:"这个老色鬼,早该千刀万剐!"原来,画上画的是郡王爷生前和一宠妾在镜前调情的丑态。可说也奇怪,王妃的病竟然从此日渐好转,最后竟然奇迹般康复。

作画可以让人沉浸其中,抛烦恼于脑后,观画可以让人宠辱皆忘,愉悦身心,获得一个美好心境。在现代快节奏的生活中,不妨在家中挂上几幅清丽典雅的字画,在闲暇之余细细品味,可让人赏心悦目,获得一份清净,于身心健康十分有利。

音乐可以安抚你孤独的灵魂

音乐是一种听觉艺术,是一种人类共有的语言。它来源于生活,为人们的情感服务。科学研究证明:听适合的音乐,可以优化人的性格,平稳人的情绪,提高人的修养品位,甚至有养生保健、延年益寿的神奇功效。

医学专家通过大量的研究证明,人类需要通过音乐来抒发自己的感情,并从中受益。音乐可以调节人体大脑皮层的生理机能。提高体内生物的活性,调节血液循环和活化神经细胞。另外,音乐会使人体的胃蠕动更有规律,能够促进机体新陈代谢,增强抗病能力。

在医学上有一个著名的"莫扎特效应":当你听一曲莫扎特的音乐之后,你的大脑活力将会增强,思维更敏捷,运动更有效,它甚至可缓解癫痫病人等患神经障碍的病人的病情。六年前,研究者证明,在IQ测试中,听莫扎特音乐的受试者得分比其他人更高。

音乐是起源于自然界中的声音,人与自然息息相关,所以音乐对人的精神、脏腑必然会产生相应的影响。音乐主要是通过乐曲本身的节奏、旋律,其次是速度、音量、音调等的不同而产生疗效的各异。在进行音乐治疗时,应根据病情诊断,在辩证配曲的原则下,选择适当的乐曲组成音疗处方。

烦恼时听听音乐，能重新燃起生活的热情，唤起人们对美好生活的回忆和憧憬，使人心理趋于平静，心绪得到改善，精神受到陶冶。圣人孔子就非常爱听音乐，他自称是"余音绕梁，三月不知肉味"。

既然音乐有这么多用处，不妨在工作之余，茶余饭后，戴上耳机，听一曲柔美舒缓的音乐，让身心在优美动听的节奏中彻底放松。

第八章　不要苛求自己身边的人

人们每天都会接触到各种各样的人，每个人本身又有着各种各样的差异、不足和缺陷。这个时候你就要学会尊重别人，接纳别人与自己的不一致，接受别人不同的看法，少指责别人，多反省自己。因为予人快乐就是予己快乐，苛求别人就是苛求自己。

感激相遇，切莫生气

在回家的公共汽车上，转程靠站时，乘客顿时多了起来。一对上班族男女上了车。可能因为人多，男的不时地将手臂围住女的，并轻声地问"累不累？""待会想吃些什么？"只见女的不耐烦地回答，"我已经够烦了，吃什么你都不先决定，每次都要问我。"男的一脸无辜地低下头，然后关切地说："让你决定是因为希望能够陪你吃你喜欢的东西，然后看到你满足的笑容，把今天工作的不愉快暂时忘掉。我的能力不足，你工作上所受的委屈我没法帮你，我所能做的也只有这样。"女的听了后，满怀愧疚地说了声"对不起"。男的这才似乎重燃信心般说："没关系，只要你开心就好。"而后亲吻了女士的头发。

相遇，不是用来生气的。说得真好，当自己快控制不住情绪时，想想这句话，应该会让繁忙的生活，加些微笑的因子吧！

有一位金代禅师非常喜爱兰花，在平日弘法讲经之余，花费了许多时间栽种兰花。有一天，他要外出云游一段时间，临行前交代弟子要好好照顾寺里的兰花。在这段时间，弟子们总是细心照顾兰花，但有一天在浇水时却不小心将兰花架碰倒了，所有的兰花盆都跌碎了，兰花撒了满地。弟子们都因此非常恐慌，打算等师父回来后，向师父赔罪领罚。

金代禅师回来了，闻知此事，便召集弟子们，不但没有责怪，反而说道："我种兰花，一来是希望用来供佛，二来也是为了美化寺庙环境，不是为了生气而种兰花的。"

金代禅师说得多好。禅师之所以看得开,是因为他虽然喜欢兰花,但心中却无兰花这种执念。因此,兰花的得失,并不影响他心中的喜怒。

同样的,在日常生活中,你牵挂得太多,你太在意得失,所以你的情绪起伏,你不快乐。在生气之际,你如能多想想:"我不是为了生气而工作的。""我不是为了生气而教书的。""我不是为了生气而交朋友的。""我不是为了生气而做夫妻的。""我不是为了生气而生儿育女的。"你会为你烦恼的心情辟出另一番安详。

当你要和人吵架时,一定要记住,你们的相遇,不是用来生气的。

静坐常思己过

"静坐常思己过,闲谈莫论人非。"这句话虽然听来未免迂腐,可是,仔细想想,它却有很值得人们遵行的地方。

"静坐常思己过",是一种反省的功夫。假如常能在静下来的时候,想到自己在做事或待人方面有疏忽有亏欠的地方,自然就减少了对别人嫉恨或报复的心情;同时由于明白了自己的过失而得到一些警惕,以后将不致再犯同样的过错。这是前人劝人们"静坐常思己过"的真正意义。

如果你能做到每天反省三分钟,相信将会受益匪浅。

所谓"反省"就是反过来省察自己,检讨自己的言行,看有没有要改进的地方。为什么要反省?人人都不完美,总有个性上的缺陷、智慧上的不足。年轻人缺乏社会阅历,常会说错话、做错事、得罪人。你所做的一切,有时候别人会提醒你,但绝大部分人是看到你做错事、说错话、得罪人时都不会说,因此你必须通过反省的方法去了解自己的所作所为。

反省些什么呢?反省那些对你成长中有用的事吧!

人际关系是你成长中的大事。反省今天你有没有做了不利于人际关系的事,对某人说的那一句话是否得体,某人对你不友善是怎么一回事。

方法比努力更重要。反省今天所做的事,是否有不适当之处,怎样做才会更好。

进步是成长中必不可少的。反省到目前为止你做的事使自己有无进步,时间有无浪费,目标完成了多少。

反省的好处则在于——可以修正自己的作为和方向,可以修正作为来使自己进步。

当然,那些不反省的人也不一定会失败。因为,一个人的成败和个人先天条件、后天训练以及机会都有关系。天底下就有从不反省自己但却飞黄腾达的人。

很多伟人都有反省的习惯，因为唯有反省才不会迷失，才不会做错事。

在一位作家的书房里，赫然醒目地挂着一张条幅："在飞逝的今天，你为生活留下了什么？"而且问号写得特别大。这位作家说："这张条幅像悬在我脊梁上的一条鞭子，问号像一把锋利的钩，直刺我的心灵。"他认为，善待每一天是成功人生的真实写照。每一天都是描绘成功人生画卷的一笔，我必须认真地画好每一笔。人生也好比一卷长长的胶片，每一格胶片记录着每天的生活态势。所谓反省，就是反过来省察自己，检讨自己的言行，看一看有没有要改进的地方。

反省是自我认识水平进步的动力，反省是对自我的言行进行客观的评价，认识自我存在的问题，修正偏离的行进航线。

反省的目的在于建立一种监督自我的畅通的内在反馈机制。通过这种机制，你可以及时知晓自己的不足，及时纠正不当的人生态度。良好的反省机制是自我心灵中的一种自动清洁系统或自动纠偏系统。反省是砥砺自我人品的最好磨石，它能使你的想象力更敏锐，它能使你真正认识自我。

孟子云：吾日三省吾身。这是圣贤的修身功夫，凡人不易做到，但时时提醒自己，检视一下自己的言行却不是太难的事。一个人一旦有了不当的观念，或做了对不起人的事，可能瞒过任何人，但绝对骗不了自己。

人之所以会做对不起别人的事，不单是外界的诱惑太大，更多的是自己的欲念太强，理智屈就于本能冲动。一个常常做自我反省的人，不仅能增强自己的理智感，而且必定知道什么是自己该做的，什么是自己不该做的。

人们要从这样几个方面认识反省、看待反省。

第一，正视人性的弱点，认识反省自我的必要性。毋庸置疑，人的通病都是"长于责人，拙于责己"或以"自我为中心"。反省要求的是"反求诸己"，而不是找他人的不是。反省是一面心境，通过它可以洞观自己的心垢。自我如同眼睛一样可以尽情地看外面的世界，却无法看到自己。反省机制的建立将彻底改变这一局限。说反省难就难在你愿不愿意去看到心垢，有没有勇气去洗刷它。

第二，反省是认识自我、发展自我、完善自我和实现自我价值的最佳方法。成功学专家罗宾认为：人们不妨在每天结束时好好问问自己下面的问题：今天我到底学到些什么？我有什么样的改进？我是否对所做的一切感到满意？如果你每天都能改进自己的能力并且过得很快乐，必然能够获得意想不到的丰富人生。真诚地面对这些提出的问题就是反省，其目的就是要不断地突破自我的局限，省察自己，开创成功的人生。

第三，反省的内容就是时时扪心自问，这是郑重的人生之问。每天进行心灵盘点，有益于及时知道自己近期的得与失，思考今后改进的策略。

第四，反省的立足点和取向主要是针对自己，省悟自身的不是。这不仅是自身素质不断完善的手法，而且是融洽人际关系的法宝。比如，"念自己有几分不是，则内心自然气平；肯说自己一个不是，则人之气亦平"；"自知其短，乃进德之基"；"先问自己付出多少，再问人家给了多少"等等，都是很好的反省方法。如果你能时时这样去反省，就能使自己心平气和，善结人缘，力求进取，开创光辉的人生。

反省的方式可以灵活多样，至于反省的方法，有人写日记，有人则静坐冥想，只在脑海里把过去的事拿出来检视一遍。

只要你都关注自身的发展，你就无法回避认识自我。我是谁？我能干什么？我做得怎么样？我要到哪里去？……茫茫的人生旅途跋涉，你都必须亮起一盏心灯，时时叮嘱自己："一路走好。"只有这样，你的成功之路才能越走越宽广。

事实上，反省无处不在，完全不必拘泥于任何形式。

你可在夜深人静的时候反省，也可在散步运动或自己独处的时候反省。

总之，你要把反省的时间安排在心境平静的时候——湖面平静才能映现你的倒影，心境平静才能映现你今天所做的一切。

有一种"每日四问"的记日记方法可以推荐给你。这四个问题是：

今天我改了什么？

今天我有什么值得感谢的？

今天我有哪些可以做得更好？

今天我学会了什么？

把"每天反省三分钟"当成每日的功课吧，它能修正你做人处世的方法，让你有更明确的方向，让你快乐成长。

予人快乐，予己快乐

给予是快乐的源泉，为别人带来快乐的同时，你自己也会处于快乐的包围之中。快乐是可以分享的，你给别人带来了快乐，你分享给别人的东西越多，你获得的东西就会越多。你把幸福分给别人，你的幸福就会更多。但是，如果你把痛苦和不幸分给别人，那你得到的也只能是痛苦和不幸。生活中你如果整天以一张愁眉苦脸待人，那别人会全以同样的面孔对你，你看到了更多的愁容；相反，如果你以笑脸相迎，你会看到更多的笑脸，你的快乐心情加倍了。

从前有个国王，非常疼爱他的儿子，总是想方设法满足儿子的一切要求。可即使这样，他的儿子却总是整天眉头紧锁，面带愁容。于是国王便悬赏寻找能给儿子带来快乐之能士。

有一天，一个大魔术师来到王宫，对国王说有办法让王子快乐。国王很高兴地对他说："如果你能让王子快乐，我可以答应你的一切要求。"

魔术师把王子带入一间密室中，用一种白色的东西在一张纸上写了些什么交给王子,让王子走入一间暗室,然后燃起蜡烛,注视着纸上的一切变化,快乐的处方会在纸上显现出来。

王子遵照魔术师的吩咐而行,当他燃起蜡烛后,在烛光的映照下,他看见纸上那白色的字迹化作美丽的绿色字体:"每天为别人做一件善事!"王子按照这一方法,每天做一件好事,当他看见别人微笑着向他道谢时,他开心极了。很快,他就成了全国最快乐的人。

许多人活一辈子都不会想到,自己在帮助别人时,其实就等于帮助了自己。他们会问:"明明是我去帮助他们,他们受惠,怎么是帮助自己呢?我受的惠在哪里呢?"其实一个人在帮助别人时,无形之中就已经投资了感情,别人对于你的帮助会永记在心,只要一有机会,他们会主动报偿的。

真正有涵养的人,在别人适逢痛苦或遭遇不幸时绝不冷眼旁观,而是尽自己的力量和可能给予同情和帮助。即使是再普通的关系也应该表现出你的热情。只有真诚地待人,别人才会真诚地对你。那种虚情假意,甚至想捉弄人、看别人笑话的人,是注定不会有朋友的。只有互助才会双赢。

两个钓鱼高手到鱼池垂钓。不久收获颇丰。忽然间,鱼池附近来了十多名游客也开始垂钓。没想到,他们怎么钓也是一无所获。

那两位钓鱼高手,一位孤僻而不爱搭理别人,单享独钓之乐;而另一位却是个热心、爱交朋友的人。爱交朋友的这位高手,看到游客钓不到鱼,就说:"这样吧,我来教你们钓鱼,如果你们学会了我传授的诀窍,而钓到一大堆鱼时,每10尾就分给我一尾,不满10尾就不必给我。"

对方欣然同意。就这样,这位热心助人的钓鱼高手,把所有的时间都用于指导垂钓者,获得的竟是满满一大箩鱼,还认识了一群新朋友,同时,左一声"老师"右一声"老师",备受尊崇。而另一个同来的钓鱼高手,却没享受到这种服务于人们的乐趣。

想要得到快乐吗?那就无私地去帮助别人吧!

学会做一个幽默的人

具有适当的幽默感,不仅能给你的事业带来极大的好处,而且会使你的工作更有乐趣。幽默可以消除紧张情绪,创造一种轻松愉快的工作气氛,从而使你的事业更为成功。它同样也是塑造成功形象的一个因素。每当面临选择时,绝大多数人都愿意与那些有幽默感的人打交道。

一位女士就讲了幽默给她带来好运的经历：

记得一次应聘一个职位，简历寄去后，对方将"抱歉未能录用"的电子邮件发给了我。可能是由于系统错误，对方发了两封抱歉信给我。我毫不犹豫地回了一封信："既然您对未能录用我如此遗憾，为什么不给我一次面试机会呢？"不知是不是这封信起的作用。后来我得到这个公司另一个更好职位的面试机会。

在与我的外国经理相处的过程中，我不失时机地采用幽默的方法，总能"化险为夷"，永远是快乐的结局。有一天，经理不小心把可乐打翻在他办公室的地毯上，他激动地告诉我蟑螂部队准保会因此大规模地袭击他的办公室。我想了想，微笑着说："绝对不会发生这种事，因为中国蟑螂只爱吃中餐。"经理的脸色放晴了，高兴地朗声大笑。

有一回面试，我穿着牛仔裤就去了。美国考官突然冷不丁地问我："请问你为什么穿牛仔裤来参加面试呢？"我急中生智，快速答道："今天不是周五吗？周五不是'便装日'吗？"记得原来在另一家美国公司工作时，周五总是有一幅漫画贴出来，漫画上的公司职员都穿睡衣，穿着拖鞋，睡眼惺忪的模样，旁边标注着大写的"Friday"（星期五）。果然不出所料，考官哈哈大笑，我自然顺利地得到了这份工作。

适度的幽默就像是一根闪着金光的魔杖，轻轻地挥舞着它，让苍白的办公室生活开出五颜六色的花朵来。

优雅与幽默是一种恒久的时尚。从一个人优雅的举止里可以看到一种文化教养，让人赏心悦目；从一个人的幽默中可以品味出一种独特的机智，让人开怀大笑。

幽默，可以显露其谦虚的个性。外国一位著名的女汉学家因非常醉心钱钟书先生的著名小说《围城》，几次远涉重洋来到北京，哭着喊着想见钱钟书先生一面，但自始至终，钱先生就是不给这位洋女士一个面子。只是让人捎话给她，说如果你觉得鸡蛋好吃，你就只管吃鸡蛋好了，何必一定要去见那个呱呱叫的老母鸡呢？

幽默，是其个性、情感、胸襟和才识综合魅力的展示。幽默的形式，或自嘲或讽喻，不一而足。幽默的场所，可以说是无时不有，无处不在。社交场合来点幽默，可以先声夺人，活跃气氛，使自己同生人之间一下子拉近了距离。

有一次老舍先生见到了梅兰芳大师说，咱们两个人你是"君子"，我是"小人"，一句话使得梅先生及在场的许多文化名人茫然无措。当老舍先生道出其天机，"君子动口，小人动手"，梅先生唱戏是"动口"，自己创作是"动手"，大家顿时忍俊不禁，气氛一下子热烈起来。

幽默的人，魅力无穷。幽默的人，人见人爱。幽默，不是语言上的巧嘴贫舌，而是多姿多趣的心智的折射。

幽默有一种魅力，一个富有幽默感的人，无疑也是一个语言大师。

那么，如何做到幽默风趣呢？

第一，利用玩笑、逸事或妙语产生幽默。一个得体的玩笑、逸事或妙语会使谈话的气氛变得活跃、丰富。

纽约一家大型公共关系机构的撰稿人范·米特说："幽默必须自然地出自讲话者之口。如果一位高级官员在其亲朋好友中都开不成玩笑，那他在公共场合永远也不会以玩笑取胜。"当然幽默不只是玩笑。事实上，某些最优秀的谈话者根本就不开玩笑，他们通过寓意深刻的逸事、滑稽可笑的故事而使主题增色。

梅兰芳

第二，利用修辞产生幽默。比喻、反语等修辞手法本身就含蓄幽默。如公司公关人员告诉公众："广告对商业是有益的，因为它使人们了解到可供选用的产品。"公众可能会对其报以不耐烦的哈欠声，说："唉！那又怎么样？我们知道。"其实，他打个比方可以表达同样的意思："做生意而没有广告，就像你在黑暗中向一个女孩传递秋波，除了你自己，谁也不知道你在做什么。"这位公共关系人员的意思是会被听众理解和接受的。

第三，正话反说。把欲表达的意思反过来说，可增添不少幽默的成分。有一次萧伯纳在街上行走，被一个冒失鬼骑车撞倒在地，幸好没有受伤，只是虚惊一场。骑车人急忙扶起他，连连道歉，可是萧伯纳却做出惋惜的样子说："你的运气不好，先生，你如果把我撞死了，你就可以名扬四海了！"

第四，直言不讳。这种方法就是直接拿自己的某个缺点以幽默的话语主动示与人。邓小平个子矮，他曾经幽默地说："天塌下来，有高个子顶着。"既坦然承认了自己的缺点，又不致让自己太尴尬。还有这样一个例子：著名画家韩羽是秃顶，他曾经写这一首《自嘲》诗："眉眼一无可取，嘴巴稀松平常。唯有脑门胆大，敢于日月争光。"让人读后不仅不会笑话他的缺点，反而称赞其乐观大度的为人处世哲学。

第五，以柔克刚。这种方法是不直接回答对方，而是顺着对方的话语，以静制动，变被动为主动。美国前总统林肯在一次演讲时，有人递他张纸条，上面只写了两个字："笨蛋。"他举着这张纸条镇静地说："本总统收到过许多匿名信，全都是只有正文，不见署名，而刚才那位先生正好相反，他只署了自己的名字，而忘了写内容。"林肯以柔克刚，在笑声中不仅替自己解了围，也有力地回击了对方。

第六，偷梁换柱。把另一种事物的特征以移花接木之术转换到此事物上，听后

肯定让人忍俊不禁。我国古代有位皇帝,因处理朝政操劳过度,精神萎靡,食不甘味,睡不安枕,噩梦连绵,头昏脑涨,胸闷气短,日渐消瘦。大臣们为其到处寻医,可试遍了各种良方,病情却毫无起色。后来请来了扁鹊,诊视完后扁鹊说:"陛下得的是月经不调。"皇帝听罢哈哈大笑:"荒唐,我乃男子,何来月经不调之理。"笑得他前俯后仰,眼泪都出来了。此后,每当与别人谈起此事还大笑不止,可说也怪,过了不长时间,病情居然慢慢好转起来,不久就痊愈了。运用幽默的故事和风趣的语言去刻画复杂的事物,往往几句话就可以使你的形象树立在公众面前,使听众在笑声中增加对你的印象和信任。

具有幽默气质的人,都有一种超群的人格,能感受到自己的力量,以愉悦的方式表达真诚、大方和心灵的善良,独自应付任何困苦的环境,并且这样的人最受欢迎。因此幽默气质就像一座桥梁拉近人与人之间的鸿沟,是奋发向上者和希望与他人建立良好关系者不可缺少的东西,也是每一个希望减轻自己人生重担的人所必须依靠的支柱。

学会沟通和理解

世界上没有完全相同的两片树叶,也没有完全相同的两种意识。人和人不同的思想意识构成了纷繁美丽的世界。同时,也正是由于阵线不同,团体与团体之间,人和人之间,不可能永远保持一致,难免会出现意见相左,会出现误会与争执,但关键在于你怎样去解决这些问题。

人生在世,精神的愉快胜过一切,而和谐美好的人际关系无疑是构成心情愉快的重要因素。由于各种原因,有些人际关系是无法达到和谐的。但是误会则使本可以做到和谐或本来是和谐的关系,只因理解和认识的误会而形成人际关系中的遗憾。所以说,它比直接的、不良的人际关系更多一层痛苦。它是对美好关系的破坏。这种破坏并非主观的、有意识的、故意的,而只是因为互相的隔膜、意识的不可通性、感情的客观障碍所致。

争执既已形成,不论是你遭到了误解或你可能正在误解别人,唯有互相沟通才能达到理解,使误会消除。

通常,人际关系中容易产生争执的是这样一些人:交谈交往极少者,互不了解个性者,性格内向者,个性特别者,自视清高者,狂妄傲慢者,神经过敏者,常信口开河者,爱挑剔小节者等。

与上述这些人交往,不论是初次的或多次的,你都要注意你的言行是否容易产生歧义,是否可能遭到误解,或者你是否对他存有偏见和误会。

任何人都有他独立经营着的那一片小小的天地,形成他之所思、他之所言、他之所行,他自己的特色。有的人的这片小天地呈开放张扬的状态,可以随时接纳所有的人。有的人则呈封闭压抑的状态，这是不好交际、不善交际、不易交际的人。与此种人交往首先得启开那扇封闭的门，待你走进去后才可能发现真正的他。否则，你只能在门外与他交往，这时，各种各样的误会都可能产生。

人们都知道，林黛玉是个特别难打交道的人，随便一句话中的一个用词不妥，可能就得罪了她。她发了脾气，别人还不知道为了何事。生活中这样的女性并非罕见。

如果你已经自觉意识到遭到了误解，最简便直接的办法当然是直接与误解你的人解释交流，推心置腹，真诚相见，不要搁在胸中，更不要犹豫猜忌。你可以借一次家宴、一场舞会、一次公关活动、一次约会或一个电话互诉衷肠，以你心换他心，以他心换你心，疙瘩解开，冰消雪融，重归于好。

可能你和对方没有这种直接交流的机会，或者你觉得直接解释交流的方式有些难为情，那么你可以用书信的方式，详尽地阐明自己，也许可以化干戈为玉帛。

如果对方对你误解太深，已经对你形成偏见，乃至于把你视同仇敌，消除误解当然要困难许多。一是要有恰当的方式，二是要有一定的时间。你首先可以通过间接的方式，动用和对方亲近的人，让他在你们中间做桥梁、媒介，把对方的怨气和意见，把你的诚意、你的本心都通过这位中间人在双方间予以传达疏导。传达疏导到一定时机，你们就可以发展到直接解释交流了。

天下没有解不开的疙瘩，没有打不破的坚冰，没有过不去的火焰山。

当你受到误解的时候，误不在你而在于对方，但你对对方之误却能够宽容大度不予计较，反倒主动地想法去消除对方之误。此为君子度量。

当你受到误解的时候，如果你对对方之误厌恶憎恨，压根儿不想去消除它，更不愿主动去做疏通工作，以为那样做是降低了身份，丢了自己的面子，损伤了人格。此为小人之心。

圣人说："受国之垢，是谓社稷主。"——承担全国的屈辱，才算得上国家的君主。如果你在小小的人际关系圈内也受不得丝毫委屈，吃不得半点亏，头低不下一毫，话多不得半句，那你就去茕茕孑立、形影相吊好了。

避免争执的另一重要建议是回避顶撞或辩论。当你将要陷入顶撞式的辩论漩涡里的时候，最好的办法就是绕开漩涡，避免争论。你不可能指望仅仅以摇唇鼓舌的口头之争，来改变对方已有的思想和成见。把细枝末节的小事当作天大的原则问题来加以辩论，是因为你坚持成见的缘故。只要你争胜好斗，喋喋不休，坚持争论到最后一句话，就可以体验到辩论的"胜利"，可是，这种胜利不过是廉价的、空洞的虚荣心的产物，它的结果引发一个人的怨恨。

谁能够克服喜好争论的弱点，谁就能在社交中获得成功。

在争论中可能你有理，也可能以雄辩取胜，但要想轻易改变别人的主意，你就大错而特错了。

日常工作中容易发生争执，有时搞得不欢而散甚至使双方结下芥蒂。人是有记忆的，发生了冲突或争吵之后，无论怎样妥善地处理，总会在心理、感情上蒙上一层阴影，为日后的相处带来障碍。最好的办法，还是尽量避免它。

人们常用这么一句话来排解争吵者之间的过激情绪：有话好好说。这是很有道理的。争吵者往往犯三个错误：第一，没有明确而清楚地说明自己的想法，话语含糊，不坦白；第二，措辞激烈、专断，没有商量余地；第三，不愿意以尊重态度聆听对方的意见。有一个调查说明，在承认自己容易与人争吵的人中，绝大多数说自己个性太强，也就是不善于克制自己。

同事之间有了不同的看法，最好以商量的口气提出自己的意见和建议，语言的得体是十分重要的。应该尽量避免用"你从来不怎么样"，"你总是弄不好"，"你根本不懂"之类的语言，这必然会引起对方反感。即使是对错误的意见或事情提出看法，也切忌嘲笑。幽默的语言能使人在笑声中思考，而嘲笑他人则包含着恶意，这是很伤人的。真诚、坦白地说明自己的想法和要求，让人觉得你是希望合作而不是在挑人的毛病。同时，要学会听，耐心、留神地听对方的意见，从中发现合理的成分并及时给予赞扬。这不仅能使对方产生积极的心理反应，也给自己带来思考的机会。如果双方个性修养、思想水平及文化修养都比较高的话，做到这些并非难事。

如果遇到一位不合作的人，你就要冷静，不要让自己也成为一个不能合作的人。宽容忍让可能一时让你觉得委屈，但这却能表现你的修养，也能使对方在你的冷静态度面前平静下来。当时不能取得一致的意见，不妨把事情搁一搁，认真考虑之后，或许大家能共同找到解决问题的好办法。

善于理解、体谅别人在特殊情况下的心理、情绪是一种较高的修养。有的人生性敏感；有的人恰恰遇到不顺心的事没处发泄怒气；也许对方正生病，这些都可能是造成态度、情绪反常或过激的原因。对此予以充分谅解，并及时地予以沟通，会得到相应的回报的。

宽容是人际关系的润滑剂

屠格涅夫说："不会宽容别人的人，是不配受到别人宽容的。"

19世纪法国文学大师雨果曾说过这样的一句话："世界上最宽阔的是海洋，比海洋宽阔的是天空，比天空更宽阔的是人的胸怀。"

生活在茫茫人世间，难免与别人产生误会、摩擦。如果不注意，在你轻动仇恨之时，仇恨袋便会悄悄成长，最终会导致堵塞了通往成功之路。所以你一定要记着自己的仇恨袋里装满宽容，那样你就会少烦恼，多机遇。

学会宽容，对于化解矛盾，赢得友谊，乃至事业的成功都是必要的。因此，在日常生活中，无论对同事、对顾客、对子女、对配偶……都要有一颗宽容的爱心。

宽容是一门交往的艺术。它可以润滑彼此间的关系,消除彼此间的隔阂,扫清彼此间的顾忌,增进彼此间的了解。宽容能打开两颗相对封闭的心灵,像一种明澈而柔润的调剂,使之相融相知。"大度能容,容天下难容之事",懂得宽容的人生是美丽的。

水至清则无鱼,人至察则无徒。用宽容来安慰别人因失误而愧痛的心,让别人心存感激,是最容易得到别人的信任和尊重的。宽容是安慰剂,如一江春水,抒写着温馨闲适与融洽,让人在柔和舒适间倍感亲切,教人在壮美和激情中意气风发。世间因为有了宽容而爱意浓浓,美丽祥和。当你深陷苦闷,孤独难挨,山重水复之时,突然获得别人的理解与鼓舞,谁不会因之心潮澎湃,热泪盈眶,感激之情溢于言表呢?

宽容是一种艺术,宽容别人。不是懦弱,更不是无奈的举措。在短暂的生命中学会宽容别人,能给生活中平添许多快乐,使人生更有意义。正因为有了宽容,你的胸怀才能比天空还宽阔,才能尽容天下难容之事。

人们交往贵在与人为善宽以待人,尽可能向他人提供方便,尽量给予他人帮助。可以说,宽容是一个道德水平较高的表现,所谓"有容,德乃大"。你希望别人善待自己,就要先善待别人,要将心比心,多给人一些关怀、尊重和理解;对别人的缺点要善意指出,不能幸灾乐祸;对别人的危难应尽力相助,不应袖手旁观,落井下石。即使是自己人生得意,也不能得意忘形,居功自傲,而是应多想想别人对自己的帮助,让三分功给别人。人总是喜欢和宽容厚道的人交朋友的,正所谓"宽则得众"。

宽容还要求你"已欲立而立人,已欲达而达人",自己要站得住,同时也使别人站得住,自己要事事行得通,同时也使别人事事行得通,"君子成人之美,不成人之恶,小人反是。"在一定意义上,成人之美就是成己之美,即使对有错误的人也不要嫌弃,应给人提供改过的宽松条件,原谅别人的过失,帮助别人改正错误。正所谓与人方便,已也方便。

在生活中学会宽容,你便能明白以下道理。

宽容就是洞察。世界由矛盾组成,任何人或事情不会尽善尽美。无论是"患难之交""亲朋好友",还是"金玉良缘""模范丈夫",都是相对而言。他们的矛盾、苦恼常被掩饰在成功的光环下,而掩盖的工具恰恰是宽容。不必羡慕人家,不要苛求自己,常用宽容的眼光看世界,事业、家庭和友谊才能稳固和长久。

宽容就是忍耐。同事的批评,朋友的误解,过多的争辩和"反击"实不是取,唯有冷静、忍耐、谅解最重要。立下愚公移山之志,坚持以德报人,以理服人,以情感人。相信这句名言:"宽容是在荆棘丛中长出来的谷粒。"能退一步,天地自然宽。

宽容就是忘却。人人都有痛苦,都有伤疤,动辄去揭,便添新创,旧痕新伤难愈合。忘记昨日的是非,忘记爱人曾经有过的一段浪漫,忘记别人先前对自己的指责和谩骂，时间是良好的止痛剂。放眼明日，来日方长，学会忘却，生活才有阳光，才有欢乐。

宽容就是潇洒。处处绿杨堪系马，家家有路到长安。宽厚待人，容纳非议，乃事业成功、家庭幸福美满之道。一切蝇营狗苟、芥蒂块垒，在宽容的阳光下，将灰飞烟灭、冰释雪化。事事斤斤计较、患得患失，活得也累，难得人世走一遭，潇洒最重要。

那么，容人究竟应当容些什么呢？

——容人之长。人各有所长。取人之长补己之短，才能互相促进，事业才能发展。刘邦在总结自己成功经验时的那段话很发人深省："夫运筹于帷幄之中，决胜于千里之外，吾不如子房；镇国家，抚百姓，给馈饷，不绝粮道，吾不如萧何；连百万之众，战必胜，攻必取，吾不如韩信。此三者，皆人杰也，吾能用之，所以取天下也。"善于用人之长，首先是能容人之长。嫉妒别人的长处，生怕同事和部属超过自己而想方设法压抑的做法，是很愚蠢的。

——容人之短。人无完人，金无足赤。人的短处是客观存在的，容不得别人的短处势必难以共事。"鲍管分金"的故事就很耐人寻味。春秋时期，鲍叔牙与管仲合伙做生意，鲍叔牙本钱出得多，管仲出得少，但在分配利润时管仲却总是多要。鲍叔牙并没有觉得管仲自私，而是认为管仲家里穷，多得点没关系。后来鲍叔牙还把管仲推荐给齐桓公做了大夫。如果鲍叔牙容不得管仲的缺点，管仲的才华就有可能被淹没。

——容人之过。"人非圣贤，孰能无过。"历史上凡是有作为的伟人，多数都能容人之过。

——容人之个性。由于人们的家庭出身、社会经历、文化程度不同，性格必有差异。因此，容人从根本上来说，就是要能够接纳各种不同性格、具有不同个性的人。如果只喜欢与自己性格相近的人，那么你的朋友只会少之又少。

——容己之仇。这是容人的极致，是一种高尚的品德。齐桓公不计管仲一箭之仇、祁黄羊"外举不避仇"等，向来为人们所津津乐道。

用鲜花代替怨恨

魏国边境靠近楚国的地方有一个小县，一个叫宋就的大夫被派往这个小县去做县令。

两国交界的地方住着两国的村民，村民们都喜欢种瓜。这一年春天，两国的边民又都种下了瓜种。

不巧这年春天，天气比较干旱，由于缺水，瓜苗长得很慢。魏国的一些村民担心这样旱下去会影响收成，就组织一些人，每天晚上到地里挑水浇瓜。

连续浇了几天，魏国村民的瓜地里，瓜苗长势明显好起来，比楚国村民种的瓜苗要高不少。

楚国的村民一看到魏国村民种的瓜长得又快又好，非常嫉妒，有些人晚间便偷偷潜到魏国村民的瓜地里去踩瓜秧。

宋县令忙请村民们消消气，让他们都坐下，然后对他们说：

"我看，你们最好不要去踩他们的瓜地。"

村民们气愤已极，哪里听得进去，纷纷嚷道：

"难道我们怕他们不成，为什么让他们如此欺负我们？"

宋就摇摇头，耐心地说：

"如果你们一定要去报复，最多解解心头之恨，可是，以后呢？他们也不会善罢甘休，如此下去，双方互相破坏，谁都不会得到一个瓜的收获。"

村民们皱紧眉头问：

"那我们该怎么办呢？"

宋就说：

"你们每天晚上去帮他们浇地，结果怎样，你们自己就会看到。"

村民们只好按宋县令的意思去做，楚国的村民发现魏国村民不但不记恨。反倒天天帮他们浇瓜。惭愧得无地自容。

这件事后来被楚国边境的县令知道了，便将此事上报楚王。楚王原本对魏国虎视眈眈，听了此事，深受触动，甚觉不安，于是，主动与魏国和好，并送去很多礼物，对魏国有如此好的官员和国民表示赞赏。

魏王见宋就为两国的友好往来立了功。也下令重重地赏赐宋就和他的百姓。

人与人之间避免不了因互相误解而使友谊和感情受伤破裂，因而导致仇恨。最好的方式是以宽容的心态将这种仇恨栽培成一盆鲜花，让自己心里开花才能让周围遍地开花。时间带走一切也考验一切，值得珍惜的是无限春光和快乐的果实，真正的友谊并不因误解、仇恨而逊色，反而因海纳百川的胸怀和气度增色不少。

让仇恨长成鲜花是一种大彻大悟的境界，也是快乐的源泉。

彼此相信，才能成功

一个篱笆三个桩，一条好汉三个帮。人们生活在群居的社会里，一个人是不可能完成他的一生的。无论什么事，只有团结起来才是明智之举。不但中国近代历史给了我们这种启示，就是千百年来民间最淳朴的教育方式也无不体现着这种道理：一双筷子容易被折断，十双筷子抱成团。只有团结合作，才能达到双赢的结果。

人们处于一个合作的时代，合作已成为人类生存的手段。因为科学知识向纵深方向发展，社会分工越来越精细，人们不可能再成为百科全书式的人物。每个人都要借助他人的智慧完成自己人生的超越,于是这个世界充满了竞争与挑战,也充满了合作与快乐。不善于合作就会给自己的工作和生活带来许多的麻烦。

随着社会的发展,人们越来越需要精诚团结,在共同的大目标下努力把事情做好。虽然人们生活在一个竞争取胜的社会,但社会需要的不是你死我活的争斗,不是相互残杀,而是共同发展。只有这样,社会才能进步,国家才能有希望,每一个人才能得到更好的发展。

合作已经成为这个时代最亮丽的一道风景线。合作可以集思广益,能弥补个人能力的不足,合作可以创造高的效率;合作能让人感到人与人之间的温暖;合作是成功的基石。合作精神是每个人适应社会、立足社会、谋求自身发展不可或缺的重要素质。与人合作的能力,已成为当今世界人才的重要素质之一。

查尔斯·赫梅尔说:"我们的星球,犹如一条漂泊于惊涛骇浪中的航船,团结对于全人类的生存是至关重要的。"人们都是一个翅膀的天使,只有相互关爱,才能展翅飞翔。

一位清华人曾说过这样一段话:假如你拥有众多的朋友,与朋友之间有着良好的人际关系,那么,你便可以通过这些朋友的力量来协助你解决难题。人是不可能拒绝朋友而独自过着闭门自守的生活。假如是这样,生活实在无乐趣可言,而且很多需要帮助的困难就无法解决。

毕竟这是一个合作的社会,个人的学识与力量是有限的,必须依靠他人的学识及力量方能完成任务。有不少人并非很有才华,但他们却有一个无形的资产——良好的人际关系,就因为这无形的资产,使他在各方面各领域都能平步青云。

生活在群体中,就必定要与他人分工合作,分享成果,互惠互助。因此学会协作,就能迈好人生的每一步。

有这样一个小故事,讲的是一名外国的教育家邀请清华的几个学生做一个有趣的实验。

一个小口瓶里,放着七个穿线的彩球,线的一端露出瓶子。这只瓶子代表一栋房子。彩球代表屋里的人。房子突然着火了,只有在规定时间内逃出来的人才可能生存。他请七名学生各拉一根线,听到哨声便以最快的速度将球从瓶中取出。实验即将开始,所有的目光都集中在瓶口上,哨声响了,七个学生一个接一个,依次从瓶子里取出了自己的彩球,总共才用了三秒钟! 在场的观众情不自禁地鼓起掌来。这位外国专家大声说:"我的实验终于成功了,中国学生真了不起! 我在许多地方做过这个实验,从未成功。至多逃出一两个人,多数情况是几个彩球同时卡在了瓶口。我从你们身上看到了一种可贵的协作精神。"

只有相互协作,一个人才能汲取更多的营养让自己变得强大,一桩事业也才能聚集起更大的力量以获得成功。不会合作的人将一事无成。指挥家轻舞手中的指挥棒,悠扬的音乐便从乐器师的嘴唇边、指缝里倾泻出来,流进人们的心田。是什么力量使上百位乐师、数十种不同的乐器合作得这样完美和谐? 那就是合作。

合作就是互相配合,共同把事情做好。世界上有许多事情,只有通过人与人之间的相互合作才能完成。一个人学会了与别人合作,也就获得了打开成功之门的钥匙。

大雁由北向南以 V 字形状长途迁徙。雁在飞行时,V 字形的形状基本不变,但头雁却是经常替换的。头雁对雁群的飞行起着很大的作用。因为头雁在前开路,它的身体和展开的羽翼在冲破阻力时,能使它左右两边形成真空。其他的雁在它的左右两边的真空区域飞行,就等于乘坐一列已经开动的列车,自己无需再费太大的力气克服阻力。这样,成群的雁以 v 字形飞行,就比一只雁单独飞行要省力,也就能飞得更远。

人只要相互合作,也会产生类似的效果。只要你以一种开放的心态做好准备,只要你能包容他人,你就有可能在与他人的协作中实现凭自己的力量是无法实现的理想。合作是件快乐的事情,有些事情人们只有互相合作才能做成。不合作他不能得,你也不能得。每个人的能力都有一定限度,善于与人合作的人,能够弥补自己能力的不足,达到自己原本达不到的目的。

合用一盏灯,照亮别人也温暖自己,怀着合作思想上路的人,一生也将生活在成功里。合作是一种非常实用的人生理念。像花开,美丽给别人,自己也结果实。只要你熟谙与人合作的诀窍,很快地你将会成为成功之林的雄伟巨木。

合作是每个社会人的必修课。每一个人自踏入社会之日起,合作就无时不在、无处不在。作为人类生存与发展赖以继续的一种行为模式,合作在人类社会的发展历程中扮演着重要角色。是合作使人们彼此了解,是合作使人们互通有无,是合作使人们化干戈为玉帛。

勇于合作,去和每一个人合作,是人人都很容易做到的事,这时你并不损失什么,相反,可能这份不起眼的合作会带给你双赢的结果。

第九章　给自己一个幸福的目标

现代心理学家通过研究证实,成功的关键不是简单的努力工作和和谐的人际关系,关键在于人是否拥有持久的幸福感。而要有持久的幸福感,则必须要有一个明确的可以带来快乐和意义的目标,然后努力地去追求。

欲取之，必先与之

世界万事万物都是转化和守恒的。睡眠和休息丧失了时间，却取得了明天工作的精力。只有丧失，才能获得。市场交易，买者如果不丧失金钱，就不能取得货物；卖者如果不丧失货物，也不能取得金钱。一个军队失去了城池，但杀伤了敌人的有生力量；一个人失去了花前月下的爱情，但却增加了锻造自己的时间。只有丧失才能不丧失，这是"将欲取之，必先与之"的道理。不愿意丧失一部分，结果往往会丧失了全部。因此，不管是被动的失去，还是主动的放弃，都是值得肯定的。失去了一个东西，没必要伤心；得到了一个东西，也没必要高兴。"塞翁失马，焉知祸福"，因为，总的得失是平衡的。对于幸福，你不要被动地等待，而要主动地争取。有智慧的人是能理解和把握这种平衡的，所以不要总想着好事被自己一人占尽，完美的想法通常是不切合实际的，而不完美中才真正蕴涵着完善。

知道自己"有限"的聪明是一件幸运的事。有一个聪明的男孩，有一天妈妈带着他到杂货店去买东西，老板看到这个可爱的小孩，就打开一罐糖果，要小男孩自己拿一把糖果。但是这个男孩却没有任何的动作。几次的邀请之后，老板亲自抓了一大把糖果放进他的口袋中。回到家中，母亲很好奇地问小男孩，为什么没有自己去抓糖果而要老板抓呢？小男孩回答得很妙："因为我的手比较小呀！而老板的手比较大，所以他拿的一定比我拿得多很多！"这是一个聪明的孩子，他知道自己的有限，而更重要的，他也明白别人比自己强。凡事不能只靠自己的力量，学会适时地依靠他人，是一种谦卑，更是一种聪明。

敢于放弃，取决于真正的聪明，绝大的智慧。而一切斤斤计较、机关算尽的聪明，归根结底都是"小聪明"，到头来往往是聪明反被聪明误。

快乐的真谛是简单的生活

想要生活得快乐，最重要的就是保持自己的本色。你只能唱你自己的歌。你只能画你自己的画，你只能做一个由你的经验、你的环境和你的家庭所造成的你。不论好坏，你都得自己创造自己的小花园；不论好坏，你都得在生命的交响乐中，演奏你自己的小乐器。

周先生已经结婚18年多了，在这段时间里，从早上起来，到他要上班的时候，他很少对自己的太太微笑，或对她说上几句话。周先生觉得自己是百老汇最闷闷不乐的人。后来，在周先生参加的继续教育培训班中，他被要求准备以微笑的经验发表一段谈话，他就决定亲自试一个星期看看。现在，周先生要去上班的时候，就会对大楼的电梯管理员微笑着说一声"早安";他以微笑跟大楼门口的警卫打招呼;他对地铁的检票小姐微笑;当他站在交易所时,他对那些以前从没见过自己微笑的人微笑。

周先生很快就发现,每一个人也对他报以微笑。他以一种愉悦的态度,来对待那些满肚子牢骚的人。他一面听着他们的牢骚,一面微笑着,于是问题就容易解决了。周先生发现微笑带给自己了更多的收入。每天都带来更多的钞票。周先生跟另一位经纪人合用一间办公室。对方的职员中有一个是很讨人喜欢的年轻人。周先生告诉那位年轻人,自己最近在微笑方面的体会和收获,并声称自己很为所得到的结果而高兴。那位年轻人坦率地说:"当我最初跟您共用办公室的时候。我认为您是一个闷闷不乐的人。直到最近,我才改变看法:当您微笑的时候,充满了慈祥。"

你的笑容就是你好意的信使。你的笑容能照亮所有看到它的人。对那些整天都看到皱眉头、愁容满面、视若无睹的人来说,你的笑容就像穿过乌云的太阳;尤其对那些受到上司、客户、老师、父母或子女的压力的人,一个笑容能帮助他们感到一切都是有希望的,世界是有欢乐的。

世界上的每一个人都要追求幸福,有一个可以得到幸福的可靠方法,就是以控制你的思想来得到。幸福并不是依靠外在的情况,而是依靠内心的感受。记住:微笑能改变你的生活。如果你不喜欢微笑,那怎么办呢? 那就强迫你自己微笑。如果你是唯独一个人,强迫你自己吹口哨或哼一曲,表现出你似乎已经很快乐,这就容易使你快乐了。

其实,微笑是一个人快乐的保证,但人不要去强求不属于自己的东西,要学会顺其自然。有的人违背规律去办事,就会进步艰难,而有的人顺应规律,就会得心应手,一路坦途。

每件事物都是有着两面性的,顺其自然亦是如此,不过人们多是关注它的消极而忘却它积极的一面。它积极的一面便是督促人能够尽其所能而为之,不能不在乎结果,不能不在乎名利,但不能过分追求这些东西,否则你会由此失去生活中的许多乐趣——就是如何能够做到既奋斗又不过分追求名利,如何把握这个"度"实在是难矣。

有这样一则寓言,说从前有位樵夫生性愚钝,有一天他上山砍柴,不经意间看见一只从未见过的动物。于是,他上前问:"你到底是谁?"

那动物开口说:"我叫'聪明'。"

樵夫心想:我现在就是很愚钝,缺少"聪明"啊! 把他捉回去算了!

这时,"聪明"突然说:"你现在想捉我是吗?"

樵夫吓了一跳：我心里想的事它他怎么知道！那么，我不妨装出一副不在意的模样，趁他不注意时赶紧捉住它。

结果，"聪明"又对他说："你现在又想假装成不在意的模样来骗我，等我不注意时把我捉住带回去。是吗？"樵夫的心事被"聪明"看穿了，所以就很生气，心想真是可恶，为什么它总能知道我在想什么呢？

谁知，这种想法马上又被"聪明"知道了。他又开口道："你因为没有捉住我而生气吧！"

于是，樵夫开始从内心检讨：我心中所想的事好像反映在镜子里一半，完全被它看穿。我应该把它放弃，专心砍柴。还是顺其自然的好，干吗生气徒增烦恼呢？

樵夫想到这里，就挥起斧头，用心地砍柴。一不小心，斧头掉下来，却意外地压在"聪明"上面。"聪明"立刻被樵夫捉住了。

生命是一种缘，是一种必然与偶然互为表里的机缘。有时候命运偏偏喜欢与人作对，你越是挖空心思想去追逐一种东西，它越是想方设法不让你如愿以偿。这时候，痴愚的人往往不能自拔，好像脑子里缠了一团毛线，越想越乱，他们陷在了自己挖的陷阱里。而明智的人明白知足常乐的道理，他们会顺其自然，不去强求不属于他的东西。顺其自然，绝非被动人生，不是自视清高或阿Q精神胜利法；顺其自然，不是在生活的海边临渊羡鱼，不是在命运的森林里守株待兔，而是洞悉人生、承受一切命运际遇的大智慧；顺其自然，是对生命的善待与珍爱，是对人生的喝彩和礼赞。

生命中的许多东西是不可以强求的，那些刻意强求的某些东西或许你终生都得不到，而你不曾期待的灿烂往往会在你的淡泊从容中不期而至。你常想悟出真理，却反而因了这种执着而迷惑、困扰。只要恢复直率之心，彻底地顺从自然，快乐就随手可得。

幸福的目标是宁静与淡泊

宁静祥和的感觉，能让人即使身处逆境也能维持心中一片清澄。这才是宁静的真谛。

"淡泊以明志，宁静而致远。"所谓"宁静而致远"，就是要不因宠爱而忘形，不因失落而怅然，不因富贵而骄纵，不因清贫而自惭。得意，也不忘时、忘形、忘神、忘乎所以；失意，也不颓唐沮丧，不复聊赖；喜悦，眉梢不外溢；痛苦，表情不抽搐。内敛，内向，气守丹田，不浮不躁，不自惹，不自扰，不自乱，不自淫，不自贱，不自屈。

有一位虔诚的佛教信徒，每天都从自家的花园里采撷鲜花到寺院供佛。一天，当他正送花到佛殿时，碰巧遇到无德禅师从法堂出来，无德禅师欣喜地说道："你每天都这么虔诚地来以香花供佛，依经典的记载，常以香花供佛者，来世当得庄严相貌的福报。"

信徒非常欢喜地回答道："这是应该的，我每天来寺礼佛时，自觉心灵就像洗涤过似的清凉，但回到家中，心就烦乱了。我是一个家庭主妇，如何在喧嚣的城市中保持一颗清净纯洁的心呢？"

无德禅师反问道："你以鲜花献佛，相信你对花草总有一些常识，我现在问你，你如何保持花朵的新鲜呢？"

信徒答道："保持花朵新鲜的方法，莫过于每天换水，并且于换水时把花梗剪去一截，因花梗的一端在水里容易腐烂，腐烂之后水分不易吸收。就容易凋谢。"

无德禅师道："保持一颗清净纯洁的心，其道理也是一样，我们的生活环境像瓶里的水，我们就是花，唯有不停净化我们的身心，变化我们的气质，并且不断地忏悔、检讨、改进陋习、缺点，才能不断吸收到大自然的精华。"

信徒听后。欢喜作礼感谢道："谢谢禅师的开示，希望以后有机会亲近禅师，过一段寺院中禅者的生活，享受晨钟暮鼓、菩提梵唱的宁静。"

无德禅师道："你的呼吸便是梵唱，脉搏跳动就是钟鼓，身体便是庙宇，两耳就是菩提，无处不是宁静，又何必等机会到寺院中生活呢？"

无德说"热闹场中做道场"，只要自己息下妄缘，抛开杂念，哪里不可宁静呢？如果自己妄想不除，就算住在深山古寺，一样无法修持。禅者重视"当下"，何必明天呢？"参禅何须山水地，灭却心头火亦凉。"即此之谓也。

一个人在做人做事上，要达到理想的境界，应使自己情绪安宁，心地澄清。无论怎么忙，每天最好能安排出片刻的独处和宁静，在这宁静的氛围中，人的思想会宁静而清晰，情绪也最容易归于平和，说不定，就因为你拥有片刻的宁静，可以避免一些鲁莽、浮躁、荒谬、无聊的事情发生。

每个人都想求内心的宁静，内心的宁静是什么？其中的含义，有几个人真正地知道？是问心无愧？晚上不做噩梦？还是一生一世对别人的歉疚？让人们从下面的故事中获得答案吧。

国王提出一大笔赏金。看谁画得出最能代表平静祥和的意象。很多画家将自己的作品送到皇宫，有的画了黄昏森林，有的画了宁静的河流，小孩在沙地上玩耍，彩虹高挂天上，沾了几滴露水的玫瑰花瓣。

国王亲自看过每件作品，最后只选出两件。

第一件作品画了一池清幽的湖水，周遭的高山和蓝天倒映在湖面上，天空点缀了几抹白云，仔细看的话，还可以看到湖的左边角落有座小屋，打开一扇窗户，烟囱有炊烟袅袅升起，表示有人在准备晚餐，菜色简单却美味可口。

第二幅画也画了几座山，山形阴暗嶙峋，山峰尖锐孤傲。山上的天空漆黑一片，闪电从乌云中落下，降下了冰雹和暴雨。

这幅画和其他作品格格不入，不过如果仔细地看，可以看到险峻的岩石堆中有个小缝，里面有个鸟窝。尽管身旁风狂雨暴，小燕子还是蹲在窝里，悠然自得。

国王将朝臣召唤过来，将首奖颁发给第二幅画，他的解释是："宁静祥和，并不是要到全无噪声、全无问题、全无辛勤工作的地方才找得到。"

宁静与淡泊才是生活的真谛，只有洞悉了这一点，你的生活才能紊而不乱，缓而有序，不骄不躁，去创造和经营属于自己的一片天空。

追求心灵的自由自在

佛家说："要眠即眠，要坐即坐"，这是多么自在的快乐之道啊，倘使你总是"吃饭时不肯吃饭，百种需索，睡眠时不肯睡，千般计较"，这样放不下，你又怎能快乐呢？幸福又怎能不远离你呢？

放下是一种觉悟，更是一种心灵的自由。

只要你不把闲事常挂在心头，你的世界将会是一片风光霁月，快乐自然愿意接近你。

其实，生活原本是有许多快乐的，只是人们常常自生烦恼，"空添许多愁。"许多事业有成的人常常有这样的感慨：事业小有成就，但心里却空空的。好像拥有很多，又好像什么都没有。总是想成功后坐豪华邮轮去环游世界，尽情享受一番。但真正成功了，仍然没有时间没有心情去了却心愿，因为还有许多事情让人放不下。

两个和尚一道到山下化斋，途经一条小河，两个和尚正要过河，忽然看见一个妇人站在河边发愣。原来妇人不知河的深浅，不敢轻易过河。一个年纪比较大的和尚立刻上前去。把那个妇人背过了河。两个和尚继续赶路。可是在路上，那个年纪较大的和尚一直被另一个和尚抱怨，说作为一个出家人，怎么背个妇人过河，甚至又说了一些不好听的言语。年纪较大和尚一直沉默着。最后他对另一个和尚说："你之所以到现在还喋喋不休，是因为你一直都没有在心中放下这件事，而我在放下妇人之后，同时也把这件事放下了，所以才不会像你一样烦恼。"

对此，台湾作家吴淡如说得好：好像要到某种年纪，在拥有某些东西之后，你才能够悟到，你建构的人生像一栋华美的大厦，但只有硬件，里面水管失修，配备不足，墙壁剥落，又很难找出原因来整修，除非你把整栋房子拆掉。

你又舍不得拆掉。那是一生的心血，拆掉了，所有的人会不知道你是谁，你也

国学经典文库

中华点子库

修心妙点子

图文珍藏版

很可能会不知道自己是谁。

仔细咀嚼这段话，其中的味道，不就是因为"舍不得"吗？

很多时候，你舍不得放弃一个放弃了之后并不会失去什么的工作，舍不得放弃已经过去了很久很久的种种往事，舍不得放弃对权力与金钱的角逐……于是，你只能用生命作为代价，透支着健康与年华。不是吗？现代人都精于算计投资回报率，但谁能算得出，在得到一些自己认为珍贵的东西时，有多少和生命休戚相关的美丽像沙子一样在指掌间溜走？而你却很少去思忖：掌中所握的生命的沙子的数量是有限的，一旦失去，便再也捞不回来。

人生需要豁达

宽舒人生者活得很随意，他们摸透了自己的脾气，知道自己的欲望和观点，干什么事都不用先去调查求证，或者察言观色，看别人的意见，他们只管我行我素，走自己的路。

人要活得愉快，就得少烦恼；要少烦恼，心胸就得阔大一些，宽广一些，学会宽恕自己和容忍别人，就叫作宽舒人生。本来，生活就应该从容不迫，悠然自得。

人要活得宽舒，首先就得接受自己和自己的天性，不会对自己要求过分苛刻，也不会因看不起自己而焦虑不安。遇到不幸和灾祸，他们会像其他人一样痛苦，但是他们能够想得开，而且能照常生活。他们也不像有些人那样，为可能发生的灾祸忧心忡忡，他们会做一些必要的准备，但是不会为此身心憔悴。

同时，宽舒人生者非常能够容忍他人，容忍自己所不知道的东西。他们知道生活是变化无常的，这是个人所无法改变的现实。人不但要接受这种现实，而且还要从这种现实中找到乐趣，大可不必提心吊胆、顾虑重重地生活。对于自己不懂的事情，宽恕人生者总是采取承认的态度，承认之后再去慢慢琢磨它、了解它。

因为这种容忍，宽舒人生者与他人的关系比较融洽，因为他们能平易自然地与各种各样的人相处，而不管这些人的年龄、教养和性格特点。由于他们是按照人的本来面目、而不是按照自己的要求去待人接物的，所以他们很少会对别人感到失望，更不会吹毛求疵，总觉得别人不够格——如果这样，少不了肝火上升，心跳加快。比如，有一位教授是一个工作迷，经常早出晚归，并且耽误家里的事，但是他妻子却过得很宽心。她说："当我们结婚的时候，我就明白他这种脾气改不了了，所以他经常很晚回家，甚至在实验室里度过星期六和星期天，我也不会感到太难以忍受。"

有了豁达，才有了人生的舒展和舒服，这就是宽舒人生的含义。所以人生的宽舒是一种建立在认识现实基础上的心安理得的生活方式。宽舒就是不抱怨，而不是虚假的开心、欺骗的豁达和不老实的异想天开。宽舒人生者是实事求是的，不会

修心妙点子

图文珍藏版

通过玫瑰色的眼镜或者墨镜来看待生活。宽舒人生表现了一种健康优美的人性。

为难自己就是自寻烦恼

生命中有很多事是自己一下子做不到的,当你做不到的时候就不要去为难自己。

不要为难自己,做人本来就很难,干吗还要为难自己。人生中有很多相似的事情发生,明知别人做错了事情,非得要人承认——是过。被人骂了一句,花无数时间难过——是过。为一件事情发火,不惜时间和血本,只为报复——是过。失去一个人的感情,明知一切无法挽回,却花上好几年为之伤心——是过。不要拿别人的错误来惩罚自己。

你在尽力做好每一件事情,却往往得不到别人的认可,或者不能取得成功。为此,你十分苦恼。其实,与其越做越糟,不如洒脱地放弃。你的前面总是会有更好的风景在等待着你去欣赏,何必为眼前的这点儿暗淡境遇而延误生命的美丽呢?

只要你做好应该做的事情,就是值得称赞的。在生命结束的时候,一个人如能问心无愧地说:"我已经尽了最大的努力。"他就此生无悔了。

"金无足赤,人无完人"。人们都应该认识到自己的不完美。全世界最出色的足球选手,10次传球,也有4次失误;最出色的篮球选手,投篮的命中率,也只有5成;最精明的股票投资专家,买5种股票也有马失前蹄的时候。既然连最优秀的人做自己最擅长的事都不能尽善尽美,你的失误肯定更多。这就是说,你绝不可能使每个人都满意。每个人都会有他个人的感觉,都会根据他自己的想法来看待世界。所以,不要试图让所有的人都对你满意,否则你将永远也得不到快乐。

从前有一位画家。想画出一幅人人见了都喜欢的画。经过几个月的辛苦工作。他把画好的作品拿到市场上去,在画旁放了一支笔,并附上一则说明:亲爱的朋友,如果你认为这幅画哪里有欠佳之笔,请赐教,并在画中标上记号。

晚上,画家取回画时,发现整个画面都涂满了记号——没有一笔一画不被指责。画家心中十分不快。对这次尝试深感失望。

画家决定换一种方法再去试试。于是他又摹了一张同样的画拿到市场上展出。可这一次,他要求每位观赏者将其最为欣赏的妙笔都标上记号。结果是,一切曾被指责的笔画,如今却都换上了赞美的标记。

最后,画家不无感慨地说:"我现在终于明白了,无论自己做什么,只要使一部分人满意就足够了。因为,在有些人看来是丑的东西,在另一些人眼里则恰恰是美好的。"

现实生活中你也常常会遇见类似的事情。当某人做了一件善事,引起身边同事们的注意时,会听到各种截然不同的评论。张三说做得好,大公无私;李四说野心勃勃,一心想往上爬;上司赞有爱心,值得表扬;下属则说在做个人宣传……总之,各种各样的议论,有的如同飞絮,有的好似利箭,一一迎面扑来。怎么办呢?最好的办法,就是抱着"有则改之,无则加勉"的态度。

别人说的,让人去说;别人做的,让人去做。嘴巴长在人家脸上,你想控制也控制不了。然而,绝不要被人家的评论牵住自己,更不要因别人的言语而苦恼。记住,自己就是自己,自己才是自己的主人。

在一个人的生活圈中,起码有一半的人不赞成你所说的那些事情。因此,无论你什么时候发表意见,你总是会有50%的机会,也总是面对一些反对意见。

明白了这一道理后,当有人不同意你所说的某些事情时,你不要觉得自己受到了伤害,也不要立即改变你的意见以便赢得赞誉之词;相反,你应该提醒自己,没有人会是十全十美得让每个人都满意的。如果你知道了这一点,也就知道了走出绝望的捷径。

现在许多人的通病就是不了解自己。他们往往在还没有衡量清楚自己的能力、兴趣之前,便一头栽在一个好高骛远的目标里,每天享受着辛苦和疲惫的折磨。他们希望获得他人的掌声和赞美,博得别人的羡慕。为此,便将自己推向完美的边界,做什么事都要尽善尽美。久而久之,他们的生活就变成了负担和苦闷,而不是幸福和享受了。

人贵在了解自己。根据自己的能力去做事,才能真正地喜悦。不管什么时候,你不必刻意去要求自己,不要以为自己的步伐太小太慢,重要的是每一步都能踏得稳。

潇洒走人生

人生苦,人生累,潇洒去面对。潇洒,是一种豁达,一种超脱,一种不拘一格,一种放得开的极高境界。困境中的潇洒,更是放弃苦难的明智,也是追求新生活的开始,这种潇洒更有价值。

有人说:"人生是一幅画,每个人都在用手中的笔描绘着自己人生路途的丹青。"有人说:"人生是一首歌,每个生命都在用自己的节奏奏出生命的交响。"

当你的努力获得成功,不要被喜悦的浪潮淹没。在品味过甜蜜之后,潇洒地站起身,抬起头,扬起可爱的笑脸,撑起自信的风帆,挥挥手,不带走一片云彩,继续你搏击的体验。

当你的天空下起了雨,不要被哀伤迷蒙了双眼,险峰上才有风光无限,让眼泪痛痛快快地流过之后,毅然地擦去泪珠,对着镜中的自己笑一笑,做个鬼脸,告诉自己"经历了风雨才能见彩虹",走出门,大声说:"我一定成功。""心还在梦就在,让我从头再来。"

潇洒的一生,要为自己创造自身条件,心里要有快乐的细胞,脑子里要运转幸福的信息。

人的一生会遇到许多预想不到的事情,有挫折,有创伤,有疾病,有不幸,同时人生也有欢乐、有幸福。所以,人活在世上,要学会坚强、乐观、遗忘,包括糊涂。

学会坚强,不被任何事情所吓倒。无论你生活中遇到什么不幸,都要勇敢地去面对。比如,人的一生要经历升学、恋爱、家庭、事业以及疾病和你预想不到的痛苦、悲伤等,都要勇敢去面对它,不要向任何事情屈服。人要有一个坚定的信念,乐观地面对你面前所发生的一切,那么悲伤就会从你的身边溜走,曙光就会来到你的面前。

同时要学会遗忘。学会遗忘会给你的人生创造许多快乐,因为忧愁和烦恼会伴随你左右,只有学会遗忘,该忘却的就应该忘却,不该认真的就别认真,唯有这样,人才能过得潇洒些,快乐些。人的一生难免会做出使自己后悔的事情,然而,你有必要后悔一下,但不能一直后悔不止。正如一位心理学家所说:在各种误区行为中,悔恨是最无益的,无疑是浪费感情和时间。因为无论你怎么样内疚悔恨,已经发生的事是无法挽回的。

学会遗忘的糊涂观,也是一种明智的处事之道。

古人说:风来疏竹,风过而不留声;雁度寒潭,过潭而不留影。意思是说:轻风吹过稀疏的竹林固然会发生沙沙的声响,可是当风过去之后,竹林并不会留下声音而仍旧归于寂静;当大雁飞过寒冷的深潭,固然会倒映出雁影,但是雁飞过之后,清澈的水面依旧是一片晶莹,并不会留下雁影。

所以说,世间万物,不论是长是短,是苦是乐,全部会飘然而过,毫不留痕迹,像是过眼烟云。人对此应抱的态度是,事情来了用心去应对,事情过去之后,心要恢复寂静。

生命只有一次,生活之水也不会倒流,有人把生活比作是一条长长的录音带,可以用录上全新的内容抹掉从前的声音,既然如此你为什么不去用那生活中最优美的音乐去覆盖住那不协调的乐章,甚至是那刺耳的噪声呢?

所以说,只有学会遗忘,善于遗忘,才能更好地保留人生最美的回忆,才会潇洒走人生。

第二篇　修身金点子

第一章　治学增识不做写字匠

求取学问一定要排除杂念,集中精神,专心致志。如果读书不重视学术上的探讨,只是在吟咏诗词上下功夫,那就会流于浅薄而没有深刻的心得;读书只知一味背诵文句,不去研究古圣先贤的思想精要,最多只能成为一个写字匠。

孔子劝学

子路是孔子的学生中的"七十二贤"之一,以勇武刚直,擅长治政而著名。但在他刚刚见到孔子的时候,根本不知道学习的重要性。

孔子见子路来见他,以为他是为求学而来的,所以迎头便问:"你爱好什么?"子路没弄清楚孔子的意思,贸然回答:"我爱好长剑。"孔子摇了摇头,说:"我问的不是这个。我是说,你是个有能力的人,假如再加上勤学好问,成就将不可限量。"

子路理直气壮地说:"南山上的竹子,本来就直挺挺的,用不着矫正。砍来当箭用,可以射穿犀革。由此看来,本质好就行了,做学问有什么用呢?"

孔子进一步解答道:"不错,砍了竹子,是可以当箭用的。但如果在它的一端束上羽毛,在另一端装上金属的箭头,并且磨得十分锋利。难道不会射得更加深入吗?"

子路听了,恭恭敬敬地行了个礼,说:"我十分愿意接受您的教育!"

活到老　学到老

师旷是春秋时期晋国的乐师。他虽然是个双目失明的人,却依旧热爱学习,在音乐方面的造诣很深。

有一天,晋平公问师旷:"我70岁了,再想学习,恐怕已经太晚了吧?"师旷反问道:"既然晚了,为什么不点起蜡烛呢?"晋平公听后,认为他答非所问,很气愤。

晋平公

师旷解释说:"我这个瞎了眼的臣子哪里敢跟君王开玩笑呢？我听人说过：'少年时代热爱学习,好像旭日东升,光芒万丈;壮年时代热爱学习,好像烈日当空,光焰夺目;到了老年,才下决心学习,那就好像晚上点起蜡烛'。"晋平公听了,点头称赞道:"你说得真好!"

滥竽充数　不能长久

战国时,齐宣王很喜欢听吹竽,特别钟爱的是听众竽合奏,他每次都要三百个乐师一同吹奏,听起来才过瘾。

有一位南郭先生,根本不会吹竽,却也混在三百人中,每回都参加演奏。他双手捧着竽,嘴唇微微地动,装作一副认真吹的样子,其实他并没有吹出声来。他同其他的乐师一样享受很高待遇。这样,他也混了好多年。后来,齐宣王死了,他的儿子继承王位。这位新任的国君也爱听吹竽,但是却爱听独奏,他叫三百个乐师一个一个地吹奏。这时,南郭先生知道没法继续混下去了,只得扔下他的竽,悄悄溜走了。

朝闻道　夕死可矣

汉武帝时,大臣夏侯胜因为力谏汉武帝颁布诏书,宣扬战功而落个"诽谤"先帝的罪名,被关进监狱。黄霸因为赞成夏侯胜的意见,也被关了起来。黄霸爬到夏侯胜的面前,说:"我愿拜您为师,请您给我讲讲《尚书》吧。"

"唉,"夏侯胜叹息一声,说:"我俩犯的是死罪,活不了几天啦!还学什么《尚书》!"黄霸指着沿墙根移动的阳光说:"早上听了有益的道理,晚上死了也可以。这不就是叫抓紧时间学习吗?您就收了我这个学生吧!"

夏侯胜听了十分感动,就开始教黄霸学《尚书》。一晃三年过去了,黄霸学业大进。当他俩被赦免出狱时,黄霸成了一位对《尚书》研究有很高造诣的人。

良师可从　非良即去

晋国大夫阳处父出使到卫国去,回来路过宁邑,住在一家客店里。店主姓嬴,看见阳处父相貌堂堂,举止不凡,十分高兴,悄悄地对妻子说:"我早想投奔一位品德高尚的人物,可是多少年来都不曾找到一个合意的。今天我看阳处父这人不错,我决心跟他去了。"店主得到阳处父的同意,离别妻子,跟着阳处父走了。一路上,阳处父就同店主东拉西扯地谈起来。然而刚刚走出宁邑不久,店主就改变主意,决定不跟阳处父去了。妻子见丈夫突然折回,不解地问道:"你好不容易遇到这么个人,怎么又不去了呢?"店主说:"我看他的外表觉得不错,谁知听了他的言论却非常讨厌。我担心跟他去,不能获得教益,倒先遭受祸害,所以打消原来的主意了。"

笨鸟先飞　切勿灰心

清代著名的学者章学诚,小时候很愚钝,尤其是记忆力很差,在私塾里读书时,每天读百把字的一段文章都感到很吃力,更不要说背诵较长的古文了。但是他并不灰心,坚持从早到晚孜孜不倦地勤读。他读书很仔细并有所取舍,每当读到不满意或者有疑问的地方,就记下来,写了一本本学习笔记,以备查阅参考。章学诚还经常向社会上的名流请教,和他们探讨学问,如此经年累月,学识大有长进。他不仅精于古典,而且长于史论,成为清代著名的历史学家和思想家。

墨染十八缸水

晋代大书法家王羲之,七岁时就跟书法家卫夫人学习书法。他练字十分刻苦,随时随地都在练,有时用手指在衣服上练,有时在月光下的池边悬肘练,直到玉兔西下。

相传当年王羲之在绍兴兰亭临池学书,苦练了二十年,由于经常在池里洗笔刷砚,竟把池里的水染黑了。有一次儿子王献之问他写字的秘诀,他指着家里的十八口水缸说:"学字的秘诀就在这十八口缸里面,你把十八口缸里的水写完,自然就知道写字的秘诀了。"王献子直把十八缸水用完,果真练出了一手好字,也成了著名的书法家。

刨根问底　独立思考

戴震是清代著名的训诂学家,从小读书就爱动脑筋,在学习时,严格要求自己要领会书的要旨,并且还进行独立思考。

一次,在课堂上,老师给大家讲授《大学》中的章句,当先生讲到孔夫子的言行时,先生照本宣科地念,戴震便问:"先生,我们怎么知道这是孔子的话呢? 而且又怎么知道是由他的学生记录下来的?"先生回答说:"这是大理学家朱熹说的呀!""朱熹是什么时代的人?"戴震又问。"南宋人。""孔子又是什么时代的人呢?"戴震又问。"周朝人。""周朝和南宋相隔多少年?"戴震又继续问。先生掐指一算说:"大约有两千年吧。"戴震问:"既然相隔得那么远,那朱熹又根据什么做出那样的判断呢?"老师被他问得张口结舌,但却连声赞叹说:"戴震真是一个了不起的孩子啊!"戴震在一生的治学过程中就爱这样刨根问底。

读书破万卷

顾炎武是明末清初我国著名的爱国主义思想家和杰出的学者。他七岁进私塾,十来岁跟着祖父读《资治通鉴》及《孙子》《吴子》等兵书。从小到老,他几乎没有一天不读书。许多重要历史著作,他都能背诵。他还阅读各朝的实录、野史、笔记及天文、地理、诗赋、词章等,特别注意研究当时的现实问题,搜集和阅读《明十三朝实录》及公文、奏议、邸报,甚至连一些州府县的地方志,都仔细研读,重要部分还亲手节录。到四十五岁时,他已读了各类书籍几万卷,他还边读书边对鲁冀辽晋陕甘等地进行考察,写出了一部卷帙浩繁专论山川要道边防战争之事的《肇域志》。此外他还在天文、历算、地理、历史、音韵、金石等许多方面很有研究,著作甚丰,除《肇域志》外,还有《日知录》《音学五书》《天下郡国利病书》等名著传于后世。

读书趁青春

陶渊明退居田园后,有个读书的少年向他求教读书妙法。陶渊明见状,一语不发,便带少年来到稻田旁,指着一棵禾苗说:"你蹲在那禾苗前,看它是不是在长高呢?"少年目不转睛地瞧着,可是直到盯得眼睛酸痛了,也没看出禾苗有什么变化,他站起来对陶渊明说:"没有看见它长啊。"陶渊明反问道:"真的没见吗? 那么,春天才种的苗芽,又是怎样变成这样高的呢?"少年仍不明就里,陶渊明耐心地引导少年说:"这禾苗是每时每刻都在生长啊,只是我们的肉眼觉察不到,读书学习也是同理。知识的增长有时连自己也不易察觉到,但只要抓住关键时间,及早播下种子,持之以恒,就会由知之甚少变为知之甚多,如春起之苗,不见其增,日有所长,就是这个道理。"

请读百遍书

汉代陕西弘农人董遇为人朴实敦厚，从小喜欢独立学习，掌握了丰富的知识。董遇对《老子》很有研究，替它作了注解；对《左氏春秋》也下过很深的功夫。他根据自己的研究心得，写成《朱墨别异》。附近的读书人听说他学有专长，纷纷请他讲书，他总是告诉人家："先用心读吧！先读上百把遍再说。"请教的人见他不肯讲解，不免有点失望。他解释道："不管什么书，只要认真多读几遍，总会懂得它的意思的。"

温故知新

孔子向师襄子学弹琴，师襄子先教孔子弹一支曲子，练了十多天，孔子还在不停地练。

师襄子对他说："差不多了，再学一支曲子吧。"孔子答道："我仅仅学会了谱子，还没掌握技法！"过了些时候，师襄子说："你已经掌握技法了，可以另学一支曲子。"他答道："我还没有体会出这支曲子所表现的思想情感呢！"又过了些时候，师襄子告诉他："你已经弹出了思想感情，可以学新的了。"孔子说："我还弄不清作曲家是个什么样的人。"他继续弹，师襄子在旁边听，听了一阵说："像有个人在严肃地思考，快乐地抬头遥望关怀远方。"孔子兴奋地说："我已经了解了作曲者是什么样的人：黑黑的面孔，高高的身材，两眼仰望，一心想着以德服人，感化四方。除了文王，还有谁是这样呢？"师襄子钦佩地向孔子行了个礼，说："一点儿也不错。老师讲过，这只曲子，叫作文王操啊！"

丹溪借书

元朝的医学家朱丹溪，小时候因为家里穷读不起书，就在私塾的窗口偷偷地"听"，没有书就向人家去借。困难不但没有阻碍他求学，而且使他从小就养成了战胜各种困难的本领。

四十一岁那年，他离开家乡来到杭州。听说罗知悌医术高明，就去登门求教。罗知悌思想保守，不肯把医术传授给别人。朱丹溪一连去了十几次，罗知悌都不肯收他为徒。可是朱丹溪百折不回。三年后的一个大雨倾盆的早晨，他又到罗知悌家求教。罗知悌终为他的求学精神所感动，收他为门下唯一的学生。他继承了罗氏之学并有所发挥，行医时往往药到病除。但他并未满足，接着又拜苏州名医葛可久为师，学习针灸医术。由于他经多见广，精益求精，终成一代名医。

治学有方

陶宗仪在江苏松江做乡村教师时,亲自耕田种地,休息时,常把自己的治学心得、诗作、所见所闻随手写在摘下来的树叶上,放进一只瓮里。满了就埋在树下。如此日复一日,年复一年,装满了十多瓮。后来,他将这些瓮挖出来,将树叶上的文字进行摘录、整理,这就是我们今天看到的共有三十卷的《辍耕录》。

韦编三绝

据《史记》记载,孔子在晚年很喜欢阅读《易经》。但这本书道理很深,很不容易读懂。孔子边读边思索,深钻细研,体味其中的义理。一遍读不懂,就读二遍;还读不懂,就再读第三遍……由于读的遍数多了,穿在《易经》上的皮带子几次三番地折断。孔子之所以成为一个伟大的思想家,与其刻苦善读精神是分不开的。

苦读经书

东汉时期的王充是我国古代杰出的思想家和哲学家。他少年时就失去了父亲,家里很穷,但他很有志气,酷爱学习。20 岁的时候,乡里保送他到全国最高学府太学去学习。在太学里,为了弄清老师讲的东西,他就把讲课时提到的书都找来阅读。太学里的书差不多都读遍了,可还是满足不了他的学习需要。由于家里实在困难买不起书,于是,他便把书铺当作自己的书房,整天钻在里面,孜孜不倦地读。不管是酷暑严寒,还是刮风下雨,他每天都早早来到书铺,帮人家干零活,然后读书。有时在书铺里一站就是一整天,吃饭,休息全部都忘了。他读完了这家书铺所有的书,又跑到别家书铺去读。他几乎读遍了街市上所有的书铺。他刻苦学习,积累了丰富的知识,成为我国历史上著名的学者。他所著的《论衡》有 20 万字。充满了朴素的唯物主义思想,在今天仍然有很高的价值。

不贪虚名

鲁迅在南京矿路学堂读书时,生活极度贫困。冬天他无钱去买棉裤,只好穿着夹裤过冬。身上一件棉袍,也是破旧不堪,两肩地方已经没有一丝棉絮了。

尽管生活上极其贫困,鲁迅却常跑到城南的旧书店里,用节省下来的钱把一本又一本的书籍买回来认真阅读。矿路学堂每次考试都是有奖的。鲁迅在班级里年龄最小,但学习成绩最优秀,考试时十回有九回得第一名,鲁迅得了金质奖章以后,总是把奖章拿去卖了,得来的钱一不用来吃喝,二不用来添置衣服,而是全部用来买书阅读。

凿壁偷光

西汉人匡衡，他家祖祖辈辈靠务农为生，家境贫寒，他从小靠干活以资补家用。但是，匡衡酷爱学习，常常利用劳动之余刻苦自学。家里穷，晚上没有油灯，他就在自己家的墙上凿个洞，借邻居的烛光读书。这就是有名的"凿壁偷光"的故事。

学而思则进

徐旷是隋末唐初的一个儒学大师。少年时战乱，为了生活，哥哥去帮人家卖书赚钱，他在家做饭，小哥俩就这样艰苦地维持着生活。白天，哥哥去卖书，徐旷在家里做好三餐饭，空余时间就到山上去捡些枯枝。晚上，哥哥带着卖剩的书回到家里，徐旷就用枯枝点火照明，专心致志地阅读。因为这些书第二天是要拿去卖的，卖出去就再也见不到了，所以必须读得很快。徐旷常常读到天亮，每天都要读好几本书。他读书既快，又能融会贯通，做到"学而思"，因此读书的效果很好。仅仅几年功夫，他就读完了四书五经，并有了自己独到的见解。由于徐旷读书有所思，因此后来，他因学问出众被提拔为博士，在太学里主讲《左传》等书。他功底扎实，基础雄厚，讲起来举例生动，论证有力，有条不紊，头头是道，使得听讲的人心悦诚服。

玉不琢不成器

西汉时期，倪宽跟从孔安国学习研究《尚书》。由于家里贫穷，没有读书的费用，他就去为别人干活养活自己。每天他带着书去工作，休息时就将书拿出来读。经过考试，倪宽被封为廷尉卒史，武帝元鼎四年，升迁为左内史。他为官主张勤耕，轻缓刑罚，老百姓因此都很信任他，爱戴他。皇帝询问他治国良策的来源，他回答说，这些良策主要来源于不间断地学习所得到的。

深挖一口井

狐邱的郊野，有一个人从事农业。农田收入少，他就常常想改变职业，但却没有比务农收入多的。他舅父的儿子给邑大夫掌管车马，回家时穿着华丽的衣服，他见了也盼望能干那一行，于是就弃农去干掌管车马的差使。他的主人说："这可是你自己要去了，我没有撵你啊，如果三年不能回来，那么你管的田地和房屋我就要派别人管理了，不要后悔呀。"

他长跪着说："是。"过了三年，他所侍奉的主人已死亡，他想再回去务农，但耕地和房屋都更换了人。旧主人可怜他,就招收了他,但他的乡邻都责怪他丢弃旧业,违背常理。因此,他感到惭愧不敢再回去了,就冻饿而死在路上了。

有人把这件事告诉了郁离子,郁离子说:"古代人称颂好的农夫不因为水旱灾害放弃耕作,好的商人不因为折本废弃经商,正是说的这个道理啊。吴国有人在笼子里养猿猴,养了十年之久,后来可怜它,就把它放了,连续两夜,它总是跑了回来。那个人心里纳闷:'是没有把它送到远处吗?'于是就把它抛弃到大山谷里。猿猴长久在笼子里便忘记了它的习性,于是无处得到食物,哀鸣而死。所以古人总是当心失业啊。"

第二章　砺志修德成大事

无胜于有德行之行为,无劣于有权力之名誉。一个人的荣华富贵,如果是从道德修养中得来,那就如同生长在大自然的野草,会繁衍不绝。如果是从建立功业中得来,那就如同生长在林园中的盆栽,稍微移动,根本就会受到影响。如果是从权势中得来,那就如同插在瓶中的花朵,由于没有植根土中,花的凋谢指日可待。

十九载牧羊志不悔

苏武(？—前60),字子卿,杜陵(今陕西西安东南)人。据汉边制度,有两千石薪俸以上的官员子弟得任命为郎。因此苏武少年时便与两个兄弟做了皇帝的郎官(侍从官),后升任移中厩监(御马房的管理人员)。

那时汉匈边界常有战乱,双方屡派使者刺探对方动向。匈动前后扣留汉朝使者十多批人,汉朝也扣押匈奴使者作为抵偿。汉武帝天汉元年(公元前100年),匈奴且鞮侯即位,为防止汉朝乘机攻打他,便自称是汉天子的晚辈,并把扣押的汉朝使者一齐送回汉朝。武帝也以礼相待,委任苏武以中郎将(掌管皇帝侍卫的武职,比将军低一级)职,持旄节护送被扣押的匈奴使者回国,同时赠送且鞮侯单于丰厚的礼物。于是苏武同副中郎将张胜,随员常惠以及卫士、侦察兵等一百多人到了匈奴。

事有凑巧,就在使节团返朝复命之际,匈奴发生了贵族缑王和虞常等人的谋反事件。他们策划劫持单于的母亲阏氏,并杀掉死心塌地为匈奴效力的汉朝叛臣卫律,而后逃回中原。虞常曾和张胜是朋友,他偷偷去见张胜。张胜慨然允诺,给虞常提供了经费。谁知他们行事不秘,单于子弟举兵先发制人,结果缑王等全部战死,虞常被擒。

张胜感到事态发展严重,他和虞常的关系要暴露,只好把和虞常秘密会面之事告诉苏武。苏武料定使节团要受牵连。他想：待做了犯人受审后被处死，不如早日自尽，以免自己的国家受到污辱。于是他拔剑自杀。张胜，常惠等人手疾眼快夺了剑，苦苦将他劝住。

卫律奉单于之命，审理这桩谋反案，虞常果然供出张胜。单于大怒，召集首领们商议要杀掉汉朝使者。单于的近臣们认为杀掉他们不如令他们投降，单于同意了他们的意见，又派卫律去劝降苏武，苏武对常惠等人说："丧失气节，辱没国家，虽生，有何脸面回大汉？"说着，拔出佩刀刺进胸膛。卫律大惊，亲自上前抱住苏武，又忙着派人快马加鞭去请医生。当时的急救术很落后，那是在地上挖一个坑，坑内燃文火，然后将苏武面朝下卧在坑上，由医生敲打挤压背部使淤血流出。同时帮助病人恢复心脏跳动。苏武本已气绝，经半日痛苦的抢救，总算有了呼吸。常惠等人哭着将苏武抬回营帐。单于钦佩苏武的气节，更加希望苏武投降，早晚派人问候。

苏武大义凛然，卫律无计可施，只好如实去报告单于。苏武越是不屈，单于便越想招降苏武，同时也愈加残酷地迫害他。他们把苏武捆绑着禁闭在一个深旷的大地窖里，不给他送吃的喝的。天降大雪，苏武躺着咬一口毡毛，嚼一口雪，合着吞咽下去。几天后，匈奴人发现苏武还活着，以为有神灵保佑他，就把他从地窖里拉出，流放到北海（西伯利亚东南部的贝加尔湖）没有人烟的地方放牧公羊，并说等公羊产了羊羔，才放他回来。

苏武孑然一身来到北海，靠掏野鼠洞中储藏的草籽干果充饥。他每天拄着代表国家尊严和使命的汉使节杖放羊，睡觉起身都不离手。日复一日，年复一年，节杖上的旄牛尾毛逐渐脱光。

苏武出使匈奴的第二年，汉匈爆发战争，汉将李陵兵败投降了匈奴。李陵和苏武曾同在汉朝廷做官，他投降匈奴后被单于立为右校王。他自觉惭愧，无颜去见苏武。过了些时候，单于命李陵去北海劝降苏武。

李陵到了北海，摆酒奏乐，款待苏武，席间与苏武款款叙旧。苏武这才得知自己走后，两个兄弟都因小罪被迫自杀，母亲已死，妻子还年轻已经改嫁。两个妹妹和三个儿女十多年来不明生死。而且皇上老了，法令没有个准，大臣们无罪而遭灭门九族惨祸的有好几十家。李陵劝苏武说："人生如朝露，何必自苦如此。单于在诚仁诚意等待您的归顺，不会让您回到大汉了。"苏武听后驳斥李陵道："我们父子没有什么能耐，靠皇上栽培，父亲做了将军，封一等侯爵；兄弟三人都是皇上的近臣。平时一直希望能为朝廷尽忠。如今有了报效朝廷的机会，就是赴汤蹈火也心甘情愿。您不必再费口舌了。"李陵无言以对。

不久，单于病死。新单于害怕内乱外患，又派使者与汉通好，并表示愿意放还苏武。

十九个春秋，经受了无数痛苦煎熬，苏武终于回到京城长安。他出使时是一个很强壮的青年，回来时已是满头银丝，满面白须。出使时带去的随员一百多人，现在跟回祖国的只剩了十一人。

苏武回朝后，汉昭帝任命他为典属国，主管边疆各民族事务。

公元前 60 年，苏武病逝，享年 81 岁。十年后，汉宣帝命人把苏武等十一名功臣的像画在麒麟阁上，让后代永远纪念他们。

心诚志坚　终成正果

唐僧玄奘本姓陈，名祎，生活在唐初太祖、太宗年间。通常，人们称他为三藏法师，俗称唐僧。

玄奘苦心钻研佛学、遍访国内名师，在此过程中他发现已翻译过来的佛经中有很多错误，且所说纷纭，难得定论。为此，他冥思苦想，终于决定到天竺（今印度半岛）佛教的发祥地去学习、探索，并取得经书《十七地论》回来以解释人们的疑惑。

唐初政权刚刚建立，各项制度尚不完备，而且与西部地区突厥的关系也很紧张，所以，玄奘虽一再申请出境西去，但均未获准。在此期间，他学习了梵文，了解了西域、天竺的风俗，充分考虑了可能遇到的种种苦难，做好了西去的一切准备。

唐太宗贞观元年（公元 627 年），玄奘私下里跟着一些商人悄悄地从长安出发，经过秦州（今甘肃天水市）、兰州，到达当时的西部边陲重镇凉州（今甘肃武威县）。在凉州，玄奘的行踪被官府发现，凉州都督李大亮勒令他返回长安。此时，幸遇当地佛教领袖慧威，暗中派慧琳和道整两徒弟护送，继续西行。玄奘一行不敢公开在路上走，只得昼伏夜行。当他们到达瓜州（今甘肃瓜州县东）时，瓜州刺史孤达听说有法师来此，非常高兴，盛情相待。此时，玄奘骑的马已经倒毙，而前面尚有深不可渡的瓠芦河，有兀立的五个烽火台，还有一望无际的戈壁滩。无奈，玄奘只得停留一下。可就在此间，却来了凉州通缉他的公文，瓜州州吏李昌是个"崇信之士"，就揣着访拿玄奘的文书来找玄奘，问他是不是要抓的那个玄奘，李昌说："您必须说实话，如果您真的是，我愿给您出主意想办法。"交谈中，李昌为玄奘立志求经、勇往直前的精神所感动，当面撕毁公文，催促玄奘赶快出关西行。

再次上路不久，跟随玄奘的两个小僧先后离开。不久，玄奘又遇到当地一名叫石槃陀的胡人。石槃陀自告奋勇，愿做玄奘的向导，还引一位老夫来见玄奘。老夫很钦佩玄奘不畏艰辛的精神，他提醒玄奘前面还有千难万险，可玄奘坚定地表示：若不至婆罗门国，终不东归，纵死中途，也不后悔！老夫激动万分，将一匹曾经往返伊吾国十五次的老马赠给玄奘。玄奘和石槃陀，借着夜幕的掩护混出了玉门关。

出了玉门关，两人都累了，就在草丛里歇下了。歇了一会儿，玄奘似睡未睡，忽见石槃拔刀而起，慢慢逼近玄奘，转而又退了回去。玄奘怀疑他起了异心，就起身端坐诵经，石槃陀重又躺下睡去。待第二天天亮，石槃陀说："前面的路途还很长很险，一路上无水无草，只有五烽下有点水，必须夜间去才能偷来，但一旦被发现，必死无疑。依我看，往前走只有死路一条，不如收拾行装，早早返家，这才是最稳妥的办法。"玄奘知道他打退堂鼓了，就随他去了。从此，玄奘只身在沙漠里行走。沙海浩浩，一望无际，哪有路径可循呀！唯有随着一堆堆骸骨和一团团驼马粪便的踪迹前进。就这样，他走了80多里，来到了第一座烽火台下。为不被发现，他藏在沙沟之中，待天黑后才走。转到烽火台的西侧，忽见一汪泉水出现在眼前，他牵着马下去喝水，突然间一箭射来，差点射着膝盖。玄奘急忙向烽火台上喊道："我是长安来的和尚，请你们不要射箭！"并牵着马向烽火台走去。唐朝边官弄清了他的来历后，都很钦佩，送他过了烽火台。当夜他到了第四烽火台下，校尉王伯陇还留他住了一夜，又送他一大皮囊水和马料、干粮等。并告诉他，第五烽上的校尉是个粗暴的人，最好绕道而行，去野马泉取水，再往西行。

玄奘在罕有人迹的戈壁滩上走了一百多里后迷路了，而且不慎又将皮囊掉在地上洒掉了水，遇此困境，他记起自己曾立下誓言，又毅然继续向西。这样走了五天，滴水未进，终因舌焦腹饥昏倒在沙漠中。半夜，又被荒漠中的凉风吹醒，他强打精神又继续前进。走出几里后，那匹老马忽然拼命跑起来；原来，不远处有一片绿洲和泉水，他们喝了个痛快，有了生命的活力。

出了大沙漠，经伊吾国（今新疆哈密市西四堡）来到高昌国（今新疆吐鲁番）。高昌国国王麴文泰是个虔诚的佛教徒，他热情地把玄奘迎进王城，盛情予以款待。他为法师的惊人之举，感动得流下了眼泪。他希望玄奘留下来，但玄奘志在西行。他又假意要送玄奘回大唐，玄奘则用绝食来感化他。麴文泰只得答应放玄奘西行，两人还结拜为兄弟，玄奘应邀又停留一个月讲授佛经。行前，文泰送给他许多衣物、食品、马匹，还开了路条，让沿途各国国王给玄奘西行以方便。

此后，玄奘又与风暴搏斗了七天七夜，翻雪山，过险关，终于在贞观二年（公元628年）夏末，到达此次西行的目的地北印度。在那里，他受到隆重的欢迎。从离开长安那天起到此时，玄奘艰辛跋涉，历时接近一年。在印度他停留了17年，进行取经、学法及授业讲课。贞观十九年（公元646年），玄奘返回长安。

自唐以来，有《唐三藏西天取经》杂剧、《西游记》小说等传世之作，都是以玄奘西天取经为蓝本而创作的，玄奘的故事在民间广为流传，他不畏艰险，孜孜以求的美德，一直被人们所称道。

刺股律己　终成大器

战国中后期，尤其是秦孝公任用商鞅变法后，秦国越来越强大。面对着这种趋势，其他六国不免恐慌起来。有的主张六国联合起来，共同抵抗秦，这种主张被叫作合纵；有的主张六国中的任何一国联合秦国，来攻击其他国家，这种主张被叫作连横。在这场"合纵连横"活动中出现了许多能言善辩、靠游说获利禄、进仕途的苏秦(？—284)出身于农民家庭,家里很穷,他读书时,生活非常艰苦,饿极了就把自己的长发剪下去卖点钱,还常常帮人抄写书简,这样既可以换饭吃,又在抄书简的同时学到很多知识。

这时,苏秦以为自己的学识已差不多了,就外出游说,他想见周天子,当面陈述自己的政见。对时势的看法,但没有人为他引荐。他来到西方的秦国,求见秦惠文王,向他献计怎样兼并六国,实现天下的统一。秦惠文王客气地拒绝了他的意见,说:"你的意见很好,只是我现在还不能做到啊!"苏秦想,建议不被采纳,能给个一官半职也好嘛,可是他什么也没有得到。他在秦国耐着性子等了一年多,家里带来的盘缠都花光了,皮袄穿破了,生活非常困难,无可奈何,只好长途跋涉回家去。

苏秦回到家里,是一副狼狈的样子,一家人很不高兴,都不理他。父母不与他说话,妻子坐在织机上只顾织布,看也不看他。他放下行李,又累又饿,求嫂嫂给他弄点饭吃,嫂嫂不仅不弄,还奚落他一顿,在一家人的责怪下,苏秦非常难过。他想:我就这么没出息吗?出外游说,宣传我的主张,人家为什么不接受呢?那一定是自己没有把书读好,没有把道理讲清楚。他感到很惭愧,但是他没有灰心。他认为:一个人能不能有出息,能不能成就一番事业,关键就看自己能不能把书读好,求得真才实学。认识到这一点以后,他暗暗下决心,要把兵法研习好。

有了决心,行动也跟上来了。白天,他跟兄弟一起劳动,晚上就刻苦学习。直到深夜。夜深人静时,他读着读着就疲倦了,总想睡觉,眼皮粘到一块儿怎么也睁不开。他气极了,骂自己没出息,他想,瞌睡是一个大魔鬼,我一定要想法治治它!他想的是什么法子呢?他找来一把锥子,当困劲上来的时候,就用锥子往大腿上一刺,血流出来了,这样虽然很疼,但这一疼就把瞌睡冲走了。精神振作起来,他又继续读书。

苏秦就这样苦苦地读了一年多,掌握了姜太公的兵法,他还研究了各诸侯国的特点,以及它们之间的利害冲突,他又研究了诸侯的心理,以便于游说他们的时候,自己的意见、主张能被采纳。这时,苏秦觉得已有成功的条件。他再次出家,风尘仆仆地上了游说之路。

这次,苏秦获得了很大的成功。公元前 333 年,六国诸侯正式订立合纵的盟约,大家一致推苏秦为"纵约长",把六国的相印都交给他,让他专门管联盟的事。

受挫自省,不怨天尤人;刺股律己,终成大器。苏秦的这条成才之路,给后人留下了养成良好德行的许多启示。

受宫刑之辱　著千古《史记》

《史记》是一部早已誉满中外的我国古代不朽的历史巨著。全书一百三十卷,五十二万字。作为中国历史最早的一部通史,它沟通了上起中国传说时代的五帝,下迄西汉汉武帝年间长达数千年的中国古代历史发展过程,展现了中国古代史的全貌。自从有了这部历史巨著,中国西汉时期以前的古史才第一次发出灿烂的光芒。

《史记》不仅是中华民族历史的一份宝贵的文化遗产,而且也是具有世界影响的历史学上的伟大成果,是全世界人类文明发展史上的光辉文化遗产的一部分。

《史记》的作者——司马迁则是中国历史上著名的德、才、识兼备的卓越历史学家、伟大的思想家。令人可敬可叹的是,这位中华民族历史上的一位伟人,他一生的命运坎坷不平,正当壮年著述《史记》而"草创未尔大"之时却遭飞来横祸,忍宫刑之辱,受身心折磨的煎熬,而他则抱着残躯弱体,以坚定的信念、非凡的毅力、忍辱负重的中华民族的优秀精神,耗尽刑后的余生精力和心血完成了《史记》这部名垂千古的历史巨著。

司马迁生活在中国古代西汉时期。父亲司马谈是西汉汉武帝时的一位史官。幼年时代的司马迁受到父亲的严格教育,因而深受中国古代光辉灿烂的历史文化思想的熏陶和影响。更由于受他父亲影响的缘故,司马迁立志写出一部"欲以究天人之际,通古今之变,成一家之言"的中国自有史以来的古代通史。司马迁 20 岁时,曾做过一次范围很广的漫游。他从京都长安出发,先到南郡、长沙,凭吊战国时期楚国大诗人屈原的遗迹;再顺江东下,上庐山,访会稽,缅怀大禹治水的功业;在姑苏,他观览了春申君的宫室遗迹;在曲阜,他瞻仰了孔庙孔府。回到长安以来不久,司马迁也入朝做了一名史官。在随后的官宦生涯和游历中,司马迁的足迹踏遍了华夏大地。中华民族悠久的历史以及优秀的历史文明深深震撼了他。而当时还没有一部完整、系统地记载西汉以前中国古代历史的史书,司马迁深感自己肩负着书写华夏民族开化史、弘扬民族优秀传统文化的历史重任。

经过多年长期艰苦的原始史料的收集、准备工作之后,司马迁在他 42 岁开始了《史记》的著述。常言道:天有不测风云,人有旦夕祸福,就在司马迁埋头著述的第七年,弥天大祸从天而降。这一年,司马迁由于仗义执言替当时因寡不敌众,战败之后降服了匈奴的汉将李陵说了几句公道话而触怒了刚愎自用的汉武帝,被定成"诬罔主上"的死罪,投进了牢狱。

依照汉朝当时的法令,死刑仍有两种减免办法:一种是用五十万钱来赎罪,另一种则要遭受宫刑(又叫腐刑)。司马迁还是一个官职卑微的小史官,自然拿不出能够赎罪、减刑的那一大笔钱。而忍受宫刑,不仅仅是对人体和精神的极大摧残,更是对受刑者人格的极大侮辱。命运对他来说是多么残酷、不公正!为了不受宫刑的凌辱和折磨,司马迁曾想到过一死了之。司马迁毕竟是一个胸怀爱国之情和宏大志向而又深受中华民族优秀历史文化传统精神影响的伟大历史人物,他想到了,"文王拘而演《周易》;仲尼厄而作《春秋》;屈原放逐,乃赋《离骚》;左丘失明,厥有《国语》;孙子膑脚,兵法修列;不韦迁蜀,世传《吕览》;韩非囚秦,《说难》《孤愤》《诗》三百篇,大抵圣贤发愤之所为作也。"

人,总难免一死,死有重于泰山,或有轻于鸿毛。如果司马迁就这样不堪忍受宫刑凌辱而死去,那部倾注了半生心血的历史巨著的著述工作就会半途而废,这不仅有愧于父辈的教诲,也有愧于孕育了自己的整个华夏民族。而只要能把《史记》续写完成,对中华民族的历史有所贡献,那么个人忍受再大的耻辱也是值得的,即使死了也比"泰山"还重;不然,放弃自己的理想追求,丢掉历史赋予自己的重任,即使死得很体面,也毫无价值,这种死就比"鸿毛"还轻。于是,司马迁毅然忍受宫刑的肉体摧残、精神上的凌辱,决计忍辱负重坚强地活下来,去完成他未竟的伟大事业。司马迁刑后以残躯弱体又经过十余年的含辛茹苦的艰苦工作,终于完成了《史记》这部不朽巨著。

中国现代著名历史学家翦伯赞曾说过,《史记》是中国历史学上的一座不朽的纪念碑,而其作者司马迁的不朽,不仅因为他写成一本《史记》,也因为他开创了一种前所未有的新的历史学方法——纪传体,就是以人物为主体的历史学方法。他以敏锐的眼光,正义的观察、怀疑、批判而求实的精神,生动的笔触,简洁而动人的言语,纵横古今,褒贬百代。他的"述往事,思来者"的史学思想,至今影响着现世的史学家们。对于《史记》作者所取得的文学艺术成就,近代伟大的文学家、思想家鲁迅曾发出"史家之绝唱,无韵之《离骚》"的赞叹。而千百来对于《史记》的赞誉可以说多得难计其数。

司马迁与《史记》对中国文化的影响是多方面的,也是深远长久的。在中国思想史、文学史和史学史上《史记》有着光辉不可磨灭的地位。司马迁既是一位中国历史上的伟人,也是世界文化名人。他的成就卓越,而他的人格则更伟大。

冷落放逐著《离骚》

中国南方很多地方一直有着这样一种风俗,每年农历五月初五端午节这天,各地都要举行龙船竞渡等声势浩大的民间群众集会活动,家家户户还要包粽子吃。据说这是为了纪念中国历史上两千多年前伟大的政治家、爱国诗人屈原。屈原一生忧国忧民,为了国家的繁荣昌盛,不顾个人得失安危,同当时社会上腐朽、邪恶势力作了果敢的抗争,备受冷落、放逐的屈辱,最后以身殉国。相传他是在农历五月初五出于亡国的忧愤而投入汨罗江的。当时的百姓很难过、悲痛,把竹筒里的米倒入江中、河水中祭祀这位深受民众爱戴的仁杰的英灵。以后每逢五月五日,人们都划着船把包好的粽子撒在水中,表达了对这位伟大爱国诗人的永远怀念和无限敬仰,从而为中国悠久的历史、文化增添了更多的光彩。

屈原是战国时期的楚国人。他二十几岁时就具有渊博的学识和卓绝的才干,深受当时楚王的信任和重用,封他为左徒。屈原在提任左徒之职期间,时刻以楚国兴亡为己任,积极主张改革内政,变法图强;对外力主"联齐抗秦",并出使齐国,订立了齐楚联盟。由于他特别主张限制贵族特权,任用贤能,这样就在很大程度上触犯了当时权贵的利益,因而招致了许多旧势力派人物的嫉恨和仇视。总是想方设法在楚王面前造谣、说坏话。于是昏庸的楚怀王听信了一些人的谣言,盛怒之下疏远了屈原,还将他放逐到江水以北。

屈原虽然受到楚怀王的冷落、排挤,但仍然时时关心楚国的命运。他身处逆境,不顾个人安危,坚决反对楚与秦国缔交,而楚怀王却刚愎自用,偏信靳尚、郑袖、子兰一帮小人的谗言,结果使楚国损兵失地,怀王本人也被秦国所欺骗,客死他乡。在新楚王即位后,屈原又满怀爱国救国的热情,向新即位的楚王提出广博人才,远离小人,改革政治的富国强兵主张。然而,新楚王不但不采纳屈原的建议,反而认为屈原是在侮辱自己,一气之下,又将屈原彻底革职,放逐到远离楚郢都的汨罗江边。

屈原满怀一颗救国救民的赤胆忠心,一腔富国强兵的热血,而结果他却遭到一连串无情的打击和两次放逐。这不平之事向谁表白?这愤懑之情向谁诉说?他如疯似狂地问苍天,问大地,问高山,问流水。在残酷无情的现实中,他满怀壮志遇挫折,他满腔热忱遭冷遇,然而他并没有消沉下去。也没有在黑暗的势力面前屈服,更没有放弃自己忧国忧民的爱国情操和理想。在艰苦而漫长的流放生活中,屈原在充分吸收民间文学艺术营养的基础上,利用他所创造的"楚辞"这一文学艺术形式,以优美的语言、丰富瑰丽的想象,写出了大量具有积极浪漫主义精神和强烈、高尚爱国主义情操的文学作品。在这些诗歌作品中,最著名而最有影响的是《离骚》——中国现存的第一首抒情长诗。屈原在作品中,抒发了他"长太息以掩涕兮,哀民生之多艰"的满腔忧国爱国的激情,以及只要利国利民"虽九死犹未悔"的高尚情怀。在艰苦的流放岁月里,他从来不为个人的不幸遭遇怨天尤人,愤懑不平,但他不能不为当时受苦受难的民众而叹息流涕,他愤怒地揭露和抨击了封建贵族统治集团的昏庸腐败,并深刻地指出了民众苦难的根源所在。除了《离骚》外,他在《九歌》《天问》《九章》等作品中也同样表达了他对自己富国强兵的政治理想的执着追求,对《九歌》中,他以橘为喻,表明了自己面对强大恶势力的坚贞不屈的立场和决心。"路漫漫其修远兮,吾将上下而求索"更加显示出这位伟大爱国诗人的崇高理想追求。屈原的炽烈的爱国思想和道德情操以及忍辱负重、不计个人荣辱安危的伟大风范,千百年来一直感召、激励着人们不畏任何艰难险阻去创造光辉的历史。中华民族自强不息的精神和优良文化传统正是由于各个历史时代涌现出的以屈原为楷模的仁人志士才得以延续并发扬光大。也难怪西汉伟大的史学有司马迁不无赞叹地称屈原"可与日月齐光"。

屈原的伟大,不仅在于他那为世人传颂的思想境界、道德情操,还在于他在壮

修身金点子

图文珍藏版

志未酬、身陷逆境以及颠沛流离的流放生活中仍然以高昂的激情创作了大量既有深邃思想内蕴，又有很高文学价值的爱国主义诗歌。这些作品不仅深刻地表现了社会现实，而且还具有强烈的浪漫主义色彩。他在民歌形式的基础上新创的一种句法参差灵活的文学体裁——骚体中，把华美、瑰丽的文辞，激越、淳厚的感情，丰富的想象以及不屈不挠的战斗精神融汇在一起，成为我国诗歌创作上的积极浪漫主义手法的先导。唐代大诗人李白就非常推崇屈原，挥笔写下了"屈原辞赋悬日月"的赞辞。

志向远大成帝业

刘邦，字季，沛县（今江苏沛县）人。生于公元前256年或247年。其父称刘太公，母称刘媪。

刘邦出身于一个平凡的需要用劳动来维持生活的家庭。劳动，是刘邦从小就无休无止的、必须去做的事情。面对农人都拼命努力的生产劳动，面对自己手中日日摆弄的锄、铲、耙，他的心理并没有产生再多打一把粮的需要的愿望，相反，他厌恶劳动，不愿"生产作业"。能使刘邦"逃避劳动"的可能无外乎这样几种：成为一个有田有钱的地主豪绅，这对他来讲颇有些可望而不可即；或成为一个可免劳作之苦的统治机构中的一员，很明显，这是最快当便捷的途径，刘邦毫不犹豫地选择了后者，当上了泗水亭长。在秦朝官制中，亭长还称不上是"官"，仅是一个微不足道的小吏，但尽管如此，毕竟满足了他"逃避劳动"的愿望，而且在一方乡里，也算个了不起的人物。因此，当上了亭长后，他便常常置酒而饮，直至大醉方休。这一阶段，在他的生活中，既"避免"了劳动，又能酒肉常足，在他的心理上肯定会得到暂时的满足和慰藉。

"逃避劳动"这样一个小小的、单纯的、需要的满足，并没有给刘邦带来更多的欢乐，反而加重了他心灵上的另一层阴影：过去，父母就责怪他不能像其兄弟刘仲那样多治产业，善于劳作。当上亭长后，他同样不能满足父母的愿望。因而，他需要证明他存在的价值，需要同兄弟在治产业上一较高低。他有这样的需要和动机，并且常常要以干一些大事业的语言表现出来。这种需要和动机，实质上是对自己心理缺欠的一种补偿。至少有两件事可以证明刘邦有这样的需要和动机。当他第一次去后来成为他的岳父的吕公家作贺时，人家规定，贺礼不够一千钱的，要在堂下就座。时刘邦囊空如洗，分文没有，却说"贺万钱"，引得吕公大惊，请坐上座，而且见他貌非常人，十分敬重，竟将女儿许配给了他。当时在座的沛县主吏，后来成为刘邦得力助手的萧何曾告诫吕公说："刘邦固多大言，少成事。"可见刘邦平日的"豪言壮语"是传播很广的。

但是，这种可以用多种方式来满足的脆弱的动机，还不足以激励刘邦去奋斗和拼争,他还有更强烈的动机,并且逐渐强化为他的人生理想。这样的动机才是促使刘邦舍生忘死,锲而不舍地去追求的动力。这种强烈的动机便造成了他心理上的强烈的不平衡,而一旦这种动机以目标实现的形式得到了满足,那么,与此密切相关的其他一些心理失衡就能一同得到摆正。这就是说,刘邦在与父母兄弟关系中所产生的心理失衡状态,在他心里的主导方面所激励下形成的人生理想成为现实以后得到了调整。那么,他的主要心理动机,或者说由此产生的人生理想是什么?

萧何说过,刘邦"固多大言"。从刘邦的心理及其后来的行为分析,刘邦是一个不甘心一时满足的人,亭长的位置绝非他追求的终极目标。他在做亭长时就"固多大言",看来在那时,他就是一个常常露出胸怀大志的人。

刘邦人生理想目标的初步确定,是从他见到秦始皇出行的那一刻开始的。《史记·高祖本纪》记载:"高祖尝游咸阳,纵观,观秦皇帝,喟然太息曰:'嗟乎,大丈夫当如此也!'"刘邦的志向果然不小,他就是想做一个顶天立地的"大丈夫",而且在他的理想模式中,"大丈夫"就等于皇帝。这对当时身为草芥小民的刘邦来说,的确可以说是惊人之语,狂妄之想了。但是,成为一个"大丈夫"或者说当皇帝,确实激励着刘邦百折不挠地去奋斗。从史书记载来看,刘邦只是在观秦始皇出行时明确表达出了他想成为一个"大丈夫"的志向,但这种想法在此之前即已存在。如前所述,刘邦从青少年起就不爱劳动,就好说"大言",而他逃避劳动的方式就是设法出人头地,成为一个出类拔萃的人,他的"大言",想来也多是表达此类意向。因此,当他一见到秦始皇出行这样威武壮观的场面,心中的理想图像便豁然开朗,使他明确认识到,他的人生价值就是成为一个如秦始皇一样的"大丈夫"!那么,刘邦观看秦始皇出行的一瞬间,就明确了他人生的理想模式,显然是有心理基础,而非一时冲动的狂言妄语。刘邦将"大丈夫"当作自己的理想追求,从他个性心理的发展脉络上看,是合乎逻辑的。

刘邦确立这样的人生理想,同他的气质、性格有密切联系。我们所知,刘邦的个性遗传性质极其有限。司马迁曾说他"意豁如也,常有大度",可见刘邦的性格比较豪爽,不拘小节。他当亭长后,常赊酒而饮,毫无愧色。不持一钱去岳父家祝贺,却诈言"贺万钱",居上坐,竟还凭空得了个妻子。性格上的豪爽、豁达、大度,似乎与刘邦人生理想的确立没有本质的必然联系,但是,一般而言,志向远大的政治家、军事家,在性格上都是开放型,其行为比较通达。刘邦性格及行为上的"豁如",使他更易于接受和树立大的志向和理想,而远大的理想,又制约着他的行为和性格。

士别三日 当刮目相看

三国时,东吴有位名将叫吕蒙。吕蒙打起仗来非常勇敢,但是他不喜欢读书,文化水平低,影响了才干的增长。

有一次,孙权和吕蒙一同讨论打仗的方案。吕蒙说不出多少自己的见解。孙权因此而受到启发,他认为:这些打仗勇敢的将领应该提高文化,增长才能才是。

于是,孙权对吕蒙说:"你现在掌握了军权,身上的担子很重,应该多读点书,努力提高自己的水平。"

吕蒙不以为然地回答道:"军队里的事务工作已经够忙的了,哪里还有时间读书啊!"

孙权说:"如果说忙,难道你们比我还忙吗?我小时候读过《诗经》《礼记》《左传》《国语》;管理国家大事以后,又读了许多历史书和兵法之类的书籍,都觉得受益匪浅。我希望你多学点历史知识,可以读读《孙子》《六韬》《左传》《国语》等书。像你们这样天资聪颖的人,又加上有多年的战争经验,只要抓紧时间学,就会有收获的。"

吕蒙

吕蒙说:"我怕自己年龄大了,学习起来会有困难。"

孙权说:"学习不只是年轻人的事,从前光武帝在打仗的时候都手不释卷。还有曹操,年纪愈大愈好学。你又有什么顾虑呢?"吕蒙听了孙权的教导,就开始读书学习。开始读书时常打瞌睡,提不起兴趣。但他仍坚持住不懈怠。学了一段时间觉得有些收获,决心就更大了。就这样,天长日久学习了各种书籍,使吕蒙成为一个知识渊博、有智有谋的人了。

有一次,鲁肃执行任务,经过吕蒙的驻地,就顺便去看望吕蒙。两人谈起关羽,说这个人很厉害,不可轻视。当时鲁肃把守的战区正好与关羽是互相邻接的。

吕蒙问鲁肃:"你现在离关羽的驻地这么近,责任重大啊!不知有什么防止事变的策略?"鲁肃原本认为吕蒙是个武将,心里并不怎样看得起他,因此,就随口回答:"到时候再说吧!"

吕蒙听了鲁肃这样漫不经心的回答,就批评他说:"你可不能如此大意啊!关羽是个智勇双全的大将。我还听别人说,他特别好学,尤其对《左传》研究得更为深透。现在东吴和西蜀表面上好像很友好,但我们还是要提高警惕,防止不测。跟关羽这种人打交道,没有准备是要吃亏的啊!"

鲁肃问道:"那你有什么好办法吗?"

吕蒙见鲁肃征求自己的意见,就献上了三条计策,讲得有理有据。

鲁肃一听大为惊讶,没有想到吕蒙会有这样的高水平。他连连点头,极为赞赏地拍着吕蒙的肩膀说:"大老弟啊!我原来只知道你是个武将。谁知道如今你的学识已有这样高的水平,再也不是从前的吕蒙了!"

吕蒙也高兴地说:"士别三日,就当刮目相看嘛!"

后来鲁肃把这件事告诉了孙权。孙权很高兴,感叹地说:"像吕蒙这样的武将,读书学习之后,有这样大的进步,实在是没有想到的啊!"

鲁肃说:"吕蒙能听从您的教导,刻苦学习,虚心求教,确定是一件令人高兴的事情!"后来,孙权以吕蒙为榜样,鼓励其他将士也要多读点书,抽时间学习,以提高自身的水平。

吕蒙受了孙权的教育,读书学习,持之以恒,最终取得显著的进步。当他把学到的知识运用到军事实践中去,向鲁肃主动献计策时,令原本瞧不起他的鲁肃也刮目相看,钦佩不已了。

以苦为乐　其乐无穷

中国历史上流传下来不少与"苦"有关的故事。

战国时,越国被吴国打败,越王勾践立志复国。在蓄积力量、策划反攻的岁月里,他在柴草上睡,吃饭、睡觉前都要尝一尝苦胆,策励自己不忘国耻,发愤图强。经过长期准备,终于打败了吴国。

中国有一类诗人对写作精益求精,每一个字词的运用非千锤百炼不罢休。有所谓"两句三年得,一吟双泪流"的写照。这类诗人就被称作"苦吟"诗人。

唐朝诗人贾岛,有一次骑着驴作诗,得到"鸟宿池边树,僧敲月下门"两句。第二句的"敲"字又想改用"推"字,正犹豫不决,就用手做推、敲的样子。不巧碰到了大文豪韩愈,贾岛向韩愈说明了原委。韩愈想了一会儿说,用"敲"字好。

非学无以广才

诸葛亮当年结庐隆中时,潜心学习,刻苦攻读,读了几年,书也读得不少,可就是对书中的某些意思道理还吃不透。诸葛亮为此十分苦恼。

有一天,襄阳名士司马徽来访。面对名师,诸葛亮倾诉了胸中的苦闷。

司马徽听完,不禁拊掌大笑,连声说:"以君之才,当访求名师指点,庞公常以璞玉浑金比喻你,现在正是时候,我给你物色到了一位开璞之匠,炼金之师。"

于是,司马徽把年轻的诸葛亮介绍给了住在海南灵山的一位隐士,叫他拜这位隐士为师。

可是诸葛亮在海南灵山住了整整二年,这位隐士每天只是叫他干些扫地、挑水的粗活。

修身金点子

图文珍藏版

一年后的某日，隐士拿出《三才秘录》《兵法阵图》《孤虚相旺》三本书，对诸葛亮说："你再不必干活了，只把这三本书拿去认真揣摩，百天之后再来。"

诸葛亮自此就整天在家琢磨这三本讲兵法阵图、治国安邦之道的书，懂得了其中的道理。

百天之后，与隐士对答，隐士发现诸葛亮吃透了书中的理，又有自己的见解，甚感满意。诸葛亮不久回隆中，庞公等师友与之聚谈，对之都刮目相看，称之为"卧龙"。

吃尽百般苦　终为人上人

尧舜时期，天下洪水泛滥，大水冲毁了田园房屋，人们只能逃到树上和山中去居住，无法种植庄稼。作为部落首领的尧心急如焚，因此他决心治水，但因其已年老，心有余而力不足，他只能苦心寻找能降服洪水，为民造福的能人。禹是颛顼的孙子，他勤奋敏捷，聪明能干，深受民众喜爱。接受了尧的使命之后，大禹和伯益、后稷开始了治水的工程。而此时禹才刚刚成婚四天，他毅然告别新婚的妻子，投入了治水大业。在禹之前，他父亲鲧也曾治水，鲧采用沿堵截，拦水筑坝的方法治水，在水患不太严重的时候还行，但一发大水，便无济于事，所以治水九年，一事无成，最后被杀了。禹面对这种艰难的局面，不气馁，不后退，认真总结了父亲治水的经验和教训，虚心地向有经验的老人请教，慢慢地摸索出了疏通河床，开渠凿道，把水引导到旷野之中去的办法。

然而，治水谈何容易！当时人们不知道河水的源流、走向和地理环境，怎么去疏导洪水呢？于是大禹亲自带人跋山涉水，与野兽斗，与恶劣的自然环境搏斗，考察山川形势，克服了各种难以想象的困难，总算制定出了一套制服洪水的方案。

但是治水依然无法进行，一些异族部落如三苗，不听劝说，拒不合作治水，成为治理水患的严重障碍，面对此种状态，大禹只好发动战争，征服了三苗。扫清了治水障碍以后，大禹夜以继日地与治水群众一起大干。有一次禹路过家门，本想去看一看离别几年的妻子，这时从远处走来了一群扶老携幼的灾民，禹看见了以后，毅然转身离开赶往别处治水去了。就这样，历经失败、成功，大禹治水13年，三过家门而不入，最后终于消除了水患。

面对一次又一次的困难，大禹没有被挫折吓倒，而是坚定不移地进行治水，以至于后来大腿不长肉，小腿也不长毛，吃尽百般苦，才换得人民拥戴他为王。

业精于勤荒于嬉

战国时蜀国有一著名冶铁匠叫薄元。薄元铸造的各种刀剑十分精良，尤善铁一天,薄元正在铁匠铺内打造着各种器具。

"薄元听令,太令大人手谕:'为军前急用,命薄元打造上好战刀300把'。"只见一个差官进了铁匠铺后说道。

"大人,要打造上好战刀,就得有成都附近的蜀江水,有临邛的铸铁。"薄元说道。

"这些禀告太守后自会解决。明天临邛铸铁运到,十日内蜀江水运来,你十五日之内必须打出好战刀300把,否则军法从严。"差官说完就走了。

薄元在临邛铁运到后,马上日夜加班打制战刀,不到十日,三百把战刀已如数打出,只等蜀江水运到淬火。

这天运水车到了,很快有军卒将盛着蜀江水的大木桶抬进了铁匠铺。

"这水质不纯,不全是蜀江水。"薄元打开盛水的木桶盖用手指沾了一点水,试尝了一下后说。

"这水明明是我们百里往返从蜀江取的,你凭什么说不是蜀江水。"运水的士卒不服气地说道。

"蜀江水味甘,另外颜色发青,而这水有点发黄。如果你们取了蜀江水,怕也是掺了别的水,是不是掺了涪江水?"

"大人饶命,我们运水的车,在过涪江时翻了,盛水的木桶掉进江里,木桶的盖也丢了。我们好不容易才把木桶捞上来,桶里混进了涪江水。我们以为您看不出来就运来了。您千万别告诉太守。我们连夜再去运蜀江水,否则我们就没命了。"为首的运水士卒跪下请求道。

"大人,高抬贵手。"其他士卒也跟着跪下请求。

"好,你们连夜去运。只要明天运来,就误不了工期,我们就都没事,我也不会向太守说。"薄元道。

"好!好!我们马上起程。"士卒们装上水桶马上又走了。

明见在先　有言于前

魏国君襄王与群臣饮酒,饮到正高兴的时候,为群臣祝愿,希望他们都能得到满意的期望和要求。大夫史起兴冲冲地对曰:"群臣中有贤德者,也有不贤德者,贤德者得志犹可,不贤德者得逞则不可。"襄王说:"都像西门豹这样的臣子如何也。"史起回答说:"魏国行田制度为百亩,而邺偏偏为二百亩,是田地不好吗;漳河之水就在邺县的旁边,西门豹却不知道用来灌溉邺之田,是其笨拙无能也;他知道的事情而不报告,是不忠也,既愚又不忠,不可仿效也。"史起的一番话,问得襄王无言答对。

次日，襄王召见史起而问曰："漳水真的可以灌邺下之田吗?"史起回答说："能。"襄王说："先生为何不为我去办此事呢?"史起说："我恐怕大王没有这样的决心。"襄王说："先生若真能为我之，我尽听先生吩咐矣。"史起对襄王表示敬重，答应了襄王的要求，并告诉襄王说："我可以去完成此项任务，但开工后，劳民费财，得不到近利，朝野必定怨恨于臣。大者致死，小者抄家。臣虽然丧命抄家，大王也不要改变主意，应改派他人继续进行下去。"襄王曰："我答应了。"

于是便以史起为邺下令。史起赴任，着手办理引漳水济邺下的工程。果不出所料，不久便民怨大张，想抄史起的家，史起不敢出来而躲了起来。于是襄王便又委派别人去替代史起，继续把引水工程进行下去。

经过艰苦努力，终于竣工通水，民大得其利，百姓交相称颂而歌之："邺有贤明的县令，首推史起公，引来漳河水，灌溉邺下田，最终结束了自古以来不生谷物的咸卤地，长出了稻黍谷粱。"

莫留恶名

吕布(? ～198年)，字奉先，东汉五原郡九原县人。《三国志·吕布传》说他"便弓马，膂力过人，号为飞将。"在当时颇有威名。吕布靠着一身高强的武艺，很早就被并州刺史丁原招致麾下，用为主簿，"太见亲待"。灵帝死后，吕布跟从丁原来到洛阳，参与了诛杀宦官的行动。是时，西北军阀董卓率凉州兵进驻洛阳，欲行篡权之事，丁原的武装是他深为忌怕的力量。于是，董卓便暗中派人以高官厚禄引诱、收买吕布，让他刺杀丁原。

吕布这个见利忘义的小人，立刻"斩原首诣卓"。丁原所部很快就被董卓所吞并。吕布以待他如子的上司的头颅，换取了骑都尉的官职，他又厚颜无耻地拜董卓做义父，整天跟随董卓，鞍前马后做保镖。董卓对他"甚爱信"，很快将他升为中郎将，封为都亭侯，大加笼络。一时间，二人真的好像亲如父子，关系甚是密切。

然而好景不长，董卓为人"性刚而褊，忿不思难"有一次，吕布不知怎么惹恼了他，他竟然抄起铁戟就向吕布刺去，若不是吕布躲得快，肯定就会死于非命。吕布由此对董卓怀恨在心。吕布本是个惯于偷香窃玉的好色之徒，他利用值事中阁之便，和董卓宠爱的一个侍婢勾搭成奸，虽得床第之乐，但又常因担心奸情败露而惴惴不安。恰好此时司徒王允正在密谋刺杀董卓，便利用吕布"忧死不暇"的心理，将他拉为同党，初平三年(192年)四月，吕布乘董卓上朝之时将其杀死。这虽然算是一件为民除害的好事，但吕布的直接动机却没有如此高尚，他所想的，不过是保全自己的身家性命和谋取高官厚禄而已。

董卓死后不久，其部将李傕、郭汜等人攻入长安，吕布战败后率领数百骑兵逃出武关。因为他两杀其主，时人"恶其反覆"，各路军阀或对他冷而淡之，或对他忌而畏之,或对他围而攻之,几年之间,吕布的处境很是狼狈。但此时的吕布,仍不改其变诈反复的恶习,在相互攻伐的军阀混战中,东家一粥、西家一饭,叛附去留,全依利害而定。数年之间,他累累若丧家之犬。

不因小失大

春秋时代,列子穷困,面有饥色。有宾客告诉郑相子阳,子阳就派人送他谷子数十车。列子再三拜谢而拒绝。

使者走后,列子进入家门,他的妻子捶胸埋怨说:"听说有道的人的妻子,生活都能安乐,现在我饿得面有饥色,而相国令人送给你粮食,你却不接受,这岂不是命中注定要穷困吗?"

列子笑着对她说:"相国并不是自己了解我的,是听了别人的话才送我谷子。到以后怪罪我时,也是因听了别人的话呀!这是我不接受的原因。况且接受别人的供养,不为别人的危难效命,是不义;为他效命,等于是为无道的人牺牲,哪里算是义呢?"

后来,郑国人民果然发难,杀了子阳。

位尊而端恭

羊祜出身官宦世家,是东汉蔡邕的外孙,晋景帝司马师的献皇后的同母弟。但他为人清廉谦恭,毫无官宦人家奢侈骄横的恶习。

他年轻时曾被荐举为上计吏,州官四次征辟他为从事、秀才,五府也请他做官,他都谢绝。有人把他比做孔子最喜欢的学生、谦恭好学的颜回。曹爽专权时,曾辟用他和王沈。王沈兴高采烈地劝他一起应命就职。羊祜却淡淡地回答:"委身侍奉别人,谈何容易!"后来曹爽被诛,王沈因为是他的属官而免职。王沈对羊祜说:"我应该常常记住你以前说的话。"羊祜听了,并不夸耀自己有先见之明,说:"这不是预先能想到的。"

晋武帝司马炎称帝后,因为羊祜有辅助之功,被进封中军将军,加官散骑常侍,封为郡公,食邑三千户。但他坚持辞让,于是由原爵晋升为候,其间设置郎中令,备设九官之职。他对于王佑、贾充、裴秀等前朝有名望的大臣,总是十分谦让,不敢居其上。

后来因为他都督荆州(治所在今湖北省襄阳市)诸军事等功劳,加官到车骑将军,地位与三公相同。他上表坚决推辞,说:"我入仕才十几年,就占据显要的位置,因此日日夜夜为自己的高位战战兢兢,把荣华当作忧患。我身为外戚,事事都碰到好运,应该警诫受到过分的宠爱,而不怕被遗弃。但陛下屡屡降下诏书,给我太多的荣耀，使我怎么能承受？怎么能心安？现在有不少才德之士，如光禄大夫李熹高风亮节，鲁芝洁身寡欲，李胤清正朴素，都没有幸运获得高位，而我无能无德，地位却超过他们，这怎么能平息天下人的怨望呢？因此乞望皇上收回成命！"但是皇帝没有同意。

晋武帝咸宁三年（277 年），皇帝又封羊祜为南城候，羊祜坚辞不受。羊祜每次晋升都会辞让，态度恳切，反因此名声远播，朝野人士都对他推崇备至，认为应居宰相的高位。晋武帝当时正想兼并东吴，要倚仗羊祜承担平定江南的大任，所以此事被搁置下来。羊祜历职二朝，掌握机要大权，政治上的大事都要向他咨询；而他本人却从不钻营。他筹划的良计妙策和议论的稿子，过后都焚毁，所以世上人不知道其中的内容。凡是他所推荐而晋升的人，他从不张扬，被推荐者不知道是羊祜荐举的。有人认为羊祜过于缜密了，他说："这是什么话啊！古人的训诫：入朝与君王促膝谈心，出朝则佯称不知——这我还只恐做不到呢？不能举贤任能，哪会不有愧于知人之难啊！况且在朝廷签署任命，官员到私门拜谢，这是我所不取的。"

羊祜的女婿曾劝他说："应该有所经营，培植自己的亲信，身边有一批归附和拥戴的人，这是件很重要的事情。"羊祜听后默不作声。回家对儿子们说："这可以称作知其一不知其二。臣子树立私恩必然会违背公义，太糊涂了啊！你们应该懂得我的心意！"

羊祜还曾写信给他的堂弟羊绣说："边境平定后我就脱下朝服，头戴角巾，回到故乡去，给自己安排一块墓地。我以一个白衣的寒士，而身居高位，怎么能不因为太满太盛而受到责难呢？汉宣帝时疏广任太尉，在位五年就谢病免归。疏广便是我学习的榜样。"

羊祜平时清廉廉俭朴，衣被都用素布，得到的俸禄全拿来周济族人，或者赏赐给军士，家无余财。临终留下遗言，不让把南城候印放进棺柩。他的外甥齐王司马攸上表陈述羊祜妻不愿按侯爵级别殓羊祜的想法，晋武帝便下诏说："羊祜一向谦让，志不可夺。身虽死，谦让的美德却依然存在，遗操更加感人。这就是古代的伯夷、叔齐之所以被称为贤人，廷陵季子之所以保全名节的原因啊！现在我允许恢复原来的封爵，用以表彰他的高尚美德。"

在封建专制制度下，特别是动乱时代，很多出类拔萃的人物得不到善终，往往是因为锋芒毕露，或者树敌太多，或者贪婪震主。羊祜清廉谦让，固然是由于他笃信儒学，身体力行；但也是明哲保身，不重蹈前人覆辙。羊祜是成功的，上至一国之主，下至黎民百姓，都对他表示敬佩。他死后，襄阳人民在岘山羊祜游玩休息的地方建碑立庙，一年四时祭祀。看到碑的人，没有不掉泪的，被称为"堕泪碑"。羊祜的参佐们赞扬他德高而卑谦，位尊而端恭。

不可恃才自傲

谢灵运,陈郡(今河南淮阳)阳夏(今河南太康)人。祖玄,晋车骑将军。谢灵运少好学,博览群书,文章之美,时人难及。南宋初为太子左卫率。

谢灵运性格偏激,又恃才自傲,总以为凭自己才干能参朝政,及不见重用,常愤愤不平。从武帝至文帝,其曾先后出任过永嘉(治在今浙江温州市)太守、秘书监、侍中等职,但因诸帝皆重其文学,不顾其身在高位,极少令其参政。对此,谢灵运颇感不满,所以往往就职不久,便称疾辞官,寄情山水。

元嘉初,文帝又拜其为监川(今抚州市西)内史。谢灵运到任,故习又犯,整日游山玩水,作文吟诗,不理政事。不久,便被有司所纠。司徒遣使随州从事郑望生往捕灵运。灵运见状心生叛意,扣押了郑望生,欲兴兵为乱。朝廷得报,忙派兵讨伐,谢灵运遂被官兵拿获。廷尉审毕,上奏朝廷,说谢灵运率众反叛,罪当斩刑。文帝因爱其才,诏令免其死罪,将其赦往广州。

灵运被赦至广州不久,有秦郡府将宗齐受因事到涂口(今江苏六合区瓜埠口)桃墟村一带,看见六七人衣冠不整,在路旁鬼鬼祟祟地说东道西,怀疑他们非盗即贼,当即派人通知本地官府,将其抓获。

众人被抓,惊慌失措。经审问,其中有一个叫赵钦,山阳(今江苏淮安)人,供道:"我同村有个薛道双,曾与谢灵运共过事。去年九月初,道双派人告诉我说:'谢曾做过临川内史,现犯事被赦往广州,他愿意出钱,购买弓箭、刀盾等物,托道双纠集乡间健儿,在三江口将他救出,如事情成功,定有重赏。'道双于是聚众在半路救谢。不想,我们来迟,不仅没将人救出,且路费也已耗尽,无奈之下,只得沿路为盗,好返故里。"当地官员听后,知案情重大,忙录下口供,报往朝廷。

文帝闻奏,虽爱惜谢灵运之才,但见他如此胆大妄为,也感愤怒,当即下诏,将谢灵运在广州腰斩弃市。

临刑,谢灵运作诗道:"龚胜无余生,李业有终尽。嵇公理既迫,霍生命亦殒。凄凄凌霜叶,纲纲冲风菌。邂逅竟几何,修短非所愍。送心自觉前,斯痛久已忍,恨我君子志,不获岩上泯。"时为元嘉十年(433年),谢年49岁。

和蔼周到　不骄不躁

尹继善,清满洲镶黄旗人。章佳氏,字元长,号望山,雍正进士,历任江苏巡抚,江南河道,云贵、川陕、江南等地总督。为世宗、高宗所倚任,后累官至文华殿大学士兼军机大臣。

尹继善祖居盛京,其父尹泰被罢祭酒职后在老家居住。当时世宗尚在藩邸,奉康熙之命前往盛京,祭祀祖皇陵。恰逢天下大雨即在尹泰家居住,尹泰谈起自己的第五子继善在礼部任职,雍正就告诉尹泰让尹继善去找他。可时隔不久,雍正就登上了皇位,这件事也就作罢。

雍正元年(即公元1723年),尹继善荣登进士,当被引进觐见雍正时,雍正得知他即尹泰之子,不禁大喜,称赞继善果然是大器之才,并让他入翰林院。事隔一年,授他为广东按察使,在他上任后又将其升为副总河,半年后再将其升为江苏巡抚。

尹继善面部白皙少须,颐丰口大,目秀面慈,嗓音清扬。年纪刚过三十即任封疆大臣,真可谓春风得意,但他从不自傲,待人接物和蔼而周全。不过这并不表明他处事唯唯诺诺,相反却具有鲜明果断的个性特征。

尹继善任江南河道时,世宗曾下令决开天然坝,但尹继善却认为不可。正好浙江省总督李卫路过清江,他对此事督促更严,并说自己已奏明皇上只要水下决坝是没有问题的。尹继善不仅没有盲从于李卫的指令,而且又上书雍正奏李卫不问河之深浅,只问河水之大小,这不是懂河务的人,并一再表示河坝不可开。尹继善的幕僚见主公不仅与当朝权贵争,又与皇上争,不禁暗暗地为他捏一把汗,甚至有人在另谋出路。而世宗见尹继善的奏折,非常高兴地说:"尹继善如此有主见,我还有什么可担忧的呢?"立即加封他为太子太保。

至高宗即位后,乾隆对尹继善更加倚重。尹继善不负所托,一督云南,二督广东,三督川陕,四督江南,将每一处都治理得井井有条。尹继善颇具民主意识,善于吸纳下属的意见。在每一项决策出台之前,他总是要召集监司以下官员,让他们提出不同意见再由他解释,解释后再由官员们提意见,直至意见无可挑剔再施行之。所以在尹继善这里很少有行不通的事。

尹继善所处理的大案,有雍正年间江苏积欠四百余万案;乾隆年间卢鲁生伪稿及各种邪教等案,牵连成千上万的人,但尹继善悉心甄别,从不枉戮一人。尹继善又擅长奏对,世宗曾问他:"你知道督抚中有哪些人值得学习吗?他们是李卫、田文镜、鄂尔泰?"尹继善却回答说:"我要学李卫的勇气,而不学他办事粗心;要学田文镜的勤勉,而不学他的苛刻;鄂尔泰的优点不少,值得学的东西很多,但我不学他的刚愎自用。"

从前面对尹继善外貌的描述,我们可知其外貌像佛,但他并不喜欢佛法。对于后进中有才学的人他总是极力提拔,如太史袁简斋、相国刘石巷、状元秦涧泉都是他所举荐的。

尹继善四督江南,江南人曾以谚语:"吉甫再来天有眼"来褒喻他。

胸襟宽广　不计恩怨

陆逊,字伯言,吴郡吴县(今属江苏省)人。他为人忠厚,凡事都能容让别人,不计恩怨。

由于陆逊受到孙权的器重,所以有的人就爱在孙权那里告他的状。

会稽(今浙江省绍兴市)太守淳于式对陆逊不满,便给孙权上书,指责陆逊在打仗过程中,向老百姓征收物资太多,给百姓造成了困难,并且把事情讲得比较夸张。

战事结束后,陆逊回到孙权身边。孙权将淳于式的指责转告给陆逊,陆逊没有说什么。孙权接着又问淳于式的为人和表现怎么样,陆逊极力称赞淳于式,说他是个很好的官吏。

孙权奇怪地问陆逊:"淳于式在背后告你状,你却如此赞扬他,这是为什么啊?"

陆逊回答说:"淳于式告我的状,虽不完全符合事实,但他的出发点是好的,是为了维护老百姓的利益。因为他告了我的状,我就在您面前讲他的坏话,那我就不是一个正派的人了。"

孙权听了,很钦佩陆逊的为人,说:"你真是个忠厚的人,胸怀如此宽阔,一般的人是很难做到的啊!"

见微知著　声名远播

高柔字文惠,陈留圉,是三国时期曹魏的著名执法官。汉灵帝嘉平三年(174年),高柔出生在一个中小官吏之家,他的曾祖和祖父都累经宰守,以清明遗世,父高靖为汉蜀郡都尉。家庭给高柔以勤谨正直的熏陶,动乱的年代培养了他敏锐的政治眼光和卓越的理事才能。

陈留地处中原,历为兵家必争之地。汉末大乱,父亲远仕蜀郡,正当少年的高柔负起了留居乡里持家的重担。初平四年(193年),兖州刺史曹操与徐州牧陶谦鏖战正酣,陈留却比较平静。

有一天,高柔召集乡邻,劝告他们尽快迁往远处。众皆愕然,高柔侃侃而析:曹操本有四方之志,虽素与陈留太守张邈友善,但一旦挫败陶谦,必然来取近在咫尺的陈留。所以不如早早躲避,以备不虞。然而高柔年少言轻,应者寥寥,高柔只好率本宗族离开陈留。翌年,张邈叛迎吕布,陈留果然成为曹吕厮杀的血腥战场。宗族免遭兵燹,高柔见微知著的机警远识引起了人们的注目。时过不久,父亲病死任上,高柔冒着战乱危险,只身赴蜀迎丧,历时三年方返回故乡。艰险忧患磨炼了他的意志,开阔了他的眼界,其至孝笃行又广为人称颂,未到而立之年,高柔已名扬一方。

建安九年(204年),曹操平定河北,袁绍外甥并州刺史高干降曹,高柔被任为菅(县名)长。仅仅一年,高柔就表现出令人叹服的政治才干。建安十年,高干复叛。高柔虽为高干从弟,坚不从干"自归太祖(曹操)",受任为刺奸令史。

高柔在曹操帐下勤谨供职。他处法允当,狱无留滞,尽力政务,夙夜不懈。曹操某次深夜微服出巡,发现高柔竟怀拥文书睡熟了,感动得脱衣覆之。身为曹氏政敌亲属,本来难免被猜忌,而高柔以自己的忠恳和努力逐渐消除了曹操的防范猜忌,日益得到信任和重用。

建安十九年(214年),魏国始置理曹掾属,高柔即为令史。曹操高度评价他"清识平当,明于宪典",勉励他效法皋陶,忠职严宪。高柔由此开始了其法官生涯。

曹丕建魏,高柔任治书侍御史,转加治书执法。当时政治谣言纷纭,曹丕欲以戮言赏告平息,但事与愿违,诬告之风反得推波助澜。针对这种情况,高柔建议除妖谤赏告之法。曹丕采纳施行之后,果收奇效,谣言迅即平息。曹丕对此大为赞赏,很快将高柔升为廷尉,令其专执司法。

建安时期,曹操曾设置特殊监官——校事,刺探防范群臣。校事身兼侦察、纠举、处置诸权,妨碍了国家监察司法机构正常发挥职能,带有浓厚的曹氏私臣色彩。高柔冒逆鳞之险,力劝曹操除去校事。此事虽无显效,却使曹操不能不惩治其中个别罪大恶极者。在曹魏建国后,校事的权限随君权强化进一步膨胀,他们举罪纠奸,纤介必闻,随情任性,冤滥严重,被百官吏民视为煞星。校事刘慈等三四年就纠举万余人,激起群怨沸腾。高柔为维护国家法制尊严,坚决要求对校事所纠案件"惩虚实",重新调查。大量"小小挂法者"重审后交罚金即被开释。高柔严格循法行事,力求定刑定量准确,对减少冤滥、缓和阶级矛盾、建立正常的统治秩序发挥了一定作用,甚为时主所倚重。

三国时期战争频繁,士兵逃亡不息。为此,曹操欲加重"士亡法",除追究逃士的妻儿,还兼及其父母兄弟。高柔提出,重刑不仅使逃亡者绝其悔心,又会激引其他士兵恐慌参逃,适得其反。不如稍示宽贷,诱逃士还心。曹操采纳此建议,故逃士亲属"蒙活者甚众"。在执法时,高柔重视调查,力求确凿有据。军士窦礼外出不归,其妻儿依士亡法被没为官奴。窦妻鸣冤,高柔仔细调查,判定窦礼笃孝爱子,非轻狡之辈,不会恣意抛家逃走,并了解到营士焦子文曾借窦钱不还。经过周密推测,高柔在提审中发现了很多疑点,终于澄清了焦谋财害窦的罪行,为窦雪冤,窦妻等也得到平反。曹魏规定遭丧小吏守丧百日后仍要服役。司徒吏解弘父丧,恰遇军事,亦当出行。解脱辞以疾病,竟获死罪。高柔在审讯中见解弘确实羸弱,上疏说明解弘居丧过衰,毁瘠骨立,不堪远行,使解弘终于得到赦免。

总之,高柔执法认真,断狱力求明察案情,翔实平允。他屡次亲自访审要案,明慎用刑,颇有政声,居官廷尉长达二十三年之久。

曹操力主治乱世"以刑为先",把"明达法理"、介直正严作为主宰"百姓之命"的司法官吏的标准。事实证明高柔未负曹操的慧眼拔擢和重用。

魏明帝曹睿追求奢华,讲究享受。他大筑宫室,广采美女,划禁地千余里以供狩猎。高柔上疏力谏,以为吴蜀侧窥,民众贫困,正应治兵急农,励精图治,岂可上下劳扰,豪奢残民。他要求明帝停营台之娱,遣宫女还家。其时猎法甚峻,百姓"杀禁地鹿者身死,财产没官"。高柔疾呼群鹿残食稼苗,"处处为害,所伤不赀",要明帝"愍稼穑之艰难",除禁济民,表现出为民请命、面折廷争的勇气。

高柔以为,廷尉乃"天下之平,安得以至尊喜怒而毁法"。身为法官,他严格循法办事,即使忤逆人主,也要辩诘论申。文帝因宿怨,欲枉诛治书执法鲍勋,高柔拒不从命。文帝无可奈何,只得强行调开高柔,另派专使直接处死鲍勋,方准柔还。明帝时,宜阳典农刘龟偷猎禁地,其属下张京告发。依魏律,凡下告上,告者亦以犯上论处。刘龟被送廷尉处置,但明帝庇隐张京。高柔表请告者姓名,明帝勃然大怒,高柔不惧,反复上奏,"辞旨深切",终于说服明帝,使刘、张各当其罪。

自曹魏建国,北方政治逐渐走上正轨,专制主权得到加强。在这个过程中,法律被证明是非常有力的武器。虽然在封建专制下不可能有真正的法制,但法可以促进王权的繁盛,或多或少地限制和避免帝王绝对权力的错误行使。作为执法官,高柔为官清严,持法守正,振纪补阙,犯颜直谏,为维护封建国家的根本利益做出了贡献,故能博得曹魏诸帝的赞赏和垂青。正始末期,他已积功升至太常、司徒,位至三公。

第三章　以"不贪"二字为修身之宝

一个人只要心中出现一点贪婪或偏私的念头,那他原本的刚直就会变得懦弱,原本的聪明就会变得昏庸,原本的慈悲就会变得残酷,原本的纯洁就会变得污浊,结果就毁了一辈子的品德。所以古人认为,做人要以"不贪"二字为修身之宝,所以古圣先贤才能超越物欲度过一生。

不攀皇帝保儿孙

樊宏是南阳巨富,早在刘秀起兵之前,便已娶了刘秀同族的女子为妻,在刘秀称帝后,他被授以光禄大夫之职,封为长罗侯。可他在仕途上不求高升,并经常告诫儿子们说:"富贵至极的人家,没有几个能有好下场。我并不是不喜爱荣华,可是乐极生悲,历代贵戚多遭覆亡,这便是前车之鉴。能保全寿命,善始善终,岂不是最大的福气吗?"

长子樊儵记住了父亲的教诲,远避权势,洁身自守;他的弟弟樊鲔却想高攀帝室,想将汉明帝的哥哥楚王刘英的女儿娶为儿媳。樊儵劝阻道:"当年我们家倍受荣宠,一族之内五人封侯,那时只要父亲说一句话,男儿可娶公主,女儿可配皇子,只是由于担心贵宠太盛会招来灾祸,所以没有这么做,你只有一个儿子,何必同楚王搅在一起,自取不测之祸呢?"

樊鲔不听他的,正在这时,楚王刘英谋反的事情暴露,朝廷穷治此案,株连而死的多达数千人,樊鲔自然难于幸免,此时樊儵已死,汉明帝得知他曾劝阻过樊鲔,便赦免了他的几个儿子。

以德立身

王僧虔是琅邪临沂人,出身于官宦世家。南朝萧齐建立,他曾任持节、都督湘州诸军事、征南将军、湘州刺史、侍中等职。

王僧虔生活于南朝宋、齐两代,亲身经历了宋齐间的改朝换代,所以立身处事非常谨慎。王僧虔擅长于书法,恰巧齐高帝萧道成也爱好书法。有一次,萧道成与王僧虔比谁的字写得好,写完字后,萧道成问王僧虔:"谁为第一?"王僧虔说:"臣书第一,陛下亦第一。"萧道成听后大笑,说王僧虔"善自为谋。"

萧道成死后,其子萧赜继位。萧赜继位后,即提王僧虔为侍中、左光禄大夫,开府仪同三司。当时,王僧虔的侄子王俭也在朝中任高官,王僧虔便对王俭说:"你在朝中官高任重,我如果再受任,则一门之内有二台司,实可畏惧。"便坚决推辞不受任。萧赜无法,只得取消任命,改任王僧虔为侍中、特进、左光禄大夫。有人对此很不理解,便问王僧虔为什么辞高官不做,王僧虔说:"君子所应担忧的是不能立德,而不担心不被宠爱。我现在衣食俱足,荣位已过,常为庸碌不能报国而惭愧,怎能再受高官,庸碌无为,被人耻笑呢?"

非我所有　一毫不取

王尔烈曾当过乾隆皇帝的老师。一天,他从江南主考回来,恰好逢上新皇帝嘉庆登基。皇帝召见他说:"老爱卿家境如何?"

王尔烈回答说:"几亩薄田,一望春风一望雨;数间草房,半仓农器半仓书。"

嘉庆问道:"老爱卿为官清廉,我早知道。我派你去安徽铜山铸钱,你去上几年,光景就会不错了。"

王尔烈一去三年,又奉诏回到京城。嘉庆召王尔烈上殿,说:"老爱卿,这一回可度余年了吧?"

王尔烈从套袖里掏出三个铜钱来,只见一个个磨得溜光锃亮,原来是铸钱时用的钱样子,说:"臣依然是两袖清风,一无所存。"嘉庆见此情景,十分感动地说:"卿真是双肩明月,两袖清风啊!"

这正是不该自己的分毫不取的人,但也有人是不该自己的偏要豪夺巧取,乾隆皇帝的宠臣和坤就是这样的人。

和珅不但接受贿赂，而且公开勒索；不但暗中贪污，而且明里掠夺。连地方官员献给皇帝的贡品，他都要先挑精致稀罕的留给自己，挑剩的再送到宫里去。就连已送给皇帝的宝物，他也派人偷出来，据为己有。他贪占的财物约值白银八亿两之多，抵得上朝廷十年的收入。

乾隆帝死后，继位的是嘉庆帝。嘉庆帝早知道和珅贪赃枉法的情况，便派人把和珅逮捕起来，叫他自杀，并且派官员查抄了他的家产。

家产殚竭　儿孙自成才

折像是广汉雒人。其祖先原名张江，后被封为折侯。张江的曾孙张国任郁林太守，后移至广汉，因以祖封爵为姓。折像即折国的儿子。

折国家中资财丰厚，价值二亿，还有家僮800人。而折像却不像一般的阔家子弟。他从小便有仁爱之心，点灯怕烧死昆虫，走路怕踩死蚂蚁。对于春天刚刚萌芽的草木、树枝，他也从不毁坏。他所喜欢的事，就是广读道家之书、黄老之言。

折国死后，折像便继承了这份丰厚的家产。此时，折像也已有了儿孙，但奇怪的是，折像似乎不打算把家财留给儿孙，而是广散金帛，周济亲戚朋友。有人问折像："你也有儿有女，孙子也不小了，应当广置家产，为儿孙打算。你怎么能坐视家产殚竭穷尽呢？"

折像回答说："古时候，楚国有个叫鬭子文的人，楚成王每次给他赏赐，他都躲起来不受赏。人们问他：'别人都求富而你却逃赏，为什么？'鬭子文说：'我是在逃祸，不是在避富啊！'如今我家财产积累日久，多藏必厚亡，金玉满堂，莫之能守，这也是道家早已说明的道理。现在世道衰败，而我的子孙又不才，如果广积家财，就像一堵已经裂缝的墙，砌得越高，塌得越快。"

折像最终未给子孙留产业，他死后，家无余财，子孙乃自食其力。

贫穷而不潦倒

有一次，庄子穿着一身补了又补的破衣裳，鞋子也破得套不住脚了，只好扭了一股麻草将鞋子系在脚上。就是这副样子，庄子还去拜访魏王。

魏王看到庄子的情景，便吃惊地问："先生为什么会潦倒成这个样子呢？"

庄子便纠正道："是贫穷而不是潦倒。读书人有事业，有德行，却实行不了，这就是潦倒。衣服破了，鞋子破了，是贫穷而不是潦倒。这就是常说的不遇时啊。大王难道没见过那既会爬树，又跳得高的猴子吗？当它找到了楠竹、楸树、樟树等高大林木，便能攀援着树枝，在林中荡来荡去，既惬意又自如，即便后羿和逢蒙这样的古代射手，也不能斜眼看它。这是它遇到适合环境时的情景。等到落到黄桑林、丛生的小枣树,乃至枳壳、枸杞这类低矮的林木中时,那它就只有小心翼翼地步行,连眼也不敢斜视。这并不是它的筋骨变得僵硬,不柔韧灵活了,而是环境不利,不能施展它的技能了。"

庄子继续说道:"现如今,处在君王昏庸无道、臣下胡作非为的时代,要想不潦倒怎么可能呢? 在这方面,比干被剖心便是明证。"

比干是什么人? 他是殷纣王的丞相,因为纣王荒淫作恶,比干多次当众劝谏他,他恼羞成怒,就找碴儿把比干投入监狱,挖掉比干的心,把比干的身体碎成几块。

因此,居官为臣,不能为民办事,不能施仁政便是潦倒。

天然去雕饰

百里奚做了奴隶,并不把失去官位放在心上,所以他养牛,牛便被养得膘肥体壮。后来秦穆公发现他有特殊的见识与心胸,就把秦国的政事交给他打理。

虞舜年轻时,总是被后娘毒打,生活已没有出路了。但他既不忧生,也不想死,仍然对母亲非常孝道,乃至把天子都感动了,唐尧把女儿娥皇、女英嫁给他做妻子,并让他管理天下大事。

这就是有意栽花花不开,无心插柳柳成荫,心中没有过高的目的,其实更容易达到目的。如果不讲实在内容,只求形式,那不过只是自欺欺人。

鲁哀公就是一位只讲形式,念念不忘自己的学说与主张的人。这样他实现的就只是表面的东西,并无实在内容。不过,鲁哀公这人的自我感觉却良好。

庄子去见他,他很不屑地对庄子说:"鲁国是儒士的天下,却很少有人信奉先生的学说。"

庄子不以为然,说:"鲁国真正的儒士不是多,而是太少了"

哀公说:"全鲁国的人都穿儒服,怎么能说少呢?"

庄子说:"我听说,儒士当中戴圆帽子的了解天时,穿衣形鞋子的知道地理;腰上用五色丝带系着玉块的,行为果断。不过我想,有某种学问与技术的人不一定要穿起特殊服装显示自己;其实,穿着特殊的服装不一定就有某种学问与特长。您如不信,那么,何不向全国发一道命令:'没有儒士这种道术却穿这种儒服的,处死刑。'"

鲁哀公按庄子的建议做了,果然,五天以后,鲁国就没有人敢穿儒服了,只有一个男子站在公门之前,依旧穿着儒服。

哀公听到报告,十分感动,立即召见此人,并向他问及一些国家大事。无论哀公怎么巧妙地考问,他都能滔滔不绝地谈应对的办法。

庄子说:"鲁国这么大,真正的儒者就只一人,可以说是多吗?"

无功不受禄

楚昭王兵败于伍子胥，亡国了，丢了王位，仓皇出逃。宰羊店的老板屠羊说也跟着昭王出逃。

昭王后来回国复位要奖赏随同逃难的人，鼓励忠诚之士，屠羊说也是受赏名单上的一员。

屠羊说听说后，觉得不妥当，他说："大王失去国家，我也失去了杀羊的营生。大王回来，我又重操旧业，生意仍旧红火，为什么要奖励我呢？"

昭王听屠羊说如此说，有些感动，便吩咐手下人，强迫屠羊说接受赏赐。

屠羊说却说："大王亡国失位，我没有失职的过错，要罚，罚不到我的头上；大王返国复位，我没有出主意出力气，行赏，也赏不到我的头上。"

昭王听到报告，便下令说："我要接见他！"

屠羊说接到通知，据理申辩说："楚国的法制规定，一定要是建立有大功勋的人才能被大王接见。可是我的智谋不足以考虑国家大事，勇武又不能够驱除入境敌寇。伍子胥攻陷郢都时，我害怕兵祸而跟随大王逃难，却并不是想护卫大王。今天，大王要无法制规定，打破常规接见我，这不是我所希望发生的事。"

侍从又把屠羊说的话转告楚昭王，昭王非常感动，对大臣们说："屠羊说虽然地位很低，但见识深刻，你们可以替我传话，请他出任三公的职位。"

屠羊说仍固执己见。他说："我很清楚，做官做到三公也就到顶了，比我整日里守着宰羊店不知高贵到哪里去了。那优厚的俸禄，比我靠杀几头羊赚的钱不知丰厚多少。然而君主妄发旨令，我要接受就是贪图荣华富贵，彼此都坏了名声，并且这样后患大得很！我是不能接受三公职位的，还是在我的宰羊店心安理得！"

久居高位 妨群贤路

虞丘子在楚国做了多年令尹了，他协助楚庄王攻城略地，成为中原盟主，立下了汗马功劳。

出人意料的是有一天，他却跑去向楚庄王辞职。庄王当然不答应，于是虞丘子说："我听说奉公执法，就能够得到荣耀；才德浅薄，就不能指望得到高的地位；没有仁义智慧，就不必追求显赫尊荣；不能显示自己的才能，就不必占据那个职位。我做令尹已经十年了，国家没有治理得更好，案件纠纷不断，隐士干才没能发掘出来，邪恶祸乱没能消除干净，长久地占据高位，妨碍了众多贤才的进升之路。这样白白地占着位置不干事，而且一占就是好些年，我真该受到国法惩治了！"

楚庄公听他这样自责，很是不解：这位老臣究竟是什么用意呢？

只听虞丘子继续说："我私下选中了一位治国之才,叫孙叔敖。他虽然有些儒雅瘦弱,但性情活泼,十分能干。君王您如果能把国事交给他,肯定能使天下大兴,百姓和睦。"

楚庄王终于明白了虞丘子的一番苦心,但始终有些难以置信,更有些不舍:"因为有了你的辅佐,我才做了中原盟主,号令远播,百姓归附,称霸诸侯。没有你,我怎么办呢?"

虞丘子恳切地说:"呆在官位上不肯下来的人,是贪婪而卑鄙的;不能举荐贤能的人,是邪恶的;不能让贤就位的人,是偏私的。(久固禄位者,贪也;不进贤达者,诬也;不让以位者,不廉也。)有了这三条,就是不忠。作为臣下,不能忠君,这怎么行呢? 所以坚决请求辞职。"

听罢虞丘子的肺腑之言,楚庄王很是感动。他依从了虞丘子的请求,赏赐他食邑三百户,并授予他"国老"的荣誉称号。

胜敌不如胜己

夏侯伯启与同姓有扈氏在甘泽大战,而夏侯伯启不能取胜,六卿大臣请求再战一次。

夏侯伯启说:"不能再打了。我的地盘已经不少,我的百姓已经不小,然而没有胜利,是我的品德修养不够,教化不好的原因造成的。"从此以后,他的住处不铺双层席子,吃饭不要第二样菜,不再听琴瑟之音,不再闻钟鼓之声,不再打扮修饰子女,而是尊敬长者,亲近亲族,尊重和任用品德高尚和有才能的人。过了一年,没有通过战争的方式,而有扈氏自己主动归顺。因此,想要战胜别人,首先应该战胜自己;想要议论别人的短处,首先应该议论自己的过失;想要了解别人,首先应该了解自己。

恪尽职守　细心办事

冯元淑,生卒不详,相州安阳人。从兄冯元常"清鉴有理识,甚为高宗之所赏",武则天时"虽屡有政绩",却为酷吏周兴所陷,下狱死。冯元淑就是在这样一种家庭背景下出任清漳的。他在清漳令任上数年,史书记载仅有10字:"政有殊绩,百姓号为神明"。要获得这样的评价,是十分难得的。按照唐朝的考课之法,各级官吏在本职内各项规定都为"最"的同时,还必须做到德义有闻、清慎明著、公平可称、恪属勤匪,这被称为"四善"。

冯元淑正是以其县令职掌为最和"恪勤""清慎"等,才获得考核的上上,赢得百姓的称颂的。为此,中宗特颂玺书奖励,并命史官编其事迹。同时,调任浚仪令,任满后升畿辅所辖始平令。

　　冯元淑在赴浚仪、始平二县时，自河北入河南，再进陕西，都是单骑赴职，不曾携带家眷。在任上，因公务所乘马匹，不仅无丝毫装饰，甚至下午连草料都不加，说是让其"作斋"。他本人及仆役，每天也只吃一餐而已。俸禄结余，他将一部分"供公用"，作为县衙经费；一部分"给与贫士"，养鳏寡、恤孤穷。当时，有人讽刺说，他这样做是为了沽名钓誉。冯元淑听了后，很坦然地表示："此吾本性，不为苦也。"后入朝，卒于祠部侍中任上。

　　史书虽然主要记载了冯元淑的自甘清苦，但透过清苦可见其"恪勤"。俸禄结余"供公用"，显然是勤政的反映；其"给与贫士"，更是恪勤的内容了。一个封建社会的"县太爷"能够如此自甘勤苦，想的、做的是"供公用"、恤孤贫，这种精神不是很应该大加弘扬吗！

清俭修身　治吏医人

　　卢怀慎，滑州灵昌人，自幼清谨。中宗时为右御史台中丞，曾连上三疏陈时政之得失，均未被采纳。当时，州牧、县令等官，不尽其力，偷安爵禄，但养资望，甚至不率宪章，公犯赃污，侵牟万姓，剽割蒸人。

　　在这种"浮竞之风转扇"的年代，卢怀慎以"清俭"自守，"不营产业，器用服饰，无金玉绮文之丽"。所得禄俸，随时分散给亲故，家无余蓄，以致妻儿老小不免饥寒。玄宗先天二年，卢怀慎为黄门侍郎，在东都洛阳分掌选官之事。其随身所带用具，仅仅一个布袋。年底调回京师拜相，与姚崇共掌机密，兼掌吏治。开元四年兼吏部尚书，不久患病。宋璟、卢从愿经常来看望他，见其卧床"敝箦单席，门无帘箔每风雨至则席蔽焉"。卢怀慎一向敬重宋璟、卢从愿，见他们来很高兴。留连永日，命设食，有蒸豆两瓯、菜数茎而已，此外僬然无办。其清俭如此。当其弥留之际，仍不忘吏治，拉着宋、卢二人的手说："二公常出入为藩辅，圣上求理甚切，然享国岁久，近者稍倦于勤，小人乘此而进，君其志之。"在病重自知不久人世之际，卢怀慎还给玄宗写了一份表章，仍然是谈择官、用贤。一是当有表达自己"报国之心，空知自竭；推贤之志，终未克申的"的心愿；二是以吏部长官的身份向玄宗推荐宋璟、李杰、李朝隐、卢从愿，认为此四人"并明时重器，圣代良臣"，虽"微有愆失"，但"所弃者大"，"望垂矜录，渐加进用。"

　　乃至临终，"家无留储"，仅此遗表一纸。治丧者，"唯苍头自鬻以给丧事。"玄宗览表后，立即以宋璟继卢怀慎，为吏部尚书兼黄门监。同时，有上疏称"怀慎忠清直道，终始不亏。不加宠赠，无以劝善，玄宗下制赐其家物一百段、粟米二百石。后二年，玄宗自洛阳回京城长安，途经卢怀慎旧居，"望墟落间，环堵卑陋"，其家人正在斋祭，"悯其贫匮，赐绢百匹"。玄宗回到长安后即命中书侍郎苏颋为其撰碑文，玄宗亲自抄录后，立于怀慎坟前。

卢怀慎虽然被称为"伴食宰相"，却始终未忘自身的职责——吏治问题。中宗时陈时政三疏，论地方吏治之弊。其后分司东都选官之事，成绩显著，八朝拜相，仍知吏部事，直至致仕。临终遗表，谈的还是择官、用贤。在一生致力于吏治的同时，卢怀慎本人处污而不染，始终以"清俭"自守，成为唐代大臣中"清勤"的典范之一。

勤政爱民　自甘清苦

陈瑸，字文焕，号眉川，广东海康人。康熙三十三年进士，被授福建古田县知县。从这时起，一直到康熙五十七年卒于任，陈瑸在二十几年的官吏生涯中，始终把关心百姓疾苦放在首位，同时把自身的廉洁与从政活动紧紧地联系在一起。早在读书时，他就立下了勤政爱民的志向，并说："士未有未仕时律身不严，而居官能以清廉著闻者。"

陈瑸初任古田知县时，该县的赋役轻重不均，百姓怨声载道。他上任后，请平赋役，百姓得以安居，万民欢跃。不久，他被调往台湾。那时，台湾刚收复不久，一切规制未备。陈瑸到任后，"以兴化易俗为先务，镇以廉静，番民聽然"。康熙四十二年，陈瑸出为四川提学道佥事，他"杜请托，一意甄拔人才"，成为四川官吏中之最廉者。后来又调台湾厦门道，他建学宫，兴文教，正学厉欲，使民风为之一变。康熙五十三年，陈瑸被升为偏沅巡抚。他到任后，首先惩治了一些贪官污吏。当时，湘潭县知县王爱溙纵容手下搜刮百姓，闹得民怨鼎沸，而长沙知府薛琳声又百般包庇王爱溙，陈瑸奏请皇帝罢了他们的官。随后，他又在巡抚任上办了十件事：禁止征银时增加损耗；废除各府州县之酷刑；将官仓积谷卖给百姓；帮助百姓建立社仓；提倡俭节；禁止百姓向官府、下级向上级馈赠礼物；建学校；办书院；整饬武备；停止民间随意采矿。这些做法，不仅得到了康熙帝的嘉奖勉励，也得到了百姓的拥护。

陈瑸在取得显著政绩的同时，也获得了廉洁的美名。

他为官十几载，一直以清苦著称。史书记载，他"清操绝俗，自奉尤菲，盖草具粗粝，日啖荤少许而已，而特捐置学田"。在台湾任职时，由于当地极为贫困，陈瑸则"率之以廉，衣御布，素食无兼味，所属惊之，治绩甚者。"在这二十几年中，陈瑸虽几次调任，从古田到台湾，从四川到湖南，但他都是只身赴任，从未带家眷，延幕僚。在赴偏沅巡抚任时，他单身匹马，一人独行，以至"僚属逆境上，莫知其为公也。"他的儿子几次想去探望，竟无钱雇车船。有人问他的厨子："你的主人经常以什么为食？"厨子答道："瓜蔬为恒膳"，许多人认为陈瑸之清苦是难以忍受的，而陈瑸却"晏然安之。"

陈瑸为官，自甘清苦，几十年中未曾有一丝一毫之苟得。在台湾时，"官庄岁人悉归公，秋毫无所染"。在偏沅巡抚任上，他"屏绝苞苴"，一介不取。按照当时的规定,在官者可以得到一些使用公差的钱,但是陈瑸却从不领取。陈瑸把妄取一分一毫均视为贪,他经常说这样一句话:"贪取一钱,即与百千万金无异"。在他看来,为官者应该清廉,贪不在多,即使只贪一钱,亦与百万金无异。在他入朝觐见康熙时,也说了这番话。康熙皇帝非常赞赏,并问他过得怎么样。他表示,他的生活已比穷苦百姓好多了。"初任知县便不至穷苦,即一钱不取,臣衣食亦能充足。"康熙皇帝十分感动,当陈瑸退下时,他指着陈瑸的背影感慨道:"此苦行老僧,国家之瑞也。"

康熙五十七年,陈瑸病故。他在留下的一份遗疏中写道,有公顷余银一万三千两,应充军饷。康熙皇帝十分感动,命以一万两充军饷,三千两给其子让他为父置办葬具;同时对阁臣们说:"朕亦见有清官,然如陈瑸者实罕见。"

上拒皇子　下诫胞弟

鄂尔泰,字毅阉,满洲蓝旗人。历事康熙、雍正、乾隆三朝,曾任内务府员外郎、江苏布政使、广西巡抚、云贵总督、保和殿大学士兼兵部尚书、军机大臣等职,是雍正帝、康熙帝的重臣,尤得雍正帝的赏识。

鄂尔泰家祖祖辈辈为人做牛马,他们家没有房子住,只好在祠堂里过夜。但是,鄂尔泰的父亲是个有远见的人,他想尽一切办法供孩子们念书,指望他们将来成为国家的栋梁,做个一尘不染的清官,惩治那些豪势权贵和贪官污吏,救民于水火。

鄂尔泰通过发愤攻读,终于金榜题名。康熙五十五年,他被授任内务员外郎。这一官职虽然只有五品,但因为负责管理供应皇室的各种物品,所以又有一定的实权。

这时,后来的雍正帝还是雍亲王,住在宫外。有一次雍亲王得知少数民族附属王国向朝廷进献了许多奇珍异宝,他想通过鄂尔泰求得内务府的特殊关照,弄些宝物,结果遭到了鄂尔泰的严辞拒绝,他说:"作为皇子,你更应该注意自己的德行,为表率于天下,不可随意结交外臣,享受特权,若是其他皇子都和你一样多吃多占,那我们做下官的如何掌握? 朝廷怪罪下来,谁来负责呢?"

雍亲王见遭到拒绝,只好作罢。同僚们听说后,都怨他死心眼,太不会办事。他们说像这种事别人跪着送去,人家都不一定接受,况且这次是人家求你,你即使拒绝也要找个脱身的理由啊,千不该万不该奚落人家一遍,等日后雍亲王登基了,看你还有什么好下场。

六年后,康熙帝病故,雍亲王即位。有一天,雍正帝召见鄂尔泰入宫,他的好友同僚都为他捏了一把汗,因为他曾得罪的皇子如今已是君临天下的皇帝了。大家都劝他外逃,以免杀头之祸。

鄂尔泰却镇定自若地说："身为朝使官,按理说谁当皇帝听从谁的,何况当时我做事时并没亏心。眼下既然雍正帝要计较此事,君让臣死,臣理当效命,人不能为苟保性命而当叛匪。"

鄂尔泰说完,从容地应召入宫。行完君臣大礼后,雍正帝让鄂尔泰落座,鄂尔泰原以为须臾之间要灾祸临头了。孰料,雍正帝和颜悦色地对他说:"你曾敢以员外郎这样的五品微官而拒皇子,足见你执法严明。今天我委任你为大臣,你一定不会接受他人的请托和贿赂的,对于你,朕是十分放心的。"

于是雍正帝当即授鄂尔泰为江苏布政使。不久,又破格提拔其为云贵总督。

鄂尔泰做了云贵总督这样的高官,依然生活俭朴,从不敢骄奢妄为。可他的弟弟借哥哥的权势,出外做了官,随着官越做越大,其奢靡之举也越来越甚,等升到吏部尚书兼步兵统领后,更加忘乎所以,甚嚣尘上。

有一次,鄂尔泰退朝之后,路过鄂尔奇家,想进去探望一下。当他步入宅院后,感到庭院布置得过分豪华,掀帘进入书斋,只见室内的摆设十分考究,在座宾客们的穿戴也个个不凡。鄂尔泰非常生气,掉头便走。鄂尔奇见哥哥连句话都没说就走了,很纳闷,忙追上去,问道:"哥哥掀帘不入,莫非嫌小弟的书斋寒碜?"

鄂尔泰当着众人的面,严厉斥责说:"我不是嫌你的书斋寒碜,而是嫌太奢侈了。你身居正卿,不为朝廷尽忠尽力,只图个人享受,有何脸面面对列祖列宗?你可否记得当年你我弟兄无屋可住,只得夜宿祠堂?如今你刚刚得志就如此奢侈,如若不改,日后必由此生出灾祸!"

鄂尔奇一听罢,跪在哥哥面前,佯装悔过,并表示把不属于自己的东西退还给户部。鄂尔泰看到弟弟有悔改的愿望,才算作罢。

以后,鄂尔奇听说哥哥要来,事先把珍宝收藏起来,然后才请哥哥进屋。鄂尔泰到户部查访,想证实一下弟弟悔改的诚意,结果,户部的官员说从没收到过鄂尔奇送来的东西。

鄂尔泰这才知道弟弟并没有听从自己的劝诫,一怒之下,向雍正帝奏了弟弟一本,鄂尔奇因贪赃枉法被治了罪。

数百年来,鄂尔泰上拒皇子下诫胞弟的高风亮节,一直在百姓中间被传颂着。

立身清廉　不畏权贵

钱徽,字蔚章,吴兴人。出身于书香门第,其父亲钱起是天宝十年的进士,著名诗人,也是当时十才子之一,官至尚书郎。

钱徽从小受到家庭环境的熏陶,得到了良好的教育。中进士后,到谷城县令王郢幕中充当谋士。王郢豪爽好客,挥金如土,常把公款送给好友,因此犯罪被撤职。观察使樊泽负责处理这一案件,涉嫌的人员有钱徽一文不取,清白无辜,于是把他带在自己身边。

元和九年，吴元济在蔡州起兵反唐，朝廷告急，立即调兵遣将，分路合围。钱徽以干练的谋才被上司看中，很快升官入朝，深得唐宪宗的欣赏。他办事有条有理，筹措得当，被纳入高层决策圈内，参与处理机密事务。

当时，河湟地区久已失陷，宪宗为了恢复失地，在内府悄悄地广积资财，虽然表面上严禁官吏作无名目的进献，但实际上暗中鼓励，对贡品来而不拒。结果，投机钻营者循其所好，在地方上大肆搜刮，普通官吏为情势所迫，不得不随风附和。各级官吏向皇帝进献之举，蔚然成风。鉴于进献之风严重地扰乱了行政制度和秩序，败坏了风气，钱徽上奏皇帝，请求停止收纳贡献，以正身正影，激励群臣。宪宗自知理亏，但不想停止，收纳贡献又害怕被钱徽察觉，因此，密令下级以后进献不要进右银台门，以免被钱学士穷追不舍，不好下台。

长庆元年，钱徽重新入朝，担任礼部侍郎，负责科举考试。宰相段文昌酷爱学习，特别喜欢书法、绘画等。前刑部侍郎杨凭家中收藏古书画十分丰富，为了让儿子杨浑之考上进士，便忍痛割爱，把它们全部送给段文昌，请他开方便之门。段文昌四处奔走，面托钱徽，又写信保举。其他权贵如李绅也来活动。钱徽铁面无私，不畏权贵，发榜时，段、李的关系户杨浑之、周汉宾都名落孙山。段文昌大怒，上奏皇帝，诬告钱徽考试营私舞弊，录入唯亲。结果钱徽被贬为江州刺史。在刺史任上，钱徽仍保持正直清廉不变。按照郡例，有牛田钱百万，供刺史招待费，钱徽说："此农耕之务，岂为他用？"

钱徽立身清廉，为官不贪，在任太子右庶子时，韩公武贿赂朝廷大官，送他二十万钱，他坚决拒绝。而且钱徽平常尽为社会、为百姓做好事，办实事。其所到之处，政绩卓著，深孚众望。

大和三年，这位正直廉洁的吏部尚书悄然逝去。

俭约刚正　刺奸奉公

祭遵，是东汉王朝的开国功臣之一。

在西汉亡后，王莽执政的后期，豪强并起，农民起义如火如荼。汉室宗族刘秀为重建汉王朝，以河南南阳为根据地，招兵买马以发展自己的势力。当刘秀挫败王寻统领的王莽军经过颍阳时，县吏祭遵带着一批随从投奔刘秀。刘秀见他仪表非凡，委任其为门下吏。刘秀以刘玄政权的大司马身份出征河北，祭遵亦升为督察军纪的军市令。

有一次，大司马府中的一位青年人违犯军纪，依法当斩。于是，祭遵不以自己官职卑微，也不顾这位年轻人乃刘秀的眷属，依法将他处决了。刘秀听罢大怒，将祭遵逮捕下狱。主簿陈副认为祭遵做得对，便要刘秀赦免他。陈副说："明公常欲众军整齐,今尊奉法不避,是教令所行也。"陈副这一席话,使刘秀恍然大悟,他赦免了祭遵,并提升其官职,号为"刺奸将军",意为专门除暴去恶的将军。刘秀对众将说:"当备祭遵,吾舍中儿犯法尚杀之,必不私诸卿也。"换句话说,像祭遵这样的一个严于执法的人,连我的亲属都处死刑了,当然是不会对你们讲私情的,你们可得多多防备呀!不久,祭遵右迁为偏将军,并以平河北的战功被封列侯。

建武二年,光武帝刘秀擢升他为征虏将军,封颍阳侯。在此后的 7 年中,他经历大小数十战,屡建大功。后来在进攻陇西地区隗纯等人的割据势力时,他以身殉职。

祭遵"为人廉约小心,克己奉公"。每当因战功得到朝廷赏赐时,他"辄尽与士卒",而自己却"家无私财,身衣韦绔",甚至连其夫人也勤俭节约,"裳不加缘。"他认为,一个人应该经常约束自己,严加要求,一心一意做公家的事。直至他垂危之际,仍然遗诫"牛车载丧,薄葬洛阳"。正由于他治军有方,治家有法,所以他"清名闻于海内,廉自著于当世",因此,当光武帝刘秀得知他死于任上时,除追谥他为成侯以外,又亲临他的墓地祭奠。刘秀对于祭遵的为人十分钦佩,他经常叹息着对群臣说:"安得忧国奉公之臣如祭征虏者乎!"祭遵虽然过早地死了,但其"刺奸将军"的绰号却常驻人间。

持正允平　不挟情断狱

上官均,字彦衡,邵武人,宋神宗熙宁年间亲策进士,御笔钦点第二名,自此踏入仕途。以其弹纠不避嫌隙,持正论法饮誉同僚,所以史称"其为人若可观"。

元丰年间,经蔡确举荐,上官均出任监察御史里行。当时相州发生了一起劫掠杀人案,经地方法司审理后,大理寺详断官也予以认同。但审刑院及刑部对此有疑义,京师中有流言称大理详断官窦苹等受贿,所以才徇私枉法地认同相州法司的处断意见。最后这涉嫌受贿案由御史台负责审理,时任谏院的蔡确也受命参与。

蔡确引荐数十名以猜忌、险刻为能事的刻薄之徒,严厉追查此案。涉嫌此案的大理寺官员被"枷缚暴于日中,凡五十七日,求其受贿事。"在审理此案前后两个月间,蔡确"持法刻深,言不及仁,穷治诘问,不考情实,以必得奸弊为事。"他完全是利用先入为主的主观臆断审讯法,以酷刑逼供为能事。并且深文巧诋地追查其余,无限上纲上线地追查到当朝宰相,一时间搞得人心惶惶,"无敢明其冤"。身为此案审判官的上官均目睹蔡确的暴虐,心中十分不满,但却又无力制止,并且设身处地想,上官均也有难言之隐。不仅蔡确于他个人有举荐之情,而且在蔡确的酷刑逼讯下,"所勘官吏语言多连及权要迹涉阿蔽,亦恐蔡确藉此为说。"在此情势下出面,会为自己招来阿庇庚附权要之祸,用上官均本人的话讲就是"虽有区区之诚,无由获信。"

但上官均不愧是心存平恕,持正守法的正直之士。经反复思虑,他毅然上书神宗要求秉公审理此案。在奏章中,上官均慷慨激昂地表示:"职在风宪,又当弹举,避嫌不言,退为身谋,则是臣不忠、不直,上负朝廷设官任使之意。"因此建议神宗:司法断案应推崇的是"推见情实,不致冤滥"。翌日,上官均再次上书神宗,态度鲜明地指出:大理、审刑,法令所系,所以持天下之平。若官司挟情轻重其手,此固人臣之所同嫉,朝廷之所宜深治也,表达了自己对蔡确挟情断狱的不满。在奏章中,上官均还坦率地阐述了自己与被审的大理详继案窦莘等并非亲故,所以拳拳不忘的在于秉持一个法官的良心与断狱原则。

　　对于疑难案件的审理,上官均认为应该:参验彼此,以察其诚;虚心审听,以考其意。诚意所之,真伪斯得。若逆其疑似而不究其情,案其单辞而不参证左,则所疑者未必真,所治者未必有罪也。实际上这是在直接指斥蔡确"逼胁穷治,不尽情状,或及无罪。"

　　虽然上官均的上书如重磅炮弹切中要害,但在蔡确的诡诈及恶意中伤之下,上官均反而被贬谪为光泽县令。但事实胜过雄辩,此案最终的结局是"莘等卒无罪"。因而天下人都叹服上官均的持正允平,"天下服其持平"。

　　宋哲宗元祐初年,上官均再次出任监察御史。经历磨难与挫折的上官均仍旧秉性不改。在他心目中,始终坚持唯一的标准就是"法度惟是之从,无彼此之辩。"

　　当朝宰相蔡确之弟蔡硕盗贷官钱以万计,该狱审理定案后,上官均上疏弹劾蔡确身为宰相,"挟邪挠法,当显正其罪,以励百官"。张诚、李清臣执政,"俯首随和,碌碌固宠",在上官均的弹劾下,他们相继离任罢相。刑部侍郎崔台府迎伺庙堂风旨,以残酷为狱。上官均首发其恶,使之贬为知潞州。

　　在监察御史任上,上官均曾向皇帝上奏疏阐述了自己的法律思想。他认为:"治天下道二,宽与猛而已。宽过则缓而伤义,猛过则急而伤恩。术虽不同,其蠹政害民,一也。间者,监司务为惨核,郡县望风趣辩,不暇以便民为意。陛下临御,务从宽大,为吏者又得苟简纵弛,猛宽二者胥失。愿明诏四方,使之宽不纵恶,猛不宽惠,以起中和之风。"

犯颜直谏　为民请命

　　王恕祖籍陕西三原,是明朝成化、弘治年间位极一时的名臣,当时民间流传着"两京十二都,独有一王恕"的说法,意思是说在北京和南京各六部门的众多官吏中,最称得上刚直无私的,要首推王恕了。

　　成化末年,王恕任南京兵部尚书。在成化一朝,他曾先后应诏上疏二十一次,主动上疏三十九次,平均每年有两三次,这些上疏多是针对皇帝和权贵的胡作非为进行批评。

因此，人们都知道王恕敢于直言。每逢朝中出现了影响很坏的事情，众人就寄希望于王恕，不停地念叨"王尚书的奏疏快要到了。"果然，事隔不出两天，王恕的奏疏就递到皇帝面前了。

王恕的犯颜直谏，深得百姓的推崇和爱戴，却弄得那帮权贵们又气又恨，连皇帝也觉得他常给自己弄难堪，于是找个借口，免了他的官，勒令他退休回家。

明孝宗即位后，王恕被重新起用，被委以吏部尚书重任，然而他虽居高官却过着十分清贫的生活。他经常让老仆人上街打油，从来没向官府要过。

礼部尚书耿裕听说后，感到很惭愧。他对人说："我打当官之日起，从来没有打过油，全家用的油都是官库供给的。同王尚书相比，我真汗颜啊！"

王恕有个女儿，在出嫁前，她花二两银子托人买了块小宝石，还一再叮嘱那人千万别让她父亲知道。因为她知道，在父亲眼里这份花销已属过分了。等女儿出嫁时，王恕只雇了顶平民用的两人抬小轿。

王恕在任吏部尚书期间，他那爱进直言的脾气仍然未改，因此得罪了许多人。后遭人诬陷，他知道纵使辩白也不会使皇帝清醒些许，便只好告老还乡了。

明武宗即位时，皇帝专门让人给王恕送去酒肉慰问，并请他继续直言朝廷的得失。这时，王恕已经九十岁了。他不顾年迈体弱，连夜撰写奏疏，以表达自己对民瘼的关切，皇帝手捧奏疏，感动得泪湿衣衫。

三年后，王恕魂归西天了。消息传到朝廷，皇帝不无惋惜地对文武大臣说："王恕爱卿此番仙逝，朕痛失一臂膊，国少一栋梁啊！"

君子坦荡　情操高尚

什么事情都要有个限度，接受别人的好处也是如此。俗话说："拿人家手短，吃人家嘴短"，千万不要因为贪图一点儿实惠而把自己置于进退两难的境地。

战国时代，孟子的名气很大，其府上每日宾客盈门，其中大多是慕名而来，求学问道，请求签名者都有。这一天，接连来了两位神秘人物，一位是齐王的使者，一位是薛国的使者。对这种人物，孟子自然不敢怠慢，小心周到地接待他们。

齐王的使者给孟子带来赤金100两，说是齐王所赠的一点小意思。孟子见其没有下文，坚决拒绝齐王的馈赠。使者灰溜溜地走了。

隔了一日，薛国的使者也来求见。他给孟子带来50两金子，说是薛王的一点心意，感谢孟先生在薛国发生兵难的时候帮了大忙。孟子吩咐手下人把金子收下。左右的人都十分奇怪，不知孟子葫芦里装的什么药。

陈臻对这件事大惑不解，他问孟子先生："前天齐王送你那么多的金子，你不肯收，今天薛国才送了齐国的一半，你却接受了。如果你前天不接受是对的话，那么今天接受就是错了，如果你前天不接受是错的话，那么今天接受就是对了。"

孟子回答说："都对。在薛国的时候，我帮了他们的忙，为他们出谋设防，终于平息了一场战争。我也算个有功之人，为什么不应该受到物质奖励呢？而齐国人平白无故给我那么多金子，是有心收买我，君子是不可以用金钱被收买的，我怎么能收他们的贿赂呢？"

左右的人听了，都十分佩服"亚圣"的高明见解和高尚操守。

公私分明

春秋时，辅佐齐桓公称霸中原的能臣管仲，与鲍叔牙是朋友，他之所以能被齐桓公破格任用，完全是由于鲍叔牙的推荐，所以管仲常对人说："生我者父母，知我者鲍叔牙也"。可见，他对鲍叔牙是十分感激的，当然，也更深深地理解他。

但是在他临死时，齐桓公问他："你死之后，让鲍叔牙来接替你的职务，你看怎么样？"管仲听说，想了一会儿终于说："鲍叔牙是我的恩人和好朋友，又是一位至诚君子，但是，我认为他不适合执掌国政。"齐桓公问他为什么，管仲回答说："鲍叔牙什么都好，就是对善恶看得过于分明，别人有一点过错他都不能容忍，为人处事，对别人的优点不忘于怀是可以的，但对别人的任何错误和缺点都不能容忍，谁又受得了呢？鲍叔牙看见别人有一点不是，便一辈子不能忘记，这是他的短处啊！"齐桓公同意管仲的话，最后用了隰朋。

齐桓公

不想这话被齐桓公的幸臣易牙听到了，由于管仲曾经劝告齐桓公不要亲近易牙这样的人，所以他一直怀恨在心，现在有了这个机会，他就偷偷地鼓动鲍叔牙说："管仲之所以能当宰相，还不是全靠您的推荐。现在他病危，大王问他谁可为相，他却说您不适宜，另外推荐了隰朋。您瞧，这多不够朋友！"鲍叔牙听了这话，冷冷一笑，对易牙说："对呀，这正是为什么我要推荐管仲的理由啊！管仲忠于国家，不讲私情，不吹拍朋友，你们如何能够理解？假如大王让我当司寇，专管驱逐佞人，那是很合适的；假如让我主持国家，你们可就没有容身之地了！"说得易牙无地自容，赶快逃走了。

第四章　洁身自爱保名节

勿犯公论，勿谄权门。凡是大众公认的规范，不可以触犯；一旦触犯，就会遗臭万年。凡是权贵营私舞弊的地方，不可以踏进一步；一旦踏进，清白人格就一辈子洗刷不净。

贪多求全　不自量力

宋襄公是春秋时期宋国的君主，公元前650年即位。即位之初，在左师目夷的辅佐下，国家稳定，人民富足，连大名鼎鼎的齐桓公也很敬佩他。

宋国是个小国，本来能够保住自己就不错了，可是宋襄公在齐桓公死后，竟产生称霸的念头。当时齐国内乱，齐桓公立的太子姜昭没能即位，逃到宋国，请求援助。原来齐桓公曾将姜昭托付给宋襄公关照，希望宋襄公日后帮助立姜昭为齐国君主。宋襄公见机会来到，就以齐桓公霸业的继承人自居，通知各国诸侯，让大家共同出兵护送姜昭回国即位。尽管大部分诸侯不理睬他的号召，但还有几个小国出兵来了，加之齐国政局不稳，所以宋襄公的目的达到了，姜昭顺利当上了齐国君主，是为齐孝公。

此后宋襄公便忘乎所以，不自量力地以霸主地位自居了。他先将对自己不恭的小国滕国的君主抓了起来，又以某国君主开盟会迟到为由，将他杀了祭祀社神，企图以此威慑其他国家。但事与愿违，陈蔡、鲁、郑等小国却甩开宋国，与齐、楚两大国在齐国聚会，名义上是悼念齐桓公，实际上是结成同盟，与宋国对抗。

宋襄公为了称霸中原，又借助齐、楚两大国的力量来压服其他小国。齐国孝公是宋襄公帮助即位的，自然不能不给宋襄公面子，关键在于楚国的态度。宋襄公就派人去见楚成王，请他到鹿上（今安徽阜阳县南）来与宋、齐结盟。楚成王早就虎视中原，见有机可乘，便答应下来。公元前639年，在宋襄公的主持下，宋、齐、楚三国在鹿上会盟。会上，宋襄公提出在八月召集各诸侯国到宋国盂地（今河南睢县）开会盟大会，共商如何扶助王室等大事，届时各国诸侯都不带军队。齐孝公对宋襄公的恩德感激不尽，当即表示同意；楚成王心怀鬼胎，也表示同意。

回国后，宋襄公十分得意，而师目夷不以为然，劝他要警惕楚国，宋襄公却说："我以忠信待人，别人难道会忍心欺骗我吗？"到了秋天，宋襄公动身赴盟，目夷再次劝他带些兵马去，宋襄公不听。目夷又提出自己带些兵埋伏在三里之外，以防万一，宋襄公仍然不听。目夷无奈，只好空手同往。

会盟期间，正当宋襄公想当盟主的时候，楚成王一伙纷纷脱去外衣，露出全身铠甲,手执兵器,控制了会场。各场诸侯吓得目瞪口呆,不知所措。宋襄公这才醒悟过来,急令目夷回国备战,他自己则成了楚国的阶下囚。

楚国乘机大举伐宋,但因目夷做了充分准备,进行了顽强抵抗,才没有攻下宋国。楚成王又以宋襄公要挟,说:"如果不快速献出宋国,我就杀死你们的国君!"宋人回答:"我国已有新君了。"楚国无奈,只好释放了宋襄公。

不久,宋襄公准备出兵攻打与楚国关系密切的郑国,公子子鱼劝他不要这样做,以免与楚国交战。宋襄公却说:"楚军兵甲有余,仁义不足。而我兵甲不足,仁义有余。从前周武王只有三千虎贲军,却能打败商纣王的几十万大军,靠的就是仁义啊!"并做了一面大旗,上绣"仁义"两个大字。子鱼叹道:"和敌人打仗而侈谈仁义,真不知道仁义在哪里!宋国就要倒霉了,不亡国就算万幸。"

宋襄公亲自带兵攻打郑国,楚成王闻讯后,即率大军攻宋救郑。宋襄公急速退军迎击楚军。当时,宋军在泓水(今河南柘城县西北)北岸布好阵势,楚军正要渡河。目夷见状对宋襄公说:"敌众我寡,请趁他们渡河的时候发起攻击,准能取胜。"宋襄公说:"做事要讲仁义,趁人之危而攻之,我们还是仁义之师吗?"等楚军过河后,目夷又说:"楚军刚过河,还没摆好阵势,请趁此机会进攻,还可以取胜。"宋襄公却一本正经地说:"人家尚未布好阵势,打胜了也不光彩,我们要讲仁义,不能干那种事。"直到楚军摆好阵势,宋襄公才下令出击。结果寡不敌众,被楚军打得大败,宋襄公大腿也中了一箭。

回到京城后,宋襄公仍不服气,对众臣说:"君子作战,不杀害伤兵,不俘虏老兵,不乘危取胜。我虽然在战场上失败了,可是道义上却胜利了!"子鱼当即驳斥他说:"侥险而出击尚未准备好的强敌,是天赐良机。在敌军中的人,不管是伤兵还是老兵,都是我们的敌人。若对他们讲仁义,干脆投降算了,又何必出兵作战呢!"一席话驳得宋襄公哑口无言。

不听忠告　妄自尊大

春秋时期,干戈纷争,弓马追逐。中原地区成了齐、晋、秦、楚等国称霸争雄的舞台。到了春秋末期,在中国偏远的东南地区,一直默默无闻的吴国突然崛起。到了吴王夫差初期,吴国更是国力强盛。它南伐越国,使越王勾践称奴于宫中,北进中原,胜齐于艾陵,国力不可一世。就在吴王夫差踌躇满志、飞扬跋扈的时候,勾践从背后一剑,使这个不可一世的强国遭到彻底覆灭的下场,吴王夫差衔恨自刎,扮演了一个不光彩的亡国之君的角色。

公元前496年,吴王阖闾与越王勾践领兵会战于嶲李(今浙江嘉兴南),勾践击败吴军,阖闾受了刀伤,死在回军的路上。吴王阖闾死后,其子夫差继承了王位,他安排足智多谋的老将伍子胥当相国,老臣伯嚭为太宰,加紧操练兵马。他打主意,要用两年的时间做准备,然后伐越,报杀父之仇。

两年之后,夫差倾国内全部精兵,走水道直攻越国。越王勾践骄傲轻敌,结果被吴军打得大败,而他自己也不得不做了阶下之囚。幸好大夫范蠡献计,与吴王求和,暗中请吴国太宰伯嚭充当说客,才得以保全身首,为此后的灭吴打下了基础。

吴王夫差围困越王勾践于会稽山上后,本该一举灭越,以除后患,可他听信太宰伯嚭的谗言,允许越国求和,而视自己的前途于不顾,只想的是越国的美女、财宝。伍子胥苦口相谏,明以利害,夫差只是不听。

越王勾践夫妇及大夫范蠡到了吴国后,被安排在夫差之父阖闾坟旁的石屋里看马。勾践身穿破服,蓬头垢面。整日不停地干着,不说一句怨言,不露一丝怨恨。夫差看在眼里,喜在心上,认为越王早已断绝了回乡之念,磨灭了复国之志,久而久之,他就把勾践夫妇与一般奴隶不一样看待了。渐渐地,夫差对勾践等三人产生了怜悯之心,加上伯嚭在一旁怂恿,就想放他们回国,经伍子胥上谏才停止下来。但不久,夫差闹一场病,吃了不少药,可病无好的起色,勾践得知后托伯嚭传话,想去看望夫差,以尽孝道。夫差同意后,勾践到了夫差内房,恰赶上夫差大便,勾践亲自送夫差大解,且把夫差的大便放在嘴内呷了几呷,然后给夫差叩头道喜,说他不日即会康复。没几天,夫差果真病好。这下感动了夫差,决定送勾践回国。吴王夫差五年(公元491年),夫差亲自送勾践一行离吴返国,临行还依依恋恋,竟不知是放虎归山。

勾践归国后,立即着手政治改革,采取了一系列富国的措施,自己却卧薪尝胆,以激励不忘在吴时受的苦楚,同时继续给夫差送美女迷惑对方。

吴王夫差得到美女西施后,整天花天酒地不理朝政,而且自认为国富兵强,天下无敌,时时想北进中原,做一代霸主。夫差十二年,决定伐齐。伍子胥知道后,数次进谏,夫差都不听。他感到吴国已到了存亡的紧要关头,决心强谏夫差先灭越国,再图别的打算。

这天,伍子胥硬闯吴宫,对夫差谏道:"越国才是我们的心腹大患,今天大王不灭越国而去伐齐,这不是舍近患于不顾,而千里劳师去治那些不足道的小毛病吗?"接着伍子胥又指出,若不赶快灭越,"吴国迟早要为越国所灭",夫差根本听不进伍子胥的规劝,发兵攻齐,战于艾陵,以败齐而结束,吴国也受到很大损失。

一天,吴王夫差在姑苏台摆庆功宴,伍子胥未到,夫差命人去召来。伍子胥到宴后,只是冷冷地站在一旁,夫差很是生气,以话相讥,伍子胥还口说:"夫差独断专行,这是吴国要亡的先兆。"夫差对伍子胥的这种不吉利的话特别动怒,指责他对不起先王的嘱托,伍子胥大义凛然地说他不该当初扶持夫差即王位,致使吴国江山毁在夫差手里。夫差气得脸色煞白,从侍卫那要过一把剑扔到伍子胥跟前,令其自绝。伍子胥接剑在手,对天呼道:"昏君不听谏,反赐老臣自尽,恐怕吴就要灭亡了。我死之后,你们可以把我的双眼剜下,挂在城门上,我要亲眼看着越人是怎样杀进吴都的。你们等着吧,用不上三年,吴国就要完了!"说完以剑加颈,壮烈自刎。夫差就这样把一个忠良给杀害了。

伍子胥死后不久,吴王夫差又倾全国兵力北上黄池,强迫几个小国同意他做"盟主"。就在这时,经过二十年准备的越国,趁机杀进吴国,吴都危在旦夕。

消息传到黄池,夫差星夜赶回吴国,国内已被越军洗劫一空,积蓄的军备物资丧失殆尽。夫差只好放下盟主的架子和越国求和,而越也还无灭吴的力量,正好趁机向吴国勒索大量的财物。

三年后,吴国遭到一次严重旱灾,赤地全国,饿殍遍野,府库、私仓都空空如也。越王勾践认为灭吴的时机已成熟,决定集全国力量同吴决战。

吴王夫差十八年(公元前475年),两军会于笠泽(今江苏苏州市南)。越王勾践采用分兵之计,调开吴军主力,然后大军直扑夫差中央阵地,一战成功,夫差逃脱,固守都城姑苏。吴王夫差二十一年(公元前475年),姑苏被围。而夫差仍整日寻欢作乐,以烈酒浇愁,以女色解闷,以杀人泄愤。然而最终还是被越国所灭。

不为利诱所动心

蒋艳艳小时候就漂亮出众,在少年宫跳舞唱歌表演节目,还经常上电视。长大以后似乎更漂亮,上高中时就不断地接到男同学写来的情书,使她不胜烦躁,但也禁不住骄傲。由于漂亮,每天都有倾慕的眼神飘过来,每天都有亲切的笑脸迎上来,也就是说她总在众星捧月的状态下生活,渐渐地就飘飘然了。这样,学习上很难有刻苦的精神,工作上很难有持久的毅力。最后,仅仅混了个高中毕业证,就回到家里待业。蒋艳艳感到命运对她太不公平,大有怀才不遇之怨恨。所以,什么样的工作也不愿去干,一心要当影视演员。可当演员不光是脸蛋漂亮,更重要的是要有艺术细胞。对从不下苦功学习的蒋艳艳来说,根本就没门儿。

社会上一些长得和蒋艳艳一样漂亮的姐妹们对她说,凭你这样的美人儿,怎么还会愁眉苦脸的,跟我们到南方城市去,那边开放,有发展前途。蒋艳艳就随着这些漂亮的姐妹们一起到了南方的一个大城市,在一些酒店和卡拉OK场所里唱歌跳舞。很快就有一些有钱的老板和大款们来迎接她们,请她们大吃大喝,住高级宾馆。这其间有一个四十多岁的魏经理对蒋艳艳眉来眼去,含情脉脉。有个姐妹就对蒋艳艳说,你有福啦,被魏经理看上的人,肯定会发大财的。

一天,魏经理单独邀请蒋艳艳出去,带她到百货公司去逛,给她买了一套白金的耳环、戒指和项链,然后又带她到一家高级酒店里吃了一顿丰盛的饭菜。魏经理亲自给她斟酒,说是法国的甜酒,不醉人。蒋艳艳稀里糊涂就多喝了几杯,晕晕乎乎地就又被小车拉进一栋小别墅。在一间装修豪华的房间里,魏经理说这就是我们谈情说爱的洞房,你嫁给我吧! 说着就把蒋艳艳抱到床上,蒋艳艳有些吃惊,但

修身金点子

图文珍藏版

也许是酒喝多了,也许是那些白金首饰的作用,也就顺从地躺倒在床上,让魏经理随心所欲地搂着睡了一宿。

第二天一早蒋艳艳醒来,看到身旁四十多岁的魏经理像猪一样地躺在那里打呼噜,一副令人厌恶的蠢态老相,犹如噩梦初醒,想到自己一个正当青春并对爱情充满向往的姑娘,就这样变成一个老男人的老婆,突然就伤心地哭起来。魏经理被她哭醒了,却没有半点慌张,反而笑着对蒋艳艳说,这房间是你的了,这别墅是你的了,你什么不用干,就躺在这里享福,还有什么可哭的?说着从口袋里掏出厚厚的一沓子钱扔给她,说你只要在这里老老实实地给我当老婆,一辈子就荣华富贵。人活着为了什么,不就是为了享福吗?大街上漂亮的姑娘多了,我凭什么就选中了你,这说明你有运气!

蒋艳艳听到魏经理这么一说,觉得自己现在成了阔太太,心里一下子平衡了不少,也就露出了笑容。魏经理见到蒋艳艳笑了,就又扑过来,把她刚穿好的衣服又扒光,再度拖进被窝里。

后来,蒋艳艳知道自己并不是魏经理的真正老婆,而是他的"二奶"而已,所谓二奶就是魏经理私下养的小妾,供他玩弄和泄欲。开始,她气坏了,与魏经理大吵大闹,甚至愤怒地跑出这个肮脏的安乐窝。但看到外面的打工妹每天起早贪黑,住在热得像蒸笼一样的宿舍里,拼死拼活地干一个月,挣的钱还不够她在大酒店里吃一顿饭。于是,她从别墅里走出去几个小时后,就悄悄地又跑回来。整天吃好的穿好的住好的,蒋艳艳也就无力自拔,只能是忍声吞气地享受着魏经理供给她的荣华富贵。

开始,魏经理来得挺勤,对她喜欢得要命。渐渐他就玩够了,来得就少了,有时甚至半个月才来一次。蒋艳艳很不高兴,觉得就像失恋似的孤独,每天望眼欲穿地等着魏经理来。当魏经理来时,她就尽力地打扮得花枝招展,对魏经理殷勤地伺候,完全像真正的夫妻。一般女人都有这种相当可恨的愚蠢,就是她无论多么讨厌的卑鄙男人,只要是这个男人把她弄到手,她的这种讨厌就无可奈何地消失了,不但从此能逆来顺受,而且还会动情地爱上这个男人。这真是可悲。为此,蒋艳艳陷入一种被抛弃的痛苦之中。一个同样给大款当二奶的姐妹对蒋艳艳说,你傻了,你以为你是谁?你以为你是明媒正娶的正宫娘娘呀!人家那是玩咱,那咱也玩他!我们当二奶的就是要捞他们的钱,能捞多少就捞多少,决不能傻乎乎地动真情。还有的姐妹对她说,姓魏的不来更好,你还能自由地挣外快呢!

在姐妹们不断地斥骂和教训下,蒋艳艳心里渐渐地开了窍。她想,对,我现在多捞些钱,等到捞足了,就跑回家,有了钱就有了幸福,就可以按自己的意愿过上美好的生活。从此,蒋艳艳就从容多了,魏经理来时,她就使出各种手段,千方百计地从魏经理身上刮出更多的钱来。魏经理不来时,她就想方设法地去招揽别的男人来别墅鬼混,再挣一份钱。也就是说,她开始卖淫了。

　　由于有了挣钱的唯一目标，蒋艳艳发现，魏经理其实很狡猾，开始对她挺大方，可一旦把她弄到手，就很吝啬，不下点功夫，就很难从他身上弄到钱。为此，她就更加抓住魏经理不在的机会，肆无忌惮地往别墅里招客，干得更野了。

　　魏经理也不是好惹的，他也暗暗地派手下的马仔来监视蒋艳艳是否对他忠诚。终于有一天，蒋艳艳和一个嫖客被马仔堵在床上。那个大块头的马仔把嫖客一下子拖出被窝，狠命地踢着踹着，那个嫖客连滚带爬地半裸着身子逃走了。当马仔又凶狠地去拖蒋艳艳时，蒋艳艳一下子哭起来，她知道大事不好，便一下子抱住那个大块头马仔求饶。一丝不挂的蒋艳艳缠到马仔的身上，立刻把那个马仔弄得昏了头，他就势把蒋艳艳按到床上……

　　完事之后，蒋艳艳又给马仔说了不少好话，答应今后随时满足马仔的需要，还给了马仔一些钱。马仔被蒋艳艳买通，魏经理就像失去了眼睛和耳朵。蒋艳艳就放心大胆地挣起外快来。她变得越来越大胆，越来越老练。既能对魏经理笑脸相迎，又能和马仔巧妙周旋，还不失时机地往别墅里招嫖客。然而，整日里与那些不三不四的男人在一起，蒋艳艳染上了性病，在医院的镜子面前，她看到自己形容枯槁憔悴，与过去充满青春朝气的蒋艳艳判若两人，不仅大吃一惊，感到恐慌不已。但是，有了钱便有了一切的思想使她很快就不顾一切。她又不顾死活地为了挣钱而作践自己。

红杏出墙酿悲剧

　　吴立中是个血气方刚的小伙子，对爱情有着极其美好的憧憬，他遇到一个同样渴望爱情的姑娘王文雅。

　　爱火炽烧之时的青年男女往往一拍即合，情感缭绕在朦胧之中，谁也看不出对方有什么缺点。他们热恋之后建立了小家庭，怀着恩恩爱爱白头到老的心情生活在一起。

　　然而，一旦燃烧的情感退潮，双方恢复冷静的生命常态，彼此便发现眼中的恋人并不那么完美，甚至缺点不少。吴立中万万想不到，本来是情意绵绵的妻子，怎么成了唠唠叨叨的婆娘，而且对他百般挑剔。只要早晨一起床，就开始听她尖声尖气的抱怨，这个不对，那个错了，令吴立中头疼。王文雅之所以抱怨，是她也万万想不到心中的男子汉原来如此窝囊，说话黏糊糊，动作慢悠悠，没一点男子汉气质。

　　天长日久，家庭战争终于爆发了——

　　"你看你那个熊样，窝囊废一个！"

　　"你没看你那个熊样，泼妇一个！"

　　"你可惜是个男人了！"

　　"你不配叫王文雅，你应该叫王野蛮！"

争吵没有什么具体内容,应该说只是双方性格的差异。可人最难改的是性格,这就注定一急一慢两个性格相左的夫妻很快就分出胜负来。渐渐地,吴立中败下阵来,王文雅却越战越勇,只要抓住一点小事。尖利的嘴巴便像机关枪似的朝丈夫扫射。吴立中感到妻子是那样可恨,是那样可厌,最后简直就感到可怕了。每当下班回家,他感到不是走向家门口,而是走向监狱的门口。他尽量拖慢步子,迟迟不愿接近家门。当不得不无可奈何地推开家门的一刹那,他脑袋胀大,甚至双腿不由自主地打哆嗦。

在如此可厌可怕的心情下,压根就产生不了感情。但家庭总不能时时刻刻都在战斗,再反目的夫妻也有和好的间隙。一旦吴立中和妻子关系缓解,必然要有夫妻生活。然而,吴立中发现自己"床上生活"不行了,无论怎样努力也无济于事。这下妻子更愤怒,更变本加厉地斥骂起来,骂吴立中阳痿、废物。这种直截了当的斥骂,更加速伤害了吴立中的情感,再加上社会上的封建意识,不健全的性病诊疗设施和诸多经济、精神上的因素,吴立中自己也悲哀地觉得自己成了"废人"。度日如年的吴立中在极度沮丧的情绪下过活。由于"废人"的悲哀,他产生了极度惭愧地卑琐感,认定自己对不起妻子,妻子对他再愤怒再斥责,甚至打他也是应该的。吴立中开始默默地干家务,做饭刷碗扫地洗衣服,当牛做马也在所不辞,只要能求得妻子的原谅。可男人只要失去那种能力,其他一切能力还有什么意义?尤其在王文雅的眼里,吴立中的所有努力都等于零。

一天下班,吴立中疲乏的脚步茫无目标地蹒跚,不知不觉走到市内公园的旁边。正是夏日的黄昏,凉爽的夜幕正要降下,一些没有经济能力又热爱生活的市民们,三五成群地来到公园露天舞池,成对成双地翩翩起舞。

精神沮丧的吴立中被动听的舞曲和优美的舞姿唤起一丝热气,也情不自禁地来到舞池边观看。

猛然间他看到一个同他年龄相仿的女士孤独地站在那里。那女士有一对明亮的大眼睛和一副动人心扉的温柔表情。吴立中心里倏地泛起一丝波澜并意外地涌起一阵久违的激动。他走上前去,略带迟疑地邀女士跳舞。女士欣然接受,二人踏着节拍走下舞池。长久处于斥责之中的吴立中突然拥一靓女,心潮顿时犹如轰响的乐曲,他仿佛又回到血气方刚初恋时的年月,那种久违的激动竟油然升腾。吴立中感激而又感动地脱口对并不相识的女士说出自己的尴尬和不幸。他说这是他多年来第一次萌发消失的情感,他说他冲动得很厉害,他有点语无伦次,半喜半愧。

女士名叫温倩,性格确实温柔,形象又很靓丽。温倩从对方并不熟练的舞步和激动得有点结巴的话语中,感到吴立中是个老实男子,她善解人意的微笑逐渐使吴立中敞开心胸。温倩也有些激动,她已经是一个孩子的母亲,竟然还具有挽救一个男人的魅力。后来他们到花园僻静处促膝深谈。

几次相约相见之后,吴立中青春重铸,只要见到温倩就浑身热血奔涌。他为自己能这样而狂喜不已,这种狂喜感染又感化着温倩,终于答应让吴立中在她身上一试"情感能力"。神奇的是吴立中一试居然一切正常,搂着温倩使他焕发出龙腾虎跃的力量。这使他起死回生一样兴奋,觉得头上的太阳也比往日亮堂了,眼前的街道也比过去宽阔了。回到家里,吴立中再也不低三下四,在斥骂他的妻子面前呈现出英姿勃勃的形象。王文雅有点愕然,吴立中便勇敢地说,我不是你斥骂的废人!

难以置信的是,自以为恢复青春的吴立中与妻子在一起时却还是以往的狼狈样,毫不中用。

这下子王文雅怒火万丈,大骂特骂吴立中是完蛋货,使吴立中又跌进了痛苦的深渊。

温倩被吴立中的激动所激动,飘飘然之中陶醉不已;她也尽力拿出女人特有的温柔方式,满足她心中这个倒霉的男人。有时候,温倩还自己掏腰包给吴立中买几包好烟或好吃的。

这更使吴立中幸福得昏了头。但幸福之后却又掉进另一个危机的深渊,即这种偷偷摸摸的约会何时是个头,何况也不能尽心尽意呀!如果有一天失去温倩,他吴立中还有活下去的意思吗?怎么办?只有堂堂正正地与温倩结婚,才能永保幸福,甩掉可怕的危机。吴立中将自己的想法说给温倩听,说得热泪盈眶,他太怕失去她了。温倩被这个可怜的男人打动了,他们相约各自回去办理离婚,然后永远合法地住在一起。

吴立中回到家里,没费多少劲就办成这件事,王文雅巴不得撵走她百骂不解恨的废物。

吴立中兴高采烈地拿着离婚书去见温倩,温倩却愁眉苦脸地告诉他,她无法离婚。

温倩是一家合资企业的工作人员。她性格温柔善良而且贤惠,结婚几年来家庭一直安定平稳。丈夫是个工程师,整日忙于工作而不会生活也不懂感情。但是,改革开放给人们的生活方式带来了很大的变化,一些灯红酒绿、五花八门的生活表象,诱发了温倩思想和性格中潜存的模糊浪漫意识,过于平静的家庭生活使她日感枯燥。经常被同事们赞美模特般漂亮的温倩有点按捺不住,总觉得这么平静地生活下去就是青春流失,吃了大亏。特别是偷着看了一些乱七八糟的录像带后,弄得她心惊肉跳又想入非非。她开始光顾一些舞厅和娱乐场所,经济原因和胆怯的心理却又常常使她不敢进入太高级的地方。这样就撞见了吴立中。

温倩其实是稀里糊涂和吴立中交往上的,然而吴立中的火热情感胜过他木头般的丈夫一百倍,偷情的欢愉弄得她不能自己,她也渐渐感到没有疯狂拥抱她的吴立中就失去了生活的乐趣。她平静地要求丈夫离婚,丈夫却更平静地望着她,目瞪口呆了半天后,才以技术人员的思维方式问她——能说说离婚的原因吗?

温倩语塞了,她突然感觉自己说不出、说不清,也不好意思说离婚原因。更麻烦的是消息传出去后,温倩的父母、兄弟姊妹们蜂拥而至,劈头盖脸地质问她:你说你丈夫有什么错误?是脾气不好还是工作不上进?是懒惰还是嫖赌?这么好的丈夫天下难找,要想离婚一万个不能!否则打断你的腿,赶出家门……温倩的母亲甚至捶胸顿足地哭起来,大骂女儿不正心过日子,学坏了,并坚决给老实巴交的女婿做主。温倩被七嘴八舌的质问和母亲的哭声吓懵了,她感到脸红心跳羞愧万分,绝不敢再提离婚二字。

吴立中看出温倩离婚的艰难,傻眼了,一股绝望的悲凉立即笼罩他的全身。温倩早已走了,他还坐在花园的水泥台阶上发愣,因为他已经没有退路。望着苍白的月亮,吴立中从心底处发冷,不幸的是这心底的冰冷却产生出非要得到温倩的火热急切的念头。他开始发疯似的缠住温倩,相约之时紧紧地抱着温倩,生怕她跑了似的;分手之后就是不断地打电话,一时听不到温倩的声音,吴立中就恐慌不已。温倩的办公室里老是响着吴立中打来的电话,对有夫之妇的温倩当然不是件好事。所以,温倩就对同事们说,如果是姓吴的打来电话,就说我不在。这样,吴立中渐渐地就听不到温倩的声音。甚至都没法约会了。吴立中急坏了,几乎就像得了病似的茶饭不进,夜不能眠。他开始在温倩上班的路边,下班的街口等待,后来,在温倩家门不远处的墙角啦、电杆后面啦,也无不闪现着吴立中的身影。这使温倩从感到麻烦到感到厌烦,最后不得不狠心躲着他。吴立中察觉到温倩躲着他,他真正地绝望和恐慌了,着了魔般地跟踪堵截温倩,其结果是使温倩铁了心,再也不理他了。

手握着离婚书的吴立中茫然无措,如丧家之犬不停地东奔西走。他既急切地寻找又鬼鬼祟祟地躲闪,最终还是不顾一切地堵截他爱得要死的温倩,看不到温倩的身影他认定自己的命运自己的幸福自己的一切都完结了。

深秋的一个傍晚,吴立中终于在温倩家门不远处堵住温倩,哀求着要最后谈一次话。

望着可怜巴巴的吴立中,温倩心下一动,眼圈也红了。但她还是冷静地告诉吴立中,什么也没用了,因为她无论怎样努力也甩不掉丈夫,既然这样,就忘掉过去的一切吧。

这时,绝望得不能再绝望的吴立中掏出早已备好的尖刀,刺向他爱得不能再爱的温倩,鲜血登时喷出,当吴立中再度要把刀刺向自己时,人们冲了上来……

吴立中以故意杀人罪被逮捕。他的前妻王文雅痛快地说:"我早就知道他是个坏蛋!"温倩的丈夫痛苦地说:"真是意想不到呀!"温倩的母亲哭喊着:"我的女儿命苦啊!"邻居们悄悄但又恨恨地说:"这就是乱搞的下场!"

多行不义终自毙

丁晓霞与丈夫徐广志结婚多年,生下一个女孩,长得活泼可爱,夫妻感情又很和睦,称得上是一个幸福的小家庭。两个人又都是在钢厂工作,一起上班下班,一起抱着孩子,一起提着菜篮子到市场;有时下雨了,徐广志紧紧地把孩子抱在胸前,丁晓霞擎着伞在一旁护着,两个人亲切依偎地走在路上,让人看了挺感动,都说这真正是一对相恩相爱的模范夫妻。

随着改革的不断深入,人员多设备老的钢厂不景气,丁晓霞就先下岗。为了减轻丈夫的负担,她并不是坐在家里吃那几个下岗救济金,而是想方设法地开了个小杂货店,卖些油盐酱醋和日用品。由于丁晓霞勤劳肯干,又会精打细算,一边照顾孩子,一边卖货,小店竟然开得兴隆起来,生意越做越红火,利润成倍增长。眼看着丁晓霞挣的钱比丈夫多得多,丈夫高兴地说,我看我也别在厂里吃那两个死工资,下来帮你一起干吧。这样,徐广志也办了下岗手续,回到家里和丁晓霞一起店里店外地忙起来。

丁晓霞因为有了丈夫的帮忙,不用再拖着个孩子到外面发货拉货了,她还可以从容地操持家务,给丈夫和孩子做些可口饭菜。徐广志有妻子做好后勤,也就全心全意地在外面做生意。他毕竟是男人,不仅力气大,而且头脑更灵活,利用挣来的钱再投资,增加货源和品种,钱就越赚越多。不久,他在市内较繁华的街面租了个房间,把在家门口的小杂货铺搬过去,变成了挺像个样子的商店,还招聘了个年轻的姑娘典春娥当售货员。

徐广志对丁晓霞说:"这商店的江山是你打下来的,过去,你又看孩子又开店又要操持家务,辛苦遭罪,立下了汗马功劳。现在,有我接班了,你就安心在家抚育咱们的小宝贝吧。我不但能把生意做好,还保证让你们跟我过上天天享福的好日子!"丁晓霞听到丈夫的话,感到一股暖流涌遍全身,她情不自禁地伏在徐广志肩上掉下了热泪。果然,徐广志说到做到,商店的生意做得更红火。很快,小两口穿得新吃得好,还把住的房子重新装修得又舒适又漂亮,又成了人人竖大拇指的下岗工人自谋职业的典范。

俗话说:饱暖生闲事。好日子没过上多长时间,却出现了意想不到的问题。

一天晚上,丁晓霞路过商店,想到丈夫整日操劳,有时白天卖货,下班后还要算账清点,往往就睡在店里,不禁有些心疼。她来到已关门的商店门口,刚要敲门,却不知怎么下意识地从门板缝朝里面望了一眼。谁知这一望却使她大吃一惊,两个赤身裸体的男女正在拥抱亲吻。再仔细看去,原来那两个光光的男女是丈夫与售货员典春娥。丁晓霞从来没经过这样的事,一时吓得不知怎么办才好。对一般的妇女来说,见到这个场面,早就迫不及待地把门踹开,当场捉住这对狗男女,狠打狠骂一顿发泄心头之恨。但丁晓霞是个要强的人,她不愿意把这件丑事闹大,这样不仅毁了丈夫和那个女售货员,也毁了自己乃至全家。丁晓霞浑身发抖地在商店门口站了一会儿,却又不声不响地走了。走到离商店远一些的地方,丁晓霞这才泪水如泉,失声痛哭起来。她哭完后,却不敢马上回家,怕孩子看见她哭红的双眼。很晚,丁晓霞才回到家里,并悄悄地打开门,听到孩子睡着的声音,这才放心地走进去。

夜里,丁晓霞无论怎样也睡不着觉了,她做梦也没想到丈夫会干出这种不要脸的事。想起他们当初恋爱结婚生孩子的幸福日子,她不禁又掉下眼泪。特别是看到睡在床上的可亲可爱的小女儿,丁晓霞几乎就要重新穿好衣服,跑到外面再来一次放声大哭。因为,丁晓霞觉得这个家庭就要破裂了。

说起来真不简单,丁晓霞第二天看见丈夫回来吃早饭,竟然就像什么也没看见,什么事也没发生一样。她照样做饭盛饭,并把丈夫的午饭准备好。丁晓霞知道,这几天正是旅游旺季,商店里大量进货卖货。要是在这样忙碌的时候对丈夫捅出这个可怕的事,她怕丈夫吃不消。女人真是奇怪。事情都到了这个程度,还在替负心人考虑。沉默了几天后,丁晓霞也冷静下来,她想,丈夫过去从来就没干过这样的坏事,也许是姓曲的勾引他,现在讲开放,女孩子一个个都疯了,见了什么样的男人都敢爱!丁晓霞觉得丈夫似乎可以原谅。她为此还想出了一个办法,就是她重新回商店卖货,这样可以把那个姓曲的女售货员辞去,既省了一个人的工资,又断了丈夫的邪念,是一举两得的好事。另外,只要丈夫不再和姓曲的女售货员有来往,她也会把这件丢人的事永远埋在心里,就像什么事也没发生。

丁晓霞屡次要求丈夫辞退曲春娥,可他俩现在感情正火热着呢!丁晓霞只好铤而走险,告倒丈夫。

丁晓霞虽然温柔贤惠,但也受不了如此糊弄,见丈夫老是不辞退曲春娥,就再三地追逼。徐广志首先向丁晓霞表示,他绝对是爱她的,尽管自己一时不慎犯了错误,但心里永远装着妻子。问题是曲春娥那面有点麻烦,得慢慢来,否则姓曲的咬他一口,说他强奸,那这个家庭不就完了吗?丁晓霞见丈夫讲得有些道理,便宽限两天。可过了好几个宽限的日期,丈夫还是觉得为难。丁晓霞就感到事情不是她想的那么简单,她在心里斗争了几天,便委曲求全地自己去找曲春娥谈,她想用讲述自己与丈夫的恩爱之情来感动对方。

丁晓霞把曲春娥叫到家里,摆上好饭好菜,然后就像拉家常一样,说她小时候和徐广志是青梅竹马,恋爱期间彼此海誓山盟,婚后心心相印,如今有了可爱的女儿,这个家庭建立不易等等,说着说着泪流满面。她以为曲姑娘听了这番介绍,会因为自己扰乱了一个幸福家庭的平静而羞愧,能主动终止与丈夫的关系,可是她错了。俗话说,人善被人欺,马善被人骑。曲春娥不仅没有悔改之意,反把丁晓霞的宽宏大量和通情达理看做软弱可欺。她竟教育起丁晓霞来,说大嫂,爱情这东西不能强迫,徐广志爱谁由他决定,都什么时代了,这个道理总该懂吧。你和徐广志虽然名义上是夫妻,如今已经没有爱情可言,他真正爱的是我。说着她还把徐广志与她做爱时讲的那些肉麻的话讲给丁晓霞听,弄得丁晓霞又羞又愧又气得要死,等曲春娥走后,伤心地大哭一通。

徐广志见状，觉得妻子不能把他们怎么样了，就更加明目张胆地和曲春娥明铺暗盖起来。后来，他怕听丁晓霞的唠叨和再三的质问，干脆就租了一间房和曲春娥住到一起。温柔善良但自尊心又太强的丁晓霞怕事情闹大了被人家笑话，只好一天天默默地忍受。实在忍受不下去，就找到丈夫理论几句，说你要再这么欺负我，我就到法院告你流氓罪。徐广志看透了丁晓霞的心理，他反而恬不知耻地说，你吓唬谁呀？现在改革开放了，哪个有能耐的男人不玩情人小蜜的，法院根本不管！你要是不怕丢人再这么闹下去，咱们就到法院离婚……

丁晓霞怔在那里说不出话来，她想到孩子这么小，想到自己的名誉，想到来之不易的小家庭，只能是又忍气吞声地回到家里。

徐广志从此有恃无恐，他觉得世界太简单了，任他呼风唤雨；妻子太好摆弄了，他更是长年不回家。由于长时间和曲春娥同居，当然也就有了感情，曲春娥也就真的怀上了孩子。

丁晓霞见事情到了无法挽回的地步，终于愤怒地到法院去告徐广志。徐广志却哈哈大笑地对丁晓霞说，你告得太好了，我得感谢你呀，因为法院大不了是判离婚，我也正想和你离婚呢！

然而，徐广志万万想不到，等待着他的是一副冷冰冰的手铐。因为他们触犯了刑律，以重婚罪被逮捕。不懂法的徐广志惊叫着争辩："我并没和曲春娥登记结婚，怎么会犯重婚罪？我顶多是嫖娼罚两个钱呗……"

然而，法院庄重地宣告，根据中华人民共和国《刑法》第一百八十条规定：重婚是指双方或一方有配偶，又与他人登记结婚的，或者虽未登记，但确以夫妻关系同居生活，实际上他们已经构成重婚罪了。

徐广志最终被判刑锒铛入狱，狂妄而无知的害人者受到了惩处，受害者得以伸张，但一个本来幸福的家庭却不幸地破裂了。

喜新厌旧食恶果

景翠兰和张居恒结婚三年了，可是还没有要孩子。按照他俩的说法，趁青春时光多玩几年，也算不枉活一生。景翠兰是医学院的会计，业余时间喜欢跳舞，张居恒是出租车司机，有时搓搓麻将。小两口各玩各的，玩得都挺开心。由于没有孩子，也就没有那么多的家务麻烦，所以两个年轻人和和美美，你敬我爱，日子过得挺和顺。

然而生活不是游戏，玩心太重就难免"恋玩丧情"。张居恒开一天出租车，有时连口饭也来不及吃，就去找"麻友"打麻将，打得昏头昏脑，进家门就睡觉，常常半个月没和景翠兰说上一句话。景翠兰也照样，跳舞跳得精疲力尽，丈夫吃不吃饭呀、睡不睡觉呀，也弄不清楚，用张居恒的话说是"从来不管我的死活"。最终导致二人感情世界出现裂痕,两个人就相互抱怨起来。景翠兰经常指责张居恒:"你搓麻将搓得发了疯,一宿到天亮不回家,且不说输赢,就这么熬夜费精神,第二天开车能不出危险吗?"张居恒见妻子老是抱怨个不停,也就对景翠兰反唇相讥,说:"你还有脸说我呢,你成天跳舞跳到半夜才回家,比我也好不到哪里去!"这样,两个人你来我往,唇枪舌剑,感情就越来越冷了。

女人心细,景翠兰不仅是关心丈夫,其实更重要的是,丈夫老是赌博,成宿成夜地不睡觉,第二天没有精神开车,很容易出危险;另外,俗话说"赌钱败家",常赌就肯定输钱,输钱就肯定生气上火,干起活来就没情绪,这样又少挣钱,如此下去,怎么能行?景翠兰越想越觉得问题严重,越想越觉得不把丈夫规劝过来,后果就不堪设想。于是,她就找经常在一起跳舞的袁玫唠叨心事。袁玫是个很现代的女人,她说:"男子汉哪个不好玩?咱做女人的不是也想开心取乐嘛!你不想让你丈夫玩是不可能的,但关键是玩什么,搓麻将是最坏的玩法,弄不好连你家那台出租车都能玩进去。所以,最好的办法是改变你丈夫的玩法。"景翠兰愁了,什么玩法是好的玩法?袁玫眼睛一亮,说:"有了,你想法拴住丈夫跟咱一起玩呗!跳舞多好呀,又锻炼身体又娱乐……"景翠兰也眼睛一亮,觉得袁玫说得有理,便回家劝丈夫跟她学跳舞。

第二天傍晚,张居恒收车后刚要去打麻将,景翠兰便在车库门口堵住他,说:"你成天坐着开车身子不动,最容易得腰椎和颈椎病,再要去坐着不动打麻将,那就更要你的命!"

张居恒说:"你怎么今天关心起我来了,是不是吃错药啦?"

景翠兰说:"我不是和你开玩笑,过去我不关心你是我的错误,从现在起,我要痛改前非。走,跟我去跳舞,跳舞可以活动身子,是一种美好的锻炼,不仅有助于你健康,而且开起车来更有精神。"

张居恒打麻将正上瘾,当然不愿去跳舞,便故意耍赖地说:"你去做美好的锻炼吧,我不怕死……"说完就要走。景翠兰立即拦住他,说:"丈夫是一家之主,你死了我还活着个什么劲儿!走吧,我会让你感到比打麻将愉快多了!"张居恒架不住景翠兰的缠磨,知道无法逃脱,只好叹一口气,随着妻子去跳舞。

刚开始张居恒不会跳,当然没兴趣,老是想法逃脱。有时傍晚他拉完最后一趟客,想绕道开车偷着去麻友家,然而景翠兰早就洞察到他的"贼心",总是非常及时地出现在他的车前,让他无可奈何,只好硬着头皮跟老婆去舞场。

景翠兰下了决心,一定要把丈夫的玩乐兴趣转到跳舞上,不达目的,誓不罢休。为此,景翠兰想方设法,把丈夫控制在舞曲的旋律中。为了让丈夫加速学会跳舞,每天吃完晚饭,她就先在家里示范一下,然后耐心地把着丈夫的手,认真地教他怎样掌握节奏踏舞步。渐渐地,不仅是在舞场里跳,即使是在家里,只要两个人有点时间,放开音响也跳起来。从三步四步到华尔兹,一个月后,张居恒居然学会跳高难度的探戈了。

从此，二人双双出入舞厅，成了和气和谐和美的一对。

没想到，几场舞跳下来，张居恒竟然对跳舞产生了比搓麻将还浓厚的兴趣。他一边听着优美的音乐，一边有节奏地踏着舞步，真是感到身心愉悦，第二天开起车来果然有精神。更使他愉悦的是可以搂着别的女人跳舞，特别是搂着袁玫跳舞，那纤细的腰肢，那樱红的嘴唇，那含情脉脉的眼神，都比搂着自己的妻子新鲜，使张居恒感到从来未有过的心旷神怡。

张居恒彻底断了麻将瘾，无论麻友们怎样痛骂他，他也"乐不思麻"了。每天，张居恒的脑子里想的全是跳舞，他还买了不少舞曲盒带，在车里插放，一面开车一面还扭动着身体打拍子，不是把客人逗得直乐就是把客人吓得发愣。开始，景翠兰怕张居恒偷着去打麻将，有时还暗中监视他，后来见到丈夫真的兴趣转移，睡觉做梦嘴里都哼哼舞曲，她心里乐坏了，看来丈夫是真的痛改前非了。于是，他们的小日子又和和顺顺地过下去。

然而，好景不长，旧的矛盾解决了，新的矛盾又产生了。由于他们两人的工作时间有差异，不能常在一起跳舞，有很多时间是张居恒自己去舞厅。而袁玫是个个体户老板的妻子，家里生活富裕，她就不上班，大多数时间泡在舞场里。为此，张居恒最多的时间是和袁玫在一起跳舞。一天，袁玫带他去一家从没去过的舞场，说是要他开开眼界。原来这是一家过于开放的舞场，跳舞中间灯光就渐渐地暗下来，暗得几乎就看不见舞伴的脸。张居恒开始还傻瓜一样地问袁玫这是怎么回事。袁玫笑道："怕看见对方脸红呀！"张居恒这才恍然大悟，在灯光暗下来时，听到周围一片"啧啧"的接吻声音。张居恒当然也不会继续傻了，他也把袁玫紧紧地搂在怀里亲吻起来。

张居恒开车去袁玫家门口接袁玫到舞场，袁玫从窗户里向他招手，示意他进屋里坐坐。张居恒便欣然走进袁玫装修豪华的家。他羡慕地说，住这样宫殿一样的房子，真是美好的享受呀！袁玫的丈夫去南方的城市做生意，长期不在家，袁玫有些孤独，便说："享受个屁，一年倒有大半年守空房……"说着嗔怪地"瞟"了张居恒一眼。这一眼却使张居恒像见到什么信号似的，浑身一个激灵，走上前去抱住袁玫狂吻起来，接着就双双倒在沙发上……感情这个东西真是像火一样，尤其是偷来的感情，更是个邪火，烧得就格外厉害。很快，张居恒和袁玫的关系就发展到一日不见如隔三秋的水深火热地步。

俗话说，纸里包不住火。张居恒和袁玫之间的感情关系很快就被景翠兰发现了。尽管她没有斩钉截铁的事实根据，但女人的感觉是相当厉害的，她从丈夫和袁玫跳舞及说话的神态立即就明白事情不妙。这下景翠兰气坏了，但毕竟没有当场捉住丈夫与袁玫干坏事的手腕子，也只能是干生气，其结果是景翠兰时不时地就和丈夫闹别扭。例如，正在跳舞时，景翠兰忽地要回家，而且不由分说，拽着张居恒就走,把袁玫一个人尴尬地扔在那里。再就是当张居恒在家里梳洗打扮完,正对着镜子打领带,景翠兰却气哼哼地把茶杯一摔,说今晚不去跳舞了,谁也不许去! 张居恒心里有鬼,也不能太顶撞景翠兰,只好忍声吞气地听由妻子闹。

有一次,景翠兰实在熬不住心中压抑的屈辱,便突然伤心地大哭起来,并提出要与张居恒离婚。张居恒故作不知地问景翠兰为什么要离婚,景翠兰哭喊着:"你少在我面前装糊涂,你背后干的那些缺德事,以为我不知道吗?"张居恒说:"你知道什么你就说,我可什么也不知道呀! 不过,我只知道你在莫名其妙地折腾我……"

景翠兰被丈夫气得不行,便一咬牙又去找袁玫发作。袁玫在这方面是刀枪不入的高手,她知道景翠兰拿不出什么证据,就来个以攻为守,先把景翠兰抢白了一通。她声色俱厉地说:"男女在一起跳舞还犯法吗? 你也跳过呀! 难道你和那些男人跳舞就是有那个事吗? 我看你真是神经不正常了!"景翠兰被抢白得倒像自己犯了错误似的,愣在那里脸红一阵白一阵。

景翠兰在感情上是个自尊心很强的女人,她无法容忍也无法接受丈夫和别的女人上床的事实,为此确实痛苦万分。于是,她去找她的姐姐哭诉自己的不幸遭遇。当姐姐的心疼妹妹,更是愤怒,便对景翠兰说:"我过去就不同意你找张居恒,他不仅是个赌徒,现在看起来还是个流氓! 你还和他过个什么劲儿? 离婚!"

景翠兰从姐姐那儿回来,就更坚定了离婚的决心。但张居恒却不离,他知道要是过日子,还是得靠景翠兰,玩玩感情才能去找袁玫。更不能离的原因,是袁玫有个体户大款的丈夫,也决不会要他这个开出租车的。所以,无论景翠兰怎么样闹着要离婚,张居恒总是油头滑脑地绕过去。实在逼急了,他就要景翠兰拿出离婚的理由来。一提到离婚理由,景翠兰就傻了。

但离婚心切的景翠兰觉得自己不能这么束手待毙地拖下去,所以就采取跟踪盯梢的办法。然而,现在有了手机、BP 机等现代化通讯工具,张居恒与袁玫想在一起,只消拨几个号码就如愿以偿,万事大吉。传统的跟踪盯梢方法压根就不起作用。于是,景翠兰气得班也不上了,活也不干了,整天坐在出租车上陪着丈夫,甚至不让丈夫到舞场跳舞。张居恒知道妻子的心理,便故意阴阳怪气地说:"当初是你逼着我跳舞,现在你又不让我跳舞,你到底想干什么?"

景翠兰的会计工作不能随便扔下不管。因此,怒火中烧地拼了几天,还得去上班。可只要景翠兰一上班,张居恒和袁玫就更加如鱼得水,男欢女爱。就连景翠兰的一些同事们,都看到张居恒和袁玫在舞场或在什么公共场所相依相偎。景翠兰愈发承受不了这种不明不白的耻辱,简直每分每秒都在痛苦中煎熬。

听说袁玫的丈夫从深圳回来了,景翠兰亲自去找到他,开诚布公地说出这件事。袁玫的丈夫开始不相信,后来又气得骂起来,说我在外面辛辛苦苦地赚钱,她却在背后让我当乌龟!

说完就要回家把袁玫暴打一顿。景翠兰哭着说我比你还伤心气愤,但我们光气愤没用,最好想个办法,在他们干坏事时当场捉住……这样,景翠兰和袁玫的丈夫合谋想出一个捉奸计策。

然后,景翠兰就去找到和丈夫一起开出租车的司机老魏,哭着求他帮助。老魏是个老实耿直的人,看不惯张居恒的人品和作风,很同情景翠兰,便答应暗中帮忙侦察。终于有一天,老魏给景翠兰打传呼,告诉她火速到袁玫的家里去。发了疯一样的景翠兰又通知发了疯一样的袁玫丈夫,两个人一起撞进袁玫的房门,将被窝里光溜溜的袁玫和张居恒拖出来……

事情到了这个份上,张居恒当然无法抵赖下去,一个小家庭也就这样解体了。事后,景翠兰总像祥林嫂那样自言自语:"我当初不让他学跳舞就好了,我当初不让他学跳舞就好了"。

纸上谈兵　全盘皆输

赵括是战国时期赵国名将赵奢的儿子。赵奢智勇双全,曾于公元前 270 年,在阏与(今河北武安县西)大破秦军,被赵惠文王封为马服君。赵括在他父亲的影响下,从小熟读兵书,善谈兵法,连他父亲也驳不倒他,于是便自以为天下无敌。而赵奢却不认为他是个将才。赵括的母亲询问缘故,赵奢说:"战争要置人于死地,而括儿却那么轻易地谈论战争。假使赵国不用括儿为大将则罢了;如果一定用他为大将,破赵军的一定是括儿自己。"

公元前 262 年,秦国攻破韩国的野生(今河南沁阳),将韩国的上党郡与本土隔绝,韩国无奈,请赵国发兵取上党十七县,以与秦军对抗。时赵奢已死,赵孝成王派大将廉颇驻守长平(今山西高平西北),抗拒秦军。廉颇采取筑壁垒坚守的战术,使强大的秦军无懈可击,结果两军相持三年,不分胜负。

赵孝成王昏愦无知,竟责备廉颇怯敌不敢出战。秦国乘机派人携带千金到赵国施反间计,散布说:"秦国唯独害怕让马服君的儿子赵括担任大将了。廉颇很容易对付,快要投降了!"赵孝成王果然中计,并不听宰相蔺相如的劝谏,让赵括代替廉颇,担任赵军大将,前往长平。

赵括的母亲闻讯后,急忙上书,说不可任用赵括。赵王问为什么,赵母回答说:"赵括的父亲作将军时,很得军心,大王及宗室赏赐给他的东西,都拿来分给部下军吏士大夫;从接受命令之日起,就不再过问家事。而今赵括一旦为将,就趾高气扬,军吏无人敢仰视他;大王赏赐给他的金帛,都归藏于家,并每天看有无便宜的田宅而去购买。大王认为他像父亲,其实他们父子的心思是不同的,希望大王不要派他去!"赵王说:"你不要说了,我已经决定了。"赵母见无可挽回,又说:"既然如此,将来赵括若有不称职的地方,我请求不要让我随他一起坐罪!"赵王答应了她。

赵括一到长平，就完全改变了廉颇原来的安排，调换了将官，大举出兵攻击秦军。而秦军见赵王中计，就秘密让能征善战的白起为上将军，让原来的大将王龁为副将。白起设计将赵括引到秦军壁垒前，又派奇兵断绝赵军的退路，从

长平之战

而将赵括的四十万大军围困住。赵军在绝粮四十六天后彻底崩溃，赵括突围不成，被秦军射死。赵军失去主将，军心更乱，全部投降。白起怕赵军造反，只放回了二百四十名年幼的战俘，其余全部活埋。

长平一战，断送了赵国四十多万精锐大军，使赵国元气大伤，从此一蹶不振。

勿钻死胡同

人们把单相思比做烧火棍子一头热，那实在是很形象。张德安就是这样一头热的烧火棍子，人家女方还不知怎么回事，他就自作多情地以为人家爱他，而且还能被压根就不存在的爱情火焰烧得焦头烂额。用年轻人经常说的开心词儿就是——给个眼神就当爱情！可笑的是，尽管他犯多情的毛病，在爱情问题上屡战屡败，可他竟然不灰心不丧气，也决不总结教训，并能继续屡败屡战。把与他接触的女人的一个笑脸，一句礼节的问候，或是一个友好的动作，都误以为是对他表示爱情的含意和暗示。所以，他经常处于激动得要死和欢喜得要命的情绪中，结果是遭遇诸多的白眼或斥责。

但这次张德安可认为万无一失——财会部才调来的尹萍小姐确确实实对他有意了。

一个周末的晚上，公司举办舞会。张德安独自坐在一张空空荡荡的长条凳子上，因为女孩子都知道他的这个毛病，所以没一个敢请他跳舞。但刚调来的尹萍不知底细，看到张德安一个人孤独地坐在那里，便向张德安走来，热情地邀他跳舞。

张德安心里乐坏了，露出受宠若惊的表情，赶紧站起身扯着尹萍伸来的玉手，双双步入舞池。

两人跳舞，必然要脸对脸，要有些微笑的表情，张德安立即就热血沸腾了。但他毕竟有过无数次惨败的教训，也就不由自主地在刚刚涌起的激动中加上一点谨慎，他想：我这次决不能再犯过去的老毛病，不能因为尹萍邀自己跳舞就想入非非……张德安之所以第一次这样谨慎，还有一个原因，就是在这上千人的大公司里，尹萍算得上数一数二的靓女，号称"公司之花"。连公司一些年轻的经理都不敢贸

然对尹萍产生非分之想,张德安哪敢造次。他无论怎样胡乱的多情,但也不敢胡乱到尹萍这个可望而不可即的偶像身上。想到这里,张德安就不敢激动,但实实在在地拥着这个体态轻盈的仙女,却又不会产生爱情,让他沮丧让他失望甚至让他气愤。尹萍不知所以然,照样微笑地面对张德安,这就使张德安紧张得脑门冒汗。然而,张德安毕竟是多情之人,跳舞之后,他在心里没有放弃爱的思索,而且他还想方设法地寻找与尹萍在工作中接触的机会,并无微不至地观察尹萍与他接触时的表情。一次张德安去财会处交货款预算单,他把其中一张日期写错了。过后,在食堂打饭时,尹萍与他擦肩而过的一刹那间,对他说:"你上次的货款单有一张写错了日期,我给你改过来了。"尹萍说完连停也没停就端着饭盒走了。

张德安却在那里足足停了好一阵子,他觉得尹萍这句话里有许多美好的含意。第一,尹萍是在有意地告诉他,帮他做了一件事。尹萍为什么会帮他呢?她完全可以把那张单子退回来,让重新写,但是她没有这么干。所以,第二,这就是说尹萍对他有特殊的情感。这种特殊使尹萍每时每刻都记住这改日期的事,为此在食堂擦肩而过的一刹那间就能对他说出来。第三……

张德安越想越多,越想越觉得尹萍对他说的这句话有着丰富的爱的内涵。

他简直就激动得都不能吃饭了。

又一个偶然的机会,使张德生更萌生了斩钉截铁的希望。植树节那天中午,全体员工在南山义务造林的任务大都完成了,但尹萍身娇力薄,她分担的树坑总也挖不完,正急得要命时,张德安如及时雨似的来到她的身边。

有意栽花花不发

实际上张德安早就远远地瞄着尹萍,清楚地看到她挖坑的艰难。于是他飞快地挖完了自己的树坑,便走过去主动帮她挖。困难之时有人伸出友谊的手,这对尹萍来说不亚于来了救星。再加上张德安抡起镐来十分卖力,累得汗流浃背。尹萍又感动又过意不去,一会儿给张德安倒饮料,一会儿又帮他擦汗,非常热情。特别是擦汗用的那个小手绢,使张德安心里"嘭"地一下,立即喜滋滋地跳动起来。他想,他帮尹萍刨树坑,尹萍当然要感动,给他倒饮料喝也是自然的。但用她的花手绢给他擦汗却未免太大胆也太刺激了。张德安想到不少小说和电视里的恋爱情节,那里面感情到最关键的时刻都是姑娘用手绢给小伙子擦汗,擦汗的花手绢简直就是爱情的敲门砖,就是男女之间的定情物。想到这里,张德安心跳得更快了。这样的影视片尹萍肯定都看过,也就是说她决不会轻易地把手绢拿出来给一个没有特殊情感的男人擦汗,否则这是严重的失误。可尹萍这样俊美的现代女性,能会出现这么轻易地失误吗?

尹萍的小手绢有着一股沁人肺腑的香气,张德安几乎就浑身酥痒得哆嗦起来。他在心里琢磨,如果我请她下个周末同我跳舞,她要能答应,就说明我的想入非非是有根据的。张德安帮助尹萍把树坑挖好后,便与尹萍天南海北地聊起来,对她试探地称赞着说:"我和你跳舞真是一种艺术享受呀,有机会请你跳舞行吗?"尹萍银铃般地笑着,落落大方地回答说没问题,下个周末见。

张德安对尹萍答应下个周末和他一起跳舞,兴奋若狂,他为自己买了一套名牌西装和一条一百多元钱的领带。不仅如此,他每天下班还跑到公园的露天舞场里精练自己的舞步,认真地学了一些高难动作的花样。他觉得他的美好爱情在下个周末就会见分晓了。

有这样一种女人,从表象看起来打扮得艳丽俊俏,充满了浪漫气息,然而实质上什么也没有,心理不但不浪漫,反而更单纯和简单。尹萍就是这样的姑娘,她虽然形象光彩照人,两个大眼睛含情脉脉,可你要是了解她,就会知道她那两个大眼睛里一点内容都没有,干脆就等于白长了。例如,在她周围有那么多倾慕者投来的甚至都有点邪气的目光,她竟然感觉不到。不可思议的是,像尹萍这样出众的漂亮女人,只是在大学快毕业时和一个极普通的男同学交成朋友,从此就从一而终,因为她的男朋友在深圳工作,所以她像个封建女人那样,忧郁和不安地思恋着。她怕他在那个开放的城市里另有新欢,怕他抛弃她而去。这就像一个作家说的,无论多么漂亮的女人,也有爱的忧伤。

张德安望眼欲穿的周末终于到了。事情果然也像他想的那样美好,在人群中,犹似小鸟一样的尹萍准确地飞到他的身旁,还笑声朗朗地说小张你今天真漂亮呀!张德安幸福得差点儿休克。他一边跳舞一边细致地观察尹萍的反应,想从她的举止言谈中捕捉爱意的信息。说也凑巧,这时播放的舞曲是"自从相思河畔见了你,无限的深情埋在心窝里"的那支歌,张德安最熟悉这两句词儿,一边跳一边还情不自禁地哼哼起来,再加上那迷离的灯光,使人仿佛置身于一个奇异的天地,激发无限的遐想。张德安的舞技没有白练,跳得确实很漂亮。这使尹萍很兴奋,也拿出自己的全身本领配合张德安。这个周末的舞会,张德安成了名副其实的舞皇帝,尹萍也成了舞后。

沉醉在优美的乐曲和柔和的舞步中,尹萍不禁又想起他在深圳的恋人,他此时是不是很孤独地躺在宿舍里?想到恋人,尹萍又不禁想到他们初恋时迷人的约会,她几乎就觉得此时搂着她跳舞的就是她朝思暮想的恋人。尹萍的脸上不免掠过一抹陶醉的红晕与微笑,不但没察觉张德安搂在她腰部的手臂在逐渐用力,反而还不由自主地迎合着他的激情。一曲下来,她夸赞张德安,说你跳得真好。张德安两眼喷射出爱火,说你跳得才好哪,与你共舞终生难忘!尹萍没有发现张德安的眼神,她笑着说你真逗。张德安觉得时机成熟,要趁热打铁,便邀尹萍去喝咖啡,他说能和这么优秀的小姐在一起喝咖啡,所有的孤独一扫而空。这句话触动了尹萍。她说她也很孤独,说有你的热情关照使我也忘掉孤独。张德安听了尹萍的话,更是百分之百地认定尹萍对他是有心有意的。他们在一起谈了很久,各自说着各自的衷情。尽管张德安没有明确地对尹萍捅开求爱的那道窗户纸,但他觉得用不着这么急,眼前的一切已经说明了问题,还走那道程序有啥用?尹萍绝对地非他莫属了!

以后的周末,张德安与尹萍很默契地相约在一起跳舞或谈心。张德安甚至心情很平静了,用不着再怀疑自己,尹萍就是在和他谈情说爱。然而,毕竟两个人中间那道窗户纸还没有正式捅开。于是,张德安决定给尹萍写一封情信,表达自己的情意,确立爱情关系。这封信颇费了他一些艺术细胞。他呕心沥血地从数百首爱情诗里抄出他感到最得意的诗句,什么"你的美丽让我迷醉,你的忧伤让我心碎"等等。总之,信中充满对尹萍的崇拜和赞美。他选了一个月光柔和的周末,正准备郑重而浪漫地向尹萍表示爱心时,尹萍却满怀喜悦地对他说:"德安,我正在找你哪!"

张德安高兴地说:"我也正要找你呀!"

尹萍说:"这么说,你知道我要找你的事了?"

张德安得意地回答:"你的事就是我的事,我怎么会不知道呢?"

尹萍奇怪地问:"你怎么会知道呢?我对谁也没说过呀!"

张德安笑起来:"心心相印,当然就信息相通么!"

尹萍甜甜地笑起来,说"不管怎样,我反正在这之前绝对地没对别人说过。你是我最亲近的也是我最可信赖的朋友,我最幸福的事当然要第一个告诉你,我的男朋友从深圳调回来了,下周我们就要举行婚礼,祝贺我吧!"

张德安如五雷轰顶,目瞪口呆。

在尹萍结婚的大喜日子里,突然有一个酒气熏天的家伙冲进去,又哭又叫地骂道:"尹萍,你这个忘恩负义的女人,你一脚踩两只船,你本来爱的是我……"说着就撕扯着新郎和新娘打了起来。参加婚礼的人立即围上去,把这个胡闹的家伙连揪带扭地拖走。但张德安拼命地挣扎着,死也不走,说今晚的新郎应该是他。

尹萍开始还弄不清怎么回事,以为是社会上的小流氓跑来捣乱。当看到这个又哭又叫的家伙是张德安,她大吃一惊,上前说:"德安,你这是怎么啦,我是尹萍呀!"张德安愤恨地说道:"我找的就是你这个女骗子……你骗得我好苦呀……"

尹萍的爱人用异样的目光看着尹萍,似乎怀疑尹萍与前来闹事的家伙之间有什么不可告人的秘密。尹萍气坏了,含着泪花问:"我怎么骗你了?"张德安喷着酒气说:"你怎么骗我你自己明白,还用我说吗?"

这时,早有人给派出所打了电话,闻讯赶来的民警把张德安带回派出所,一直把他关到酒醒才让单位领导派人把他领走。

张德安从此萎靡不振,不但不再多情,而且逢人便说女人是流氓是毒蛇,是丧尽天良,我这一辈子也不结婚了!

利令智昏　全家被诛

春申君黄歇在楚国做了二十二年的令尹(相当于宰相),楚考烈王因黄歇不能击退秦军,有些不信任他。君臣之间越来越疏远。

黄歇的门客朱英进言,认为根据秦楚之间的形势,秦强楚弱,楚国应迁都寿春(今安徽寿县)以避秦国锋芒。朱英同时告诫春申君,应马上回到自己的封地吴县(今江苏苏州)去,在那里兼行令尹之事,方可免祸。春申君采纳了他的意见,一方面迁都,一方面回自己的封地,果然无事。

当时楚考烈王没有儿子。春申君非常忧虑。他为楚王物色了许多善于生育的女子,可是仍然没能生出儿子来。

事情说来也巧,当时赵国有个叫李园的人,他的妹妹长得很漂亮。李园想把她献给楚王,可又听说楚王不能生育,怕时间长了要失去楚王的宠爱,就想了个诡计。他假装投到春申君黄歇的门下做家臣。不久,李园请假回家,又故意迟归。春申君问他为何迟归,李园说:"齐王派使者来聘我的妹妹。我陪使者饮酒,所以来迟了,请相君恕罪。"春申君想,被齐王求婚的女子长得肯定很娇美,就随口问道:"订婚了没有?"李园回答:"还没有。"春申君有些动心,便对李园说:"你能将她带来让我看看吗?"李园忙说:"完全可以。"

过了几天,李园便将妹妹带来拜见春申君。春申君一见,果然姿色不凡,立即将她收为侍妾,不久就怀孕了。李园和他妹妹密谋,制定下一步行动计划。一天晚上,李园的妹妹找个机会对春申君说:"楚王非常宠爱你,就是对他的兄弟也没有待你这么好。现在你做楚相二十多年,但大王无子,若一旦去世,继位的必然是他的兄弟。新君自然会重用他所喜欢的人,这样你就不得宠了。再说,你长期掌权,对楚王的兄弟们多有得罪,他们若继位,你还会有杀身之祸呢。"这一番话,正中春申君的心病。李园的妹妹看了看他的脸色后,大胆地接着说:"我现在已经怀上了你的孩子了。因为时间还不长久,外面的人还看不出来。你将我献给楚王,大王他必定宠爱我,若有幸生的是男孩,那你的儿子就是未来的国君,整个楚国都是你的了。"

春申君利令智昏,认为这个办法很妙,就把她推荐给楚王。楚王把她召去同房,后来果真生了个儿子,被立为太子,楚王就封她为王后,并重用李园。李园的权力越来越大。

李园怕春申君泄露秘密,就在暗中收养勇士,想杀春申君灭口。当时,有很多人都知道这个形势,只有春申君蒙在鼓里。

又过了几年,楚考烈王生了重病。朱英对春申君说:"人生在世有不期而至的幸福,也有不期而至的灾祸。现在你处在不期而至的世上,人生又有不期而至的喜怒,你怎么能没有不期而至的人帮助呢?"这番颇似拗口令的话令春申君不知所云。春申君就问道:"什么是不期而至的幸福?"

朱英回答说:"你在楚国当了二十多年宰相,名义上是相国,实际上就是楚王。现在大王病重,早晚就要死去,你辅佐幼主,代替国君执掌国家大权,等到国君年长之后再将政权交给他，或者就干脆自立为国君，称孤道寡也成。这不就是不期而至的幸福吗？"

春申君又问："什么是不期而至的灾祸？"

朱英说："李园不能治理国家，却是你的仇人；不会领兵打仗，却收养死士。楚王死后，他必定先进宫夺取政权，并杀你灭口。这就是不期而至的灾祸。"

春申君又问："什么是不期而至的人呢？"

朱英说："您推荐我当郎中（执掌王宫护卫）。楚王死后，李园必定先来，我替你杀死李园，这就是不期而至的人。"

春申君不相信李园会背叛自己，就对朱英说："你歇着去吧！李园是一个软弱无能的家伙，何况我对他有恩，他怎会干出这种事。"朱英见黄歇执迷不悟不听劝告，惧怕灾祸牵连上自己，就逃跑了。

朱英走后十七天，楚王病故。李园果真先入宫廷，在宫门之内埋伏好勇士，令春申君入宫议事。春申君刚入宫门，就被那些勇士夹住刺死。李园下令将黄歇的头砍下来扔到宫门外，接着又下令把春申君全家杀尽灭绝，然后立春申君的儿子为王，就是楚幽王。

不问是非　见风使舵

唐玄宗天宝年间，李林甫、杨国忠、安禄山这三个乱世奸雄相继登台表演。他们之间为了争权夺利而大打出手、相互倾轧。一些卑劣小人乘时而出，因缘竟时，在三奸钩心斗角的混战中推波助澜，从而加剧了大唐统治集团内部矛盾的日趋尖锐和政局的日益混乱。吉温正是这些卑劣小人当中表演最为充分、也最为丑恶的一个。

吉温"早以严毒闻"，是个"性禁害，果于推劾"、手辣心狠的酷吏，而这又与他贪图功名且急于求成的品性有直接的关系。正是由于他的功名之心太切、权势之欲太强，所以他才会沦落成为一个不顾一切，不择手段往上爬的官迷，成为一个不问是非、不计亲疏、见风使舵的小人。

吉温一向有着"谄附贵宦，若子姓奉父兄"的臭名声。天宝初年，吉温担任了万年县尉，大宦官高力士的私宅就在其辖境之内。当时高力士经常留居禁中，很少出宫还家，但每次只要他回到家里，吉温必然要亲往其府拜谒探望，极尽殷勤。高力士对他十分喜欢，两人"言谑甚洽，握手呼行第"，又"爱若亲戚"。吉温靠着高力士的关系，不仅化解了与顶头上司、京兆尹萧炅的旧怨，而且还被萧炅"引为曹官，荐之于林甫"。

吉温依附李林甫之时，正是李林甫一手遮天的阶段。他和罗希奭一起，扮演着李林甫的心腹亲信与打手的角色。当时李林甫"屡起大狱，诛逐贵臣，收张其势"，

修身金点子

图文珍藏版

吉、罗二人治狱案，"皆随林甫所欲深浅，锻炼成狱，无能自脱者。时人谓之'罗钳吉网'"。靠了这样的努力，李林甫很快就提拔他做户部郎中兼侍御史，对他"倚以爪牙"。

吉温曾向李林甫表白忠心说："若遇知己，南山白额虎不足缚也"。他以为，只要抱紧了李林甫的粗腿，出将入相乃是指日可待之事，但他鞍前马后辛苦了几年却官职依旧，他既对李林甫不肯"超擢"自己而深怀怨恨，更为自己升迁太慢而忧心如焚。情急之下，便生出改换门庭、另寻靠山的念头。当时杨、李二人"交恶若仇敌"，相对虎视，已成水火难容之势，吉温见杨国忠日益贵幸，步步高升，便毫不犹豫地"去林甫而附之"，成为杨国忠手下的一员战将。吉温反水之后，立刻就竭尽全力去为杨国忠建功立业。他一面"教其取恩"，借玄宗之力压迫李林甫，一面协助杨国忠四处搜寻证据，接连把萧炅、宋浑等人治罪贬官，赶出京城，使李林甫丧失了心腹亲信。元气大伤。他还出面游说安禄山，让安氏与杨国忠联手，诬告李林甫谋反。他的这一番活动，很快就使李林甫陷入被动境地，在忧懑恐惧之中死去。由此，吉温就成为杨国忠跟前的大红人。

不过，吉温这次投靠杨国忠可与上次依附李林甫不同。从一开始，他就一边与杨国忠打得火热，一边又对安禄山频送秋波，与安氏"约为兄弟"，呼之为"三兄"。天宝十载，安禄山又加任河东节度使，吉温曾与他密谋说："若三兄奏温为相，即奏兄堪大任，挤出林甫，是两人必为相矣。"此计后来虽然因故未行，但两人的感情和关系却由此更加密切起来。安禄山因此奏请玄宗，委任吉温为河东节度副使、知留后，"河东事悉以委之"。

吉温脚踩两只船，本是出于狡兔三窟的考虑。他同时受宠于杨、安二主，也曾经自以为得计，高兴一时。但在李林甫死后，杨国忠与安禄山之间的矛盾日益加剧，又成不能两立之势。杨国忠为了笼住吉温，便将他召回京师，委以御史中丞的重任。但吉温却不领情。他以为安禄山是杨贵妃的干儿，在玄宗面前又很受宠，加上重兵在握，将来一定能取代杨国忠。所以，他虽然表面上与杨国忠虚与委蛇，实际上却是身在曹营心在汉，成为安禄山安插在朝廷中的耳目和坐探，"朝廷动静，辄报禄山，信宿而达"。天宝十三载正月，反心已决的安禄山入朝，为了能更好地发挥吉温的内应作用，他又奏请玄宗任命吉温为武部侍郎、兼御史中丞及四副使。杨国忠由此而知吉温已经叛他而去，又恼又恨。安禄山离京师不久，杨国忠就借故将吉温罢官，贬出京师。天宝十四载正月九日吉温被杨国忠杖杀于狱中。这个一生都在梦想高官显位的投机分子、跳梁小丑，最终也没有实现他出将入相的愿望。

寻花问柳　荒废朝政

汉成帝刘骜是汉宣帝的孙子，他备受汉宣帝的宠爱，期望这个皇孙能有一番作为,谁知汉成帝在位20多年,只知寻花访柳,荒淫无度,无能力处理朝政,以腐败无能留名史册。

汉成帝奢侈荒淫,为摆脱朝仪束缚,他常常穿着平民百姓的衣服,带着随从,在民巷中寻乐。上有好者,下必甚焉,奸人张放等人就把汉成帝引进烟花柳巷,此后,汉成帝肆意寻欢,不问朝政。

就在这种情况下,汉成帝结识了歌女赵飞燕,赵飞燕成了汉成帝的心头肉,赵飞燕还有一妹,也一并召入宫中。不久,正式立赵飞燕为皇后,其妹为昭仪,从此,赵家姐妹擅权后宫,更受宠爱。汉成帝还厚颜无耻地说:"我终老这温柔乡足矣。"

有一位朝臣上书给刘骜说:"腐木不可为柱,卑人不可以为主,赵飞燕出身微贱,且有行为不端,不能为后。"刘骜恼羞成怒,下令把朝臣收捕入狱。从此,刘骜就在这"温柔乡"中过日子了。

赵飞燕生得姿容美丽,如有魔力一般吸引着汉成帝刘骜,刘骜为了赵飞燕神魂颠倒。他为了讨得赵氏姐妹欢心,赏赐飞燕无数珠宝。又为赵昭仪修造昭阳舍。昭阳舍金碧辉煌,豪华无比,其中最奇特的要算是缘然席:"席毛长二尺有余,入眠而佣毛自蔽,望之不能见,坐则没膝,其中杂熏诸香,一坐此席,余香百日不歇"。

由于汉成帝刘骜的宠幸,赵飞燕姐妹有恃无恐,便肆无忌惮地横行在宫中,赵飞燕为永保尊宠的位子,拼命想早得"龙子",好母凭子贵。无奈汉成帝刘骜久久不能使赵飞燕怀孕。于是。她秘密差遣心腹宦人在后宫侍郎、宫奴中打听生育能力强的男人,把他们引入后宫密室,逼他们与她淫奸。为了行事方便,赵飞燕告诉汉帝,要单独祈祷求子,请求独置一室。汉成帝当然允诺,在后宫偏僻之处划出一座庭院,让赵飞燕单独搬进去住。赵飞燕有令,除了心腹侍婢,连汉成帝也不得入内。其实,赵飞燕暗中差人将长安城中一些轻薄少年穿女人衣服、乘坐篷车于傍晚送入赵飞燕的独室,至第二天早上再送出。就这样鬼混了一段时间,赵飞燕最终也没有怀孕。

汉成帝刘骜当然也很焦急,他自己年岁渐老,赵氏姐妹又不生育,而这姐妹俩又性情妒忌,决不允许汉成帝接近其他女人,汉成帝对赵氏姐妹惧怕三分,于是只能暗召美女,偷纳宫女,想抓紧时机趁自己还未衰老时,得到一个太子。

"皇天不负苦心人",不久,宫里有位叫曹宫的宫女生了一个儿子。汉成帝当然是喜出望外,赶紧派了6名婢女去服侍曹宫。但很快就被赵昭仪知道,她便派一名中黄门官带领侍卫,把曹宫母子和6名婢女全部关进监狱。不久,她又当着汉成帝刘骜的面处死了曹宫母子。这个身为皇帝的刘骜竟然连一句话都不敢说,眼看着自己的亲生骨肉就这样被扼杀在摇篮里,这个可怜的小生命在世上仅仅11天,另外6个无辜的婢女也被赵昭仪逼得自尽而死。

还有一个许美人,被汉成帝刘骜偷偷安排在上林汤沐馆中,久而久之,许美人也身怀六甲,产下一子,成帝高高兴兴地派太医、乳娘来照顾许美人。刘骜这次总结了曹宫的教训,怕赵昭仪再闹事,就想把"暗事"变成"明事",把事情挑明,求她开恩，以保全"龙子"。刘骜以为赵昭仪起码看在他皇帝的面上，会成全他。谁知赵昭仪大发雷霆，顿时撒泼大闹，先是号啕大哭，捣胸撞墙，后又寻死觅活，闹得皇宫鸡飞狗跳。成帝最终无法，只能听凭赵氏姐妹摆布。结果，又一个小生命被扼杀。

"温柔乡"中无温柔，刘骜已身不由己，只有任赵飞燕姐妹摆布。公元前7年，一天夜里，刘骜刚刚躺倒在赵昭仪的床上，便感到眼前发黑，昏倒在床，不一会儿便一命呜呼。

铤而走险进监狱

保险，顾名思义，没有危险就没有保险，这里的危险是指社会和自然界客观存在的，足以造成社会财产的损失，毁灭和影响人的生命健康的随机现象。作为保险对象的危险，具有发生的客观可能性，但其发生须为不确定的，危险发生后引起异常的损失，是可以从经济上计算价值的。保险对于保障企业的正常生产和经营、保障人的生活安定、促进社会防灾防损工作及从资金上支持经济建设，都有着重要的作用。

但是，曾几何时，利国利民的保险事业，竟钻进了一伙投机钻营的"蛀虫"。他们深研"保险"，沆瀣一气，绞尽脑汁地施展骗术，其目的，就是以最小的"投资"，坑国家之利，贪人民之财。但是，他们由于对法律的无知，最终偷鸡不成反蚀把米，遭到法律的严惩。

某机构对西南某县保险公司的医疗保险抽查表明，在800件赔付案中，假赔案就达610件，占赔付案总数的80%，拒赔金额14万元，是实际赔付额的3倍，就是说，每赔付4元医疗费，其中就有近3元被骗走。假赔案如此之多，足以泛滥成灾。

1996年8月1日凌晨3时，西南某市寂静无声。在市中心十字路口，突然有人从市农资公司大楼匆匆走出来，并从桥上往河里抛下一物。不一会，农资公司大楼浓烟滚滚，火光冲天……

接到报案，市公安局带领消防大队、刑警大队和防暴大队火速赶到现场，8部消防车强大的水柱将烈火压下去。

一幅惨状展现在人们面前：二楼昔日灯火辉煌的"东方娱乐城"一片焦黑，几十台游戏机被烧得只剩下底座，部分水磨石地板变了形。三楼的富丽门文化娱乐有限公司用60余万元装饰的娱乐厅除彩电、空调、音响被烧损外，还躺着7具尸体，他们都是在滚滚浓烟中窒息而死的。据统计，火灾造成的直接经济损失达110余万元。

市消防支队同市公安局联合对现场进行了勘查，发现了许多疑点：牌机底座压着的地方有汽油，室内也有较浓的汽油味；娱乐城宿舍西南角床底下有深绿色硫酸塑料桶一个，打开颠倒有少量汽油溢出；配电盘5个闸刀均为通电状态；娱乐城在保险公司投保的财产额大大高出实际财产,而且在当天火灾现场,娱乐城的王华兴等4位股东神色慌张,很不正常。众多的疑问,使公安人员怀疑:这是一起诈骗保险费的特大纵火案。

市公安局迅速收审了4位股东,经反复说明政策,王华兴首先交代了放火的犯罪事实。

4月,东方娱乐城法人代表吴大元与王华兴、周六生等6人合股40多万元,租用市农资日杂公司大楼二楼创办东方娱乐城,并交保费1500元,投保财产额60万元。

东方娱乐城开业后,由于经营不善和竞争激烈,生意清淡,最后不得不关门停业。停业不久后的一日,吴大元对王华兴说"现在生意不好,干脆放火把它烧了吧。"他们密谋着一场玩火生财的勾当。

吴大元在交代放火烧毁东方娱乐城的重要犯罪事实后,深感罪恶深重,趁办案人员不备,跳楼畏罪自杀身亡。

叛国投敌　遗臭万年

1943年4月15日,日军二十万人分进合击,第二次扫荡太行山区,对庞炳勋的二十四集团军进行包围,并逐步压缩包围圈。22日拂晓,敌机空投宣传品,敦劝庞、孙等投降。23日晨,敌人发起总攻,在飞机、坦克、装甲车的掩护下,步兵大举进攻。

战斗一打响,日军用三倍于守军的兵力,配合飞机、重炮轰炸,向防守刑门口的新五军第十一团猛攻。该团全体官兵浴血奋战,利用工事和有利地形抗击来犯之敌,击退敌人十几次冲锋,守军死伤惨重,所剩无几,和敌人展开肉搏战。日军攻占刑门口后,便沿着山道长驱直入,直逼新五军驻地渔村。孙殿英马上带领司令部一千余人向西北深山里撤退,复与敌遭遇。转至袁坑驻下。下午一时许,敌人更近了,他向军统局华北办事处主任、新五军特派员文强高参和一战区党政工作团团长荆宪生说:"不投降也得投降了,不然就会全部完蛋。"要文、荆电告洛阳和重庆,表示将来还要报效上峰。他们勾串妥当后,孙派他的秘书李国安下山与日军接头,当晚投降日军。

孙殿英的活动,始终是个人利益第一,有奶便是娘,即使叛国投敌也未为不可,所以,他到处牵线,拉拢的方面很广。他投敌前,除了派路传远、刘光德投敌作为与日军的牵线人外,他的师长刘月亭被俘后,也被日军用来向孙做劝降工作。河南的几个大汉奸陈静斋、田文炳、徐理中等都是他的老友,也曾为他向日本人奔走。因此,他通过路传远、刘光德、刘月亭的关系,经常信使往还。日军也曾派伪二十三师的辅导官亲自到太行山孙部策动。孙因有投敌准备,便在围击下投敌。

孙殿英投敌后,任伪新编第五军军长,司令部移驻新乡。可是,国民党第一战区司令官蒋鼎文对于住在洛阳的孙部留守人员和孙的眷属,仍按时发予给养;国民党政府原定颁给孙的三等云麾勋章仍以府令公布颁发。

孙殿英到新乡后,在日军的授意下,开始策动庞炳勋投敌。这时,庞部因日军扫荡损失很大,他躲在莲花山滴水山洞里,派人给孙送信。孙派李国安带领日军到山洞把庞接到新乡,庞也投降了日军。庞炳勋降日后,任伪和平救国军第二十四集团军总司令,并收编了张体安、刘明德、王凤银等豫北游杂部队,独树一帜,与孙分庭抗衡。

孙、庞投敌后,派李国安代表他们到南京成立办事处,表面上看极为融洽,但他们只是互相利用,内心里却是钩心斗角,彼此猜忌。孙部有个名叫王天祥的团长,勇敢善战,拥有七个营,装备也较好,由于孙的师长杨汝贤、杨克献对他猜忌、排挤,他便把队伍拉出去,投降了日军,后来通过邢肇棠做工作,又率部起义,归编八路军。孙认为王天祥离开他,是庞炳勋起了作用,对庞很是不满。另外,孙的副官长路传远被迫投敌,任伪二十三师师长,孙投敌后,准备派刘月亭接任二十三师师长,调路为副军长。路认为孙对不起他,到庞面前哭诉,要求归庞直接指挥,庞正求之不得,一拍即合。孙又认为这是庞炳勋公开挖他的墙脚。由于他们的矛盾日深,日寇和伪政权把庞炳勋调往开封,担任驻开封绥靖主任;孙殿英仍驻新乡,担任豫北保安总司令。不久,庞炳勋部扩编为伪第一方面军,孙殿英扩编为伪第四方面军,孙任伪第四方面军总司令兼伪豫北保安司令。

孙殿英投敌后,大肆进攻抗日军。1943年5月,孙派出三个团的兵力,在汤阴县肖横岭一带,将该县民众抗日指挥团千余人重重包围,迫使副团长牛万山率部投降,被编入孙部以后,孙派刘月亭部假充庞炳勋部四十军,进攻八路军,在林县北京被八路军击溃。

抗战胜利前夕,孙殿英又与蒋介石派的军令部长熊斌等人挂上钩,奉命进行所谓"曲线救国"活动。

1945年8月,日本帝国主义战败投降,蒋介石为了夺取抗战的胜利果实,广播任命十大汉奸分任各路军总指挥,孙殿英被任命为新编第四路军总指挥,调至京汉铁路沿线新乡至安阳间,继续与八路军为敌。这时,他在新乡大做军火生意,开设烟厂,并用贬值的伪联银券,在北京抢购黄金珠宝,转手倒卖,大发横财,并以此贿赂国民党赴豫北的接收大员孙连仲、马法武等,广结善缘。1945年9月,蒋介石任命孙连仲为第十一战区司令长官,孙率部进抵新乡。孙殿英颇为疑惧,即兵撤汤阴,并赶赴郑州,通过军统局的文强介绍,面见胡宗南,说他移驻汤阴是为了反共,请求归胡指挥,并献出黄金三万多两给"国家",胡令亲信程开椿收下。同时,他又面见永城同乡、郑州绥靖公署参谋长赵子立说:"都说我是汉奸,我哪里是汉奸,我到日本军队那里,是蒋委员长同意的。"赵说:"算了,算了,别再说这些了。"同年10月,蒋介石派专人向孙殿英讨还他于1943年4月给孙的曲线救国、保存实力的复电时,孙说:"委员长想要这份电报,这是不能遵办的,今后谁给我负历史责任?走曲线道路是委员长的手谕,交还他,今后人家说我是汉奸咋办。"

1946 年 7 月,蒋介石发动全面内战后,孙殿英被任命为第三纵队司令官,隶属胡宗南部,驻防汤阴,大肆抓兵抓夫,构筑工事,建立外围军事据点,屡向解放区进犯,叫嚷"占领林县城,威震太行山",并以五千余兵力,分四路向铁路西解放区进犯,但事与愿违,损兵折将,不得不龟缩在汤阴城垣据点中。这时,他为了做垂死挣扎,团结兵心,便以大量黄金贿买官兵。

1947 年 4 月 3 日,人民解放军进攻汤阴,攻克了孙在淇县、庞村、小屯、三里屯等据点扫清了汤阴外围,团团包围了汤阴城。重新部署解放军围城打援奏捷后,齐集汤阴城外,派人密劝孙殿英弃暗投明,悬崖勒马,但执迷不悟,据险顽抗。

1947 年 5 月 1 日下午,人民解放军对汤阴城发起猛攻,激战 6 小时攻入城内,全歼孙部新五军、新七军。孙殿英趁城内巷战之际,同副司令刘月亭、参谋长邓普兰从地道跑到东关石庄被生擒。

财迷心窍

赵通,延平府南平县人也。家世积善。银钱颇多,差当七图一甲里役。其甲首林钱一者,机智过人,不务生理,第饮赌宿娼,后来家业萧条,无处栖身,只得逃外。通亦不知其向往。

一日通与仆往杭贸易,经过浦城憩息于亭,适见钱一,通遂骂之曰:"这奴才你逃外数年,户丁不纳,粮差累赔,是何理也。今你见我,你何以说?"钱一被骂不甘,心生一计,向前赔笑曰:"我每欲回,送条编与里长,奈我家中欠人财物甚多,难以抵偿,故不敢回矣。今幸遇里长,如天降下,敢再推辞。况这几年,赖里长福庇,开店西关马头,家中稍裕,新娶邑人徐某之妾为妻,被人欺奸。我乃孤身一人,出外独居,无奈伊何。今幸遇里长则有主矣。里长往杭州亦经门处过,即到我家暂歇。自当算还编银,又烦代我做主。"

通听其言,私心喜曰:"今日得此,可作往杭盘费,诚可谓出门招财也。"遂与同行。至一店所,钱曰:"里长今朝起早,又路行半日,肚又饥矣,上店沾酒湿口,何如?"应曰:"可"。遂入店。叫店主暖酒,切豆腐与通食,便问店主曰:"这里有好红酒猪肉否?"店主曰:"市前游店,肉酒俱有。"钱一曰:"可借壶秤一用。"店主拿壶秤出,钱接过手,直望游店,转弯抹角,潜躲而去。

通与仆吃酒一壶将尽,乃对仆曰:"钱一去许久不来,莫非与人争斗,不然,此时当来矣。汝往看之。"

仆即往酒肉店去问,说并无钱一,待欲寻他又不知他向去,只得秤银还酒,店主收银索取壶秤。通怒曰:"酒是我吃,我还你犹可,壶秤是你自交钱一,何干我事。"店主曰:"人同你来,你在我店饮酒,故把壶秤借他。不然,我晓得甚么钱一。"言来言去,两下角口大闹。

众人来劝,问其来历,始知钱骗里长人店,更脱店主壶秤。众大笑即是他自错,赔他也罢。不得已代赔,怄气抱愤而去。

勿为而为　怪亦难怪

马自鸣,浙江绍兴人,狷巧小人,柔媚多奸。族弟马应雄,轻浮愚昧,家更富于自鸣。其父素与鸣父不睦,两相图而未发。自鸣见应雄愚呆,性又嗜酒,故时时与之会饮。亦连引诸人,共打平和,惟此两人深相结纳。人多厌之,不与共饮。二人乃对斟对酌,此唱彼和,自号为莫逆交。应雄有事多取决于自鸣,鸣亦时献小计以效忠款。

应雄素与亲兄不睦,数扬其短,欲状告之。自鸣假意劝阻,实于当机处反言以激之,益深其怒。应雄遂先往告兄,经官断明拟应雄殴兄之罪。又投分上解释,此为破家之始。又屡屡唆其与人争讼,家日破败。

后自鸣往小户人家取债,见其妇幼美,归向应雄前令曰:"我今往某家取债,其媳妇生甚美貌,女流中西施也。我以目挑之,俯首而过。其屋只一植,数往来于前。我神魂飘荡,不能自禁。又以笑语挑之,此妇亦笑脸回答,似亦可图。只怕其夫姑有碍,未敢施为,至今挂恋在心,寐寐思服。"应雄曰:"此家是我甲首,又系佃户,图亦何难。我必先取之。"自鸣激之曰:"汝若能得,我输你一大东道。依我说勿去惹此愚夫,若捉住彼粗拳真打死也。"应雄曰:"未闻佃客敢殴主人者。"

次日,即往其家收条编,一见其妇即挑之。遣其婆出外,曰可外去觅菜来做午。婆方出,雄即强抱其妇入房。妇在从否之间,见隔壁一妇窥见躲开,妇指之曰:"某姆在隔壁窥见你,勿为此。雄那肯休,只以为推托也。相缠已久,婆以外归,妇只得叫妈妈曰主人如此野意。婆作色叱雄。雄怒先往县呈其拖欠条编,反凶殴里长。其佃人以强奸诉。官拘审邻妇窥见,亲姑捉获。其妇又貌美倾城,满堂聚观,啧啧叹堂。因审作强奸,应拟死罪。后投分上改作戏奸未就。而家业尽倾,田宅皆卖与自鸣,反责雄曰:"我当初叫你勿为,你不听吾言以至于此。"应雄曰:"你口虽叫我勿为,先已造桥,送我在桥中去矣,难回步也。今欲怪你,又怪不得。孟子谓非之无可举,刺之无可刺,正你这样人也。"雄田卖尽,自鸣绝不与往来。朝夕相借,雄惟干谒亲兄,言知亲者终是亲,彼酒肉朋友,真伪情也。

第五章　超凡脱俗的圣贤境界

人能放得下心,即可入圣超凡。一个人能丢开功名富贵的左右,就可以超越庸俗的尘世杂念。一个人能不受仁义道德的束缚,才可以进入超凡脱俗的圣贤境界。

超然物外　东坡旷达

宋神宗熙宁七年秋天,苏东坡由杭州通判调任密州知州。我国自古就有"上有天堂,下有苏杭"的说法,北宋时期的杭州早已是繁华富足、交通便利的好地方。密州属古鲁地,交通、居处、环境都没法儿和杭州相比。

东坡说他刚到密州的时候,连年收成不好,到处都是盗贼,吃的东西十分欠缺,他和家人还时常以枸杞、菊花等野菜作口粮。人们都认为东坡先生过得肯定不快活。

谁知东坡在这里过了一年后,脸上长胖了,甚至过去的白头发有的也变黑了。这奥妙在哪里呢? 东坡说,我很喜欢这里淳厚的风俗,而这里的官员百姓也都乐于接受我的管理。于是我有闲自己整理花园,清扫庭院,修整破漏的房屋;在我家园子的北面,有一个旧亭台,稍加修补后,我时常登高望远,放任自己的思绪,作无穷遐想。往南面眺望,是马耳山和常山,隐隐约约,若近若远,大概是有隐君子吧!向东看去是卢山,这里是秦时的隐士卢敖得道成仙的地方;往西望是穆陵关,隐隐约约像城郭一样,师尚父、齐桓公这些古人好像都还存在;向北可俯瞰潍水河,想起淮阴侯韩信过去在这里的辉煌业绩,又想到他的悲惨命运,不免慨然叹息。这个亭台既高又安静,夏天凉爽,冬天暖和,一年四季,早早晚晚,我时常登临这个地方。自己摘园子里的蔬菜瓜果,捕池塘里的鱼儿,酿高粱酒,煮糙米饭吃,真是乐在其中。

东坡说,我之所以能每时每刻都很快乐,关键在于不受物欲的主宰,而能游于物外。

人,一旦像东坡先生说的"游于物内",而不"游于物外",梦寐以求地沉浸在没有穷尽的"物"的占有欲,及其永无止境的膨胀状态中,人就都成了"物"的奴隶,那还有什么真正的人生乐趣呢? 钱,可以使人不择手段;名,可以使人变得虚伪;欲,可以使人失去理智;权,可以使人胆大妄为……君不见,在种种物欲的引诱下,善男信女蜕变为不法之徒,国家公务员沦为阶下之囚。这"游于物内",人为物所役,不仅最后会失去人生的乐趣,还会失去人的最起码的良心和道德。

实际上,也正是这样一种旷达的人生思想帮助苏东坡在逆境中保持对生活的信念和乐观态度。

人,也只有摆脱了外界的奴役,自己主宰自己,才可能永葆心灵的恬静和快乐。超于物外,官大官小不系于心,钱多钱少无所谓,有名无名也不在乎,穷福得失淡然处之,这样不就无往而不乐了?

逍遥我自在　管你君与王

有一次,孟子本来准备去见齐王,恰好这时齐王派人捎话,说是自己感冒了不能吹风,因此请孟子到王宫里去见他。

孟子觉得这是对他的一种轻视,于是便对来人说:"不幸得很,我也病了,不能去见他。"

第二天,孟子便要到东郭大夫家去吊丧,他的学生公孙丑说:"先生昨天托病不去见齐王,今天却去吊丧,齐王知道了怕是不好吧?"

孟子说:"昨天是昨天,今天是今天,今天病好了,我为什么不能办我想办的事情呢?"

孟子刚走,齐王便打发人来问病。孟子的弟弟孟仲子应付差役说:"昨天王有命令让他上朝,他有病没去,今天刚好一点,就上朝去了,但不晓得他到了没有。"

齐王的人一走,孟仲子便派家丁在孟子回家的路上拦截他,让他不要回家,快去见齐王。

孟子仍然不去,而是到朋友景丑家住了一夜。

景丑问孟子:"齐王要你去见他,你不去见,这是不是对他太不恭敬了呢?况且这也不合礼法啊。"

孟子说:"哎,你这是什么话?齐国上下没有一个人拿仁义向王进言,难道是他们认为仁义不好吗?不是的。他们只是认为够不上同齐王讲仁义,这才是不恭敬哩。我呢,不是尧舜之道不敢向他进言,这难道还不够恭敬?曾子说过,'晋国和楚国的财富我赶不上,但他有他的财富,我有我的仁,他有他的爵位,我有我的义,我为什么要觉得比他低而非要去趋奉不可呢?'爵位、年龄、道德是天下公认为最宝贵的三件东西,齐王哪能凭他的爵位便轻视我的年龄和道德呢?如果他真是这样,便不足以同他相交,我为什么一定要委屈自己去见他呢?"

人活于世,不可为虚名所累,孟子说:有意料不到的赞扬、有过于苛求的诋毁。人生在世,确实有许多偶得的虚名,而这偶得的虚名,自然当真不得。

自由自在钓人生

惠子当梁国的宰相时,有一次庄子去看他,因为二人一向友情很深。在庄子来了以后,有人在背后对惠子说:"庄子这次来,是想取代您宰相的位置,您小心点!"

惠子一听便担心了。于是决定先下手为强,捉拿庄子,以除后患。他硬是在全国搜捕了三天,却始终没发现庄子的影子。当惠子放下心来依旧当他的宰相时,庄子却来求见。原来庄子并没逃走,只是藏起来了。

庄子对惠子说:"南方有一种鸟名叫鹓鶵,您听说过吧。那鹓鶵,是凤凰一类的鸟。它从南海飞到北海,不是梧桐不栖身,不是竹子的果实不吃,不是甘美的泉水不喝。就在这时,一只鹰抓到了一只腐烂的死老鼠,鹓鶵从它的身边走过,老鹰便紧张起来,抬头对鹓鶵说:'您想拿走梁国相位来吓唬我吧?'老鹰把死老鼠抓得更紧了。"

听庄子讲完,惠子面红耳赤,不知说什么好。

还有一次,庄子在濮河上钓鱼,楚成王派两个大夫前来,带着楚威王的亲笔信,要请庄子去当楚国的宰相。两个大夫客气地转达楚威王的问候:"大王想拿我们国家的事麻烦您,请不要推却!"

庄子只自顾自地钓鱼,手里拿着钓竿,盯着水面对两位大夫的恭敬与楚王的盛情,一点也不理解。最后庄子说:"我听说楚国有一只神龟,死了已经三千年了。楚王把它的遗体用竹箱子装着,用手巾盖着,珍藏在庙堂里。您二位说说,这只龟是愿意死了以后,留下骨头让人珍惜呢,还是宁愿活着,在沼泽中摇头摆尾呢?"

二位楚大夫答道:"那当然是愿意活着,在泥泽里摇头摆尾了。"

庄子大笑道:"那好,你们回去吧。我愿意活着,在沼泽里摇头摆尾,自由自在。"

入神者无敌

周宣王爱斗鸡,为了在斗鸡场上取胜,专门请了养鸡能人纪渻子替他养鸡。纪渻子便在斗鸡饲养场里认真训练斗鸡。

纪渻子训练斗鸡,特别注意斗鸡的神态,而不注重训练斗鸡的勇敢、斗法,别人批评他说,勇敢、斗法高,就可以克敌制胜,像你那样只注意神态有什么用呢,那完全是空的,只会误大王的好事。

纪渻子也不作辩论。

训练了一段时间,周宣王已经等得不耐烦了,便派人去问:"您训练的鸡子,可以出场比赛了吗?"

渻子说:"还不行哪,大王。它们还正装腔作势,凭意气行事,那怎么成。"

周宣王便按捺下性子等,又过了十天,周宣王又派人去问:"怎么样了?"

渻子说:"不行。它们对别的鸡的声音和形影,偶尔有所反应。"

又过了十天,周宣王再派人来问。

渻子说:"还不符合不战而胜的要求。它们经常表现得怒气冲冲,眼睛总是喷射着怒火。"

第三个十天也过去了,周宣王亲自问渻子来了。渻子这次如释重负地说:

"差不多了。现在每每临场,别的鸡虽然呜呜叫,但它却像没听到似的,无动于衷。看看它的神情,就像一只木鸡,它的精神与威力已经完备了。现在别的鸡只要一看到它,便会闻风而逃。"

周宣王大喜,重重地奖了渻子。

有了神威,不仅鸡有一种不战而胜的威力,人何尝不如此。有些人,看上去貌不惊人,说话不多。然而每每临事,泰然自若,成竹在胸,潜移默化中,他已以气色压倒众人。这样的人,无论在日常生活中,还是处在与对手谈判的位置上,总是给人一种威慑力。所谓胸有成竹,所谓老谋深算,所谓稳如泰山,就是这种人的特点,也是其临事的修养。他常常凭此战胜对手,是生活中的强者。即便在最不利的情况下,他也能临危不乱,从容退却,保全实力。这当然是生活磨炼人的结果,也是人努力培养自己意志与智慧的结果。

一个初入社会的毛头小伙子,或只懂书本知识;不谙世事人情的书生,开始总不免冲冲撞撞,锋芒毕露。然而,事实给他的教训是,让他不断碰壁,内心怄气,事情办不好。只有经过很长一段时间之后,他才能懂得世界上的事儿是怎么回事,懂得了忍,他才会不再感情冲动,而又能顺理顺情把事情处理好。了解了这一层道理,也便可以使自己少吃些亏,早一点成熟起来。

无官一身轻

陶潜因被生活所迫,不得已而为仕。在 29 岁时,他曾当过江州祭酒,但不久便自动辞职回家种田。随后,州里又请他去做主簿,他也不愿意接受。到了 40 岁,他为了解决家里的生活困难,又到刘裕手下做了镇军参军,41 岁时,转为彭泽县令,但只做了 80 多天,便辞职回家。从此以后,他再也不愿意出来做官了,而愿亲自种田来养家糊口,过着一种十分清淡贫穷的日子。

他最终辞官回家,是由这样一件事情引起的:有一天,郡里派遣督邮到彭泽县来检查工作。县里的小官吏听到这个消息后连忙去向陶渊明报告。这时,陶渊明正在他的书斋里读书写诗。他一听督邮来检查,十分扫兴,便放下纸笔,准备跟小吏一起去见督邮。

小吏见他穿着一身便服,吃惊地说:"上级来视察了,你作为一县之长,应该穿上官服,束上带子恭恭敬敬地去迎接才好,怎么能穿着便服去呢?"

陶渊明向来看不起那些依仗权势、盛气凌人的官僚们,听小吏说还要穿起官服去向督邮行拜见礼,他觉得自己无论如何也接受不了。他叹息地对小吏说道:"我可不愿意为了五斗米的俸禄,就躬着腰向那些乡里小人作揖打拱,做出曲意逢迎的样子来。"

说完,陶渊明不仅不去会见上面来的督邮,而且拿出县里的大印和官服交给小吏,说:"督邮来了,请你把这些东西交给他。"

辞掉了官职,陶渊明轻轻松松地回到老家去了。回家以后,他仿佛从一个乌烟瘴气的地方突然来到空气清新的花园,心情畅快、惬意极了。他立即写了一首辞赋,题目叫《归去来辞》,以表达自己厌恶官场,向往自由生活的心情。从此以后,他带着老婆、孩子一直过着一种耕田而食、纺纱而衣的田园生活。平时有空闲,他就写诗作文,以寄托自己的思想感情,后来,成了晋朝一位杰出的诗人。

太后公心拒垂帘

宣德十年，明宣宗去世，宫中上下笼罩着一种不祥的气氛。"山雨欲来风满楼"，朝中正悄悄地酝酿着一场拥立新皇帝的"风暴"。

宣德皇帝临终前，曾留下遗言，让皇太子继嗣皇位，所有国家大事，都必须先禀明太后方能定夺，实际上就是让太后掌政。但当时太子朱祁镇年仅九岁，太后终究是个妇道人家，在一些人的眼里是很难当此重任的，于是遭到许多大臣们的种种非议。有人说太子年幼，不能为帝，还是找个年长的吧！有的干脆称太后已掌握了金符，准备入宫拥立襄王瞻墡。总之，沸沸扬扬地说什么的都有，直接威胁到新皇帝的登基。

面对这种复杂的形势，太后显得异常冷静，她想：太子即位是先皇的遗命，不是哪个人所能左右的！但想顺顺当当地继承皇位，还必须依靠有威信的大臣们鼎力相助。不然，太子是很难于朝廷之上立足的。她马上想到杨士奇、杨荣等几位老臣，他们是三朝元老，德高望重，对先皇又从来都忠心耿耿，如果由他们出面辅佐太子，必定能稳住大臣们的心。想到这里，她急忙召杨士奇等人进宫。

正巧，杨士奇与杨荣也正在议论此事，杨士奇对杨荣说："太子年幼无知，太后虽精明，但终究势薄力单，如今宫中谣言四起，倘若有个闪失，将危及社稷安危。我二人受先皇厚恩，理应力保幼主，使江山稳固，国运昌盛。"杨荣点头称是，遂要进宫与太后商议太子登基之事，恰巧此时传来太后的宣召。

杨士奇二人直入乾清宫，看太后端坐殿上，两旁各侍立着一名佩刀的女官，急忙上前叩见。太后让二人请起后，便不紧不慢地问道："可知叫你二人前来何事？"杨荣忙说："老臣想，可是为太子登基一事？我二人也正欲为此事而来，要奏明太后、太子，请太子早继皇位，以固社稷！"说完，就请见太子。太后微微一笑，说："我召二卿正为此事。二卿是先朝重臣，望能竭诚辅佑幼主，不负先帝在天之灵！"二人连忙应"是"。随后，就商议了拥立太子登基的具体事宜。

第二天，太后宣二杨带文武百官前来朝见，众臣见太子高坐殿上，便知大局已定，谁也不敢再吱声。太后指着太子庄重地说："这就是新天子，年不过九龄，还全仰仗众卿扶持！"群臣听完太后的话，纷纷俯伏在地，高呼万岁。当下便恭奉太子登位，这就是明英宗。同时尊太后为太皇太后。

为了使年幼的英宗能巩固皇位，太皇太后又委任英国公张辅，尚书杨士奇、杨荣、杨溥为辅臣，凡遇军政大事，必须由这几人一起商议裁决，任何人不许随意干涉。在安排好这些立君定国的要事后，太皇太后就想退下来，不去参与国事了。

可是，宫中内侍却称太皇太后劳苦功高，提议让她老人家垂帘听政。太皇太后心想：这不明明是要把我放到炉火中烤吗？我年事已高，假如真要垂帘听政的话，也难以长久，一旦在其位不能谋其政了，谁能出来辅佐皇上？何况后宫干政贻害无穷,断不能在我身上毁掉祖宗的基业!于是,她怒斥内侍道:"祖宗成法中,明令禁止的事,你们也敢妄提,岂不太大胆了吗!今后,如有谁还敢说此事,定斩不赦!"此言一出,垂帘听政之事,也就自然销声匿迹了。

"女子无才便是德",似乎成了封建社会衡量妇女价值的一种准则。但许多有所作为的妇女,不仅有"德",也有"才",她们中也有不少出色的政治家。这位太皇太后,深知创业难、守业更难的道理,毅然承担起辅佐幼主的重任,她利用老臣的威信,巧妙地使太子即位,又知人善任,周密地谋划了辅政的大事,然后功成身退,主动放弃了垂帘听政的权柄。而这种远见、谋略及公心处世的态度,都体现在一个妇女身上,便显得尤为可贵了。

韦世康随遇而安

韦世康是京兆村陵人。他的父亲韦炜,是一个隐居之士,魏、周两代,朝廷召他出世任职,他拒绝不出,人称逍遥公。韦世康自幼受其父影响,处事沉稳,颇有器度。

隋文帝杨坚做北周刺史,对韦世康说:"汾、绛地区是原来北齐、北周两国的交界地区,现在受尉迟迥叛乱影响,恐怕会动荡不安。我把这一地区交给你,你要好好地守卫它。"韦世康上任后,尽心竭力,事无大小,都亲自处理,结果辖区之内清静无事,受到杨坚的赞扬。韦世康天性恬静简朴,喜好古事,不在意得失,在绛州任职期间,曾有隐退的意思。

他在给子弟的信中写道:"我生在多事之秋,为朝廷所看重,因而为之效命已经多年。如今人虽未老,但壮年已过,已经经不起世上的风风雨雨。对于俸禄和名声,我并不在意,为了防止它过高、过满,我还不如早退。"后因几个弟弟都劝他,说现在辞职不合适,韦世康才暂时打消了这个念头。

隋开皇四年,韦世康因为母亲去世,辞职回家操办丧礼。时间不长,朝廷又起用他。韦世康坚持请求辞职,杨坚没有批准。

隋开皇十三年,韦世康回朝任吏部尚书。休闲的时候,他对子弟们说:"我听说功成身退,是古人的常道。现在我已年近六十,名声和地位也很高了。想辞职隐退,你们觉得怎么样?"子弟们都表示同意。于是韦世康趁皇帝宴请百官之机,先对皇帝下拜了两次,然后说:"我这个人没什么功绩,现在地位、官职却很高。如今年纪大了,恐怕不能担负起国家的重任。因此希望陛下能批准我回家养老,把职位让给有才能的人。"皇帝安慰了他半天,结果仍没有批准,并让他出任荆州总管,以便轻松从事。

韦世康一直有辞职隐退的打算,可惜都没能成功。最后终于在他六十七岁的时候,死在官道上。

功成身退,实是难得的明智。闲云野鹤的生活可谓逍遥至极,而韦世康却不能做到这一点。究其原因并非其不愿，而是皇帝不舍，于是乎，他便死于官位上。说其不逍遥吗？说其不旷达吗？都不是，他的旷达也正是在于此，不执着于某一点，既然辞官不允，便勤政。这也是一种旷达，这也是一种通遥，若无这点，韦世康也就不是韦世康了。

轻松自在的秘密

有一天，大圣人孔子开始给弟子们讲课。

"每个人在年轻时都应立大志，只有立大志者才能成大事。"孔子对众弟子说。

"夫子，成大事还有别的条件吗？"孔子的得意门生颜渊问道。

"有。"

"是哪些呢？"

"就是干事应专心致志，不可分心，一心不可二用。"孔子答道。

"譬如，三个人在赌局上，如果一人用的是瓦片下注，因瓦片不值钱，胜负对他影响不大，他的心思倒容易集中。可第二个人用的是铜币下的赌注，他的心里总想赢，甚至连赢了钱怎么花都算计了，如此他就不能专心致志了，就可能出现差误。

孔子

第三个人用黄金下的赌注，投注一下，心中就恐惧万分，唯恐输掉，甚至弄得心慌意乱，颠三倒四，这样反倒容易输掉。你们说是这个道理吧？"孔子讲到这里，停了一停问道。

"是。"弟子们齐声回答。

"人做事也是这个道理，不要只盯着成功，不要只想着胜利，而应该把心思集中在做事上。如果每件事都做好了，获得成功也就顺理成章了。如果总盯着成功，想着胜利，心思分散，做不好眼前的事情，何来成功呢，你们说是吧？"

孔子讲的这个下赌注的故事告诉人们：心理负担过重的人，必然会心智笨拙。如果经营者太看重金钱利润，反会为金钱所累。如果求学者死咬着一个问题不放，那他必然会局限自己的思维而无所获。

故而人生在世须淡泊名利，宁静致远。

顺其自然

有一次，颜回对孔子说："先生步行，我也步行；先生快走，我也加快步子；先生拍马奔驰，我也拍马奔驰。这我都做得到。但先生快马加鞭，飞驰而去，我望尘莫及，就只好在后面干瞪眼了！"

孔子莫名其妙。

颜回解释道："说先生走一步我也走一步，是说先生说什么，我也跟着说什么。我说先生快步走，我也快步走，是说先生在争辩也，我也在争辩。我说先生在飞奔，我也在飞奔，是说我和先生一样在谈论天下大道。至于说先生快马加鞭，飞驰而去，我望尘莫及，只有干瞪眼，说的是先生虽然呆着，不说也不动，却有威信；不用拉扯笼络，却能团结众人；没有一官半职，老百姓却都高高兴兴地走向您，而我却不知道这是为什么了。"

孔子听罢颜回这一席话，便长叹一声，说："你还没有看清楚人吗？人最大的悲哀莫过于身子未死，而心已死了，没有信心，没有希望。太阳是从东方出来的，到西边就要落下去，这样，万物生长的方向就规定下来。比如人，就是有待于太阳才能办事，早晨起来劳作、赶路，晚上就要停下来休息。万物都这样，有待于造化而生死。而在我，作为一个人，天地造化，使我获得生命与形体，那我存在的意义就不是坐等死亡这一天的到来。我必须顺应自然规律日夜更替，生生不息，生命延续同时相伴着劳作，但人不可能彻底地了解自己要走向哪儿。人人都如此，包括圣贤。"

"从刚才你说的话来看，你大概只看到了我那些明显的优点。其实，每个人都有优点，互相羡慕的优点与成功，都只是过去。既已过去，就已经不为你我所有，如果你要是把它当作实在的东西来寻找，那不是在图画里的市场上去买马吗？但尽管如此，你又何必为这担忧呢？旧我虽然过去了，我们还有没有过去的东西存在着？那就是我们生气勃勃的身心，我们为什么丧失热望，只做一个干瞪眼的旁观者呢！"

颜回和孔子的这一次谈话实际上是在说亦步亦趋的坏处。一个人只有拥有了自己的东西，形成自己独特的风格才能吸引别人。虽然颜回和孔子所做的事是一样的，而颜回却只是形式，未学到孔子精神中的精髓："作为一个人，天地造化，使我获得生命与形体……我必须顺应自然规律日夜更替，……人人如此，包括圣贤。"

当我们处世时，亦须向孔子学习，顺其自然，不必强求什么，我们努力地去做了，那么，我们该得到的就自然而然地会得到。

顺则安　顺则利

孔子在陈国与蔡国交界的地方受困了，七天揭不开锅。他敲着枯枝，唱起神农时代的歌谣来。虽然他敲打得没有节奏,歌声也没有旋律,但敲打枯枝与近于念叨的声音,朴实沉重,听的人感到亲切,很合大家的心情。

弟子颜回很恭敬地听着,头却扭过来望着孔子。孔子怕他自我宽慰以至妄自尊大,自我爱惜而又导致忧伤沮丧,便告诫他:"颜回,不受自然之伤害倒容易,不受人为的好处却难了。没有哪一个不开始就是结局,人为和自然其实是一致的。知道这些,就知道我的歌唱了!"

颜回便说:"什么是不受自然之伤害容易?"

孔子说:"饥饿干渴,寒暑冷热,穷困不通,这都是天地气运变化,我们只能顺着适应。比如为世的不能违逆君命,何况对待天地气运呢?顺其自然,便无损伤了。"

"什么叫作不受人为的好处难呢?"

"有的人一开始就百事亨通,有钱有势,后来的好事则源源不断。其实这样的好处,并非自身争取所得,而是运气,是别人双手送上的。君子不做强盗,贤人不当小偷,不属于我的不要,而我偏去得到,为什么呢?打比方说,鸟儿中燕子最聪明,对于不适宜它安居的地方,它不会多看一眼;即使口中食物掉在那地方,它也会头也不回地飞离。它害怕人,却必定在人家里做窝,这是因为它认为命根子在人的房屋里。命定的好运不可违逆,顺着罢。"

"什么叫作开始就是结局呢?"

"天地化育万物,变化无穷,而人们却不知道造成递嬗代谢的根本原因是什么。这样,我们怎么能准确地说出它的开始,又怎么能确定地了解它的结局?我们只有顺应天地与历史的规律去做人做事!"

"什么又是人为与自然是一致的呢?"

"人是来自大自然的,天地日月草木虫鱼万物,也是来自大自然的。在人事中失去自然常态,那是个人修养的事,只有圣人心安理得地体察与顺应自然的变化而终身不受祸害!"

无心寻宝珠

有一天黄帝到赤水之北游玩,登上昆仑山顶向南方眺望,回来的时候,他的那颗神珠却弄丢了。

那神珠是一个通灵性、能预知吉凶祸福的宝贝呀!怎么弄丢了呢?黄帝很着急,就派聪明能干的有心到黄帝登山的地方去找,有心细细地找了一番,一无所获。

黄帝无奈,又派出眼睛最好、连百步远的头发丝都能看清的离朱去找,但离朱也还是没有找到那颗神珠。

皇帝又派会分析问题的吃诟去找,仍旧无所得。

最后,黄帝只有派以稀里糊涂著名的无心这个人去找,可是,无心一踏上昆仑山顶就找回了那颗神珠。

黄帝非常诧异:"奇怪,无心这人什么都不放在心上,他怎么能找到呢?"

这就是所谓的"有心栽花花不开,无心插柳柳成荫。"

我们经常会遇到这种事情,一样东西失手放在哪儿,遍寻不着,而当你灰心丧气的时候,它却突然出现在你的面前。这揭示了一个问题,那就是做人做事不可用心太过,用心太过则不自然,不自然当然就没有结果了。以淡泊之心处世,就是顺其自然。

无用可自保 有用常早夭

有个木匠带着他的徒弟到齐国去,路过曲辕这个地方时,看见一棵被人们当作社神来祭礼的栎树。

那栎树枝繁叶茂,浓荫蔽日,上千乘马车在下面乘荫也不会显得拥挤。树干有整百尺粗细,树高达山巅,树干几十丈高以上才生枝芽,可以用来造船的枝芽大约有十来根。

这么大的奇树奇才,引来众多观看的人,就同赶集一样。可是,这个木匠看都不看一眼,脚步也不停,只当没有这棵树。可木匠的徒弟却呆了,把这棵树看了个饱。他赶上木匠问道:

"师傅,自从我跟随您学手艺以来,还不曾见过有这样好的木材呢。可师傅却看都不愿看一眼,只顾走自己的路,这是为什么呢?"

木匠说:

"你不必提栎树,那是一个毫无用处的闲散之木。别看它高大,什么用处都没有!用它造船吧,太重了;拿它做棺材,不久就会腐烂;做家具,脆弱得不能装东西;做门窗,太松太泡;做栋梁,又爱长蛀虫。这种树,不成材,因此它才长到有这么大的岁数,长这么大个头。"

木匠回到家里,晚上睡觉,栎树就走进木匠的梦中,对木匠说:

"你到底拿什么来和我相比呢?拿有纹理的树木来跟我相比吗?那柤、梨、桔、柚一类的树,结瓜结果,果实成熟了,立即被扑打,果实被打下来,身体就受到摧残,大枝被打断,小枝被打掉。这便是它们的才能,使它们自己一辈子吃尽了苦头啊。而世俗的不断打击,终于使它们不能享受天年,而小小年纪就夭折了。

世上万事万物都像这样。我是无所用,这已经很久了,然而今天我取得这种待遇,你以为无用,却成了最大的用处。假如我有用的话,能有这样高寿和现在的生机旺盛吗?"

木匠醒来,把梦中的情况告诉徒弟们。

徒弟们说:"它既然只追求无用,那它做社神又为的是什么呢?"

师傅说:"它不过寄托于社神,以抵挡那些不理解它的人的批评议论罢了。这正是他追求无用,保全自身的表现。我们应该换一种眼光看它。"

这则故事让我想起了另一则与此相类似的故事。

楚庄王的异母弟弟,名叫子綦,因住城南,大家都叫他南郭子綦。

南郭子綦一天到河南商丘游玩,在那儿看到一棵很特别的树。那树的高大与上面木匠师傅见到的那棵栎树,不相上下。

子綦说:"这是什么树呀,肯定有特殊的用途啊!"

南郭子綦抬头再细看大树,又觉得有些奇怪。那树的细枝,原来都是弯弯曲曲的,绝对不能做栋梁。那树的主干,木质松泡,也不能做家具。舔一下它的树叶,口腔就会感染溃烂;闻闻它的气味,就叫人发酒疯,稀里糊涂,好几天不能清醒过来。

南郭子綦:"这是不成材的树木,所以才能长到这样的高大。神人不就像这不成材的树木么!"

宋国有一个地方叫荆氏,其地土质适宜于种揪树、柏树、桑树等树木。当这些树有的长到一握、两握粗的时候,有些人就把它们砍了做系猴子的木桩。当有的长到合抱粗的时候,有些人做房子就把它们锯倒做屋梁了。长到几抱粗的时候,锯开一块板子便可做一面棺材,一些做官的人家、有钱的商客,就立即把它放倒。

这些树木都未能享尽自己的天年,中途就受刀斧砍伐,这就是有用之才的祸患啊! 看来,无用对保全自己作用更大。

师法自然

孔子有一次在吕梁游玩,有一个地方的地势极高,水流落差很大。从高山上飞泻下来的瀑布有几十丈高,顺势奔流,遇石激浪,浪花飞溅开来达几丈远。看着如此湍急的水流,孔子心想,只怕乌龟、鳖鱼也不能在其中游动了。

就在孔子激赏、赞叹之时,他忽然发现有一个男子正在水流中挥臂拨水。孔子大吃了一惊,以为这人掉进急流,必死无疑了。于是,孔子立即喊了自己的弟子,顺着水流的方向去救人。可是弟子们急急忙忙赶了一段路,那人却从水里钻出来上岸了。他披着长长的头发,边走边唱着山歌,在堤岩上悠哉悠哉地走着。

孔子便跟上去,问他说:"我还认为你是神鬼什么的,看清楚了,你不就是个正常人吗? 请问,你蹈水有什么秘诀没有?"

那个男人说:"没有,我哪有什么秘诀呢。我只是开始于本然,慢慢地,许多时光过去,我又习惯于自然,最后,自自然然地在水中如履平地一样。我跟漩涡一起卷进去,又同漩流一道翻出来。我一起一伏,伸手抬腿弯腰仰头,都顺着水的路子去做,而不以自己的意愿做。可能,这就是我蹈水的秘诀吧。"

孔子又问:"什么叫作开始于本然,习惯于自然,成功于自然?"

那男人便解释说:"我出生在高土上并且安于高地,这就是开始于本来的样子;成长于水中又安于水中,长于习惯,形成自然;我不知道所以然而然,就是成功于自然。"

道家主张"人法自然",儒家主张"民胞物兴"和"仁民爱物",因为只有人法自然才能胸襟开阔,对万物抱兼容并收的宽宏态度,只有民胞物兴和仁民爱物,才能发挥爱人及物的博爱精神,才能以平常之心对待人和事、物,一切都合乎规律,合乎自然,如此就顺利了。

油有尽　火常存

老子死了,他的好友秦佚去吊唁他,他只哭了三声,便没事一样地出来了。

老子的学生很不高兴,便问:"您不是我们老师的好友吗?"

"是啊。"秦佚回答。

老子的学生就批评秦佚太无情,秦佚看到老子的学生很认真,便解释说:"我开始哭,是认为老子先生和我都是世俗的人。现在想来,我们都是超脱了世俗的人。老先生不是死了,而是到另一个世界去了。所以,我只哭了三声。我刚才进去看见,老年人哭老子先生,就像哭自己的儿子一样;年轻人哭老子先生则像哭自己的母亲一样。这样一来,有些只来看看的人,本来不是吊唁,却也会过意不去挤几滴眼泪,这就违背真情。你老师出生,是顺应自然;你老师去世,也是顺其自然。哀乐对人本来就是多余的事。众人哀伤,老子先生却已超脱。"

老子的学生们闻言恍然大悟。

灯的油烧尽了,但火种与光明却流传下来了,生命无穷无尽,火与光明也变得永恒,我们为什么要没完没了地流泪呢?

多情者,不是痴呆,就是虚假造作。

看穿想透,便去坦然地生活。

以诚待人

信陵君交朋友,不计较贫富贱贵,唯以德才为标准。特别是对于那些品行高洁的君子,信陵君更是思贤如渴,甚至不惜低三下四,屈尊俯就。这时他的所作所为往往带着童子般的天真和幻想,根本找不到一丝一毫王族成员盛气凌人的痕迹。

魏国有一个隐士叫侯嬴,已经七十多岁了,可是由于贫困,还不能回到家里颐养天年,只好在大梁看守城门,日升而作,日落而息。然而就是这么一位不起眼的老先生,智力出众,品德高尚,在民众中有很高的声誉。

信陵君知道了侯嬴的贤名,佩服极了,即登门求见,送上了许多黄金作礼物。不料侯嬴推辞道:"我一生安贫知足,视钱财为身外之物,从未无故接受别人的钱财。现在年纪是老了,好在仍然可以自食其力,只不过比常人辛苦一些罢了。难道能因为接受了公子的钱财而改变自己一生奉行的做人的准则吗?"尽管信陵君说得唇干舌燥,侯嬴始终坚辞不受。

信陵君内心怏怏，却更加钦佩侯嬴，有心要和他结为至交。于是择日在家中大宴群宾，赴宴者中文武将相上流社会人物不知其数。待宾客坐定，才发现最尊贵的上座还空着。信陵君赔礼说："各位贵宾稍等一会，我现在就去接这位客人。"于是信陵君带着数十个随从直奔城门，恭请侯嬴上车赴宴。那侯嬴也不推却，穿着旧衣服，戴着旧帽子，寒碜的衣着配合着华丽的马车，卑贱的看门人昂然坐在正座上，名满天下的贵公子却手执长鞭当起了车夫。这不协调的一幕令众人面面相觑，露出疑惑的目光。

　　车队走到半路，侯嬴忽然对信陵君说："我想去看个朋友朱亥，他是个屠夫，在肉市场中卖肉，能麻烦公子送我去吗？"信陵君答道："我很愿意陪先生去。"于是掉转车头，来到肉市场。侯嬴下车与朱亥相见，两人坐在肉案前絮絮叨叨地说起话来，这一说就是老半天，好久也不见有结束的迹象。随从们实在等得不耐烦了，渐渐面露愠色，一个劲地向侯嬴翻白眼，可是信陵君仍然恭恭敬敬地坐在车夫的位子上。侯嬴暗中观察了好几次，信陵君始终如一，毫无倦态。

　　侯嬴确认了信陵君对自己的诚意，起身与朱亥告别，上车随信陵君到府邸。这一去已有好些时辰，客人们早就饥肠辘辘、心焦气躁了。终于盼到信陵君归来，人人翘首凝视，都想见识一下信陵君虚席以待的究竟是何方神圣，值得如此兴师动众。想不到来者却是一个看守城门的老头，不禁愕然。及至见到信陵君请侯嬴入上座，侯嬴也不谦让，昂然坐下，众人不禁掩口暗笑。

　　这么说来，难道侯嬴真的是不知好歹忘乎所以的怪人了？俗话讲，大智若愚。侯嬴不愧为大智者。他这天所有的古怪作为，无非有两个目的：一是考验信陵君的诚意；二是成就信陵君礼贤下士的美名。众人对侯嬴越是厌恶，反过来对信陵君就越是佩服。信陵君与侯嬴的事经人们传开后，慕名来投信陵君的士子不知有多少，信陵君俨然成了士子们的精神领袖，就是各国诸侯也争相与信陵君结交，赵国的平原君还娶了信陵君的姐姐做夫人。

　　长平之战后，秦国乘胜围攻赵国都城邯郸。平原君夫人向魏王求援，魏王派出大将晋鄙率兵十万救赵。闻此，秦王立即派使者对魏王威胁说："赵国如今是朝不保夕了，谁要是不识时务，胆敢救赵国，秦国灭赵之后，一定立即移兵攻打他。"魏王想到秦强赵弱，心里害怕，于是严令晋鄙停军观望，不许出战。

　　赵国的处境越来越危险。平原君派来告急的使者一天有好几个。信陵君再三劝说魏王进军，却毫无效果。

　　平原君又急又恼，词语间就不大客气了。他在给信陵君的信上说："我之所以和公子的姐姐成亲，是因为仰慕公子的高风亮节。想不到公子也屈服秦国的淫威，见死不救，这难道就是您所推崇的义气吗？您难道忍心眼看着自己的姐姐成为秦国的俘虏吗？"

　　信陵君读完信，沮丧极了。平原君和自己，可称得上刎颈之交，你敬我一尺，我敬你一丈，感情别提有多深了。可是现在竟说出这样无礼的话来，信陵君如万箭攒心。

转念一想,这能责怪平原君吗?明摆着的事实是,魏国眼睁睁地看着赵国在水深火热中挣扎而袖手旁观。虽说自己和魏王的态度不一样,可是天下人怎么搞得清楚宫廷中的曲直是非呢?信陵君满腔委屈无处诉,把心一横,罢了!罢了!魏王不发兵,就是我一个人,也要把这腔热血洒在赵国的土地上,向天下人表明我的心迹。

信陵君率领门客数百人向赵国进发。经过城门时,拜见了老朋友侯嬴。信陵君慷慨激昂地宣告了自己决死的壮举,侯嬴只是平静地告辞道:"公子努力吧,原谅老臣不能跟随您前去。"

信陵君出了城,心中若有所失,暗思道:"我平时对侯嬴敬重至极,现在我去赴死,他竟然无动于衷,这太不可思议了。莫非我做错了什么事?"

猛醒间,信陵君勒马转身,顺原路返回。侯嬴果然早已恭立在路边迎候。侯嬴笑着说:"我料定公子会回来的。公子带着这么区区数百人去救赵国,无异于驱羊入虎口,只能为自己立虚名,对赵国来说又有什么实际意义呢?"

信陵君恍然大悟,再向侯嬴请教。侯嬴请信陵君屏退左右,说出一条妙计来:"当今之时,公子只有动用魏国的军队才能救得赵国。我听说魏国的兵符藏在魏王的卧室中,能接近魏王偷出兵符的只有魏王最宠爱的如姬。这是关系到身家性命的大事,可是只要公子开口,如姬一定会从命的。过去她的父亲被仇家杀害,如姬耿耿于怀,遍求天下壮士为其复仇,整整三年毫无结果,最后还是公子派人为她办了。如姬是一个讲义气的烈性女子,久欲报效公子,一直苦于没有机会,现在有机会实现这个夙愿,必然万死不辞。"

犹如一道强光射穿了笼罩在信陵君心头上的重重乌云,绝望中的信陵君一下子振作起来,他紧紧握住侯嬴的双手,庆幸结交了这么一位智者。在人生的关键时刻,自己幽思苦想这么多天也解不开的难题,竟然被侯嬴几句话安排得妥妥帖帖。信陵君依计请如姬援手,果然取得了兵符。

精于谋略的侯嬴又考虑到晋鄙老将军的经验丰富,这一手可能被他看出破绽,特地介绍勇士朱亥随信陵君前行,必要时击杀晋鄙夺取兵权。

临行,侯嬴与信陵君诀别:"我本应跟随公子前去,可是年纪老了,只怕帮不了公子什么忙,却反而给公子添麻烦。我计算着公子的行程,当公子到达晋鄙军中时,我遥对北方自刎,以壮公子之行。"

这就是名士的风范!为了成就信陵君救赵的大事业,他设下了窃符的妙计,可是先犯了欺君之罪,又送了晋鄙的命,如此歹毒之计却不能不行。侯嬴陪同晋鄙同赴黄泉,以命殉信陵君的事业,显示了一种人格概念。

清者自清

毛公和薛公是赵国的名士。这两人的生活态度自成一格,保持大节,不拘小行,大大咧咧,毫不顾忌士人的规范,一个在赌馆干活,一个在酒店营生。

信陵君久仰这二公的大名，一心想与他们做朋友，可是这两个清高的人却偏偏不识抬举，在信陵君登门拜访时都避而不见。信陵君没办法，就常到他们干活的赌馆和酒店处走动，一回生二回熟，终于和他们扯上了交情。

　　可是，社会舆论的力量是强大的，一个正人君子怎么能经常在赌馆和酒店中露面呢，更何况是信陵君这样的士人领袖。人们开始议论纷纷，这些议论终于传到了平原君的耳朵里。

　　平原君大吃一惊，觉得信陵君太不自爱了，整天泡在赌馆和酒店里成何体统呢？信陵君怎么变成了这样一个人？平原君十分纳闷，就对夫人说："过去我一直认为魏公子品行高洁，天下无双。不料近来听人说公子常常与赌徒和卖酒的混在一起，公子怎么不珍惜自己的名声呢？"平原君夫人就用这话来规劝自己的弟弟。不料信陵君勃然变色，怒声道："平原君贤名闻天下，所以我宁可负魏王来救赵国，就是为了平原君。原来平原君所干的，不过是追求虚名，并不是真心求士。我在魏国时，就听到人们称颂毛公和薛公，朝思暮想，不能相见，直至来到赵国才有了机会。我就怕他俩不肯和我交朋友，只要他俩肯和我结交，我就是跟在他俩身后打杂也是心甘情愿的。平原君竟然以此为耻，实在不值得我留恋。"信陵君立即吩咐手下人收拾行装，准备离开赵国。

　　夫人急忙归家将情况报告夫君。平原君十分惭愧，脱下帽子，光着头赶到信陵君的住处赔罪，诚恳地请求他原谅。

　　平原君的门客听说这事，一半人改换门庭转投到信陵君门下。

　　一转眼，信陵君住在赵国已经十年了。秦国看到信陵君与魏王不和，趁机攻打魏国。魏王顶不住秦军的进攻，多次派使者礼请信陵君归国。信陵君早看透了魏王，认为这不过是魏王处于危急状态而采取的权宜之计，一旦危险解除，说不定什么时候想起窃符杀晋鄙之事，余恨未了，又行报复，所以抱定宗旨不和魏王打交道。魏王三天两头派使者前来说情，信陵君不耐烦了，告诫部下："凡有敢为魏王的使者通报者一律处死。"这一来，众宾客虽然感到信陵君的做法有不妥善的地方，但都不便多嘴，个个噤若寒蝉。

　　名士自有风流本色，这次要仰仗毛公和薛公使信陵君的脑筋转弯了。两人见了信陵君，直言相劝道："公子之所以在赵国受到尊重，在诸侯中闻名，离不开魏国的政治背景。现在魏国在秦国的猛烈进攻下危如累卵，朝不保夕，可是公子却旁若无事，袖手旁观。如果秦国打下了魏国的都城大梁，捣毁魏国先王的宗庙，祖宗受了辱，公子您就成了罪人，还有什么脸面见天下人呢？"

　　真个是有理不在声高，信陵君面色突变，拜谢了毛公和薛公的指教，立即打点行装回国了。

第三篇　处世巧点子

第一章　抱扑守拙以保身

大智若愚，大巧似拙。一个真正廉洁的人不与人争名，反而建立起廉洁之名；那些到处树立声誉的人，反而并不一定得到好名声。一个真正聪明的人不炫耀自己的才华，所以看上去好像笨拙；那些卖弄聪明才智的人，正是为了掩饰愚蠢。

认清形势　脱身自保

秦朝时，赵高杀了二世，便立二世哥哥的儿子孺子婴为秦王，将二世当作平民来埋葬。孺子婴齐戒，以便入太庙祭祖，接掌传国玉玺。

当齐戒进入第五天的时候，子婴与他的两个儿子商议说："丞相赵高杀了二世，怕臣子们杀他，就假装依道义来拥立我登基。我听说赵高竟然与楚国相约要灭秦朝皇室，然后在关中称王。现在我要齐戒，以便太庙，他就希望借此在太庙中杀我。我想到时装病不去，那丞相一定会自己来找我，等他一来就杀了他。"

到了要入太庙的时候，赵高派人去请子婴等人，子婴不去。

赵高果然自己前来，说道："宗庙之事，非常重要，大王为何不去呢？"

子婴趁此时在齐宫中杀了赵高，并灭了赵高三族。

修身养性　显出气度

孙叔敖碰到狐丘丈人。狐丘丈人对他说："我听说，有三种有利的事，也一定有三种有害的事，你知道吗？"孙叔敖一下子变了脸色说："我不聪明，怎么能知道呢？请问什么叫三利，什么叫三害？"

狐丘丈人说："爵位高的人，别人一定会妒忌他，官做得大的人，君子一定会提防他，俸禄多的人，别人一定会怨恨他，指的就是这个。"孙叔敖说："不是这样的，我的爵位越高，我的志向就越低；我的官越大，我的心气也就越小；我的俸禄越多，我施舍的人也就越多:这样做可以躲避灾祸吗?"狐丘丈人说:"你说得太好了,尧、舜在这个问题上也存在缺陷!"

《荀子·仲尼》中还说:"所以聪明的人办事,盈满的时候想到不足的时候,安全的时候想到危险的时候。十分小心地预测将来,仍怕惹来祸患,所以他们做什么事都不会失败。"

居安思危　放长眼光

郁离子和游客乘船在澎湖上浮行,当日无风无云,明日朗照,平湖如镜,皎洁,开阔,水中的鱼虾出没,都能看得见,左右两边没有不能看到的景物。游客说:"有此美景,是泛舟的乐趣啊!我能得到这样的享受,终身感到满足了!"过了一会儿,山上飞出缕缕云彩,不一会儿乌云遮住了太阳,忽然狂风刮起沙石,吹倒树木,吹打深谷峭壁而雷鸣九渊。船如轮旋,剧烈颠簸起来。游客们,难以站稳,俯下身就呕吐,趴下不敢抬头,个个神飞魄散好像要死。有的说:"我快要死了!我这辈子再也不敢来了!"

郁离子说:"人世间的事也像这情景一样啊。千乘之国的君王,坐朝而下临群臣,受言接词,很少有不是柔和的样子。一旦发怒,没有人敢触犯他的锋芒,那和这翻腾的湖水相比有什么不同呢?天下长久安定了,人们安静舒适不知有祸患,告诉他灾祸的警报,他也不相信,而在梦寐中死去的有无限多,还不是因为只知道浮游的欢乐而不知道狂风的可怕所致吗?慎觊在吕梁洪观赏,看见触石就吓得口吹气沫,拔脚就跑,说:'我为什么冒这个风险呢?'一辈子都不敢跋涉。君子认为自己知风险,然而他的这一才能比起海上的商人差远了。因此三峡的惊涛漩涡,一看就知道它能翻船,冒死跳到水中的人,没有一个能活着的。只知道浮行的欢乐而不知道风浪可怕的人,是未曾经历过那风险的人啊。所以说'暴虎冯河,死而不知悔的人,圣人是不赞成的啊。'这是说那些知祸而不避的人。"

审时度势　变通自保

汉初三杰,都曾不安于位:韩信受谤,被擒于云梦;萧何遭谗,被械于狱中;张良惧祸,托言辟谷从赤松子游。然而陈平一生始终受到信任,并且平步青云,位居丞相,令后人钦羡不已。究其原因,当系陈平不仅善于为国出谋,也很善于审时度势,保护自己。

公元前195年,高祖击败叛军英布归来,创伤发作,缓行到长安,又闻燕王卢绾叛变,遂派樊哙以相国的身份率军讨伐。樊哙走后,有人对高祖说:"樊哙跟吕后串通一气,想等皇上百年之后,杀害戚夫人和赵王如意,皇上不能不早加提防!"

高祖早已察觉吕后自作主张,干预朝政,心里有些不高兴,可又想,一个妇人家能干出什么来呢？但现在听说吕后跟他妹夫大将军樊哙串通起来，情况就严重了，他立即在床上下诏说："陈平急速以驿传马车，载着绛侯周勃代替樊哙领兵，到了军中立即砍下樊哙的头！"高帝怕陈平不敢去杀樊哙，又吩咐陈平尽快把樊哙的头取来，让他亲自检验，并催促陈平："快去快回，不得有误！"

陈平、周勃立刻动身。路上，陈平对周勃说："樊哙功劳大，又是吕后妹妹吕顺的丈夫，我们可不能自己动手处斩皇亲国戚。眼下，皇上正在气头上，万一他后悔了，怎么办？再说皇上病得这么厉害，咱们斩了吕后妹夫，将来吕后当权能放过咱们吗？"周勃一时没有了主张，便问："难道把樊哙放了不成？"陈平说："放是不能放的，咱们不如把他御上囚车，送到长安，让皇上自己去斩。"周勃认为这是个好主意。

陈平还没回来，高祖的病却加重了。高祖想，光杀了樊哙，还不能削弱吕后的势力，因此，他吩咐手下的人宰了一匹白马，叫大臣们歃血为盟："非刘氏不得封王，非功臣不得封侯，违背盟约，天下共伐之！"

且说陈平来到军中，建造高坛，以符节召见樊哙，将樊哙两手反缚入囚车，送往长安。

陈平在路上听到高帝崩逝，立太子刘盈为皇帝，尊吕后为皇太后的消息，更加恐惧，又怕吕顺进谗，于是坐驿传马车急速回朝。路上遇到使者传命，令陈平屯驻荥阳；陈平接受诏命，旋即改变主意，回到关中，跑进长乐宫。

吕太后见陈平回来，马上问及樊哙。陈平讨好地说："我奉先帝之命处斩樊将军，可我始终认为樊将军功大于过，怎忍下手？再说那时先帝病重，昏迷中所说的话不一定对，因此，我只派人把樊将军送回来，听候太后的发落。"

吕太后松了口气，宽慰陈平。陈平畏惧谗言，唯恐地位不稳，就流着泪说："我受了先帝大恩，应该赤胆忠心地报答一番。现在太子刚即位，宫里正需要人，请让我在宫中做个卫士，伺候皇上，一来可以报答先帝大恩，二来可以替太后和皇上效力。"吕太后听了这些话，心里挺舒坦，夸奖陈平一番，拜他为郎中令，又叫他在宫里辅助皇帝。

汉惠帝六年相国曹参逝世，任命安国侯王陵为右丞相，陈平为左丞相，周勃为太尉。第二年，惠帝崩逝。

树大招风　埋头为佳

光禄勋杨恽是前丞相杨敞的儿子，他廉洁无私，刚直不阿，但为人过于尖刻，好揭人隐私，所以在朝中结怨很多。西汉宣帝五凤二年，有人上书告发太仆戴长乐。戴长乐怀疑是杨恽指使人干的，便也控告杨恽。廷尉审理后，判处杨恽恶言诽谤，大逆不道。汉宣帝刘询不忍心杀害他们，就把杨恽和戴长乐都贬为平民。

杨恽回到老家，购置田产，过着自得其乐的富翁生活。他的朋友、安定太守孙会宗写信劝他说："做大臣的革了职，应当闭门思过，显出惶恐不安的样子，不应当购买田地,结交宾客,四处抛头露面。"

杨恽心里很不服气,便给孙会宗回信说:"我犯了严重的过错,行为有所欠缺,只好一辈子做个农夫。我带着妻子儿女,辛勤地耕种养蚕,想不到又受人讥讽。人总有七情六欲,不能压制的人情,连圣人都不加禁止。君王和父亲是最尊贵的,可是为他们送终,也有一定的时限。我得罪皇上,罚做平民已经三年,难道要天天把自己看作罪人吗?庄稼人一年到头辛辛苦苦地干活,总得让他们有个享乐的时候吧!每年的伏日、腊月,我就煮些羊肉,喝些酒,自我娱乐。酒酣耳热,我就仰天击缶("缶"是古代的打击乐器),放声吟唱:"

> 田彼南山,
>
> 芜秽不治;
>
> 种一顷豆,
>
> 落而为萁。
>
> 人生行乐耳,
>
> 须富贵何时!

就算这是荒淫无度,又有什么不可以的呢?"

不久,杨恽的侄子、安平侯杨谭又劝他说:"你的罪很轻,又曾告发霍氏谋反,对国家有功,用不了多久就会官复原职的。"

杨恽冷笑一声,愤愤地说:"有功又有什么用?不值得为朝廷卖力!"

杨谭叹了口气,说:"唉!朝廷确实如此。司隶校尉盖宽饶、左冯翊韩延寿都是尽职尽力的官员,却因为一点小事就被处死。"

后来,出现日食,驷马猥佐成乘机上书刘询,控告杨恽说:"这次日食是因为杨恽骄傲奢侈,不思悔过造成的。"

廷尉进行调查,发现杨恽写给孙会宗的信。刘询看了信,对杨恽深恶痛绝。于是,廷尉判处杨恽大逆不道,将他腰斩。

审时度势　明哲保身

刘裕当了两年皇帝便一命呜呼了。临终他以徐羡之、傅亮、谢晦、檀道济为顾命大臣,辅佐其长子、少帝刘义符。他私下对刘义符说:"檀道济有才干谋略,但无大志,不像他哥哥那样难以驾驭。徐羡之、傅亮当无异图。只有谢晦随我征伐,识机变,有才干,如将来有人反你,那必定是他。"谢晦是谢安的后代,出身东晋头号名门世家,奋起寒微的刘裕对他的猜忌特别深。

少帝即位后,贪图玩乐,亲狎小人,不理政事,朝臣担忧。徐羡之、傅亮、谢晦、檀道济为了社稷,废杀少帝,并杀死不满他们执政的刘裕次子刘义真,立其第三子刘义隆为宋文帝。他们担心文帝继位后,追究弑君之罪,在其未到京前,任命谢晦为荆州刺史,都督荆湘七州军事,精兵强将全都调拨给他,又以檀道济镇守广陵,徐羡之、傅亮在内掌握朝政，以便内外呼应。

谢晦上任前与蔡廓话别，问："我能免祸吗？"蔡廓答道："你是顾命大臣，以社稷为重，废昏君立明主，在义理上没什么不对。但杀刘氏二兄弟而执掌朝政，又挟震主之威，据上游重地，从这两点看又难免祸难。"谢晦惶恐。待离开建康，回头望着石头城，欣喜地说："今天总算脱离是非之地了。"到荆州后，他又将两个女儿嫁给了宋文帝的两个兄弟刘义康和刘义宾，希冀以此免祸。

文帝刘义隆见其二兄被杀，自己被迎立为帝，心存疑惑，不敢进京即位。司马王华说："先帝刘裕有功于天下，四海臣服，唯嗣位的少帝不守纲常，刘家的天下还是稳固的。徐羡之出身寒士，才能平平，傅亮也是布衣诸生起家，不敢像司马懿、王敦那样贸然篡夺刘家天下。只是因为刘义真严厉果断，立之将来必不见容；而殿下您宽容仁慈，远近皆知，所以越过刘义真而立您。再说，他们担心少帝若存，将来终受其祸，所以杀他。这些都说明他们贪生怕死，想握权自固，不是想篡位自立。殿下尽可放心东下，以继大统。"于是，刘义隆留王华在荆州，自己东下即位。一路上派兵严密保卫，参军朱容子抱刀侍卫在侧，数旬不解带就寝，京城文武难以靠近半步。到京以后，以王昙首、王华等为心腹，委以领军之任。

元嘉二年末，宋文帝扬言伐魏，整顿兵马舟舰，准备诛杀徐羡之、傅亮，讨伐谢晦。京城人心惶惶。傅亮写信给谢晦说："讨魏国一事纷纷攘攘，朝野之士多反对北征，皇帝可能会派万幼宗前来征求意见。"言下之意是告诉谢晦，朝廷将有所动作。谢晦的弟弟谢瞵也派人告诉谢晦，朝廷将有异常行动。谢晦还不相信，要参军何承天起草答书，以应付万幼宗。何承天也说："外面传言纷纷，都说朝廷发兵已成定局，万幼宗哪里会来征求什么意见。"谢晦惶恐，问："如果真的这样，我该怎么办？"何承天劝他投奔北魏，以求自全。谢晦考虑良久，说："荆州是用武之地，兵多粮广，决一死战，如失败，再投北魏不晚。"于是下令戒严，南蛮司马周超自告奋勇，严阵以待。

元嘉三年，宋文帝以弑杀刘义符、刘义真之罪，下诏杀徐羡之、傅亮，并率军伐谢晦。为分化顾命大臣，宋文帝说："檀道济只是胁从，并非主谋，弑君之事与他无关，我将安抚使用他。"他将檀道济召至建康，问他讨伐谢晦的策略。檀道济说："我与谢晦一起北征后秦，入关后所定十策，有九条是谢晦的主意，可见其才略过人，很少有人能与之相比。但他从未决战沙场，军事非他所长。我知谢晦有智谋，谢晦亦知我勇武。今奉命讨伐，可不成而胜。"

谢晦得知徐羡之、傅亮等人被杀，即集合精兵三万，发文为他们申冤，并说："我等如志在当权，不为社稷国家考虑，武帝刘裕有八个儿子，当初尽可以立个年幼的皇帝，然后发号施令，谁敢反对。何必虚位七旬，从三千里迎立文帝您呢？再说不废昏君何以立明主？我何负于宋室！这次祸乱全是王弘、王昙首、王华猜忌诬陷造成的，我举兵以清君侧。"

谢晦率二万人马自江陵出发，舟舰浩浩荡荡，旌旗相望。他原以为檀道济也被杀了,不料,道济却率众来攻,不由惶惧失计。士卒见道济率兵前来,四下溃散。谢晦乘小船逃回江陵,携其弟谢瞬等七人逃奔北魏。谢瞬肥壮,不能骑马,谢晦为等他耽误了不少时间,以至在黄陂被捉,送建康被杀。临刑前,其女儿、刘义康妃,披发赤脚与之诀别,说:"阿父,大丈夫当横尸战场,为何狼藉都市。"言毕大哭晕厥,行人为之落泪。

耿直从事　不涉纷争

公元前122年,在丞相赵周死在狱中后,石庆受命担任丞相。

汉代时,每年8月都要举行当年新酒上献予宗庙的酎祭,每逢此祭诸王侯皆须按其领地大小所规定的分量筹措黄金。这一年,因遭举发酎金箔不足而丧失封位的诸侯,竟多达106人之多。

赵周难辞其咎,因而自尽。而石庆则接到这样的诏书:"万石君深受先帝器重,其子嗣尤富孝行。是此使御史大夫石庆为相,并封为牧丘侯。"

当时,汉室内外正值多事之秋。南有两越、东有朝鲜、北有匈奴、西有大宛,为扩充疆土与这些外邦争战不休。国内又盛大举办自始皇帝以来未曾间断的封禅仪式,修筑各地神祠,并营造以"柏梁台"为首的壮观建筑。规模浩大的出巡活动,几乎年年不断。为此,国库匮乏,朝廷不得不商议对策。

以商人出身的桑弘羊因此出任大司农,整财政;而以酷吏作风闻名的王温舒,则担任廷尉,贯彻执法;儿宽则担任御史大夫,以推进振兴儒学之策,九卿互握有指导政策的权限,反倒是丞相石庆却如身事外。而石庆也只是一味谨守家风教诲而已。在长达九年的任期中,丝毫未曾有些许建功。

民生凋敝,百姓流离失所。公元前107年,关东的灾民多达100万,无户籍之人,也有40万之众。若由武帝初期全国2000万总人口的比例看来,这无疑是相当严重的问题。若放任不顾,不免将演变成一场大动乱。面对此一严重事态,大丰收苦无良策,只得上奏,建议将一干灾民迁徙至边境。

面对年纪老迈、仅仅严谨正直用世的丞相,武帝不认为是能与之共商此等大事的人,故而赐假让石庆返乡一阵子,再着手研商对策。

为此,石庆以不能胜任丞相之职为耻,而上书道:"臣诚恐受任丞相之职,然年老不配堪辅强大任,造成国库空虚,又陷生灵于流亡之途。虽万死难辞其罪,唯陛下法外施恩,免臣之罪。故此,万望奉还丞相及爵侯之印绶,以开贤者之道。"

武帝则复函怒斥道:"国库早已空虚,百姓饥馑流离失所,甚至有提议希望能将灾民迁徙至边境之说,益发动摇民心、陷百姓于不安。在此国难当头之际,你竟打算辞官,到底是想把责任推诿与谁? 快快回到你妻子的身边好了。"

石庆本以为是得到了武帝的许可,欲将印绶奉还。然而由圣旨的字面上看来,丞相府内的官员并不认为如此。尤其最后一句话,不正是相当愤怒的表现吗? 劝石庆干脆自杀的也大有人在。

在战战兢兢、难下决定之际,石庆就只有继续担任丞相的职务。好在武帝也未再深追究,起码暗中对石庆的过分耿直而苦笑不已。即便如此,群臣之中却也不见有弹劾之声,这又是为了什么呢?诚如前面所说的,万石君一家的谦恭正直,不仅是对天子个人,更是对广大社会的一种行为原则。而这种一视同仁的谦恭态度,使人们找不到仇视他的理由。

4年后,石庆在丞相职内病故,这也可以说是极为特殊的例子。因为武帝在位期间长达53年,在后半期出任丞相的5人之中,得以享尽天年的唯有石庆一人,其余4人皆死于刑罚之下。

激流勇退　弃官避祸

范蠡侍奉越王勾践,辛勤劳苦,尽心尽力,为勾践深谋远虑二十多年。最终勾践灭了吴国,洗刷了会稽耻辱,率兵向北渡过淮水,兵临齐国、晋国,号令中原各国。勾践因此而称霸,范蠡号称上将军。

返回越国后,范蠡认为盛名之下,难以长居久安,而且勾践的为人可以跟他同患难,很难跟他同安乐,写信告别勾践说:"我听说君主有忧,臣子就应劳苦分忧。于是他君主受辱,臣子就应死难。从前君王在会稽山遭受耻辱,我之所以不死,是为了复仇的大业。现在已经洗刷了耻辱,我请求惩罚我在会稽山使君王受辱,判我死罪。"勾践说:"我将和你分享并拥有越国。要不然,我就要惩罚你。"范蠡说:"君王根据法令行事,臣子依从志趣行事。"就装上他的轻便珍宝珠玉,私自和他的家仆

范蠡

随从乘船漂海而去,最终也没有返回越国。于是勾践就在会稽山做标记,把它作为范蠡的封邑。

范蠡泛海来到齐国,改名换姓,自称鸱夷子皮,在海边耕作,辛勤劳苦,努力生产,父子治理产业,住了没多久,财产达到几千万。齐国人听说他很贤能,请他做丞相。范蠡慨叹道:"做平民百姓就积聚千金,当官就达到卿相的地位,这是平民百姓所能达到的顶点了。长久地享受尊名,不吉祥。"于是归还相印,散发所有的家财,分给朋友和乡亲,携带贵重的珍宝,悄悄离去,到陶地定居。他认为这里是天下的中心,贸易交换的道路畅通,做生意可以致富。于是自称陶朱公。又约定父子耕

种、畜牧、贱买贵卖，等待时机转卖货物，追求十分之一的利润。住了没多久，就积聚财产累计达到万万。天下人都称道陶朱公。

而与范蠡曾同朝为官的文种却是一个极好的反面教材。

范蠡离开越国后，从齐国给大夫文种送去书信说："飞鸟尽，良弓藏；狡兔死，走狗烹。越王的长相脖子很长，嘴尖得像鸟喙一样，可以跟他共患难，但不可以共欢乐。你为什么不离去呢？"文种看了书信，托病不再上朝。有人进谗言说文种将要作乱，越王于是赐给文种宝剑，说："你教给我七种讨伐吴国的计谋，我用了其中三样就打败了吴国，还有四种在你那里，你为我到先王那里试用这些计谋吧。"文种于是自杀。

让权减职　清除隐忧

攻破太平天国都城天京后，曾国藩兄弟的位望达于极盛。曾国藩不但头衔一大堆，且实际上指挥着三十多万人的湘军，还节制着李鸿章麾下的淮军和左宗棠麾下的楚军；除直接统治两江的辖地，即江苏、安徽、江西三省外，还节制浙江、河南、湖北、福建、广东、广西、四川等省也都在湘军将领控制之下；湘军水师游弋于长江上下，掌握着整个长江水面。满清王朝的半壁江山已落入他的股掌之中。他还控制着赣、皖等省的厘金和几省的协饷。时湘军将领已有十人位至督抚，凡曾国藩所举荐者，或道府，或提镇，朝廷无不如奏除授。此时的曾国藩，真可谓位贵三公，权倾朝野，一举手一投足而山摇地动。

在这样的时刻，这样的境地，曾国藩今后的政治走向如何，各方面都在为他猜测、设想、谋划。已经有统治中原两百多年历史经验的清王朝，自然不容高床之下有虎豹鼾睡，只是一时尚忍容未发；不断有来自权贵的忌刻怨尤，飞短流长，也是意中之事；自然也有一批利禄之徒，极力怂恿曾国藩更创大举，另立新帝，以便自己分得一匙羹汁。

何去何从的问题，当然也早在谙熟历史的曾国藩的思虑之中了。他准确地估计自己"用事太久，兵权过重，利权过广，远者震惊，近者疑忌。"故同治三年六月十八日三更半夜，他在安庆接到湘军攻下金陵的咨文时，竟然"思前想后，喜惧悲欢，万端交集，竟夕不复成寐"。此时此刻，喜与欢固不待言，可是，他何惧何悲？个中内情，后人虽不敢忘断臆说，却确知曾国藩在大喜的日子里颇有隐忧！

而事实上，曾国藩每获重位时表现出来的那种战战兢兢的心态，也并非杞人忧天，因为据说当湘军克复武汉时，咸丰皇帝曾仰天长叹道："去了半个洪秀全，来了一个曾国藩。"当时洪秀全的太平天国已是走下坡路，而曾国藩的声威，正是如日中天，俩人又都是汉人，无怪咸丰帝有此慨叹。所以当清廷委署曾国藩为湖北巡抚，曾国藩照例要谦辞一番，奏章尚未出门，"收回成命"的诏谕，已经下达。仅嘱咐他以"礼部侍郎"的身份，统兵作战。这些明来暗去的猜忌，曾国藩岂能不知。

清军江南大营被再度摧毁之后,清朝绿营武装基本垮台,黄河以南再没有什么军事力量足以与太平军抗衡,因而不得不任命曾国藩为两江总督,依靠他镇压太平天国革命。

所以,清政府就采取了两方面的措施:一方面迅速提拔和积极扶植曾国藩部下的湘军将领,使之与曾国藩地位相当,渐渐打破其从属关系。清政府对曾国藩的部下将领和幕僚,如已经死去的塔齐布、罗泽南、江忠源、胡林翼、李续宾、李续宜和当时尚在的左宗棠、李鸿章、沈葆桢、杨载福、刘长佑等都实行拉拢和扶植政策,使他们渐渐与曾国藩分庭抗礼,甚至互相不和,以便于控制和利用。另一方面对于曾国藩的胞弟曾国荃则恰恰相反。同治二年(1863)五月曾国荃升任浙江巡抚之后,仍在雨花台办理军务,未去杭州赴任,亦本属清政府的意旨,照例是可以单折奏事的。曾国藩遂让曾国荃自己上奏军情,以便攻陷天京后抢先报功。不料,奏折刚到立遭批驳。清政府以其尚未赴巡抚任,不准单折奏事,以后如有军务要事,仍报告曾国藩,由曾国藩奏报。曾国藩恐曾国荃心情抑郁,言词不逊,在奏折中惹出祸来,特派颇有见识的心腹僚臣赵烈文迅速赶赴雨花台大营,专门负责拟章奏咨票事项。

曾国荃攻陷天京后,当天夜里就上奏报捷,满心以为受大赞扬,不料又挨当头一棒。上谕指责曾国荃破城之日晚间,不应立即返回雨花台大营,以致让千余太平军突围,语气相当严厉。事情发生后,曾国荃部下各将都埋怨赵烈文,以为是他起草的奏折中有不当言词引起的。赵烈文则认为,这与奏折言词无关,而完全是清政府猜疑,有意吹求,否则,杭州城破时陈炳文等十余万人突围而去,左宗棠为何不受指责?幸好有人将李秀成捆送营,否则曾国荃更无法下台。

但是,清政府并不就此了结,而是步步进逼,揪住不放。数日之后,清政府又追查天京金银下落,令曾国藩迅速查清,报明户部,以备拨用。尤其严重的是,上谕中直接点了曾国荃的名,对他提出严重警告。上谕说:"曾国藩以儒臣从戎,历军最久,战功最多,自能慎终如始,就保勋名。惟所部诸将,自曾国荃以下,均应由该大臣随时申儆,勿使骤胜而骄,庶可长承思眷。"这无疑是说,曾国藩兄弟如不知禁忌,就难以"永保勋名","长承恩眷"了。真是寥寥数语,暗伏杀机。对此,曾国藩采取了积权的应对办法,一是叫攻克金陵的"首功之臣",统有五万嫡系部队、被清廷斥为"骤胜而骄",且有"老饕之名"的老九曾国荃挂冠归里。他说:"弟回籍之折,余斟酌再三,非开缺不能回籍。平日则嫌其骤,功成身退,愈急愈好。"二是裁减湘军十二营,同时将赴援江西的江忠义、席宝田两部一万余人和鲍超、周宽世两部两万余人均拨给沈葆桢统辖。这样,曾国荃所部仅只剩几千人了。三是奏请停解广东、江西、湖南等省的部分厘金至金陵大营,减少自己的利权。统观三条,都是曾国藩的"韬晦"之计。他在金陵攻克前还"拟于新年(同治二年)疏辞多篆、江督两席,以散秩专治军务,如昔年侍郎督军之象,权位稍分,指摘较少"。

虽然后来曾国藩没有疏辞钦差大臣和两江总督,但上述三条措施,正中清朝廷的下怀,使清朝廷骤减尾大不掉之忧,因而立即一一批准。针对曾国荃奏请回籍调理，并部勒散勇南归一折，七月二十七日上谕说："该抚所见，虽合于出处之道，而于荩臣谋国之宜，尚未斟酌尽善。"仅仅表示了一番朝廷的"存问"。及至曾国藩于八月二十七日代曾国荃正式奏请"开缺回籍调理"时，很快便得到九月初四日的上谕的批准，其间仅仅七天！曾国荃粗鄙，不能理解阿兄与清廷之间在政治上的这种交易与默契，对于开缺浙江巡抚大为不满，竟在阿兄移驻金陵，大会宾客之时，一腔牢骚，满口怨言。后来，曾国藩回顾此事，对赵烈文说："三年秋，吾进此城行署之日，舍弟甫解浙抚任，不平见于辞色。时会者盈庭，吾真无地置面目。"其实，不止曾国荃，当时朝野上下，深刻地领会曾国藩这种韬晦之计的能有几人？

莫倚权妄为

金完颜亮登了大宝，但那是僭窃而来，朝野上下虽无异议，但表面的平静并不意味着四方稽首，万众拥戴。尤其太宗一支，子孙官爵显赫，势力强大，使他寝食不安，倘不加防范，难免他日发难，而防范的最好办法，莫过于兴狱屠戮。他当臣子时，就曾向熙宗进言，说宗本等势强，不宜优宠太甚，及至篡立，猜忌愈深，便和秘书监萧裕设谋，杀戮太宗一支。

但宗本、秉德等都是懿亲大臣，无故杀戮，又恐国人不服，便由萧裕授意和宗本关系最密切的尚书令史萧玉告变。萧玉诬告秉德在去外地做官时曾与宗本会饮，并约定内外相应，图谋不轨，危害社稷。完颜亮拿到了这一"证据"，便派人前去宣召宗本，说是皇上要开一次打马球的盛会，要各地精于马球的贵族大臣前往参加，宗本并未料到完颜亮会加害自己，便与宗美一起前来。

因为宗本、宗美两人实在未曾准备谋反，所以，完颜亮也不审问他们，只是将他们立即处死。在除掉了这两个最有权势的熙宗宗室之后，又杀了东京留守宗懿、北京留守可喜、益都尹毕王宗哲等人，同时还派唐括辨杀死了秉德，甚至连最为老实无能的东京留守宗雅也不放过，他们的家属亦被杀死。这样，太宗子孙有七十余人被杀，宗翰子孙有三十余人被杀，两支宗室无一幸存。通过这次骇人听闻的大屠戮，完颜亮基本消灭了能同他竞争皇位的宗室力量，觉得可以"稳坐江山"了。

完颜亮在消除了他的政敌之后，仍然作无谓的杀戮，只要他看不顺眼的，即加杀戮。他见宗室斜也一支不太归心，就又派人假造谋反信件，根据这一信件，把掌握军、政大权的斜也宗族以及一些他所不信任的大臣杀掉，结果，又杀掉了一百三十多人。完颜亮的残忍好杀，一方面确实起到了震慑作用，但另一方面，又使得群臣和宗族恐惧战栗，逐渐与完颜亮产生了隔阂。

大概因为他是庶子，自小遭受正室和其他人的白眼的缘故，他的"复仇"欲特别强烈，他不仅杀尽了熙宗的宗室，对于徒单太后，也没有放过。完颜亮的父亲宗干有三房妻妾，长房正室徒单氏没有生育，次室李氏生郑王完颜充，第三房大氏则生了三个儿子，其长子就是完颜亮。徒单太后收养完颜亮为养子，完颜亮聪明伶俐,讨人喜爱,对他还算喜欢,再加上徒单氏十分贤惠,和完颜亮的生母相处十分融洽,应该说,完颜亮是不应该有所嫉恨的。但就是这样,完颜亮也容忍不得,一旦稍稍触犯了他的自尊心,他就会横加报复。在完颜亮杀死熙宗之后,徒单氏听说了,曾经惊讶地说:"皇帝虽属无道,做臣子的也不该如此!"等见了完颜亮,也没有拜贺他即位为皇帝。完颜亮从此怀恨在心。

完颜亮当皇帝后,徒单氏和大氏都被尊为太后。一次,徒单氏生日,完颜亮和生母大氏一同前往祝寿,当大氏举杯奉觞之时,徒单氏正和别人说话,大概是没有察觉吧,让大氏等了一会,完颜亮非常气愤。第二天,他把和徒单氏说话的公主、宗妇叫来,把她们痛打了一顿。完颜亮的生母大氏听说了这件事,觉得过意不去,曾经责备过完颜亮,而完颜亮却说:"我如今当了皇帝,岂能和以前一样,遭人冷落?"

完颜亮的生母大氏死后,完颜亮才把徒单氏接到中都,他表面上装得十分孝顺,经常去请安问好,多次率群臣百官为之祝寿,并亲自服侍,同辇而行,以致人们以为他天性至孝,连徒单氏也深信不疑。因此,徒单氏曾多次推心置腹地劝他多行善事,少动刀兵,尤其是不要涉江淮代宗。完颜亮听了,当面隐忍不发,但每次回来,都怒气冲冲。后来,完颜亮想起徒单氏的养子完颜充的四个儿子都已长大,而且全都在外带兵,徒单氏又和一帮大臣多有交结,且经常表露出反对自己的情绪,如果他们里应外合,骤然起兵,恐怕很难对付,于是,他决定除掉徒单氏。完颜亮先收买徒单氏的侍女高福娘,让她监视徒单氏的一举一动,取得"谋反"的证据,继而派人把她勒死,并把她的尸体焚烧,投于水中。徒单氏身边的侍女从人,全被杀掉。

目空一切 自取灭亡

有一个蒙地的人披上狮子皮便走到墓穴去,老虎看见他就逃去,他认为老虎是害怕自己了。回到家而感到自傲,胆子就更大了。第二天,他又穿上狐皮衣到旷野去,又与老虎相遇,老虎停下斜视他,他恨老虎不逃跑,便呵斥它,反被老虎吃掉。郴娄子乘船在河中漂游。至河心失足落水,水涡又把他旋出来,得到一只葫芦而漂流上岸,他认为是苍天保佑了自己,归来以后,既不侍奉鲁国,又不侍奉齐国。后来鲁国讨伐并分占了他的国家,齐国也不肯去救援。

君子说:"胆大妄为是灾祸的根源,保有功德才可以承受老天的吉祥,吉祥不会轻易出现,只有圣人才配得到它。不是吉祥却自认为吉祥,失去了自己的理智,怎么能免遭灾祸呢?"

恃才放旷 必遭疑妒

建安十六年,曹操封曹丕为五官中郎将、副丞相,其余诸子皆封侯。但在诸子中,曹操最宠爱的是曹植。曹植有才华,能诗善文,性格随和,不追求奢华,每次晋见都能应声而答。曹操认为他是"儿中最可定大事者"。建安十九年,曹操出征伐吴,行前,对曹植说:"我二十三岁为顿丘令,回顾当时所为,无愧于今天。如今你也二十三了,可要努力啊!"期望之情溢于言表。

当时丞相主簿、总知内外的杨修和西曹掾丁仪、黄门侍郎丁廙都与曹植关系密切,他们经常在曹操面前称赞曹植的才华,劝曹操立其为太子。曹丕闻之大为吃惊,从此他行为谨慎,矫情自饰。一次、曹丕,曹植兄弟送父远征,曹植在曹操面前称颂其功德,言语得体,辞藻华丽,说得曹操心花怒放。口齿木讷的曹丕在一旁既嫉妒又着急,怅然若失。其心腹谋臣吴质在曹丕耳旁低声说道:"此时只要流泪就可以了。"曹丕心领神会,当众垂泪流涕,嘘叹无语。曹操及文武官员见了,以为曹丕为父子离别而伤心,都来安慰他。大家认为曹植虽有才华,能说会道,但不及曹丕心诚。

后来吴质被外放,不能进宫。曹丕失去谋臣,甚为着急,令人将吴质藏在竹筐内,偷偷送入宫中,与其商量争嗣事宜。此事被杨修知道了,报告给曹操。曹丕为之非常恐惧,吴质则说:"没关系,我自有对付的方法。"第二天,吴质要曹丕再用原车装竹筐,但筐内只放绢绸。车入宫,杨修立即报告曹操,想以此来个人赃俱获。曹操令人检查,没发现人。由是曹操怀疑杨修等人是为了帮助曹植争嗣而诽谤曹丕,心中大为不快。加之朝臣都反对废长立幼,终使曹操决定立曹丕为太子。

曹植并未因曹丕为太子而行动有所收敛,依然骄纵如故,多次违反宫中制度,私自出入宫门,驾车行驶在专供皇帝走的御道上。为此曹操非常生气,并处死了主管宫门的官吏,他对曹植的宠信也日益见衰。杨修等人并未因此疏远曹植,继续为他出谋划策。他经常注意揣测曹操的意图,并将之整理成文,告诉曹植,所以每次曹操询问时,曹植都能马上应对。曹操常惊讶曹植的反应快捷。后经查询,知道是杨修从中帮助,心中快快不乐。一次,曹操命令王子们各从一城门出城去办事,同时又下令各守门官吏不让一个人出城,以试探各人的应付能力。杨修将此事告诉曹植,并教他:"你是奉王命出城的,如果守门官员不让你出城,你可杀他。"其他王子因门吏阻止而返回时,唯曹植依计出门。曹操了解到又是杨修为之设谋,忧虑万分。想到杨修是个才策之士,又是袁术的外甥,如此用心设谋为曹植争嗣,终是后患。就在临终前百日,曹操以泄露机密、交结诸侯为借口杀了杨修。

潜藏蛰伏　不露行迹

刘备在没有得到蜀中之前,曾经投靠曹操。在曹操面前,刘备竭力装出无所事事的样子,每天在菜园中浇水种菜,锄地松土。因为刘备知道曹操是一世奸雄,是不能容忍能与他竞争的英雄存在的,只有表现出胸无大志的样子,才有可能不引起曹操的注意,以便积蓄力量,创建霸业。

一天刘备正像往常一样在园中浇菜,许褚、张辽便奉曹操之命来请他。刘备对

处世巧点子

图文珍藏版

曹操一直是避之唯恐不及的,但既来请,又无法推辞,只好来到曹操的丞相府。曹操挽着刘备的手走进后花园,在一个小亭子中坐下,两人一边吃青梅,一边喝酒。曹操请刘备,也是有一定目的的。他听说刘备每天浇菜锄地,但不知虚实如何。这次请来,也想在言谈话语中,窥测一下刘备的真意。

酒酣耳热的时候,曹操问刘备:"当今天下,谁能称得上是英雄?"刘备虽然表面上推杯换盏,浅酌低饮,无拘无束,实际上心里忐忑不安。因为他也洞察到曹操青梅煮酒的用意,生怕自己露出什么破绽来,因此处处谨慎小心。听曹操一问,刘备便小心翼翼地试着回答:"淮南袁术,兵精粮足,猛将如云,可以算是个英雄人物了。"曹操对此嗤之以鼻:"袁术不过是坟中的一块枯骨,称不上是什么英雄!"刘备又接着试探着说:"河北袁绍,地位高贵,门生部属遍布天下,他在冀州,谋士武将如云,像他这样的,可以算作是英雄吧!"曹操不屑一顾:"袁绍表面上看起来厉害,却心胸狭窄,没有胆量,虽然足智多谋,但在紧要关头往往犹豫不决,以至错过时机。看到一点小利就不要性命,想干大事却又怕担风险。这种人绝不是英雄!"刘备接着说:"刘表在荆州,和七位名士结交为友,时人称为'江夏八骏',他可以称作英雄吧!"曹操鄙夷地说:"刘表徒有虚名而已,算不上什么英雄!"刘备又举出孙策、刘璋、张绣、张鲁、韩遂这些人,曹操禁不住拍手大笑道:"这都是些小人物,谈得上是什么英雄啊!"曹操接着对刘备说:"所谓英雄,就是要胸怀大志,腹藏良谋,要志在各吞吐天地,要谋能包藏宇宙。这样的人才能算是英雄!"他手指刘备和自己:"当今天下可称作英雄的,只有你和我两人啊!"刘备一见心中之志被曹操看破,吓得心中一震,手中的筷子掉在地上。他马上意识到了自己的失态,恰在这时候,天中划过一道闪电,接着又是一声惊雷。刘备立刻抓住这个时机来掩饰自己,弯腰拾起筷子,笑着说:"这雷的威力太大了!"曹操有些惊疑:"英雄好汉还怕打雷吗?"刘备坦然一笑:"孔子说过,君子闻迅雷风烈必变色。我小小的刘备,当然对天也是很敬畏的啊!"这一番话语说得天衣无缝,轻巧自然地就把举止的失态掩饰了过去。假如刘备说得不是这么巧妙周密,曹操一定认为刘备是心虚才吓掉了筷子,那刘备的内心就会被曹操窥到,到那时,曹操还能容忍一个敢与自己争雄的人存在吗?

谦逊谨慎　不可自傲

吕僧珍字元瑜,是东平郡(治今山东济宁市北)范县人,家世居广陵(今江苏扬州)。从南齐时起,吕僧珍便随从萧衍。萧衍为豫州刺史,他任典史。萧衍任领军,他补为主簿。建武二年(495年),萧衍率师援助义阳抗御北魏,吕僧珍随军前往。萧衍任雍州刺史,吕僧珍为萧衍手下中兵参军,被当作心腹之人。萧衍起兵,吕僧珍被任为前锋大将军,大破萧齐军队,为萧衍立下大功。

吕僧珍有大功于萧衍,被萧衍恩遇重用,其所受优待,无人可以相比。但其从未居功自傲,恃宠纵情,而是更加小心谨慎。当值宫禁之中,盛夏也不敢解衣。每次陪伴萧衍，总是屏气低声，不随意吃桌上的果实。有一次，他喝醉了酒。拿了桌上一个柑橘，萧衍笑着说："卿真是大有进步了。"拿一个柑橘被认为是大有进步，可见吕僧珍谨慎到什么程度。

吕僧珍因离乡日久，上表请求萧衍让他回乡祭扫先人之墓。萧衍为使其衣锦还乡，光宗耀祖，不但准其还乡，还给其使持节、平北将军、南兖州（治今江苏扬州）刺史，即管理其家乡所在州的最高行政长官。然而，吕僧珍到任后，平心待下，不私亲戚，没有丝毫张狂之举。吕僧珍的从侄，是个卖葱的，他听说自己的叔叔做了大官，便不再卖葱了，跑到吕僧珍处要求谋个官作。吕僧珍对他说："我深受国家重恩，还没有做出什么事情以为报效，怎敢以公济私。你们都有自己的事干，岂可妄求他职，快回葱市干你的本行吧！"吕僧珍的旧宅在市北，前面有督邮的官府挡着。乡人都劝吕僧珍把督邮府迁走，把旧宅扩建。吕僧珍说："督邮官府自我家盖房以来一直在此地，怎能为扩建吾宅让其搬家呢？"遂不许。吕僧珍有个姐姐，嫁给当地的一个姓于的人，家就在市西。她家的房子低矮临街，左邻右舍都是开买卖的店铺货摊，一看就是下等人住的地方。但吕僧珍常到姐姐家中做客，丝毫不以出入这种地方为耻。

吕僧珍可谓是深知立身之道的智者，他功高不自居，身贵不自傲。从而使皇帝对他更加信任、放心。吕僧珍58岁时病死，梁武帝萧衍下诏说："大业初构，茂勋克举，及居禁卫，朝夕尽诚。方参任台槐，式隆朝寄；奄致丧逝，伤恸于怀。宜加优典，以隆宠命，可赠骠骑将军，开府仪同三司、常侍、鼓吹、候如故。"不但如此，吕僧珍还被加溢为忠敬候。

借酒躲避　明知故问

魏晋之间，曹魏集团和司马氏集团为争夺统治权，斗争激烈，社会动荡，许多知识分子因此而成为曹魏集团和司马氏集团斗争的牺牲品，凡知名人士很少有好结果的。

阮籍的父亲阮璃是曹操的僚属，著名的建安七子之一。司马氏为了篡夺曹魏政权，对曹魏集团里的人残酷打击，大行杀戮，毫不留情。自正始十年（249年）司马懿策划政变，诛灭曹爽三族起，到景元三年（262年），司马昭诛杀思想异己分子嵇康、吕安等人，在短短的十几年中，司马氏集团血腥镇压了政敌一方的几十个家族及其亲党，还有一大批无辜的知识分子。

阮籍由于他的家庭出身，自然受到社会的注意。尽管他志气宏达豪放，性格傲岸孤高，从小就有匡时济世的抱负，但在当时人人惴惴不安的恐怖气氛下，他却只能佯为放诞不羁，喜怒不形于色，不干预世事，不臧否人物，忘情于山水之间。

早年他对世道失望，因此朝廷多次征聘，他都不肯出仕。曹爽专权时，阮籍曾被召为参军，但他以病推辞，隐居乡间。一年多后，曹爽被诛，人们都佩服他的远见。后来司马氏掌权,士大夫如果不接受笼络,便有被害之虞,他这才应辟出仕,以避免当权者的加害。但他"居官无官之意",做官近乎胡闹,一则当然是因为不愿为司马氏效力,二则也是为了让司马集团以为他只是徒有虚名而无实学的人,不被猜忌。

遇到政治难题,阮籍常常用醉酒不醒来躲避是非。醉酒是他用来保护自己、不被人陷害的一种方法。

司马昭看到阮籍名声很大,极力要把他拉到自己的营垒,这对于打击、瓦解曹魏集团也会发生很大作用。于是就派人到阮籍那儿,为他的儿子司马炎提亲,要和阮籍结为儿女亲家。

阮籍听说后,十分惶恐。他不愿依附于司马集团,当然不想和司马氏联姻;但是若要一口拒绝婚事,就会性命难保,怎么办呢?他就拼命饮酒,喝得酩酊大醉,不省人事。等提亲的官员来到,只见他呼呼大睡,怎么推他、喊他,都醒不了。只好第二天再来,依然大醉不醒。后来司马昭亲自来提亲,仍然大醉不醒。连连几十次,都是如此。弄得司马昭一直没有机会开口,又感到阮籍真是一个会误事的酒鬼,婚事只好作罢。

阮籍这次醉酒,整整醉了六十天,终于避开了这个难题。

钟会是个心怀不轨的人,老想陷害阮籍。他曾好几次去找阮籍,提出一些时事政治问题来问他。阮籍看出他的用意,是想根据自己的回答或赞成、或反对,来罗织罪名。等他一来,就请他喝酒,自己也喝酒,边喝边聊。钟会一谈及时事政治,他便已醉醺醺的,迷迷糊糊了,似乎什么话都听不清楚,什么话也说不了了,搞得钟会对他一点办法都没有。尽管多次摆设圈套,却不能抓到一点把柄。阮籍因此避免了遭受陷害。

一次,阮籍听说步兵兵营的厨师善于酿酒,还存有三百斛酒,他就主动请求去做步兵校尉。其实,这也是为了逃避政治斗争,给人以贪杯的假象,掩盖自己的面目。他对事务都弃置不管,成天优游玩乐。司马氏也就放心了,不加害于他。

不识进退　尸首分离

秦朝末年,秦二世荒淫无度,赵高助纣为虐,百姓生活在水深火热之中。丞相李斯力谏秦二世,均不见效,反而因此被赵高怀恨在心。为此,赵高决心使用上楼抽梯之计,将进谏的李斯置于死地,好实现自己位居丞相之位的梦想。

一日,李斯有恙,赵高假意前往探视。二人谈起秦二世时,赵高叹了一口气说:"函谷关以东盗贼纷起,可皇上却大量从那里抽人役徭役,修建阿房宫,这不利于国家啊!"

李斯说:"作为臣子,吾等都应从国家社稷出发,多为皇上出善谋啊。"

赵高赶紧吹捧李斯:"您是两朝元老,德高望重,又居丞相高位,敢于犯颜劝谏,可这件事,你为什么不劝劝皇上呢?"

李斯沉吟道:"我何尝不想劝谏皇上呢,可近年来,皇上连朝政都不管,身居深宫,我怎能有机会见到他呢?"

赵高故作同情状,说:"我虽侍候在皇上左右,可我的话皇上根本不听,只听您丞相的,我仔细候着,等皇上空闲时,我一定通知您进宫求见。"

李斯说:"那全仗赵大人的一片厚意,你我为了大秦江山,当尽臣子之责。请赵大人务必见机使老夫能觐见皇上啊!"

可赵高离丞相府后,再无音信,眼看边关军情紧急,李斯夜不能寐,天天在宫门口请求进见秦王。

深宫内,秦二世醉眼蒙眬,怀拥美女,举杯痛饮,赵高侍候在旁,与二世同乐,殿内舞女婆娑舒袖。乐池内,笙箫婉约。

秦二世喝得兴起,走下龙床,进到舞池,与宫娥共舞。

正当秦二世玩到兴头上,赵高叫人通知李斯,对李斯说,皇上现在正在空闲,请丞相赶紧求见。

在宫门外的李斯得此口信,十分高兴,赶紧将奏章递与殿门的锦衣卫士,要求进见秦二世。

舞罢一曲的秦二世正拥着一绝色美女狂饮,闻听李斯求见,十分恼火:"丞相真败我雅兴,不见!"

锦衣卫士将奏章退与李斯,李斯仰天长叹:"老天啊,大秦江山危在旦夕!"随即闯宫求见。

秦二世闻听李斯闯宫求见,大怒。赵高看在眼里,喜在心头,赶紧上前,附耳对秦二世,说:"大王,李斯来者不善,臣早就听说李丞相对皇上心怀不满,认为皇上勤政不如先帝,不懂治国之道,咒我大秦劫数已尽啊!"

秦二世十分震怒:"这个李斯,我与先帝待他不薄,他怎敢如此犯上,咒我江山!"

赵高趁机进谗言说:"刚才他还在宫门口大呼大秦危在旦夕,真是妖言惑众,有反叛之心!"

秦二世拍案而起:"果真如此,要这等丞相何用?"

赵高赶紧把宫门锦衣卫士唤进,问道:"刚才李丞相在外高呼什么?"

锦衣卫士伏地答道:"皇上不见丞相,李丞相十分着急,仰天叹道大秦江山危在旦夕。"

秦二世闻言,立即传言:"来人,将犯上作乱的李斯抓起来,打入天牢!"

锦衣卫士领旨出宫将李斯捉拿,押下天牢,后被斩杀。

赵高的上屋抽梯之计得逞后,不久即被秦二世封为丞相。

第二章　安身立命脱苦海

　　世间皆乐，苦自心生。由于世人都被虚荣心和利禄心所困扰，因此一开口就说人间是苦海。然而却不知道，只要看开名利不去追逐，回过头来欣赏白云笼罩下的青山翠谷，屹立在河水奔流中的奇岩怪石，迎风招展的花卉和呢喃的小鸟，以及樵夫歌唱回应山谷。这财就会发出会心的微笑，而恍然大悟人间即非尘嚣，世界也非苦海，只是人们自己落入尘嚣、堕入苦海而已。

巧用心理战术

　　李夫人是汉武帝的侧妃，在此顺便一提，古时，夫人就是妾，侧室的意思。汉承袭了秦朝的称号，皇帝的母亲是皇太后，祖母是太皇太后，配偶称皇后，妾全部都称为夫人。不仅如此，由于后宫使用婢女的人数增加，自然地有了"等级"之分。妾以下，分别为美人、良人（善良之女的意思）八子、七子、长使、少使。八和七的差别在于顺序之别。长使、少使是下级的佣人，到了武帝的时候，改变婕好、淫峨（美貌之意），华（学习礼仪）、充依（担任指导男女之间交际、道德），以制定女官，分别赐以爵位。

　　李夫人所以由武帝所起用，是由其兄李延年设想周到，事先进行设置的结果。

　　李延年，河北中山人，生于艺人之家，父、母和所有的孩子全都钻研艺术，真可称之为艺术家。李延年天生对音乐有灵敏的感受，舞技更是别具一格，深得武帝宠爱。

　　李延年是一个宦官，但是也有他幸运的一面，除了武帝上朝处理朝政的时间和后宫之外，他都能够自由地参与。

　　当疲倦的权力者休息时，宦官必定在旁侍候。

　　那时音乐非常盛行。孔子也曾说过，以乐祭天地，周王朝时代，以乐正礼法。武帝要求以礼乐整治汉王朝秩序，而李延年就是将礼法传给民众的艺人。为了武帝实际统治的思想，李延年成为不可缺少的人。而且他善体武帝的心境，理编新曲，所有听到的人无不感动。

　　有一天，在武帝面前李延年展示他新编的舞曲，不知是有意呢？还是偶然呢？我们也无法知道，但是传说武帝为此事，格外地兴奋。

　　北方有佳人，

　　绝世而独立，

　　一顾倾人城，

再顾倾人国，

宁不知倾城与倾国，

佳人难再得。

"实在是太好了。"

武帝大声叹息说：

"世上真有这样的女子吗？"

这首新曲作者就是李延年之妹。于是武帝下令召见李女，这就是后来的李夫人。她深受武帝宠爱，生有一男。由于她的爱宠，使得李延年和艺人整个家族都繁荣起来。

这是他们兄妹共同议谋的成果吗？宠爱的结果当然是得到繁荣。在当时，这个家族接二连三地在很幸运的情况下，出现在朝政上。

妹李氏是武帝的夫人，到后来和武帝合葬，谥号为孝武皇后。

李延年担任二千石的官位，被任命为管理音乐的高官——协律都尉。

而延年之弟，李夫人之兄李广利，也被任命为贰师将军，封海西候。

兄长都已担任高官，预期自己死期将至的李夫人，以女人美貌为武器，仍希望死后能继续得到武帝的宠爱。

听到爱妾李夫人病了，武帝去探望她。

武帝道：

"让我看看你的脸。"

李夫人回道：

"妾因病久寝，形貌毁坏，不可以晋见皇上，希望将王（李夫人之子）及我的兄弟托付给皇上。"

"夫人病得这么严重，一见到我，就将王及兄弟托付给朕，这不太好吧！"武帝答。

"妇人貌不修饰不见君父，妾不敢随便晋见皇帝。"

"这样好了，你见我一面，联将加锡千金，而你的兄弟也一定给予高官显爵。"

"赏不赏赐高官显爵完全在于皇上，与我见不见皇上毫无关系！"

武帝又再三要求见夫人一面，但是夫人唯恐皇帝嫌弃自己的病容，所以郑重回绝的同时，将身体转过去，背对皇帝啜泣地哭了起来。

武帝非常不高兴而离开了。

这种应对的策略，可视为一种爱情心理战。其实上她这么表演，确实使得后来她的一族人都获得安泰。

"为了和皇上约定家人的未来，怎能以这样冷淡的态度对待皇上呢？"李夫人的姐姐责备地说。

"我是故意这么做的。这样做是有好处的。"李夫人说明。

"为了我一家人的未来的前途，必须彻底和武帝有个约定，所以我故意不让皇上看见我的脸。我以容貌之美才能从微贱之身得到皇上的宠爱,是以美貌服侍皇上的。如今色衰而恩失,恩失则思绝,如今皇上对我依然念念不忘,凭的就是昔时我的美丽。现在我因病久寝,容貌憔悴,已不如昔日美丽,皇上必定会嫌弃,进而抛弃我,怎可能还会对我的兄弟加以照顾呢?"

因为只靠容貌和舞艺获得皇帝宠爱,为了让皇帝在她死后仍能怀念和爱恋着她,并继续照顾自己的儿子和一家人,李夫人确是别有见地,用心良苦。

于是在李夫人死后,她的兄弟都分别以其特殊的技艺,获得高官。

始终思念李夫人不已的武帝,将她的容貌画在屏风上。在甘泉宫,不断思念着她。武帝死后,霍光大将军体谅武帝的心意,将他们合葬,并追谥李夫人为孝武皇后。

以一生换取自己想要的东西

夏姬是春秋时的女性,不应该是生性自由奔放的,处于昨天是盟友,今日是敌人;早上发誓同盟,下午便毁约背弃,令人难以想象,毫无秩序可言的春秋时代,将战乱、权谋术的命运玩弄于手掌之中,欺压一个没有意志力的女子实在太简单了。有些人认为这种说法是对的,但是也有持相反意见的人。

夏姬生于郑国。

那个时候,姓郑的本家都是与周王朝有着很深厚的血缘关系的王族,因为接近王朝府,所以对于都会的消息原本就很灵通,在这种情况下,当时的情形就可以想象了。总之,自由的风气弥漫于整个朝野,我想以这种方式解释是应该很恰当的。

夏姬,郑国王穆公的女儿。在她的一生之中,交往过的男人已经知道的有 12 人之多。

最初的几个男性,三个人全是同父异母的兄弟,而夏姬是他们的妹妹。

三个同父异母的兄长,共有一个妹妹吗? 被异母兄弟所包围的妹妹成熟吗?虽然那种波动的心境,史书并未记载,但是夏姬的存在,成为兄弟三人争吵的原因之一。夏姬原本是嫁给陈国大夫夏御叔,那是在她 20 岁的时候。

第二年生了一个男孩,名徵舒,字子南,过着容易平稳的日子,但是丈夫早逝,夏姬落入灵公之弟子公的手中,从此她的周围渐渐不平静了。32 岁的女子,正是盛年时期吧!? 夏姬的从前姑且不论,期望微舒的成长和显达是和他的母亲没有什么分别。若是为了儿子的成功,无论付出多少代价都在所不惜的女子,古今中国多的是。以为了夏家、为了儿子的成功为借口,配合着当时郑国奔放的自由风气,美女开始不安于室了。

在这里还有许多男子出现。

陈灵公和大夫公孙宁、仪行父都与夏姬私通,他们三人把夏姬的褻衣穿在自己的衣服里头,在朝廷上以褻衣为题互相开玩笑。陈国大夫泄冶谏陈灵公说:"国君和卿大夫应该是人民的楷模。况且这种事情传到外国也不好听,请您把亵衣藏起来,不要再穿在身上。"陈灵公说:"好,一定改。"陈灵公把这件事情告诉公孙宁和仪行父二人,他们两人请求灵公允许他们把泄治杀了,陈灵公不怂恿他们,也不禁止他们,于是他们就杀了泄治。

她的儿子夏徵舒在18岁时,当上了司马,虽然夏姬已是38岁的年纪了,但仍然保持20岁的容姿,像被男子包围的女蜂王一般。

"夏微舒长得很像你。"

"夏徵舒长得也很像你。"

很久以前就不在乎男女之间的事吗?三个好色男子交换闹着玩的话,纵使连史学家都不放过,而记载下来。

自一出世,由于母亲淫乱的关系,所见到的男人说话时都带着下流的口气,对年轻的微舒而言,他再也不能忍受了。虽然母亲的做法他也认为无可厚非,但是却厌恶自己的出生与成功,甚至自己的生活都与这些男子的情欲脱离不了关系,只好找一个最笨的方法,来杜绝令人作呕的种种传说根源。握有兵马权的司马夏徵舒拿着大刀隐藏在马厩的门后,将正想表白情欲、酒话连篇的陈灵公给射杀了。

陈灵公的被射杀,只是事情的开端,夏姬渐渐地能够看到自己的负面——令人讨厌的淫女、妖姬必定会有不幸的下场。

虽然围绕于夏姬四周的男子,一个一个地都陷入了不幸的境遇,但是她的再度沉迷于很多男子之中,实在不得不让人觉得她实在太厉害了。

由于夏姬淫名远播天下,好色的诸侯早已垂涎三尺。连楚庄王也出兵占领陈国的领土,目的当然也是为了夏姬一人。楚庄王杀掉夏徵舒,并把夏姬带往楚国。生于郑国的夏姬使郑国的公子蠢蠢欲动,嫁到陈国令陈国的男人坐立不安,现在移往楚国,第三度使楚国男子射出热情的视线,朝思暮想的妖姬,仍旧是生得娇嫩欲滴。

楚庄王、令伊的高官子反、和子反同样是高官的连尹襄老甚至襄老的继子黑要都包围着夏姬,为她疯狂,连本想劝告他们,给他们忠告的申公巫臣,也完全由衷地迷恋着成熟的夏姬。

贪婪夏姬美色的楚庄王,想尽办法把夏姬纳入后宫,但是却被巫臣阻止。认为只为了得到一名女子,而影响到大业,实在是没有必要。

楚庄王和子反断绝关系,也是巫臣的进谏。

"夏姬是个不祥的女人,大王并不是不知道,男子为她而失去生命,国家因她而灭亡的不计其数。蛮、灵公、子公、夏徵舒、孔宁和仪行父的死全是因为她,天下还有比她更不祥的女人吗?请大王三思而后行。"

于是,庄王就把夏姬许配给连尹襄老。翌年,襄老战死,夏姬和黑要私通。

已经年逾40的夏姬,渐渐达到思及人生的时候了。

"我确实一直想燃烧生命,也和很多男子一起爱过、疯狂过、哭过、笑过。

反击权谋术数,操纵国际政治,使很多男子卷入漩涡,现在我已经没有什么可遗憾的了。未来的日子已不太多,我只想过着稍微安定的日子。"

回到自己生长的故乡郑国以后,夏姬正式接受了大政治家巫臣的求婚。

计划妥当,夏姬和巫臣牵着手,以桃源乡为目的地逃走之后,就再也没有人见过他们俩了。

近小人远贤臣　国破家亡

黄皓,年幼时入宫,服侍太子刘禅。刘禅即位后,黄皓以谄谀自进,渐获宠爱。在后主刘禅统治后期,黄皓身居要职,专擅朝政,排抑忠良,诽毁有功,是蜀汉后期黑暗政治的代表人物之一。

刘备白帝城托孤,诸葛亮竭尽全力辅佐和效忠幼主。可是,随着明光的推移,后主刘禅日渐长大。他久居深宫,不理政事,什么打天下的艰难,治天下的不易,对他来说都是一窍不通。他每天只知优游宴赏,吃喝玩乐,还亵近群小,渐渐喜欢上宦官黄皓。黄皓虽然出身低贱,但他经常随侍后主左右,善于逢迎拍马以谄媚后主,因此慢慢地获得后主的信赖。不久,后主便提升黄皓为黄门丞,充任近侍之职。

诸葛亮十分忧虑,便想荐举董允主持宫中之事,一定可以辅助好后主,自己就可以专心致力于北伐。董允先任侍中,领虎贲中郎将,统宿卫亲兵。后又以侍中守尚书令,主持宫省之事。此时后主声色之欲日渐暴露,他宠爱嫔妃,迷恋女色,并常想从民间选美女以充实后宫。后主还亲近小人,喜听谄言,愈加喜爱黄皓。黄皓则利用接近后主的便利条件阿谀顺旨。迷惑后主,以狐媚求荣。但是,在董允主事期间,后主非常敬畏董允,黄皓更是畏惧董允,不敢为非作歹。

董允死后,陈祗为侍中,以善弄权术而得到宠臣政要们的赏识。陈祗性巧佞,善伺后主颜色,逢迎意旨,因此很快便得到后主的信任而重用。不久陈祗以侍中守尚书令,并领镇军将军,主持宫省之事。陈祗遂与黄皓互为表里,暗中勾结,为了操纵朝政,就曲意迎合,怂恿后主"数出游观,增广声色",使后主荒废政事,日益沉湎于声色之中。在陈祗主事的十多年间。黄皓与陈祗沆瀣一气,狼狈为奸。后主则纵情声色,一意孤行。蜀汉的政治由此而渐趋腐败了。

景耀元年(258年),由董厥任尚书令樊建任侍中,诸葛瞻为尚书仆射,共掌宫省之事。此时后主更加宠信黄皓,黄皓由黄门丞始升为黄门令,再升为中常侍,奉车都尉,开始独执政柄。时董厥、樊建、诸葛瞻等人目睹黄皓窃弄权力,"咸共将护,无能匡矫"。他们既不能辅助后主,也不能制裁黄皓,因此黄皓得以专擅朝政达六年之久,直到司马昭兴兵伐蜀,蜀汉亡国。在黄皓专权用事的六年当中,蜀汉朝政混乱,政治黑暗。黄皓为了巩固自己的权力地位,大搞顺我者昌,逆我者亡。他结党营私,排除异己,对凡不依附和不顺从自己的蜀汉家室、朝臣肆加潜毁和排斥。后主弟刘永,先主时封鲁王,后主即位时改封甘陵王。刘永对黄皓的所作所为早就不满，黄皓对此耿耿于怀。"皓既信任用事，潜构求于后主，后主稍疏外永，至不得朝见者十余年。"校尉罗宪，少有文才，为官正直，曾两次出使东吴，为巩固和加强吴蜀联盟做出了积极贡献。"时黄皓预政，众多附之，宪独与不同。"黄皓得知后大怒，下令将罗宪降职为巴东太守。又观阁令史陈寿，有良史之才。及"宦官黄皓专开威权，大臣皆曲意附之，寿独不为之屈，由是屡被谴黜。"还有部分忠臣元老，久在宫中任职，禀性耿直，淡于荣利，及黄皓小人得势，亦不为所动。

黄皓专权期间，还竭力排抑和钳制大将军姜维。早在姜维连续出兵攻魏期间，黄皓就在朝中与陈祗勾结，阴谋排抑姜维，窃取权力。时"姜维虽位在祗上"，而"任权不及祗"。及黄皓专权用事，他又和右大将军阎宇朋经为奸，阴欲废维树宇，他串通一气，诬告姜维身受任，兴兵累年，功绩不立，企图罢黜姜维，以便让阎宇执掌蜀汉军权。姜维见黄皓弄权于内，将要败亡国家，曾当面规劝后主访问："黄皓奸巧专恣，祸乱朝政，将败国家，请陛下杀掉黄皓。"但后主却回答说："黄皓只不过是个供驱使的小臣，是我身边的奴才。以前董允曾憎恶黄皓，我至今追恨不已，你又何必介意呢？"姜维见后主如此宠信黄皓，又见黄皓在朝中枝叶交错，畏惧失言被害，遂不敢再提此事，景耀五年（262 年）冬，姜维出兵攻打洮阳，被魏将邓艾所败。姜维本是羁旅蜀国，在朝中孤立无援，时黄皓专擅朝政，气势熏天，姜维为了躲避黄皓一党的陷害，于晨洮阳战败之后，以供给军粮为理由，请求前在沓中种麦，"以避内逼"。此后姜维一直领兵在外，不敢还复成都。

蜀汉后期，由于后主昏庸，黄皓专权，加之连年兴兵北伐，使得蜀汉政治黑暗，国力消耗。东吴孙休时派往蜀汉去的使臣曾说："今蜀王暗知其过，臣下容身以求免罪。入其朝不闻正言，经其野民皆菜色。"司马昭伐蜀之前，东吴屯骑校尉张悌也曾说："阉官专朝，国无政令，而玩戎黜武，民劳卒弊。"黄皓专权其间，蜀汉的政治腐败，广大劳动人民所受封建剥削是极其苛重的。在这种情况下，蜀汉政权再也难于继续维持下去了。

景耀五年（262 年）冬，魏大将军司马昭看到蜀国已是"师老民疲，我今伐之，如指掌耳。"准备伐蜀。景耀六年，姜维得到消息，马上报告后主说魏欲攻蜀，应派兵以防患于未然。可是，在司马昭准备大举攻蜀之际，黄皓却"微信鬼巫，谓敌终不自致，启后主寝其事、而群不知。"果然这年春司马昭伐蜀，在大兵压境的严重时刻，由于后主听信黄皓的鬼话，蜀国毫无防御准备，蜀汉群臣也束手无策。后主刘禅只得用绳子把自己缚起来，带着象征蜀汉政权已经灭亡的棺材，亲自去投降。这样，苦心经营了多年的蜀汉政权，竟被黄皓这个小人葬送掉了。

蜀平之后，魏大将邓艾听说黄皓专权乱政祸国殃民，下令收捕入狱，准备杀掉黄皓以谢蜀汉人民。但黄皓竟以厚赂买通邓艾左右，保住一条性命。

重用小人　祸国殃民

宋徽宗(1082～1135年)即赵佶,宋神宗的第十一个儿子。元符三年(1100年)正月,宋哲宗去世,由于哲宗无子,皇位的继承问题便摆在了面前。赵佶心中早想当皇帝,他已认识到有可能要在弟兄中间挑选继承人。为了达到目的,打通通向金銮殿的道路,他便买通了后宫中最有权势的向太后的侍女,唆使她不断给太后诉说赵佶如何仁义孝顺和贤惠聪明。自己也不断地往太后那里献殷勤。同时,为了引起朝廷大臣对他的注意,他不去宴游,而是整日练字作画,遇以大臣们,也总是彬彬有礼,毫不傲慢。由于赵佶处处表现自己非凡的才能,内心用尽了妙计,他终于在哲宗死后立即被带进了皇宫,在宋哲宗的灵前,还没来得及哭一声,就举行了受命继承义式,正式当上了皇帝,即宋徽宗。他终于实现了自己多年梦想。

宋徽宗

宋徽宗初登皇帝宝座后,感到自己经验不足,便主动请向太后垂帘训政,目的是为他撑腰做主。由于太后年纪大了,并且宋朝以后宫不涉政务为美德,虽然答应垂帘,实际上并不管事。因此,朝政问题,还是宋徽宗说了算。宋徽宗为了臣服天下,尽快树立起威信,他决心干件于国有利的大事。

当时,宋朝官僚由于对早年王安石变法的态度不同,分成了元祐党和绍圣党。哲宗当政期间,两党争斗激烈,互相倾轧,只顾各党利益,不顾国计民生,造成朝政腐败,因此,当务之急,莫过于让天下人们公开出出怨气。为他决心革旧而新,于元符三年(1100年)三月,下了一道求直言诏,号召士庶公开批评朝政,指陈时弊。诏书说"四海之远,万机之烦,都是我所难以合面掌握的。希望公卿士庶尽言所知,帮我分析时弊,免铸大错。""凡我个人的过失,或大臣们的忠邪,以及政令的谬误,风俗的好坏,民间的疾苦,都可直言奏来,不要忌讳。我要大开直言极谏之路,消除欺瞒饰非之风。只要有一言可用,我一定给以赏赐,即便说得不对,我也决不责怪。"但这诏令下达后,只有四人上书。京官朝臣,全都缄口无声。宋徽守认识到群臣们还是不信任他,于是给四个上书人以优厚的奖赏,表示自己确实虚怀若谷。这一来满朝文武都夸徽宗贤明,于是上书者纷纷而来,并且语气越来越尖刻,言辞也越来越激。从上书的言论来看,明显地分出两类:一类把各种弊政都归于"元祐更化",认为宋神宗和王安石以天下为重,变法图强,可是在元祐年间,司马光等人欺骗、愚弄宋哲宗，不仅全废新法，而且残酷迫害异己，因而才使国家又陷入贫弱不堪境地。告诫陛下要成大业，必继承父志为重任，清除元祐党人，才能有所作为。另一类认为自王安石变法以来，祖宗法度一切都乱了，天下百弊丛生，正是司马光等元祐众君子，拨乱反正，才从危难中拯救了宋朝江山，不幸由于奸佞专权，忠臣受遭贬，才落得民不堪忧、政令若烦。所以陛下应起用被贬各地的元祐旧臣，才能使国家重振雄威。面对两派的意见，宋徽宗也一时拿不定主张。这时宋徽宗听取了知枢密院曾布和元祐党人范纯人以及当年王安石变法的得力助手陆佃的建设，决定持平用中，不偏不向，唯公是论，大公至正，抛开党系之争，明察臣僚自身邪正。为此，在元符三年十月，向全国颁布诏令：我在决定政策和任臣僚时，坚决不分彼时此时，使政事不失其当，人才各得其所，无偏无党，正下是与，体常用中顾全大局，以让天下人民休息。如果有人固执曲意偏见，妄意改作，扰乱朝政，害我国事者，不是我不宽恕，是公议所不能容许，我一定加倍处罚。接着又宣布，将明年的年号改为"建中靖国"，以让天下牢记禁戒党私，同心协力，靖国安民。宋徽宗说到做到，他先把借绍圣之名而怙恶挟仇的蔡卞、蔡京等人罢出外任，又下诏追复元祐党人的官职，任元祐派韩忠彦为左丞相，任曾布为右丞相，做到任人无党，不听偏论。无论大小政务，一般都能听取各种意见，然后细细斟酌，公心处置。这样，使倾轧者不能得逞，使结党营私者受到惩处。一时间，党派之争大为好转，各项政务大有起色。刚刚为政的宋徽宗，在这一点上无疑值得后人借鉴，从他的为政之道看，完全符合历史的发展，对社会的进步，国家的富强会有很大的指导作用。从他的言行看，俨然是一位富有雄才大略、足智多谋，有一定政治头脑的英明君主。

可是，谁曾想到，建中靖国之政，实施还不能一年，宋徽宗完全抛开了自己的诺言，走上了一条祸国殃民的罪恶之路。

首先是重新重用了奸佞蔡京。建中靖国元年（1100 年）十一月二十五日，宰相曾布向宋徽宗呈上一份厚厚的奏章，这奏章是负责记录皇帝行动的邓洵武写的。中心意思是说陛下若继承神宗遗志，非任用蔡京不可，元祐党人已完全把持了朝迁，若再不采取果断措施，他的皇权就要受到威胁。此时的宋徽宗更让曾布看一遍奏章，曾布大吃一惊，奏章中没想到邓洵武也把他列入元祐党之列，并且公开提出要让蔡京为宰相。他非但没给自己辩护，只是说不同意邓洵武的分析，便匆匆退出了。望着曾布的背影，宋徽宗陷入的深深的沉思，他以前所说的话完全抛在一边，脑海中不禁出现了以前与蔡京并不陌生的点滴印象。蔡京的字写得很漂亮，宋徽宗当端王时，曾用二千金从别人手里买过蔡京的一把题扇，玩赏多日，却因不能深交大臣，始终没能与蔡京交上朋友。登基后，宦官童贯奉命到杭州搜寻书画奇巧。曾带回了许多蔡京的书画作品，使徽宗大为称妙。只是因蔡京在朝中民愤太大，不便扶植，才不得不将他贬出。宋徽宗认为自己走错了一步棋，他日益感到，蔡京才是真正的国家重臣。于是立即下令将蔡京从杭州召回，让他担任了翰林学士承旨，即替皇帝起草诏令并答复皇帝的咨询。经过几次长论，蔡京总是说得很合宋徽宗的心思,特别是蔡京表现出的那种对宋神宗的一片忠心,更使宋徽宗感激万分。他甚至后悔没早日起用蔡京。有了蔡京的支持,宋徽宗决心要重振宋神宗的变法事业,并把年号改为"崇宁",以表示要遵崇熙宁法度,继承神宗遗志,不再"建中靖国"了。于是在崇宁元年(1102年)正月,宋徽宗找借口,罢免了元祐派官僚刘安世、吕布纯等十余人的职务,让蔡京兼修国史。又专门稽查元祐党人篡改神宗国史,诬蔑诋毁宋神宗的行径,随后宋徽宗罢免了韩忠彦,提蔡京为宰相。这时,曾布仍坚持要执行中庸政策,劝宋徽宗以社稷为重,消释友党。宋徽宗不但不听,却听信蔡京,把曾布贬出朝迁。随后在蔡京的唆使下,宋徽宗废除元祐年间的一切诏制法令,恢复已被废止的所有绍圣年间的法令,清除元祐党人,清算元符三年书指责宋神宗、宋哲宗,以及建议贬斥绍圣党人或为元祐党人鸣冤叫屈者。蔡京利用变法理财的幌子,先后几次变更盐钞法,肆无忌惮地聚敛财富。这样宋徽宗完全违背了自己向国人发的誓言,无疑走向了自己的反面。

其次,大兴土木,穷奢极欲,放荡不羁。宋徽宗继位后的前几年里,和前几任皇帝一样,生活都比较简朴,一直不敢过分奢侈,唯恐天下人批评和弹劾。一次,朝迁举行大宴会,宋徽宗让宫人拿出一些美玉雕成的盘子和酒具问大臣们:"今天,我想用这些器皿排宴,你们看行吗?"话音未落,蔡京立即接过话道:"当然可以。我们以前出使北辽,他们都是用玉器排国宴,辽人还夸口说北宋用不起这种珍器呢!想我中华大国用点玉器何足道哉?"宋徽宗大喜,接口道:"这些东西我早就准备好了,只是天下说我奢侈,所以一直不敢拿出来用。"蔡京忙说:"陛下圣德恭俭,可谓超过尧舜了,其实,事情只要合乎情理,臣民不会说的。君王的费用,自古以来就不受任何限制,陛下享天下万方之贡献,尽情享乐,是理所当然的,不必如此拘谨。"由于蔡京的附庸,其他大臣,也争相附和,说得宋徽宗心花怒放,忘乎所以。从此,宋徽宗不顾国家的财力和物力,为了个人的好娱,开始放肆地挥霍起来了。铸九鼎,建明堂,重新扩建延福宫,并配以假山、回廊、小桥流水、湖光荷色,到处点缀上奇花异草、珍木怪石,形成五个风格迥异的建筑群。那可真是金碧辉煌,既宽阔宏大,又异趣横生。这个宴福宫让宋徽宗太满意了。同时为了能玩赏山乡风光,又在政和七年(1117年),下令由户部侍郎孟揆负责,在京城东北角仿照杭州凤凰山的样子,用五年时间修了一座假山,所有官僚全部协助不得抵触。这座假山周围有十几里,主峰高九十多步;满山奇石,千姿百态。宋徽宗非常满意,为这给他带来了许多欢乐。但这却给北宋人民带来了深重的灾难,每天都有万人在辛苦服役,运送大量花石,不知有多少人死于非命,多少人倾家荡产。社会矛盾在不断激化。

在蔡京一伙的极力迎合下,宋徽宗完全失去了登基时的雄心壮志,对朝政越来越不感兴趣,即使在例行朝典之时,也常常心不在焉,大臣的奏疏长了,他连看都觉得费劲,朝政大事,很少组织大臣们讨论,完全交给蔡京全权处理。他心中总是想入非非,总想把自己的生活充实些,他既喜欢书画,又喜欢宴饮,又喜欢化装到民间游玩,似乎他对什么都感兴趣,就是不把国事放在第一位。他每天要饮宴取乐,并召京城中的优伶艺人鼓乐献舞,自己还和优伶一起嬉闹,生活十分放荡。他日益感到皇宫的生活没意思,有时竟化装成叫花子、应试举人到处乱窜,这完全不是去体察民情,而是为了寻求刺激,后来在蔡京之流的保护下常常穿小街,越小巷,上酒楼,到妓馆寻花问柳。特别是见到京师名妓白牡丹李师师之后。宋徽宗神魂颠倒,为了独霸李师师,居然向李师师公开自己的身份,找借口把她原来的狎客周邦彦等人统统赶出京城。

不听劝谏　自取灾难

齐桓公晚年所重用的"三贵",是指翌刁、易牙、开方三人。

翌刁,从少年起就入宫侍候桓公。他聪明机灵,善于察言观色,逐渐掌握了齐桓公的生活习惯和各种嗜好,于是便事事投其所好,最大限度地使齐桓公感到称心如意。久而久之,齐桓公便感到事事离不开他,时时离不开他,他便成为桓公左右最亲近的人。

易牙,善于御射,又精通烹调技术,由此得以入宫侍候桓公。有一次,桓公的爱妾长卫姬患病,久治不愈,没有食欲。易牙便施展了浑身解数,为她制作了精美可口的食品,使她吃了精神顿爽,食欲大增,病也很快就好了。从此,易牙便获得了长卫姬的宠爱,二人有了暧昧关系。然后,他又通过长卫姬的荐举,逐步取得了齐桓公的信任。一次,齐桓公同他开了个玩笑,说:"我把人间的鸟、兽、虫、鱼的味道都尝遍了,唯独没有吃过人肉,不知人肉的滋味怎样?"易牙回去,真的把自己三岁的儿子杀了,做了一盘精美的蒸肉给桓公吃,桓公觉得味道极美,赞不绝口。后来知道是人肉后,虽然感到恶心,但对易牙却宠信倍加。

开方是卫国懿公的长子,因为齐卫交战,替父亲带五车金银珍宝到齐国求和,后来见齐国强盛,就放弃回国即位的机会,愿意留在齐国。齐桓公授予他大夫之职。他见齐桓公好色,就将自己两个年轻貌美的妹妹推荐给齐桓公为妾,大的被称为长卫姬,小的为少卫姬,二人均得宠爱。于是,开方也得到了齐桓公的宠信。

齐国的忠直大臣对这三个人的所作所为是看不惯的,也慢慢体察出了他们的狼子野心。管仲临死之前,语重心长的要桓公疏远翌刁、易牙、开方三人,以保证国家长治久安,并向桓公推荐隰朋为国相的继承人。当时齐桓公对管仲斥责那三个人的话不太理解,说道:"这三人侍候我已经很久了,平时为什么没听你说过他们不好呢?"管仲答道:"我以前之所以不说,是因为您太宠爱他们了,说了怕引起您不快。其次,他们如同必然泛滥的洪水,我则好像是一座挡水的堤防,有这座堤防在,洪水就不会泛滥成灾。我死之后堤防不存在了,洪水就将泛滥成灾了,所以请您一定要疏远他们。"

对管仲的临终遗言,齐桓公似有感触。所以管仲死后,即按其嘱咐,任命隰朋为相。隰朋任职不到一个月就病死了,桓公又让鲍叔牙接相位,鲍叔牙坚辞不受。

桓公询问原因,鲍叔牙直截了当的回答:"我好善憎恶,这是您了解的。你一定要用我,请将易牙、翌刁、开方三人逐出宫廷,我才敢奉命就职。"桓公无奈,只好说:"管仲早说过了,我还能不听你的意见吗?"于是,当天就将翌刁、易牙、开方三人免职,并不许他们再回朝廷。鲍叔牙见桓公如此处置,便受命接了国相一职,主掌朝政。

齐桓公罢黜"三贵",并不是对他们的奸佞邪心有所觉察,而是迫于管仲的遗言和鲍叔牙的坚持而忍痛割爱做出的。后来,在长卫姬的怂恿下,加之齐桓公使惯了易牙等人,没有他们就像掉了魂儿似的吃不下饭,睡不着觉,所以不久,又将易牙召入宫来为自己烹调食品。

鲍叔牙闻讯后,立即入宫问齐桓公为何又启用易牙,难道忘了管仲的遗言了吗?桓公这次根本听不进去,生气地说:"他们三人有益于我,无害于国家,管仲过去说的,也实在太过分了!"说罢,干脆将翌刁、开方也召回朝廷,官复原职。鲍叔牙气愤不过,没多久就发病而死。

齐桓公不听管仲、鲍叔牙的劝谏,再将重用翌刁、易牙、开方三人,给自己带来了灾难性的后果。不久,桓公染上绝症,易牙与翌刁密谋作乱。他们将齐桓公禁锢在宫中,不许外人入内,并假传桓公的话说:"命翌刁紧守宫门,易牙率领卫兵巡逻。一应国政,等我病愈之日奏闻。"三天后,又将侍候桓公的宫人,不分男女,全部赶出宫去。为了防止外人与桓公联系,他们不仅将宫门堵塞,而且又在桓公的寝室与宫廷之间垒起一道三丈高墙,只留个小洞来观察桓公的动静。

桓公躺在病榻上,不见一个人来问候,连口水也喝不上,不久就死了。易牙、翌刁等人在长卫姬的支持下,杀了一批大臣,拥立长卫姬生的公子姜无诡为国君。桓公的五个儿子忙着争夺君位,大动干戈,竟无人过问桓公的丧事。最后还是在上卿高虎、国懿仲两位老臣的出面安排下,桓公的遗体才得以殡殓。这时,桓公已死去六十七天,尸体腐烂,尸虫乱爬,臭气熏天。百官见此惨景,无不悲伤痛哭。

听信谗言　身死异乡

公元前 328 年,楚威王之子熊槐即位,是为楚怀王。楚国经过吴起变法,改革内政,在战国诸侯中逐渐强大起来,不断向外扩张领土,在战国七雄中是土地最广的国家。到楚怀王时,楚国仍然占据着地大物博的优势,实力很强大,但在政治、经济、军事等各个方面,都已经落后于新兴地主阶级占统治地位的秦国。因此,楚怀王即位后,摆在他面前的问题是:能否清醒认识到这一形势,急起直追,大力改革,坚持下去,这是关系到楚国兴衰存亡的关键问题。

在楚怀王统治初期,由于受到吴起变法的影响,也曾有过变法图强的要求。楚怀王为了巩固其统治,对分封各地的封君曾经加以限制,这是怀王掌权后对吴起变法中限制旧贵族条文的具体运用。同年,楚怀王还命令柱国昭阳率领楚军攻魏,于襄陵大败魏军,攻占了魏国的八座城池。

年轻的屈原看到楚怀王还有变法图强的要求，便于怀王十年，怀着崇高的理想，一腔爱国热忱之心，从家乡秭归来到当时楚国的国都郢。他以自己渊博的知识，明于治乱的本领和善于辞令的特长，终于取得楚怀王的信任。楚怀王见他有理想、有远见，知识渊博，品节贤贞，于是便任命他当上了楚国的左徒。

　　屈原在任左徒期间，想通过楚怀王来实现他的政治理想：对内举贤任能，改革政治，富国强兵；对外联齐抗秦，统一天下。公元前318年，屈原出使齐国，楚齐结盟。于是会同燕、赵、韩、魏四国，合纵攻打秦国，直到函谷关。这是屈原在任左徒期间，从事外交工作的巨大成就。

　　屈原在任左徒期间，对内向楚怀王提出政治改革的主张，并受楚怀王之命，秘密起草一部旨在打击旧贵族特权的法令——《宪令》。以上官大夫靳尚为代表的旧贵族势力觉察到对他们不利，便要夺看屈原《宪令》草稿，被屈原断然拒绝。靳尚夺搞不遂，就千方百计诬陷屈原。楚怀王只凭靳尚谗言，就疏远了屈原。同时，秦国从中挑拨离间屈原与楚怀王关系。不久，楚怀王就免去屈原左徒的官职。

　　楚怀王轻信谗言，"中道回畔"，致变法流产。屈原被黜的消息很快传到秦国，秦惠王为远交近攻，最害怕的是楚国和齐国结为联盟。秦王便派张仪出使楚国，试图拆散齐楚联盟。

　　张仪带着大批财富来到楚国去送礼，暗中勾结楚怀王左右一班腐朽的旧贵族让他们从中帮忙，破坏楚齐联盟。张仪见了楚怀王，告诉他："如果楚国肯同齐国绝交，秦王愿把商於一带六百里的地方作为报酬，奉送给大王。"楚怀王贪心不足，就答应了张仪。

　　受到贿赂的楚国大臣都极力赞成，个个向楚怀王道贺。但这是个骗局，稍有政治眼光的人都可以看出来。陈轸以吊丧的态度来表示反对。楚怀王缺乏远见，看不出秦国的阴谋，对陈轸的正确意见全不采纳，反而听信张仪的欺骗之辞，再加上旧贵族官员的从中怂恿，楚怀王利令智昏，马上宣布和齐国绝交。

　　楚怀王既和齐国绝交，便派一使臣随张仪到秦国要那六百里土地。张仪拒绝会见楚使，六百里地也没得到。楚怀王还不知受骗，反怪自己与齐绝交不坚决，便派人前去辱骂齐王。齐国就和楚国毁掉和约，又与秦国建文。张仪此时才会见楚使说："共六里地，就送给楚王吧。"楚怀王才知上当受骗了，盛怒之下，要兴兵攻打秦国。

　　公元前321年，楚怀王和秦国断交，并派大将率领大军攻打秦国，秦国派庶长魏章出兵迎击，秦楚双方大战于丹阳，楚军大败，损失八万余人。秦军又占领楚国的汉中，得地六百里，置汉中郡。

　　楚怀王又调动全国的军队，再去攻打秦国，一直深入到秦国的蓝田，双方展开激战，楚军大败。韩、魏听说楚国兵方空虚，起兵袭击楚国后方。楚国被迫割地请求秦国讲和。

　　楚国两次出兵攻堆积，均被打败，不但损兵折将，而且丢失汉中等地，四面受敌,形势危急。楚怀王才知错,复请屈原出使齐国,重修旧好。

秦国最怕楚、齐复交,主动提出归还一半汉中地以讲和。楚怀王余怒未消,宁愿要张仪前来治罪。

张仪看透了楚国旧贵族当权派的腐朽无能,便请秦王让他再到楚国去。张仪自告奋勇到了楚国,串通旧贵族集团的上官大夫靳尚之流,并送了许多财物,让靳尚勾搭楚怀王的爱姬郑袖,为自己进行辩解开脱。靳尚除对楚怀王说了一些杀张仪对楚国不利的话外,还对郑袖说:"如果不释放张仪,就对她不利。"郑袖就在楚怀王面前哭闹,要求释放张仪。楚怀王果然听信了郑袖等人的话,就轻易地将张仪释放了,并听信张仪的邪说,准备与秦国进一步和好,决定两国结为姻亲。

张仪走了不久,屈原恰从齐国出使回来,听说放走了张仪,连忙劝楚怀王不要听张仪邪说。楚怀王感到后悔,赶快派人去追,但已经来不及了。

从此以后,楚国的政权完全掌握在旧贵族手中,楚国的处境越来越困难,时而合纵联齐,反对秦国;进而连横亲秦,反对齐国。外交上左右摇摆不定,总是被动挨打。

秦武王死后,昭襄王继位,秦楚矛盾有所缓和。公元前 303 年,齐国联合韩、魏攻楚,楚怀王为了向秦国求救,不得不将太子横作为人质送往秦国。太子横与秦大夫有私决斗,杀了有私,逃回楚国。

公元前 301 年,秦国以太子横杀死有私为借口,联合齐、韩、魏,四国攻楚。齐、韩、魏联兵与楚军发生垂沙之役。结果,楚军将领被斩于马下,楚军大败。韩、魏两国夺得宛叶以北的楚地。秦军夺取了楚国的重丘。

楚国在战争中接连失败,不仅加重了国内人民的负担,而且广大人民在战争中屡遭惨杀,大受掳掠,纷纷破产逃亡,激起人民的强烈反抗。国内爆发了农民起义,给楚国统治阶极以沉重打击。

秦国趁楚国内乱之机,趁火打劫,又派兵攻楚,杀楚将景缺。这时楚怀王才认识到亲秦的危险性更大,就又和齐国好,结为联盟,为表示对齐国的依赖,又将太子横送往齐国,长期作为人质。

秦国不能容忍楚国靠拢齐国,昭襄王决定用战争和欺骗两种手法,再次狠狠教训楚怀王一番。公元前 299 年,秦国一方面出兵攻打楚国;一方面写信给楚怀王,约他到武关相会。

楚怀王多次上过秦国的当,这次接到信之后,害怕了,就询问左右大臣。

屈原、昭雎等大臣都劝楚怀王,莫信秦王,以免落入秦国圈套。

楚怀王的小儿子子兰却怂恿他,说前去约会对两国都好。其他大臣也都随声附和子兰的话,认为可以和昭襄王相会。楚怀王不但没有接受屈原、昭雎的劝谏,还听信朝中佞臣的逸言,把远见卓识的屈原放到他乡。

楚怀王听信子兰等人的话,放松了警惕,便带着随从到武关去了。

秦国早做好准备,昭襄王命令一位将军埋伏在武关,假称是秦王。楚怀王到了武关,却不见昭襄王的影子,知道又受了欺骗,但已经晚了,秦军紧闭关门,将楚怀王劫持到咸阳。昭襄王要挟楚怀王割让楚国的巫郡和黔中郡给秦国,被楚怀王拒绝。于是秦国就把楚怀王扣留起来。

楚怀王被扣的消息很快传到楚国,楚国大臣都十分着急。大家商议的结果,决定接太子横回国,继承王位。于是昭睢跑到齐国,假称楚怀王死了,要太子回国即位。太子横回到郢都,继承王位,这就是楚昭襄王。

秦国要楚割让土地的计划破产,昭襄王恼羞成怒,又发兵攻城,秦军出武关,大败楚军,斩杀五万多人,取析(今河南西峡县)等十五座城池。

公元前 297 年,楚怀王想逃回到楚国,被秦国发觉,又被秦兵捉回来。从此楚怀王忧愤成疾,于第二年病死于秦国。楚迎回怀王灵柩后,便愤然和秦国断绝了关系。

以怨报德　千夫所指

1996 年 8 月 1 日中午,中国轻骑集团日照摩托车公司职工王连全正在家里准备吃饭,吉林省白山市林业局来日照经商的纪照连来约他去第二海水浴场教游泳,王连全饭没顾吃,就跨上纪照连的摩托,由纪载着向第二海水浴场而去。

日照摩托车公司原为军工企业,军转民后企业不景气,王连全父子都在厂里上班,工资发不上,为了养家糊口,王连全便开了个小卖部销售日用百货,因常到批发烟酒的董瑞吉那里批烟酒,便与在那里帮姐夫做买卖的纪照连相识。

这时,董瑞吉夫妇及另外一名女子正在海水浴场附近的小吃店里摆下酒菜等候,酒桌上,他们说自己不会游泳,请王连全指导。吃完饭已是十二点半左右,各人换上游泳衣到离海边 40 多米、水深一米左右的地方学游泳。

下午 2 时许,海水开始涨潮,平静的海面上顿时波涛汹涌,人们陆续向安全区撤离。据称,正在教纪照连学游泳的王连全听到两个女人呼救声,他刚才教游泳的两个女人正在浪涛里挣扎。王连全说:"坏了,我得去救她们!"他一面嘱咐照连赶快上岸,一面向两个女人游去。

由于难以同时将两个遇险的女人一块救上岸,王连全分两次在人们的帮助下,将她们从海里救了出来。

这时潮水越涨越快,浪涛越来越急,王连全以为纪照连早已上岸,正在找寻不见时,突然听到海里有人在喊救命,是纪照连还在挣扎,情况十分危急。原来纪离开王连全后,在汹涌的浪涛中一直没能回岸上。见此情形王连全摸起一个救生圈又一次扎向大海,向纪照连身边游去。他把救生圈套在纪的身上,一面让他快向岸上呼喊救命,自己则从身后把他向岸上推。

由于救生圈的浮力加上岸上好心人的帮助,纪照连得救了,王连全却因一连抢救三人而力尽,最后被大浪吞没而去。是年刚刚 26 岁。

发现王连全不见了，董瑞吉、纪照连等人慌了，他们先从退休工人朱学涵那里借了望远镜四处张望不见，又跑到海水浴场打开广播呼叫，然而直到下午也未见踪影。

纪照连跑到日照摩托车公司保卫科反映了王连全因救自己和另外两个女人不幸身亡的事，保卫科让他写个书面材料，并署上了名字。

王连全之父王荣昌听说儿子不幸遇难的消息后，立即跑到海水浴场，找到纪照连询问儿子的落水的情况，纪照连叙述了王连全为救他们三人而捐躯的前后经过。老人听罢悲痛欲绝，纪照连声泪俱下地表示："王连全是救我而死，今后你老的生活由我照顾。"

然而，此后被救者却统一口径，矢口否认王连全是因为救他们而死，被救的两女也逃之夭夭，销声匿迹。他们甚至诬蔑王连全在教两个女人游泳时动手动脚。

王荣昌时年68岁，现已退休。王连全之母王保英是家庭妇女，没有工作且患有癫痫病多年。两人生了两子两女，次子、次女自幼患精神病，无劳动能力，长女远嫁外地，王连全是这个家庭唯一支柱，他的死令这个本就困难的家庭雪上加霜。王保英病情急剧加重，三天两头发作，嘴里天天不住地念叨"我的儿没有死"。她怕进儿子房间，怕见到儿子的遗物和照片，王荣昌只好把儿子遗物藏起来，把有关照片统统烧掉。

王荣昌的精神也几近崩溃，他常常来到海边，在儿子遇难的地方一坐就是半天。

虽然如此，但老人没有被丧子的悲痛和生活困苦所击倒，他总感到儿子是为救人而死，死得其所，自己应该为有这样的儿子感到自豪。

然而，儿子尸骨未寒，他就听到纪照连等人公然否认他们是王连全所救，并散布谣言给儿子抹黑，对王家的困境更是漠然处之。1997年元旦之夜，王家一片悲哀，全家都哭成了泪人。王荣昌几次到五公里外的日照市太阳城批发市场找纪照连，纪不露面，最后总算把他找到，王荣昌问他王连全到底救他们没有？被救的那两个女人叫什么名字，住哪里？纪照连这时已一口咬定王连全只救了那两个女的，没救自己。那俩女人他也不认识，在哪里也不知道，且态度蛮横无理。老人气得浑身发抖，含泪质问纪照连："你真是丧尽天良！既然他没救你，你为啥跑到我面前说那话？"

对此，纪照连矢口否认。

王荣昌想到，厂里保卫科有你写的材料，白底黑字在那里，不怕你不承认，于是急急忙忙向厂里赶。然而和保卫科一查，材料却被人丢失了。老人长叹一声，感到只有拿起法律武器来为儿子讨回公道了，于是向日照市东港区法院提起诉讼，请求法院确认王连全因救人而献身的事实，并要求被救者补偿一定损失。

面对法官，纪照连再次否认自己系王连全所救，而对另外两个被救女人，他也不告诉姓名与住址。

当事人不承认的不承认，不露面的不露面，事实不好认定。在此情况下，法官们开始了广泛的调查取证。尽管事先纪照连等人对见证人作了手脚，然而大多数人仍纷纷出来提供证明。退休工人朱学涵和海水浴场卜场长向法官叙述了他们的见闻，而且按法官的要求当众辨认出操东北口音、曾找朱师傅借望远镜、找广播台寻人的纪照连。接着，法官们又到日照摩托车公司保卫科了解了纪照连所写材料的时间和内容，并让其写了证明材料。之后他们又一一走访了当时在海水浴场王连全救人的一个个目击者。

大量的调查材料证明王连全确系为救纪及另外两名女子而死。于是1996年4月3日，法庭对此案进行第三次公开审理，有关证人踊跃到法庭作证。经审理，法庭对王连全舍己救纪照连等人而遇难死亡给予确认，并依法判决受益人纪照连补偿救人者王连全之父补偿费、生前抚养费和丧葬费等共1.2万元。

纪照连无视调查认定的事实，向日照市中级法院上诉。

纪照连的姐夫董瑞吉作为目击者，支持纪照连把官司打到底，并扬言自己有的是钱，一定要把这场官司打赢。

日照市中院立案后，对案件进行了审查，认为原审事实清楚，证据充分，审判程序合法。法官们向纪照连作了说服、教育与调解工作，但纪对此置之不理。

在多次调解无效下，市中院1997年7月10日对本案进行公开审理。纪照连等上诉人未出庭，鉴于此，法院依法做出按自动撤回上诉处理的终审判决。

然而，时间过去已七八个月，王荣昌一家既未见到纪照连的影子，也未接到一分钱的补偿，儿子的牺牲也未有任何明确说法。

东港区法院执行庭副庭长徐茂友说："此案执行不下去。关键是找不到纪照连。东港区公安分局也借出差之机到吉林等地打听过纪的下落，但一直见不到纪的踪影。所以我们眼下也无能为力。"

王连全舍己救人和被救者的以怨报德，在社会上引起强烈反响。人们谴责被救人知恩不报的同时，也想方设法为英雄及其家庭提供援助。日照太阳律师事务所李瑞峰律师听说这一事情后，无偿为王家提供法律援助。省监察机关特邀监察员、农工民主党日照市副主委王永升一面安慰老人，并在经济上给予帮助，一面积极为老人写申诉材料，领老人找有关方面反映情况。一些人来信来电对王荣昌一家表示安慰，对王连全表达敬佩，对忘恩负义者进行谴责。有人还寄来了治疗癫痫病与精神分裂症的药方，祝王荣昌老伴及患病子女早日康复。还有不少人寄来钱帮王家渡过难关。南京市一人化名"徐留"的在寄给王荣昌1000元钱汇票上写道："愿受益的女子终将良心发现，让社会充满爱！"

虚伪奸诈　身首异处

汉元帝初四年，王莽出生于红极一时的外戚王氏之家，他的姑母王政君是元帝皇后。元帝死后，成帝即位，尊王政君为皇太后。伯父王凤做大司马大将军录尚书事，从此王氏垄断了西汉朝政的历史。元、成两朝，王氏家族封侯的就有十人，但王莽家因其父王曼死未能受封。其兄相继去世，于是全家担子落到王莽身上。王莽孝顺母亲，尊敬嫂子，关心侄子，生活俭朴，待人和蔼，常受乡里夸赞。少年拜陈参为师，学习《礼》经，手不释卷，又结识社会上有知识、品德好的读书人，与他们言论政治，使他对社会有深刻的认识。

随着年龄的增长和社会的熏陶，王莽认识到，要改变自己的地位，光靠读书是不够的，还需要伯父、叔父的提携，因而他对伯父、叔父们刻意孝顺和恭敬。伯父大司马王凤生病的时候，他亲自守候在榻前，小心侍候，煎药尝汤。一连几个月，人也累瘦了。看到侄儿比亲儿子还孝顺，王凤不禁感动掉泪。王凤临死时，要王太后照顾这个穷侄子。王太后就让王莽做黄门郎，不久又提拔为射声校尉，叔父王商也把自己的封邑分开一部分给王莽。王莽对人更加恭敬，办事认真负责，于是朝中有名望的大臣纷纷上书，推荐王莽。成帝非常高兴，封他为新都侯，提拔为骑都尉、光禄大夫、侍中。王莽经常把自己的俸禄和赏赐，送给宾客，赈济穷人，其声望远远超过了他的伯光和叔父们。

成帝绥和元年（公元前8年），王莽叔父王商在重病中推荐代替他做大司马，成帝接受了推荐。王莽时年三十八岁。王莽做大司马大将军后，决心干一番超越前人的事业。他反对官僚贵族们骄奢淫逸的风气，克己奉公，以身作则，提倡俭朴，深受人们赞扬。

王莽做了一年多的大司马，成帝病死，绥和二年（公元前7年），太子刘欣即位，是为哀帝。以哀帝的祖母定陶傅太后、母亲定陶丁皇后为核心的定陶派外戚势力涌入朝廷，与王氏外戚势力逐渐展开了激烈的角逐。王莽采取了尺蠖之术，辞职回乡，退居新野（今河南新野），但他仍密切注视着朝廷所发生的变化，准备东山再起。一次，他的儿子王获杀死了家奴，王莽大发雷霆，让他自杀偿命。于是，人们对王莽举动充满好感，视为楷模。王莽在野三年，上书为他鸣不平，要他返政的官吏就有一百多人。在舆论的压力下，元寿元年（公元前2年），王莽被允许重返京师居住。

元寿二年，荒淫无度的哀帝，做了六年皇帝就病死了。哀帝无子。丁太后、傅太后又早于哀帝死去，太皇太后王政君收过皇帝的玺授，派人召来王莽，并以太皇太后的名义下诏中枢机尚书台，以及调动军队的符节，皇宫的卫队，全部由王莽掌管，百官奏事也由他处理，这样王莽又成为国家最高行政权力的执掌人，他一执政，就大刀阔斧地清除丁、傅势力，重建王氏外戚集团的统治。接着，立中山王刘衍为帝，是为平帝，太皇太后王政君临朝称制。丁、傅外戚集团遭到摧毁性的打击之后，王莽为平帝的祖母冯太后、东平王刘云等昭雪冤狱，重用受傅太后排挤的傅喜，这些举行，得到朝野上下的拥护，团结了一大批政治同盟者，为推行自己的政治目标奠定了基础。

经过各种努力王莽不仅站稳了脚跟,而且稳定了汉哀帝以来的动荡局面,社会也出现了安定的景象。从此王莽扶摇而上,不久便得到了太傅、安汉公的封号,但他坚决不收加封的食邑。说要等天下百姓家家都富裕了,再接受封赏。太皇太后两次下诏要他接受,他坚决辞让,并借机建言,要太皇太后兴灭国,继绝世,恢复自高祖以来失爵的王侯们的名位,凡是有子孙的,都让他们昭封;二千石以上年老退休的官吏,终身给年奉三分之一的俸禄;无依无靠的老年穷人,也给一些适当的照顾。太皇太后全都答应了。王莽让却了二万八千户的封赏,给这么多的人带来好处,大家都歌颂王莽的恩德,感激他办了好事。

随着地位的巩固和权势的增长,王莽的权力欲日益旺盛。他从政治斗争中得出一个结论,那就是要求得大权永固,控制皇后是至关重要的。于是他展开了各种活动,最终把自己的女儿推上皇后的宝座,以有利于达到自己的目的。

王莽掌权以后就开始着手消灭自己的政敌。他借故把汉平帝的舅舅卫氏一家全部杀光,只剩下平帝的母亲卫姬没敢杀。他又把从中央到地方凡是和自己政见不和的人全都杀掉,人数达百人。

元始四年四月,王莽的女儿正式立为皇后,并举行了盛大的庆典。同时宣布大赦天下,派司徒司直陈崇等八人分行天下,览观风俗。一时间到处为王莽歌功颂德,那些追随王莽的党徒和受过王莽救济的不明真相的群众都上书给王莽请功,大臣们也建议给王莽封赏,于是太皇太后加封王莽宰衡的封号,并给皇后三千七百万钱的聘礼。他拿出一千万钱赏给侍候太皇太后的宫人们,同时向太皇太后上书,要讨个“宰衡”的官印,以来“正名”。

王莽办事就是喜欢图名,元始四年底,他又奏请太皇太后在京师大兴土木,建造了明堂(古明天子宣明政教的地方)、灵台、辟雍等,大肆宣扬礼乐教化;又为知识分子修了房屋一万间,宣布立《乐经》博士,增加原来的各经博士数额,由原来一人增至五人;并征召天下能够通一艺、教授十一人以上者,以及能够解读《逸礼》《毛诗》《周官》《尔雅》,通晓天文、图谶、钟律、月令、兵法、《史篇》文字者以京师来。一时各地应召而来的有数千人,京师一派繁荣昌盛的景象。不久,王莽又得到按古礼给予的“九锡”之赏,位于诸侯之上。

元始五年正月,王莽又筹备规模空前的袷祭明堂大典,届时征召储侯王二十八人,列侯一百二十人,宗室子孙近九百人,给王莽歌功颂德,正式给王莽九锡之赏。据说这九锡是上古帝王给重臣的最高封赏。

随着王莽的地位越高,荣誉越多,他的野心就越大。他再也不能满足宰衡的封号,而要追求那至高无上的皇帝宝座。此时恰好平帝生病身亡,年仅十四岁。王莽为保住自己的权势和地位,从宣帝的玄孙中找出年龄最小、只有两岁的广戚侯子婴为皇帝继承人,这时谶纬迷信盛行,人们对刘姓王朝失去信心,而有些亡命以求赏赐。于是太皇太后轻信他人之言,叫王莽临朝听政,百姓和臣下称其为“摄皇帝”。王莽的车服、出入仪仗都和天子一样。刘氏天下就要成为王氏天下了。

始建国元年(公元9年)元旦,王莽终于如愿以偿,登上了皇帝的宝座。在这一天,他举行了盛大的登基典礼,率百官朝拜王政君,尊她为"新室父母太皇太后",去掉汉朝封号,废孺子刘婴为安定公,平帝皇后为安定太后。

王莽做了皇帝以后,就想振作一下,搞点惊人的事业。于是在刘歆等经学家的授命下,他开始了新政的实施。

始建国二年(公元10年),王莽对国家税收和商业管理又实行了改革,颁布了"五均赊贷"和"六莞"之法。"五均赊贷"具体做法是:官府的京师的东西两市设备"市令",在洛阳、邯郸、临淄、宛、成都设备五均司市师,用以管理市场,调节物价,向贫民贷款和征收商税。"六莞"是指王莽推行的六种经济管理事业,即盐、铁、酒的专卖,统一铸钱,征收山林川泽税和"五均赊贷"。这一政策没达到预期的效果,反而为掌管这些事务的官吏攫取暴利、买贱卖贵、中饱私囊大开方便之门,而受尽盘剥的仍是贫苦百姓。

王莽改革的第二项内容是币制改革。从居摄二年(公元7年)到地皇四年(公元23年),他一共进行了四次币制改革,发行大钱以取代汉五铢钱,结果造成币制混乱。他的每一次币制改革都是对百姓的一次大掠夺,同时也使经济受到一次大波动,动摇了国家的信誉,助长了投机和大工商业主对人民的盘剥,搞得民不聊生。

王莽改制的第三项内容是改革官制和爵制。始建国四年,王莽宣布施行所谓击的五等爵制,大肆封官,但只是给一个空衔而不给予封邑。这使得那些对王莽充满希望的爪牙们大失所望。

王莽改制,没有缓和西汉晚期深刻的社会危机,而且他的一系列改革加重了人民的负担和痛苦,激化了当时已难以排解的社会矛盾。改朝换代,使刘姓宗室失去了昔日的权势和地位;"王田""私属"制,触动了大地主、大官僚、大工商、业主的利益,引起了他们的抵制。实际上,王莽正坐在一个行将爆发的火山口上,新朝政权已是大厦将倾了。

王莽当了皇帝以后,为了显示自己的权威,派人带着新朝的印授,去替换那些汉朝的印授。王莽又一改汉朝对少数民族所实行的怀柔政策。他看不起周边的少数民族,以为他们是不懂文明的野蛮人。他派五威将军们去调换少数民族首领们的印章,而这些五威将军又以天朝上使自居,骄横无礼,故意制造事端,挑起边衅,使西汉末年比较缓和的民族关系,又紧张起来。

王莽又发动了对匈奴和高丽的战争。这一系列战争给边疆少数民族和中原人民都带来了极大的灾难,破坏了各族人民之间的友好关系,进一步激化了民族矛盾、阶级矛盾和经济阶级内部的矛盾。他终于玩火自焚,促成了新莽末年的全国农民大起义。

天凤四年,连年遭受饥荒的荆州地区,在官府的逼迫下,发动了起义。起义者以绿林山为根据地,故被称为绿林军。

天凤五年,山东琅邪人樊崇在莒县暴动,紧接着河北地区也爆发了大小数百起农民起义。

与此同时,南方的绿林军也迅猛发展。南阳大豪强地主、刘姓宗室刘秀兄弟在春陵(今湖北枣阳)起义,不久也加入绿林队伍。农民起义已成燎原之势。

地皇四年二月,新朝四十万大军在昆阳为绿林军所败。这次战役具有转折意义,王莽主力损失殆尽,从此再也无力抵抗农民军的胜利进攻了。

农民军节节逼斤长安,新军节节败退。

地皇四年(公元23年)十月一日,农民军攻入长安城内。王莽逃上渐台,想依靠渐台周围一池清水,阻挡农民军的进攻。农民军渡水强攻,登上渐台,王莽在混乱中为长安商人杜吴所杀。

纵虎归山　埋下祸患

唐朝自安史之乱后,国势一蹶不振,表现之一在各节度使拥兵自固,往往不听调遣,甚至动辄造反。

到唐德宗时,朱此之乱更是使中央政权元气大丧,朱此之乱平定后,李唐对地方军阀只好更加采取姑息迁就政策,"潘镇之祸"愈演愈烈。

朱此之乱,究其根本,是唐德宗对朱此驾驭失当引起的。

唐德宗建中二年(781年),成德(治所在今河北正定)、魏博(治所在今河北大名东北)、淮西(治所在今河南汝南)三镇节度使为争父死子继的藩镇割据权,举兵反叛。唐德宗平定三镇之乱的战争没有取得预期的胜利,而且越平越乱。一度打败成德镇军阀的卢龙节度使朱滔,反过来又与另外三个地方军阀联合造反,分别称王,不久又共同推举淮西节度使李希烈为首,劝李希烈称帝。

朱滔是朱此的弟弟。朱滔能做上有兵权的朝官,是经由朱此的推荐。

朱此戎旅出身,渐升为朝廷重臣。唐德宗即位后,先做太子太师兼凤翔尹,后为中书令守凤翔。

朱滔造反时,朱此正在凤翔任上,并已加太尉头衔。

朱滔准备公开造反时,派信使带着密信去约朱此一同造反。那信使将信装在蜡丸里,又将蜡丸藏在发髻中前往朱此所在的凤翔(今陕西凤翔),不料半路上被忠于李唐的将军马燧截获,连人带信一起押送给了唐德宗,而朱此本人尚不知道此事。

唐德宗派使者从凤翔召来朱此,将朱滔的蜡书和使者交给朱此,朱此惶恐请罪。

如何处置这件事?唐德宗暴露出昏君的弱点。

古人说"疑人不用,用人不疑。"唐德宗对朱此却不疑也不用。

他对朱此说:"你们兄弟二人相隔千城,原非同谋,你哪有什么罪?"

无罪却也不再让朱此回凤翔带兵了,而是将朱此留在京城的家中,又赏给名园、腴田、金银、锦缎,并依旧带太尉、中书令官衔。

很明显,即使朱此确无与朱滔联合造反之心,唐德宗削夺了他的实权,他也不能不心怀芥蒂。相反,如果当时将朱此杀掉或远远斥逐做一边鄙官员,也就不会有后来的朱此之乱了。这是唐德宗建中三年(782年)二月间的事。

事情至此当然远没有完结。

到第二年即建中四年(783年),李希烈攻陷汝州(治所在今河南临汝),围攻郑州,公开称起皇帝来。唐德宗派遣天宝时大将哥舒翰的儿子哥舒曜去讨伐李希烈,反被李希烈包围在襄城(今河南襄城县),唐德宗又调派泾原节度使(驻军今甘肃泾川北)姚令言带兵前往解襄城之围,十月丙午(783年11月1日),姚令言所带五千兵路过长安,本希望能得到厚赏,却什么赏赐也没有得到,第二天,这五千泾原军从郦水出发,唐德宗派京兆尹去犒劳军队,却只有粗米和青菜,众军士暴怒,扬言自到京城府库取财物,于是杀进京城,成为朱此之乱的序幕,也是唐史中有名的泾原军之乱。

这些乱兵不听约束,不听皇帝一再派来的特使的宣谕,也不抢掠百姓,而是直扑皇宫。唐德宗这时的禁兵都是"空头饷",名在军籍而人在市井做商贩,所以唐德宗无法阻挡气势汹汹的泾原乱兵,只好带着嫔妃和公主、太子、亲王逃跑。

这时翰林学士姜公辅拦住唐德宗的马头劝谏说:朱此曾经做过泾帅,因为弟弟朱滔的原因,调回京城废处闲居,心中怏怏不乐。我认为,既然陛下不信任他也不重用他,就不如把他杀了,以免留下后患!若是泾原的乱兵推戴他做头子,就不好控制了。请陛下立即派人召他一起走!

应该说,姜公辅的谏议是及时又有先见之明的。当时,派人杀掉朱此或宣召朱此随驾外逃完全来得及,而且派专人处置此事也不影响唐德宗本人马上逃跑。但当时唐德宗只说了一句"无及矣"就启驾逃命,既没有派人去杀朱此,也没有派人去命朱此马上尾随皇帝逃跑,把朱此留在了京城,给朱此一个做"皇帝"与自己作对的机会。

泾原叛军攻入含元殿胡乱抢掠时,姚令言提出拥戴朱此为首领,众乱兵许诺,于是朱此入踞皇宫,控制京城,笼络人心,准备公开造反。

更为荒唐可笑的是唐德宗逃到奉天(今陕西乾县)后,竟盼望朱此能迎接自己回京。

当时有人对唐德宗说,朱此占据了京城,肯定会来攻打奉天,应早做准备。

唐德宗时代著名的奸臣卢杞却一口咬定朱此不会造反,并以合家百口替朱此担保。

唐德宗相信卢杞的话,竟不准备设防,并命各地援军在三十里外停留结营。多亏姜公辅力净,朱此即使竭诚来迎接,皇帝的卫队多也不妨事,万一对方来攻打奉天,侍卫的兵少怎么得了?还应"有备无患"。

唐德宗这才同意将外地援兵全部召入奉天城,后来朱此来攻奉天时,多亏这些人城的外地军队在浑城统领下力战才使唐德宗免做朱此的俘虏。

唐德宗逃离长安几天之后，朱此便自称大秦皇帝，改元应天，并亲自率兵来攻打奉天。

诛杀贤良　国破家亡

纣王本是一位"资辩捷疾、闻见甚敏"的极聪明人物，要论"智商"，一定很高，像这样一位君王怎么会被人民所抛弃呢？

纣迷恋女色，惟"妲己之言是从。"在用人上，妲己有很大的决定权，"妲己之所誉，贵之；妲己之所憎，诛之"。妲己是一个品质不良的女人，纣所干的一些坏事，她也有份。像纣的叔父比干劝纣改过从善，修先王法典，纣大为生气。妲己就说，我听说圣人的心有七个孔，比干被当做圣人，把他的心剖开来看看。纣于是下令杀比干，并剖腹挖了心，这就是"剖比干"。剖比干以观其心，今日看来是有些荒唐而又极其残忍的。但是残忍的刑罚，是奴隶制社会的特点。将人剖开致死，是商代刑罚之一种。不过比干以王子、纣的叔父而被"剖"，在社会上就引起极大的震动。而比干的受剖刑，又是妲己的主意，就更使人愤怒了。

商纣王

纣爱听谀辞，由是他的身边聚集了这样的一批人。其中有一个是费仲，此人的长处是"善谀好利"，善于拍马屁又贪财。纣王很喜欢费仲，任命他主持国政，即是宰相之职，权力很大。另一个是恶来，这个人是一位大力士，他的特长是"善谗"，善于无中生有，诬陷好人。此人是后来秦人的祖先，他专门挑拨诸侯与商王室的关系，结果是"诸侯以此益疏"纣。还有一位是崇侯虎，是崇国的首领。其国今陕西省西安市附近，与周人是近邻。此人常不在朝廷内供职，是纣安放在西边监视周人的。纣杀九侯、鄂侯时，周文王表示了对被杀者的同情，于是他报告给纣王的，致使周文王被纣囚禁达七年之久。

纣还收罗各地作恶多端的逃亡者加以任用。纣对这些人推崇尊敬，引以为心腹，有的竟至被任命为卿、大夫这样的高级官爵，这些人就是纣政权的基础。他们专事迎合纣的欢心，对人民为非作歹，横行乡里，对正直的大臣，则加以种种的罪名迫害打击。

纣颠倒黑白，无故诛杀大臣贤良，如前面所说过的剖比干，杀九侯、鄂侯，囚禁周文王等。纣时有位大臣叫商容，在朝中为官正直清廉，"百姓爱之"，纣却不喜欢他，将其罢官。纣的异母兄微子启，多次劝谏纣不听，惧祸临头，逃出国都隐藏了起来。纣还有一位叔父叫箕子，在纣朝任职，由于是同宗本家，他也是多次劝纣改过从善，纣不听。他看到纣朝中的官已作不下去了，于是就装疯，却被囚禁起来，当奴

国学经典文库

中华点子库

处世巧点子

图文珍藏版

隶使用。

纣为了对付政敌,刑法特别残酷。最残酷的一种称作"炮烙之刑"。此刑是在铜柱上涂上油膏,放置于炭火坑上。让那些触犯纣刑的人赤脚从铜柱上走过。铜柱又滑又烫,受刑者脚被烧烂了,掉下火坑活活被烧死。

纣王用酷刑诛杀贤良大臣,国中上下恐怖,为避杀身之祸,只有缄口不言。不少人为避祸,采取了逃走的方式,像纣的太师少师携着祭器和乐器投奔周人那里去了。太师少师是掌管教化的,也负责国中的音乐。古时祭祀皆有乐曲伴奏,所以太师掌祭器的乐事。在那时也应算是有文化的知识分子了。他们带着祭器、乐器投奔到周人,也就把商人的文化带到了周人那里。

纣王本是一位"资辩捷疾、闻见甚敏"的极聪明人物,要论"智商",一定很高。但其行事,却十分荒谬,为常理所不可解,特别是晚年,行事更显得糊涂。周武王在牧野战前,对纣用了两个"昏"字,他说"昏弃厥肆祀弗答,昏弃厥遗王父母亲不迪",意思是说,纣抛弃祭祀,不报答神灵的恩惠,抛弃本家的叔父、同母所生的兄弟而不任用。本应祭祀、本应任用骨肉之亲,但纣皆不这样做,为什么?周武王说纣是"昏"了头脑。所以周人把纣干脆就称作"昏"。陕西临潼出土的一件周初铜器铭文中说"武王征商,惟甲子朝,岁,贞,克昏",这铭文中"克昏"的"昏"就是指的纣王,实即是"克纣"。

纣王为何"昏",特别是到晚年更加"昏",除其本性品质外,当与他长期酗酒有关。酗酒有两个坏处,一是酒精中毒,使人丧失理智。另一个坏处是酒器的铅中毒,从考古中发现,商王室所使用的酒器,无论是酒器、温酒器,还有饮酒器,都是青铜制造的。青铜器的合金成分本是铜和锡,但锡是难得的资源,有时就只好用铅替代。根据对商代青铜器的化学成分测定,一般都含有铅,而特别到商晚期的青铜器,含铅量大增。铅是一种有毒金属,在存放酒和加热酒的时候,微量的铅释放于酒中,长期饮用含微量铅的酒,就会引起铅中毒,损伤大脑,影响人的正常思维和判断力,使人行为乖僻。纣的一些乖僻乖戾之事多发生于晚年。相传纣在位达五十二年之久,几十年的狂饮烂醉,不免发生酒精和铅中毒现象,因而使其"昏"惯,做事不合情理。

狸猫换太子

宋真宗的正宫娘娘章献皇后,聪明伶俐,好胜心强,政治手腕高明,在后宫中可谓一手遮天,连真宗也佩服她,有了为难的事便与她商量。怎奈天公不作美,十几年了,她也没给皇上生出个儿子来。真宗为了承大统,便广纳嫔妃,以求生子。其中有位李宸妃,善解人意,很得真宗宠爱。这李宸妃也很争气,侍御不久,便呕酸减饭,肯定是有喜在身。

章献皇后本是个醋坛子,原本不让真宗与嫔妃共居。但自己老不生育,也渐渐管不住真宗了。但她最怕的还是哪位嫔妃怀了孕,夺去自己的娘娘宝座。这回儿一听李宸妃怀孕,不啻五雷轰顶,登时愣在那里。李宸妃最得真宗宠爱,万一生下儿子,那么封为太子无疑。将来太子登基,母凭子贵,那么太后的宝座就不属于自己了。怎么办呢?派亲信太监把李宸妃除掉?那倒一了百了。但一转念,她觉得此事不妥,万一露了马脚,那自己立即会被打入冷宫,失去荣华富贵。就此罢手,她又不甘心,怎么办?

后来,章献皇后在腰上缠了些布条,看上去鼓鼓囊囊也似怀了孕之状,又常装作干呕。真宗一听非常高兴,李宸妃怀了孕,已让他高兴,如今正宫娘娘也怀了孕,这生男孩的保险系数更大了。于是,他高兴地对章献皇后和李宸如许下愿:哪个生下来是男的,便立哪个为太子。若都是男的,先生下的立为太子。两人都点头答应。

自此,李宸妃的肚子鼓,章献皇后的布条天天加,为了实现计划,章献皇后又做了两项工作:其一,找人算卦说皇后的身孕怕命硬的人冲,所以不让皇上近身,实际上是怕皇上戳穿她的诡计。其二,加紧收买李宸妃的贴身太监阎文应,以便到时候行事。

怀胎十月,快要临产了,阎文应也被买通了,不时向章献皇后报告李宸妃的情况。一天,李宸妃腹痛生产,皇后听到阎文应的报告,也在床上滚起来,一边暗中派人拿一狸猫。等在李宸妃的门外。只听小孩落地"哇"的一声哭,赶快把狸猫送给阎文应,让他换出李宸妃生出的儿子,抱到皇后室中。

真宗闻听二人一起生产,快步来到后宫,先去皇后宫中一看,是一个白胖的儿子,心中大为高兴。又到李宸妃宫中,一看却生下一个狸猫,是一妖物,心中突生厌情,命人速速埋掉。李宸妃生产时疼昏过去,不知底细,醒来时见自己生了个狸猫,只有嘤嘤地哭,半句话也说不出来。

真宗死后,太子少年即位,尊章献为皇太后。太后临朝暗握大权,挟制即位的仁宗皇帝。仁宗心中不悦,但碍于是自己的生母,也不好说什么。章献太后掌权十几年过足了"权力瘾",才安然死去。

不甘寂寞　遗臭万年

周作人,字启明,晚年改名遐寿,1885 年 1 月 16 日生于浙江绍兴。他与其兄鲁迅(周树人),其弟周建人都是中国历史上具有重大影响的人物。

和鲁迅一样,周作人幼年也是在三味书屋读书,12 岁时到杭州读书。他幼年的读书生活为他以后从事的文学活动打下了坚实的基础。17 岁时,周作人经过考试,就读于上海的江南水师学堂。在这里,他接触了《天演论》《清议极》等进步书籍。书中所揭示的"优胜劣汰,适者生存"的规律,大大唤醒了周作人,使他认识到清朝之所以挨打,就是因为落后。年轻的周作人在这些宣扬自强、富国精神的书籍的鼓动下,投身到"排满拒俄"的革命运动中去。

这时,周作人遇到了一件难忘的事情。他乘至公园前发现门是一金字牌,太书"犬与华人不准人"七个字,周作人怒火中烧,自觉是奇耻大辱,但环顾四周,竟"无其一不平者",周作人深感同胞的麻木。

1906 年 6 月,周作人与大哥鲁迅前往日本求学。在东京学习期间,他和鲁迅合作翻译小说,并在鲁迅的思想影响下,发表了大量阐述独特见解的文章。

6 年后,他娶了日本老婆回到了中国。不久便在北京大学任教,这是周作人一生最得意也最有成绩的时期,正是在这里他奠定了在中国新文化运动中的地位,成了知识界的斗士和旗手。周作人的突出贡献是在《新青年》《每周评论》上发表了一系列重要文章,构成一个完整的体系,在国内外产生了广泛的影响。他用自己深刻的思想、犀利的文笔,在广大人民心中树立了一个光辉的"五四"战士的形象。回顾这一段战斗历程,周作人应当无愧地被称作勇敢的士兵。鲁迅也骄傲地把他称作中国最优秀的杂文作家。

然而,随着时光流逝,周作人身上的宝贵的战斗性不断地消退,思想日趋消极。在国家民族危机不断加深的三十年代,他与林语堂一起鼓吹"闲适幽默"的小品,不能不说是奏出一种极不和谐的杂音。

1937 年 7 月 7 日,卢沟桥事变爆发,广大爱国人士纷纷投入了抗日的洪流中。文化界人士匆匆南下,只有周作人悄无声息,以家累太多为由,留在北平。周作人的行为引起了他的友人们的不安。最能代表这些文化友人心情的就是郭沫若,他怀着焦盼的心情写了《国难声中怀知堂》,向周作人发出了呼喊:

"……知堂如真的可以飞到南边来,比如就像我这样的人,为了调换他,就死上几千几百个都是不算一回事的。"

"日本信仰知堂的比较多,假使得到他飞回南边来,我想再用不着他发表什么言论,那行为对于横暴的日本军部,对于失掉人性的自由之举而为军备狂奔的日本人,怕已就是无人的镇静剂吧……"

但是,朋友们急切的期盼始终没有打动这位"五四"斗士的心,他仍然在北京"蛰居"。

周作人毕竟没有耐住时间的考虑。6 个月以后,即 1938 年 4 月 9 日,周作人长袍马褂,参加了日本侵略者召开的"更生中国文化建设座谈会"。不但参加了会议,而且还发表了讲话。

迈开了第一步,下面的路当然就是一步跟一步走了……

1939 年 3 月 28 日,周作人接受伪北大文学院筹备员职务;8 月,出任伪北大教授兼伪校文学院院长;9 月,参加"东亚文化协议会",并成为该协会会员。1941 年 1 月周作人已不满足于文化上面的"涉及"了。他被升任为伪华北政务委员会委员、常务委员兼伪教育总署督办,又兼"剿共"委员会委员。1942 年 4 月,出任伪北平图书馆馆长;9 月,又担任伪华北作家协会评论会主席;12 月,出任伪华北中华民国新民青少年团中央统监会副统监……种种都足以说明周作人已完成堕落成了日本人的"走狗"。

周作人最后成为民族败类的原因当然有很多。但最根本的是对前途判断的错误和极端自私。

周作人深信日本必胜,中国必败。当时战场上日军的凌厉凶悍和国民党军队的不堪一击,使周作人很快做出了"亡国论"的判断。许多当汉奸的都是因为在这个大关节上妄信"中国必败"而失足的。大的有汪精卫、陈公博、周佛海,小的有周作人……当然,饱学卓识如周作人,不可能不知道伟大的中华民族历史上从来不曾屈服过外国的统治,日本人也决不能永远蹂躏神州大地。但是,周作人自私成性,他自然不会关心死后的荣辱,而且,他也不会相信,日本会那么快被中国人民打败,所以,得享福时且享福,也许,日本被打败之时,他早已不在人世了,身后之事、身外之事还管它干什么!

于是,周作人这个极端自私的人走向叛逆便顺理成章了。

坐享其成　走向衰亡

随着征服各部落战争的顺利进行,部队不断扩大,清朝的开国皇帝努尔哈赤,首先建立了满洲八旗(下分正黄、正白、正红、正蓝四旗,另外又增镶黄、镶白、镶红、镶蓝四旗),以后又相继设蒙古八旗和汉军八旗。其中满洲八旗居首脑地位。八旗旗民的户籍,都来于各旗之下,其子弟,永远当兵。当时旗民的主要任务是打仗。八旗子弟自幼苦练骑射本领,凶悍善战。在统一女真各部族,使蒙古族臣服以及推翻明王朝的战斗中,叱咤风云,驰骋疆场,他们为清王朝的建立立下了不可磨灭的功劳。那时的八旗子弟,生气勃勃,立马横枪,是支战斗力很强的队伍。

可是,随着清王朝的建立和巩固,打仗已不是主要的任务了,八旗子弟们也以功臣自居,日渐萎靡腐败。顺治初年,旗兵每月尚训练五六次,后来几乎形同虚设了,到康熙末年,训练已是徒有虚名。外省驻防将军及绿营提镇,出则皆坐轿,以骑马为耻,于是武艺日益荒废。士兵则迷恋酗酒、赌博、讹诈、盗窃、转卖口粮、放高利贷等等,无恶不作、无所不为;钱花光了,就去当铺典当盔甲兵器。到了清朝末期,八旗子弟中的很多人,已堕落成只知抽鸦片、提鸟笼的"混混"了。

封建世袭制和享有封建特权,这是促使八旗子弟堕落的主要原因,也是滋生社会寄生虫的温床。"生于忧患,死于安乐",这是一个千真万确的道理。

八旗子弟几乎还在娘胎里,就已经有了官衔,而且,世袭范围不断扩大,导致越来越多的子弟从小就跻身青云,过着挥霍的生活。八旗子弟依仗自己享有的种种特权,蓄奴成风,对奴婢任意凌辱、虐待,犯罪后司法部门无权处理,实际上他们的所作所为不受法律制裁。他们可圈占近畿房地,拨为旗产,又发给口粮。子女七岁以上,即食全俸。有些旗兵已是满头白发,到了革退的年纪,也不革退,照拿薪饷。

清朝皇帝还常常发赏银,替他们还债。从清初到嘉庆四年,八旗子弟中的宗室"俱不由乡举,径赴会试",由宗室会试,成绩勉强"过关",便委以重任。

事情就是按照自己的逻辑发展的。八旗子弟的特权越大,他们腐败的速度也越快。八旗子弟有恃无恐,是因为他们认为,汉人无累,旗人有累。"累",就是老本。他们的老本,就是他们的祖先曾经为大清王朝的建立立下过汗马功劳,他们的祖先曾经出生入死,这个"天下"是他们的祖先打出来的。因此,现在他们应该享受享受。在这种享乐思想的腐蚀下,八旗子弟逐渐丧失了战斗力。对此,雍正皇帝及时发现并加痛斥,下令"八旗子弟,各司其业",要他们思念"从前积累之维艰"。然而,这是封建制度造成的,没落的封建地主阶级是无力也不可能挽救本阶级走向灭亡的命运的。雍正的痛斥,热闹过一阵,过后就烟消云散,没有能够改变八旗子弟衰亡的客观事实。

见风使舵 官运不长

我国南宋时期,由于奸臣把持朝政,贪污腐败横行,阶级矛盾和民族矛盾都十分尖锐,国势日见衰微。在南宋末期的理宗、度宗两朝,又出现了一个奸臣贾似道,他把持朝政15年,最后使南宋为元朝所灭。在贾似道当权时,不乏阿谀奉承、谄媚讨好的人,方回就是其中的一个。

方回是我国宋末元初的文学家,有《桐江诗集》65卷。他在理宗时中进士,当时以诗文为人们所称道。方回的诗写得很好,其中有不少反映现实生活之作。他的《路傍草》描写战争中土地荒芜,房屋倒塌,一派凄凉景象,"间或遇茅舍,呻吟遗稚老。常恐马蹄响,无罪被抢讨。逃奔山谷中,又惧虎狼咬。一朝稍苏息,追胥复纷扰。"抒发了穷苦百姓生活的艰难,还不如路边的小草的哀叹。他的《彭湖道中杂书》五首中的"每逢田野老,定胜市廛人。虽复语言拙,终然怀抱真。如何官府吏,专欲困农民。"对农民倾注了同情,对扰民、害民的官吏,发出了不平的谴责。

方回既有同情农民、哀叹劳苦百姓生活艰难的诗歌;也有粉饰太平向权贵献殷勤、求富贵的诗歌,这也是方回在人品上的不足之处。

方回中进士后,唯恐当不上官,向奸臣贾似道献《梅花百咏》诗,奉承贾似道和表示自己的忠心。以后方回见贾似道将要倒台,又见风使舵,向皇帝上贾似道十可斩的奏疏,因而未被治罪,反被任命为严州(今属浙江)知府。方回在人品上更不足取的,是他的"唱高调"。南宋末年,元兵大举进攻南宋,元兵将至之时,方回高唱死守城池、与城池同亡的论调,等元兵一到,赶快望风迎降,毫无民族气节。以后方回曾任元朝建德路总管,但好景不长,不久就被罢官。

韬光养晦　待机而制

历代奸相中,大概没有谁比严嵩的影响更大了。在他当政20多年里,"无他才略,唯一意媚上窃权罔利","帝以刚,嵩以柔;帝以骄,嵩以谨;帝以英察,嵩以朴诚;帝以独断,嵩以孤立。"与昏庸的嘉靖帝"竟如鱼水。"

虽然严嵩入阁时已年过60,老朽糊涂。但其子严世蕃却奸猾机灵。他晓畅时务,精通国典,颇能迎合皇帝。故当时有"大丞相、小丞相"之说。在严嵩当政的20多年里,朝中官员升迁贬谪,全凭贿赂多寡。所以很多忠臣都被严嵩父子加害。

为了反对严嵩弊政,不少爱国志士为此进行了前仆后继、不屈不挠的斗争,在对严嵩的斗争中,徐阶起到了决定性的作用。

徐阶在起初始终深藏不露,处理朝政既光明正大又善施权术。应该说,在官场角逐中既能韬光养晦,又会出奇制胜,是一位弹性很强的有谋略的政治家。他的圆滑,被刚直的海瑞批评为"甘草国老"。虽然他"调事随和",但仍与严嵩积怨日深。在形势对徐阶尚不利时,徐阶一方面对皇帝更加恭谨,"以冀民怜而宽之",另一方面,对严嵩"阳柔附之,而阴倾之",虽内藏仇恨,表面上却做出与严嵩"同心"之姿态。为了打消严嵩的猜忌,徐阶甚至不惜以其长子之女许于严世蕃之子。

时机终于来了。嘉靖四十年11月25日夜,嘉靖皇帝居住近20年的西苑永寿宫付之一炬。大火过后,皇帝暂住潮湿的玉熙殿。工部尚书雷礼提出永寿宫"王气攸钟",宜及时修复;而众公卿却主张迁回大内,这样既省钱,又可恢复朝政。皇帝问严嵩。严嵩提出皇帝应暂住南宫——这是明英宗被蒙古瓦剌部先俘虏放回后,景帝将其软禁的地方。嘉靖当然不愿意住在这样一个"不吉利"的地方。严嵩的这个建议铸成了导致他失宠于嘉靖皇帝并最终垮台的大错。

徐阶觅得这样一个千载难逢的好机会,当然不会轻易放过。所以他表现出十分忠诚的样子,提出尽快修复永寿宫,并拿出了具体的规划。次年3月,工程如期竣工,皇帝喜不自禁,从此将宠爱转移到徐阶身上。

为达到置严嵩于死地的目的,徐阶还利用皇帝信奉道教的特点,设法表明罢黜严嵩是神仙玉帝的旨意。他把来自山东的道士蓝道行推荐入西苑,为皇帝预告吉凶祸福。不久,便借助伪造的占卜语,使严嵩被罢官,严世蕃被斩。

锋芒毕露　遭人嫉妒

天宝元年,诗人李白来到国都长安,准备求取功名,报效朝廷。在秘书监贺知章的引荐下,唐玄宗召见了李白。李白敏捷的才思和优美的文笔使唐玄宗折服。他当即任命李白为翰林院供奉,掌管诏书之事。一时间,李白大受宠爱,朝廷下的诏书多数由他执笔。李白也决心不辜负皇上的厚爱,每日都勤勉供事,尽职尽责。

天宝二年，暮春时节，唐玄宗陪着杨贵妃在沉香亭欣赏由洛阳新进贡来的名贵牡丹，李龟年率领一班梨园弟子侍候，但唐玄宗并不满足，他叫高力士把李白召来为他即席作诗。

这次正碰上李白喝了很多酒，几乎是烂醉如泥，高力士命人将他抬入兴庆宫，端来一盆凉水，以水洒面。李白这才渐渐清醒过来，唐玄宗马上命其写诗作词以供歌唱。李白稍做思考，便一挥而就：

人想衣裳花想容，春风拂槛露华浓。

若非群玉山头见，会向瑶台月下逢。

一枝红艳露凝香，云雨巫山枉断肠。

借问汉宫谁得似？可怜飞燕倚新妆。

名花倾国两相欢，长得君王带笑看。

解释春风无限恨，沉香亭北倚栏杆。

唐玄宗和杨玉环看了都非常高兴，他们对李白赞不绝口："人面花容，一并写到，真是落笔生花。"玄宗对贵妃说："有这样绝妙的诗歌，朕和妃子应该依声唱和。"于是令李龟年歌，玄宗自己吹笛，贵妃弹琵琶。将这首诗歌吟唱一番。曲终，贵妃起身谢玄宗，玄宗说："不必谢朕，还是谢李学士吧。"杨贵妃亲自为李白斟酒，李白赶紧起身跪下，即头拜谢。唐玄宗说："卿是仙才，这三首诗可名为何调？"李白回答："臣以为可以称为清平调。"玄宗连声说好。

自此之后，李白成了长安城中第一红人，不仅在皇帝面前受宠，也常有许多王公大臣请他饮酒，观舞，还怕他不赏脸。李白红得发紫这种事本来同别人无干，但却气坏了一个人，这就是高力士，本来他在玄宗面前很受宠，而李白一来，他就显得不那么重要了。高力士妒忌之气油然而生。他每天都在想如何将李白赶出长安。

有一次，渤海国派使者来到长安，可是满朝文武都不能识出他带的国书写了些什么，唯独李白技高一筹，能够诵读如流。玄宗大喜，命李白草拟一份诏书。李白回票唐玄宗说："请陛下赐臣无畏。臣神旺气足，才能尽其所能。"玄宗说："你就随便一点无妨。"李白于是便摘掉帽子、脱下皮袍，一边构思，一边抬脚要上御榻，这才发现鞋子还没有脱。又怕弄胜了刚洗净的双手。刚好，这时候高力士站在下首。李白便请高力士帮他脱靴。玄宗笑着点头同意。因此，高力士也不敢违背旨意，忍气吞声。帮李白脱了靴子。虽然高力士按李白的要求做了，但他却怒从心头起，恶向胆边生。决心要将李白除掉。不过喝一盏茶的工夫，李白便写就了诏书，玄宗一看，堂皇气派，字字珠玑，于是龙颜大悦，决定第二天上朝时，封李白为中书舍人，专门让他司掌诏命，代草王言。

唐玄宗欣赏李白的才华，想将他留在自己身边，下朝到了宫中后，他征求高力士的意见，早就对李白不满的高力士决心抓住这个机会，他说："陛下用人，微臣不敢评论。但陛下问臣的意见，臣又不敢不说。中书舍人有四忌；一忌泄漏，二忌拖延迟缓，三忌失误，四忌忘性，嗜酒者恐怕难以胜任这个职位。"话说得很圆滑，但这却动摇了玄宗封李白做中书舍人的决心，于是这件事就搁置起来。

但是，高力士并不止于此，脱靴之恨仍未在他心中平息。他又跑到杨贵妃面前说起了李白的坏话："我原以为娘娘对李白恨得要死哩，想不到还这么喜欢他的诗歌！"杨贵妃赶忙问其中的缘故，高力士悄悄地说："李白以赵飞燕比娘娘，实在是混账之极。赵飞燕是什么贱人？她的下场谁不知道。李白将娘娘比做赵飞燕，这不是在贬损、侮辱娘娘吗？"经高力士这么一挑拨，杨贵妃若有所悟。原来赵飞燕与宫外男子赤凤私通，而杨玉环却与安禄山勾勾搭搭，做贼心虚，杨贵妃从此便开始嫉恨起李白来了，并且在玄宗面前说了李白许多坏话。唐玄宗开始对李白疏远起来。

天宝三年，李白自知不能为小人所容，升迁无望，政治抱负不能施展，便摘下头上的学士帽，脱下身上的宫锦袍，换上隐士戴的角巾和平民穿的葛服，离开了翰林院，离开了他那个原本想建功立业的地方——国都长安。

无所作为　修养生息

静如处子，动若脱兔，告诉人们待机而应变。时机不成熟时，既要表现出胸无大志，又要表现出毫无能力。有人认为无所作为怎么能保住官位，这正是应变学的奥妙之处。应变学博大精深，变化无穷，其中哲理非一般人所能吃透。

无所作为分为两种，一种是暂时性的，一种是永久性的，暂时性的是隐藏才华，先保住性命，等待机会，卷土重来，读过《三国演义》的大都知道，刘备依附曹操时，不问大事，只种菜浇园，当曹操与刘备煮酒论英雄时，曹操与刘备议论天下英雄豪杰，曹操说："天下英雄唯使君与我。"刘备惊得把筷子掉在地上，此时外面恰好响起雷声，大雨骤至。曹操问刘备，为什么把筷子掉了。刘备忙说："圣人云'迅雷风烈必变'。一震之威，乃至于此。"曹操说："雷乃天地阴阳击搏之声，何为惊怕？"刘备说："我从小害怕雷声，一听见雷声只恨无处躲藏。"自此曹操认为刘备胸无大志，必不能成气候，也就未把他放在心上，后来刘备逃脱樊笼，对关羽、张飞说："吾乃笼中鸟、网中鱼，此一行，如鱼入海，鸟上青霄，不受罗网之羁绊也。"

三国还有一个又瘦又黑的司马懿，当曹爽掌权时，就伪装成病重在身，耳聋目呆的样子，曹爽看他有病将亡，就不把他放在心上，当曹爽外出时，司马懿就发动政变，杀了曹爽，夺得军政大权。

刘备、司马懿暂时伪装为无所作为，目的是为了保命，哪有为了保官，一辈子无所作为的？

试想汉代末年的汉献帝不正是无所作为，昏昏庸庸，曹操才让他做皇帝的吗？再看清朝的光绪帝，一生怯弱，唯慈禧太后之命是从，帝位坐得也安稳，当他试图一展雄才大略，实行维新时，慈禧太后就将他软禁起来，最终被折磨而死，若他一直是无所作为，有美味可食，有好酒可喝，有美女侍候，皇位也能稳稳地坐下去嘛。

人都有一股不安分的心,时间一长,不免不愿受人控制,总想自己干一番事业,因此,要在高位上做到无所作为真是一件很不容易的事。

汉景帝时,郎中令中,有个叫周文的。最初,他是文帝的御医,后来被任命为太子的医生。太子即位,成了景帝,他就被升为郎中令。周文言谈十分谨慎,他总是穿着补丁衣服,故意弄得很邋遢。这样,景帝很放心,连寝室都让他随便出入,做房事时也让他在旁边侍候。景帝每问他对于臣儒们的意见时,他就说"请您自己判断吧",从不说牵扯大臣们命运的话,为此景帝两次专程去访问,表示敬意。

武帝即位后,他仍作为先帝的宠臣很受器重。像周文这样的人能被三个皇帝器重的不倒翁,靠的是什么?当然是无所作为,唯唯诺诺。试想,换了别人,他看了皇帝的房事出门来会对另外的人说吗?一说,就要被杀头。再者,他与皇帝那样亲近,官居郎中令,却一点也不过问朝政,这不是无所作为又是什么呢?

但无所作为这个谋术若用之不当,也不能起到应有的效果。

张作霖当了大帅后,要论功行赏,大封部下,但手下的一个秘书长,却被撤了职。几个朋友替秘书长去说情。"大帅待人一向厚道,秘书长撤职后,未派其他差使,生活都成问题。"张作霖说:"我对他并没有什么,不过他作了8年的秘书长,没有同我抬过一回扛,难道我8年之中,就没有做错一件事吗?这样的秘书长,又有何益?"

周文与这个秘书长,采用了相同的方法,两者结果却大不相同,看来,应用应变学也要从实际出发,不可死搬硬套啊!

精诚所至　金石为开

新官上任,为确保工作的顺利进行,都希望得到前任的支持和帮助,日本政界也不例外。因此,某政治家担任大臣之初,首要的事就是拜访某前辈政治家。谁知他的一片诚心,却遭到了冷漠的回绝。

辞退而去的大臣在数十分钟后,再度登门拜访,和上次一样,在众人面前他再次吃了闭门羹。新大臣并没有因此而垂头丧气,心灰意冷。他坚信:精诚所至,金石为开。于是,几天后,他又一次登门求教。这件事好多人看在眼里,记在心里,渐渐地开始批评那位前辈政治家:人家这样低三下四地来求见,他却毫无道理地拒人于千里之外,真是心胸狭窄,毫无风度。相反,新大臣有耐心、虚心求教、不耻下问的精神,却深深地打动了每一个人。周围人开始对他产生同情和钦佩之情,同时也对那位前辈政治家产生了反感。

三次求见,均遭拒绝,使新大臣受了莫大的委曲和侮辱。然而,他却在敌方阵营的前政治家势力范围内,找到了许多对自己抱有好感的朋友。不久,新大臣便取前辈政治家而代之,集大权于一身。

莫轻易为人所用

蔡确任北宋宰相期间，宋神宗崩逝，哲宗即位，邢恕从襄州调河阳，就去拜见蔡确，商议尊立天下的事。

事后，司马光的儿子司马康上京师，邢恕请他先到河阳走一趟，邵伯温对他说："你刚除下丧服，还没晋见新天子，不该绕道先去见朋友。"

司马康说："可是我已经答应他了。"

邵伯温说："邢恕是个巧诈、有颠覆性格的人，可能有事要求你，如果答应他，将来一定会后悔。"

但司马康还是去了河阳，邢恕果然劝司马康上书称许蔡确，作为往后自己保全身家的打算，由于司马康与邢恕同年登科的，邢恕又出于司马光门下，司马康就依邢恕的话上书，邢恕认为司马康是司马光的儿子，若由他口中说蔡确有尊立哲宗之功，世人一定相信。

不久梁焘与刘安世上书请求诛杀蔡确，而且要追究邢恕的罪，司马康也被拖累要自我辩白，司马康这才后悔起来。

实力开门　独掌大权

兰儿，作为咸丰选中的秀女跨进了宫门，但是，入宫之初的生活却使她十分伤心。她被锁入圆明园为宫女，一个普通宫女不但地位低下，甚至连太监都不如，只是供人驱使。这种地位连见后妃都很困难，更不用说皇帝了。兰儿曾为自己的容貌自豪过，也为能入选秀女而憧憬过，可现实却使她感到透心的冰凉，不甘心就这样生活下去，兰儿下定决心要改变自己的处境，她要想办法去接近当今皇上咸丰，兰儿心中明白，这是她的唯一出路。

兰儿，虽未进过学堂，但她受书香门第的家庭熏陶，却也看了不少书，并且还得到父亲惠征的指点。尤其是在朝廷选秀女之令颁发后，惠征又为她讲了许多宫廷掌故，期望她入宫后能青云直上。现在，兰儿正在困难时刻，她冥思苦索如何接近皇上，宫廷掌故真的帮了她大忙，她想起了唐太宗的武才人，也就是女皇武则天。真是同病相怜，当年的武才人不也有过像自己一样的经历吗？她用金银打动了身边太监的心，使那些见钱眼红的太监成为她的耳目和帮凶，终于改变了不利的处境。对呀，我为什么不效法呢？或许我也会成功的。

于是兰儿使出了浑身的解数，拿出了所有的积蓄，甚至俸禄的一部分，慷慨赐给了身边的太监。屡得赏赐馈赠的太监还真有些感激之情。于是，他们开始和兰儿接近，并为她的处境鸣不平，他们又七嘴八舌地为她出主意。还是太监们的经验多，他们也了解咸丰的性格及生活。在他们的建议、谋划下，一个妙计诞生了。

处世巧点子

图文珍藏版

皇帝咸丰,本名奕詝,是道光的第四个儿子,继道光而成为清王朝入关后的第七代皇帝。即位之初,尚欲有一番作为。因此,他整顿吏治,惩办穆彰阿、耆英等贪官污吏;累沼求谏,并奖赏了大理寺卿倭仁、国子监祭酒胜保、侍郎曾国藩、通政使罗惇衍、通政副使王庆云、给事中吕贤等;大胆起用道光废员,如当时名望甚高的林则徐、周天爵等;并且还能破除满汉之见而重用一些汉人。所以,朝廷内外,一幅欣然望治的景象。可是,好景不长,不久,太平天国革命爆发了,外患也在扩大,这位皇帝却转而追求声色之欲。对于咸丰的这一转变,太监们了如指掌,正由于此,他们与兰儿谋划的妙计才得以实施。

一日,咸丰率领妃嫔们兴致勃勃地游圆明园,当她们靠近一片桐林之时,一阵优美动听的歌声从那桐阴深处传来,这歌声,唱得是那样悦耳,以致前来游玩的皇帝也不由得停住了脚步。不想,这位听惯了宫中音乐的咸丰,竟为此小曲动了心。但他并没有听下去,因为妃嫔们游玩的兴趣正浓着呢,在她们的请求下,咸丰缓缓地离开了这歌声猝起的地方。

第二天,是神差还是鬼使,咸丰自己也说不清楚,他又一次游玩临幸到了桐林,当他走近桐林之际,妃嫔们不禁愕然了,因为那桐阴深处动人的歌声又传入了她们的耳中,而且,竟是那样的柔和、含情。

咸丰又一次停住了脚步,竟不自觉地对着发出歌声的地方用双眼极力在搜寻着什么。看了一阵便回头问身边太监道:"那桐阴深处歌者何人?"

咸丰问话刚完,只听一个太监恭敬地答道:"回万岁爷话,歌者是圆明园宫女兰儿"。

咸丰不觉一怔,心想,你怎么知道呢? 不过也难怪,咸丰哪里知道兰儿赏赐的太监早已同咸丰身边的太监通了气呢。成丰一心想见一见这位歌手,哪还有心思问其他,于是,一怔后又神往桐阴深处了。回话太监见咸丰心有所动,就接着说了下去"奴才熟悉路径,若万岁爷临幸,奴才愿为前导。"

此言正中咸丰下怀,只见他挥了挥手,让那些随游的妃嫔们退了回去,自己带了几个随身太监走进那桐阴深处,向着那歌声发源地走去。当走到桐阴深处时,恰见有供皇帝临幸时落座的炕,于是,咸丰停步落座,令身边太监前往召歌者兰儿来见。

兰儿此时已停止了歌唱,因为她已窥见咸丰前来,她真是欣喜之极,心里在思忖着:苍天保佑,妙计果然奏效。她此时此刻也倍感紧张,心在突突地跳着,是激动,还是有些害怕,她难以说清,或许二者兼而有之吧! 反正她的心在动荡着。当奉旨太监来到她跟前时,她越发紧张了。只听太监传谕:

"传万岁爷口谕,召见兰儿!"

此时不容多想,她随太监走着,等见到咸丰,她请安、施礼后便静待圣旨。

咸丰非常注意这个兰儿,自兰儿进入他的视野,他一直在端详着,对长得美丽标致的兰儿深有好感。见她请安、施礼又十分得体,更觉满意,他不自觉地点了点头。

"刚才那歌是你唱的吗?"咸丰端详后问了一句。

"回万岁爷,奴婢唱的小曲,实在有污圣耳,还望恕罪。"兰儿恭敬地回了话。

"朕很想听,你再唱一段吧!"咸丰眼巴巴地望着兰儿。

兰儿遵令唱起了小曲,那歌声自桐阴深处复起,冲出桐林,飞向天空,一直传得很远,很远……

咸丰听得入迷,真有些醉意痴迷,当兰儿的歌声停下之后,他立即传令"进茶",随身太监们知趣地退避开了。咸丰双眼盯住兰儿那美丽的脸蛋,然后招了招手,兰儿心领神会地挪动着脚步,慢慢地靠近了咸丰。咸丰见兰儿靠近自己,伸手抓住兰儿的双手,急促地拉入了他的怀中……

次日,宫中传开了这样一句话:圆明园宫女兰儿得幸了!

自那桐阴深处得幸之日起,兰儿被召侍御之事经常有之。

随之,兰儿的地位提高了,先是由地位低下的宫女晋升为贵人,接着又于咸丰四年晋升为懿嫔。她就是历史上有名的西太后。

第三章　廉恭坚韧　屈伸自如

顺境不足喜,逆境不足忧。一个人如果生活在艰难困苦的逆境中,那周围所接触到的全是有如针灸医药般的事物,在不知不觉中会使你敦品励行,把一切毛病治好。一个人如果生活在无忧无虑的顺境中,那就等于在你面前摆满了刀枪利器,在不知不觉中使你的身心受到伤害,走向失败之途。

大树将军口不言功

东汉光武帝手下的大将冯异在当时被称为大树将军。他为人谦虚礼让,从不自夸,也不争功。他在随从光武帝刘秀打天下时立下很多战功。每当诸将聚会到一起时,他们总是争着夸耀自己的功劳,而冯异却常坐于大树下,不与别人争功,因此被称为"大树将军"。无独有偶,南朝梁武帝时也出了个大树将军,这个人就是冯道根。

冯道根是广乎郡人。南朝萧齐末年,萧衍起兵襄阳,进攻首都建康时,冯道根勇猛无比,杀敌无数。梁朝建立后,他率军平定陈伯之的反叛,击退北魏军的进攻,保住了阜陵城。冯道根因战功卓著,先后任过骁骑将军、游击将军、辅国将军、云骑将军、领直阁将军、中权中司马、右游击将军、武旅将军等职。

冯道根虽然战功卓著,但对自己的功劳却很少讲。每次征伐过后,诸将都你争我辩,寸功必争,寸赏不让,只有冯道根沉默不语。此举引起部下们的不满,认为跟随冯道根冲锋陷阵出生入死,遇到论功时,全让别人争了去。岂不太吃亏了? 每次遇到这种情况,冯道根总是开导他们说:"主上对众人所建之功自有明鉴,何用我大争大吵?"萧衍对冯道根此举非常满意。曾指着他对尚书令沈约说:"此人从来口不言功。"沈约说:"这真是陛下的大树将军啊!"

冯道根以清廉谦让立身。他做地方官,性喜清静,为部下所怀念。萧衍曾说:"冯道根在,能使朝廷忘记了还有一州。"他作为中央官,虽显贵而性俭约,所居宅不营墙屋,入室则萧然如素士之贫贱者。他口不言功,却独得大树将军之誉,这是高于其他人的记功碑。

刘邦请求分一杯羹

刘邦在彭城一战中被项羽打得大败,就连自己的父亲太公和妻子吕氏都被俘虏了。当两军在广武对峙的时候,项羽在阵前架了一口大锅,里面装满了水,底下燃起熊熊大火,锅中的水烧得滚烫;太公被剥光了衣服,五花大绑着。项羽指着铁锅恐吓刘邦,如果再不投降,就把太公烹了。面对如此严峻的考验,刘邦泰然回应:"当初我们两个一同跟随楚怀王,你我有兄弟之约,我的父亲就是你的父亲,你今天要把我们兄弟俩的父亲烹了,到时不要忘了分一碗汤给我。"项羽没有想到刘邦竟然如此忍心,便听从项伯的劝告,饶了太公。

刘邦在广武受了箭伤,张良恐怕因此而动摇军心,硬是请刘邦扶伤起行,到各处慰劳士卒,以表示自己安然无恙,这也是忍的功夫。

刘邦的忍,可以说是很有功夫了。鸿门之宴,他甘受项羽盛气的屈辱,这其中一面是诈,一面是忍的功夫。

这种忍,当然主要是政治家的意志和谋略。寻常百姓又何尝不需要忍的功夫呢?"文革"时期,不少知识分子受到迫害,对于莫须有的罪名,对于非人的折磨,抗争是没有用的。有的人则以极大的毅力忍辱负重,在异常艰难的环境和条件下,读书、学习、思考和研究,有人甚至在牢房的铁窗里,在大脑中"写"下有价值的学术著作。这种忍的功夫,这种精神的伟力是惊人的,其作用小可全身,大可兴国。

退一步路更宽

一位留美计算机博士学成后在美国找工作。因为有个博士头衔,求职的标准当然不能低。结果,他连连碰壁,好多家公司都没聘他。想来想去,他决定收起所有的学位证明,以一种"最低身份"再去求职。

不久他就被一家公司录用为程序输入员。这对他来说简直是高射炮打麻雀,但他仍然干得认认真真,一点儿也不马虎。不久,老板发现他能看出程序中的错误,不是一般的程序输入员可比的。这时他才亮出了学士证,老板给他换了个与大学毕业生相称的工作。

过了一段时间,老板发现他时常能提出一些独到的有价值的建议,远比一般大学生要强些,这时他亮出了硕士证书,老板见后又提升了他。

再过了一段时间,老板觉得他还是与别人不一样,就对他"质询",此时他才拿出了博士证。此时老板对他的水平已有了全面的认识,毫不犹豫地重用了他。

生活处世中,我们讲进退顺其自然,却并不等于一切听天由命。如果退是为了以后再进、暂时放弃目标是为了最终实现目标,那么这退中本身就有进,这种退是一种进取的策略。

俗话说,退一步路更宽。暂时退却,养精蓄锐,等待时机,重新筹划,这样再进便会更快、更好、更有力。

有时候,不刻意追求反而可以有所得,追求得太迫切、太执着反而只能白白增添烦恼。以柔克刚,以退为进,这种曲线的忍的生存方式,有时比直线的生存方式更有成效。

这位博士最后的职位,也就是他最初理想的目标。然而直线进取失败了,后退一步曲线再进,终于如愿以偿。

以退为进,由低到高,这既是自我表现的一种艺术,也是生存竞争的一种方略。跳高,离跳高架很近,想一下子就跳过去并不容易。后退几步,再加大冲力,成功的希望可能更大,人生的进退之道就是这样。

韩信胯下之辱成大业

韩信是历史上的名将,然而当年却极其落魄,以致屠夫之子也可当众侮辱他。

秦末,淮阴人韩信,父母双亡,家贫如洗,只有一把宝剑,常随身携带。因既不会种田、也不会经商,只能靠别人接济为生。但他熟读兵书,心怀大志,总想有朝一日,一展宏图,封侯拜将。

一日无事,他腰挂宝剑,信步街头,一个屠夫之子迎面走来。此子是个好事青年,见韩信衣衫褴褛,但身上却挂着一把宝剑,在街上闲逛,便瞧他不起,有意上前滋事。他急走几步,将韩信拦在街当中。韩信见道路被阻,刚想转身绕过,此子却指着他的鼻子说:"韩信,你平日出来,常挂宝剑,看你身材高大,怎么如此怯弱呢?"韩信目视屠夫之子,知他无端挑衅,便闭口不答。此时,已有不少人围观。屠夫之子见韩信缄口不答,就又当众嘲弄韩信道:"你如是好汉,就拔出剑来刺我,否则便从我胯下钻过去!"说着,就叉开两腿,立于道中。韩信见此,心想今日之事难以躲过了,又想:"古人云:'小不忍则乱大谋'。大丈夫能忍人所不能忍,方可大有作为。"他端详了对方好一会儿,便伏下身子,从屠夫之子的胯下,慢慢爬了过去。周围观望的人,见韩信如此怯弱,都大笑不已。而韩信却不以为然,站起身来,拍掉身上的土,便扬长而去。

数年后,他被封楚王,衣锦还乡,不仅对污辱他的屠夫之子赦罪不诛,还授予他中尉之官,又不失为大丈夫襟怀。他对众人说:"此人也是壮士,他辱我时,我可以与他以死相拼,但死得无名,所以忍耐至此,才有今日。"

大丈夫可杀而不可辱,赞的是一种立身气节;忍人所不能忍,说的也是一种进身处世的谋略。如果韩信当时拔剑与屠夫之子相拼,无论结果如何,按照当时秦律,重者被判死罪,轻者沦为囚徒,那么,韩信建功立业的志向,就将无法实现,这就是他忍下胯下之辱的主要原因。

时常有人说:我忍不下这口恶气。此时,我们不妨仔细想一想,我们这口恶气究竟值不值得忍,忍是否有好处,不忍又有什么好处,仔细分析之后,我们即可决定是忍还是不忍!

谨慎行事　善有其终

吕僧珍是东平郡范县人,其家世居广陵。从南齐时起,吕僧珍便追随萧衍。萧衍为豫州刺史,他任典吏,萧衍任领军,他补为主簿。建武二年,萧衍率师援助义阳抗御北魏,吕僧珍随军前往。萧衍任雍州刺史,吕僧珍为萧衍手下中兵参军,被当作心腹之人。萧衍起兵,吕僧珍被任为前锋大将军,大破萧齐军队,为萧衍立下大功。

吕僧珍因有大功于萧衍,被萧衍恩遇重用,其所受优待,无人可以相比。但吕僧珍从未居功自傲,恃宠纵情,而是更加小心谨慎。当值宫禁之中,盛夏也不敢解衣。每次陪伴萧衍,总是屏气低声,不随意吃桌上的果实。有一次,他喝醉了酒,拿了桌上一个柑橘,萧衍笑着说:"卿真是大有进步了。"拿一个柑橘被认为是大有进步,可见吕僧珍谨慎到什么程度。

吕僧珍因离乡日久,上表请求萧衍让他回乡祭扫先人之墓。萧衍为使其衣锦还乡,光宗耀祖,不但准许其还乡,还封他为使持节、平北将军、南兖州刺史,即管理其家乡所在州的最高行政长官。然而,吕僧珍到任后,平心待下,不私亲戚,没有丝毫张狂之举。吕僧珍的从侄是个卖葱的,他听说自己的叔叔做了大官,就停下生意,跑到吕僧珍那儿要求谋个官做。吕僧珍对他说:"我深受国家重恩,还没有做出什么事情以为报效,怎敢以公济私?你们都有自己的事干,岂可妄求他职,你还是好好地卖你的葱吧!"吕僧珍的旧宅在市北,前面有督邮的官府挡着。乡人都劝吕僧珍把督邮府迁走,把旧宅扩建。吕僧珍说:"督邮官府自我家盖房以来一直在地,怎能为扩建吾宅让其搬家呢?"坚辞不肯。吕僧珍有个姐姐,嫁给当地的一个姓于的人,住在市西。她家的房子低矮临街,左邻右舍都是做买卖的店铺货摊,一看就是下等人住的地方。但吕僧珍常到姐姐家中做客,丝毫不觉以出入这种地方为耻。

吕僧珍58岁时病死,梁武帝萧衍下诏说:"大业初构,茂勋克举,及居禁卫,朝夕尽诚。方参任台槐，式隆朝寄；奄致丧逝，伤恸于怀。宜加优典，以隆宏命，可赠骠骑将军、开府仪同三司、常侍、鼓吹、侯如故。"不但如此，吕僧珍还被加谥为忠敬侯。吕僧珍善有其终，当和他立身谨慎是分不开的。

君子立身处世，贫贱不能移，威武不能屈，富贵不能淫，这是封建社会中理想的做人准则。然而，这并非常人可以做到的。而有些人，贵而忘贱，得志便猖狂，恣意妄为，最终身败名裂。吕僧珍可谓深知主身之道的智者，他功高不自居，身贵不自傲，相反更加谨慎，从而使皇帝对他更加信任、放心。也是因为如此，他才得到了后人的尊敬与景仰。谨谨慎慎做人、兢兢业业做事对我们今天仍是有效的。

事莫做绝

郅都是汉朝著名的酷吏之一。汉景帝时，郅都担任中郎将，他敢于当面进谏，常常使大臣在朝廷上下不了台。

有一次，郅都跟随汉景帝到上林苑游玩。皇上这次出游带了后宫中的贾姬。游玩了很长时间，贾姬去上厕所。这时，突然有一只野猪从兽栏窜出来，冲进了厕所。汉景帝看见这个情景，不禁慌了手脚，他示意在旁护驾的中郎将郅都去救贾姬，郅都却有意装作没看见。皇上发了急，拔出佩剑想自己冲进去，郅都连忙走上前去拦住景帝。郅都跪在地上劝谏说："失掉一个妃子还会有一个妃子进宫，天下缺少的难道是贾姬这样的美人吗？若陛下一定去冒险，怎么对得住朝廷和太后，为什么要为了妃子而看轻自己呢？"皇上回转身来。不一会儿，野猪也离去了。幸亏贾姬也没受到伤害，皇上扶着她登车还宫。太后听说了这件事，赏赐给郅都一百斤黄金。皇上也认为这件事表现出郅都的忠心，再加赐黄金一百斤。从此，朝廷上下更看重郅都了。

汉景帝

当时，济南郡有一个族人约三百多家的李姓大族，这个家族在郡里横行霸道，恃强凌弱，连济南郡太守也没法制服他们。皇上得知后，就派郅都前去治理，任命他为济南郡太守。

郅都一到任，立即派兵搜捕，把李姓中为首作恶的人全部斩首，其余的人都吓得大腿哆嗦，不敢再为非作歹了。过了一年多，济南郡的治安情况得到根本改善，出现了路不拾遗的景象。邻近十多个郡的太守像害怕朝廷一样害怕郅都。

郅都为人勇敢而有气节，公正而又廉洁，别人寄给他的私人信件一概不拆开

看,不接受别人的礼物,也不听私人的请托。他常说:"既然已经离开父母来当官,我就应当在职位上竭尽全力,也就无法照顾妻子和儿女了。"

不久,汉景帝召郅都任中尉一职。郅都再次进入朝廷,办起事来更加严厉。当时,朝廷里丞相周亚夫是最尊贵的人物,可是郅都见到他也只是作个揖就算了。那时,民风非常淳朴,大家害怕犯罪而守法自重,而郅都却独自首创施用严酷的刑罚,在执法时从来不避讳掌权人物,连皇上的内外亲戚都不放过。由于郅都的铁面无私,列侯与皇族见到郅都都另眼相看,称他是"苍鹰"。

一次,景帝的亲弟弟、临江王刘荣因在祖庙墙内的空地上建造自己的王宫,被他人告发侵占宗庙空地,汉景帝叫他入都。临江王来到中尉府接受审问,他想要纸笔写信,向皇上谢罪,可是郅都却告诉狱吏不能给他。魏其侯窦婴暗中派人把纸笔给了临江王,刘荣写了一封给皇上谢罪的绝命书,就在狱中悬梁自尽。窦太后得知这件事非常生气,就以违反法令的罪名来弹劾郅都。于是,郅都被免官回家。但景帝悄悄派使者拿着符节去任命郅都为雁门郡太守。

雁门是北方的要塞,汉景帝派郅都去雁门,一来是远离京都,免得太后知道;二来是为了利用郅都的声威来对付匈奴。匈奴人早就听说郅都严酷无情,这次郅都来到雁门镇守边关,匈奴兵害怕得不得了,马上带领军队离开,一直到郅都去世都不敢逼近雁门。匈奴国王还让人做了一个酷似郅都的木偶人,命令骑兵们驰骋射击,可是,由于骑兵们害怕郅都,双手颤抖,结果竟然没有一个人能够射中。可想而知,匈奴人惧怕郅都到了什么程度。但他们心有不甘,便派出使者到京都长安告郅都虐待匈奴人,为了铲除大患,他们提出诛杀郅都的要求。窦太后得知后,竟然用汉朝法律来中伤郅都,并责怪景帝违抗母命,仍然重用郅都。景帝苦苦为郅都求情,说:"郅都实在是一个难得的忠臣啊!匈奴的话怎么能听呢?"景帝想免郅都一死,并释放他,可是窦太后厉声说道:"难道唯独临江王不是忠臣吗?"景帝实在无法违抗母命,只得命人斩杀了郅都。可怜被史家称为酷吏之首的郅都,自己也弄了个身首两分。

心胸宽广　淡泊名利

曾国藩官拜兵部尚书,两江总督,同时又是封侯,又是太子太保,又是大学士,在官场中可谓混得轰轰烈烈、荣耀无比。然而,曾国藩所以在官场中有如此成就,与他的独特的处世艺术是分不开的。

曾国藩认为:吉、凶、悔、吝,这四者互相循环。吉,并不一定是指祥瑞,只要办事时处置得恰当,没有人非议和鬼神的责难,就是吉。越过了这一点,就是吝。天道忌讳太满,鬼神讨厌盈溢,太阳到了中天就会下斜,月亮满了就亏缺,《易》中的爻辞常常称说贞吝,《易》的道理是要求因时而变化,居中待变。如果死守不变,就由贞转化为吝了。做事过了头,耻辱也会随之而来。我在京城做官,把我所居住的房子自名为"求阙斋",也就是怕因为盈满而招来耻辱。每个人无论贤能还是愚笨,碰到灾难都知道后悔,后悔就可以避免进一步的灾难。所以说:"震,就是没有祸患,因为存在悔心。"冲击你的心灵,磨炼你忍耐的性情,这才是担当大任的基础;退身修行,这才是国家中兴的根本。自古以来,成就巨大事业的人,没有不是从殚精竭虑、觉悟事理、知道悔过中走过来的,耻辱慢慢变为灾祸,知悔则会转化为吉。所以《易》道以悔为最善,以吝为最不善。我家的子弟,想要通过自我修养而免除灾难,特别要注重这么两句话:"不要追求快意的事情,要常常保持悔过的心愿。"

曾国藩认为,有了盖宽饶、诸葛丰的节操,就必然拥有山巨源、谢安石的雅量。因此,说话足以振奋,沉默足以含容。否则,居位太高容易缺损,恰恰是自取其祸。雅量虽然是天生的,但通过努力学习也可以获得,只要以圣贤之道要求自己就行。严于律己,宽以待人,其度量自然就渊深了。

曾国藩认为,邵雍所说的"观物",庄子所说的观化,程子所说的观天、地、生物、气象,关键都在于放宽心胸,心意超于万物之上,这样才能摒绝一切悒郁、烦闷的心态。

装死封侯

战国时魏国范雎曾经跟随魏国使臣须贾出使齐国,齐王听说他的口才很好,就赏了他很多东西。须贾怀疑范雎把魏国的秘密告诉了齐王,回来告诉了魏国丞相魏齐。魏齐大为生气,打断了范雎的肋骨和牙齿。范雎装死,被用席子捆起来扔到厕所中,让喝酒的人轮流来惩罚他。后来范雎说服了守卫的人得以逃出来,改名张禄,跟着秦国使臣王稽到了秦国,被引荐给昭襄王,当了客卿,后来被封为应侯。

人生在世应该明了荣辱之分,行当荣之事,拒为辱之行。作为一个人,谁不想荣誉宠幸集于一身?谁又不想避辱驱害?但是不同的人对于达到荣宠和避免屈辱的道路是不相同的。有的人为了追求恩宠荣誉,不择手段,不惜损害他人利益。这样所得到的并不是真正的荣宠,而是被社会和他人所唾弃的耻辱。现实生活中,人们也会因为自己的弱小或能力的低下,受到别人的欺压凌辱,甚至是盘剥,是用鸡蛋碰石头简单地反抗,还是忍耐一时的屈辱,首先适当地保护自己,积蓄力量,然后再寻找摆脱欺辱的方法呢?不是每一个人都能够选择明智的方法忍屈辱、图再强的。而真正能够做到这一点的人,也是能成大事、建功立业的圣贤。

《劝忍百箴》中说:"能忍得辱,必能立天下之事。圯桥匍匐取履,而子房韫帝师之智;市人笑出胯下,而韩信负侯王之器。死灰之溺,安国何羞;厕中之箦,终为应侯。去辱为伐病之毒药,不瞑眩而曷瘳。故为人结袜者为廷尉,唾面自干者居相位。噫,可不忍欤!"意思是能够忍受侮辱的人,才一定能建立一番大事业。张良在桥下爬着给老人捡鞋子,从此他胸怀帝师的智谋;市场上的人讥笑韩信从别人胯下爬出,其实他负有王侯的气量。《说苑·众谈篇》上说:"能够忍受耻辱的人安全,能够忍受耻辱的人可以生存。"被看成是不可能复燃的死灰,韩安国受到何等侮辱;曾被裹在厕所的席子里,范睢最后封为应侯。侮辱实在是给人治病的毒性药物,不使病人有切肤之痛又怎能治好病呢? 所以,为别人系上裤子的人当了廷尉;甘心让别人把唾沫吐在脸上不用手去擦,让唾沫自己干掉的人当上了宰相。

人的一生中地位总会发生变化,宠辱也是无常。受辱之时,要勇于忍。首先要不怕耻辱,要有很强的心理承受能力,同时受辱之后要能耐受,忍对他人对自己的侮辱和欺侮,不怒、不愤、不争、不仇,以一种平静的心态对之,使侮辱你的人自讨没趣。而且受辱之后,不是不以为然,而应该积极地用行动去洗刷耻辱。最后在自己地位转变之后,对于强加给自己羞辱的人要善而待之,这才是你真的能忍受辱的表现。

善待辱己之人

西汉的韩安国,字长儒,成安人。开始他为梁孝王做事,当了大夫。后来因罪坐牢,狱吏田甲侮辱他。安国说:"死灰难道就不会复燃吗?"田甲说:"死灰复燃了就浇熄它。"谁知坐牢没几天,梁国缺少内使,汉王府派人拜韩安国为梁国内使,田甲知道这个消息吓得逃跑了。于是韩安国传出话去:"如果田甲不来投官自首,我就灭了他的家族。"田甲只好光着上身来请罪。韩安国笑着说:"你能够安全浇灭那死灰吗?"说归说,最后还是好好地对待田甲。

唾面自干

唐朝的娄师德,字仁宗,郑州人。武后时是江都尉,后来又升为平章,他的弟弟被提升为代州刺史。娄师德对他说:"你的荣华宠幸太盛了,人们会嫉妒的,你打算怎么来避免呢?"他的弟弟说:"从现在起,人家即使往我脸上吐唾沫,我也只是把它擦掉罢了。"娄师德担忧地说:"这正是我所担心的。人家往你脸上吐唾沫,是因为恨你;你如果擦去,就违逆了人家的心思,反而加重了他的怒气。往你脸上吐唾沫,你不要擦它,让它自己干,还要笑着接受它。"娄师德前后共当了 30 年宰相。

骄者自伤

公子牟在秦国游历,准备向东去,穰侯给他送行,临走问:"您将要出行,难道就没有一句话来教导我吗?"公子牟说:"您如果不说,我差点忘了告诉您。您知道:官位不与势力相约,可是势力自己会来;势力不与富贵相约,可是富贵自己会来;富贵不与骄横相约,可是骄横自己会来;骄横不与死亡相约,可是死亡自己会来。"穰侯听了很受启发:"您说得好! 我诚恳地接受您高明的教导。"

面对耻辱,能够坦然受之,固然让人佩服,但一个能忍受得住屈辱的人,却不一定能够在受到宠幸和获誉之后,依然保持着高风亮节,所以不少人反而因为荣宠过多,害其自身。历史上这样的例子也很多。面对荣宠,不少人只看到了高官厚禄,只想到了权势地位,没有想到一旦失去宠幸的后果。所以古人说:"婴儿之病伤于饱,贵人之祸伤于宠。龙阳君之泣鱼,黄头郎之入梦。重贤令色,割袖承恩。珍御贡献,尽入其门。富贵不与骄奢期,而骄奢至;骄奢不与死亡期,而死亡至。思魏牟之谏,穰侯股栗而心悸。噫,可不忍欤!"

这段话是说,婴儿生病是因为吃得太饱,富贵的人遭祸是因为受宠。龙阳君为钓到鱼怕失宠而哭泣,黄头郎进入汉文帝梦中使邓通得宠。董贤长得漂亮,得到割袖的恩宠,皇上用的珍宝和各地进献的物品,都放在董贤家中,汉哀帝想把帝位让给董贤没有成功。董贤已身首分家了。富贵没有和骄奢相约,可是骄奢自动会来;骄奢没有和死亡相约,可是死亡会自动到来。魏牟的临别诤言,可以使穰侯两腿发抖,内心惊惧。唉,怎么能不忍呢!

苦水咽肚　忍封齐王

楚汉相争中,刘邦由于势力较弱,经常吃败仗。汉四年,刘邦兵败,被项羽围困在荥阳。

刘邦的大将韩信自领一军,北上作战,捷报频传,连下魏、代、赵、燕诸王国,最后又占领了齐国全境。

5日,韩信派使者来见刘邦,说:"齐人狡诈反复,齐国又与强楚为邻,如果不设王威慑,不足以镇抚齐地,请大王允许我暂代齐王。"

刘邦一听,勃然大怒,破口大骂:"他妈的,我坐困荥阳,日夜盼望你韩信带兵来增援,你不但不来,反要自立为王!我……"此时的刘邦只看到了自己所处的危境,所以也就全然没有了风度,把自己的本性暴露无遗。

正说着,刘邦感到自己的脚被人狠狠踩了一下。他用气狠狠地目光一扫,众人都茫然不解,唯有坐在边上的张良向他示意了一下。他晓得这位先生一定有重要的话要告诉自己,就打住了下面的一连串骂人的话语。

张良清楚地知道韩信是当世首屈一指的将才,目下又拥有强大的兵力,地位举足轻重。刘邦如与韩信翻脸,轻则形成齐邦、韩信、项羽三强鼎立之势,重则导致项羽、韩信联合攻汉。无论出现哪一种情况,都于刘邦大大不利。

反之,如果能调动韩信的兵马,就能拖住楚军,重创楚军,目下楚汉对峙的局面将向有利于刘邦的方向转变。

因此,张良急中生智,足踩刘邦,首先制止他再说出更难听的话来。

然后,张良靠近刘邦,悄声说:"大王,韩信手握重兵,右投则大王胜,左投则项羽胜。我们对他的要求要慎重考虑。"

刘邦气还未消,不高兴地冲着张良说:"你说咋办?难道就被这小儿挟持不成?"

张良继续说:"现在我们正当危急时刻,弄翻了关系,他自立为王,我们也毫无办法。逼急了,他一旦与项羽联手,大王的大事危矣!不如趁势正式立他为王,调动他的军队击楚。如果不迅速决断,迟则生变!"刘邦是何等聪明之辈?听了张良的话,马上改口,仍接着刚才气汹汹的口气骂道:"他妈的,男子汉大丈夫,要做齐王就做真齐王,做什么代齐王!"

齐邦当即下令派张良为使节,带着印绶到齐地去,立韩信为齐王,并征调韩信的军队。战势很快发生重大转折:汉军由劣势向优势转变,逐渐对楚形成了包围之势。

当年11月,刘邦与项羽讲和,划鸿沟为界,中分天下。和约一成,项羽引兵东返楚地,刘邦也想西归关中休整。

张良不同意,他说:"如今,汉已握有天下大半的土地,诸侯都归附了大王;而楚军却兵疲粮竭,战斗力低下,这正是大王灭楚的良机,大王应趁楚军撤退之际,出其不意地发动攻击。如果放弃这个绝佳时机,就是'养虎遗患'了。"

刘邦接受了张良的意见,毁约进攻楚地。后来,因韩信、彭越失信,没有率领军队来合击项羽,结果刘邦又一次遭到惨败。

刘邦又向张良请教,张良说:"韩信、彭越都知道,楚军很快就要被打败了。但大王既没有给他们封地,又没有许诺胜利后共享成果,他们当然不来。如果您先将自阵地以东,直至海边,都封给韩信;自睢阳以北,直至阿城,都封给彭越;然后,您再允诺将来与他们共分天下。那时,他们两人就会闻风而动,赶来效力了。否则,局势的演变还难以预料呢!"

刘邦很快派出使者,到韩信、彭越处,宣布分封和约定。两人果然欣然响应,立即分率重兵,来与刘邦会合。

刘邦终于在垓下,全歼楚军,赢得了战争的最后胜利。

刘邦后来诛彭越、杀韩信,都是怕权臣反叛,其实此时已经积下怨恨。刘邦可谓是用顽嚣为计,时而立约,时而毁约。面对自己的父亲被项羽抓住,用来威胁他投降的时候,他还能厚着面皮说:"我的爹就是你爹,你要煮了老爹,没的说,也分我一杯汤吃吃。"而项羽则不敢动手。对于韩信,他也是一会打一拳、踢两脚,一会又给点好处相利诱,让韩信为他打天下,尔后杀之。刘邦实在是一个弄顽嚣之术的大家。

不计怨过　遂成栋梁

张之洞(1837~1909年),字香涛,直隶南皮人,是中国近代史上著名的洋务派首领,洋务运动后期最大的洋务派,著名的政治家。毛泽东在论及中国近代工业发展史时还特别强调:讲到重工业,不能忘记张之洞。学界泰斗陈寅恪在三十年代则自称:"平生为不古不今之学,思想囿于咸丰同治之世,议论近乎曾湘乡张南皮之间。"足见今人或者不时感受到张氏的遗泽,或者难以摆脱这位"文襄公"的思想轨范。

将张之洞与曾国藩并列为对人们的思想和议论发生久远影响者,自有一番道理。处于社会转型阶段的中国近世,涌现出竞相寻求"过渡之道"的众多风云人物,就清廷内部言之,探求过渡之道而以兼具政坛要角、学术重镇双重身份的,惟曾、张二位。但张之洞的政治前途和思想转变也是有一个过程的,而张之洞从清流派转为洋务派是他一生中最大的一个转变。

光绪三年至光绪七年(1877~1881年)。张之洞居官京师,先后充教习庶吉士,补国子监司业,补授左春坊中允,转司经局洗马,晋翰林院侍读,充日讲起居注官,又转左春坊左庶子,补翰林院侍讲学士。这一系列职官,均无多少实责实权,四年之中,张之洞的主要精力,都耗费在"不避嫌怨,不计祸福,竞以直言进",他与张佩纶、黄体芳、宝廷并称"翰林四谏",再加上刘恩溥、陈宝琛,又称"清流六君子",而张之洞"实为之领袖"。

光绪三年(1877年)四月,朝廷商议如何安置同治皇帝的神位的问题。同治帝载淳于同治十三年十二月(1875年1月)病死,庙号穆宗。依照礼制,天子祖庙称太庙,为供奉天子神位之地。太庙分九室,一世一室。同治帝以前,清世系已传九世。穆宗神位如何安置,成为大问题。是否应该另建一室,廷议纷纷。日讲起居注官张佩纶疏请建文武世室于后殿左右,恭奉太宗文皇帝庙主以次递迁,妥善解决了这一问题。张之洞时充教习庶吉士,读到张佩纶的上疏,十分钦佩,"汉曰:'不图郑小同杜子春复生于今日'。遂造庐订交焉。"从此成为密友。

在张之洞的清流生涯中,他曾多次上书言事,敢于谏诤,颇为时所称道。尤令时人叹服的,是他与陈宝琛于慈禧盛怒、众官缄口之际,抗疏力诤"庚辰午门案",灭竖宦之淫威,扬民心之正气,因而博得"风节动宫闱"的赞誉。四年之中,朝廷采纳了张之洞不少建议。通过这一系列建议,张的才识、忠诚,愈益为慈禧所赏识,其官阶品级也迅速上升。光绪七年(1881年),张之洞授内阁学士兼礼部侍郎,跃居二品大员。同时他不仅进一步熟悉官场内幕,而且博得"遇事敢为大言"的口碑,提高了在慈禧心目中的地位。正当此时,湖广总督李翰章、湖北巡抚彭祖贤函邀之洞赴鄂,出任湖北通志局总纂。张之洞显然不屑于此位,婉言谢绝。他明确预感"天将降大任于斯人也"。果然,光绪七年末,他被补受山西巡抚,成为实权在握的封疆大吏,从此开始了他政治生涯的新阶段。这一任命,开始了他二十余年封疆大吏生涯的开端,也开始了他从清流健将向洋务官僚转化的新阶段,成为他政治生活中的一个重大转折。

国学经典文库

中华点子库

处世巧点子

图文珍藏版

居安思危　反省自身

有一次，唐太宗对众臣说："有人说当了皇帝就是得到了最崇高的地位，没有任何畏惧了。事实上，我却是常怀着畏惧之心，倾听臣下的批评与建议，一向以谦虚的态度处理政事。倘若因为自己是一国之君，就不肯谦恭而以自大的态度来对待臣下，那么一旦行事偏离正道时，恐怕就再没有能够指正过失的人了。当我想说一句话，做一件事的时候，必定先想一想如此一来是否顺了天意？同时也要自问有没有违反了臣民的意向。为什么呢？因为天子是那样高高在上，对底下的事一目了然，而臣民们对君王的一举一动十分注意，所以我不仅要以谦虚的态度待人，更要时时反省自己的一言一行是否顺应天意与民心。"

这时旁边的魏征接着说："古人说过'靡不有初，鲜克有终'。有好的开始并不一定能有好的结束。但愿陛下常怀畏惧之心，畏惧上天及人民，且谦虚待人，严格地自我反省，如此一来，吾国必能长保社稷，而无倾覆之虑了。"

关于居安思危，清代名臣曾国藩曾做过这样的发挥：

居高位之道约有三端：一曰不与，谓若于己毫无交涉也；二曰不终，古人所谓日慎一日，而恐其不终，盖居高履危，而能善其终者鲜矣；三曰不胜，古人所谓懔乎若朽索之驭六马，栗栗危惧，若将陨于深渊，益唯恐其不胜任也。

自古高位重权，盖无日不在忧患之中，其成败祸福则天也。

大致意思是：

担任高官要注意的有三个方面：一是不参与，好比事情与自己没有任何关系；二是不善终，古人曾说每天都要谨慎，唯恐不能善终，因为身居高位险地，而又能善终的人很少；三是不能胜任，古人曾说要小心谨慎，好比在朽板上驾驭六匹马，战之兢之，就像随时都要坠入万丈深渊，怕的就是自己无法胜任。

自古以来，身居高位掌握重权的人。每天都处在忧患之中，至于他的成败祸福，则完全取决于天。

强颜欢待时机

三国时吴国孙翊驻守丹阳。妫览任都督，督察部队，戴员任郡丞，与左右亲信边洪等人，对孙翊时常感到不满。有一次，正好孙翊送客，边洪从孙翊身后杀了孙翊，然后逃亡入山。孙翊的妻子徐氏悬赏追捕，找到边洪，并将他杀了。

之后妫览入主军府，孙翊的侍妾都被他接收了，又想强占徐氏。

徐氏怕被害，就骗他说："希望等些时候，设了祭、除了丧服才好。"

妫览接受了。徐氏于是暗中派人传话给孙翊的旧部孙高、传婴等人，孙高、传婴彼此会面都很伤心，发誓合谋要为孙翊报仇。到了约定的日子，徐氏祭祀完毕，脱掉丧服,然后沐浴薰香,又在别的房间安装帘幕,言谈笑语就像平常一般,家中大大小小的人都还在悲凄伤痛,对她的举止都感到震惊。妫览仔细观察一番,心中不再怀疑。

原来徐氏事先叫孙高、传婴躲在帘幕后头,妫览一进入室内,徐氏就出来拜见,然后大声呼叫,孙高、传婴就联手杀了妫览。

戴员还不知道这回事,于是徐氏派人去请戴员来饮宴,将戴员杀了。报仇之后,徐氏才又穿起丧服,哭泣着,拿妫览、戴员的首级祭祀孙翊。整个部队的人都非常震惊,以为奇。

能屈能伸

对付始终固执己见不肯让步的对方,利用"大丈夫能屈能伸"的谚语是一种好方法。

某大公司的总经理曾告诉我,他们公司为了新开发的产品是属于都市型还是乡村型而产生两派相对的意见,引起相当大的争论。这位总经理看属下这么争论不休,便宣布暂不开会。当再度开会时,本来主张是乡村型的某个人发言道:"确实是这样的吗? 我还以为是乡村型呢,可是大家若主张是都市型的话,我也会觉得不无道理。因为我从小在都市生活,对乡村不太了解,也许真的是都市型那也说不定。"

这时本来一直唱反调的反对派也突然安静下来,经过一阵耳语之后,反对派的一个人也说:"我也是都市长大的,对于乡村的事也不太了解,所以不敢断言这是都市型还是乡村型,我只是觉得像是都市型。"情况终于慢慢软化下来。

当然后来展开了长时间的讨论,结论是属于乡村型,而且本来对立的双方,转变为心中都没有芥蒂地欣然赞成。

这的确是"大丈夫能屈能伸"的典型例子,利用暂时收回个人的意见,表示有意接近对方的说法,而使原先保持强硬态度的对方,最后赞成我方的说法。

以大局为重

曹操奉汉献帝至许都后,谋士程昱劝他说:"明公威名日盛,为什么不名正言顺地进位魏王?"曹操说:"朝廷虽迁都至此,我占地利。但天子在朝中的亲信尚多,我不占人和。异性称王,他们岂肯轻易答应? 宜先除掉异己分子,然后才能行事。"程昱问:"诸臣表面皆顺应丞相,其内心深处的想法如何得知?"曹操诡秘地笑道:"明日我请天子出郊去田猎。此间我将故意做些非礼的举动,看诸臣有什么反应。此乃打草惊蛇之谋也。"

第二天,曹操备好良马、名鹰、俊犬、弓矢等,先聚众卿到门外,然后入宫去请天

处世巧点子

图文珍藏版

子出郊田猎。天子说:"目前国运不济,田猎恐怕于治政无益。"曹操说:"古代帝王春蒐夏苗秋弥冬猎,一年四季都出郊,借此以煊耀武威于天下。如今天下诸侯纷争,正应利用田猎的机会显示朝廷的武威。"天子见曹操极力主张田猎也就只好依从。带上宝雕弓,金箭,跨上逍遥马,排銮驾出城。

途中,曹操骑着自己的黄爪飞电马与天子并马而行,不时还超过天子一马头的距离。銮驾来到许田,曹操令十万军兵排开方园二百余里的围场,并令亲将护卫在天子左右。

围猎中,献帝见一只大鹿从棘丛之中跑出,信手连发三箭,却一箭也未射中。转身向曹操说:"请卿射之。"曹操接过天子的宝雕弓,搭上金鈚箭,扣满弓弦一箭射去。只见那只大鹿跑了几步,便倒在草丛中。

围猎的军兵们见大鹿中箭而亡,纷纷围拢上去收取猎物。当他们发现鹿背上中的是一支金鈚箭时,都以为是天子射中的,于是踊跃地欢呼"万岁"。曹操知道是自己一矢中的,也高兴地纵马向前接受呼贺,随手把宝雕弓挂在自己所跨的鞍桥上。

与刘备同来田猎的关羽见曹操一路上与天子并行,并不时超越在前,心中早就憋了一肚子气。后来又见他用天子宝雕弓、金鈚箭射猎,心中又增了几分气恼。最后,又见他无所顾忌地把宝雕弓挂在自己马鞍上,还纵马上前迎受"万岁"之呼贺。此时关羽再也看不下去了,提刀纵马便欲去斩杀曹操。

刘备见关羽要莽撞行事,恐投鼠忌器伤了天子,急用眼色进行制止。关羽见刘备动气,止之,才忍气吞声未妄动。

曹操在围猎中,早安排了亲将护卫在自己周围。于是在田猎中才放浪形骸,无拘无束,不顾什么君臣礼仪。只待有异己分子出来,就地除之。谁知,在整个田猎过程中,并没发现有什么异举,可暗地里却引起了诸多反对派的躁动,一个暗图曹操的联盟正在编织着。

第七章　济世扬名立大业

一个有才干的人,如果得以出人头地,身居高位,酒足饭饱,生活豪华,却不肯为后世留下不朽的著述,留下有益的事迹,那么他即使活到百岁也如同一天没活。

隐居苦读　静待时机

在政坛上,明智的掌权者,尤其是怀有远大抱负的政治家,他们不是以暴力而是以智慧获得治国安邦的成功。

诸葛亮(181~234),字孔明,琅琊阳都人(今山东省沂南县南),三国时期著名的政治家和军事家。207年,诸葛亮出山。在27年的政治生涯中,他辅佐刘备、刘禅父子,开国济世。为兴复汉室,成就霸业,他立法施度,选贤任能,务农植谷,发展生产,联吴抗魏,南征和夷,直至54岁病逝于伐魏前线五丈原,一生鞠躬尽瘁,死而后已。诸葛亮运筹帷幄的风采,宁静澹泊的气度,谦虚务实的作风,矢志不悔的献身精神和不折不挠的意志,体现了中华民族优秀的传统精神和品格。难怪历代"端推诸葛亮是全人",说他是中华民族智慧的化身。

东汉末年,外戚、宦官把持朝政,统治集团内部相互倾轧,各级官吏肆意兼并土地,搜刮无度,社会矛盾日益激化。184年,爆发了波澜壮阔的黄巾大起义,东汉王室如大厦将倾,各地豪杰并起,拥地称雄,征战连年不已,其中董卓、袁术、袁绍、吕布之流行后覆亡,曹操、刘备、孙权等地方势力日渐壮大。

刘备自起兵征战20余载,虽屡遭挫败,然兴汉之志犹未已矣。201年,刘备被曹操所破,投奔荆州访贤求士,名士司马徽向他推举了时人称为"卧龙"的诸葛亮。

诸葛亮父母早丧,他和弟弟诸葛均跟随叔父诸葛玄西去荆州(今湖北襄樊),依附刘表。诸葛亮少有逸群之才,英霸之器。叔父去世时,他虽然只有17岁,却能够带着弟弟毅然离开襄阳,结庐于南阳郡邓县隆中,躬耕垄亩,隐居告读,静观天下之变。

当时烽烟连绵,战火四起,唯有荆州幽雅宁静,未罹战乱,且人才荟萃,除本地才俊之士以外,还有从中原避乱而来的俊杰。诸葛亮避居隆中,在寻师求学中结识了许多青年志士。他和颍川石广元、徐元直、汝南孟公威等曾一起游学。三人务于精熟,而孔明独观其大略,不囿于章句的理解,而是从大局着眼并善于抓住实质精神。他最喜欢读《甲子》《韩非子》等以法治国的书籍。他常对这三人说:"卿三人仕进至刺史郡守也。"三人问他何以有此说法,他笑而不言。诸葛亮本人"好为梁父吟","每自比于管仲、乐毅",由此可窥其志向之高远。老子曰:"知人者智,自知者明。"诸葛亮可谓既"智"又"明"。

刘备器重的谋士徐庶建议恭请诸葛亮出山,认为孔明具有盖世的雄才伟略。刘备遂戒斋熏沐,三次亲往其家拜谒。诸葛亮感其倾心请教,为他精辟地分析了天下形势,制订了立国方略。首先诸葛亮借曹操打败袁绍,转弱为强之例,委婉地指出刘备戎马20余年仍寄人篱下的原因,说明称霸天下"非惟天时,抑亦人谋"的道理,然后提出了兴复汉室的五点战略方针。

一、曹操拥兵百万,雄踞北方,取得了"挟天子以令诸侯"的有利地位,暂时不可与之争锋较量。孙权承继了父兄在江东的基业,"国险而民附","贤能为之所用",只能与东吴联盟结好,共同抗拒实力强大的曹操。

二、取代在军事上比较软弱的刘表、刘璋的地位,夺取军事重镇荆州和天府之土益州,以这两处为根据地,延揽天下英雄,鼎立一方。

三、占据荆州、益州后,集益州之殷富,凭天府之险阻与荆州之通途,改革政治,发展生产,奖励农耕,积蓄经济实力,南抚夷越,稳定后方。

四、待荆益两州政权巩固,国富兵强,一旦天下有变,则兵分两路,成钳形攻势夹击中原,北伐曹操,恢复汉室。

五、击溃曹操以后,江东必然势单力孤,就会自然归顺,刘备就可完成一统天下的霸业。

诸葛亮一席宏阔之论,涉及政治、军事、经济、地理、外交诸方面,概括了汉末形势,预示出政局发展的前景,分析精辟,见解独到,后来的历史发展证实了隆中对策的正确。"隆中对"体现了诸葛亮的远见卓识和超凡的政治韬略,明代思想家李贽称赞说:"草庐数言,皆如左卷。"

诸葛亮为刘备的诚挚所感动,出山创建大业,实现安国济民之志,跟随刘备来到新野,发现刘备兵力甚微,只有数千人。为了增加兵源,诸葛亮建议清查"游户",要求他们自报户籍,按户征兵,结果使刘备的军队扩充至数万人。刘备得到孔明,如鱼得水,两人感情日益亲密,使汉末的政治风云史开始了崭新的一页。

择明主而侍

自西晋灭亡,司马氏偏安江南以后,中国北方十六国战乱纷争,已经找不到一片净土。统治者穷兵黩武,嗜杀成性,老百姓颠沛流离,朝不保夕。一代名臣王猛就出生在这个没有秩序、缺乏理智的时代。

王猛的家庭一贫如洗,为了糊口度日,他小小年纪便以贩卖畚箕为业。他没有被战火硝烟吞灭,没有被生活重担压垮,在苦雨凄风、兵荒马乱之中,他顽强挣扎,利用一切的时间和机会,刻苦学习各种知识技能,特别是军事科学知识,广泛吸取各方面的营养,静观风云变幻。很快,王猛成长为一位雄姿勃勃、英俊伟岸的青年。

他为人谨严庄重,深沉刚毅,胸怀大志,气度非凡。他不愿同鸡毛蒜皮的琐碎小事打交道,自然也不与那些浅薄浮华子弟相交往,因而经常遭到他们的白眼和耻笑。但王猛却怡然自得,仍旧我行我素。

这天他出游后赵国都邺城(今河北临漳西南),达官贵人们几乎没有人瞧得起他,只有一个叫徐统的官员认为他是一个难得的奇才,请他出任总务长官,掌管人事并参与政务。王猛身怀治国大志,希望遇上英明的君主,认为替徐统干事,岂不埋没了前程。他没有应徐统的聘任就离开了邺城,隐居在西岳华山,静观时局的变幻。

北方的战乱愈演愈烈,政局瞬息万变。后赵大将冉闵灭赵建魏。不过两年,鲜卑慕容氏灭魏建前燕。同时关中各族豪强纷纷割据,北方称王称帝者比比皆是。

351年,氐族苻健占据关中,建都长安,称天王、大单于,国号秦(史称前秦)。三年后东晋荆山镇将桓温北伐,一举击败苻健,驻军灞上(今西安市东),大有即日进战长安之势,关中父老争相用牛酒来慰劳东晋大军。

王猛听到这个消息,决定前往东晋军营探听情况。于是他身穿麻布短衣,投桓温大营求见。王猛在大庭广众之中,一面捉搯虱子,一面纵论天下大事,滔滔不绝,旁若无人。桓温见此非常情景,心中暗自称奇。自来到关中已经有许多天了,长安城指日可下。虽然有关中父老酒肉慰劳,但至今没有一个豪杰之士前来效劳,心里正在纳闷。见眼前这人气度非凡,一定是一位隐居的豪杰之士。于是他脱口问道:"我奉天子之命,统率10万精兵仗义讨伐逆贼,为民除害,而关中豪杰都无人到我这里来效劳,这是为什么呢?"王猛直言不讳地回答:"将军不远千里深入关中,长安城近在咫尺,而你却不渡过灞水将它拿下,大家摸不透你葫芦里卖什么药,所以不来。"王猛一语双关,触及了桓温拥兵自重、图谋异事的心病,他默默思考着,竟无言以对,更认识到面前这位搯虱寒士非同凡响。

　　由于军粮缺乏,军无斗志,桓温终于攻占长安不成,只得退兵。临行前,他赐给王猛精车良马,又授予高官都护(掌管边地军政和少数民族事务的长官),希望王猛一起南下。王猛心想,在只看重门第的东晋朝廷里,自己很难有所作为,而且也不愿为心怀二志的桓温奔走卖命。他回华山请教了他的老师,老师也反对他南下。王猛于是继续隐居山中,刻苦学习。

　　桓温退走的第二年,苻健去世。继位的苻生残忍酷虐,以杀人为儿戏。举国上下人心惶惶,苻健之侄苻坚更是忧心如焚,后来决定除掉苻生,挽救国家,保全百姓。

　　苻坚少年时就拜汉人学者为师,潜心研读经史典籍,很快成为文武双全的将帅人才。苻健见他勇猛善战,心怀文韬武略,因此授他龙骧将军,让他统帅重兵。苻坚深知"明政无大小,以得人为本"的道理,广泛招贤纳士,网罗英豪,立下了经世济民、统一天下的大志。

　　他不能让苻生的昏暴残忍继续横行国中,于是向他的好友、身为尚书的吕婆楼请求除去苻生的计策。吕极力向苻坚推荐隐士王猛。苻坚立即派吕亲自上山恳请王猛出山。

　　苻坚与王猛一见面便如平生知己,谈到兴废大事,句句投机。苻坚惊奇王猛的才能,把他比作卧龙,王猛也佩服苻坚的远大志向以及礼贤下士的明君风度,欣然吟诵《诗经·考槃》篇以抒发自己隐居山谷、不与昏君同流合污的高洁情操。苻坚非常兴奋,就像当年刘备遇到诸葛亮似的如鱼得水。

　　王猛留在了苻坚身边,为他出谋划策。357年,苻坚在王猛的辅佐下一举诛灭苻生及其帮凶,自立为大秦天王,改元永兴,以王猛为中书侍郎,职掌军国机密。

　　当时地处京师西北门户的始平县,长期以来豪强横行,无法无天,加上劫盗充斥,百姓苦不堪言。苻坚派王猛担任始平县令,希望他手到病除。王猛下车伊始,就申明法度,明辨善恶,严惩凶顽,禁抑豪强,当众鞭死一个作恶多端而背有靠山的奸吏。奸吏的朋党起哄上告,法司以杀人罪逮捕了王猛,用囚车把他押送到长安。苻坚闻讯,非常吃惊,亲自责问王猛说:"为政之体,德化为先。你赴任不久就杀掉那么多人，多么残酷啊！"王猛虽遭囚禁，但心里很平静，等符坚说完，他从容回答："天下太平，治理国家可以用礼，但治理混乱之邦则非用重刑不可。当今天下纷争，人心险恶、奸佞勾结、为非作歹、民不聊生，社会之混乱，莫此为甚。陛下让臣担任难治县的长官，为臣一心一意要为明君铲除凶暴奸猾之徒。仅仅才杀掉一个奸贼，还有许多家伙尚未伏法。如果陛下因为不能除尽残暴、肃清犯法者而惩罚我，为臣甘愿受罚。但就目前情况而论，加给我酷政的罪名而惩罚，臣实在不敢接受。"

符坚自即位以来也一直在思考用什么办法治理极度混乱的社会秩序，由于受儒家仁义德政思想的束缚，一直犹豫不敢用坚决的手段惩治奸邪。王猛的一席话，既说明了他为政的真实情况和严刑峻法的目的，同时也表明了治理乱世的基本原则。符坚心里豁然开朗，恼怒与怀疑顿时烟消云散。他无比感慨地说："高于常人的行为，必为众人所非难，要做一个敢作敢为、打破旧秩序的人实在太难了。"极口赞叹王猛有管仲、子产的济世之才。

王猛用法制治理乱世政绩卓著，在很短时间里就把前秦治理得井井有条。符坚大为叹服，不拘一格重用王猛。一年内连升5次官，一直做到尚书左仆射（宰相之一）、辅国将军、司隶校尉（包括京师在内的广大腹心地区的最高长官）等，王猛当时不过36岁。

王猛权倾内外，使得皇亲国戚和元老旧臣妒火中烧，恨得咬牙切齿。氐族贵族出生的姑藏侯樊世倚仗自己对前秦立有开国大功，首先跳出来，当众侮辱王猛说："我们曾与先帝共兴大业，却不得参与机密。你没有半点汗马功劳，凭什么独揽大权？这不是叫我们种庄稼你白收粮食吗？"王猛明白樊世的话不仅代表他自己，更是元老旧臣们的心声。对这伙顽固之徒决不能手软，否则大秦的威令将受到重大影响。因此他丝毫不示弱，立即反击道："不光是你种我收，还要叫你煮我吃呢！"樊世暴跳如雷，跺脚咆哮："姓王的，迟早叫你头悬长安城门，否则，我不活在人世！"符坚对这一班贵族的专横跋扈早已不满，得知此事，毫不犹豫地说："必须杀此老贼，方能整肃君臣。"不久樊世进宫议政时又与王猛发生争论，当着符坚的面要打王猛，被左右拉住。接着又破口大骂，言语不堪入耳。符坚大怒而起，当即命令将其斩首。后来反对派的攻击由公开转为暗中谗害。朝官仇腾、席宝利用职务之便，屡次毁谤王猛。符坚心如明镜，对王猛信任有加，丝毫不为谗言所动，并将仇、席两人赶出了朝廷。反对者终于服服帖帖，再不敢胡说八道。

359年，王猛由咸阳令史调任侍中、尚书令（宰相之职），兼京都长官。他刚一上任，便听说贵族大臣强德酗酒行凶，抢占民女。强德是皇太后的弟弟，因而谁也不敢对他怎么样。王猛偏偏在太岁头上动土，立即收捕并未经奏报就处死了强德。紧接着，他又与御史中丞邓羌通力合作，全面追查害民乱政的公卿大夫，一鼓作气将横行不法的权贵20多人铲除干净。于是百官振肃，豪右屏气，路不拾遗，全国上下令行禁止。符坚感叹说："直到今天我才知道治国的法术，天子的尊严！"

后来，符坚又授王猛三公之上的录尚书事的尊位。王猛心想，君主越是对我信任,委以重任,我越是要谦恭自守,不恃功而骄,因此他以无功为理由,对此殊宠辞而不受。

王猛不仅是一个了不起的政治家,也是一个卓越的军事家、勇武的战将。早在青少年时期,他就潜心钻研兵书,对古往今来的战略计谋了如指掌。出山以后,王猛把军事理论灵活而准确地应用于军事实践中,攻必克,战必胜,表现出卓越的军事才干和大将风范。

370 年 6 月,苻坚派王猛率大军向前燕发动最后攻击。此役对统一北方至关重要,因为当时北方各割据政权虽多,但只有前燕势力最为强大。如果灭掉前燕,统一北方就扫清了一大障碍。

大军出征这天,苻坚亲自送行到长安城东的灞上,并对王猛说:"今天授予爱卿精兵,委以重任,你可以率军立即从壶关、上党出潞川,以迅雷不及掩耳之势,夺得制胜的关键时机。我将亲率大军跟在爱卿身后,最后在前燕首都邺城相见。目前已经命令运粮官相继出发了,爱卿只管杀贼,不要有后顾之忧。"王猛闻言,心里激动万分,如此贤明君主,为臣考虑得这么周到,臣只有忠心报国、杀敌立功才能报答君主的厚恩。于是他回答说:"为臣庸劣肤浅,也没有什么操守。承蒙陛下如此恩宠,凭借陛下运筹帷幄、神机妙算,残胡不足以平。诚愿陛下不要亲自出征,冒犯霜露,亲受风尘之苦。为臣虽然无才,但荡残胡,如风扫叶,只请敕命有关部门给燕国被俘君臣预先安排好住所就行了。"苻坚大喜过望。

王猛率军长驱向东,历经苦战,包围了邺城。邺城附近原先劫盗公行,这时却远近清静。王猛号令严明,官兵无人敢欺凌百姓,法简政宽,燕民无不拍手称庆。

苻坚听到这个消息,心想,王猛果然言副其实。于是留李威辅助太子苻宏守长安,以大将苻融镇守重镇洛阳,亲自率领精锐部队 10 万人奔向邺城。

7 天后,苻坚到了安阳。王猛得知,偷偷离开前线军营,只带几名随从,匆匆赶往安阳迎接。苻坚对王猛说:"过去周亚夫迎接汉文帝不出军营,如今将军为何面临强敌而离开军队远出迎接朕?"古人云:"将在外君命有所不受",何况战事紧迫,主帅怎敢径离军帐。一旦战局有变,后果难以设想。王猛对此战役进行了周密的部署,可得无虞,非常自信,他认为自己不能像周亚夫对待汉文帝那样对待皇上。他说:"臣每每阅读周亚夫的故事。他虽为一代名将,但怠慢人主,我实在不敢恭维。臣凭借陛下的神机妙算,攻击即将灭亡的残虏,如摧毁枯草朽木一般,怎么值得忧虑!陛下留幼小的太子监国,御驾亲征远出,如果有意料不到的事情发生(如宫廷政变之类),我们的国家将怎么办?!"王猛的赤诚忠心溢于言表。

君臣两人合兵夹攻,前燕开城门投降,前秦军取得绝对胜利。苻坚给王猛加官晋爵,封为清河郡侯;又赐予美妾 5 人,歌舞美女 50 人,良马百匹,车 10 乘。王猛照旧上疏坚决不肯接受。

苻坚让王猛留镇邺城,全权处理前燕 6 州事务。王猛选贤任能,除旧布新,使得燕地人心安定,生产发展。6 州之民如久旱逢雨,欢喜非常。

处世巧点子

图文珍藏版

几个月后，王猛向苻坚上疏说："臣以前之所以不顾艰难，从命辅政，正是因为当时大难未平，军国机密刻不容缓。于是投身军旅，驰骋疆场，宣扬皇威，努力从事，直到今日天下太平。如今陛下承皇天圣德，威风布于八方，教化兴盛，国泰民安。臣下贡献一片丹诚之心，请求陛下允许我回避贤路。国家设官分职，各有主管，岂能独任臣以加速臣下的倾败！前燕6州的事务，不是我区区一人能治理好的，希望陛下选授贤能人才。如果认为臣有一点勤劳，不忍心抛弃，乞求让臣担任一个州的长官，以效犬马之劳。目前徐州刚刚归顺，徐汝两地防务甚重。督任不能虚旷，希望陛下即日谋划处理。"

王猛深感自己全权统领6州之地，地位太高，权力太大，担心有功高震主之嫌，因而请求自削权力，以免招致意想不到的麻烦。苻坚也是一代明君，他疑人不用，用人不疑，王猛的忠心可照日月。他没有同意王猛的请求，而是派遣亲近大臣搅到邺城宣旨慰问，王猛于是继续像以前那样全权处理6州事务。

后来王猛被召回长安，担任丞相。苻坚又让他处理内外军国大事，王猛久久推让，不肯接受。苻坚把王猛比作文武兼备的姜太公，说他们两人相遇是"精契神交，千载之会"，并说："自从爱卿辅政以来，20多年，对内整治权贵，对外荡灭群凶，天下趋于安定，法度伦理刚刚建立。朕正想从容在上悠闲过日，希望爱卿全权代劳。如此重大的事情，除了寄托爱卿以外还能有谁呢？"因此坚持要王猛接受重任。几年之后，苻坚又授王猛司徒高官。王猛再次上疏，总结了自西周以来历代为臣辅政的经验教训，并强调作为大臣应当引以为鉴的原则，希望苻坚设法网罗天下英才，宣扬君王的圣德。而他自己平庸无才，官居要职，这不但会被周围远近国家取笑，而且会使前秦大国被边远残房轻视，"陛下不量臣的才力委以重任，不符合宪典，臣没有脸面接受！虽然陛下偏爱为臣，但怎么向天下交代呢？希望陛下认真考虑臣的意见，以免陛下受到偏心的诽谤，臣当感激不尽。"但不管怎么说，苻坚坚持不听。王猛辞让再三，不得以接受了命令。从此以后，前秦军国内外万机之务，事无巨细，全归他一人掌握。

在王猛的治理下，前秦政通人和，其国力蒸蒸日上，到王猛去世前，前秦已基本上统一了北方，十分天下，前秦有其七，东晋政权感到了巨大的压力，无人再敢言"北伐"。苻坚不仅自己充分信任王猛，而且还对太子宏和长乐公丕等说："你们对待王公，要像对待我一样。"

王猛积劳成疾，终于病倒了。苻坚亲自为王猛祈祷于宗庙、社稷等处，并派侍臣遍祷名山大川。但王猛病不见好，苻坚又特赦全国死罪以下罪犯。王猛勉强支撑起来，上疏说："想不到陛下因贱臣微命而亏损天地之德，自开天辟地以来绝无此事，这真使臣既感激又不安！"听说报答恩德最好的办法是尽言直谏，请让我以垂危之命，敬献而遗诚。陛下威慑八方，德化宇内，九州百郡，十居其七，平燕定蜀，如拾草芥。但善作者未必善成，善始者未必善终。所以古来明君圣主深知创业守成之不易，无不战战兢兢，如临深渊。望陛下以他们为榜样，则天下幸甚！苻坚边看边流眼泪,悲恸欲绝。这年 7 月,王猛病情恶化,眼看不久于人世。苻坚亲临病床探望,并询问后事。王猛费力睁开眼睛,望着苻坚,一词一句断断续续地说:"晋朝虽然僻处江南,但为华夏正统,而且上下平和。臣死之后,陛下千万不可图灭晋朝。鲜卑、西羌降服贵族贼心不死,是我国的最大敌人,迟早要成为祸害,应该逐渐铲除他们,以利于国家。"话说完,便永远闭上了双眼。苻坚三次临棺祭奠恸哭,对太子苻宏说:"老天爷是不想让我统一天下呀!不然怎么这样快就夺去了我的景略啊!"最后,苻坚按照汉朝安葬大司马大将军霍光那样的最高规格,隆重地安葬了王猛,并追谥王猛为"武侯"。前秦上下哭声震野,三日不绝。

王猛临死,嘱咐其子以 20 头牛耕田务农,未向苻坚提出别的要求,其清平节俭古来未有。

苻坚失去了这位兄长、老师和最得力的助手,陷入了极度悲痛之中,经常泪盈眼眶,不到半年便须发花白。半年之中,苻坚恪守王猛遗教,兢兢业业地处理国事,灭掉前凉和代国,完全实现了北方的统一。东夷、西域 62 国和西南夷都遣使前来朝贡,原来属于东晋的南乡、襄阳等郡也被攻占。至此,前秦臻于极盛。

慧眼识珠　鞠躬尽瘁

刘基,字伯温。浙江青田县人。元武宗至大四年(1311)生,明太祖洪武八年(1375)卒,享年 65 岁。元至顺四年(1333)进士及第,元惠宗至正二十年(1360)三月应聘于朱元璋,开始了政治上的通达时期。文学史上称他是元末明初的著名文学家,而朱元璋则认为他是汉朝的张良,三国时的诸葛亮。的确,刘基为朱元璋建立明朝立下了不朽功勋,他运兵如神,料事如炬,不但是明朝的开国谋臣,而且是古往今来的谋略家中值得称道的人物。

刘基出身于名门望族。他的曾祖父刘濠很有学问,也很有谋略,曾在宋朝做过翰林掌书。宋灭亡以后,青田县很多人组织反元起义,遭到失败,元朝廷派人携带名册去查抄起义人员,中途在刘濠家住宿。刘濠故意殷勤相待,灌醉使者,放火烧了房子,名册全部毁掉,使很多起义者免于灭门之难。

刘基在这样的家庭里长大,自然受到良好的熏陶。他从小就好学敏求,博览群书,而且对古人论及天文、地理、用兵打仗的书籍总是爱不释手。精心地研读使刘基受益匪浅,而广泛的涉猎不仅开阔了他的胸襟,更促成了他有朝一日大展鸿图的志向。

刘基 14 岁的时候,已经是一个很有才华的少年。他父亲为他请了几位老师,都因为自己觉得无力教授刘基而辞职。最后江南饱学名儒郑复初应聘,也深感刘基非同寻常。一次,郑复初与学生们探讨孔子如何周游列国,宣传道化,刘基突然说:"孔子虽然品德高尚,但是身为鲁国人,国败而难保,饱学而无用,岂不是一介没有作为的书生?大丈夫不应如此!"郑复初大惊失色,对刘基的父亲说:"这可不是一个一般的孩子，以后一定会成为国家的栋梁！"

果然，元至顺四年(1333)，年仅23岁的刘基以其卓越的文才进士及第，衣锦还乡，做了高安县丞。

少年得志的刘基，颇想为元朝尽忠，做一番轰轰烈烈的事业。当时正处于元朝末期，官场腐败，汉吏贪乱，整个社会统治已是大厦将倾。但刘基并没有感到独木难支。他一方面以身作则，为政清正，一方面与那些贪官污吏做斗争。可是，刘基碰了个灰鼻子灰脸。上任不久，即因受人嫉恨排挤到别处，又不久，因上文弹劾监察御史失职而得罪上司，被排挤回家。

官场的第一次失意并没有使年轻的刘基灰心丧气。回乡隐居的日子里，他刻苦钻研易经八卦，兵书战策，并广交宾朋，扩大自己的影响，随时准备东山再起。他知道，有了梧桐树，不愁没凤凰。果然，刘基的名声越来越大，有人甚至认为他的才干足可以与诸葛亮相比，很多人于是纷纷登门求教。刘基觉得，他出头的日子已经不远了。

适值元朝末年，各地农民起义此起彼伏。黄岩人方国珍因被诬告通寇，杀仇家，率兄弟三人聚集海寇数千骚扰江浙，朝廷几次派兵都没剿灭，连江浙行省左丞孛贴木儿都被其活捉，于是朝廷决定许以高官厚禄招降方国珍。但方国珍几降几叛，弄得人心惶惶。江浙行省官员终于想到了刘基，举荐他为元帅府都事。

深居简出十几年的刘基再一次感到眼前出现了光明。他一到任就力主用武力严剿方国珍，认为方氏兄弟首先倡乱，不顾朝廷恩恤，"不诛无以惩后"，并且定下了剿除方案。方国珍早已听说刘基的才干，十分害怕，急忙派人以大量金银财宝向他行贿，刘基拒绝不受。方国珍无计可施，只好又派人贿赂京中权贵，结果元朝廷决定再次招抚方国珍，授以重要官职。刘基做梦也没想到，正布置出兵呢，朝廷令下，说他擅作威福，夺去兵权不算，还把他羁管在绍兴。刘基一气之下，头发都白了一半，弃官回青田老家，再度隐居。这次官场失意对刘基的打击是十分沉重的。年近40的他，本以才自恃，颇为自负，总想通过效忠元朝施展自己的才华和抱负，可是每每乘兴而去，却落个灰溜溜的归来，根本没有人重视他的才能。一年以后，又有一次机会，可是执政权贵怕得罪方国珍，连军队都不让刘基沾边儿。刘基只好隐居山林，写诗作赋，抒发他怀才不遇、报国无门的抑郁心情。

也许正是由于官场失意的原因吧，隐居山林时期，刘基成了元末明初伟大的文学家之一。隐居生活使他对元朝的腐败统治有了较深刻的认识，对人民的疾苦有了较充分的了解。他虽然将各地风起云涌的农民起义视为犯上作乱，骂起义军为群盗，可他同时也看到官府镇压农民起义的军队更加残暴。在《次韵和孟伯真感兴》一诗中他写道："五载江淮百战场，乾坤举目总堪伤，已闻盗贼多于蚁，无奈官军暴似狼。……"

基于这种认识，刘基虽然感叹自己的不平际遇：身怀贾谊、屈原之忠心，张良、萧何之谋略，诸葛亮之济世才能，却不能被重用，但也已经感到元朝末日的来临。

而这,就成了以后他归附曾被他骂为"盗贼"的朱元璋的思想基础。

元末农民起义如燎原之火,规模越来越大。刘基却沉浸在哀愁之中,看不见自己的出路。作为元朝的知识分子,他本能地想维护元朝的统治,但是20多年宦海沉浮又使他对元朝蒙古贵族的统治产生了强烈的不满。他羡慕爱国军事家诸葛亮以身事汉,崇敬岳飞精忠报国,一丝一缕的反抗异族压迫的火焰开始在心中燃烧起来。正在这时,朱元璋领导的一支红巾军先后占领了诸暨、衢州和处州,随后又次第拔除了东南一带元军的一些孤立据点,占领了浙东大部分地区,并极力搜求各地知识分子、知名人士,希望他们出来支持自己的事业,在浙东早已颇负盛名的刘基,自然被列入了邀请的名单。

此时的刘基已年近50,他以为此生郁郁,也就要了结,加之对朱元璋半信半疑,很不愿意出山。经过朋友再三劝告,又考虑到身家性命,元至正二十年(1360)三月,刘基才决定去应天府(今南京),观察朱元璋的作为和对自己的态度。

刘基到应天之后,心情仍然很抑郁。朱元璋召见他那天,他懒懒散散地来到朱元璋的帅府,见朱元璋只略略一拜。当朱元璋问到关于如何建立功业时,刘基随机想出了治国十八策,说得朱元璋点头称是,亲自为刘基斟茶,继续向他征求有关创业的各方面的意见。这使刘基那颗已经冷漠的心得到了温暖。

朱元璋为了笼络像刘基这样的文人,专门修了一所礼贤馆,对文人们给予很高的待遇,而且一旦听到他们有什么高明的见解,立刻予以采纳。刘基感到终于遇到了明主,便死心塌地地追随朱元璋,他决心利用自己的军事才能,为朱元璋建立强大的军事力量。

刘基的才能逐渐受到朱元璋的器重。一天,朱元璋在自己房中设酒席款待刘基,征求他对天下时局的看法。当时,各路起义军占领了元朝大部分地盘,其中势力最强盛的是西北的陈友谅和东南的张士诚。这两个人为了扩充地盘,经常骚扰朱元璋所占的领地。朱元璋把大部分精力用于防备这两个人的掠夺,弄得手忙脚乱。刘基听完朱元璋的述说,微微一笑。他抚摸着酒杯,款款向朱元璋发问道:"您可知道山中猛虎的故事?"朱元璋被问得一愣:"先生说的是什么意思?"刘基笑道:"从前有一只猛虎,整天在山林里觅食,有两只狼也想贪些便宜,便和它争食。猛虎追那只狼,这只狼就来吃

刘基

它的东西,再追这只狼,那只狼又吃它的东西。猛虎白白猎获了很多美食,最后竟饿死在山中。现在您就好像那只猛虎,而陈张二人就好像那两只狼。如果您想安安静静地独坐天下,该怎么办呢?金陵地势险要,但也不过是一只肥兔;天下之大,

处世巧点子

图文珍藏版

才是可逐之鹿,若想雄震天下,必先除去二狼,再北定中原,那时,您就可以面南背北了。"朱元璋听言,默然良久,对刘基说:"恐我不是猛虎,而张、陈乃猛虎耳。"刘基听罢,顿杯而起,朗声道:"主公此言差矣!张士诚龌龊,胸无大志,只求自保,不求进取,哪里有英雄气概?可以姑且不予理睬。陈友谅野心大,欲望高,拥精兵数10万,巨舰几百艘,处我上游,时常虎视眈眈,总欲吞没我们,确有猛虎之势,应该认真对付。然而他为人倨傲,自以为是,乃一勇之夫,做大将冲锋陷阵可以,却不是成大事的材料。主公虽然如今尚弱,但胸怀大志,如能立志起兵,应先灭陈友谅,次取张士诚,则如虎豹突起,闻者震撼,得天下何难?"一番话说得朱元璋热血沸腾,豪兴大发,他说:"若不是先生教我,我终不过饿死之虎耳!此为天意,使先生助我!"

从此,朱元璋把刘基当成心腹谋士,事无大小,都要同刘基商量。朱元璋称呼刘基,只用先生而不呼其名以示尊重,和别人谈起也常把刘基比作汉初的张良。这就更加增强了刘基报答知遇之恩的愿望。

针砭时弊　无所畏惧

王安石,字介甫,抚州临川人。父亲王益,任都官员外郎。王安石在少年时代就喜好读书,诗书一经他过目便终身不忘,他做文章落笔如飞,初看他似乎漫不经心,写完后,读过的人都佩服他文章的精彩绝妙。王安石考中进士后,名列上等,任签书淮南判官职。按照旧制度的规定,任职期满,准许呈献文章请求投考馆阁的职位,但王安石却没有这样做,他只是到鄞县做了名知县,后调任舒州通判。当时文彦博做宰相,他以王安石淡于名利而向朝廷推荐,请求对他越级进用,以遏止追名逐利的风气。不久,朝廷让王安石参加馆阁职位的考试,他却谢绝应试。欧阳修推荐他为谏官,他也以祖母年老为由辞谢不任。后调他到江东担任提点刑狱,仁宗嘉祐三年(1058),又入京任度主判官。

王安石的议论高深新奇,能以辨析和旁征博引来增强自己看法的说服力,他果敢地按自己的见解来处理问题,有慷慨奋行、矫正世风、改变世俗的志向。为此他向仁宗上了万言书,他认为,如今天下的财力日益困乏穷尽,风俗日益衰弱败坏,问题的症结在于不知道法规、不效法先王政令的缘故。效法先王的政令,主要是效法政令的主要精神。只有遵循它的主要精神,那么所推行的更改变革,才能被天下人认为合乎先王的政令而欣然接受。自古以来的太平治世,从未曾因财物的不充足而成为国家的忧患的。忧患倒在于治理财政没有把握它的规律。皇帝不能长久地依赖上天的厚赐,而要有一旦出现灾患的忧虑。但愿皇帝能明察朝中得过且过、因循守旧的弊病,明文诏令大臣,逐渐克服弊病,以期迎合当世变化的形势。这里所讲的一切,流于颓废、萎靡、世俗的人是不会说的,而议论朝政的人又以为是不切实际的老调重弹。后来王安石治理国家,他所执行的政策措施,大体上都根据如上所书。

王安石本是楚地的士子，在朝中并不知名，因为韩、吕二族是当时的世家大族，所以他想凭借他们的力量来引起别人的重视。于是他就和韩绛、韩维兄弟，及吕公著加深交往，而这三人也着意称道赞扬他，王安石的声名开始显著起来。

神宗在颖王府时，韩维曾是他的记室，当他升为太子庶子时，又推荐王安石替代他任记室之职。这样，神宗很想见到王安石，于是他刚一即位，就任命王安石为江宁知府。几个月后，又召回京师任翰林学士兼侍讲。一次，神宗问王安石治理国家首先要做的事是什么，王安石答道："首先应该选择治理的方法。"皇帝说："唐太宗怎么样？"王安石答道："陛下应当效法尧、舜，为什么要以唐太宗为榜样呢？尧、舜的治国之道，极其简明而不繁复，极其扼要而不空泛，极其容易而不繁杂，但后世的学者不能全盘通晓，所以认为高不可及。"皇帝说："你这可以说是以难题来要求我了，我感到自身渺小，恐怕无法与你的厚意相符了。你要全心全意辅佐我，希望我们能共同来完成这个事业。"

熙宁二年(1069)二月，王安石升任参知政事。一日，神宗对他说："很多人都不了解你，以为你只知道经学，不通晓世上实际事务。"王安石答道："经学正是用来治理世上的实事的，但后世所谓讲经学的读书人，大抵都是平庸之辈，所以世俗都认为经学不可以施行到事务上！"神宗问："那么最先施行的该是什么呢？"王安石说："改变风俗，建立法规，这是眼下的当务之急。"神宗认为确是这样，于是设立了制置三司的条例司，任命王安石与枢密院事陈升之共同主持。王安石又令吕惠卿负责条例司的日常事务。不久，农田、水利、青苗、均输、保甲、免役、市易、保马、方田等法陆续兴立，称为新法，王安石又先后派出提举官四十多人，将新法颁行于天下。

旧史评价说，王安石性格坚强刚愎，遇到事情不管可与否，都固执己见。在议论变法时，在朝廷百官全部持不可变法观点的情况下，王安石附会经义，提出了自己的各种主张，辩论起来动辄数百言，众人皆不能使他屈服。他甚至说："天变不足以畏惧，祖宗不足以效法，人们的议论不足以顾忌忧虑。"这段话显然有失公允，但也透视出王安石性格中的刚烈之风。

知人善任　改革弊制

刘晏(716~780年)，字士安，唐曹州南华(今河南东明县东南)人，是中国历史上一位功绩卓著的经济谋略家。

刘晏生于开元盛世，自幼天资聪敏，勤奋好学。年方8岁，适值玄宗到泰山举行祭天地大典，他写了一篇歌颂唐皇文治武功的《东封书》，特从家乡曹州南华，赶到玄宗行宫，献上颂文。玄宗听说他小小年纪，竟写出如此文采横溢的文章，十分惊奇。负责主持这次大典的是闻名当世、誉为文章大手笔的宰相张说。玄宗遂让张说当面测试刘晏，以察虚实。刘晏年纪虽小，可面对高官，毫不胆怯，所问必答，

处世巧点子

图文珍藏版

畅流无诘。张说考试完毕，回复玄宗说："神童献文，真是国家的祥瑞！"玄宗大喜，即刻任命他为太子正字。

封禅大典结束，玄宗将刘晏带回京城长安。公卿们听说，都纷纷邀请刘晏，有的借机前来拜访，都想见识见识这位"神童"。

做太子正字，主要掌管刊正经、史、子、集四部全书中的错误。刘晏得天独厚，在皇家图书馆里阅读大量书籍，加上公卿、名流的邀请、拜访，使他的知识领域开拓日新，为日后掌理经济，施展抱负，打下了良好的基础。

天宝年间（742～755年），刘晏已是壮年，他离开京城，出任夏县（今山西夏县）县令。后又应"贤良方正"的科考，补上了温县（今河南温县南）县令。他为官廉洁公正，为民谋利，深受百姓拥护和爱戴。离任时，百姓为他刻石颂功。

天宝十四年（755年），安禄山叛乱，刘晏避难襄阳（即襄阳郡，在今湖北境内），镇守江陵（今湖北江陵县）的玄宗第十子永王李我磷，企图乘乱谋篡帝位，听说刘晏避难襄阳便派人请他，并委以重任，以添羽翼，被刘晏拒绝。正在这时，朝廷下诏，任命他为度支郎中，兼侍御史，掌管江、淮赋税。刘晏去吴郡上任的途中，永王李我磷叛变。刘晏就同吴郡（今江苏苏州、常熟及浙江嘉兴以东一带，治所在苏州市）太守兼江南东道采访史李希言共商抵抗办法。李希言让刘晏暂代余杭（即余杭郡，在今浙江省，治所在杭州市）太守，分兵镇守。永王李我磷率兵东进，直捣吴郡，其势难当。李希言派部将元景曜、阎敬之抗击永王军，结果兵败，阎敬之被俘，元景曜投降，李希言只得跑到余杭，与刘晏会兵，抗击叛军。他们组织人民群众，加固防御工事，坚守待敌。不久永王打了败仗，想回兵攻取各州县，听说刘晏守余杭，就没敢去碰，而改道从晋陵（今江苏常州市）西逃。

因刘晏忠于朝廷，抗击叛军有功，被任命为彭原（彭原郡，在今甘肃省）太守，改官陇、华二州（今陕西陇县和华县）刺史，又调任河南尹。后又升任户部侍郎，兼任御史中丞，度支、盐铁、铸钱等使。

京城长安收复后，又调刘晏兼任京兆尹。后遭司农卿严庄诬陷，被贬到荒远的通州（今四川省，治所在达县）做刺史。

唐肃宗去世，太子李豫即位，为代宗。李豫十分器重刘晏，将他从通州召回，又任命为京兆尹、户部侍郎，统属度支、盐铁、转运、铸钱、租庸使。后因好友程元振得罪而受株连，被降为太子宾客。不久又晋升为御史大夫，统属东都（洛阳）、河南、江淮转运、租庸、盐铁、常平使。

玄宗天宝十四年（755年）爆发的安史之乱，给黄河两岸人民带来巨大灾难。居无尺椽，百业荒废，人烟断绝，千里萧条，使唐朝的经济、政治都陷入十分困窘的境地。

关中地区，尤其京城长安，急需调运江淮富庶地区的粮食来接济。过去是通过隋朝开凿的大运河将江淮物资运到洛阳、长安的。由于战争的破坏，水运早已停止，致使京城米价暴涨，斗米千钱，连宫廷中也上顿不接下顿，城郊的农民甚至将下谷穗送往城里,即使这样也是杯水车薪,无济于事。统属江淮转运使的刘晏目睹这种困窘之状,心中十分焦急,决定亲赴各地考察。他从淮河、泗水坐船到汴河,又从汴河到黄河。向西行至底柱山、硖石县(在今河南三门峡市南),观看了三门(即底柱山,黄河水在此处形成三股急流,故称三门)的漕运遗迹;到达河阴(在今河南荥阳市北)、洛口(在今河南巩义市附近),看了隋朝水利工程专家宇文恺修建的梁公堰——分黄河入通济渠的水道,又视察了本朝李杰所筑的新堤。至此,他把恢复水运的难与利了解得清清楚楚。正确的决策,产生于周密的调查与思考。他认为只有尽快解决南北水运,才能解决关中地区缺粮的燃眉之急,且可减轻这个地区人民赋税、徭役负担的一半;可使东都洛阳地区的居民迁回故地,农耕、商市恢复常态;又可使军储充足,威慑藩镇和外族骚扰;还可使黄河上下,大江南北,百业复兴,再现当年贞观、永徽的盛世。但要治理南北水运,刘晏也清醒地看到面临的困难。他怕受人牵制,不能放开手脚办事,就写信给宰相元载,陈说恢复南北水运给国家带来的利益,以及治理漕运的困难。这时,元载正独揽朝廷大权,无暇外顾,就把此事全权交给刘晏办理。

刘晏受权后,雷厉风行。首先疏浚汴河河道。汴河水道,自安史之乱以来,始终没有疏浚修整,河岸崩塌,护堤树木毁坏,泥沙淤积,河道阻塞。他首先组织民工兵丁,除淤启塞,使汴、淮畅通无阻。

从汴河入黄河,上溯至三门峡,这里水流湍险,是漕运的险要之处。过去漕粮经过这里,往往损失十分之二以上。为使运船安全通过三门峡,刘晏重新组织了船只和人力。首先解决行船的稳定性;把 10 只船编为一纲,以禁住急流的冲击,每纲配备篙工 50 人,纤夫 300 人。又从巴蜀(今四川)、襄汉(今湖北)调运大批竹、麻,制成结实的纤绳,避免穿越险流时,因绳断而船毁人亡,使漕船顺利通过三峡险隘。

付高价,造好船。为了不致因船只破毁而损失漕粮,在扬州建立 10 个造船厂,选拔廉洁精干的官员督办,宁可付给高出市价一倍的价钱,造了两千艘坚固耐用的船只。有人提出这样耗资太多。刘晏认为办事眼光要长远,付高价,造船工人不愁衣食,方能造出经久耐用的好船。

改直运为分段接运。以前的漕运,是每年 2 月船队集于扬州,入黄河时,正遇夏末秋初黄河水涨,要等到中秋后水落才起航上行。这样漕运,耗时太多,况且南方船工又不甚适应沿途河道和北方气候,致使粮食在中途损失很大。改为分段接运,自扬州至清口(古泗水入淮处)为一段,自清口至河阴(汴水入黄河处)为一段,自河阴至渭口(渭水入黄河处)为一段,自渭口至长安为一段。在扬州、河阴、渭口三地设立仓库,江南粮物运至扬州,即卸船入库,再由扬州装船,运至清口卸船入库,就这样段段接运,以至长安。接运途中,多次装卸,难免损失。刘晏又把从前的散装运载改为袋装运载。这样,既方便装卸,又避免损耗。

派官督运,兵甲押护。这时期,自东垣(今河南新安县东)、底柱山到渑池、北河(指洛阳西一段黄河)之间的 600 里内,已久无驻军和哨所,沿河两岸,盗贼抢劫,十分猖獗；自淮阴（今江苏淮阴区南）至蒲阪之间，绵延 3000 里，其间布满了军队，营垒棋布，他们常常叫嚷着吃不饱，穿不暖，漕粮到此，马上会被截留，作为军用。针对这种情况，刘晏将从前的州县富户督办漕运，改为国家包办督运，沿途设置护运队，分段由官吏督运，兵甲押护，防止中途遭截留和抢掠。

经过刘晏精心而周密的治理，南北漕运畅通，江南粮食，物资，终于源源不断运到京城。唐皇得报，不胜欢喜，派卫士带着乐队，到东渭桥去迎接刘晏，又派使臣慰劳说："你真是我的萧侯萧何！"自此以后，一年可运到京城 400 万石粮食，关中即使遇到水旱灾害，粮价也不至于腾贵了。

唐肃宗乾元元年（758 年），朝廷采纳盐铁使第五琦的建议，在产盐区设置监院，统购"亭户"生产的盐，在州县设盐官专卖，把每斗盐价由 10 文提高到 110 文。虽然国家盐税收入有所增加，但因盐官遍布州县，层层敲诈勒索，百姓深受其苦。刘晏任盐铁使后，考察了现行盐政，确定了改革的措施。

首先，精简盐政机构。刘晏认为官多必扰民。所以撤销原来非产盐区的州县盐官，只在出产盐的州县设置盐官。在产盐地设置 4 处盐场（涟水、湖州、越州、杭州），10 处设盐监（嘉兴、海陵、盐城、新亭、临平、兰亭、永嘉、太昌、候官、富都），负责管理食盐生产，并收购各地食盐，集中于盐场；13 处设巡院（扬州、陈许、汴州、庐寿、白沙、淮西、甬桥、浙西、宋州、泗州、岭南、兖郓、郑滑），负责盐价管理和缉查走私活动。

其次，改革专卖制度。改原来的官收官销制度为官收商卖，即只需产盐区设置的盐监收购亭产生产的盐，集中于盐场，之后加价卖给商人，由商人运到各地自由出售。盐税即在加价之中。官府在吴、越、扬、楚等地建置数千个盐仓，积存 2 万余石食盐，以备意外急需。还在边远偏僻的非产盐区设"常平盐"，一是在商人不到的情况下，减价卖给百姓，保证百姓有盐吃；二是控制商人借机抬高盐价，牟取暴利。同时刘晏还奏请朝廷，取消州县加收的盐税，禁止江河堤塞征收通过税。

这种新法的实施，即使国家通过垄断货源而取得利润，又使官府减轻运销负担，节省人力、财力，又能平衡盐价，保证百姓的需求，还可刺激生产者和销售者的积极性。真是一举多得的良策。

新盐法刚施行时，每年盐税收入是 60 万贯，到代宗大历末年，增加到 600 万贯。全国每年的财政收入是 1200 万贯，盐税占其中的大半。

唐朝在交通要冲设有常平仓，谷贱时收购存储，以调节粮价，防备荒年。后也兼存其他物资，如布帛丝麻。刘晏兼领常平使，把平稳全国的物价作为治理弊端丛生的国民经济、稳定政治局面的重要措施。

刘晏首先建立情报系统。在诸道设巡院，各置知院官。巡院官在各地调查生产情况、物价涨落以及经济上的种种问题，由以高俸雇用的腿脚飞快的通讯员，通过沿途设立的座座驿站，接连向前传递，即使是遥远的地方，没几天，四方物价即在刘晏的掌握之中。他依据各地的情报，来调节物价的高下，使得各地的差价不太悬殊,可以大致保持平稳。

　　利用常平仓平稳粮价。各地的常平仓,在丰收年月,粮价较低时,以略高于市场的价格,大量收购储存;遇到灾害歉收时,又以略低于市场的价格,出售常平仓的粮食,使百姓没有粮价甚高甚低之忧。平常年景,常平仓也收购一部分粮食,补充储备,以备饥荒。以前,各地粮食的收购数量和收购价格,统由官府主管官员确定。先须各地上报,由官府批复,方可收购。刘晏认为这种办法繁琐、误时,便先制定出一个原则,各地不必上报,就按照原则的规定,自定购价和数量。这个原则是:他把几十年来粮食收购的价格和收购的数量进行综合,然后将价格和数量分别分成五个等级。第一等价格为最高,第五等价格为最低;第一等数量为最多,第五等数量为最少。如果粮食价格高时,为第一等,就按第五等数量收购;粮价低时,为第五等,就按第一等数量收购。余皆类推。粮价过低,在第五等以下时,则适当加价收购,以鼓励农民积极性。

　　经过刘晏的精心筹策,常平仓成为平稳各地粮价的可靠后盾,国家又在一买一卖中获得了较大的利润,增加了国库收入。安史之乱中,唐朝为了应付巨大的军费开支,不得不巧立名目,征收苛捐杂税。地主、豪族以种种借口逃避赋税和徭役。这样一切赋役的负担都落到了农民身上,加上权臣豪吏勾搭成奸,对农民敲诈盘剥,百姓没有生路,只得背井离乡,到处逃亡。唐肃宗宝应元年(762),任租庸使的元载,竟向江淮人民追征天宝末年以来积欠 8 年的赋税,不问民户有无欠负,也不管资产的多少,见物就抢,强取豪夺,有不服的,更用严刑威逼。于是江淮人民逃向山林泽薮,揭竿而起,反抗官府。

　　刘晏理财,以爱民为先。他认为爱民不在于恩赐,而应当给百姓创造条件,使他们能够正常地耕种、纺织,安居乐业,平年不加税,荒年减免税,尽力减轻他们的负担。他认为民户增多,耕种土地面积扩大,赋税的来源自然就会多了。因此刘晏任度支使后,首先免除了无名的苛捐杂税,并命各道知院官每旬每月上报当地雨雪丰歉情况,对各地农情了如指掌。每当州县的荒歉现象刚露苗头,他就预先下令说:"免除某税赋,资助某一户。"并向朝廷申奏:到某月需若干免除,某月需若干救助。未等地方申报,他的奏章就已经被朝廷批发下来了。应民之急,未曾失时,未等百姓困窘、逃亡、饿死,救助已经到来。这就是他救灾要救于未困的主张。

　　刘晏用常平法,丰年用较高的价格收粮存储,荒年用贱价出售,以赈济灾民。有人批评刘晏,说他不直接赈济灾荒,而是常把粮食贱价出售,属于间接赈济百姓,于百姓不利。刘晏认为善于治病的医生,不让病人达到危险的地步再去治疗;善于救灾的人,不让灾情发展到需要发放赈济物资的程度再去赈济。因为发放的东西少,就救活不了多少人;救济的人多,又影响国家的用度;用度不足,势必还要增加赋税,向百姓身上榨取。这是一害。同时,放赈的方法容易助长人们侥幸依赖的心理,下级官吏也往往借机舞弊,致使民户中强者多得,弱者少得,即使用严刑来威吓,也无济于事。这是二害。

刘晏主张生产自救，认为受灾地区所缺少的只是粮食罢了，其他的生产品依然存在。国家拿出贱价的粮食换取灾民的杂货，利用百姓的劳动力，把这些杂货转运到丰收的地区出售，或者官府留作自用，那么国家的财政就不会感到困窘。这是一利。丰年时，国家多储存一些粮食，遇灾荒时，以平价发放出去，听凭百姓及商人购买转运，这些粮食就能深入民间，分散到村户。贫苦的农民忙于耕种，无暇入市，这样就可辗转沾润到一些实惠，自然会免去官吏从中梗阻而造成饥饿。这种办法，既方便灾民，又堵塞了弊端。这是二利。

害、利两相比较，刘晏智谋之周密高妙，不言自明。

唐朝后期，吏治败坏。奸吏横行，侵夺百姓，欺上瞒下，营私舞弊，贿赂公行，曲媚求进。刘晏清醒地认识到，要搞好治理天下之财的重任，必得摒除这种败坏风气的干扰。

刘晏主管几个道的租庸事物时，分设各道（监察区）租庸使，十分慎重地选拔中央政府里有德才的官吏来充任。当时国库经费不足，停止了全国的代理、试用官员，独有租庸使可以委任调补，而且达到几百人，选用的都是年轻有为、通达事理、眼光敏锐、精明强悍、廉洁奉公、勤于职守的优秀人才，如任户部侍郎、判度支事的韩洄，任尚书右丞同、判度支事的元诱，从兵部侍郎判度支事的裴腆，任汴东两税使的包佶，任浙东、西观察使和诸道盐铁使的李若初等，都是刘晏荐举和选拔的，他们都因在理财方面颇有成绩而闻名当世。

朝中权贵都想通过刘晏的关系，替自己的亲戚朋友在理财部门安插一个职位。刘晏不敢得罪权贵，因而并不拒绝，满足他们对官职和俸禄的要求，给予官位；但吏治绝不能败坏，因而不用这些人管事，只用厚俸养着他们。这样做，既不得罪权贵，又避免了败坏的吏风对理财的干扰。

刘晏把他选用的人分为两类：一是士，一是吏。他曾说："士人多清廉，洁身自好，求名重于求利；佐吏虽然廉洁奉公，终究没有什么前途，求利重于求名。"刘晏根据这两种官员的不同素质，分别予以使用。把钱物稽核出纳的事务交给士人掌管，把奉命办理文书的事务交给佐吏掌管，不让他们负重要的责任。这样做的目的是调动官员的积极性，防止贪污腐败。

刘晏所任用的人，即使远在几千里之外，执行政令就像在他的眼前，就连吃饭、睡觉、说话、做事，也丝毫不敢隐瞒。正因为如此，刘晏的理财主张和措施才能贯彻到底，并取得巨大成就。

唐朝几近崩溃的经济，经过足智多谋、克己奉公的刘晏近20年的治理整顿，国库收入大大增加，人民生活得以安定，农、工生产得到恢复和发展。刘晏真可谓唐朝后期的救世功臣。

冒杀头之险成非常之事

齐威王继承王位后,得意忘形,狂纵无度,每天吃喝玩乐,不理朝政。一晃九年过去了:国家日趋衰败,百姓贫困不堪,怨声载道。很多大臣上书规劝,齐威王根本听不进去,到后来,齐威王竟不准规劝他的人进门,如有违反者,立即赐死。

大臣们担心国家的命运,心急如焚,但都缄默其口,他们知道自己是无法把齐威王劝说过来的。

这一天,有个人走进王宫,对侍臣说:"听说大王爱听琴,我特来拜见大王,为大王抚琴。"

这个人叫邹忌,长得浓眉大眼,相貌堂堂,堪称美男子,他头脑灵活,能言善辩,琴弹得很出色。

侍臣报告给齐威王,齐威王一听很高兴,立即召见。吩咐左右摆上桌子,把琴安放好。

邹忌坐在琴前,熟练地调弦定音之后,摆着弹琴的架势,却并不弹,齐威王很奇怪,问道:"听说先生琴艺高超,现在抚琴不弹,是寡人的琴不好,还是别的什么原因?"

邹忌站起来郑重地说:"我不仅会弹琴,还精通弹琴的理论,包括琴的制作,琴发出多种声音的原理,大王听听弹琴的理论是很有益处的。"

邹忌说:"听琴,可以陶冶性情,杜绝淫邪之念,使人改邪归正。古时候,伏羲做的琴,长三尺三寸六分,好像一年的三百六十日;上圆下方,犹如以法规治理天下;五根弦,好似君臣之道。"

齐威王听着,似有所悟地点点头。

"弹琴,和治理国家一样,必须专心运神。"邹忌接着说,"大弦声音宽厚、低沉、粗重,似春风浩荡,君也;小弦声音清脆、单纯、轻捷,似山漳溪水,臣也;应弹哪根弦就深弹,不应该弹的弦就不要弹,这道理同政令一样。大弦小弦配合,高低急缓协调。懂得了这个道理,才能弹奏出优美的乐曲。这正如君臣各尽其能,才能政通人和,民富国强。弹琴与治国的道理是一样的。"

齐威王听着显出不耐烦的样子:"先生琴理讲得不错,那只不过是空谈,我要见识见识你弹琴的真本领!请你弹奏一曲。"

邹忌反而离开琴位,两手轻轻舞动,只摆出弹琴的姿势,并不真弹。这样过了好一会儿。

齐威王面带怒色,指责说:"你为何只摆架子,并不真弹?难道你欺君不成!"

"请大王息怒。"邹忌笑笑说:"我守着琴不弹,您很不高兴吧?大王的职责是管理国家,当然应该以国事为重了。如今您身在君位,不理国事,与琴师拿着琴不弹有什么两样?我不弹琴,大王不乐意,大王即位九年不尽心图治,一切国事都由卿大夫去做,连边境告急,韩、魏、赵等国纷纷起兵进犯,打算瓜分齐国,大王也不放在心上,恐怕齐国的大臣、老百姓也不高兴吧?"

齐威王沉闷不语。

"琴声也是心声。"邹忌察看着齐威王的脸色说:"琴不弹则不鸣,国不治则不强……"

说到这里,齐威王那阴沉的脸上忽然透出笑意,拉住邹忌的手说:"先生以琴谏寡人,使我耳目一新,我一定按先生说的去做。"

紧接着,齐威王请邹忌谈论国事,邹忌劝他节制饮酒,不近女色,兴利除弊,重用贤能,专心经营霸王之业。

解决棘手问题

汉高祖初定天下的时候,内忧不已,外患频仍,匈奴犯边,防不胜防,尤其受过冒顿的"白登之围"后,更加忧虑,便召关内侯刘敬,商议边防事宜。

刘敬献计说:"天下初定,士卒久劳,边疆又多事,若再兴师远征,实非易事,看来,这匈奴国不是用武力所能征服的!"

"不用武力,难道可用文教吗?"高祖问。

刘敬说:"匈奴王冒顿,性如烈火,行若豺狼,和他谈仁义道德,自然不是这个时候。不过,可以用别的办法使他臣服,并且能使他的子子孙孙不敢兴边犯境,这是一个长远相安之计,不知陛下同意不同意?"

高祖说:"果真有此良策,能使他子孙臣服,那我还说什么呢? 你说出来吧!"

"欲想匈奴臣服,唯有和亲一策,化仇敌为亲戚。"刘敬一边谈,一边偷看高祖脸色,继续说:"如果陛下肯割爱,把公主遣嫁给冒顿,召他为婿,他会慕德怀恩,立公主为后,将来生下孩子,必然是王位继承人,陛下若利用这种翁婿关系,可以问时问岁,馈赠珍宝,这样,就是最凶暴的老虎也可变坐骑的。冒顿生时,是陛下的子婿,自然不敢作乱;就是将来的匈奴王,亦是陛下的外孙,更不敢与外公做对了。这就是不战而屈人之兵,乃和平的攻势,确是长居久安之计呢!"

高祖一听,面有愠色,说:"堂堂中国皇帝,怎可以把公主配给周身羊骚的野蛮人呢? 不给人笑话吗?"

"当然,我也想到陛下不肯把爱女送去匈奴的,不过事在人为,只要有此主意,有此决心,变通办法是有的,可以来个李代桃僵呀! 在宫里找出一个漂亮的宫女,冒称公主,把她嫁出去不就行了吗?"

高祖听了才反怒为喜,经过一番安排之后,便派刘敬为使,把美人送到匈奴去。果然冒顿欢喜非常,肯做亲戚。从此以后,汉番代代联姻,世世相好,和平共处了几百年,直至王昭君下嫁匈奴之后,还继续下去。

一箭双雕夺权力

袁世凯是中华民族的败类,在清朝即将灭亡之时,他利用革命者与清王朝的矛盾来获取革命成果,窃取革命政府的领导权,一方面他使清朝灭亡,另一方面又镇压了革命起义,可以说是一箭双雕。

袁世凯是世上罕见之阴险人物,河南项城人,北洋军阀首领。1895 年以道员衔在天津小站训练"新建陆军",并由此起家。1898 年戊戌变法期间,伪装赞成维新运动,却向荣禄告密,出卖维新派,取得慈禧太后宠信。1899 年升山东巡抚,勾结帝国主义,残酷镇压义和团运动。1901 年继李鸿章为直隶总督、北洋大臣及练兵处会办大臣,以实行"新政"为名,扩编北洋军为六镇,从此成为北洋军阀的首领和清政府内握有重兵的实权人物。

不久,袁世凯又被任命为内阁总理大臣。

袁世凯一到任,就令冯国璋猛攻汉口,北洋军武器装备精良,汉口被冯国璋占领,北洋军大肆屠城,烧杀抢劫,无恶不作。接着又攻占汉阳,把大炮架在龟山下,炮轰武昌,向革命军施加压力。

武昌起义以后,全国各地纷纷响应,湖南、陕西、山西、江西、云南、贵州相继独立,革命形势高涨。

袁世凯认识到这次革命太平天国运动不同,清朝的气数已尽,他要借革命的力量逼清朝皇帝退位,结束大清帝国的统治。同时,又借清朝的北洋军队向革命一方施加压力,逼革命一方议和。最终,自己从中取利。他的这一箭,既要射中革命者,又要射中清政府。袁世凯考虑到,要达到这个目的,靠冯国璋是不行的。因为冯国璋不理解袁的目的,他主战不主和,甚至以文天祥、史可法自诩。如果让冯留在湖北前线,他必然对革命军发动猛烈攻击,这样会引起革命运动的进一步高涨,那么,袁世凯挟敌自重的目的就不能实现。然而,他的这种阴谋又不能明讲,当时清廷对袁重用,但对他又十分猜疑。如果皇室动用禁卫军,而冯国璋在武汉前线刚立战功,让他去北平控制禁卫军必然不被清廷怀疑。

出于上述考虑,袁世凯将头脑灵活,善于理解自己本意的段祺瑞与冯国璋对调,让段祺瑞南下,冯国璋北上。

段祺瑞很明白袁世凯的心意,到湖北前线后,立即下令停止炮击武昌,并通过关系与革命军黄兴的代表谈判,双方达成协议,其中明确规定:先推翻清政府者为大总统。

袁世凯心中想议和,口中不能讲,他人在北京,如讲议和会失去清廷信任,有性命危险,而且要承当背叛清廷的千古罪名,必然为清朝元老所不容,议和之事也必然不顺利。但他又必须明确地把意见传达给段祺瑞等人。

于是,段祺瑞的使者廖宇春(议和的联系人),在北京从袁世凯长子袁克定口中了解到,关于共和之举,袁世凯"心中已以为然,特口不能言耳"。

了解了袁世凯的确切意图后,段祺瑞和第一军参赞官靳云鹏以及廖宇春等研究制定了实现共和的三策:

一、运动亲贵,由清廷自动降旨宣布共和。

二、由各军队联名要求共和。

三、用武力威胁要求宣布共和。

靳云鹏进京见袁世凯,表示第一军愿拥戴袁世凯为大总统。袁世凯口是心非,还假惺惺地说"军心怎么一下就变到如此地步?"最后,他表示:你们握有兵权的这样做,我还有什么话说,但要让我有面目与世人相见。也就是说,随你们去干,只是不要让我落个篡权之名。

此时,孙中山就任临时大总统。他表示,袁如能倾覆清廷,愿让位于袁。

段祺瑞的第一策失败,清廷不宣布共和。

段祺瑞从湖北发电致清廷王公大臣,要求代奏,准许实行议和。

内阁收到段电后的第二天,徐世昌、袁世凯、冯国璋、王士珍四人联名,表示反对共和,不能代奏。这四人中三个都是忠心耿耿的保皇派,只有一个是在玩弄阴谋,标榜自己的清白,不言而喻,这人就是袁世凯。

段祺瑞联合了46名北洋将领,发出主张共和的通电,逼清廷宣布退位。

清廷亲贵一片惊慌,经讨论,决定退位,但仍然在拖延,以观时局变化。

段祺瑞决定实行第三步:武力威胁。

段祺瑞与8名协统以上的将领联名电奏,声称要带兵进京,与王公大臣剖陈利害。随后,将司令部从湖北孝感北撤至河北保定,做出率兵入京的样子。

1912年2月11日,隆裕皇太后决定退位,第二天颁退位诏书,大清帝国覆亡。

1912年2月13日,孙中山辞职。

3月10日,袁世凯就任临时大总统。

1913年2月,国会参、众院选举,国民党大获全胜,国民党领袖宋教仁准备组阁,这对袁世凯是不利的。

3月20日,宋教仁在上海遇刺身亡。袁世凯开始向革命党人开刀。随后,发动内战,镇压孙中山领导的讨袁军。后又解散国会,篡改约法,实行独裁统治。

1915年12月,袁世凯宣布改次年为洪宪元年,准备即皇帝位。12月25日,蔡锷等在云南发动护国战争。

1916年3月22日,袁世凯被迫取消帝制,仍称大总统。

1916年6月6日,在全国人民的声讨中,窃国大盗袁世凯忧惧而死。

纵观袁世凯一生,他先用两面三刀,阳奉阴违之计,骗取维新派信任,继而出卖维新派;再次又利用革命,背叛清廷;最后彻底背叛革命,遗臭万年。

袁世凯在这次行动中,充分把握和利用革命党人的特点,也就是资产阶级革命的妥协性。据此,他用议和对革命党人给以引诱。如果袁世凯坚决地用武力镇压,剑指一方,那么,必然引起更大的反抗;最终清政府被推翻,袁世凯性命不保,双雕谈不上,一雕也没有。

反过来,如果袁世凯不借助革命势力,他也不能推翻清朝的统治。如果他不逼清朝皇帝退位,也不能达到议和的目的。同样,他如不借助清政府的军队,对革命者施加压力,革命者也不会同他议和。

袁世凯不仅应用计谋于政治大事,就在家庭生活中,也巧用计谋,处理矛盾,其手段十分狠毒。

袁世凯有一妾名叫红红,这红红不甘寂寞,既与家奴张健相好,又与家奴李雄相好。天下没有不透风的墙,丑事传入袁世凯的耳中。一日,张健正与红红调情,被袁世凯当场抓获,若按私通杀掉,张扬出去,于己不利。袁世凯就假装对此事不加追究,让红红和张健远走高飞,去过幸福生活,二人信以为真,就一起走了。

袁又立即命一心腹对红红的另一相好李雄说:"红红骗了你,她与张健私通,已拐带金银细软逃了。"这心腹又挑拨他说:"你不如追上他们,杀了二人,然后向主公报功,说不定还会得到重赏,你与红红私通的事,也就死无对证了。"李雄认为是好办法,提了腰刀追到一片树林里,将二人杀了。

李雄回到府中向袁世凯请功,袁世凯故作吃惊地说:"红姨今日去庙里烧香,我特意让张健送他,你怎能无中生有,玷污她的名声,又擅自杀人,按大清条律,杀人者偿命!"李雄一听,扑通跪下求饶,袁世凯大喝一声:"来人啊!推出去斩了!"就这样,袁世凯巧用妙计,一箭双雕,既除去了心腹之患,又保全了名声,可谓用计高超,奸诈之极。

第四章 平安涉世睁大眼

非分之收获,陷溺之根源。不是自己分内所应享受的幸福,无缘无故得到的意外之财,即使不是上天故意诱惑你的钓饵,也是人间歹徒用来诈骗你的机关。为人处世如果不在这些地方睁大眼睛,很少有人能逃过圈套的。

请君入瓮

同僚相处贵在一个"和"字,大家和睦相处,和气生财,岂不最好!而事实上呢,恰恰相反,彼此钩心斗角是家常便饭了。

唐朝李适之和李林甫争权,彼此不太和谐。李林甫为人阴险又好阿谈。

有一天李林甫对李适之说:"华山出金矿,如果开采,可以使国家富裕,皇上还不知道这件事。"

李适之性情舒缓宽厚，很相信李林甫的这番话。有一天就和玄宗皇帝从容地谈起这件事，玄宗非常高兴。

玄宗当天问起李林甫，李林甫回答说："臣早知道华山产金，但心想华山是陛下王命的根基，王命所在的地方，不能开采，所以不让王知道。"

玄宗因此以为李林甫较爱自己，于是渐渐疏远李适之。

叛臣欺主

君叫臣死，臣不得不死。这是古代的忠君之道，也只有贤臣能做得到。而小人却反其道而行之，常常能凌驾于君主之上。

赵国奸臣楼缓，将出使外地，恐被怀疑，辞行时就对赵惠文王（公元前298～前266年）说："臣对国家虽尽力竭智，但不受信任，此次出使在外，恐怕不能再见到大王了。"（楼缓已有叛心）

赵王说："这是什么话？我可以写封亲笔信交给贤卿，请放心吧！"

楼缓说："大王没听说过公子牟夷在宋国的遭遇吗？公子牟夷是宋国公子，身份高贵；后来文张在宋国受到宠遇，中伤公子牟夷，宋国人却信以为真。现在我跟大王的关系，比不上公子牟夷与宋国的关系，而有人讨厌我的程度又远超过文张，所以我认为再也见不到大王了。"

赵王说："先生放心地去吧，寡人与先生已有誓言。"

楼缓于是出使外国。

后来楼缓在中牟反叛，逃入梁国。谍报人员来报告这件事，赵王却不听信，并且说："我已与楼缓有言在先了。"

时刻谨慎防意外

义纵是山东人。年少时，和张次公一起从事拦路打劫的勾当，投身于盗贼之列。他有一个姐姐叫作姁，姁因医术高超受到王太后的宠爱。有一次她去拜见王太后时，太后说：

"你的兄弟有人想做官吗？"

"我有个弟弟，只是不太长进，大概也无法胜任吧。"

虽然事出意外，但若能得到特别恩宠，也是身为姐姐所希望的。太后向武帝说后，任命姁的弟弟义纵为中郎（侍从官），并补任上党郡的令。的确，倘若能有个有力的亲戚撑腰，要做官就易如反掌了。

义纵上任后实行严厉管理，因其政策全无宽容赦免的余地，所以县内也就没有人敢不缴纳租税，考绩评定为第一等，其后晋升为长陵和长安的县令。上任后他依然采用严刑苛法，而不斟酌考虑适用的情况，即使是皇亲贵族他也一样不客气。有一次因为敢于逮捕太后女儿——修成君之子仲来审问,武帝认他有才能,就让他转任河内的都尉。事实上,大概义纵已预先观察武帝的意向,顺着武帝所希望的情况办事,所以,才能获得武帝的赏识。

义纵一赴任,就找到借口,将当地的豪族——稂氏全部都杀掉,河内的人大为惊慌,也就没有人敢在路上捡到东西据为己有,这就是实行法治主义之前的警察国家,义纵这时已实现了警察国家的恐怖统治。

但是,他也没有忘记组织自己的党羽,曾经同为盗贼伙伴的张次公,顺理成章地成为义纵的引出郎(侍卫官)。由于张次公十分勇猛,就被吸收编入军队,碰巧立下了些许功劳而被封为岸头侯。

还有宁成,原本无所事事在家闲荡,也因义纵的举荐,武帝想用他为郡太守。但御史大夫公孙弘却反对:

"我还在山东当地方官吏时,宁成是济南都尉,但他所实施的方法,就像狼在管理一样,非常恐怖,所以,不能让他做官。"于是武帝只好让步,改任宁成为关都尉。不过一年的功夫,关东的官员、部属和郡国的平民就对出入关的人说:"宁可出门碰见老虎,也不要触犯宁成,让他发怒。"

借着他的威猛,宁成也成为义纵有力的党羽之一。

不过,后来,由于关系破裂,义纵作南阳太守时,借口调查宁成,除了追杀灭族,宁成也被判刑。

碰上更厉害的人,义纵又借法律逼迫孔氏、暴氏两大富豪,两大家族举家逃亡之后,就没收他们的财产。无论什么人都会偶尔做错事情,因此,南阳人吓得心惊胆战,不敢轻举妄动。杜周这时也以其旺盛如暴风般的威猛,成为义纵的爪牙,并列为亲信。最后终于成功地登上御史大夫的宝座。

正当此时,对付匈奴的征讨军再三出击定襄,定襄情势极为混乱。

于是,义纵转任定襄太守。

义纵一上任,不分罪行轻重,捉了两百多人关进定襄的牢狱。连同这些人的亲友、弟兄,偷偷进出狱中探监的约有两百多人也一起被捕。义纵说:

"不抓探监的人,死罪者会企图越狱逃走。"

几天之内总计杀400多人,自此以后,定襄的百姓一听到义纵的名字就不寒而栗。

狡猾的人是借着恐怖统治壮大自己的声势。义纵宛若老鹰张开羽翼狙击猎物般,一味高压苛酷统治,直到当上右内史,才初尝失败的滋味。

武帝临行至幸鼎湖时,因为生病,在病榻上养病,病愈后,一天到甘泉出游,由于事前准备不足,在前往甘泉的路上,武帝玩得并不愉快,他就生气地说:

"义纵大概以为我再也不会通过这条路了吧!"

就连义纵也万万没想到武帝会死于太湖。也因此,义纵失去了原有的地位。虽然义纵失势了,可是他的党羽却丝毫没有动摇。

事有正反　谨小慎微

我们或许会想,女人可真恶毒啊!但男人不管是否年轻,都会拈花惹草,而女人的美貌却会消失。做个地位不定的妾,又是个色衰的女人,为了保护自己,当然会拼命地挣扎。

古时,弥子瑕受卫君宠爱。卫国的法律规定随意搭乘君王车子的人,要受切断双脚的刑罚。

有一天,弥子瑕的母亲生病了,夜里有人偷偷地让弥子瑕知道了这件事。

所以,弥子瑕为了探病,就假冒君王的命令,坐上了君王的车去探病。后来卫君听了却夸赞说:

"真是孝顺啊!为了母亲而忘记自己会受到断脚的刑罚。"

还有一天,弥子瑕与卫君在果园里散步的时候,她试吃的桃子相当甜。

弥子瑕没有把桃子吃完,而把吃了一半的桃子给卫君吃,卫君感激地说:

"你可真爱我啊!自己想吃还忍住让我吃。"

不久弥子瑕人老色衰了,失去宠爱,而这两件事却成为蒙骗君王的把柄。卫君反过来说:

"她正是伪造我的命令坐我车子的人。还会把吃了一半的桃子给我吃。"

这么说,弥子瑕就不可饶恕了。

据为己有

人可以同时爱上两个人吗?这个问题困扰着歌德。歌德最后是怎么找出解答的不太清楚,但妹喜恐怕是个同时爱上两个男人的女性。妹喜是夏桀的宠姬,而她却和炊事兵伊尹私通。这或许是因为爱得太深的缘故吧!

自从殷汤王探知妹喜同时爱上两个男性,便提拔伊尹做殷的宰相,但妹喜对伊尹爱的形式并没有多少改变,妹喜还是捧着她那份不变的爱。

伊尹为了报答汤王提拔他当宰相的知遇之恩,就变得和炊事兵时完全不同,不会只以谈情说爱为满足。暗中把从妹喜那里听到的有关夏国的机密情报,一一向汤王报告。每一晚上所听到的机密虽然只有片段,但积尘成山,很快就成为极有价值的情报。

情况一好,汤王就去征伐夏桀。在掌握庞大情报与正确分析的汤王军队面前,夏的军队实在后继无力。夏桀在有娀之丘战败,而妹喜等他所爱的女性,也跟着逃到鸣条。但殷汤王的军队则攻击三儿,夺取夏的财宝。于是夏桀死于那一战,而妹喜却不知下落。被利用完了的妹喜,汤王当然不予理会,而伊尹也没去调查。

汤王的心,业已在别的地方,他担心天下的人民会说:他是为了自己的欲望才攻灭夏桀。他确实是为了自己的欲望才攻灭夏桀,但却不希望天下人这么想。为了解决与真相对立的矛盾,要怎么做才好呢?

汤用各种手段把夏桀所施行的虐政、荒淫的事件公之于世,并表示要把从暴虐的夏桀手中救出的国家,让给当时名望很高的贤人务光来治理。同时,暗中派人到务光那里,这么告诉他:

"汤这小子杀了君王夏桀,因为不想背上杀君的罪名,而说要把天下让给您。您如果接受他所让的天下,那小子杀君的罪名,不就是由您来承担了吗?"

务光听了,就投河自尽了。大概是无法忍受汤王的双重人格所造成的伤害吧!

这样,殷汤王就成了堂堂天下之王。

不知进退　功亏一篑

吕不韦,阳翟的大商人。在各地奔波往来,从贫贱大众手中以低价买人,再以高价卖给富贵人家,家里因而积蓄千金。秦昭王 40 年(公元前 267 年),太子死了。42 年,立次子安国君为太子。安国君有 20 几个儿子。他有个极为宠爱的妃子,于是就把她立为正室,赐号华阳夫人。而华阳夫人没有儿子。

安国君的儿子之中,有一个叫子楚,子楚的母亲叫夏姬,并不受宠。所以,子楚就被送到赵去当秦的人质。因为秦屡次攻打赵,赵就对子楚非常冷落。

子楚虽然是秦国的众多妾所生的儿子之一,而且也是以诸侯的身份送出人质中的一个,然而马车及费用都没有补贴,甚至连日常生活费也很缺乏,因而他的内心极不痛快。

吕不韦

碰巧因做生意到赵都邯郸出差的吕不韦,看到子楚觉得真可怜。但不一会儿,吕不韦肚子里的计算机就开始算计了。

"耗作农田的利益大概多少呢?"

"啊,大概有十倍吧!"

"珍珠宝石有多少赚头呢?"

"咦! 有百倍吧!"

"为一位君主立国并使之安定,利益有多少呢?"

"是无穷无尽的!"

处世巧点子

图文珍藏版

"现在我不管农政,再怎么奖励耕作,也没有衣暖饭饱的希望。但是,如果为一位君主立国并使之安定,那份恩泽却可以远及后代子孙吧!"

"奇货可居!"

吕不韦如此喃喃自语着。毕竟,珍贵的商品,罕见的东西,几乎都能以高价卖出,因而要预先买人。当然,对商人而言,人也可是一种商品。

于是吕不韦马上去见子楚。

"我想为你开一扇大门。"

子楚笑着说:

"你还是先为自己开扇门,再来为我开大门吧!"

吕不韦说:

"你还不明白吗?我的门是随着你的门变大的。"

子楚察觉了话中含义,就把他请入,对座密谈。吕不韦说:

"秦王年纪已大,安国君虽成为太子,但我听说安国君非常宠爱华阳夫人,而华阳夫人却没有儿子。不过,可以立后继者,应该只有华阳夫人。但是,你有二十几个兄弟,你因排在最中间,虽然这么说是有些失礼啦!又是个非常不受注目、且长期被送出来当作人质的诸侯。如果大王死了,安国君就会继承王位,而你要和长子溪及朝夕出现在你父王面前的那些儿子们争王位,恐怕是没有希望了。"

"完全如你所说,我该怎么办呢?"

"你很贫困,又在外国的这个地方,是无法来侍奉亲上,结交宾客的。而我虽然贫穷,但可以投资千金,为你在秦布局,对安国君和华阳夫人下功夫,来立你当继承人,想不想试试看呢?"

子楚重重地点了头。

"如果照你的计划顺利进行,我在继位后必定把秦国分给你一同治理。"

因此,吕不韦就给了子楚五百金,作为结交宾客的费用。接着把剩下的五百金买了珍奇古玩,自己带着那些东西到秦去旅游。一到秦国,他就找关系求见华阳夫人的姐姐,劝说她姐姐之后,就把带来的东西全献给了华阳夫人,并推荐子楚。

"子楚是相当优秀的人才,和他交往的诸侯宾客,广遍天下。他经常说:'我仰望夫人像天一般,不分晨昏都哭着思念太子和夫人。'"

夫人听了非常高兴。

吕不韦又鼓吹她姐姐对夫人说:

"我听说靠色相来服侍别人,等色相一衰退,爱也会消失。现在你服侍太子,虽然非常受宠,但是没有儿子。现在就要趁早在太子的孩子之中,找出贤能的人,立他当继承人,来做你的儿子。你丈夫在时,你会大受尊重,而他死了之后,也因为你的孩子成为国王,就可以一直享有荣华富贵。以现在的情形,你说一句话能成为未来的保障。在荣盛之时不预先打下基础,色衰而失宠,即使想说话也不行了。子楚有才能,自己排行在最中间,因而照顺序怎么也成不了继承人,而他也知道母亲不受宠,因此一心想依靠你。趁着这个机会选拔贤才,那么你在秦才会一辈子都受尊敬。"

华阳夫人想想也是。就趁着太子空闲时,神闲气定地说:

"听说到赵去当人质的子楚,非常优秀,他交往的每个人都在称赞他呢!"

说着泪淋淋地说:

"我有幸成为后宫,却不幸没有儿子。因此希望你立子楚当世子,好让我下半辈子也有个照应。"

安国君答应了,为夫人立下玉符,作为立世子的约定。

安国君和华阳夫人,送给子楚厚重的赠礼,并拜托吕不韦当辅助官。就这样,子楚的名声,渐渐在诸侯间盛传了开来。

由于这样巧妙地利用女性对男性的影响力,吕不韦伟大计划的第一步,完全成功。

搬到赵都邯郸的吕不韦,找到一个风姿绰约、舞跳得很好的女人一同居住。后来,那女子有了身孕。

吕不韦招待子楚到他家喝酒。女子不断进出,子楚一见到她就喜欢上她,他不假思索地冷不防站了起来,祝福语说毕,就一再恳求吕不韦将那女子让给他。

吕不韦脸色为之一变,"想想所有财产都为你用尽,一无所有。我还是要钓夺奇货啊!"

这么一想,就心不甘情不愿地把女子给了子楚。

女子隐藏了怀孕的事实,嫁给了子楚。后来,生了一个儿子政。子楚就把她立为夫人。

大概这是第二步计划。吕不韦就此深入秦的王系中,打下了根基。

然而,好事多磨!秦昭王50年,王龄奉命包围邯郸。由于情势急迫,赵想要杀掉人质子楚。

子楚和吕不韦商量之后,拿了金子六百斤给监视他们的狱吏,好不容易逃了出来。最后逃到秦军,才得以回国。赵国马上要杀子楚留下来的妻子。由于子楚的夫人是赵的富家千金,才得以藏匿。母子俩才能够生存下来。

秦昭王56年,昭王死。立太子安国君为王,华阳夫人成了王后。当然子楚成了太子。赵也把子楚和其子政送回秦。

秦王即位一年后死了,溢为孝文王。太子子楚就继位为庄襄王。庄襄王称义母华阳夫人为华阳太后,尊生母夏姬为夏太后。

庄襄王元年,吕不韦当了丞相,封为文信侯,有河南洛阳地方十万户食邑。吕不韦的魔鬼经营,在大约十年后才好不容易有了结果,往后可说只是坐收甜美果实的阶段。但是,在达到某一程度之后,对于吕不韦的成功是否仍能加速进行,也许要抱着怀疑的态度。因此,人的寿命有时也是其中的关键。

庄襄王就位三年就去世。因而,立太子政为王。那时他才十三岁。他尊吕不

处世巧点子

图文珍藏版

韦为相国,称呼他为仲父。虽无法公开,但被自己的儿子称呼为仲父,吕不韦大概抱着复杂的情感吧!

由于政还小,当他母亲(太后)心血来潮时,就暗中和吕不韦私通。因此,吕不韦家中供使唤的人就达万人之多。

当时,魏有信陵君、楚有春申君、赵有平原君、齐有孟尝君,都非常尊敬士人、喜爱宾客。吕不韦心想,以秦这样的大国却没有这样的声誉是可耻的事,于是,也开始招待士人,礼遇他们。因此,食客多达三千人。

正巧当时诸侯身旁纠集了许多善辩之士,像荀卿之徒,还因为写书,就名扬天下,吕不韦也想那样做,就叫食客写下他们的种种见闻,把它收集起来编纂成八览、六论、十二纪等20多万字的书。由于这本书,网罗了天地万物古今之事,就题名为《吕氏春秋》。还把这本书排放在咸阳城门口,在上面放了千金,邀请诸侯、辩士、宾客、并放出豪语:"只要有谁可以增减一个字,就赏他一千金。"

吕不韦的名声至此达到了最高点。

后来,秦王政日渐长大成人。但其母王太后的好淫习惯却没有停止。吕不韦唯恐被发现惹祸上身,就暗中找了嫪毐去引诱太后,想让太后因此而爱上嫪毐。正如他所料,太后想得到嫪毐。因而,吕不韦就将嫪毐进送给太后,同时放出嫪毐已经被处腐刑的风声。

除此之外,吕不韦又暗中告诉太后:

"只要假装嫪毐已受过腐刑,就可以让他在宫中伺候你了。"

太后暗中以重金贿赂主持腐刑的官员,假称已经把他处以腐刑。然后"拔其须眉"而做了宦官,这样他就能侍候太后,太后也因暗中和他私通,深深地爱上嫪毐。

不久太后怀孕了,为了怕别人知道,借口为自己占卜,需要避一下身子,于是搬到雍和宫殿。嫪毐经常跟随着太后,得到的赏赐也极为丰盛。而太后有什么事,也必定和嫪毐商谈后才决定。嫪毐所使唤的人有数千人,也有许多人向他求官,所以嫪毐门下食客也有千余人。

但这样大张旗鼓,是骗不了别人的。别人即使不想看,也看得清清楚楚,况且世上,多的是想要仔细寻找秘密的人。于是在始皇九年,出现了告发者。

"嫪毐际上并不是宦官。他经常和太后暗中通奸,而且生下了两个儿子。他还暗中和太后商量,等皇上驾崩,就让他的儿子继位。"

秦王政把这个案子交给狱吏调查,知道了详细的情况,也知道了事情还牵扯到相国吕不韦。

九月,秦王政就把嫪毐连灭三族,并杀了太后所生的两个儿子,再把太后迁移到雍殿。

另外,嫪毐的食客,家产全部没收,流放到蜀。秦王甚至想杀相国吕不韦,但想到他为先王立下许多伟大功绩,而且食客众多,雄辩家也会为他辩护。

同年十月,秦王免了吕不韦的职务。吕不韦聪明一世,糊涂一时,误了紧急刹车的时机,终于功亏一篑。

偏听偏信　丧子失财

侵吞公司的钱款而逃、使公司破产的人,以及用公款买自己嗜好的迷你型汽车、老婆喜爱的珠宝首饰的人,这种故事报上经常会有。这种人多半会败露迹象,要不败露,恐怕得手段高明才行。

鲁国的叔孙穆子一当上家臣之长,就想利用其官位来独揽鲁国的政权。传说他年轻时有个私生子,这个风声一直未曾平息。或许因为那样,也或许不是如此,总之,叔孙穆子特别宠爱一个叫竖牛的年轻人,而竖牛也仗着叔孙的气势趾高气扬。

叔孙穆子有个孩子叫作壬。有一天,竖牛陪壬到鲁君那里去玩。鲁君初次见到壬就有好感,或许也是有意对掌握实权的叔孙穆子加以讨好吧,于是送玉环给壬。当时,如果得到赏赐,就得让君王亲自为他戴上,但壬却只是拜谢了就带回家而不敢戴在身上因为未曾得到父亲的允许。

壬想要早点得到父亲的允许,就去拜见竖牛。竖牛说:

"我早就请示过了,你父亲很高兴,答应你戴在身上,你就快快戴上吧!"

壬毫不怀疑竖牛所说的,非常高兴地把玉环戴上。竖牛见壬戴上玉环就去见叔孙穆子,佯装不知地问说:

"为什么不让君王提拔壬呢?"

"他还是个黄口小儿,要拜见君王还太早。"

"不会太早,壬已经和君王见过好几次面。壬现在正把君王所赐的玉环戴在身上呢!"

叔孙立刻把壬叫来一看,果真他身上不正戴着玉环吗? 叔孙也许因为气愤壬僭越了父亲的权利,偷偷地为自己的未来铺路,也许为了扳回受到漠视的父亲之威严,不由分说地,马上就杀了壬。

壬是哥哥,他还有一个叫丙的弟弟。有一次,叔孙穆子为丙铸钟。

没多久,钟做好了,而丙却不敢敲响。因为未得父亲的允许。于是他就拜托竖牛:

"知道了!"

竖牛虽然答应了两次,见到叔孙时对钟的事仍然只字不提,却笑嘻嘻地对丙说:

"父亲大人答应了,可以敲钟了。"

丙不怀疑竖牛的话,就高高兴兴地敲钟。钟发出了洪亮的声音,叔孙听到了非常生气。

"丙未经我允许,竟自作主张擅自敲钟。"

叔孙穆子感到父亲的权威丧失了，就将丙放逐。丙不明白为什么父亲这样愤怒，但是丙还是出奔到齐，一心一意等待回国。

过了一年。

丙托竖牛在他父亲面前说情。

想想时机已成熟，竖牛就为丙周旋，叔孙也是个心软的人，所以马上命令竖牛把丙叫回国来。

竖牛虽然出行到齐，却连丙都没见到，就回去了，而且还报告说：

"我虽然要他回答，但丙好像非常生气的样子，两次都说不回来了。"

叔孙非常生气，马上派人杀了丙。

不久叔孙生病，由于两个儿子都已被杀，竖牛就代理了照顾的工作。马上，竖牛连叔孙较亲近的人也都不准靠近，还说：

"叔孙大人说需要安静，不想听到人声。"

因而任何一个人都无法靠近叔孙。

叔孙被隔离了，竖牛不给他饭吃，就这样活活地把他饿死。

叔孙穆子一死，竖牛并不公布死讯，悄悄地把府库里的金银珠宝全数运走，逃到齐国。

处心积虑　水滴石穿

汉景帝即位的第二年，太皇太后死了，薄皇后也跟着遭到了厄运。景帝从来就不爱这个皇后，是由祖母做主婚配的，看在太皇太后的面上，才维持着皇后的名位。太皇太后一死，景帝立即反攻倒算，借口薄皇后没有生育，不配正位中宫，把她废黜了。

中宫虚位以待，大家都在猜测，谁最有希望继承宝座。欲火烧得最旺的莫过于栗姬了。她想，皇帝曾同自己有约，生子当立为储，何况儿子刘荣又是长子，一旦儿子被立为太子，皇后宝座则非己莫属。但是，很快她就发现，王美人大有后来居上的趋势。王美人为达目的，设法施尽各种歪招，即使引火烧身也在所不辞。

封建王朝，把立太子视为国本，异常重视。景帝也一样，为此事用心良苦。在刘荣和刘彻之间，谁取谁舍，他颇费踌躇。立长子本来顺理成章，但刘彻相貌英武，聪明可爱，他想改立刘彻，又怕栗姬哭闹，更怕众大臣反对。这件事一拖就是两三年，到前元四年在大臣们的一再催促下，加上栗姬用足了功夫，才说动他下决心册立刘荣为皇太子，同时，又封才四岁的刘彻为胶东王。

栗姬暂时领先，她以为做了太子母，坐上皇后宝座，领衔六宫粉黛便是指日可待的事情了。

立太子的第二年夏天，一天午后，王美人略感身子不适，懒洋洋地躺在绮兰殿休息。忽听宫女来报："长公主驾到！"她一骨碌翻身坐起，整了整衣衫云鬓，打起精神出门迎接。

　　馆陶长公主刘嫖，是汉景帝的同胞姐姐，因姐弟之间从小亲昵惯了，景帝即位之后，她仍经常出入宫闱。窦太后的宠爱，景帝的纵容，使这位长公主在汉宫中成为一个不可小视的人物。王美人进宫之后，十分巴结长公主，两人关系日益亲密，竟至无话不说。

　　这天，长公主进宫看望王美人，还带着女儿陈娇。刘嫖的丈夫陈午是开国功臣陈婴的孙子，袭爵堂邑侯。王美人一看到陈娇，便极口夸奖陈娇聪明美丽，又命内侍领出儿子刘彻，让两个小孩做伴一起玩耍。

　　叙了一会，不觉已是黄昏。长公主起身告辞，看见窗外院子里，一对幼童依偎在鱼池边，唧唧哝哝，十分亲密的样子，她不禁脱口而出："好一对佳儿佳媳！"

　　王美人一听，乘机说道："阿娇堪配太子为妃，只恐我儿无福，不能得此佳妇。"

　　这句话，王美人是故意说给长公主听的。果然，长公主沉下了脸，冷笑着说："废立乃是常事，焉知太子名位已定？她既不识抬举，我也顾不得许多了！"原来，不久前长公主曾向栗姬提亲，欲把陈娇许配给太子刘荣，但被栗姬婉言谢绝了。

　　长公主提出："把阿娇许配胶东王刘彻吧，看他俩青梅竹马多要好！"

　　王美人正中下怀，一口答应下来，令刘彻拜见未来的丈母娘。

　　长公主越看越喜爱，一把携住刘彻，将他抱在膝上，抚摸着他的头，问："儿愿娶媳妇吗？"

　　刘彻虽然才五岁，却十分聪明伶俐，他只是看着长公主嘻嘻笑着不说话。长公主故意指着一名宫女，问他是否合意，他摇头。长公主又指向阿娇，问："阿娇作儿妇可好？"

　　刘彻答道："若得阿娇为妇，当筑黄金屋贮之！"

　　长公主一听，心花怒放，当下便同王美人议定了亲事。

　　景帝起初不太同意这门婚事，认为刘彻年纪还小，况且阿娇还比刘彻大几岁。但听到王美人告诉他刘彻"金屋藏娇"的许诺，不禁大笑起来，心想这小小的孩子就懂，怕是天定的缘分，就同意了。

　　一天，窦太后在长乐宫举行家宴，为入朝觐见太后的梁王洗尘，景帝和长公主也陪坐在侧。席间，太后问起册立皇后之事因何迟迟未决。景帝答道："拟立栗姬为后，不日即行册后大典。"

　　长公主一听急了，连忙进谗道："栗姬生性忌妒，独宠后宫，容不得皇帝召幸别的美人。每与诸夫人会面后，往往以恶语相咒。"

　　太后素来相信自己的女儿，便训诫景帝说："若得此悍妇为后，恐又重演'人彘'惨祸了！"

　　景帝听了也有些动心。散席后，他到栗姬住的宫院，故意用话试探栗姬道："朕千秋万岁之后事，后宫诸位夫人若有生子者，你将如何对待？"

　　栗姬这几天正因长公主同王美人联姻一事不高兴。她生性奇妒，当初拒绝长公主就是因为恨她经常把美人进献给景帝，不料王美人乘机捞了外快，她预感到自己已处于不利的地位。今见景帝问这话，她猜想一定有人在背后说了她什么，不由得心中恼火，脸上露出怒色。

景帝等了好久，见她拉长了脸，不理不睬，十分气恼，咳了一声，拔脚就走。随后他好像听见身后传来怨骂声，更加生气。从此，他就不再走进栗姬的宫院。

长公主处心积虑要让王美人当上皇后，常常进宫在景帝面前说她母子的好话，无非是讲王美人如何谦虚有德，胶东王如何聪明仁孝。加上后宫妃嫔宫人，大多受过王美人的好处，众口皆碑，使景帝越发相信王美人的贤德了。

一年多过去了，册后之事仍然悬而未决，忽然有一天，大行礼官上殿奏请，说是母以子贵，如今太子生母栗姬尚无位号，应立即册为皇后。

景帝一听大怒，斥道："如此大事，岂是你们这些人议论的？"他怀疑是栗姬指使礼官提出来的，竟不容分说，立即下诏将刘荣的太子废掉，贬为临江王。太子的师傅、魏其侯窦婴等再三劝谏，说太子并无过失，废之不当。景帝就是不听。他一向刚愎自用，最讨厌别人对他提什么建议，更何况此时的他，已对栗姬怀有深深的恶感了。他哪里会想到，这件事又是王美人搞的鬼。

王美人蓄意争夺宝座，谋划在胸，她见长公主多次进谗，景帝日渐怨怒栗姬，知道已到火候，于是又使出一计，派心腹太监去找大行礼官，嘱他向皇帝奏请立栗姬为后，以此激怒景帝。果然一举成功。

多时失宠的栗姬已经抑郁不欢，儿子被废，使她受到沉重打击，从此一病不起。

前元七年（公元前150年）四月，刘荣被立为太子三年之后，景帝又下一道诏书废黜，同时册立王美人为皇后，胶东王刘彻为皇太子。诏书一下，犹如一道催命符，立即要了栗姬的命。

不知进退 性命不保

唐代安史之乱爆发，唐玄宗在西逃过程中，太子李亨在群臣拥护下，于灵武即皇帝位，是为肃宗。在艰难之际，肃宗之子李俶、李琰立有大功，其正妻张皇后及宦官李辅国因拥立有功而相表里，专权用事，谋废李琰，拥立李俶为太子。

在争权过程中，张皇后与李辅国发生冲突。公元762年，肃宗病重时，张皇后召太子李俶入宫，对他说："李辅国久典禁兵，制敕皆以之出，擅逼圣皇（唐玄宗），其罪甚大，所忌者吾与太子。今主上弥留，辅国阴与程元振谋作乱，不可不诛。"太子不同意，张皇后只好找太子之弟李系谋诛李辅国。此事被另一个重要宦官程元振得知，密告李辅国，而共同勒兵收捕李系，囚禁张皇后，惊死肃宗，而拥立太子即皇帝位，是为唐代宗。

李辅国拥立代宗，志骄意满，对代宗说："大家（唐人称天子）但居禁中，外事听老奴处分。"听到这种骄人的口气，代宗心中不平，因其手握兵权，也不敢发作，只好尊他为"尚父",事无大小皆先咨之,群臣出入皆先诣。李辅国自恃功高权大,也泰然处之,孰知代宗除他之心已萌。

在拥立代宗时,程元振与李辅国合谋,事成之后,程元振所得不如李辅国多,未免有些怨恨,这些被代宗看在眼里,也记在心上。于是他决定利用程元振,乘机罢免李辅国的判元帅行军司马之职,以程元振代之。李辅国失去军权,开始有些害怕,便以功高相邀,上表逊位。不想代宗就势罢免他所兼的中书令一职,赏他博陆王一爵,连政务也给他夺去。此时,李辅国才知大势已去,悲愤哽咽地对代宗说:"老奴事郎君不了,请归地下事先帝!"代宗好言慰勉他回宅第,不久,指使刺客将他杀死。

代宗用间其首领的方法,很快地除掉李辅国,但又使程元振执掌禁军。程元振官至骠骑大将军、右监门卫大将军、内侍监、邠国公,其威权不比李辅国差,专横反而超过李辅国。程元振不但刻意陷害有功的大臣将领,而且隐瞒吐蕃入侵的军情,致使代宗狼狈出逃至陕南商州。一时间,程元振成为"中外咸切齿而莫敢发言"的罪魁。因禁军在程元振手中,代宗一时也不敢对他下手。就在此时,另一个领兵宦官、观军容处置使鱼朝恩领兵到来,代宗有了所恃,便借太常博士柳伉弹劾程元振之时,将程元振削夺官爵,放归田里,算是除掉程元振的势力。

程元振除去,鱼朝恩又权宠无比,擅权专横亦不在程元振之下。如果朝廷有大事裁决,鱼朝恩没有预闻,他便发怒道:"天下事有不由我乎!"已使代宗感到难堪。鱼朝恩不觉,依然是每奏事,不管代宗愿意不愿意,总是胁迫代宗应允。有一次,鱼朝恩的年幼养子鱼令徽,因官小与人相争不胜,鱼朝恩便对代宗说:"子官卑,为侪辈所陵,乞赐紫衣(公卿服)。"还没有得到代宗应允,鱼令徽已穿紫衣来拜谢。代宗此时苦笑道:"儿服紫,大宜称。"其心更难平静,除掉鱼朝恩之心生矣。借一宦官除一宦官,一个宦官比一个宦官更专横,这不得不使代宗另觅其势力。代宗深知,鱼朝恩的专横,已经招致天下怨怒,苦无良策对付。正在此时,身为宰相的元载,"乘间奏朝恩专恣不轨,请除之"。代宗便委托元载办理翦除鱼朝恩的事,又深感此计甚为危险,便叮嘱道:"善图之,勿反受祸!"

元载不是等闲之辈。他见鱼朝恩每次上朝都使射生将周皓率百人自卫,又派党派羽皇甫温为陕州节度使握兵于外以为援,便用重贿与他们结纳,使他们成为自己的间谍,"故朝恩阴谋密语,上一一闻之,而朝恩不之觉也"。有了内间,就要扫清鱼朝恩的心腹。元载把鱼朝恩的死党李抱玉调任为山南西道节度使,并割给该道五县之地;调皇甫温为凤翔节度使,邻近京师,以为外援;又割兴平、武功等四县给鱼朝恩所统的神策军,让他们移驻各地,不但分散神策军的兵力,还将其放在皇甫温的势力控制下。鱼朝恩不知是计,反而误认为是自己的心腹居驻要地,又扩充了地盘,也就未防备元载,依旧专横擅权,为所欲为,无所顾忌。

李抱玉调往山南西道,他原来所属的凤翔军士不满,竟大肆掠夺凤翔坊市,数日才平息这场兵乱。军队不听话,根源在于调动,鱼朝恩的死党看出不妙,便向鱼朝恩进言请示,鱼朝恩这才感觉有些不好,意欲防备。可是,当他每次去见代宗时,代宗依然恩礼益隆,与前无异,便逐渐消除了戒备之心。

一切准备就绪,在公元770年的寒食节,代宗在宫禁举行酒宴,元载守候在中书省,准备行动。宴会完毕,代宗留鱼朝恩议事,开始责备鱼朝恩有异心,图谋不轨,漫上悖礼,有失君臣之体。鱼朝恩自恃有周皓所率百人护卫,强言自辩,"语颇悖慢",却不想被周皓等人擒而杀之。宫禁中所为,外面不知。代宗乃下招,罢免鱼朝恩观军容等使,内侍监如故;又说鱼朝恩受诏自缢,以尸还其家,赐钱六百万以葬。尔后,又加鱼朝恩死党的官职,安顿禁军之心,成功地翦除了鱼朝恩的势力。

代宗借元载之力除掉鱼朝恩,元载"遂志气骄溢;每众中大言,自谓有文武才略,古今莫及,弄权舞弊,政以贿成,僭侈无度。"久而久之,自然也招致代宗不满,代宗曾对李泌说:"元载不容卿,朕匿卿于魏少游所。俟朕决意除载,当有信报卿,可束装来。"

元载也非善辈,有所耳闻,深知代宗对他有成见,便深谋自固。他内与宦官董秀相勾结交通,藉以刺探代宗的意向;外使百官论事自告长官,长官告之宰相,再由宰相上闻,欲控制各方面的信息,尤其是不利于自己的信息,更是上下其手匿而不闻。以此,元载居相位十五年之久,"权倾四海"之后,也不免"恣为不法"。于是"货赂公行","侈僭元度",家中"婢仆曳罗绮者一百余人",贪污更甚,家中仅调味用的胡椒就有八百石之多。

十余年的宰相,其势力也是盘根错节的,代宗"欲诛之,恐左右漏泄,无可与言者",于是找自己的舅舅吴凑密谋。在公元777年,代宗先杖杀董秀,断绝元载内延信息通道;然后命令吴凑前往政事堂收捕元载及其党羽,逼令元载自杀,又除去了元载势力。

挂羊头卖狗肉

1938年的上海,炮声远了,硝烟与火光消失了,租界虽然成为"孤岛",四面全是日本人的势力,可是表面仍然繁华。舞厅、酒楼、饭馆、电影院、戏院和跑马场,仍然人群潮涌,拥过来挤过去。交易所里,人山人海,里三层外三层地围着"拍板台",个个伸长了脖子瞪大血红的眼睛,看那公债价目牌子,张开了嘴巴大叫:五千、一万、五万、十万……于是,有人在几分钟之内,成为富翁,也有人在早市或夜市"收盘"时破产,家具拍卖,房子抵押,妻妾改嫁,本人爬上高楼或走到黄浦江边,闭目长叹一声,纵身一跳,结束一切逼债、蹲监狱、挨打的苦恼。

汉奸从地下冒出来,上海滩上沉渣泛起。几家爱国报馆与书店里,被扔进了手榴弹;进步的编辑、记者有的突然收到一封包着子弹的恐吓信或一只斩断的手指;有人在下班时被绑架在沪西的魔窟,第二天在薛华立路的一根电线杆上,挂着一个人头,头上贴着张字条"看,抗战分子的下场!"不肯向日寇低头的沪江大学校长在车站被日本特务刺杀……

复仇的火焰在暗中燃烧。

一群大学生上街散发抗日传单，一群"暴民"冲进统治者粮仓"抢"起了"公粮"，一个"暴徒"潜入大公馆，把准备粉墨登场的大汉奸当场击毙……

日本人恐慌了，"太君"咆哮了，可是谁会理这一套呢？谁能稳住上海滩呢？大名鼎鼎的杜月笙、金廷荪已避居香港。"唯一办法是请麻皮出山。"汉奸们一致提议。

一九三八年夏天，黄家花园四教厅里坐着一个客人：日本驻华海军武官府海军少将佐藤。

主人黄金荣呢，这会儿正躺在歇夏别墅楼上，让护士打了一针氯丙嗪，再穿上两个夹袄，又用一条呢毯子裹着身子，由龚天健与俞永刚两人一左一右抬着下楼，来到了四教厅，点头拱手，向佐藤致意。

翻译向佐藤伊伊呜呜了一通，又向黄说"将军希望先生做日中合作的规范，出任上海市的维持会长。"

黄听了，只是摇头。

翻译又接着说："将军说，黄先生德高望重，不要推托。"

话讲到这一步，黄挣扎着想站起来，可是不能，他哆哆嗦嗦地向日本人说："佐藤将军同贵国政府看得起金荣，我心里非常开心。本应为皇军效劳，只是我又老又病，依看，大热天着夹袄还怕冷，下身的瘫痪病还没医好，连路也走勿动，哪能当好维持会长！再讲，我也不识字呀！"

佐藤听了这一番话，看看黄金荣那副窝囊相，也觉得他说的是实情，便抓起帽子，往头上一扣，说声"开路"，坐车走了。

日本人的车子一出大门，黄从躺椅上跳起来，三两下拉开夹袄，脱光了膀子，哈哈大笑起来。他拍拍俞永刚的肩膀，跷起大拇指说：

"我的账房先生了不起，这一针打得真灵，一点也不觉得热。这针叫啥名字？"

"叫氯丙嗪，打了它可以降温，刚从红毛人手里搞来的，也有人叫'冬眠灵'的。"俞永刚介绍着。之后又问"师父，这维持会别人想也想不到，你为什么不当？"

"哎，你晓得个屁。前些天，唱评弹的吴玉荪的《说岳传》你也听到哦？卖国贼，要让人骂猪猡赤佬，骂几百年哩！土地是中国的，日本人虽然打进来，占了上海，可他们没本事把上海搬到日本去。"

他在厅内踱着，抬头看窗外的六角亭边的"文行忠信"四个大字，深有感触地说："再讲，蒋委员长在重庆抗日，我只能帮伊，不能同日本人打交道。事体不可做绝，光棍不打九九，留个余地为好。懂哦？"

1939年夏天，汪精卫来到钧培里。汪和黄是老交情了，早在1935年，国民党四届六职全会开幕式后，汪精卫同代们拍集体照时，被人打了两枪，送上海治疗，黄金荣替他请了名医，百般照顾，交情甚笃。汪精卫在1938年12月18日逃出重庆，

29 日发表了臭名昭著的电文,于 1939 年 8 月 30 日,在上海极司非尔路 76 号召开了伪国民党第六次全国代表大会,大会结束后,汪在 9 月 7 日,对在沪记者发表了"和平救国"的谈话。第三天,便登门拜访黄金荣。这次登门,黄明知他已投敌,也不得不热情招待。汪请黄金荣召集上海工商界以及社会名流开个会,黄就准备让会议在自己的大世界里开,可是汪精卫认为大厅堂太小,于是黄只好给他包下大光明电影院。他自己不便出面,一切包场与会场布置以及发通知,都交给门生袁履登、程子良、王晓籁几个人去办。就在这个会上,汪精卫发表了"和平救国、曲线救国"的汉奸谬论。

当天晚上,黄金荣收到一封大红请柬,打开一看,内中写道:

兹定于十四日下午五点,于乐山花园酒家私人小宴,特请黄老先生拨冗光临,不胜荣幸之至。

兆铭鞠躬

九月十三日

一直皱着眉头沉默不语的黄金荣,肚子里十五只吊桶打水——七上八下,他想起自己闯荡江湖的经验——三碗"面"来:情面、体面和场面。三碗面当中,惟"情面"最难吃,绞在一起拉不开,难于下口;拉破了,也吃不成。现在,汪精卫特地宴请自己,可谓面子风光得很,要是不去,这面子上抹不开下不来。

席间佐藤举起斟满花雕的细瓷杯,起来向黄金荣点头,又向黄身边的龚天健笑了笑说:"我们盛情邀请黄老先生当顾问,协助搞好上海市面。黄先生在上海名气大,说句话就能算数。来,干一杯,我们一言为定!"

龚天健忙着答谢:"谢谢将军的好意,只是黄老板年纪大,身体不好,早已退休。"

黄金荣左手按着桌边,吃力地站起来,说:"我老了,勿中用了。"

三天后,佐藤第二次拜访黄金荣,黄考虑半天后,最后两个达成两条协议:一、黄尽力支持汉奸政府,派遣徒众党羽参加汉奸组织;二、黄为日本侵略军运销烟土,充作军饷。

这两条协议,虽然是迫不得已定的,但也另有打算。黄毕竟老于江湖,惯用"两面光"伎俩。凭他的经验,自己不出头露面,利用门徒和别人办事,可以坐享其成。后来,他介绍门徒卢英当伪警察局局长,介绍"上海三老"闻兰亭、袁履登、林康候参加伪政府,而自己躺在幕后遥控,于是达到左右逢源的目的。

汪精卫对黄的暗中合作,心照不宣,黄所推荐的那些人,自己当然要重用,于是安排了黄的结拜兄弟陈群任汪伪政府的江苏省省长。陈上任时,黄还亲自出马,率领大批徒众,乘专车赶往苏州捧场。在黄与陈的安排下,整个江苏省的各级汉奸机构都安插了大批黄门弟子,他们每月都要向黄孝敬厚礼。

黄金荣在汪伪的和平军中也有一大批把兄弟和门徒,黄的把兄弟徐林诚是和平军第一集团军第二军军长,徒弟郝鹏举当了淮海保安司令。此外,和平军的一些头子,如集团军司令李长江、军长颜秀吾、三十六师师长田铁夫、二十八师师长丁聚堂等,都是黄的门下。黄的心腹徒弟鲁锦臣,后来也当了和平第三十六师驻沪办事处处长。

1940年以后的黄金荣与汪伪政府的关系,已由应付进入热络阶段了。这时,一件大事的发生,给黄当头浇了一桶冷水,使他的光脑袋清醒了许多。

1940年8月14深夜,黄金荣在睡梦中被贴身跟班秦兴炎推醒,秦报告说,刚才收到情报,几个小时以前,张啸林被杀死了。

黄金荣听着秦兴炎汇报张啸林被杀的详情,心里直突突地跳,脸色苍白,后来连雪茄烟也夹不住了。

黄金荣一躺就是三天,第三天早上,他终于想出了一着妙棋。他召来秘书龚天健,让他给国民党第三区司令顾祝同写封密信,他在信中表示愿意在上海做国军的地下工作,接济军火、药品与粮食。龚起刚出房间,他又召来管家程锡文,让他打点几份厚礼,送给顾祝同与司令有关人员。之后,他派秦兴炎送到浙江顾祝同处。秦临去时,黄嘱咐他,想法子讨一张——讨不成就买一张地下工作的委令来。

张啸林的被杀,使黄金荣保住了"晚节",抗战胜利后,黄金荣又以"民族英雄"的姿态出现在上海滩上层社会之中,直至上海解放。

假马脱缎　空手套妆

江西有陈姓,庆名者,常贩马往南京承恩寺前三山街卖。时有一匹银合好马,价约值四十金。忽有一棍,擎好伞,穿色衣,翩然而来,伫立瞻顾,不忍舍去,遂问曰:"此马价卖几许?"庆曰:"四十两。"棍曰:"我买,但要归家作契对银。"庆问:"何住?"棍曰:"居洪武门。"棍遂骑银合马往,庆亦骑马随后。

行至半途,棍见一缎铺,即下马,放伞于酒坊边,嘱庆曰:"代看住,待我买缎几匹,少顷与你同归。"庆忖:"此人想是富翁,马谅买得成矣。"棍入缎铺,故意与之争价,待缎客以不识价责之,遂佯曰:"我把与一相知者看,即来还价何如?"缎客曰:"有此好物,凭伊与人看,但不可远去。"棍曰:"我有马与伙在,更何虑乎。"将缎拿过手出门便逃去。

缎客见马与伙尚在,心中安然。庆待至午,查不见来,意必棍待也,遂舍其伞,骑银合,又牵一马回店。缎客忙奔前,扯住庆曰:"你伙拿吾缎去,你将马往。"庆曰:"何人是我伙?"缎客曰:"适间与你同骑马来者。你何佯推,定要问你取。"庆曰:"那人不知何方鬼,只是问我买马,令我同到他家接银,故与之同来矣。他说在你店买缎,少顷与我同去,我待久不见来,故骑自马回店。你何得妄缠我乎?"缎客曰:"若不是你伙,何叫你看伞与马?我因见你与马在,始以缎与他。你何通同妆套,脱我缎去?"

二人争辩不休,扭在应天府理论。缎客以前情直告。

庆诉曰:"庆籍江西,贩马为生,常在三山街翁春店发卖,何常作棍。竟遇一人,问我买马,必要到他家还银,是以同行。彼中途下马,在他店拿缎逃去,我亦不知,怎说我是棍之伙?"

府尹曰:"不必言,拘店家来问,即见明白。"

其店家曰:"庆常贩马,安歇吾家,乃老实本分之也。"

缎客曰:"既是老实人,缘何代那棍看伞与马?此我明白听见,况他应诺。"

庆曰:"叫我看伞,多因为他买马故也,岂与之同伙。"

府尹曰:"那人去,伞亦拿去否?"缎客曰:"未曾拿去。"

府尹曰:"此真是棍了。欲脱你缎,故托买马,以陈庆为质,以他人之马,赚你之缎,是假道灭虢术也。此你自遭骗,何可罪庆。"各逐出免供。

寄银拐逃　反中圈套

通州有姓苏,名广者,同一子贩松江梭布,往福建卖。布银入手,回至半途,遇一人姓妃名胜,自称同府异县,乡语相同,亦在福建卖布而归。胜乃雏家,途中认广为亲乡里,见广财本更多,乃以己银贰拾余两寄藏于广箱内,一路小心代劳,浑如同伴。

后至日久,胜见利而生奸。

一夜佯称泻病,连起开门,出去数次。不知广乃老客也,见其开门往返,疑彼有诈谋,且其来历不明,彼虽有银贰拾余两寄我箱内,今夜似有歹意。

乘其出,即潜起来,将己银与胜银,并实落衣物,另藏别包袱,置在己身边,仍以旧衣被,包数片砖石,放在原箱内,佯作熟睡。胜察广父子都睡去,将广银箱夤夜挑走。广在床听胜动静,出门不归,曰:"此果棍也。非我,险遭此脱逃矣。"

次日广起,故惊讶胜窃他银本,将店主扭打,说他通同,将我银偷去。其子弗知父之谋,尤怒殴不已。父密谓曰此事我已如此如此,方止。

早饭后,广曰:"我往县告,若捕得那棍,你来作证,不然定要问你取矣。"广知胜反中己术,径从小路趱归。

胜自幸窃得广银,茫茫然行至午,路将百里,开其箱内,乃砖石旧衣也,顿足大恨。复回原店,却被店主扭打一场,大骂曰:"这贼,你偷人银,致我被累。"将绳系颈,欲要送官。只得吐出真情,叩头恳免。时胜与广,已隔两日程途,追之不及,徒自悔恨而已。

拦路抢劫

福建建阳人邓招宝者,常以挑贩为生。一日贩小猪四只往崇安大安去卖,行至马安岭上,遇一棍问他买猪。

宝见此山径僻岭无人往来，人家又远，何此人在路上买猪，疑之，因问其何往。

棍曰："即前马安也。"宝曰："既要买，我同你家去。"

棍曰："我要往县，你拿出与我看，若合吾意，议定价方好回家秤银，不然恐阻程途矣。"此棍言之近理，宝即然之，遂拿一猪与看。棍接过手，拿住猪尾，放地上细看，乃故放手致猪便走，佯作惊恐状，曰："差矣，差矣。"即忙赶捉。不知赶之正驱之也。

宝见猪远走，猛心奔前追捉，岂知已堕其术也。棍见宝赶猪，约离笼二三百步，即旋于笼内，拿一猪在手，又踢倒二笼，猪俱逃出。

大声曰："多谢你，慢慢寻。"宝欲赶棍，三猪出笼逃走恐因此而失彼，况棍走远难追，但咒骂一场。幸得三猪成聚，收拾入笼，抱恨而去。

反客为主　骗人骗财

聂道应别号西湖，邵武六都人，家原富原，住屋宏深，后因讼耗家，以裁缝为业。忽一日往人家裁衣，有一棍见客人卖布，知应出外，故领到应家前栋坐定。

竟入内堂，私问应妻云："汝丈夫在家否？"其妻曰："往前村裁衣。"棍曰："我要造数件衣服，今日归否？"对曰："要明日归。"棍曰："我有同伴在你前栋坐，口渴求茶一杯吃。"应妻即讨茶二杯，放于厅凳上。棍将茶捧与布客饮。饮罢，接杯入，方出拣布四匹，还银壹两，只银不成色。客曰："此价要换好银。"棍曰："我儿子为人裁衣，待明日归换与你。"言未毕，棍预套一人来问针工在家否。棍应曰："要明日归。"其人即去。布客曰："你收起布，明日换之与我。"客既出，少顷棍亦拖布逃去。

次早布客到应家问曰："针工归否？"应妻曰："午后回。"布客次早又问针工归否，应妻又曰："今午回。"布客午后又来问，应妻曰："未归。"布客怒曰："你公公前日拿布四匹，说要针工归来还银，何再三推托。你公公何去？"应妻道："这客人好胡说，我家那有公公，谁人拿你布？"二人角口大闹。邻人辨曰："他何曾有公公。况其丈夫又不在家，你布不知何人拿去，安可妄取。"

布客无奈，状投署印同知钟爷。状准，即拘四邻来审。众云应不在家，况父已死，其布不知甚人脱去。钟爷曰："布在他家脱去，那日何人到他家下，着邻约为之穷究，必有着落矣。"邻约不能究，乃劝西湖曰："令正不合被棍脱茶，致误客人以布付棍，当认一半，布客不合轻易以布付人，亦当自认一半。"二家诺然，依此回报。钟爷以邻约处得明白，俱各免供。

假称木匠　偷人钱财

建宁府凡换钱者皆以一椅一桌厨列于街上，置钱于桌，以待人换。午则归家食饭，晚则收起钱，以桌厨寄附近人家，明日复然。有一人桌厨内约积有钱五六千，其桌破坏一角。

傍有一棍，看此破桌厨内多钱，心生一计，待此人起身食午，即装作一木匠，以手巾缚腰，插一利斧于傍，手拿六尺，将此桌厨横量直量一次，高声自说自应曰："这样破东西，当作一新的来换，反叫我修补，怎么修得，真是吝啬的人。"自说了一场。一手拿六尺，将桌厨钱轻轻侧倾作一边，将桌厨负在无人处，以斧砍开，取钱而逃。时旁人都道是换钱的叫木匠拿去修，那料大众人群中，有棍敢脱此也。

及午后换钱者到，问傍人曰："我桌厨那里去？"众合笑曰："你叫木匠拿去修，匠还说你吝啬，何不再做新的，乃修此破物。彼已负去修矣。"换钱者曰："我并未叫匠来，此是光棍脱去。"急沿途而访问，见空僻处桌厨剖破，钱无一文，怅恨而归。

偷龙转凤

每个人都或多或少地在使坏，所以说生活中每个人都必须具备一定的计谋才行。

唐朝时，宁王有次到鄂县边界打猎，在林中搜索时，忽然发现草丛中有一个柜子，被锁得很紧密，叫人打开来看，竟然是一个少女。问她是从哪儿来的，少女自称姓莫，父亲也曾当过官，昨晚遭到盗贼洗劫，其中有两个是和尚，他们把她劫持到这儿。

这名少女幽怨地说着，姿态娇媚动人，宁王又惊又喜，就用座车后的那辆车载她回去。当时正好活捉一只熊，就将熊放入柜子，锁上。回去后，正好皇帝在寻求美女，宁王认为莫氏是官宦人家的子女，就写奏表给皇帝，且说明详细的经过。皇帝也让莫氏在宫中当"才人"。

过了三天，京兆府上奏说鄂县饭店有两个和尚，以一万钱独自租下一个房间一天一夜，事先说是要作法事，却只有抬进一个柜子。到了半夜，房中闹出很大的声音，店主觉得奇怪，日出以后，两个和尚也未开门，店主只好进房去看，发现一只熊冲向人群，而两个和尚已经死了，骨肉都暴露在外。

皇帝知道以后，大笑，写信告诉宁王说："大哥真会处置这两个和尚。"

莫氏擅长唱创作歌曲，当时的人称为"莫才人啭"。

诈学道书 骗人钱财

庚子年，福建乡科上府所中诸士，多系沈宗师取在首列者，人皆服沈宗师为得人。十二月初间，诸举人都上京矣。

省城一棍，与本府一善书秀才谋，各诈为沈道一书，用小印图书，护封完密，分递于新春元家。

每到一家，则云：沈爷有书，专差小人来，口嘱咐说你家相公明年必有大捷。他得异梦，特令先来报知。但须谨密勿泄。更某某相公家与尊府相近，恐他知有专使来，谓老爷厚此薄彼，故亦附有问安书在，特搭带耳，非专为彼来也。及到他家，所言亦复如是，谓专为此来，余者都搭带也。及开书看，则字画精楷，书词玄妙，皆称彼得祥梦，其兆应在某当得大魁。或借其名，或因其地取义，各做一梦语为由，以报他先兆之意。曾见写与举人熊绍祖之书云：闽省多才，甲于天下，虽京浙不多让也。特阅麟经诸卷无如贤最者以深沉浑厚之养，发以雄俊爽锐之锋，来春大捷南宫，不卜而决矣。子月念二日夜将半，梦一飞熊，手擎红春花，行红日之中，此有金字大魁二字。看甚分明，醒而忆之。日者建阳也，熊者君姓也，春花者君治春秋经也，红亦彩色之象，大魁金字，则明有吉兆矣。以君之才，叶我之梦则际明时魁天下确有明徵。若得大魁出于吾门，喜不能寐，专人驰报，幸谨之勿泄。熊举人之家阅之大喜，赏使银三两，请益复与二两。曰："明年有大捷，再赏你十两。"及他所奉之书，大抵都述吉梦都是此意，人赏之者，皆三五金以上。

至次年都铎南翻而归。诸春元会时，各述沈道之书叙梦之事，各抚掌大笑曰："真是好一场春梦也。此棍真出奇绝巧矣，以此骗人，人谁不乐与之。"算其所得不止百金。

坑人没商量

长源地方，人烟过千，亦一大市镇也。有一日者推命人也，至其间推算甚精，断人死生寿夭最是灵验，以故乡里之老幼男女，多以命与算。凡三年内，有该病者，该死者，各问其姓名，暗登记之，以为后验。昼往于市卜命，夜则归宿于僧寺。

有一游方道士至寺，形容半槁，黄瘦鼍黑，敬谒日者曰："闻先生推命极验，敢求此地老幼有本年命运该死者，当有疾病者，悉以其姓名八字授我，我愿以游方经验药方几种奉换。"日者曰："你不知命，要此何干？"道士曰："我自有别用。"日者悉以推过之命，本年有该病者该死者，尽录付之。

道士后乞食诸家，每逢痴愚样人，辄自称是生无常，奉阴司差，同鬼使捕拿此方某人某人等，限此一季到。痴人代之播传，人多未信。又私将黄纸写一牌文，末写阴司二大字。中间计开依日者所授之老幼命该死者，写于上半行。又向本僧寺问本地富家男女及人家钟爱之子姓名，写于后上层。夜间故在社司前，将黄纸牌从下截无人名处焚化。其上半有人名处打灭存之。次日人来社司祈告，见香炉上有黄纸字半截未焚者取视之，都是乡人姓名，后有阴司字，大怪异之，持以传闻于乡。不一月间，此姓名内，果死两人，遂相传谓前瘦道士，是生无常，此阴司黄纸牌，彼必知之，凡牌中有名者皆来问，无名者恐下截已焚处有，亦往问之。道士半吞半吐，认是已同鬼使焚的。由是畏死者问阴司牌可计免否。道士曰："阴司与阳间衙门则同，有银用者计较免到，或必要再拿者，亦可挨延二三年，奈何不可用银也。"由是富家男女，多以银贿道士，兼以冥财金银，托其计较免到，亦赚得数十金去。其后牌中有多者多不死。反以为得道士计免之力也,岂不惑哉。

设下圈套　请人入瓮

对于擅长隐藏内心人,最好先惹他生气,再让他产生动摇。

日本有个电视节目中,邀请来一百位政治家,由主持人分别问他们各种问题。

起先,议员们都冷静地回答着主持人的问题,但是慢慢地主持人开始用他那种咄咄逼人的口气,问一些无礼的问题,议员们渐渐地沉不住气了,他们怒气冲冲地骂道:

"你开什么玩笑,竟敢用这个问题来问我。"

有人说完后,就愤而离席,而摄影机也紧紧抓住他们的背影,不放过任何精彩的镜头。

很多人误以为这是主持人的大意,所产生的一桩偶发事件,其实不然,据调查显示,这是制作单位刻意的安排,让这群沉不住气的政治家上当,好露出他们原有的本色。

因为,在一般国会或记者会中,他们多显现一副君子的翩翩风度,他们有顺序地答出千篇一律的话题,所以主持人改变立场。故以强硬的态度,诱使他们生气。

果然,制作单位的料想未错,这群政治家们,一个个地怒形于色,暴露出自己易怒的感情和自私护己的性形。

出卖兄弟　贼喊捉贼

毕和,山西人,心术狡险,阴悍暗毒,乡人无不被其害者。族弟毕松,有田一段,价值五十余金,与和田毗连。和屡谋不遂,因诈与交好,屡席相款,旦夕游戏,即同胞不啻焉。

同乡有林远者,性刚而暴。其妻罗氏貌美好淫,与夫反睦。和乘隙挑之,遂通往来,情甚密,假意不令松和,实欲使之知之,故遮头露尾,为松觑破。松乃怪和曰:"枉自与你相知,有此美妇人,何不引我一宿,岂便夺你爱乎?"和逊谢曰:"此妇极有情,若引你去,必深相怜爱,恐你往来无节,事机不密,其夫若知,有误身家不便矣。"松口疑其专宠,乃私往挑之,罗氏遂允。后来情更绸缪,每候其夫出外,非和往则松往,甚且三人同床,情如一体。

将及月余,和密报其夫,曰:"松弟与我至知,今闻与令正有情,我屡谏不听。闻你欲捕之,若捕得,可轻打些,彼必叫我解交,我谕他多送你些银,以绝他后日妄为,慎勿害他性命。"林远闻方,怒气填胸,次日即托言外出,须三日后方归。松专瞰远去,向闻其出外,即往其家搂罗氏,入房调耍。林远从密处突出,打入房中。二人已解衣在床,远揪松于床下凶打。罗氏拼命拿住夫手,远不能多打。松求放曰:"愿以银赎免。"远曰："要何人来保认。"松曰："叫我和兄来。"远正合意，即遣人呼和至。和曰："不行正路，以至于此，须召你亲兄来。"松曰："勿召我兄，只你代我出银与之，后日即还。"和曰："我代议事，怎好出银。但今事急矣，我若不出银，此事无由解释，然必有实物相当方可。"松因写前毗连之田契卖之。和曰："只可少作价，多则亦为林远所得。"遂止作价四十两。和归取银三十两相付，远曰："须六十两。"和曰："奸情被获合输，妇价一半。纵令正美貌，可值六十金，此已一半矣。"远再三不肯。和曰："彼田价四十两，我手中无现银，不如约一月后再在我手接十两。"远要约批。和曰："若他人议事须加二抽头，我已该八两矣。今为你息事，何逼我约批乎。"遂无约批，放松同归。

数日后，松备本息四十四两赎前田，和不肯退。一月后，林远向和取约银。和曰："指示你撰银三十两，二两谢我，岂为多乎。"远后对人说出和教捉奸之由，松方知为和所卖。然已堕其诡计，悔无及矣。

第六章　人际沟通滋味长

进一尺狭窄一尺，退一步宽平一步。与人争强好胜，路就觉得很窄；如能退后一步让人先行，自然觉得路宽许多。太过浓艳之味，最易使人生腻；如果清淡一分，自然觉得滋味弥长。

先入为主

我们如果是讲话者，千万别使听话者不明究竟，不知作何回答，因此，先知道对方的立场，再侃侃而谈，才能言中对方的心。

你曾经有过这样的经历吗？计程车司机一边听棒球比赛的转播，一边说："今天的巨人队怎么搞的，连续失策，已找不到更好的投手。"当你听到这句话，该如何回答？如果，我们不是赌说巨队赢，很容易脱口而出："是吗？那好极了！"那么，下一刻我们得提防计程车司机因生气而开快车。

如果，司机说："真气人"或"今天我赢定了，"我们自然明白司机的意向。

那么，听到那位司机的话后，最好的回答："唉呀！我真佩服""真气死我了，不能原谅他""或许我的话过分一点"。在对方先有个印象"我真佩服"，且在心理上以为不可能有其他评语时，进行诱导，较易说服。

我们不清楚对方的意见时，应该用以上的技巧，加深对方的感觉和印象，以便使自己喜欢的行动被采纳。

请示主义

对难以说服的人,应该说声:"请问,有没有更好的办法?"以此来反问他。

曾有一位朋友,在单身时期,就宣布自己是个大男子主义者,然而,婚后我去看他时,意外地发现他竟是个太太至上的人。

"他不是主张大男子主义吗? 为什么会变成太太至上者呢?"我想大概是他太太的说服术很好的缘故。照他的说法:"过去,对孩子的教育或买房子等问题,都和太太商量,在我看来,一家之长主要是提出结论,然而,经过一段时间,我发现自己总是按照太太的意思行事。"

他的太太经常使用的手段,绝不是三段论式的说服术,而是利用:"这该怎么办? 有没有其他更好的方法"来征求他先生的意见。

他太太一切事总委托他决定,增强他的自尊心,心情愉快,似乎凡事都是他自己在做抉择,实际上,却都是他太太的主张。

似乎,他太太比他更能掌握说明的技巧,更了解人性的弱点,故意让对方抓住裁决权。遇到难说服的人,不妨用这种办法,的确能有效地解决问题。

委托对方做决定,确实可以打动对方的自尊心,使对方自认为立于优越位置,他们会觉得自己控制了一切,然而,往往操纵权都掌握在我方。

最重要的,要使对方以为一切的主宰权都让给了自己,如此,不管他有再好的智慧,我们都可依照自己的想法,诱导对方。因为,提高自尊心,只要是具有优越感的人,都会变得宽容,很容易陷入我们设下的陷阱。

自主自决

碰到购物时感到迷惑的对象,我们如能说一句"请您到别的地方看了以后,再决定。"反而能够令顾客产生购买的欲望。

近年来大部分的年轻人都拥有自己的音响设备,姑且不论价格的高低,当他们下决心的刹那间,似乎不容易。

制造音响的厂商,为了迎合这些年轻人的购买欲,设计了各式样的机种,并利用巧妙的推销术。

曾有一位很喜欢音响的亲戚,在大学时代,为了买音响,就去逛电器街。终于,找到一家音响店,里面有自己想要买的机种,价钱也符合自己的预算,然而,却没有勇气踏进去。

他在店门口徘徊,这时,一位老店员走出来跟他说:"先生,我看您还不知道选择哪一种才好,您不妨先去其他家看看,因为,毕竟音响不是便宜的东西。"于是,我那位亲戚到了另外几家看,然而,心中总是想着那组音响,不能将情绪稳定下来,最后,决定将刚才那套音响买下来。

我觉得那位店员,他虽是个生意人,却很懂得人类的心理,很能够诱导顾客。如果,那位店员一开始便说:"您绝对放心,买我们的东西,绝不会吃亏。"说不定,他会放弃购买那套音响的念头。

我们通常在碰到迷惑的人时,总会尽量说服人,以便使人及早决定。却不知,这样会给对方带来心理上沉重的负担,反而迟迟难做决定,甚至会使双方濒临决裂,按照理论,当心理受压迫时,都会选择轻松的路走。

想要使对方依我们的意愿来做决断,就得有位老店员的耐心,否则,只会让对方背道而驰。

易地而处

站在对方的立场做说明,能够使人把自己的利益当作是对方的利益。

以家庭主妇为主的电视节目中,每周总有一次播出人生指导的项目,听说当天的收视率比往日要高。

人生指导这个节目有这么高的收视率,也许和人类幸灾乐祸、残酷心理的一面有关。我以前看过此节目好几次,觉得指导说服请教的人,的确具有相当强的说服力。

开始,大部分的请教者总会对指导的人提出反驳者辩解,但是,慢慢地他们会同意指导者的见解,这种心理变化比差劲的连续剧更吸引人,同时,我认为人生指导好比说服术的实验场所。

人生指导节目的指导者,都聘请具有高度说服力的人来担任,可是,一旦到事情症结时,人们用的妙法也似乎很相似。

指导者经常站在对方的立场来比喻,譬如说:"如果我是你的话,我一定会原谅你先生,我不会随便和人离婚。"这实在是很巧妙的心理技巧,很容易引起对方的错觉,而被说服下来。

施以小惠

推销员是从被拒绝开始,这是推销大王利达曼所说的话,的确,推销员必须在受到拒绝以后,不断地求突破,才能够达到说服顾客的目的。如果,碰到拒绝就退却,一定不会成为成功的推销者。

有本事的推销员,当受到顾客拒绝时,绝不会退缩,而马上说:"请您听我说明一下就好""借用您几分钟的时间",而后再提出对方容易接受的条件,继续进攻。

除非顾客已经拥有这种产品,或者是真的很忙碌,大部分的人听到合理的要求时,都不容易拒绝,认为只听几分钟是不成问题,推销员的目的便达到一半。

如此,一旦能攻破对方的防线,五分钟可能变成 10 分钟,10 分钟可能变成 20 分钟,可见让顾客买东西,并不是件很困难的事。

首先,有意识地做适度请求,再逐渐诱导对方,以打破他们的警戒心及排斥感。须知,我们只要冲破顾客的第一道防线,就很容易使他们让步,这或许是人类心理缺陷之一的吧!日常生活中,常常可以看到利用人类心理的说服术,譬如善于向人们借钱的人,如果要借 100 万元,一定不会先说:"请你借给我 100 万元,好吗?"

他首先提出五千元或一万元。先解除对方的警戒心。话后,再看情形,适时说出金额数目,当对方很好的落入劣势中,说服对方就成功了一半。

整理充分

要求对方重新改造时,应该说一声"因为你们做到这个程度,我们才能发现出了问题。"

某一个精密机械工厂,想开发一批新产品,他们将设计图拿到卫星工厂,要他们如期交货,然而,当交货期快接近时,卫星工厂的人将半成品送到该精密机械工厂,精密机械工厂的人认为没有按照预先的计划去做,要求卫星工厂重新制造。但是,卫星工厂却认为,该产品是依照合同上说明来生产的,而坚持不加以修改,如此僵持不下的局面,在工程中常会遇到的。

正在这个时候,机械工厂的厂长来了,知道详情后说:"我们认为应该做到预计程度的成品。当贵厂替我们做到这种地步时,我们尚不知有这么多的问题存在,不过,能够做好的产品来推销,对你我双方都有利,所以,我希望你们能够再进一步研究。"

听了厂长的这番话后,卫星工厂的人说:"好吧!我们再尽力研究看看。"他们很乐意的表示要带回去重新制造。

我认为这位厂长说话的技术很高明,要求交货期限快到的卫星工厂重新做,的确是件不容易的事,一般人总认为对方卫星工厂,就得按照我们的意思做,这样很容易使双方的感情破裂。聪明的说服者,不会只说对我方有利的话,人们如果站在对方的立场上设想一番,同时也会收到事半功倍的效果。

以小为大

有人提出抗议时,若能对这件事表示非常重视,会使对方的气势减弱。

有个在奶品公司上班的学生,对我说过一则有趣的故事。有一天一位消费者到他们公司抗议说,他们生产的奶粉里面有只死苍蝇。

据那位学生说,奶粉是卫生管理相当严格的商品,为了防止酸化,必须抽掉空气而装入氮气,然后才加以密封的,是百分百不会有苍蝇遗留在这里面,那么问题就出在消费者本身。当那位学生的上司出来时，他认为上司一定也会以上述的理由说服对方，可是他开口说的却是出乎学生的意料之外。

消费者愤怒地向那位上司抗议着，那位上司便开口说道："是吗？如果是真的，那事情可就严重了。我们必须将工厂的所有机器停下来，对整个制造过程做一次总检查。"那位学生看着紧皱眉头的上司，感到大惑不解，直到听了下面的话，才了解上司的用意。他的上司说："我们工厂在包装奶粉时，必须先抽掉罐内的空气，然后注入氮气，再加以密封，所以不可能有死苍蝇在里面，他们向来是这么确信的，可是我想还是应该做严密的调查，请你说明你开封时的情况，以及开封后的保管情形。"

被那上司这样逼问的对方，好像没想到自己所提出的不满，竟会造成这么严重的问题，因而面露惊讶的表情，然后才想起自己的保管状况似乎有些问题，便对那位上司说："算了！希望你们以后多加注意，不要再发生这种现象。"说完了便匆匆回去。

各个击破

对以众人意见作为后盾提出要求的集团，应该让每个人说出各自的意见。

有一位在日本某大学担任教授的朋友，告诉我有关他的系主任的故事。他事先对我说明他与那个系主任一直处于敌对关系，但是他还是认为那位系主任真了不起，那年他们系里发生了一些问题，于是许多教授在开会时间向系主任提出他们的意见。

系主任看了一遍那些提出意见的教授们，然后说："我很了解这些要求，但是你们真的是经过讨论，才决定这些意见吗？为了慎重起见，我想请问每个人的意见。"说完后就指着一位教授说："从你开始吧！""然后是你"……就这样——指名要他们说出自己的意见。由于在各人说话时，会不介意别人的存在，而进行尖锐的批评，所以当大家说完各自的意见时，发现其中有差异存在。于是系主任说："各位的意见好像还有相当的差异嘛！这我也无法正面回答，所以还要暂时让我考虑一下吧！"说完就把意见书还给教授们，教授们也不得不接受了。

一般人对于全体意见或是经过讨论决定的意见，都觉得无法反驳，在此姑且不论民主的原则，只要听到是多数人的意见，想要论其是非是很困难的。因为一般人的观念，大多数人支持的就是最有道理的结论。

要是想击破这种集体讨论过的要求，不要去批评要求的内容，应该先击破造成要求强势的原因，即所谓"一致的意见"的根本，虽然说是全体人员的意思，或是开会决定的意见，我们都要先问清楚是否真的是一致承认的吗？对方是以这点作为最大的根据，认为我方不会产生任何怀疑。当听到我方得出问题的真实性时，将会心慌起来，如果当场再要求他们提出个人意见，其间一定有微妙的差距存在，我们可以好好利用这种差距说:"虽然说是大家的意见,为什么却有这么大的差距呢?"他们所根据的是"一致",一旦被击破就不得不退却了。

假装让步

日常生活中,常常会出现双方为了一件事不相互退让而僵持不下的时候,这时候最好率先做一些小小的让步。

日本作家所写的经济小说,里面常有令人窒息的交涉场面出现。例如公司派人到国外购物时价钱交涉的激烈场面,或是建筑业者对完工日期的交涉,以及上司与员工之间的交涉,都鲜明地描写出来。其中有一段是总经理要求部下会说:"不行,绝对不可能全部完成,顶多只能完成百分之五十。"但总经理站在公司立场,仍然坚持要求全部完成。

那位总经理以各种客观资料当作武器,逼迫属下一定要如期完成全部工作,在总经理威怒之下,而且即将说出:"这是命令"之前,这位课长才说:"好吧,既然你这么说,我明白这是太过勉强的事,也只好做到百分之七十了"就这样继续激烈交涉下去,最后终于以百分之七十作为目标,结束了彼此的交涉。

在彼此都不肯让步的状态下,这种表面上的让步有时会收到意外的效果。仔细想的话,彼此之所以会陷入僵持状态,是因为彼此都不愿意退让,所以考虑作形式上的让步,是牵制对方先机的秘诀。

像前述课长刚开始就先建立某种程度的伏线,当对方提出许多必要的要求时,再以让步似的姿态说:"好,这点我可以让步,这点我也可以让步,但是这点不行……"让自己的希望安全通过,这也是一个很好的方法。当对方无法付款时,故作让步似的要求对方延长付款日期,或提供分期付款的方法,使对方不得不付款的例子,在社会上经常可以看到。

敬而远之

在平时的人际交往中,为了不被亲密对象说服,我们可以故意使用恭敬语以保持心理上的距离。

听信了内行推销员的话之后,而参加保险或买了不需要的物品,相信大家都曾有过这样的经历。为什么一般人这么容易被他们说服呢?因为他们想尽各种方法攻破我们的心理防御,下面所要说的就是不被对方说服的说服术。

推销的秘诀是,用说服使对方解除警戒心,当他们敞开大门以后,就等于成功一半。至于最简单最有效的击退法,就是不让那些推销员进入大门。

如果对方已经进入大门,我们的视线尽量不要和他们接触,始终保持漠不关心的态度,绝不让他踏入我们心灵的大门。彼此一旦无法作心理接触,不论他是多么有能力的推销员,都无法抓到说服的机会。

如果和推销员之间有亲密关系,这种方法就不适用了,因为这种态度将会伤了对方的心。即使我们拒绝了对方的要求,可是若因此而伤害到基本的人际关系,对我们而言这样是很不利的。

这种情况下,既不伤害对方的心又可以拒绝对方要求的最有效方法是,故意使用恭敬语,以保持双方的心理距离。根据日本家庭纠纷调停委员的诗人江间章子说,在调停离婚案件中,很多夫妻彼此使用敬语谈话是彼此感情淡薄甚至仇恨对方,而造成心理距离逐渐扩大的无意识表现。一般人和比自己年纪小的人第一次见面时,通常都会使用恭敬语,这也是双方心理距离较远的缘故。

我们常会因为彼此的疏密联系,也就是心理的距离感,在无意识中使用恭敬语。所以在亲密联系中,故意使用恭敬语,就是想避免跟对方有心理接触的委婉意识的表现。

转移注意力

有人向你提出眼前的要求时,应该提出国际情势或经济等的根本问题,使对方打消他们原有的要求。

"基本工资提高百分之十五,加班费要全数发给,确实实施一周休假两天。"如果对方提出这种具体要求时,你若是一名经营者,你应该如何应付呢?如果一一具实回答,很容易会中了对方的圈套,结果不得不全盘接受。可是若提及根本问题,就可以击退对方的具体要求了。

"我了解各位身边问题的重要性,但是只靠眼前的尺度来衡量问题的话,将会失去大指针。例如你们领薪水的这家公司的立场,及公司所需负责的社会任务,你们都应该考虑到才行。在现在经济不景气的情况下,希望各位能从根本问题上考虑,以求公司能够生存下去。"

在家庭中也常发生孩子们向父母提出延长晚上回家时间、提高零用钱等具体要求的例子。这时他们的心往往会为了眼前的现实而如一匹奔跑的马一般,这种对象不容易用简单几句话说服,他们将对薪水或零用钱的要求牢牢掌握着,所以用具体的说服是无法取胜的。如果因为无法轻易说服,而站在对方设计的立场上,很容易就会失败的。

所以这时应该转移对方的眼光,让他们看看他们的具体要求之上的根本问题。也就是找出抽象角度更高的问题,来谈论这个问题。例如对想要提高零用钱的孩子,可以告诉他们,在他们成为成人前的费用或是在经济不景气中喘息的社会和家庭的联系,以及孩子应有的本分等基本问题。

能屈能伸

对付喜欢唱反调的对方,最好暂时以否定自己的说法,来引起对方的赞成。

对付始终固执己见不肯让步的对方,利用"大丈夫能屈能伸"的谚语是一种好方法。

某大公司的总经理曾告诉我,他们公司为了新开发的产品是属于都市型还是乡村型而产生两派相对的意见,引起相当大的争论。这位总经理看属下这么争论不休,便宣布暂不开会。当再度开会时,本来主张是乡村型的某个人发言道:

"确实是这样的吗?我还以为是乡村型呢,可是大家若主张是都市型的话,我也会觉得不无道理。因为我从小在都市生活,对乡村不太了解,也许真的是都市型那也说不定。"

这时本来一直唱反调的反对派也突然安静下来,经过一阵耳语之后,反对派的领导人也说:"我也是都市长大的,对于乡村的事也不太了解,所以不敢断言这是都市型还是乡村型,我只是觉得像是都市型。"情况终于慢慢软化下来。

当然后来展开了长时间的讨论,结论是属于乡村型,而且本来对立的双方,转变成心中都没有芥蒂的欣然赞成。

这的确是"大丈夫能屈能伸"的典型例子,利用暂时收回个人的意见,表示有意接近对方的说法,而使原先保持强硬态度的对方,最后赞成我方的说法。

坦言无讳

对于激烈攻来的对方,故意干脆承认自己的过失,将会使对方的力量松弛下来。

最近,在偶然的机会中,看到某政治家接受在野党质询的场面。比起一些以慢吞吞的方法避开在野党质问的政治家,这位政治家的做法有点与众不同,他的答辩可说是"正颜厉色型"的。

一位在野党议员逼问道:"……你大概是鹰派吧!"这位政治家以泰然的态度答说:"我不知道鹰派的正确定义是什么,可是如果大家都这么说,我想我可能就是鹰派吧!"原来认为对方会否认,而想以所拥有的证据继续追问下去的在野党议员,顿时失去继续追问的心情,而陷入没有第二句话可以说的心理状况而事实上当场的情况是,那位在野党议员将话题转到别的地方去了。若以柔道比赛而言,这位政治家的确得到一分。

想说服别人的人若是属于攻击型,一旦受到对方的反攻击,便会激烈地加以抵抗,所以他认为对方也会有这种反应。可是出乎意外对方干脆地承认时,他会失去追问下去的气势。

相反的,想利用这个方法说服攻击型的人,在闪开追问的锋芒时,承认自己的错误是很好的方法。

说服或争论的场合中,内容并不是最重要的问题。能够确保当时的心理优势,才是说服术的基本要素。

适时道歉

事实尚未明显化时,应付对方的抱怨,我们只能就伤害对方的心情这一点,做有限度的道歉。

"对不起"这句话,在法国被谨慎地使用。肩膀稍微碰到对方,当然会说对不起,生活中,在各种场所这句话也经常被使用,但一旦发生责任问题时,事情就会突然转变过来。他们不会随便道歉,始终认为自己正确。

例如:在商店买洋酒,回家途中运气不好撞到了人,酒瓶因此破裂,酒洒满地,这件事情如果在日本,双方各占一半的责任,可以彼此妥善解决;然而,被撞到的如果是法国人,绝不承认酒瓶破碎是自己的责任,应该是对方的责任。如果随便道歉的话,对方就会要求赔偿,所以,当然不会说"对不起"这句话。

有位朋友在法国时曾经受到住法的日本人警告说:"假定你闯红灯压死人,也绝不可道歉,把一切责任推卸给保险公司去办。"可见,法国人对承认自己不对的行为很慎重,而且很彻底。

我们可以不必像法国人那么极端,可是,当对方做不满的要求或抱怨时,我们必须十分小心地使用"对不起"这句话。下面我们引用某一个运输公司对车祸处理的态度。他们的意思是说:假定公司的车不小心撞到小孩时,而且,对方受了伤,无论对方的家里怎样抗议,只能低头,绝不可以一开始就说"对不起"。

不是司机单方面的错,或许是小孩子突然从小巷里跑出来,这种不可抗拒的例子经常发生。所以,在见到小孩的家长而原因尚不清楚时候,该公司的人通常都说:"这实在太可怜。我们很了解你们一家人的心情。"同时,愈内行的交通事故处理者,愈能够圆满地应付因交通事故受伤的家人生气的话语。

以上所述说的,是对抱怨者做有限度的道歉:"我了解你所说的话,可是,目前原因不太清楚,一切尚在调查之中,所以,我们还不能说出更详细的话来,然而,我方伤害到你的心情,使我们一直觉得很不对,我先给你道歉。"针对对方的心情这一点,先做一个有限度的道歉。

先发制人

对方如果无法接受我方要求时,最好要加以考虑,如何在心理上占优势。大家都会有这个经验,当彼此约定时间见面时,万一自己比对方先到时,在对方面前总会抱着一种优越感,尤其当对方是难以应付的人物时,这种倾向更强。

如果刚开始在心理上就能比对方站在更优越的位置,自然可以影响到后来彼此的谈话,因此,便可以按照自己的意思来进行。所以,在交涉的场合中,这种朴实的技术经常会被利用,因为,能够比对方早到,就达到了先发制人的地步。

某一所大学曾发表过:第二次招生,要采用口试的方式。结果有两三个学系的考生,出乎预料的多,推究原因,可能是有些学生觉得,第二次招生,如果是学科考试,自己没有把握,如果采用面谈的方式,自己可能有录取希望。这所大学,报考教育学系的学生最多,本来规定录取的人数是 100 人,但却有 6000 人报考。

如何在一天中完成口试。于是,该大学教育学系立刻召开教授会议,大家都认为:那么多考生一天中办完面试是不可能的,因此,推选代表向系主任建议,停止面试的方式,这位系主任答应再考虑,不立即回答。两天后他们几位教授到系主任室。大家都以为系主任可能会答应他们的要求,于是,匆忙来到系主任办公室。

当时,工学院有几位教授,也在系主任办公室,正在和系主任研讨实施口试的方法。工学院始终主张应该实行口试,使得那些教育学系的教授们,不好意思开口说:"我们教育学系不能举行……"这句话。这位系主任,很巧妙地运用了工学院教授的话,制服了教育学系的教授们。

这位系主任又说:"一天如果办不完,可以分做几天来做,但我们绝不能对考生宣布要取消了事先通知的考试科目,请各位务必要按照我们的实施方向,来加以研究。"听到系主任这番话,大家认为无论如何要在一天内做完。这真是人类心理上奥妙的地方。结果,真的如规定,那一年的入学考试,一天就办完了口试。

分散攻击

当有人攻击我们的错误时,好的答辩是"某人也是一样"或"某人也是如此",把攻击焦点弄得模糊不清。

日本战前至战后这段时间,一直被称为"黑幕"或"稀代的寝技师"而君临政界的政治家三木武吉,似乎跟他所拥有的称谓不同,善言明朗话语。有一天,受到在野党议员攻击:"身为公职人员,竟敢拥有四个姨太太,真可恶!"他回答时很巧妙:"请让我对你的话加以订正,我拥有五个姨太太,并不是四个",瞬间,整个会场哄然大笑,使这位来势汹汹的在野党议员,尴尬万分,不敢再继续追问。

攻击政敌的技巧之一是"一点突破法"。发现对方的弱点,进而倾全力进攻该弱点,收效颇大。被攻击者,不得不站在被动的立场,最后会因无法支撑而投降。如刚刚所举的例子,若三木先生对在野党的追问,感到彷徨失措,会因姨太太的事件,遭到集中性的攻击,到时一定会露出丑态。然而,三木先生事先已有了打算,所以,他能以幽默的答辩,使在野党议员想要发动的一点攻击法,无法发生预期的效用。

"一点突破法",顾名思义,就是攻击的力量集中在一点,以便发挥最大的威力。因此，想要闪开这种集中性的攻击，最有效的办法就是使集中的力量分散。

换言之，三木先生能够抓住在野党议员质问的含义，加以回答："我的姨太太是五个而不是四个"，使大家认为，关于这种事，大部分的人都并不稀罕，而把攻击目标分散使议论的方法模糊不清。

以下述及一段校园纷争的事件。当时，某一大学教授运用了"攻击焦点的分散法"度过了排斥讲课的危机。

在那位教授的讲课时间，属于学院派的学生发动"我们要否决学力体制方面的讲课内容"。他们在课堂上，听到这位教授说："如果你们要排斥我这段时间的授课内容，那么，对于我的其他讲义，如何处理？对于同样的制协力者所担任的讲课，若只排斥我一个人，而不排斥其他，这是不合理的。"这位教授巧妙地将攻击目标分散，使这些学生们不再抨击他。

以慢取胜

当我们想说服激动的对象时，应该用慢动作语调来应付。

警察局或消防大队，当他接到求救电话时，常使用慢条斯理的口气来回答，因此有些人会抱怨说，对方态度太悠闲了，殊不知用和缓的语气，乃是为了使说话者心情平静，以便正确地报告出真实事项。

如果说，接话者以一副匆忙的态度问道："失火啦？在哪里？是你家吗？火灾现场在哪里吗？那边的电话是什么？不，那边的住址是什么？快！"

也许这么一问，报告者连自己的地址都说不出来了。

有一位日本师父，他在与人谈话之前，都是先用悠闲的态度，慢慢步上座位，然后看一眼在座的每一个人，才开始启齿说话。

这中间所花费时间相当长，但是却能使极欲听到他说话的听众，陷入等待的兴奋中，而容易和自己所谈的话题产生共鸣。

在日常生活中，对于抗议自己意见的人，应设法慢慢地镇压，而不应该正面地予以理论，以免产生火爆的场面。

所以，故意掬烟点火，或是重复对方的话，及将事情记载在备忘录上，都可以借此拖延时间。

自我肯定

当自己被当作恶人对待时，可以冷静地强调自己没错误。

当我在东南亚旅行时，曾经目睹一个抢人财物而当场被捕的场面。照大多数的情形被捕的人都会说：

"对不起，请原谅我。"

可是这名男人他的做法却不是这样,他不但面无愧色,反而装出一副奇怪的面孔说:

"如果我抢完钱,拔腿就跑,那就不对了,可是我现在人在这儿,你们凭什么责怪我呢?"

他不断地强调自己并没有错。

我们姑且不论他行为上的过失,但是就说话而言,至少他掌握了一个原则,坚持自己没错,有时候也可说服对方。

又譬如马路上发生车祸时,如果有一方先行道歉的话,那么无疑是他承认自己的不是,即使是错在对方,对方也会强调自己毫无过失,而把一切的责任推托到你的身上来。

所以,在必要的情况下,还是要保持自己没有错的姿态,而且不要丧失自己的冷静,不要内心呼喊着:我怎么办?

侧面进攻

集中攻击某一部下时,可令其他的人卷入类似的情况中。

在日常生活当中,常会发现一些主管,并不直接责怪犯错的部下,而故意责备其他的部下,而使犯错者自知自己的不是,这是主管阶级常用来操纵、管理部下的一个手段,在心理学上我们把它称作"暗默强化法",这种方式比起直接的责备要来得有效多了。

在一个统辖的部门,若呈现松懈的现象,使犯错事件层出不穷时,如果直接呵斥犯罪的人,不但有碍正常工作的步调,而且影响到受责备者的情绪,这样就达不到预期的效果了。

会议席上,上司如果对某个部下说:

"你的声音太小了。"

"你的字太草了。"

用这种方式对属下说时,也等于是警告其他有类似缺点的员工们,使他们能小心翼翼地处理自己分内的事务,那么错误就会减少很多,偶尔他们也会扪心自问:

"老实说我也该受到责备。"

流星战法

当小孩吵着要买玩具时,你不妨也说声:"你看!流星。"以转移他的注意力。

有一天当我到百货公司购物时,发现到一个相当有趣的事情,有一个三岁的小孩,在玩具部直嚷着:

"我要这个,我要这个。"

孩子的母亲,立刻灵机一动,指着天花板说:

"小洁,你看,飞碟。"

孩子停止哭泣抬头张望,一时之间似乎忘记了他所要索求的东西,不久后,就随着母亲乖乖地离开留恋已久的玩具部了。

这种方式,我们把它称为"流星战法",也就是一种转移别人注意力的方法,我们可以对一些无法扼制的场面说:

"哇! 流星。"

这样可以减少很多人的紧张情绪,使他们从紧张的环境中,跳到一个宽阔的天地。

当然,在事过境迁之后,大家也许会觉得自己受骗,可是,每个人在毫无心理准备之下,都能落入这个简易的圈套,对于情绪冲动的受骗者而言,未尝不是件好事。

如某个公司的经营者,在劳工交涉的紧要关头时,突然说了一句:

"咦! 先生,你的声音很动听,很响亮哦!"

顿时使整个场内气氛大幅度改变,劳工们面面相觑,不知道该说什么才好,会场马上变得鸦雀无声了。

以"理"服人

对犹豫不决到底要不要买毛皮大衣的家庭主妇,最好用"为了先生"的理由劝服她。

人都有想相信对方的心理,但同时也有不敢相信对方的相反心理,人就在这两种心理之间徘徊犹疑。谨慎又顽固的人依据过去的经验,不愿相信的心理较占上风,也因而影响了他的行为。虽然如此,并不是这种人就完全没有相信他人的心理,而且可以说他们想让对方相信的心理更强烈。

针对他们这种无意识的期待,应该为他们找出"如此做,会对自己对他人都有利益"的理由。也就是说以他们所能了解的大道理,来触发他们想相信他人的心理,因而将眼光掉转过来。

推销宝石或毛皮等高价品的优质推销员,对犹豫不决不知要购买与否的家庭主妇,最常用的一招就是对她说:"如果你能更漂亮些的话,你丈夫一定会很高兴。"东西固然很贵,可是这句话却会使她觉得买这件物品并不是为她自己着想,是为了博取她先生高兴。在这种大道理之下,她的心理就会转向想相信对方这边来。

如果能再加上一句:"这种东西将来还可以高价出售,所以无形中是添置家产。"以家庭这个大名义迷惑主妇们的心,到这时候她们几乎都会购买了。当然,这种手法并不一定是推销员的专利。

就拿日本的丰臣秀吉有名的"收刀"这件事为例吧! 他认为如果农民和武士不予区分的话,下克上的风气将永远无法消弥,战乱也将无法平定,那么统治者阶层就无法确立其地位了。如果丰臣秀吉贸然采用强制手段的话，很可能会引发一场大战。可是他却说："我将把没收下来的所有武器熔化，制成大佛像用的钉子，百姓们的来世将获得保佑，而且百姓若都能专心耕作，国土将会更安全，人民也将更快乐。"

猜疑心强、行动谨慎的农民，本来是反对这次行动的，可是听到是"为了全体人民"这种大道理，也就放弃了原来的想法，心境上也趋向于愿相信对方这边，最后终于屈服在丰臣秀吉的说服之下，而愿意与他合作了。

给人机会

当对方生气地反驳时，最好尽量让他说出他心里要说的话。

前几天，小明去一家鞋店买鞋子，发现那个老板非常懂得生意之道。当顾客滔滔不绝地说着时，他会将皮鞋的事置于一边，仔细倾听顾客的话，他并不是那种善于言辞，而靠一张嘴说服顾客买下鞋子的人。不但如此，当顾客挑剔说："这双鞋子的后跟太高了。""这种式样我不喜欢。""我的右脚比较大，很难买到合适的鞋子。"那位老板只是点点头表示同感，从来没有说出反驳的话。

当顾客的话告一段落后，他只说了一声"请等一下"，便转身进去里面，拿出另外一双鞋子说："我想这双鞋子你一定会满意，请你试穿看看。"顾客便半信半疑地试穿那双鞋子，果然如老板所说的令他非常满意，于是高兴地说："这双鞋子好像就为我做得一般。"而买下带回家去了，推销员的注意事项中，有一项是"不要跟顾客争论。"也就是说当顾客说了几句话，推销员就还以一大堆的反论的话，顾客就会另外想出许多拒买的理由，结果当然就做不成生意啦。总而言之，对于顾客的要求仔细倾听而不加反驳，就是提供你说服顾客的资料。刚才所说的那位鞋店老板，就是深记这种道理，而成功地卖出适合顾客需要的鞋子。想说服对方意见始终提出反论的顾客，最好不要对他的每句话加以解释，而让他尽量说出他要说的话，我们就可趁此机会抓住反驳的材料，这是说服这种人有效的方法。

故意搞错

新学年开始时，学生都会感到很紧张，所以当上第一堂课时，会故意说："我不喜欢写黑板，而且字也很难看，小学时代我的字经常得丙呢！"尽量努力使学生发笑。有时候也会说："怎么样？你们看看老师这条领带，会不会太华丽了？"

学生听了这些话就会觉得"原来老师也会关心这种小事情，他和我们并没有什么两样嘛！"因而心情会轻松许多，甚至会产生某种优越感呢。同样的，每当我到一些地方演讲时，常会故意在麦克风前打喷嚏，或假装跄跄一下，这种刻意做出来的小失败，能使会场的紧张气氛立刻变得轻松，当我还没做这种表演之前，听众对我这个大学教授抱有戒心，所以我故意让他们看到我的小失败，使他们觉得"原来他也和我们一样,也会有失误的时候。"而对我产生亲切感。

想说服有自卑意识或过度紧张,或是初见面的对象,的确相当困难。尤其在面对社会地位较高者时,对方在心理上自然而然会处于下位,也就是说会有胆怯感,而使得全身僵硬,心里的壁垒就会愈来愈坚固,始终将自己关在里面。

想击毁对方心中的壁垒,最好的办法就是让对方认为不是只有他才有弱点。某一电影演员,一向以花花公子著称于影艺界,他会对他所看中的女性说:"我一听到与妈妈有关的事,就觉得全身乏力。我真差劲,自己没办法把衬衫穿好。"这些方式可以刺激女性的母性才能,而对他表示关心。

虽然同样是人,但是在对方毫无心理准备之下就开始说话,会使双方的心理距离离愈来愈大,当然也就无法说服啦。如果心理上占优势者能幽默似的使用方言,对方的下位观念会转为安全感,心理距离也会愈来愈小。人都有弱点,如果妥善运用,将能成为说服的强有力武器。

过度表扬

一位某一地区推销成绩最优秀的汽车推销员,他所推销的车子是四流厂牌的,但是他却能使以前接受买别种厂牌车子的人,改买他所推销厂牌的车子。

据他说,开别的厂牌汽车的人,十个中有两个不满意自己的车子,也就是说经常有潜在性的换车欲求,而且这种人对于车辆的构造都非常了解,又都是很喜欢汽车的人。对车子愈了解的愈想拥有一部好车,这是人之常情吧!

当前述那位推销员去和这种人会谈时,他们会以自己所拥有的汽车常识作后盾毫不客气地指出四流厂牌车子的缺点,这正是最好的推销机会,因为这种人比那些对车子毫不了解的人容易说服多了。

这时,那位推销员并不维护自己所欲推销的车子,只是一再夸赞对方的汽车知识,显露出钦佩的神情由衷地说:"你这些知识是从那儿获得的?""你的知识还超过我这个专家呢!"将对方捧得高高的,那些对自己车辆不满或者有攻击的人,会因而感到不好意思,就提供了推销员的推销机会。

心理学家希诺特曾说,小孩子过分褒奖时,会想到自己不值得如此被赞美,而变成一种负担,便开始恶作剧以消除内心的不安。成人后还拥有幼儿性的人,会表示出同样的反应,那些攻击性强的人大都属于这种类型。

社会上有很多攻击性强的人,只要听到你一开口,他便想找碴,而且心中呈现高昂状态,这时若想说服他根本是不可能的,所以唯有用快速的方法使他的情绪冷却。

这时应该找一些和话题无关的资料,如对方的服装或家里的庭院等,故意夸大性地赞美他,他的攻击锋头便会慢慢变得迟钝,这时再将话想转至本题,对方在不知不觉中就陷入我方的圈套。

第四篇　社交亮点子

·

第一章　与成功人士交往

凡是事业上成功的人都有一个共同的特点,即来自主观上的自己不懈的努力和来自客观上他人的帮助,尤其是成功人士的帮助。不管你多么聪明,不管你具备多么优越的条件,只要没有人帮助你,或者有人故意刁难你,那么,你就很难成为一个成功的人士。

如果你经常读成功人物传记,会发现:许多人能够成功完全是因为紧紧跟在一位成功人士的后面。因此,你的未来和你的上司或者老板关系密切。

对每个人来说,必须具备良好的人际关系。尤其碰上了成功人士,你就会觉得心情豁然开朗、耳目一新,成功的大门也随之向你敞开。成功人士远在天边,近在眼前。但很多人却不能够得到他们的青睐和支持,这是为什么呢?

怎样结识成功人士

每一个成功人士在事业成功之前都有一套招纳成功人士的谋略。他们慧眼识成功人士,热诚对待他们,虚心听取他们的建议。与此相反,失败的人士却往往不识他们的重要性,自以为是,小看成功人士,远离成功人士。在这种情况下,不管你有多大的实力和本事,你的事业之金字塔终究会土崩瓦解,夷为平地。

那么,如何结识成功人士? 如何获取他们的支持?

主动接触成功人士

生意场上,初创业者往往起步艰难,如果能得到事业有成人的帮助,一定会飞得快,跑得远。因此,你的交际圈子中有几位大老板为你"呼风唤雨"是非常重要的,但你这个"小字辈"又如何与他们接触,并如何让他们喜欢你呢?

首先,必须掌握大老板的社会关系。大公司或知名老板是很难与一般老板会面的,但是,如果能与他们合作或与他们交上朋友,那真是很荣幸也很珍贵的,因为从他们那里你会大开眼界,学到许多平常学不到的东西。

要与大老板交往,最基础的工作就是要掌握他们的社会关系。大老板是人,不是神,他们有各种社会关系,有各种各样的业务,也有各种各样的喜好、性格特征。特别是现代媒体,经常关注一些大老板的情况,你从中定会了解一二。你可以从他的历史上认识他的过去、他的经历、他的祖辈、父辈,也可以从他的亲属、他的朋友、他的子女等那儿认识了解他。

从业务上了解大老板也是一条好途径。他经营的业务范围主要是哪些,次要的是哪些,他的分公司、子公司分布在什么地方,这些公司的经营者是谁,他多长时间会查看分公司、子公司,等等。

从兴趣爱好上了解大老板。他喜欢什么运动、什么物品、什么性格的人,他喜欢或经常参加什么聚会,他休闲、娱乐的方式有哪些,常到什么地方去,等等。

总之,要结交一个大老板又没有机会的时候,你不妨从以上几个方面去了解。总会发现一些机会的。

其次,制造初次见面的氛围。当你发现了或者创造了与大老板见面的机会后,最重要的便是如何制造一种特殊的会面氛围。因为,在众多人物中,也许你本身就是芸芸众生中的一员,说不定连话都跟大老板说不上。

在共同出席的会议或聚会上,选择位置时,一定要选择一个与大老板尽可能近的位置,以便他能发现你,并且一有机会便可搭上关系。

同时,要以穿着表现自己的个性,因为与人第一次交往,别人往往是从服饰上得来第一印象。着装要表现个性、特色,给人舒服的感觉。

要针对大老板关注的事予以刺激,要尽快发现对方关心注意何事,找到适当的话题,抓住对方的注意力,刺激对方对自己的兴趣。话语要力求简洁、有独创性,使对方产生震撼,留下较为深刻的第一印象。

最后,适当展示自己的能力,以赢得大老板的青睐。大老板一般都爱才、惜才,如果你一贯表现出对他意见的赞同,不敢表现自己独到的见解,他会反感你的。因此,适当地表现自己的独特才干,是会受大老板喜欢的。当然,你不能表现得太过锋芒毕露,让人一见就觉得有喧宾夺主之感。

与大老板有过几次接触,并感觉到他对你态度不错,那么别出心裁赠送礼品是联系大老板情感的重要方式。这要针对大老板的具体情况,不能千篇一律,也不能委托他人。不一定昂贵就是好礼品,要赠送,就要送他特别喜爱的东西才是。同时在赠送方式上也要别出心裁,从包装样式、赠送仪式都要显得别具一格。

写信是交流思想、联系感情的好方式。随着电信事业的发展,计算机技术的开发,很多人的联系方式都是通过电话、电子邮件等形式联系,很少再看见以书信方式交流了。你用书信方式向大老板请教问题,交流思想,他会感到很亲切,所以这是你结交大老板的恰当的方法。

赞美成功人士

在积累人脉资源的过程中,懂得如何赞美别人是讨得对方欢心的最佳方式。"良言一句三冬暖",适当的赞美,温暖别人的心,也温暖自己的心,缩短了心与心的距离。赞美是一门学问,其中的奥妙无穷。

"赞美"的实质是能抓住赞美的事物的实质。许多人常犯的错误,见了什么都说好,见了谁都说高,有的是不懂装懂,有的是只知其一,不知其二,语言不到位,说不到点子上去,切不中要害,缺乏力度。在书法展上我们经常听到一些似懂非懂,不懂装懂的人发出这样的赞叹:"这字写得真好!"问他究竟好在哪里,他支吾半天说不出个一二三来。或者有人慨叹:"这手字真乃绝活!我一个也认不出来!"如此赞扬,自露浅薄。

做一个赞美者,要懂专业知识。"隔行如隔山。"现代社会中专业分工很细,各专业相对独立,自成相对封闭的系统。如果知识面狭窄,无疑就成了"门外汉",空怀一颗善良的心,却找不到赞美的话题。

首先,要善于使用专业术语。术语是构成一门学问的细胞,是其基本构成要素和基本概念。

其次,对某一行要有一定的造诣,你的赞美才会令人接受,并视你为知己好友。

赞美者还要表现独具慧眼。独具慧眼的赞美者善于发现别人发现不了的优点、长处和意义。

再次,了解引以为荣的事。

人不是历史的符号,但在每个人成长发展的历史过程中又满载着历史记录,其中不乏自己引以为荣的事情。对这些引以为荣的事情,每个人都渴望得到别人较高的评价,如果能够得到衷心地肯定和赞美,更是让人高兴和自豪的事。

如何求成功人士帮助自己

有时你看准的人,他却不一定愿意与你相处,与你共事,为你效劳。怎么办?世上没有攻不破的堡垒,更没有感动不了的人。你求人帮助,尤其求那些功成名就的人,那些身怀绝技的人,那些个性特异的人,是需要下一番功夫的。

清光绪某年,镇江知府大人想为他的母亲做80大寿,消息传到周炳记木号,周老板愁眉顿开,高兴万分。周老板为何高兴?原来那时镇江木号的木材,大部分堆在江里。为此,清政府每年要索纳几千两银子的税帖。木号的老板们为了放宽税贴,只好向知府大人送礼献媚。可这位知府自称清正廉明,所赠礼品均拒之门外。

周老板正在设法寻找接触的机会,听说知府的老母要做大寿,顿时觉得这是一个机会。他知道知府大人是位孝子,对老夫人的话是百依百顺。只要打动了这位老夫人,也就等于说服了知府大人。

周老板派人打听老夫人喜欢什么,得知她最喜欢花。可眼下初入寒冬,哪来的鲜花呢?周老板灵机一动,有了办法。

老夫人做寿这天,周老板带着太太一行早早来到知府大人的后衙。周太太一下轿,丫鬟们就用绿色的绸缎从大门口一直铺到后厅。周太太在地毯上款款而行,每一步就留下一朵梅花印。朵朵梅花一直"开"到老夫人的面前,祝老夫人"寿比南山,福如东海"。老夫人听了笑眯眯的,连忙请他们入席。

宴席期间,上了24道菜,周太太也换了24套衣服,每套衣服都绣着一种花,什么牡丹、桂花、荷花、杏花……看得老夫人眼花缭乱,眉开眼笑。直到宴席结束,周太太才说请知府大人高抬贵手,放宽木行税贴。老夫人正在兴头上,忙叫儿子过来,吩咐放宽周炳记木号的税帖。既然母亲开了"金口",孝子不能不点头答应。

从此,周太太成了知府家中的常客,每次来都"借花献佛"。那孝顺的知府大人也因母命难违,就对周老板另眼相看。

有些人并不是心甘情愿地为你做贵人的,这就要想办法,让他行也得行,不行也得行,像周老板就很会想办法,他先从老太太入手,给知府大人施加压力,使知府大人不得不做自己的贵人。

当然,这种逼人上轿的办法,只能是不得已而为之,并非最善之策。如能在满足对方需求的前提下,让对方自愿效劳,是为上策。

直接请求人帮忙,如果未蒙应允,于事无益,心中反而留下芥蒂。不妨利用机会,请第三者帮忙说合,一来成功的机会更大,二来也可以避免下不来台的尴尬。

如何说服成功人士

美国汽车大王福特说过一句话:"假如有什么成功秘诀的话,就是设身处地替别人着想,了解别人的态度和观点。"因为这样不但能得到你与对方的沟通和谅解,而且能更清楚地了解对方的思想轨迹及其中的"要害点",瞄准目标,击中"要害",使你的说服力大大提高。

曾经有人说,要想让别人相信你是对的,并按照你的意见行事,首先必须要人们喜欢你,否则你就要失败。可是如果我不能设身处地站在别人的角度,找到别人的诉求,又怎么可能让对方喜欢呢?

有家电视台,每周设置一次关于人生问题讲座的节目,收视率比其他时段的节目要高出许多。

福特

收视率之所以偏高，当然有许多原因，但其中最重要的原因，是观众们欣赏节目中的巧妙答话。

大多数有疑难问题而上电视请教的观众，在开始时会对解答者所做的种种忠告提出反驳或辩解，并且显得十分不情愿接受对方所言。但久而久之，于不知不觉中就会对解答者所说的每一句话都颔首称是，看着电视画面，觉得比在电影院看一场电影还要好。

凡电视台的主持人或问答者，无不是精挑细选才产生出来的，所以光是听听他们的说服方式也获益不少。

对于不易说服的人，最好的办法就是使对方认为你与他是站在同一立场的。通常出现在这类探讨有关人生问题的电视节目上的观众，离婚女子占多数。此时负责解答疑难者常说的一句话是：如果我是你，我会原谅他，而且绝不与他分手。

你千万别认为话中的"如果我是你"只是短短的单纯的一句话而已，殊不知，它能发挥的效力是不可限量的！而这也是由于人人都认为"自己是最可爱的"心理所致。

如果你在说服别人的过程中，无意间使用了一些不太妥当的言辞，由于你巧妙地运用这句"如果我是你"，就会弥补你言辞上的过失。不仅如此，它还能促使对方做自我反省，并终于感觉到唯有你的忠言，才是对自己最有利的。

第二章　与陌生人交往

对于要不要和陌生人接触，我们大部分人恐怕从潜意识里面都会说不。从小时候开始，我们就被灌输了陌生人的种种可怕之处，长大之后可能多多少少受到陌生人的骚扰，所以我们在潜意识里面大都形成了对陌生人的抵触情绪。

但是在生活中，我们却面临着许多不得不和陌生人打交道的情形。你在举办一个产品的发布会的时候，你需要面对那些跟你几乎没有什么关系的记者；你在公开演讲的时候，你需要面对素昧平生的听众；当你一个人出差或者旅游到某地时，你需要面对陌生的当地居民；当你求职面试的时候，你需要面对着陌生的面试官……无论是工作，学习，还是生活，你都需要和陌生人交往。因此，我们不得不放下习惯的心理抵触情绪，开口和陌生人说话，交往。这样，我们才能从他们那里获取有益的资讯以及适当的指点，这无疑有助于我们的成功——甚至直接决定了我们的成功。

让陌生人和你一见如故

一见如故,这是成功交际的理想境界。无论是谁,如果具有跟大多数初交者一见如故的能耐,他就会朋友遍天下,做事就会左右逢源;反之,如果缺乏跟初交者打交道的勇气,不善于跟陌生人交谈,他就会在交际中处处受阻,事业也就难以成功。当今正处在改革开放时代,对大多数人来说,交际面越来越广,跟初交者一见如故的交际才能越来越显出其重要性。可以说,让陌生人跟你一见如故,是让陌生人支持你的最核心的思想。

怎样才能跟初交者一见如故?下面介绍的几种方法就能收到立竿见影的奇效。

第一,让陌生人和你说话:找准共同点。

和陌生人初次见面,良好的谈话是打破陌生感的不二法门。那么,怎么才能打开和陌生人谈话的局面呢?心理学表明,如果能够找到和陌生人的共同点,就可以打开初次见面互相不熟悉且心存戒备的窘境。

第二,察言观色,寻找共同点。

一个人的心理状态,精神追求,生活爱好等等,都或多或少地要在他们的表情,服饰,谈吐,举止等方面有所表现,只要你善于观察,就会发现你们的共同点。一退伍军人乘车同一陌生人相遇,位置正好在驾驶员后面。汽车上路后不久就抛锚了,驾驶员车上车下忙了一通还没有修好。这位陌生人建议驾驶员把油路再查一遍,驾驶员将信将疑地去查了一遍果然找到了故障原因。这位退伍军人感到他的这绝活可能是从部队学来的。于是试探道:"你在部队待过吧?""嗯,待了六七年。""噢,算来咱俩还应算是战友呢。你当兵时部队在哪里?"……于是这一对陌生人就谈了起来,据说后来他们还成了朋友。而这就是在观察对方以后,发现都当过兵这个共同点的。当然,这察言观色发现的东西,还要同自己的情趣爱好相结合,自己对此也有兴趣,打破沉寂的气氛才有可能。否则,即使发现了共同点,也还会无话可讲,或讲一两句就"卡壳"。

第三,以话试探,侦察共同点。

陌生人为了打破沉默的局面,开口讲话是首要的,有人以招呼开场,询问对方籍贯,身份,从中获取信息;有人通过听说话口音,言辞,侦察对方情况;有的以动作开场,边帮对方做某些急需帮助的事,边以话试探;有的甚至借火吸烟,也可以发现对方特点,打开口语交际的局面。两个老年人从某县城上车,坐在一条长椅上。其中一人问对方:"在什么地方下车?""到南京,你呢?""我也是,你到南京什么地方?""我到南京山西路一亲戚家有事,你就是此地人吧?""不是的,我是从南京来走亲戚的。"经过双方的"火力侦察",双方对县城熟悉,对南京了解,都是亲戚的共同点就清楚了。两个人发现对方共同点后谈得很投机,下车后还互邀对方做客。

这种融洽的效果看上去是偶然的,实际上也是有其必然原因的:"火力侦察",发现共同点,向深处掘进而产生的效应。

第四,听人介绍,猜度共同点。

你去朋友家串门,遇到有生人在座,作为对于二者都很熟悉的主人,会马上出面为双方介绍,说明双方与主人的关系,各自的身份,工作单位,甚至个性特点,爱好等等,细心人从介绍中马上就可发现对方与自己有什么共同之处。一位是县物价局的股长和一位"县中"的教师,在一个朋友家见面了,主人把这对陌生人做了介绍,他们马上发现都是主人的同学这个共同点,马上就围绕"同学"这个突破口进行交谈,相互认识和了解,以致变得亲热起来。这当中重要的是在听介绍时要仔细地分析认识对方,发现共同点后再在交谈中延伸,不断地发现新的共同关心的话题。

第五,揣摩谈话,探索共同点。

为了发现陌生人同自己的共同点,可以在需要交际的人同别人谈话时留心分析、揣摩,也可以在对方和自己交谈时揣摩对方的话语,从中发现共同点。在广州的某百货商店里,一位在南海舰队服役的人对服务员说:"请你把那个东西拿给我看看。"还把"我"说成字典里查不到的地道的苏北土语。另一位也是苏北的人在广州某陆军部队服役。听了前者这句话,也用手指着货架上的某一商品对营业员说了一句相同的话,两句字里行间都渗透苏北乡土气息的话,使两位陌生人相视一笑,买了各自要买的东西,出了店门就谈了起来,从老家问到部队,从眼下任务谈到几年来走过的路,介绍着将来的打算。身在异乡一对老乡的亲热劲,不知情的人怎么也不会相信是因为揣摩对方一句家乡话而造成的结果。可见细心揣摩对方的谈话确实是可以通过找出双方的共同点,使陌生的路人变为熟人,发展成为朋友的。

第六,步步深入,挖掘共同点。

发现共同点是不太难的。但这只能是谈话的最初阶段所需要的。随着交谈内容的深入,共同点会越来越多。为了使交谈更有益于对方,必须一步步地挖掘深层的共同点,才能如愿以偿。一个度假的大学生和一位在法院工作的同志,在一个共同的朋友家聚餐,经主人介绍认识后,陌生人谈了起来,慢慢地二人都发现对社会上的不正之风的看法有共同点,不知不觉地展开了讨论,他们从令人不满的社会现象,谈到产生的土壤和根源,从民主与法制的作用,谈到对党和国家的期望。越谈越深入,越谈双方距离越缩短,越谈双方的共同点越多。事后双方都认为这次交谈对大学生认识社会,对法院同志了解外面的信息和群众要求,增强为纠正不正之风尽力地自觉性都是有益处的。

寻找共同点的方法还很多,譬如面临的共同的生活环境,共同的工作任务,共同的前进方向,共同的生活习惯等等,只要仔细发现,陌生人无话可讲的局面是不难被打破的。

陌生人是尚未认识的朋友

张军是一家贸易公司的老总，因为要与另一家公司展开合作，所以，他就驾车带着助手小王去商谈合作的事宜。

此时正是上班高峰，路上的车特别多，不可避免地，他们遭遇了堵车，眼看着离会面的时间越来越近，两人急得像热锅上的蚂蚁。

真应了那句话：忙中出错。张军在急于抢时间的时候，车启动得稍快了一些，碰到了前面的黑色奥迪上。不过，奥迪车主好像还不知道情况，并没有从车上下来。张军赶紧熄了火，打算下去跟对方说一下。这时，小王一把拉住了他："张总，我们还是不要多事了，您没看见吗？那个人还不知道我们碰到了他的车，干脆咱们也装作不知道就行了。万一他是个难缠的主拽住咱们不让走，不光耽误时间，还会给自己找麻烦的。"

张军笑了一下："小王，不能装作不知道，有了过错就得承担后果。反正现在正堵车，我下去跟他解释一下。"

"张总，真是拿你没办法。要下去就一块下去，我给您助威，让他不敢造次。"

张军下车来到奥迪前，敲了敲窗玻璃。窗玻璃摇下后，露出了一张年轻的脸。"这位朋友，不好意思，刚才我启动车的时候可能碰到了您的车，您要不要下来看一下。"

年轻人打量了张军几眼，确定张军不像在说谎，就打开车门下来了。两个人来到奥迪车后仔细地查看了一番，还好，没什么大问题，奥迪车的保险杠擦出了几道印子。年轻人没说什么，张军掏出了名片递上去说："因为时间紧迫，来不及商量赔偿的事，这是我的名片，咱们可不可以另外找时间商谈？"

年轻人看了下名片说："没关系，这点小问题不用赔偿。都是堵车惹的祸。"

张军说："可不是吗，如果不是堵车，我也就不这么急着赶路了。"就这样两个人你一句我一句聊上了堵车的话题，而且越聊越起劲。

最后，张军说："看您这么豁达，这样吧，改天我请您喝茶，能不能告诉我您的联系方式？"年轻人也给了张军一张名片。

回到了车上后，小王见张军不仅没有刚才焦虑的神情，反而还笑眯眯的。"张总，您没事吧？这都快到会谈的时间了您还笑？"

"小王，不用怕。你知道那个年轻人是谁？他就是要跟咱们会谈的人！"

是不是有些吃惊，世界怎么这么小？事情怎么这么巧？没错，世界就是这么小，而事情就是这么巧了。因为，这个世界上根本没有陌生人，说陌生是因为我们还没有认识他，也就是说，陌生人只不过是我们一个潜在的朋友。

今天，我们的生活、工作、娱乐乃至所有的一切，都受到从未谋面的陌生人的影响甚至支配：我们吃下陌生人加工的食品，为身体提供能量；我们在互联网上冲浪，搜索着陌生人传播的信息。我们身处的世界,正越来越从传统熟人社会走向"陌生人社会",家庭的小型化,信息时代的到来,使得社会交往日渐扩大,让我们的生活和陌生人产生着千丝万缕的联系。

一个人要想成功,就要拓展自己人际交往的宽度,扩大自己的视野和圈子,即拓展自己的人脉,给自己的生命注入更多养分。一些成功人士说,在一些人生转折点上,给你带来机缘和帮助的常常并不是你的老熟人,而是结识不久的新朋友。这并不奇怪。

我们与熟人的交集早已确定,很难超越固有的生活轨道。而我们与陌生人来自两个不同的空间,交集越小,差别越大,这样就更容易碰撞出火花。

面对陌生人,一般人的反应都是好奇和提防,尤其是提防。但是最近,国外心理学家指出,和陌生人说话有三大好处:可以体现和加强一个人的自信;能体现个性,有助于人格发展;和陌生人交谈,更能锻炼口才和人际沟通能力。所以,不要犹豫了,赶快把陌生人变成你的朋友吧!

让陌生人在你面前敞开心扉

有一种人,在容貌、才能、说话方面并没有什么卓越之处,可是与人交往却堪称能手,能够迅速地和一些陌生人成为朋友。"若论长相,我还比他英俊几分呢,可是,为什么他的交际能力胜我一筹?"你是不是偶尔在脑海中闪现过这个疑问?

他之所以受欢迎,关键不在容貌、才能,而是在他是个能够衷心与朋友在一起而感到快乐的人。任何人都希望自己被爱、被认定自己的价值。再小的愿望,只要获得满足,一个人的心就会平静、祥和。你如果想得到这些愿望,首先要学会"爱朋友"。就像爱自己一样去爱朋友,为朋友"奉献",爱朋友的人,最终会得到朋友的爱。善于让朋友倾情相诉的人,最容易获得朋友的衷心爱戴。随便打断他人谈话最不礼貌。我们把打断他人讲话的作为。叫作"插嘴"。这个"插嘴"起着很坏的干扰作用。下面,让我们看看"插嘴"在讲话时充当一个什么样的角色吧。"插嘴"作为交流混乱状态的副产品,是一种自发性的毛病。人们的讲话,大致上是按照自己的思维顺序先后表达出来的,各种各样的想法,心里怎么想的,嘴巴就怎么说。

可是,这个事实对于作为听者的你来说,却是大问题。因为你必须按照对方的思路,收集对方思考的片段,把它们理顺,看看对方要表达个什么意思。有时,要耐心地听,才能得到几句有意义的话,有时,还要核实对方的话。这就像用拼图玩具制作巨型图画那样,不耐心不认真是难以完成的。不懂这个道理的人,总是胡乱打乱他人的讲话。在他人讲话时插嘴,打断人家的讲话,突然发问,抢他人的话头,不让对方往下说,硬要他人沿着自己的思路说话。这样"插嘴"分散了讲话者的注意力,混乱了讲话者的思路,扰乱了有条有理的讲话内容,因而使人讨厌。

如果你不同意他的话,你也许很想打断他。不要那样做,那样做很危险。当他有许多话急着要说的时候,他不会理你的。因此,你要耐心地听着,抱着一种开阔的心胸,诚恳地鼓励他充分地说出自己的看法。事情常常是这样:即使是朋友,也宁愿对我们谈论他们的成就,而不太喜欢听我们大摆自己的成就。

迄今为止,你的倾听能力怎么样呢? 有过打断他人讲话的情形吗? 当然,为了理解对方所表述的内容,有时提出疑问是必要的。只是,一般说来,只要时间充分,在讲话者叙述过程中,你的疑问会得到解释。即使有一些疑问,也应在对方讲话停顿时提出来。如果在对方讲话告一段落时,提出疑问效果更好。

让对方自己表达自己的思想,在对方讲话结束时提出问题,就是向对方传达你在倾听他的讲话这一事实。德国人有句谚语:"Dir reimse Freude ist die Schadomfreude。"翻译出来大意是:"极大的快乐,是从强者的弱点中得到满足。"是的,你的一些朋友,也许正具有这种心理。因此,我们对自己的成就要轻描淡写,要谦虚。这样做,永远会受到欢迎。

让陌生人亲近认同你

在陌生人敞开心胸和我们说话后,如果你要想得到他们的支持,那么你应该接下来思考这样一个问题:怎么让他能够认同我? 问题的答案很简单:恰到好处地适应陌生人的情感需求。你只有打通了陌生人的情感需求通道,才能让他彻底放下戒心,才会从心眼里认同你。

关心他最亲近的人

任何人总是关心着自己最亲近的人,如果一旦发现了别人也在关心着自己所关心的人,大都会产生一种无比亲近的感觉。交际就可以利用人们这种共同的心理倾向,从关心他最亲近的人切入,拉近交际的距离。

为他人助上一臂之力

热情相助最能博得人的好感。日常生活中,那些具有古道热肠、为人厚道、不吝啬、好助人的人总能在邻里之间、同事之间获得好名声。因为人们一般都乐意与这些热心肠的人相识相交。比如你帮正在上楼的邻居抬一把煤气,你就可以成为他家中的常客;替一个刚刚上车的旅客摆放好行李,你的旅途就多一个伙伴;为忙碌的同事沏一杯茶,你就会得到善意的回报。

用温情暖化他人心中的坚冰

人们一般都认为,双方的矛盾爆发之后的一段时间,是交际的冰点。但如果此时一方能主动做出一个与对方预期截然相反的善意举动,就会使对方在惊愕、感叹、佩服、敬意之中认同你,从而化敌为友。交际的冰点就成了成功交际的切入点。

陌生人和你有共同的利益

在交友做生意的过程中，如果让对方知道你和他有着共同的利益，双方必须结成利益同盟，才能取得共同的利益，那事情就好办多了。

交友办事，如果让对方觉得他与你有相同的利益，对方办事就会更主动，就会收到更好的效果。这就好比战场上同一个战壕的战友一样，战友之间有着相同的利益，共生死同存亡，每一个人都要勇敢地去战斗，才能取得共同的胜利。

做生意也是如此，合作双方在沟通与合作上，只要让对方感觉到你与他有相同的利益关系，往往可以迅速地拉近彼此间的距离，使对方努力去做。这一技巧如果应用的好，往往会获得意想不到的好效果。

找到你和陌生人之间利益的共同点

有一家工厂效益不是太好，工人们的工资很低，当工人们要求增加工资时，老板就对他们说："各位，你们希望公司倒闭吗？"当然没人希望自己的工厂倒闭，如果倒闭了，就会失业，连眼前的低工资都拿不到了。

老板继续说："如果工厂倒闭了，大家一分钱工资也拿不到了，我也不希望工厂倒闭。我与你们有着共同的利益。工厂倒闭对你我都没有好处。如今我们团结一致，共同渡过难关，工厂办好了，大家才会有饭吃。"

工人们听了老板的话，感觉到老板与自己有着共同的利益关系，觉得工厂办好了，老板发财了，自己工资收入就会提高。结果这些工人齐心协力，个个努力工作，果真把工厂搞得有声有色，老板和工人们都实现了自己的愿望。

和陌生人交往也是如此，只要让对方感觉到你与他的利益是一致的，就会主动去帮助你，为你提供支持。

让对方看到好处

再倔强的人只要有利可图，也会看到好处上钩的。要想达到自己的目的，就必须刺激对方的欲望，让对方知道，只要能办成事，他就能够得到回报，得到好处，并不是给些甜头，让人相信你所说的并非空话。

在和陌生人谈生意，谈合作，却让对方看不到好处，对方自然不会去干，你说一百句动听的话，还不如让对方得到一点实实在在的好处。

有一位写小说多年的作者，可小说总是难以发表。他通过途径认识一个刊物的编辑，两年的时间给这个编辑送了10多篇小说稿，可每一次这位编辑看了就说，稿子还没有写到位。一会儿推辞小说的题材太陈旧了，一会儿说稿子已经排满了；不是这儿有问题，就是那儿有问题，总而言之，就是发不了。

一个星期天，这个作者又到那位编辑家里送稿，正巧碰上这个编辑的电脑显示器坏了要拿去找人修理。这个作者也算个文人，平日脸皮薄，羞于给编辑送些礼物或好处什么的。这次他就逮着这个机会，于是对编辑说："我家里还多余一个显示器，我拿来你先用吧。"于是编辑没有推托。这个作者赶紧回家去，把自己电脑用的显示器拆下来送给了这位编辑。事实上，这位作者并没有多余的显示器，他不过是把自己买了还不到一年的显示器拿过来送人而已。

果然，这位编辑拿到他送的显示器，立即热情起来，当即认真地把他送来的小说稿看了一篇，马上肯定这篇小说稿不错，并说没想到其小说写得越来越入神了，决定把小说发表在当期的刊物上。

这位作者巧妙地给编辑送上了好处，轻松地把自己多年的没有办成的事情办好了。

要想得到陌生人的支持和帮助，道理也同样如此。好处是合作的天平。让双方知道合作后会得到好处，得到回报，让对方觉得与你合作值得，那么，你就能轻松地达成了自己的目的了。

第三章　与师长交往

如果一个人想要获得成功并不断延续自己的成功，就必须始终以"学生"的身份和心态立身处世，重视师长这一类贵人在我们生命中的重要意义，尊重他们，向他们学习。

师长为你带来无形的资产

有一天，张良来到下邳附近的圯水桥上散步，在桥上遇到一个穿褐色衣服的老人。那老人的一只鞋掉在桥下，看到张良走来，便叫道："喂！小伙子！你替我去把鞋捡起来！"张良心中很不痛快，但他看到对方年纪很大，便下桥把鞋捡了起来。那老人见了，又对张良说："来！给我穿上！"

张良很不高兴，但转念想到鞋都拾起来，又何必计较，便恭敬地替老人穿上鞋。老人站起身，一句感谢的话也没说，转身走了。

张良愣愣地望着老人的背影，猜想这老人一定很有来历，果然，那老人走了里把路，返身回来，说："你这小伙子很有出息，值得我指教。五天后的早上，请到桥上来见我。"张良听了，连忙答应。

第五天早上，张良赶到桥上。老人已先到了，生气地说："跟老人约定好见面，应该早点来。再过五天，早些来见我！"

又过了五天，张良起了个早，赶到桥上，不料老人又先到了，老人说："你又比我晚到，过五天再来。"

又过了五天，张良下决心这次一定比老人早到。于是他刚过半夜就摸黑来到桥上等候。天蒙蒙亮时，他看到老人一步一挪地走上桥来，赶忙上前搀扶。老人这才高兴地说："小伙子，你这样才对！"

老人说着，拿出一部《太公兵法》交给张良，说："你要下苦功钻研这部书。钻研透了，以后可以做帝王的老师。"

张良对老人表示感谢后，老人扬长而去。后来，张良研读《太公兵法》很有成效。成了汉高祖刘邦手下的重要谋士，为刘邦建立汉朝立下了汗马功劳。

"师长"这一类贵人对人的帮助和影响大多是精神层面的，他们或者为人指引前进的方向，或者在人受到挫折时给予支持和鼓励，或者教给人学习的方法和做人的道理……

这种帮助所起到的作用不可能像资金支持和提拔升职那样立竿见影、显而易见。相反，这种帮助是耳濡目染、长期浸润的，能让人在无形之中得到发展和提升，并往往能收到"随风潜入夜，润物细无声"的效果。

清朝的名臣曾国藩早年在京城留心结交了倭仁、吴廷栋、何桂珍、何绍基、梅曾亮、汉学家邵懿辰、刘传莹等朋友。他结交的这些朋友，都是在当时有一定声望，但是还没有真正登上政治舞台的人。由于他们的出身、地位、名声相差不大，没有互相利用、互相倾轧的必要，所以反而结下了互相激励、互相促进的真正友谊。曾国藩后来办大事，这些人都给予了极大的帮助。

曾国藩的师友中，以当时的名儒唐鉴地位最高，对曾国藩的影响也最大。唐鉴曾经教导曾国藩治学方法，告诫他读书要专一，要先进入门径，并指导他精读《朱子全集》，从而给曾国藩的理学思想打下了坚实的基础。因此，曾国藩虽然没有正式拜师，但一直对唐鉴以师礼相待。后来唐鉴去世，曾国藩不但为他向朝廷请求赠谥号，还给他写了铭文。

在这些师友中，理学大师倭仁对曾国藩也有很大的影响，但和唐鉴不同，他的影响主要表现在修身方法上。曾国藩原来也有写日记的习惯，但是记的主要是生活琐事。经过倭仁的教导，他开始主要记自己一天的得失，时刻反省自己，强化对自己的要求。正是从这时开始，曾国藩的人格修养发生了巨大变化。

综观古今成功人物的成长历程，我们就会发现：这种贵人给人的帮助和指点是至关重要的，有的时候，他们能够改变人的一生。

金铁霖是我国著名歌唱家，听过他讲课，接受他临时辅导的大概有两三万人。这些学生里头有很多都成为我国著名的歌唱家、歌唱演员，像彭丽媛、宋祖英，还有戴玉强、张也等等。金老师第一次见宋祖英的时候，他就觉得这个孩子潜质很好，特别是教了她一段时间后，逐渐发现，这个从山里走出来的苗妹子闪光点很多，嗓音条件好，刻苦，对自己要求严格。宋祖英在没有成名以前，一直住在学校的地下室。宋祖英每次录音，金铁霖只要有空就会帮她听，宋祖英也从不懈怠。在恩师的指导下，宋祖英终于取得了骄人的成绩。宋祖英在维也纳金色大厅的那次演出，金铁霖老师现在还记忆犹新。当时，现场的每一个人，都能感受到一种震撼，大家非常激动。尤其是最后她演唱《爱我中华》的时候，观众都站起来了，不停地鼓掌。她让所有在场的中国人都感觉到——我们中国的音乐这么棒，震撼了世界！这么美的音乐，是我们中国人唱出来的。

"师长"越多的人，越有可能获得更大的进步，而且如果你在老师面前能够表现出积极主动的精神，那么老师必定也愿意将自己的所学倾囊相授。

李聪，本科成绩很好，考研报的是本专业领域排名第一的学校，所以复习时特别用功。7月新大纲下来时，她发现又增加了一本参考书，据说作者是学校一位刚从德国回来的老师，学术水平很高，见多识广。但是新书看起来非常困难，尽管李聪从头到尾研读了一遍，但还是没什么感觉，好在序言后面老师留了自己的电子邮箱。看完第二遍后，她便将自己的一些疑惑发给了老师，很快收到回信，老师夸她看书仔细，并对她的疑惑进行了解答。接下来的复习中，她经常就书中的问题给老师发电子邮件(从第二封电子邮件开始，她署上了自己的姓名)，每一封信老师都很快回复。渐渐地，她被老师广博的学识和平和的态度所吸引，渴望跟随老师做学问。

初试结束，她的成绩不错，于是在复试前一周，她来到报考的学校，给老师发了电子邮件，汇报了自己的成绩，并说明自己已经来到学校，想见见老师。老师答应她去办公室找他，见面后语气很友善，问了问她在本科的学习情况并随便聊聊她在学术上感兴趣的东西。面试结束后不久，她得知自己梦想成真。

主动向老师请教

如果你刚刚涉足某一领域，那么你一定要努力接近这个领域的元老，让他们成为你的贵人。"元老"有自己独特而又丰富的经历，他们有自己独特的人格魅力。他们会为自己的一生做总结，会觉得自己一生有很多经验教训值得传授，那是他们经受人生挫折和享受人生快乐之后的黄昏哲学。我们学习它们，也能读出夕阳西下的璀璨与壮美。

研究一下任何一个伟人，就会发现在他们的生命中都出现过一个或多个元老级的贵人。

每个人都需要一位教练，任何人都不例外。这位教练就是可以向你传道授业的"元老"。他们的经验就像黑夜里的明灯，可以为你指引方向。在你的生命中，是否也曾出现过这样一个人：他可能没有直接对你传道授业，然而他能够洞察你的潜力。在你失落时，他让你看到希望，在你得意时，他为你敲响警钟，使你不会偏离轨道。他让你深信你一定会成功。在平时，他是你学习的典范；在特别的时刻，他会助你一臂之力。他就是你生命中永不可忘怀的贵人。你要学习掌握他们所有的资源和秘密,见到他们所有的关系,学习他们所有学过的、正在学的和将要学的东西。要学习他们认识事物的方式,学会像他们那样去思考,以便取得他们取得的成果。

前辈的经验就是从实践中得来的智慧,如果你汲取了这些精华,就会在自己成长的道路上少走很多的弯路。如果你能接受长辈的良言和指导,就会缩短创业的时间,快速踏上成功的道路。

古时候,有一位很有才华的诗人,他写了许多写景抒情的诗篇。可是他却很苦恼,因为人们都不喜欢读他的诗。这到底是怎么一回事呢?难道是自己的诗写得不好吗?不,这不可能!年轻的诗人向来不怀疑自己在这方面的能力。这时,他的父亲建议他去向一位远方亲戚——一位老钟表匠请教。他感到很诧异,钟表匠也懂得写诗吗?但最终他还是按照父亲的建议做了。

老钟表匠听后一句话也没说,把他领到一间小屋里,里面陈列着各色各样的名贵钟表。这些钟表有的外形像飞禽走兽,有的会发出鸟鸣声,有的能奏出美妙的音乐。老人从柜子里拿出一个小盒子,从中取出一只式样特别精美的金壳怀表,这只怀表不仅式样精美,更奇异的是,它能清楚地显示出星象的运行、大海的潮汐,还能准确地标明月份和日期。这简直是一只"魔表",诗人爱不释手,很想买下这个"宝贝",于是他开口问表的价钱。老人微笑了一下,只要求用这"宝贝"换下青年那只普普通通的表。

诗人对这块表真是珍爱之极,时刻都戴着它。可是,过了一段时间之后,他渐渐对这块表不满意起来。最后,他竟跑到老钟表匠那儿要求换回自己原来的那块普通的手表。老钟表匠故作惊奇,问他对如此珍奇的怀表还有什么感到不满意的。

年诗人遗憾地说:"它不会指示时间,可表本来就是用来指示时间的。我戴着它不知道时间,要它还有什么用处呢?有谁会来问我大海的潮汐和星象的运行呢?这表对我实在没有什么实际用处。"

老钟表匠微微一笑,把表往桌上一放,拿起了这位青年诗人的诗集,意味深长地说:"年轻的朋友,让我们努力干好各自的事业吧。你应该记住:怎样给人们带来用处。"

诗人这时才恍然大悟,从心底明白了这句话的深刻含义。

长者都是有着丰富阅历的人,正是许多的阅历和沧桑练就了他们洞明世事的眼睛。"师长"是拥有智慧的人,他们不一定特指学院里的专家和教授,也指那些在某一领域有精深造诣的能人和智者,这些人不是高不可攀、遥不可及的,他们都存在于普通人的身边。他们并非无所不能,但在某一时刻,他们的一句话却可以如醍醐灌顶般让人在瞬间彻悟一些深奥的道理。

他们是人们某种未成形的思想和观念的"点睛人",也是人们在精神塑造和道路指引方面的贵人。

刘备驻军在新野时,徐庶去拜见刘备,刘备很器重他。徐庶对刘备说:"诸葛孔明是卧龙啊,将军可愿意见他吗?"刘备说:"您和他一起来吧。"徐庶说:"这个人只能到他那里去拜访,不能委屈他前来。若想召他上门来,您应当屈身去拜访他。"

于是刘备就去拜访诸葛亮,可共去了五次才见到。刘备于是叫旁边的人避开,开始了他的千载一问:"汉朝的天下崩溃,奸臣窃取了政权,皇上逃难出奔。我没有估量自己的德行,衡量自己的力量,想要在天下伸张大义,但是自己的智谋浅短、办法很少,因此最终失败,造成今天这个局面。但是我的志向还没有罢休,您说该采取怎样的计策呢?"

诸葛亮一听刘备如此诚心相问,如此智慧善问,自然不肯藏智缄言,于是帮他仔细分析了天下大势,提出了"联吴抗曹"的策略。

一番高论引得刘备连连叫好,从此他同诸葛亮的情谊一天天深厚了。历史证明,之后局势的发展完全是按诸葛亮预先设想的方向进行的,刘备也因此成就了自己的西蜀基业。

俗话说:"千点,万点,不如高人一点。"但这宝贵的"高人一点"不是等来的、求来的而是向高人请教得来的。

我们每个人都曾有这样的体会:当你还是高中生的时候,你会遇到初中的小弟弟、小妹妹们向你请教各种问题,充满敬仰地要求你谈谈自己的学习方法,等等。这时,无论你多么不高兴,多么忙,都会带着一丝骄傲去解答他们每一个稚嫩的问题,并从他们的目光中得到某种心理满足。

可见,请教是一种让交际双方"双赢"的方法,一方面,求教的人可以学到知识和经验;另一方面,授教的人会从帮助中体会到一种心理满足。请教还是赞美的一种最贴近人心的方式,是最高超的赞美。

张萌是书法爱好者,当他得知自己所在单位的处长是一个书法高手时,便主动登门求教。

张萌谦虚地对上司说:"张处,这些年我虽然努力练字,书法功力却进步很慢,恐怕主要是不得要领,请你稍稍泄露点秘诀如何?"

处长很兴奋,滔滔不绝地讲起了他的书法"经"来。他说:"我最大的体会就是练字无剑胜有剑,就跟令狐冲练剑一样,平时心中多揣摩,多看多记。也就是说关键在于心得,不一定非整天坐在那里练字不可……"

张萌很高兴地说:"现在得你'真传',以后用心练习,定会大有长进。"张处长很高兴,临别时还送了几幅字让这位青年临摹。

张萌经常这样向前辈们请教,字果然越写越好。

如果你认为眼前的贵人有某些可供自己借鉴之处,如果你遇到某些问题而百思不得其解,那么你务必要前去虚心请教。这时的请教不仅可以让你知晓从前不知道的知识和道理,还可以让你获得贵人的赏识,甚至可能为你开启另一种新的思路,因此是一举数得之事。许多成大事者的成功,都是凭借"请教"问出来的。多问、勤问、善问、乐问,你才能从贵人那里学到更多的东西。

和师长交往要得体

尊重对方，严谨有致

与尊贵者发展友情，首先要准确把握双方关系，给其以相应位置，充分表现出你对他的尊重。这是对双方关系的确认和定位，也是对对方的一种渴望受尊重愿望的满足，必须严谨有致，不可苟且。

小许很得一教委领导的赏识，这位领导很平易近人。他与小许并未谋面，但他赞赏小许的才华，便约请小许与他聊聊。小许在领导面前并没有得意忘形，忘乎所以。言谈举止，都严谨得宜，很有分寸，注重距离。领导虽性情开朗，多次表示要小许随意些，但还是对小许的举动发自内心的高兴，他觉得没有看错人。就这样，小许与那位领导逐步建立了友情。

切忌奉承，不卑不亢

尊重是有原则、见真情的。如果不顾原则，另有目的，人格沦丧，不知廉耻，对师长就会表现出阿谀奉承，虚情假意，夸大其词，别有用心，只能让他们反感、嫌恶、痛恨。本来可以建立友情，但因双方失去真情而无法发展下去。

态度自然，不必拘谨

师长无论地位，还是阅历、学识，都高我们一筹。与他们交往，常令我们肃然起敬，有时我们还有一种威压感而噤若寒蝉。我们作为平常人，尤其是未见过世面的青年人，在这种情势下往往显得动作走形，言语嗫嚅，特别别扭、生硬。其实尊贵者也是我们平等的交际对象，也是一种自然的交往关系，我们一方面要尊重于彼，另一方面也立足于自己，守住方寸，保持本色，自然而正常的交往，不必拘谨。这反倒能显示自己的交际魅力，会赢得对方的认可和尊重，师长会乐意与我们发展友情。

小斌是有才华求上进的青年人，他很想与一些德高望重的前辈交往，可最终结果都是以失败告终。究其原因，主要是小斌太拘谨了，一副窝窝囊囊、猥猥琐琐的样子，当然让前辈大失所望，怎会与他发展友情呢？

别碰师者的"逆鳞"

与师长交往时注意避讳，这不是冷淡、隔膜，而是体贴关心、善解人意的表现。不拘小节，不知避讳，只图自己痛快，不管师长的难堪和反感，是不足取的。俗话说"病从口入，祸从口出"，为了保持和维护与贵人之间的关系，请你千万注意，在说话时不要只顾自己一时尽兴而触犯贵人的"逆鳞"。

只有这样，才能令对方身心舒适，又能让自己与师长的交往顺利进行。

第四章　与朋友交往

几年前,一个主题为"创造财富"的论坛。在讨论会上,一个发言人在演说过程中向听众提出了一个问题。他说:"请大家拿出一页纸,然后在纸上写下和你相处时间最多的 6 个人,也可以说是与你关系最亲密的 6 个朋友,记下他们每个人的月收入。然后,算出这 6 个人月收入的总和,最后算出他们月收入的平均数。这个平均值便能反映出你个人月收入的多少。"

这个游戏的本质意义就是交际的力量,即结交朋友的重要性。中国有句老话,"近朱者赤,近墨者黑。"美国也有句谚语,"和傻瓜生活,整天吃吃喝喝;和智者生活,时时勤于思考。"这两句话所讲的道理是一样的,都是告诉我们择友的重要性。朋友的影响力非常大,可以潜移默化地影响一个人的一生。

如果你想在人生和事业上取得成功,必须小心谨慎地结交朋友。

朋友像梅干,像美酒

德国的卡西尔说:"没有朋友的人,只能算半个人。"波斯的萨迪则说:"损失一个朋友你就损失一个肢体,时间可使自己的痛苦减除,但失去永不能补偿。"

在当今世界什么都是越现代越好的年代里,唯有友谊使人们保持着古老的特色;朋友如同文物,越老越珍贵。美国的杰斐逊说:"我发觉友情像酒。新酿时生涩,随着年代而醇熟之后,就真是老者恢复体力的兴奋剂。"友谊如同文物和醇酒,越老越显示其价值。

让我们来看看男人的友情吧。男人从小就对友谊充满了种种美好的幻想,他希望孩提时代的友谊永远牢不可破,彼此之间的竞争友好和善。他希望亲朋好友能与他同甘共苦,这就是男人的理想。两个同样强壮的男人同心协力,携手并肩,一道走向世界,走向生活,瞧,多么美好!

在这个理想王国之中,一个男人会为他最好的朋友做任何事情。他会为朋友排忧解难。当朋友遇到经济困难时给予他物质和金钱上的资助,他会千里迢迢赶去救助困境中的朋友;为了朋友,即便冒生死之危险也在所不辞。在这个理想王国之中,他渴望向朋友倾诉心底的愁烦;在他蒙难受挫或抑郁不安时,得到朋友的慰藉和陪伴。

"这些年,一个人,风也过,雨也走,有过泪,有过错,还记得坚持什么",周华健一曲《朋友》唱出了朋友的心声,唱出了朋友在人一生中不可替代的位置。

见面熟的人,人缘看起来挺不错,新朋友一个接一个,但是真正需要帮忙的时候,只怕一个可依赖的朋友也没有。

交朋友有点像晒梅干。梅干起初也是新鲜的果子,经过一番时日的酝酿,才制成后来的美味。朋友自然也是由生而熟,在长时间的交往之中,各种不同的思想见解,经由交流和冲突,而获致融洽。两个不同的东西,要完全融合,需要时间,时间是最好的考验。只有在面临变故的时候,能够共患难的人,我们才称之为朋友。

要和那些"道德高尚,性情良好,站在人生光明面"的人交往。

在许多情况下,这些人过去一直生活在消极的环境中,而且周围的人也不断地在他们心灵中注入消极的因素,并且告诉他们哪些事情不能做。他们进入商界即意味着在环境与同事方面是一种极大的转变。现在,每一个人都开始向他们说,他们能做些什么,他们从经理与同事那里听到了积极的叙述。他们每天都看见这种方式在各方面产生的结果。由于他们发现这种喜欢自己的做法实在是更有趣,所以他们几乎立刻开始改变自己的自我形象。

请记住:你会获得你周围的人的大部分思想、举止与个性。即使你的智商也会受到你的环境与伙伴的影响。

曾有人做过这样的试验,测试东方犹太儿童和欧洲犹太儿童的智商,地点选在以色列的克伊布兹,各项实验的结果显示,东方犹太儿童的智商平均为85,而欧洲犹太儿童的平均智商为105。这证明欧洲犹太儿童比东方犹太儿童要聪明些。可是当他们都在克伊布兹住过四年以后,由于当地环境是积极的,学习环境良好,而且献身学习的气氛也很实在,所以平均智商都达到了115的相同水准。

这个试验给我们一个很好的启示,当我们跟具有积极态度、道德观的正当人士做朋友时,成功的机会也就大大增加了。

结交各式各样的朋友

古言道:"万两黄金容易得,知音一个也难求","能得一知己,死而无憾"。鲁迅先生也发出感慨:"人生得一知己足矣。"都是说明知己朋友难觅。这样是不是因此就要少交朋友了呢? 或者一味强调交友的审慎,就认为这个也不可靠,那个也信不过呢? 当然不是,人既然生活在大千世界之中,处在各种社会关系之中,交友是必然的,不但要有生死与共、患难不移的朋友,也要善于和有这样那样的缺点错误甚至是反对自己的人交朋友。

广泛交友,同心同德,和平共处,是恢复人类本性的具体象征。而谈到兄弟般的友谊。则是男性交往中最亲密的形式。它经受了严峻的考验之后,便有着坚实的基础。它具有亲密的父子之情和友爱的同胞之谊。任何一方都可以己之长,对另一方进行不客气的指导和批评,也由衷地为对方的进步和成功而欢欣鼓舞。当一方感觉不适,举止失当,或感情脆弱时,则马上从另一方得到同情、忠告和鼓励。对方则立刻会冷静下来,仿佛注入了新养料和血液。无论在物质上,还是在精神上，知己朋友都能够同甘共苦。朋友之间不存在任何形式的竞争，一个人的成功，就是两个人的胜利。

当今为人者既要广泛交友，又要审慎选择。如何做到这一点呢？正如鲁迅先生曾经说的："我还有不少几十年的老朋友，要点就在彼此略小节而取其大。"略小节，取其大，就是不斤斤计较小节，而要从大处着眼。看人首先看大节，不是盯住对方的缺点错误不放，而是用发展的、变化的观点看人。如果不能略其小，取其大。就不能与人为善，也就不能全面地客观地评价一个人。就可能一叶障目，不识泰山，就可能把朋友推开，就可能得不到真正的友谊。

毛主席胸怀博大，善于结交各种各样的朋友。青少年时期，一张《二十八划生征友启事》，他和蔡和森、陈潭秋等人组织了新民学会，结交了一大批有志之友。投身革命后，有朱德、周恩来等一批亲密战友在他身边。同时，毛泽东还与李淑一、周士钊、柳亚子等许多平民百姓、民主党派人士交朋友，结下了深厚的情谊。通过朋友，他掌握了社会各阶层各党派的情况，为发展统一战线，制定党的方针政策，都做出了巨大的贡献。可见"兼听则明，偏听则暗"，结交各式各样的朋友，对于取长补短，开阔视野，活跃思维，都是有益的。

唐代画家吴道子出身贫寒，后被唐明皇召入宫中做供奉，与将军裴旻、长史张旭结交为友。在洛阳，裴旻请吴道子到天宫寺作画，并厚赠予金帛，吴道子婉言谢绝，只求观赏裴旻的剑术。于是裴旻拔剑起舞，吴道子"观其壮气"奋力挥毫，写出了绝妙的草书。这真是他山之石，可以攻玉。广泛结交不同身份、不同职业、不同爱好的朋友，有时也能相得益彰。

朋友间不应以金钱财物为重，而要以道义相交，气味相投，志趣相通为重。朋友间还应抛弃庸俗的恶习，不要把友谊沉浸在利己主义的杯水中。让友谊的春风扫荡掉那些阴霾污浊之气，将清新自然吸进每个人的心田。

交志同道合之友

《周易·系辞上》中说："二人同心，其利断金。"朋友之间同心协力，就可以锋利无比，截断黄金。孔子也说："有朋自远方来，不亦乐乎！"这里所说的朋友，当然是指对自己相交有益的朋友，也就是孔子所说的"友直，友谅，友多闻"，即正直、诚实和有教养有学识的朋友。这类朋友都是从友爱之心出发，不过分苛求朋友，他们都能做到"己所不欲，勿施于人"，他们还能谅解朋友一时的过失和错误。同时，益友又是净友，他们并不一味迁就朋友的过失和不足，自己认识到的真理，自己的学识，自己某些方面的美好品德，他们都尽量输送给朋友，帮助朋友涵养德行。

真正的朋友，相互尊重，不相互吹捧；往来频繁，但不过分亲昵；往来不多，也心心相印。

近代知名学者王国维是不可多得的才子，他博闻强记，智力过人，在甲骨文研

社交亮点子

图文珍藏版

究上卓有成绩,被罗振玉赏识,并结为朋友,后又成了儿女亲家。王家贫穷,罗出于把王国维当作赚钱机器的目的,常在经济上接济王。罗大量收进甲骨,让王来考释,但发表文章的署名却都用罗的名字,使他赚了大量的钱。而王最终由于经济上有勒逼,壮年投湖自尽。这都是交友不当害了他。

著名人物鲁迅虽然和王国维是同一时期,又都有弃医从文的大体近似的经历。由于鲁迅交友慎重,结果截然不同。鲁迅早年师从于资产阶级革命家、著名学者章太炎,后与蔡元培结下了深厚的友谊,又同许寿裳等学者、作家在事业上是互相切磋的好友。此外,还结交了许多革命青年,特别是结交像瞿秋白、冯雪峰等共产党人朋友,对他能成长为共产主义战士起到了不可忽视的作用。

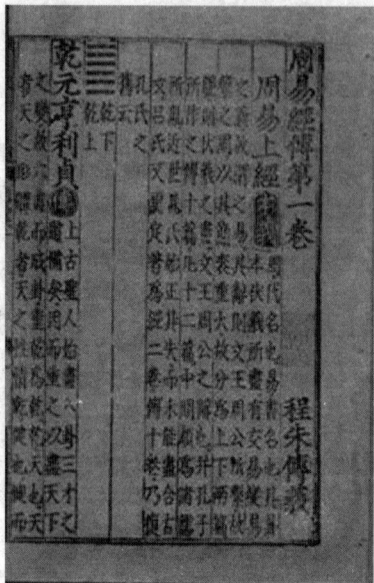

《周易》书影

鲁迅和瞿秋白在文化战线上经常合作,介绍翻译马列主义文艺理论和苏联文学作品。在最危险的关头,鲁迅让瞿秋白避在自己家中,瞿秋白在自编的《鲁迅杂感选集》序言中,对鲁迅给以很高的评价。鲁迅也在瞿秋白牺牲后,怀着悲痛的心情,带病将朋友的遗言编成《海上述林》出版,并在前言引用的对联中,把瞿秋白在内的共产党人比作"知己",并以有这样的"知己"为人生最大的满足。

郭沫若曾指出:"王国维之所以戛然止步,甚至遭到牺牲,主要是朋友害了他。而鲁迅之所以始终前进,一直在时代的前头,也未始不是得到了朋友的帮助。"鲁迅之所以能成长为共产主义战士,除了主观上的原因之外,也得益于他身边的那些良师益友。

在志同道合的基础上建立起来的友谊,是万古常青的,它经得起任何考验。与品质高尚的人交朋友,结下的真挚友谊是事业成功的推进剂。

朋友间的默契

友谊,是在心和心之间架起一座桥梁。默契,是心与心相互契合。朋友之间相处得非常投缘谓之"心心相印","心有灵犀一点通"。

1.默契是生活中彼此最大的精神享受——吸引人,感化人

它摆脱了麻木、冷漠、自馁、狡诈、罪孽……的肆虐。生命升腾着金灿灿的烈焰,精神暴烈着光亮的火花。它诱惑人,吸引人,感化人,陶冶人。它不但激励你的斗志,鼓舞你的力量,更净化你的灵魂,正如李白在《扶风豪士歌》中写的:"扶风豪

士天下奇,意气相倾山可移。"朋友间的默契可以产生移山倒海之力。

2.默契是情绪的兴奋剂——温馨情感,消融忧愁

它有着一种极为普遍的作用:如果你把快乐带给一个朋友,你将得到两份快乐;如果你把忧愁分给一个朋友,你将会被瓦解掉一半的忧愁。

3.朋友间的默契是高级染料——近朱者赤,近墨者黑

它在个性、为人处世、生活方式、思想观念等方面对朋友具有很大的潜移默化的作用。在人类思想史上,由马克思和恩格斯共同演奏出来的一曲雄壮的动听的友谊协奏曲,可以说是两位导师在长期的共同合作中,彼此的思想相互同化为一个更伟大的思想后,才为人类诞生一部完整辉煌的《资本论》。列宁说:"的确,这两卷《资本论》是马克思和恩格斯两人的著作。"当马克思溘然长逝时,恩格斯毅然放下自己筹备七年之久的《自然辩证法》的写作,全力以赴整理马克思的遗作,继续完成《资本论》的写作与出版工作。倘若他们的思想不是在默契的友谊中相互影响,恩格斯肯定无法续写完《资本论》。柯切托夫说:"如果你周围是一群鹰的话,那么你自己也会成为一只鹰;如果你在一群山雀中间的话,那么你就看不到海阔天空。"可见。要想考察一个人,只要了解一下与他默契相处的几位朋友就可以了。

4.默契是才智的催化剂——启迪思维,增进智慧

默契不仅能使人走出暴风骤雨的感情世界而进入和风细雨的春天,而且能使人摆脱黑暗混乱的胡思乱想而走入光明与理性的思考。这不仅是因为彼此的思想交流可以使你的混乱思维"云开雾散",而且是任何一种轻描淡写的开导,都能成为你撞击智慧火花的燧石,激发你的创造灵感,使你对事物的认识茅塞顿开,触类旁通。伟大的博物学家、进化论的创立者达尔文的《物种起源》的诞生就是朋友间默契作用的结晶。1842当达尔文有了某种思想萌芽而迟疑不决时,他的良师益友地质学家赖尔和植物学家虎克,在思想方法和学术方向上对达尔文给予了很大的启发和引导。赖尔非常着急地劝达尔文加紧收集材料,当达尔文的成果凝结成为理论体系时,他俩又及时提出修改的意见。可以这样断言,达尔文的进化论的诞生,没有朋友间默契作用做推动力,也许华莱士早已取代了他今天在世界科学发明史上的位置。所以与朋友在一种默契的氛围中相处一小时比一整天的沉思默想更能令人思维开阔,才思敏捷颖悟。

5.默契是人生的蜡烛——牺牲自己,照亮别人

每个人的周围都会有一群形形色色的朋友。然而,能在你最需要他(她)时助一臂之力,甚至为你付出重大代价的能有几人? 各自不言自明。朋友是社交关系的外化,默契是彼此心途畅通,情感交融的灵犀,唯有朋友间的默契才能拍摄出两个独立自我之间相互和谐,相互提携,相互融洽,相互引领,赋予自我牺牲精神的全景。

6.朋友间的默契是人生不幸时的"119"——分担彼此的重负

友谊不是负担,默契的朋友却愿热忱、竭尽全力地分担彼此面临不幸的重负;

我们总是喜欢听好消息,默契的朋友却更愿搜寻来自友人那儿的坏消息。怪哉!见怪不怪!默契已使彼此体察到掩盖在笑容后面的不幸。因为,情感契合越深,越是在友人面前善于克制自己的真实情感,而他的内心深处却仍然希望友人能够与他同舟共济,帮助他渡过难关。甘愿成为朋友不幸时的"119",会使我们更加关心友人的一切,并使这种关心更加纯洁。

交友分等级

俗话说,多个朋友多条路,朋友多了路好走。朋友相交以"诚"相待,此乃至理,那为何又要将朋友分"等级"? 那不就不诚了吗?

有个地方官员,朋友无数,三教九流都有,他也曾向人夸耀,说他朋友之多,天下第一。他的邻居,当然也是他的"朋友"之一,曾问他,朋友这么多。你都同等对待吗? 他沉思了一下,说:"当然不可以同等对待,要分等级的。"

他说他交朋友都是诚心的,不会利用朋友,也不会欺骗朋友,但别人来和他做朋友却不一定是诚心的。在他的朋友中,人格清高的朋友固然很多,但想从他身上获取一点利益,心存恶意的朋友也不少。

"心存恶意,不够诚恳的朋友,我总不能也对他推心置腹吧,那只会害了我自己呀"。

所以,在不得罪"朋友"的情况下,他把朋友分了"等级",有"刎颈之交级""推心置腹级""可商大事级""酒肉朋友级""点头哈哈级""保持距离级"等等。

他就根据这些等级来决定和对方来往的密度和自己心窗打开的程度。

他曾说,"我过去就是因为人人都是好朋友,受到了不少伤害,包括物质上的伤害和心灵上的伤害,所以今天才会把朋友分等级"。

把朋友分等级听来似乎现实无情,但听了那位官员的话,你是否也觉得分等级的确有其必要,因为这可以保护自己免受别人的伤害?

要把朋友分等级其实不容易,因为人都有主观的好恶,因此有时会把一片赤心的人当成一肚子坏水的人,也会把凶狠的狼看成友善的狗,甚至在旁人提醒时还不能发现自己的错误,非得到被朋友害了才大梦初醒。所以,要十分客观地将朋友分等级是十分困难的,但面对复杂的人性,你非得勉强自己把朋友分等级不可。心理上有分等级的准备,交朋友就会比较冷静客观,可把伤害程度减到最低。

要把朋友分"等级",对感情丰富的人可能比较难,因为这种人往往在对方尚未把你当朋友时,他早已投入感情;而且把朋友分等级,他也会觉得有罪恶感。

不过,任何事情都要经过学习,慢慢培养这种习惯,等到了一定年纪,自然热情冷却,不用人提醒,也会把朋友分等级了。

分等级,可像前述那位官员那样分,也可简单地分为"可深交级"及"不可深交级"。

可深交的,你可以和他分享你的一切,不可深交的,维持基本的礼貌就可以了。这就好比客人来到你家,真正的客人请进客厅,推销员之类的在门口应付应付就行了。

另外,也要根据对方的特性,调整和他们交往的方式。但有一个前提必须记住,不管对方智慧多高或多有钱,一定要是个"好人"才可深交,也就是说,对方和你做朋友的动机必须是纯正的。不过,人常被对方的身份和背景所迷惑,结果把坏人当好人,这是很多人无法避免的错误。

如果你目前平平淡淡或失意不得志,那么不必太急于把朋友分等级,因为你这时的朋友不会太多,还能维持感情的朋友应该不会太差。但当你有成就了,手上握有权和钱时,那时你的朋友就非分等级不可了,因为这时的朋友有很多是另有所图,不是真心的。

第五章 与亲人交往

比尔·盖茨创立微软公司的时候,只是一个无名小卒,但是在他20岁的时候,签到了一份大单。假如把营销比喻成钓鱼的话,是钓大鲸鱼,还是钓小鱼比较好呢?回答肯定是大鲸鱼。因为钓大鲸鱼钓一只可以吃一年,但钓小鱼的话得天天去钓。比尔·盖茨在25年前创业的时候,他就了解了这一点。他一开始就钓了一条大鲸鱼。这条大鲸鱼——他的第一份合约——是跟当时全世界第一强电脑公司——IBM签的。

当时,他还是位在大学读书的学生,没有太多的人脉资源。他怎能钓到这么大的"鲸鱼"?可能很多人不知道,原来比尔·盖茨之所以可以签到这份合约,中间有一个中介人——比尔·盖茨的母亲。比尔·盖茨的母亲是IBM的董事会董事,妈妈介绍儿子认识董事长,这不是很理所当然的事情吗?假如当初比尔·盖茨没有签到IBM这个单,相信他今天绝对不可能拥有几百亿美元的个人资产。

比尔·盖茨的这个例子足可以说明有效利用血缘关系的人脉资源支撑我们事业的成功是多么重要。在我们事业的初期,由于没有资金和声誉上的积累,我们要想获取事业发展所必需的各种资源和机会,往往会非常困难。那么怎么办呢?通常,我们会想到借用人脉资源来获取它们。在各种人脉资源中,利用血缘关系的人脉,是最理想的方式。因为,我们的血缘关系为我们所提供的各种资源,较之于其他人脉资源所提供的资源,通常不仅更可靠,而且不需要或者需支付很少的成本。因此,血缘关系的人脉,最值得我们好好珍惜和有效利用。

但是,许多人在事业发展的过程中,往往忽视了对血缘关系的维护。有些人常常忽视父母的意见和建议,无视兄弟姐妹之间的有效沟通以及现实的利益分配,家不和,业不兴,最后导致本应是自己事业发展的基石的人脉资源,反而成了自己事业发展的绊脚石。如果你想事业兴旺,早点成功,那就多花些心思在你的血缘关系上吧!

需要指出的是,我们在这里所叙述的血缘关系,主要是指父母,夫妻和兄弟姐妹。这点和大多数人对血缘关系的定义有所不同,我们省略了一些血缘关系成员,比如侄子,并不意味着这些人脉不重要,而是因为获得这些人的支持的方法和获得父母及兄弟姐妹的方法有很多雷同之处,而且不同之处可以在稍后所叙述的获取亲戚关系人脉资源的支持中得以体现。

父母是人生路上的导师

赢得父母的支持意味着什么?

有位文学发烧友在准备写作"如何赢得父母的支持"这个话题时,遭到周围一些朋友的质疑,他们认为天下的父母没有不望子成龙的,言下之意是父母对子女的支持和帮助从来都是主动无私、不求回报的,哪里需要去"赢得"呢? 初听后,觉得有理,然而仔细一想,却发现了问题的所在。

正是大多数父母相信自己所做的一切都是为了子女好,因此一厢情愿的付出多,换位思考的检讨少,很多时候看起来是在支持子女的学习、工作和事业,实际上是在阻碍和设限。作为子女一方,由于从小就被告知父母所做的一切都是为了自己好,因此,被动顺从的时候多,据理力争的时候少,最后要么成为父母膝下一事无成、长不大的"老孩子",要么成家立业后消极拒绝父母的关爱,产生严重的所谓家庭"代沟"。

于是,这位发烧友找到当初心存质疑的朋友,问:"如果父母心情愉快、通情达理、身体健康,算不算是对子女的支持?"朋友答:"是。"又问:"如果父母能和你及你的妻儿融洽相处算不算是对你的支持?"朋友答:"是。"再问:"如果父母和你能像朋友一样谈论工作和事业,你认为能否从中得到启发和支持?"朋友答:"当然能。"再问:"做到上述三点难不难?"朋友答:"很难。"最后问:"做到上述三点重要不重要?"朋友答:"重要。"

谈话进行到这里,这位发烧友找到了立论的基础,看到了写作的曙光。既然上述简单的三点,很难做到但又很重要,那么还有什么理由不去用心"赢取"呢?

如何赢得父母的支持? 接下来的内容将告诉你答案。

学会和自己的父母和睦相处

和自己的父母和睦相处是赢得其支持的首要条件。很难想象,一个和自己父母关系很差的人能够从自己父母身上得到足够的支持。新东方的创始人俞敏洪,曾经和自己的妈妈关系弄得很紧张。他的妈妈过多地干预了新东方的管理,引起了新东方其他元老的不满。在很长一段时间内,俞敏洪都没有处理好自己和母亲的关系,最终间接导致了新东方其他元老离开了新东方,给俞敏洪的事业发展带来了很大的影响。

那么,如何才能够做到和自己的父母和睦相处呢?其实秘诀很简单,就是让父母和自己都心情愉快。具体来说有以下几点:

1.了解父母的特点

天下的家庭各不相同,世间的父母也各有各的特点。为了与父母相处好,必须了解自己的父母的性格、脾气、爱好等,如果一无所知就会对相互关系的发展带来困难。

首先,父母就其子女的态度有以下几种类型。

(1)严厉型:父母对子女严格要求,事无巨细,干预指点,容不得半点马虎,不苟言笑,态度严厉,关心子女的前途胜过其他一切。从表面看来不通人情,内心深处却充满了真挚的爱。如果对于父母的严厉不理解,稍受管教就寸步不让地"顶牛",会使家庭天天处于紧张状态。正确的做法应该是多体谅父母的苦衷,理解他们严格要求的本意,对于严厉过分的地方善意地提出意见。

(2)溺爱型:这类型父母的突出特点是只关心孩子的生活,不重视孩子思想品德的教育,对孩子的学习情况也不够关心,多数情况下是迁就屈从孩子。一味溺爱、满足,放弃教育责任,对孩子的要求不做具体分析,甚至在孩子犯了错误时也千方百计地为其辩护。对孩子过于溺爱,时间长了,孩子容易成为思想单一、性情懦弱、感情脆弱,缺乏独立生活、战胜困难能力的人。

(3)放任型:对子女放任自流,很少管教,在教育子女问题上没有明确的目标,全凭孩子自由发展。他们放松对子女各方面的教育,学习很少过问,生活较少关心,孩子品德上出现的不良萌芽也常常被忽视,子女犹如一棵自生自长的小树,长直了还是长歪了他们都不必操心。一旦孩子在成长中真的出了偏差父母又苦于没有好的方法,只能实施打骂体罚。

(4)指导型:对子女严格而不苛求、关心而不溺爱、放手而不放任,他们对子女的思想、品行、学习和生活都予以关心;又注意教育方法,做到因势利导、循循善诱,在与子女的关系上,平等相待,既注意让孩子独立自主的活动,又不放松对他们的指导教育,一般说这是一种比较理想的父母类型。虽然理想,并不等于相处中就不会发生矛盾。对于子女来说,父母越是信任自己,越要尊重父母,越是关心自己,越要爱戴父母。由于父母与子女关系密切和谐,一旦发生摩擦,双方都会更痛苦。

对于父母类型的分析,只能是针对父母与子女关系中的主要倾向而言的,事实上各种家庭的父母也不会绝对地只显示一种特征,往往是各样类型的特点互相交叉兼有。

2.要注意父母的突然变化

如果你发现自己的父母突然间和以前判若两人,明明不是你的错却拿你发火,这时就要巧妙地了解一下,是你的爸爸、妈妈在工作、事业上受到什么挫折,在人际关系上是否遇到了什么麻烦,如果确实如此,我们做儿女的应该从大局考虑多为父母分忧,帮他们平息心中的怨气。具体就是多帮他们干干家务、给他们买些或自己亲手做点他们爱吃的东西,多找些开心的话题分散他们的注意力,这时,"乖顺"点也是可以的。给他们抒发自己苦衷的机会,有谁更了解自己的父母,更会倾听他们的怨言呢? 不妨让他们尽情地说说,要知道长辈虽说经历、阅历比我们广,可他们的心有时也像我们一样的脆弱。现在社会、家庭的压力又这么大,人难免有心情烦躁的时候,儿女毕竟是他们的定心丸,多替他们着想,给他们以外人所无法给予的首肯与真心的理解,让他们感受到儿女对他们永远不变的需要与敬爱,让他们疲惫的心在家的这个温暖的港湾彻底地放松与休息,尽儿女所能让父母快乐,也是我们对他们最好的孝顺。

3.要注意父母更年期的心理和生理的变化

如果自己的父母已到了更年期,好多习惯都发生了变化,一时让我们也难以接受,这时我们晚辈切忌遇事非得明辨是非不可,或保持冷静不予理睬。要知道人都有这个时期,只不过不同的人对此有不同的反应罢了。老人把我们养大,吃再大的苦他们也毫无怨言,他们一直在为我们奉献着自己的光与热。所以,他们现在由于生理、心理上的不适而产生的一连串的变化都是儿女们应该理解并给予重视和关心的。但我们不应把老人当作病人看,应有耐心,宽容的心是可以治愈伤病的良药。这时做儿女的可以抽空多陪老人出去转转,发现他们的乐趣所在,给予及时的鼓励,养养花、养养鱼、养养鸟都可以缓解更年期给他们带来的难以自制的心绪,也可以适当买点补养品等老人心情好的时候送上去。要善于察言观色,尽量满足父母的要求。遇到老人固执、钻牛角尖发脾气时,我们要理智、克制,找一些轻松的话题缓解紧张的气氛。父母这个时候是比较敏感的,所以我们说话也要多留心,不能言语过重伤了父母的心,殊不知只要孩子多体贴多关心父母,他们是会很快度过这个时期的。

我们也应该多研究一下不同时期老年人的特点,使我们自己成为他们的"保健医生",让我们的孝心化作一杯夏日清凉的甘露,一盆冬日熊熊的炭火。当然,对于那些特别蛮横、不讲道理的父母,我们可以适当采取机智而行之有效的办法,让父母逐步认识到自己的过错而接受你的意见,但在处理与固执父母的关系中最忌讳"以牙还牙""反目成仇",因为父母与孩子到底是至亲至爱的血肉关系。让我们以孝为本,从孝出发,去认真做好每一件事,让父母开心,使自己满意。相信,生活的磨炼同样给我们以丰厚的馈赠,成熟的人将拥有这笔财富。

孝敬父母

除了和父母和睦相处,我们还要做到照料和赡养父母,让父母享有健康的心态的同时,也享有健康的身体。要想做到这些,方法很简单,那就是孝敬,孝敬,再孝敬。

提起孝敬父母,大部分人都是点头称是。但是大部分人其实对孝敬老人的方法了解得不多。很多人对自己的父母甚是照顾,给他们吃最好的,穿最好的,用最好的,可是父母却待在儿女的房间里面闷闷不乐,郁郁寡欢。为什么?

有些时候,可能因为你没有注意礼仪,不知不觉中伤害了父母的自尊;有时候,你没有太多考虑父母的感受,有意无意之间让父母生活得越来越孤寂。其实,孝敬父母也要讲究礼仪和技巧。那么,孝敬父母要讲究哪些礼仪和技巧呢?下面我们将一一为您介绍。

1.关心问候

我们应该关心父母的身体,带着一颗孝敬的心,问寒问暖。早、晚向父母问安,表达对父母的亲切问候和诚挚的祝福。问安时,如果发现父母健康状况有什么变化,应该尽可能地照顾好父母,并建议父母早些到医院就诊。

除了早、晚问候之外,离家、归家对父母也要讲礼貌,就是子女外出也一定要禀告父母,把什么时间、上哪去、干什么,都一一和父母说得清清楚楚;回来时,要面见父母,说明平安归来了,事情办得怎么样,免得父母挂念,为你劳神和操心。

2.听从教导

孝敬父母只是做到对父母有礼貌是远远不够的,更重要的是听从父母的教导,按父母的正确教导去做,不任性,不让父母操心。

有时,父母不了解情况,错怪了你,你也要冷静,要心平气和地向父母说明情况和解释。听从教导要虚心,要诚恳,要认真听,要有真心诚意。

恭敬礼让

恭敬礼让是孝敬父母的另一种具体表现。一起外出归来,让长辈先进门;冬天给长辈掀门帘进入;就餐时,请长辈先就座,让他们先吃;吃水果时,选大的、好的先送给爷爷、奶奶、爸爸、妈妈或其他长辈。这样做既是尊敬长辈的具体表现,又是孝敬父母的良好行为。同时,也能培养和锻炼自己心中有他人的良好品质。

要主动当父母的帮手,为家里做些力所能及的事情。既可以减轻父母的家务负担,自己又锻炼了劳动本领,养成了热爱劳动的良好习惯。

孩子对父母以孝为先。要善待双亲,且要同等看待,不可厚此薄彼;多与父母交谈,以了解其看法、想法及感受;尽力敬爱父母,不以言辞或行为侮慢父母。尽力使父母心情愉快,少惹父母生气;帮助父母从事并完成善举,不陷父母于不义;对父母诚心诚意,不因父母的社会地位与经济能力而表面做作与应付;言行尽量使父母引以为荣,不使父母因子女言行而抬不起头来;尽力使父母信任与放心,而不使父母为子女的行为担心;保持自己身心健康,以免父母忧虑挂念;以同情的态度来了解父母的时代与生活背景,不可以贸然视为落伍;父母如有过错,子女应以委婉的态度耐心相劝;父母在物质生活上如需照顾,子女应尽力予以安排,勿使有所匮乏;

父母生病时,子女应妥为照顾,尽力设法医治;父母丧亡,子女应予以妥善安葬。

配偶是你事业终生的伴侣

各种研究都一致的发现,婚姻持续时间与财富水平之间存在着非常强的正相关性,即婚姻持续时间越长,财富越多。

具有共同兴趣爱好的夫妇一般不会离婚,而婚姻长短和财富之间又存在一种相关关系。但是拥有共同兴趣爱好以及长期维持婚姻,却又生活拮据的夫妻仍然随处可见,这是为什么呢?斯坦利博士指出这是由于夫妻共同拥有的兴趣爱好的类型差异所致。百万富翁家庭常见的共同兴趣爱好通常都与财富积累相关,例如都对制定家庭预算、理财和投资、经营公司等感兴趣。

正如巨额财富不是婚姻成功的唯一因素一样,婚姻成功也不是能够积累巨额财富的唯一原因。斯坦利博士指出:"从本质上讲,百万富翁为什么是百万富翁呢?因为他们对其人生中的几个重大问题做出了正确的选择,而其中之一就是对于配偶的选择,以及有意识地选择配偶成为自己事业终生的伴侣。"

对斯坦利博士的研究也许可以有各种不同的解读,但至少对那些持有"先事业,后家庭""为了工作不顾家庭""大男子主义者"来说,敲响了警钟,如果你忽视了你的另一半,忽视了家庭的经营,那么你失去的可能不仅仅是关键时刻的支持,还有其他的一切。

良好的婚姻不仅有助于家庭财富的创造,也会对政界人物苦心经营的政治财富的多寡好坏产生重要的影响。

一般情况下,谁是和你生活最久的人?没错,是自己的另外一半。在漫漫的人生征途中,和自己的另外一半和谐相处,营造和睦的夫妻关系以及家庭氛围,不仅为自己的生活和事业发展营造一个坚实的后盾,也可以从配偶及家庭对自己所产生的期望和给予的激励之中汲取促进事业前进的巨大力量。

夫妻生活的不和谐主要体现在哪些方面?通常夫妻之间,容易在日常生活的沟通中产生矛盾。基于这一点,我们将在接下来的部分为您详细介绍解决夫妻沟通矛盾的一些原则和技巧。相信它们有助于你改善和解决夫妻之间存在的问题。

夫妻日常生活要多沟通

在社交艺术中,有一条经验为:沉默是金。而家庭内,特别是夫妻间,如果也"不苟言笑",或感到"无话可说",那你就得警惕了:两个人的关系是不是出现了危机。男婚女嫁,除生儿育女繁衍后代外,还有一个重要的好处,那就是半夜时分,两个人各抱一个枕头,说"枕边话"。话题从不受限制,身心放松,温情脉脉,却又自由自在。有些话与朋友、同事或上司进行交流,可能成为坏话、性骚扰或阿谀奉承……但夫妻间小声密谈,却是一种享受,一种亲密的沟通。

更重要的是，夫妻夜谈，可以消除误会，比如老公下班回来，给妻子一个拥抱，敏感的妻子从他身上闻到一种香味，于是她就想：他肯定与哪个狐狸精拥抱过……越想越气，越气越不想说话，最后只好大吵一场。试想，如果当时她能捏一下老公的脸，说："你身上沾了哪一个女人香水？"她老公一定会笑着告诉她，是同办公室的一位先生故意把香水洒在他身上，让他回去"不好交代"……这纯粹是一个玩笑，但因为他回家不说，结果误会加剧，战争爆发。真应了那句俗话：灯不点不亮，话不说不明。

日本一家人寿保险公司曾做了一次调查，发现日本夫妇，每天一般可交谈1小时50分钟的话。对此，他们觉得奇怪，日本夫妻每天竟有这么长时间在交谈。后来经过进一步核实，才发现不是"交谈"，大多数情况下，是妻子在嘀咕，丈夫只是偶然点头或"哦唔"一声而已。调查还发现，日本丈夫和太太的谈话主题有三大项，就是"吃饭""洗澡"和"睡觉"。对此，日本有位婚姻专家分析指出，日本离婚人数越来越多的一个原因，就是日本夫妻的"交谈"次数越来越少的缘故。

为了维护良好的婚姻关系，夫妻双方必须有能力做清楚有效的沟通，而沟通是需要学习的，如何通过沟通化解因男女差异而产生的矛盾是很重要的。

记住，沟通时，要听听彼此内心的期待与渴望，用"我信息"当作开头，不论对错先别急着辩驳，试着了解对方的感受，告诉对方你听到了什么，避免彼此产生不必要的误解，想想沟通的目的何在，从而创造双赢的夫妻沟通。

婚后仍需表达爱慕之情

热恋中的情侣，有说不完的悄悄话，诉不尽的温柔情。情书如雪片般飞舞，立下了多少海誓山盟；一束秋波，传递出深层的恋情；一句问候，令对方整个心灵颤动……

婚后的夫妻，似乎在热恋时已把情话说尽，如今的语言简练到了令人吃惊的地步："饭做好了吗？""孩子衣服脏了！""该睡觉了。"调查研究发现，许多人认为："一旦成为夫妻，就是自家人了，他爱我，我爱她，这谁心里都明白，何必唠唠叨叨地说出来呢？作为夫妻，他做的是他应该做的，她尽的也是她的责任，两人又何必客套，显得假惺惺的？再说，恋爱时都是年轻人，'我爱你，我少不了你'之类的话，如今再说起来，也怪不自在的。"——这就是现在一些夫妻对待感情交流所持的态度。

在这种观念支配下，中国的已婚男女一反热恋时的亲密与热烈，在婚后，表达感情反而觉得扭扭怩怩，甚至到了近乎冷漠寡情的地步了。

语言是人类文明的标志，生活在现代文明社会的夫妻，更要充分利用语言进行沟通。一方说句笑话，或开一个玩笑，一下子就使气氛活跃起来了；表示一下亲热，说一句温柔体贴的话，立即唤起对方心底的春潮；一句抱歉和亲切的抚慰，立刻化解了对方的怨气；争论不休的问题，却因一句甜蜜的情话和温柔的爱抚而变得心平气和……语言有着如此奇妙的作用，每个人都不妨试一试，你肯定能使对方和自己

弥合夫妻不同兴趣爱好

结婚以后,你常有种失落感。这主要是表现在,你的业余爱好、兴趣在一定意义上受到限制。比如婚前,你性格开朗,爱好广泛,每逢节假日骑单车郊游、喜欢下围棋、打桥牌等,总之,业余生活很充实。可是,你的妻子却是个性格内向的人,她的业余时间除了读书、看电视,就是打些毛线活儿,喜欢独自做些自己爱做的事。你渴望与她一起度过业余的时间,可大多都被她婉言回绝。她对你喜欢的事情不感兴趣。怎么办?

其实,对此你完全不必太在意,更不应感到苦恼。要知道,人们的生活环境、文化修养等都是不尽相同的,决定了人们的性格、爱好也不同。现实生活中,很难找到一对性格、情趣、爱好都完全相同的情侣,夫妻间因此而关系破裂的也少见。这是因为:美满的婚姻是以双方真挚的感情为基础的。婚姻是否幸福,其主要标志是二者的心灵是否心心相印、息息相通,而非各自的兴趣爱好完全一致。因而,过分强调夫妻间兴趣爱好相同,是没有道理的。当然,共同的兴趣爱好或许更会使爱情之花芬芳艳丽;但是,没有这种共同点,也不会使爱情之花枯萎。它在爱情的长河中,只不过是一滴水,不足以左右爱情之舟的畅游。所以,假如爱人与自己兴趣、爱好不同,大可不必为此苦恼,应在可能的情况下,处理好这种关系。

首先,要懂得,一个人的兴趣、爱好是由心理品质等诸多因素决定的。因此,不能要求对方马上改变自己的兴趣、爱好,更不能把自己的兴趣、爱好强加给对方,强加的结果只能是适得其反。因此,要在彼此平等的基础上尊重、适应对方的兴趣爱好。长此以往,夫妻之间的兴趣爱好很可能趋于平衡,而达到心理上的协调和相通。

其次,相互学习,培养广泛的兴趣爱好。一般说来,一个人的兴趣、爱好,反映了一个人的素质,体现了一个人的情操格调。所以,作为青年人应在很好地完成本职工作的基础上,多学一点东西,以此来填补自己阅历和知识方面的不足,丰富自己的人生。爱情虽然是以心心相印为基础的,但如果双方都有广泛的爱好和高雅的情趣,就会使爱情锦上添花。培养广泛的兴趣、爱好的最好办法是,在条件允许的情况下,多参加各种各样的活动,在活动中培养双方共同的兴趣、爱好。

总之,当你和爱人兴趣爱好不同时,不要为此焦虑,在顺其自然的同时,努力适应对方并增加自己的情趣、爱好,才是可取的。

赢得兄弟姐妹的支持

兄弟姐妹情深,通常情况下,只要有人需要支持,他们定会鼎力相助。但是,漫漫人生过程中,兄弟姐妹们避免不了产生矛盾。通常,这种矛盾在兄弟姐妹的自身成长、赡养父母、利益分配以及债务偿还方面尤其突出。

兄弟姐妹在自身成长过程中，会遇到很多困难。其他的兄弟姐妹出于血缘关系，提供必要的帮助和扶持必不可少。但是，过多的扶持和帮助，反而会使得受助者失去了自我成长的能力。笔者有位朋友，其哥哥是个社会成功人士。这位朋友自从小时候起，学习和工作上得到其哥哥非常多的帮助。结果他养成了事事依赖哥哥的不良习惯，不愿意提高并逐步丧失了自我解决问题的能力。哥哥如果不再帮他，他就对哥哥百般责怪。他的这种表现给哥哥家的生活带来了很多的负面影响。嫂子对其很有意见，而弟弟所在的单位也因为弟弟的不良表现对当初的推荐人哥哥颇有微词。类似这样的例子，在现实生活中很多。其实许多人应该注意，帮助自己的兄弟姐妹一定要节制，否则不仅不能获得他们的支持，反而会拖累了自身。

按照我们中国的文化习俗，兄弟姐妹应该共同赡养父母。很多时候，在赡养父母费用的承担上，往往容易产生纠纷。由此所产生的兄弟姐妹之间的反目不仅会对父母造成极其不好的影响，也会对各自的事业和家庭生活带来很多不便。现在，很多兄弟联合一起创业。在事业发展初期，哥们不分彼此，什么你的我的，亲情高于利益，一派其乐融融。但是当事业发展到一定地步的时候，兄弟们各自的抱负滋生，此时这种产权不明晰的利益结构往往导致利益分配上的纠纷。如果处理不好，就会出现兄弟阋于墙的局面。

在兄弟姐妹相处过程中所产生的矛盾如果不解决，兄弟姐妹之间的深厚感情将受到严峻的考验。因此，维持兄弟姐妹之间与生俱来的深厚感情，并有效解决相处过程中所产生的矛盾，是个人从兄弟姐妹中赢得支持的最基本的原则。

和睦相处互相关爱

一个家庭能否愉快和幸福，兄弟姐妹的关系占据着举足轻重的地位。兄弟姐妹间互相体贴关心，互相帮助，长爱幼、幼尊长，产生矛盾时互谅互让，生活在这样的家庭环境中，必然觉得心情舒畅，十分幸福。然而，兄弟姐妹天天相处，出现纠纷和矛盾是难免的。如何才能避免将小事弄大，不伤兄弟姐妹感情呢？这就需要了解兄弟姐妹的相处之道。

互相友爱。友就是和善相处，爱就是亲厚相待。兄弟姐妹能友爱，必定能使父母欢心，这也是孝顺父母的表现之一。一个人要能和别人互助合作，就要从兄弟姐妹之间的友爱做起。如果不能兄友弟恭，哪能长幼有序，敦睦近邻，为人友善呢？假如兄弟姐妹不互相友爱，弟妹对兄姊不和顺，兄姊对弟妹不友爱，轻则形同陌路，重则兄弟阋于墙，同室操戈。

要相互礼让。兄弟姐妹之间，应该见利不争，见害不避。我们时常会看到兄弟姐妹小时候就相争不让，长大以后，为争家产，对簿公堂，甚至手足相残，令人扼腕叹息！

社交亮点子

图文珍藏版

要相互帮助。兄弟姐妹虽然是同父同母所生,但在智力体力方面,仍会有差异,在未来的成就上也有所不同。有的富贵,有的贫贱,总须互相帮助与扶持。朱柏庐《治家格言》说:"兄弟叔侄,须分多润寡",就是这个意思。兄弟姐妹能互相帮助,就能互相合作,所以俗话说:"兄弟同心,其利断金。"

要相互劝善规过,进德修业。兄弟有手足之情,相互影响很大,凡事最好商量,最易合作共事。但不可狼狈为奸,互陷于不义。当兄弟做错事时,要劝善规过,不可同流合污。

兄弟姐妹的关系是很亲密的,但这并不意味着就不讲究相处的艺术。兄弟姐妹相处时,还是要注意一些准则的。

尊重各自的隐私;在感情上予以支持;愿意当其参谋;赠送生日礼物;不要妒忌;愿意听取和征求意见;相互信任;不要干涉各自的社会关系;共同分享成功的喜悦;维护其利益,即使他不在;不要自充对方的庇护者;将其作为自己的一个朋友;谈话时,不要东张西望,左顾右盼;帮助其与自己的朋友交朋友;不要当众批评对方。

如果兄弟姐妹相处时,能注意这些准则,则能使彼此之间的关系更加融洽,感情更加深厚。感情深厚,彼此就更愿意互相扶持和帮助。

扮演好自己的角色

在兄弟姐妹关系中,扮演兄弟姐妹等不同角色的人,在与其他同胞相处时,要注意的地方各不相同。做好这一点很重要,因为它强调的是,在兄弟姐妹之中,各自承担自己应该承担的角色被社会和家庭所赋予的义务和责任。演好自己的角色,兄弟姐妹这才能叫作兄弟姐妹。否则哥哥不像哥哥,弟弟不像弟弟,角色混乱,导致各自承担的义务和责任混乱,兄弟姐妹关系也就很难平衡。

在一个家庭里,哥哥或姐姐是仅次于父母的重要人物。一个家庭和睦与否,和哥哥姐姐的为人有很大的关系。

在家庭里,哥哥、姐姐应爱护弟妹,关心弟妹们的思想、学习和生活。由于年龄相近,弟妹们往往乐意找兄长交谈,这时候,兄长就应该耐心恳切地帮助他们,解答和解决他们遇到的各种问题,切不可流露出不耐烦或不屑回答的样子,切忌急躁、粗暴、敷衍了事的神态。因为这种神态,会使弟弟、妹妹们伤心,会使他们以后不再求助于你,对你敬而远之。

当弟弟、妹妹有了错误时,不要在父母面前斥责他们,以免伤害他们的自尊心,更不能经常在父母面前"告状",而引起他们的反感。当弟弟、妹妹随着年龄的增长进入恋爱阶段时,哥哥、姐姐应关心他们的生理和心理的变化,促使他们身心健康成长,并经常为他们在怎样选择恋爱对象等问题上,提些中肯的意见。在这方面,哥哥、姐姐的劝告往往更容易为他们所接受。哥哥、姐姐本身谈恋爱时,如果弟弟、妹妹还小,应注意不要在他们面前经常谈论起恋爱问题,更不能在他们面前做出亲昵的动作,如依偎相抱、耳鬓厮磨、搂抱接吻,甚至做出更加令人不堪入目的举动。这些会给尚年幼的弟弟、妹妹留下不好的印象,因为他们可能会想要模仿你,做这种事,从而造成不良影响。当哥哥、姐姐成家时,在结婚仪式(包括嫁妆)上要掌握分寸,新事新办,不要铺张,以便他们日后仿效。成家后如果与弟弟、妹妹们生活在一起,要注意搞好他们与爱人之间的关系,如发生矛盾,一般以当"和事老"为宜,切不可偏听、偏信、偏袒任何一方,以免加深矛盾。如果与弟妹们分住,则须经常回来聚一聚、谈一谈,在经济条件许可的情况下,给弟妹们买点穿的、用的,这样做可以使相互之间的感情更亲近。

对于弟弟、妹妹来说,除了要做到哥哥、姐姐应做的那些外,很重要的一点是要尊敬哥哥、姐姐。不能有"我比你小,你应该让我"的优越感。有问题,有事情时,除了告诉父母之外,可多与哥哥、姐姐商量,如果与兄长发生争吵,不要利用自己的得宠地位,到父母面前去"告状",以免加深兄弟姐妹间的隔阂。

另外在兄弟姐妹间如果有领养来的或非同胞亲生的更须注意团结友爱,对非亲生的弱者,要更多地关心照顾;千万不能歧视或冷落他们,以避免给他们的心灵增添创伤。

利益分配:亲兄弟,明算账

中国有句古话,叫作"亲兄弟,明算账"。区区六字,却包含着很深的人生体验。要想获得自己兄弟姐妹的支持,在利益分配上一定要把彼此之间的重大利益纠葛算清。为什么是重大的利益纠葛?因为很小的利益纠纷,兄弟姐妹之间还能够一笑了之。但是重大的利益纠葛,就很难释怀了。古往今来,有许多例子可以作为明证。

中国还有句古话,叫作亲情重于金钱。兄弟姐妹情深义重,一旦哪位处于危机之中,其他人伸手援助,天经地义。最为常见的是,为兄弟姐妹承担债务。但是,一定要注意限度。

第六章 与同学交往

有人说,现代人最重要的人脉资源第一就是同学资源,因为现代人接受教育的时间通常都很长,接受教育的机会通常也很多,同学们来自五湖四海,去向大江南北,各种各样的职业经历和学识背景,使每个人都是一项独特的人脉资源。这大概也就是现在社会上同学会很盛行的原因之一吧。仅北京大学,各种各样的同学会就不下几十个,据说其中有一个由金融投资家进修班学员组成的同学会,仅有200余人,控制的资金却高达1200亿元,殊为惊人。据说中国最好的工商管理学院之一上海中欧工商管理学院,除了在上海本部有一个学友俱乐部外,在北京还有个学友俱乐部分部。人大、北大、清华等名牌大学在北京、上海、广州、深圳都有同学会或校友会分会,在这些地方,形形色色的同学会数不胜数。

周末的时候,到北大、清华、人大等校园走走,会发现有很多看上去不像学生的人在里面穿梭。其中有许多人是花了大价钱从全国各地来进修的。学知识是一方面的原因,交朋友是更重要的原因。对于那些"成年人班",如企业家班、金融家班、国际MBA班等班级的学生,交朋友可能比学知识更加重要,有些人唯一的目的就是交朋友。一些学校也看清了这一点,在招生简章上明白无误地告诉对方:拥有学校的同学资源,将是你一生最宝贵的财富。

在许多成功者的身后都可以清楚地看到他们同学的身影,有的是少年时代的同学,有的是大学时代的同学,还有各种成人班级如进修班、研修班上的同学。一位创业者在接受我们的采访时说,他到中关村创立公司前,曾经花了半年时间到北大企业家特训班上学、交朋友。他开始的十几单生意,都是在同学之间做的,或是由同学帮着做的。同学的帮助,在他创业的起步阶段起了很大的作用。

实际上,同学之间本来就有守望相助的义务,在现今这个时代,带着商业或功利的目的走进学堂,也并没有什么不妥。同学之间因为接触比较密切,彼此比较了解,同时因为少年人不存在利害冲突,成年人则大多数从五湖四海走到一起,彼此也甚少存在利害冲突,所以友谊一般都较可靠,纯洁度更高。对于创业者来说,是值得珍惜的最重要的外部资源之一。

那么,怎么做才能获得同学这种外部人际资源源源不断的支持呢?首先,必须从现在开始整理和积累同学资源,这样你才能够谈得上和他们取得联系。其次,要学会帮助你的同学,互相帮助才能让你赢得同学的回报。最后,你要学会整合你的同学资源。什么意思呢?很多人在和同学交往的过程中,往往只是去接触那些和自己脾气相投做事情合得来的同学,这部分同学往往是少数。这样一来,你就丧失了其他大部分可能和你脾气不合的同学的潜在支持。因此,要想获得大部分同学的支持,你必须要处理好这些同学和你之间的关系,做到获取最多同学的支持。

善于结交同学

正如我们介绍的那样,要想得到同学的帮助,你首先得拥有同学这种人脉资源。那么,怎么获得同学这种人脉资源呢?最重要的是不断交往,善于交往。

整理同学资料

毕业经过数年后,你的同学可能会分散在全国各地,从事各种不同的行业,有的甚至已成为某一行业或某一领域的"重量级"人物。当有需要时,凭着老同学的关系,相信会在某种程度上给你帮忙。这种老同学关系可从大学向下延伸到高中、初中、小学，如能加以掌握，这将是人生中一笔相当大的资源。因此，你可以按照一定的类别，比如学校，将你的同学资料整理一下。这样至少可以让你知道你究竟有多少同学资源，知道可用的同学资源的联络方式。

多参加同学会

如今，有许多类型的同学会，比如各种大学毕业生的同学会，留学生同学会。还有一些基于EMBA等培训机构成立的同学会，这种同学会直接将同学会归类为交际手段，学员以企业老板、券商和政府部门要员为主，性质上更接近一种俱乐部的性质，是一种纯粹的社交方式。专门有评论诠释了此种同学关系与普通学校同学的区别：普通学生们关心"谁是我的老师"；EMBA学员则关心"谁是我的同学"。更多的人在加盟后者的同时，寻找可能的商机以及合作伙伴。因为这个部落的成员原本就拥有丰厚的社会财富资源，在他们之间再建立一种学友关系无异于是一个加固手段。

这种先天带有功利色彩的同学会，在营销手段中是被肯定的"提供服务、增进交流、丰富生活、发现商机、永续情谊和扩大影响"。因此，要想积累同学人脉资源，一定多要参加同学会。

参加同学会一定要注意礼仪，否则很容易给同学带来不良的形象。同学聚会应该注意的礼仪如下：

（1）准时：参加同学聚会和商务洽谈一样，应该准时赴约。有些人认为，大家已经是老朋友、老同学了，迟到一会儿无所谓。但是，让大家都等待是非常失礼的。如果当时确实有事要晚到，也应该打电话给聚会的发起人，说明情况并表示歉意，当然，也要说清楚自己抵达的时间。

同学会

（2）忆旧：同学们聚在一起，肯定会畅谈过往今朝。但是在言谈中也要注意，也许您想提一段自己觉得很有意思的往事来助兴，可是要看看同学有没有带着配偶或朋友来参加聚会，也要想一想，提起这段往事会不会让同学感到尴尬或是不自在，如果起到了反效果，那么还不如不提。同样，如果有外人在场的情况下（如同学的朋友、配偶等），那么也不要轻易乱喊小时候互起的绰号，保不住别人就在乎呢。

（3）饮酒：同学聚会中，很多人都会选择喝酒。但一定注意要有所节制——如果醉酒闹事，不但会让大家扫兴，而且还会成为同学中的笑柄。中年人士同时还要想想，自己的脂肪肝、心肌炎能不能多喝酒？在被当年豪情冲击的同时，也要顾及自己的身体健康。

平时多联系

现代人生活忙忙碌碌，没有时间进行过多的应酬，日子一长，许多原本牢靠的关系就会变得松懈，同学关系之间逐渐互相淡漠。这是很可惜的。万望大家珍惜人与人之间宝贵的缘分，即使再忙，也别忘了沟通感情。

有位刚去美国的同学来信说："我们在那儿没有什么社交生活，我们难得去看看同学，这当然是因为我们初到异境，认识的同学不多，但后来我听说，其他的人也一样……"

"我们每星期工作五天，星期六和星期天都去郊外，这是一种家庭式的生活。就是说，要去郊外，就跟自己的家人去。"

"我们不能利用假期去探望同学，因为一到假期，谁都不在家，除非同学患病在床……"

"平时我们也不可能利用下班后的时间去看同学，因为交通太挤。"

"但我们常常和同学通电话，这是我们唯一可以应酬同学的方法，我们无事也打电话，哪怕是寒暄几句，或者讲些无关紧要的事。"

"但有事情时，我们会立刻聚在一起的，比方上星期我儿子肚子痛，我急忙起来打电话给友人江医生想办法，他马上驾车从 70 公里外赶到，初步诊断，认定他患了盲肠炎，就用他的车子送孩子进医院做了手术……"

有事之时找同学，人皆有之；无事之时找同学，你可曾有过？

结纳处境不好的同学

"好风凭借力，送我上青云"。人际交往，互利互惠。帮助别人，就是在自己的人情信用卡储蓄，特别是在人患难之际施于援手，救落难英雄于困顿。真心助人，其回报不言而喻。积累足够多的同学资源，这还不够，你还需要多帮助你的同学，这样才能进一步赢得同学的帮助。

俗话说："平时不烧香，临时抱佛脚。"那样的菩萨虽灵，也不会帮助你。因为你平常心中就没有佛祖，有事才来恳求，佛祖怎会当你的工具呢？所以我们求神，自应在平时烧香。而平时烧香，也表明自己别无希求，完全出于敬意，而绝不是买卖；一旦有事，你去求它，它念在平日你的烧香热忱，也不致拒绝。

有的人能力虽然很平庸，然而风云际会，也会成为万事亨通的人物。人在得意的时候，一切就看得很平常，很容易，这是因为自负的缘故。如果你的境遇地位与他相差不多，交往当然无所谓得失。但如果你的境遇地位不及他，往来多时，反而会有趋炎附势的错觉。即使你极力结纳，多方效劳，在对方看来也很平常，彼此感情不会有多少增进。只在对方转入逆境，以前友好，翻脸若不相识；以前车水马龙，今则门可罗雀；以前一言九鼎，今则哀告不灵；以前无往不利，今则处处不顺，他的繁华梦醒了，对人的认识，也比较清楚了。

如果你认为对方是个英雄，就该及时结纳，多多交往。或者乘机进以忠告，指出其所有的缺失，勉励其改过迁善。如果自己有能力，更应给予适当的协助，甚至施与物质上的救济。而物质上的救济，不要等他开口，随时采取主动。有时对方很急着要，又不肯对你明言，或故意表示无此急需。你如得知情形，更应尽力帮忙，并且不能有丝毫得意的样子，一面使他感觉受之有愧，一面又使他有知己之感。寸金之遇，一饭之恩，可以使他终生铭记。日后如有所需，他必奋身图报。即使你无所需，他一朝否极泰来，也绝不会忘了你这个知己。

每个人生活在社会上，都要靠同学的帮助。但平时礼尚往来，相见甚欢，甚至婚丧喜庆、应酬饮宴，几乎所有的同学都是相同。而一朝势弱，门可罗雀，能不落井下石、趁火打劫就不错了，还敢期望雪中送炭、仗义相助吗？

"人情冷暖，世态炎凉。"趁自己有能力时，多结纳些潦倒英雄，使之能为己而用，这样的发展才会无穷。

平时不屑往冷庙上香，临到头再来抱佛脚也来不及了。一般人总以为冷庙的菩萨不灵，所以才成为冷庙。其实英雄落难，壮士潦倒，都是常见的事。只要一朝交泰，风云际会，仍是会一飞冲天、一鸣惊人的。

从现在起，多注意一下你周围的同学，若有值得上香的冷庙，千万别错过了。

对同学要谦虚

有一位同学，爱好交际，也热情帮助同学，可是同学们却对他评价不高，见到他就想躲开，更别提帮助支持他了。为什么？原因在于，这位同学往往得意忘形，对同学动辄重言重语，因此他得不到同学们真正的尊重，也就得不到同学互相守望的好处。

其实，有一些人和同学交往，也有类似的问题。他们不够谦虚，不会退步，不会提出建议，他们忘了，和同学交往，也需要很好的"情商"才行。

处世唯"谦"字了得！若一味狂妄自负、骄傲自大，只会失去处世的根本。

不可目中无人

目中无人高高在上不但不能引起别人的尊重，反而会引起他人背后甚至当面的讥笑。获得别人尊重的唯一要诀，就是练好"谦"功，先尊重别人。

言行妄自尊大，将使与你接触的人们，个个感觉头痛，获得一个不快的印象，从此你所能交往的新同学，将远没有你所失去的老同学那样多，直到了众叛亲离的绝境而后已。试想到了那时，你做人还有什么趣味？你行事还有什么伟大的成就？你的名誉还能靠谁来传扬呢？

要改正目中无人的不好癖习，并不是一件难事，只要记住：未来要去成就的丰功伟业还多着呢,现在即使有了一点点小成就,比起未来的成就只是微乎其微。即使有人已对你大加赞美,也只是表明他们的眼界太低,而不能说是你的成就已达顶峰。当你对人说话时,应该打定主意:你是在向对方吸取学识经验,而不是把你浅薄的学识全部搬出来炫耀。你发表意见,必须抱着求人将它改善的目的,而不是用来压倒人。因为实际上,没有一个人是情愿被迫接受任何意见的。

人们都不喜欢那些常爱自吹自擂的人,你当然不愿人家也是这样看待你。那么最好的办法,就是在乎自己谈吐行动之间,处处给人留下一个自由旋转的余地,如果你的意见的确是对的,他们经过思索之后,自然会乐于接受的。万一他们抱着一种成见,始终坚持不接受,那你也必须知道:过分强调、夸大的语气,并非是征服他们的武器,反而易使他们更走异端,与你深沟高垒地对峙起来了。

请教不择人

向同学请教,不必注重对方身份的高下,但必须问对人。

在西奥多·罗斯福任美国总统期间,当他去打猎的时候,便去请教一个猎人,而不是去请教身边的政治家;反之,当他讨论政治问题时,他也绝不会和猎人商议,而是和政治家开会。

"各得其所"是做任何事都不变的原则。就拿人格担保来说吧!一个演说家也许可以用人格来担保其人演讲起来一定精彩,但是他没有资格担保某种饮料的品质一定高超。同样地,一个正直的传教士,也许可以保证某人是一个好人,但不能保证某种药品确实有效。否则,他自己固然难免受人蒙骗,就是别人也将因而上当。

所以我们向人求教时,切勿先被一种成见所蒙蔽,以为自己平日对于某人的印象极佳,那人说出来的话,便一定没有错,这就是失去了理智的行为。实际上,你应该先知道那人对于你所问的事情懂不懂、有没有经验才是。美国杂货业大王凡瑞迈可说:"年轻人平时最大的错误,就是对于任何事自己都先存了一种成见,当他们去请教于人时,实际上,并没有存着探索真理或搜求有识者经验的目的。他们最后无非是希望对方对他的意见大加夸奖一番,如果对方给了他一个否定的回答,他往往不区别事情曲直,只是大失所望,最后还是依自己的意思去做。"

第七章　与同乡交往

每个人都有老乡,共同的人文背景,地理位置,风俗习惯,使老乡之间有一种天然的亲近感。因此,出门在外,老乡之间的感情是最深的。这也就是使乡情成为老乡之间无形的办事资源。

中国人特别重视乡情，来自一个地方的两个人会因此在他乡乃至异国彼此扶助而建立深厚的感情或长久的关系。这种难忘乡情的行为自古已有之。

公元前206年，项羽入了咸阳以后，杀了子婴，火烧了秦宫殿，而后就回他的楚国老家去了。当时有人劝他，说在关中称王，但项羽却理由十足地说"富贵不归故乡，如衣绣夜行，谁知之者"。项羽因此而失去了大好江山，被后人讥笑成"楚人沐猴而冠"。

这种衣锦还乡的心态，暴露了项羽胸无大志、没有见识的特点。但是，在这浅薄无知的言论中，还能显出他对乡里乡亲的深情厚谊。

在中国，人们都有着一种强烈的乡土观念，这种观念主要表现在对同乡与生俱来的热情，特别是同样到外地打工或上学的那一类人，这种同乡的感情特别强烈的。

亲不亲　故乡人

当今时代，利用乡情办事的事例数不胜数。近至一般的人物，远到港、澳、台以及海外侨胞，只要事业有成者，无不想为家乡做一份贡献。如果掌握恰当地利用好"老乡关系"，不论是于人于己，都是有一定好处的。

某知名企业家王先生原是河南人，解放战争时，由于兵荒马乱，他跟着父母逃荒到广东，后就在那里定居下来。新中国成立后，王先生一家为了当地的建设，就再没有回河南了。改革开放以后，王先生以敏捷的思维和大胆的投资，创办了一家工厂，经过几年的奋斗与拼搏，现已成为全国同行的佼佼者，个人资产总额已过亿。王先生虽已成家立业，但时时刻刻都在想着家乡，想着家乡的人民。现在他年龄大了，很有一种叶落归根的想法，但苦于工作太忙，无法回去。

这时，王先生的家乡为了创办当地特有产品的加工厂，需一笔不小的资金，当地政府千筹万措，才筹到了总数的1/3，于是就派小钱去找王先生，希望能得到援助。

小钱是政府对外联络办的，为人聪明，善于交际，且很有办法。他看到王先生的详细资料后，就判断出王先生这时一定也很有为家乡投资的意向。因此，在没有任何人员的陪同，也没有准备任何礼品的情况下，独自一人前往广东，并打包票定会筹到款项。

当王先生听到家乡来人时，欣喜之余也感到有些惊讶。因为久不闻家乡的信息，突然有人来了，该不会是招摇撞骗吧？王先生不由起了疑心，但出于礼节，还是同小钱见了面。

小钱一见王先生的神情，知道他还未完全相信自己。于是他挑起了家乡的话题，只讲家乡新中国成立前的情况及最近30年的风貌变化，他那生动的语言，特别是浓浓的爱乡之情溢于言表，令王先生深受感动，也将他带回了童年及少年时期。想起了那时的家乡、那里的爷爷奶奶，还有邻里亲戚……很显然，王先生记忆深处中的思乡情结已被小钱的话语深深地触动,那份几十年的感情全部流露了出来,欲罢不能。

就这样,经过 3 个小时的聊天,小钱对借钱一事,只字未提,只是与王先生回忆起了家乡的变迁,犹如放电影一般。最后,王先生不但自己主动提出要为家乡捐款一事,还答应了与家乡合资办厂的要求。小钱就是充分抓住了王先生的心理特点,抓住了王先生埋藏几十年的思乡之情,不但完成了任务,还了却了王老那份心愿。

借助老乡搭人脉

俗话说,老乡见老乡,两眼泪汪汪。地域的接近,带来心理上的亲近,同乡间也许更容易打交道吧。你是否有意识地组织参加同乡间的活动? 是否从中发掘了你需要的某种资源,或者遇到了职业发展中的"贵人"?

多参加老乡会

老乡会顾名思义是老乡人的团体。老乡会存在是有理由的,一方水土养育出一方人士,自然有割舍不了的乡情。大学里都经常可以见到某地区同乡的学生组织成一个"联谊会",有些人或者会觉得他们落后狭隘,后来甚至发现有些教师也参与其中,更觉不可思议。但事实证明,他们那种同乡之间"抱成团"的思想还确实给大多数的同乡们带去了"实惠",比如,解决生活等方面的困难。再后来,这种同乡会性质的团体几乎到处都可以见到。它的形式虽是松松散散的,但"亲不亲,故乡人"这种观念还是有一定凝聚力的,这种同乡性质的联谊在"对外"方面保持一致性,而对内则是互相帮助,互相提携的,这种联谊的好处在于对外一定要团结一致,共同抵抗困难和一些外来的威胁。

既然同乡观念已经在人们的头脑中根深蒂固,可以影响到一个人的人际关系态度和他的思想感情,那么无论在我们的日常交往中还是日常生活中就不可忽视这种观念。

最起码的,它可以在你有困难时用来为你向别人求助提供一条"跑关系"的线索。对于同乡关系,只要不走歪门邪道,不到"结党营私"的程度,那么这种方法是完全可以的。

当一个人离开家乡,离开生他的土地,处于陌生的环境,他就会怀念家乡的亲切,家乡的美好。在他的记忆深处,始终都有一块领地属于家乡。也许现实的生活会暂时将这块领地掩盖起来,而一旦触及这块领地,特别是受到挫折时,那一股思乡潮便源源不断的涌泻开来,充满他的大脑,触及记忆的神经,而在这时,与老乡谈起家乡的话题,以此来触动他的思想情绪,达到共鸣,老乡的关系就会更深一层。

李梅是一个普通的银行职员,每天上班干自己那点分内事,平常不喜社交。好多同事聚会及同学聚会,她都以有事为由推掉了。

后来单位搞竞争上岗，李梅参加客户经理竞聘，没想到阴差阳错，竟然竞聘上了。这样一来，她的工作有了明显变化——以前每天存款取款，没什么压力；而今做客户经理，是要根据你管理的 VIP 客户的新增量以及存量客户的存款量等系列指标来考核的，简单点说，只要你管理的 VIP 客户越多，业绩肯定就越好。

可是李梅的生活圈子小，人际关系更是简单得像白纸，朋友少得可怜，更别说有钱的朋友了。所以上任后，几乎有半年时间，她的业绩都是倒数第一。

有一天，李梅的办公室来了两位不速之客，其实以前李梅也见过他们来银行办理业务，只是互不认识。坐定后，其中一位说："小李，听说你是四川阆中人？"她说，是呀，你们怎么知道？那人又说："这你就别问了，何总你认识吧，他也是阆中人，今天晚上有一个同乡会，何总是会长。他叫我们来请你参加。"李梅想到自己要扩大朋友圈，于是就答应了。

两人走后，李梅才想起来，那位何总是一个百亿元项目的负责人。那晚的聚会上，李梅受到了热烈欢迎，并成了同乡会的新会员。在祝酒时，何总高举酒杯，对上百同乡说："都说老乡见老乡，两眼泪汪汪，我们都是远离家乡在外打拼的人，有困难大家要相互帮助，我知道在座的有很多都是事业有成的人，社会圈子也广，以后，大家要把存在其他银行的钱、甚至家里的老窖，都搬到小李那儿去！"

在大家的一片叫"好"声中，李梅感动得说不出一句话，从不喝酒的她，和着眼泪把那杯白酒一饮而尽。

从那以后，李梅的业绩开始突飞猛进，短短半年里，从倒数第一变成顺数第一。在她名下管理的 VIP 客户就达几百人，存款新增更是过亿元，而其中大部分都是她的老乡，还有老乡介绍来的熟人。

李梅现在才体会到，正是老乡会，拉近了人与人之间的距离，使大家可以相互支持、相互帮助。

一举多得的 Party

从学校进入职场，每个人都要经过不断的磨合，渐渐地适应环境。与大学同学相比，和单位里同事的交往，多了一分顾忌，少了一分亲切。

大学毕业后，与老乡同学们保持着联系，大家定期组织个聚餐什么的排解乡愁，还能做到了信息和经验共享、渠道与机会同在。

比如，小 B 的公司需要招销售经理，在聚会上，恰好遇到老乡的同学小 J，小 J 曾经在德资企业做过销售主管，两人一谈，感觉挺投机，小 J 最后真的去小 B 的公司任职了。小 G 要去一个人才招聘会设摊招聘员工，同乡小 L 说："别去了，上次我们公司花了几千元，白打了水漂，不如去人才网站试试看，既省钱又高效。"小 G 接受了他的建议，通过人才网站出色地完成了招聘任务。

如今的人，工作和生活都有圈子。有一位作家说："朋友就是拿来用的。"清不清，家乡水；亲不亲，家乡人。喝一个地方的水长大，人不亲水还亲呢。受一个地方的文化熏陶,性格虽然各异,文化却有着藕断丝连的联系。话间有了乡音,更是万分亲切了……这也许就是"老乡见老乡,两眼泪汪汪"的深层含意吧!

上网结识老乡

科技的发达,让人际网络的往来,变得多元而复杂。有的人 MSN 上的朋友名单上千位,更有甚者,经营的网络商铺居然有成百上千的忠实顾客;而且在网络上一天所结交的朋友,可能比过去现实生活中一年认识的还多。网络交友已经成为时尚和流行,也是实用的"从虚拟朋友变现实朋友"的渠道。

小西独自一人到上海打工,他的家乡在桂林,那儿的人们一般都去邻近的广东打工,在大上海他难得遇见一位老乡。后来在家乡的某网站上,看到桂林人在上海的 QQ 群,于是加入进去,才发现其实上海的桂林老乡也很多。自此每天挂在 QQ 上,和一群桂林老乡聊天吹牛,其乐融融。群里的老乡聚会月月不断,还有各种活动。因为囊中羞涩,他一次也没有参加过。有人在 QQ 上"质问",他就说,兄弟找工作找得焦头烂额啊! 有热心人问,学的是什么专业? 给他好一番指教,之后还留下电话,说如果有机会,可以帮着介绍介绍。

小西原以为是客套话。那天突然接到老乡的电话,说某家杂志社招人,说他已经推荐了小西,人家急着要人,然后告诉小西那家杂志社的电话,让小西赶紧联系。小西半信半疑地打了个电话过去,然后就面试,然后竟然就签了合同。

在某种程度上来说,老乡关系本身便带有"亲情"性质或"亲情"意味,故谓之"乡亲"。

中国的老乡关系很特殊的,也是一种很重要的人脉关系,既然是同乡,那涉及实际利益的时候,则是"肥水不流外人田",只能让"老乡圈子"的人"近水楼台先得月"。也就是说大多会按照资源共享的原则,给予适当的照顾。如此看来,搞好人际关系是非常重要的,不仅可以多交几个朋友,最重要的是可以获得许多有用的东西,也许一辈子都会受益无穷。

运用老乡圈受益无穷

在我国上下几千年的历史上,有一个有趣的现象:在一个地区中出现过一个显赫人物,往往就会带出一大帮。到了近代,这个现象似乎特别明显。大批的同乡做了官,形成一定的"势力圈"之后,这个地方便会邻里和睦、社会安定、经济发达,自然会被说成是"人杰地灵"。

在这一点上,温州人是运用得最为熟练到位的。

温州人的许多生意经是其他人无从学起的,这主要因为温州人相互之间人重视老乡之间的感情。紧密相连的人脉实际孕育了许多商机。

浙江商人非常注重老乡,出门在外的浙江人都非常愿意照顾自己的老乡。诸如"浙江村""温州街"等,都是老乡相互支持的表现。正是这种老乡关系,让浙江商人走到哪里都有一种归属感,走到哪里都有人帮助,他们的经商活动才能够顺利进行。

2004 年,温州有名的印刷设备经销商李方源决定移师南京,但是怎么在这个人生地不熟的地方开展业务呢? 李方源自然有它的办法。这是每一个温州商人经商的套路。

首先,他摸清一大批在南京经商的温州人的下落,然后挨门逐户的拜托他们为自己承揽一点业务,拉开一张有几百户的"老乡网"。

然后,他利用全国个私企业工作会议在温州召开的机会,在会场上结识了不少南京人,尤其是与本行业有关的客户。

最后他开始在南京招兵买马。

在产品推销过程中,李方源又遇到了麻烦。由于多年前"温州货"质量低劣的负面影响在南京人心目中烙印很深,它的产品无法一下子让南京人接受。但是,李方源并不担心,他只是耐心地等待机会。机会终于被李方源等到了。

在全国印刷材料展销会上,他请许多专家介绍他的产品,并给企业免费使用。通过这一招,国内的企业都知道了他的产品质量,在产品质量过硬的声誉下,产品的推荐就容易多了。现在,李方源的公司已不再上门推销了,他们的产品在南京已经有了良好的声誉,客户都会直接找上门来,公司也开始赢利了。

从开拓市场到赢利这个过程所花的时间却不到一年,这让许多人不可思议。其实正是这种拓展人脉的能力,让每一个温州商人无论走到哪里,都能够很快在当地"扎根""发芽"直至"开花""结果"。

老乡关系的经营

老乡关系也是需要经营的,一般有几个技巧:

1.建立"老乡群"

一般人的手机或者 QQ 都有自己的"群":亲属群(家人,最亲近的人)。社会群(同事,领导,邻居,客户等),专业群(专业协会,俱乐部等组织成员)在你的人脉资源名单里,应把老乡这一属性作为重点属性标注上去,比如个人的基本资料、兴趣嗜好、专长,性格特征等。透过这份人脉资源名单,可以看出自己的人脉关系组合特征,以后沟通时可作为交往的突破口。

2.抓住机遇

大学时期一般会有老乡会,要善于利用前后几个年级的老乡资源。走出校门后,有一些地区也会在他乡建立老乡会,如北京就有宁波老乡会等许多组织。要积极寻找组织,拓展人脉。

由于现在的交通便利、人员流动程度相当高,在任何一个单位、任何一个场所,都可能有你的老乡。请培养你的老乡亲和力,尝试着和任何人说话,即使是在街上碰到的陌生人,都有可能因为一句老乡的攀谈而成为你事业生涯的贵人。

3.保持联系,良性沟通

人际交往时良好的突破口就是"老乡"了,但认识不等于是你的人脉,所以要经常联系,沟通。在与老乡沟通的过程中注意以下几点。首先,在交谈中尽量寻找双方地域上的交集,越近越好,这要求你对故乡的地理位置和风俗习惯比较熟悉。其次,你可以扩大地域概念的范围,比如你们是邻省、你的亲戚与对方是老乡等等。再次,别忘记给他你的名片,名片就等于是你个人的行销档案,千万不能忘。

4.用心经营,切忌急功近利

对方与你是老乡,并不意味着他就一定会帮你,老乡仅仅是交往的一个突破口,对待与老乡的交往,不要报以功利心态。重要的是与之建立长久的互惠关系,而非为了特定的目的而进行交往。互利才是增进关系最重要的法门。老乡这一简单的关系,转变为可交往的朋友是一个持续的过程,也许这些无法立即介绍工作机会给你、无法立刻给你帮上忙等,但是记住:保持联络,互帮互助,就有机会。

第八章　与竞争对手交往

在日常交往中,人们常常视对手为"敌人",并提醒自己:他是我的竞争对手,也就是我的敌人! 只要他成功了,我就会被打败! 因此,千万要提高警惕,不要对他有半点好心。

事实并不完全是这样的,在人生交往中,什么人都得有所接触,对手又怎么了! 对手也一样能和你坦诚相处,真心地交流。只要你能放下那种狭隘的看法,用一种欣赏的眼光去看待他,你就会发现,对方其实并非想象中的那样,他有许多东西值得你去学习和借鉴。

非要和对手拼个鱼死网破吗

有一个寓言故事:

野狼和狮子同时发现了羚羊,它们商量好一起追捕那只羚羊。它们合作良好,当野狼把羚羊扑倒,狮子便上前一口把羚羊咬死。但这时狮子起了贪心,不想和野狼平分这份猎物,于是想把野狼也咬死。可是野狼拼命抵抗,后来它虽然被狮子咬死,但狮子也深受重伤,无法享受美味。

试想一下,如果狮子不如此贪心,而与野狼共同分享那只羚羊,岂不皆大欢喜? 这个故事讲的就是"你死我活"或"你活我死"的游戏规则!

我们常说,人生如战场,但人生到底还不是战场。战场上敌对双方不消灭敌人就会被敌人消灭。而人生赛场不一定如此,为什么非得争个鱼死网破、两败俱伤呢?

大自然中弱肉强食的现象较为普遍,这是出于它们生存的需要。但人类社会不是动物界,个人和个人之间,团体和个体之间的依存关系相当紧密,除了竞赛之外,任何"你死我活"或"你活我死"的游戏对自己都是不利的。

唐代大将郭子仪、李光弼二人原本在一位节度使手下听差,但二人长期不和,到了水火不容的地步。

这位节度使外调,郭子仪因才华出众而被任命为节度使,李光弼担心郭子仪公报私仇,欲带兵逃走,但又有点模棱两可,犹豫不决。当安禄山、史思明发动叛乱时,唐玄宗命郭子仪领兵讨伐。身为大将,此时正是报效祖国的时刻,李光弼找到郭子仪说:"我们虽共事一君,但形同仇敌。如今你大权在握,我是死是活,你看着办吧!但恳请放过我的妻儿。"

营帐里的气氛顿时凝固起来,众多将领不知所措。在这种情形下,如果郭子仪感情用事,后果不堪设想。但郭子仪毕竟具有大将风度,他握住李光弼的手,眼含热泪地说:"国难当头,皇上不理朝政,作为臣子,我们怎能以私人恩怨为重,而置国家安危存亡于不顾呢?"说完倒地便拜。

李光弼被郭子仪的诚心所感动,他在战斗中积极出谋划策,打败了叛军。郭子仪推荐李光弼当上了节度使。后来,李光弼的权力也日益增大,与郭子仪同居将相之职,二人之间没有半点猜忌之心。

这是一个皆大欢喜的结局,它不仅因为郭子仪虚怀能容,宽广能恕,更因为诚心感动人而获得双赢。就像廉颇与蔺相如的关系一样,郭子仪与李光弼的友谊也成了千古佳话。

当你在社会上行走时,建议你也像郭子仪那样采用"双赢"的策略。这倒不是看轻你的实力,认为你无力扳倒你的对手,而是为了现实的需要。

那种"你死我活"的争斗在实质利益、长远利益上来看都十分不利。所以你应该和对手相依相存谋求双赢互利。

多为对手鼓掌叫好

平凡的生活并不平凡,因为处处都有精彩。这些精彩,有自己的也有他人的,有朋友的也有对手的。当我们看到自己和朋友取得成功时,我们总是兴奋不已,努力为自己和朋友鼓掌喝彩。但对于对手的成功我们该怎样去面对呢?是嫉妒还是欣赏?是大声叫好还是不屑一顾?

为自己叫好容易,为别人叫好困难,为对手叫好更困难。生活中有许多人只知为自己取得的进步和成功欢呼,对别人尤其是对对手取得的进步和成功无动于衷,他们很少真诚地为别人和对手叫好。

可是你知道吗？为别人和对手叫好并不代表你就是弱者，你就是失败者。因为你为别人和对手叫好是一种美德，你付出了赞美，这非但不会损伤你的自尊，相反还会收获友谊与合作；为别人和对手叫好是一种智慧，因为你在欣赏他们的同时，也在不断提升和完善自我；为别人和对手叫好是一种修养，为别人和对手赞赏的过程，也是自己矫正自私与妒忌心理，从而培养大家风范的过程。美德、智慧、修养，是我们为人的资本。

以下是人脉建议：

取得成绩时不要骄傲狂妄；

肯定别人尤其是对手取得的成绩；

培养自己大度、宽容的胸怀；

尊重每一个人，尤其是对手。

欣赏对手能赢得人心

排斥对手对事情没有一点帮助，弄得不好还会两败俱伤。相反，如果抱着欣赏对手的心态，则可能赢得人心。人与人之间肯用真心交流，就会增进了解，消除隔阂，使他人变成你的朋友，拿对手当成动力，不是更有利于你的成功吗？

不肯欣赏对手的人，实在是很不幸的。在正常条件下，欣赏对手能发挥极大效果，它会给你带来幸福、友谊，乃至成功。

当你树立了一个敌人的时候，你所得的将不只是十个敌人，你在精神上所受到的威胁将十倍百倍于他实际上给你的威胁。

而你用高尚的人格感动了一个敌人使他成为你的朋友的时候，你所得到的也将不只是十个朋友，你在精神上所感受的欢乐和轻松也将十倍百倍于他实际上所给你的。

人性是欣赏对手的催化剂

真正促使自己成功，使自己变得机智勇敢、豁达大度的，不是优裕和顺心的环境，而是那些常常置自己于死地的打击、挫折和竞争对手。

为人有了欣赏对手的心情，人与人、人与自然、人与社会也会变得更加和谐，更加亲切。我们自身也会因为这种心理的存在而变得愉快和健康起来。

人生没有永远的朋友，也没有永远的敌人，无论竞争多么激烈的对手，竞争过后都会有联合的可能。因此，在竞争中，不要做得太绝，要给人留条活路。这就是俗话说的"为人不可太绝"的道理。

胡雪岩有一套高超的为人技巧，尤其在对待对手这个问题上，处理的方式令人赞佩,他即使完全有能力打垮对手,而且也有足够的理由这么做,但他绝不把事情做绝。

胡雪岩到苏州办事,临时到"永兴盛"钱庄兑换20个元宝急用。谁知这家钱庄不仅不给他及时兑换,还平白无故地诬陷胡雪岩手持的浙江阜康银票没有信用,使他受了一点气。

胡雪岩在这家钱庄无端受气,自然想狠狠整它一把。由于浙江与江苏有公款往来,胡雪岩可以凭自己的影响,将海运局分摊的公款、湖州联防的军需款项、浙江解缴江苏的协饷等几笔款子合起来,换成永兴盛的银票,直接交江苏藩司和粮台,由官府找永兴盛兑现,这样一来,永兴盛不倒也得倒了,而且这一招借刀杀人一点痕迹都不留。

不过,胡雪岩最终还是放了永兴盛一马,没有去实施他的报复计划。他之所以放弃报复,主要有两个考虑:一个考虑是这一手实在太辣太狠。一招既出,永兴盛绝对没有一点生路。另一考虑则是这样的,很可能只是徒然搞垮永兴盛,自己却劳而无功。这种损人不利己的事情,胡雪岩也不愿意做。

从这件事情中,我们可以看到胡雪岩作为红顶商人人性里宽仁的一面。

怨恨就像一团麻,要想解开,必须有足够的耐心和善心。心胸狭窄、"英雄气短"的人,只会用极端的办法加剧与对手的矛盾。胡雪岩在此所表现的为人境界是值得称道的。

给对手以适当的赞美

人都有一种强烈的愿望——被人赞美,赞美就是发现价值或提高价值,我们每个人总是在寻找那些能发现和提高我们价值的人。

一家成功的保险公司经理在谈到成功的秘诀时说,很重要的一条是:我们赞美我们的代理人,也赞美我们的竞争对手。

赞美别人是一种美德,赞美对手却是一种高素质的表现。

褒曼作为获奖者,没有喋喋不休地叙述自己的成就与辉煌,而是对自己的对手推崇备至,极力维护了落选对手的面子。无论谁是这位对手,都会感激褒曼,会认定她是倾心的朋友。

一个人能在获得荣誉的时刻,如此善待竞争对手,如此与伙伴贴心,实在是一种文明典雅的风度。

为了维护良好的人际关系,你的一言一行都要为对方不论是朋友还是对手的感受着想,学会安抚对方的心灵,不可以使对方产生相形见绌的感觉。与此同时,自己的心灵也会因此安然自慰,而有一个极好的心情。

找个能力强的人做对手

有一次,一只鼬鼠向狮子挑战,要同他决一雌雄。狮子果断地拒绝了。"怎么,"鼬鼠说,"你害怕吗?""非常害怕,"狮子说,"如果答应你,你就可以得到曾与狮子比武的殊荣;而我呢,以后所有的动物都会耻笑我竟和鼬鼠打架。"

"老鼠比赛的麻烦在于,即使赢了,你仍然是一只老鼠。"

对于低层次的交往和较量,大人物是不屑一顾的。

在竞争中尤其如此。你如果与一个不是同一重量级的人争执不休,就会浪费自己的很多资源,降低人们对你的期望,并无意中提升了对方的层面。

同样地,一个人对琐事的兴趣越大,对大事的兴趣就会越小;而非做不可的事越少,越少遭遇到真正问题,人们就越关心琐事。

这就如同下棋一样,和不如自己的人下棋会很轻松,你也很容易获胜,但永远长不了棋艺,而且这样的棋下多了,棋艺会越来越差,所以好棋手宁可少下棋,也尽量不和不如自己的对手较量。

要提高自己的能力,最佳途径是找个能力强的人做对手。

著名数学家华罗庚曾说过:"下棋找高手,弄斧到班门。"他认为,应敢于和高手"试比高"。当他在乡镇小店里自学时,就敢于对大数学家苏家驹的理论提出质疑。正是"班门弄斧"的可贵精神,使他提早闯进数学王国的神秘宫殿。

华罗庚的成功,就在于敢寻找高手做对手,敢为天下先,敢与高手过招。

我们在竞争中要找一个什么样的对手呢?

如果你是霍利菲尔德,你就去找刘易斯或泰森做对手;如果你是姚明,你就去找科比或奥尼尔做对手;如果你是齐达内,你就去找罗纳尔多或菲戈做对手;如果你是刘国梁,你就去找瓦尔德内尔或金泽洙做对手;如果你是小林光一,你就去找李昌镐或李世石做对手。

只有和高手过招,你才能理解竞争的真正意义,才能体验到竞争的激烈,才能观察到对手的优秀之处。也只有在与高手过招的过程中,你才能发现自己的不足,发现自己的缺陷。这样,在平时,你就会注意从哪些方面努力,以弥补自己的不足和缺陷。

和高手过招,是件有百利而无一弊的好事情。无论在何种情况下,你都应该找能力强的人做对手。

放下互相仇视的眼光

俗话说:"男儿出门一步,就有七个敌人。"对现代人而言,敌人真是不胜枚举,如商敌、情敌、棋敌、牌敌、考敌等。其实,既然同样是人,为什么要为自己设下那么多的敌人？为什么要那么怀恨别人？这种朝朝暮暮与人为敌的人，终有一天，会变成冷酷无情的人。

有的人一旦对立场相左的人产生恨意时（即使是假想敌），就会千方百计地攻击对方，直到彻底打倒对方为止。还有一些人，抱着"以牙还牙，以眼还眼"的心理，如果挨了一拳，一定要还以三拳才肯罢休。如此一来，不但永远无法和解，还会增加彼此之间的憎恨，落得两败俱伤，最后同归于尽。

为了避免产生这种现象，我们应该尽量欣赏对方的成就，体谅对方，而不是播下仇恨的种子。

在现实生活中，对自己的对手、敌手、对立面，与其怨恨、报复、对抗、无谓地搅局，倒不如谨慎地、不卑不亢地先求助于对方，以此博取对方的好感而消除以往的情绪和芥蒂更为有利。

为人何必用那种仇视的眼光看待对手呢？这样，你会把自己搞得身心疲惫。与其如此，还不如用一颗友善的心去欣赏对手。

欣赏对手，你就会得到意外的收获，不但使对手变成朋友，而且还能取得对手的信任和帮助。一举多得，何乐而不为呢？

以宽容的心对待对手

宽容，对人对己都可成为一种无须投资便能获得的"精神补品"。学会宽容不仅有益于家庭和睦、婚姻美满，还对赢得友谊都是必要的。因此，对自己的"敌人"要有一颗宽容的爱心。宽容，它往往折射出待人处世的经验和艺术，它会让你的"敌人"变成你的朋友。

法国19世纪的文学大师维克多·雨果曾说过这样的一句话："世界上最宽阔的是海洋，比海洋宽阔的是天空，比天空更宽阔的是人的胸怀。"雨果的话虽然浪漫，但很有现实意义。

每个人都各有所长，各有所短。争强好胜容易失去做人的乐趣。只有承认自己某些方面不行，才能扬长避短，才能不因嫉妒之火吞灭心中的灵光。

小说《三国演义》中，诸葛亮初出茅庐，刘备称之为"如鱼得水"，而关、张兄弟却不以为然。在曹兵突然来犯时，兄弟俩便"鱼"呀"水"呀地对诸葛亮冷嘲热讽，诸葛亮胸怀全局，毫不在意，仍然重用他们。结果新野一战大获全胜，使关、张兄弟佩服得五体投地。如果诸葛亮当初跟他们一般见识，争论纠缠，势必造成将帅不和、人心分离，哪能有新野一战和以后更多的胜利呢？

唐朝谏议大夫魏征，常常犯颜苦谏，屡逆龙鳞，可唐太宗以宽容为怀，把魏征看作是照见自己得失的"镜子"，终于开创了史称"贞观之治"的太平盛世。

真正的宽容，应该是能容人之短，又能容人之长。宽容的过程也是"互补"的过程。别人有此过失，若能予以正视，并以适当的方法给予批评和帮助，便可避免大错。只要你具备了真正的宽容，必能取人之长，补己之短，使自己受益匪浅。

宽容，不仅对于自己的朋友要宽容，就是对于和自己有不同嗜好、主义或主张的敌对者，也要有包容的心。你会发现，包容是化解一切不快的最好良药。

化敌为友，消灭对手

美国总统林肯对政敌十分的宽容，他的态度引起了一位官员的不满。这些官员批评林肯不应该跟那些人做朋友，而应该消灭他们。林肯十分温和地说："当他们变成我的朋友时……难道我不是在消灭我的敌人吗？"

与人交往，总会有磕磕碰碰，总会遇到使自己不愉快的人。发泄一通固然痛快，但却会因此获罪于人，无意中为自己树立了敌人。要想成为一个人脉高手，有些时候，应该做到"爱你的'敌人'"那样大度。

"爱"你的仇人，这是件很难做到的事，因为绝大部分人看到仇人都会有灭之而后快的冲动，或环境不允许或没有能力消灭对方，至少也会保持一种冷淡的态度，或说说让对方不舒服的嘲讽话，可见要"爱"敌人是多么难。

林肯

就因为难，所以人的成就才有高有低，有大有小，也就是说，能当众拥抱仇人的人，他的成就往往比不能"爱"仇人的人高大。

能"爱"自己的仇人的人是站在主动的地位，采取主动的人是"制人而不受制于人"，你采取主动，不只迷惑了对方，使对方搞清你对他的态度，也迷惑了第三者。搞不清楚你和对方到底是敌是友，甚至都有误认你们已"化敌为友"。可是，是敌是友，只有你心里才明白，但你的主动，却使对方处于"接招""应战"的被动态势。如果对方不能也"爱"你，那么他将得到一个"没有器量"之类的评语，一经比较，二人的分量立即有轻重。所以当众拥抱你的敌人，除了可在某种程度之内降低对方对你的敌意，还可弱化你对对方的敌意。换句话说，为敌为友之间，留下了条灰色地带。

每个人都有自己的私敌，只有对待私敌的方式不同。面对一个曾经的私敌，我们可能想到不堪回首的屈辱。可是，让我们更有尊严的不是惩罚那些曾经让我们失去尊严的人，而是宽恕曾经伤害自己的敌人。大凡成功的人士都有"有容乃大"

的胸襟和气度。

韩信年轻时，一个青年对他说：要么从自己胯下爬过去，要么，杀死他。在屈辱和生存之前，韩信选择了胯下之辱。人们纷纷指责韩信懦弱。多年过去了，韩信成为汉朝开国元勋。人们认为那个让韩信受过屈辱的人一定会受到韩信的惩罚。可是，韩信提拔了那个曾经让自己受过屈辱的人。有人认为：韩信此举，不仅让人看到韩信光明磊落，而且，还可以让自己受辱的传言失去市场。

当别人抓住你的错误大加指责时，你在恼怒之前，不妨先平复自己的心态，认为他是对你的关心。从这个角度去理解和解决问题，要比无休止的争论对错强得多。

如果你能挖掘对方句句带刺的话里隐藏的积极因素，那么就会大大消除出现敌对场面的可能性，从而减弱攻击的心态。接着，你要有直面问题的心态，努力找出合理的办法解决它。

可以先分析原因，自己先想想，是不是做了哪些事、说过哪些话让对方看不顺眼。如果不明就里地去找对方兴师问罪，只会更加激起对方的"反感"心理，让对方看你更不顺眼，从而激化矛盾。当你在工作中非常需要另一个人的帮助，而这个人曾与你有某种不和的时候，你该做些什么，显然，放弃并不是好办法，虽然不费吹灰之力便可做到，但会使你失去一个得力伙伴。你应该做的是如何化敌为友，使之成为你的朋友。下面介绍几种化解矛盾的方法：

1.发出信号

抱着解决问题的心态去向对方问清楚原因。你可以问他："我不知道发生了什么事，是否可以告诉我是什么问题。"如果对方什么话也不愿意说，那说明对方对你的敌意较深，那你干脆直截了当地跟对方说："我知道你对我似乎有些不满，我认为我们有必要把话说清楚。"

实在不行，可以向对方发出委婉的警告。如果对方不肯承认他曾经跟别人说过不利于你的话，你也不必戳破他，因为对方已经从心理上感到了自己的言语和态度的不当之处，这时你只要跟他说："我想可能是我误会了。"

不过，如果以后你有任何问题，希望你能直接告诉我你的目的只是让对方知道：你绝对不会坐视不管。这时你的心理优势已经确立，你就可以向对方发出化解矛盾的信号。因为，当对方成为你的"敌人"后，他会产生躲避的心理，会尽量避免在同一个场合碰面，但是否你在心里更加注意对方呢？因为要知道他的行踪以便避开，要知道他有没有在背后说你是非。

所以，如果你想化解仇怨，不妨先发出点信号，找寻和对方碰面的机会，温和地注视他，看看他的反应，是尴尬，腼腆，躲避对视，还是怒目而视？只要不是最后一条，那就有戏。

2.借助第三方向对方示好

如果你觉得这样直接向对方示好从心理上还难以接受的话，那你可以借助第三者。也许你很突然向对方示好，会让对方怀疑你的居心。不妨借和其他同事聊天的机会说他几句好话，或向知道你俩关系的人倾吐反悔之意，相信总能传到对方耳朵里。

只要对方接收到你的信息，他肯定会产生相应的心理反应。正所谓"人同此心，心同此理"。你有"再见还是朋友"的心理愿望，对方也肯定有，毕竟"人之初，性本善"，爱一个人比恨一个人舒服。

所以你所做的一切，对方看在眼里、记在心里，说不定也甜在心里呢！如果是这样，你的"化敌"计划就大获成功了！

3.承认自己的不对之处

卡耐基曾说：你赢不了争论。要是输了，当然你就输了；如果赢了，还是输了。在争论中，并不产生胜者，所有不愿对敌的人在争论中都只能充当失败者，无论他（她）愿意与否。因为，十之八九，争论的结果都只会使双方比以前更相信自己绝对正确，或者，即使你感到自己的错误，却也决不会在对手跟前俯首认输。在这里，心服与口服没法达到应有的统一，人的固执性，将双方越拉越远，到争论结束，双方的立场已不再是开始时的并列，一场毫无必要的争论造成了双方可怕的对立。所以，天底下只有一种能在争论中获胜的方式，就是避免争论。不要总害怕承认自己的不对，以为这样别人就会看不起自己。其实，真正有能力的人是勇于承认自己的不对之处的。而且，有个小秘密要记在心里：承认你错了，常常能够带来让对方闭嘴的好处。这是一种制造惊人沉默的经典方法。

卡耐基

第五篇　口才妙点子

中国古代就有"一言可以兴邦,一言可以误国"之说;还有"一人之辩重于九鼎之宝,三寸口舌强于百万之师"之论。而西方口才训练大师戴尔·卡耐基更是强调:"一个人的成功,有15%取决于人的技术知识,而85%取决于人类的工程——发表自己意见的能力和激发他人热忱的能力。"可见,口才对一个人的生活和事业是何等重要。如果一个人口齿不清,词不达意,那么就无法充分发挥自己的聪明才智,无法对社会、对国家做出更大的贡献。

我们天天在说话,但未必时时都说得好,说得得体。所谓会说话的人,或是与人交流准确得体,巧妙有趣;或是回答问题有条不紊,对答如流;或是与人辩论抓住要害,一针见血。因此,学习说话的技巧,讲究说话的艺术,是非常必要的。

第一章　说话讲究策略注意分寸

俗话说:"水无常形,话无定格。"由于具体情况不同,说话并没有一套固定的套路。因此,说话要从实际情况出发,讲究策略性。

该明确的地方明确,该模糊的地方模糊

这里说的"模糊"不等于含混不清,模糊是指语义所体现的概念外延没有明确的界限,或者出于语言表达的策略,故意说些语义模糊的话。因此,模糊语词包含两方面。一方面是自然语言本身存在的,如"中午"究竟从几点到几点,"中年"究竟从多少岁到多少岁,界限是不清楚的;"深"与"浅""肥"与"瘦""长"与"短",语义界限也是模糊的。日常生活中灵活运用这种模糊词语,可以很好地为交际服务。另一方面,出于语言表达的某种策略考虑,即为了使对方容易接受,不把话说得太死。

明确是相对于模糊而言,在交际中也需要使用语义界限明确的词语。什么时候运用明确词语,什么时候运用模糊词语,这是语言表达的策略问题,一般来说,这

取决于交际的目的、交际的情境和交际的对象。下面举例加以说明：

1.找人

假如你让你的学生到会场上替你找一个他不认识的老师，你明确地告诉他：这位老师 36 岁，身高 1.76 米，体重 150 斤，近视眼 500 度，鼻梁高 3 厘米。这个学生就觉得很难办，他不可能对要找的对象一项一项地进行测量。如果使用模糊词语，就说要找的老师是个中年人，中等个儿，胖子，近视，戴黑框眼镜，鼻梁稍高，这样就很容易找到他。

2.约见

约人见面，为了对人表示尊重，应当用比较模糊的词语。比方说："在你方便的时候（在你有空的时候），我去拜访你。"至于约你的上级或你的长辈到家里来，如果使用明确词语，说："请你在明天上午 8 点 35 分准时到我家里来"，那就有点不客气了，对方很可能被这最后通牒式的"勒令"所激怒。在这里，最好还是使用模糊词语："请您明天上午来，我在家等候您。"

3.回答问路

路上回答行人问路不能使用模糊词语。一次，有个外地人在北京供电局门口问"到王府井怎么走"，只听对方回答"往东往北再往东"。东西南北是模糊词语，没有明确界限，东，东到哪儿？北，北到哪儿？问话人听了莫名其妙，简直跟没有听到回答一样。回答问路时，为对方着想就得使用明确词语，对刚才的问路应该这样回答："你从这里往东走，看到第一个十字路口，就折向北，往北一直走到历史博物馆拐角再折向东，往东走到第一个十字路口，北京饭店那里，王府井就到了。"

4.表扬与批评

表扬时要用明确的语言，批评别人或向人提意见时应尽可能使用模糊词语（如"好像、看来、估计、可能、大概"）。例如，课堂上小陈回答提问时抓不住要点，东拉西扯，教师不应板起脸训斥学生："你怎么搞的，昨晚肯定没有复习。"而应说："小陈同学在家里好像没有好好复习，是不是呀？"前面用上模糊词语"好像"，句尾又用正反问形式"是不是"，有明显减轻语气的作用，说时应该又轻又快。"人有脸，树有皮"，人都是有自尊心的，批评人或给人提意见应注意别伤了对方的自尊心，不然就起不到批评的作用了。即使不得不严肃批评对方，也应与人为善，尽可能注意方式。

5.跟外国人说话

跟外国人打交道，说话的模糊度一般都应该大些，有时候要用点"外交辞令"，这是出于策略。

1984 年 10 月，N 先生参加北京教师代表团去日本访问。在访问东京一所中学时，日方校长指名要见 N 先生。N 先生是北京一所中学的语文教师。他接过日方校长交给他们中学的礼物，说了声："谢谢。"可谁也没料到日本朋友这时说："我们东京王子都中学愿意和你们中学结为友好学校。"N 先生听到这话，他想，对日本朋友的友好要求不能拒绝,可是自己又没有权力答应对方的要求,既不能摇头,也不能点头,该怎样表态才好呢? 只见他不慌不忙地从口袋里掏出一枚校徽,有礼貌地给日方校长戴上。借佩戴校徽的时间,N 先生迅速想好了答复。他说:"校长先生对于中国人民、对于北京××中学全体师生的友好情谊,我代表我们全校师生向您表示感谢。对于您的友好愿望,我回国以后一定转达给我们校长先生和我校的全体师生,谢谢!"

根据这种特定场合、对象和身份的要求,N 先生这番话确实讲得好,好就好在他没有明确表达态度,而是使用所谓"外交辞令"。这种"外交辞令"在这里用起来十分得体,因为拒绝对方的要求,那是失礼;答应呢,又不是他一个人所能做主的事。按我国惯例,与外国学校结为友好学校这类事情,通常要经过上级有关部门的批准才行。因此,不把话说死,使对方感到我们说话是有诚意的,是实事求是的。在这里,任何"行"与"不行"的明确回答都是不妥当的。

6.领导讲话倾向模糊化

说话明确对交际双方的感情交融起到了促进作用,表现出说者对听者的体贴和尊重。但是,说话明确具体容易被人抓住把柄,有时候会起到适得其反的结果。请看下面的一段对话:

"大家选研究题目之前,最好先了解一下行情,以免撞车。"某甲做报告时这样说。("撞车"是指不同的人研究同一个题目。)

"我们不怕,撞车才好呢。"听报告的 M 先生插话。

某甲为了用事实说服他,使用了明确语言。某甲说:"南京中年人黄××跟北京老专家李××、张×撞了车,结果还不是自己吃亏?"

有人听了不高兴,说这样点名对黄××、李××和张×非常不尊敬。

在上面例子中,不用明确的语言表达就不会引起非议。如果某甲在听了 M 先生的话后说:"撞车有什么好的? 小车撞大车,还不是自己倒霉。"同样可以说明白自己的意思。领导多半是这样说话的。

领导干部的职责是要解决各方面的问题,由于什么复杂的问题都有可能出现,因而领导干部使用词语应倾向模糊化。其中突出的表现是,"考虑考虑""研究研究"等模糊词语经常挂在他们嘴上。"考虑"是思考的意思,当然需要时间,而时间的长短却很灵活。"研究"是考虑或商讨问题,比考虑更加复杂,还需要几个人在一起开会讨论,更不受时间的限制。因此,领导说"考虑""研究"时,他所承担的义务是很少的。他们之所以这样,一方面是领导对群众的正当要求或意见接受不了,解决不了,碍于面子,或出于怕得罪人的心理,不好正面拒绝;另一方面,领导一个人不一定能做主,有些事要跟别人商量,说这种话可以留有余地,不把话说死。

7.服务性行业应使用何种语言

售货员在服务中使用明确语言还是使用模糊语言,使用肯定句还是否定句,肯定或否定到什么程度,这些都应根据对象和场合的具体要求,掌握分寸。一般来说,回答顾客对商品的需求应使用明确的肯定句,如"好的""可以"。否定句"没有!"十分明确,可是一说出来像给顾客浇了一盆冷水,应尽量少用或不用。即使实际情况确实如此,在回答否定的同时也应做出解释,以取得顾客的谅解。例如顾客排长队买不到红糖,售货员如果这样说:"对不起,今天红糖来得不多,一下子就卖光了,明天请您再来看看吧!"顾客一听就比较满意。因找钱产生矛盾而引起争吵时,要避免使用十分肯定的句子,不宜说:"我们肯定没有少找您的钱!"而应带上一些模糊词语"也许""可能""估计"等,使语气比较和缓、委婉,如"我们也许没有少找您的钱,您大概记错了吧?大家回忆回忆。"既不十分肯定,也不十分否定,带有推测估计的意味,使顾客听了容易接受。

该直言不讳的地方直言不讳,该委婉含蓄的地方委婉含蓄

有些人性格外露,从交谈中可以看出他的五脏六腑,这种人与人相处能以诚相待,使人觉得容易接近。有些人有涵养,说话委婉、含蓄,留有余地,比较注意说话艺术。这两种说话格调都有用得着的地方。说话不绕弯子,像胡萝卜就酒,嘎嘣脆,在彼此非常了解的情况下,这种说话格调是应提倡的。可是,一般人爱听委婉含蓄的话。含蓄隐含尊重别人、尊重自己的意思,委婉则往往使用商量祈使的口气,有启发性。说话委婉含蓄比直截了当更费心思,它是一种语言修养。

直言不讳刺激性大,容易伤害对方的自尊,得罪人,造成许多矛盾;委婉的话有礼貌,比较得体,让人听了轻松自在,愉快舒畅。"良言一句三冬暖,恶语伤人六月寒。"同是讲真话,委婉语大概属于"良言",直言不讳的话虽不一定算是恶语,但在某些人听来很逆耳,跟恶语差不多。我们提倡忠言不可逆耳,理直不可气壮。就是说,"忠言"和"理直"都要注意用恰当的方式表达,不可只图说话痛快。

在我国,多数人对直言不讳不大喜欢。俗话有"恕我直言",没有"恕我委婉"。俗话还有"山上无直树,世上无直人。"直人是有的,只是受到某种压抑,不大表露就了。径直冲向目标,对什么都不管不顾的人是少数,他们爱说直通通的话,直来直去,被认为是不稳重、不成熟的表现。而说话委婉则被认为是稳重、成熟的表现。

1.投其所好

投其所好不是指在原则问题上迁就姑息,也不是要大家学会巧言令色,油腔滑调,老于世故,而是要学会关心人,能设身处地为别人着想。售货员切忌用反问句对顾客说话。你问售货员扁豆多少钱1斤,回答说"扁豆3毛钱1斤,您要多少?",双方既达到言语交际的目的,又感到心里舒服,特别是顾客受到了尊重,他就愿意多买一点。可是,有些售货员爱对顾客发泄情绪,他不正面回答你,而是说"不会自己看黑板?"顾客被戗了一句,批评他不该这样说话,态度不好,他就说:"什么态度不态度?态度1斤值多少钱!"你一言,我一语,互不相让,最终吵起来。

服务态度好的售货员能投顾客之所好。有些售货员出于真诚,见顾客走近柜

台,就笑脸相迎:"老大爷,您需要看看什么?""看看"比"买"好,买与不买,一样欢迎;见年长的人称老大爷,对方一听心里更高兴了。

拣对方爱听的话说,使用委婉含蓄的语气说话,即使对晚辈后生也应这样。例如,教师听学生回答提问时应该面带笑容,认真耐心地听下去,听完后评议时说话力求委婉,有分寸。学生答错了,教师不应当给学生难堪,应当和颜悦色,婉言指出问题所在。如果学生答案笼统,教师就提出"哪个同学能把问题的范围再缩小一些?";如果学生的答案含混,教师就提出"谁能说得再明确点?";如果学生的答案空泛,教师就提出"同学们想一想,能不能再说得具体些?"。总之,教师不直接指出学生的发言笼统、含混或空泛,而是间接地指出他发言的问题所在,用疑问句、祈使句启发思考,不用命令句等生硬口气说话,以保持语言的弹性、柔性,这对于处理师生关系是有好处的。

2.比较直言不讳和委婉含蓄两种方式所产生的表达效果

知识分子对直言不讳的话一般是难以接受的。某大学有位中年知识分子给研究生讲现代汉语语法研究专题,负责研究生具体工作的年轻同志向他反映研究生的意见,说:"你讲得不深不透。他们不是大学生了,不爱听炒冷饭的课。"这话直率是很直率的,可是这位老师听了却来了情绪:"炒冷饭! 我不炒不就得了吗?!"如果年轻人会说话,他应该委婉些,把批评意见当成"希望""建议"说出来。比方可以这样说:"这班研究生的水平比较高,他们希望老师讲点新见解、新材料,讲点国外语言研究的动态。"也许这样说,教师就能接受。直言不讳容易得罪人。在被提意见的人看来,他觉得批评意见是从你的嘴里讲出来的,它就代表了你个人的看法。

3.治病和致病

现代心理医学很重视对"言语暗示"作用的研究,曾将研究结果有效地运用于临床治疗。医生应从体贴患者出发,言辞文雅,态度和蔼可亲。例如,见到重病人就说:"不要紧,我们一定想办法把您的病治好""这种病以前有治好了的"。病人听了这些话心情舒畅,病早就好了一半。同时,也要防止某种"言语暗示"所造成的消极影响。有的大夫不假思索地随便一说,信口开河,对病人产生意料不到的影响。如"你近来怎么越来越瘦啊!"这句表示关心的话,也会引起病人的许多疑虑。有的医生跟患者说话,用词生硬,语气冷冰冰的,表情十分难看。什么"你怎么搞的,这个病为什么不早点来看哪!""你知道你的病到了什么地步啊!"这样的言语暗示会起很坏的作用,病人听了常常是心凉了半截,终日无精打采,结果导致病情的恶化。语言的确有治病和致病的作用。

该简略的地方简略,该啰唆的地方啰唆

重复啰唆就是通常所说的冗余度大,它不增加任何语义内容,却能表达语气,

加强听者的印象,提高听的效果。冗余度大是相对简略说的。说话是简略还是详细,甚至是重复啰唆,取决于听话人的理解程度。

1.从听和说的特点看,说话的冗余度是客观存在的

首先是为了消除听者的心理疲劳。听讲和看书都面临着产生心理疲劳的问题,看书好办,疲劳时就主动休息,听讲时感到疲劳就会严重分散注意力。国外心理学家曾做过实验,证明一个人完全集中在一件事上而不被其他思想干扰的时间只有11秒。这就是说,听众每次兴奋的时间只能维持11秒。从听的特点出发,说话人在讲了三四十个音节(约需11秒)之后,不自觉地来点口头禅,或"这个""那个"等,在讲了一小段之后有些重复啰唆,那正是使兴奋与休息交替进行,消除疲劳的方法。听有演讲经验的人讲话为什么不那么累,就是因为说话人注意到使听者形成张弛有致的心理状态。

其次是说话人的思维出现障碍,为了引出下面的话而重复啰唆。说一段连贯的话,由于想跟不上说,大脑亮起了红灯。在思维出现障碍以后,有文化的人会通过沉思片刻把话连接上;文化程度低的人却会不自觉地重复一些字眼,以填补一时接不上话来的空当儿。

人们习惯用口头禅和"嗯嗯呀呀"填空。口头禅是经常挂在某些人口头上的词语,它毫无表达作用。如北京人爱说"这个""后来""基本上""反正""就是说""那什么"等。至于"嗯嗯呀呀",那根本就不成词语。对多数人来说,重复某些词语是有目的的,即急于引出后边的话。

再次是怕说话过重伤害听者的感情,在挑选字眼的过程中说了一些多余的话。在一次学术讨论会上,有位老专家在总结发言中指出:"我们前进了一步,但是,在前进的道路上,可能有一些,遇到一些,怎么说呢? 迷途啦。什么意思呢? 在这两天会上……"这位老专家听了许多中青年同志的论文报告,感到可喜,可是对他们在研究工作中走了一点弯路表示忧虑。以老前辈的身份说话,既不能对与会者批评过重,也不能无关痛痒地说上两句。怎样措辞才比较恰当呢? 开始他想说:"可能有一些人怎么样怎么样",这样会使人觉得他的话是出于一种推测,针对性不强。于是,他就把"可能有一些"更正为"遇到一些"。这就是说,下面他的话不是推测,是针对某种倾向说明,是有事实根据的。遇到什么呢? 他用"怎么说呢"设问,接着说"迷途啦"。下面又设问"这是什么意思呢?"可见,"迷途"是反复挑选出来的词语。他就是利用更正和设问的方式,不断地挑选更加合适的字眼的。

2.一般来说,服务性语言和礼貌用语冗余度较大

有一天,有个老同志排"长龙"买啤酒,排到他那儿,啤酒已经卖光了,售货员抱歉地说:"同志,今天天热,排队的人挺多。可啤酒进货不多,刚才还有几瓶,不料这位同志一个人包圆了。实在抱歉。这样吧,明天您早点来,准能买到。"有人认为售货员这样说话啰唆,说是只要把必要信息传递出去,回答啤酒"有"还是"没有"就可以了,就能取得最佳的交际效果。

活语言就活在它有弹性,不像数学公式那样死板板、硬邦邦。社会生活中应该多保持一点弹性和柔性,少一点硬性和刚性,硬性和刚性的东西比较容易断裂,不利于建立和谐、宽松的关系。大热天,一个老同志排了很长的队,好不容易排到了,可是他要买的啤酒却没有了,他的希望落空了,心里当然十分窝火。售货员如果只对他说"没有",生硬得很,就会给顾客心里增加几分不快。相反,顾客听到上面的答话就是没买到啤酒,心里也是热乎乎的。这就是冗余信息并不多余的道理。

礼貌用语一般没有什么表义作用,只是一种感情交流,冗余度较大。老百姓见面时说一声"你好"(比"你吃了没有"的问候语好),就像西方人互致问候用"How do you do"一样,本身并不要求回答。即使问"上哪儿?"回答"有事",也是你问你的,我答我的,是真是假,大家都不计较,也不追究,只要达到见面打招呼的目的就算完事。见面打招呼是与对话者关系融洽友好的表现。如果熟人见了面一言不发,擦身而过,那还有什么感情可言?善于在各种交际场合选择合适的礼貌用语,并且用恰如其分的语调和表情表达出来,这是跟对话者建立良好关系的一种保证。

交际是双向的,如果只是单向提出几个礼貌用语,那是远远不够的。比方说,两个朋友见面,第一个说一声"你好",另一个也应该用"你好"应答,表示彼此关心。电话总机的话务员在回答打进来的电话时说一声"您好",尽管从信息论角度看是多余信息,可这是很有礼貌的。听完"您好"不加理睬,直接就说找某某单位是不礼貌的,最好是重复对方的"您好"。"请"也是双向的。两个朋友互相谦让着进屋,头一个说"请",并做了一个身体姿态,另一个也得伴随着动作说一个"请",包含有尊重对方的意思。如果光一方说"请",另一方不说"请",就大摇大摆进屋里去,那就显得太不客气了。"谢谢"也是双向的。顾客因售货员给自己服务,临走说一声"谢谢",售货员不应瞪顾客一眼,抱怨顾客事多,也应该对顾客说声"谢谢"。出于礼貌的需要,交际双方同时使用这些双向的礼貌用语,体现出人与人之间的关切之情。

需要注意的是,礼貌用语用得太滥,将会给人一种不真诚的感觉。在众人面前,左一个"陈主任",右一个"陈主任",就会给人阿谀奉承的感觉。某地有一个刚参加工作的女售货员见一位常来买东西的大娘来了,迎上去就招呼开了:"大娘,你来了""您买点什么""您随便看看"……这机关枪似的一梭子话把大娘弄愣了,东西也不买了,转身就走。没想到刚抬脚,"您走了""您慢走""欢迎您再来""再见",又是一大串话。大娘的耳朵都盛不下了,她回过头生气地说:"这姑娘,贫气",这反把姑娘弄愣了。说话恭敬,对人客气,这是中国人的美德,但是过分客套就不好了。交谈的目的在于沟通双方的情感,增加相互了解,过多的客气话恰恰是横在交际双方的一堵墙。

3.特殊心理状态下说话的冗余度大

人们感到心疼的事会常提起。儿子丢了块手表,回家给妈妈一说,妈妈气不打一处来,少不了唠唠叨叨,儿子觉得自己理亏,没有什么话可说。可是,他妈妈竟每隔三五分钟唠叨一次，没完没了，小伙子心烦了，跟妈妈吵了起来。可见，心疼的事提过则罢，不应重复提，对这一点女性尤其应该注意。

当亲人去世时，人们需要倾诉内心的悲伤。有个中年人突然死了妻子，料理完丧事，第二天他的同事一拨一拨地来慰问。他在极度悲伤的时刻，见到许多往日同事来家里哀悼死者，对生者表示关怀、体贴和帮助，感到亲切和满足，没等来人询问，便主动把死者死亡的经过、后事的料理述说一遍，谁来就对谁说。别人劝他注意节哀，保重身体，要他别说了，他还是一个劲儿地说下去，因为诉说一番，把心里郁积的话都掏出来，会让他觉得轻快。

双方情感互相依恋时常常重复说一些情话。恋爱中的男女青年总希望听到对方反复倾吐爱慕的话。身份和对象不同，倾吐情话的方式也不同。农村青年一般爱说"我跟你好一辈子""咱俩过吧"。城市青年情话的内容多，同义反复的频率大。

有生理困难的老人总希望听到别人在他们的面前唠叨个没完。女孩子一般比较理解老人的这种心理，愿意多陪老人说话，因而讨得长辈的喜欢。不过，陪老人说话也得看具体情况。有人得慢性病十多年，饭都吃不下去，手脚浮肿，心里难受得很。此时你若跟他叨唠个没完，那就讨人嫌了。一切以适度、恰当为原则，需要多唠叨时多唠叨，需要安静时安静。

4.冗余度大小应视情况而定

要多为对方着想。有人不针对问话人所提的问题作答，先撇开对方最需要了解的内容，按他自己的思路，一五一十地述说许多对方不大关心或早已知道的内容，这等于说了许多多余的话。《儿女英雄传》第 12 回记载安公子从北京去南方寻找父母，路上遭遇千辛万苦，最后才平安到达目的地。安公子先到一家旅馆打听母亲住在哪儿。他对掌柜说："借问一声，有位安老太爷家眷的公馆在哪条街上？"一看问话人这个焦急劲儿，掌柜照理应对对方提出的问题迅速作答。可是，这掌柜还像平常聊家常似的，从头到尾聊下去，先为安老太爷的遭遇打抱不平，再说安老太爷的妻子被迫找公馆住，把安公子的问题撂在一边，把安公子急得抓耳挠腮，火烧火燎，无奈只好按捺着性子听下去。直到掌柜的话差不多说完，安公子又问："这公馆在哪儿？"老头儿这才说："就在东边儿隔一家门面，聚名店就是。"

该先说的先说，该后说的后说

讲究先说和后说，这是一种说话的艺术。某校的高一（三）班和高一（五）班进行篮球赛，两个队碰在一起打得十分激烈，最后，高一（三）班终于赢了。第二天一早，学校进行卫生检查，高一（三）班的同学仍处在兴奋之中，他们以为今天班主任讲话一定会讲昨天的球赛，什么"单骑闯阵"，什么"小勇腾空"，当中穿插一两句鼓劲儿的话。没想到班主任一上讲台，并没有讲这些，而是说"我们班算什么先进卫生班？桌子没有擦,楼道脏土没有倒。现在,留下一些人立即搞好卫生,其余人上操。我们篮球比赛夺了魁,卫生也得搞上去!"由于大家陶醉在球赛的胜利之中,所以先给他们泼点冷水,叫他们看到别的方面的差距,这是有好处的。

先说后说可以表现出一个人的思想观点。战国时期,齐王派了一名使者去拜访赵威后。问候信还没有拿出来,赵威后就抢先向使者表达对齐国的关心。她说:"贵国的收成好吗？老百姓好吗？齐王好吗？"使者听了很不高兴,说:"齐王叫我来拜候您,是一番好意。你呢,先不问候齐王好,倒是先问收成,又问老百姓,未免'先贱后贵'了吧?"赵威后说:"你说错了,收成不好,老百姓怎么能好呢？老百姓不好,君王又哪里能好呢？我这样问有什么不对呀？难道要我舍本逐末吗?"使者听了,无话可答。赵威后问话里的语序是"收成——百姓——齐王",这是按先重后轻的逻辑顺序组织句子的。使者也是按先重后轻的顺序,只是使者认为最重要的是"齐王",他心目中的语序当然是"齐王——百姓——收成"了。两种不同的语序,表达出两种对立的思想立场和政治见解。

以前有人查一宗贪污案,因查无实据,难下结论,就批了"查无实据,事出有因"八个字。后来,换了另外一个人去办理这个案件,因先受了贿赂,就把这句话的先后次序颠倒为"事出有因,查无实据"。于是,贪污嫌疑犯就变得一无罪责了。

先说后说还可以表现一个人的思想修养。不久前,在××学院召开的北京口语调查座谈会上,C先生说:"你们用录音办法进行北京口语调查,已经整理出一百多万字的资料,这是很不容易的。搞口语调查比较辛苦,录一小时,转写成录音文字材料需要七八个小时。"接着,C先生批评这项调查书面化和普通话化的倾向比较严重,原因在于调查人没有遵循以下三条原则:以调查无准备的话为主,以调查文化程度低的人的说话为主,以调查会话为主。末了他又说:"我们搞了一份北京话的会话材料,口语色彩比较浓厚,送给你们参考。信息共享嘛!"不管有意无意,批评别人的工作之后再说自己的口语材料有价值,无异于贬低别人抬高自己,给人一种飘飘然的感觉。从说话的策略考虑,如果把"我们搞了一份会话材料,奉献给在座的同志们,跟大家进行交流,请大家多提意见"这段话说在前,把批评他们工作中的缺点说在后,调换一下说话的位置,那就比较得体了。

第二章　说话的基本方法

人们的说话艺术是纷繁多样的,也正需要有这些多样性的说话艺术才能够去适应人们复杂的心理和千变万化的交际场景。因此,我们不仅应该了解和懂得这种复杂的社交形态,而且应该熟练掌握和运用为了应付这种形态而产生的说话艺术。

直言法

在交谈中,有时为了说服对方,指导对方,解决问题,开诚布公地直接说出自己的观点。如果遇到不点不破的事,不明说不行的人,也可以用严肃的态度,真诚的语言,直言相告。

据《贞观史话》记载:唐太宗李世民在公元637年颁布唐律唐令,执法严明,对官员的过失斥责得也很严厉。开国功臣尉迟敬德,居功自傲,在出席宫廷宴会时,如果有的人座次在他之前,他就当众质问人家有什么功劳,"敢居我之上"。有一次,任城王李道宗劝他不要吵架,他竟然勃然大怒,险些打瞎人家的眼睛。对此,李世民甚为不满,于席后提醒他,想一想韩信、彭越是怎么死的,为什么会被汉高祖杀掉,并警告说:"国家纲纪,离不开赏罚,不能居功自傲,否则,将后悔莫及。"这一警告果然有效,尉迟敬德吓得待在家里,再三要求辞职,表示再也不寻衅闹事。

又如,1985年12月,成都军区武术总教练偕高徒访问美国。在一次记者招待会上,一位美国记者问道:"法师和你的高徒担任成都军区武术总教练和教练,而成都军区担负着打越南的任务,这岂不犯了你们佛教的杀戒,坏了佛门的规矩?"

这位法师一笑:"朋友之言须做些修正,勿能称'打越南',而谓之'自卫还击',此其一。其二,我佛慈悲,善恶须分。惩恶扬善,佛门之本。越南当局忘恩负义,与邻反目,骚扰边境,杀害无辜,吾为中国一佛徒,岂能坐视?"

这位法师先订正提问中的不妥之处,然后直言回答提问的内容。在回答时,将佛教宗旨与爱国之心很好地结合起来,做出了令人信服的解释。看来,这位老法师不仅武艺超群,"舌头"也挺厉害呢。

迂回法

迂回法就是在交谈中直接向对方提出意见或谈看法感到困难时,用兜圈子、绕弯子的方法,把要说的话用婉转的言辞和语气讲出来,使对方听了能接受,以达到交谈的目的。

运用迂回法,可以是借用历史典故去启发对方思考,最后点明主题,达到交谈的目的。也可以用闲谈的方法,让对方在不知不觉中将话题接过去,这时,你要注意审视对方对这个话题的态度,到适当时再将主题点出来,让对方同意并接受自己的主张。

如春秋时期,楚惠王要攻打宋国,墨子采用迂回战术说服楚惠王。楚惠王听从了墨子的劝阻,放弃了对宋国进攻的打算。

再如晏子救人的事例。齐景公酷爱打猎,非常喜欢喂养捉野兔的老鹰。一天,烛邹不小心,让一只老鹰给逃走了。景公知道后大发雷霆,命令将烛邹推出斩首。

晏子知道此事后,急忙上堂,对景公说:"烛邹有三大罪状,哪能这么轻易就杀了?待我公布他的罪状后再处死吧!"景公点头同意了。晏子指着烛邹数说道:"烛邹,你为大王养鹰,却让鹰逃走了,这是第一罪状;你使得大王为了鹰的缘故要杀人,这是你的第二条罪状;把你杀了让天下诸侯都知道大王重鹰轻士,这是第三条罪状。好啦,大王,请处死他吧。"景公满脸通红,半天才说:"不用杀了,我听懂你的意思了。"

晏子表面上数落烛邹的罪状,实际上在批评景公重鹰轻人,这种方法既没有使君王难堪,又救了烛邹的命,真可谓一举两得。

对接法

谈话双方的沟通,主要是靠语言,特别是回答问话者的语言,选择什么样的语言,采用什么样的方式,甚至用什么样的修辞,都需要在大脑中做出最快的反应。这种"快速组合"的最简单方法就是对接法。

中国科技大学前党委书记刘吉与大学生对话受到欢迎,他经常用这种方法回答大学生们的问题。

问:"因为我看透了别人,所以我现在只考虑自己,你说我这样做对吗?"

答:"不对。就因为你只考虑自己,所以看透了别人。"

刘吉的回答与问话字面相扣,只是调动了一下问句的语序,就表达出全新的意思。这种方法在生活中经常用到。比如部队的战士打靶,有的战士吹嘘说:"我指到哪里,就打到哪里。"旁边一个战士反驳说:"不,你是打到哪里就指到哪里。"

在对接时,还可以抓住问句的某个词,甚至某个字眼去想象、发挥。如:

问:"有人说跳迪斯科,扭屁股是颓废,你同意吗?"

答:"我不同意。中国的新疆舞可以扭脖子,蒙古舞可以扭肩膀,为什么迪斯科不可以扭屁股呢?(笑)不都是身体的一部分吗?"(鼓掌)

修辞对接、手法相应也是一种较好的对接方法。即问句用什么样的修辞方法,答句也用什么修辞方法。如:

问:"你怎样看待那些以'短平快'手法赚大钱的人?"

答:"可以'高点强攻',也可以'短平快',我看只要不犯规就行。"

问句用排球术语"短平快"做比喻,答句也用"高点强攻""犯规"等排球术语,比喻与比喻相应,既阐明自己观点,又幽默风趣。

拆词法

所谓的拆词,就是把一个完整的词拆开,表达出另一种意义或加强词的感情色彩。如人们常用的由滑稽拆成"滑天下之大稽",由狂妄拆成"狂而不妄",由谦虚拆成"谦而不虚"。拆词法用在对话中则能发挥一种幽默的功能。如：

问："你怎样对待老大难问题？"

答："老大难，老大难，老大去抓就不难。"（鼓掌）

答句只是把"老大难"拆开，说成"老大去抓就不难"，从而指出解决老大难问题的方法，那就是看什么人去抓。再如某高校组织一次师生对话会，有的学生问："现在人们对'官倒'和'私倒'恨之入骨。但'官倒'和'私倒'怎么区分？"

对这个问题，如果只从理论去阐述，可能会陷入枯燥、乏味的说教。可是，一个青年教师却巧妙地回答：'官倒'与'私倒'的区别在于：对于前者，国家国家，国即是家；对于后者，国家国家，家即是国。"

这位青年教师把"国家"一词拆开，并做了两次不合常理的解释，把一个沉淀得很深的问题轻轻地打捞了上来，获得热烈的掌声。如果他把并不成熟的思考包裹在冗词赘语里，即使通篇都是"科学"的阐述，也决不会有如此魅力。

激将法

在许多情况下，与人谈话都是为了去说服对方，去改变对方原来的意图，最终达到让对方跟着自己转，或是为了一个共同目标去并肩行动。

如果对方为了开创事业而怀疑自己的能力和前景，你便可以掌握合理时机用合适的话语或名言加以鼓励。它能使精神处于抑制状态的人精神振奋，也可以使精神处于兴奋状态的人更加兴奋。这不仅因为"激将法"具有极强的刺激性和极大的鼓动性，而且还因为名人名言往往为人们所信服。所以，对自尊心极强的人，血气方刚的人，容易激动的人，敢作敢为的人，都宜采用"激将法"。

诸葛亮的辩才和足智多谋是世人皆知的，他在赤壁之战中智激周瑜的故事更是脍炙人口。让我们看看他是怎样"智激周瑜"的：

江东吴主孙权经常"内事不决问张昭，外事不决问周瑜"，是战是和，周瑜是一个关键的人物。面对这样一位年轻气盛，血气方刚，心欲战而言欲和的周瑜，诸葛亮闭口不谈时局，却背诵了曹操写的《铜雀台赋》，借用赋中"揽二乔于东南兮，乐朝夕之与共"的句子，作为曹操想夺孙策和周瑜二人的妻子的证据，以此来激怒周瑜。（"二乔"中的大乔是孙策的妻子，小乔是周瑜的妻子）周瑜听罢，勃然大怒，离座指北而骂曰："老贼欺吾太甚！"接着，周瑜明确表示了抗曹的决心："望孔明助一臂之力，共破曹贼。"诸葛亮就这样圆满地完成了联吴抗曹的使命。

又如肯尼亚运动员基莫布瓦，在一次长跑中，他一路领先，当离终点还有 200 米时，观众大喊"加油"，而其中一个人却棋高一招地高喊："快跑，破纪录了！"顿时，他如虎添翼，出人意料地刷新了世界纪录。

那个高喊的观众棋高一招，因为他选择了一个较好的时机，基莫布瓦处于领先，而且离终点还有 200 米；其次，他喊的"快破纪录了"，给运动员提出一个较高的目标,要比普通的"加油"更具激发性和鼓动性。

激将法有正面的、善意的,也有负面的、心怀叵测的。我们提倡有益于事业、工作、学习和生活的激将法,唾弃那种心怀不善、为了实现自己的阴谋去害人又害己的"激将法"。

借用法

引用古文和名人名言,是写文章说明道理常用的方法,它是作者阐述观点的有利助手。如果把这种方法应用到谈话当中,也能使对话锦上添花。如中国科技大学前党委书记刘吉与大学生的对话:

问:"你认为党风怎样才能好转?"

答:"我喜欢一副对联,上联是'党风正官风正民风也正',下联是'家风好厂风好国风也好',横批是'干劲冲天'。"

问:"你是怎样抓党风的?"

答:"我也想起一副对联,上联是'前门不开,后门难堵',下联是'正道畅通,邪道堵死',横批是'开堵并举'。"

刘吉借用两副对联,表达出作为党委书记对党风好转所抱的巨大希望,同时也表达了自己的决心。

在谈话中,除借用类似的对联、俗语外,还可以借用名人名言。比如:

问:"现在社会上泛滥新的'知识无用论',你怎么看?"

答:"我一直坚信弗兰西斯·培根的一句话:'知识就是力量。'"

答句借用培根的话,表明自己对"知识无用论"持反对态度。

为了增强对话的艺术效果,制造和谐的气氛,也可以借用小幽默、小笑话。如:

问:"现代化大生产运用的是高等知识,为什么还叫我们补习初中课程呢?"

答:"有个笑话说:一个人在吃第五个烧饼时饱了,他说,早知如此,何必吃前四个呢?"

答句似乎没有直接回答问句,但这个小笑话就足以说明"初中课程"与"高等知识"的关系。这种侧面回答幽默风趣,通俗易懂,要比正面回答好多了。

郭沫若同志在全国科技大会上发表的《科学的春天》这篇演讲词中,结尾尤其精彩:

春分刚刚过去,清明即将到来。"日出江花红胜火,春来江水绿如蓝。"这是革命的春天,这是人民的春天,这是科学的春天!让我们张开双臂热烈拥抱这个春天吧!

郭沫若借用古诗,短短几句话,表达了多么丰富的思想内容,又充满着多么炽热的情感,具有感染力和鼓动力。借用唐代诗人白居易《忆江南》中的诗句,使得这段话妙语生辉,大放光彩。

毛泽东同志在讲话中经常使用借用法,有一次他在讲话中说:"中国古时候有个文学家叫司马迁的说过:'人固有一死,或重于泰山,或轻于鸿毛。'为人民利益而死,就比泰山还重;替法西斯卖命……就比鸿毛还轻。"

这种生动有力、贴切精当的比喻和借用,不仅形象鲜明地讲清了死的不同意义,而且引起听众思考,加强讲话的感染力。

闪避法

闪避法跟迂回法有相同的一面,但还有闪避实质的一面。迂回法是用兜圈子的方式去述说目的,而闪避法则是用绕着道走的办法去掩盖、躲闪问题的实质。另外,迂回法大体是主述的,闪避法通常是被述时使用的。运用闪避法还需注意技巧,要尽量使对方满意,感觉不出你的回答是回避实质。请看下面的例子:

有一位中国驻法国大使的秘书,在一次宴会上应一位巴黎小姐之邀一起跳舞。正跳着,那位小姐突然问:"在法国姑娘和中国姑娘之间,让你选择的话,你喜欢哪国的更多一些?"那位秘书微笑着略加思索后答道:"凡是喜欢我的小姐我都喜欢她。"这种我们通常称之为"滑头"式的巧妙回答,是交谈艺术中的一种回避技巧。它即使这位巴黎小姐得到了满意的答复,在外交上又不失礼仪,维护了国格,保全了荣誉,这种回答是得体的。

有时对方提出的问题是自己不便或不愿明确答复的,这时怎么办? 除了以"无可奉告"作答外,还有其他言词可供选用。请看下例:

日本影星中野良子到上海参加艺术活动时,有人关切地问她什么时候结婚,她笑容满面地回答:"如果我结婚,就到中国来度蜜月!"

中野良子显然不愿公开自己结婚的时间,但又不愿以"无可奉告"作答,于是,她回答了另一个与此有关的问答,既保住了秘密,又显得彬彬有礼。

探询法

探询法是指有目的地向对方提问题或征求对方的意见,或打听对方的意图,或要求对方告诉自己所要知道的事情,而直问又不方便时所采用的一种问话方法,其目的是要刺探"情报"。

另一种情形是,在交谈过程中觉得不甚明了的,或是从对方话中体味出另有含意,需要追踪一下,而明提又不适宜时,也要运用探询法。

探询法也是男女双方恋爱时经常使用的方法。上尉戴高乐在向汪杜勒小姐倾诉恋情时说:"我说不明白心里怎样,我似乎觉得我今天同你认识心里很愉快……而你呢?"这比明说"我爱你,你爱我吗?"要巧妙得多。

提示法

在西方,有一位出版家请画家画一幅维护交通秩序的宣传画。由于出版家没有把意图交代清楚,结果画家画出的这幅画非常不符合出版家的意图。于是,出版家先是将画家和他的画称赞了一番,然后对画家谈了关于交通事故的近况。他说:"最近的电车、公共汽车、摩托车等,已伤了许多行人。有时我看到一些开车的人简直不像个活人,他们闭着眼、斜着眼,三分像人,七分像鬼,向街上的行人不假思索地横冲直撞……"说到这里,画家蓦地跳起来,大声讲道:"对啦,对啦!这可以画一幅令人注目的出色的漫画。把我原来的那幅画作废吧,我给你重画一张!"就这样,画家又花了许多时间和精力,重画了一幅完全符合出版家意图的宣传画,使出版家非常满意。这就是提示法的效力。

亮相法

亮相法是指回答对方发问的时候,既不愿直言自己的意思,又要对方理解自己的意思,并按着自己的意愿去做的一种说话技巧。

英国作家王尔德在未成名时很贫穷,有一个贵族想请他当家庭教师。在谈到食住条件时,贵族问他是否愿意和他的家人一起共同进餐,王尔德回答说:"那全看进餐时懂不懂礼貌。"这一回答实质上已表明了王尔德的内心思想——看贵族是否尊重自己。

另一种亮相法是:对话的双方,当一方向另一方提问的时候,回答的一方不告诉具体的事实,但又能使对方明白实质。如 1946 年 8 月,美国的反动派支持蒋介石发动反人民的内战,毛泽东在和美国记者安娜·露易斯·斯特朗谈话时,斯特朗问毛泽东:"共产党能支持多久?"毛泽东答:"就我们自己的愿望来说,我们连一天也不愿意打,但是如果形势迫使我们不得不打的话,我们是能够一直打到底的。"他的回答鲜明地亮出了共产党对内战的立场和态度。

亮相法跟闪避法都是被述的,不同的是,前者是告诉实质,后者是回避实质。

接话法

接话法是指在交谈中,一方正在讲述的话头转向另一方时,另一方应该如何接答的技巧;或当一方讲到某一话题时,另一方应该如何接应或说明的技巧。

接话法对应接技巧有相当高的要求,接话者应该反应迅速,思维敏捷,机敏精巧地应答对方的话茬,讲出恰到好处的妙语来。1972 年,美国总统尼克松访问苏联。一次,在苏联机场上飞机准备起飞时,一个引擎突然发动不起来。此时,在场的勃列日涅夫又急又恼,指着民航部长问尼克松:"我应该怎样处分他?"尼克松说:"提升他,因为在地面发现故障总要比在空中好。"尼克松的接话本领是高强的,不仅在"视点"上比勃列日涅夫要科学得多,而且在言词上含义深刻、风趣幽默。

旁敲侧击法

旁敲侧击法就是一句问话从表面听好像是话语本身所指的含义,而实质是"意在言外",要从问话后对方回答的信息中,来揣度对方的意思。

在交谈中,"旁敲侧击法"通常是不宜使用的,因为它毕竟不是一种友好的表示,只能在交谈中遇到不得要领而难以达到目的时,不得已而用的一种辅助手段。它通常是在被问者有意回避问题或不肯说出内幕时使用。

穷追法

在交谈中,有时正面提出问题,得不到满意答复,那么,可以从侧面、反面提出问题;有时一般谈话问不出来,那就可以采用穷追不舍的错问和激问使对方不得不回答。

比如《西行漫记》的作者埃德加·斯诺在1936年采访毛泽东时,毛泽东一开始不愿意谈自己的经历,斯诺就穷追不舍,采用各种办法并提供许多情况,说明外界对毛泽东有种种传说和谣言,毛泽东好像稍微感到意外,同意应该纠正这类传说,于是斯诺达到了目的。

顺推法

顺推法就是按照对方的谈话逻辑顺势回敬对方,使对方无言以对。请看下例:

女儿问妈妈:"您头上怎么有那么多白头发呢?"

妈妈想趁机教育一下女儿,便说:"是你老不听话,把我气的呀!"

女儿眨了眨眼睛,若有所悟地说:"这下我明白了,姥姥的头发为什么全白了……"

在这里,女儿显然不同意妈妈的话,但她没有直接反驳,而是顺着妈妈的意思向前再推一步。本来,妈妈的话虽然是错的,但错得不明显,经过女儿这么顺推一步,荒谬之处便显而易见了。

暗示法

暗示法在社交中常应用于不便直说本意,但出于礼貌,或者是对方有某种避

讳,只能用含蓄的语言来暗示。例如:

中国旅行社扬州分社的导游在陪同客人游览时,客人中有几位照相迷,每到一处,照起相来没完没了,导游不好对客人硬性规定时间,便说:"朋友们,中国幅员辽阔,名胜颇多,佳景处处,美丽无比,再好的照相机,再多的胶卷,也不会使您满意的。我认为最好的照相机就是您那双勤快的眼睛,用不完的胶卷是您的头脑。只有它们,才能从这儿带走真正完美的记忆。"

这番话是导游针对一些客人"让我们多拍几张照片"而谈的。他的暗示入情入理,语言优美,巧妙地催促了客人,并且能达到让客人理解的目的。

委婉诱导法

在人们的交际场合,常常会出现许多不好处理的局面。这时,巧而得体的委婉话语便往往成为排忧解难的"利刃"。

宋代《过庭录》里有这样一个故事:有个叫孙山的人,考取了末名举人。回到家乡,有人问自己的儿子考中了没有,孙山说:"解元尽处是孙山,贤郎更在孙山外。"他不好意思直接说"贤郎"未考中,而是拐了一个弯儿,说榜上最后一名是孙山,你的儿子还在孙山之后,实际上便是未考中的意思,换了个委婉的说法。由于这句话说得高明,所以广为流传开来,后人便以"名落孙山"表示投考不中。可见委婉的话语是多么受人欢迎啊。

谈话的方法还有许多,远远不止这 16 种。效果如何,要看每个人的临场发挥和灵活运用。

第三章　成功说话的要诀

寻找双方感兴趣的话题

当别人不但对你的话题产生了兴趣,而且他们也愿意参加你们的谈话时,你就有跟别人谈话的责任。你是否伤了他们的自信心? 是否给了他们一个发表意见的机会? 总之,除自己以外,你是否对他们产生了兴趣。

会话如同玩接球游戏,不应该是单向的。假使有人掉了这个球,即使捡回再丢过来,中间也必然会有一段难堪的时刻。

一些年轻学生常向我抱怨,提及他们在约会中不能保持生动的谈话。事实上道理很简单——提出一些使谈话得以继续进行的话题,假使你只说"这真是好天气,不是吗?"别人可能就只回答"喔! 不是吗?"谈话结束了。

"好天气! 是不是?"虽然这是一个可能马上结束谈话的话题,但它不一定会引出一个马上结束的回答。其实,关于天气还有些有趣的话题,只是我们不了解而已。当你发现很难吸引你的听众打开话匣子的时候,试着用下列词句作为你谈话的引子:

- ·为什么会这样……
- ·你认为怎么会……
- ·依你的见解是……
- ·你如何来处理……
- ·你怎么来解释……
- ·你能举一个例子吗?

谈话中,如果起初对方明显地表示出不喜欢讲话的,他可能是漠不关心、害羞、愚蠢或者他对问题缺乏兴趣。舞会中,如果你从主人口中获得同伴的某些事情,但单凭这点,还是不能有把握打开沉默而引起他讲话的兴致。

你可能跟一位你甚至想尽各种方法都不愿意转过头来和你说话的顽固律师坐在一块,想跟他讲话,唯有不断地尝试,或许非法进入美国的墨西哥人引不起他的兴趣,但夏日潜水他却有兴趣,你还可以谈谈鲸鱼的生活习性,以上皆为可行之计,你不妨试试。

如果我们使用的最后手段依然无效的话,你甚至可以弄翻一杯水来引他说话,至少由他的窘相可以稍微解除你碰钉子的尴尬。

用语精练

讲话中没有比该停而不停、该省略而不知省略的习惯更差的了,讲话不懂精练的人终将发现他在自说自话,他没有任何听众。

漫无止境谈话的坏习惯往往很难改正,对说惯了废话而不知扼要说话内容的人,我们为他们深致同情。然当我们跟朋友谈天或在大庭广众前演讲,若是某些地方的确有再三强调的必要时,则必须针对重点,再三说明。

毫无疑问,缺乏修饰的商业谈话是最使人心烦的。但是可悲的是人们已经麻木了,他们废话连篇,从来就不知针对重点,相同的事情却一说再说。

有一位专门替工厂降低生产成本的学生,察觉在工厂中经常有仅需两滴胶即可以黏牢的工作,工人却用五滴。如此一来,不但增加了工厂的成本,更浪费了许多无谓的擦拭时间。人们谈话又何尝不是这样,有时候两三句话的话题却时常要说一打以上的句子。

避免说太多的"我"

千万别让"我"字充塞在你的谈话之中。

在一次花园俱乐部的集会里，主人在3分钟的讲话中用了26个"我"字。我的花园、我的篱笆……某个熟人走到他的身边说："很抱歉你已经失去了您的太太？""失去我太太？"主人问道。"不是的！她人很好，请问您花园的一切跟您太太丝毫关系都没有吗？"

亨利·福特二世将无聊的人描绘为"将拳头往自己嘴巴里塞的人，也是'我'字的专卖者。"

自说自话的人在莎士比亚舞剧中倒还说得过去，由于舞台上只有一个演员，可是在现实生活中就不尽然了。"我"字专卖者缺少笑话，缺少故事，缺少主见。自言自语是自我疯狂的一种行为，他对于其他人的睡眠、叹息、打呵欠，不理不睬。可叹的是，患有自言自语毛病的人经常终身都不易改正。

谈话好比汽车驾驶，说话者必须小心交通标志。交通标志一方面显示出听众对说话者谈话内容的喜爱、注意和接受与否；另一方面又能表达他们的不耐烦、激怒或挫折。如果说话者看到了红灯，却不知中止谈话，他将发觉自己是造成交通拥挤的主要原因。

有时候听众可能愿意讲话者继续说下去而不打岔。即使这样，讲话者也不可忽略交通标志，若是听众真的为你才华横溢的讲话技巧所陶醉，他们必定继续亮着绿灯，但随时小心交通标志对你来说是没有任何损失的。

切莫打岔

有打岔习惯的人，有时候甚至比自言自语的人还讨厌。约翰·洛克说："没有比打岔别人说话更没教养的行为。"

若是有人谈话正值兴头，而他的听众也急于知道结局，而你却在这时打岔："上星期天你不是也在约翰家吗？"这时，除了说话者认为你没礼貌外，往往他的听众也这样认为。因此我们必须遵守下列原则：

· 别以风马牛不相干的问题来打岔。

· 别以不相干的意见来打岔。

· 别以他人的话语来打岔。

· 别以协助讲故事的方式来打岔。

· 别以鸡毛蒜皮的事来打岔（往往发生于夫妇间）。

总归一句话：一切莫打岔。除非讲话者讲话的时间明显地拖得太长，讲话者已不再为听众所喜爱或甚至有人打瞌睡，讲话人有明显的人身攻击或讲话者已成为众人侮辱的对象,这时打岔是一种善行。

避开无聊的话题

几乎没有人会对你的小孩、小狗、食物、收据、高尔夫球、健康状况等无聊的话题感兴趣吧!小狗、小孩可能使好莱坞超级巨星变得神秘,但普通人在众人面前讨论这种话题,恐怕难产生这般效果吧!记得有一次坐在一位精明的律师身旁,本来整个过程中他能够以他在纽约的遭遇来吸引大家,很不幸的是,这位老兄却花了几乎1个小时的时间不断地告诉我们他遗失的长毛狗。当他说话的时候,我甚至可以看到每一个他找狗的痕迹,而听众的表情也变得跟长毛狗一样——败兴的眼睛,双耳低垂,全身乏力。

温斯顿·丘吉尔觉得小孩子并不是谈话的好题材,某次一位大使跟他说:"丘吉尔先生!上次跟您提过的孙子……"丘吉尔拍拍他的肩膀说:"我知道,亲爱的大使,我没办法对您说我有多高兴!"

避免攻击别人

谈话安全与否全视周围的人物、事物而定。例如政治、宗教、赛跑可能某些人津津乐道而某些人却是缺少兴趣的。选举之前,人的脾气往往都比较暴躁。吉姆·柯道说:"战术之要在于了解自己该走多远。"除非你拥有喜欢争吵的朋友,不然尽量避免提出足以令谈话双方产生敌意的话题。

若是你减肥或戒烟成功了,告诉肥胖的人或老烟民你是怎么做的,这是一项恩惠。可是假如你的话题很显然会让他人尴尬的话,那就千万别急着说明细节。

不要使用可能伤害别人感情的话语,即使你认为它是无害的。在一次选举中,一位候选人不明智地使用伤害少数民族的话语。虽说这些词句可能并不偏颇,但已经在一些少数选民心目中造成一段抹不掉的烙痕。

讨论但不争论

约瑟夫·爱迪生说:"谈话心平气和比利用智慧更加适宜。"

只要是基于立足点平等的谈话即是讨论,而争论是双方猛烈地攻击对方而又紧紧地保护自己,争论是谈话的仇敌。

只要我们保持冷静,富幽默感,有充足的理由;只要你愿意听我说,而我也愿意听你说;只要我们不是对事情有偏见,则讨论不会产生纠纷。但当双方声音变尖锐时,当"我认为这是十分愚笨的方法"变成无理智的谩骂时,当我们看见对方变得不耐烦时,争论就产生了。虽然或许我们从争论获得了小利,却失去了一个朋友。

争论让人们分开，讨论使人们合一；争论是野蛮的，讨论是文明的。纵使有时候争论和吵嘴是友情与婚姻中无从避免的，但不论争论或吵嘴最好都能够在私底下进行。

一位午餐俱乐部的朋友，往往对某些问题不同意我的看法，例如什么地方最先发现石洞艺术等。俱乐部中经常能够提供令人满意的答复。可是，偶尔也有一些不能及时在餐桌上回答的问题，在那种状况下会员们会开始下赌注，将条件和金额写在俱乐部赌注本上，随后大家正式找寻答案，输者付钱，正确的答案顺便记在赌注本上。

上述赌注进行时大家讨论得极有兴致，并不会发生激烈的争论。为什么呢？首先，它是纯趣味性的。其次双方并不是为表达自己的意见，而是澄清真理，因此得有事实根据。最终输赢双方都很高兴地接受赌注的结果。

倾听

波鲁塔克说："只要倾听，你甚至可以从拙于口舌者的口中学到很多学问。"有人说，50%以上的健谈者都是从倾听学来的，所以在听讲的过程当中不但要注意耳到，还须兼顾心到及各种感觉器官的集中。

听讲有时候和讲话是一样重要的，当讲话的内容缺少变化时，人们很容易因心不在焉而忽视了重要部分，领会错了谈话者的本意。

一心一意地倾听，除了能正确领会内容之外还能够激励讲话者的兴致。

倾听

当你与人共进晚餐时，不要尽玩弄餐具，或眼睛望向天花板。倾听！不是敷衍了事地听讲而是认真地倾听。告诉你自己——我是一块海绵，我将吸收讲话者的每个字。对别人的最大恭维莫过于倾听他所说的每一个字，而最能证明你专心听讲的事实莫过于机敏的回答，因为听终究仅是谈话中的一部分，讲依旧是另外一部分。

口才妙点子

图文珍藏版

第四章 让语言充满魅力

让眼睛说话

在我们结识新朋友的时候,也许一时拿不定主意先说些什么。是一见如故,无所不谈,还是审慎观察,然后启齿?是热情洋溢,还是若即若离?当我们在决定之前,不妨让眼睛和表情先"说话"。

无论如何,当我们面对陌生人,在完全不了解对方的情况下,首先应该从理智出发,用起码的礼貌接待。握手自然是常用的方式。不管和对方是轻轻相握还是紧紧相握,眼睛都决定着握手的性质。也就是说,目光才能表达正确的含义。

试想这样的场面,你伸出手,和对方亲密地握在一起,目光却盯着别处,对方一定会认为你毫无诚意。如果你的眼睛从对方的头顶射过去,那就更为不妙,会让人理解为你清高或傲慢。要是你握手时目光落在脚面上,那么对方一定会犯糊涂,搞不清楚你在想什么。因此,当开口寒暄之前,务必要使你的眼睛密切地注视着对方的眼睛和脸。和蔼的目光真挚地投射,充分地让对方感到你的尊重、宽容和教养有素。

人们赞美蒙娜丽莎的微笑,说她具有永恒的魅力。那么,她的魅力究竟在哪儿?丰满的前胸,圆润的下巴,飘逸的头发,还是一再被称道的嘴唇?其实,蒙娜丽莎微笑的魅力,关键在于那双似喜非喜、似嗔非嗔的眼睛。那里流露出来的是人类普遍追求的亲切感,让人感到愉悦。

善于言辞

你是否有过这样的体验:在陌生人面前,总感到口讷言拙,讲起话来结结巴巴,在人多的场合,常觉得手足无措,原来准备好的词句也"不翼而飞"?在别人侃侃而谈或口若悬河时,你一定非常羡慕吧?其实,讲话的技巧是可以学会的,只要做一个有心人,从以下几方面加以锻炼,你也会成为一个善于言辞的人。

1.要有充分的准备

如果你在讲话时对所要讲的内容没有认真考虑过,你肯定会感到无话可说,即便说起来也不会流畅自如。因此,必须在讲话之前有充分的准备,或者写成提纲,或者默诵、试讲。你对讲话的内容越熟悉,你就越能讲得好。

2.学会对话方法

从心理学角度看,口头语有对话言语(聊天、座谈、辩论、质疑等)与独白言语

（报告、演讲、讲课等）之分，一般说来，后者的要求更高，并是以前者为基础的。我们首先必须学会对话言语的方法，与别人很好地交流思想，才能在听众较多时有较好的效果。在与别人谈话时，要耐心倾听别人的意见，不可随便插话或打断别人的话头，要"察言观色"，注意对方的姿势、表情和态度，要分析对方讲话的得失，吸取其优点，舍弃其缺点。同时，讲话要含义明确，态度诚恳，要注意对方的反应，当对方显出厌倦或注意力涣散时，就要停止讲话。

3.勇于勤讲多练

言辞表达的才能并不是天生的，而是在环境的影响下，通过个人的实际锻炼逐步发展的。因此，我们要克服害羞、胆怯的心理，在生人面前或人多的场合，要争取讲话的机会，勇敢地发表自己的意见。虽然开始时不一定会成功，甚至会遭到别人的嘲笑，但你不要介意，而应认真分析自己讲话失败的原因，勤讲多练，不断改进。

怎样消除说话时的恐惧感

有人在与陌生人谈话时，总有一种恐惧感，消除恐惧感的方法有：

①说话前先做深呼吸。这样可以缓和心跳速度，也可减少焦虑。

②留意一下你周围的东西。例如你要讲话之前，先摆好大纲，整理一下讲桌，这样你就不会太注意自己。

③要成竹在胸。你只要想象自己会成功，那你可能就真的成功。

④说话之前，避免喝咖啡或茶之类的刺激物。这些东西只会使你更紧张。

⑤对你要接触的人先要有所了解。如果你去求职面试，你就该先了解公司的问题出在哪里，然后试着去寻求解决之道。如果你是要跟某人约会，你要先了解对方的兴趣所在，假如对方爱看棒球，你就买两张票邀他去看，他看得愉快，你也比较敢道出你心里的话。

学会使用"万能语"

不管在什么情况下，使用"万能语"都是非常有用的。如果不善于利用，就会在人际关系上遭到很大的损失。

所谓"万能语"，具有如下几个特性：使对方觉得你很有礼貌，听起来平易近人，用起来简单方便；给人一种舒心的感觉。

"早安""午安""晚安""喔，是的，是的""真是太不好意思了""还不是托您的福啊""请多多包涵""哪里，哪里，实在不敢当""真抱歉""真是太谢谢您了""请多加指教""拜托了"，诸如此类的"万能语"，实在是不胜枚举，关键看你如何去运用它们。

语气要明快

不难发现,在我们四周也有许多人说话的声调能给你一种明快的感觉。你若想在谈话时给对方以明朗畅快的感受,就必须注意以下几点:

性格——人的性格有两种,一种是明朗型,一种是阴冷型。如果你属于后者,只要你不去斤斤计较各种小节,不过分注重自我,多同别人打交道,尊重别人的意见,相信别人,你就能广交朋友,从中获得教益,从而使你阴冷的性格逐渐转向热情、开朗。

健康——保持身心健康,才能心胸开朗,心情舒畅。

语调——假如你语言清晰,语音频率高,转折音柔和,则能使对方有明快的感觉。如果你还没有这样的水平也不必过分勉强,以免弄巧成拙,只要多多注意就行了。

表情——面带笑容与有说有笑往往能给人以亲切之感。如果你能随时面带微笑,别人一定会喜欢你。

注意停顿

说话时的停顿是一种技巧。有意识的停顿,不仅使讲话层次分明,还能突出重点,吸引听话人的注意力;适当的停顿,能够使听的人明白你所讲的内容分为几个段落,前后互相照应。只有条理清楚的讲话,才具有说服力,表现出很强的逻辑性,使别人佩服你的口才。如果不懂得适时地停顿,滔滔不绝地一直讲下去,你会使人有急促感,对于你的讲话也就不知所云。

什么时候要停顿呢?当我们转换语言、承上启下、提示重点或总结中心思想的时候,就需要停顿。而停顿的时间按具体情况处理,短则两三秒钟,长不超过十秒为宜。

此外,如果你想表达出蕴藏在内心的激情,讲话就应该抑扬顿挫,所以停顿并不仅限于声音的停顿,还可以配合动作和手势进行。例如:低头沉思;双手握拳,做激动状;说到关键处,双目凝视;深深地叹息;紧皱眉头,做痛苦状;抬头仰望。

运用这些动作要自然,以免别人认为你是在故作惊人之状。

少说"我"多说"你"

古希腊大哲学家苏格拉底说:"不要老是说'我想',而是多询问对方'你认为如何'",的确,如果你在说话中,不管听者的情绪或反应如何,只是一个劲地提到自己如何如何,那么必然会引起对方的厌烦。谈话如同驾驶汽车,应该随时注意交通标志,就是说要随时注意听者的态度与反应。如果"红灯"已经亮了仍然往前开,闯祸就是必然的了。

因此,多说"你"吧。这对你并不会有任何损失,只会获得对方的好感,使你同别人的友谊进一步加深。例如:

你认为如何? 你怎样处理? 你遇到这种情况会怎么办? 为什么会如此? 你能举一个例子吗? ……

每个人都是喜欢以自我为中心的。你若能暂时放弃自我,而提出对方感兴趣的问题,让别人也发表见解,你将会在人际关系上左右逢源。

不要冷落他人

谈话时冷落他人,就如同在宴会上赶走客人一样荒唐和不可思议。千万记住,不要遗漏任何人,让你的双眼环视着周围每一个人,留心他们的面部表情和对你谈话的反应。在众多人的聚会中,常有少数人被无情地冷落。假如被你冷落的恰巧是来自对你事业和前途起关键作用的人物,那将是怎样的后果呢?

因此,不要冷落任何人,即使他的言谈举止是多么令人生厌。"己所不欲,勿施于人",应该想想自己被人冷落的滋味。同时,要使别人觉得你的谈话洋溢着饱满的感情,因而很感兴趣,而不是在坐"冷板凳"。

与人谈话 10 忌

在与人交谈时,应注意方式,切忌:

①打断他人的谈话或抢接别人的话头。

②没有使用概括的方法,使对方一时难以领会你的意图。

③注意力分散,使别人再次重复谈过的话题。

④连续发问,让人觉得你过分热心或要求太高,以致难以应付。

⑤对待他人的请求漫不经心,使人感到你不愿为对方助一臂之力。

⑥随便解释某种现象,轻率地下结论,借以表现自己是内行。

⑦避实就虚,含而不露,让人迷惑不解。

⑧不适当地强调某些与主题风马牛不相及的细枝末节,使人厌倦,感到窘迫。

⑨当别人对某话题兴趣不减之时,你却感到不耐烦,立即将话题转移到自己感兴趣的方面。

⑩将正确的观点和中肯的劝告佯称为是错误的和不适当的,使对方怀疑你话中有戏弄之意。

学会使用幽默

幽默,在人际交往中有以下几点好处:

①能缓解人的紧张情绪,使不利的对方摆脱困境。例如,英国剧作家萧伯纳在街上被一个骑自行车的人撞倒了,肇事者吓得不得了,连忙道歉,萧伯纳却对他说:"先生,你比我更不幸,要是你再加点劲,那就可作为撞死萧伯纳的好汉而名垂史册啦。"

②能温和地讥讽对方的蠢话。德国大诗人歌德有一天在公园里散步,正巧在一条狭窄的小径上碰上了一位反对他的批评家。这位傲慢无礼的批评家对歌德说:"你知道吗,我这个人从来是不给傻瓜让路的。"机智敏捷的歌德却回答他说:"而我恰恰相反。"说完便闪身让批评家过去。

③有消除疲劳的作用。在登山、旅游或长途跋涉中感到精疲力竭、情绪低落时,说上几句幽默风趣的笑话,顿时便会使人感到轻松、愉快,情绪振奋,忘记疲倦,乘兴前进。

④有医疗辅助作用。患精神忧郁症的人经常听听笑话,在某种程度上能延缓病情的发展或缓解病情。所谓"笑一笑,十年少""一个丑角进城,赶上十个医生"的说法有一定的道理。

总之,幽默是才华与智慧的闪光,是交际语言的润滑剂。它能使语言生辉,使交际气氛轻松化、活泼化。

提意见的艺术

提意见在现实生活和工作中是经常发生的,但并不是每个人都会提意见,提意见也要讲究艺术。

①不可抱着改变对方主意的心情和他争论,也不要试图去"赢"得这场争吵,只要陈述自己的观点就可以了,但也不应让人感到你在说教。

②强调共同之处。差不多任何争执都有某些双方都认同的见解,应该强调这些认同点,如果过分强调分歧的意见,必然使对方不服。

③不要以表达不同见解来证明自己高人一等。

④在你不同意对方的意见之前,必须要先了解对方的立场,以求没有误解对方的意思。并且,在未做了解之前,切忌假定意见已有分歧。

⑤有其他人在场时,不要提出使对方感到为难或难堪的意见。

⑥保持愉快的态度,不要流露出愤怒、不耐烦的情绪。声音要保持温和、愉快,避免打断对方的讲话,不要使用皱眉、摇头等动作。

⑦在表达意见的时候,要具有选择性,如果在一切事情上都挑剔,人们很快就不愿听你的讲话了。

⑧多说赞美、感谢对方的话。

选择适当的批评方式

批评,是对人进行教育的一种方式。正确地运用批评方式是很重要的。现在谈谈如何选择适当的批评方式。

①触动式批评。措辞比较尖锐,语调比较激烈。它适合于惰性心理、依赖性心理较为突出的人。

②渐进式批评。有层次地逐步深入。适用于自尊心和荣誉感较强的人。

③商讨式批评。平心静气,采用商讨的口吻,较为缓和。适用于反应快、脾气躁、情绪易被语言激发的人。

④提醒式批评。以暗示为手段,语言内容多为提醒、启示之类。适用于性情机敏,疑心较重的人。

⑤即席式批评。当时、当场、当事的批评。适用于不肯轻易认错的人。

⑥参照式批评。借助他人、他事的客观形象,运用对比方式烘托出批评内容。适用于经历浅薄、盲目性大、自我觉悟差、易于感化的人。

⑦发问式批评。以提问为内容,把要批评的事用提问的方式表达出来。适用于善于思考、性格内向、比较成熟的人。

学会向人道歉

人孰无过,所以人人都应该学会道歉。衷心道歉不但可以弥补破裂了的关系,而且还可以增进感情。

道歉的方式多种多样,最常见的和需注意的有以下几点:

①如果你觉得道歉的话说不出口,可以用别的方法来代替。一束鲜花能使前嫌尽释;把一件小礼物放在对方的餐桌上或枕头下,可以表明悔意;大家不交谈,触摸也可传情达意,这就是所谓的"此时无声胜有声"。

②切记道歉并非耻辱,而是真挚和诚恳的表现。大人物有时也道歉。丘吉尔起初对杜鲁门的印象很坏,但后来他告诉杜鲁门说以前低估了他,这是以道歉的方式表示敬意。

③应该道歉的时候,就马上道歉,越耽搁就越难启齿,有时甚至追悔莫及。假如你认为有人得罪了你,而对方没致歉,那你应该冷静,不要闷闷不乐,更不要生气,也许对方正为如何道歉而思考呢。

④你如果没有错,就不要为了息事宁人而认错,这种做法对任何人都没好处。同时你要分清深感遗憾和必须道歉这两者的区别。有些事你可以表示遗憾,但不必道歉。

开玩笑的"规则"

在日常生活中,有人很爱开玩笑,即使没有恶意,但也要注意规则。

①注意格调。开玩笑应该有利于身心健康,增进团结,摈弃低级庸俗。

②留心场合。按照中国人的习惯,正规场合一般不宜开玩笑。彼此不十分熟悉或生人、熟人同时在场,不宜开过深的玩笑。

③讲究方式。也就是要因人而异。对性格开朗、喜欢说笑的人,多开些玩笑也无妨;而对性格内向、少言寡语的人,一般不要过分地开玩笑。

④掌握分寸。俗话说凡事有度,适度则益,过度则损。

⑤避人忌讳。忌讳是因风俗习惯或个人生理缺陷等对某些言语或举动有所顾忌,几乎每个人都或多或少地有自己的忌讳。所以,开玩笑时一定要小心避之。

道谢的艺术

在交往中,"谢谢"这两个字如果能正确地运用,交谈就会变得很有诚意。

①必须是诚心的。你确实有感谢对方的愿望再去说它,并赋予它感情,不要让人听起来觉得呆板,变成应付人的客套话。

②直截了当地道谢。不要含糊其词地嘟哝,不要为别人知道你要向他道谢而不好意思。

③指名道姓。通过叫被谢人的名字,使你的道谢专一化。

④道谢时,应注视着被谢者。

⑤找机会谢别人。要养成习惯,并非一个人生来就有感谢别人的意识。

⑥出乎人们意料地道谢。当别人没想到或感到未必值得感谢时,一句"谢谢"会使对方感到很温暖。回想一下,不时你从别人那里听到一声友好的"谢谢",而过去在同样的情况下你根本不会听到它,想到当时的心情,你就会明白它的意义了。

拒绝闲聊的四种方法

漫无边际的闲聊既影响工作和学习,又容易招惹是非。现介绍4种表白无暇闲聊的委婉方法:

①启示法。在自己工作场所的醒目处,写上"闲聊不超过3分钟"或鲁迅的名言"浪费自己的时间,等于慢性自杀;浪费别人的时间,等于谋财害命。"以此启示来客,谢绝闲聊。

②工作法。当发现来客朝自己走来,可立即埋头工作,或眼睛凝视空间,令来

客相信自己正在专心工作,让其知趣离开。

③冷淡法。当来客打开话匣子时,自己保持冷淡,只点头或摇头,不予搭话,也可做简短的回答"是"或"不是"。若来客仍然口若悬河地讲个不停,可起身做些杂务,令其扫兴而归。

④推迟法。如对方并未闲聊,或自己喜欢与其交谈,但当时确无时间接待,可提议推迟在下班后或共同进餐时进行交谈。

第五章　巧妙机智会说话

切莫忽视了称呼

对于一个人的称呼,似乎是件极简单的事,但若你留心现代人的称呼名目的复杂,就会明白,一个适宜得体的称呼,常会起到微妙的作用,至少不致因错用而造成不愉快的事情。

对男人的称呼比较简单,一般都称先生。可对女子的称呼,就要兼顾身份了。一般称已婚的女子,用夫姓称太太,如果她的身份高则称夫人较为妥当;对未婚的女子,可以称其小姐;对老师的太太,一般称师母,这样才能表示尊敬,而不适宜称其为太太。

称呼一个不明底细的女子,用"小姐"较于贸然称她"太太"要安全得多,无论她是 16 岁或是 60 岁。宁可让她微笑着告诉你她是太太,不可使她愤怒地纠正你说她不过是一个"小姐"!

有些在社会上活动的女子,虽然已婚,但仍然不高兴取丈夫的姓,依然愿意别人叫她小姐。在拜访这样的女子之前你最好先调查清楚,以免误事。若有人在旁介绍,则应依介绍人所用的称呼方法,不可自作聪明,擅自更改。

上述是一般性的称呼法,如果要兼顾到对方的职位和身份,则更要谨慎从事。

"先生"两字是最普通的,甚至可能通用到去称呼高级的军政长官,当你觉得没有称呼职衔的必要时,或不知道对方究竟是什么职衔的时候,这是最恰当的。

以职衔来称呼一个军政长官时,不必叫出对方的姓氏。这一点,对于需要进出军政机构的人不可不注意。此外称主席、部长、县长等也一概如此。只有在你用"先生"二字来称呼他们时,姓氏才是必需的。

有些人在几年前做过局长,现在还习惯别人称他做局长。若你要拜访这些人,也以先探听清楚为上策。

有人喜欢用绰号去称呼自己熟悉的人。

绰号有两种，一种是表示喜爱、表示友善的，如"铁榔头""诗人""博士"等。这样称呼自己的朋友，显得格外亲热。另一种是明显带有讽刺甚至侮辱意味的，如"铁公鸡""傻子""十三点"等。用这样的绰号称呼自己的朋友是对朋友的极大不尊重。当然，有时长辈为表示对晚辈的格外喜欢，故意反其道而行之，称晚辈"狗仔""傻子"等，这是例外。

称呼在场的许多人，如果不适宜用"同志"这一泛称，那么应按先长后幼、先上后下、先疏后亲的次序使用各种不同的称呼。

开好头的窍门

许多有经验的人在长期的实践中体会到一个事实：在最初 10 分钟内，吸引听众是容易的，但是保持这个状况就困难了。因此，从讲话的最初几句起，就要设法像磁铁般吸引住你的听众。

下面一些方法不妨试试：

1.用故事开始

一般来说，可供使用的故事有幽默的和一般的两种。但幽默的故事不可妄加使用，除非讲话者有幽默的禀赋，否则效果不会很理想；而后一类故事，只要讲话者在叙述时有具体情节，就能达到吸引听众的目的。

2.用展示的物品开始

展示的物品可以是一幅画、一张照片或一件其他实物，只要有助于讲话者阐述思想就行。甚至讲话者在一张纸上写几个字，也能引起话题。

3.用提问的方法开始

用提问开始说话，听者就会按提出的问题去思考，就会产生一种要求知道正确答案的欲望。

4.用名人的话开始

名人在一般人的心目中是崇拜的对象，他们的话总有一种吸引力。

5.用令人震惊的事实开始

这种事实可以使听者产生一种要对说话者述说的东西追根究底的"悬念"。

6.用赞颂的话开始

一般人总是喜欢听赞颂的话。因此，讲话者开始讲话时，可以先赞颂他正在讲话的地区的悠久历史和光荣传统等，这样气氛很快会活跃起来。

7.用涉及听者利益的话开始

把自己的讲话内容与听者的切身利益联系起来，引起听者的关注和重视。

8.从有共同语言的地方开始

这些话可以涉及双方以往的相同经历和遭遇，也可涉及双方以前的密切合作，还可以展望双方友谊发展的前景等。

说话要注意前提

利用语言交际的过程,是一种信息传递的过程。说话是为了向听话人传递新信息,而听话人对新信息的接收和理解必须建立在已知信息的基础上,这就是"话语前提"。

注意交际中的话语前提,可以从以下两个方面入手。

1.避免表达含糊和有歧义

如有两个张教师,都有可能有事要找学生 C,学生 D 通知学生 C:"张老师请你明晚 9 点去他家。"这句话就是有歧义的,必须明确讲清是哪一位张老师。

2.说话内容要有足够的信息量

如甲问乙:"那天我在路上看见一个人,很像你,是不是你?"对于这样没头没脑的话,乙是难以回答的。必须在问话中指出具体的时间、地点等,应讲"上星期二我在湖东路上看见一个人,很像你,是不是你?"

适时反问的技巧

反问,即反过来问,答者变成问者。在交谈中,巧用反问可以出其不意,一语中的,入木三分。

常见的反问类型有下面几种:

1.机智型反问

考虑交谈的情境和对象,从不同角度反问对方,机智巧妙地表达反问者的观点、态度和倾向。

萧伯纳的剧本《武器和人》首次公演,获得成功。结束时,萧伯纳走上舞台向观众致意,一个人喊道:"萧伯纳,你的剧本糟透了,谁要看?收回去,停演吧!"萧伯纳彬彬有礼地回答说:"朋友,我完全同意你的意见,但遗憾的是,我们两个人反对那么多观众有什么用吗?我们能禁止这剧本的演出吗?"萧伯纳的反问博得全场观众的笑声和掌声。

2.讽刺型反问

有这样一则故事:地主在半夜催长工说:"天亮了,还不起来干活?"长工答:"等我捉了虱子就去。"地主说:"天这么黑,能看见虱子吗?"长工反问:"天这么黑,能看见干活吗?"长工的反问,使地主陷入自打耳光的窘境。

3.肯定型反问

答问者以反问的语句直接明确地表明自己的观点和态度。这种反问比正面回答更有力。

贞观十五年,唐太宗李世民问大臣:"守天下难不难?"侍中魏征回答说:"非常难。"李世民说:"我任用德才兼备的人为官,又听从你们的批评意见,守天下还难吗?"魏征说:"古代的帝王,打天下的时候,能够注意用人和听从意见,一旦打下天下,只图享乐,不喜欢别人提意见,导致亡国,所以圣人说:'居安思危',指的就是这个,能说守天下不难吗?"

4.疑问型反问

直接而公开地表明反问者的观点、倾向,以证明、推理、辩驳、抒情等手法对事物发表议论、评判。

1987年11月10日,《工人日报》以"这是一个什么会"为标题,披露了在宁波某招待所召开的某会议的内容。从日程上看,为期5天的会议,只有半天安排正事,其余都是游览。作者问道:"国家三令五申不许借开会之机游玩,为什么仍会有这种不知被报纸披露过多少次的怪事呢?"

5.悬念型反问

这种反问是为了引发提问者的疑问和好奇心。

例如,张三问李四:"王五最近好吗?"李四说:"你问他? 他出事了,你不知道?"张三急切地问:"出了什么事?"

6.引语型反问

引语的性质可分为引经与稽古两类。引经,就是引用权威性的或有说服力的话来证明;稽古,就是引用前人的事迹或历史故事来说明。

例如,一个新战士入伍后,练了一个月的射击,仍然不能命中十环,他问班长:"我为什么打不中靶心?"班长说:"你知道一句俗语吗? 要想功夫深,铁棒磨成针。"战士立刻明白了。

7.层递型反问

层递型反问从层层深化的语气中使人加深对所叙事物的认识和印象,步步深入,可起到引人注目的作用。《追求》杂志的内容介绍:"人人都有追求,人人都追求幸福! 但是,幸福在何处? 真善美在哪里? 怎么追求得到?《追求》杂志将为您导航。"

高超的问话技巧

问话需要口才。利害场合,问话问得巧,可以占有优势。

提问要因人设问。人有男女老幼之分,有千差万别的个性,因此不可"千人一问"。一对挚友,可以互相询问:"你工资多少?""谈恋爱了吗?"然而,小伙子决不可向初次见面的女友提出类似的问题。

质问也是不可取的。假如在大庭广众之下质问对方:"你有什么理由可说?""你迟到一小时,上哪儿混去了?"如此质问别人,令人难以下台,人家一定会不高兴的。

怎样才能问得巧,首先要选择恰当的提问形式。

1.限制型提问

这是一种目的性很强的提问技巧,它能帮助提问者获得较为理想的回答,减少被提问者说出拒绝的或提问者不愿接受的回答。

据说,香港一般茶室因为有些客人在喝可可时放个鸡蛋,所以侍者在客人要可可时必问一句:"要不要放鸡蛋?"心理学家建议,侍者不要问"要不要放鸡蛋",而要问:"放一个还是两个鸡蛋?"这样提问就缩小了对方的选择范围。这种问话,显然可以多销售鸡蛋。

2.选择型提问

这种提问方式多用于朋友之间。比如你的朋友来你家做客,你留他吃饭,但不知他的口味,于是问他:"今天咱们吃什么? 鲫鱼还是带鱼?"

3.婉转型提问

这种提问的意图是为了避免对方拒绝而出现尴尬局面。例如,一个小伙子爱上了一个姑娘,但他并不知道姑娘是否爱他,此话又不能直说,于是他试探地问:"我可以陪你走走吗?"如女方不愿交往,她的拒绝也不会使双方难堪。

4.协商型提问

如果你希望别人按照你的意图去做事,应该用商量的口吻向对方提出。如你要秘书起草一份文件,把意图讲清之后,应该问一问:"你看这样写是否妥当?"

各种发问方式都有其优点和局限性。在交际过程中,要从交际需要出发灵活恰当地选择发问方式,求得最佳效果。

对答如流的奥秘

答问,是在交际场合进行的一问一答。如答记者问、专题对话、论文答辩等,这是一种随机性很强的以回答问题为主的即席式发言。它有以下两个特点:

①广泛性。由于对方可以任意提出问题,特别是记者兴趣更广泛,大至轰动全球的国际事件,小到你的生活隐私,都可能成为他们的话题。

②随机性。由于事先不知道对方将提出什么具体问题,很难对自己的发言做系统周密的策划。临场提问往往很突然,可能在你意想不到的地方冒出来,且问题带有跳跃性,只能随时思考,恰到好处地做出回答。如果反应迟钝,就会产生不良后果。

答问的技巧很多,下面举几个例子:

1.无效回答

即用一些没有实际意义的话去做非实质性的回答。

无效回答并非真正全无效果,它可分为有效性无效回答和纯无效回答。

所谓有效性无效回答,即表面上看没有直接回答问题,实际上却有很深的内涵,需要对方去领悟。

如在一次足球比赛中,球星迭戈·阿曼多·马拉多纳无意识地手头并用地送球进门。裁判判此球有效。赛后，记者问马拉多纳，那个球到底是手球还是头球。马拉多纳说："手球的一半是迭戈的，头球的一半是马拉多纳的。"

表面看来，马拉多纳的回答没有明确答案，其实一细想就可发现，马拉多纳事实上很含蓄地承认了那一球带有手球的成分。

所谓纯无效回答，即答话中找不到任何答案，要想得到答案，只有到别处寻觅。

一次，有位日本记者问陈毅："中国的第三颗原子弹何时爆炸？"陈毅答："中国爆炸了两颗原子弹，我知道，你也知道，第三颗原子弹可能也要爆炸，何时爆炸，请你等着看公报好了。"

2.答非所问

对有些问题，要回避其锋芒，以求回答得委婉和得体。

比如一位家长问老师："我的孩子成绩怎么样？"老师回答："要是能抓紧点，他成绩不会差。"显而易见，这个学生成绩不算好，但这位老师没有直接回答，而是委婉地用对学生的希望作答，既避免家长丢面子，也避免家长迁怒于孩子。

3.避而不答

这种方式可用来对付那些冒昧的提问者所提的问题。有时某些问题自己不宜回答，但对方把问题推到面前，保持沉默又显得被动，就可以避而不答。如：

"听说你准备和她结婚，有这回事吗？"

"你去问'将来'吧。"

"有人说你讲过我的坏话，是吗？"

"谁说的，你去问谁吧。"

"这个问题你要向我解释清楚。"

"当然要解释，但不是现在。"

4.以退为进

有些提问者或说话者语气咄咄逼人，对此可以采取以退为进的方式回答，即先把话承认下来，然后适当回敬对方。

请看下面几段对话：

"你讲什么？连你自己也不懂！"

"不错，不过我认为我懂不懂，你听起来都一样。"

"你这样子，迟早要倒霉！"

"说得在理，碰碰运气吧，也许不一定。"

"你这么漂亮，怎么还没有结婚呀？"

"是的，因为我挑得比你仔细。"

5.围魏救赵

不取"头痛医头"的做法，而是绕过提问，以奇兵突袭，使对方陷入窘境，从而为自己解围。

当年，台湾海峡一度出现紧张局势，在记者招待会上，一名外国记者故意发难："请问，对台湾问题，贵国政府所采取的最后措施是什么？"我国外交人员冷静作答:"请阁下相信,我们最终会解决这个问题的。而我倒真是有点担心,如果贵国反政府运动继续发展下去,贵国政府是否能具有维持现状的能力?"

这样的回答把一个带刺的球抛给对方,令其自顾不暇。

6.系铃自解

有些难题不必回答,原球抛回,让系铃人自己去解铃。

一次,某国领导人在我国北京举行

围魏救赵

记者招待会,一位西方记者问:"您在给您的同胞的信中说您的国家已经不是独立自主的国家,而是附属于外国,您说的这个外国是谁?"

该国领导人答道:"你问这个外国是谁,我可以说。但即使我不讲,所有的人也都知道。"因为"所有的人"都知道,所以提问者完全可以自己作答。

7.间接回答

有些场合,对方会提出一些十分敏感的问题,用以刺探你真正的意图,或故意提出挑衅性问题以达到诘问、刁难的目的。对这样的问题,间接的机智的回答,能收到很好的效果。

巧妙的插话技巧

一个人在倾听过程中如何插话,才有助于达到最佳的倾听效果呢?

根据不同对象可采取不同的方法。一般的方法有以下几种:

1.安慰法

当对方在同你谈某事,因担心你可能对此不感兴趣,显露出犹豫、为难的神情时,你可以趁机说一两句安慰的话。

"你能谈谈那件事吗? 我不十分了解。"

"请你继续说。"

"我对此也是十分有兴趣的。"

此时你说的话是为了表明一个意思:我很愿意听你的叙说,不论你说得怎样,说的是什么。这样可以消除对方的顾虑,坚定他倾诉的信心。

2.疏导法

当对方由于心烦、愤怒等原因,在叙述中不能控制自己的感情时,你可用一两句话来疏导。

"你一定感到很气愤。"

"你似乎有些心烦。"

"你心里很难受吗?"

说这些话后,对方可能会发泄一番,或哭或骂都不足为奇。因为这些话的目的就是把对方心中郁结的一股异常情感"诱导"出来,当对方发泄一番后,会感到轻松、解脱,从而能够从容地完成对问题的叙述。

值得注意的是,说这些话时不要陷入盲目安慰的误区。不应对他人的话做出判断、评价,说一些诸如"你是对的""他不是这样"一类的话。你的责任不过是顺应对方的情绪,为他架设一条"输导管",而不应该"火上浇油",强化他的抑郁情绪。

3.综述法

当对方在叙述时急切地想让你理解他的谈话内容时,你可以用一两句话来"综述"对方话中的含意。

"你是说……"

"你的意见是……"

"你想说的是这个意思吧……"

这样的综述既能及时地验证你对对方谈话内容的理解程度,又帮助你随时纠正理解中的偏差,还能让对方感到你的诚意。

以上三种倾听中的谈话方法都有一个共同的特点,即不对对方的谈话内容发表判断、评论,不对对方的情感做出是与否的表示,始终保持一种中立的态度。切记,有时在非语言传递的信息中你可以流露出你的立场,但在语言中切不可流露,这是很重要的。如果你试图超越这个界限,就有陷入倾听误区的危险,从而使一场谈话失去了方向和意义。

怎样劝架才有效

人们在生活中难免会发生各种各样的矛盾,有时还会因矛盾激化而吵架。这时,就很需要旁人及时劝架。

面对那些愤激的吵架者,怎样劝架才有效,是要讲究点说话艺术的。

1.要了解情况

盲目劝架,讲不到点子上,非但无效,还会引起当事人的反感:"不了解情况,瞎说什么?"劝架前先侧耳细听,弄清情况再讲话,效果就很好。对原因复杂的吵架,要从正面、侧面尽可能详尽地把情况摸清,力求把劝架的话说到当事人的心坎上。

2.要分清主次

双方吵架的起因会有主次之分,气势也有高低之分,劝架不能平均用力,对措词激烈、吵得过分的一方要重点做工作,这样才比较容易平息纠纷。

3.要客观公正

劝架要分清是非,不能无原则地"和稀泥",不分是非各打五十大板,以为"一只碗不响,两只碗丁当",笼统地对双方都做批评,这不能使人心服。

4.要风趣幽默

吵架时,双方脸红脖子粗,气氛紧张。这时,用一两句风趣幽默的话,就像清凉油、润滑剂,可以帮助吵架双方"降温"和"放松"。

5.要委婉批评

人在吵架时火气大,耳朵听不进劝告,因此,劝架时不要纠缠于吵架人的某些过激言词,要多用委婉语,并注意不触及当事人的忌讳。一般情况下尽量不用激烈尖锐的语句,以免火上浇油。当然,在特殊情况下,如吵架双方矛盾白热化、动起武来时,就要用高声断喝,使当事人震惊。

如何说"不"

当我们想拒绝别人时,心里总是想:"不,不行,不能这样做,不能答应!"等,可是嘴上却含糊不清地说:"这个……好吧……可是……"

这种口是心非的做法,一方面是怕得罪人;另一方面,过于直率地拒绝每一个问题,永远说"不",也不利于待人接物。那么,如何说"不"呢?

1.用沉默表示

当别人问:"你喜欢阿兰·德隆吗?"而你心里并不喜欢,这时你可以不表态,或者一笑置之,别人即会明白。

一位不大熟识的朋友邀请你参加晚会,送来请帖,你可以不予回复。这本身就说明,你不愿参加这样的活动。

2.用拖延表示

一位朋友想和你约会。他在电话里问你:"今天晚上八点钟去跳舞,好吗?"如果你并不愿意去,你可以回答:"明天再说吧,到时候我给你打电话。"

3.用推脱表示

一位客人要求你调换个房间,你可以说:"对不起,这得值班经理决定,可他现在不在。"

你和妻子一块上街,妻子看到一件漂亮的连衣裙,很想买。你可以拍拍衣袋:"糟糕,我忘了带钱包。"

有人想找你谈话,你看看表:"对不起,我还要参加一个会,改天行吗?"

4.用回避表示

你和朋友去看了一部拙劣的武打片,出影院后,朋友问:"你觉得这部片子怎么样?"你可以回答:"我更喜欢抒情点的片子。"

你正发烧,但不想告诉朋友,以免引起担心。朋友关心地问:"你试试体温吧?"你可以说:"不要紧,今天天气不太好。"

5.用反诘表示

你和别人一起谈论国事。当对方问:"你是否认为物价增长过快?"你可以回答:"那么你认为增长太慢了吗?"

你的恋人问:"你喜欢我吗?"你可以回答:"你认为我喜欢你吗?"

6.用客气表示

当别人送礼品给你,在你不能接受的情况下,你可以客气地回绝:一是说客气话;二是表示受宠若惊,不敢领受;三是强调对方留着它会有更多的用途等。

7.用外交辞令表示

外交官们在遇到他们不想回答或不愿回答的问题时,总是用一句话来搪塞:"无可奉告。"生活中,当我们暂时无法说"是与不是"时,也可用这句话。

还有一些话可以用作搪塞:"天知道""事实会告诉你的""这个嘛……难说"等。

当我们羞于说"不"的时候,请恰当地运用上述方法吧。但是,在处理重大事务时,来不得半点含糊,应当明确说"不"。

示弱——抵消嫉妒的妙方

在事业和竞争中为了取胜,当然不可以示弱,但在特定情况下公开承认自己的短处,有意暴露自己某些方面的弱点,往往是一种有益的处世之道。

示弱可以减少乃至消除不满或嫉妒。事业上的成功者,生活中的幸运儿,被人嫉妒是客观存在的。在一时还无法消除这种社会心理之前,用适当的示弱方式可以将其消极作用减少到最低限度。

示弱能使处境不如自己的人保持心理平衡,有利于团结周围的人们。

要使示弱产生积极作用,必须善于选择示弱的内容。

地位高的人在地位低的人面前,不妨展示自己学历不高,经验有限,知识、能力有所不足,有过种种曲折难堪的经历,表明自己实在是个平凡的人。

成功者应多在别人面前说自己失败的历史,现实的烦恼,给人以"成功不易,成功并非万事大吉"的感觉。

对经济能力差的,可以适当诉诉自己的苦衷。诸如健康欠佳、子女学业不好以及工作中诸多困难,让对方感到"他家也有一本难念的经"。

专业上有一技之长的人,最好宣布自己对其他领域一窍不通,袒露自己在日常生活中如何闹过笑话、受过窘等。至于那些完全因客观条件或偶然机遇侥幸获得名利的人,更应直言承认自己是"瞎猫碰到死耗子"。

示弱可以是个别接触时推心置腹的长谈,幽默的自嘲;也可以是在大庭广众之下,有意以己之短,补人之长。

示弱有时不仅表现在语言上,还要表现在行动上。

自己在事业上已处于有利地位,获得了一定的成功。在其他方面,即使完全有条件和别人竞争,也要尽量回避退让。也就是说,事业之外,平时对小名小利应淡薄疏远些,因为你的成功已经成了某些人嫉妒的目标,不可再为一点微利惹火烧身,应当分出一部分名利给那些暂时的弱者。

示弱是强者在感情上体贴暂时在某些方面处于劣势的弱者的一种有效手段。

它能使你身边的弱者有所慰藉,心理上得到平衡,减少或抵消你前进路上可能产生的消极因素。

自责——消除隔阂的桥梁

人非圣贤,孰能无过?人们在工作和生活中出现了过错、失误,是痛痛快快地承认并自责,还是讳莫如深、遮遮掩掩呢?

聪明人往往选择前者。因为发自内心的自责,能有效地减少失误造成的危害,消除由此带来的人际隔阂、怨恨。

在事业受到挫折,群众情绪低落时,负有一定领导责任的人引咎自责,能产生振奋人心、鼓舞士气的作用。

1946年8月,华东人民解放军某部进攻四县失利,伤亡较大,士气低沉。陈毅对大家说:"3个月来未打胜仗,不是部队不好,不是师团不行,不是野战参谋处不行,主要是我这个统帅的责任,现在向指战员认个错。"全军上下被陈毅这种博大的气度深深感动,心中怨气一扫而光,后来连打了几个胜仗。

自责如果能与对手相结合,将显得客观公允,令人折服。

毛泽东在一次家宴上听说湖南第一师范的校长张干仍在教书,带着不无自责的口吻说:"张干这个人很有能力,很会讲话,三十几岁当上第一师范的校长不简单。原来我不赞成他,估计他一定会往上爬,后来却没有。新中国成立前吃粉笔灰,新中国成立后还吃粉笔灰,难能可贵。现在看来当时'赶张'没有多大必要,每个师范生交10元学杂费也不能归罪于他。"

毛泽东对当年势不两立的斗争对手,能给以如此客观公允的评价,人们不难从中体察到一种卓越的胆识和宽大的襟怀。

当然,自责的前提是真诚,否则自责不过是言不由衷的做戏罢了。

讥讽——一把双刃剑

讥讽,在交际性语言中是一种有较强刺激作用和感情色彩的表达方式。

讽刺性谈吐具有含蓄、幽默、风趣、辛辣的特点,是一种"进攻式"语言。它通过比喻、夸张、反语等修辞手法,来表达说者的轻蔑、贬斥、否定的思想感情,能起到揭露丑恶、戏弄无知、回击挑衅等交际效果。

在交际场合,人身攻击之类的不愉快事件是难免的,如果你不想吃哑巴亏,讥讽将成为你防身的盾牌。

"九·一三事件"之后,在联合国安理会的一次辩论中,苏联代表马立克借此事贬低我国,他说:"中国那么好,为什么林彪要往苏联跑呢?"中国代表镇静地回答:"尊敬的先生,您连这一点常识都不懂,鲜花虽香,苍蝇不照样往厕所飞吗?"

反唇相讥必须藏中有露,露中有藏,尽藏则不知所云,尽露则赤膊上阵了。

当然,讽刺要掌握分寸。讽刺之言是不宜随意使用的,需要区别对象、场合。

讽讥之言就其动机来说,有善意与恶意之分。对敌人的讽刺要针锋相对,不留情面;而对一般人的讽刺,则应是善意的。通过讽刺之言,意在引起对方警觉,绝不是出对方的洋相,拿对方取乐。

更不要以为自己会讽刺,就到处挑战,稍不如意,就对别人挖苦讥笑,恶语中伤。这样不但伤害了别人的感情,而且也使自己孤立,或成为众矢之的。

要记住,讽刺像一把双刃剑,它可以使你受益,也可以使你受损。用得恰当,它是利器;用之不当,便会成为"惹事牌"了。

安慰——雪中送炭

人生的道路不平坦,逆境常多于顺境。身处逆境,面对不幸,当事者不仅需要本人自勉,也迫切需要别人的劝慰。

安慰如雪中送炭,能给不幸者以温暖、光明和力量。给予不幸者以安慰,是为人处世的一种美德。当亲朋好友遭受不幸时,及时送上真诚的安慰,更是你应尽的责任。

探望身患重病的不幸者,不必过多谈论病情。有关的医疗知识,医生已有交代、说明,无需你再多言。如果对方本来就背着重病的精神包袱,你再谈及过多,势必让包袱加重。你应该多谈谈病人关心、感兴趣的事,以转移对方的注意力,减轻其精神负担。

对于因生理缺陷或因出身、门第被人歧视的不幸者,由于不幸的原因有些是先天的,劝慰时应多讲些有类似情况的名人的成功事例,鼓励对方不向命运屈服,抵制宿命论思想影响。

安慰丧亲的不幸者,不要急于劝阻对方的恸哭。强烈的悲痛如巨石积压在心头,愈久愈重,不吐不快,让其宣泄、释放出来,反而有利于较快恢复心理平和的状态。你应当注意倾听对方回忆、哭诉,并多谈谈死者生前的优点、贡献等。

对生老病死之类的突发事件,要注意及时安慰,事过境迁不仅失去意义,而且会使对方已经平复的心勾起伤心的回忆,这是很不妥的。

当然,也不是说一定要在对方情绪激动的时候去安慰。一个人的情绪处于失控的情况下,任何人的安慰都难以入耳,还是等他冷静下来,恢复了理智,再同他交谈为好。

有时,谎言不一定全是坏话。

对于身患重病的病人,只能把病情如实告诉其家属,而对其本人,仍应重病轻说。如果谎言能唤起了他对生活的热爱,增强了他与病魔斗争的意志,就有可能使生命延续得更长久,甚至战胜死神。即使他以后明白了真相,也只会感激,不会埋怨。甚至明知是谎话,通情达理者仍会感到温暖、宽慰。但如果明知会加重对方的精神痛苦,仍要实话相告,即使不算坏话,也该算蠢话。

第六章　打动人心美言辞

要善于寒暄

　　寒暄是交谈的媒介和润滑剂,它能在交谈者之间搭起一座友谊的桥梁,因为寒暄能产生认同心理,满足人们的亲合需求。

　　寒暄的形式很多,常见的有以下4种:

　　①问候式。两人见面可点头微笑,或说"你好",或关心地询问近况:"你的吉他练得怎么样了?"然后,交谈起来。

　　②夸赞式。人都需要肯定与承认,诚心地赞美是一种活跃的寒暄方式。例如:"小何,你这条裙子可真漂亮!""啊,谢谢你!"短短的话语会使双方都很舒服,可以顺利地交谈起来。

　　③描述式。两个人见面后,一方以友好的语气描述对方正在做的事情,如:"刚下课?""回来了?""上街呀?"

　　④言他式。两人见面后,谈论双方都不厌恶的事,如:"今天天气太热了!""车子太挤了!"

　　这些寒暄方式都可以用来与人们建立起人际接触,为进一步攀谈架设桥梁,沟通情感。

　　寒暄尽管比较单调、平淡且重复,却不可忽视。路上相见,明明是熟悉的,却视而不见地擦身而过,既无体态语(如微笑、点头之类),又无言语表示,只能给人以傲慢、无礼的印象,触发敌视情绪。

　　如何积极有效地寒暄呢? 一般须注意以下几个问题:

　　①有积极的姿态。在与别人相遇的瞬间,要迅速培养自己的愉快情绪,争取主动,使对方从你的言行反应中感受到自己的存在,使其受人尊重的心理需要得到满足。

　　②集中注意力。任何漫不经心的言语只能使对方感到被轻视。

　　③善于选择话题。根据社会学家的研究,与生人见面后的4分钟内,只宜作一般性的寒暄,如问候、互通姓名、谈论一些无关紧要的话题,应绝对避免提出易于引起争论的话题。至于与老朋友、老同学、老乡或熟人相见寒暄,也有个选择话题的问题。

　　④讲究方式。与生人初次见面的寒暄,一般需有两三个问答往复的过程。熟人之间的寒暄,如常见面,往往只需一句话、一个招呼,甚至只需一个眼神、一个微笑、一个手势。如久不见面,则宜有两三个问答往复的过程。

"对不起"的神效

"对不起"这三个字看来简单,可是它的效用不是别的字所能比拟的。这三个字,能使顽固者点头,能使愤怒者怒气消减。

你在汽车上误踩了别人的脚,你说声:"对不起",被踩的人自然不会计较什么了。人的心理原是这样,对于许多事情皆可原谅。若因为你的过失,使别人吃亏,而你还不承认自己的不是,好像别人吃亏是咎由自取似的,这就不能让别人原谅你了。

消除恶感,避免伤害对方的感情,最聪明的办法是自己有过失的时候立刻道歉,请别人原谅你。

反之,不承认过错,就难怪对方生气,许多口角变成打架,或因一两句话而酿成命案的,不都是由此而起吗?倘若我们大家都不忘记这三个字的巧妙,我们的生活将会减少很多不愉快。

"对不起,害你等了许久。""对不起,你可以帮我把茶水递过来吗?"在日常生活中,"对不起"这三个字真是用途太多了。

"对不起"三个字,意思无非是让别人占上风,你既然让他占了上风,他还有什么更多的要求呢?息事宁人,莫过于此。要使家庭不失和,朋友不交恶,这三个字真是百试不爽的灵药。

聊天要聊出名堂来

聊天一般是指没有明确目标的即兴式交谈。跟不同行业、不同辈分的人聊天,往往会得到许多新的信息,甚至使我们触类旁通,很多久思不得其解的问题一下子豁然开朗。

聊天还有调节心理、愉悦情怀的奇特功效。如果你有什么事愁闷不快的话,通过和熟人聊天,可以一吐胸中闷气,达到开释情怀、平衡心理的作用。

古人有"听君一席话,胜读十年书"的佳句。一次有益的聊天,并不亚于读一篇好文章,所以与人聊天是一件快事。但是,聊天要聊出名堂,确有收获,还得费点心思。必须注意下面几点:

1.既无目的,又有目的

一般来说,聊天没有什么明确的目的。但从微观角度来讲,闲聊未必就是聊"闲",而是有目的信息和情感的交流。带有一定的目的,你就能及时且又恰到好处地发问,调节聊天的内容。

2.要选择聊天对象

聊天要做到格调高雅,聊得有水平,善于选择聊友是重要的一环。一般来说,聊友的素质决定了聊天的质量。德国伟大作家歌德,几十年如一日,与其秘书爱克曼每天都要聊会儿天,那些天才的机智许多是从闲聊话语中诞生的。他嘲弄世俗,讥讽丑恶，以喷珠吐玉般的格言缀串成令后世惊叹不已的《歌德谈话录》。

当然，现实生活中，不可能每次聊天都有聊友在场，所以选择聊友的圈子不能太小。和水平相当的人，甚至低于己者聊天也不无长进。大可不必囿于己见，拘于一格，而以广开"耳路"为好。

3.聊天话题的选择

通常情况下，与学者聊天，可以讲些轻松、幽默的奇闻轶事；与主妇们聊天，可以讲讲市场的行情与子女的教育问题；与老人聊天，可以谈谈养生之道、保健方法，甚至愉快的往事；与青年聊天，可以探讨事业、友谊及一切时尚的话题；与孩子聊天，可以讲讲童话、寓言等；与一般人聊天，可以拉拉家常。

4.聊天的范围

一般来说，聊天的范围不受限制，但当然不包括庸俗低级、格调低下、无意义、无价值的话题。搬弄是非，贬低他人，也是不足取的。对方的缺点和不喜欢的事物也不应作为聊天的话题。

5.聊天的地点

聊天通常不受时间、地点的限制，但在公众场合下聊天，或在喜庆时节大谈悲伤之事也是不受欢迎的。

6.不提挑战性问题

聊天时，不要提出一些挑战性的问题，免得引起激烈争论，弄得不欢而散。也不要自以为是，用教训人的口气说话。如果几个人一起聊天，还要注意让大家都有发言的机会。

求借时的语言技巧

向邻居或朋友借东西，这是每个人都可能碰到的事。但是，由于借东西时所用的语言不同，其结果必然大不相同：有的人可能空手而返，有的人却是满意而归。

借东西时，应当注意哪些语言技巧呢？

1.不要用"肯不肯"发问

这样会使被借的一方感到不快。因为"肯不肯"包含两重意思：肯与不肯，而后面一层意思明显地表明了你对别人的不信任，容易使人产生误会。即使你借到了东西，主人也未必心甘情愿。

2.求借语言因人而异

好友不妨随便一些；知心朋友更应直截了当，以免让对方感到"生分"；若是一般朋友，关系平常，不妨先试探一下，然后根据情况随机应变。

比如借钱，老朋友之间可以这样说："这两天手头紧，借点钱用用！"若是一般朋友，你不妨这样说："唉，这几天花钱真多，买这样又买那样，到月底还有十多天，这日子过得真紧！"若朋友能悟出你的意思，主动提出帮助你，那你再说借款数字；或对方也大谈钱如何不够用之类的话，请你免开尊口，因为对方的意思很明显：不想借或真的借不出。

3.借物不成,记得说"没关系"

即使借物不成,也请道一声:"没关系。"

许多人向人借东西时,一般能够使用商量发问语,诸如"你的××东西,借用一下可以吗?"之类。但如果对方婉拒后,有些人往往"噢"的一声拔腿就走。这一举动常令对方不快,因为他会误以为你借物不成顿生怨气。所以,即使借物不成,也应道一声"没关系",对方会因你的谅解而心生快慰。

4.告诉对方归还时间

这样,对方才会乐意借物予你。因为不愿借的人大都有这样的想法:怕对方借而不能速还;怕对方借而有损。所以,向人借东西除了精心爱护他人物品外,还要尽可能早一些归还。而借物时便告知对方归还时间,这样就会缓解借物时对方的心理负担。因此,即使对方说:"哎,你说到哪里去了!"你仍然别忘了说上一句:"×天后(或×小时后)一定还你!"且一定要守信。

"谢谢"并非客套话

"谢谢"不仅仅是礼貌用语,也是沟通人们心灵的桥梁。"谢谢"这个词似乎极为普通,但运用恰当,产生的魅力无穷。说"谢谢"时要注意下面几点:

①说"谢谢"时要有一定的体态,头部要轻轻点一点,目光要注视着你要感谢的人,而且要伴随着真挚的微笑,这样在对方心里引起的反响会更强烈。

②说"谢谢"时要及时注意对方的反应。对方对你的感谢感到茫然时,你要用简洁的语言向他道出致谢的原因,这样才能使你的道谢达到目的。

道谢是为了表达感激之情,如果被谢者反而因此窘迫,便违背了本意。为了不致使人窘迫,道谢要考虑时间、地点和对方的特点。比如,被谢者不希望局外人知道自己帮了你,你就应尊重对方的意愿。如果恰巧在大庭广众之下遇见对方,就要含蓄地表示谢意,或者小声地耳语,甚至可借握手之机,用热情有力的动作,加上含笑的眼神来表示。也可以说:"××,我有一点小事想同您单独说几句。"借此离开人群,找个合适处再坦诚相谢。

对他人的道谢要答谢,答谢在措辞上要注意以下几点:

1.表示帮助合乎情理,不足称谢

"老兄,为你出点力是应该的,有什么可谢的呢?""我们同事之间,今天我帮你,明天你帮我,这是很正常的事嘛。""我跟你还要谢?你可不要见外。"

2.表示不为自己增添多少麻烦

"一点小事,又不要我花多少时间。""我自己也需要,不过捎带一下而已。""我这是顺便,您别放在心上。""是花了点时间,但我觉得并不麻烦。"

3.必要时表示不安的心情

"您快别这么说,我都有点不好意思了。""瞧,我被您说得快脸红了。""这么重的礼,我受之有愧。"

4.收受礼物时请对方下不为例

"谢谢您为我买了这么好的礼物,我非常高兴。""劳您破费,不好意思。""恭敬不如从命,这份礼我就收了,咱们下不为例吧!"

讨债的语言更要讲究

"喂!把上回借的钱还我!"好凶的口气!不知是借方有借无还,惹恼了债主,还是贷方无理取闹,苦苦相逼?

有人说:"借钱容易还钱难。"这话颇有道理。

就借方来说,只要在借钱时,苦苦相求,做出一副惹人怜悯的表情,对方多半会伸手援助。要借到钱,不算太难。就贷方来说,当朋友有急用求助于你时,只要力所能及,必能慷慨解囊。然而,一旦自己有急用想请对方偿清所借财物时,往往不忍开口去催讨。

有些人遇到这种情形,就以"婚娶葬祭"等高额的开支为借口,向对方讨回借款,这是一个可行的办法。

"这次因为××出殡,我需要一些钱,是不是先还一些钱给我?"

"开学了,孩子要交学费,是否能将上次借的钱还我?"

"我要买一台冰箱,可能的话,你先还我一部分钱好吗?"

大金额的借款,运用此法,多半可使对方偿还借款,也不会因钱财问题,伤害彼此的感情。但若是小金额的借款,也运用此法,不免让人觉得小题大做,认为你真是十足的"讨债鬼"了。

遇到这种情况,不妨利用一起上街购物的机会,伺机让对方还钱。比如,某一天你与对方一同上街吃饭,你可以对对方说:"对了,我借给你的那些钱,足够这顿饭钱了。"对方听后,一定不好意思再拖延了。

然而,无论怎样,请对方还清借款,彼此多少都会有些尴尬。最妥善的办法是当我们向人借贷时就应告诉对方:"假如我因为忙忘了还钱,你要提醒我。"这样不但表明了我们偿还的诚意,即使日后一旦忘了,对方提醒我们时,就成了理所当然,彼此之间也就不会不好意思。

讨债时,态度应稍微殷勤些,让对方觉得"与平时有些不同"。如果以无关紧要的态度去讨债,往往没有效力。

请将不如激将

在某些特定的环境和条件下,当有些人的自尊心受到自我压抑或者由于遭受挫折、犯了错误以及其他种种原因而产生了自卑感,用其他方法不能使他振作起来,有时可采取故意贬低他、刺激他,从而把他的自尊心、自信心激发起来。这就是所谓的激将法。

俗话说:"请将不如激将。"在交谈中,正确运用激将法,一定能收到积极的效果。巧言激将,一定要根据不同的交谈对象,采用不同的激将方法。犹如治病,对症下药,才有疗效。如把药下错了,就是于人无益,或是置人于死地,反而使事情向更坏的方向发展。

激将法的用法很多,这里略举几种:

1.直激法

直激法就是面对面直出直入地贬低对方,刺激之,羞辱之,激怒之,以达到使他"跳起来"的目的。

例如,某厂改革用人制度,决定对中层干部张榜招贤。榜贴出后,大家都看重能力技术俱佳的技术员小李。然而,由于某种原因,小李还在犹豫。一位老工人走过来,直言相激:"小李,你不是大学的高才生吗?大家巴望着你有出息呢!没想到你连个车间主任的位子都不敢接,真是个窝囊废!"

"我是窝囊废?"话音未落小李就跳了起来,说:"我非干出个样儿来不可!"他当场揭榜出任车间主任。

2.暗激法

这是有意识地褒扬第三者,暗中贬低对方,激发他压倒、超过第三者的决心。

如三国时,诸葛亮为了抗曹来到江东,他知道孙权是不甘居人下的人。于是,他大谈曹军兵多势大,说:"曹军骑兵、步兵、水兵加在一起有 100 多万呐!"

孙权大吃一惊,追问:"这里有诈吧?"

诸葛亮一笔一笔算,最后算出曹军有 150 多万。他说:"我只讲 100 万,是怕吓倒了江东的人呀!"这句话的刺激性可谓不小,使孙权急忙问计:"那我是战,还是不战?"

诸葛亮见火候已到,说:"如果东吴的人力、物力能与曹操抗衡,那就战;如果您认为敌不过,那就降!"

孙权不服,反问:"像您这样说,那刘豫州为什么不降呢?"

此话正中诸葛亮下怀,他进一步使用激将法说:"田横不过是齐国的一个壮士罢了,尚且能坚守气节,何况我们刘豫州是皇室后代,盖世英才,怎么能甘心投降,任人摆布呢?"

孙权立刻愤怒,他认为自己不差于刘备,于是决心与曹军决一死战。

暗激法的巧妙,就在于它是通过"言外之意""旁敲侧击"的说法,委婉地传递刺激信息。人们都希望别人尊重自己,而有人在自己面前有意夸耀第三者,显然会对他起到一种暗示性刺激。

3.导激法

激将用的语言有时不是简单的否定、贬低,而是激中有导,用明确的或诱导性语言把对方的热情调动起来。

例如,某校一个调皮学生学习成绩很差。一次,他打了一位同学,还自夸是拳击能手。老师叫住他说:"打架,算什么英雄?有本事你跟他比学习。你期末考试如果赶上人家,那才是真正的英雄呢!"一句话激得这个调皮学生发奋学习,后来他果然有了明显的进步。

礼貌中断对方谈话的技巧

与他人交谈时,随便中断对方的谈话是不礼貌的,但对于冗长的谈话,则可以依据自己和对方的关系、谈话的内容、时间、周围环境等来判断是否应该让对方继续谈下去。若不得不中断对方谈话,也要考虑在哪一个段落中断为好,同时也应照顾到对方,避免给对方留下不好的印象。中断对方谈话的方式有以下几种:

①直接以"好了,到此为止"这句话中断对方的谈话,但这句话仅限于对方的态度很强硬时。

②对方谈话告一段落时,自己立即接口谈自己的看法。

③以"现在没有时间了""我还有其他的工作"等理由来中断对方的谈话。

④频频看表、打呵欠、伸懒腰以及摆出一副自己已不感兴趣的神情,来使对方中止谈话。

⑤预先向对方打个招呼。如一见面就向对方表明态度,"请你长话短说吧,我没什么时间。"甚至也可以向对方表明自己有急事而中断对方的谈话。

言谈中"俘虏"对方的诀窍

言谈中"俘虏"对方,主要靠的是人们的智慧和生活经验的积累。

1.采用昵称

有一对新婚夫妇,婚礼上有人提出让他们介绍恋爱经过。女方说:"有一次我突然被他叫了声'珠',从此无可救药,就这样把我俘虏过去了……"话音刚落,引起人们大笑。原来男方过去一直以姓名称呼她,突然称她的昵称,两人间的距离一下子拉近了,从此难解难分。

谈恋爱是如此,其他场合也如此。比如,在高尔夫球场给球友以"杆弟"的昵称,在医院以"病友"称呼一块住院的病人,都可以拉近彼此的心理距离。

2.强调对方的能力

面对高高在上的对手,强调其能力满足其自尊,就可轻易"俘虏"他。因为无论什么人,总希望获得别人的信赖和尊敬,即使明知是奉承话,仍然欣喜接受。而且自视越高的人,越有这种倾向。

有位上司,他让一位下属到偏远地区就职的技巧是这样的——他先把那个下属要去的部门的营业状况说得一团糟,然后以无比信任的语气说:"如果长此下去,那个营业处非关门不可,幸而现在有你,只要你能到那边,必能起死回生,使业务蒸蒸日上。"

原本被派驻偏远地区,任谁心情都不会愉快,但听了这么受重视的一番话,这个下属不仅不泄气,反而还打算好好干一番。

3.笼络感情

明知提出对对方不利的条件,对方听了会不高兴,还得去试着把他"俘虏"过来,这是交涉场合中常遇到的一个难题。

要想处理好这一难题,很重要的办法是笼络感情。就是在开始谈话之前,尽量抢先一步把对方的情感"俘虏"。可在谈正题前说:"当然,我明知会挨骂,还是要说……""冒着你会不愉快的危险……"等。

只要说上述类似的话,对方肯定不会骂你,反而会觉得你真诚之至,这样就自然而然把对方"俘虏"过来了。

怎样对付"揭短"

你正在兴致勃勃地向你的朋友讲述你怎样从池塘里钓上两条大鱼,你的妻子却在一旁插话说:"听他的!他钓了两天,一条小鱼的影子都没见着!那鱼是花钱买的!"

你正在对新结识的女友吹嘘:"我最近上了一个戏,这是我头一次独立执导,故事非常精彩,上演后一定会轰动。"旁边却走过来一个朋友:"嘿,不怕西北风闪了舌头!姑娘,别听他瞎编,他哪是什么导演,只是个场记而已!"

你正在帮助你的邻居修理电视机,并说:"原因可能在天线,也可能是显像管出了毛病……"这时,你的亲戚走过来说:"嗨,他只会拆零件。前天我那台彩电,没修前能看两个频道,让他一修,只能看一个频道了!"

妻子、朋友、亲戚有时会开玩笑似的揭你的"短",弄得你有点下不来台。你想默认又觉得窝囊,想还口又觉口吃。

怎样从困境中摆脱出来?不妨运用幽默的语言、滑稽的表情和笑料冲淡这尴尬的处境,活跃气氛。

你可以接着妻子的话说:"不错,我往池塘里扔了五元钱,那两条鱼就自动跑进我的网兜里了!"

你也可以接着朋友的话说:"场记怎么啦?当导演都得先干场记,不信你去问问黑泽明!"

你还可以说:"每个电视机有不同的毛病,修不好你的,不见得修不好他的!"

显然,设法改变处境比保持沉默要主动,但有一点应明确:那些"揭短"的人通常是你的配偶、亲友,你不能采用气愤的话予以还击,而幽默的解嘲是最好的办法。

在对付"揭短"时,尤其要注意采用正确的方式。

1.尽量不怀疑他人别有用心

如果我们过分敏感,对别人的每一句话都琢磨一番潜台词、话外音,那就会自寻烦恼。因为在许多场合,对方往往是脱口而出或即兴联想的玩笑话,根本没想到会伤害你。不知者不为过,何必胡乱猜疑呢?

2.不可反唇相讥

有人听不得半句"重话",动辄连珠炮似的反讥,常因此挑起口舌纠纷,使良好的人际关系破裂。一般来说,开玩笑的人若是得到严厉的回报,脸上常挂不住。所以,我们不能为笑话失去一个朋友,甚至给人留下心胸狭窄的印象。

3.泰然处之

遇到人"揭短",如果羞怯万分,既不能正常地保持沉默,又不能机智地改变处境,以致失态,那就显得有些"小器"了。而保持泰然自若的风度,暂时把"揭短"抛置一边,寻找别的话题,或点起一支烟、端起一杯茶、转移别人的视线等,这才是上策。

当然,最佳方案是急中生智并幽默地回敬。一位作家刚发表一篇小说,赞誉之声鹊起。另一位作家却不以为然,跑去问他:"这本书还不赖,是谁替你写的?"他答道:"哦,谢谢你的称赞,不过我想知道,是谁替你把它读完了?"

幽默地回敬对"揭短"者也是一种应付之道。

有意说错话

人们说话交谈,总是尽量避免出现差错。可是,在某些情况下,有意地念错字,用错词语,却有着神奇的功效,能丰富语言的表现力,使人的谈吐生辉。

示错艺术有以下几种:

1.设置陷阱,借以反击

为了蓄势布阵,故意把话说错,待对方批评指正时,再借题发挥,给予回击。

过去有个药铺老板,每到大年三十晚上,就点上香向菩萨祷告:"大慈大悲的菩萨,愿您保佑男女老少都多病多灾,我好发一笔大财!"这话被一个下人听到了。

不久,老板的母亲得了痨病,躺在床上哼哼叽叽的,这个下人对老板说:"这下老太太病得不轻,这全是托菩萨的洪福!"老板大怒。下人说:"老板息怒,您不是求菩萨保佑男女老少都得病吗?这下菩萨显灵了。"老板哑口无言。

一个小伙子向一老人问路:"喂,离城还有多远?""500拐杖。""距离应该论里呀,怎能论拐杖呢?"老人答:"论理?论理你得喊我大爷!"

2.利用错误,寻求默契

有些人喜欢利用常用的错误,以示错的方式寻开心。甲问:"那件事有消息了吗?"乙答:"查(杳)无音信!"这个说:"此人真是刮(恬)不知耻!"那个讲:"看来他心不在马(焉)。"言谈之间,彼此心领神会,说毕莞尔一笑。

3.相反相成,启发诱导

一位教师给学生讲"灾梨祸枣"一词,首先用望文生义的方法曲解示错:"看来梨枣都有毒,吃了会生灾招祸。"稍有生活常识的学生都会感到这种说法不合情理,但一时也说不清楚准确的含义。到了学生急欲求知的时刻,教师再揭开谜底:"这个成语说的是滥刻无用之书,使得用来做雕板的梨树、枣树都跟着遭殃。"如此一来,学生豁然开朗。

4.抛砖引玉,打破僵局

示错作为一种交际手段,有时还可以成为随机应变、化被动为主动的工具。钱学森有次参加一个学术会议,大家凝神屏气,听他独自讲话。讲着讲着,钱老连简单的常识性问题都说错了。座中一个胆子大点儿的人说:"您讲错了吧?"这时钱老笑着说:"看来,我也不是什么都对嘛。好,现在总算有人发言了!"会议气氛很快活跃起来。

让你的语言富有哲理

日常交谈中,人们爱听那些富有哲理的话语,因为它能给人凝练、深远的美,令人回味,发人深省。而一个人的话语是否含有哲理,也标志着说话者的思想是否成熟。

哲理性语言主要有以下几种类型。

1.警策型

话一出口使人一惊,却惊而无险,出人意料,却在情理之中,是这类哲理性语言的特点。例如"有人可能一百岁时走向坟墓,但他生下来就已经死亡。"(卢梭)语中"活了一百岁"与"生下来就已经死亡"是一个大矛盾,然而矛盾的背后却潜藏着深刻的思想。

2.若愚型

这一类型的语言往往说的是最平常的事,然而这些事情一经提示,变成了很耐人寻味的东西。

如爱默生说:"站在山的旁边,就看不到山。"歌德说:"光线充足的地方,影子也特别黑。"等。他们说的都是极普通的事实,然而一经他们提示,这些事实就起了奇妙的变化,使人从中领悟到很多东西。

3.忠告型

这类哲理性语言常使人在善意中感到亲切,在亲切中领悟道理。

如"如果你考虑两遍再说,那你一定说得比原来好一倍。""如果一个人不知道他要驶向哪个码头,那么任何风都不会是顺风。""从伟大到可笑,只有一步远。"等。

4.总结型

这类语言明显的特征是归纳经验,例如"长久迟疑不决的人,常常找不到最好的答案。""财富往往像海水,你喝得越多,就越感到渴。"等。

辩论中运用哲理性语言,可以起到精辟、深邃和简练的效果,使自己的发言更有力量。

清代林则徐清正廉洁,生平不置家产。有人劝他要积些钱财,使子孙将来的生活有所依靠。林则徐说:"子孙若如我,留钱做什么? 子孙不如我,留钱做什么?"

林则徐在这里仅用了20个字,以哲理性箴言的形式代替了冗繁的语言。

怎样避免误解

日常交往中,经常会有自己的话被别人误解的时候。

有个人要请7位朋友喝酒,等了半天只到了6位,主人自言自语地说:"该来的不来!"其中两位客人心想:"我们可能是不该来的。"于是悄悄溜走了。为什么客人溜走了呢,这就是主人的话引起了客人的误解所致。

要使自己的话不被人误解,要注意以下几点:

1.尽量少用话中有话的句子

如上例中主人说的话就是话中有话。"该来的不来",使人想到"不该来的来了"。所以,在需要明确表达自己的意思时,话一定要说得明确、具体,千万不要模棱两可,以免引起误解。

2.不要随意省略主语

在一些特殊的语境中,可以省略主语,但这必须在交谈双方都明白的基础上,否则可能引起误解。

比如一位男士挑帽子,售货员拿了一项给他,他试了试说:"大,大。"售货员一连给他换了四五种型号的帽子,他都嚷道:"大,大。"售货员生气了,说:"分明是中号,你为什么还说大?"这人结结巴巴地说:"头、头,我说的是头大!"造成这种狼狈局面的原因就是他省略了主语。

3.注意同音词的使用

同音词就是语音相同而意义不同的词。同音词用得不当,就很容易产生误解。如"期终考试"就容易误解为"期中考试",如把"期终"改为"期末",就不会产生误解了。

4.少用文言词和方言词

在与人交谈中,除非有特殊需要,一般不要用文言词。文言词的过多使用,容易造成误解。

方言词的使用更容易造成误解。特别是不同方言区的人谈话,如各自使用方言,那就更困难了。如"公公"一词,普通话指丈夫的父亲,贵阳话则指自己的祖父,扬州话指外祖父,重庆话指祖父的姐(妹)夫,各有所指。因此,与人交谈要尽量避免使用方言。

5.说话要注意停顿

如"中国队打败日本队获得冠军",既可理解为"中国队打败,日本队获得冠军",又可理解为"中国队打败日本队,获得冠军",如不注意语句的停顿,就容易造成误解。

引用典故要恰当

论辩中巧妙地引用典故,可以达到叙事论理引人入胜、妙趣横生的效果。"典"可以是古今中外的典故,包括成语、俗语、名言、格言等。

1981 年 8 月 4 日的《光明日报》上刊登过这样一个故事:

一天,一位 20 岁出头、蓄着胡须的小伙子走进江阴县法律顾问处。

"你需要什么帮助?"金律师问。

"我留胡须违法吗?"小伙子略带火气地问。

小伙子是某厂技工,他报考电视大学的准考证被车间领导扣留了,要他把胡须剃掉再给他。小伙子坚持不剃,双方僵持着。

"我留胡须违法吗?"小伙子又问。

"不违法。"回答很明确。

小伙子立即说:"那我可以控告他们!"

"不违法,但你违反人情,违反国情!我国六七十岁的人也不一定留胡须,四五十岁的人还经常刮胡须,你年纪轻轻却留胡须,既不卫生,又不美观。这就叫违反人情。"

"为什么说我违反国情呢?"

"你是江阴人,应该知道一段著名的史实。明末清初,清统治者下了剃发令,要求人们剃发易服,否则格杀勿论。江阴人民发出'宁愿留发不留头,不愿留头不留发'的口号,于是一场壮烈的抗清斗争开始了,全城血流成河。历史上有八十日戴发效忠、六万人同心死义的记载。你知道京剧大师梅兰芳吗?在日寇占领上海期间他蓄须拒不登台,这些行动都是带有政治性的。请问,你留胡须也带有政治性吗?"

小伙子连忙说:"没有,没有!"

这位律师引用典故,使谈话取得了一定的效果。

苏秦是战国时有名的纵横家和说客。他为了使秦惠王采纳以征战称霸天下的主张,采用了旁征博引的说理方法。

他先详尽地分析了秦国优越的政治、经济条件和强大的军事力量等国情,以作为可行征战的明证,但秦惠王不为所动,没有采纳他的建议。

苏秦

为了说服秦惠王,苏秦又列举了历史上的"五帝""三王"。

引用的事例要适当,要与所说明的问题相对应,恰到好处,不要"拉郎配"。因为引用事例是为了说明问题,所以要十分注意选用事例既要广,又不离中心主题。

引用典故是为了说明问题,不是为了点缀,更不是为了故弄玄虚,卖弄学问,并不是用典越多越说明知识丰富。用典繁多而不说明问题,反而会使人不知所云。

数字在言谈中的威力

数字是枯燥无味的,会说话的人却认为数字另有一种非凡的力量,如果能巧妙地加以利用,就能发挥出意想不到的作用。

一位青年演说家在某大学做演讲时,为了激励听众为赶超世界先进水平而拼搏,连续引用了一系列对比数字:

"我们曾以人口众多而自豪,但是请看美国,由于广泛使用电子计算机,2亿人口得以完成 4000 亿人的年工作量。"

"我们还曾以地大物博引以为豪,但是,自然资源的人均占有量却大大低于世界平均水平:我国人均耕地为世界人均值的 1/3,人均林地为世界人均值的 1/9,人均河川流量只有世界人均值 1/100,而且 90% 的城乡废污水直接排放,以致长江以北很难找到一条未受污染的河道。"

再看其他几个方面:

"1984 年,日本人均国民生产总值为 1100 美元,是我国的 27 倍;美国人为我国的 33 倍;瑞士为我国的 43 倍。"

"1983 年底,全球核电站达 298 座,其中美国 80 座、苏联 40 座、日本 26 座、英国 33 座、法国 32 座。我国呢,有 4 座,全在台湾。"

"1980 年~1981 年,每 1000 个居民中的大学生数,苏联为 196 人,日本为 154 人,中国为 11.4 人……"

听了这样的演讲,谁能不感到肩头沉重呢?如果没有一系列对比数字,又怎能达到如此振聋发聩的效果呢?

对比性数字比无对比地罗列数字,显然有更大的说服力。我们在谈话中应善于将有关数字对比着表述出来。

第七章　委婉含蓄巧表达

利用名言、谚语拒绝,可避免伤害他人

拒绝别人是一门学问,我们可利用伟大人物或知名人士所说的名言佳句去拒绝别人,如此更具权威性。

有位杰出的演员兼剧作家因为创造了所谓"对白写实"的戏剧,建立了其在戏剧上的崇高地位。他不但在演艺上有杰出的成就,在待人处世方面也深受人们好评。

有位企业家对他的才华十分欣赏,因此对他说:"像你如此能干,为何不从事其他行业,偏走戏剧这条路?"他这样回答:"非常感激您的好意,但自古有句话说:'演员无论演得多差,也不会危害社会;演员演得再好,也不会对社会有所帮助。'因此没有心理负担,也就轻松多了。"看到这里,我们不禁非常钦佩这位剧作家的口才,他以古人的话代替了自己的意念,使说出的话更具权威性,对方也不再继续劝他转行了。

由此可知,如果我们毫不保留地将自己的意念直接说出,或是不经思考,立刻回绝他人,不是产生误会,就是疏远彼此间的感情。此时,我们可用诸如"拿破仑曾说……""孔子曾说……"之类的名言,如同脆皮糖衣般将我们的心思意念裹住,不

但代替了我们想说的话,也可避免伤害他人。

虽是如此,但万一情况紧急,一时无法想起适当的名言,也不用紧张,只要我们稍稍花点心思,耍耍噱头,甚至可以假托某一知名人物,借题发挥:"……说真的,这是法国××所说的……"如此也不失为一个方法。

假装是自己的疏忽,自然地掩饰对方的错误

在友人家中,主人端出一杯茶。当你正想饮用时,突然发现杯里有一根头发,你会怎么办?

大家一定知道,绝不可当面告诉主人:"这茶杯里有头发,请换杯新的。"因为这样一来,不但会使主人难堪,也显示我们没有教养,不懂得做客的礼节。

但究竟应如何做才能不失礼呢? 这时,我们不妨打个圆场,将主人无意的过失伪装成自己的过失。怎么说呢? 比如我们可以说:"对不起! 我的头发不慎掉进杯子里了。是否能为我换一杯? 最近,总是容易掉头发。"也许当主人接过茶杯后,才发现原来是自己的不慎,然而这样并不会使他下不了台。

曾听过这样一个故事:王妃新雇的女仆将清汤弄浊了,一般大臣、仆婢心想,王妃一定气愤极了,然而却出乎意料,这位王妃不但没有责备女仆,反而和颜悦色地说:"唉呀! 我真糊涂,忘了提醒你,煮清汤要把锅盖盖好!"乍听之下,似乎是王妃的疏忽,没有事先交代清楚,以致清汤成为浊汤。王妃因此掩饰了女仆的失误,使女仆深深地感激王妃。

因此,不论是普通百姓,还是上司领导,甚或贵为王公卿相,都不宜当面指责别人的不是。为了提醒他人的过失,有时可以委屈自己,把一切归咎于自己身上,自然地掩饰对方的错误,同时消除彼此间尴尬的气氛。

牺牲自己,维护彼此之间的感情

"祸从口出"是指一个人若在言语上不加留心,往往会招致无穷的祸患,所谓"言多必失""言多必败"也就是这个道理。但只要是人,难免有疏忽的时候,一旦说了不该说的话,该如何挽回呢?

曾有这么一则故事:有位大文豪,在一次讲学时,对一位学生说:"上课时,不应把手放在口袋内。"话说出了,才发现那位学生少了只手,这使得这位文豪颇为困窘,为了缓和僵硬的气氛,这位一代文豪只好这样说:"你们看看我,像我这样脑袋空空、志大才疏的人,尚且在此尽力为你们讲课,你不妨也尽力将无手的那只衣袖拿出来吧!"

我们再来看另一个例子。有一个年轻人在一次联谊会中说道:"听说现在的女孩子择偶的条件是:对方必须不是长子,身高须在170厘米以上……"正说得起劲的时候,发现在场有位朋友,身高尚不及160厘米,听了刚才的一席话,情绪非常低沉。他想,此时任何的抱歉都无法弥补他内心的沮丧。于是那位年轻人立刻又说:

"你们不用担心，像我这样一无是处的人，都能娶到贤惠的妻子，更何况是你们……"

看了上面两个事例，我们可以发现，一旦不慎说错了话，伤及他人，为了挽回情势，有时就必须牺牲自己。如一代文豪为了不使学生感到自卑，而说了"像我这样脑袋空空……"的话；年轻人为了弥补自己言语的疏忽，也说了"像我这样一无是处……"的话。他们这样牺牲自己，只有一个目的——那就是为了维护人们彼此的情感。

与其正面严格禁止，不如从反面鼓励

人常常有一种潜在的反抗意识，有时你说："不要做。"对方越是要做；你说："不要看。"他越是想看。

就以目前的交通秩序来说吧！虽然政府一再规定：骑摩托车要戴安全帽，不可抢行人行道……但是违规事件仍屡见不鲜，这些皆是人类的反抗意识所造成的。

有位名导演眼见演艺圈内弥漫着萎靡不振的风气，想方设法加以改善，于是他利用人性所具有的反叛性，以"反面鼓励"的手法，改善影剧圈内的不良风气。这位导演说："你们演员闹花边新闻，这是难以避免的，所以偶尔闹闹丑闻也是情非得已，但既然同样是随便闹闹，又为何不闹得高尚些呢？"

我们知道，丑闻终究是低俗的，即使加了油，添了醋，仍谈不上高尚。既无法使之高尚，当然就必须谨言慎行，以免破坏自己美好的形象。许多演员在听了导演的一番话后，果真洁身自爱，不再随便制造花边新闻了。

从这里可知，若想杜绝不良习惯或风俗，因为人性的反抗心，与其正面严格禁止，不如从反面稍微"蛊惑"，自然能使人知难而退。

先接受他人的意见，再委婉表明自己的立场

在芸芸众生中，每个人都有他独特的性情、特殊的志趣、与众不同的生活态度，因此在人际沟通上，常常会产生观念上的冲突。所以如何适时地表达自己的意见，又能不否定他人的见解，实为人际沟通中一个重要课题。

曾经有位青年，与心中憧憬已久的女子相约看电影，电影的剧情及演员的演技皆令女孩子十分欣赏，但就在这个时候，年轻人却不解风情地说："好没趣的电影！"惹得女孩只好说："我们彼此似乎志趣不投。"两人也就不欢而散了。

大部分的读者一定会为这青年感到惋惜，倘若他能在说话前事先询问女孩："你觉得如何？"征得她的意见，就不会自说自话，以自己为中心，更不致破坏原有甜蜜的气氛。

也许有人会问："如此一来，岂不是在谄媚逢迎？"其实不然。所谓"谄媚逢迎"，乃是一味地迎合他人，对于别人的意见不置可否，说东就东，说西是西，毫无主见。

口才妙点子

图文珍藏版

当我们的意见和观念与他人相左时,首先,在态度上,应先给予对方发表意见的机会,并且也要表明我们已接受了他的观点。尔后再委婉地述说自己的意念,这样就可和谐地交换彼此的意见。

比如,当对方表达了他的观念,而我们无法赞同时,我们可说:"不错,你的看法细密周到,极富法律精神……但我认为……"这样不但能表现自己的风度,又能坚持自己的立场。凡此种种,皆是我们立身处世所不可忽视的地方。

把别人所自卑的"缺点"说成"优点"

人并非十全十美,难免有些小缺点。一旦发现行为上有缺点,只要能立刻改正,就能日趋完美。但有些缺点并不是改正就能消除,比如天生肢体方面的缺陷或心智上的障碍等,这些无法矫正的缺陷,只有依靠旁人的协助了。

C小姐总觉得自己的腿不够标致,烦恼极了,且常常向母亲抱怨:"为何将我生得如此难看?"聪明的母亲为了安慰她,总是说:"虽然你认为自己的两条腿不好看,但我却认为那是你最美的地方:你以坚实稳定的步伐,脚踏实地地往前迈进,远胜过那些华而不实、好高骛远的人。"因母亲的一番话,她不但不再自卑,而且增强了自信心。

在一次舞蹈表演中,C小姐穿着一套轻盈秀丽的芭蕾舞装,因为她对自己满怀信心,整支舞曲由她跳来,显得格外的活泼而柔美,一再博得观众的好评,大家称赞道:"你看! 她的一双腿多么灵活,多么美妙啊!"

我想,这都是她母亲的功劳,要不是母亲的一席话,她哪有今日的成就? 如果当初因为自卑,没有自信心,在舞台上畏首畏尾、惶恐不已、错误百出,今日所得到的可能就是满堂的嘘声了。

若在我们的周围,也有朋友因为某方面的缺陷而沮丧自卑时,不妨告诉他们:"在你认为是缺点,但我认为那正是你的优点……"或说:"不要担心惶恐,这正是你与众不同的地方!"以正面积极的鼓励来消除他的自卑感,建立自信心,以塑造新的形象。

欲安慰人,可交换立场使自己成为被安慰者

安慰人不是一件容易的事,往往容易流于表面形式,对遭遇不幸的人来说,不但没有帮助,反而使人更加悲痛。怎样做才能使遭遇不幸的人减轻痛苦呢?

有个人在单位正值如日中天之际,突然接到上级领导的派令,要把他调到乡下任职。对此人来说,必是十分难过,有被打入冷宫之感。这样一来,任何言语的安慰对他都成为心理上的负担。邻座的同事F君看到这情况,便对他说:"要不是因为你,我哪有今日的成就,现在你要走了,今后我该怎么办呢?"

这人原本是眉头深锁,郁郁寡欢。听了F君的话,为了安慰F君,立刻收起悲伤的心情,对他说:"不! 你已能独当一面了,单位派我到乡下,是为了拓展业务,今

后希望你能好好地发挥所长……"由于 F 君的机智，无形中缓和了沉闷的气氛。

当别人遇到困难和不幸时，我们多半是以幸运者的态度安慰别人，若是我们试着换个角度，如同 F 君一样，使自己成为被安慰的对象，让对方奋发振作，也不失为安慰人的一个好方法。

利用第三者为目标，作"迂回侧面"的攻击

现代社会，人与人之间的关系非常密切，一个小个体的行动往往会影响整个群体的发展。为了促使群体的进步，当然不容许少数破坏分子的存在。

东方人一向十分保守，也特别重视情感。因此，当有人犯了错，危害大众的利益时，人们也不愿当面指责，破坏了彼此友好的情谊，只有无言地"忍耐"了。

但是，某大学的 H 教授却认为，现代人不应只是一味地忍让，对于不合理的事，应有仗义执言的勇气，这并不是要我们去"正面攻击"，而是要运用技巧，作"迂回侧面"的攻击。

从前 H 教授住的是公寓式的房子，在他的楼上住着一位作曲家。这位作曲家总是不分昼夜地弹钢琴，常常在夜半时分吵得邻居无法睡眠。左邻右舍实在不胜其扰，苦不堪言。

为了维护大家的生活，又要不伤害邻居与作曲家之间的感情，H 教授想了一个方法——他提议大家一同控告建设公司，在建筑房屋时，没有装置隔音设备，以致使琴声打扰了四周的宁静。

那位作曲家这才发现，自己练琴的琴声妨害了大家的睡眠。从此，作曲家不但装上了具有隔音效果的玻璃窗，同时也限制了自己练琴的时间，以不打扰邻居为原则。

H 教授所谓"迂回侧面"的攻击，就是事先建立共同的攻击目标——建筑公司，使其成为第三者，将大家不满的攻击矛头指向建筑公司，而不直接指向作曲家。

不慎出丑时，不妨扮成丑角，自娱娱人

有一次，我到医院探望一位刚生产的朋友，那是间双人病房。邻床也躺着一位刚生产不久的年轻妇女，身旁还有位 60 多岁的妇女陪伴，我想大概是那女孩的母亲。

当我和朋友正谈得起劲时，突然间传来一阵空气爆破的响声，使我们不由得转身，看到底是怎么一回事。这时，那位老妇人正不停地拍打她的臀部，且不好意思地说："对不起！对不起！吵到你们了！"她那夸张的神情不禁使我们大笑起来。

还记得有一年，妻子要到国外巡回表演，这是她第一次搭乘飞机。有一个喜欢捉弄别人的同事告诉她："上了飞机，别忘了拿降落伞！"妻子信以为真，一上飞机便向空中小姐要降落伞，惹得全机的人捧腹大笑。她这才发现，原来是自己上当了，于是将错就错，连忙唱了几句，别人还以为她在做"空中预演"呢！

当众出丑，虽然不免有些尴尬，但若能巧妙地施点小技，加上一些诙谐的演技，就可转尴尬为轻松，替自己找了台阶。所以，万一我们不慎出丑，也不必急忙找个地洞往下钻，不妨当个临时演员，扮个丑角，自娱也娱人。

以"确认地址"法，设法得知对方名字

"芳名依旧"是目前在日本非常流行的一首歌，据说 K 先生是因一次事件而产生灵感，于是写了这首歌的歌词。

有一天，K 先生接到一位女子的电话："K 先生，您好！ 好久不见！ 是我，您还记得吗？ 以前您不是常到天王星夜总会吗？"听完这女子所说的话，K 先生真是满头雾水，不知对方究竟是谁，只好应付一下，说："是你啊！ 最近好吗？"

渐渐地，K 先生听出了对方的声音，总觉得此人非常熟悉，可是怎么想也记不起对方的名字。这时从电话听筒里传来那女子的声音："我现在已换了工作，目前在××酒店上班。"K 先生听了这话，认为是探问对方姓名的好机会，于是又问："你在××酒店的名字是什么？"不料这名女子却回答："芳名依旧。"这使得 K 先生默然以对，哑口无言。原来想探知对方姓名是如此的困难，K 先生心中感触良多，从而写了"芳名依旧"这首歌。

我们一定也有这样的经历，有时当我们走在街上，迎面而来的人频频向我们招手。细看之下，只觉这人十分面善，然而一时想不起此人的姓名。出于礼节，又不能不理睬，只好互相寒暄几句，但分手后仍不知对方究竟是谁。遇到了这种情形，我们该怎么办呢？

通常我们在说话时，总是尽量避免直言直语，然而在这时，直接请问对方，却比较容易唤起我们的记忆。我们可以这样说："请问尊姓大名？"当然，对方听了这话必定不悦地说："我是×××，难道您忘了吗？"此时便是考验一个人的反应是否灵敏机智的时候了，我们可以巧妙地说："我怎么会忘了呢？ 我只是想确定一下，否则，万一把您的名字说错了，岂不是失礼了？"我想这样一来，对方也不会再见怪了。

如果认为这种直接的询问仍不妥当，我们也可利用随身的记事本来解围。此时，我们可以拿出记事本并向对方说："为了联络方便，是否可将您的住址、电话号码写下？"如此，对方便会详细地记下他的姓名、住址以及电话号码，而我们也可以因此得知他的名字，那么就不会发生使人尴尬脸红的场面了。

变"问题"为"答案"，即以问题回答问题

人们为了求生存，不断地遭遇各种问题，也不断地解决问题，因此人类社会才有进步。我们可以说"问题"是促进社会进步的原动力。尤其是现在科学发达，人类社会文明正向太空发展，因此生活在科学时代的人们，必须运用科学方法，积极地"发现问题"，然后有效地"解决问题"，才能使社会日新月异。

人类社会如此，人与人之间的沟通也是如此。只有借着"问题的发现"和"问

题的解决"，才能不断扩大我们的生活领域，提升我们的精神素质，并增加我们的知识。

说到"问题的发现"与"问题的解决"，我觉得，在说话的技巧上，发现并提出问题，较解决并回答问题容易。因为只要用心观察，便可发现各种问题。然而解决或回答问题，则需有丰富的学识，否则便无法胜任。尽管如此，在生活中，我们仍会遭遇许多无法回答的问题，怎样才是最好的解决之道呢？那就是——变"问题"为"答案"。

举个例子来说，如果有人问你一些政治上的问题，而你对政治多半不很了解，根本无法回答这些问题，但又不能回答："我不知道。"这时，我们不妨假装正在思考，并且嘴里喃喃有词，尔后反问对方："你的看法如何？"由对方来回答这些问题。若是他的回答合情合理，我们就可趁机说："对！我也有同样的感觉。"这样不就轻松地回答了对方的问题吗？

万一情况不是如此顺利，在我们反问对方"你的看法如何？"之后，对方却回答："我就是不知道才问你的啊！你怎么反问我呢？"这时，可千万别紧张，只要谦虚地回答："既然连你都不知道，像我这样笨拙的人，又怎么会知道呢？"对方也就不会再继续追问了。

所谓转"问题"为"答案"，就是当我们不知如何回答时，可将对方所提出的问题作为我们的"答案"，反问对方，把解决或回答问题的责任，推到对方的身上。因此我们也可称这个方法为"以质问回答质问"，您是否会被这个名称搞糊涂呢？

受人轻视嘲笑，可利用"以子之矛，攻子之盾"

I是20世纪30年代日本美术界的泰斗，有一次他赴美进修，在美国哈佛大学继续深造。

有一天，他走在街上，迎面而来的一群哈佛大学学生，站在他面前，并以一种轻视的口吻问他："Japanese, Javanese, Chinese, which nese are you?"这句话的意思是说："你是日本人，爪哇人，还是中国人呢？"因这些英文名称中，都有"nese"这个字缀，所以这群学生便以此嘲笑他。

我想，一般人听了此话必会十分愤慨，怎可轻易受人侮辱。然而I却极为冷静地回答："Monkey, donkey, yankee, which key are you?"这句话是在询问那些学生："猴子、驴、美国佬，你们是哪一种呢？"由于这些字的英文名称，都有"key"并排，所以他以此反讽他们，使得这群学生目瞪口呆，哑口无言。

不知大家是否知道"基督山恩仇记"的故事，在这个故事中也有一则趣谈：亚历山大的父亲是一位带有黑人血统的法国军人，因此亚历山大的长相及肤色都与黑人非常相似。有一次，有人称他为"黑炭"。虽然他的内心十分难过，但外表却非常坚强，他很巧妙地回答："不错，我的父亲是与黑人的混血种，且我的祖先是一只猿猴。也就是说，我的血统是在你血统结束之处才开始的。"亚历山大利用间接的方式道出了对方是一只"猴子"。

现在，我们再来看一则更有趣的笑话：一位总是不留口德的朋友对一位兽医说："你只会看猫、狗的病罢了！"没想到这位当兽医的朋友，也不甘示弱地回答："不错，我只是一位兽医，对于人类的疾病一窍不通，至于你，是不是有什么地方不适？"就这样，兽医把那位不留口德的朋友视为与猫狗同类。

看了上面3个故事，我不得不佩服其中的3位主角，当别人以卑劣的言词攻击他们，他们能够以智退敌，采用"以子之矛，攻子之盾"的方法反击对方。

然而，我也深深觉得，一个人在言词的表达上，必须十分谨慎，绝不可随意地轻视、愚弄别人，否则别人也会"以子之矛，攻子之盾"。

借用第三者的口吻来赞美别人

前面曾经讨论过：若要提醒、纠正他人的过失，可寻找一个共同的攻击目标。换句话说，也就是把一切错误推到第三者的身上，间接地指正对方。

这个方法不只适用于纠正错误。若我们要安慰别人或是恭维别人，不知如何开口时，也可利用此方法。怎么说呢？我们看看以下的例子便能明白。

踏进电影圈之前，我尚在一家演员训练中心补习。记得当时有一个智能测验，全班的同学都参加了。经过一番等待，测验结果终于知晓。然而，只有我一人被老师约谈，老师告诉我：

"测验的结果表明，只有你一人缺乏集中力。根据历年来的资料显示，无集中力的人无法成为好演员，你最好不要白费精力，还是趁早改行吧！"

听老师这么一说，我顿时眼前一片黑暗，这真是令人难以相信的事实。过了一会儿，我才稍微镇定下来，勉强说："尽管如此，我还是要试试。"

还记得那天晚上回家后，我心中仍是闷闷不乐，并不断地向母亲抱怨说："我不想当什么明星了！"然而母亲却对我说："你这是什么话？为什么对自己没有信心？隔壁的伯伯不是曾说：'这次新星中，只有你能成为一颗闪亮的明星。'吗？"

听了这话，我的眼前宛如出现了一道新的亮光，重新激励我向前。至少在这世界上，仍然有人支持我、鼓励我，我怎么可以自暴自弃呢？

虽然事隔多年，但每次想起此事，总让我无限感动。母亲为了安慰我，假借隔壁伯伯的话，使我重新振作起来，让我有了今日的成就。

有时，我们为了博得他人的好感，往往会赞美别人一番，但由自己说出"你看来还是那么年轻！"这类的话，不免让人觉得是在奉承，拍马屁，有点儿不实在。

如果我们换个方式来说："你真是漂亮，难怪小林一直佩服说你总是那么年轻！"我想，这样一来，对方就会认为我们所言不虚，心里自然非常高兴。

一般人总认为第三者所说的话较具客观性，较为公正。因此，我们可以针对人们的这种心理，借用第三者的口吻，来说我们所要说的话，以此安慰他人或赞美他人，这样更能得到对方的信任。

利用风俗习惯作为有力的证言

每个国家都有其特有的风俗以及特殊的生活习惯,不同的风俗习惯构成了各地区不同的民族文化。

"在汗珠尚未流干前领取报酬"是阿拉伯的一句谚语。有一次,我在某个广播节目中,邀请一位派驻此地的阿拉伯记者到节目中接受访问。节目结束后,导播对这位记者说:"实在对不起,劳务费还未领到,明后天再补送吧!"而这位阿拉伯人却说:"在我们国家,工作的报酬应在汗珠未流干前领取。"这话使得全体工作人员无言以对,只好临时到银行取款。虽是如此,却不觉得对方失礼,因为那是一种"风俗习惯"啊!

大家一定觉得很新奇,原来"风俗习惯"也可适用于说话。在与人交谈时,我们会发现,自己的言词往往无法说服对方,尤其是在请求别人时,总是提不出有力的证言,这时我们不妨利用"风俗习惯"来解决。

每个国家、每个地区的风俗习惯皆不同,当你遇到不知如何开口的情况时,你可以这样说:"在我的故乡都是……"或"在我的国家,习惯上是……"以此作为说辞,不但能顺利地说出自己的目的,也不会让对方觉得是胡说八道,这不是一举两得吗?

激发别人的自尊心,以代替正面严苛的责骂

"求好向上"是人性中的一个特点,可以促使一个人不断地奋发、不断地努力。每个人都希望自己能够成为人群中的佼佼者,能够得到别人的赞赏和肯定。

因此,在日常生活中,我们若是发现别人有某些小缺点,或是某些地方需要提点,便可利用旁敲侧击的方式鼓励对方,使他在自尊心和荣誉心的驱使下,自爱自觉,这样起到的效果远超过直言责骂。

有一位棒球投手从 A 队调到 B 队,由于这位投手平日的言行举止较散漫,因此,在他刚加入球队时,教练便这样告诉他:

"你是众所皆知的明星投手,在投球的技巧上已十分娴熟,我也不必再多说了,因为那些对你来说是毫无问题的。今后你有充分的自由,无论以什么方式练球我都不会干涉。但你的一言一行,都是大家学习的榜样,所以你要好自为之。"

我想大家看了这段话,一定已经明白了话中的含义。教练为了提醒该投手要谨慎地待人处世,才语重心长地说出了这些话。教练并没有严厉地告诫他:"不可这样,不可那样。"而是让他有自行决定的权利,该怎样做由他自行决定,旁人不加干涉,所采取的是完全信任的方式。

而这种完全信任的方式并不会使这位投手为所欲为,反倒会积极地提醒他:"你的影响力大,所以在一切的言行举止上,要十分负责,十分小心。"教练的这一番话让他感到自己是如此的受重视,如此的具有影响力,基于荣誉心的驱使,他一

改往日吊儿郎当的作风,成为积极向上的青年了。

人们都喜欢别人称赞自己,因此不论任何事,只要我们时时看重别人,鼓励别人,激发他的荣耀感和自尊心,以此来代替正面严苛的责骂,相信必能收到很好的效果,达到我们所要求的目标。

想招聘优秀人才,不妨试试"先贬后褒"之法

当我还在 A 电影公司服务时,有一天,有位 B 电影公司董事长派来的人约我见面。因为各电影公司互相约定,不可有挖墙脚行为,因此这次和 B 公司的约谈,自然是在非常隐秘的地方进行。

当时我心里不断地盘算着,B 电影公司要请我参加一出大歌剧的演出,这对我来说是一项挑战,也是一个新的尝试,我不禁跃跃欲试。但是 A 公司是我起步的地方,为了培养我,曾经给我许多机会,使我有今日的成就,怎可不顾人情义理,说走就走。再者,一个习惯在摄影机前演出的人,一旦站在舞台上,面对观众演出,是否能够胜任,谁也无法预测。

经过几日的考虑,最后我决定换个工作环境,面对更新的挑战,于是便向 A 公司辞职,加入 B 电影公司。入职那天我非常紧张,正襟危坐,战战兢兢地有点不知所措,稍后 K 先生对我说:"最近,我看了一下你过去所拍的影片。但坦白地说,以往那些作品,无法垂名影史。"

一听这话,我真是愣住了,心想:"你把我请来,非但不称赞我,反而先贬损我。"但过了一会儿,K 又说:"可是,如果你加入我们的歌剧行列,必能大有作为,且名垂青史。"听了这话,我才有起死回生之感。于是,我便又客套一下说:"还请您多指教!"

现在回想起来,我不得不佩服 K 先生的游说方式,他利用先贬后褒的方法,使我能在灰心失望之余,投效他的公司,参加他们歌剧演出的行列。

如果您身为某公司的主管,且正想招聘理想人才,不妨试试这种"先贬后褒"的办法,也许因此可以得到您想要的优秀人才。

以善意的谎言安慰身处不幸的人

"谎言"使用最普遍的场所,我想要算是医院了。若有一个病人不幸得了癌症或是无药可医,只有听天由命。这时,身为一个医生,基于人道立场,绝不会对病人说:"唉!你得了癌症,只有 3 个月可活了!"而会若无其事地对病人说:"没什么关系,一点儿小毛病罢了!"

对一个病人来说,身体上的病痛已使他苦不堪言,倘若再把"无法挽救"的实情告诉他,必增添他的心理负担,使他痛不欲生。所以一般医生在这种情况下,往往只把真相告诉病人的家属,而对于病人本身,则尽力安抚。

不过,在有些地方,由于风俗文化和宗教信仰的关系,医生就会把真相告诉病

人。曾经有位著名记者去采访一位已得知自己身患癌症的病人，那记者头一句话便幽默地说："你不久就要'蒙主宠召'了，你对神有什么感想？"那位病人回答："噢！我每晚都和神见面！"记者又问："那么神给你的印象如何？"他回答："神的慈爱非我所能测度，远胜于父亲对孩子的疼爱……"

这真是一个有信仰的国度，人们对死亡一点儿不畏惧，但我认为，只有坚定信仰的人才可能如此，一般人是无法做到的。

哲学上的说法"人是非常脆弱的"若应用在别的方面，可能未必正确，但若应用于有关生死的问题上时，却是不变的真理。因此，一旦在我们的四周不幸发生这类问题时，我们要以"善意的谎言"来安慰那些身处不幸的友人，燃起他心中的希望之火，使他能有信心地活下去。

请德高望重或具影响力的人做"代言人"

有时候，我们必须亲力亲为，才能将自己的心意表达出来，获得他人的认可。然而有时候，我们也会遇到一些无法解决的问题，或是无法亲自开口的状况，那么这时往往需要一位"代言人"来为我们解决问题。

A公司的名演员M先生是我的好友，我们之间的情谊就如同兄弟般亲密。某天，我接到他打来的电话，说："大哥！我现在正忙于拍摄一出电视剧，同事们彼此都相处得不错，只是有一人常在我面前摆出高高在上的姿态，处处破坏我的工作，找我麻烦。是否能请您明天到我的公司来，冒充我的晚辈，好使我也神气一番。"听了他的请求，我觉得有点儿可笑，都是大人了还玩小孩子的游戏。但他是我的好友，只好答应了。于是，我便带了一束鲜花，到A公司找我的好友M。

一到A公司的门口，从前曾指导我的L导播看我回到公司，甚是惊讶，于是问我："你怎么来了？好久不见。"

这时我看到M先生电话中所指的那位同事恰巧也在一旁，于是，我便故意大声地说："因为我得知我的老师M先生在这儿拍戏，今天恰好路过这里，想去拜访他。"

"什么？M先生竟是你的……"看他一脸惊吓的表情，我不禁暗自发笑，看来我的演技十分成功，对方竟没有发现任何破绽。

日后，听说那位先生一改以往的作风，不但不再轻视M先生，且对他恭敬有礼，俨然换了一个人似的。

这虽不是一个很好的例子，但仍可看出：当自己无法解决问题或无法告诫他人的过失时，可以请德高望重的人或具有影响力、说服力的朋友，做我们的"代言人"，由他们出面，问题可能很容易就解决了。

第八章　赞美与批评有技巧

人类行为科学研究工作者约翰·杜威说:"人类本质里最深的驱策力就是希望具有重要性,希望被赞美。"赞美别人,仿佛用一支火把照亮别人的生活,给对方以自信和光明。

如果说赞美是生命的阳光,批评则是人生的雨露。善意中肯的批评,既能滋润枝叶,又不伤根系。赞美与批评,如车之两轮,鸟之两翼,共同作用于我们的人际交往中。

赞美的两个误区

人人都有渴求别人赞赏的心理。可是,我们在赞美他人时,却经常忽视了交际对方的这种心理需求,从而使对方渴求赞赏的心理很难得到满足。因此,在社会交际中,只有恰到好处的称赞,才能赢得对方相应的回报。赞美有两个误区:

1.赞美不是客气话

说话恭恭敬敬,对人客客气气,这是人的一大美德。但若毫无原则地赞美他人,对人过度地客气,那就会流于形式、流于虚伪了。

例如,有人借了支钢笔给你用,你对他说"谢谢"就可以了,如果说"啊,谢谢你,真使我觉得过意不去,实在太感激了……"等一大串,那谁听了也不会觉得你是在真心感谢他。

朋友初次见面,可以谈些客套话,但第二次、第三次见面就应尽量少用客套话。像"阁下""府上"之类的词如果一直对人使用下去,那真挚的友谊就很难建立起来。如果我们在日常的交谈中,开口即是"久仰大名,如雷贯耳""小弟才疏学浅,请阁下多多指教"等缺乏感情的、完全公式化的赞美话,则又刻板、又陈旧,不能引起听者的好感。

要记住,过分的客气话恰似横阻在双方之间的一堵墙,如果不搬走这堵墙,人们只能隔着它做极简单的敷衍对答而已。

2.赞美不同于"拍马屁"

真诚的赞美和"拍马屁"不同,弄清楚这个问题,会使那些不愿赞美他人的人"赞口常开"。

真诚的赞美和"拍马屁"最大的区别在于是否发自内心。真诚的赞美起源于内心深处的一种冲动,它反映了一个人对另一个人的认可。但是"拍马屁"却不同,它不是发自内心地对另一个人的认可和钦佩,而是基于内心世界早已存在的一种目的,一种对眼前或日后能够收到"回报"的投资。"拍马屁"的人在"赞美"他人的时候,脸上虽眉飞色舞,但他的内心却是一片冰冷。他在赞美一个人的时候,心里想着的只是如何顺利办完对自己有利的事,如何获得自我的满足。

真诚的赞美和"拍马屁"的另一个区别是,真诚的赞美是实事求是、有理有据的"赞",而"拍马屁"则是凭空捏造、无理无据的"捧"。

需要牢记的是,使别人快乐和讨对方欢喜是两件不同的事。使别人快乐考虑的是别人而不是自己,讨对方欢喜则刚好相反,处处算计的是个人的得失。

赞美的三种艺术

赞美是人际交往的"润滑剂",如何在社交中适当地赞美别人是一个人社交成功的关键之一。

1.赞美要因人而异

①对于同龄人。年轻人寄希望于自己,自以为前途无量,而且都比较自负,你如果举出几点事例证明他的将来大有作为,他一定很高兴引你为知己;你如果称赞他父母如何了不起,他未必感兴趣;你如果说他是将门之子,把他与父母一并称赞,也许会让他感兴趣。

②对于老年人。老年人历尽沧桑,几十年的光阴已经过去,对于未达到的目标已不再抱希望了,他目前最关心的是他的子孙。如果夸他的儿子学识、能力都胜过他,真是出类拔萃,虽然他口头上连说"未必,未必,过奖了",但他的心里比喝了蜜还甜,认为你是慧眼识英雄。

③对于文化人。你如果说他学养深厚,思想新潮,笔下生花,他听了一定高兴。不过在赞美你崇拜的偶像或有名望的人时,一定要发自内心,发乎自然,不能把恭维、奉承等当作赞美随便使用,这不但没有任何效果,而且还会使对方对你不屑一顾。

④对于女性。我们不能随便见到一个女性就赞美她漂亮,倘若某女性明知自己实在称不上漂亮时,心里会觉得这是在笑话她,会非常生气。对于不同的女性,我们可以赞美她漂亮,或赞美她有才智,或夸她交际能力强,有亲和力等。同是女性,却各有所长,赞美也要有针对性。

2.赞美要雪中送炭

最有实效的赞美不是"锦上添花",而应是"雪中送炭"。最需要赞美的不是早已名扬天下的人,而是那些自卑感很强的人,尤其是其中被错当成"丑小鸭"的"白天鹅"。像这种人平时很难听到别人的赞美,一旦被人当众真诚地赞美,就有可能自信心倍增,精神面貌焕然一新。

称赞别人的时候,不要夸奖对方那些他远比你知道得更清楚的优点,而要注意他尚缺乏自信之处,这种称赞才会更令对方愉快。否则,你的赞美一定不能打动他的内心。还要学会欣赏对方那些不为别人所知道,但却是他自以为得意的方面去赞美。比如,对于一位将军,你不必赞美他取得的赫赫战功,假如你称赞他的心地善良,反会使他备受感动。这是你的赞美别出心裁的结果。

3.赞美要具体

我们经常看到有人在称赞别人时所表现出来的那种漫不经心："你这篇文章写得很好。""你这件衣服很好看。"这种空洞的称赞并不能使对方感到高兴，有时甚至会引起对方的反感。为此，称赞别人要尽可能具体些。例如，上面两句话可以分别改成"你这篇文章写得很好。特别是后面一个问题很有新意，这个问题还没有引起人们的注意，我读了很受启发。""你这件衣服很好看。这种款式很适合你的年龄。"这种具体且充满了热诚的称赞能使对方愉快地接受。再如，如果你仅仅笼统地说"你这人真好"，就不易感人。如果你能列举一些具体的事实，分析一些道理，并和其他人进行比较，这便会使人印象深刻，使他本人和其他人都心悦诚服。例如，表扬一个同学写作业认真，你应当说出他是如何认真的，并对某一次作业进行具体讲评，其他同学才会服气。又如，你听到某人的小提琴演奏后，觉得他拉得很好，但如果只笼统地说"你拉得好"，别人会觉得你在敷衍。如果你这样说："你的琴拉得太好了！我都要醉了。它使我想起了久别的故乡，想起了故乡黄昏归来的牧童……"别人就会感到你这是出自真诚的赞美，因为你不仅称赞了琴声，而且还道出了美好琴声的真切感受。

赞美第三方时的要求

赞美第三方时要注意以下三点：

1.注意适合交谈对象

每个人的职业、地位、生活阅历都不同，所以交谈有因人而异的谈话域。话题在相应的谈话域中，交谈就会顺畅，反之，交谈就难以展开。赞美第三方时，如果你赞美的是与他职业地位有关、与他生活阅历相似的人和事，对方就会认真倾听。赞美第三方还要注意交谈对方的性格气质。有的人谦虚好学、热情开朗，在他面前多赞美别人，他会特别欢迎；有的人性格怪异、好胜心强，在他面前夸赞别人，容易引起他的不快和反感。

2.注意第三方是否为对方认可

赞美的第三方要是交谈对方所认同的，否则赞美就失去其推荐、传颂的良效。比如甲、乙两位女青年在一起闲聊，甲夸赞青年丙如何儒雅正派。如果乙也有同感，那双方自然一唱一和，十分融洽，但如果乙对丙不以为然，那她对甲的赞美之词就会置之一笑，甚至予以辩驳，这时赞美效果可想而知。

3.注意赞美不要与对方形成比较关系

赞美第三方首先要以尊重、肯定交谈对方为前提，不能因赞美了第三方而贬低了交谈对方，否则对方就不能容忍。这就要求赞美第三方时切忌与对方形成比较关系。这包括两种情形：一是注意因对方在某方面有明显不足，在赞美第三方这方面的长处时不要暗示、影射了对方；二是注意不要因赞美了第三方的优点而使对方有自己同样的优点、长处被否定、忽视的感受。

批评的五种方式

奥斯特洛夫斯基说："批评，这是正常的血液循环，没有它就不免有停滞和生病的现象。"如果说赞美是生命的阳光，那么批评则是人生的雨露，批评在社交中也是极为常见的。"良药苦口""忠言逆耳"的说法，经常被用来告诫人们要虚心接受批评，不应计较批评的方式、方法。然而，对于批评者来说，却要讲究批评的方法和技巧，否则很难达到预期的效果。

我们经常会看到这样的场面：一位领导不分场合地对其下属大声斥责，以为这样就可以树立威信，下属才会服从他；一位家长不顾孩子的感受，唠唠叨叨不停地指责孩子的缺点，以为这就是对他们的爱；一位老师一脸严肃地在学生的考卷上指指点点，厉声训斥，以为这样学生就会发奋学习；同事之间、邻里之间、朋友之间不顾方式地指责对方的缺点、过失。这些做法对吗？这些

奥斯特洛夫斯基

批评方式所带来的效果往往是事与愿违，即使对方确实感到自己错了，也会强词夺理，甚至拂袖而去，弄得大家不欢而散。

如果我们换一种方式，私下与其交换意见，委婉表达自己的想法，并与他摆事实，讲道理，分析利弊，他就会心悦诚服地真正接受你的批评和帮助。下面有五种批评方式可供借鉴。

1.肯定对方式

每个人都不是十全十美的，既有优点，也有缺点；既做对了许多事情，也做错了一些事情。因此，进行批评时，可以先肯定对方的优点，先肯定他做对的事情，然后再批评他的缺点，批评他做错的事情。这样，被批评者心理会比较平衡，容易接受批评。

2.自我批评式

《后汉书·列女传》中记载了这样一个故事：河南有个名叫乐羊子的人外出求学，留下妻子和母亲在家里，婆媳俩日子过得十分清苦。有一天，乐羊子的母亲把邻居的鸡偷偷抓来宰了吃。对于母亲的这种行为，乐羊子的妻子非常难过，她不但不动筷子与母亲一同吃这只偷来的鸡，而且直掉眼泪。乐羊子的母亲对她面对美食伤心很不理解，问她为什么，她回答说："都怪我没本事改变家庭的贫困，没有把母亲侍奉好，使得饭桌上有了别人家里的鸡。"乐羊子的母亲听了儿媳妇的话，羞愧得无地自容，端着煮熟的鸡到邻居家赔礼道歉。母亲做了不光彩的事，媳妇首先责备自己，这样起到了很好的效果，使母亲认识了错误，并且改正了错误。

有经验的领导在批评下属办事不力的时候总会说："由于我考虑不周，致使事

情成了这个样子,不过你的办事方法也有些欠妥,咱们来讨论一下好吗?"这样一说,个性再强的下属也会安静地听下去。

对朋友或他人的批评也可以采取这种方式,自己先谈自己的不足,别人就会觉得你不是要指责他,从而容易接受你的批评。

3.幽默式

幽默式批评是指在批评过程中,使用富有哲理的故事、双关语、形象的比喻等,启发被批评者思考,从而增进相互间的感情交流,使批评不但达到教育对方的目的,同时也创造出轻松、愉快的氛围。

伏尔泰曾有一位仆人,他有些懒惰。一天,伏尔泰请他把鞋子拿过来。鞋子拿来了,但布满泥污。于是伏尔泰问道:"你早晨怎么不把它擦干净呢?""用不着,先生。路上尽是泥污,两个小时以后,您的鞋子又要和现在的一样脏了。"

伏尔泰没有讲话,微笑着走出门去。仆人赶紧追上去说:"先生慢走!钥匙呢?食橱上的钥匙,我还要吃午饭呢。"

"我的朋友,还吃什么午饭。反正两小时以后你又将和现在一样饿了。"

伏尔泰巧用幽默的话语批评了仆人的懒惰,如果他厉声喝骂他,就不会有这么好的批评效果了。

4.警示式

如果对方不明真相而轻举妄动,可以用温和的话语只点明问题,或者是借用某些事物做对比、影射,点到为止,起到警示的作用。

春秋时期,秦国准备袭击郑国,军队走到魏国时,这个消息被郑国的商人弦高知道了。弦高原打算外出做买卖,但他不忍自己国家蒙受损失,便打算劝秦国主将改变攻打郑国的主意。

弦高如果以硬碰硬,肯定会适得其反。于是他带了一千张熟牛皮,赶了一百头牛做礼物犒赏秦军。他故作恭敬地说:"我国国君已经听说您将行军经过敝国,已准备好粮草招待,还特地派我来犒劳您。"

秦将以为郑国已对他们有所防备,不易攻打,便打消了进攻郑国的念头。

弦高的话绵里藏针,对秦国的警告最终取得了最佳的效果,既未动一兵一卒,又保全了自己的国家。警告式的批评在这里发挥了,极大的作用。但如果对方不点不破,不明说不行,则可以用严肃的态度、较尖锐的语言直接警告他。

5.委婉式

委婉式批评也称间接批评。一般采用间接的方法,声东击西,让被批评者有一个思考的余地,其特点是不伤害被批评者的自尊心。

在一次宴会上,一位胖得出奇的夫人坐在身材瘦小的萧伯纳旁边,带着娇媚的笑容问大作家:"亲爱的大作家,你知道防止肥胖有什么好办法吗?"萧伯纳郑重地对她说:"有一个办法我是知道的,但是我无法把这个词翻译给你听,因为'干活'这个词对你来说是外国话呀!"

萧伯纳这种含蓄委婉、柔中带刚的批评方式,效果很好。

批评语十忌

要想获得好的批评效果,就要忌用下面这些方式和话语:

1.忌羞辱被批评者

每一个人都是有自尊心的,都希望他人能够尊重自己。当人格受到羞辱时,每个人都会十分恼怒,在这种情况下,即便是正确的意见也听不进去。因此,批评他人时千万不可有羞辱对方人格的语言和表情。否则,批评不但不能起到帮助他人改正错误的作用,还会使其产生对立情绪,造成双方情感上的裂痕。比如,一位领导发现秘书在起草的文件中把"投身运动"错写成了"头伸运动",便挖苦说:"你对运动从来三心二意,贼头贼脑,头伸进去看看就溜!"秘书恼羞成怒,反唇相讥:"我贼头贼脑?贼头贼脑怎么了?贼头贼脑还是人!我看你阴阳怪气、鬼头鬼脑,鬼头鬼脑就不是人!"于是这位领导和秘书大闹了一场。这样的批评产生了极其恶劣的效果。

2.忌不顾场合,伤人面子

除了某些特殊的目的以外,批评者一般不要在第三者面前批评别人。因为人都是有自尊心的,谁也不希望将自己的缺点和错误暴露在大庭广众之下。如果在第三者面前批评对方,会使他感到自己丢了面子,在众人面前抬不起头来,弄不好就会破罐子破摔,结果更坏。

3.忌感情用事

批评应该选择在批评者与被批评者都比较心平气和的时候进行。

如果在自己生气、不满的时候去批评人,容易激动,容易说过头话,容易训斥人。应该待自己冷静下来之后,再选用恰当的方式去批评。他人犯了错误,会惊恐不安,这时对他进行批评和训斥,会加剧他的惊恐,甚至导致他恼羞成怒。因此,进行批评不只要注意自己的情绪,还要注意受批评者的情绪。

4.忌讽刺挖苦,含沙射影

英国18世纪著名评论家约瑟·亚迪森曾说:"真正懂得批评的人着重的是'正',而不是'误'。"批评应以正面提倡为主,说明应该怎么做,让受批评者从另一个角度来理解批评的内容,切忌用讽刺挖苦的语言旁敲侧击,如"你太伟大了,我可不敢说你的不是!""有些人做的事别装糊涂。"等。

5.忌以偏概全

本来对方只在某一次、某一方面犯了错误,你却说"你总是……""你从来……""你根本……"等,把别人贬得一无是处,这样特别容易打击别人的自信心。

6.忌居高临下

觉得自己很了不起,把别人看得一文不值,以长官、上级、长辈的口气指责别人。如"我早就说过,你就是不听!""我说什么你总是不听,就爱自作聪明!"等。

7.忌笼统模糊

如说"你经常无组织无纪律,自由散漫""你目中无人,自高自大",却又说不出具体事例,像这样的批评不会使人信服。

8.忌用语武断,主观片面

如"你必须……否则……""我让你……你总是……"等,这类话让人觉得是被命令必须怎么样,容易让人产生逆反心理。

9.忌处罚威胁,以罚代教

如"你再不……我就要……"等,这种话让人感觉是受到了威胁,心里觉得特别别扭。

10.忌事后英雄

如"我早料到如此。""谁让你不听我的?失败了吧?""早知今日,何必当初!"等,这种话给人以幸灾乐祸、推卸责任之感。

怎样赞美领导

赞美领导是一门比较特殊的艺术。作为下属恰当、适宜地赞美领导,会增进与领导的感情,缩短与领导的距离。每个人都希望得到大家的肯定,领导也不例外,只不过不同性格的领导喜欢的方式不同罢了。

那么,怎样做才能恰当地称赞领导呢?

1.指导思想要正确

领导同其他人一样,也有七情六欲,也会为成功而欢欣鼓舞,为失败而痛惜不已。因此,适度地赞扬领导,能够不同程度地增强领导的进取心和自信心。但不可借赞扬之机,无原则地对领导大加吹捧。大加吹捧很可能使领导已经发热的头脑更加"热"起来,进而由"正确"转化为"错误",而你也可能受到领导的斥责,被领导视为"小人"。

2.赞扬语言要正确

赞扬领导最好以"公众"的语气赞美,同时把自己的赞美融入进去。比如:某报社刘主编的一篇稿子在××报上发表,张莉不失时机地夸赞:"刘主编,大家都在学习您的报道呢!我们都认为您报道的角度独到,大家都要向您请教呢!"刘主编听后很高兴。

赞扬领导要尽量使用"中性"词,切不可滥用形容词和副词。态度要诚恳,要出于真心。如果开口"最",闭口"很",不免使领导感到言过其实,而且感到你比较虚浮,言不由衷。例如,一位领导经常自己动手写讲稿,偶尔秘书为他准备稿子时也是他事先把稿子的思路告诉秘书,供秘书参考。因此,秘书经常对他说:"像您这样当领导,我们都快失业了。""人家都说写稿子是苦差事,可是为您写稿子是个美差事。"由于赞扬得恰如其分,这位领导每次都愉快地接受了。如果秘书说:"你最有水平""别的领导都比不上你",那么这位领导一定接受不了,秘书也不会有好的结果。

3.赞扬方法要正确

对领导值得赞扬的优点,也要讲究赞扬的方法,直接赞扬和间接赞扬可以并

国学经典文库

中华点子库

口才妙点子

图文珍藏版

用。直接赞扬,主要是指对领导个人有话直说,当面赞扬。如领导刚做完报告,他主动询问你对报告的印象,那你就可以使用恰当的语言,实事求是地进行直接赞扬,切不要以"还可以""凑合"之类的话应付了事。间接赞扬,指在对领导当面赞扬时采用迂回的方法进行赞扬。某市召开旅游现场会,负责旅游工作的领导曾经从事语文教育工作,这位领导在讲话中旁征博引,并且语言非常幽默,大家认为他的讲话有水平,反映了本市旅游工作的实际情况。会议结束后,这位领导问身边采访的一位记者,"你认为我今天的发言怎样?""听众有什么反响?"这位记者回答:"您今天的发言讲得非常准确,不仅向大家介绍了我们市目前的情况,还为大家展示了未来发展的前景,我们都深受鼓舞呢!"这位记者恰当的赞扬既是直接赞扬,又是间接赞扬。

4.赞扬领导还要注意场合

在领导亲属面前赞扬要抓住他们的共同点,比如李丽到局长家做客,局长夫人热情接待,于是她抓住局长与夫人在处理人际关系方面的热情、好客大加称赞。当着领导上级的面要慎重称赞,切莫将是非掺杂进去,弄巧成拙。在交际场合称赞领导,语言要简练,要起到推销领导的作用。

5.内容选择要正确

赞扬领导时,最要紧的是赞扬领导真正在乎的事情。领导不在乎的事情,你喋喋不休地赞扬,难免让人反感。比如:新任职的领导第一次公开讲话;领导做出的被实践证明是完全正确的决策;领导近期所取得的某项成就;领导的子女金榜题名等,这些事情常常是领导很在乎的事情,可以恰当地进行赞扬。

如某局李局长喜欢开车,常常自己驾车,并乐于谈论车技。一次,局长的司机小张驾车时不慎扭了腰,李局长让小张坐车,自己开车。当时正值车辆运行高峰,路上交通拥挤,但李局长的车开得又稳又快,这时小张开口说:"局长,想不到你的车技这么好,在这种情况下开得这么快,比专业司机还棒。"这句由衷的赞美使李局长非常高兴,并时常夸小张有眼光。

总之,赞扬领导要适度,要因人而异。当然,作为下属,既不要为会赞扬领导而沾沾自喜,也不要为不谙此术而烦恼。因为决定你事业成败的关键,绝不是你会不会赞扬领导,而是你自身的实力。

怎样赞美男人

每一个男人都希望能得到女人的赞美,因为男人认为,女人的赞美是他个人魅力的象征,能够使人产生很强烈的人生满足感。

心理学研究表明:男人之间往往存在着不信任,他们都视对方为潜在的威胁,因而对同性的赞美之词往往持有戒心,保持一定的理性分析和批判。而与女人在一起,他们则更愿意解除戒备,接受对方的赞誉,因为女人很少能够与之竞争,对他的发展构成某种威胁。

男女之间的相互吸引和相互欣赏是一个普遍的法则。女性在赞美男性时所流露出的那种目光、声音及种种娇媚的表现,无疑会增加女人的魅力,更显可爱,这会使男人产生极大的心理愉悦感。

小青是一位相貌平平却十分受人欢迎的女孩子,和她有过接触的男士都为她的风姿所倾倒。据说,她总能看到男士的优点,不吝赞赏,而且最让对方动心的是,每当她赞美一位男士时,她总是目光柔柔地看着对方。她的赞美是任何一位男士都无法拒绝的,因而她请求他人帮助的要求总是能得到满足。

女性对赞美对象的观察非常细腻,这是男性所无法企及的。女性凭其先天敏锐的感知能力,常会细心地发现许多男性本人都未发现的优点。因为男性与女性看问题的角度不同,一些在男性看来习以为常、十分基本的技能在女性看来就可能是十分了不起的本事。这样,女性的赞美不但放大了男性的价值,而且赋之以新意。前面我们曾讲过,赞美的一个基本原则就是"存同求异",在此看来,异性的赞美恐怕就是最大的"异"了。

间接赞美符合女性含蓄、羞涩和感性化的人格特点。女性是羞于鲜明、直接地表达对另外一个男人的看法的(指在公共场合),特别是当赞美会更多地暴露自己的内心世界时,她就会更倾向于采用间接赞美的方式来隐蔽和保护自己。

假如你是位女性,当你面对一位男士时,你不妨说:"我听说你又受老板表扬了!""常听说你的风度非凡,今天看来果然是名不虚传。""怪不得人人都夸你聪明呢,现在我算是相信了。""我在一份杂志上读到过你的故事,你的精神真是让人佩服。"

这样借他人之口的方式,既可以达到赞美对方的目的,还可以维护你基本的心理安全需要。而对方则不但要感激你的赞美,而且他还要对你的赞美负责,因为男人总是十分重视自己在女人面前的形象,他不愿意在女人面前丢丑,所以他必须在举止之间来体现你赞美的内容。

可见,女性的赞美不仅可以使一位男士愉悦,还能催他上进,帮他进步。只要你善于发现他身上优秀的一面,那么你的赞美就会像阳光一样照亮他的心灵。

怎样赞美女人

女性具有与男性截然不同的性格特征。女性大多比较细腻与温柔,如若对她们赞美不当,则会引起她们的反感。所以在赞美女人时要注意观察,恰当、适宜地加以称赞。

在男人眼里,女人是神秘的,让他们难以理解。有时女人会突然晴转多云,而不久又会破涕为笑,他们不知女人心里在想什么。而对于这一切,女人却非常理解,不需作任何的理性分析,她们就能够真实地把握对方的心理,这是先天的同性之间的亲和力决定的。较之男性,女人间的相互赞美更能满足对方的某种内在渴求。这是因为,女人间的友谊同男人有着很大的不同,男人间的友谊建立在观念和兴趣上;而女人间的友谊则是由于她们处于共同的命运,她们在对方身上搜寻、认定彼此的共同点。因此,当一个女人去赞美另一个女人的服饰漂亮时,她首先是对此认同，并找到了共同的爱好和兴趣，而一接触这些问题，她们就会像老朋友一样没完没了地谈论感兴趣的问题。在男性面前，女性会情不自禁地戴上面具，扮演她所认为的好女人的角色，这无疑会使她们感到紧张。特别是当男人夸奖她时，她会更加不自觉地按对方所赞美的内容去做，而女人与女人相处时，她则会感到轻松自然得多，无须那么矫揉造作，谈话内容也比较随意自由，这使得彼此谈话时充满了温暖的气氛。来自同性的赞美，往往会使女性听来十分亲切真实，完全是发自内心的欣赏，这使双方产生了一种知音的感觉，因而也更能增进彼此的友谊，缩短交际的距离。

作为一名女性，赞美另外一位女性时，除了可以像男人那样赞美她的容貌、气质、性格、才艺外，你还不妨站在女性的角度上，以服装、缝纫、烹调、家居等为话题去赞美她。这样你的赞美一定会引起对方的兴趣，她会因遇见了你这样一位欣赏者而感到十分高兴。

例如在妇联工作的李大姐在她的工作和生活中，每天都能接触到陌生的女性。而每次与陌生女性结识，她总忘不了找一个合适的机会，赞美对方的穿着打扮、身材或皮肤，交流生活的经验。这使她不但能够顺利地开展工作，而且也结交了许多的朋友，许多女同志都亲切地称她为"大姐"或"大妹子"。

女人赞美女人的妙处，在于女人情感细腻，不仅关注对方的外表，更关心她的生活、命运和情感。在赞美中，你付出的仅仅是几句真诚的话语，获得的却是真挚的友谊，何乐而不为呢？

怎样赞美老人

我国是传统的礼仪之邦，素有尊敬长辈的优良传统。长辈与我们的出生年代、人生经历、生活环境都有所不同，性格和习惯也会有所差异。对老年人的赞美要抓住老年人的特征，有的放矢，不能盲目去夸奖。

1.抓住一生中的闪光点去赞扬

老年人奋斗了一生，为社会做出了无数的贡献，在他们的记忆中，有无数他们引以为豪的事情。只要能把握老年人的成就认同心理，以赞美老年人的成就为契机，就能开启与老年人交流之门，达到赞美的目的。

小兰的爷爷是老革命了，他1945年参军，参加过抗美援朝战争，并在战场上俘获了敌人一个排，荣获了一级战斗英雄的称号。爷爷经常给小兰讲朝鲜战场上的故事，每次讲到他如何运用计策将敌人骗得晕头转向时，爷爷总是眉飞色舞，小兰也听得入了迷。这个故事已经讲了好多遍，但爷爷从不讲他获得战功的事。随着年纪的增大，爷爷越来越怀念过去和自己一起战斗的战友，回想他们一起度过的难忘时光，一起杀敌的英勇场面，于是爷爷经常陷入沉思中，人也显得精神恍惚，这使小兰感到放心不下。于是小兰想尽各种方法，讲各种笑话来提起爷爷的兴趣，但这种兴致不能持久。她就想到了爷爷从未讲过的他获得战功的一次战斗。她开始有意地谈爷爷战场上如何歼敌、俘敌等，一提到这，爷爷立即来了兴趣，滔滔不绝地谈了起来。最后讲到了那次战斗，那次战斗中牺牲了好些亲密的战友，这使他一直不安，一闭上眼，战友们鲜活的身影就出现在眼前。小兰这时就着实赞扬了爷爷一番，一方面，缓解了老人心中的悲伤，另一方面，满足了老人的成就认同心理。此后，爷爷再也不是无精打采地坐着了，而是勤于锻炼，经常给小朋友们讲一讲老战友的英勇故事，到外地去看望依然健在的战友，晚年过得非常充实。

2.赞美老年人对晚辈的爱护

每个老年人都自然而然地对晚辈有爱护之心和呵护之情。年轻人对老年人爱护晚辈的赞美，体现了年轻人对老年人的尊重。

红红的爷爷是一名退休老教师，他非常疼爱红红。每天早晨带着红红一起去锻炼，晚上领着红红去散步，就连红红学舞蹈、学电子琴也是由爷爷接送。遇到学习上的难题，爷爷总是耐心地为红红讲解，在爷爷的关怀和教育下，红红成为一个讲文明、懂礼貌、学习好的乖孩子，大家都夸赞红红的爷爷是模范爷爷，教导有方。这一切红红的爸爸看在眼里，记在心上，对爷爷的生活也倍加关心，红红的妈妈更是对爷爷嘘寒问暖。一天，红红的爷爷生了病，妈妈请假在家护理，爷爷劝妈妈去上班，不要耽误了工作，可红红的妈妈对爷爷说："你老人家为照顾红红花费了那么多的心血和精力，是所有老年人中做得最好的，现在您生病了，理应得到照顾和回报，请一两天假没有问题，只是尽我们的孝心。"爷爷听了非常感动。

老年人大多非常宽容，善于理解年轻人。年轻人赞美老年人，话无须太多，只要说到点子上，态度诚恳自然，就能达到赞美的效果。

3.要恰当运用赞美词

赞美词是有多种多样的，对不同年龄的人要使用不同的赞美词，不同的赞美词也会有不同的适用范围。年轻人对老年人的赞美，更要慎重地选用赞美词，以达到赞美老人的目的。

近代中国百岁老人马相伯是著名的爱国人士，在他的八十寿辰大典之际，他的门生如蔡元培、章太炎、于右任等人纷纷到来，真正是贺客盈门，热闹非凡。人们送的寿联上大都写着"寿比南山""松鹤延年"等赞颂之词。唯独他的小孙子别出心裁地在祝寿大典的致词中赞美他为"童心不泯、童趣横溢、童思敏捷的老少年"。这一赞誉之词令马相伯老人万分高兴，并为世人所接受，人们称马相伯为"百岁少年"，他本人也每每以"童心不泯"为乐，并自豪地说，做一个有童心的老小孩有什么不好，只有这样才能与孩子们想到一块，如果年岁一大就老气横秋了，那怎能理解自己的孩子。

在这个事例中，马相伯的孙子选取了马老的寿辰为背景，结合马老平常的心思，别具一格地道出了赞美词。如果马老是位很严肃的老人，那么马老孙子的赞词也许就不会起到这样的效果了。正因为马相伯的孙子熟悉马老，才能恰当地运用赞美之词，把对老人的赞美说到了他的心坎上，皆大欢喜。

对于喜欢开玩笑、心情豁达的老人，在谈笑风生及幽默调侃中，皆可以实现对老人的赞美，有时用的词也许过于夸张，但只要能达意就行。对于生活作风严谨的老人，选用赞美之词就要慎重，要实事求是地赞美，不可选用易生歧义的词或过于贫乏的词,用的赞词要简单明了。有时虽然也可以比较委婉,但绝不能以戏谑之语说出,否则会使老人产生反感,认为你不尊重他。总之,年轻人对老年人的赞美,要根据老年人不同的个性,慎用赞美的词语。

4.抓住时机,尽量多赞美

老年人常常因为需要向年轻人证明自己的一生没有白白度过,拥有许多值得回忆的美好东西,其内心需要赞美的渴望要比年轻人更强烈些。所以,在与老年人的相处时,年轻人要尽量地赞美老年人。

艳艳的裙子穿着过于肥大,这被心细的奶奶看到了,趁艳艳吃饭的时候,奶奶忙把艳艳的裙子改了改,改过的裙子艳艳穿上不肥不瘦,非常合体。艳艳夸奖奶奶:"奶奶,您手真巧,做活还快。看,您改的裙子,比我买的还好呢。"奶奶听了非常开心。

怎样赞美年轻人

不论是什么年龄阶段的人,在日常生活与社会交往中,都不可避免地要与年轻人打交道。年轻人一般都是刚刚步入社会,他们缺少社会经验,阅历不足,易于冲动,干事毛手毛脚,渴望付出的劳动能够得到别人的认可;他们拥有现代观念,渴望平等;他们充满活力,富有激情,敢闯敢干。年轻人的这些特点要求岁数较大的人在与年轻人交往的过程中,要慎重把握其心理,恰当地加以赞扬。

一般说来,工作中长幼的关系往往是上下级的关系,作为长辈同时又是领导,应该怎样称赞作为下属的年轻人呢? 你不妨从以下几方面去把握:

1.要抓住具体事件去称赞

叶青是一家公司的总裁。年终公司的各种会议和各式各样的报表非常多,有很多会议是总裁必须参加的,叶青既要参加会议,又要指导办公室的秘书进行相关的工作。这时,有一本账单总结需要明天上交,而这份总结必须由叶青亲自动手完成。无奈之下,她只好让办公室的几个秘书帮助做一些相关资料的查找计算工作,第二天她顺利地上交了那份总结,这使得她对几位年轻的下属心存感激。她非常真诚地对几位下属说:"我真感谢你们在昨天晚上帮我干了那么多的活,使得所有的工作都按时完成了,我感到非常轻松和高兴,谢谢你们。"

叶青在这里既没有泛泛地称赞他们"工作好",也没有称赞他们是"称职的员工",而是针对这一具体事件加以称赞。这会使年轻人更加严格要求自己,争取在其他方面也做得更好。这样的称赞让人觉得很明确、不含糊。

2.要区分性别、个性、知识层次等加以称赞

领导作为长者,既要有长者的风度,也要有领导的气度,要能够运用其丰富的经验与阅历,与年轻的下属和睦相处。

在赞美年轻下属时,一方面要结合自己行业的特点,另一方面也要考虑年轻下属的性别、个性以及知识层次。

对于性格豪爽的人语言可明快直接一点,对那些性格内向腼腆的下属,称赞就

要含蓄一些，委婉一点。此外还要考虑到知识层次，一个单位不同岗位上的职员的知识结构不同，领导的称赞语言要有所不同。对于知识丰富的员工，可以赞扬他们知识丰富，充满才气，不能太庸俗；而对于门卫或清洁工的赞扬就不能过于高雅，可以赞扬他们工作认真刻苦，任劳任怨，具有老黄牛精神，要通俗易懂，使他们能够理解。

对于一般的年轻下属来说，来自领导对于他们工作能力及才华的肯定以及对他们工作态度和工作成绩的赞扬，都会满足他们的成就需要心理，激发他们对本职工作的热爱，提高工作的积极性。

第九章　电话交谈讲艺术

电话交谈作为一种现代化的交际手段，已经走进千家万户，它缩短了人与人之间的距离，增强了彼此之间的感情交流。那么，如何才是令人愉快又有效率的电话交谈呢？从本质上说，电话交谈和当面交谈并无多少差异，但是就其特征、方法而言，两者仍有很大的不同。

电话交谈的特征

1.只闻其声不见其形

电话交谈无法利用种种手势、表情来弥补语言的不足，没有办法使交谈双方"察言观色"，仅能凭借声音来了解话中含义，所以必须注意发音，尤其是数字更应注意准确，以免发生错误。

2.简短省时

在电话中不适宜冗长的交谈，占线过久对别人是一种妨碍。所以，在打电话之前，最好先将说话内容的概要记在纸上，并且设计一套说话的思路，如此才能节省时间，取得成效。

3.具有单向性

除非事先约好的，否则对方并不知道何时会接到电话，但是打电话的人必须顾及对方的时间和方便。清晨和深夜都是应该避免打电话的时间。

打电话的技巧

下面介绍一些打电话的技巧：

①铃声响，拿起话筒，深呼吸后再开始讲话。缺乏经验的人因为太紧张，往往拿起电话便急急忙忙地说上一大堆，让对方搞不清楚他要表达的意思。

为了避免这种错误的发生，拿起电话后不要慌忙开口，可以先做一下深呼吸，放松一下紧张的心情,清醒一下头脑。这样会有助于理清思路,沉着应对。

②左手拿话筒,右手准备记备忘录。接电话时,到底要左手还是用右手拿听筒呢? 或许有人会觉得奇怪,以为左右手拿都是一样的。可事实上,这正是顺利做好电话记录的关键所在。

原则上,应该用左手拿听筒。当然,这是对一般擅用右手写字的人而言,左撇子则相反。不用右手而用左手拿听筒,是为了让右手可以顺利地把电话内容记录下来。

接电话时需作备忘录的情况相当多,如果右手空着,就可以马上做记录了。而且万一在通话中需要查看资料时,空闲的右手也能迅速地翻资料。碰到需用另一只手的其他情况时,都可以马上方便地配合对方。

③电话旁要有备忘录。接电话时,身边如果没有备忘录用纸,只能边听边勉强地记在脑中,但人类的记忆力并不十分可靠,很可能才放下听筒,就对自己的记忆产生怀疑。重要的数字一旦出错,很可能就犯下严重的错误。因此,在电话旁,要事先准备好随时会用到的备忘录用纸和笔。如果事先不做好准备,一旦需要时只好请对方等一下,然后翻遍抽屉,拼命寻找备忘录用纸,这不但暴露了缺乏办事效率的弱点,同时让对方久候也相当失礼。

最好能在电话铃声响时,左手拿起话筒,右手马上就准备好要用的纸和笔。如此一来,电话内容就会迅速而准确地保留下来。

④即使熟悉对方的声音,也应确认一下,以免弄错。有些老朋友打来电话时,一听声音便知是谁,但是也常有搞错的情况。

为了避免这种错误发生,最好试探性地询问一下,确定对方的身份。这种做法不仅可以避免误会,对来电的对方而言,由于你能分辨出他的声音,会给他留下不错的印象。

另外,一旦认错了人,除了说声"对不起",还可以再次识别对方的声音,要是毫无正确认出对方的把握,干脆直接请教对方的姓名,千万别再胡乱猜测。

⑤对方使用录音电话时,要先将所谈内容整理后,再做陈述。如果预先知道对方使用录音电话,最好在打电话前先整理出谈话的内容,或抄在纸上照着说,把"将意思正确地表达"列为最优先考虑的要素。

接通电话后才知道是录音电话时,如果估计自己不能流畅地把事情说完,不妨先将电话挂断,接下来把事情整理成笔记,再去重新拨通。这虽然有些费事,但不会发生错误,还会带给您"战胜"录音电话的快感。

⑥使用录音电话留言时,要说出留话的时间。录音电话只能作单向沟通,欠缺真实感,许多人在说了"我再打""再联络"等话后,就"砰"的一声挂掉电话,但录进去的声音对对方而言却是重要的资料。因此,应把单位、姓名及传达内容完整地说出来。此外,还有一件事需要特别留意,即告知对方你拨电话的时间。

录音电话中的录音带,只能留下某个人的声音,并不能自动记录时间。因此,对方可能无法体会事情的轻重缓急,从而耽误了联络的时间,甚至影响重要事情的进展。

所以，为了不使对方判断错误，在打录音电话时应详细地告知对方一些资料，如时间、姓名、单位名称等，才可达到相互联络的目的。

⑦听不清对方声音时，应立即告诉对方。我们在接电话时，偶尔会发生听不清对方声音的情况。这有多种原因，有时可能是对方说话声音真的很小，也有可能是对方离话筒太远，或是话筒出了故障。这时确切地告诉对方你听不清楚并不失礼，如果因为听不清对方的话而乱猜，很容易发生误解。所以，听不清对方的话时，不要犹豫，要立即把这情况告诉对方，看能否做些改善。

不过，太直接的表达也容易使对方尴尬，应在尽可能不让对方感到难为情的情形下，寻求适当的解决办法。比如：

"对不起，这电话好像不太清楚……"

"对不起，听不太清楚，能不能请您稍微大声一点？"

"听筒好像有点问题，听不太清楚，能不能请您大声一点？"

⑧在电话交谈中，重要的事情要反复强调。有时在电话联系中一不留神，某一方就有可能听错或产生理解错误。在商业订货电话中，如果听错了关键的几个字，就可能发生送错货物、送错数量等错误，给客户带来麻烦。为了避免出现这种情况，有一个可行之计，就是在通话时，对重要的事项不能只讲一次就了事，而要反复重申，确认所传达的内容被对方正确理解。

对于对方讲的关键字眼，你也应复述一下。只用"是""是的"来回应，容易产生疏漏，也会使对方感到不安，无法确认你是否听到了他的每一句话。

如果是较重要的事，应用电话机旁事先准备好的纸和笔将它记录下来。记录时，要重复对方的话，以验证是否准确无误。

⑨在电话交谈中，不仅要求谈吐流利，还要注意说话内容有条不紊。要想在短时间内在电话中准确详尽地把事情传递给对方，一定要注意说话内容的顺序。在电话中与对方寒暄一番之后，紧接着就应挑明主题，一开始就让对方知道事情的概要，再逐一详述。技巧较拙劣的人可能一开始就拉拉杂杂地扯上一大堆，使对方摸不着头脑，整个电话内容就成为来回兜圈子的对话了。

一般而言，正确的通话顺序应该是：先讲明重要的事情，再补充说明，最后重复一遍重要事项。这样条理清晰、平顺自然地表达，不仅使对方一听就能理解你的话，还会在心中留下对你的好印象。

⑩给对方打电话前，若内容较多，要先撰写要点，然后逐条和对方商谈，切不可打完电话后发觉遗漏了一两条要点再去麻烦人家。

⑪在电话交谈中，要吐字清晰，言简意赅，切忌啰唆、含混不清。要让对方听清楚你所说的内容。另外不能根据自己平时的说话习惯，要有一种特殊的适合于打电话的语速。音量也要加以调节，太轻、太重都会使对方听起来不清晰。

⑫若对方要找的人不在，又有急事时，可问清对方的单位、姓名，帮助代接。代接人应报出自己的姓名，以示负责，然后将所记载的要点交给本人。此外，还需叮嘱被交代人要尽快直接与对方联络，至此，代接人的任务才算完成。

⑬当一个意想不到的电话打来，你首先应意识到，对方有可能提出让你措手不

及的问题,其次你要针对各种可能出现的情况做好思想准备。如果对方无事,只是想聊天,而你却没有时间奉陪,怎样才能既不伤害对方感情又能结束谈话呢?其实,编什么理由也不如坦白地向朋友说明情况好。你可以告诉他,你正忙于某项工作,抽不出时间来,并向对方做出许诺,保证一有时间就会回电话。这样就可以自然地结束谈话,对方也能欣然接受。

电话交谈应注意的事项

①注意态度。电话用语要热情、友好、礼貌、耐心、谦逊、亲切,虽然彼此看不见对方,但是从语调中可以揣测得知对方的态度,因而要注意态度。

②电话响两声就应迅速拿起,及时呼应,迟了应表示歉意。我们给对方打电话,如果铃声响了许久,对方仍然迟迟不接,会觉得沮丧、不耐烦。所以,为了避免此类现象,电话响两声就应该马上接听。

③拨电话前应确认号码无误,拨通电话后,应自报家门,然后用尊敬语说出所要找的人,如"您好!我是小刘,请找王……"如果拨错电话号码,应立即道歉。

④挂电话前,应该向对方说:"打扰了您这么久,真是抱歉!""谢谢,真是不胜感激"等。彼此热情、诚挚的致意会让双方都感到愉快。

⑤放下话筒的方式要讲究。放下话筒时,一定要确定对方已挂断电话后,才能放下话筒。大概你有过以下的经历:当你谈完事情,正要向对方道谢时,谢字还没讲完,对方就挂掉了电话。不管对方是谁,自己遇到这种情形时,心里都不会太好受。将心比心,我们也需谨防自己用这种态度对待别人,一定要等对方挂断电话后,再放下听筒。

电话要轻拿轻放,也许有人认为这样未免太小心了,可这却是对对方的一种礼貌,也是对电话机旁的人的一种尊重。同时,这也是一种有修养的表现。

⑥知道对方打的是长途电话时,应友好地询问"是否需要我拨过去?"

由于电话通讯越来越进步,国际国内直拨电话已经普及,因此经常无法判断对方是长途还是市内电话。但如果你得知对方是长途电话,有必要体谅一下对方的心情。

长途电话费比较昂贵,如果电话不得不打很长时间,而费用全由对方掏腰包,似乎不太公平。最起码你要让对方知道你很体谅他。

比如,当对方告诉你,他是从很远的地方打来时,或许他已经在暗示,这个电话不能讲太久。这时,你不妨问一下:"是否需要我打过去?"清楚地问明对方的电话号码,必要时由自己拨过去。如果对方表示不要紧,你应先道谢,然后把握时间,尽快结束谈话。

⑦对于耗时电话,先问对方是否有时间。通电话时,对方不可能看到我们的姿势及表情,我们同样也不了解对方是在什么情况下接听电话的。对方可能正好有客人来访,所以在打电话前,要设想对方是否会在不合适的情况下勉强接听。

当你要谈的问题不是三言两语就能解决时,就应先问问对方是否有不方便之处。如果你无视对方的情况就占用很多时间，不仅会使对方焦急，严重时还会影响彼此的交情或合作关系。

⑧如果是别人代接电话，不要忘记向代接者道谢。只要简单地道一下谢，就会给对方留下良好的印象。

⑨通话中有客人来访，应先征求对方同意，暂且挂上电话。

许多人有过这种经历：去商店买东西时售货员打电话讲了好久，对你视而不见，你等得十分不耐烦，干脆不买而离开。不管这个电话多么重要，对久等的客人来讲，这种被忽视的感觉会让人十分不愉快。

当你正在打电话时，又碰上客人来访，也许会感到左右为难。原则上，你应该先招待眼前等候的客人。如果你电话中谈的事已说得接近尾声，那就加快速度，尽快向对方说声"再见"。如果电话中讨论的事很重要，而且刚刚谈了一半，那可以告诉对方："对不起，我这里来了一位客人，我半小时后再给您挂电话，好吗？"一旦对方同意，你就可以暂且挂上电话，专心接待来访的客人了。

经验不足的人遇到这种情况往往会无所适从，如果应付不当，很容易让通话的对方和来访的客人都不满意。

⑩对方的话尚未说完，不要随便插嘴。交谈中有些人不等对方说完话，就随便插嘴，这不仅对他人失礼，也浪费了宝贵的时间。为了避免发生这种错误，一定要耐心地听对方把话说完。

⑪工作中尽量不打私人电话。工作中打私人电话，不仅阻碍了电话的畅通，更会耽误工作，给周围的人带来很大的干扰。当亲朋好友打来私人电话时，交谈要简短，否则使单位电话频频占线，造成不必要的麻烦。

⑫接到打给别人的电话时，我们常会说"请等一下，我去叫他""他正在接电话，请您再等一下好吗？"若是此人正在进行某项重要的工作，我们也可能会说："他正在找资料，请您等一下。"

所谓"请等一下"中的"一下"最好不要超过1分钟。如果超过1分钟，就应向对方说明理由，并请对方稍后再打。在商业电话中，这是十分重要的礼节。

⑬打公用电话时，语言要简练，不要滔滔不绝。我们常常在街头可以看到，在电话亭外排队等候的人，焦急得想敲玻璃门。公用电话虽然是按排队顺序使用，但一旦前面有个人说起来滔滔不绝，后面的人都会无法忍耐，尤其是遇到有急事时，更令人心焦。

所以，当外出打公用电话时，即使事情多，也应尽快把话说完，让后面的人能早点使用。公用电话并非私人用品，占着不放会给大家带来麻烦，也是缺乏社会公德的行为。

国学经典文库 图文珍藏版

中华点子库

王艳军◎主编

线装书局

第六篇　应酬金点子

应酬是你待人接物的度量衡。你的应酬功夫到家，生活一定充满愉快。应酬的最高境界就是在绝无强迫的气氛里，把你的一份诚意传达给别人，从而使别人感应，并产生共识。

应酬左右了个人的命运，你去求职，主要是笔试和面试，其中面试多半是最后一关，成功或失败取决定于此。面试的本质是应酬，应酬得好，你成功了；应酬得坏，就算你有天大本领，人家也不会对你有兴趣。结婚也一样，而婚姻关系到我们的幸福。

成功者在为人处事时往往马到成功的原因就在于他们精通应酬之道，熟悉应酬的各种技巧，这样他们就能根据不同的人和事对症下药，找准庙门，走对路子，自然也就少有求不动的人，有办不成的事。

第一章　应酬要注意外在形象

形象好，身价就高

在这个以人际关系为主导的社会，人们在交际中都希望给别人留下一个好印象，让别人喜欢自己，接受自己，这就需要一个良好的自我形象。如果一个人的形象很差，从第一眼就不让人喜欢，那么就会对关系的建立带来不利的影响。

曾经看到过这样一句话："你可以先装扮成'那个样子'，直到你成为'那个样子'。"这就是看起来像定律。"看起来像个成功者和领导者"会让你在事业中如鱼得水，让你脱颖而出。民主选举时，由于你"像个领导"，人们会投你一票；提拔领导时，由于你"像个领导"，你会被领导和群众认同；对外进行商务交往，由于你"像个成功的人"，人们愿意相信你的公司也是成功的，因而愿意与你的公司进行交易。

在应酬中，如果不注意个人形象，而只注意自己的能力，那么成功的速度将会变得缓慢。一位近来人气骤升的女明星披露了她曾经的艰难历程。在某电影第一次试镜时,她曾因为不懂着装而给人的印象相当恶劣,一身非主流,身上披披挂挂的,首饰挂满脖子和手腕,黑眼圈大得吓人。所以这部电影就与她失之交臂了。

上述女明星的案例充分说明:形象对于一个人是非常重要的。所以只要抓住人人都注重先入为主这个特点,从一开始就树立良好的形象这一策略入手,保证可以在应酬中起到事半功倍的作用。

要创造良好的个人形象,首先要注意服装及仪表。一个蓬头垢面、衣衫不整的人站在你面前,一定会让你讨厌;服装也并不一定要赶时髦,最要紧的是得体大方、干净整洁。

形象好,身价就高

人们总是喜欢那些看上去感觉舒适、有美感的人。姣好的长相、匀称挺拔的身材、美观大方的服饰均能增添人的仪表魅力,给人以舒服、美好的感觉。如果说人的天生长相、身材长短难以变更,而服饰却是可以变化的。整洁美观的服饰是人们用以改变自己或烘托自己形象的最好的、使用最频繁的"武器",因此,我们要学会运用这一武器来"武装"自己。

曾经听别人说起这样一件事:说一位女士领着她的男友参加了一个活动。席间,话说这位男士坐在她们对面,开宴不到半个小时,这位男士竟吃得满脸是汗,并且流出了清鼻涕,让她们都很倒胃口。听了这样的事,我就问了,是不是吃火锅了,抑或是辣的吃多了。往往屋子热,再加上吃辣的或热的食物,就很容易出汗或流涕。不管怎样,这位都够实惠的了。人如果实惠大劲了,就像在家里一样,如此就会处于随便状态,任其流汗流涕,你这个形象就难怪人家笑话你。

在任何时候都是需要形象的。不讲礼仪不注重自己在公共场合的形象就会贻笑大方。类似吃的场面上,一定要得体。不能给人一种像多少年没吃过饭似的,特别是男人参加这种很多女同志在场的宴会,一定要有点绅士风度,不要用自己的筷子给女同志夹菜,更不能在桌上抢起筷子一顿"扫荡",直到吃得出了汗,流出了鼻涕!餐巾纸要在自己餐具前预备着,端坐,有节制的用菜,咀嚼速度不要过快,给人忙忙呼呼的感觉,别人必然反感。汤尽量少喝,发现自己有"情况"不妨起身到洗手间对镜一视,这样形象就会处理得很得体。

如果你在与人交际的时候有上述的不足或欠缺,那么赶快去改变吧。良好人脉的建立,是从成功地改变形象开始的。

第一次见面很重要

第一印象指在与陌生人交往的过程中,所得到的有关对方的最初印象称为第一印象。第一印象并非总是正确的,但却总是最鲜明、最牢固的,并且决定着以后双方交往的过程。

第一印象主要是根据对方的表情、姿态、身体、仪表和服装等形成的印象。第一印象在日常生活中是很普遍的,这种初次获得的印象往往是今后交往的依据。"成见效应"与第一印象有着密切的关系,第一印象往往是形成成见效应的基础,成见效应往往是第一印象的加深和拓宽。在社会实践中,因第一印象在用人上造成失误,古今中外是不乏其例的。所以,管理者既要重视第一印象,又要尽量避免因第一印象而造成的认识上和用人上的错误。

根据美国心理学家亚瑟所作有关第一印象的研究指出,在会面之后所得到的有关其人的印象,往往与今后所形成的印象一致。

小白是电脑行业中的"白领"一族,工作能力很强。但他有个坏习惯,生活里他总是不拘小节,整天一身破牛仔服,给人一种吊儿郎当的印象。而他从未想过注重个人形象这回事。

有一次。他去一家公司面试,穿的依旧是那套"行头"。刚一见面,负责招聘的人便皱起了眉头,双方谈了几句,对方便下了逐客令:"对不起,我们公司需要的是工作态度和生活态度都很严肃的人!"

小白的面试以失败而告终了。要想在面试工作中顺利过关,第一印象是不能忽略的环节。如果连进门的资格都没有,哪里还有机会施展才华呢?

小白正是由于第一印象就没过关,所以失去了一次大好的机会。有魅力的人永远受人欢迎,办事时谁都想给别人留下深刻的印象。因此,必须注意塑造自己的外在形象,但外在形象并不只是漂亮服装,它更注重的是你的行为举止及从中所透露出的气质。所以要想有良好的形象,就必须注意穿着打扮、行为举止及自身素质的提高,从而使你的形象在交往中光彩夺目。

由上述案例可以看出,一个人的"第一印象"是非常重要的,别人对你,或你对别人都是一样。在应酬的路上,第一印象不好的话,如要挽回,就要花很大的努力,这一点非加注意不可。

想想我们周围的人,有许多受人拥戴与信赖的人,他们并不是属于才气风发,以惊人之语而博得他人喜欢的。相反,有的人言词伶俐,却无法得到别人感动与钦佩。如果你讲起话来具有新潮的思想,不说高深远大的见识,在任何时候都是用一般平凡百姓的想法和自己的亲身体验来说话,不说一句趾高气扬的话,就可以与对方谈得畅快。

以前老板曾就上班迟到问题做了一个很好的回答。"如果你迟到了,无论是因为吵架,身体不适,还是仅仅因为睡过头了,千万别赶着去上班,要不然你走进议论纷纷的办公室时,脸上还挂着眼泪,身上则处处显示着你碰到了麻烦。既然迟到了,就索性迟多一点,花点时间打扮一下,让自己看上去确实与众不同,这样会使你看起来有条不紊,而有条不紊的形象又会使你的上班迟到得到一定弥补。所以,从这个意义上说,迟到一点点,不如迟到个透。"

综上所述,可以看出第一印象是多么的重要,那么我们在日常生活中如何给别人一个良好的印象呢,下面这几条方法可以帮助你。

约束自恋倾向

你会在新朋友面前侃侃而谈新买的汽车吗?心理学家认为这会严重破坏你的第一印象,"我们有炫耀自己的冲动,但别人听了会有什么感受?"正确的做法是让别人谈谈他们自己,然后给予真诚的回应。

莫被焦虑控制

即使你不熟悉某些话题,仍然可以留下好的印象。你只要关注对方,就会减轻压力,但不要盘问新认识的人。如果你很紧张,说话就会太快,记得把语速放慢。

拿出明媚心情

认知专家和心灵自助导师都建议在初次交往中"做真实的自己",但在新朋友面前,收敛一下你的坏情绪还是有必要的。你可能只是一时不快,但对方会误以为你是个终日抱怨的家伙。不良情绪会传染人,请尽量在高兴的气氛下开始交往,然后再跟对方分享困扰你的问题。

注意眼神接触

你想了解一个陌生人,只要盯住他的眼睛,停留一秒以上,便可破解她的身体语言。初遇对方时,注意你的眼神接触、微笑和身体姿势。如果捕捉到对方的眼睛闪着光,请对自己说"好极了",同时自然地露出微笑,你就能散发出超级好心情。

与对方同步化

调整你的身体姿势和语言语调,使之适应新朋友,因为人们都会被与自己相似的人所吸引。当你以对方的速度来说话时,他们自然会有反应。当新朋友点头或摇头的时候,你也学着做,立刻就能建立和睦的关系。

适时恭维对方

人总是喜欢被奉承的。即使怀疑你在巴结,人们仍然很享受这种待遇。但马屁要拍对地方,请关注对方的成绩或成就,这样对方才不会觉得你对每个人都这样说。

用包装成就好形象

无论是商界还是职场,无论是工作还是休闲,无论是人际交往还是谈情说爱,都需要你拥有良好的形象。一个良好的形象,可以展示给人们你的自信、尊严、力量,它并不仅仅反映在对别人的视觉效果,同时它也是一种外在辅助工具,它让你对自己的言行有更高的要求,能立刻唤起你内在沉积的优良素质,通过你的穿着、微笑、目光接触、握手、一举一动,让你浑身都散发着一个成功者的魅力。成功的形象对你事业的成功起着推波助澜的作用。对于那些追求成功的人,创造一个可信任、有竞争力、积极向上、有时代感的形象,无论你在什么群体中都能获取公众的信任,从而脱颖而出。

现代生活的节奏快,人和人的接触短暂,往往我们只有一个机会告诉另外一个人我们是谁。在商业、政治和恋爱等交际场合中,语言和文字常常不够使用,我们得用衣着服装来表明自己的个性。

心理学家研究表明,服装对人的心理有着重要的影响。服饰是否有魅力直接关系到个人良好的形象与威信的确立与否。

一个人的衣着对于自身形象的塑造、传播就是这般重要。一般都可以这样说,没有得体的服饰,就没有自身良好的形象。

每一个向往获得成功、渴望赢得尊敬的人都重视衣着。"什么样的衣着决定什么样的性格。"穿戴整洁的衣饰形成优雅从容的风度,而衣衫褴褛、衣冠不整使人感觉龌龊、猥琐和局促不安,缺乏尊严和庄重感。我们的衣着会影响我们的情绪和自我感觉,任何有这种体会的人都知道这一点——谁又没有过这种体会呢? 穿着合身的衣服,让人精神焕发,春光满面。别扭、肮脏的衣服有损人的精神状态和风度。

"衣装是人的门面",这一说法得到了全世界的认同。许多人经常因为自身不得体的穿着而备受指责。初看起来,仅凭衣着去判断一个人似乎肤浅轻率了些。经验一再证明:衣着的确是衡量穿衣人的品位和自尊感的一个标志。渴望成功的有志者应该像选择伴侣一样谨慎地选择衣装。古谚云:"我根据你的伴侣就能判断你是什么样的人。"某个哲学家也说过一句精妙的话:"让我看看一个妇女一生所穿的所有衣服,我就能写出一部关于她的传记。"

高尚的理想、活泼健康的生活和工作与个人着装的不整洁是势不两立的。一个忽视洗澡的年轻人也会忽视他的心灵,他会很快全面堕落。一个不注意仪表的年轻女人会一步步堕落成一个不思上进的邋遢女人。

无论如何,衣着得体都是有益无害的。穿着合身衣服的感觉令人精神振奋。

不管你的自制力有多强，你都会受到周围环境的影响。如果你衣衫不整、不修边幅、房间凌乱、随随便便，那么你很快会发现自己已沾染上衣装和环境的习气了。你的思想会一路下滑，它会松弛懈怠，变得像你的身体一样邋遢凌乱，缺乏生气。相反，当你忧心忡忡、身体不适、无心工作的时候，你去洗一个热水澡或是来一次桑拿浴，然后换上一身新衣，像是去赴盛大宴会一般仔细修饰一番，那么你就会有脱胎换骨的感觉。在穿完衣服之前，你的忧伤和病恹恹的情绪十有八九会消失得无影无踪，你精神面貌已焕然一新。

形象，并不是一个简单的穿衣和装扮外表的概念，而是一个综合全面素质，外表与内在结合的一个在流动的印象中。

站立、步行、端坐，虽然都是单纯的动作，但是，其重要性却比舞艺高超大得多。我的朋友中，有人不善于跳舞，但却举止高雅。能站得挺直，走得雄伟，又能坐得端正的人并不多见。出现在人前总是一副畏缩模样的人，坐下来时，也是不自然地伸长了身体，极为懒散不堪；心性率直，凡事不在乎的人，则是将全身的重力一股脑儿地压在椅子上。

标准的坐姿是要有愉快的心情支撑的，由外观之，这种姿势并非使尽全力，而是轻松地坐下来，不是采取身体僵硬不动的姿势，而是非常自然的动作。你大概能做到这一点吧！若是不能，应该尽可能练习，以达到接近标准的动作。

这种看起来微不足道的动作，无论是对女性还是男性的心，都会产生深深的吸引。在工作场所时，情形也相同，优雅的站立动作，能打动多数人的心。这是我们所熟知的事。

形象的内容包含得太广泛了，它包括你的穿着、言行、举止、修养、生活方式、知识层次、家庭出身、开什么车、和什么人交朋友等。它们在清楚地为你下着定义——无声而准确地讲述你的故事——你是谁、你的社会位置、你如何生活、你是否有发展前途……形象的综合性和它包含的丰富内容为我们塑造成功富有的形象提供了很大的回旋空间。

适当吹嘘有好处

做人要想成功，抬高自己的身价是必要的，只有这样你才能为众人所认同，多为自己做广告，要比待在角落里等着被别人发现强百倍、千倍。当然，这需要你冒很大的风险，但成功几率却也是非常之高。那么，如何抬高自己的身价呢？

刘备自称汉中王，要把大本营迁到成都，必须挑选一名大将镇守汉中。选谁呢？一班人等，包括张飞本人，都认为非张飞莫属，不料刘备却看中大将魏延，破格让他担任镇远将军，兼汉中郡太守。结果一公布，全军震惊。

刘备在一次宴会上问魏延："如今我委托你担当重任，你有什么打算呢？"魏延的话真提气,他说:"若曹操举全军来犯,我为大王抵挡他;若曹操派偏将统率十万兵力来犯,我为大王吞下他。"

刘备听了心里爽极了,在场文武官员个个啧啧称叹。后来张飞等人也没什么意见,看来魏延这牛皮吹得很有水平。

那些拥有惊世才能的人,不懂得表现,就等于自我埋没。谦虚固然是一种美德,但如果过度,也不会得到别人青睐,给人的感觉是这个人平凡无奇,没有才华。

部属需要适度地自我推销,古时尚有"毛遂自荐",何况有着现代观念的现代人,为什么要害羞呢?自己的命运,自己掌握;自己的前程,自己开拓。

张小姐的英文水平很好。有一天,她来到一家出版社要求社长,她想要在出版社当名编辑。可这家出版社没有英文图书的出版计划,所以无法录用。后来这位小姐请社长给她介绍一下到别的出版社,社长把她推荐给一位同行,结果张小姐很快就有了工作。

刘备

后来两位出版社的领导碰在一起时还说:真感谢你当时给我介绍这位好编辑。其实,介绍那位小姐的领导当时不觉得她的英文能力像她所描述的那样好,但她敢于毛遂自荐,至少表现了一种积极主动、勇于向陌生的人和事挑战的优点,当老板的当然喜欢用这样的人。

现在的社交崇尚自我表现。在交际应酬中不会适当抬高自己的人,很难获得高质量的交际效果。善于交际应酬的人,总是尽量把自己的长处呈现于朋友同事面前。比如,伶俐的口才,渊博的学识,温文尔雅的举止,典雅的服饰,都会给人带来良好的交际印象。所谓抬高自己,在一定意义上说就是努力表现自己。

下面这个案例,很值得我们深思:

夏天某傍晚,李先生去看望一位香港来客,因这家饭店距李先生家很近。于是李先生就没有更换整洁点的衣裳,穿着旧布衬衫就去赴约。守门的警卫见他穿着如此寒酸,立刻绷紧了头脑里的那根弦,盯着李先生上电梯又走过来盘问,弄得李先生一时非常尴尬。李先生不得不面带愠怒地说了警卫几句,警卫才不好意思地悄悄走开,不过李先生的心里却感到很别扭。跟朋友说了这件事,朋友笑笑说道:"你这身打扮是差点儿。"从此只要是去这些地方,不管多么匆忙,李先生都要换件像样的衣服。

诚然,以貌取人让人觉得没有教养,其实反过来一想,对穿着打扮不花一点心思,任由自己的性子来,是否对他人也不够尊重呢?就拿佩戴首饰来说吧。许多女性佩戴首饰,完全不是出于美容或炫耀的目的,而是为了社交需要,为了能在正式的场合中体面。身为人妻且丈夫聚会很多者、从事公关或礼仪接待工作者等多属于此类。一位妇女的心态是这种心理的鲜明写照:"其实我不喜欢戴首饰,平时在家或外出我都不戴,但逢到我丈夫有宴会或要参加一次重大聚会活动时,我就不得不戴了。在重大场合,不戴有些不合体统。而我先生这样的活动却很频繁,因而我不得不买了很多首饰。"

其实,做人的技术很大部分不过是创造一个好形象,只要有办法做到,让人不敢小瞧是再正常不过的事情。下面有几个比较实用的手法:

购买"豪华配件"

一件豪华配件,例如,一块"劳力士",其实很能保值。不少古董表更能升值。花几万买一只名表,充完阔佬之后,将来万一卖掉,说不定还有钱可赚。

曾有一位外国朋友开法拉利跑车,好不威风,开这样的车,人人都说他是豪客。其实此人托人买到便宜的二手车,每次买车都赚钱。于是他每年都换车,简直就是个有钱人。

在佩戴首饰的女子大军中,不乏一类人,主要目的是要在人群中体现其高雅,家庭殷实富有,以示"鹤立鸡群"。有着这样心理的女性,往往追求高级名牌的首饰,并常以此为资本在同事或同伴中炫耀。

流行时尚也会给人很"酷"的感觉

时下的偶像明星,穿着打扮上无不出奇制胜,就是希望留给观众鲜明而深刻的印象,吸引更多影迷、歌迷。

跟随这阵偶像旋风,不少人都染黄了、染金了、染白了头发;男子蓄长发穿长裙,女人理平头穿西装打领带——男不男,女不女,老不老,少不少,乱七八糟,奇形怪状,似乎是这股潮流的重点。跟潮流花费金钱不至于很多,正适合年轻人。

俗话说"人微言轻",如果你的穿戴不够体面,就无异于唆使别人看不起你。要想人前人后脸上有光,不动番脑筋是不行的。

另外应切记:无论你多么卓尔不群,也不要在公众场合大肆说时尚的坏话,因为流行物便代表大众——包括你的熟人。你去遣责时尚便是骂他们,绝不会给人好印象。人们会在心里说:"你有什么了不起的,看起来像个小丑、乞丐,可笑得很!"要心随精英,口随大众。愤世嫉俗,不愿承认以貌取人的社会现实,会死于众生的唾沫之中。

适当地抬高自己并不是清高自负。在言行上贬低别人,如旁若无人的高谈阔论,用矫饰的表情、夸张的动作来表现自己,会使人产生反感。

某单位的张女士,每天总是利用一切机会让人们知道她的存在。一位老兄在遗憾儿子差两分没被清华大学录取,一旁的张女士生怕没了机会,插嘴道:"真是的,我那儿子也不争气,要升初中了,才考了99分。"旁人不难看出,她到底是自贬还是自夸。一年秋季,她办完调动手续,满以为会被热情欢送,岂料送行的只有一名例行公事的干部。

例子中张女士就是抬高自己,贬低别人的最好体现。像这种人生活中还有很多。

怀才不遇、壮志难酬是每个有本事的人都可能遇到的境况,这时候如果你郁郁寡欢、不思改变的话,你可能真的从此被埋没,如果你想改变自己的命运,那么自抬身价,适当吹嘘自己往往会有奇效。

从应酬中完善自己

有句老话叫作:"读万卷书行万里路"。它告诉我们一个道理,就是人的一生需要不断地积累。俗话说,人无完人,但是一个人要是力求自我完善,也不是不可能的。在应酬中更是如此,要想在应酬中达到自我完善,就得避开自卑,一个人如果有了自卑心理,那么他就无法很好地去掌握应酬。

小华是一名在校大学生,多年来一直为自卑的情绪所困扰,在班上小华最怕发言,更怕老师点她的名,也怕别人注意她。在人多的场合,小华就结结巴巴说不出话来,老是觉得自己不如别人。她也曾试图改变自己,可是却总是心理紧张,常引起别人的耻笑……现在小华自己常常不自觉地呆在角落里,她对自己越来越没信心了……小华的这种情况就是没有主动去应酬别人,同时又拒绝别人的应酬的表现,她虽然已经认识到了自己的自卑,但是如果不改变这份自卑,她的命运仍将是黑色的。

在人际交往中,我们常常会碰到这种认为自己一钱不值的、自卑苦恼的人。如果你仔细观察,这种为自卑所累的人,基本上有两个突出的心理特征:

1.过高、过强的内心期待心理。这种人想得太多、太细,总想在别人面前留个好印象,能够得到别人的尊重和好评,因而也就特别注意自己的形象和别人对自己的评价。其实,过分期待一种希望本身并没有什么不对,因为每个人都有虚荣心,但问题是如何来对待这份虚荣。如果为了满足这份虚荣而去伪装什么,那么就极有可能将自身最有价值的真实抛弃了,这样的人也就会在应酬中束手束脚,无法表现自己的真实。

2.自信心理障碍。这类人看问题总是看到自己比别人差一面,看到自己不如意的方面,因而易产生多疑反问的心理障碍,这种心理障碍常常表现在对自己的高欲望和低信心所造成的心理落差。这种落差,不仅容易使自卑者产生焦虑,同时还会令他十分敏感,对他人的言谈、行为、眼光等都十分留心,稍有一点怀疑便与自己联系起来,无理由地认为别人在议论自己,以至变得越来越怯懦,越来越自卑,最终走向自我封闭,逃避应酬。

如何才能克服自卑呢?首先你必须正确认识、分析自己,正确认识自己的长处和短处,清楚自己的优点和缺点。用自己的短处去比别人的长处,你永远会觉得自己"技不如人",用自己的长处去比别人的短处,你就会自信十足,这样便可以强化你的自信心。

人的价值主要体现在通过自身的努力而达到可能达到的最大限度,而不是追求绝对完美无缺。因此,要学会正确对待自己的缺点,在日常应酬中是至关重要的,它是达到自我完善的第一步,也是极其重要的一步。只有学会正视自己,才能达到自我完善,也只有达到自我完善,才能在日常应酬中轻松自如。

不要小看穿着

经过研究发现,外表对第一印象有着重大的影响。你的穿着是否清爽整齐,是让身边的人判断你是否可信的重要条件,也是别人决定如何对待你的首要条件。

曾经有一家机构做过这样一个实验:分别让一位文质彬彬的青年学者,一位打扮漂亮的时尚白领,一位挎着菜篮子、脸色疲惫的家庭妇女,一位留着七彩发型、穿着一身乞丐装的男青年在公路边搭车,结果显示,时尚白领、青年学者的搭车成功率很高,家庭妇女稍微困难一些,那个男青年则很难搭到车。

这个故事说明:不同的仪表代表了不同的人,随之就会有不同的际遇。这不仅仅是以貌取人的问题。

一位知名学者说过:要给人好印象,你只需要 7 秒。通过大量的分析,研究者们得以成功描绘出影响第一印象形成的因素:第一印象的形成 50% 上就是靠外表。不仅是一张漂亮的脸蛋就够了,还包括体态、气质、神情和衣着的细微差异;大约40% 的内容与声音有关。音调、语气、语速、节奏都将影响第一印象的形成;只有少于 10% 的内容与言语举止有关。

并不是所有人都可以长得亭亭玉立或是英俊潇洒,但每个人都可以做到干净整洁。油性皮肤者一定要注意脸部和头发的干净清爽,干性皮肤者则要避免脸上出现令人不快的皮屑,然后就是衣着是否整洁得体。你的衣服表明你是哪一类人物,它们代表着你的个性。一个和你会面的人往往不自觉地依据你的衣着来判断你的为人,所以有句话叫"人靠衣装"。

有一次,陶小姐去参加一个好伙伴的婚礼,为了不过度惹眼,陶小姐特意穿了一件朴实的米黄色的连衣裙,稍稍化了一点淡妆,把头发用一个复杂的簪子盘了起来。出门时,她还在穿衣镜前认真检视衣服、首饰、鞋袜,生怕搭配不妥或喧宾夺主,家人捉弄地问陶小姐:"是人家成婚还是你成婚?差不多就行了。"其实则不,陶小姐是新娘最好的伙伴之一,在某种水平上,她的仪容仪表也代表了新娘的档次,由于人们常说"人以群分、物以类聚"嘛。

到达婚礼现场的时候,新娘见陶小姐的一身服装非常欣喜,由于她见惯了陶小姐穿戴那种身上布满口袋、松垮疲沓的休闲装,晓得陶小姐此刻的悉心打扮是为了给她体面,于是,新娘就牵着陶小姐的手欢快地引见给新郎的家人和伴侣。这时,陶小姐从新娘眼光中看到了欣喜和感动。

正在措辞间,来了一位新郎的伙伴,他估计是方才运动完仓促赶过来,穿了一件夸大而庞大的背心和一条活动短裤,背心及膝盖只能模糊见到运动裤的边缘,头发一缕一缕粘在头上,不知是汗还是油,这和在场男士们清洁笔挺的西装构成了鲜明的对比。新郎把陶小姐引见给他时,陶小姐浅笑着伸出手说:"很高兴认识你。"对方将手在短裤上抹去汗水,然后与陶小姐握手。霎时,新郎真的是一脸的窘色呀。

人类有一种特性,就是对任何堪称"第一"的事物都具有天生的兴趣并有着极强的记忆能力。承认第一,却无视第二。

看似小小的穿着细节,却大大影响着你商务应酬的成败。从现在开始,关注这些细节,做一个穿衣达人,你才能当好商务应酬标兵。

品格好形象就高

相信大家在应酬中都喜欢与品格高尚的人交谈。对那些徒有其表虚伪做作的人,都会远离,这告诉我们做人要有高尚的品格。

春秋时期,吴国有位贤士名叫季礼,一次他出使路过徐国,顺道拜访他的老朋友徐君。徐君见友朋自远方来十分高兴,设宴款待季礼。

席间,季礼发现徐君的眼睛总盯着他佩戴的那把宝剑,虽说没好意思开口,他已然看得出老朋友爱上了这把剑,因自己还要配此剑出使他国,也就没有主动表明相赠之意。熟料季礼出使结束,回归途中,再去探望徐君,徐君却不幸急病暴亡。季礼痛心疾首,把自己心爱的宝剑解下,挂在了徐君的灵位旁。

季礼的随从不解地问:"徐君已经死了,这把宝剑挂在这里还有什么意义呢?"季礼说:"徐君在世时,我知道他很喜爱这把宝剑,因此早在心里作了赠送他的承诺,现在不能因为他已去世,看不到我承诺此剑的行动,就违背自己的意愿。"

这就是史书记载的"季礼挂剑"的故事。据传,"季礼挂剑报知己"的故事传开后,人们纷纷赞扬季礼是位品格高尚的正人君子,一些名士甚至不远千里万里去投奔季礼,以结交季礼为荣。

俗语云:"门内有君子,门外君子至",这就是人格的魅力。缺乏了这一点,即使名声显赫,有钱、有地位,也不可能得到他人的尊重。相反,品格高尚,即使是草根、没钱、没地位,也照样博得人们的爱戴跟敬重。由此不难看出,一个人的人格魅力是何等重要。

内心充满着虚伪的应酬,只能吸引到同类的应酬。也许露出一个虚伪的笑容能掩饰住真正的感觉,也许可以模仿表现热情的握手方式。但是,这些外在吸引人的个性的表现,缺乏了那个被称作热忱高尚的重要元素,它不但不会吸引到人,反而会令人唾弃。

好形象是可以"沟通"出来的

在现实生活之中,往往因为一句话,便使得你和他人的距离可远可近、和他人的关系可有可无。如果你常常因为说错话得罪人,或者是不知道自己该说些什么、该怎么说,那么你在沟通的能力上就必须有所加强才行。不论在日常生活或是工作场所,良好的沟通都是人际关系的第一步,有了良好的沟通才有机会和他人建立起互动的关系。

沟通问题往往是由双方的背景差异过大造成的。不是每个人都受过良好的教育,也不是每个人都一样过着富翁的日子。如果一个富人对一个穷人讲保龄球、高尔夫,如果一位学者对一位大字不识几个的农民讲哲学,如果一个职业经理人对一个家庭主妇讲生意经,对方不是以为你炫耀,就是觉得你掉书袋,就好比一句古语:"秀才遇见兵,有理说不清。"这样的沟通还怎么进行得下去呢? 肯定当即就一拍两散了。

所以沟通时一定要注意语言和措辞,要做到两点:让别人听得懂和别人愿意听。听懂是沟通的前提,如果不能搞明白对方说话的内容和含义,那岂不就是对牛弹琴了? 沟通还要让别人愿意听,每个人的经历都不同,你所说的东西可能别人并没有接触过,完全陌生,也可能人家并不感兴趣,这时候就需要你开动脑筋,去吸引听众了。

成长的环境不同,所处的地位不同,所代表的方面不同,年龄、职位、性别差异等,这些都会造成我们沟通的过程中出现障碍。我们除了应该掌握技巧排除这些自然产生的障碍之外,还应该注意,不要让自己的过失或者大意而产生新的不愉快的障碍。

一个女儿对父亲抱怨她的生活,抱怨事事都那么艰难。她不知该如何应付生活,想要自暴自弃了。她已厌倦抗争和奋斗,好像一个问题刚解决,新的问题就又出现了。

她的父亲是位厨师,他把她带进厨房。他先往三只锅里倒入一些水,然后把它们放在旺火上烧。不久锅里的水烧开了。他往一只锅里放些胡萝卜,第二只锅里放只鸡蛋,最后一只锅里放入碾成粉末状的咖啡豆。

女儿呷呷嘴,不耐烦地等待着,纳闷父亲在做什么。大约20分钟后,他把火闭了,把胡萝卜捞出来放入一个碗内,把鸡蛋捞出来放入另一个碗内,然后又把咖啡舀到一个杯子里。做完这些后,他才转过身问女儿,"亲爱的,你看见什么了?""胡萝卜、鸡蛋、咖啡"她回答。

他让她靠近些并让她用手摸摸胡萝卜。她摸了摸,注意到他们变软了。父亲又让女儿拿一只鸡蛋并打破它。将壳剥掉后,他看到了是只煮熟的鸡蛋。最后,他让她喝了咖啡。品尝到香浓的咖啡,女儿笑了。她问道:"父亲,这意味着什么?"

他解释说,这三样东西面临同样的逆境——煮沸的开水,但其反应各不相同。胡萝卜入锅之前是强壮的,结实的,毫不示弱;但进入开水之后,它变软了,变弱了。鸡蛋原来是易碎的,它薄薄的外壳保护着它呈液体的内脏。但是经开水一煮,它的内脏变硬了。而粉状咖啡豆则很独特,进入沸水之后,它们反倒改变了水。"哪个是你呢?"他问女儿。"当逆境找上门来时,你该如何反应? 你是胡萝卜,是鸡蛋,还是咖啡豆?"

好习惯造就好人缘

每一个人在日常生活中,总是自觉和不自觉地表现出某些习以为常的行为动作,而这些习以为常的行为动作就是我们平常所说的"习惯"。习惯的力量是巨大的。伟人之所以伟大,得益于习惯的鼎力相助。失败者之所以失败,习惯同样责无旁贷。因此,习惯在人的日常生活中起着举足轻重的作用,当然习惯也有好坏之分。

好的习惯成就好的性格,好的性格就会有好的人缘。每个人都有自己的性格,好性格是一种谨慎的处事方法,好性格能带来身心愉快以及和谐的人际关系。我们之所以会情不自禁地希望与那些热情、友善的人相处,总是对那些谦虚、谨慎、严于律己,做事坚决果断、光明磊落的人充满好感。事实上,正是他们的好性格在无形中吸引着我们。

关于好性格的作用,可以做这样一个比喻:一块吸铁石,可以轻而易举地将混合在沙子中的铁屑凝聚在一起,同样,好的性格可以轻松地将志同道合的人们紧紧地团结在自己的周围。

人是很容易被感动的,而感动一个人靠的未必都是慷慨的施舍,巨大的投入。

往往一个热情的问候，温馨的微笑，也足以在人的心灵中洒下一片阳光。

不要低估了一句话、一个微笑的作用，它很可能使一个不相识的人走进你，甚至爱上你，成为你开启幸福之门的一把钥匙，成为你走上柳暗花明之境的一盏明灯。有时候，"人缘"的获得就是这样"廉价"而简单。

事实上，人人都怕被拒绝，这是人的天性。当你看起来"安全"时，你就减小了别人的恐惧感，使自己受欢迎。例如，当你在宴会上一个人站着，不和别人进行密切交谈的时候，通常接近你的风险就会比较小——因为接近你的阻碍很少。甚至当你与别人交谈的时候，如果你采用一种开放的姿态，给别人留出加入的余地，接近你的风险也会显得比较小。

你显得与别人相似，即不高人一等或与众不同时，接近你的风险就会比较小。当你看起来和别人差不多时，别人会更加确定自己会从你那里得到什么，也更加确定你会理解他，和他有共同点。尽管如此，显得"安全"不是放弃自我意识，不是让自己的自我意识屈服于别人。相反，这只是在适应别人，适应环境。如果你适应周围的社会环境——无论是一个乡村舞会还是一个正式的晚会，你都会使自己更加容易接近。你通过穿着打扮来体现自己与别人的相同点，当然你的说话方式、你对别人回应也体现你与别人差不多。这很简单，你只需要对别的客人的话题感兴趣，对音乐或者食物表示赞赏——而不是把焦点集中在自己的特质上或者让自己表现得与众不同就行。

我们看一个商人的例子。

劳伦是位来自洛杉矶的经验丰富的女商人。她有着时髦的行头，讲究品位。劳伦因为想放慢生活节奏、得到更多的归属感，而搬到西南部的一个小城镇。尽管她喜欢这个城市和那里的居民，但是她感到她不受欢迎。

最终，她的同事给她指出，她的穿着和交谈方式让当地人觉得她在装腔作势，高人一等。从那以后，劳伦特意穿得很随意，与人谈论当地的事情，多参加社交活动，试着让自己更加容易接近。虽然一开始她很不舒服，不习惯穿卡其布，不习惯谈论经营牧场。但是她发现，她与新邻居和同事更容易交流了。

劳伦后来懂得了"入乡随俗"的道理，她也就很容易地和镇上的居民打成一片。"入乡随俗"体现出来的就是一个人性格上的优点，而这种优点的核心在于能够配合对方的兴趣和爱好进行交流，产生一种强烈的互动。

那么在日常生活中如何取得好人缘呢？

完善自我

影响人际关系的主要因素不是个人的言辞和技巧，而是自身人格的完整和具有良好的品德基础。

想一想你在对待同学、朋友时，是否做到尊重、礼貌、友好、诚实、关心和信守诺言。如果你所扮演的是一个自命不凡的角色,那你的人际关系必然紧张,因为任何人都不愿和一个虚伪、冷漠、不负责任的人打交道。一个人的内涵比言辞更能影响到人际关系。处事技巧再高明,话说得再动听,没有充实的内涵,也很难得到人们的信任,就像没有播种却期望得到收获一样。

站住对方角度看问题

我们常喜欢根据自己的经验来指导别人或认为别人有同样的需要。在与人打交道时,更多的是盯住别人的缺点和引起自己不快的环境,而不从自身找原因。

真诚是打开心灵的钥匙

真诚是建立人与人之间信任的基础,在做了错事或给别人带来不便、烦恼时,诚恳的道歉也是真诚的一种表现。这话说来容易,但如果你是一位领导,做起来也许会需要很大的勇气。此外,同样的错误不应重复,否则你的致歉也会被看作是不真诚的。真诚还体现了人格的统一,即以同样的原则对待所有的人。

第二章　应酬说话很重要

交谈要一步一步来

任何一个人,即便能力再强,再能干,再有背景,也有求人办事的时候。无论是帝王权臣,还是贩夫走卒;也不管是工商巨贾,还是平民百姓,都需要求人办事。更何况,我们要想获得成功、利益、地位、权势⋯⋯都得需要别人的帮助。求人,已经成为我们人生中一个不可缺少的重要环节。

当然,我们也知道,求人办事之难,难于上青天。要想求人成功,很有可能"磨破嘴,跑断腿",甚至即便你说得再多,做得再多,也很难达到最终的目的。可是,我们身边也有这样一群人:无论是求谁办事,只有他想不到的,没有他办不到的。也就是说,他们的求人办事是有诀窍的。

在我们生活中,求人办事是在所难免的,往往会因为一句话而影响事情的成败。人有口,就要说话,话说得好就能成全美事,说得不好就会惹出是非。

一位包装时髦的白领小姐为购买一件时装而迟疑不决时,一位年轻的女营业员忙上前说:"这件衣服品味高雅,销路很好,今天早上就卖出好几件。"可那位小姐听说后立即走了。不一会,一位中年妇女来了,准备买一件新潮的马夹,那位服务员接受了刚才的"教训",便说:"这件马夹很气派,一般人穿着还压不住它,从进货到现在还没有卖出一件,看来只有你最适合了"。这位中年妇女听了气呼呼地走了。

上面的女营业员说话不看对象,结果把事情办糟了。现实生活中,有人很懂得说话的艺术,伶牙俐齿、口若悬河;也有人饱经世故,不敢多言多语。虽然说话并不难,但要把话说得恰到好处,使对方能愉快地接受,对交往产生积极的影响,确实存在说话技巧的问题。

那么我们该如何把握交谈的技巧呢?

其实,这个问题非常简单,如果是应酬能手的话,他们都懂得如何把应酬的控制权掌握在自己手中,也就是说,他们善于控制场面,而不是由人家控制。

还有一种情况,那就是怎样从刚见面的寒暄应酬中转入正题。有很多人都是这样的,刚开始在寒暄应酬过程中气氛非常融洽,说了一大堆题外话,也注意运用种种应酬手段,但当他转入正题时说:"其实,我是无事不登三宝殿,今天来此是为了……"

或是这样:"好了,好了,言归正传,我今天特地来拜访你不是为了别的,而是为了……"

这样的转入正题,真是有前功尽弃之嫌。因为当你这样说时,他们已把你的话一分为二,把你刚才所说的所有题外话都看作是有计划的,有目的的,从而否定了寒暄的效果,并会产生一种警惕感——虽然这表面看起来似乎很是直截了当。

某位家庭计算机推销员去拜访一位朋友,目的就是为了推销家用计算机,如果他首先和别人说了一大篇题外话,然后说:"今天来拜访,无其他目的,实在是想来推销……",我认为他此次推销多半是失败的。

但是,如果他开始和他的朋友谈一些有关计算机发展的消息,并谈计算机在日常生活中对人的帮助等等,说不定他的朋友亦有同感,而且也会开始大谈计算机的作用,这时介入,成功的概率会相应大些。

总而言之,与不同的人谈话,就要采用不同的谈话方式。因人而异,才能做到把话说活。办事要善于洞察人心,尤其是当你有求于人时,要看对象说话,更要见机行事,刚柔并济,才能逢凶化吉,转难为易,说起话来让别人愿意接受,只有这样,你办起事来才能水到渠成。

不逞一时的英雄

在日常应酬交际中,我们都会与形形色色的人交谈,大到思想观念、为人行事之道,小到对某人、某事的看法与评判。这些对同一件事的不同看法,很容易转化成人与人之间的争执与辩论,所以每一个人都应正视这个问题。

无论是在生活还是在工作中，都会遇到一些争吵的情况，争辩几乎无所不在。一部电视剧、一本小说能引起争辩，一个特殊事件、某个社会问题能引起争辩，甚至，某人的发式与衣着也能引起争辩。而且往往争辩留给我们的印象是不愉快的，因为他的目标很明确：每一方都以对方为"敌"，试图以自己的观念强加于对方。

　　王先生是一家大企业的策划总监，在上任之初就把"三把火"烧成燎原之势，大刀阔斧推行改革。虽然他很有才华，但因年轻气盛，遭到其他中层主管的抵制。整个蓝图成了他的独角戏，别人非但没有顺应，反而把他视为障碍。最终，他越唱越难，只好辞职。

　　在现实生活中，自以为是的人比比皆是，他们盛气凌人、锋芒毕露，处世不留余地，说话咄咄逼人。他们虽然有充沛的精力、很高的热情，也有一定的才能，但这种人往往在人生旅途上屡遭挫折。这其中的重要原因就是他们过于天真，没有把握好为人处世之道。

　　小刘大学毕业后分配到某单位，从下车间开始，他就对单位什么都看不惯。刚来二十几天，他就给单位领导上了几万字的意见书，上至单位领导的工作作风与方法，下至单位职工的福利，都一一罗列了现存的问题与弊端，提出了周详的改进意见。因此，他被单位的某些掌握实权的领导视为狂妄乃至神经病，不仅没有采纳他的意见，而且借别的理由将他退回学校再作分配。

　　从上面这个故事可知，锋芒毕露的结果往往是遭到嫉妒和排斥，尤其是在新的关系圈子中，一定要处理好各种关系，要讲究方式和策略，这样才能让自己的才华得到最大限度的发挥。

　　因此，做人必须讲究"藏"的策略与艺术。有时，你表现得精明过人，并不一定是好事。要知道，精明过了头，在外人看来就是犯傻。有时装装糊涂，遇事不那么较真，反而能保护自己，使自己免遭暗算。

　　所以我们在日常交际中要注意：

不要人云亦云，要学会发出自己的声音

　　单位、部门的管理、运行、决策，需要有人献言献策，适时提出富有建设性的建议往往会取得双赢的效果。时代在发展，过去的措施需要完善。领导的部署有时不一定周密，别人的建议不一定正确。智者千虑，必有一失。一味地赞美显得庸俗。

有话好好说，不要一味好辩逞强

　　在单位、部门的会议上及时发出自己的声音，和同事讨论问题，要善于听取别人的意见，不可固执强调自己的观点。如果你对自己观点的正确性很有把握，可以变变方式，而不可在办公室一味强辩。

不可在办公室当众炫耀自己

露骨地夸耀自己的才能,毫无掩饰地炫耀自己的生活,不会博得别人的喝彩,只会招来嫉妒和麻烦。你的才能别人都看得见,如果你怕被埋没,那就在具体工作中去表现。

不可在办公室倾诉衷肠

不可把自己的内心的想法及家庭隐私毫无保留地告诉别人。你想宣泄或寻求别人的帮助,一般来说,在利益方面同事不会帮助你,有时还会招来非议,甚至灾难。

说话要分场合,有分寸,关键是得体

说话是一门学问,博士毕业生在社会交往的课程中,也不一定及格。这需要在社会生活中观察和学习,靠自我修炼,靠悟性,别人代替不了。

从话语中得到信息

日本作家大久光有一个有趣的比喻:"协调关系是糖,对立关系是盐。单单是糖太过甜腻,适度地加点盐,人际关系才会变得更协调。"

在现代社会中,人际关系就犹如空气一般,谁也脱离不开这张巨网,但是,光靠广泛的交际无法建立良好的人际关系,你必须用心了解谁才是值得你用心交往的对象,然后加糖、加盐,这样才能让彼此的关系更紧密。

在和别人交往的过程中,其实仅仅从谈吐、遣词用字方面,就可以窥视对方的内心状况,明了自己应该如何应对。因为谈吐的方式会反映出一个人当时的心理状态,越是深入交谈,越会暴露出他的本来面目。因此,谈吐方式、遣词用字,无疑是探知一个人真正性格和心理状态的重要依据。

当话题进行至核心部分时,说话的速度、口气就是我们探知对方深层心理意识的关键。当然,说话的声调也是不可忽视的要点。巧妙地分析对方谈话的口气、速度、声调,探究对方的内心正在想些什么,这是创造和谐的要点。

不同身份的人有不同的说话语言。有的人说话粗俗下流,有的人说话谦恭有礼、有条不紊,有的人说话内容丰富真实,当然也有的人一派胡言,或内容空洞、不知所云。总之,一个人说话的时候,能反映出他究竟拥有什么内涵。

高贵优雅、气度非凡的人说话温和流畅,表示他们常用文雅的应酬用语。然而,这类人应分为两种:一种人是表里如一,一种人是口是心非。

后者很多是外表高尚而内心丑恶的人,他们不愿被对方察觉自己极力掩饰着

的目的,所以才使用文雅的口气说话。相反,谈吐粗俗的人显得比较单纯。这种类型的人,无论对上司或部下,对同性或异性,都不改其谈吐方式,喜欢就喜欢到底,讨厌也讨厌到底。此外,在初次见面的情况下,这种人的好恶表现也相当明显,不是表现得很不耐烦,就是亲热若多年挚友。

说话说到伤心处,就哭哭啼啼、一把鼻涕一把眼泪的人,说明他的依赖性非常强烈。这种人尽管平常表现得和蔼可亲,善于交际奉承,但实际上非常自私、任性,大多属于不受欢迎的角色。好掉泪的人有一个屡试不爽的看家本领,就是以半哭半泣声调打动别人的恻隐之心,以达到自己的目的。这种模式是一辈子都改不了的。

不听对方说话,只顾自己滔滔不绝、口沫横飞的人,则属于强硬类型。这种人只要在说话的时候,别人肯"嗯、嗯"地静静听他说,就可以得到好感。这种人的最大弱点就是自尊心太强,经常喜欢抢先别人一步。

有的人不善言辞,说起话来支支吾吾。这一类型的人,有时是因为缺乏表现力,无法巧妙地表达自己想要说的话,有时则是个性阴柔、思考深沉、度量狭窄,更有的是欠缺智慧,或者精神上有某种缺陷。

女性都喜欢被恭维

相信大家在平时应酬时都会说一些恭维的话,平时我们会听到一些女性们这样说:"说话不留余地,真不给面子!""那种人好讨厌哦!尖酸刻薄,人品又下流……"等等,好像有些男人天生就被女人所厌恶。

在当今的社会,女性的地位大大提高,几乎任何一种行业都需要女性从业。和工作上的女性交结之道,已成为一个切实需要研探的学问。

恭维他人的重要性成为现在每一个人的必备"良药",但是,对于女性,我们则有必要进一步来补充一些恭维异性的方式。

男女在平时交际中,女性首先对男性最关心的一件事并非男性的长相,也非教养、学识等消极性的条件。夸奖自己、重视自己的男性,才是女性愿意喜欢与之接触的对象。

在西方社会里,一个男子若遇到一位动人的女性时,他们往往会很大方地称赞对方,但在我们东方,常会被看作一种轻浮的行为。这和我们的生活习惯,自古以来的民风有着莫大的关系。

当然,在我国基于传统的道德观念,我们自然不必一味地模仿西方的做法,但也不必吝惜开口称赞,因为这样不仅能使人精神愉快,缩短人与人之间的距离,也能提升工作效率。

某机关主任对一位女打字员说:"你今天穿的这身牛仔裤,更显得很漂亮大方。"女打字员一听,心里像喝了蜜一样,主任又说:"如果你打的字也能这样才好,要注意标点符号。"女打字员虽然脸有些红,还是愉快地接受了批评,而且工作效率也提高了不少。

显然,这位主任是懂得女性心理的。

美国研究"人生艺术"的专家玛嘉·威尔逊女士曾经说过:"妇人特别重视周年纪念的仪式,故此千万不要忘记。她们需要别人送花,在分别的时候希望你写信给她,以表示你并没有把她置之脑后。"

能干的推销员就很会利用这一人性的弱点,他会巧妙地问出顾客的生日或结婚纪念日等,然后记住,到了那天就打电话说:"祝你生日快乐!"就这么一通电话,给对方的印象就十分深刻了。因为连自己都容易忘掉的日子,对方却能记得这么清楚,并且向自己表达了关怀之心,不用说,当事人的心里一定会很高兴的。

相对男性,女性是较感情化的,这在日常的会话中就可看出。她们喜欢的男人,即使请求她代为倒茶泡咖啡之类的琐事,她们也欣然接受,可是对讨厌的男性就不一样了。

"你自己倒茶都不会啊!我又不是为了替你倒茶才来这里上班的!"

像这样,如果不保持适度的友好关系,连芝麻蒜皮的小事,也非得自己亲自处理不可。

还有,不要忘了经常对她们表示谢意,"经常麻烦你真不好意思,下次有空我请你吃饭!"如此一来,无论什么事,她们都愿为你代劳,帮你解决。

在现实的交往中,大凡向别人敬献谄媚之词的人,总是抱着一定的投机心理,他们自信不足而自卑有余,无法通过名正言顺的方式博取对方的赏识,表现自己的能力,达到自己的目标,只好采取一种不花力气又有效益的途径——谄媚。

有种说法叫作女人好哄。

我们常常可以听到一个傻乎乎的女人对自己的恋人这样说:"嗨,你就不能哄哄我吗?""虽然我也知道你说的可能不会是真话,但你哄哄我,我心里还是蛮高兴的啊。"

女人要哄,但不要宠——这是男人们从长期生活中积累起来的经验之谈。

哄,不是骗,虽然哄和骗这两个字常常连在一起,叫哄骗。虽然哄人和骗人这两个词儿常常互相混用,虽然哄和骗都是说假话,但哄和骗毕竟还是有巨大区别的。

男人哄女人,其实那情形也就跟大人哄孩子差不多是一样的。

聪明的男人知道女人身上的弱点,也知道"女人好哄"的道理,往往会用他的一张嘴巴把女人像哄孩子一样哄得团团转,哄得她们乐颠乐颠的"摸不着北"。只要是女人,她就永远有像小孩子的那一面,她就永远都需要你的恭维,永远需要你乖巧的美言,需要你的赞赏。

因此,作为一个男人,你务必要懂得一点儿恭维女人的技巧。这不叫虚伪,不叫骗人,这叫智慧。假设生活里没有一种常识和智慧,你恐怕连一天的安宁日子也别想过啦。其实,这个问题说起来十分简单,它的绝妙之处在于,你可以毫无顾忌地对一个女人说她脸上有一只本来没有的漂亮的酒窝,但你决不能说她脸上有一颗本来就十分醒目的麻子! 这意思你懂了吧?

聪明乖巧的男人在女人面前常常拿出"逢人减岁,遇货加钱"的伎俩,随口胡诌一个美妙无比的年龄,当作送给女人的一份轻而易举地见面礼,其实只是动一动嘴皮子,就讨得一个天大的人情,落得一个真诚的感激了。

你瞧,凡是日子过得自在的男人,在家里活得悠哉悠哉的男人,一般都是哄女人的"大内高手"。他们的聪明说到底并没有别的高招儿,最重要的一点就是他们拿捏住了女人身上的这种天然的弱点,然后见风使舵,投其所好,哄得女人三秒钟之内可以破涕为笑,开心地去干她的家务活儿,嘴巴里还哼哼唱唱的。那个聪明的男人却一边坐在沙发里看报纸,一边颇为得意偷偷地窃笑着呢……

天底下的"傻女人"统统都是这样的,即使是明知道男人的话言不由衷,八成儿是在哄她,也情愿乐得相信男人那些甜腻腻的废话。

女人需要哄,就像女人需要爱。不要忽略了她,哄女人,受益的是男女双方。

总结一句,在生活或工作上与女性交结应酬,与其对她们亲切倒不如轻轻地夸奖她们几句来得有特效,这才是明智的做法。

如果你想和女性保持良好的关系,绝不可揭穿女性的弱点,千万不可以毁谤她们。

交谈时用词很重要

有位向导,陪伴一位长官打猎回来时,有人问他:"首长今日收获如何?"

"长官枪法高明",他回答,"只是今天上帝对于飞鸟特别仁慈。"

实际上他说的是长官枪法一般,没能打中一只鸟,而把原因归诸于上帝。可见,那位向导在回答时是有相当技巧的。

在现实生活中有许多人应酬之所以失败,是因为没有朝着正确目标前进,常常节外生枝,做一些和目标背道而驰的事情。也有些人,他在应酬中所运用的方式根本就是违反人之常情的。

同是一句话,措辞略有不同,效果就会相差甚远。例如,"卫生间在哪里?"和"在哪里有卫生间?"便有不同的答案。因为你的讲法不一样,听起来便会有差异。

若在一些特殊场合中,对于措辞,当事人更应给予足够的重视。

一次,一家英国电视台采访梁晓声,现场拍摄电视采访节目。采访者是个老练机智的英国人,他走到梁晓声跟前说:"下一个问题,请您做到毫不迟疑地用最短的一两个字,如'是'与'否'来回答。"梁晓声点头认可。挡板啪的一声响,录音话筒立即伸到梁晓声嘴边,记者问:"没有文化大革命,可能也不会产生你们这一代青年作家,那么"文化大革命"在你们看来究竟是好的还是坏的?"

梁晓声一怔,提问竟如此之"刁",他灵机一动,立即反问:"没有第二次世界大战,就没有以反映第二次世界大战而著名的作家,那么您认为第二次世界大战是好是坏?"

回答是如此的巧妙,使英国记者一愣,摄像机立即停止了拍摄。

我们在日常生活中,常会遇到这样的情况,就是某人问对方对A君的感觉怎么样。我认为,与其问:"你很讨厌他吗?"或"你很喜欢他吗?"倒不如问:"你对他的印象如何?"

而在回答这一类很私人化的问题,很多被问者的心里是相当矛盾的。这时,我们大可采用一些模棱两可的话来回答。

记得小时候看过这样一个故事:说是有一户人家生了一个小孩,邻居们都来道贺,人们都说了一些祝福的话:第一个人说:"这孩子将来一定会发财!"他受到孩子父母的感谢。第二个人说:"这孩子将来一定会当官。"他受到父母的恭维。第三个人说:"这孩子将来一定会死!"他受到孩子父母的冷眼和责骂。

前两个人说的都是无凭无据的空话,受到了父母的欢迎,而第三个人说的虽是事实,却受到父母的责骂。其实原因很简单,是他没有顾及应酬的环境,没有注意措辞,以致引来不必要的误会。

古往今来,有无数的古人先知、文人墨客都在探究如何拿捏说话的尺度与掌握说话的艺术,我们要正视自己的缺点,而且耐心改进,掌握交际说话的艺术,做一个会说话的人!

掌握交谈时间,不要滔滔不绝

时间对于现代人来说真可谓是千金一刻。"时间就是金钱"的口号也早已为人们所接受。所以现代人对时间的重视与对金钱的重视几乎可以画上等号。在现代应酬中,几乎没人愿意听某一个人滔滔不绝地论东论西,口若悬河。但是交谈又是应酬中必不可少的一个重要部分,如果没有了交谈,也就不存在应酬了。人们正是通过交谈,才达到互相了解、互相亲近的,不过问题是你如何去把握交谈。

所谓把握交谈,一是把握交谈的方式,二是把握交谈的时间。

把握交谈的方式往往是应酬成功与否的关键。选择一个好的交谈方式,往往会让交谈双方都感到轻松愉快,于心情舒畅之中解决所要解决的问题。在把握好方式的同时,对交谈的时间的把握也尤为重要。每一次应酬之前,都必须对本次交谈做到心中有数,该谈哪些话,不该谈哪些话,心里要有一本账,不要坐下之后,一谈起来便滔滔不绝，没完没了，这样会使人对你生厌。柏拉图曾经告诫他的弟子说："拖泥带水的谈论，会让人对你产生厌倦。"这说明在应酬时，谈话应当以得体而简洁为好。如果一旦让人产生厌倦感，那么最终不仅不能达到应酬的目的，还很可能适得其反。

小王是搞文学创作的，虽然本身的水平并不怎么样，但是他的那张嘴巴却是许多朋友所公认的废话连篇的楷模。无论什么话只要一开了头，他便会给你来一番洋洋洒洒的长篇大论，别人根本插不上半句。于是他的朋友们一听到小王的声音便条件反射般地皱起眉头，最后给他送了个"大嘴"的绰号。在他所有的朋友们中间，小赵还算是比较有耐心的一个。有一次，"大嘴"的一个电话却让小赵的耐心全失。其实所要说的事只要一两句话便可说明：他写了一篇稿子，小赵看完后说不行，建议他再修改一下，可他没听，很自信地送到了杂志社，最后果然没发表。于是他给小赵打电话，向他解释稿子没发表的原因。

小王说："这篇稿子本来是要发表的，已经讲好了，可是情况突然有了改变，上午还说发的，到下午变了。主要是因为……"接着便是近十分钟的解释。小赵开始还耐着性子听他的解释，虽然明知他的稿子没发的真正原因，但是为了照顾朋友的面子，没有反驳他。眼看着时间在一分分地过，电话费也在慢慢地涨，最重要的还是小赵的一个约会时间已到，于是小赵再也忍耐不了了，只好打断他的话，急忙挂断了电话。

其实这件事根本不需要解释，即使解释也只不过是两句话的事："因为情况有了变化，稿子没有发。"如此而已，一分钟内便可解决。可是小王竟用了十几分钟，最终仍没有将问题真正说清。就算是比小赵更有耐心的人，也不会忍受得了的。

所以在应酬中，交谈的话宁简勿繁、宁精勿滥，特别是在电话应酬中，更应该注意掌握时间。掌握好交谈的时间，给对方留有余地，同时给对方以发言的机会，你便会在应酬中赢得主动。

见什么人说什么话

"见什么人说什么话，到什么山唱什么歌"，在生活中，有些人很会说话，和不同的人用不同的方式说话。例如，商场里的售货员，见到男顾客，称赞其理智、有眼光；见到女顾客，称赞其美貌、年轻。这样会说话的人也不在少数。有人认为"见什么人说什么话"是虚伪的表现，其实这是一种片面的理解。下面是美国一个文学教授讲述他自己的一个真实经历：

在6岁那年，有一个星期六我去姨妈家过周末。傍晚时分，来了一个中年男子，他先和姨妈嘻嘻哈哈聊了一阵，然后他走近我和我说话。我当时正迷恋上小船，整天抱着小船爱不释手。我以为他只是随便和我聊几句，没想到他对我说的全

应酬金点子

图文珍藏版

都是有关小船的事。等他走了以后，我还念念不忘地和姨妈说："这先生真了不起，他懂得很多关于小船的事，很少有人会那么喜欢小船。"

姨妈笑着告诉我，那位客人是纽约的一位律师，他对小船根本没有研究。

我不解地问："为什么他说的话都和小船有关呢？"

"那是因为他是一位有礼貌的绅士，他想和你做朋友，知道你喜欢小船，所以专门挑你喜欢的话题说。"姨妈说。

原来要和别人做朋友，就要根据对方的喜好、特点和身份来把握话题。

其实，与人顺利地交谈，总结起来只有两点：看人，看场合。

大千世界，每个人的心理特点、脾气秉性、语言习惯各不相同，所以，不能用统一的说话方式去交流。因而，针对不同的人采取不同的说话方式是很有必要的。例如，现代社会竞争激烈，当某些人获得利益的时候，必然会导致另外一些人心中不快。如果在西方，大可不顾他人的眼光。但是在东方，为了以后工作的顺利，他必须通过特定的沟通方式，化解别人心中的不快甚至敌意。

那么我们如何做到"见什么人说什么话"，下面几点将对你有所帮助。

就对方性格决定

在交谈中，如果对方性格外向，透明度高，你就可以随便一些，开开玩笑，逗逗嘴，他会很自然地接受。如果对方性格内向、敏感，你就可以讲一讲适合的笑话，让他开朗一些，最重要的是表现真诚，可以挖掘对方比较在意、隐藏在内心深处的话题，让对方觉得你是在真正地关心他。

有的女孩性格外向，个性鲜明，男孩子气十足，你若跟她谈化妆、美容，她也许会毫无兴趣，如果谈体育、谈足球，她可能会兴致勃勃。针对不同的性格，你应该学会说不同的话。

同样说人胖，男性会一笑置之，而女性则可能把脸拉下来，自尊心受到伤害，这就是性别带来的差异。所以，同样的话对男人和女人的作用是不一样的。说话时，我们就要注意到这种差异，对不同性别的人说不同的话。

看对方的身份

有句老话叫作："秀才遇见兵，有理说不清"，如果你对普通的工人和农民摆出知识分子的架子，满口之乎者也，肯定让对方满头雾水，更别说会被接受了。要是遇见文化修养较高的人，也不能开口就一副江湖气，容易引起反感，更无法获得交往的信任和好感。

看对方的年龄

老年人喜欢别人说他年轻，而小孩就不喜欢大人总是说他太小。中年人喜欢别人说他事业有成,家庭美满,而年轻人就喜欢别人说他有闯劲有活力,不同年龄层次的人喜欢不同的话。

如果你要打听对方的年龄,对小孩可以直接问:"今年多大了?"对老年人则要问:"您老今年高寿?"

我们不提倡问女士的年龄,但是如果非要问,也可以讲究方法,只要问得分寸好,不会让别人觉得唐突、不礼貌便可。对年龄相近的女性可以试探说:"你好像没我大吧?"对年龄稍大的女性则可以问:"您也就30出头吧?"这样一来,大家都皆大欢喜。

自己人和外人的场合

场合中全都是自己熟悉的朋友,那么说话就可以推心置腹,天南海北,无所不谈,甚至一些放肆的话说出来也无伤大雅;但是在场的都是交往不深的人,就要板着点自己,不可肆意妄为,办事情也要公事公办,不要不分对象乱套近乎。

如果在比较随便的场合,我们可以说诸如"我顺便来看看你"这样的话,可是如果在比较庄重的场合说"我顺便来看看你",就显得不够认真。

喜庆和悲痛的场合

说话应该和场合中的气氛相协调,不能在喜庆的场合说些丧气话,也不能在悲痛的时候说什么喜庆的事,让人心里别扭,甚至恼怒。

某村有个老太太死在家里,亲属们一起商量后事。老太太生前嘱咐要土葬,但是现在土葬已经不合时宜了,于是大家七嘴八舌,发表个人看法。老太太的孙子说:"这样吧,老太太死了不是埋掉就是烧掉。现在尸体放在家里,人来人往的,总不是个事,我看烧掉最好,省钱省事!"

这番话听得大家十分恼火,恨不得上去打他一巴掌。

这时候,另外一个孙子上来说:"奶奶走了我很难过。现在遗体放在屋子里得赶紧料理才行。奶奶生前有土葬的愿望,可土葬现在已经不行了,我看还是赶紧火化好。我是晚辈,请大家考虑,大主意还是伯伯婶婶拿。"

这番话听得大家舒舒服服,伯伯婶婶也赶紧拿了个主意,把老太太火化了。

本来老人去世是一件悲痛的事,可是第一个孙子上来就什么"死了""埋掉""烧掉""尸体"这种难听的字眼,最后还来了个"省钱省事",显得不合时宜,冷酷无情;而第二个孙子上来则情真意切,在情在理,很有分寸,自然让人听了舒服。

说多说少也看场合

话该说多还是说少,也有讲究。对方如果很忙,时间很紧张,跟他说话就要简明扼要;如果不知趣,没眼色,自顾自地海阔天空,别人已经在频频看表了,你还意犹未尽,就让人尴尬了。

如果在一些发表看法和见解的场合，你却惜字如金，半天不说一句话，或者只是随便讲几句就了事，也难免让人觉得索然无趣。所以，要根据不同的场合来控制自己说话的长短。

妙语连珠除尴尬

不管是在日常的生活中还是工作中，我们难免会遇到一些比较尴尬的场面。很多人面对尴尬场面的时候无可奈何，要么一言不发，要么勃然大怒。很显然，这都不是解决问题的好办法。怎样才能化解尴尬呢？那就需要一定的智慧了。如果在面临尴尬的时候根据现场状况巧说几句妙语，就一定能顺利地摆脱尴尬。让我们看看周总理的妙语。

一位西方记者问周总理："请问总理先生，现在的中国有没有妓女？"不少人纳闷：怎么提这种问题？大家都关注周总理怎样回答。周总理肯定地说："有！"全场哗然，议论纷纷。周总理看出了大家的疑惑，补充说了一句："中国的妓女在我国台湾地区。"顿时掌声雷动。

——这位记者的提问是非常阴毒的，

语言是门艺术

他设计了一个圈套给周总理钻。中国解放以后封闭了内地所有的妓院，原来的妓女经过改造都已经成为自食其力的劳动者。这位记者想：问"中国有没有妓女"这个问题，你周恩来一定会说"没有"。一旦你真的这样回答了，就中了他的圈套，他会紧接着说"台湾有妓女"，这个时候你总不能说"台湾不是中国的领土"。这个提问的阴毒就在这里。当然周总理一眼就看穿了他的伎俩，这样回答既识破了分裂中国领土的险恶用心，也反衬出大陆良好的社会风气和台湾的对比。哎呀，周总理考虑问题周密细致，同时又那么快速反应，你不佩服他也难啊！

在日内瓦会议期间，一个美国记者先是主动和周恩来握手，周总理出于礼节没有拒绝，但没有想到这个记者刚握完手，忽然大声说："我怎么跟中国的好战者握手呢？真不该！真不该！"然后拿出手帕不停地擦自己刚和周恩来握过的那只手，然后把手帕塞进裤兜。这时很多人在围观，看周总理如何处理。周恩来略略皱了一下眉头，他从自己的口袋里也拿出手帕，随意地在手上扫了几下，然后——走到拐角处，把这个手帕扔进了痰盂。他说："这个手帕再也洗不干净了！"

"九一三"事件发生以后，苏联大使找到周总理，阴阳怪气地问道："总理同志，听说最近中国发生了一件惊天动地的大事"周总理平静地回答："也没什么大事，只不过是森林里倒了一棵树；一棵树上落下一片叶子而已。"苏联大使故作关心地说："据权威人士推测，此事对中国的影响极为不利呀！"总理答道："恰恰相反，一颗毒瘤在肌体上自动消失，有百利而无一害。"苏联大使有些恼怒："总理同志，有句话我早就想说了，你们在国际上口口声声骂我们是社会帝国主义，把我们说得比厕所还臭。既是这样，那么请问：你们的林副统帅在国内一人之下、万人之上，为什么偏要投奔我们苏联呢"周总理冷笑道："正因为厕所臭，苍蝇才喜欢那个地方。大使同志既然明白这个道理，又何必多此一问"苏联大使被说得哑口无言。

林彪叛逃苏联并摔死在蒙古的温都尔汗。这个消息传出后，国际上一些敌对分子幸灾乐祸。中苏关系当时严重恶化，苏联大使和总理见面时存心想看好戏，让周总理难堪。他见兜圈子达不到目的，就摊出所谓的"王牌"，料想周总理一定无话可说，结果周总理反戈一击，苏联大使陷入十分狼狈的境地。

有一次外国记者不怀好意问周恩来总理："在你们中国，明明是人走的路为什么却要叫'马路'呢？"周总理不假思索地答道："我们走的是马克思主义道路，简称马路。"

这位记者的用意是把中国人比作牛马，和牲口走一样的路。如果你真的从"马路"这种叫法的来源去回答他，即使正确也是没有什么意义的。周总理把"马路"的"马"解释成马克思主义，恐怕是这位记者始料不及的。

美国代表团访华时，曾有一名官员当着周总理的面说："中国人很喜欢低着头走路，而我们美国人却总是抬着头走路。"此语一出，话惊四座。周总理不慌不忙，脸带微笑地说："这并不奇怪。因为我们中国人喜欢走上坡路，而你们美国人喜欢走下坡路。"

美国官员的话里显然包含着对中国人的极大侮辱。在场的中国工作人员都十分气愤，但囿于外交场合难以强烈斥责对方的无礼。如果忍气吞声，听任对方的羞辱，那么国威何在？周总理的回答让美国人领教了什么叫作柔中带刚，最终尴尬、窘迫的是美国人自己。

一位美国记者在采访周总理的过程中，无意中看到总理桌子上有一支美国产的派克钢笔。那记者便以带有几分讥讽的口吻问道："请问总理阁下，你们堂堂的中国人，为什么还要用我们美国产的钢笔呢？"周总理听后，风趣地说："谈起这支钢笔，说来话长，这是一位朝鲜朋友的抗美战利品，作为礼物赠送给我的。我无功受禄，就拒收。朝鲜朋友说，留下做个纪念吧。我觉得有意义，就留下了这支贵国的钢笔。"美国记者一听，顿时哑口无言。

什么叫自搬石头砸自己的脚？这就是一个典型事例。这位记者的本意是想挖苦周总理：你们中国人怎么连好一点的钢笔都不能生产，还要从我们美国进口。结果周总理说这是朝鲜战场的战利品，反而使这位记者丢尽颜面。也是，想和周总理较劲，门都没有。

周总理设宴招待外宾。上来一道汤菜,冬笋片是按照民族图案刻的,在汤里一翻身恰巧变成了法西斯的标志。外客见此,不禁大惊失色。周总理对此也感到突然,但他随即泰然自若地解释道:"这不是法西斯的标志!这是我们中国传统中的一种图案,念'万',象征'福寿绵长'的意思,是对客人的良好祝愿!"接着他又风趣地说:"就算是法西斯标志也没有关系嘛!我们大家一起来消灭法西斯,把它吃掉!"话音未落,宾主哈哈大笑,气氛更加热烈,这道汤也被客人们喝得精光。

在外交场合出现法西斯的标志很容易引起外交纠纷,尤其是曾经遭受法西斯铁蹄蹂躏的国家,他们看见这种标志是很反感的。周总理的解释及时解除了他们的误会,但令人叫绝的是周总理借题发挥,号召大家一起来消灭法西斯,把那个菜吃掉。意外的这么一个被动场面,经周总理反意正解,反倒起了活跃宴会气氛的作用。

与人说话不要咄咄逼人

在我们的应酬中,常常会出现这样的场面,某人在别人面前显得畏畏缩缩,不敢高言大声,因为他的地位或是学识没有他高;某人在交往中对别人低声下气,因为他有求于别人;某人面对别人总是藏头藏尾,不敢正视他人,因为他做过对不起别人的事……在这种情况下,我们应该更注意言谈举止,切忌透露出咄咄逼人之气。

小李原来所在单位是一家国企,里面的一个车间主任便是如此。这位车间主任掌管着整个车间人员休假的审批权,工人要休假没有他签字便休不成。于是这位车间主任"充分"地利用了这一权力,每当有工人找他批假条时,他就摆出一副居高临下的神态,嗯嗯啊啊地问这问那,那派头跟法官审犯人差不多,每一次都至少要"审"上半个钟头才能把他的大名签到工人们的休假条上。工人们对此既讨厌又无奈。

生活中,像车间主任这样的人有很多很多,而且几乎在任何场合都能够碰到几个。所以我们在日常应酬中,无论你的谈话对象是谁,都应该给对方一个谦和的感觉,而不要露出一副盛世临人的姿态。一位哲学家曾经说过,"尊重别人是抬高自己的最佳途径。"这句话可谓是一语中的。

小何曾经在一个报社做编辑,他们当时的主编姓刘,是一位五十多岁的老编辑。小何每天一到报社,都会看见一脸的微笑的刘先生正在和每一位编辑记者乃至勤杂打招呼。如果有什么问题向他汇报或请教,刘先生也总是微笑着,身体微微前倾,认真地听完你的话,然后以感激的口吻说:"辛苦了!"或者以商量的口吻说:"你看是不是这样……"所以小何每次从主编室出来,心里都是暖暖的,哪怕是有些建议没有被采纳,也会从刘先生那儿得到一句让人心暖的话:"这个主意不错,只是还不成熟,让我们一起再酝酿酝酿。"遇到这样的领导,你还有什么好说的。

很明显，如果让我们在"碎嘴蟹"和刘先生之间选择一个领导的话，所有人肯定选择刘先生。这就是谦和会给人亲切感，从而赢得了人心。如果像"碎嘴蟹"那样，一味地咄咄逼人，一味地耍派头，唯恐别人不知道他"身居要职"，那么最终只能是所有人都讨厌他。

第三章　应酬禁忌要不得

不要窥探别人隐私

提起隐私，相信人们都为之色变，社会中的每一个人都有自己不愿为人知道的隐私。在日常应酬中有些人却喜欢探闻他人的个人隐私，这种做法常常引起别人的不满。隐私都包括哪些方面呢，专家总结道：个人隐私所包括的面很广，如个人收入情况、女士年龄、夫妻情感、他人家庭生活等等，都属于个人隐私的范畴。

就拿女性年龄来说吧，在西方人的应酬中，"探问女士的年龄"被看成是最不礼貌的习惯之一，所以西方人在日常应酬中可以对女士毫无顾忌地大加赞赏，却不去过问对方的年龄。但是中国人就不同了，有的人常常一见面便问人家"芳龄几何"，弄得女士们答也不好，不答也不好，只好在以后的应酬中尽量避免与之接触。

探问女士的年龄往往会被女士们误认为你心怀不轨，所以对你产生敌对情绪。小胡就是这么一个人，好像是天生就有这么一个爱好，总是喜欢打听女性的年龄。每次与女士见面，不论熟悉的，还是首次见面的，谈论不到三分钟，他就会不失时机地向对方发问："你今年多大了？"使得许多女士不愿意与他接触，即使不得已见了面，也是打个哈哈便离他而去。这便是探听个人隐私在应酬中的害处。

中国人似乎都有一大爱好，那就是特别喜欢窥探他人的隐私，尤以名人的隐私为重。那些八卦报刊一旦出现了一篇有关某某名人的隐私，如"某某明星离婚揭秘""某某明星情变内幕"之类，肯定会被哄抢一空。在日常应酬中我也常常听到这样的问话："你和你老婆的感情怎么样？"这种问题更让人难于回答，因为这纯属个人隐私问题，而且夫妻感情往往都是非常微妙的，是根本无法用语言能够说得准确透彻的，所以对这类问题，对方即使顾于情面当时回答了你，心里也会对你产生厌烦的。

王小姐是一位年轻漂亮的都市白领，最近和男朋友由于性格不合而说再见了。本来王小姐希望能就此过段平静的日子，可不知一个办公室的同事们怎么知道了他们分手的事，纷纷过来打听分手的原因，甚至属于双方隐私的生活细节，让她既烦躁,又奇怪:我分手关你们什么事,打探这么清楚?

实际上,大多数人都喜欢窥探别人隐私,不管对方是名人,还是平常老百姓,甚至素不相识的陌生人。所以在应酬中能够避免探问对方隐私,这本身便是应酬成功的第一步。因此在你打算向对方提出某个问题的时候,最好是先在脑中过一遍,看这个问题是否会涉及对方的个人隐私,如果涉及了,要尽可能地避免,这样对方不仅会乐于接受你,还会为你在应酬中得体的问话与轻松的交谈而对你留下好印象,为继续交往打下了良好的基础。

不要刺激别人的自尊心

"自尊心"是指个体因自身的价值,在群体中的地位而肯定自己、接纳自己的体验。用中国老百姓的话说就是"面子"。

社交场上有这么一句话:"学会维护他人的自尊心,你会得到越来越多的朋友。"这话说得一点都不错,中国人比较好面子,每个人都极为重视自己,都喜欢谈论自己的得意之处,即使是你的好朋友也同样如此。所以维护和尊重他人的自尊心,实际上就是为了充分地驾驭对方打下基础。就像电影《非诚勿扰》里的一句台词:谁给我面子,我给谁票子。可见面子在日常生活中有多么重要。

人的自尊心可以体现在许多方面。有这样一件事,说是有一对夫妻,由于妻子的职位与丈夫同等,于是夫妻间便出现了裂痕。

张女士最近被提成副处,得到消息那天全家一起吃了顿比萨庆祝。而她老公不阴不阳地说:"咱俩都副处,将来你要成正处,我却升不上去,周围人岂不小瞧我?"当时张女士嘻嘻哈哈没往心里去。哪知,这成了老公"较劲儿"的前兆。

张女士的老公是企业行政主管,他认为男应主外女应主内。而张女士升职后,照样下了班就回家做饭,继续当着"贤妻良母";赶上应酬,饭局一散,她立刻往家跑,泡吧、唱歌一概谢绝。每到周末,辅导孩子功课、洗衣服、做饭、收拾屋子……照包不误。有时候实在没法拒绝应酬时,张女士的老公只得去饭馆买饭或做饭。她老公经常抱怨:"我费劲的炒了个菜,儿子不爱吃,竟自己泡面吃。你就知道喝大酒!孩子正长身体,吃喝跟不上,将来长不高你得负责!"

不知怎的,张女士的升职给她老公造成了很大的压力。以前她老公的脾气温和,现在动辄指桑骂槐。其实他们俩实力旗鼓相当,可他却认为男人必须比女人"高一等"。张女士的薪水涨得比她老公快且多,她就和老公商量贷款买了套大房子。住进新房后,老公的脸却越拉越长。一次张女士告诉她老公自己因工作出色领导许诺给她加奖金,谁知她老公眼一横,劈头盖脸:"告诉你,没你涨的那点儿破工资,老子大房子照换不误!想让我领你的情没门儿!"

现在张女士都不知该怎么跟老公相处,她感觉婚姻都要走到尽头了,陷入迷茫中。

上面这个故事说明张女士的老公是典型的大男子主义，在他眼里，男人就是一个家庭的主心骨，而现在张女士却和他处在同一水平线上，甚至大有超越他的气势。这让张女士的老公很没面子，其实面对这种情况，张女士应经常和老公谈谈心，不要老把自己加薪、发奖金挂在嘴边，这样很让一个自尊心强的男人受不了。

所以我们在应酬中，只要注意维护别人的自尊，那么不管对方是什么人，都会记住你的好。但是，在维护别人的自尊时，有时要注意使用不同的方式，因为有时候会涉及地域的不同、文化的不同、习惯的不同，这也同样是应该注意的。

曾经在公交车上听过这么一件事，说的是一位中国留学生在美国乘坐公共汽车，在中途有一位美国老人上了车，他便习惯性地站起来给老人让座。没想到老人不仅不感谢他，还面露愠色，道："我是男人，不是女士，难道你看不出来？"留学生道："可您是老人呀。"老人更加恼怒了，指着留学生吼道："你居然把我看成了老人，我真的那么老吗？"说完便气冲冲地走下车，走到车门时又不甘心地回过头来问留学生："你是中国人吧？"留学生点头称是，老人这才耸耸肩无可奈何地嘟哝了一句："中国人的规矩是看重老人……"

如果在中国，这位留学生的做法不仅没有错，还应受到表扬，但是在美国，没有人把自己当成老人对待，而且也特别讨厌别人把自己当成老人来看待，这位留学生的礼貌反而在无意中伤害了那位美国老人的自尊。学会维护别人的自尊，在日常应酬中应该说是相当重要的，而且抓住别人的心理，适当地满足别人的自尊，则可令你在应酬中成为"得道"者。

但是我们如果不经意的触犯了别人的自尊心，该如何处理呢？下面介绍的几点可解决你的燃眉之急。

把自己的自尊心要求写下来

将心比心，是最合适的方法。所以在办公室中，不妨把自己对自尊心的要求写下来，而且越具体越好。"可以让我在公司里发表自己的意见，不管正确与否""可以在一个相对私密的空间里被老板训话""可以讨论错误的原因，而不是指责自己的过错"。因为自己有这样的要求，那么在对待下属，同事时或许就会考虑对方的情绪和要求，不至于伤害到对方脆弱的情感。

学会把自尊心看作"面子"

自尊心的问题说白了也就是"面子"问题，没有人愿意被老板随意当垫背，也没有人愿意被同事经常恶搞，更没有人愿意在办公室成为八卦新闻的主角，因为所有这一切都会影响其在办公室的地位和声誉，也就是有可能"脸面丧尽"。所以正确的方法就是把对他人的尊重问题看作给足"面子"，这样至少不会让人有"脸上挂不住"的感觉。

积极参与"自尊心伤害"的补救

无论我们是有意还是无意中伤害了别人的自尊心,首先要想到补救的良策。因为行动上的积极补救,说明我们还在挽救自己的过错,听之任之绝对是不负责任的方法。

为自尊心建个小房子

因为了解了自己对自尊心的保护要求,所以在和他人相处的过程中,可以尽可能地为他人的自尊心建一个小房子,那可是真正的保护层,使其与伤害有效隔离。这个小房子由无数的不要组成,如不要践踏尊严,不要侵犯隐私,不要公然对峙,不要限制自由,不要主动揭短,不要藐视存在。有了这样的不作为,那么人际圈中的自尊心自然就得到了保护,也因此理顺了人与人之间的关系。

不要在背后说人坏话

有这么一句话,说话可以像水一样流动,它从这张嘴巴流进那只耳朵,再从那张嘴巴流到另一只的耳朵。论人是非的话迟早会传人被论者的耳朵,而你将得到"长舌妇"或者"长舌男"的称号。

古语有云:"宁在人前骂人,不在人后说人。"这句话告诉我们,别人有缺点,你可以当面指出,劝他改正,但是千万不要当面不说,而在背后却说个不停。否则,会让被说者气愤,同时也会令听者讨厌。

在我们的日常生活中,常常听到一些人在背后说别人这,说别人那,简直就应了那句话:"谁人背后无人说,谁人背后不说人。"这句话告诉我们的是,大多数人,都多多少少地在背后说过别人,只是所说的是好话还是坏话,就无从考证了。

在日常应酬中,常常会遇到别人在你面前说另一个人的坏话,对此,你就得端正态度,用辩证的思维去考虑这种事。因为说对方坏话的人,总是有着各种各样的原因,充分地分析讲话者的心理及原因。

曾经在路上看到两个女孩子在吵架,甲说:你为什么对别人说我被我男朋友甩了?乙说:我没有说你被你男朋友甩啊,我只是说你们两个性格不合适做情侣!甲气呼呼地说:我们两个性格合不合适要你管!乙说,那又不是我要你们两个分手的!要是你俩性格合适了能分手吗?而且你还跟别人说我暗恋那个谁呢!你也说我了,扯平了!

路过她们身边时,听了这样的对话真是让人忍俊不禁,这样的背后是非真是可爱,大抵属于年轻吧!但是也侧面说明了一个问题:女人真的是很爱在背后论人是非,不经意的时候就祸从口出了。这个习惯不好,因为很多时候,说者无意听者有心,好事者稍做加工,责任可都在你身上了。

从这件事中我得到了一条经验,那就是当别人对你说第三者的坏话时,无论你是否明白其中的原因,你都必须保证做到一点,那就是"入耳封存",同时还得充分了解对方,如果发现对方是无缘无故,只是天生有背后说第三者坏话的习惯,那么你就得注意,在以后的应酬中有意识地疏远他。

金无足赤,人无完人,每个人在交往的过程中,或多或少都有摩擦。合不来的人,你可以远离,但是不要在背后评论是非,有扯是非说闲话的功夫,还不如去逛街购物、看书上网学习呢!所以当你和别人一起聊天的时候,你要控制好自己的嘴巴,哪怕她们现在正在说的这个人你非常讨厌,也不要轻易发表你的看法,更不要去扎堆附和,那只是逞一时口舌之快,对你并没有什么好处。

不要认为自己是"上帝"

很多人认为,单凭自己的力量就可以实现成功,这其实是非常错误的观点。应酬这门科学之所以存在,就是为了帮助人与人之间顺利地实现合作。而对于具有"凡事自己来"这样想法的人来说,是很难取得较大的突破的。

事业的成功之路漫长遥远,单靠个人的努力是不够的,要想快速到达成功的彼岸,就要学会与人合作,学会借力做事。学会与人合作是事业成功的重要保证。当一个人刚开始创业的时候,不可能马上组织一个大的公司或是大的团体,面对恶劣的自然环境和激烈的市场竞争,一个人的力量总是渺小的,世界上确实有许多一个人干不成的事儿。你可能有技术而没有好的项目,你也可能有好的项目而没有资金,你还可能懂经营、会管理而没有资金、技术和项目,总之,一个人干不成的事就要与别人合作干。因此,对于创业者来说,学会与人合作就显得特别重要了。

崔永浩是日本一家企业的业务员。他并没有什么学历和资金,但他有善于企划的能力。有一天,他接到从西德寄来的商品目录,其中有一种新开发上市的羊毛纺织机器。对于新机械他比别人内行,直觉告诉他这是一个良机。他立即详细调查了日本的羊毛纺织机器。他了解到应用这种新机器生产成本大约可降低三分之二,而且生产效益可成倍增长。但是,他并没有向日本人推销这种机器,而是带着这项新产品的目录和经营纺织的新构想,去找住在日本的一位韩裔富翁林伯熊先生。林先生对纺织业一窍不通,但经崔永浩的企划说明之后,也感到这是一个不错的主意。他立即同意开一家纺织工厂,从西德进口四部机器,并请崔永浩当总经理。崔永浩从原来默默无闻的业务员,摇身一变成为大工厂的经营者。他的成功之道便是与成功者合作,借助成功者的力量来实现自己的梦想。这也是通向成功的一条捷径。

与人搭档创业成功的例子很多。比尔·盖茨1973年进入哈佛大学法律系学习,19岁时退学,与同伴保罗·艾伦创办电脑公司,直到后来创办了微软公司,自任董事长、总裁兼首席执行官。杨致远和戴维·费罗同在斯坦福大学从事研究,两个人邂逅并结交成了最佳搭档,创办了闻名于世的雅虎网络公司。乔布斯发明"苹果"电脑,也是与人合作创造出辉煌业绩的。创业中至少两人是忠诚搭档,共创大业成为一种"现象"。给予我们的启示是,当创业之初"踩着地雷"向前走时,有个知音患难相伴,共同分享成功的风险和利益是明智之举。

善于协商与合作既是一种精神和态度,也是一种能力和修养。一个人考入大学主要靠的是分数,而一个人步入社会站住脚跟,并最终取得成功,靠的就是能力。"与人合作"是人生存的最基本、最重要的能力。如果不懂得合作,恐怕连生存下来都困难,更别谈什么发展了。这可不是吓唬你,我给你讲一个经典的故事:

从前,有两个饥饿的人同时得到了上帝的恩赐:一根鱼竿和一篓鲜活硕大的鱼。其中,一个人要了一篓鱼,另一个人则要了一根鱼竿。

得到鱼的人走了没几步便用树枝搭起篝火煮起了鱼。他狼吞虎咽,还没有好好品味鲜鱼的肉香,连鱼带汤就都被他一扫而光。没过几天,他再也得不到新的食物,终于饿死在空鱼篓的旁边。另一个人则提着鱼竿继续忍饥挨饿,一步一步艰难地向海边走去,准备用鱼竿钓鱼自救。可是,当他已经看见不远处那蔚蓝的海水时,他浑身的最后一点力气也使完了,他只能眼巴巴地带着无尽的遗憾撒手人寰。

上帝摇了摇头,决心再发一次慈悲。于是,又有两个饥饿的人同样得到了上帝恩赐的一根鱼竿和一篓鲜活硕大的鱼。这次,这两个人并没有各奔东西,而是商定互相协作,一起去寻找大海。一路上,他们饿了时每次只煮一条鱼充饥,以有限的食物维持他们遥远的行军。终于,经过艰苦的跋涉,在吃光了最后一条鱼的时候,他们到达了海边。从此,两人开始了以捕鱼为生的日子,每天都能吃饱了。几年以后,他们盖起了房子,有了各自的家庭、子女,有了自己建造的渔船,过上了幸福安康的生活。

几十年后,他们居住的海边发展成了一个村落。村里人都承继了两位创业者留下的传统,互相协作,互相帮助,取长补短,共同发展,渔村呈现出一片欣欣向荣的景象。上帝看到这一幕,终于欣慰地笑了。现在,你看到了,合作对于生存和发展是多么重要啊!

世界是由各种各样的人组成的,就像彩虹是由7种颜色组成的一样。一个人只有学会与不同的人相处,才能适应未来的社会。"孤芳自赏"或"孤家寡人"的才子常常会有"怀才不遇"的郁闷。观察社会上的成功人士可以发现,真正取得竞争优势的人首先是一个善于合作的人,完全单枪匹马稳操胜券的人并不是经常出现的,因为我们处在一个专业分工精细而又合作共处的时代。因而我们需要培养自己与他人协商与合作的能力,为将来拓展自己的人生舞台打基础。

与人合作是一门艺术,处理得好能够实现多赢,但是如果处理不好也会产生烦恼,甚至反目成仇。要想与人建立良好的合作关系,要遵循以下原则:

一是选好合作伙伴。一定要选那些品德端正,操守高洁,又具有一定业务素质的人为合作伙伴。

二是以诚相待,互相尊重。合作双方最忌讳的就是互相耍心眼。既然是合作伙伴,就是拴在一条线上的两只蚂蚱,一损俱损,一荣俱荣。因此,要团结一致,以诚相待,互相尊重。

三是要本着公平公正、利益均沾的原则,起草好合作协议条款,把双方的权利和义务写得清清楚楚、明明白白,然后大家共同信守。

四是胸怀大度,求同存异。在经营管理上,在商业谈判中,难免出现一点分歧,在利益分配上闹一点小矛盾,但是既然走到一起来了,就说明双方有缘分,要珍惜合作机会,互相谦让一步就过去了。如果不能做到这一点,就有可能使矛盾越闹越大,最后把企业毁了,受损失的是双方。

不要盯着别人的短处说矮话

人生在世,各有所长,各有所短。若以我之长,较人之短,则会目中无人;若以我之短,较人之长,则会失去自信。所以在社交应酬中切忌揭人短处。

记得在小学课本上有这样一篇课文,名字叫《晏子使楚》,故事是这样的:

晏子出使楚国。楚国人(想侮辱他)因为他身材矮小,就在城门旁边特意开了一个小门,叫晏子从小门中进去。晏子不肯进去,他说:"只有出使狗国的人,才从狗洞中进去。今天我出使的是楚国,应该不是从此门中入城吧。"专门迎接招待宾客的人只好改道请晏子从大门中进去。

晏子拜见楚王。楚王说:"齐国恐怕是没有人了吧?"晏子回答说:"齐国首都临淄有七千多户人家,展开衣袖连在一起可以遮天蔽日,挥洒汗水就像天下雨一样,肩挨着肩,脚跟着脚,怎么能说齐国没有人呢?"楚王说:"既然这样那么为什么派你这样一个人来做使臣呢?"晏子回答说:"齐国派遣使臣,各有各的主张规矩,贤明的人就派遣他出使贤明的国家,不贤、没有德才的人就派遣他出使无能的国家,我是最无能的人,所以就只好出使楚国了。"

晏子将要出使楚国。楚王听到这个消息,对侍从说:"晏婴是齐国善于辞令的人,现在他将要来,我想要羞辱他,用什么办法呢?"侍从回答说:"当他到来时,请允许我们绑着一个人从大王面前走过。大王就问:'他是哪国人?'侍从回答说:'他是齐国人。'大王再问:'犯了什么罪?'我们回答说:'他犯了偷窃罪。'"

晏子来到了楚国,楚王请晏子喝酒,喝酒喝得正高兴的时候,两名公差绑着一个人到楚王面前去。楚王问道:"被绑着的是什么人?"(公差)回答说:"(他)是齐国人,犯了偷窃罪。"楚王看着晏子问道:"齐国人本来就善于偷东西的吗?"晏子离开了座席回答道:"我听说这样一件事:橘生长在淮河以南就是橘子,生长在淮河以北就变成桔了,只是叶子的形状相似,它们的果实的味道却不同。这样的原因是什么呢?(是因为)水土条件不相同啊。现在这个人生长在齐国不偷东西,一到了楚国就偷东西,莫非楚国的水土使百姓善于偷窃吗?"楚国君本想羞辱晏子,却反过来被晏子好一顿羞辱。这说明盯着别人短处说矮话,也可能会自取其辱。

晏子使楚

上述晏子的故事告诉我们,在日常应酬中,尽可能地避开对方的短处,也是应酬成功与否的关键之一。有这么一句话叫作"矮男如何不丈夫",在现实生活中矮个子男人被誉为"三等残疾",几乎很少有女性愿嫁给一个比自己矮的男人,这是一种社会心态。但是在历史上,却有许多矮男人成就了大事业,成为顶天立地的大丈夫,上面所说的晏子就是个极好的例子。所谓鸡鸣狗盗,各有所长,矮男人也不一定都是无能的人。

每一个人都有自身无法消除的弱点,就像身高问题,那是无法改变的。如果我们老是拿别人的短处说事,那么结果只会有两种:一是别人不愿意再与你交往。由于你经常揭短,你的朋友会越来越少,别人都躲着你,避开你,直到剩下你自己孤家寡人。二是别人对你进行反攻,揭露你的短处。这样势必造成互相揭短,互相嘲笑的局面,进而发展到互相仇视,甚至大打出手。如此,你在应酬中便陷入一个进退两难的境地,你在人们的印象及评价中,也不可能好到哪里去。

大凡矮人都有一种自卑,就怕别人拿他的身高说事。俗话说:"打人不打脸,骂人不揭短"就是这个道理。当然这也并非是绝对的,在日常应酬中,我们一方面尽可能地不要说及别人的短处,一方面也完全可以从真正关心对方的角度出发,善意地为对方出谋划策,使他的短处变为长处,或者使他不为自己的短处而自卑,那么,你同样便会得到别人的认可,而且还会因此得到别人的信任乃至感激。

反感是应酬的大忌

在日常交际中,有些事明明不想做,但又不得不做。为了自己的相关利益,去一些自己不情愿去的地方,做一些自己不情愿做的事情,说一些自己不情愿说的话,见一些自己不情愿见的人。据专家统计,在日常应酬中,有很多行为是人们所反感的。

我们常常会在一些社交场合中看到这样的情景：某一个腰板挺直的人，一副居高临下的样子，坐在那里一言不发，或穿插于众人之间指手画脚，一副"老子天下第一"的神态，这样的人有许多。

晓楚在一家报社当编辑，他就是这么一位目空一切、自以为是的人。每次朋友聚会，晓楚都表现出一副无所不知，无所不晓的神态。有一次，有一位朋友便故意问晓楚："晓楚，你知道北京有个新开的爬虫市场吗？"

北京开爬虫市场，这是根本不可能的事。而且，何为"爬虫市场"，谁都不知道。一起的其他几个朋友一听便知，这是故意在耍晓楚，可是晓楚连想都没想，随口便答道："当然知道啦，不就是前两天刚开的吗，这个谁不知道！"

朋友又问："那里面都是卖什么的？"

晓楚："还能卖什么？不过像跳蚤市场一样，卖些杂七杂八的东西。"

朋友再问："这市场在哪，你去过没有？"

晓楚："我当然知道在哪儿啦。不过现在还没有去过，这几天我特别忙，我已经准备过两天去采访了。"

说到这里，朋友们已忍不住大笑起来了。像晓楚这样的人，在应酬中，要么令人讨厌，要么遭到大家的嘲笑。不过更多的时候，都是令人反感的。所以在应酬中，一定得老老实实，把眼睛放低点，别以为自己什么都知道。目空一切的后果，只能是让自己陷入自己织就的网中，而成为应酬的失败者。

我国古代有这样一个典故：楚汉相争时，韩信在项羽军中未受到重用，于是投奔汉营。但是在刘邦军中，开始仍然没有受到重用，于是韩信在一气之下逃离汉营，从而演出一段萧何月下追韩信的佳话。

萧何追回了韩信，极力地向汉王刘邦推荐。刘邦对韩信本无信任可言，只是经不住萧何的再三保举，这才答应接见韩信。韩信应招进帐来见刘邦，可是一见之下，韩信对刘邦当时的行为便极为反感。原来刘邦正在洗脚，见了韩信，不仅没有停止，反而仍然悠闲自得地呈享受状，对韩信也是一副爱理不理的样子。韩信将眉头皱着，回头便走。

若不是萧何不放心守在帐外，再者若不是韩信一心想借汉王之势建功立业，刘邦便会因此失去一员为他争得天下的大将，那么楚汉相争最终将鹿死谁手，还真不好说。在这个故事中，我们不难看出，韩信对刘邦的反感，正是由于刘邦在接见韩信时心不在焉，虚与委蛇。也许，韩信在为刘家争得天下之后便起了造反之心，也正是由于当时的反感而埋下的种子呢。

因此在日常应酬中，不论你的身份如何，也不论你的应酬对象与你的身份地位有多大的差异，在你与对方的应酬过程中，一旦你表现出了心不在焉的神态，对方同样会对你失去好感，同样会对你虚与委蛇。这样的应酬将毫无意义。

有一位公司经理有一个不良嗜好，就是不管在什么场合，一到得意处，便不自觉地抠自己的鼻孔，并且还将抠出的脏物随手弹出。一次，在与外商进行有关合资立项的谈判，双方谈得非常顺利，马上就将进行到签字生效的程序了。可是就在这时，这位经理旧病复发，得意忘形，手指不自觉地便伸进了鼻孔。这位经理一边与外商谈笑风生，一边肆意地抠着自己的鼻孔。这个细节被外商注意到了，于是外商皱起了眉头。就在这时，这位经理大人手指甲带着一块脏物抽出鼻孔，随即一弹，那一块小小的脏物便飞到了地毯上。外商一见，眉头皱得更紧了，立即阻止了正要往协议书上签字的双方代表，随后向中方表示，这份合作意向还需再重新探讨，然后领着自己的人扬长而去，留下经理及莫名其妙的中方人员。合作就此以失败告终。事后，有人问过那位外商，究竟是什么原因使他在关键时刻阻止了协议签字的。外商的一席话传到中方参加谈判的人员耳中，简直令他们哭笑不得。

外商说："在那样庄重的场合，中方经理先生竟然当着客人的面抠自己的鼻子，而且还随意地抛掉脏物，说明经理先生的素质是非常低的。经理的素质如此之低，他的员工的素质也便可想而知了。与低素质的人合作，是要冒极大风险的。我们不愿意拿自己的资金来冒这样大的风险。"

一个小小的恶习，破坏了一项合资项目的建立，同时还给外商留下了素质低下的印象。可见在日常应酬中，一些个人的恶习如果不改，不仅会引起别人的反感，还会因此而坏事。

上述三则故事告诉我们，在应酬中要多看多学，不要把自己的不良嗜好带到应酬中，这样只会让你得不偿失。

称呼要符合对方的身份

称呼指的是人们在日常交往应酬之中，所采用的彼此之间的称谓语。在人际交往中，选择正确、适当的称呼，反映着自身的教养、对对方尊敬的程度，甚至还体现着双方关系发展所达到的程度和社会风尚，因此称呼不能随便乱用。

"我该怎么称呼别人"。各国、各民族语言不同，风俗习惯各异，社会制度不一，因而在称呼与姓名上差别很大，如果称呼错了，姓名不对，不但会使对方不高兴，引起反感，甚至还会闹出笑话，出现误会。

在一家医院病房里，住着一位刚刚经历了一次大手术的老人，由于刚刚做完手术，老人身体还很虚弱，以至于说话像耳语一样。虽然说话低声细语，你仍可听得出他的声音中饱含愤怒："那些护士又怎么知道什么是痛苦？她们称我作蜜糖。难道她们连我叫什么名字都不知道？她们应该叫我李先生！"

一位卓有成就的科学家，将自己的全部时间都投入到科学研究上，如果你仅仅称他为刘先生，也许他就会觉得若有所失。因为你根本就不知道他将一生的心血都花在了科学领域里。我们得体的称呼，不只是对方荣誉的问题，也是一种旁人对他的确认。

美国著名的心理学家说过这样一句话："记住称呼别人，是为了满足别人的需要，而不是满足你自己的需要。"因此，在应酬里，称呼别人是何等的重要。

王小姐是电脑城的一个小职员，去年刚刚毕业。应聘时，由于她在考官面前太过紧张，有些发挥失常，就在她从考官眼中看出拒绝的意思而心灰意冷时，一位中年男士走进了办公室和考官耳语了几句。在他离开时，她听到人事主管小声说了句"经理慢走"。那位男士离开时从王小姐身边经过，给了她一个善意鼓励的眼神，王小姐忙起身，毕恭毕敬地对他说："经理您好，您慢走！"后来王小姐顺利地得到了这份工作。人事主管告诉她，本来根据她那天的表现，是打算刷掉她的。但就是因为她对经理那句礼貌的称呼，让人事部门觉得她对行政客服工作还是能够胜任的，所以对她的印象有所改观，给了她这份工作。

在日常生活中你可以称他为伯父或是叔叔，但在工作之时，你却应该称他为经理或是主任之类，这样才不至于被人误解。一些老辈的人叫他"铁公鸡"，如果身为晚辈的你也随他们的称呼称他为"铁公鸡"，则很有可能遭到责骂。

曹禺剧作《日出》的顾八奶奶，唯恐别人说她老。不识相的福生当她的面说："怪不得她老人家听腻了，您想，她老人家脾气也是急躁一点，再者……"没等说完，惹得顾八奶奶火冒三丈，呵斥道："去！去！去！什么'她老人家'，'她老人家'的，我瞅见你就生气，谁叫你进来给我添病的？"

可见，称呼不妥当，必将会引起对方的不满，当然会影响到应酬效果。

那么我们在应酬中如何正确地称呼别人呢？下面总结了几处：

1.在国际交往中，一般对男子称先生，对女子称夫人、女士、小姐。已婚女子称夫人，未婚女子统称小姐。不了解婚姻情况的女子可称小姐，对戴结婚戒指的年纪稍大的可称夫人。这些称呼可冠以姓名、职称、衔称等。如"布莱克先生""议员先生""市长先生""上校先生""玛丽小姐""秘书小姐""护士小姐""怀特夫人"等。

2.对地位高的官方人士，一般为部长以上的高级官员，按国家情况称"阁下"、职衔或先生。如"部长阁下""总统阁下""主席先生阁下""总理阁下""总理先生阁下""大使先生阁下"等。但美国、墨西哥、德国等国没有称"阁下"的习惯，因此在这些国家可称先生。对有地位的女士可称夫人，对有高级官衔的妇女，也可称"阁下"。

3.君主制国家，按习惯称国王、皇后为"陛下"，称王子、公主、亲王等为"殿下"。对有公、侯、伯、子、男等爵位的人士既可称爵位，也可称阁下，一般也称先生。

4.对医生、教授、法官、律师以及有博士等学位的人士，均可单独称"医生""教授""法官""律师""博士"等。同时可以加上姓氏，也可加先生。如"卡特教授""法官先生""律师先生""博士先生""马丁博士先生"等。

5.对军人一般称军衔,或军衔加先生,知道姓名的可冠以姓与名。如"上校先生""莫利少校""维尔斯中尉先生"等。有的国家对将军、元帅等高级军官称阁下。

6.对服务人员一般可称服务员,如知道姓名的可单独称名字。但现在很多国家越来越多地称服务员为"先生""夫人""小姐"。

7.对教会中的神职人员,一般可称教会的职称,或姓名加职称,或职称加先生。如"福特神父""传教士先生""牧师先生"等。有时主教以上的神职人员也可称"阁下"。

8.凡与我有同志相称的国家,对各种人员均可称同志,有职衔的可加职衔。如"主席同志""议长同志""大使同志""秘书同志""上校同志""司机同志""服务员同志"等,或姓名加同志。有的国家还有习惯称呼,如称"公民"等。在日本对妇女一般称女士、小姐,对身份高的也称先生,如"中岛天野先生"。

趋炎附势只会让人瞧不起

有很多人在与重要人物的应酬时,往往喜欢趋炎附势,一味顺着对方的话说,阿谀奉承,这其实是不对的。如果你过于趋炎附势,你就会显得毫无主见,对方也会觉得你是个想巴结他的人。这样一来,你再想表达自己的观点,或是进行生意谈判,就会陷入被动的局面。

宋真宗时,聊城人李垂考中进士,先后担任著作郎、馆阁校理等官职。

李垂很有才学,为人正直,对当时官场中奉承拍马的作风非常反感,因此得不到重用。

当时的宰相丁谓,就是用阿谀奉承的卑劣手法获取真宗欢心的。他玩弄权术,独揽朝政。许多想升官的人都不住地吹捧他。有人对李垂不走丁谓的门道不理解,问他为什么从未去拜谒过丁谓。

李垂说:"丁谓身为宰相,不但不公正处理事务,而且仗势欺人,有负于朝廷对他的重托和百姓对他的期望。这样的人我为什么要去拜谒他?"

这话后来传到了丁谓那里,丁谓非常恼火,借故把李垂贬到外地去当官。

宋仁宗即位后,丁谓倒了台,李垂却被召回京都。一些关心他的朋友对他说:"朝廷里有些大臣知道你才学过人,想推举你当如制诰(为皇帝起草诏书等的官员)。不过,当今宰相还不认识你,你何不去拜见一下他呢?"

李垂冷静地回答说:"如果我30年前就去拜谒当时的宰相丁谓,可能早就当上翰林学士了。我现在年纪大了,见到有的大臣处事不公正,就常常当面指责他。我怎么能趋炎附势,看别人的眼色行事,借以来换取他们的荐引和提携呢?"

他的这番话又传到了宰相耳里。结果他再次被挤出京都,到外地当州官。

李垂就是因为正直,不趋炎附势而两次被小人借机排挤出京城。

在当今社会要想在应酬里出人头地，赢得上司的青睐和同事间的和睦，获得好人缘，不一定要趋炎附势、阿谀奉承，其实获得良好的人际关系可以有好几种方法：赞成他人的意见，帮助他人做事等，趋炎附势的人可能会得到一时的好处和大家的善待，但是这是不足以在建立人际关系中立于不败之地的。

在应酬中，有些人的"赞美"总让人感到恶心。他们总像一只"哈巴狗"一样，不分任何场合和时间，巴结他遇到的每一个人，什么过头的话他都说得出口，他们认为向上司大献殷勤就能轻而易举地得到提升，而不想通过努力工作而获得成功。

"瞧瞧、瞧瞧，这套装穿在丁总身上，简直就像是为你量身设计的一样，这小翻领最适合圆脸，这色彩搭配让您显得年轻了起码 20 岁，谁要说不是，我和他急！"办公室的刘小姐说得眉飞色舞。其实，大家都知道，丁经理已人到中年、身体发福，那套衣服并不适合他，而那颜色更显出了他的肥胖。

但是同事刘小姐，却能把套装说得与上衣搭配得天衣无缝，不光如此，丁经理任何芝麻大的一点小举动都要被这位刘小姐夸大为"西瓜"，而丁经理也十分乐意消受。刘小姐也被大家私下里讥笑为"马屁精"。

应酬中，戴高帽是很正常的一件事。几乎每个人都戴过和被戴过高帽，诸如你年纪轻轻就开了这么大的一家公司！你是公司里最漂亮的女孩！你没当领导简直就是你们老板眼力有问题！你这条衬衣和西裤搭配得真是没得说……只要有人、有利益就有阿谀奉承、趋炎附势。

在职场上，阿谀奉承也许会让你的上司一时间觉得，对你深感喜爱，但是长远来看，你不但会失去上司对你的好感，更会得到同事们鄙夷的目光，使他们渐渐地疏远你，把你孤立起来。

聪明的人不会这样，奉承别人并不是建立良好的人际关系，使自己的工作得以顺利完成、目的得以顺利实现的一种方法。让周围的人讨嫌、厌烦，对自己有什么益处呢？这只能让你成为不被大家喜爱的人而已。反过来讲，如果不趋炎附势，看人下菜碟，虽然看似自己交了很普通的人，但是也会有意想不到的好运。

相信大家都听说过全球赫赫有名的希尔顿饭店首任经理的传奇故事。故事情境是这样的：

一天夜里，已经很晚了，一对年老的夫妻走进一家旅馆，他们想要一个房间。前台侍者回答说："对不起，我们旅馆已经客满了，一间空房也没有剩下。"看着这对老人疲惫的神情，侍者又说："但是，让我来想想办法……"他不忍心深夜让这对老人出门另找地方投宿。

于是好心的侍者将这对老人引领到一个房间，说："也许它不是最好的，但现在我只能做到这样了。"老人见眼前其实是一间整洁干净的屋子，就愉快地住了下来。

第二天，当他们来到前台结账时，侍者却对他们说："不用了，因为我只不过是把自己的屋子借给你们住了一晚——祝你们旅途愉快！"原来如此。侍者自己一晚没睡,他就在前台值了一个通宵的夜班,两位老人十分感动。

没想到有一天,侍者接到了一封信函,聘请他去做另一份工作。原来,几个月前的那个深夜,他接待的是一个有着亿万资产的富翁和他的妻子。富翁为这个侍者买下了一座大酒店,深信他会经营管理好这个大酒店。

这是一个典型的雪中送炭终有好报的故事,而其核心是这个年轻侍者的热情,他真心地帮助一对年老而疲惫的夫妇,而没有计较账单。幸运的是他的真诚感动了这位传说中的富豪,所以他获得了巨大的回报。

面对处于困境的人,趋炎附势的人肯定会置之不理,根本不会提供任何帮助。可是这个善良而又热心的侍者不计回报地帮助了这对老夫妻,却收获了意想不到的硕果。

批评别人要有技巧

在应酬中谁都有忍不住批评别人的时候,但是无论是因为什么事情,谁都不愿意成为被批评的对象。但当用喜笑怒问的玩笑方式批评别人时,别人就会欣然接受。

说话是一门艺术,如何把想说的话说好是很多人都在苦苦探讨的问题。其实,要把好话说好、说妙并不难,难的是把批评的话也说得好、说得妙,让被批评的人听后不是"暴跳如雷",而是欣然接受。

在批评别人时,会批评别人的人都会避开直言直语,用委婉的、喜笑怒问的玩笑方式批评别人,由于这种批评方式既温和又巧妙,因此很容易让对方接受。

有一家从事 IT 的公司,公司的普通员工待遇很差,员工苦不堪言。公司经理之所以不肯改善员工的待遇,是因为他认为下级员工是庸才,对公司不够忠心,工作不努力,而且多数人兼职。当有人拿同行业的其他公司做对比时,该经理说:"他们公司的员工都是科班出身,不像我们公司的员工都是杂牌军。"

有一天,该公司的一位主管针对公司近来迟到人数逐渐增多这一现象,对经理说:"员工简直没法到公司上班。"

"为什么?"经理奇怪地问。

"坐出租车吧,车费太贵;坐公交车吧,又挤不上去;而且每个月为了坐车所支出的车费,让员工负担很重。那么,他们怎么才能解决这个问题呢?"这位主管回答说。

"以步当车,一文不费,而且可以借此运动身体,不是很好的办法吗?"经理说。

"不行,鞋袜磨破了,他们买不起新的。我倒有一个办法,希望经理出一个布告,提倡赤足运动,号召大家赤脚走路上班,这个问题不就解决了吗? 谁让他们命运太坏,生在这个时候! 谁让他们不去想发财的门路,却当苦命的员工,他们不坐出租车、公交车,只能光着脚到公司上班,这就活该!"主管说完随即摇了摇头。

这位主管一面说,一面笑,说得公司经理也不好意思地笑起来,只好同意改善一下下属的待遇。

在这里,该公司主管批评经理的方法就是"喜笑怒问"。他用责备下属的语气,尽情表露他们的苦衷,用反面的方式表达正面意思:公司待遇太低。在语气上是喜笑,实质上是怒问,是批评。

无论为了什么事情,没有人愿意挨批评。但当用喜笑怒问的玩笑方式批评别人时,别人就会欣然接受。有这么一位老师,他的批评简直就是一种艺术。

那是在一次期中考试之后。他发现班上的女生普遍考得比男生好,就在班务会上给大家讲了下面这个故事。

昨天我做了个梦,梦见我的老师在课堂上问我:未来想当男生还是想当女生。我就回了一句"当女生"。我的老师就问我:"为什么?"我说:"男生与女生下棋时,要是女生赢了,她立刻就会被大伙称为女才子;要是输了,人们也不会责怪她。可男生就惨了,要是他下赢了,肯定没人说他是男才子;可要是下输了,人们又立刻说他是个大草包。天!亏不亏!"听完老师说的这个奇怪的梦,大家全都笑出了声。

接着,老师又从容地说:"不过今天我不说梦,而是要表扬咱们班的女生。为什么?因为她们考得好。超过了男生!这说明不仅下棋,考试也一样,女才子特别多!因此,我既要为我们班女生们的胜利而骄傲,也要为我们班男生们的谦虚而骄傲!"

话音刚落,大家又一次快活地笑了!女生们笑,因为老师在夸她们;男生们笑,则是因为老师的妙侃是对自己一个极巧妙的批评。

将批评的意思隐藏在玩笑背后,用玩笑的方式委婉地批评他人,如果运用恰当,将会起到意想不到的效果。

所以在应酬时把批评的意思隐藏在玩笑背后,这种批评方式值得大家借鉴。因为这样的批评方式比较委婉,不伤对方的面子,对方也容易听得进去,而且对方一旦认识到自己的错误,就会接受批评,并立即改正错误。

不要把讨论变为争吵

在日常应酬中很容易因某件事看法的不同而出现分歧,完全可以通过讨论消除分歧,但不要争吵。只要出于善意,讨论时对事不对人,同样会令双方像促膝长谈一样有所收获。

同事之间,朋友之间,为公为私都不会出现太大的原则性冲突,即使有矛盾、有争议,那也纯属正常,完全没有必要扯着嗓子,怒气冲冲地大声争吵。聪明的人不仅深知发脾气是最愚蠢的解决问题的方式,而且还可以根据一个人在什么情况下发脾气来测定这个人的肚量和成就究竟有多大。

小雅是一家纺纱厂的工业工程督导,她才华横溢、雷厉风行,深得领导器重。只是由于小雅过于自信并且脾气暴躁,经常与同事、下属发生争吵,而吵过之后,小雅就全忘了。别人心里却始终不痛快,私下里送给她一个绰号:"怒吼的母狮子"。这让小雅很委屈,也很苦恼。在读了富兰克林对于如何控制脾气、以柔克刚的自述后。她很受启发,开始学着控制自己的脾气,不再轻易与同事争吵,哪怕明知自己是正确的。

她在给另一个从事管理工作的朋友介绍心得时说:"我的职责的一部分是设计及保持各种激励的办法和标准,以使作业人员能够生产出更多的纱线,而他们也能赚到更多的钱。在只生产两三种不同纱线的时候,这个办法还不错,但最近通过扩大产品项目和增加生产产量,以便能生产12种以上不同种类的纱线。原来的办法便无法再按作业人员的工作量大小付给他们合理的报酬,因此也就无法激励他们增加生产量。我已经想出一个新的办法,根据每一个作业人员在任何一段时间里所生产出来的纱线等级,给予适当的报酬。想出这套新办法之后,我参加了一个会议,决定向厂里的高级职员证明我的办法是正确的。我详细说明过去的办法是错误的,并指出那种办法不能给予作业人员公平待遇。同时介绍了我所准备的解决办法,但我完全失败了,我太忙于为我的新办法辩护,而没留有余地。让他们能够不失面子地承认老办法上的错误,我的建议只好胎死腹中。经过一番痛定思痛之后,我深深地认识到我所犯的错误,我请求召开另一次会议,而在这一次会议中,我请他们说出最好的解决办法。在适当的时候,我再以低调的建议引导他们按照我的意思把办法提出来,等到会议结束的时候,我把我的办法提出来,他们热烈地接受了这个办法。"

遇到分歧,完全可以通过讨论消除分歧,但不要争吵。那种毫无分寸和理智的争吵,一方激烈地攻击另一方,同时拼命地维护自己,这是有良好教养的人所不为,也不该为的事。

因此,讨论的原则是要用无可辩驳的事实及从容镇定的声音,努力不让对方厌烦,不迫使对方沉默而达到说服对方的目的。

应酬相处有分歧时,如何说话才能避免争吵,或者让争吵转化为讨论呢?不妨试试以下方法:

保持冷静、理智

只要一个人能静下心来认真听对方说,对方也会愿意听这个人讲;如果能让自己专注于问题的讨论而不是感情用事或固执己见,那么讨论就不至于演变为争吵。

语气温和，态度和蔼

在应酬时与人说话时，语气要温和，态度要和蔼，要让别人觉得这个人有亲切感，而不是一开口就把别人顶回去。不要用命令的口吻与同事沟通，与别人说话时，不要用手指着对方，那样会让人觉得这个人没有礼貌，或是让人觉得这个人是在侮辱他。如果大家的意见不统一，不能自以为是地强迫别人听从自己的意见，大家有不同意见可以暂时保留，对于那些非原则性问题，不必争得面红耳赤、你死我活。

切忌说出伤人的话

如果说话的声音越来越高，甚至说出"我认为你这种想法愚蠢透顶"这样的话，那讨论就变成一种伤害他人的反驳了。这时，旁观者焦虑不安，朋友躲到一边去，结果为赢得一场争吵而失去一位朋友，实在是得不偿失。

说话得体，不卑不亢

在应酬中，无论与谁说话，都要注意分寸、讲究方式方法，最关键的一条是要得体。不卑不亢的说话态度，优雅大方的肢体语言，文明礼貌的话语……这就是语言的艺术，掌握了这门艺术，说话就会更自信。

积极辨明，明确责任

被别人批评或指责，应该诚恳而虚心地听取，但并非说一定要忍气吞声，不管对方说得对不对都要接受，遇到原则问题时要勇于辩论，以分清大是大非。

第四章　抓住应酬中的贵人

朋友多，贵人就多

有一句话叫："成功，不在于你知道什么或做什么，而在于你认识谁。"在这个世界上，到处可以看见很多有才华的"穷人"。他们才华横溢，能力超群，有的甚至有着上天入地的本领，但为何最终却落了个一事无成的下场呢？

如今已不再是单枪匹马闯天下的时代，每个人都要在合作中求生存。所以，千万不要再抱怨自己怀才不遇了，倘若你真的是千里马，只需扩大交际圈，你的处境就会彻底改变！自己走百步，不如贵人扶你走一步。所以，我们一定要多结交高含金量的"重量级人物"，这样才能在人生路上左右逢源，立于不败之地。

的确，人脉在现今社会的地位极其重要。卡耐基曾经指出，培训的目的不是专业知识而是人际能力，人脉是一个人通往财富的入场券。

当今社会是一个靠组织、靠团队成功的时代，过去一人一枪的"英雄主义"策略，在如今看来只是一个笑话罢了。朋友，就是人脉和事业组织的基础。懂得活用朋友的资源，就相当于拥有了千军万马的兵力。然而，"友"能载舟也能覆舟，要真正活用朋友资源，就要懂得如何经营你的朋友网，懂得活用你所讨厌的"损友"和"恶友"，你才能轻轻松松靠朋友迈向成功。

现在的我们处在一个团队的年代，谁都不可能成为关云长那个过五关斩六将的英雄人物，而应该如牛顿所说的：我的成功是因为我站在巨人的肩膀上。如果你不去争取别人的支持和帮助，什么事都想单枪匹马地自己一个人去做，那么无论你有多么优秀，其最终都会是隐患无穷的。

成功者的角色应该是一个主动寻求别人的帮助和支持的角色。不重视他人，忽视他人的帮助和支持，不管你是大人物也好，小人物也罢，也不管你是政客、还是企业巨头，到头来你都会落得个好梦难圆。

如何建立人脉网，人脉越宽，事情就越好办。一个优秀的人，往往能影响他自己身边的人。好人脉是成大事者的最重要的因素，也是必备的条件。

当我们办事不顺或者四处碰壁的时候，你往往会发现，如果能和这件事的关键人物牵扯上任何关系，做起事会顺畅很多。

这种与关键人物取得联系的有利条件，就是"人脉网"赖以存在的基础。事实上，人脉关系越宽广，做起事来就越方便。每一个人，都希望得到那些有一定的背景的大人物的帮助，使他们在事业的发展上，能够少遇些障碍。由此可见，有技巧地搭建丰富有效的人脉关系是我们到达成功彼岸的不二法门。

结交贵人的方法

天下如果有一辈子都不走运的人，那很可能是他没有足够的人缘基金。记住，能够对你有所帮助的人，不是毫无机缘地就会出现的。人脉资源网络的建设需要你用心地寻找和发现，需要积极主动地投入和参与。

有人可能凭机遇获得一份好差事，却不能凭机遇去保住它。只有专注于工作本身，为理想充实自己的人，才会遇到真正的机遇。

从很多知名成功人士的身上，我们最能明显看到的优秀品质就是超人的交际能力。善于结交朋友，建立有效的社交圈，寻求前辈们的指导，对每个人来说都是基本的职业技能。

结交"贵人",建设人脉的前提是认识更多的人。但我们大多数人都是生活在一个既定的生活圈子内,自己的生活范围内既没有增加新的朋友,也没有新类型的社交活动。这样的状况对于我们寻找更多的帮助我们成功的贵人相当不利。

人脉建设就是要跨越这种熟悉带来的"舒适地带",转而开创一个更新、更广的生活圈子。为此,我们更应该积极参加社交活动,开拓新的社交场所。

在我们的人脉关系发展中,总会有"关键人物"需要花费一些精力重点攻克,而且遇到的困难相对也会更多,那么,应该如何有效地打通这些关键人物呢?

俗话说"一把钥匙开一把锁"。再精密的锁也有钥匙开。抓住了与关键人物有着亲密关系的边缘人物,就是抓住了攻坚的重点。

下面介绍几种常见的"边缘人"及打通关系的技巧。

赢得对方夫人的信任

中国人都知道利用"枕边风"好办事,有时候,当你想要赢得某人的信任时,最重要的是先赢得对方夫人的信任。

利用"枕边风"达到求人的目的,这种做法古已有之。历览二十五史,此类故事比比皆是。

可见,利用"枕边风"是求人办事的一个重要手段,巧妙地加以利用,往往会收到意想不到的效果。当然,与现代人的太太们交往,更需要有技巧,最基本的三个原则是:礼仪、信任、实际利益。

拓展人际关系时还有一个很重要的原则,就是不要涉及对方的私生活,尤其是初相识的朋友。

不妨走一走老人、孩子路线

求人办事,所求之人如果正当年富力强,刚好是"上有老,下有小"的年龄,那么,在必要的时候,除了走夫人路线外,走一下老人、孩子路线,迂回接近目标,拉近彼此的感情,也是办成事的方法。正因如此,走老人和小孩的路线更容易达成目的。

老人因年岁高而退职在家,缺少人际交往,心里常常觉得孤单。如果有人主动接近老人,哪怕是暂时解除老人的孤单,老人也非常乐意。再者,心理学表明,老年人较中青年人柔和、慈善得多,也容易接近。

小孩淳朴,喜新、好奇、爱动,一个玩具、一段故事、一声哄捧就能很快赢得小孩的亲近。

一般地说,老年人见多识广,阅历丰富,精神仓库里贮藏有大量感性或理性的"经验产品",一有机会,他们总乐于滔滔倾诉,希望能影响、感动后人。只要你表示出愿意做老人的听众,他们总乐于主动招呼,热情交谈。

至于小孩，你若真诚地以童心相待，带给小孩新奇欢乐，小孩绝对不会拒绝你。一句话，老人、小孩由于特殊的生理和心理原因，他们喜欢你的接近。

中国人注重传统，老人是长者，孩子是希望。假如老人心旷神怡，孩子快乐健康，全家就会随之活跃和愉快。

对老人务必态度谦恭，心性美善，行为礼让。这一方面表现你的虚心、诚实，一方面显出你对长者的尊重、敬仰。

小孩天性乖巧，要用忠诚、童稚去换取欢悦，千万不能居高临下，装腔作势，虚情假意。

生意场上，总是会遇到各种各样的难关，所以在一开始就要为自己做好打算，如果当面求人办事有些麻烦，那么这个人身边的人就是帮你渡过难关的突破口。

不要被贵人蒙蔽了双眼

我们每个人的生命和时间都是有限的，如何在有限的时间里抓住生命中的"贵人"，是我们事业晋升、生意成功的关键之一。和"贵人"的应酬，关系到你未来的发展。不过在这之前，我们一定要擦亮双眼，看清楚究竟谁是你生命中的"贵人"。

所谓的"贵人"，就是对你有所帮助、愿意适时伸手拉你一把的人，他们不求回报，甚至对你毫无所求。每个人的生命中，都可能存在着许多"贵人"。有的是他们主动对你伸出援手，有的需要你擦亮眼睛，主动出击，捕获这些可以利用的"贵人"。

要选择"贵人"，一定要选择恰当的，选择最好的，选择顶尖的。他们一定要有影响力，他或她所代表的公司一定是有前景的，一定是有潜力的，而且是正当守法的。那么，如何才能擦亮双眼，看清楚谁是"贵人"呢？重要的是要主动寻求机遇。有人可能凭机遇获得一份好差事，却不能凭机遇去确保它。只有专注于工作本身，为理想充实自己的人，才会遇到真正的机遇。

机遇不是侥幸得来的，洲际大饭店的总裁罗拔·胡雅特，他的经历有很多值得相信"机遇"的青年人仔细回味的地方。

胡雅特是法国知名的观光旅馆管理人才。可是他当年初入这行时，不仅对这一行懵懂无知，而且带着几分勉强的心情。这样的工作方式，当然谈不上机遇不机遇了。

刚进去的时候，胡雅特很不适应，便想离开，但他母亲认为，抱着怜悯自己、同情自己的心理，改变主意，以后就会形成习惯，一遇到困难就打退堂鼓，最终将会一事无成。胡雅特最后还是坚持回到训练班，结果以第一名的成绩毕业，并侥幸进入罗浮的关系企业——巴黎柯丽珑大饭店。

胡雅特进去当侍应生，但他知道，观光大饭店接待的是各国人士，必须有多种语言的能力,才能应付自如。于是,他在工作之余开始自修英语。3年之后。柯丽珑大饭店要选派几个人到英国实习,胡雅特因语言优势被录取。

在英国实习一年回来后,胡雅特由侍应生升为了领班。接着,他获得一个机会到德国广场大饭店实习。这时候,胡雅特已经具备英、德、法三种语言能力,但还一直没有机会去美国看看,于是他决定请假自费到美国看一看。经理破天荒地决定特准予他公假,以公司名义去美国考察,一切费用由公司承担。

胡雅特一到美国就去拜见华尔道夫大饭店的总裁柏墨尔,并把经理的亲笔信交给他,请他给自己一个见习机会,并要求从基层做起。

胡雅特真的从擦地板开始做起。胡雅特的做法给他带来了好运。有一天,华尔道夫的总裁柏墨尔到餐厅部来视察,看到胡雅特正在趴着擦地板。他跟这位来自法国的青年见过一面,印象颇为深刻,见他在擦地板,不禁大为惊讶。

"你不是法国来的胡雅特吗?"柏墨尔走过去问。

"是的。"胡雅特站起来说。

"你在柯丽珑不是当副经理吗? 怎么还到我们这里擦地板?"

"我想亲自体验一下,美国观光饭店的地板有什么不同。"

"你以前也擦过地板吗?"

"我擦过英国的、德国的、法国的,所以我想尝试一下擦美国地板是什么滋味。"

"是不是有什么不同?"

"这很难解释。"胡雅特沉思着说,"我想,如果不是亲自体会,很难说得明白。"

柏墨尔的眼睛里突然闪起一道亮光,用力注视了他半天,才说:"你等于替我们上了一课。胡雅特,下班后,请到我办公室来一趟。"

这次的相遇使胡雅特进入了美国的观光事业。自此以后,胡雅特的事业蒸蒸日上,一直干到洲际大饭店的总裁,手下有64家观光大饭店,营业范围达到世界45国。

机遇究竟在什么地方,你我都不知道。然而对于胡雅特来说,他的机遇就是趴着擦地板的那几分钟,因为在这几分钟里,他遇到了改变他生命轨迹的"贵人"。更重要的是,他没有因为自己正在干着擦地板的活儿而感觉到身份卑微,或者自轻自贱,而是结合自己以往的经历,为自己的工作找到了一个合理的解释,从而赢得了"贵人"的赏识。

小薇大学毕业后考进了著名的跨国公司,她知道自己的英文很烂,便死记硬背了所负责产品的英文解说词。一天下班后,她单独留在办公室,进来一位中年人,找个座位坐下来就开始用电脑工作。这时,一个客户电话打进来,正好碰上小薇所负责的产品,因为熟练,她用英文"精彩"演绎了一番。电话接完,中年人抬起头,说了一句:你是小薇? 英文很棒嘛!

这位是小薇老板的老板的……的老板,中国区的董事长。自此,受到大老板鼓励的小薇信心大增,英文也是一日千里。而董事长也经常问起那个英文很棒的小姑娘工作如何,出色吗?引得小薇的老板和同事们惊讶无比。

接下来就是灰姑娘变公主、丑小鸭变天鹅之类的职场成功故事了。

有贵人相助是人生极大的幸运,连算命先生在出售各式定心丸时,都拿"命中有贵人"当个金牌丹药。而职场新人抓住身边的贵人,是职业发展的窍门之一,也是职业成熟度颇高的标志。

通常意义上的贵人,是指身边那些握有资源、权力的人。如果职场新人有这种功利的想法,那可太幼稚了。想抓住贵人,必要先能识别出贵人。拿贵人当凡人是有眼无珠,更有甚者,拿贵人当仇人,那真是命比纸薄啊。

你的上司;你接触到的成功人士;把露脸的任务、挑战性高的任务交给你的人;把脏活累活没人爱干的活儿硬塞给你的人;好为人师、对你絮絮叨叨的人;宽容的客户、挑剔的客户等等都是你的贵人,简单来说,主动与你打交道的人都是你的贵人。

道理很简单,对职场新人的阶段性目标来说,最大的幸运就是有机会来学习、历练,需要有人告诉你什么是对的,什么是错的,需要有人给你指点迷津,这远比靠自己去磕碰、领悟要来得效率高。

我们当然知道,抓住贵人的最高境界是被持有权力、资源的贵人认可并重视,授权和提拔,直奔成功。但是记住,这样的机会基本上不属于职场新人。只要你放弃了过高的预期,把注意力放在做好眼前的每件事上,像我一开始提到的小薇一样,也许哪天你就真的中奖啦!

抓捕贵人要用心

在日常交际中,每个人都希望自己在需要的时候,别人能拉他一把。但是与其等待别人拉你一把,不如及早主动出击,去培养"贵人"。这样你在遇到需要时,"贵人"就能从天而降,解决你的难题。那么如何抓住这个"贵人"呢?

到了一个应酬场合,首先要做的是观察这里的每一个人。寻找那些可能成为你的"贵人"的人。然后主动亲近他们,与他们保持联络,让他们对你有深刻的印象。在某个时机,他们就会发挥"贵人"的作用,在你需要帮助的时候,助你一臂之力。有些人跟你特别投缘,有兴趣的话题很相近,工作默契也足够,但这些人不见得是你的"贵人"。如果,他自己都不力争上游,你怎能期待他往上拉你一把。如果,他只喜欢谈论是非八卦,人际关系一定处理得不好,损友多过于益友,你怎能期待他给你正面的帮忙。如果,他对所有的事都看不顺眼,成天喜欢抱怨,你怎能期待他在你有困惑时提供客观的建议。

在建立好你的人际关系后,你要能够在你要结识的人最需要的时候,及时的锦上添花或者雪中送炭。即使他们暂时不会意识到你的关怀和爱心，当他们一旦知道你一直在为他们做着什么，他们就会感激你，并加倍地回报你，这时，你的"贵人"就开始发挥他举足轻重的作用了。

主动出击捕获"贵人"的方法并不难，难的是让对方对你产生好感，信任你并认为值得为你做点什么。不要先想求人家给你做点什么，先问问自己能为"贵人"做点什么，把"贵人"放在心里，"贵人"自然也不会刻薄地对待你。平时多下一份工，"贵人"把你记心中。

贵人之力，贵在使用

得到老板赏识，避免工作中的错误，这就是人力资源关系网带给马思宇的好处。只要善于利用，一个人的人脉网络能够提供足够的资源和力量。你所交往的人们，包括你的亲人和朋友，以及你认识甚至不认识的人，都是你潜在的资源，都会成为借力给你的贵人。因此，做人做事的有心人大都精通借助关系的力量和智慧之道，发挥别人的优势，成就自己的事业。古往今来，那些雄才大略、多有心机的人，无一不是将借人智慧和力量之道发挥得淋漓尽致。

"山重水复疑无路，柳暗花明又一村。"遇到困境时，往往并不是没有出路，而是你没有想出来怎么开辟新的出口。这个时候，寻求别人的帮助，借来一点力量，就可以让自己突破重围，找到新的机遇。

星期日的一个上午，一个小男孩在他的玩具沙箱里玩耍。沙箱里有他的一些玩具小汽车、敞篷货车、塑料水桶和一把亮闪闪的塑料铲子。在松软的沙堆上修筑公路和隧道时，他在沙箱的中部发现一块巨大的鹅卵石。

小家伙开始挖掘岩石周围的沙子，企图把它从沙中弄出去。他是个很小的小男孩，而鹅卵石却相当巨大。手脚并用，似乎没有费太大的力气，鹅卵石便被他边推带滚地弄到了沙箱的边缘。不过，这时他才发现，他无法把鹅卵石向上滚动翻过沙箱边墙。

小男孩下定决心，手推、肩挤、左摇右晃，一次又一次地向鹅卵石发起冲击，可是，每当他刚刚觉得取得了一些进展的时候，鹅卵石便滑脱了，重新掉进沙箱。

小男孩只得哼哼直叫，拼出吃奶的力气猛推猛挤。但是，他得到的唯一回报便是鹅卵石再次滚落回来，砸伤了他的手指。

最后，他伤心地哭了起来。这整个过程，男孩的父亲从起居室的窗户里看得一清二楚。当泪珠滚过孩子的脸膀时，父亲来到了跟前。

父亲的话温和而坚定："儿子，你为什么不用上所有的力量呢？"

垂头丧气的小男孩抽泣道："但是我已经用尽全力了，爸爸，我已经尽力了！我用尽了我所有的力量！"

父亲亲切地纠正道:"不对,我的儿子,你并没有用尽你所有的力量。你没有请求我的帮助。"父亲弯下腰,抱起岩石,将岩石搬出了沙箱。

人互有短长,你解决不了的问题,对你的朋友或亲人而言或许就是轻而易举的。记住,他们也是你的资源和力量,他们是时刻守护在你身边的贵人。要善于借力,个人的力量对自然、对社会而言,都是渺小的。因此,要完成一件个人之力所不能及之事,须善于借用外界、他人的力量,才能达到目的。

万科公司的董事长兼总经理王石特别能识才,当然,他更会使用人才。

一天,王石比较看重的一名员工打算离开公司,跳槽到另一家公司做业务经理。王石觉得这样太可惜了,如果能留住这个员工,肯定能继续为公司创造出更多的利润。因为这个员工不仅个人能力很强,将各方面的人际关系也处理得很融洽,积累了一些宝贵的人脉资源。有很多方面,这名员工都可以弥补自己的弱势。

王石经过一番思想的挣扎后,花了很大力气,说服这名员工留在万科公司。当年,在该员工的协助下,公司赚了几百万元,在深圳的几家上市公司中名列第二。

即使像王石这么有能力的人,也会意识到自己的能力有限,要借用贵人的力量才能实现目标。正所谓"巧借人力,顺势而为",现在已不是单打独斗的时代,借用贵人的权力或优势,去营造有利的氛围,化解遇到的种种难关,铺平道路,才能乘势而为取得成功。

古语有云:小智者,借物;中智者,借钱;大智者,借人;超智者,借势。善于借力,才能事半功倍。借普通人之力,成一时之小事;借贵人之力,成千秋伟业。借力,借势,白手起家者需要的不是金钱,而是智慧,因为一切你可以借来。

巧妙利用名人效应

人们总是有这样的心理,名人生活的环境是有着特殊之处,与名人有联系的必定是不一般的。基于这种心理,人们纷纷追逐、效仿名人,所以与名人沾边的东西也就容易成为抢手的东西。现代创富理念是:借助别人的人气给自己创造财富。巧妙利用名人效应,恰当和谐地处理和利用来自方方面面的种种人际关系,包括善于借用名人的声望地位,就可以轻而易举地实现自己的财富梦想。

在现代社会,借势这种手段已经在社会各个领域中广泛运用,而且大有日趋扩展之势。巧妙借名人的名气不失为一种提高自身形象,扩大自己影响的策略和技巧,如请社会名流为你题个词,请专家教授为你写的书作个序,作为提高你的身份和能力的资本,等等,借助实力人物的名声提高自己的社会知名度。

一时借名人之影响力都可以达到这么不同凡响的效果,那么如果能够与名人建立长久的联系并维持好友善的关系,岂不更事半功倍吗?其实,结交名人并不是什么难事,通过名人让更多的人认识自己,增加自己的影响力,这跟推销某种商品的性质是一样的，其途径不外乎就是要得到他人的认可。

正所谓"雀攀高枝"，聪明的你不妨顺势借用一下权贵，那么你很快就可以像他们一样"长袖善舞"了。一个人想要发展、成长，不能只接近一位名人或者"贵人"，而是应该利用众多名人联合起来的效应，这样才能取长补短，形成一张坚实的人脉网。他们可以帮助你了解业界最新的动态，甚至可以分享有关职位的机密消息。有了每一层阶梯的扶手，让你不至于一路走来，跌跌撞撞。名人的效应就能让你的一生改变，但大部分的人是无意识地寻找能给你带来这种效果的人。如果你能瞄准目标、精确出手，借用名人的知识、人脉、视野，必然可以在激烈的竞争中脱颖而出。

中国自南唐起欣赏小脚，以至于此后世代兴起缠足风，直到延续到民国时期。究其原因，也是李后主宠爱的名妃的名人效应——这个名妃用绫子缠足，脚小可人。"上有好之，下必其焉"，于是女人竞相仿效。

有个要卖马的人，一连卖了三天都无人过问，他就去见相马专家伯乐，说："我要卖一匹马，可一连三天都无人过问。请您无论如何帮助我一下。您只要围着我的马看几圈，走开后回头再看一看，我奉送您一天的花费。"伯乐同意了，真的去市场上围着马看了几圈，临走时又回头看了看，伯乐刚一离开，马价立刻暴涨了十倍。

只一位良师，他的专业、经验和视野及人脉关系可能不够宽广，对你的成长帮

伯乐相马

助可能有限。你需要不同的良师顾问，以充实你的"良师俱乐部"，那么他们就不再仅仅是上司、主管、良师而已，而成了助你飞黄腾达的"贵人团队"。在众多名人威望织成的大伞下，还愁没有机遇吗？

经常进行感情投资

不少人办事时抱着"有事有人，无事无人"的态度，把对方看成受伤后的拐棍儿，身体康复后随手扔掉。这种人大多数会被别人抛弃。当他求人帮忙办事时，相信没有人愿意帮助他。

人与人之间没有互信互助，则没有互惠互利；没有较深的感情，则没有彼此的信任。在平时与人交往中重视感情投资，不断增加感情，就是堆积信任度，保持和加强亲密互惠的关系。

人是感情的动物。你在感情的账户上储蓄，就会赢得对方的信任，那么当你遇到困难或求人办事，需要对方帮助的时候，就可以得到这种信任换来的鼎力相助。

女为悦己者容，士为知己者死。这就是感情投资的结果。韩非子在谈到驭臣之术时，只说到赏、罚两个方面。赏、罚自然是主要的手段，但这还不够，有时几句动情的话语、几滴伤心的眼泪比高官厚禄更能打动人。

吴起是一位名将，除了骁勇善战以外，与士兵同甘共苦，在士兵中享有崇高威望，也是他成功的重要方面。吴起在军队中总是和下级士兵们同甘共苦，穿一样的衣服，吃一样的食物，睡觉时不铺席，行军时不乘车，自己备粮食，并且主动解决士兵的苦恼。

有一次，一位士兵在阵前因为生了瘤而痛苦不堪，吴起见状毫不犹豫地用口将其瘤内的脓汁吸出。那位士兵和在场的人都感动不已。后来，士兵的母亲听到这个消息，忽然放声痛哭起来。旁边的人觉得很奇怪，就问她："你的儿子只不过是一个小小的士兵，却蒙吴将军亲自将他身上的脓吸出来，你应该高兴才对，为什么反而伤心地哭泣呢？"那位母亲回答："先夫早年也是蒙吴将军不弃，吸取他瘤里的脓，从此他跟随吴将军四处打仗，以此报答吴将军的大恩，最后死在战场上。如今吴将军又为我儿子吸出脓汁，这不是说明我儿子也将步他父亲的后尘吗？这叫我怎么不伤心呢？"

人非草木，孰能无情。在吴起"爱兵如子"的情感感召下，他与敌军交战时，都是每战必胜。将士们个个尽心竭力，效命疆场。

敢问情为何物，直叫人生死相许。乐于助人，多主动帮助别人，会不断增加感情账户上的储蓄。在工作上，在生意中，在交际时，对别人多一份相知，多一份关心，多一份相助，当你求人办事时，谁还会拒你于千里之外呢？

不妨说点善意的谎言

在面对病人时，善意谎言必不可少；在教育方面，善意的谎言也会对人产生积极的影响。

美国作家欧·亨利写过一篇题目为"最后一片叶子"的短篇小说，它讲述的故事是这样的：

在某公寓的一个房间里，住着一位身患重病的女人。她的房间外有一棵树，树叶在秋风的摇曳下，一片一片地飘落下来。病人守望着落叶，身体也随之每况愈下，一天不如一天。她想：当树叶全部掉完时，我也就要死了。

女病人的邻居——一位老画家得知后，被这种悲泣深深打动了，他用画笔画了一片能够以假乱真的叶子，固定在树枝上。寒冷的冬天到了，只有那片叶子还孤零零、顽强地挂在高高的树枝上。那位濒临死亡的女病人守望着那片唯一的树叶，心想那片叶子是那么顽强，能在寒风中傲立枝头，自己的生命也不能那么脆弱，是上帝为她留下了一片叶子,让她重新看到了生命的希望。于是她坚强地活了下来。

作为医生,面对一个生命垂危的重症患者,经常会宽慰病人说:"只要配合治疗,很快就会康复。"而几乎没有一个医生会对病人说:"你根本没有希望了,很快就会死。"

同样,作为亲友,在去探望病人时,即使知道他活不了几天了,也要与医生配合,把谎话接着编下去,让病人满怀信心地接受治疗。因为经常保持快乐的心情往往会创造出生命的奇迹,即使没有奇迹出现,让病人在生病的日子充满快乐和希望也是一种人道精神的表现。

教育学家通过研究发现,教师如果善用美好的谎言鼓励学生,学生则会树立信心,并且真正有所进步。

曾经有人做过这样的试验:把学习能力、成绩相当的初一学生分成三个小组,第一组经常给予表扬与称赞;第二组经常给以责备和批评;第三组既不给予表扬和称赞,也不给以责备和批评。

在授课时,让三个组的学生做一些具有相同难度的数学练习题。这个试验连做了一个学期,得出的结论是:第一组学生的成绩在不断上升;第二组学生开始有一些进步,后来就逐渐地停滞不前了,学习效果很差,以至于有人开始厌学;第三组学生最初成绩有所上升,以后成绩就开始停滞不前了。可见,能使学生实力倍增的谎言格外受到欢迎。

小李在一家商贸公司上班。一天下班后,他和同事小郑走在一起。小郑这些天心里很郁闷,和上司的关系十分紧张。

二人边走边聊,小郑控制不住自己的情绪,说了上司对他的种种不公平,还把上司的无知、浅薄及一些丑事统统信口说了出来。最后,怒犹未尽,忍不住又大骂了一通。

过了些日子,上司在小李面前也谈起了小郑,言语之间非常不客气,怒斥小郑不顾大局、平庸无能、不思进取、不善开拓等诸多缺点。最后,上司问小李,可曾听见小郑在他面前说过自己什么坏话。

小李是一个诚实的人,此时,他该怎么办呢?

无疑,小李面临两种选择:一种选择是不把小郑的话告诉上司,另一种选择是十分诚实地把小郑的话原原本本地告诉上司。

如果小李选择前者,上司的气会慢慢地消下来。

如果选择后者,上司会更加生气。生气之后他会进一步设想,小李在我面前讲他同事的坏话,肯定也会在其他人面前讲我的坏话。因此,对你也不能信任,至少要留一手。

上面的这件事,使用谎言能使三方面都得到好处;而讲实话却会让每个人都受到损害。

然而，要说好善意的谎言并不比说真话容易，首先我们应消除对谎言的偏见和犯罪感。只有做到这一点，我们才能把谎言说好。说好谎言应做到以下三点：

真实

谎言也是生活中的一种真实，是无法真实时的一种真实。有时候，人们无法表露自己的真实意图，只能选择一种模糊不清的语言来表达真实。当你的同事拿着新方案让你提建议，而你觉得实在太差时，却不可能直接告诉她："你做得太没有水平了。"这会让同事感到难堪。于是你只能模棱两可地说："你自己再看看。""你自己再看看"是一个什么样的概念，是不太好或是还可以？这就是假话中的真实。这样的谎言与违心的奉承和虚假的谄媚在本质上是有区别的。

必须

许多情况下，谎言非说不可。有时候说谎言是出于礼仪。就好比，当你应邀去参加单位或朋友的庆祝活动前遇到不愉快的事情时，你必须把自己的悲伤和恼怒掩盖起来，带着笑意投入欢乐的场合。这种掩盖是为了礼仪需要。

合情合理

这是谎言得以存在的重要前提，许多谎言明显是与事实不符的，但因为它合乎情理，所以运用适当的谎言同样能体现我们的善良和爱心。例如，妻子患了不治之症，作为丈夫应该让妻子知道病情吗？许多人会认为：不应该把事情的真相告诉妻子，也不应该在她面前流露痛苦的表情增加她的心理压力，应该让妻子在剩下的时光里生活得尽可能快活。当丈夫忍受着即将失去妻子的痛苦而说谎言时，他那与实情不符的安慰反而会带给我们感动，因为在这谎言里包含了丈夫对妻子的关爱以及对个人悲伤的克制。

第五章　注重应酬小细节

话题好坏，应酬关键

大家都知道，在日常应酬中，或多或少都会见到一些新面孔。面对一些陌生人，我们如何和他成为朋友，这就需要一个好的话题，这样才能拉好彼此之间的距离。

几乎任何话题都可能成为良好的谈资。只要我们在平时处处留意，就可以发现许多人们比较感兴趣的话题，如体育运动的近期赛事、小说、电影、美食、国际政坛、国家新闻、天气、名胜风光、电视节目以及个人的特殊经历等。

在平时应酬中，我们可以随时注意观察人们的话题，哪些吸引人而哪些不吸引人，为什么，原因是什么。自己开口时，便自觉地练习讲一些能引起别人兴趣的事情，避免引起不良效果的话题。

但是有些话题是不能在应酬场合中出现的。我们应该避免这些话题。首先应该避免你不完全了解的事情。一知半解、似懂非懂、糊里糊涂地说一遍，不仅不会给别人带来什么益处，反而给人留下虚浮的坏印象。若有人就这些对你发问而你回答不出，则会造成尴尬。其次是要避免你不感兴趣的话题，试想连你对自己所谈的都不感兴趣，怎么能期望对方随你兴奋起来呢？如果强打精神，是自受疲累之苦，别人还可能看出你的不真诚。

虽然，我们在和人应酬交谈当中，不可能时时都能使对方和自己产生共鸣现象，况且在现场中往往有第三者的存在，但是，只要能找到彼此都感兴趣的共同话题和嗜好，即使在交谈中产生失真问题，也不至于使气氛变得过于凝重。

我们常见许多人会面的时候，开始下面类似的谈话。甲："哈哈，今天的天气很不错哪！"乙："是的，很好，哈哈！哈哈！……"甲："你好吗？"乙："托你的福，你呢？"这样的开场白，看起来很平淡，似乎没有什么内容的，但是你假如注意一下他们的态度、语调，这"哈哈"的两声就表现着特殊的情感，这情感既不热烈，也不冷淡，而是从生活中磨炼出来的世故经验，一般人所说的阅历，就是指这个。你在社会上跟别人交际，你衡量别人，而别人也衡量你。当人们一看见你的时候，在他们的脑海中立刻起了一种反应，注意你的一切了，你无论笑一下，走动一下，或是微咳一声。因为，他要断定你是一个怎样的人？人们为了准确判断，于是悄悄地走近你的身边，含着微笑，一面用眼光不住向你打量，一面和婉地说："先生！您贵姓？您是……这是您……"多么有意思？他让你自己招供出来，你的回答就是衡量你的最厉害的标尺。如果你能从容不迫地向他还个礼，然后和婉地对答，你介绍你自己，你再询问他的一切，这样，你将被他初步认可。有些人被视为老练、持重，有些人被认为轻浮、狡猾，也有些人被认为连人情世故也不懂，你的口才至关重要。

有了话题，还要有言谈下去的内容。内容来自生活，来自对生活的观察和感受。往往我们可以从一个人的言谈看出他丰富的内涵及对生活的炽烈感情。这样的人总是对周围的许多人和事物充满热情。很难想象一个冷漠而毫无情致的人会兴致勃勃地与你交谈。

倾听别人的谈话

人与人应酬交谈时,最怕就是一个人在那正说得起劲时,其中一个人插话打断。所以在聆听别人讲话时,不要急于表达自己的意思,而且应善于聆听对方的谈话,这样才能使双方进行有效的交流。

卡耐基说过:"商业会谈并没有什么特别的秘诀,最重要的就是注意倾听对方的说话,这比任何阿谀奉承更为有效。这样简简单单的一句话,却蕴含着深远的意义,但是真正能做到这一点的人凤毛麟角。"

当然,这个聆听不是简单的客套,而是真正的认真地听,因为只有用心地听,才能判断和你在一起的是怎样的一个人,以及他想要表达的是什么,也只有认真倾听,才能听出对方的弦外之音,才能明了对方的心声。

小黄就是这么一个人,他的嘴比较笨,甚至可以说,他为人并没有什么特长。但他有一种认真倾听人说话的好耐性,有很多人都乐意向他吐露心事。

有一次,一位朋友赞美他,说他是"一个最热心待人的朋友"。后来有人问小黄,难道你曾经帮助过他?小黄摇了摇头说没有,想了很久,才说:"我和他最近很少来往,有一次出外旅游的时候在路上遇见他,当时他好像精神不太好,恰好碰见我,便向我滔滔不绝地说起工作上的一些难题,那时我并没有说太多,只是很认真地倾听他……"

丽萃在一次茶会上专注地听着一位刚刚从非洲旅行回来的男士讲非洲的所见所闻,几乎没有说什么话,但分手时那位绅士对别人说,丽萃是个多么擅长言谈的姑娘!看,这就是倾听别人说话的效果。它能让你更快地交到朋友,赢得别人的喜欢。当然,倾听不仅仅是保持沉默,用耳朵听听而已。

古希腊先哲苏格拉底说:老天赐予我们两个耳朵、一个嘴巴。很显然。那意思就是要我们多听少讲。

倾听的好处,不但可以帮助我们了解对方的内心世界、处境情况,而且可以显示我们是重视他的,从而使他对我们产生了信赖感。

相信大家都有这样的感受,对于关心的事物,每个人都会很自然地往前倾斜一下,这是因为任何人都会产生对关心事物尽量接近的心理。

当我们在倾听时,不妨有意地将上半身往前倾斜,这样会令人产生一种热心而积极的好印象。同时,要注意全神贯注地聆听,尽量不要做无关的动作。比如说:眼光切勿飘忽不定;不要做其他事情和显出不耐烦的样子;不要轻易打断对方谈话或接过话头代下结论;避免先入为主和固执己见的毛病。这样才能有利于应酬过程中取得对方的信任和好感。

多倾听,才能多了解对方的情况,不会在自己没了解实际情况前去作错误的决定,去发表不恰当的言论,让沟通更加的顺畅,在生活中我们的误会因为倾听会变得更加少,工作中因为倾听会变得更有效率,气氛变得更加融洽。

错了就应该认错

在我们的现实生活中,谁也难免因一时的疏忽或冲动而犯一些错误,敢于认错、勇于道歉是取得别人谅解和信任的最好方法。因为你这样做后,大家会认为你是一个真诚的人,会对你的错误一笑而过。

凡是生活在这个世界上的人,没有谁不犯错误。错误是我们学习生活和工作的重要一课,正是有了错,才使我们明白什么是对,怎样才能做对。古语有云:知错能改,善莫大焉。

相信大家都知道《负荆请罪》的故事:战国时期,赵王很看重蔺相如,引起了大将军廉颇的妒忌。廉颇很不服气,一直想给蔺相如难堪,但蔺相如都忍让着。下人很不解,问蔺相如:"您的地位比廉将军高,为什么要让着他?"蔺相如心平气和地问他们:"廉将军跟秦王相比,哪一个厉害呢?"大伙儿回答说:"那当然是秦王厉害。"蔺相如说:"对! 我连秦王都不怕,难道还怕廉将军吗?"他接着说:"因为我们团结,所以秦国不敢打我们,如果我们内部不团结,赵国就危险了。"这番话传到了廉颇的耳朵里,廉颇非常惭愧。他袒露上身,背着荆条,亲自到蔺相如家去认错。

在今日的社交场上,人们常常为了自己的立场和利益,即使是明知错误,也往往是放不下"自尊",不能痛痛快快地认错。

因为面子问题,找借口以求解脱,是所谓人之常情,在所难免的吧。但这并非是唯一的出路,也并非是一条阳光道。与其编造一些谎言或来个支吾其词,倒不如痛痛快快,坦率地向对方道歉。

美国创建国际管理集团的麦克·科迈克,在谈到这个问题时说:"首先,主动承认自己的过失是争取上司信任的一种巧妙的捷径,有勇气对自己的过失开玩笑的人必定对自己有坚定的信心,相信自己在其他方面的成就。第二,这里也有个行动问题,能够勇敢承认错误的人实际上在要求自己拿出修正错误的办法。第三,这个方法能为双方省下许多时间。"

"不知有多少次我希望别人有勇气,有风度,痛痛快快地承认自己的过失,而不是磨磨蹭蹭地先一件件地抖落自己的长处。"

既然认错有这么多的好处,在我们犯错后,何不来个痛痛快快? 何不暂时放下"自尊"呢?

在社会交往中,特别是某些重要的应酬活动,为了给对方一个完好的印象,迟到是应该绝对避免的。但一旦因特殊原因而不得不迟到时,该怎么办呢? 记住,千万不要为自己辩解,即使有天大的理由使自己的迟到正当化,也不要辩解。因为对方本来已经浪费了宝贵时间，一定想早一点进正题而不希望听辩解。但是，你应该说声"对不起"来要求对方宽容，可能的话，稍微解释一下，千万不可发表长篇演讲，而且在以后的应酬过程中都不应提起。

小李大学毕业后在一家公司做营销，工资1000多元，销售提成也是1000多元。用他自己的话说，这是要死不活的收入，与有车、有房的距离还很远。他一天到晚都在谋划赚钱。尽管绞尽脑汁，也找不着生钱之道。

一天他在茶馆邂逅一位客户，不到半小时就成交一笔生意，他认为机遇来了，应该好好把握住，就没像以往那样，让客户直接到公司提货，而是用低价把货从公司买出来，再交给客户，从中获利近万元。

照例说，小李不到半天就挣下这笔相当于自己四五个月工资的钱，算是找到挣钱的好门道，向自己的目标大步前进了，应该欢欣鼓舞才是，可是他闷闷不乐，高兴不起来。虽然他知道客户不是本市人，提了货就离开了，公司是无论如何也不会知道这笔生意的。但是自己总觉得做了对不起公司的亏心事，加上公司老总对自己也不错，越想越觉得这事做得太离谱了。

晚上以前小李的导师到小李家串门，见他愁眉苦脸地坐在沙发上。他的夫人忙说："老师，你来得正好……就为那事，你好好开导开导他。"导师问他："给公司造成直接经济损失没有？"他夫人接过话："给公司卖了那么多货，只不过利润少一点，哪有损失嘛！生意人就该唯利是图，哪个做生意的在讲良心？"小牛说："职工与公司应该同舟共济、休戚与共才是，哪能离心离德去肥私囊？"导师安慰他："这样赚公司的钱，至少老板是不满意你的，以后不做就行了，用不着那么自责。"

第二天小牛竟带着这次赚的钱和辞职书，走进了老总的办公室。老总了解情况后说："你这做法确实欠妥，但知错能改，善莫大焉！公司需要你这样坦诚的职工。你不能走！你赚的这笔钱就作为对你坦诚的奖励。"小牛说："不走可以，但这笔钱我不能要。我做了对不起公司的事，公司不处罚我，这就够了，我哪还好意思领奖啊！"

年终发奖时，小牛发现自己的奖金比别人多了1万元。

我们的日常中，也不乏这样的实例：虽然，做错了事情要承认错误，但这其中也涉及了这样的问题——认错的艺术。

记住别人的名字

一位著名语言大师说过："一种既简单但又最重要的获得好感的方法，就是牢记住别人的姓名，并且在下一次见面时喊出他的姓名。"姓名是人的标志，人们出于自尊，总是最珍爱它，同时也希望别人能尊重它。

饭局上，有个食客说，他曾和某名人吃过饭，而且握过手，握手时手心都出汗了，紧张又激动，心狂跳不止几乎要进出胸膛。顿时，饭桌上的人羡慕不已，一个劲地夸他。有人问："那个名人记得你叫什么名字吗？"他不太自信地说："应该记得吧。"

如果你与曾打过交道的人再次见面，能一下叫出对方的名字，对方一定会感到非常亲切，对你的好感也会油然而生；而如果只是觉得"眼熟"，再次向对方请教"贵姓"，双方一定觉得非常尴尬。当遇到一个奇怪的名字的时候，一般人是不愿意去记的，心想：算了！这么的难记，就叫他的小名好了，而且容易记。我们必须牺牲点时间，记住同事、客户、同学、朋友的名字，这会赢得别人好感。

小赵刚到一家新单位，有一天负责收发报纸的小伙子来送信件。他出门后，小赵问同事，他叫什么名字？同事有些惊讶，说："问这干啥？我也不知道。他这么胖，就叫胖子好了。"小赵一怔，同事工作了很多年，竟然不知道给他送了多年报纸的门卫的名字。

一天下午，天突然下大雨，下班后，小赵没有雨具，站在单位大门口张望，犹豫着打的还是等雨后再回家。门卫看到了他，他叫小赵名字，说："我这里有雨衣，你带回家吧。我晚上值班不要雨衣。"让小赵窘迫的是，自己竟然叫不出他的名字，叫了他一声"胖子"表示感谢。门卫似乎看穿了小赵的心思，热情地自报姓名。小赵穿上他的雨衣，准备回家，他说："你来了几天，我就记住你了。你经常收到报刊、信件、稿费单，真不错。"小赵故作谦虚地说："哪里哪里，写着玩呢。"末了，门卫有点不好意思，似乎欲言又止。小赵问："你还有什么事吗？"他回答说："请你以后不要叫我胖子好吗？叫我小路，或者直接叫我的名字好了。"小赵的脸一下子红了……

记住别人的名字，意味着对别人的重视和尊敬。因为一个人对他自己的名字比世界上所有的名字加起来还要感兴趣，我必须花一点必要的时间把别人的名字植根在自己心中，这是对朋友、同学、友人所有语言中最甜蜜、最重要的声音。记住他人的名字能给对方带来一种尊重感，给人以合作的心理，能很快缩短你和别人的距离。

每个人都有自己的名字，或普通或特别，也许这世界上有人和我们同名同姓，但是对每个人来说，名字都是独一无二的，别人叫出你的名字，意味着对你的肯定和承认。社会是复杂多变的，人际关系的好坏决定了人的成功程度，我们懂得一些交往技巧十分有必要，记住别人的名字和职务并恰当地称呼，特别能给予人良好的印象，能使对方感到你在关心他、喜欢他，使他愉快和欣慰，从而为自己打开一条通往成功的路。

雪中送炭得人心

有一句话叫作：锦上添花，不如雪中送炭。在人生的长河中，遇到困难的事是稀疏平常的事。这时候，凡是外来的点点滴滴的温暖，都会让人铭记在心。在关键时候拉人一把，雪中送炭，会让别人一直记得你的好。

大家都知道三国名将周瑜文武全才，但是周瑜刚开始并不得意，他曾在军阀袁术部下为官，被袁术任命为一个小县的县令罢了。

这时候地方上发生了饥荒，年成很差，兵乱间又损失不少粮食，粮食问题日渐严峻起来。百姓没有粮食吃，就吃树皮、草根，饿死了不少人，军队里的军士也饿得失去了战斗力。周瑜作为父母官，看到这悲惨情形急得心慌意乱，不知如何是好。

这时候有一名手下，说附近有个乐善好施的财主叫鲁肃，他家良田万亩，想必囤积了不少粮食，不如去问他借。周瑜带上人马登门拜访鲁肃，刚刚寒暄完，周瑜就直说："不瞒老兄，小弟此次造访，是想借点粮食。"鲁肃一看周瑜丰神俊朗，是个才子，日后必成大器，他根本不在乎周瑜现在只是个小小的县令，哈哈大笑说："此乃区区小事，我答应就是。"

鲁肃亲自带周瑜去查看粮仓，这时鲁家存有两大仓粮食，各有三千石，鲁肃痛快地说："也别提什么借不借的，我把其中一仓送与你好了。"周瑜及其手下一听他如此慷慨大方，都愣住了。在饥荒之年，粮食就是生命啊！周瑜被鲁肃的行为深深感动了，两人当下就交上了朋友。

后来周瑜当上了将军，他牢记鲁肃的恩德，将鲁肃推荐给孙权。

对身处困境中的人仅仅有同情之心是不够的，应给予具体的帮助，使其渡过难关，这种雪中送炭、分忧解难的行为最易引起对方的感激之情，进而形成友情。"成功可以招引朋友，挫败可以考验朋友。"正因为生活中总有一些人"一旦面临小利害，仅如毛发比，反眼若不相识，落陷阱，不一引手救，反挤之，又下石焉"，所以"雪中送炭真君子，锦上添花是小人"便成了人们评判君子与小人的标准。

常言道："滴水之恩，当涌泉相报。"其实，这"滴水之恩"也是分场合的，如果一个人处在极度的困境之中而你施加援手，那么他便可能会感恩一辈子；与之相反的是，一个人处在顺风顺水、春风得意时，你给他一点好处，他极有可能贵人多忘事。

20世纪70年代初，石油危机波及至香港。因为香港的塑胶原料全部依赖进口，香港的进口商趁机垄断价格，将价格炒到厂家难以接受的高位。不少厂家因此被迫停产，濒临倒闭。在这个关系许多企业命运的时刻，李嘉诚毫不犹豫地站到了风口浪尖。在他的倡议和牵头下，数百家塑胶厂家入股组建了联合塑胶原料公司。原先单个塑胶厂家无法直接由国外进口塑胶原料，是因为购货量太小，现在由联合塑胶原料公司出面，需求量比进口商还大，因此可以直接交易。所购进的原料，按实价分配给股东厂家。在厂家的联盟面前，进口商的垄断不攻自破。笼罩全港塑胶业两年之久的原料危机一下子结束了。李嘉诚在救业大行动中，还将长江公司的18万磅原料以低于市场一半的价格救援停工待料的会员厂家。直接购入国外出口商的原料后，他又把长江本身的20万磅配额以原价转让给需求量较大的厂家。危难之中得到李嘉诚帮助的厂家达几百家之多。李嘉诚因而被称为香港塑胶业的"救世主"。可见,在别人危难时伸手援助,可以为自己建立更深厚的群众基础,赢得更多的朋友。

你在关键的时刻帮人一把,别人也会在重要时刻助你一臂之力。初看起来这似乎是等价交换,然而,不管你是一个什么样的人,都不可能孤单一人打拼天下,尤其是要使自己的人生局面推广开来,更离不开与各种各样的人打交道。要想让别人将来帮助你,你就必须先付出精力去关心别人、感动别人,这样才能赢得别人回报的资本。因此,高明的为人技巧就是急人之难,雪中送炭。

送人玫瑰,手留余香

人在社会生存,与人交际必不可少。简单地说:一个人如果没有交际,那么他就无法在社会上生存。所以,每个人在生活中都需要好的人际关系,都希望与别人相处融洽,沟通意见,互帮互助。人际关系好的人,人们称他人缘好。人缘好的人,办事也变得非常容易。这就告诉我们平时要进行人脉的积累。一个简单的微笑、一束美丽的鲜花、一句真诚的问候、一声由衷的赞美等,都是交往中一些很普通的小细节,如果能在细微之处播撒爱,在细微之处赢得别人的认可,那么你收获的将不仅仅是好人缘,甚至还有无穷的机遇。

有舍才有得,舍小利才能取大利。为别人着想看似多此一举、自找麻烦。但是也因此,细心并不嫌麻烦的人更加容易成功。生活中,需要好的人际关系,与人相处时,慷慨一点先将那些微小的利益送给别人,最后获得更大的成功和利益。

我国有一个流传很久的故事:有一个僧人走在漆黑的路上,他看见有人提着灯笼向他走过来。这时,旁人说:"这个瞎子真奇怪,明明看不见,却每天晚上打着灯笼!"

僧人被那个人的话吸引了,等打灯笼的人走过来时,他便上前问:"你真的是盲人吗?"那个人说:"是的。"

僧人有些不明白:"既然这样,你为什么还要打灯笼呢? 是为了迷惑别人,不让别人说你是盲人吗?"

盲人说:"不是的,我听别人说,每到晚上,这里就没有灯光,所以我就晚上打着灯笼出来。"

僧人感叹道:"原来你是为了别人!"

盲人回答说:"不是,我是为了我自己!"

僧人更迷惑了,问道:"为什么呢?"

盲人说:"我是盲人,什么也看不见,但我从来没有被人碰到过。因为我的灯笼既照亮了路,也让别人看到了我,这样他们就不会因为看不见而碰我了。"

应酬金点子

图文珍藏版

还有一个故事：

有一个人被带去观赏天堂和地狱，以便比较之后能聪明地选择他的归宿。他先去看了魔鬼掌管的地狱。第一眼看去令人十分吃惊，因为所有的人都坐在酒桌旁，桌上摆满了各种佳肴，包括肉、水果、蔬菜。

然而，当他仔细看那些人时，他发现没有一张笑脸，也没有伴随盛宴的音乐或狂欢的迹象。坐在桌子旁边的人看起来沉闷，无精打采，而且皮包骨。这个人发现每人的左臂都捆着一把叉，右臂捆着一把刀，刀和叉都有4尺长的把手，使它不能用来吃。所以即使每一样食品都在他们手边，结果还是吃不到，一直在挨饿。

然后他又去天堂，景象完全一样：同样食物、刀、叉与那些4尺长的把手，然而，天堂里的居民却都在唱歌、欢笑。这位参观者困惑了一下子。他怀疑为什么情况相同，结果却如此不同。在地狱的人都挨饿而且可怜，可是在天堂的人吃得很好而且很快乐。最后，他终于看到了答案：地狱里每一个人都试图喂自己，可是一刀一叉以及4尺长的把手根本不可能吃到东西；天堂上的每一个人都是喂对面的人，而且也被对方的人所喂，因为互相帮助，结果帮助了自己。

这个启示很明白。如果你帮助其他人获得他们需要的东西，你也因此而得到想要的东西，而且你帮助的人越多，你得到的也越多。

人总是希望有所得，以为拥有的东西越多，自己就会越快乐。所以，这人之常情就迫使我们沿着追寻获得的路走下去。可是，有一天，我们忽然惊觉：我们的忧郁、无聊、困惑、无奈、一切不快乐，都和我们的欲望有关，我们之所以不快乐、不幸福，是我们渴望获取的欲望太强烈了。何不学会给予呢？给予别人他所需要的东西，你也就能得到更值得珍惜的财富。

生活从来不会主动向我们诉说什么，只有时间会告诉我们真理。帮助别人就是帮助自己。还有句老话："我为人人，人人为我。"要想收获就必须先给予，而关键是看准了就要大胆地去做。在帮助别人的同时，我们就已经与被帮助的人建立了此生再也分割不开的关系，而这种关系，是建立在理解、支持和患难见真情的基础上的，因此它牢不可破，自然会为你带来非同一般的回报。

别说"你错了"

当我们犯了错误时，并非意识不到犯了错误，只是顽固地不肯承认而已。所以，当你对一个人说"你错了"时，必然撞在他固执的墙上。

我们多数人具有武断、固执、嫉妒、猜忌、恐惧和傲慢等缺点，所以我们很难向别人承认自己错了。而且，一个人说错话或者做错事，总是有原因的，所以我们即使明知自己错了，也会强调客观原因，认为错得有理。

正如罗宾森教授在他的《下决心的过程》中所说："我们有时会在毫无抗拒或

热情淹没的情形下改变自己的想法,但是如果有人说我们错了,反而会使我们迁怒对方,更固执己见。我们会毫无根据地形成自己的想法,但如果有人不同意我们的想法时,我们反而会全心全意维护我们的想法。显然不是那些想法对我们珍贵,而是我们的自尊心受到了威胁……'我的'这个简单的词,是做人处世的关系中最重要的,妥善运用这两个字才是智慧之源。不论说'我的'晚餐,'我的'狗,'我的'房子,'我的'父亲,'我的'国家或'我的'上帝,都具备相同的力量。我们不但不喜欢说我的表不准,或我的车太破旧,也讨厌别人纠正我们对火车的知识……我们愿意继续相信以往惯于相信的事,而如果我们所相信的事遭到了怀疑,我们就会找借口为自己的信念辩护。结果呢,多数我们所谓的推理,变成找借口来继续相信我们早已相信的事物。"

有一位先生请一位室内设计师为他的居所布置一些窗帘。当账单送来时,他大吃一惊,意识到在价钱上吃了很大的亏。

过了几天,一位朋友来看他,问起那些窗帘时,说:"什么? 太过分了。我看他占了你的便宜。"

这位先生却不肯承认自己做了一桩错误的交易,他辩解说:"一分钱一分货,贵有贵的价值,你不可能用便宜的价钱买到高品质又有艺术品位的东西……"

结果,他们为此事争论了一个下午,最后不欢而散。

当我们不愿承认自己错了的时候,完全是情绪作用,跟事情本身已经没有关系。当我们错的时候,也许会对自己承认。如果对方处理得很巧妙而且和善可亲,我们也会对别人承认,甚至以自己的坦白直率而自豪。但如果有人想把难以下咽的事实硬塞给我们,那我们是决不肯接受的。

既然我们自己是这种习性,那么就可以理解别人也具有同样的习性,因此不要把所谓的"正确"硬塞给他。

有一位汽车代理商,在处理顾客的抱怨时,常常冷酷无情。决不肯承认是自己这方面的错误,总想证明问题的根源是顾客在某些方面犯了错误。结果,他每天陷于争吵和官司纠纷中,心情一天比一天坏,生意也大不如以前。

后来,他改变了处理客户抱怨的办法。当顾客投诉时,他首先说:"我们确实犯了不少错误,真是不好意思。关于你的车子,我们有什么做得不合理的地方,请你告诉我。"这个办法很快使顾客解除武装,由情绪对抗变成理智协商,于是事情就容易解决了。如此一来,这位代理商就能轻松地处理每一件事情,生意也越来越好。

当我们说对方错了的时候,对方的反应常让我们头疼,而当我们承认自己也许错了时,就绝不会有这样的麻烦。这样做,不但会避免所有的争执,而且可以使对方跟你一样地宽宏大度,承认他也可能弄错。

古埃及阿克图国王在一次酒宴中对他的儿子说:"圆滑一点。它可使你予求予取。"

尽可能地尊重他人

人都是有自尊的,都渴望获得他人的尊重。大而言之,在社会阶层中,小而言之,在一个团队中,都只有收入高低、分工不同的区别,绝对没有人格的贵贱之分。扪心自问,我需要别人的理解和尊重吗? 同样,这也正是别人都需要的。聪明的人就要先理解和尊重别人。

有位企业老板一次批评他的女秘书:"你这件衣服很漂亮,你真是一个迷人的小姐。只是我希望你打印文件时注意一下标点符号,让你打的文件像你一样可爱。"女秘书对这次批评印象非常深刻,从此打印文件很少出错。

这位老板算得上是一位聪明的人了,说话如此委婉、客气,这是他好修养、好气度的体现。假如他换一种盛气凌人的口吻呵斥:"你怎么工作的? 连标点符号都搞不清楚,亏你还是大学生呢!"只能让下属委屈,反而达不到更好地纠正对方错误的目的。

有人说话的立足点和出发点本来是不错的,但由于说话时不尊重对方,因而导致无谓的误解和争端。

人的心灵就像花朵:开放时会承受柔润的露珠;闭合时会抵御狂风暴雨。我们在规劝别人,实际上就是让他的心灵开放。但是被规劝的人往往用闭合来抵御我们的语言,因为他并不知道我们送的是雨露,而只是知道怎样保护他的自尊心。所以要想不损伤他的自尊心,尊重别人是至关重要的一点。

一般来讲,我们规劝别人很容易使自己站在比别人高的位置上,而本质上也确实比别人高,因为你自己觉得比别人的观点正确,这才能劝人。如果觉得比别人低,那就表明你观点不正确,或者对自己的观点不自信,那还去劝什么人呢? 因此,劝人的人实际上的位置应该是高的,但这种高,在劝人时是不能表现出来的,只能摆在和被劝人平等的位置上。这不是虚伪,而是方法上的需要。只有当被劝人觉得你尊重他了,设身处地地在为他着想,他才能认真考虑你说的话,才能把心扉打开,才有可能达到劝说的目的。相反,你自恃自己有理,说得对,把位置摆得高高在上,甚至不注意语言的表达方式。一派批评人的口气,势必引起被批评人的反感。因为你没有尊重他,他会想出各种办法来对付你,使你不但没有达到规劝的目的,还生一肚子气。如果他迫于某种压力或其他因素而屈服于你的批评,口头上也许承认自己错了,内心深处还是不会听你的。

有一个老师在课堂上提问学生的例子。

老师:请马小莉同学回答问题!

马小莉:我不回答你!

老师:马小莉同学,你既然不回答我的问题,必定有原因。你能告诉我是什原因吗？既然你不肯说明，那让我分析一下：是不是我有什么地方做得不好，不能为人师表，不能让同学们信服，甚至玷污了人民教师的光荣称号，才使你这样呢？

马小莉：老师，没有，没有的事。

老师：既然我还称职，我想你也不是有意让我难堪。那么，让我猜测一下你是怎么想的吧。我认为，不外有三种情况：第一，可能是我的启发式教学搞得不得当，问题提得过于浅薄，引不起你的兴趣，你不屑于回答，是这样吗？

马小莉：不，不是。

老师：第二。是你能回答这个问题，但不想回答。如果是这样，你现在回答也不迟。

马小莉：我……我……

老师：第三种情况可能是你不会回答，但又碍于情面，不肯承认自己不会回答的现实，忽然一时糊涂，想以强硬的态度搪塞过去。但我为什么要这样认真呢？我实在不愿看到你交不上答卷呀？

马小莉：老师，您，您别说了……请告诉我这个问题该怎么回答……

这位老师尊重自己的学生，并心平气和地耐心引导，消除了学生反感的情绪，使她终于打开心扉。

如果这位老师居高临下，不管青红皂白，一通批评，学生的抵触情绪会更大，是不会轻易地认错的，因为她失了面子，老师势必没有达到规劝的目的，甚至可能连课也没法往下上了。

对方讲话时不要插嘴

假设一个人正讲得兴致勃勃时，你突然插嘴："喂，这是你昨天看到的事吧？"说话的那个人因为你打断他说话，绝对不会对你有好感，很可能其他人也不会对你有好感。

你看到你的同事和另外不认识的人在办公室里聊得起劲时，可能有加进去的想法。如果你不知道他们的话题是什么而突然加入，会令他们觉得不自然，也许因此话题接不下去。更糟的是，也许他们正在进行着一项重大的谈判，却由于你的加入使他们无法再集中精神而无意中失去了这笔交易；或许他们正在热烈讨论，苦苦思索解决一个难题，正当这个关键时刻，也许由于你的插话，会导致对他们有利的解决办法告吹，到后来场面气氛就会转为尴尬而无法收拾。此时，大家一定会觉得你没有礼貌，进而大家都厌恶你，导致社交失败。

许多不懂礼貌的人总是在别人谈着某件事的时候，在说到高兴处时，冷不防半路杀进来，让别人猝不及防，不得不偃旗息鼓。这种人不会预先告诉你，说他要插话了。他插话时有时会不管你说的是什么，而将话题转移到自己感兴趣的方面去，有时是把你的结论代为说出,以此得意扬扬地炫耀自己的口才。无论是哪种情况,都会让说话的人顿生厌恶之感,因为随便打断别人说话的人根本就不知道尊重别人。

有一个老板正与几个客户谈生意,谈得差不多的时候,老板的一位朋友来了。这位朋友插进来说:"哇,我刚才在大街上看了一个大热闹……"接着就说开了。老板示意他不要说,而他却说得津津有味。客户见谈生意的话题被打乱,就对老板说:"你先跟你的朋友谈吧,我们改天再来。"客户说完就走了。

老板的这位朋友乱插话,搅了老板的一笔大生意,让老板很是恼火。随便打断别人说话或中途插话,是有失礼貌的行为,但有些人存在着这样的陋习,结果往往在不经意之间就破坏了自己的人际关系。

他人的自我意识好像一个门卫,站在他的潜意识的入口,如果你唤起了他的自我意识或把它激发过重的话,他绝不会接受你的意见。因此,想说服对方时,先不要打断他,让他陈述他的意见和理由,即使你无法同意和接纳,也不要打断对方,尤其是提出正面反对意见时,更应先听对方的意见。等听完后再开始说"你说得很有道理,但是……"等反对理由。

心理学家提出一个概念——心理定势:若一个人肚子里有事,他就会启动其心理定势准备讲话,直到他把事情全部说完,他的心理定势才会转而听你的意见。

假如你想让自己的意见被对方听进去,达到说服他的目的,首先必须学会听对方讲话。这么一来,对方会有一种你很注意听他说话的感觉,认为你尊重他的意见,进而产生想和你说话的心理。这时,对方已经对你有了好感,会不知不觉朝被说服的方向去思考问题。这一点是在说服对方时相当重要的一项心理战术。

如果你不听对方的意见就直接提出反论,那么势必引起对方在感情上的反驳,当然也就无法引起听你说话的欲望。这样做是极不明智的,尤其是对一些比较霸道和固执的人,采取这种方式会马上遭到反驳。

最有攻心技巧的人,在他的意见遭到反对或某人要发牢骚时,他总是耐心地听对方把话讲完,还进一步请对方重复其中某些观点和理由,询问对方是否还有别的什么事情要说。这样做就消除了对方的抵触情绪,使对方意识到,听话的人对他的观点感兴趣。

另外,社会心理学家通过对人际关系的研究一致提出:人际相处的一个最根本的信条就是"不批评对方",并且,要完全倾听对方的谈话。这样才能使对方开怀畅谈。

在心理咨询时,心理医生通常都尽量让患者说完自己想说的话,而很少在中途打岔。否则,对方倾诉的欲求得不到满足,彼此也就无法建立较亲密的交谈关系,甚至会造成双方敌对的情绪。

另外,一项客户与推销员问题信赖程度的调查也显示:那些在商品售出之后会受到客户非分要求的推销员,大部分都喜欢说话,并且经常打断客户的话。因此,我们可以推知,要启开对方心扉,建立起亲密的关系,问题就在于说话的方式与内容。这样,大家就能明白有作为的推销员多半较木讷的道理了。

要想让别人喜欢你,接纳你,就必须根除随便打断别人说话的陋习,在别人说话时千万不要插嘴,并做到:

(1)不要用不相关的话题打断别人说话;

(2)不要用无意义的评论打乱别人说话;

(3)不要抢着替别人说话;

(4)不要急于帮助别人讲完事情;

(5)不要为争论鸡毛蒜皮的事情而打断别人的话题。

第六章　酒桌上的制胜妙计

酒席上说话注意技巧

相信大家都吃过酒席,而酒席不是以吃为主,说话才是主要的。话说得好,聚餐者心情愉快,餐桌气氛活跃,宴请的目的自然就容易达到。

席间如何说话才受欢迎,才符合礼仪。下面是席间说话的几种技巧,可以作为参考。

说让宾客有面子的话

中国人很看重面子,在酒席中要善于利用人们的这种心理。谈话时,可以抓住席间每个人的特点与长处,尽意渲染一番。例如:

4年的大学生活结束了,在同学间的告别宴席上,王杰给在座的几个同学每人奉上一句有面子的话。他一脸谦恭地对爱好电脑的小刘同学说:"你是咱们班的电脑高手,总有一天。你会像丁磊一样成为网络架构设计师。"他又满含深情地对爱好写作的小王同学说:"小王近几年文章屡见报刊,照这样发展下去,一定会成为大作家。"

王杰这三句给人有面子的话,让在场的同学个个面露笑意、精神振奋,直至散席,彼此间的心头仍荡漾着浓浓的暖意。虽然王杰祝愿每个人的话可能有点夸大,但毫无疑问,每个人都爱听这样的话。可见,给面子的话令人欢欣、给人鼓舞,宴席间多说些这样的话一定会让宾朋更满意。

说让宾客感兴趣的话

有时,宾客入席后一时找不到合适的话题,气氛就会显得沉闷。这时,有效的方法是引出宾客感兴趣的话题,这样,不仅打开了宾客的话匣子,而且令酒席气氛生动活跃、趣味盎然,临别时还会余兴未尽。比如:刘杰与王伟是大学时的同学,毕业后刘杰做起了生意,发家致富奔小康。而王伟进了一家文艺单位搞创作。近几年,王伟写出了两个电视剧本。发表在省、市级文艺刊物上,但因多种原因未能投拍。这天。刘杰请王伟来家做客,席间,王伟似乎找不到合适的话题。于是,刘杰举起酒杯。走到王伟面前说:"来,咱俩老同学难得见面,请干了这一杯。"然后又说:"你写的那两个电视剧本我都看过了。不简单,情节跌宕起伏,人物个性鲜明……"一听到老同学谈起自己的剧本,王伟的眼睛立刻亮了起来,于是俩人从电视剧情节和悬念的设置到人物形象的塑造,从剧本的写作到拍摄,话说起来滔滔不绝。

说使宾客愉悦的话

上班族平时工作节奏快、压力大,工作环境气氛严肃、凝重,因此,在业余时间,大家要有一个气氛活泼、精神放松的环境调节一下神经。所以,席间多说让宾客心情愉悦的话,让宾客放松自己,畅所欲言,对调节酒席气氛有十分重要的作用。比如:

周末,小朱约几个同事到餐厅吃饭。开席伊始,大家的言行都比较拘谨,情绪也比较低沉。于是,主人小朱幽默地说:"我父亲是个种植高手。他种了棵大白菜有多大?说出来吓着你。三十六个兵,一天下来才吃了一片白菜帮。你说这菜有多大?"经小朱这么一吹,席间的气氛立刻活跃起来。其中一个人说:"那算啥呀,我祖父也是种植能手。他种了一个瓜,三百六十个兵,十天下来只啃了一个坑,你们说这瓜有多大?"又一个人说:"你们说的都不算啥。我曾祖父是种植神手。他种了个萝卜,三千六百个兵,一个月才吃了一条萝卜根,你们说这萝卜有多大?"就这样,你吹他煽,宴席的气氛非常活跃,大家尽情欢乐,散席了还兴致盎然。

忌说伤感的话

聚餐本来是一件高兴的事,在席间应该把烦恼丢在一边,大家尽情欢乐。如果在宴席上说一些伤感的话,就不得体了。即使是无意的,伤感的话还是会影响在座宾客的情绪。所以,说话一定要注意,伤感的话题不要提,否则,一顿美餐可能因为一句伤心的话顿时变得索然无味。有这样一个例子:

放假了,由老陈做东请班组的工友们到一家餐馆聚餐。开席后,大家推杯换盏,气氛轻松。当宴席进行到一半时,老洪说自己最近身体欠佳,不肯多喝了。这时，做东的老陈为了劝酒说："唉，怕啥呢，再过个十年半载的，我们大家还不都得到'二里庄'（当地火葬场所在地）去报到？"一句话，使席间所有宾客的脸色都暗淡下来，于是，宴席的气氛再也活跃不起来了。

忌说损人的话

有人春风得意，有人落魄潦倒。由于个人的性格不同，天时、地利、人和等要素和机遇的制约，各人的发展前景自然也就不尽相同。地位与事业平平的人不应有低人一等、人卑言微的感觉；身份显赫、事业成功的人，也不应趾高气扬、盛气凌人。否则，说话、举止不得体，对于在座的人而言，无疑是芒刺在背、如坐针毡，吃饭也味同嚼蜡了。例如：开同学会聚餐，大家都从各自的单位赶来。毕业后彼此的处境各不相同，职位各有高低。这里只有小金的职位最高，身份最显赫。开席后，人们纷纷向小金敬酒；而地位平平的小郑却屈坐在一旁。于是，小金便有些神气地讥损说："小郑呀，干吗蜗牛似的蜷缩着？我说你呀，那不随和的性格就是吃不开。看看，这不，毕业这么些年了，还是个科员……"一席话不仅使小郑难堪，也使得在场的好几个科员面呈尴尬。

忌说揭底的话

宴席上当他人不愿意公开自己的某些信息时，千万不可刨根究底，"挖"起来没完。比如一个人的收入、财产，这本属于家庭隐私，许多人不愿意在众人面前公开，那就不要一再追问，当然，最好是不问，否则，被问的人可能会生气发火，甚至罢席而去。下面就是一个这样的例子：

一次，刘学冬请几个朋友吃饭。宴席开始后，刘学冬说话便没遮没拦。他先是说在座的人的收入都比他高，接着问旁边小董："你家去年的收入是多少啊？"小董不愿意在众人面前公开他家的收入。便敷衍了一句："我还能有多少收入呢？和你半斤八两。"然而，刘学冬却开始较真了，说"我哪能跟你比呢？我问你，你去年工资带奖金一共多少？其次，你签的订单提成也不少吧？还有，你业余时间做的几笔茶叶生意收入不少吧？"这时，席间所有的人都睁着惊讶的眼睛盯着小董。小董因被刘学冬刨根问底地公开了收入隐私而怒火中烧，一气之下，罢席而去，聚餐由此不欢而散。

点菜也是一件技术活

相信大家每当宴请宾客时，都会遇到一个难题——点菜。面对琳琅满目的菜单，人们常常为如何点菜而犯愁。那么，如何点菜，使宾主双方都满意呢，一桌完美的菜点，不仅要组合好使宾客满意，也要考虑菜的品位档次等因素，可真不是道容易的题目。宴请时，菜可是主角之一，点的菜是否合客人的胃口，很大程度上影响着应酬的效果。点菜不能随便，要注意的地方还真不少。

点菜前要做到心中有数，先明确宴请的对象和目的。对初次见面的客户，菜的档次就不能太低；有的对象是长期的合作伙伴，吃饭是为了联络一下感情，就要来点增加"熟味儿"的；有的对象是领导，那点菜还不能自己做主张，要让领导先点；有的宴请是庆功宴，那么大家喜气洋洋，点的菜就得助兴才行。这也直接涉及宴请地点的确定，什么级别、什么价位的宴请，都直接决定了对方来吃饭的第一印象，如果档次太低，很容易让对方心里憋着一口气；如果档次太高，又有可能华而不实、铺张浪费。

主题确定了之后，就要确定人数和性别比例，以确定点菜的数量。菜品不是越多越好，因为如果点了过多的菜最后还剩下许多，有可能给对方留下不好的印象。况且，宴请的目的都是"醉翁之意不在酒"，虽然还不至于有那些人见了菜忘了说话只顾着吃，但是如果菜上的过多，频频打断大家的谈话，也是不合适的。一般来说，人均一菜是比较通用的规则，如果是男士较多的餐会可适当加量。

这里要注意的是，一般点菜都是偶数的，六道菜意味着六六大顺，八道菜是发财，十道菜是十全十美，等等。最起码热菜要保证是偶数，通常是4、6、8等。一般认为偶数是吉利的。在豪华的餐宴上，主菜有时多达16或32道，但普通是6~12道的偶数。

点菜也要注意搭配，这跟穿衣服搭配是一个道理，点菜并不要求每个菜都出色精彩，但讲究一桌菜的五味俱全，要搭配合理、咸淡互补、鲜辣不克，让每道菜都发挥到极致。菜肴应强调荤素、浓淡、干湿、多种烹调方法搭配，原料尽量不重复。一般来说，一桌菜最好是有荤有素，有冷有热，尽量做到全面。如果桌上男士多，可多点些荤食；如果女士较多，则可多点几道清淡的蔬菜。

点菜还要注意点菜顺序。中餐宴席菜肴上桌的顺序，各地不完全相同，但一般普遍依循下列六项原则：先冷盘后热炒；先菜肴后点心；先炒后烧；先咸后甜；先味道清淡鲜美，后味道油腻浓烈；好的菜肴先上，普通的后上。一般情况下，点菜也要遵循这个顺序。

还有一点要注意的是，点菜时不应该问服务员菜肴的价格，或是讨价还价，这样会让你在对方面前显得有点小家子气，也会使得对方觉得不自在。

由于地域、种族、个人喜好的不同，宴请时的饮食禁忌必须要注意，以免引起不快。一般而言，饮食禁忌主要体现在以下几个方面：

一、宗教。由于信仰问题，饮食有很多禁忌。例如，穆斯林不吃猪肉，并且不喝酒。国内的佛教徒不吃荤腥食品（它不仅指的是肉食，而且包括葱、蒜、韭菜等气味刺鼻的食物）。

二、健康。对于身体不好的宾客。比如，肝炎病人忌吃羊肉和甲鱼；胃肠炎、胃溃疡等消化系统疾病的人也不适合吃甲鱼；心脏病、脑血管、脉硬化、高血压和中风后遗症的人，不适合吃狗肉；高血压、高胆固醇患者，要少喝鸡汤等。

三、地域。人们的饮食偏好往往不同。对于这一点，在安排菜单时要兼顾。比如，湖南人普遍喜欢吃辛辣食物，少吃甜食。欧美国家不吃动物内脏、动物的头部和脚爪。另外，宴请外宾时，尽量少点要啃食的菜肴，西方人在用餐中通常不会将咬到嘴中的食物再吐出来，这也要顾及。

四、职业。出于某种原因，在餐饮方面往往也有各自不同的特殊禁忌。例如，国家公务员在执行公务时不准吃请，在公务宴请时不准大吃大喝，不准超过国家规定的标准用餐，不准喝烈性酒。再如，驾驶员工作期间不得喝酒。要是忽略了这一点，还有可能使对方犯错误。

点菜看似随便，但是学问很多。一桌丰富的宴席体现了主人对对方的重视；菜品的档次也暗示了主人对对方的在意程度；一桌色香味俱全的绝佳美食，有助于对方吃得开心，进而生意谈得开心，合作进展得更加顺利；一道有特色的菜品，也可能成为宾主新的话题，从此展开谈论。宴请的主角是菜，也是人，但是菜是被动的，人是主动的。掌握好点菜的本事，宴请就有了好的开端。

喝酒的最高境界

"酒文化"是一个既古老又新鲜的话题。现代人在交际过程中，已经越来越多地发现了酒的作用。的确，酒作为一种交际媒介，在迎宾送客、聚朋会友、彼此沟通、传递友情中发挥了独到的作用。

说到喝酒必须说山东，因为山东的酒文化底蕴最深厚，山东人民创造性地将孔夫子"以礼待人""诲人不倦"的思想反映在了酒桌上，令人叹为观止。山东人爱喝，肯喝，喜欢喝，但这跟酒量没多大关系。仔细观察，真正能喝的山东人并不多。山东人讲义气，爱面子，凡事都喜欢用酒来解决。再难的事，上了酒桌，不消酒过三巡，菜过五味，只要喝爽了，所有事情基本能搞得定。搞定了之后，也就成朋友了。下次见面肯定还是喝酒，如果不喝，我跟你翻脸。表面上不翻，心里至少也翻了好几次。

酒能成事，也能败事。

一家国内公司跟外国公司谈判合作，经过公关部几个月的努力，外国公司老总终于答应留下来签订合同。在最后的酒会上，公司经理在酒桌上很随意地吐了一口痰，正好被外国公司的老总看在眼里。结果这个合同因此取消了。

外国老总临走时说了一句：连酒桌上的个人形象都不注意的人，我不相信他能把一个公司管理好。因为酒桌上小小的细节问题，这家公司错过了外来资金注入。

酒桌上人多嘴杂，加上酒助人兴，很容易就喝高了导致失态的现象。为了避免发生尴尬，也避免不恰当的行为引起对方的反感，酒桌上要特别注意以下事项：

众欢同乐，切忌私语

大多数酒宴宾客较多，所以应尽量多谈论一些大部分人能够参与的话题，得到多数人的认同。因为每个人的兴趣爱好、知识面不同，所以话题尽量不要太偏，避免唯我独尊、天南海北、神侃无边，出现跑题现象，而忽略了众人。特别是尽量不要与人贴耳小声私语，给别人一种神秘感，往往会产生"就你俩好"的嫉妒心理，影响喝酒的效果。

瞄准宾主，把握大局

大多数酒宴有一个主题，也就是喝酒的目的。赴宴时首先应环视一下各位的神态表情，分清主次，不要单纯地为了喝酒而喝酒，而失去交友的好机会，更不要让某些哗众取宠的酒徒搅乱东道主的本意。

语言得当，诙谐幽默

酒桌上的仪态可以显示出一个人的才华、修养和交际风度，有时一句诙谐幽默的语言会给客人留下很深的印象，使人无形中对你产生好感。所以，应该知道什么时候该说什么话，语言得当，诙谐幽默。

劝酒适度，切莫强求

在酒桌上往往会遇到劝酒的现象，有的人总喜欢把酒场当战场，想方设法劝别人多喝几杯，认为不喝到量就是不实在。"以酒论英雄"，对酒量大的人还可以，酒量小的就犯难了，有时过分地劝酒，会将原有的朋友感情完全破坏。

敬酒有序，主次分明

敬酒也是一门学问。一般情况下敬酒应以年龄大小、职位高低、宾主身份为序，敬酒前一定要充分考虑好敬酒的顺

劝酒适度，切莫强求

序，分明主次。与不熟悉的人在一起喝酒，也要先打听一下身份或是留意别人如何称呼，这一点心中要有数，避免出现尴尬或伤感情的局面。敬酒时一定要把握好敬酒的顺序。有求于某位客人，在酒席上对他自然要倍加恭敬，但是要注意，如果在场有更高身份或年长的人，则不应只对能帮你忙的人毕恭毕敬，也要先给尊者长者敬酒，不然会使大家都很难为情。

察言观色，了解人心

要想在酒桌上得到大家的赞赏，就必须学会察言观色。因为与人交际，就要了解人心，左右逢源，才能演好酒桌上的角色。

锋芒渐射，稳坐泰山

酒席上要看清场合，正确估价自己的实力，不要太冲动，尽量保留一些酒力和说话的分寸，既不让别人小看自己又不要过分地表露自身，选择适当的机会，逐渐放射自己的锋芒，才能稳坐泰山，不致给别人产生"就这点能力"的想法，使大家不敢低估你的实力。

请吃饭也要选对时间

人与人之间就应该互相信任、互相帮助。和人共事，亲和的态度、毫不设防的姿态，会使对方感到温暖。如果不了解这种基本原则，又想建立良好的人际关系，无异于是在原地踏步了。在现代社会里，的确有很多人希望得到立竿见影的效果，否则便不愿付出。这种以计算利益为先的人际关系是不堪一击的。商业上的竞争往来原本是功利且锱铢必较的，但把它应用在人与人之间的交往时不灵验。

以装修为例，我们来看一下人与人之间的关系是如何互动的。很多人知道，对于装修合约，无论你事前考虑得有多周到，也不可能把每个细节都写进去。况且，装修工人的人力资本产权"天然属于个人，只可激励不可压榨"，即便是把所有细节都写进合约，工人执行起来也可能走样。

目前，不少人选取"现场监督"的方式，但是，由于施工问题大多是一种技术活，一般人是"门外汉"，即便客户紧跟在工人身后，客户也往往发现不了多少问题。

那么，如何才能把装修工程做好呢？请客吃饭。

在每一道工序(主要是水电工、瓦工、木工、油工)进行之前，先请工人吃顿饭。从事后来看，这一做法对约束工人行为、激励他们认真施工，能起到比较好的效果。吃了人家的饭，怎么好意思不好好干活呢？这种信任，往往比"监督"有着更好的效果。

真正懂得交往之道的人是在自己能力范围之内尽量"给予"的。他们会考虑到对方的立场、需要，仅凭一己之力帮助对方，并沉醉于此种喜悦当中。而受到这种"给予"的人，只要稍微有心，绝不会毫无回礼的，也会在能力所及的情形下与你合作。通过这种交流，彼此关系自然就愈来愈亲密，终至成为真正的朋友。

阿雅是某小企业的总经理，该公司长期承包大建筑公司的工程。所以，阿雅需要和这些公司的重要人物搞好关系。她的高明之处在于，她不仅奉承公司的显要人物,对年轻的职员也殷勤款待。

平时,阿雅总是想方设法将那些大公司中各员工的情况加以全面了解。当她发现公司里某个人大有可为,以后极有可能成为该公司的要员时,不管他有多年轻,都尽情款待。因为她明白,十个欠她人情债的人当中,会有九个给她带来意想不到的收益,她现在是在为以后更大的利益投资。

所以,当年轻职员张强被提升为部门经理时,她就专门找个时间前去祝贺。并向其赠送礼物。等张强下班之后,她还盛情邀请他到高级餐馆用餐。张强从来没有来过这种高档的地方,自然对她的招待很感激。张强认为,自己以前从未给过这位总经理任何好处,并且现在也没有掌握重大交易决策权,可见这位总经理是真的爱惜人才,是个可交的人。

更为高明的是,阿雅说:"我们企业能有今日,完全仰仗贵公司的帮助,而你作为贵公司的优秀职员,我向你表示谢意是应当的。"她的这番话又给张强减轻了心理负担。

没过多久,张强凭借自己的实力成为公司的上层领导。阿雅与张强的交情自然就起了作用。在生意场上竞争十分激烈的时期,许多承包商倒闭、破产,但由于张强的大力支持和帮助,阿雅的公司仍旧生意兴隆。

你有需要,我帮你满足;你有困难,我帮你解决。那么,在将来如果我有需要,不等我去请求,你自动就会来帮助我。你的帮助,既不是报恩,也不是为了还债,都是应尽的道义责任,都是彼此应尽的友谊责任。这样的动机,就叫互助。

但是,帮忙时的行为方式是最值得注意的,不要使对方觉得接受你的帮助是一种负担,应该做得很自然。也许在当时对方无法强烈地感受到,但是日子越久越能体会到你对他的关心,能够做到这一步是最理想的。当你给别人帮忙时要高高兴兴,不可以心不甘、情不愿的。如果对方也是一个能为别人考虑的人,你对他的帮助绝不会像射出去的子弹一样一去不回的,他一定会用别的方式来回报你。

劝酒也是一种艺术

在酒宴上常会发现有这样的劝酒高手,几句"花言巧语"就能搞得酒量有限的客人喝得酩酊大醉。

直诚赞美对方

人对于赞美的抵抗力往往很弱,特别是在酒桌上,热闹的气氛使人的虚荣心容易膨胀起来,虚荣心一膨胀,人就免不了要做出一些超出常规的"豪壮之举"。因此,要想让对方多喝酒,就要真诚地赞美对方的事业、家庭、身体、地位、荣誉、财产等,凡是对方感到高兴、愉悦、自豪的一切事情,都可以加以赞美。

罗康考上了研究生,在为他举行的欢送酒会上,单位领导这样劝酒:"功夫不负有心人。汗水浇出了丰硕的成果。我们都要祝贺你。这杯酒你得喝完。"在这种情况下,没有酒量的罗康喝下了这杯酒。

强调场合的特殊意义

人逢喜事精神爽。有些人从来不喝酒或喝得不多,但在一些特殊的喜庆场合就难免多喝两杯,一方面是心里高兴,另一方面也是场合气氛的感染。此时,不妨借机强调此场合的重要性、特殊性,指出现在的场合对于对方的价值与意义。

在一次老同学聚会上,一位久来谋面的老同学不肯喝酒。其他同学劝酒时对这位同学这样说:"好。这杯酒我也不劝你了。你愿意喝就喝,不愿意喝就别喝。反正今天是我们老同学分别20年后的聚会,下次再聚真不知道要等到什么时候。我们知道你酒量不行,这杯酒你要是觉得不该喝,大伙儿也都同意。那我也就一句话不说了……"话说到这儿。那位老同学只好把满满的一杯酒一口气喝掉。

强调场合的特殊意义的劝酒方法一般能见效,因为没有谁愿意在这种场合给大家留下坏印象。

强调酒宴对自己的意义

酒宴是联络和增进感情的重要场所,通过向上级、同级与下级敬酒,从而促进彼此的情感交流,使彼此的关系更密切、更稳定。一般来说,如果劝酒本身真的能够达到这个目的,任何人都不会轻易拒绝这样的劝酒。针对这种心理,在劝酒时可以充满感情地强调一下自己与对方的特殊关系,使劝酒变为两个人之间独特的情感交流方式。

用反语刺激对方

人人都有自尊心,为了维护自己的自尊心,人有时很容易打破常规做出某些出人意料之举。在酒桌上如能恰到好处地使用反话刺激对方,使对方感觉到不喝这杯酒将会多么损害自己的尊严,那么对方就会喝下别人递过来的酒。不过,使用此法劝酒时,一定要注意适可而止,如果对方坚持不喝,就不要勉强,以免伤了对方的自尊心。如果硬要对方喝,就有可能伤了和气,那就得不偿失了。

在一次单位举办的聚餐上。小王在喝了一杯酒后就不再喝了。这时,同事小赵激他说:"小王你看,小伙子可是每人一杯酒,女同志可以例外。如果你不是男子汉,这杯酒你可以不喝。要不,我给你叫瓶'露露'?你瞧,女士们可是人手一瓶'露露'啊。"小王不服气地说:"谁说我不能喝?我偏偏喝给你们看。"说着,一仰脖子就又干了一杯酒。激将法在这个场合取得了不错的效果。

以退为进

对于某些酒量有限的人,特别是女士和老人,过分勉强显然不妥。不如在劝这些人喝酒时在饮酒量上做些让步,自己喝一杯,让这些人喝半杯,或改喝啤酒,以此来说服对方。如果对方在苦劝之下执意不喝,此时再做出让步,对方恐怕就不便再推脱了。

在向一位女士劝酒时,可以这样说:"我的嘴都快说干了。你还是不喝,看来你真是不准备给我留面子了。那好吧。我就不要面子了。你喝小半杯,我陪这一大杯总行了吧。如果这回你再拒绝,我就只能找个地缝钻下去了。"说完,一仰脖就喝干了这杯酒。对方见状,一般也就跟着喝下了这杯酒。

在使用以上这些方法时,一定要注意场合。别忘了饮酒也是一种文化,酒宴应当成为文明、礼貌的交际场所。大家叙叙旧、谈谈生活、切磋技艺、交流思想,这才是酒宴的宗旨。大家要记住:过量饮酒有害,有些时候更不能使劲劝人饮酒。

第七章 应酬心机,目光要放长远

吃眼前亏的未必不是"好汉"

应酬中常常会出现自己吃亏的事件,有些时候这个亏你得吃,要以吃眼前亏来换取其他的利益。如果因为不吃眼前亏而蒙受巨大的损失或灾难,甚至把命都丢掉了,那还有什么意义呢?

假如有这么一种情况:你开车和别的车擦撞,对方只是小伤,甚至可以说根本不算伤,可是对方车上下来四个彪形大汉,个个横眉竖目,围住你索赔,眼看四周荒僻,连个人影都没有,更不可能有人对你伸出援助之手后,请问,这时你要不要吃"赔钱了事"这个亏呢?

当然可以不吃,如果你能"说"退他们,或是能"打"退他们,而且自己不会受伤;如果你不能说又不能打,那么看来也只有"赔钱了事"了。"赔钱"就是"眼前亏",你若不吃,换来的可能是更大的损失。所以,"好汉要吃眼前亏"。

当一个人实力微弱、处境困难的时候,也就是最容易受到打击和欺侮的时候,这时人们的抗争力最差,为了避免最大的不测,最好还是"退一步",先吃一下眼前亏,以便"留得青山在",待机而动。

当然,这里我们所说的吃眼前亏,应把握好以下界限:其一,吃亏是为了渡过难关,克服别人给你制造的麻烦,以免影响你的正事;其二,这种信念所针对的麻烦应是对抗性的矛盾和冲突,而不是那些鸡毛蒜皮的小事;其三,着眼于远大目标,致力于成就大事,而不能采取卑鄙的报复行为;第四,这种信念的价值就在于以暂时之吃亏换取长久的利益。

想必大家都知道韩信胯下之辱的故事。

韩信年轻时家境贫穷,他本人做官从政不会溜须拍马,买卖经商不会投机取巧,整天只顾研读兵书,最后,连一天两顿饭也没有着落,他只好背上祖传宝剑,沿街讨饭。

有个财大气粗的屠夫看不起韩信这副寒酸迂腐的书生相,故意当众奚落他说:"你虽然长得人高马大,又好佩刀带剑,但不过是个胆小鬼罢了。你要是不怕死,就用刀捅了我;要是怕死,就从我裤裆底下钻过去。"说罢双腿叉开,摆好姿势。

众人一哄围上,想看韩信的笑话。

韩信认真地打量着屠夫,竟然弯腰趴在地上,从屠夫裤裆下面钻了过去。街上的人顿时哄然大笑,都说韩信是个胆小鬼。

韩信忍气吞声,闭门苦读。几年后,各地爆发反抗秦王朝统治的大起义,韩信闻风而起,仗剑从军。

韩信忍胯下之辱而图盖世功业,成为千秋佳话。假如,他当初为争一时之气,一剑刺死羞辱他的屠夫,按法律处置,则无异于以盖世将才之命抵偿无知狂徒之身。韩信深明此理,宁愿忍辱负重,也不愿争一时之短长而毁弃自己的长远前程。

这样的忍耐,不是屈服,而是在退让中另谋进取;不是逆来顺受,甘为人奴,而是委曲求全。一旦时机到了,他就能如同水底潜龙冲腾而起,施展才干,创建功业。

所以说,吃"眼前亏"是为了不吃更大的亏,是为了获得更长远的利益和更高的目标。"忍人之所不能忍,方能为人所不能为。"看似英勇、心气冲天的人其实是莽夫一个;而为了长远利益忍气吞声、宁吃眼前亏的人才是真正的好汉。

林则徐有一句名言:"海纳百川,有容乃大。"与人相处,有一分退让,就受一分益;吃一分亏,就积一分福。相反,存一分骄,就多一分屈辱;占一分便宜,就招一次灾祸。所以说:君子以让人为上策。

战国时,梁国与楚国交界,两国在边境上各设界亭,亭卒们也都在各自的地界里种了西瓜。梁亭的亭卒勤劳,锄草浇水,瓜秧长势极好,而楚亭的亭卒懒惰,对瓜事很少过问,瓜秧又瘦又弱,与对面瓜田的长势简直不能相比。楚人死要面子,在一个无月之夜,偷跑过去把梁亭的瓜秧全给扯断了。梁亭的人第二天发现后,气愤难平,报告县令宋就,说我们也过去把他们的瓜秧扯断好了。宋就听了以后,对梁亭的人说:"楚亭的人这样做当然是很卑鄙的,可是,我们明明不愿他们扯断我们的瓜秧,那么为什么再反过去扯断人家的瓜秧?别人不对,我们再跟着学,那就太狭隘了。你们听我的话,从今天起,每天晚上去给他们的瓜秧浇水,让他们的瓜秧长得好,而且,你们这样做,一定不可以让他们知道。梁亭的人听了宋就的话后觉得有道理,于是就照办了。楚亭的人发现自己的瓜秧长势一天好似一天,仔细观察,发现每天早上地都被人浇过了,而且是梁亭的人在黑夜里悄悄为他们浇的。楚国的边县县令听到亭卒们的报告后,感到非常惭愧又非常敬佩,于是把这事报告给了楚王。楚王听说后,也感于梁国人修睦边邻的诚心,特备重礼送梁王,既以示自责,也以表酬谢,结果这一对敌国成了友邻。

要做到忍让,就必须具有豁达的胸怀,在为人处世、待人接物时,不能对他人要求过于苛刻,应学会容忍、谅解别人的缺点和过失。要做到这一点,就要有气量,不能心胸狭窄,而应宽宏大度。特别是在小事上,如果宽大为怀,尽量表现得"糊涂"一些,便容易使人感到你通达世事人情。

世上没有人是永远不吃亏的,也没有便宜是可以占一辈子的。与其这样,不如吃点小亏,换得别人的认可与尊敬,这带给自己的无形利益要远远大于这点微不足道的小亏。因此,吃眼前亏为的是结一个好人缘,为自己将来的成功打下基础。

塞翁失马,焉知非福

古时有一个人叫塞翁。有一天,他家的一匹马跑掉了,邻居们对他家发生的事感到惋惜。塞翁却说:"你们怎么知道这不是件好事呢?"众人听了之后大笑,认为塞翁丢马后急疯了。几天以后,塞翁丢的马又自己跑了回来,而且还带来一匹马。邻居们看了,都十分羡慕,纷纷前来祝贺这件从天而降的大好事。塞翁却板着脸说:"你们怎么知道这不是件坏事呢?"大伙听了,哈哈大笑,都认为塞翁乐疯了,连好事坏事都分不出来。果然不出所料,过了几天,塞翁的儿子骑马玩,一不小心把腿摔断了。众人都劝塞翁不要太难过,塞翁却笑着说:"你们怎么知道这不是件好事呢?"邻居们都糊涂了,不知塞翁是什么意思。事过不久,发生战争,所有身体好的年轻人都被拉去当了兵,派到最危险的第一线去打仗,而塞翁的儿子因为腿摔断了未被征用,在家乡大后方安全幸福地生活。

"塞翁失马"的故事蕴涵的道理其实就是老子宣扬的一种辩证思想。基于这种辩证关系,我们可以明白,即使是看起来很坏的事情,也会带来意想不到的好处。生活中此类事比较常见。善于变通的人一定要懂得该忍则忍,有时看似失利的事反而是获得更大利益的前提和资本。

生活中懂得变通思考的人,善于从利益得失当中学到智慧。舍小利为大谋是一种哲学的思路。人非圣贤,谁都无法抛开七情六欲,但是,要成就大业,该舍的就得割舍,该忍的就得从长计议。我国历史上刘邦与项羽在称雄争霸、建立功业上,就表现出了不同的态度,最终也得到了不同的结果。苏东坡在评判楚汉之争时就说,项羽之所以会败,就因为他不能忍,不愿意舍弃小利益,白白浪费自己百战百胜的勇猛;汉高祖刘邦之所以能胜,就在于他能忍,懂得舍小利为大谋的道理,养精蓄锐,等待时机,直攻项羽弊端,最后夺取胜利。

应酬要分轻重缓急

不会变通的人在日常的各种应酬中,分不清哪个更重要,哪个更紧急,因此难免手忙脚乱。会变通的人则会根据事情的紧迫感,把一天的时间安排好。在紧急但不重要的事情和重要但不紧急的事情之间,你首先去办哪一个? 面对这个问题你或许会很为难。

实际上,会生活的人都明白轻重缓急的道理,他们在处理一年或一个月、一天中的事情之前,总是按分清主次的办法来安排自己的时间。

把重要的事情摆在第一位

商业及电脑巨子罗斯·佩罗说:"凡是优秀的、值得称道的东西,每时每刻都处在刀刃上,要不断努力才能保持刀刃的锋利。"罗斯认识到,人们确定了事情的重要性之后,不等于事情会自动办得好。你或许要花大力气才能把这些重要的事情做好,并始终要把它们摆在第一位,你肯定要费很大的劲。下面是有助于你做到这一点的三步计划:

(1)估价。首先,你要用目标、需要、回报和满足感四原则对将要做的事情进行估价。

(2)去除。第二步是去除你不必要做的事,把要做但不一定要你做的事委托别人去做。

(3)估计。记下你为达到目标必须做的事,包括完成任务需要多长时间,谁可以帮助你完成任务资料等。

精心确定主次

在确定每一年或每一天该做什么之前,你必须对自己应该如何利用时间有更全面的看法。要做到这一点,你要问自己三个问题:

(1)我从哪里来,要到哪里去。我们每一个人来到这个世界上,肩负着沉重的责任。再过 20 年,我们每个人都有可能成为公司的领导、大企业家、大科学家。所以,我们要解决的第一个问题就是,要明白自己将来要做什么。只有这样,我们才能持之以恒地朝这个目标不断努力,把和自己无关的一切事情统统抛弃。

(2)我需要做什么。要分清轻重缓急,还应弄清自己需要做什么。总有些任务是你非做不可的,重要的是你必须分清某个任务是否一定要做,或是否一定要由你去做。这两种情况是不同的。非做不可,但并非一定要你亲自做的事情,你可以委派别人去做,自己只负责监督其完成。

(3)什么能给我最高回报。人们应该把时间和精力集中在能给自己最高回报的事情上,即比别人做得出色的事情上。在这方面,让我们用巴莱托定律(80/20)来引导自己:人们应该用80%的时间做能带来最高回报的事情,而用20%的时间做其他事情。这样利用时间是最具有战略眼光的。

有些人认为能带来最高回报的事情就一定能给自己最大的满足感,但事实并非都如此。无论你地位如何,你总需要把部分时间用于做能带给你满足感和快乐的事情。这样你会始终保持生活热情,因为你的生活充满了乐趣。

在确定了应该做哪几件事之后,你必须按轻重缓急开始行动。大部分人是根据事情的紧迫感,而不是事情的优先程度来安排先后顺序的。这些人的做法是被动的而不是主动的。

懂得生活的人不会这样,他们会按事情的优先程度开展工作。以下两个建议可以让你按事情的优先程度来行动:

每天开始工作前要列一张优先表

成功学大师卡耐基在教授别人期间,有一位公司的经理去拜访他,看到卡耐基干净整洁的办公桌感到很惊讶。他问卡耐基:"卡耐基先生,你没处理的信件放在哪呢?"

卡耐基说:"我所有的信件都处理完了。"

"那你今天没做的事情又推给谁了呢?"这位经理紧追着问。

"我所有的事情都处理完了。"卡耐基微笑着回答。

看到这位经理困惑的神态。卡耐基解释说:"原因很简单,我知道我所需要处理的事情很多,但我的精力有限,一次只能处理一件事,于是我就按照所要处理的事情的重要性,列一个优先表,然后一件一件地处理。结果就做完了。"说到这,卡耐基双手一摊,耸了耸肩。

"哦,我明白了,谢谢你,卡耐基先生。"几周以后,这位经理请卡耐基参观其宽敞的办公室,对卡耐基说:"谢谢你教给了我处理事务的方法。过去,在我这宽大的办公室里,我要处理的文件、信件等,堆积得和小山一样,一张桌子都不够,要用三张桌子。自从用你说的法子以后,再也没有处理不完的事情了。"这位经理几年以后成了美国社会成功人士中的佼佼者。

·如果你对大量事务感到手足无措,那么不妨先列一个优先表。

把事情按先后顺序写下来,制定一个进度表

把一天的时间安排好,这对于你成就事业是很关键的,这样你可以每时每刻集中精力处理要做的事。把一周、一个月、一年的时间安排好,也是同样重要的,这样做会给你一个整体方向,使你看到自己的宏图,从而有助于实现目标。

宰相肚里能撑船

"大度能容,方为智者本色。"在应酬中,如果没有海纳百川的容人度量,是很难容忍别人的缺点及对自己有某些利益的损伤的。若对这些问题处理不当,就会给自己造成许多损失,轻则失去朋友,重则成为众矢之的,将自己陷入孤立无援的境地之中。

应酬应遵循的一条基本原则就是要与人为善,只有与人为善的人,方能"容天下难容之事"。

宽容是人类的美德之一。宽容待人,表现在能容纳不同的生活方式,不同的价值观,不同的意见,不把自己的意见强加给别人,为人不斤斤计较,与人发生矛盾时,不结怨,得饶人处且饶人,和善待人。宽容待人,才能在复杂的社会中建立良好的人际关系,使自己生活在和睦的环境之中,这样一方面使与自己结怨的小人减少,另一方面也不给小人以可乘之机。

能够容忍别人的过失,以宽容为怀,是一个人非常优秀的品质。很多成功者就是凭借对他人的宽容走上成功之路的。宽容能帮助人们减少仇恨、暴力和偏见。

相传,春秋时代秦穆公巡游时一匹马走失了,穆公追到岐山之南,发现一些人杀了这匹马正煮着吃。穆公见状后就说:"吃肉不喝酒,我担心伤害你们的身体。"于是拿来酒一一劝饮,尽欢而去。一年后,晋秦交兵,穆公被围,眼看就要被俘时,有三百多人过来与晋军死战,保住穆公,并生擒了晋惠公。原来,这些人正是当年吃马肉者。

所谓"大人不计小人过",宽容曾经冒犯自己的人,是智者的行为。

中国古人在品德的修行上十分注意"容忍"的修炼。

唐朝人安师德性格稳重,很有度量。他弟弟当上代州刺史,临行向他告别,并征询他的建议。安师德对弟弟说:"我现在辅助丞相,你现在又蒙皇上厚爱,得以任州官,我们真是受皇上的恩宠太多了,而这正是别人所嫉妒的。你如何对待这些嫉妒的人以求自免加祸呢?"安师德的弟弟说:"自今以后,若有人朝我脸上吐唾沫,我自己擦去唾沫,绝不让你为我担忧。"安师德说:"这正是我所担忧的地方。别人向你吐唾沫,是对你恼怒。如果你将唾沫擦去,那岂不是违反了吐唾沫人的意愿吗?别人会因此更加愤怒。不要擦去唾沫,让它自己干了,笑着去接受它。"

在当今社会的人际关系中,宽容可以让你一路顺畅。

舍卒保车,赢得胜利

人生在世,欲望一直困扰着每一个人。面对到手的利益谁愿意放手?眼前的机会又有谁甘心错过?为了一点蝇头小利闹得头破血流,最终两败俱伤。这就是贪念太重,如果看看棋手对弈,你就会豁然开朗:有舍才有得,放弃一点赢得全局。

下棋时,棋手会先放弃没用的废棋,在必要时"舍卒保车",关键时要"忍痛割爱",当然也会因为自己的失误而错失好棋。高明的棋手很会运筹帷幄,能充分发挥每个棋子的作用,懂得把棋子放在合适的位置,让每个棋子各得其所。所以高手才能出师告捷,事事成功,从而获得操控更大棋局的机会。会不会走棋,懂不懂棋子的妙用是棋手的制胜法宝。

诸葛亮就是一个很会运用"舍卒保车"战略的高手。

曹操平定汉中,直逼刘备刚刚占领的西川。刘备急请诸葛亮商议对策。

诸葛亮说,曹操分兵屯合肥,惧孙权也。我们如果把江夏、长沙、桂阳三郡还吴,遣舌辩之士陈说利害,令吴起兵袭合肥,牵动其势,曹操必退兵回救其南方,如此,西川可安。

后来的情势果然如军师诸葛亮所言,吴国兴兵,曹操只得放弃攻蜀而回师援合肥。刘备得以喘息,安定了西川根据地,并由此立国建业。

《三国演义》最大的一个看点,就是荆襄之地的争夺。江夏、长沙、桂阳三郡是荆州之拱卫。刘备一世枭雄,在曹操大军压境之际方寸大乱,无退兵之策,不是不智,而是舍不得将三郡割给孙吴。可见贪欲乱智,虽英雄刘备亦难幸免。

诸葛亮之智无非是把大事想明白。刘备欲三分天下,必须联吴抗曹。荆襄之地是当时中国的腹地,是兵家必争的战略要点。诸葛亮借荆州之后,一直以此为诱饵,假许还吴,其实是以此为王牌,牵动东吴踏上自己的战车,共同抗曹。

舍子取势,弃子得势,这是棋局博弈常用的技法。诸葛亮诱使孙吴围魏救赵,自然骗不过江东的孙权。只是刘备占有荆州之际,就一直以"借"为名,答应日后要还孙吴,如今主动把荆州的拱卫三郡还孙吴,孙吴得三郡而复望荆州,能不出兵击曹吗?

诸葛亮之智不仅是琢磨透了孙吴,而且得利时留有余地,让合作伙伴永远对你存有希望,永远为战略合作留有空间。让出了三个郡,保住的是自身的实力,得到的是比荆州更广阔的地盘。人总是因为利益才结交到一起,只有先让人以利,才能收获更多的成功。

"舍卒保车"是一种主动的策略,有时候也是一种被动的选择。大难当头,只能分清楚什么是至关重要的事情并尽全力将其保护好,其余的附属事情根本就顾不得了。绝不能狠不下心,因小失大,最终反而连小利益都保不了。

一个孩子到果园去,看见爷爷正在梯子上咔嚓咔嚓地把一些枝条剪下来。他说:"爷爷,它们长得好好的,你把它们剪掉多可惜!"爷爷说:"傻孩子,剪掉它们,果树才能长得更好呢!"

读了这个故事,我深有感触。剪掉一些多余的枝条,果树就会把它的全部营养都集中在果枝上,这样结出的果实才会又多又大。虽舍去了一些冗枝,却换来了更多的果实,岂不更好?若是舍不得剪去那些枝条,到最后很可能就是满树茂密的枝叶,却只有稀稀落落的果实。这可谓舍卒保车,舍弃多余的枝条,赢得更多的果实。

曾读过这样一个故事。有一位采药人到深山中采药。有一次,他被一条毒蛇咬伤左手,手掌很快变得青紫,毒势正在蔓延。他果断地掏出一把匕首用力砍掉了那只手。在剧痛中包扎好伤口,望着那只已变得乌黑的手,他毫无惋惜后悔之意。回到家,他找医生,医生说:"多亏你砍得及时,否在毒血流入心脏就无药可救了。"几个月后他的伤口愈合了,虽没有了左手,却可以照常做事,活得健健康康。我很为他的勇敢果断所钦佩。他选择放弃了左手,最终保全了生命。在生与死面前,疼痛算不了什么,手算不了什么。要想求得生存,就必须学会舍弃。这不正是"留得青山在,不怕没柴烧"吗?舍去一臂,换取生命。

果实之所以甜美硕大,是因为舍去了多余的枝条;采药者之所以活了下来,是因为他舍去了中毒的手,这就是舍卒保车。现在社会竞争激烈,在为人处世上,大家都要学会"舍卒保车":为了主体利益,做出一些"相对"较小的牺牲,才是聪明人的制胜法宝。

聪明外露,不如智慧深藏

一个真正有智慧的人是从来不到处炫耀自己的聪明和才华,因为他知道怎样做才能更好地保护自己。这样的人才是真正有智慧的人。

人们常说:聪明的人比较受欢迎!但事实不尽然,许多事实证明聪明的人有时候也会很让人反感,追其原因,就是因为她们锋芒太露,太过张扬,从不掩饰自己的这种聪明。当表述不同观点或反驳别人意见时,他们常常口若悬河,直抒胸臆,丝毫不考虑对方是否能够接受,当发现有谁犯了某种知识上或者逻辑上的错误时,或许根本无伤大雅,但他们也会毫不留情地当面指出,让对方找不到"台阶"。总之,不懂得适时隐藏聪明,最后只会让自己受苦,甚至丢到生命。

三国时候的杨修就是这么一个人,杨修为人恃才放荡,数犯曹操之忌,最终命丧黄泉。

相传东汉末年,杨彪的儿子杨修,是个文学家,才思敏捷,灵巧机智,后来成为"一代奸雄"东汉相国曹操的谋士,官居主簿,替曹操典领文书,办理事务。有一次,曹操造了一座后花园。落成时,操去观看,在园中转了一圈,临走时什么话也没有说，只在园门上写了一个"活"字。工匠们不了解其意，就去请教杨修。杨修对工匠们说，门内添活字，乃阔字也，丞相嫌你们把园门造得太宽大了。工匠们恍然大悟，于是重新建造园门。完工后再请曹操验收。曹操大喜，问道："谁领会了我的意思？"左右回答："多亏杨主簿赐教！"曹操虽表面上称好，而心底却很忌讳。

有一天，塞北有人给曹操送了一盒精美的酥（奶酪），想巴结他。曹操尝了一口，突然灵机一动，想考考周围文臣武将的才智，就在酥盒上竖写了"一合酥"3个字，让使臣送给文武大臣。大臣们面对这盒酥，百思不得其解，就向杨修求教。杨修看到盒子上的字，竟拿取餐具给大家分吃了。大家问他："我们怎么敢吃魏王的东西？"杨修说："是魏王让我们一人一口酥嘛！"在场的文臣武将都为杨修的聪敏而拍案叫绝。而后，曹操问其故，杨修从容回答说："盒上明明写着'一人一口酥'，怎么敢违抗丞相的命令呢？"曹操虽然喜笑，而心头却很讨厌杨修。

曹操多猜疑，生怕人家暗中谋害自己，常吩咐左右说："我梦中好杀人，凡我睡着的时候，你们切勿近前！"有一天，曹操在帐中睡觉，故意落被于地，一近侍慌取被为他盖好。曹操即刻跳起来拔剑把他杀了，复上床睡。睡了半天起来的时候，假装做梦，佯惊问："何人杀我近侍？"大家都以实情相告。曹操痛哭，命厚葬近侍。人们都以为曹操果真是梦中杀人，唯有杨修又识破了他的意图，临葬时指着近侍尸体而叹惜说："丞相非在梦中，君乃在梦中耳！"曹操听到后更加厌恶杨修。

曹操出兵汉中进攻刘备，困于斜谷界口，欲要进兵，又被马超拒守，欲收兵回朝，又恐被蜀兵耻笑，心中犹豫不决，正碰上厨师进鸡汤。操见碗中有鸡肋，因而有感于怀。正沉吟间，夏侯惇入账，禀请夜间口号。曹操随口答道："鸡肋！鸡肋！"惇传令众官，都称"鸡肋！"行军主簿杨修见传"鸡肋"二字，便叫随行军士收拾行装，准备归程。有人报知夏侯惇。惇大惊，遂请杨修至帐中问道："公何收拾行装？"杨修说："从今夜的号令来看，便可以知道魏王不久便要退兵回国，鸡肋，吃起来没有肉，丢了又可惜。现在，进兵不能胜利，退兵恐人耻笑，在这里没有益处，不如早日回去，明日魏王必然班师还朝。所以先行收拾行装，免得临到走时慌乱。"夏侯惇说："您真是明白魏王的心事啊！"就也收拾行装。于是军寨中的诸位将领没有不准备回去的事物的。曹操得知这个情况后，传唤杨修问他，杨修用鸡肋的意义回答。曹操大怒："你怎么敢造谣生事，动乱军心！"便喝令刀斧手将杨修推出去斩了，将他的头颅挂于辕门之外。

杨修是历史的一面镜子，他的死殊为可惜，可他的死确实使后人清醒。聪明外漏，必遭杀身之祸。

所以我们在为人处世时不要恃才傲物。正如猫头鹰睁一只眼、闭一只眼一样，适当装装糊涂，对别人的过错不要太较真，也是维持彼此友好的关系的真谛。

某大型公司销售部新来了一名业务员陈娜，她活泼热情，能说会道。没过多久就为公司谈下了几笔大买卖，再加她性格开朗，人又大方，公司上上下下都很喜欢她，开玩笑地叫她"小财神"，可这引起了一个人的不满——销售主管王大拿。

王大拿是公司老总的远亲，平时不苟言笑，没有什么业绩却喜欢教训人，他常常训斥陈娜做人太高调，不懂谦虚。销售部的人都不喜欢他，陈娜每次被训斥却只是轻松地笑了笑，跟没事人似的。

自从陈娜来了后，公司的销售业绩从平平无奇一下子节节攀升，一年后，公司评选年度先进人物时，大家都认为是陈娜当选无疑，没想到上台领奖的却是主管王大拿。看着王大拿在台上虚伪做作地说着致谢词，大家都为陈娜抱不平，他王大拿凭什么呀，抢了人家的功劳沾沾自喜，一点也不知道害臊。陈娜看着台上的王大拿，仍然只是轻松地笑了笑，什么话也没说。

这以后，王大拿在销售部就更加放肆了，经常抢业务员的功劳不说，对陈娜的态度更是一日不如一日。大家都劝陈娜直接去跟老总反映，虽说不一定能压制住王大拿，但至少可以打击打击他的嚣张气焰。可陈娜却什么也没说。反而工作得比以前更卖力了。大家都为陈娜可惜，说她是一个老好人。

没想到，几年后，陈娜突然高薪跳槽到这家公司的死对头公司做了销售主管，还带走了公司绝大部分的客户，这让公司一下子突遭重创，在死对头公司的打压下变得摇摇欲坠。以前的同事们都百思不得其解，凭陈娜的业绩和能力，只要她向老总申请，在公司得到一个主管职位是轻而易举的，为什么她几年来都没有争取，却突然跳槽到别的公司呢？

其中一个同事去问陈娜，陈娜回答说："以我这几年的成绩，向公司要一个主管职位确实很容易，但是这几年来，王大拿频繁抢夺我们的功劳，公司老总都没有说话，不管他知道还是不知道，这么不公平的事情存在了这么久，说明这家公司的管理制度有很大的缺陷，或者说是不公平的，在这样一家公司继续做下去，谁能保证我做了主管以后就能受到公正的待遇呢？就算我据理力争，争回了一些利益，大家都撕破脸了还有什么意思呢？还不如暂时忍下来，锻炼好自己的本事，等到时机成熟，再争取我相应的待遇。再说了，有突出的业绩和工作能力，我走到哪里会不受欢迎呢？"同事们听了，不得不折服陈娜的智慧。

老子说："大巧若拙，大辩若讷。"意思是最有智慧的人、真正有本事的人，虽然有才华学识，但平时像个呆子，不自作聪明；虽然能言善辩，但好像不会讲话一样。陈娜忍着被压迫的感觉辛辛苦苦熬出头的经历，就可以被称为极大的智慧了。聪明是优点，小聪明却是致命的软肋。小聪明看似获得一时之利，但丧失的却是长久的利益。

向强大低头，忍只是一时

我们常常在电视上看到飓风过后的样子：合抱粗的大树被连根拔起，而柔弱的小草却安然无恙。大树平时挺起腰板，多么雄壮威武啊！可是遇到更强的飓风，它就直接被打倒了；小草是何等的瘦小和柔弱呢？可是他们懂得在比自己更强大的敌人面前低头，所以在飓风的摧残之后，能够幸免于难，最终还是抖抖灰尘，微笑地迎接新一天的阳光。

人也是如此。《菜根谭》中说：舌存常见齿亡，刚强终不胜柔弱。牙齿是刚强的，可是却经不起虫蛀菌噬，常被腐蚀至脱落；舌头是柔软的，虽经酸甜苦辣，却毫发无损。所以人到老了的那天，往往牙齿都掉光了，可是舌头还好好地为主人服务着。这就是刚者易折、柔者能安的道理。人生不如意事十之八九，每个人的人生道路是不同的，既有顺境，也有逆境，而且逆境往往多于顺境。要想在这个变化无常的世界里生存，必须学会而且要善于"忍"。

刚刚开始为目标而奋斗的时候，往往位处卑微，常常受外界的凌辱。越在此时越要忍耐，因为创业之初的人就像小草一样，如果你学不会忍，早就被人家拔光、踩踏了，哪还谈得上日后的胜利呢？人不可能常在巅峰，尤其是遇到突如其来的灾祸让以往的成绩化为泡影的时候，除了一个"零"你什么都没有。如果不能清楚地认识到自己的失利，不能忍一时之痛苦，就很难东山再起。忍一时之失势，才能酿长久之胜利。

明朝建立之初，朱元璋为了保住江山，对朝廷和地方的官僚贪贪、舞弊、严重损害皇朝利益的行为进行了无情打击，重刑惩治。其用刑的野蛮残酷程度超过了历史上任何帝王。为了免遭杀戮，有的官僚不得已装疯卖傻，以逃避惩治。御史袁凯惹怒了朱元璋，怕被杀头，便假装疯癫。朱元璋说疯了是不怕痛的，叫人拿木楔子刺他的皮肤，袁凯咬牙不吭。回家后，自己用铁链子锁了脖子，蓬头垢面，满嘴疯话。朱元璋还是不相信，派人去探察。袁凯瞪着眼对来人唱《月儿高》的曲子，爬在篱笆边吃狗屎。朱元璋听了使者的回报，才不追究。实际上朱元璋又受了骗。原来袁凯知道皇帝不相信自己疯了，会派人来侦察，便预先叫人用炒面拌糖稀，捏做狗屎状，散在篱笆下。当来人一到，他便大口大口地吃，这才救了一条老命。

一时的失势、一时不得志要忍，白手起家、从零开始要忍，已经有一定身份地位和力量的人也不能不忍。刚才提到的飓风后的大树不就是很好的例子吗？如果凭借自己的力量就想一意孤行，不能忍一时之小辱，那么势必招致灭顶之灾。人孰无喜怒，孰无情感，可是如果不能调节好自己的情感，由着自己的性子来，不能忍一时之气，那么后果不堪设想。

齐国攻打宋国，燕王派张魁作为使臣率领燕国士兵去帮助齐国，齐王却杀死了张魁。燕王听到这个消息非常气愤，就召来有关官员说："我要立即派军队去攻打齐国，为张魁报仇。"

大臣凡繇听说后谒见燕王，劝谏说："从前以为您是贤德的君主，所以我愿意当您的臣子。现在看来您不是贤德的君主，所以我希望辞官不再做您的臣子。"燕王说:"这是为什么呢?"凡繇回答说:"松下之乱,我们的先君不得安宁被俘,您对此感到痛苦,却特奉齐国,是因为力量不足。而今张魁被杀死,您却要攻打齐国,这是您把张魁看得比先君还重。"燕王说:"你认为应该怎么办?"凡繇回答说:"请您穿上丧服离开宫室到郊外,派遣使臣到齐国,以客人的身份去谢罪,说'这都是我的罪过。大王您是贤德的君主,哪能全部杀死诸侯们的使臣呢?只有燕王的使臣独独被杀死,这是我国选择人的时候不慎重啊,希望您能让我改换使臣以表请罪'。"

燕王接受了凡繇的意见,又派了一个使臣到齐国去。

使臣到了齐国,齐王正在举行盛大的宴会,参加宴会的近臣、官员、侍从很多,齐人让燕王派来的使臣进来禀告,使臣说:"燕王非常恐惧,因而派我来请罪。"使臣说完了,齐王又让他重复一遍,以此来向官员、侍从炫耀。

于是齐王派出地位低微的使臣去告诉燕王,让燕王返回宫室居住。

这样,由于燕王忍怒而委曲求全,从而保全了国家,为他后来攻打齐国准备了充分的条件。试想假如燕王逞一时之怒,匆忙去攻打齐国,恐怕早已成为齐国刀俎下的鱼肉了。迫不及待地感情用事,只会坠入万劫不复的深渊之中。

按下自己的性子,不为一时之气大动干戈,忍小事而获长久安定,大臣凡繇为燕王和燕国算了很划算的一笔账。

忍是非常务实、通权达变的生存智慧。生活中和事业上的智者都懂得忍之道,他们总是以表面上的退让、割舍和失败来换取对方的认可,从而在根本上保证了自己更长远或更大方面的利益。

方圆有道,不乱方寸

做人要方圆有道,就必须讲究一点厚黑智慧。为什么铜钱是内方外圆?这就是中国辩证哲学的集中体现:做事要方,做人要圆。

在强大对手的高压下,在面临危机的时候,采取藏巧于拙、装糊涂,扮作"诚实"的样子,往往可以避灾逃祸,转危为安。虽然面临险境或遇到突发事件而装傻不及临危不惧、视死如归来得壮烈、辉煌,但是留得青山在,不怕没柴烧,以拙诚与对手周旋,确实不失为一种高明之术。

明朝张崛嵘任滑县县令时,江洋大盗任敬、高章来到县城,冒充锦衣卫(特务组织)的使者拜见张公,并且凑近张公耳边说:"朝廷有令,要公开处理有关耿随朝的事情。"

原来,当时滑县人耿随朝担任户政的科员,主管草场,因为发生火灾,朝廷下令将其羁押在刑部的监牢里。张公听到此事,更加相信两人的身份。于是任敬拉着张公的左手,高章拥着张公的背,一起进入室内坐在炕上。任敬摸着鬓角胡须,笑着说:"张公不认识我吧!我是灞上来的朋友,要向张公借用公库里面的金子。"说着二人取出匕首,架在张公的脖子上。

张公抑制住内心的紧张,装出替他们着想的样子说:"你们不是为了报仇,我也不会因为财物牺牲性命。你们这样暴露自己的真实身份,如果被别人发现,对你们可相当不利!"

两个强盗觉得有道理。

张公又进一步说:"公库的金子有人看管,容易被发觉,对你们不利。有一个办法是,我向县里的有钱人借贷,这样你们可以安然无事,也不至于连累了我的官职,岂不两全其美。"

两个强盗听了更加赞同张公的办法。就这样,张县令不露声色地稳住了强盗。并取得了他们的信任与合作,同时一条计谋酝酿成熟。

张县令传令要下属刘相前来,刘相到后,张公假意说:"我不幸发生意外,如果被抓去,会很快被处死。这两位是锦衣卫,他们不想抓我,我很感激他们,想拿5000两黄金当他们的寿礼,以表心意。"

刘相听了,目瞪口呆,说:"到哪里去弄这么多钱?"

张公说:"我常看到你们县里的人,很有钱,而且急公好义,我请你替我向他们借。"

于是拿出笔来,一共写了九个人,正好数量符合。所写的这九个人,实际上都是武士。

刘相看了以后,恍然大悟。不一会儿,名单上列出的九个人一个个穿着华丽的衣服,像富贵人家的子弟,手里捧着用纸包着的铁器,先后来到门口,假装说:"张公要借的金子都拿来了,因为时间太紧迫,没有凑足所要的数目,实在过意不去。"一边说,一边装出哀求恳免的样子。

两个强盗听说金子到了,又看到这些人果然都像有钱人的样子,就很高兴地说:"张公真的不骗我们。"

张县令趁两个强盗查看金子的时候,急忙脱身,并大喊抓贼。九个武士一拥而上,两个强盗猝不及防,其中一个被抓,另一个自杀身亡。

张县令遇事从容镇定,不动声色诱盗贼上当,糊涂装得多么彻底,既保全了身家性命、公家钱财,又擒获了强盗。

张县令身临险境,却能既保住身家性命和国库钱财,又擒获强盗,凭的是什么?凭的是他遇事从容镇定,凭的是他那看似拙劣的诚实,凭的是他成熟的方圆之道,才不动声色地诱强盗上当。强盗要诈骗财物,冒充朝廷公差闯入内庭,说明身份和来意之后,张县令既没有惊慌失措,也没有暴跳如雷,而是装出很诚实地样子,替盗贼着想,怎样才能既得到银两,又没有犯案的危险,这可算是糊涂到了极点,"诚实"到了顶点。但是正因为他彻底地装糊涂,正因为他这种拙笨的诚实才稳住了对方,为以后施展擒贼的计谋赢得了时间和条件。

"方"是做人之本,是堂堂正正做人的脊梁。人仅仅依靠"方"是不够的,还需要有"圆"的包裹,无论是在商界、官场,还是交友、情爱、谋职等,都需要掌握"方圆"的技巧,这样才能无往不胜。

有一位小保姆,由于性情实在,干活利索,给女主人的印象极佳,但是,生性猜疑的女主人还是担心这位姑娘手脚不干净,于是在试用期的最后几天想出个办法来试一试她。一天早晨,小保姆起床要去做饭,在房门口捡到10元钱,她想肯定是女主人掉下的,就随手放到了客厅的茶几上。谁知第二天早晨,小保姆又在房门口捡到了50元钱,这让她感到很奇怪。"莫非是在试探我吧?"小保姆产生了这样的疑问。但她又很快打消了这个念头,因为女主人是一位大学教授,是很有身份的人,怎么会做出这样侮辱人格的事情来呢?这样想着,她就把钱放进了茶几底下,但心里面还是留了个心眼儿。

到了晚上,小保姆假装睡下,从卧室的窗户窥看客厅中的动静。正当她困意袭来,准备放弃这一念头时,女主人竟真的悄悄到茶几前取钱来了。小保姆彻底惊呆了,怒火冲上了她的心头:怎么可以这样小看人!她咬了咬嘴唇,下定了一个决心。

次日早晨,小保姆又在房门口发现了一张钞票,这次是100元钱。她笑了笑,把钱装进了自己的口袋。她在女主人出去之前把这100元钱悄悄地放在了楼梯上,准备也测试女主人一次。果不出小保姆所料,女主人之所以怀疑别人手脚不干净,正是因为她自己是一个自私而贪心的人,她在下楼时看见了那100元钱,当时就眼睛一亮,趁着左右没人把钱塞在了口袋里。这一幕,全都被暗中偷窥的小保姆看到了。

当晚,女主人就像找学生谈话一样,严肃而又婉转地批评她为人还不够诚实,如果能痛改前非,还是可以留用的。小保姆故作懵懂地问:"你是不是说我捡了100元钱?""是呀!难道你不觉得自己有错吗?"小保姆摇了摇头:"不,我不认为我做错了什么,因为我已经将那100元钱还给您了。"女主人一脸诧异:"咦,你啥时还我钱了?"小保姆大声回答:"今天傍晚,公共楼梯……"女主人一听到"楼梯"两个字,当时像触了电一样浑身一颤,狼狈得一句话也说不出来了……

聪明的小保姆知道做人要方、处世要圆的道理。她知道那钱不是自己的就不应该占为己有,她还利用了一些圆滑的手法为自己找回了面子,女主人自然也不敢再侮辱她的人格和尊严。试想一下,如果她正面反击,不讲策略又会是什么效果呢?

第七篇　求人妙点子

当今社会,经济发展飞速,社会分工日益精细,人类需求不断扩展。万事不求人的时代已经过去,会求人办事已经成为我们立足社会的根本,也是我们走向成功的重要保障。会求人办事的人做起事来顺风顺水,能够把各种各样的事情办得尽善尽美,让人心甘情愿地为他办事、与他共事,因此,想要人生和事业一帆风顺,取得辉煌成就,我们就一定要学会求人办事,把事情办得漂亮。

世上没有办不成的事,只有不会办事的人。求人办事的关键是看你用什么方法、用什么技巧、用什么手段,因此,提高自己的求人能力,增强自己的求人技巧,灵活运用求人的方式方法是我们的当务之急。

第一章　说话好听,求人不难

开口求人是一门技巧性很强的艺术,它直接影响着我们办事的结果。人人都会说话,但结果却千差万别。那么我们求人办事该如何开口呢?如何利用每个人都喜欢被称赞、夸奖,听好听的话的特点,来达到自己求人办事的目的呢?学会表达,掌握语言艺术,你就掌握了办事的诀窍。

会说话才能办好事

办事的关键就是"会说话""说好话"。会说话的人,一句话可以成事;不会说话的人,一句话却可以败事。会说话的人的恰当谈吐,可以增进人与人之间的了解,可以把彼此间的距离缩短。办事的时候懂得用语言打动人、说服人、感染人,让对方接受自己的观点,更容易把事情办好。

一个能说会道、言谈得体的人更容易受人欢迎,办事也更容易成功。如果一个人表达能力不强,则很容易被人低估,被认为能力不足。即使这样的人非常有思想、非常勤奋,具备了多种成功的条件,但其成功的概率仍然不是很高,所以,办事先要学会说话,这是非常关键的一步。

有个作家想请一位文化名人为自己的一本即将出版的书题写书名。得知来访者的意思后，这位一贯以幽默著称的名人笑着说："是题字啊，可以，不过，现在讲究经济效益，请我题字，是不是该付点钱啊？便宜一点儿吧，2000元一个字，怎么样？"这虽然是在开玩笑，但作家也听出了这位名人似乎对常有人打他手迹的主意颇有抱怨之意。

于是，他说："先生，您这话可是只说对了一半哟。要得到您的墨宝，理当付钱。可是，您的字何止值2000元钱一个字呢？比如说，我想要一件值2000元钱的衣服，这家商店买不着，还可以到别的商店去买呀，可您的墨宝只能出自您自己的手，天底下别无他处可寻。在我看来，您的每个字都是无价之宝，我付多少报酬也不够啊！"几句话说得这位早已听惯了恭维之辞的名人，竟也觉得"别有一番滋味在心头"，遂欣然提笔。

很多会办事的人都是"会说话"的，因为"会说话"有助于别人了解你。尤其是上司对你的了解，会使你的才华充分得以体现，向上发展的空间充分打开。所以说，学会了怎样把话说好，在一定意义上就会在求人时事半功倍，进而把事办成。

在与别人交谈的时候，所要找的话题要有一定的亲切感，最好找这个人比较喜欢的话题，激起对方的共鸣，这样接下来再求人就容易多了。

难言之时巧开口

求人之前必须充分与人沟通，在这个过程中，很多时候，由于当时人与环境的限制，个人的见解与看法难以言表，但重要的话又不可不说，否则便阻塞了沟通的渠道，事情也就无法办成。这时，只有用机巧的说话方式"开局"，才能将话说出口而不觉为难。

每个人都有自己独特的性格，特殊的兴趣与不同的生活态度，因此，在与人沟通时，常常会产生观念上的冲突。所以如何适当地表达自己的意见，又能不否定他人的见解，实为现代社会一个重要的课题。

当我们的意见和观念与对方不同时，首先，在态度上，应当给予对方发表见解的机会，并且表明我们能够理解他的观点，然后再委婉地述说自己的想法。这样就可轻松友好地交换彼此的意见。

战国期间，赵太后刚刚主持国政，秦国就加紧攻赵。赵国向齐国请求救援。齐国人说："必须让长安君来做人质，我们才会出兵。"赵太后不肯。

左师触龙说自己想拜见太后，太后怒气冲冲地等待着他。触龙进宫后慢慢走上前去，先到太后跟前就向她谢罪说："我脚有毛病，一直无法正常行走，很久没有拜见太后您了。担心太后您的身体欠安，所以希望能拜见一下太后。"赵太后说："我只能靠车子行动了。"触龙又问赵太后："每天饮食该不会减少吧？"太后说："靠喝点粥维持。"触龙说自己最近很不想吃东西，就勉强散散步，渐渐地喜欢吃东西了，身体也舒服了。太后说："我可做不到这点啊。"脸色稍微缓和了些。

触龙说自己的小儿子，没什么出息。而自己老弱体衰了，私下里很疼爱他。我希望他能充当一名王宫卫士。太后说："好吧。他今年多大了？"触龙答道："15岁了。虽然年纪尚小，老臣还是想趁着自己没死之前把他托付给您。"太后说："男子也疼爱自己的小儿子？"触龙答道："比妇人家还厉害。"太后笑着说："妇人家疼小儿子才特别厉害呢。"触龙说："老臣私下里还认为您疼爱燕后要超过长安君呢。"太后说："你错了，我疼爱燕后远不如疼爱长安君厉害。"触龙说："为人父母的疼爱子女，就应该替他们做长远打算。您送别燕后时，在车下握着她的脚后跟，为她掉泪。祭礼时总是要替她祷告说：'千万别叫她回来。'这难道不是为她作长远打算，希望她的子孙后代为王吗？"太后说："正是这样。"

触龙问："从现在起，上推到二代以前，甚至推到赵氏立国的时候，赵王子孙被封侯的，他们的后代还有在侯位的吗？"太后答道："没有。"触龙又问："不只是赵国，就是其他诸侯的子孙，他们的后代还有在侯位的吗？"太后答道："没有听说过。"触龙就说："这些国君们，有些是自己取祸而亡，有些是祸患延及子孙而亡。难道说国君的子孙们都不会有好结果吗？只是因为他们地位尊贵却无功于国，俸禄丰厚但没有为国出力，只是拥有大量的金玉珍玩而已。现在您使长安君的地位很尊贵，又封给他肥沃的土地，给他很贵重的金玉珍玩，却不让他趁现在为国立功。有朝一日太后您不幸去世，长安君将倚仗什么在赵国安身立命呢？老臣以为您替长安君打算得不够长远，所以说疼爱长安君不如疼爱燕后。"太后说："好吧，那就任凭您怎样安排他吧。"

本故事说明在言谈开始时用导引性、启发性言语，以便引出对方的话头以及对方不愿外露的思想情感。用简单而富有引诱力的话语引导、开化对方，使得对方非得开口说话不可。

要见什么人说什么话

求人办事不是什么话都能说的。有道是见什么人说什么话，说话不看对象就达不到求人办事的目的，就不能顺利地把事情办好。

首先要看对方是什么人，因为每个人的脾气秉性不同，所以他所能接受的说话方式就可能不一样。要想达到求人成功的目的，就要收集信息，因地制宜，运用恰当的技巧。千万不可意气用事，一言不合，怒发冲冠，引起被求对象的反感，这绝不是解决问题的正确方法。

死板木讷的人

这类人比较木讷,就算你很客气地和他打招呼、寒暄,他也不会做出你所预期的反应来。他通常不会注意你在说些什么,甚至你会怀疑他到底听进去没有。

求这种人的时候,刚开始多多少少会感觉不安,但这实在也是没办法的事。

比如,当你遇到 C 先生时,直觉马上告诉你:"这是一个很死板的人。"此人体格健壮,说话带有家乡口音,至于他是怎样的一个人,你却不太清楚。除了从他表情中,可以察觉些许紧张之外,其他的一点也看不出来。

遇到这种情况,你就要花些工夫注意他的一举一动,从他的言行中,寻找出他所真正关心的事来。你可以随便和他闲聊一些中性话题,只要能够使他回答或产生一些反应,那么事情也就好办了。接下去,你要好好利用此类话题,让他充分表达自己的意见。

比如,当你们聊到有关保龄球时,C 先生的话就开始多了起来,这表示他对这项运动很感兴趣。他很起劲地谈到打球的姿势、球场的情况和自己最近的成绩……原来死板的表情,竟一扫而空,代之以眉飞色舞。

每一个人都有他感兴趣、关心的事,只要你稍一触及,他就会开始滔滔不绝地说,此乃人之常情,因此你必须掌握好话题内容并利用这种人的心理。

傲慢无礼的人

有些人养尊处优,目中无人,时常表现出一副"唯我独尊"的派头。像这种举止无礼、态度傲慢的人,实在让人看了生气。他是最不受欢迎的人物,但是,当你不得不求他的时候,你应该如何对付他呢?

对付这类人,说话应该简洁有力才行,最好少跟他啰唆,所谓"多说无益"正是如此。因此,你要尽量小心,以免掉进他的圈套里。

不要认为对方客气,你就礼尚往来地待他。其实,他多半是缺乏真心诚意的。你最好在不得罪对方的情况下,言辞尽可能"简省"。尽量简单扼要地说明来意,办完事就行了。

毫无表情的人

人的心态和感情,常常会通过脸部的表情显现出来。所以在求人的时候,这些往往可作为判断对方心情的依据,然而,有些人却是毫无表情可言的,也就是说,他的喜怒是不形于色的。这种人不是深沉的就是呆板的。当你需要和这种人进行交谈的时候,最好的方法就是特别注意他的眼睛和下巴。

人们常说:"眼睛是会说话的。"不错,眼睛是灵魂之窗,观其眸子,你自然可以揣测对方的心思。

你可以从对方的眼神中，看出他对你的印象究竟如何。有时候，自己会过分紧张连表情都不自在，此时，你不妨看看对方的眼神：是毫不在意、无动于衷，还是有所察觉？留意他的眼神，你一定可以得到答案。知道了他的态度，话自然就好说了。

与这种人沟通，别被他这种表情吓住，一定要放松、从容不迫。但要注意的是，当你明白对方的反应可能是受自己的态度所影响时，就不得不特别注意一下自己的言行举止了。

打开成功之门的说话技巧

在现实生活中，我们发现，求人办事有时候并不容易，对方总会表现出抵触情绪，这种情形下说话，更需要讲究一些技巧。下面通过一些实例，教你一些具体做法。

缓言法

借助舒缓的语气来减轻话语的压力，避免唐突，充分维护对方的面子，例如："不知你可不可以把这封信带给他？"（比较：把这封信带给他！）

悲观法

通过流露不太相信能成功的想法把请求、建议等表达出来，给对方和自己留下充分的退路。例如："你可能不愿意去，不过我还想麻烦你去一趟。"

在请求别人帮忙或者向别人提出建议时，如果在谈话中发现人家可能不具备条件或意愿，就不要强人所难，自己也显得有分寸，同样也会赢得好感。

缩小法

尽量把自己的要求说得很小，以便对方顺利接受，满足自己的愿望和要求。例如："你帮我解决这一步就可以了，其余的我自己想办法。"

我们确实经常发现，人们在提出某些请求时往往会把大事说小，这并不是变着法儿使唤人，而是适当减轻给别人带来的心理压力，同时也使自己便于启齿。

谦恭法

通过抬高对方、贬低自己的方法，把有关请求表达出来，显得彬彬有礼、十分恭敬。请求别人帮助，最为传统的做法是尽量表示虔诚，使人家感到备受尊重，乐于从命。

体谅法

首先说明自己了解并体谅对方的心情,再把自己的要求或想法表达出来。例如:"我知道你手头也不宽裕,不过实在没办法,只好向你借一些。"

求人的重要原则就是充分体谅别人,这不仅要在行动中体现出来,而且要在言语当中表示出来。

复数代词法

使用"我们"代替"我",把自己的看法、意见、决定等表达出来,以免显得主观武断。例如:"我们是实在没有办法了才来找您的。"(意即:这是大家的共同意愿)

在现代交往中,利用"我们"代替"我"是比较常用的礼貌表达方法。在政治活动、外交事务、学术交流、商务交往中,使用更为广泛。

视点推远法

在表达有关意思时使用代词等把时间、地点、事情等方面的视点推远。例如:"那种事情费不了你多大劲儿。"

细细体会,使用远指代词比使用近指代词显得更婉转一些。

陈述常规法

就是在表达有关意思时仅仅把有关规定讲述一下,而不强调自己的主观看法,例如:"上头规定这事由你负责,所以我非求你不可。"

在为公务求人时,陈述理由是一种比较通行的做法。这比以个人的口气发号施令要礼貌得多。在平常表示规劝的时候,这种方法有时也很好。

感激法

在提出请求、愿望等时,表示自己对人家非常感激,并且会铭记人家所做的一切。例如:"如蒙鼎力相助,我们将不胜感激。""你的大恩大德,我们终生不忘。"

尊重别人的劳动,特别是重视别人对自己的帮助,这是人际交往的一条重要原则,应该在语言中表达出来。

暗示法

通过旁敲侧击的说话方式,把有关意思暗示出来,以免直接驱使对方,令人感到没有面子。例如:"我要出差半个月,我养的那些花没人浇水,就得枯死。"(意即:你来帮我照看一下吧)

请人做事,不必都要具体详细讲明。在很多情况下只要对方一点儿暗示即可,这样就显得很自然。

淡化法

有意使用轻描淡写的语言把有关意思表达出来,使之更易接受,更有意味。例如:"请你帮我把这房间稍稍粉刷一下。"(意即:实际上需要彻底粉刷一下)

在提出建议、做出评估时,如果根据对方心理特点适当低调些,效果可能更佳。

夸张法

用夸张的方法把有关意思表达出来,通过说明事情的难度等,求得对方的谅解。例如:"我是上天无路,入地无门了。"(意即:不到最后关头,是不会给你添麻烦的)

在向对方表示歉意时,适当强调客观原因,可以表明并非主观不积极,因而容易得到对方的谅解。当然,这也要掌握好分寸,否则就会显得不实在。

矛盾法

使用自相矛盾的话语把有关意思表达出来。例如:"我本来不想跟你提这事,可还是提了。"

回答对方的问话,有时表示肯定不好,表示否定也不好,使用模棱两可的话比较合适。

反语法

使用反语来表示亲密的揶揄、暗暗责备等,以免话语过分刻板,令人感到不自在。例如:"你真会开玩笑!"(实际上对方不是开玩笑)"朋友找你帮忙,看你多热心!"(实际上他很冷漠)

反语要是使用得当,可以打破僵局,密切双方的关系,显得比较轻松愉悦。

反问法

通过反问句把有关意思表达出来,以免直陈己见,显得缺乏涵养。例如:"我能怎么办呢?"(意即:事情太糟了,我什么办法也没有)

在有些语言场合,使用类似的反问句确实比直抒胸臆要委婉得体一些。

含糊其词法

就是使用不点名道姓的办法把有关意思表达出来,以免让人没有面子。例如:"好像有人在上面卡我们。"(意即:这事是你干的)

在遇到有人故意刁难,请求对方高抬贵手时,不要把事情点破,尽量照顾人家的面子,是非常有益的。

站在对方的立场说话办事

在办事的时候,只顾自己的利益,不管别人的需要和利益,是非常愚蠢的做法。要想办成事,首先就要与对方站在同一个立场,多方为其考虑,让对方觉得你是"自己人",这样才更益于办事。

某商店有位店员是位经营高手,他的营业额比一般营业员都高。有人问他:"是不是因为能说会道,所以生意兴隆?"他回答说:"不是,我的成功秘诀是善于理解、体察顾客的心理。"

一次,有位顾客站在柜台前对柜台里的布仔细察看。凭经验,营业员判断这位顾客是想买块面料,于是赶忙迎上前去说:"您是想买这块料子吗? 这块料子很不错,但是您要看仔细,这块布染色深浅不一,我要是您,就不买这一块,而买那一块。"

说着,店员又从柜台里抽出一匹带隐条纹的布料,在灯光下展开,并接着说:"您像是公务人员,年龄和我差不多,穿这种料子的衣服会更好些,美观大方。要论价钱,这种料子比您刚才看到的那种每米多3元钱,做一身衣裳才多几十元,您仔细看看,认真盘算盘算,哪个合算。"

顾客见这位营业员如此热情,居然帮自己精心挑选,于是不再犹豫,买下了店员推荐的料子。

这位店员之所以能成功地做成这笔生意,就是因为他站在顾客的立场,替顾客精打细算,现身说法,使对方的戒备心理、防御心理大大降低,而且产生了一致的认同感,故而说服了对方。

站在对方的角度说话,就是要了解对方的心理,了解他的需求,了解他的困难,这种说服方法容易使对方接受,从而将事办成。

一家电器公司的推销员挨家挨户推销冰箱,当他走到一户人家时,恰好这户人家的太太正在往冰箱里放东西,就忙说:"哎呀! 你这台冰箱太旧了,用旧冰箱是很费电的。太太,该换新的啦!"

结果,还没等这位推销员说完话,这位太太马上产生了反感,驳斥道:"你在说什么啊! 这台冰箱是我结婚的时候买的,很耐用的,我都用了10年了,到现在还没有发生过一次故障,新的也不见得能好到哪儿去,我才不换新的呢!"这位推销员只好无奈地走了。

又过了几天,又有一名推销员来拜访。简单地沟通后,他初步了解了太太的心理,便说:"这是一台非常有纪念意义的冰箱,因为很耐用,所以对太太您有很大的帮助呀。"

这位推销员先站在太太的立场上说出她心里想说的话，使得这位太太非常高兴，于是她说："是啊！这倒是真的。我家这冰箱确实已经用了很久，是有点旧了，我正在考虑换一台新的冰箱呢。"

于是推销员就说："换了是有点不太舒服，但是现在的冰箱质量也不错，而且省电、环保，相信对您的家庭还是有好处的，如果您想换的话，可以看看我们公司的产品。"

用这种说服技巧，对推销产品确实大有帮助，因为这位太太已动了购买新冰箱的念头。至于推销员是否能说服成功，回答十有八九是肯定的，只不过是时间长短的问题了。

在求人办事过程中，当你感觉到对方仍对他原来的想法保持不舍的态度，此时最好的办法，就是先接受他的想法，或者先站在他的立场发言。先接受对方的立场，说出对方想讲的话，然后再说出更好的做法，这样才更容易打动人，也对求人办事有所帮助。

说好场面话

汉高祖刘邦灭楚、平定天下之后，开始对他的臣下论功行赏，这时就出现了臣子彼此争功的现象。

刘邦认为论功劳萧何最大，封他为侯最合适不过，给他大量的土地也实属应该，可是其他人却不服，私下里议论纷纷。大家都说："平阳侯曹参12次受伤，而且攻城略地最多，论功劳他应该最大，应当排第一，要封地他也应该占最多。"

刘邦心里知道，因为封赏问题，委屈了一些功臣，对萧何是偏爱了一点。可是，在他心目中，萧何确实应该排在首位，可身为皇帝又无法对这一想法明言。

刘邦

正当为难之际，关内侯鄂君似乎揣摩出了刘邦的心思，不顾众大臣反对，上前说了一些言不由衷的场面话："群臣的意见都不正确，曹参虽功劳很大，攻城略地很多，但那只不过是一时的功劳。皇上与楚霸王对抗五年，丢掉部队、四处逃避的事情时有发生，是萧何常常从关中调派兵员及时填补战线上的漏洞，才保汉王不受太大的损失。楚、汉在荥阳僵持了好多年，粮草缺乏时，是萧何转运粮食补充关中所需，才不至于断了粮饷啊！再说皇上曾经多次逃奔山东，每次都是因为萧何出力，才使皇上万无一失，如果论功劳，萧何的功劳才称得上是万世之功。现如今，汉王即使少一百个曹参,对大汉王朝又有什么影响呢?难道我们汉朝会因此而灭亡吗?为什么你们认为一时之功高过万世之功呢?所以,我主张萧何排在第一位,而曹参其次。"

刘邦听了关内侯鄂君的话,自然是非常高兴,因为关内侯鄂君的场面话说到了刘邦心坎里去了。刘邦连忙说:"好,好,就这么定了。"

关内侯鄂君因揣摩出刘邦一直想封萧何为侯的心思,然后顺水推舟、投其所好,挑刘邦爱听的话说,刘邦自然非常高兴,刘邦的心愿落实了,鄂君也因此被刘邦封为"安平侯",封地超出原来的一倍。

由此可见场面话的重要作用,假如关内侯鄂君没有趁机将场面话说出去,刘邦也不会给他封侯,扩大封地面积。所以说,场面话该说时还要说,但必须掌握好度,不能太不切合实际。

会说场面话是疏通人际关系的一种手段。场面话说得到位不到位,会影响人脉网的广与狭,从而影响办事的质量。听场面话时,必须要动动脑子,认真辨别真伪后再确定真假与是非,否则吃亏上当的还是自己。

小王在一个单位埋头苦干了很多年,一直都没有升职,为此他很苦恼。有一天,小王的一个朋友告诉他,另一个单位的营销部有一个空缺,小王便通过朋友牵线搭桥,拜访了那家单位人事部的一位主管,希望能走走他的后门,把自己调到那个单位去。

当时,那位主管热情地招待了小王和他的朋友,对小王的请求拍着胸脯说:"绝对没有问题,你就回去等待佳音吧!"小王得到了该主管的承诺后,兴高采烈地回家等消息。

转眼两个月过去了,办调动的事一点消息也没有,小王给朋友打电话,想知道到底出了什么情况,朋友却告诉他,那个位子已经被人抢先占了。

小王顿时火冒三丈,问:"既然答应我了,而且还拍胸脯说没有问题,为什么现在会出现这种状况?"小王的朋友对他的质问也不知如何回答是好。

其实,那位主管拍着胸脯承诺小王的话,不过只是碍于情面的场面话而已。可小王却信以为真了,所以才吃了个哑巴亏。

场面话是待人处世中必不可少的客套话,每一字,每一句,都可能影响到一个人办事的成功概率。

与人交往中,我们经常会听到这样的场面话,例如:"你的事情包在我身上。""我全力帮忙。""有什么问题尽管来找我。"像这一类型的场面话,该说时,还要说。如果你当面回绝了对方,势必会将场面弄得很尴尬,难免会得罪人。

与智慧型的人说话,辨析能力一定要强;与学识渊博的人说话,需要有广博的知识;与善辩的人说话,就没有必要啰啰唆唆;与上司说话,就要把话说到他心坎里;与下属说话,必须让他们感觉到你的慷慨,从你这里他们能得到好处。别人不愿意做的事情,不要勉强;而别人喜欢做的,应给予大力的支持;别人喜欢听的话,要多说;别人不喜欢听的话,要少说,甚至不说。做到这些就算是管好了自己的嘴巴。

有人认为,说场面话是一种可耻的行为,其实并没有那么严重。身处复杂的社会中,在待人处世中,场面话该说还要说,有时候,不说场面话真的很难脱身,而且还会影响你的人际关系,由此可见说场面话的重要作用,但场面话还是要以不要太离谱或引起别人误解为好,否则就有麻烦了,起码会影响到别人对你的看法。

办事要讲究语言艺术

孙武有句名言:"知己知彼,百战不殆。"说话求人,也是这个道理,不能不看对象,否则往往会伤害对方的面子。如果了解了对方的情况,即使发表一些大胆的言论,也不会对对方造成伤害,从而比较容易达到自己求人的目的。

看对方的身份地位说话

《世说新语》中有这么一则故事:

三国时期,许允担任魏国的吏部侍郎,他在选派官员的时候,多选择他的同乡。魏明帝听说这件事情以后,心中开始犯嘀咕,认为许允是在结党营私,居心不良,于是就派侍卫将他传去问话。

许允哪里想到人在家中坐,祸从天上来,当他被皇帝的侍卫带走的时候还莫名其妙。好在他的妻子脑袋极为清醒,赶出来提醒他说:"聪明的君主只能以理说服,不能依靠软语相求。"

魏明帝一见许允就责问他为什么只重用同乡,是不是有什么不良企图。许允想起妻子的话,便理直气壮地说:"孔子曾经说过,在举荐人才的时候要'举尔所知'。我之所以任用我的同乡,那是因为我对他们非常了解,觉得他们担任那些职务非常合适。如果陛下认为臣所说的话有不实之处,完全可以去考察他们,看看他们到底称职还是不称职。如果不称职,臣甘愿承受一切责罚,但如果情况属实,还请陛下开恩放臣回去。"

魏明帝便对许允举荐的那些同乡做了一番细致考察,发现每个人都可以胜任其职,于是对许允褒奖一番,让他回家了。

许允重用同乡,并未违反魏国的荐举制度。不管他此举用意何在,也不管这么做是否妥当,只要完全合乎皇帝认可的"理",他就高枕无忧。许允的妻子也明白,和皇帝打交道难于求情,却可以据"理"相争,所以,她才叮嘱丈夫要以理服人。许允同样明白这个道理,面对皇帝的责问,坦然以孔子举荐人才时要"举尔所知"相对,并通过用人称职这条硬道理,摆脱了自己结党营私、居心不良的嫌疑。这可以说是善于根据说话对象的身份来选择说话方式的绝好例子。

看对方的性格说话

求人办事时说话,除了要考虑对方身份以外,还要注意观察对方的性格。对于不同性格的对象,一定要具体分析,区别对待。了解了对方的个性和喜好,做到知己知彼,再灵活运用"三寸不烂之舌"的功力,一定能"笼"到人心。

揣摩对方的心理说话

通过对手无意中显示出来的态度及姿态,了解他的心理,有时能捕捉到比语言表露更真实、更微妙的思想。

当然,对请托对象的了解,不能停留在静观默察上,还应主动侦察,采用一定的侦察对策,去激发对方的情绪,才能够迅速准确地把握对方的思想脉络和动态,从而顺其思路进行引导,这样的会谈易于成功。

针对不同的办事对象谈话或请托应考虑以下几个方面:

性别差异:男性需要采取较强有力的劝说语言;女性则可以温和一些。

年龄差异:对年轻人应采用激情的语言;对中年人应讲明利害,供他们斟酌;对老年人应以商量的口吻,尽量表示尊重的态度。

地域差异:生活在不同地域的人,所采用的劝说方式也应有所差别。如对我国北方人,可采用豪爽的态度;对南方人,则应细腻一些。

职业差异:要运用与对方所掌握的专业知识较紧密的语言与之交谈,对方对你的信任感就会大大增强。

性格差异:若对方性格豪爽,便可单刀直入;若对方性格迟缓,则要"慢工出细活儿";若对方生性多疑,切忌处处表白,应不动声色,使其疑惑自消。

文化程度差异:一般来说,对文化程度低的人所采用的方法应简单明确,多使用一些具体数字和例子;对于文化程度高的人,则可采用抽象说理的方法。

兴趣爱好差异:凡是有兴趣爱好的人,当你谈起有关他的爱好方面的事情来,对方都会兴趣盎然。同时,对你无形中也会产生好感,为你找人办事儿打下良好的基础。

看对方的文化层次说话

自命清高者常常是洁身自好的墨客文人,或者是那些自命不凡、看破红尘的人。这种人文化层次一般都较高,他们不愿与常人来往,比较希望同有才华的人结交,因此要顺利地叩开这种人的大门,最有效的办法就是善于表现自己,设法展示出自己的才华,使其因爱"才"便会自开家门。

一个文化层次较高的人到乡下或基层找普通农民或工人办事儿,就不应该装腔作势、满嘴文绉绉地高谈阔论,也不能以文交心,以诗会友。而应该放下文人架子,用老百姓容易接受的话进行沟通和交流,这样才能显得平易近人,与对方没有文化距离和心理距离。对方一旦有了这样的感受,办起事情来就会很痛快。

求人办事中常见问题与对策

我们在求人过程中要学会察言观色,并随机应变。这也是为人处世的一种本领。我们在求人时往往不会一帆风顺,常常会遇到一些意想不到的情况。我们应全神贯注地与对方交谈,与此同时,也要对这些意料之外的信息敏锐地感知,并做出恰当的处理。

对方若面露难色要及时改变语气

在求人办事时,许多经验丰富的人都特别留意谈话过程中对方表情的变化。因为他们明白,只有能够时时注意对方的心理、周围的状况而随时应变,才有把事情顺利办成的可能。

每个人都有不同的表达思想的方式,并不是非用言语不可。尤其是对那些语言不易表达的感情,人们往往总是通过脸部表情来显现的。

有的时候,人们对自己的反对性意见,会故意让对方了解或看出,但是有些时候,他们非但不想让对方知道,甚至想隐藏起来。不论哪种情况,都或多或少会显现在人的脸上。当它展现出来时,如果你不注意而继续自顾自地说下去,就会带给你不利的后果。

因此,当你和他人面谈时,要随时注意对方的表情,一旦对方出现了"难色"时,要立刻停止自己原先强迫性的说法。如果你改变语气或说辞之后,对方的那种表情尚未消失,可以直率地问对方是否有什么困难,这样做可以将对方难以启齿的心事或是心理上的疙瘩予以表面化,同时更能了解对方的心理。

对方顾左右而言他

即使是初次见面,有些人在谈话时,也会不知不觉地扯到主题以外的事,而且愈扯愈远,然而,现代社会生活忙碌,面谈的时间实在有限。因此,当对方尽讲些与主题无关的事时,性急的人就会焦躁不安,想把话题扳回来。不过,如果想多了解对方,让自己的计划更顺利地进行,就不要这样做。

依常理判断,对方将话题转向,会有三种情况:第一,是完全不小心,也就是不知不觉地将话题扯远了;第二,是心血来潮,忽然想到了他得意的事;第三,是故意转变话题,不愿意再谈原来的事。这三种情况中无论哪一种叫你遇上,最聪明的办法是以静制动,暂时不要去打岔,让对方说下去。出现第一种情况时,对方一般会突然想起来自己跑题了,而主动地打住。出现第二种情况时,等讲完了这件事,他自然会回到原来的话题上。如果对方总是云里雾里地讲个不停,那就很可能是第三种情况了!既然是第三种情况,那就表示他不愿意与你商谈本话题,你再勉强反而会导致对方不快,你不妨索性利用这个机会去观察他的心意与动向。

应该主动中止的谈话

对方一面跟你说话,一面眼往别处看,同时在跟别人小声说话,这表明刚才你的来访打断了什么重要的事,对方心里惦记着这件事,虽然他在接待你,却是心不在焉。这时你最明智的方法是打住,丢下一个最重要的请求告辞:"您一定很忙。我就不打扰了,过一两天我再来听回音吧!"你走了,对方心里对你既有感激,也有内疚:"因为自己的事,没好好接待人家。"这样,他会努力完成你的托付,以此来补报。

在交谈过程中突然响起门铃、电话铃,这时你应该主动中止交谈,请对方接待来人、接听电话,不能听而不闻滔滔不绝地说下去,使对方左右为难。

当你再次访问希望听到所托之事已经办妥的好消息时,却发现对方受托之后尽管费心不少但并没圆满完成甚至进度很慢。这时难免发急,可是你应该将到了嘴边的催促化为感谢,充分肯定对方为你做的努力,然后再告之以目前的处境,以求得理解和同情。这时,对方就会意识到虽然费时费心却还没有真正解决问题,产生了好人做到底的决心,进一步为你奔波。

第二章　平时烧香,急处才好求人

友情投资,宜走长线,无论是冷庙还是热庙,香火都给它烧上。平时多烧些香,哪怕是只言片语的问候,亦是交友之道。其实人情就像银行里的储蓄,存得越多、越久,回报就越丰厚。有心计的人结交朋友,不会急功近利,他们懂得"晴天留人情,雨天好借伞"的道理,储蓄起人情为以后办事着想。

晴天留人情,雨天好借伞

人情冷暖、世态炎凉,平常朋友平常过。如果你是个懂得交际"手腕"的人,就应该知道交朋结友,不可急功近利。友情投资,宜走长线,拜拜冷庙,烧烧冷灶,平时多烧香,哪怕是只言片语的问候,亦是交友之道。

现代人生活忙忙碌碌,没有时间进行过多的应酬,日子一长,许多原本牢靠的关系就会变得松懈,朋友之间逐渐淡漠。这是很可惜的。这就需我们大家珍惜人与人之间宝贵的缘分，即使再忙，也别忘了沟通感情。

有位刚去美国的朋友来信说："我们在这儿没有什么社交生活，我们难得去看看朋友，这当然是因为我们初到异境，认识的朋友不多，但后来我听说，其他的人也一样……

"我们每星期工作五天，星期六和星期日都去郊外，这是一种家庭式的生活。就是说，要去郊外，就跟自己的家人去。

"我们不能利用假期去探望朋友，因为一到假期，谁都不在家，除非朋友患病在床……

"平时我们也不可能利用下班后的时间去看朋友，因为交通太挤。

"我们常常和朋友通电话，这是我们唯一可以应酬朋友的方法，我们无事也打电话。哪怕是寒暄几句，或者讲些无关紧要的事。

"但有事情时，我们会立刻聚在一起的，比方上星期我儿子肚子痛，我急忙起来打电话给友人江医生想办法，他马上驾汽车从十几公里外赶到，初步诊断，认定他患了盲肠炎，就用他的车子送孩子进医院做了手术……"

有事之时找朋友，人皆有之，但无事之时找朋友，你可曾有过？

不知你有没有过这样的经验：当你遇到了困难，你认为某人可以帮你解决，你本想马上找他，但后来想一想，过去有许多时候本来应该去看他的，结果都没有去，现在有求于人就去找他，会不会太唐突了？甚至因为太唐突而遭到他的拒绝？

在这种情形之下，就让人不免有些后悔"闲时不烧香"了。

法国有一本名叫《政治家必备》的书。书中教导那些有心在仕途上有所作为的人，必须起码收集起将来最有可能做总理的人的资料，并把它背得烂熟，然后有规律地、按时去拜访这些人，和他们保持较好的关系。这样，当这些人之中的任何一个当起总理来，自然就容易记起你来，大有可能请你担任一个部长的职位了。

这种手法看起来不大高明，但是非常合乎现实。一位政治家的回忆录中提道：一位被委任组阁的人受命伊始，心情很焦虑。因为一个政府的内阁起码有七八位部长，如何去物色这么多的人呢？这的确是一件难事，因为被选的人除了有一定的才能、经验之外，最要紧的一点，就是"和自己有些交情"。

和别人有交情才容易得人赏识，不然的话，任你有登天本事，别人也不知道。

生活中每个人都难免会遇到困难。在别人身处危难境地时，伸出援助之手，也许在将来的某一天会得到丰厚的回报。

友情投资宜走长线，不可急功近利。友谊之花，须经年累月培养。善于放长线、钓大鱼的人，看到大鱼上钩之后，总是不急着收线扬竿，把鱼甩到岸上。因为这样做，到头来不仅可能抓不到鱼，还可能把钓竿折断。他会按捺下心头的喜悦，不慌不忙地收几下线，慢慢把鱼拉近岸边；一旦大鱼挣扎，便又放松钓线，让鱼游窜几下，再慢慢收钩。

如此一收一弛,待到大鱼精疲力竭,无力挣扎,才将它拉近岸边,用网兜拽上岸。求人也是一样,如果逼得太紧,别人反而会一口回绝你的请求。只有耐心等待,才会有成功的喜讯。

求人交友要有长远眼光,尽量少做临时抱佛脚的买卖,而要注重有目标的长期感情投资。

冷庙烧香交"贵人"

俗话说:"平时不烧香,临时抱佛脚。"这样做即使"菩萨"再灵,也不会帮助我们的。所以我们要求神,就应在平时多烧香。而平时烧香,也表明自己别无希求,完全出于敬意;一旦有事,或许就会有求必应。

如果要烧香,就找些平常没人去的冷庙,不要只挑香火繁盛的热庙。热庙因为烧香人太多,你去烧香,也不过是众香客之一,显不出你的诚意,但冷庙的菩萨就不是这样,平时冷庙门庭冷落,无人礼敬,你却很虔诚地去烧香,同样是一炷香,表达的心意就大不相同,日后有事相求,自然得到照应。

其实,哪里只是庙有冷热之分,人又何尝不是? 一个人是否能发达,要靠机遇。你的朋友当中,有没有怀才不遇的人,如果有,这个朋友就是冷庙。你应该将其与热庙一样看待,时常去烧烧香,逢到佳节,看望一下,送些礼物。为求实惠,有时甚至可以送些钱,请他自己买些实用的东西。又因为他是穷人,当然不会遵从礼尚往来的习惯,并非他不知道还礼,而是无力还礼。不过他虽不曾还礼,但心中却绝对不会忘记未应还的礼,这是他欠的人情债。人情债欠得越多,他想还的心越切。所以日后他否极泰来,第一要还的人情债当然是你。他有清偿的能力时,即使你不去请求,他也会自动还你。

汉朝的韩安国是一位非常有能力的人,他原先在汉景帝的兄弟梁孝王手下当差,曾经为调解梁孝王和汉景帝的关系出了大力。有一次因为受人诬陷,韩安国被关进了监狱。

狱吏是一位非常势利的人,见到这样一个高高在上的人成了阶下囚,并由自己看管,就时常冷嘲热讽,侮辱谩骂。

韩安国刚开始还忍心吞声,到了最后不堪忍受,就问了那位狱吏一句:"死灰尚可复燃,我现在只是被人陷害,总有恢复清白、东山再起的时候,你这么做难道不后悔吗?"

狱吏听了哈哈大笑,说道:"就你这个样子,还想东山再起? 如果你这死灰真能复燃,我就撒泡尿浇灭它。"这句话把韩安国气得张口结舌,无言以对。

世事无常,没过多长时间,韩安国果然被释放出狱,而且还升了官。狱吏得知这个消息以后,吓得赶紧辞官不做,逃之夭夭。

韩安国放话说,如果这位狱吏不亲自来向他请罪,就要向他的家人报复,灭了他的九族。听说了这个消息以后,狱吏只得战战兢兢地来到了韩安国家里,磕头请罪。韩安国看着他笑着说:"如今这死灰复燃了,你来撒尿吧!"狱吏哪儿敢吭声,只是一个劲儿地磕头求饶。

最后韩安国并没有为难这位势利的狱吏,只是教训了他几句就把他放走了。

人的遭遇很难预料,也许昨天还是一文不名,今天就腰缠万贯;也许昨天还是阶下囚,明天就能成为堂上客。如果那位狱吏在韩安国坐牢的时候能够给予适当照顾,那么韩安国翻身之后自然也有他的好处,而不用搞得那么狼狈。当然,狱吏算是比较幸运的,他碰上了大度的韩安国,只教训了他几句,并没有难为他,如果换了一个小肚鸡肠的人,后果可就严重了。

在人际交往中,冷庙烧香,其实也就是在人危难的时候给予帮助,这样的做法不但难能可贵,而且更加让人敬佩。

冷庙烧香不仅展现了一个的品德,而且对于打造关系、拓展人脉也有很大帮助。

对朋友的投资,最忌讳的是讲近利,因为这样就成了一种买卖,说难听点更是一种贿赂。如果对方是讲骨气之人,更会感到不高兴。即使勉强接受,并不以为然。日后就算回报,也是得半斤八两,没什么好处可言。

平时不屑往"冷庙"烧香,临到头再来抱佛脚也来不及了。一般人总以为"冷庙"的菩萨不灵,所以才成为"冷庙"。其实英雄落难,壮士潦倒,都是常见的事。只要一朝交泰,风云际会,仍会一飞冲天、一鸣惊人的。

从现在起,多注意一下你周围的朋友。若有值得烧香的"冷庙",千万别错过了哦。

真诚地帮助别人

在别人有困难的时候,该伸出手时就出手,千万别犹豫。这样在你需要人帮助时才有别人热情的双手伸过来。

古圣先贤一再告诉我们,帮助他人不要图报答,因为对方报答过了,也就失去了帮助人的意义,也不是当初帮人时的初衷。有人说:"帮助人是一种缘分。"这句话中蕴涵着更深一层的理解:人际间的缘分都是共有的,既没有你我之分,又你中有我,我中有你。我帮了你,你帮了他,他又帮了我。当有人需要你帮一把时,你能伸把手帮一把就是一种回报,就是一种社会共有的缘分。

果品中的梅干也是一样,别的食物都要新鲜,唯有梅干却是愈久愈甘醇。梅干起初也是新鲜的果子,经过一番时日的酝酿,才制成后来的美味。朋友自然也是由生而熟,在长时间的交往中,各种不同的思想见解,经由交流和冲突而致融洽。两个不同的东西,要完全融合,需要时间,时间是最好的考验。只有在面临变故的时候,能够共患难的人,我们才称为朋友。

有一种说法叫生活不需要技巧,讲的是人与人之间要以诚相待,在他人需要帮助时毫不犹豫地伸出你热情的双手,但是不要怀着个人目的,把你要帮助的人当作利用工具,一旦对方发现自己是被你利用的工具,即使你对他再好,也只能引起他对你的敌意,并拒绝和你继续保持关系,所以,要获得真正成功的人际关系,就只能用爱心去和别人推心置腹地打交道。在这种情况下,你再去帮助他,他才会感到人间处处是美好。

对别人的帮助,要落到具体的行动上,不要只停留在口头上。当朋友有难时,我们能够不顾一切地去帮助他,该伸手时就伸手,这才是真正的帮助。帮助有两种可能,一种可能是随便帮帮,一种可能是一帮到底,做足人情。第一种帮助不能说它不是帮助,因为它也能给人带来某种好处,但随便帮帮的帮助不是真正的帮助,因为这种随便的帮助在关键的时候,总是不管用。第二种帮助才是真正的帮助,它能帮人彻底解决实际困难。

帮助他人也是需要技巧的,也就是说当你想帮助某个人的时候,你要注意具体方法,如何帮助他,才能使他真正受益。如果不注意这一点,你常常会事倍功半,甚至适得其反。一位盲人在大街上着急地用盲杖敲着地面,是在说他不知道该怎么走了。好心的你走上去想帮助他,告诉他左边是北,右边是南,他其实仍然分不清楚,他需要你拉他的手,带着他走一段路。

帮助他人要真心诚意,要坚持不懈,不能一时风,一时雨,凭自己的兴致来做。不要随心情,高兴时谁都帮,不高兴的时候谁都不帮。毛泽东说过,做一件好事并不难,难的是一辈子做好事。在现代社会,在金钱的冲击下,很多人时时刻刻都在考虑着自己的利益,别说帮助别人,更别说真心诚意地帮助别人,见死不救的大有人在,然而无私地,始终如一地帮助他人,是有心计的人赢得好人缘的妙方。

帮助他人不能居功自傲。在人际交往中,当我们帮助了他人时,不必以此沾沾自喜,自鸣得意,更不能摆出一副救世主的面孔,因为我们的帮助应该是无私的、诚恳的、不存在半点恩赐的感觉。如果总记得自己有恩于他人,这样活着岂不是很累吗?居功自傲的人也常常因为其骄横的态度而招致别人的不满,人们不愿接受他的帮助。这样的人不会有好人缘。

如果对方也是一个能为别人着想的人,你为他帮忙的各种好处,绝不会像泼出去的水,难以回收,他一定会用别的方式来回报你。对于这种知恩图报的人,应该经常给他些帮助。

总之,人不是刺猬,难以合群,人是有情感的动物,需要彼此互爱互助,切不可像自由市场做生意那样赤裸裸地,一口一个"有事吗","你帮了我的忙,下次我一定帮你"。忽视了感情的交流,会让人兴味索然,彼此交往也维持不了多长时间。

捕鱼还需补好网

求人办事能否成功在很大的程度上取决于是否拥有良好的人际关系,而良好的人际关系不仅需要建立,更需要维系。

同样的一件事,你办得比别人漂亮;同样的一个意思,从你嘴里说出的话比别人动听;同样的一张关系网,你的能网住果实,有的却一无所获,其关键就在于你的人际关系网是否得到维系。

很多人在打造好关系网之后就觉得高枕无忧了,其实这是很不正确的。关系网在实际运用中存在着很多诀窍,不能太密,什么东西都想网住,结果可能是什么东西都网不到;不能太松,不然就可能竹篮打水——一场空;不要有缺口,关键时候掉链子怎么行?

常言道:"千里之堤,溃于蚁穴。"小小的一个蚁洞竟让坚固的大堤溃塌,这样的教训可不在少数,所以,时常修补关系网是非常必要的,否则,再好的网,经过风吹日晒,也会破损。

俗话说:"磨刀不误砍柴,捕鱼还需补网。"要想砍更多的柴、网更多的鱼,就得时时注意维修工具,把刀磨得锋利一些,把网上的漏洞和坏眼补好。对待人际关系也是如此。再好的交情,也应该常常维系,以免使用的时候发现关系网出现了问题,功亏一篑,让先前的努力都付诸流水。

那么,该如何维系自己的人脉关系网呢?

主动联系

平时的主动联系可能会让自己在求人办事时不那么被动。时常打打电话,发发信息和邮件,节假日送点小礼品道声问候,嘘寒问暖,聊聊家常,在平常的日子里逐渐加深彼此间的感情,才可以在办事的时候让人为你尽力。

吃点儿小亏

很多人都喜欢占点儿小便宜,如果在交往中让对方得利多一点儿,他就会乐意与你交往,相反,则很可能与你疏远。这其实并不是什么大毛病,也不妨碍彼此间的交情。吃点儿小亏看似受到损失,其实是一种情感上的投资,因为大家都是明白人,谁多得、谁少拿心里都很清楚。对方占了便宜自然会觉得有所亏欠,遇上恰当的时候会给予你补偿。

保持忠诚

不要因为某个朋友在某件事情上暂时与你远离,就把他从你的关系网中划掉,这是目光短浅的做法。即使某些人目前跟你的工作甚至生活没有了联系,也应该保持对友谊的忠诚,不要从自己这边断了彼此之间的关系。只有在平时做足准备工作,在困难的时候求人才能获得别人的帮助。

徐某曾担任某公司的总经理,每年年底,礼物、贺年卡就像雪片一般飞来。可是当他退休之后,所收到的礼物只有一两件,而贺年卡一张也没有。以往的日子访客往来不绝,而这年却寥寥无几。正在他为此烦闷时,一位以前他不是很重视的职员,带着礼物前来看他,使他产生了颇多的感慨。任职期间,许多人巴结、讨好他,逢年过节大包小包给他送礼。可退休后,曾经巴结他的人一个都没露面,拜访他的却是在任职期间不受重视的小职员,因此他感动得热泪盈眶。

没过多久,徐某被原公司聘为顾问,当然,他很自然地就重用和提拔了这位职员。因为他能在没有利益关系的情况下,登门拜访自己,给徐某留下了深刻的印象。

别轻易得罪人

不管是什么原因,都不要轻易得罪人。得罪人往往会极大地伤害你的人脉关系网,而且很容易形成连带效应,尤其是你不对的时候,影响就更为恶劣。

王燕有一次托她的朋友娜娜办事,因为娜娜一时疏忽给忘记了,结果王燕非常不高兴,指责娜娜不够朋友。娜娜心里本来对王燕充满歉疚,但是由于王燕说话极为难听,就按捺不住火气,跟王燕争执起来,结果两个人不欢而散。

事后,娜娜去跟王燕道歉,但是王燕却认为娜娜有错在先,还跟自己恶语相向,太不够朋友,因此拒不接受。不料想,在那以后,王燕身边好多跟她熟悉的人都对她"客气"了许多,有些人干脆对她敬而远之。原来,这件事情发生以后,好多人都认为王燕为人小气,不值得深交,还是跟她保持距离的好。

维系人脉关系的方法还有很多,并不止以上几种,在具体人、具体问题上还要看情况区别对待。

不要因为觉得自己的关系网坚固而疏忽。要想把事情办好,不但要拥有一个好的人脉关系网络,常常维系也是关键。

感情投资也要注重技巧

送人情绝不是件简单的事情,它需要你时时、处处、事事留心。一个能把人情送出水平的人一定不是"凡人"。

送什么、送多少、何时送、怎么送,都大有学问。送得恰到好处是人情,送得不当是尴尬。不管是无意中送的人情,还是有意送的人情,都有一个让对方如何感受,如何认识的问题。而送人情最重要的不在于你送的情分是否轻,而在于对方感受是否重。所谓"千里送鹅毛,礼轻情义重",说的就是这个道理。

我们在社会上,内心都有一些需求,有的急有的缓,有的重要有的不重要。而我们在急需的时候遇到别人的帮助,则内心感激不尽,甚至终生不忘。濒临饿死时别人送一根萝卜,胜过富贵时送一座金山。有某种爱好的人遇到兴趣相同的人则兴奋不已,为人生一大快乐。两个人脾气相投,就能交上朋友。

三国争霸之前,周瑜并不得意。他曾在袁术帐下为官,被袁术任命为小小居巢的县长。

这时候地方上发生了饥荒,兵乱更使粮食问题日渐严峻起来。居巢的百姓没有粮食吃,就吃树皮、草根,饿死了不少人,军队也饿得失去了战斗力。周瑜作为父母官,看到这悲惨情形急得心慌意乱,不知如何是好。

这时有人献计,说附近有个乐善好施的财主叫鲁肃,他家素来富裕,想必囤积了不少粮食,不如去向他借。

周瑜马上带上人马登门拜访鲁肃,刚刚寒暄完,周瑜就直接说:"不瞒老兄,小弟此次造访,是想借点粮食。"

鲁肃一看周瑜丰神俊朗,显而易见是个才子,日后必成大器,他根本不在乎周瑜现在只是个小小的居巢县长,哈哈大笑说:"此乃区区小事,我答应就是。"

鲁肃亲自带周瑜去查看粮仓,这时鲁家存有两仓粮食,鲁肃痛快地说:"也别提什么借不借的,我把其中一仓送与你好了。"周瑜及其手下见他如此慷慨大方,都愣住了,要知道,在饥荒之年,粮食就是生命啊!周瑜被鲁肃的言行深深感动了,两人当下就交上了朋友。

后来周瑜发达了,当上了将军,他牢记鲁肃恩德,将他推荐给孙权,鲁肃终于得到了干事业的机会。

人对雪中送炭之人总是怀有特殊的好感。某位小姐如此说:"我有一位朋友,我每次需要帮助的时候,他一定出现。例如:我有急事要用车或上班快迟到时需要用车,只要我打个电话他一定到,可以说每求必应。事情一过去,我们又各忙各的。到过年过节的时候,我总是忘不了给他寄一张贺卡,发短信给他拜个年。"

对身处困境的人仅仅有同情之心是不够的,应给以具体的帮助,使其渡过难关,这种雪中送炭,分忧解难的行为最易引起对方的感激之情,由此而形成友情。比如,有个人做生意赔了本,他向几位朋友借钱,都遭回绝。后来他向一位平时交往不多的朋友伸出求援之手,在他说明情况之后,对方毫不犹豫地借钱给他,使他渡过难关,他从内心里感激。后来,他发达了,仍然不忘这一借钱的交情,常常给对方以特别的关照。

在送人情时,有以下几点注意事项,可供大家借鉴。

不可过分给予。因为饮足井水者,往往离井而去,所以你应该适度地控制,让他总是有点渴,以便使其对你产生依赖感。一旦对你失去依赖心,或许就不会对你毕恭毕敬了。

如果你是位领导,你手下有一些属下,他们都希望能通过你得到一些好处,你应该怎样赐予他们人情呢?一是要经常地赐给他们一点好处,但不可一下子全部满足他们的欲望,否则,对你倾囊施与的恩惠,他们便不以为贵了。

不要对别人的恩情过重。这会使人感到自卑乃至厌倦你,因为他一方面感到自己无法偿还这份人情,二来觉得自己无能。不妨对别人施以小恩小惠,不要让对方以为你在故意讨好他们,否则,你施与的"人情"也就不值钱了。

对方不需要时,不要"自作多情"。因为这时你送人情会让对方感到多余,对方可能不领你的情。

"感情投资"应该是经常性的,也不可时有时无,做一个有"手腕"的人就要从生意场到日常交往,都应该处处留心,善待每一个关系伙伴,而且是要从小处细处着眼,时时把"感情投资"落在实处。

关键时刻拉人一把

人的一生不可能一帆风顺,难免会碰到失利受挫的情况,这时人们最需要的就是别人的帮助,这种雪中送炭般的帮助会让他人记忆一生。

晋代有一个人叫荀巨伯。有一次去探望朋友,正逢朋友卧病在床,这时恰好敌军攻破城池,烧杀掳掠,百姓纷纷携妻带子,四散逃难,到处都是一片混乱。荀巨伯为了朋友不顾自身的生命安全,只身入城探友。

朋友见了荀巨伯之后万分惊喜,感动之余劝他离开,说:"我病得很重,走不动,活不了几天了,敌人说不定马上就要到了,你还是自己赶快逃命去吧!"

荀巨伯却不肯走,他说:"你把我看成什么人了,我远道赶来,就是为了来看你。现在,敌军进城,你又病着,我怎么能扔下你不管呢?"说着便转身给朋友熬药去了。

朋友非常着急,百般苦求,叫他快走,荀巨伯却端药倒水安慰说:"你就安心养病吧,不要管我,天塌下来我替你顶着!"

这时"砰"的一声,门被踢开了,几个凶神恶煞般的士兵,举着带血的长刀冲了进来,其中带头的军官冲着他喝道:"你是什么人?如此大胆!全城人都跑光了,你为什么不跑?想死吗?"

荀巨伯毫无惧色,指着躺在床上的朋友说:"我的朋友病得很重,我不能丢下他独自逃命。"他还正气凛然地说:"请你们别惊吓了我的朋友,有事找我好了。即使要我替朋友而死,我也绝不皱眉头。"

敌军首领一听愣了,听着荀巨伯的慷慨言语,看看荀巨伯的无畏态度,很是感动,说:"想不到我们这些无义之人,竟侵入了有义之邦。走吧!"说着,敌军就撤走了。

患难时体现出的正义能产生如此巨大的威力,说来不能不令人惊叹。

人们总是可以敏感地觉察到自己的苦处,却对别人的痛处缺乏了解。他们不了解别人的需要,更不会花工夫去了解;有的甚至知道了也佯装不知,大概是没有切身之苦、切肤之痛吧。

《战国策·中山策》中记载了这样一个故事:中山国的国君宴请国都里的士人,大夫司马子期也在宴席中。中山国君在分发羊羹的时候,由于羊羹不够没有分给司马子期。司马子期感觉受到了慢怠,一生气便跑到楚国去了,还说动楚王来攻打中山国。中山国打不过楚国,国君只得逃亡,有两个人提着武器跟在他身后。中山国君回头问这两个人说:"你们是干什么的?"两人回答说:"我们的父亲有一次饿得快要死了,您赏给他一壶熟食吃,才让他得以活命。他临死时对我们说:'如果中山国君有了危难,你们一定要拼命帮助他。'所以特来为您效命。"

中山国君听完以后仰天长叹说道:"施与不在于多少,而在于正当人家困难的时候;仇怨不在深浅,而在于是否伤了人家的心。我因为一杯羊羹而亡国,却因为一壶熟食得到了两个勇士。"

中山国君对那位即将饿死的老人施与了一点热食,老人铭记在心,所以才会在临死的时候要两个儿子舍命报答中山国君,中山国的国君才最终得以保全性命,由此可见关键时刻拉人一把的重要性。

虽然很少有人能达到"人饥己饥,人溺己溺"的境界,但我们至少可以随时体察一下别人的需要,时刻关心朋友,帮助他们脱离困境。当朋友身患重病时,你应该多去探望,多谈谈朋友关心的感兴趣的话题;当朋友遭到挫折而沮丧时,你应该给予鼓励;当朋友愁眉苦脸,郁郁寡欢时,你应该亲切地安慰他们。这些适时地安慰会像阳光一样温暖受伤者的心,给他们希望。当你需要他们的帮助时,他们必会全力相助。

生活中,不妨做个有心计的人,在关键时刻拉人一把,因为有时候即使不很费力地帮别人一把,别人也会牢记在心,投之以木瓜,报之以琼瑶,下回你有事去求他的时候就什么都好说了。

帮人到底,人情做足

人情是中国人维系群体关系的最佳手段和人际交往的主要索链。朋友之间没有人情往来,友谊就会淡漠,甚至消失。

想把人情做足,好人做到底,你就要想朋友之所想,急朋友之所急,在他最困难、最需要帮助的时候,给朋友一个人情,这样的"杀伤力"更大。

做足人情包含两层含义:一是人情要做完,二是人情要做得充分。

如果朋友求你办什么事,你满口答应没问题,但隔了几天,你给他一个半零不落的结果,对方虽然口头上不说什么,但心里肯定会说:"这哥们儿真不够意思,做就做完,做一半还不如不做,帮倒忙。"

做人情只做一半,叫帮倒忙,越帮越忙,非但如此,还会影响信任度,说话不算数的朋友谁都不愿意结交。人情做一半,叫出力不讨好。

人情做充分,就是不仅要做完,还要做好,做得漂亮。如果你答应帮朋友办某种事,就要尽心去做,不能做得勉勉强强。如果做得太勉强了,即使事情成了,你勉强的态度也会让他在感情上受到伤害。比方说你买了一本好书,朋友来借,你先说:"我刚买的,还没看完呢,你想看就先拿去吧。"

其实前面的废话又何必说呢?最后的结果是借给人家了,你不说也是借,说了还是借,与其说些废话还不如痛痛快快借给他。书总是你的嘛,还会回来,你尽可以看一辈子,何不把人情做圆满呢?

人情做足才有效力。人情做足了自然会赢得朋友的感激,让对方记挂一辈子。

刘邦就知道这个道理,所以,他在韩信眼中是个通情达理的人,不仅如此,刘邦还使韩信欠下了自己的人情债,使韩信不忍心背叛他。汉四年,韩信平定了齐国,他给刘邦上书,要做假齐王。刘邦大怒,刚要发火,转念一想,他现在身处困境,需要韩信的帮助,就答应了。并且说道:"大丈夫要做王就做个真的,为何要做假齐王。"于是封韩信为齐王。

齐国人蒯通知道天下的胜负取决于韩信,就对他说:"相你的'面',不过是个诸侯,相你的'背',却是个大福大贵之人。刘邦、项羽二人的命运都悬在你手上,你不如两方都不帮,与他们分天下,以你的才能,加之手握兵权,还有强大的齐国为后盾,将来天下必定是你的。"

韩信说:"汉王待我恩重如山,让我坐他的车,穿他的衣服,吃他的饭。我听说,坐人家的车要分担人家的灾难,穿人家的衣服要思虑人家的忧患,吃人家的饭要誓死为人家效力,我与汉王感情深厚,怎能背信弃义反叛他呢?"

过了些天,蒯通又去见韩信,而且他还告诉韩信时机失去了便不再来,韩信还在犹豫,因为汉王对他情深义重,他不愿背叛汉王。

姑且不论刘邦以后为何处死了韩信,但就人情世故而言,刘邦很成功,他能令韩信在想到背叛他时,心生愧疚,不忍去做。

唐朝皇帝李隆基亲自为他手下的一个将领熬药,在吹风鼓火时,烧着了胡须,当侍从们赶来时,他莞尔一笑,说:"但愿他喝了这药病就好了,胡须有什么可惜的呢?"

一个皇帝为他的手下亲自熬药,这真是天大的人情,把人情做得如此之足,怎不叫属下以死相报呢?人情的效力可谓大矣!

不光皇帝会做人情,一些著名将领也是做人情的高手。

春秋战国时期,有一个著名的军事统帅名叫吴起,战必胜、攻必克,威震敌胆,立下了赫赫战功。人们都很纳闷儿，同样的一支部队，在别人手中士气低落、屡战屡败，但是只要交给吴起，不用多长时间就成了一只铁血部队，不但士气高昂，而且战斗力极强，所向披靡。对此，一般人只能将其归功于吴起那高超的指挥艺术和军事才能。

后来人们才了解到，吴起带兵之所以能有如此成就，除了他深知兵法、谋略得当、指挥有方之外，和士卒同甘苦、共患难也是一个很重要的原因。正是因为平日里吴起对普通士兵极为关照，所以打仗的时候，士兵们才拼死抗敌，以此报答吴起，这也是吴起军队战斗力极强的缘故。

据说在一次行军途中，一个士兵身上长了一个脓疮，行走困难。吴起知道这个消息以后，赶到这个士兵的营房，在察看了病情之后，竟亲自用嘴为士兵吸吮脓血，这一幕让在场的士兵感动得涕泪俱下。

从这点来说，吴起称得上是一个深谙人心的高手，他知道怎么样才能打动人心。他平日里和士兵同甘共苦，对他们百般照顾，从而博得这些普通士兵的爱戴，使他们在战场上一往无前、英勇拼杀，可谓是把人情做到了极致。当然，如果吴起不这么做，士兵们在战场上也会拼杀，然而那只是出于士兵的职责和统帅的命令，与发自内心的主动相比，效果自然是不一样的。

把人情做足，好人做到底，你就要想朋友之所想，急朋友之所急，在朋友最困难、最需要帮助的时候，给朋友一个人情，此时效力是最大的。

救急不救穷

作为朋友，作为有心计的人，与朋友交往就要像消防队员一样，救急不救穷，要求朋友"救穷"，是在透支朋友的资源。

"天有不测风云，人有旦夕祸福。"谁没有"马高镫短"的时候？人活在世上，总有需要别人帮忙的时候，但谁又能帮别人一辈子，谁又能一辈子都靠别人帮忙过活呢？所以，有心计的人不会事事都求朋友帮忙，养成依赖的习惯。

要知道事物的发展在于内因，外界的有利因素和不利因素只能影响事物发展的过程，而最终起决定作用的仍然是事物本身。

朋友就像是消防队员，在你遇到紧急情况时才求助他们，自己能办到的还是靠自己。朋友不是你的影子，随时随地跟着你；朋友不是你的老师，发现你有错误就能及时指出，有问必答；朋友不是你的父母，可以无私地包容你的一切。朋友能做的，是在你有困难，而他们能帮得上忙时，伸手拉你一把。

请记住，朋友是一种资源，应该在最需要的时候用。朋友是消防队员，救急不救穷，这有两个问题，一是指如何利用朋友资源，何时应该请求朋友的帮助；二是指应如何帮助朋友，有求必应说的是天神，而非朋友。

有心计的人明白，朋友是一笔资源，可以使用却不宜透支。朋友之间交往不可避免地会涉及金钱问题。这里有一则真实的故事。

马涛和张磊从小学到大学一直是同学，是好朋友。但过了13年后，两人的情况却相差悬殊。张磊是一个私营印刷厂的老板，马涛在一个县城中学当教师。当然这并未妨碍张、马二人继续是朋友。不过一个两袖清风的教师和一个腰缠万贯的老板该如何相处呢？

马涛的妻子是个下岗女工，儿子强强今年八岁，正上小学，花费颇大，只靠马涛一个月1000多元的工资维持生活，日子有些艰难。马涛不因此而向张磊开口借钱。一是因为情况还不算太坏；二是这不是一次能解决的问题，这月借了，下个月怎么办？难道不断地借下去吗？而且，马涛的经济情况也不是一时半会就会转好的，如果借了钱何时才能还呢？可不幸的是，强强出了车祸，手术的费用得4万元左右。这时候，马涛没有选择，只好向张磊借钱了。一个人能有几个一下拿得出4万块钱而又愿意这样做的朋友呢？这是从马涛的角度来讲的。

从张磊的角度来看，假如马涛零零星星地从自己那里借了些钱，当作生活费用掉了，当然，这笔钱对张磊来说算不了什么，他不会在乎，可朋友关系却从此不再平衡。吃人家的嘴短，拿人家的手软，马涛难以用平等的心态对待张磊，难免会产生不平衡、自卑的心理：想当年你我差不多，甚至你还不如我，凭什么你现在就可以大把大把地捞钱，我却只能靠跟你借钱来维持生活。本来应该有的感激之情也荡然无存，反而心怀恶意。

假如零星借来的钱被马涛一家用掉了，本来没有这笔钱也可以过得去，少吃几次肉几次鱼也就罢了。张磊的钱对他们的生活没有多大影响，但一旦借了些钱，马涛近期又难以偿还，这对马涛是一个心理负担，主要是对马涛的自尊心有影响，这种情况长期持续下去，马涛在张磊面前慢慢就会失掉自尊，开始自卑，一个没有自尊的人是什么事都会干得出来的，张磊借钱是好心帮助他，却不一定有好的结果。

如今马涛因儿子的意外而向张磊借钱，这笔钱对马涛的意义非常重大，借到钱的马涛自然会因此对张磊心存感激。

救急不救穷，帮朋友不应该只限于金钱方面，而应该是给朋友一根拐杖，让他自己站立起来。小孩学走路，父母不是一直用手牵着他们，而是在他们要摔倒时，赶紧上来扶一把。做朋友也应如此。

即使你们是很好的朋友，你也不可事事都向朋友求助，把朋友资源都零零星星地透支了。做人做到这个分上应是很失败的。

第三章　看准时机，把握火候求人

　　求人办事要看准时机，时机对了，求人办事就会事半功倍。选择最佳地点、最佳时间、最佳气氛，不失时机地利用外部环境，这样就会达到求人办事的最佳效果。很多人在办事时虽然非常努力，但是由于没有选择好时机，把握不住"决定性的瞬间"，往往达不到预期效果，甚至还会把事情办砸。

明白什么时机好求人

　　机不可失，失不再来，求人办事就是这样。抓住时机，常常是一顺百顺，事事遂心，甚至一步登天；失去时机，则会处处不顺，步步艰难。

　　战国时的安陵君是楚王的宠臣，很受器重，但是他也有后顾之忧。

　　他的朋友江乙这样分析他的处境："您没有一点土地，宫中又没有骨肉至亲，然而身居高位，享受优厚的俸禄，国人见了您无不整衣叩拜，无人不愿意接受您的号令，为您效劳，这是为什么呢？"

　　安陵君说："这是因为受到大王的抬举。"

　　江乙接着说："用钱财相交的，钱财一旦用尽，交情也就断绝了；靠美色结合的，色衰则情移。因此狐媚的女子不等卧席磨破，就遭遗弃；得宠的臣子不等车子坐坏，已被驱逐。如今您掌握楚国大权，却没有办法和大王深交，我暗自替您着急，觉得您处于危险之中。"

　　安陵君恍如大梦初醒，恭恭敬敬地向江乙请教。江乙对他说："希望您一定要找个机会对大王说：'愿随大王一起死，以身为大王殉葬。'如果您这样说了，必能长久地保住权位。"

　　安陵君说："我谨依先生之见。"

　　但是过了三年，安陵君依然没对楚王提起这句话。

　　江乙为此又去见安陵君："我对您说的那些话，至今您还未说出来，既然您不用我的计谋，我就不敢再见您的面了。"言罢便要告辞。

　　安陵君急忙挽留，说："我怎会忘记先生的教诲，只是一时还没有合适的机会。"又过了几个月，时机终于来临了。

　　楚王去打猎，一千多辆奔驰的马车接连不断，旌旗蔽日，野火焚山，声势十分浩大。

　　这时，一只狂怒的野牛顺着车轮的轨迹奔过来，楚王拉弓射箭，一箭正中牛头，将野牛射死。文武百官欢声雷动，齐声称赞。

楚王用旗杆按住牛头，仰天大笑道："痛快啊！今天游猎，寡人何等快活！待我万岁千秋以后，你们谁能和我共有今天的快乐呢？"

这时安陵君泪流满面地走上前来说："我一进宫便与大王同席共座，出宫后更与大王共乘一车。如果大王万岁千秋之后，我希望随大王奔赴黄泉，变成芦草为大王阻挡蝼蚁，那便是我最大的荣幸。"

楚王听闻此言深受感动，正式设坛封他为安陵君，安陵君自此更得楚王的宠信。

后来人们都说："江乙可说是善于谋划，安陵君可说是善于等待时机。"

尽管江乙眼光锐利，料事如神，但事情的发展不会像他想的那样顺利和平静，而安陵君善于等待时机，一直等候着楚王欣喜而又伤感的那个时刻。这时安陵君的表白无疑是雪中送炭、温暖君心，因此也收到了奇效，保住了长久的荣华富贵。

个人说话的内容不论如何精彩，如果时机掌握不好，就无法达到说话的目的。因为听者的内心，往往随着时间变化而变化。要对方愿意听你的话，或者接受你的观点，就应当选择恰当的时机。

这犹如一个参赛的棒球运动员，虽有良好的技艺、强健的体魄，但是他若没有把握住击球的"决定性的瞬间"，或早或迟，棒就落空了。

时机对你非常宝贵。何时才是这"决定性的瞬间"，怎样才能判定并咬住，并没有固定的规则，主要是看对话时的具体情况，凭你的经验和感觉而定。

唐玄宗时，李林甫、裴耀卿、张九龄同为朝廷重臣。张九龄以直言敢谏著名，渐得朝廷大臣尊重。李林甫因此怀恨在心，伺机对其发难，宠妃惠妃与太子有隙，诬陷太子私结党羽，图谋不轨，求玄宗将太子废掉。枕边风吹多了，玄宗动了心，提到朝廷上讨论。张九龄坚决不同意，并说因一个女人之言就废立太子，实非圣君之所为。玄宗听了，不悦而退。李林甫乘机来到后花园，拜见玄宗，说张九龄亦为太子一党，故有此谏。自此，玄宗对张九龄产生了坏印象。

开元二十四年（公元736年），玄宗想加封郭舻人牛仙客为幽国公。张九龄认为此人不过善使谨慎保身之术，并无大功，不宜封此重爵，便相约了李林甫一同去诤谏。李林甫当面表同意，但到了玄宗面前，张九龄面诤陈词之后，玄宗和张九龄都看他的反应时，他却装作沉思之态，默然无语。玄宗仍坚持封牛仙客，张九龄坚持己意，说牛仙客目不识书，非科举出身，不过省俭而已，不宜重封。玄宗不悦，退身回后宫。李林甫又寻机会潜来，告诉玄宗："张九龄固谏逼上，有不敬之罪，在用人问题上处处与皇上作对，只不过谋图树立太子党群，为自己留条后路而已。"

一句话说得玄宗大怒起来，"我还没到该死的年纪，九龄就怀此心，怎可重用。"当即令李林甫代拟诏书，将九龄贬官外放。

李林甫眼珠一转，怕这事情怀疑到自己头上，在朝廷大臣中站不住脚，忙说：

"张九龄固谏之后，皇上即把他贬斥外放，显得皇上没有气量，不如等等再说。"玄宗听有理，便没让李林甫写诏书，不过，玄宗对此事却耿耿于怀，终于瞅个机会罢去了张九龄的宰相之职。

张九龄的固执耿直在李林甫的见风使舵面前败下阵来，是因为他不懂得选择说话的时机，不懂得看玄宗的脸色。虽然是为国为民，这种不讲策略、不懂得选择时机也是应该改变的。因为越是大事就越需要这种智慧，否则，耽误的就不是一己之事了。

所谓把握良机，就是要选择最佳地点、最佳时间、最佳气氛，不失时机地利用外部环境进行游说，以达到最佳效果。

当时机未到时，必须学会等待，但是，若时机来临后仍然消极无为，这种人就是愚蠢的人，也是最可悲的人。

张九龄

引导对方接受自己的观点

在交流的过程中，如何能让对方愉快地答应你的要求而不是拒绝，这里有一个小小的窍门，那就是从一开始，办事的人就让对方说"是"，而不让对方说"不"，而想要做到这一点，就要循序渐进，掌握火候。

成功学大师、心理学家戴尔·卡耐基曾经说过："跟别人交谈的时候，不要从双方的分歧开始，要以双方的共同点作为开始。不断强调你们都是为相同的目标而努力，唯一的差别在于过程而非结果。"

事实正是这样。比如打台球，往哪个方向击打，球就滚向哪一方。要想使球反弹回来，就必须花费更大的力量。在交际办事中，如果一个人从一开始就持否定的态度，那么他的身体、神经、肌肉都会形成一种抗拒的"同盟"。这个时候想要说服他改变主意，往往需要花费更多的时间和精力，相反，如果一个人从开始的时候就持肯定的态度，那么在交谈过程中他就很容易接受对方的观点。

西方有一位心理学家在他的著作中这么论述："一个'否定'的反应，是最不容易突破的障碍。当一个人说'不'时，他所有的人格尊严，都要求他坚持到底。也许事后他觉得自己的'不'说错了，然而，他必须考虑到自己的自尊！既然说出了口，他就得坚持下去，因此一开始就把握火候使对方采取肯定明态度，是最重要的。"

让对方说"是"，不让对方说"不"，其实是一种很简单的办事技巧，但是这种技巧对于办事的结果却很重要。所以在求人办事过程中,要想使对方乐意接受你的观点,那么就应该从一开始就不能让对方持否定的态度,这一点极为关键。

吴强是一位高中二年级的学生,非常喜欢漫画。有一天,他在学校附近的书店偶然发现了一套名叫《风云》的漫画,内容精彩,形象逼真。吴强一眼就喜欢上了,于是就想租看几天。谁知道这家书店平日里只往外卖书,偶尔租书也是一些比较破旧的小说,像这种精装版的漫画是绝对不会出租的。书店的老板一口回绝了吴强的要求,吴强因此闷闷不乐了好几天。

以后的几天时间里,吴强一直忘不了那套漫画。尽管他非常喜欢,但是不菲的价格还是让他望而却步,毕竟他只是一位学生。过了几天,吴强在另外一家书店也意外地看到了《风云》漫画,虽然知道这里多半也不出租,吴强还是抱着试一试的态度询问了一下。

果然,书店老板打量了吴强一眼,很抱歉地说:"不好意思,这套书不出租。"看着吴强满脸的失望,书店老板又问道,"你是不是很喜欢漫画?"

吴强非常干脆地回答说:"是的,从小就喜欢。"

"看起来你很喜欢这套漫画,是吗?"书店老板又问道。

"当然。"吴强觉得这简直是废话。

"你以前买过漫画吗?"老板又问道。

"买过,而且还不少。"吴强回答道。

书店老板又问:"你经常租书看吗?"

"嗯,三五天就会租一本。"吴强说。

老板听到这里以后,给吴强算了一笔账:"你每个月大概要看6到10本书,也就是说,几乎每天都在看书。按照我们这里租书的规则来看,一个月租书的费用应该在10块钱以上。这套漫画总共3本,一共35块钱,也就是你3个月租书的钱。如果买下它,以后你就拥有一套心爱的漫画书,可以时常看,还能跟别人交换,而代价是3个月不能租书。如果租书,也许你会看到更多的书,但是质量很难保证,而且看完之后还得还给书店。这套漫画书店里数量很少,如果出租的话很容易弄坏,喜欢书的人都不希望看到这一点,这也是不出租的根本原因。"

最后,书店老板问吴强:"爱书的人总是买书来看,而不是租书来看。你觉得是不是这个道理?"

吴强在听老板这番话的过程中,不停地点头,在听了老板最后的一句话时,更是显得有些不好意思。

最终,吴强买走了那套漫画,并成为那家书店的常客,不仅买书,也租书。

把握火候,让对方说"是",不让对方说"不",往往能够在不知不觉中将对方引向自己,让他接受自己的观点,从而办成自己想要办的事情。

选择求人办事的环境

大凡能够成事者,都知道天时、地利、人和三要素缺一不可。把握火候,制造良好的办事环境,对于想成事的人来说意义重大。

很多人认为环境在办事过程中的作用不大,充其量也就起到辅助作用。这种认知是错误的。环境在求人办事中起着重要作用,不注意环境去求他人办事,往往很难成功。

从前,有一对父子冬日在镇上卖便壶(俗称"夜壶"。旧时男人夜间或病中卧床小便的用具)。父亲在南街卖,儿子在北街卖。不多久,儿子的地摊前来了很多看货的读书人,其中一个看了一会儿,说道:"这便壶大了些。"那儿子马上接过话茬:"大了好哇!装的尿多。"在场的人听了,觉得很不顺耳,特别是那个问话的人,听后便扭头离去。在南街的父亲也遇到了顾客说便壶大的情况。当听到一个老人自言自语说"这便壶大了些"后,马上笑着轻声地接了一句:"大是大了些,可您想想,冬天夜长啊!"好几个顾客听罢,都会意地点了点头,继而掏钱买走了便壶。

我们可以看到,父子两人在一个镇上做同样的生意,但是结果却迥然不同,并不是因为年老的人让人可怜,其真正的原因就在会不会说话上。我们不能说当儿子的话说得不对,确实,便壶大装的尿多,他是实话实说。但不可否认,他的话说得欠水平,不看场合,不看当时的环境,而且粗俗的语言难以入耳,令人听了很不舒服。本来,买便壶不俗不丑,但毕竟还有些私密的因素在内。人们可以拿着脸盆、扁担等大大方方地在街上走,但若拎个便壶走在街上,就多少有些不自在了。此时,儿子的大实话难免使买者感到几分别扭。而那个父亲则算得上一个会求人会办事更会说话的人了,他明白当时的环境适用说什么样的话,于是他先赞同顾客的话("大是大了些"),以认同的态度拉近与顾客的距离,然后,又以委婉的话语说"冬天夜长啊",这句看似离题的话说得实在是好,它无丝毫强卖之嫌,却又富有启示性。其潜台词是:冬天天冷夜长,夜解次数多且又怕冷不愿意下床是自然的,大便壶正好派上用场。这设身处地的善意提醒,顾客不难明白。卖者说的在理,顾客买下来也就是很自然的了。

儿子一句话砸了生意,父亲一句话盘活了生意,这不正说明了"说话要注意场合"吗?不注重环境,不看场合,随心所欲,信口开河,想到什么说什么,别人是不会接受你的说法的,更不会为你办事。因此,在不同的环境下,面对不同人,不同的事,应该从不同角度出发,用不同的方式说话,这样才能达到你的目的。

很多时候,环境的恰当与否直接影响着办事的成败,一个良好的办事环境在求人办事中有着举足轻重的作用。

有一位创意公司的老板,和人应酬交际的时候非常注重环境的选择。他基本上不去对方的办公室洽谈事务,当然也不选择自己的。他总是选择酒楼或者茶艺馆,在品茶和饮酒中与对方漫谈。由于他态度诚恳、为人随和,因此商谈往往都能够成功。

与此同时,他和公司的主要成员开会商讨问题多半也选择在餐馆。在吃饭的时候顺便提出自己的计划和构想,然后请大家随意讨论并提出意见。在这种随和的环境中,往往能形成很多富有创意的见解,因而大大促进了公司的发展。

曾经有人很不理解他的这种做法,问道:"一般来说,在比较正式的场合洽谈业务才显得有诚意,也显得一个人做事严谨,你为什么要反其道而行呢?而且我看效果还不错,这是为什么呢?"

这位公司的老板是这么说的:"任何事情都有利有弊,在办事中选择环境也是一样。正式的场合固然能够显得庄重、严谨,但是往往缺乏变通,在洽谈不够理想的情况下让人不好收场。了解我的人也都知道,虽然是在茶馆和酒桌上谈生意,但是我并不缺乏诚意,只要彼此意见统一,就能够合作。此外,在和助手们商讨事务的时候,会议室里虽然显得比较正规,但是容易让气氛紧张,人们会比较拘谨。这并不利于讨论问题,也很难想出好点子。当然,如果是宣布某项决定,我会选择一些比较庄重严肃的地方,比如说会议室。"

选择良好的求人办事环境应该视情况而定。关键是要选择一个有利于办事,对双方都适宜的地方,而不是刻意选择办公室、会议室或者茶馆、酒楼,因为不同的话题,在不同的环境中,也会产生不同的效果。

营造愉快的氛围

在求人办事中,如果能营造出愉快的氛围,彼此之间相处融洽,那么将能有效地提高人们的工作积极性,事情就可能很容易成功,相反,如果彼此之间感觉不自在,气氛很僵,那么结果将不容乐观,所以,要想把事情办好,把握时机、掌握火候,营造良好的氛围是关键。

有人不禁要问了:什么样的氛围才算是令人愉快的,并能够有效地提高工作效率呢?

这可以从三个方面来说:真诚、平等和自由。

所谓真诚,就是在办事过程中不存在尔虞我诈的情形,彼此以诚相待。真诚是办事的基础,不管做什么事情,如果你能给人以真诚、信用的形象,那么前面的路将会豁然开朗,一马平川。

在求人办事过程中,很多时候都要求对对方多说好听的话,那么是不是就应该低声下气呢?不!你在这件事情上需要别人帮忙,只不过是因为对方此时掌握着主动,比你有优势。但是也许在另一件事情上你有优势,对方需要你的帮忙。每个人都是平等的，不管是求人还是帮人，都应该让双方尽可能保持平等的地位。

自由，是说在办事过程中双方都可以秉承自己的意愿，既可以答应，也可以不答应，没有逼迫和强制。

明白了什么是愉快的氛围，那么如何才能掌握火候，营造这样一个良好的、令人愉快的氛围呢？

首先，尊重他人。如果对方比你高明，那么尊重别人也是很自然的事情，但即使你认为自己在知识、能力上都比对方强，也不应该锋芒毕露，要尊重他人的意见，给他人展现自己的空间。不可自以为是，更不能因为自我感觉良好而看不起别人。让对方感觉到尊重，才能让现场的气氛变得活泼，让人心情愉快。

刘明有一次跟人洽谈业务，到了之后才发现对方是自己原来的属下。因为过去彼此间的关系很熟，所以刘明在高兴之余就显得很随便。还跟过去一样，摸对方的脑袋，喊对方不太雅观的绰号，这让对方感觉非常尴尬。在洽谈过程中，刘明也是东拉西扯，净说一些无关的废话，并时常打断对方，跟过去做领导时一样。

临走之前，刘明拿出合同要签时，却被对方不冷不热地拒绝了，借口以后再谈，于是一桩生意就此泡汤。

其次，态度和气、友善。跟人相处，态度应该和气、友善，这样才能使得双方不会过于拘谨，让现场的氛围轻松愉快。

在彼此交谈过程中，如果双方就一些小问题各执己见，那么不妨放弃争执，没有必要为一点儿小事争个你死我活，要尽量谦逊礼让，这样才有益于办事。

A企业有意在某地投资，想在当地招商，寻找合作伙伴。经过多次筛选后，确定了两家公司。甲公司资金雄厚、人才济济，乙公司有相关经验，而且实力也不弱，因此该企业迟迟不能做出决断。

后来A企业突然做出决断，选择了乙公司。很多人大惑不解。直到该企业的负责人在合作一周年的酒会上谈起这件事情，不经意把原因说了出来，人们才恍然大悟。

原来在一次闲谈过程中，A企业的招商代表就某个问题与甲公司的负责人发生了分歧。当时该招商代表因为不了解情况，把两个很相似的东西搞混了。甲公司负责人见该招商代表死不认输，非常气恼，立即找来了证据，直驳得该代表哑口无言。

A企业的负责人最后说道："说实在的，我很欣赏他的认真劲儿，但是他不懂得与人相处的道理，太过争强好胜。我们的产品以后要面对的是全国乃至全世界的客户，这种性格在跟人洽谈的时候很可能会给公司造成严重的损失，所以甲公司不适合。"

最后，还要为对方着想。很多酒店打出的口号是"宾至如归"，意思就是要多为客人着想，让客人有在家中的感觉、氛围。如果在办事过程中，多替对方着想，让

图文珍藏版

对方感觉轻松愉快,成功的可能将大增。

　　小刘是某县政府的干事,去年有个企业家想在该县投资建厂,经过商量,县里把招待客人的重任交给了小刘。小刘丝毫不敢马虎,经过多方打探,了解该企业家的一些确切信息之后,便开始着手准备。

　　在招待客人进了当地最好的宾馆之后,小刘为客人准备了饭菜。由于小刘都是按照客人习惯的口味准备的,因此客人吃得很满意。吃完饭,小刘陪着客人出去走了走。当知道客人最近腰部有些疼痛后,小刘还专门找了一位医生为客人做了按摩。就这样,在该县考察的几天时间里,小刘处处为客人着想,客人对此非常满意。

　　最终,该县与那位企业家合作兴建了一个工厂,这其中自然离不开小刘的功劳。

　　多为对方着想有利于营造欢快的气氛,这不但能够展现你体贴、周到的一面,更会让现场的氛围融洽,有利于彼此的合作。

打破常规获大利

　　如果有人让你以一流产品的价格去购买他的二流产品,这样的生意你做不做?估计十个人里有九个人会说"不",但某公司的董事长却把这样的生意做成了。

　　数十年前,当某公司第一次制造节能白炽灯时,公司董事长就到各地去做旅行推销,他希望各地的代理商仍能本着以前的友善态度来尽力帮忙,使这项新产品——节能白炽灯能顺利地打入各个市场。

　　董事长召集了各个代理商,向他们详细介绍这项刚刚问世的新产品,他说:"经过多年来的苦心研究和试制,本公司终于完成了这项对人类有大用途的产品。虽然它还称不上第一流的产品,只能说是第二流的,但是,我仍然要拜托在座的各位,以第一流的产品价格,来向本公司购买。"

　　听完董事长的一席话,在场的代理商都不禁哗然:"董事长有没有说错?有谁愿意以购买第一流产品的价格来买第二流的产品呢?我们这些惯于经营的代销商又不是傻瓜,怎么会做这种明摆着亏本的买卖呢?莫非是董事长说急了搞糊涂了吧?董事长你本人都已承认它是第二流的产品了,那当然应该以第二流产品的价格来交易才对啊!奇怪,董事长你怎么会说出这样的话呢?难道……"大家都以怀疑、莫名其妙的眼光看着董事长。

　　"各位,我知道你们一定会觉得很奇怪,不过,我仍然要再三拜托各位。"

　　"那么,请你把理由说出来听一听吧!"

　　"大家都知道,目前制造电灯泡的企业可以称为一流的,全国只有一家而已。因此,他们算是垄断了整个市场,即使他们任意抬高价格,大家也仍然要去购买,是不是？如果，有同样优良的产品，但价格便宜一些的话，对大家不是福音吗？否则你们仍然不得不按厂商开出来的价格去购买。"经过董事长这么一说，大家似乎有了一点儿了解。

"就拿拳击赛来说吧！无可否认，拳王的实力谁也不能忽视，但是，如果没有人和他对抗的话，这场拳击赛就没有办法进行了，因此，必须有个实力相当、身手矫健的对手，来和拳王打擂，这样的拳击才精彩。不是吗？现在，灯泡制造业中就好比只有拳王一个人，因此，你们对灯泡业是不会发生任何兴趣的，同时，也赚不了多少钱。如果这个时候能出现一位对手的话，就有了互相竞争的机会。换句话说，把优良的新产品以低廉的价格提供给各位，大家一定能得到更多的利润。"

"董事长，你说得不错，可是，目前并没有另外一位拳王呀！"

"我想，另一位拳王就由我来充当好了。为什么目前本公司只能制造第二流的节能白炽灯呢？你们知道吗？这是因为本公司资金不足，所以，无法作技术上的突破。如果各位肯帮忙，以一流产品的价格来购买本公司第二流的产品，这样我就会得到许多利润，把这笔利润用在改良技术上，相信不久的将来，本公司一定可以制造出优良的产品了。这样一来，灯泡制造业等于出现了两个拳王，在彼此大力竞争之下，品质必然会提高，那么，毫无疑问地，价格也就会降低了。到了那个时候，我一定好好地谢谢各位。此刻，我只希望你们能帮助我扮演'拳王的对手'这个角色。但愿你们能不断地支持，帮助本公司渡过难关，因此，我要求各位能以一流产品的价格，来购买这些二流产品！"

一阵热烈的鼓掌声淹没了嘈杂的声音，董事长的说服产生了极大的反响。"以前也有不少人来过这儿，不过，从来没有人说过这些话。我们很了解你目前的处境，所以，希望你能赶快成为'另一个拳王'，因为，以一流产品的价格来购买二流产品，这种心情总是不会太好的！"经过大家的决议之后，他们推出一位代表这么说。"谢谢！谢谢！我真是太感动了！各位的好意我永远都不会忘记的，总有一天我会好好报答各位……"

这天晚上，谈判就在这种愉快而感人的气氛中结束了。一年后这家公司所制造的节能白炽灯终于以第一流的品质而推出，那些代理商也得到了很令他们满意的报酬。

按照常理说，一流产品的价格比较昂贵，而二流产品的价格当然应该便宜一些。而董事长打破常规模式，把不利时机变成有利时机，说服了大家。他成功的秘诀在于选对了时机，开给别人一张"远期"支票，既然有大利可图，眼前的一点小亏大家还是可以吃的。

循序渐进巧求人

对于拔苗助长这个故事,想必大家都很熟悉,它告诉我们:事物的发展都要遵循一定的客观规律,都有一个循序渐进的发展过程,违背事物的发展规律办事,必将会受到惩罚。事实上,生活中的很多事情也需要一个循序渐进的过程。这就好比建造一座大楼,即使你采用最先进的技术,调集全国所有的工程人员,也不可能在一天之内全部完工。这不仅仅是因为人的办事能力问题,更重要的在于事情的发展受制于客观规律。求人办事也是一样的道理,你不可能要求别人一下子就能帮你完成所有的事情,你必须遵循一定的办事规律。

据此可知,对人有所请托,应由小到大,由微至著,由浅及深,由轻加重才是,如果一开始就有太大的请求,一定会遭受对方断然拒绝。

循序渐进是求人成事一个很好的方法。求人成事往往不会一帆风顺、一求即成。有时,由于我们所提的要求比较高,对方一下子很难接受,在这种情况下,一种有效的方法是引诱对方先同意一个很小的要求,对方一旦同意了这个小要求,就有可能进一步同意更大的要求。

虽然有些事情在客观上并不需要太多的时间,但是你既然是求别人办事,就必须给他们一个心理上的适应期,如果你催促得太急反而容易遭到拒绝。可见,求人办事的时候,应该循序渐进,这样才容易办成事。

求人办事要掌握火候

办事要把握好分寸

事情有大有小、有轻有重,是放弃西瓜捡芝麻,还是丢掉芝麻捡西瓜,这既可能涉及自身的利益,又可能涉及他人及整体大局的利益。所以在取舍两难的选择之间,就应该掂量一下事情的分寸,尽量采用舍小取大、弃轻取重的处理原则。这样,虽然丢掉了小利,但所换取的可能就是大利或大义。

蔺相如是战国后期的赵国人,他本是赵国宦官令缪贤的门客,通过完璧归赵、渑池之会大显身手后,后来一跃成为赵国的上卿。

廉颇是赵国上卿,多有战功,威震诸侯。蔺相如后来居上,使廉颇很恼火。他想,我乃赵国之大将,身经百战,出生入死,有攻城野战之大功,你蔺相如不过运用三寸不烂之舌,竟位居我上,实在令人接受不了。他气愤地说:"我见相如,必辱之。"从此以后,每逢上朝时,蔺相如为了避免与廉颇争斗交锋,总是称病不往。

有一次蔺相如和门客一起出门,老远望见廉颇迎面而来,连忙让手下人回转车子躲避开。门客见状,对蔺相如说:"我们跟随先生,不过是敬仰先生的高风亮节。现在,您与廉颇将军地位相同,而您见了他就像老鼠见猫一样,就是一般人这样做也大丢身份了,何况一个身为丞相的人呢!连我们跟着先生也觉得丢人。"蔺相如问:"你们嫌我胆小,你们说廉将军和秦王相比,哪个厉害!"门客答道:"秦王厉害。"蔺相如说:"既是秦王厉害,我都在朝廷上呵斥他,侮辱他的大臣们,难道我连秦王都不怕,却单单怕廉将军吗?"蔺相如接着说:"我想强秦不敢发兵攻打赵国,是因为我和廉将军在位。如果我们二人争闹起来,势必不能并存。我之所以这样做,是把国家利益放在前头,把个人的事放在后头啊!"门客恍然大悟。廉颇闻之,深感内疚,于是负荆请罪,与蔺相如结为"刎颈之交",演出一幕千古流芳的"将相和"。

蔺相如之所以能千古流芳,就在于他能忍小辱而顾全国家大义,对事情的分量把握得好。赵国之所以不被他国欺负,就是因为有将相文武二人的威势。可见,把握好处理事情的分寸,不仅利于个人关系,对集体对国家也是幸莫大焉。

办事要把握处理的时机

办任何事情都应有轻重缓急之分。有的事发生后,须马上处理,延误了时间就可能与预期目标相悖,或是财产损失巨大,甚至身家性命受到威胁。有些人际关系的处理,发生之时,立即解决,可能会火上浇油,使事态发展严重,而冷却几日,使当事人恢复理智以后再处理,就可能会大事化小,小事化了,所以,处理事情,掌握好处理的火候,对事情的成败至关重要。

像前面所说的"将相和"的历史故事一样,如果蔺相如在廉颇正气势汹汹之时,去找他解释,与他理论,即使和颜悦色,平心静气,廉颇也可能一句也听不进去。这样不但不利于解决矛盾,反而极有可能引起新的冲突,使事态扩大,对彼此都更为不利。

为掌握解决冲突的"火候",有人找到了一种"百分之十法",即事情发生后,再等百分之十的时间,这百分之十的时间,你的朋友或对方,会因说出的话、办过的事向你道歉;这百分之十的时间,也使你有更冷静清醒的头脑,而不至于在盛怒之下失去控制。

受到别人的伤害,我们很可能暴跳如雷、怒发冲冠,这时,不妨暂且迫使自己先冷静下来,然后再去想应当怎样对待。要知道,大多数人不是有意伤害我们的。

事实上,我们永远也无法避免受伤害。既然如此,何必忧之恨之? 要想别人不伤害你,还要时刻想到不要伤害别人,只有这样,才能活得轻松,活得愉快。

办事要把握进退的分寸

在这个世界上,我们毕竟不能独来独往。办自己的事情时,有时涉及别人的利益。因此,我们在处理事情的过程中,必须全盘衡量,把握分寸,协调好各方面的利害关系,在争取我们自己利益的同时,绝不能伤害他人。

有些事情,不该办时就不能办,一旦办了,可能违法、违情、违理,使自己或别人遭受名誉、经济的损害。

汉光武帝时期,他的女儿湖阳公主新寡,光武帝和她一块儿议论朝廷大臣,暗暗地观察公主的心思。公主说:"宗弘的风度、容貌、品德,大臣们谁都比不上……"光武帝说:"我正要筹划办这件事。"过不多久,宗弘就被光武帝召见。光武帝叫湖阳公主坐在屏风后面,光武帝对宗弘说:"谚语云:'显贵换知交,发财易新妻',这是人之常情吧?"宗弘说:"古语说,'贫贱之交不可忘,糟糠之妻不下堂',共患难的妻子是不应该被赶出家门的。"光武帝转头对屏风后面的公主说:"事情不顺利啊。"

显然,这件事属于不该办的事,臣子宗弘有妻有室,湖阳公主显然是属于"第三者插足"。如果皇帝办成了这件事,虽然在当时不属违法行为,但却是违背情理的。皇帝借用"贵易交,富易妻"来表达,宗弘以"贫贱之交不可忘,糟糠之妻不下堂"来回应。难能可贵的是,宗弘顶住了权势的诱惑,不为世俗观念所动,这种不攀龙附凤、清正无邪的高尚品格,堪称一代楷模。

所以,当有人违背你的人格信念而托你办事时,你也绝不能贪图一时之利,而不负责任地答应他,纵容他,一定要慎重考虑可能引起的后果。

第四章　摸清对象,看准特点求人

人不可能事事都靠自己搞定,在许多情况下都必须求人办事。求人办事要想顺利成功,就一定要深入了解对方,弄清对方的特点。有时候从对方的眼神和一些不经意的动作中就能洞察对方的性格。再根据不同对象的不同特点投其所好,对症下药,利用各种方法,把事情办好。

看准特点求人

有病不能乱投医,求人办事之前,一定要对办事对象的情况作客观的了解,根据各种人的身份地位、性格爱好和其心理采取不同的处理方式,并把握分寸,才能把事情办好。

孔子是我国著名的教育家,他知识渊博,门下的弟子众多,但是孔子教育这些弟子从来都不搞一刀切,而是因材施教,针对不同个性的弟子施以不同的教育方法。

有一次,弟子子路问孔子:"做事要三思而后行,对吗?"

孔子说:"对,就应该这样。"

过了两天,另外一个弟子冉有又问孔子同样的问题,可孔子却说:"只需要考虑两遍就可以,不用三思。"

针对同一个问题,孔子却有两种不同的回答,人们很不能理解,于是就问孔子:"同样的问题,两个不同的弟子,为什么您给出的答案却不一样呢?"

孔子说:"我是按照他们两个人的性格特点作答的。子路为人鲁莽,不喜欢思考,所以我告诉他做事要三思而后行,以免他没有考虑成熟而在仓促之间做出决定;冉有生性优柔寡断,对于一些事情往往是前思后想却难以做出决定,所以我告诉他考虑两次就行了,没必要考虑三次,用意在于鼓励他大胆尝试。"

人们恍然大悟,纷纷称赞孔子教育方法得当。

教育要因材施教,求人办事的时候也要因人而异。如果对方重感情多于理智,那就以情动人;如果对方谨慎有条理,那么自然就应该同他说理。

在做事的时候因人而异,对不同的人使用不同的方法的事例有很多,隋朝的徐文远也是这方面的典范。

徐文远祖上本为南朝贵族,因为战乱,幼年时跟父亲一同被抓到长安。当时生活十分艰苦,经常是食不果腹,可徐文远没有因此而自暴自弃,反而勤奋好学,通读经书,成为著名的学者,并开馆授徒。隋末唐初的一些风云人物,如杨玄感、王世充、李密等,都曾经在他门下学习过。

隋朝末年,洛阳一带因为战争而民不聊生,徐文远的生活也很艰难,不得不外出谋生,被昔日的学生、瓦岗军领袖李密碰上。李密便把徐文远请进了自己的军队里,好生招待,尊敬有加,并请求徐文远留在军队中为他出谋划策。

徐文远没有立即答应李密的要求,而是给李密讲了一番大道理,意思是说要自己帮他可以,但是李密必须要有忠义之心,心怀天下,不可胡作非为,祸乱百姓。李密一一答应后,徐文远才在李密的军营中留了下来。

后来李密行动失败,徐文远又归顺了自己的另外一个学生——驻守洛阳的王世充。王世充见老师归顺于他十分高兴,赐给他锦衣玉食。同样是昔日的学生,徐文远对王世充的态度却十分谦恭,每次见到都对他行君臣之礼,丝毫不敢怠慢。

有人知道了这件事情以后很是诧异,就问他:"听说您对李密非常不客气,并坦然地接受他的尊敬,可是对王世充怎么会如此恭敬呢?他们二人同样都是您的学生啊!"

徐文远说:"李密是个干大事的人,所以我用狂傲的方式对他说话,对他态度不客气,他也能够接受。王世充却不同,他是一个阴险狡诈之人,不用说我只是他的一个老师,为了自己的利益,就是他的至亲都有可能被他杀害,所以对他说话、行事我必须小心谨慎才行。同一件事情，面对的人品性不同，自然应该采取不同的应对方法，难道不是这样吗？"

后来徐文远投降了唐朝，也受到唐太宗李世民的重用。

待人如此，求人办事也是这样，面对不同类型的人就应该采取不同的方法，所谓因人而异、看菜做饭，就是这个道理。诸葛亮在这方面的功夫可以说是炉火纯青了。

《三国演义》中，马超率兵攻打葭萌关的时候，诸葛亮私下对刘备说："只有张飞、赵云二位将军，方可对敌马超。"这时，张飞听说马超前来攻关，主动请求出战。诸葛亮佯装没听见，对刘备说："马超智勇双全，无人可敌，除非往荆州唤云长来，方能对敌。"

张飞说："军师为什么小瞧我！我曾单独抗拒曹操百万大军，难道还怕马超这个匹夫！"

诸葛亮说："马超英勇无比，天下的人都知道，他渭桥六战，把曹操杀得割须弃袍，差一点丧命，绝非等闲之辈，就是云长来也未必能战胜他。"

张飞说："我今天就去，如战胜不了马超，甘愿受罚！"

诸葛亮看作用起到了，便顺水推舟地说："既然你肯立军令状，便可以为先锋！"

性格有时会影响做事的效果。诸葛亮针对张飞脾气暴躁的性格，常常采用"激将法"。每当遇到重要战事，先说他担当不了此任，或说怕

张飞

他贪杯酒后误事，激他立下军令状，增强他的责任感和紧迫感，激发他的斗志和勇气，扫除他的轻敌思想。

我们在求人办事时，虽然被求者的情况有种种不同，如对方的兴趣、爱好、长处、弱点、情绪、思想观念等，这些都是需要注意的内容，但身份与性格无论如何是很重要的"情况"，不得不优先注意，因此，我们在求人办事之前，一定要对办事对象的情况作客观的了解。

投其所好，攻其软肋

要想把事情办好，寻找对方的软肋，找到对方的弱点，投其所好是一个很好的

办法。

一个人的弱点在哪里？那就是喜好。在求人办事的时候如果能够很好地利用对方的喜好，那么你获得成功的可能性就会大增，看看李先生的故事你可能就更清楚了。

李先生是一位推销员，推销的是天然绿色食品。有一次，他到一个住户的家中，跟对方讲起了绿色食品。虽然他把这种食品的优点和特长说得淋漓尽致，然而女主人似乎并不感兴趣。见此情形，李先生只好识趣地准备告辞。

还没走到门口，李先生不经意间发现了对方的阳台上放着几盆花，其中有一盆紫色的花看起来非常漂亮。李先生平素对花草也颇有研究，但却不知道这盆花是什么，便好奇地指着那盆花问对方："如此漂亮的花，我在别的地方从来没有见过，它是什么花啊？"

那位女主人有些自豪地回答说："这种植物确实很罕见。有一位朋友知道我爱花，特地从国外带回来给我的，听那位朋友说这种花草叫什么里亚，是兰花的一种。因为名字很拗口，而且这花带紫色，有一种优雅的风情，所以我一般都叫它紫兰。"

"好漂亮！我想它一定不便宜吧？"李先生赞叹了一声，又好奇地问道。

"还可以吧！那朋友说国外买的时候也就100多美元。"女主人回答。

"那就是700元左右了！好栽养吗？"李先生逐渐把话题转向了盆栽。

"不是很容易，需要精心呵护，照顾不周的话很快就死了。"看着那盆漂亮的兰花，女主人的语气里有着几分自豪。

于是两个人围绕着盆栽谈论了起来。在女主人滔滔不绝的话语中，李先生不时说上一两句中肯的话，倒也颇合对方的心意。

后来李先生逐渐把话题转到食品污染上来，这引起了那位女主人的共鸣，大肆批评当前人们滥用农药，导致很多东西吃起来都不健康。

李先生见是火候了，就诚恳地劝说对方试试自己所推销的这种产品。结果女主人爽快地答应了，并邀请他有时间再来这里做客，一起探讨盆栽的知识。

李先生之所以能够在推销即将失败的时候"力挽狂澜"，让女主人买下了自己的产品，最关键的就是他找准了女主人的喜好，并对症下药，果然一举奏效。

在办事的时候不妨多从细节出发，察看对方的弱点和软肋，并投其所好，那么你将更有机会获得自己想要的东西，达到预期的目的。

洞察对方的虚荣心

汉代的大辞赋家司马相如，出川漫游，一篇《子虚赋》博得了海内文名。当时的博雅之士，无不以结识司马相如为荣。

有一次，司马相如外游回成都的路上，路过临邛。临邛县令久仰司马相如的名声,恭请其至县衙。此事惊动了当地富豪卓王孙,他也想结识一下司马相如,以附庸风雅,但他仍摆脱不了商人的庸俗,故而实为请司马相如,但名义上却是请县令王吉,让司马相如作陪。司马相如本来看不起这些无才暴富之人,所以压根没准备去赴宴。

到了约定日期,司马相如却没有来。卓王孙如热锅蚂蚁,王吉只好亲自去请。司马相如驳不过王吉面子,来到卓府。卓王孙一见他的穿戴很朴素,心中早已怀瞧不起之意,司马相如全然不顾这些,大吃大嚼,只顾与王吉谈笑。

忽然,后院楼上传来悠扬婉转的琴声。这琴声似流水潺潺滑过溪涧,又似微风拂过微皱的水面;似骏马奔驰原野,又似惊涛拍岸……原来这是卓王孙的女儿卓文君所奏。卓文君一向爱慕司马相如的相貌和才华,听闻司马相如来到,于是故意弹奏一曲向司马相如表达爱慕之心。司马相如一下子停止了说笑,倾耳细听起来。此时的司马相如感到自己碰到前世冥冥注定的知音。琴声让他不仅忘却了眼前的一切,而且使他在情不自禁中忘却了自我。司马相如乘着酒兴,弹了一曲《凤求凰》向卓文君表达爱意。就在这音乐的交流与碰撞中,他们情投意合,遂定终身。卓文君当夜私奔到司马相如处,两人一起逃回成都。卓王孙知道后,气得暴跳如雷,发誓不准他们返回家。

卓文君随司马相如回到成都后才发现,她的夫君虽然名声在外,但家中却很是贫寒。用家徒四壁、一贫如洗形容一点也不为过。在万般无奈的情况下,他们只好返回临邛,硬着头皮托人向卓王孙请求一些资助。不料,卓王孙破口大骂,将他们蛮横地拒之门外,并且叫来人带话让他们永远不要回来。

夫妇俩心都凉了半截儿,可是到底他们两人都有才,很快想出了一个"绝招"。第二天,司马相如把自己仅有的车、马、琴、剑及卓文君的首饰卖了一笔钱,在距卓府不远的地方租了一间屋子,开了一个小酒铺。司马相如穿上伙计的衣服,撸起袖子和卷起裤腿,像酒保一样,又是擦桌椅,又是搬物什,里里外外忙个不停;卓文君则粗布衣裙,忙里忙外,招待来客。酒店刚开张,就吸引了许多人前来目睹这两位远近闻名的落难夫妇。司马相如夫妇一点也不感到难堪,内心倒很高兴,因为这正好有了一部分收入,而且还达到了他们的目的——给顽固不化的老爷子颜色看,让他也在临邛县丢丢人、现现眼。

卓王孙在临邛县也是有头有脸的一方士绅,哪里允许临邛县的父老乡亲在他背后指指点点,戳着脊梁说笑话呢? 这让卓王孙很伤脑筋,撒手不管不闻不问吧,闹得满城风雨,耳朵根子实在不得清闲;去管他们吧,却又抹不开面子。正在他左右为难、一筹莫展之际,有几个朋友劝卓王孙说:"俗话说得好:'嫁鸡随鸡,嫁狗随狗,嫁条扁担扛着走!'令爱既然愿意嫁给他,就随她去吧。再说司马相如毕竟有相当的过人之才,而且还是县令的朋友。尽管现在贫寒,但凭他的才华,将来一定会有出头的日子,应该接济他们一些钱财,何必与他们为难呢?"

这样一来，尽管卓王孙气歪了鼻子，但也万般无奈。只好借着这个台阶给自己下了台。于是送给司马相如夫妇仆人两名，钱财百万。司马相如夫妇大喜，带上仆人和钱财，回成都生活去了。

那些在社会上有身份、有地位的上流社会的人是非常重视名声的。对于那些爱慕虚荣的人来说，虚荣心本身就是一大弱点。如果通过细致入微的观察，抓住了交往中对方的这一弱点，并适当地加以利用，或许还能收到"山重水复疑无路，柳暗花明又一村"的效果呢！

学会揣摩对方心理

在求人办事中，要想赢得对方的好感，使他能够为你办事，就必须时刻留意对方的兴趣、爱好，摸清对方的心思，这样才能投其所好，对症下药。然而，对方的意图往往琢磨不定，这就需要我们必须下功夫掌握他的心意，揣摩他的心理，尽量顺应他，甚至能够竖立一个"梯子"让他向上爬，这样才有利于求人办事的成功。

我们在求人时，必须让对方自己情愿。而我们要达到让他们情愿这个目的，就要摸透他们的心理，寻找突破口来化解对方心中的矛盾和顾虑，为他们寻找一个合适的理由，也就是说，想让人家上房，先给人家准备好梯子。唯有这样，我们才有从某种方式去影响、打动他们的希望，使事情达到我们的期望。

人世间有很多道理是相通的，做事需要我们考虑别人的需求，说话、交流也必须要重视他人的需要。每个人从小学起就有这样的认识：写作文，最怕的就是文不对题。求人办事也是这样，最忌讳"南辕北辙"。试想，如果你是个数学老师，你却在课堂上大谈历史；面对农民，你满口航天科技，滔滔不绝；领导因产品销路不畅心情不好，你却对本单位的管理问题大加分析。可能你讲得很对，有时也很有道理、很有价值，但人家不需要。"对牛弹琴"的结果顶多不过是白费点力气，可你的交流对象是人，有时还是掌握你命运的上司和领导，如果你真的这样做了，后果可能就远远不是白费点嘴皮子那么简单了。

我们在求人办事之前要明白，对方想听什么、爱听什么、最需要什么，否则，不管你用什么方法请求别人帮忙都是白费工夫。也就是说，求人办事要揣摩对方的心理。

首先，你要清楚地了解对方的过去。当然，你不需要像一个侦探一样事无巨细，因为你需要的不是他的全部，只需留心他的日常言行，倾听周围人群的谈论，你就会对他的处世风格、性格爱好、优长缺点等了如指掌。

其次，你要关注对方的现状。你跟对方交流，应该是有目的的。知道对方的现实问题和急需之处，你在说的时候就不会无的放矢。

最后，你要为对方提点建议。双方交谈总是有一定内容的，而且这些内容必须倾向于为对方解决问题,创造未来。也许你说的东西不一定非常管用,但没关系,至少你的目的已经达到,你们的关系也会因为默契的交流而更加密切。

如何看穿对方心灵

在求人办事过程中,若想成功地说动别人,你要做的第一件事,就是看穿别人的心。只有这样,才能分清哪些人是可以被说动的,才能摸准他们有哪些地方可以"重点进攻",才能决定自己应当采用什么样的办法去说动他们,否则,你将碰一个大钉子,撞晕了都不知道撞在什么上了。

看穿别人的心,特别是看穿初次相识的陌生人的心,其实也不难。再高明的人,也会在不知不觉中把自己的内心世界暴露出来,只不过暴露的程度、方式有所不同罢了。

下面介绍几种在第一次见面时如何看穿别人心灵的方法。

从对方打招呼的方式看他的内心

即使是一个看似简单的打招呼,也能给你制造了解对方内心的机会。你可以看看,以下列举的外在表现与所分析的内心世界是否一致。当然这种分析总会有一些例外,但大体上应该是准确的。

一面紧盯对方,一面行礼的人,对对方怀有警戒之心,同时也怀有想占尽优势的欲望;凡是不敢抬头仰视对方的人,大部分都是内心怀有自卑感的;使劲儿与对方握手的人,具有主动的性格和信心;握手的时候,无力地握住对方的手,表示他有气无力,是性格脆弱的人;握手的时候,手掌心冒汗的人,大多数是由于情绪激动,内心失去平衡;握手的时候,如果目不转睛地注视着对方,其目的要使对方在心理上屈居下风;虽然不是初次见面,但始终都用老套的话向人打招呼或问候,这种人具有自我防卫的心理。

从对方的癖好看他的特性

喜欢搔弄头发的人,凡是涉及有关自己的事情时,他们马上会显得特别敏感;一面说话,一面拉着头发的女性,大体上是很任性的女人;说话时常常用手掩住自己嘴巴的女人,是有意要吸引对方;拿手托腮成癖的人,可能是要掩盖自己的弱点;不断摇晃身体,乃是焦灼的表现,这是为了要解除紧张而表现出来的动作;双足不断交叉后分开,这种癖好表示不稳定。如果女性这样做时,也许就表示她对某位男性怀有强烈的关心之意。

从小节看对方性格

常常低头的人:这类人属于慎重派。讨厌过分激烈、轻浮的事,属于孜孜勤劳型,交朋友也很慎重。

两手腕交叉的人:这类人抱持着独特的看法。给人冷漠的感觉,属于吃亏型的人,稍微有些自我主义。

把手放在嘴上的人:这类人属于敏感型,是秘密主义者,常常嘴上逞强但内心却很温柔。

到处张望的人:这类人是具有社交性格的乐天派,有顺应性,对什么事都有兴趣,对人好恶感强。

摇头晃脑的人:日常生活中常见有人用摇头或点头以示自己对某事某物的看法,这种人特别自信,以至于唯我独尊。他们在社交场合很会表现自己,对事业一往无前的精神常令人赞叹。

边说边笑的人:这类人与你交谈时你会觉得非常轻松愉快,他们大都性格开朗,对生活要求从不苛刻,很注意"知足常乐",富有人情味。感情专一,对友情、亲情特别珍惜。

掰手指节:这类人习惯于把自己的手指掰得"咯嗒咯嗒"地响。他们通常精力旺盛,非常健谈,喜欢"钻牛角尖"。对事业、工作环境比较挑剔,如果是他喜欢干的事,他会不计任何代价而踏实努力地去干。

腿脚抖动:这类人总是喜欢用脚或脚尖使整个腿部抖动,这样的人可能很自私,很少考虑别人,凡事从利己出发,对别人很吝啬,对自己却很慷慨。他们往往很善于思考。

摆弄饰物:有这种习惯的人多数是女性,而且一般都比较内向,不轻易使感情外露。她们的另一个特点是做事认真踏实。

耸肩摊手:习惯于这种动作的人,通常是摊开双手,耸耸肩膀,表示自己无所谓的样子。他们大都为人热情,而且诚恳,富有想象力。会创造生活,也会享受生活,他们追求的最大幸福是生活在和睦、舒畅的环境中。

抹嘴捏鼻:习惯于抹嘴捏鼻的人,大都喜欢捉弄别人,却又不"敢作敢当",爱哗众取宠。

仰起上身:坐在那里,仰起上身,状若有所思的人,可以从他面色的不同,而判断他想的是什么。面露微笑者表示他构想中的事,八成会成功;面露愁色者表示他构想中的事,前途难料,或是可能已经无望;面露怒色者表示他构想中的事,绝对无望。

摸膝盖:爱摸膝盖的人往往自负之心颇高;容易得意忘形而招来困局。

抚抓头发:刚坐下就不断地抓头发,有这种习惯的人可能性子很急,喜欢速战速决。

喜欢躲在角落:客厅有舒适的沙发,他偏偏要选个角落,离人独坐,有这种习惯的人,才能平庸,不足以挑大梁;四处为家,不喜欢跟别人来往太密;行为鬼祟,难以看出他在动什么歪脑筋。

沉稳大方：这类人坐下来的时候，挺胸，肩平，一副四平八稳、泰然自若的模样，待人亲切，一视同仁；稳扎稳打，事业易成。

从眼神看对方的性格

眼睛是每一个人心思、心性以及个性的总缩影，所以说眼睛为"灵魂之窗"，实不为过。同时眼睛也是一个人的心理、心性直接映射表现的聚点，从眼睛可以看出一个人在情绪上的反应，显示出他的性格，以及显出的各种情绪上的变化。

圣贤孟子曾经表示从一个人的眼睛里面，可以看出一个人的喜、怒、哀、乐、怨、恨、情、仇以及各种情绪上的变化，因为眼睛能透露心中所隐藏的秘密，所以说，眼睛会说话，同时它也是人与人直接交流时的一种仪表板。

如果一个人心术不正，从眼睛里面可以看得出来。"眼正则心正，眼邪则心必邪"。眼和者为眼善，为人心地一定善良，有慈悲的胸怀；眼恶者心必恶，恶则薄情而寡义，交之无益，反而有害。

与人面对面说话时眼光平视注意着对方：这类人为人心性诚实，待人和气，有一颗慈悲的心，而且处事公正，做事光明磊落，心地善良，又有责任感，有家庭观念，同时热心公益，做善事绝不落人后，在事业方面会有成就。

与人面对面说话时眼睛习惯常常上视的人：这类人心性骄傲，脾气急躁，个性不好，品性不好，叛逆心强，好胜心也强，忌妒心重，甚至于目中无人，目无尊长，而且有心不在焉的毛病，心态也不能平衡，报复心重。这种人容易惹是非，甚至于官司缠身。如果没有改变心性、个性、改变坏脾气的想法，同时不能保持心态平衡的话，将来对自己对社会都会带来很多不必要的麻烦，导致一生的事业高不成，低不就，成少败多或穷困潦倒。如果能改变心态的不平衡以及心性、个性、脾气，并且能自我修持，那么这些不如意的事情或不必要的麻烦，会减轻到最低的限度。

与人面对面说话时眼睛习惯性下视的人：这类人内心可能很阴险奸诈，个性倔犟顽固，天生自卑感重，又过于拘束谨慎，心存阴谋诡计，而且猜疑心、忌妒心很重，同时气量狭窄，自私心重，忧虑心也重，处理事务优柔寡断，对自己缺乏信心，依赖心重，一生事业高不成，低不就或成少败多。

与人面对面说话时眼睛习惯性半开半闭的人：这类人为人心机很深沉，手腕老练，多工于心计，社会经验丰富，很会利用人际关系，但可能雅量不够，心胸比较狭窄，这种人的内心比较空虚又有寂寞感。

与人面对面说话时眼睛常常偷视的人：这类人可能心性不稳定，为人虚荣心重，有较强的功利心。

与人面对面说话时眼神左右乱视飘忽不定的人：这类人可能心术不正，心态不能平衡。说归说、做归做，心口不一，心思也不正，会奉承有利用价值的人，会设计别人，暗算别人。

与人面对面说话时眼睛会笑的人：这类人为人聪明有才华，而且圆滑，天生异性缘浓，善于交际，工于心计，社会经验丰富，观察能力强又懂得人心的弱点，这种人表面上看起来很有亲和力，在事业上往往比较成功。

与人面对面说话时眨眼睛次数过于频繁的人：这类人为人心机比较深沉，又懂得利用人际关系，社会经验丰富手法老练，临时防御力强。为人聪明，智能超群，口才流利，能言善道，圆通多智，因为不怕打击常立于不败之地。

眼神看起来尖锐的人：这类人天生反应迅速，聪明超群，智能好，临时防御力强，个性怪异，性急，恃才傲物，天生好大喜功，好高骛远，有大志，喜大言，说话欠谦逊，不管别人的想法与看法，为人现实又会掩饰自己的表情与缺点，缺乏修养是致命伤。

与人面对面说话时眼神看起来很安静，眼睛清澈而有神的人：这类人为人心地平和，仁慈又有爱心，心胸坦荡开朗，做事光明磊落，待人处世和蔼可亲，凡事以和为贵，在事业上和学术方面都有一番成就与作为，这种人智能超群，能忍辱负重，有责任感，自我修持涵养都很好，为超脱凡俗之人。有德有为可推心置腹，有君子之相，同样能贵能富。

从面部动作观察对方

想要提高求人办事时的成功率，就不能不注意对方的面部表情。

嘴巴的动作

嘴巴的动作是表达感情的方式之一，而最显著的动作为笑。笑是最容易露出牙齿的动作，对动物做这个动作可能解释为威吓对方，但对人类而言则是代表友善。笑有微笑、大笑、狂笑、傻笑、含蓄地笑、苦笑、忍不住笑，等等。一般而言，有笑声的场合，都能轻松地消除紧张气氛，较容易增加人与人之间的亲密度，若有人在谈话场合露出笑脸，更有助于人与人的和谐关系。

除了笑之外，其他的嘴部动作也有各自的意义。

舔唇，表示友好(同意)的意思。

舌头在口腔内打转，表示不同意的意思。

嘴唇紧闭，下唇干燥时，表示不同意的意思。

压紧下唇，故作紧张状态，表示不同意的意思。

用力上下咬牙，使两颊肌肉颤动，面颊抽筋状，也表示不同意。

对鼻子的动作

人的鼻子十分奇妙，许多文豪利用鼻子作为小说的题材，并不是没有原因的。

翻开童话故事主角的性格,国王是老鹰鼻,好好先生是朝天鼻,酒鬼定是酒糟鼻,由此可知鼻子是给他人印象的关键。

在心理学方面把鼻子和手指作为一种关联,有下列的动作:

把食指顶在鼻子翼旁,表示怀疑的意思;摸鼻子,表示不能接纳你,拒绝的意思。

下巴的动作

下巴的动作虽然极为细腻,但却能反映一个人的心理。站在镜子前将下巴抬高或缩起,会产生不同的判别印象。下巴抬高时,胸部及腹部都会突出,有骄恃、自大的样子;反之将下巴缩起,稍似驼背,个性上显得很懦弱、气馁,若此时观察对方,将会发现其眼球向上翻滚,仿佛怀疑心重。由此,我们做出一个大致的判断:下巴抬高说明此人十分骄傲,优越感、自尊心强,望向你时,常带否定性的眼光。下巴缩起说明此人仔细,疑心病很重,容易闭塞自己,对他人发言的内容不易相信。

如何请爱挑剔的人办事

在公关办事过程中,什么人都可能遇见,最难打交道的莫过于爱挑剔的人了。不过不用着急,这就向你传授几招,怎样对付爱挑剔的人。

这是一则流传很广的故事:飞机快要起飞了,一位乘客请求空姐给他倒一杯水吃药。空姐很有礼貌地说:"先生,为了您的安全,请稍等片刻,等飞机进入平稳飞行后,我再立刻把水给您送过来,好吗?"

十多分钟后,飞机早已进入了平稳飞行状态。突然,乘客服务铃急促地响了起来,空姐猛然意识到:由于太忙,她忘记给那位乘客倒水了,这下可糟了!

当空姐来到客舱,看见按响服务铃的果然是刚才那位乘客。她赶紧把水送到乘客跟前,面带微笑,诚恳地说:"先生,实在对不起,由于我的疏忽,延误了您吃药的时间,我感到非常抱歉。"

那位乘客显得很生气,指着手表说道:"怎么回事,有你这样服务的吗?我乘飞机多少次了,从来没有见过你这样的服务态度。"并拒绝了那位空姐的服务。

空姐端着水,感觉有些委屈,但是,无论她怎么解释,乘客都不肯原谅她的疏忽。

在接下来的飞行途中,为了弥补自己的过失,空姐每次去客舱给乘客服务时,都会特意走到那位乘客面前,面带微笑地询问他是否需要什么帮助。然而那位乘客余怒未消,并不理会空姐。

快到飞行终点的时候,那位乘客要求空姐把留言本给他送过去。很显然,他要投诉这名空姐。

此时空姐虽然很委屈、很无奈，但是因为事情是由于自己的疏忽造成的，所以依旧很有礼貌，面带微笑地把留言本递给了那位乘客，说道："先生，请允许我再次向您表示真诚的歉意。无论您提出什么意见，我都将欣然接受！"

那位乘客张了张嘴，想说什么却没有开口，只是接过留言本，在本子上写了起来。

之后，准备接受领导批评的空姐等到的却是表扬。看到她大惑不解的样子，领导递过了那个留言本。空姐打开一看才发现，那位乘客在上面所写的不是投诉，而是表扬。其中有这样一句话："在整个飞行过程中，你所表现出来的真诚歉意和多次微笑，以及良好的服务态度深深打动了我！你的服务质量很高，下次如果有机会，我还将乘坐你们这趟航班！"

是什么让那位挑剔的乘客放弃了投诉，改为表扬呢？

正如那位乘客说的："真诚的道歉和微笑是征服人心的有力武器。"在和挑剔的人共事的时候，如果自己有错，那么就表示真诚的歉意，并立即改正。

这虽然是一个故事，但是不妨做一个假设，如果你处于空姐的那个位置，你能否把事情处理得像她那么好？面对挑剔的人，你该怎么做？

挑剔的人通常分为两种：一种是事事追求完美，要求很高；另一种是小气，故意找碴儿，属于鸡蛋里边挑骨头。在和挑剔的人共事或向他们求助时，应该注意下面几点：

尽可能让自己做得完美，让人无可挑剔。如果对方吩咐的事情你都圆满完成了，那么即使对方故意找碴儿也没有下手的地方，再挑剔的人也很难找出你的毛病。当然，达到这种程度的人毕竟有限，如果不能，再看看下面的方法。

区别对待

对于这些追求完美的人，你只要做到尽力，对方一般不会对你有过分的要求，因为他们也明白你已经努力了。

对于那些鸡蛋里边挑骨头、故意找碴儿的人，你所要做的只是做好自己的事情，不出差错即可，此外就是要尽量跟对方搞好关系，否则就算你再怎么努力，他如果存心跟你过不去，也会找出问题来的。

明白对方的要求，做好自己的事情

把自己分内的事情做好，减少错误或尽量避免错误。同时明白对方的要求，让自己做事的标准尽可能向对方的要求靠拢，争取让对方满意。

多向对方请教

在请求挑剔的人办事的时候，要多多向对方请教。所谓"以子之矛攻子之盾"，按照他的方法所做的事情，想必他不好意思挑毛病，至少也会减少从里边挑毛病的概率吧。

挑剔并不是病，而一种习惯，一种认真的习惯。如果把事做得更认真、更仔细，对方也就无话可说了，所以应对爱挑剔的人的最好办法是比对方还"挑剔"。

小动作中的大秘密

人们在日常生活中的小动作是在长期的生活中无意识地形成的，带有明显的个性色彩。一个识人高手往往就是通过观察这些习惯性的小动作，在瞬间把握一个人的内心动态。

美国学者们曾做过一个作弊的试验。他们给受测者很难的问题，同时把答案放在他们面前，但是告诫他们"不能看答案"，然后监考人员走出房间。他们使用反视镜等器具，在受测者不会发觉的情况下，观察其行动。有趣的是，观察结果发现，靠自己的能力解答者，约有83%的人表现出咬指甲、含拇指、舐手背等习惯动作；而作弊的一组人中，做出这些动作的只有48%。此外，还出现了一些搔头发或以手指卷头发，以及闻身体的味道的动作。靠自己能力答题的一组人做出这些动作的，约为作弊组的两倍。

这个实验不难看出，不断地压抑想看答案的欲望与苦苦思索之后，无形中会使这些习惯小动作——呈现出来。这种测试在一般人群也同样具有相当程度的共通性。每一位考试人员，都会不同程度地出现搔头发、咬指甲的行为，将这种司空见惯的小动作加以分析，便是在求人办事时识别人心的一种重要手段。

以手遮口

以手遮口的人，大多生来比较羞怯，同时也容易顺应社会。尤其在笑的时候，用手遮口，盖住牙齿的人，这种倾向更为强烈。美国一位心理学者评论前总统卡特在笑的时候，总是有意展露他那副排列整齐的牙齿，称为"具有强烈权势意向的证据"。通过逆向思维，刻意遮住口的人，则具有相反的性格。而对于女性，则与男性有着本质上的不同。人们一般认为女性口小是一种美丽的象征，而张口大笑有失修养，因此，女性多是以手挡口，掩饰口大的缺陷。当然，其中也有某些女性，在交谈之时，刻意地遮口，目的是刻意强调自己的女性美，让人认为她教养好，以期能够吸引对方，获得关注。

边说话边打手势

边说话边打手势的人与人谈话时，只要他们一动嘴，就一定会有一个手部动作伴随，如摊双手、摆双手、相互拍手掌心等，好像是对他们说话内容的强调。他们做

求人妙点子

图文珍藏版

事果断、自信心强,习惯于把自己在任何场合都塑造成一个领导型人物,很有男子汉的气派,性格大都属于外向型。这类人去演讲一定会极尽鼓舞人心之能事,他们良好的口才时常让你不信也得信。他们对朋友相当真诚,但他们不轻易把别人当作自己的知己。踏实肯干的性格使他们的事业都小有成就。

拉耳垂

有些人爱拉自己的耳垂。当我们谈话时,看到对方不断用手拉耳垂,这些小动作可能是希望打断对方的谈话。在小学里,学生们被训练出先举手后发言的习惯,此后,一遇到想发言的情况,便会有举手的欲望,可是又害怕这样做被人笑话,只好用拉耳垂的动作来替代。手经常用于制止对方行动,因此,一想到要打断对方讲话,便会一面在心里期望,一面用手付诸行动。久而久之便产生了拉耳垂的习惯。心理学家从研究中发现了希特勒就是一位习惯拉耳垂的人,这可能与幼年时期不顺利的生活遭遇有很大关系。

拍打头部

拍打头部的动作多数时候的意义是表示懊恼和自我谴责。倘若有人有这样的动作,而他拍打的部位又是脑后部,那么这种人可能不太注重感情,而且对人苛刻,他选择你作为他的朋友,很大程度上是因为你某个方面他可以利用。当然,他也有很多方面值得你去和他交往,诸如对事业的执着和进取心等,尤其是他对新生事物的学习精神,你不由得从心底真心佩服他。时常拍打前额的人一般都是心直口快的人,他们为人坦率、真诚、富有同情心。在"耍心眼"方面你教都教不会他。他很愿意为别人帮忙,替别人着想。这种人心里藏不住秘密,如果对人有什么得罪的话,他们也不是有意的。

抚弄头发

如果与你面对面坐着或站着,这种人总要时不时地抹抹头发,好像在引起你对他们发型的兴趣。其实这种人就是一个人独自在家看电视,他也会每隔三五分钟"检查"一下头发上是否沾了什么东西。他们大都性格鲜明,个性突出,爱憎分明,尤其疾恶如仇。倘若公共汽车上有小偷,而乘客都是这种人的话,那个小偷一定会被当场打个半死。他们一般善于思考,做事细致,但缺乏对家庭的责任感。他们喜欢拼搏和冒险,对生活的喜悦来源于追求事业的过程,而不在乎事情的结局。他们在某件事情失败后总是说:"我问心无愧,因为我去干了。"

叉腰

有一种人喜欢当众叉腰。这种人总是希望能在最短的时间内经过最短的距离达到自己的目标。这个姿势，就像 V 字是代表胜利的符号一样，成为他的特征。"不飞则已，一飞冲天；不鸣则已，一鸣惊人"就是这种人的特征。

抚摸颈后

当一个人习惯用手抚摸其颈后时，往往是出现了心理上的懊悔怨恨等消极情绪。这个姿势在心理学上被称为"防卫式的攻击姿态"。在遇到危险时，人们常常不由自主地用手护住脑后，但在防卫式的攻击姿势中，他们的防卫是伪装，结果是手没有放在脑后，而是放在颈后。女人经常伸手向后，撩起头发，来掩饰自己的恼恨情绪，并装作毫不在意的样子。

常言道：细微处泄天机。生活中的小细节最能体现一个人的真实本性。在日常生活中，很多小动作常常难以引起人的注意，然而，它们却忠于人的真实心理，翔实地记录了一个人的性格特征和思想动态。可以说，人的行为是由一个个小动作组成的，忽视了对小动作的观察，你就可能失去在求人办事时更好地把握一个人的有效途径。

求人先闻声

声音与说话者当下的心理活动密切相关，声音大小、轻重、缓急、长短、清浊的变化，与人的特征息息相关，这就是闻声辨人的基础。而曾国藩早就说过："人之声音，犹天地之气，轻清上浮，重蚀下坠。始于丹田，发于喉，转于舌，辨于齿，出于唇，实与五音相配。取其自成一家，不必一一合调。闻声相思，其人斯在，宁必一见决英雄哉！"

闻声辨人，一定要着重从人情的喜怒哀乐中去细加鉴别。欣喜之声，宛如翠竹折断，其情致清脆而悦耳；愤怒之声，宛如平地一声雷，其情致暴躁而强烈；悲哀之声，宛如击破薄冰，其情致幽怨而凄切；欢乐之声，宛如雪花于疾风刮来之前在空中飞舞，其情致宁静轻婉。

春秋时期，郑国杰出的政治家郑子产就是一位闻声辨人的高手。

有一次，他外出巡察，突然听到山那边传来妇女的悲恸哭声。随从们面视子产，等候他的命令，准备救助，不料子产却命令他们立刻拘捕那名女人。随从不敢多言，遵令而行，逮捕了那位女子，当时她正在丈夫新坟前面哀哭。人生有三大悲：少年丧父、中年丧夫、老年丧子，可见该女子的可怜。以郑子产的英明，本应该不会对此妇动粗，其中缘由，是因为郑子产的闻声辨人之术。郑子产解释说，那妇女的哭声，没有哀恸之情。反蓄恐惧之意，故疑其中有诈。审问的结果，果然是该女子与人通奸，谋害亲夫之故。

《礼记·乐礼》云："凡音之起，由人心生也。人心之动，物使之然也。感于物而动,故形于声。声相应,故生变。"对于一种事物由感而生,必然表现在声音上。人的声音随着内心的变化而变化,所以说:"心气之征,则声变是也。"

声音平和,则内心平静;声音清亮和畅,则内心清顺畅达;声音偏向激越,则内心渐趋兴盛;声音迟缓低沉,则内心消极郁闷;声音沙哑浑浊,则内心紧张不安;声音清脆而节奏分明,则内心诚恳、坦然;声音如细水长流,不紧不慢,则内心宽宏柔和。

古人历来重视声音,认为声音是考察人心的一个重要组成部分,在深入观察和研究的基础上,按照五行原理,把声音分为:

金声:特点是和润悦耳;

木声:特点是高畅响亮;

水声:特点是时缓时急;

火声:特点是焦灼暴烈;

土声:特点是厚实高重。

人的声音,由于生存环境、先天禀赋、后天修养以及健康状况等条件的不同而相异。声音不仅在一定程度上表现着一个人的状况,而且还在一定程度上表现着一个人的文化品格——他的雅与俗、智与愚、富与贫。

声音沉雄厚重,表示其人身体健壮,能胜福贵。声音洪亮,有穿透力的人,精力充沛,具有艺术家气质,有情趣、热情。这两种人一般比较豁达,求他们办事时较为容易。

声音低粗,而音域很广的人,有作为,较现实,或许也可以说是比较成熟潇洒,有适应力。求这种人办事需要把自己的想法慎重地全盘说出,让对方感到自己的诚意。

声音沙哑的人,性格一般比较粗犷。与这种人交谈时,切忌在过分追求细节问题。

说话时叽叽喳喳,声音很高的人,其个性如同小孩子一样,是不知醒悟的人。与他们交谈时话语要有逻辑性,做到条理清晰,层次鲜明。

说话时声音好像被压抑住似的人好挖苦他人,不论看什么事物,均不会由正面去观察。有求于这种人时,一般要顺着对方的意愿,但不能表露出"拍马屁"的嫌疑,否则会让对方感到反感。

讲话时声音较低,口沫横飞的人是精力过剩,好浪漫的人。他们注重外表,爱好名声,同时还喜欢矫揉造作。外带语尾音的人,情绪高昂,若是男子,具有艺术家的气质。对这两种人要充分表现出自己的欣赏,可以尽情地"甜言蜜语",夸得对方心花怒放,这就使你能很方便地提出自己的要求。

发于喉头、止于舌齿之间的根基浅薄的声音,给人虚弱衰颓之感,显得中气不足,这也是一个人精神不振,身体虚弱,自信心不足的表现。这种人办事一般较为谨慎,他们是属于"不见兔子不撒鹰"的类型,在求他们办事时,要提前做好充分的准备,让对方真正看到自己的实力。

通过对声音的辨别,能够探知对方的心理活动,初步了解对方的性格特征,有利于针对不同性格的人采取不同的方案进行交流,以期为自己的要求的提出做好铺垫工作。

通过话题探知真意

与人交流,最重要的方式就是语言。如果你想把某件事情阐述清楚,那么就得围绕着这件事情说,这就是话题。虽然在很多时候,说话的双方不是非常直观地说出自己的看法,但随着谈话的进行,谈话者会在不知不觉、有意无意当中暴露出内心的秘密。

人们在与人交谈时,常常谈起自己,包括曾有的经历,自我的个性,对外界一些事物的看法、态度和意见等的人性格比较外向,感情色彩鲜明而且强烈,主观意识较浓厚,爱表现和公开自己,多少有点虚荣心。他们渴望自己处于众人的视线焦点上。与此相反,如果一个人不经常谈论自己,包括曾有的经历,自我的性格,对外界一些事物的看法、态度和意见等,则表明这个人的性格比较内向,感情色彩不鲜明也不强烈,主观意识比较浅薄,不太爱表现和公开自己,比较保守,多少有自卑心理。另外这种人可能有很深的城府。

不论谈论什么话题,都会不自觉地将金钱扯入话题中的人,往往缺乏梦想,而这个缺乏梦想的缺点很有可能会成为其人格上的致命伤。他们太过于倾向现实主义,只知道赚大钱是自己人生唯一的梦想,忽视了人生中其他重要的东西。他们的心中潜伏着深深的不安全感,并试图用金钱来驱走这种感觉,却往往不能如愿,使心灵更加空虚。

与你交谈时满腹牢骚,对什么都报怨的人,多属于追求完美的人。他们有自信,凡事要求高水平、高理想,并时时在脑海中描绘完美的蓝图,由于达不到理想,自然也就开始牢骚不断了。他们成天沉迷于幻想的世界中,对现实世界中的问题则采取回避漠视的态度。

当对方批评第三者时,他的真正目的可能并不在此。当然,他有可能的确是对第三人感到不满,但其言外之意是对无法进行直接批评的人表示不满。这就是心理学上所说的"代价行动"。也就是说,一个人在无法满足自己的要求时,会以其他的行动来满足自己的心理。尤其是初次见面时,因为不便批评对方,只好转而批评第三者以宣泄自己的不满。

在谈话中,当一方突然以另一个人来作为话题时,多半是想探测对方的真意、想法或是对自己的感情。但是有很多人在这时提出来的,往往是对方的敌手。这

求人妙点子

图文珍藏版

种行为可能是想借着辱骂或损伤敌手来间接地夸奖对方,以为这样一来,对方就会放松警惕,说出真心话,其实事情并不是这么简单。因为如果对方对他的敌人有强烈的反感或憎恶时,不但不会表现出来,反而会隐瞒。这种想利用第三者以探测对方心思的手段,会使对方产生更高的警觉。若是想要知道对方的诚意,特别提出一个对方不易接受的条件,看看对方会有什么反应,是最简单的方法。我们可借着对方的反应,探知其态度。

谈话一方提出一个令对方不快的质问,置对方于孤立状态,迫他做两者间的选择。换句话说,就是"欺压对方",陷他于危机的状况,看他的反应。这样做的目的多半是想探测对方说的是不是真心话,或者想知道他对当时的话题关心到何种程度。

有些人非常想要探听对方的真相,不停地打听对方的情况,这是有意了解对方的缺点、期待能进一步控制对方的意思。有些人对于别人的消息传闻特别感兴趣,这种人很难获得真正友谊。所以,他内心非常孤独。

有人根本忽视别人的谈话,而喜欢扯出与主题毫不相干的话题,这种人怀有极强的支配欲与自我显示欲。有人一直谈论会场的话题,而不喜欢别人来插话,这表示他讨厌自己屈居在别人的控制之下。

一个人如果喜欢畅想未来,则表明他是一个爱幻想的人。这种人有的能将幻想付诸行动,有的却不能。前者注重计划和发展,实实在在地去做,很可能会取得一番成就;后者只是停留在口头说说而已,最终多会一事无成。

通过双方交谈的话题,洞察对方的心理、结合观察得到的对方各个方面的认知,在自己的心里勾画出对方的性格轮廓,从而为自己求人做好准备,通过各种手段瓦解和征服对方,以达到自己的目的。

求人说话分类型

世界上有多少人就有多少种说话的方式,要求人成功、达到自己的目的,必须先了解对方乐于接受什么样的方式,这样才能在求人时顺水推舟,取得预期的结果。

对那些粗心的人,你只管随意地说:"喂,今天上市的西瓜可新鲜啦!"这样一句话也许就能让对方掏钱买西瓜。如果对方是一个仔细的人,你就不能用太随便的方法对待他,而应该小心地向他建议:"今天的西瓜比昨天降了 5 角钱,值得一买。"以下是 10 种不同类型的人物及其特点:

喜欢炫耀型

这种人好大喜功,老是喜欢把"我如何如何"挂在嘴上,这种人最爱听恭维和

图文珍藏版

称赞的话。对他向你所做的炫耀要有耐心仔细聆听，听得越用心，称赞越充分，你的成功率就越高。

沉默寡言型

这种人话少，问一句才说一句。这不要紧，即使对方反应迟钝也没关系，对这种人该说多少就说多少，因为这种人表面上看似不太随和，但只要你说的话能言之有理、顺耳中听，你便有可能达到说服对方的目的。

优柔寡断型

这种人遇事没有主见，往往消极被动，难以做出决定。面对这种人，求人者应牢牢抓住主动权，充满自信地运用语言技巧，不断地向他提出积极而富建设性的意见，多运用肯定性的语言，多做些有关回报保证的承诺，甚至替他考虑帮助自己后的益处，当然不能忘记强调你是从他的立场来考虑问题的。这样有助于他做出决定，或在不知不觉中替他作成决定。

知识渊博型

这种人是最容易面对的，也是最容易让求人成事者受益的。当这类人出现时，求人成事者应努力抓住机会，注意多聆听对方说话，同时还要适时给予真诚的赞许。这类人往往宽容、明智，要说服他们只要抓住要点，不需要说太多的话，也不需要花太多的心思，就可以达到求人的目的。

性格急躁型

这种人往往精力过盛，做什么事情都快，因而对待这种人要精神饱满，清楚、准确而又有效地回答对方的问题，回答问题如果太拖泥带水，他们可能就会失去耐心，没听完就走。对待这种人，说话应注意简洁、抓住要点，避免扯一些闲话。

猜疑心重型

这种人容易猜疑，容易对他人的说法产生逆反心理。说服这种人的关键在于让他了解你的诚意或者让他感到你对他所提疑问的重视，如："你提的问题切中要害，我也有过这种想法，但……"这样，他会认为你在说真话，于是会认真提供你所需要的帮助。

心性善变型

这种人容易见异思迁，容易决定也容易改变。如果他拒绝了你的要求，你仍有机会说服他改变主意，不过，即使他这次答应了你的要求，向你提供了帮助，也不能指望他下次还会答应。

讨价还价型

这种人对讨价还价有特殊癖好，即使是给人一些微不足道的帮助也非要讨价还价不可，并且往往也为自己讨价还价的能耐而自鸣得意。应对这种人的办法比较简单：可以在口头上做一些小小的恭维，比如可以这样对他说："我可是从来没有碰过像你这样乐于助人的人啊！"或者说："给我个面子，怎么样？"这样，可以多少满足一下他的自尊心，既让他觉得比较合理，又能证明他的精明。

令人讨厌型

这种人十分让人讨厌、令人难以忍受。好像他们天生只会说一些刻薄话一样，好像控告他人、贬低他人、否定他人是他们生活的唯一乐趣。毫无疑问，这类人是最令求人者头痛的。但是有一点却是十分肯定的，即这类人也同样需要与人交往，有的时候甚至是他们心里已经决定答应别人的要求，而嘴上却还在不停地说不行不行、答应后如何如何不好。这种人往往不能证明自己，所以更希望得到肯定的态度。对于这种人，关键是不要被他的难听话所唬住，也不要直接表现你的反感，而是要采取一种不卑不亢的高姿态并随机应答，这样才会有好的效果。

性情温婉型

这种人如果他没有充分了解每一件事，你就不能指望他会做出决定。对于这种人，必须以其人之道还治其人之身，千万不能急躁、焦虑或向他施加压力，应努力配合他的步调，脚踏实地地去证明、引导，慢慢就会水到渠成。

一样米养百样人，世界上有多人就有多少种应对说话的方法，以上 10 种类型的人仅供参考。只是要让你知道求人必须要"见人说人话，见鬼说鬼话"，用他喜欢的方式，说他爱听的话，只要他听得进脑袋里去，你就有机会求人成功。

第五章　礼仪为先，彬彬有礼求人

礼貌是求人办事成功的前提，所以在求人办事时我们要注意自己的仪态礼仪、行为举止、衣着打扮等细节问题，给别人留下深刻的第一印象。如果对方觉得你是一个不懂礼貌、粗暴邋遢的人，就很容易对你产生反感，怀疑你的能力，办事自然就不可能成功，因此，我们在办事的过程中，要争取做一个彬彬有礼的人。

求人要以礼为先

有时候，一个很小的动作或礼貌习惯都有可能影响到办事的结果。所以，在办事的过程中一定要注意礼貌待人，才能不因小失大。

丁敏是一个软件公司的推销员，他与中关村一家电脑公司业务往来比较多。丁敏其他方面比较好，可就是有一个开关门不太礼貌的毛病。一天，他由于业务原因，多次进出此公司，终于引起了对方忍无可忍的批评。

"你小子，怎么办事呀，有意见提嘛！你怎么开关门那么用力，我怎么说你才能记住呢？难道非骂你一次才行吗？小丁，以后一定要注意！"

丁敏自认为公司与对方关系非常好，也自认为与对方公司的职员关系不一般，因而注意不够，忽略了开门关门这类看似简单却十分重要的礼仪。结果给人一种不讲礼貌、粗暴的印象，所以才会得到对方的直言不讳的批评。

即使对方是自己的老主顾或比较熟悉的朋友，也要多加注意。如果因为自己与对方比较熟悉，而不再约束自己，放松了对自己的要求，不太注意礼节问题，就容易造成与上述例子类似的情况。

礼貌待人，这个道理许多人都很清楚，也很明白，也时常这样来要求别人，可自己做起来却并不一定就完美、轻松。这是一个习惯问题。所以我们必须从平时的一点一滴做起，加强修养，这样在求人时才会事半功倍。

人的坐姿也是十分重要的。求人办事时为了给对方一个良好的印象，表现出自己的修养，一般宜端正姿势，静静地坐下，以等待对方的接待为好。比如：坐在椅子上，自然大方一些，把双手放在扶手上，不紧不松，力求自然舒服。双脚也不可开得太大，不要右手拿着烟，跷着二郎腿，口里吐着烟雾，一副满不在乎的样子。

另一个是位子问题。切忌不可坐在主位上，而应坐在侧面的位子上。因为自己是来求人办事的，最好坐在靠近房门的位置，可也不能离主位太远，适度最宜。座位与主位的远近，要由自己与对方的亲疏关系来确定。

礼貌的问题远远不止以上这些，但从以上这几种问题中，我们便可以对礼貌的重要性有所了解。

第一印象很重要

良好的开端是成功的一半，第一印象，同样会决定一个人办事的"命运"。第一印象是在人际交往中得到的关于对方的最初印象，第一印象的好坏往往决定求人办事的成败。成语"先入为主"就是对第一印象所起作用的最好概括，因此，我们要好好准备，因为第一印象是没有办法重来一次的。

第一印象为什么会有"先入为主"的作用呢？因为第一印象一经形成，就等于给这个人贴上了一个标签，我们以后再看到他的时候，就不会像第一次看见他的时候那样不带任何偏见，而是有了一定的倾向性。我们也不会去注意所有的信息，而是倾向于寻找那些与我们已经形成的第一印象相符合的信息，即使碰上与之相矛盾的信息，我们也往往会寻找借口"自圆其说"，因此，如果一位老师的第一节课讲得很成功，那么很有可能以后即使他讲得不太好了，我们也会为他寻找借口，比如"没有时间备课"等，而如果这位老师第一节课上得很糟糕，以后他讲得再好，学生也有可能认为是"碰巧而已"。

虽然人们都知道"路遥知马力，日久见人心"的道理，也知道仅凭第一印象来判断一个人，难免会出现错误，尤其当对方为了某些目的而刻意掩饰的时候更是这样，但即使如此，人们在人际交往过程中却总也免不了要受第一印象的影响。

《三国演义》中凤雏庞统当初准备效力东吴，于是去面见孙权。孙权见庞统相貌丑陋，心中先有几分不悦，又见他傲慢不羁，更觉不快。最后，这位广招人才的孙仲谋竟把与诸葛亮比肩齐名的奇才庞统拒之门外，尽管鲁肃苦言相劝，也无济于事。而孔门弟子子羽（澹台灭明）也曾因为其貌不扬而被有圣人之称的孔子视为"才薄""不堪造就"。后来子羽离鲁南游，讲授儒学，从学弟子达 300 人，声名大噪。孔子那时才感叹不已："以貌取人，失之子羽。"

众所周知，礼节、相貌与才华绝无必然联系，但是礼贤下士的孙权和素以善于识人而著称的孔子尚不能避免以貌取人这种偏见，可见第一印象的影响之大！

新官为什么总想烧好上任之初的"三把火"？想要树立威信的人为什么也总是喜欢给别人来个"下马威"？不为别的，只因为第一印象所具有的"先入为主"的作用！我们在求人办事之前，如果希望获得友谊、取得成功，就千万不要忘了照照镜子，留心自己的举止，看看是否会给别人留下一个良好的第一印象！

第一印象都是来自个人的表情、衣着、动作、表情谈吐等方面，所以纵使你才华出众，也不可时常以一副恃才傲物的面孔展露于人前，必须做到以下几点，才会给别人留下深刻的印象：

笑脸迎人

笑脸相迎的人，谁看见都会喜欢。人际关系是相对的，如果你沉默不语、板着脸孔，或者惜字如金，连最起码的友善也没有，又怎能给人留下好印象呢？如果你能经常面带微笑，心情也自然愉快起来，整个人亦显得神采奕奕、容光焕发。

整洁干净

第一印象几乎就是"以貌取人"，这是不争的事实。正所谓"人靠衣装"，就算你才华横溢又如何？蓬头垢面有人喜欢才怪呢！笔者在这里不是鼓吹大家要满身名牌,但即使穿得平实朴素,也可给别人干净、舒服的感觉,对方自然会对你加以亲近。请谨记,纵使穿再好的衣服,一旦鼻头污黑、牙齿黄斑点点,也会令人敬而远之。

留意体味

自己对本身体味的感觉较为迟钝,但其实对方却可轻易感受到,因此,对于袜子、口腔,甚至身体等的味道,必须格外加以小心、留意。否则,无论你是如何友善,只要体味浓郁,对方也只想尽快离开。

注意动作

人的脸部表情和肢体动作,有些会给人留下负面的印象,如,双手环抱、手抚触嘴唇、抿嘴、愁眉苦脸、吐舌头、舌头发出声音等,平日应尽量避免,坐姿和走路姿态也必须留意。

说话幽默

说话幽默时常逗得人满心欢喜,试问,有谁不爱开心果呢?虽然幽默感好像是天生的,但不可忽视后天的培养,因此,你若缺乏幽默感,尽可参考市面上一些指导如何培育幽默感的书籍,以补救先天的不足。不过,幽默感要适可而止,别忘记了,你与对方还仅仅是初次见面哦!

微笑让你更动人

"微笑是一句世界语。"这句话讲得精辟、深刻。的确,现实生活中,微笑最容易被人接受和理解。无论一个人地位高低,不管是富翁还是穷人,只要用微笑去面对人生,便会给你带来快乐和温馨。微笑是世界上最好的礼物,所以,把微笑挂在脸上,也是提高求人办事成功率的一种方法。

一位实习记者有次去见某部长。约见时间到了,首先来的却是部长秘书:"对不起,请您再等几分钟好吗?"记者以为部长的会议还没有开完,便又耐心地等了一会儿。

几分钟之后,这位部长满面春风地走出来与他握手寒暄,并带着歉意说:"刚才,我在主持一个很重要的会议,表情很紧张也很严肃,散会后带着这样一副表情来见一位不是很熟的人,担心会给别人留下一个不好接近的印象,而且也有失礼貌,所以,我又对着镜子休整了片刻,等心情和面孔都恢复正常了,才出来和你见面。实在对不起,让你久等了。"

一般来讲,每一个人的笑容都是有特点的。每个人都可以根据自己的笑容特点来改变和调整表情。

你可以经常照一照镜子，观察一下自己微笑时的神态。看一看几个关键部位，包括眼角是否下垂，口形是否好看，嘴唇是半张开着好还是抿合着好，牙齿露出多少适度，然后定格出几种讨人喜欢的笑容。经常对着镜子练习一下，会收到理想的效果。

笑容是善意的信使，照亮别人的同时也可以照亮自己。原本不开心的你，脸上带着微笑，心情也随之舒展了几分；把你的笑容带给愁眉苦脸的人，对方也能体会到希望，感受到生活的美好，在这种氛围下，你张口求人就方便多了。

微笑让你更动人

微笑是希望和力量，它犹如春风吹拂着别人的内心。愁眉苦脸的人给人缺乏自信、消极悲观、没有能力的感觉，没有人愿意与这样的人交往，更不要说施以援手了。

我们在求人的过程中，要善于建立自己笑容可掬的形象，用微笑去打动每一个人，这样你才会受到欢迎，为自己求人成功埋下伏笔。

用手传达你的诚意

握手最早始于远古时代，当代世界上已经把它作为最为普遍的一种表达善意的礼节。初次见面，通常以握手示礼。适当的握手时间与力度，会让人有舒适亲切的感受。美国著名盲人女作家海伦·凯勒曾说过这样一句话："我接触过的手，虽然无言，却极有表现性。有的人握手能拒人千里……我握着冷冰冰的手指，就像和凛冽的北风握手一样。而有些人的手却充满阳光，他们握住你的手时，使你感到温暖……"既然握手是彼此间增进感情的一个重要礼节，那么，我们在求人办事的过程中，千万不可忽视握手时的常规礼仪。

握手的方式

无论你与对方是初次见面，还是熟人久别重逢，告辞或送行时都可以握手表示自己的善意，这也是最常见的。有些特殊场合，比如当你向对方表示祝贺、感谢的时候，当你与对方交谈的过程中出现了令人满意的共同点时，或者是当你与对方事前的一些矛盾出现了某种良好的转机或彻底和解时，习惯上也以握手为礼。

握手时，应距对方约一步远，上身稍向前倾，两足立正，伸出右手，四指并拢，虎口相交，拇指张开下滑，向受礼者握手。在现实生活中，常常会有这样一种的握手姿势：掌心向下握住对方的手，显示出一种强烈的支配欲。这会无声地告诉别人，他处于高人一等的地位，所以，当我们求人办事的时候，应尽量避免这种傲慢无礼的握手方式。相反，我们应掌心向里地向对方握手，进而显示你对对方的恭敬。如果伸出双手，更是谦恭备至了。

此外，戴着手套握手是失礼........，但是，女士可以例外。当然，在严寒的室外也可以不脱。比如双方都戴着手套、帽子，这时一般也应先说声："对不起。"握手时双方互相注视、微笑、问候、致意，不要看第三者或显得心不在焉，进而以你对对方的尊重来换取对方对你的好感。

握手的时间以及力度

握手时不要太用力，也不要漫不经心地用手指尖如"蜻蜓点水"似的点一下，这样都会显示出你的无礼。其握手的时间一般是控制在三五秒钟以内。如果时间过短，两手一碰就分开，只会让对方觉得你在走过场，并对对方怀有戒心。这样又怎么能博得对方的好感，进而求动人为你办事呢？

如果你想表示你对对方的真诚和热情，也可较长时间握手，并上下摇晃几下。值得注意的一点就是异性或初次见面者除外。否则，只会显得你有些虚情假意，甚至会被对方怀疑为"想占便宜"。

握手应注意一些细节

当你面对的人数较多，你可以只跟相近的几个人握手，向其他人点头示意，或微微鞠躬就行。如果为了避免尴尬场面发生，在主动和人握手之前，你应想一想自己是否受对方欢迎，如果已察觉对方没有要握手的意思，点头致意就行了。

当你在一些公共场合与对方握手时，其伸手的先后次序主要取决于职位、身份。而在社交、休闲场合，它主要取决于年龄、性别、婚否。

总之，当你有求于人的时候，一定要掌握握手的常规礼仪。热情地、真诚地、紧紧地握着对方的手，把自己的力量、诚意展现并传递给对方，促使对方感受你的真诚，可能就会更耐心地帮你办事。

虚心谦逊得尊重

谦虚是缔造人与人之间感情的催化剂。谦虚坦诚的人能够赢得他人的尊重。反之，举止傲慢、桀骜不驯的人则常在求人办事时碰壁，在人海中逐渐迷失方向，孤立无助。事实证明：只有谦虚谨慎的人才能受到世人的拥戴与尊敬，才能给他人留下好的印象。

一个人不可能获得这个世界上所有的知识,所以,在求人办事时,我们一定要谦虚地听取别人的忠告,这不仅是提高自身能力的最好方法,也是赢得他人认可的最有效方法。同时,谦虚意味着对他人的尊重,可以换来他人对自己的好印象。

谦卑在中国人看来既是一种策略,又是一种处世态度,更是一种美德。懂得谦卑的人,往往能得到别人的友善和关照,从而为将来的事业的成功打下良好基础。为了培养谦卑的心态,不仅在与不太熟悉的人交往时要注意小节,尊重对方,对好朋友也要客气有礼,在求人办事的时候尤其是如此。

在生活中,我们经常听到诸如"谢谢您""多谢关照""劳驾""拜托"之类这样谦逊的话语。而这些话语可以向别人表示感谢,能沟通人与人的心灵,建立融洽的人际关系。在求人办事时,即使对方只满足了你的一点点请求,虽然很令你不满,也应真诚地说一声"谢谢"。如果你连一声谢谢都不说,只把感激之情埋在心底,对方会有一种不快的感觉,他的劳动没有得到肯定,或认为你不懂礼貌,今后也不会再帮助你。同样,在打搅别人,给别人添麻烦时能真诚地说一声"对不起",对方的气就会削弱一半。在人际交往、求人办事中,谦逊的作用不容低估。

谦逊当然不一定都在语言上,一个眼神、一个手势,或者点一下头,微笑一下,或给对方送些小礼物,凡此种种,都属于谦逊的范畴。可以说,谦逊是一个比较宽泛的概念,谦逊是一种礼节,如果谦逊运用得好,那么便能收到意想不到的效果。从更高的角度来讲,谦虚谨慎是建功立业的前提和基础。

谦逊是温暖的,能加深对方的了解、亲切关系,增加友谊,彼此之间的关系因为谦逊而发生变化,彼此之间的心理距离缩短了,感情就有了呼应和共鸣。对方在兴奋欢跃之余会给予更多的关照,更好的回报。

谦虚谨慎是每个社会人必备的品格,具有这种品格的人,在待人接物时能温和有礼、平易近人、尊重他人,善于倾听他们的意见和建议,能虚心求教,取长补短。对待自己有自知之明,在成绩面前不居功自傲;在缺点和错误面前不文过饰非,能主动采取措施进行改正。

在求人办事时,谦虚的态度最重要的是求得他人的帮助,获取有价值的经验,为你的人生提供借鉴。否则即使你找到某些赞同你的人,获得你所需要的肯定,满足了你的虚荣心理,你也无法得到对方真心地帮助,因此,我们要培养一种对于别人的意见无成见的态度和胸怀,这样才能更容易得到他人的帮助。

办事要给人留面子

求人办事过程中,你会遇到形形色色的人,虽然不要求你去喜欢每个人,但至少也应学会给他人留足面子。谁都不愚钝,你给足他人面子,他人也同样会投桃报李给足你面子,所以说,要想自己有面子,就要给他人留足面子。

与人相处,当双方意见不统一时难免会发生口舌之争,然而会做人的人,不会让这种争执成为破坏友谊的蛀虫,他们总是以和为贵,从而赢得别人的好感,提高自己在他人心目中的地位,人气自然而然就会提高。

以自我为中心的人,过分地相信自我标准,别人述说某种感觉、态度和信念的时候,他们对别人的想法会立刻给予负面判定:"说得不对"或"真是好笑","这种说法完全不合乎常理""这样说不行""这不正确""这不太好"……因而,在日常交际中,势必会与人产生争论,使彼此间出现隔阂。

争论一旦产生后,大多数人都会竭尽全力去维护自己那些并不全面、成熟的观点,对那些没有必要深究的问题,过分看重,执着而偏执,这样容易激化矛盾。

此时,不妨站在他人的立场考虑一下问题的实质,你会发现一个深刻的人生哲理:一场狂风暴雨般的唇枪舌剑过后,人们得到的仅是心烦意乱,而失去的却是彼此间亲密的情谊,友谊将出现一种隔阂,彼此将日渐疏远。让你值得"庆幸"的是,你又多了一个"敌人"。俗话说得好:"多个朋友多条路,多个敌人多堵墙。"敌人树立后,人们将会有更多的机会锻炼那"锐不可当"的口才了,却也为自己的成功道路设置了一个障碍。

卡耐基曾经说过:你赢不了争论。要是输了,当然你就输了;如果赢了,还是输了,在求人办事时更是如此。与人争论,并不是在向人显示自己的威风,确认自己的口才,而是在树立"敌人",即使占了上风,获得了胜利,却证明了你并不是一个会做人的人。

会求人办事的人,在遇到这类事情时总会留一手,即使自己的口才出类拔萃,也不愿与人进行没有必要的无聊争论。迫不得已被卷进争论中时,也甘愿充当失败者。

争论对双方来说,没有任何好处,与人发生争执时,不妨去体谅对方,给他人留足面子。争论无益于友情,在争论的影响下产生的结果只有两种:一是越来越坚信自己所持观点的正确性;二是基于面子即使意识到自己错了,为了维护自尊心也不会向他人低头认输,加之人固执的本性,双方距离会越拉越远,争论结束也就意味着求人失败,因此,我们在求人过程中,要避免争论,学会给对方留面子。

朱元璋称帝后,要册封百官,可当他看完花名册后,心里又犯起了愁。因为功臣有数,但亲朋不少。封吧,无功受禄,群臣不服;不封,面子上过不去。军师刘伯温看出朱元璋的难处,又不敢直谏,一来怕得罪皇亲国戚,惹来麻烦,二来又怕朱元璋受不了,落下罪名。但想到国家大事,不能视而不见,最后,他想出一个方法,画了一幅人头像,人头上长着束束乱发,每束发上都顶着一顶乌纱帽,献给了朱元璋。

朱元璋接过画,细品其味,忽然哈哈大笑道:"军师画中有话,乃苦口良药。真可谓人不可无师,无师则愚;国不可无贤,无贤则衰!"原来,刘伯温画的意思是,

"官(冠)多法(发)乱!"刘伯温此举,不但未伤害到朱元璋的面子,不犯龙颜,还道出了谏言:官多法必乱,法乱国必倾,国倾君必亡。画中有话,柔中有刚,也算是给朱元璋留足了面子,使听者懂得话外之音,达到了预期的目的。

在社会中,要想求人成功,必须懂得把话说巧的道理。最好在说话时巧妙地拐个弯儿,千万不要信口直说。因为每个人都需要自尊,需要面子。直来直去,实际上就是故意不给人面子,使对方心中不快,以致造成双方关系破裂,把事办砸。

学会"给他人留面子"就等于求人办事成功了一半。当与他人的意见产生分歧时,试着用这么一种句式:"原来是这样啊!你说的是正确的,我经常为此而出错,不过幸好这次有你的提醒,我才不至于犯相同的错误。啊,依我看,这是最理想的结果。"将这些用语应用到求人办事中,别人在保留了面子的同时还会对你心存好感。

现实生活中,许多人都领教过与人争吵的苦,俗话说:"吃一堑,长一智。"求人办事时一定要注意这一点。要想求人有成效,就不要刻意向对方显示你的口才,也不要随意践踏他人的尊严,在公共场合给别人留足面子,要比自己死要面子强百倍。要知道避免争论,就能赢得好感。

善用客套的技巧

求人办事,免不了要懂得一些客套的技巧。有人说,求人办事多数情况下都是求熟人办事,何必来那么多客套? 其实这种说法是不对的。客套是人与人之间最起码的一种礼貌,是求人办事的"前奏曲"。如果你去找人办事,别的不讲,直截了当就说出你要办的事,对方肯定会觉得有点突兀,感情上也接受不了,办起事来就会大打折扣。

在日常生活中你也可能会有这样的体会:当你来到朋友或同学的聚会上时,发现那里有你熟悉和不熟悉的朋友,他们看见你来了,立即起身相迎,对你表示欢迎,然后请你坐下,给你冲上一杯茶,再接下来,双方寒暄几句,客套一番。这样一来,对方的感觉就会很好,自己的感受也会很好,双方可以由此变得更加热情友好,从而使你们的友谊进一步升温,不知不觉中,就为你求人办事打开了方便之门。

不仅会客套求人好办事,客套多也容易交朋友。

有人说,客套多,朋友多;朋友多,好事多。这话是很有道理的,因为客套和寒暄可以帮助你认识更多的朋友,缩短人与人之间的距离,从而促成两人的交往。

在求人办事以后,真诚地说一声"谢谢",就会让对方感觉到自己的付出是值得的。等到你下次求他办事时,他仍然会比较乐意。如果你不说一声"谢谢",只把感激之情埋在心底,对方会有一种出力不讨好的感觉,他的劳动没有得到肯定,或许认为你不懂礼貌,今后也不再会帮助你了。

在人际交往、求人办事时，客套的作用不容低估。很多时候，客套能表示尊重对方，表示礼节和谦虚，比如有人做报告或讲话，总要借助这样的客套话："我水平不高，能力有限，恐怕讲不好，还望大家多多包涵。"或者是"我讲得不好，请大家多多批评指正。"诸如此类的客套话，表面上看是随口而出，是习惯用语，实际上却起着表明自己态度谦恭的作用。这样，在讲话者偶然出错的情况下，大家也会谅解，而不会跟着起哄。

另外，讲客套话也是减少求人办事"摩擦"或者"阻力"的润滑剂。请人办事，说一声"劳驾"；办完事后说一声"让您费心了"，都能显示出你礼貌周到，谈吐文雅。生活中学会必要的客套，就会受到更多人的欢迎。正如培根所说：得体的客套同美好的仪容一样，是永远的推荐书。

当然，客套要自然、真诚，言必由衷，富有艺术性。

香港一家大酒店的门厅服务员就是这么做的。当在国际上享有盛名的张先生第一次到达该酒店，这位服务员向他微笑致意："您好！欢迎您光临我们酒店。"第二次他再来到这家饭店，这位服务员认出他来，边行礼边说："张先生，欢迎您再次到来，我们经理有安排，请上楼。"随即引张先生上了楼。时隔数月，当张先生第三次踏入酒店时，那位服务员脱口而出："欢迎您再一次光临。"张先生十分高兴地称赞这位服务员："有礼有节，自然真诚。"

作为宾馆酒店的服务员，不是只知道按照口令喊号子的机器，而是一位有情感、有思想的大活人。如果能根据情境的变化运用不同的客套语，才能真正体现出人性化的服务，才更容易受到顾客的好评。

着装礼仪很重要

良好的着装礼仪不仅反映一个人的修养，也是人际交往中相互尊重的一种重要形式。同时，良好的着装还能给对方留下极好的印象。如果你能给对方留下一个良好的印象，这意味着你已成功了一半。我们不妨先看一个简单的例子。

曾经有一位非常节俭的大学教授去香港讲学，因为是第一次去香港，所以临走前特意买了一双凉鞋，而且又花百元买了一套灰色的西服，觉得自己挺像样子了。可是到了香港，朋友非要拉着他去商店看看。他在心里盘算了一下："兜里就1000港币，去商店干啥？"可是朋友提出来了，又不好意思驳他这个面子，就勉强和朋友去了商店。一进商店朋友就拿过标价数千港币的西服，无论如何让他得试试；接着又走到卖鞋的柜台前让他试鞋。他再一看皮鞋的标价是一千多港币，就连连说太贵了、太贵了。朋友也不吱声只是笑。后来回到宾馆还不到二十分钟，商店就派人把西服和皮鞋都送来了，另外，还拿来一瓶香水。这时朋友让他把衣服换上，还说："今天晚上有很多香港老板，前来听你讲学，人家还不知道你有没有水平，但是看你这套衣服就知道你是什么层次的人物。"最后这位教授的形象和讲课内容都得到了所有听众的一致好评。

可见，与人接触，只有学术水平还不行，还必须要讲礼仪。良好的着装礼仪容易促使我们最终所要达到的目的。

具体来说，我们在求人办事的过程中，一定要根据不同的场合选择不同的着装，进而穿出男人的高雅、穿出女人的风韵，最终给对方留下一个良好的印象。切不可自己想怎么穿就怎么穿。具体应注意以下两点：

着装要区分场合

作为一名男士，如果你为了一件非常重要的事情，与对方在公共的场合见面，不管天气多热也应穿西装。西装表示郑重其事；但如果是周末，去农贸市场买菜，一般人不会穿西装，穿西装打领带去买菜的唯一作用可能是使菜价因此对你上涨 80%。

小李分配到报社后，接受的第一个采访任务是采访某工厂的一名模范职工。早在几天前，小李就开始精心准备提问大纲，决心好好地在大家面前露一手。这一天终于到了，小李特地从衣柜里找出自己最喜爱的西服，郑重地打好领带，确认没有任何疏漏后，搭车赶往工厂去完成自己的第一个采访任务。一走进机器轰鸣的工厂，小李就感到不大对劲，等满身油污的采访对象站在他面前时，小李自己都觉得这一身穿着不合时宜，他只觉手脚没地方搁，话也说得结结巴巴的。采访对象受到他情绪的感染，话也就少多了，采访只得草草结束。

生活中不难发现这样的情境，它向我们揭示出这样一个道理，一个人的穿着打扮，要同周围的环境相适应，因场合而不同。从礼仪的角度讲，工作场合的着装一般强调庄重保守。大公司、大企业出来的人跟一般人不一样，天气不管热不热，上班时都会穿套装、套裙，制式皮鞋。男士制式皮鞋一般是黑色皮鞋；女士制式皮鞋，一般是高跟或者半高跟的船形皮鞋。这不是为了好看，而是因为那是规矩。

其次，如果你与对方是处在宴会、舞会、音乐会、社交聚会等社交场合，由于这些场合强调时尚个性，因此你穿时装、穿礼服是最为得体的。假如你在宴会上穿着制服就不大合适了，有点儿煞有介事。

最后一个场合是休闲场合。休闲场合指的是个人自由活动的场合，如逛大街、遛公园，外出旅游诸如此类。休闲场合着装要求舒适自然，只要不触犯法律，只要不违背伦理道德就好。

着装要注意扬长避短

当我们有求于人的时候，其最终的目的是办事有成。因此，你给对方的第一印象是至关重要的。为了给对方留下好感，在着装上一定要学会扬长避短。

例如，如果你是一个脖子比较短的人，就不要穿高领衫，否则显得没脖子了。可穿 u 领或者 V 领的服装，显得脖子较长。穿服装，要使对方从你的着装看出你的内涵；同时，使对方有想与你交往的意识。比如，对于腰部比较粗的女士来说，就不要穿露肌肤的服装，否则会露出一些赘肉。对于腿长得比较粗短的人，不到万不得已不要穿紧身装、超短裙。

总之，着装礼仪是人际交往中相互尊重的一种至关重要的形式。无论是自己办事，还是求人办事，着装礼仪都起着不可忽视的作用。所以，我们在办事的过程中，自己的着装必须严格遵守规范，给对方留下良好的印象。千万不可随意而为，自作主张，以免穿着不合适，闹出笑话。千万不要因一个小小的疏忽，导致把事办砸。

培养亲和力

作为一个人，无论你的性格多么内向，多么喜欢独处，你都不可能将自己完全封闭起来，与周围的一切断绝任何来往。你总是在不知不觉地与人们打着交道，而人们的思想、习俗也在潜移默化地影响着你。

在现实生活中，人们之间总要或多或少、或直接或间接地发生着联系。独立自主、自力更生虽然可以解决一部分衣、食、住、行等方面的问题，但更多时还是要依靠他人的帮助。荀子曾说过："（人）力不若牛，走不若马，而牛马为之用，何也？人能群，彼不能群也。"荀子的这段话，道出了人类在同严酷自然条件的斗争中，团结就是力量的真理。为了求得生存，人类凭借亲和力，使自己坚强而有力地屹立在大自然的面前。人的这种求生动机，是亲和力的表现之一。

社会中的绝大多数人，往往愿意或喜欢与他人交往，以朋友多而自豪。这种愿意或喜欢与他人交往的本能，就是亲和力。它是人类普遍具有的渴望与他人亲近、和谐相处的心理状态，是人类最基本的需求，也是最主要的需求。儿童依恋父母，老人眷念儿女，兄弟姐妹互帮互助，人们就是在这种相亲相偎的关系中，培养才智，增长力量，战胜困难，取得成绩，最终走完一代一代的人生旅程的。这种亲和力，既是促使情感归依的起因，又是激发人际交往的动力，它对平衡人类心理，克服势单力薄之不足，起着很好的调节作用。

人类在向外界索取自身需要时，将会招致自然或社会各方面的阻力，单凭个人的力量是难以抵御外界的干扰或侵害的，此时必须借助他人的助力，方能求得安全。这种安全意识，在现代社会中显得尤为重要。当人们没有多少财富时，希望能够获得好的职业或收益，以便生活得更好；当人们有了大笔钱财时，又希望社会各项措施到位，为自己提供财产保护。人们无时无刻不在关注着自身的安全。这种对安全的需要，使人们自愿融入群体之中，希望通过集体的力量来战胜对不安全的恐惧。人的这种安全动机,是亲和力的表现之二。

人类有七情六欲,情感有喜怒哀乐,丰富的感情世界使人类产生归属动机。当人们有了喜悦与悲伤,往往急于找人倾吐,以求得到理解与宽慰,让情感有所寄托。归属的需要,使人们自愿地亲和,融入集体之中。人的这种归属动机,是亲和力的表现之三。

具有亲和力的人在与人谈话时总是用友善的口吻,脸上也总是保持着微笑,这样能有效消除人与人之间的隔膜,拉近彼此间的距离。这样的人更容易说服他人,达到自己的目的。

第六章 攻心为上,巧用心思求人

孙子兵法说:"攻城为下,攻心为上。"这条准则在求人办事上也同样适用。打动对方,是办事成功的关键,因此,我们要在尊重对方的前提下,运用各种"攻心"战术,抓住对方的弱点,对被求者进行"心理攻势",在心理上战胜对方,从而达到求人办事的目的。

用感情拨动人的心弦

用人不如用情,托人不如托情,求人不如求情。以真情打动对方,那对方即使是铁石心肠,也会网开一面,答应所求。

人的天性都是善良的,人心也都是肉长的,所以人总是会心软。再坚固的堡垒也有被攻破的时候,关键看你怎样去攻;再冷面的人也有感动的时候,关键看你怎样去感动。

想用真情打动人,就要根据各人不同的性格及当时的形势、事态的急缓来决定对策。当面对的是感性的人时,就应该多谈论一些富于人情味的话,多叙说一点人之常情。

在很多时候,用感情来打动人,比一味滔滔不绝地讲大道理更有效。

一家面临倒闭的工厂,为摆脱困境,要求工人每天都必须销售一定数量的积压产品,但是,当主管在全车间进行动员时,几位老工人对此都十分抵触。

在再三请求无效后,主管把几位老工人送到门口,无可奈何地叹了口气说:"今天我只讲最后一句话,你们知道,我现在十分为难——无论是对上还是对下。咱们好歹是在一条船上十几年了,拜托了,请大伙儿拉兄弟一把吧!"

这番话说得言真情切,工人们全被感动了,最后都答应了主管的要求。

图文珍藏版

请求别人的时候,语气一般是谦恭、客气的,但有时候,为使自己的请求能引起对方的注意和重视,常使用一种富于感情色彩或比较特殊的语调去请求。

此外,在请求别人的时候,以彼人彼事去类比此人此事,有时候能收到心声共鸣的效果,使双方的心理相容,也就更有可能使对方接受自己的请求。

以情感人的效力是有目共睹的,运用这种求人方法能否成功的关键,就在于能否激起被求者的情感共鸣。

一般情况下,求助者都善于从相似处寻求情感共鸣。人们都乐于与自己有相似点的人交往,相似因素既能有效地减少双方的恐惧和不安,解除戒备,对人对事有相似的理解,产生相同相近的情绪体验,进而在感情上产生共鸣。

经历相似可产生情感共鸣。唐代诗人白居易身为江州司马,与地位低下的琵琶女邂逅相逢,却能很快地倾心交谈,并为之泪湿青衫,就是因为"同是天涯沦落人"。经历、遭遇上的相似,使他们暂时排除了地位上的差别,有了共同语言。

相同的兴趣爱好也容易产生情感共鸣。共同的兴趣爱好,最能促进双方接近,成为进一步交流的桥梁,从而在感情上进行很好的沟通。

通过表白内心的方式,也可引起情感共鸣。有时候,人们无法与戒备心强的人沟通感情,其中原因之一,在于对方抱着"我俩根本处于不同的世界"的想法。

可以设想,两个生活经历、生活环境、思想背景或者生活习惯等完全不同的人,初次见面,当然会有格格不入之感。为了突破此种障碍,必须让对方相信,彼此隶属于同一世界,确实存在着某种共同的嗜好和需要。

如要想规劝吸毒或酗酒者除掉这一恶习,最具说服力的往往是曾经遭受过吸毒之害,或尝过酒精中毒之苦的"过来人"。共同的经历,足以消释彼此的警戒心理,使其愿意敞开胸怀,虚心接受善意的劝导。

眼泪是有效的武器

运用哭的手段最容易达到求人目的。搜寻古今历史,善哭的男人女人倒也不少,哭得妙的哭倒了天下,次一点的也哭出个官运亨通。

政治家们是最善于利用眼泪作为武器的,他们有的装出一副诚恳的样子,让人们同情他,有的对某种灾难表示悲痛,表现他的心情和人们一样悲伤。

宋太宗年间,曹翰因罪被罚判汝州。曹翰苦思返京之策。一天,宫里派了个使者到汝州办事,曹翰哪里肯放过这个机会,他想办法见到了使者,流着泪对他说:"我的罪恶深重,就是死也赎不清,真不知怎样才能报答皇上的不杀之恩,现在只有在这里认真悔过,来日有机会一定誓死报效朝廷。只是我在这里伏罪,家里人口太多,缺少食物生活不下去了,我这里有几件衣服,请你帮我抵押一万文钱,交给我家里换点粮食,好使家中老小暂且糊口。"

说到伤心之处越发泪流不止。

使者回宫后如实向宋太宗汇报这件事。太宗拿过包袱打开一看，里面原来是一幅画，画题为《下江南田》，画的是当年曹翰奉宋太祖旨意，任先锋攻打南唐的情景。

太宗看到此图想起曹翰当年功勋，心里很难过，怜悯之情油然而生，决定把曹翰召回京城。曹翰打动人心的手法奏效了。

西方许多参加竞选、徘徊在落选边缘的候选人，最后使出的撒手锏，除采取"银弹"攻势外，通常采取哀求战术，动员太太、小孩向选民们苦苦哀求，据说这可以一下子把选票拉到较高的数字上。

哭的方法千奇百怪，哭的效果奇妙无穷，巧于用哭，可以达到事半功倍的效果。

三国时期，蜀主刘备就是精于此道的高手。可以毫不夸张地说，刘备之所以能当上皇帝，与他善哭、爱哭有莫大关系。俗话说："刘备的江山是哭出来的。"由此可见，"哭"的确是门高深莫测的学问，是一些人手中的"秘密武器"。

李宗吾说刘备的特长"全在脸皮厚，倚曹操，倚吕布，倚刘表，倚孙权，倚袁绍，东窜西走，寄人篱下，恬不知耻，而且生平善哭。遇到不能解决的事情，对人痛哭一场，立即转败为胜"。

请将不如激将

在办事求人的过程中，有时候晓之以理、动之以情并不能解决问题，俗话说："请将不如激将。"使用激将法反倒有可能生出奇效，进而达到自己的目的。

三国时期的诸葛亮就很了解请将不如激将的道理。他在江东先后使用激将法，从而使得孙权和周瑜答应联吴抗曹，进而在赤壁一战，击败曹操，奠定了孙、刘、曹三分天下的局势。

公元208年，刘备被曹操打得落花流水，连连失利，最后逃奔夏口。势单力孤、连战连败的刘备，要想独自与曹操大军对抗完全是以卵击石，自取灭亡。依照当时的形势来看，除了与盘踞江东的孙权联手之外根本没有别的出路。

但是曹操挟天子以令诸侯，且刚刚击破荆州，兵强马壮，气势正盛，如何才能让作壁上观的孙权答应跟刘备合作，共同对抗曹操，这无疑是一个很大的问题。

就在这时候，诸葛亮挺身而出，只身赶赴东吴，说动了孙权和周瑜，让孙刘两家结盟，击败了曹操。那么诸葛亮是如何做到的呢？

诸葛亮到了江东之后，看见孙权碧眼紫髯，仪表堂堂，认为温言说服可能达不到目的，决定用言语相激。于是诸葛亮就说出了这样一番话："如今天下大乱，将军在江东举兵，刘备收复江南，准备和曹操争夺天下。然而曹操兵强马壮，打败了很多人，最近又得到了荆州，威震天下，如果只有英雄气概，是奈何不了他的，这也是刘备逃奔到这里的原因。您应该早做打算,仔细斟酌,如果凭借自己的势力能够与曹操抗衡,就早点儿与他断交;如果无力对抗,那就听从众谋士的话,解除武装,俯首投降。如果将军假装服从,内心却犹豫不决,在紧急关头不能迅速做出决断,那么灾祸马上就要来临了。"

孙权没有回答诸葛亮的话,反问道:"就算你说的是真的,那刘备为什么不投降曹操呢?"

诸葛亮说:"以前齐国有个叫作田横的壮士,他因为道义,宁死都不肯投降汉高祖。何况刘备本为汉室的后裔,是盖世英才,即使目前景况不佳,仍然有很多人仰慕他而纷纷前来投奔。事情的成功与否,是老天决定的,刘备是一代英杰,怎么能向曹操投降,甘愿位居别人的下面呢?"

孙权听完这话勃然大怒,说道:"我拥有东吴十万大军,继承父亲和哥哥的心血,岂能将这些基业轻易拱手让给别人?"

诸葛亮的一番话让孙权坚定了抗曹的决心,但是光有这还不够。诸葛亮接着又为孙权仔细分析双方的局势之后,罗列了曹操多个不利的地方,然后去说服东吴的最高军事统帅周瑜。

诸葛亮见了周瑜之后,寒暄了一番,就说道:"我有一个办法,不但不用向曹操供奉粮草土地,连曹操的面都不用见。只要派遣一个使者,坐上一艘小船,带着两个人去见曹操,曹操自然退兵。"

周瑜也为曹操大军南下而发愁,闻听诸葛亮这番话自然好奇,就问诸葛亮哪两个人有如此本事,能退得曹操百万大军。

诸葛亮故意卖关子,说:"江东失去了这两个人,就好像大树掉了一片叶子,米仓里少了一粒米,根本不足挂齿,而曹操获得了这两个人,则肯定大喜过望,引军北还。"看见周瑜不耐烦,诸葛亮又接着说,"我在隆中的时候,听说曹操修建了一座铜雀台,非常华丽壮观。又听说江东的乔公有两个女儿,大女儿叫大乔,小女儿叫小乔,长得国色天香,非常漂亮。曹操本是一个好色之徒,曾经说他的志愿其一是横扫天下,成就帝业;其二是得到江东乔氏姐妹,放在铜雀台里,用以晚年享乐。如今曹操带着百万大军,看上去是为了横扫江东,而真实目的是为了得到这两个美女。所以将军应该去找乔公,用重金买这两个美女,再派人送给曹操,曹操必然称心满意,这样一来自然能让曹操退兵。"

周瑜听了诸葛亮的话半信半疑,问诸葛亮说:"你这么说有什么证据吗?"

诸葛亮说:"曹操的小儿子曹植,非常有文采。曹操建成铜雀台之后,曾经让曹植做了一篇赋叫《铜雀台赋》,因为这篇文章写得非常好,我常常阅读,还能记得,可背诵与你听。"

说完诸葛亮就背了一遍《铜雀台赋》,说道:"其中有两句,'揽二乔于东南兮,乐朝夕之与共'。不就是这个意思吗?"周瑜听了以后勃然大怒,离开座位指着北方大骂曹操。诸葛亮急忙起身制止，说："汉朝的时候，匈奴屡屡侵犯边疆，汉朝皇帝为了和亲把公主都给了人家，现在只不过是民间两个女子，都督大可不必如此惋惜？"

周瑜听了说道："大乔是孙伯符（孙策）的妻子，小乔是我的老婆。"

诸葛亮听了假装道歉，周瑜说道："我得到孙伯符的重托，怎么可能去投降曹操呢？刚才只不过是为了试一下您的诚意。希望您能够助我一臂之力，共同打败曹军。"

说服了孙权和周瑜之后，孙刘联盟自然形成，并在赤壁之战中击溃了曹操。

在孙刘联盟的过程中，固然有孙权和周瑜不甘屈服曹操的因素在里面，可是如果不是诸葛亮巧妙地使用了激将法，促使东吴早下决心，恐怕两家的联盟还遥遥无期的时候，形势危急的刘备早就被曹操拿下了。

在办事的时候，如果办事人觉得软语哀求不成，不妨试试激将法，也许成功的可能性会更大。

寻找利益的共通点

求人办事，如果让对方觉得他与你有相同的利益，对方办事就会更主动，就会收到更好的效果。

让对方知道你与他有着共同的利益，对方才会竭尽全力去帮你。在这个世界上，没有人为了维护自己的利益而不去努力的。

战国时代后期，经过商鞅变法后的秦国逐渐强大起来，成为"七雄"中实力最强的国家，齐、楚、燕、韩、赵、魏六国均无力单独抗击强秦的侵略。为了与强大的秦国对抗，保障弱小国家的利益，六国联合，势在必行。

公元前314年，苏秦先到燕国，向燕文王指出，许多国家与燕国有着共同的敌人、共同的利益，在强大的秦国面前，各小国好比风中的蜡烛，只有大家联合起来，才能保护各国的利益不受侵犯。他劝说燕文王应与近在百里外的赵国联合，以防千里之外的强秦。

燕文王接受了苏秦的建议之后，苏秦又来到赵国，向赵肃侯指出了大家的共同

商鞅变法

利益。他说："秦国未进攻赵国,是因为顾虑韩、魏两国袭其后方。如果秦国先打败韩、魏,再举兵攻赵,那么赵国的灾难就到来了。"苏秦还向赵王指出:六国之地五倍于秦,六国之兵十倍于秦,如果为了共同的利益,能够合六为一,同心同德,必定能打败秦国。因此,他希望赵王邀请韩、齐、楚、燕等国国君进行谈判,共商六国联合抗秦大业。这样,秦国就不敢进攻六国中的任何一国了。

在整个游说过程中,苏秦抓住了各国都要维护自己的利益,秦国是他们的共同敌人这一主线,讲明六国有着共同的利益关系,合则可以抗秦,分则有被秦国各个击破的危险。因此,同舟共济,联合抗秦,才是保护自己的国家利益不被损害的唯一选择。

利益的相通性、同一性和互补性是建立在团结一致、同心协力的基础上的。只有这样,才能求得一荣俱荣,避免一损俱损的结果

那么,怎样才能让对方认同他与你利益相通呢?

经常强调可以获得的共同利益。共同利益是形成彼此信赖和靠近关系的基础。有了共同目标和利益,求人办事会更加方便。

可以常说"我们"一词来加强同伴意识。"我们"意味着"你也是其中的一员",这样可以加强对方的参与意识,以达成某种共识和共鸣。在你和别人讲话时,说"我们是不是应该这样做?"比说"我认为应该这样做?"更能拉近双方的心理距离,也更容易使事情获得圆满的成功。

吊足胃口好求人

人们对待事物,总是持有越朦胧越想弄清楚的心理。如果越把谜面说得扑朔迷离,人们就越想寻求真正的谜底。在求人办事情的时候,如果能恰当地吊起他人的胃口,事情可能更容易办一些。

人们对于未知的事情总是很感兴趣,所以在求人办事的过程中,如果能充分利用人心的这一特点,那么一些困难的事情可能会变得简单一些。只要我们打开电视、摊开报纸,映入眼帘的都是铺天盖地的广告,可见商家们都很看重广告这张王牌,但是要把广告做得好、做得精,却不是很容易的事情,最好的方法是把良机放在人们欲望的最高点,这样,产品广告就可能会发挥得更具有影响力。

"领带大王"曾宪梓一直非常重视产品的广告宣传,而且十分注重广告艺术。他认为好的广告让人事半功倍,反之则事倍功半。大名鼎鼎的"金利来"领带最初是在一个简陋的小作坊里生产的,但它最终顺利地登上了大雅之堂,跻身于名牌之列,靠的不仅是过硬的质量,而且还有别出心裁的广告宣传。

20世纪80年代初,随着祖国大陆市场经济的繁荣发展,西装便成了大中城市的着装热点。许多香港的厂家有计划地着手于打入大陆的服装市场,曾宪梓也开

始为"金利来"领带进入大陆市场设计一招妙棋。从 1981 年起,曾宪梓耗资百万,开始在祖国大陆电视网大张旗鼓地做广告宣传,"金利来"领带很快地覆盖了大陆广告市场。人们只要打开电视机,准能听到那句意味深长的广告词:"金利来领带,男人的世界。"连几岁的孩童都能念诵这句广告词,然而,想乘机赚一笔的商人遍寻全国市场却没有"金利来"的影子。原来,这是曾宪梓有意造成的市场空缺,让销售和宣传有一段时空空当。根据价值规律,供不应求必然会引起产品价格上涨,这种情景持续了整整两年,广告宣传耗资百万,产品却难觅踪迹。曾宪梓稳坐香港,按兵不动。香港商界为之震惊,深深佩服曾氏的深谋远虑。

1983 年,"金利来"不慌不忙地进入了内地市场,人们蓄积已久的购买欲望很快地迸发出来了,使"金利来"空前热销,获得了巨额利润。曾宪梓仍然采取同样的做法,对东南亚各国只按计划播出宣传广告。两年后,"金利来"又一次主宰了东南亚领带市场。

曾宪梓的"时空间断式"推销法,在香港商界尚属首创。实践证明,这确实是一招妙棋。一般情况下,在进行大规模全方位广告宣传的同时,产品销售热潮便已经开始,这被认为是机不可失的"黄金时刻"。曾宪梓却将它放弃了,他有意地造成宣传与销售的时空间断,而且耐心地等待了两年之久,令消费者由好奇到寻觅,由寻觅到渴望,形成消费势能的递增蓄积,犹如大坝之于江水,人为地制造水位落差,最后形成万马奔腾之势。

曾宪梓的高明之处在于他利用了人们的好奇心理,把"悬念"运用到广告上,正是这种前所未有的逆向思维,使他取得了巨大的成功。在求人办事情时,有时巧妙地设置一些"悬念",激发起人的好奇心,这样有助于事情更顺利地进展。

懂得因势利导

要想办事成功,没有一定的办事套路是行不通的,而因势利导求人就是其中的一种。在办事过程中,要想与别人建立良好的互动关系,让别人对你的事情感兴趣,必须先诱导他们尝试一下,这往往是一种与人合作、求人办事的有效策略。

唐太宗李世民曾以能诚恳地诱导他人说出自己的看法著称。

宰相魏征在当时是朝野上下都敬佩的大臣。满朝文武既敬佩他的博学多才,又敬佩他的直言敢谏,他因此名噪朝野。然而唐太宗却不相信,总想找机会试探魏征。有一次,魏征进谏,太宗问道:"魏爱卿,你是忠臣还是良臣?"

魏征就深深地低着头说:"老臣一向为国鞠躬尽瘁,以后当然也会坚守岗位,不负陛下所托。但请陛下不要把老臣视为忠臣,就当作是良臣吧!"

于是,唐太宗便问道:"忠臣与良臣有何不同呢?"

"自然有所不同。所谓良臣,非但其本身可受世人称赞,而且也可以为君主带来明君的隆誉，双方的美名都一样可以世世代代传下去。但忠臣非但自己会遭受诛杀的横祸，而且君主也会背上暴虐无道的罪名，国家也会灭亡，最后也许只留下'忠臣'的名声流传后代。由此可见，良臣与忠臣有如天地之别呢！"

唐太宗听后若有所悟，深感佩服，从此不再对魏征有不良看法了。

从这个故事中可以看出，诱导的确是一种非常管用的方法。它既可以让对方说出自己的真实意图或想法，而且表现形式也婉转许多，既顾及了沟通的礼仪，也取得了办事成功的目的。

所谓"利导"就是暂不透露自己的真实目的，以虚掩实，让对方无从察觉。表面上好像自己没有某种企图，或者让对方感到某种企图并非始于自己，而是另外一个人。这样，对方可能就不再有所戒备和有所顾虑，要求对方办的事儿在这种无戒备和顾虑的状态中显然要好办得多。

第八篇 用时奇点子

在人的一生中,人最宝贵的财产就是我们每天所打发的时间,生命的品质就在于我们如何充分利用时间。因为任何事情的发生都会与时间有关,你的时间用在什么地方,得到的就是什么东西。有的人把时间用在工作上。有的人把时间用在娱乐上,有的人把时间用在爱情上,有的人把时间用在学习上。不同的人打发时间的方式是不一样的。所以一个人要想获得成功,得到自己想要的东西,首先就要问自己我今天所做的是否是我所需要的,如果不是,那么你很难得到你想要的。因为你的时间没有花在你想做的事情上,你怎么能实现自己的目标呢。

人之所以成功,之所以比其他动物高明,是因为人有一个聪明的大脑,他懂得充分利用时间,让时间来改变自己的生活和命运。

第一章 珍惜时间,踏实做事

陆机在《短歌行》曰:"人寿几何? 逝如朝霞。时无重至,华不在阳。"每一个人的生命是有限的,属于一个人的时间也是有限的。如若一个人的生命到了人生的末路,那么他生活的时间也就结束了。因此,无论你干什么事情都要珍惜时间,切不可慨叹人生的苦短,让时间白白地从你身边流逝。珍惜时间,也是我们每个人走向成功的最基本的素质,大凡有所成就的人都是珍惜时间的人。

珍惜今天,把握现在

人生就像爬山登高,爬在中途的时候,不必往下看,也不要过多地往上看。因为你不大可能看到顶峰,不大可能看得很远、很清楚,何必要为看不清楚的未来费神费力,分散注意力呢?

我们的眼、手、整个的心灵和身体都生活在现在,也只能生活在现在,为什么要去一遍又一遍地回顾往事、忧虑未来呢? 实际上,过去的事情不论多么值得留恋或是多么需要悔恨,那只是毫无意义的心理反应。"过去"已经过去了,已经不存在了,而未来尚未到来,也是不存在的。因此,我们要珍惜今天,把握现在,让每一天的每一分钟都过得充实,那么我们的人生一定会无比的精彩。

从前,一个富人和一个穷人谈论什么是快乐。

穷人说:"快乐就是现在。"

富人望着穷人的茅舍、破旧的衣着,轻蔑地说:"这怎么能叫快乐呢?我的快乐可是百间豪宅、千名奴仆啊。"

有一天,一场大火把富人的百间豪宅烧得片瓦不留,奴仆们各奔东西。一夜之间,富人沦为乞丐。

七月流火,汗流浃背的乞丐路过穷人的茅舍,想讨口水喝。穷人端来一大碗清凉的水,问他:"你现在认为什么是快乐?"

乞丐眼巴巴地说:"快乐就是你手中的这碗水。"

大卫·葛雷森:"我相信,现在未能把握的生命是没有把握的,现在未能享受的生命是无法享受的,而现在未能明智地度过的生命是难以过得明智的,因为过去的已去,而无人得知未来。"

智慧的人多能顿悟人生,看淡尘世的物欲,抵御各种诱惑,舍弃烦恼和痛苦,惜时如金,提高生活的质量,丰富人生的内涵,踏踏实实地做些有利于社会的事情,从而流芳百世。愚蠢的人一般是混沌人生,一生只会贪求名利,在烦恼和痛苦中过早地耗尽生命的"灯油"。昨天已是过去,明天还未到来,最重要的还是今天。昨天只是一种记忆,随着时间的流逝,这种记忆会逐渐被淡忘。明天只是一种虚幻,只会增加莫名的痛苦。

如果你在为往事而悔恨、为未来的事情而担忧,那你就是生活在乌托邦之中。这是人的一生中最有害的两种情绪,它不会帮你改变过去与未来,却会使你陷入惰性与悲观的泥潭,失去现在。

有一位国王,常为过去的错误而悔恨,为将来的前途而担忧,整日郁郁寡欢,于是他派大臣四处寻找一个快乐的人,并把这个快乐的人带回王宫。这位大臣四处寻找了好几年,终于有一天,当他走进一个贫穷的村落时,听到一个快乐的人在放声歌唱。寻着歌声,他找到了正在田间犁地的农夫。

大臣问农夫:"你快乐吗?"农夫回答:"我没有一天不快乐。"

大臣喜出望外地把自己的使命和意图告诉了农夫。农夫不禁大笑起来,他又说道:"我曾因为没有鞋子而沮丧,直到有一天我在街上遇到了一个没脚的人。"

快乐是什么? 快乐就是珍惜你现在拥有的一切。快乐就是如此简单。

有人为低工资而懊恼、忧郁,猛然发现邻居大嫂已经下岗失业,于是马上又暗暗庆幸自己还有一份工作可以做,虽然工资低一些,但起码没有下岗失业,心情转眼就好了起来。每个人总是看重自己的痛苦而对别人的痛苦往往忽略不计,当自己痛苦不堪的时候,要是能够换一个角度来思考,痛苦的程度就会大大减弱。教你一个快乐的办法：当自己兴高采烈的时候，应多向上比，越比越会进步；当自己苦恼郁闷的时候，应多向下比，越比越会开心。

人生最可怜的事，不是生与死的诀别，而是当面对自己所拥有的一切，却不知道它是多么的珍贵。

从前有一个流浪汉，不知进取，每天只知道手上拿着一个碗向人乞讨度日，终于有一天，人们发现他潦倒而死。

他死后，只剩下了他天天向人要饭的碗。有人看到了这只碗，觉得有些特别，带回家里仔细研究才发现，原来流浪汉用来向人乞讨的碗，竟是价值连城的古董。

我们应该多注意自己手中所捧的那只碗，不要总是眼高手低，一味地羡慕别人，而忘了自身的价值。

传统观念和社会环境总是要求人们为将来牺牲现在。按照这种逻辑，采取这种态度生活，那就意味着没有现在，只有未来。不仅要避免目前的享受，而且要永远回避幸福。因为我们所指望的将来的那一天一旦到来，也就成为那时的现在；而在那时的现在又要为那时的将来做准备。如此明日复明日。今天为将来，幸福岂不是永远可望而不可即吗？

当然，寄希望于未来，如果作为学习和工作上的奋斗目标，期望生活改善，事业有成，这并不错。人应该生活在希望中，以此来促使自己从消沉的情绪中解脱出来，但其实质仍是为了抓住现在的时光去做脚踏实地的努力，而不是回避现实去空想未来多么美好。当那一天真的到来时，往往是平淡无奇的，不如想象的那么美好。激动一时之后，又会面临新的矛盾和难题。这种把未来理想化的想法是脱离实际的幻想，所以我们应该生活在现实和希望中，而不能生活在对未来的幻想中。

生命只有一次，每个人在世界上逗留的时间是如此短暂，振作起来、行动起来吧！抓住今天，关闭昨天的大门，珍惜、利用好今天的时光。学会在现实中快乐地生活，该做什么就做什么，一个人就能把可能被毁弃的一天变成有所收益的一天，"现在"永远是行动的时候！昨天是作废的支票，明天是一张期票，只有今天才是拥有的现金！我们只有这样做，才算是选择了一种自由的、充实的、愉快的生活。我们每个人都可以做出这样的选择。

要珍惜今天，就不能得过且过，做一天和尚撞一天钟；也不能随波逐流，滑到哪里算哪里；更不能忘记职责，把人生当作儿戏。要把握现在，就是要让每天都过得有意义；就是要把每件值得去做的事做到最好；就是要朝着自己的目标一级级地向上攀登。

世间最可宝贵的就是"今"，最易丧失的也是"今"。珍惜今天，把握现在，我们生命中的每一天都会焕然一新！今天会因为奋斗而充实，将来会因为坚持而精彩。

决不让时间在手里荒废

俗话说得好：时间是生命，时间是金钱。珍惜时间就好像在珍惜我们的生命、珍惜钱财！一秒钟虽然得到的东西很少，但积攒起来，你就能得到很多很多了。

然而，职场中，有不少的人不懂得时间的珍贵，常常荒废掉大把的时间而不自知。比如，上班迟到、办事拖延磨蹭、上班时间办私事闲聊等等。殊不知荒废时间等于荒废生命。时间是最公平合理的裁判，从不多给谁一点点，它的无法琢磨留给勤奋的人智慧和力量，而留给懒惰的人的只有空虚和懊悔。

因此，要想成为一名优秀的人，要想让自己的人生过得充实，就要好好对待好好把握时间的每一分每一秒，做时间的主人，而不是白白地让时间在自己的手中荒废掉。

（1）用有限的时间做无限的工作

优秀的工作者都是爱惜时间的人，他们似乎都可以用有限的时间，做无限的工作。

在你工作忙的时候，总会有许多不必要的电话来找你，扰乱你的思绪，最好的办法是请秘书替你挡驾和过滤，若你还没有资格请个秘书，买一部电话录音机吧，若还有困难，请公司的接待员暂时帮忙，替你把信息记下来，或请比较空闲的同事接听所有电话。

当你的工作告一段落后，抽一点时间去复电，当中可能会有重要事件，你不妨先将重要的事件回复。

在办公室里打私人电话是不应该的，但要将私人事务完全摒弃于公事以外，十分不容易；我们也难以将公事从私事里划分出来，比较好的做法是将私人电话好好安排一下。

给自己一个限制，就是谈私人电话不要超过一刻钟，这样一来不会阻挠自己的工作进度，也不会影响别人。试想，你的老板来找你，可你正抓着电话，在与友人大谈昨晚狂欢之事，老板会有什么感受呢？

老板一定认为你在"盗用"公司的宝贵时间，间接地让他多付出了工钱！因此，下一次你见到老板前来，而你仍抓着电话的时候，请立即表现得严肃一点，还可以扮作在写着笔记，这样，起码会使气氛好些。

更好的做法是将私人电话全安排在固定时间里去打，如刚上班、午饭后、下班前等，或者在完成一个任务后。不妨告诉你的亲戚朋友，在什么时候打电话才最适合。

（2）不要让时间白白流失

不爱惜时间，不会善用时间，而让时间荒废的人，他的心智成长一般会受阻或停顿，他的心理活动也将变得不健康。他的特质是无聊，积极振作的态度愈来愈差，最后他会步入歧途……

实际上，荒废时间的人根本没有能力解决现实问题，经常忧郁、惧怕和焦虑，或者迫使自己走向犯罪，为达目的不择手段。他不能够理清事实，更缺少处理问题的能力。为人处事不明了；缺少必备的实用知识；处理实际生活问题的相关经验和能力不足；欠缺好的生活习惯、思考习惯、工作习惯和情绪习惯。犯了这些毛病，生活不免发生困难，人际冲突随之增加，日积月累，就会产生严重的挫折感。

有些人认为空虚、无聊和心理不健康是因为缺乏实际的生活目标，实际上，它的根本原因是个人时间的荒芜所导致的心灵虚弱和空洞化。他不是不愿意有目标，而是空洞的心灵构建不起来真实的目标。因为他没有足够有意义的生活经验来发展良好的自我功能，去发现目标和生活的意义。有些人到了30岁出头，就开始沉溺在平淡舒适的刻板生活之中，他们看电视、看电影、打牌，没有充分运用时间学习，这样荒芜时间以后，就变得精神颓废。

唐朝百丈禅师说："一日不作，一日不食。"生命的真谛就是勤奋工作，让自己振作起来。

奋进和努力是生命存在的真理。勤学者，时间给予他的是知识和智慧，时间使他的生活更有光彩，青春更加美丽。怠惰者，时间终究将他抛弃，到头来两手空空，一无所有。

快速处理文件的方法

如果你认为没有那么多时间用于清理办公桌，那你就大错特错了。你只需花费两三个小时（据我们估计，很少有超过这一时间的），而投入这些时间绝对值得。事后，你的头脑会变得更加清醒，感觉会好得多，"损失的时间"一定会夺回来。

如果你看到自己的办公桌上已经蕴藏着危机，那里的混乱已经使你不堪忍受，就应该马上尝试一下这里向你推荐的方法。作为一种救急的措施，它非常有效。

"四分法"被看作多位美国总统的工作秘密，并作为一项"铁腕方法"流行起来。这是一种针对紧急情况的简单方法：

在一张空桌子（不是你正在用的桌子，而是另外找一张）或者是地板上，按顺时针方向划分出四块地方。然后，果断地清理干净你的办公桌，一张纸都不让它留下！你的态度要坚定，注意力不能分散，并且要相信，在经过了"万事开头难"的阶段之后，你一定会得到创造的快乐和充沛的精力。

现在详细介绍"四分法"的用途：

1.丢弃

在第一个1/4的地方存放你准备丢弃的东西,最好能够准备一个大箱子。这里挑选出来的资料应该是多余的,用不着你今后再处理的。

(1)旧的旅游资料；

(2)一个星期前的旧报纸；

(3)一年之前的旧目录；

(4)已经没有用的文章或旧杂志；

(5)没有价值的信笺；

(6)过期的或者是三年前的旧地图,以及你在两年内不会去的国家或地区的地图：

(7)中学或大学时代的资料；

(8)旧的圣诞卡；

(9)孩提时代的图画中的一半(特别好的除外,它们的价值还会提升)；

(10)去年的挂历；

(11)你从来都没有使用过的烹调用书。

(12)你已经扔掉的电器的使用说明书；

(13)过期的或已经没用的保修证书。

你一定很惊讶有这么多没用的东西。

2.可交给别人处理的资料

第二个1/4的地方,容纳你可以转给别人去处理的文件。如果你是美国总统,并有白宫的工作人员可以使用,当然,这时会备感方便。也许在你的办公桌上有许多你不愿麻烦别人,而想自己能够很快处理的"小事"。在清理工作中你必须改变自己的这个习惯,实行严格的工作分工。你应该利用一切可以利用的人——同事、家人、做小时工的大学生,也可以找个专门提供办公室服务的公司帮忙。

3.重要资料

在第三个1/4的地方,存放最近必须由你亲自处理的文件。只有你自己最清楚,下一步与这些文件有关的问题该怎样处理。这堆文件需要你特别关注。

4.奇效

第四个1/4的地方有些特殊,这里只存放那些你在清理过程中,马上就可以通过下述方式处理的文件：

(1)打电话。你可以马上通过电话解决问题,尽管这些事情本来是通过文字方式解决的。如果电话打不通,则把相应的文件放入需要待处理的重要文件之中(第三个1/4的地方)。

(2)发传真。在原来的文件上加以批示后再传回给发件人(如果对方没有传真就发信）。

（3）存档。立刻将文件放到它应该放进的文件夹中，或者活动文件柜的相应格子中。

5．"四分法"的使用规则

如果能够严格遵守下述简单的规则，"四分法"会百试不爽：

（1）不搞一个过渡的文件堆；

（2）每份文件只处理一次；

（3）不搞第五、六个或更多的地方堆文件。

经过了这样的"首次帮助行动"之后，你就可以自由地采取新的行动了。你有了一个自由的办公场地，曾经占据在那里的大堆文件、资料被清理走了，现在，你有精力来管理其他物品了。

谨防"时间窃贼"

相信很多人都有过这样的经历：一整天似乎总是忙忙碌碌，感觉时间不够用，但到了晚上一清点，却往往发现有很多计划好的事情都没有完成，忙碌的一天似乎没有什么效果，那么时间到底花到哪里去了，是谁偷走了我们的时间？

时间管理学研究者们发现，人们的时间往往被下述"时间窃贼"偷走：

（1）懒散

自由散漫是人的通病。克服懒散的办法是：使用日程安排簿；在办公室等家居之外的地方工作；及早开始工作。

（2）寻找乱放的东西

有人曾经对200家大公司的职员做调查，公司职员每年都要把6周时间浪费在寻找乱放的东西上面。这意味着，他们每年要损失10%的时间。对付随处乱放东西最好的办法是：不用的东西扔掉，不扔掉的东西分门别类保管好。

（3）断断续续

研究发现，造成公司职员浪费时间最多的是干活时断断续续。因为重新工作时，需要花时间调整大脑活动后才能在停顿的地方接着干下去。

（4）拖拖拉拉

花许多时间思考要做的事，担心这个担心那个，找借口推迟行动，又为没有完成任务而悔恨。在这段时间里，其实他们本来能完成任务而且应转入下一个工作了。

（5）做事冲动，考虑不周

这与拖拉作风正好相反，他们在未获得对一个问题的充分信息之前就匆忙行动，以至于往往需要推倒重来。这种人必须培养自己的自制力。

（6）懊悔不已或空想未来

老是想着过去犯的错误和失去的机会，唏嘘不已或者白日做梦，这两种心境都是极浪费时间的。

（7）分不清轻重缓急

即使是避免了上述大多数问题的人，如果不懂得分清轻重缓急，也达不到应有的效率。

区分轻重缓急是时间管理中很关键的问题。许多人在处理日常事务时，完全不考虑完成某个任务之后他们会得到什么好处。这些人以为每个任务都是一样的，只要时间被工作填得满满的，他们就会很高兴。他们完全不知道怎样把工作任务按重要性排队，确定主次。

首先，明确那些非做不可又必须亲自做的事情。

其次，把时间和精力集中在能给自己最高回报的事情上。

最后，在能给自己带来最高回报的事情上，优先安排能给自己带来满足感和快乐的事情。

管理学大师彼得·杜拉克曾说过："时间是世界上最短缺的资源，除非严加管理，否则会一事无成。"随时警惕你的"时间窃贼"，切记珍惜时间就是珍惜生命。时间是生命的本钱，一个人浪费了时间就是断送了自己的生命。时间来得匆匆，去得也匆匆，要想使自己的生活更有意义，就应该珍惜属于自己短暂的时间。

效率含在分秒中

曾经有这样一个精彩的问题：假如现在给你一分钟，你能在一分钟内完成什么？

一分钟说短不短，说长不长，也许根本什么都完不成，因为我们谁都知道，就算想清楚这个问题恐怕也不止一分钟！

然而生活中就存在着靠短暂的一分钟时间来工作的人。在美国，一个保险业务员自创了"一分钟守则"，他只要求客户给予他一分钟的时间，介绍自己的工作服务项目，一分钟一到，他就自动停止自己的话题，并向客户表示感谢。他严格遵守"一分钟守则",充分珍惜时间,逼迫自己做到在一分钟之内让客户对他的业务感兴趣。就这样,他大获成功,业绩总是位居公司榜首。

信守一分钟的承诺,不仅保住了自己的尊严,同时还激发了别人的兴趣,让对方对这一分钟产生好奇,并珍惜这一分钟的真诚服务。

生活中如果我们也能有效地利用每一分钟,就一定能为自己赢得更多的机会。

张东是一个公司的职员,自工作以来,他一直保持着一个非常独特的习惯,每天提前10分钟上班,推后10分钟下班。每天都提前10分钟到达,可以对一天的工作做个规划,当别人还在考虑当天该做什么时,他已经走在了别人的前面。

张东曾深有感触地说:"推后10分钟下班,对今天的事情做个完整的总结,为明天的事情做个计划,如此一来,工作条理就会更加清晰。"

张东每天多工作两个10分钟,自然被老板看在了眼里,因为每天下班员工离开之后老板还要在公司处理事情,他看到张东还在公司,忙的时候就常常让张东帮忙。这样一来,张东自然与老板有了更多的沟通机会,得到老板的重用也就在常理之中了。

张东利用了被别人忽视的两个小小的10分钟,为自己赢得了机会,现在他已经成为这家公司的部门领导。

有效利用时间,不仅要利用好全部的正常工作时间,更要利用好琐碎的时间。成功的人都是善于利用琐碎时间的人,也许这些平时让你忽略的琐碎时间,积累起来却会让你大吃一惊。只要每天能够多利用10分钟,一个月就是6个小时,而一年就是72个小时!在这段时间内,你完全可以创造相当高的价值。

一位老板为了提高开会的效率,买了一只闹钟,开会时用来计时,规定每个人发言只有5分钟,这一措施使得开会效率大大提高,因为员工变得分外珍惜开会时间,把握发言时间。

每一个纵横职场的成功人士,都是善于寻找隐藏的琐碎时间,并加以合理利用的人,就算开车停在十字路口等红绿灯的那不到几十秒的时间,也有人把它利用起来。

赵莉是一家公司的业务经理,她善于利用一切琐碎的空余时间,即使在等红绿灯或者塞车时,也会拿出客户的资料看看,以加深印象。每天下班她都带上一叠信件,利用等红绿灯的时间在车里看信。她认为这段时间正是可以用来淘汰垃圾信件的好时候,所以她每次都在第二天到达办公室时就已经进行了一番筛选,这样一来,等她一进办公室,就可以把垃圾信件处理掉了。

赵莉每年很多时候都要出差,到各地奔波,她常常利用乘飞机或坐火车的时间给客户写短信。

赵莉经常告诉她的下属:"与客户保持良好的关系,对我们来说非常重要。我们不能白白浪费这些琐碎的时间,要时刻想着为客户做点什么。"

每一个优秀员工之所以能够优秀,就是因为他们能够有效地利用每一分钟,珍惜每一分钟。这就是时间的价值。这样的员工是高效率的员工,也是令老板所器重的员工,他们迟早会成为纵横职场的核心人物。

做高效能人士

时间是公平的,它并不会多给任何人一分一秒,时间的利用也是需要技巧的,有些人用同样的时间做了比别人更多的事。这些人显得更有掌握时间的窍门,这种窍门是我们可以获得的,它可能成为高效能人士最有价值的工作方法。

查尔斯,一个曾经把布斯霄汉姆钢铁公司经营成世界上最大的独立钢铁生产公司的英雄,向一名管理顾问提出了一个挑衅性的问题:"请告诉我怎样才能用同样的时间干更多的事情,如果你讲得有道理,你要多少钱都行。"

管理顾问递给他一本空白便笺说:"每天晚上写出明天你要干的事,然后按它们的重要性编码,早晨就开始干第一件事,直到完成。接着开始干第二件,第三件……如果你没能完成所有的项目,你不要忧虑。如果这种方法不灵,别的办法也白费。"不久,查尔斯给管理顾问寄了一张 25000 美元的支票。

后来查尔斯说那是他有生以来最有益的一堂课。

以下三个原则是有效利用时间,提高工作效率的良好方法:

(1)合理分配自己的时间

合理分配自己的时间,目的在于知道自己的时间是如何耗用的。要记录时间的耗用情况,用精力最好的时间干最重要的事。

把最重要的任务安排在一天里干事最有效率的时段去做,就能花较少的力气,做完较多的工作。一般说来,人的脑力巅峰是在上午 10 点至下午 3 点。有的人脑力巅峰是中午 12 点到下午 6 点。人的一天之中,头脑最灵活的时间,要自己去掌握。

在脑力处于低潮时,可以做些简单的事,如接不重要的电话,看看报纸,而在脑力处于巅峰时则全力以赴去做最重要的事。

(2)排除浪费的时间

在日常工作中导致时间浪费的原因很多,但只要能够遵循管理时间的原则,便能让时间产生巨大的效益。

效率专家特德·特纳在接受电台记者采访时,告诉对方说自己很忙,仅能给他 5 分钟时间。对方尽可能快地提出自己的看法,但是 5 分钟飞快地过去了。当电台记者想继续说下去时,特纳打断了他的话:"你的 5 分钟用完了。"

当然，我们很多人并不能做到像特纳那样直接给来访者一个提示，控制自己的日程，但我们可以用微妙的暗示，诸如向前挪动椅子、把纸张摞在一起或者用一个长的停顿提示时间已过去了。

美国出版商的代理人谢德女士十分注重效率，在她的皮包里放着一个设定10分钟的计时器，当铃响时，她就宣布需要赴另一个约会。如果她想继续谈话，就简单地关掉计时器。

（3）分析无效的时间

一位老太太为了寄一张明信片给她侄女，竟花了一整天的时间：花一个小时去买明信片，一个小时找眼镜，半小时查地址，一个半小时写明信片。10分钟则是用来想到下一条街去寄信时是不是要带把伞。只要花一个大忙人几分钟时间的事情，却让另一个人花了一整天时间，而且让她疲惫不堪。

大多数人都认为，给自己很多很多的时间完成一件事，可以改善工作的品质，但实际情况并非如此。帕金森的结论是："一份工作所需要的资源与工作本身并没有太大的关系，一件事情被膨胀出来的重要性和复杂性，与完成这件事所花的时间成正比。"时间太多反而使你懒散、缺乏原动力、效率低下。

因此我们在做一些事情的时候，要确定哪些事根本不必做，哪些事做了也是白费工夫。凡发现这类事情，应立即停止这项工作；或者明确应该由别人干的工作，或别人干比你更合适的，则交给别人去干。

高效能人士要时刻提醒自己：把时间留给特别有意义的事情，不可把大量宝贵的时间耗费在与工作关系不大的问题上。

勇敢地说"不"

在我们的生活中，我们的时间总是会受到其他朋友的干扰。当你正在做一件"既紧急又重要"的事情时，别人却要求你做其他事情，此时你该怎么办呢？有的人总是犹豫不决，支吾不清；有的人口头应承，心里生气；有的人自我安慰反正就一小会儿嘛，我待会努力一些，把损失的时间补回来……生活中，像这样不懂得说"不"，不敢表达自己真实意愿的人，实在是太多了。

其实，有时候，倘若对方要占用的时间很短，你不如直接答应别人，那样可能更省事，不用花费时间去解释。可有时，当对方要占用你大量的时间时，如果你牺牲自己的利益去满足别人，那就很不明智了。

你要知道你不可能满足所有人的所有要求，因为你根本没有足够的时间。所以当有人向你提出请求时，你必须根据重要的程度以及可能产生的后果，对这件事加以权衡。如果对方所要求的事情并不重要，而你有更重要的事情要忙，那么你完全可以拒绝对方。

别人要占用你的时间,而你又没有时间,最好的解决方案就是立即说"不"。一个简单的"不"字,如果使用得当,它可以帮你节约很多时间。千万不要让别人消磨掉你的时间。你可以明确地告诉对方:"我现在确实很忙。"

有些人总是不愿意拒绝别人,当遇到别人的要求时,明知不可能完成,也要硬着头皮应承下来,结果反而造成彼此的不愉快,给自己带来麻烦。

李云是一名秘书,她的工作非常繁多。然而,由于她活泼开朗,人缘极好,总是会受到别人的一些邀请。尽管她知道,那些对别人重要的事,对自己一点意义也没有,但她总是不敢拒绝别人,总是为了别人而把自己的事往后拖。在大多数时候,这样做的结果就是让她晚上不得不继续挑灯工作。

有一次,一位好朋友邀请她去看一场新上映的电影。她一看备忘录,发现第二天早上老总有一个重要的会要开,因此她必须在晚上准备好相关资料。她犹豫了一下,还是答应了,心想:"或许我能够赶在看电影之前,把工作搞定呢。"

事情的结果相信你也猜到了:她爽约了。那位朋友相当失望,埋怨她言而无信。

在这儿,不懂得说"不",不仅对李云自己毫无好处,对她的那位朋友也很不利。因为倘若李云之前不答应,那位朋友完全可以请别人陪她去的。

在有些情况下,你必须学会直接拒绝,无论是谁,因为他们都在浪费你的时间。而且,在很多时候,不要把自己想得过于重要,不要认为"如果我不去,对方会怎样",其实,在很多时候,对方邀请你或者让你帮助做某件事时,只是试探一下而已,并不是"非你不可"。

凡事都有例外,当向你提出要求的是你的亲人、上司、最好的朋友、重要的客户或合作伙伴,你不忍心拒绝他们或是无法拒绝他们时,一个最好的解决方案就是:学会折中。

一个很简单的例子:当你的上司让你完成某件工作时,他可能只是希望你能尽快完成,并不关心工作的质量或者并没有要求一定是现在就去做,此时你不妨先应付过去。例如,你的上司突然要求你提交一份材料,原因是他要查一个数据,所以此时你给他一份简单的统计资料就可以了,并不需要对这些数据进行分析。这既满足了你上司的要求,又不会占用你过多的时间,是个相当不错的折中办法。

再例如,如果你的太太让你陪她逛街,你不妨打电话给她的闺中密友,让她们俩结伴而去,同时给她们经常光顾的专卖店打电话,请他们把账记在你的卡上。这样你的太太会同样高兴。

有很多时候,你身边的人一再对你提出各种要求,是因为你自己从来不懂得拒绝,从而把他们宠坏了。

比如说:可能很长一段时间以来,你一直对你的女朋友有求必应,随叫随到,那么突然有一天，你因为有要事实在抽不出身，她就会很不高兴。此时，一个折中的办法是：提前弄一段电话录音，当你的女朋友在你的工作时间打来电话时，让事先备好的录音陪她聊天。或许她只是闷得慌，想听听你的声音而已。这样一来既不会打扰你的工作，又不会让她失望。

再例如，你的一位客户经常为一些很小的问题打电话向你咨询，你不能拒绝他，但又不愿意为这点琐事和他唠叨，那么你可以对他说："对于这个问题，我们公司的客服小姐会比我更专业，我帮你把电话转给她，让她来为你解答，行吗？"这也是个不错的方法。

当有人要求你做一些你并不很看重的事情时，你还可以说服对方坐下来讨论。譬如说：你可以跟自己的丈夫坐下来，列出你们各自的任务分工。这样他会意识到你有多少事情要做，就不会再继续给你更多的家务。

在跟同事共事时，你也可以跟对方讨论一下彼此的工作安排，尽量使双方达成共识。如果费尽力气还是失败，你也可以考虑采取折中的方案，彼此都退让一步。

让工作的每分每秒都有意义

一个拥有工作的正常的成年人，每天至少有三分之一的时间用在工作上。如果以几十年职业生涯来计算的话，那么我们一生中用于工作的时间将是一个相当可观的数字。当某一天我们回首往事的时候，是否能坦然地告诉自己，我工作中的每一寸光阴都被牢牢地抓住了呢？

工作是一项事业，是一个你应该不断追求的东西。不要仅仅把它当作养家糊口的工具，用消磨时间的方法来度过它。你应该对待工作如同对待你的生命般去珍惜，去实现工作中每一刻的意义。

很多人常常发出这样的感慨，"太忙了！""没有时间。"其实，并不是没有时间，而是很多人不懂得珍惜时间，很多时间被他们浪费在那些琐碎的小事上，从而导致工作起来没有效率，该做的没做，无关紧要的事情却做了不少。

每一位想成功的人士，都必须认识到工作中时间的价值，然后倍加珍惜。那些获得成功的人往往是最善于把握和利用时间的人。

如果你不能仔细计划、利用好时间，那你损失掉的就不仅仅是珍贵的时间，还有幸福和财富，最后可能什么也得不到。

"华人首富"李嘉诚是一个非常珍惜时间的人。李嘉诚创业伊始，在实力和资金都很单薄的情况下，要与众多实力雄厚的大公司竞争，取胜的关键就在于把握时间，将一天当两天甚至三天用。那个时候，他需要在床头摆上两个"闹钟"来唤醒、催促和鞭策自己。他每一个星期要工作7天，每天工作15到16个小时。有时简直忙到连理发的时间都舍不得花费。参加娱乐活动，例如看电影，对他来说是想都不要想的事。

正是由于李嘉诚如此地珍惜时间,认真地对待工作时的每分每秒,甚至跟时间赛跑,让工作中的每分每秒都不虚度,才最终取得了现在的成就。

在很多工作的地方,我们都可以看到散漫的人。他们总是在说:"这件事再等等吧。""那个问题明天再说。"这样的人,这样的做事态度,迟早要把自己的工作拖掉,把企业拖垮。凡事明天处理的态度就是拖延,拖延会腐蚀人的意志和心灵,消耗人的能量,阻碍人的潜能发挥。

拖延,只能让他人领先。任何憧憬、理想和计划,都会在拖延中落空。把今天的工作拖到以后去做,所耗去的时间和精力,其实完全可以把今天的工作做好。那明天的工作是不是也要继续往后推,那什么时候才有个终结的时候?

古人说:明日复明日,明日何其多。我生待明日,万事成蹉跎。就是这个道理。今日事,今日毕,不要把今天该做的事留给明天。

要记住:工作中的每分每秒都是有意义的。每浪费一秒,你就可能失去一次机会,一次锻炼的机会,一次成功的机会。

王顺友是四川省凉山彝族自治州木里藏族自治县一位普通的"马班邮路"投递员。1985年,王顺友从走了一辈子马班邮路的父亲手中接过了马缰绳。父亲对他说:"父亲老了,走不动了,这个班今后就交给你。"那年他才20岁。他走的是父亲走过的路,一走就是20年。

一个人,一匹马,一条路,是王顺友工作的最真实写照。

四川木里藏族自治县地处青藏高原东南缘,这里高山绵延起伏,全县海拔在5000米以上的大山有20多座,平均海拔3100米,生活和工作条件十分艰苦。王顺友负责的邮路从木里县城经白碉乡、三桷桠乡和保波乡至卡拉乡,往返里程584公里。1999年,王顺友开始负责县城至白碉乡、三桷桠乡、保波乡三个乡邮件的投递工作,这条邮路往返360公里,他每月两个邮班,一个邮班来回14天,他每月有28天要徒步跋涉在这苍茫大山中的邮路上。

对此,王顺友没有一点怨言。在先进事迹报告会上,他这样说道:

"其实,这些年来我最难受的是觉得对不起我的家人,特别是对不起妻子和父亲。但我不能对不起邮路上的父老乡亲。高原上的各民族兄弟都讲究做人要实在、诚恳、厚道。说实话,乡亲们对我太好了,组织上对我太关心了,省、州邮政局领导多次到木里看望我,还改善了我家的住房条件,我就是再苦再累也报答不了。我不怕困难不怕吃苦,就怕别人说我工作没做好,对人不厚道。只要大家对我所做的工作给予肯定我就满足了。"

王顺友用他的行动向我们展示了如何去实现工作中分分秒秒的意义。在他工作的时候,时间或许不是那么重要,因为他的整个生命都是在工作。但是时间又是那么重要,因为他是一名邮差,他需要尽可能快地把邮寄的信件或包裹送到收件人的手里。王顺友做到了,他是真正抓住了工作中那分分秒秒的意义。

让工作中的每分每秒都有意义,你做到了吗?把工作仅仅当做工作是不行的,你要把它作为一项事业来完成。只有这样在工作中你才能全力以赴,才能珍惜工作中的每分每秒,才能高效地完成工作任务。

一点一滴,踏实做事

在日常工作中,很多人看不起小事,不愿做那些他们认为很琐碎的日常小事,总想着公司能分配一些重要的大事给他们。其实,工作中,脚踏实地做事不仅是一种良好的工作习惯,还是一个节约时间的方法。对于职场人士尤其是那些刚步入社会的新新人类来说,一点一滴地从小事踏实做起,能够给你认识社会的时间并积累一些社会经验,以免以后做重要工作之时走弯路。认真、踏实的工作习惯,能够让你学会如何用最快的时间接受新的事物,发现新事物的内在规律,比别人在更短时间内掌握这些规律并且处理好它们。只有具备了这些要素,你才能成长为一个被人信任、能够承担大事的人。

人都有惰性,也都愿意用那些用起来顺手的人。当你具备了被人信任的基础,并且在日常的工作中逐渐表现出你的踏实、聪明和细致的时候,越来越多的工作机会就会提供到你面前。原因很简单,用一句话就能交代清楚并且能被你顺利完成的工作,谁愿意说三句话甚至半小时交代一个怎么都不明白的人呢?沟通也是一种成本,沟通的时间越少,内耗越少。作为一个职场新人,你必须懂得这一点。

当你有比别人更多的工作机会去接触那些你没有接触过的工作时,你就有了比别人多的学习机会,人人都喜欢聪明勤奋的学生,作为管理者,大概更是如此。因此,你必须学会从一点一滴做起,只有认真、踏实地做事,才能被你的上司看重并喜欢。

一个新手,大多数新手,在刚步入社会的最初几年里,是看不出太大的差距的。但是这前几年的经历,为以后的职业生涯的发展奠定的基础,是至关重要的。很多人不在乎年轻时走弯路,很多人觉得日常的工作人人都能做好没什么了不起。然而就是这些简单的工作,循序渐进地、隐约地,成为今后发展的分水岭。

王燕是一家大公司老总经过多次面试亲自招进来的一个名牌大学生。她不仅漂亮、聪明、性格活泼,而且还写了一手漂亮的字。一个女孩子能写一手好字的不多,尤其她,长发飘飘,一手字却写得铿锵倜傥,让这位老总对她不由多了很多好感。

于是,在工作中,老总就手把手地教她。从工作流程到待人接物。她也学得快,很多工作一教就上手,一上手就熟练。跟各位同事也相处得颇融洽。老总开始慢慢地给她一些协调的工作,各部门之间以及各分公司之间的业务联系和沟通让她尝试着去处理。

时间一长，王燕有点沉不住气了，问老总：为什么总是让她做这些琐碎的事情？并说自己的能力不仅仅能做这些，还能做一些更加重要的事情。老总告诉她，先把手头的工作做好，先避免常识性错误的发生，然后循序渐进吧。

可是，半年以后，王燕向老总提出了辞职。她说："我本科四年，功课优秀，没想到毕业后找到了工作，每天处理的却都是些琐碎的事情，没有一点成就感。"老总问："你觉得，在你现在所有的工作中，最没有意义的最浪费你的时间精力的工作是什么？"她马上回答道："帮您贴发票，然后报销，然后到财务去走流程，然后把现金拿回来给您。"

这时老总笑了，问："你帮我贴发票报销有半年了吧？通过这件事儿，你总结出了一些什么信息？"

王燕呆了半天，说："贴发票就是贴发票，只要财务上不出错，不就行了呗，能有什么信息？"

这时，老总给她讲了他当初的做法："当年我的做法吧：1998年的时候，我从财务被调到了总经理办公室，担任总经理助理的工作。其中有一项工作，就是跟你现在做的一样，帮总经理报销他所有的票据。本来这个工作就像你刚才说的，把票据贴好，然后完成财务上的流程，就可以了。

"其实票据是一种数据记录，它记录了和总经理乃至整个公司营运有关的费用情况。看起来没有意义的一堆数据，其实它们涉及了公司各方面的经营和运作。于是我建立了一个表格，将所有总经理在我这里报销的数据按照时间、数额、消费场所、联系人、电话等等记录下来。

"我起初建立这个表格的目的很简单，我是想在财务上有据可循，同时万一我的上司有情况来询问我的时候，我会有准确的数据告诉他。通过这样的一份数据统计，渐渐地我发现了一些上级在商务活动中的规律，比如，哪一类的商务活动，经常在什么样的场合，费用预算大概是多少；总经理的公共关系常规和非常规的处理方式，等等。

"当我的上级发现，他布置工作给我的时候，我都会处理得很妥帖；有一些信息是他根本没有告诉我的，我也能及时准确地处理。他问我为什么，我告诉了他我的工作方法和信息来源。

"渐渐地，他基于这种良性积累，越来越多地交代更加重要的工作。再渐渐地，一种信任和默契就此产生，我升职的时候，他说我是他用过的最好用的助理。"

说完这些长篇大论，老总又对王燕说："我觉得你最大的问题，是你没有用心。在看似简单不动脑子就能完成的工作里，你没有把你的心沉下去，所以，半年了，你觉得自己没有进步。"这时王燕说不出话来，但是收回了辞职报告。

又坚持了三个月，王燕还是辞职了。

后来她经常在网上跟老总聊天,诉说着她的新的工作情况。一年内,她换了三份工作。每一次都坚持不了多久。每一次她都说新的工作不是她想要的工作。她很苦恼,对老总说:"我有些明白你以前说的话是什么意思了。"

在这个例子中,王燕经历了那么多才明白那位老总的良苦用心,岂不是有点后悔晚矣?这种做法难道不是在浪费自己的时间吗?

工作需要一个聪明人,工作其实更需要一个踏实的人。

尊重他人的时间

鲁迅说:"节约时间,也就是使一个人的有限的生命,更加有效,而也就等于延长了人的寿命。"更有发达开放地区打出这样的牌子:时间就是金钱,效益就是生命。可见时间的重要性。

人人都要珍惜时间,可是我们不仅要珍惜自己的时间,更要珍惜别人的时间。守时就是尊重别人时间的最佳例证。

路易十四说:"守时是最大的礼貌。"许多你想打交道的精明、成功和有影响力的人士,并没什么"系统"去判断别人和决定买谁的东西,与谁做生意,帮助或信任谁。如果你不是守时者,别人会对你作负面评价。可以说遵守时间是一个有助于打动别人的简单方法。

守时就是遵守承诺,按时到达要去的地方。没有例外,没有借口,任何时候都做到。如果你对别人的时间不表示尊重,你别指望别人会尊重

鲁迅

你的时间。如果你对自己的时间不尊重,你就没有影响力、没有道德的力量。只有守时的人才会取得职员、助手、货商、顾客……每一个人的好感。

诚实守信是一种美好的品德,更是做人的基本原则。近年来,诚实守信在社会上的被重视程度逐渐提高。

很多人能够认识到诚实守信的重要性,也希望自己能够成为一个有诚信的人。但不少人认为诚信的原则只是在大事中才能体现。而事实上要做到诚实守信,必须从小事做起。

约会准时问题是我们最常遇到的诚信问题之一。每逢节假日,朋友约好了出去是常事。事先我们都会定好时间和地点,可是到了时间后,总会有人迟到甚至不去。"起床晚了""路上堵车""自行车坏了"……迟到者总是有千万条理由搪塞焦急等待着他们的人。更有甚者,参加活动的多数人都已到达,他却迟迟不露面,一

个多小时过去了，该君来电话宣称自己"不想去了"，苦等半天的众人此刻的兴致已经扫去了不少。若是有多几人也"不想去了"，精心准备的活动也许就此泡汤。参加约会的应该都是交情不错的朋友，对待自己的朋友尚且这样，可见诚信的观念并未深入他们的内心。以如此草率的态度对待朋友间的约定，久而久之，这些人离背信弃义就不远了。其实，若是你真的有事情会影响你赴约，早一些告诉同行的人就会避免类似的局面出现，而你也算是坚持了诚信的原则。

生活中类似的问题还有许多，对于小事不加以重视的我们就这样一次次抛弃了诚信。我们在今后要做的，就是在小事上提高自己的注意力，将诚信的原则渗透到我们生活中的每一个细节。特别需要注意的是，在生活中，我们也许都会有过失信于人的经历，有些人会因此"破罐破摔"地反复践踏诚信，但实际上，我们应当以亡羊补牢的态度在今后的生活中努力改变自己失信的习惯。

守时能使人生活不懒散，进而奋发积极；守时是对他人守信，必能获得人和；守时是守法的基本，自能受人尊敬。有时，守时也关系到国家的安危。战国时期，各诸侯国征战不休，连吃败仗的齐景公派田穰苴将军，与宠臣庄贾领兵回击。受景公宠爱的庄贾因骄横狂妄，未按约定时间到达军营。田穰苴因此将庄贾就地斩首。由此可知，守时是自古以来攸关成败安危的关键。

守时是社交的礼貌：跟别人约好时间，就不能迟到。常有人约会迟到了，就振振有词地说：因为堵车、因为临时有电话、因为出门前有访客……这些都不是理由，不浪费别人的时间，才是最好的理由。你已经与别人约好了时间，就不能迟到。因为这是失礼的行为，而且在商场上，如果迟到了，必然会因此丧失合作的机会，所以守时是社交的一种礼貌。

守时是生活的义务：在职场上，上下班要守时，交货、付款要守时，这是职业的基本道德；在生活中，上下飞机、搭乘火车、参加社会活动都要守时，这是国民基本的礼仪；学生上下学要守时，吃饭、睡觉、交作业、交试卷，也要守时，这是青少年应有的学习态度。所以，守时是人们的一种义务。

守时是领导的需要：守时，就是惜时，就是对他人及对自己的尊重。一个领导者，要能让部属对他服从，守时是最基本的要件之一。如果领导者上班迟到，开会也迟到，便会让部下对他的言行不信任，甚至于对他的能力产生怀疑。所以，守时是领导者的一种需要。

守时是人类的文明：守时是文明进化的产物，愈是先进的国家，对守时的观念愈是注重。俗语说，时间就是金钱，凡事讲求高效率的现代社会，守时已是做人处世、交际往来的重要课题。在分秒必争、讲究服务的今日，守时已是代表信用、重视顾客，以及对他人尊重的一种行为表现。所以，守时是人类的一种文明。

成功的秘诀在于守时，有时间观念，这是一种信用，是对自己及他人时间的尊重。

第二章　抓紧时间，立即做事

时间是非常公道的，对任何人都一视同仁，每人每天 24 小时，不会多，也不会少。可是，花费时间后的效果却有很大差别。你想使成功成为你生活中的组成部分，你想使昨日的理想成为今日的现实，单靠愿望和企求是不行的，必须行动才能让你的理想实现。能否抓紧时间着手做事，是每一个人能否取得成功的重要因素之一。

改变拖延的陋习

你是一个办事拖拉的人吗？如果你像大多数人一样，那么答案肯定为"是"。拖延是人性的一种弱点，它在生活中不仅强大而且令人讨厌。如果每当你遇到糟糕的情况，你总是说"我应该做它，但应付它现在已经太晚"，那么，你的"拖延"误区的形成则不能归咎于外在力量的影响，它完全是由你自己的因素造成的。

实际上，拖延是不存在的，因为你只是没有做你打算做的事而已。它实际上是一种反映了神经官能症的情绪副作用和固定的行为模式。如果你觉得你拖延并喜欢这样做而且又没有负疚感、焦虑感或忐忑不安的感觉，那么，你就继续那样做下去好了。然而，后果如何呢？对大多数人来说，拖延实际上总是会使他们期待已久的幸福迟迟不能到来。

拖延的习惯往往会妨碍人们做事，因为拖延会消除人的创造力。其实，过分的谨慎与缺乏自信都是做事的大忌。有热忱的时候去做一件事，与在热忱消失以后去做一件事，其中的难易苦乐无法相比。趁着热忱最高的时候，做一件事情往往是一种乐趣，也是比较容易的；但在热情消灭后，再去做那件事，往往是一种痛苦，也不易办成。

更坏的是，拖延有时会造成悲惨的结局。恺撒大将只因为接到报告后没有立即阅读，迟延了片刻，结果竟丧失了自己的性命。曲仑登的司令雷尔叫人送信向恺撒报告，华盛顿已经率领军队渡过特拉华河。但当信使把信送给恺撒时，他正在和朋友们玩牌，于是他就把那封信放在自己的衣袋里，等玩完牌后再去阅读。读完信后，他才知大事不妙，等他去召集军队的时候，已经太晚了。最后全军覆灭，连他自己的性命也丧生在敌人的手中。就是因为数分钟迟延，恺撒竟然失去了他的荣誉、自由和生命！

命运常常是奇特的，好的机会往往稍纵即逝，有如昙花一现。如果当时不善加利用,错过之后就会后悔莫及。

没有别的什么习惯比拖延更为有害,也更没有别的什么习惯,比拖延更能使人懈怠、减弱人们做事的能力。拖延绝对是最可怕的敌人,它是时间的窃贼,它还会损坏人的品格,贻误好的机会,劫夺人的自由,使人成为它的奴隶。所以人应该极力避免养成拖延的恶习。受到拖延引诱的时候,要振作精神去做,决不要去做最容易的,而要去做最艰难的,并且坚持做下去。这样,自然就会克服拖延的恶习。

当然,要医治拖延的恶习,最重要的方法就是立即去做自己的工作。要知道,多拖延一分,工作就难做一分。"立即行动",这是一个成大事者的格言,只有"立即行动"才能将人们从拖延的恶习中拯救出来。

凡是应该做的事拖延而不立刻去做,留待将来再做,有这种不良习惯的人,是弱者。有力量的人,是那些能够在一件事情刚发生及自身充满热忱的时候,就立刻去做的人。绝不拖延,立即开始行动,是一个人通向成功的捷径!为了减少工作中可能会出现的麻烦,为了让工作朝向良好的方向去发展,想好了就去做吧!

拖延是人们在做事情时一种不好的习惯,但这并不表示对事情不用通盘考虑,虽然有的人在做事时有着一种雷厉风行的作风,但是未必会产生积极的效果。因为每件事的发生和发展都会受到诸多因素的制约,这些因素随时都可能让事情的发展趋势发生改变。尤其是对于创造性的工作或者投入了巨大人力、物力的事项,我们一定要掌握方法,稳妥、有序、快速地去执行,既不要拖延,还要注意实效性。怎样才能达到这一效果呢?方法只有一个:想好了再去做,想好了就去做。

凡事三思而后行,想好了再去做,无疑会增强成功的可能性。由于事先对可能会出现的问题有了一定的准备,因而应对危机的能力也得到了增强。

世上有93%的人都因拖延的陋习而一事无成,这是因为拖延能杀伤人的积极性。因此,我们坚决不能拖延的人。

今日事,今日毕

拖延的习惯最能损害及减低人们做事的努力。因此你应该今日事今日毕,否则可能无法做大事,也不太可能成功。所以应该经常抱着"必须把握今日去做完它,一点也不可懒惰"的想法去努力才行。歌德说:"把握住现在的瞬间,把你想要完成的事物或理想,从现在开始做起。只有勇敢的人身上才会赋有天才、能力和魅力。因此,只要做下去就好,在做的历程当中,你的心态就会越来越成熟。能够有开始的话,那么,不久之后你的工作就可以顺利完成了。"

"日事日毕,日清日高"这个是海尔的口号。海尔的全面质量管理当中,最重要的一个原则就是"三全"的原则,即全面的、全方位的、全过程的。全面质量管理主要是全员参与的管理。在整个质量管理过程中,"海尔"采取了日清管理法,就是全面地对每人、每天所做的每件事进行控制和清理——日事日毕，日清日高。今天的工作今天必须完成，今天完成的事情必须比昨天有质的提高，明天的目标必须比今天更高才行。

其实，"日事日毕，日清日高"不仅对于企业管理很重要，对于工作中的个人来说也非常重要，坚持这个原则，可以保证我们的工作整饬有序且保质保量地完成。"日事日毕，日清日高"是自我事务管理的黄金法则，它实际上有两层意思：一是今日事今日毕，二是每天进步一点点。

有些人在要开始工作时会产生不高兴的情绪，如果能把不高兴的心情压抑下来，心态就会愈来愈成熟。而当情况好转时，就会认真地去做，这时候就已经没有什么好怕的了，而工作完成的日子也就会愈来愈近。总之一句话，必须现在就马上开始去工作才是最好的方法。

虽然只是一天的时光，也不可白白浪费。曾有一位员工在年尾受到老板忠告说："希望明年开始，你能好好认真地做下去。"可是那位打工仔却回答说："不！我要从今天开始就好好地认真工作。"虽然告诉你明年，其实就是要你现在开始的意思。不从今天而从明天才开始，好像也不错，但比较起来还是要有"就从今天开始"的精神才是最好的。

凡事都留待明天处理的态度就是拖延，这不但是阻碍进步的恶习，也会加深生活的压力。对某些人而言，拖延是一种心病，它使人生充满了挫折、不满与失落感。

虽然大多数人拖延的主要原因只有一个，那就是害怕失败，但是喜欢拖延的人总是有许多借口：工作太无聊、太辛苦、工作环境不好、老板脑筋有问题、完成期限太紧，等等。所以，从现在起就下定决心、洗心革面。拿支笔来，将底下对你最有用的建议画条线，并且把这些建议写到另一张纸上，再将它放在你触目可及的地方，如此可有助你完成改革行动。

1.列出你立即可做的事。从最简单、用很少的时间就可完成的事开始。

2.持续5分钟的热度。要求自己针对已经拖延的事项不间断地做5分钟，把闹钟设定每5分钟响一次；然后，着手利用这5分钟；时间到时，停下来休息一下，这时，可以做个深呼吸、喝口咖啡，之后，欣赏一下自己这5分钟的成绩。接下来重复这个过程，直到你不需要闹钟为止。

3.运用切香肠的技巧。所谓切香肠的技巧，就是不要一次吃完整条香肠，最好是把它切成小片，小口小口地慢慢品尝。同样的道理也可以适用在你的工作上：先把工作分成几个小部分，分别详列在纸上，然后把每一部分再细分为几个步骤，使得每一个步骤都可在一个工作日之内完成。每次开始一个新的步骤时，不到完成，绝不离开工作区域。如果一定要中断的话，最好是在工作告一个段落时，使得工作容易衔接。不论你是完成一个步骤，或暂时中断工作，记住要对已完成的工作给自己一些奖励。

4.把工作的情况告诉别人。 让关心这份工作的人知道你的进度和预定完成的期限。注意"预定"这个词汇,你要避免用类似"打算""希望"或"应该"等字眼来说明你的进度。因为这些字眼表示,就算你失败了,也不要别人为你沮丧。告诉别人的同时,除了会让你更能感受到期限的压力外,还能让你有听听别人看法的机会。

5.在行事历上记下所有的工作日期。 把开始日、预定完成日期,还有其间各阶段的完成期限记下来。不要忘了切香肠的原则:分成小步骤来完成。一方面能减轻压力,另一方面还能保留推动你前进的适当压力。

6.保持清醒。 你以为闲着没事会很轻松吗? 其实,这是相当累人的一种折磨。不论他们每天多么努力地决定重新开始,也不管他们用多少方法来逃避责任,该做的事,还是得做,压力不会无故消失。事实上,随着完成期限的迫近,压力反而与日俱增。所以,你千万不要拖拉,把今天的事留给明天去做,那样只会让你有更大的压力。

为什么不抓住现在

每个人都生活在"现在",这无可置疑,可是看看我们在"现在"干了什么:有的人,在怨叹过去的错误和忧伤;有的人在缅怀曾经的荣耀和名利;有的人在为未来的宏伟蓝图而陶醉,有的人把所有的理想都交给了明天……

生命,让我们依附着"现在",可是我们都辜负了"现在",把精力都放在了不复存在的过去和遥不可及的未来上。要知道,现在这一刻不会永远存在,与其怨叹与空想,为什么不抓住现在?

有一个小和尚特别爱冥思苦想、钻研问题,一旦遇到自己搞不懂的问题,就茶不思、饭不想。有一天,他独自在山林中行走,脑子里却琢磨着一个经书上解不开的难题。突然他的鼻端扫过一阵腥风,他一抬头,发现前面的山路上,赫然有一只猛虎,正以迅雷不及掩耳之势向他扑过来。

小和尚大吃一惊,连忙转身拔腿就跑。人在情况危急的情况下,常常会做出自己都无法想象的事情来,他跑得特别快。那只老虎在后面远远地追着,小和尚愈跑愈快,眼看可以逃出猛虎的威慑之外了,突然迎面出现了一道悬崖。正当他思索着该如何处置眼前的状况时,那只猛虎已经追到了。小和尚没得选择,只能往山涧中一跳,好在手中稳稳地抓住了悬崖旁边垂下的一条树藤,就这样让自己凌空悬吊在崖边。

祸不单行,小和尚发现在山涧的水中,竟浮现出一大群的鳄鱼。更糟糕的是,这时候悬崖边不知从哪儿冒出一黑一白两只老鼠,竟不约而同地抓起小和尚手握的那条树藤啃起来! 只要老鼠再啃上一会儿,树藤就会断掉,毫无疑问,小和尚也就会因此落入鳄鱼的口中。小和尚望着那两只黑白老鼠,心中恍然大悟:这两只老鼠不就是象征白天与黑夜,不断地在啃食人们生命的剩余时光吗? 而那只老虎、鳄鱼,则是过去和未来对人的压迫和恐慌。

只有在生命即将结束的这一刻,小和尚才终于领悟到:人的一生本来短暂、脆弱,可大多数人都无法专注于"现在",陷入过去和未来之中若有所思,心不在焉。他们要不就是叹息昨天的失败,杞人忧天;要不就是想着明天、明年的事情,想象着未来的无比辉煌。过去已然无法把握,未来虽然美好,但如果没有现在的行动,一切皆枉然。人的一生是多么短暂,时间转瞬即逝,我们为什么不好好抓住现在、享受现在呢? 生命中最重要的,不是回首和张望,而是牢牢抓住现在。

有一位善良的天使非常愿意帮助人。一天,他遇见了一个王子。王子年轻有为、英俊潇洒、有才华且富有,妻子美貌而温柔,但他却过得不快活。善良的天使关切地问他需要什么,王子说:"我什么都有,只缺乏一样东西,你能够给我吗?"天使回答说:"可以。你要什么我都可以给你。"王子茫然地望着天使说道:"我要的是幸福。"

幸福,这可把善良的天使难倒了,天使想了想,说:"好,我明白了。我能给你幸福。"天使先是拿走了王子的才华,然后又毁掉他的容貌,最后夺去了他的财产和他妻子的性命。天使做完这些事后便离去了。

一个月的时间很快就过去了,善良的天使又回到王子的身边。这时的王子面容极丑,穿着破烂的衣裳,躺在大雪纷飞的大街上,又冷又饿。天使把他以前的一切又还给了他,然后又离去了。时间又匆匆地过去了半个月,天使再去看王子。这次,王子在皇宫里幸福地搂着妻子,不住地向天使道谢,因为他终于真正体会到幸福的感觉了。

人,往往很奇怪,在拥有的时候表现得很漠然,非得等到失去后才懂得去珍惜。幸福是什么? 幸福就是现在,幸福就放在你的面前,只要你能够把握住现在这一刻。

如果不把握现在,幸福就会从我们身边偷偷地溜走。所以,我们应该在幸福还没有溜走之前,好好地把握现在拥有的幸福,好好地珍惜眼前的幸福!

生命中最重要的,就是要抓住现在并珍惜眼前的一切。因为,除了"现在",你一生都不可能生活在别的任何时刻。一个人能够充分利用"现在",懂得享受现实的每一分每一秒,他就选择了一种充实而自在的生活。

法国亚兰曾经说过:"我们的过去不复存在,我们的未来不见踪影;所以我们不必为过去和未来而愁苦,我们只需认真地活在现在。"人生的意义,不过是嗅嗅身旁的一朵朵小花,享受一路走来的点点滴滴而已。毕竟,过去已经成为历史,未来尚不可知。只有现在才是上帝赐予我们最美好的礼物。所以,为什么不抓住现在? 抓住现在,经营好你的现在,你才能拥有健康美好的未来!

不要活在昨天的圆圈中

有些时候，我们会为过去的种种烦恼后悔，可是这些都无济于事。有些人容易为小事耿耿于怀，无法坦荡地面对自己的错误，就无法全心全意地向既定目标前进，花费过多时间追悔错误，于事无补，反而是一种损耗。

卡耐基说得好：每一个人永远只能活在今天的方格中，而不是活在昨天的圆圈里。不可划地自限，不求上进。"过去"和"未来"是生活中人们常说的语言，也是人类语言当中认为有些危险性的两个词，因为连接"过去"和"未来"的今天，就像是一条挂在半空的绳索，当你走在这条绳索上，你会感觉到两边的空荡和危险，你会惧怕掉进"过去"和"未来"的任何一边，你也许知道，一旦掉进了任何一边，都将使你的生活沉在迷茫之间。

但是，如果你单纯地过着今天的生活，你会无意中尝到一种片刻的甜蜜和自在，因为你不用顾虑那两边的危险，你就能用轻快的步伐走在今天的大道，一步步走出今天。在这个时候，你会保持着与这种生活同步的意识，你也就不会去在意那过去和未来的危险了。

含义多么深刻的一句话啊："我这一生都在关我身后的门。"一个一直沉浸在过去回忆中的人又能看到什么呢？或许看到的是清清白白的少年时光，叛逆无畏令人炫目的美丽，看到了被尘封的温暖与荒凉，还有稍纵即逝的激情、狂想。右手倒影，左手年华，中间是岁月流逝。只会沉浸在过去的人，会对未来失去希望，从而裹足不前。

一个人没有希望是很可怕的，没有希望，就不会懂得今天的充实一定能带来明天的美好，不会相信人生的前方等待自己的将是成功。这样的人活着也等于死了。其实我们每个人心里都应该有个温暖的太阳，照着自己，暖暖地前行。

刚刚摆脱掉昨天风雨的人们，身上难免会沾染一些尘土和晦气，心中多少留下一些酸楚的记忆，这些是没有办法完全抹掉的。

这时，我们就需要对昨天的错误做出一个总结，但我们不能对过去的失误和不愉快耿耿于怀，因为无论是悔恨还是伤感，都只会浪费你的感情与时间，却不能改变过去，不能使你变得更完美、更聪明。如果总是背着过去的沉重包袱，为逝去的流年伤感不已，那只会白白耗费眼前的大好时光，同时也等于把现在和未来统统放弃了。

总是一味地追悔过去，不仅不会让昨天发生任何改变，而且还会失掉现在，失掉现在，哪有未来？正像泰戈尔所说的一样："如果你为错过了月亮而伤感，那么你也要错过繁星了。"

想要成为一个成功并且快乐的人，最重要的一点是记得随手把身后的门关上，学会将过去的错误、失误通通忘记，不要沉湎于懊恼、后悔之中，应该往前看。记得跟已逝去的过去隔绝，专心地把握好今天。人类的救赎就在今天，而耗费精力为昨天的挫折懊悔，只会拖累自己。所以，每个人都应该记得把身后的门关好，更好地活在今天。

昨天已经过去了，明天是虚幻的。正在经历的今天是你唯一能把握的。过好每一个今天，你就会拥有一个值得回忆的昨天、一个值得期待的明天。所以，只为今天而活！

每个人都应该只为今天而快乐，这样便可假定亚伯拉罕·林肯所说的"多数人的快乐大致依他们的决心而定"是正确的。那么快乐是来自内心，而不是来自外在。明天不可估计，昨天已经过去，而只有今天才正在眼前。

只有静心地去打造，没有过去和未来的干扰，也才更能感受生活乐趣的深意！而活在今天，是体验活着的乐趣。亲情，友情，爱情温暖人心；感动，激动，冲动摄人心魄；悲伤和喜悦交织，成功与失败共存。所有这一切都包含在今天这个万花筒中。

每天都要把当天的事尽力做好，时光一去不复返，今天将是新的一天，应当振作精神，重新开始。不要把昨天犯下的错误再变成今天沉重的包袱，对你前行的道路造成不必要的阻碍。

生命是一步一个脚印的旅程，不是一场赛跑。昨天的事已经成为历史，明天是个未知数，而今天则是一个上天的礼物，这也就是我们要珍惜今天的理由了。

如果我们能够感悟到，只有今天是真实的，只有今天是我们实实在在拥有的，并且是真实存在于我们的生活中，并能彻底觉悟到世间实际上无所谓昨天与明天，而只有今日是可靠的，悟出我们不应该把生命完全投射到未来的世界中，或回归过去的地域，觉悟到所谓年、月、日、小时、分、秒，不过是对整个永恒的现在的生硬而勉强的划分，如果我们能对这一点大彻大悟，那么，我们生命中所享有的欢乐和工作的效率，一定会增进不少的！

做好当下的每件事

有个小和尚，每天早上负责清扫寺庙院子里的落叶。

清晨起床扫落叶实在是一件苦差事，尤其在秋冬之际，每一次起风时，树叶总随风飞舞落下。

每天早上都需要花费许多时间才能清扫完树叶，就让小和尚头痛不已。他一直想要找个好办法让自己轻松些。

后来有个和尚跟他说："你在明天打扫之前先用力摇树，把落叶统统摇下来，后天就可以不用扫落叶了。"

小和尚觉得这是个好办法，于是隔天他起了个大早，使劲地猛摇树，这样他就可以把今天跟明天的落叶一次扫干净了。一整天小和尚都非常开心。

　　第二天，小和尚到院子一看，他不禁傻眼了。院子里如往日一样是落叶满地。

　　老和尚走了过来，对小和尚说："傻孩子，无论你今天怎么用力，明天的落叶还是会飘下来。"

　　小和尚终于明白了，世上有很多事是无法提前的，唯有认真地活在当下，才是最真实的人生态度。

　　时间是无情的，它不会停下来等待你的步伐，也不会为你的悔过重新来过。只有让我们在每一分、每一秒、每一刻里感受到真正的自己，不要担心未来，也不要忏悔过去，要完完全全地活在这一刻。做好当下的每件事，也就是活在当下，塑造自己的心态，改变自己对事物的看法，学会不放弃，过好自己生命中的每一天。即使在最困难的时候，也要鼓励自己，挺过去就会有美好的明天。

　　在这个世界上，有许多事情是我们很难预料的，人生总会遇到很多不如意的事。

　　我们不能控制机遇，却可以创造机遇，掌握自己；我们无法预知未来，却可以把握现在；我们不知道生命有多长久，但我们却可以安排当下的生活。我们无法避免逆境与困难，那就迎难而上，获取新的生活！

　　这时候的你，不要再埋怨命运的不公，不要再埋怨家境的不济，而是要清醒地认识到是自己没有好好把握住自己的人生命脉，没有好好抓住当下，从而失去了很多。

　　有一个乡下姑娘挤了一罐牛奶，把它顶在头上，她蹦蹦跳跳地往街上走去。

　　刚来到集市上她就开始胡思乱想了：这罐牛奶可以卖几块钱，这几块钱可以买几只小鸡，小鸡长大了可以下很多的鸡蛋，鸡蛋又可以孵出很多小鸡，小鸡长大又可以下很多鸡蛋，这些鸡蛋卖的钱就够我买一条漂亮的裙子了，我穿上到王宫跳舞，我的舞姿吸引了王子，王子邀请我跳舞，我要摆摆矜持……可是此时她一歪脑袋，牛奶罐掉地上摔碎了。

　　看着摔碎的牛奶罐，姑娘伤心地哭了，为摔碎牛奶罐哭泣，又失去了好心情。连续两个不幸发生，真是祸不单行。

　　现实生活中，这样的事情比比皆是，在当下的环境里，却想着美好的未来。结果呢？当下的没把握好，未来的又灰飞烟灭。

　　学会了活在当下，可以在一定程度上避免祸事连连。有的人为什么灾难不断发生？原因就是心情不好，失去理智，思绪混乱，连续出现决策失误。如果能够活在当下，镇定自若，相信没有过不去的坎，在一定程度上可以避免连续出事。

　　世界本来就不"完美"，快乐高兴人人满意的事不是天天发生、时时出现的，它取决于现实，取决于当下。如果我们不凡事苛求完美，生活就简单多了。我们只需要决定自己比较喜欢事物朝哪个方向发展,即使不能如愿,我们还是可以快乐的。就像有位印度大师对急于寻找满足的弟子说:"我把秘诀教给你,你要快乐,从现在开始觉得快乐就是了!"我们要建立积极的人生观,获得健康人生,释放强劲的影响力。

但是道理好懂,实践起来就没那么容易了! 可能人生还要体会各种经历吧!没有一帆风顺的命运,没有事事如意的人生,苦难是人生的必修课,逆境是成功的奠基石。用豁达的心境、睿智的头脑、坚强的意志度过生命中的不如意,迎接你的必将是一片晴朗的天空。

一个忽视当下的人,永远不知道自己的将来是什么,因为失去了当下,就等于失去了将来。没有将来的人生,是可怕的。当务之急,就是要重视当下,把握好现在,为好的将来做准备。

活在过去的人,通常现在都很不如意,脆弱的他们逃避一切,只想着回不去的过去;活在当下的人,用一个贬义词形容就是及时行乐,用一个褒义词形容是活出自我;活在将来的人,必须放弃当下,忘掉过去。

过去已经过去,不会再回来,但是我们多少人还是活在过去之中不肯放下? 未来还没有来临,你也根本不可能去掌握它。你所能拥有的,不就是当下这一刻吗?只要搞定现在这一刻,你就没有问题了。

一只新组装好的小钟放在两只旧钟当中,两只旧钟"滴答,滴答"一分一秒地走着。

其中一只旧钟说:"来吧,你也该工作了,可是我有点担心,你走完3200万次以后,恐怕就吃不消了。"

"天哪! 3200万次。"小钟吃惊不已,"要我做这么大的事? 办不到,办不到。"

另一只旧钟说:"别听他胡说八道,不用害怕,你只要每秒滴答摆一下就行了。"

"天下哪有这么简单的事情?"小钟半信半疑,"如果这样,我就试试吧。"

小钟很轻松地每秒钟"滴答"摆一下,不知不觉中,一年过去了,它摆了3200万次。

每个人都希望梦想能够成真,成功似乎远在天边遥不可及,倦怠和不自信让我们怀疑自己的能力,放弃努力。其实,我们不必想以后的事,只要想着今天我要做些什么,明天我该做些什么,然后努力去完成,就像那只钟一样,每秒"滴答"摆一下,成功的喜悦就会慢慢浸润我们的生命。

不要把希望全寄托在明天

未来会是精彩的,你可以憧憬,可以计划,但永远不要让未来成为你现在的阴影,不要为了它而忽视了现在。不要把希望全部寄托在未知的明天,因为明天的事情是无法预测的,人生有很多的意外和不幸是我们无法避免的。我们目前唯一能够做的,就是珍惜现在,珍惜眼前可以把握的幸福。

有这样一则寓言故事:

某一时期,因为下地狱的人突然减少了,阎罗王立刻召集群鬼,商讨如何诱人下地狱。牛头提议说:"我们可以告诉人类:'丢弃良心吧!根本就没有天堂!'"阎王考虑一会儿,觉得行不通,于是摇摇头。马面提议说:"我们可以告诉人类:'为所欲为吧!根本就没有地狱!'"阎王想了想,觉得这招骗术还是行不通,又摇摇头。过了一会儿,旁边一个小鬼说:"很简单嘛!我们可以去对人类进行传播,告诉他们'还有明天'的概念。"阎王点了点头。一句"还有明天",本来从乐观者的角度来说,是提示一个希望,可以让人奋发向上。但是,它从另一方面来说,是一个拖延行动的借口。反正随时都"还有明天",人的意志就松懈了,就变得懒惰颓废,这才是人间真正的地狱!行动不一定带来快乐,但没有行动便一定没有快乐,更不会拥有美好的未来。

"明日复明日,明日何其多,我生待明日,万事成蹉跎。"明天永远都不会来,因为来的时候已经是今天。只有今天才是我们生命中最最主要的一天;只有今天才是我们生命唯一可以把握的一天;只有今天才是我们可以用来超出对手、超越自身的一天。

贪图未来的结果只有一个,就是会永远失去现在。虽然不能说未来是虚无缥缈的,但如果没有现在的行动,那么,未来终归变成虚无。没有谁可以推算生命的长度,也没有谁可以预算自己的未来。只有掌握现在的每一分每一秒,才能完善人生的每一个阶段,才能跨越人生的每一个刻度。

对未来,我们需要一个确定的方向,需要一个宏伟的蓝图,但是要把握住未来,我们首先要把握好现在,否则,一切都是空想,永远是一个不可触及的梦。如果你有梦想,那么就珍惜当下的每一刻,去实现它。

时断时续是做事的禁忌

你知道石匠是怎么敲开一块大石头的吗?石匠所拥有的工具只不过是一把小铁锤和一把小凿子,可是大石头却硬得很。当他举起锤子重重地敲下第一击时,没有敲下一块碎片,甚至连一丝凿痕都没有。可是他并不在意,继续举起锤子一下又一下地敲,100下、200下、300下,大石头或许会纹丝不动,上面可能依然没出现任何裂痕。

石匠丝毫没有懈怠,继续举起锤子重重地敲下去。路过的人看他如此卖力而不见成效,却继续硬干,都笑他傻。可是石匠并未理会,他知道虽然自己所做的目前还没看到成效,不过那并不表示没有进展。他又继续敲下去,不知敲了多少下,终于看到了成效,整块大石头裂成了两半。难道说是他最后那一击,才使得这块石头裂开的吗?当然不是。

这个故事告诉我们的道理就是:坚持不懈地做事情,就像石匠的那把小铁锤,敲碎一切横在我们职场路途上的巨大石块,我们就一定会成功。

处于职场中的人大多都有过这样的经历,当你在做一件事时,头脑里却在想着另一件事。这就是不专注工作,注意力不集中往往会使人产生错位的观念,做出错误的决定,因而无法干好当前的工作。

大多数员工身上会有这样一种不良的工作习惯,即实施一个项目,干了一段时间,就中途搁置下来,又重新开始另一件事。这样做的主要原因是因为他在遇到障碍或问题之前努力工作,一旦遇到障碍或问题,不是想办法冲破障碍或者解决问题,而是用逃避的方式去做另一件事。他们只喜欢做简单和熟悉的事情,因为他们害怕失败。

然而,他们最终还是要回到这些项目上,原先所谓的困扰问题仍然需要解决……时断时续是造成工作效率低下的最主要原因。这种不良的工作方式会消耗掉大量时间,因为重新工作时,还需要花时间调整大脑及注意力,才能在曾经停止的地方继续做下去。能够立刻找出中断的地方,马上接上原来的思路的人是不多的。

鉴于这种情况,我们必须找出克服工作中时断时续的低效率现象的方法,尽量避免或减少停顿的方法。

(1)尽可能在较长的时段内安静地工作

如果你手头的工作需要高度集中精神,你要学会在长达几个小时的大段时间内工作,这时你最需要的是安静的环境,比如把手机设成静音状态,或者关上房门在门口贴上"请勿打扰"等字样的纸条。

如果你感觉周围似乎总存在着一些干扰,那么你最好在公司以外的地方另找一个工作场所。因为这样可以避免别人打断你的工作,不必把时间耗费在重新集中精神上。

(2)雇一名效率高的秘书

防止工作时断时续的最佳方法是,在你自己和经常打断你工作的人之间安置一个人,他最好是经老板同意并由老板指派的人。逐客或者避而不见,可能会让你感到很不好意思,但是犹犹豫豫、拖泥带水所带来的却是比浪费时间更坏的结果。当你有了效率高的秘书后,这位秘书会安排别人在什么时候来找你,解决这些"干扰源"。

(3)改变用电话的方式

电话的出现为人们的生活和工作提供了方便,但有时过多的电话却会妨碍人们的工作。电话铃声一响非接不可,结果思路往往被打断。电话的负面效应有时是我们无法想象的,有人说电话是造成精神紧张、误解、纠纷、效率低下的原因之一。如果我们换一个思考的角度来处理这一难题,让电话为你提供方便而不是干扰你,电话的积极作用就显而易见了。

千万不要成为电话的奴隶,要把电话作为有用的通讯工具来使用。避免电话干扰的方法之一,是电话不直接接入你的办公室,这样可以有效地避免不必要的干扰。

另外,争取在清晨开始工作。时间效率专家们发现清晨工作时较少受干扰,而且效率是一天当中最高的。如果在清晨开始工作,你会发现你那一天干劲特别足,工作效率就会提高。

(4)办公室的设计应能避免干扰

工作最紧张的时候,最让人心烦的莫过于那些来自各个方面的干扰了。如果你对自己的办公室设计有发言权,你要把它设计成允许来访者进入时他们才能进入的格局。

可能的话,把办公室安排在恰当的位置,以便你在外出或去卫生间时看不见其他人,这样做可以避免闲聊。

你不妨尝试一下以上的几种方式,如果你能领会,并且付诸实施,你工作效率的提高定然不在话下。

第三章 抢占先机,率先做事

"几乎没有哪种竞争优势可以长盛不衰。揭示一种新的竞争优势有点像取到一条钉在木桩上的暗语:最先领悟者比最后领悟的要赚取更多的钱。"这是一句企业战略教程上的话。现代社会发展迅速、竞争激烈,商场就如战场,因此,我们在现代商战中,就要重视这条暗语,掌握战略主动权,面对机会要抢占先机。这正是《孙子兵法》中所说的"凡先处战地而待敌者佚,后处战地而趋战者劳。"

不要等待万事俱备

有位名人说过:"如果你想等到知更鸟报春,那春天就快结束了。"言外之意就是企盼"万事俱备"后再行动,你的工作也许永远没有"开始"。世间永远没有绝对完美的事,"万事俱备"只不过是"永远不可能做到"的代名词。很多时候,你若立即进入工作的主题,将会惊讶地发现,如果拿浪费在"万事俱备"上的时间和潜力处理眼前的问题,往往绰绰有余。

遗憾的是,有些人总是先有积极的想法,然后头脑中就会冒出"我是不是应该先……"这样一来,你的一只腿就陷入了"万事俱备"的泥潭。一旦陷入,你将顾虑重重,不知所措,无法定夺何时开始。时间一分一秒地浪费了,你陷入失望的情绪里,最终只有以懊悔面对仍悬而未决的工作。

其实,行动与充分准备可视为物体的两面。做什么事都应适可而止。太多的准备却迟迟不行动,最后只会徒然浪费时间,陷入不断的计划、演练的圈套中。奢求"万事俱备"的人,是最容易失败的人。等待"万事俱备"会让你不能迅速、准确、及时地解决问题,从而会毁掉你走向成功的机会。

因此,为了避免"万事俱备以后才行动"所引起的重大损失,你应遵循以下几条原则:

(1)**事先预料种种困难,做好心理准备。**每一个冒险都会伴随着许多风险、困难与变化。有句话说:"计划赶不上变化。"就算你考虑得多么周详,我们仍然不可能准确预测最后的解决方案,仍然可能发生意外。所以,先做起来再说。

(2)**勇敢地面对困难。**任何人都不能在行动前就解决所有的问题,聪明的人总是在行动的过程中不断修改解决方案,遇到麻烦他们会自觉地积极地想办法处理。行动本身会增强信心,不行动只会带来恐惧。

(3)**现在就行动。**你若希望自己能以"积极者"的形象,出现在人们面前并在人们心中生根发芽,就赶快鞭策自己摆脱"万事俱备"的桎梏,马上行动。或许在开始的时候,要做到"马上行动"有点不容易,但当你养成"马上行动"的工作习惯时,你就掌握了个人进取的秘诀。

不要等到万事俱备以后才去做,因为世上永远没有绝对完美的事,也没有万事俱备的时候。规划将来一定会有困难,所以,一旦发生,就应立刻去解决。

快鱼永远吃慢鱼

如今市场竞争异常激烈,市场风云瞬息万变,市场信息流的传播速度大大加快。谁能抢先一步获得信息、抢先一步做出应对,谁就能捷足先登,独占商机。因此,在这"快者为王"的时代,速度已成为企业甚至个人的基本生存法则。

众所周知,作为市场战略,时间对于资金、生产效率、产品质量、创新观念等,更具有紧迫性和实效性。因此,"快鱼吃慢鱼"意即"抢先战略",是赢得市场竞争最后胜利的首要条件。实践早已证明,在其他因素相同或基本相同的情况下,谁先抢占商机,谁就会取得最后的胜利,抢先的速度已成为竞争取胜的关键。闪电般的行动必然会战胜动作迟缓的对手,使"慢鱼"在没有硝烟的战场上败下阵来。

20 世纪 80 年代初,四川成都有一家大型企业,他们生产的海洋牌洗衣机凭着过硬的质量,旺销市场,供不应求。这时,企业领导在了解了国外洗衣机的发展史后,深知国内洗衣机必然会由半自动型向全自动型发展。于是,该企业决定自行研制全自动型洗衣机。可是一晃几年过去了,研制还没有成功。此时,其他一些洗衣机生产企业,却早已经引进了国外的先进技术,迅速生产出了全自动型的洗衣机,这种全自动型洗衣机一投放市场,就大受消费者的欢迎,如秋风扫落叶般扫掉了半自动型洗衣机在市场中的立足之地。

海洋牌洗衣机仅仅几年就走完了从脱销到滞销,再到销声匿迹的历程。该企业失败的根本原因,就是有了领先的想法后没有做到快速行动。结果让其他企业先下手为强,用"第一速度"在"第一时间"里满足了客户的需求,上演了一场"快鱼吃慢鱼"的生动好戏。

谁慢谁就会被吃掉。比如:搏击时要以快打慢,军事上先下手者为强者,商战已从"大鱼吃小鱼"变为"快鱼吃慢鱼"。

比尔·盖茨认为:竞争的实质,就是在最短的时间内做最好的东西。人生最大的成功,就是在最短的时间内实现最多的目标。质量是"常量",经过努力都可以做好以至于难分伯仲;而时间,永远是"变量",质量一流的工作成绩可以有很多,而最快的冠军只有一个。任何领先,都是时间上的领先!

我们慢,不是因为我们不快,而是因为对手更快。

有两个人在树林里过夜。早上,突然树林里跑出一头大黑熊来,两个人中的一个忙着穿球鞋。另一个人对他说:"你把球鞋穿上有什么用? 我们反正跑不过熊啊!"忙着穿球鞋的人说:"我不是要跑得快过熊,我是要跑得快过你。"

故事听起来有点无情,但竞争就是如此残酷。因为,我们面对的世界,是一个充满变数并且竞争非常激烈的世界,比跑得快不快,很可能成为决定成功与失败的关键。

下面的这个《羚羊与狮子》的故事,充分说明了这一点。

在非洲的大草原上,一天早晨,曙光刚刚划破夜空,一只羚羊从睡梦中猛然惊醒。

"赶快跑!"它想到,"如果慢了,就可能被狮子吃掉!"

于是,起身就跑,向着太阳飞奔而去。

就在羚羊醒来的同时,一只狮子也惊醒了。

"赶快跑",狮子想到,"如果慢了,就可能会被饿死!"

于是,起身就跑,也向着太阳奔去。

将管理时间当成比赛会让你受益无穷:和自己比赛可以使自己达到心理学上说的"满溢状态"。这是一种内在的变化,花的时间似乎很少,但你的成果却很多。

该出手时早出手

做生意时,只要认为有利可图,就要快刀斩乱麻地决定下来并立刻付诸行动,认为无利可图就干脆不要干,切不可优柔寡断。

一个沿街流浪的乞丐每天总在想,假如我手头有 1000 元就好了。一天,这个乞丐无意中发现了一只跑丢的很可爱的小狗,乞丐发现四周没人,便把小狗抱回了他的住处拴了起来。

这只狗的主人是本市有名的大富翁。这位富翁丢狗后十分着急,因为这是一只纯正的进口名犬,于是他就以各种方式发出寻狗启事:拾到者请速还,即付酬金 2 万元。

第二天,乞丐沿街行乞时,看到寻狗启事,便迫不及待地抱着小狗准备去领那 2 万元酬金,可当他匆匆忙忙地抱着小狗路过贴启事处时,发现启事上的酬金已变成了 3 万元。原来,大富翁寻狗不着,便把酬金提高到了 3 万元。

乞丐似乎不敢相信自己的眼睛,向前走的脚步突然间停了下来,想了想又转身将小狗抱回住处重新拴了起来。第三天,酬金果然又涨了,第四天又涨了……直到第七天,酬金涨到了让市民都感到惊讶的数字时,乞丐这才想起回去抱小狗,不料小狗却死了。最终,乞丐还是乞丐。

这个故事昭示经商者:该出手时就出手! 如果你看准了方向,如果你遇到了好机会,就不能犹豫徘徊、左右观望。须知,世间的机会往往都是转瞬即逝的,当你当断不断时,煮熟的鸭子就会飞上天!

人生不如意时,与其整天哀怨,不如自己在变化中寻找机会。只有该出手时就出手,方能风风火火闯九州。外界变化之日,正是机会降临之时。

即使处境令你难堪,也要当作是"给你一次经验的机会,有益无害","这正是激发自己潜能的好时机"。那么原以为是"祸"的事情可能就化解为"福"了。如果你认为事业的最终目的在于自我实现而不仅是赚钱,那么对你来说选择自己想做的、自己喜欢的工作,便是再自然不过的事了。

在变化中寻找,在创造中发现,只要你的决心够大,你的眼光够准,人生关键的突破口总能找到,因为变化时时在你身边。

1911 年,辛亥革命爆发,以推翻清王朝为目标的革命风潮席卷整个神州大地。革命的消息也传到偏僻的山乡,这使刘伯承回想起任贤书先生极力倡导武功的教诲,他第一次强烈地感到武力的神圣和强大。于是,辍学务工的他做出了自己的选择,即参加反对清政府的学生军,以自己的武力投入到打倒封建统治、拯救民族的伟大斗争中。

有朋友劝他去经商,他却认为"国家兴亡,匹夫有责",男子汉大丈夫应仗剑拯民于水火,而不能只顾个人的富贵与安逸。从此,他义无反顾地投身于武力救亡的革命事业中去了。

面对历史的巨变所产生的伟大机遇,不同的人做出了不同的选择。而刘伯承则一眼看破了那个时代的本质,勇敢地做出了自己的选择,从而把自己的命运与历史的命运紧紧联系在一起,终于成为一代伟人。

对外界变化要保持敏捷的耳目,必须经常搜集信息,下一番苦功钻研。如果有心从事研究,非得先明确人生目标与工作目标。其实,在日复一日的生活当中,能够满足你愿望的机会俯拾即是。记住,不要老是等待机会来临,要在变化中突破。

宁丢数子,不失一先

32 岁之前的王健林,是一个优秀的军人。今天的王健林,声望来自他一手创办的万达集团,一个曾经因为足球而扬名天下的公司。

翻开万达的创业史很容易发现,这是一个总能"快人半拍"的公司:在大连率先从事旧城改造,在东北率先进行股份制改造,在全国率先参与足球也率先退出足球,在地产界率先开创了"订单商业地产"模式,率先尝试"房地产信托基金",总是快半拍最终让这个曾濒临破产的区办小公司成长为今天资产超百亿的地产巨头。

1988 年,是万达创业的元年。这一年,王健林从大连市西岗区政府办公室主任的位置上,请缨"主政"西岗区住宅开发公司——一个欠债 149 万元、濒临破产的公司。

此前半年,王健林刚刚从部队转业落户大连,那个时候的他对房地产行业还非常陌生,然而,这个"门外汉"却很快选择了一个同行前辈不敢或者不屑的项目:旧城改造。

在当时大连市政府南面,有一个"棚屋区",有人计算了一下,每平方米的造价正好是当时大连的最高房价 1200 元,因此没人愿意干!但王健林还是决定一搏,接手了这个项目,结果大获成功。800 多套房子,一个月就卖完了,一下子挣了1000 多万元!

1991 年,当国家体改委和大连市体改委准备在大连选择三家公司作为东北首批股份制试点公司的时候,许多人都不愿意干,王健林却积极申请了,并成功争取到了名额,从而在公司制度改造上,在整个东北先行了一步。几年后,原有的国有股份彻底退出万达,王健林开始持有万达股份,真正成了一名商人。

万达发家于地产,但扬名于足球。进入足球界,万达也是抢了全国之先,万达足球俱乐部是中国第一家职业足球俱乐部。随着职业足球联赛在国内风风火火热闹起来,万达成了最大赢家——夺下 4 个联赛冠军,大连万达也开始闻名天下,品牌知名度位居全国第 5。

用时奇点子

图文珍藏版

数年之后，王健林又一次抢在了前面，第一个退出了足球业界。因为那时国内足坛因为黑幕、黑哨、假球、赌球而臭名远扬。大连万达选择彻底退出这个是非之地，无疑是一个很明智的选择。

退出了足坛，王健林将万达的精力全部集中到了地产上，很快，他又率先创造了一种全新的商业地产模式：先找沃尔玛等商家签租赁合同，然后再盖商场，以降低商业风险。王健林为这个商业模式起了个名字，叫作"订单商业地产"。

为了说服沃尔玛，王健林上门跑了几十趟，说自己专门为沃尔玛选择了地段，可以根据对方的需要协商设计方案，并以最快的速度如期交付使用等等。其实，沃尔玛也很希望能有这种模式，只是以前地产商们都没这么去干，因此双方一拍即合，迅速达成了协议。"一招鲜，吃遍天"，一年之内，万达让沃尔玛、美国百盛、新加坡百盛等10多家全球连锁公司接受了这种"订单地产"。

回顾王健林的创业史，"快人半拍"其实就是他敢做敢想、敢打敢拼的风格在商海中的成功上演，正是靠着十几年持续的"快人半拍"，王健林的地产帝国像滚雪球一样日益壮大，并且滚向更广阔的世界舞台。

美国战略规划研究所的统计数据表明，在500个成熟的行业中，第一个进入市场的公司的平均市场占有率是29%，早期跟进的公司的平均市场占有率是21%，而其余平均占有率是15%。天下万物，道理一致，这数据也证实了中国的一句话：第一个是天才，第二个是人才，第三个是庸才，第四个是蠢材。

拿破仑有一句名言："我的军队之所以打胜仗，就是因为比敌人早到5分钟。"商场如战场。经商中比别人早几天抓住商机，就会抢先一步赚大钱，成为商战的胜利者。

第一批下海经商的人——富了，第一批买原始股的人——富了，第一批买地皮的人——富了。他们富了，因为他们敢于在大多数人还在犹豫不决的时候就采取了实际行动。商业机会的竞争总体上是公平的，商机大家找，信息人人有，同行处处在。竞争最后的结果往往就取决于商家行动快半步还是慢半步。商人就像全能运动员一样，有时候比的是耐力，是在残酷的竞争中坚持下去的意志；有的时候比的是爆发力，看谁在市场中领先一步。你如果总能比别人先一步行动，生意就会做得很从容。

围棋上有句口诀"宁丢数子、不失一先"，因为有了先手，就有了主动权，就能处处先发制人。将这个道理用在经商上，就是宁愿付出一定的代价，也要抢在对手前面占领市场，因为抢先一步就能领先一路。

优柔寡断坐失良机

当机立断地做出一个决定，你可能成功，也可能失败，但如果犹豫不决，那结果就只剩下了失败。

印度一位著名的哲学家,天生就有一种优雅的名士气质。有一天,一位美丽的女孩敲响了他的门,她期盼地说:"让我做你的妻子吧!错过我,恐怕你再也找不到比我更爱你的人了!"哲学家其实也在暗恋她,但仍冷冷地回答:"可否让我先想想?"

之后,哲学家发挥他一贯做学问的精神,把结婚的好处和坏处以及不结婚的好处和坏处都详细列了出来,但最后他发现两者好坏一样多,这让他很难做出抉择。于是,哲学家陷入了长期的苦恼中。最后,他终于想通了:在面临一个抉择时,假若双方理由势均力敌,那就应该选择从没经历过的那一种。联系到他自己就是:不结婚的处境最清楚,结婚是个怎样的情形还属未知,所以应该选择答应那个女孩的请求。

这一天,哲学家鼓起勇气来到女孩家中,问她的父亲:"你的女儿呢?请你转告她,我想清楚了,我愿意娶她为妻!"女孩的父亲冷漠地告诉哲学家:"你迟来了10年,我的女儿现在已经是3个孩子的母亲了!"

可能有人认为这只是一个幽默笑话,故事只是讽刺了哲学家的愚蠢罢了。其实不然,像故事中哲学家这样的人,在现今社会也屡见不鲜。

我国古代很多人都是因为优柔寡断的性格,让其丧失了大好前程,最典型的就要数项羽了。

秦朝末年,群雄纷争,刘邦和项羽是两支重要的武装力量。楚怀王命令项羽、刘邦兵分两路进攻秦军。临行时,楚怀王与二人约定:"先入关者为王。"刘邦乘秦军前线被项羽击溃、秦朝内讧之机,捷足先登,进入咸阳,但他自知羽翼未丰,于是驻军灞上,以等待项羽。

一个月后,项羽率40万大军开进关中,驻守鸿门。他见刘邦早到一步,勃然大怒,扬言要灭掉刘邦。刘邦得知后,马上派部下张良把项羽的伯父项伯请来,设宴款待,托他向项羽说情。

第二天,刘邦带着樊哙、张良等100多名部下,亲赴鸿门向项羽致歉。项羽毫无城府,听刘邦一解释,一腔怒气顿时烟消云散,还设宴招待刘邦。

项羽有个谋士叫范增,他早已看出刘邦的野心,料定刘邦早晚要和项羽争夺天下,多次告诫项羽:"此人不除,必留祸患。"他数次怂恿项羽杀了刘邦,但项羽对此一直不以为然。如今,刘邦自己送上门来,范增认为机不可失,时不再来。酒席间,他曾多次暗示项羽动手,但项羽始终对他不睬不理。无奈,他只好另想办法。他找来项庄假装舞剑,明以助酒兴为由,实则命其伺机刺杀刘邦。谁料,范增的用心被项伯识破,他怕惹出事来,便拔出剑来与项庄对舞,以保护刘邦。这时,酒宴的气氛已到了剑拔弩张的地步,机敏的刘邦见势不妙,当机立断,在张良、樊哙策划下,假装上厕所,趁机逃离了项羽营地,避免了一场灭顶之灾。项羽优柔寡断,错失了良机,为自己后来的灭亡埋下了祸根。

"当断不断,必受其乱"就是这个道理。就如下棋一样,一着不慎,满盘皆输。刘邦当机立断,逃离了险境;项羽当断不断,给自己埋下了祸根,最终在垓下临江自刎,留下了无尽的遗憾。

为什么有些人当断不断呢? 有两个原因:其一,事情比较棘手,想拖一拖,等方便时再着手处理。殊不知,当办而难办之事,并不会因时间的推移而降低难度,

鸿门宴

反而会因错过办事时机而变得更难办。其二,利弊得失不是很明朗,想看得更清楚一些再着手处理。殊不知,世事如同博弈,你看不清时,对方也同样看不清。等到你看清了,对方也同样看清了,事情的难度非但没有降低,反而连赌一把的机会也失去了。所以,聪明人对当办之事,总是当机立断,决不会犹豫不决。

清朝时,咸丰皇帝死后,东太后和西太后共同帮助同治皇帝处理朝政。东太后地位较高,而西太后善于权谋,两人面和心不和。

这天,山东巡抚丁宝桢正坐在客厅中读书喝茶,只见德州知府匆匆地跑来求见。

"巡抚大人,你可要救我一命啊!"知府哭得泪珠横飞。

丁宝桢一见,忙问缘故,知府哭哭啼啼地说道:

"今天有个人到我府上,我一看竟是安德海,连忙送上白银二百两。没想到,他啪地扇了我一耳光,还说限我三天之内交出白银五千两,差一两,便要我的命。你说,我现在到哪里去弄五千两啊!"

丁宝桢明白了:这安德海的确不好惹,他是西太后最得宠的一个太监,贪赃枉法,无恶不作。由于他的特殊身份,一般没人和他计较,也不敢和他计较。没想到今日他竟敢在丁宝桢的地盘撒野。丁宝桢决定把这个宦官除掉。

丁宝桢问:"他来这里干什么?"

"说是给西太后定制精美的锦衣。"

"皇宫大内什么衣服没有,竟上民间来找?"丁宝桢对西太后的所作所为早有耳闻,今日又遇到这种事,不觉心怀不满。

知府叹气不语,为自己的脑袋担心。

丁宝桢又问:"你见到圣旨了吗?"

"没有! 可是,西太后手下红人亲临,同圣旨有什么区别?"

丁宝桢一拍桌子,高声道:"好,你立即回去把安德海抓来见我!"

"什么?"知府瞪起眼睛,以为自己听错了,"大人,您再说一遍。"

"咱们大清朝有条祖训:'内监不许私自离开京城四十里,违者由地方官就地正法。'安德海既无圣旨,肯定犯了这条。"

"可是西太后那里如何交代啊?"知府还是满头雾水。

"西太后自有人能降她。你想,安德海乃是她的宠臣,他出宫这么久,一定是得到了她的恩准。东太后向来与西太后有矛盾。我们上奏东太后,东太后肯定会降旨斩杀安德海,西太后明知自己有错,所以也不敢太张扬。你现在就去办吧。"

知府见上司说得有理,就急忙去抓安德海。

"姓丁的你瞎了眼,我是安德海!"安海德被人捆得结结实实,一见丁宝桢便破口大骂。

丁宝桢冷笑道:"对! 我抓的就是你安德海!"

安德海一听,居然笑了:

"丁宝桢,你敢把我怎么样? 实话告诉你,"他瞅了瞅德州知府,"这个狗奴才抓我的时候,我的一个手下已快马回京报与西太后知道了,从德州到这儿,这么短的距离,用不了多久,太后的懿旨就会到,那时你就吃不了兜着走了。"

安德海说完哈哈地狂笑起来。

丁宝桢笑道:"太后的懿旨早就到了,我念给你听:'安德海私自出宫,出京城四十里,依祖训,就地正法。'"

安德海"啊"的一声,定睛瞧去,见果真是东太后的懿旨。

"你,你什么时候得到她的懿旨的?"

"抓你之前。现在你还有什么话说?"不等安德海说话,丁宝桢大喝一声:"来人啊! 推出去斩了。"

忽听有人在门外高喊:"西太后懿旨到!"

安德海高兴地放声大笑。

丁宝桢知道西太后的懿旨肯定是来救这个太监的。放了安德海,得罪东太后;不放,西太后更是不好惹。

他想了想,命令道:"前门接旨,后门斩首。"

安德海被推出后门。

丁宝桢跑到前门跪听懿旨,果然是来救安德海的。

"下官遵照东宫太后旨意,此刻已将安德海斩首了。"丁宝桢镇静地说道。

虽然杀了西太后的宠臣,由于站在理上,丁宝桢非但没有受到惩罚,反而以刚毅果决名闻天下。

事之成败皆在于果敢决断,许多人就是因为他们做事不犹豫,该断则断,摒弃了优柔寡断的不良品质,所以大有成就。

那些优柔寡断的人,请记住德国伟大诗人歌德这句富有哲理的话:"长久地迟疑不决的人,常常找不到最好的答案。"

必须比别人快半拍

在许多竞技比赛中,并不存在绝对的优胜,篮球比赛中领先 1 分、赛马领先一鼻、百米赛跑只需快 0.01 秒就是胜利,尽管优势非常微弱,但这已经足以分清胜负了。

创业致富也是一样的,如果你与对手的实力相差无几,那就要小心选择超越的时间点,太早了,时机不成熟,付出代价未必能得到回报,反而让对手有了学习的后发优势;太迟了,则容易丧失抢占市场的最佳机会。

一位商界奇才被邀做嘉宾,大家都希望他谈谈其成功的秘诀。他却避开话题不谈,先出了个题要考考大家:"某地发现一个金矿,人们闻讯一窝蜂地前往,然而一条大河突然横在人们面前,这时候你会怎么办?"嘴快的呐喊道:绕道而去。商人摇摇头说:"太远,等你绕过去就什么都误了。"有人说游过去。商人还是摇摇头说:"风高浪急,根本过不去,何况不会游泳的人怎么办?"大家你看看我我看看你谁也想不出更好的办法。商人开口说话了:"众多淘金者中的一位不再做淘金梦,而是马上买一条船开展运营,尽管他的要价很高,但每一个淘金人几乎都没有讨价还价的耐心,要多少给多少,结果船运生意一下子火爆起来。当一批批淘金者的梦想落空不得不折程返回的时候,这位开船人的口袋都快撑破了。"困境中有机遇,全在你想没想到。

李晓华脑袋瓜转得比计算机还快,凭着他良好的商业感觉,不失时机地抓住一次次转瞬即逝的机遇一搏再搏,才有了他今天的巨大成功。在 20 世纪 80 年代初期,他曾到北戴河黄金海岸线上炸过棉花糖,虽然赚不了多少却天天有进项。后来做这种生意的人多起来,他就离开此地,又干别的去了。他做生意的诀窍是:独辟蹊径,标新立异,他习惯于比别人快半拍,喜欢在一个没人开拓的领域内最先踏上一双脚,等这里脚印多了,他就是干得再红火再顺手也勇敢地抽身而去。

经商过程中,和你起点相似、实力相当的都是你的劲敌。要想当同行者中的领头羊,就必须始终保持一个领先的地位,但这并不意味着横冲直撞,而是要你具备快速思考、快速行动的能力,也就是说在激烈的商业竞争中,不但要跑得快,而且要对时机掌握得恰到好处。如果在这个关键时刻,稍有退缩或犹豫,机遇、财富就会在你面前溜走。

在社会进入信息时代的重要历史时期,市场反应速度决定着企业的命运,只有能够迅速应对市场者,才能成为市场逐鹿的佼佼者。Modell 体育用品公司的 CEO 默德在一次圆桌会议上重复了钱伯斯的这句话,他对与会的 CEO 们说:想要在以变制胜的竞赛中脱颖而出,速度是关键。

正如非洲大草原上的动物们一样,当他们一开始迎着太阳奔跑的时候,狮子知道如果它跑不过速度比它慢的羚羊，它就会饿死。而羚羊也知道，如果自己跑不过速度最快的狮子，它就必然会被吃掉。

加拿大将枫叶旗定为国旗的决议通过的第三天，日本厂商赶制的枫叶小国旗及带有枫叶标志的玩具就出现在加拿大市场，销售火爆。作为"近水楼台"的加拿大厂商则坐失良机。有人曾形容说，美国人第一天宣布某项新发明，第二天投入生产，第三天日本人就把该项发明的产品投入了市场。

商机是短暂的、有限的，是转瞬即逝的，你必须具有敏锐的眼光，果敢的决断力以及永远比别人快半拍的魄力，才能抓住它。正所谓"机不可失，时不再来"。

有一段时间，北京前门外一家商店的经理发现，有许多顾客到店里来打听有无某种畅销商品，于是马上决定亲自到广州进货，可到了广州才发现，已经有多家北京商店的采购人员捷足先登，前来进这种货。

这位经理当机立断，马上采购，即刻用飞机抢运回京。果然，产品供不应求，当这家商店的产品销售已经进入尾声时，其他商家的货才通过铁路姗姗而来。正所谓"领先一步，海阔天空，落后一步，寸步难行"。

做生意不是较臂子、比力气，而是斗心斗智斗勇的"眼儿活"。一个成功的商人必须独具慧眼，比别人多长几个"心眼儿"，别人看不到的东西他首先看到，别人想不到的事他已经想到，"吃着碗里的，想着锅里的"。透过市场的蛛丝马迹，知道市场的热点焦点在哪里。不但看得准，还要动作快；四平八稳"老牛拉破车"的速度，做不了大生意，顶多能挣俩仨零花钱；说风就是雨，雷厉风行，择机行事，方可胜人一筹。

成功人士之所以能够取得巨大的成就，就在于他们能够抓住那关键的时刻。穷人之所以穷，很多时候不是因为没有梦想，而是在做事情时常常举棋不定，没有把梦想立即变成现实的行动。从现在做起，如果看准了投资方向，立即行动，你会早一步向富人靠近。

快速决断，抢占先机

机遇是一种极为宝贵的发展资源。机遇稍纵即逝，优劣之间的转换往往在转瞬之间。机遇只垂青有准备的头脑，机遇只属于勠力前行的斗士。赢得机遇关键要靠一个"先"字，捷足先登、抢先一步、先声夺人、先入为主，等等。一个"先"字使一切都变得主动。

当一个新生事物出现时，当只有5%的人知道时，赶快做，这就是机会，做早就是先机；当有50%的人知道时，你做个消费者就行了；当超过50%时，你看都不用去看了！

全国闻名的安庆"胡玉美酱园"的老板胡玉美，将一桩普通的生意做得十分兴隆,就得益于他抢先一步发现商机,决断迅速。

在清朝中叶,安庆古城是长江的重要鱼虾产区,当时那里出产的鱼虾很多,人们的食用方法也很简单,除了油煎、水煮之外便没有别的花样,因此消费量很低,鱼虾的市场价也很低。

虽然经营"蚕豆辣酱"是胡玉美的老本行,但是他头脑灵活、反应灵敏,在别人对满船便宜的鱼虾不闻不问之时,他却发现了其中的商机,廉价收购虾子,制成"虾子腐乳"高价销售。由于胡玉美抢占了先机,做独家生意,市场效益很好,而别人只能望洋兴叹、羡慕不已。虾子腐乳的销售取得了成功,胡玉美更加注意详细了解市场,以求捕捉市场先机,再做几份独家生意。

长江的航运十分繁忙,安庆已是重要的鱼虾码头,每年都有大量鱼虾由这里上岸,然后运往各地。鱼虾过多,如果天气变热,就会腐烂,鱼贩经常会因此亏本。胡玉美看准这种行情后,立即购置了制冰机器并设置造冰厂,大量生产冰块。由于这些冰块能够帮助鱼贩冷藏鱼虾,能够使他们的生意更保险,更有利可图,他们纷纷购买,胡玉美又稳稳地赚了一笔。

胡玉美的酱园在当地负有盛名,一位浙江商人很不服气,便准备在安庆开设酱园,意欲与胡玉美一比高低,并将店址选在胡玉美酱园的隔壁。面对对方强烈的攻势,胡玉美立即反击,他打听到这位浙商只是和隔壁的房东谈好了价格,还没有付款,便连夜找到房东,出高价将隔壁的铺面买到手,使得晚来一步的浙商后悔莫及。胡玉美抢先一步,结果赢得了市场先机。

有先见之明的人,抢先一步,将进入一个全新的领域。在现代经济中,重要的早已不再是强者的实力,而是领先者的优势地位。谁不采取行动,谁就会受害。这在行话中叫"先下手为强"。

由此,我们要记住威尔·罗杰斯说过的一句话:"造成伤害的,并不是未知的事物,而是已知的东西。"同时,我们还要联想到另外一句话:"有待发掘的永远比已经发掘的更重要。"

在市场竞争十分激烈的今天,把握先机显得尤为重要。许多人认为:时间就是金钱。经营实践也证明:先机也是金钱。谁能事先抓住先机并能迅速行动,谁就能成为赢家。正缘于此,许许多多的人都开始重视先机,他们想方设法地搜集商业信息,以做到领先一步。生活中有许多不出名的人物,都是由于把握住市场先机,从而成为富人的。

把自己的表拨快十分钟

许多人总是习惯于把事情拖到"最后一分钟",认为这样可以逼自己集中精力,从而最大限度地提高自己的工作效率。殊不知,这种做法常会给我们带来麻烦与损失。我们总会出现这样的情况:因贪恋几分钟的睡觉时间而吃不上早餐,胡乱洗了把脸就冲出门去,在往公司或约会地点赶的时候,一个劲地大骂交通差劲。等到一边拢着头发一边跑到公司或约会地点的时候,却早已过了上班或约会的时间。

有时,原本预定下午 2 点 30 分出去拜访客户,就在 2 点 25 分准备出门的时候,才发现要给客户看的资料还没有准备好,就在匆匆忙忙准备好所有的数据要出门时,腕上的手表已经指向 3 点整了。其实,人们在做一个行动之前,都需要一段时间来做准备。但是,问题就出在有许多人经常把开始准备的时间,当成了行动开始的时间,结果总是到了要行动的时候才匆匆忙忙地开始准备,从而延误了正确的行动时间。

很多人因为拖拉的毛病而吃了不少苦头,把本来可以成交的生意给搞砸了,破坏了原本很好的人际关系,给上司留下了不好的印象。针对这种情况,我们不妨把家里的钟或是手腕上的表调快 10 分钟。

李嘉诚 14 岁就因家境贫寒而辍学,但他牢记父亲的教导,做人要有骨气,求人不如求己,他谢绝了舅父继续供他上学的好意,自谋职业当茶童。他每天工作 15 个小时,总把时间调得比别人快 10 分钟,定好闹钟,最早一个赶到茶楼。后来,李嘉诚为了不耽误开会,不失约于人,雷打不动地将自己的手表调快了 10 分钟,以保证准时出席或赴约。

李嘉诚曾在 17 小时内谈妥一笔 2.9 亿港元的交易,随即致电汇丰银行,两分钟内就安排了一笔 1.9 亿港元的贷款。他处事果断、老练,决不拖泥带水。他经常对下属说,早上的事情,下午必须有决定或答复;假如 17 小时内发生的事非常繁复,则一定在 24 小时内答复。这就是华人首富李嘉诚对待时间的态度。

把表调快 10 分钟这个习惯,李嘉诚一直保持了大半个世纪,而在今天,大家都知道李嘉诚的手表永远比别人的手表快 10 分钟,这早已成了商界交口赞誉、津津乐道的美谈。

现在依然有很多人向李嘉诚学习,把自己的表调快 10 分钟,从而走上了成功之路。

有个人做事情总是比别人慢半拍,怎么赶都赶不快,后来他的老师对他说,把你的钟表拨快 10 分钟试试看。

那个人照办了,第二天他去早自习时发现来的人并不多,在以后的学习生活中他慢慢体会到比别人早 10 分钟的妙处了,渐渐养成习惯,在他的时间观念里,时间就快了 10 分钟。

直到他走向社会,在他还是某公司小小的员工时,有一天公司临下班时通知大家第二天早上参加半年工作总结,没想到夜里下雨,有一些路面积水造成堵车。他的钟表因为比别人快 10 分钟,刚好错开了堵车时间顺利到达公司,会议室里只有董事长。董事看到他一人,淡淡地说,"今天人没来齐,你先去忙你的吧。"

他说了声好的,就退出会议室去上班。等大家都开始上班后,董事长挨个问大家,早上为什么没有按时到,所有的人都说路上堵车了。董事长问到他,他说我的表快了10分钟。

公司部门经理上调,在职位竞聘中,他的选票多出了一票,大家都在纳闷,董事长说,那一票是我投的,大家还记得开半年工作总结时,因为堵车人没到齐吧?只有他一个人到了,他说他的表快了10分钟,在那以后我注意观察了他半年,他总是比别人早一点点时间上交工作。

把表调快10分钟,自然让我们走在了时间的前面,自然可以让自己有条不紊地安排日常事务;走在时间前面,自然能够与成功早早会面。而因循懒散,拖拖拉拉,纵然再有天赋,也只能步别人后尘,与成功失之交臂。

聪明的你,如果想要成功,请把表调快10分钟!

第四章　有先有后,重点做事

当代管理学之父彼得·杜拉克说过:"做事必须分清轻重缓急。最糟糕的是什么事都做,但都只做一点,这必将一事无成。"个人的时间和精力是有限的,因此在时间管理上我们必须有选择,先把重要的大事处理好,待有余力才去做不重要的小事。要有所不为,才能有所为。但是事业生活中的失败者,却从来搞不明白做事要分先后、分清轻重缓急这个颠扑不破的真理。

把时间用在有价值的地方

取得过人成就的秘诀是,让有产出的时间尽量多,让没有产出的时间尽量少。曾经听过一次毫无意义的演讲,就是一个生动的反面典型。那个年轻人长篇大论地描述了自己为什么会被请来讲话,他又是如何准备这次演讲的。接着他解释了自己将要讲什么,以及自己将会怎样去处理这个话题。这时,他的25分钟演讲时间已经过去了15分钟了。然后他用5分钟的时间粗略地谈了一下主题。对我们所有的听众来说,他的总结陈词就是对他的讲话进行了一次令人生厌的概括。

有的专职清洁工也有同样的问题,他们的工作很多,也都完成了,但是不知道怎么回事,总是赚不到钱。分析起来,他们每天做的事情都大同小异。准备工作和最后的清理工作是没有什么产出的。在有效工作时间(真正在做事的时间)里的收入必须要能够维持无效工作时间内的消耗。充分地准备和认真地进行清理工作也是很重要的,但是只有和价值成正比的产出才是有意义的。

有一次，一家清洁公司的部分人员必须开车到附近的城市去谈一笔生意。他们为此在公司里找了一辆合适的车，路上放着美妙的 CD，事先预定好了晚餐，查询了天气，统一了着装，给重要的客户挑选了礼物，定好了出发和到达的时间等等。但是却几乎没有为会议本身——这才是去的真正目的——做任何准备，结果会议砸锅了。

你的目标就是要把时间集中起来，做那些回报率最高的工作。如果能够设法做到这一点，你的时间就会越来越多，而且会有几倍的成果。为一件事情作策划、安排、分配和调整，包括启动计划都是完成工作的重要部分。但是要实实在在地花时间去做事才是最重要的，才是事情的核心。

善于利用时间

在这个社会上，什么资源最重要？自古以来，无论东方或西方社会，有过许多的论述，有的人说物质资源最重要，有的人说人力资源最重要，有的人说精神财富资源最重要。这些都有一定的道理。但有很多成功人士认为，世间唯有时间资源最重要。时间是一项最特殊的资源。

首先，时间是硬性的东西，无论对谁都没有弹性可讲，刻薄无情。无论你多有能耐，既改变不了时间，也缩短不了时间，上帝对什么都可能不公平，对世人来说时间是最公平的，可以做到丝毫不差。相对来说，物质资源、人力资源、精神财富资源都是充裕的，而且这些资源经过人的主观能动性的发挥，又都具有巨大的潜力，但时间不行。时间从来没有余地，准确无误，不多不少，对谁都是一样的公平。所以说利用好时间资源是很重要的。

其次，时间无法贮存。常言道："寸金难买寸光阴。"就是讲的时间比黄金都贵，金子可以买得来，但时间是任何人都买不来的。不但买不来，而且留不住，更租不来，贮存不下来，转逝即过。世上无法贮存的东西，就是最容易腐损和丢失的东西，也是最短缺的东西，最稀有的东西，最宝贵的东西。人的财富丢了，还可以重新找回来，但是一个人的时间过去了，就是过去了，怎样也没有办法买回昨天的时间。

一个人要想做事高效，要想获取事业的成功，就必须重视时间的价值，最大限度地有效利用时间。只有善于利用时间的人，才是最聪明的人、最勤奋的人。

在一所学校里，有一位老师常常弹奏《致爱丽斯》，在空旷的琴房里，琴声异常美妙动听，音质的纯美是一般的音响无法演绎出来的。

有一个人听后，非常羡慕地问她："假如我能像您这样演奏，我需要练习多长时间？"

她微笑着回答道："10 分钟。"

那人一听，非常吃惊。

那位老师说:"是真的,不过我说的是每天10分钟。"

其实她只是一位地理老师,几乎没有什么音乐常识。几年前,一家私人企业捐赠了那架钢琴,钢琴一直都放在琴房里。于是,闲暇之余,她去那里练习。刚开始是偶尔去一下,后来她便利用每次课间的10分钟,到琴房里练习演奏,从最初的音阶开始。不过,她只有10分钟,10分钟后,上课铃就会响起,她就不得不停止演奏。

一位前来听课的大学毕业的音乐教师偶然听到她弹的那首钢琴曲,除了听出其中一个音符没有弹好外,其余的无懈可击。

聪明的人是最善于利用时间的人,他们能够把每天零星的时间经过长期的积累,转化为自己永远的、宝贵的财富。

有这样一个题目:在一个同时只能烙两张饼的锅中,三分钟内烙好三张饼,每张必须烙两面,每面烙一分钟。按照常规的算法,烙好三张饼最少需要四分钟的时间才能完成。

节省时间的做法是:先烙两张饼,一分钟后,把一张翻烙,另一张取出,换烙第三张,又过一分钟,把烙好的一张取出,另一张翻烙,并把第一次取出的那张放回锅里翻烙,结果三分钟后三张饼全烙好了。

这就是效率的作用。效率的真正含义就是有效地利用时间,在最短的时间内取得最好的成绩。

善于利用好时间非常重要,如果时间不好好规划一下,就会白白浪费掉。经验表明,成功与失败的界限在于怎样分配时间,怎样安排时间。在工作中,一些员工往往认为这儿几分钟,那儿几分钟算不得什么,其实它们的作用非常大。正像本·富兰克林所指出的:"时间是所有资源中最重要的资源之一,既无法替换也无法补救。你的时间用错了,你的使用也就到头了。"

刘先生是一家公司的经理,这天早上和往常一样,刘先生走进办公室,看到桌子上一摞的报表,感到很头疼。但是迫于工作需要,他只好静静地坐下来,认真地审阅。当看了一部分后,秘书走了过来,告诉他有一位客户要见他。

刘经理毫不在意地说:"让他先在客厅等一会儿,我马上就过去。"

大约一杯茶的时间,刘经理走进了会客室,看见客人正焦躁地在会客大厅里徘徊,他马上满脸堆笑地说:"真抱歉,我今天的事情太多了,实在抽不开时间。"

客人听了他的这句话,非常气愤地说:"既然你实在没有时间,那么我们改天再谈吧。"

客人说完转身就走了,刘经理不知所措地看着客人的背影消失在门口。

第二天公司就辞退了刘经理,因为刘经理的行为使公司失去了一个千万美元的生意。

刘经理不是很忙,而是没有设计好时间,消极面对工作。结果是,不但被上司给辞退了,而且也给自己带来了更多的痛苦和烦恼。

工作过程中,我们其实有很多时间没有很好地安排和利用。你或许根本就没有察觉到它的存在,但它一直在影响着你工作的效率。要想提高你的工作效率,要做的就是把时间找出来,并很好地利用它。

要做到积极利用时间还要注意保障作息时间。俗话说:"磨刀不误砍柴工"。研究表明,劳逸结合更能提高工作效率。现在有许多员工真是做到了惜时如金:早上7点左右就开始工作,晚上加班加点开夜车,忙得连吃饭的时间都没有。这种精神不值得提倡。因为,人脑需要充分的休息,而不能超负荷运转。如果没有足够的睡眠时间,工作效率自然无法保证。

睡眠十分重要。人有三分之一的时间是在睡眠中度过的,人需要睡眠就如同需要空气、阳光、水和食物一样。所以,当我们工作到一定时间,必须休息、睡觉,否则就会出现疲劳、头昏脑涨和食欲不振等现象。而休息和睡眠则有助于消除大脑的疲劳,使之再次高度兴奋起来,精神饱满地投入工作。所以,我们应当把时间安排好,该工作的时候工作,该休息的时候休息。

把大事和小事交换一下

我们很少有"普通"的事情要做。一旦我们确定了方向,那些任务、琐事、目标在我们心里要么很重要,要么就不值一提。但是,我们当中99%的人都想在做完了几十件无关紧要的小事之后再去做大事,这是一种病态的逃避心理。即使大事重要得多(通常也确实是这样),我们也要热身、要做准备、陷在那些小事里面,直到重要的事情迫在眉睫才会去做。

为什么会这样?"大事"通常意味着更多的工作和更大的责任,意味着我们早点结束工作的可能性更小。但是,还有更深层次的真正的原因。大事通常会涉及深入的思考;大事还常常会涉及一些变化,所以我们总是想办法尽量地拖延。在大事上我们所面临的风险更大;我们无法肯定自己是不是能够成功。

也许你觉得避重就轻会更容易一些,但事实上恰恰相反。先做大事通常不会做得更快,但是对我们的脑力和体力来说却是更容易的。即使只有一件重要的事情没有做,其代价——时间上的、金钱上的、内疚感、担忧、烦恼和它所造成的延误——也会让我们生活的每一天都忧心忡忡,要去做很多琐碎的小事来避免面对这件大事。

大事也并不总是意味着要花更长的时间。在工作上,我们都会犯的一个最大的错误就是,拖延那些只需要一天或者一小时就能完成,但是如果不完成却会给我们整个生活带来很大影响的事情。我们总是在逃避这些事情,把它们从一个清单上抄到另一个清单上,5年、10年,甚至更长的时间。

做个游戏,把它们换过来。这一个月,忘掉那些小事(把它们写在清单的某个地方,但是一件也不做,甚至不去想),而且,去做一两件被你暂时放到一边的重要的事情。处理这些重要的、搁置已久的事项,会让你立刻感到很满足。当你完成这些大任务之后,你还会发现,清单上的很多小任务也随之完成了,它们自然而然地穿插在这些大任务中间,要不就是被大任务解决了。

这样做了之后,你会明白一件事情,做一件事情并不意味着我们一定要放弃其他的事情。因为,在完成大任务的过程中,多数情况下我们会将时间分成很多小块,在这些时间块里,你可以同时完成一些小任务。

让你的工作"头绪化"

平时在我们身边,经常会听见有些人发着感叹:工作很忙,也很乱,一点头绪都没有,特别是在进入一个新的工作岗位或者刚进行一个新项目的时候,这种情况就更加明显。很多人就是因为"一团糟"的工作状态,使得最终没能将工作做彻底,出现失败的结果。

工作对于某些人来说,很可能就是一团乱麻,可是这其中有的人成功了,而有的人失败了。虽然说成功有成功的理由,失败也有失败的原因,但经过仔细分析之后,我们不难发现,在这些成功者身上有一个共同的特点:善于理清工作的步骤,让自己的工作"头绪化"。

或许很多人对"头绪化"的工作没有什么切身感受,也就不能体会到这种工作方法的魅力所在,但是央视著名主持人王小丫对此却深有体悟。

王小丫自从进入中央电视台当了节目主持人之后,似乎就没有闲着的时候,她的工作日程总是排得满满的,特别是遇到一些临时性的主持任务时,王小丫更是忙得不可开交。

仅凭她主持过的节目大家就可以看出这一点:《商务电视》《供求热线》《金土地》《经济半小时》《开心辞典》等栏目,还客串主持了《对话》等栏目,"3·15"消费者权益日直播晚会、上海财富论坛、科技下乡、环保主题电视节目……这一连串的播出任务放在谁身上都可能出现忙乱的景象。但是王小丫忙归忙,却从来不乱,在荧屏上出现的她给人的感觉总是那么稳重、自然、有气质,特别是她的神态,更是一副稳定自若的样子。

那么王小丫是如何做到这一点的呢?很简单:把工作的头绪理清楚,一步一步来。她是一个烹饪爱好者,在说起自己的工作步骤时,她用烹调做过一个比喻:工作就好比做菜一样,你放材料、作料的时候必须要有条理、有顺序。第一步该放油,第二步该放蒜、辣椒,然后就是菜、盐、味精……要想菜做得好吃,这些步骤不能弄乱了,否则你做出来的菜不仅没有好看的菜色,也不可能会有好吃的味道。工作也是如此,第一步该做什么,第二步该做什么,你同样不能弄乱了,否则你的结果可能就是失败。

有一次，王小丫在主持《开心辞典》的时候，突然接到了外景任务，正当她匆匆赶往外景场地的时候，却接到家人的电话，需要她马上赶回家……既要录制节目，又有采访任务，还要急着赶回家，换作一般的人，可能早就乱作一团了，但是王小丫稍微思考了一下，便做出了安排：首先做好外景的采访任务，因为外景不比在直播室录制节目，时间不等人，事件也不等人，就在她赶往外景采访的时候，她请自己的好友帮忙订购飞机票，外景一结束，她就赶往机场，回家处理私事。

就这样，一团乱的工作状态得到很好的控制，王小丫不仅没有耽误直播，也没有耽误采访，当然，也没有耽误赶回家处理事情。正是凭借着这种干练的精神，王小丫成长为央视当家女主持人之一，并且还获得了一系列的奖项。

1998 年获得"华鹤杯"全国电视经济节目主持人十佳奖、最佳评论奖和 1998 年全国广播电视系统抗洪先进人物；

2000 年获"2000 中国电视榜"最佳财经节目主持人；

2001 年获得"大学生电视节"最受欢迎女主持人奖；

2001 年获第四届金话筒提名奖、最受欢迎电视节目主持人；

2002 年初获得"首届央视十佳主持人"评选第一名和"全国电视榜"最佳财经节目主持人；

2003 年第五届金话筒奖；

2003 年和 2004 连续两年在中央电视台被评为"十佳主持人"；

2004 年被评为中央电视台十大巾帼标兵，并被全国妇联和妇女杂志评为 2004 年全国十大经济女性；

2006 年获得中国电视节目主持人 25 年 25 人"最具亲和睿智主持"、在"2006 中国十大魅力女人"评选中被评为"睿智之魅"；

2007 年获中央电视台十佳节目主持人，在 2007 中国时装周获得"时尚成功人士奖"。

当然，王小丫不仅做好了自己的本职工作，同时也热心于社会公益事业，担任了中国青年志愿者形象大使、全国青联委员以及中央直属机关青联常委、视协副会长，还担任了全国爱护母亲河形象大使，以及全国推广普通话终身形象大使，同时还是中国红十字会捐献造血干细胞的宣传员。

职衔的复杂也决定了她工作的繁杂，但是在繁杂的工作面前，王小丫依然做得很好，工作做得很到位、很彻底，这和她善于理清自己工作的头绪是分不开的。

由此我们可以得出一个结论：要想在职场中提高自己的职场竞争力，除了要提高自己的能力之外，还有一点非常重要：那就是让自己的工作头绪化，不要因为忙而变得乱，因为乱而变得更忙，最终失败而终。那么在工作之中，该如何理清自己的头绪呢？

　　首先,学会管理自己的工作。所谓管理自己的工作,实际上是指对自己的工作进行合理的时间分配。这种时间上的分配在很大程度上保证了自己的工作效率,也保证了工作和时间的完全重合。即在规定的时间里做规定的事情,而不是因为一旦时间充足就浪费时间,一旦时间不充足就胡乱完成自己的工作,这样做自然不能将工作做到彻底。当然,要做到这一点就必须对每一项工作需要多长时间了如指掌,这一点可以在平常的工作当中积累经验。

　　其次,做好自己的工作计划,尽量做到统筹规划。有计划的工作和没有计划的工作完全是不同的。为什么在工作中有很多员工在做某一件事情的时候时间非常充足,而做另一件事情的时候时间却往往不够用呢? 原因很简单:他们没有将时间进行统筹规划,在时间充裕的时候还可以做点别的事情,从而改变时间不足时捉襟见肘的境况。

　　再次,做好经验总结,提高自己处理突发事件的经验。最容易让工作变得毫无头绪的莫过于一些突发事件了,如何处理好这些突发事件将直接关系到我们能否彻底完成工作。比如在工作过程当中,老板突然给你一个紧急任务要你去完成,这个时候,你该怎么办? 立即放下手头工作去处理还是分析思考之后再去处理,如果你去处理该怎么办? 在处理这些紧急事件的时候是不是还能继续完成自己原先的工作呢? 这些问题都得好好考虑,在平常的时候多多积累经验,以备不时之需。

高效工作需要秩序维护

　　所谓高效工作,在一定意义上来说,也就是选择一个较佳的工作秩序。只有这样,才能减少忙乱,增加单位时间的效率。它既有益于工作,也有利于健康。

　　秩序,是高效的优秀员工要了然于胸的必修课。在美国国会图书馆的正上方,写着这样一句话:"天国的第一要律是秩序!"

　　《有效的经理人》一书中写道:"我赞美彻底和有条理的工作方式。一旦在某些事情上付出了心血,就可减少重复,开启更大和更佳的工作任务之门。"

　　有句谚语说得好:"喜欢条理吧,它能保护你的时间和精力。"

　　工作无序、没有条理,必然会浪费时间。试想,如果一个搞文字工作的人资料乱放,本来一天就能写好的材料,找资料就找了半天,岂不费事?

　　工作有序,就应把自己的工作任务清楚地写出来。

　　工作有序性体现在对时间的支配上,首先要有明确的目的性。

　　只有明确自己的工作是什么,才能认识自己工作的全貌,从全局着眼观察整个工作,防止每天陷于杂乱的事务中。

　　只有明确办事的目的,才能正确掂量个别工作之间的不同比重,弄清工作主要目标在哪里。

只有明确自己的责任与权限范围，才能摆脱自己的工作和下级的工作、同事的工作及上级的工作中的互相扯皮现象。

工作目的、工作任务明确后，能不能很好地实现，在于能否进行合理的组织工作。西方一位管理者深有体会地说："总经理的最大困难之一是组织自己的时间。"

组织工作首先要做好选择、区分的工作，剔除那些完全没有什么价值或者只有很小意义的工作，接着再排除那些虽然有价值但由别人干更合适的工作，最后再剔除那些你认为以后再干也不要紧的工作。

工作中，我们经常看到有的人善于把复杂的事物简单化，办事又快又好，效率高；而有的人却把简单的事情复杂化，迷惑于复杂纷繁的现象中，结果只能陷在里面走不出来，工作忙乱被动，办事效率极低。可见，化繁为简，善于把复杂的事物简单化，是防止忙乱、提高效率的法宝。

美中贸易全国委员会主席唐纳德在《提高生产率》一书中讲到提高效率的"三原则"，即为了提高效率，每做一件事情时，应该先问三个"能不能"：能不能取消它？能不能把它与别的事情合并起来做？能不能用更简单的方法来取代它？

一名高效的员工应该经常记住：明确自己的工作是什么，并使工作组织化、条理化、简明化，这样才能最有效地利用时间，从而拥有一份愉快而高效的工作。

分清事情的轻重缓急

有先有后，循序渐进，是高效做事的基本前提。分不清事情的轻重缓急，只会让你疲于应付工作，从而使工作的成效大打折扣。

工作之中，对于每一名员工来说，做事都需要有章法，不能眉毛胡子一把抓；只有按事情的轻重缓急，一步一步地把事情做得有节奏、有条理，做事效率才能提高上来，才有更多的精力同时间赛跑，取得人生更多的成就。

很多取得卓越成绩的人，办事效率都极高。这是因为他们能够利用有限的时间，高效率地完成至关重要的工作。任何工作都有主有次，如果工作不分主次，平均使用力量，在时间上就是一种浪费。因此，在主要工作上，在关键部位，我们要用全部精力，尽量做到最好；在次要问题上就不必非要追求完美。

刘丽是某私企经理秘书，几年前刚进公司时，刘丽做事分不清主次，每次经理布置工作时，她都认真记录，可到具体执行时便因种种原因"走样"：不是丢三落四，就是缺东少西，为这事，经理没少发脾气。

有一次经理出差，临走前让刘丽起草一份重要的发言报告，以备他一周后回来开会用。刘丽当时认为时间很充裕，不妨慢慢准备。其后几天，刘丽只管忙着处理其他日常事务。转眼到了第六天，刘丽突然意识到，经理第二天就要回来了，可报告还没开始动笔，凑巧的是，刘丽这天的事情又特别多，上午要替经理参加朋友的开业庆典,下午又要接待已提前预约的客户。

等一切处理妥当,已临近下班,刘丽只好回家准备连夜赶写报告。吃过晚饭后,刘丽坐到电脑前开始写报告时,却突然发现,有些背景资料忘了带回家,这可怎么办?第二天,刘丽只好一早就冲到办公室狂赶报告,总算在经理上班前勉强把报告写完了。

开完会后,经理把刘丽叫到办公室,开门见山地质问她这一个星期的工作状况,然后严肃地说:"你有一个星期的时间,为什么交出这样没水平的报告,甚至还有一大堆错字?"刘丽这才意识到事情的严重性,便老老实实地讲述了报告的完成过程,等着被"炒鱿鱼"。不料,经理长叹一声说:"你有热情但不够成熟,做事情完全分不清主次先后。"随后,经理语重心长地告诉刘丽:"秘书的工作很琐碎,但是一定要分清主次,再不能犯同样的错误了。"

经理的一席话,让刘丽茅塞顿开。从那以后,她做事前先安排好顺序,忙而不乱,终于受到了经理的表扬。

工作要讲究章法,懂得突出重点,主次分明,不能眉毛胡子一把抓。哪些事情紧急,就要先去处理,哪些事情不是太紧急,就可以往后放一下。分轻重缓急,这样才能一步步地把事情做得有节奏、有条理,才能把工作做好。

刘辉是一名"海归",曾在美国一家知名公司做经理助理,工作相当出色,回国后被一家软件公司聘请做总裁助理。在这里,他充分运用了在国外养成的工作习惯,使得工作进展得非常顺利。同时,他也看到公司的员工在工作任务的规划上存在着极大的弊病,那就是做事不分主次,不分轻重缓急。他常常看到很多员工下班之后依然在焦头烂额地工作,而白天的时候这些人并没有怎样忙碌。对于这个现象,他觉得很是不解,他认为员工的工作任务其实并没有那么重,但他们为什么总是喜欢在下班之后工作呢?难道是白天的时间真的不够吗?他决定在公司举办一堂"如何正确安排工作并更好地执行计划"的讲座,以教给这些可怜的"加班族"不再加班的诀窍。

刘辉在讲座时开始就问:"我想问一问大家,你们觉得每天加班有必要吗?"大家都说:"当然有必要了,不然完不成任务呀!"

"真的吗?"刘辉接着说,"我有一个方法可以让大家从此摆脱加班的枷锁。我会在10分钟后给你们一样东西,这东西能把公司的业绩提高50%。"之后,他递给每人一张白纸,说:"请在这张纸上写下你明天要做的6件最重要的事。"

大家很快在5分钟内写完了。

刘辉接着说:"现在用数字标明每件事情对于你和公司的重要性次序。"这又花了5分钟。

刘辉说:"好了,把这张纸放进口袋,明天早上第一件事情是把纸条拿出来,做第1项最重要的事,直至完成为止。然后用同样的方法对待第2项、第3项……直到你下班为止,如果只做完第一件事,那不要紧,你没有耽误最重要的事情。"

最后,刘辉说:"只要每一天都这样做,你们就可以摆脱加班的命运了。如果你们觉得这个方法可行,不妨运用到工作中去,我想大家不会失望的。"

一周之后,刘辉又开了一次会,他想知道那堂讲座是否起到了作用。结果,所有的人都表示,他们从此再也不用加班了,他们的工作轻松了很多,而且也快乐了很多。

一年之后,公司效益大幅度上升,总裁认为这里面有刘辉很大的功劳,因为他告诉了大家一个很重要的工作方法,那就是如何分清事情的轻重缓急。

其实,任何工作,只要找到了窍门,找对方法,做起来就会得心应手。

优秀的职业人会根据实际情况合理安排每一个任务,懂得该把哪个任务放在第一时间完成,也懂得该把哪个任务放在最后完成。他们具有良好的判断力,能够审时度势,安排好优先顺序,先做最重要的事。

在小事上浪费时间最可惜

有的人对时间采取毫不在乎的态度,对时间的利用敷衍了事。他们与同事扯些无聊的废话,或没完没了地打电话,在无谓的小事上浪费着时间。下面列举一些最常见的浪费时间的行为。

(1)工作分配不合理

别人能干的工作不分配给别人干,却自己抓住不放,结果浪费了宝贵的时间,在必须自己亲自干的工作上时间不够,无法把任务完成好。

(2)优柔寡断

总是要花费许多工夫才做出个结论,总是犹豫不决。

(3)行动迟缓

正如俗话说"迟缓是时间的小偷"。如果你想到一件事,就要马上动手干。现在要干的事如果拖到以后,就等于处理这件事时多花费了不必要的时间,因为在未着手处理它的这段时间内,心里要惦记它,为干这件事做了不必要的"心理上的准备",这就浪费了时间。

(4)马马虎虎地工作

马虎地工作也等于是浪费时间。比如说:一旦把文件书籍放错了位置,找起来就要花费时间。把还没有处理的文件之类的东西统统堆在桌面上,不定什么时候就得花工夫整理。

（5）乱打电话

电话若使用得当，会是节约时间的最有价值的工具，但没目的而老打电话，或说完正事还闲扯，那就是浪费时间了。

（6）会议占用的时间过多

随意召开很多会议也是浪费时间的一个很大原因。有调查显示：无效率的会议，是企业中时间浪费的最大来源。

（7）无限度地宽容自己

有些人，在工作中无限度地宽容自己："这项工作我打算用3天的时间来完成。"实际上只是很小的一件事，一个上午足够可以处理完毕。

一位著名的时间管理专家说过这样一句话："在事先分配好的时间范围内，工作将一直拖延着。"这就是说，如果我们认为某项工作需要一周的话，那么它果然就需要一周时间，如果认为某项工作需要10天的话，就真需要10天才能做完。

专注于你最喜爱的事情

每天有许多事可做，但有一条原则不能变，那就是一定要做你最喜欢做的事。

很多人在寻找工作的时候，都不知道自己要做什么，或是做一些自己不喜欢做的事。

有一位机械师不喜欢自己的工作想转行，却迟迟下不了决心，因为，他已经学了20多年的机械，如果突然换一份其他工作，会感到很不适应，尽管不喜欢，却无法抛开累积20多年的机械专业知识。

他想改变，但又抛不开过去的包袱，自然无法突破。

这是个矛盾，既然知道自己再继续做下去也不会有兴趣，就应该果断地做出决定：转行，做自己喜欢的事情毕竟是令人兴奋的，也更容易激发自己的想象力和创造力，并最终取得卓越成就。

每个人都必须当机立断，去做自己喜欢做的事情，当知道自己已经走错方向时，就要及时地掉转头，朝正确的方向走，才会达到理想的目的地。如果明知错了还要继续走，最终会一败涂地。

找到你真正热爱的工作能让你轻易地创造丰富的物质与金钱。你的人生事业就是要你用自己的时间和能量来做你喜爱的事。当你在做你喜爱的事时，你就会感到充满活力、快乐和满足。你会散发出喜悦，并吸引来许多美好的事物。你可以靠做你不喜欢的工作赚钱,但这需要你付出更多的努力。用你的时间和能量去做你不喜欢的事会减少你的物质与金钱,更多削减你的生活趣味;喜爱你所做的事确实会更容易地带来更丰富多彩的生活。

想象一个园丁在照料他的植物。一个喜爱植物的园丁在必要时就会去除草、修剪、松土。他会看护这些植物,连最小的细节都不放过。他会怀着爱心照料每一株植物,尽他所能地让它们苗壮成长、结出果实。与怨恨这项工作、只是在不得不做的时候才去照看它们,对它们漠不关心的园丁相比,他的植物当然会更美丽更多产。两个园丁都会有收获,但热爱植物的园丁收获会更大,除了得到报酬外他也感到种植植物是一种乐趣,而另一个园丁则会觉得,要获得即使很少的收获也要付出辛苦的劳动。

要改变自己目前的状况,要让自己更有自信,要让自己做事更有成效,我们就必须做出更好的决定,采取有效的行动。

华德·狄斯奈讲过一句话:"你一定要做自己喜欢做的事情,才会有所成就。"做你自己喜欢做的事情,其实是很困难的,大多数的人多半都在做他们讨厌的工作,却又必须逼自己把讨厌的事情做得最好。他们经常失去了动力,时常遇到事业的瓶颈,而没有办法突破,他们不断地征求别人的意见,却还是照着一般的生活方式在进行,凡事没有进展,原地踏步,当然,这些都不是他们想要的。但是,由于种种原因,他们当中却很少有人试着去改变自己的状况。其实,要找出自己真正喜欢的工作,只需要把自己认为理想和完美的工作条件列出来就一目了然了。

一位颇有名气的心理学专家,在叙说自己最终寻找到自己最喜欢的工作的经历时这样说:

运动和数学一直是我很喜欢做的两件事。

从小到大,我一直是运动健将,不仅担任过体育队长和篮球、乒乓球队长,也是校田径队的杰出运动员,我曾经想过要如何把兴趣发展成职业,也曾经梦想成为张德培第二。

我不断地问自己:这些真的是我自己想要的吗?我愿意把运动当成我一辈子的事业吗?后来,我告诉自己,靠体力生活,并不是我真正喜欢过的生活,虽然我非常喜欢运动。

在高中和大学的时候,我的数学成绩一直都名列前茅,我也曾经想过,要当一位数学教授。

决定要做这件事之前,我列出一张理想和完美的工作条件,我告诉自己:

第一,时间一定要由我自己掌握。

第二,它要能不断地接触人,因为我喜欢人群。

第三,它必定对社会有所贡献。

第四,它可以让我环游世界。

第五，它必须能够不断地学习与成长。

第六，它必须能够不断地建立新的人际关系，可以跟一些成功的朋友交往。

第七，收入的状况可以由我的努力来控制。

我发现，当一位数学教授，并不能达到我理想的工作条件，于是，我又开始寻找另一个可以当成我终身事业的工作。

17岁的时候，我接触了汽车销售业，因为，我很喜欢车子，我想自己应该做得不错。真正进入了这个行业之后，我发现这个行业有非常大的特色，但是，我的个性似乎并不适合，于是，我又转行了。

从16岁到21岁，我陆陆续续换了18份不同的工作，可是，每次换工作之前，我从来都没有仔细想过："我到底要的是什么？"直到我把那些理想和完美的工作条件列出来。

后来我发现，自己有一个特色，就是从小到大一直很热心，很喜欢帮助别人，同学数学不会，我很喜欢教他们；别人篮球打得不好，我自告奋勇过去指导他们。

因为我相信，只要我可以，别人一定也做得到。

一个很偶然的机会，我参加了一个激发心灵潜力的课程，它给了我非常大的震撼。

我发现，自己上了那么多的课程，学习了那么多的资讯，却没有任何一个课程比得上我的老师安东尼·罗宾在短短的8小时当中所分享给我的那么多。

我想，假如我以后也能做他所做的事情，把一些真正对人们有帮助的资讯，不管用任何渠道，书籍也好，录音带也好，或是录像带也好，都能够分享给想要获得这些资讯的人，那该会有多好？

我发现，这个工作完全符合我所列出来各种理想和完美的工作条件，当我了解到这件事以后，我知道，这就是我毕生所寻找的方向。

我曾经听我的老师这样说过："世界上的每一份工作都很好，但是，没有任何一项工作，比我目前所做的更有意义。"因为，他可以借由帮助别人，来帮助自己。

这句话让我决定，要一辈子做这件有意义的事情。经过了七八年的坚持，我终于可以在这个行业崭露头角，让非常多的人和我的学员得到非常具体的帮助。不管是心灵的重整，或是自信心的培养，或是业绩上的突破，或是管理思考盲点的一些转变，他们都有非常显著的改变。

以前，我一直把赚钱当成非常重要的目标，后来我才发现，赚钱并不是生活的全部。

赚钱固然重要，但是，我现在一心一意只想把所有精力放在如何提升我自己，如何提高我的工作品质，如何提供更多、更有价值的服务，来帮助更多想要成功、想要更上一层楼的伙伴们。

每当我发现，一个人不再自我成长，觉得自己没有什么可以学习的时候，我就为他感到非常可悲。

因为,连世界最顶尖的人,都还是那么谦虚,那么努力地想成长,他们已经是全世界最棒的,却还在不断地学习如何再进步。世界顶尖的人士,一定有他们成功的方法和道理,这些都是我们应该学习的。

船停泊在港湾是安全的,但船的用途并不在于此。人如果躺在地上,就不会跌倒,但这也并非人活着的目的。有一首诗这么写着:"坟墓是幽静的地方,不受干扰;但我想:没有人愿意在那里休息。"人生在世,就是要去体验。只有勇敢迈向未知的领域,才能领悟生命的真谛;尝试未曾做过的事,才能学到经验。

提高时间效率的方法

善于利用时间的人,可以无形中比别人多出很多时间,从某种意义上讲能比别人多活很多年。因为他们的每一个时间都发挥了最大的作用,他们把所有的时间都看作是有用的,尽量从每一分钟里得到满足,这种满足是多方面的。它不仅包括取得一定的成就,也包括从消遣中得到快乐,等等。

尽量在工作中以苦为乐,要善于在枯燥无味的工作中发现能够引起自己极大兴趣的因素,这样可以大幅度地提高工作效率,从而大大节约时间。

作为一个终生乐观者,尽量把烦恼和忧愁从自己的心中排除出去,这样就可以做到每一分钟都过得有意义,有价值。

在工作中一定要寻求取得成功的有效途径,把所做的一切工作都建立在期望成功的基础上。

不要在惋惜失败上浪费时间。如果经常因为某些事情的失败而惋惜,这本身就是浪费时间,而且还会造成心理上的压力。下列提高时间效率的方法你做得如何?

(1)既往不悔。即使做错了也不后悔。经常悔恨以前所做过的事情,会浪费许多时间。所以从时间这个角度来看,任何懊悔都是不必要的。

(2)充足的时间应用在最重要的事情上面。这是节约时间的诀窍,如果常常在不重要的事情上纠缠,就难以达到节约时间的目的。

(3)经常掌握一些新的节约时间的技巧。对这些新的节约时间的技巧应尽快熟知并加以利用。

(4)每天要早起。这样坚持下去就可以节约许多时间。

(5)午餐要适量。午餐不可吃得太多、太饱。否则到下午容易打瞌睡,工作效率会降低。而工作效率的降低,本身就是浪费时间。

(6)要学会浏览报纸。不能事无巨细全部看完,这样会浪费时间。

(7)要掌握快速读书的方法,从而获得书中最主要观点和内容的满足。

用时奇点子

图文珍藏版

（8）不要花过多的时间在电视机上，只要看一看有关新闻和关于业务方面的节目即可。

（9）尽量让家与公司之间的距离短一些。这样，在上班时就能够在很短的时间内到达办公室，下班时也能用很短的时间回到家，把浪费在上下班路上的时间降到最低限度。

（10）对自己的习惯要经常进行反省，好的保留，不好的坚决改掉。

（11）别空等时间。假如必须花费时间进行等待，如等车、等电话等，应当把等待当作是构想下一步工作计划的良机，或者用它来看书看报。

（12）把表拨快10分钟，每天提早开始工作。

（13）口袋里经常装有10×17厘米的空白卡片，以便随时记下各种有价值的资料，以备使用。这样可以节约大量的翻阅报刊的时间。

（14）每月修正一次生活计划，删除那些没有什么意义的内容。

（15）每天阅读一次当天的计划表，并确定当天的工作内容，以便使当天的活动有条不紊地进行。

（16）把所要完成的工作写成一句话贴在办公室里，以便提醒自己。

（17）在处理必须处理的小事情的同时，要把重要的工作、目标记在心中，并善于在处理这些小事情中发现能够促成重要工作目标迅速实现的重要线索。

（18）早上上班后的首件事，就是排列好当天工作的先后轻重次序。

（19）按照事先排列的次序制成一张表，把重要的工作放在最前面，并尽快去完成。

（20）在每月制定计划时要有弹性。最好在计划中留出空余时间，以便应付紧急情况。

（21）在完成重要工作项目以后，要进行适当的休息，以求得工作和休息的平衡。

（22）首先应去做最优先的事项。

（23）对难度较大的工作要智取，不要蛮干。

（24）先做重要事项，后做次要事项。

（25）对哪些事情应列为优先事项，要有信心做出精确的判断。而且，要不畏困难，坚持到底。

（26）经常问问自己："若做这些事情，会不会产生效果？"如果不会，就干脆不做。

（27）一次最好只专心致力于一件事。

（28）自己感到马上可以取得成功时，就要加紧去做，不要耽误。

（29）要养成逐条检查日常工作计划表的习惯，看看是否有意跳过了困难的项目。

（30）制定文件时不要怕花费时间，一定要深思熟虑。

（31）在精力最佳的上午独立投入工作。

（32）对自己的每一项工作都要确定完成的期限，要尽可能在期限内把它完成，绝不可超过期限。

（33）在讨论问题和听演讲时，一定要专心听讲，以免事后再花费时间找人解释。

（34）不要浪费别人的时间，浪费别人的时间就等于谋财害命。

（35）尽可能把一些不重要的琐事委托给你的下属去办。

（36）碰到专业性很强的问题时，一定要请专家帮忙。因为你在两三天中弄不清楚的问题，专家会在一两个小时内甚至几分钟内就能帮助你弄清楚。

（37）如果担当重要职务，最好学会分身，请专人为你管理信件、电话和处理琐事。

（38）尽量减少对公文的批阅，那些不重要和毫无价值的公文可交给下属批办。

（39）把回复各种问题的答案都写在文件上，有人来问时，把文件交给他看就可以了，从而避免谈话时可能造成的时间过长问题。

（40）要把主要的工作项目摆在办公桌的桌面上。

（41）各种常用或不常用的物品要各有定位，这样可以避免在寻找时浪费太多时间。

记得一位名人做过这样的比喻：时钟随着指针的移动滴答在响："秒"是雄赳赳气昂昂列队行进的兵士，"分"是士官，"小时"是带队冲锋陷阵的骁勇的军官。所以当你百无聊赖、胡思乱想的时候，请记住你掌上有千军万马，你是它们的统帅。检阅它们时，你不妨问问自己——它们是否在战斗中发挥了最大的作用。朋友们，你这样问过自己吗？

第五章　管理时间，高效做事

人生最宝贵的两项资产，一项是头脑，一项是时间。无论你做什么事情，即使不用脑子，也要花费时间。因此，管理时间的水平高低，会决定你事业和生活的成败。如何根据你的价值观和目标管理时间，是一项重要的技巧。它使你能够控制生活，善用时间，朝自己的方向高效迅速地前进，而不致在忙乱中迷失方向。

不要盲目地瞎忙

不知从何时开始，"忙"成了我们大家的口头禅。无论打电话，还是跟朋友见面，"忙"成了众多人争相抱怨的主题。身边的同事也总是日复一日、年复一年地东一头西一头地忙碌着，似乎有解决不完的问题、做不完的事情，大有"两眼一睁，忙到熄灯"之势。"忙，累"成了我们多数人生活的常态。

忙，本来是好事，是能干的表现，更是成事的基础。但是，许多时候，我们在忙着，也是在盲着，忘记了自己为何而忙，不懂得自己该如何忙。盲目地忙碌着，最终却很难见到成效。

两年前，小李也是个忙得不可开交的人，每天他是忙得团团转，忙得连屋子顾不上整理，里面是乱七八糟。然而从早忙到晚却总见不到成绩，更谈不上升迁了。而今，如果你再走进小李的房间，就再也看不到以前的"脏、乱、差"了。现在的房间，已经被整理得有条不紊，而房间的主人——两年间也从一个普通技术员晋升为公司的中层管理者了。

谈到这一变化，小李称，这要感谢公司的"时间管理"培训，"是它改变了我的行为法则"。

在小李的笔记中，有句话非常醒目——"认识和管理时间最重要的词是'不'"。小李的理解是：对于来自各方的请托，要量力而行地说"不"，对己对人都是一种负责。

通过培训，小李还改变了以往对时间的一些错误认识，大大提高了工作和生活的效率。比如：为了做好工作，他将本职工作做了指标上的量化，如出勤、业务量等都有明确的规范指标，这一措施帮助他获得了去年的最佳员工奖。

再如，小李以前做事往往不分"轻重缓急"，喜欢"一勺烩"。现在，他可不这样做了。他把所有的事分成了四类："重要且紧迫""重要但不紧迫""不重要但紧迫""不重要且不紧迫"的事件。做事、生活变得条理清晰、轻松自如，再也不用晕头晕脑地"团团转"了。

这个经验给予我们如下的启发：那就是所谓的"忙"是一个态度问题，是一个能否认真对待时间的问题。我们每个人都有同样多的时间，关键在于你怎样去利用好它。

时间管理者为我们提供了一些建议，希望能帮助大家忙得正确，忙得舒心，忙出成效，忙得更有价值。

（1）确立忙的目标。目标具有极强的导向作用，可以指导个人的行为，为个人的忙碌提供方向，而人一旦失去了目标，即使终日忙碌也得不到回报。所以，首先必须树立正确的、适合自己的目标。

（2）在确立最合适的目标后，将通过抓住关键、分清事物的轻重缓急、一次只做一件事等工作方法，灵活运用这些技巧，调整个人的工作目的和想法，从而不会因忙碌而使自己失去了主张和方向。

许多人盲目地瞎忙，造成时间上的浪费，也使自己精疲力尽，最大的根源就在于做事缺少谋划,如:可以同时进行的工作要一个一个地做;需要休息时,却做着无谓的事;工作做了一半,才发现原来"事不是这么做的";长期用低效率高耗时的方法工作,不注重提高效率等等。因此,工作时目标明确,有的放矢,不动则已,动则风驰电掣,一气呵成,才是最有效认识和运用时间的方法。

迅速有效地完成工作

有句口号叫作"向效率要时间",就是说,较高的工作效率可以争取到较多的时间。相反,浪费或者不善于安排时间,会出现工作效率低下的现象。可见,时间与效率是相辅相成的。要想成为一名优秀的员工,就必须清楚准时完成任务的重要性。

某公司老板要赴海外公干,且要在一个国际性的商务会议上发表演说。在该老板临行的那天早晨,各部门主管也来送行。老板问其中一个部门主管:"你负责的文件打好了没有?"

对方睁着惺忪的睡眼说:"今早只得4小时睡眠,我熬不住睡去了。我负责的文件是以英文撰写的,您看不懂英文,在飞机上不可能复读一遍。所以我想等您上飞机后,我回公司去把文件打好,再以电讯传给您。"

老板闻言,脸色大变:"怎么会这样? 我已计划好利用在飞机上的时间,与同行的外籍顾问研究一下自己的报告和数据,别白白浪费坐飞机的时间啊!"

顿时,这位主管的脸色一片惨白。

作为一名独立的员工,任何时候,都不要自作聪明设计工作进程,期望工作的完成期限会按照你的计划而后延。成功的人士都会谨记工作期限,并清楚地知道,在所有老板的心目中,工作必须要在指定的时间内完成。

实际上每个人的办事能力都差不多,关键在于他们怎样处理事情,若你想用最少的时间,发挥最大的工作效率,你必须注意下列各点:

1.为每件工作定下完成的时间,除非在很特别的情况下,不然不要拖延。

2.对于不是自己分内的工作,坚决地说个"不"字。

3.如果你整天的工作排得很满,应该把一些必须马上完成的事情抽出来,专心处理。

4.假如你觉得自己心情不好,应先放下工作,让自己有松弛的机会,待心情好转时再投入工作。

5.中午时间,不要安排太多的会议,你可以利用早餐时间会见客户,尽量利用每一个机会。

6.若你能用电话处理事务,就不要浪费时间写信。

7.把文件整齐排列,你不必花时间找寻资料报告。

发挥最高的工作效率是攀上成功阶梯的重要一步。以下是一些基本步骤：

1. 定时整理档案。

2. 手袋里必备备忘录。

3. 不要让案前堆积信件、便笺。

一个可能性计划能否实现，与你对它的信心程度，以及你如何去实践有很大关系。如果你不立即行动，什么计划也只是空中楼阁。

利用业余时间做"正事"

从前，有两个和尚分别住在相邻两座山上的庙里。两个和尚每天都会在同一时间到同一条河去挑水，久而久之便成了好朋友。

四年过去了，有一天，右边山上的和尚，发现左边这座山的和尚已经三天没有下山挑水了。心想："他可能生病了，我要过去看望他。"

然而，等他见到那个和尚后，大吃一惊，他不仅没有生病，还在练着武功，神采焕发。

他好奇地问："你已经三天没下山挑水了，难道你不喝水吗？"

那个和尚带他来到庙的后院，指着一口井说："这四年来，我每天都会抽空挖这口井，虽然有时很忙，但能挖多少算多少。现在，我终于成功地挖出水了，我以后不用再下山挑水了！"

四年来，左边山上的和尚利用零散的业余时间，居然挖成了一口井，终于可以不必为"年龄大时挑不动水"而担心了。从这个例子中，你能学到什么呢？

其实，我们的人生也是如此。虽然时间很少，有时会连休息的时间都不够，但是，无论有多忙，我们都要充分利用业余时间，充实自己，只有这样才能与时俱进，不必为"以后没有水喝"而发愁。

在业余时间里，我们当然应该以休息为主，要安排一些有益的休闲活动，用以恢复脑力和体力。但还是要有计划地学习，将部分业余时间用到"正事"上，这样积少成多，时间长了，就是一笔不小的收获。

业余时间也是时间管理中的重要一环，把业余时间用于充电，可以提升自己的技能，使自己在工作中更加游刃有余；将业余时间用到健康的业余爱好上，可以丰富人生，舒展身心，从而提高工作效率。

在快节奏的工作之余，我们不妨放松一下，但一切都要掌握一个度，毫无节制地沉醉于娱乐之中，不仅起不到休息的效果，反而会因精神状态一直处于兴奋状态，影响工作和身体健康。

许多损伤身体、影响工作效率的因素都与业余生活安排不当有关。例如，通宵上网、通宵打麻将、通宵泡酒吧……这些不仅会影响第二天的工作效率，给工作带来损失,也会影响自己的身体和生活。

业余时间是人生的一笔宝贵财富,我们一定要管理好自己的业余时间,做一些有利于工作、学习和健康的正事,并使之成为一种习惯。

学会管理时间

在我们找到更有效地利用时间的办法之前,我们必须知道我们的时间都花到哪儿去了。普通人每天花 7 个小时工作,7 个小时睡觉,1 个小时穿衣,1 个小时上班下班,2 个小时吃饭。除掉周末外,还有 6 个小时的娱乐时间。也就是说我们还有可自由支配的丰富的时间可以用来做更重要的事情,坦白地说大量这样的时间被人们浪费掉了。而这些时间是可以加以利用来实现你的愿望的,这些时间可以被用来制作计划或是来加强你对有关项目的了解以达到你的目标。

说着容易做起来难,尤其对于时间这种看不见摸不着的东西而言。那么我们该如何管理自己的时间,如何更有效地最大限度地利用时间呢? 那就要对自己的时间有一个合理的安排。而要安排时间,就要学会规划时间。具体又可分为以下几步:

要记录时间。我们要学会客观地记录自己利用时间的情况,一天两天也许价值有限,数周数月必然惜时如金,要学会前一天傍晚或第二天清晨,计划安排出第二天要做到的事,要每天傍晚“结算”自己一天的工作学习活动,记录并管理好时间。

要诊断时间。可以根据时间的记录,学习并利用这样的公式:时效 = (总的劳动-无效劳动)÷时间。计算出自己时间利用率,诊断出哪些方面浪费了时间,哪些方面时间利用率不高;分析浪费的原因,准备怎样改正。

有一位身任数家商业杂志社的总编辑,要求属下把信件都送到他办公室里,他必须拆信,看信,再把信件分成若干堆,决定分给属下哪位编辑处理,接着亲自送到每人桌上。整个过程平均就花了一个钟头,于是,他每天加班,要不然就带着“家庭作业”下班,才有办法把工作完成。更坏的是他的编辑人员,不得不等他送信来,因为整个编辑部门成天都是口述作业。这位总编辑之所以会这样,就是他想知道下属究竟是在做什么事。但终于,他觉悟到自己只是在虚耗时间。以后,他的编辑开始直接收信,并做成新闻或新动态的摘要呈给他了,事实证明以往他一直浪费了大半的时间,因为几乎有 3/4 的信件是向废纸篓报到的。

因此,你要总结效率最高和最低的时刻,了解自己学习或活动的“生物钟”,以便修正自己作息时间表,科学合理地管理好时间。

要分配时间。制定最合理的作息时间表,培养适合自己特点的工作和生活方式,劳逸结合,有张有弛,不断调节完善并持之以恒,逐步锻炼形成有利工作和身心健康的生活习惯。

1.要计划时间。要按照"当先者先之,当多者多之"的原则和自己大脑功能"兴奋——抑制(疲劳)"的特点,计划使用时间的先后次第和占时多少,早上计划今日时,今日计划明日时,不贪玩无节制。尤其双休日或寒暑假,更要认真计划时间,自制地管理时间。

2.要节约时间。要养成良好的习惯,诸如安排好所需要的工作资料与用具,以便用时唾手可得;学会使用现代化信息手段,如电脑、计算器等,减少无效的劳动;要养成高效的实践活动行为方式和习惯,不慢慢腾腾,不拖拖沓沓,不做无谓的多余行为动作。工作时紧张、果断、高效;休息时放松、自然、休闲。

3.要核算时间。应树立以最少时间取得最大效益的最优化耗时观念,增强提高效率的意识,为适应高科技、高竞争的社会要求而学会对"时间资源"的运用。

我们眼前的时间联系着我们的未来,是否把握好自己的时间,决定了未来是否能够成功。

20:80 时间定律

传统的时间法则只是机械地将事情分为紧急的、重要的、不紧急重要的和既紧急又重要的4类。但是,却没有帮你区分出哪些事情能给你带来高额回报,哪些根本没有价值。于是,在你辛辛苦苦、按部就班地完成所有事情的同时,你也在浪费你的宝贵时间。

80%的收获来自20%的时间,80%的时间创造了20%的成果。这就是19世纪末20世纪初的意大利经济学家、社会学家巴莱托发现的20:80时间定律。巴莱托认为:在任何一组东西中,最重要的通常只占少数,约为20%,不重要的通常占多数,约为80%。20:80定律,也有人称为"重要的少数与烦琐的多数"原则,它传达的信息是80%的价值来自20%的因素,其余的20%的价值来自80%的因素。对这条20:80的时间定律进行举例:

会议中,80%的谈话时间来自20%的发言人;课堂上,80%的教师时间被20%的学生占用;看报时,80%的阅读时间用于20%的版面;公司里,80%的病假来自20%的员工;工厂里,80%的生产量源于20%的生产线;夜晚,80%的看电视时间花在20%的节目上;销售科里,80%的新生意由20%的推销员带回。

当面对如山的工作、如海的文件时,有的人还未开始工作就泄气了,也有的人先做容易的,结果永远也完不成困难的。这时,如果运用20:80定律,从中找出几项最重要的,分别分配时间集中精力完成,等这一部分完成之后,再做其他的,一步一步来即可获得成功。

IMG集团老板约克·麦卡马特是美国成功的企业家之一,他在《哈佛商学院学

不到的经营之道》一书中介绍了自己如何运用管理学界熟知的 20∶80 定律,他的做法是:

(1)与 20% 的客户做 80% 的生意,也就是把 80% 的时间和工作集中起来,用来熟悉总数 20% 的对自己最重要的那部分客户。

(2)用 80% 的时间精心研究占业务总数 20% 的最重要客户的兴趣、嗜好,还要花时间判断出能做些什么事情把他们深深吸引住。

这一原则的贯彻,显然利大于弊,得大于失。如果拿 80% 的精力去做只占生意总数 20% 的顾客的工作,是不划算的。相反把精力集中在能做 80% 生意的 20% 的顾客身上,既省钱又省力,也会赚得盆满钵盈。

美国保险业巨头法兰科·比吉尔用实践证实了这一原则。他起初推销保险业务时,有 70% 是第一次见面就成交的,25% 是第二次见面成交的,还有 5% 是第三次或以后几次才成交的。法兰克·比吉尔每天把近一半的时间花费在这 5% 的业务上,人累得筋疲力尽,最后几乎想辞职。后来,他改变了策略,采用 20∶80 定律,在推销保险时停止第二次的访问,把这些时间用来寻找新的顾客,结果他的推销额直线上升。

运用 20∶80 时间法则,你可以很快地找到符合自己的时间管理方法。20∶80 时间法则对于时间的分析与传统看法不同,而受制于传统看法的人,可从这个分析中得到解放。20∶80 时间法则表明:我们目前对于时间的使用方式并不合理,所以也不必试图在现行方法中寻找小小的改善。我们应当回到原点,推翻所有关于时间的假定。

时间不会不够用。事实上,我们只运用了 20% 的时间,对于聪明人来说,通常一点点时间就造成了巨大的不同。依 20∶80 时间法则的看法,如果我们在重要的 20% 的活动上多付出一倍时间,便能做到一星期只需要工作两天,收获却可比现在多 60% 以上。这无疑是对于时间管理的一场革命。

20∶80 时间法则认为,应该把重点放在 20% 的重要时刻上,而消减不重要的 80% 的时间。执行一项工作计划时,最后 20% 的时间最具生产力,因为必须在期限之前完成。因此,只要将预计完成的时间减去一半,大部分工作的生产力便能倍增,时间就不会不够用。

最小的原因,最小的投资,就是为了最大的结果,最大的回报。

不要说你没时间

在这个高速运转的时代,"忙"成了现代人的象征,"没时间"也成了当代人的口头禅。太多的人没时间看望父母,没时间照顾孩子,没时间走亲串朋,更没有时间读书学习。的确,时间是有限的,不等人的,可是这些人真的就没一点时间吗?

鲁迅先生曾说过:时间好比海绵里的水,只要愿挤总是有的。

三国时期,吴国有一位大将名叫吕蒙。吕蒙15岁起就跟着姐夫邓当去打仗,由于他作战英勇,所以屡建战功,得到了很多封赏。但是他文化水平很低,基本上就是一个文盲,每次给孙权上书,只能口述,让别人代笔。

孙权觉得应让吕蒙加强学习,便把吕蒙叫来说:"你现在都开始掌权管事了,应该认真读点书,增加知识,增强才干。"

吕蒙显得不以为然,回答说:"军中事务如此繁忙,我哪里有时间读书啊?"

孙权听了,就耐心地劝告他说:"我并不是要求你攻读经书,当什么博学的人才,只是希望你多翻翻书,多了解一些过去的事情。你说自己军务太繁忙,那你觉得我忙不忙? 你比我还忙吗? 你很聪明,只要读书便会有所收获,难道不应该好好去学吗? 你应该赶紧读一读《孙子》《六韬》《左传》这类书。当年,光武帝在军务繁忙的情况下,还是手不释卷,曹操也自称'老而好学'。你为什么不能求学上进呢?你比他们如何?"

孙权的劝告使吕蒙受到很大启发。从此,吕蒙开始发奋读书,而且进步很快,不久就达到了相当高的文化水平,通今博古,满腹经纶。

过了两年,吴国军事统帅周瑜病死。鲁肃接替周瑜为都督。有一次,鲁肃路过吕蒙驻防的地方,看望吕蒙,鲁肃原以为吕蒙只是一介武夫,故意为难他,提出了许多战略问题。他原本以为吕蒙一定会瞠目结舌,却不料吕蒙对答如流,特别是对于如何对待蜀国大将关羽,吕蒙讲了五条应敌之策,讲得很有见地,有的连鲁肃也未曾想到。

鲁肃发现吕蒙成了一个文武双全的人,大为惊喜。当即从座位上站起来,拍着他的肩膀说:"我原来认为你只有武略,是个粗莽武夫,今天同你谈话,才知道你是一个有学问有见识的人,你已经不是当年吴下的吕蒙了!"

吕蒙听后,幽默地说:"士别三日,即当刮目相看。"

不要说自己没时间,这是一个很蹩脚的借口,时间是永远不会没有的,只是这件事情你想去做和不想去做而已。

周瑜

知识决定命运。这是恒久不变的真理。在如今这个知识经济的时代,所有的经济力量莫不依赖于知识,产生于知识。市场的竞争已经从产品的竞争发展到了知识的竞争,人才的竞争。劳动生产率的说法已经日益过时,而"知识生产率"已

经成为越来越多人的共识。知识是众多要素之中最重要、最核心的力量。对此每个人都应该毫不怀疑,并竖起追求知识的狂热信念。因此,我们必须充分利用时间去充实自己、提升自己,去获取更多的知识。

李嘉诚可谓是中国最为著名的商人了,现在已是年逾古稀,可是他至今每天晚上睡觉前都要看书。一次采访时,记者追问他前一天晚上看的是什么书时,他说:"昨天晚上看的是关于资讯科技前景研究的书,我相信这个行业发展会非常快,未来两三年里,电影、电视都可以在小小的手提电话中显示出来。我比较喜欢科技、历史和哲学方面的书籍,最近对网络资讯也比较感兴趣。"

那么,日理万机的他又是如何安排自己的时间的呢? 李嘉诚说:"我每天早上不到6点就起床了,先打一个半小时的高尔夫球,白天工作、开会,晚上睡觉前是铁定的看书时间。"

人们总是愿意给自己喜欢做的事留出相当的时间来,可是对于那些自以为可有可无的事情,总是以没时间为借口。假使你真是有求知之饥渴,读书之热望,你总会找出时间来的。人只患无志耳,何患无时? 不要拿没时间作为懒惰的借口。如果你能把你的工作和生活安排得科学化些,必然可以得到不少的空闲时间。

找出隐藏的时间

时间可以毫无顾忌地被浪费,也可以被有效利用。许多伟人之所以能流芳百世,一个重要的原因就在于他们十分珍惜时间。他们在一生有限的时间里,不但充分利用上天赐予他们的每一分每一秒,还善于把隐藏的时间找出来,一刻不停地工作、积累、进步。

哲人说过:时间会飞翔,而你却是驾驶员。我们每天都有许多时间在等待中度过。等车、等人、排队缴费等,认真算起来,你会发现平均每天光是用在等待上的时间,就不下30分钟。而这一段时间往往被白白地给浪费掉了。

当我们在乘火车做长途旅行时,你可以打开记事簿,每当你想到了一个好主意,或者看到一些你要抄录下来的东西,就把它记下来。

当我们在忙碌时不要让别人来打扰。

如果有人走进了你的办公室,而他并不在你的日程安排之内,他想和你谈谈与他自己有关的某些事,那么你就可以客客气气地拒绝。

更不要以茶点或咖啡款待未经约定的访客。有些人常常会在无意之间,以一句"你要喝杯咖啡吗"这类话延长访客逗留的时间。你要学会根据访客对你工作的重要性加以分类、判断,然后考虑要不要让访客在你的办公室里喝点或吃点什么。

还有就是从你的办公桌上找出隐藏的时间。

你可以在许多不同的地方进行重要的思考、企划、组织以及时间安排等工作，可是，你一天中的例行工作，很可能是必须集中在办公室的一张办公桌，或工作场所的某个定点完成的。如果能把办公桌布置成一个具有相当效率的个人工作站，并使它高度配合你的需要，那么，你可能就会因此节省很多时间。

比如增加抽屉的数量，以尽量减少桌面的凌乱；备有特殊指南的个人档案夹；一只可以随时移动的废纸箱，以节省地面的空间。如果你工作的地点是银行或前端的办公室，随时备有可移动的废纸箱尤其重要。办公室工作环境的混乱，会使我们无法高效率地工作。

买下任何可以提高效率的工具。别心疼所花的一点小钱，如果每天省下一两分钟，每年就可节省好几个小时。

利用零碎的时间。不要认为零碎时间只能用来办些不大重要的杂务，最优先的工作也可以在这少许的时间里去完成。如果你照着"分阶段法"去做，把主要工作分为许多小的"立即可做的工作"，你随时可以做些费时不多却很重要的工作。这给你带来的好处是不言而喻的。

充分利用睡前时间。如果你觉得自己缺乏思考问题的空闲时间，不妨试着坚持每天睡前挤出十几分钟的时间，一旦形成了习惯，就很容易长期坚持。有人算过这样一笔账：如果每天临睡前挤出 15 分钟看书，每分钟读 300 字，15 分钟就能读4500 字，一个月是 12.6 万字。一年的阅读量可以达到 151.2 万字。而书籍的篇幅从 6 万字到 10 万字不等，每天读 15 分钟，一年就可以读 20 本书，这个数目是可观的，远远超过了世界人均年阅读量。

节省上下班途中时间。这么多时间耗费在毫无意义的往返路途上，不如想想其他的方法。如果你工作稳定，不妨把家搬到离公司近的地方，或者可以在离家不远的地方找一份工作。

缩短处理不必要信息的时间。据美国一项调查资料显示：每年人均要阅读超过 100 份报纸和 35 本杂志，看超过 2500 小时的电视，打 60 多个小时的电话。虽然我们把大部分清醒的时间用于处理信息，但是这些信息中的大多数对于我们的工作几乎没有作用。这些过剩的信息使我们很难把精力集中在最重要的工作上。

为了提高工作效率，必须制定可以帮助我们缩短处理不必要信息的时间的策略。而处理不必要信息的关键之一，就是按重要性排列阅读材料。

有备而战高效快捷

进入 E 时代后，人们背负着沉重的工作压力，快镜头下的职场生活，像"无数个陀螺在鞭子抽打下"没命地、不停地旋转，糊涂地旋转，总是惶惶不可终日。

"抓紧时间把工作赶出来""快点做""明天必须交给我""没有高效率，那就只有回家"……

在工作节奏加快的今天,企业与员工都需要一剂良药,这就是松弛。松弛,就是让工作负担不超过员工的负荷能力,让员工拥有喘息的空间,以此提高工作效率!

很讲究效率的美国,建筑师们上班从来都是从容不迫,有条不紊,工作强度小,基本上每个人都不会被同时安排两个以上的项目。但是,他们在高标准的要求下,任何工作的细致深入程度,据说都是其他任何国家的建筑师所做不到的,体现了一种真正的高效率——从容的高效率!

"忙!"这是当今许多职场中人的一句口头禅和真实写照。但是,如果问忙什么,或者问忙是为了什么,大多数人都会茫然地摇头。

我们会因为"忙"而必须面对工作疲劳的问题。紧张的职业生涯犹如不间断的百米跨栏,当挑战一个一个摆在面前,起初我们也许可以轻松跨过,但随着路程的不断加长,栏高的不断增加,再强有力的人也会遇到一个自己无法突破的极限。

在茫然中,人们失去了从容,不再去做任何的准备。曾有这样一个外国讽刺剧,一个人为了节约时间,及时上班,不但早餐在车上解决,而且穿裤子、刷牙都在车上解决。他左手拿着漱口杯,右手拿着三明治,扛着一条裤子就一头冲进了车。随即又从车的门缝里探出一只手,抓走了家门口的一块砖头。

一路上,他先把鞋脱了,赤着双脚,右脚踩油门,同时给左脚穿袜子,然后又用左脚踩油门,给右脚穿上袜子。他穿裤子的动作更是滑稽。只见他把砖头往油门上一按(正赶上下坡),砖借人力,他趁机迅速把裤子提到腰上。下一步就是刷牙,只见他把前窗刷窗剂的管子一拔,里面早已储好的水立刻就喷射了出来,他张开的大嘴正好接住。音乐响起,破车就随着音乐的节奏越开越顺。然而此时,车祸发生了!

狼吞虎咽必将令人消化不良,急于求成往往是欲速则不达。真正高效率的人,总是先做好各方面的准备,这样不仅事情做得快,而且事情做得又好。追求徒有外表的效率,草草了结并不能够结束的工作,结果只会是返工重做。所以,如果做到有备而战,做事的过程中更耐心更细致更从容些,我们的事就会做得更快。

俗话说:"不怕慢,就怕站。"会爬山的人,就是"不怕慢,就怕站"的人。他们一开始只是慢慢腾腾地爬,别人都兴高采烈地冲到自己前面去了,但他们却毫不在乎。等到"慢腾腾"地到达山顶的时候,他们的身体还不觉得怎么累;而那些一开始就使劲往上冲的人此时却在半山腰累得动弹不得了。

这个道理在企业中同样适用。

试想,如果把"松弛"从员工的工作时间中拿掉,就会降低员工的反应能力,从而降低企业运作的效率。"快"一点实际就是意味着可以慢一点。有些企业为了求快,总是让员工不停地忙碌,好像只有忙碌才能证明这名员工在认真做事。

在知识型经济里,公司如果强调的是产品的"质"而非"量"的话,那么让员工"偷懒"一下又有何妨! 在《财富》杂志评选出来的世界 500 强企业中的员工们并不是特别忙碌,办公室内反而充满着活力。

"不怕慢,就怕站"是真正的高效率之源。

快跑未必能赢,而"慢慢地达到某个目标"往往比较实际,因为真正的效率本来就是一个循序渐进的过程,效率就是哲学家指出的"在一个方向上长期顺服"。

是的,清醒的陀螺,无不在"温柔"的鞭子下养成了一个共同的习惯,这就是"不怕慢,就怕站"。

它们转得很是优美,转出的自是另一种高效率。

情绪决定着你的时间分配

小王和小张是某公司的两位销售人员,在 7 月份销售高峰期,小王创造出几十万元的业绩,而小张却一分钱的业绩也没有。为什么会出现这样的差别呢? 难道小王有什么销售高招吗?

在业绩总结会上,大家都各抒己见,诉说着自己的销售经历。经过讨论,大家才明白,小王和小张的业绩之所以有如此大的差别,就是因为他们二人的时间管理不一样。在同样的时间里,他们采取了不同的行为,所以得到了不同的结果。时间管理,对于他们的销售业绩起着决定性的作用。

比如说,当遭到第 N 个客户的拒绝时,小王的反应是:"太棒了,我得到机会锻炼自己,改进我的不足,这样客户就会更容易接受我和我的产品了!"而小张的反应则是:"唉,为什么受伤的总是我? 我为什么总是这么倒霉? 为什么客户总是要拒绝我? 我怎样才能让客户不再拒绝我?"

两种不同的态度导致了小王、小张两人完全不同的关注点,从而影响了他们对自己时间的安排:小王会采用多种渠道给自己充电,而小张则不断自我怀疑、自我否定。我们看到,小王的时间都用在了通往成功的路途上,而小张的时间则用在了情绪消化上。试问小王、小张两人谁成功的可能性更高呢?

因此,时间管理的关键就是情绪管理。情绪决定了我们关注的焦点在哪里,焦点决定了我们的时间用在哪里,是否将有利于我们快速达成目标。很多表面看来属于销售人员时间管理的问题,实际上都是销售人员情绪管理能力的问题。

想要做好时间管理,我们必须认识、了解自己的情绪,控制好自己的情绪。

从某种意义上讲,情绪就是不自主的思维。它是指我们在某种特定的情境中,内在的思维(即我们内在的假设)所明确感受到的情绪。我们内在的假设将会支持、加强这种情绪。

还是用小王和小张两位销售员的例子来说明这个问题。在相同的情境里,小王的假设是:"如果客户拒绝了我,代表我还有待提升的空间。"而小张的假设则是:"如果客户拒绝了我的产品,就代表客户拒绝了我这个人,拒绝了我再次提供服务、进行销售的可能性。"

假设的背后代表了小王、小张核心信念的不同。小王的核心信念是:"我是一个有价值的人,所以我的服务也是有价值的。我可以做得更好。"而小张的核心信念则是:"我是一个没有价值的人,我做的工作也没有价值,所以客户不接受我。"

正是我们每个人独特的情绪、思维,不同的价值判断造成了个体间不同的行为。因此,管理我们的时间,就是管理我们的行为,也就是管理我们的情绪与思维。因此,想要改变行为,让行为真正对个人、个人所处的情境有效,我们必须改变自己的情绪,而要改变情绪,我们就必须找到自己的核心信念。只有同时改变行为、改变行为背后的情绪支持,才能让我们身心一致,更有效地达成目标,更高效地利用时间。

那么,我们应该如何对自己进行有效的情感管理呢? 我们可以利用《时间记录表》来帮助自己更加清楚时间的流向。

通过《时间记录表》,小张对遭到客户拒绝的情境进行了深思之后,重新评估了时间管理状况,并拟定了新的行动计划与目标。

在拟定新的《时间记录表》的过程中,小张提出:"为什么要允许挫败感存在呢? 我可不可以一直对自己讲:你是最棒的,以改变内在的情绪,达到更好的销售业绩呢?"

在回答他的问题之前,我们先来讲一下有关情绪产生的问题。

意识和潜意识告诉我们:我们的情绪往往是处在无意识状态中的,即情绪是由潜意识来决定的。当我们发怒、生气、悲伤的时候,我们并不真正知道情绪要告诉我们什么。如果我们用逃避的方式来解决情绪,情绪就会像浮在水面的气球,就算从这边压下去了,也会在另外一边浮起来。所以,我们要学习与各种情绪相处,从中找到真正的目标与意义。

强烈的情绪显示着我们生命中有些重要的事正在进行。而仅仅采用所谓正面积极的态度反而会让我们错失重要的信号。尝试着从负面、正面及中性的角度来看问题,重新下结论,从根本上解决"气球"的问题,将让我们的时间管理更有效。

投资我们的时间,就是投资我们的生命。让我们生命的每一天都变得更有价值吧。

第九篇　理财金点子

　　理财作为一项经济活动贯穿人的一生。人们希望借助于理财实现自己美好的愿望，这就需要首先决定理财目标，再根据重要性划分优先等级，然后选择相对应的理财策略和理财工具。这期间涉及投资规划、保障规划、风险控制等，更要根据实际情况的变化不时做出修正。可以说，理财是诸多过程的有机结合，某个过程的微小瑕疵都会影响到最终结果。

　　理财是为了以钱生钱，为了能够让自己的生活更美好。但是古语道："吃不穷，穿不穷，算计不到才受穷"。对于一个不会花钱的人来说，赚再多的钱也迟早会付诸东流，甚至最后可能会让自己的生活更凄惨。因此，我们不仅要会理财赚钱，还要学会合理花钱。一个不会赚钱的人缺乏立身之术，无法在社会上生存；而一个不会花钱的人，即使赚钱再多，也很难有较高的生活质量。

　　理财可以改变生活，不管穷人还是富人，无论挣钱多少，都应该学会理财。理财是人生的功课，每个人都有必要制订从年轻到老年的理财计划并付诸实施。花钱同样是门学问，需要我们专心学习、细心总结、用心体会，这样才会让我们拥有一个幸福的家庭，一个快乐的人生。

第一章　转变思想，财富才会离你更近

　　人人都有一个财富梦，都希望自己能够过上富裕、幸福的生活。这个梦想是好的，但是很多人会意识到自己手上没有多少钱。难道钱少就不能像有钱人一样过富裕的生活吗？答案是否定的。转变理财观念，你的梦想就能够实现。因为观念决定命运，理财改变人生。

丢掉"穷人"这顶帽子

　　时下，对普通大众而言，理财已不是一个陌生话题。当前，越来越多的人考虑为自己的钱寻找一条"好"出路；越来越多的普通百姓开始积极地加入理财"大军"

中来。它能成就我们的财富梦,因为它是梦开始的地方。

不过,我们总是听到有人叹息道:"理财是有钱人的事儿。穷人无财,又何来理之?"此言差矣!在现代社会中,如果说理财是富人的专利,这早已不成定理。如果真有这种想法,那你就大错特错了。当然,在芸芸众生中,所谓真正的有钱人毕竟只占少数,中产阶层工薪族、中下阶层百姓仍占绝大多数。由此可见,投资理财与生活休戚与共。没有钱的穷人或初入社会又身无固定财产的中产等层次的"新贫族"都不应逃避。因为即使捉襟见肘、微不足道也有可能"聚沙成塔",运用得当更可能成为"翻身"的契机。

财富的多少是大多数现代人用以评判一个人价值的标准。试问,自己还甘心情愿做一个没有价值的穷人吗?回答肯定是不愿意的。既然不愿意,那么我们就要思考了,生活在同样的社会环境中,你为什么是穷人呢?其实,谁都可以问问自己!我,为什么是穷人?

穷人缺少的是野心,即成为富人的野心。野心是永恒的特效药,是所有奇迹的萌发点。穷人之所以贫困,大多数是因为他们有一个无可救药的弱点,即缺乏野心。

在我们身边,有许多人一辈子勤奋努力地工作,辛辛苦苦地存钱,却又不知所为何来,既不知有效运用资金,也不敢过于消费享受;有些人图"以小搏大",不看自己能力,把理财目标定得很高,在金钱游戏中打滚,失利后不是颓然收手,转而放弃从头开始的信心,就是落得后半辈子悔恨抑郁难再振作。

其实,在我们身边,大多数人光哭穷,时而抱怨物价太高,工资收入赶不上物价的涨幅;时而又自怨自艾,恨不能生在富贵之家。有些愤世嫉俗者更轻蔑投资理财的行为,认为是追逐铜臭的"俗事",或把投资理财与那些所谓的"有钱人"画上等号,再以价值观贬抑之。殊不知,这些人都陷入了矛盾的逻辑思维中,一方面深切体会金钱对生活影响之巨大;另一方面却又不屑于追求财富的聚集。

因此,我们这些芸芸众生必须要改变观念:既然知道生活与金钱脱不了关系,就应正视它的实际价值。当然,过分看重金钱也会扭曲个人的价值观,成为金钱的奴隶,所以才要诚实地面对自己,究竟自己对金钱抱有怎样的看法?自己的所得是否与生活不成比例?金钱问题是否已成为自己"生活中不可避免的痛"?

财富能给人们带来生活安定、快乐与满足,也是许多人追求成就感的途径之一。适度地创造财富,不要被金钱所役、所累是每个人都应有的生活之道。我们要认识到:"贫穷并不可耻,有钱也非罪恶",不要忽视理财对改善生活、管理生活的有益功能。

尽管日常生活中,人们都认同这样一个事实:不富裕者,若不勤俭持家,终日大手大脚,那只会更穷。然而,事实告诉我们,许多人纵使家境贫寒,但其中一些人通过投资理财,经济状况渐入佳境,终于过上宽裕的日子。而另外一些人,不是一味坐等机会,便是碌碌无为、安于现状,结果这是在贫困线的边缘挣扎。可见,越穷越需要理财。

是否愿意投资,是否善于理财,对于穷者,其结果截然不同。例如,你仅有10万元家当,若因投资理财失误,造成财产损失,可能就会出现危及生活保障的诸多问题;再如,你是拥有百万身价的有钱人,即便理财失误,损失部分财产,也不会影响你原有的生活。因此,我们必须树立一个观念:不论贫富,理财都是伴随人生的大事,在这段"经营人生"的过程中,越穷的人越输不起,所以更应严谨看待理财之事。

要圆一个美满的人生梦,除了要有一个良好的人生目标规划外,也要懂得如何应对人生不同阶段的生活所需,对金钱做适当的计划及管理。因此,既然理财是一辈子的事,何不及早认清人生各阶段的责任及需求,制订符合自己的理财规划呢?

许多理财专家都认为,一生理财规划应趁早进行,以免年轻时任由"钱财放水流",蹉跎岁月之后老来嗟叹空悲切。因此,越穷越需要理财,越穷越需要早点理财。

有了这种良好的投资意识,就有了一个良好的开端。那么你还等什么呢?现在就开始吧!

投资并不完全是有钱人的游戏

在日常生活中,许多中低收入者持有"有钱才有资格谈投资理财""投资是有钱人的专利,与自己的生活无关"之类的观念。大多数的中国人都有这样一种错误观点:每月固定的工资收入应付日常生活开销就所剩无几了,哪来的余钱呢?

殊不知这样的错误想法正是使人们贫穷的原因之一。除去少数有钱人是一夜暴富之外,大多数富人都是通过辛勤工作以及长期投资理财的方式使自己富裕起来的。

有正确的投资观念与行之有效的方法,会使你的资产像滚雪球一样越滚越大,从而使自己、家人获得一种经济上的安全感。反之,尽管你收入不菲,但也可能会陷入一种窘迫的境地。

收入不多的人不可能去请理财投资顾问和专家,但自己一定要有这方面的知识与计划,这样才能使自己的财富逐渐增多。

龙波在养猪界可是一个名人。养猪,使他拥有了千万资产;养猪,使他获得了四川省"十大杰出青年"的称号。

龙波是四川的农民子弟,2000年大学毕业后没有像其他人一样去找工作,在家人的极力反对之下,放弃了在大城市工作的机会,用辛苦攒下的十万元钱作为启动资金,开始在家乡投资养猪。经过几年的发展,龙波已经建立了12个养猪场,在全国第一个给猪注册了商标,并创建了养猪业合作社,现拥有商标猪 23 万多头,产值逾千万。

龙波的成功说明了投资并不只是有钱人的游戏,穷人想要达到致富的目的,还是要靠投资。如果龙波毕业后找一份安逸的工作,过起平常人的生活的话,那么我们就不会看到一个带领大家致富的龙波了。

很多人觉得也许以自己手中的这点钱,根本就不可能和投资搭上任何关系,顶多可以存入银行吃些利息而已。但你能否明白这个道理:钱无论多少都可以去投资,去用钱赚钱,富有是投资理财的结果而不是前提。

有了理财意识,就有了一个良好的开端。那么,穷人怎样才能理"好"财呢?

首先,要勤俭节约。这是减少日常开支的一个重要环节,比如,使用一些节能、节水设施。因为生活中很多开支看似不起眼,但长年积累就不是一笔小数目,确实无须浪费。

其次,是开源节流。一方面,要尽可能多地增加资金收入;另一方面,要预算开支、计划消费。譬如,定时存款。即每月领到工资后,便对当月开支做个大略估算,将此从工资中扣除,剩余部分可存入银行。又如,计划采购。即每月对所需物品做一次清点、记录,之后到市场了解行情,按计划购买。这样就不会盲目购物,同时也能改掉乱花钱的坏习惯。

总之,穷人理财关键在于将手中有限的资金用"活",使之永远处于一种流动的状态。在一定时期里,规划好将资金同哪些所需商品进行互换,以求最大限度地实现资金收益率。

同时,既然知道自己不像富人那样输得起,就应比富人更懂得不盲目追求高收益。在投资理财时,注重将风险控制在自己能够承受的范围之内。随后根据市场变动的情况,因时因利调整资金比例,学会在流动中顺势而为,不断改变局部策略,尽可能最大化地实现预期目标值。

工资只能养家,理财才能富家

一般来说,创造财富的途径有两种主要模式。第一种是打工,目前靠打工获取薪水的人占 90% 左右;第二种是投资,目前这类群体占总人数的 10% 左右。财富积累必须靠资本积累,靠资本运作。对普通人来讲,仅凭工资一般不会达到非常富裕的地步,只有通过有效的投资,让自己的钱流动起来,才能较快地积累起可观的财富。

一些专业人士通过对创造财富的两种主要途径分析后发现:如果靠投资致富,财富目标则比打工时高得多。例如,具有"投资第一人"之称的亿万富豪沃伦·巴菲特,就是通过投资而致富的,财富达到了 440 亿美元。还有,沙特阿拉伯的阿尔萨德王储也是通过投资致富的,他目前才五十多岁,但早在2005年,他的财富就已达到237亿美元,名列世界富豪榜前5名。

通常来说,在个人创造财富方面,与投资相比,打工能够达到的财富级别十分有限。打工所要求的条件和"技术含量"较低,而投资创业需要有一定的特质和条件,因此绝大多数人还是选择打工来获取有限的回报。事实上,投资是我们每一个人都可为、都要为的事。从世界财富积累与创造的现象分析来看,真正决定我们财富水平的关键,不是你选择打工还是创业,而是你选择了投资致富并进行了有效的投资。

万科地产的董事会主席王石号称"打工皇帝",2010年时他的年薪已经达到780万元;而仅仅靠120元起家,有"中国民营汽车第一人"称号的吉利老总李书福,运用多样性的投资手法,在2000年使吉利集团的总资产达到了20亿元,同时年产值30亿元。

贫富的关键在于如何投资理财。巴菲特说:"一生能积累多少财富,不取决于你能够赚多少钱,而取决于你如何投资理财。"亚洲首富李嘉诚也主张:20岁以前,所有的钱都是靠双手勤劳换来的,20至30岁之间是努力赚钱和存钱的时候,30岁以后,投资理财的重要性逐渐提高。所以李嘉诚有一句名言:"30岁以前人要靠体力、智力赚钱,30岁之后要靠钱赚钱(即投资)。"钱找钱胜过于人找钱,要懂得让钱为你工作,而不是你为钱工作。中国有句俗语:人两脚,钱四脚。意思是说,钱有四只脚,钱追钱,比人追钱快多了。为了证明"钱追钱快过人追钱",一些人研究了和信企业集团(台湾排名前5位的大集团)前董事长辜振甫和台湾信托董事长辜濂松的财富情况。辜振甫属于慢郎中型,而辜濂松属于急惊风型。辜振甫的长子、台湾人寿总经理,辜启允非常了解他们,他说:"钱放进我父亲的口袋就出不来了,但是放在辜濂松的口袋里就不见了。"因为,辜振甫赚的钱都存入银行,而辜濂松把赚的钱都拿出来做更有效的投资。虽然两人年龄相差17岁,但是侄子辜濂松的资产却遥遥领先于其叔叔辜振甫。因此,人的一生能拥有多少财富,不是取决于你赚了多少钱,而是取决于你是否投资、如何投资。

作为一个普通人,我们要明白一个道理,就是工资只能养家,理财才能富家。因为,不管你一年能省下多少钱,始终没有投资理财使你的财富增长的速度快。

投资有风险,不投资也有风险

投资有风险,这是常识。世界上没有包赚不赔的买卖。只要进行投资就会有亏损的可能。于是很多人认为,只要我不投资,那就没有风险了。持有这种想法和观念的人,只是看到了问题的表面现象,缺乏对经济学的深刻认识。对于普通大众来说,不投资往往也有不小的风险。这种不投资的风险主要来自通货膨胀和生活质量的相对下降。

第一,不投资的风险来自通货膨胀。从宏观上来看,社会经济一直处于通货膨胀之中。只不过有时候比较剧烈,有时候比较温和,但人们总不能违背不断通货膨胀的趋势。例如,如果一个人拥有100万元现金资产而不进行任何投资,在通胀率仅为3%的情况下,30年后这笔钱的实际购买力只相当于现在的40.1万元,而实际情况往往比假设的可能更为严重。

对于我们的财富来讲,最大的威胁就是通货膨胀。通货膨胀会把我们的财富一点一点地侵蚀掉。美国历史上从1900年到2000年的100年间,货币贬值至原来的1/54;在中国,仅不到30年间,由于通货膨胀的影响,1元人民币的购买力只是原来的1/30。所以,为了抵御通货膨胀对财富的影响,你必须投资理财,一定要让财富的增长速度超过通货膨胀的速度,这样才能保证财富的绝对值没有缩水。

抵御通货膨胀的影响,你不能简单地把钱存入银行,因为储蓄的功用只是杯水车薪,以储蓄存款的方式持有现金,只是典型的低风险、低收益的选择。从短期来看,其风险很小甚至是没有风险。因为尽管国内没有欧美国家的银行存款保险制度,但人们相信政府是老百姓利益的最终保护者,即使银行破产,国家也会埋单。但是,长期来看,储蓄存款不仅收益很低,而且风险很大。世界各国的经济发展历史表明,通货膨胀是持续长期存在的趋势。如果不做投资理财,你把钱存在银行,仅靠银行的那点利息,你的财富增长率是跑不赢通货膨胀率的。这时候,投资理财是你避免风险的唯一选择。

第二,不投资会使生活质量相对下降。很多人为了避免风险,不愿进行必要的投资。例如,对待股市,他们从不愿涉足,而是将钱储蓄起来,认为这样可以有效地规避股市风险,天真地以为“不炒股就没风险”“股市涨跌与我没关系”。实际上,股市已经成为整个社会经济体制中非常重要的一部分,其影响力已经渗透进经济领域的方方面面。可以说,股市与我们每个人都息息相关,不管你炒不炒股,乐不乐意接受股市,你都与其脱不了干系。原因很简单:当股市上涨时,不投资的人没有享受到收益,反而无形中受损;当股市崩盘时,不投资的人照样躲不过,受到间接的冲击。2008年股市暴跌就是一个很好的例子。

近几年来,我国各地房价一路疯涨,甚至有些特大城市更有赶超纽约、香港等国际大都市房价的趋势。尽管如此,不少楼盘开盘销售半日即告罄的新闻却常常见诸报端。老百姓怨声载道而房屋销售火爆,究其原因,股市的财富效应是重要原因之一。这对于不投资的人来说,等于财富严重地缩水。

通过投资理财赚钱的人,大肆地买房、买车、买名牌,生活水平大幅度提高;而那些置身“市外”的人的生存空间却逐步被挤压,生活质量也在逐步地下滑。

没有投资的人总是乐见市场大跌,跌得越惨越好,甚至希望大崩盘。因为他觉得他没投钱进去,市场跌得多严重都与他没关系。这是对投资的错误认识,其实一且股市大跌,城门失火将会殃及池鱼,谁都很难幸免。

历史上最著名的美国 1929 年股市大崩盘以后,导致控股公司体系和投资信托的崩溃,大幅削弱了借贷能力和为投资筹措资金的意愿,并迅速转化为订单的减少和失业的增加。1933 年的美国,几乎四个劳动力中就有一个人失业,这种经济低迷持续了将近 10 年的时间,对民众的生活造成了巨大的影响,人们的生活水平大幅下降。可见,不投资并不能保证你的安全。

因此,我们不能盲目地只看表面现象,而要对投资和风险有清醒的认识,眼光放长远,从而用投资来开创自己的财富人生。

迸发投资热情源自不满于现状

在日常生活中,有很多满足于眼前利益的人,他们安于现状,止步不前,认为反正一切都很舒适。这样的安逸状态,会使人逐渐失去奋斗的信心、能力和激情。他们最终只会过着平凡的日子。

李旭大学毕业后,来到一家名不见经传的小公司做行政。他的工作内容很简单,不外乎是端茶送水、接电话之类的接待工作。当然,他那时的工资也比较低。

李旭刚开始对自己的工作还算满意。他打开电脑就可以网上冲浪,老板在的时候,他装模作样地打印点资料或是收拾一下办公桌;老板不在的时候,则是另一番天地。他过着过一天算一天,做一天和尚撞一天钟的生活,尽管他那时也羡慕过那些"级别"比自己高的人,但他知道,自己还没资格跟他们比,因为他不过是个普通的大学生,而且没背景、没经验、没能力,关键是他还没野心。

平淡如水的日子就这样过去了两年。一天,他参加同学聚会,有一个同学深深地伤害了李旭的自尊,准确地说,应该是深深地唤醒了他。

这个同学叫陈刚,大学时跟李旭是室友,原本各科成绩都不如李旭。没想到在李旭蹉跎岁月的时候,陈刚已经是同学之中的富翁了。毕业不到两年的陈刚,已经在上海买了房(交了首付,每月还房贷),成为有房一族。在当时,李旭从来没有想过买房是个什么概念。在李旭看来,买房应该是工作多年,有一定积累的"成年人"干的事,而李旭还不过是个 20 几岁的"毛孩子"。

陈刚给大伙儿讲他的"狗屎运"是怎样踩到的。"你们知道吗?我在这家房地产公司工作,开始他们让我做'行政',不过是接电话,做记录,发通知……就是个闲差!虽然工资也不低,但我觉得太没意思了,与其这样还不如去做销售呢!即使没卖出房子,没有提成,好歹也能增长经验,给自己多找点'发达'的机会,总比每天窝在办公室里混日子强!现在看来,幸亏当时没做'行政',实在是太没前途了!"

陈刚为自己当时的抉择感到自豪,可坐在一旁的李旭感觉陈刚是在说自己。

想想这两年自己不正是脑袋不想事,清闲一天算一天吗?

李旭突然觉得很惭愧,同时也感觉到内心的不平衡。尽管在学校的时候,李旭的成绩远比陈刚优秀,可现在却远远地落后于他了。

那时,李旭才真正明白,原来,人生的起步阶段并不在校园,而是走进社会。

同学聚会后不久,李旭辞职了,准备自己创业,并且开始认真而严肃地思考自己未来的发展方向和目标。虽然创业阶段非常艰苦,但李旭觉得自己有信心去面对。

通过上面的例子我们可以看出,甘于平庸的人很少去思考自己想要一种什么样的生活,如何才能获得理想的生活,他们得过且过,把自己的平庸和懒惰归于宿命;而那些真正成功的人,从骨子里就深信自己不会靠微薄的收入过平凡的一生。他们从不安于现状,有着强烈的拼搏意识,他们的目标非常明确。这也就为他们先于别人成功争取了更多的准备时间。

古谚说:"时势造英雄"。这些"英雄",大都是不满于现状,具有革新活力的人。

"只要能安稳地过一辈子就好了。""只要生活过得去就好,不必太过于苛求"。假如你有这种念头,那么你一辈子都赚不了大钱。赚钱必备的条件是不满现状,奋发向上。

处处存在机会。成功和财富属于每一个勇敢进取的人,只要你积极地投入其中,成功的一天必将会到来的。请相信你自己!

第二章　勤于思考,聪明理财有技巧

有的人像鸵鸟一样只知埋头苦干,却不懂得规划自己的职业生涯,更别说如何去投资理财,如何让钱生钱;有的人过分强调储蓄,像守财奴一样不惜以牺牲生活水准为代价,看起来财富尽在掌中,实则不懂得钱的"脾气";有的人财源滚滚,却挥霍无度,没什么理财的观念,这也是不懂得钱的"脾气"的表现。其实以上的人缺少的都是财商——理财的智慧和能力。人们常说,"缺什么补什么",如此看来,"补点财商"也是今天的流行语。

工欲善其事,必先利其器

我们都梦想有一天获得真正的财务自由,不必为钱而工作,想退休就退休。然而,要实现经济上的自由,就必须掌握经济的规律;要获得更多的财富,就要学会驾驭金钱的能力。问问自己,我们的财商有多少?我们对理财知道多少?你觉得一个不懂得理财的人,会比一个懂得理财的人更容易达到财务自由的境界吗?

其实,投资理财没有什么复杂的技巧,最重要的是理财的观念。要成为富人,首先要像富人一样思考。一旦观念正确,财富也将随之而来。每一个理财致富的人,只不过养成了一般人虽然知道,但没有去做的习惯而已。

理财致富是一场考验耐力的马拉松比赛,它靠的是长期投资组合的收益。最稳健的投资策略是,先投资,等待机会再投资。理财也是一样,从现在开始就理财,当财富与经验成熟时继续得心应手的理财。如果只是一味地等待时机的成熟,你将永远不能大驾光临,因为时机永远也不会等你准备好了再来。越早开始,便能越早驾驭理财的技能,同时由于复利的作用,投资越早,收益也就越大。

我们都知道,在人的一生中只有不到一半的时间在赚钱,而不同年龄段的人收入与支出也不尽相同。因此,我们必须统观全局,用理财的手段来平衡时间上的收支差距,满足不同阶段的需要。工作之前是人的成长期,这时还没有投资能力,可以先充实一些理财方面的知识;踏入社会开始工作是人的成年期,这时你对风险的承受能力较高,可以为结婚、购房、存款做一些储备;结婚以后,经济能力渐渐增强,但随着小孩的出生,开销也随之加重,购房、子女教育等各方面都要做好计划;子女成年后,退休之前是筑巢期,事业和收入都达到了顶峰,负担也减轻下来,可以为退休做好充足的准备;退休以后,人的风险承受能力也下降了。这时,你适合采用本金安全、收益稳定的理财方式。

据调查,美国家庭的收入一半来自工资,一半来自投资,投资理财在美国人的生活中扮演着极为重要的角色;而在中国,仅仅有2%的收入是来自投资所得,其他98%的收入主要还是依靠工资,比例严重失调。即使这样,很多人仍然还没有理财的意识,不去学习投资理财的知识,也就失去了改善自己生活的很多良好机会。

如今,中国10个人中就有1个人是60岁以上的人,到了2030年,4个人中将有1个人是60岁以上的人。中国人口老龄化已逐渐成为一种趋势。到了那个时候,如果要想靠社会保障来安度晚年,压力将是十分巨大的。问问自己,你需要多少养老金?10万元?50万元?100万元?靠积蓄吗?要存够这么多钱,需要多少年?未来的通货膨胀很可能把你的积蓄吞噬掉,你又该怎样应对呢?我们只有未雨绸缪,从现在就开始投资理财,规划好自己的未来,才能安享晚年。

随着经济的发展,投资理财已成为我们致富的工具。随着我国证券市场在规范中不断发展与完善,投资的工具日益增多,也拓展了资产增值的渠道。个人进行投资理财规划,是对自己幸福的保障,也是对家人的责任。面对理财时代的来临,你准备好了吗?

当你下定决心开始理财时,不知你是否明白,理财并不像打牌、钓鱼那么简单,智慧和恒心固然十分重要,但结果并不总是按照常理发展。因此,任何人在理财前都有必要强迫自己认真地回答下面的问题。

1.为什么要理财?

理财是为了我们的生活更幸福。绝大多数人都希望通过理财来达到迅速致富的目的,但事实上有年平均10%的回报率已经是非常幸运的事情。即使这样,要想把当初10万元本金变成100万元,也需要大约25年的时间。因此,理财是一场恒心和耐力的持久战,你只有不断地积累才能获得财富。

2.你是否有足够的决策能力?

理财不是多个人玩的游戏,而是你一个人的游戏。只有在家庭财务中有足够决策能力的人才适合参与到这个游戏中来,话语权虽然很重要,但毕竟只是建议,最后投资的决策往往只操纵在你一个人手中。

3.你的"财商"够吗?

理财绝对需要较高的"财商",敏锐观察和深刻分析往往能帮你发现财富的踪迹。如果你认为自己在这方面还有待改进的话,那么不妨去咨询那些专业的理财顾问,像银行理财师、证券分析家、保险业务员等都是你最好的帮手。在目前这个信息高速传递的时代,得到他们的帮助并不一定要花多少钱,但却是简便快捷的。

4.你能承受多大的损失?

风险往往并不像人们所预料的那样发生在某个特定的时间里,而且即使很小的风险也会造成很大的损失。因此。在理财前,你首先要问问自己能够承受多大的损失。如果只有10%的亏损都会使你寝食难安的话,那么奉劝你最好做一个保守的"储蓄族"。

5.你的理财目标实际吗?

没有目标的行为叫盲动,不切实际的行为叫妄动,过高的理财目标比没有目标更加可怕。理财目标过高的人都是对自己能力过分自信的人,他们或许很善于捕捉投机的机会,但往往"聪明反被聪明误",因为市场规律并不像"1+1=2"那么简单。

6.你到底有几个"鸡蛋"?

理财大师们经常向我们灌输"不要把鸡蛋放在同一个篮子里"的观念。在理财前,你最好仔细计算一下自己有几个"鸡蛋"。如果你只有一两个"鸡蛋"的话,恐怕不想放到一个篮子里都不行。所以,投资本金过少是很难规避理财风险的。

7.你准备用什么来衡量理财成功与否?

除了收益之外,可能没有任何一个标准可以用来衡量理财是否成功。不要以为保住了本金就是成功,你要知道资金都是有时间成本的,没有收益或收益比银行利率低,都是失败的理财行为。

8.你有自我控制的能力吗?

理财的过程不仅需要决策力,更需要控制力,最终决策应该是建立在对仓促决定的控制上。一个完美的理财计划可能会被几个仓促的决定毁于一旦,正所谓"冲动是魔鬼"。因此,在理财问题上,首要就是保持冷静,制订理财计划时应该经过家人和专业人士的充分讨论。

9.你能从理财中感受到快乐吗?

或许丰厚的回报会让你兴奋不已,但能否从理财中感受到快乐才是最为关键的。兴趣是你长期坚持的唯一理由,如果你感到理财是一项苦差事,那么又怎么能做到"十年如一日"呢?

10.你会说"不"吗?

理财是一种投资行为,当你决定投资时,必然要选择适合自己投资的产品。你随时都会面对各种各样的宣传资料,而且推销人员也格外热情。如果你想保持冷静,那么最好在做出明智决定之前学会说"不"。只有这样,你的投资才是安全的。

投资要先人后财

理财不外乎四个字:开源节流!所以,不少人会侃侃而谈怎么省钱,如何计算得细致,从柴米油盐到数码产品,再到房子;而开源的朋友呢,则会大谈股票、炒汇、银行利息等,令人大开眼界。但请不要忘记,钱是人赚来的,要想赚钱,就必须先提升自己的能力。这也就是我们所说的,投资要先人后财。

在知识经济时代,最好的投资资产是你自己,而非任何身外之物。想一想所有的投资都有风险,有一天你一败涂地,什么东西能把那一切再重新赚回来?只有你自己,你赚回来那一切的能力。我个人认为的最好投资自己的方式就是投资在优质教育和个人独特体验上。因为好的学校塑造人,给人以自信、健全的思维和合理处理问题的方式;独特性的体验则是你个人学习的终极方式,我们虽然听讲了一大堆道理,每个人根本上只能从自身经验中学到最有价值的东西,别人的意见只是给我们带来启发,假如你一辈子都不曾做过相应的事情,那些别人的意见不能在你自身的体会中被激活,再有道理的金玉良言也不过是一堆废话。

假如你的目标是挣钱,你就应该把自己最初的投资放在跟挣钱相关的教育和体验上,不妨摆个小摊,开家小店,买点股票,到很挣钱的地方去做考察,认识一些可能对提高你挣钱能力有帮助的人物等,这些体验性的行动都是你最重要的投资。

也要进行像旅行这样的投资,因为那是一种体验型的投资,你可以在不同地方看看人们的生活,人们在想些什么,最终这种活动耗资不菲,但却对开阔眼界,带来一些人生发展的新想法大有裨益,怎么看都不为过。

投资在与自身目标相关的体验型活动上,而不只是乱消费,买些身外之物,这就是我的独特投资建议。什么是你自己?就是你的一系列行为的总和,经历塑造人的意识和能力,想办法通过做与目标相关的独特之事让你自己升值。

投资意识的另一方面是要有投资回报意识，明确我的投资是要得到什么，得到多少，而不要盲目地投资。说到教育投资，我们对学历教育的投资多少有些盲目，教育也不永远是好的，坏的教育可能带来人才的贬值。要选择能带来良好回报的优质教育或曰合适的教育来投资。对于那些没有钱的人而言，也不要因为免费教育或拿到全额奖学金就沾沾自喜，你投入了的最大成本其实是时间，而时间就是生命本身的组成部分。假如一个人有一万年来投资，他也很难不会把一元钱变成上亿元，（比如留下身边曾用过的几样结实东西，万年后都会价值连城的古董）但是这假设毫无意义，没有人有那么多的时间。算计金钱的一个重要维度就是时间，比如通过十年不断给你总计100万元，和马上给你足额100万元，那是完全不同的钱！

任何人都要有投资意识，你最大的成本是生命里的时间，多做一些有意义的事情。最好的投资是你自己，让你自己能在不断的历练中升值。

对于我们这些只能"贩"自己的"穷人"，为什么不把投资机会留给自己呢？很多年轻人只要有几个小钱就去存钱，但不知存多少年才能买一幢房子。这种忽视在自己身上做进一步投资是很不应该的。首先，应问问自己，大学或者你最后一个学位拿到后，你花了多少钱来给自己充电？理财中，存钱是最后的选择，把钱用来提升自己的品位、才能等方面，是很应该、很值得的。

一个年轻人，一心想到某国家级药学公司谋职，但一直没有成功。他在公司员工常聚餐的地方打工，和他们的员工交流，两年下来公司的中下层员工他几乎都认识了。他经常帮他们订餐，甚至和其中一些人成为好朋友，因此，公司内部需要什么员工和技术，他都很清楚。通过他自己的主动学习，三年后再去应聘时，因为他谋定而后动，回答高级主管的问题处处能击中关键，结果直接进入了中级管理层。

年轻是最大的资本，学习是最大的利率。开阔眼界，不要因为钱能生钱就盲目投资，不断地提升自我价值和投资能力，才是最关键的。

理财者的"势""术""运"

也许，你现在有稳定的收入、体面的工作，在工作之余，想把自己的财产通过投资渠道实现增值。不过，理财的方法不一样，财富增长的速度就截然不同。

有的人光是碰运气，可能这次运气好撞上了，但是人不可能一辈子撞大运；有运气但不会理财也没有用。因此，投资理财必须重视"势""术""运"。

1."势"——看大势者赚大钱

首先，从宏观形势上看，投资者必须了解国际形势，关注它并不一定要成为专家，而且我们要对其进行思考。比如说，投资国内股市，那么投资者就应该思考，国际形势的变化会怎样影响到国内股市，会具体影响到哪些板块。有些敏感的投资者已经形成这种连续性思维的习惯。例如，有人听到美国发现新油田的消息，马上就预感到石油价格会下跌，然后分析价格下跌后股市哪几个板块最受益，再从这些板块中选择跌得差不多的、基本面还可以的买入，单就这一个行为，仅仅两个月后就收益20%。这就是会分析、会判断的例子。

其次，把握好国内投资的热点，国内宏观形势的判断和我们的投资决策有直接关系。看国内形势把握投资热点，必须要看国内的宏观政策导向。中国很多金融改革的发展是由政策推动的。例如，2006年中部崛起被国家列入十一五规划中，在这样的情况下，如果作为一个敏感的投资者，未来就应该看好中部。所以说，投资者要关注国内的发展重点，投资才会心里有底。

当然，这个"势"有时候非常复杂，所以就要注意"势"的相关性、时间性、趋势性、曲折性。古代有一句话叫作"水无常势、兵无常形"，这个"势"的变化会非常快。因此，对于一个"势"的变化，投资者要有预见性，在各种宏观形势的相关性下判断整个宏观形势，实际上是锻炼人的思维，使人不断做思维体操，让人变得更加灵敏。

2."术"——技术决定成败

会观察大势并不等于一定能赚大钱。"看大势者赚大钱"这句话的背后意思是，这个投资是专家式的投资，只不过这个专家式的投资是跟着大势走的。所以，任何一种投资，都必须在技术上、知识上有一定的掌握，最后才能赚到大钱。

人们现在谈的投资理财，其中有一个重大项目就是金融投资。进入金融领域的人，照理来说应该对金融领域非常了解，而很多理财者虽然在从事金融投资，但其金融知识却非常匮乏，往往很多人因此而吃亏。作为理财者，你至少要了解我国的金融组织体系是怎么构成的。除此之外，不熟悉金融领域的理财者，非常有必要去不断地了解和学习相关的金融知识。对金融知识的熟悉，对金融整个行业的熟悉，对金融领域的熟悉都非常重要，这样才能进行更好的投资，获得不错的收益。

如今许多人着重于投资房地产，如果真的要投资，必须对房地产业的相关知识有一定的了解。有的投资者的知识结构非常单一，人家说买商铺很赚钱，他们就去买商铺但这也要基于你对所购买商铺的所在区域的发展规划、人流情况、发展环境、投资环境有一定的了解，并经过综合考虑的基础上才做出的决定，如果贸然进行投资，最终只会造成失败。

3."运"——命运掌握在自己手中

投资理财中的"运"，归结起来大致有三点——机遇、性格、心态。千万不要小看了这三点，它们有时会成为投资理财胜负的关键因素。

机遇：机会总是留给有准备的人

机遇对投资而言，应该是老生常谈了，但却是一条永远不变的真理。当你决定进行投资时，一定要在行动之前进行充分的准备，在这样的情况下，成功概率也会相应增大。

性格:投资理财是克服自己性格缺陷的一个过程

很多人在理财过程中遭遇失败的原因,就是因为不能很好地克服自身性格的缺陷。从一部分理财失败者的经历分析出,往往是他们的性格弱点造成了投资的失败。比如,有人原本做好了购买一只股票的准备,但在第二天开盘后,他发现这只股票走势不很好,顿时开始怀疑自己,进而推翻自己之前所做的所有决定。更糟糕的是,在这样的情况下,又听信别人的建议购买了一只自己根本不熟悉的股票,其结果只能有一个——投资失误。

因此,我们要告诫投资者的是:永远不要投资自己不熟悉的领域。在投资时,一定要坚决地按照自己原定的计划走,如此这样,才能减少损失、增加收益。

心态:什么人都可以赚钱,唯有贪婪和恐惧的人赚不了钱

对投资者而言,最要不得的心态就是患得患失。在投资过程中,千万不要过于恐惧,也不能过于贪婪,要学会止损,更不要忘记适时止赢。

4.投资理财需处理好六大关系

(1)本职工作与投资理财的关系。千万不要因为理财影响自己的本职工作。有句话叫作"心态决定收益"。要记住:理财中,有赢有输很正常,要学会放宽心,在任何情况下,都不要让理财所产生的情绪影响工作。

(2)国家政策与投资理财的关系。投资者必须清楚地明白,永远不要把国家政策不允许的项目纳入自己的投资范围之内。

(3)家庭人口年龄结构与投资理财的关系。年纪轻的人可以激进一点,年龄比较大或者已接近退休的理财者就要注意投资的稳健性。

(4)投资理财中的风险与收益的关系。想得到高收益,就必须承受高风险。因为高收益必然意味着高风险,鱼与熊掌永远不可能兼得。

(5)投资理财中投资与投机的关系。奉劝有稳定收入的人不要投机,因为投机往往会影响工作。要学会在不降低生活水平的前提下,增加自己的投资收益。

(6)投资理财与家庭和睦的关系。千万不要因为投资而产生家庭矛盾。谨记一点:家和万事兴,家庭不和睦是理不好财的。

记账不是浪费时间

想要成为理财人士,第一个必须养成的习惯就是记账。即使你有很高的薪水,如果没有良好的理财习惯,那你仍然摆脱不了贫穷。如果你从小就有记账的习惯,那么恭喜你了,你是天生的理财胚子;如果你想要半路出家,后天养成记账的习惯,那么同样"恭喜"你,你有罪受了。

记账是个非常痛苦的过程,在记账的过程中,你会发现自己一个月的消费支出

流向了哪里,而且你还会惊叹自己为什么在这方面花钱。记账虽然痛苦,可是记账的好处是显而易见的。第一,记账能让你做到心中有数;第二,记账能让你变得节约;第三,记账能让家庭的财务透明化,避免不必要的争端;第四,记账可以帮你考虑下一步的理财计划。

看了以上好处后,你会发现记账再痛苦也是值得的。从现在起开始记账,你就会"一辈子有钱花"。

夏林是某电视台的节目制片人,平日工作繁忙,根本没有时间理财。但她却一直保持着记账的习惯。正是因为这个习惯让她成了"数字天才"。

五年前,夏林刚参加工作时,每到月底总发现钱包里空空如也。她怎么绞尽脑汁也搞不清楚,每个月挣来的工资都花到什么地方去了。她就这样稀里糊涂地过了一年。一天,夏林发现有个同事闲暇之余在电脑旁记录自己日常的开销账目——每天买了什么,总共花了多少钱等,一一记录得清清楚楚。同事告诉她,可别小看记账,记好了它能给自己省下不少钱呢!夏林以前总觉得记账既麻烦、没什么意义,又浪费时间、浪费精力,可是从此之后,她也开始记账了。

由于夏林的工作十分繁忙,所以她选择了既方便又快捷的网上银行记账功能。她每天都抽出一点时间,把每天的消费支出分门别类地做详细记录。刚开始的时候,她觉得很繁琐,几次都差点半途而废。理财专家曾对她说:"控制自己的花费,就像要控制自己对甜食的欲望一样难,但如果你把记账看作是每天都要擦的口红一样必要,那消费的冲动欲望就会减半。"专家的经验之谈,让夏林坚持了下来。就这样坚持了五年之后,她不但改掉了胡乱花钱的毛病,还成为数字计算的高手,更为自己攒下了一笔可观的积蓄。

现在有很多网站都有个人记账功能,而且还很流行,大家都把这种网站叫作晒账网。做晒账的人还有一个很时尚的名字叫"账客"。晒账网站根据每个人记下的账目绘制出收支分析图,帮助账客们了解自己的财政情况,同时还能与其他账客一道分享理财心得,真是一举多得的理财好方法。

不要轻信任何人

一个站在壁橱上的孩子,兴奋地跃向父亲张手欲接的怀抱,结果扑空了摔在地上。数次以后,孩子对谁都不再轻信了。这就是犹太家庭对孩子的家教课。犹太商人在商务活动中只相信根据客观事实做出的判断,商场如战场,正因为犹太人从不轻信别人,不被很多事物的表象所迷惑,所以才能在生意场上纵横捭阖。

"商场上切忌轻信别人,哪怕是你的亲兄弟,也要考虑一下"。这是曹卫国的肺腑之言,也是他多年的痛苦经验换来的深刻教训。《可怕的温州人》一书中,把"哪怕是亲兄弟也不轻信"列为温州人气质的共同元素。

1995年，在多年的好朋友山田的盛情邀请下，曹卫国定居日本，准备开展自己的事业。山田兴致勃勃地提供给曹卫国一个商机：投资房地产。曹卫国决定大干一场，把所有的存款和向一些朋友借来的款都投在了一处房产上，期间山田也主动借了很多钱给曹卫国。一年之后，这房产价格翻了一番。初战告捷，国内的很多朋友纷纷打来电话，希望与曹卫国合作，共同投资。几家银行也希望他能继续贷款，加大投资力度。

此时的曹卫国信心满满。他一口气买下了四栋房子，投入资金超过3亿人民币。在这3亿人民币中，有曹卫国的全部积蓄3 000万人民币，有向几个朋友借来的款大约1亿人民币，有银行的贷款将近1亿人民币，还有山田主动借出的100万人民币。可是这次远远没有上次幸运，房产价格大幅下跌，买方的出价一个比一个低，后来干脆连成本的一半都不到，无奈之下，曹卫国只得低价出售。一夜之间，他从天堂掉到了地狱，背上了上千万元的债务。一次偶然机会，曹卫国看到山田和房产的买主在一起喝酒，他才明白自己掉进了山田的陷阱，而现在又无可奈何。这次事件对曹卫国来说是血一般的教训，他轻信所谓的朋友，自己把自己逼上了绝境。

在犹太人的生意经中有一信条叫作"每一次都是初交"，讲的就是"切忌轻信"，意思是要把每一次生意都看作是与对方第一次打交道，不要因为对方先前与你有来往就放松警惕，更不能被对方表现的真诚所迷惑，一定要有自己的立场。

有一天，一位日本商人请一位犹太画家去银座的饭馆吃饭。宾主坐定之后，画家趁等菜之际，取出纸笔，给坐在边上谈笑风生的饭馆女主人画人物速写。

一会儿工夫，速写画好了。画家递给日本商人看，果然不错，画得形神皆具。日本人连声赞叹道："太棒了，太棒了"。

听到朋友的奉承，犹太画家便转过身来，面对着他，又在纸上勾画起来，还不时向他伸出左手，竖起大拇指。通常，画家在估计人的各部位比例时，都会用这种简易方法。

日本商人一见画家这副架势，知道这回是在给自己画速写。虽然因为面对面坐着，看不见他画得如何，但还是一本正经地摆好了姿势，让他画。

日本人一动不动地坐着，眼看着画家一会儿在纸上勾画，一会儿又向他竖起大拇指，足足坐了10分钟。

"好了，画完了。"画家停下笔来，说道。

听到这话，日本人才松了一口气，迫不及待地欠身一看，不禁大吃一惊。原来画家画的根本不是那位日本商人，而是他自己左手大拇指的速写。

日本商人连羞带恼地说："我特意摆好姿势，你……你却在捉弄人。"

犹太画家却笑着对他说："我听说你做生意很精明，所以才故意考察你一下。你不问别人画什么，就以为是在画自己，还摆好了姿势。单从这一点来看，你同犹太商人相比，还差得远啦。"

国学经典文库

中华点子库

理财金点子

图文珍藏版

到这时,那位日本商人才如梦初醒,明白过来自己错在什么地方;看见画家第一次画了女主人,第二次又面对着自己,就以为一定是在画自己了。

正是基于对类似于这位日本商人所犯的错误,犹太商人的生意经上赫然写着一条:"每一次都是初交"。

哪怕同再熟的人做生意,犹太商人也绝不会因为上次的成功合作,而放松对这次生意的各项条件、要求的审视。他们习惯于把每次生意都看作一次独立的生意,把每次接触的商务伙伴都看作第一次合作的伙伴。这样做,起码有两大好处:其一,不会像日本商人那样,因为自己对对方的先入之见而掉以轻心。相反,可以有足够的戒备防止对方可能做的一切手脚。其二,可以保证自己第一次辛辛苦苦争取得到的利益,不至于在第二次生意中被顾念前情而做出的让步所断送。生意毕竟是生意,容不得"温情脉脉",否则第一次就没有必要斤斤计较。

犹太商人深知,由于人的潜意识,先入之见的厉害之处在于会使人想不到去纠正它。直到事情的结果出来,大失所望甚至绝望之余,人们才察觉自己的疏忽。

在今日社会上发生的诸多合同诈骗案中,有多少"善良的人"就是因为单凭一张熟人脸,或者仅仅一面之交的熟人面子甚至一次小小的"成功"而中了别人的圈套。

所以,"每一次都是初交"实是犹太人在漫长而残酷的商业活动中总结出的经典生意经,其适用范围竟然已经达到了潜意识的层次。只有一个发明了精神分析学的商人民族,才会在这种极其细微、极不容易觉察的地方有如此清晰的认识,驾轻就熟、游刃有余。

尽量多看几步

当你手里有了一定的资金,想到要投资做些生意的时候,你除了要有经商的心理准备之外,还要有敏锐的眼光,可以预测未来发生的事情。不要只看眼前的几步,那样的人永远只能跟在别人后边,赔钱是肯定的。

北美宣传奇才哈利,小时候在一家马戏团做童工,负责在场内叫卖小食品。由于天气寒冷,观看表演的人不多,买东西吃的人更少,尤其是饮料,几乎没人问津。小哈利心想:为什么饮料没有人要呢? 是人们不需要吗? 怎么让人们在大冷天也需要饮料呢? 他脑瓜一转,有了! 于是,他大声喊道:"来看马戏,谁买一张票就免费送您一包好吃的花生喽!"还有这样的好事? 人们纷纷从四面八方聚拢过来,人越来越多。人们津津有味地品尝着这些花生,这些花生比平常的花生好吃,但是越吃越口渴,原来这些花生被撒上了一些盐。不过,既然花生是免费的,而且又这么好吃,那么就继续吃吧,但要有点饮料解渴才行。于是小哈利乘机推销他的饮料,口干舌燥的人们顾不得那么多了,纷纷购买小哈利的饮料。这样一来,小哈利一天卖出去的饮料居然相当于过去一个月的销量。

其实，看起来神奇的妙计，如果仔细分析一下，小哈利不过是善于谋划，比别人多看到几步而已。让我们来看看小哈利的这几步是怎么走的：

第一步：要想卖出去饮料，在冬天似乎不太可能，那就必须借助其他东西作为中转来间接地实现自己的意图。于是，小哈利看到手中的东西——花生。

第二步：把花生撒上一点盐，这样花生就变咸了，咸花生的味道不仅香，更重要的是借助咸花生。他可以卖掉自己的饮料。

第三步：把咸花生和马戏票捆绑在一起，免费赠送给来看马戏的人，这样做的目的就是吸引那些贪图便宜的人，为更多地推销自己的饮料打好顾客数量上的基础。

其实，多看几步，不过是要多多地思考，多想几个可能性而已。由此可见，多想想，多几个谋划，做好各种准备，事先多方面地计划，把各种可能性都考虑进去，尽量利用对自己有利的一面，想办法克服对自己不利的一面，促进其向好的方向发展。因为一个东西总是有两面的，有利的方面也不总是有好的，不利的方面也不总是坏的，如果你利用得当，它就是有用的。任何的不利和有利都是站在某个角度来说的。

现在我们再来看看另一个富翁洛克菲勒是怎么运用这些高招的。第二次世界大战结束后，战胜国决定成立一个处理世界事务的组织——联合国。想把这个总部建在国际性大都市里，可是在任何一座繁华都市里购买建设庞大楼宇的土地都需要一大笔资金，而刚刚起步的联合国总部的资金极为有限，各国首脑为此事不停地商量来商量去。此时，洛克菲勒家族听说了这件事，他们立刻宣布，愿意出资 870 万美元在纽约买下一块地皮，并且无条件地捐赠给联合国。人们不禁惊讶，掏这么一大笔钱买土地免费赠送给联合国，能有什么好处？洛克菲勒家族这么做简直是头脑发晕！

洛克菲勒

可是他们并不知道，当洛克菲勒家族买下土地捐赠给联合国的时候，也买下了与这块土地毗邻的全部土地。等到联合国大楼建成，四周的地价立即飙升起来。现在，没有人能够计算的出洛克菲勒家族凭借毗邻联合国的土地获得了多少个 870 万美元。

当人们明白过来的时候，洛克菲勒家族已经赚得盆满钵溢了。这就是大亨的做法，他们的头一两步棋，我们通常是猜不到其真正的用意的。他们的真实意图总是在事情快有了结局的时候，才使我们恍然大悟，可是这已经是事情的定局了。

比别人多看几步，决定了你是否可以发财。你能想到未来的发展情况有多远，你的成功就有多远。

雷·克罗克在遇到两兄弟之前已近暮年，并且一事无成，而这两兄弟却改变了他的生活。因为这两兄弟有一个绝好的主意，但没有信心去做。于是，他俩没要几个钱就把自己的点子连同名字都卖给了雷·克罗克。后来，雷·克罗克跨入了美国最富有的阶层，身价高达数亿美元。而那两兄弟又是谁呢？他们就是麦当劳兄弟，每当人们吃一份以他们名字命名的汉堡包时，就不免会想起雷·克罗克，他代表了一位智者的眼光、勇气和恒心，是他把麦当劳办成了一个成功的连锁企业，而不是那两位叫作麦当劳的兄弟。

如今，麦当劳在全世界拥有3万多家分店，每天有4 600万名顾客，它是世界上最大的快餐连锁店，其收入每年都以12%~15%的速度增长。

大家可能在空余的时间下棋，下棋过程中，我们把仅仅看到一两步棋路的人称为"初级棋师"；把那些想到三四步棋路的人称为"中级棋师"；但是把那些能够估算到五六步以上棋路的人誉为"高级棋师"。高手们的头一两步棋，人们常常捉摸不透他们的用意。如果以下棋比喻经商，商战中的高手们常常就是那些运筹帷幄、决胜千里的商人。

联邦政府重新修建自由女神像，但是因为拆除旧女神像要扔掉一大堆的废料。为了清除这些废弃的东西，联邦政府不得已向社会招标。但好几个月过去了，也没有人来应标。因为在纽约，对垃圾处理有严格的规定，稍有不慎就会受到环保组织的起诉。

麦考尔听到这个消息后，立即飞赴纽约。当地看到自由女神像下堆积如山的铜块、螺丝和木料后，当即就与政府部门签下了协议。消息传开后，纽约许多运输公司都在偷偷发笑，他的许多同事也认为废料回收是一件费力不讨好的事情，况且能回收的资源价值也实在有限，这一举动未免有点愚蠢。

当大家都在看他笑话的时候，他已开始工作了，他召集了一批工人，组织他们对废料进行分类：把废铜熔化，铸成小自由女神像；旧木料加工成女神像的底座；废铜、废铝的边角料做成纽约广场的钥匙；甚至把从自由女神像上扫下的灰尘都包装了起来，卖给了花店。

结果，这些在别人眼里根本没有用处的废铜、边角料、灰尘，都以高出它们原来价值的数倍乃至数十倍卖出，而且供不应求。不到3个月的时间，他让这堆废料变成了350万美元。他甚至把一磅铜卖到了3 500美元的价格，使每磅铜的价格整整翻了1万倍。他也摇身一变成为麦考尔公司的董事长。

如果你也想投资经商，那你就将成为一个商人，那么你在筹划大事的时候，应该能问问自己：我会想到第几步？

第三章　学会投资理财，腰包才能越来越鼓

理财计划的制订以及对投资方式的了解，是你迈向理财成功的第一步。制订好自己的理财计划，会使你在理财的过程中少走许多弯路。投资方式的选择能够使你充分地分析个人的经济状况、个人的性格特征，这些都是你理财道路上的财富。

制订自己的投资理财计划

大家习惯在做事前计划一下，这样会给自己的行动带来很大的方便，避免准备不足而导致失误。投资理财也是一样，但是在进行理财投资的时候，很多人都没有制订自己的计划。他们的投资行为一般发生在瞬间，或是一个似是而非的消息，或是心血来潮的冲动，几十万上百万的资金就在很短的时间内投了进去，没有理由，更没有计划。如果对于投入市场将可能发生的变化没有任何准备，如此的投资行为本身在开始前就已经埋下了失败的种子！

投资理财市场是复杂多变且充满各种各样的风险，这就需要理财者进行必要的谋划。有了理财计划，我们才能有条不紊地实施自己的投资步骤，当遇到问题时，才不会方寸大乱，手足无措。要制订自己的投资计划，可以通过如下六个步骤来完成：

1.认真审视自己，对自己有一个清醒的了解

在制订计划前，首先要了解自己，认清自己的实际情况，这些情况包括：

（1）资金因素。投资理财者有一定数量、来源可靠的资金，是制订理财计划的前提。

（2）对资金投资收益的依赖程度。所谓依赖程度，也就是投资者承担投资风险的能力。如果对投资收益的依赖很大，就应该选择债券、优先股等安全可靠、有稳定收益的证券投资项目或者把握比较大的实业项目。如果对投资收益的依赖较小，则可以选择收益可能较大但风险程度也高的项目进行投资。

（3）时间信息因素。投资者应该考虑能够投放在某项投资上的时间和精力有多少，以及获得信息的渠道、手段和时效等因素。如果条件不充裕，就不应选定价格波动较大的短线投资项目作为投资对象，而应以投资收益稳定的长线投资项目为对象。

（4）心理因素。在投资过程中，投资者的心理素质有时比资金的多寡更为重

要。优柔寡断、多愁善感性格类型的投资者应该避免进行风险较大、起伏跌宕的短线投资项目。

（5）知识和经验因素。投资者的知识结构中对哪种投资方法最为了解，以及人生经验中对哪种投资的操作更为擅长，都会对制订投资计划有帮助。相对来说，选择自己熟悉了解的投资项目，充分利用自己已有的专业知识和成熟经验，是投资稳定、安全获益的有利因素。例如，对于股票投资，选择自己熟悉行业的上市公司、运用自己便于掌握的方法来决定操作手段，对成功获利会大有裨益。

（6）多元化投资方案。投资的风险与收益并存，收益越高往往风险也越大。好的投资方案可以使投资者最大限度地提高收益，规避风险。例如，在股票市场，投资者很难准确预测出每一种股票价格的走势。假如贸然把全部资金投入到一种股票，一旦判断有误，将造成较大损失；如果选择不同公司、不同行业性质、不同地域、不同循环周期的股票，就会相应降低投资风险。

如果不能清楚地了解自己，任何投资计划都是虚幻的，或者是计划本身就不切实际，更多的情况是根本无法执行。因此，制订投资计划的第一步就是要对自己有一个清醒地了解。

2.设定合理的收益预期

很多人没有合理的收益预期，他们觉得钱赚得越多越好。这是非常错误的想法。其实，不管是投资房地产、黄金等实物，还是股票、基金等金融产品，或者是店铺、工厂等实业，都不能抱着一夜暴富的心理，设定不合理的收益预期。因为不合理的收益预期往往会促使投资者做出不理智的决定，带来巨大的风险。

3.判断大市场环境

对大环境有一个清晰的判断很重要，除非是顶尖的短线资本运作高手，绝大部分人还是靠把握趋势来积累财富。一个人必须要学会根据外界的环境来调整自己，这是一种原始的动物本能。对市场环境有一个大致的判断，是制订投资计划的关键步骤。

4.坚定投资理财理念

投资理念是指用什么样的原则和方法来指导投资。趋势跟踪、价值挖掘、长期投资等都是投资理念。选择什么样的投资理念跟你自己的能力和性格有很大关系，在认真分析自己的性格后，给自己一个合理的理财理念的定位。

5.分配资产份额并设计投资组合

投资组合是由投资人或金融机构所持有的股票、债券、衍生金融产品等组成的集合。投资组合的目的在于分散风险。一旦你决定采用广泛分散的投资组合，那么就开始着手设计适合你自己的投资组合吧。设计投资组合要根据自己的抗风险能力来决定，尽量不要将所有的钱投到一种理财方式当中去，因为同一个篮子里的鸡蛋一旦被打破你将一无所有。

6.控制投资规模

确定投资规模在任何投资系统中都是最重要的部分,但是绝大多数投资专业指导书籍和课程都忽略了这一点,而往往以资产配置和资产组合管理来代替。其实,资金管理和资产组合管理绝对不能相互替代。特别是在经济不稳定的情况下,控制好投资规模才能确保资金安全。

总之,有了计划的投资你会操作起来更有信心。因此,希望所有的投资者交易前都养成制订投资计划书的好习惯。

投资理财前做好心理准备

许多孜孜工作,每日为钱辛苦、为钱忙的上班族,都曾有过这样的感受:眼看着富人穿着高级服饰,住着豪华别墅,开着名贵轿车疾驶而过,威风八面,令人羡慕不已。然而在羡慕之余,你是否想过:"是什么因素使得他们富有,而我却没有呢?"

不少人将这些人致富的原因,直接归处于他们生来富有、他们创业成功、他们比别人聪明、他们比别人努力或是他们比别人幸运等。但是,家庭、创业、聪明、努力与运气,并无法解释所有致富的原因。

近几年,社会大众认为国内贫富差距问题非常严重,财富有两极化的趋势。很多人都认为"炒股票或房地产"是贫富差距拉大的主因,其次才是"个人工作能力与努力"。看来很多人都认为造成贫富差距越来越大的主因并非个人努力的结果,而是由于制度不健全,运气、机会等不公平的结果。

的确,造成贫富差距扩大的主因是"股票与房地产",至于"个人工作能力与努力"影响并不大。有钱人大多是因为投资理财而致富的,而造成财富增加的主因是"拥有适当的投资标的"(如投资股票),并非"炒作"而来。

到底是那些百万富翁们拥有什么特殊技能,还是那些天天省吃俭用、日日勤奋工作的上班族欠缺什么?他们何以在一生中累积了如此巨大的财富呢?这正是成功学多年来极欲探寻的问题。经过多年的观察、归纳与研究,得出了一个对致富来说极为重要的因素:投资理财的能力。

在进行投资理财之前,你要权衡利弊,做好充分的心理准备:

1.承受失败的能力

无论是在创业开始时,还是开始投资时,你的安全感都会很低,那是因为你对未来没有充分的把握。有些人会因缺乏准备、资金、精力以及生意的敏感度而以失败告终。因此,下注之前,必须有所准备,尤其是开始时不要太过乐观,这样结果真的亏了,心理上也能承受。

2.要付出艰苦努力

在投资与理财中你可能会拥有百万以上的财富,但是你必须以艰辛的行动为代价。

总之,上述方面,你要准备承受。而且任何投资都会有风险,必须认识这一点并予以重视。

投资理财种类早知道

现在很多人都想做理财投资,但是,这时就出现问题了,很多人手中有钱却不知道从何处入手? 股市不敢进,房市情况不明,黄金不会操作,其他方式又不熟悉,所以四处询问别人有没有好的投资方式、理财项目? 出现了临时抱佛脚的情形,这时候往往就会有急于出手而出现亏损,甚至是上当受骗的情况发生。

人们都想使自己未来的生活好一点,投资理财是个很好的渠道,但是选择什么样的方式,就需要我们未雨绸缪,事先了解各种投资方式,选择适合自己的项目,从而获取利益。

1.股票

股票投资是购买上市公司的股票,是通过股价上涨、公司红利获得利润的一种投资行为。股票是一种高风险、高收益的投资品种。想要在股票投资中获得高额利润,就要掌握股票投资的技巧、方法和规律。

2.基金

基金投资是一种间接的证券投资方式。基金管理公司通过发行基金份额,集中投资者的资金,由基金托管人(即具有资格的银行)托管,由基金管理人管理和运用资金,从事股票、债券等金融工具投资,然后共担投资风险、分享收益。即是一种由投资专家帮你管理和运作资金的方式。

3.黄金

黄金历来都受人们的喜爱,而如今黄金也成了很好的投资项目,再加上这两年金价持续的上涨,炒金越来越成为个人投资理财的热点项目。

4.债券

债券是政府、金融机构、工商企业等机构直接向社会借债筹措资金时,向投资者发行,并承诺按一定利率支付利息且按约定条件偿还本金的债权债务凭证。由于债券的利息通常是事先确定的,所以,债券又被称为固定利息证券。中国人理财大多追求稳妥,很多人对金融市场及运作不熟悉或不够自信,于是很容易就会选择债券。即使是理财高手,也会配置债券这样的低风险理财产品。

5.期货

期货投资是指在期货市场以获取价差为目的进行期货交易的业务,又称为投机业务。期货市场是一个形成价格的市场,供求关系的瞬息万变都会反映到价格变动之中,用经济学的语言来讲,期货市场投入的原材料是信息,产出的产品是价格。对于未来的价格走势,在任何时候都会存在着不同的看法,这和现货交易、股票交易是一样的。有人看涨就会买入,有人看跌就会卖出,最后预测正确与否市场会给出答案,预测正确者获利,反之亏损。因此,期货投资是一个高风险、高回报的投资项目。

6.收藏

收藏投资不仅能满足人们对美的享受,同时还是一种很好的投资理财方式。拥有珍贵的艺术品能够体现人们的财富,还能提升人们的品位。收藏投资虽然已经走入普通家庭,但是依然是一门值得学习的学问。

7.房产

房产投资是时下很热门的投资方式,与投资价格瞬息万变的资本市场相比,房地产投资不仅有保值的功能,而且能充分发挥资金的杠杆效应,规避通货膨胀的风险,是一项省事、风险相对较小的投资方式。

8.保险

保险投资是一种水则资车、旱则资舟的投资方式。它既能获得收益又能使自己的未来得到保障,但是保险种类名目繁多,一定要选择能够满足自身需要的险种进行投保。

除了以上几种投资方式以外,外汇、期权、人民币理财项目等也都是投资者们常见的投资理财方式。但是,不论选择哪种方式,都是有风险的,理财市场上没有常胜将军,我们能够做的就是将风险降到最低。

收入决定投资理财项目

每个人都有发财梦,但是想要实现这个梦想,就要从个人实际储蓄和收入出发,投资理财一定要量力而行,不要让它成为你的负担。

1.温饱人士投资理财的方式

对于刚刚达到温饱的这类人群来说,由于其抗击风险的能力比较弱,因此多选择一些基金类、债券类、保险类的稳健性投资比较好。

因基金与债券的风险较低,尤其是债券有固定的收益,抗风险能力较强,因此较合适这类群体,不过要挑选信誉好的企业债券或者是国债。

父母需要养老、子女需要上学,投资时应就家庭的未来生活做一个很好的保障。为父母选择一份合适的养老保险,建立一笔养老基金,为父母身体健康提供长期保障。同时还要给孩子留一笔教育经费,孩子将来上学也是家庭的一笔不小开支,要在孩子小时候就开始着手准备。因此,选择为家庭做出良好的保障是这类人士最需要解决的问题。

2.小康家庭投资理财的方式

　　小康家庭有了一定的储蓄,手中的闲钱相对较多,可以选择一些投资周期较长、回报较高的项目。房产投资是首选,其次股市也是一个不错的选择,还有基金投资也能满足这类家庭的理财需要。

　　小康家庭投资房地产是比较明智的选择,这种不动产投资随着经济迅速成长和城市化发展的加速,在未来很长一段时间内都会保持一定的增长。投资房地产能为这样的家庭提供几十年的稳定收益。股市也是小康家庭的选择,因为他们有一定的抗风险能力,对于这种风险较大的投资方式也可以试一试。在保障家庭生活不受影响的情况下,如果运用合理的投资组合,即使被套对家庭生活的影响也不是很大。

　　3.富裕家庭的投资理财的方式

　　家庭富裕者有能力拿出大笔的资金进行投资,可以选择股票、期货等风险性较大的行业。

　　股票和期货市场都有很大的不确定性,是典型的风险大、收益高的投资方式。由于富裕家庭的抗风险能力很强,因此这类投资理财方式很适合这些家庭。

性格决定你的投资理财方式

　　性格是一个人与生俱来的特征,有些人生性豪放,喜欢刺激;有些人生性保守,喜欢宁静。在投资过程当中性格也起到很大的作用,毕竟投资最终是自己的事情,赚了钱放进自己的腰包,赔了钱当然也得自己负责,别人给你的只是建议而已。

　　那些喜欢刺激、把风险看成是浪漫的人,可以选择投资股票。股票的涨跌可以给你带来重大的刺激,在股海中沉浮就需要这样的激情。

　　拥有坚定的目标、讨厌变化无常的生活、不愿冒风险的人,可以选择投资国债。国债收益稳定,很适合这类人的生活规律,只等国债时间一到获得收益就行了。

　　对于干劲十足,相信未来必须靠自己艰苦奋斗的人来说,选择投资房地产是一个不错的选择。房地产是一项长期耐心的投资,通过自己的艰辛努力满足投资的需要,会使这类人得到较大的满足。

　　对在生活中有明确目标、信心坚定的人来说,最好是选择储蓄。生活严谨、有板有眼、满足于现状的人,则可选择投资保险。保险是一家人的保障,对于这类生活安逸的人来说,是最适合不过的。审美能力高、对时髦的事物不感兴趣、对那些稀有而珍贵的东西则爱不释手的人,适宜投资收藏。收藏投资不仅能满足这类人的投资需求,同时最主要的是满足他们的审美需求。

　　当然,还有期货、外汇等投资品种,投资者在选择时,都应结合自己的专长,不可强求。有的人喜欢买国债,认为买国债保险,收益也较高;有的人喜欢做房地产,认为房地产市场套数多、空间大、有意思;还有的人喜欢收藏钱币、古董……

必须说明一点，喜欢与擅长是两码事。喜欢什么投资，或者认为什么投资好，除了选准投资对象有无投资价值外，还要注意自己的兴趣和专长。有的人投资房地产如鱼得水，但投资股票却连连亏损。可见，投资者首先必须认识自己、了解自己，然后再决定投资什么、如何投资，这是十分必要的。投资者只有从实际出发、脚踏实地，发挥自己所长，选择适合自己的投资方式才能得到较好的回报。

许多投资理财者从众心理极强，见到别人投资赚钱了，便一窝蜂似的跟着买进、卖出。虽然偶尔也能赚些小钱，但费时费力不说，动作稍微一慢，结果或者被套，或者割肉赔钱。总之，一个成功的投资者，应根据自己的实际情况选择合适的投资方式，不要盲目从众，以免赔了之后怨天尤人。

第四章　水滴石穿，不要小看储蓄投资

储蓄是人们最常用的理财工具，它是普通家庭最大的定心丸。它的好处人人都可以说上三五条：方便、安全、获得利息收益……但如果说如何让简单的储蓄帮你赚取更多的钱，获取更理想的收益，就未必人人都知道了。其实储蓄也有很多窍门，也要讲究方法。

没有存款的生活让人难以想象

现代社会，"月光族"、超前消费、信贷危机等词汇已成为无存款一族的标志性词汇。很多人都接受挣多少就花多少的观点，并"身体力行"地执行这一消费观念。他们认为享受当下才是享受生活，既没有存款意识，也不为将来做过多的考虑。那么，存款真的是可有可无吗？

没有存款，房子、车子从何而来？孩子上学怎么办？生病住院怎么办？生意亏本怎么办？难道非要等这些问题发生时，才会意识到存款的重要性吗？

供职于外企的李星，名校毕业，拥有博士学位。年薪达到 30 万元。他的座驾是宝马，一身上下都是名牌，经常出入高档消费场所，引来无数人羡慕的眼光。但是，李星却是个有名的"月光佬"。这时，你肯定会问，他的收入如此之高，为什么还会成为月光族呢？

李星是个好面子的人，他觉得自己在外企，实力强、待遇好、薪金高，自我感觉非常良好，认为自己算得上是位成功人士。既然是成功人士，就要学会善待自己、享受生活、享受人生，哪怕自己现在还算不上亿万富翁，也要让自己看起来像。于是，他的吃穿住行都是高档次、高消费，根本没有存款意识，生活过得自在潇洒。虽然李星挣钱不少,可是花的钱更多,一年到头非但没有积攒下一分钱,同时还因信用卡透支,贷款买车,欠下银行十多万元,是一位彻彻底底的"月光佬"。

和李星一样,很多人之所以穷,并不是因为他们挣得少,而是因为他们没有存款意识,花钱没规划、没节制,以致让自己的财务出现危机,入不敷出。而富有的人,往往都是懂得储蓄财富的人。

巴卡是巴比伦最富有的人,很多人羡慕他,向他请教致富的方法。

巴卡富有之前的工作是雕刻瓷砖。有一天,一位名叫阿罗尼的富翁需要预订一块瓷砖,并要求在这块瓷砖上刻上法律条文。巴卡承诺会连夜赶制,天亮即可完工,但有一个附加条件——告诉他致富的秘诀。

阿罗尼富翁同意了。到天亮时,巴卡做好了瓷砖,阿罗尼也说出了他富有的秘诀。

这个秘诀就是:赚来的钱一定要留出一部分存起来。财富的积累像树木的生长一样,存下的第一笔钱就是财富之树的种子。只要你一直坚持下去,种子就一定会长成参天大树。刚开始时,不管赚多赚少,一定要存下十分之一的钱。

三年之后,阿罗尼再次光临,他想知道巴卡是否按照他所说的去做了。令阿罗尼欣喜的是,巴卡忠实地践行了他所说的致富方法,并且最终成为当地最富有的人。

其实,故事中巴卡和阿罗尼富有的秘诀非常简单,那就是储蓄。由此可见,只要一直坚持储蓄,就可以累积起相当的财富。

目前,我国普通的居民家庭,一般收入都不丰厚,消费水平却日益提高,这就更要求我们必须有储蓄的意识。有所积蓄,你才能保障未来生活的安稳富足。如果不想一直贫穷、一直待在负债的行列里,那么,请立刻行动起来,学会控制自己的欲望,杜绝挥霍浪费,在你的银行账户里存下一颗生活的"定心丸"。

理财的第一步——储蓄

现在,储蓄仍然是我们理财的重要渠道之一。尤其是对年轻人来说,资本的积累是所有投资理财手段和技巧的基础与前提,所以年轻人一定要养成储蓄的习惯。

1.合理储蓄是根基

每月的储蓄是投资资金源源不断的源泉。唯有持之以恒,才能确保理财规划逐步顺利进行下去。因此,我们有必要进行科学合理的储蓄。

这时,大家就会产生疑问了,储蓄不就是把钱存入银行吗?还有科学和不科学之分吗?其实,大多数人是把每月的结余变成储蓄或投资,留下的多就多存,剩下的少就少存,没有一个明确的数目,这是没有计划的瞎存。尽管可能有些人会有规律地,每个月存入固定金额,但他们仅仅是强制性储蓄,以免自己乱花钱。当问及他们为什么存这个金额时,往往很难说出个所以然。因此只能说这是一个好习惯,还缺乏明确的目的性。

从理财角度来说,怎样才是科学的储蓄呢? 既然我们每月的储蓄是投资的来源,那么合理的储蓄应该先根据理财目标,通过精确的计算得出每月为达到目标所需的准确金额;然后是量入为出,在明确的理财目标指引下,每月都按此金额进行储蓄。至于每月的支出,那就是每月的收入扣除每月的储蓄额后的结余。

有些人可能会说,"收入-储蓄=支出"与"收入-支出=储蓄"不是一样吗? 从数学角度来看,这两个等式确实一样;但从理财的角度来看,两者有天壤之别。每个人的收入基本上都是确定的,可以变化的也就是支出和储蓄。如果是后一个等式,那么储蓄就变成了可有可无,有就存,没有就不存,并不是必须项,这就是很多人存不下钱、理财规划做得不好的原因所在。只有重视储蓄,真正把它当作一项任务去完成,理财才有成功的可能。

理财在中国刚刚起步,每个想理好财的人都应该首先树立正确的观念。理财,其实时刻面临取舍。为了使将来生活得更好,现在就必须做出一些牺牲。

2.储蓄你的成功资本

普利策是世界公认的报业巨子,他是一位出生于匈牙利的犹太人,17岁时到美国谋生。当他在圣路易斯的一家报社当记者时,由于工作出色,第二年老板就提升他为编辑,他的收入也因此增多,开始有点积蓄了。

几年后,普利策对报社的工作了如指掌,他用自己的一点积蓄买下一家濒临歇业的报馆,开始创办自己的报纸。他将该报取名为《圣路易斯邮报快讯报》,把报纸办成以经济信息为主,强化发展广告部,承接各种广告。

就这样,他利用客户预交的广告费出版发行报纸,发行量越来越大。开办五年后,报馆每年为他赚15万美元以上。他的报纸发行量越多,广告也越多,他的收入进入了良性循环,不久他就成为美国报业的巨头。

普利策从两手空空到腰缠万贯,是一位做无本生意成功的典型。他初时分文没有,靠打工挣薪水,通过节衣缩食省下有限的金钱,然后一刻不闲地让钱滚动起来,使其发挥更大作用。

在犹太移民史中,厉行储蓄的习惯对犹太人有深刻的影响,也影响到这些移民子女的储蓄和花钱习惯。经历过20世纪30年代大萧条的人身上,同样可以找到犹太人的储蓄习惯。

洛克菲勒刚开始步入商界时,经营步履维艰,他将每天应用的钱加以节省储蓄,同时加倍努力工作,千方百计增加收入。这样坚持了五年积存下800美元,然后他将这笔钱用于经营煤油。在经营中他精打细算,千方百计地节省开支,把盈利中的大部分储存起来,一定时间后把它投入到石油开发中。照此循环发展,如滚雪球一般使其资本愈来愈多,生意愈做愈大。经过30年左右的"勤俭"经营,洛克菲勒成为美国首屈一指的大富豪。到 1996 年,其财团属下的石油公司年营业额已达 1100 多亿美元。

攒钱是致富的本源,养成攒钱的习惯,保住已经赚得的金钱,这是犹太人致富的一个奥秘。事实上,每个人都有"强迫攒钱"的经验,想减少支出存点钱,另外还有余钱付清每个月的固定账务和其他消费就必须遵循这个原则。当你切实做到强迫自己攒钱后,就能够自动减少不必要的开支,调整消费结构。

选择最划算的储蓄品种

储蓄有很多种类,在琳琅满目的储蓄种类中,你知道用哪种储蓄方式最划算吗? 为了选择最优的储蓄方式,要先弄清楚手中的钱将要干什么用。

1.用于日常生活的钱该怎么储蓄

日常生活支出用钱需要灵活存取,活期储蓄是最适合的储蓄方式。

活期储蓄没有固定存期,可以随时存取,存款金额也不限,就算 1 元钱也可以存。你可以每月预留一部分钱存入活期账户,以应付生活所需。用活期账户可以交纳水费、电费、燃气费等,非常方便。

2.不准备动用的积蓄怎么储蓄

如果你手中有一笔存款在较长的时间内都不打算动用,这时就可以选择整存整取定期储蓄,能够获得比较高的利息。

整存整取的存期有 3 个月、6 个月,1 年、2 年、3 年和 5 年期几种,存期越长利率越高。你可以事先估算一下用钱时间,据此确定存期。

有些人为了便于支取,无论手中有多少钱都习惯存成活期,这种做法是很不可取的。让我们来算一笔账,就能很清楚地知道死期和活期的差距有多大。

例如:目前活期存款的年利率为 0.50%,1 年期年利率为 3.25%,3 年期年利率为 4.75%,5 年期年利率为 5.25%。如果将 5 万元存 3 年定期,那么 3 年后将得到利息 7125 元;如果存期为 5 年,5 年后将得到利息 13125 元;若只是将 5 万元存为活期,那么一年只有利息 250 元,即使存上 3 年也不到 1000 元。

同样是 5 万元,存款的期限相同但方式不同,就导致了巨大的差异。哪种方式更划算,一目了然。

要注意的是,即使将钱存成定期,存期也不要过长,因为一旦有急事需要支取这笔钱,利息就会按照活期计算,使你蒙受一定的损失;但存期也不要过短,短期存款的利率比长期存款的利率要低,达不到理想的目标。

3.不确定积蓄何时使用怎么储蓄

有些人手中有一定的积蓄,但无法确定何时会动用,这时候可以选择定活两便储蓄。

如果这笔资金在5万元以上,则可以开通个人通知存款,这种存款方式在存入时不需约定存期,支取时提前1天或7天通知银行,利率远高于活期。

4.三个月之内不准备动用积蓄怎么储蓄

如果你在三个月内没有任何支出资金的打算,也不准备进行长期投资,就可以用定活两便的方式进行储蓄。这种方式不用约定存期,银行将根据实际的存款期限计息。如果存期在三个月以内,就按照销户时的活期利率计算利息;只要账户内的资金存过三个月,就可以享受相同存期整存整取的6折利息;如果这笔资金闲置超过1年,还是选择定期存款更合适。这种储蓄方式起点很低,只要万元就可以开户,并且可以随时支取。

5.日积月累的小钱如何储蓄

很多人有这样的习惯:平时积攒一些小钱,等攒到一定数额后再存起来。现在银行给用户提供了更为便捷的服务,只要你与银行约定好,银行就可以提醒你按时存款,非常方便。

6.只想支取利息怎么储蓄

如果你手中有一笔1万元以上的存款,并且希望可以在不动用本金的前提下,每月获取利息,以便应付日常开销。在这种情况下,存本取息定期储蓄无疑是最适合的品种,有1年期、3年期与5年期三档存期供你选择。

除了以上这六种储蓄方法外,另外还有两个储蓄的小窍门可以让你的储蓄更加划算。

第一个储蓄小窍门:账户没到期却急需用钱的窍门。有些人本以为自己在短期内不会用钱,因而将钱存为了定期,可偏偏碰到了紧急的事情需要用钱,翻查账户发现只有几个月甚至几天就到期了,真是取也不是,不取也不是。

要解决这一窘境并非没有办法。有些银行设有个人定期储蓄存单(折)小额质押贷款业务,可以拿着未到期的人民币或外币定期存单做质押,最高可以申请到存单面额95%的贷款,既解了燃眉之急,又使你少受损失。

第二个储蓄小窍门:成套存款挣利息的窍门。单一的储蓄品种比起两种以上的储蓄品种组合存款利息要低一些。假如你手中有1万元的积蓄,可以存成5年期存本取息储蓄,每个月得到的利息再转存成零存整取储蓄,这样储蓄得到的利息通常会高于只存成5年整存整取的利息收入。不过这种方法比较麻烦,需要每个月去办理一次,可以酌情选择。

每个人的情况各不相同,只要合理分析手中的资金运作,就不难找到最划算、最适合自己的储蓄方法。

利息变动下的理财对策

利率是一种国家调控经济的有效手段,每次利率的调整都会使我们的利息有较大的变动。为了使我们的利益最大化,我们要学会在不同利率政策下调整自己的理财策略。

1.加息下的理财对策

央行多次提高存款利率,在加息情况下我们如何规划储蓄理财?投资者在储蓄过程中应综合考虑转存期限、加息预期等因素,合理调整自己的投资理财策略。

(1)怎样做最划算的转存。2011年4月6日,人民币存贷款基准利率再一次调高,这已是今年的第二次调整。每次央行加息后银行都会出现转存排队的现象,但并不是所有的客户都能计算出转存后的收益,更有部分客户发现转存后反而不划算的现象。

为什么会出现这种现象呢?这其实是大家没有明白利率与利息之间的关系。利息的获得是由本金、利率与时间三者相乘得出的,单单利率的调整,时间上没有变化,再加上转存上银行提供的各种政策,出现利息变少就不难理解了。

因此,大家要注意,虽然加息将增加人民的利息收入,但由于几次加息的间隔比较短,不少人没有弄清"转存临界点"就频频到银行办理转存手续,结果损失了利息收入,得不偿失。那么我们如何进行转存,才能获得加息带来的收益呢?

由于提前支取会遭受按活期利率计算的损失,人们在转存过程中应综合考虑收益与成本的关系。一般来说,转存是否划算可参考以下公式:

360天×存期×(新定期年息−老定期年息)/(新定期年息−老活期年息)=合适的转存时限

以1年期存款为例。1年期存款新基准利率由3.00%上调至3.25%,上调了0.25个百分点。即:360×1×(3.25%−3.00%)÷(3.25%−0.40%)≈32天。

如果你的定期储蓄已超过32天,最好不要进行转存;在期限内转存,如果增加的利息收入超过活期计息的损失,转存比较合适,但这种计算方式若放在多次加息的情况下不一定合适。如果在多次加息且间隔非常短的情况下,储户多次转存,则存款将在很长一段时间内以活期存款计息,反而不划算了。

目前已有不少储户开始通过分割存款的方式理财,即把存款分为多笔数额较小的部分,再根据自己对升息的预期选择存款期限。比如储户认为半年之内仍有加息的可能,则将部分存款存入三个月或半年的定期,其余部分仍按长期存入,以减少频繁转存的损失。

规划储蓄理财还应考虑自身的资金需求。如果在未来某时间内有货币支出的需要,在存款过程中则不必追求长期存款的高利率,适当选择短期存款可避免提前支取的损失。

（2）理财产品宜选短期。随着央行多次加息，同时受股市财富效应的影响，银行理财产品的收益率也水涨船高。总体来看，银行理财产品对投资者而言是风险较小、收益较稳定的投资品种。

由于央行已进入加息周期，而且存款期限越长，利率上调幅度可能越大，因而理财产品期限越长，加息带来的损失也越大。因此，投资者应选择那些收益率比银行定期存款保持较大优势、风险相对较小的短期品种。

对一年期以上的理财产品应持谨慎态度，现阶段人们购买理财产品以三个月到半年期限为好，因为既能获得比同期储蓄存款高得多的收益，又兼顾了资金的流动性。

（3）尽量参与资本市场。加息大多是由于国家资本市场活跃，因此，大家应尽量参与资本市场，以合理的资产配置方式积极介入，不应错过这一能够带来理想回报的市场机遇。

我国经济整体利好为资本市场的走强提供了坚实基础，因此，大家要注意即使在连续加息的情况下，资本市场所能产生的回报也远远高于储蓄存款。因此，我们应根据个人的风险承受能力和资金状况，选择不同渠道分享牛市"大蛋糕"。除了直接购买股票之外，还可以选择其他如委托银行专家理财业务，或购买稳定收益的理财产品，或包含不同风险配置的财富管理类产品。这类产品通过股票交易、投资债券等运作，预期收益率一般高于银行储蓄。

（4）考虑购买信托产品。一些喜欢冒险、投资资金较大的投资者，在加息预期下可适当关注信托产品。因为银行加息后，信托产品的收益和市场利率关系比较大，收益也会相应地被调高。因此在加息以及进一步加息预期增强的背景下，信托产品的收益也将稳步提升。

期限相对较长、起始资金投入较大的信托产品，对于手头较为宽裕的投资者而言将是不错的选择。需要提醒的是，如果利率还有进一步提升的预期，在选择信托产品时应该尽可能选择期限短的。

（5）尽快兑换手中的美元。如果手中持有美元等外币资产，近期又没有明确的使用目的和投资渠道的话，在加息的大背景下，建议尽快兑换以规避人民币汇率风险。其原因在于，强势的经济形式会导致人民币持续升值。如果央行不断加息，势必还会加速人民币升值。

目前国家外汇管理实行居民按需购汇政策，5万美元额度也能满足大部分用途的需求，市民有需要时可以非常方便地获得外汇，因此不必"囤积待用"。对那些需持有外币资产的人们来说，可通过选择适合的外汇投资理财产品，提高回报率，降低风险。

2.降息下的理财对策

国家降息是为了刺激经济的发展,使银行中的固定资金进入市场流通,是使社会财富增加的一种方式。那么,大家在降息的背景下应该如何做好理财规划呢?主要应从怎样储蓄最划算、风险投资的稳定性以及树立长期投资观念等方面来考虑。

(1)降息后如何储蓄。对于理财知识懂得不多的人来说,大家都将传统储蓄当作自己的理财方式。但是这种方式最怕遇到的一个问题就是——降息,即利率下调。

利率下调对于以储蓄为主要理财方式的人来说恐怕是最头疼的。如果继续储蓄,利率降了以后再去存钱肯定不划算,可如果不继续储蓄,又不懂其他的理财方法。

利率就如海中的小舟,起起伏伏,今天涨一点,明天就可能降一点。不懂理财方式的人为数不少,他们大都喜欢把储蓄作为主要的理财方式。如果利率比较高,储蓄当然划算,但如果利率低,该怎么办?难道只能眼睁睁地看着收益减少吗?

答案是否定的。

储蓄有很多种方式,下面就为大家介绍几种最适合降息时使用的储蓄方法,可以最大限度地保证较高的收益。

①长短结合法。在利息下降的时候,存款期限既不要太长,也不要太短,应该长短结合。可以将钱分成两部分(甚至更多部分),将一部分钱存得略长一些;另一部分钱存得略短一些。假设有 5 万元积蓄,可以将它分成 3 万元和 2 万元,一部分存为 2 年期,一部分存为 1 年期。

大家可以试一试"12 张存单储蓄法",即每个月存入一定金额,存期均为 1 年,1 年以后手中就有 12 张存单。这时第一年第一个月的存单到期,可以将本息悉数取出,与第二年第一个月将要存的钱加在一起存成一张单子。

这种方法其实就是将储蓄金额适度分散,最大限度地发挥储蓄的灵活性,减少降息带来的损失。不过,需要注意的是,这种方式需要你投入更多的精力,加大了理财负担。

②阶梯储蓄法。阶梯储蓄法在利率下降时十分适用。假设手中有 10 万元积蓄,可以将 4 万元存成活期,再将 6 万元分为 3 份,每份 2 万元,分别存为 1 年期、2 年期、3 年期的定期。1 年后,将到期的 2 万元再存 3 年期。如此循环反复,3 年后手中持有的存单全部是 3 年期,只不过到期的年限不一样,依次相差 1 年。

这种储蓄方式可以使储蓄到期额保持等量平衡,一来可以应对利率的调整;二来可以获得 3 年期存款的较高利息,不失为利息下调时期的一种储蓄好方法。

③利滚利储蓄法。如果你有较大金额的积蓄又不怕麻烦,可以用利滚利储蓄法来储蓄,即把存本取息与零存整取两种储蓄方式结合起来。

这种储蓄方法很适合利率不高的时期,可以将降息带来的损失降到最低。

④个人通知存款。个人通知存款是一种不约定存期、支取时需提前通知银行、约定支取日期和金额方能支取的存款。它介于活期存款和定期存款之间，可以获得比活期存款更高的利息，但比 1 年期定期存款的利息稍低一些。个人通知存款究竟比普通的活期存款利息高多少呢？我们一算便知。

假设手中有 10 万元积蓄，同一时期内活期的利率为 0.50%，通知存款的利率为 1.49%，其中的差异见下表：

存款方式	金额	存期	利率	利息收益	差额
普通活期存款	10 万元	30 天	0.50%	100 000×0.50%×30÷360 = 41.67 元	82.50 元
通知存款（7 天）	10 万元	30 天	1.49%	100 000×1.49%×30÷360 = 124.17 元	

乍看上去，这多出的 82.50 元利息并不算什么，但仔细想来却不得了，因为使用通知存款得到的利息要比使用普通活期存款的利息高出了 2 倍还多。在这种情况下，手中的积蓄越多，用通知存款方式就越划算。

以上几种方法都是非常适合在利率不稳定并有连续降息之势时使用的储蓄方法。你无法控制利率的升降，但可以变更储蓄方式。只要会储蓄、巧储蓄，就能规避降息对你理财的负面影响。

（2）风险投资应重点关注稳定性。当降息出现时，这是国家将实施积极的财政政策和适度宽松的货币政策的时候。国家的目的是为了刺激国内经济的发展，如果此时投资市场不稳定，大家在进入风险投资行业的时候一定要注意其稳定性。

商业银行的理财产品与市场环境的关联度较高，投资应谨慎选择。这些产品在销售时的预期收益率较高，但有些在快到期时也可能出现低收益或负收益的现象。

此外，在降息通道下，信贷类、票据类等产品由于多与银行的信贷资产和票据资产相关联，收益可能会随着贷款利率的下调而降低。

（3）宜树立长期投资理念。越是处于不断变化的行情下，投资者越不要放弃长期投资的理念。特别是对于风险承受能力较低的投资者，更宜加强对理财的学习和规划，不宜持有抄底、投机等心态。

在股市不稳定的行情下，不少投资者多选择债券或债券型基金，看重的正是其低风险和稳定收益。

债券确实是震荡行情中的"避风港"，但不能仅把它看作短期工具。特别是对稳健型的投资者来说，债券以及债券型基金在资产组合中是不可或缺的，它能在资产配置中体现长期优势。

从中长期来看，在降息周期和资金面较为宽松的预期下，债市等低风险理财产品仍有较大发展空间。

给你的银行卡"减肥"

打开你的钱包,数一数你有多少张银行卡。如果超过四张,那么你该给你的银行卡"减肥"了!

随着生活水平的提高和生活节奏的加快,为了满足人们的便捷需求,各家银行纷纷推出各种各样的银行卡业务。但物极必反,原本是图方便而来,结果却给人增添了许多烦恼。

工资卡是交行的,基金是在工行买的,缴水费、电费、煤气费的银行卡是邮政储蓄的,信用卡是建行的,网银是招商行的……每天将资金从这个行转到那个行,搬来挪去,是一件让人苦不堪言的事情。稀里糊涂地连自己到底有多少身家也搞不清楚,因为手里的银行卡实在太多了,要想马上计算清楚,还真不是件容易的事。

朋友聚会时,你打开钱包,里面是各种各样的银行卡,很有面子。但是持有过多的银行卡,首先,会给我们造成管理上的不便和资金过度分散,大大降低资金的使用效率;其次,办理和使用银行卡也不是免费的,手中持有的每一张银行卡,都是我们每年向银行支付一定的使用费换来的。持有的卡越多,花费的成本就越大,由此造成了不必要的开支。

那么,我们应该怎么给自己的银行卡"减肥"呢?

第一,办卡前要慎重。在决定办理银行卡之前,仔细阅读此种卡的宣传资料,了解其在功能服务和费用收取等方面的信息。因为每家银行各种卡的功能和费用都不一样,都是针对一定人群的。尤其是年轻人,往往只是因为追求卡面的漂亮、独特,连卡的具体功能业务都没有了解清楚就盲目办理,以致银行卡一大堆,实际能用到的却没几张,钱却被扣了不少。

第二,办卡要从自身能力和习惯出发。认真审视自己的储蓄、消费、信贷等生活需求,以及还款方式和习惯,找到最适合的卡,结合银行卡的各项功能业务,尽量把业务功能集中到一两张卡上。

银行卡有很多功能,以借记卡为例,除了存取功能外,其附加功能主要集中为三大类:第一,代扣代收生活费用,如水、电、煤气费;第二,代发工资;第三,代扣房贷、车贷。

如果能把这三大功能都集中在一张卡上其实是最理想的,不过,由于工资卡和贷款卡一般都是被指定的卡,我们没有选择的余地,要想集中在一张卡上,只能是凑巧。如果你的工资卡或还贷卡凑巧同时也能办理代收生活费业务,那你就可以把生活费的代扣功能统一到你的工资卡或还贷卡上,这样就可以将这三大功能集中到两张卡上。同时,再把储蓄功能也集中到这两张卡上,就不需要再办理其他储蓄卡了。

如果你打算购买基金,那么最好是把基金与储蓄分开,开设两个账户,这样便于两种资产的清晰明了。

第三,清除"睡眠卡"。分析自己的实际用卡情况,理清自己在实际生活中到底会用到哪些卡,把不用的"睡眠卡"尽早销户,减少不必要的卡费支出。

第四,信用卡一张就够。信用卡过多,不加节制地使用,会导致不良的消费习惯,甚至负债累累,成为"卡奴",还有可能因为还款不及时而在你的信用记录上留下污点。

纵观以上可以看出,从消费、收支、投资三种不同的使用功能角度出发,合理的银行卡数应该是 3 张,即两张借记卡和一张信用卡就足矣了。两张借记卡分别可以用于家庭的收入支出、信贷及投资理财;一张信用卡则可用于大额的消费和临时透支。

巧用你的银行卡积分

几年前,一个名叫杨蕙如的女孩的理财故事风靡中国台湾岛,她靠刷信用卡在短短两个月内获利上百万元新台币,被民间奉为"卡神"。但与此同时,背负巨额信用卡债务,甚至连最低还款金额都付不出的"卡奴"也大有人在。虽然两地金融环境有差异,但杨蕙如的赚钱方法给大量信用卡持卡人带来不小的启示。赚钱机会处处有,只需自己仔细发掘。

"卡神"靠什么赚钱呢?据报道,杨蕙如赚钱的套路是:办一张中国台湾某银行的信用卡,获得刷卡消费红利点数(在大陆叫"消费积分")8 倍的优惠,然后在购物台用信用卡购买 600 万元(台币)的礼券,转卖给亲友后让亲友在网上拍卖,自己再从网上刷卡买回。这样她的红利点数迅速累积到八百余万点,她用这些点数兑换成航空公司的头等舱机票,以半价在网上出售,短短两个月内获利上百万元新台币。

杨蕙如的成功有赖于银行信用卡优惠政策中的"漏洞",但更主要的还是她有着敏锐的眼光和聪慧的大脑。杨蕙如这种细心发掘"套利空间"的思路很值得广大信用卡持卡人学习。

尽管我们不能像杨蕙如那样,但如果善于充分利用我们手中各类信用卡的积分优惠,也能从这些海绵里"挤"出不少"水"来,甚至收益不少。

积分是银行对客户消费的一种回馈。积分累积到一定数额可以用来兑换礼品,获得折扣、优惠券等比较实惠常用的东西。积分越高,换到的礼品就越多。不同的银行,不同的信用卡,积分政策各有差异。

所以在刷卡的时候,要多留个心眼,平时多关注研究各个银行的积分奖励政策,最大限度地把自己的刷卡消费行为转化为积分,用获赠的礼品或优惠来贴补一下日常开支。现在我们就来了解一些巧用信用卡积分的小妙招。

1."乱花渐欲迷人眼"

选择积分方式对自己最有利的信用卡消费。同样的消费金额所得到的银行卡积分,会因为信用卡的不同而产生很大差异。在五花八门的信用卡中,要认真分析研究其积分政策,然后根据自己的消费习惯,仔细挑选出最适合你的信用卡。如果你有多张卡,在用积分兑换礼品时,也要比较一下,用性价比最高的那张卡的积分进行兑换。

各家银行信用卡的积分政策差异很大,比如招商银行的信用卡积分是每次消费20元以上积得1分,但是超过20元的那部分消费就不算入积分了。而像民生银行、兴业银行等银行的积分则是消费1元就可积得1分,如此积分就会大大增多。

2."该出手时就出手"

找准机会,选择在银行的推广期办理信用卡可以获得额外积分。通常情况下,当银行要推广某种类型的信用卡时,在其推广期内,一般都会赠送客户一定数额的额外积分。就像商场、超市里常见的商品促销一样,选择在此时购买的话,比平时要划算很多。所以,如果你有办信用卡的意向,平日里就要多关注银行的此类信息,抓住时机以获得更多的积分。

3."积极响应"

每逢节假日,商家都会推出各种打折促销优惠活动,好不容易遇上可以放松的时刻,老百姓当然不会放过这种捡便宜的日子,所以节假日通常也是我们"大出血"的日子——旅游、购物、吃喝等消费排得满满当当。

银行为了推广某种信用卡的使用功能,常常也会采取类似的促销方式,在节假日举行加倍赠送积分的活动。此时,我们也应该积极响应,积极参加银行推出的积分优惠活动。你只需按照活动规则,在指定时间内刷卡消费,或达到规定金额和次数,或者参加分期付款购物活动,即可获得比平时多出几倍的积分,或是一定点数的积分奖励。

如果你使用的是联名卡,那就更好了。因为使用联名卡积分,相比较而言,可以较低的积分兑换到更好的礼品。

4."冲动是魔鬼"

在获取积分的同时,要避免一些积分误区,以免一时冲动酿成"恶果"。礼品诚可贵,消费价更高,若为理财故,积分也可抛。切勿为了某些诱人的礼品而疯狂刷卡购物。

很多"积分族"往往为了诱人的礼物,疯狂消费以获得积分换取礼物,却不考虑消费的合理与否。其实,有些积分礼品,犹如"海市蜃楼"般可望而不可即,只是银行为了宣传而作的广告噱头而已。

除此之外，还要注意别让积分"过期"。积分不一定是永久有效的，有些银行的积分是有"保质期"的。一旦过了规定期限没有兑换，你卡里的积分就会被清空。当然，也有一些银行的信用卡积分是永久有效的，这就需要你事先对自己的信用卡"做足功课"了。

别让信用卡"卡"住你

"卡奴"，很多人对这个词汇并不陌生。顾名思义，"卡奴"就是信用卡的"奴隶"。随着电子商务的推广和普及，信用卡已经成为人们日常生活的一部分，尤其在年轻人当中更为流行。现代社会，"卡奴"队伍越来越庞大，刷卡消费俨然成为一种时尚，随手抽出一张卡，轻轻一刷，好不潇洒。也正因为如此，许多人欠下了众多的"债务"，让自己负债累累。

所以，我们在潇洒刷卡的同时，要小心别被信用卡"卡"住。

大家都听说过"温水煮青蛙"的故事吧？第一次将一只健康的青蛙扔到一个已经烧得滚烫的开水里，由于高温的强烈刺激，青蛙竟然一下子从开水里跳了出来，毫发无损。第二次还是那只青蛙，但一开始是把它放在常温状态的水里，然后再把水慢慢加热，一直到水被烧开，青蛙始终没有跳出来，就这样慢慢地被烫死在开水里。为什么第一次那么滚烫的水，青蛙能跳出来活命，而第二次却没能跳出来呢？其实青蛙是死于自己的麻木。刚开始的温水，因为不具有危险性，青蛙察觉不到危险的来临，等它觉察到却为时已晚，再也没有力气跳出来，于是就这样在麻木中逐渐被烫死了。

同样，我们在使用信用卡的时候，因为我们以往习惯了用钞票付账，换成刷卡付账后，完全没有付钱的感觉，因此没有明显的危机感，使人逐渐丧失了判断，很容易就会过度消费，造成严重的透支，陷入欠债的恶性循环中难以抽身。就像温水里的青蛙慢慢地被煮死一样，而你则是被信用卡慢慢"卡"死。

现在，银行办理信用卡的门槛越来越低，只要提供有效的证明就可以领到一张信用卡。门槛降低了，优惠却加大了，银行为了吸引客户，推出各种诱人的优惠政策。正因为门槛低、优惠大，你的钱包才会变得鼓鼓囊囊，塞满了各式各样的信用卡。

尽管信用卡给我们带来了很多便捷，但为了避免被它们"卡"住，我们还要学会合理地管理手中的信用卡。

首先，精简信用卡的数量。数量上的精简和银行卡是一样的，这样不会让你浪费金钱和精力。

其次，养成整理对账单的习惯。每个月的固定时间，银行都会把你当月的消费对账单寄给你,此时,千万别把它当成废纸扔掉,要留下来进行整理分析。根据账单上列出的消费明细,经过分析对比,你就可以了解到自己的消费情况,知道自己是否存在过度消费的不理智行为,随时掌握信用卡的负债情况。如果你发现所欠的债务已经逼近自己的承受极限,那么你就要好好反省一下最近的消费行为,哪些是该买的,哪些是不该买的,从而使自己在下次消费时有所节制。

最后,留存刷卡收据。很多人都不注意保留信用卡的刷卡收据,不要小看这些小小的纸片,它可是记录你消费情况的重要凭证。每次刷卡消费后,都要记得把它收好,当月收据当月整理。这样做不仅便于对账,还能时刻提醒自己已经刷了多少钱,以便能有节制地刷卡消费。

别掉进信用卡的陷阱

信用卡已经成为人们现代都市生活中的重要组成部分,小到吃饭、购物、娱乐,大到买房、买车、出国旅游等,信用卡可以说是无处不在。

也许某一天你刷卡时,却突然发现信用卡早已被莫名其妙地刷爆了;或者当你准备买房向银行贷款时,却被银行以有严重不良信用记录而遭到拒贷,而你却对那些不良记录一无所知;更有甚者,你还可能被警察"请"去协助调查信用卡恶意透支案件,使你蒙受不白之冤……此时你是否想到,这些可能都是你的信用卡"惹的祸",或许在你不经意间已经掉入了不法分子设下的圈套。

事物都有两面性,信用卡在使用方便的同时,风险也会随之而来。风险不会为你让道,你应该学会趋利避害,谨记那些常见的信用卡陷阱,安全开心地刷卡消费。

1.信息泄露,卡被盗刷

这种陷阱,常见的有三种情况:

(1)信用卡被复制,现金被盗刷。卡明明一直在自己身边,自己也未曾有过任何刷卡行为,却出现刷卡记录。这时,你就要警惕你的信用卡是否被人"克隆",从而惨遭盗刷。

(2)密码设置太简单,被不法分子破解。有些人为了方便记忆、图省事,在设置密码时,经常用123456或自己生日之类简单的数字作为密码。殊不知,不法分子正是利用了你的这种心理,很轻易地就破解了你的密码,把你的卡刷个精光。

(3)磁条信息被窃取。有些不法商户,会昧着良心,暗地里勾结不法分子,设置专门的仪器来盗取你信用卡上的磁条信息。在你刷卡的时候,趁你不注意,就把你卡上的磁条信息窃取了。

应对之策:发现卡内资金被盗用,要立即向银行挂失。尽量不要在那些不正规的商家刷卡消费。委托服务人员刷卡时,要保证信用卡在自己的视线范围内被刷。另外,如果看到一些非正常的提示或者异常情况,要及时向银行咨询,弄清问题的原因。

2.信用记录留"污点",被列入"黑名单"

如果你被列入银行信用黑名单中,那么就意味着你将来贷款会被拒贷。其实许多人的银行卡有不良信用记录,都是由于自己的疏忽大意造成的。例如,不经意间把自己的个人信息泄露给别人,别人利用你的信息办卡消费,恶意造出许多不良记录。再如你办了多张卡却不使用,或办了卡后就销卡;恶意套现、提供虚假信息等行为,都会产生不良信用记录。尤其是逾期还款,更容易产生不良信用记录。

应对之策:妥善保管自己的个人信息;按时还款;如遇别人冒用自己个人信息时,可以带上本人有效身份证件,亲自到当地人民银行征信部门申请提供本人的信用报告。如发现与事实不符,应立即向征信部门和相关银行提出更正。

3.卡未激活,枉交年费

很多人往往在银行信用卡推销员的一番鼓动之后,就冲动地去办一些根本没用的信用卡。其结果是办了信用卡,却没激活,到头来,卡还没用,反而交了不少年费,白花了冤枉钱。还有一种情况是,从来没有使用过信用卡,但卡内余额不足,不够缴年费的情况,从而造成透支欠费。透支欠费后又会产生滞纳金,若欠费时间过久,就会产生高达几百元的滞纳金罚款。其实出现这样的情况,除了自己的疏忽外,银行相关政策不透明也是原因之一。

应对之策:办卡前一定要咨询清楚收费方面的条文规定,搞清楚里面的条条框框。同时,在没有用卡需求下就不要办卡。还要注意,每月应关注每张信用卡的消费情况和还款情况。

4.分期付款,暗藏高息

分期付款可以帮助你在没有足够资金的时候买到想要的东西,暂时解决经济上的窘迫。但有些东西在分期付款时却暗藏着高息,因此选择这种方式时,一定要仔细计算清楚其利率的高低,以免造成严重的"滚雪球"效应,使自己背上沉重的债务包袱。

应对之策:如果自己在经济上能够承受的情况下,最好不要选择分期付款方式。如果你不确定具体的还款时间,但又觉得时间不会太长,那么选择支付最低还款额比较合适,等到经济宽裕的时候一次性还清;如果暂时无法全额还款但未来收入稳定,那么可以根据每月自己的还款能力来确定分期付款的期限。通常情况下,分期付款的期限越短,利率越低。

5.回收信用卡,非法利用

社会上经常会出现一些收购银行卡的人员,他们把各种银行卡以不同的价格收购,然后再以更高的价格转手卖出。利益的诱惑往往会使很多人怦然心动,冒险尝试。一旦你的信用卡被回收,轻则泄露你卡上的个人信息,重则被不法分子用来从事诈骗、洗钱等非法活动。

应对之策:不要贪图小便宜,否则可能会因小失大,偷鸡不成蚀把米。闲置不用的信用卡一定要到银行去注销,不要出售给别人,以免给不法分子制造可乘之机。

6.黑中介代办信用卡,非法套现

现在网上许多信用卡论坛,会频繁出现一些代办信用卡的广告。这些中介打着方便快捷的幌子,实际上是为你设下陷阱。他们以代办信用卡为手段来套取你的个人资料,用你的个人信息去办卡,卡一到手,就立马疯狂透支和非法套现。

应对之策:办理信用卡最好自己亲自去银行,不要为图方便,由他人代办而吃大亏。因为规范的办卡过程,是需要提供个人资料的,代办相当于将个人信息拱手示人,黑中介正是利用这一点来套取客户的资料。

7.部分欠款逾期,全额扣息

如果你过了还款日期却还有部分欠款没有还清,那么,即使差一分钱,利息的计算也会按全额来计息。而且,还要缴纳欠款部分的滞纳金。此外,持卡人的信用记录也会受到不良影响。

应对之策:设置自助最低还款功能。设置此功能后,每月会自动偿还最低还款额,不用担心复利计息的可能,一旦资金宽裕,要马上偿还其余欠款,减少利息支出。

8."卡付卡"连锁反应,一卡有失波及全部

所谓"卡付卡",就是用一张信用卡替另一张信用卡还款。这种情况非常危险,一旦其中一张卡出现逾期还款,其他的卡都会受到"牵连",造成不良的信用记录。

应对之策:树立良好的理财习惯,在力所能及的范围内使用信用卡,切勿过度消费,不要利用信用卡来做投资。

第五章　做好规划,家庭理财让你更幸福

一般情况下,一个家庭的建立需要买房、结婚,一个家庭的发展过程中有生子、养老。这些问题都需要用大量的金钱去解决,如果没有一个合理的理财观念,那么你将会承受沉重的经济压力。为了摆脱这种压力,我们需要尽快步入理财之路。

家庭理财,越早越好

人们最初开始理财,由于经验不足,难免会有磕磕碰碰。但是,早一天开始理

财,就早一天积累经验,从而早一天成为理财高手,步入富人之列。

以郭辉为例,他刚刚毕业不久,参加工作才 6 个月,月收入 2800 元。每月的开支,包括房租水电、生活开销、手机话费、交通费等,固定要花去 1500 元左右。他并不是没想过理财,但是由于自己手里的钱不多,就干脆放弃了理财的想法。在漫无目的的情况下,每月剩下的那点钱也很快花得干干净净。工作了半年以后,一分钱也没攒下。

转眼到了年底,回到老家一看,别人都有女朋友,并且开始谈婚论嫁了,父母催着他,郭辉暗自着急,可是他一点积蓄都没有,有哪个女孩子愿意跟他在一起呢?于是郭辉下定决心要理财,他找到一位专业的理财师寻求帮助,将自己的情况告诉了他。

理财师根据郭辉的情况帮他算了一笔账,

月收入:2800 元

月开支:1500 元

月结余:1300 元

如果每个月定时定额申购货币基金 1000 元,一年可积累 12000 元。除了申购货币基金外,每个月还有 300 元左右的剩余,可以将其存入银行,以应付一些不时之需。

每年将货币基金中的 1 万元转投股票型基金,剩下的钱继续投资货币市场基金。股票型基金年收益率在 8%~10% 左右,货币市场基金年收益率在 2.1% 左右,经过 5 年时间的积累,郭辉可积累 8 万元左右。

真是不算不知道,一算吓一跳,8 万元是郭辉做梦也没想到的数字,在他看来,自己这个"月光族"能有 1 万元的积蓄就很了不起了。

理财师还给他提供了另一种为期 10 年的理财方式——买定投基金,用每个月节余的 1300 元投资在回报率为 10% 的品种上。具体回报见下表:

第一年	$(1300 \times 12) \times (1+10\%) = 17160$ 元
第二年	$(17160 + 1300 \times 12) \times (1+10\%) = 36036$ 元
第三年	$(36036 + 1300 \times 12) \times (1+10\%) = 56799.6$ 元
第四年	$(59799.6 + 1300 \times 12) \times (1+10\%) = 79639.56$ 元
第五年	$(79639.56 + 1300 \times 12) \times (1+10\%) = 104763.52$ 元
第六年	$(104736.52 + 1300 \times 12) \times (1+10\%) = 132399.87$ 元
第七年	$(132399.87 + 1300 \times 12) \times (1+10\%) = 162799.86$ 元
第八年	$(162799.86 + 1300 \times 12) \times (1+10\%) = 196239.85$ 元
第九年	$(196239.85 + 1300 \times 12) \times (1+10\%) = 233023.84$ 元
第十年	$(233023.84 + 1300 \times 12) \times (1+10\%) = 273486.22$ 元

通过这个表可以清晰地看出，10年后，郭辉就可以拥有近30万元的积蓄。

至此，郭辉恍然大悟，后悔自己没有早一天开始理财，如果刚刚参加工作时就这样理财，现在也算是小有积蓄了，看来这半年是白白浪费了。所幸郭辉醒悟得不算晚，他暗自下决心，理财就从现在开始！

为什么一定要强调早理财呢？因为货币具有时间价值，现在你手中的货币要比未来获得的等量货币具有更高的价值。

从经济学的角度来看，现有的一单位货币要远大于未来的一单位货币，因为现在节省下来的一单位货币在未来消费时必将有大于一单位货币的价值供你消费。这个理论看似拗口、复杂，其实很简单，就是所谓的复利，也就是利滚利、钱生钱！

复利有明确的计算公式：

$F=P\times(1+i)n$

（F：复利终值；P：本金；i：利率，n：利率获取时间的整数倍）

假设A、B两个人都用利滚利的方式来理财，A从25岁开始，每年向账户中存2000元，直到60岁不再存钱，任由利滚利施展功效。

B从35岁开始，同样是每年向账户中存入2000元，一直存到60岁。

这样算下来，A从25到35岁一共投入的本金为2万元，而B从35到60岁投入的本金为5万元。这样看来，B比A的本金投入要大得多。假设年收益率是恒定不变的9%，那么两者的收益是否也是B比A大得多呢？让我们来看表格中所示就一目了然了。

	投入本金	时间期限	本利总值
A	20000元	35年	311306元
B	50000元	25年	184648元

由此，我们可以十分清楚地看出，当A到60岁时，账户中本利总和已经达到了311306元，而B到60岁时，虽然投入了大量的本金，但账户中只积累了184648元，当减去本金后发现，A获得了利润291306元，而B只获得了利润134648元，两者相差156658元，这几乎是一倍的差距。

这一比之下就明显看出了早理财的优势，它不只能让我们轻松获得更大的收益，还能使生活更有保障。因此，早一天理财，就能早一天过上富足生活！

家庭理财要面面俱到

家庭理财理的是什么？是工资吗？并不确切。正确的说法应该是你的实际财富。实际财富指的不是你挣了多少钱，而是你手里还剩下多少钱。所以，理财理的是你花销过后的那部分资产。然而生活中处处要花钱，处处都可能挣钱，又处处都可能省钱，所以家庭理财要做到面面俱到。

由此看来，挣钱、花钱、省钱都是学问。对于挣钱，可以说每个人都知道，挣得越多越好，这点是毋庸置疑的。

花钱看似是一件很简单的事情，什么人都会花，几乎是天生的本能一样，没有人拿着钱花不出去。但是会花钱和乱花钱是两码事，会花钱的人能用有限的金钱买到自己最需要、最合理的东西，而乱花钱的人却用有限的金钱把有用和没用的东西都买回来。

同样，省钱也是如此，养成节约的好习惯会让你在无形中多出一笔平时看不到的财富。面对打折的商品，保持理性，出门少打一次车，每个月少做一次美容，去饭店时少点一个不是很必要的菜，如果这些面面俱到，那么你的财富也将会在你"面面俱到"的培养之下健康成长，开花结果。

深圳某外企公司的销售总监余先生，现年 32 岁，已婚。刚完成 EM-BA 的深造，月收入在 10000 元左右，妻子月收入约 5000，可爱的女儿已经 3 周岁了，加上房租收入，家庭每月总收入在 18000 左右，夫妻二人在工作单位均有五险一金。8 年前余先生贷款 20 万元在郊区买了一套两居室的房子，月供 1000 元，贷款年限为 10 年。5 年前又贷款 50 万元在市中心购买了一套三室一厅的房子，月供 2500，以 3000 元/月租出。余先生还购有一辆大众汽车，贷款期限还有 3 年。家庭在银行存款有 6 万元，持有股票市值 7 万元，贵重物品价值 4 万元。余先生还计划在 5 年内在市区购买价值 150 万左右的三居室住宅。

根据余先生的家庭财产状况，我们可以看出余先生家庭的股票投资和房地产投资比例较大，资产分配存在不合理现象，并且没有商业保险方面的投资。家庭理财并没有做到面面俱到。

余先生向理财师咨询后，理财师给余先生的建议是：

首先，适当购买一些商业保险和分红保险。为了抵御意外风险，理财师建议余先生夫妇购买全家保障型险种，这种类型的保险，保障的项目比较全面，每年还享有分红。同时，还应购买终身养老保险来填补社保的缺口。如果想提前为孩子积累教育资金，可以选择购买分红险。

其次，重新配置投资比例。建议余先生减少活期存款金额，开设零存整取账户，每月固定投入 3000 元，作为家庭紧急备用金；适当降低股票投资比例，采取中长线的投资策略；加大基金投资比例，比如配置型、偏债型基金。

最后，房产投资方面，建议余先生根据城市规划建设发展方向，在规划范围内购买商住房或商铺用于投资，几年后即可获得较高的增值收益。

由此可以看出，做了以上重新规划后，余先生的理财变得更全面了，全面的理财必然会带来高效的利润和效益。同时，也能避免不必要的家庭经济风险。

"小白领"的理财谋略

年轻白领们一般都很注重生活享受,对于手中的钱财,往往是看到什么买什么,想买什么就买什么,有多少就花多少,没了也要花,甚至随意扩张信用卡数量,一个人持有多张信用卡,消费没有节制,刷卡刷到爆才知道已负债累累,从而陷入入不敷出的窘境。

即便小有投资,却由于工作繁忙而疏于管理,结果导致亏损。虽然收入不低,但财务状况却一团糟。在随后的几年时间,你又将会面临买房、结婚、生子等诸多问题。如果你的财务状况一直都是这么糟糕,而且自己还不知道怎样进行合理规划,那么到时候,你怎样面对生活中的那些难题呢?即使你的财务状况还不至于恶劣到如此程度,你也有必要了解以下这些"前车之鉴"。

年轻白领们在理财时常犯的错误都有哪些呢?

(1)名牌忠实拥护者。你是否见了名牌就心里"长草",非要抢回家不可呢?虽然名牌很诱人,但请君三思,以你目前的财务状况是否承受得起。还是等将来有足够能力时再多买些吧,为了将来的美好生活,现在也只能偶尔奢侈一下,不能养成习惯。

(2)买车。除了房贷外,还为自己增加沉重的车贷。而且,每月都要支出不菲的油费、保养费、停车费等。从理财角度来看,过早地买车并非明智之举。

(3)借钱投资。这是投资中的大忌,投资有风险,如果你是个投资新手,或无法投入足够精力管理自己的投资,那么遭遇投资失败的概率就会很高。一旦失败,不但钱没了,还要欠下一身的债。

那么,作为年轻白领的你该如何理财呢?

1.开源节流,合理消费

改变消费观念,杜绝不必要的奢侈消费,养成良好的消费习惯。

2.投资自己

财产最原始的积累就是工资性收入。所以要加强学习,让自己拥有一份具有前瞻性的工作,从而保障收入的稳定和持续。

3.储蓄

建立综合存款账户,从每月盈余的资金中抽出一部分存入账户,手头留有一些机动经费即可。

4.投资生财

如何用钱生钱呢?当然要有投资的"第一桶金"。"第一桶金"是怎么来的呢?

首先,你要下定决心进行理财。但决心好下,却贵在持之以恒。

其次,确立明确理财目标,最好能以数字衡量,计算自己每月除去必要的生活开支外,还剩余多少钱,有多少钱可以存下,有多少可以用于投资,选择什么样的投资工具,以及达到目标所需的时间。第一个目标,最好不要定得太高,所需时间在2~3年左右为宜。

再次,理性投资。如何做到理性,最好是让专业的理财师帮助你。因为理财师的工作就是理财,他能全心地投入到理财中,并且拥有丰富的资源和经验,可以保证你的投资理性可靠,产生真实有效的收益。当然,前提是要找到一位值得信赖的理财师。

5.保险

保险是任何时候都需要的,它是生活最稳定、最可靠的保障。根据白领们的实际情况,除去公司包办的社会保险外,还应购买人寿保险与意外伤害保险。

6.投资绩优股票或基金

基金宜采取定期定额定投方式。集中投资,注重长期收益,不宜过度频繁地更换理财品种。仔细分析对比各种理财产品,挑选对自己最适宜的方式,实现财富的跨越式增长。

"月光族"的理财谋略

李先生夫妇两人的工作都和金融密切相关,乔先生做保险,爱人在银行上班。按道理来说,他们应该懂得理财的重要性,可以想象他家的理财经应该多如牛毛。可是恰恰相反的是,一个月挣6000多的夫妻俩却没有存钱的习惯,更没有做任何投资,是地道的"月光族"。

说起每月开销,李先生自己算了一笔账,竟也有2000多元。具体来说,除去1500元的家庭基础开销,每月需要在上幼儿园的儿子身上花费500元,另外还有300多元的家政费。就此看来,2000多元的开销其实不算多。但是李先生和爱人花钱一直都较随意,一个月下来,每个人的工资都已经所剩无几了。李先生经常为此而烦恼。

前不久,儿子获得了全国少儿书法比赛特等奖,李先生一家为此庆祝了好几天,这更坚定了妻子要好好培养儿子的决心。然而一想到明年开始儿子上小学的费用,李先生禁不住直冒冷汗,说:"老婆想让孩子上个好学校,但是几万元的赞助费实在让人吃不消。"

俗话说:"钱是人的胆",没有钱或挣钱少,各种消费的欲望自然就小;手里有了钱,消费欲立马就会膨胀。所以,"月光族"要控制消费欲望,特别要建立一个理财档案。同时,可以用工资存折开通网上银行,随时查询余额,对自己的资金了如指掌,并根据存折余额随时调整自己的消费行为。

那么,"月光族"到底如何进行理财呢? 大致要进行四步走的战略。

　　第一步:开支预算。理财的根本,在于有财可理,所以首先必须要聚集财富。你最好做一个强制性的开支预算,在你收入的范围内计划好你的支出。对你每月中各项必须支出的项目进行预算,主要包括你的住房、食品、衣着、通讯、休闲娱乐等方面做一个计划,尽量压缩不必要的开支。

　　第二步:开始储蓄。到银行开立一个零存整取账户,每月发了工资,先考虑到银行存钱;如果存储金额较大,也可以每月存入一张一年期的定期存单,一年下来可积攒 12 张存单,需要用钱时可以非常方便地支取。另外,要慎用信用卡,避免当"负翁"。

　　可考虑阶梯式组合储蓄法。在前 3 个月时,根据自身情况每个月拿出 1000 ~ 1500 元存入 3 个月定期存款,从第 4 个月开始,每个月便有一个存款是到期的。如果不提取,银行可自动将其改为 6 个月、1 年或者两年的定存利率;之后在第 4 ~ 6 个月,每月再存入一定资金作为 6 个月的定存。这样"阶梯式"操作,不仅保证了每个月都有一个账户到期,而且自由提取的数目不断增长。

　　第三步:学会记账。通过记账的方法,你就能知道自己每个月的钱到底都用到什么地方,什么应该花,什么是可花可不花。而不会像以前那样每个月钱花光了也不知道是怎么花掉的。采用记账的方法还可以时刻提醒你已经花了多少,至少不会入不敷出。

　　第四步:学会投资。如果能做到有计划地支出,月收入完全可以省出 1000 多元来进行合理投资,每月青黄不接的经济现状将彻底改观。

　　可以每月用 1000 元投资于货币市场基金,这样的话一年就可以投资 12000 元。货币市场基金风险低,其价格通常只受市场利率的影响,收益能达到定期存款的水平。同时其流动性高,投资者可以不受到期的限制,随时可根据需要转让基金单位,取出所需资金。

　　总之,可从低、中风险投资组合入手,按照存款、债券、基金 4:3:3 的比例进行组合投资,如果仍有能力,可适量购买商业保险。个人理财具有很强的年龄阶段性,年轻人刚步入社会,应该将关注点放在继续深造、提升自我价值和投资能力上,提高自己的薪酬水平和投资收益,并根据资本、货币市场行情,及时调整投资方案。

人生最后一次理财——遗产分配

　　真正具有理财头脑的人,理财观念是贯穿一生的,他会以最专业、最敬业的态度面对人生的每一次理财,就算是面对人生的最后一次理财,他也不会有丝毫的马虎和懈怠。人生最后一次理财,指的就是遗产分配。

　　每个人处理遗产的方式不尽相同,有些人会选择把遗产捐献给社会,用于帮助那些需要帮助的人们;有些人会选择把遗产留给自己的子女或亲友。

前世界首富比尔·盖茨在 2008 年 6 月 27 日退休时宣布,他将把自己的全部财产 580 亿美元全部捐赠给自己名下的基金会——比尔及梅琳达·盖茨基金会,一分一毫都不留给自己的子女。比尔·盖茨曾多次提到,他所得到的财富全部都取自于社会,他最终将把这些财富还给社会,他只是在帮助社会管理这些财富而已。世界股神兼比尔·盖茨的好朋友沃伦·巴菲特也是这样做的,他曾在 2006 年 6 月宣布,将把自己名下的 85% 的财产,约合 370 亿美元的股票捐献给慈善事业。

但是,我国的绝大多数老年人都没有这种想法。在传统观念的影响下,他们通常会选择把遗产留给自己的子女。这样一来,就出现了一个问题:如何分配自己的遗产?

首先,要弄清楚哪些财产是死者的遗产。我国继承法中明确规定,如果死者与他人有共同所有的财产,应该先与他人对共同的财产进行分割,然后再将死者所分到的财产按法律规定分配给继承人。

其次,要看被继承人是否留下了具有法律效力的遗嘱。如果有遗嘱,则应遵从立嘱人的分配意见。在没有遗嘱的情况下,必须要确定哪些人有继承遗产的权利。遗产应先由第一顺序继承人继承,其中包括死者的配偶、子女以及父母,这时第二顺序继承人是没有权利继承死者遗产的;如果死者没有第一继承人,那么遗产就将由第二顺序继承人继承,第二顺序继承人包括死者的兄弟姐妹、祖父母和外祖父母。必须指出的是,即使是出嫁的女儿也具有平等的继承权,也应分得相应的遗产份额。

最后,要确定各个继承人的分配份额。继承法中规定了同一顺序继承人所继承的遗产份额应该均等。这也就是说,在没有特殊情况下,每个继承人分得的遗产数量应该均等;在某些特殊情况下,法定继承人所继承的遗产份额可以不均等。继承法中对特殊情况也做出了说明,主要是指以下几种情况:

(1)对在生活上确有困难又缺乏劳动能力的继承人,在分配遗产时应给予适当照顾。在这里所谓的"生活困难",指的是无法维持正常的基本生活,而不是与他人相比生活条件较差;而这里说的"适当照顾",是指当可供分配的遗产比较少时,分给该继承人的遗产应尽量满足他的基本生活需求;

(2)在分配遗产时,可以给予被继承人生活在一起,或者是尽了主要赡养义务的继承人多分一点。需要注意的是,这里说的是可以多分,不具有任何强制性;

(3)对于有赡养能力和赡养条件但未尽赡养义务的继承人在分配遗产时,应该不分或少分;

(4)在继承人之间经过协商一致同意的情况下,也可以不平均分配被继承人所留下的遗产。这是继承人协商分配的结果,法律对此不得加以干预。

遗产的分配其实有一个简单的办法就是立遗嘱。很多人一听到遗嘱都会觉得既熟悉又陌生。大多数人都想的是遗嘱是大富豪、大人物的事情,我就剩下那点钱,犯不着去立遗嘱。还有一种思想就是中国人比较忌讳死亡这类话题,早早地立了遗嘱,仿佛就是画一道咒符来诅咒自己一样。

但是,随着时代的进步和基金的发展,人们有了闲钱之后,有的买股票,有的买黄金,也有人供着房子当房奴。有人供着车子当车奴,甚至有些人还背负很多债务,财产结构很复杂。除了自己,估计没几个人搞得清楚。所以为了死后不给儿孙们添麻烦,提前立好遗嘱,不仅是有必要的,而且是必须的。

现实中不少人由于没有事先立下遗嘱,措手不及就辞别人世,留下了资产,但忘记了留话。后人为此翻脸,让外人看笑话,这也让我们不得不考虑在生前立好遗嘱,以防万一。

一些法律工作者认为,早立遗嘱是非常有必要的,这不仅仅可以改变传统观念,还可以对资产进行合理的规划分配。如果一个人在辞世前没有立遗嘱,那么将会给后人带来很多问题,有的问题甚至要花费 5~10 年的时间才能解决。因此,有人把立遗嘱当成买张"平安符",靠遗嘱来避免去世后留给亲人们各种麻烦。看来,立遗嘱十分必要!

第六章 学会花钱,理财不光是赚钱

古人云:"吃不穷穿不穷,算计不到才受穷"。一个人不仅要学会赚钱,还要学会花钱。一个不会赚钱的人,因为缺乏立身之术,就无法在社会上生存;而一个不会花钱的人,即使赚钱再多也会攒不起来。

购物先列清单

经常有人抱怨,一到商场、超市就不知不觉掏空了钱包。对于这样的人,我们的忠告是养成有计划的购物习惯,做到购物先列清单,清单上没有的坚决不买。否则,失败的购物不仅仅会掏空你的钱包,还会掏空你的人生。

可能有人会说,自己天生就是一个购物狂,看到想买的东西根本就无法控制。作为消费者,你首先要弄清楚,什么东西才是你想买的?有些东西对你来说只是便宜,有些东西对你来说只是新奇,有些东西对你来说只是攀比,有些东西对你来说只是心血来潮,真正必需的物品其实没有那么多。

很多时候,当你交完钱从收银员手里接过东西后,你才恍然大悟,发现自己的购买行为是多么的愚蠢。曾经有位顾客在逛商场时,导购小姐介绍给他一款最新式的游戏机,价格是 1000 元,他心动了,一狠心就买了下来。结果发现网上根本没有这个机型匹配的游戏,无奈之下只好将它束之高阁。像这种愚蠢的购物经历,相信很多人都有过。

因此,想要克制这种购物冲动首先要在购物前列出一份购物清单,并严格按清单采购。可买可不买的东西不买,中看不中用的东西更不要买。

那么,何为"中看不中用"?举个简单的例子,一件款式新颖、造型独特的鸭绒立领短袖衫。且不说这件衣服穿出门算不算另类,单说春夏穿上它被鸭绒捂得闷热,秋冬穿上它又无袖冻得要命,厚厚的鸭绒材质还不能套在里面穿,一年当中能穿出去的日子是屈指可数。这样一件衣服无疑成了中看不中用的典型。

此外,在你的购物清单上还要加上一条——不要想当然地"乐观购买"。比如,爱美的女士看到一些漂亮衣服的尺寸比自己现在的身材要瘦几公分时,就会安慰自己不出一个星期或者不到半个月,自己就会减下去。但事实上,这种"乐观"购物的结果,必然是导致一件件的衣服被打入"冷宫",直到它们送人或扔掉为止。

最后,你还要提醒自己,不是一切打折的、超值的商品都合适你。尽管那些东西看起来十分便宜,可是当你买回去就会发现,不是用不完,就是不常用。所以,一定要带着清单逛商场,然后直奔主题,围绕自己的购物目标进行挑选,至于其他东西,无论诱惑有多大,也决不看一眼。要做到清单在手,坚决执行,这样你才能养成良好的购物习惯。

学会慢半拍的消费观念

20 世纪 70~80 年代,很多人都会笑话一些不会穿衣服的"笨人",称他们"冬天穿背心,夏天裹棉袄"。时至今日,这样的做法反倒成了聪明人的举动,想要比别人更聪明且省钱吗?那么赶紧加入反季节消费的队伍中来吧。

如今省钱达人们都已经养成了"慢半拍"的习惯,趁着冬天空调最便宜的时候去买空调,趁着夏天羽绒服大甩卖的时候去抢购羽绒服,这样既让自己省了钱,也让商家如了意。

当今社会已经是一个买方市场,商家在销售产品的时候大多都有剩余。商家为了回笼资金,往往把剩余的过季商品大批量地低价处理,以此来保证本季节商品的顺利生产和供应。所以,商家手里只要还有存货,那么就必然会选择反季节降价销售,一旦囤积到来年,对他们毫无益处,还不如在最需要资金的时候低成本抛出。因此,你不必担心商家哪天突然不卖反季节商品了,商业资金回笼就是"慢半拍"也是有货可买的最佳保障。

不过,反季节购物也要注意很多事项,不能一看到反季节商品就统统抱回家。

曾有这样一则故事,一个外国留学生在中国定居,喜欢和中国朋友一起出去逛街。时值隆冬的一天,他们到商场购物,恰巧碰到反季节夏装大促销。于是他的中国朋友就挤进去买了一件很便宜的夏天衣服,这个外国留学生看了以后很不解,认为自己的朋友在做一件很傻很天真的事情。可是他的中国朋友就解释给他听,说这叫反季节购物,现在买来明年夏天穿,既省钱又可以买到好衣服。

于是,这个外国留学生深受启发,也学着中国朋友一样反季节购物。在一场大暴雪过后,他觉得这么冷的天气,雪糕一定会降价,就自以为聪明地批发了一冰柜雪糕,留待第二年夏天吃。当那位中国朋友再去看望他时,他得意扬扬地讲起了自己买一冰柜雪糕的事情,弄得朋友哭笑不得。

通过这个故事,我们可以看出,并不是所有东西都可以反季节购买的。有些东西具有很强的季节性,一方面在本季节基本上不会积压;另一方面无法持续到来年再用。特别是食物类的商品,轻易不要反季节购买。并不是所有的饮品都像白酒一样"越陈越香",也并不是所有的食物都像山参那样"越老越补"。所以在反季节购物时,千万要选对购买的对象,不能看到什么买什么。

反季节购物时需要注意的不仅仅是像老外买雪糕这样尴尬事情,根据家庭和个人的实际情况购买也是非常值得注意的。有时候你在买一件商品时,没有预计来年的实际需要,导致你买的东西现在看起来虽然很好,可是到了第二年却根本用不上。

马小姐是个反季节购物的达人,经常去扫荡各大超市和商场的反季节商品。有一年冬天,她兴致勃勃地给家里添置了第二台空调,回家后还给老公大讲这个空调如何便宜,如何好用。可是老公一句话就点醒了自我陶醉的马小姐:明年夏天孩子该出生了,坐月子的时候是不能吹空调的,客厅里原有的那台空调都不能开,这一台你又准备放在哪里呢?反应过来的马小姐立刻打电话退掉了那台空调。

像马小姐这样,只看到了空调打折,却连自己的预产期都忘记了,实在令人哭笑不得。

如上结所讲,反季节有些消费者也不能"乐观消费"。特别是一些女性消费者,当看到便宜又漂亮的反季节衣物时,就会忍不住想买,哪怕那件衣服宽松一些或者当前根本穿不下去,也会安慰自己说,反正又不是现在穿,等来年穿的时候我就会减肥成功。这种"乐观"购物的结果,必然是导致一件件衣服铺满箱子底。这些都是错误消费意识导致的"盲动消费"。不根据具体情况胡乱购买,到头来不是浪费钱财,就是花钱买罪受。

六招学会订比火车票便宜的机票

出门旅游,交通费是一笔很大的开销,如何节省交通费是你出行前首先要考虑的问题。现在,有很多网友经常在网上晒一些超强的购票攻略,现将它们总结如下,供大家分享。

1.瞅准廉价航空公司

要想买到便宜机票,先要知道有哪些廉价航空公司。国外的廉航有很多,比如新加坡的捷星和虎航,大马的亚航,英国的 Easyiet 和瑞安等;国内也有几家廉航,比如春秋和海南航空。相对于一般的航空公司,廉航的机票只有正常票价的 1/3,基本上与火车票差不多,甚至低于火车票的价格。

不过,机票便宜肯定会有些额外的收费服务,比如托运行李要收钱,提前登机要收钱,吃饭喝水要收钱等,你可以采取的应对策略就是坚决不要这些额外服务!当然也不能太过火,比如有人为了省几十元的行李托运费,一下子穿了 10 多件衣服在身上,这种超级牛人一般人还真学不来。

2.时刻关注机票促销

航空公司每年都会有几次机票促销活动,机票的折扣低至几十元,甚至是免费。如果你近期有旅游的计划,就要经常浏览各航空公司的网站,关注机票打折或免费的促销信息。一般来说,打折时间多半在航班出发前一星期以内,太早了航空公司还没有推出,太晚了则被别人抢购一空。所以要把握住时机,该出手时就出手。

有些酷爱旅游的网友为了抢到免费机位,不惜牺牲睡眠时间,在半夜或凌晨的时候,守在电脑旁随时准备抢票,得手后再睡回笼觉。即使抢不到免费机位,能抢到超低价的机票也相当划算。以广州飞吉隆坡的机票价格(含税费)为例,正常价格约为 2300 元左右,但大马的亚洲航空经常会推出一些 400 元的超低价位。

3."曲线救国"方案

如果到目的地的机票很昂贵,不妨飞到目的地附近,再转汽车或火车,价格会便宜很多。例如,黄金周时,广州至北京的航班机票价格非常坚挺,单程在 2000 元以上。但同一时间广州飞天津的特价机票则只有 600 多元,不及广州直飞北京的1/3。这种情况下,你就可以采取"曲线救国"的方式,先从广州飞往天津,再从天津乘城际列车到北京(票价 58 元,时间为 30 分钟)。这样下来,从广州到北京的交通费,总共不到 700 元,比起广州直飞北京节省了 1300 多元。

4.善用中转联程

中转联程机票,是指始发地到目的地之间经另一个或几个机场中转,含有两个(及以上)乘机联、使用两个(及以上)不同航班号的航班抵达目的地的机票。如果你的旅游时间比较充足,那么中转联程机票将是一个非常好的选择。合理利用中转联程机票旅行,不但节省了交通成本,还能增加旅游观光机会,一举两得。

例如,北京飞到广州,选择从北京飞合肥,再转飞广州。北京到广州的机票在旅游旺季,最便宜的也得 1500 元。你可以先通过网站查询和电话咨询,查到那些北京经停上海、南京、合肥、杭州、武汉、南昌,再转飞广州的航班。联程价格通常在800~1000 元,可以节省 600 元左右。

再如,广州飞往孟加拉国达卡,选择从广州飞吉隆坡,再从吉隆坡飞达卡。广州没有直飞达卡的航班,香港才有。而从香港飞孟加拉国的机票,最便宜也要4500元。如果选择从广州到吉隆坡,再从吉隆坡飞达卡,这样就能省下大钱。因为广州至吉隆坡和吉隆坡至达卡的航班,很容易淘到超低价格的机票(广州至吉隆坡500元,吉隆坡至达卡400元,共节省3600元)。

中转联程机票,在具有一定知名度的旅游网站(去哪儿、芒果、酷讯、携程、同程等)都可以预订。关键在于你要先在网上对比直飞和中转的差价,再选择省钱又适合你的中转城市。不过,使用中转联程必须熟知一些注意事项:

①在决定中转之前,先要确定你的时间是否充分;确定可以中转后,再选择那些你没有去过或想再去的地方作为转机城市。

②如果是纯粹中转,最好选择中间等待时间不超过3小时的航空公司。否则就选自己没有去过的城市,停留时间在12小时以上,这样可以顺便旅游。

③中转航程时一般机场税要多付出一次,国内通常是50元/次。

④选用中转航程尽量少带行李,因为你要多取一次行李。如实在要带,就要考虑寄存的费用,国内机场一般是每件30~50元人民币/天。

5.里程或积分换购

有很多经常出差的朋友因为飞机里程数比较多,自己根本用不完,或者平时单位都有报销,所以他们会把自己的里程拿出来卖。举个例子,上海飞往丽江,机位一般都很满,价格很难降下来。你即使提前半年预定都不会便宜,最多打个7折,即1700左右(全价2400元),但是你可以去找卖东航或者上航里程的人,上海到丽江机票需要的里程是18000公里,在上海百姓网上出售的价格大约是600元/万公里,也就是说你用他们的里程买上海到丽江的直航机票只要1080元左右,相当于打4.5折的价格。

另外,利用信用卡积分兑换航空里程,也不失为节省机票费用的好方法。例如使用南方航空公司的明珠信用卡(招行)刷卡消费,每一笔刷卡消费(不含购买房产、汽车及商品批发)或预借现金,每满人民币18元或2美元,即可累积1公里的航空里程。

6."混团"购票

现在很多年轻人喜欢"混团"出行(也就是机票团购),一帮互相不认识的驴友在网上相约一起出行,找到足够的购票人头,也就凑够了包机的人数,这样自然就可以拿到包机的折扣票价。

黄金周买家电实战攻略

每当五一、国庆黄金周来临时,各大卖场就纷纷拉开架势,开始血拼。工薪阶层如何能从这些战争中,杀出一条最省钱的路来呢?请看本节介绍的黄金周家电实战策略吧。

1.提前制订预算

如果你刚刚装修完房子,准备在黄金周放假的时候去购买家电,那么恭喜你,这个时间你选对了。倘若你手头不太宽裕,你就非常有必要在购买之前制订一个严格的购买计划,将所需要购买的家电全部列出来,并为每样电器安排相应的费用。无论怎么调整,预算总额一定不能突破。

在茫茫商场大海之中,你永远不知道潜伏着多少个能说会道的"销售巨人"。如果你没有预算来约束,很容易被那些销售人员说晕,所以坚决要杜绝到了商场以后再做决定的做法。因为置身现场,你很难控制自己的冲动。

2.确定品牌和机型

很多人觉得,在品牌和机型上做决定是件很痛苦的事情。那么,我们告诉你一个四步法则,如果你能照着做下来,保准你轻松愉快地找到最适合自己的品牌和机型。

第一步:网络调查。先在网络上查找资料,看看各大论坛上网友们对各个家电品牌的评价。在网上查询的时候,要注意多看看新闻、知识问答一类的资讯,并仔细查看哪个品牌"售后的帖子"最少。

第二步:调研好友。多问问身边的同事和朋友,他们家的家电使用情况,同事和朋友所说的情况一般都很真实,信息来源非常可靠。询问的内容主要包括价格、耗电、使用效果及主观评价等。

第三步:商场咨询。网上也查了,朋友也问了,然后把你周末的时间贡献出来,亲自到商场里踩点,刺探敌情。一般卖家告诉你的知识都很专业,而且会不断地告诉你这些产品的好处。切记不要当时就板上钉钉。看到自己中意的品牌,记下型号,回家上网再查查,再问问身边的好友。

第四步:搞清需求。抽点时间问问自己和家人到底想要什么?结合自身情况进行具体分析。比如家里有几口人,都有什么生活习惯,喜欢什么牌子,使用空间有多大,搞清楚需求,才能做到按需购买。

3.坚持货比三家

购买家电一定要货比三家,在各大商场之间进行周旋。比如,你到苏宁去,跟他说国美卖什么价位,你们卖多少?再到国美去,告诉他们苏宁给这个价,你们怎么这么贵。也许你会觉得来回这么折腾很累,但如果你明白这样来回折腾的结果,比你辛苦上一天班赚的钱还多,就不会觉得累了。跟销售员砍价的时候,要注意别胡乱忽悠。俗话说买的没有卖的精,对现在市场是个什么行情,销售员心里还是基本有数的,小差异可能会有,但大数基本不会太离谱。

另外,不管从哪家卖场开始谈,在同等价位的情况下,你一定要到市场地位最牛的那家卖场去购买,这样送货和安装比较有保障。

4.逐级砍价杀价

各个家电卖场是由品牌的厂家跟卖场的员工组合而成的,一般接待顾客的是导购员,他们是属于生产厂家的员工,给出的价格是厂家制订的价格。但是最终商品卖出的利润是由厂家跟家电卖场分的,也就是说家电卖场也有权利在价格上做出让步,但这个让步一般的导购员是给不了的。

如果不想跟厂家的导购员浪费口水,就直接找卖场员工谈;如果对卖场员工给的价格还不满意,就再找他们经理或组长谈。这时的价格基本上是最低价了,卖场通常不会再有多少埋伏,否则岂不是将生意拒之门外? 因此,再稍微往前进一小步,如要点赠品或电子券之类的东西,也就差不多了。

5.把握出手时机

黄金周通常都是 7 天,到底哪一天购买最有利呢? 有很多人一看到黄金周的促销广告,急不可耐地第一天就杀进去。这样做的结果就是,过两天你会把肠子都悔青。所以,除非你要买那些限量要排队的特价机,否则第一天的上午坚决不要去!

黄金周促销对厂家、商家来说,都是事关全局的大战役,保密工作非常重要,没有谁早早地就把自己的底线暴露出来。因此厂家的促销政策往往都是活动前一天傍晚,甚至夜里才通知卖场。可能有人要问,既然厂家促销政策下达了,第一天的上午去买怎么会有错呢? 要知道,第一天的价格绝不是最低的价位! 血拼才刚刚开始呢。低价之后还有低价,最低价位通常会在第二天或者第三天出现,这才是出手的最佳时机。

需要注意的是,别等得太久,要果断出手,因为到第四天可能就有风险了。往往厂家促销力度大的型号,都会迅速形成热销的场面,实力差的卖场货备的不多,经常出现第三天或第四天断货的情况。有的卖场在这种情况下会继续"负卖",也就是说先卖,再想办法从厂家进货。不过,这就要看厂商关系以及厂家自身的货源情况了,有时候你买的货一个月都到不了家。

家庭主妇省钱窍门大比拼

有人这样算过,一个精明的家庭主妇一年所省下的钱相当于其丈夫全年月奖和年终奖的总和。那么,你想月月都拿双份奖金,年终拿双份年奖金吗? 那么就请你把你的妻子培养成一个精明的家庭主妇吧。如果你是家庭主妇或者未来的家庭主妇,那么在家一样可以替你的丈夫"赚钱"。我们来看看家庭主妇们到底都有哪些省钱诀窍。

1.医疗卫生篇

（1）平时去药店买一些医用脱脂棉，自己剪成小球，然后浸泡在酒精里，出门的时候将这些脱脂棉装在一个小瓶子里，吃饭的时候拿出来擦擦手，省钱且方便。

（2）家中常备75。的医用酒精，然后装在空的喷雾瓶里，不管是电脑的屏幕脏了还是家里的门把手、砧板、电灯开关脏了，都可以用酒精喷一下，鞋子和衣服也可以用酒精杀毒。因为酒精挥发性强，所以不用担心潮湿的问题。

（3）药店的医用纱布买回一些来，然后自己裁剪成小块，当作毛巾用，既干净又省钱，因为毛巾容易滋生细菌，而医用纱布则干净许多。

（4）家里常备84消毒液，每周稀释以后泡上一大盆，先把牙刷拿进去泡，再把筷子和刷碗用的海绵拿进去泡，最后再把这一盆稀释的消毒水倒在拖把上。这样一盆消毒液的水基本上就可以把家里所有能用消毒液泡的东西都清洗干净了。

（5）女士过期的化妆品也不要随手扔掉，因为这些东西可以拿来擦皮鞋、擦皮包等很多皮具，清洁效果非常明显。比如皮鞋很脏了，就先擦洗面奶，再擦润肤乳，这样皮鞋就会光洁如新。

（6）夏天比较薄的衣服和比较贵的衣服用洗衣液进行清洗，而且其他衣服也要逐渐习惯使用洗衣液，因为虽然同样比重的洗衣液比洗衣粉贵三倍，但是用量却是洗衣粉的五分之一，所以这么算下来还是洗衣液合算，而且洗衣液不伤手。另外，洗衣液还有一个作用，就是拿来洗车。中性的洗衣液洗车是不伤漆的。

2.饮食营养篇

（1）最实惠而且最富含钙的食品是虾皮。虾皮中的钙含量和可吸收的程度是电视广告中推销的钙片的3倍左右。一小勺虾皮中钙质的含量等同于4杯牛奶，而且海虾皮中还富含各种海洋矿物元素。一般来说，一斤虾皮只要10块钱，但是却够全家的钙质需求了。虾皮还有一个好处就是摄入方便，做菜的时候在锅里加一把就足矣了，没有任何技术含量，也不用像吃药一样按时定量。

（2）补铁最佳的途径其实不是吃营养品，而是用铁锅炒菜做饭。普通的铁锅具有良好的补血功能，特别是女性，坚持食用铁锅烹饪的食物，能主治贫血。这样你就不用再花钱去买什么补铁的药品和保健品。

（3）蛋白质的摄入量也用不着靠那些药品和营养品来维系，鸡蛋清就是最好的蛋白质补充物。省下买营养品的钱不如多吃点鸡蛋和肉。正常人根本无需通过特殊途径来增加蛋白质的摄入量，鸡蛋和肉类中提供的蛋白质就足够了。

（4）很多人花钱去买鱼油，其实带鱼身上那些白色的黏液就是卵磷脂，是极好的补脑品，在烹饪的时候不要把那些白色黏液洗掉，一起吃到肚子里，保准没坏处。每周吃两次带鱼比买那些不知道哪里来的鱼油要好得多。

（5）排毒养颜的药物也没必要花钱买，南瓜就是最好的体内清洁剂。而且南瓜中含有胡萝卜素，对眼睛非常有益处。将南瓜切成小丁放在米饭中煮，既好吃又营养。不要轻易把南瓜子扔掉，因为南瓜子对男性的前列腺有很大的好处，而且可以驱虫,又省去一笔医药费。

（6）许多人宁可花钱去买防癌的药物也不吃菜花,因为菜花的外表和癌变部位比较相像,而菜花恰恰是防癌的最佳食品,所以多吃菜花等于是在给自己买防癌保险。预防癌症的食物包含很多十字花类食品和黑色蔬菜,如茄子、黑木耳、黑芝麻、海带等,但前提是一定要连皮一起吃。

（7）与其花钱购买很多护肤品,还不如多吃胶原蛋白含量高的猪皮、猪蹄等食物。此外,多喝水也是皮肤保湿补水的好方法,比任何面膜都管用。

3.家庭器物篇

（1）你家里的不粘锅总是坏得很快吗？你是不是炒完菜马上就洗锅呢？要知道,热锅遇到冷水的时候,容易发生激化反应,让不沾涂层变得很脆弱。所以热锅不要马上用冷水进行清洗,而要等它冷却后再洗,这样一个不粘锅可以用 5 年以上。

（2）电热水壶要买不锈钢的,因为塑料电热壶即使质量再好,也会有老化的时候。不锈钢的虽然贵一些,但可以用很多年,如果不想经常换壶就买个不锈钢的吧。

（3）厨房里要常备一个捣蒜罐,可以省去用刀切大蒜的麻烦。做菜的时候多放一些蒜和姜,可以起到去异味和杀菌的功效,对健康非常有利,并且大蒜还具有防癌的作用。

（4）砧板一定要选用木质材料。因为木头有天然的杀菌作用,塑料砧板在切完生肉后细菌就会慢慢滋生。另外,家里的塑料筷子和仿象牙筷子最好也都换成木质的,这样既健康又省钱。

（5）厨房里洗碗的海绵一定要买贵的、好的,便宜的容易发臭变质。用海绵比用刷碗布省钱得多,因为海绵吸的洗涤液多而且不容易脏和坏。

（6）拖把要买木棉的,容易清洗也不容易坏掉。以前那种麻绳拖把很容易发霉和发臭,而且重量沉,晾晒不方便。与其一年换两次拖布,不如买一把好点的木棉拖把。

看了以上这些省钱的方法,你一定能从中找到对自己有用处的。请牢记,一个会省钱的家庭主妇所创造的隐财富是不容忽视的。

只买对的,不买贵的

黄杰购物有个习惯,喜欢买名牌、贵的东西,他对价格高的物品很迷信,认为一分钱一分货,越贵的东西就越好。每次购物时,如果要在两件外观、功能都差不多的东西中选择,那么他肯定下手购买的是价钱高的。

很多人都有黄杰的这种购物习惯,认为东西贵一定有它的道理,对相关的说明、用法也没有过多的了解就急于购买,这是很不理智的做法。东西并不一定就是贵的好,还有很多因素要考虑在内。只买对的不买贵的是购物原则,只有这样才能做到理性消费。那么如何才能做到这一点呢?

1.从个人实际需求出发

购买物品时应该从自己的实际需要出发,有些东西价格贵、功能全,但其功能却未必是自己都用得着的,花钱买些用不着的功能,显然是不合算的。

比如,小海想买一款价格为1500元的普通智能手机,而销售人员向他推荐另外一款高端智能机2500元。时尚的造型和强大的功能加上导购小姐的"忽悠",小海心动了,于是他购买了后者,超出预算1000元。

然而,当小海用这款手机几天后,他就后悔了——手机里的很多功能根本用不着。也就是说,这款手机所提供的大部分功能都是小海不需要的,他所多花的1000元完全是没有意义的。

因此,当你在购买东西时一定要看自己的需求,仔细想想哪些是自己需要的,哪些是自己不需要的,千万别为了不必要的性能埋单。

2.看整体效能

购买东西的时候应该从整体的效能上考虑,综合各项功能,逐一对比。如果两种物品的整体性能相差无几,则可以选择相对便宜的。

3.重性价比

选购物品时应注重性价比,从性能和价格两方面权衡,有些物品可能很便宜,但功能非常少,比如,物品 A 标价 100 元,只有 1 个功能,物品 B 标价 150 元,有 3个功能。从表面上看,A 物品比 B 物品便宜,但将价格平均到每个功能上,则 A 物品就比 B 物品贵得多了。因此买东西应该看重性价比,只有综合权衡,才能买到实惠的物品。

4.功能以实用为主

商品林林总总,功能也五花八门,如何才能挑选出最适合自己的呢? 这就要看商品的实用性。商品的功能多并不一定就好,有些功能虽然看似先进,但却并不实用。

因此,当你在购物的时候一定要多方面想清楚,看看该物品的功能实用与否。如果自己拿不定主意,还可以先咨询朋友或上网查一下对该物品的评价,再决定是否购买。

5.售后服务很关键

目前,市场竞争非常激烈,要想确保自己的产品能够在消费者中站住脚,很多厂家都努力提高自己的产品质量。在这种情况下,很多产品的质量其实都是差不多的,价格也并没有太大的悬殊,仅凭质量和价格来选择商品已经不太适宜了。此时,最关键的就看售后服务。价格贵的产品不一定有优质的售后服务,也不一定有庞大的售后网点,这都会给日后的维修等带来不便,尤其是在购买一些高端产品和技术性强的商品时,一定要多多关注售后服务。

看了以上这几点后,你是否依然认为"贵的一定有道理"呢?要知道,贵的不一定是对的,便宜未必无好货。为了能更好地理财,为了能让自己过上更加富裕的生活,请牢记:只买对的,不买贵的!

做个时尚"抠门族"

很多人听说过这样一句古话:"瓷公鸡,铁仙毫,玻璃耗子琉璃猫"。这是用来形容一个人抠门到极致,犹如高老头、葛朗台一般。不过现在,抠门已经成为一件很时尚的事情,甚至兴起了一群精打细算的"抠门族"。

在这个物价飞涨的时代,合理消费是理财的第一要务。但是,抠门也是一门学问,如何才能既精打细算,又不让人觉得自己很小气呢?

1.拼购

拼购是目前很流行的一种消费方式,即两个人或两个人以上合买一样物品,以便花最少的钱享受最好的服务。

张哲就有过一次成功的拼购经验。他想买一款打火机,价格为480元。正好这时该品牌的打火机推出"满880元赠8件套"的活动。张哲看到那8件套非常实用,很想拥有,可是单为了这8件套而凑880元显然就不值得了。

正巧这时张哲的同事也想买该品牌的打火机,于是两个人一起购买,一共花910元。这样一来张哲和同事得到了8件套,两个人各得4件,都非常满意。如果两个人分开购买就不划算了,什么赠品也得不到。

拼购实际上相当于小规模的团购,通过集体的力量获取最好的服务和利益,这种购物方式也越来越普遍。

2.上网淘宝

现在越来越多的人喜欢网上购物。由于工作繁忙,逛街时间少,网络就成为便捷的购物途径之一。它不仅方便,更能让人淘到便宜的东西。

网上的商品一般比实体店的商品便宜,这是由于网上店铺不用交房租或摊位费,店主自然就会把这笔费用从商品中减掉,消费者也能得到更多的实惠。再者在网络上货比三家是相当容易的,不用耗费时间和体力东奔西走,只要点点鼠标就可以对同一种商品进行多方比较,看看哪家店铺卖得更便宜,哪家店铺的运费最低,哪家店铺的信誉最好等。

3.光顾新品牌

新品牌由于处在创建口碑、开拓市场的阶段,所以会竭尽全力提高产品质量、保证服务质量、降低价格,以便吸引更多的顾客。如果新品牌的产品中恰好有你所需,不妨关注一下。

要注意的是,在挑选新品牌产品时,一定要选择正规经营的商家,不要随便相信直销产品,以免上当受骗。

4.购物时机要看好

每到逢年过节商场中都会有促销打折活动,有时甚至能打到三四折。在换季的时候也会有很多减价促销活动,一般以衣服、箱包、鞋帽和化妆品为主。为了避免积压货物,商家都会削价出售,此时购买也比较合适。

5.购买简装商品

有一些商品通常会有精装和简装之分,如果你不是买来送人,最好购买简装商品,可以比精装商品便宜不少。

6.会员折扣

如果你非常喜欢同一个牌子的衣服并经常光顾,不妨成为他们的会员。有些品牌店只要一次性或者累积性购买金额达到指定标准,就可以成为他们的会员,再次购买时就可以享受折扣优惠。你真的成为该品牌的铁杆会员,有时甚至可以享有内部折扣,并第一时间获得打折消息。

要注意的是,使用此种方式一定要你真的喜欢该品牌才好,千万不要为了成为会员而购物,这样一来就失去了原本的意义,还会让你多花不少冤枉钱。

7.学会 DIY

有句话说得好:自己动手,丰衣足食。如今,DIY 已经成为一种时尚的生活方式。晚餐亲自下厨做,又省钱又卫生,还可以多做出一些作为第二天的中餐;修剪刘海不必跑到发廊,自己动动剪子也不错;想喝咖啡不必再去昂贵的咖啡厅了,用咖啡壶自己研磨、煮制,请二三好友到家里一同享用,既享受了自己动手的乐趣,又创造了温馨祥和的气氛。

总而言之,"抠门"并不是要你降低生活质量,回到街边的伪货时代,而是要用有限的金钱过无限精彩的生活。更何况如今要建设节约型社会,不"抠门"怎么行呢? 精打细算地安排支出,既能让钱包一天天地鼓起来,也不失为一种绿色、健康、环保的生活方式。

第十篇　育儿好点子

　　家庭教育不仅是一门科学,有其特殊的规律,而且是一项复杂的系统工程,决定了孩子的未来。没有成功的家庭教育,就没有成功的学校教育,因为孩子在进入校门的时候,身上已深深打上了家庭教育的烙印。同时,在孩子进入学校以后,家庭的配合教育也是极其重要的一环。这,也就是许多有识之士和家长特别重视家庭教育的原因。

　　家长既然是孩子的第一任老师,就得具备"老师"的资格。为了教出一个好孩子,必须提高自己的科学文化素质,学会与孩子沟通和交流的技巧,懂得怎样把孩子的特长发挥出来,知道怎样调动孩子学习和生活的积极性……

第一章　教出聪明的孩子

及早发现孩子的智力潜能

　　同等的教育条件、同样的学习环境,为什么有的孩子比较"聪明",有的孩子则比较"迟钝"呢? 尽管很难用一句话解释清楚,但有一点可以肯定:对孩子早期的智力开发与否是极其重要的原因之一。

　　科学研究表明,人的智力潜能是巨大的。决定一个人智力潜能的生理基础是人脑细胞。人脑细胞由神经细胞(神经元)和胶质细胞构成。正常人的神经细胞一般有 1000 亿个神经元;另有 9000 亿个胶质细胞,神经元与神经元之间相互联结,构成了复杂的神经通道,用以传导信息。一个神经元与另一神经元彼此接触的部位,叫作突触。大脑皮层每个神经细胞约有 30000 个突触。美国芝加哥大学神经学家赫里克计算,由 100 万个皮层细胞两两组合,就可得到 102783000 种组合,由此构成纵横交错千变万化的组织回路,也就形成了极其复杂的神经网络。人脑具有记忆、思维和发明创造等复杂神奇的功能,这些都是通过神经网络来完成的。

　　现代研究发现,人类大脑两半球的机能并不等同,各有各的机能优势,叫作大脑两半球的一侧优势。左半球主要负责言语功能，主管言语、阅读、书写、数学运算和逻辑推理等；而音乐、艺术、情绪和空间知觉的辨别系统则由右半球负责。过去人们对大脑两半球机能不对称性认识不足，教学训练的内容大多有利于左半球功能的发展，一定程度上忽视了右半球机能的重要性，所以开发大脑右半球十分重要，它是开发人脑潜能的一个重要内容。

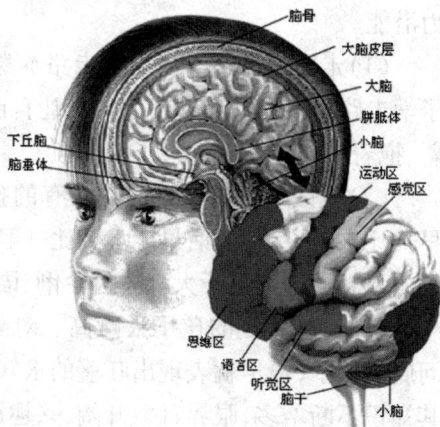

大脑

人的大脑及其机能是高度发展、高度分化和极其复杂的，它为人的复杂的心理活动提供了物质基础，同时它也蕴藏着巨大的潜力。人脑像一台扫描仪和储存器，可以对外界事物进行直观扫描，然后将信息储存起来。

资料显示，人类通过直观接受的信息量为每秒 1400 亿比特。以电视机显像管的映像理论为例：在显像管上，纵向排列着 400 多条、横向排列着 500 多条扫描线。这些纵横交叉的扫描线形成了若干极其微小的扫描点。如果我们把在显像过程中每个扫描点的显示过程，作为 1 比特单位的话，一个显像管的基本信息量为 $400 \times 500 = 200000$ 比特。而人 1 秒钟的直观信息量相当于 70 万支显像管信息的总和。可见，人脑的信息容量是多么巨大。有人曾经做过比较，认为一个大脑的网络系统比欧美地区的全部电话、电报通信网络还要复杂。

可惜的是，人的大脑潜能挖掘得非常少，最多也用了不到 10%，而其中绝大部分的潜能则被埋没和浪费掉了。

因此，希望自己孩子聪明的家长，首先要善于发现孩子的潜能。发现才是开发孩子智慧潜能的重要一步。那么，孩子天生有哪些潜在能力呢？

美国哈佛大学心理学教授加德纳提出的多元智力论，认为人的智力是一组能力，有 8 个方面的内容，它包括语言智能、逻辑—数学智能、视觉空间智能、肢体—动作智能、音乐智能、人际智能、内省智能和自然智能。

人的各种智能是以复杂方式协调存在的，具体到某个人，可能 8 种智力都存在。但如果有一种智力突出，这个突出的智力就代表着这个孩子的特点，家长就应该创造条件把它发挥出来，而不应该压制它。如果一个孩子从小听音乐就能手舞足蹈，而且还很像那么一回事，家长就应抓住机会创造条件让孩子学跳舞，孩子将来可能成为这方面的人才；如果一个孩子特别喜欢画画，而家长非要他学跳舞，这往往会得不到理想的结果。

另外，在日常生活中，家长可以根据孩子表现出来的某些特点去发现孩子的智力潜能。

（1）走路早的孩子内秀。走路本身就是对婴儿大脑发育的良好刺激。有的孩子学走路早，有的则较晚，父母应让自己的孩子早日学走路、多走路，而不应整天背着、抱着。

（2）说话早的孩子反应快。有的孩子很早就开始说话，有的则说话很晚。应早日让孩子说话，说话早能学到比一般孩子较多的词汇，能运用大量的词汇表达复杂的意思。这类孩子大都口齿伶俐、语言流畅、思维清晰、理解能力强。

（3）兴趣广泛的孩子天赋高。对外界事物表现出强烈的好奇心，并喜欢刨根问底的孩子，很早就表现出旺盛的求知欲和对学习的浓厚兴趣。随着年龄的增长，其知识不断增多，眼界日益开阔，兴趣逐渐广泛，并对某一事物积极主动去追求。

（4）记忆力强的孩子聪明。有些孩子记忆力特强，超过一般孩子的水平，并且记住的时间维护很久。他们学习速度快、轻松自如，能够迅速地记住老师和家长的要求。

（5）高度关注某一事物的孩子天赋聪颖。这类孩子对某一类事物表现出异乎寻常的关注，能够很快地发现问题，并探求问题的来龙去脉。有的孩子对某些事物漫不经心，而对某一事物则表现出浓厚的兴趣。

（6）比常人活泼、健康的孩子聪明。这类孩子与父母、朋友相处时，比一般人更融洽，日常生活中情绪比较稳定，能独立生活，进取心强。

抓住智力开发的关键期

科学研究表明：假定成人的智力水平为100%，那么孩子从出生到4岁的智力就发展了50%，而到了8岁便已经发展了智力水平的83%~90%。也就是说，一个孩子是不是聪明的，在他8至9岁的时候，就基本上可以定局了。

虽然有不少家长对孩子进行过早期教育，但收效却不是那么明显。究其原因，主要是教育方法的问题，而没有抓住孩子智力开发期，是其重要的原因。

有专家认为，孩子心理发展的关键期是人类超常智能结构表现出明显特征的重要时期。世界上超过85%的超常儿童，在7至8岁之前就有了各方面的超常表现，整个智能水平已明显超出同龄人。而幼儿期则是人类各种智能与非智力心理素质综合发展的关键期，也是人类超常智力结构开始建构的时期，如果在这一时期得到科学、适时地开发，孩子的超常智能结构将获得最佳发展。

所以，掌握孩子的各种智能和非智力心理素质发展的关键期非常重要。我们可以在关键期，有针对性地对孩子进行及时的智力开发，能达到事半功倍的效果。一旦错过这些关键期，再想开发孩子的智能，其效果可能就差一些。

那么，哪些阶段是开发孩子各种智能和非智力心理素质的关键期呢？心理学家研究后得出如下结论：

2 岁半左右是幼儿技术能力开始萌芽的关键期；

3 岁左右是幼儿开始学习自我约束，建立规则意识的关键期；

3 岁半左右是幼儿动手能力开始发展成熟的关键期；

3 岁半左右是幼儿独立性开始建立的关键期；

3 岁半左右是幼儿注意力发展的关键期；

3 至 5 岁是幼儿音乐能力开始萌芽的关键期；

3 至 4 岁是幼儿初级观察能力开始形成的关键期；

4 岁左右是幼儿开始学习外语的关键期(6 至 8 岁是学习外语书面语言的关键期)；

4 岁半左右是幼儿开始对知识学习产生直接兴趣的关键期；

5 岁左右是幼儿学习与生活观念开始形成的关键期；

5 岁左右是幼儿掌握数的概念，进行抽象运算以及综合数学能力开始形成的关键期；

5 岁半左右是幼儿抽象逻辑思维开始萌芽的关键期；

5 岁半左右是幼儿掌握语法，理解抽象词汇以及综合语言能力开始形成的关键期；

5 岁半左右是幼儿悟性开始萌芽的关键期；

5 岁半左右是幼儿学习心态、学习习惯以及学习成功感开始产生的关键期；

6 岁左右是幼儿社会组织能力开始形成的关键期；

6 岁左右是幼儿创造性开始成熟的关键期；

6 岁左右是幼儿观察能力开始成熟的关键期；

6 岁左右是幼儿超常能力结构开始建构，并快速发展的关键期；

7 岁左右是幼儿多向思维开始形成的关键期；

7 岁左右是幼儿操作能力开始形成的关键期；

8 岁左右是幼儿自学能力开始形成的关键期；

8 岁左右是幼儿自我控制与坚持性开始成熟的关键期；

8 岁左右是幼儿阅读能力和综合知识学习能力开始形成的关键期；

8 岁左右是幼儿欣赏艺术和美感心态形成萌芽的关键期；

9 岁左右是儿童初级哲学思维产生的关键期。

家长在抓住孩子各种智能和非智力心理素质发展的关键期时，还应注意以下 3 点。

把握孩子的认知特点

把握孩子的认知特点是进行智力开发的前提。学龄前的孩子，思维特点是直觉行动思维向具体形象思维发展,最终出现抽象思维的萌芽,其中形象思维占主导。因此,在促进孩子智力发展过程中,就应为孩子提供动手的机会,提供能让孩子感知的直观形象的东西,逐步构建其系统的非学科的形象的知识体系,达到提高智力水平的目的。要知道,孩子记忆数量的多少、难易只是衡量孩子智力发展的一个侧面,在智力培养的过程中,应更多考虑孩子的思维水平和方式以及他的观察力是否敏锐、迅速,想象力是否丰富,注意力是否集中,语言表达能力是否有进展,对外界事物是否感兴趣,是否有提不完的问题等等。

促进孩子全面发展

孩子智力的发展并不是我们追求的唯一目的,在孩子成长过程中,体、智、德、美全面发展才能成为一个人格健全的人;同时智力发展与其他方面是相互制约、相互促进的。如果一个人智商很高,却没有坚强的意志力,没有坚韧不拔的精神,缺乏良好的自信心和精神状态,不能与人正常交往,甚至连一副好身体都没有,那他将注定难以成为一个成功的人。

家庭和学校齐抓共管

如今的孩子,很早就被父母送到托儿所、幼儿园去接受规范教育,但这并不意味着家长可以放手不管。要知道,家庭和学校的配合,是孩子智力发展的有力保证。孩子形成的认知能力,需要有一个不断巩固、练习的过程,这种巩固、练习不是机械的,需要多种丰富有趣的形式作为媒介。因此,家长要配合学校,学校也要指导家长通过日常生活、游戏、讲故事、看读物、动手操作、提问等多种形式来发展孩子的智力。

孩子的智力就像一扇未开启的大门,只要我们掌握好孩子成长的关键期,采取合适的教育方式,就能找到开启大门的钥匙,一个好孩子就一定能培养出来。

通过游戏开发孩子的智能

说到教育,家长往往认为是让孩子做些他们不太喜欢的事。其实,真正教育的核心内容不是让孩子做不喜欢的事,而是以"喜欢的游戏"来培养孩子的能力。

游戏是动物的本能,所有动物都喜欢游戏。动物学家的研究表明:小猫戏弄老猫的尾巴,是为了发展它将来捕捉老鼠的能力;小狗和老狗互咬也是为了发展它们将来咬死野兽的能力。显然,动物训练下一代的技能都是在游戏中进行的。

我们可以从中受到启示:只有当孩子有了兴趣时,教育才能取得事半功倍的良好效果。游戏能够唤起孩子的兴趣,为了让孩子在兴趣中受到教育,不妨借助游戏。

我们知道,在孩子多元智能发展的关键期施以适宜的教育和训练,孩子的智能才能获得最佳的发展,也才能实现多元潜能全面开发的目标。根据加德纳的多元智力论(语言智能、逻辑—数学智能、视觉空间智能、肢体—动作智能、音乐智能、人际智能、内省智能和自然智能),我们不妨通过游戏提升孩子这 8 个方面的智能。

在游戏中训练孩子的语言智能

所谓语言智能,就是对字义的感觉;换句话说,就是能用语言精确地表达自己的意思。在游戏的过程中,家长说的话、做的动作以及表情等,都会激发孩子极大的学习兴趣,进而刺激语言智能的发展。此外,孩子间做游戏时相互交流也是培养语言能力的好方式,即使是两个孩子坐在一起各自搭着各自的积木,他们的自言自语也会很快发展成为你一言、我一语,产生相互交流。孩子可以通过游戏逐渐地训练自己利用语言准确表达自己的想法。

在玩耍中找出解决问题的逻辑

所谓逻辑—数学智能,就是具有处理一连串的推理、识别模式和顺序的能力。除了计算能力外,数学逻辑智能还包含逻辑和推理分析,它是人们生活中用来分析问题和考虑解决问题所具备的基本能力。相对于孩子而言,可以通过游戏的方法使他们发现问题并学会解决这些问题。举例说,孩子在游戏的过程中自言自语道:"如果我要让奥特曼越过大洋、爬上世界屋脊,用什么方法最好? 怎么去做才可能呢?"旁观者可能只会觉得这个孩子不过是在玩一个游戏,但其实他在玩的过程中还经历了一个思考的过程——什么是我的目标、什么是可选择的策略、会有哪些可能发生的事情? 而这些发现问题、解决问题的思考与逻辑模式,正是孩子长大后应对生活中的种种挑战所具备的基础能力之一。

自由发挥可以刺激视觉空间智能

所谓视觉空间智能,是指准确地感觉视觉空间并把所知觉到的表现出来的能力。其中包括对色彩、线条、形状、形式、空间及它们之间关系的敏感性,也包括将视觉和空间的想法具体地呈现在脑中,以及在一个空间的矩阵中很快找出方向的能力。

孩子之所以在空间智能方面的表现出乎成人的想象,是因为他们不受时空关系的束缚和客观情理的限制。例如,孩子在自己的美术作品中对自己的意愿和希望的表达,对自己思想感情的流露,随性而自由自在,想象力丰富,总是令大人们自愧不如。家长对孩子空间智能的培养方式,也不应拘泥于约定俗成的技巧和条条框框的束缚,而应采取一些能使孩子感兴趣的、从而自发自愿的方法。对那些空间智能强、喜欢想象的孩子,可以通过想象游戏和视觉游戏来提高他们的空间智能。

在游戏中达成肢体协调与平衡训练

所谓肢体—动作智能，是指善于运用整个身体来表达想法和感觉，以及运用双手灵巧地从事某种工作。这项智能包括身体的平衡、协调、敏捷、力量、弹性和速度，以及由触觉所引起的能力。家长应该根据孩子成长的不同阶段，有意识地锻炼孩子，以提高他的运动智能。而游戏是非常有效的方式，因为游戏可以为孩子提供大量的动作经验，比如跑、跳等，而且为身体的平衡、协调等提供了不同的训练机会，协助孩子全面性地发展，像"捉迷藏""丢手帕"等常见的运动强度较大的游戏等都能实现这一点。

在游戏中培养对音乐的爱好

所谓音乐智能，是指对音高、音调、节奏和声调的敏感性。音乐是一种语言，是交流感情、情绪和观点的方式，对于那些音乐智能强的人来说尤其如此。人类的生活中处处有音乐的存在，开发音乐智能可以陶冶孩子的性情、训练孩子的乐感与节奏感，许多歌手从小就具有这种超群的音乐智能。

在玩耍中提升人际智能

所谓人际智能，是指理解他人的一种能力。人际智能的培养需要通过人与人之间交往来实现。而游戏会更多地为孩子提供这种与他人互动的机会，为他们形成良好的社交能力打下基础。在游戏中，孩子们通过对现实生活的模仿，再现社会中的人际交往，练习着社交的各种技能，不知不觉中就提升了人际智能。许多人把儿时玩伴当作自己终身的好友，就能说明这一点。

在游戏中发展内省智能

所谓内省智能，是指个人自我认知、分析反思的一种能力，或者说是一种建构正确的自我知觉的能力。3 至 4 岁是孩子自我意识发展的重要时期，也是提升内省智能的重要时期。这个年龄段的孩子经常会向母亲提出这样的疑问："我是打哪里来的？我的耳朵、鼻子是干什么用的？我的身体是什么做的？……"对这些问题，家长可以通过游戏的方式，让孩子从对自己身体的好奇发展到对自我的了解，逐步形成对自己的认知。

由于年龄小，孩子在游戏过程中会遇到一些挫折，这时家长要和孩子一起来解决。例如，球丢得不高、没认出字卡、跑步摔了一跤，等等。这些挫折与沮丧出现后，家长除了热情地鼓励之外，更重要的是陪着孩子一起了解问题、解决问题，让孩子知道通过思考与内省，可以更正确地了解自己。

在大自然中培养孩子的观察力

所谓自然智能，是指在自然环境中对多种植物和动物的认识和分类的能力。大多数孩子都是天生的自然观察者，他们天生都是喜欢接触自然、回归自然的。几乎没有孩子不喜欢自然界的景物和海底世界的奇观，这是受到他们强烈的好奇心和求知欲驱使的。具有这种自然智能的孩子，在生活中会呈现出敏锐的观察力，对事物有特别的分类、辨别、记忆的方式。家长可以通过游戏的方式让孩子在生活中接近自然，如栽培绿豆芽，并记录豆芽的生长情况。如果各方面条件允许，也可以让孩子饲养宠物，让孩子学习自己照顾动、植物，让他体会生命成长的可贵。这些实际操作对培养孩子的自然智能会起到很好的功效。

综上所述，通过游戏，来达到快乐地玩、高兴地学习，是提升孩子智力潜能的最好方法之一。同时，家长也要放下公务、腾出时间跟着孩子一起玩，这样除了可以了解自己孩子的天分，知道孩子的强项和弱项，更可以通过共同的游戏来增加亲子之间的感情。

训练五官激发孩子的潜力

研究表明，孩子大脑的发育和成长，是外界刺激的结果。孩子在出生前，其脑细胞分裂增生以及大脑皮层的结构形式已基本完成。孩子刚出生时，其生理活动仅为条件反射。而出生以后，来自视觉、听觉、触觉、言语、形状、颜色、声音等方面的刺激，更强烈地促使条件反射的形成。这些反射促使脑细胞伸出无数的突起，其中树突是接受信息的，轴突是传导信息的。两岁后，细胞突起由少到多，由短到长。由于脑细胞在数量上、长度上都在增加，每一个脑细胞以其突起与数以千计的神经细胞发生联系，侧枝越繁，建立的突触联系就越广泛、越丰富，脑细胞的衔接就越紧密，形成的联络网也就越广泛、越庞大，这样就逐渐地产生了思维、创造等高级精神活动。而这些高级精神活动又可反过来促进脑细胞间网络更广泛地形成。婴儿便是利用自己的感觉器官和运动器官不断地看、听、说，不断地探索、模仿，每时每刻都接受着各种新奇的刺激，使得神经细胞突起又不断地繁生延展分枝。信息源源不断地进入大脑，即刻印在脑中，使脑细胞形成致密复杂的网络，改变脑的微观结构并提高整个大脑的功能，为婴儿的智能、潜能的开发奠定了基础。

婴儿时期的一切能力，如果在掌握孩子脑能规律的情况下加以开发和利用，就会得到迅速发展。因此，家长可以从训练孩子的五官入手，刺激大脑发育，从而增强孩子的智力。

在训练孩子的五官时，要充分调动和训练感觉器官，让纷繁的感受刺激脑细胞的生长发育，促进脑细胞的树突和轴突的繁茂生长。如，让孩子多看各种物体的颜色、形状、大小;用嗅觉去闻各种气味,刺激嗅觉细胞发育;用舌头品尝各种味道,刺激味觉细胞发育等等。通过触觉、温觉、冷觉及质地的软硬来促进感觉中枢神经细胞的发育。

尽量引导孩子做各种运动,多使用左眼、左耳、左手、左脚,发挥其功能,促进右脑的发育。要有意识地激发婴儿早用手抓、握、捏、扔、接、拍及跑、跳等各种运动,尤其是要训练其手脚的精细动作,促进小脑发育和平衡。

训练孩子的五官,最重要的是改善和利用孩子潜意识中的视听能力。美国教育家格伦巴特博士曾指出:"在潜意识中,去改善和利用好孩子的视觉能力和听觉能力,是激活孩子大脑潜能的前提和基础。"

眼睛是获取脑能的窗口,它能给大脑摄取多种多样的对象,并从中发现其本质的东西。因此,用"眼睛思考"即为脑能。换句话说,它是阅读本身给脑能产生带来的作用,或者称为脑能阅读。

用眼睛发现脑能,实际上就是希望孩子善于用眼睛摄取脑能产生的成分。眼睛是人类的奇迹之一,同时也是孕育脑能增智的开端。

科学研究表明:每只眼睛有 1.3 亿个光接收器。每个光接收器每秒至少可吸收 5 个光子,可区分 1000 多万种颜色。通过协调动作,超级光接收器可以在不到 1 秒的时间内,以超级图像精度对一幅含有 10 亿信息的景物进行解码。

人的瞳孔会根据光的强度和物体的远近来调整其大小。光越强、物体越近,瞳孔就越小。瞳孔的大小也会随着感情而变化,并且当迎面看见特别感兴趣的事物时,瞳孔就会自然增大。许多年以前,珠宝商就认识到了这一点。他们把珠宝拿出来给顾客看时,就特别注意地观察顾客的眼睛,当看到其瞳孔扩大之后,珠宝商就知道顾客"上了钩",然后确定合适的价格。

同样,如果孩子对某些东西感兴趣,瞳孔就会扩大,以便让更多的光进入。换句话说,兴趣越大,瞳孔就会越大,以便让更多的光进入,使它本身在不费额外力气的情况下就可接收更多的信息。父母应该首先学会掌握这一信息。

孩子的视觉发达起来以后,接着就要培养婴幼儿的观察能力。可以尝试两个方法,一是通过丰富多彩的色彩来培养孩子的观察能力,比如在房间的四周挂上字画等;二是在房间里陈列一些著名雕刻的仿制品。可以让婴幼儿识别屋中的各种物品,如桌子、椅子等,并把这些物品的名称念给他听。

为了开发婴幼儿对色彩的感觉,可以买来五颜六色的小球和木片,以及穿着色彩鲜艳服装的布娃娃,经常用这些玩具跟孩子做游戏。这很重要,因为孩子若不从小就开始发展色彩感觉,那以后对色彩的感觉将会非常迟钝。

孩子学会了走路,就带他去散步,并让他注意天空的颜色、树林的颜色、花朵的颜色、原野的颜色、建筑物的颜色和人们服装的颜色等等,这都是为了发展他的色彩感觉。

孩子的听觉能力与视觉能力的作用是同等的。但如何训练耳朵,充分发挥好孩子的听觉能力呢? 有关专家提出了他们的建议,其要点有:

有意识地培养孩子辨别声音的能力。

维护听觉健康,不让噪音伤害。

耐心聆听,让注意力集中起来。

多用感觉器官,除了用耳听外,还要用眼观察,用手摘录重点。

每聆听一个小时,小休几分钟,以便大脑巩固消化。

听觉、视觉、味觉、嗅觉、触觉,是人类感知外部世界的生理基础。充分刺激孩子的感觉器官,能够促使大脑的各部分积极活动。如果孩子大脑的各个功能区都能发挥最大效能,就会成为一个聪明伶俐的人。

激发孩子的创造力

培养和开发孩子的创造力,是教育的目的之一。因为,人类有了创造力,才能不断开拓前进。然而,创造力在中国人身上却显得那样苍白。在一项"创造力发展调查"中,5000 份问卷中有三成的人认为自己"没有创造力"或"很没有创造力"。尤其是女性,认为自己没有创造力的比例高于男性很多。年龄超过 60 岁的受访者,认为自己"非常没有创造力"的比例更高得惊人。同时,也有三成的人,认为自己的爸爸没有创造力;有三成五的人,认为自己的妈妈没有创造力。

在一次由澳大利亚、新西兰、印度、中国、中国香港等 9 个国家和地区参加的"未来家庭娱乐产品概念设计大赛"中,中国共有 20 所学校 1300 多名选手参赛。然而比赛结果却令人寒心,两个组的冠军、亚军、季军,中国孩子连边儿也没沾上,最后只获得一个带有鼓励性质的纪念奖。在其他参赛者闪耀着想象大胆、构思独特的作品面前,中国孩子的作品却显得那样苍白,缺乏独创性,这怎能不令人感到震惊!

创造力是一个孩子智力和能力的标志,是能否成才的重要因素之一。它是一种潜能,取决于后天的开发和培养。有的家长认为孩子聪明、智商高就一定会有所发明创造,其实不然。有的人智商很高,却没有任何创造性表现,终生平平庸庸。这是因为创造力的发挥除要求有正常的智力水平外,还必须具有良好的非智力因素,即兴趣、意志、性格、动作、情感等。

创造力在人类生活、学习和工作过程中起着重要作用,离开了创造力,人既不可能有什么预见,也不可能有什么发明和新的发现。要使孩子摆脱平庸无为,成为英才,就必须培养和提高孩子的创造力。

那么,如何培养和提高孩子的创造力呢?

保护孩子的好奇心

孩子天生非常好奇、好问。他们经常问大人一些问题:"天上为什么会出现彩虹?""白天的月亮藏到哪里了?""我为什么长得像妈妈?"在生活中,孩子还经常充当小破坏分子的角色,他用力砸开收音机或玩具机器人,想看看那些会唱歌、说话的小人,这些都是出自孩子的好奇心。一个好奇心强烈的孩子,对于新奇事物总是主动去寻根问底,提出各种各样的问题,以发现事物的内在联系。

家长应该保护孩子的好奇心,要给孩子提供一个丰富多彩的认知环境,让孩子常能从中获得新颖而神奇的感觉,使他对这个世界充满向往。例如,将孩子的好奇心引向大自然,让神奇的大自然容纳孩子无穷而强烈的好奇;把孩子的好奇心变成对知识的渴求和探索。

拓宽视野、增进知识

创造需要凭借想象,但人的想象产生于丰富的生活实践。看得多、听得多、摸得多、接触的事物多,脑子才能积累丰富的表象,即使闭上眼睛也能历历在目。大脑里积累的表象多了,经过改造、调整,就能产生新的表象,这个形象思维的过程就是创造。因此,家长可通过各种活动,丰富孩子的生活,开阔孩子的视野,多带孩子到大自然中,观赏各种树木花卉,了解植物与环境的关系;看看动物的不同习性和爱好;采集种子,捕捉昆虫制作标本;仰望蓝天上变幻多端、漂亮浮动的白云;欣赏日出东方的朝霞、夕阳西下的美景……

其次,家长还应给孩子提供适合他们年龄特点的读物和视听材料,但应注意宜广不宜深,深入浅出,以游戏的形式、故事的口吻,进行趣味讲解。

另外,还要针对家庭的实际,从日常生活入手,采取多种方法培养孩子的创造力。比如:孩子做家务,感到不顺手、不方便时,可启发孩子多动脑,试着改变干活的方法、姿势和工具。第一届全国青少年科学发明中的获奖作品,如充气雨衣、方便皂盒、无泪蜡烛等等,都是孩子从生活中萌发的创造意识的结晶。传说鲁班有一次爬山,被锯齿形的野草划破了衣服和皮肤。他联想到做木工时,木料难以被整齐地割裂,于是创造了木匠的重要工具——锯。

所以,要引导孩子热爱生活,让他们经历丰富,接触面广阔,见多识广,使脑内储存起千千万万个事物形象来,这样才能为发展创造打下坚实的基础。

培养孩子的灵感

所谓灵感,就是人们对一个问题的思考和解绝不是按常规的思维逻辑,而是受某种机遇或潜意识的触发,使大脑中各种信息重组,突然获得一种新颖思想和方法的精神状态。人们通过灵感可以产生与众不同的意识,能在无意间迅速解出百思不解的某道难题。

幼儿灵感的出现，表现在他们对某种事情一直是被动地在做，对某一问题总也想不通，但突然间来了情绪，不用大人催就能专心、愉快地去做，问题也就想通了；可过了这一刻，他又恢复了原状。对这种情况，家长不应嘲讽孩子是忽冷忽热，应适时给孩子以鼓励，顺其自然，使孩子能愉快地体验灵感，加强对灵感产生的自信心。

培养孩子的非智力品质

一个人创造了某件事物，应是别人没有做过的，或是与传统观念格格不入的。它的产生和发展是艰难的，需要长期、反复地探索和研究，甚至还要与世俗偏见做斗争。另一方面，由于当代科技已经发展到一个很高的水平，要有所发明、有所创造，往往需要群体协作，相互帮助；一个人单打独斗已经很难取得成功了。

因此，要培养创造型人才，就要培养孩子优良的非智力品质，特别要培养孩子勇敢、坚忍、独立、专注、乐观、开朗、敢于冒尖、珍惜时间和群体协作等性格和品质。而这些因素只有从小培养才有效果，才可能变为人格的一部分。

培养孩子敢于否定别人的胆识

创造力的特征就是独特性和开创性。如果在学习和工作中，跟着别人亦步亦趋，永远都不可能有创造力。因此，培养和提高孩子的创造力，家长应该鼓励孩子敢于发表自己的意见，敢于否定别人的结论。过于依赖、盲从和过分谦虚是不可能有创造力的。当然，孩子在创造力发展过程中，不可能一帆风顺，会出现各种错误和挫折，在这种情况下，应该让孩子树立信心，因为新事物和新思想的创造不可能一蹴而就，要教育孩子不怕错误，改正错误，树立必胜的信心。

培育孩子的想象力

想象，就是利用以往的感知材料，经过改造和组合创造新形象的过程。爱因斯坦指出："想象力比知识更重要，因为知识是有限的，而想象力概括着世界上的一切，推动着进步，并且是知识进化的源泉。"对于孩子来说，想象对他们一生创造力的发展有重要意义。由于孩子主客体尚未完全分化，常赋予无生命的物体以生命、感情和意志，呈现特有的"泛灵性"思维方式，从而给他们的联想、想象提供了充分的自由发展空间。想象可以使孩子冲破狭小的生活领域飞向广阔的认知世界，使孩子超越时间和空间的限制，从游戏中去模拟成人的行为，体验成功的快乐。

另外，要使孩子创造力得到完善的、良好的发展，对他们进行想象力的培养与锻炼也是非常重要的。

家长应尽量发掘孩子进行活动的想象功能,促进想象。对于孩子富有想象力的图画、凭自己想象拼搭的东西、自编的故事等等,都应该给予肯定和赞赏。千万不要用成人的标准去要求和评价孩子的创作。

在家庭教育中,培养孩子的想象力可以从以下几个方面进行。

丰富孩子头脑中表象的储存

表象是想象的基础材料,谁头脑中的表象积累得多,谁就有更多的进行想象的资源。家长平时要指导孩子多观察、多记忆形象具体的东西。去博物馆、去郊游、去动植物园、去参与各种公益活动、走亲访友等,都可以记住许许多多的表象。为了记得多、记得准、记得牢,可以让孩子用语言描述,或者家长与孩子相互描述。家长可以通过写日记,把孩子头脑中的表象再现出来。

文学作品、电影、电视,形象化的东西特别多,让孩子有意识地留心各种各样的人物形象和景物形象,有利于增加表象的积累。

鼓励孩子编故事、猜谜语

从科学的角度来说,编故事、猜谜语不仅有利于发展孩子的形象思维和逻辑思维的能力,而且还能让孩子体验到一种积极的情感。美国著名儿童智力发展研究专家简海丽认为,鼓励孩子编故事不仅是一种语言训练,更重要的是,它能帮助孩子运用自己的想象力与推理能力,得出出乎意料的结论。

故事作为一种形象的语言艺术,深受儿童喜爱,儿童在听故事的过程中,通过词语的描绘,联想到相应的形象与活动。为发展儿童的创造想象,讲故事时,要注意训练儿童续编故事结尾,问后来又发生了什么事?他怎么样了?……引导孩子展开想象,从多角度续编。

用绘画启发孩子的想象力

图像能够激发孩子的想象能力,父母应有意识地让孩子多接触各种图画,并鼓励孩子试着以此为基础画出来。

绘画最易诱发儿童的想象力,也是最为儿童所喜欢的一种形象表现形式。孩子虽然画技不高,但却能表达其思维活动过程。对儿童的画,不要只追求画得多么"像",而应鼓励他"想"得越多越好。如在纸上画出许多圆,让孩子按自己的想象添加内容,看圆能"变"成什么?孩子可能会从单一的一个太阳、一块饼干、一个头像、一朵花、一个皮球……想到用圆组合出熊猫、一束气球、一群小鸡、一堆鹅卵石、天上的星球等等情节画。另外,还可播放不同情绪的音乐,让儿童根据音乐的表现画出自己对乐曲的理解。对孩子的画,家长不要先做鉴赏家,而要先做想象力的评论家,不要着眼于孩子能否成为一个画家,而要先看孩子的想象力是否得到了充分的发挥。

用游戏启发孩子的想象力

爱做游戏是儿童的天性,对于孩子的自发游戏,父母应该给予关注。

游戏对儿童来讲,就如同成人的工作、学习一样,是发展孩子想象力最好的活动。孩子在游戏中模仿成人的多种活动,凭借想象扮演多种角色,表现多种生活情境,自己动手解决游戏中遇到的困难和问题。例如,用积木搭娃娃床,用杯子当锅给娃娃做饭,用圆环做方向盘开汽车,用纸撕成条做面条等;还与小伙伴共同商议分配角色、安排活动。当孩子在认真思考这些问题的过程中,游戏的情节也具体化了,孩子的创造力也随之得到了发展。

让孩子多积累词汇

想象以形象形式为主,但离不开语言材料,特别是需要用口头语言或书面语言将想象的内容表述出来时,语言材料起重要作用。词汇量大的孩子往往能够很顺利地把一件事情表述出来,而词汇量贫乏的孩子则常常由于找不到合适的词汇来表述而中断想象。因此,要让孩子扩大语言文字积累。

为此,父母可以多给孩子提供一些富有幻想色彩的书籍,如童话、科幻、神话、寓言故事等。父母也可以让孩子准备一个摘抄本,用来记录文学名句、名段,随时把阅读中遇到的好词佳句摘抄下来,在空余的时间多翻阅摘抄本,来巩固这些词汇。这样,孩子的词汇量在不知不觉中就增多了,从而促进了想象力的发展。

支持和引导孩子的梦想

每一个孩子都会有梦想,他们幻想自己的将来是多姿多彩的。虽然有的梦想似乎是不切实际的,但却是孩子有想象力的表现。这时,父母千万不要呵斥孩子,更不要讽刺孩子的梦想。正确的做法就是支持和引导孩子的梦想,鼓励他们努力去实现自己的梦想。

鼓励孩子多联想

联想,就是赋予若干对象之间一种微妙的关系,从中展开想象而获得新的形象的心理过程。

人们思考问题的时候,往往会把与某个物体相关的一些事物联想起来,孩子尤其如此。针对这种情况,父母一定要鼓励孩子,让孩子通过联想来提高想象力。

提高孩子的注意力

对孩子来说,注意力分散是一个普遍的问题。它至少给孩子带来三种危害。

一是学习花费时间长。注意力涣散的孩子,完成作业的时间与一般速度的同学比,要多花 40%~60%,因而学习时间的负担就会比别的孩子重。这样会失去玩耍、运动、课外阅读的许多时间,孩子的学习很难进入良性循环。

二是很难胜任难度大的学习内容。一般说,解难度大的题需要持续思考较长的时间,好多孩子因为不能持续地思考一个问题,所以解难题很难成功。

三是思维速度和书写速度也很难达到高水准。注意力不集中会导致思考和书写的速度大大降低。到了中学,学科内容成倍增加,学习速度不快的孩子就更感觉困难,完全掌握不了主动权,学习肯定要落在同学后面。

面对孩子的注意力不集中的问题,许多家长都感到困惑,不知所措。其实,孩子的注意力有一个发展的过程,孩子 3 岁以后,注意范围扩大,注意能力逐渐提高,能较自觉地注意一些事物,但是注意力不稳定,不能长时间地把注意力集中在某一事物上,仍然是无意注意占主导地位,有意注意处于逐步形成阶段。再者,不同年龄段的孩子,注意力是不同的。而孩子注意力集中的时间长短,取决于孩子的年龄、性格以及其他个性特征。因此,培养孩子的注意力应该从幼小的时候就开始。

培养孩子良好的专注习惯,需要父母从以下几个方面做起。

逐步培养孩子的自制力

培养孩子的自我控制能力可以在日常生活中有计划地进行。应从帮助孩子控制外部行为做起,要求孩子在一段时间内专心做一件事,不要一会儿干这,一会儿干那(如不要边吃饭边玩);看书、绘画时要保持正确姿势,不乱动、不乱摸。还可以让孩子通过某项专门训练,如练琴、书法、绘画来培养自制力。训练时最好固定时间、固定地点进行,因为这样可以形成心理活动定向,即每当孩子在习惯了的时间和地点坐下时,精神便条件反射似的集中起来。

还可以用奖励的办法鼓励孩子提高自制力。例如,一个平时写字总是拖拖拉拉、漫不经心的孩子,如果你许诺他认真写字,按时完成任务之后就送一件他一直想得到的礼物,他一定会安下心来,集中注意力认真地写字。

在日常生活中,家长还可以训练孩子带着目的去自觉地集中和转移注意力。例如,问孩子:"妈妈的衣服哪儿去了?""桌上的玩具少了没有?"或是叫孩子画张画送给妈妈作为生日礼物等等。这样有目的地引导孩子学会有意注意,可让他逐步养成围绕目标、自觉集中注意力的习惯。

让孩子在规定的时间内完成作业

如果父母要求孩子在一定的时间内完成家庭作业,孩子就会按照父母的要求在规定的时间内完成。在这一限定的时间内,他就会集中注意力,努力认真地完成作业。

研究表明：不同年龄的孩子的注意力稳定时间是不一样的。一般来说，5 至 10 岁的孩子能集中注意力 20 分钟左右；10 至 12 岁的孩子能集中注意力 25 分钟左右；12 岁以上的孩子可以集中注意力半小时以上。可见，如果让一个 10 岁的孩子坐在那里 60 分钟，去专注地完成作业几乎是不可能的。要根据孩子的年龄特征，给孩子安排合理的时间，让孩子在适当的时间内集中注意力，以保证完成作业或学习任务。

如果父母给孩子布置的作业过多，超过了孩子注意力稳定的时间，应该让孩子一部分一部分地来完成，使孩子的学习有张有弛，这样有利于孩子集中注意力，提高学习效率。如果父母不允许孩子中途休息，长时间地让孩子做作业，甚至坐在孩子的旁边监督，还唠叨不停，就容易使孩子产生抵触心理，从而失去学习的兴趣，注意力也就不能集中。

在兴趣中培养孩子的注意力

兴趣是最好的老师，不管谁在做自己感兴趣的事情时，都会很投入、很专心，孩子也是如此。对孩子来说，他的注意力在一定程度上直接受其兴趣和情绪的控制。因此，我们应该注意把培养孩子广泛的兴趣与培养注意力结合起来。

培养孩子的兴趣，要采取诱导的方式去激发。一位母亲在培养孩子注意力时，就和儿子玩"注意看"的游戏。

游戏是这样的：母亲一手抓住五六根彩色的发带，在儿子面前一晃而过，然后问儿子自己手中有几根发带。开始的时候，她晃的速度比较慢，孩子有足够的时间去注意看母亲手中的发带；后来，速度逐渐加快，孩子只能扫一眼母亲手中飘动的发带。

这位母亲发现，刚开始时，儿子答不上来的次数多，后来，他猜对的次数就越来越多了。

这种"注意看"的游戏，正是在孩子感兴趣的活动中培养他们的注意力，使孩子努力把自己的注意力集中在能够引起自己兴趣的事情上，克制住自己不让注意力分散。

除此之外，还可以利用孩子喜欢故事的特点，给孩子买一些有文字提示的图画故事书。让孩子一边听故事一边看书，并且告诉他这些好听的故事都是用书中的文字编写的，引发孩子识字的兴趣。然后，教孩子认一些简单的象形字，从而使孩子的注意力在有趣的识字活动中得到培养。

给孩子一定的游戏时间

游戏是孩子最喜爱的活动，它能激发孩子的兴趣，使孩子心情舒畅。孩子在游戏活动中，其注意力集中程度和稳定性都较强。因此，父母应该让孩子多参加游戏活动,并在游戏中培养孩子的注意力。

在游戏时间里,父母可以以一个参加者的身份参与到孩子的游戏中,千万不要以一个局外人的姿态去观察孩子的游戏情节,随意提醒并打断孩子正在进行的游戏。父母不要以为玩游戏既无聊,又浪费时间,其实,孩子的注意力培养最初就是从游戏开始的。

培养孩子注意力的方法有很多,其具体实施方法也不尽相同。家长可根据孩子注意力发展的特点,采取适当的方法,有计划、有目的地训练和培养孩子的注意力。只要采取科学的方法和态度,并努力去做,一定会达到目的。

增强孩子的记忆力

记忆是人对过去感知过的事物和语言的再认和再现。人的一切知识都可以认为是由记忆过程保持着的。人能记忆的内容包括这些方面:一是能记忆形象材料,也就是对客观事物的直观的形象的再认与再现;二是能记忆语言与文字;三是能记忆自己的身体的操作或运动;四是能记忆自己及他人的喜、怒、哀、乐等各种情感。因此,要挖掘孩子的记忆潜能,父母就必须全面发展孩子的各种内容的记忆。不但要有强的形象记忆,还要有强的语言、文字和情感记忆。

一个人记忆能力的高低,也反映在四个方面:一是记忆的速度快慢,二是记忆保持的时间长短,三是记忆内容在重现时正确与否,四是在记忆内容中提取所需要信息的速度。其中,记忆内容的正确性是记忆力好坏的最重要标志,迅速从记忆中提取信息的能力是个人才智的展现。因此,培养聪慧的孩子,父母不可忽视记忆力的锻炼。

在整个幼儿期,幼儿的记忆是无意识记忆占优势,有意识记忆正在逐步发展。因此,应充分利用幼儿的无意识记忆,来培养幼儿的有意识有目的的记忆。这一点,家庭教育占有很大的优势。因为父母是孩子的第一任老师,而在孩子的整个童年时期,孩子和父母接触的时间最多,这就为家长实施早期教育提供了良好的条件。

怎样培养孩子的超凡的记忆力呢?

了解孩子记忆的规律

作为涉世不深、理解力不强的孩子,他们的记忆规律呈现三大特点。

一是孩子对形象事物的记忆效果较好,不善于记忆抽象事物。孩子观察、感受过的事物在头脑中储存下来的形象叫表象,比如"天安门""飞机""警车"等都是它们的具体的形象而不是抽象的概念。表象储存越多,越有利于孩子掌握更多的知识,发展思维和想象力;特别是当他认识某件事物时,告诉他事物的名称,这样具体的形象和抽象的语词相联系,可以提高他的概括能力,促进记忆的准确性与提取信息能力的发展。

二是孩子比较多地以机械的方式记忆,不善于理解记忆。比如,虽然不理解,但在成人的反复教导下,仍能背诵很多唐诗、英语单词等。

三是孩子的记忆活动很容易受情境或情绪影响。通常,孩子对伴随动作或较强情绪体验的内容记忆效果更好。对周围环境中形象鲜明、生动的事物记忆较深。

从无意识记和有意识记两个阶段着手

孩子年龄越小,记忆就越以无意识记为主。凡是直观、形象、有趣味、能引起孩子强烈情绪体验的事和物大都能使他们自然而然地记住,特别是与其情感相联系的事情。所以,必须为孩子提供一些色彩鲜明,形象具体,并富有感染力的识记材料,使材料本身能吸引孩子,以充分发展孩子的无意识记和机械识记能力,促进孩子有意识记和意义识记能力的发展。如各种材料制作的、不同形状的、有趣的小卡片,各类汉字卡片,能活动的计数器,玩具和实物等。对一些杂乱无章的材料,可采用歌诀记忆法,把需识记的材料编成歌词和诗词,形成一种节奏顺序,以提高记忆效果。

随着孩子年龄的增长,特别是当孩子掌握了语言这一工具后,他的有意识记忆逐步发展了。若想增强孩子的记忆力,就得重视发展孩子的有意识记。

有意识记的发生和发展是儿童记忆发展过程中最重要的质变,为了培养孩子有意识记的能力,在日常生活和孩子各种有组织的活动中,父母要经常有意识地向孩子提出具体明确的识记任务,促进孩子有意识记的发展。例如,在听故事、外出参观、饭后散步时,家长应该给孩子提出识记任务,如果没有具体要求,孩子是不会主动进行识记的。

防止因强迫学习而破坏记忆力

记忆是大脑皮层暂时神经联系的建立,而这种暂时的神经联系由于没有得到强化,随着时间的流逝,暂时联系也随之消失了。比如,早年学习的知识或技能,长期不运用也不复习,就会被遗忘。同时由于外界的强烈刺激,或者人本身的紧张情绪,也会产生遗忘。再者,由于疲劳,大脑神经细胞的活动能力会降低甚至丧失,这也是大脑神经细胞的一种自我保护。因此,家长在引发孩子兴趣和热情的同时,切不可不切实际地强迫孩子做事,一定要合理地安排孩子的作息时间,特别不能在孩子已经疲劳的情况下迫使他们学习,否则只能是欲速则不达,甚至可能引起孩子的厌学心理。

指导孩子掌握记忆的技巧

记忆技巧是指在记过程中,人们用以提高记忆能力的一些必要的心理准备和技巧。人脑的记忆潜能是巨大的,那么如何充分发挥这种潜能呢? 关键就在于掌握一套科学的记忆方法。

记忆技巧有许多方面,下面是一些孩子需要尽早掌握、同时又是孩子能够很快掌握的记忆技巧。

(1)重复记忆法。为使要记住的事物在孩子头脑里形成深刻、清晰的印象,让他一遍又一遍反复地听或诵读,这是一种简便易行、行之有效的记忆方法。这种方法更适用于年幼的孩子,家长完全不必担心孩子会对此产生厌恶情绪,因为孩子本来就喜欢重复,比如反复听同一个故事,多次到一个游乐场所游戏,在活动过程中加以必要的引导,如让他跟讲故事,让他指路、背着说出游乐器械的特点等,可以强化记忆。反复感知事物,这些事物就会在孩子的大脑皮层中留下深刻的印象。

(2)联想记忆法。联想是促进记忆的有效方法之一,就是引导孩子把已知的知识经验与眼下学习的新知识联系起来,这有利于巩固旧知识,并把新知识有序地纳入记忆的网络,易于巩固。

(3)直观形象记忆法。根据幼儿记忆的直观形象性特点,可充分利用直观教具,帮助孩子记忆。如,给孩子选一些知识性的玩具,让孩子在玩的同时掌握简单的科学知识,为日后学习打下基础。

(4)归类记忆法。当记忆材料较多时,引导孩子把材料进行分类和概括,帮助孩子在理解记忆内容的过程中进行逻辑记忆,这样可以使记忆深刻、思维有条理、巩固学到的知识并使之初步系统化。例如,给孩子几张图片,让他看几分钟,拿走图片,让孩子说出看到的图片内容,孩子一般能说得较准确,即记忆清楚;而如果图片较多,孩子会逐渐发现图片内容间的关系,对它们进行比较、分类,在进行概括之后再进行识记,比如把图片内容分别划为"衣服类""玩具类""恐龙类"等等,再记忆不同类别中的具体事物。

(5)游戏记忆法。以游戏的方式记忆某些事物,是发展孩子记忆力的重要方法。在家庭中,家长可以自编很多亲子游戏活动,在轻松快乐的亲子同乐中锻炼孩子的记忆力。比如用实物或图片让孩子看一看、想一想"什么东西没有了""哪一种变多了";和孩子轮流讲一个故事的不同段落,比赛背诗歌"接龙"中间不停顿,等等。

(6)应用巩固法。孩子获得知识技能后,如果没有练习的机会,就会被逐渐忘掉。让孩子记忆知识、经验,一定要给他机会,鼓励他应用到生活中,以求"熟能生巧"。这样,孩子会加深有关知识经验的印象和理解,提高记忆的准确度,延长记忆时间,需要时能迅速轻松地提取。

培养孩子的思维力

心理学家认为：人的智能结构一般是由观察力、记忆力、注意力、想象力、思维力、语言表达力以及动手操作能力构成，其中思维力则是智能活动的核心。思维力是指一个人的思维能力。人与动物的本质区别，就在于人类具有其他动物所没有的思维能力。思维参与其他的智力因素之中，使其他智力因素更加具有理解性、概括性和深刻性。例如，孩子的观察活动，在幼儿期由于没有思维参与，观察得很肤浅，只能把看到的表面特征堆积起来，缺乏理解和概括。年龄大的孩子的观察，有思维参与，就能将观察到的表面特征概括起来，进行理解，找出内部联系，使观察深刻化。

思维是人类的高级认识活动。人们通过思维可以认识、感知所不能直接反映的事物，能透过现象看本质，掌握事物之间的规律性联系，并借助于一种事物了解其他事物，间接地预见和推知事物的发展和未来。有个 3 岁的小孩，有一次拿起笔在一个新本子上横七竖八地算起来：$1-1=0, 3-3=0, 11-11=0, 15-15=0$。然后他兴冲冲地告诉妈妈说："妈，同数相减等于零。"这使妈妈大为意外和兴奋。

可见，发展和增强孩子的思维能力非常重要。

培养孩子的思维能力，必须掌握孩子的思维特点。

首先，孩子的思维呈现明显的阶段性：第一阶段（1 至 3 岁），婴儿的思维主要是直觉行动思维。这阶段思维是伴随着动作进行的。例如，坐在椅子上开飞机，用门槛当马骑。第二个阶段（4 至 7 岁），幼儿的思维常伴随着具体的形象进行。例如，孩子理解"老家"一词，他们有的想到的是爷爷、奶奶；有的想到了大山、河流；有的想到了庄稼、水果。第三个阶段（8 至 11 岁），是抽象逻辑思维阶段。这阶段思维的主要特征是能凭借概念进行判断、推理等抽象思维。例如能用数学的一般法则推导出未知数，能从表面现象研究其内在的规律。

然而，三种思维形式并不是以年龄而截然分割的。3 岁以上的幼儿以具体形象思维为主要形式，有时也仍然运用直觉行动思维。中、高年级的小学生已经能独立进行一些初步的抽象逻辑思维，然而有时还离不开表象的支持。成人也是如此，文学家、艺术家更擅长具体形象思维，但也需运用抽象逻辑思维来探索艺术的理论与规律。

其次，孩子的概括能力一般比较低。2 岁左右的婴儿常常把走路摇摇晃晃、嘎嘎叫的东西叫作"嘎嘎鸭"，而指着小猫、鸡毛掸子、毛皮领子等毛茸茸的东西叫"猫咪"，这可以说是孩子最初的概括。这时的孩子只是依据事物某一种外部特征，如颜色、形状、声音等进行概括，仅仅是一种最初级的概括。进入幼儿期，孩子的概括也大多是依据事物的外部的非本质特征（一般是功用性特征）进行。比如，

育儿好点子

图文珍藏版

孩子常常是这样概括"鸟"的共同特征："会飞的是鸟。"

那么，如何培养孩子的思维能力呢？

培养孩子观察的兴趣

观察力就是指一个人对事物的观察能力。思维在观察中起着重要的作用，所以有人将观察称为"思维着的知觉"。

观察兴趣必须在观察的实践中培养。父母可以有计划、有选择地引导孩子去观察他所熟悉、所喜爱的事物，如经常带领孩子观察大自然，参加旅行、参观等实践活动，不断丰富孩子的观察内容。在孩子进行观察时，要围绕所观察的事物或现象，讲一些有关方面的科学道理或传说故事，以激发他的兴趣。例如，孩子发现树叶有稠密的一面，也有稀疏的一面，原因在哪儿呢？家长可引导孩子进行有关的

培养孩子观察的兴趣

思维活动。在引导孩子观察时，还要注意启发孩子对观察到的现象多问几个"为什么"，这就使孩子养成有目的、有计划、有选择的观察习惯。

培养孩子提出问题和发现问题的能力

要使孩子养成爱提问的习惯。善于提出问题，往往比解决问题更难。孩子做作业或课外阅读时，家长都要鼓励孩子提出各种各样的问题。即使有的问题提得幼稚可笑，明显错误，家长都不要简单地否定，或加以批评，而是要鼓励这种敢于提问的积极性，并给以耐心的讲解。

发展思维的各种形式

我们知道，概念、判断、推理，是思维的几种基本形式。儿童的这些思维形式仍处于初步发展阶段。例如，低龄儿童的推理较多的是直接推理，间接推理还比较困难。虽然"A 大于 B，B 大于 C，所以 A 大于 C"这类的推理他们基本上能够掌握；但是，掌握"所有的少先队员都是学生，他是少先队员，所以他是学生"这类推理却难度很大。

家长要注意到孩子的这些特点，积极而有效地进行判断、推理的训练。孩子形成概念、组成判断、进行推理的能力强了，他们的思维水平也将大大地往前推进一步。

教给孩子正确的思维方法

思维方法有多种多样。例如,归类、排序和对比的方法,从不同的事物中找出相似之处,从同样的事物中找出不同之处。再如,举一反三的方法,由一种事物说出与之相关的多种事物,由一类知识想到与之相关的多类知识。像由"打击"联想到"袭击、突击、追击",及至"击败、击中、击落、击溃"等等,便是举一反三积极思维的例证。

掌握这些思维方法,能够使思维活跃,思路开阔。这些思维方法不是孩子头脑里固有的,它需要从教师、家长及其他成人的点拨中获取,需要从其他同学、小伙伴的交往中获取,也需要从自己的反复实践、反复思考中获取。因此,在教给孩子知识的同时,要发展孩子的思维,教给孩子思维的方式方法,训练他们的思维技巧,这对提高他们的能力非常重要。

通过各种活动训练思维能力

人的思维能力只有在活动中才能逐渐发展和增强起来。计算活动,有利于发展学生的逻辑思维;参观游览活动,有利于发展学生形象思维;小发明、小模拟活动,有利于发展学生的创造思维;参与家务、游戏活动,有利于发展学生的发散性思维。

第二章　教出爱学习的孩子

鼓励孩子从小爱读书

青少年崇拜运动员、电影明星和歌星,甚至达到了如痴如醉的地步。在这个社会文化氛围中,许多家长会乐于为世界杯加油,而不会和孩子一起读书。在现代家庭中,一进门就可以看到高清晰度电视、高档电脑,但要找到一个收藏书籍的书柜却不容易。孩子们聚在一起时,唱的是流行歌曲,玩的是电脑游戏,谈的是球星、歌星,而很少关注某一部作品或一本畅销书。常常听说某某孩子厌学、逃学,却很少听说过哪个孩子是"书迷",学习达到废寝忘食的地步。

由此看来,父母肩负的义务和责任远远没有尽到。父母所要做的就是:努力为孩子营造一个良好的家庭阅读氛围,创造让孩子自己选择阅读的条件,培养孩子的阅读兴趣和阅读积极性,养成良好的阅读习惯,教给孩子正确地阅读课外读物的方法以及选择好书的原则,循序渐进地培养孩子爱读书、多读书、读好书。一句话,就是要采取适宜的方式,培养孩子从小喜欢读书。

有的家长认为,让孩子读书是学校的事,学龄前读不读书无所谓。这个观点不利于培养孩子。孩子应何时开始读书才合适呢? 专家认为:在孩子学习生字之前,父母就应当做孩子的读书工具,给孩子朗读文章。这是培养孩子对读书感兴趣的基础。但朗读不要太具表演性,因为变换太多的语调会干扰孩子的注意力,使他忽略故事情节。

要经常对孩子阅读并讲解文章,最难懂的书也可以阅读,并给孩子解释他不懂的地方。叙事文学作品对孩子来说是难题,但叙事文学作品对孩子尤其有益,因为它能让孩子了解世界历史进程的共性。而这种了解是所有教育的终极目的。

除了给孩子阅读外,还应为孩子提供"图画书"。这些没有文字的色彩鲜艳、形象生动的"图画书",能够让孩子轻易就看得懂画面,也能够轻松地从中发现人物的表情、动作、背景,并将之串联起来进一步理解故事情节。这种"零难度的快乐阅读"无疑大大增强了学龄前孩子对读书的兴趣。

孩子到了学龄,并掌握了许多生字后,就要考虑为他选购一些有益的图书,8至11岁的孩子最好选读一些有图画的书。图画能帮助他们对书中内容的理解;同时,形式简单,能启发孩子思考,从而帮助他们掌握科学知识。这个年龄段的孩子多是小学三、四、五年级的学生,首选的应是一些童话故事书,其次是科学幻想故事书,再次是传奇故事和英雄人物故事书,最后是数学游戏、发明创造、科学知识、动物世界、海洋、旅行、战争、历史、娱乐、诗歌、传记和天文、地理等方面的书籍。他们阅读这类书籍可以从中找到乐趣、增长知识。

如何开发孩子的阅读能力呢? 下面是他们的一些做法和技巧的总结,可供中国的家长参考。

培养孩子的爱书意识

儿童时期的模仿性是很强的,因此父母在教会孩子自己读书之前,就要培养他爱书的意识。在孩子很小的时候,父母就经常让他们高声朗读有趣的书籍。儿童能接触到家中书架上父母的书,尽管这样做会使这些书受到损坏,但却使儿童与书建立了亲密的关系,这非常有益于孩子养成爱读书的习惯。

不限制阅读内容

培养孩子对"广义阅读"的兴趣。早在孩子开始认字之前,每每见到动画片海报,浅显的路标、布告、门牌等等,家长便停下来跟孩子一起阅读。美国人认为,阅读不应限于读书,凡是幼年时期对广义的阅读感兴趣的孩子,长大了自然也会爱读书。

鼓励孩子从小读"杂"书。这就是说，不但读故事性强的童话和小说，也读历史、地理、天文、社会以及和自然科学搭界的书籍。事实上，一个人小时候书读得愈杂，日后的知识面就往往愈广。

家长的责任

——及早发现孩子在阅读上的特别兴趣或特别需要，以便提供及时、恰当的帮助。提供给孩子的书籍，必须适合孩子的年龄、迎合孩子的兴趣。

——了解并善于总结孩子读书的长处、短处以及兴趣所在，并利用家长会向教师做汇报，目的是帮助教师更有效地对孩子的阅读做出指导。

——尽早给孩子订一份适宜的报纸或杂志。尽早给孩子办图书馆的借书卡。

——当孩子三四岁时，帮助他办理一个小小的私人图书馆，把书籍编号，以及学会修补破损的图书。

——鼓励孩子向小伙伴出借自己的藏书，也允许孩子借阅他人的图书，同时还应强调要好好爱护别人的书籍并尽快归还。通过交流图书，孩子也学会了某些社交技巧。

——让自己的孩子在集体环境中学习阅读，让他与同伴一起分享早期集体阅读的乐趣，同时也能提高他们参与阅读的积极性。支持孩子参加"漂流书"活动。所谓"漂流书"，就是要求孩子把自己认为精彩的一本书"传"给小伙伴阅读，再由"第二读者""传"给"第三读者""第四读者"……

——组办诸如"父子读书俱乐部"或"母女读书俱乐部"，由大人和孩子共同读同一本书，然后在周末展开讨论。同时鼓励孩子在读到好的篇章时向全家人朗读，以便合家共享。

——利用节假日带孩子逛逛书市。宁可少买玩具，也要多买图书。重要的是，让孩子体会到读书不仅是一种学习的手段，而且也是一种消遣的手段。待孩子真正对书籍如对玩具一样感到兴趣盎然时，他便开始乐于以书为伴了。

让孩子对学习感兴趣

现代家庭的特点，多为独生子女，至多有两个孩子。这个趋势将会一直延续下去。由于父母的宠爱，娇生惯养，往往导致孩子任性，不爱读书。为此，家长应因势利导，采取正确的方法，从小培养孩子读书的兴趣，给孩子一个快乐、丰富的学习人生。

孩子是否爱读书，归根到底是兴趣问题。有位名人说过："兴趣是最好的老师。"一个对知识抱着浓厚兴趣的人，必然对读书产生热爱。那些学习成绩优秀的学生，无不是热爱读书的人，正是对学习的兴趣，促使他们坚持不断地去学习；不间断地学习,又促进学习成绩进一步提高。相反,那些对学习厌烦的学生,学习必然失败,学习失败又加重对学习的厌烦感,如此形成恶性循环。

有人问,兴趣可以培养吗?虽然兴趣有天生的成分,但大多数都是培养出来的。

有一个身体虚弱的男孩子,小学时一点也不爱好体育运动。进入中学以后,孩子的父亲决定培养他对体育运动的兴趣。最初,父亲决定教他打篮球,可不到5分钟,他就坐到篮球架底下说自己没有力气了。

显然,他并不是真的没力气了,而是没有兴趣再继续打下去。在父亲的强迫之下,他只好站起来继续练习。随着时间的推移,这个男孩在不知不觉之中成了运动迷。到高中时,他不仅每年在校运会上能拿到奖牌,而且看电视、听广播时,最喜欢的就是体育节目,还经常买体育方面的书刊报纸。在2006年德国世界杯足球赛中,他还成了狂热的拉拉队成员。由此可见,兴趣是完全可以培养出来的。

对于孩子,不要只是让他们去干自己感兴趣的事情,而要努力去培养他们对应该干的事情感兴趣。

我们应该让孩子把握自己的兴趣,而不是让兴趣控制他们。该爱不爱,必受其害。在生活中就有许多这样的例子,如不爱吃蔬菜导致营养不良等。

对孩子学习兴趣的培养,应着重于以下几个方面。

家长要言传身教

父母的读书兴趣对孩子有着潜移默化的影响,那些音乐世家、书香门第等等正是这样产生的。例如,六龄童演猴戏,他的儿子六小龄童的猴戏便登峰造极,正是家庭熏陶的结果。实际上,兴趣教育比强迫孩子去做连家长自己都不感兴趣的事更容易,效果也好得多,所以,培养孩子读书的兴趣,父母的言传身教至关重要。

所谓"言传"就是尽可能早地读书给孩子听并养成习惯。因为要培养孩子读书的兴趣,就得把书的魅力展示给孩子,就像要让孩子吃梨,得先让其看到尝到一样。随着孩子年龄的增长,还要在读完书后进行思想引导,如:"书可以给我们打开一扇窗口,发现另一个美丽的世界。""世界上谁的力量最大?有智慧的人。有智慧的人是无法战胜的。那智慧从哪里来?从书里。""将来我们都会变老,无论长得美的丑的,老了大家都差不多,不同的是什么呢?用一生积累智慧财富的人,也就是一生都在读书的人,即使老了,也是美的。"在思想引导之后,孩子自然会更喜爱读书了。

俗话说,身教重于言教。如果孩子平时都不曾见过家长读书的身影,家长对孩子读书兴趣的教育就会大打折扣。如果家长做个酷爱读书的人,孩子看到父母如醉如痴读书的身影(孩子在午夜醒来,发现父母仍在伏案苦读),自然会以父母为榜样。

让书籍成为孩子生活的一部分

让孩子的生活离不开书，是培养孩子读书兴趣的有效途径。

（1）每天念书给孩子听。不论孩子多大，他都可以和家长一起享受读书的乐趣。几个月大的孩子虽然还听不懂家长念的是什么，可是他能从家长柔和的读书声里体会到读书带来的安慰。除了父母之外，家里的亲友和孩子的保姆也都可以念书给孩子听。孩子上小学以后，虽然可以自己读书了，但是如果每天仍能有一段时间和父母一起读书，这种温馨的体验对孩子来讲还是很难忘的。

（2）让孩子及早接触文字。平时不妨将食品包装上的文字指给孩子看，然后大声念给孩子听，让孩子逐渐了解到这些文字符号是有一定意义的。除此之外，将报纸上的大标题念给孩子听，或者在上街时，将广告牌上的内容指给孩子看，这些都是让孩子及早熟悉文字的好方法。

（3）将书摆放在孩子能拿得到的地方。家里的每个房间最好都要有书，让孩子随手就可以拿到。逢年过节，当有亲友要送孩子礼物时，可以让他们将书作为给孩子的礼物。

和孩子一起读书

和孩子一起读书时，首先要考虑的是孩子的兴趣，此外还要考虑到孩子的智力水平和接受能力。书里面的插图也要尽量大而色彩鲜明。孩子的注意力集中时间比较短，因此文章不要太长，最好能一次读完。许多孩子都喜欢一遍一遍地听同一个故事，家长要尽量尊重孩子这个习惯。

孩子常常会主动向家长提出要求，要爸爸妈妈讲一个故事，这个时候往往是和孩子一起读书的最好时机。此外，每天也可以安排一些固定的读书时间，比如午睡前和晚上睡觉前这两段时间就很好。平时和孩子一起外出时，也可以在孩子的小车里或背包里放一本书，遇到排队和需要等候的情况，拿出书来读一读，可以让这段等候的时光很快地过去。

给孩子读书时，要大声。有些家长不太好意思大声给孩子念书，怕自己会念错；其实大可不必这样想，孩子是不会在意父母是否会念错的。如果念的时候能放慢速度，再加上面部表情和一些表现声音的象声词，那就更好了。家长还可以和孩子一起讨论插图中的细节；当故事进入高潮时，还可以故意停下来，问孩子一些问题，例如"小猫为什么跑了呀"，以提高孩子阅读的兴趣。

经常和父母一起读书的孩子，语言能力和记忆力都发展得很快。也许用不了多久，你的孩子就会对你说，他要自己给你"念"书了。面对这种情况，作为父母，除了高兴之外，心理上还要做以下的准备。

一是先易后难。鼓励孩子先从简单的、他早已熟悉的书读起。每次孩子自己读完一个故事的时候,父母要及时肯定孩子,以增强孩子继续阅读的信心。

二是当孩子遇到困难时,保持孩子读书的兴趣是最重要的。在孩子"卡壳"、讲不下去的时候,家长不妨从插图中或上下文中帮助孩子寻找线索,给孩子一些提示。只要孩子能读懂故事的大意,个别地方讲错并没有太大的关系。父母不要急于批评孩子,即使在纠正孩子错误的时候,也要采取耐心和鼓励的方式,尽量让孩子一起读书的这段时光充满快乐,要避免生硬的"上课"。

发现孩子的兴趣点

要培养孩子的广泛兴趣,鼓励孩子接触多方面的事物,从而获得"广博的知识"。在广博知识的基础上,注意发现孩子的特殊爱好,使其在某一方面有所专长。当孩子做出选择后,要鼓励他保持恒心,不使他半途而废、一事无成。

如果孩子对读书并无兴趣,可以试着以他的其他兴趣为桥梁,把他的兴趣引向书本。例如,让他看一些与他的嗜好、所喜欢的运动有关的或关于某个有个性的人物的书籍。如果孩子的兴趣很罕见,也不要失望,书籍五花八门,什么都有,只要下功夫,就能找到合适的书籍。

因人施教

根据教育心理学家的建议,对不同智商的孩子,兴趣培养也应不同。

对智商一般的儿童,不宜提出过高的要求,应随时注意并尽力帮助其克服畏难情绪,增强自信心,养成迎难而上的习惯。

对智商较高的儿童,应适当增加其学习的难度与强度,经常肯定与鼓励他们取得的进步,激发他们向更高台阶迈进的浓厚兴趣。

对智商低的儿童,要提出符合实际的要求,利用其好强心理,发掘孩子对某一学科的"兴奋点",并以此作为突破口,使其学习成绩接近或超过智商较高的同学,从而克服自卑心理,培养其学习兴趣。

唤起孩子的求知欲

父母的任务,在于帮助孩子学习,无论学习什么,父母必须先唤起孩子的求知欲和好奇心,这样,孩子才能产生持久的学习动力。

孩子天生具备强烈的求知欲和探求精神,这是由他们对事物的好奇心所决定的。他们对自己所不知道的事情,总是刨根问底,并勇于去追求真相。这种天性,对家长发现和唤起他们的求知欲提供了可能性和基础。

其实,教育的真正意义,就在于充分满足人们的探求本能或者求知欲望。如果教育偏离了这一点,就很可能是失败的教育;如果教师和父母不尊重和爱护儿童的探求本能和好奇心,那么这样的教育肯定是失败和不幸的。

人们在生活、学习和工作中,碰到问题、面临任务、感到自己缺乏相应的知识,就产生探索新知识的冲动。这种情况多次反复,求知的冲动就逐渐转化为人的内在的求知欲,求知欲能够促使人坚持不懈地探究知识。这是一种可贵的主动求知的表现。

强烈的求知欲、好奇心和探索精神是开启智慧之门的金钥匙。许多大科学家的发明创造都起始于对事物的好奇和探索。牛顿正是对苹果为什么落在地上这一问题的探寻,才发现了万有引力。总之,求知欲和探索精神是创造成功的开端和必要的条件。

求知欲是人类最珍贵的品质之一,如果父母不懂得启发、引导孩子的求知欲,将是令人极其遗憾的失误。因此,那些教育比较发达的国家普遍重视从小培养孩子旺盛的求知欲,使孩子具备努力驱动自己求知的动力,自觉地、发自内心地去探求知识的宝库。

求知欲在孩子身上表现得尤为突出,它是推动孩子去探求知识并带有感情色彩的一种内心要求,是孩子探索、了解自己未知事物的欲望,是追求知识的动力。一个求知欲强烈的人,总是用好奇的目光注视着周围世界的一切事物,从中捕捉自己需要的奇妙的猎物,获取新的知识。

儿童可以被看成是"自然科学家"。他们接触大自然、观察世间万物、学习自然科学时总是提出各种各样的问题,如天空为什么是蓝色的? 金鱼可以生活在水里,人怎么不能? 鸟为什么能在天上飞? 月亮为什么有盈有亏? 等等。

求知欲强烈的孩子,思维活跃,爱提问题,正处于见到什么都想问"为什么"的时期。孩子爱提问题是好事,因为好问才能真正学到知识,也能促进大脑的发展和思维能力的提高。孩子通过不断提出问题和探索问题的积极思维活动,促使了其大脑神经细胞的发育,提高了脑的功能,促进了智力的开发。

有一次,一位自然常识课老师安排他的小学生们去实地观察蚯蚓,让学生回来后回答蚯蚓有什么特征。经过仔细观察后,学生们回到教室,并把自己的观察说出来。

张勇说:"我发现蚯蚓贴着地面的部分是毛茸茸的。"

老师点点头,说:"张勇同学观察得很仔细。"

马凡接着发言:"老师,我把蚯蚓放在嘴里尝了一下,感觉有股咸味儿。"

老师说:"说得对,我很佩服马凡的精神。"

李铁发言说:"老师,我用线将蚯蚓扎好后吞进了喉咙。过了一会儿,我把它拉出来,它还在蠕动,说明它生命力很旺盛。"

此时,这位老师的神情变得庄严起来,他激动地说:"李铁的回答完全正确! 同时,我还要表扬李铁这种勇敢的求知行为和为科学献身的精神。"

可见,孩子的确具有强烈的好奇心和探究精神,这种精神不能不让人肃然起敬。如果家长能像这位教师一样善于鼓励与引导孩子,也同样是难能可贵的。

在培养孩子的过程中,怎么发现和唤起孩子的求知欲呢?

(1)和孩子交朋友。家长与孩子建立和谐、融洽的亲子关系和朋友关系,使孩子敢于在家长面前敞开心扉、无拘无束、毫无保留地把内心世界展示出来,然后家长才能真正地透过孩子的表情、眼神、姿态、动作来窥探孩子内心的秘密,知道他想些什么、干些什么以及为什么这样想、这样干。家长的首要任务就是要不断培养孩子的创造性。

(2)开阔孩子的视野,激发求知欲。家长要有计划有目的地引导孩子感受变幻莫测的自然风光、五光十色的艺术品、扑朔迷离的社会生活。这样不但可以满足孩子的好奇心,而且可以激发孩子的求知欲。

(3)用表扬唤起孩子的求知欲。在教育孩子的过程中,应经常为孩子提供或创造获得成功的机会。诸如提些简单的题目让孩子思考,安排些力所能及的活动让孩子操作,使孩子从中体验成功的欢乐。

(4)把孩子引进书的世界。书是孩子认识、了解世界的又一个重要的窗口,家长在引导孩子通过这个窗口认识世界时,应选择符合孩子兴趣爱好的书,以培养孩子对书的兴趣。在此过程中,家长千万不可操之过急,否则只能引起孩子对书的厌恶。

(5)做孩子的榜样。人们常说孩子把父母当作一面镜子,对父母的一言一行、一举一动都会有意无意地去模仿。因此家长要培养孩子的求知欲,自己必须先做出样子,这是教育孩子的一条捷径。

尊重孩子好问的天性

孩子的天性是好问的,他们对周围的事物都感到新鲜有趣,上至云电风雨、日月星辰、太空宇宙,下至海洋生物、河流山川、地核地幔,他们什么都想弄清楚,并且认为家长对此无所不知。从会说话起,孩子就不管家长有事没事,缠着提些稀奇古怪的,或被家长看来根本就不值一提的问题。对孩子提出的问题,家长一定要正确对待,切莫等闲视之,更不能批评孩子不该提有时连大人也说不清道不明的问题。

做家长的应该懂得,好问是一种好习惯,是孩子追求知识的开始。古今中外的科学家和所有取得了不凡成就的人,他们的学识多是从"问"开始的。俗话说,学问学问,一半学一半问。就是这个道理。实际上,孩子这种好奇好问的天性说到底就是一种渴求知识欲望的"幼芽",且这株幼芽是十分娇嫩和脆弱的。如果家长能精心保护、耐心教育、科学地为之"施肥浇水","除草灭虫",就会呈现出勃勃生机;如果保护不当,就会使之遭到摧残,甚至被扼杀,这会直接影响到一个人的创造性的形成。

其实，任何人在学习的过程中，重要的不是能否得出正确的答案，关键是要保持一种怀疑的精神，保持强烈的好奇心。

因此，家长在培养孩子读书习惯时，一定要尊重和保护孩子的好问的天性。在这方面，家长需要做到以下几点。

换位思考

尊重和保持孩子的好奇心，其诀窍还在于家长要有一颗童心，要学会换位思考。家长对孩子的好奇心不能理解，甚至不耐烦，是因为孩子问的问题，大人早就知道了。站在大人的角度，没什么可问的。正如作家桑姆金丽所说："我们的眼睛变得只盯着追求的目标，以至于对眼前的玫瑰花也不惊奇。"因此要解决的问题是尊重孩子的好奇心，允许他提问，而不应压制和打击。

尽量回答孩子的问题

对孩子提出的问题，家长应尽量给以较圆满、正确的答案，并不失时机地肯定、表扬孩子爱动脑筋的习惯。答案和表扬一方面满足了孩子的求知欲，另一方面更激发了孩子的好奇心。如果孩子提出的问题较深奥，家长自己也弄不明白，或者有些问题的答案可能不健康，或不便于直接告诉孩子，遇到这种情况，要正确处理，不能打击孩子爱问的积极性。正确的做法应该是，谦虚地告诉孩子："你提的问题真好，但这个问题我也不懂，等我查完书再回答你，或者你自己查书找答案，好吗？"

另外，家长要学会说这样一句话："我真喜欢你提问题。"对孩子的提问，有时还可以不马上提供答案，而是进一步提出一个疑问和悬念，激起他更强的好奇心。

如果孩子问了超出他的年龄应知道的事，怎么办呢？这时，家长不要责备他。因为孩子并不知道什么该问，什么不该问。有个家长的做法很好，每逢孩子问这样的问题时，他就告诉孩子："我把这个问题记下来了，到了你 15 岁的时候，我就会回答你的这个问题。"这个问题也许以后用不着父母回答，孩子自己慢慢也会明白，但是，这种做法让孩子感到自己的提问受到了尊重和鼓励。

允许孩子探索

孩子都有刨根问底的天性，不只是亲口问大人问题，有时还把不知道原理的器具拿来亲手试验一下（如拆东西）。家中如果有贵重东西，要尽量放在孩子看不到的地方，如果他看到给拆了，千万不要责备他，否则对孩子的好奇心是致命的打击。

让孩子养成认真听讲的习惯

坐在同一个教室里的孩子,听同一个老师讲课,有的记得牢,有的却记不住;有的学得好,有的却学不好。这是什么原因呢? 很有可能就是学生不认真听讲造成的。

事实上,孩子上课不能长时间专心听讲、东张西望,做小动作、吃手、注意力分散;常常充耳不闻,心不在焉,对教师讲的内容不感兴趣,或无法理解老师课堂讲授的知识;记不全或记不住老师口头布置的作业和事情;复述老师所讲内容时,显得语无伦次……这些上课不注意听讲的问题常常困扰着家长。

孩子上课时的这种不良表现,使他们的学习中听与想的环节受到破坏,从而影响了他们对所学知识的理解和接受。一些教师也认为,学生的分化——学习好的和学习不好的,是在课堂上分化的。那些坐在课堂里东张西望、胡思乱想,对老师讲的一问三不知的学生,学习成绩慢慢就会出现滑坡;而那些注意力非常集中、总是跟着老师的思路走的学生,就很容易成为学习成绩优秀的学生。

所以说,上课认真听讲是学习好的第一步和第一习惯。

老师上课时的安排一般都是有规律的,即复习上节课的内容→讲新课→留作业。如果孩子上课时不能认真听讲,老师讲新课时没有听到、听懂,回家写作业就会出现不懂、不会或做错的现象。这无疑会直接影响到孩子对新知识的掌握。

造成孩子上课不注意听讲的原因,除个别真正患有"多动症"的孩子外,有一些是由于缺少一种重要的学习能力——听讲能力(或听知觉能力)。人的听知觉能力包括分辨能力、记忆能力、理解能力、编序能力和听说结合能力。听讲,是人们获取信息的重要途径,听讲能力的高低是影响孩子能否聚精会神听讲的重要因素。

如果孩子听讲能力差、爱走神,可以尝试着按以下方法训练孩子的听讲能力。

(1)训练孩子的辨别能力。听觉的辨别能力是指接受和辨别各种声音的能力。孩子听觉分辨能力的低下会造成对相差不大的声音产生混淆,进而影响听课的效果。家长可以经常让孩子分辨声音的高低、大小、强弱、音色、声源的方向等,以此来增强孩子的听觉分辨能力。

(2)训练孩子的理解能力。听觉的理解能力是指孩子能辨别声音和了解说话内容的能力。家长要多与孩子交谈,多让孩子接触各种声音,多充实与孩子生活相关的词汇。比如,口头布置任务让孩子完成;对成语故事做判断并回答问题等。

(3)训练孩子的听觉记忆能力。听觉的记忆能力是指接受和辨别各种声音并能保持和复述所听到的各种信息的能力。通过听觉记忆能力的训练,不但可以加强孩子听觉的记忆力和听知觉的广度,减少孩子对较长的听觉信息无法记全等情况的发生,而且还可以促进孩子进行新老知识的联系,产生联想,加强对所学知识的理解力。家长可以选择一些孩子感兴趣的、难度不同的语句,叫孩子认真地听并让孩子模仿表述出来,以此来提高孩子的听觉记忆能力。

(4)训练孩子的听觉编序能力。听觉编序能力是指孩子能将过去听觉所获取的资料以正确而又详细的先后顺序回忆出来,以及将所获取的听觉信息加以组织使之有意义的能力。它对孩子将所学知识有系统地保留下来是非常有益的。通过让孩子听故事并复述出来、顺背倒背数字等可以提高这方面的能力。

(5)训练孩子的听说结合能力。在现实生活当中,听和说总是密不可分的,不会听讲的孩子,说话时总是语无伦次的。听与说的结合涉及孩子对词汇的联想、推理、分析和判断能力。家长可以通过训练孩子学说同义词和反义词、听音乐进行联想、将句子补充完整、听故事、自编故事的结局的形式来训练孩子的听说结合能力。

上面谈的是从训练孩子听说能力着手来解决孩子上课不认真听讲的问题。但是,孩子上课不能认真听讲可能有其他各种各样的原因,并且这些原因有时并不在学习方面。比方说,有的孩子没睡好觉,上课时就显得烦躁不安;有的孩子跟同学关系不好,老担心下了课会受人欺负;有的孩子上课时还想着昨天的精彩电视和电影;有的孩子可能惦记着书包里装的小说;甚至还有一些孩子是生理上有问题。

针对这些问题,专家提出以下建议。

(1)充分保障孩子的睡眠时间。有的孩子不能在课堂上认真听讲,原因之一是由于过度疲劳;有的孩子因为贪玩而导致作业花费时间太长,进而影响了正常的休息。孩子缺少足够的睡眠与休息,自然影响到次日的正常学习。根据科学机构的研究,人长期睡眠不足,就会造成脑供氧缺乏,损伤脑细胞,使脑功能下降。中学生要保证每天 9 小时的睡眠时间,小学生要保证每天 10 小时的睡眠时间。孩子如果睡眠不足,抵抗力会下降,学习成绩会受到很大影响。父母要认识到睡眠对孩子的健康成长的重要性,不能任意剥夺孩子的睡眠时间。让孩子养成定时睡觉的好习惯,是帮助孩子学习取得好成绩的重要“法宝”之一。

(2)帮助孩子做好上课的准备。孩子在课堂上可能因为一件很小的事情,就注意力不集中了,比方说某一门课的课本忘记带了,老害怕老师会来点他的名,一上课就在想怎么躲过这一关,这堂课就上不好了。所以,孩子上学前,家长就应该让孩子做好上课的准备,要督促孩子整理好书包,准备好上课需要的学习用具,让孩子心情愉快地、轻松地去上课,这样孩子就没有后顾之忧。平时,家长对孩子要多一些关心,培养孩子的好习惯,让他们精力充沛、保持良好的状态。

(3)积极与老师配合。教育孩子是学校和家庭的共同责任。家长要及时了解孩子上课能不能认真听讲、注意力是否集中,并经常与老师保持联系。如果发现问题就赶快采取措施,消除各种干扰,使孩子能在课堂上快乐地听讲。

为孩子营造一个好的学习环境

孩子离不开父母的培养,孩子的教育是从父母创造的家庭环境中开始的,孩子的各种能力也是从与家庭成员的接触中逐渐得以提高的。在婴儿阶段,孩子通过与家人,特别是父母的接触,不断学习理解他人的意思,并与他人沟通。可以说,父母所创造的家庭环境的好坏,决定了孩子的未来。

为此,父母应营造出欢乐的、充满爱的家庭环境,这是教育孩子的首要条件。夫妻间的相互尊重和帮助,似乎与孩子的教育无关,却是给孩子上的第一课。刚出生的孩子,大脑是一片空白,在每天生活的刺激下,大脑逐渐把外界的信息进行归纳整理,形成自己的智力。良好的夫妻关系,将大大促进孩子的心理健康和智力的发展。

孩子到了幼儿期,就要进一步培养他热爱读书的良好习惯。孩子都具有强烈的学习欲望,对于幼儿来说,学习是一件快乐的事,他们都希望从各种事情中学习。如果能够满足其学习的欲望,就能够培养出优秀孩子。反之,放任这种欲望不管,则其对于周围的环境就会渐渐丧失兴趣、丧失希望而觉得无聊,变成一个对于任何事情都不关心的孩子。

对于孩子来说,他们在学习的时候必须做到"入境""入静",也就是做到目的明确,思想集中,心里踏实,适度紧张。要达到这样的境界,需要家长与孩子共同努力,特别是作为家长,要为孩子创造良好的学习环境。

为此,要给孩子预备固定的学习地点,桌椅位置固定,不能随意搬动。这样孩子容易形成专心学习的心理定势,一进入这个环境,脑子就进入学习状态。桌子上不能乱七八糟地堆放东西,只能放课本、作业本、文具以及必要的工具书,旁边有一个小书架更好。不要放玩具、零食,以免干扰孩子学习。

孩子学习时,家人应尽量保持安静,电视机、收音机最好不开,如果在不同的房间,应把门关好,声音调小。说话不应大声,尤其不要吵架。

家长最好和孩子拥有共同学习的时间。可以约定一个时间全家人同时学习,有的读书,有的看报,有的写东西,这样的家庭气氛最能促进孩子专心学习。

家长尤其要创造适合孩子学习的心理气氛。家庭成员之间互相关心、亲密融洽,是孩子"入境""入静"的重要条件。家庭人际关系如果不和谐,经常吵吵闹闹,对孩子是一种心理干扰、情绪压力,孩子会产生焦虑、恐惧、厌烦等心态,无法安心学习。

一颗小苗要有充足的阳光雨露去滋润,周围要有适宜的生长条件,经过很长的生长期,小苗才能长成参天大树。孩子要成为有用之才,除了自身努力外,在学校受到良好教育的同时，还要具备一个文明、和睦的家庭环境。因此，每位家长要有意识地提高自身修养，为建立一个良好的家庭环境尽职尽责。

还孩子玩的时间

玩是孩子的天性。然而，许多家长在培养孩子时，却走入了一个误区，他们无休止地剥夺孩子玩的时间，以为抓得越紧，孩子就越能早日成才。现在，还能看到几个孩子在外面"跳皮筋""拽包""跳房子"呢？他们大多被家长圈在家里练琴、绘画或是上奥数班、英语考级班……

一个5岁的小孩有一个令人羡慕的家庭：爸爸、妈妈都是高级知识分子，在这样的家庭里，孩子不仅学速算、背古诗，而且还学习多门外语。每天他都在妈妈的精心安排下，心算半小时，背一首诗，然后再学习外语。不仅如此，他还生活在一个多语言的环境里，从小在带有外地口音的爷爷奶奶的看护下，发音不像普通话那样标准。因此，不论是他说普通话还是讲外语，家长都会在旁不停地纠正。于是细心的妈妈发现，聪明、活泼的孩子越来越不爱说话了。

家长只好请教专家。专家向家长解释说，儿童在3岁以前最好在母语的环境下成长，过早的语言开发可能会造成孩子对语言信号的模糊。而这名儿童接触的语言比较杂，很容易混淆出错。结果，孩子一说话，家长就在旁纠正错误的发音，使孩子越来越缺乏自信，生怕出现错误，久而久之，孩子也就越来越不爱说话了。

这个例子说明，家长过于注意孩子的早期智力开发，让孩子做那些只有有毅力的成年人才能坚持每天做的事情，没有顺应儿童心理发育特点，违背孩子爱玩的天性，未必能达到理想的教育效果。

孩子一生下来，就通过玩耍来了解世界。玩，不仅能拓展孩子的想象力和创造力，还可以培养他们的毅力和互助精神，增强他们的交际能力，以及理解他人、约束自己的能力。不让孩子玩，就等于抹杀孩子的天性，也让孩子失去了创造力，一切发明创造也无从谈起。

其实，在玩的过程中，家长还能及时发现孩子的天赋，如果有计划地引导和培养这种天赋，就可以帮助孩子在某些方面有所突破，做出突出的贡献。

玩是一种主动学习的态度，可以培养孩子的动手能力、启发孩子的兴趣爱好、从中发现问题、培养主动性，学龄孩子还可以缓解在集中精力学习时带来的疲劳。许多有特长的孩子，就是在课余时间玩自己想玩的东西，从而有了小发明、小创造。

因此，对于家长来说，为了孩子更有效地学习，为了孩子健康地成长，为了孩子的全面发展，必须给他们以玩的时间，而不应剥夺这个时间。

首先，必须给孩子一个宽松的环境。只要没有危险，就不应剥夺孩子玩的权利。著名演员李宝存在谈到教子时就说过,在孩子学习之后,在假期,他就鼓励孩子去玩,有时间还陪孩子一块玩;如果孩子"忘"了去玩,他还要督促。他认为这样才不失孩子的天性。孩子毕竟是孩子,不应该用严格的条条框框去限制他们,而应顺其自然,为他们营造一个属于自己的小天地。

其次,不要对孩子管得太严太细,也要避免对孩子过度的保护。有的家长以安全为由,限制孩子外出玩耍,把孩子关在家里,一举一动都要由家长支配。其结果将使孩子变得胆小懦弱,没有勇气。

最后,要给孩子玩的空间。不要以为孩子小,就不需要自己的空间。实际上,孩子很需要自己的游戏空间,一个好的游戏空间,能成为孩子想玩的动力。为此,家长不要吝啬,要按孩子的年龄特点为孩子准备玩的工具和器材,孩子会通过玩游戏的过程产生想象力。除此之外,还可以在讲述故事的过程中发展记忆力,在大自然中锻炼孩子的观察力,这远比知识的灌输要重要得多。

孩子的自控能力差,长时间的集中精力学习,就会加剧他们的紧张心理。家长对孩子的过度的教育还会破坏他们的发育规律,影响孩子身心发展。所以,要适度地放松孩子,还孩子玩的时间。要知道,除了掌握知识外,培养孩子成功的性格特征,如独立精神、自信心、自尊心、自制力、理解力等;防止他们形成消极性格,如胆小、依赖性、自卑、骄傲、任性、自私等,也是十分重要的。

第三章 教出有志向的孩子

对孩子适时进行理想教育

理想就是人生的奋斗目标,是对未来生活的追求,是对未来社会的向往。孩子最富于理想,最有雄心壮志。作为父母,要爱护孩子那天真、纯洁的向往未来的美好理想,并促使他们为理想而努力奋斗。

对孩子进行理想教育是家庭教育的有机组成部分,历来为古今中外教育家和有识之士所重视。"孟母三迁""断杼教子",可以说是家喻户晓的理想教育典范。

那么,现代家庭如何对孩子进行有效的理想教育呢?

及时向孩子提出理想要求

教育孩子的目的,就是开发他们的智力,培养他们成才,然后服务于社会,为社会创造财富。为此,必须适时对孩子提出理想方面的要求。

作为家长，在向孩子提出理想要求时，要由浅入深，分层次进行，不能期望太高。比如，中学时期的孩子已积累了一定的文化知识，个性逐步得到发展，兴趣爱好也已产生，这时家长应该从他们的爱好和感受出发，多考虑其个性的发展，帮助他们树立带有职业性质的理想。如果孩子是绘画爱好者，那么就应多从绘画这个角度提出希望，并视其潜能确立期望值的高低：潜能小的就鼓励他多描摹景物、人物；潜能大的就鼓励他做个画家，这是第一层次的理想要求。接下去，家长就要使孩子个人的理想与社会的需要挂起钩来，提高到更高层次，即具有强烈的事业心和使命感的社会理想。就以上例来说，家长不能仅仅停留在期望孩子为当画家而发愤练习，而应该教育他懂得学画是为了弘扬人类文化，从而使他更自觉地从社会的要求出发来鞭策自己为理想而奋斗。

对孩子进行正确引导

有关专家认为，青少年理想发展大致可分为 4 个阶段：一是理想发展的准备阶段，其特点是孩子把家长的、老师的要求当作自己的理想；二是生活理想阶段，是孩子最早独立思考的理想，是自己在活动中产生了兴趣而憧憬的理想；三是职业理想出现和开始发展阶段，随着兴趣的发展，孩子逐步培养起某种爱好，在这个基础上，逐步产生对某种职业的向往；四是社会理想发展阶段，这是孩子抽象思维能力发展到一定水平并有了一定的社会经验的必然结果，它往往同个人职业理想相联系。

不过，上述理想发展的 4 个阶段并不是截然分开的。比如，第三阶段孩子的理想多是从本人的爱好和感受出发，从个人的发展出发，很少认识自己对社会的责任。因此，家长就要有意识地把信仰的引导提到教育日程，用科学的信仰帮助孩子从职业理想过渡到正确的社会理想。

重视理想的个体差异

孩子理想的发展水平，也存在着个别差异。男孩子与女孩子的理想就不一样，就是在同龄孩子中，其理想一般也有 4 个层次：一是具有崇高理想并在努力为之奋斗；二是好高骛远，不切实际；三是讲究实惠、追求金钱；四是没有理想。

造成理想水平个体差异的原因很多，但概括起来不外乎主观和客观两方面。为此，家长在进行理想教育时，必须根据孩子的个体差异，因人而异、因势利导。家长要经常观察孩子有什么样的理想，然后采取针对性教育方法，从不同角度进行理想教育。

从前面提到的 4 个不同层次的理想来说，如果孩子有了崇高的理想并在为之奋斗，那么家长应以鼓励为主，并积极帮助孩子解决在实现理想过程中遇到的困难。如果孩子的理想好高骛远，不切实际，那就应多同孩子谈谈这种不能实现的理想对人生发展的害处,教育孩子既要树立远大的理想,又要把远大理想建立在现实的基础上,培养孩子正确的理想观和人生观。如果孩子的理想只讲实惠,家长就要严肃指出这种理想对人的消极作用。同时,要明确提出健康的理想目标,引导孩子树立正确的理想。如果孩子没有理想,家长就要多讲一些伟人为理想而奋斗的事例,激励孩子迸发出理想的火花。

利用感情因素培养孩子的理想

孩子正处于青春期,是情趣、情感最丰富多彩的时候,家长要紧紧抓住这一特点,运用情感因素来做好理想教育。有些家长看见孩子情绪激动、情感亢奋,就视之为不稳重、没有出息,这是错误的。事实上,这种情感正是树立崇高理想的必要触媒。这里不妨以鲁迅为例。青年时期的鲁迅在理想上的三次认识转变也足以说明情感触媒的作用。第一次是他父亲死于误诊,使他产生学医济世的念头;第二次是在日本学医期间,他在影片上看到一大群中国百姓竟以欣赏自己的同胞被列强砍头为乐事,使他痛感救国的根本不在医,而在于唤醒民众,于是他又弃医从文;第三次是蒋介石在1927年制造"四一二"惨案后,他亲眼看到自己的学生惨遭杀害,这使他痛心疾首,从此抛弃进化论,逐渐走上共产主义的道路。

所以说,要使孩子形成远大理想,推动理想发展,必须发挥情感作用。把情感放在第一位,是因为没有情感的触动就很难打开孩子的心扉,从而难以进行沟通。家长对自己的孩子,特别是对缺乏理想的孩子,要多在他那平静的心境里注上一些"催化剂",以激起理想的波澜,使其在情感的不断刺激下产生和增强对祖国前途、人类命运的信心。

鼓励孩子从小立大志

在芸芸众生中,真正的天才与白痴都是极少数,绝大多数人的智力相差不多。但是,这些人中有的成为赢家,有的却碌碌无为。本来智力相近的一群人,为何他们的成就却有天壤之别呢?

哈佛大学曾就这一问题在一群智力与年龄都相近的优秀青年人中进行过一次关于人生志向的调查,调查结果如下:3%的人有自己的志向,后来他们几乎都成了社会各界的精英、行业领袖;10%的人只有短期的奋斗目标,后来他们几乎都是各个领域的成功人士,生活在社会的中上层,事业有成;60%的人志向不明确,后来他们基本上属于社会的大众群体,生活在社会中下层,事业平平;27%的人没有任何志向,后来他们过得很不如意,工作不安定,常常怨天尤人。由此可见,人的志向对于一个人的成功起着多么重要的作用。俗话说:"有志者,事竟成。"立志是对人生之路的自我警醒,也是一个人成就自我最关键和最初始的一步。自古成大事者,从小就立志成就一番事业。华罗庚从父母和老师那里得到的启迪是:做人要有志气、骨气。对于这些,他一直铭记于心,终身不曾忘记,并激励他成为一代杰出的数学家。

任何人要想成功,必须先立下志愿,没有志愿绝不能成功。1872 年,12 岁的詹天佑前往美国求学。在美国,他第一次见到了火车,便问身边的人:"为什么中国没有火车?"一个美国人嘲笑道:"中国连铁路都不会修,还想有火车?"少年詹天佑听后很受刺激,暗下决心:我一定要努力学习,长大后给祖国修建铁路。学成后,他回到祖国,冲破重重阻力,排除千难万险,担负起修筑铁路的重任,为中国修建了第一条铁路。正是从小立下的志向,使詹天佑成为中国铁路史的开山鼻祖。

闻鸡起舞

有一次,李嘉诚的父亲李云经带着李嘉诚到了汕头的海边。他一边指着港口内来往如梭的巨轮,一边给李嘉诚讲生活的道理。但是,年幼的李嘉诚对父亲讲的生活道理并没有放在心上,反而对停靠在码头的巨轮产生了兴趣。他觉得这么大的轮船可以稳稳当当地在海上航行是非常不可思议的。于是,他指着大船对父亲说:"爸爸,我将来也要做大船的船长!"

父亲高兴地对儿子说:"好样的,真有志气! 但是,做一个船长非常不容易,他必须考虑很多问题,思考必须很全面。"父亲把手放在李嘉诚的肩膀上,说:"你看,现在天气很好,船只在海中航行就比较安全。但是,如果出海后,风暴来了怎么办? 做船长的人,就得提前想到这种情况,提早做好一切准备工作。其实,做任何事情都要像做船长一样,预先考虑周全,随时准备应付一切问题。"

李嘉诚从小就树立了做船长的志向,并向着这个目标不断努力。虽然,他最终没有做成船长,但他一直以船长的意识去经营他的公司和人生。他喜欢把自己的人生比做一条船,喜欢把自己的李氏王国比做一条船。他曾经自豪地说:"我就是船长,我就是这条航行在波峰浪谷中的船的船长。"

所以,对每一个渴望孩子成功的家长来说,都需要鼓励自己的孩子从小树立明确的志向。童年是树立志向的最佳时期,孩子充满着对未来的美好憧憬和向往,这种志向将推动他们奋斗不息。自古英雄出少年,少年时期,记忆力最好,保守思想最少,接受新事物快,正是学知识打基础的大好时光。家长要引导孩子立下志向,刻苦成才。"少壮不努力，老大徒伤悲。"这句名言正是前人经验和教训的总结，更是对后人的忠告。

激发孩子的上进心

上进心，就是一个人努力向上、立志有为的一种心理品质。孩子的上进心，实际上就是一种积极进取的动机。有的孩子为什么缺乏这种动机呢？这至少包括三个方面的原因。

一是家庭教育不当。孩子原来有上进心，但是父母对他们的上进心不屑一顾。他们不一定缺少能力，但是经常受到指斥、批评，甚至受到讽刺、挖苦，从未体验到成功的喜悦，有的干脆就放弃了努力。这样的教育方法会使孩子的自信心降低，而没有自信心就很难有进取心。那种自强不息、不断进取的精神，实际上是建立在对自己、对未来、对现实的信心之上的。

二是家庭环境的影响。有些家庭中，父母本身缺乏上进心，工作不思进取，生活上平平庸庸，更忽视孩子情感与智力方面的需要。他们对孩子没有明确的行为指导和要求，极少和孩子谈话、游戏、讲故事，压抑了孩子的上进心。

三是孩子自身的问题。孩子年龄较小，生性好玩，不能对自己做出正确评价，不能自我调节、自我监督，因此，不能自我教育、自我激励。

孩子强烈的上进心，首先来源于对远大目标的执着追求，这种不懈的追求，焕发出一股不断向上的力量。所以家长应帮助孩子从小树立远大的目标，激发孩子为实现目标而百折不挠的上进心。

在激发孩子上进方面，要采取循循善诱的方法，要经常给孩子讲成功人士是如何成才的。要让孩子有机会多看些有积极意义的电影、电视、书报，使他们有明确的是非观念，懂得该怎样做，不该怎样做。要启发他们认识这样的道理：要想干一番事业，就必须树雄心、立大志，并下苦功学好真本领，要落实在行为表现上，切忌做说话的巨人，行动的矮子。

青少年善于模仿，加强直观感性的教育，能收到较好的教育效果。要使孩子有上进心和进取精神，一方面要让孩子懂得人为什么要进步，怎样才能进步；另一方面使他们学有榜样、做有目标。

石头只有在撞击中才能冒出火花，孩子的上进心和进取精神不可能自发产生，需要家庭、学校和社会各方面配合形成合力，共同激发，并使这种外在压力转化为孩子的内在动力。

发挥榜样的作用

榜样的力量是无穷的。发挥榜样的作用,对培养孩子的远大理想是十分重要的。

但是,由于流行文化的无孔不入,许多青少年把歌星、影星等作为偶像,使孩子的愿望和追求出现了较大的盲目性。孩子的榜样应该是那些因自己的才能和奋斗而为社会和人类做出了突出贡献的人,特别是那些伟大人物和各条战线上的英雄模范。

伟大人物和英雄模范,大都从小就树立了远大理想,并为自己的理想孜孜以求、奋斗终生。在他们身上,确实产生了一股超人的英雄之气和伟大的人格力量。让孩子崇拜他们、学习他们,对于塑造一个孩子的未来,确实有着非常积极的意义。

无数事例证明,许多成功人士,都是在小时候因为崇拜某一个伟人,并以他为榜样,才渐渐走上成功之路的。有一个女作家坦言,她之所以走上创作这条路,是因为小时候读过冰心的《寄小读者》,对冰心佩服得五体投地,从而发愤要做个像冰心那样的作家,通过努力,终于如愿以偿的。有的孩子是因为喜欢某个名人,进而喜欢这个名人从事的职业;有的孩子是因为喜欢某个职业,进而喜欢这一行业的某一名人,不管哪种情况,他们都会对孩子自己选择的职业更加感兴趣。

由于孩子最初的理想是从榜样身上得到,再加上孩子较强的模仿性,家长应该有意识地引导他们崇拜伟人,不断学习伟人们的意志、性格、学识和才华,这样,他们也很可能成为一个伟人。

根据孩子的年龄特点讲述英雄的事迹

家庭对孩子进行理想教育时,要注意孩子的年龄特点,深入浅出地给他们讲一些朴素的做人的道理。因为孩子的特点是很容易从人们活生生的表现或一个个生动的事例中受到鼓舞和教育的,所以就要根据不同的年龄用不同的语言给孩子讲一些英雄模范人物的事迹。随着孩子年龄的增长,家长就可以从哲理的高度和子女去探讨人生、谈论理想,从而教育孩子理解和选择正确的人生观,使孩子逐渐明白有理想才能有真正的生活,并帮助孩子树立起远大理想,使之成为激励他们不断前进的力量。

引导孩子阅读有关英雄的书籍

家长要有意识地引导孩子阅读英雄模范、先进人物的书籍,观看有关影视剧,这些英雄模范和先进人物一旦成为孩子的榜样,孩子就会产生要成为这样一个人的愿望,并把这种愿望化为努力学习的动力。

孩子掌握一定知识后,还可以为孩子选购一些名人传记或名人故事。看名人传记或名人故事是培养孩子的求知欲和上进心的一个重要方法。孩子的心灵像白纸一样纯洁,名人的言行举止、行为方式及对知识的渴求等,都会在他心灵深处留下深深的痕迹。看名人传记或故事会给孩子留下深刻印象,甚至影响他们的一生,并鼓舞着他们沿着名人成功的足迹勇敢向前,去探索人类知识的宝库。

多领孩子拜访名人

现实生活中,不乏在某个领域或某方面因做出突出成就而有一定影响力的人。这类名人有非常突出的表现,有可喜的成就,也有高尚的人格,更有爱岗、敬业,为事业不懈追求的拼搏精神。如果有条件和机会,家长应当带上孩子去拜访这些名人。通过与名人的交谈,耳濡目染,就会使孩子产生一种崇敬感,并将这种感觉化作求知的欲望,成为激发孩子积极进步、树立远大目标、推动孩子成长的巨大动力。

带孩子聆听名人报告

当代名人,常被一些单位邀请去做报告,亲口讲述自己的成功事迹。常带孩子去听名人做报告,同样会激发孩子的求知欲。名人做报告时,一般都会将他最成功、最闪光的经历讲出来,孩子的心灵会受到极大震撼,就会产生成功的渴望。另外,整个报告会场的气氛也会给孩子以强有力的影响,使孩子从小立志成才。甚至,有的孩子因听了名人在某个领域成功的报告,会影响自己的兴趣爱好,重定志向,也向相同的领域探索。

激励孩子主动进取

让孩子具有进取心,是教育的目标之一。但教育的方式,一般理解为一方对另一方的灌输,即家长或教师对学生讲解某个道理或知识,让孩子接受。这种被动式接受教育,并非是最好的;如果让孩子自己养成主动接受知识的习惯,则是再好不过的了。

同样,在激励孩子的进取心方面,如果达到能够让孩子自己主动去进取的效果,也是再好不过的了。

有一位心理学家,在他的女儿第一次上学之前,就教给女儿一个诀窍——举手。

女儿遵照父亲的叮咛,把勤于举手作为自己的座右铭。老师提问时,她总是第一个举手,不论老师提的问题她是否了解,是否正确,她总是率先举手。

日子一天天过去了。老师对这个不断举手的小女孩,自然而然留下了深刻的印象。往后,当老师再提问题时,或者是女孩想发问时,老师总是不自觉地优先让她开口。在这样主动进取精神的熏陶下，她积累了许多这种不为人所注意的优先，令这位小女孩在学习的进度上、自我肯定的表现上，甚至于许多其他方面的成长，大大超越其他的同学。

培养孩子主动地进取，不仅需要父母的热情，更需要父母掌握正确有效的激励策略。从某种意义上讲，没有方法，便没有成功的激励。下面是专家们推荐的激励孩子主动进取的好方法。

让孩子自己选择事做

一个女孩 3 岁时就恳求父母让她学钢琴，5 岁时想加入足球队，高中时加入了青年团，大学时参加某志愿组织，20 岁是当地一所中学的辅导员和崭露头角的特技演员。她在介绍经验时说："我父母从小就教我做出理智的决定，他们相信我自己的判断能力，从不强迫我依他们的方式去做事，所以，我取得了今天的成绩。"

这是尊重孩子自我决定权的教育结果。实践证明，让孩子自己做出决定，有助于他们建立自信。家长要指导孩子做出明智的选择，并要相信他们的判断能力。虽然有些事情父母并不是太赞同，但只要孩子决定做的事是合法而又没有危险的，父母应尽量不要去干预，应信赖孩子的判断力。如果家长希望孩子相信自己的能力和有勇气去做任何事，就得先表示对他们有信心。

给予精神鼓励

父母都希望自己的子女拥有比自己更多的物质财富，但只给他们各种各样的物质享受，可能会带来副作用。许多人努力工作，或创立自己的公司，从而使子女有金钱、汽车等各种奢侈品。然而正是因为孩子什么都有了，他们才失去了自己追求和创造的动力，反而使这些孩子不求上进。

身为家长，应多给孩子精神上的鼓励。家长不必总是赞同孩子的想法和做法，但必须让孩子确信你接受他们本人。要为孩子制造一些成功的机会，鼓励孩子表达自己的意见，然后称赞他们所做的工作，表彰他们的成就，从而培养出他们的独立能力。只要孩子认为自己的意见有价值，他们就会更有信心向前迈进。

支持孩子的爱好

孩子都有自己的爱好，没有谁比他们的父母更能发现他们的爱好。有一位母亲，经济上入不敷出，可是她支持儿子参加球队。虽然儿子患有严重的哮喘，但这位母亲鼓励他坚持下去，自己还节衣缩食为孩子购置球衣。她说："如果孩子对某件事真的有兴趣，我会想办法，让他如愿以偿。孩子读高中时，哮喘病大致好了，成为球队的主力。现在他事业有成，生活美满。"

扩展孩子的视野

父母要找出孩子的爱好所在,就要想方设法给孩子接触世界上各种奇妙事物的机会。有一个学生取得某学位后,接受了一家公司的聘请,可是不久他就满腹牢骚。他征求亲友的意见时,亲友们为他列举了一些他可以做的职业,他眼睛睁大了,原来他从未想过可以选择亲友们所提的那些职业。后来他在房地产公司找到了一份具有挑战性的新工作,他以前从未想过可以做这方面的工作。正是亲友们的提醒,使这个刚毕业的年轻人开阔了眼界,为自己找到了可供选择的空间。

孩子并不是样样皆能的,但只要见到某个孩子遇上了一些令他双眼发光的事情,父母就应该鼓励他去干。

让孩子自己动手干

孩子长大了,就得教导他们如何工作、竞争和取得成就。如果孩子想要某件东西,可以问他准备怎样支付费用。也许他可以通过正常途径外出打工,通过自己的劳动得到报酬,这样他就会知道如何才能赚到钱和赚钱的辛苦。家长可以提示他如何把自己的工作做好,但切勿替他做,也不要说你可能比他干得更好。

减少被动的活动

家长必须限制孩子看电视和玩电脑游戏的时间。这类被动的活动使孩子集中注意力的时间缩短,而且不需要孩子多用脑思考。也不要听信孩子诉说的"我很无聊"的话。如果家长一听说他"很无聊"便代他解决问题,孩子便会更加依赖家长。孩子应学习运用自己的想象力寻找有趣的活动。

家长要以身作则

家长为了孩子所能做的事,没有什么比做个好榜样更为重要。孩子都是从模仿中学习的。所以,家长要努力以身作则,做孩子的榜样,积极主动地去争取、去奋斗。如果孩子在积极活跃的环境中长大,便会发现积极参与的好处。

鼓励孩子为实现理想而奋斗

树立远大理想,是实现完美人生的重要内容。但是,任何人要想取得成功,仅仅靠立志是远远不够的,还必须具备坚持不懈、勤奋刻苦、奋发向上、拼搏进取的精神,用坚韧不拔的意志去实现这一理想,否则,理想就沦为空想。纵观古今中外那些成大事者,他们不仅具有非凡的才能,也同样无一例外地具备坚持不懈的品质。

《聊斋志异》的作者蒲松龄说:"书痴者文必工,艺痴者技必良。"意思是说,痴迷于读书的人，文章必然精妙；倾心于技艺的人，技艺必然精良。可见，一个人想要干成一番事业，一定得有恒心。

心理学家认为，凡是有恒心的人，总有两种心理因素作为支柱，一个是有明确的目标，一个是有顽强的意志，二者缺一不可。人一旦没有自己的目标，就没有了前进的方向，更没有前进的动力；而有了前进的方向，如果缺乏顽强的意志和不达目的不罢休的精神，往往容易半途而废、功亏一篑。

书法家柳公权，从小就对书法很感兴趣。他写的字不仅小伙伴羡慕，连老师也经常夸他。表扬听得多了，他竟慢慢骄傲起来，觉得谁也不如他。

一天，柳公权叫来几个小伙伴在村头比赛写字，写完让父亲当裁判。父亲指着柳公权的字说："你写的字虽说比其他孩子好看一点，但却像豆腐坊的豆腐一样，软塌塌的。听说城里有一个'字画汤'，用脚写字就写得好。"这话差点把柳公权气哭了，心里很不服气。第二天，他就跑到城里，找到了正在路边写字的"字画汤"。

"字画汤"是一位头发斑白、失去了双臂的老人。只见他双脚熟练地铺开纸，左脚压住，右脚两指夹住毛笔，脚腕一抖一顿、一伸一缩，几个有力的大字就出现在纸上了。呀，老人的字写得真漂亮啊！柳公权扑通一声跪倒，说："老爷爷，我想跟您学写字，请收下我做徒弟吧。""字画汤"问："你想向我学什么呢？"柳公权说："您用脚就能写出这么漂亮的字，一定有窍门，快教给我吧。""字画汤"想了想，在纸上写了几行字："写尽八缸水，墨染涝池黑，博采众家长，始得龙凤飞。"意思是，写字一要勤练，二要多学他人的长处。

从此，柳公权刻苦练字，虚心研究各位著名书法家的长处，终于创造出独具特色的"柳体"字。

《三国演义》的作者罗贯中，小时候贪玩，不爱读书，常常逃学。大街上只要有人说故事，他准在那里，痴痴呆呆地听着。父亲很着急，专门到学堂请先生想办法好好劝导他。

一天，先生把罗贯中领到一块大青石前，问道："青石上怎么会有一个个小凹坑呢？"罗贯中回答："那是屋檐滴水形成的。"先生让罗贯中从水缸里舀水，一瓢瓢地往青石上淋。但他忙了大半天，累得双手都酸痛了，却不见石头凹坑。先生于是告诉他："滴水穿石，全靠积年累月的工夫。你工夫不够，所以青石上没有变化。一个人求学问也得下功夫，三天打鱼、两天晒网是学不到本领的。"

罗贯中深受启发，说："先生，我记住了。"

先生又把他带到一块碧绿的秧田边，说："你蹲下来，看看秧苗是怎么长高的。"

罗贯中紧盯着秧苗，看了好半天，说："秧苗长得太慢，人眼一时看不见。"

两个月后，他们又来到这块秧田边。这时秧苗已长成尺把高了，先生指点说："你看，秧苗长得虽慢，但有恒心，所以终于长高了。一个人读书要有毅力啊。"

这两件事，使罗贯中受到很大教育和启发。从此他争分夺秒地刻苦学习，终于成为一代杰出的文学家。

所以，家长教育孩子，必须让他们去为目标而奋斗，让他们多吃苦、多流汗；尤其要让他们懂得，一切成就都是靠自己一点一滴去努力争取的。在现代社会中，到处充满着各种选择和诱惑，无论是孩子志向的选择，还是兴趣爱好的选择，都因为选择太多而给父母带来困惑，这就更要求父母在教育孩子认准目标的同时，坚定自己的信念，做到有恒心、有毅力，不断坚持，脚踏实地去努力，直至成功。

然而，总有一些年轻的父母认为，现在生活水平提高了，再也不能让孩子像自己小时候那样"吃苦受累"了，别的孩子有的，我的孩子也得有。结果，孩子过的是衣来伸手、饭来张口，白天有人接送、晚上有人陪读，食不厌精、穿不厌新的生活。父母对孩子的一切大包大揽，使孩子成了温室里的花朵，经不起风雨，见不了世面，结果非但成不了才，做不了大事，反而一事无成。这样的例子太多太多了。

幸运的是，有许多父母清楚地意识到在竞争如此激烈的社会，容不下娇滴滴的"温室花朵"，应该让孩子受点苦和累，遭受点挫折，应让他们从小品尝一点生活的艰辛和磨难，从小懂得人生的道路是坎坷的，学会自己主宰自己的命运。

宋庆龄的父亲宋耀如在教育子女时奉行的是"敢为天下先"，教育他们要自立、自信、自强，注重培养他们个人奋斗的精神。宋庆龄能成为中国政坛上显赫的人物，与父亲的教育是密不可分的。

有一次，宋耀如选择一个雷电交加的日子，带着孩子们去龙华。他让孩子们丢开手中的雨伞参观龙华古刹，并对孩子们说："看看这座塔，千百年来不怕风雨雷电，仍然高高耸立，为什么？因为它基础牢固，骨架紧密。既然你们立志将来要投身革命，就要从小打下良好的基础。现在我们一起进行比赛，围绕宝塔跑6圈，看谁先到达终点！"

孩子们个个跟着父亲快速地跑起来，没有一个愿意落后，一旦哪个孩子不小心摔倒在泥泞的地上，就会立即爬起来，继续跑……

宋庆龄深深地记得父亲的教诲。后来，在美国求学期间，她刻苦努力，奋发向上，并积极参加各项有益的社会活动，从而为日后的革命生涯打下了坚实的基础。

教育学家陶行知说："要让孩子出自己的力，流自己的汗，吃自己的饭，靠人、靠天、靠父母，不算是好汉。"日本思想家福泽渝吉也说："教育就是授人独立自尊之道，并开拓躬行实践之法。"

所以，父母在教育孩子的过程中，一定要起到引路人的作用，鼓励自己走自己的人生之路，为实现自己的人生目标而不屈不挠地奋斗，用辛勤的汗水和信念，扬起理想和事业的风帆。

第四章　教出品德好的孩子

培养孩子的爱心

爱心是一个人的优秀品质。有爱心的人,是一个善良的人,爱心能够给他人、给社会带来温暖,也让自己的心灵充实、纯洁。

善良和爱心,也是孩子的天性。婴儿1岁前就对别人的情感有所反应。比如,旁边有孩子哭,他会一起哭;一两岁时,孩子看到别人哭,就会拿自己喜欢的东西去安慰;到了五六岁时,孩子开始进入认知反应阶段,他知道什么时候该去安慰正在哭泣的同伴,这些都是孩子爱心的自然表现。但是,如果得不到后天的培养,孩子的爱心就会逐渐消失。

对于一个人的个性发展而言,没有什么能比爱和善良更重要的了,这是孩子将来亲和社会的基础和前提。孩子的爱心是通过自然而然的模仿、潜移默化的渗透而逐渐形成的,是一个从外在到内在、从量变到质变的发展过程。在这一发展过程中,家庭是最重要的爱心培育基地,父母是最直接的爱心播种者。因此,孩子有没有爱心,关键在于家长的引导和培养。

仔细观察,不难发现生活中不少家长对孩子的爱心教育并不尽如人意。时下独生子女家庭多起来了,生活水平不断提高,孩子们不愁吃、不愁穿,但缺少的恰恰就是一颗爱心。一些孩子生性自私、狭隘、偏激,甚至冷酷、残忍。有的因一些日常琐事便顿生不满,口出秽语,乃至拳脚相向。平时,家长对孩子关心的就是如何吃好、睡好、学习好,对心存爱意、关心他人、爱护集体的思想品德教育却不够重视。有的家长认为,现在就一个孩子,只要我有能力,孩子要什么,我就给他什么,图的就是让孩子快乐幸福;也有家长认为,对孩子来说,最重要的是多学点知识技能,在聪明才智上超过别人,至于其他方面,用不着怎么教;还有一些家长认为,孩子小时候任性一点很正常,大了自然会好的;更有甚者,把孩子任性、自私、霸道的表现视为孩子的聪明、好玩,而加以纵容。一位上初中的女儿和母亲一起乘坐公交车,女儿要给一位老太太让座,妈妈示意女儿不要让。女儿站起来坚持要让座,妈妈非但不支持,反而当众打了女儿一耳光。这样的父母不仅培养不了爱心,还破坏了社会的和谐气氛。

那么,家长应该怎样来培养孩子的爱心呢?

给孩子做个榜样

榜样的力量是无穷的,也是最有效的。家长的举手投足,都会给孩子留下深刻的印象。要让孩子有爱心,家长就要做出有爱心的行动,有什么会比言传身教更有说服力呢?

平时在家里,如果家长做到给长辈倒茶、盛饭、搬凳子;逢年过节给长辈买东西、送礼物,还请孩子参谋该送什么礼物……如果家长做到关心孩子,对孩子说话总是温和、体贴,还常常与孩子进行情感的交流,给孩子适当的鼓励和表扬,让孩子直接感受到父母对自己的爱……如果家长做到夫妻间互相关心,互相帮助;在给孩子买礼物的同时,总不忘给爱人也买一份;吃东西的时候,不忘提醒孩子给爸爸或妈妈留一份……如果家长平时做到这些,相信孩子也会受到感染,从而学会去关爱他人。

进行移情训练

爱心培养还需要进行移情训练,可以让孩子把自己痛苦状态时的感受与别人在同样情境下的体验加以对比,体会别人的心情,这样可以让孩子学会理解别人,体谅别人。

例如,看到别的小朋友摔倒了,可以启发自己的孩子说:"如果是你摔倒了,是不是感觉很疼?小弟弟一定很难受,我们快去扶起他。"这样,孩子的爱心不知不觉就培养起来了。

在生活中培养孩子的同情心

同情他人,是爱心的一种具体体现。孩子如果缺乏同情心,只会关心自己,只顾自己的快乐,而无视别人的痛苦,甚至把自己的欢乐建立在别人的痛苦之上,这种孩子是很可怕的;而有同情心的孩子往往比较会关爱他人。因此,父母要在生活中培养孩子的同情心。

父母可以利用生活中的事例从侧面来教育孩子关心他人、关心动物。比如,在看电视的时候,如果出现动物弱肉强食的画面,父母可趁机对孩子说:"多恐怖呀,我们人类可不能这样子!"

人们发现,幼年时期饲养过小动物的孩子,感情比较细腻,心地比较善良。相反,从小没有接触过小动物的孩子感情比较冷漠,与同学发生矛盾冲突时表现为冲动易怒,出口伤人,行为粗鲁,并且会欺负弱小的同学。

多做有益游戏,多看益智图书

孩子喜欢做一些简单而有趣味的游戏。家长可以设计一些表达爱心的游戏来吸引孩子,从孩子识字起,就应该多给他们看一看益智图书,让他们开阔视野,学得更多的知识,懂得真善美。

多交往,拓展交往空间

孩子就像一张白纸,家长要让他们学会多与人交往,从交往中学到东西,孤独的孩子容易产生心理上的障碍,造成自闭症。爱心,是在交往中建立起来的。

增强孩子的责任心

责任心是一个人立足社会、获得事业成功的至关重要的人格品质。然而,许多父母过多地注重孩子的智力和身体发育,而对孩子责任心的培养却不大重视。

由于年幼缺乏知识和经验,孩子经常会犯一些错误,这毫不奇怪。比如,孩子不小心打碎了物品、一时冲动伤害了别人、粗心大意造成了麻烦等。发生这些事情的时候,许多父母会这样责怪孩子:"你怎么搞的?你怎么能这么做呢?可恶!"孩子挨了骂,就什么事也没有了,什么责任也不必承担,该学习就学习,该玩就玩;父母则留下来作处理,又是道歉,又是赔偿。这样做,等于剥夺了孩子履行责任的机会,孩子怎么可能有责任心?

培养孩子的责任心十分重要,每一位家长必须认识到这一点。要培养孩子的责任心,可以从学习和生活两个方面着手,从小事一点一滴做起。

给孩子一个好榜样

有的家长为了自己的逍遥自在,把孩子交给爷爷奶奶、外公外婆抚养,一两个星期才与孩子见上一面;有的家长在工作单位漫不经心,抓到机会就跑回家做家务、上网、看电视等;有的家长不孝敬自己的父母,孩子的爷爷奶奶生病住院了也不在医院看护,依旧与牌友在一起豪赌;有的家长缺少爱心,一遇到捐款、献血等就退避三舍,寻找种种借口为自己开脱……父母的这些所作所为,孩子看在眼里、记在心上,长期的耳濡目染自然影响到孩子。这样的家长就是想教育孩子做事要有责任心,孩子也会很不服气,不以为然。所以说,父母只有在生活中严于律己,给孩子做好表率,才能更好地去影响和教育孩子。

培养孩子求知的责任心

引导孩子学习科学界杰出的学者勤奋学习、勇于攀登科学高峰的动人事迹,同时还要多带孩子参观科技展览,鼓励孩子参与科学实验,让孩子自觉、勤奋、认真地学习科学文化知识,使他们自觉地形成追求学习、渴望学习的责任心。

培养孩子艰苦奋斗的责任心

今天，许多孩子浪费严重的现象已不足为怪。如饭桌上、孩子碗中余饭余菜比比皆是，还理直气壮地号称："我吃饱啦""不要强人所难"……对此，家长可用警句等道理来教育孩子，让孩子懂得珍惜粮食、爱惜劳动成果。此外，家长还要教育孩子不要乱花压岁钱，引导孩子将压岁钱储蓄或购买必要的学习用品，让孩子从小树立勤俭节约、艰苦奋斗的良好作风和责任心。

培养孩子文明礼貌的责任心

注意在生活中培养孩子讲文明、讲礼貌的风尚。如，在家庭里应尊敬老人；在学校里尊敬老师，团结同学，遵守纪律；在公共场合，遵守公共秩序，爱护花草树木；支援灾区，自觉主动献爱心，捐物捐钱；对希望工程活动积极参与；别人有困难积极帮助；学雷锋要见行动……通过各种活动来培养孩子树立讲礼貌、讲文明的责任心。

培养孩子热爱劳动的责任心

让孩子做力所能及的家务，如：让孩子参与策划和布置房间的摆设，给花浇水、施肥、松土，洗他们自己的衣服，整理收拾自己的床铺等。通过这些有益的劳动，使孩子有自豪感和被尊重感，从而自觉主动地参与劳动。

让孩子自食不负责的苦果

为了培养孩子的责任心，家长可以适当地让孩子品尝一下办事情不负责任的苦果，如果孩子受到了不负责的惩罚，他自然就会提高警惕，下次做事情的时候自然就不再会马马虎虎、草率行事。比如，孩子上课忘了拿文具，打电话央求家长给他送去，这时家长就可以拒绝孩子的要求，尽管让他去挨老师的批评好了；孩子尝到了苦头之后就会多长点记性。孩子平时喜欢把东西乱拿乱放，提醒他多次也不起作用。某天孩子的作业特别多，而且又急需一本参考书，可是找了半天也没有找到，家长这时不要顾忌影响孩子的作业而帮他找，尽管让他去费时费力地去找好了，反正作业总归是要完成的，他耽误的时间越长他就只能休息得越晚，给他留的印象也就会越深刻。

讲诚信的孩子有前途

诚信是中华民族的传统美德。对于一个国家、一个民族来说，诚信是其文明程度的象征；对于一个企业、一个单位来说，诚信是其信誉和形象的体现；对于一个公民来说,诚信是其人生观、价值观和社会公德水准的反映。

孔子说:"人无信不立。"这条箴言流传千古。这说明,我们的祖先是有重视信用的传统的。清代顾炎武曾赋诗言志:"生来一诺比黄金,哪肯风尘负此心。"表达了他坚守信用的处世态度和内在品格。

东汉时,汝南郡的张劭和山阳郡的范式同在京城洛阳读书。他们分别的时候,张劭站在路口,望着天空的大雁说:"今日一别,不知何年再重逢……"说着,流下泪来。范式拉着张劭的手,劝解道:"张兄不必伤悲。两年后的秋天,我一定去你家拜望令堂,同你相聚。"

两年后的秋天,落叶萧萧,篱菊怒放。张劭突然听见天空一声雁叫,牵动了情思,不由自言自语地说:"他快来了。"说完赶紧回到屋里,对母亲说:"娘,刚才我听见天空雁叫,范式快来了,我们准备准备吧!""傻孩子,山阳郡离这里一千多里路,范式怎么会来呢?"母亲不相信。张劭却肯定地说:"范式为人正直、诚恳,极守信用,不会不来。"老母亲点点头,说:"好吧,我去备点酒。"

到了约定的日子,范式果然风尘仆仆地赶来了。旧友重逢,格外亲切。老母亲也激动地流下了眼泪,感叹范式真是一个讲信用的人。

这就是范式守信的故事,一直为后人传为佳话。

诚信是人性中一切优点的基础,是一个人最宝贵的财产,它能让孩子保持正直,挺直脊梁、光明磊落地做人,还能给孩子以力量和耐力。

每个父母都希望自己的孩子诚实守信,不喜欢撒谎的孩子。但是,许多孩子却表现得不如人意。究其原因,大多是由于后天的某种需要引起的,比如为了满足吃的需要、玩的需要甚至是为了逃避受批评、受惩罚,这些都助长了孩子撒谎的恶习。从心理学来看,儿童的道德意识和道德行为的发展是紧密相连的。道德意识决定着道德行为,道德行为又反过来体现着道德意识。但是,由于儿童认识水平跟不上道德行为,常常会造成认识和行为的脱节。许多孩子明知自己的行为是不对的,但由于意志力薄弱、自制力不强无法控制自己的行为,造成他们说话不算数,答应人家的事却又不做。

因此,孩子是否诚信在很大程度上取决于父母的教育。对于孩子经常出现言行不一、不履行诺言的行为,家长应该多从儿童的认识发展上找原因,不要把孩子的这种行为看成是道德败坏而打骂孩子。如果父母从小就注意对孩子进行诚信的教育,孩子是可以养成诚信习惯的。

那么,应该怎样来培养孩子诚信的习惯呢?

抓住诚信教育的起点期

3至6岁是孩子诚信美德教育的起点期,因为这个时期是个性品德形成的最初阶段。这个阶段的诚信美德教育应以"品德教育、习惯形成、个性培养"为核心。

这个时期的孩子可塑性大,爱模仿、易接受外界的各种信息,是了解社会、学习各种行为要求、习惯养成的最佳时期,如果成人重视对孩子进行适时适宜的品德教育,就能起到事半功倍的效果。著名儿童教育家陈鹤琴指出:"幼稚期(0至7岁)是人生最重要的一个时期,什么习惯、言语、技能、思想、态度、情绪都要在此时期打下一个基础,若基础打得不稳固,那健全的人格就不容易建立了。"

注意孩子的第一次说谎

对孩子进行诚信教育的时候,一定要注意孩子的第一次说谎。当家长觉察到孩子第一次说谎时,要正确对待,千万不要打骂、呵斥,否则会适得其反。较稳妥的方法是仔细分析孩子说话的动机,采取正面的教育方法,把孩子的第一次说谎消灭于无形之中,让孩子明白说谎的后果。这样,孩子以后说谎的概率就少了。

给孩子树立诚信的榜样

找一个很有诚信的孩子(不论是不是生活中的)作为榜样,让孩子学习这种品质,强化孩子诚信的品质;另外,孩子会自然地把身边的成人当作榜样来模仿,这样就要求家长要以身作则。一位外国教育家曾说过:"父亲们所关注的最重要的事情是,他们本身应成为孩子们的榜样,只做一切应当做的事,避免邪恶的习惯。他们的生活本身如同一面镜子,通过这面镜子,就培养了孩子对恶言恶行的厌恶。"因此,在这方面家长应成为一面诚信的"镜子"。

为了培养孩子的诚信习惯,平时家长对待孩子一定要讲诚信,做到言行一致。孩子的模仿能力很强,很容易受到某种行为的暗示。如果父母言行不一致,不履行承诺,孩子就会受到暗示,跟着模仿。例如,父母如果答应了孩子假日带他到商场去买玩具,就一定要去。如果到时忙,脱不开身,也一定要向孩子说明情况,并争取以后补上。而且,这样推迟或失约的事情,今后一定要注意避免发生,这样才能取信于孩子。

许多父母为了诱导孩子做某件事,总是轻易地许诺孩子某些条件,但是事后却没有兑现。孩子的希望落空后,就会发现父母在欺骗自己,他就会从父母身上得到一些经验,那就是不守信的许诺是允许的,大人的言行也经常是不一致的,说谎是允许的,等等。一旦这些经验转化为孩子说谎的行为时,父母恐怕要后悔莫及了。

对孩子进行诚信品质的教育

诚实守信,立身之本。家长应该加强对孩子进行诚信品质的教育,从小就教育孩子守信用、负责任。告诉孩子,一个言而无信的人,是没有人愿意和他合作的。

教育孩子从小就做一个诚信的人,要始终如一地要求孩子,告诉孩子出现缺点和错误时要勇敢承认,接受批评,绝不能隐瞒。可以在家里和孩子一起多讨论诚信的重要性，为保证使诚信成为孩子的一种优良习惯，可以读一些强调诚信重要性的书籍，给孩子讲一些名人诚信正直的故事。针对社会上那种坑蒙拐骗的行为，父母要态度鲜明地进行批判，要让孩子坚信，这种弄虚作假的行为是必将受到惩罚的。这样的教育，会使孩子长大以后做一个光明磊落的人。

宽厚也是一种美德

孩子也会结交许多伙伴，他们每天在一起学习、生活、做游戏，享受无忧无虑的快乐。可是，孩子也会遇到一些不如意的事，会和小伙伴闹一些矛盾，会为某一件小事而争吵，也会使朋友变成陌路人。他们也会有一些情绪的宣泄，会发怒、会忧郁、会沉闷、会痛苦。要避免这些不愉快的事情发生，就需要教育孩子有一个广阔的胸襟，让孩子学会宽厚谦让，保持健康的心理，这样才能让孩子与伙伴融洽相处、轻松交往。

宽厚、谦让是一种优秀品质，也是我国的传统美德，它的特点就是设身处地为别人着想。东汉时，有个叫孔融的小孩，他有哥哥，也有弟弟，兄弟们常常为争抢好吃的而吵闹。孔融4岁时，有一天父亲买来一些梨放在桌上，让孩子们自己挑选。那些大大小小的梨黄澄澄的，散发着淡淡的清香，好诱人啊！孔融这次第一个拿梨，只见他伸出小手，专门挑了最小的一个。父亲奇怪地问："孩子，你为什么不拿大梨而挑小的呢？"孔融歪着小脑袋，天真地说："我年纪小，应该吃小的，大的留给哥哥们吧。"父亲又问："那弟弟们不是比你更小吗？"孔融说："跟弟弟相比，我是哥哥，大的应留给弟弟。"父亲听了孔融的话，高兴地竖起了大拇指，而他的哥哥们却惭愧地低下了头。孔融这种谦让的美德，流传至今，一直受到人们称赞。

学会谦让，把方便和好处让给别人正是我们所提倡的美德，古代的孔融都能做到懂礼、谦让，今天的孩子就更应做到了。

宽厚不仅仅等于礼让，还要在与人交往时讲究宽容。一旦与人发生不快和矛盾，应通过换位思考来冷静处理。人与人之间难免会有摩擦，只要不是原则性的问题，大可不必轻易动怒，而应换位思考，谅解别人，设身处地为别人着想。宽容了别人也就宽容了自己。遇到别人由于误会而冤枉自己或无意伤害了自己时，更应当予以谅解，不应得理不让人。在指出别人错误时，态度要诚恳、友善，不要尖酸刻薄，更不要抓住人家的错误不放，应做到得理饶人，让别人有台阶下。

宽厚、谦让能促使人形成胸怀大度的高尚品德。宽容、谦让的人具有宽阔的胸怀，他们往往有自信心，有坚定意志，有远大目标和理想，为人开朗、豁达、礼貌。他们宽容别人、忍让别人，并不是没有力量反击，而是出自一种高尚的情操。

在公共汽车上，一个男青年往地上吐了一口痰。女乘务员看到了，对他说："同志，为了车内的清洁卫生，请不要随地吐痰。"没想到那个男青年不仅没有悔改，反而破口大骂,然后又狠狠地向地上连吐三口痰。那位乘务员见状,气得面色涨红,流下了眼泪。乘客们议论纷纷,为乘务员抱不平。男青年的同伴却乘机起哄,骂乘客多管闲事。这时,有人悄悄说,快告诉司机把车开到公安局去,免得把事情闹大了。没想到那位女乘务员却定了定神,平静地对大伙说:"没什么事,请大家回座位坐好,以免摔倒。"并从衣袋里拿出手纸,弯腰将地上的痰迹擦掉,扔到了垃圾桶里。看到这个举动,大家愣住了,那位男青年也不自然起来,车到站没有停稳,就急忙跳下车,并对乘务员喊了一声:"大姐! 我服你了。"

面对辱骂,女乘务员既没有争辩,也没有与之对骂,而是采取忍让、宽容的态度,从而使她取得了道德上、人格上的胜利,也给那个男青年上了一课。

雨果说过:"世界上最宽阔的是海洋,比海洋宽阔的是天空,比天空更宽阔的是人的胸怀。"培养孩子宽厚的美德吧! 宽厚、谦让可以容纳朋友,可以化解冲突,可以把事情办得更圆满。养成宽厚、谦让的美德,不仅是道德的要求,也是成就大事的需要。品德宽厚的孩子长大后才更容易成就非凡的事业。

别让孩子爱撒谎

孩子爱撒谎,是每个家长都头疼的事情。有的孩子很小的时候就开始撒谎,这不能不引起人们的忧虑。不过,孩子撒谎的原因很多,有恶意的撒谎,也有善意的撒谎,其中大多数是善意的撒谎。举例说,孩子想去玩或看动画片,就说"老师没留作业";孩子考试考不好,就说"我们没有考试";孩子做错了事,就说"不知道哦,不是我";孩子忘了带课本之类的东西,就说"我弄丢了"……

一般来说,幼儿的撒谎很多是善意的。当孩子做错事后,为了逃脱父母的责怪,他们一般会撒谎。

孩子从4岁起,往往就开始明白故意说谎而误导别人是不好的。事实上,这时候或稍大一点的孩子对真相的崇拜几乎达到狂热的程度,如果发现父母、兄弟姐妹或朋友说谎骗自己,会非常愤怒。一句特别的话,其真实与否远比说话者的意图重要得多。

随着年龄的增长,大多数孩子的情商也相应提高,而诚实的性格却不然。5岁时,92%的孩子认为说谎永远不对,75%的人说自己从未说过谎。到11岁时,只有28%的人认为说谎永远不对,没有人宣称自己从未说过谎。随着年龄的增长,孩子们逐渐开始区分谎言的类型和轻重程度。为了逃避惩罚而说谎是最坏的,比如,"我丢了手表,所以迟到了"等。为了不伤害某人的感情而说谎就不那么坏,比如,"我喜欢你的书包,它使你看上去更漂亮"等。而为了帮助别人而说的利他主义的谎言,已经被看作是可以原谅的、高尚的,比如,"小静把身上弄脏了,是我的责任。是我带她走那条很泥泞的小道的。"

孩子不诚实有多种原因,有的可以理解,有的不可以。小一点的孩子说谎一般是为了免受惩罚、得到自己想要的东西或让同伴羡慕。大一点的孩子说谎可能基于以下原因:保护隐私(如"我刚才不在这儿,所以没看见任何人")、考验权威(如"今天没有举行语文考试,不信你问我老师")、避免受窘(如"他们只请了女生,所以我没去")等。

虽然说谎在孩子成长过程中是可以理解的,但是,如果孩子习惯性地说谎或对关系重大的事情也不说实话,那么就成问题了。正如一位儿童心理学家所描写的:"对重要问题撒谎,使父母处理起来更困难,撒谎成为一个问题就更严重。撒谎腐蚀了人与人之间的亲密关系,滋长了不信任,损坏了互相信任的关系。说谎意味着不尊重被骗对象,使得与经常撒谎的人在一起生活几乎变得不可能。"

孩子一旦养成了撒谎的习惯,其危害是非常严重的。欺骗会导致信用的破产,人们都希望与诚实的人打交道,而不愿与说谎话的人合作。德国诗人海涅说过:"生命不可能从谎言中开出灿烂的鲜花。"做家长的,必须帮助孩子克服爱撒谎的毛病。

把实话告诉孩子

经常说谎的孩子往往出自父母经常说谎的家庭。另外,管教不多,甚至厌弃子女的家庭培养出来的孩子也容易变得不诚实。

尽管人人都承认自己说过谎,但父母应该意识到直接或间接的说谎会对孩子产生什么影响。当然,这并不是说家长应该把所有事情都告诉孩子,有许多事情是他们不必知道的,比如大人的隐私或远远超出孩子的理解能力的事情。即便如此,如果孩子偏要问你,也应该照直对他们说,或换个方式说出来,完全没必要编瞎话。

鼓励孩子说真心话

有些家长听了漂亮的真心话,就很高兴,而听了令人伤心伤脑的真心话就会生气;特别是当孩子做错了事,父母不问青红皂白就训斥打骂孩子。这样做,会压制孩子承认错误的勇气,使他们不敢说真心话。因此,家长应鼓励孩子说真心话,既听得进令人愉快的真心话,也听得进令人伤心伤脑的真心话。

古时候有一位富翁,膝下无子女。他决定在亲属中间挑选一个孩子做义子,作为他的继承人。

富翁给每一位候选者发一粒种子,宣布谁用这粒种子培育出美丽的鲜花,谁就可能成为他的义子。

孩子们领回种子后,开始了精心地培养,从早到晚,浇水、施肥、培土,谁都希望成为幸运者。其中一个叫阿土的男孩,虽然也整天忙碌,但10天过去了,还不见种子发芽;接着20天、30天过去了,花盆里仍然是一盆黄土。眼看日子一天天过去了,阿土十分伤心。

富翁决定观花的日子到了。许多孩子穿着漂漂亮亮的衣服涌到富翁家门口,各自捧着自己种的鲜花,用期待的眼光注视着富翁。只有阿土端着一盆黄土,无精打采地站在人群里,眼里还挂着泪花。

富翁出来了,但他看到了孩子们手里的鲜花后,并没有大家期望的那样高兴。他的脸色凝重,眼神不住地在人群里搜来寻去,直到眼光一下子落在阿土身上。富翁来到阿土跟前,问:"你怎么端一只空盆呢?"

阿土低下头,把自己如何辛苦摆弄、却没有培养出鲜花的事说了一遍,并请求富翁原谅。

没想到富翁听后哈哈大笑,随即抱起了阿土,对大家宣布说:"从今以后,你就是我的义子了。"

"为什么?"大家不解地问。

"因为我发的种子,是用水煮过的,根本不可能发芽。"富翁说。

捧着鲜花的孩子都低下了头。

这个富翁的英明之处,就在于他把诚实当作做人的最高原则,并且以此鼓励孩子诚实正派,不说谎话。

冷静分析孩子说谎的动机

孩子一旦说了谎话,家长就要冷静分析说谎的动机。首先要压住自己的火气,冷静地思考孩子为什么要这样做,还要认真听取孩子的申诉,分析一下孩子说谎的动机与理由。最后分析原因,找到问题根源,明确企图,有针对性地对症下药,进行帮助性的思想教育,妥善地解决问题。

帮助孩子养成诚实的习惯

要使孩子养成诚实、不说谎的好习惯,家长与孩子相处时,注意对孩子的说话方式,注意不提供有利于说谎的机会,也不叫孩子回答一些带有一定强迫色彩的而孩子又不得不用谎话去辩护的问题。日常学习生活中,要相信孩子、尊重孩子、理解孩子、支持孩子,不要轻易地怀疑、否定孩子,应该在家里不断地谈论诚实的重要性。为了保证使诚实成为道德的一部分,家长可以读一些强调诚实重要性的书籍,对鼓励孩子的诚实正直也是很有益的。

很多父母认为孩子小小的谎言没有什么危害性,甚至还觉得他们很可爱。其实,撒谎一旦成了习惯,当孩子长大后,这个习惯就会变成罪恶的源泉。

第五章 教出自立自强的孩子

给孩子"自立"的机会

几年前,中日两国的教育家联合举办了一次夏令营活动,其中有一个项目是5千米徒步。孩子的后面跟着一辆大客车,如果谁走不下来,可以无条件上车。走到中途,突然下起了大雨。有的孩子就坚持不住了,陆陆续续上了后面的大客车。好不容易到了终点,当家长们打开大客车的车门,从车上下来的全部是中国的孩子,没有一个日本孩子。

这是为什么?难道中国孩子有问题吗?恐怕不是,是中国的父母没有尽到应尽的责任!事后,日本的教育家评论:"中国人,你们这一代不是我们的对手。"中国的教育家也不无忧虑地说:"日本式的教育,是在培养狼;而中国的家庭教育,是在培养性格温善的羊。"

这个故事给中国的家长以怎样的启示呢?

著名教育家陈鹤琴曾经说过:"凡儿童自己能够做到的,应该让他自己做;凡儿童能够自己想到的,应该让他自己去想。一句话,给孩子创造自立的机会。"

其实,婴儿1岁半至2岁时,自立的倾向表现得很明显。例如,在喂饭时,他常把饭勺抢在手中,自己试着使用;走路时反对别人拉着走,下楼梯时也会拒绝大人的帮助;以后逐渐会自己试着穿衣、穿鞋;有时他做不好这些动作,当大人要帮他时,他立即会推开大人的手。这就是孩子最初的自立性的体现,说明孩子有自己去完成某些事情的愿望。孩子长到4至5岁,不但行动灵活了,自立性也明显增强,大多都按自己的主张行动。

家长对孩子的自立性表现,应当给予保护和支持,使其得到早期开发,这有利于将来儿童的智力、适应社会能力的发展。但是,有许多家长对孩子自主性的最初表现缺乏正确的认识,认为孩子的这种表现是"淘气""任性",有意耽误大人的时间。这样自然挫伤和压抑了孩子自主性的发展,是非常错误的。

如果家长对孩子一味包办代替,其结果会使孩子什么都不会干,进而形成依赖性。从智力方面讲,自主性差的人遇事依赖别人,拿不定主意,犹豫不决,缺乏独立思考能力及创造能力。由于懒惰,他们不愿自己动手做事,思维能力发展受到了限制。在性格上,他们又表现为意志软弱,胆小怕事,缺乏独立克服困难和吃苦耐劳的能力。上学后,他们也会缺少竞争意识和刻苦钻研、努力进取的精神。

国学经典文库

中华点子库

育儿好点子

图文珍藏版

身为父母,在孩子需要父母的帮助时,父母不给予帮助,这是父母不尽职。然而,当孩子有独立完成这件事的能力时,父母就应要求孩子独立完成这件事。作为一个人,他没有摔倒了能重新站起来的勇气和毅力,他怎样去生存?如果一个人离开了父母的呵护就会活得很糟,那他以后怎样去竞争?

所以,对于家长来说,必须重视培养孩子的自立意识。

培养孩子的自立意识,家长可以从日常的生活小事去用心。例如,刚学走路的孩子不小心摔倒了,趴在地上不起来,别人把他抱起来,他哭着趴到原处,嘴里喊着:"妈妈抱、妈妈抱。"这时,妈妈最好用亲切的声音鼓励孩子:"宝宝长大了,会自己爬起来。"孩子会乖乖地自己爬起来,他没有理由再哭闹不止。

应锻炼孩子的自立能力

当家长突然发现3岁的孩子正在倒一杯茶时,不外乎有三种反应:一是尖叫;二是出一身冷汗;三是悄无声息,以免孩子受到惊吓,然后巧妙地将壶拿开,微笑着鼓励:"噢,你要自己倒吗?要不要我帮忙?"显然,最后一种反应是最恰当的。

一些孩子磨磨蹭蹭不穿衣服,家长急急忙忙给穿上,一些四五岁的孩子吃饭不好好吃,家长在孩子玩的时候忙里偷闲喂他一口,并且还需要好言相劝,他才张开金口……这些都是不应该的。

当然,有很多事情是不能让小孩自己去做的,也不应该让他们去做;如果小孩子自己动手就会让他们陷入险境,就更不应该让他们干了。除了这些情况,小孩子都应该做到自己的事自己去办。

尊重孩子的自主权

孩子不可避免会受到周围人的影响,家长没有必要刻意强迫孩子远离不良的生活环境,也不必帮他们安排自认为适当的环境。我们所需要做的是引导他们面对环境的态度和方法,让孩子做出自己的选择。

一位学者去一所学校调查中学生自主选择的能力。在被访的100名学生中,当被问到在学习和生活中遇到难题一时解决不了,该怎么办时,这些学生几乎异口同声地回答:"找父母解决。"没有一名学生认为先由自己想办法解决,实在解决不了,再找父母帮助。当被问到将来毕业后希望从事什么职业时,过半数的人回答要等回去询问父母后才能决定。

这位调查者不无忧虑地说:"缺乏自主性,对自我选择冲动的麻木,已是当代一些青少年综合素质的一个不容忽视的问题。"

学会自我选择,是人成长过程中的一项很重要的能力。然而,许多家长并不重视这项能力的培养,甚至认为,等孩子长大了,才需要他自主选择。殊不知,自我选择的能力是从小培养起来的。

一天,欣欣哭着跑进厨房,告诉妈妈:"妈妈,爸爸打我。"妈妈丢下手边的工作,拍拍他的双肩,温柔地问:"告诉妈妈,怎么回事?""他骂我没有礼貌,然后就打我。""好了,宝宝别哭,妈妈会去批评爸爸的。"等欣欣平静下来后,父母又开始舌战了,妈妈坚持不应该用体罚,而爸爸认为欣欣也是他的儿子,他叫欣欣将玩具车推走,欣欣不可以顶撞他。而此时欣欣就站在旁边观战。

这位母亲的行为,不利于孩子自主意识的培养。因为,属于两个人之间的问题应该让两个当事人自己来解决。欣欣和爸爸的事情应该由他们自己去面对和解决,妈妈不应该插手。当孩子来向她"控诉"爸爸时,她顶多只能说:"哦,好可怜,欣欣,如果你不喜欢爸爸打你,你就应该找到原因并避免再犯。"如果不久之后,他们又发生同样的冲突,妈妈可以和孩子来讨论这个问题,帮助他了解怎么做才不会再挨打。这样,孩子才能渐渐学会自我处理问题。

父亲和母亲是两个不同的个体,他们对很多事情各有不同的观点。如果他们对子女教育的看法正好相同,这当然很好,但这并不是绝对必要的。孩子要接受或拒绝谁的意见,他会自己做决定,因为孩子有自己判断的能力。因此即使父母共同达成某项共识,结果也会出现非预期的情况。这就是为什么孩子虽然面对父母、祖父母或其他亲人不同的意见,而不会感到混淆的原因。孩子通常会接受对自己最有利的一方。

有的孩子不论做什么事情都需要大人陪着,就是和小朋友在一起玩,也不让大人离开。幼小的孩子在一起玩,难免会发生争执,大哭大闹,如:抢玩具。作为家长不应指责训斥,更不应该哄着对方给自己的孩子以让步。应给予孩子正确的引导,让孩子学会用语言交流,自己达成和解。

很多父母不放权给孩子自主选择,是因为对孩子没有信心,害怕他们会做错事。不少父母对孩子照顾得十分周到,从起床、吃饭到上学、回家、做功课,能想到的都替孩子包办了。这样就养成了孩子的依赖性。其实,孩子是希望父母信赖他们的,能够让他们自主选择的。家长应多鼓励孩子去尝试,如告诉孩子:"你行!""你是能自己做主的。"

自主选择不是盲目选择。在孩子做出重大决定时,父母可以帮助孩子收集资料,了解和熟悉相关情况,这有助于孩子进行科学选择。在把选择权交给孩子时,还要教育孩子如果是选择错了,就要自己承担后果。这样对于孩子来说,即使他选择错了,也是一次教训,是值得的。有一位家长,带孩子到少年活动中心去报名,本来,她希望儿子参加美术班,但孩子却在武术班门前看得入神。于是,这位家长尊重孩子的选择,但要求孩子必须为自己的选择负责,学有所成。

培养孩子独立思考的能力

要把孩子培养成为具有独立人格的人,必须让他学会独立思考。作为一个家长,在培养孩子多方面能力的同时,也要注意培养他们的独立思考的能力。因为,一个人的与众不同有许多表现,其中最有意义的方面在于能够展示并表达独具特色的思想。一个成功人士,也许有多方面的建树,但最引人注目的应该是他那极具个性的思想,以及独立思考与判断的能力。爱因斯坦说:"发展独立思考和独立判断的能力,应当始终放在首位,而不应当把获得专业知识放在首位。如果一个人掌握了所学学科的基础理论,并且学会了独立思考和工作,他必定会找到他自己的道路,而且比起那种主要以获得细节知识为其培训内容的人来,他一定能更好地适应进步和变化。思考、思考,我就是靠这个学习方法成为科学家的。"

英国学者培根曾经把三种不同的哲学家,形象地比喻为蜘蛛、蚂蚁和蜜蜂。他把盲目地堆积材料的求知方式称作蚂蚁方式,把主观随意地创造体系的方式叫作蜘蛛方式。他认为最好的方式是像蜜蜂一样,从花园里和田野里的花朵中采集材料,并用自己的力量来改变和消化这些材料,"蜜成花不见",酿造出比鲜花的甜汁甜美和精粹得多的蜂蜜。

培养孩子独立思考的能力,不管从哪方面讲,都是十分重要的。

首先,思考可以使我们的所学融会贯通,学得更好,学得更透。任何学问和书籍都是有它的逻辑体系的,阅读因为受时间、环境的影响,势必将其割裂。这时,借助于思考,我们可以把它们连贯起来。此时,我们所学到的东西就会成倍增加,收获会更多、更大。

其次,思考有助于记忆。思考的时候,我们必然要对所学像过电影一样过一遍,这无疑会加强记忆;思考中的排列组合等一系列条理化过程,必然使所学系统化,将知识有条不紊地存储起来,这对记忆当然助益甚大。

最后,思考也有助于把学过的知识加以鉴别,去伪存真,去粗取精。虽然科学研究表明,人类的大脑是一个海量的存储器,但是没有谁可以达到那个理论数值,更多的人则是灌在脑子里的东西稍多一些,就容易混乱。此时,去粗取精是一个必要的步骤,只有经常地删除一些东西,备份一些东西,我们的脑子才好用。至于那些错误的东西,就更不应该占据我们大脑的一席之地了。许多孩子遇到难题时,总希望家长给他一个答案。如果父母对孩子有问必答,时间久了,孩子会养成依赖的习惯,遇到问题时不会独立思考,不会自己去寻找答案,这对发展孩子的智力没有一点好处。

孩子最初是很少有自己独立的看法的,他们还不善于思考,总是说:"妈妈说……""阿姨说……"家长要有意识地培养孩子早一点从"别人说"转化为"我认为""我主张"。"别人说"表明孩子只处于被动的学习地位,"我认为"则表明孩子处于积极主动的学习地位,这样有利于促进他们学习能力的提高。

在鼓励孩子独立思考方面,父母有很多事情可以做,最简单的就是倾听孩子叙述自己的想法。尽管孩子的想法常常是天真、幼稚甚至可笑的,但父母一定要按捺住想纠正他的愿望,抓住他谈话中有趣的、有道理的论点,鼓励他深入"阐述",使他尝到思考的乐趣,增强自我探索的信心。

培养孩子独立思考的能力,就要让孩子自己的事情自己去想。比如,刚刚买回的积木,孩子可能不太会搭。家长可以给以引导,聪明的家长是不会把示意图给孩子看的。父母要给孩子留下思考的机会。

训练孩子思考的习惯,父母可以给孩子一个不完整的答案,让他自己去动手、动脑,这可以使孩子在不知不觉之中,自然而然地养成独立思考的习惯。

许多孩子都有较强的好奇心,每当见到一个新事物,总想更深入地去了解,往往会不自觉地摸一摸、问一问、拆一拆、装一装。对这些行为,许多家长很是烦恼,经常批评孩子。其实,这些都是孩子喜欢探究和旺盛求知欲的表现,父母的呵斥会挫伤孩子思维的积极性。正确的方法是因势利导,鼓励孩子的探索精神,并且启发孩子"异想天开"。

独立的思考需要创造性,而培养创造性思维的一个有效方法是鼓励孩子编故事,并把它记录下来。美国著名儿童智力发展研究专家简海丽在她的有关孩子智力发展的著作《如何更聪明》中特别推崇这一方法。她认为,这样做对孩子不仅是一个语言训练,更重要的是帮助孩子运用自己的想象与推理能力,得到出人意料的结论。具体的做法就是让孩子自己命题,告诉他你要给他做秘书,然后完全按照他的语言记录下来,不要加以修饰。这种实践是一个充满趣味的过程,孩子们会非常愉快地想到"原来我还会进行创造,而且创造出这样有趣的'思想'来。"这种对创造、对思考的热爱,会使孩子终身受益。一些著名的发明,就来自于发明家幼年时异想天开的想象。

让孩子早日体验生活

培养孩子自立自强的能力,就要从小让孩子体验生活,投入到生活的劳动和艰辛中去,让他们很早就明白:生活是靠劳动创造的,幸福是靠奋斗争取的。同时,让孩子早日投入到生活中去,有利于他们尽快掌握生活知识,锻炼生活本领,在生活中磨砺高尚的品质,树立健康的人生观。

现在,许多家长都在抱怨自己的孩子懒得很,其原因大多在于家长教育不得法。其实,不论是原始社会,还是近代社会,孩子总是参与家庭生活的。只是这种参与有主动与被动之分,在主动参与家庭生活的过程中,孩子会从中找到归属感,并从工作中获得成就感。而且,随着儿童逐渐长大成熟,各种能力的发展,会日益找到安全感。

专家认为,孩子真正开始做家务的年龄是 2 岁。大多数 4 至 5 岁的孩子就已经能帮家里干许多活了。当然,大多数工作对小孩来说还太艰巨了,因此,要想让孩子积极地参与生活,可以从教他清扫地板上的灰尘这类简单的事开始。

劳动是孩子的天性,孩子在家务劳动中充分体现其活动的天性,而且,他非常乐意去帮助父母打扫卫生,擦拭桌面上的灰尘。所以家长应早日花心思去教孩子动手做家务。

当孩子做完一件事后,不管这件事本身的大小,家长都应该对此表示高兴,让孩子知道他的工作得到了肯定,但忌用物质刺激,尽可能地采用鼓励性的语言。

从培养孩子学做家务起,随着孩子年龄的增长,就要逐渐扩大劳动的范围。当孩子真正掌握了生活知识和本领,并能够付之行动后,孩子的自理能力随之增强,对他人的依赖也就会减少。这时,孩子才能算在生活上"自立"了。

培养孩子坚强的个性

智力发展与三种性格品质有关:一是坚持力,二是善于为实现目标不断积累成果,三是有自信、不自卑。可见,坚强的性格对人生十分重要。

人的一生会遇到令人难以忍受的事情,比如贫困和疾病;比如困难和磨难;甚至还有偏见和歧视、打击和嘲讽;还有压迫和摧残……面对这些不幸,人们最容易心灰意冷,最容易失去信念。但是,坚强的人却挺过来了。面对人生的沧桑、生命的磨难,他们性格中那种坚忍的个性,让一切困难低下了头。

坚强的本质,就是坚持到底,决不动摇。人之奋斗,贵在坚持。只有坚持才能产生无限的创造,只有坚持才能超越一个个有限的"障碍物",只有坚持才能尝到最后的甘甜。顺利了,要坚持;不顺利,更要坚持。坚持、坚持再坚持,是成功的秘诀。只有度过黎明前那段黑暗时光的人,才会领略晨曦初露时耀眼的光明。

有这样一个故事。

两个商人被困在荒凉的沙漠里,一连好几天没有喝到一滴水了。天亮时,他们决定分头去寻找水源,并约定:如果有人找到水或得到救助,就以鸣枪为信号。

接近中午时,其中一个再也走不动了。太阳像一条火蛇一样舔着他干裂的皮肤,腹内燃烧着一团火。他想:"我快完了,快向同伴求助吧。"于是,他朝天开了一枪。

枪响之后,等了很久,他并没有盼到同伴的到来。他想:"大概他没听见吧?"于是又朝天开了一枪。

又过了许久，仍然没有见到同伴的身影。他开始着急了，又接连开了几枪。他想："这个家伙，大概是发现了水源，想自己独享；要么是故意见死不救，然后私吞自己的财产。"他大声咒骂这个不讲仁义的家伙。当夜色来临时，他彻底绝望了。

然而，当他的同伴带着寻来的水，气喘吁吁地来到枪声响过的地方时，看到的是一具尸体，他把最后的一颗子弹打进了自己的脑袋。

这位商人没有死于干渴，没有死于体力不支，没有死于沙漠里的风暴和野兽的袭击，更没有死于内部争斗，他死于自己的意志，死于自己的半途而废。

其实，成功与失败的差距往往只有一步之遥，只要咬紧牙关坚持一下，胜利便在眼前。但是，许多人正是因为在前面的搏斗中已经筋疲力尽，在最后的关头，即使遇到一个微小的困难或障碍都可能放弃，最终功亏一篑。

对于孩子来说，胆怯、懦弱和腼腆是普遍存在的。每个孩子都会遇到许多麻烦，在面对困难和挫折的时候，胆小懦弱的孩子往往没有坚强的意志去克服困难和挫折。坚强勇敢的孩子则能够做到持之以恒，凭借自己坚强的意志，战胜困难和挫折，越过障碍和绊脚石，从而取得成功。

一个小学四年级学生，不知什么原因，语文老师对他产生了偏见，于是作为惩罚，这个老师要求他每天必须站在教室的后面上语文课。这一站就站了整整两个月。那么，他的学习成绩受到影响没有呢？"没有，"这个学生自己说，"我心里想，老师不就是要看我的笑话吗？我偏不让你看。"于是他拿着语文课本站着听课，下课再补笔记。而期末考试，他的语文成绩竟得了 98 分。

这个事例告诉我们，人的一生不可能只有成功而没有挫折。而一个人是不是把失败和挫折看作是对自己的挑战，并重新振作起来，继续努力，就要看他是不是具有坚强的性格。

因此，明智的父母应该从小就重视培养孩子坚强的个性，让孩子在以后的人生道路上能够坚强地朝自己的目标走下去。

那么，怎样培养孩子坚强的个性呢？

让孩子学会自己生活

家长必须改变对孩子包办代替的态度，多给孩子自主机会。不管是在生活中，还是在学习上，凡是应该孩子自己做的，家长就不要越俎代庖。家长应该坚持这样的原则：你能干的，我绝不替你干；你不会干的，我教你干；你让我干的，我要考虑该不该干。

有的家长认为在生活方面多替孩子服务，让孩子把时间用在学习上会有好处。其实不然，生活上的依赖会干扰、阻碍学习上自强精神的形成，也是孩子形成软弱性格的重要原因之一。

一位中学生说："我一直相信妈妈是非常爱我的，她希望用自己的肩膀为我挡住所有的风雨,安排好每一步路。可是,在她每天为我忙忙碌碌的时候,她不知道,我所有的勇气和自信都丢失在这份特殊的关爱里了。"

善于自理的孩子是坚强的,在面对挫折和困难时,他会用自己的能力去处理这些问题,不会无所适从。因此,父母要让孩子学会自己生活,让他自己去面对生活。譬如:夜间让孩子独立上厕所,自己为自己准备早点……经过这些锻炼,以后当父母暂时离开时,稍大一些的孩子能够自己待着而不害怕;当发生意外情况时,也能够不惊慌、不哭泣。这些看起来是小事,但是对培养孩子坚强、勇敢的品质很有益处。

不要把孩子当成弱者

想让孩子坚强,千万不要把孩子当成弱者来看待。只有让孩子自己去站立,他的双腿才会强壮,他的意志才会坚定。

著名科学家居里夫人很注意培养孩子的坚强性格。在第一次世界大战期间,她把大女儿带到战争前线救护伤员,在艰苦的环境中锻炼。1918 年,她又要两个女儿留在正遭到德军炮击的巴黎,并告诉孩子,在轰炸的时候不要躲到地窖里去发抖。这种把孩子当成强者的态度使她的孩子们成了坚强的人。

培养孩子的信心

培养孩子的信心,使孩子了解并发挥自己的长处。天下没有十全十美的人,而正在成长的孩子们就更需要时间来体验挫折,享受成功,进而认识自己。家长应当从孩子小的时候就给他一定的空间,让他大胆尝试,并允许他在尝试中犯错误来获得经验。

家长在鼓励孩子大胆尝试的时候要注意,把焦点放在尝试的过程和孩子付出的努力上,不要过分强求一个完美的结果。父母要经常表扬孩子,让他有机会认识自己的优点和长处。这样,当孩子遇到挫折时,就不会一蹶不振,轻易放弃了。

教会孩子正确看待失败

教会孩子正确看待失败,找出失败的原因,父母可以经常和孩子一起分析遇到的问题,教他们学会从不同的角度看待身边的事物,抓住问题的关键。

人的一生总会碰到不少自己力不能及的事和无法控制的情况。因此,家长除了教孩子正确分析和理解造成失败的原因及大胆尝试不怕失败以外,也要帮孩子做应付困境的心理准备。比如,孩子大一些以后,父母可以和孩子一起分析遇到的问题,看看其中是否也包含了一些有益的因素,让孩子学会从不同的角度来看同一件事。

对孩子进行挫折教育

在人的一生中,遇到挫折在所难免。苦难是人生的一大财富,不幸和挫折可以使人沉沦,也可以铸造人的坚强意志,成就充实的人生。苦难是人生的一位良师,它能教给孩子学会用感激的心情、积极的态度对待一切问题,勇敢地参与社会竞争。古今中外,凡成就大事业、大学问者,都受过磨难,屈原被逐而赋《离骚》,司马迁遭"宫刑"而作《史记》,曹雪芹家道中落而著《红楼梦》,龚礼倩脑瘫考上大学,周婷婷聋哑成了"硕士"。正所谓自古英雄多磨难。

现在的孩子大多是独生子女,生活在优厚的物质环境和家长的保护圈中,没吃过什么苦,也不知道什么是苦,作为父母宁愿自己去经受磨难,也要为孩子铺平道路,设计充满笑脸和鲜花的明天。但是,在现实生活中,人难免会碰到失败和挫折,尤其是孩子,他们由于受身心发展水平的限制,心理承受能力较弱,即使在成人看来很微小的一次失败,对于孩子来讲,可能是一次不小的打击,会使他们不知所措、失望退缩,丧失热情和信心,甚至出现逃学、离家出走、自杀或精神疾患。

因此,帮助孩子学会克服困难,正确面对失败、挫折就显得十分迫切和重要。

下面这个故事相信能让家长认识到对孩子进行挫折教育的必要性。

山上有两块石头,第一块石头对第二块石头说:"与其在这里养尊处优、默默无闻,还不如去经历一番外面世界的艰险和坎坷,去做一些事;即使见识一下旅途的风光,也是值得的。"

"何苦呢,兄弟!"第二块石头不以为然,"安坐高处一览众山小,周围花团锦簇,谁会那么愚蠢地在享乐和磨难之间选择后者,再说那路途的艰险磨难会让我粉身碎骨的!"

第一块石头只好独自随山溪滚涌而下,它受尽了风风雨雨和大自然的磨难,却义无反顾地在自己选择的路上奔波。而第二块石头仍然在山上享受着安逸和幸福,享受着周围花草簇拥的畅意抒怀,享受着大自然创造万物所留下的美好景致。

多年以后,历尽沧桑、经受千锤百炼的第一块石头,被有心人发现了,并收藏在博物馆中,已经成了世间的珍品、石艺的奇葩,被千万人赞美称颂。为了更好地珍存那石艺的奇葩,人们准备为它重新修建一座更加精美别致、气势雄伟的博物馆,建造材料全部用石头。于是,他们来到高山上,把第二块石头粉碎成块,给第一块石头盖起了房子。

在许多国家,吃苦是孩子的必修课之一,尤其是在发达国家的家庭中,家长普遍重视从小培养孩子的自理能力和吃苦精神。因为发达的市场经济要求每一个社会成员必须具备这种能力,只有具备了这种能力并拥有这种精神才能出人头地。

那么,家长怎样对孩子进行挫折教育呢?

告诉孩子：挫折并不可怕

挫折未必总是坏的，关键在于对待挫折的态度，同样的挫折既可以产生消极的情绪，甚至心理障碍，也可以磨炼人的意志使其奋发向上。孩子对周围的人和事物的态度常常是不稳定的，在碰到困难和失败时，往往会产生消极情绪，不能以正确的态度对待失败和挫折，这时，家长要及时告诉孩子，"失败并不可怕"，"你要勇敢"，"你一定会做得更好的"。家长要有意识地将孩子的失败作为教育的契机，引导孩子重新鼓起勇气，大胆自信地再次尝试；同时，还应让孩子明白人人都可能遇到困难和挫折，而困难和挫折是可以克服的，教育孩子敢于面对困难和挫折，树立战胜困难和挫折的勇气与自信心，提高克服困难和抗挫折的能力。

给孩子锻炼的机会

一些发达国家早已意识到对孩子进行挫折教育的重要性，并设计了各种方法来增强孩子的抗挫折能力。在日本，即使在大雪纷飞的冬天，男孩穿单裤，女孩也只穿短裙，以磨炼与严寒做斗争的意志和毅力；在韩国，家长给孩子穿上羽绒服，让他们在冰窟窿里待上一阵后再出来，让孩子懂得"寒冷"的滋味。

作为家长，要让孩子走出大人的"保护圈"，放开手脚，不要怕孩子摔着、碰着、饿着、累着，孩子摔倒了鼓励他自己爬起来；对挑食、偏食、厌食的孩子，饿他一两顿又何妨。孩子的事情让他自己做，自己能解决的问题家长不要去帮忙，例如，玩具让他自己去拿，衣服、裤子自己穿。在家庭生活中，家长要安排孩子做一些力所能及的事，切不可把孩子成长过程中的困难都解决掉，把他们前进的障碍清除得干干净净。

教孩子学会处理挫折

培养孩子不怕困难、坚韧不拔的精神。家长要告诉孩子，自己的事自己要负责；要让孩子多参加实践活动，尝尝吃苦的滋味；要培养孩子战胜困难和挫折的意志，不能半途而废；要培养孩子学会调整心理，若困难实在解决不了，该放弃就放弃，不要"一头撞在墙上还不回头"；让孩子明白"失败是成功之母"的道理……

有的孩子遇到了较大的挫折，心理出现了较大的障碍，就产生了轻生、自杀的念头和举动。要让孩子学会爱护和珍惜生命，明白自己的生命不完全属于自己个人所有，不仅是父母给的，也应属于国家和社会，应该爱护它、珍惜它，不可自伤、自残、自尽。任何一个孩子都没有权利和理由不爱护自己的生命，甚至糟蹋自己的生命。

巴尔扎克说过："苦难对于人生是一块垫脚石，对于能干的人是一笔财富，对于弱者是万丈深渊。"一个人受不了委屈，经不起挫折，害怕困难，是不可能面对竞争激烈的大千世界。家长的责任,就是尽力培养孩子的抗挫折的能力、经受挫折的能力和挫折后的恢复能力,使他们在任何困难和挫折面前泰然处之,保持乐观。

不要溺爱孩子

为了孩子的健康成长,家长应该给予孩子充分的爱,但凡事都应有个"度",爱得过度了就变成了溺爱。溺爱和放任一样,对孩子的健康成长都是有害的。那么,溺爱有哪些表现呢?

一切满足于孩子,有求必应、百依百顺,没有原则,没有条件。

包办孩子的一切,一味照顾,本来孩子自己可以做的或应该做的也不让孩子自己做。

给孩子提供的物质生活过分优越,甚至超出了家庭的经济条件。

不给孩子接触困难和艰苦环境的机会,不让孩子受一点委屈。

经常当众夸耀孩子的长处和优点,处处为孩子的缺点辩解。

家长应该认识到,虽然被溺爱的孩子可能身体健康、聪明伶俐,但这些孩子的非智力素质却未必完美,如任性、自私、依赖性强、不能与人平等相处、性格软弱等,这必然影响孩子智力的正常发展。这样的孩子长大后,难以适应正常的社会生活和竞争环境,还有可能产生行为问题。

研究表明,溺爱的教育方法会导致孩子有以下怪病。

(1)依赖病。依据幼儿动作发展规律,孩子1岁可以用杯子喝水,1.5岁会用勺吃饭,2岁便可以独立吃饱。但是,有的3岁孩子在幼儿园可独立做事,在家里却连饭也不肯自己吃,该做的事不想做,遇事总要依赖大人,这就是心理上的"依赖病"。患了"依赖病"的孩子,表现出懒惰、没有精神、不喜欢参加活动、总爱依在成人的怀抱里、胆小怕事、缺乏主动热情、缺少求知欲望和创造精神,不敢尝试。

(2)幼稚病。有的孩子已经6岁了,行为表现却像四五岁,特别在爷爷、奶奶面前总是撒娇,以求得过分的溺爱换取心理安慰。这样的孩子心理发展速度缓慢,想象内容幼稚,语言表达能力和行为规范、智力和性格等方面,都比正常发育标准低一个档次。

在很多家庭,家长对孩子的爱是无条件的。家里好吃的,好玩的都尽量让着孩子,唯恐孩子不高兴。有时孩子把好吃的给父母,父母总推托说:"我们不吃,你吃吧。"长此以往,孩子会觉得家里的好东西理所当然是归他的,从而很自然地忽略父母的需要,而把自己的需要放在第一位。孩子会认为,自己是家里最重要的人物,人人都应关注他,优先考虑他,稍不周到,便觉得受到了莫大的委屈,埋怨父母,乱发脾气。

在很多孩子眼中,父母犹如自己的"老保姆",是专门伺候自己的。所以他们对待父母颐指气使,呼来唤去,指使父母团团转,毫不尊重,更不用说体谅父母疾苦,减轻父母负担了。

对孩子过度的爱,其结果反而害了孩子。爱孩子是天经地义的,但在爱孩子的同时,家长应该清醒地意识到以下几点。

过分地保护孩子,孩子难以自立

许多家长,仍然在以"保护"和"尽职责"的名义,把孩子置于自己的保护之下。在这种过度地保护下,孩子按照父母提供的模式生存,其结果,严重影响了孩子的成长和自立,使孩子对自身的生活很难把握。譬如,在恋爱时,常常表现得浮华而肤浅,因为他只会被人爱,却不会去爱别人。

这样的家长,虽然给了孩子充分的"爱",却不知自己已经严重地伤害了自己的孩子。

在这种"爱"的环境下长大的孩子,特别是男孩子,一般很难成为男子汉。他们表示友好时,虽然会显得温情脉脉,但当周围的人不能满足他们对爱的需求时,就变得愤怒。他们通常把自己的失败,归结为现实的不公平待遇,因为他们总觉得自己了不起。

在溺爱环境里长大的孩子,在生活中难以成为强者,在学习上怕吃苦,一般很难成大气候。

爱和独立是两回事

一位名人指出:"爱孩子,是连母鸡也会的事情。重要的是,要为孩子的成长创造一个优良的环境。"

爱孩子,并不意味着为孩子包办一切。孩子首先是一个独立的个体,将来会独立地去面对世界、面对社会、面对生活,所以,父母培养孩子的生存能力最重要。爱与独立并不矛盾,但如果能把孩子培养成具有强大生存能力的人,才是真爱的体现。

爱孩子,并不意味着孩子需要什么就给什么,给孩子一个自由成长的空间和成长所需要的精神养料,才是最重要的。爱孩子,不能剥夺他的发展自己的机会。因此,父母不能过分地管束孩子,让孩子在广阔的天地里去锻炼、去实践、去学会如何应付危险的局面。这样才能培养出具备克服困难、迎接人生各种挑战能力的孩子。

家庭是温暖的,但社会竞争却是残酷的

对孩子的教育,归根到底是为了把孩子培养成能够适应未来的社会,并在社会中有所作为的人。为此,家长应该明白:小家庭是温情脉脉的,但社会这个大家庭却充满了残酷的竞争。孩子在家庭里受到的培养,也要着眼于未来。如果小鸟不在母亲的羽翼下学会搏击长空的能力,如何能保证它将来不会落于老鹰的口中?

著名的教育家马卡连柯一针见血地指出:"一切都让给孩子,为他牺牲一切,甚至牺牲自己的幸福——这就是父母所能送给儿童的最可怕的礼物了。这种可怕的礼物,可以这样来比方:如果您想害死您的孩子,您就给他饱服一剂足量的您个人的幸福,他就可以被害死。"

多么可怕的比方呀!然而,这却是千真万确的。明智的家长应当看到,孩子终究是要成熟并走向社会的,社会不会纵容适应那些被宠坏了的孩子,被宠坏的孩子在置身社会时会茫然不知所措。为了孩子能适应社会要求,家长必须以理智的态度严格要求、严格训练,只有这样才是对孩子真正的爱,才能使孩子终身受益。

克服孩子过分依赖的习惯

孩子是在父母的怀抱里长大的,自然依赖父母。父母是孩子最可靠的安全屏障,最有力量和办法保护自己的孩子免受一切打击和伤害。年幼的孩子,正是在这样的心理安全网的保护下,逐步建立起自信与自卫的能力,最终脱离父母的安全网,成为一个有心理防护能力、有独立性的人。因此,对一个孩子来说,依赖父母是正常的。但是,随着年龄的增长,这种现象应当越来越少,孩子呈现出越来越多的独立性,内心有足够的安全感支持他去探索周围的世界,而非时时被各种恐惧所包围。

然而,有的孩子到了青春期,仍对父母表现出特别强烈的依赖性。心理学家认为:一个人担心会失去自己所爱的人是十分正常的,但如果这种担心是如此之强烈,以致当他与所爱的人不在一起时便会常常为这种担心所困扰,这种担心甚至达到了干扰他正常生活的强度与频繁度,就是不正常的了。

现在的家庭多数是独生子女,几代人的爱护和关心集于孩子一身。在家里,孩子就是"太阳",就是"小皇帝"。没有家长一口一口地喂饭,孩子就不肯自己吃饭;没有父母哄着、拍着,孩子就不肯睡觉;就连和小朋友在一起玩耍也要求大人陪着。吃完饭不知道洗碗,上学忘了带学习工具,早晨起床根本想不到叠被子,甚至连刷牙也要父母帮着把牙膏挤好;学习上遇到一点困难,第一个想到的是问家长,要求家长帮助解决,而不是独立思考。如果孩子有了这些坏的习惯,就不能不考虑他是否太过于依赖父母了。

对父母过分依赖的孩子,容易事事依赖他人,这对他们的成长极为不利。过分依赖父母和他人的孩子表现出许多不成熟的迹象:胆小、怕事;遇事退缩、没有主见;总是要别人帮助,屈从他人;逆来顺受,无反抗精神;进取心差,意志薄弱,害怕困难,在困难面前惊慌失措,经受不住挫折和失败;人际交往能力差,孤僻、自我封闭。

过分依赖父母,会使孩子失去物质和精神生活的独立自主性。他们不能独立思考,缺乏创造的勇气,自我肯定性较差,总是陷入犹疑不决的困境。在生活中,他们需要别人的鼓励和支持,借助别人的扶助和判断。并且好吃懒做,坐享其成,不思进取。

过分依赖父母,会形成一些特有的生活环境,使孩子缺乏社会安全感,总是跟别人保持距离;他们需要别人提供意见,经常受外界的暗示或指使,好像自己没有判断能力;他们潜藏着脆弱,没有发展出机智应变的能力,更不会有创造性。

纠正孩子过分依赖父母的坏习惯,应该从以下几点人手。

让孩子做力所能及的事情

家庭教育的目的,不是让孩子过上舒适安逸的生活,而是要培养孩子各方面的能力。所以,父母要转变观念,从小就开始培养孩子自主、自立的精神,孩子的日常学习生活起居,能让其自己做的就不要包办代替。美国家庭的做法是:婴儿从一出生就单独睡觉;孩子能够捧奶瓶了,就让他自己捧奶瓶喝奶;让孩子在有围栏的床上自己玩;把孩子放在大便椅上让他自己大便;孩子学步的时候,也是让他自己扶着学步车走路。长大后,一切能够做的事情都自我完成,同时还必须帮助父母干一些家务活;孩子在 7 岁的时候就开始学着自己挣钱,成人以后,就完全独立,自己解决生活问题。

对孩子的要求和孩子的能力相符合

在培养孩子动手能力的同时要按孩子的年龄、能力的发展程度对孩子提出适当的要求,如果对孩子要求过高、难度过大,会使孩子产生畏难情绪甚至自卑心理;要求过低又不能激发孩子的兴趣。事实上,在幼儿期间,伴随着孩子生理的发展,他们肢体活动能力的增强,相应的自主性也开始得到发展,独立性逐渐增强,这时是父母帮助孩子形成良好习惯的适当时期。父母要坚持给孩子提出一些要求让他们自己完成。当孩子看到自己完成了许多事情,他们的自信心和责任感便会增强,从而减少对父母的依赖心理。

改变孩子已形成的依赖心理

父母一旦发现孩子有依赖性,就必须及时给予纠正和改过。首先了解孩子依赖心理的形成原因,以此为基础,使用一定的策略。比如,许多孩子每天早上的起床问题让父母费了不少心思,一次又一次地叫孩子起床,可孩子总是赖在床上不起,一旦迟到了,反而会责怪父母没有及时把他从床上拉起来。面对这样的情况,一位父亲就对儿子说:"上学是你自己的事,晚上睡觉前上好闹钟,早晨自己起床,没有人再叫你了,迟到了只能由你自己负责。"当然这位父亲对儿子是很了解的,他知道儿子能行。第二天,闹钟一响,儿子果然立即跳下了床,做自己该做的事情。这位父亲运用了一个小技巧,很轻松地改变了孩子的依赖心理,他的做法是值得其他父母借鉴的。

一位业绩辉煌的公司老板曾说过,他准备让自己即将毕业的儿子先到别的企业里工作,在那里锻炼锻炼、吃吃苦头。他不想让儿子一开始就和自己在一起,因为他担心儿子会总是依赖他,指望他的帮助。这位老板的做法应该受到赞赏,相信他的儿子将来会有所成就,最起码不会比早早就藏到父亲的庇护伞下的人差。家长一定要记住:一个人一旦不再需要别人的援助,自强自立起来,他就算踏上了成功之路。

第六章 教出会做人的孩子

有礼貌的孩子受人夸

礼貌是人与人进行交往的良好习惯和方式,反映出良好的社会秩序,是人际交往的道德水准。

礼貌,是对一个人最起码的礼仪要求,是人与人之间正常交流的通行证,是人的内在品质的具体体现。

人与人之间互相观察和了解,一般都是从礼仪开始的。一个举止优雅、彬彬有礼的人,更容易交到朋友、找到工作。试观天下那些明智的和有礼貌的人,他们都非常谦虚谨慎,从不装腔作势、装模作样、夸夸其谈、招摇过市,他们正是通过自己的行为而不是言语来证实自己的内在品质。

一个有教养的孩子必须有礼貌。这样的孩子才受人欢迎,按心理学上的说法,也就是"被众人接纳的程度高"。

有些家长认为,现代社会是个自由的社会,懂不懂礼貌没关系,只要学习好、有真本事就行了;还有些家长则认为,小孩子天真无邪,长大了就会懂得礼貌的。其实,这些都是误区。一方面,礼貌要从小培养,让孩子从小形成良好习惯,否则就会形成坏习惯,一旦形成坏习惯,再改就很难;另一方面,越是懂礼貌的孩子,就越能获得自由发展的广阔天地,因为他会受到他人的尊重和欢迎。

那么,应该怎样来培养孩子讲礼貌的习惯呢?

要为孩子树立榜样

孩子的礼貌行为来自对父母以及成人的学习和模仿。所以家长首先要注意提高自身的修养,使用文明的语言,在家庭中不要讲粗话、脏话,家人之间多使用礼貌用语,说话要和气。如果家长尊重老人,每天早晨起来向老人请安问好,孩子自然会敬重爷爷奶奶,对爷爷奶奶有礼貌;如果家长有事去找别人时先敲门,经主人允许后再进屋;如果不小心碰了别人,就主动向对方道歉,孩子遇到类似的情境,就会模仿这种好习惯。

净化孩子的语言环境

孩子不文明的语言一般都来源于周围的环境,要想让孩子成为一个文明礼貌的人,首先要净化孩子周围的语言环境。

当父母发现孩子说脏话时,要找出他说脏话的"根源",尽量让孩子远离或少接触那种不良的环境。比如,父母可以有意识地限制孩子与经常说脏话的同学来往;也可以和教师取得联系,借助老师的力量促进其他孩子养成文明礼貌的习惯;还可以和孩子同学的父母取得联系,一起帮助孩子养成文明礼貌的习惯。

培养孩子注重个人礼仪

父母要有意识地向孩子强调注重个人礼仪的重要性。所谓"站有站相,坐有坐相",就是说,人在举手投足之间表现出他的修养。一些人很少说话,但通过他的举止却能让人感受到他的人格力量。从某个角度看,训练孩子"坐如钟、站如松、行如风、卧如弓",不只是健康教育,同时也是行为教育、形象教育。父母都希望自己的孩子举止端庄、大方、文雅,希望他们有展现自己个性的音容笑貌和举止。

教育孩子保持仪容仪表的整洁,要把脸、脖子、手都洗得干干净净;勤剪指甲,勤洗头;早晚刷牙,饭后漱口,注意口腔卫生;经常洗澡,保证身体没有异味;衣着要干净、整洁、合体。在与人交往时要面带自然微笑,千万不要出现随便剔牙、掏耳、挖鼻、搔痒、抠脚等不良习惯动作。

教育孩子使用文明礼貌用语。我国在儿童中推广学用"十个字"的训练是一个创造。"请、您好、再见、谢谢、对不起"这十个字虽然简单,却集中了礼貌用语要表达的全部内涵,即对他人的尊重、关心、热情、谦让。父母一定要训练孩子经常地主动地使用这些字,成为他们的语言习惯。

要求孩子礼貌待客

每个家庭都会有客人来。父母要试着让孩子学会以主人身份招待客人,礼貌待客。

在见面前,家长要先告诉孩子"待会儿会见到什么人""要如何称呼",以及"该说什么",让他有心理准备,甚至可先练习一下。见了面,要给孩子留时间,而不是大人忙着说话,如果发现孩子还没和对方打招呼,不要急着催孩子,应该鼓励孩子把先前练习过的说出来，如果真是害羞，一时怯场，让孩子点点头，笑一下也可以。

客人进屋的时候，教育孩子主动帮助客人放衣物，请客人在合适的位置落座；主动送上客人想喝的饮料；递接物品要用双手；孩子主动、大方地与客人交谈，不要拘谨，让客人感到像在自己家里一样。

在客人要走时应礼貌挽留，要说"您再坐一会儿""再喝杯茶吧"等；要送客人一段距离后才说"再见""有空常来"。

5.及时纠正孩子的不礼貌行为

当孩子打断别人谈话时，要先心平气和地告诉孩子，打断别人的谈话是没有礼貌的行为。但也要谨守原则，千万别在孩子插嘴时回应他的要求，否则他会不断重复这可得逞的行为。在谈话告一段落后，要主动问孩子："你想做什么，我现在可以来帮你。"让孩子明白，这时候才能听他说话，满足他的需要。

有的孩子在公共场所吵闹不休，解决这一问题，关键是要在外出前先告诉孩子，外出的目的是什么，让他知道会发生什么事。出门前，要先跟孩子说好规则，确定他已经听明白，并问他是否能遵守。到了外边，这些规则一旦被打破，家长要耐心地提醒与纠正，直到孩子遵守。同时，家长也要坚持自己的原则，例如，孩子在超市奔跑吵闹，屡劝无效时，可问他："你是要安静下来，还是要离开？"如果孩子不听劝说，就冷静地带他回家，千万不要舍不得选好的物品。让孩子明白，除非在公共场所表现适宜，否则不能再出门。下次出门前，可再和孩子谈一次，是否了解这些规则，能不能遵守；如果不能，就把孩子托给其他朋友，大家按需轮流外出购物，这样也能让孩子学会自我控制。

如果孩子说出"你是个笨蛋""叔叔，你的嘴巴好臭""妈妈，这个女孩儿好丑"等令人沮丧的话，家长要做的是持续教导孩子，引导他做出正确的反应。因为，当孩子再大一点时，需要学的不再只是"请"和"谢谢"，而是应以正确的态度处理和成人的关系。

如果孩子在婚宴上当着新娘面说她很丑，妈妈可在事后告诉孩子，不一定要当场把所有对他人的感觉讲出来，如果只想说给妈妈听，附在耳边说就可以了。

要教孩子将心比心，体会别人的感受与反应，可问孩子："如果别人也这么说你，你会不会很难过？如果会，就不要这么说。"也要提醒孩子，常常说这种话会得罪人，没有人喜欢跟他做朋友。建议孩子使用文雅有礼的语句，这样会比纯粹的斥责有效得多。

尊重老人，传承美德

人都有生老病死，这是自然规律。今天的老人，就是几十年前的年轻人。"前人栽树后人乘凉",我们之所以享受着今天的物质生活,其成果大都是前人创造的。因此,我们有理由尊重老人、敬爱老人。

尊老和爱幼一样,是我们国家的优良传统之一。在古代的家庭,尊老被列入"孝"的一部分,把敬老、养老当作是家庭成员的重要责任。如今,尊老不仅是家庭的责任,更是社会的义务。敬老院是为老人开办的,一些服务行业,如公共汽车、银行等都有尊老项目,国家还设立了"老人节",到时会开展各项活动,所有这些都是尊老、敬老的具体体现。

有道是,爱人如己,敬人也当如己!不会尊敬老人正反映出他不会尊敬自己,而学习尊敬老人的过程也正是学习尊敬自己的过程。人为什么要尊敬自己呢?因为人格犹如人的衣服,人如果知道赤身露体是羞耻,那就更应当知道失掉人格是更大的羞耻。

俗话说,凡事问三老。是说老人经验丰富,见多识广,可以成为我们的引路人和参谋。如果人们想获得经验,吸取教训,为己所用,为什么不向老人学习呢?既然学习了,又有什么理由不敬重他们呢?

然而,社会上不尊老、不敬老的现象也存在着。有的人讨厌老人,认为他们老而无用,身体多病,样子丑陋,是社会的负担;有的人嫌老人啰嗦,思想和行为与年轻人格格不入;更有甚者,在家庭中辱骂、虐待老人的不肖子孙也时有出现,让老人和社会感到寒心。

尤为严重的是,这种不尊重老人、不关心老人,甚至虐待老人的不道德行为对儿童的影响极坏。有的孩子受不良父母的影响,不喜欢与老人接触,嫌老人丑,嫌老人脏。在日常交往中,也常常发现不少孩子对待老人不够尊敬,如顶撞老人,不服从管教;用生硬的态度命令老人为他做这做那……这些现象实在堪忧。

尊老敬贤的优良传统,是祖先留给我们的宝贵财富。今天,人们更应将这种美德发扬光大,一代一代延续下去。

那么,家长应该如何来指导孩子尊敬老人呢?

以身作则发挥榜样作用

家长的一言一行,孩子从小到大都看在眼里、记在心上,并且表现在自己的行动中。如果家长尊重自己的父母,多关心照顾老人,在给孩子添置衣服的同时,也不忘记老人;如果老人生病了,要及时送到医院,并悉心照料;如果在吃饭的时候,让老人坐在上座,并亲自为老人夹菜;如果平时经常为老人"捶捶背、揉揉肩"……孩子也会像父母一样善待老人。另外,家长还可利用英雄模范人物、现实生活及文学作品中人物的良好行为给孩子树立榜样。

从前,有一对不孝夫妻,对老人毫不关心,又嫌老人不能干活,打算把老人赶走。

这一天，夫妻二人让老人坐在筐里，抬着他向深山里走去。他们的孩子跟在后面。到了山里，丈夫说："就扔在这里吧，离家这么远，他肯定回不去了。"

说完，夫妻二人丢下老人和筐子，扭身就走。

老人看到儿子和儿媳这样对待他们，伤心得流下了眼泪。

这时，孩子突然冲父母喊道："爸爸妈妈，应该把筐子带回去。"

爸爸不解地问："要这筐子干什么？"

孩子回答："等你和妈妈老了，不能动弹了，我好用它把你们抬到这里来呀。"

孩子的话深深地触动了夫妻俩。他们彼此相视了一眼，顿时悟出了一个道理，心里惭愧起来，立即把老人抬了回去，悉心照料。

孩子认识肤浅，判断能力差，缺乏独立性，心理活动带有暗示性和模仿性。在他们眼里，父母的行为就是一把尺子，认为父母做的，他就能做；父母怎样做，他就应该怎样做。家长如果以身作则，做尊敬老人的带头人，孩子受到潜移默化的教育。

利用节日启发诱导

家长可借助老人生日、老人节（重阳节）、元旦、春节等有利时机，通过谈话、点拨、暗示，诱发孩子的良好行为。如询问孩子："明天是捉？兹兆？，你应该做些什么？怎样使爷爷（奶奶）高兴呢？"孩子就会认真地说："我帮爷爷切蛋糕，祝爷爷生日快乐，健康长寿""我送奶奶一件礼物""我给爷爷、奶奶拜年"……对这样的回答，家长应予肯定和鼓励，并协助孩子做到。

及时纠正孩子的不良行为

孩子易冲动，自制力差，他们的行为往往受情绪支配，容易产生错觉，常常做出对老人无礼的举动，如对老人发脾气、摔东西、不理睬等。一旦发现这些问题，家长一定要舍得管教，严肃批评，耐心说服，防微杜渐。要使孩子认识错误，尤其不放过"第一次"，严格把关。要知道，迁就容忍只能招致更多的过错，使孩子养成尊敬老人的习惯。

建议老人多与孩子交往

有些孩子不是对老人敬而远之，就是漠不关心，这往往是与老人交往甚少、感情不深的缘故。在交往中，常常要在父母的提醒下，才随之行事，非常被动，如给老人搬凳子，说"再见"等。做家长的既要教育孩子多与老人交往，也要建议老人多带孩子，主动与孩子多交流，从中增进相互感情。

让孩子学会感恩

一位哲人说过："世界上最大的悲剧或不幸,就是一个人大言不惭地说没有人给他任何东西。"人们生活在这个世界上,时时接受着各种"恩赐":父母的养育、师长的教诲、爱人的关爱、朋友的友情、大自然的慷慨赐予……然而,对于这些恩惠,有很多人似乎觉得这一切都是理所当然,丝毫没有感恩意识。

这种现象表现在孩子身上尤为严重。在只有一个孩子的家庭里,大多数孩子是家中的"小太阳",一切以孩子为中心。在这样的家庭氛围里,孩子生活在富裕的物质环境中,要什么有什么,得到所要的东西似乎是理所当然。其结果,造成大部分孩子自私、狭隘、霸道、不容人、不讲道理,缺乏或者没有爱心,不知道也不懂得关心他人。有的孩子对于社会的恩惠,表现为麻木不仁、浑然不知,甚至在受到别人的资助或帮助时,也会因自己的要求得不到满足,而要指责和埋怨他人,更甚者对社会心生无端的仇恨心理。

教育界专家认为,人的素质包括身体、心理、思想道德、科学文化、劳动技能、艺术审美等方面的综合素质。著名科学家爱因斯坦说得更为简洁:"什么是教育?当你把学过的东西忘掉了,剩下的就是教育。"也可以说,忘不掉的才是素质。那么,什么是忘不掉的呢?根据人们的深切体验,可以说,兴趣、习惯、思维方式是忘不掉的,而更忘不掉的是爱,是情感,是对美的追求。

良好的家庭教育是一个孩子健康成长的前提。感恩教育是家庭教育的重要组成部分,属德育教育的范畴。目的就是要培育孩子良好的思想品德、社会公德和家庭美德,使其成为有事业心、有责任感的合格公民。所以,家长在培育孩子的感恩意识时要注意以下几点。

以感恩文化熏陶孩子

感恩,自古以来就是一种美德。汉语中有"知恩图报""投桃报李""受人滴水之恩,当以涌泉相报"等词语和不少感人肺腑的关于"感恩"的传说故事。这些良好的道德文化,让许许多多人受到过熏陶和感染,对培育人们的道德情操起到了很好的作用。

家长要让孩子明白父母的养育之恩是要用一生来回报的。可以给孩子讲讲乌鸦长大后,还返回来喂自己的父母,就像当初父母从外面寻找食物喂自己一样。鸟都能做到这一点,又何况是人。

要教孩子从小事做起,比如,主动帮助老师擦黑板、对师长有礼貌、尊重老师、关心理解父母、为父母分忧。着力培养孩子的感恩意识,使他"吃水不忘打井人",永不忘记别人的帮助之恩,不忘父母师长的养育教导之恩。对于曾经帮助过自己的人,应该发自内心地感激,而不是表面上做做样子,更不能忘恩负义。

家长要为孩子做出表率

俗话说,言教不如身教。要想让孩子学会感恩,父母的榜样作用也是很重要的。做父母的,平时无论工作有多忙、多累,都别忘了在假期带上孩子去看望双方的老人;春暖花开时带上孩子一起陪老人去公园赏花观景;过年过节、老人生日时和孩子一起为老人选购礼物;朋友送来的好吃的东西先给老人留出一份等等。用你对长辈关爱的言行来不知不觉地慢慢影响、感染孩子,使之能深深地印刻在孩子的心灵。同时,在家庭生活中,父母和子女间要相互尊重、关爱和体贴,既要共同承担家庭的责任和义务,又要共同分享家庭的利益,相互间要多用"行""谢谢""对不起"等语言。家长在日常生活中表现出来的这种态度和行为,对自己的孩子会起到耳濡目染和潜移默化的作用。

对孩子的感恩行为要及时给予鼓励

孩子的感恩不能仅仅局限在对父母的感激上,感恩应该是更广泛的一种情感。孩子常常有意无意地会表现出一些感恩行为,例如,主动关心长辈的身体状况,热心帮助有困难的同学,积极参加学校和班级的公益活动等等,家长一定要给予及时鼓励,决不能以学习任务重为由不予支持,要注意调动和保护好孩子萌发的乐善好施、助人为乐的感恩意识。

培养孩子的家庭责任感

培养孩子的家庭责任感也是很重要的,可根据孩子年龄,经常有意识地指导孩子做一些家务劳动,培养孩子的独立生活能力、生活自理能力与做事能力;同时,鼓励和支持孩子积极参与社区服务活动,例如,开展小区环境卫生治理、安全防范宣传以及访问、帮助孤寡老人等公益性活动,要乐于助人,关心他人等等。从而在感受到为他人服务是一件快乐的事的同时,体验父母的辛劳,更加珍惜家庭的幸福生活。

感恩,在一定程度上包括回报。周围的人给了我们良好的生活环境,那么我们也就应该回报周围的人。感恩不是口号,而应体现在家庭生活的每一个细节之中。比如不随地抛纸屑,夜深人静时不要把电视声音开得太响等,这些都是对周围人的一种回报。

注重孩子感恩能力的培养

当一个人的感恩意识变成感恩行动时,必须具备一定的感恩能力。否则,一个人想感恩父母、感恩老师、感恩社会就成为一句空话。对孩子感恩能力的培养,就是要他们努力学习,掌握知识,实现个人价值和服务国家的统一。

生命的力量来自感激。让孩子学会感激吧！感激所有的关怀、所有的知识和智慧；感激身边的世界,感激所有帮助过他们的人、支持过他们的人、鼓励过他们的人、批评过他们的人……

让孩子做一个感恩的人吧！用他们的爱,去关怀身边的每个人,给每个人温暖的笑容。

有自信心的孩子有希望

爱默生说过："有史以来,没有任何一件伟大的事业不是因为自信而成功的。"自信是一种潜伏在人的意识中的能源,一旦开发出来,能产生巨大的能量。自信就像人身上的发动机、推进器,总是不断给人提供前进的动力。自信也具有感染力,所有和自信的人有过接触的人都将受到积极的影响。当自信成为习惯时,那实际上已经为成功做好了准备。

在许多伟人身上,都可以看到超凡的自信心。他们不是从未被击倒的人,而是在被击倒后,还能够高举自信之剑,继续为成功打拼。正是在这种自信心的驱动下,他们敢于对自己提出更高的要求,并在失败中看到成功的希望,鼓励自己不断努力,从而获得最终的成功。

爱默生

任何幸运都不会无缘无故地光临。决定事业成败的关键,在于人的坚定信念。没有什么比自信更能改变人的处境,信心就是人生最好的观音,拥有自信就等于拥有无限的可能。自信是成功的源泉,拥有自信,人们就能在千百次失败中,重新筑建起自己的人生乐园。

而缺乏自信的人,多是瞻前顾后,拿不定主意的人。他们往往以缺乏经验为理由,或以曾经失败过为借口,给自己制造前进的障碍,束缚自己的手脚,使自己寸步难行。其实,在人的一生中,很多工作都是无经验的尝试。如果人们相信自己,就会发现,成功并非遥不可及。婴儿出生后,什么都不会,但他却在短短两年时间内学会了走路,学会了说话,甚至唱歌、跳舞。在学会之前,他们从来没有摇摆不定,想过自己是否能,还是不能。他们要做的就是尝试,摔倒了,爬起来；说错了,重新试一次。试想,除了有生理残疾以外,又有哪个孩子没有成功呢？

自信对孩子的发展有巨大的作用。如果孩子是个自信的人,那么他处世乐观进取,做事主动积极,勇于尝试,乐于接受挑战；如果孩子缺乏自信,那么他就会在任何事面前表现出柔弱、害羞、恐惧的心理，不敢面对新的事物，不敢主动与人交往，从而失去了很多学习和锻炼的机会，影响自身的发展。而且，长期缺乏自信会让孩子产生"无能"的感觉，产生自卑等不良心理，甚至可能自暴自弃、破罐破摔，那将是很可怕的。

现在，不少家长非常重视培养和提高孩子的智力因素，把孩子的学习成绩看得比什么都重要，却忽视对孩子非智力因素的培养，忽视挫折教育，忽视培养孩子正视问题、处理问题和解决问题的实际能力，所以造成了不少孩子"高分低能"或是"低分低能"。例如，不少孩子常常是事情还没开始做，便先提出一大堆担心，或是尚未进行实践活动，就自以为不行而放弃尝试。有的学生代表本校外出参加学科竞赛，准备了很长时间，却在临赛前打了退堂鼓；有的学生参加学校的运动会，明明可以取得更好的成绩，却因事先在心理上认定对手比自己强，因而从主观上放弃拼搏，这事与愿违的结果令不少家长困惑不解、苦恼不堪。

一次对全国各地 1000 余名 6 至 12 岁孩子所做的专题调查表明，40%的人自称对自己"至少一两个方面完全丧失信心"。他们有的对自己的外貌、身高、体重等生理条件没有信心，有的则对自己的学习能力、运动水平和交友本领感到悲观。而进一步的调查却证实，实际这些孩子往往不论在外貌还是能力上，都不比一般孩子逊色。

激发孩子的自信，让孩子挺起自信的胸膛，是父母应尽之责。有一句教育名言这样说："要让每个孩子都抬起头来走路。""抬起头来"意味着对自己、对未来、对所要做的事情充满信心。任何一个人，当他昂首挺胸、大步前进的时候，在他的心里有诸多的潜台词——"我能行！"、"我不比别人差！"、"我的目标一定能达到！"、"我是最棒的！"、"小小的挫折对我来说不算什么"……假如每一个小学生、中学生，都有这样的心态，肯定能不断进步，成为德智体全面发展的好学生。

那么，培养孩子的自信有什么技巧呢？

告诉孩子："你能行"

缺乏自信的孩子常常在心里建立了消极的自我预言，即"我是没用的""我肯定成功不了"等。这种心理让孩子越来越不敢尝试新的事物，越来越缺乏信心。因此，家长在平时可以有意识地忽视孩子缺乏自信的表现，而在孩子表现出自信的时候及时给予积极的表扬和鼓励，让孩子淡化"我无能"的心理，树立起"我也行"的心理。

家长在教育孩子时，最容易犯的错误就是事先假定孩子什么也不会做，什么也做不好，所以事事都会阻止他们自己做，都要替他们做好。殊不知，这么做的结果是使孩子慢慢地对自己失去信心，失去自己努力去探索、去追求、去锻炼的自觉性。这样，大人们也忘记了只有通过各种锻炼和磨炼才能使孩子成为一个有用之人的道理。所以,要努力避免这样一种先入为主的错误,用激励的办法去促使孩子主动做事情,而不是以年龄为由去阻止孩子做某件事情。

"你能做好",这是家长大脑中首先要设定的一个前提。应该相信,孩子和大人一样也能把事情做好,孩子随时随地都应该学习生活的本领。虽然有成功也有失败,但不能因为失败而影响孩子自身的价值,关键之处在于孩子是否敢于尝试,敢于面对失败,同时他们的自尊心和自信心不会受到影响。所以应该鼓励孩子主动做事情,既不能打击孩子,也不要过分表扬,因为过分的表扬容易使孩子产生骄傲的情绪。总之,适当地对孩子进行鼓励和表扬,让孩子得到一种自我满足,增强自尊和成就感,从而不断增强他的自信心。

尊重自己的孩子

孩子由于年幼,对自己的看法与评价一般来自成人对他的看法和评价。孩子自信心的形成与他们的父母有密切的关系,因此,父母需要尊重孩子,帮助孩子建立自信心。

任何人都有自尊和被人尊重的需要,而自尊、被人尊重,是产生自信心的第一心理动力。孩子的自信首先来自自尊,一个没有自尊的孩子是不可能有自信的。

尊重孩子不分时间和地点,也不分孩子是优点多还是缺点多。如果一位家长在孩子有成绩时就尊重他,在出现问题时就责怪他,任意褒贬,这就做错了。家长不妨用心理换位的方法想一想,自己有了缺点、错误时,希望别人怎样对待自己?因此,父母要把孩子当成与自己平等的人,有意识地让孩子参与一些家庭的事务,与孩子讨论一些家庭中的事情,让孩子感觉到自己的能力和父母对自己的信任。

尊重孩子,就不能对孩子说有辱人格、有伤自尊的话。千万不要经常对孩子说:"你真没出息!"、"小孩子懂什么!"、"大人的事,小孩子知道什么?"这样,孩子就会觉得自己无法获得父母的信任,从而无法获得自信。尊重孩子尤其不能随意辱骂、惩罚和殴打孩子,辱骂、惩罚和殴打是最伤害孩子自尊心的。

给孩子创造表现的机会

心理学研究表明,孩子都有表现和展现自己的欲望,因此,家长要顺应孩子的心理,为孩子提供自我表现的机会,激发孩子的积极性。一旦孩子有突出的表现,就应及时给予肯定和鼓励。如果孩子生活在鼓励中,他便学会自信。

一个人只要体验一次成功的欢乐,便会激起追求无休止的成功的力量和信心。因此,引导孩子了解自己的长处和短处,就会扬长避短,增强信心。

如果家长能把握每个孩子的闪光点,点燃他的自尊心,打消他的自卑感,并以此激发孩子鼓足勇气,树立信心,就能促进孩子的全面发展。

培养孩子的自尊心

所谓自尊心，就是一个人对自己的生理特征、心理特征，诸如技能、外貌等特征的评价和接受程度。一个人有了自尊心，才能把追求自尊的意识转化为强大的动力，才会自强不息，从而迸发出一种追求成功的热情。因此，在大多数情况下，一个人的勤奋，更多的是来自自尊自强的精神。

自尊是心理成熟的标志，孩子的自尊心可看作是对自己身体、能力、表现等感到满意的一种心态。美国的心理学家巴巴拉·伯杰则直截了当地说："自尊就是孩子为自己感到骄傲。要想具有较强的自尊心，孩子必须感到自己既能讨人喜欢又有足够的能力。他必须深信自己的价值，能够掌握自己和周围的问题。"这种认为自己可爱和有能力的感觉将不同程度地影响孩子现在和将来生活的各个方面，也是决定一个孩子的创造能力、进取心和人际交往能力的重要因素。

我们知道，不同的孩子是有个体差异的，有的孩子长得美，有的孩子长得丑；有的孩子身高，有的孩子体胖；有的孩子做事灵活，有的孩子反应迟钝等等。让成人对自身的一切如愿都就很困难，更何况孩子呢？孩子很容易感受外界给他的评语，所以父母的教育方法之一便是维护和培养孩子的自尊心。

每一个孩子都有自尊意识，都渴望被尊重，尤其是被家长和老师尊重。如果一个孩子在班级中不被重视，在集体中没有施展能力的机会，或者在老师和家长面前受到过多的指责、批评，甚至是讽刺、挖苦，都会伤害到孩子的自尊心。自尊心一旦受到了伤害，孩子就可能从此一蹶不振，成为一个被自卑感笼罩着的人，会产生自暴自弃的心理。而自暴自弃的孩子，往往会招来老师和家长新的责骂，从而形成恶性循环。

一个有着健康自尊心的孩子相信自己有能力做好事情，其有如下的表现：

相信自己做事能成功；

喜欢学校；

愿意与同学交往，并感到很快乐；

对学习上遇到的困难，有信心能克服。

而自尊心受到伤害的孩子，则会表现出以下的倾向：

学习成绩不好；

不愿意与别人交往；

精神消沉，缺乏自信心；

畏缩不前，缺乏自我调控能力；

经常苛求别人，容易产生对他人的消极想法。

培养孩子的自尊意识，做家长的要首先尊重自己的孩子。孩子最初的自尊意识就来源于父母对他的尊重。因此,家长要多说鼓励、肯定孩子的话,像"你真棒""你一定能做好""你虽然这次考得差了点,下次肯定能考好"……而像"你真没出息""你不可救药""你的脑子是猪脑子呀""我对你完全失望了""早知道你是这副德行,真不该生你""你把我的脸都丢光了"……这些话应该从父母的口中消失。

下面的故事中,小萍的自尊心就在妈妈亲切的话语中得到了保护。

"妈妈,我们同学说我长了个扁鼻子,非常难看。"

"小萍,他们真的是这么说的吗? 这太伤你的心了。"

"妈妈,我的鼻子是真的很难看吗?"

"嗯,让我来看看。鼻子是扁了一点,但并不难看呀,你其实是很可爱、很讨人喜欢的。"

"谢谢妈妈。"

然而,下面这个母亲的做法就不是那么妥当了。

胖胖很聪明,学习成绩也可以,但就是有些逆反心理。一次吃饭时,他把菜汤洒到了裤子上,妈妈叫他脱掉裤子,换另一条。可他倔劲儿上来了,就是不去,后来干脆拽着裤子躺到了地上,嘶叫着。家里正巧有几位客人,妈妈气得把他的衣服剥了个精光,又把他的小屁股打得红肿起来。家长的面子虽然挽回了,但却产生了副作用:从此胖胖不怕羞了,居然不穿衣服也在别人面前跑来跑去。就这样,孩子的某些自尊,就在家长对他不经意的不尊重间消失了。

父母有哪些行为会损害孩子的自尊心呢?

(1)老是责骂孩子。亲子关系最忌讳的莫过于家长口头的揶揄与讽刺。孩子的心头是很敏感的,他可是会记在心里。如果一个幼小的孩子学会骂"你这个白痴""笨蛋""傻瓜""你很蠢哟""你这只猪"时,人们就很清楚地知道围绕着这个孩子的外在世界是什么了。外在世界对孩子的成长有着深远的影响,如果父母很少赞美孩子,孩子根本不知道自己有什么优点;如果父母老是批评孩子,孩子也会批评自己和身边的人。

(2)总与其他孩子比较。父母总喜欢"比较",在孩子还很小的时候,比身高、体重、皮肤,比先掉牙、先说话;孩子大了,比的项目又更多了。但是家长很少教导孩子"自己和自己比""看看自己进步的地方在哪里",也没有教导孩子如何"向内看",看到自己的力量。其实,跟别人比是很辛苦的,因为人与人是不一样的,怎么会比得完? 可是,如果孩子相信自己是特别的,他是会创造出自己所独有的价值的!

(3)不让孩子实践。有的父母总是"爱子心切",代劳各种杂事,剥夺了孩子自我学习的机会。试想,如果自己被大人看成是一种"负担"时,自己的感觉会是什么? 会喜欢自己吗? 会相信自己是有能力的吗? 会认为自己是有价值的吗?

父母是孩子良好自尊心的重要培育者。父母的接纳、尊重、关怀、无条件的爱,以及真诚的赞美与肯定,对孩子是很重要的。日常生活中的亲子互动是孩子建构自我形象的重要来源。当孩子能将这些养料都内化时,就不用仰赖他人的肯定了。

勇敢的孩子有作为

勇敢,是一种优秀的品质。一个从小勇敢的孩子,不怕困难,不怕危险,并且能够战胜困难,在危险中学会自救。尤为重要的是,这种勇敢的表现将影响他的一生。

人,不仅在一生旅途中需要用勇敢的精神去克服各种困难,而且在各种工作中,要靠勇敢的精神去争取事业的成功。对男孩子来说,勇敢精神是男子汉品格的重要组成部分。

然而,现在却有不少的孩子胆子非常小。他们不敢一个人睡觉,不敢到没有电灯的房间里去拿东西,也怕见到陌生人,甚至连在同学面前说话也有点胆怯。这样的孩子,缺少做事的勇气,很难想象将来会做出惊天动地的大事。

胆小,有先天因素,但主要是后天的原因造成的。

(1)先天因素。家长自身的胆怯会有意无意地感染孩子。有的家长见到一条小虫,就大惊小怪,孩子见了,也会怕小虫,也会变得很胆小。许多孩子主要是由妈妈抚养大的,有些妈妈很胆小,遇到一点小事总是惊慌失措,造成了一种恐慌的气氛。孩子在这种环境下成长,往往是胆小的。如果父母性格内向,不善于与人交往,孩子也自然传承了他们的特点。

(2)后天因素。主要有:

环境因素:现在大多数人都住在楼房,一家一户的封闭环境使孩子缺乏与其他孩子交往的生活空间,造成孩子孤独、胆怯的性格。

教育不当:有的父母在孩子哭闹时,经常用"鬼""妖怪"等来吓唬孩子;有的是在孩子要外出玩耍时,用"外面有人贩子,会把你骗走,卖到山里去"等话语来打消孩子外出的念头,使孩子的心理产生一种不信任别人,不安全的感觉;还有的对孩子期望过高,一旦孩子做错了事,轻则训斥重则打骂,使孩子因怕失败而退缩……

过于溺爱:孩子很小的时候是不知道害怕的,但是由于很多家长对孩子过于关注,担心孩子受委屈、受伤害,当孩子面临小小的困难或考验时,马上就把孩子置于"保护伞"下,剥夺了孩子锻炼勇敢品质的机会。在这种教育方式下,很多孩子一方面表现为娇气十足,在家庭和幼儿园里都是小皇帝脾气;另一方面,如果家长不在身边或身处在陌生环境中,就缺少一种尝试的勇气,对有难度的事不敢去做,也不敢承担责任。

切身的体验:当孩子满怀信心地在成年人面前表现自己时,得到的不是表扬而是嘲笑、挖苦,使得孩子灰心丧气;当孩子打过一次针后,切肤之痛使他下一次再到医院就会害怕……这些体验使孩子产生一种本能的害怕。

对于勇敢,大人的看法会有性别上的差异。他们常对男孩子说:"你是男孩子,你要勇敢!"他们容许女孩子从小就不勇敢。这种观念当然是错误的。勇敢与否,不应该有男女之分,因为每个人在面对困难和挫折时,都要勇敢地去面对和克服。

培养孩子的勇敢精神,就要对孩子进行情境磨炼,提高他们的挫折承受力。例如,让孩子到暗房子里去取东西;把他们喜爱的玩具藏起来,鼓励他们自己去寻找;鼓励孩子参加体育活动,在活动中有意加入一些碰撞性节目,使孩子在活动中既学会保护自己,又能争取胜利。当孩子不慎受伤时,不必大惊小怪,只是依情况处理伤口,并平静地告诉孩子为什么会受伤、以后如何避免。在培养孩子勇敢的同时,一定要同时教他学会判断危险程度,学会避免危险,又不能让他产生恐惧心理。

在孩子要做一件需要勇气甚至有些冒险的事情时,父母不要恐吓孩子,应该对孩子的精神给予赞赏和适当的引导、保护。特别要注意鼓励男孩子勇敢刚毅的表现。男孩子喜欢登梯爬高,父母不应该拒绝孩子,更不要大声吓唬孩子,这样会使孩子的胆量越来越小。这时,家长应该对孩子的勇敢精神给予赞赏,同时要给孩子讲清只有在大人的保护下才能爬高的道理。这样既培养了男孩子勇敢的性格,又让孩子增加了安全意识。

一次,小刚看到了建筑工人在屋顶上施工。回到家,他对爸爸说:"我想到屋顶上去!"

"你到屋顶上干什么呢?"爸爸问他。

"我就想到高处去看看。"

"好,你的想法不错,而且很勇敢,那你想怎么上去呢?"

"我爬梯子上去啊,爸爸给我安好梯子我就可以上去了!"

"嗯,爸爸可以给你安梯子,不过你要答应我一个条件。"爸爸说。

"好吧,你说什么条件?"

"爬梯子和到屋顶上都很危险,小孩子不能自己来,所以爸爸必须和你一起上去,保护你不受伤害,你说怎么样?"小刚想了一会,答应了爸爸。

于是,小刚在爸爸的保护和帮助下爬上了屋顶,他站在上面兴奋地大声叫喊,脸上洋溢着成功的满足。

为了增强孩子的勇敢意识,家长还要利用图书中或影视节目中勇敢人物的形象。当图书中或影视节目中勇敢人物的形象出现时,大人表示出赞叹和钦佩,但这时不能直接要求孩子向他们学习什么。因为孩子会从家长的赞叹和钦佩中领会到积极的东西。

培养孩子的勇敢精神,家长的言传身教也非常重要。在日常生活中,每件细小的事情都能体现出勇敢精神来。在孩子眼里,父母非常高大,无所不能,父母在困难和挫折面前所表现出来的态度,对他们的影响极大。因此,成人碰到困难和挫折时,一定要冷静、勇敢。在日常生活的细节上,也可有意培养孩子的勇敢精神,例如,有的家长在家务劳动中,有意识地让孩子帮着一起做,在处理某些家庭问题时让孩子参与讨论,通过父母对待挫折的态度、反应、行为等对孩子进行潜移默化的熏陶和影响。

一次,妈妈带4岁的华华到公园玩。华华高兴地在公园的草地上跑来跑去,像一只脱缰的小马。一会儿,他跑累了,就躺在草地上,打起滚来。突然,听到华华尖叫一声,妈妈赶快跑过去,只见他脸都吓白了,一把抱住妈妈,惊恐地叫道:"一条虫子,我害怕!"妈妈仔细找了半天,才看见有一条几厘米长的绿色虫子。

妈妈把虫子捏起来,放在掌心里,然后对儿子说:"这条虫子没有什么可怕的,它不会咬人,是条草虫子。"

听到妈妈这么说,华华才敢凑过去,仔细地看着虫子。

"来,把虫子捏起来。"妈妈说。

华华一听,吓得倒退了两步,一边摆手一边对妈妈说:"我不敢,我不敢!"

"不用怕,你是个男子汉,还害怕一条小虫子?"妈妈鼓励华华。

华华听到妈妈的话,鼓起勇气走过去,小心翼翼地用手碰碰妈妈手心里的虫子,见它没什么反应,慢慢地捏了起来。

"华华真勇敢!"妈妈高兴地对华华说。这时,华华看着被自己捏在手中的虫子,也高兴地笑起来。

孩子遇事胆小的原因,一是因为孩子不了解事情的状况,二是家长教育时给予不恰当地恐吓,三是家长过分严厉,弄得孩子总是处于惊恐状态。因此,家长应该认真审视自己孩子的情况,采取有针对性的措施,帮助孩子实现由胆小到勇敢的转变。

家长还可以用孩子同伴的良好行为作为榜样,教育孩子。例如,孩子不敢在小朋友面前表演唱歌,家长在旁边鼓励说:"不要怕,你一定会唱得很好的。"或当孩子犹豫不决时,对他说:"看谁能像××小朋友一样勇敢,也能上来大胆地唱。"这样,在榜样的影响下,孩子就会树立信心,大胆地上来演唱。在他们一次次战胜困难后,便增添了战胜困难的勇气,这时父母的"你真行",也就变成了孩子心里的"我真行"。

当然,孩子的身体素质是孩子具有勇敢特征的物质基础。所以,家长应特别注意孩子的身体健康,增强孩子的体质。同时,通过各种途径,采取多种手段丰富孩子的知识,训练孩子的各种生活技能,使孩子做好应付各种困难和危险的心理准备,逐渐形成处变不惊、临危不惧的优秀品质。

这里还应强调:所谓勇敢,指的是当遇到痛苦、困难、危险的情况时,不但不害怕,还能在遵纪守法的原则下,想方设法去克服、去战胜。而逞强的血气之勇,不讲原则的江湖义气之勇,绝不是真正的勇敢。

孩子也要有自制力

自制力是能够控制自己、支配自己并自觉调节自己行为的能力。它表现为既善于促使自己去完成应当完成的任务，又善于抑制自己的不良行为。对于孩子来说，由于中枢神经系统尚未发育完善，神经纤维尚未全部髓鞘化，传递的神经行动容易泛化，不够准确，因此会常表现出自制能力比较弱。比如，孩子也知道饭前吃零食不好，但当他看到香喷喷的点心和甜甜的巧克力时，禁不住美味的诱惑，趁妈妈不在家就拿来吃了；孩子在去医院的路上，答应妈妈看病时不哭，但当医生把听诊器放在他的前胸时，他又"哇"地哭了出来。孩子的这些行为都说明，他们并非有意和大人过不去，而是缺乏控制自己的能力。

小果是一个小学低年级学生，上课不能集中精力听讲，虽然老师一再提醒，但他仍然控制不住接连不断的小动作。一旦下课，他就快活得像个学龄前孩子，东跑西窜，玩个没够。如果让他坐下来写作业，他哼哼唧唧，摇来晃去，屁股坐不住。这样不但影响他的学习，也影响了别的同学。

小果的情况属于"儿童多动症"，这是一种心理障碍，其核心问题就是自制能力不足。

自制力是孩子良好心理品质的一种，家长应该注意孩子自制力品质的培养。那么，如何培养孩子的自制力呢？

从小培养并及时督促

对孩子的自制力，不应消极地等待它"树大自然直"，务必从小积极培养。从孩子能理解大人的话时开始，家长就要注意帮助孩子逐步学会正确评价和判别自己行为的适宜度，让孩子慢慢明白，什么是应该做的，什么是不该做的。一般来说，孩子比较小时，自制力的培养主要是生活习惯上的问题，如规定孩子有规律地生活，让孩子按时就寝、准时起床、按时吃饭、按时做作业及游戏、按时完成父母指定的家务等。也许开始培养时，孩子并不一定完全理解某种做法的道理，而是单纯地响应。例如，父母不许孩子玩火柴，每当孩子拿起火柴时，就受到不能玩这个的约束，久而久之，看到火柴就不动手了，但对于火柴燃烧，玩火很危险的道理却还不甚了解。随着年龄增长，在培养孩子约束自己的同时，要让孩子懂得其中的道理，及时进行道德教育。

制定一些规则

给孩子订立规则，要求他持之以恒地执行规则，对于自制力的培养十分有益。

暑假开始了，文文和妈妈通过讨论定下暑假规则：每天只吃一次冷饮；每天看半小时动画片;做完一门功课,收拾好课本再做另一门功课;晚上9点30分上床,背两个单词后熄灯;平时打篮球1小时,自己洗运动服。规则不多,只有5条,但定了就坚决执行,不马虎不迁就,更不允许任性骄横,为所欲为。两个月时间,文文进步神速。

家长还可以为孩子制定一些卫生、劳动等行为准则。必须注意的是,这种行为准则不能过度或过于详细,否则会损害孩子的独立性。孩子过于"听话",不利于他的成长,这样的孩子往往缺乏创造性和开拓性。父母只要抓住主要问题就可以了,待孩子慢慢长大后,再注重社会道德规范和社会责任等方面的教育。

对孩子适用的规则,父母应该认真掌握,不能今日河东明日河西,使孩子无所适从。这样当然也就难以培养孩子的自制能力。此外,规则不宜过多,"不许"多了,将会压抑孩子的探索欲。

培养孩子的意志力

孩子自制力的发展是和孩子的自觉性、坚持性等相联系的。父母要启发孩子的自觉性,养成孩子良好的行为习惯,让孩子坚持体育锻炼,独立完成作业,克服学习中的困难,形成比较稳定的意志品质。

娜娜一度痴迷言情小说,不仅成绩滑坡,还精神不振。但她意识到问题的严重性后,说不看就不看,克制力非常强。她的强大自制力量并非天生,而是得益于父母从小对她进行的意志力培养。一般来说,父母会在孩子成功之后给予赞美和鼓励,对孩子活动过程中的自制和努力视而不见。而娜娜的父母很看重女儿在完成任务过程中的努力,不管结果如何,首先会对她克服困难达到目标的精神给予鼓励。有时,她用心做一件事而不能成功,也曾想放弃,这时父母会鼓励她"再试试看""能不能换一种办法";完成起来确实有困难时,又在行动上帮助她。有一次,娜娜用橡皮泥做长颈鹿,鹿脖子总也竖不好,她就泄气不做了。父母给她几根牙签,让她再试试,她立刻坚持下去并高质量地完成任务。这虽是一件小事,却提高了孩子的自制力。

要有足够的耐心

当孩子出现缺乏自制力的行为时,父母一定要冷静,耐心说服,同时父母也要反省一下自己的教育方法是否得当,是否采取了令孩子心悦诚服的态度和方法,并检查规定,是否有些规定过头了,过于束缚了孩子等等。只要父母不粗暴地对待孩子,采取生动活泼、寓意深刻的事例耐心说服孩子,孩子是会改变不良习惯,并逐步成为一个具有较强自制力的人。

玮玮的学习成绩在班里名列前茅,可自从迷上电脑游戏,成绩直线下滑。妈妈气得揍他,他当面保证不再玩,背着妈妈还是偷偷地玩。上初中后,他自己认识到这样下去不行,想摆脱诱惑,但因自制力太差,总不能成功。家长通过咨询心理医生和阅读相关书籍,明白了青春期的孩子有逆反心理,不喜欢听说教。于是,妈妈就改正唠叨的毛病,写个纸条放在玮玮的书桌上:"我知道你内心是矛盾和痛苦的,你认识到沉溺电脑游戏对学习有害,但又陷入其中不能自拔,这都是自制力太弱导致的。高尔基说过,哪怕是对自己小小的克制,也会使人变得坚强。"第二天,玮玮主动向妈妈打听怎样才能增强自制力。妈妈说:"不需要特殊方法,自制力是在日常生活小事中逐步磨炼出来的。比如,按时起床,还是再赖会儿床;看精彩节目,还是完成作业,这都是对自制力的考验。如果你在小事上加强自制力的锻炼,遇到大事,也能表现出坚强的自制力。"

家长做出表率

有人做了一个试验:给幼儿看有关"自制力"的录像(比如,等妈妈来了再吃饼干、公共场所不乱跑、参观画展时不乱摸等),结果这部分幼儿比没看录像的幼儿自制力强。可见,自制力需要榜样。

生活中,孩子最容易模仿的对象是父母,父母自制力的表现会影响孩子自制力的发展。例如,晚上,父母和朋友打牌,孩子就可能坐在电视机旁做作业;周末,父母没按时起床,孩子也会趁机躺在床上看小说,放弃英语早读;父母忙得顾不上整理房间,孩子书桌上讲义、卷子、本子也会越堆越乱……所以,冲动的、情绪不稳定的、行动缺少自制的父母,必须先要求自己增强自制力,才能帮助孩子建立自制力。如果父母能训练自己排除干扰、集中精力;令行禁止、说到做到;坚持目标、始终不渝等自控能力,那么,孩子一定会受到影响,自制力也一定能提高。

乐观的孩子最快乐

乐观与悲观的最大区别就是对有利和不利事件原因的解释。乐观主义者认为,有利的、令人愉快的事情总是永久的、普遍的,他们能够促使好事发生,而一旦不利事件发生,他们也能视为是暂时的。而悲观主义者则认为,好事总是暂时的,坏事才是永久的;在解释坏事发生的原因时,他们不是责怪自己,就是诿过别人。所以,威廉·詹姆斯才说:"我们所谓的灾难很大程度上完全归结于人们对现象采取的态度,受害者的内在态度只要从恐惧转为奋斗,坏事就往往会变成令人鼓舞的好事。在我们尝试过避免灾难而未成功时,如果我们同意面对灾难,乐观地忍受它,它的毒刺也往往会脱落,变成一株美丽的花。"

乐观是成功的一大要诀。而失败者遇到挫折时,总会在心里对自己说:"生命就这么无奈,努力也是徒然。"由于常常运用这种悲观的方式解释事物,无意识中就丧失斗志,不思进取了。因此,每个父母要重视培养孩子性格。

孩子对那些能够满足自己需要的事物或对象,会产生一种积极的情绪体验,而对无法满足自己需要的事物则会产生消极的情绪体验。乐观的性格是孩子应对人生中悲伤、不幸、失败、痛苦等不良事件的有力武器。如果孩子无法乐观地面对人生,就会意志消沉,对前途丧失信心,而且长此以往,还会损害身体健康。

生活中经常发现,有的孩子虽然只有五六岁,但神情很忧郁,怕生人、怕说话、怕做错事。在学校,热闹的地方找不到他的身影;在家里,很少与父母家人说话,喜欢缩在自己的小房间里。这类孩子长大之后极有可能成为悲观主义者,甚至引发精神疾病。相反,乐观的孩子活泼可爱,思维活跃,他们将来可能成为事业上的成功者,幸福家庭的组织者。

值得庆幸的是,孩子乐观的性格是可以培养的。我们知道,人的性格是在后天的环境中逐步形成的,乐观的性格可以通过实践逐步培养,悲观的性格也可以在实践中逐步改变。孩子的乐观首先来自家庭和谐、幸福的气氛,来源于父母的乐观、自信、幽默、豁达,来源于父母能够切实地帮助孩子正确对待并战胜他们面临的困难,用自己的乐观精神感染孩子。这样,即使在他们以后的生活中碰到困难挫折,他也能始终保持健康的心态,具备心理承受力,克服困难,实现既定的目标,因为父母已使他相信在困难和挫折后面,还存在许多美好的东西。一个有着童年的幸福与温馨回忆的人,胸中会永远充溢着幸福。

那么如何培养孩子具有这种正面性格呢? 美国儿童教育专家塔尼可博士提出如下建议。

不要对孩子控制过严

作为家长,当然不能对孩子不加管教、听之任之,但相反,"控制"过严却又会压制儿童天真烂漫的童心,对孩子的心理健康产生副作用。不妨让孩子在不同的年龄段拥有不同的选择权。例如,对于两三岁的孩子,应该允许他自己选择早餐吃什么,什么时候喝牛奶,今天穿什么衣服;对于四五岁的孩子,应该允许他在家长许可的范围内挑选自己喜欢的玩具,选择周末去哪里玩;对于六七岁的孩子,应该允许他在一定的时间内选择自己喜欢看的电视节目,什么时候学习等;对于上小学的孩子,应该允许他结交朋友,带朋友来家玩等。

一般来说,只有从小就享受到"民主"的孩子,才会感受到人生的快乐。因此,聪明的父母不妨做个"懒惰"的父母,让孩子自己去选择、处理自己的事情。

鼓励孩子多交朋友

父母要鼓励孩子多交朋友,为孩子创造与同龄人交往的机会,例如,带孩子到邻居家串门,邀请其他孩子到家里来玩,让孩子多到同学家去玩等。另外,父母可多搞一些活动(如带孩子外出游玩);也可让孩子做一些创造性的活动(如利用废物制作小作品），通过丰富孩子的精神生活，让孩子在各种活动中体会到生活的乐趣，增强对生活的信心，培养孩子乐观的性格。

不善交际的孩子大多性格抑郁，因为他们往往受着孤独的煎熬，而且享受不到友情的温暖。不妨鼓励孩子多交朋友，特别是同龄朋友。本身就性格内向、抑郁的孩子更应多交一些性格开朗、乐观的同龄朋友。

教会孩子与他人融洽相处

与他人融洽相处有助于培养快乐的性格，因为与他人融洽相处者，心中的世界较为光明、较为美好。但要与他人融洽相处也并不容易。家长可以带领孩子接触不同年龄、性别、性格、职业和社会地位的人，让他们学会与不同的人融洽相处。当然，首先要学会跟父母和兄弟姐妹融洽相处，然后再学会跟亲戚朋友融洽相处。此外，家长自己应与他人相处融洽，做到热情待客，真诚待人，不势利，不卑下，不在背后议论他人，给孩子树立一个好榜样。

生活不宜过分优裕

千万别以为源源不断地为孩子提供高档玩具、美味食品和名牌时装就会给他们带来幸福。而实际上，物质生活的奢华反而会使孩子产生一种贪得无厌的心理，而对物质的追求往往又难以自我满足，这就是为何贪婪者大多并不快乐的真正原因。相反，那些过着普通生活的孩子往往只要得到一件玩具，就会玩得十分快活。

让孩子爱好广泛

开朗乐观的孩子心中的快乐源自多个方面。一个孩子如果仅有一种爱好，就很难保持长久快乐。只爱看电视的孩子如果当晚没有合适的电视节目看，他就会郁郁寡欢。相反，如果孩子爱好广泛，当孩子看不成电视时却能读书、看报或做游戏，同样可乐在其中。对只有一种擅长的孩子来说，鼓励孩子爱好广泛更为必要，以免他们对某项爱好过分关注，而对其他活动兴趣索然。父母要鼓励孩子广泛地阅读，让孩子在阅读中增加知识、升华思想，可以选择阅读伟人的故事、童话、小说等文学作品。要让孩子积极参加各种活动。开始时，可以暗示孩子主动提问、主动要求、主动学习。紧接着，当孩子主动行动了，父母要用表扬、奖励等方法强化孩子的自主观念。

为孩子创建快乐的家庭

家庭的气氛、家庭成员之间的关系在很大程度上会影响孩子性格的形成。研究表明，孩子在牙牙学语之前，就能感觉到周围的情绪和氛围，尽管当时他还不能用语言来表达。可以想象，一个充满了敌意甚至暴力的家庭，是绝对不可能培养出快乐的孩子的。

平时，父母应该让孩子明白，令人快乐的事情总是永久的、普遍的，一旦有不愉快的事情发生，那也只是暂时的，不具普遍性，只要乐观地对待，生活仍然是美好的。例如，碰到周末要加班去，就要对孩子说："今天妈妈要去公司加班，这表明妈妈的工作很忙。"而不要对孩子说："该死的，妈妈今天又要加班去。"

不管怎样向孩子说明你的情况，事实是无法改变的，但是给孩子的感觉却是不一样的。当你对孩子说："今天妈妈要去公司加班，这表明妈妈的工作很忙。"孩子会觉得妈妈很能干，在公司是核心人员。如果你对孩子说："该死的，妈妈今天又要加班去。"孩子会觉得你是不愿意加班而不得不去，这就给孩子留下了不快乐的阴影。

引导孩子摆脱困境

人不可能事事称心如意，因而再乐观的人也不可能"永远快乐"。但乐观者的可贵之处在于他们能很快从失意中重新振奋起来，并把一时的沮丧丢在脑后。当父母的最好在孩子很小的时候就着意培养他们应付困境乃至逆境的能力。当孩子遇到困境时，父母要多留心孩子的情绪变化，如果孩子闷闷不乐，父母无论自己多忙，也要挤出时间和孩子交谈，教育孩子学会忍耐和坚强面对，鼓励孩子凡事多往好的方面想，不要尽往消极的方面想。

拥有自信十分重要

一个自卑的孩子往往不可能开朗乐观，这就从反面证实拥有自信与快乐性格的形成息息相关。对一个智力或能力都有限、因而充满自卑的孩子，家长务必多多发现其长处，并审时度势地多表扬和鼓励。来自家长和亲友的肯定有助于孩子克服自卑、树立自信。

勤奋的孩子早成才

一个人要想成功，天分是需要的，但没有人只凭天分获得了成功。父母把天分给予了孩子，而孩子则需要用勤奋把它变为才能。

许多发明家、科学家和艺术家的事迹证明，他们的成就都是来自不懈的奋斗。那些取得优秀的学习成绩、考上了名牌学校、在运动会上拿到名次、在文艺演出中获奖、在国际比赛中拿下了金牌、在某一领域创造了重大发明的人……也都是付出了持续的努力、坚持几年甚至一二十年不懈奋斗的结果。

唐代诗人李白小时候不认真上课，经常逃学。一天，他又没有到学校，而是东走西逛，不知不觉来到了城外。

他忽然看见一位满头白发的老婆婆正在水边磨一根棍子般粗的铁杵,便好奇地问她这是干什么。老婆婆回答:"我要把这根铁杵磨成缝衣针。"

李白一听,吓得吐起了舌头,问:"这么粗的铁杵,要磨到何时才能成为一根缝衣针啊?"

老婆婆反问李白:"滴水可以穿石,愚公可以移山,铁杵为什么就不可以磨成针呢?"

老婆婆的一番话,令李白非常惭愧。从此,他不再逃学,发愤求学,终于成为一代杰出诗人。

中文文字处理系统(WPS)的发明人——中国软件大王求伯君出生在浙东天姥山区一个偏僻、贫瘠的小山村。饱受饥寒的母亲蔡德钦虽然没有文化,但却固执地相信文化知识可以改变一个人的命运。她见小伯君聪明伶俐,发誓无论生活多么艰难,也要送他去读书。于是,不满7岁的小伯君就在许多孩子羡慕的目光下背起书包上学了。

12岁那年,求伯君不负众望,以第一名的成绩升入中学。但乡中学离家4公里,要跋山涉水才能上学,每天还要自带中午饭。路远不怕,但每天的午饭却不好解决。在母亲的帮助下,他每天早上从锅里捞一勺未煮熟的干米饭,盛到饭盒里。一次,求伯君的大弟长君起得特别早,看见伯君的饭盒里盛着米饭,就闹起了情绪。还是母亲把伯君的几个弟、妹都唤到跟前,讲明了自己的打算。二弟长君发誓说:"阿妈,我一定听你的话,拔草不偷懒!"三弟锡君说:"妹妹年纪小,我会多做些的。"

伯君知道家里供他读书很不容易,更加努力拼搏。功夫不负有心人,1980年,他考上了国防科技大学信息系统工程专业,从此与电脑结下了不解之缘。

有人在对微软亚洲研究院最优秀的科学家进行调查后发现,他们80%是来自于中国中小城镇,对于他们来说,读书是进入大城市和改变自己命运的唯一途径。正是这种比大城市的孩子更强烈地改变命运的欲望,驱使他们更加努力地读书。让他们今天可以闯入首都北京,在中关村希格玛大厦世界一流企业的研究机构中拥有自己的位置。

如果一个人只是"想要"卓越,"想要"达到目标,而不是"一定要"卓越,"一定要"达到目标,那他十有八九还是无法卓越,无法达到目标。"想要"和"一定要"是有本质区别的。只是"想要"的人,他今天想一下,一个星期想一下,一个月想一下,一年想一下,这样他就不会去行动。即使行动,也不是持续的行动,或者是一遇到困难就放弃,这样的人是难以卓越、难以取得成功的。而"一定要"的人,则是时时想、天天想、年年想,想尽一切办法。他们每日甚至每时都在努力,都在做与实现愿望有关的事情。无论遇到什么困难和问题,他们都会绞尽脑汁、想方设法战胜困难、解决问题。

"一定要"成功的人经常让自己处于一种背水一战、没有退路的状态下。这时，他们的潜力往往就会被激发出来，就可能做到别人做不到的事情。

"天才在于勤奋"，如果没有勤奋，即使再聪明的天分，再好的学习条件，也不可能成为有所作为的人。做家长的，一定要培养孩子勤奋的习惯，让美好的理想化作日复一日的具体行动，并在行动中体现自己的价值、实现自己的目标。

俭朴，让孩子受益终身

有一句话被教育界广泛引用："再穷不能穷教育，再富不能富孩子。"这可以说是经验之谈、智慧之谈。

然而，许多家长并不这么做。即使家里揭不开锅，也要让孩子手拿零食；即使大人衣衫褴褛，也要让孩子穿戴时新。孩子吃最好的食品，穿最好的衣服，玩最时髦的玩具，要啥有啥。"孩子是小皇帝"，被实实在在地体现了出来。

只要是孩子喜欢，不少父母就千方百计去满足。父母不但自己主动地让出自己应有的一份，还要求家庭中其他成员也都让出他们应有的一份，以博得孩子的欢心，或平息孩子的吵闹。他们的想法和道理都很简单：孩子小，大人可以让一点。这种动机和愿望虽是善良的，但是他们却忽视了孩子的要求是可以发展的，也可能是无尽的。你今天满足了他这个要求，他觉得自己可以有求必应，于是明天他又可以提出新的要求。你今天还可以设法满足他的这个要求，明天也许就没法满足他的那个要求。这样做无意中惯纵孩子，培养了孩子的自我中心和利己主义。日久天长，他们心中会只有自己，没有别人，他们当然也就不会尊重别人和尊敬长辈了。

有一些父母，尤其是一些善良的母亲，他们对待自己非常苛刻，常常是节衣缩食，好吃的让孩子吃个饱，自己舍不得吃；好料子让孩子穿，自己穿差的旧的。然而，孩子并不能理解父母的这番苦心，反而以为是家里有钱，养成一种大手大脚花钱的习惯和极端的利己主义。这样的孩子长大以后当然也不会懂得孝敬父母，因为他们心中至高无上的就是自己。有的孩子甚至可笑到这种程度，说他们的父母不喜欢吃好的，只喜欢吃粗茶淡饭；不喜欢穿新衣，而喜欢穿旧衣。

其实，真正的爱孩子，不是让孩子拥有最好的物质享受。任何一个做父母的不可能、也不应该对孩子百依百顺，孩子要什么就去买什么。不权衡需要、不权衡利弊既对孩子没有好处，也不是教育孩子的根本方法。

孩子在外面玩耍，在学校里读书，同学们中好看的好玩的东西，各种各样，数不胜数，孩子感兴趣的东西也不会少。如果孩子见到别的同学有，自己就想要，就要父母买，如果养成这种坏习惯，那孩子还有什么时间读书做功课？

从教育的角度上看，这其实是一个勤劳俭朴的问题。在独生子女越来越多的今天，尤其是父母收入都得到了很大的提高的今天，对孩子的节俭教育已经大大地被忽略了。长此以往,其后果的严重性不难想象。一个没有俭朴习惯的孩子,不会懂得父母的钱来之不易,也必然不会爱惜自己的衣物、图书和玩具。当然,也就更不会爱惜国家和社会的公共财产。同样,一个没有俭朴习惯的孩子长大后,也不可能热爱工作,因为俭朴与勤劳是紧密相连的。很难想象一个不懂得爱惜东西、珍惜金钱的人会热爱工作,或愿意工作。当然,这种孩子也不会有艰苦奋斗的精神。因为只有懂得辛劳的人,才懂得一衣一食一物来之不易,也才懂得俭朴,在工作或事业中刻苦顽强。

所以,要让自己的子女健康成长,家长就必须在生活中从小培养孩子勤劳俭朴的习惯。要让孩子从小就懂得他们所使用的一切——衣服、玩具、图书、文具和体育用品等的价值。教育孩子爱惜衣物、书籍、玩具,不应该对丢失和损坏物件感到无所谓。

家长应该教会孩子跟父母合理分享东西,并且经常教导孩子,让他们知道和懂得,虽然家里只有一个孩子,但这丝毫不意味着他就是全家唯一有特权的成员,就是上帝。

帮助孩子调整不良情绪

要想让孩子快乐成长,关键就是帮助他们学会调整情绪。对情绪的认知和表现,影响孩子的做事方法。

同大人一样,孩子也会产生各种不良情绪。愤怒、沮丧、难过、悲伤……这些不良情绪,常常困扰着孩子,阻碍孩子学习和成长。

举例说,人们会经常碰到沮丧的孩子,他们想要将自己所受的伤害说出,但却不知从何处发泄;也常会遇到需要痛哭一场的孩子,在哭泣完毕之后,又和小朋友有说有笑,好像什么事都没有发生过一样……

这说明,孩子与大人一样,有时难免需要大哭一场,借此来松弛一下情绪,以利于继续生活。从另一个方面看,每个人都渴望向别人倾诉,这是一个正常人的正常心理。对生活中不顺利的遭遇加以谈论、哭诉,能使人重振精神。

因此,面对孩子的种种不良情绪,家长要做的,就是如何帮助孩子把不良情绪释放出来。善于给孩子一个发泄和倾诉的空间,也就把握了调适情绪的杠杆。

当孩子愤怒时

当孩子愤怒时,家长应坚持要求孩子用语言而不是用动作来表达愤怒。当孩子生气时,鼓励他大声讲出来,并尽可能说出原因。接着,帮助孩子找到愤怒的原因。孩子有时需要成人的提示来回想自己生气的理由。如:"你是不是因为某某拿走了你的小汽车才对他发火?"

当孩子愤怒时,做家长的要对孩子的情绪表示理解,并禁止孩子在发怒时打人。一旦出现这种行为,家长应立即给予惩罚。

家长应鼓励孩子直截了当地表达自己的愿望,而不是用委屈和抱怨的消极态度。如,当孩子告状说:"××打了我……"家长可以回答说:"大声告诉他别再打你。"

当孩子发脾气时

孩子也会发脾气。孩子最初发脾气是为了发泄愤怒和不满,当他发现这样做可以控制成人,让成人满足自己的各种要求时,发脾气就成为一种向成人提要求的手段,而表达愤怒和不满倒显得不那么重要了。当孩子出现这样的问题时,家长不可以在这时候答应孩子的任何要求。不让孩子以为发脾气就能得到他想要的东西。告诉孩子有什么要求可以直接讲,不能用拉长脸的方式向大人提出来,应学会直接用言语表达自己的需要。

在孩子一开始发脾气时,就想办法制止。家长可以走开,不理睬他,或把他领到自己的房间里去,也可以严厉地高声训斥他……不论用哪种方式,目的是制止这种情况继续下去,同时准备对其加以适当的惩罚,让他记住,下一次绝不可以再这样做。如果这次是重新犯错误,还可以给予一些具体的处罚,比如,不许玩玩具,不许看电视等等。总之,要让孩子感到发脾气带来的后果简直糟透了,以后再也不能这样做了。

或者,当孩子要发脾气时,家长不妨抢先一步发火。孩子在一些地方特别容易发脾气,如在商店里或家里来客人时,家长在这些场合往往态度过于温和、妥协,使孩子觉得有可乘之机。所以,家长越是在这样的场合越要态度坚决、语气强硬,使孩子不再利用这些机会提要求。

最重要的,就是阻止爱发脾气成为孩子的习惯,一旦养成了习惯,对将来为人处世都是不利的。

从前,有个脾气很坏的小男孩。一天,他父亲给了他一大包钉子,要求他每发一次脾气都必须用铁锤在他家后院的栅栏上钉一颗钉子。第一天,小男孩共在栅栏上钉了 37 颗钉子。

过了几个星期,由于学会了控制自己的脾气,小男孩每天在栅栏上钉钉子的数目逐渐减少了。他发现控制自己的坏脾气比往栅栏上钉钉子要容易多了……最后,小男孩变得不爱发脾气了。

他把自己的转变告诉了父亲。他父亲又建议说:"如果你能坚持一整天不发脾气,就从栅栏上拔下一颗钉子。"经过一段时间小男孩终于把栅栏上所有的钉子都拔掉了。

父亲拉着他的手来到栅栏边,对小男孩说:"儿子,你做得很好。但是,你看一看那些钉子在栅栏上留下的那么多小孔,栅栏再也不会是原来的样子了。当你向别人发过脾气之后,你的言语就像这些钉孔一样,会在人们的心灵中留下疤痕。你这样做就好比用刀子刺向了某人的身体,然后再拔出来。无论你说多少次对不起,那伤口都会永远存在。其实,口头上对人们造成的伤害与人们肉体上受到的伤害没什么两样。"

家长应该像那位父亲一样,把发脾气的危害性告诉孩子,让孩子一步一步地改正这种不良情绪。

当孩子感情脆弱时

一般来说,感情敏感、脆弱只是孩子个性的一个方面,它可能有助于、也可能有害于孩子性格的正常发展。当孩子感情脆弱时,作为家长要给孩子尽量创造一个良好的生活环境,并能及时地给孩子以帮助,正确地对孩子进行引导、教育。

敏感的孩子容易与同伴发生争吵。平时,家长同孩子谈话时可提出各种问题,让他想想遇到这样的问题时,应采取什么不同的方法来避免感情冲动。

当孩子悲伤时,让他好好地哭一场。此时,家长无须过多地干预,只要平静地坐在孩子身边,让他感到父母的体谅和支持。有时,孩子会投入家长的怀抱,需要家长紧紧地拥抱和轻轻地抚摸。但有的时候,他只需一个人独处,静静地体味自己的悲伤。

还要帮助孩子学会做出冷静的反应,只有在他安静下来后才能逐步帮助他深切地体察事物,教他更好地处理不愉快的事。在问题棘手的情况下,可暂时让孩子回避一下,换个环境休息一会儿,过会儿再帮他解决问题。

当孩子感到恐惧时

孩子更容易感到恐惧。一个人若不知道害怕,就很容易遇到危险,但恐惧过多,也难以过上正常的生活。让孩子克服恐惧心理的关键在于帮助他们对引起恐惧的因素进行理智的思考。

首先,要理解孩子的恐惧。三四岁儿童开始关注周围的世界,由此产生许多担忧和恐惧,经常无根据地对人或事产生惧怕心理。对此,家长应表示理解,并以轻松的语调与孩子谈论他害怕的事情。

如果孩子对现实生活的事物(如地震、洪水、战争等)感到恐惧,家长可以针对这些事情与孩子进行讨论,告诉他在这样的事发生时有哪些措施可以保护自己和家人不受伤害。

如果孩子对幻想的东西产生了恐惧,家长应明确告诉他,这样的东西是根本不存在的。

如果孩子在一段时间里经常害怕,但又说不出为什么,家长应耐心地倾听孩子的谈话,从中找到困扰他的原因。

第七章　教出心态健康的孩子

心理健康才能健康成长

孩子的健康成长是父母最大的心愿。但是,什么才是真正的健康呢？许多家长以为"没病没灾"就是健康,对心理健康却不重视,甚至还不知道这一概念的深刻含义。殊不知,心理健康已逐渐成为现代教育理念中的新焦点。

在一次中小学心理健康教育学术报告会上,有关专家采访了 20 名冒雨接孩子回家的家长。其中没有一人能够说出青少年心理健康教育的基本定义和具体操作办法。一名家长面对提问居然回答说："什么心理、生理的,我的孩子还小,不谈这个！"

其实,心理健康教育虽不同于知识教育那样可以立竿见影,但它对成就一个孩子的未来、塑造一个健康的生命,却有着至关重要的意义。

孩子都有着天真烂漫、无忧无虑的天性,孩子和大人一样,也需要情感交流和情绪宣泄。可是,一些父母往往忽视了孩子这方面的需要,刚一放学,父母就催着孩子做作业；一遇假期,父母不是让孩子放松放松,而是给孩子报各种辅导班,不给孩子一点喘息的机会,更不要说经常和孩子一起谈天说地、交流感情了。即使孩子有了想和父母交流一下"思想"的愿望,有的父母也会说："小小年纪想那么多干什么？好好学习就行了。"长此以往,处于情感交流"饥饿"状态中的孩子,就会渐渐"闷"出"心病"来。

不少孩子不但从父母那里得不到情感上的满足,也很少有和同龄人交流和沟通的机会。有的父母害怕自己的孩子与别的孩子发生冲突,就不让自己的孩子与别的孩子一起玩耍。殊不知,冲突和矛盾也是一种情感交流的途径,能给孩子提供许多直接的人生体验和情感感受,这是任何教科书都无法传授的。

如今,青少年思想道德教育引起了各方面的广泛关注,各种文化场馆纷纷为青

无忧无虑的孩子们

少年免费开放,各种青少年文化活动中心也在改建、扩建,面向未成年人的图书、报刊、音像制品和电子出版物大量出版,打击"黑网吧"、为青少年上网保驾护航的工作也大张旗鼓地展开⋯⋯

不管怎么,孩子的心理健康教育,都应该得到家长的有力配合。家长要转变教子观念,了解和掌握心理健康教育的方法,注重自身良好心理素质的养成,营造家庭心理健康教育的环境,以家长的理想、追求、品格和行为影响孩子。不论采取何种教育方式,家长和学校同样有义务加强监督、教育。在具体的实施过程中,家长要注意根据孩子身心发展变化的特点,将心理健康教育渗透在家庭生活的各个方面。对不同年龄的孩子提出不同的要求,把"学会认知、学会共同生活、学会做事、学会生存"作为对孩子的终身教育的目标。

目前,国内教育界推崇的诱导式心理健康教育,是一种不错的模式。在具体操作中,家长可以借鉴以下 3 个步骤。

首先,通过活动创设情景,提出问题。主要目标是让孩子了解自己的心理水平,也让家长了解孩子的心理水平。

心理问题就像头疼、感冒一样,人人都可能遇到。因此,家长不要把它看得像洪水猛兽那样可怕。但是,微小的心理问题如果长期存在而不加以解决,就可能导致心理障碍甚至心理疾病,对孩子的学习和生活将造成重大的危害。

其次,通过父母和孩子共同分析、思考,研究如何解决问题,使孩子转变观念,在潜移默化中接受行为训练,从而提高心理素质。

艾克是一名初三学生,两年前父母离异,艾克随父亲生活。靠踩三轮车为生的父亲忙于工作,整天不在家。艾克每天吃饭都成了问题,学习成绩每况愈下,厌学、自卑心理日益严重。他变得孤独、脾气暴躁,和同学们越来越疏远。老师了解情况后,多次家访,请艾克的父亲参加"家长学校"的学习,一起分析孩子的心理、研究心理健康教育的方法。同时,老师还找到艾克的母亲,动员她关心孩子、给孩子温暖和信心。让孩子感到爸爸、妈妈并没有遗弃他,学校、老师和同学也没有疏远他,使他重新鼓起生活的信心。慢慢的艾克开始转变了,他的性格变得开朗起来,学习成绩直线上升。他的父母也感受到,是老师教他们懂得了心理健康教育的意义,是心理健康教育让孩子找回了失去的信心。

孤僻的孩子自我封闭

随着人们物质生活水平的不断提高,家庭的家居环境得到了大大的改善,许多孩子都拥有了属于自己的独立空间。因此,许多孩子从小就养成了喜欢关在自己小屋里做事的习惯,自我意识和独立性比较强。但令人担心的是,因为拥有了属于自己的独立空间,许多孩子有封闭的倾向,和父母保持着一定的距离,不肯与人主动讲话,很难向别人吐露真心。

请看下面一个事例。

下课了,孩子们像小鸟一样快乐地"飞"出活动室,三三两两地结伴而玩,而超超常常是独自坐在座位上看着别人愉快地玩耍,偶尔随着别人的欢快笑声自个儿也微微一笑,没有人过来找他一起玩。有时,从超超的眼神里也能看到他也想加入同伴们的游戏团体,但他总是很少被他们注意到,当然自己也不知怎样才能加入孩子们中间。

晨间活动被安排在户外,活动内容是玩球,主要目的是让幼儿自由结伴练习抛接球。老师让小朋友自由选择自己喜欢的人,一起去试一试。只有超超一个人孤零零地站在那里,老师发现了这一情况,走过来亲切地拍拍他的肩,鼓励他和小朋友一起玩,但超超紧张地摇摇头,拨弄着地上的皮球,瞧瞧老师,看看同学,怎么也不肯加入游戏……

在这里,超超就是一个孤僻的孩子。

在孩子的成长过程中,爱与温情很重要,如果父母不注重与孩子沟通,孩子便会产生孤独感。父母在与孩子沟通时,要注意孩子没有明说出来的思想感情,要学会聆听和促使孩子说话。

有时候,出于自尊心或是别的原因,孩子并不愿意或认为没有必要用语言说出他们的思想感情,但他们又很想让父母明白他们的意图,这时,他们就会改用另一种表达方式对父母进行暗示。

细心的父母一定可以发现孩子的这种微妙的变化,弄清孩子没有明说的思想感情。所需要的技巧是:了解孩子隐藏在内心的思想感情的微小、微妙的变化,如同在阅读时注意字里行间的含义所需要的技巧一样。

父母要对孩子正处在苦恼时所表现出来的不正常现象要敏感。很多孩子在想要父母知道他们需要什么的时候,只是悄悄地说。如果父母不注意听这些不显著的信号,这种悄悄话是听不见的。

如果父母的注意不灵敏,就应该试着努力去注意孩子反常的、细微的行为信号。比如,注意孩子衣服不正常的样子、声调、面部表情、动作、姿势等。孩子讲话时,除了注意他的无言的行为之外,还要倾听他所讲的字里行间的意思,想一想孩子希望告诉家长什么。也可以提出一些问题,来识别或弄清孩子的动机或基本情绪。凭借着父母特有的细致与耐心,做到这些其实是不困难的。

下面这位家长正是通过生活中的一件细微的事情,开启了女儿的心扉,值得家长们借鉴。

玲玲是内向、敏感的孩子,平时很"闷",话也很少。

一次,母亲的同事送来两张电影票,是《泰坦尼克号》,母亲便带女儿去看了。当电影放到船沉下去、女主人公冻成冰人时,母亲听到玲玲在悲悲戚戚地哭。回家的路上,女儿好像话特别多,问得最多的一句话是:"妈妈,为啥人家都死了,她(女主角)冻成冰人了,却活了下来?"母亲告诉她:"这是一种爱的力量,就像有一次我发40℃的高烧,你爸爸又不在家,我就硬撑着起来帮你烧饭。因为我是你妈妈呀,我怕你饿着,这也是一种爱呀!"玲玲听了这话,似懂非懂,一副很激动的样子,一下子依偎到母亲的怀里。

通过这件事,母亲才发现玲玲原来是想说话的,是愿意表达自己思想感情的,只是没有引导她,没有找到她感兴趣的话题。后来,玲玲每天放学回家,母亲就有意识地让她讲讲学校里的事和学习上的困难等等;或在每晚睡觉前,给她讲讲故事,讨论讨论课本里的内容等。时间一长,玲玲每天回来就与母亲说个不停,碰到原先她根本不会讲的事,她也会凑在母亲的耳旁讲出来。慢慢地,玲玲好像跟母亲越来越亲,人也活泼多了,连老师也说她好像变了一个人似的。

这就是一个母亲,通过一件小事,无意中掌握了教育孩子的方法。要不然,这孩子一直这么内向、拘谨,将来怎么在社会上生存呢?

怎样改变孩子不肯主动说话的缺点呢?

找准孩子不肯讲话的原因

心理专家认为,造成孩子不肯主动说话的原因主要有这样几个方面:一是天生性格孤僻,好独处,不喜欢与人交往;二是父母与孩子之间存在着观念上的巨大差异,就是通常所说的"代沟",父母经常看不惯孩子的言行,动不动就横加干涉,孩子很反感,因而用沉默表示反抗;三是学习竞争压力大,紧张学习之后,需要独处,自我调整,而不愿说过多的话。因此,父母应该仔细了解孩子的内心状态,和孩子进行深入沟通。千万不要用粗鲁、蛮横的态度对待孩子,让孩子主动说出心里的真实想法和感受。

为孩子挑选一些特别有趣的玩具

许多惯性玩具和声控玩具,可以改变孩子过分内向的性格。这些玩具一般都很好玩儿,孩子会情不自禁地追逐这些玩具,或者被这些玩具弄得捧腹大笑。久而久之,他们的性格就会变得乐观、开朗和自信。

让孩子自然地融入公共场合

有意识地带孩子参加一些集体活动或社交活动,让孩子能适应陌生的环境。指导孩子在公开场合应该注意什么礼节,怎样和他人打招呼,怎样和他人聊天等。当然,孩子毕竟阅历浅,很难像大人那样在公开场合舒展自如;相反,孩子们大都害怕所有人的目光都集中在自己身上,尤其是对于那些性格内向的孩子来说,那样他们会感到很不自在。因此,家长应该尽量让孩子在公开场合感到很轻松、自在。

懦弱的孩子难以成功

懦弱者，就是生活中的那些胆小怕事的人。他们不是没有能力、条件和机会，就是因为生性胆怯、畏首畏尾、害怕困难、害怕失败、害怕受人耻笑。结果，他们的生命就消耗在无休止的犹豫和害怕之中，一事无成，永远平庸。

许多人也想成功，就是迟迟迈不开通向成功的第一步。他们沉浸在想象中的困难里，举棋不定、裹足不前、瞻前顾后。其实，这些困难可能原本并不存在。有时，他们之所以失败或达不到目标，并不是因为这件事情有多么困难，而是自己把自己吓退了。他们善于把问题想得很复杂，在思想中假设了诸多障碍，于是他们变得害怕，不敢尝试着去追求成功。所以，千万别让孩子形成懦弱的性格。

晓如刚刚上小学，文静秀丽，但是胆子特别小。她从来不敢一个人待在家里，大白天爸爸妈妈不在，也不敢一个人留在家里，总是到附近的奶奶家去；每次家里来了客人，总是不敢与人打招呼；要是听见打雷、看到闪电，总是吓得缩进爸爸妈妈的怀里；从来都不敢独自出门，有什么事总是要爸爸妈妈陪着；要是有道题目不会做，妈妈叫她去问隔壁的哥哥，她也不敢一个人去，非得妈妈陪着去不可。

晓如的性格，就是典型的懦弱。

一些心理学专家认为，孩子胆怯性格的形成与家长有着密切的关系。

(1)父母的暗示造成孩子的软弱。例如，孩子正安静地睡在自己的小房间里，突然电闪雷鸣，妈妈惊慌地把孩子抱在怀里，孩子从妈妈惊恐的动作中学会了害怕雷电，甚至从此不敢一个人在小房间睡觉。

(2)过分的关怀造成孩子的软弱。例如，经常看到一些孩子在上幼儿园或妈妈上班时哭闹不止。原来，妈妈自己那种恋恋不舍、反复叮咛和犹豫不定的言行，使孩子知道了"妈妈舍不得与自己分离"。

(3)不适当的表扬造成孩子的软弱。表扬是对行为的鼓励和肯定，它起着心理的强化作用。不适当的表扬使孩子的行为向不良方向定型化。早期行为一旦定型，更容易持久，甚至影响终身。

胆怯是普遍存在的。美国斯坦福大学心理学家菲利普·津巴多在对近万人的调查中发现，大约有40%的人认为自己羞怯、腼腆。胆怯有许多表现形式，如广场胆怯、社交胆怯、特定情境胆怯、特殊动物胆怯等。

过分胆小的孩子在社交、生活中都会遇到许多麻烦，尽管克服胆怯没有"灵丹妙药"，但综合中外专家的研究来看，克服和减少孩子的胆怯是可能的。

要矫正孩子性格懦弱，家长应力求做到以下几点。

让孩子走向社会

要改变孩子的懦弱性格,首先必须纠正家长的过分保护或过分严格。家长要有意识地把孩子从家庭的小圈子里解放出来,为孩子创造外出活动及与他人交往的机会,经常带孩子到公园或其他公共场所去,让他们接触外界、走向社会、认识社会、适应社会。家长还应带他们走亲访友,去各地旅游,以开阔他们的视野,丰富他们的知识;鼓励孩子与小朋友们一起游戏、交往,参加各种文体活动。

不要嘲笑和恐吓孩子

有的孩子比较胆小,父母不要嘲笑孩子,更不要恐吓孩子,因为嘲笑和恐吓会强化孩子的胆怯心理,使孩子把胆怯藏在心里,不敢再在父母面前表露出来,这样就容易引发其他的心理问题。胆小的孩子非常害怕别人的评价,如果父母老是训斥孩子:"真是胆小鬼!"孩子就会在心中形成一个不良的自我概念,即我就是一个胆小鬼。如果父母一再用恐吓孩子来达到制约孩子的目的,会使孩子越来越胆小。因此,做父母的应该鼓励孩子说出害怕什么,让孩子明白父母是愿意帮助他一起解决问题的。

鼓励孩子勇敢面对陌生人

一些孩子不喜欢多说话,不善于争辩,尤其在陌生人面前,或在大庭广众之中,更是如此。对于这种孩子,家长应多为孩子创造条件,为其提供大胆讲话的机会。比如,孩子不敢在生人面前讲话,每当客人来时,家长应让孩子与客人接触,并求得客人的配合,让客人有目的地发问,一回生,二回熟,可逐渐改变孩子的懦弱性格。此外,家长可多为孩子提供独立思考、表达自己意见的机会。碰到事情,家长应多问孩子:"你看怎么办?"如果孩子说得对,家长应大加赞赏,给孩子以鼓励,使孩子获得自信和勇气。如果孩子说得不对,或表达得不确切,也不要责怪孩子,不要让其感到难为情,应指导孩子,让他自己思索为何说得不对。这样,可不断地提高孩子说话的能力。

有针对性地训练

有些孩子的胆小只是表现在很小的范围内,例如,在课堂上或公共场合中总是不敢自由发言,老师一叫,就紧张得说不出话来。针对这种胆怯,父母不能指望孩子能一下子克服胆怯,勇敢地在课堂上回答问题,较好的办法是循序渐进地训练孩子。可要求孩子先将老师可能会提问的问题答案想好,考虑好怎样用语言来表达。然后,父母可以充当老师向孩子提问,让孩子来回答。也可以由其他人来充当老师,让孩子来回答问题。这样反复强化几次后,孩子对别人的提问就会不再那么紧张。接着，父母教育孩子在课堂上不妨大胆举手，让孩子明白，即使说错了，最坏的结果也只是被同学嘲笑，没什么大不了的，因为人都有回答错的时候。经过以上几步的训练，孩子就会比较勇敢地发言了。

有些孩子害怕猫、狗等动物，父母可以有意识地在家里张贴一些猫、狗等动物的图片，让孩子熟悉这些动物的特征，感受到它们的可爱。然后训练孩子在愉快的心情下去抚摸图片上的动物，想象与这些动物一起玩耍的情景。如果孩子对图片上的动物不再表现出害怕的情绪，父母就可以让他接近真实的动物。

抑郁的孩子意气消沉

当人们遇到不开心的事时，会感到情绪低落，长时间的压抑会使人处于抑郁不安的状态。

抑郁的显著特点是情绪低落、郁郁寡欢、闷闷不乐、无精打采，对原来喜欢的事物也会失去兴趣，不愿和人交往，甚至故意回避熟人；干什么都提不起精神，对自己没有信心；经常为一点细小的过失或缺点后悔不已。从表面上看，这些人疲乏倦怠、表情冷漠，整个生活弥漫着灰暗的气氛。

造成孩子抑郁的原因很多，主要与课业负担重、考试压力大、同学关系紧张和家长不恰当的管教方式有关。中小学生尤其是毕业生只能整天埋头学习，每天睡眠时间普遍低于6小时；有的孩子本身就性格内向、孤僻，不善于和别人交流，不知道如何与人相处，而家长、老师又没能加以引导；很多家长每天忙于工作，整天半夜才回家，与孩子交流不够，更没有时间教导孩子，却对孩子要求很苛刻，不允许孩子在执行自己的要求时有任何偏差，这种种情况都会造成孩子出现抑郁心理。

另外，性格内向、文静、不爱交际、孤僻、多疑、违拗、依赖的儿童，常注意事物消极面很容易产生抑郁。抑郁情绪的出现，一般都有心理或精神的促发因素，如父母离异、父母对子女漠不关心、孩子的人际关系不协调、孩子的学习成绩不好等负面生活事件等，均可能诱发抑郁情绪。当然，家族遗传性因素对儿童抑郁也起一定的作用，据统计，有50%抑郁儿童的父母中至少有一方有抑郁的倾向。

对于儿童而言，抑郁出现时通常表现为身体不舒服，常见为胃肠道症状，如呕吐、腹部不适、厌食等；还有一些孩子表现为惊恐、绝望、伤心流泪、不进食、失眠、夜惊多噩梦等。一般情况下，抑郁的孩子情感脆弱、动作迟缓，回答别人问话总是含糊其辞，显得拘谨不安。

一对夫妻离异了，对他们6岁的独生子造成了严重的心理伤害。这个孩子现在与他的母亲生活在一起，可他非常想念他的父亲。在学校，老师注意到，他不和其他孩子一起玩耍，变得越来越孤僻；作业中错误也在增多，而过去他成绩却十分优秀。他的母亲尽管对此很担心，但没有采取措施，直到有一天她发现儿子要上吊自杀，才意识到问题的严重性。

怎样预防孩子的抑郁心理呢？心理学家提出了这样几条建议。

尊重和平等对待孩子

有的孩子做错了事或者经历了几次失败，就会出现精神不振的状态，尤其是具有抑郁倾向的孩子在这一方面表现更为突出。如果孩子出现这种情况，父母一定要心平气和地对待孩子的过失和失败，运用恰当的教育方式，耐心地启发诱导。绝不能盲目指责，甚至挖苦打击，否则很容易让孩子感到压抑。当孩子不愿意参加某类活动时，父母的任务不是催逼他去做或吓唬他，而是要有意识地引导他避免经历不幸和伤害。对孩子所担心的事情，父母要给予科学的解释，争取尽早消除孩子的顾虑。

倾听孩子的心声

倾听不仅能真正地了解人，而且对于倾诉者来说，也会释放内心的压抑，从而消除顾虑。作为父母，在孩子紧张、不安或者苦闷的时候，不妨试试耐心地倾听，让孩子感觉到父母能理解他，在内心产生欣慰之感，进而使紧张情绪得到缓解。在平时，父母也要注意让家里形成一种轻松的气氛，父母经常讲讲笑话，说点有趣的事。当然，父母也可以有意地运用一些排除苦恼的技巧，比如当自己不快的时候，可以采用听听优美的音乐，走到室外散散步，向别人说说自己的顾虑等方法，这些都可以消除郁闷。如果家长在生活中善于运用各种方法来排除苦恼，那么当孩子不高兴的时候，他也会模仿父母运用一定的方法来缓解不良的情绪。

鼓励孩子参加各类活动

家长应当尽量让孩子经常与小朋友一起玩耍和交谈，特别要让他多参加集体活动，让孩子与他人的交往变得积极主动，培养孩子合群的性格。家长可以把孩子的特点告诉老师，让老师给孩子更多的关注，可以建议老师在课堂上有意向孩子提出他能答得上来的问题，然后在其他同学面前大大地表扬他，树立他的自信心，克服孩子在其他小朋友面前的羞怯和自卑感。当然，父母和老师谈话时，一定不能让孩子看见。抑郁的孩子一般都很敏感，如果孩子看到了，可能还会有不良的影响。

另外，也可以通过不同的活动培养孩子的胆量，有可能的话，可以让他离开父母或者离开家，独自在亲朋好友家住一段时间，以锻炼他独立生活的能力。

爱虚荣影响孩子成长

虚荣心是一针使人走向歧途的兴奋剂，因为它能燃起一个人的欲望之火，促使人失去理智的控制；虚荣心又像一个色彩斑斓的肥皂泡，它随时都会破灭，把站在它上面的人抛下深渊。爱虚荣的心理一旦养成，就会只看到眼前，失去真实的自己，离成功越来越远。

生活中，人人都受过虚荣心的困扰。虚荣心在每个人身上的表现有强弱之分，在它表现较弱时，还不能使人意识到其危害；可是虚荣心较强是由较弱发展而来的，在强烈的虚荣心驱使下，会令人产生各种可怕的动机，这种动机所带来的后果有时是非常严重的。

虚荣心是一种脱离实际、盲目追求的心理状态，一般建立在物质欲求的基础之上，表现在孩子身上多是互相攀比、炫耀等言语和行为，一旦这种心态成为孩子性格中的一部分，那么对他们日后健全人格的形成是非常不利的。

在物质文明高度发展的今天，传统的价值观念在人们追求自身生存发展的目标之下悄悄地发生了变化，对物质索求的欲望主导着很多人的生活，进而影响着自己的下一代。"我爸爸是老板，你爸爸只是工人！""妈妈上星期给我买了双新的滑轮鞋！"生活中，孩子之间这种互相攀比的声音会频繁地出现在人们耳边。有的孩子常在同学和伙伴面前夸耀自己父母的地位或者家境的富足，以此突显出自己的优越感；有的孩子常在别人面前炫耀自己的特长和成绩，听到表扬就得意非凡，而对于批评则不以为然、拒不接受；有的孩子讲阔气赶时髦，特别注重穿着打扮，连脚上穿的袜子都要名牌的……

孩子的虚荣心形成的原因主要来自家庭。由于现代家庭孩子少，父母总怕孩子受委屈，于是对孩子总是有求必应。自己孩子穿的、戴的都不能比别人差，别人的孩子买什么咱家的孩子也得买，绝不能让人家把自己比下去。于是在家长无意识的纵容下，孩子的欲望无限地膨胀。

另外，独生子女的父母从溺爱孩子出发，总是爱讲孩子的优点，掩盖他们的缺点，孩子听到的都是赞美的声音，很少有人指出他的缺点。由于孩子对自己客观评价的能力还很差，家长具有绝对权威性，慢慢地孩子就从家长眼里的"十全十美"变成自己心中的"十全十美"，再也容忍不了别人超过自己。

当家长发现孩子有过强的虚荣心时，千万不要急躁，以命令的形式禁止是无法从根本上解决问题的。父母的一言一行都会影响孩子，因此，父母应以身作则，自己不要与别人攀比，以免孩子模仿，同时也为孩子树立正确的榜样。家长要摆正自己的心态，不要同别人攀比，盲目追求物质享受；家长也不要总是给孩子买东西，习惯性地给孩子买各种礼物，因为如果形成习惯，孩子就会感觉他得到这些礼物是应该的，而且需要你不断给他买。

教育孩子远离虚荣心，要多给孩子讲道理。告诉孩子，与别人攀比，拥有名牌并不意味着拥有了较高的地位。只有依靠自己的努力取得成功，才能获得别人的尊重。教育孩子根据自己的需要买东西，而不要为了同别人攀比，买自己不需要的东西,让孩子学会理性消费。很多家长不肯面对经济窘迫的事实,对家人和朋友隐瞒现状甚至夸海口,这是极端错误的。应该正面告诉孩子:每个人都无法选择自己的家庭。对于自己家庭的实际状况,有必要让孩子及时了解,让他从小就懂得,要自立、自强,不能把自己对生活的希望寄托在父母身上,要用劳动创造属于自己的天地。

其实,适当满足一下孩子的小要求,给孩子买一些好一点的衣服、玩具等也无可厚非,关键是要掌握"度"。孩子毕竟是孩子,总会喜欢漂亮的衣服、好玩的玩具,适当地满足一下孩子的要求,可以避免孩子对别人的妒忌心理。如果孩子得到礼物是为了炫耀,就要正面指出来,告诉他,炫耀、虚荣是有害的。

但是,对于孩子的不合理要求,则要坚决拒绝。可采取冷处理的方法,明确告诉他:"世界上好东西很多,不可能人人都拥有所有的东西。只要从小学好本领,长大就能通过自己的辛勤劳动,去获得自己需要的东西。"激发孩子潜在的自信心和奋发向上的进取心,让孩子幼小的心灵更加纯洁、明亮。

如果孩子的要求是合理的,那么家长可以为孩子创造一些机会,让孩子用自己劳动挣来的钱购买所需要的东西。如让孩子做一些力所能及的事,分担一些家务,然后从中取得回报。一分劳动一分收获,一滴汗水一点回报,让孩子知道仅靠不停地向家长张口要这要那,不仅不光彩,而且行不通。

另外,家长要客观地评价自己的孩子,夸奖孩子要适度。赏识教育固然有其可取的一面,但要实事求是,要根据不同情况给予恰如其分的鼓励,既不能过分夸大孩子的优点,也不要掩盖孩子的缺点。对那些符合道德规范的行为,家长应给予表扬,但应适度。因为经常性的表扬会使孩子认为这些并不是他应该做的,一旦这样做了,便能得到奖励。久而久之,孩子便养成了虚荣的坏习惯。

要消除孩子过强的虚荣心不是一朝一夕就可以完成的,家长只有以自己的言行在生活中一点一滴地给孩子做出正确的示范,并且通过恰当的机会让他感受到虚荣心过强所带来的烦恼和痛苦,让孩子自觉地意识到虚荣心过强是不利于自己成长的。这样,孩子就可以自动抑制自己的物欲,避免形成不正确的价值观。

让孩子远离恐惧

恐惧,是一个人成长过程中必然伴有的现象,不会随着年龄的增长而完全消失。孩子的恐惧与大人的恐惧从本质上是相同的,每一个年龄段都会有这个年龄所特有的恐惧,只是表现形式有所不同罢了。

婴儿到10个月时,开始学会区别熟悉的和不熟悉的事物,如果不熟悉的事物特别大,特别花哨,或发出特别的声音,婴儿就会觉得可怕。这是孩子早期的恐惧。

两岁的孩子很容易被巨大的声响吓住。2岁是孩子逐渐意识到自己社会存在的时期,这个时候,有很多让他们高兴快乐的事物,但同时也有了许多让他们害怕的东西。2岁的孩子最害怕的就是他亲密相处的人会离开他。

孩子年龄慢慢地长大了,对有些事物的恐惧也就会消失。但同时会增加一些从前没有的恐惧。三四岁的孩子会特别害怕响声、黑暗和未知的东西,5岁的孩子已经知道什么是汽车、什么是火车,知道动物与动物之间的区别。但他可能仍然怕黑,这主要是因为他们害怕在黑暗处受伤。

六七岁,是一个充满了想象的恐惧年龄。害怕妖魔鬼怪、害怕找不到家、怕一个人睡觉时做噩梦。大多数的孩子在这个年龄都会害怕雷电、狂风和大火等自然界的现象。

到了八九岁,让孩子们害怕的事物就会很少了,尽管他们害怕自己考试的成绩不好或是担心家长、老师的批评,但总的来说,快10岁的孩子已开始表现出了更多的自信。

孩子恐惧心理的产生,同家庭教育有密切关系,也与他们的个人体验有关。

(1)成人的吓唬。一些家长常用吓唬的方法来对付孩子,迫使孩子按自己的意志行事,结果导致孩子产生不正常的恐惧心理。例如,孩子哭闹时,有的父母就伪装"狼叫""鬼嚎"等来吓唬孩子。这样,孩子虽然一时安静了下来,但由此而产生的恐惧也同时保留了下来。

(2)过分保护。一些家长怕孩子与其他小朋友在一起会学坏,或怕孩子受到欺负,因而不让孩子出去与其他小朋友玩耍。孩子缺乏与同伴交往的经验,缺少处理相互间矛盾的技能与经验,成长过程中可能会出现人际交往障碍,出现以人际交往为内容的恐惧。另外,孩子缺乏与同伴交往,接触事物必然相对少,因而会出现胆小怕事的情形。

(3)恐惧经验积累的结果。孩子的恐惧与其经验有密切的相关。比如,有的孩子怕洗澡,那是因为他曾有过洗澡痛苦的经历;孩子怕打针,那也是由于打针曾给孩子带来过痛苦。

(4)恐怖影视、图书的影响。孩子的理解能力和认识世界的能力毕竟有限,经常阅读带有恐怖内容的图书,或观看过多的恐怖影视,或听过多的鬼、妖故事……这些也可能会导致孩子产生恐惧心理。

孩子的各类恐惧,是成长过程中必然伴有的现象。但是,这并不意味着这些恐惧就无关紧要。相反,家长应该帮助孩子克服恐惧,使他们能够健康成长。一位心理学家说:"如果孩子完全在父母的庇护下生活,长大了也会很脆弱。一旦灾难或不幸到来,他们就会垮掉,因为他们无力承受,也不知怎样应付。"那么,该怎样帮助孩子克服恐惧呢?

正确对待孩子的恐惧

恐惧是人类为了躲开伤害所表现出的自我防御反应,它并不是一种坏的行为习惯,所以,当孩子表现出胆小畏惧时,家长不用过于担心。但是,对于过度的恐惧,以致影响到孩子的基本能力的发展,那么干预就是非常必要的了。很多3至5岁的孩子都怕黑,但如果怕黑怕到夜里不敢睡觉,就属不正常了。有的孩子害怕水,即使妈妈在帮他洗澡,也不愿让自己的身体碰到水;早上怕洗脸,而不停地哭泣。这些都是过度的恐惧,需要及时纠正,因为它已影响了孩子的正常生活和情绪。

对孩子的恐惧,既不能满不在乎,也不能大惊小怪,恰当的处理可以避免恐惧加剧。如果用指责、批评、生气来对待孩子的胆小,只能让孩子的焦虑情绪恶化。比如,听到雷声孩子就害怕地扑向妈妈,而正在干家务的妈妈却不耐烦地说:"雷声有啥怕的? 别像个长不大的孩子。"这样不利于孩子克服害怕的情绪。

帮助孩子消除对事物的神秘感

孩子的恐惧有时往往是由于缺乏知识,或经验不足,或者由于错误的认识而引起的。比如,孩子害怕雷电是因为不知道雷电是怎么回事。如果家长能把雷电的知识告诉孩子,让孩子明白雷声只是一种自然现象,打雷的时候应注意些什么,这样孩子就会慢慢了解雷电,而消除恐惧心理。再比如,孩子害怕天黑,是因为不知道在看不见的情况下是否暗藏着危险。这时,应该给孩子找一只手电筒,并告诉他:要小心走路,别碰着。孩子慢慢就适应了天黑的情况。对于因各种体验而产生的恐惧感,如怕打针、怕吃药等,父母可向孩子讲清楚吃药、打针是为了治病的道理,并培养孩子战胜恐惧的自豪感。

预防恐惧的发生

由于恐惧取决于个人的经验,因此,要努力防止孩子第一次恐惧经验的产生。比如,给孩子洗澡的水温度不宜过高或过低;给孩子洗头洗脸时,不要让有刺激的东西进入孩子的眼睛;把洗澡活动变成一种游戏活动而不是一种强迫性的活动。这样,对孩子而言,洗澡就不是一种害怕的事情而是一种娱乐活动了。

帮助孩子战胜恐惧

恐惧是人企图摆脱、逃避某种情境而又苦于无能为力时产生的情绪。如果学会了摆脱或逃避这种困境的方法,恐惧自然而然就会消失。例如,孩子害怕一个人在房间不开灯睡觉,可以在他的床头装一个夜灯的开关,让其学会开和关,这样他掌握了控制黑暗和光明的方法后,他就不会害怕了。

消除孩子恐惧心理的关键是要赞赏孩子好的表现。当孩子去欢迎曾经害怕的小兔子时，大人要及时地鼓励孩子的勇敢。家长坐在公园长椅上休息时，可以鼓励孩子去找周围的小朋友一块玩，孩子回来后，要紧紧地拥抱孩子，让孩子明白你很高兴他这样做。看着爸爸妈妈的微笑，孩子会对自己的行为充满自信，在不知不觉中消除对陌生事物的恐惧心理。

让孩子逐渐习惯所惧怕的事物

比如，孩子怕狗，可以先用玩具狗让他接近，再与真狗接近；在与真狗接近的训练中，可先花几天时间，每天让他多靠近体形较小的狗，然后再教孩子如何接近狗，如何与狗"说话"，如何与狗玩，这样循序渐进，孩子就会逐渐地不怕狗了。又如，孩子怕黑，可留盏小灯，或父母陪着孩子，直到他入睡。以后也就逐渐地不怕黑夜了。

羞怯的孩子难以交往

羞怯，往往使人在交际场合难于开口。然而，现代社会是一个"毛遂自荐"的社会，即使你坚信自己是一块金子，期望别人的发现，你也应该先发出金子的光芒。没有人比我们更了解自己，如果自己不把自己介绍出去，又有多少人会主动来了解你呢？如果不改变羞怯的缺点，纵使你有惊世之才，也有可能被埋没。

羞怯容易使人丧失进取的机会，失去许多本可以结交得很好的朋友，错过被赏识的可能性，错过展示才华、发挥才能的时机等。

孩子羞怯的表现形式有多种，大多数羞怯的孩子都伴有学习成绩差，不与他人交往，不愿与同龄的孩子在一起玩耍，逃避课堂讨论，不主动发言，不愿在公开的场合抛头露面，做什么事情都要父母陪伴，不能单独外出，怕见陌生的人，在陌生人面前不知如何应对，说话爱低着头、声音比较小，爱脸红，说话办事都爱在别人后面，甚至连笑也不敢先于别人。除此之外，有时羞怯的小孩也会恃强凌弱，表现出惊人的举动，但在内心深处却是很羞怯的。

造成这种状况的原因很多，具体地说，主要有以下几点。

（1）家庭原因。家庭是孩子健康成长的一个重要环境。如果家庭环境不好，会给孩子造成很多心理障碍。据调查，有羞怯行为的孩子，其父母本身就存在羞怯情绪，在别人面前说话办事畏畏缩缩。另外，对孩子经常打骂、责备，或夫妻离异，对孩子的打击是非常大的，使孩子缺乏依靠，缺乏交流和亲情的抚爱。因此，孩子从小就觉得比别人差，有低人一等的感觉，形成羞怯自卑的症结。

（2）学校环境。孩子的成长，学校也是一个重要的环节。学习成绩好的孩子，经常受到老师和同学的表扬，人缘也好，孩子在学校表现出很自信。而学习成绩差

育儿好点子

图文珍藏版

的孩子,往往会受到老师和同学的批评、责备,久而久之,就形成了一种害怕、羞怯的情绪,总觉得比别人差,不敢与他人交往,用一种退缩的方式来保护自己受伤的心灵。

(3)重大的生活事件。孩子若体弱多病或受过一次重大的心理刺激,如受人欺负、被人打骂、被人耻笑,造成自尊心受损,都可能使其变得易于羞怯。

家长如何使孩子克服羞怯心理呢?

设计情境训练孩子

家长可与孩子共同列出三四种常常使孩子感到羞怯的情形(如在班上发言、与异性同学讲话等),坐下来共同研究。

可与孩子共同编造一个场景,例如,几个同学商定课后去吃烤肉,孩子很想去,可与其他几个孩子又不十分亲密,怎么办? 这时,可让孩子同几个伙伴一起走,和其中的一位搭讪说:"我想和你们一起去,行吗?"但事先要想到自己可能被人拒绝,这样一旦真的被拒绝,也就无所谓了。

再为孩子列出一张"克服羞怯"的训练表,注意不要让孩子冒太大的风险。例如,向警察问路、课后向老师请教问题、赞美别人穿的新衣服。

多给孩子鼓励

每个孩子都希望得到别人的肯定和表扬,胆怯的孩子更需要。他们本身就容易自责,缺乏勇气,在做某件事之前,预见的是自己不能成功,如果这时给他一些鼓励,增加他的勇气,他会把事情办得很好。

将中西方家长教育孩子的方式做一下对比,就会发现显著的不同之处。西方的家长倾向于鼓励孩子,对于"你太杰出了""你很伟大"这样的赞美之词,他们是从来不吝啬的;中国的家长可能认为这些话太肉麻。西方的家长认为,我的孩子不会是样样第一,但总有优秀的地方;中国家长教育孩子时,似乎总在刻意追求十全十美的境界,有了好成绩,不能翘尾巴,要谦虚谨慎,多找缺点和不足。

有一位初中老师让孩子写一篇周记,说说自己身上的闪光之处。可是孩子交上来的周记,竟是不足多于优点,并且约有1/3的孩子找不到优点。孩子们找不出自己的优点,也许正是因为其个性长期遭到禁锢的缘故,假如学校培养出的都是那些找不到自己优点、缺乏信心的人,那么,这种教育还算是健康和全面的吗?

不少走向工作岗位的人,一承担某项工作就会怀疑自己的能力,认为自己什么都不行,有时甚至连当众讲话的勇气和胆量都没有。如果老师和家长注意引导孩子为自己的成绩而适度自炫,从而不断促进他增强战胜自我、完善自我的信心,兴许很多的孩子会成为杰出的成功者。这样,那种总是谨小慎微、迷信权威、盲从世俗、生怕别人说自己傲慢狂妄和唯上唯书心态的人就会少得多,而敢试敢闯、富有创新精神和创新能力的弄潮儿就会大量涌现。

所以，中国家长要吸取西方家教的长处，多用鼓励的方法教育自己的孩子。

支持孩子交朋友

交朋结友是孩子社会化的一种表现。羞怯的孩子，担心被人瞧不起自己而不去交友。这时家长就应鼓励他，首先让亲朋好友家的较熟悉的孩子与其一起玩，克服他交往的恐惧心理，然后再鼓励他在同学中去交朋友。当孩子带朋友到家中时，家长要表现出热情，别不当回事，以增加他的勇气。

自卑的孩子难成大器

对自身评价过低、缺乏信心，由此产生出一种消极待事的情绪，这就是自卑。

自卑者很少有过成功的体验，对生活不抱希望。他们的内心深处，塞满了失败的感受，使得他们的思绪更多地转向过去，无暇面对未来。自卑者自己瞧不起自己，也怕被人瞧不起，而他们的做法和对待人生的态度，恰恰无法让人看得起。

青少年正是学习功课、掌握知识的重要时期。如果此时产生自卑感，对孩子的成长是十分不利的。因此，作为家长就要从小培养孩子的自信心，克服其自卑感。

孩子自卑感的产生，不外乎以下两个原因：一是由于目标定得过高连遭挫折的打击；二是与他人相比在某些方面存在劣势，以致造成不良的自我暗示等等。

如何帮助孩子摆脱自卑的阴影，树立自尊和自信，专家提出几个简单易行又行之有效的办法。

帮助孩子确立信心

当一个人屡遭失败和挫折，他就会怀疑自己的能力，难以自拔，形成自卑感。要孩子克服自卑感，父母自己要有自信心，并把自信心传给孩子。父母要多教育孩子，让孩子知道任何人都有自己的优点和缺点，不管是身体方面还是其他方面，都是这样。

父母还应多给孩子讲，许多人都有着自己的缺陷，都会产生自卑感，关键要能够克服自卑感。

俄国大文学家列夫·托尔斯泰，曾因自己相貌而自卑。据说，从小他就对自己的容貌十分敏感。他的眼睛不但小而且还是凹进去的，前额窄，嘴唇厚，鼻子像大蒜头一样，耳朵大得令人吃惊。他在学校时，老师对他的评价也不高，说他哪一方面都不行。他感到苦恼：像自己这么丑的人，可能一辈子也不会取得成功。但他终于挺起胸来，扬长避短，不被不良评价所影响，最后终于写出了《安娜·卡列尼娜》等文学名著，成为世界级的文学大师。

　　亚里士多德、达尔文、伊索、拿破仑都有口吃病,亚历山大、莫扎特、贝多芬、拜伦都因身体佝偻、口吃、身材矮小、耳聋等而产生过自卑感,但他们并不因此而灰心,也没有因此而丧失生活的勇气。他们坚定了成就大业的信心,结果都取得了成功。

　　当孩子了解到这些名人的故事后,慢慢就会树立自己的信心,增强进取的勇气。

适当降低对孩子的要求

　　对待已有自卑心理的孩子,父母应适当降低对孩子的要求。其实,让自卑的孩子学会自我肯定的首要目标是:帮助孩子从自己的行为中获得满足和动力。应该让孩子懂得:做该做的事,并且把它做好,这本身就是成功,也是对自己最好的肯定。假如孩子画了一匹马,那么你最好不要过多地挑剔这里不好、那里不像,而应对孩子的每一成功之处予以发现并做出由衷的赞赏:"看,那马尾巴画得真好呀,好像是在风中飘舞一样!"或者"你为马涂的颜色真漂亮!"

　　还应该让孩子看到,你的赞赏完全是诚恳的,而不是应付的、客套的,更不应该是虚伪的、做作的。

告诉孩子正确看待他人的评价

　　父母可以对自卑的孩子多作表扬,但其他人却未必做到这一点。他们或许会"实话实说",或许会故意挑剔,甚至讽刺挖苦。此外,孩子不可能永远地依赖别人的评语,而迟早要依靠自己内心的动力前进。因此,不妨指出孩子的正确之处,然后提醒他不必过分看重别人的评论。

　　自卑的孩子由于做了一件错事而遭到了批评,一下子感到丧失了前进的方向。这时家长应该告诉他,对待批评的最好办法便是承认并改正。当孩子主动承认了错误时,家长完全可以告诉他:"你这样做很不容易,因为这可需要很大的勇气,你可以对自己说你做了一件了不起的事。"

强化孩子的自我肯定意识

　　对自卑心里很严重的孩子来说,自我肯定往往是脆弱的、飘忽不定的,因而极需要得到外界经常不断地强化。强化孩子的自我肯定,可尝试以下方法:让孩子为自己记一本成绩簿,让孩子每周花几分钟时间写出自己的"成绩",并告诉孩子,所谓成绩,并不一定是了不起的成就,任何小小的进步,以及为这种进步所做出的任何小小努力,都有资格记载入册;然后,为孩子准备一些小的奖品,当孩子取得了一点成绩,或做了一件令他自己感到自豪的事,他就有可能获奖;你还可以教孩子学会以自言自语的方法不断对自己做出赞扬,当孩子遇到困难时,鼓励他自己为自己鼓劲："来吧,朋友,你可是一个不怕失败的好孩子,再努力一次吧!"

当然,自我肯定也应有个度,不要鼓励孩子在任何时候、任何情况下都使用自我肯定。要分时间、场合,更要有一定的原则、标准和尺度。孩子的自我肯定一旦用过了头,可能变成一种自负甚至成为唯我独尊的小"皇帝"。

培养孩子的坚强意志

如果家庭对孩子娇宠、溺爱,一旦他离开家庭稍遇困难,便不知所措形成自卑。因此,家长要鼓励孩子自己的事自己做,学会自己照顾自己。当孩子碰到困难时,只要是经过努力可以克服的,家长可从旁加以指导,不要包办,尽量让孩子自己想办法解决,使其慢慢学会自己处理各种事情。

平时,家长多带孩子到大自然中去,多参加各种集体活动,有意识地丰富孩子的知识,提高孩子的能力,避免孩子因自卑而怯于与人交往,形成自我封闭。

第十一篇　识人宝点子

识人，是一种综合人生阅历和对生活观察结果的统计分析，一种理性判断，一种逻辑思维的延伸。学会识人，对于现代人来说十分重要，是一项非常实用的学问。从一个人的穿着打扮、服饰、化妆品、肢体语言、眼神、谈吐、面相、语速等等，都可以看出一个人的性格特性。

学会识人，往往能看出一个人的品性，即便他们有心掩饰，也很难能够逃过辨识者的目光，但是大多数识人的方法只适用于经常接触的人，如果不能经常接触，就很难快速并准确地辨识出他们的性格和心理以及他们的品质。

第一章　通过体貌特征和面部表情识人

读透了内心所蕴藏的玄机，是识人高手厚积一世而薄发于一时的秘技。

眉毛传递心理变化

眉毛能够传递人内在的心理变化。心理学家认为，眉毛有 20 多种动态，不同的动态可以表示不同的情绪。

有些时候，当我们的心情发生变化时，眉毛的动态也会跟着变化，从而产生许多不同的重要信号，下面我们从四个方面来详细地分析。

扬眉

当一个人的某种冤仇得到伸张时，往往会扬眉吐气。一个眉毛高挑的人，正是想逃离庸俗世事的人，通常有自炫高深的傲慢表现。单眉上扬，表示对别人所说的话，做的事不理解；双眉一起上扬，表示非常欣喜或极度惊讶。扬眉还可以表示危机减弱时，重新审视周围的环境。

如果两条眉毛一条上扬、一条下垂，它所传达的信息则介于扬眉与低眉之间，半边脸显得恐惧，半边脸显得激越。眉毛斜挑的人，心情往往处于怀疑状态，扬起的那条眉毛就像是提出一个问号。

眉毛打结,指眉毛同时上扬及相互趋近,和眉毛斜挑一样。这种表情通常表示严重的忧郁和烦恼,有些慢性疼痛的患者也会如此。急性的剧痛产生的是低眉而面孔扭曲的反应,而和缓的慢性疼痛才产生眉毛打结的现象。

有时候,眉毛的内侧端会拉得比外侧端高,而形成吊梢眉似的夸张表情,一般人如果心中并不是那么悲痛的话,是很难勉强做到的。

闪眉

闪眉,是指眉毛先上扬,然后在瞬间下降,这是一种友善的行为。比如说,当两位久别的老朋友相见的一刹那,通常会出现这种动作,而且常会伴随着微笑和扬头。但在握手、亲吻和拥抱等亲密动作时很难看到。

眉毛闪动若是出现在对话里,则表示加强语气。每当一个人说话时要强调一个字时,眉毛就会扬起并瞬间落下,这是在表示"我说的这些你可要听清楚了!"

皱眉

当受到侵略、心感恐惧时,人们通常会皱眉。在遭遇危险时,只是低眉不够,还得将眼睛下面的面颊往上挤,以尽可能提供最大的防护,这时眼睛仍保持睁开并注意外界动静,这就形成了皱眉的动作。

这种上下压挤的形式,是面临外界攻击时典型的退避反应,眼睛突然见到强光照射时也会如此。当人们有强烈的情绪反应,如大哭大笑或感到极度恶心时,也会皱眉。

人们往往把一张皱眉的脸视为凶猛,而不会想到那其实和自卫有关。而真正侵略性的、一无畏怯的脸,反而是瞪眼直视、毫不皱眉的。

一个深皱眉头忧虑的人,基本上是想逃离他目前的处境,但是由于某种原因而不能这样做。一个大笑而皱眉的人,其实心中也有轻微的惊讶成分。

有些时候,皱眉还可代表怀疑、诧异、否定等。

耸眉

耸眉是指眉毛先扬起,停留片刻,然后再下降,通常还伴随着嘴角迅速往下一撇,而脸上其他部位却没有任何明显的动作。耸眉所牵动的嘴形是忧伤的,有时表示的是无可奈何,有时则表示的是一种不愉快的惊奇。另外,人们在强调自己所说的话时,也会不断地耸眉。

眼睛守不住内心的秘密

人们常说："眼睛是心灵的窗户"，"眼睛是心灵的镜子"。画家的神来之笔常常就体现在眼睛上。因此，我们可以通过眼睛来窥视对方的心理状态。

从医学的角度看，眼睛在人的五种感觉器官中是最敏锐的，大概占感觉领域的70%以上，因此被称"五官之王"。

深层心理中的欲望和感情，首先反映在视线上，视线的方向、移动、集中程度等都表达不同的心理状态，观察视线的变化，有助于人与人之间的交流。爬上窗台就不难看清屋中的情形，读懂人的眼色便可知晓人们内心状况。眼睛看人的方法由来已久。

史书《三国志》中就有这样的记载：

曹操派刺客去刺杀刘备，刺客看见刘备，并没有当时下手，而是与刘备讨论削弱曹操势力的策略。他的分析极合刘备的意思。

不久后，诸葛亮进来，刺客很心虚，便托辞上厕所。

《三国志》书影

刘备对诸葛亮说："刚才得到一位奇士，可以帮助我们攻打曹操。"

诸葛亮却叹息一声，慢慢说道："此人一看到我，神情畏惧，眼中时时露出忤逆之意，奸邪之形完全泄露出来，他一定是个刺客。"

于是，刘备连忙派人追出去，刺客已经跳墙逃走了。

诸葛亮在瞬息之间，透过眼神的变化，便看出一个人的目的和动机。这就说明，即使是一瞬即逝的眼神，也能发射出千万个信息，表达丰富的情感和意向，泄露心底深处的秘密。

人的个性是一成不变的，不管其修养功夫如何深远。俗语说：江山易改，本性难移，看人的个性还是简单的，而情的表现则不然。性为内，情为外，性为体，情为用，性受外来的刺激，发而为情，刺激不同。情所表现最显著、最难掩饰的部分，不是动作，也不是语言，更不是态度，而是眼睛，言语动作态度都可以用假装来掩盖，而眼睛是无法假装的。我们看眼睛，不重大小圆长，而重在眼神。

如果一个人的眼神沉静，便可明白他对于你着急的问题，早已成竹在胸，定操胜算。只要向他请示办法，表示焦虑，如果他不肯明白说，这是因为事关机密，不必要多问，只静待他的发落便是。

如果一个人的眼神散乱，便可明白他也是毫无办法，徒然着急是无用的，向他请示,也是无用的。你得平心静气,另想应付办法,不必再多问,这只会增加他六神无主的程度,这时是你显示本能的机会,快快自己去想办法吧!

如果一个人的眼神横射,仿佛有刺,便可明白他异常冷淡,如有请求,暂且不必向他陈说,应该从速借机退出,即使多逗留一会儿也是不适的,退而研究他对你冷淡的原因,再谋求恢复感情的途径。

如果一个人的眼神阴沉,应该明白这是凶狠的信号,你与他交涉,须得小心一点。他那一只毒辣的手,正放在你的背后伺机而出。如果你不是早有准备想和他见个高低,那么最好从速鸣金收兵。

如果一个人的眼神流动异于平时,便可明白他胸怀诡计,想给你苦头尝尝。这时应步步为营,不要轻近,前后左右都可能是他安排的陷阱,一失足便跌翻在他的手里。不要过分相信他的甜言蜜语,这是钩上的饵,是毒物外的糖衣,要格外小心。

如果一个人的眼神呆滞,唇皮泛白,便可明白他对于当前的问题惶恐万状,尽管口中说不要紧,他虽未绝望,也的确还在想办法,但却一点也想不出所以然来。你不必再多问,应该退去考虑应付办法,如果你已有办法,应该向他提出,并表示有几成把握。

如果一个人的眼神似在发火,便可明白他此刻是怒火中烧,意气极盛,如果不打算与他决裂,应该表示可以妥协,速谋转机。否则,再逼紧一步,势必引起正面的剧烈冲突了。

如果一个人的眼神恬静,面有笑意,便可明白他对于某事非常满意。你要讨他的欢喜,不妨多说几句恭维话,你要有所求,这也是个好机会,相信一定比平时更容易满足你的希望。

如果一个人的眼神四射,神不守舍,便可明白他对于你的话已经感到厌倦,再说下去必无效果,你必须赶紧告一段落,或乘机告退,或者寻找新话题,谈谈他所愿听的事。

如果一个人的眼神凝定,便可明白他认为你的话有一听的必要,应该照你预定的计划,婉转陈说,只要你的见解不差,你的办法可行,他必然是乐于接受的。

如果一个人的眼神下垂,连头都向下倾了,便可明白他是心有重忧,万分苦痛。你不要向他说得意事,那反而会加重他的苦痛,你也不要向他说苦痛事,因为同病相怜越发难忍,你只好说些安慰的话,并且从速告退,多说也是无趣的。

如果一个人的眼神上扬,便可明白他是不屑听你的话,无论你的理由如何充分,你的说法如何巧妙,还是不会有高明的结果,不如戛然而止,退而求接近之道。

总而言之,一个人的眼神有动有静,有散有聚,有流有凝,有阴沉,有呆滞,有下垂,有上扬,仔细参悟之后,必能人情毕露。

眼球位置外的玄机

当我们向别人提出问题时,通过观察他的眼球运动的方位,我们就可以判断出他是在自己的记忆里寻找答案,还是在忙于编造新的答案。

研究发现,假如一个人在酝酿、策划或编造一件事情时,他的眼球会不自觉地向右侧移动。假如一个人在回忆某件事情的时候,他的眼球会不自觉地向左侧移动。

其实,眼球的运动很容易观察。统计发现,90%左右的人都符合这个规律,还有10%左右的人刚好相反,他们的眼球向左移动时是在编造故事,向右侧移动时是在回忆过去。

若要判断一个人是否在说谎,我们可以先问他几个知道答案的问题,同时观察他眼球运动的方位,这样我们就可以判断他的眼球运动是否符合大多数人的规律。然后,我们再问他不知道答案的问题,并注意观察他眼球运动的方位是向右还是向左,由此可以判断此人是在说谎还是在回忆。

此外,注意观察一个人的眼球转动频率,还可以洞察其深层心理。比如在交谈中,眼球不时地左右转动的人,说明他对自己的言行缺乏自信,没有安全感,甚至有自欺欺人的说谎习惯;如果是心里坦荡荡的人,眼球的运动是自然的;如果看到那种眼球骨碌碌乱转的人,不是心怀歹意,就是颇有心机。与之打交道,要有防备之心。

鼻子凸显心理特征

尽管鼻子是人体五官中最缺乏运动的部位,但也是有着属于自己的语言的。当你观察一个人时,不妨从鼻子的细微语言入手去看透对方。

鼻子正好位于面部的中央,是脸部最突出的部位,决定着整个面部的均衡,其形态、高度决定着美与丑,能够充分显示人格魅力,往往是人们眼光注意的焦点。

鼻孔可以反映一个人的膀胱功能:鼻孔向外折翻的人,膀胱虚弱,尿道容易感染发炎,性子非常急躁。

鼻子坚挺的人,性格坚强,固执己见,他们多少都怀有某种优越感,往往会表现出挺着鼻梁的傲慢态度。因此说,同这种人打交道,比与低鼻梁的人打交道要难一些。

鼻子润泽、清爽而明亮,是身体健康神清气爽的迹象;而鼻子黯浊则表示情绪不佳,办起事来不是很顺利。

鼻子的形状像鹰嘴一样，尖向下垂成钩状的人，个性通常冷淡残忍，阴险凶暴。他们虽然寿命很长，但年老后会非常孤独。鹰鼻子而眼深者一般生性贪婪，不知足。

鼻子能够自己动。比如在发出"嗤"的声音时，鼻子是往上提的，虽然动作轻微时不易察觉，却已向人发出了"我瞧不起你"这种信息。这就是我们常说的"嗤之以鼻"。

鼻头红有很多原因，但多与健康状况有关。比如喜欢吃辛辣食物、长期饮酒，情绪激动紧张、内分泌障碍等等，排除这些因素，鼻头发红有可能暗示心血管疾病或者是肝功能异常，如果鼻子呈现棕色或蓝色，要注意脾脏和心胰腺的毛病，如果鼻头发黑又枯燥，则有可能是纵欲过度了。

除了通过鼻子的外观来观察对方外，也可以从鼻子的"表情"来判断对方心理。

歪鼻子表示不信；皱鼻子表示厌恶；鼻子抖动是紧张；哼鼻子通常带有排斥的意味；鼻孔微张代表发怒或恐惧；嗅鼻子是任何气味都有的反应。在有异味和香味刺激时，鼻子有明显的伸缩动作，严重时，整个鼻体会微微地颤动，接下来通常会出现打喷嚏现象。这些动作其实都是在发出心理信息。

当有人问我们一件难以答复的问题，而我们为了掩饰内心的混乱，勉强找出一个答案应付时，手会很自然地挪到鼻子上，揉它、摩它、捏它，甚至压挤它。这就好似内心的冲突会给精巧的鼻子造成压力，而产生一种几乎不为人所知觉的瘙痒感一样，这时我们的手仍不得不赶来救援，千方百计地抚慰它，想要使它平静下来。这种情形多见于不习惯撒谎的人，在他不得不隐瞒真相时尤为明显。当然，有经验的人很快可从鼻子上看出别人的隐情。

考虑难题时会捏一捏鼻梁，这个动作可能也是基于相同的理由，鼻梁下的鼻窦部位由于紧张则产生轻微的痛感，用手指捏一捏鼻梁可以减轻疼痛，或至少是对疼痛的一种反应。

把食指抵在鼻梁旁，表示对对方有所怀疑。

如果一个人总是昂着脸，用鼻孔而不是用眼睛"看"人，则是要表达傲慢或反感的情绪，仿佛一切都不在话下。文学作品中常常用"鼻孔朝天，傲慢自大"来形容他们。这样的人不是想和你交往，而是希望占你的上风。碰到有这些姿势的人，尽量少打交道。比如请别人帮助做某件事情时，倘若对方做出用手摸鼻子的样子，或是用鼻孔对着你"看"，这应该视为他接受请求的可能性不大，或者说是拒绝的意思。

著名的"埃及艳后"克莉奥帕特拉拥有近乎完美的希腊式高鼻子，她的绝代风华倾倒众生，连恺撒大帝和罗马叱咤风云的统帅安东尼也拜在她石榴裙下不能自拔。难怪法国哲学家巴斯葛会说："如果埃及艳后的鼻子短一些，世界历史也许会重写。"

嘴形破确识人之道

嘴是五官之一,它能发出声音,使人与人之间可以进行沟通,同时它也是维持生命的消化器的入口。医学研究表明,嘴的大小、弹性,可以表示一个人的健康度、生命力与行动力。另外,虽然嘴形主要是天生的,但嘴部的习惯性动作,在长年累月之后通常也会影响一个人先天形成的嘴形,因此从嘴形也能窥探出一个成年人的内心思想。

一字形的嘴

一字形的嘴,上唇与下唇合拢呈一直线,是有信念、意志强、身体健康、认真而顽固的标志。

四字形的嘴

四字形的嘴,好像长方形四字一般,上下唇均厚。这种嘴形的人,个性强,正直老实,人情味浓,性格温和,善于文才,头脑好。

承嘴形

承嘴是下唇突出,仿佛承住上唇一般。这种嘴形的人爱讲歪理,猜忌心重。任性自私,较难得到上司的赏识和提拔,但是忍耐力强。

盖嘴形

盖嘴是上唇突出,盖住下唇的嘴形,这种嘴形的人讲道理、有义气、个性强。

怪嘴形

怪嘴形是好像用嘴吹火般的嘴形。这种嘴形的人个性强,有独立的性格,但是粗野、顽固,因此人际关系比较差,话多,与人的纠纷也比较多。

仰月形的嘴

仰月形的嘴,唇角上扬,也称新月嘴。这种嘴形的人感情丰富,性格明朗温厚,性情幽默。同时头脑清晰,意志坚强,行动力也很强,因此工作机会多,给人感觉他总是特别幸运的。

伏月形的嘴

伏月形的嘴，唇角下垂，这种嘴形的人性格认真，但冷森怪异，较难相处，怨天尤人者多。虽然本质上具有体贴之心，但不易被人了解。顽固，缺乏协调性，因而赚钱机会少。

修长形的嘴

嘴形横向修长，具有明朗、诚实的好品质，这种人具有社交能力，懂得人情世故，个性圆满。

当然，仅从嘴形来看人可能有失偏颇，最好把嘴形与嘴部动作结合起来看，这样会看得更准确。

下巴动作暗藏心机

我们经常会在一些陌生的场合遇到一些初次见面的人。此时，我们可以通过身体形态对对方做个大概的了解。比方说，了解一下此人好不好接触，只要观察一下他的下巴就可知道八九不离十了。

下巴的动作虽然极为细腻，但却能左右他人的印象。站在镜子前，将下巴抬高或缩起，会产生不同的判别印象。

下巴抬高，表明此人非常骄傲，优越感、自尊心强。他们往往会否定别人，对别人所取得的成绩持不屑一顾的态度。

下巴缩起，表明此人小心谨慎，能够很好地完成某一件事，但疑心太重，容易封闭自己，不易相信别人。

处于极度疲乏的状态，一般人便会做起"伸长下巴"的动作；除了此种由于肉体上的要求而表现出来的姿态以外，"突出下巴"的动作，一般而言，无论男女，均属具有攻击性的行为，可视为一种想表示"扑向前去狠揍一顿"意图的动作。迪斯蒙得·摩里斯曾经说明"突出的部位，表示带有意图侵略对方势力范围的性格"。下巴的突出亦复相同，乃是用来作为自我主张的工具。所以，突出的程度越大，则其自我主张的程度就越高。比如"颐指气使"之类的表现，采取此种动作，也是自认对方是下辈或自己很明显地站在优势，且很有把握自我主张必然完全推行时，所表现出来的身体语言。

在发怒时，外国人经常将下巴伸向前方，这也可以视为想将其愤怒情感扔向对方的一种攻击欲的表现。而东方人在表示愤怒时，恰与之相反，以缩下巴者居多，这也是由于国情不同所致。较之西方人的表露攻击欲，东方人通常是深藏不露。

有一句西方谚语说"缩下巴的人最为阴险",就是在说东方人愤怒时的这个动作。由于攻击欲内敛之故,表现身体言语的下巴动作,也就因而不采取突出的形态。给人以一种十分恭顺的假象,其实内心却潜藏着非常复杂的情绪。由此也可以看出东方人特有的复杂而微妙的心情。

另外,还有利用手之类接触下巴的动作。

抚摸下巴的行为,每种状况都有不同的意义。从身体学的观点来看,此属于自我亲密性的表现。也就是丧失自信、不安、孤独、话不投机的尴尬等场面,借接触自己的肉体,以安慰自己,掩饰心态。从心理学角度来讲,是一种没有安全感的表现。

由下颚的突出以表现自我主张,利用不同形状而表现出来者,即是"络腮胡"。胡子也是使下颚更加突出,以表现自我主张的象征。在我们身边可能有不少蓄留胡须的人,但是一旦与他深入交往,很意外地发现这种人多半属于懦弱,缺乏个性的人。这种类型的人是想将他在语言、态度上不能表现自我主张的部分,用蓄胡须的行为得到补偿。

除了络腮胡,胡须还有其他的形状,比如八字胡,山羊胡等等。不同的胡须也能够表现出截然不同的个性。

亚里士多德那一袭白花花的胡子是他身份的象征;关公美髯不仅起到美观的作用,更体现了一种威严与士气;苏格拉底脸上浓密的络腮胡子使他看起来更加高深莫测……凡此种种,不一而足。

一般说来,褐色的胡须表示你聪明且情感丰富;黑色的胡须表示勇敢并且富有行动力;浓密的胡须表示你任性而不太体贴;特别浓密、粗硬、范围很大的胡须表示你有理想并坚强;稀疏的胡须表示你比较理性;粗硬的胡须表示你个性正直但性急;有光泽并富有弹性的胡须表示你细心而知道呵护自己;没有光泽的胡须表示你性情不定。

甩着大胡子招摇过市的人一般选择了一种非常规状态,比如文学家、艺术家、自由职业者和那些为自己打工的男人们。前者一般生活稳定、积极向上、有方向、有成就或略有成就、有生活规划。后者一般更有激情、思维活跃、执着甚至固执、生活变幻无常、略有消极颓废思想。

牙齿也能辨别性情

俗话说:牙疼不是病,疼起来真要命。可见牙齿是身体健康中不容忽视的一点。然而,大多数人也许并不知道,牙齿还是一个对判断人的性格的重要着眼点。我们可以从牙齿外形出发对人的性格进行一一分析。

小大牙

研究表明,牙齿有大有小的人做事认真细致,善于精打细算。他们对任何事都设想周到,不过耐力不足,往往只有心动而没有行动,对许多事的实行都仅仅停留在嘴上。

牙齿大的人

牙齿比较大的人有敏锐的直觉,行事大胆、善于思考、为人诚实。这种类型的人热心工作,体力充沛,富有朝气,但行事风格粗犷,不够细心。牙齿过大的人本能欲望强,而且有自私的性格。

牙齿小的人

牙齿比较小的人逻辑思维能力和辨别能力强,思考、行动合乎逻辑,按部就班,性格认真,细心冷静,忍耐力强。而且感情丰富、神经纤细,喜欢照顾他人,人缘极佳。但是,如果牙齿过小,说明感受性敏锐,甚至有些神经质,他们常常因过于拘泥细节而惹人嫌恶,体力及耐力亦不佳。

叠齿的人

牙齿排列并不是一层,而是前后方又长出牙齿,出现"叠齿"的人拥有出色的个人能力。这种类型的人自信心强,非常自负,对于工作总是能够进行得得心应手,处理得异常出色,但其骄纵任性的性格和强烈的嫉妒心使他们的人际关系非常差,没有知心的朋友。

牙齿内倾的人

牙齿内倾的人也就是上下两排牙齿都向内倾斜。有着这类牙齿的人做什么事都喜欢标新立异,是个很有创意的人,适合搞一些策划。举止异于常人的他们常被人视为另类,但他们自己却似乎以此为荣。

牙齿外突的人

牙齿外突的人就是我们常常说的"暴牙"。这种类型的人胆子非常大,做事积极,好奇心强,说话快人快语,特别招人喜欢,但往往言过其实,变成吹牛。他们虽有干劲,做事却总是半途而废,虎头蛇尾,不能持之以恒。

牙齿稀疏的人

牙齿稀疏的人,通常身体状况非常好。他们没有心眼,个性爽直,值得交往。

但这种类型的人个性总是大而化之,总会在无意中把秘密泄露出去,保密性非常差,不是理想的倾诉对象。

牙齿长得参差不齐的人

牙齿长得参差不齐的人非常善变,性格喜怒无常,自我中心意识强,让人难以接近。因为言行不一,常常失信于人,因此他们很少有知心的朋友。认识的人也往往都是来去匆匆、无法深交。

牙齿排列整齐的人

牙齿疏密有致、排列整齐的人,做事认真,喜欢按部就班,不紧不慢地一步一步地进行。这种类型的人人品圆满,充满了责任感,对待问题从不逃避,而是勇敢而理智地去面对。这样的性格为他们带来了极高的人气。

耳朵是人生的缩影图

耳朵不仅是听觉器官,而且还是构成人体美的重要组成部分。由于与肾脏有关,你可以观其肾气旺衰,从而预知其将来的情况。

耳形识人

(1)木耳

木耳显得比较瘦薄,给人一种干枯的感觉,耳垂很小甚至没有耳垂,内耳部分有时却显得很突出。这种人往往给人一种饱受饥饿的感觉,不会引起人的美感。相对地,也许会引发人们的怜悯之心,使其成为值得信赖的朋友。

(2)水耳

水耳较厚,微圆,紧紧地贴着头部,耳垂比较突出,颜色红润,给人一种美的感受。丰润的耳朵代表这种人身体健康,营养丰富,有足够的能力去办各种事情,而且成功的可能性非常大,通常都会顺利发展,佳绩频传。

(3)火耳

火耳耳轮微尖,耳垂不太好看,内耳有些外翻,位置高过眉毛。有这种耳朵的人,鼻梁上一般都有一条横纹与之相配。医学研究发现,这种人的肾功能不太好,往往会影响生儿育女。所以,在个人终身大事上,须谨慎参考,防患于未然。

(4)土耳

土耳坚厚肥大,修长,轮廓分明,色泽红润,给人一种鹤发童颜,生命力很旺盛的感觉。身心健康,不管做什么事情都会积极主动,而且不仅是重在参与,成功的可能性非常大,被认为是事业上的成功者。

（5）金耳

金耳的轮廓比较小,有明显的耳垂,颜色比脸白,位置高过眉毛一寸左右。给人的印象是比较高贵,听力非常好,是所谓的"耳聪"之人。这种人非常聪明,在事业上能够不断前进,取得好成绩。

（6）虎耳

虎耳的轮廓比较小,看起来好像有些残破。如果站在他们的对面而不能同时看见其双耳,就会让人有很奇特的感觉。这种人的听力不是很好,但是往往警惕性非常高,所以给人一种疑心很重的印象。

（7）驴耳

驴耳轮廓非常分明,有厚度,耳垂很突出,但却很软,好像耳骨支撑不住耳轮一样。这种人往往会让人联想到饱经战争的阿富汗难民营养不足,一般都缺乏钙质。没有足够的适应生活的能力,在这个方面操心使其疲惫不堪,而无暇顾及事业。

（8）鼠耳

鼠耳上耳向上直竖,就像要飞起来似的,耳根子反而细小,这种耳朵让人一看见就觉得这种人有偷窃的行为。这种人常常都会让人感到很诡异,与老鼠无异。所以,你宁可信其有,不可信其无,一定要小心为妙。

（9）象棋耳

象棋耳耳郭微圆,长相奇特,形如棋子,具有非常强的肉质感。年轻的时候生活艰苦,但活动能力一般都比较强,自己能够创造出一份家业。大多属于白手起家的类型。无论是精神或意志常常能成为所在圈子里的核心人物。

（10）开花耳

开花耳就像一朵盛开的花,耳郭非常薄,似乎有种透明的感觉。上耳结构比较复杂,下耳结构比较简单。这种耳朵给人的印象非常不好,这样的人就像一个穷困潦倒的醉汉,钱财败尽,只剩下昨日的辉煌。因此,这样的人大多意志消沉,你务必小心交往,以防"下水"。

（11）亲肩耳

亲肩耳特别长,上耳高过眉毛,下耳低于口部,很少见。这种耳朵非常丰满,厚实,色泽亮丽,给人一种美的享受。有这样一副耳朵的人,一般都长得相貌堂堂、方头大脑。这是人们历来传诵的福相。另外,这种人有传统中佛像所蕴含的仁慈与宽厚。

（12）吻脑耳

吻脑耳紧紧地贴在脑后,轮廓比较分明坚挺,位置有的与眼睛相齐,有的压住眉毛。给人的印象比较奇特,有一种卓然独立的感受。这种人思维特别奇特,往往能够棋高一着,因此可能干出一般人办不到的事情。

（13）低眉耳

顾名思义,低眉耳比眉毛低,肾脏也比较低。这种人喜欢物质方面的生活,非常讲究物质方面的需要。所以,总能满足大多数人的需求,从而能够团结人,有一定领导才能。

一个人若是耳朵特别细小,一般来说,胆子也比较小,因此办起事来常常犹豫不决,而对自己所做的事情又常常会考虑不周。所以,这种人意志不够坚定,经常生活在苦恼之中。

（14）雌雄耳

雌雄耳比较怪异,左右耳不一致,这种人常常会在父母的心目中留下不良印象。所以,这种人在年幼时一般不会得到足够的母爱和关心。

但观察发现,这种人处理事情的时候往往使用两种标准。对他人独裁主义,对自己则是自由主义。这样的人有双重人格倾向。对这样的人你应该多多地进行帮助,平衡他们的心态,改变他们的心理构造,使他们健康成长。

耳态识人

（1）耳朵生长的位置高过于眉

这种人思想比较纯正,智力高超,青少年即可得名获财,若其他五官配合得宜,则表明这种人在商场必大有收获。另一方面,若耳高于眼,并且其他各器官配合得当的话,也代表有不俗的统御才能,官途财运亨通。

（2）耳轮外翻,耳郭翻露

这种人虽精明干练,但没有财务成本概念,常常因意气用事,而破败于刹那之间,让事业毁于一旦;但是,耳翻的人如贴脑则能成业持财,富足一生。

（3）金木开花耳

即耳轮杂乱凸出,这种人幼小家贫,一生艰辛。如果已成老板,则代表这种人必为白手起家,凡事注重基础,是个踏实的老板,但是,对属下要求也非常高。

（4）耳门（耳朵）宽大又深邃

这种人性情豁达,智谋远大,一生如日中天,事业必然有成。但若是声音太弱,人中过狭,颈项过细的话,则表示其遗传基因不够好,一生难成大器。

（5）两眉之间过低,嘴小尖翘,胸胃外凸

这种人一生只有受人差使的命,注定为劳苦之相。

（6）两耳生长的位置高低不一且两眼歪斜

这种人内分泌有不协调之处,性情多变,令人捉摸不定。

（7）耳形坚厚且外形美润而贴附于脑

人们称之为"贴脑耳",代表思虑缜密,善于营谋,计谋深藏,是值得追随学习的好朋友。如果这种人的领导才能佳,则往往是个核心人物。

(8)鹿耳,耳有轮(外轮)无廓(内曲),耳形又向前倾

这种耳形清秀有扬,状似莲瓣,红润鲜明,耳门宽大,因其外形似鹿耳而得名。代表某方面的奇巧天赋,可在某种领域上取得成就。如果从事专业技术之研发或从事学术研究,将名利双收,但一生难聚大财。

(9)耳有上耳外轮而无下耳外轮

这种人一生事业成败无常。研究发现,这种耳相代表上火下水不济,所以一生性情反复不定,注定一生漂泊,难有定业。

(10)耳朵虽轮翻廓露,但耳贴脑又有垂珠

这种人事业有成,但属大器晚成型。为人也属于愤世嫉俗型,往往感叹世态炎凉,人情似纸,因此不容易相处。

(11)耳虽大但形丑无垂珠,且位置特高

这种人虽有聪明才智,但好大喜功,而且恃才傲物,眼高手低,同时,固执己见。因此一生潦倒的时候多,成功顺利的时候少。

(12)耳小鼻大

这种人自我意识太强,人际关系不佳,无法容纳异己,所以没有贵人相助,注定终生劳碌。虽披星戴月,终究是入不敷出。

(13)耳形极小又歪斜,外轮收而不放又无垂珠

这种人多为盗贼,喜投机或以开立公司为幌子招摇撞骗,你要多加小心。

(14)两耳厚大整齐端正,垂珠软厚有形,耳的肤色白过于脸

如果其他四官(鼻、嘴、眼、眉)再配合得当的话,这种人在事业及财富上将有一定的成就,永不颠沛破败,且性格优良,爽直正派,是个难求的好人。

(15)耳形过大但肉质松软无力,轮廓虽然分明,但垂珠不丰润

这种人心智低下,既无能又好淫,六亲无缘且属下不肯相助,一生事业破败无成。因此,无论从生活上,还是事业上你都要退避三舍,免受牵连。

透过表情,把握心情

美国著名的乡土作家埃尔伯特·哈伯德有过这样的华美词句:"人的面孔是上帝的杰作,眼睛是灵魂的窗口,嘴部是肉欲的标记,下巴象征着决心,鼻子表现出意志。但在这一切之上而又隐藏于这一切之后的,是我们称之为'表情'的某种瞬间。"

现代心理学上对于表情的定义是这样的:表情是情绪的外部表现,是由躯体神

经系统支配的骨骼肌运动,是感情性活动的外显行为。其实,表情反映的实质是人的心理,一个人或许不在意自己一个瞬间的表情,但是最了解一个人心理的只有他自己。

1912年诺贝尔奖获得者、法国生理学家科瑞尔在他的《人,神秘莫测者》一书中论述道:"我们会见到许多陌生的面孔,这些面孔反映出了人们的心态,而且随着年龄的增长,反映得将越来越清楚。脸就像一台展示我们人的感情、欲望、希冀等一切内心活动的显示器。"每个人都有一副独特而不容混淆的脸相,即使双胞胎也不例外。因此人们在相见时,给人印象最深的就是脸。从这张脸上,大致能反映出年龄、性别、种族烙印,而且通过表情也可能流露出其人的当时情绪变化状态。

表情是无声的语言。当人与人之间进行交往时,无论是否面对面,都会下意识地表达各自的情绪,与此同时也注视着对方做出的各种表情。而在几乎所有的生物中,人的表情又是最复杂,也是最丰富的。据统计,人的面部所能做出的表情多达25万种之多。正是这种过程,使人们的社会交往变得复杂而又细腻深刻。

在许多时候,我们可以通过对脸部具体部位的观察来看透对方。

有心理学家研究,嘴部的表情主要体现在口形变化上。伤心时嘴角容易下撇,欢快时嘴角会提升,委屈时通常噘起嘴巴,惊讶时伴有张口结舌的动作,忍耐痛苦时常常是紧咬下唇。所以,嘴唇的曲线能敏感而自然地暴露内心活动。

愉快的表情在日常生活中很容易有被观察的机会,它的特点是:嘴角拉向后方;面颊往上抬;眉头平舒,眼睛变小。

不愉快的表情的特点则是:嘴角下垂;面颊往下拉,变得细长,眉毛深锁,皱成"倒八"字。

鼻子的表情动作较少,而含义也较为明确。厌恶时耸起鼻子,轻蔑时嗤之以鼻,愤怒时鼻孔扩大,紧张时鼻腔收缩,屏息敛气。

眉毛可有20多种动态,分别表示不同情感。汉语中常用词语有:"柳眉倒竖"(发怒),"横眉冷对"(轻蔑、敌意),"挤眉弄眼"(戏谑),"低眉顺藤摸瓜眼"(顺从)。宋代词人周邦彦有一句词:"一段伤春,都在眉间。"这是因为一个人眉间的肌肉皱纹较为典型地体现出他的焦虑和忧郁,即眉头紧锁,而一旦眉间放开、舒展则是心理变得轻松明朗的标志。

美国心理学家拜亚曾经做过一项实验:他让一些人表现恐怖、诱惑、愤怒、无动于衷、幸福、悲伤等六种表情,再将录制后的录制带放映给许多人看,请观众猜何种表情代表何种感情。其结果是,观看录制带的这些人,对此六种表情,猜对者平均不到两种。可见,表演者即使有意摆出愤怒的表情,也会让观众以为是悲伤的感情。

从这个实验上看,虽然表情对揭示性格有很大程度上的可取性,表情相对于语言更能传递一个人的内心动向,但要具备在瞬间勘破人心,看似简单,实属不易。

人类在长期生活实践中,掌握了掩饰内心真实情感的手段,这种手段在现代商业谈判中屡见不鲜。洽谈业务的双方,一方明明在很高兴地倾听对方的陈述,且不时点头示意,似乎很想与对方交易,对方也因此对这笔生意充满信心。没想到对方最后却表示:"我明白了,谢谢你,让我考虑一下再说吧。"这无疑给陈述方当心浇了一盆凉水。

在许多时候,人会用"面无表情"这种表情来掩饰自己的真正心理。这样做的原因通常有三种:一种是漠不关心,另一种敢怒而不敢言,还有一种是根本没有放进心里去。当然,这种表面上的情形,也可能意味着他对人非常关心,而是不愿让人轻易地看出来。

有一种脸上的表情跟内心的情绪恰恰相反,但从面部肌肉的运动所呈现喜悦的表情来看,是笑的范畴。这是因为人在潜意识里都不愿让人看出自己心理的变化,所以会以其他的表情来阻止情感的"外泄",刻意隐瞒自己的喜怒哀乐。

在许多时候,愤怒、憎恨、悲哀等感情能够从面部表现出来,很容易成为阻碍正常社会活动的因素,所以人们都竭力设法压抑这种负面的感情,而尽量表露出喜欢或笑容满面的正面表情。在现实生活中,最能体现这种现象的例子莫过于夫妻之间的争吵。当彼此间的不调和达到很激昂的情况时。不快乐的表情反而会逐渐消失,现出愉快的笑脸,态度也显得谦恭而亲切,但实际上却早已不是这样一回事了。

在通常情况下,人们没有经过相当程度地对人们内心活动的研究,是不太容易探视出人心的真面目的。其实,在高明的观察者看来,每个人的脸上都挂着一张反映自己心甘情愿和精神状态的"海报"。狄德罗在他的《绘画论》一书中说过:"一个人……他心灵的每一个活动都表现在他的脸上,刻画得很清晰,很明显。"

尽管如此,真正的高手却能够从表情的动作上一眼洞察别人的内心动机。春秋时期的淳于髡无疑就是这样一个"高手"。

梁惠王雄心勃勃,广招天下高人名士。有人多次向梁惠王推荐淳于髡,因此,梁惠王连连召见他,每一次都屏退左右与他倾心密谈。但前两次淳于髡都沉默不语,弄得梁惠王很难堪。事后梁惠王责问推荐人:"你说淳于髡有管仲、晏婴的才能,哪里是这样,要不就是我在他眼里是一个不足与言的人。"

推荐人以此言问淳于髡,他听了只是笑笑,回答道:"确实如此,我也很想与梁惠王倾心交谈。但第一次,梁惠王脸上有驱驰之色,想着驱驰奔跑一类的娱乐之事,所以我就没说话。第二次,我见他脸上有享乐之色,是想着声色一类的娱乐之事,所以我也就没有说话。"

那人将此话告诉梁惠王,梁惠王回忆当时情景,果然如淳于髡所言;他不禁叹服淳于髡的识人之能。

从面部表情上，读透了内心所蕴藏的玄机，是识人高手厚积一世而薄发于一时的秘技。其中最经典的莫过于三国时诸葛亮和司马懿合唱的"空城计"了。

当诸葛亮带一帮老弱残兵坐守阴平这座空城时，兵强马壮的司马懿父子，率领20万大军兵临城下。在城墙之上，诸葛亮焚香朝天，面色平静，他旁若无人地洞开城门，自己端坐在城墙之上，手挥五弦，目送归鸿，飘飘然令人有出尘之想。

一场叹绝千古的双簧戏，由此拉开了帷幕，诸葛亮和司马懿，这对谋略上势均力敌的高手，一个在城墙之上，一个在城墙之下，用心机对峙着。诸葛亮知道司马懿一眼能看穿他虚张声势的空架势，但诸葛亮更知道，司马家族和曹氏家族的冲突，倘若司马懿拿下了诸葛亮，三国鼎立之势不再，司马家族目前羽翼未丰，最后难逃兔死狗烹的下场。精于军事的司马懿当然知道帮刘邦打天下的韩信的下场。诸葛亮的存在，让司马懿有了和曹丕周旋的机会，对付诸葛亮，曹丕还必须倚重司马懿，诸葛亮一倒，曹丕立刻没了后顾之忧，安内是必然之举，那一刻，哪里还有司马家族的容身之地。

因此，在表现平静的背后，两人心中都在波澜起伏，就是因为诸葛亮一生谨慎，料到司马懿不会下手，才敢下这招看似冒险之棋。当司马懿的儿子提醒说，诸葛亮在使诈，城中必无伏兵，心知肚明的司马懿，立即打断他的话，以诸葛亮一生谨慎的话，搪塞过去了。机智的司马懿从诸葛亮平静的表情上领悟到，这是诸葛亮用谋略和他合唱双簧戏，这出戏，非大智大慧的人，绝不可能唱得如此之好。

表情是心理变化的显示器，是内心活动的写照。只要我们仔细观察，细心分析，就一定能从千变万化的表情中把握住对方心灵的律动了。

不同脸谱不同性格

无论你见到谁，首先注意到的常常是最吸引人的部位——脸。

人的脸千差万别，不仅仅是因为眼睛、鼻子、嘴巴等五官的大小、形状和位置不一样，还因为脸型彼此不同。脸型就是指脸部的轮廓。不同的脸型会给人完全不同的直观印象。人的脸型大致可以分为以下几种：

标准型

特征是颧骨到下巴的线条十分明显，体格健壮带有阳刚之气。具有研究的热情而且非常有耐性，在人际交往上没有特殊的好恶，和任何人都能打成一片。这种类型的人比较容易对一件事情热衷，而且把自己的梦想理想化。他们具有对他人的体贴与同情心，属于不将自己内在感情表露在外的类型，因此受到很多人的喜欢。然而，这种个性有时候也会受人误解或无法向喜欢的异性搭讪，甚至不敢碰异性朋友的手。男性不会拈花惹草,只钟爱单一的女性。但是女性却恰好相反,喜欢和很多男性来往,作风大胆开放。

行为模式:这种类型的人为了实现自己的想法,会全力以赴,发挥自己最大的潜力。另外,由于对什么事都有浓厚兴趣,好奇心十足,又追求变化,因此经常能提出各种方案。可一旦失落萎靡,缺乏自信,埋在自我阴暗角落的时间会比一般人长。

最佳职业:科学、技术、医学的研究或调查等领域,可能成为专业技术方面的专家。如果去公司上班,比较适合研究、开发、分析调研等部门。

圆形

特征是肌肉厚实而浑圆,性格温和而明朗,体形也多半比较圆胖。这种类型的人大多都乐于助人,与任何人都能融洽相处,亲和力强,具有幽默感,深受人们欢迎,但也有任性和个人主义的一面,往往会为一件小事而动气。有协调性,天生难以抗拒他人的请求,但是有时候说出的话却做不到。与人交往的要诀就是成为他的好听众,这样会使他十分开心。

行为模式:在企业单位或班级内部的组织活动、旅游行程里,总是被推选为发起人,然后负责整个活动。对于意见冲突与自己计划不合的状况并不会过于在意。尽管翻脸不认人,但大致上,他办事干脆的作风仍然受到大家欢迎。

最佳职业:适合一般性的商业或社交性的职业。比如人事管理、主持会议的职务、销售(特别是经营方面)等工作最为适合。

椭圆形

特征是下颚带着圆弧感,头型宽广圆润。这种脸型的女性大多数是美女。顺应性强,擅长与人交往,而且富有理性,在混乱的事态之中也绝不慌乱,能够做出正确判断。情绪起伏比较少,能赢得别人的信赖。但是神经过于细腻,可能由于小事而变得消沉。自尊心强,但是有些缺乏耐力。

行为模式:有能力处理棘手的疑难问题,也能心平气和地接受不喜欢的事物。但是,有时为了求快,反而会出现错误,或误解了别人的意思。这种类型的人对于工作向来积极,斗志高昂,但容易受指挥者教唆。尽管如此,他仍然是人人羡慕的对象。

最佳职业:与土木、机械、建筑、铁路相关的职业最为合适,而且容易成为某领域的领导者。公司方面,则以劳务、管理工作比较合适。

方形脸

特征是脸形方正,下巴呈四角形,脸颊骨发达,口大而嘴唇薄。这种脸形多半出现在运动员身上。他们性格外向,富有行动力,意志坚强,做事积极,遇到困难也不气馁。正义感强烈,讨厌迁就别人,绝不委屈自己的想法,缺乏通融性。对于决定了的事情一定坚持到底,异常执着,容易与人发生冲突。但是很讲义气,如果有人相求还是能鼎力相助的。

行为模式:这种类型的人一贯唯我独尊,习惯按自我意志行事,所以经常与公司的上司发生冲突。相对地,他做事也不会半途而废,而是事事力求完善。或许因为对人要求较为苛刻,因此较难和同学或朋友取得融洽的关系。

最佳职业:驾驶员、军人、与海洋相关行业。如果去公司上班比较适合担任后勤型职务。

瘦长型

特征是脸形长,下巴呈四角形,口鼻显得比较小。胆怯、温和是这种人的显著特征。对细微的琐事能考虑得非常周到,具有从事研究的热忱,不擅长交际,对人谦恭、周到、有礼貌。乍看之下通情达理,但其实很难表达自己的心意,因此对与人交流会造成麻烦。他们在追求理想方面拥有极大的想象空间。

行为模式:喜欢独自沉思,陶醉在个人的想象空间。在工作、生活中,虽然建议极多,也颇有独特之处,但却缺乏实现能力。这种类型的人最大的缺点就是点子虽然很多,实现之日却遥遥无期。

最佳职业:诗人、记者、音乐家、广告策划人及其他创造性工作。

倒三角形

特征是额头宽,脸形往下巴方向变窄,形成倒三角形。整体来说脸部很小,身体多半也细瘦娇小。这种类型的人多半一丝不苟,具有洁癖,他们喜欢受人瞩目,同时也很关心引人瞩目的事物。具有贵族化的嗜好,对戏剧和比较优雅的东西充满憧憬。稍微有点儿爱慕虚荣,如果不能遂自己的心意,会感觉非常焦躁。同时也具有优柔寡断的一面,他们还具有细腻而浪漫的一面,多数都带有难以接近的气质,因而使人感觉难以相处,要接近这种人必须以浪漫而富有幻想色彩的话题作为交际的润滑剂。

行为模式:这种类型的人容易推卸责任,将过错加诸他人,有时会抱怨环境的不理想。由于自尊心非常强,好面子,因此当被人当面指责时,会马上动怒。大体来说,他比一般人更关心上层人士的动向,对于拥有官职头衔的人,会情不自禁流露出羡慕之容。所以,在从事推销、营业、贩卖等工作时,大多数会没办法拉下脸来迎合顾客。

最佳职业:大多倾向于政治家、艺人、外交官等行业。从事秘书、事务性的工作,也能发挥各方面的才能。

混合型

特征是脸孔整体有棱有角或变形,额头小颧骨宽大。这种类型的人不会去积极对外发展自己的欲望,容易顺从接受别人交代的事情。他们喜欢安静的事物,对冒险为难的事兴趣不大。

行为模式:最典型的恋家型,比较倾向于安定的生活,不会为了工作而舍弃与家人共处的机会。在行动上,由于欠缺坚持到底的耐力,因此经常因为时间的限制而把自己困住。在工作时间内,忠实执行任务是他的本分,但是要他加班晚归却是难上加难。

最佳职业:能适应的职业范围虽大,没兴趣的工作却也不少。大致上以有专门技术的职业最适合,但他们需要有好的领导者指引。

发型是趣味的标牌

一个人的头发总是在起着与人交流的作用,它表现出你的风格、你的情感、你的趣味,表现出你希望成为的人,和你想让人认为的那种人。不同的发型显示着人的不同趣味,从发型上也能体现出性格心理等许多方面的东西。

中分型头发

这类人大多感情丰富而细腻,喜欢幻想,追求浪漫。内心矛盾,一方面不甘寂寞,另一方面又想过一种与世无争的生活。他们对文字和影视有浓厚的兴趣,而且有一定的写作能力。

中分型短发

这类人性情温和,有较强的依赖性,喜欢听别人的夸奖。他们比较注重实际,性格中理性的成分要比感性的成分多。他们乐于助人,有一定的奉献精神。

不分缝的发型

这类人一般有很强的自我显示欲,充满自信。自我意识强,情绪非常不稳定,经常想做什么就做什么,不考虑所处的环境。

左分型头发

这类人待人随和,真诚。办事沉着冷静,有极强的毅力和耐性,容易产生成就感。他们当中事业有成的居多,比较适合做一个领导者。

右分型头发

这类人多为完美主义者。敢于冒险,好奇心强,善于想象和创新,常常有标新立异的想法,并能将其付诸实践。而且做事有主见,不会人云亦云,但有些自命不凡。

留长发的男人

这类人中大多搞艺术。一方面,他们有非常远大的目标,想和周围的人泾渭分明,表示自己的与众不同;另一方面,他们不甘寂寞,别出心裁想要突出自己,引起他人的关注。

喜欢平头的男性

这类人思想比较保守和传统,他们认为头发稍长就显得女性化了。他们大多外刚内柔,喜欢在运动竞技方面出风头,很注重他人对自己的评价。

喜欢留极短的头发的人

这类人往往有很大的野心。他们总是忙忙碌碌,各种各样的事情把他们的时间挤得满满的。他们行动之前的准备工作往往做得特别细致,但在做事的过程中缺乏应有的责任感和不屈不挠的精神,一遇到困难,很容易打道回府,往往什么事情都半途而废。

喜欢剃光头的人

一方面,这类人是为了营造一种神秘的气氛,让别人捉摸不透他们;一方面,他们是为了标新立异,显示自己的与众不同。

突然剃光头、平头或剪短发的男性

表明他们要下决心做某件事,意志非常坚定,有不达目标决不罢休的气魄。

经常变换发型的女性

这类人缺乏主见,容易人云亦云;情绪不稳定,爱慕虚荣。如果突然改变发型,那么她的心情一定发生了很大变化，有了新的构思，下了很大的决心，准备有所行动。

最先展现时髦发型的人

这类人爱慕虚荣，对流行很敏感，自我表现欲强，希望能吸引他人的目光。他们对环境有着极强的适应能力，敢于冒险。

喜欢怪诞发型的人

这类人比较倔强，只要认定某件事，会始终坚持自己的立场，决不低头服输，不会屈服于任何势力。他们的自我表现欲非常强烈，喜欢哗众取宠。做事经常以自我为中心，而不考虑他人的感受。他们的行为过于大胆和前卫，不容易让人接受，但他们总是能赢得一群朋友，这些朋友一般都会心服口服地尊敬他们，甚至崇拜他们。

喜欢把头发烫成波浪形的人

这类人对流行比较敏感，有青春的活力，非常注重自己的形象，或多或少地带些野性。他们非常务实，协调能力强，能够根据客观实际及时地改变自己。他们积极乐观，善于把握时机，事业一帆风顺。

为了适合某种要求而修剪头发的人

为了工作的需要而修剪头发的人，对所隶属的集体非常忠诚，对工作能够兢兢业业，全力以赴，甚至能做出牺牲。这类人通常都有一技之长，能建立丰厚的经济基础。他们性格随和，容易亲近，很受人们的欢迎。

任凭头发自然生长的人

这类人很可能喜欢抱怨，遇事总是怨天尤人，而不从自己身上找原因。他们缺乏主见，随波逐流，常常被别人的意见所左右，而自己内心的真实想法却无法实施。

头发又直又长，看起来很飘逸的女性

这类人比较清纯，喜欢浪漫。性格中庸，界于传统与现代之间。自信心极强，有强烈的信念，对事业的成功充满渴望。

喜欢留短发，并顺其自然的女性

这类人能够安分守己。性格比较保守，甚至有些封闭，对新鲜事物的接受能力

比较差。

将大量时间花费在发型上的人

这类人属于完美主义者。他们的自尊心比较强,特别喜欢挑剔。

喜欢把头发梳得整整齐齐,但不追求流行款式的女性

这类人性格比较腼腆,但自我意识非常强。

喜欢让头发显得蓬松,并把前端梳得很高的人

这类人思想比较保守,甚至是死板。他们从不在乎别人的感受和评价,我行我素,非常顽固,也从不轻易改变自己的兴趣爱好。

头发渲染个性色彩

一个人的头发不仅可以看出他的健康状况,从现代生理心理学角度看,头发还与人的性格密切相关。因为每个人的头发都拥有多种特质,所以很多人的性格都有不同的特征,甚至有时还带有矛盾的成分。

头发柔软,却极其稀疏者

这种人爱与人辩论,好出风头,而且目中无人,狂妄自大。但实际上,他们做事情没有判断力,在很多方面都表现得特别差劲,在日常生活中还经常因健忘、疏忽而闹出笑话。

头发浓密粗硬,自然下垂者

这种人不喜爱活动,比较懒惰,所以从外形上看,他们中的大多数人身体偏胖。他们细心多情,且感情专一。

发鬓相连,浓密粗硬者

这种类型只针对男性而言。这种类型的男子彪悍强壮,豪迈不羁,个性鲁莽,不拘小节,好打抱不平,有侠义心肠。因此人缘特别好,朋友非常多。

头发淡疏粗硬且不平者

这种人思考力敏锐,是天生的演说家,而且能屈能伸。只是他们喜欢贪小便宜,有时不免要吃大亏。

头发浓密柔软，自然下垂者

这种人喜沉思，性格内向，不爱言语。他们性格坚韧，有耐性，而且具有艺术细胞，多适合从事科技和艺术类的工作。

头发黑中带赤者

这种人生性挥霍无度，奢侈浪费，喜欢结交异性朋友，而且用情不专，是特别值得注意的危险人物。

头发黑白交杂而生者

这种人忽喜忽忧，多愁善感，喜欢自作多情，睡中常常讲梦话，有脑神经衰弱的象征。

头发粗硬似钢丝，且既浓又密者

这种人有气魄，凡事必躬亲而为，具有当领导的才能。但疑心比较重，不容易相信别人，也不懂得关心别人。

头发粗而色淡，硬而稀疏者

这种人刚愎自用，自我意识强，不甘心被人领导，却喜欢驾驭别人。他们心胸狭窄，目光短浅，只重视眼前而忽略长远。他们最大的特点是爱耍小聪明，但往往弄巧成拙。

头发黑如墨，密如云，软如丝者

这种人贪图安逸享乐，虽然度量宽广，但生性懒惰，喜欢时时依附别人，而且没有主见。

头发柔软浓密，却不平顺者

这种人个性软弱，胆小柔弱，心理素质较差，容易脸红，做事情优柔寡断，难成大事，而且还有点神经质。

头发发根弯曲，发尾平直者

这种人经常自以为是，目中无人。他们喜欢独断专行，我行我素，没有丝毫的通融心。但是他们办事雷厉风行，特别有效率。

头发自然向内蜷曲,如烫过一般者

这种人性情激烈,脾气暴躁,猜疑心重,喜欢患得患失,从而常常使自己无故心情紧张,闷闷不乐。

体型是性格的投影

体型是指人的身材体态和高矮胖瘦,是人最明显的外部生理特征之一。通过对体型的观察,可以看出对方的性格与内在的某些东西。

人有不同的体型,如肥胖型、筋肉型、枯瘦型等等。一个人的体型的形成或变化受多种因素的影响。不管你是在商场或者日常生活中,想要一切圆满的话,就需要保持良好的人际关系。要达到这个目的,首要条件就是了解对方的性格,而从体型上分析人的性格不失为一种方法。

未成熟状的体型

在你的周围或许可以看到脸孔如小孩未成熟形态的人。这种类型的人的特征是,各方面都有浅薄而广泛的知识,可谓样样都会,但行行不精。喜爱对音乐、小说、戏剧加以评论。同时具备其他各种知识,讲话时妙趣横生,经常使人捧腹大笑。

这种形态的人,通常具有自我观念坚强的性格。他们的周围经常是热闹非凡的气氛,话题的中心不是自己时,他就不开心,同时对别人所说的话一点都不听,非常任性。这类人在询问有关他自己的事情时,他更会眉飞色舞地说个不休,并且在言谈之间常喜欢标榜自己如何,使人常感到过于放纵,而产生不舒服的感觉。另外,他们常在别人的评价中调适自己,往往显得没有主见,易受他人意见左右。

但是,从另一个角度看,他们非常天真、浪漫,殊不知自己还有没变成大人的地方正是令人感到悲哀之所在。被人奉承时还好,一旦受人冷淡摒弃时,嫉妒心会变得特别强烈,形成一种歇斯底里的状态。对于这类人,要特别注意。

肥胖(即脂肪质)的体型

这类人的体型的特征就是胸部、腹部和臀部囤积了大量脂肪。因腹部附着脂肪,因此从整体看来,像是有很多肉。一般来说,中年人最容易肥胖。

拥有这种体型的人,适应能力非常强,能对环境做出快速适当的反应,多属于好动的人,乐于被奉承和偷懒。同这种体型的人接触,你常常可以享受到对方开放而浓郁的人情。这种人日常非常活跃,一旦被人奉承时,任何事情均愿代劳,虽然口头上说"很忙、很忙",但实际上,他们终日享受着忙碌的乐趣。这种人偶尔也会忙里偷闲,是个风趣可爱的人。

这类人的性格特征是喜好社交,活泼开朗,行动积极,善良而单纯。颇富表演才能的他们既充满活力,又有祥和、稳重、温文的一面。他们经常突然地改变为喧哗或文静态度,属躁郁质类型。

这种体型的人往往比较适于从事政治、实验工作或临床医师。因天赋敏锐的理解力和决断力,他们对任何事都有迎刃而解的能力,一般能出类拔萃。只是他们往往对事情的思虑缺乏一贯性,言谈间极易因轻率而失言,而且骄傲自负,自恃高大,时常将自我意识强加于人,喜欢干涉别人。

筋骨强壮而体格结实的体型

这类人的外形特征是筋骨强健、肌肉发达、体态匀称、肩幅宽阔、头部肥胖。他们办事原则性强,诚实正直,因此从事摔跤、举重和土木工程方面的工作可望出人头地。但是,在公司或银行当经理的人,也会有这种形态的。这种人做事一丝不苟,认真忠实,出任公司或银行里的经理是最恰当不过的了。他们处处讲求规律,以秩序为重,一旦着手某种工作,必坚持到最后,过着踏实而又充实的生活。

健硕的体型

另外,这类人做事速度非常慢,精神拍子比一般人慢半拍,讲话哆哆嗦嗦,没完没了,写文章过于冗长,谨慎而周到,洋洋洒洒上万字。在谈到电影情节时,更会发表一大堆谬论。

这类人虽然值得信赖,但缺乏幽默感。他们不仅顽固执着,而且拘泥于形式的思考习惯,缺乏情趣而显得呆板。被妻子要求离婚的人,也往往是这种类型的人。

特别纤瘦的体型

这类人外表瘦弱、苗条。常常给人一种无法接近、无所适从的感觉。其实,他们神经纤细并且本性善良、冷静沉着,对生活采取慎之又慎态度,但他们对事情犹豫不决且意志薄弱,容易产生气馁心理,是令人难以捉摸的类型。

这种类型的特征通常是对人对事冷静,甚至冷淡,性格复杂且无法适当地表明立场。因为他们有相互矛盾的分裂质。比如对于幻想兴致勃勃,保持快乐的一面,不喜欢被人探出隐私,心事仿佛用冷酷的面罩覆盖着,也常用孤傲来排斥企图接近他们的异性。对于这类人,有人感觉到他们是不易接近的贵族,具有罗曼蒂克的气质,有人会不喜欢他们而视之为一般的交往。

这种类型的人对无关紧要的事固执己见,他们怪癖、不善变通、性格倔强,并且表情呆板,在没下决心之前用行动来决定,这就是纤瘦人的缺点。这种人因为有纤细神经的关系,其优点是对文学、美术、手工艺等兴趣浓厚,对流行有敏锐的感觉。在社交上则拥有非常优雅高超的手腕。但总体上说来,这类人是很难接近的。

纤瘦但身体结实的体型

他们体型略显纤瘦,但长得结实匀称。这类人自尊心强,喜欢争强好胜,自我意识特别强而且非常固执,对任何事情都喜欢带着一种挑战的意味。他们信念坚定,做事情充满信心,无论遇到怎样的苦境,他们都能向着既定的目标去努力,绝不退缩。

强烈的信心加上做事果断,判断灵敏,在商业方面实在是前途无量。他们对所有人来讲都是值得信赖的好伙伴,是商业交往中的好顾客。但是,当这种人误入歧途时,就会变成一个专制、强制、猜忌、高傲、蛮横的人,不允许别人对自己有任何意见与反抗。

具有这种体型的人,他们在事业和做人方面,都缺乏应有的性格魅力,但他们是一个有能力且可能具有相当权力潜质的人,因为他们有宁负天下人的气魄。因此在自己的正确性被认同之前,必会不择手段主张自我的正当性。他们常被认为是事业上的偏执狂,但由于性格上的弱点,即使是别人迎合他,跟随他,他们同样会和别人保持心理上的距离。在家庭生活中,他们可能是个"孤家寡人",容易遭受背叛。

瘦瘦细条的体型

这类人最大的特征是任何事情都归咎到自己身上,带有强迫性格。强烈的敏感使他们对自己周围的变化反应特别快,往往会睹物思人或者触景生情,喜欢自寻烦恼,以至于自己想要诉说的苦衷难于表述,结果把责任强加到自己的头上。

他们常常心神不定,情绪容易失去平衡,且思想容易混乱。其实这是种难能可贵的性格,具有丰富的感受性和纤细的感觉,是生活态度非常慎重的人。他们如果从事艺术性的工作,大多可以取得别人达不到的成就。

从视线变化的细节看人心

有一位建筑家,曾经画过一幅皱着眉头凝视的眼睛抽象画,镶于大透明板上,然后悬挂在几家商店前,其目的是想借此减少偷窃行为。果然,在悬挂期间,偷窃率大大减少。这是因为虽然并不是真正的眼睛,但对那些做贼心虚的人来说,却构成了威胁。他们极力想避开该视线,以免有被盯梢的感觉,因此,便不敢进商店内,即使走进商店里,也不敢行窃了。

深层心理中的欲望和感情,首先反映在视线上。视线的移动、方向、集中程度等都表达了不同的心理状态。因此观察一个人视线的变化,便可知晓他的内心的状况,有助于人与人之间的交流。

下面,我们来具体分析如何通过视线变化来识别一个人。

透过视线的移动看人

在人际交往中,视线位置移动情况不同,其心态也各不一样。

当和别人碰面,觉得不自在时,一般情况下人们会把目光移开,以减少不快。

如果和别人谈话时,对方漫不经心转移视线继而又出现闭眼姿势,那表明对你的话题不感兴趣;如果对方带着浅浅的微笑,目光不时和你的视线相接触,那么表明对方期待你继续讲下去。

此外,一旦被别人注视而将视线突然移开的人,大多属于自卑类型的人,有相形见绌之感。一般情况下,当一个人心中有愧疚,或有所隐瞒时,也会产生这种现象。

无法将视线集中在对方身上,并很快收回视线的人,多半属于内向性格,不善交际。

在日常生活中,如果面对异性,只望一眼,便故意移开视线的人,大多是由于对对方有着强烈的兴趣。譬如,在公共汽车上,上来一位年轻貌美的姑娘,所有人的眼光几乎都会集中在她身上。但年轻的男性往往会很快把脸扭向一旁。他们虽然也非常感兴趣,不过基于强烈的压抑而产生自制行为。但自制反而会使兴趣欲望增大,此时,他们便会用斜视来偷看。这是由于想看清对方,却又不愿让对方知道自己心思的缘故。

另外,行为学家亚宾·高曼通过研究认为:对异性瞄上一眼之后,闭上眼睛,即是一种"我相信你,不怕你"的体态语。因此,当看异性时,并不是把视线移开,而是闭上眼后,再翻眼望一望,如此反复,就是尊敬与信赖的表现。尤其是在女性这样看男性的时候,便可认为有交往的可能。

透过视线的方向看人

在交往活动中,通常观察人的视线方向,能透视人的心态。

一般只注意自己手中的活计,不看对方说话,是冷淡、怠慢、心不在焉的流露;俯视他人,是有意保持自己的尊严;仰视对方,是尊敬和信任之意;随着皱眉而直视他人,是担忧和同情;伴着微笑而直视对方,是融洽的会意:面无悦色的斜视,是一种鄙意;突然圆眼瞪人,是一种警告或制止;横扫一眼对方突然一笑,是一种讥讽;温和地直视对方的眼睛,往往是彼此心存好感的两人在说话,以示寓意通达;视线从头到脚地巡察别人,是一种审视。

当上级与下级讨论工作时,上级的视线往往会由高处发出,而且会很自然地直接投射下来。反之,作为下级,虽然没有做错任何事,但视线却常常由下而上,而且通常都显得软弱无力。这是由于职位高低的原因。

透过视线的集中度看人

一般认为,目不转睛地注视对方谈话的人非常诚实。但不一定是自始至终在盯着不放。

如果一个人想和别人建立良好的默契,则会有60%到70%的时间注视对方,注视的部位是两眼和嘴之间的三角区域,这样信息的传接,往往会被正确而有效地理解。

如果一个人希望给对方留下非常深刻的印象,则会长时间凝视对方的目光,以表自信。如果想在和对方的争辩中获胜,那基本上就不会把目光离开,以示坚定。

听别人讲话时,一面点头,一面却不将视线集中在谈话者身上,表示对来者和话题不感兴趣。

说话时,将视线集中在对方的眼部和面部,是真诚的倾听,尊重和理解。

初次见面时,不集中视线者,其性格较为主动。反之,因对方不集中视线而耿耿于怀的人,就可能胡思乱想,以为对方嫌弃自己,或者和自己谈不来。所以,在无形中对对方的视线有了介意,而完全受对方的牵制了。因此,对于初次见面就不集中视线跟你谈话的挑战型对象,应特别小心应付。

总之,在一般情况下,人们很难彻底隐瞒心事,即使有人摆出一副无表情的脸孔,但刻意的做作并不能维持长久。只要你密切注意他视线的变化,你就能发现他心底的秘密。

从鼻子的变化来洞悉人心

俗语说"人心隔肚皮",遇到挫折受骗的时候,大多数人通常会慨叹"知人知面不知心"。然而事实上,人心的浮动并未因隔着肚皮而不见真心,只要你"积神于心,相气入微,属意勿去",则再高明的掩饰功夫都难无破绽,因为心事往往都呈现在鼻子的变化上。

鼻头冒汗

如果一个人的鼻头冒汗,则表示这个人非常焦虑或者紧张,如果是生理方面的问题则另当别论。如果这个人是一个商人,在与客户谈判的赛程中出现鼻头冒汗的情形,则表示他急于与客户达成协议,如果这桩生意失败,他的损失可能是无法估量的,因此他非常紧张和焦虑,鼻头才会冒汗。如果双方没有利害关系,对方鼻头冒汗,则表示这个人藏有不可告人的秘密,心里非常紧张;还有一种可能就是心里有觉得惭愧的地方,良心受到了谴责。

鼻孔膨胀

如果一个人的鼻孔稍微膨胀起来,多半是不满的表示,或在努力压制自己的情感。通常情况下,人在极度高兴、愤怒或恐惧时,会表现得呼吸急促,心跳加快,鼻孔也会扩大,这是精神亢奋的表现。究竟是基于哪种原因,是因为兴奋还是愤怒、恐惧,要根据说话的内容、语气、语速等综合考虑。

鼻子的颜色发生变化

一般情况下,鼻子的颜色不会变化。如果一个人整个鼻子泛白,表示他的心里有所畏惧,畏缩不前。如果这个人是交易对手,则表示他此时犹豫不决,有某种顾虑,比如价钱会不会太高;合同书是不是有漏洞等。一些人向异性提出爱情告白遭到拒绝时,也会出现鼻子泛白的情况,这是因为自尊心受到伤害,非常失望所致。此外,还有一些人在迷惑、紧张不安或有负罪感时,鼻子也会泛白。

从嘴部动作透视情绪变化

有些心理学家曾做过这样的实验:他们请来最好的演员,让他们做出各种各样的表情,并把这些面部表情都拍下来,然后把其中眼睛鼻子嘴巴耳朵的部分都剪下来,剪下来以后把一个高兴的眼睛配上一个悲伤的嘴巴,把一个悲伤的眼睛配上一个高兴的嘴巴,接下来观察到底是哪一个部位更能代表人的情绪呢?最后发现人们观察人的情绪实际上不只看眼睛,另外还有一个很重要的部位,那就是嘴巴。所以嘴巴的动作在表现一个人的情绪方面,也是非常关键的一个部位。

舔嘴唇

当一个人内心极度兴奋或紧张的时候,往往会下意识地舔嘴唇。有的人说谎时往往会舔嘴唇,某些犯罪嫌疑人被审问时也会有这种动作。这是因为他们内心

精神状态不佳的人

精神状态不佳的人神情恍惚,眼睛无神,整个人看起来似醉似醒。这样的人往往多愁善感,整天一副心事重重的样子,比较散漫,做事缺乏毅力,不能善始善终。分析和判断能力比较差,把握不好自己的事业。

满腹牢骚容易动怒的人

满腹牢骚容易动怒的人往往容易过度焦虑。性情比较豪爽,表面上粗枝大叶,但内心却非常细心温柔。自我意识比较强,不喜欢按部就班的工作,总希望能按照自己的方式去做事,对别人的意见置若罔闻。

碰到突发事情依然保持平静的人

这种人有两种情况:一种情况是反应迟钝,对世事漠不关心比较木然,这样的人缺乏昂扬向上的斗志,性格软弱,缺乏开拓精神;另一种是经过长期的磨炼,比如像指挥官、成熟的领导干部等等,这样的人能在事态紧急的情况下保持从容而镇定的平常心态。

大喜大悲而又容易遗忘的人

这种类型的人往往性情刚烈,心中充满正义感,面对不平能挺身而出,非常勇敢。他们常常因为一时的得失而大喜大悲,但只是一时激动,内心并不会受到伤害,因为没过几天他们就会忘得一干二净。这样的人做事欠考虑,大大咧咧,很容易鲁莽行事。

腿足离大脑最远但最诚实

研究表明,脚离大脑的距离最远,相比之下人的脚部要比其他部位"诚实"得多,因此脚的动作能够泄露人们独特的心理信息。英国心理学家莫里斯经过研究也发现一个有趣的现象:人体中越是远离大脑的部位,越是可能表达其内心的真实感情。

与其他的肢体语言一样,脚的动作有特殊意义。汉语中很多词语都是用来描述脚的动作的,比如轻、重、缓、急、稳、沉、乱等。这些形容词与其说是描写脚步,不如说是在描述人的心态:恬静或急躁,稳定或失衡,安详或失措等。

人们能够从"脚语"来判断一个人的性格或心情。行为学家明确指出："在一般情况下,要判断对方的思想弹性如何,只要让他在路上走走,就可以基本了解了。"每个人的秉性各异,走起路来也有不同的风采;每个人的心情不同,走路的姿势也就不同。

除了走路,在其他场合下的"脚语"也能表露出某个人的心理活动。例如一些参加面试的人,虽然他们冷静地坐着,表情轻松,面带微笑,肩膀自然下垂,手的动作和缓,看似雍容自若。但你看看他的脚,两只脚扭在一块儿,好像在互相寻求安全感;然后他的两脚分开,几乎不为人所察觉地轻轻晃动,好像想逃走;最后,他们又两腿交叉,而且悬空的一只脚一上一下地拍动。虽然坐着没动身,两只脚却泄露想脱逃的意愿。

因此说,在泄露人的心理活动这一方面,脚是全身最诚实的部位。可惜许多人都顾不上或不注意观察这个部位,对这方面的知识也缺乏了解。所以对此加以详细介绍是必要的。

下面就是一些具体的方式:

走路低头的人沮丧

有些人走路的时候总是拖着步子,把两只手插进衣袋里,头常常低着,只埋头拉车,不抬头看路,不知道自己最终要去哪里。这样的人往往是遇上了难以解决的问题,到了进退维谷的境地。大多数快要走入绝境的人往往会有这样的表现。

步伐矫健的男人正派

有些人走路的时候步履矫健,灵活敏捷,轻松自如,富于弹性,这种人使人联想到年轻、健康、充满活力;有些人步履矫健、端庄、自然而大方,给人一种庄重而斯文的感觉;有些人步履雄健而有力,给人一种英武、无畏的印象;有些人步履轻盈、灵敏,行如和风,让人油然而生欢娱而柔和的感觉。

具有这样步态的人,一般都是正人君子。当然,应该透过现象看本质,不要被假象所迷惑。

走路沉稳的人务实

有些人走路从来都是不慌不忙的,即使是碰到了最重要最紧急的事。这种人办事历来求稳,无论做什么事情都要"三思而后行"。这样的人比较务实,比较讲究信义,一般来说,工作效率很高,能够说到做到。

中华点子库

识人宝点子

图文珍藏版

走路前倾的人谦虚

有些人走路总是习惯上体前倾,而不是昂头挺胸。这种人的性格比较内向、温和,为人比较谦虚,一般不会张扬,能够注意严格要求自己,很有修养。有些人走路把头低着,双手紧紧地背在背后。他们的脚步有时很慢,不时还会停下来踢一下石头,或者捡起什么东西来看一下,然后又丢下。从一般的情况看,有这种行为的人往往心事重重。他们或许正在为一件很难办的事情而焦头烂额。

走路匆忙的女人开朗

如果一个端庄秀美的女子走路的时候来去匆匆,脚步零乱,那么就可断定这位女子一定是个性格开朗、心直口快、不留心眼的痛快人。反过来,如果一位女性看上去五大三粗,走起路来却小心翼翼的样子,那么这样的人一定是"外粗内细"的精明人,办事时往往会以豪放的外表来掩盖严密的章法。

喜欢踱步的人善于思考

就姿态而言,这是非常积极的姿态。但是旁人可能对踱步者讲话,因而可能使他思绪中断,并且干扰到他正想做的决定。多数成功的推销员了解:要让踱步的顾客单独思考是否决定购买自己所推销的商品,不要去打扰他,这点是很重要的。有许多成功的谈判乃至于一方咬着舌头不吭气,让另一方继续做决策,在地毯上踱方步。

走路两手叉腰的人急躁

有些人走路两手叉腰,上体前倾,就像一个短跑运动员。他们可能是一个急性子,总希望在最短的时间之内跑完急需走完的路程。

这类人有很强的爆发力,在要决定实施下一步计划的时候常常表现出这样的动作。在这段时间里,从表面上看,他们处于沉默的阶段,好像没有什么大的举动。其实,这叫"此时无声胜有声"。他们的这种动作,实际是一个大大的"v"形,正是他们在告诉别人,胜利正在向自己走来,你们就等着我的好消息吧。

高抬下巴走路的人傲慢

有些人走路的时候,下巴高高地抬起,手臂很夸张地来回摆动,腿就像高跷一样显得比较僵硬。他们的步子常常是那样的稳重而迟缓,好像刻意要在别人的心目中留下深刻的印象。

这种人很傲慢,被人们称为"墨索里尼式"步态。如果不想与这样的人对抗,在他们的面前最好表现得谦虚一点。

漫步的人外向,端步的人内向

有些人走路总是不正规,就像玩儿似的,一点儿也不规范。这种人属于外向型的人,对周围的一切事情都感兴趣。

这样的人对什么事情都不会很认真,可以接受各种各样的意见。人们称之为曲线型的人。

有的人走路头几乎不动,笔直地往前走去。这样的人关心自己超过关心别人,很少注意目的地之外的人和事。

这类人是内向型,主观意识非常强,处理问题很少有弹性。他们如果去当会计、出纳,要在他们那里开后门是不容易的。他们被称为直线型的人。

另外,从脚的其他习惯动作中,也可以看出一个人的心绪。

(1)说话时,身体挺直,两腿交叉跷起,这一姿势表示怀疑与防范。所以,在谈判推销商品或个人交往中,要注意那些"架二郎腿"的人。而对那些坐在椅子上而跷起一只脚来跨在椅臂上的人要引起足够的警惕,因为这种人往往缺乏合作的诚意,对别人的需求漠不关心,甚至还会对你带有一定的敌意。

(2)对于家庭里一对夫妇的双足交叉动作要特别留意,假如你是位推销员,对这个脚部动作要奉为圭臬。人们常常会放松地做一些交叉双足的动作。夫妻间的某方先行交叉自己的双足,即可能表示其在家庭中所占的主导地位。

(3)双脚自然站立,左脚在前,左手习惯于放在裤兜里。这种人的人际关系相对而言较为协调,他们从来不给别人出什么难题,为人敦厚笃实。这种男人平常喜欢安静的环境,给人的第一印象总是斯斯文文的,不过一旦碰上比较气愤的事,他们也会暴跳如雷。

(4)双脚自然站立,双手插在裤兜里,时不时取出来又插进去,他们比较谨小慎微,凡事喜欢三思而后行。在工作中他们往往缺乏灵活性,生硬地解决很多问题。他们大都经受不起失败的打击,在逆境中更多的是垂头丧气。

(5)两脚并拢或自然站立,双手背在背后,他们大多在感情上比较急躁,这种类型的人一般都能与人相处融洽,可能很大的原因是他们很少对别人说"不"。

(6)双手交叉抱在胸前,两脚平行站立,很可能表明此人具有强烈的挑战和攻击意识。

(7)一个人的心理处于紧张状态时,通常两腿便会不停地抖动,或者用脚轻轻敲打地面。

(8)当顾客对会谈不感兴趣或感到厌烦时,常有重复不断地跷脚,一会儿左腿放在右腿上,一会右腿放在左腿上的动作,表示他不想谈下去了。

（9）如果一个人两只脚踝相互交叠，你就应注意此人是不是正在克制自己。因为人们在克制强烈情绪时，会情不自禁地脚踝紧紧交叠，交易场上或其他社交场合中，当一个人处在紧张、惶恐的情况下，常常会做出这种姿态。

（10）在谈判过程中，当对方身体坐在椅子前端，脚尖踮起，呈现一种殷切的姿态，这极有可能是愿意合作，产生了积极情绪的表示。这时如果能够善加利用，双方就会达成互惠的协议。

（11）两脚交叉并拢，一手托着下巴，另一手托着这只手臂的肘关节。这种人常常对自己的事业很有自信，工作起来非常专心。

的波动很强烈,而又不得不控制自己,因此生理上就会出现冒汗、下意识地吞口水、口干舌燥现象。

嘴巴合不拢

这种人往往比较虚荣,爱面子,喜欢吹牛,但缺乏真材实料,而且意志薄弱,往往成事不足、败事有余,不可信赖。

张嘴露出牙齿

假如这种动作成为习惯,那么此人很可能性格大大咧咧,有什么说什么,心里藏不住秘密,容易坏事。做事缺乏耐性,往往虎头蛇尾。

假如这种动作没有成为习惯,只是偶尔出现,那么表示此人情绪突然产生了变化。当一个人对某一事物产生兴趣时,嘴会不由自主地微微张开,而眼睛下面的肌肉也会放松。当一个人感到非常吃惊时,也会不由自主地张开嘴巴,下巴下垂。

嘴巴紧闭

这种人往往非常沉着,喜怒哀乐从不挂在脸上,很会隐藏自己。他们的注意力非常集中,做事十分冷静、果断,从不拖泥带水。承担风险的能力强,面对输赢能够淡然处之,既不会大喜也不会大悲,有一种超越胜负的精神境界。他的言行举止颇为小心谨慎,甚至有些杞人忧天。他们为人严谨,即使与朋友在一起,也喜欢保持一定的距离。但他们值得信赖,有秘密也可以向他们倾诉,他们保证能守口如瓶。

嘴巴小而又紧闭的人,往往给人留下胆子小、比较斯文的印象。实际上,他们只是平时言行举止比较谨慎而已,真正遇到大事,他们非凡的胆识和智谋会立即显现出来。这种类型的人遇事沉着冷静,处乱不惊,有大将风度。

在关键时刻,将嘴抿成"一"字形

这种人性格坚强,吃苦耐劳,具有坚忍不拔的顽强精神。他们做每件事情都要经过深思熟虑,一旦采取行动,不管遇到多大的困难也不会临阵退缩,因此做事成功的可能性比较大。

其他

嘴唇往前突的人,他们大多表示心理上处于防卫状态。

嘴唇僵硬或歪斜的人,他们内心焦躁不安,可能遇到了麻烦,身处困境之中。

经常吐舌头的人,他们大多喜欢吹牛,言行善变,常常让人无所适从。他们缺乏原则性,不讲信用,喜欢说谎,没有责任心。

从精神气质识别对方

一个人的气质和他的行为有着密切的关系,气质常常决定一个人行为的方式,而行为又表现为与气质相吻合的特征。辨别一个人的气质,对于合理调配人的行为规范有着重要的影响。

懒散的人

懒散的人看起来非常疏懒,可一旦对某种事物产生兴趣,就会很痴迷。这种类型的人往往目光犀利,才思敏捷,能够透过各种现象看到本质。他们有许多奇思妙想,但行动能力差,所以,为了能充分地展现他们的才华,最好能有得力的助手辅助他们,将他们的奇思妙想落到实处。

鲁莽的人

鲁莽的人为人单纯,性格暴躁,胸无城府。这种类型的人往往敢说敢做,而且具有很强的开拓精神,但他们容易感情用事,好心办坏事。他们非常讲义气,对朋友忠心耿耿,能两肋插刀,甚至帮人背黑锅。

疲沓的人

疲沓的人是典型的"消极主义者",他们对生活缺乏信心,常常给人一种有气无力的感觉。这样的人往往言语零碎,衣衫不整,房间乱七八糟,可能还有丢三落四的习惯。他们善于谋略,但行动能力差,即使是自己力所能及的事,也喜欢求人帮忙。很难搞清楚他们到底对什么事情感兴趣,但有一点可以肯定,他们对自己的工作不感兴趣。

沉静的人

沉静的人性格文静、腼腆,但是非常执着。善于思考,做事虽然不快,但能细致入微,有一股锲而不舍的钻研精神。他们看问题比较深入,但因为沉默寡言,往往被人忽略。这样的人兴趣比较窄,非常适合做某领域的专家学者,这样能够更好地发挥他们的优势。

精神状态好的人

精神状态好的人目光像水一样清澈,眉毛清秀,容光焕发,生机勃勃。这样的人心态比较平稳,喜怒哀乐不形于色,能够很自然地对待周围的一切。他们才思敏

国学经典文库 图文珍藏版

中华点子库

王艳军◎主编

线装书局

第二章　通过穿衣打扮的细节识人

人的穿着打扮，不仅衬托了一个人的气质、容貌和风度，更反映了一个人的素质和审美观。同时也传递出一个人的性格、心态、爱好及身份等多方面的信息。是人内在的一种外在表现形式。

服饰是一张重要的"王牌"

"衣服是文化的象征，衣服是思想的形象。"这是郭沫若说过的话，意思是说人可以通过衣着打扮来向外界展示自己。

人的穿着打扮，不仅衬托了一个人的气质、容貌和风度，更反映了一个人的素质和审美观。服饰是一种不出声的物体语言，它可以传递人的性格、心态、爱好及身份等多方面的信息。服饰美是人内在美的一种外在表现形式。

一个人想掩饰赤裸裸的自我而穿着衣服，但是又常常因为自己的衣着使得内心反而暴露于外了。因为一个人经过自己选择而穿在身上的衣服，正好表现出在他们裸露着肉体时，所不能了解的内心。所以，把衣服视为与人体不可分割的部分，甚至视为"自己的化身"，均不足为怪。可以这样说，服饰既是流动的文化，更是自我心灵显露的展示台。

所以，想了解一个人的性格，不妨先从仔细观察他们的服饰开始。

衣着反映了人的素质和品位

服饰时髦者

平时喜欢穿着时髦服装的人心底常常有一种孤独感，情绪也经常波动。他们经常完全不理会自己的嗜好，甚至说不清楚自己真正喜欢什么，他们仅仅以流行为嗜好，向流行看齐，随着潮流走，显得非常没有主见。

国学经典文库

中华点子库

识人宝点子

图文珍藏版

服饰朴素者

喜欢朴实服装的人大多数性格坚韧,做事有计划。

政府官员和银行职员等,也许是由于职业的关系,大多数喜欢穿朴实的衣服。这种类型的人多数属于体制顺应型。

如果平时喜欢朴实服装的人,在一个豪华的场合上,你却看到他们盛装而入,这种人就要引起你的警觉。这类人可能非常单纯,也可能非常有心机。他们对金钱欲望十分强烈,对别人的批评也十分在意,很难接受别人对他们的意见,对这类人奉承是上策。

穿着朴素衣服的人向来非常小心,做什么事情都有计划,而且为人诚实,一般不欺骗人。但是这种人对酒色却非常着迷,以致家运不好。应付这种类型的人,最好不要显示攻击心。此外,这种类型的人人情味十分浅薄,是非常重视现实的人。

服饰华丽者

总是穿着引人注目的华美服饰者一般都喜欢出风头,具有强烈的自我显示欲,同时对金钱的欲望也特别强烈。因此,当你看到身着华服的人时,就能洞察到他们的这种心理,多夸奖他们的服饰,满足其膨胀的显示欲是与之结交的一个好办法。

对流行毫不在乎者

对于所谓的流行毫不在乎的人,是个性较为坚强的人。但是,其中也有很多人由于某种原因或因素,而把自己关在象牙塔里,深恐与他人"同化",而失去自我。如果与这种人同事或同处,往往会因小事固执己见,而产生争执。此外,还有处于这两者之间的类型,这种人属于适度自我主张者。

服饰宽松自然者

喜欢宽松自然的打扮,不讲究剪裁合身、款式入时的衣着的人,多是内向型的。他们常常以自我为中心,而融不到其他人的生活圈子里。他们有时非常孤独,也想和别人交往,但在与他人交往的过程中,又总会出现许多的不如意,所以到最后还是以失败而告终。他们朋友很少,可一旦成为朋友,就会非常要好。他们的性格中害羞、胆怯的成分比较多,不容易接近别人,也不易被人接近。他们对团体的活动一般来说是没有兴趣的。

服饰雅致者

穿着打扮以雅致、素净、实用为原则的人,他们多是比较朴实、大办、心地善良、思想单纯而又具有一定的宽容和忍耐力的人。他们为人非常亲切、随和,做事脚踏实地,从来不会花言巧语地去欺骗和耍弄别人。他们的思想单纯,只是说凡事都往好的方面想,绝对不是对事物缺乏自己独特的见解。他们具有很好的洞察力,总是能把握住事情的实质,而做出最妥善的决定和办案。

随意改变服饰风格者

由服饰了解他人所应该注意的一项要领,就是要注意服饰的变化。服饰当然足以反映出个人的喜好。每个人都有各自喜爱的色调、形式以及质料等等。在一个公司的桌子上,如果放着一件上衣,就凭该上衣的类型、颜色等,便能够让人猜出大概是属于什么样的人了。

但是,有时候,我们也会碰到随时改变其所好、让人无法了解其真正喜好的服饰为何的人。这种人的情绪大都不稳定,或者也可能由于希望脱离单调的工作,过富于变化的生活,以致有此逃避现实的表现。

突然改变服饰风格者

有这样一种人,本来一向穿着特定格调的服装,可是,突然穿起完全不同格调的服装来。这种人大多数是在物质或者精神方面,遇到了重大的刺激,他们的思维方式受到新观念的影响,从而在服饰上表现出重大调整。

喜欢粗糙风格者

喜欢粗糙风格的人一般属于独立独行型。不喜欢打领带的人就属于这种类型,他们总是我行我素,独来独往。

在穿着上喜欢不修边幅的人,大多喜欢粗糙风格的服饰,他们精力旺盛、活力四射。这类人喜欢领导别人做事,不喜欢久居人下,但其用人的手法往往很不高明。这种人不适合从事薪水阶层工作,大多数人都是脱离薪水阶层,单独到社会中自由闯荡或做生意。

由于某种职业特点的限制,许多人被迫打起了领带。假如一位主管有意无意对下属提起对打领带的看法,如果他们回答是不喜欢打领带,那么就可能说明他们对现在的处境不满意,有另起炉灶的意图。

服饰色彩缤纷者

喜欢缤纷亮丽、色彩鲜明的服装的人,他们多数比较活泼而开朗,单纯而善良,性格坦率而又豁达,对生活的态度也比较积极、乐观向上。他们大多聪明睿智,具有较强的幽默感。同时,他们的自我表现欲也很强,往往会制造一些小意外,以吸引别人目光,总给人耳目一新的感觉。

穿着马虎者

穿着马虎的人一般缺乏计划性、机密性,但有实行力。在穿着方面有非常马虎的习惯的人,是非常容易进行判断的。例如,有的人身穿英国名牌尼龙西装,脚蹬意大利飞龙皮鞋,脖子上却系着一条非常粗俗的领带,这种穿着不得要领,疏于考究的人，就是穿着习惯上非常马虎的人。他们的特性就是与众不同。

这类人通常富有行动力，对工作十分热忱。但是如果在同事或晚辈之中有这种类型的人，对你而言，并不是一什好事。这类人虽然富有行动力，但得意之时，他们会高踞成就之上；而失势之时，他们又畏缩不前，是一类特别麻烦的人。

这类人一旦下决心从事某项工作，就会有始有终、言出必行。如果你和这类人相处的时候，一定要掌握分寸，有距离的尊敬，因为他们听到异己之言便会恼羞成怒。对于这类人，不宜采取责备的口吻或刺激性语言，否则，他们会对你造成不必要的妨碍。和这类人有生意上的往来时，你的胜算非常低。假如你必须和这类人打交道，你就要学会使用头脑和手段，尽量不要招惹他们生气。这类人还比较注重连带关系和相同意识。

喜欢舶来品者

喜欢舶来品的人有自卑感，但是他们很懂得奉承人。对于喜欢这类穿着习惯的人，绝不能轻易从外表上判断其为人。有的人在任何场合都喜欢从上到下都是舶来品的装扮。这类人和别人打交道时，没有一点儿人情味，因此说，这类人大多都冷酷无情。即使表面看起来和他们非常密切的人，事实上他们之间的关系，也肯定不乏利害关系联结着。

这种人对生意上的事情特别敏感。当自己处于不利地位时，会立刻寻找外援，而一旦失手，则会诿过于人。对于这类人，一定要有警惕性。

如果你的朋友中有喜欢舶来品者，那他们肯定对时尚流行很敏感，另一方面对自己又缺乏信心，就借用舶来品来装饰自己。这种类型的人多数孤独、情绪不安定且有自卑感，因此最好不要去揭穿他们。

对流行既不狂热，又不会置之不理者

这种类型的人处事中庸，情绪稳定，一般不会做什么夸张的事。他们大多数比较理性，不会过于顺从欲望，也不盲从大众时尚。这种人的性格比较沉稳可靠，值得结交。

除了用服饰来体现自己的个性外，人们还经常用服饰来掩盖和弥补自己内心的不足。如果能够把握住人们关于服饰的独特心理，那么在有些方面我们可能会得到意想不到的收获。

衣服颜色炫出个胜风采

每一个人在选择衣服的色彩上，总是跟他本人的个性有着紧密的联系。因为，每一个人衣服的色彩，总是和这个人当时的心理活动状态有着一定的联系。因此，从每个人所喜爱穿着的衣服颜色上，可以看出他具有什么样的个性。

一般来说，衣服的颜色基本上可分为三大类：暖色、冷色和中性颜色。不同的

色彩能体现截然不同的效果：

暖色博好感

暖色包括红、黄、橙色等。这种颜色可以给人一种自信、热情、友爱、爽朗的感觉，有助增强自信，结交朋友，从而能够扩大社交圈子。

冷色增气势

相对而言，冷色及深色的衣服，如黑色、深蓝色、深咖啡色等，能营造严肃气氛，给人一种冷淡、神秘的感觉。

中性色缓敌意

在缓解敌意，应付纷争时，绝对不宜穿上颜色鲜艳衣服，因为这种颜色能牵动情绪，容易让人激动。若是穿着中性颜色的衣服，包括米色、咖啡色、浅灰色等，可缓和紧张气氛，达到平衡的效果。

具体来说，我们可以从对服装颜色的喜好上来看透着装人的性格。

喜欢穿白色衣服的人

白色是一个纯净、没有任何杂质的色彩。喜欢穿白色服装的人，应该是一个追求完美的人。但又有实际的一面。他们内心经常会感到寂寞，非常渴望引起他人的注意和关心甚至爱慕。他们不太喜欢别人没有理由的客套，因此在别人的眼里，他们是那种既爱又怕受到伤害、既做作又喜欢钻牛角尖的人。

喜欢穿黑色衣服的人

从表面上看起来可能会给别人留下神秘、高贵以及专业的印象。喜欢穿黑颜色衣服的人，多少都会是一个不善于社会交际的人，他们无非是用黑色来掩饰自己内心的不安或恐惧。

另外，黑色还代表着放弃，一种最后的放弃。穿着黑色可能表明经过激烈的思想斗争之后想放弃所有的一切。黑色更意味着自制，在特定场合身穿黑色表明他想以一种权威的形象出现。

喜欢穿红色衣服的人

红色使人精神振奋，但过度的红又会使人脾气暴躁、精神紧张。这类人大都是精力旺盛的行动派，无论花多大力气或代价也要满足自己的欲望和好奇心，会对自己专注的和感兴趣的事情投入百分之百的热情。但是他们缺乏耐性，一遇到挫折便会迅速地丧失原有的热情，情绪变化起伏相当大。他们心直口快，说话做事速度快而不假思索，从不在乎可能产生的后果，也不考虑别人的感受，而且他们没有自我反省的勇气和承担过错的能力，习惯把责任归咎到别人或外在不可抗拒的因素中。

喜欢穿黄色衣服的人

黄色是一个心灵能量的颜色，它可以加速理想的实现，并能启发新的创意，但因为一般人不懂得如何挑选适合自己的黄色而给人一种笨重的印象。一个喜欢穿黄色衣服的人，通常是有着自己独特见解和想法，富有高度的创作力及好奇心的人。他们性格外向，心情欢畅，精力充沛，做事潇洒自如，特别自信，说话也无所畏惧，不担心别人考虑什么。这类人往往具有冒险、追求刺激和新鲜的特征，无法忍受一成不变的生活。

喜欢穿绿色衣服的人

绿色是一个生机盎然的色彩，它通常是生命诞生和延续的代表。喜欢绿色衣服的人个性谦虚平实，善于克制，心绪不易烦乱，不喜欢与人争论，很少有忧愁之感或焦虑不安。和善、可亲是这类人最大的特点，而且他们对于自己不喜欢的人也不会刻意地疏远或排斥。这类人个性爽直，而且是聊天的理想对象。

喜欢穿粉色衣服的人

粉色是红色和白色的结合，带有白色和红色的两种性格特点，可以说是感性与理性结合，知识与天真并存。喜欢穿粉色衣服的人多是单纯天真的幻想家，有着纯洁如白纸般的心境，每天都生活在自己编织出来的世界里。他们处世温和，比较感性，想让自己呈现出年轻，有朝气的感觉，甚至希望在别人眼里是个高贵的形象，散发着一股让人看到就很舒服的魅力，但这类人却有强烈逃避现实的倾向。

喜欢穿蓝色衣服的人

蓝色是一个穿着非常普通的色彩，这类人无忧无虑，喜欢宁静，善于控制感情，很有责任心。个性固执，不达目的绝不罢休。富有见识，判断力非常强。他们不擅长与人交际，因此只和志同道合的朋友组成一个小团体。绝对的坚持己见，对旁人的意见缺乏采纳的雅量。

喜欢穿深蓝色衣服的人

深蓝色是由冷静又感性的黑色加蓝色所形成的一种色彩，它既保留了黑色所具有的坚毅与神秘的特质，又增添了蓝色的韧性和毅力，造就了深蓝这个既具有知性又具有管理的特质。喜欢穿深蓝色衣服的人应该是一位优秀的决策者。这样的人凡事都会缜密思考，比较容易成就事业，以男性居多。这些男性大多数喜欢自己自立门户，为自己打工，而且不太喜欢接受别人的批评和建议。

喜欢穿紫色衣服的人

紫色是一个既高贵又带着点傲气的颜色。喜欢把紫色衣服穿在身上的人,多半是一个观察力和领悟力都很高的人。这类人多愁善感,性格内向,常常焦虑不安,但是通常情况下能够驾驭和控制内心感情的忧虑和苦恼。因为紫是由红和蓝结合而产生的色彩,它包含了精神和肉体的定义,可以说是控制情绪的最佳辅助品。这类人通常具有不错的文化素质和涵养,通常以艺术工作者居多。然而经常穿紫色衣服的人又有些自视清高,对于不属于同一领域和他不是一个档次的人或事情,往往会表现出不屑的态度,容易让周围的人觉得他们有矫揉造作之嫌。

喜欢穿棕色衣服的人

棕色给人稳重但稍嫌压抑的感觉。这类人有强烈的基本欲望,他们个性拘谨,自我价值观很强烈,特别害怕因为外来因素的介入而必须改变自己。但在外表及处理事情的态度上,却给人一种很大的信赖感。对于人与人之间的利害关系分得特别清楚,容易给人一种冷漠的感觉,但其耿直的个性非常值得信赖。

喜欢穿灰色衣服的人

非黑即灰,这四个字在流行时尚界已经是一个千古不变的准则。其实,喜欢灰色衣服的人通常会是一个不容易相信别人的人,他们凡事一定会处理得非常完善才认为是大功告成,否则宁可不做。他们往往不会把事情随便交给别人,要取得他们的信任是一件非常难的事。

喜欢穿橙色衣服的人

橙色是一个高亮度的颜色,它是繁荣与骄傲的象征,喜欢穿橙色衣服的人拥有充沛的活力和开朗的笑容,往往能成为人群中的焦点而人缘特别好,但通常也会因为不轻易得罪人而使自己显得没有原则。他们喜欢热闹,害怕孤独,个性天真敏感。喜欢穿橙色衣服的人喜欢户外活动,他们非常热爱大自然并且渴望与自然浑然一体。但是,这类人做事优柔寡断,容易善变,给人一种轻浮而不稳重的感觉。

喜欢穿咖啡色衣服的人

咖啡色给人一种稳定和安全的感觉,虽然让人觉得老气,但却有一种表里如一的权威感。喜欢穿咖啡色衣服的人,内心热情,外表冷静。他们习惯踏踏实实地去做每一件事情,即使遇到挫折也是有苦自己咽,绝不让别人看到自己脆弱的一面,但在情感的表达上多少会给人一种木讷的感觉。

喜欢穿茶色衣服的人

茶色是朴素而又深沉的颜色。喜欢穿茶色衣服的人,服装嗜好偏爱不华丽但富有韵味的款式。他们很在乎事物内层的精神性表现,其存在并非引人注目,但内在却具有良好的潜质。诚实又富有责任感,很容易被人接纳。但是,有时会因为太过孜孜不倦而显得有些不知变通。

衣饰颜色的"语言"是这样的丰富多彩,掌握这种"语言"无疑将会为你更加准确的看透对方增加一个更大的砝码。

通过鞋子透视人的秉性

鞋子,并不是像我们所想象的那样,单纯地起到保护脚的作用,这只是一方面。在观察他人的鞋子的时候,我们除了注意其美观大方外,还可以通过它对一个人进行性格的观察。

喜欢穿拖鞋的人

喜欢轻松随意的生活。他们非常重视自己的感受,不会对自己要求过于严厉,更不会因为外界的因素而轻易改变自己。

喜欢穿运动鞋的人

生性活泼,好动、对人亲切、友好。对生活充满热情,保持着积极、向上、乐观的心态。生活方面缺乏规律,过于散漫。

喜欢穿靴子的人

这类人也许缺乏自信,没有安全感。

喜欢穿登山靴的人

自信心特别强,喜欢冒险,勇于创新,即使对于并不熟悉的领域也敢于挺进,并坚信自己一定能成功。这类人有很强烈的危机意识,所以他们花在事业上的时间和精力特别多,时刻都在准备着迎接挑战。

喜欢穿没有鞋带的鞋子的人

这种人往往待人彬彬有礼,很有绅士风度,喜欢帮助别人。思想保守,爱整洁,表现欲望不强。性子急,做事缺乏耐心和计划性。容易半途而废。处理事务的能力差,往往把一些简单的事情弄得很复杂,而且粗心大意。但这类人生性积极乐观,他们坚信"天下无难事,只怕有心人。"

喜欢穿系鞋带的鞋子的人

这种人往往性格比较矛盾,既希望别人替自己安排生活,又害怕自己被条条框框限制住,所以他们多是在尊重别人为自己做的安排的同时,又不断地积极拓展自己的空间。这类人做事有条理,有计划,认真细致,对敷衍了事的人深恶痛绝。

什么样的鞋子都行的人

认为鞋子无所谓好坏,穿习惯就舒服了的人,往往做事不严谨,大大咧咧,凡事敷衍了事,只要应付过去就行。生活态度比较消极,做一天和尚敲一天钟,得过且过。因此,这样的人生活质量不高,事业成功的几率也不大。

喜欢穿高跟鞋的女人

这种人大多爱慕虚荣,自我显示欲强,希望能引起别人的注意。

鞋尖磨损的人

这种人通常感情细腻,喜欢幻想,多愁善感。自我显示欲强,爱管闲事。做事不够沉着冷静,有些鲁莽。

鞋跟内侧磨损的人

这种人大多性格内向,有些消极。为人处世表面上比较谦虚、礼貌,实际上是为了隐藏自己的真实情感。他们做事踏实、谨慎,守规矩,公私分明,值得信赖。

鞋跟外侧磨损的人

走路罗圈腿。这种人通常心胸开阔,做事大大咧咧,不注重细节。他们从不掩饰自己的情感,想说什么就说什么,没有坏心眼儿。而且他们很容易相处,但需要保持一定的距离,否则你跟他说的秘密很可能公告天下。

鞋跟内外侧磨损差不多的人

这种人的为人处世与他的走路方式一样,比较平稳。无论是在生活上还是在事业上,他们都很重视人际交往,协调能力强,有着非常好的人脉,很适合从事商业活动。

流行什么样的鞋子就穿什么的人

这种人喜欢炫耀,爱慕虚荣,接受新鲜事物的能力比较强。做事易冲动。缺乏细致周到的考虑,容易给自己带来不必要的麻烦。

喜欢穿露脚趾头的鞋子的人

只要气候条件允许,就尽量穿这种开口的鞋子。这种人大多活泼开朗,精力充沛,思想比较开放。他们崇尚自由,任何规矩对他们来说都是束缚,甚至是虐待。他们喜欢结交朋友,待人热情。而且为人洒脱,拿得起、放得下。

一双鞋子穿坏了，再买另一双鞋子的人

几乎只有一双鞋，而且旧鞋不坏就不买新鞋。这种人思想比较独立，非常重视自己的感觉，自己觉得好就是好，从不在乎别人的看法，更不会人云亦云。这样的人每作一个决定之前都会经过再三考虑，要做就一定要全力以赴，做到最好，否则就不做。他们对感情非常忠诚，无论对爱人、朋友或者是亲人，都不会轻易背叛。

有多双穿着非常舒适、价格昂贵的鞋子的人

舍得花钱买好鞋的人，大多懂得生活，重视生活的质量。在工作上一丝不苟，对自己要求非常严格。为人大气，有魄力，而且能成就一番大业。

领带悬挂的是格调

西装是男人服饰中的佼佼者，而领带则是西装最重要的装饰物，它的作用类似于女士的丝巾。另外，男人的做事原则和人品秉性都可以完完全全地表现在领带上。如果仔细观察周围的男人，便不难发现他们"本色"的蛛丝马迹。

平时男士所系的领带主要有以下几种：

名贵领带

选择名贵领带的人一般有两种。一种是出于自己职业、职位、个人气质、品位等方面的考虑，选择适合自己的名贵领带，这些人通常在西装、衬衣、鞋子等方面也舍得投资，无论何时何地总是衣冠楚楚，穿着得体；另一种则是出于爱慕虚荣的心理，他们常常选择名牌标记印在显眼位置的领带，为的就是使别人能够一眼看到，达到炫耀自己的目的。

素色领带

选择这款领带的人给人平易近人的印象。他们往往不知变通，遵循正统，希望营造自己成熟、沉稳、值得相信和依靠的印象。另外，人们也有可能是出于改变自己形象的目的来选择的，比如初入职场的年轻人。

碎花领带

这是比较节制的一种打扮，非常有分寸。选择这款领带的人通常是性格极其稳定的类型。决断力强，知道自己处理事情的时候该从何处入手，能够有条不紊地进行，最终妥善地解决。他们公私分明，不会因为感情上的波动而影响自己的工作。

斜纹领带

斜纹领带是比较正统的款式。选择这款领带的人适应能力强,善于与周围的人沟通协调,能够得到较高的评价。这类人倾向于维持现状,通常无大功亦无大过。他们对交给的工作踏实努力,会尽力完成。不过,由于缺少挑战精神和新思路,所以他们与大的成功无缘。

红领带白衬衫

象征纯洁的心和火一般的热情,是和平祥和与积极奔放的结合。他们希望自己成为被关注的焦点,能够令别人刮目相看。

绿领带白衬衫

选择这样搭配的人富有青春的朝气与活力,对事业有信心,生活态度积极,但却不免性情鲁莽,自制力差。

蓝领带白衬衫

沉稳颇有君子风度,风度翩翩,事业心极重。他们喜欢速战速决的闪电式工作,擅长抓住机遇,却略显急功近利。

黑领带白衬衫

这类人多为稳健持重、阅历丰富之士,他们见多识广,有明确的人生追求并为之不断努力。他们善于明辨是非,极富正义感。

黄领带绿衬衫

这类人具有艺术家或诗人的气息,性情温柔,对人态度友好可亲。他们敢于走自己的路,按照自己的理想设计整个人生,富有创造力,对许多事都怀有自己独到的见解。

花领带蓝衬衫

丰富多彩的颜色充满了诱惑,选择这样领带的人拥有很浓的市侩气,喜新厌旧,见异思迁,对爱情不专一。

黑领带灰衬衫

这是一种让人不太舒服的打扮。这样的人性情阴沉,心中压抑着深深的忧郁,心胸狭窄,多欺诈,人际关系差,经常变换生活环境和工作环境。

灰领带黑衬衫

这类人思想消极,没有干劲,对任何事都容易放弃,对人的态度也是模棱两可,可能是一个厌世主义者。

绿领带黄衬衫

这样搭配的男人富有活力,充满朝气,聪明果断,对任何事都充满信心和干劲,生活态度积极向上。缺点是自控力较差。

鲜艳色领带

选择这款领带的人自我主张强烈,但个性欠成熟,缺乏独立自主的精神,希望借领带来强化自己,营造出"态度积极""充满活力"的印象。有时,胆子小的人出于掩饰自己缺点的目的也会选择这样的款式。

有大而艳的花纹的领带

佩戴这种领带的人对所有事物都怀有强烈的好奇心,头脑灵活有创意,创造力强。他们喜欢新鲜事物,愿意承担富有挑战性的工作。喜新厌旧,无法忍受一成不变。

有卡通人物、动物图案的领带

领带上某处有卡通、动物图案的人,通常是希望用不同方式来凸显自己。他们的心态不能用单纯的优质来形容。这类人可能曾有过不悦的经历或过于拘泥于小节。他们的性格有点别扭,容易对别人下严厉的评断。

另外,我们还可以从男人领带结的大小中窥知一些端倪。

领带结大而松

这类人感情丰富,洒脱自然,温文尔雅,不喜欢拘束,积极拓展自己的生活空间。他们愿意主动与他人交往,并因此练就了高超的交往艺术,在社交场合深得女人的欢心和青睐。

领带结小而紧

身材瘦小枯干,有时会有意凭借小而紧的领带结,让自己在他人匆忙的一瞥时显得"高大"一些。如果他们并无体形之忧,则说明是在暗示他人最好别惹他们,他们不会容忍别人对自己有半点的轻视和怠慢。这类人气量狭小,疑心甚重,孤僻自闭。他们凡事大多先考虑自己,不管别人,热衷于物质享受,对金钱很吝啬,不容易结交到知心朋友。

领带结大小适中

这类人在打领带结的时候常常一丝不苟,把领带打得恰到好处,使自己容光焕发,精神抖擞,给人以美感。他们安分守己,把大部分的精力放到工作当中,勤奋上进,非常注意在交往过程中自己的言谈举止,不轻举妄动,不管本性如何都显得彬彬有礼。

T 恤是个性的标语

T 恤原本是用来保暖和吸汗的内衣。有时穿件 T 恤送报或在学校操场打篮球并无碍观瞻。事实上,T 恤在今天已经演变成一种流行商品,而且除此以外,T 恤更成为一封介绍信,可以在上面介绍或书写个人想法,写自己对社会及政治的理念。

标语式 T 恤

这类人把"支持'安乐死'"之类的理想像旗子一样挥舞着,忙于奔走疾呼为自己赢得支持者,但心里却隐隐希望和某人争辩一番。他们非常富有同情心,道德观念很强。他们总是在寻觅和选择与自己理念相同的朋友,与自己意见不同的人根本无法容忍。

无花白 T 恤

选择这种 T 恤可以说是一种刻意的选择。这类人个性比较独立,是传统的拥护者,不会轻易地向世俗潮流低头。他们往往具有一定程度的叛逆性,尽管这种叛逆有时并没什么理由,它表现的形式也不是特别的明显和恰当,甚至是令人质疑的。

无花彩色 T 恤

选择这种 T 恤的人性格比较内向,不太喜欢张扬,自我表现欲望并不是很强烈,他们甚至可以甘于平凡和普通,做一个默默无闻的人。他们非常富有同情心,在自己能力许可的条件下会去帮助和关心他人,往往有匿名捐款之类的举动。

破 T 恤

选择这种另类 T 恤的人,常常是为了寻求一种对比表达中的优势或彰显自我无所畏惧的精神。他们会对自己在"战场"上留下的伤疤感到非常自豪,或在晚餐约会上若无其事地展示给对方看,他们不会在意别人嘲笑的眼光或是不解,有时甚至把那当作是一种赞美。

印有幽默语言的 T 恤

选择这种 T 恤的人性格外向。非常具有幽默感,他们总是对生活抱有乐观豁达的态度。具有很强的表现欲望,希望自己能够吸引别人的注意,成为众人注视的焦点。

名胜景点纪念 T 恤

喜欢穿这种 T 恤的人想要传达的是对旅游和冒险的热爱。他们对旅游总是情有独钟的。他们的性格多是外向型的,对新鲜事物有着很强的接收能力,自我表现欲也超过常人,希望把自己所知道的一切都传达给他人。他们性格乐观开朗,乐于助人,对别人对自己的看法一般不会在意。

印上自己名字的 T 恤

穿着这种 T 恤的人思想比较开放和前卫,能够很轻松地接受一些新鲜的事物,对陈旧迂腐的老观念相当排斥。他们喜爱结交朋友,性格比较外向,为人非常真诚热情,人际关系很好。他们的自信心非常强,有一定的随机应变能力,懂得自我推销。

印有学校、单位名称的 T 恤

穿着这种 T 恤的人仿佛是在告诉别人自己就读于该学校或在该公司工作。他们对自己所在的单位和企业具有一定的感情,希望别人知道自己的身份。他们希望能够以此为载体,吸引一些志同道合的人来进行交往。

印有明星画像、名字之类东西的 T 恤

喜欢这种 T 恤的人以追星族非常多。他们对那些人有无限的崇拜,将其视为自己成功的自我设定,并且希望自己有朝一日能像他们一样。他们也很乐于向别人表达自己的这种心理。

帽子识人学问大

随着经济的发展,帽子的功能早已不再局限于防寒、保暖,而是能够显示出一个人的品位、地位等许多方面的信息。它也可以作为一种装饰品,使一个人的个性得以展现在众人面前。

喜欢戴鸭舌帽的人

喜欢戴鸭舌帽的人希望自己能显示出稳重、办事忠实的形象。他们认为自己是客观实际的人,从不虚华,面对问题时,总能从实际出发,不会因为一些旁枝末节

而影响全局。

有时候他们自以为是老练的人，在与别人打交道时，就算对方胸无城府，他们还是喜欢与别人兜着圈子玩，即使把对方搞得晕头转向，也不直接说出他们的心思。他们之所以这么做，是因为他们自我保护意识非常强，希望留给对方神秘的印象，不愿轻易让别人了解他们的内心。他们不是攻击型的人，但很会保护自我。他们很少伤害别人，但也绝不容许别人伤害他们自己。

生活中，他们是个很会聚财的人。他们从不相信不劳而获或少劳多获，而是恪守一分耕耘，一分收获的信条，艰苦创业，从不懈怠。他们认为自己所拥有的财富来之不易，因此他们从不乱花一分钱。

喜欢戴彩色帽的人

喜欢戴彩色帽的人天生对色彩敏感，清楚在不同的场合穿着不同颜色的服装，应该戴不同色彩的帽子，属于天生会搭配且衣着时髦的人。他们喜欢色彩鲜艳的东西，对时下流行的东西特别敏感，每当出现新鲜玩意，总是最先尝试，是那种"敢为天下先"的人。他们希望别人说他们的生活过得多姿多彩，懂得享受人生，并且总是以弄潮儿的身份走在时代前列。

此外，他们还有着一颗不甘寂寞的心。他们精力旺盛、朝气蓬勃，经常邀请伙伴们一起玩耍，尽情玩乐。尽管如此，却也难以抚平他们那颗不安的心。他们的内心依旧充满空虚感。

对于工作，他们的热情和消极是成反比的，这样有时会为他们带来一定的好运。当他们热情起来时，就像有使不完的劲，一旦感到无聊，空虚感就会马上袭上他们的心头。

喜欢戴礼帽的人

喜欢戴礼帽的人都自认为自己稳重而有绅士风度。他们的愿望是让人觉得自己散发着沉稳和成熟的风格。在别人面前，他们经常表现得热爱传统：喜欢听古典音乐和欣赏歌剧，与流行歌曲无缘，有时他们甚至站出来反对这些他们自认为是糟粕的东西，要求政府出面制止这些大逆不道的行径。他们欣赏男人穿西装打领带，女人穿套装旗袍。对那些祖胸露背穿超短裙的女人不屑一顾。

无论何时，他们所穿的皮鞋总是擦得锃亮，而且所穿的袜子也一定给人以一种厚实的感觉，即使是炎热的夏季，他们也讨厌凉鞋和穿着拖鞋走路。由于他们看不惯很多东西，所以他们心底很清高，有些自命不凡，认为自己是干大事的人，进入任何一个行业都应该是主管级的人物。可惜他们过分保守并且缺乏冒险精神，循规蹈矩，按部就班，成就并不大，所干的事业也不是非常的顺心。

在友情上，他们的朋友会觉得他们呆板、保守、不容易掏真心话，不知变通，甚至城府很深。他们和任何一个朋友之间的友谊都不能保持应有的深度。他们有时也会试图努力去改变，但他们天生的性格使他们难以表达自己的心思，有时反而会

识人宝点子

图文珍藏版

弄巧成拙,适得其反。

喜欢戴旅游帽的人

旅游帽既不能御寒也不能抵挡太阳的照射,纯粹是作为装饰之用。喜欢戴这种帽子的人大多数是用来装扮自己,以投射某种气质或形象。在某种情况下,戴上它还可能是另有企图,用来掩饰一些他们认为不理想或者有缺陷的东西。

从这些他们所表现出来的特点看,他们不是一个心底诚实的人,凡事喜欢遮遮掩掩,不愿以真面目示人,是个善于投机取巧的人。真正了解他们的人非常少,一般人所看到的只是他们的表面。

由于他们过度聪明,常常恃才傲物,自以为是,在别人面前既唱白脸又唱红脸,以为自己做得天衣无缝,其实别人早就看出他们是个不可深交的人。所以他们真正的朋友非常少,即使有也大多是在做表面文章,面和心不和。在事业上,这种类型的人也惯用他们那套投机之术去钻营各种空当。虽然有时会收到不错的效果,但当他们黔驴技穷时,自然会被看穿。

喜欢戴圆顶毡帽的人

喜欢戴圆顶毡帽的人纯粹是一种老百姓的派头。他们对什么事都非常感兴趣,但从来不表达自己的看法,即使有看法也是附和别人的观点,好像没有主心骨似的。但他们并不是没有主张的人,只不过是不愿随便得罪任何一个人的老好人罢了。

从本质上讲这种类型的人是个忠实肯干的人,追求平衡踏实的生活。在他们平和的外表下,有自己执着的观点,他们非常痛恨不劳而获的人,认为有付出才有收获。他们有着正直的金钱观,坚信君子爱财,取之有道,他们从来不让不义之财玷污自己的手指。

这样的人对认定的每一件事情都会全力以赴,投入巨大的精力和热情。对于报酬,他们只拿属于自己的那一份。所以说,他们是以自己的美德赢得尊重的。

在选择朋友方面,他们表面非常随和,其实非常挑剔,他们坚信"道不同不相为谋",所以除非对方和他们有类似的看法和观点,否则他们是不会考虑深交的。

妆容描画女人心

爱美之心,人皆有之。化妆是女人爱美的表现,同时化妆又如同衣服一样,不仅衬托人的美丽,还暴露人的性情。一般而言,一个女人化什么样的妆就有什么样的性格。所以,要看透一个女人的心,观察她的妆容是一个绝对不能忽视的环节。

整容的女性

对生活充满希望,用积极向上的态度对待一切。她们充满活力,朝气蓬勃。往往以强者的姿态出现在各种场合中。

化时髦妆的女性

有很强的自我显示欲。虽然能很快地接受新鲜事物,但缺乏主见,容易随波逐流。对未来缺乏必要的规划,花钱大手大脚,属于"今朝有酒今朝醉"的类型。

化自然妆的女性

化妆但是不容易看出来。这类女性比较保守和传统,富有同情心和正义感。为人真诚、单纯,从来不怀疑别人是否有什么不良的动机,容易相信他人。有些软弱,承受打击的能力比较差。

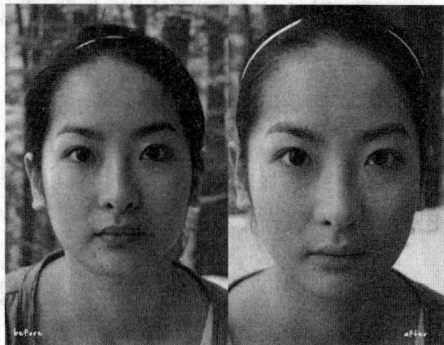

自然妆

化淡妆的女性

这类人自我表现欲不是很强,只要求能过得去,并不希望特别地突出自己。他们大多聪颖而理性,绝不会花大量的时间和精力在梳妆台前。她们行动能力强,有远大的人生目标,能够为了自己的目标勇往直前,所以获得成功的几率很高。这类女性拥有自己的绝对隐私,甚至会珍藏一生也不向他人透露,并且希望在这一点上能够得到他人的理解和尊重。

化浓妆的女性

这类人自我表现欲强烈。她们不辞辛苦地将各种化学品涂在脸上,是希望通过这种极端的方式吸引别人,特别是吸引异性关注的目光。这类女性为人坦率、热忱。虽然有时会遭到一些恶意的指责,但依然能尊重他人。开放和前卫是她们的思想特征,对一些大胆的过激行为,她们通常持一种无所谓的态度。

化怪妆的女性

小丑般的红脸颊,眼睛周围黑乎乎的,嘴唇时黑时红,或是紫色。喜欢化这种妆的女性,她们自己也不认为这是美的象征,只是把这种妆当成宣泄感情的一种方式。他们多具有强烈的叛逆心理,喜欢用一些非常规的思想和行为与一切常规的事物做斗争,但往往失败多于成功。

粉抹得很厚的女性

她们大多性格内向、朴素。比较保守,道德观念非常强,对流行反应迟钝。

化妆着重眼睛的女性

使用浅色眼影以强调眼部、让眼部显得柔和妩媚的人，通常非常注重才智等方面的东西。而喜欢使用深色眼影，如绿、蓝等颜色的人，性格大多开朗、前卫，自我意识和自我显示欲都很强，喜欢出风头，爱慕虚荣，喜欢通过与其他女性进行比较获得满足。这类女性做事果断，非常利索。其缺点是处处留情，对感情不专一。

刻意画眉毛的女性

强调眉毛甚于眼睛的人，往往对自己的外貌非常自信。然而，如果女人到中年还刻意强调眉毛，则表示无论在哪一方面，她都感到明显老化，有些力不从心。

着重强调嘴唇的女性

有关资料显示，画嘴唇的时间长短与性成熟度有很大的联系。着重强调唇部色彩的女人，性欲大多比较旺盛。

涂指甲油的女性

如果涂的指甲油一点儿都不花哨，那么她一方面不喜欢张扬，另一方面是非常爱漂亮。这种性格比较有韵味，比较成熟，往往是有修养和阅历的表现。而涂着非常性感、引人心动的指甲油的人，则有着强烈的表现欲，希望吸引所有人的目光，获得更多的关注。

如果经常去美甲，那么大多自我表现欲强烈，重视物质生活，有歇斯底里的倾向。

不喜欢化妆的女性

这种女性追求自然美，而且对自己的容貌有信心。这类人看待问题从不停留在表面，而是更看重实质性的东西。她们有着强烈的平等观念，对任何事物都不偏不倚，并且不断地追求平等，深受他人的欢迎。

将大量时间花在化妆上的女性

这类女性属于完美主义者，任何事情都追求尽善尽美。她们对自己的财力和智力都充满信心，唯独对自己的外貌没有自信，因此花费大量的时间、精力和财力使自己的容貌达到让自己满意的程度。由于她们过分强调外在的形象，往往给人一种不自然的感觉。

化妆时刻意强调某一部位的女性

对自己有相当清楚的认识，知道自己的优点在哪里，缺点在哪里，善于扬长避短。她们非常有自信，坚信只要通过努力就一定能实现自己的目标。注重现实，讲究实际,处理事情沉着、冷静,非常果断,决不拖泥带水。其不足之处在于不善于纵观全局。

喜欢化具有异国情调妆的女性

很可能具有很高的艺术天分,想象力丰富,常常有一些别出心裁的想法。这类人希望自己能成为一位艺术家,她们追求无拘无束的生活,崇尚自由,而且是绝对的完美主义者。

从小就开始化妆,并且多年来保持同一模式的女性

这类女性多有怀旧情结,喜欢回味美好的过去,但也能很快地走出回忆,不会沉迷其中而忘记现实。她们讲究实际,能够尽最大努力把握住目前所拥有的一切。她们善良、热情,善解人意,有很多志同道合的朋友。但是,她们的缺点是容易满足,难以跟上时代的潮流。

饰物是心情的铃铛

现实生活中,人们经常喜欢借用饰物来装点自己。一个人选择什么样的饰物,才能与自己的个性相匹配? 只有彼此相互吻合,才能达到最好的效果。而这种选择,也就是一个人性格的外露。通过佩带的饰物,往往也能观察出一个人的性格。

喜欢戴耳环的人,自我表现欲望一般来讲是比较强的,他们很想向他人展示自己的价值和地位、身份,以吸引他人的目光,给他人留下深刻的印象。他们在通常情况下是很在意他人对自己持怎样的态度的。

戒指相对来说是一种比较普遍的饰物,它往往是个人品味、社会地位和经济状况的象征。选择的戒指和戴戒指的手指,多代表一个人的价值观。戒指戴在小拇指上非常生动,它代表这个人喜欢灿烂华丽;戴在食指上,表示此人个性率直、坚强;戴在中指上则代表传统和均衡。

喜欢戴手镯的人,多是精力充沛,很有朝气和活力的。他们多是比较聪明和智慧的,并且有某一方面的特长。他们是有追求,有理想的一群人。他们在绝大多数时候知道自己想要些什么,并且会主动去追求自己想要的东西,甚至有些时候感到很迷茫也仍旧不会放弃,而是在行动过程中进行探索。手是展示手镯的必要载体,在这个展示过程当中,人与人可以进行情感的沟通。

喜欢用珠宝来当作装饰品,对服饰起到某种点缀的作用,这在很多时候并不是为了突出表现自己的个性,而是为了配合整体造型,达到一种相对和谐的程度而存在的。这样的人可以称得上是完美主义者,他们凡事总是竭力追求完美。他们的自我表现欲望不是太强烈,他们更在乎的是自己是否可以完全融入某一种氛围当中,与其他人打成一片。

喜欢佩戴体积小而又不太显眼的珍宝首饰的人,多是谦虚而又稳重的。他们

的内心多十分平静,在任何事情面前都能保持泰然自若的神情。他们一般不太希望能够引起他人的注意,随便自然一些反倒更好。

喜欢佩带体积大、灿烂醒目珠宝的人,多爱招摇和卖弄,他们无论走到哪里,总会吸引许多人的目光。他们比较热情,并且这种情绪还会传染给其他人。他们比较积极和乐观,喜爱幻想。

所选择的装饰品具有很浓厚的民族风格,这样的人一般来说个性是相当鲜明的,他们总是有自己独特的思维和见解。

讲究衣着,重视整体的搭配,常常会带一枚胸针,这样的人是相当重视自己在他人眼中的形象的。他们在为人处世方面多比较小心和谨慎,不会贸然地做出某种决定。他们有一定的疑心,不会轻易地相信某一个人,即使是对非常要好的朋友也是有一定保留的。他们希望自己能够引起他人的注意,但又总是习惯于用谦虚的态度来掩饰这种心理。

眼镜戴出的性情特征

如今,人们戴眼镜已经不是因为视力不好才戴,眼镜正在越来越成为人们服饰品的一种。我们戴的眼镜都是自己精心挑选的,因此,眼镜的款式也和服饰品一样,隐含了人们内心的喜好和性格特征。

黑边眼镜

在金属边眼镜占据主流的今天,有很多时尚男女为了显示自己的个性,而选择这种黑边眼镜。他们对流行非常敏感,自我显示欲和个性都非常强。

玳瑁边眼镜

这种人通常给人一种智慧、时尚的印象。喜欢这种眼镜的人,大多对智慧和学问怀有无限憧憬。由于玳瑁价格昂贵,也有很多人通过这种眼镜来显示自己富裕的生活。

墨镜

戴这种眼镜是为了改变自己的形象。如果常年都戴着墨镜,可能是对自己不自信的表现,也可能是怕别人识破自己的真实想法,所以避免让人看到自己的眼睛。一般来说,这类人在某些方面很自卑,而且防备心很强,不轻易相信别人。

金边银边的金属框眼镜

这种镜架较为常见,戴这种眼镜的人往往会给人留下斯文、勤奋的印象。他们如果并不是非戴眼镜不可,那么就可能在学识方面不够自信,想借助眼镜为自己增添聪颖、洒脱的形象。

衬衫折射个性

无论季节如何变化,对于办公室的白领来说,衬衫是必不可少的时尚物品。而从一个人对衬衫的选择上,也可以看出他的个性风格。

喜欢穿白衬衫的人

这种类型的人往往性格直爽,比较容易亲近。事业心很重,总是以事业为人生的支点,非常现实。对于自己喜欢的工作会不顾一切地去追求,有一股锲而不舍的精神,但有些时候表现得骄傲自大,一意孤行,不听别人的意见。在生意场上,他们属于躁动分子,容易与人发生摩擦。

喜欢穿长袖衬衫的人

这种类型的人比较传统和保守,为人处世循规蹈矩。缺乏冒险的意识和开拓创新的能力,不易成就事业,但是他们又喜欢争名夺利,给自己定非常高的人生目标。这种人非常重视自己给别人留下的印象,从而在衣着打扮、言谈举止等各方面严格要求自己,希望能赢得别人的关注与尊重。

喜欢穿花衬衫的人

大多数男性认为,穿花衬衫的男性有点女人气。但事实恰恰相反,喜欢穿花衬衫的男性往往阳刚气十足,是典型的男子汉。他们崇尚自由,喜欢无拘无束的生活;自我显示欲强,喜欢标新立异,有较强的创造力。他们不喜欢随波逐流,如果有一天满大街的男性都穿花衬衫,那么他们就可能又改穿素色衬衫了。

喜欢穿短袖或无袖衬衫的人

这种类型的人待人亲切、随和,放荡不羁,追求自由豪放的生活。喜欢享乐,任何规矩对他们来说都是一种束缚,因此他们做事不墨守成规,自我意识较强,往往以自己的好恶评定一切。这类人尽管任性,但不妄为,做事还是能三思而后行,小心谨慎,在情况不明朗的情况下不会贸然出击。

随身包装点个性人生

随身包是一个人的心情稳定器。大多数时候它几乎与人形影不离。无论你走到哪里,它们就随之被带到哪里。同服饰一样,随身包同样可以演绎出人的个性,装点个性人生。随身包的质地、款式、颜色、品牌,无不蕴藏着主人的情趣和境遇。

正是因为随身包具有如此不同凡响的"待遇",因此,它们在一定程度上可以向外界传达人的个性信息,让外界通过包来了解包的主人。

随身包的样式是多种多样的，人们可以根据自己的喜好进行选择。

喜欢大众化随身包的人，他们的性格也非常大众化，没有什么特别鲜明的、属于自己的个性。在很多时候他们都是随波逐流，别人都这样选择，所以我也这样选择，没有属于自己的风格，目光狭窄、思想平庸。在他们的人生中，多少有些收获，但却没有大的成就和发展。

相对于大众化而言，那些喜欢标新立异、独树一帜的人，他们通常拥有很强的个性，对任何事物都能够从自己独特的思维、视觉等角度出发，凡事喜欢理性思考，经过分析后，再做出选择。这一类型的人通常具有浓厚的艺术细胞，喜欢我行我素，不被人限制，同时他们还有一种敢冒风险精神，具有一定的胆魄。如果不出现什么意外，自己又肯努力，将会在某一领域做出一定的成绩。

偏爱休闲式随身包的人，他们的性格很多时候会表现为无拘无束，喜欢从事伸缩性较强，自由活动空间较大的工作。正是由于这种天生的性格，这类人大多很懂得享受生活。他们对生活的态度比较随便，不会过分苛刻地要求自己。他们比较积极和乐观，也有一定的进取心，能很好地安排学习、工作和生活，做到劳逸结合，在比较轻松惬意的氛围里把属于自己的事情做好，并会小有收状。

有的人喜欢把随身包当成一种装饰品，他们并不奢求它有过多实用性，如有小把手的方形或长方形的手提包。这种手提包外形和体积都相对比较小，使用起来并不是非常的方便。

喜爱这一款式手提包的人，大多数是生活阅历比较浅，没有经历过生活磨难的人。他们的内心比较脆弱，一旦遭遇挫折将不堪一击，容易妥协或做出让步。

一般来说，这种小巧精致，不实用，装不了什么东西的手提包，多会被年纪轻，涉世不深，比较单纯的女孩子所崇尚。但如果过了这样的年纪，步入成年，非常成熟，还热衷于这样的选择，说明这个人对生活的态度是非常积极而乐观的，对未来充满美好的期待。

喜欢中型肩带式随身包的人，个性比较独立，但在言行举止等各个方面却相对比较保守和传统。他们有一定相对的自由空间，但不是特别的大，交际圈子比较狭窄，朋友也不是很多。

喜欢具有浓郁的民族风格、地方特色的随身包的人，具有较强的自主意识，是典型的个人主义者。他们个性突出，往往有着与他人截然不同的思维方式、衣着打扮、生活习惯等。他们在人际交往过程中，不善于营造和谐、融洽的气氛。

喜欢超大型随身包的人，性格多是那种自由自在、无拘无束，容易与他人建立良好的关系，可关系一旦建立以后，也会很容易破裂，这或许是由于他们的性格使然，他们对待生活态度大多表现为散漫，缺乏必要的责任感。虽然他们自己感觉无所谓，但并不是其他所有人都能容忍和接受的。

喜欢金属制随身包的人，多是有较敏感的时尚观念，能够很快跟上流行的脚步，他们对新鲜事物的接收能力也是非常强的。但是这种类型的人，在很多时候总是吝啬于付出自己的金钱、物力、情感等，而希望别人付出能够多于自己。

喜欢中性色系手提包的人，其表现欲望并不是很强烈，他们不希望被人注意，目的是减少压力。他们凡事多持得过且过的态度，比较懒散。在对待他人时也喜欢保持相对中立的立场。

喜欢男性化随身包的人(这里理所当然是针对女性而言，因为男性本应该选择男性化的皮包)，一般来说都是比较剽悍、坚强、吃苦耐劳型的，性格趋于外向化的。

喜欢把手提包当成购物袋的人，一般是希望寻找捷径，在最短的时间内以最少的精力把事情办成的人。他们特别讲究做事的效率，但做起事来又比较杂乱无章，没有一定的规则，大多数时候并不能如愿以偿。他们的性格多数比较亲切随和，有很好的耐性，满足于自给自足。在他们的性格中感性的成分要比理性成分多一些，做事有些喜欢意气用事。独立能力比较强，不太习惯于依赖别人。

选择的随身包是公文包，能从侧面反映出包主人的工作性质。他们可能是某个企事业单位的普通职员或高层管理人员。选择公文包可能是出于工作的一种需要，但在其中多少也能看出一些个性的特征。这样的人大多办事非常小心谨慎，他们不一定非得要不苟言笑，即使是有说有笑，待人也会相当严厉。当然，他们对自己的要求常常会更高。

不习惯于携带随身包的人，要分两种情况来反映他们的个性特征，一种情况是：他们比较懒惰，觉得带一个包是一种负担，太麻烦了。另外一种情况是：他们的自主意识非常强，希望独立，而随身包会在无形当中造成一些障碍。这两种情况有一个共同特点，就是都把随身包当成是一种负担，可以间接反映出这种人的责任心并不是特别的强，他们不希望对任何人任何事负责任。

从戒指识人能知其喜厌

一个人的双手经常会暴露在外，因此，无形中泄露了个人许许多多的个性。而戴在手指上的装饰品，更是一种向别人暴露自己个性的方式，即使不能表露自己，至少可以引人注目。身上的手环、耳环、垂饰，通常每天更换，但如果戴的是戒指，戴的时间通常比较长。因此，戒指显示的大多是一个人的内在，而不是一时的冲动。

一个人戴的如果是结婚戒指，那么，这枚戒指越大越华丽，则表明这个人的自我膨胀感和表现欲望越强烈。如果戒指是紧紧地套在手指上，则表明这个人对别人非常忠诚，反之亦然。

喜欢戴钻石戒指的人，他们愿以此引起他人的注意。他们常会为自己所取得的成就沾沾自喜，而且还有一点骄傲自满，常陶醉在过去的美好意境之中。

喜欢戴镶嵌有宝石戒指的人，他们多很在意自己外在的形象，却忽略了内在的修养，所以虽然外表看起来他们非常有实力，但实质则是腹中空空。他们多有较丰富的想象力，而行动的指导则常是这些想象的一时的心血来潮。

喜欢戴刻有家族标志的戒指的人，说明他对家庭是非常重视的，而且也有表现、证明是这一家族成员的心理。

喜欢戴代表自己生辰标志的戒指的人，他们多很想让别人了解和注意自己，同时也非常想去了解别人，并且会给予别人一定的关注。

喜欢戴一枚小戒指的人，多有比较突出的创造力和丰富的想象力，只是这些东西往往不适合生活，他们常怀着非常迫切的心情想向他人说明自己的想法。他们的生活态度相对比较积极，在很多时候知道该如何适当地表现自己。

手工戒指多是非常复杂和独特的，对这种戒指情有独钟的人，他们的性格大多也是如此。他们也有较强烈的表现欲望，为了让别人认识自己并关注自己，他们可能会花费很大一番心思。他们喜欢标新立异，树立自己独特的风格，并且有十足的信心认为一定能成功。

从来不戴戒指的人，他们并不喜欢烦扰和杂乱的感觉。他们在生活中凡事总是力求自然舒适，这样他们才会感到自由，可以无拘无束地表达自己的各种思想和情绪。

手表上识人最简单

时间在不知不觉中悄悄地流逝，不同的人对此会有不同的感觉。有的人深深的惋惜，而有的人却视若无睹。一个人对时间持什么样的看法，这很大程度上是由人的性格决定的，而时间对人具有什么样的影响，很多时候又通过所戴的手表传达出来。这两者之间有着非同一般的关系，下面就针对这一点进行说明和介绍。

喜欢液晶显示型手表的人，在生活中多比较节俭，知道精打细算。而且他们的思维比较单纯，对简捷办便的各种事物比较热衷，而对于太抽象的概念则难以理解。他们在为人处世各方面都多持比较认真的态度，不是显得特别随便。

喜欢戴具有几个时区手表的人，他们多是有些不现实的。他们有一定的聪明和智慧，可一切都止于想象，从来不去付诸实践。做事总是三心二意，这山望着那山高。在责任面前，往往以逃避的方式面对。

喜欢戴古典金表的人，他们多是具有发展眼光和长远打算的人，他们绝对不会为了眼前一些既得的利益而放弃一些更有发展前途的事业。他们头脑灵活，心思缜密，往往有很好的预见力。他们的思想境界比较高，而且非常成熟，凡事都能看得清楚透彻。而且有宽容力和忍耐力，又非常重义气，能够与家人朋友同甘共苦，生死与共。他们有坚强的意志力，从来不会轻易向外界的一些困难和压力低头。

喜欢戴怀表的人，多对时间有很好的控制能力，虽然他们每天的生活都是十分忙碌的，但是却并不是时间的奴隶，而是懂得如何在有限的时间里放松自己寻找快乐。他们善于控制和把握自己，适应能力非常强，能够很好地调整自己的心态。他们多有比较强的怀旧心理，乐于收集一些以往的东西。他们言谈举止高雅，可以显示出一定的文化修养。他们有比较浓厚的浪漫思想，往往会制造一些出人意料的惊喜。他们为人处世有耐心，很看重人与人之间的友情。

喜欢戴上发条的表,这一类型的人独立意识比较强。他们自给自足,很多事情都坚持一定要自己动手。他们乐于做那些可以立竿见影即见成果的工作,如干一次体力活。他们最看重的是自己所获得的那种成就感,但在这个过程,他们又不希望一切都是轻而易举就获得的,这样反而没有了意义和价值。他们并不希望得到他人过多的关心和宠爱。

喜欢戴闹钟型手表的人,他们大多对自己要求比较严格,总是把神经绷得紧紧的,一刻也不肯放松。这一类型的人虽算不上保守和传统,但他们习惯于按一定的规律和规定办事,他们在争取成功的过程中任何一件事都是以相当直接而又有计划的方式完成的。他们有责任心,有时候会刻意地培养和锻炼自己在这一方面的能力。另外,他们还有一定的组织和领导才能。

喜欢戴表蒙上没有数字手表的人,他们的抽象化的理念非常强烈,他们擅长于观念的表达,而不希望什么事情都说得非常清楚。他们很在意对一个人智力的锻炼和考验,他们认为把一切都说得太明白就没有意义了。他们很喜欢玩益智游戏,而且他们本身就是相当聪明和智慧的。他们对一切实际的事物似乎并不是特别在意。

喜欢戴由设计师特别为自己设计的手表的人,他们大多特别在乎自己在他人心目中的形象和地位,并且可以为了迎合他人而改变自己。他们常常会大肆渲染夸张一些事情,以证明和表现自己,吸引他人的注意。

有一种新型的电子表,只要按一下显示时间的键,就会出现红色的数字,如果不按,则表面上一片漆黑,什么也看不见。喜欢戴这一类型手表的人多是有些与众不同的特别之处的。他们独立意识强烈,从来不希望受到他人的约束和控制,而是自由自在,无拘无束地去做自己想做并且也愿意去做的事情。他们善于掩饰自己的真实情感,所以一般人不能轻易走近去了解他们。在他人看来,他们是非常神秘的,而他们自己也非常喜欢这种神秘感,乐于让他人对自己进行各种猜测。

不戴手表的人,大多有比较独立自主的个性,他们不会轻易地被别人支配,而只喜欢做自己想做而又愿意去做的事情。他们的随机应变能力非常强,能够及时地想出应对的策略,而且非常乐于与人结识和交往。

腰带束扎出价值取向

随着人们生活水平的不断提高,有些时装的设计,往往用腰带来装饰。在选择腰带方面,许多女性也颇费了一番心思。费心思选择的东西,必然反映着某种价值取向和心态。

束腰带

就一般女性而言,束腰带是正常的着装需求。有的女性束腰带却是在想引起别人的注意。因为她很为自己的身材而自豪,可周围的人并没有注意到,于是,束上条腰带,希望周围的人改变对她那漫不经心的态度。

不束腰带

不束腰带实际上也是一种选择,一种是不愿受束缚。一般知识女性居多,另一种情况是怕引起他人过多的注意,保持本分。

腰带束得很紧

一方面可以看作是她正在寻觅对象的一种暗示,另一方面反映的是她非常守规矩。如果是前者,那表示这类人正在期待有一个温柔憨厚的异性在自己面前出现。年纪大几岁的异性,她们尤其喜欢。但是,她们只会这样束紧腰带痴痴地等待,却没有勇气去主动追求。

腰带宽而艳

这是一类生性主动、个性积极的女性,她们常常掌握着恋爱的主动权,使有些男性望而生畏。有时候,母性意识过分强烈,反而使婚恋生活不是很顺利。

喜欢独特形状腰带的人

包括多种质地、款式和颜色,看上去感觉很怪。通常情况下,可以判断她是一种对眼前的一切有点不满的女性,内心多少有点焦虑,奇形怪状的腰带是一种心情的释放。

第三章　通过工作细节和习惯识人

工作占据了人们很多的时间。虽然工作的内容不尽相同,但可通过一些细节和习惯来分析和研究其对职场的态度与责任心。

处理信件能知人是否真心

随着社会经济的飞速发展,通讯设施也越来越先进了,方便、简单和快捷的通讯方式在很多时候使人们忘记了还有写信这么一回事儿,写信进行沟通和交流仿佛已是 20 世纪很遥远的事情了。但这只是针对一部分人而言的。写信的联系方式虽然在今天已经不如以前了,但在一定范围内还普遍存在着,因此对于从处理信件来观察一个人还是有必要了解的。

另外,随着科技的发展,许多人都上了网,到网上去交流,在网上发电子邮件其实也是写信的一种方式。

接到信就打开并在最短的时间内写好回信的人，一般来说，他们的时间观念还是比较强的，希望尽快地把事情做好，然后去做其他的事情，同时也不希望对方等得太久。但还有一种情况是，他们只是在对信件的处理上表现得很积极，因为写信的是他们比较重视的人，但在其他方面则比较随便和散漫，得过且过就可以了。

接到信以后请别人代自己打开信件，这样的人对别人多是充满信任感的，否则不会让别人替自己打开信，毕竟信件是属于比较私人化的东西。并且他们不擅长隐藏自我，可以将许多秘密说出来与他人一起分享。这种人自我意识非常强，人际关系不会太好。但总的来说还是比较不错，他们虽然比较以自我为中心，但还非常慷慨的，凭这一点可以使自己赢得他人的信任。

接到信以后不打开信也不看就把它丢在一边不管，继续做其他的事情。这类人如果他不是存心要不看信，就表明他的工作、学习、生活是很忙的，时间被安排得很紧，至于那些不是特别重要的信件自然就会放在一边等到时间充裕的时候再处理。当然，可能永远不会有处理的时间。

在接到信以后，先仔细地看完寄信人的地址，再打开信看信的内容。这类人的生活态度大多是比较严肃的，他们做事很有规则性，而且非常彻底，要么不做，要做就做得最好。

在接到信以后，进行一番选择，先把私人信件拣出来，看完以后再去处理其他的信件。这类人多是感情比较细腻，而且特别重情谊的人，他们一般来说在性格上显得有些脆弱，需要得到别人的扶持和安慰，这也是对私人信件比较看重的一个原因。

信箱总是满满的，从这一点就可以看出，其人际关系是相当不错的，有很多可以用写信的方式进行联系的朋友。这类人多属外向型人，为人多比较随和亲切，能够关心他人，为他人着想，因此很容易获得他人的信任和依赖。

信箱总是空空的，这类人性格是比较孤僻和内向的，不太容易与他人进行沟通和交流，心里有很多属于自己的隐私，但他们不会将这些说出来与别人分享和分担。这样的人由于性格注定自主意识比较强，凡事不用征求其他人的意见，就有自己的主张，常常我行我素。他们常走极端，不是过分脆弱，就是过分地坚强。

喜欢阅读垃圾信件，这类人好奇心是比较强烈的，他们希望能够接受一切自己感兴趣的东西。基于这一点，他们对新鲜事物的接收能力特别快。因为有些东西是比较无聊的，他们在看的时候，又练就了自己的忍耐力和宽容力。

与上一种人相反，见到垃圾信件就丢掉的人，他们在为人处世方面，都是比较小心和谨慎的，有自我防卫意识，不会轻易地相信某一个人。这一类型的人多少有些愤世嫉俗，显得不够圆滑世故，所以人际关系会存在着一些不如意之处。

处理文件能知人是否果敢

到底什么样的工作环境可以创造出最高的工作效率？这是很多美国人一直致

识人宝点子

图文珍藏版

力研究的课题。在研究过程当中,一位效率研究专家发现:员工办公桌上的文件通常可以展现出他们的某些性格特征。

散放文件的人

这种人文件不分主次,这里一堆,那里一堆,像是要搬家似的。他们自我控制能力差,无法调节自己的情绪和习性适应新的外部环境;办事有一定的盲目性,做工作难以善始善终;虽然接受工作的时候显得非常痛快,但干好工作就没那么容易了。

堆放文件的人

文件资料堆放得乱七八糟,每找一份文件都要翻天覆地。这种人工作能力较差,往往事倍功半;办事缺乏条理性,不能循序渐进,没有责任心,缺乏持之以恒的毅力,这种人应该重新接受培训,或改做其他与之素质相通应的工作。

乱塞文件的人

不要被他们干净的桌面迷惑住,也不要亲自查看桌面上是否有灰尘,只要拉开他们的办公桌一切就都可以明了了。他们的办公桌里文件放得乱七八糟,根本让人分不清是杂货铺还是办公桌。这种人多半华而不实、机智灵活、过度注重外观,喜欢耍些小聪明,善于钻营,不太值得信任。

认真整理文件的人

无论是桌面上,还是办公桌里,所有的文件材料都收拾得非常整齐,而且分门别类。这种人办事条理清晰,有很强的组织和操作能力,所以通常办事效率都非常高;责任心强,凡事小心谨慎,认真负责,而且精益求精。缺点是创新能力较差,也没有开拓进取的魄力。

办公桌状态透露本性

办公室是职员工作的场所,内部都是与员工工作相关的陈设。由于每件陈设都融入了职工的喜好,所以在办公室里,每一个员工的办公桌都可以展现出这个人的性格特征。

英国心理学家在很多年前就开始研究办公环境与职工之间的关系。经过长期的实验和求证,他们找出了内部陈设(如办公桌)与职员的性格之间千丝万缕的联系。

各种资料四处乱放

各种文件资料虽然都在桌子上,但摆放没有一点规则,总是这里放一些,那里也放一些,不分轻重缓急,这样的人大多做起事来虎头蛇尾、迷迷糊糊。他们的注意力常被一些与工作无关的事情分散,从而无法集中精神来完成工作,做出优异的成绩。他们也想改变自己目前的这种状况,但是自我约束能力很差,总是向自我妥协,紧接着又会找各种理由来安慰自己,过后又后悔不迭。可以说,他们的人生就是在"自我埋怨"与"自我原谅"中反复着。

放东西的位置常常更换

在我们的日常生活中还有这样一种人:我们每次看他们的桌子都有不同的摆设,可谓变幻无穷。其实,从好的方面来讲,这样的人是上进心很强的人,他们懂得在做错时调整自己的方法,不断地修正脚步、向前迈进。但从另一方面来说,一看到别的办法就"喜新厌旧"的人喜欢改变,做事不能持之以恒。他们性子很急,对于很多事都会毫无理由地焦虑不安,以至于对于细节方面的事、甚至非常重要的事都会无法集中注意力。

桌面和抽屉都乱七八糟

抽屉和桌面全都是乱七八糟,每次都要花很多时间去找需要用到的东西的人是粗线条类型的代表。他们待人相当热情,性格也很随和,做事通常只凭自己的喜好和一时的冲动。三分钟热情过后,可能就会自然而然地放弃。他们的逻辑思辨能力很差,缺乏深谋远虑的智慧,不会把事情考虑得太周密,也没有什么长远的计划。在工作上也是想到哪就做到哪,时常犯错,而且不会从中学到什么经验教训,以致"错上加错"。他们的生活态度积极乐观,经常是马马虎虎,得过且过,缺乏自我约束力。不过他们的适应能力较一般人要强一些。不拘小节、大大咧咧的性格使他们颇受大家喜爱。

桌面整洁干净但抽屉一团混乱

只有桌面上收拾得非常干净整洁,但如果打开抽屉却发现里面乱七八糟、一团混乱,这样的人往往只看重表面现象。他们虽然有足够的智慧,但通常不能脚踏实地去做事,喜欢耍一些小聪明,敷衍了事,不会深入思考。他们的性格大多外向开放、散漫懒惰,情绪变化非常快,为人处世并不是很可靠。他们的"花心"为他们带来了非常不错的人际关系,但事实上,却没有几个人是可以真正交心的。他们在获得其他方面满足的同时却常常怀有一颗孤独寂寞的心。

桌上摆放有纪念意义的物品

习惯在抽屉里、桌子上放一些具有纪念意义的物品的人多是比较内向的。他们有一些怀旧情结,总是希望珍藏下一些美好的回忆。他们不太善于交际,因此朋友不多,但仅有的几个却是非常要好的。他们很看重和这些人的感情,所以会分外珍惜。但他们比较脆弱,心理承受能力差,容易受到伤害,而且做事也缺少足够的毅力和恒心，常常会在困难和挫折面前畏首畏尾甚至不战而退。

桌上放很多跟工作无关的东西

在桌上放些玩具、照片、有趣的小东西的人是非常有个性的人，他们拥有独特的美感与创意，但太强的个性使他们比较缺乏协调性。其实，如果将两者结合起来的话，他们的协调性就会增强，他们也会成为很懂得变化的人。他们对任何事都是喜好分明的，因此别人对他的评价也趋于两极。不过，对于这一点，他们本人往往并不在意。

桌面和抽屉都整整齐齐

办公桌的桌面上和抽屉里都是整整齐齐的，所有的文件都按照一定的次序和规则码好，整齐而又干净，让人看起来有一种相当舒服的感觉，这表现办公桌的主人办事效率很高，态度非常认真。这类人的生活也很有规律，对于要做的事情，总会在事先拟定一个计划，然后按计划执行。他们很懂得珍惜时间，能够精打细算地用不同的时间来做更有意义的事情，而不是浪费掉。他们多有一个很高的理想和追求，并且一直在为此而努力。这样的人虽然可以依照计划做事，把属于自己的工作做得很好，但是有一点墨守成规，缺乏冒险精神，所以不会有什么大的开拓和创新。应变能力比较差的他们对于一些出乎意料发生的事情，常常会不知所措。这种人个性非常正直、认真，又很顽固，他们很重视社会规范，因此跟人的交往常常会受限，只会跟少数人较亲近。

只是大略整理一下

认为不能不整理而稍做整理，然后就放着不管的人具有半途而废的性格。他们刚开始时对什么事都很有干劲，到后来就开始放任自己，不再做下去。他们特别在意别人的眼光，也会依照别人的意思去行事，能够与人维持很好的关系。但是由于做事不彻底，他们很难敞开心胸与人交往。

下班时将桌子整理得干干净净

这类人是心情转换很清楚明快的人。他们对于什么事都很淡泊，同时又很懂得如何面对周围环境。快速整理、早点脱离"工作情绪"、快点进入"私人的情绪"的念头是很强烈的。他们很在意别人眼光，不太容易对别人说出他们心中真正的想法，非常讨厌别人指出自己不留意的地方、错误以及觉得丢脸的事，有时甚至为此和别人翻脸。

下班时把工作做到一半就这样放着

他们是讨厌整理、并且引以为苦的人，是将许多必须整理的东西就这样放着，而且也不会有任何感觉的人。其实那种完全不整理、工作做到一半就这样搁着，心想明天来就可以马上接着继续工作的人是很深谋远虑的。他们从不在乎外界的眼光,而是我行我素,依照自己的方法去做事。

从细节处体现工作责任心

工作占据了人们很多的时间。虽然工作的内容不尽相同,但如果对职场的态度与责任心进行分析和研究,就不难发现性格在其中起了非常重要的作用。

不忙假装忙的人

掩饰工作能力低下,大多对自己的能力产生怀疑,力图通过在别人面前装出一副努力工作的样子,使同事特别是领导不会轻视自己。而实际上他们的工作业绩却很差,为了掩饰自己,保护自己的弱点不被同事或上司发现,他们除了装忙碌之外,别无选择。

面对责任的人

包括三种类型:第一种是"推卸反应型",他们遇到麻烦总会极力推卸责任想方设法找出种种理由把责任转嫁给他人,常常令同事头痛不已。第二种在心理学上称为"内疚反应型",他们一旦发现工作出现问题,不管是否与自己有关,马上想到自己应该承担的责任,很容易进退维谷,导致神经系统功能紊乱。第三种叫"适中反应型",这种类型的人居于前两者之间,遇到该分担责任的时候努力寻找事故原因,以客观事实为依据,属于自己的责任勇敢地承担下来,有时也会为了整体利益而承担一些不属于自己的责任。

看上司脸色行事的人

这种人表里不一、情绪不稳定的人只有在上司在场的时候,才会聚精会神的工作,而上司一旦消失,他们的干劲便会同落到谷底。他们在生活中也是玩着当面一套、背后一套的把戏,用一张伪善的面孔面对周同的人和事。有一些内向的人,见到领导就会紧张,结果由于分心而使工作效率大大降低,其实这是他们的自卑感所致。

厚己非人的人

懒惰是这种人最大的性格特征。他们忙忙碌碌,认真工作,但却都是表面现象,在困难面前逃得比谁都快。这种人总是用异样的眼光看待其他的同事,觉得他们不务正业,欺骗上司,谁都没有他们那样热爱自己的本职。其实他们最希望得到的是升迁和加薪,但懒惰的他们不会比其他的人多干一点,假使多干了一分钟,也要到处宣传。

识别同事间的离间术

离间术是离间者在被离间者之间搬弄是非,制造矛盾,以期破坏他人团结,从中获利的一种圈套。拂去离间术圈套的伪装之后,实际上是一种离间者对被离间者的侵害行为。

离间术在生活中有多种表现,如创造条件,促使同志之间、上下级之间的误会;或编造谎言,制造矛盾,破坏他人团结;或将误会加以渲染,扩大他人之间的分歧等等。离间术的外在表现虽然多种多样,但它的内在本质却是唯一的,那就是使人为己,陷入益己,抑人扬己,损人利己。

离间术有以下特征:

隐蔽性

离间者的目的决定了行为的隐蔽性。由于伴随着离间术的实施,离间者对被离间者的侵害行为已经开始,而这种侵害又是巧借被离间者之间的摩擦力去进行的。而一旦离间成功,被离间者的利益受损则是绝对的,因此,离间者只有使被离间者在表面上知情,而不能在根本上知底,才能达到他离间的目的。所以,隐蔽性贯穿在离间活动的始终。

欺骗性

离间的隐蔽性决定了离间手段的欺骗性。因为离间是一种侵害行为,且要借助被离间者之间的摩擦力实施,又要做到隐蔽得"天衣无缝",显然采取正当的、公开的手段是不行的。所以,离间者往往会制造假象,欺骗被离间者,使其产生错觉,做出错误的判断,形成错误的认识,以便使其在不知不觉中落入圈套。

目的性

任何离间术都有其明确的目的,只有在目的的驱使下,离间的所有行为才可以表现出实际意义。离间者的目的是自我的、本位的,是建立在实现自我利益基础之上的。有时它表现为满足个人的某种心理,有时为的是获取个人的某种利益,有时也可能是为了小集团的利益,但不管怎样,它都是建立在龌龊、私欲、卑鄙之上的。离间者的目的不在离间过程本身,而在于达到离间之后的结果。

尽管离间术具有隐蔽、诡诈的特点,但还是可以破译的。识破离间术要从以下三个方面进行分析。

利益分析

离间术往往是伴随着利益冲突而实施的,而离间者通常又是被离间者发生矛盾后的直接或间接受益者。所以,对人际冲突制造者的利益得失进行分析,有利于识破离间者的真面目。

反常分析

任何离间术,不管它如何高明绝伦,只要它付诸实施,总要留下一些反常的痕迹。所以,对反常的蹊跷的行为进行认真分析,进而反向思维,弄清人际冲突的来龙去脉,对于破译离间术有非常大的帮助。

联系分析

任何离间者要想达到离间他人的目的,必然要与被离间者发生这样那样,或明或暗的联系。因为没有联系就无法借助客体之间的摩擦力,再高明的离间术也无法得以实施。所以,当有人突如其来地与你发生联系,这个人就有可能在实施离间术。

总之,离间术的破译应建立在对其行为特征的综合分析之上,既不能掉以轻心,又不可盲目猜疑。

细听对方参会的语言风格

不管是企业、公司、院校或政府机关,开会就像家常便饭一样司空见惯。而踏入社会的人,即使背景深厚,资格高不可攀、身居要职,但都难以避免出席会议或主持会议。有的人可以在规定的时间内完成会议内容,而且使与会者满意而归;也有的人长篇累牍、喋喋不休,直到把所有的与会者催睡着了,能否达到预期效果和目的则另当别论。主持会议虽然与主持者的自身修养和知识程度有关,但性格所起到的作用也不能漠然视之。

欺下媚上的人

由于近水楼台的缘故,这种类型的人与高层通常是总裁级的人物接触密切,因此变得又红又紫,而且常常自豪不已。他们会毫不客气地用大部分会议时间来喷洒自己的唾沫星子,胡说八道,而且不允许其他的人质疑,还会动不动地打断他人的发言,进行一番补充说明。这种人反应敏捷,善于阿谀奉承,欺下媚上。

爱耍威风的人

这种人在企业居于不高不低的位置,因此野心勃勃,非常想往上攀爬。他们喜欢摆架子,显威风,总是让许多不相关的人参加会议,如果人手不够,还会派部属到场呐喊助阵,滥竽充数;他们常常打着"群众意愿"的幌子,中饱私囊,在"多数民意"面前,上级常常无话可说。

简洁明快、豁达干练的人

这种类型的人快言快语、办事雷厉风行,对工作和生活都充满信心,做事必须精心准备。主持会议也清晰明了,内容安排得当,讲话时条理清晰,言之有物,令与会者非常钦佩。他们可以胜任重要岗位的领导工作,但容易出现问题,甚至犯错误。

把会场当课堂的人

这种类型的人的名片上通常印有"专家"两个字,学有专长,是公司某一项业务的权威。开会的时候,他们会以老师的姿态站在与会者面前,不厌其烦地讲解"学生们"不明白或懂得不彻底的理论和观念,常常忘记了时间、地点和自我。而被误认为学生的与会者则会哈欠连天,瞌睡连连。

优柔寡断的人

这种类型的人大有发展前途,彬彬有礼而又谦卑含蓄,一点也不咄咄逼人,他们允许其他的与会者在会议上畅所欲言,提出自己的观点,但往往由于理论可行,拍板犹豫不决而难以和与会者达成共识,最终降低了自己的威信,让下属心存不服。

做"传声筒"的人

"传声筒"是对他们在主持会议时圆滑最好的比拟。他们会将会议内容以及每个人的话一点不差地呈现给高层,也会将高层的意见原封不动地放到会议桌案上。狡猾的他们不会表明半点自己的看法与观点,常常让与会者"静候佳音",或表示"尽力向上级反映",劝解大家"不要急躁,耐心等待"。

说什么就是什么的人

这种类型的人有一定的身份、地位和手段,对自己目前所拥有的一切满怀信心,而且坚信自己会拥有更多更美好的东西。他们往往是靠自己的真才实干攀到现今位置上的,顽强的意志力是他们取得成功的保证。他们做事总是遇惊不乱,胸有成竹,很有大将风度,但他们做事固执己见,不容他人质疑,在民主的大旗下独断专行。

从对待工作的态度看人

人们在自然而然中都会将自己的性格特征表现在对工作的态度上,因此,如果想认识和了解一个人的性格,可以从他对工作的态度上进行观察。

内向型的人在面对一件工作的时候,首先想到的是自己该负担的责任、后果等问题,总是担心失败了会怎样,因此常常会表现出犹豫不决的神态。因为顾虑的东西实在是太多了,行动起来就会畏首畏尾,瞻前顾后,最后常常以失败而告终。

外向型的人多勇于承担责任,在工作中,没有机会的时候会积极地寻找机会、创造机会,有机会的时候会牢牢地把握住机会,他们多很容易获得成功。

工作上一出现问题,就责怪自己,把责任全部揽到自己身上,这样的人多胆小。

工作比较顺利,就非常高兴,但稍有挫折,便灰心丧气,甚至是一蹶不振,这样的人多是性格脆弱,意志不坚强的类型。

工作失败了,不断地找一些客观的借口和理由为自己开脱,以设法推卸和逃避责任,这种人多半是自私而又爱慕虚荣的,他们常常以自我为中心。

失败以后能够实事求是地坦然面对,并且能够仔细、认真地分析失败的原因,进行归纳和总结,争取在以后的工作中不犯类似的错误,这种人多是真正成熟的人。他们为人处世比较沉着冷静,具有一定的进取心,经过自己的努力,大多会取得成功。

放松方式见人心态

现代社会,竞争越来越激烈,人的压力也越来越大。生存压力和工作压力像两座大山一样压在人的背上,是一种什么样的感觉是可想而知的。在这样一种情况下,人很容易就会疲劳、心烦意乱,严重的还可能导致产生心理疾病,以至精神崩溃。

因此,为了保持身体的和心理的健康,更好地加入竞争之中,可以进行自我调节,必须要找到一种放松的方式。但是,用什么样的方法放松要根据自己的实际情况和需要来决定,这可以反映出一个人的性格。

采用运动的方式来放松自己,这是一种很有效的方式,在运动的疲惫中可以暂时忘记一切。这种类型的人多比较内向缺少朋友,也不会向他人轻易倾诉自己的心事。他们意志坚强,在困难和挫折面前,虽然有时也会表现得颓废和失望,但却是暂时的,他们多是还能够勇敢地站起来,去面对一切。他们是做得比说得要多的人。

采用睡觉放松自己的人,多是很聪明而且实际的人。他们在任何时候都知道自己的目标,并且会努力寻找一种最简单最快捷的方法去实现它。他们有一些固执,不会轻易地接受别人的意见和建议,但若是请一位权威性的人物对其进行说服,或许会起到一定的作用。他们对一些原则和理论上的东西并不十分看重,而是着眼于非常具体的,看得见摸得着的实例。

采用行为疗法放松自己,这种类型的人有很多并没有什么主张。他们特别容易向别人妥协,听从别人的调度和安排,他们是乐于被他人领导的一群人。不愿意自己动脑筋思考,而是喜欢别人把一切都安排得好好的,自己只要按着去做就可以了。他们对自己的要求非常严格,会尽力把每一件事情做好。

采用心理疗法来放松自己,这种类型的人多是完美主义者,他们凡事总要尽力追求完整,形成一个整体形象,否则就会感到不安。他们自身从整体来看,也是不错的,但却并不能如他们自己所预料的那样,被别人注意。

采用自然疗法放松自己,这种类型的人多是性格比较开朗和乐观的,周围的人都很喜欢他们。而且他们待人真诚、朴实,说话直截了当,有什么说什么,凭着自己的感觉走,不会遮遮掩掩。他们厌恶工作,因此很难以自然、单纯、放松的心情投入到工作当中。在工作中,他们什么事也没有,就会突然间感到烦躁不安。

另外,还有一种人,他们不接受任何治疗方法,只是任之顺其自然。这种类型的人多有较强的独立自主观念,不管发生什么事,在绝大多数时候,他们并不企图依靠外界的力量来解决,而只是寄希望于自己,并且也对自己充满了信心。他们并不相信任何人,特别是那些被绝大多数人视若神明的,更有点不屑一顾。他们自给自足,非常容易满足,而且不希望现状被改变。

谈判中洞悉对手心理

谈判不仅仅是有声语言的沟通,它还可以通过手、眼神及姿势等传达出更丰富、更有价值的信息。在谈判过程中,如果你更多地注意对手的身体语言所传达的有用信息,这也许会更有助于你获得谈判的成功。在谈判过程中,你的对手可能会出现下列一些行为:

紧张的人

第一次参加谈判的人往往会有这种症状,他们在心理上排斥面对面的谈判方式。非常明显的特征是焦躁不安、神经紧张、甚至身子僵直。他们的谈判措辞也过于僵硬、不自然。此时你能做的是放松对手的心情,让他有宾至如归的感觉,慌张不安只会给谈判造成障碍。

不妨换位思考一下,他们身处异地,也许会有一种放不开的感觉。此时,你应该尽量把谈判场地布置得舒适一些,同时让气氛也变得轻松一些,你可以身体力行地松解领带,卷起袖子,暗示一切都很轻

谈判过程中洞悉对手心理

松舒适。如果你让这种紧张的气氛持续下去,一不小心,自己有可能受他们感染,也紧张起来,这样会令谈判双方都心存芥蒂,不利于谈判的进行。千万不要令这种事发生。记住,没有人想焦躁、紧张。每个人都想拥有舒适愉快的感觉,因此如果你能消除对手的紧张不安,他会觉得好一点,对你心怀感激,这有助于谈判的成功。

松懈的对手

在谈判过程中,有的人不能好好坐直,眼神中流露出迷茫,给人一种垂头丧气的感觉。但是身体上松懈的并不意味着精神松懈,因此你不要怀疑他此时此刻的谈判状态,从而放松警惕,你应该尽量让谈判气氛变得紧张、严肃起来,最好的方法是用眼神的接触。你要谈判另一要点时,运用眼神接触并确定你的对手是否同意,不论是如何松懈的人,几乎都会对眼神接触有所反应。

擦眼镜者

当谈判对手摘下他的眼镜,开始擦拭时,这是适当停止的线索。因为擦拭眼镜是擦拭者正在仔细考虑某一争论焦点的暗示。因此,当擦拭开始时,不要让你的对手有足够的时间考虑。

抽烟斗者

这种类型的人通常运用烟斗作为谈判的支持物。当抽烟斗者伸手取火柴点烟时,这意味着他正在沉思,你应停止谈话的线索。等他点好烟开始吞云吐雾时,再继续你们的谈话主题,但是你还要尽量以很巧妙的方式让他摆脱烟斗,这对你是有利的。最容易的方法是注视烟斗。所有烟斗终究会熄灭的,必须暂时放在烟灰缸或烟斗架上,在对方有重新拿起烟斗的冲动之前,给他一些能够吸引他的东西,比如一本小册子、一份报告或一份数据。

膝盖发抖者

与这种类型的人商谈,常常会分散你的注意力,不过它也有立刻呈现目标的好处,你必须让对方的膝盖停止发抖。假如你不这样做,谈判不会有任何进展。使膝盖发抖者停止发抖的方法是:让他站起来,去吃顿午饭,喝点饮料或散散步提提神。因为你知道现在你的对手坐着的时候会膝盖颤抖,因此你们必须在散步、走路时完成交易。

注意紧张信号

直觉不是什么神秘的事物,它仅意味着一位有直觉的人有极大的耐心观察细节和行为的细微差异。关心你的对手,注意他的行为举止,如果事情进展不顺的话要有所警觉。常常任何迟疑、迟钝都可说是谈判失败的直接原因。如果真是谈判所谈问题造成的,对此障碍须采取必要的对策,试着从其他方式、角度来阐述你的论点。不过你的对手的反应,也可能因为其他因素,可能是你阐明你主张的方式态度不适当。如果你的个性很强,那么可能你的对手因此而感觉不舒适,因此对你们正在讨论的所有问题变得极端敏感。注意咳嗽、弹指、转笔以及其他不耐烦和紧张的信号。只有克服这些消极举动,谈判才能顺利进行。

频繁用手摸头的人

假如你的谈判对手总是在用手摸头,这就表明了他正在思考某些问题。因为大多数人在思考问题,绞尽脑汁、欲理出头绪时常常用手去摸头。不过,由于情况的不同,有时则搔搔头,有时是敲敲头,也有时抓抓头发或者以手掌揉太阳穴等等。此时如果他的手的动作突然加快起来,说明他加快了思考的速度,手的速度与思考速度成正比。当新观点浮现的时候,抓头的频率通常也会随之加快。

识别人才要靠眼力

"世有伯乐,然后才有千里马。"在单位中,领导就是伯乐。但如何从下属中去发现千里马,培养千里马,就需要领导慧眼识珠,以德为先,用诚意求才,大胆启用各种各样的人才。

那么,怎样才能识别企业里的千里马呢? 可以从以下几个方面进行考察:

他是否勇于负责

勇于负责是一个企业人才的关键性条件。

他有没有雄心壮志

千里马必然有取得成就的强烈愿望。他们能够更好地完成工作,不断地去寻求发展的机会。

他是如何做出决定的

注意能迅速转变思想和说服别人的人。一个有才干的高级管理人员往往能在相关信息都已具备时立即做出决定。

有无需要求助于他的人

假如你发现有许多人需要他的建议、意见和帮助,那他就是你要发现的千里马了。因为这说明了他具有解决问题的能力,而他的思想方法为人们所尊重。

他是否比别人进步更快

一个千里马通常能把上级交代的任务完成得更快更好,因为他勤于做"家庭作业",他随时准备接受额外任务。他认为自己必须更深地去挖掘,而不能只满足于懂得皮毛。

他是否能解决问题

假如他是一个非常勤奋的人,他从不会去向老板说:"我们有问题。"只有在问题解决了之后,他才会找到老板汇报说:"刚才有这样一种情况,我们这样处理,结果是这样。"

他能否带动别人完成任务

注意有谁才能动员别人进行工作以达到目标,因为这可以显示出他具有管理能力。

从颜色看上下级的交往

你的上司、下级,还有公司里的前辈、晚辈们都喜欢什么颜色?你清楚吗?如果不清楚。可以通过观察他们对颜色的爱好入手。

心理学家指出:从对方喜爱的颜色,就能知道应该如何和他们交往。人际关系顺畅,工作也就容易开展,同事之间的相互关系也会有所好转。

怎样和喜欢黑色的人相处

对方年长(上司、前辈等)的情况下

好静,有强烈的秘密主义倾向,不会敞开心扉,别人简直不知道他们在想什么。不过他们工作非常认真,只是工作指示不怎么详细清晰,别人需要先理解整个流程再开始工作。

对方年幼(部下、晚辈等)的情况下

因其不喜欢社交也讨厌谈论私生活,因此交谈的话题最好限定在工作范围以内。他们神经过敏,脾气也怪,感受能力高。但判断能力低,只要注意他们的这些特点就可以了。

怎样和喜欢红色的人相处

对方年长(上司、前辈)的情况下

这种类型的人性格开朗富有活力,对事物的态度积极。具有极强带动部下向前走的能量。但是当超过了需要的限度时,这种力量就会使他们变得像暴君一样。因为他们喜欢照顾人,因此当工作遭受挫折,遇到烦恼时可以立刻找他们,相信他们定会愉快地伸手相助。

他们稍有幼稚的一面,如果一直不受人瞩目,就会不高兴。因此一定要把他们抬得高高的,表示自己的忠诚也非常重要。

假如你也喜欢同一颜色的话就有发生冲突的危险。总之关键是要给对方面子。既然性格相似,在疲劳和烦躁的时候一定最能互相理解。在这种时候,应该不着痕迹地主动打招呼,向对方表明自己其实一直在关注他的事情。

对方年幼(部下、晚辈)的情况下

这种类型的人由于行动力强,积极主动,因此免不了独断独行的倾向。因为他们非常注重体面,所以批评的时候不要当着别人的面,而是以一对一的面谈为好。他们不喜欢受人压制和干涉,因而忠告和建议也要有节制。如果他们主动来咨询,应该愉快地接待。如果不理睬,他们就会像孩子一样发起偏脾气来,弄得不可收拾。

怎样和喜欢黄色的人相处

对方年长(上司、前辈等)的情况下

这种类型的人快活而喜欢交际,爱开玩笑。健谈,善于制造气氛。喜欢新鲜事物,同时有喜新厌旧的一面,所以会凭一个念头就突然改变作法,让周围人大吃一惊。有时被认为轻薄不负责任而遭到疏远,但实际上本性正直而粗犷,不拘小节,若是你能够忍受他的无拘无束,还算是个容易相处的上司。他们经常尝试新东西,反复纠正错误探索新路,适合做研究员和工匠。由于在思考阶段他们不喜欢多余的举动,因此除了执行指示以外,最好不要多嘴多舌。

对方年幼(部下、晚辈等)的情况下

这种类型的人不适合杂活和单调的工作,他们以提出新想法、新思路的能力见长。情绪不稳定,好的时候和坏的时候落差非常大。但是由于他们工作得力,掌握窍门,不需要过多的布置也能把事情办好,因此当他们的上级也还算省心。

怎样和喜欢绿色的人相处

对方年长(上司、前辈等)的情况下

这种类型的人是理想主义者,注重目标的完成,做事善于事先拟定详细的计划,但是,当计划被打乱时适应速度缓慢,缺乏判断力。指挥部下有方,但当与人发生争执或团队合作瓦解的时候,他们中的多数人都会表现得无所适从。

若想与这种上司友好相处,就应该求同存异,重视协调。失败的时候也不要找借口、发牢骚。否则,即使他们刚才还很冷静,在你开始发牢骚的一瞬间,态度准会突然发生变化。

他们属于好学生那一类人。最好以对待学校里的学兄、师弟似的方式来交往。假如命令过于细致琐碎就极有可能得不到执行,因此安排工作时应只讲要点,其他全权交给他去处理,工作才有希望顺利开展。

怎样和喜欢蓝色的人相处

对方年长(上司、前辈等)的情况下

这种类型的人沉着冷静,工作时注重分析。在对工作的原则方针等有意见分歧时,应该明确和有条理地解释究竟哪里不同。这些人讨厌暧昧的解释和论述不深入的报告,因此偷懒图省事马上就会被发现。较好的应对方法是一旦有不明白的地方就及时问他们,寻求帮助。

对方年幼(部下、晚辈等)的情况下

这类人办事有条理,有工作能力,但因为认真,容易形成思维定式,有时反而事倍功半。因为他们稳重而冷静,因此批评时不能带有感情色彩。在安排合作伙伴时尽量挑选不同的人员,或者交给他们出外谈生意的工作,增加他们与外界接触的机会,应该会产生良好的刺激,不会出什么大的麻烦,但也有许多人因男女关系闹出各种问题。

第四章　通过言语细节识人

语气比语言更具有个人感情色彩。一个人的心态和精神状况直接影响着语气所表达的感情色彩浓淡。

语气是心情暗语

语言和语气密不可分,语气通过语言表达出来。而语气比语言更具有个人感情色彩。一个人的心态和精神状况直接影响着语气所表达的感情色彩浓淡。谈话者可以通过对发音器官的下意识控制和使用来体现不同的语气。所以我们就可以通过人们下意识体现的语气来透视一个人的性格和内心所想。

高声大气者

这种人性格多是比较豪爽粗犷的。他们脾气暴躁、易怒,容易激动,为人真诚、热情、耿直,说话直接,有什么就说什么,从来不会拐弯抹角绕圈子。这种类型的人多容不得自己受一点点委屈,他们会据理力争,一直到水落石出为止。他们有时会在紧急情况下充当先锋,起召唤、鼓动的作用,但有时候也会在不知不觉当中被别人利用而浑然不知。

轻声小气者

这种人在为人处世各方面多比较小心谨慎,他们具有一定的文化修养,说话措辞非常文雅,而且总是显得十分谦恭。一般情况下,他们对他人都相当尊重,所以反过来他们也会得到他人的尊重。他们比较宽容,从不刻意地为难、责怪他人,而是喜欢采用各种方式不断地缩短与他人之间的距离,密切彼此之间的关系,尽量避免一些不必要的麻烦。

凝重深沉者

这种人才高八斗、言辞隽永,对人情世故理解得准确而又深刻,对社会、对他人负责任,比较可靠。但由于人情世故的复杂性,这种人的能力通常得不到重用,抱负难以施展。

和声细气者

这一类型的男性多忠实厚道,胸襟开阔,有一定的忍耐力和宽容力,能够吸取他人的意见和建议为己所用,但同时又不失自己独到的见解。他们具有同情心,能够关心和体谅他人。而这一类型的女性则多比较温柔善良、善解人意,但有时候也因为喜欢多愁善感而显得过于软弱。

温顺平畅者

这种人语气平和,说话速度慢,他们性格温顺,与世无争,易与人相处,但因为天性温和而软弱,而使自己长期处于一种胆小怕事的状态,对外界事物采取逃避态度。如果他们能遇上一个肯提携他们的人,从旁边帮他们一把,教导他们知难而进,磨炼胆气,那么他们就会成为一个刚柔并济的人物,会做出一番令人刮目相看的大事。

锋锐严厉者

这种人言词锋锐犀利,爱好争辩。谈话时,他一旦逮住对办语音的漏洞就会不留情面地攻击,让对方无话可说。但由于急于找到攻击对方的弱点,他们往往忽略从总体上把握问题的关键,从而陷入舍本逐末、顶牛抬杠的处境。

刚毅坚强者

这种人办事坚持原则,公正无私,是非分明。但是由于原则性太强让人觉得没有商量的余地,而显得不善变通,过于固执。不过,他还是会因为肯土持公道得到别人的尊敬。

他们在谈论他人的价值时,不会因个人恩怨而产生偏见,能够做到公正无私,达到一种别人难以达到的崇高境界。

此外,说话语气抑扬顿挫,像唱歌一样的人,是幻想家,特别讲究罗曼蒂克气氛;说话语气平稳的人,具有正直的性格;语气低沉,说话时由牙缝深处出声的人,凡事都抱有怀疑态度;说话语气很冲,同时声音很大的人,是任性的人;语气音色均不规则的人,性格轻率。

总而言之,语气能体现一个人的真实自我。只要我们仔细分辨就一定能从说话语气上揣度出一个人内心深处在说些什么。

闻其声,辨其人

声音辨人术是指通过声音来识别人才。高层次的理解,是由声音听出一个人的心性品德、身高体重、学历身份、职业爱好等。这是一个很复杂的判断过程,既有经验的总结，又有灵感的涌动。浅层次的理解，是指听到一个人的声音(不仅仅是说话的声音,也包括脚步声、笑声等),就能知道他是谁,前提必须是对此人的声音很熟悉,一般在朋友、亲人之间才能辨别,这只是辨别人的身份。

声音可细分为声与音两个概念,既可由声来识人,又可由音来识人。但在实际运用中,多是由声音即两者同时来识别人。

从生理学和物理学的角度看,声音是气流冲击声带,声带受到振动引起空气振动而产生的,这既是一种生理现象,又是一种物理现象。但人的社会属性,又使人的声音有着精神和气质两方面的特性。古人讲,心动为性——"神"和"气"——性发成声。也就是说,声音的产生依靠自然之气(空气),也与内在的"性"密不可分。声音又与说话者当下的心理活动密切相关,大小、轻重、急缓、长短、清浊都有变化,这与人的特性也是息息相关的,这就是闻声辨人的基础。

春秋时期,郑国杰出的政治家郑子产就是一位闻声辨人的高手。郑子产一次外出巡察,突然听到山那边传来妇女的悲恸哭声。随从们面视子产,等候他的命令,准备救助,不料子产却命令他们立刻拘捕那名女子。随从不敢多言,遵令而行,逮捕了那位女子,当时她正在丈夫新坟前面哀哭亡夫。人生有三大悲:少年丧父、中年丧夫、老年丧子,可见该女子的可怜。以郑子产的英明,不会对此妇动粗,其中缘由,是因为郑子产的闻声辨人之术也。郑子产解释说,那妇人的哭声,没有哀恸之情。反蓄恐惧之意,故疑其中有诈。审问的结果,果然是妇女与人通奸,谋害亲夫之故。

郑子产闻声辨人的技巧已是很高明了。但孔子也深谙此道,且似乎比郑子产还高出一筹。虽然孔子讲过"以貌取人,失之子羽;以言取人,失之宰予",但他凭外貌声色取人的功夫,实在是有过人的天分。

孔子在返还齐国的途中,听到非常哀切的哭声,他对左右讲:"此哭哀则哀矣,然非哀者之哀也。"碰到那个哀哭的人之后,才知道他叫丘吾子,又问其痛哭的原因,丘吾子说:"我少年时喜欢学习,周游天下,竟不能为父母双亲送终,这是一大过失。我为齐国臣子多年,齐君骄横奢侈,失天下人心,我多次劝谏不能成功,这是第二大过失。我生平交友无数,深情厚谊,不料后来都绝交了,这是第三大过失。我为人子不孝,为人臣不忠,为人友不诚,还有何颜立在世上?"说完便投水而死。丘吾子的三悔痛哭,是今天社会中再难重现的古士高风,而孔子能听音辨人心事,亦非常人之天赋也,所以流传后世。

以上是由声音来辨别一个人的心事,还可由声音判断一个人的职业、心胸、志向等情况。心胸宽广、志向远大的人,声音有平和高远之势,而且声清气壮,有雄浑沉重之势。身短声雄的人,自然不可小视。从身材来看,身矮的,往往声气十足,因为距离短,气息冲击力大,声带与共鸣腔易于打开。但受过发声练习的人,又当别论:身高的,由于丹田距声带、共鸣腔远,气息冲击的距离加长,力量弱化,因此声音显得细弱,振荡轻。

人的声音各有不同:有的洪亮,有的沙哑,有的尖细,有的粗重。有的薄如金属之音,有的厚重如皮鼓之声,有的清脆如玉珠落盘,字正腔圆。有的身材矮小,声音却非常洪亮,有的高大魁梧,说话却细声细气,有气无力。古人正是对这些情况加以归纳总结,得出了以声辨人的规律。

现代生理学和物理学均已证明,声音的生理基础由肺、气管、喉头、声带、口腔、鼻腔三大部分构成,声音发生的动力是肺,肺决定气流量的大小,音量的大小主要由喉头和声带构成的颤动体系决定,音色主要取决于由口腔和鼻腔构成的共鸣器系统。声音是物体震动空气而形成的,声音是人的听觉器官——耳的感觉。声音的音量有大小之分,音色的美丑之别,另有音高、音长之分。

人类的声音,由于健康状况、生存环境、先天禀赋、后天修养等不同而不同。所以声音不仅在一定程度上表现着一个人的健康状况,而且还在一定程度上表现着一个人的文化品格——他的雅与俗、智与愚、贵与贱(这里指人格修养)、富与贫。

古人历来比较重视声音,认为声音是考察人物的一个组成部分,在深入观察和研究的基础上,按照阴阳五行的原理,把声音分为:

金声:特点是和润悦耳

木声:特点是高畅响亮

水声:特点是时缓时急

火声:特点是焦灼暴烈

土声:特点是厚实高重

说话者,如果气发于丹田(丹田是道家修炼气功的术语,在人脐下三寸处),经胸部直冲声带,再经由喉、舌、齿、唇,发出的声音与仅用胸腔之气冲击声带而来的声音,气度不一样,节奏不一样,效果也有悦耳与沙哑的差别。声带结构不好,发出的声音不会动听,但如果经由专门的发声练习,是可以较大程度地改变声音效果的。

歌唱演员音色圆润、高亢、洪亮,一方面是天赋特质,另一方面是艰苦的发声练习的结果。发声练习要求用胸腹(主要是腹)中充足的气息冲击声带,并引领上行到眉宇间的共鸣腔,冲击共鸣腔,发出的声音才会洪亮悦耳,底气十足。没有经过发声练习的人,声音不圆润,沙哑,也不高亢洪亮,因此歌声如击败革,或者是苍白无力。唱歌时所用的腹部之气,相当于丹田之气。用腹腰肌肉紧迫腹中气流,爆破式地冲击声带和共鸣腔,发出的声音就有洪亮悦耳的效果,但引领气息冲击共鸣腔是有诀窍和技巧的。

丹田的气充沛,因此声音沉雄厚重,韵致远响,这是肾水充沛的征象,由此可知其人身体健壮,能胜福贵。同时,丹田之气冲击声带而来的声音洪亮悦耳,柔致有情,甜润婉转,给人舒服浑厚的美感。

发于喉头、止于舌齿之间的根基浅薄的声音,给人虚弱衰颓之感,显得底气不足,这也是一个人精神不振,身体虚弱,自信心不足的表现。

以声音来判断人的心性才能,尚有许多未知的空白,而且可信度有多高,也尚无定论,但其中的奥妙,是值得研究的。其基本原则并不只是悦耳动听、洪亮高亢。

《礼记·乐记》云："凡音之起,由人心生也。人心之动,物使之然也。感于物而动,故形于声。声相应,故生变。"对于一种事物由感而生,必然表现在声音上。人的声音随着内心世界的变化而变化,所以说"心气之征,则声变是也。"

声音不但与气能结合,也和心情相呼应。因为声音会随内心变化而变化,所以:

内心清顺畅达时,就会有清亮和畅声音;

内心平静声音也就平和;

内心渐趋兴盛之时,就有言语偏激之声。

这样不就可以从一个人的声音判断一个人的内心世界吗? 有关这方面的知识,《逸周书·视听篇》讲到的四点值得研究:

内心诚信的人,说话声音清脆而且节奏分明,这是坦然的表现;

内心宽宏柔和的人,说话声音温柔和缓,如细水长流,不紧不慢;

内心不诚实的人,说话支支吾吾,这是心虚的表现;

内心卑鄙乖张的人,心怀鬼胎,因此声音阴阳怪气,非常刺耳。

现代心理学也认为,不同的声音会给人不同的感受,有以下几种类型:

一、讲话的速度快。此类人朝气蓬勃,活力十足,性格外向。

二、外带语尾音。这类型的人,精神高昂,有点女性化,具有艺术家的气质。

三、音低而粗。这类人较有作为,较现实,或许也可以说是比较成熟潇洒,较有适应力。

四、声音洪亮。此类人精力充沛,具有艺术家气质,有荣誉感,有情趣,热情。

以上这四种类型的声音,不论在交易或说服的工作上,都具有较为积极的作用。同样也有产生负面作用的声音。

一、语音平板。较男性化、较沉默、内向冷漠。

二、鼻音。大部分人都不喜欢这种声音。

三、使人产生紧张压迫的声音。这类人很自傲,喜以武力解决事情。

当然,这也不能一概而论,什么声音好,也与谈话的地点、对象、内容有直接的关系。

口头语背面的内心世界

口头语是人们在日常生活当中由于习惯而逐步形成的,具有鲜明的个人特色。在生活当中,绝大多数人都有使用口头语的习惯,通过它可以对一个人进行观察和了解。

下面是我们介绍一些常见的口头语:

听说、据说、听人讲

这种人之所以用此类口头语,是一种给自己留有余地的心理形成的。这种人见识很广,但是决断力不够。许多处事圆滑的人,经常用此类语。在办事过程中,他们会为自己时刻准备着台阶,有时也会被很矛盾的心理困扰。

还有、另外

经常说"还有""另外"频繁地转换话题的人好奇心强,喜欢插手各种各样的事情,不会为一件事所局限。他们头脑灵活,思维敏捷,但容易厌倦,不能长时间地集中精力,做事不能持久。另外,由于脑子转得特别快,他们不会被传统观念和常识束缚,总是富有创意,敢想敢做。

不

观察资料发现,女性在心理上是愿意的,可嘴上却常常说"不"。喜欢说"不"的女性通常女人味十足。说"不"是女性温柔的表现。她们的心其实是非常软弱的。她们对丈夫或恋人就是这样,嘴巴上经常说的一句话就是"懒得管他",其实内心却是非常想管他。

总而言之

这种话多出自好说教的人或完美主义者之口。另外,如果不断重复结论,不是特别执着,就是对对方不信任,总是担心自己的意图没有被正确传达,因此变得喜欢唠叨,不能放手把工作交给别人,事必躬亲,说话啰唆喜欢教训人。

尽管如此

这种人虽然给人以先承认对方的理由才进行有节耐的反驳的印象,但言语中却隐藏着通过扰乱对方的思维达到自己目的的想法。

光说自己的事

无论说什么,总是引到"我……""我家……"上来的人喜欢显示,自我意识过强,爱慕虚荣,不处于话题的中心就不甘心,总是企图强化自己的存在。

就算是……差不多

这种话在年轻人中间经常听到,当他们失败的时候不想受到责备时,就用这种话推托搪塞。

反正

这是一种消极被动,处事悲观的态度,他们"反正我不行","干了也没有用"。总是用否定的语气,采取行动前就绝望并放弃努力。

是啊

"是啊"在赞同他人的意见时常说,如果说的同时还深深点头,就是真心赞同,否则,就只是一个姿态。重复两次以上的话,可能只是在敷衍对方,实际上根本就没理解。

应该、必须、必定会、一定要

常常这样说的人自信心非常强,为人冷静,做事情显得特别有理智,自认为能够将对方说服,令对方相信。另一方面,"应该"说得过多时,反而表现出其动摇的心理。一般说来,长期担任领导职务的人易有此类口头语。

或许是吧、大概是吧、可能是吧

说这种口头语的人自我防卫本能特别强,不会将内心的想法完全暴露出来。在处事待人方面很冷静,因此人事关系和工作都不错。此类口语也有以退为进的含义。事情一旦明朗,他们会说"我早估计到这一点"。从事政治的人多有这类口头语,他们用这类口头语隐藏了自己的真心。

但是、不过

这类人的思考能力非常强。当他们讲话时,脑子里还会浮现相对应的话来过滤求证,正所谓"头脑敏锐""能言善辩"。但这类人有些任性,总是提出一个"但是"来为自己辩解。"但是"语显示了其温和的特点,它显得委婉、没有断然的意味,是为了保护自己而使用的。从事公共关系的人常有这类口头语,因为它的委婉意味,不致令人有冷淡感。

所以说,因此

"所以,我想说的是……""因此不是这样的",在提出反对意见时经常使用。已经厌倦了反复说明同一件事,同时还隐藏着想封死其他人意见的企图。这种人支配欲强,以聪明人自居,喜欢将自己的观点强加于人。

对啊

相信没有人喜欢别人逆着自己的意思行事,所以就有这样一类人,他们嘴边挂着"对啊",表面是一团和气,人际关系也不错,其实并不是他们的心里话。他们是以"对啊"来迎合别人,暗地里却在为自己的利益而精打细算。

嗯、呀、啊、这个、那个

常用这些连词和语气词的人通常是词汇少或是思维慢。他们的话不能有条理地进行,因此在说话时利用作为间歇的办法而形成的口头语的习惯。所以,有这种口头语的人,反应是非常迟钝或是比较有城府的,当然也会是比较骄傲的。官员或公务员喜欢用这种口头语,因怕说错话,需有间歇来思考。这种人的内心往往很孤独。

所以我不是说了嘛

这种话的意思是:"我怎么提醒也不听,结果成了这样了。"把这样的话作为口头禅的人总是专注于一件事情和一种想法,诚实、有责任感,所以受人信赖。但他们说话唠叨,性情顽固,缺乏变通。"所以我不是说了 N 遍了嘛"已经成了口头禅的人,给人以强加于人和施恩图报的印象。

管他呢,让别人说去吧

这类人表面上不在乎别人的看法,甚至有独来独往的个性,实际上只是把他们搁得更深,没有表露真实的心迹罢了。他们的话并非为对方而发,而是在讲给自己听。他们把憎恶、愤怒、反对等情绪隐埋在内心深处,但又恐被别人发觉,所以为掩饰起见,便频频说出"让别人去说吧"这类话来。

我只对你说过

有的人常常会说:"你可别对别人说哟,这话我只对你讲过",实际上他可能用同样的口气向其他人说同样的话。换句话说,这样的人心里存有一股把某件秘密告诉任何人的冲动,但基于某种客观原因,便脱口说出"不要告诉他人"或"这话我只对你说"等等。这类人在每当得知一项他人不知的秘密后,便很难将它埋藏在自己心底,总会有一股希望泄漏给他人的冲动。这表明他觉得自己一人承担秘密负荷过重,因此想向他人泄露以减轻负担。而且这样的人具有一种希望向对方炫耀自己知悉他人所不知的秘密的心理倾向。

的确、老实说、说真的、不骗你

这种人有一种担心对方误解自己的心理,因此性格有些急躁,内心常有不平。他们会非常在意别人对自己所陈述事件的评价,因此一再强调事情的真实性,更多希望的是自己在团体中可以被认可,并得到许多朋友的信赖。

自吹自擂

不管话题走不走样,从始至终坚持自我吹嘘的人,其实是缺乏自信,不愿意被人耍弄,想要扮饰自己,结果是沦为自己宣传自己。其实,总拿过去的事炫耀,属于老化现象,跟不上时代,对现在的自己不满意,因此转而向过去寻求救命稻草。无论如何,自吹自擂都可以看作是自卑感和欲求不满之下物极必反的结果。

大量使用专业词汇,高难度词汇

开口闭口就是很深的专业词汇、高难度的外语单词的人,容易被当成有智慧、有教养、非常自信的人。但其实正好相反,这正是不自信的人常有的表现。这类人不愿意让别人察觉他们没有自信,因而特意选用了很深的词汇,强烈希望被别人看成知识分子,可以说是自卑感非常强的那一类人。专门引用专业书籍内容的人,好像也没什么自己独特的见解。实际上,他们只是那种用语言当作防止自己弱点的人。他们这样做无非是加强说话的分量,同时也表示自己的见多识广,来抬高自己的身份和扩大自己的影响。

另外,口头语经常挂在嘴边的人,大多办事干练,缺乏坚强的意志。有些人,说话时没有口头语,这并不代表他们从来没有过,可能以前有,但后来逐渐地改掉了,这显示出一个人意志力的坚强和追求说话简洁、流畅的精神。

若想通过口头语言更好地观察、了解和判断一个人的性格如何,需要在生活和与人交往中仔细、认真地揣摩、分析,这样才会收到良好的效果。

通过察言而洞察其心

古人云:"言未山而意已生。"在现实生活中,有的人常常是欲言又止,吞吞吐吐,那么此时他内心的心理密码已经泄露了他的真实动机。下面介绍一下人们是如何通过察言而洞察人心的:

一、善良温和的人话语总是不多。

二、内心不诚实的人,说话声音支支吾吾,这是心虚的表现。

三、诬蔑别人的人闪烁其词,丧失操守的人言谈吞吞吐吐。

四、浮躁的人喋喋不休。

五、心中有疑虑的人说话总是模棱两可。

六、内心卑鄙乖张的人,心怀鬼胎,声音会阴阳怪气,非常刺耳。

七、有叛逆企图的人说话常常带有几分愧色。

八、内心柔和平静的人,说话总是如小桥流水,平柔和缓,非常富有亲和力。

九、内心渐趋兴盛之时,容易有言语过激之声。

十、内心平静的人声音也会心平气和。

十一、内心清顺畅达之人,言谈自有清亮和平之音。

十二、在正式场合中发言或演讲的人,开始时就清喉咙者,大多是由于紧张或不安。

十三、说话时不断清喉咙,改变声调的人,可能有某种焦虑。

十四、故意清喉咙则是对别人的警告,表达一种不满的情绪,意思是:如果你再不听话,我可要不客气了。

十五、口哨声有时是一种潇洒或处之泰然的表示,但有的人们会以此来虚张声势,掩饰内心的惴惴不安。

十六、有的人清嗓子,则是因为他对问题仍迟疑不决,需要继续考虑。一般有这种行为的男人比女人多,成人比儿童多。儿童紧张时一般是结结巴巴,或吞吞吐吐地说:"嗯""啊",也有的总喜欢习惯性地反复说:"你知道……"

如何从一个人语言的密码中破译对方的心态呢? 闲谈是一种比较好的方式。因为闲谈大多是在一种轻松愉快的氛围下进行的,这会使对方在心理上缺去防线。

二战期间,东条英机出任日本首相。此事是秘密决定的,各报记者都很想探得秘密,竭力追逐参加决定会议的大臣采访,却一无所获。这时,有位记者有心研究了大臣们的心理定式:大臣们不会说出是谁出任首相,如果问题提得巧妙,对方会不自觉地露出某种迹象,也许能探得秘密。于是,他向一位参加会议的大臣提了一个问题:此次出任首相的人是不是秃子? 因为当时有三名候选人:一是满头白发,一是秃子,一是半秃顶,这个半秃顶就是东条英机。在这看似无意的闲谈中,这位大臣没有仔细地考察到保密的重要性,虽然他也没有直接回答出具体的答案,聪明的记者,从大臣思考的瞬间,就推断出最后的答案,因为大臣在听到问题之后,一直在思考半秃顶是否属于秃子的问题。记者从随意的闲聊中套出了他需要的独家新闻。

与人谈话时,一些见识浅薄,没有心机的人就会很容易地把自己的不满情绪倾诉给你听。对于这种人,你不应和他保持更深更多的交往,只需当作一个普通朋友就可以了。

如果和对方相识不久,交往一般,而对方就忙不迭地把心事一股脑儿地倾诉给你听,并且完全是一副苦口婆心的模样,这在表面上看来是很容易令人感动的。但是,转过头来他又向其他人做出了同样的表现,说出了同样的话,这表示他完全没有诚意,绝不是一个可以进行深交的人。

这类人对一切事物都没有深刻的印象,切忌不要附和他所说的话,最好是不表示任何意见,只需唯唯诺诺地敷衍就行了。

还有一类人,他们唯恐天下不乱,经常喜欢传播和散布一些所谓的内幕消息,让别人听了以后感到忐忑不安。其实他们这样做的目的是为了引起别人的注意,满足一下他们不甘久居人下的虚荣心。他们并不是心地太坏的人,只要被压抑的虚荣心获得满足之后,他们也就消停无事了。

以倾听方式出现的人,其表现是支配者的形态。这种人在谈话时从不涉及自己的事,或有关自己身边的人。他们的话题反而是涉及别人的一些琐事,或对方的隐私秘闻,甚至对对方的一举一动或每条花边新闻都捏着不放手。这是完全彻底地侵犯别人的隐私。

从男女情况的角度来看,表示你非常关心对方,或者极度爱着对方,因为你是个忠诚的倾听者。

像这样的倾听者,非常喜欢把话题的重点放在与自己完全无关的人、名人、歌舞影星的花边新闻轶事方面,这说明他们的内心存在一种起支配作用的欲望。

由此可见，这种人是沉迷于闲谈名人或明星风流事的人，也说明他很难拥有真正的知心朋友。这类人或许是因为内心生活非常孤独，没有生命的激情。一个人过于关心自己不太熟悉的事情，并且十分热心去谈论他们，都是表示他内心世界的空虚与孤独。

现实生活中，还有这样的一类人，他们不管在何种场合，与别人交谈时，都喜欢把话题引到自己的身上，吹嘘自己当年如何奋斗的经历。唯恐别人不知道自己的光荣历史，而结果，并不像他想象得那样好。

其实，从某个方面来分析他，可以发现他是个对现实不满的人。虽然他没有用怨恨的语言倾诉自己的想法，相反是用自我表现的方式表达出来。

实际上，他还不知道这种自我吹嘘的言谈，很难适应时代的变化。或许他是个不折不扣的失败者，完全靠怀旧来生活。

但是，可以看出他确实陷入某种欲求不满的环境中，可能他的升职途径遭受阻碍，或者无法适应目前所处的环境。因此他希望忘却现实，喜欢追寻往事来弥补现在的境遇。

这是一种倒退的现象，因为眼前的情况是如此的残酷，因此，他仍用梦幻般的表情来谈。从他的话题里，别人会发现他的内心深处正在潜伏着一股无可救药的欲求和不满的情结。

分析一个人的内在表现时，他的潜在欲望不但隐藏在话题里，也存在于话题的展开方式上。在聚会上，大家彼此正在交谈时，突然有人竟然不顾别人的谈话，而突然插进毫不相干的话题，这是非常令人讨厌的行为。

有的人在和别人谈话时，经常把话题扯得很远，让你摸不着头绪，或者不断地变换话题，让人觉得莫名其妙。这说明这种人有着极强的支配欲和自我表现意识，在他的意识中，很少把别人放在眼里，而完全摆出我行我素的模样，让别人都去听从他的主张，以他的意见为主导。

一般说来，一个企业的领导或一个政府官员，都会有滔滔不绝谈话的习惯，其实，透过这种表面的现象，可以看出他担心大权旁落的心理状态。也可以说，他是一个喜欢占据优势地位的人。

话题的内容不断变化固然是个好现象，但谈得离谱，一切都显得毫无头绪的样子，那就会使听众感到索然无味。如果他是个普通人，总淡些没有头绪的话题，或者不断改变话题，东拉西扯，那就表示他的思想不集中，给别人留下支离破碎的印象。这说明他是个缺乏理性思考的人。

当然，一个优秀的谈话者，是很少谈及自己的事情的，而是将对方引出来的话题分析、整理，结果不断地从对方身上吸取许多知识和信息。在一般情况下，有的人将全部注意力放在倾听对方的谈话上，从性格上讲，这种人非常想理解别人的心思，而且具有宽容的心态，有真正的君子风度。

苏东坡是宋代文学家，他极具语言的天赋，长于雄辩的他，却非常注重别人的谈话。有时和朋友聚会，他总是会静下心来，听他们高谈阔论。一次聚会中，米芾问苏东坡："别人都说我癫狂,你是怎么看的?"苏东坡诙谐地一笑,"我随大流"。众友为之大笑。即使是朋友间的不同观点,他也以"姑妄言之,且姑妄听之"的态度对待。

经常使用如"这个……""那个……""嗯……还有……"等的人,表示他的话不能有条理地进行,思考无头绪,思绪无条理。

所谓能言善辩、头脑敏锐的人,就是指此类的人。但是如果此种语调反复出现多次,其理论也随之翻来覆去,迫使对办紧随不舍,不知不觉中被牵着鼻子走,失去了招架之力。

常常使用这种表现手法的人,大都比较慎重。也正因为如此,说话难免时断时续,只好在重新整合之时,才可以继续下去。这是一种缺乏自信心的表现。

在人际关系中,最容易被破译密码的语言,就是客套语。客套语的存在,是社会发展的必然结果。但是客套语要运用恰当,过分牵强而显得不自然的人,说明此人别有用意。客套语的反面是粗俗语,一些人会对自己心仪之人,必然冒出随意的言语,以示双方的关系非同一般,给人以亲密感的误会。

在毫无隔阂的形字人际关系中,并不需要使用客套话。但是,当在此种亲密的人际关系里,突如其来地加入客套话的时候,就必须格外小心。有时候,男女朋友之某一方,使用异乎寻常的客套话时,就很可能是心里有鬼的征兆。

用过分谦虚的言词谈话时,可能在表示强烈的嫉妒心、轻蔑、敌意、警戒心等等。语言是测量双方情感交流的心理距离的标准。客套话使用过多,并不见得完全表示尊敬,往往也可能含有轻蔑与嫉妒的因素。同时,在无意中会将他人与自己隔离,具有防范自己不被侵犯的预防功能。

有的都市人,对外乡人说话非常客气。这从另一个角度看,或许是一种强烈的排他性表现。所以,往往无法与人熟悉,尽是给人以冷淡的印象。以此类推,假使交情深厚的朋友,仍不免使用客套话时,则很可能内心存有自卑感,或者隐藏着敌意。

喜欢使用名人的典故和用语的人,一般来说大部分都属于权威主义者。

对于使用借用语的问题,不但是使用别人的语言来表达自己的意思,而且还透露一种超越自己以上的东西,一种自我扩张的表现欲。

如果你开口闭口就喜欢抬出一大堆晦涩难懂的语言或外国语,就会让人有一种走错庙门的感觉。事实上,他只是一个用语言当作防卫自己弱点的人。这样做无非是加强说话的分量,同时也表示自己的见多识广,来抬高身份和扩大自己的影响。

语速变化揭示心理变化

在说话方式的特征中,首推速度。人是最高级的动物。人和动物相区别的主要特征之一就是人有自己的语言。我们说,语言是一套音义结合的复杂系统,是一个特别的装置。人在说话时,不是动物的吼叫,不是一种本能的释放,而是交流思想的工具。人在说话时同时也是心理、感情和态度的流露,其中,语速的快慢、缓急直接反映着说话人的心理状态。

一个心理健康、感情丰富的人在不同的环境下会表现出不同的语速。

在日常生活、工作中，每个人也都有自己特定的说话方式、语言速度，有的人天生属于慢性子，说话慢慢吞吞，不疾不徐，任凭再急的事情，他们照样雷打不动的用他那种独有的语速来叙述给别人听；有的人天生是个急性子，说话就像打机关枪，一阵儿紧似一阵儿，容不得旁人有插嘴的机会。大多数人介于二者中间，说话的时候语速属于中速。这些是每个人长期以来形成的性格特征，客观固有，而且是长期存在的。

实际工作中，我们可以更微妙地领略语速中透露出的各种人的复杂心理变化。我们可以根据一个人说话时的语速快慢，判断出他当时的心理状态。

一般而言，说话语速较慢的人性格内向，比较厚道老实，可能会有点木讷。

这种类型的人往往会在无意识中跟对方保持一定的距离，而且还会采取内闭式的姿势，那意味着"不想让初次见面的人看穿我的心意"以及"我不希望对方知道我的心事"，当然，也就不会畅所欲言了。

内向型的人对他的警戒心十分强烈，而且认为不必让对方知道多余的事情。

但是他们的内心却是非常温和，为了使自己的发言不伤害到别人，总是经过慎重的考虑之后再说话，同时又担心自己发表的意见将造成自己跟他人的对立。

因为胆怯又容易受到伤害，而且过度害怕错误以及失败，只好通过放慢语速来不断地调整心态和思维，或许他认为这种说话方式是最安全的。

在会议上的发言亦如此，因为他们并不想积极地说出自己的想法，以致欲言又止，变成了喃喃自语似的，声音非常小，而且语速缓慢。说话时，常常不是明确而直截了当地说出来，总是喜欢绕圈子，使听的人感到焦躁不安。这种人即使是对于询问也不会做明确的答复，态度优柔寡断，给人一种索然无味的感觉。

而说话飞快的人，非常精明，热情外向，偏向于张扬的性格。这种人言语流畅，声音的顿挫富于变化，且能说善道，只要一想到什么事情，就会毫不考虑地说出来。

当对方的想法、意见等等跟他要说的意思相同时，他就会随声附和地说："就是嘛……就是嘛……"

他们跟别人碰面时，只要彼此交谈，就能够使他们的性格更为鲜明。所以，话说到投机处就无法控制，不断地涌出话题，好像有取之不尽的"话源"一样，有时话题变得支离破碎，无法再度接合，他仍然会喋喋不休。

语速可以很微妙地反映出一个人说话时的心理状况，留意他的语速变化，你就留意到了他的内心变化。

如果一个人平时口若悬河，伶牙俐齿，当他面对某个人时，却突然变得吞吞吐吐，反应迟钝。这时候一定是他有些事情瞒着对方，或者做错了什么事情，心虚，底气不足。有时候，也有一些特例，比如某男偷偷地暗恋某女，他在别人面前都能够谈笑自如，幽默风趣，保持着平常惯有的语速。然而，一旦面对着那个他喜欢的女生，他马上变得不知所措，不知道要说什么，说起话来也仿佛嘴里含着东西，含含糊糊，一点都不连贯流畅。这样的信号暗示：他喜欢她。

我们经常看到这种情况：一位平常说话慢慢悠悠，不缓不急的人，面对一些人对他说出不利的话的时候，如果他支支吾吾，半天说不出话来，那么很可能这些指责就是事实，他自己心虚、底气不足；如果他用快于平常语速大声地进行反驳，那么很可能这些话都是对他的无端诽谤。当一个平时说话语速很快的人，或者说话语速一般的人，突然放慢了语速，就一定是在强调着什么东西，想引起别人的注意。

但是，当有些人在面对别人伶俐的口舌、独到的见解、逼人的语势的时候，或缄口沉默，或支吾其词，一副笨嘴拙舌、口讷语迟的样子，很可能这个人被对方说中了要害，一时难以反驳，又或者产生了卑怯心理，对自己没有信心。出现此类窘境，不仅有碍自身能力的发挥，也增长了对方的气焰。

在现实生活中，人们可能通过不同的渠道观看过辩论赛，甚至还亲身体验过辩论中的紧张气氛，我们不难发现，每个辩手都保持着尽可能快的语速，尽可能快速且流利地表达自己的观点。若是能够在语速上胜对手一筹，不仅可以锉锉对方的锐气，同时也能增强自己的信心。

另外，控制语速还可以达到调节心气的目的。

美国经营心理学家欧廉·尤里斯教授，提出了能使人平心静气的三法则：首先降低声音；继而放慢语速；最后胸部向前挺直。降低声音，因为声音对自身的感情将产生催化作用，从而使已经冲动起来的表现更为强烈，造成不应有的后果；放慢语速，因为个人感情一旦掺入，语速就会随之变快，带来与说话声音高，容易引起冲动；胸部向前挺直，因为情绪激动、语调激烈的人通常都是胸前倾，一旦胸部挺直，就会淡化冲动紧张的气氛，而当身体前倾时，就会使自己的脸接近对方，这种讲话姿态将人为地造成紧张局面，这样会更增加怒气。

多留心对方的声调

波兰著名音乐家肖邦曾在一家杂志专栏中叙述道："当一个人想反驳对方意见时，最简单的方法就是拉高嗓门——提高音调。"的确如此，人们总是希望借着提高声调来壮大声势，并试图压倒对方。

声调高的声音，是幼儿期的附属品，为任性的表现形态之一。一般而言，年龄越高，声调会随之相应地降低。而且，随着一个人精神结构的逐渐成熟，便具备了抑制"任性"情绪的能力。但是，有些成人声调确实是相当高。这种人的心理，便是倒回幼儿阶段了，这是自己无法抑制任性的表现。在这种情况下，也绝对无法接受别人

肖邦

的意见。

声音高亢洪亮的人

一个人心情愉悦时,说话的声音就会干脆、清亮。这种人精力充沛,有很强的自信心,待人真诚、热情。气质优雅,荣誉感强,不管走到哪里,他们都容易成为众人瞩目的焦点。

声音浑厚、用腹腔发音的人

无论男性还是女性,这种人都具有领导才能和乐善好施的品行。

这样的男性个性开朗,富有正义感。善于交际,能与各种各样的人交往,有很多朋友。事业方面大多一帆风顺,能成为实干家或政治家。其不足之处在于,他们感情脆弱,好冲动,做事容易后悔。

这样的女性易亲近,有很好的人缘,容易获得大家的信赖。但是她们心软,面子太薄,有的时候容易感情化。

声调抑扬顿挫的人

这样的人说话声音清脆,有节奏感,内心诚信。但是如果在说话时有意抑扬顿挫,则表示有所企图,在刻意吸引别人的注意力。这样的人自我显示欲强烈,有一定才能,可以成为杰出的领导者。

低声细气的人

这种人性格内向、腼腆、优柔寡断,缺乏自信。为人处世方面比较小心谨慎,戒心非常强,常常有意识或无意识地与人保持一定的距离,从不轻易透露自己的深层想法。他们对人宽容,从不为难别人,尽量避免麻烦的发生。

还有一种人,在与别人的交谈过程中,声音会越变越小。这样的人喜欢搞小动作,容易闹内讧。

声音高亢而尖锐的人

这种情况一般是情绪失控、非常愤怒的表现。

经常发出这种声音的男性,个性比较狂热,碰上事情兴奋得快,也疲倦得快。在他们看来,一见钟情的事情经常发生,他们比较大胆,可能会贸然地向对方表白,让对方大吃一惊。这类男性由于能发挥自己的个性,胆子大,敢于冒险,勇于尝试,所以做事成功的几率较大。其不足之处在于,常常出尔反尔,信誉不佳。

经常发出这种声音的女性,往往情绪非常不稳定,喜怒皆形于色,往往会因为芝麻大的小事痛哭流涕,或大动肝火。这类女性十分敏感,具有丰富的想象力,经常会有一些别具一格的创意。她们一旦决定做某事,就会全力以赴,非常执着,不会因为受到阻力而退缩。但有时因为过分执着而显得不够灵活,甚至有将自己的观点强加于人的倾向。

说话时不断提高声调的人

这种人自我意识比较强，我行我素，对别人的意见置若罔闻。处理事情不善变通，比较固执，甚至会自以为是。

清过嗓门之后，声音变调的人

这种人具有杞人忧天的倾向。他们多缺乏自信，对自己的话没有把握。

声音很大的人

这种人的性格是比较外向、粗犷和豪爽的。他们的自信心很强，为人耿直、真诚、热情，敢于直抒己见，能够把自己的意见直接地表达出来，从来不会拐弯抹角绕圈子。他们善于社交，但脾气暴躁，容易激动。行事积极主动，喜欢充当急先锋，但有时容易被别人利用。

这种类型的男性不太懂得说话的艺术，总是一副发号施令的样子，不让别人插嘴，更不容别人反驳，好像真理总是在自己手上，而实际上则未必。在工作上，由于他们真诚、直率，所以深受上司和同事的信赖。但是，他们缺乏必要的冷静，快人快语，不够严谨，所以很难成就大事。

声音让人感觉紧张、压抑的人

这种人往往自我意识比较强，高傲自负，不会轻易接受别人的意见，有时明知别人说的是对的，他们仍然不肯低下自己的脑袋。他们缺乏耐性，做事鲁莽，容易冲动，不讲究方式方法。比较冷漠，不懂得关心和体贴别人。

声调低沉、嗓音很粗的人

这种人做事沉着、稳重，谨小慎微，浑身散发着成熟的魅力，总是吸引众人的目光。他们比较注重现实，协调的能力、应变能力以及适应环境的能力都是一流的，无论处在什么样的环境下，他们都能用最快的速度调整自己，与之协调一致。

声调平直、男性化十足的人

这种人比较内向。表面上，他们寡言寡语，待人冷漠，实际上，他们内心充满热情，只是比较善于掩饰自己的感情而已。他们面对任何事都非常冷静，在行动之前，往往会将可能出现的各种情况都罗列出来，并做出一些应对的措施，从不贸然行事，不打没有把握的仗。

说话方式可以捕捉对方的心理

说话是一门艺术。说话方式则是这门艺术中的一个重要组成部分。在语言沟通方面，说话的方式常常比说话的内容更重要。因此，我们可以从观察一个人说话方式的角度来对他的整体性格和说话时的心理做一个简单的分析。

旁敲侧击

这种人多能够听出一些弦外之音，又较圆滑世故，常常做到一语双关。

软磨硬泡

这种人多有较顽强的性格，有一股不达目的誓不罢休的精神，一直等到对方实在没有办法，不得不答应才罢手。

大声讲话的人

说话大声的人性格快活明朗，讲话不虚假，人品正直。他们富有极强的领导力及责任感，是值得信赖的人。

小声讲话的人

说话声音小的人通常是性格上气度狭小，要不然就是善于谋略。喜欢窃窃私语的人是小心翼翼，神经质的性格，对掌握的秘密能够守口如瓶，绝不流露真心。

讲话低沉的人

这种声音多见于外向型的人向别人敞开自己的心扉时。这种人往往对工作和生活感到力不从心，身心疲惫。

讲话快速的人

讲话速度快的人反应快，但冲动易怒。他们总是对无意义的事、无关紧要的事唠叨不绝，一意孤行。

讲话声音突然变得很小

无缘无故小声说话主要是感到自卑、对事物缺乏信心所致，他们的性格与心情起伏大，心理承受能力较弱。

噘着嘴讲话的人

这种人愤世嫉俗，对现实不满，经常唠叨抱怨。他们自私自利，凡事都以自己为中心，不懂得替别人着想，对自己的错误不知反省。

讲话木讷的人

这种人不擅交际,在很多时候不能很好地将自己的想法传达给对方。但正因其木讷,他们讲话能够给人以诚实感,所说的话也因此更有说服力,能够较轻松地取得对方的信任。

讲话啰里啰唆

这种人讲话不得要领,前言不搭后语,偏离主题,无法掌握中心。他们凡事都斤斤计较,吹毛求疵,满腹牢骚。他们缺乏自信,常常掩饰心中的真实想法,说话含糊其词。但他们本性是非常善良的。

说话口无遮拦

有的人说话不经过大脑,一张嘴就得罪人。他们看上去豪爽不羁,其实很靠不住,因为他们的心中藏不住秘密,会把什么事都往外抖,可谓成事不足,败事有余。

讲话口气像发怒的人

这样的人以心地狭小、具有内向性格、有些别扭情绪的怪人为多。他们非常自卑,对社交性的活动不擅长甚至是恐惧,有时会显得笨拙不中用,但其本性正直,值得信赖。

讲话不看对方的人

他们若不是害羞不敢看人,就是不讲真话或对对方有所隐瞒,因此不敢正视对方。

以打手势讲话的人

在说话时喜欢辅以手势动作的人表现能力和欲望都很强。他们乐观大方,开朗自信,不过有时会自信过剩,过于喜欢出风头。

讲话频频抖动的人

这类人在精神上焦虑不安,对学习不求甚解,做事急躁冒进,浪费癖性,却又不懂得如何去赚钱。

突出下巴讲话的人

突出下巴讲话的情况通常有两种:要么是瞧不起对方,表现自己高傲的态度,要么就是在炫耀自己,讲自己得意的事,这时他们常常会得意忘形。

声调高昂的人

这类的人冲动任性,做事不考虑后果以及可能对他人带来的影响。

语调抑扬顿挫激烈

这类人自我表现欲望强烈,渴望成为别人注意的焦点,成为最引人注目的人。

讲话嗲声嗲气的人

这类人多是女性,她们喜欢撒娇,往往具有双重人格,善于编谎言,并为别人被其谎言所蒙蔽而感到得意。

讲话硬邦邦的人

这类人个性强硬,暴躁易怒。他们要求别人完全依照自己的话去做,具有独裁权威的性格,精神状况不是很稳定。

经常打断他人讲话

经常打断别人讲话的人反应敏捷,但不能体贴对方,是轻率、自私的人。他们脾气暴躁易怒,常因武断而造成判断错误,给别人带来损失。

照本宣科,老生常谈

这类人个性顽固,迂腐守旧,不知变通。

简单明了地概括

如果一个人的谈话属于概括型的,非常简单但又准确到位,注重结果而不太关心某个细节过程,平时关心的也是宏观大问题,则显示出这个人具有一定的管理者和领导者的才能,独立性较强。

注重细节问题

在谈话中非常注重过程中某个具体细节问题的人,对局部的关心要多于对整体的关注,这种人适合于从事某项比较具体的工作。这一类型的人支配他人的欲望不是特别强烈,可能会顺从于他人的领导。

一直习惯说固定话的人的说话方式

这种人明显是属于神经质的人。

不断把视线脱离说话者

这表示他对于话题已感到厌烦了。

喜欢强词夺理

在谈话中,有人从不轻易接受别人的意见,即使自己有错也从不轻易承认甚至还找出很多理由来推脱搪塞。这种人高傲自大,认为只有自己说的才是对的,常常瞧不起别人。他们个性阴沉,对不赞同自己说法的人会耿耿于怀,怀恨在心。

喜欢自言自语

喜欢这种自己跟自己"交流"方式的人性格怯弱,做事顾虑多,常使自己陷入进退维谷的为难境地。有时,精神过度紧张也会产生这种情况。

倾听的同时点头

一面仔细倾听,一面点头称是,这是认真听话的证据。

点头但不能集中视线

一面点头,一面听话,但不把视线集中在说话人的身上,那就表示他对于话题不能产生共鸣。

不必要的点头,或者胡乱答话

这样的人大部分对对方谈话的内容都不太明白。

在句尾补添含糊的词语

这是因为逃避责任的心理在作祟。

讲话速度突然变得很快

讲话速度突然比平时加快,通常是对对方怀有不满和敌意。

讲话速度突然变得缓慢

有人说话的速度忽然变得比平常缓慢,那就表示他怀有不满与敌意的意思。

话题反映对方的心理

谈话是人们日常生活中一项不可缺少的重要内容,而任何一件事物都可以成为谈论的话题。在谈话中,虽然淡话者不是非常直观地说出自己、透露出自己,但随着谈话的进行,谈话者会在有意无意、不知不觉中暴露出内心的秘密。在这个过程中,注意谈论的内容是什么,谈论者的神态和动作怎样。仔细揣摩,一定会获得一些有益的东西。

如果一个人在叙述某一件事情的时候,只是单纯地在叙述,不加入过多的自我感情色彩,而是将自己置于事外,则表明这个人比较客观、理智,情感比较沉着和稳定,不会有过激行为。

相反,一个人在叙述某一件事的时候,自我感情非常丰富,特别注意个别细节,则说明这个人感情比较细腻,会一触即发。

一个人常常谈论自己,包括曾经的经历、自我的个性、对外界一些事物的看法、态度和意见等等,一般来说,这样的人多比较外向,感情色彩鲜明而且强烈,主观意识较浓厚,爱表现和公开自己,多少有点虚荣心。

与此相反,如果一个人不经常谈论自己,包括曾有的经历、自我的性格、对外界一些事物的看法、态度和意见等等,则表明这个人的性格比较内向,感情色彩不鲜明也不强烈,主观意识比较淡薄,不太爱表现和公开自己,比较保守,多少有自卑心理。另外这种人可能有很深的城府。

一个人谈论的内容多倾向于生活中的琐事,表明他是属于安乐型的人,注重享受生活的舒适和安逸。

一个人如果经常谈论国家大事,表明他的视野和目光比较开阔,而不是局限在某一个小圈子里。

如果一个人谈话非常注重过程中的某个具体细节问题,对局部的关心要多于对整体的关注,则表明这个人适合于从事某项比较具体的工作。这一类型的人支配他人的欲望不是特别强烈,可能会顺从于他人的领导。

如果一个人不论谈论什么话题,都会不自觉地将金钱扯入话题中。

"这套房子真豪华啊!"

"是吗?那你想它大概值多少钱?"

"今天的结婚典礼,你觉得如何?"

"以这种菜色来说,一桌一万元似乎太贵了一点吧!"

这种类型的人往往缺乏梦想,而这个缺乏梦想的缺点,很有可能会成为其人格上的致命伤,因为太过于倾向现实主义,只知道赚大钱是自己人生唯一的梦想,因此,对于别人会有何种梦想,根本漠不关心。

令人感到意外的是,这种超级现实主义的人,其内心也隐隐潜伏着不安全感。在他们的观念中"金钱便是全世界",反过来说,"若没有金钱,便无法生存下去","没有钱的人,也就失去了生存的价值"。因此只要他们身边一没有钱,他们就会感到十分惶恐与不安,而且自己会有一种被抛弃的感觉。他们更不敢去想象,当自己身无分文、一文不名时,还有什么东西会留在自己的身边?

由此可知,眼中只看得到金钱的人,内心其实是十分缺乏安全感的。受到不安全感的驱策,即使累积再多的财富,他还是不能满足,所以这种人同时也是快乐不起来的人。

对他人的评价表面一套,背地一套,当面奉承表扬,背后谩骂、诋毁,表明这个人是极度虚伪的。

有些人不断地指责他人的缺点和过失,目的是通过对比来证明和表现自己。

有些人在谈话中总是把话题扯得很远,或者不断地转变话题,表明他思想不够集中,而且缺少必要的宽容、尊重、体谅和忍耐。

一个人如果喜欢畅想将来,则表明他是一个爱幻想的人,这种人有的能将幻想付诸行动,有的却不能。前者注重计划和发展,实实在在地去做,很可能会取得一番成就。但后者只是停留在口头说说而已,最终多会一事无成。

如果一个人在说话时习惯于进行因果和逻辑关系的推理,给予一定的判断和评价,说明这个人有很强的逻辑思维能力,比较客观和注重实际,自信心和主观意识比较强,常会将自己的思想观点强加于他人身上。

如果一个人的谈话属于概括型的,非常简单,但又准确到位,注重结果而不太关心某个细节过程,平时关心的也是宏观大问题,则显示出这个人具有一定的管理者和领导者才能,独立性较强。

在谈话时,比较注重自然现象,那么这个人的生活一定非常有规律,为人处世也很小心和谨慎。

如果一个人经常谈论各种现象和人际关系,可能自己在这一方面颇有心得。

不愿意对人指手画脚,进行评论的人,偶尔在不得已的时候发表自己的看法,当面与背后的言辞也多会基本保持一致,这说明这个人是非常正直和真诚的。

网络聊天可察隐秘本性

如今,网络聊天已成为大众沟通的一个重要手段。在网上聊天,虽然相互间看不见表情,听不见声音,但是独特的网络语言却依然能将人们种种曲折的深层心理不知不觉地反映出来。在网上,通过文字、标点、特殊符号等传达的语言内容及流露出的语气除了能反映聊天者在社会阶层或地理区域上的特性外,还能反映出他们个人的修养、个性和心理。在网上聊天的人虽然形形色色,但只要我们掌握方法仔细揣摩,就能揭开网络的帘幕,把对方的年龄、性格、气质、想法弄得清清楚楚。

从话题人物分析:

1.喜欢猫王、披头士的人一般是喜欢标新立异、追逐潮流的人,但他们往往又把握不准潮流的脉搏,说白了,是不着四六的人。

2.喜欢刘德华、张学友的人一般都比较注重实际,对文化生活不是很挑剔。

3.喜欢李宇春、梁博、赵薇等明星的人一般都是活泼好动的年轻人,大多数年龄在20岁以下。

4.喜欢欧洲艺术、鄙视美国金属气质的人比较前卫,学历高,品位也高。这样的人比较清高,有时会曲高和寡,和他们在一起,可能冷不丁地会被他们来一句"土气!"他们年龄一般在30岁左右。

5.喜欢听《青藏高原》,喜欢张丰毅、潘虹的人年龄一般都比较大,可能有50岁或在50岁以上。

6.常把花样年华、张曼玉、张爱玲之类的人挂在嘴边的,一般是讲究情调的白领小资。他们比较浪漫、爱梦想,年龄在25岁左右。

从打字速度看:

1.如果这个人打字一向很快,突然有些慢,并感觉好像在敷衍你,那说明他不止和你一个人在聊天,或是主要注意力不在聊天上,他可能在打游戏。对于这样的人应该尽量不要放在心上,而应顺其自然。

2.如果这个人打字速度非常快,并且错字连篇,这样的人大都是些年轻人。他们做事毛躁,有强烈的表现欲。

3.如果这个人打字不是很快,但是说出的话,幽默且富含哲理,则表明这些话都是经过思考的,这样的人一般都比较成熟稳重,有修养。

从说话内容分析:

1.认识很长时间,双方情况都了解得一清二楚后才说"我爱你!"这样的人知道克制,比较能掌握分寸,年龄在30岁左右。

2.刚刚认识,还没说上几句话就开始说"我爱你"之类的暧昧语言的人,要么是年龄比较小的,要么就是极其空虚无聊的人。

3.不管在网上聊得多火热,从来不说我爱你的人城府很深,网络和生活能两分开。这种人一般都是年龄比较大的成熟理智型人物。

从常用标点符号分析:

1.标点符号很整齐:
标点符号用得非常规范,连句号都不落下,说明这个人耐心细致,做事十分严谨,应该是比较成熟的人。

2.用很多符号装饰话语:
喜欢用一些符号增加气氛,表达自己强烈的心情的人比较浪漫,讲究情调,年纪较轻。这种人一般女孩子多于男孩子。

3.不点标点符号:
从来不打标点符号的人值得引起注意,这样的人一般都比较有心计,善于耍小聪明。同时他们又很鲁莽,做事不留余地,是一个很难把握的人。

4.句子里点很多逗点:
这种人做事一般都很急躁,性情比较刚烈。如果是女孩子,她就比较率真,有男孩子的性格。

从常用语气词分析:

1.哈
喜欢用"哈"的人比较聪明,但是又很冷漠。这种笑的象声词既不表示赞许也无褒贬之意。

2.哈哈

这样的人比较开朗,豪爽。

3.哈哈哈哈

这样的人豪爽,乐观,和他在一起你会很开心。但有时"哈"的连用也表示恶作剧得逞后的开怀大笑。

4.嗯

用这个词的人一般都比较温柔,能顺从人。这个词是女性常用词。

5.呀

言语里含有很多"呀"字就显得此人比较幼稚。喜欢用这个语气词的人,年龄通常都比较小,一般在 20 岁左右。

6.嘻嘻

喜欢用这种语气词的人活泼调皮,古怪精灵,喜欢捉弄人。通常是一些年轻的女孩常用。

7.呵呵

这种笑是成熟温和的男人的笑法,当他赞许或无法回答你的时候就常用"呵呵"来表示或掩饰。他们是小女孩的克星。那些青涩幼稚的小女生常常会被这些成熟的男人迷得晕头转向,她们想要制服他们,但又玩不转,到头来被控制的反而是自己。"大智若愚"是这些成熟男人的绝招。

在网上辨别人虽然相对比较困难,但是只要方法得当,我们不闻声不观色,照样能够"明察秋毫",把人看得透透彻彻。

从称呼用语看亲密程度

在日常生活中,人们的称呼用语有很多种。比如说,已婚妇女在向别人提起自己的丈夫时会说"我们家那口子""我丈夫""我先生""孩子他爸""(××名字)"等等。

从这些称呼可以看出夫妇间的亲密程度,而在日常的人际交往中,从人们相互间的称呼可以推测出双方心理上的距离。

下面,我们就"称呼和关系"举几个例子。

直呼其名

关系亲密的表现,不过有些女性把自己的恋人叫作"××(名字)先生",从女性心理的角度来看,也许是介于朋友和恋人之间的关系吧。

随着关系的进一步深化,最开始称作"××先生"的人,可改称为"小×",之后关系再度发展时,会直呼名字。特别是交往不久就发生性关系的时候,男人会对女方直呼其名,说话也变得涎皮赖脸起来。这种情况往好里说,是关系变好的表现:往坏里想,这个男人把女方看作"自己的女人",含有占有对方的意味。

"您、你"

在演讲和其他场合中,听讲的人往往知道讲师的名字,称之为"某某先生"。而讲师对听众的面孔一时间还不熟悉,通常会使用"那位先生""您"等称呼。如果仅是初次见面还没记住名字时尚可,如果认识很久了依然如此,就说明此人试图在心理上和对方保持距离,希望双方互不侵犯,属于"你是你""我是我"的态度。

称作"××先生"

"××先生"以及"课长""部长"等官衔,常见于和工作相关的上下级关系的交往中。当上司和部下一起去喝酒和有私人来往时,上司有时会直呼属下的名字或干脆叫"你"。

同事或同等关系的人们在交往中,如果还彼此称呼"先生",就表示他们的心灵之间还有一定距离。

称作"小×"或叫外号

非常亲密的关系,男性对关系好的女性,会称呼"小李""小王"什么的,姓前面加"小"字的叫法很普遍。但如果女性这样称呼男性,就说明关系已经相当亲密了。

不叫名字,用"那个"等指示代词称呼

称呼反映着人与人的关系。反过来说,如果你想亲近对方,不妨不露痕迹地稍稍改变一下称呼,这样一来二去亲近感加深,互相之间的心理距离也会逐步缩小。

此外,有的女人提起自己家里的人的时候,不说"我先生""我的小女儿",而是叫"孩子他爸""妹妹",即与在家时采用相同称谓,这种女人凡事都以家庭为重,乐于充当贤妻良母的角色。

另外,在交际场上,我们还能从人们的自我称呼上了解到他们的个性。

在工作场合中,使用"敝人"称呼自己是非常得体的表现。但是在个人谈话中也特别使用的话,就显得过于迂腐,像是在宣告自己已是个成年人。这样称呼自己的人是希望别人看重自己,但是弄巧成拙,反而更让人觉得孩子气。

男性自称"我",以及女性自称"人家",表现出幼儿的气质。这种人既有稳重而亲切温和的一面,也有精明过人、心情浮躁的一面。

使用"本人"这种词语的人,以军人和运动员居多,给人"硬派"的印象。他们是会以"可怕的脸孔"或"男人味"做诉求的人,令人意外的是,他们本质上是胆小或害羞的,对于上下关系很敏感,对他人的态度非常谦逊。

常使用"老子我"自称的人,喜欢坦率、开诚布公的人际交往。

像歌手或演员一样,在对话中使用自己的名字,向周围人撒娇的人,不仅孩子气,而且也缺乏身为社会人士的意识。实际上,他们通常是故意表现出可爱与女性

化的样子。这种人对流行很难抗拒,对于华丽花哨的用品也非常憧憬。

借口中隐含的心理

人们下意识地试图忘记不愉快的事,做错了事,就马上找借口替自己开脱,把自己的缺点和失败的原因转嫁给他人,强调别人也会出错,以此来维护自己的自尊心,这种心理机制被称为"防卫机制"或"自我防卫机制"。因而出错的时候也能看出人们隐藏的心理活动。

找借口的目的就是要把自己努力和行动力不够的缺陷正当化。可是,即便一时转嫁了责任,如果不承认自己的过错,反而给人留下坏印象。

另外还有一些有负面效果的讲话方式。说者似无心,但它隐藏了发言人的性格、真实想法以及企图从心理上操纵对方的愿望。

如果……

"如果我再聪明一点……""如果我上了名牌大学……""如果我进了别的公司……"即便真的如此,像这样总是向后看的思考方式,结果也不会两样。不管有怎样的好机会,也会被他浪费掉了。

不管对什么都采取否定和批判的态度

"刚来我们科的××,性格非常开朗,人不错啊!"
"是啊,一副志得意满的样子。"
"不会吧,他工作也蛮认真的。"
"那不过是给人看的,背后不定怎么拍科长的马屁呢!"

像这样不论什么话题,总是偏向否定性说法的人,不看事物好的一面,总要鸡蛋里挑骨头,其实是没有自信,对现状不满的表现。

"已经这个岁数了还……"

有些人一碰上什么事,就说"岁数大了","到了这个岁数,想干也来不及了"。他们动不动就提岁数,一上来就把可能性给堵死了,有这种口头禅的人,看上去比实际年龄大得多。

经常把"不过、可是"挂在嘴边的人、爱挑别人错的人、爱打听隐私的人都一样,只能给人消极的负面印象。

那时要是这么办的话

回顾过去时老是后悔不已:"那时我要是这么办就好了!""那么好的机会,要是不回绝就好了","那时我要不那么固执,就不会和女朋友分手了。"等等。他们想说的是:如果当时采取了另外的行动,结果就会不同。习惯这么说的人性格消极,缺乏行动力,结果总是丧失机会而导致失败。

喜欢自言自语

喜欢自言自语的人,经常处于紧张状态,心里的紧张下意识地表现为自说自话。

对公司和上司牢骚满腹

一张嘴就是对工作的牢骚,如果老是这样,耐心的人也会听厌了。牢骚和不满多的人,一般比较消极,缺乏行动力。

每天晚上抱怨要辞职而一直没有辞职的迹象,也没有开始寻找新工作的活动。他们不过是靠发牢骚来泄私愤而已。

我早就知道会这样

回顾已经发生的事时说的话。"那时我就知道不行","从一开始我就知道会是这种结果"。这类说法多用来表达一种否定的意见和情绪。

如果是为了反省自己失败的原因还情有可原,但如果一贯是这种腔调,就真想问他:"那你为什么不早告诉我?"对方肯定会这样回答:"不是上司不同意嘛!"总之他的意思是:原来我就这么想,结果应验了。我有先见之明,而造成失败的原因是上司无能。他的目的是转嫁责任给上司。爱发表这类言论的人,全是事后诸葛亮,没有信用,也不能委以重任。

从吵架破译对方的本质

有的人一吵起架来就精神百倍。因为吵架刺激这种人分泌肾上腺素,使他们觉得非常兴奋,而这种兴奋是事情顺利时无法感受到的。有些人则害怕,自己生气,他们竭尽一切努力去避免争执,即使不可避免也要尽快结束。其实,许多人吵到最高点的时候,满脑子只想赢,经常忘了到底为什么争吵。

无所谓

这种人对烦心的事能够视若无睹。他把自己想象成高枕无忧、轻松自在的人,但实际上,他只有能力处理愿意面对和能够控制的事。他相信,时间可以解决一切,船到桥头自然直。他的想法是对的,因为到最后,和他吵架的人会觉得,一个人穷嚷嚷实在是自讨没趣,对方不是鸣金收兵,就是出手打他。

无辜

这种人总是透过看似无辜的言辞攻击对方,比如"你实在是反应过度,我想你应该和你的家人讨论讨论这种现象。"他们并不想和对方讨论任何事情,只保持沉默做自己想做的事,而且不管对方说什么,都无法让他们改变心意。他们希望以一副洋洋得意和高人一等的姿态来赢得对方。

让人同情

这种人喜欢有人介入代替自己和对方争吵,而且比较喜欢在众人面前吵架,好让众人站在自己这边。他们善于在吵架的时候引起别人的同情和关心,即使他们错了,也有办法如法炮制。无论如何,他们总是受伤的那一方。

电话对阵

电话沟通比起面对面冲突,不但让这种人更能够借声音来发泄心中的怒气,还可以将彼此的敌意局限在两个地方。他们不怕因此受到身体攻击,也比较能够控制吵架情绪。他们可以随时挂断再打,或等对方再打给他们。在他们的生命中,有许多类似挂断电话的委屈经验,但他们都不愿直接面对。

沉默

这种类型的人对愤怒的反应是保持沉默。虽然表面上他愉快、开朗,但内心却怒气冲冲。他们不惹是生非,不破坏现状,即使船底有个洞,船开始往下沉,他们也宁可选择溺死,而不愿和别人针锋相对。基本上,在人际关系方面,他们是个悲观主义者,而且他们认为,诚实只会使事情更糟。

言辞攻击

这种人非常容易动怒。虽然一开始,他们只是针对某一件事而吵,但是很快便扩大到言辞上的攻击,他们会数落对手的每一件错事,甚至攻击对方的家庭。他们实在是个差劲的战士,他们想成功的干劲和必胜的决心,如果用在其他方面很有帮助,但用在亲密关系上,造成的负面效果实在太大了。这是因为他们在争执时所说的那些话,到最后都会变成无理取闹的人身攻击。

身体攻击

这种人用身体代替说话。只要他们察觉吵架快输了,或觉得无法再用言语与别人沟通时,他们就会选择直接的正面攻击。他们天生容易冲动,只要事情不如他愿,他们就觉得有挫折感。他们会踢自己的车,咒骂路上其他的驾驶员。他们会因自己的失望和自己造成的错误而责怪别人,甚至责怪吵架的对手不该逼他攻击。

不动感情

这种类型的人最喜欢的反应是"别激动!"在任何情况下,他们都不让自己流于情绪化的表达方式。他们是一个理性、讲道理、聪明的人,认为行动、爆发式的反应不过徒然制造双方的分裂。和他们吵架没什么意思,因为他们永远是赢家。他们的个性强烈，能够透过理性的争执去说服别人。

发泄

发泄是一种情绪的恣意宣泄。两人对吼，吼到声嘶力竭，然后双方再以理性的讨论将感觉表达出来。这种吵架方式需要双方都有相当程度的理解力，同时都有能力收放自如，也就是先放任自己大吼，然后在两人吵得不可开交之前适时调整自己。

翻旧账

这种类型的人的脑容量和大象一般大，有能力把陈年旧账全部搬出来细数一番。他们认为，他俩关系中的每一件事都必须提一提。他们有惊人的记忆力和分析力，而且认为吵架是一种理智的挑战。这种人通常占上风，因为大多数人都只拥有普通的记忆力。

散布谣言

争执中途，这种人会突然插进一句："每个人都这么认为。"他们散布谣言或制造谣言，目的在使自己获胜。吵架的时候，他们没有信心一个人吵赢对方，而以团体的意见站在自己这一旁作为吵架的筹码。除非有人和他站在同一个阵线，否则他们几乎没有勇气表达自己的信念。

我的律师会和你联系

他们觉得自己没有能力单打独斗，必须靠别人的协助，而那些人也的确能够帮助他。信心和成功都站在他们这一边，他们还尊重他人的专长。这种人寻求专业协助，因为他们不喜欢输，而法律行动是他们可以想到的最有效的办法。

留纸条或写信

这种人觉得把想说的话写下来，要比开口说自在点儿，因为他们觉得这么做较能控制自己的情绪，也更有把握让别人会听进去自己要说的话。直接对质他们会不自在，因为他们需要别人喜欢自己。他们非常清楚自己想说什么，而且可以很完整地把那些话写下来。

愤怒摔东西

即使这种人非常厌恶暴怒和暴力，但暴怒和暴力却令他们兴奋。只要摔破几个盘子或用手在墙上捶几下，他们就觉得好过些。他们因威胁恐吓而获胜，对手则因害怕而屈服，然后他们就得逞了。他们努力像英雄一样，想在争执中获得自尊和自信，但是，想赢的欲望却使他们表现得像个婴儿。

最后通牒

这种人只要输了，被逼急了，便使出最后的武器："我没办法再忍受了，我要离开！"其实，他们无法忍受的是事情不如他意，而这个最后通牒，使他觉得自己威力大增。但是，如果有一天，对手说："好！现在就走，我才不在乎呢！"这时他们必须面对事实所带来的恐惧，因为他们根本没有勇气离开。

从幽默感看人个性

幽默的确很重要，但天生嘴笨的人，不可能有风趣幽默的谈吐。幽默是天生的吗？事实并非这样。其实幽默的谈吐是一个人思想意识，智慧和灵感在语言运行中的结晶。

天生幽默的人

这种人头脑灵活，才思敏捷，富有丰富的想象力和创造力。他们崇尚自由，只有在宽松的环境下才能施展自己全部的才能。他们对新鲜事物情有独钟，善于开拓和探索。

善于自嘲的人

这种人比较自信，具有一定的勇气，敢于进行自我嘲讽，给别人带来欢笑。这样做可以营造良好的氛围，利于交际的开展，为自己带来比较好的人际关系。一般来说，这种人的心胸比较宽阔，为人虚心，能够接受别人的批评和建议，以便及时改正自己的错误。

事先准备幽默的人

有的人因为自己缺乏幽默感，常常在出席某些场合前特意准备些笑话以备应急之需。这样的人对生活的态度往往比较严肃，能够理智地处理事务，不会感情用事。他们比较注重别人对自己的看法，所以常常追求一些形式化的东西。

用幽默打破僵局的人

这种人才思敏捷，具有很强的应变能力。他们的显示欲极为强烈，渴望得到别人的关注和认可。在实际生活和工作上，他们往往因为出色的表现而成为受人瞩目的对象。

喜欢恶作剧式幽默的人

这种人活泼开朗，热情大方。他们崇尚自然、自由，喜欢无拘无束的生活。他们生活得很放松,能够井然面对压力和挫折。他们十分调皮,喜欢开玩笑,懂得通过幽默来缓解各种压力和不愉快的情绪,在这个过程中,他们既给别人也给自己带来了快乐,让周围的气氛变得活跃起来。

扮演小丑来制造幽默的人

这种人热情、开朗,心地善良,懂得关心和体谅别人。他们有着孩子一样的天真和幼稚,不喜欢受束缚。他们比较喜欢游乐场里的游戏,以及带有冒险性质的娱乐。

用幽默的方式嘲讽他人的人

这种人有些自卑,嫉妒心强,比较谨慎。他们的生活态度往往比较消极,常常处于自我否定的状态中。在为人处世方面,他们非常自私,心胸狭窄,对别人的冒犯特别在意,小小的矛盾也会耿耿于怀,有时甚至会做一些落井下石的事。

第五章　通过行为举止的细节识人

人们经常把眼睛比喻成心灵的窗口,其实通过一些行为举止也能窥探出一个人的心理活动,了解他的心理动向。

坐姿窥探心机

人们经常把眼睛比喻成心灵的窗口,其实通过坐姿也能窥探出一个人的心理活动,了解他的心理动向。

羞怯型的坐姿

这种人经常把两膝盖并在一起,小腿随着脚跟分开成一个"八"字样,两手掌相对,放于两膝盖中间。

他们特别害羞,多说一两句话就会脸红,而且最害怕的就是让他们出入社交场合。这种类型的人感情非常细腻,但并不温柔。

他们可以做保守型的代表,他们的观点一般不会有太大的变化,他们对许多问题的看法或许在几十年前比较流行。在工作中他们习惯于用过去成功的经验做依据,这本身并不错,但在今天,因循守旧肯定是要被这个社会淘汰的。但是他们对朋友的感情是相当真诚的,每当别人有求于他们的时候,只需打个电话他们就肯定会效劳。

这种人的爱情观也受着传统思想的束缚,常常被家庭和社会的压力压得喘不过气来,而自己仍要遵循那传统的"三从四德""东方美德"等传统观念。

坚毅型的坐姿

这种人喜欢将大腿分开,两脚跟并拢,两手习惯于放在肚脐部位。

他们有勇气,也有决断力。一旦考虑了某件事情,就会立即去付诸行动,在爱情方面,他们一旦对某人产生好感,就会积极主动地表明自己的意向,但是他们的独占欲望非常强,动不动就会干涉自己恋人的生活,常常遭到恋人的讨厌。

这种人属于好战类,他们敢于承担社会责任,也敢于不断追求新生事物。这类人当领导的权威来源于他们的气魄,其实很多人并不真心地尊重他们,只是被他们那种无形的力量威慑而已。从另一个角度看,他们不会成为处理人际关系的"老手"。当他们遇到比较棘手的人际关系问题时,他们多半只有求助于自己的爱人。但是假如生活给他们带来什么压力的话,他们一定能泰然处之。

自信型的坐姿

这种人通常将左腿交叠在右腿上,双手交叉放在腿跟两侧。

他们的自信心非常强,非常坚信自己对某件事情的看法。假如他们与别人发生争论,也许他们并没有在意与别人争论的观点和内容。

他们的天资聪颖,总是能想尽一切办法并尽自己的最大努力去实现自己的理想。虽然也有"胜不骄、败不馁"的品性,但如果他们完全沉醉在幸福之中时,也会有点得意忘形。

他们非常有才气,而且协调能力很强,在他们生活的圈子里,他们总是充当着领导的角色,而他们周围的人也都心甘情愿。

但是,这种人有一个不好的习性,就是喜欢见异思迁,"这山看着那山高"。

放荡型的坐姿

这种人坐着时常常将两腿分开距离较宽,两手没有固定搁放处,这是一种开放的姿势。

他们喜欢追求新奇,偶尔成为引导都市消费潮流的"先驱"。他们对于普通人做的事不会满足,总是想做一些其他人不能做的事,更为确切地说,他们喜欢做一些标新立异的事。

这种人平常总是笑容可掬,喜欢和人接触,而他们的人缘也确实不错,因为他们不在乎别人对自己的批评,这是其他人很难做到的。从这方面来说,他们很适合于做一个社会活动家或类似的工作。

但是,他们的日常行为举止着实不敢让人恭维,或许很多这种类型的人还没有认识到他们的轻浮给个人和家庭带来的烦恼。

温顺型的坐姿

这种人坐着时喜欢将两腿和两脚跟紧紧地并拢,两手放于两膝盖上,端端正正。

他们一般性格内向,为人谦逊,对于自己的情感世界非常封闭,哪怕与自己倾慕的爱人在一起,也看不到一丝亲热的举动,更听不到他们一句"火辣"的语言,对感情奔放的人而言,实在是难以忍受。

他们喜欢替别人着想,他们的很多朋友对此总是感动不已。因此,他们虽然性格内向,但他们的朋友却不少,因为大家都尊重他们的"为人"。

在工作方面,这种人虽然行动不多,但却踏实认真,他们能够埋头为实现自己的梦想而努力。犹如他们的坐姿一样,他们不会去花天酒地,他们很珍惜自己用辛勤劳动换来的成果,他们坚信的原则是"一分耕耘,一分收获",所以,他们非常厌恶那种只知道夸夸其谈的人。在他们周围,想吃"白食"是不可能的。

悠闲型的坐姿

这种人半躺而坐,双手抱于脑后,一看就是一种怡然自得的样子。

他们性格随和,与任何人都相处得来,也善于控制自己的情绪,因此能得到别人的信赖。

他们的适应能力很强,对生活也充满朝气,干任何职业好像都能得心应手,加之他们有坚强的毅力,往往能达到某种程度的成功。这种人喜欢学习但不求甚解,也许他们要求的仅是"学习"而已。

这种人的另一个特点是个性热情、挥金如土。若是让他们去买东西,很多时候他们是凭直觉的喜欢与否。对于钱财他们从来就是把它看作身外之物,"生不带来,死不带去",以至于他们往往不得不承受因处理钱财的鲁莽和不谨慎带来的苦果,尽管他们赚的钱不少。

他们的爱情生活总体来说是较愉快的,虽然有时会被点缀上一些小小的烦恼。这种人的雄辩能力非常强,但他们并不是在任何场合都会表现自己,这完全取决于他们当时面对的对象。

冷漠型的坐姿

这种人通常将右腿交叠在左腿上,两小腿靠拢,双手交叉放在腿上。

他们看起来觉得似如菩萨,非常和蔼可亲,很容易让人接近,但事实却恰恰相反,别人找他谈话或办事,一副爱答不理的举动让人不由得不反思"我是否花了眼?"你没有花眼,你的感觉很正确,他们不仅个性冷漠,而且性格中还有一种"狐狸作风",他们总是向别人炫耀他那自以为是的各种心计,以致周围的人不得不把他们打入心理不健全的一类人。

他们做事总是三心二意,并且还经常向别人宣传自己的"一心二用"理论。

古板型的坐姿

这类人坐着时两腿及两脚跟并拢靠在一起,双手交叉放于大腿两侧。

他们为人古板,从不愿接受他人的意见,有时候明知他人说的是对的,但他们仍然不肯低下自己的脑袋。

这种人缺乏耐心,哪怕是只有十分钟的短会,他们也时常显得非常厌烦,甚至反感。

他们凡事都想做得尽善尽美,干的却又是一些可望而不可即的事情。他们喜欢夸夸其谈,而缺少求实的精神,因此,他们总是失败。虽然这种人为人执拗,但是他们大多富于想象。也许他们只是经常走错门路,如果他们在艺术领域里发挥自己的潜能,或许会做得更好。

他们对爱情和婚姻都比较挑剔,人们会认为这种人考虑慎重,但事实不然。应该说是他们的性格决定了这一切,他们找对象是用自己构想的"模型"如"郑人买履"般寻觅,这肯定是不现实的做法。而一旦淡成恋爱,他们大多倾向于"速战速决",因为他们的理念是中国传统型的"早结婚,早生贵子,早享福。"

走路姿势是个性的速写

走路是我们每个人每天都要进行的行为,虽然看似平常,没有半点的特别,但却最能反映出一个人的性格特征。如循规蹈矩之人的走路姿态,与积极向上之人的走路姿态绝对是大相径庭。由于这种分析具有一定的准确性和科学性,因此我们要学会通过观察他人的走路姿态,从中找出他们的真实性格。

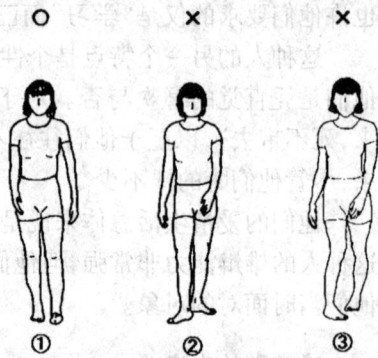

正确的走路姿势

踱方步的人

迈着这种步态的人比较稳重,喜欢保持冷静。他们认为面对再困难事情都要保持清醒的头脑,不希望被任何带有感情色彩的东西左右了自己的分析力和判断力。

这种人在别人面前以有理性和自控能力而受到尊重。他们平时做事小心谨慎,言谈举止都尽量保持温文尔雅,绝对不愿别人觉得他们粗俗不堪。

他们有时会觉得累,为了保持自己的尊严,他们很难在人前笑口常开,绝不流露感情,哪怕只是一点点。

他们对自己的身体形态进行严格控制,尽管别人敬畏他们,可在自己独处时却感到压抑。因为这种人涉世极深,了解人情冷暖。

在交际方面,他们就像其本人一样四平八稳,始终坚持点到为止,避免自己陷入太深而不能自拔。任何事情引起强烈震动,也不会使他们的情绪受到影响,他们的热血就像冰冻,因此他们从不会露出热情奔放的一面。

他们最相信的一句真理是:君子之交淡如水。他们很难感到他们自己在情感世界生活得如此之苦,但他们还是对自己的事业乐此不疲。他们的唯一快乐就是沉浸在事业的成功上。

身体前倾的人

这种人走路时习惯于身体向前倾斜甚至看上去像猫着腰,倒并不是因为他们走得较快需用身体来平衡,相反他们大多数的步伐还非常平稳。

小偷走路一般都是"猫着腰",因此有经验的父母常常告诫出远门的孩子说:"要小心碰上坏人,特别是要警惕猫着腰的人。"我们从电影电视所看到的正面人物,总是挺胸直腰,这才显示出堂堂正正的气概来。那么,猫着腰走路的人就一定是坏人吗? 其实不然。

这种人的性格大多较为内向和温柔,但他们为人谦虚,一般都有良好的自身修养。

他们从不花言巧语,非常珍惜自己的感情和友谊,只是平常不苟言笑,与人相处也是一副"借他米还他糠"的冷漠样,很难与人来往,可一旦成为知交则至死不渝,尤其在恋爱或婚姻出现分歧或决裂时,他们总是抱着"宁肯人负我,我绝不负他人"的观念。所以他们往往对生活感到厌倦,因为较之其他类型的人来说,他们总是受害最多,而且不愿向人倾诉,一个人生闷气。

步伐急促的人

这种类型的人不管有事还是无事,不管去办事的地点远还是近,即使他们有很多时间,走路时仍旧急匆匆,两脚掌翻得特别快,生怕误了"赶考"一样。他们是典型的行动主义者,大多精明能干、精力充沛,敢于面对现实生活中的各种挑战。

假如下属职工里有这样的人,老板对他说你再怎样怎样我将开除你的话,他会若无其事地继续干下去。对于这种人,应该努力发现他们的优点,比如适应能力特别强,尤其是凡事讲求效率,从不拖泥带水等。

如果让这种人去完成某工作,他们一定会在最短的时间里使你满意。他们的另一个特点就是敢于承担责任。因此许多人愿意把他们作为可靠的朋友,其实就算"终身"委托于他们也一定不会错。

步伐平缓的男人

这种人走路时总是一副慢腾腾的样子,就如人们常说的"生怕踩死蚂蚁"一样,不管别人说得如何急他都不在乎似的,这是典型的现实主义派。他们凡事讲求稳重,"三思而后行","癞蛤蟆想吃天鹅肉"的情况绝对不会发生在这种人身上。

如果他们在事业上得到重视或提拔的话,也许并不是他们有什么"后台",而是他们那种务实的精神给自己创造的条件。

这种人的观点是"眼见为实",因此他们一般不轻易相信别人,不知道这是他们的优点还是缺点,但把他们作为朋友一定相当不错,因为他们的特点是守承诺、重信义。如果他们发现一个人喜欢撒谎的话,会发誓一辈子不与这个人来往。

走路昂首挺胸的人

这种人走路时抬头挺胸,大踏步地向前,充分显示自己的力量和气魄,当然会给人一种高傲的感觉。

这种人喜欢以自我为中心,淡于人际交往,不轻易求助和投靠别人,哪怕他碰到自己根本就无法解决的事情也是这样。他们思维敏捷,考虑问题比较全面,做事条理性强。即使不是很复杂的一件事情,他们往往也会拟定一份计划。

他们习惯于衣履整洁,修整仪容,时刻使自己保持着完美的形象。不管是逛街还是访友,出门前他们总喜欢在镜子前端详一下自己,头发是否零乱,发型是否完整,衣服是否平整,皮鞋是否光亮等等。

这种人的最大弱点是个性羞怯和缺乏坚强的毅力。经常看到他们有很多宏伟的计划,却很难发现他们成功的事业,加之个性羞涩,难以主动与人交往,往往不能充分发挥自己的才能。于是他们往往会有一种"黄金埋土"的感觉。这种人还非常富有判断力和组织力,可惜他们常常说得多做得少。

碎步式步态的人

碎步式步态的人被认定为带有女性化,这对一个男人来讲是相当糟糕的。

要想观察这种人的隐秘内心是非常困难的,他们从不外露、躲躲藏藏、行为乖戾,过着一种兔子般的生活。也就是说,只能从他们细微的外在行为中,观察他们、了解他们,并抓住他们每一个跳跃性行为,来透视他们隐秘的内心世界。

从这种人走路的姿态知道,他们非常腼腆,不合群,说话的声音并不浑厚,甚至是尖厉。

他们为自己的这些女性特征而感到羞愧,因此很难出入社交场合。给人的感觉总是郁郁寡欢。

他们在生活上特别克制自己,有时带有残酷性,不允许别人走进自己的生活。喜欢整洁,对自己周边的事物会非常细心地打理。

在衣着方面,他们不偏不倚,从不突出自己的个性。他们从不试着打入别人的圈子,同时,也不允许别人走进他们的内心世界,除非这个人与他有同样的生活习性或者是非常了解他。

在性格方面,他们有一个显著的特点,那就是当他们习惯了用某种方式去做一切事情时,即使有干扰也不会轻易地改变。

如果有人引起他们的反感,他们会一直讨厌这个人,即使环境已经改变,或者对方已经改变自己的态度,他们都会坚持自己的看法。

在友情上,他们只有少数的朋友,而且都是相识很长一段时间的朋友,因为他们不是那种随便结交朋友的人。

他们对自己所要结交的人会进行仔细观察,担心别人不会尊重自己,因此希望对方和自己有着共同的情趣和嗜好,然后再决定他是否可以成为朋友。

许多人不了解这种人的为人,认为他们过于偏激、保守、愤世嫉俗。而且还在一定的程度上孤芳自赏,但他们自己非常清楚,其实他们只不过是想守着一些别人不能理解的原则罢了。

大踏步式步态的人

很显然,这种人情绪非常急躁。他们为人豪爽,无拘无束,处理事务非常富有弹性。他们在做事时,往往起带头的作用,能想到什么就立即去做。

由于豁达而不拘小节,人们一般都喜欢这种人,说干就干,干事利索,这种大将风度也让人钦佩。

他们所赢得的尊重是来自与生俱来的性格,因此他们从不模仿别人,在不违背大原则的情况下,他们很懂得自由发挥。

人们都欣赏这种人的办事能力,而且一般都喜欢和他们共事,这也是对他们能力的肯定。

实际上,这种人在做任何一件事之前都进行过缜密周到的安排和计划,因此他们总是能出其不意地办好别人认为难办成的事。

在生活中,他们很容易被别人奉为领袖人物,因为在很多场合,由于他们的存在,而扭转沉闷的局面。

但是,他们容易招致一些人的忌恨,而他们总是能以豁达的态度,使之悄然化解。

由于过急的节奏和行为,他们很看不起那些办事拖拉的人。他们还经常以说教者的面孔指责那些办事拖拉的人,所以使他们看上去毫无容忍和爱心。这是他们致命的缺点。

他们是不拘小节的人,这既有先天的因素,也有后天的培养。这种人的个性和气质都非常好,总是能被委以重任。

走路如军人步伐的人

这种人步伐齐整,走路如同上军操,双手有规则性摆动,在别人看来非常做作,但他们却感觉那样协调。他们意志力比较强,对自己的信念非常专注,他们选定的目标一般不会因事物和外在环境的变化而受到影响。

他们往往最让女人欢心也最让女人讨厌,因为他们一旦看上某个人,就会非缠到手不可,只要你答应他,他愿意每天拉着人力车来接送你。

如果他们能够充分发挥自己的长处,一定收效颇丰,因为他们对事业的执着是其他类型的人无法比拟的。但如果你的上司是这种人的话日子可就不好受了,很多时候你会"吃不了兜着走",因为他们一般都比较"独裁",而且有时候甚至会不惜牺牲任何东西去达到他个人的目标和理想。

罗圈腿式步态的人

迈着这种内八字式走路的人,显得滑稽可笑。他们永远是副憨实厚道的样子。但在厚道的外表下,这种人并不显得沉静。他们只留意生活中的细节,喜欢按部就班地进行,如果有突发事件发生就会显得手足无措,而大乱阵脚。

他们的形象注定了他们不会标新立异,他们情愿跟着潮流走。当别人把一定的权力交给他们,而使其成众人注目的焦点时,他们就会感到浑身不自在而烦躁不堪。因为他们只追求平淡的生活。

虽然这种人在财富方面并不是个金钱至上的人,但在用钱方面,却非常慎重。购买任何东西之前,都要反复思考一番。也许有人会说没必要这样,可他们依然我行我素,不会因为别人评论而改变自己的一贯作风。

他们的憨厚形象就决定了他们是一个能照顾别人的好人。他们会在别人遇到困难时,拿出他们珍藏很久的东西与别人共享。

这种人在别人眼里并不是个斤斤计较的人,他们的原则是得过且过。所以与他们打交道的人都会觉得他们是容易相处的人。

站姿折射人的性格特征

每个人都有一种特定的性格。从起居饮食、生活习惯、行为举止、厌恶爱好到意识倾向,都可以表现出一个人的性格特征。站姿作为行为举止的组成部分,自然也可以折射出一个人的内心世界。

服从型的站姿

这种人一般是两脚并拢或自然站立,双手背在身后。他们大多在感情上比较急躁,经常看到他们喜欢一个人猛追死缠,也经常听到他们发誓不娶。如果让他们去经受爱情的长期考验的话,八九不离十,他们要成为爱情的逃兵。

这种人与别人相处一般都比较融洽,也许是因为他们很少对别人说"不"。他们的感情往往受着一种潜意识的支配,都愿意听到别人对自己的赞美,而他们生来就是学这套的。

他们在工作中不会有什么创新和开拓,但如果踏实到毫无反对意见的地步,在工作中也会很有用场。他们不是"拍马屁"的高手,甚至他们不知道该如何去"拍马屁",但他们却经常拍到"马屁",应该说是他们很有福气。

他们不愿与人争斗的个性既带给他们愉快,也带给他们气愤。他们的快乐来源于他们对生活的知足。

攻击型的站姿

这种人常常将双手交叉抱在脚前,两脚平行站立。他们的叛逆性很强,常常忽视对方的存在,具有强烈的挑战和攻击意识。

我们经常在电影里或是电视里看到这种姿势,因为他们对对方不屑一顾;我们也经常在周围的人群中看到这种姿势,因为他们正在向对方显示自己不可一世的气魄。这就是这种人的本性,他们很懂得保护自己,不管遇到什么情况,他们都好打抱不平,因为他们骨子里流的就是好斗的血。

在工作上,他们不会因传统的束缚而绑住手脚,即使手脚被绑,他们也会用牙齿咬断这根绳索,如果嘴也被封住,他们会不断地用鼻孔出粗气,显示出他们的存在。这种人的创造能力比其他类型的人发挥得更淋漓尽致,并不是因为他们比别人聪明,而是因为他们比别人更敢于发挥自己。

抑郁型的站姿

这种人通常是两脚交叉并拢,一手托着下巴,另一只手托着手臂的肘关节。他们多数是工作狂,对自己的事业非常有自信,工作起来特别专心。废寝忘食的行为对他们来说是家常便饭。

这种人更为引人注目的是他们多愁善感,你从他们丰富的面部表情就可以看出,他们是那么容易喜怒无常,在他们的言行中有时也表露无遗。刚才还在与你喜笑颜开,夸夸其谈,突然脸色沉了下来,一句话不说,最多时不时地参与你们谈话中苦笑一下,显得很深沉的样子。

他们对这个世界充满爱心,可以经常看到他们的奉献精神。

他们非常坚强,一般不会向人屈服,也不会由于重重摔了一跤,就不再继续在充满泥泞和荆棘的道路上前行。

古怪型的站姿

这种人往往将双脚自然站立,偶尔抖动一下双腿,双手十指相扣在腹前,大拇指相互来同搓动。他们的表现欲望非常强,喜欢在公共场合大出风头。如果什么地方要举行游行示威,走在最前面的,扛着大旗的多数就是这种人。

这种人大多争强好胜,容不下别人。如果大家都说太阳是圆的,他们一定会说是方的,但如果大家都说是方的,这种人肯定会问大家:"太阳怎会是方的呢?"他们不是愚蠢,他们聪明得很,大家都不能把井里的月亮捞出来,他们就行,不信?他们用一个洗脸盆就办到了。

这种人虽然喜欢出入于社交场合,但实际上他们的人际关系非常差。以至于他们不得不把"静坐常思自己过,闲谈莫论他人非",作为座右铭挂在墙上。虽然他们敢作敢当的行为对他们的形象略有改观,但仍然免不了还是不合群。

社会型的站姿

这种人双脚自然站立,左脚在前,左手习惯于放在裤兜里。他们的人际关系较为协调,为人敦厚笃实,从来不给别人出什么难题。

如果让这种人去与客户建立关系,他们常常是先站在客户的立场替客户着想,帮助别人权衡利弊,这在人情味重的东方国度里,往往会收到神奇的效果。

他们平常喜欢安静的环境,找两个知己叙旧或者摆弄一下棋盘,给人的第一印象总是斯斯文文的,但是如果碰上比较气愤的事,他们也会暴跳如雷。

对于男女关系的问题他们有一种大彻大悟的体会,"男人不必为女人活着,女人也不必为男人活着。"他们最讨厌把感情建立在金钱上,也最不愿听到别人说自己是为了别的目的而与某人交往。

思考型的站姿

这种人双脚自然站立,双手插在裤兜里,时不时取出来又插进去。

他们比较细心谨慎,凡事喜欢三思而后行。如果让他们决定一件事,不如你先给他们一份计划。在工作中他们缺乏灵活性,往往生硬地解决许多问题,事后又非常后悔,这不能不说是这种人的悲哀。

他们的姿势给人的感觉是好像总有很多忙碌的事情等着他们去做,其实是因为他们经常觉得不知如何是好。这种人的伟大之处是他们把爱情看得非常神圣,从不轻易玷污,以致在西方人眼里,总是觉得不可理喻,这种人也许应该出生在东方。他们既不会轻易喜欢上一个人,更不会轻易向人表达他们忠贞的爱情。

他们喜欢把自己关在一间小屋子里,冥思苦想,构筑自己希望的殿堂。也许正因为如此,他们大多经受不起失败的打击,在逆境中更多的是垂头丧气。

手部动作演绎情绪

法国大散文家蒙田写道:"看呀,看看双手怎样允诺,怎样变戏法、怎样申诉、怎样胁迫、怎样祈祷、恳求、拒绝、呼唤、质问、欣赏、供认、奉承、训示、命令、嘲弄,以及做出其他各式各样变化无穷的意思表示,使灵活巧妙的舌头亦相形见绌。"

因此,有时候无须经过语言,手部动作往往就能直接反映人的感情和欲望。人的大脑皮层除了控制面部的动作外,绝大部分就是用来控制手部动作。比如,当我们说"捏着一把汗"时,紧张情绪就不仅表现在脸上,还会在手中显现出来,甚至"手的表情"比"脸上的表情"表现得更真实。

现在让我们来看看一些与心理状态相联系的手部动作。

把双肘支在桌子上,两手交叉

这种动作表示"拒绝"的意思,手支起是要搭起屏障,阻挡对方。

一手握拳,另一只手的手掌拍击拳头

这种动作代表拒绝。

手放在脑后

很多人在害羞的时候会有类似的动作。如果同时还伴随着双腿伸长,身子后仰的动作,则表示放松。如若不然,就是拒绝别人接近的戒备心理在起作用。

手不停地摆弄近旁的某些东西

这种动作有两种意思:一种表示心里紧张不安;另一种表示心不在焉,漫不经心。

手支在腮帮上,用一只手撑着脑袋

如果一个人没事的时候手托着腮,则表示心里隐藏着"想依靠某个人","需要他人的支持"的想法。如果在交谈过程中对方做出这样的动作,还是尽快交出谈话的主动权为妙。

用手揣在上妆口袋或裤兜里

这个动作可以把手隐藏起来,基本上是出于不愿意暴露真心的戒备心理。要么是有不可告人之事,要么是不信任对方。

背手

双手背后,昂首挺胸,常常是政治家惯用的姿势。这种动作表示此人崇尚权威,而且充满自信。在日常生活中,某些在街上巡逻的警察,一些大企业、大公司的厂长、经理或退休老干部等也常采用这种姿势。背手,还给人一种镇定自若的感觉。

相反,如果双手背后,一只手抓住另一只手的手腕或另一只胳膊,则是一个人由于心理紧张而自觉或不自觉地采用的姿势,以便控制自己的紧张情绪。害羞的少女在陌生人面前也会不自觉地采取这样的姿势。在这种控制性的姿势里,手握的位置越高,说明情绪紧张的程度越高。

双手摊开放在桌面上。

这表示很放松,心里已经接受了对方。

两手的指尖交叉放在下颌的下面

这是在向对方传达"我很自信"这一信息。

转动手腕

这个动作表示动作发出者正在认真倾听对方的发言,对正在谈论的事情很感兴趣。

用手抚摸额头

表示十分疲惫。不过,说谎的时候经常会出现此动作。

搓手

搓手不仅仅是人们由于怕冷才采用这一姿势,还表达了内心的一种期待的情绪,期待着某事的成功或预期得以实现。

急速地搓动着手掌,表达内心的一种跃跃欲试的急切的心情;而慢慢地搓手掌,则说明遇到有决定性作用的选择时的一种犹豫不定,或是要做的事阻力很大。比如,向业务主管提交一份工作计划,主管看完后,如果飞快地搓了搓手掌,然后,抬起头。在他做出回答之前,你已从他的动作中看出,计划已通过了。但是,如果他慢慢地搓动着手掌,则说明这份计划有可能部分被否决甚至是被"枪毙"。

V 型手势

做 V 型手势时,掌心向外,伸出食指和中指,其余三指并拢,意思是"成功"。由于英文单词"Victory"(胜利)的第一个字母是"V",所以,V 型手势象征着胜利和成功,表示动作发出者信心满满,对目标事物志在必得。在年轻人中特别是青年学生中,这种手势得到普遍使用。但是,如果掌心向内,这个手势则是代表数字 2。

触碰鼻子

如果是用手指摸鼻子,表示心里想着不可以参与对方提到的事。如果是用指尖顶着鼻翼,表示怀疑对方的话。如果不断重复这一动作则表示"拒绝"。如果手指堵在鼻子的下面,则表示心里不快。

挽着胳膊

挽胳膊的具体姿势不同,意义也就不同。挺着胸,挽在比较靠上边的位置时,表示想夸耀自己了不起。胳膊挽在比较靠下的位置,且紧紧贴着身体时,是"防卫信号",是企图在自己前面搭起一个保护屏障。如果挽胳膊的时候还弓着背,则可以解释为心中局促不安。

人们不但在说话时用手部动作来加强语气和润饰语言,在危急时刻甚至可以用手势来代替说话,达到"无声胜有声"。一个手部动作虽然未必能够暴露某个人的全部隐私,但它一定能够透露一个人的某些心迹。

十指连心，指随心动

俗话说："十指连心，指随心动"。手指的动作变化与人心的变化是相映成趣的。善于观察的人，能够从手指变化的姿势中了解一个人的心理活动。

伸手时不自觉分开拇指的人，性格自负、倔强而雅量不足。

伸手时不自觉打开食指的人，凡事喜欢独立行动，从无依赖心，不易与人相处。

伸手时不自觉打开无名指的人，有外和内紧的心理，对外人和蔼可亲，对家庭成员缺乏体谅。

伸手时五指并拢的人，做事小心谨慎、有理有条、计划性强，但过于细心，对别人的要求也很高，做不到时易自寻烦恼。

伸手时五指全部分开者，此人性格开朗，乐观轻松，不易患"七情"内伤病症。

伸手时整只手缩卷，具有滴水不漏的精神，做事小心、生活俭朴、精打细算、从不吃亏。

伸手时小拇指常分开的人，性格不太合群。

两手相对成尖塔的人自信心相当足。如果你不认识他，他很有可能是高阶层的白领人士。双臂交叉胸前的人他在心理上拒绝接受你，而且对你始终保持着一种戒备的态度。所以说，控制动作手势非常重要。

一个人的动作手势也可以起到弥补有声语言不足的作用，增加有色语言的分量。比如，当愤怒时，不免要举拳猛击；心情愉快时，往往会不自觉地把两手举在空中挥动；心情悲苦时，忍不住会抱头弯腰，使身体呈团缩形。

不自觉的手势可说是一种习惯，是一种内在感情，因此几乎每一个手势都是内心情感的流露。

特别是那些比较情绪化的人，手势上的不自然动作，就像一只寒暑表一样，使人洞悉他的心理。

十指交错两手互钳，好机会，快去安慰他，他心里正非常沮丧；双手插兜露出两拇指，是具有傲慢心理的反映，这类人作为应酬对象必须要在气势上压倒他；来回擦掌，心理表现为不安，不知所措、焦虑。

用指尖轻轻敲打桌子，这种动作是表示不耐烦、紧张或拒绝。如果在谈话时对方出现这样的动作，那你最好装出若无其事的样子，赶紧中断谈话。

有的人在任何情况下，总是喜欢把手插在口袋里。这种手势另一层意义就是让人莫测高深，把自己深藏起来，不想让人掌握住他的个性与弱点。但是，从另一个角度来看，把手插入口袋中意味着他不太认真地听别人的话，自己正在思索自己的事。这虽然是不自觉的手势，却流露着内心世界的活动。

喜欢把手交叉着放在胸前的人，表示其自视清高，自负自大，目无一切。但是，因天冷而抱胸取暖的手势除外。

有的人在与他人交谈时，常喜欢拼命地挥动双手，也有些人习惯性地把双手牢牢握住,都是表示当时情绪紧张,或者异常激动,或者是得意忘形之举。

而有的人双手无力,看似松软垂直,而有时是双手相互不自觉地抱着,表示此人有虚心与放心两方面。放心则感无所谓,没有什么事情可以使他震惊,虚心则倾听对方的话题。

有的人的双手闲不住,没有事情做时他就心焦发慌,这类人的心境必定不沉着。另外在打电话的时候,喜欢无意识地动动桌上的东西,这也是心神不定的一种表示。就一般情况而言,当一个人有心事想掩饰时,会下意识地做别的事为其掩护。

有的人喜欢大模大样地反剪双手抬向颈后,这种手势有两种含义,一种是无意识地自小养成习惯,另一种是有意如此。但是,不管是有意或无意,都表示此人个性严谨,心里多虑。

双手一会儿放,一会儿握,表示此人做事仔细。如果看到一个有咬手指习惯的人,他可能是个梦想者。心理学家认为这种咬手指的无意识习惯,对任何年纪的人来说,都是不雅观的动作。他经常都是心不在焉,总是生活在梦想的世界里。

用手指缠卷头发,这种动作大都属于女人。当她们无所适从,或出现失望状态,或遇到困难问题时有这些动作;男人遇到这种情形时往往搔头皮,抓脑袋。

用手搔头很可能表示为难、尴尬、不好意思。

用手托住额头很可能表示害羞、困惑、为难。

双手相搓,常常表明陷入为难急躁状态之中。

双手摊开,一般是表示真诚、坦然或无可奈何。

坐在凳子上,双手展开贴在凳子两旁或按在膝盖上表示胸襟豁达。

双手叉腰,通常说明对方的挑战、示威或感到自豪。

用手敲打头部这个动作通常表示懊悔或自责,如拍打的部位是脑后部,则表示这种人不太注重感情,对人苛刻,而打击前额的人,通常很直爽。

由此看来,手势是一个人内心世界的反映,同样通过手势语言,我们可以做到知人知面知心。下面是一些常见手势所暗含的心理活动,大家不妨细细品之。

十指交叉表明不安和消极

在人们面带微笑和愉快地谈话时,常常无意识地将十指交叉。常见的姿势是交叉着十指举在面前,面带微笑地看着对方。也有的交叉着十指平放在桌面上,这种动作,常见于发言人,出现这个动作,发言正处于心平气和、娓娓叙谈的时候……乍一看,似乎上面这几种表情都是表明很自信,但往往并非如此。有一次,一位推销员讲述一次他推销失败的故事。随着他的讲述,人们发现他十指紧紧交叉,手指变得苍白无色,似乎要融化到一起。这一手势表明其受挫情绪或对某人有敌视态度。

尼伦伯格和卡莱罗对十指交叉手势研究后得出结论:这是一种表示心理不安的手势,表明在掩饰其消极态度。

一般来说，做出十指交叉手势时手的位置的高低似乎与消极情绪的强弱有关。有的将十指交叉放在膝上，也有的站立时将十指交叉放在腹前。按交往的经验而言，高位十指交叉比中位十指交叉更显得高深莫测。正像所有表示消极情绪的姿势一样，要想让使用这个姿势的人打开紧紧交叉的十指，都需要某种努力来完成。否则，对方的不安和消极是无法改变的。

当我们演讲或是日常生活中与人交谈时，如果遇到情绪消极的情况，做出十指交叉的手势，可以在心理上起到自我保护的作用。从而使谈话更少受到消极情绪的负面影响。

跷拇指表示称赞

跷大拇指，更多的时候是表示称赞的意思。我们举例来说明。

毛泽东主席一生风趣幽默，妙语连珠。关于他的幽默故事流传下来的颇多。在红军转战陕北的艰苦岁月里，有一天深夜，部队进驻一乡村，由于人多村小房子少，毛泽东和十几个同志同睡一个小窑洞。房东大嫂走上前，忐忑不安地说："这窑洞太小了，地方太小了，对不住首长了。"毛泽东随着大嫂的语调说："我们队伍太多了，人马太多了，对不住大嫂了。"毛泽东说着，又跷起大拇指说："顶好！顶好了！"毛主席话没说完，所有的人都大笑起来，房东大嫂的紧张心情自然也就消失了。

在一些特定场合，用拇指指人还有讥笑或贬低他人的作用。例如，某丈夫握着拳头却将大拇指指向妻子，侧身对其朋友说："你知道，女人嘛，都那样！"这很可能会引起夫妻间的一场口角，用大拇指斜着指人的动作，是会引起他人不满的，最好少用或不用，真诚地赞赏和称赞他人时，应该面带微笑，将手平伸出去，将拇指上扬，才能表现态度谦虚乃至尊重。

双手叉腰是挑战

孩子与父母争吵、运动员对待自己的项目、拳击手在更衣室等待开战的锣声、两个吵红了眼的冤家……在上述情形中，经常看到的姿势是双手叉在腰间，这是表示抗议、进攻的一种常见举动，有些观察家把这种举动称之为"一切就绪"，但"挑战"才是最基本的实际含义。

这种姿势还被认为是成功者所独有的站势，它可使人联想到那些雄心勃勃、不达目的誓不罢休的人。这些人在向自己的奋斗目标进发时，都爱采用这种姿势。含有挑战、奋勇向前趋势的男士们也常常在女士面前采用这种姿势，来表现他们男性的好战，以及男子汉形象，但女人如果用这一姿势，给人的感觉则是不温柔，有母夜叉、河东吼狮之嫌。

在生活中，我们应该多些友爱和阳光。我们可以向困难挑战，可以向远大目标挑战，而不可以说话时双手叉腰向同类挑战，不可以说话时双手叉腰，用双手叉腰增添剑拔弩张的气氛。

攥紧拳头说话有力量

一般情况下，在庄重、严肃的场合宣誓时，必须要右手握拳，并举至右侧齐眉高度。有时在演讲或说话时，捏紧拳头，则是向听众表示："我是有力量的。"但如果是在有矛盾的人面前攥紧拳头，则表示："我不会怕你，要不要尝尝我拳头的滋味？"

通常情况下，攥紧拳头，显示的是一种果断、坚决、自信和力量。平时我们听人演讲见人讲话时攥紧拳头，证明这个人很自信，很有感召力。但在日常生活中，我们与人发生不愉快时，请把你的拳头藏起来，而不要攥起拳头在对方面前晃动，那样做的结果，势必会引起一场打斗，这是不可取的。

双手平摊表示坦诚

当人们开始说心里话或说实话时，总是把手掌张开显示给对方，像大多数体态语言一样，这一举止有时是无意识的，有时是有意识的，它都使人感到或预感到对方将要讲真话。相反，小孩在撒谎或隐瞒实情时总是将其手掌藏在背后，当夜晚与伙伴们玩耍通宵方归的丈夫不愿对妻子说出他的去处时，常常将手插在衣兜里或两臂相抱将手掌藏起来，而妻子则可以从丈夫隐藏的手掌上感觉到丈夫在隐瞒实情。

由此可见，当一个人与你交谈时不时伸出双手摊开，这说明他是诚实可靠的。有趣的是，大多数人发现摊开手掌时不仅不容易说谎，而且还有助于制止对方说谎并且鼓励对方坦诚相待。

西方有心理学家断言："判断一个人是否坦率与真诚，最有效、最直观的方法就是观察其手掌姿势，是否双手推开。"当人们愿意表示完全坦率或真诚时，就向人们摊开双手，说："没有什么值得隐瞒的，让我坦率地告诉你吧。"

手势下劈可制造语势

手势下劈，给人一种泰山压顶、不容置疑之势，使用这种手势的人，一般都高高在上，高傲自负，喜欢以自我为中心，他的观点，不会轻易容许别人反驳。伴随着这个动作的意思是："就这么办。""这事情就这样决定了。""不行，我不同意！"等等话语。

生活中，我们常常遇到一些领导，在讲话时，为了强调自己的观点，把手势往下劈，每当这个时候，听者最好不要轻易提出相悖的观点，对方一般也是不会轻易采纳的。平常与同事或朋友三五成群地争论问题，有人为了证明自己的观点而否定别人的观点，也常用这种手势否定别人的观点，打断别人的话，善于识别这种手势语言，有助于我们为人处世采取适当的姿态。

手势上扬有号召力

手势上扬，代表着赞同、满意、鼓舞或号召的意思，有时候也用以打招呼。朋友见面,远远地扬起手:"Hi!""Hello!"演讲或说话时手势上扬,最能体现个人风格,表明演讲者或说话者是个性格开朗、豪放、不拘于形式的人。

手势上扬,是一种幅度比较大的手势动作,容易使人产生比较鲜明的视觉形象,引起人们对于形式美的富于社会内容的主观感受。有人描绘法国前总统戴高乐:"当他进行公开演讲时,他的习惯动作是两臂向上。其目的只是为了强调他的讲话……有时他举着双手,把自己直挺挺的上身从桌上伸出俯向听众,好像要把演说者的坚定信念注入听众的心坎上……"

总而言之,手势上扬是个很受人欢迎的动作,从侧面反映出这个人是豪放、大度、有号召力。

从头部动作捕捉对方心理

头部的无声语言是最明显的一种性格语言。我们看一个人,往往第一眼接触到的就是对方的头部。

点头和摇头是最基本的头部动作。在通常情况下,人们把"点头"默认为一种同意、肯定或赞许的态度,反过来,人们则把"摇头"默认为一种反对、否定或批评的态度,这就是所谓"肢体动作"对大脑思维的影响。

但是,美国俄亥俄州州立大学的心理学家理查德·贝蒂最近却认为:在不知不觉的点头或摇头的确能改变一个人对事情的看法。但实际上,有的点头反而加强了心里的反对意见;摇头却动摇了本来反对的想法。

为了证明这一新发现,贝蒂做了一个实验:他让82名参加实验的大学生戴上立体声耳机,要求一半学生在听的时候,每一秒钟点一次头,另一半学生听的时候每一秒钟摇一次头。然后他在耳机里播放了一段广播,内容是鼓吹增加学费。

他让点头那组学生听的广播阐述了很没有说服力的增加学费的理由,如增加学费可以开展班集体会议。摇头那组学生听的是很有说服力的理由,如增加学费可以在校园里种郁金香,请清洁工,美化校园。结果摇头那组学生的感觉是,摇头使他们对自己心中原有的反对意见产生了怀疑,反而不那么强烈地反对增加学费了。

这个实验结果证明了人在点头的时候并不一定是同意别人,而是进一步加强了自己原先的想法,摇头反之。所以当看到一个人不停在点头时,不要误以为他是同意你的看法,而当一个人对你摇头时,他也未必会最终拒绝你。

随着科技的不断进步,许多科研人员试图用更有力的科学理论为丰富的头部动作进行解密,进一步揭示出头部动作所隐藏的玄机。

将头部垂下呈低头的姿态,它的基本信息是"我在你面前压低我自己",但这不限于居下位的人。当同事或居上位者做此动作时,它的信息乃是以消极的方式表达"我不会只认定我自己",然后变成这样的目标:"我是友善的。"

头部低垂的动作表示深感厌倦。

抬头是有意关注的表现。比如一个人原先在低头，忽然有一声响，他赶忙抬头看，表示他被打搅，想探求发生了什么事。

头部猛然上扬然后恢复通常的姿态，如果是发生在你们刚刚见面但还不十分接近的时候，它表示"我很惊讶会见到你"——头部上扬代表吃惊。

用于距离较远的时候，头部上扬是用在彼此非常熟悉的场合。其时机是当某人突然明了某事物的要旨而惊叹"哦！是的，那当然！"的一刹那。

如果把头猛力转向一侧的，再使它们恢复中立的位置，这是单侧的摇头，同样传递"不"的信息。头部半转半倾斜向一侧是一种友善的表示，好像是同路人在打招呼，传递的信息是"你与我之间，这蛮好的！"

摇晃头部时，说话者正在说谎而且试图压抑住要表示否定的摇头动作，但又不能彻底。

如果一个人在说话时不自主地摇晃头部，而且频率非常高，说明他正在说谎而且试图控制这个动作，但又不能完全控制。

缓慢地晃动头部，表示惊奇或震惊。很可能他刚得知的消息很不寻常，或者令人难以置信而不敢相信自己的眼睛，以至于要晃动头部才能确信这是事实。

头部僵直表示，他是如此的有分量且毫不惧怕。如果头部僵直，即使面临泰山崩顶也面不改色。也或者是心里觉得无聊，有点定定地发呆。

头部向前伸并面向感兴趣的方向，表明此人心中不是满怀爱意，就是满怀恨意。前一种情况是：两个相爱的人，伸长脖子深情专注地凝视对方的眼睛；后一种情况则像两个冤家伸长脖子，探出头部以表示他们不畏惧对方，而且瞪视对方如同洞察对方的眼睛；第三种情况则出现在某人渴望吸引你全部的注意力之时，因此他会探出他的脸，以阻挡你去看其他任何可能吸引你的东西。

头部缩回是回避的动作。突然把头低下以隐藏脸部，也可用来表示谦卑与害羞。在心怀敌意的情况下，把头低下则具有全然不同的意义，表示头部有紧迫的负荷，在这种情况下，其主要差异在于眼睛向前瞪视敌人，而不是随着脸部而下垂。

头部后仰，这是势利小人或非常自信之人鼻子朝天的姿势。一个人会把头部后仰，其情绪变化包括：从沾沾自喜、桀骜不驯到自认优越而存心违抗。基本上，这种姿势是挑衅的仰视而不是温顺的仰视。

头部往侧面方向移开，基本上就是一项保持性的动作，或把脸部移开以回避对身体有威胁的事物，表明这人可能是想借掩饰脸部之机而隐藏自己的真实意图。

头部歪斜，这个动作源自幼时舒适的依偎——小孩把他的头部依靠在父僻的身上，当成年人（通常指女性）把头蔫斜一侧时，此情此景就像倚在想象中的保护者身上一样，如果这个动作是用于玩弄风情，那么头部歪斜便有假装天真无邪或故意卖俏的意味，即表示在你的心中我只是一个小孩，我喜欢把头靠在你的肩上。

等电梯姿势中显示出来的心理活动

每天早晨，我们总是忙忙碌碌地从城市的各个角落赶往公司。车多，人杂，路况差，可惜，老板们不管这些，打卡器正在前台候着我们，迟到意味着当天的薪水（甚至更多）全部消失！我们紧赶慢赶，终于在规定时间赶到了办公大楼，在拥挤的电梯口悄悄松了口气。这个时候，你是否注意到你自己或周围人的反应和动作？

事实上，心理专家告诉我们：大家每天在使用电梯时的一些行为、言语，从某种程度上透露出了他们的内心世界。

低头注视地板的人

这种动作暗示了他们不想面对外界、更不想与外界沟通的心态。他们有些自闭，心理空间非常狭小，对自己缺乏信心，容易感到不安。他们不太喜欢表白自己，但是信任他人，有爱心，在人际关系上的纠纷很少。喜欢做老好人，在人群中能够发挥润滑油的作用。

与其他乘客搭讪的人

这种人很有自信心和安全感，心理空间要比一般人大。在他的感觉里，整个电梯都是他的个人空间，因此觉得非常放松，能够非常坦然地与人交流，就像在自己家里一样。

不停地按压电梯钮的人

这种人往往性格比较急躁，雷厉风行，是说到做到的行动派。他们不够沉稳，但做事非常投入，一旦沉迷其中就会浑然忘我，有时会因为一件事而疏忽了其他的事，全盘规划能力有点差。

有时会在地上跺脚的人

这种人常常略带神经质，感觉敏锐。有洞察力和交际天分，能凭直觉判断出对方是否可以合作，可能遇到的问题是什么。具有艺术才华，如果能恰当发挥，可以大放异彩。

盯视着楼层显示灯的人

这种人大多为人小心谨慎，做事不冒风险，远离纷争，明哲保身。遇事冷静，不会为一时的感情所惑，而是条理分明地解决问题、采取行动。这种干练的作风深得晚辈或部属的信赖。

但是，他们特别敏感，自我防卫意识特别强烈。如果不熟悉的人太接近他，超过了安全距离，他会非常不舒服，会摆出冷漠严肃的姿态，拒人于千里之外。

微笑着看其他乘客，不说话

这种人的心理空间大小适中，属于比较正常的范围，大约是自己身体周围50厘米左右的圆区。他很清楚自己生活工作的范围，在这个空间内，他会觉得自己非常有信心，做起事情来可以正常发挥，而一旦超出这个范围就会觉得力所不及，缺乏信心。这种人踏实可靠，但是魄力不够，不容易突破原有的局面。

环视周围广告牌或抬头看天花板的人

目光专注于广告牌或天花板，避免与人目光相遇。这种人往往知识广博，虚心好学。性格温和，心地善良，但与人相处时防御心理比较强，尽量避免暴露自己的缺点，容易被人误认为是性格冷漠的人。

腰部摇曳着丰富的内心世界

有时候，人们为了表露自己内心的真实想法，常常会借助腰部动作——这一无声的语言来展现，从而达到交流的目的。这时就需要我们要心领神会地理解对方的腰语。

挺腰

这个动作可以反映出一个人情绪高昂，充分自信。用力挺直身体，使身体增高（同时也可提高一些腰部的位置），这是进行威吓，表示他对来自各种方式的挑战充满信心，力图造成一种视觉强势压倒对方。经常挺直腰板站立、行走或坐下的人往往有较强的自信心，且有自律和自制能力，但可能缺乏精神上的弹性，原则有余而灵活不足。

对于女性而言，她的这一动作要显得微妙得多。如果女人坐在沙发里，用这种姿势对着异性，一般的情况有两种：一是妓女的一种招数，她告诉眼前的男人："请跟我来。"二是对于眼前的这个男人绝对的信任，绝对的尊重，她觉得他不会给自己带来伤害。

弯腰

人在鞠躬、点头时都会下意识地弯腰，把腰的位置放低，精神状态也随之"低"下来。

向人鞠躬，可以表现这个人态度谦逊，也可能表明他心理自觉不如对方，甚至惧怕对方时，就会不自觉地采取弯腰的姿势，以表达他的诚服之心。

"谦逊"再跨一步，即成服从、屈从，心理上的服从与屈从反映在身体上就是一系列在居于强势的个体面前把腰部放低的动作，如蹲、揖、跪、伏、叩拜等。弯腰、鞠躬、作揖、跪拜等动作除了礼物、礼仪的意义之外，都是服从或屈从对方，压抑自己情绪的表现。

对于女性而言,有时候弯腰还会别有一番风味,她们在弯腰时所形成的曲线是柔美的,温顺的,流畅的,从而给人造成一种舒适的视觉效果,这种女人给人一种柔美的感觉。

倒叉腰

即两手的拇指呈倒八字插入裤腰部位,充分流露出他十足的优越感外,还有对异性吸附的心理倾向(当然,这个姿势动作中隐藏着性意识)。

叉腰

将两手插在自己的腰上,一副胸有成竹的样子,仿佛对自己面临的事已做好精神上的准备,或采用行动的准备,并有一种前瞻性的自豪感。手叉腰间,两只拇指露在外面,更流露出这种人强烈的支配欲或优越感。

对大多数女性而言,这有可能是她们一种双向的对外扩张,表示出内心的愤怒和力量。这种语言,女人一般不会采用。但鲁迅笔下"豆腐西施"杨二嫂,却经常使用,让鲁迅看了吓一跳。

深坐低腰

表示眼前的情况并不会引起他们的紧张,没有必要立即站起来,精神上处于放松状态。深坐也是向对方表现他们在心理上的优势,有泰然处之的意思。

浅坐高腰

始终浅坐在椅子上腰部挺直的人流露出自己心理上的劣势和缺乏精神上的安全感,他们的身体尤其是手、脚等防卫性非常强的部分,好像随时处于一种紧急情况下的"备战"状态。

屈蹲低腰

这种动作完全是服从和防卫。表明自己处于绝对消极或被动状态,有时也可理解为隐藏着攻击欲求的防卫性姿势。

双臂交叉抱于胸前者防卫心重

将双臂交叉抱于胸前是一种防御性的姿势,防御来自对方的威胁感,保护自己不产生恐惧,这是一种心理上的自我保护,也表示对对方的排斥感。

双臂交叉抱于胸前似乎在传达着"嗯……你所说的我完全不明白""我不赞成你的意见""我就是不欣赏你这个人"。当对方将双臂交叉抱于胸前与你谈话时,即使不断点头,其内心其实对你的意见并不表示赞同。

另外,还有的人在思考事情时,习惯将双臂交叉抱于胸前,但是一般来说,有这种习惯的人,基本上是属于警戒心非常强的类型。在自己与他人之间画下一道防线,不习惯对别人敞开心胸,永远和对方保持适当的距离,冷漠地观察对方。

大多数防卫心强的人在幼儿时期没有得到父母亲充分的爱,比如小时候总是被寄放在托儿所、母亲没有亲自喂母乳、缺乏一些温暖的身体接触。在这种环境之下长大的人,特别容易表现出此种习性。

个性直率的人通常肢体语言也较为自然放得开。当父母对孩子说"到这儿来",想给孩子一个拥抱时,一定会张开双臂,拥他入怀。试试看将双臂交叉抱于胸前对孩子说"到这儿来",孩子们绝不会认为你要拥抱他,而是担心自己是否惹你生气,准备挨骂了。

著名的日本演员田村正和,在电视剧中常摆出双臂交叉抱于胸前的姿势,因此他给观众的感觉,绝不是亲切坦率的邻家大哥,而是高不可攀的绅士。他不是那种会把感情投入对方所说的话题中,陪着流泪或开怀大笑的类型。他心中似乎永远藏有心事,在自己与他人之间筑起一道看不见的墙。这种形象和他习惯将双臂交叉抱于胸前的姿势,似乎非常符合。

仔细观察对方,是习惯将双臂交叉抱于胸前、还是自然地放于两旁呢?自然放于两旁的人,比较友善易于亲近,而且可以很快地和你成为好朋友。但是,如果你有不想告诉他人的秘密,又想找人商量时,请选择习惯将双臂抱于胸前的人。因为太过直率的人守不住秘密。而习惯于双臂抱胸的人会将你的秘密守口如瓶。不过,要和这种人成为亲密的朋友,可能要花上很长的时间。

听众体态折射出心理状态

一个成功的演讲大师,最让人佩服的一点是,他能知道听众喜欢听什么,什么时候听够了。而我们许多人是在唾沫横飞,滔滔不绝后,让听自己谈话的对象坐在那里一言不发地看着自己说的尴尬状况。

那么,如何才能从听众的体态中判断他们的心态呢?行为心理学家告诉我们,完全可以从听众的姿势上来判断。

轻握拳

如果一个人对某件事情渐渐不感兴趣,却又怕失礼而极力想表现出感兴趣的样子时,就会轻轻握住拳头来托住自己脸的一侧。

手贴脸

如果演讲者发现大部分听众一只手的五个指头呈自然状贴着脸,则表明听众对你的讲话产生了兴趣,有经验的演讲者此时会及时说:"我非常高兴大家都在注意听,下面的讲话中我还将就某些问题请教大家"之类的话。这种话说出来,听众在其兴趣的基础上会更加注意听讲,因为大家都怕在下面的讲话中被问道,答不出来。

手托腮

如果听众用手托着一面腮,这表示他已经有点烦了。手托腮是避免倒头大睡的一种维持姿势。行为心理学家研究结果告诉我们,一个人感觉厌烦的程度与他支持头部的姿势有关。特别无聊,不感兴趣时,头是完全由手来支撑的,而厌烦到极点就会倒在桌子上睡着了。

动作频繁

如果演讲者看到听众东张西望,还伴随着手指头在桌上敲,脚在地上打拍子这样的体态讯号时,就是在告诉他讲话该结束了。值得注意的是,动作的大小和频率与这人不耐烦的程度有关,动作幅度大,频率快,说明不耐烦的程度就越大。

拇指托下巴

如某一个人用食指向上指,而拇指则支撑着下巴,这种姿态暗含对说话者或所说内容有负面批评的想法。这种想法如果一直持续,他进而还会用食指擦着或是拉着眼睛。由于姿态影响人的心态,他会一直保持着挑剔的态度,这种姿态告诉说话者应立即采取行动,要么就尽快结束,要么想办法使听众感兴趣。

抚摸下巴

如果演讲者作完结论,向听众询问意见或建议时,他会发现部分人不自觉地用一只手抚摸自己的下巴,这种姿势意味着他们正在做决定。

心中藏事坐不"稳"

如果我们细心观察就会发现:心理状态不同的人在就座以及坐下时的动作行为、方式不尽相同。

有的人在他人面前猛然而坐,他们表面上是一种随随便便、不拘小节的样子,其实这个举动可以反映出此人正处于不安状态,或者有不愿告人的心事,因此不自觉地用这个动作来掩饰自己的抑制心理。

坐下时,与你相距较近的人,如果有意识无意识地挪动身体,说明他想要与你保持一定距离,可又碍于面子不便挪动。并排而坐的两个人要比对坐着的两个人,在心理上更有共同感。

坐在椅子上摇摆不定或不断抖动腿部或用脚尖拍打地面的人,可以窥视出他内心的焦躁、不耐烦、不安或为了摆脱某种紧张感而为之。

将椅子转过来、跨骑而坐的人:这是当人们面临语言威胁,对他人的讲话感到厌烦或想压下别人在谈话中的优势而做出的一种防护行为。有这种习惯的人，一般总想唯我独尊，称王称霸。

舒适而深深坐入椅内的人，可视为在向对方表现处于心理优势的行为。因为本来所谓坐的姿势，是人类活动上的不自然状态，坐着的人必然在潜意识中想着立即可以站起来的姿势。心理学上，称它为"觉醒水准"的高度状态，随着紧张的解除，该"觉醒水准"也会因而降低。因此腰部是逐渐向后拉动，变成身体靠在椅背、两脚伸出的姿势。此并非发生何事，立即可以起立的姿势。这是认为跟对方不必过分紧张之人所采取的姿势。

喜欢对着坐比喜欢并排而坐的人，更希望自己能被对方所理解。斜躺在椅子上的人比坐在他旁边的人，具有心理上的优越感，或者处于高于对方的地位。直挺着腰而坐的人，可能是表示对对方的恭顺之意，也可能表示被对方的言谈激起浓厚的兴趣，或者是欲向对方表示心理上的优势。

始终浅坐在椅子上的人，是无意识地表现着其比对方处于心理劣势，且欠缺精神上的安定感。因此，对于持这种姿势而坐的客人，如果同他谈论要事，或托办什么事，还为时过早，因为他还没有定下心来。

以上是通过一个人的坐下及坐着时的动作、方式来窥探对方的心理活动。当你在与对方交谈、磋商、谈判时，不妨通过上述方法来透析其心理活动，增强你对他的了解，保证彼此之间的交流与合作向着良性方向发展。

吃相暴露本性

明朝学者李贽说："穿衣吃饭，即是人伦物理，除却穿衣吃饭，无伦物矣。"而从吃饭上是完全能够看出一个人的本性的。

吃相贪婪

吃东西像马，一张嘴不停地张合，吃得多，也吃得快，有这种吃相的人，才能平平，却自视清高，常常以自我为中心，自私自利，不把别人放在眼里，这样的人很难有所作为。

如牛之反刍

吃东西像牛，慢慢地吞，一副泰山崩于前，面目不改的样子的人，身体硬朗。这样的人不拘小节，凡事大而化之。对别人的过错，不太在意。他们遇事冷静，因此绝少判断错误。

李贽

细嚼慢咽

懂得细嚼慢咽的人，多是能够细细品味生活的人。这样的人在面对一桌佳肴的时候，能不紧不慢，不慌不忙地细细品尝，就像是在欣赏一件艺术品一样。对这种人来说，吃东西是次要的，而吃东西的过程才是重要的。他们把这种吃东西的哲学用到了生活中，便使他们的生活变得十分细腻，而他们本身也比较善解人意。他们个性温和，能够见微知著，总是用他们敏锐的感官准确地洞察别人的内心世界，因此他们多善于应酬。

狼吞虎咽

中国有一句古话："男人吃饭如虎，女人吃饭如鼠"。意思是说，男人吃饭很快，而女人吃饭很慢。但是，在相同条件下，喜欢狼吞虎咽的男人往往是工作狂，只要一工作起来常常有着使不完的精力，他们总想在最短的时间内完成自己应该做的事情，适合做速战速决的工作。这种人明显是心中放不住事的人，只要手里有没干完的事，他们就会坐立不安，心绪不宁，非把事情做完了才踏实。他们的情绪常常处于高度紧张之中，给自己造成强大的精神压力。虽然他们为人处世思维敏捷，雷厉风行，常常给人精明能干、生气活泼的印象，但其暴躁的性格却使他无法与众人协调，常引发纠纷，无法营造和谐的人际关系。

不太快，也不太慢

吃得不太快，也不太慢，才是标准的吃法。所谓不太快，是说不要快到三两下就吃完，好像嚼都不嚼一下，只知往肚子吞。所谓不太慢，是说不要慢到一碗饭吃个半小时那么久。有这种习惯的人，为人稳重自律，练达圆熟。遇事临危不乱，定力十足且应对自如。

吃得多但始终瘦如竹

吃的量比一般人要多，始终面色红润，终年无病。这种人个性温厚，乐观进取，从不知忧愁为何物。开朗热情，跟任何人都能做朋友，讲义气，肯为别人效犬马之劳。

除此之外，吃饭闷声不响、不发一言的人，个性大多比较孤僻和害羞；饭桌上左顾右盼的人大多能够吃苦耐劳，任劳任怨；吃东西时喜欢唠叨的人，做事雷厉风行；极其讲究用餐环境和对餐具的清洁有特殊要求的人个性比较严谨，工作有条不紊，生活很有规律，总是会称赞别人的努力。

从握水杯的动作洞悉人心

每个人的举手投足之间都能反映其心态和性格。就连一个人握水杯时的动

喝水前摇晃杯子的人

喝水前将杯子不停地摇晃,让杯中冰块发出响声。这种人往往极度缺乏稳定感和安全感,需要用下意识的小动作来缓解紧张的情绪。他们很难定下心来去做同一件事,连安安稳稳地坐在椅子上都不太容易,而是喜欢到处走来走去。他们对于很多事情都有强烈的好奇心,很想尝试每一件事,但不能持久。

一边拿着杯子又一边吸烟的人

一只手拿着杯子,另一只手拿一根烟或其他东西。一般说来,这种人非常自信,很放松,是个优秀的交际人才。他们的交际手腕纯熟干练,判断能力和决断能力非常强,说服能力也不错,如果施展这方面的天赋,会大展手脚,有所成就。

握杯子上端的人

这种人大多爽朗乐观,比较粗放,对于较细微之事不大注意。他们说话声音大都十分洪亮,而且喜欢边喝东西边说话。

握杯子下端的人

这种人通常个性比较敏感,安全感不够,总觉得所有事情都会超出意料。缺乏主见,容易过度重视别人的意见。如果用这种方法握杯,而且翘起小指,那么这个人肯定有些神经质,遇到挫折容易灰心,因此内心总是焦虑不安。他们往往是理想主义者,具有艺术天分,品位高。

握杯子中部的人

从安全角度讲,这种握杯子的方法最不容易让杯子滑落,所以这种人属于比较严谨的"安全型"。他们适应社会的能力非常强,信用颇佳,人缘很好,比较随和,但对别人的托付有时也会表面答应而心中犯愁。在谈话中,他们善于顺着对方的话题来引导对方,表现出高度的交际手腕。

用两手握杯子的人

一只手握杯子,另一只手抱住杯子,看上去非常担心杯子自己跳到地上摔坏。这种人多半性格脆弱,内心空虚,需要有人安慰。他们常常感到孤独,但是又很难开口与别人谈心,即使谈心也总是话不投机,没说几句就说不下去了。他们喜欢触摸别人,这是他们深深的孤独感所致。他们对于异性非常感兴趣,但由于性格孤僻,不容易相处。

睡姿呈现深居心理

很少有人留心过,睡觉的时候自己是什么样的姿势。其实我们每个人在睡梦中是身心最松弛的一刻,姿态是最真切自然的。可以说,每个人睡觉的姿势是一种直接由潜意识表现出来的身体语言,与性格是有着直接联系。正如英国"睡眠评量暨顾问服务"主任克里斯·伊德兹考斯基教授所说:"当我们醒着的时候都能感觉到自己的肢体动作,但我们第一次发现下意识的睡眠姿势也能表明我们的性格。有趣的是,这些姿势总是我们下意识的。"因此,只要观察者注意一下对方的睡姿就更能从中了解到被观察者心中真实的自我。

采取俯卧式睡姿的人多有很强的自信心,而且能力也非常突出。在大多数情况下,他们都能很好地把握住自己。他们对自己有非常清楚的认识,知道自己是谁,也知道自己在做些什么。对于所追求的目标,他们能够坚持不懈,有信心也有能力实现它。他们随机应变的能力非常强,懂得如何调整自己。另外,他们还可以很好地掩饰自己的真实感情,而不让别人看出一点破绽。

喜欢仰睡的人多是非常开朗和大方的,他们为人比较亲切和热情,而且富有同情心,能够很好地洞察别人的心理,懂得别人的需要。他们是乐于施舍的人,他们在思想上非常成熟,对人对事往往都能分清轻重缓急,知道自己该怎样做才能达到最好的效果。他们的责任心一般都很强,遇事不会推脱责任选择逃避,而是勇敢地面对,甚至是主动承担。他们优秀的品质赢得了别人的尊敬,又由于对各种事物能够做出准确的判断,因此很容易得到别人的信赖,同时,他们还会为自己营造良好的人际关系。

在睡觉时采用婴儿般的睡姿的人多是缺乏安全感,比较软弱和不堪一击的。他们的独立意识非常差,对某一熟悉的人物或环境总是有着极强的依赖心理,而对不熟悉的人物和环境则多有恐惧心理。他们缺乏逻辑思辨能力,做事没有先后顺序,常常是事情已经发生了,他们却连准备工作还没有做好。他们责任心不强,在困难面前容易选择逃避。

脸朝下,头摆在双臂之间,膝盖缩起来,藏在胸部下方,背部朝外,采取这样一种睡姿的人,通常具有很强的防卫心理,并且这种心理时刻存在着,准备随时山击。他们的自主意识较强,不会听从别人的吩咐和摆布,去做一些自己并不愿意做的事情,更不会向权势低头,如果有人强行要求他们,他们就会采取必要的措施。

双手摆在两旁,两脚伸直坐着睡,这种睡姿在生活当中并不多见,但仍然存在。这种人时刻处于一种高度紧张状态中,他们的生活节奏多是相当快的,而且规律化极强。每天在什么时间做什么事情似乎已固定下来,而他们在这个过程中,身体和思想在自然而然中也形成了一定的规律,俨然条件反射一般。

双臂双腿交叉睡觉的人,自我防卫意识多比较强烈,不允许别人侵犯自己。他们的性格是脆弱的,很难承受某种伤害。他们对人比较冷漠、内敛,常压抑自己而拒绝真情实感的流露。

在睡觉时握着拳头，仿佛随时准备应战，这一类型的人如果把拳头放在身体或是枕头下面，表示他正试图控制这种积极的情绪。如果是侧着或是仰躺着睡觉，拳头向外，则有向人示威的意思。

喜欢睡在床边的人，他们往往缺乏安全感，理性比较强，能够控制自己，尽量不会让情绪流露出来，因为他们知道事实可能并不是这个样子，那只是自己一厢情愿的想法。他们具有一定的容忍力，如果没有达到某一极限，轻易不会动怒、反击。

在睡觉时整个人成对角线躺在床上，这种人多是非常武断的，他们做事虽然精明干练，但绝不会向别人妥协，态度是我说怎样就怎样，别人不得提出反对意见。他们乐于领导别人，使所有的事情在自己的直接监督下完成。他们有很强的权力欲望，一旦抓住就不会轻易放手，而且越抓越紧，绝不愿与他人分享。

双脚放在床外的睡觉姿态会使人感到非常疲劳，但还有人选择这样一种睡姿。这种人大多是工作非常繁忙，没有多少休息时间。他们的生活态度是非常积极乐观的，在大多数时候，他们都显得精力充沛，而且十分活泼，为人也比较亲切热情。他们多具有一定的能力和实力，可以参与加入许多事情当中，生活节奏特别快。

笑型展露潜藏的内心世界

笑，能打破僵局；笑，能传递愉快。相比较而言，会笑的人，在社交场合，比那些严肃的人有更大的优势，更有利于促进人际关系的和谐和增进朋友情谊的发展。

无论是哪一种笑，它的背后都有极高的含金量，由笑的不同方式而识别一个人的内心动态，是最直接、最简单的办法。

爽朗型

有这种笑型，可以看出他们心胸宽广，性格豁达，绝不会一味地迎合或盲从；他们有一种天真的心理，但不被物欲所支配，颇有实证精神，处事执着但不任性。他们做事有分寸且思维清晰，即使在纷繁复杂的关系中，也能明辨是非，做到泾渭分明；他们感情丰富，但同时富于超人智慧。

嬉笑型

这种笑容常常会给人一种不安全、游戏人生的感觉，但他们却不失清高，这种有矛盾冲突的双重人格，难免使人有强烈的虚荣心，而且往往行为办事以自我为中心，从不服输，对同事或下属常产生不满情绪，为了炫耀，言行举止不免有些夸大。

尽管如此，但他们倔强的性格及富于自我推销的能力，使自己会成为许多成功的范例。

苦笑型

在无奈的情况下,想借笑释放自己,希望从中得到解脱,所以他们笑里有"黄连"的味道,他们感觉所在的地方不是自己该来的地方,感到很不自在,在这种情况下,他们希望借助"笑"来掩饰自己的尴尬,因此给人的感觉是:他们本身就不会笑,是一种外力压榨出来的,所以难免有些扭曲。

无疑,他们是一个缺乏自信而且脆弱的人。他们的疲惫让人明白他们已看透了滚滚凡尘,他们意味深长的笑中多少流露的是无法恢复的失望。

微笑型

不媚世俗的他们希望平平淡淡过一生,在生活中他们是一个谨小慎微之人,不轻易外露自己的优势,但他们往往经验丰富,富于同情心。他们了解在什么样的情况下会产生什么样的心情,所以常常在别人处于自己的某种情景下,他们就无意中与别人分享其痛苦。他们是一种可以与朋友共患难的人。

奸笑型

看到这种笑容常常让人感到不寒而栗,这种人笑声是阴险与奸诈的,声音很刺耳,他们有严重的自私心理,俗话说"点燃别人的房子,煮熟自己的一个鸡蛋"就是指这类人的行为。他们往往对物质有强烈占有欲,对损人利己乐而不疲,而且不择手段。

窃笑型

他们从不破口大笑,这种笑容常会让人感到莫名其妙,甚至怀疑自己说出的话或做出的行为,而且这种笑是从形式上回避所面对的人与事,常会转过身,低下头并捂着嘴笑。这是名副其实的"偷着乐",把将要面临的每个人或事看作一个虚拟的陷阱。因此,他们总是畏缩难前,从不轻易冒险。但是,他们的怯懦中有难能可贵的危机意识,因此,他们总能立于"不败"之地。

浅笑型

这种笑容常会给人一种优雅的感觉,让人感觉自己的行为得到了回忆,一般情况下,这种人很少或根本不去参加社交活动,属于自我封闭较强的类型,他们常认为自己虽深居简出,但却知天下大事。事实上,由于闭目塞听,往往不免思维狭窄,甚至造成"自我否定",以至自暴自弃。但他们不失儒雅风度,凡事三思而行,总能较好地把握分寸。

嘲笑型

这种人常有一些不错的主意,但他们往往是"黄鹤楼上看翻船"作壁上观,对别人的"拙劣表现"报以讥讽与嘲弄。他们得理不饶人,言辞大多尖酸刻薄,有一种幸灾乐祸的心理,因此,对人的要求常常是苛刻的。

事实上,这些人在工作中也往往只是指手画脚,说三道四,缺乏实干精神,通常他们在独立完成某项工作时不会取得实质性的进展。

暗笑型

有这种笑容的人最大特征是:患得患失。他们把个人得失看得很重,生怕得不到,终于得到则紧握手中又生怕失去。他们做任何事都非常谨慎,总能按质超量完成,对最终的胜利,常表现出势在必得的昂扬斗志,所以大多能获得较为满意的结局。

但另一方面,对劳动成果的捍卫性保护,难免使他们有些斤斤计较,注重近期利益,而失去一些难得的机遇。

娇笑型

凡是这种人总会从现实的角度考虑,包括感情、婚姻,他们可能将婚姻当作一场最大的赌注,他们在择偶时,几乎把对方的能力,学识等象征财富的所有指标,当作他们不可缺乏的条件。总之,生活上他们希望有一个坚不可摧的靠山。

而在事业上,自己缺乏主见,即使有自己的看法,但往往也会因缺乏自持之心而随波逐流。害怕独立,甚至逛商场也经常像进城的乡下小孩一样拉着家人的手。

率真型

率直型的最大特征是,每当快乐或者高兴时,从不考虑时间、场合,由着自己的性子行事,所以当别人投来异样的眼光时,他们也不在乎别人会怎么想。

他们希望周围的人知道自己的高兴,而且生怕笑不尽兴,会无意之中有所保留。

他们总能保持乐观向上的心态,所以面部能经常流露出笑容。因为他们不隐藏感情,坦率真诚地表现自己的内心,表情自然就会很丰富。只要看他们的脸孔,就不难知道他们的心态,所以很容易为别人所理解,同时,这也是他们很好相处的原因。他们虚怀若谷,而且"义气"之中不乏灵秀与智慧,即使是女性,也常有知心朋友对他们称兄道弟。

谄媚型

经常有这种笑容的人深谙处世之道,或者是能力一般,为求全而以笑迎人,这种人大都会反对或驳斥上司的指示,而且无论上司有何言论,他们总是千方百计找到依据,以证明其合法或具代表性。无论在什么场合下,这类人总是唯唯诺诺。

从心理学上看,这类人无法确定自我,对自我角色把握错位,所以,呈现出一种"自我否定",对判断有一种责任上的恐惧,从而使自己的能力逐渐被遗忘或根本丧失了。

作为上司或是同事有必要让他们做一些程序清晰性工作,渐渐树立起信心,从而塑造独立人格。

顿挫型

这种笑发出的笑声是一阵一阵的,给人一种颠簸的感觉,对于生活或工作上的压力,他们感到很无奈,但是为了气氛的和谐他们仍会笑。在他们身上能体现一种忍辱负重的精神,为了最终目的,他们能自我克制,全力以赴,在坚强的意志后面隐藏着他们的胆魄与智慧,所以,他们可能是一个值得终生依赖的朋友,也是庇护属下冒险创新的好领导。

狂笑型

这种人的最大特点是:浮躁。面对急剧变化的社会,无所适从,情绪上则往往急躁不安,心神不宁,过于急躁往往使他们做出一些无目的的行为,缺乏思考,只想以一种盛气凌人占据优势,根本不会深入内部去探究事物发展的内在规律。

就一般而言,他们攀比心强,总想时时处处占有绝对优势。实际上,他们内心恐惧失败,是一个十足的急功近利者。

表演型

与率真型相比,这种人视笑为"不可再生资源",对笑的"开发"持谨慎态度,即使他们有什么喜事也认为不必喜形于色,让没关系的人知道。甚至可以说,他们具有一种不让别人知道的防卫意识。

正因为如此,一旦笑出来,乍一看总给人一种内蕴丰富的感觉。但他们整个脸孔看起来紧绷,一片嘴唇微微颤抖,给人的感觉就是他们把"笑"作为一种交流的工具,并不是由衷的。

总而言之,这是一种缺乏内容的笑,有时笑声高而尖,有时低而沉,甚至低得叫人几乎听不到声音,一言以蔽之,那是孤独而冷漠的笑容。

他们不会附和周围的笑声,而是在人际关系持续感到不安时,为了掩饰自己的紧张,不得已而勉强挤出笑容。

鬼笑型

有这种笑容的人,他们的人生大都会带有一些戏剧性,他们将生活当作没有屏障的舞台,自己时时处处则在演一轴精彩的"生活写真",这种笑容会引起周围人的开心。

他们的显示欲望很强烈,所以在他们未"尽兴"之前,对别人的表现常索然无味,甚至以轻蔑的态度嗤之以鼻。在他们看来,他们应当是社会场合的核心人物,所以,他们对任何人过分的表演认为是"喧宾夺主"。一言以蔽之,他们的显示欲常有向"虚荣"靠拢的行为趋向。

冷笑型

这种人有严重的对抗心理,常因为你的成就而疏远你,是人们常说的"红眼病"。他们不满足于自己幸福之处,还渴望看到你的不幸,甚至以破坏你幸福的办法来寻求精神上对他们自己的安慰,他们的欢乐是建立在你痛苦之上的。他们往往对大家公认的榜样不屑一顾,强烈的虚荣心使他们不能容忍你被提升和得到认可。

滑稽型

这种笑容常常让人有种忍俊不禁的感觉,一般拥有这种调侃式笑容的人,他们喜欢随心所欲地对一个问题进行自由自在的解释,或对事物进行臆断性评估,甚至硬将两个风马牛不相及的东西连在一起,以造成一种不和谐、不合情理,在"出人意料"的效果中享受创造的乐趣,或在这种因果关系的错位和情感与逻辑的矛盾之中,产生出啼笑皆非的滑稽艺术。

尽管如此,总体上看他们是一个心胸宽广、感情细腻的人,又乐于牺牲私利的奉献精神。

倾听是一种窥探的计谋

构成谈话的前提包括了两种不同立场的存在者,即说话者与听话者。我们可以根据对方对自己说话后的各种反应,来突破对方的深层心理。

如果一个人非常认真地听话,他大致会正襟危坐,视线也一直瞪着对方。反之,他的视线必然会散乱,身体也可能在倾斜或乱动,这是他心情厌烦的表现。

有些人仔细倾听对方的每一句话,等到讲述者快说完时,他也会吐露自己的心声。可见,倾听者完全依靠坚强的耐心,再配合一股好奇心,才能最终获得讲话者的秘密。

假如你想弄清某人某方面的消息,你就得和他从一个平常的话题切入,然后认真倾听、提问、再倾听……一步步达到自己的目的。对方在高兴之余,也忘了提防,相反还会认为你是一个很好的倾听者,一个善解人意的人。

语言是鉴定人的品性的重要依据。因为人的思想及情感往往通过语言表达出来。一个人是优雅还是粗鲁,会在其优雅或粗鲁的措辞中自然而然地流露出来。下面我们就来根据语言来把人鉴定一下。

旁敲侧击者

旁敲侧击是一种巧妙迂回战术,既重迂回策略,更重隐含之术,是"妙接飞镖暗中回掷"的高超人际交往术。这种人与人打交道善听弦外之音,又会传达言外之意。

奇思妙语者

这种人机智风趣、谈吐幽默,灵感的火花往往在一词半句中迸发。他不管走到哪里,都能给那个地方带来愉快,带来笑声和欢乐的气氛。

随机应变者

这种人头脑反应迅速,像一台高速的电子计算机,在一秒钟内能正确分析自己目前处境的优劣并设法找到为自己开脱的理由以巧妙应付。

能说会道者

这种人虽不可将死的说活,却可以把好的说得更好,把坏的说得更坏。好的口才可以"化腐朽为神奇"。一句得体的话可以令人马到成功,而不得体的言语会令人功败垂成。因此能说会道者,也应适时管好自己的嘴巴。

妙语反诘者

这种人不仅能说,而且懂得如何去听,对别人所说的话能够抓住机会提出各种问题加以反击,令对方哑口无言,从而一举赢得论辩的胜利。

说服力强者

这种人是优秀而又不可多得的外交型人才。他们对别人的感觉、思想、看法了解得非常清楚,并能把那些和自己不同的或相反的意见推倒移开,使谈话照着自己的设计方案和计划向前走。

软缠硬磨者

这种人性格顽强、不达目的誓不罢休。为了达到某种目的,他们会采用软缠硬磨法,友好地拖延着对方的时间,甚至赖着对方的地盘,搞得对方急不得恼不得,最后不得不答应他们的要求。但软缠硬磨应该有一个限度,玩过了火,就会变成胡搅蛮缠。

改过迁善者

古人云:"人非圣贤,孰能无过?"事实上不仅是常人,即使是圣贤也不可能没有过错。只是圣贤比常人更敢于改过迁善,显得比常人伟大而英明。

一个人只有具备了改过迁善的能力,才可以算是一个有自我意识的人,一个精神健全的人。就像一个人的肌体假如是健康而正常的话,也必定会具备吐故纳新、自我调节的功能一样。一个精神、心理健康的人,一定是一个善于自我调节行为的人。

料事如神者

这种人有先见之明,能准确地预见未来。他有着很强的分析形势能力,能综合各种资讯信息,随时做出快速的反应。因此,这种人做什么事都能先人一手,先人一着,知人所不能知,见人所不能见,谋人所不能谋,处处争先,永远争先。

谈吐幽默者

富有幽默感的人肯定有缺点,但由于使人欢笑,人人都愿意与之相处。

谈吐幽默者很少遵从逻辑的法则,相反经常运用奇谈怪论,或类似诡辩的手法,使对方如坠五里云雾中。

有幽默感的人必然是感觉敏锐、心理健康、胸襟豁达的人,别人乐意与之亲近,与之交往,与之为友。一个悲观厌世者当然不懂得幽默,一个心胸狭隘的人也与幽默无缘。

自我解嘲者

幽默向来被人们称为只有聪明人才能驾驭的语言艺术,而自嘲又被称为幽默的最高境界。由此可见,能自嘲的必须是智者中的智者。

所谓自嘲,就是拿自身的失误,甚至拿生理缺陷来"开涮",对丑处、羞处不予遮掩,躲避,反而把它放大、夸张、剖析,然后巧妙地引申发挥。没有豁达、乐观、超脱、调侃的心态和胸怀,是无法做到自嘲的。

善于倾听者

做一个耐心的听者,是谈话态度中的重要表现之一。一个认真聆听别人谈话的人,必定是一个富于思想,有缜密见识和具备谦虚柔和性格的人,这种人在人群中,最先也许不会受人注意,但最后必定是最受敬重的。由于他们虚心,所以以任何人所喜欢;由于他们善思,所以为任何人所信任。

人们常说:"言不在多,有味就行。"这里所说的"味"就是指思想。任何思想、知识、情感都要通过语言表达出来。由此可知,语言确实是不可缺少的。但是,牵强地说一些话,绝对不是好事,患这种毛病的人,只要逮到机会就滔滔不绝。此时,如果你要制服他,就要等他絮絮叨叨地把脑子里的事全部倒出来,然后抓住一点,一语道破。

聪明人总是少用嘴,少说话,多用耳,多用心,慎言多思。

从假动作看对方的心理状态

说谎的人一般习惯于用假动作。在求人与被求者面对面时,被求者有时为了表示拒绝,可能编个谎话来搪塞。当然,求人者并不知道他在说谎,除非谎言当场被揭穿。然而这种情况很少见,大多数人是在事后才知道。而在当时被求者是毫无防备的,也许说谎者惯于此道,让人信以为真,但是总有一些动作或手势显现出他(她)刚才说了谎话,只是求人者没有留意观察而已。

通常的假动作包括:

拉衣领

当一个人说谎时,有时会引起敏感的面部和颈部组织的刺痛感,因此就必须用手来揉或搔抓。说谎的人感到对方怀疑自己时,脖子似乎都会冒汗,这时他们可能会下意识地拉一拉衣领。

挠脖子

说谎者讲话时有时会用写字的那只手的食指挠耳垂下方部位。有趣的是这种手势要挠上五次左右。

掩嘴

掩嘴是一种明显未成熟、还带孩子气的动作。用拇指触在面颊上,将手遮住嘴的部位称作掩嘴。也许说谎者大脑潜意识中不想说那些骗人的话,而导致了掩嘴这一动作。也有人假装咳嗽来掩饰其捂嘴的动作,分散自己的注意力。如果一个同你谈话的人常伴有掩嘴的手势,也许他正在说谎话。可当你讲话时,听者掩着嘴,也许说明听者觉察到你在说话令他不满意。有这种掩嘴的动作有时可能会出现不同的形式:用指尖轻轻触摸一下嘴唇;将手握成拳状,将嘴遮住。

搓耳朵

搓耳朵暗示着听者没有听出谎言。这种动作的变化形式还包括拉耳朵,这种手势是小孩子双手掩耳动作在成人动作中的一种重现。搓耳的说谎者还会用手拉耳垂或整个耳朵朝前弯曲在耳孔上,后一种手势也是听者表示厌烦的标志。

摩擦眼睛

有的人在说谎时,会去摩擦眼睛以避免与对方的目光接触。从男人来讲,摩擦眼睛比较用力,如果是说大谎时,他们会转移视线,比如用眼睛看着地板。摩擦眼睛的女人,都是在眼的下方轻轻地揉。这样做一是怕弄坏了自己的化妆,二是为了避免动作粗鲁。为了避开对方注视,她们常常眼看天花板。

触摸鼻子

当一个人说谎后,有时会有一种不好的想法进入大脑,于是会下意识地指示手指去遮捂嘴,但是,到了最后的关头,又害怕别人看出他在说谎,因此,只是很快地在鼻子上摸一下,马上就把手放下来。当一个人不是在说谎,那么,他触摸鼻子时,一般要用手在鼻子上摩擦一会儿,或搔抓一下,而不是只轻轻触摸一下。

说谎者除了以上几种表现外,还有其他一些表现,比如言词模棱两可,音调较高,似是而非;平时沉默寡言,突然变得口若悬河,不自觉地流露出惊慌的神态,但仍故作镇定;对你所怀疑的问题,过多地一味辩解,并装出很诚实地样子:答非所问,或夸大其词;故意闪烁其词,口误较多;精神恍惚不定,座位距你较远,目光与你接触较少,强作笑脸;对于你的讲话,点头同意的次数较少等等。

拧毛巾暗含的恋爱态度

拧毛巾无非是把毛巾里的余水拧出来,拧到再没有水分为止就是。但是,从拧毛巾这个小小的动作,也可以折射出一个人的恋爱态度。

把毛巾竖起来拧

这种类型的女性非常独立。一般不喜欢男性去追求她,却要从自己的积极追求男性中得到满足。

这类女性会对自己爱的一方毫不吝啬地付出,不求同报,即使以单相思收场(而且往往如此),她也不会感到后悔、失望,相反她会从失恋中找寻罗曼蒂克的绮思,留作自己独享的美好回忆。

她们属于独立型的女性,往往会被比自己年轻的男性所钟情,也只有在较为年轻的异性身上获得母性的刺激时,她们才感到满足。

左手心朝上拧毛巾

这类女性非常活泼。喜欢交往,最不喜欢的是安安静静地待在家里。社交中,性情爽快,很讨人喜欢。在恋爱方面,也一样会采取非常干脆的态度。

这类女性,粗心大意,好奇心强,待人尽往好处想,即使她的男朋友被好友抢去了,可能她还不知道。又由于她对一些鸡毛蒜皮的事不太在意,所以在恋爱的时候,会受到各种各样的男性喜欢。婚后虽然不至于乱来,但男性朋友仍然很多,有时会引来某些误会。

右手心朝上拧毛巾

这类女性非常热情。暗含着冒险的恋爱对她来说最为憧憬。但是,她们脾气暴躁,一句话不对,就会给你脸色看,在对待一些事情上,总是以自己的本位来考虑一切问题。所以在谈恋爱时,也会以自己情感为中心,并且会喜怒无常,甚至每次约会,都喜欢次次有变化。如果遭遇到周围人的反对,并不会因周围人的反对而心冷,反而会更加热心。

在恋爱时,她们不喜欢年龄大小相同的男性,大她5岁以上的男性更能赢得她的芳心,值得一提的是,这类性格的女性,事业方面获得成功的相当多。

两手掌朝下把毛巾斜着拧

这类女性非常贤惠。不该自己说话的时候，决不插嘴，对于自己的立场，总是分辨得很清楚。在谈恋爱时，很会替对方着想，到了结婚以后，是一个处处会替丈夫着想的好太太，也很喜欢孩子，一般不会背着丈夫和男朋友偷情幽会。

这类女性，可以说是许多中国传统男性向往的对象，是多数男性追逐的目标。但是那种自命不凡的男性，对于这类女性就不太适合，这一点是必须要注意的。因为这类男性的心眼非常多，最喜欢空想，生活在一起，她们会感觉非常累。

收放车票折射的性格偏向

在乘车时，有的人买了车票以后，你看他们是如何收放车票的。加以仔细观察后，可以发现因人而异，会有各种习惯性的收放车票动作，下面列举几种类型的动作。

把车票团在手中

这是一种生性积极，处事干脆而注重行为的人。奉行"只有想不到，没有做不到"的处事原则，只要他们所想到的事，马上就会采取行动，为人可靠，因此周围的人都很相信他。

由于这种果断的、雷厉风行的强悍风格，身边的朋友多，敌视的也很多，所谓"一个有作为的人，总有七个敌人伴"指的就是这类人，精明强悍是优点，但是经过一次失败时，其自信就不如别人，这时如果遇到一知己鼓励他，会成为他的贵人。

把车票夹在嘴唇上

这种人具有社交性，与任何人都能谈得来，一下子就会熟悉起来。嘴巴虽然非常积极，也好像很有干劲，可到了真要做的时候，就缺少积极性了，甚至有时常常把工作做了一半就停了下来。

但是，这种人心肠很好，富有同情心，有事与他商量，或是向他求援时，总会尽全力帮助。缺点是嘴巴不严，往往会把自己心里的事一五一十地告诉别人，所以，上当的时候特别多。

把车票装进口袋里

这种人为人比较内向，不善与人交往，但内心有自己的主意，遇到大事能冷静处理。有时，在别人面前，从不把自己的心思直接地吐露出来，常会引起朋友的误会，他们因缺乏必要的表达和热情，其内向的性格成为事业成功的主要障碍。

这种人一般朋友较少，但质量高。一旦有，就是知心朋友，不过常常都是一些热情的朋友找他。因本性善良，一般都拥有一个美满的家庭。

把车票折起夹在手里

这种类型的男人细心、敏感,做事小心谨慎,缺乏决断力,不乏好的创意,但缺乏实行的主动性。生活中能体察入微,工作上却不会被上级看重,在女性面前,他们有着绅士的风度。

小动作中显露出来的心理秘密

常言道:细微处泄天机。生活中的小细节最能体现一个人的真实本性。人们在日常生活中的小动作是在长期的生活中无意识地形成的,因而带有明显的个性色彩。一个识人高手往往就是通过观察这些习惯性小动作,在瞬间把握一个人的内心动态。

美国学者们曾做过一个作弊的试验。他们给受测者很难的问题,同时把答案放在他们面前,但是告诫他们"不能看答案",然后监考人员走出房间。他们使用反光镜等器具,在受测者不会发觉的情况下,观察其行动。有趣的是,观察结果发现,靠自己的能力解答者,约有83%的人表现出咬指甲、含拇指、舐手背等习惯动作;而作弊的一组人中,做山这些动作的只有48%。此外,还出现了一些搔头,或以手指卷头发,以及闻身体的味道的动作。靠自己能力答题的一组人做出这些动作的,约为作弊组的两倍。

这个实验不难看出,不断地压抑想看答案的欲望与苛求自己之后,无形中会使这些习惯小动作一一呈现山来。

这种测试在一般人群也同样具有相当程度的共通性。每一位考试人员,都会不同程度地出现搔头、咬指甲的行为,将这种司空见惯的小动作加以分析,便是在日常人际关系中识别人心的一种重要手段。

拍打头部

这个动作多数时候的意义是表示懊恼和自我谴责。

倘若有人有这样的动作,而他拍打的部位又是脑后部,那么这种人不太注重感情,而且对人苛刻,他选择你作为他的朋友,很大程度上是因为你某个方面他可以利用。当然,他也有很多方面值得你去和他交往,诸如对事业的执着和开拓等,尤其是他对新生事物的学习精神,你不由得从心底真心佩服他。

时常拍打前额的人一般都是心直口快的人,他们为人坦率、真诚,富有同情心。在"耍心眼"方面你教都教不会他。他很愿意为别人帮忙,替别人着想。这种人心里藏不住秘密,如果对人有什么得罪的话,他们也不是有意的。

挤眉弄眼

这种人在任何情况下,他们都会肆无忌惮地挤眉弄眼,有时候他们也并非是在相互勾引或调情。这种人确实缺乏内涵修养或太轻浮,在恋爱和婚姻上,他们总是喜新厌旧。虽然他不一定会跟"原配"离婚,甚至还可能对结发妻子"相当好",那只不过是他的自尊心在起作用罢了。

这种人特别会处理人际关系,尽管他们十有八九都略显高傲,但由于他们的处事大方为其掩盖了很多不足之处。在事业上,他们善于捕捉机会,深得领导的赏识。

掰手指节

这种人习惯于把自己的手指掰得咯嗒咯嗒地响,不论有人没人,有事还是没事。

他们通常精力旺盛,哪怕他得了重感冒,如果叫他去干一件他平常最喜爱的活动,他同样会从床上爬起来。他们还非常健谈,喜欢钻"牛角尖",依仗自己逻辑思维强而常常把别人的谈话、文章说得一无是处。

他们是典型的多愁善感型,而且是出名的"情种",只要是异性,他们可能只相处一两次就会爱上。

他们对工作环境非常挑剔,如果是他喜欢做的,他会不计较任何代价而踏实努力地帮助你;反之,如果是他不喜欢做的,即使当众出你的丑,也一定会暗地里甩你的"冷板凳"。

坐角落

这种人大多属于自卑型。他们参加各种聚会或会议,总是找最偏僻的角落坐下,但是要排除那种昨天通宵达旦,今天想找一个不易被人发现的角落打瞌睡的人。

他们的性格大都有怪异的一面,如果说他无能,他绝对会做一件事让你瞧瞧;如果说他行,他却非常谦虚;如果人人都说某件事情不能做,他却偏要去试试。他们最不习惯的是让他拜访年轻女性的家,否则,他要站在门前给自己鼓足很久的勇气才敢敲门。

调动他们工作积极性的唯一办法就是表扬他们,让他们感觉到自己还是有很多长处和优点。他们的口头表达能力不强,尽管他们中的多数非常聪明。

腿脚抖动

看电影也好,参加宴会也好,与人交谈也好,或是独自坐在那儿工作,这种人总喜欢用腿或者脚尖使整个腿部颤动,有时候还以脚掌拍打地面或者用脚尖磕打脚尖,这种行为当然不能登大雅之堂,但习惯者总是习以为常。

他们最明显的表现是自私,很少考虑别人,凡事从利己主义出发,尤其是对妻子的占有欲望非常强,经常会无缘无故地制造一些"醋海风波",在这个问题上说他们有"神经质"一点也不过分。他们对别人很吝啬,对自己却非常知足,据说"守但是他们很善于思索,经常给周围朋友提出一些意想不到的问题。

边说边笑

这种人与人交谈会给人一种非常轻松愉快的感觉,他们不管自己或别人的讲话是否值得笑,有时候连话都还没讲完他就笑起来了。他们也并非是不在意与别人的交谈。

这种人大都性格开朗,对生活要求不是很苛刻,很懂得"知足常乐",而且特别富有人情味,在任何地方他们总是有特别好的人缘,这对他们开拓自己的事业本来是极好的条件,可惜这类人大多喜爱平静的生活,缺乏一种积极向上的精神,否则这个世界很多东西都该属于他们的。

表里不如一

当你给某人递烟或其他食物时,他嘴里说"不用""不要",但手却伸过来接了,显得非常客气的样子,这完全是假装客气。这种人处事圆滑、老练,不轻易得罪别人。

他们一般比较聪明,兴趣广泛,常常把爱情视为儿戏,但他们一旦爱上一个人,就很难摆脱掉感情的束缚。

时常摇头晃脑

日常生活中我们常常看到或用"摇头"或"点头",以示自己对某件事情看法的肯定或否定,但如果你看到一个人经常摇头晃脑的,你也许会认为他不是得了"摇头病"就是神经病了。

我们撇开这种看法而从另一个角度来看的话,这种人非常自信,以至于经常唯我独尊。他们也会请你帮他办事情,但很多时候你做得再好他们都不怎么满意,因为他有自己的一套,他只是想从你做事的过程中获取某种启发罢了。

他们在社交场合很会表现自己但却常常遭到别人的厌恶,对事业一往无前的精神倒是被很多人欣赏。

边说话边打手势

这种人与人谈话时,只要他们一动嘴,一定会有一个手部动作,摆动手、摊双手、相互拍打掌心等等,好像是对他们说话内容的强调。他们做事果断、自信心强,习惯于把自己在任何场合都塑造成一个领导型人物,很有一种男子汉的气派,性格大多属于外向型。

这种人极会煽动人心,他们良好的口才往往让你不信也得信。他们与异性在一起时表现尤其兴奋,总是极欲向人表现出他"护花使者"的身份。

他们对朋友非常真诚,但他们不轻易把别人当作自己的知己。踏实肯干的性格使他们的事业大多小有成就。

交谈时抹头发

如果与你面对面坐着或站着,这种人总要时不时地抹抹头发,好像要引起你对他们发型的兴趣。其实不然,因为他们即使一个人独自在家看电视,也会每隔三五分钟"检查"一下发上是否沾上了什么不好的东西。

他们大多性格鲜明,个性突出,爱憎分明,尤其疾恶如仇。如果公共汽车上有小偷,而乘客都是这种人的话,那个小偷一定会被当场打个半死。他们一般很善于思考,做事细致,但大多数缺乏一种对家庭的责任感。

这种人对生活的喜悦来源于追求事业的过程。的确,那些喜欢拼搏和冒险的人,他们是不在乎事情的结局的。他们在某件事情失败后总是说:"我问心无愧,因为我去干了。"

死死地盯住别人

这种人的特点是在与别人谈话时目不转睛地看着别人。在聚会时,这种人也常常盯住一个人不放,而他们并不是看上了某个人。

他们的支配欲望非常强,而大多数的时候他们确实又都有某种优势,因此只要有机会,他们就会向别人显示自己。他们占不到天时地利就一定能占到"人和"。他们的行为看起来往往像个花花公子,但值得肯定的是他们选定了人生的目标就一定会去努力。

这种人不喜欢受约束,经常我行我素。另外,他们比较慷慨,所以他们周围总是有一些相干和不相干的人在一起。

抹嘴、捏鼻子

这种动作有点不雅观,但是还没到有伤大雅的地步。这种人大多喜欢捉弄别人,却又不敢"敢作敢当"。他们的唯一爱好就是"哗众取宠",眼见你气得咬牙切齿,他们却在那儿高兴得手舞足蹈。从这方面来讲,不妨认为他们有点"变态"。

这种人是被人支配的类型。别人要他做什么,他就可能做什么。如果他们进商场,售货员最喜欢的就是这种人。也许他根本什么都不准备买,但只要有人说"先生,这件可以",而他就会买下。

打电话的动作泄人心境

人们在打电话时,一般都会表现出不同的姿势,我们就可以根据这些姿势的特点,揣摩出他们的心境。

以下是通过握话筒的方式参透对方性格:

握话筒中间的部分,话筒稍微拿离嘴巴或耳朵说话,不论是男性还是女性,他们都是处于心理安定的状态下,讲话方式也很平静,大都是性格温和的人。

握话筒的上方,这种人性格很情绪化,但他们有可能是个富于上进心、懂得珍惜时间的人。

握话筒的下方,这种人性格外柔内刚,属于外向、积极的一种。处事外圆内方,表面看起来怯懦温驯,其实个性坚毅,无论对人对事,一旦下定决心,永不改变。

以肩代手型,他们喜欢把听筒夹在手和肩之间。这种人生性谨慎,对任何事情必须先考虑周详才做出决定,他们处处小心谨慎,很少冲动,因此极少犯错或碰钉子。

以下根据打电话的不同类型来加以分析:

舒适型

这种人用电话时舒舒服服地坐着或躺着,一副泰然自若状。他们生活沉稳镇定,泰山压顶面不改色。

悠闲型

这种人通电话时习惯把桌子最下层的抽屉拉出,并且把它当成垫脚石,这种动作暗示出他们所付诸努力的事情进展得很顺利,已经成功在即了。因此这个动作并不意味他悠闲自得下的懒散。反而是积极进取、行事强硬、为目标不惜牺牲任何代价的体现。在事业上,这种人往往能拥有属于自己的一片天空。

另外,还有一种悠闲式就是习惯把脚放在桌子上。

在他们看来,一切都在自己的计划之中,不会逃出自己的手掌心。他们的放松显示出他们的优势要远远胜于对方,或对自己的所作所为有十足的把握。对他们而言,满意的结果十拿九稳,需要的只是时间上的等待。

倾注型

这种人在讲话时的眼神仿佛在注视着话筒的一端,这表示他们想把更多的资讯传达给电话另一端,而且他们所提供的信息远比对方要求的多。当然,他所能接收到的信息也就少了。他们喜欢与人分享,不管是开心的事情还是伤感的事情。但话又说回来,他们对付出常常是有所求的:名或是利。

抽烟型

这种人在大多数情况下是一个理性的审视者,喜欢思考,而且防卫意识特别强,对别人的话常会人为赋予一定攻击性,有意识去分析话的弦外之意。如果他将烟狠狠摁熄,那说明他对所谈的话题感到伤心,或有严重的挫折感;如果把放下的烟拿起来,并狠敲烟灰缸,那么电话里所谈之事,一定令他非常生气。

徘徊型

这种人在打电话时会毫无目的地反复做同一件事,将抽屉推进拉出,可以断定,他应该碰上了很复杂或很棘手的问题,需要像抽屉来回一样可以回旋的时间。他以这种方式代替了"边行边谈型"踱方步的习惯。一般来说,这表示他正在默想、思考或筹划,不过一旦他想好了对策后,他就会立刻停止这种反复性的动作,站起身来,然后以坚定的口气告诉在电话另一端的人。

信笔涂鸦型

一边通话,一边在纸上随便写些字或数字,他从来没有想过这些符号,或线条有什么意义。这种人大多具有艺术才能和气质,富于幻想而不切实际。但是他们独具的愉快及乐观性格使他们可以非常容易地度过困境。丰富的想象力和幽默感更会令他赢得很多朋友。

一般说来,他们的抽象思维与逻辑思维能力也很强,凡事喜欢琢磨,即使打电话也丝毫不会被交谈而弄得分心或精神涣散。

摇曳不定型

这种坐在椅子上打电话的人,总是身不由己地转动椅子,表明他们有心理上的优势,认为自己能掌握一切状况或信心十足地认为事情会朝着对他有利的方向发展,也就是他最得意或最放松时才会这样。一旦情况逆转,他的姿势也一定会做一百八十度的大转变,会立刻停止这种摇摆的动作,同时握紧双拳,把你面前的东西拿起来后又重重地放下。这种人有强烈的支配欲望,他对意料之外的情况,常常在忧患之间爆发愤怒。

一心二用型

这种人在通电话的同时,常常要做一些琐碎的工作,有时还会随着其他事物转移注意力。他们富有进取心,但有时过于分散注意力,就有可能无法掌握自己的行为举止,反而降低了效果。

边行边谈型

他们通电话时从不喜欢坐立在同一位置,喜欢绕室而行。这类人好奇心极重,喜欢新鲜事物,讨厌任何刻板性的工作。

边记要点边说型

这种人在通电话前,事先准备好使条,思维缜密。对于自己的工作有很严谨的规范,会注意到小细节,绝不会敷衍了事,是很善于把工作做好的人。同时他们又属于性情中人,当遇到突然出现的状况时,他们会变得不知所措。

还有一类是那种讲电话到一半才开始找便条的人,是做到哪想到哪的人,做事没有计划,很懂得随机应变的行动派。情绪转变很快,会有点轻率,给人不够沉稳的感觉。

以笔代指型

习惯于用手中的圆珠笔去拨动号码。这种人性格比较急躁,常常处于紧张状态,而且不让自己有片刻的空闲。

电线绕指型

打电话时不停地玩弄电话线。这种人生性豁达,玩世不恭;天塌下来当被盖,非常乐天知命。

平平无奇型

这种人没有特殊习惯,一切动作出于自然。他们生性友善,有自信心,对自己的生活操纵自如,能伸能屈。

摆着弄姿型

在打电话时,如果对方为异性,这种人会下意识地注重自己的仪表、姿势等,会摸摸领带、头发等部位。有些女性在打电话时,神情好像是对着镜子梳妆打扮一样。这通常是和男朋友或怀有好感的男性说话时所流露出来的下意识动作和表情。

戒备型

这种人在打公用电话时,电话接通后他们会立即转身向后,让别人看不见自己讲话的样子,这种情况通常是不希望别人知道讲电话的对象是谁。警戒心非常强的人在打电话时,都会转身向后,甚至希望能把听筒藏在手里打电话。

站起身来

通话对方所传递的信息促使他下定决心做某件事,或者是接收到了不可思议的信息,令他在震惊之余而又无所适从。他站起身来,表示他有抗争的意向,即使一时没有主意,但他在积极应付,并有把握能克服。他是一个生命的强者。

一边讲电话一边做出行礼的动作

这种人说话时是带着感情的,会无意识地做出动作来,这个称之为自己的同调行动,会带出动作的感情是很强烈的。他不会说谎,个性积极又正直。

第六章　通过生活细节识人

通过对一个人的生活细节进行观察，也可以窥视出一个人的个性秘密。

付款方式难掩真性情

采用什么样的付款方式，这在很大程度上和处理生活中其他的琐事有相似之处，从中也可以观察出一个人的性格。

月初即付

对所有的账单都每月初付清的人重信守义，恪守"诚信乃做人之本"，有非常强的责任感。这类人可能不是很有钱，但其偿付能力不容置疑。在一定的时间内，把该付的账单付清，使自己颇有成就感。因为他们非常值得信赖，这样的人能够成为很好的合作伙伴。

亲自付账

这种类型的人大多观念比较保守和传统，对新鲜事物的接受能力比较差，循规蹈矩，守着一些过时的东西，缺乏冒险精神，对许多事都要自己亲自参与才能获得安全感。因此，他们常常采用亲自付账的方式。他们的心里埋藏着深深的自卑，他们缺乏安全感与成就感，但内心渴望别人的认同和注意。他们会借由在公共场所（公园门票，餐厅等）买单时争着付款一类的表现来显示自己在财政上早已处于宽松状态，希望能给别人留下全新的印象。这种亦步亦趋、小心翼翼地行事风格使他们在人生中很难有大的飞越。

授权他人

这种类型的人注重形象，公私分明，讲求信义。他们身为理财高手常常都在忙着处理高额的商业债务，对电话费、房租费以及水电费等等"小钱"一般都不屑一顾。尽管如此，他们的授权对象也都是经过仔细考虑的。他们非常重感情，即使在百忙之中也常会考虑到别人的感受，向家人或朋友传递简单的祝福。

能拖就拖

这种类型的人讨厌付出任何东西，哪怕这种付出是理所当然的。所以他们从不主动去关心和帮助别人，总是想着多占便宜，想着怎样把钱尽可能地保留下来。他们对自己应付的账单也是能拖多久就拖多久，从不按时付清。这种自私、缺乏公平观念的做法却被他们奉为圭臬,坚决地执行着,就算触犯法律也还是乐此不疲。

推给别人

这种类型的人总是无法坚持自己的立场和原则。他们的责任心并不是很强,总是找借口和理由为自己开脱,把问题推给别人,在困难和挫折面前他们不敢面对,总是会胆怯、退缩,找一个安全的地力躲藏起来。

电话付费

采用电话付费服务的人对新鲜事物容易接受,而且懂得利用现代科技为自己服务,享受更加轻松、更高品质的生活。但由于他们对某些东西过度依赖,往往会使他们太容易被征服,丧失一些自我的主动权,从而受控于人。另外,他们奉行用人不疑、疑人不用的方针,对所有的人都给予百分之百的信赖。

循环信用

这类人认为生活本来就该过得十分富足,即使必须以循环信用的形式来加速周转也无妨。因此,他们往往用向一家借钱还给另一家这种加速货币流通的方式付账。他们的财政赤字虽然没降,但信义也没有丧失。

延迟型付款

拥有超前消费观念的他们活在未来而无法应付现在。他们永远不会承认当下入不敷山的现实。他们常常在襄中已然非常羞涩的状况下去添置价值昂贵的首饰、服装,伴装成幸福和富有的样子,对家庭上应尽的义务却常表现出由于工作繁忙、精力有限而力不从心的感觉。可以说,他们正是为了面子问题而在人生道路上疲惫地奔波着。

见到账单立即付账

收到账号立即给付的人,他们不希望自己欠别人的,对"债务人"这个角色避之唯恐不及。他们的为人真诚坦率,处事干练果敢,个性独立自主,很有魄力。不管是在事业上还是生活中的事都拿得起放得下,当机立断,从不拖泥带水。他们对于自己的错误能够正确认识,认真反省,不会以任何借口逃避责任。

从挤牙膏的习惯看人心

人们每天都要刷牙,既然是刷牙,就要挤牙膏,但就是这一件微小的事情,却有很大的学问。心理学家发现,通过挤牙膏也可以观察出一个人的性格特征。

使用牙膏时一次挤很多,这类人往往大手大脚,在生活的各个方面一点也不懂得节俭。

使用牙膏时轻轻地挤压，小心翼翼，这类人的感情往往比较丰富和细腻，温柔随和，比较浪漫，不轻易发怒，能体谅和宽容别人。但如果是长辈，多会对小辈表现得过分溺爱。

用牙膏很节省的人在生活中知道节俭，但有些保守，中规中矩，显得死板，缺乏生机。另外，这种人多比较理智，不会有过激行为。

使用牙膏时把牙膏盖弄得不知去向，这种行为并不是我们通常所认为的这个人太粗心大意了。相反，这表明了这种人有很强的进取心，而且还有一定的胆识和魄力。在面临重大的事情时，一般不会临阵退缩。

从刷牙的方式看性格

一个人刷牙的模样和方式，通常是由父母教导的。因此，在刷牙时所做出的许多无意识的动作正反映出父母传授给我们的态度。在你教育下一代的时候，有些事就有必要深思。

只在早上刷牙

这类人非常在意自己留给他人的印象，而且可能非常努力地依照别人的期望在过日子。也就是说，他非常讲究穿着，懂得修饰自己，总是把最好的一面呈现在别人面前。每天早晨以活力充沛的崭新心情面对一切，是他心目中不可或缺的一部分。但是在潜意识里，他正设法把前一晚的自己清洗干净。

只在晚上刷牙

一个人如果只在晚上刷牙，那他只在乎一件事情：不要蛀牙。这类人从来不说废话，喜欢以最少的精力来完成一件事，事情不必做得非常完美，只要筹不多就可以。他通常说话算话，从不多说，也不少说。

上下刷

这表示，他有很好的自我形象，而且保有幼年时代学到的许多积极的价值观和道德观。事实上，他和父母之间的良好关系，成为他个人和工作上成功的主因。他擅长以一种非常不受限制的乐观态度去从事例行工作。在别人眼里，他是一位友善、值得信赖、快乐的人，没有什么心计。

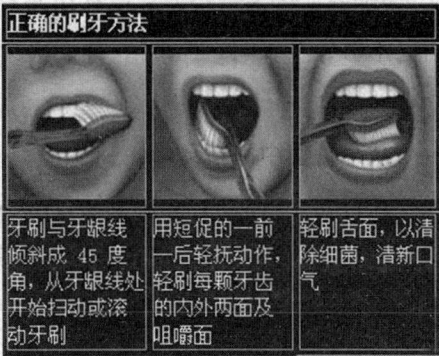

正确的刷牙方法

| 牙刷与牙龈线倾斜成 45 度角，从牙龈线处开始扫动或滚动牙刷 | 用短促的一前一后轻抚动作，轻刷每颗牙齿的内外两面及咀嚼面 | 轻刷舌面，以清除细菌，清新口气 |

刷牙的正确方法

左右刷

他明明知道这样刷是错误的。那为什么有人要用错误的方法刷牙呢？或许是因为这类人在成长过程中,曾和父母亲有过严重的冲突。问题出在他目前仍在叛逆期,他总是唱反调,喜欢争辩,尤其喜欢争些鸡毛蒜皮的琐事。

用太少牙膏

这类人非常节俭,找到廉价、特价商品是他毕生最大的兴趣。他讨厌丢掉任何东西,因此他在裤子上贴补丁,补鞋跟,重新整修家具,把所有东西都做了最有效益的使用。

用太多牙膏

浪费是他存在的主要目的。由于心中强烈的不安全感,他有舍弃一切的倾向,另外,他所谓的"足够"是永远都不够。为了让自己体会到幸福的感受,他挥霍无度。他所过的生活远超过他财力所能负担的限度。对他而言,这些都无所谓,只要每个月信用卡的账单能够付清就可以了。

使用硬毛牙刷

使用一支会使他出血的牙刷,透露出他有一种需要接受惩罚的基本需求。基本上他相信,所有值得的事物,都必须付出痛苦和牺牲才能得到。甚至去看牙医时,他也请医师不要使用麻醉剂,因为他想证明自己可以忍受拔牙的痛楚。

每日刷牙超过三次

这样的行为是被迫的,因为长期缺乏安全感,就连最简单的工作,他也要一而再、再而三地检查。每次外出赴约前,他可能花上三个小时梳妆打扮,却仍旧认为自己不够好看。同一件事情,他一次又一次地请求别人帮他出主意,许多朋友都快被他逼疯了。

从牙膏管中间挤牙膏

他只关心眼前,不重视未来,是个及时行乐的人。他没有银行账户,如果有也只是一点儿债券、股票,或其他长期投资。

牙膏用到牙膏管都卷了起来

他紧紧把握生命中的一点一滴,不仅仅牙膏。他是个吹毛求疵的人,一本正经,规规矩矩。他习惯把盘中最后一口食物吃完,不浪费一丁点,即使剩下,也会用塑料袋保存好。他制造的垃圾很少,只要想到要丢东西,他就会惶恐不安。

拿烟姿势流露性格特征

通过观察,我们不难发现那些喜爱抽烟的人,都有自己习惯的拿烟姿势,调查发现:拿烟的姿势也可以洞悉出一个人的性格。

抽烟时不用手夹,直接放在嘴上的人

这类人什么事情都要插嘴,而且心性不定,非常轻率,特别容易相信别人,同时又有点神经质,因此受骗的机会也比较多。外表看起来,像是个很有执行力的人,但实际上是个非常散漫的人,对什么事都漫不经心,不能把握原则,常常和自己的意见相脱节,也常常做错事。

但是,他在恋爱方面,则是非常热情,而且会是一个大胆行动的情圣,所以女性与这种人交往时要慎重考虑。

抽烟时将手指与手指轮流拿烟的人

这类人属于精神不定型。神经质相当敏感,对于任何事的反应都非常强烈,因此精神上一直不能很安定。而且身体的状况也很不理想,由于这些情形,无论做什么事,都无法很如意的完成。

喜欢将烟夹在食指和中指的尖端的人

这类人有点消极和神经质,非常爱干净,有点女性化的倾向,喜欢着眼于小事。在处理细枝末节的事情时,有女性般细腻、小心。

在工作中,优柔寡断,缺乏行动力,虽然想法及理想都很不错,但却无法将那些想法及理想运用到实际中。做事缺乏积极性,所以,即使他是一个很有潜力的人,也很难有所建树,更得不到上司的肯定。

对女性谦恭有礼,很有绅士风度,因此被他这种个性吸引的女人很多。

喜欢将烟夹在食指和中指深处的人

这类人做事干脆、果断,很有男子气概,想到要做的事,会马上付诸行动,是个很可靠的人,也很能得到别人信赖,有强烈的责任心。由于他做任何事情的冲劲都很足,工作热度强,所以很容易为自己树立强敌。但有时因为投注的心力太多,所以一旦失败,会比一般人更容易丧失信心,而且无法从失败中站起。

喜欢将手掌打开,用中指和食指夹住烟的人

这类人处事带有很强的攻击性,警觉性很高。同时,他还具有要强的个性,善恶分明,很容易接受朋友或异性朋友,但是喜欢或讨厌分得很清楚,喜欢时会打开心房,与朋友共患难,一旦厌恶时,会变得很冷漠,好像不认识一般。对于决心要做

的事,即使遭受很大的阻力也要完成,但在做想做的事之前,会花很多时间,慎重考虑,而且会详细计划。选择的对象以年少的较能相配,也比较能相处在一起。

喜欢将手掌向外,用大拇指和食指夹住烟的人

这类人不会隐藏秘密,属开放型,擅长于社交,与什么人都谈得来,而且很投机,非常得人心。

在做事时,他们的态度常常表现得很积极,好像是个非常进取的人,但只是付诸嘴上,做起来却缺少热情,因此常常是半途而废。

在女性心里,他们是个富有爱心、同情心的人,也是个商量事情的好对象,但是在言谈上比较轻率。

随手涂写透析心迹秘语

每个人或许都有这样的经历:在工作无聊时在一张纸或是其他的什么东西上随便地涂涂写写。

心理学家指出,这种无意识的乱涂乱写,往往能显示出一个人的性格来。因为人内心的真实感觉,正是通过涂写这个过程显露出来的。

喜欢在格子中间画人像的人,朋友很多,但敌人也很多。

喜欢写字句的人,多是知识分子,想象力比较丰富,但常常生活在想象中,有点不切合实际。

喜欢画眼睛的人,其性格中多疑的成分占了很大的比例。这类人有比较浓厚的怀旧心理。

喜欢在小格子中画上交错混乱线条的人,有毅力有恒心,做任何事情都有一般不达目的誓不罢休的劲头。

喜欢画波浪形曲线的人,个性随和,而且富于弹性,适应能力很强。善于自我安慰,遇事总是往好的方面想。

喜欢在一个方格内胡乱涂画不规则线条的人,说明他的情绪低落,心理压力很重,但不会产生悲观厌世的想法,对人生还抱有很大的希望,并会寻找办法,解脱自己,朝积极向上的方向努力。

喜欢画不规则曲线和圆形图形的人,心态比较平和,心胸多比较开阔,对环境的适应能力非常强,但有点玩世不恭。

喜欢画不定型但棱角分明图形的人,多竞争意识比较强。争强好胜,总是希望自己能够胜人一筹。但实际上,他们也在不断地为此而努力,并且可以做出巨大的付出和牺牲。

喜欢画尖角的图案或紊乱的平行线的人,表明他的内心总是被沮丧和愤怒充斥着。

喜欢画三角形的人,理解能力和逻辑思维能力多比较强。在绝大多数时候能够保持思路清晰,头脑清醒,有很好的判断力和决断力,但缺乏耐性,容易急躁、发脾气。

喜欢画圆形的人,凡事有一定的规划和设计,喜欢按照事先的准备行事。他们多有很强的创造力和丰富的想象力。

喜欢画多层折线的人,分析能力大多比较强,而且思维敏捷,反应速度快。

因为单式折线代表内心不安,因此喜欢画单式折线的人在很多时候都处在一种非常紧张的状态之中,情绪不稳定,时好时坏,让人捉摸不透。

喜欢画连续性环形图案的人,他们大多能够将心比心,站在别人的立场上为别人着想。他们在多数情况下都对生活充满了信心,而且适应能力非常强,在任何环境都能很快地融入其中。他们对现状感到满足。

喜欢画花草树木以及田园景象的人,多是性情温和而又非常敏感的人。他们对形状和颜色往往具有比其他人都突出的鉴赏力。这类人多在艺术、文学等方面具有相当的才华和成就。他们与世无争,淡泊名利,向往安静平和的生活。

不断地画同一个图形的人,多有很强的获得欲望。一般来说,这类人的希望变成现实的机会都非常大,因为他们有股不屈不挠的精神,一旦确定下了目标,就不会轻易地改变。他们在遭遇挫折的时候可能也会失望,但绝对不会放弃,他们会用最快的速度调整自己的心情,再去争取。他们有野心也有干劲,任何时候都知道自己在做些什么。

不断地写着自己的名字,练习各种新鲜的字体,这类人自我表现欲望是非常强烈的,可能会为此做出一些让人无法接受的事情来。他们会经常感到无助和迷惘,不知道自己该做些什么。他们不断地重复写自己的名字,是一种潜意识的不断的自我肯定,目的是克服目前困扰自己的某种情绪。

喜欢涂写对称图形的人,做事多比较小心谨慎,而且遵循一定的计划和规则。

小小短短的线,尤其是周围有一大片空白,这些线不是成直角排列,就是相互平行。喜欢顺手画这些东西的人多是性格比较内向的。他们对这个社会和自己所处的环境充满了恐惧感,总是想方设法地逃避。他们可能非常聪明,但往往不会有什么好的想法和创意,因为他们总是被一些无形的东西局限了正常的思维和思考,从而使得自己无法进行突破和超越。至于那些使他们受到局限的东西很大程度上完全是他们强加到自己身上的。

像云一样的弯曲造型,又像风扇和羽毛,喜欢顺手涂写这些东西的人对新鲜事物的接收能力往往是很强的,而且他们的适应能力也很好。曲线一条包含着另一条,表示他们对周围人非常敏感。在遭遇挫折和磨难的时候,他们多能够保持相对的冷静,积极寻找解决的办法,而不是不加思考,贸然动手。而且这一类型的人,常常会沉浸在某种幻想当中,有点不切合实际。

习惯于画两度空间的四方形、三角形、五边形等几何图形的人,他们多具有非常严密的逻辑性,而且善于思考。他们的组织能力特别强,但有时也会让人产生错觉。认为他们太过于执着自己的信念。他们对那些想改变自己或否定自己意见、看法的人不能容忍。他们在为人处世等方面多少有些保守,但在面对各种事物时多能够做到胸有成竹,知道自己该做些什么,怎样去做。

喜欢画三度空间的三棱锥、正方体、球体等几何图形的人,他们多比较稳重和深沉,比较现实和实际,性格弹性非常大,在大多数时候能够做到收发自如。在面对不同的情况时,他们能够及时地调整自己。他们善于将比较抽象的东西变成具体化、通俗易情的内容。他们多有很好的经济头脑,是做生意的好人才。与人沟通能力也非常强。

喜欢画飞机、轮船和火车的人,从所画的图形表面上理解,他们像是旅行爱好者,希望把各旅游景点全部看完,但实际上,他们这是在发泄自己的愤怒和挫折感。他们往往会失去希望,而陷入迷茫当中,并且在挫折和困难面前,表现得非常消极。自信心并不强,对自己也不抱什么希望,而是把希望寄托在他人身上。

有趣的线条、圆圈和其他的图形,这一类型的人多是极富有创造力的。对于许多未知的领域他们都有非常浓厚的兴趣,并打算进行尝试。对他们而言,没有什么事情是绝对的,他们常常自相矛盾,一个问题,可能会有许多不同的答案。在生活中,他们常常会把自己弄得筋疲力尽,可到最后却还是无法理出一个头绪。他们具有一定的才华,博学多才,但却没有几样是精通的。

喜欢画各种不同面孔的人,多是借画画的过程发泄自己内心的某种情绪。一脸茫然,用一个平凡的点代表眼睛,或是一条直线代表嘴巴,则表示心里有疏离感;喜欢画一张笑脸的人多是知足常乐者;皱着眉头的则恰恰相反,可能是永远也不会感到满足;大眼睛则代表他们的生活态度非常乐观;苦瓜脸或是扭曲变形的脸,多代表他们的内心是非常痛苦和混乱不堪的。

笔迹是心迹的外现

笔迹作为人们传达思想感情、进行思维沟通的一种手段,像其他人体语言一样,是人体信息的一种载体,是大脑潜意识的自然流露。

美国微软集团以开发电脑软件知名世界,但该公司招收职员时,却有一项硬性规定:必须抄一份10万字以上的产品质量推介手册,从这个规定上败下阵的优秀人才不计其数,并不是这些应试精英不会抄写,而是这些电脑高手,不知该公司的真实意图,10万字抄下来,他的性格已被微软公司的心理学家参透了大半。

另外,美国的许多医院也借助笔迹来对病人的病情进行分析,因为病人的心理状态与病情有很大关系。一些心理治疗专家认为:"笔迹是人类大脑的写作。"

笔迹家雅曼把笔迹学研究的成果分为七大类:

一、书写的大小是自我意识的反映。

二、书写速度与人理解力的快慢有关。

三、书写的压力反映了人精神和肉体的能景。

四、连笔程度反映了思维与行为的协调性。

五、字和字行的方向是人自主性及社会关系的反映。

六、笔画结构办式代表了书写人面对外部世界的态度。

七、整篇文字的布局反映书写人面对外部世界的态度与占有方式。

下面我们来具体分析一下：

字形大小

全篇字体大小适中，端正工整，说明书写人待人接物，落落大方，平易近人，温柔审慎，行动从容不迫，做事有节制，遇事较为稳重。

如字体很长，说明书写人活泼好动，有较强的主动性和自信心。字形很大，甚至不受纸上格线的约束的人往往是办事热情、锐气洋溢，个性刚强，做事有大刀阔斧之风，并可能在许多方面有所擅长的人，但这种人缺乏精益求精的态度。

字形很小则说明书写人精力集中，有良好的控制力和观察力，办事周密谨慎，看待事物往往比较透彻，但缺乏信心，为人吝啬，贪图小利。

字体大小不一说明书写人头脑灵活，喜怒易形于色，善于适应各种环境，但缺乏自制力，有时会自寻烦恼。

字体结构

如果字体简洁明了，没有花样和怪体，说明书写人比较诚实，办事认真细致，心地善良，能关心他人。

如果字体结构匀称，表示书写者崇尚"和谐"，思维严密、逻辑性强，有很强的事业心、责任感，个性沉稳、忠厚、不苟言笑。

如果字形松散者，做事粗心大意，缺乏耐心和毅力；为人诚实大度，能宽恕别人的过失，但性格急躁，喜欢敷衍塞责。

如果字体独特，伴有花体和怪体，并夹杂许多异体字和非规范字，则说明书写人有较丰富的想象力和幽默感，但爱吹毛求疵，好表现自己。这种人往往多愁善感，处处留心别人对自己的看法。

运笔走势

如果运笔协调流利，说明书写人善于思索，爱动脑筋，有较强的理解分析能力，善于随机应变。如果运笔有力，笔力浑厚，说明书写人性格刚强，气魄宏大，并有强烈地支配别人的欲望，但这种人往往过于自信或容易自满。如果运笔轻浮，说明书写人缺乏魄力和毅力，在生活中常常很多事都不能如愿以偿。

书写速度

如果全篇文字端正，笔速缓慢，说明书写人性情和蔼，善于思考，很有耐心，办事有条不紊，虽不善谈吐，但往往有巧于应机发言的才能。

如果全篇文字连笔甚多，速度极快，说明书写的人充满活力，待人热情，富有感情,并且动作迅速,但容易感情冲动。

笔画轻重

笔画苍劲的人,自主精神强,往往不被舆论左右,且勇于拼搏竞争,有顽强的意志和过人的胆魄。

笔画轻重均匀适中,说明书写者有自制力、稳重,对自己所喜欢的工作能竭尽全力完成。

笔画强弱不均者,想象思维能力较强,酷爱艺术,多有艺术才华。但情绪不稳,举止行为与众不同,有变化无常之感,多不拘泥于原则与模式。

笔画柔弱的人,缺乏顽强的意志和勇气,遇事拿不定主意,性格内向,胆小怕事,缺乏独立自主精神。

布局大小

如果全篇文字密集拥挤,则说明书写人通常是不善言语、沉默孤僻、谨小慎微的人,这种人一般不善交际。

如果全篇文字松散而不凌乱,说明书写人热情大力,不拘小节。这种人喜欢直言不讳,善于交际,能与朋友友好相处,别人征询他意见时能以诚相见,并能宽恕他人的过失。

字位倾斜方向

字行习惯向上倾斜,说明书写人开朗乐观、力求上进,总是生机勃勃,精神焕发。这种人有远大的抱负,雄心壮志,并且能以较大的热情和充沛的精力将计划付诸实施。

每个单字都习惯向右倾斜,说明书写人比较热情开朗,乐于助人,待人接物均能以诚相待;单字习惯向左倾斜,说用书写人具有较强的分析能力和判断力,很理性,不会感情用事。

字行习惯向下倾斜或忽上忽下,说明书写人喜怒无常、情绪不稳定,遇到挫折容易悲观失望。

从笔迹看一个人的性格除了分别从以上几个方面来观察以外,还应将多个方面结合起来看。

一、笔迹特征为每次书写,字体大小与空间大小无关;字形稍圆弯曲,有时呈直线形;有时字形具有自己风格,有时则工整而有规则;大小、角度、形状、笔压均不固定,潦草为其显著特征。

表明书写者看问题比较实际,有消极心理,遇到问题喜欢看消极面、阴暗面,容易悲观失望,情绪不稳定,常常随着生活的高兴事或烦恼事而兴奋或悲伤,心理调控能力比较弱。

二、笔迹特征为字形方正,稍小、有独特风格;尤以萎缩或扁平字形为多;字大多各自独立,无草书,笔压强劲;字的角度不同定,但字迹并不潦草。

这类人有把握事务全局的能力,能统筹安排,并为人和善、谦虚,能注意倾听他人的意见,体察他人长处。但这种人气量较小,缺乏自信,做事不果断,极度介意别人的言语与态度。简言之,他们是属于神经质性格的人。

三、笔迹特征为字形方正,一笔一画,下笔有力,字字独立,笔画分明,字的大小与间隔不整齐,但笔迹并不潦草,字总体显得较小。

表明书写者有较强的逻辑思维能力,性格笃实,思虑周全,办事认真谨慎,循规蹈矩,责任心强。这类人形象思维能力较强,思维有广度,心胸宽阔,不斤斤计较,并能宽容别人的过失。

四、笔迹特征为下笔无力,字形弯曲,字体较大,不受格线限制,或向右上扬或向右下降,字迹稍潦草,具有个性风格。

表明书写者性格趋于外向,待人热情,思维开阔,兴趣广泛,但不拘小节,缺乏耐心,不够精益求精。

五、笔迹特征同为字形方正,一笔一画型,但与上述类型不同,为有规则的平凡型,无独特风格,字迹独立工整,一贯下笔很有力度。

说明书写者凡事拘泥慎重。做事有板有眼,中规中矩,但动作稍嫌缓慢。这类人意志坚强,热衷事务,说话絮絮叨叨,不懂幽默,有时会因激动而采取强烈行动。他们精力比较充沛,为人有主见,个性刚强,有毅力,有开拓能力,但主观性强,固执。

电话样式表现深层心理

如今,电话几乎达到了每个家庭都必备的程度,电话可以使人与外界进行更好的沟通和交流。一个人使用什么样的电话,在一定程度上表现出他在与人沟通时所采取的一种普遍态度,通过电话的类型,可以看出一个人的性格中友善、谨慎的成分有多大,对人是充满爱意还是心怀敌意等各种情绪。

选择无绳电话的人多自主意识比较强,从来不希望被任何一件事情捆绑住手脚,这样他们就可以自由自在,随心所欲地想干什么就干。他们似乎永远都没有安静下来的时候,总是忙忙碌碌的。但是他们很聪明,懂得怎样才能不使自己招惹上是非。

使用的是标准黑色电话的话,他们的生活多比较节俭,从来不会乱花一分钱。他们对人有一定的戒备心理,并不会轻易地相信任何人,即使给予别人关心和帮助,也会在证实对方确实需要自己的关心和帮助之后才会给予。他们说话办事干脆、果断,说到做到,拿得起也放得下,从不拖泥带水,而且在任何情况面前都能保持冷静。他们不太在乎自己的穿着打扮,多以朴素的装扮示人。

选择隐藏式电话的人,多比较冷淡和漠然,并不希望与人有过多的接触,他们不想让他人真正地走近和了解自己,所以在通常情况下都会隐藏自己的真情实感,而把一个虚假的自己呈现在他人面前。而恰恰是他们这种对一切都漠不关心的态度会吸引很多人的注意力，成为一个焦点人物，他们很孤独，没有归属感。

喜欢壁式电话的人，多具有较充沛的精力，他们可以在同一时间内同时做几件事情，而且这几件事情都能做得非常好。他们多具有很强的社交能力，因此结识了很多不错的朋友，营造了良好的人际关系。他们在与人交往方面要花费很大一部分的时间和精力，但这并不影响他们对家庭所负的义务和责任，他们能够做到两者兼备。

选择能够记录下电话号码，然后自动拨号型电话的人，他们多有比较强的依赖心理，总是希望有人能够帮助自己解决一些问题。他们在面对压力的时候，常常会产生退缩的念头。他们的生活总是显得非常忙碌，虽然十分珍惜时间，但到最后却往往见不到什么成效。

选择扩音器电话的人，他们多希望自己生活的空间是相当自由和开阔的，狭小或是密闭型的地方，总会让他们感到十分紧张。他们在很多时候会保持积极和乐观的生活态度，而且脾气很好，从来不会轻易动怒，对别人也具有一定的忍耐力和宽容力。

按不同的键会有不同的电子音符奏出不同的音乐，喜欢这种类型电话的人多是容易冲动，脾气比较暴躁，没有耐性的人。

喜欢样式非常奇特的电话的人，他们在很多时候，很多方面都会显得与这个社会整体格格不入，他们言谈举止显得非常古怪和唐突，往往让人感觉无法接受。但是他们却极富有同情心，乐于与人交往。在紧急时刻，应变能力非常强。

公主型的电话是那些有很多浪漫情感的人所喜欢的，这一类型的人大多小时候娇生惯养，所以在长大以后会比较任性。他们多有较强的虚荣心，喜欢被好听的话和漂亮的东西包围着，而且还好做白日梦，生活有些不切合实际。但他们对生活的态度还是比较积极和乐观的，活得比较快乐，并且能把自己的快乐传递给他人，让他人也快乐起来。他们的思维多比较单纯。

购物方式见人生活品位

去商场、超市购物是我们每个人都经常有的行为。付出一定的金钱就可以得到自己想要的商品，这是一种交易。虽然都是在做同样的交易，但不同的人却有不同的方式。下面就是几个实例，通过他们也可以对人的性格进行一下分析。

看目录购物的人，多组织性、原则性强，凡事都喜欢按照一定的规律和计划完成，否则的话他们可能会感到手足无措。这一类人比较健忘，所以需要不断地有人提醒他们，在什么时间去做什么事情。他们的随机应变能力并不强，偶发的事件严重的会让他们无法接受。

请别人代自己购物的人，他们多是时间安排得非常紧，工作和学习非常繁忙的人。在他们看来，购物这算不上一件什么大事，不值得自己抽出宝贵的时间亲自去做。他们在为人处世等各个方面多是比较传统的,会尽量使别人对自己满意。

需要的时候没有,不需要了以后购买,这一类型的人似乎在任何一方面行动都要比别人慢一拍,但他们并不为此而恼火。他们的表现欲望很强,希望自己能够引起他人的注意,所以时常会故意要一些小伎俩。

在商品打折时选购物品的人,他们多比较现实和实际,懂得精打细算,甚至有点唯利是图。他们固执,遇事虽然会与别人协商,但最后却会顽强地坚持自己的观点不放。他们会非常满足于自己占优势,而别人在无可奈何的情况下不得不放弃的感受。

花一整天时间用来购物,这种人多比较开朗和乐观,他们常常没有理由地就会感觉心情不错。他们较有耐性,总是能够找到很多借口和理由,安慰自己,使自己坚持到最后。他们野心勃勃,常常会为自己设定许多远大的目标和理想,并且实现起来态度也非常积极,可是他们的那些目标和理想,从某种程度上来说并不现实,因此到最后多半无法梦想成真。但在这个过程中,他们做一些事情还是有所收获的。

全家人一同出外购物,这一类型的人多有较传统和保守的价值观,家庭在他们的心目中的地位是无可替代的,他们对家庭有着强烈的责任感和深深的依恋。家庭很可能是他们一切行为的最基本出发点,家庭直接影响着他们行为处世的习惯,而他们的家庭也是非常和睦的。在他人看来他们整天围着家庭转,生活似乎太乏味了,但他们自己却很满足于目前的这一种生活。他们感觉较有安全感,他们的生活态度是非常实在的,选购的物品多既经济又实惠。

从开车方式看人的个性

开车与个性,似乎沾不上边? 这实在是你的一大谬误。细心观察一下那些做驾驶的男人,尤其是处于恋爱中的男人,你会发现每个人驾车的方式绝对不一样。心理学家认为:从驾车的方式上完全可以看出来一个人的个性如何。

不喜欢开车的人

这种人可能有较强的自卑感,自主意识差,依赖性比较强。他们常常进行自我否定,习惯于被人领导,而不是领导别人。他们缺乏安全感,经常觉得受到了威胁,情绪比较消极。他们非常在乎别人的看法,做事比较缩手缩脚。由于缺乏积极的冒险精神,喜欢跟随在他人身后走,因此很少有丰厚的收获

塞车时不慌不忙的人

塞车时从容不迫,一步一步跟着前面的车,情绪不波动,显得非常镇静。这种人性格比较沉稳、自信、开放,待人随和而热情,即使初次见面,也能让对方觉得像见到老朋友一样。他们做事稳重而周到,关键时刻比较果断,往往能有不错的

事业。

低速开车的人

开车特别慢,甚至比规定速度还要低很多。这种人胆小怕事,对自己缺乏信心。他们总是担心什么都把握不住,因此什么都不敢承担,避免任何责任放到自己手里。他们清楚自己的这个弱点,感到很苦恼,而且怀疑别人都在用异样的眼光看待自己,因此更加自闭,更缺乏追求理想的勇气。一般说来,他们的嫉妒心非常强,但又难以下定决心奋起直追,所以在他们面前一定要低调,以免让他们失去平衡。

快速开车的人

他们性格积极,比较急躁,可能还有些暴躁。这种人处处维护自己的独立自主,讨厌规矩和束缚,不循规蹈矩,面对别人的横加干涉会采取极端猛烈的反击,对社会上的不公平现象感到愤怒之极。他们不慕虚名,以快乐作为生活的准则,属于比较率性、单纯的人。

喜欢超车的人

有的人开车,只要看见前面有一辆车,不超过去心里总是不舒服。

这种人不服输,争强好胜。他们非常自信,喜欢从事竞争性很强的职业,霸气十足。但是,他们太注重表面文章,做事张扬,因此不够扎实可靠。他们很可能是自我中心主义者,一旦处于劣势就会失去心理平衡,在上司面前总是唯唯诺诺,表现得非常卑下;而在下属或同事面前却比较狂妄,有老子天下第一的倾向。

按规定速度开车的人

这种人开车规规矩矩,对他们而言,车是代步的工具,开车的目的不是为了寻求刺激或炫耀,因此他们能够以平和的心态开车。这种人思想传统,处世保守中庸,不得罪人,也不容易上当受骗,人际关系扎实稳定。在工作上,他们遵纪守法,从不冒险,踏实敬业,大多会有一定的成绩。

刹车过早的人

离停车地点还很远,就提前刹车,生怕惹出什么麻烦来。这种人谨慎有余,有些胆怯。他们缺乏自信,有神经质,总是一副杞人忧天的神态。他们缺乏决断能力和判断力,遇事六神无主、手足无措,只能等待别人的援助或指挥。在事业上,他们或者是过于在乎别人的看法,或者是缺乏能力,因此表现得缩手缩脚,难以得到发展。

开车不换挡的人

这种人性格独立,不希望由别人安排自己的道路,而是希望能够按照自己的意愿行事,探索一条完全属于自己的道路,哪怕布满坎坷也毫不在乎。他们勇敢而又乐观,性格倔强,凡事不愿求助他人,相反,他们会时常给别人一些指教。他们有责任心,做事尽职尽责能够善始善终。

绿灯亮后猛踩油门的人

只要绿灯一亮,就抢先往前冲。这一类型的人头脑灵活,反应敏捷,随机应变能力非常强。不仅开车争先,在生活和工作之中的所有方面,他们都不甘屈居人下,习惯于抢先一步。他们有较强的竞争意识,对成功的渴望很强烈,而他们凡事抢先的习惯也为成功创造了更多机会。他们跌倒的可能性比一般人要大,但成功的可能性也要大得多。

开车时沉默不语的人

开车时默不作声,即使旁边坐着非常亲近的人也是如此。这种人性格内向,不善交际,但是待人坦诚,不喜欢隐瞒自己的好恶,会有真心朋友。他们比较感性化,非常重视第一印象,若是第一印象好就很容易成为朋友,若是印象不好,他们绝不会为了某种目的而刻意讨好别人。

喜欢鼓吹自己的驾驶技术的人

这种人喜欢坐在司机旁边或后面,对司机指手画脚,批评这个弯转得不好,那个油不该加等等,而且跃跃欲试。但是,一旦让他们上手,却往往开得东倒西歪,与他们想象与吹嘘的情况存在着很大的差距。他们希望自己的生活能够时时充满刺激,为此他们会不断地创造机会,然而却不愿扎扎实实地从小处做起,属于想赢却怕输,而且常输的那种类型。

绿灯亮后最后发动车子的人

沉稳、冷静,谨小慎微,凡事都要等到具有一定把握以后才行动。他们并不追求辉煌,而是希望自己的生活顺利、平稳,不出现意外,多少有些与世无争的态度。在人际关系上,他们绝不会显得咄咄逼人、锋芒毕露,别人也用不着对他们加以防备。

遇到红灯或堵车,大声按喇叭的人

这种人性格外向,暴躁易怒。他们不善于调节情绪,很少有心平气和的时候,总是焦虑不安,遇到不如意的事情可能会大喊大叫,乱发脾气。他们没有城府,缺乏耐心,不善于计划,也不能随机应变,在困难和挫折面前会不知所措。他们闲不下,总是想努力做一点事,但是效率非常低,而且缺乏系统性,难以取得什么成就。

从食品偏好看性格特征

俗话说:"民以食为天"。任何人活着总是离不开食物的,食物对于人来说可谓是重中之重。从一个人喜欢吃什么东西可以观察出他的性格特征。下面,我们就这一点来简单地说一说。

爱吃面食的人

是不是喜欢吃面食往往与出生地有一定关系。如果在同样的条件下,一个人更喜欢吃面食,那么他可能性格有些外向、开朗,在社交圈中能说会道,左右逢源,善于与人沟通,乐于帮助他人,也会接受他人的回报,知心朋友很多。不过,他们有时候喜欢夸夸其谈,不顾及影响。做事的意志不够坚定,容易半途而废。

喜欢吃大米的人

是不是喜欢吃大米也与出生地有一定关系。如果在同样的条件下,一个人更喜欢吃大米,那么他可能比较高傲,喜欢自我陶醉。在人际关系上他们处事比较得体,但是过于独立,互助精神比较差。

喜欢吃烧肉的人

这种人喜欢凑热闹,特别喜欢大型的户外活动。如果不能到户外去,他们可能会在阳台或楼顶摆上烤架,别有情调地自烧自吃。他们往往性格外向,待人热情,不拘小节,喜欢结交新朋友。积极进取,不满现状但性情急躁,做事马虎,容易惹麻烦。爱出风头,但缺乏当机立断的勇气,不适合做领导者。

喜欢吃荤类食物的人

这种人往往富于进取精神,活力十足。他们有成为领袖的强烈欲望,喜欢支配别人,但不会颐指气使,不容易让人厌烦。他们看上去憨厚老实,社交圈中相当活跃,特别容易与人谈得来,会让人产生信赖感。

喜欢吃素类食物的人

这种人多比较内向、冷静,自我控制能力强,喜静不喜动,不善于与人接近,耐得住寂寞。不太注重人际交往,情愿独来独往,凡事都依靠自己的力量。自我意识强,非常清楚自己需要什么,能够进行明智的选择,禁得起诱惑。他们富于创造性,外表上看起来生活得平淡无奇,实际上活得有滋有味,乐趣无穷。

喜欢吃油炸食品的人

这种人不太注意养生保健。生活随意,不拘小节。富有冒险精神,有干一番大事业的强烈愿望。但是,他们往往毅力不足,情绪波动大,爱犯热病,一旦受到挫折就容易灰心丧气。

喜欢吃甜食的人

喜欢吃甜食的人女性居多。她们大多带一些孩子气,热情开朗,心思纯净,想笑就笑,想哭就哭,给人一种非常天真和直率的印象。她们以自己为中心,缺乏理性,感情用事,比较任性,喜欢回忆美好的过去。如果想让这样的女性办什么事情,最好的办法是诱导。比如许愿、激将等;如果采用理性的方式,很可能会适得其反。在事业方面,这种人不适合那种需要理性才能做好的工作,而是适合演艺、时装服务等职业。在婚恋办面,她们大都幸福美满。因为很多男性比较喜欢这种任性而有孩子气的女性。

喜欢吃甜食的男性较少。他们往往性情温和,非常好色,很会说甜言蜜语,常常能够得到女性的青睐。另外,无论男女,喜欢甜食的人都很爱听奉承话。他们非常敏感,善于从别人的言行之中体察出言外之意,比较多疑,不会凭第一印象来评价一个人,不会简单地信任别人,他们大多很会见风使舵。容易得到上司的青睐,升迁的机会比较多。

喜欢蛋白牛奶酥的女人

蛋白牛奶酥的做法是把蛋白打散,添加其他调味品然后烤得又松又脆,而蛋黄则放在一边不用。习惯于吃这种食品的女人大多比较漂亮或者自以为漂亮,善于吸引男性的目光。她们除了华丽的外表之外,往往缺乏内涵,她们几乎占尽了所有女人的缺点,所以很难留住男人的心。

喜欢吃零食的女性

这种人嘴巴不停,零食不断。男性少而女性多。这种女性往往有口无心,口无遮拦,容易给人一种心直口快的印象。她们意志不坚定,容易妥协,总是不断地寻找借口和理由安慰自己。他们视野比较狭窄,不能参与激烈的竞争,喜欢撒娇,非常难缠。这样的女性对丈夫的过错比较在乎,不讲情面,但事情过后,她们也比较健忘。

爱嗑瓜子的男人

这样的男人肚量大、自信,心情宽松,属于笑口常开的那种类型。他们乐天安命,知足常乐,不争强好胜,待人和善,朋友很多。但是,由于他们进取心太过浅薄,所以事业不容易做大,不太适应功利化的社会。

口味重的人

喜欢吃很咸、很辣、很酸或者刺激性的东西,也就是人们常说的口重。这种人往往性情激烈,爱憎分明,敢想敢为,城府不深,不喜欢压抑自己的感情,伤心了就放声大哭,高兴了就朗声狂笑。性格浓重,与口味是统一的。

爱吃巧克力的人

这种人大多冷静、理智,思维严密,逻辑性强,善于制订计划,做事既系统又有条理,适合从事一些周期长、烦琐和不易把握的工作。他们具备一定的组织能力,善于协调,能够成功地领导一个集体。但他们有些保守,对于新事物、新思想抱谨慎态度。

爱吃奶油类食品的人

这种情况以女性为多。她们大多乐观积极,心里充满阳光,富于浪漫情怀。喜欢幻想,遇到新鲜刺激的事情会欣喜若狂。对现实的把握不准确,感情脆弱,受到挫折时,情绪波动会非常强烈,甚至一蹶不振。

喜欢吃生食的人

比如喜欢吃生菜、生鸡蛋,甚至生肉,爱喝生奶等。这种人的骨子里流淌着最原始的动物本能,处处追求自然,可能喜欢裸睡和裸泳。他们往往性格强悍,体魄强健,很有英雄气概,无论男性还是女性都容易引起异性的关注。

爱喝汤的男人

在酒桌上,有的男人自愧酒力不如别人,总是不停地喝汤。这种人自卑感非常强,常常处于被动地位,不善于抓住机会,容易一事无成。在女性面前他们非常腼腆,似乎隐藏着什么不可告人的秘密,令人疑惑,难以俘获人心。他们喜欢安静,喜欢沉浸在自己的小天地里。他们性格内向,不善言谈,不容易引起别人的注意;但他们总是细心地观察着别人,甚至在暗中盘算着别人。有时候,他们会突然脱颖而出,占领社会舞台的重要位置。

喜欢吃法国菜的人

法国菜特别讲究,从厨房的环境到配菜、上菜,都有很多烦琐的程序,很费心思。那些追求简单宴用的人不太容易热衷于这种菜。只有特别讲究细致和情调的人才会对它情有独钟。这种人很清楚自己需要什么:精致和典雅的餐具和食品,幽暗而沉静的气氛,充分体现着与众不同的浪漫情怀。

喜欢吃意大利菜的人

意大利菜的风格与意大利人的性格相近,都是热情洋溢、充满活力。喜欢意大利菜的人往往性格热情,喜欢与亲朋好友在一起欢聚,觉得集体生活乐趣无穷,容易让人产生强烈的亲切感。他们自我意识强烈,喜欢按照自己的偏好装点生活,喜欢亲手制作食品及其他小物件。

喜欢吃日本菜的人

日本菜非常清淡,似乎弥漫着一种很有玄机的精神文化,耐人寻味。喜欢日本菜的人往往比较精神化,喜欢冥思苦想。他们偏好新鲜的食品,而且最好是纯天然的。他们会把这个标准放到所有物品的选择上,甚至运用到人际交往中。他们非常讨厌那些留着怪异发型和饰物的人,喜欢与整洁而传统的人为伍。

喜欢吃英国菜的人

英国菜的做法以煮为主,一般不添加香料和其他调味剂,原汁原味,非常适合消化能力比较弱的人,在做法和餐具的风格上厚重,颇具古典气息。真心喜欢这种风格的人,大多修养较深,性格传统,不喜欢时尚,讨厌感官刺激。他们有着惊人的勇气和耐力,不达目的,誓不罢休,容易做成大的事业。

喜欢吃较干食物的人

这种人往往性格内向,有些孤僻,经常会陷入激烈的自我矛盾当中,而且是莫名其妙的。但是,不管内心冲突多么激烈,他们都很少流露出来,而是独自化解。他们不喜欢交流,也不善言辞,因此总是形单影只。在人际交往上,他们比较温和,不轻易动怒,但发起火来如同火山喷发,难以收拾。

喜欢吃冷冻食品的人

这种人往往对大自然怀有浓厚的兴趣,喜欢呼吸新鲜空气,热衷于各种可以与大自然亲密接触的活动,比如宿营、登山等。他们性格刚毅,意志坚定,认准目标后能够坚持到底,决不放弃。不喜欢表现自己,寡言少语,待人淡漠,显得很不热情,不容易亲近。实际上,他们非常真诚忠实可靠,朋友不多,但都是知交。

喜欢吃熟透食物的人

这种人性情温顺,待人随和,不拘小节,与任何人都能打成一片,是交际圈中的主角。敢于大胆梦想,喜欢设计未来,但是在追求理想的过程中,他们缺乏持之以恒的精神,容易半途而废。他们随遇而安,对于梦想能否实现并不怎么计较。

喜欢吃腌制食品的人

这种人往往成熟稳重,做事有计划,按部就班,埋头苦干,很少会出现错误,让人有信任感。但是,他们对人太冷漠,过于功利化,认为人与人的交往大多是为了相互利用,因此很少有真正的朋友。

不喜欢吃腌制食品的人。心胸宽广,开朗乐观,待人热情,无论在哪里都能找到可以畅谈的朋友。在工作上,他们有锲而不舍的毅力,吃苦耐劳,但是想法多变,容易忽然之间改变方向,影响事业的拓展。

喜欢吃什么样的鸡蛋

喜欢吃熟透了的鸡蛋的人,他们往往见多识广、博闻强识,城府很深,缺乏温情,不容易被外界所打动,更不容易被人了解和把握。他们善于保护自己,带有一股神秘感,再加上他们的严谨与老练,非常容易成为领导者。

喜欢吃半生不熟的鸡蛋的人。他们往往看起来非常倔强,实际上内心脆弱,容易向困难低头,难以完成高难度或较为持久的工作。但是他们很受朋友的欢迎,因为他们性格温和,待人热情,一点小小的事情也会让他们感动不已,很有人情味。

喜欢吃荷包蛋的人。他们大多文质彬彬,谦恭有礼,不招摇、言行得体。但他们过于随和,不善拒绝,总是被一些琐碎的小事纠缠,很难解脱。

喜欢吃煎鸡蛋的人。他们通常积极乐观,对未来充满了憧憬,进取心非常强,而且敢于放开手脚。在人际交往方面,他们比较谨慎小心,遇事会仔细分析,权衡利弊,不会冒失,即使因为多虑而错失良机,也不会后悔。一般说来,他们的生活和事业都会按照预先的设计和安排进行,显得丝丝入扣、有条不紊。

喜欢法式煎蛋卷的人。他们的外表也许非常严肃甚至呆板,但实际上他们性格开朗,情绪轻松,玩心比较重。他们身上总有些神秘感,因为为他们善于隐藏秘密或制造秘密,然后挑逗别人的好奇心,吸引别人来探个究竟,很喜欢故弄玄虚。

喜欢吃炒蛋的人。他们往往不喜欢张扬,也不愿意引起别人的注意,讨厌招摇过市。沉着冷静,遇到问题能够进行细致的分析,是非分明,能摆出明确的立场。善于交际,很注重感情,别人对他好一分,他会回报十分,但是,对别人的侵犯他也会给予狠狠的回击。他们心胸开阔,不拘小节,能与朋友保持长期的友谊。

酒是品味的试金石

水的原形,火的心,这就是酒。喝酒的癖好最容易反映出一个人的性格。从一个人选择喝什么酒的一刹那,你就能明白他是怎样性格的人。

选择啤酒的人

美国社会调查研究所的调查表明,喝啤酒是心情轻松愉快的表现,喜欢喝啤酒的人渴望从苦闷的环境中获得解放。他们与任何人都合得来,具有服务精神,喜欢取悦别人,也容易获得别人的好感。

约会时喝啤酒的男性,通常想要表现最自然、最原始的自己。若是向同行的女性劝喝啤酒,是渴望对办和自己有同样的心情,或内心期待愉快的交谈,既不矫揉造作也不爱慕虚荣,可称为安全型。

选择喝白酒的人

选择喝白酒的人，酒多半已成为他们生活中的一部分。如果在餐桌上没有白酒，就会觉得少了什么，索然无味。

这种人多半对社交活动有着浓厚的兴趣，积极参与，富有活力，交际范围广，但缺乏耐心和细心，善于调和各种矛盾，同时具有很强的同情心，因此经常扮演老好人的角色。他们"耳朵"很软，常常碍于情面，接给了本该拒绝的事。他们都很喜欢女性，对见到的任何女性都表现得特别亲切。他们正义感强，同情弱者，愿意为弱者伸张正义。他们在公司或职场中由于关照部属深受部属们的爱戴，却很难获得上司的认可。他们总是能够在混乱的局面中发挥卓越的能力。这种男性多半为了认同自己而愿为对自己的能力有极大期待的人奉献心力。他们会凭借极大的耐心、凭借自己的能力去做一些自己很难做到的事。虽然失败多却也有大成就。

另外，除了本身爱喝白酒外，许多人往往借喝白酒来达到"一醉解千愁"的目的。

选择红葡萄酒的人

选择红葡萄酒的人，多属于干劲十足的类型，想做就做，是一个现实主义者。这种人凡事都着眼于眼前，对金钱和权力的执着心非常强。相对而言，是较不浪漫却很实际和稳健的那种人。

选择白葡萄酒的人

选择白葡萄酒的人，多属于强烈追求梦想和理想的类型，同时会是一个好伴侣，但是，他们常常疏忽了小节，机会也随之而错过。

选择香槟的人

选择香槟的人，性格比较挑剔，属于不满足于平凡事物的人。他们喜欢追求华丽、高贵的事物，对异性的要求非常高。左挑右选，可能到了一把年纪仍属孤家寡人。跟他们相处本身要有相当条件，比如个人品位要不落俗套才能得到欣赏。

选择威士忌的人

喜欢威士忌者能够充分采纳别人的意见，适应性强，出人头地的愿望很强，只要有机会即渴望从中赚大钱或期待上司的认可。他们对待女性非常重视礼仪并表现亲切，会明确地表达自己的心意。但是，威士忌的多种不同饮法使得同样选择威士忌的人性格也存在着不同程度的差异。

选择威士忌加冰的人是真正喜欢喝酒的人，同时是个实用主义者，凡事都以实用为本，性格开朗，不会装腔作势，与人交往时好恶分明，即使对方是女性也不会因此而有所收敛。这种男人大方、慷慨，但他们的世界黑白分明，容易得罪人。有时无法用言语和表情来传达自己的心意。

选择威士忌加水的男人是重视与别人交往的交际型现代男人。在聚会和宴会时,他们善于制造气氛和融洽关系,是应酬的好手。他们的适应能力强,渴望能充分把自己的观念传达给对方。在工作上具有敬业精神,很得人好感。

喜欢喝纯威士忌的人,具男性气概、冒险心强,讨厌受形式束缚,对强权势力带有叛逆性。他们富有创造力、独创性又具正义感。外表上对女性表示冷淡的态度,内心却是温柔的。

选择黄酒的人

喜欢喝黄酒的人,对酒的爱好很有分寸。这种人是自制力非常强的一种,并且对自己的人生也有着清醒认识,有着很强的自信心。他们从不会让酒力迷惑自己的心智,即使是不胜酒力的时候,也能保持清醒意识,能够把握住自己的身体,不会因喝酒说出胡话,或做出失态的举动来。

这种人做任何事情都思维缜密,深思熟虑,善于抓住时机,使对手措手不及。他们蔑视常规,总有奇思妙想,总能另辟蹊径,成为脱颖而出的佼佼者。

选择名贵洋酒的人

绝大多数"酒民"对酒的要求并不是很严格,他们只是把酒当作沟通感情、联络友谊的工具,并未对酒的身份给予太多的关注。但是,有些经常喝酒的人,尤其是经常喝酒的年轻人,对价格昂贵的洋酒却比较钟情,成为洋酒一族。这些潇洒的年轻人在社交场合,用餐必有洋酒。一般来说,如果是女性用洋酒来招待客人,除了对客人表示尊重外,更主要的是为了显示自己的富有。而喜欢喝这种酒的男性往往希望追求豪华的生活,他们不一定特别富有,但却喜欢做那种轰轰烈烈的事情。这类男性多数追求豪华的生活,喜爱从事辉煌的工作,在服饰等方面也非常挑剔。他们中有许多人有国外生活经验,也有的人则是崇尚新潮,渴望成就轰轰烈烈的大事。

选择苏打水的男人

这种类型的男人自尊心非常强,不甘平庸,有理想、有抱负。他们所追求的是运用自己的知识和能力让生活更加丰富多彩、更加有趣。他们不能忍受平静、单调的生活,因此,这样的男人在恋爱的时候会让女友感到多姿多彩,但婚后的平淡家庭生活会令他感到难以忍受。这往往需要配偶有足够的耐心。

选择鸡尾酒的人

喜欢喝鸡尾酒的人一般都不会像喝白酒的人那样一阵狂饮,更不会烂醉如泥。他们喝鸡尾酒在很大程度上是为了享受一种有品位的气氛,而不是仅仅为了喝酒,在他们的酒杯里,往往更多地注入了情调。他们大多属于善于玩乐的新新人类,很重视气氛。

喜好辣味而非调味的鸡尾酒(如马丁尼酒)是具有男性气概的表现。他们责任感强,举止行为得体,有很高的工作热情,在工作上能充分发挥自己个性与才能,为人诚实,值得信赖。

喝甘甜的鸡尾酒是不太喜爱酒精的男性,他们或渴望邀约女性享受饮酒的气氛,或期待借酒精缓和对方的情绪。

如果向女性劝喝酒精度高或较为特殊的鸡尾酒,多是暗自期待利用酒精,使女性无法做冷静的判断。跳舞前劝女方饮鸡尾酒的男性,通常希望和该女性有更深一层的交往。

对于鸡尾酒不太重视口味而重名字的男人,就属于比较怀旧、易伤感、性格比较脆弱的人。这种人比较敏感,容易被环境所左右,是一个没有主见和缺乏照顾别人能力的男人。

选择狂饮的人

喜欢狂饮的人,常常是把杯中的酒一饮而尽,所以给人一种豪爽不羁、性格外向的感觉。其实,这种人并不见得是真正喜欢喝酒的人,他们只是"醉翁之意不在酒"。

人在喝酒的时候往往是他最放松的时候,因此在平日里无法流露的真情,也就随着酒场的自由氛围而体现出来。他们可以在喝酒过程中说在平时不能说的话,做在平时不能做的事。这种人往往不满意在现实生活中的自己,多半觉得自己太懦弱,无主见。而通过这种豪放式的饮酒方式,在一定程度上让他们感觉到自己的个性发生了改变。所以,这种人常会在喝酒时做出一些他人意想不到的事。

选择不喝酒的男人(酒精过敏者除外)

这种类型的男人随时要让自己清醒,害怕酒后吐真言。他们比较顽固,不愿听从别人的意见,也不会随便表露自己的真实感受。与这样的男人相处会让人很费心思,性子急的人(尤其是女人)往往会无所适从。

醉态现真形

在生活和工作中,少不了接待和应酬的事。如果在酒席桌上认真观察,一定会发觉每个人的醉态各不相同。

开心的人、忧郁寡言的人、想去卡拉 OK 唱歌的人、平时很老实,这时像要把上司吃掉的人……在公司里行的都是体面的事,可一喝醉酒心里就松了弦,平日郁积的情感和要求也就爆发出来。所以说,醉态显露的,往往就是人的本性。

下面我们举几个醉态反映性格和心理的例子。

胡搅蛮缠

平常不爱说话也不显眼的人,几杯酒下肚,目光就变得呆滞,像是要找茬打架似的。因为平常在人们心目中没有什么分量,醉起来反倒会和上司发生冲突,狂暴的样子像变了一个人。长久以来被压抑了的攻击和支配欲顷刻之间涌上心头,醉酒之下情绪失去了控制,就出现了上面的情形。这种事情又被称作"酒乱"。这种人大多平常像借来的花猫一样老实胆小,压抑着心底与外表完全相反的潜意识。

一喝醉就哭

也有人平时看起来非常开朗,一喝酒不是呜咽,就是放声大哭。如果是男性,他的夫妻生活可能不如意,性欲没有得到满足。但如果是女性,她的性格非常情绪化,耐不住寂寞。

开始下流的话题

几个男人在一起喝酒,很多时候都会冒出一些猥琐的下流话。一喝酒就肯定要说的人,在性方面怀有自卑感,是欲求不满的表现。

吹嘘自己受欢迎的历史

和炫耀过去的荣耀一样,是跟不上时代的表现。中年之后还吹嘘自己过去受异性欢迎的历史,是自知上了年纪的表现。

话变多了,人也活泼了

有些人喝醉的时候心情非常好,高兴地说个不停。一般来讲,在工作和人际交往中感到压力时,喝点酒往往可以缓解紧张的情绪。爱说爱笑就是精神放松的证明。这种人本性严肃认真,讲礼貌,所以即使醉了也不会出现下流的举动。说得好听点,酒是他们缓解精神压力的良药。平时他们比较稳重,精神状态也平衡,不会在人际关系和与异性关系上出现问题。多属于在社会中信誉较高的人。

与平时一样,没有变化

不是指怎么喝都不醉的酒量极大的人,而是那些在喝醉前就及时收场的人。看起来像是注重礼仪,实际上是警惕性极高的表现。不愿意把与人争执和矛盾的事情,以及自己的缺点暴露给他人。属于性情高傲的人。

对近旁的女性进行语言或行为上的性骚扰

向同座的女性问下流的问题、试图动手动脚等有性骚扰倾向的男职员,同样也在性方面怀有自卑感和欲求不满。同样的,跟比自己年轻的男职员粘粘乎乎的女人,也是同样的心理在作怪。

当某种欲望遭到强烈的抑制时,人们会采取完全相反的言行。这种现象被称为"反作用形成"。喝醉酒时骚扰女性的行为,也是"反作用形成"的一种。可以理解为性欲得不到满足之下的补偿行为。

话变少了,表情和态度变得晦暗

精神方面不稳定的人。即使平时很能说,有心事和烦恼的时候,喝酒就会变得消沉。但是,如果每次喝酒都消沉,那就是心里总不踏实。平时不愿意让周围的人看穿自己,特意表现得很坚强很能干,其实内心缺乏自信,喝醉的时候不安的情绪就会膨胀,变得沉默寡言。

不待在某一个座位上,而是四处乱转

平日就不稳重的人,不会在一个座位上坐得太久。有一种男人专门在宴会上周旋斟酒,带给会场活跃的气氛。而喝醉了才开始打转的人,属于反抗型的性格,凡事不愿意落俗套。不想局限在某个固定的场所,而希望转移到一个更宽敞的空间里去。如果留在别人的位子上,直到宴会结束也不返回原位的话,就说明对坐在原来的座位对面的人有自卑感或怀有不满。

房间装饰展现女性心态特征

房间,作为一个完全的私人空间,它的风格与特色可以彰显出主人的品位与格调,更能折射出她的心态特征。

追星族型

房间墙壁上贴了好几张少男偶像的照片的女性,是追求梦想与理想的浪漫主义者。有时比实际年龄还要孩子气。她们会直接表现出自己的欲求,拥有实现愿望的积极性与行动力。有时候,别人可能会觉得她们非常任性。他们恋爱时能够一心一意,常常希望恋人常伴左右,片刻也不希望恋人离开身边。

少女型

房间内的布置和家具,给人少女般浪漫的感觉,不管年龄多大,这类人都像少女一样令人怜爱。很爱撒娇,情绪反复无常。他们是浪漫主义者,因为会有"自我沉醉在恋爱中""爱上恋爱的感觉"的情形,所以有将男性按照自己喜好理想化与美化的倾向。由于她们的纯真,令人担心她们在现实中醒悟的时候,会不会更加失望。若房间配色是粉红色系,少女般浪漫的倾向更强烈。

充满生活感型

虽然整整齐齐的,但房间还是充满女性特有的气氛。在小细节中,能够感受到

她们的生活状态。这种人为人坦率，比起印象和外表，更重视内在，因此拥有"男人的脸孔不重要，内心才最重要的"的想法。她们常常会照顾男性，喜欢照顾人。一同生活，也就是结婚的愿望很强烈。如果和男性相爱的话，会在早期就达到结婚的目标。

简洁利落型

房间收拾得干干净净，家具不多，颜色以蓝色、白色、咖啡色等为基调的朴素房间。不女性化，但也不算男性化。与其说是中性化风格，不如说是超脱性别认同的风格的房间。而屋主的性格也跟房间给人的印象一样。也就是看起来没什么女人味、也不会讨好男性的女性，性情直爽。和男性居于对等地位交往的意向很强，她们讨厌依赖别人与被依赖。所以，男性说不定会将她们视为"不可爱的女生"。由于她们不是容易让人着迷的类型，因此一旦看上了对方就是真心喜欢，下定决心就会全心投入谈恋爱。

从洗澡方式的选择看对方

一个人如何清洗自己的身体，一直是人们所关注的事，我们将沐浴视为重生的象征，洗掉每日的污垢，然后再以全新的自我迎接世界。因此，当一个人脱下衣服、卸下扮演的角色时，便还原成真正的自己。

喜欢洗泡泡浴的人乐观

喜欢泡泡浴的人，多很在乎自己的感受，会时常地放纵自己，但是到最后，却往往要付出沉重的代价。他们是典型的及时行乐主义者，多只关注现在，而不为将来打算。他们还非常重视自己的外在形象，并在这上面花费大量的时间、精力及财力，有时候甚至需要忍受身体的疼痛也在所不惜。

喜欢洗海绵浴的人神经质

喜欢海绵浴的人，他们最常有的感觉多是较强烈的无助感，而且缺乏安全意识。他们有一些神经质，因此活得特别紧张和劳累。

喜欢淋热水浴的人感性

喜欢淋热水浴的人易感情用事，以致到最后给自己造成或大或小一定程度上的伤害。这种人喜欢热闹，对某些东西热衷于比较鲜艳的色彩，具有一定的度量和胸怀。但缺少一定的思考能力，在各方面的表现都比较散漫，会给别人留下并不太好的印象，这样或许会使自己失去很多的机会，尤其是在工作方面。

喜欢洗热水盆浴的人叛逆

喜欢热水盆浴的人,是一个自然主义者,在为人处世方面讨厌虚假的矫揉造作,而崇尚本性的流露。他们具有一定的叛逆性,不受一般社会常规或旧道德的规范。自我意识比较强,希望自己能够引起别人的注意。

喜欢淋冷水浴的人理性

喜欢淋冷水浴的人,具有一定的逻辑思辨分析能力,而且能够控制自己的情绪,从而不会做出过分偏激的事情。他们在大多数时候,不会只照顾自己的情绪,而使事情显得不合事理、不合逻辑。

喜欢洗蒸汽浴的人深沉

喜欢蒸汽浴的人,多是工作非常疲劳或是能够很好地享受生活的。他们具有一定的内涵,在为人处世各个方面比较深沉和稳重,能够抓住本质,由内向外分析问题,解决问题。正是由于这一点,再附加上足够的自信,他们往往会取得一定的成功。

喜欢淋浴按摩的人不易满足

喜欢淋浴按摩的人,多比较会享受生活,对自己所处的现状绝对不会轻而易举就满足,总是在不断地追求新的、更高的目标。他们对新鲜事物的接收能力也是比较快的,并且自己也有可能向新的未知的领域进行探索和挑战。他们的叛逆性一般都比较强,常常做出一些让他人无法理解的事情。

从喝咖啡的方式考察人的习性

喝咖啡是一种文化,现在已有越来越多的人加入其中。咖啡的种类很多,不同的咖啡品起来会有不同的感受和味道,人们常常根据自己的爱好、心情进行选择,找出最适合自己的那一种。

喜欢磨咖啡豆的人自信

喜欢自己磨咖啡豆的人多是具有十分独立而又鲜明的个性,对自己充满了自信,总是认为没有人能够和自己相比,这一点会让他人感觉非常吃惊,甚至很不舒服,但却会记住他们。他们做事有章有序,会尽量达到完美的程度。他们很勤劳。

咖啡

喜欢冷冻咖啡的人好奇

喜欢喝冷冻干燥咖啡的人非常重视自己在别人心目中的地位和形象,别人的评价可能会直接影响到自己的心情。他们对新鲜的事物有一定的好奇心,喜欢探个究竟。他们往往对自己抱有很高的期望,并常常在其中迷失自己。他们乐于模仿别人的一些行为。

喜欢过滤式咖啡的人有品位

喜欢喝过滤式咖啡是一种最单调最浪费时间的煮咖啡方式,习惯于这一种方式的人多有比较高的生活品位,为了使自己的付出有更多更好的回报,他们往往会延后满足感的到来。他们是完美主义的追求者,对于一切既然想拥有,就一定要是最好的。

喜欢用酒精灯煮咖啡的人怀旧

喜欢使用酒精灯煮咖啡的人多有些怀旧的浪漫主义情调,往往会营造出一种相当朴素而又和谐的古香古色的气氛。他们有比较传统的价值观念,行为也比较保守,这使得他们有许多大胆新奇的想法却无法付诸实践,成为现实。

喜欢即溶咖啡的人缺乏耐性

喜欢喝普通即溶咖啡的人总是力求不浪费自己哪怕一丁点儿的时间,他们只要做事,就急切地想见到成果,尽管这成果并不是完美的,有时甚至会忽略其效率和品质。他们缺乏足够的耐性,脾气暴躁易怒。但与此同时,他们却善于开导自己,以恢复精神,准备更好地去做其他的事情。

喜欢新奇的混合式咖啡的人与众不同

喜欢喝新奇的混合式咖啡的人希望把自己塑造成一个完全的与众不同的人物,并且不惜为此花费巨大的精力和时间。他们不满足于自己是一个平平凡凡的小人物,他们希望有属于自己的独特的观点和行为方式,去吸引别人。

喜欢用电咖啡壶冲咖啡的人忧患

喜欢使用电咖啡壶冲咖啡的人多有较强的忧患意识,喜欢在事情没有发生之前,做一些准备工作,以防万一。在为人处世各个方面他们都显得非常谨慎,但对于比较熟悉的人则非常热情大方。他们富有同情心,会主动地帮助别人排忧解难。

手机的不同佩带方式展现不同的个性

心理学家发现:从手机的佩戴方式也能看出一个人的个性。你只要暗地观察他佩戴手机的位置,对照下文的类型,就能让你轻松读透一个真实的人。

喜欢把手机拿在手上的人

这种人有进取心,野心勃勃,但过于功利主义。他们自信心强,有魄力,精明强干,做事有毅力,从不轻言放弃,更不会服输。在感情上,他们比较专一、执着,可以信赖。

喜欢把手机放在包里的人

这种人性格温和,给人一种亲切感,富有同情心和包容心。他们思想传统、保守,喜欢洁净,有一定的文化修养。

喜欢把手机挂在腰上的人

这种人男性居多。他们比较传统,循规蹈矩,但做事积极主动,事业心比较强。在感情上,他们比较主动,喜欢温柔贤惠、独立意识比较强的女性。

喜欢把手机挂在胸前的人

这种人以女性为多,她们性格活泼、热情,个性独立,我行我素。追求时尚,好奇心强,对新鲜事物的接受速度比较快。她们有着远大的人生目标和理想,并能够为了自己的理想而努力拼搏。

钥匙的不同佩戴方式开启心灵之门

日常生活中,人们总是以不同的方式携带自己的钥匙,或是出于时尚考虑,或是出于方便目的,或是由于习惯使然……总之,不同类型的人总会以自己的方式保管好这串能够开启隐私、温馨、财富之锁的“安全防线”。正是这些看似无意,又出于有意的携带习惯,恰好可以折射出一个人的内心世界,开启不同的心灵之门。

喜欢用密码锁的人

一把钥匙也不要,满脑子是一组组去开启不同的锁的号码。这类人缺乏安全感,对任何人都不信任,因为他觉得每个人都有性格上的瑕疵。所以事必躬亲,只相信自己。他对人缺乏信任,常常在自己身上加了许多无形的枷锁。

喜欢用钥匙扣的人

这类人的宗旨是要以最小的代价换取最大的回报,对于结交朋友,他总抱着开放而随和的心态。他认为两个人只要相处愉快就能够成为朋友,但如果要他为朋友两肋插刀他就会认为那样做不划算,所以,这类人的知心朋友很少。在心底深处,他把人生视为舞台,而他的目标只是做个过得去、不至于被人“散台”的演员罢了。因此，他的处世态度就是游戏人生。

喜欢把钥匙串在钥匙链上的人

一条长长的金属链，一端扣在裤头，镶着锁扣的另一端放在裤袋里。喜欢使用钥匙链的人对个人财产有一份执着，或者讲得具体一点，他喜欢把一切珍贵的东西谨慎地放在身上，要他拿出一小部分出来分享都很困难。因此，这类人非常吝啬，在强烈占有欲的支配下，他对自己看中或认为应该属丁自己的东西，总会千方百计地不让别人触碰。不但对实物如此，对感情他也抱着同样的态度。殊不知，不断地占有并不会增加他的安全感，反而会使他更害怕失去自己所拥有的。

喜欢把一大串的钥匙全部扣在裤绊处的人

这类人走起路来会不断地发出金属碰击的声音，似乎在向人昭示着他干劲十足，日理万机，人生丰富而充实。他的性格属外向型，喜欢结交朋友，也乐于助人，很少待在家里。对他来说，外界的吸引力实在太大了，物极必反，这样会减少对子女的关爱，让孩子们有时候觉得自己好像生活在单亲家庭中。对于事业，这类人百分之一百的投入，他认为一个人必须拥有成功的事业，才能肯定自己的存在价值。他没有兴趣去追求内在的修养，所以在很多人眼中，他是庸俗不堪的。

喜欢给每个钥匙都冠以不同颜色的塑胶套的人

这样做的目的大概是想帮助自己分辨它们。所以，这类人是一种吹毛求疵、不喜欢做出新尝试、不容许自己犯错、凡事追求完美的人。他对自己和对别人都有非常高的要求。当达不到既定的目标时，会陷入深深的自责，为自己背上很重的内疚感，不肯轻易放过自己，因此经常感到不开心。他常常会忽略家人的感受，以己利为他利，总是把自己的观点强加于人，不断鞭策自己和身边的人，达到自己所设定的目标。

喜欢把钥匙分门别类整整齐齐地挂在包内的钩上的人

这样可以达到一目了然的效果，同时说明自己是个注重组织的人。每天在开始工作之前，这类人首先组织一下当天要做的事情，然后按部就班地去做。在生活中，他也会把一切安排得井井有条，好处是不会忙中出错，乱了阵脚，坏处是一旦习惯了此种模式后，渐渐就会失去应付突发事件的能力。

在朋友眼中，这类人非常值得信赖。但有时候朋友会认为这种人过分执着，处事缺乏弹性，而且最令人难以忍受的是他从来不参加他们的即兴节目，因为他怕这些节目会破坏自己惯有的生活秩序。知足常乐，总的来说，这类人安分守己。

从点菜方式观察对方的从众心理

人们与朋友、同事到饭店或酒店里用餐时点菜的习惯都略有不同。从点菜这么一个小小的举动中,我们也能对人的性格做一个简单的心理透视。

点和别人同样的菜

点菜时没有自己的意见,只是选择与已经点过的人相同的菜的人多是从众型的。这类人为人小心谨慎,但过于小心翼翼使他们常常会忽视了自我的存在,当与别人意见相左时会立刻顺从别人。这类人对自己缺乏信心,很容易受到他人的影响,对已有的想法不能坚持到底。

一次点了一大堆的人

这个也点、那个也点,不管吃得了还是吃不了就乱点一大堆的人个性浮躁,不能安心做事。他们比较孩子气,想法和需求非得直接表达出来才甘心。这类人做事时总是盲目乐观,对失败的可能性缺乏慎重考虑。而且他们的随机应变能力也不是很好,往往在突如其来的困难面前慌了手脚。

先说出自己想吃的东西

这类人胸襟开阔、性格直爽,再难以启齿的事也能若无其事、轻而易举地说出来。他们待人不拘小节,度量非常大,善于原谅别人。可能是为人缘故,即使有时说话尖刻,也不会被人记恨。

点菜慢吞吞的,犹犹豫豫

这类人做事一丝不苟,永远把安全放在第一位,总是能为他人着想。但由于他们过分考虑对方立场,往往会由于过于谨慎,而导致事业裹足不前,人生在原地打转。他们为人认真、虚心,对他人的劝说能够真诚地听取采纳,有时却因此忘掉自己的观点,失去自我。

先点好,再视周围情形而变动

这类人会先按自己的想法把菜点好,然后视周围其他人的选择而对自己的菜再加以变动。他们个性小心谨慎,缺乏安全感,在工作生活的各个方面都容易犹疑不决,畏首畏尾。此类型的人给人的总体印象是非常软弱的。他们想象力丰富,但眼界不够开阔,太拘泥于细节,缺乏高屋建瓴的眼光和掌握全局的意识。

不管别人,只点自己想吃的菜

这类人乐观开朗、完全不拘小节。他们做事果断迅速,反应敏捷,尽管做得正确与否通常很难说。若是先看价格,然后迅速做出决定的人可以说是合理型的;无论价格如何,只选择自己想吃的东西的人是享受型的;在比较价格与内容后才决定的人,为人吝啬,常为蝇头小利而斤斤计较。

先请店员说明菜的情况后再点菜

首先了解菜的原料、价格、口味等情况然后才点菜的人属于自尊心强的类型。他们不喜欢受别人的指挥,做任何事都有自己独到的见解,并且能够从始至终坚持自己的主张,不会轻易变更。他们事业心强,行动积极,做任何事都追求与众不同,不同凡响,不喜欢亦步亦趋地跟在别人后面。在待人方面,他们注重礼仪,重视双方的面子,人缘非常好。

第七章　通过社交方式识人

在社会交往过程中,人们都比较重视外表的修饰打扮。确实在交往中给人的印象,直接影响到别人对自己的评价。

礼物诠释品位

人们都崇尚礼尚往来,在交际场上礼物是一样必不可少的东西。

送人礼物可能是为了表达心中的愿望,也可能只是为了尽自己应尽的义务,还可能是为了让受礼者感受到温暖之情。一个人所赠送的礼物,往往代表了他选择表现自己的方式,以及他本人的兴趣和品味。

自制礼物

这种人做事非常用心,而且喜欢拥有自己的独特风格。他们总是额外花工夫做些特别的东西。虽然赢得的赞美并不是很多,但他们认为和欣赏自己的人一起分享劳动的成果是件非常幸福的事。在他们眼中,礼物是一种"特殊语言",传达的是自己的品位及对对方的在乎和认识,他们把家庭放在第一位,待人十分真诚。

植物礼物

这不仅可以反衬送礼者的美学观,还可以看出他们总能将自己置于能进能退位置的圆滑与机智。即如急着取悦他人,可一时又无法确定自己的判断,就适合选择植物。植物是一种中性的礼物,这使送礼人不会冒犯任何人。而且至少在开花结果时,受礼人便会想到送礼人。

拍卖礼物

这种人非常重情义,总会在恰当时候拜访别人,虽然也许并不那么想念对方,但希望能被对方一直惦记。他们总想展示出自己收入颇丰,而且在时尚上并不落伍,因此他们理想中的礼物是有品位,而且有纪念价值的。

虽然他们所送的礼物看起来非常贵重,可实际上只花了原价的几折而已,也许礼物还有些肉眼看不到的瑕疵。

在大拍卖时购物,是一种不需要投资太多就能够回收的方式,这同时也反映了这种人的精明。

实用型礼物

这种人重视的是礼物的实用性,而不会过多考虑礼物的品牌与包装。他们常常把自己的标准拿来用在给别人买礼物上,因此常常让对方哭笑不得。尽管如此,他们往往否认自己是个现实主义者,而只是遵循一些基本的常识而已。

浪漫型礼物

这种人在俘获到异性的心或自己的心被某个异性掳获时往往会送给对方一些类似心形气球的浪漫小礼物。但是,他们的罗曼史经常和他们特别奉送的气球一样,在平静中慢慢"丰满",却在瞬间爆炸式结束。他们是那种令人迷恋的人,但没办法在经过几个"辗转反侧"的晚会,与对方携手再上新台阶。

幽默型礼物

这种人可能会送人一朵美丽而茎长的花来代表自己的感情,不过这朵闻起来不像玫瑰的花,却会喷出水来。别人总期待他们送这样的礼物,而他们也从不会让对方失望。虽然他们非常热情而敏感,但却不擅长表达自己真正的感情。他们总是先逗对方笑,其实是希望对方笑完之后,接受自己严肃的一面。

换手型礼物

这种人很可能送男性朋友一件花哨的女性睡衣,或送女性朋友一瓶昂贵的刮脸后使用的护肤液。他们通常只想到自己,觉得自己在对方心目中非常重要,因此他们为对方买了一件让他能转送给自己的礼物。外表看来,他们似乎刻意凸显自己的重要,不过私底下他们是满意对方的。他们是那利,"我请客,你掏钱"的人,他们知道对方面对自己所买的礼物时,必然有转赠的行为,因此,常常挑自己喜欢的东西,在赠送的那一瞬间,就知道礼物要重新回来。他们算得上是谋略家,但因为工于心计,往往得不到别人的信任。

奢侈型礼物

虽然送礼者可能分不出流行和落伍,有品位和没品位,但他们喜欢做事大方,想用出手阔绰来弥补不识货的缺陷。受礼人会一直记得他们大方的行为,不过他可能会拿礼物去换其他的东西或回收现金。

循环型礼品

这类人认为，送礼该"内销转出口"由家里开始，所以，他们快速扫描，看看是否有自己用不着，但仍相当美观的东西。他们之所以这样想，无非是希望替自己省点儿钱。然而一旦受礼人发现，便会有接受"救济或赈灾"的感觉，所以很可能非但不领他们的情，还对他们产生反感。

不合适的礼物

这类人有时会买一瓶昂贵的酒，送给一位滴酒不沾的人，或送一盒巧克力给对巧克力过敏的人，他们送礼似乎并非出于真心，而是尽义务甚至好像是为了报复对方，表达心中的愤恨。有时这种方式还真有利，一些灵活的人就用它来达到一些特殊的目的。

自己想要的礼物

这种人目光短浅，总想着自己，懒得花时间去考虑一份对方想要的东西，所以就买了一份自己想要的礼物代替。因为他们有自信、凡事顺遂，似乎总能够达到自己的目标，因此他们不能理解别人为什么不喜欢自己送的礼物。

此外，具体的礼物品种也能传达山一个人想要传达的信息。

送酒

喜欢送酒给别人，表示这种人对其家族中的男性特别重视，想要博取这家主人的好感。在工作上，他们通常也会借送酒来表达对受到照顾的感谢，另外酒也是商场上寻求照顾的工具。

送特产

赠送各地的特产给别人，表示送礼人特别注重人际关系，努力想要使对方喜欢而受感动。这种人往往不满意平凡的事物，有强烈被注意的欲望。

送食物

送人食品，针对的不是一对一的关系，而是表示送礼人希望受到这一整家人的欢迎。因为食品在一般家庭中使用频率较高，所以送礼的人多半熟悉对方的家里情形，希望借助浓厚的关怀情意，获得对方家人的喜爱。

送衣服

衣服一般送给感情亲密的人。送这类礼物的人，表示想与对方保持亲密关系，想让对方明白他的事就是自己的事，这是拉近人与人之间距离的一种方法。

送袜子、领带

虽然袜子、领带属于服饰方面,却可视为一种特殊的礼品。送这种礼物的人,通常比较独断,希望对办配合自己的喜好。

送礼是一门学问,会送礼的人可以获得别人的欢心,而会观察送礼的人则能识别人心。

打招呼传递心声

在社会交往过程中,人们都比较重视外表的修饰打扮。殊不知,在人际关系里"打招呼",可以说是心理上的"打扮"。打招呼时给人的印象,直接影响到别人对自己的评价。

见面时,有意和对方保持一定的距离,然后再打招呼行礼,是对对方保持戒心或表示客气。

初次见面就走到几乎能触碰到对方的肩膀的距离再行鞠躬礼的人,是想将当时的气氛引向有利于自己的行为。

虽然只是第一次见面,但打招呼时一边碰对方肩或手,一边说"您好",这种人非常热情,有着与人交往的强烈愿望。但这种打招呼很可能只是要套套交情,与之近乎点,以表示自己的热情大方。

虽然不是第一次见面,但始终千篇一律,用老套的话向人打招呼或问好的人具有强烈的自我防卫心理。

见到熟人边走边举起手打招呼的人,一定是急于赶路,或者有什么重要的事情等着处理。也许是家里的水管漏水了,也许是上班就要迟到了,总之,他的心情是急躁的。

在晚会上和不相识的人一个劲握手的人,具有强烈的自我显示欲。

垂头丧气、甚至有些心不在焉地与人打招呼的人,要么就是在思考问题,再不就是他有点讨厌打招呼的对象,与之打招呼只是因为面子问题。要么心情极度低落,受到了挫折与打击。

打招呼时神采飞扬、明眸善睐,不用说,这种人一定碰到什么好事了。

打招呼时,和别人保持的距离,也能反映出当时的心理状态。简单地说,人们会靠近自己有好感的人,对没有好感的人则不想靠近,甚至离得远远的。这样在不自觉中人们就控制了自己与别人的距离了。

初次见面时,比一般要求的距离更靠近来跟别人打招呼的人,表示对对方有好感,强烈希望与之接近,以便进行密切的交往。

相反,很不自然地保持距离同他人打招呼的人,可能是因为某种理由对对方敬而远之。

不管对方是谁,常常和人靠得很近的是个性外向的人。这种人性格开朗,对自己的能力和人际关系非常有自信,比较喜欢团队工作。

相反,习惯和人保持距离的人性格内向,自信心不足,喜欢个人性质的工作。另外,他们对传统、习惯和权威很软弱,但会对弱者或地位低下的人摆架子,有可能是权威主义者。

此外,从与人打招呼时的常用语言也能看出一个人的个性特点。

常说"你好!"的人

这种人头脑冷静得简直是无动于衷,但实际上哪怕是一般的约会,他们也会严格遵守时间,这种人对待工作一丝不苟,按部就班,能够控制自己的感情,希望一切都在计划之中,他们不喜欢大惊小怪,也从不盲目冒进,因此深得朋友们的信赖。

常以"嗨!"开头的人

这种人想象丰富,腼腆害羞,追求尽善尽美,经常由于担心出错而不敢做出新的尝试,因此很容易陷入两难的境地。创新对他们来说等于是无谓的牺牲。他们好像在印证那个说一生三分之二的时间在卧室度过的科学家的话一样,宁可同爱人待在家中,也不愿外山消磨时光。

常以"喂!"开头的人

这种人精力充沛,快乐活泼,渴望成为榜样或模范,生活上则希望成为时尚的先锋,他们喜欢人们说他们会过日子,懂得享受生活。他们思维敏捷,富于创新精神,性格直率坦白,具有良好的幽默感,而且还善于听取不同的意见。

常问"怎么样?"的人

这种人自我表现欲望强烈,即使是在舞厅也希望能独领风骚,利用各种机会出尽风头。若是引起了别人的注意,他们就会对自己充满信心,但行动之前,他们喜欢反复考虑,不轻易采取行动。而一旦做出选择,他们就会全力以赴地投入其中,不圆满完成,决不罢休。

五、常说"过来了呀!"的人

这种人办事果断,乐于与别人共享自己的思想和感情,喜欢冒险,不过能及时从失败中吸引教训,因此常有所获。

常说"看到你真高兴。"的人

这种人待人热情、谦逊,性格开朗,喜欢参与各种各样的社交活动,而不是冷眼旁观。他们是十足的乐观主义者,与他们相处,大家都能收获快乐,因此,他们是外出旅游的好伴侣。缺点是他们经常沉浸于幻想,容易感情用事。

常问"有啥新鲜事?"的人

这种人雄心勃勃,凡事都喜欢打破砂锅问到底,弄个究竟。他们热衷于追求物质享受,并乐此不疲。他们办事有条不紊,计划周密,而且从不随便表态。

握手探知心情

握手,是现代社会中人与人交往一种较为普遍的礼节。虽然只是一握,但其中却有很大的学问。有专家研究表明,握手也能传情达意。

丘吉尔在《第二次世界大战回忆录》中记载了这样一件事:

德国入侵苏联后不久,苏联外长莫洛托夫秘密访问伦敦,与丘吉尔商淡反法西斯的大计。丘吉尔一向对英洛托夫没有好感,说他是个"灰色、冷酷的人"。在一次长谈后的深夜,丘吉尔送别莫洛托夫在唐宁街七号握手告别时,莫洛托夫突然靠近他,紧紧握住他的右手臂,双目久久注视着他,一言不发。这一举动使丘吉尔这位老政治家大为感动,他感受到了莫洛托夫用握手的暗示无声地告诉他:世界反法西斯战争的胜败,现在取决于苏、英两国的合作。由此可以看出:千言万语,只在一握中。

美国心理学家伊莲·嘉兰在一本书中指出,一个人与别人握手时所采用的方式能够反映出这个人的个性。具体地说,就是可以通过握手的方式,了解对方心理的微妙变化。

握手时显得不是很积极主动,手臂呈弯曲状态,并往自身贴近,这种人多是封闭保守,小心谨慎的。

握手时只是轻轻地一接触,握得不紧而且没有力量,这种人多性格内向,他们常常悲观,情绪低落。

握手时显得有点迟疑,多是在对方伸出手以后,自己犹豫一会儿,才慢吞吞地把手递过去。排除掉一些特殊的情况以外,在握手时有这种表现的人,多性格内向,且不够果断,缺少判断力。

不把握手当成表示友好的一种方式,而把它看成是例行的公事,这表明这种人做事草率,缺乏足够的诚意,并不值得深交。

握手时的力量很大,甚至让对方有疼痛的感觉,这种人多是逞强而又自负的。但这种握手的方式在一定程度上又说明了握手者的内心比较真诚和煽情。同时,他们的性格也是坦率而又坚强的。

习惯于抽水机般握手方式的人,他们大多有相当充沛的精力,能同时应付几件不同的事情。他们做事非常有魄力,说到做到,干脆而又利落。除此以外,这一类型的人为人也较亲切、随和。

像虎头钳一样紧握着对方的手的人,在绝大多数时候都显得冷淡、漠然,有时甚至是残酷。他们希望自己能够征服别人、领导别人,但他们会巧妙地隐藏自己的这种想法,而是运用一些策略和技巧,在自然而然中达到自己的目的。从这一方面来说,他们是很工于心计的。

一个人握着另外一个人的手,握了很长的时间还没有收回,这是一种测验支配力的方法。如果其中一个人先把手抽出、收回,说明他没有另外一个人有耐力。相反,另外一个人若先抽出、收回手,则说明他的耐心不够。总之,谁能坚持到最后,谁胜算的把握就大一些。

在与人接触时,把对方的手握得很紧,但只握一下就马上松开了。这样的人在与人交往中多能够很好地处理各种关系,与每个人都好像很友善,可以做到游刃有余。但这可能只是一种外表的假象,其实在内心里他们是非常多疑的,他们不会轻易地相信任何一个人,即使别人是非常真诚和友好的,他们也会加倍地提防、小心。

用双手和别人握手的人,大多是相当热情的,有时甚至热情过了火,让人觉得不能接受。他们不习惯于受到某种限制和约束,而是喜欢自由自在,按照自己的意愿生活。他们有反传统的叛逆性格,不太注重社交、礼仪等各方面的规矩。他们在很多时候是不太拘于小节的,只要能说得过去就行了。

把别人的手推回去的人,他们大多都有较强的自我防御心理。他们经常感到没有安全感,因此时刻都在做着准备,在别人还没有出击但有这方面倾向之前,自己先给予有力的打击,占据主动。他们不会轻易地让别人真正地了解自己,如果是这样,会使他们的不安全感更加强烈。之所以这样,在很大程度上是由于他们的自卑心理在作怪。他们不会去接近别人,也不会允许别人轻易接近自己。

在握手时,非常紧张,掌心有些潮湿的人,在外表上,他们的表现冷淡、漠然,非常平静,一副泰然自若的样子,但是他们的内心却是非常的不平静。只是他们懂得用各种方法,比如说语苦、姿势等来掩饰自己内心的不安,避免暴露一些缺点和弱点。他们看起来是一副非常坚强的样子,所以在他人眼里,他们就是一个强人。在比较危难的时候,人们可能会把他们当成是一颗救星,但实际上,他们也非常慌乱,甚至比他人还要严重。

握手时显得没有一点力气,好像只是为了应付一件不得不做的事情,而被迫去做的。他们在大多数时候并不是十分坚强,甚至是很软弱的。他们做事缺乏果断、利落的干劲和魄力,而显得犹豫不决。他们希望自己能够引起他人的注意,可实际上,其他人往往在很短的时间内就会将他们忘记。

通讯录是个人的关系层

由于名片的大量使用,既节省时间,又显身份,还不受外界条件的限制,随时都可以使用。而手机的存储功能又给通讯录一个沉重的打击,最大限度地节省空间和时间,所以通讯录大有被社会淘汰的趋势。但是作为大众来说,通讯录还是一种非常重要的生活用品。名片毕竟有用完的时刻,没电的手机是无论如何也工作不了的,所以通讯录丢不得,浓缩其中的性格也不可不知。

没有通讯录的人

这类人随便把别人的联系方式记在什么地方,也许是看过的某本书中夹着的一张纸条,也许是口袋里皱巴巴的一个纸团,也许是记在了墙上……他们不仅电话号码满天飞,其他的生活用品也是到处乱放,真要用的时候往往无从下手。他们大多有着聪慧的头脑,而且具备某种专长,创造力和想象力非凡,有可能做出惊人之举,获得匪夷所思的成就。但是,他们的自我约束能力和组织能力实在太差了,性格脆弱,因此挫败的概率也非常高。

使用廉价通讯录的人

廉价通讯录最大的优点是随时可以丢掉而不觉得可惜。这种对待通讯录的态度,也往往就是对同事和朋友的态度。这类人非常实际,有用的东西保存,没有用的就扔掉,决不拖泥带水。他们讨厌一成不变的东西,善于吸收新鲜事物,对于朋友也是如此。他们容易忘掉老朋友,老朋友也容易忘掉他们。

使用昂贵通讯录的人

这类人重视朋友,他们深知单打独斗闯荡社会的艰难,因此能够真心帮助朋友,并希望能够从朋友那里得到力量。他们选择昂贵的通讯录,一方面也可能是为了在恰当的时机展示给朋友看,提醒对方自己对他们珍视的程度。另一方面是为了精心保管,极力维系彼此之间的关系或友谊。

使用抽取式通讯录的人

这种通讯录非常方便实用,这说明其主人活动能力强,交往范围非常广。他们认识的人特别多,必须要以最快的速度把这些人记录在案并清晰地归类,以便日后随时取用。他们非常繁忙,时间表总是安排得满满的。但是,他们不会手忙脚乱,而是心态平和,做事效率很高,属于社会活动家的那种类型。

珍藏旧通讯录的人

这类人特别重感情,喜欢怀旧,珍视过去的美好回忆。他们有浪漫情调,总是希望能够重温旧日时光,尤其是舍不得断绝与旧情人的联系,在感情上不利索,容易藕断丝连。这样的性格容易受到现实严重的打击,但他们深情依旧,是十足的情感王子。

他们待人热情、真诚,喜欢交往,对朋友忠贞不贰,心胸宽广,为人处世不拘小节,光明磊落,很受周围人的尊敬和爱戴。

每年都更换通讯录的人

这类人每年都要更换通讯录,把有用的人转到新通讯录上,没必要联系的人连同旧通讯录一同丢进垃圾桶。他们非常实际,功利心强,得失取舍算计得非常清楚,做起事来不留情面、寸土必争,显得非常冷酷无情,给人一种特别势利的感觉。这种做法虽然势利,但势利得坦率诚实。他们不虚伪,敢作敢当,干脆利落,而且尊重社会规则,有时候非常仗义,能够为盟友付出,是平等合作的好伙伴。

使用皮夹或皮包式通讯录的人

这类人性格也许有些软弱,缺乏安全感,总是想得到别人的帮助。他们把可能帮助自己的人当作依靠,奉若珍宝,以此获得一些稳定感。他们总是感到不安,生活中的很多事情都让他们畏缩不前,这种时候,他们会不由自主地把通讯录里的人当作定心丸。他们性格内向,不容易结交新朋友,能够维持交往的人大多比较亲近,而且以长辈居多。

惯于用铅笔记录通讯录内容的人

用铅笔记录电话号码等联系方式,以便随时擦掉。这类人为人处世非常谨慎,对人多持怀疑态度,一旦有什么事实证明某人不太适合交往,马上就会将这个人的名字在通讯录上删去。他们比较世故,思维严谨细密,生活上一般都比较节俭。

座位选择显示个性奥秘

心理学家发现,从一个人在会议室、餐馆、咖啡屋等公共场所的选座习惯,也可以窥视出他的个性秘密。

喜欢面向墙壁的人孤傲

喜欢靠近墙壁附近的座位,而且喜欢面向着墙壁以背对着其他客人的人,显示出他们不想和别人有任何瓜葛的心态。背对着其他的客人显得性格孤傲,热衷埋头于自己的世界而无视外界的存在。

喜欢背靠墙壁的人

同样选择靠近端壁的座位,但喜欢背对墙壁、面对店内客人而坐的人,应该是非常普通的类型。人们会将背部贴着墙壁,是一种十分寻常的心理反应。因为背靠着墙壁,我们便不需要担心背后是否会有敌人偷袭,而又可以眼观六路、耳听八方,注意周围的动静。对一般人来说,由于背部没有长眼睛,很难注意到有什么事情发生,所以将背靠着墙壁,是一种能令人安心的本能反应。

喜欢靠窗边位置的人

喜欢靠窗边位置,偏好明亮位置的人,其个性属于普通平凡的类型。避开出入口及洗手间附近,尽可能远离喧闹嘈杂的客人,这类人的个性不是很突出。而有的人在无意识中,自然会走向装饰有美丽花朵附近的座位,这是比较一般的情形。

喜欢角落位置的人

因为角落位置能够一眼就看清店内全景,对自己来说是最安全的位置。坐在这个位置,可以完全掌握进山的人物,既不会受别人注意又能仔细观察别人。这种人追求一种安定、稳妥的生活。由于他们习惯做一个旁观者,基本上缺乏决策的能力和作为一位领导者应有的积极态度。所以说,与其要他做一位领导者,还不如请他当顾问来得更加适合。

选择对着入口的位子的人

选择面向入口位子的人,通常会觉得"与其让别人找我,不如我先给个信号好了",是做事积极主动,同时很体贴入微的人。这种人很容易交往,是很好的合作伙伴。选择背对入口位子的人,则会觉得"别人找我会很辛苦与我何干",是自私自利、以自我为中心的人,这种人很难亲近,交往态度干脆明确。

选择门口附近位子的人

喜欢坐在入口处附近的人,属于个性急躁的类型。他们对于周围环境观察入微,生活态度相当认真,永远闲不下来,喜欢到处走动,乐于照顾他人、替他人服务。

他们热情、急切,神经总是绷着紧紧的,是典型的急性子,动作、姿态与生活步调都很快,做任何事都想速战速决,非常焦躁,无法平静下来,对时间很敏感。一般人很难跟这种人悠闲地聊天。

这种人意志坚定,拥有不断上进、追求新奇的活力。凡事不屈不挠。缺点是固执己见,有刚愎自用的倾向。

喜欢中央位置的人以自我为中心

刻意挑选房间正中央座位的人,似乎不多见。这种类型的人的自我表现欲望非常强烈,他们的话题总是以自我为中心,对别人的事漠不关心,聊天时不断强迫别人听自己说话,而自己却总是忽略别人的意见,不顾别人的感受。当他们点了奶茶,服务生却不小心弄错,端来柠檬红茶时,他们会马上提出强烈的抗议,绝不是随和、好沟通的类型。或者当店里客人多了起来,而被要求并桌一起坐时,他们会非常明显地表露出不满、厌恶的态度。

名片是个人的品牌

名片是人们在交际过程中必不可少的媒介,它从某种程度上可以说是让他人认识自己的一个窗口,有的名片甚至是囊括了一个人一生的成就和所得。所以,通过名片观察人倒也是一种方法。

塑封名片的人

这种人通常表面上显得真诚、热情而豪爽,但实际上他们心胸狭隘,爱慕虚荣,有些神经质。他们有着很强的独占欲,在别人面前惯于占据优势,容不得他人超过自己。喜欢故弄玄虚,自吹自擂,而且不在乎别人的异样目光。疑心和嫉妒心都很强,经常耍手段,让人琢磨不透。

持用彩色名片的人

使用这种名片的大多是从事服务业的人,特别是业务与国外有较多联系的人。

名片上不亮头衔的人

这种人往往个性很强,讨厌一切虚伪不实的东西。他们非常自信,但并不看重自己的身份和地位,也不重视别人对自己的看法。我行我素,讨厌受制于人,也不乐意驱使别人。他们具有超乎寻常的创造力和想象力,而且踏实肯干,通常能够有所成就。

名片上头衔很多的人

有的人名片上头衔很多,而且很可能各种头衔之间毫无关联,千奇百怪。令人眼花缭乱。这种人的表现欲望非常强,在人群中很显眼。他们总是企图在他人面前表现自己的优越感,会把各种各样微不足道的事情讲出来,向别人炫耀,比如儿子上学、弟弟升官等等。若是想要获得他们的好感,就必须让他们充分炫耀,否则他们可能翻脸。

名片用粗体大字的人

这种人大多功利心强烈,强调自我意识,但待人平和亲切,善于辞令,懂得分寸,有绅士风度。他们性格坚强,全力以赴追名逐利,显得难以接近。实际上,与他们接触越多,越会发现他们也有人情味的一面。如果他们看得起你,会倾尽全力帮助你,而且不求报偿。这种性格适合从事企业家、政治家、医生等职业。

到处发名片的人

不分时间、地点和场合,见一个人就发一张名片,好像散发商品宣传广告似的。这种人野心勃勃,有强烈的表现欲,总是把自己摆在显眼的位置上,希望大家能另眼相看。他们表面上善于交际,但实际上,由于发名片时不分场合和对象,所以并不清楚把名片给了谁,别人也不见得会重视他们,反而觉得他们莫名其妙。在工作上,这种人看似积极肯干,实际上言行不一,让人无法信任。

拿出很多名片给人看的人

一张名片代表一个朋友,经常若无其事地掏出一大堆名片的人,喜欢炫耀自己的"群众基础"扎实可靠,路子非常广,希望别人能够对自己另眼相看。这种人通常有较强的组织能力和交际能力,能说会道,精力充沛,但他们特别自私自利,待人华而不实,喜欢做表面文章。总体上看,这种人适应社会的能力非常强,成功率比较大。

名片上印有绰号或别名的人

这种人往往对父母给取的名字不够满意,或者把自己以前的挫折怪罪于名字,因此才用另外一个名字来证明自己。他们稍具神经质,而且自卑,叛逆心理比较强。脑筋灵活,富有独创性,但性格脆弱,遭遇困难容易逃避,不敢面对现实解决问题,因此事业上难以获得大的进展。为人处世小心谨慎,比较多疑,猜忌别人并怀疑自己,做事不容易与其他人合拍。

看名片很仔细的人

接到对方递过来的名片,一边仔细地看名片,一边看对方的眼睛。这种人是典型的现实主义者和功利主义者,警惕性很强,观察力敏锐。他们公私分明,而且很厌恶公私不分的人。他们注重实际利益,直截了当,毫不掩饰,如果觉得有利可图,很快就会答应,否则无论如何都不可能说服他们。与这种人交往,花言巧语是不起作用的,必须拿出实实在在的东西来。他们行动能力很强,做事扎实周到,成功率高。他们讲究信誉,办事可靠,但是朋友不多。

名片上附带家庭住址和电话的人

这种人的责任心非常强,否则不会把家庭住址和电话告诉别人。他们成熟稳健,有着出人头地的强烈愿望。在他们的生命中,工作第一,事业要比家庭更重要。

附记时间和地点的人

在递出名片之前,在名片上加注会面的时间和地点,以便对方记忆。这种人细致耐心,反应敏捷,善于出谋划策,兴趣广泛。他们非常喜欢结交朋友,待人周到体贴,值得交往。在工作上,他们热忱认真,可以把重要的工作托付给他们。

说"名片用完了"的人

这种人如果不是比较草率随意,那么就是处世谨慎而冷漠,不愿意与对方交换名片。前者往往对生活和事业缺乏规划,与人交往缺少必要的沉着和冷静,显得肤浅、轻率。后者谨慎小心,可以绕开不必要的骚扰和麻烦,功利心比较强,不会轻易浪费自己的精力。

他们考虑周到，做事认真细致，而且创造能力强，富有开拓精神。他们精力充沛，兴趣广泛，能够身兼数职而且都做得非常出色。在社交场上，他们游刃有余，手眼通天，到哪里都能吃得开。

名片的质地、形状和色泽都显得另类的人

这种人表现欲望非常强，喜欢标新立异。他们大多具有艺术家气质，非常自我，性格无拘无束，胆大妄为。他们对别人漠不关心，虽然能言善道，但难以与人协调，因此人际关系非常紧张。他们善恶标准明确，是非分明，而且喜欢毫无顾忌地表达出来，经常会招惹别人的反感。

同时持有两种完全不同的名片的人

这表示他们在本职以外还有另外一份职业。这种人精力充沛，具备一定的实力，而且兴趣广泛，思维开阔，能够同时应付几件事情。他们深谋远虑，富有策略。而且创造力突出，能做出惊人之举。他们大多是功利主义者，忠心不足，容易出卖别人。

喜欢用轻柔质感的材料制作名片的人

这种人性情温和，文质彬彬，待人非常有礼貌。他们有比较高的艺术品位，说话讲究措辞，用词文雅，带有浪漫色彩。在人际交往中，他们轻易不会与人争执，即使争吵，也会尽力原谅对方。他们富有同情心，喜欢帮助和照顾别人。

随着年龄的增长，他们很可能会变得越来越大胆、越来越以自我为中心，但仍然不失温厚长者的风范。他们的缺点是意志比较薄弱，容易影响其才华的发挥。

沉默中蕴含的思绪

在人际交往中，我们有时候会碰到一些沉默的人。其实很多时候他们并不是因为性格内向而不说话，而是出于不同的心理需要。比如他们认为"此时无声胜有声"，或者在这件事情上"言多必失""沉默是金"……

假如你和一群人天南地北聊得海阔天空，只有他一人保持沉默，这种情况有两种可能：第一，他可能对你们的话题毫无兴趣，正心有所思，在考虑与话题无关的事情；第二，他对你们谈话的话题一无所知，于是只好用沉默来掩饰内心的空洞。反正他不说话，大家就不会知道他肚子里是真的没什么墨水，相反还可能觉得他高深莫测。

如果你向一位同事打探他知不知道公司最近要裁员的事，而他却保持沉默，那么有以下几种可能性：

一、他根本就不知道有这一回事，但他认为自己应该知道，怕在你面前丢了面子，只好沉默，故作高深。

二、他认为沉默反倒可以从你那里得到更多的信息。由于他的沉默,你很可能认为他一无所知就无所顾忌地大谈特谈起来,把你的个人意见、对某人某事的看法统统倒了出来,最后,你不仅没从他那儿探出点什么,反倒让他"收获"颇丰。

三、他很可能知道这件事,但不想告诉你。他怕一旦告诉你他知道这件事,你就会继续向他探听,让他说也不是,不说也不是,徒惹一身麻烦。于是就用沉默让你无法得到探听秘密的机会。

有时候,沉默还能得到别人的信任。例如,如果你问某人,这件衣服穿在你身上好看吗?他不是违心地说"好看",而是保持沉默。那么你就自然会明白他是觉得不好看才沉默的。

另外,沉默还可能是为了暗示、触动别人。在某人自以为是地吹嘘自己时保持沉默,只管做自己的事,时间长久了,对方自然会明白这种沉默的意思,也就不会再神吹胡侃了。

沉默也有拒绝的意思。如果你向一个人提出要求,他不说话,那么他一定是不情愿照你的话去做,而用沉默来表示拒绝。

恋爱是男女间的"心理战"。在约会时,女性还经常通过沉默向男性发出各种各样的暗示。男性能否取得主动,让两人关系深入发展,关键就在于能否正确解读女性的暗示。

如果女方朝男方那边探出身子,主动接二连三地提出新话题,而对男方所说的话只是沉默着点点头表示同意或偶尔出声附和一下,而且会动不动看看时间或抚弄手机,则暗示"闷死了,再去别的地方走走吧!"

如果女方靠在椅子上和男方保持一段距离,并且迎上男方的视线的次数急剧减少,对他所说的话越来越没有反应,最后干脆保持沉默。或拿起手机自顾自地玩了起来,这就暗示着"我想回去了"。

这些沉默的暗示,有些是女性自觉的行动,有些是下意识的行为。在对方看不出暗示或是解读错误时,如果那是女性刻意释放的信号,那么对方就会被归类为"不了解女人心情的迟钝男子",可能一下子就破坏了两人的关系;如果那些暗示只是女性下意识的行为,她们可能只会感到"怎么都不合意"而已(当然,在日积月累的情况下也有被判"出局"的可能性)。

恭敬语描绘真实想法

每一种人际交往都是在交际双方所结成的心理距离中进行,适当的心理距离是成功的人际交往的一个必要条件。语言可以拉近或推远彼此之间的心理距离。要想拥有圆满而顺利的社会生活,有分寸地使用恭敬的语言是很重要的。这种语言要依时间、场合、目的微妙地表达,均衡加以运用。俗话说:过犹不及,如果言辞过恭反而显得肤浅。

适度的礼貌,是维持良好人际关系的方法之一。人与人之间的礼貌,有一定的形式、程式和措辞等等，人人都必须遵循。"殷勤过度，反而无礼。"法国作家拉伯雷说："外表态度上的礼节，只要稍具有知识即能充分做到；而若是想表现出内在的道德品行，则必须具备更多的气质。"那么从言辞到行动总是毕恭毕敬的人，也许可以说是气质上的欠缺。

这种人在与人交往的时候，一般总是低声下气，始终用恭敬的语言、赞美的口气说话。初交时，对方也许会有不好意思之感，但决不会对这些人产生厌恶。然而，随着交往的日益深入，别人便会逐渐察觉这种人的态度，而且会气恼不已。这时对他的评价，大多变为："那家伙原来是个口是心非、表面恭敬的人！"

恭敬语使用不当，过分牵强而显得不自然的人，说明此人别有用意，或者认为这是由于一般人对于恭敬语的常识不够。因此说，有人故意使用不自然的恭敬语，只不过表示他在心理有某种"不平衡"。

日本语言学家桦岛忠夫说："敬语显示出人际关系的密疏、身份、势力，一旦使用不当或错误，便扰乱了应有的彼此关系。"在某种无关紧要或很熟悉的人际关系中，我们根本没有必要使用恭敬语。一些另有所图的人对自己心仪之人，突然冒出随意的言语，以示双方的关系非同一般，会给人以亲密感的误会。但是，在很亲密的人际关系群中，碰见有人突然使用恭敬语对你说话，那就必须小心了。你应该想想，是否在你们之间出现了新的障碍。

恭敬语是属于礼貌的语言，它往往在无意识中拉开自己与他人之间的距离。

过分地使用恭敬语，就表示有激烈的敌意、嫉妒、轻蔑和戒心。

因此，从实际的观点来看，如果听到对办不断地向自己说出毕恭毕敬的话，那么，我们倒要小心提防他的用意，因此，恭敬语实在含有防患于未然的机能。

有时候，男女朋友的某一方对另一方说话时，如果使用过多的恭敬语，绝对不是表示对对方的尊敬，反而是表示："我对他（她）一点意思也没有！"或是"我根本就不想和这类人接近"等等强烈的排斥反应。

有的人虽然彼此交往很久，双方的了解也很深刻，但是，对方依然在运用客气与恭敬的措辞，说话的语气也十分谨慎，在这种情况下，对方如果不在心理上怀有冲突与苦闷的症结，那就是在他们内心怀有敌意，所以，我们不能不小心提防。

反之，有人故意使用谦逊或客气的言语，说明他们企图利用这种方式闯进对方的心里，突破对方的戒备防线。实际上，他们真正动机在于控制对方，实现居高临下的欲望。

某些都市的人，对外乡人说话非常客气，从另一个角度看，这或许是一种强烈的排他性表现，往往使人无法与之熟悉，尽给人以冷淡的印象。以此类推，假使交情深厚的朋友，仍不免使用客套话时，则很可能内心存在自卑感，或者隐藏着不满。

开场白提示人的性格特征

在人际交往中，许多人在切入正题之前都会先说一些铺垫的话，作为自己的开场白。为什么人们在交往过程中会有这种表现呢?

心理学家认为这主要源自两方面的原因:一是说话者唯恐听者不能不很好地理解自己说话的意图,而进行很多自己认为是必不可少的铺垫。二是说话者认为如果讲话前没有铺垫,恐怕听者会不得要领,而一再地铺垫。这种情况也会发生在说话者认为说话的对象是一个较为敏感的人,如果自己直接说出自己想说的内容,怕对方误会,所以就有一段开场白的产生。

的确,和对方见面时,如果不先说引言,就直接切入重点,可能会令人对自己的意图产生误解,从而产生戒心而不易沟通,所以在实际交往中,开场白又是不可或缺的。

但是,不同性格的人往往采用不同的方式将谈话导入正题。下面就对开场白的类型加以分析。

否定式

采用这种方式说话的人大都懂得"最好的防御就是进攻",因此,自我保护意识强烈,拒绝外力促使下的任何改造。他有强烈的征服欲望,勇于接受挑战,是一个敢作敢当的人,但他的执着常常是"不见棺材不落泪"的固执。

肯定式

他对自己所要陈述的观点充满信心,他相信"说出的话就像泼出去的水"一样无法收回,因此,他注重说话的实际意义。不难看出,他是一个守信重义之人,没有把握不会轻易许诺,但言出必行。

猎奇式

以这种方式开场谈话的人大都表现的是支配者的形象。他的谈话从不涉及自己的事,或有关自己身边的人。他有强烈的猎奇心理,喜欢打听别人的隐事秘闻。

在感情生活上,他很关心对方,甚至极度热爱对方,因为他是个"许进不许出"的猎奇者。因此他喜欢把话题的重点放在跟自己完全无关的人身上,这说明他的内心有一种支配的欲望。

重复式

他将要阐明的观点或许是对你或对他自己来说很重要,所以反复强调一些铺垫性的开场白。可以看出他是一个很有策略的人,同时也是一个逃避责任的高手。

傲慢式

这样的人能够做到"到哪山唱哪调",也就是说,他是那种能根据环境而改变自己开场白方式的人。这种人具有强烈的自卑感和攻击性,在他人面前好用狂妄的口气讲话,自我意识未能完全独立而且缺失感强烈。这种为弥补缺憾的心理冲动在一定程度上失去控制时,就会以语气狂妄的形式进行发散,用以填补其缺陷。

冗长式

这首先是源于他对人的体贴。他把对方当作纤弱、易受伤害的人,唯恐过于直截了当会使对方产生失落感甚至成为"脑震荡"。过分顾虑对方的反应,便有了冗长的开场白。

当然他也可能是担心不来个冗长的开场白便把要点向对办摆出来的话,对方会误会自己,否认自己的口才,留下"胸中无墨"的印象。于是越是想让对力充分了解自己的意图和愿望,就越是从枝到节、从头到梢,自然,开场白也就越发冗长。

由此可知,说话者无非是为了更详细地表达自己的意思,所以才有很长的开场白。

开场白太长同然令人不耐烦,但有的人却矫枉过正,在面对上司、前辈时,生怕自己过长的开场白会使对方产生反感而遭斥责,所以不断地顾及对办态度,这就太反常了。

需要用很长的开场白来表明自己的意思。这实际上也是一种小心翼翼、对自己不自信的表现。

七、家常式

许多人为了拉近彼此间的距离或消除对方的戒心,常常以那种让人感到亲切的话题开场。

这种人考虑问题细致入微,而且安静而沉着,但并不是拘谨之人。他能够做到看到别人快乐,自己也自得其乐。

在集会上,他喜欢批评别人,纠正别人的不当,但不会强迫他人接受自己的观点。尽管如此,他能够做到设身处地为别人着想,所以他不会引起别人反感,反而会永远被周围的人所喜爱。

交换名片探知心态

名片已成为人们生活中不可或缺的一部分。但仅仅从各式各样精美的名片去认识一个人还不够,我们还应注意人们交换名片的方式。因为交换名片的方式往往反映了一个人当时的心态。

比如对方先拿出名片是表示诚意。先拿出名片,并在递给对方名片时大声说自己是"××"的人,很显然十分重视对方。同时,他也在表示一种强调,希望对方也能同样重视自己,记住自己的名字。

对方拿出名片时,用双手接过来是表示慎重、尊敬,对对方有好感,同时也是有礼貌的表现。用双手接过名片的人一般都是有修养的人。

接过对方的名片后,自己不递名片且没有任何反应,则表示拒绝,说明此人蛮横、傲慢、无礼。如果接过对方名片后，以"名片用完了"或"暂时没有名片"为借口搪塞的人，要么这人比较草率随意，的确没带名片，要么此人为人处世缺乏冷静，不愿意和别人交换名片。

在人际交往中递交名片有几个基本的原则：

伴随长辈或上司拜访，绝不能比他们还早递出名片，以示对领导的尊重。

年轻者先递名片给年长者，男士先递名片给女士，非官方先递名片给官方。

参加会议时，应该在会前或会后交换名片，不要在会中擅自与别人交换名片。

在递交名片的时间上符合以上几个原则的人，是知礼懂礼的人，他们一般都能给人留下一个良好的印象。

交换名片的方式有很多种，我们还可以从以下几种情况来分析一个人的性格。

到处散发名片

不分场合、对象，像散发传单一样，乱发名片的人很有野心，喜欢抬举自己，是个自我表现欲强烈的人。他们把名片发出去之后，甚至会忘掉是在何时何地把名片给了谁。他们外表看起来很开朗而且处事谨慎，但实际上往往轻诺而寡言，在交际方面表现得不够诚恳。

经常忘带名片

以小见大，经常忘记把名片带在身上的人对生活和事业缺乏系统安排，为人处世较为轻率，行为粗枝大叶而且缺乏远见。这种人是喜欢及时行乐的人，他们奉行"有则一顿充，没有敲米桶"的处事原则。

附记时间地点

在交换名片后，附记上交换的时间、地点，以免以后忘记此人做事细心谨慎。这种人兴趣广泛，头脑灵活，很会出谋划策。他们的交际方式十分独特，能够用心去经营与朋友的关系，因此，他们的朋友特别多，而这也是他们走向成功的一个重要原因。

把名片作为吹嘘资本

有些人经常没事就掏出一大堆别人的名片，夸耀自己同这些人的关系非同一般。这是炫耀心理在作祟，掏名片的目的非常清楚，这是他们夸耀和显摆自己的一种方式，希望他人能够对自己另眼相看。实际上，这正反衬出他们的交际能力，他们迫切希望自己得到他人的认可。这种人多属于以自我为中心的类型。尽管如此，这类人大多口才好、活动能力强、精力充沛、有魄力、讨人喜欢，但过分注重外表。

喜欢请客的人自我满足欲望强

每个人都希望自己拥有请客的经济能力,因为只要自己有钱请客,就可以不必担心自己不如人。有一种人特别喜欢请客,归根结底他们是想获得一种满足感。这种满足感也许是有事相求,也许是为了表示谢意,也许是一种优越感,也许纯粹是为了增进彼此的感情。借着种种理由请客,使自己获得满足感。甚至有时根本没有请客的理由,明明可以大家分摊,但有的人就是喜欢付钱时拼命制止别人,而自掏腰包。这时如果你坚持拒绝,对方还会露出不高兴的神情,并责备说:"你真是太客气了,大家都是自己人嘛!"从对方的表情看来,他们真的不是装模作样,简直是沉醉于请客所带给他的满足感。

反过来再看被请的一方。别人请客,自己不必付钱,虽然也有好处,但是让对方出钱,自己很容易形成自卑感,反而不能痛快地享受。

另外,还有一种被请人的心理,认为别人请客让自己快活是理所当然的,这种人大多都是不愿自掏腰包的吝啬鬼。

至于喜欢请客的人,虽然他们的立场是把东西送给对方,但他们的心态和接受自己好意的对方是一样的,这与过度保护孩子的母亲的心理非常类似。

有的母亲常会像奴隶般地替孩子做事,这样的过度保护,表面上看起来非常辛苦,但其实母亲是利用这种行为来保护自己。因为母亲们自己以前也有同样受人呵护的经验,现在仍然在追求那种心理状态。所以当了母亲后,就把孩子当作自己欲望冲动的对象。实际上母亲只是以过度保护孩子的方式来满足自己的欲望。根据这点,我们可了解,这样的母亲看似疼爱孩子,其实更爱自己,因为唯有如此才能使她神采奕奕。

同样的,喜欢请客的人,表面看来虽然古道热肠,但其实只是以这种形式来满足自己。因此喜欢请客的人,和喜欢被人请的人凑在一起,彼此就各得其所,分别得到满足了。

因此,当我们看到那些即使没有钱,却总是想办法请客的人,应了解他们的心态,只要他们不是另有所求,大可接受他们的好意。

读懂社交场中的"微笑"

波拿多·奥巴斯朵丽在《如何消除内心的恐惧》中说:"你向对方微笑,对方也报以微笑,他用微笑告诉你:你让他体验到了幸福感。由于你向他微笑,使他觉得自己是一个受别人欢迎的人,所以他也会向你报以微笑。换言之,你的微笑使你感到了自己的价值地位。"

因此,有人把微笑这一"体语"比喻为交际中的"通用货币",人人都能付出,人人也都能接受。

那么,怎样辨别微笑这一"交际货币"的真伪呢?

专门从事微笑研究的科学家一语道破了其中的奥秘:虚伪的微笑存在两大无可掩饰的"秘密"。

第一,真实的微笑应该包括两组肌肉的运动,一组是环绕眼睛的括约肌;另一组是将嘴角往上牵动的颧骨肌。由于大多数人不能自觉地牵动这些眼部肌肉,所以假笑者只能牵动嘴角,眼睛却是无动于衷的。

第二,"秘密"是假笑者的笑脸出现不对称的现象。一般来说,他如果是一个左撇子,则他的右半脸特别强烈,而如果不是左撇子,那么他的左半脸会尤其会做戏。

其实,真笑和假笑在婴儿时期就表演得清清楚楚了,一个五个月的婴儿就能用两组肌肉群对他母亲发出会心的微笑,但对一个完全陌生的人却只运用颧骨肌微笑了。

复杂而多样化的微笑,就蕴藏着许多发自性格——意味深长的众多信息,值得我们去加以探索?

微笑

感到悲哀的冷清笑容可以从外向型人的脸孔看到。比如外向型中最认真的"执着性格"的人,当努力变成泡影,遭遇挫折时,他们就会垂下双肩幽幽地笑起来,此时,他们已经进入"忧郁状态"。在这种场合里,他们将与内向型人一样,陷入自闭的境地,连笑容也显得卑微。

总之,一个人喜怒哀乐的感情动向,会非常自然地展现在自己的脸上。

大体上来说,性格外向的人以爽快而明朗的心态居多,因此时常面带笑容,即使别人感到悲伤时,他们也会满面笑容地安慰对方。

虽然内向型的人很少有笑容,但是,他们还是有自然地笑出来的时候。但那是非常脆弱而又缺乏自信的笑,类似于自嘲,又有点像自虐的笑容。那也是一种缺乏生气,仿佛看透了某种东西一样,对人生感到疲惫的笑容。

性格外向的人很容易与别人打成一片,所以,他们能够配合绝佳的时机附和着对方欢笑。正因为他们不隐藏感情,率直地表现自己的内心,表情自然就会很丰富。只要看他们的脸孔,就不难知道他们的心态,所以他们很容易为别人所理解,同时,他们也是一种很好相处的人。

除了微笑之外,还有以下几种笑的方式:

鼻笑。这是从鼻子里哼出来的,因为你要忍住笑,便忍进了鼻子。这表示说:"你倾向忍笑显示你为人怕羞,不想让他人注意,你同时也是谦虚体贴的,喜欢按本本办事,你很重视他人的感觉,而他人也会喜欢你的细心。"

偷笑。这种笑声非常低,也不长,有时别人未必听得到。这表示说你常常看到

一件事情有趣的一面,而别人未必看得到。别人喜欢你,因为你容易相处。

紧张的笑。笑的时候非常慌张,忽然停止,看看别人继续笑便也笑。这也是自卑的表现,缺乏自信心,怕笑得不对,怕人笑话你。这种人应改变一下自己,用不着太担心别人对你的看法,人是有权笑的,即使别人不觉得好笑,你也有权觉得好笑!

普通的笑。这一类笑平常,不特别,不会太大声,显示这个人喜欢群众。这表示说你很努力但不争功,你很有耐性,心地好而可靠,是一位非常好的朋友。

轻蔑地笑。笑时鼻子向天,神情轻蔑,往往是人在笑他也不笑,或只略笑几声。这表示:你看不起每一个人,这其实是自卑感作怪,要把他人压低而抬高自己,你不会有很多朋友。

此外,有一种人一笑就掩口,这也是因自卑感,但是有不同情况,可能只是因自己的牙齿不好看或自知口臭。但如没有这两种毛病,就是发自内心的自卑,与紧张的笑相同。

总而言之,不管是哪一种笑,它的背后都有非常高的含金量,由笑的不同方式而识别一个人的内心动态,是最简单、最直接的方法。

笑的方式有很多种,性格外向的人爽朗笑容是属于单纯而明快的类型,至于内向型的笑容则非常复杂,而且以不明确者居多。

最明显者为假笑。他们的脸虽然在笑,但是眼睛却没有笑,心中也丝毫没笑,像戴着假面具的笑,这类笑有:空笑,假笑,令人莫名其妙的笑,对自我、对对方嘲笑式的笑容,以及充满谵妄意味的笑。

总之,这是一种缺乏内容的笑容,有时笑声高而尖锐,有时则是吃吃地笑,音量低得叫人几乎听不到声音,简而言之,那是孤独而冷漠的笑容。

当大家非常快乐地笑成一堆时,内向型的人几乎都会发出这种空笑,那并不是附和周围的笑声,而是对人际关系感到不安时,为了掩饰自己的紧张,不得已而勉强挤出来的笑容。

与外向型的人相比,内向型的人笑容较少。即使有喜事,他们也认为没必要让不相干的人知道,甚至可以说,他们具有一种隐藏自我的防卫意识。

透过交际圈识别人

每个人在交际中都有相应的位置,这是交际规律的反映,也是社会规范的要求。不能正确摆正自己的交际位置,在交际圈中必然显得唐突、冒失、蹩脚,也会受到社会群体的责怪、怨愤、抵触、嘲弄、打击。

对女性冷漠的男性

这类男性善于掩饰自己的真实情感。他们感情比较脆弱,之所以对女性态度冷漠,倒不是因为缺乏爱心,而是故意在压抑自己,害怕对方知道自己的弱点,因此总是想与其保持距离,即使而对自己心仪的对象也是如此。这类男性非常沉稳,事业心比较强,有耐性,凡事喜欢循序渐进,积累到一定的程度,就会石破天惊,令人刮目相看。

对男性冷漠的女性

这类女性具有比较强的自我防御意识。在为人处世方面,她们不卑不亢,能够清晰流畅地处理各种人际关系。她们对名利没有兴趣,只希望能够获得一个轻松的工作,过上稳定的生活。在感情上,她们向来本着顺其自然的原则,虽然有时也会感到孤独,但是她们知道,属于自己的幸福迟早都会到来。

在公益活动中交朋友的人

这种人往往自尊心比较强,很有信念,具有浓厚的人情味。他们讲信誉,时间观念强,与别人约定的时间或事情,一定会信守承诺,准时完成。做事讲原则,而且有毅力,一旦决定做一件事情,就一定会坚持到底,即使遇到挫折也一如既往,勇往直前。他们虽然对金钱看得比较淡,但是却热衷于权力和名誉的争夺。

只选择有工作关系的人为友

这种人属于典型的功利主义者。他们事业心特别强,喜欢争名逐利。感情淡薄,人际关系方面不讲情面,坦率而露骨。虽然缺乏人情味,但是很少欺骗别人。

喜欢和同性相处的人(同性恋除外)

这种人往往性格内向,思想传统、保守。不善交际,在异性面前容易紧张,甚至显得手足无措。他们做事容易缩手缩脚,缺乏魄力和冲劲。

喜欢和异性相处的人

这种人往往心胸狭窄,嫉妒心强。他们有着较强的自我显示欲,希望得到别人的关注和认可。比较重感情,能够珍惜友谊。

喜欢和长辈或高位者相处的人

这种人往往缺乏安全感,依赖心强,有自卑心理。但也可能具有极强的魄力和野心,想进入更高的圈子,成就更大的事业。后者大多性格刚烈,敢作敢当,胆大心细,可能有出奇之举。对于长辈或位高权重者,他们往往走两个极端,要么不太把他们当回事,平起平坐,要么非常尊重,甚至敬畏。

喜欢和晚辈或比自己地位低者相处的人

这种人很可能气魄不大,喜欢在比自己低的人面前体会优越感,喜欢教导别人,发号施令。他们的虚荣心比较强,控制欲和领导欲外露。会引起一些人的反感。但是,他们待人真诚,关心别人,在别人需要帮助的时候,能够全力以赴地施以援手。

唱 KTV 探知你的性格

如今,KTV 已经成为人际交往的一种方式。但是,你是否知道,在唱 KTV 的过程中也可探知一个人的性格特征。

专门帮别人点歌的人

这类人从不跟别人抢麦克风,最多只在别人不唱的空当唱一首自己喜欢的歌,自得其乐一下。在整个欢聚中,他们总是不厌其烦地问别人:"你要唱什么歌?"然后帮人输入电脑,忙得不亦乐乎。他们待人真诚,具有奉献精神,但是对自己有些消极。他们不善于表现自己,在工作上默默耕耘,甘心做配角。虽然他们脚踏实地,人际关系也很好,但是事业上很难有大的成就,因为他们实在太过被动,万一人家没有腾出让他表现的"空当",那他就只好寂寞到底了。

先谦虚不唱,然后一鸣惊人

刚开始唱歌的时候,这类人会找一大堆借口说自己不会唱,推脱说某某唱得比自己好多了,应该先请某某开口等等。推来推去,最后好不容易请他拿起麦克风,这下可不得了,他简直是无所不会,而且具有专业水准,但是他还不断强调:"我今天嗓子不太舒服!"言下之意是本来还可以更好的。这种人非常重视别人对自己的看法,很有表现欲,但又有些虚伪和胆怯。获得这种人的友情的最佳方法是赞美他们。

专挑难度高的歌,很注意自己的台风

这类人每次唱歌,从咬字发音、面部表情到肢体动作都配合得完美无缺,显得非常专业,很容易赢得掌声。他们若不是音乐工作者,那一定是个追求完美又喜欢挑战的人。他们喜欢表现自己,希望每件工作都能获得赞美。这样的人一般比较有品位,生活事业都有一定的层次。

从不练习,唱起歌来结结巴巴

这类人在 KTV 唱歌时,别人让他唱他就唱,不管什么歌捡起来就开口。即使唱得结结巴巴、一塌糊涂也不在乎。这种人做什么事情都不投入,唱歌也抱着"凑合""应付"的心态。在工作上,他们抱着混日子的态度,有事情做就行,做得好不好无所谓。在交朋友方面,他们也不认真,跟谁都不错,但除非别人主动与他们联络,否则他们会杳无音信、不知到哪去了。

只唱自己拿手的歌,全神贯注,旁若无人

这类人往往是个很执着又内向的人。他们不太照顾周围的环境,比较以自我

为中心。对丁新事物,他们不愿意尝试,对于困难尽可能绕开走。他们比较任性,希望什么事情都由自己做主。在工作中,他们往往很难掌握主动权,因为他们缺乏向现实妥协并顺应现实的能力。

从注视时间看心理

人际交往中,我们还会遇到有些人在与我们谈话时,会让我们感觉很舒服;有些人会让我们不自在;有的人甚至会让我们感觉他不值得信任。产生以上这种种感觉的原因之一,很大程度上与对方注视我们时间的长短有关。

研究者发现,在正常交往状态下,当对方与自己目光接触时间超过全部谈话时间的一半时,这可能意味着以下两种情形:

一、对方怀有敌意,是在用目光语言向你无声地挑衅。这种情况下,瞳孔一般会收缩,目光黯淡和冷直。

二、对方对你的谈话很感兴趣,其瞳孔有一定的扩张,眼睛能放光。

行为心理学家研究后指出,若想与他人建立良好的默契,与他人谈话的过程中应有 60%~70% 的时间注视对方,这会使对方开始喜欢你。

在与人交往中,尤其在与别人说话时,若紧张、羞怯,不敢看对方的眼睛,是很难赢得别人的信任的。另外,还发现,在与别人谈话时,整个过程中,如果目光注视对方达不到 1/3 的时间,彼此间的沟通很难建立。

与人谈话时,注视对方眼睛,并不意味着越长越好。凡事都有个"度",注视对方眼睛也不例外。另外还应注意以下两点:

一、在谈判时,或重要的社交场合,应避免带深色眼镜,以免让对方感觉你一直在盯着他。

二、谈话时,根据所谈内容,时断时续地与对方进行自然的目光交流,从而达到心与心的沟通,切忌只重视时间的长短,而忽略实际的效果,死盯对方。

第八章   通过兴趣爱好识人

人对事物的感觉是其心理的真实反映,因此可以较为准确地反映出人的性格。因此,兴趣爱好也是我们洞悉对方心灵之门的重要着眼点。

音乐洞开心灵之门

得克萨斯大学的研究人员对 3500 名学生做了 6 项调查后,得出结论:如果一个人喜欢布鲁斯乐、爵士乐、古典音乐和民间音乐,那么这个人可能具有聪明、容忍和追求政治自由的性格。喜欢乡村音乐和宗教音乐的人可能是快乐的、开朗的、可靠的而且是做事符合常规、有板有眼的。而喜欢重金属音乐的人喜欢冒险。喜欢舞蹈音乐的人性格是开朗的、愉快的。他们通常不喜欢与保守的人在一起。

其实，人对音乐的感觉是其心理的真实反映，音乐可以较为准确地反映出人的性格。因此，音乐也是我们洞悉对方心灵之门的重要着眼点。

喜欢流行音乐的人

这类人喜欢过无拘无束的生活，大多崇尚自由、简单。缺乏主见，容易随波逐流。他们不能忍受强烈的感情，也从来不会让自己陷入复杂的问题之中，所以他们人生中的许多重大问题都是由家人或爱人来解决的。

喜欢摇滚乐的人

这类人通常喜动不喜静，害怕独处，喜欢体育运动，他们个性张扬，总能吸引他人的关注，但不会给人留下深刻的印象。这类人多对社会不满，有些愤世嫉俗，而且经常感到没有安全感或迷茫，因此他们需要用摇滚的形式来找到心灵上的慰藉，发泄心中的不满，他们喜欢与一些志同道合的人组成团体，依靠音乐找回已经丧失或正在丧失的自我。

喜欢爵士乐的人

这种人通常崇尚自由，喜欢丰富多彩、无拘无束的生活，讨厌一成不变。他们比较感性，做许多事情都是凭一时的冲动，常常脱离实际。由于现实生活与他们的理想相差太远，因此他们内心总是很矛盾，有一种莫名的恐惧感。

喜欢古典音乐的人

这类人大多能够自我反省，理性较强，善于自我沉淀。有可能形单影只，因为很少有人能够真正走入他们的内心世界去体会和了解他们的思想感情，从一定程度上说，音乐是他们的人生伙伴。

喜欢交响乐的人

这类人通常充满自信，踌躇满志。性格张扬，显示欲强烈，处处想显示自己的不平凡，而且拼命想挤入上流社会，但有时显得不切实际，好高骛远。适应环境的能力非常强，能够迅速地融入集体，但常常由于对他人的盲目信任以及凡事只考虑好的方面而吃亏。

喜欢进行曲的人

这类人通常是完美主义者。他们对自己的要求很高，任何事情都力求至真至美。然而，他们又满足现状，墨守成规，缺乏行动能力。这种性格上的矛盾往往让他们遍体鳞伤。

喜欢歌剧的人

一般说来,这类人的思想观念保守而传统,容易情绪化,但他们在大多时候能够控制自己的情绪,避免不愉快的事情发生。这类人责任感非常强,做事认真细致,对自己要求非常高,甚至有些苛刻。他们处处要求尽善尽美,力求以最优秀的一面出现在人们面前。

喜欢打击乐的人

这类人大多社交能力强,人缘好,性格直爽,待人随和,不挑剔。而且他们乐观积极,对生活充满了希望,并且能够为自己设计出美好的未来。

喜欢乡村音乐的人

这类人通常性格温和,心思细腻,比较敏感,喜欢关注社会问题。成熟老练,处世圆滑,攻击性不强,轻易不会做出令自己后悔或者有损他人利益的事情。他们喜欢过充满自然气息的田园生活,追求稳定和怡然自得,不喜欢城市的浮躁。

喜欢颓废音乐的人

这类人通常性格叛逆,缺乏自信心,崇尚暴力,有自我毁灭的倾向。在人际交往中,这类人的内心总是非常矛盾,一办面,他们无法跟他人建立起良好的关系;另一方面,他们却又害怕孤独、寂寞,希望与人交往。在种种不如意中,他们的叛逆心理会越来越重,颓废音乐正好符合这种心理,可以让他们得到暂时的解脱。

喜欢背景音乐的人

这类人大多性格内向,追求安静、怡然的生活,不希望他人打扰,讨厌外界的繁杂。感觉灵敏,想象力丰富,但有些不切实际。由于他们富于幻想,脱离实际,因此常常会感到失望。但是,这类人的性格比较开朗,而且善于自我调节,能够在失望中迅速恢复过来,重新面对生活。

喜欢凄美歌曲的人

这类人感情丰富,心地善良,有时显得多愁善感。在他们的生活中,音乐有如路标,为他们指引前进的方向。他们总是为社会上的许多事情操心。"先天下之忧而忧,后天下之乐而乐",用范仲淹的这句话形容他们的性格最合适不过了。

阅读是品性的烙印

当今社会是一个信息社会,而书刊是信息的重要载体,人们要跟上时代的步伐,不断提升自己,就必须经常阅读。由于每个人的性格和爱好都有所差异,因而形成了各自不同的阅读习惯。而我们要想窥视一个人的内心世界,也就可以从阅读习惯入手。

喜欢看漫画书的人

富有亲和力,活泼开朗,爱好玩乐,童心未泯。他们喜欢过自由自在、无拘无束的生活,对生活的态度非常随便,缺乏应有的责任心。这类人思想单纯,缺少防人之心,常常在吃亏上当后才发现自己原来是那么幼稚,但是他们能够吸取教训,一般不会再犯同样的错误。

喜欢读历史类书籍的人

有丰富的内涵,沉着、稳重。这类人大多具有很强的创造力,讲究实际,时间观念强,不喜欢把时间和精力花费在与他人的闲谈、胡扯上,而是会去做一些有建设性的工作。因此他们讨厌参加社交活动,朋友不多,但很受人尊重。

喜欢看传记的人

野心勃勃,性格坚强。具有强烈的好奇心,敢于向未知领域挑战。心思缜密,善于统筹全局并权衡利弊得失。在行动之前,他们一定会将可能出现的状况以及应对措施考虑周全,从不打没把握的仗。

抽时间细心读报的人

大多不善交际,对身边的人也显得热情不足,性格内向。虽然没有很好的人际关系,但他们懂得自得其乐,生活很舒心。这类人虽然不善苦辞,但实际上非常有主见,属于“不鸣则已,一鸣惊人”的类型。他们注重现实,个性独立,自我约束能力很强。做事认真,有责任心,能够独当一面。

喜欢读言情小说的人

以女性居多。这类人感情丰富,富有同情心,常常会为一些虚幻的故事情节而感动。她们自信,心胸开阔,有敏锐的洞察力,大多时候都是凭自己灵敏的直觉做事。她们有时候比较脆剥,有一点儿脱离现实,容易对现实感到失望。但她们生性乐观,而且善于自我开导,能迅速从失望中恢复过来,重整旗鼓。

喜欢看武侠小说的人

喜欢幻想,有些浪漫主义。在这类人身上或多或少有一些英雄情结,比如好打抱不平,愿意为朋友两肋插刀,疾恶如仇等。他们感情丰富而细腻,但有些回执。有时显得与社会不合拍,因此他们在现实生活中遭受挫折的可能性非常大。

喜欢读侦探小说的人

思想前卫,想象力丰富,具有很强的创造力。这类人的逻辑思维能力非常强,面对问题能够站在不同的角度进行分析,而且越是难以解决的问题,他们越喜欢挑战。

喜欢看恐怖小说的人

这类人的生活可能比较乏味和单调,但又无法摆脱,因此只好用富有刺激性的恐怖小说来刺激自己的脑细胞,寻找一些独特、新鲜的感觉。他们通常不喜欢思考,比较懒惰,而且对身边的人和物都不感兴趣,因此常常是形单影只。

喜欢读科幻小说的人

这类人具有很强的创造力和丰富的想象力,往往对科技非常着迷。他们喜欢为将来拟订计划,但有时会脱离现实,经常在幻想和计划中过日子。再加上意志力薄弱,因此很少真正实现自己的计划,不容易打造自己的天地。

喜欢看通俗读物的人

通俗读物非常大众化、比如保健类、生活类、成功励志类等等。他们大多热情开朗,心地善良,富有同情心,直爽可爱。有着较强的创造能力和收集能力,那些幽默性强的话题对他们来说总是张口就来,在愉悦自己的同时,也给周围的人带来了许多欢乐,所以他们特别讨人喜欢,经常是大众眼中的宠儿。

喜欢阅读财经杂志的人

重视名誉,崇尚权威,不满足现状,总想超越别人,有很强的竞争意识。这类人有远大的理想,而且也有勇气和魄力为自己的理想拼搏,为自己的人生谱写最灿烂的篇章。

喜欢读时尚杂志的人

这类人追求时尚,以掌握的流行趋势为资本,向他人显示自己。他们往往个性张扬,偏重于追求表面化的东西,把大量的时间浪费在娱乐信息和外表上,而忽略了实质和内涵,所以很难成大事。

喜欢阅读妇女杂志的女性

这类人的上进心和事业心往往都很强,她们希望自己能在事业上有一番作为,成为女强人式的人物,让别人刮目相看。

读报只阅读喜欢的内容的人

自信,具有一定的幽默感,活泼、开朗,好奇心强。善于交际,喜欢热闹,希望生活中到处充满欢声笑语。他们具有一定的领导才能,但自我约束能力差,做事不能精益求精,有时马马虎虎,敷衍了事,往往会惹来一些不必要的麻烦。

为了消磨时间而读报的人

大多性格孤僻,内向,多愁善感,情绪不稳定。有同情心,忠厚老实,能够替他人着想。他们想象力丰富,但有些脱离现实。在事业方面,缺乏当机立断的勇气和魄力。人际关系不好,常常孤芳自赏,自视清高。

迅速浏览报纸内容的人

开朗、大方,富有活力,对生活充满热情,喜欢热闹,是不甘寂寞的好动分子。待人真诚、直爽,朋友非常多。他们思想前卫,接受新鲜事物的能力特别强。做事虽然劲头十足,但缺乏必要的耐性和冷静。在为人处事方面,具有一定的随机应变能力,但不善于掩饰自己,常常喜怒形于色,容易冒犯他人。另外,他们往往比较张扬,爱表现自己,而且自我意识太强,有些刚愎自用。

喜欢读专业性比较强的书的人

这类人遇到问题或者不顺心的事,往往不会向他人诉说,而是从书里去寻找答案。他们特别喜欢纯文学或哲学类的书,而且读书时非常认真,遇到喜欢的内容,甚至会把它背诵下来。他们读书就像品茶一样,很慢但很细,或许会花费很多时间,可他们从不在乎,因为他们从中得到了乐趣。

喜欢读报纸及新闻杂志的人

这类人往往比较注重实际,从来不会为一些虚无缥缈的东西而浪费自己的时间和精力。他们有着丰富的社会阅历,由于所见所闻的事情多了,因此接受新鲜事物的能力也不错。他们大多有着永不服输的意志,信念坚定,在挫折面前从不低头。

在收藏中发现对方心底的追求

如今,收藏已经成了许多人的嗜好。有人喜欢收集收藏品为的是等待若干时日后升值;有的人收集收藏品是为了提高个人修养,陶冶情操;有的人收集收藏品是为了向别人炫耀,以显示其高雅脱俗,不同凡响;也有的人收集收藏品是为了怀念过去……收藏品五花八门,收藏者的性格也就各具特色。从一个人所收藏的收藏品可以了解到这个人的性格。

珍藏旧情书的人

怀旧情结比较浓,过去的一切对他们来说都是一生难以忘怀的。由于他们过于怀念过去,因此很容易对现在的生活产生一种厌恶感。这类人想象力丰富,多愁善感,特别脆弱,依赖心很重。总希望身边的人都关心他、呵护他。

珍藏旧衣服的人

怀旧情结非常严重。他们经常沉浸在过去的生活中,就连多年前有过的想法也从来不肯放弃,总是找机会实施。他们有些自以为是,对自己的思想和观念从来都不怀疑,听不进别人的建议。

珍藏旧玩具的人

热情、开朗,崇尚自由,向往无拘无束的生活。对生活的态度比较积极、乐观,容易满足。他们自我调节能力非常强,面对挫折或者生活中的不如意,能及时开导自己,用相对放松、平和的心态面对。他们追求年轻的心态,希望自己时刻处于兴奋的状态。喜欢与朋友在一起,人际关系非常好。

喜爱集邮的人

这类人一般是比较爱面子,不懂得拒绝他人。自我调节能力非常强,当遇到让自己情绪波动很大的事情,他们都会先将事情放在一边,等情绪平复以后再来处理,以免自己感情用事。

喜欢收集钱币的人

这类人大多比较保守和传统,缺乏冒险精神,对新鲜事物的接受能力比较差。他们责任心很强,有强烈的亲情意识,非常关爱自己的家人,对子女更是疼爱有加。他们有韧性,追求完美,做事能够善始善终。

珍藏旧票据的人

这类人往往有很强的领导和组织能力。做事小心谨慎,条理清晰,能够按部就班,一步一个脚印。然而,他们做事的效率不高,常常把大量的时间和精力浪费在一些小的细节上,从而影响了成功的速度,甚至失去很多重要的机会。这类人生活比较平实,虽然偶尔也会有寻找刺激的想法,但往往因为缺乏勇气和魄力,而只能停留在思想上。

珍藏旅游纪念品的人

这类人特别重视自己过去的经历。他们待人坦诚,性格憨厚,富有冒险精神,敢于向未知领域探索和挑战。他们对自己的理想十分痴迷,并能为此接受各种考验。但由于他们做事缺乏计划性,结果往往筹强人意。

珍藏旧照片、旧明信片的人

这类人虽然喜欢回忆过去欢乐的情景,但他们比较注重实际,一般不会沉浸其中。他们的自我表现欲望强烈,渴望他人能够了解自己。接受新鲜事物的能力很强,即使是一时无法接受而又不得不接受的事情,他们也会慢慢地开导自己,直到心甘情愿地接受为止。

喜欢收集各种小东西的人

很多不起眼的小物件,比如钥匙、打火机、钢笔等等。这类人也许是浪漫主义者,想象力丰富,喜欢追求梦想。独立自主的意识非常强,不喜欢受约束,更不能听人使唤。

喜欢收集古董、艺术品的人

古董和艺术品往往是学识、高雅、财富的象征,喜欢收藏它们的人一般都有较高的社会地位和身份。他们好胜心强,极有优越感。

珍藏旧书、旧报纸、旧杂志的人

珍藏这类东西的人大多是些文化底蕴很深厚的人。他们有上进心,学识渊博,而且有读书、看报的习惯。这类人往往有些自命清高,而且非常固执,不太容易接受别人的建议。

室内活动透视心理活动

如果你真的选择了某种室内活动,那么在你的选择中便透露出你在身、心两方面的需求。

喜欢看电视的人

这类人想象力丰富,但大多不切合实际。他们行动能力比较差,有着各种各样美好的计划,但真正付诸行动的屈指可数。

喜欢看电影的人

这类人往往感情起伏激烈,喜欢五彩缤纷、充满刺激和惊奇的生活。想象力丰富,能够为自己设计出美好的未来,但能否实现他们并不太在意。他们不善于与别人交流,容易将自己关闭在一个小天地里。对于别人的批评,他们通常无法痛痛快快地接受。

喜欢打电话的人

大多性格活泼、开朗,爱热闹,害怕独处,喜欢与人交往。这类人做事干净利索,从不拖泥带水。在面对重大抉择时,他们常常缺乏自信和主见,往往需要别人给出主意或给予支持。

喜欢打扫房间的人

这类人的生活节奏非常快,对自己的要求非常严格,具有很强的时间观念,什么时间做什么事安排得满满的,而且有条不紊。他们做事特别讲究价值和效率,总是要求自己用最简单、最便捷的方法做好每一件事情。

整天忙得团团转的人

这类人的休闲时间好像也要比一般人忙。他们大多心思缜密,观察力敏锐,常会观察到别人忽略的细节。疑心重,责任心强,事必躬亲,凡事只有亲自动手才会放心,所以他们往往会让人产生依赖心理。

用睡觉来放松自己的人

他们很可能有逃避现实的倾向。这类人的性格有些软弱,承受压力的能力筹,因此总是企图以睡觉的方式来逃避现实生活中的不如意。他们对自己所处的环境十分不满,但又不想积极主动地去适应它或改变它,而是期待外界的变化。在工作上,他们缺乏责任感,遇到问题不断地给自己找借口,为自己开脱。

但是,如果选择睡觉作为休闲方式是因为平时太过疲劳,那么他们往往是非常积极的人。他们做事讲求实效,意志坚定,自我意识强,比较固执,不轻易接受别人的建议,但尊重权威和科学。

从喜欢的体育运动透视对方

生命在于运动,运动对于人而言是一种必需,生活当中绝大多数人都在运动。不同的人会热衷于不同的运动方式,这就是人心理活动的外露。

喜欢踢足球的人

积极乐观,热爱生活。他们通常具有很强的攻击性,而且拼劲十足,在竞争中成功的可能性很大。而且这类人也比较理智,属于拿得起放得下的类型。

喜欢打篮球的人

这类人的性格往往比较坚强,理想远大,能为了实现自己的理想和目标而坚持不懈地努力。在这个过程中,即使遭遇失败,他们也不会气馁,反而更能坚定信念,勇往直前。

喜爱打网球的人

从整体上看,喜欢打网球的人多是一些有修养、有礼貌的人,在与人相处时彬彬有礼,很有风度。这类人对自己要求通常很高,很严格,近乎苛刻,做任何事情都力求完美。

喜爱打排球的人

不拘小节。功利心不强,不好胜。在做事时,他们看重做事的过程而不是结果。

喜欢举重的人

如果不是一个比较狂热的健身族,那么就可能是个缺乏自我意识的人。他们喜欢追求一些表面层次的东西,而忽略了内涵。他们过丁在意他人对自己的看法,为了迎合他人,容易失去自己真正的颜色。

喜欢打猎的人

大多性格粗犷、豪爽,为人特别讲义气,不拘小节。这类人的竞争意识非常强,敢于冒险,具有一定的勇气和魄力。他们敢想敢做,有责任心,为了更好地生存在社会上,他们一直努力把自己打造成一个强者。

喜欢游泳的人

这类人内心可能有逃避现实的倾向。

喜爱慢跑的人

性情温和,待人亲切,能够建立良好的社会关系。心态平和,不喜欢争名逐利,容易安于现状。

喜欢竞走的人

很可能有些叛逆,反传统,个性张扬,喜欢标新立异,善于向他人展示自己独特的地方。他们不喜欢受约束,崇尚自由,自我意识比较强。

喜欢个人竞技项目的人

比如赛跑、滑雪等运动,多人参加,但只有一个优胜者。这种人往往有目标、有理想,能够为追求自己的目标而奋斗。甚至愿意为实现理想而做出牺牲。

喜欢团队运动的人

比如足球、棒球、篮球、拔河等。这类人性格开朗、直爽,生性活跃,社交能力强,注重团队精神,能够以最快的速度融入集体,并建立良好的人际关系。

喜欢需要单个竞争对手的运动的人

比如网球、台球、乒乓球等。这类人往往性格坚定,从不轻易言败,好胜心强,不喜欢团队合作。

喜欢打高尔夫球的人

高尔夫球象征着身份、地位和财富,并不是一般人能玩得起的。凡是玩得起的人,基本上都有比较雄厚的经济实力。这类人都非常有自信,而且有强烈的优越感。他们一般都具有成功者的素质,有远大的理想、坚定的信念以及不服输的精神等。

喜欢冒险类体育运动的人

比如滑翔、跳伞、登山等。这类人富于冒险精神,敢于向一些未知领域进行挑战。心思缜密,性格坚强、固执。行动之前往往会将各个方面的问题考虑周全,一旦决定做,就不会轻易改变自己的决定,遇到任何挫折,他们都能勇往直前,有一股不达目的誓不罢休的坚韧精神。

喜欢柔软体操的人

这类人往往比较柔弱,自我约束能力差,生活缺少规律。做事意志力薄弱,而且常常向自己妥协,找一些借口来安慰自己。有时候他们会感到很迷茫,非常需要一位个性比较强的人的监督和领导。

喜欢骑自行车运动的人

大多头脑灵活,接受新鲜事物的速度比较快。这类人好奇心强,喜欢探索一些神秘的事物。他们做事非常灵活,一般会选择最简捷的路径到达目的地,而不会走常规,不会按部就班。

把散步当成一种运动方式的人

心态平和,不喜欢张扬,缺乏表现欲。这类人的性格就像走路一样,虽然平常,但容易坚持不懈,因而从中受到的益处无穷无尽。他们喜欢过平淡的生活,做自己该做的事,并且深信自己能做好每一件事。

喜欢下棋、玩纸牌的人

才思敏捷,具有很强的分析能力和逻辑思辨能力。这类人非常理智,有耐性,一旦决定做某件事,就会集中全部精力投入其中,因此获得成功的可能性很大。

喜欢打麻将的人

喜欢热闹,有平常心,能与人打成一片。爱慕虚荣,特别注重自己的外表和别人对自己的评价。

购买运动器材,在家里做运动的人

他们可能是凭借一时的兴趣买回运动器材,放在家里作了摆设,自己并没用过几次。真正的体育爱好者一般是不会在家里做运动的。这种人做事容易冲动,不够理智。热情来得快去得也快。

喜欢边看电视边做运动的人

这类人往往自我意识非常强。善于察言观色,往往他人的一个小的动作或一个眼神,他们就能明白是什么意思,自己应该如何应对。另外,他们的时间观念很强。懂得合理安排时间的重要性,从不浪费时间。

边做事边运动的人

开朗乐观,想象力丰富。这类人自我控制能力非常好,善于自我开导。每当面对自己不喜欢做的事,他们就把它当成是自我锻炼、自我提高的方式,并且能把那些枯燥无味的事情变得趣味横生。

喜欢去健身会锻炼身体的人

这类人好奇心强,性格多属于外向型,对他人的花边新闻可能比较感兴趣。他们不喜欢独处,喜欢和很多人在一起,所以他们常常参加一些团队活动,不止于健身会。

喜欢自己编排运动项目的人

这类人对自己、对别人的要求都非常高。他们做任何事都非常认真,讲求质量、效率,追求完美。

喜欢钓鱼的人

这类人往往善于思考,遇事沉着冷静,所谓"泰山崩于前而面不改色"。城府非常深,善于掩饰自己的情感,喜怒哀乐从不流露出来,即使遭遇不公平的待遇也不会立即发作,而是等待恰当的时机反抗或者让不愉快的情绪在时间的流逝中消失。他们爱好和平,拒绝任何形式的暴力,土张任何纠纷都应该通过谈判的方式解决。

这类人在做一件事情的时候,比较重视过程。在他们心里,整个做事的过程就是一个自我肯定的过程,在那里他们能体会到满足和快乐,即使失败了也无所谓,因为他们努力了,问心无愧。他们平时常常给人一种散漫的印象,但是该出力的时候,他们绝对不遗余力,而且具有很强的毅力。

旅游方式折射性格差异

时至今日,越来越多的人选择用旅游作为休息的方式,放松自己的身心。不同的人对各种旅游方式有看不同的选择。因此,旅游方式的选择也可以成为我们分析一个人性格的依据。

喜欢长途旅行的人

这类人性格外向,好奇心非常强,对枯燥的、一成不变的生活感到厌倦,需要充满刺激和丰富多彩的生活来满足自己。他们往往感情脆弱,比较敏感,在挫折面前不堪一击。

喜欢漫步海滩的人

大多思想保守、传统,生性孤僻,不善于社交。独处对他们来说是最好的享受。这类人不善于流露自己内心的真实情感,因此看上去总是心事重重,显得非常忧郁。他们对家庭的责任心很强,尤其在子女的教育方面会投入大量的时间和精力。

喜欢露营的人

大多思想传统、保守,推崇传统伦理观念,并严格按照崇高的道德标准来规范和约束自己的一举一动。这类人个性独立,具有丰富的想象力,但又不脱离现实。在为人处世方面,讲究原则,不卑不亢。

喜欢随旅游团旅游的人

这类人比较豪爽,待人热情、真诚,能够设身处地为别人着想,尊重和理解他人。他们富有理性,注重客观现实,具有一定的逻辑思辨能力,做事从容,有计划性,处理事务的能力强。缺点是不喜欢动脑,缺乏主见,容易随波逐流,丧失自我。

喜欢出国旅游的人

追求时尚,对新鲜事物充满好奇心,总是以弄潮儿的身份走在时代的最前列。这类人精力充沛,对人生充满信心和热情,具有一定的幽默感,生活中的压力和磨难经常在谈笑风生中化为乌有。

喜欢游山玩水的人

崇尚自由,追求轻松自在、无拘无束的生活,无法忍受乏味、刻板、一成不变的生活。这类人精力充沛,好奇心强,具有丰富的想象力和创造力,并且很有胆识和魄力。敢于向一些未知的领域挑战,狂热追求新思想和新事物。他们责任心强,能对自己以及他人负责,值得信赖。

喜欢探亲访友的人

有的时候,这种探访可能是到几百里外去给朋友一个惊喜。这类人待人热情、真诚,讲信誉。他们把感情看得很重,在探访亲友的过程中,会获得极大的快乐和充实感。他们做事多实事求是,比较有效率。

喜欢户外活动的人

这是采用自然疗法放松自己。这类人通常精力充沛,精明能干,热情开朗,敢于面对现实生活中的各种挑战。他们待人真诚,心直口快,有什么说什么,不会粉饰自己,这种直爽的性格很受周围人的喜欢。但面对工作时,他们往往会感到莫名其妙的烦躁,很难全心投入到工作当中。

看电视最容易分清对方的关注点

看电视在我们的生活当中几乎是一项不可缺少的重要内容。但是你知道吗?通过看电视,能特别容易地分清对方的关注点。

喜欢看喜剧的人

知足常乐,不苛求过上优裕的生活,比较生活化,注重亲情。幽默诙谐,能够在愉快的气氛中化解矛盾,在玩笑中掩藏真实的自我,交往久了,会给人一种深藏不露的感觉。表面上心不在焉,吊儿郎当,实际上情感强烈,一旦动情会让人难以承担。

喜欢看体育节目的人

这种人往往争强好胜,力争上游。喜欢在拼搏中获得乐趣,百折不挠,知难而进,任何困难都不会难倒他们。善于规划,未雨绸缪,办事有条不紊,成功的可能性非常大。

喜欢看对话节目的人

大多思维活跃,想象力丰富。热忱善良,胸襟宽广,对不公平现象非常反感,路见不平可能会拔刀相助。为人小心谨慎,细心周到,善于察言观色,人际关系非常好,但有时候得理不饶人,令人苦恼。

喜欢看戏剧节目的人

这种人通常自信心非常强,敢于向极限冲锋和挑战,坚信自己能够冲破所有的艰难险阻。性格倔强,刚正不阿,说一不二,有统治他人的欲望,但有时候装腔作势,狐假虎威,惹人反感。富有浪漫主义色彩,有时候会不切合实际。

喜欢竞猜节目的人

镇静自若,富有智慧。他们喜欢跟随节目进行思考和推理,不管能否得出正确的答案,都表现出积极进取的性格倾向。在现实生活中,他们见多识广,头脑灵活,善于解决疑难问题。

喜欢惊险刺激节目的人

这类人好奇心十分强烈,对隐秘的事物特别痴迷。为了满足自己的好奇心,寻求新鲜的刺激,他们可能会花费大量的时间和精力去做不着边际的事情。在生活中,为了避免平淡无奇,他们总是能想方设法把日子过得更丰富多彩一些。在工作中,他们争强好胜,认真负责,办事尽心尽力。

紧盯屏幕、目不旁视的人

即使在休闲生活中,他们也能保持精神的高度集中,这类人天性认真,做任何事情都能够全身心投入。在工作中,他们能够专心致志地从事枯燥的工作,容易取得成绩。他们情感细腻,想象力丰富,容易与他人产生共鸣。情节曲折、惊险刺激的剧目会使他们的想象力和情感尽情发挥,纵横驰骋,满足他们心理上的需要。

把电视节目当催眠曲的人

在看电视的时候看着看着就睡着了。除去特别疲劳的情况外,这类人大多性格随和,对人生抱有十分乐观的态度。他们情绪稳定,心胸开阔,敢于迎接挑战。在困难和挫折面前,他们能够笑着坦然而对,并积极地寻找各种方法。无论任何困难,在他们看来都是可以解决的,而且他们也的确具备解决难题的能力。

兼做其他事情的人

一边看电视,一边做其他的一件或是几件事情,比如边看电视边看书、洗衣服或是吃东西。这样的人精神饱满,能力有余,有很好的弹性,可以轻松地适应各种不同的环境。积极进取,喜欢开拓新的领域,向自己、向外界进行挑战,且知难而进,能够获取成功。

这类人通常充满自信,热情宽容,胸襟广阔,能够原谅他人的过失,没有永久的敌人,人际关系非常好。他们非常有爱心,喜欢帮助别人,但是在交往过程中不善于设防,很容易吃亏上当。

找不到满意节目的人

频频转换频道,但对所有频道都不满意。这样的人好奇心特别强,喜欢探幽索隐。性格冲动,容易感情用事。开朗外向,不拘小节,心胸开阔。喜欢交际,善于处世,能够恰当把握人与人之间的远近亲疏,适合从事公关工作。

一遇到不喜爱的节目就换频道的人

这样的人耐心和包容能力常常不是很强,但他们懂得节俭,既不会浪费金钱,也不会浪费时间和精力。他们独立性强,瞧不起那种一哄而起、一哄而散的人。他们从小就有摆脱父母束缚的愿望,成年以后更是张扬自己的个性,坚定地去实现自己的理想。在确定了目标之后,他们能够坚持不懈,即使遇到再大的挫折也不会随波逐流。

益智游戏能反映一个人的智力

益智游戏就是以新办法运用旧知识来解决问题。经常接触益智游戏,可以使一个人逐渐地变得更聪明和智慧。不同的人会喜欢不同类型的益智游戏,喜欢是因为他在这一方面感兴趣,这就是人性格的一种体现。通过喜欢的益智游戏往往也能对一个人进行分析、观察和了解。

喜欢拼图游戏的人,他们的生活往往像拼图一样,好不容易把一副完整的图形拼好,紧接着又会变成一块块的碎片,他们的生活常常会被一些意想不到的事情所左右或干扰,有时甚至是使长时间的付出和努力全部付诸东流。但是,值得庆幸的是这种人具有一定的忍耐力和信心,在困难面前,不会被击垮,而是能够保持自己再奋斗的精神,一切从头再来。

喜欢智力测验的人,他们对生活的态度虽然是非常积极和乐观的,但有时他们并不了解生活的实质是什么。他们的生活没有规律性,而且对于各种事物的轻重缓急并没有一个清楚的认识,往往会将时间、精力甚至财力浪费在没有任何意义的事情上面,结果反倒将正经事情耽误了,可是他们并不为此而后悔懊恼,反而还找各种理由安慰和劝导自己。

喜欢纵横字谜的人,他们多是做事非常看重效率的人,他们希望在最短的时间内花费最少的精力最大限度地完成某件事情,但这有时候是不现实的。他们很有修养和礼貌,在与人相处时彬彬有礼,显示出十足的绅士风度。他们多有坚强的意志和责任心,敢于面对生活中许多始料不及的灾难和困难。

喜欢魔术方块的人,他们大多自主意识比较强,不希望别人把一切都准备好,而自己不需要花费任何力气或心思,他们也不喜欢把别人的思想和意见据为己有,而是热衷于自己去钻研和探索,哪怕这需要付出昂贵的代价和漫长的过程,也不改初衷。他们具有很好的耐性,对某一件事情,别人在感觉不耐烦的时候,他们也还能坚持如一。他们心思灵巧,触觉非常灵敏,喜欢自己动手制作一些小玩意。

喜欢数字类益智游戏的人,他们多逻辑思维能力较强,他们的生活多是极有规律的,有时候甚至达到了死板的程度。他们在为人处世等各个方面并不世故也不圆滑,而是过分地有棱有角。结果既易伤到别人,也会给自己带来伤害。

喜欢神秘类益智游戏的人,他们性格中最显著的特征就是疑心比较重。在他们看来,这个世界上好像没有一样东西是可信的,他们对任何事物都表示怀疑,而这种怀疑往往又是没有任何依据的。他们对某些细节及一些细微的差别总是表现得非常敏感,而这常常又会成为他们为自己的怀疑所找到的依据。他们会不断地对别人进行指控,但紧接着又会为没有充分的证据进行说明而感到苦恼。

喜欢玩几何图形游戏的人,多是比较聪明和智慧的,他们对某一事物,往往会有自己独到的见解,而不是人云亦云。他们的自信心很强,生活态度积极而乐观,在思想上比较成熟,为人深沉而内敛,往往是一副成竹在胸的模样。在做某一件事情之前,他们多是要经过深思熟虑,前前后后把该想的都想到,在心里有了大致的把握以后,才开始行动。这样即使山现什么变故,他们也能很快地找到应对的策略。

将某一单词的字母随意颠倒顺序,组成新的单词,喜欢这一类型文字游戏的人,他们的思维反应多是特别灵敏的,随机应变能力很强,对不同的环境或事情能在最短时间内与人协调一致。而且他们在对人的观察这一方面也有一些独到之处,能够迅速又非常准确地洞察一个人的内心世界。在懂得了他人的需求之前,自己马上给予满足。

喜欢在一张照片中寻找错误游戏的人,他们活得多不轻松,往往会被一些没有任何理由的烦恼困扰着,目前的现状是一片大好,可他们却经常要朝着坏的方面想。他们的胸怀多狭窄,很少注意到别人的优点,却总是盯着别人的缺点不放。

休闲嗜好是性格的最佳演绎

每个人都是有一些自己所喜爱的嗜好,但是有时候,由于工作、学习太忙了,忙得没有一点时间来做自己喜欢的事情,因此,人们渐渐地把它忽略了。嗜好不同于一般的工作和学习,工作和学习在很多时候都是具有一定的目的性的,为了某一目的而做,甚至是做也得做,不做也得做,这就显得非常被动。但是嗜好不一样,嗜好完全是自己喜欢、感兴趣的,做它是为了愉悦自己。有什么样的嗜好,这往往要根据一个人的性格而定,因此通过它来观察一个人实在是最好不过的了。

喜欢乐器的人

这类人大多是感性成分比较多,他们的敏感度特别高,总是能够在不经意间捕捉到一些好的或坏的感觉,这为他们带来快乐的同时也带来了苦恼。他们的性格并不是特别的坚强,而相对比较脆弱,有的简直是不堪一击。他们希望得到他人的关心和爱护,但却并不一定能够去关心和爱护他人。

喜欢抽象画的人

这类人的表现欲相对比较强,他们希望能够有更多的人注意到自己。另外,他们的自我意识也比较浓,并不是十分在乎别人对自己的看法,而喜欢我行我素。他们的行为在很多时候是非常古怪的,他们做事喜欢为自己着想,而很少考虑别人的意见和感觉。他们相对独立,而且任性固执,只愿意自己定规矩,自己遵守,而不愿意遵守别人制定好的规章制度。

乐器

喜欢阅读的人

这类人大多有很强的创造力和想象力,有自己的想法。他们兴趣广泛,通常能够超越自己的经验来计划某一件事情,扩展自己的生活领域。

喜欢集邮的人

这类人善于自我调节来平复自己的情绪。在发生一件事情使他们的心情很不平静的时候,他们总是能够进行自我开导,而将之先放在一旁,然后等平复以后,再来处理。他们大多是非常爱面子的人,在大多数情况下,他们不知道怎样拒绝别人,因此会无端地增加许多烦恼。

喜欢旅行的人

这类人大多属于外向型,他们的好奇心往往特别强烈,而且好动,他们需要一些富于变化,带有刺激性的东西来满足自己。这类人的人际关系比较好,而且由于经常旅游,见识的事物比较多,增长了他们的知识和阅历,他们在人群中的形象会自然而然提高。

喜欢写作的人

这类人的思考能力非常强,为人特别谨慎小心,喜欢把自己的想法写出来,这样可以更方便把自己的思路理清,而且他们有自己独特的见解和想法。

喜欢表演的人

这类人的情感是非常细腻的,希望能够尝试不同的角色,体验不同的生活。另外,他们的想象力还是特别丰富的,这样他们才能把不同的角色揣摩到位,表演逼真。情感敏锐、细腻,这都是喜欢表演的人的性格特征,不过他们有时候会富于幻想而不切合实际。

喜欢园艺的人

这类人凡事都追求一个循序渐进的过程,然后再让其水到渠成。他们有一定的责任感,能对某个人或某件事情负责。他们的心里往往会有一些欲望,为了使这种欲望变成现实,他们会非常努力地工作,然后在付出得到回报以后,好好地享受自己劳动的成果。

喜欢美食烹饪的人

这类人大多是不甘于寂寞和平庸的人,他们总是要想方设法地使自己的生活多些激情和色彩。他们有很好的想像力和创造力,并且总会给亲人和朋友们制造一些意外的小惊喜。他们总是有着很高的理想和追求,并会为此而不断地拼搏、前进。

喜欢做高危活动的人

譬如跳伞、滑翔、登山等,若想从事这些活动,一个首要的要求就是必须得身体好。这类人虽然在外表上看起来很健壮,可他们的心思却是非常缜密的,他们做事情总是特别小心,通常把一件事情前前后后可能出现的问题全部仔细考虑清楚以后,才采取行动,他们对"三思而后行"这一句话往往有比其他人更加深刻的理解。他们的性格是比较固执和坚强的,一件事情一旦决定要做,就不会轻易地改变,其中不管遭遇到多少困难,他们都能坚持下来。他们很有胆识和魄力,敢于向未知的领域挑战。

喜欢打猎的人

这类人的性格多是比较粗犷和豪爽的,非常讲义气,凡事不会与人计较。他们深知社会之现实,适者生存,优胜劣汰,因此会努力使自己成为一个强者,因为只有这样才能更好地生存下去,他们有一定的勇气和胆识,许多事情都是敢作敢当,可称得上是一个顶天立地的人。

喜欢下棋、玩纸牌的人

这类人身体可能不是很强壮,但在智力上他们往往要胜人一筹。他们常把自己的聪明才智发挥得淋漓尽致,从而把对手逼得走投无路。在这个过程中,他们会获得很大的满足。喜欢下棋、玩纸牌的人,其逻辑思维和分析思考能力都是相当强的。他们往往能够以比其他人相对更集中的精力投入到某件事情当中,因此他们做事成功的概率会比较大。

喜欢飞机模型的人

这类人自我意识并不强烈,他们与自由自在的人恰恰相反,他们往往更乐于听命于他人的安排和领导,这样他们就不会感到无所适从了。他们缺少必要的冒险精神,凡事把安全保险放在第一位。在遇到困难的时候,他们的情绪通常会显得相当暴躁,如果此时出现一个领导者,指导着他们去做什么,怎样做,他们才会逐渐地稳定下来。

喜欢木工制品的人

这类人的动手能力比较强,凡事都希望能够自己解决,而不依赖别人。他们的自尊心比较强,那些总是依赖别人的人,他们的自尊心很容易受到伤害。前者多,怀有强烈的自信,坚信自己的成功。他们对于新事物的接收能力比较快,敢于冒险,进行探索和尝试。

喜欢钓鱼的人

这类人在做事的时候比较重视过程。他们在做的过程中能够体会到许多的快乐和自我价值的一种肯定,但是对于结果的成败,则显得有些无所谓了。他们信奉的人生信条就是努力做了就无愧于心。他们在平时显得比较散漫,看样子有些不在状态上,但如果有事情发生,他们常常能够以最快的速度调整自己,积极地投入其中,他们多有很强的耐性。

喜欢收集钱币的人

这类人性格相对来说是比较保守和传统的,不太敢于冒风险,对于接收新鲜的事物的能力比较差。他们多具有很强烈的责任心,尤其是对于自己的子女更是疼爱有加。他们做事善始善终,从来不会半途放弃,比较追求完美,他们对结果的重视程度往往要大于过程。

喜欢收集的人

这类人比较喜欢收集一些乱七八糟的东西,如啤酒瓶子,没用的盘子等,他们大多是进取心比较强烈的,在大多数时候都显得相当忙碌,好像总有许多做不完的事情。他们的怀旧情结比较浓厚,从这一点可以看出他们是非常重感情的人。他们不会过分地放纵自己,而且懂得节俭,欲望不是特别强烈,在很多时候比较容易满足现状,有很强的自信心,会为自己所取得的成就而感到骄傲和自豪。

喜欢手工艺品和刺绣的人

这类人大多是热情而富有爱心的,他们有很强烈的责任感,能够对每一个人每一件事情负责。他们的生活态度是积极乐观的,但并不会放纵自己。在任何时候他们都知道自己应该做什么，不应该做什么。他们的自信心很强，经常会为自己所取得的成就而暗自陶醉，从中获得一种成就感和满足感。

由喜爱的舞蹈看透对方

跳舞是人类最古老的一种沟通方式，它超越了所有的文化，是社会化过程中相当重要的一部分。舞蹈就像语言一样，不断演进，同时反映出社会的价值和历史的变迁。一个人跳舞的方式和喜爱的舞蹈，比说话更能透露出一个人的心理特征，这好比人可以用嘴撒一个谎，但是用跳舞来撒谎却是难上加难。

喜欢探戈的人

喜欢跳探戈的人多数属于不甘于平庸者，他们总是追求生活的丰富多彩，最好还要带有一些神秘性。他们非常重视一个人的才华和修养，在他们认为，这也许是比其他任何东西都重要的。

喜欢华尔兹的人

华尔兹是一种相当优雅，平衡感十足的舞蹈，喜欢这种舞蹈的人，多是十分沉着稳重，为人比较亲切随和，有一定的社会经验和阅历的人。他们精通各种礼仪，深谙人与人之间非常微妙的关系。因此在为人处世，待人接物等方面，经过时间的磨炼和自我的要求，他们总会表现得恰到好处，非常得体，在无形之中流露出一种成熟而又高贵的气质和魅力。

喜欢拉丁舞的人

拉丁舞包括了恰恰、森巴、马林巴、亲波萨舞等等，喜爱这些舞蹈的人，多是精力充沛而又魅力十足的，他们有非常强烈的自我表现的欲望，希望能够吸引更多人的目光，但事实上，他们也会引起别人的关注。

喜爱芭蕾舞的人

一般多有非常强的耐心，能够以最大限度的忍耐性把一件事情完成。同时他们也非常遵守纪律，具有一定的组织性，他们有一定的理想和追求，常常会为自己设定下一个目标，然后努力地去完成它们。除此以外，他们的创造性也是非常突出的，常会有一些与传统背道而驰的惊人之作。

喜欢摇滚舞的人

喜欢跳摇滚舞的多是一些年轻人，毕竟这是一种需要耗费大量体力的舞蹈，人一旦上了年纪，即使是喜欢，也有可能跳不了。无论是喜欢跳的还是只能喜欢而无法跳的，大多是充满了反叛思想行为的人。摇滚往往更容易使人发泄自己心中的不满情绪。喜爱跳摇滚舞的人，思想多是比较先进、前卫的，但这些先进、前卫的思想往往又很难被人理解接受，更不要说认可，因此说他们又是相当孤独的一群人。

喜欢交际舞的人

喜欢交际舞的人多是非常愿意与人交往，对人与人之间那种相对频繁和友好的互动关系更是情有独钟。他们在为人处世方面多是比较小心和谨慎的，而且具有较强的组织和创造能力。

喜欢爵士舞的人

爵士舞基本上来说是属于一种即兴的舞蹈，喜欢这种舞蹈的人，多具有较强的随机应变的能力。他们在为人处世方面不拘小节，只要能说得过去就可以了，而且具有一定的幽默感，这种幽默感并不是故意表现出来的，而是一种智慧和机灵的自然流露，他们特别喜欢和很多人在一起，但如果只是一个人，他们也能够寻找和创造乐趣。

喜欢踢踏舞的人

喜欢踢踏舞的人多精力充沛，表现欲望非常强烈，希望能够引起他人的注意。在遭遇挫折和磨难的时候，他们能够坚持下来，从而渡过难关。他们的时间观念比较强，时间对他们来说是非常宝贵的，不会轻易地浪费。而且他们的应变能力比较突出，在面对任何一件比较棘手的事情时，都能够保持沉着冷静，认真地思考应对的策略，懂得怎样进退才能保全自己。

养宠物容易见人乐趣

如今，养宠物已经成为一种时尚，被大多数人所接受并喜欢。实际上，从心理学的角度来看，从喜爱的玩偶和喜欢的宠物上，可以了解一个人的心理。

喜欢养鸟的人

这种人大多心胸狭窄，性格孤僻，交际能力差，讨厌琐碎的人际关系。养鸟可以帮他们打发多余的时间，使他们自娱自乐。

喜欢养鱼的人

这种人是乐天派。他们很容易安于现状，对生活和事业都没有太高的要求。在别人看来，他们可能胸无大志，生活平淡，但实际上他们比一般人生活得快乐，因为他们有生活情趣，懂得怎样享受生活。

喜欢养狗的人

这种人往往性情温顺,待人随和,给人一种亲切感。性格外向,人情味重,喜欢与人交往,害怕孤独、寂寞。他们整天嘻嘻哈哈,社交能力很强,能与周围人保持非常融洽的关系。但是,他们胸无城府,不善于掩饰自己的感情,喜怒皆形于色。而且还缺乏主见,容易随波逐流,人云亦云。

喜欢养猫的人

这种人一般比较内向,善于掩饰自己的情感,追求恬静的生活。独立性非常强,想什么做什么,从来都不随便附和他人,也不做委曲求全的事情。他们对待自己和他人都很严厉,甚至苛刻,总给人一种非常冷漠的感觉,因此人际关系往往都很糟糕。

喜欢养花的人

喜欢玫瑰花的人,浪漫,任性,追求宽松的生存空间,崇尚自由。他们想象力丰富,但有些不切合实际,通常把一生中最好的时光都用在吟诗诵月般的虚幻中。他们具有艺术天分,特别适合演艺界。

喜欢郁金香的人。感情丰富,特别重感情。意志力薄弱,缺乏毅力和耐性,做事往往虎头蛇尾、半途而废。

喜欢木棉的人。大多性格爽快,不会耍阴谋诡计。这种人交友处世都喜欢直来直去,一点儿都不讲究技巧,所以,他们不太适合从事经营业。

喜欢紫罗兰的人。心地善良,富有同情心,能与周围的人和睦相处。这种人注重实际,能够踏踏实实、一步一个脚印地向前走。

喜欢香水百合的人。生活态度十分严谨。这种人的生活很有规律,总是有条不紊。他们喜欢洁净,有较高的创造能力和审美能力。

喜欢向日葵的人。性格开朗、热情,对生活积极主动。他们好奇心强,喜欢挑战从未接触过的新领域。做事有耐心、有毅力,为了实现自己的理想,他们会逐步积累自己的各种经验和知识,一旦时机成熟,就会石破天惊,一鸣惊人。

第十二篇　职场秘点子

人，应该怎样重视自我的价值？首先要为每一天、每个星期、每个月、每一年、甚至一生确定目标。这就如同种子需要水的滋润才能破土而出、发芽成长一样。生命也得有目标、有方向，才能结出硕果。

高远的目标不会使你望而生畏，虽然在达到目标以前可能屡受挫折。即使摔倒了，再爬起来，毫无丧气灰心之态，因为每个人在抵达目标的征程中都会受到挫折。唯有小爬虫不必担心摔倒。人不是小爬虫，也不是绵羊！如果你加倍重视自我的价值，不放低目标，敢于做失败者不屑一顾的事，不停留在力所能及的事业上，不满足于现有的成就，达到现有的计划后再向更高远的目标奋进。当理想在你身上实现时，世人就会惊叹你是伟大者。——这就是内圣外王的气质。

第一章　谋求职业有方法

人人都要求职，唯有时间早晚之别；人人都想尽职，唯有能力强弱之异；人人都欲敬职，唯有程度大小之比。

在人生的旅途上，本来有许多人学识相抵，智力相当，但到头来却有的人功成名就，有的人一事无成。于是，便有人慨叹命运的乖蹇，有人唏嘘机遇的不公。其实，选种差异常常是职业有别造成的。凭鱼跃的前提是海阔，任鸟飞的保障是天高，如果让千里马去拉柴车，那也只好做龟行半步。不能在最适合于自己的职业上发挥能力，是人生的一大不幸和遗憾。

告诉你求职的艺术，就业的技巧，助你在群雄逐鹿中脱颖而出，独占鳌头。

有效地推销自己

"不论是一位医生、律师、舞蹈教师，还是银行职员，你的一生成败大部分依赖于你的推销自己潜能的能力。有些人天生懂得怎样有效地推销自己，并给人们一种良好的印象，这完全是因为他们使用了一点额外的智力，我们姑且称之为'推销潜能意识'。"这句话摘自法国著名职业选择研究家巴乐肯所著的《形体、性格与职业选择》一书。

什么叫"潜能推销"呢？下面先让我们来看几个例子。

一家女主人打算在她休假期间招聘一名临时管家来看管她那豪华的住宅。许多女孩子上门来要求得到这份工作，但是女主人却在众多求职者中选中了一位貌不惊人的姑娘，因为她一进门便惊讶地说道："你这间屋子是多么的漂亮呀!"女主人听了这句恭维话异常高兴，也不再多问那个女孩子的资格，便决定雇用她。

每当夏季销售旺季，某菜市场都需要增添人手，待遇从优。一个男孩子要求来干，经理看他瘦小的样子，只答应让他试干一天。一天未到，经理便拍板留用了他。因为他干完本职工作以后，还做了些分外的工作，而这些工作恰恰表现出了他的潜能。他对一位来买东西的阔太太说："太太，我想应当替您把牛油和肥皂分别包装才好。"那位太太听了这话十分高兴。随后，他又抱着大批货物送到那位太太的汽车上，问道："把这些东西放到哪里合适?"他扶那位太太上了汽车之后，又说了一句："谢谢您。"经理看到了这个场面，从而认定这位小伙子是把好手。

一个面包房里的年轻女店员，尽管每天只是替人做包扎点心面包的无聊工作，但是她的做法与众不同。她对一位来买面包的先生说："我把这个奶油巧克力点心替您另外装起来，您小心拿着，以免奶油被压坏。"说完对先生莞尔一笑，他也还她一笑——她所售出的不仅是奶油点心，她连自己的潜能也充分售出了。

甚至在擦皮鞋这个行当上也有表现自己潜能的机会。某一天，在一排擦皮鞋的小孩子面前急匆匆地走着许多人，其中一个孩子喊道："先生，今天是星期日，擦点鞋油不好吗? 只需一角钱。"特别提出今天是星期日来鼓动人们擦亮皮鞋，这说明这个小孩子有招揽顾客的潜能。

法国歌唱家亚尔乔在电影《情歌悲泪》中唱的一首歌使他走红，而嗓子绝不比亚尔乔差的一位年轻漂亮的歌唱家，在一家咖啡馆里也唱这同一首歌，他的身子斜依钢琴，两手把在胸前，用极优美的声音低唱那首歌，十分优美动人，但是经理每周只给他几美元，而亚尔乔每周却赚 3500 元。不解之余，人们终于发现了他俩唱歌的不同：亚尔乔走到台边，一只腿跪深深地打动听众的心弦。人人都有潜能，但并非人人都能表现出潜能。所以，善于推销自己潜能，就成为求职就业的制胜法宝。下面就给你介绍一些推销自己潜能的原则：

首先，应该在适当的场合下，恰当地表现自己的潜能。比如你有绘画的潜能，而你所从事的却是销售工作，那么你就可能以在搞销售的同时充分表现出这种潜能，绘制漂亮的标签和宣传广告，这样你就比其他销售人员多了一种优势。

其次，应该善于迁移自己的潜能。把自己的潜能与其他活动结合起来，创造出一种新的能力，这种能力就是别人所不具备的了。

最后，推销自己潜能的目的在于让对方接受自己，所以推销潜能还要顾及对方，不可一味卖弄，弄巧成拙。

不要在一棵树上吊死

俗话说："春撒一颗种，秋收万粒粟"，种庄稼当然是这样的，但是求职就业并非如此。下边让我们来看一个例子：

小钟是某大学计算机系的毕业生，在班级里学习上乘，如果按正常毕业分配，选择一个理想的工作单位当然不是奢望。但是小钟却要自己找单位，他在一个月内，先后向全国300家对口大单位寄去自己的简历和要求就职的申请书。当然，绝大多数如同泥牛入海，但最终还是有五家公司来了回函，要求小钟前去一试。结果是五家公司中有四家要小钟去工作，这时小钟主动权在握，向这四家公司提出了一定的条件。这些公司此时有如咬上钩的鱼，再也不能撒手了。最终小钟如愿以偿，去了一个大公司。这个去处比起同学们的正常毕业分配来说是再好不过的了。当同学们纷纷钦佩的胆识时，小钟微笑着摇头说："这并没有什么技巧，只不过是春播万粒种，秋收一颗粟罢了。"

在北京中关村科技街上有一高新技术产业开发区，里面有诸如中国恒大集团公司等等许多高科技公司，其雇员超过千余人，他们是新一代的打工妹、打工仔。所不同的是，这些打工妹、打工仔手里握有学士、硕士、博士文凭，他们看上去既充分自信，又有着恰当的谦逊，而且举止文雅，彬彬有礼。

他们中的大多数人也像小钟一样，是施展"广种薄收"之计来到这里的。

小何就是其中之一，这位河南姑娘1989年从南开大学毕业后报考中科院研究生，当时她所在学校不同意她报考，结果是研究生没考上，河南也不想回去了。于是，她就来到中关村这条大街上，几乎是挨门挨户地求职，但始终没有找到理想的去处。有一次，她漫步时偶然看到大通公司的招聘广告，便进去一试。结果小何下半辈子的生活道路就这样发生了变化。

我国目前的改革开放政策已经使一个人终生拥有一个职业以及固定的国家分配成为历史，求职就业的灵活性和自主性成为越来越普通的发展趋势。相形之下，那种在一棵树上吊死的求职方法就显得太可笑、太不合乎实际了。而与之相适应的正确对策，就是广泛地进行求职。

那么，怎样才能做到春播万粒种，秋收一棵粟呢？

首先要有针对性地进行调查。结合自己的专业和工作要求，广泛调查哪些单位有可能去，再了解这些单位的人员、工作等，把那些筛选出来的单位作为自己的理想目标。

其次是向这些单位寄发有关自己情况介绍的函件，包括毕业证、学位证、成绩及履历，并附一份求职申请。

第三是要不断接受反馈，那种撒完种子不浇水的做法是愚蠢的。要适时地询问这些单位的反应。是根本不行，还是有困难，还是正在犹豫，然后根本这些反馈信息迅速制定相应的方针。

最后，反复比较基本上已定的几个单位，要考虑待遇、条件以及自己今后的发展，全盘考虑再做出最后的抉择。

总之，春播万粒种时，播种面要宽，要充公估计到"死苗"的比例，但因为只收一粒种子，所以还是可以做到优中选优。

将心比心，让对方同情你

一位"老三届"在历经磨难——上山下乡、回城待业、到工厂做学徒之后，终于凭借自己的能力与奋斗一步步由学士到硕士，又由硕士拿到了博士学位文凭。但是接近不惑年龄的这位博士在毕业后又面临十几年前回城待业的窘境——没有单位愿意聘用他。

他在四处碰壁之后开始动脑筋了。他想进一家公司，但该公司由于效益好，很多人想进去，只是苦于无路可通。于是，他开始进行调查，先了解该公司经理以前也是老三届学生，后来被打成"反党分子"，平反后由一名科长升为总经理。

这位博士了解到这一情况后遂生一计。他等待几日，单等这位经理值班的日子去登门求职。开始这位总经理像对待其他求职者一样，虽然表现上热情接待，但实际上却拒人于千里之外，因为该公司人满为患，"你虽身为博士，我们确实需要，但无奈岗位定编，我们也是爱莫能助。"总经理客气而肯定地拒绝了。

这位博士也很"体谅"地表示理解总经理的难处，转而与总经理拉起"家常"，从上中学时"文攻武卫"和上山下乡"战天斗地"，再谈到回城待业的凄惨经历。这位总经理当然也与他有着相同的背景，二人不免唏嘘涕泪。转而博士又大谈起自己现在的窘境与辛酸，并真诚地询问总经理该如何是好。总经理听后良久不语，突然说："到我这来吧！希望你好好干，咱们一同把公司搞好。"

在这个事例中，那位博士采用的就是"角色互换"之计。角色互换就是将谈话者双方的地位、处境做假设性互换，由此唤起对方的切身体验，从而理解自己。实践证明，这是求职当中非常有效的一个策略。在上面这个例子中，博士与总经理巧妙地进行角色互换，使总经理置于博士现在的处境上，他心里会这样想："我要是博士该怎么办？如果公司不接受我那该是多么痛苦与失望啊！"这样一想，总经理便觉得录用这位博士是道义上必须做的事情。所以他才下了决心。

在使用角色互换策略时，首先应该了解谈话对方的背景，找出与求职者自己背景的相同之处，然后在谈话过程中有意话题引到这个问题上，在语言上引导对方做假设性对换，这样才有可能使对方产生设身处地地想法，对求职者产生理解和体谅。有些人一见无计可施时，就搬出哭诉的手段，以为这样就能打动对方，其实并不然，哭诉有可能使对方产生一时的同情，但同时对你的能力和作风却会产生怀疑，显然对你的求职是十分不利的。

正面进攻不如旁敲侧击

1988 年在中国历史上出现了一件颇为耐人寻味的事情:9 月份,群众当中流传着粮油以及其他生活用品要大幅度提高价格的消息,传者神秘兮兮,只告诉消息不告诉来源;听者感恩戴德,马上付诸行动而不分析判断。一时间商店的一切东西都被市民成捆成箱地往家买,甚至连食盐也一袋一袋地买,要知道,这一大袋可是 100 斤呀,多长时间才能吃完呢? 结果,这场夏季大抢购使我国经济蒙受了巨大的损失。

是什么造成了这股抢购风潮呢? 是舆论。舆论是广为传播的持续起作用的一种思想倾向,它能够决定人们行为的产生与终止,所以舆论的作用是不能忽视的。不管是有意还是无意,人们的思维及行为都要受到舆论的暗示与影响。

心理学家曾做过这样一个著名的实验:在屏幕上打出平行的几条线段的长度相等。然后找来 10 个人做为受试者,让他们来判断这几条线是否一样长。前 9 个人已与实验人员串通好的,一口咬定其中一条线略长一些。第 10 个人才是受试者。实验开始,前 9 个人分别说其中一条线长,并各自陈述自己的判断理由,第 10个人由最初的坚定逐渐变得动摇起来,最后也承认说是有一条线稍长一些。以实验有力地证明了心理学上所讲的"强迫暗示"现象。人们的行为总是受他人行为的暗示的,尤其是舆论,对人的行为暗示作用更为明显。当然,这种作用产生出来的后果是不同的,可以是良性的,也可以是恶性的,这就要看你如何利用了。如果有意识地并恰如其分地运用这一原理,显然是有利于求职就业的,下面请看一个实例。

某厂车间办事员小李,听说厂部缺少一名秘书,便想变换一下职业,到厂部去当秘书。但是他一无门路,二无人缘,要想提拔到厂部工作几乎是绝无可能。在这种情况下,他只好采取了"未雨绸缪"的策略。他先是有意无意地向八个好朋友"不慎"透露出要到厂部去当秘书的消息,发觉"失口"后便一再叮嘱这几位朋友千万不要别对人讲,传出去不好。消息不胫而走,许多人悄悄来询问小李是否有这个事情,小李先是不置可否,然后便是竭力反驳说绝无此事。但是小李越这样说,越让人感到这已纳定,所以一时间全厂所有人都认为小李马上要做秘书了。原来的那位候选人闻听后,认为一定是小李"门子"硬,觉得自己没有了希望,于是便放弃了努力。再说厂领导们,个个都心里纳闷:讨论的人选中没有小李呀! 怎么全厂人都说是小李呢? 于是对小李便开始注意起来,观察来观察去,觉得小李这个人还不错,是个干秘书的材料。再说既然大家都这样认为,众人的眼光一定错不了。最后,厂领导党全部通过让小李来做秘书。小李也就如愿以偿了。

小李的成功,全在于他不动声色地把自己的愿望化成一种舆论,使人们在心理上无意地受到舆论的强迫暗示,最后达到自己的目的。

当然,使用"未雨绸缪"之计首先要分析一下可能性,如果自身条件差得太多,实施这种计策不但不能成功反而会坏了名声。其次要运用自然,露了馅那就不是成功与否的问题了。最后还要注意竞争对手在舆论形成过程中的动作,要知道人家会制造相似的舆论来抵消你的努力的。

搞一点体面的"小骗局"

诚实固然是值得称道的美德,可却不易时时做到,对人对己都是一样。在求职就业的过程中,必要时有人也用善良的谎言去获得别人的信任,或以谎言掩盖真实(自己的短处),或以部分真实(自己的优势)来掩盖谎言,从而取得他人的信任和自我的成功。我们把这种"此地无银三百两"或"此地有银三百两"的计策,称为"以诈取胜"之计。

人不能没有真诚,即使是最无耻的骗子,也有知心朋友,也有说真话的时候。同样,生活从不真正禁绝谎言,谎言虽不可提倡赞扬,可你也不必对它深恶痛绝。因为谎言是人类共同的朋友,哪个人敢说自己"从不撒谎"呢? 这句话本身就是一句漂亮的谎言。但恶意的谎言应属造谣、诽谤,不属此列。

英国人文主义者阿谢姆说:"在适当的地方说适当的谎言,比伤害人的真话要好得多。"可见,说谎也是人类生活中不可避免的现象,又是一种自我保护型的生存计策。

在求职就业的过程中,"以诈取胜"之计有三种表现方式:

其一,以虚掩实。

在适当的时候,可以用善意的谎言去掩盖真实(对你求职就业不利的地方)。当然,这里所说的"虚"和"实"都是相对而言的。为了谋得一份理想的职业,在推销自己的过程中,可以利用自身的优势去求职。在表现你的优势时,有不同的表现方式,善意的谎言就是表现方式之一。

一位中文硕士为了能在外贸部门谋得一个理想职业,说自己是外语系毕业的硕士生。当然,他的外语水平又的确不凡,通过五关,斩了六将,他得到了这份工作。他是外语系毕业是虚。中文系毕业才是实,可他的外语水平远比中文水平高,又是实。如果他告诉主考人说自己是中文系毕业的实话,那么在众多的真正外语系毕业的求职者中,尽管他的水平出类拔萃,恐怕连第一关也过不了。但不管怎么说竞争还是凭实力的,为了让你的实力被人承认和欣赏,是可以用"以诈取胜"这一手段的。

其二,以实掩虚。

有时需要用部分真实(也包括自己的特长与优势)来掩盖谎言,说出去的谎言能够掩虚假之处,给人一种十分真实的感觉。

比如,身材短小的人易给人一种真实感,因为身材短小是对方当场就能看到的事实,这是一种真实,通常容易使别人产生错觉,觉得他所说的话也是真实的。有一个小个子年轻人就喜欢说:"我们矮人不说大话。"实际上他是用身材矮小的真

职场秘点子

图文珍藏版

实掩盖说话中的虚假之处。

其三,虚实相间。

我们常听有人抱怨他人或自己的朋友说,不知他说的话哪句是真,哪句是假。其实,在日常生活和工作中,人们说话时总是虚虚实实,真真假假,虚实相间,真假各半的。所以"以诈取胜"之计在求职就业过程中最常见的表现形式,就是虚实相间。

要想把"以诈取胜"之计运用得恰到好处,还有两个要诀需要掌握。

要诀之一为"斩钉截铁"。

即讲话时要语气坚决,斩钉截铁地加以肯定或否定,这比语气不明确的消息更具有强烈的传达力和说服力。说话时要有一副千真万确信心十足的样子。比如在参加竞选时,经常用"我所说的话,一定会付诸实现","我绝不会辜负各位的信赖"这样的语句,人们在听到这充满信心和斩钉截铁的语气之后,就逐渐为你所说服。相反,语气较弱的话语,说服力就减低了许多,听上去真实感也不那么强烈。

在求职就业的过程中,有时要借用别人的话。把无根据的话说成有根据的话来取得对方的信任,如果不是你直接得来的消息或情报,你故意先说出"我也是从某方面听来的"这句话,然后再透露消息般地把要说的话说出来,人们就容易相信,从而达到你的目的。

要诀之二为"醉翁之意不在酒。"

你要学会以仿佛要忠告对方的态度,让对方接受不利的内容。以这种方式获得对方的信任,达到你的目的,这是劝告的技巧,也是"以诈取胜"之计的具体运用。

人总是比较容易接受了解自己的烦恼和感受的人的劝告,而且易产生一种"知我者你也"的相见恨晚的感觉。因此你要先将自己的想法隐藏在心中不说,假装出一副若无其事而又倾听对方讲话的样子,聆听对方的不满和烦恼。在对方将自己心中的话都宣泄出来后,再以谅解的语气去说服对方,使对方感到你是为他着想,使也产生开放的心理。当这种心理出现以后,纵使你提出不利于他的内容,对方也会轻易接受,这才是你的真正目的,而劝告只不过是你取得对方信任,达到目的的技巧而已,这就叫"醉翁之意不在酒。"

不要忘了,"以诈取诚"之计的运用永远是有限度的,只能在适当的时候,适当的地方运用,又要有适当的手段,但为人处事仍要永远以诚为本。

出奇制胜:让对方想不到

在求职就业过程中,为了达到求职或升迁的目的,人们总是力求与众不同,或以其奇思妙想而取胜,或以其奇计奇才而成功。我们把这种超出常人一般思维水平、力求标新立异而获得成功的计策,称为"出奇制胜"之计。

"出奇"是相对于平常而言的,其想法和效果都是出乎常人意料之外的,故此常使人能以之取胜。

某大公司负责人不苟言笑,平常人们难以接近他,就算是送礼他也不接受。有一个人想到该公司工作,又苦于没有机会。偶尔有一天他想出一个奇特的念头来:他等待这位负责人多日,然后用自行车将其撞倒在马路上。旋即苦苦哀求饶了他,其后送那位负责人到医院,大献殷勤,短短几天住院期间,小伙子对他照顾得无微不至,把自己的长处表现得淋漓尽致。出院时,这位负责人已对小伙子十分赏识,待小伙子一提出求职要求,便一口应允。看,小伙子出奇制胜的计策奏效了吧!

　　在求职就业的过程中,如何在奇招妙计就更多了。为了谋得职业或在工作中得到升迁,人们争先恐后地创造和运用着千奇百怪的方法。

　　"出奇制胜"之计,或以出乎寻常的方式达到迷惑对方的目的,或利用人们喜欢新奇刺激的心理特点(如广告),来获取轰动的效果。它常以"标新立异"为特征,使人或惊叹不已,或出人意料之外,常让人抱怨"我怎么没想到呢?"这是一种竞争意识很强的计策,难度也很大,多用于就业过程中。

　　要想很好地运用"出奇制胜"之计,有两个要诀:

　　第一,以独一无二的方法取胜。

　　在工作中,常有人奇计无穷。独一无二的方法本身不仅出人意料,而且其效果也常常是意想不到的。

　　在1915年巴拿马世界博览会上,世界各国的商品琳琅满目。我国的茅台酒因包装非常"土气"而受冷落。在场的一位中国官员非常不服气,气愤之中生出一条妙计:他故作不慎把酒瓶摔在展览厅的最热闹处,顿时醇香四溢,芬芳扑鼻。茅台酒终于在这次博览会上获得了世界第二大名酒的美称。

　　这位官员不是商人,可他却以"摔瓶"这独一无二的妙计使"茅台"从此芳名远播,这在他的仕途生涯和成功之路上该是辉煌的一页吧? 如果不是他的这一妙计当年"金玉其中"的茅台酒就不会像今天这样盛名远扬,或至少得晚上十几年吧!

　　第二,"出乎其类,拔乎其萃",即以奇才取胜。

　　人们常用"出类拔萃"来形容和赞美那些奇才奇智的人。这种人叫人惊叹和敬重不已,"青年才俊"就是对这种人的称赞。

　　5岁能吟"白毛浮绿水,红掌拨清波"的骆宾王,终不愧为一名诗人,他的奇才使他从小就出类拔萃,使他的成功看起来顺理成章。

　　卡尔·威特的儿子小威特是德国也是世界著名的数学家。很小的时候他的奇才就使他有了"小神童"的美称,14岁就成为莱比锡大学的数学博士。他在成功之路上攀登的时候,自然也少不了勤奋,可也不能说他没有依靠自己出奇的才能,因为这条路上的人很多,可成为数学家的却微乎其微。

　　把你的才能充分挖掘和发挥出来,那你就有成功的希望,只要肯去做,别泄气。"神童"毕竟不多,我们普通人的成功,靠的是我们自己的才能! 关键是运用得好,以奇取胜。

　　"出奇制胜"之计,贵在于"奇",把你的平凡奇妙的方式表现出来,那么,在求职就业的过程中,就会经常使你与众不同!

好风凭借力，借梯能登天

《红楼梦》中的薛宝钗填过一首《柳絮词》，其中有一句是"好风凭借力，送我上青云"。她一反大贬柳絮飘浮无根、无所附依的写法，而是对柳絮做了赞扬。这正如有人不仅看到了辛勤耕耘的黄牛，也看到了黄牛背后不断抽动着的鞭子，这正是见识的独到之处。从她的才识可管窥其为人处事之道，从中也可得一个启示：一个人在事业上要想获得成功，除了靠自己的努力奋斗之处，有时需要借助他人的力量，才能平步青云或扶摇直上。我们把"好风凭借力"这句话中所蕴含的人生哲理用在求职就业的过程中，就可以称它为"借梯登高"之计。

对于准备求职就业的人来说，这里的"梯"指的是他人之力，如名人、亲戚、朋友、同学等的地位、名望、财富或权力等；而"高"则是求职就业者将要获得的各种较为理想的社会职业。他人有时是你接受成功或走向成功的桥梁与阶梯，尤其是那些德高望重的名人，他们的力量更能帮你寻到走各种成功的捷径。古往今来，借助于名人之力成功的事例真是数不胜数。汉高祖刘邦立太子的故事就是其中之一。

汉高祖刘邦共有八个皇太子，生母不一，为了争夺太子之位，展开了子与子、母与母之间的明争暗斗。刘邦有立戚夫人之子如意为太子之意，可日后想立自己的盈为太子，她找张良帮忙。张良献上一计："皇上一直想招聘四个在野的贤人出山，但他们始终不肯，若将他们迎为宾客，太子常请此四人赴宴，必会被皇上看见而问其原因。"果然不出张良所料，高祖以为盈为人恭敬仁孝，天下名人慕名而来，终于立盈为太子。盈的成功完全仰仗四大贤人的盛名，借助他们的名望得到了皇帝宝座，当然也包括他母亲吕后和张良的妙计，只有刘邦被蒙在鼓中。

一代伟人毛泽东，当年就是靠李大钊的引荐才成为北大图书馆的管理员，而这一职业为他日后成为杰出的诗人、军事家和政治家奠定了成功的基础。如果没有李大钊的引荐，毛泽东就可能选择其他职业，而这个差别对他的一生必然产生重大影响。历史是必然的发展，有时也是偶然的巧合，但成功之路却大同小异。

我们的民族历来看重宗族亲情，以至在今仍然盛行"走后门"之风。这种"后门"其实就是一种看不见的裙带关系网，类似于我们所说的"梯"。利用后门去干违法乱纪的事情，当然是不足取的，但是如果你想能充分发挥你的才智，有所成就，在某些时候借助"梯子"还是必要的。尤其是刚走出校门，又缺乏社会经验的学生，要想在社会上谋得一份理想的职业，得到社会的承认和认可，就必须靠熟人或名人的引荐。

一般来说，无论引荐者的名望大小、地位高低，只要对你成功有所帮助，他就是你登上高处的好梯子，他的威信和影响力对你有用处。一般人除对权威和名望有一种崇拜感和信任感之外，熟识的人同样有一种可靠、信赖的感觉，因为而他们常常会从推荐者身上来估量被推荐者的能力和人格。这种透视现象可以帮助求职者被录用。继而步步高升。

在复杂的社会关系之中,在各种社会关系构成的屏障面前,互相利用是人性的弱点,但它也是人类共同需要的心理倾向,而这正是"借梯登高"之计的实质所在。俗话说:"一个篱笆三个桩,一个好汉三个帮"。不懂得或不善于利用他人力量,光靠单枪匹马闯天下,在现代社会里是很难大有作为的。

在施行"借梯登高"之计时,一般要遵循以下步骤:

"第一,找"梯",即要与有影响力的人做朋友。对于一般人来说,在求职或就业的过程中,应该随时留心周围人的品格、能力及其影响力,要用真心去交朋友。为了赢得他人的真诚相助,你必须先付出某些东西,如真心或物质,人心都是肉长的,你天长日久的付出总会有所回报。所以平时与人交往时,要盯准谁有能力帮助你。当然,与任何人相处都要以友情、真诚为本,《围城》中的方鸿渐就是靠这一点获得了他岳父的信任,从而在银行里谋得了一个好职业。

第二,借"梯",即求得朋友的帮助。朋友能否帮你的忙,还看你平时表现如何。这就要求你与人交往时,目光要放远些,不因小利而不为,亦不因利大而为之。如果你与对你求职就业有所帮助的朋友发生了不愉快,你应首先谅解他,"小不忍则乱大谋",这是古训,在这方面古人也做出过榜样,比如韩信能受胯下之辱,张良能为老者拾履。平时的基础打好了,量变积累终会成为质变,自然是"得来全不费功夫"了。你待人好,人家对你自然有真心,关键时刻帮助你一把也在情理之中了。这样看来,借"梯"的功夫完全包含在平时的为人处事之道之中。

这里还需要说的是,有很多人并不是不会施行此计,而是难为情而不愿意求人,总觉得这样做有失体面,好像是贬低了自己的能力。其实,这些想法都是不必要存在的。什么时候也别忘了,即使是拿破仑也需要别人帮他架起成功的桥梁,何况你我只是一个平常之人呢?

世上没有救世主

改革开放的大潮将古老的中国推向了现代化。经年不变铁板一块的全民所有制经济一统天下的局面已经被多种经济形式并存所打破,个体经济、集体经济如雨后春笋般地出现,为人们就业开辟了广阔的途径。

十四大的召开,更确定了私营经济在未来商品经济社会中的一定地位。于是许多人跃跃欲试,想"下海"去干一番,但大部分人都有这样的想法:我能成功吗?我该干些什么呢?

我们不妨先来分析一个成功的实例。

人们不知晓她的名字,只是尊称她为"大姐大",从她一次无偿给一位朋友公司50万美元的举动使可知其"大姐大"的含义。她现在是深圳两家装饰装修公司的董事长,在全国设有十几个连锁店。

这位"大姐大"是东北人,学工艺美术的中专生。毕业后分到药厂搞装潢。可厂里一年到头就那几种"膏丹丸散",包装自然也就无关紧要,设计室里几个人成天下围棋、"拱猎",她一个女孩子,只好织毛衣。这种腻味透了的环境使她萌发了"下海"的念头,父母吓坏了,仿佛眼见她要朝火坑里跳而不能袖手旁观一样哄骗逼,但最终也未能挽留住她。

在深圳,她把从家里带来的两千元全拿出来"孤注一掷",她买来各色塑料板、钢锯、胶水等,在租用的房前挂块牌子,便开始"守株待兔"。

深圳几乎每天都有新的公司诞生,无论是什么样的公司都免不了做同一件事—制作标牌,这就为她提供了广阔的市场。

从设计到制作,她一人包了。一个月下来,她的投入大幅度地产生回报了。当她发现利润已达两万元时,她没有把它存进银行,而是通通交给了一家大饭店,包下了一套豪华客房。在豪华客房里谈生意,效果奇好。客人环顾四周,丝毫不怀疑这家公司的实力。

白天她是总经理,晚上便是操作工人,如此干了半年,手里拥有的资金足够她招兵买马创办一个实实在在的装饰装修公司了,于是她便拥有了今天的财产与地位。

从上面这个实例我们可以看出,事业成功之路是人走出来的,这需要有自我开拓精神。自我开拓有两方面的含义:一是开拓自我的能力,二是用能力、魄力开拓事业。这二者对任何一个人来说都是一种实实在在的挑战。

自谋职业最必须的策略便是自我开拓,在运用"自我开拓"之计时应该注意以下几个问题:

①要想进行自我开拓,闯一番事业,不能盲目地凭一时激情,而应当正确地认识自己,明了自己的专业、基础和优势。如上例中的"大姐大"开创装饰装修公司就是自己的工艺美术方面的才能为基础,如果她去创办计算机服务开发公司就未必能够成功了。

②自谋职业、自我开拓要富有远见卓识,不能"人云亦云",跟着别人亦步亦趋,这样就会失去优势,在激烈的竞争中可能夭折。故而要抓住社会发展方向,以独到的眼光创办具有特色的事业,这便可极大提高成功的可能性。

③自我开拓、自谋职业更应具有百折不挠、屡败屡战的精神。任何事业的开创并不是一帆风顺的,如果意志不坚强,在困难、挫折面前裹足不前,事业成功就像水中月、镜中花一样是可望而不可即的。

第二章　善于与上司相处

上司的天阴暗不定,上司的心也多变。但他掌握着你的前途,有着对你做一切的权力。因此,无论你的上司是哪一类,都要时刻注意他的言行举动,观察他的变

别抖落上司的隐私

俗话说:打人莫打脸,揭人莫揭短。在中国,"面子"是一件很重要的事,为了"面子",小则翻脸,大则会闹出人命。中国人可以吃闷亏,也可以吃明亏,但就是不能吃"没有面子"的亏。如果你不顾别人的面子,总有一天会吃苦头,因此,老于世故的人从不轻易在公开场合说别人尤其是上司的坏话,宁可高帽子一顶顶地送。既保住了别人的面子,别人也会如法炮制,给你面子,彼此心照不宣,尽兴而散。这种情形在官场尤其常见。

被击中痛处,对任何人来说,都不是件令人愉快的事。尤其是他人身上的缺陷,千万不能用侮辱性的语言加以攻击。在中国,有所谓"逆鳞"之说,据说在龙的喉部以下,约直径一尺的部位上有"逆鳞",如果不小心触摸到这一部位,必定会被激怒的龙所杀。事实上,无论人格多么高尚伟大的人,身上都有"逆鳞"存在。所谓"逆鳞"就是我们所说的"痛处",也就是缺点、自卑感。只要我们不触及对方的"逆鳞",就不会惹祸上身,还能平步青云。

明太祖朱元璋出身寒微,做了皇帝后自然少不了有昔日的穷哥们儿到京城找他。这些人满以为朱元璋会念在老朋友的情分上给他们封个一官半职,谁知朱元璋最忌讳别人揭他的老底,以为那样会有损自己的威信,因此对来访者大都拒而不见。

有位朱元璋儿时的好友,千里迢迢从老家凤阳赶到南京,几经周折才算进了皇宫。一见面,这位老兄当着文武百官大叫大嚷起来:"朱老四,你当了皇帝可真威风呀!还认得我吗?当年咱俩一块儿光着屁股玩耍,你干了坏事总是让我替你挨打,记得有一次咱俩一块偷豆子吃,背着大人用破瓦罐煮。豆还没煮熟你就先抢起来,结果把瓦罐打烂了,豆子撒了一地。你吃得太急,豆子卡在喉咙里还是我帮你弄出来的。你忘了吗?"

朱元璋

这位老兄还在喋喋不休唠叨个没完,朱元璋却再也坐不住了,心想此人太不知趣,居然当着文武百官的面揭我的短处,让我这个当皇帝的脸往哪儿搁。盛怒之下,朱元璋把这个穷哥们儿杀了。

"为尊者讳",这是官场的一条规矩。一个人,无论他原来的出身多么低贱,有过多么不光彩的经历。一旦当上了大官,爬上了高位,他身上便罩上了灵光,变得神圣起来。往昔那见不得人的一切,要么一笔勾销,永不许再提;要么重新改造,重新解释,赋予新的含义。这位穷哥们儿哪懂得这一点,自以为与朱元璋有旧交,居然当众揭了皇帝的老底,触犯了"逆鳞",岂不是自找倒霉吗?

朱元璋原本是泥腿子出身,早年当过和尚,后来又参加过推翻元朝统治的红巾军起义。这些经历在朱元璋看来都是卑微的。朱元璋因当过和尚、对"光""秃"一类的字眼十分忌讳;因红巾军被统治者说成是"贼""寇"之类的组织,朱元璋便对这些字眼也极为反感。最具有代表性的例子是,杭州徐一在《贺表》里写了"光天之下,天生圣人,为世作则"几个字,朱元璋读了勃然大怒说:"生者僧也,骂我当过和尚。光是削发,说我是秃子。则者近贼,骂我做过贼。"于是,立即下令把徐一处死。洪武年间,大兴文字狱,唯一幸免的文人是翰林院编修张某。他在作贺表文里有"天下有道""万寿无疆"两句话,朱元璋看了发怒说:"这老儿竟骂我是强盗呢!"差人逮来当面审讯。张某说:"天下有道是孔子说的,万寿无疆出自诗经,说臣诽谤不过如此。"朱元璋被顶住了,无话可说,想了半天才说:"这老儿还这般嘴硬,放掉罢。"左右侍臣私下议论:"几年来才见饶了这一个人。"

在日常生活中,要谨慎处理与上司的关系。最要紧的一点是千万不要伤害上司的尊严,同时注意替上司保守秘密。

一次偶然的机会,你发现了一个秘密:已婚的上司竟与某女同事大闹婚外情。

其实,事情并不复杂,你只需装聋扮哑,也就是说一切装作不知,三缄其口。

例如,你本来约了朋友在某餐厅吃晚餐,当你踏入餐厅,却赫然见到他俩,你可扮作一派镇静,先环视一下四周,若你的朋友未到,事情就好办得多,就当作找不到人,离开那里,在门外等你的朋友。即使朋友已坐在餐桌前,你也可走上前,当作有急事找他,与他一起离开那地方,再作详细解释。

要是你与友人先到。正在用餐,他俩才走进来,那就不妨在四目交投的情况下淡然地打个招呼,但不要与友人闲聊太久,最好比他俩先走,离开时不必打招呼了。

翌日返回办公室,请当作若无其事,只管埋首文件堆。就是有同事私谈有关两人之事,还是绝口不提为妙。对此等暧昧之事避之则吉。有时候知道的事情太多并不是件好事,尤其是上司的隐私千万不能透露出去,否则就要大祸临头了。如果能够及时替上司掩饰其"痛处"或"缺处",则有可能被对方引为知己,收到意想不到的回报。

除了个人隐私外,上司一些特殊的忌讳也要探听明白。

中国幅员辽阔,各地的方言不同,往往同样一句话,意义却完全相反,所以在与你的上司打交道时切记要"入乡随俗",不要因语言上的误会造成不快。比如你称呼人家的小男孩,叫他小弟弟,总不算错吧?但是在太仓人听来,认为你是骂他;比如你对老年男子,叫他老先生,总不算错吧?但是在江苏嘉定人听来,当你是侮辱他。各地风俗不同,说话上忌讳各异,必须时时留心。

如果上司另有特殊的忌讳,你也要探听明白。比如对方的母亲,原是妓院出身,你如果不知底细,任意闲谈,说张三、道李四,虽然并不是有意说对方,而在对方听来,却认为你是故意指桑骂槐,揭他的隐私,当时虽不便立刻发作,而心里难受,一言难尽。对你的愤恨,可想而知。一旦遇到机会便难免给你小鞋穿。再比如上司以前是个贩卖私货,囤积居奇的奸商,现在虽已洗手,心中还是惴惴不安,你不曾探明底细,当着他的面大骂奸商,在你是快人快语,而上司呢? 定然是局促不安,把你恨得牙痒痒的。

留心上司的忌讳,原是小事,如果因为说话不识忌讳招致上司的怨恨,那就不值得了。

与上司"心心相印"

在人际交往中,要想赢得上司的好感,就必须时刻留意对方的兴趣、爱好,明白上司的意图,理解上司的心思,这样才能投其所好,"对症下药"。然而,上司的意图往往捉摸不定,善逢迎者必须下功夫掌握上司的心意,揣摩上司的心理,然后尽量迎合他,满足他的欲望,甚至还能抢先一步,将上司想说而未说的话先说了,想办而未办的事先办了,把个上司乐得美滋滋的。自然,上司的回报也总是沉甸甸的。

中国自古以来就不乏谄媚高手,他们大都老于世故精通权术,因而在人际交往中颇能得心应手,游刃有余。

民国怪人戴季陶,一生病病癫癫,做了许多怪事,但此人经验老到精通政治权术,善于揣摩上意,很能体会蒋介石的意思,关键时刻总能帮蒋介石的忙,因而在民国官场立于不败之地。

西安事变和平解决后,在国民党五届三中全会上。蒋介石决定辞去行政院长之职,各方以为宋子文救蒋有功,行政院长非其莫属。果然蒋推宋子文继任,无人异议,独有戴季陶站起来说:子文同志侃侃大才,党国栋梁,将来必委重任。但在今日之情况,则天下将以为委员长以国家名器为私人酬庸之具,非爱子文之道。

这一番慷慨陈词,显得堂堂正正,无可辩驳,弄得宋子文哭笑不得,眼看到手的行政院长又白白地丢了。

戴季陶的这番话不合宋子文的心意,却很合蒋介石的心意。蒋不愿宋出山,因为宋子文有才华,在英美方面很有影响,不愿对蒋俯首听命,这正是蒋不能容许的。因此,蒋就借戴季陶的"元老"地位阻止宋子文当行政院长。

不明白内情的人,还认为戴季陶这番话,既得罪蒋介石,又得罪宋子文,实际上蒋介石正希望戴这样说,无怪乎蒋说:"知我者,戴公也。"

由此可见,民国政坛上的斗争是错综复杂的。政客们表面上一套,背后又一套,玩得非常娴熟。

在官场上,说话办事往往不是按原则,而是一切为了个人利益,有时正话正说,有时正话反说,当下属的不是按原则办事而是要时刻揣摩上级的意图,不能认为上级说什么就是什么。这就是权术。

知识分子,特别是大知识分子,不宜当官,他们往往过于迂腐,将上级的话信以

职场秘点子

图文珍藏版

为真。1948年国民党选举总统时，蒋介石有意让胡适当候选人，胡适信以为真，实际上蒋介石不过是做做样子，让美国人看看，结果胡适空喜欢一场。其实，明眼人都很清楚，这次"选举"显然总统非蒋介石莫属，但蒋介石既想当婊子，又想立贞节牌坊，既要做总统，又要造出人们拥藏他的气氛。因此，他首先便采取以退为进的办法"坚决辞让"做总统候选人，而把胡适等人推出来装潢门面。作为蒋介石的老搭档和把兄弟，戴季陶自然是心领神会。在总统候选人提名时，戴季陶本来抱病在身可以因病请假，但他考虑到，总统选举非同儿戏，在这关键时刻，岂能袖手旁观？因此还是带病参加了会议。

这次会议围绕总统候选人的问题，各个派系闹得沸沸扬扬。由于蒋介石的假意推辞，不少人信以为真，有人便直截了当地提胡适当候选人，还有些人提出吴稚晖、于右任、居正做总统候选人。这些人在发言中，都先把蒋介石恭维一番，说他如何"劳苦功高"，为了爱护"领袖"应该让他暂时休息一下。而CC派则提出反对意见，坚决拥蒋当总统。

戴季陶坐在最前排，他一声不响，静静地听着两派人物的发言，同时内心也在思考着自己的对策。他深深知道，蒋介石提出不做总统候选人，是做戏给美国人看的，也是对国民党部属的一种民意测验，是争权力的一种手段。几十年的政治生涯，戴季陶对他这位把兄弟是深有了解的，以退为进，是蒋介石一贯的手法，他越是提出不愿当总统，就越说明他想当总统，在这种时候，谁要是不明真相，顺了他的话去做，那保准是会倒霉的。

想到这里，戴季陶顾不得自己重病在身，以国民党"元老"的身份登台发言。他十分激动，满脸涨得通红，几乎是用教训的口吻斥责"总裁不当总统为宜"的论调。说他们不懂政治，不顾大局，这种做法只能置中华民国于绝境。他力言就国民党的历史来说，就目前的局势来说，就国民党对国家的责任来说，都非蒋先生担任总统不可。戴季陶一番话说得振振有词，台下顿时鸦雀无声，以戴季陶在国民党内的资历和威望，谁都不敢与之争锋。于是，戴季陶一锤定音，拥蒋派占了绝对优势。最后，大会通过一项决议，派人向蒋劝驾。蒋介石扭捏一番之后欣然接受。

由于善于揣摩蒋介石的心意，戴季陶在国民党内官运亨通被蒋视为心腹。

无独有偶，与戴季陶相比，蒋如镜也算得上是民国官场上的后起之秀。20世纪30年代，暴发户蒋介石一下子显贵起来。然而，此时蒋介石根基未稳，各派反蒋声浪不绝于耳。不少人引经据典甚至捕风捉影造谣攻击蒋介石。一时间，蒋介石的身世之谜成为街头小报津津乐道的话题，政敌们也闻风而起，想借此搞臭蒋介石。这样一来，蒋介石的身世之谜便成了他的一块心病。因为蒋介石对自己的祖先是谁也不甚了解，有人说他本不姓蒋，是他母亲王氏把他带到蒋家的。在这种情况下，蒋介石急于弄清自己的祖先是谁。一时间，他手下的文人忙了起来，但他们搞出来的东西，蒋介石都不太满意。

宜兴县的县长蒋如镜是个有心人，他翻阅古籍，走访民间，决心给蒋介石弄出个祖宗来。功夫不负有心人，他终于找到了可以取悦蒋介石的蒋氏祖宗线索。

宜兴有一蒋姓大族，始祖函亭乡侯蒋澄是东汉光武帝时的婺州刺史。而蒋澄的父亲蒋横，光武帝时拜为将军，举家迁到宜兴，他的几个儿子都曾受封，显赫一时。蒋澄死后，在宜兴城内的东店苍及官林镇附近的都山各有函亭侯祠一所。

蒋如镜牵强附会考证出奉化蒋氏与宜兴蒋氏同出一脉，于是上书蒋介石并呈上家谱。

蒋介石一看，高兴万分，祖上有一个蒋将军，还被封侯，有这样显赫的祖宗，蒋介石就成了将门之后，正符合自己总司令的身份，而且不仅有文字记载，更有两所函亭侯词作证，比空口说话好得多。

蒋介石马上认了祖宗，并偕宋美龄亲自到宜兴去"寻根"了。

蒋如镜真可谓登龙有术。不知他是怎么想到这一点的，他这一考证，比送给蒋介石万两黄金更能取得蒋的欢心。试想，一个小小县长，想见蒋介石一面都不可能，现在却成了总统府的座上客，真是一步登天，自此以后，仕途平坦，步步高升。

在日常生活中，待人处事也应做出知己知彼，"见什么人说什么话"，对不同的人运用不同的交往之道，随机应变，才能事事顺遂。比如，在和领导相处时，就要根据领导的性格特点和其好恶，对自己的为人处世方式做一些必要的修正，以便迅速赢得领导的好感，建立起一定的感情。在此基础上，领导才会有兴趣深入了解和考查你的才干，并使你"英雄有用武之地"。

冯某为人热情大方，很善于与各种各样的人打交道，在调到一个新单位后，他首先想到的是如何赢得领导的好感和赏识。在做了一番调查后，他得知领导较保守就毅然舍弃了长发、牛仔等时髦装束，而以循规蹈矩的形象出现在领导面前。

在初步赢得领导的好感后，冯某就想发挥自己热情、乐于助人、慷慨大方的优点，主动与领导交往，建立友谊。不料，领导为人孤僻多疑，喜欢独处，对冯某的热情颇不习惯。冯某碰了几次壁后，就决心改变策略，去顺应领导的性格特点，不再经常围着领导转。

后来，冯某发现领导有一个最大的爱好——打乒乓球，于是他就苦练了一段时间的球艺，然后频频在领导常去的一家俱乐部露面，并每次都是和领导在一起对阵、切磋球艺。此举果然奏效，在球来球往中领导渐渐放松了心理防卫，与冯某成为朋友。

经过一番交往，领导水到渠成地了解冯某身上的优点和才干，在工作中对他予以重用。冯某投其所好，出色地把自己推销给领导，从而赢得了事业上的成功。

由此可见，投其所好，曲意逢迎不仅是一种做官的手段，更是一门高超的处世艺术。

当然，我们并不主张人们整天去揣摩领导、上司的意图，围着上司转，处处溜须拍马。但只要你仔细观察，便不难发现，现实生活中，上司说你行，你就行，不行也行的现象太多，人们必须学会："知上，识下"，尽量不要"哪壶不开提哪壶"，才能避免"说不行，就不行，行也不行"的难堪。

甘当"迟钝"的乌龟

俗话说,伴君如伴虎。接近上司是危险的,但是,不接近上司却又永远无出头之日。如何解决这一矛盾呢? 这里我想给大家讲一个老掉牙的故事——龟兔赛跑。

兔子跑得飞快,乌龟则是兔于所戏称的"全世界跑得最慢的"动物。龟兔赛跑,胜败似乎是非常明显的了。然而,当兔子快速飞奔到某个地方后,自以为胜利在握竟放心地打起瞌睡来。结果,乌龟终于慢慢追上并超过了熟睡中的兔子,赢得了这场比赛的胜利。这是个我们从小就耳熟的故事。

然而,我们不妨做个假设,如果兔子不在途中打瞌睡,那么不管乌龟再怎么努力都是不可能取胜的。乌龟之所以能战胜兔子,完全是因为兔子在途中打瞌睡造成的。

兔子为什么打瞌睡呢? 这是因为它轻视敌手,疏忽大意造成的。因此,我们不能认为乌龟是迟钝笨重的动物,相反地,我认为它是能使敌手失去戒心,乘其不备夺取胜利的聪明动物。

这样说是有证据的。假如乌龟具有公平竞争的精神,那么在途中看到了打瞌睡的兔子,理应叫醒它才对。但它并没有这样做,反而把对手的疏忽当作良好的时机,超越对手。我们不难猜想到它走过兔子身边时,一定是蹑足而行的。仅凭这一点,我就可以认定乌龟不是大家所说的迟钝笨重的动物,而称得上是老奸巨猾的动物。

在出人头地的竞争中,若想成为最后的胜利者,我希望大家能多多向乌龟看齐。

一位台湾朋友曾讲过这样一个故事:

当我在一家百货公司上班时,曾经为了和某大企业家缔结合同拜访过好几次对方的府邸。

虽然是万贯家财的大富翁,此人却非常小气。别家百货公司也曾经想着和他打交道,都不得要领,大家都认为要使他成为百货业的客户是不可能的。但是,既然公司老板下令"去看看!"我也只好来回奔波。

某一天,不知道他吃了什么开心果:"嗯,上来吧!"终于可以登堂入室了,原以为这一次该有好的回音,事实却不然。

大概是穷极无聊吧,"当我还年轻的时候……"这个古怪老头突然开始滔滔不绝地说起他如何从一介平民奋斗成为大富翁的经历。

这一番话足足说了两个多钟头。客房是日本榻榻米式格局,对方正襟危坐,我当然也不能直膝或盘腿而坐,刚开始还能频频点头,注意地听,后来脚实在觉得酸疼,他的话已经变成马耳东风。30 分钟后脚已经麻痹,过了一个钟头,额头直冒冷汗。

"今天就到此为止吧!"

这个古怪的大富翁说完就站起来,我也打算站起来,不料下半身整个麻痹,一不留神"碰"的一声跌得四脚朝天!

大概是发出相当大的碰撞声吧,女佣吓了一大跳,赶忙跑过来说:"发生了什么事?"

古怪富翁看见我这个大男人竟然跌地不起,"真是个没用的东西!"嘴上说着却笑得合不拢嘴。

古怪富翁终于成为我们公司的客户,这是因为怜惜我这个"没用的东西"的结果。

伟大的人都喜欢愚钝的人,记住这一点是不会错的。

被对手兔子嘲笑为"迟钝"乌龟能够赢得赛跑,而被笑骂为"没用的东西"的这位台湾朋友,也成功也完成使命。相反,有些被谣传是"很能干"的人才,却因为自己的优点而断送了性命。

一般来说,伟大的人都喜欢愚钝的人,记住这一点是不会错的。任何领导都有获得威信的需要,不希望部属超过并取代自己。因此,在人事调动时,如果某个优秀、有实力的人被指派到自己属下,上司就会忧心忡忡,因为他担心某一天对方去抢了自己的权位。相反,若是派一位平庸无奇的人到自己属下,他便可高枕无忧了。

因而,聪明的部属总会想方设法掩饰自己的实力,以假装的愚笨来反衬领导的高明,力图以此获得领导的青睐与赏识。当领导阐述某种观点后,他会装出恍然大悟的样子,并且带头叫好;当他对某项工作有了好的可行的办法后,不是直接阐发意见,而是在私下里或用暗示等办法及时告知领导,同时,再抛出错误的甚至很"愚蠢"的意见。久而久之,尽管在群众中形象不佳,有点"弱智"。但领导却倍加欣赏,对其情有独钟。

在更多的时候,上司需要并提拔那些忠诚可靠但表现可能并不是那么出众的下属,因为他认为这更有利于他的事业。中国有个古老的故事,叫"南辕北辙",意思是说,目的地在南方,但驾车的方向却对准了北方,结果跑得越快,离目标越远。同样的道理,如果上司使用了不忠诚的下属,这位下属总是同自己对着干或者"身在曹营心在汉",那么这位下属的能力发挥得越充分,可能对上司的利益损害越大。

只有傻子才愿意引狼入室。

也只有傻子才愿意搬起石头砸自己的脚。

A君在某厂宣传处工作,有一天,处长突然叫他整理一个劳动模范的先进事迹。据知情人士透露,这其实是一次考试,它将关系到A君是否还能继续在机关待下去。本来对这样的材料,他并不感到为难,但有了无形的压力,便不得不格外用心。花了一个通宵,写好后反复推敲,又抄得工工整整。第二天一上班,就把它送到了处长的桌子上。

处长当然高兴,快嘛,字又写得遒劲、悦目,而且在内容、结构上也没有什么可挑剔的。可是，处长越看到最后，笑容越收紧了。末了，他把文稿退回，让再认真修改修改，满脸的严肃，真叫人搞不清什么地方出了差错。A 君转身刚要迈步，处长像突然想起什么似的说："对，对，那个'副厂长'的'副'字不能写成'付'，改过来，改过来就行了。"

这么简单！处长又恢复了先前高兴的样子，一个劲地夸道："来得快，不错。"考试自然过关，还是优秀哩！

显然，从这件事中，我们可以得到这样的启示：处理上司交办的事情，一定要尽可能地争取时间快速完成，而不要过分纠缠于办事的细节和技巧。因为如果你把事情处理得过于圆满而让人挑不出一点毛病的话，那就显示不出领导比你高明的地方。否则，当上司的就会感到有"功高盖主"的危险。

所以，善于处世的人，常常故意在明显的地方留一点儿瑕疵，让人一眼就看见他"连这么简单的都搞错了。"这样一来，尽管你出人头地，木秀于林，别人也不会对你敬而远之，他一旦发现"原来你也有错"的时候，反而会缩短与你之间的距离。

其实，适当地把自己安置得低一点儿，就等于把别人抬高了许多。当被人抬举的时候，谁还有放置不下的敌意呢？就像那位处长，当终于发现一个错别字的时候，他不是立即又多云转晴了吗？要知道，只有当他对别人谆谆以教的时候，他的自尊与威信才能很恰当地表现出来，这个时候，他的虚荣心才能得到满足。

上司交办一件事，你办得无可挑剔，似乎显得比上司还高明。你的上司可能就会感到自身的地位岌岌可危，你的同事们可能会认为你爱表现、逞能。置身于这样的氛围，你会觉得轻松吗？

如果换一种做法，对于上司交办的事，你三下五除二就处理完毕，你的上司会首先对你旺盛的精力感到吃惊，效率高嘛。而因为快，你虽然完成了任务但不一定完美，这时上司会指点一二。从而显示他到底高你一筹。这就好比把主席台的中心位置给领导留着，单等着他来做"最高指示"。并且因为快，同事们也许会觉得你并不怎么特别，无非"毛"一点儿。同事们认同了你的缺点，就等于在感情上容纳了你，把你同他自己是一般看齐的。

在人屋檐下，低头又何妨

俗话说："好汉不吃眼前亏"。但在现实生活中，有时吃点儿小亏反而能占大便宜，所以不妨将这句话改为"好汉要吃眼前亏"。中国人向来提倡"以忍为上""吃亏是福"，这是一种玄妙的处世哲学。常言道：识时务者为俊杰。所谓俊杰，并非专指那些纵横驰骋如入无人之境、冲锋陷阵无坚不摧的英雄，而应当包括那些看准时局，能屈能伸的处世者。

我们不妨做这样一个假设：你和别人开车时相撞，对方的车只是"小伤"，甚至可以说根本不算伤，你不愿吃亏，准备和对方理论一番，可对方车上下来四个彪形大汉，个个横眉怒目，围住你索赔，眼看四周荒僻，也无公用电话，更不可能有人对你伸出援手。请问,你要不要吃"赔钱了事"这个亏呢?

你当然可以不吃,如果你能"说"退他们,或是能"打"退他们,而且自己不受伤!

如果你不能说又不能打,那么看来也只有"赔钱了事"了。你说他们蛮横无理也罢,欺人太甚也罢,但你应该明白,在人性丛林里,是不太说"理"这个字的!优胜劣汰,适者生存,哪有什么理可以说? 因此,眼前亏不吃,换来的可能是一顿拳打脚踢或是车子被砸坏。报警? 人都快被打死了,还报警? 报警也不一定有用啊!

由此可见,"好汉要吃眼前亏"的目的是以吃"眼前亏"来换取其他的利益,是为了生存和实现更高远的目标,如果因为不吃眼前亏而蒙受巨大的损失,甚至把命都丢了,哪还谈得上未来和理想?

可是有不少人一碰到眼前亏,会为了所谓的"面子"和"尊严"甚至为了所谓的"正义"与"公理",而与对方搏斗,有些人因此而一败涂地,有些人虽然获得"惨胜",却元气大伤!

汉朝开国名将韩信是"好汉要吃眼前亏"的最佳典型,乡里恶少要他爬过他们的胯下,不爬就要揍他,韩信二话不说,爬了。如果不爬呢? 恐怕一顿拳脚,韩信不死也只剩半条命,哪来日后的统领雄兵,叱咤风云? 他吃眼前亏,为的就是留得青山在,不怕没柴烧啊!

所以,当你在人性的丛林中碰到对你不利的环境时,千万别逞血气之勇,也千万别认为"可杀不可辱",宁可吃吃眼前亏。

与韩信同时代的张良也是一位能吃"眼前亏"的处世高手。张良原本是一个落魄贵族,后来作为汉高祖刘邦的重要谋士,运筹帷幄之中,辅佐高祖平定天下,因功被封为留侯,与萧何、韩信一起共为汉初"三杰"。

张良年少时因谋刺秦始皇未遂,被迫流落到下邳。一日,他到沂水桥上散步,遇一穿着短袍的老翁,近前故意把鞋摔到桥下,然后傲慢地差使张良说:"小子,下去给我捡鞋!"张良愕然,不禁拔拳想要打他。但碍于长者之故,不忍下手,只好违心地下去取鞋。老人又命其给穿上。饱经沧桑、心怀大志的张良,对此带有侮辱性的举动,居然强忍不满,膝跪于前,小心翼翼地帮老人穿好鞋。老人非但不谢,反而仰面长笑而去。张良呆视良久,老人又折返回来,赞叹说:"孺子可教也!"遂约其5天后凌晨在此再次相会。张良迷惑不解,但反应仍然相当迅捷,跪地应诺。

5天后,鸡鸣之时,张良便急匆匆赶到桥上。不料老人已先到,并斥责他:"为什么迟到,再过5天早点来"。第三次,张良半夜就去桥上等候。他的真诚和隐忍博得了老人的赞赏,这才送给他一本书,说:"读此书则可为王者师,10年后天下大乱,你用此书兴邦立国。13年后再来见我。我是济北穀城山下的黄石公"。说罢扬长而去。

张良惊喜异常,天亮看书,乃《太公兵法》。从此,张良日夜诵读,刻苦钻研兵法,俯仰天下大事,终于成为一个深明韬略,文武兼备,足智多谋的"智囊"。

现实生活是残酷的,很多人都会碰到不尽人意的事情。残酷的现实需要你对人俯首听命，这样的时候，你必须面对现实。要知道，敢于碰硬，不失为一种壮举。可是，胳膊拧不过大腿。硬要拿着鸡蛋去与石头斗狠，只能算作是无谓的牺牲。这样的时候，就需要用另一种方法来迎接生活。

不妨拿出一块心地，单搁不平之事，闭起双眼，权当不觉。

还有那句话：忍！

大丈夫要能屈能伸，人在屋檐下，一定要低头。

从前在四川一个乡场上，两位在黑道上行走，又因琐事结下了"梁子"的袍哥狭路相逢。老大料到会在镇上碰到老幺，事先便邀约了一帮地方流氓将老幺拦在街与中，劈脸一耳光，将老幺的瓜皮帽扇去丈把远，老幺的脸上也顿时鼓起五条红道，老幺还没回过神来，几个流氓又上前一顿拳头脚踢，老幺连连后退，赔着笑脸，打着拱手不停地对几位说着好话："诸位不要开玩笑，兄弟若有不是到茶馆里摆摆龙门阵，没有过不了的桥，没有讲不出的话嘛，大哥我们也有话好讲。"

大哥没等他说完，又是对他一顿臭骂。骂完掉头走了。老幺捡起瓜皮帽，拍打拍打灰尘，戴上，面对围观的乡邻微微一笑，自言自语地说：大哥爱喝两口酒，弄点儿出人意料的事。说着话一跛一跛地回家去了。事隔不过半月，一个月黑风高之夜，老大家被一伙持枪的土匪洗劫一空，房屋焚为灰烬，老大及妻子儿女尽皆饮弹身亡，侄儿侄女也不幸免，八十岁的老母亲烧成黑炭。

古人说："小不忍则乱大谋。"坚韧的忍耐精神是一个人个性意志坚定的表现，更是一个为人处世谋略的运用。尤其在官场上难得有事事如意，学会忍耐，婉转退却，可以获得无穷的益处，在人际交往中，如果我们能舍弃某些蝇头微利，也将有助于塑造良好的自我形象，获得他人的好感，为自己赢得友谊和影响力。凡事有所失必有所得，若欲取之，必先予之。有识之士不妨谨记之，善用之，必能给自己带来意想不到的收获。

专捡高枝儿攀

中国有句老话叫作："忠臣不事二主，好女不嫁二男"。其实，持这种观点的人未免过于迂腐。常言道，良禽择木而栖，倘若遇到一个不赏识你的上司，整天度日如年处于水深火热之中，尽管你使尽浑身的解数也永无出头之日。在这种情况下，弃暗投明改换门庭也并不是什么难堪的事。"男怕入错行，女怕嫁错郎"，天下之大又何必吊死在一棵树上呢？

俗话说，识时务者为俊杰。人往高处走，水往低处流。跳槽攀高枝乃是人之常情，犯不着为此而大惊小怪。过去有句话，叫作："此处不留爷，自有留爷处。处处不留爷，爷去卖豆腐。"后来这句话的后半段改了，改成："处处不留爷，爷当个体户。"再后来，又有人把它改成："处处不留爷，爷去当散户。"散户，就是以少量资金去炒作股票的人。从这句话的演变，我们是否可以得出这样的结论：为了自己的前途，每个人都可以而且应该为自己多谋几条出路。

中国著名谋略家吕尚，就是一位跳槽攀高枝的行家。吕尚俗称姜子牙，是我国上古时期最为著名的政治家和军事家。姜子牙生活在商朝末年，当时纣王无道，荒淫无度，社会矛盾急剧激化。与此同时，商王朝的诸侯周国迅速崛起，国君西伯昌（后为周文王）励精图治有取代殷商之势。姜子牙生逢乱世，虽有经天纬地之才，无奈报国无门，潦倒半生。他曾在商王宫中做过多年吏卒，虽然职低位卑，却处处留心。他看到纣王沉湎酒色，荒废国政，几次想冒死进谏。一则想救民于水火，二则可以因此受到纣王赏识，求得高官厚禄。然而姜子牙后来见到大臣比干等人皆因直谏而丧生，只好把话咽回肚中，他料定商朝气数将尽，纣王已不可救药，自己不愿糊里糊涂地替纣王殉葬。于是，他决定另攀高枝，改换门庭。

　　当时，西伯昌立志复兴周国，除掉纣王，求贤若渴，正是用人之时。吕尚为了引起西伯昌的注意，便在渭水之滨的兹泉垂钓钓鱼。这个地方风景秀丽，人迹罕至，是个隐居的好地方。姜子牙并非要老死林下，而是在此静观世变，待机而行。

　　这一天，吕尚听说西伯昌要来附近行围打猎，便假装在兹泉垂钓。这时候，姜子牙还是个无名之辈，西伯昌当然不会认得他，但姜子牙却在朝歌见过西伯昌。为了引起西伯昌的注意。姜子牙故意把鱼钩提高水面三尺以上，钩上也不放鱼饵。果然，西伯昌觉得奇怪，便走上前问道："别人垂钓均以诱饵，钩系水中。先生这般钓法，能使鱼上钩吗？"

　　姜子牙见西伯昌对人态度谦和，果然是个非凡人物，便进一步试探道："休道钩离奇，自有负命者。世人皆知纣王无道，可是西伯长子就甘愿上钩。纣王自以为智足以拒谏，言是以饰非，却放跑了有取而代之之心的西伯昌。"

　　西伯昌闻言，大吃一惊。心想：这位老人身居深山，何以能知天下大事？更为不解的是，他怎能把我西伯昌的心迹看得这么透彻？定然不是凡人！连忙躬身施礼，说道："愿闻贤士大名？"

　　"在下并非贤士，老朽吕尚是也。"

　　"刚才偶听先生所言，真知灼见，字字珠玑，不瞒先生，足下就是你说到的西伯昌。"

　　姜子牙装出吃惊的样子，惶恐地说："老朽不知，痴言妄语，请您恕罪。"

　　西伯昌连忙诚恳地说道："先生何出此言！今纣王无道，天下纷纷，如先生不弃，请您随我出山，兴周灭商，拯救黎民百姓。"

　　姜子牙假意客套了一番，随即同西伯昌一起乘车回宫，一路上纵论天下大势，口若悬河。西伯昌如鱼得水相见恨晚，回宫之后，立即拜吕尚为太师，倚为心腹。从此以后，姜子牙官运亨通，飞黄腾达。

　　俗话说，姜太公钓鱼愿者上钩。作为一个老谋深算的政治家，吕尚略施小计便攀上了西伯昌这棵大树。弃暗投明，跳槽做了周国的太师。倘若他抱定忠臣不事二主的陈腐观念，恐怕到老到死也不过是纣王宫中的一名小吏，永无出头之日。真可谓识时务者为俊杰！

　　一代奸雄袁世凯在官场上也是个善于见风转舵，左右逢源的处世高手。1895

年袁世凯在天津小站主持操练新军,开始掌握兵权。然而此时的袁世凯羽毛尚未丰满,要想进一步发展势力必须找个可靠的后台。刚开始时,老袁与维新派和光绪皇帝打得火热,曾报名参加过康有为等组织的"强学会",假装进步,迷惑了一班子书生气十足的维新人士,光绪帝对他也寄予莫大的希望。

为了寻求支持变法的军事力量,光绪帝在中南海玉澜堂接见了袁世凯。光绪帝问他新政是否合宜?老袁满口赞扬。光绪心里高兴,又问他:"要是让你统率军队,你肯对朕忠心耿耿吗?"袁世凯马上磕头发誓:"臣当竭力报答皇上厚恩,一息尚存,必思报效。"

第二天,光绪帝就降谕拔擢袁世凯为侍郎候补,令其专办练兵事务,以此恩遇拉拢袁世凯支持变法。

袁世凯在这一时期之所以热心"支持"变法,主要还是因为此时维新派正得势,康有为、谭嗣同等人都成了光绪身边炙手可热的人物。由于变法前景尚不明朗,袁世凯这种惯于趋炎附势之徒不能不给自己留一手。一旦变法大功告成,他袁世凯也不失为有功之臣。

然而,不久形势便出人意料地恶化起来。维新活动不足百日,以西太后为首的实权派已开始磨刀霍霍,密谋废掉光绪,镇压维新派。由于形势吃紧,维新派首领谭嗣同冒着生命危险,悄悄到法华寺袁世凯的住处,坦率说明自己来访的目的,动员袁世凯杀掉荣禄、包围颐和园,迫使慈禧等就范,救护光绪,保护新政。袁世凯当场慷慨激昂地表示:"袁某与谭君都受到光绪皇帝的知遇之恩,救护之责,非独足下。"还拍着胸脯保证:"诛荣禄如杀一狗耳!"

谭嗣同走后,老袁经过反复掂量,感到以光绪帝、康有力等为首的维新党,既无政权,又无军权,两手空空,而他们面对的敌手则是西太后这一帮根深蒂固的顽固势力。万一下错了赌注,把宝押在维新派身上恐怕难免会大祸临头。量小非君子,无毒不丈夫。不如另攀高枝,投靠慈禧,这样才能保住自己的荣华富贵和功名前程。于是,袁世凯连夜赶奔天津向西太后的亲信荣禄告密。西太后听到这个消息,顿时气得七窍生烟,即刻带领大批随从摆驾回宫。于是,百日维新就此夭折,光绪帝被囚瀛台,六君子血染菜市口。

袁世凯因通风报信有功,受到慈禧的宠爱,从此攀上了西太后这棵大树,官位一升再升,最终成了影响清政府内政外交的北洋集团首脑人物。

不少人认为,袁世凯卖主求荣,是个不道德的卑鄙小人。殊不知老袁此举,就其自身利益而言,乃是保住权位的最明智之举。试想一下,依当时的形势而论,西太后树大根深,党羽众多,而维新派势单力孤,仅靠老袁手下的几千人马就想扳倒慈禧谈何容易。如果老袁死心眼吊死在光绪这棵树上,最多也只能成为维新派的殉葬者,在菜市口多一颗血淋淋的人头罢了。

应该说,良心与道德对于官场政坛中人来说是不存在的,政治道德就是不讲道德。政治良心就是不讲良心。人人都以达到目的为手段,只有弱者才需要良心的保护。所以,在官场上千万不能把忠于上司作为自己的座右铭,不能死心眼。该跳槽时就不能有丝毫犹豫,尤其当你的上司即将倒台时,千万不能再把死马当活马医,做无谓的牺牲。

有这样一个例子。某公司一位职员因为去给上司探病而遭到了降职的噩运。按理说,即使不是上司,朋友生病了去探望一下,乃是人之常情。但是,不要忘了官场政坛是另一个冷酷无情的天地。有时候看似理所当然的,实际上却碰不得。

被降职的是某公司的财务科长。因为自从进公司以来,一直受到财务主管的多方照顾。知恩图报乃是人情之常。于是,在这位财务主管患了重病生命垂危之时,他每天一下班就去探望他,而错就出在这里。

不久,财务主管因病去世,财务处长顺理成章地当上了主管。大家都以为,接下来他就该升上处长了。但是,出乎意料的是,新主管不但不升他的职,还把他调到郊区的分公司去了。任何人都看得出来,这无异于发配沧州,是极严重的贬职。每个人都觉得奇怪,而最搞不懂的就是那位被降职的科长!

他并没有注意到,身为一名职员。有些事是做不得的,对有些人事关系考虑欠佳。说明白一点,科长是不能去探望生病的主管的。

一般来说,论资排辈是一种普遍现象,任何一个职员想要得到提升,必须上司往上爬时,自己才能跟着升一级,或者是因为上司辞职、退休、死亡等事件发生才有可能。

生病的财务主管才45岁,离退休还相当远。

正在这时,听说主管生了病,而且据说病情还相当严重。这时,那位财务处长幸灾乐祸的心情是不难想象的,他恨不得自己的顶头上司早一天完蛋,这样一来,自己升迁就有了希望。

但是,他那位不知趣的部下财务科长,却不厌其烦地前去探病。为祈求主管的病体早日康复,还给常到附近的庙里烧香拜佛。在任何人看来,这些行为都可传为美谈,可是在处长的眼里就不是滋味了,科长的行为实在让他恨得咬牙切齿。

不仅如此,处长甚至认为这位科长是阻碍他升迁的绊脚石,所以在财务主管去世后将这位不知趣的财务科长"发配沧州"也就是"理所当然"的了。

孙子兵法中说:"知己知彼百战百胜。"这位科长就是不能猜透处长的心思,才遭此噩运。然而,人际关系是复杂而微妙的,也不是说上司生病时,就一定不能去探病。由于医学的进步,几乎大部分疾病都可以治愈,假如科长揣测出处长的险恶居心,不去探望主管,而主管却病愈回来时会怎么样呢?"这个家伙,我这么照顾他,却一次也没来看我!"很明显,他会遭受出处长如今给他的更严厉的处罚!

总之,凡事都要考虑清楚,万一主管病愈而归,或者不幸去世时,在这两种情况下,该如何取舍才不会引火烧身。

科长前去探望主管的病情是可以的,但是,事后要向处长报告,偶尔还必须献殷勤地说:"我代表处长探病回来了。"

不吃人就要被吃,这种人际关系的奥妙这位科长实在懂得太少了。

王字不出头,永难有做主的一日。这山望着那山高。当你经过深思熟虑之后,认为跳槽另谋高就是改变你目前窘境的最佳选择时,那么,就不要再迟疑了,果断地炒你上司的鱿鱼,记着:当断不断,反受其乱!

好马也吃回头草

A君因故被炒鱿鱼,一个星期后,老板要他回去,他愤然拒绝:"好马不吃回头草!"

B君被女朋友甩了,过了一段时间,女朋友回头向他认错、要求重归于好,B君无情地说:"好马不吃回头草!"

"好马不吃回头草!"这句话不知使人丧失了多少机会。绝大多数人在面临该不该回头时,往往意气用事,明知"回头草"又鲜又嫩,却怎么也不肯回头去吃,自以为这样才是有"志气"。其实,在面临回不回头的关卡时,你要考虑的不是面子问题和志气问题而是现实问题。

比如,你现在有没有"草"可吃? 如果有。这些"草"能不能吃饱? 如果不能吃饱,或目前无"草"可吃,那么未来会不会有"草"可吃? 还有,这"回头草"本身的"草色"如何? 值不值得去吃?

当然,吃"回头草"时,你还会碰到周围人对你的议论,让你"消化不良"! 但只要你自己愿意去吃,能填饱肚子,养肥自己就可以了! 何况时间一久,别人也会忘记你是一匹吃回头草的马,当你回头草吃得有成就时,别人还会佩服你:果然是一匹"好马"!

有这样一位朋友,年轻时经人介绍认识了一位女友并且一见钟情坠入爱河。谁知他这位女友这山望着那山高,不久又结识一位高干子弟,由于对方甜言蜜语很会讨好女人,再加上对方家境均超过她过去的男友,于是,她便同这位朋友提出分手。这位朋友正沉醉在爱情的甜蜜与幸福之中,听到这一消息后顿时如雷轰顶,陷入失恋的痛苦之中。在很长一段时间里,他整天异常苦闷,彻夜失眠。失恋的滋味恐怕大多数都品尝过,真可谓剪不断,理还乱。为了使自己尽快从痛苦中解脱出来,这位朋友把全部精力倾注在事业上,功夫不负有心人。不久即小有成就。正这时,他以前那位女友突然又找到他,痛哭流涕地要求恢复关系。原来。在她与男友分手后,与那位高干子弟相处了一段时间,很快发现此人金玉其外,是位品行不端的花花公子,于是断然与他断绝了往来。想起与过去的男友相处的那些幸福甜蜜时光,这位少女追悔莫及。经再三考虑之后,决定向旧友说明一切,并恳求对方的谅解。当时。这位朋友颇感犹豫。正所谓旧情难舍,但考虑到周围人的闲言碎语,该不该吃"回头草"令人颇费踌躇。有不少人也劝他快刀斩乱麻与女友彻底断绝往来,"好马不吃回头草"! 天下有的是靓女子,三条腿的蛤蟆不好找,两条腿的活人有的是,"天涯何处无芳草",大丈夫又何患无妻呢! 这位朋友是位讲义气重感情的人。他想起过去自己与女友相处的那段时光,女友身上的诸多优点,女友在自己面前流下的悔过眼泪……最后,他毅然决定与女友重续旧缘。后来,两人终于喜结连理。婚后家庭美满幸福,这位朋友得了位贤内助,事业有成令人羡慕。

在官场政坛,世态炎凉,人情冷暖尤为明显,得势时众人捧场,宾客盈门,失势时则门庭冷落,无人问津。有不少朝秦暮楚之徒趋炎附势,巴结权贵专捡"热庙"烧香。然而,官场风云变幻莫测,有时难免有押错宝,投错注的时候。本来以为 A 君权势炙手可热,遂设法投靠在其麾下,谁知 B 君后来居上渐有取代 A 君之势,于是"跳槽"改换门庭。不久,B 君突然东窗事发一败涂地,树倒猢狲散。这时重投 A 君门下吃"回头草"也未尝不可。这种事情在官场上也是司空见惯的。

清末民初,著名投机政客江朝宗叛袁世凯就是一例。

甲午战争后,袁世凯的北洋势力迅速崛起,袁世凯继李鸿章之后担任直隶总督兼北洋大臣,手中握有六镇新军,是当时权倾朝野的实权人物。投机政客江潮宗找关系走后门终于攀上了老袁这棵根深叶茂的大树。为了讨好袁世凯,江朝宗不惜破费钱财上下打点,终于取得了老袁的信任,为自己打开了升官发财之路。

谁知天有不测风云,人有旦夕祸福。1908 年慈禧和光绪帝相继死去,载沣摄政。为报袁世凯在戊戌变法时出卖其兄光绪帝的一箭之仇,载沣上台后首先罢免了袁世凯的官职,将他开缺回籍。老袁失势后,清朝亲贵铁良任军机大臣、陆军部尚书,成为当时朝中的实权人物。

江朝宗本是个趋炎附势之徒,看到老袁失势,后悔莫及,只怪自己当初走错了庙门白花了那么多冤枉钱,经再考虑之后,他决定改换门庭投靠铁良。

江朝宗带了厚礼,面见铁良,二人臭味相投,经江朝宗一阵吹捧赞扬,铁良已飘飘然。这时江朝宗趁机献策说:"袁世凯的六镇新军不听调遣。不如将他们分开,另外还要在北京设立一个稽查处,专门处置新军中有越轨行为的官兵。这样才能逐步铲除袁世凯在新军中的势力。"

铁良此时正为如何控制新军的事发愁,听了这一计策,正中下怀,对江朝宗十分赏识,予以重用。

江朝宗由此得志,每天坐着八抬大轿,前呼后拥,不可一世。

但是,好景不长,几年后袁世凯东山再起,清朝灭亡,民国兴起。老袁当上了中华民国大总统,又成了炙手可热的人物。

江朝宗看到袁世凯重新得势,便只好吃起了"回头草"。他带上厚礼。拜见老袁,痛哭流涕地向老袁表白心迹,说明自己的一片忠心。老袁明知江朝宗是个趋炎附势之徒,但此时正是用人之际,自己当总统少不了要有些吹喇叭抬轿子的,便不计前嫌重新启用了江朝宗。江朝宗心里也明白,自己过去有叛袁劣迹,此时只有在老袁面前倍加卖力地表现自己才能取得信任。于是,便不择手段地替老袁搜集情报,铲除政敌。袁世凯恢复帝制前后,江朝宗马不停蹄地前后奔走,组织请愿团向袁氏"劝进"。由于江朝宗的出色表演,袁世凯终于尽释前嫌委以重任。

在官场上,既没有永久的敌人也没有永久的朋友。只有纵横捭阖居、左右逢源才能把握住致胜的玄机。

打肿脸也要充胖子

在现代社会里,做个"默默耕耘"的老黄牛已不合时宜,尤其在大公司里,如果你只知道踏踏实实地工作,默默无闻地奉献,只埋头拉车不抬头看路,很可能永无出头之日。说起来道理似乎也很简单,老板可能根本没有留意到你,好的职位也是僧多粥少,所以做个沉默者,就只有吃亏的份儿了。

问题的关键还在于如何主动表现你自己,只有做到这一点才有可能得到上司的赏识、提拔和重用。

许多人梦寐以求有个好上司——凡事肯教导,凡事肯出头,总之疼爱有加,偶尔还在私下请你吃饭消遣。可是,日子一长,你就会发现自己在工作上全无进步,而上司似乎也无意让你担当更重要的职务,叫你好生纳闷。

其实,一切都是事出有因。请反省一下:平时你是否凡事依赖上司有欠独立?是否事无大小,就是私人消遣,也永远请上司做主呢?倘若如此,那么事实告诉他,你难以独当一面,他又怎敢冒险给你委以重任呢?

所以,必须改变自己的形象,遇到一些小问题,大胆地出主意吧!不要以为事事顺着上司甘当应声虫就是尊重他,如果你能够在某些方面表现得体,他会更开心的。当然,有些工作你很可能开始时难以完全胜任,但这也没多大关系,为了在上司面前表现自己不妨打肿脸充胖子,先揽瓷器活再找金刚钻。总之,要在上司面前千方百计地表现你可以独当一面的才能。

有人见了上司就噤若寒蝉,一举一动都不自然起来,就是工作之余的聚会,也尽量与上司保持一定距离。如此下去,双方的隔膜肯定会愈来愈深,对你实在太不利了!一则上司永远对你不了解,即使有好的空缺,也不会想起你来;二则你给上司的唯一印象,会是怕事和不主动,难以担当大任,这肯定是你青云路上一大屏障。

总而言之,取得上司的信任,主要在于自己的功夫要下到、下足,记住这句话:出头的椽子不一定先烂!

在日常生活中也是如此,有些人为了能在人前露脸,总是千方百计表现自己,不惜打肿脸充胖子,更有甚者扯大旗作虎皮,给自己罩上一层神秘莫测的光环,使人莫知高深。比如,民国初年,中国著名外交官陆征祥就曾有过这样一段趣闻。民国建立后,资历颇深的外交家陆征祥被民国政府任命为驻法大使。陆征祥自幼接受的是西方教育,对西方人的习惯兴趣了解颇深,为了抬高个人身价,他甚至不惜降格以求,娶了位比他大 18 岁的比利时老姑娘为妻。原因非常简单,这位老处女的父亲是位有名望有地位的比利时将军。有这样一位老丈人做靠山还怕在西方外交界打不开局面吗?在接到担任驻法大使的任命之后,陆征祥颇费心政界机。他深知,法国人非常势力而且多是些好事之徒,要想在法国政界抬高身价唯一可行办法就是把自己装扮成一个腰缠万贯的阔佬。他把从政府领到的经费全部用到了中国驻法使馆的装修上,把整个使馆布置得富丽堂皇。另外还让老岳父在比利时给他订购了最好的马车,从国内带去不少字画古玩,放在使馆最显眼的地方。到了巴黎后,陆征祥打扮得衣冠楚楚,偕夫人频频出入法国上层外交场所,与法国政界名流、贵夫人、阔太太时常往来。陆征祥这一举动,果然把好事的法国人给懵住了,一时间,街头巷尾议论纷纷,都知道新上任的中国大使是位阔佬,对他另眼相看。其实,陆征祥完全是打肿脸充胖子,此时从国内带来的经费已挥霍已空,成了个地地道道的穷光蛋。不过,局外人并不知内情,往往以貌取人。在他们看来,陆征祥有这么华丽的住所、马车、衣着,口袋里的银子会少吗!但陆征祥也不是傻瓜,几年以后,他奉命改任驻俄大使,于是,乘机将使馆物品尽数拍卖。法国人争先恐后地前来购买中国使馆的古玩、瓷器、字画。陆征祥将这些都东西以高价出手。精明过头的法国人自以为占了便宜,他们万万没有想到,自己在陆征祥那里用高价购买的古玩、字画都是赝品!原来,这些东西是陆征祥赴法时特意派人到街头地摊上用几个铜板的低价买来的次品。法国人不识货,姜太公钓鱼愿者上钩,陆征祥趁此良机,大大地发了一笔。

俗话说;人靠衣裳马靠鞍。现代商业也极讲究商品的包装。在人际交往中,打肿脸充胖子,借以抬高个人身价也不失为一种聪明的处世谋略!

第三章 赢得同事的支持

将自己定位,并稳稳当当地坐下去,同事关系是你要解决的首要问题。在你的办公桌的周围都是你的同事。由于生活经历、生活环境、学识、修养的不同,每个人都有其独特的思维模式、性格、爱好及缺点。这些人跟你在性格志趣上或许相去甚远,其中也不乏跟你不投机,或挑拨离间,争动诿过,欺软怕硬者,而你每天都必须和他们相处,并且还要和他们一起工作,无法摆脱他们的影响,您有过这种困惑吗?

做人的技巧,是善于和同事相处。八面玲珑,这样在待人处事上就是一个成功者,它为你事业的成功也奠定了基石。

不战而胜最高明

在机关单位里,旧同事欺负新同事,本地人欺负外地人,欺软怕硬的事屡见不鲜。

在你踏入职业生活的第一天,就必须做好心理准备。

在你初到一个新工作环境的时候,你对一切都很陌生,不知道一件工作的来龙去脉,你必须时时请教别人,这时候,如果你的态度不够虚心,不够耐心,就容易受到别人的白眼,或是得不到客气的待遇。如果不经心,犯了一点错误,更容易招致不满的批评。这时候,如果你火气太大,或者自命不凡,一定对于这些现象难以忍耐,因而破坏了同事的关系,同时也就会使自己的工作更不顺手。

在这种时候,最重要的就是先修正自己的态度。既然自己对工作不熟悉,就要很虚心很耐心地向别人请教。如果犯了错误,只有坦白地承认,并且立即用心地加以纠正,即使偶尔受到不公平的待遇,也不要斤斤计较,要知道这是一种社会风气,不是一个人两个人的问题。对你不客气的人,可能在初来时,也被别人欺负过,只要自己将来不学他的样,不对新来的同事采取不客气的态度就行了。

在这个时候,最重要的就是先去熟悉工作,先去熟悉环境,其他的事情,暂时可忍就忍,只要对工作和环境熟悉了之后,就没有那么容易受人欺负,受到愚弄了。

你不妨做一个勤学好问乐于助人的人。假如有别的同事,把一些本来不归你负责的工作交给你,你尽量地把它做好。第一,反正你在办公时间总要做事的,只要是公事,只要不妨碍你自己分内的工作,就不分彼此一律照样做。第二,把这些工作当成一种学习的机会,多学会一种工作,多熟悉一种业务,对自己总会有好处的。第三,这是跟同事接近和建立良好关系的机会。倘若某同事把自己应做的工作交给你,如替他做一个表格或发一个函件,如果你很乐意地接受下来,并很认真地替他做好,这样彼此都会产生一个良好的印象。第四,你要知道这些都是一种暂时的现象,因为你是新来的,也没有固定的工作,所以,别人有机会把各种工作都拿来让你试试,或者请你帮帮忙,等到你对工作与环境都渐渐熟悉了,你自己分内的工作,也渐渐有了头绪,固定下来,同时你跟同事们之间,已经建立良好的关系,这些现象就会自然而然的消除。所以,你大可不必在开始的时候,为了多做一点事就使自己和别人都弄得不愉快,以致妨碍了以后的相处。

再者,对同事要待之以利,一般的公司都以金字塔型的组织形态,来表明上下的职责和分配工作的范围。但是在我国的企业内有点比较特别,就是年纪的大小之分:不论其职务是什么,年纪较轻的人,一定要尊敬年纪较长的人,这也可说是东方人敬老的一种传统美德。

在年龄的问题上,也应该好好留心一下。公司内的职员有的是大学毕业,有的是专科毕业,有的则是高中、高职,所以学历不一样,会造成年纪虽小,但在工作上,却已经成为他人上司的情况。像这种年龄虽小但却必须指点后进且年纪较长的职员,为了工作上的需要是一定要指点他们,但在言辞上应该尽量的客气、婉转一些才好。他们大多有丰富的工作经验,也不要忘了以前辈之礼待他。

此外,你在一个公司工作久了,总不免和同事们有了私人来往,发生私人间感情,也会有些私人上的纠纷与嫌怨。

于是,你很容易陷于这样的境地:对于你所不喜欢的人,在公事上也不跟他好好地合作,甚至还故意和他为难。相反地,对于你时常来往而有感情的同事,你把他们当作自己的好友,因而就在公事上,也给他们许多"方便"。即使在公事上犯了严重的错误,你也不加纠正,甚至还替他隐瞒。

可是,这两种做法,都同样会招致不良的后果,不仅会贻误公务,使整个机构的业务受到损失,也破坏了全体人员的共同的利益,包括你自己和你的朋友在内。

我们都应该抱着认真负责的态度,先公后私,把工作做好,这是我们做人的最高的原则,最重要的操守。

　　如果你能在工作上,做到绝对地认真负责。就各种业务非常熟悉、老练;对同事做到诚恳和善,同心协力;对自己私生活做到严肃、纯正、朴实、健康。——如果你能够努力做到这几点,就可以说是已经站稳了脚跟了。

　　这样,你在公司里,在同事间,就已经建立了不可动摇的威信。人人都知道你很负责、能干,对同事很好,人人信任你,尊重你。即使有人想说你的坏话,造你的谣言,损害你的名誉,人家也不相信他,应而会支持你、同情你,制裁那些无事生非、别有用心的人。

　　日久天长,许多同事,都团结在你的周围。有工作找你计划,有困难找你商量,有什么纠纷,也找你来调解,有什么有关公共福利的事情,也会推选你出来负责,你在公司的地位也就更加稳固。

明枪易躲,暗箭难防

　　人们在告诫年轻后辈时常说:"害人之心不可有,防人之心不可无!"

　　的确"害人之心不可有",然而在社会上,光是不害人还不够,还得有防人之心。

　　不过,明枪易躲,暗箭难防,别人要害你不会事先告诉你。例如有人为了升迁,不惜设了圈套打击其他竞争者;有人为了生存,不惜在利害关头出卖朋友;有人走投无路,狗急跳墙……。

　　在职业生活的漫长岁月中,免不了遇到出卖、敌意、中伤、陷阱等种种料想不到的事情。如果事先预料这些事的发生,并一一克服,便能使你的工作生涯一帆风顺。与工作岗位上的人交往时,必须练得人与人之间虚虚实实的进退应对技巧。自己该如何出牌,对方会如何应对,这可是比下围棋、象棋更具趣味的事情。

　　那么该如何防?

　　首先是"巩固城地",也就是让人摸不清你的底细,实际上的做法便是不随便露出个性上的弱点,不轻易显露你欲望和企图,不露锋芒,不得罪人,勿太坦诚……。别人摸不清你的底细,自然不会随便利用你、陷害你,因为你不给他们机会。两军对仗,虚实被窥破,就会给对方可乘之机,"防人"也是如此。

　　其次是"阻却来敌",兵不厌诈,争夺利益时人心也不厌诈,因此对他人的动作也要有冷静客观的判断,凡异常的动作都有异常的用意,把这动作和自己所处的环境一并思考,便可以发现其中玄机。不过话虽这么说,人们因无法摆脱个性上的弱点和偏执而防不了人,何况"道高一尺,魔高一丈",因此只有尽量小心了。不过若为了"巩固城池",而把自己搞得神秘兮兮,失去朋友,那就矫枉过正,反而会成为人们排挤的目标。但无论如何,"防人"还是必要的。

　　在竞争愈演愈烈的社会中,同事之间,不可避免地会出现或明或暗的竞争。表面上可能相处得很好,实际情况却不是这样,有的人想让对方工作出错,自己可有机可乘,得到上司的特别赏识。

美国斯坦福大学心理系教授罗亚博士认为,人人生而平等,每个人都有足够的条件成为主管,平步青云,但必须要懂得一些待人、处事的技巧,以下是教授的建议:

(1)无论你多么能干,具有自信,也应避免孤芳自赏,更不要让自己成为一个孤岛,在同事中,你需要找一两位知心朋友,平时大家有个商量,互通声气。

(2)想成为众人之首,获得别人的敬重,你要小心保持自己的形象,不管遇到什么问题,无须惊惶失措,凡事都有解决的办法,你要学习处变不惊,从容对付一切难题。

(3)你发觉同事中有人总是跟你唱反调,不必为此而耿耿于怀,这可能是"人微言轻"的关系,对方以"老资格"自居,认为你年轻而工作经验不足,你应该想办法获得公司一些前辈的支持,让人对你不敢小视。

(4)若要得到上司的赏识与信任,首先你要对自己有信心,自我欣赏,不要随便对自己说一个"不"字,尽管你缺乏工作经验,也无须感到沮丧,只要你下定决心把事情做好,必有出色的表现。

(5)凡事尽力而为,也要量力而行,尤其是你身处的环境中,不少同事对你虎视眈眈,随时准备指出你的错误,你需要提高警觉,按部就班把工作完成,创意配合实际行动,是每一位成功主管必备的条件。

(6)利用午饭时间与其他同事多沟通,增进感情,消除彼此之间的隔膜,有助你的事业发展。

当众拥抱你的敌人

有益的合作是化解风险、走向成功的高明手段。

任何人都有自己的思想、习惯及爱好,如果在与他人合作中,过分强调对方在行为性格中与自己的不同之处,就会因为这些微小的隔阂而引起沟通上的障碍,产生好恶,而影响合作。

现在的社会中,几乎任何人都有机会与不好应付的人打交道,交际技巧上也相当重视这方面的问题。绝大多数的人与这种类型的人往来时,心情都相当不轻松、不愉快。如果可能的话,大家都想对他们避而远之。但是,既然无可避免,最好的方法便是正视并面对这件事,并设法寻求解决之道才是。

举个例子来说。譬如,你正与不好应付的人碰面。在谈话之初,或许只是闲聊着,不过,这种闲聊或试探的时间应尽早结束,并开始步入正题。

事实上,与这种人碰面,多半有相当的理由为前提。因此,应以这种前提作为谈话中心,并尽速谈妥,这样的方式便够了。

总之,将此种会面视做生意上的往来,保持一种君子之交的态度即可。此外,值得一提的是,尽量避免涉及个人的情绪因素。不妨认为虽然对方是个不好应付的人,但一旦不与之交际,对生意上也许是一项损失。因此,若能顺利达成目的,不也是件值得的事!如此一想,你便不会为了这种会晤深以为苦了。

一视同仁

在公司里,同事之间免不了互相帮帮忙,你对这种事情应当采取什么态度呢?平常我们总说"助人为乐"但是,在办公室战场上,怎样助人,才能真正成为乐趣,才能被双方所接受呢?

只要是人,都会有善、恶之分,但是在办公室里交朋友却不可以如此任性,最好是一视同仁地与他们打交道。

同事之间要能同甘共苦。"今天如果不加班的话,工作是怎样也赶不完的!"假如有一位同事一边看表,一边叹气地说这些话时,你也许会说:"唉!真是够辛苦啦!要不要我来帮你忙啊!"若能对他这么说的话,那位加班同事的内心该会多么感激啊!今天我帮你忙,明天也许变成你帮我忙了,这种情形在工作上也是经常发生的。

一视同仁

所以同事之间,在有困难之时应该彼此互助,形成一个"合作网"。有这个合作网之后,当网内的任何一个同事必须加班时,突然来了一位客人,连茶都没人倒,当然也可以由合作网的同事代为倒茶,或是有困难时大家都一起来帮忙。但是身居合作网中,如果只管接受别人的服务,而不考虑帮助他人的话,这个合作网便马上会垮掉。因此,不要忘了"礼尚往来"这句话,这才是合作网得以形成并持续的秘诀啊!

此外,不要在同事背后飞短流长。喜欢说别人是非的人,也许正表示了他本人多少还有点不成熟,这样子的谈话虽然可以发泄心中的苦闷,而且大家也都知道说别人坏话是很不好的行为,可是还是免不了要说一说别人的是非。然而经常说别人是非给对方听的人,有一天连对方都会成了他批评的对象,因此慢慢地大家都会对他敬而远之。

工作认真、乐于助人的你,终日忙得团团转。因为除了本身的工作,你还是"清道夫",对其他同事的要求伸出援手,一概接纳。

但不妨检讨一下,这样做,是否经常弄得你透不过气来,甚至要超时工作,如果达此程度,奉劝你应该重新估计自己的能力和态度了。

谁都需要休息,要是你没有停下来喘息和"加油"的时间,对本身的工作肯定有坏处。其次人是不能纵惯的,长久做"好人",人家是不懂珍惜的,即是说你可能是辛苦了自己,却吃力不讨好。所以你应该学习去拒绝别人。

当然不是叫你一反常态,只顾自己,而是请你预先分析一下,那一件工作需要花多少时间,自己的能力和精力又可以承受多少工作。别以为自己是超人,没有人可以长期在巨大压力下工作的,请解放自己。

好了,你确实有剩余时间,不防"择人而助",那就是研究一下哪种工作可以让你学到新技巧,或在人际关系上有好处。否则,请婉转地拒绝吧。

同事意欲另谋高就,且坦白向你要求作其介绍人。这位同事跟你颇为投缘,甚至视你为"好友",所以你总不应袖手旁观。

然而,在伸出援手之余,请注意自己的身份。

对工作不满意的,是你的同事,不是你,所以,你是绝对不值得为此给自己的工作造成坏影响。即使插手,也得聪明点、理智点。

首先,同事仍服务于公司,你若给他介绍工作,等于跟公司作对,即使老板不怪你,要是有人拿此作话柄,在背后中伤你,多少对你是不利的。

如果刚巧确有份工作十分适合这同事,不妨考虑以下方法:请公司以外的第三者给同事做介绍人,就是两全其美之策了。

当然,若同事已离开公司,即已不是你的同事,以朋友身份向你求助,你就可以放开手去协助他了。因为没有了利害关系、同僚关系,许多问题都不会发生,你要伸出援手,对你和他都是有益无害了。

不知是什么原因,你的同事竟然在公在私均十分依赖你。

"没有你,我真不知怎么办!"同事就常公开这样表示。

千万别沾沾自喜,这绝不是一个好现象。试想,别人会怎样想?以为你控制他别有妙法!何况,同事永远不能"站起来",对你或多或少是一种障碍,你俩只会一起停留在原职位。你实在有必要终止同事处处依赖你的情况。

若是厉言正色,或十分公式化,或公然地向对方表示,你不会待他如过去的迁就,请他凡事自己决定和实行。这样,当然会弄巧成拙,对方一定以为你嫌他烦,或是要独自邀功,对你的好印象当即打折扣。

不妨婉转和间接一些。例如对方要求你照例伸出援手时,可以打趣地说:"其实这件事很简单,你一定可以应付自如的,被我的意见左右可能不妙。"这番话是间接在提醒他:一个成功人士,必须独立、自信。何况,这样说一点也不会损及大家的情谊。

你的同事在办公室整天忙着筹备婚礼事宜,结果是你平白更多负上他的责任。

虽则你表示过:"我实在没有余力替你做工作。"但对方的态度却是:"你也将有同样的私事发生,到时我必尽力帮忙。"怎么办呢?

不错,同事间是有义务在紧要关头兼做他的工作的。但结婚却不是紧急事,而且大多数上司们是不会同情只关心私事的下属的。

不妨这样推掉对方的要求:"你打算怎样处理那份报告书?我手头上还有三个计划书,恐怕在未来几个礼拜都无法腾出时间帮你了。"切记不要强调你将不会伸出援手,而是将责任交回他手上,令他不要误会有你作后盾。要是对方以将来代你工作为交换，可以提议对方先向上司请示，这样等于避免了直接下决定。

你如与对方讨论，千万别显得愤怒，只说："你准备怎样去进行任务？那可以成功完成吗？"这样，就能将对方的注意力转移到工作上，又不会损害到双方的良好关系。

遇上有同事向你借钱，应该怎么办？请先观察情况。此人是否常有经济拮据情形？又是否不会如期还钱？还有，他在同事间的信誉是否不好？

要是答案全是否，大概这位同事确是有燃眉之急，作为朋友，帮上一个忙是应该的，而且你不必多方追问，只要伸出援手，并安慰道："不必忧心，我的能力可以应付，你尽管办你的事吧！"

如果答案刚好相反。此人则是不知自爱，起码也是理财无方，值不值得帮忙，就要看你与他的交情了。

他是你同部门的同事，而且与你十分熟悉，看来推也推不掉，那么，你唯有"酌量"帮忙，而治本之法是一方面多规劝老友要小心理财，另方面实行"装穷"，希望对方转移目标。如果对方是别的部门的同事，那就易办得多，因为接触较少，不必尴尬，不妨婉转的回绝："对不起，我每月都有自己的经济预算，恐怕帮不上忙。"

没有永远的敌人

所谓和气生财，"和为贵"，商场上很忌讳结成仇敌，长期对抗。

商场上很容易为了各自的利益争执不下，甚至争吵不休。或者因为一笔生意受到伤害，从而耿耿于怀。

但是，无论如何，都没有反目成仇、结成死敌的必要。

有位商界老板说过："商场上没有永远的敌人，只有永远的朋友。"

今天可能因为利益分配不均而争吵，或者为争一单生意搞得两败俱伤；然而，说不定明天携手，有可能共占市场，互相得利。

所以，有经验有涵养的老板总是在谈判时面带微笑，永远摆出一副坦诚的样子，即使谈判不成，还是把手伸给对方，笑着说："但愿下次合作愉快！"

因为，商场上树敌太多的是经营大忌，尤其是如果仇家联合起来对付你，或在暗中算计你，你纵有三头六臂，也是难以应付的。

况且，做生意的主要精力应用于如何开拓市场，如何调动资金，如何做广告宣传等方面，要是老在对付别人的暗算与报复，难免会顾此失彼。

中国有句老话：生意不成人情在。商人一般都较圆滑，这也是多年的经验使然。

人与人之间，或许有不共戴天之仇，但在办公室里，这种仇恨一般不至于达到那种地步。毕竟是同事，都在为着同一家单位而工作，只要矛盾并没有发展到你死我活的境况，总是可以化解的。记住：敌意是一点一点增加的，也可以一点一点消灭。中国有句老话：冤仇宜解不宜结。同在一家公司谋生，低头不见抬头见，还是少结冤家比较有利于自己。不过,化解敌意也需要技巧。

与你关系最密切的同事,心底里原来对你十分不满。他不但对你冷漠得吓人,有时甚至你跟他说话,他也不理不睬。有些关心你的同事,曾私下探问过,为什么你的好友对你如此不满?

可是,你究竟在什么时候得罪了对方?连你自己也没有一点头绪。

你实在按捺不住了,索性拉着对方问:"究竟有什么不对呢?"但对方只冷冷地回答:"没有什么不妥。"到了这个地步,如何是好。

既然他说没有不妥,你就乘机说:"真高兴你亲口告诉我没事,因为万一我有不对的地方,我乐意弥补。我很珍惜我俩的合作关系。一起去吃午饭,如何?"

这样,就可逼他面对现实和表态。要是一切如他所言的没事,共进午餐是很礼貌的行为。或者,邀他与你一起吃下午茶。在你离开办公室时碰上人,开心地跟他天南地北聊一番。总之,尽量增加与他联络的机会。友善的对待,对方怎样也拒绝不得!

你另有高就,准备呈辞,你心想:"那几个平日视你的痛苦为快乐的同事,一定很开心,如果趁此时,自己地位超然,乘机向老板告他们一状,就太好了!"奉劝你三思而行!

所谓世界很小,若今天被你捉弄的同事,他朝也成为你新公司的职员,你将如何面对他?这岂非陷自己于危险境地?要是对方的职位比你更高就更不妙,所以何必自制绊脚石?还有,所有上司全不会喜欢乱打小报告的下属。试问终日忙于侦察人家的缺点,还有多少时间花在工作上呢?

此外同行虽如敌国,但同业间的往来仍是有的,你旧公司的上司大有可能跟你新公司的上司是好朋友,一旦将你打小报告的恶习相告,你以为你在新公司的前途会怎样?

奉劝你留下一个良好印象,不要做"小人",所谓"少一个敌人等于多一个朋友",开开心心地去履行新职,又与旧公司保持良好关系,才是上上之策。

"如何化敌为友",在办公室的战场上是一门高深的学问。

他曾经与你为一个职位争得头崩额裂,不过,今天你俩已分别为不同部门的主管。虽然没有直接接触,但将来的情况又有谁晓得?所以你应该为将来铺好路。

如果你无缘无故去邀约对方或送礼给他,太唐突,也太自贬身价了,应该伺机而动才好。例如,从人事部探知他的出生日期,在公司发动一个小型生日会,主动集资送礼物给他……记着,没有人能抗拒好意。

要是对方获擢升新职,这就是最佳的时机了,写一张贺卡,衷心送出你的祝福吧,如果其他同事替他搞庆祝会,你无论多忙碌,也要抽空参加,否则就私下请对方吃一顿午餐吧,恭贺他之余,不妨多谈大家在工作方面的喜与乐,对过往的不愉快事件绝口不提,拉近双方距离。

在工作上造成了一次严重的冲击,例如跟某同事大吵大闹起来,对你的专业形象和信心会有无形的坏影响,因为这显示了你对控制人事问题有欠成熟。

可以怎样去补救呢？以下是一个比较普通的例子。

你与某同事在某事上持不同意见，又互不相让，以致言语上有冲突，你自问是过分坦白造成。而你最失败的一点是，曾列写了过去三个月来这位同事做过的所有错事。如今，你感到后悔不已，希望把坏情况扭转，并愿意向对方道歉，可是，同事似乎仍处于极度失望和苦恼当中，使你歉疚更深。

其实，最佳和最有效的策略是向他简单地道歉："对不起，我实在有点过分，我保证不会有下次。"

要是你重提旧事，企图狡辩些什么，只会惹来另一次冲突，同时显得你缺乏诚意，人家日后再也不会相信你了。记着，你的目标是将事情软化下来，与同事化敌为友，所以，最好静待对方心情好转或平和些时，正式提出道歉。

所谓冤家路窄，你的死对头，或者曾经结怨者，被调派到你的部门来，且和你工作关系密切。事实既然摆在眼前，你必须好好处理之。

要你忘记怨恨，是没有可能的事。但有几项原则，是你必须要遵守的。

首先，勿论那一次结怨，谁是谁非，也不要介入工作的讨论范围里，从此只字不提，以免双方公私不分。要是对方先触着疮疤，请平心静气，紧盯着他道："我不会记着过去不愉快之事，尤其是在工作时间内，避免影响自己情绪。"

冤家宜解不宜结，主动表示友善，露出诚恳之态，没有人会拒之千里的。

做个"好好先生"不吃亏

办公室里的是是非非几乎每天都在发生着。你可能是个很有正义感的人，忍不住要挺身而出"匡扶正义"，他可能是个外向型的人，眼里看不过的事嘴上就要说出来，也可能你是个……。

但不管你是什么样的人，奉劝一句，是非不要轻招惹，是非背后麻烦多。甲乙两位平日颇为要好的同事，最近竟然分别在你跟前数落对方的不是，然而两人表面上依然友好。所以，你生怕两面皆讲好话，会被认为是两头蛇。其实，除了这点，你更该小心，因为另一个可能性是，甲乙是否在对你试探点什么？

先讲前一种可能。有些人心胸狭窄，十分小气。又善妒，所以因为某些问题，令两人发生心病，是不足为奇的，但表面上又不愿意翻脸，故向较亲近者倾诉心中情，是自然不过之事。

你这个夹心人并不难做，同样冷淡对待两人是妙法，对方发现没有人同情，必然蛮不是味儿，定会另找"有爱心之人"，那么你就自动"甩身"了。

若发现两人是别有用心，旨在试探你对他俩的喜恶程度，你就该步步为营了。既然对方的动机不良，你亦不必过分慈悲，不妨还以颜色。分别跟他们说："对不起，我的看法对你们并不重要呀！"这一招，他们必然无功而退。

有人请你做公事上的"和事佬"，你其实有不少应留意的要点。

部门主管们之间，有太多的微妙关系存在，大部分是亦敌亦友的，无论私交如何要好,在老板面前,既然是在竞争之下,他们却是有数不完的斗争。今天,某甲跟某乙像最佳拍档,在办公室成了"铁哥们",但很有可能几天后,两人却反目变成仇人了。

所以,某些人可能为了某些目标,希望化干戈为玉帛,以方便日后做事,但亲自出面又太唐突,于是便找来"和事佬"。本来使人家化敌为友,是一件好事。但做好事之余,请做些保护自己的工作,亦即是给自己的行动定一个界线。

例如有人请你做"和事佬",你不妨只做饭约的陪客,或作为某些聚会的发起人,但不宜将责任全往头上冠,反客为主。你最好是对双方的对与错,均不予置评,更不宜为某人去做解释,告诉他俩"解铃还需系铃人",你的义务到此为止。

对上司不满、对公司不满,永远大有人在,遇上有同事来诉苦,大指某人有意刁难他,或公司某方面对他不公平,你应该做到既关心同事的利益,又置身事外。

例如,同事与某人有隙,指出对方凡事针对他,甚至误导他。

你或许会很有耐性听他吐苦水,听他细说端详,但奉劝你只听,不问。尤其是切莫查问事件的前因后果,因为你一旦成了知情者,就被认定是当然的"判官"了,这就大为不妙。

你只需平心静气开导他:"我看某人的心地不差,凡事往好处想,做起事来你会更开心的。"

要是对公司不满,你的立场就必较复杂,站在公司立场是你应该的,但站到同事那边,又有害无益。可是,人家来找你,保持缄默实在不礼貌。不妨这样告诉他:"公司的制度不断改进,这次你觉得不公平,或许是新政策的过渡期,但不妨跟上司开心见诚谈一下,但犯不着坚持己见。"轻轻带过才是上策。

一位向来忠心得很,已服务公司多年的同事,突然告辞,惹得众说纷纭,不少同事还千方百计去细问当事人,誓要找出真相。

其实,知道了真相,对你有好处吗?肯定没有,坏处倒有一大堆。例如,你或会无端卷入人事漩涡,晓得行政层的秘密对你的工作态度多少有些影响。还有,你更有可能被列为"某类分子"。

所以,过去的即将过去,不必去追究了;除非这同事向来与你颇投缘,自动向你诉衷情,但你亦只宜做个聆听者。万万不要做"播音筒"。

你应该做的是送上诚意的祝福,赠对方一件纪念品,当作纪念你俩的情谊吧!又或者,请对方吃一顿饭,当作钱别。

至于其他同事的行动,大可不必理会,也不必加以批评,这叫作独善其身。

你本来就非好管闲事之辈,却偏偏遇上一个爱诉苦的同事,叫你感到烦不胜烦。

老实说,你一万个不愿过问,连听也不愿意,却怕产生不必要的误会,或者有后遗症,所以常常有进退两难之感,却苦于无法摆脱对方。

遇上这种"烦人",既妨碍工作,又没有好处。所以,你必须想办法杜绝之。

第一,你可以借口较忙,遇上对方单独邀约午膳、下午茶等,一概以"忙得不能抽身"为理由推却。凡想诉苦之人,情绪冲动,你一拖再拖,他肯定没有耐性再等下去,这样,你不是可以溜之大吉了吗?

第二,是"装傻"。一个善解人意的人,永远会是一个好听众。但是如果你在倾听时显得心不在焉,漠不关心,牛头不对马嘴,对方也一定会无趣而退,另寻可分担苦恼的人,于是,你无疑就脱离苦海了。

在公事应酬繁忙的圈子里,许多不妙情况是无可避免的。例如在一些商务午餐或晚宴上,许多时候就有以下情况发生:甲与乙有心病,见了面互不理睬,但两人与你皆有一定的交情,必然会上前跟你交谈,互道近况的。

在同一时间,两人分别朝你走过来,怎样好呢?

比较理想的做法是,装作看不到两人,低下头去捡杯饮品,或整理衣衫,看谁先走到面前,就跟谁说"你好"。既然两人不和,乙若见到甲正跟你招呼,自然会却步不前,那就能够避免二人与你一起的情形出现了。

好了,当人寒暄完毕,说过"拜拜"之后,请尽速主动找乙,忘记刚才跟甲有关的一切,只与乙尽情闲聊。

更糟的情况是,你发现给你安排的座位,刚好是夹在甲与乙中间。遇到这种情形,你怎样做? 你最好先发制人,去找主办者,随便说一个理由,请他替你调一个座位。总之,两方面俱不得罪,或者置身事外为妙。

最近,你发现自己处于十分尴尬的局面:两个同事因私事交恶,互不理睬。而你就成了"两边人",成为两人争着拉拢的对象。

你本来深明公私分明之理,问题却是两位同事弄得混淆不清,致令你有点不知如何是好。

中庸之法是,让一切保持常态,就当什么事没有发生过吧。

更清楚一点来说,进行任务时,心里切莫以"这两人不会合拍,由我去做吧"这样,硬要自己做些不在行的事,令事倍而功半,事情本来应由谁去负责,就让谁去执行吧,以免吃力不讨好,甚至白白惹祸上身。

即使有人不愿意,请提醒他:"这任务一向是你的工作范围,仍由你去处理,效果一定更理想。"

要是对方索性请你代劳,怎么办? 不妨表明立场:"我的职责不在此,恐怕对你有害无益,帮帮忙我是愿意的。但重要决策还是由你决定吧!"

左右做人难是个常见的问题。

应付这问题有两个办法。第一尽可能避免陷入需要左右做人的环境。第二个办法是设法避免要"左右做人"时,应当怎样应付。

要避免"左右做人",第一戒是切要避开介入任何冲突的可能性。

第二戒是要避免采取立场。

第三戒是切忌选择可能陷入冲突的斗争的地位。

第四戒是切忌做任何事的公证人。

第五戒是即使已陷入左右做人之局,也要想办法使出"缓兵之计",以图脱身。

问题是,尽管要避免左右做人也不绝无办法,但有时仍然逃避不了。而且从另一个角度看,永远避免采取立场做"两头蛇"也大概行不通。

如果真要面对现实,非得在左右之间作抉择时,应当怎样应付?

第一,看清楚左边的人是谁,右边的人又是谁。

古语说:"帮理不帮亲",此言完全不符合做人的技术原则。按照做人的技术,我们应当"帮亲不帮理"才对。

帮理不帮亲只是个道德问题,帮亲不帮理才是做人的技术。

你的老婆和别人吵起来,你帮谁! 谁有理都用不着问了。

除非"帮亲"而这个"亲人"太没道理,因而犯众怒祸延于己,否则会做人的人一定帮亲,因为"亲"是一种长远的利益关系。

第二,看清楚左边的人"高大",还是右边的人"威猛"。

根据做人的技术原则,我们绝对要向强权屈服(不过,要屈服也不必表面打躬作揖,可以心底里看谁恶帮谁,而帮的时候,总可以说出一番大道理来。)

不向强权屈服当然可敬,但你最多成为烈士,受后人敬仰。你要命还是自顾赔了命博取后人敬仰? 不用说,你一定要命,继续做人。

有时也会发生"强权"与"亲"的冲突,那就要看两者中哪一个更有长远的重要性了。譬方说,老婆与老板二老之间,老板虽恶,但老婆既恶且亲,便会占优势了。

左右做人的技术,要点其实只是要你在左右之间做一个选择。做人必须有立场。明乎此,左右做人也许并不太难。

要点只是"怎样做选择?"

别封死了自己的后路

人和动物有些方面是不同的,动物的所有行为都依其本性而发,属于自然的反应;但人不同,经过思考,人可以依当时需要,做出各种不同的行为选择,例如——学会爱你的敌人。

"学会爱你的敌人",这是件很难做到的事,因为绝大部分人看到"敌人"都会有灭之而后快的冲动,或环境不允许或没有能力消灭对方,至少也会保持一种冷淡的态度,或说说让对方不舒服的嘲讽话,可见要爱敌人是多么难。

就因为难,所以人的成就才有高下之分,有大小之分,也就是说,能当众拥抱敌人的人,他的成就往往比不能爱敌人的人高大。

此话怎讲?

能爱自己的敌人的人是站在主动的地位,采取主动的人是"制人而不受制于人",你采取主动,不只迷惑了对方,使对方搞不清你对他的态度,也迷惑了第三者,搞不清楚你和对方到底是敌是友,甚至都有误认你们已"化敌为友";可是,是敌是友,只有你心里才明白,但你的主动,却使对方处于"接招""应战"的被动态势,如果对方不能也"爱"你,那么他将得到一个"没有器量"之量的评语,一经比较,二人的分量立即有轻重,所以当众拥抱你的敌人,除了可在某种程度之内降低对方对你的敌意之外,也可避免恶化你对对方的敌意,换句话说,为敌为友之间,留下了条灰色地带,免得敌意鲜明,反而阻挡了自己的去路与退路;地球是圆的,天涯无处不相逢。

此外,你的行为,也将使对方失去再对你攻击的立场,若他不理你的拥抱而依旧攻击你,那么他必招致他人谴责。

所以,竞技场上比赛开始前,二人都要握手敬礼或拥抱,比赛后也一样再来一次,这是最常见的当众拥抱你的敌人;另外,政治人物也惯常这么做,明明是恨死了的政敌,见了面仍然要握手寒暄。

每个人的智慧、经验、价值观、生活背景都不相同,因此与人相处,争斗难免——不管是利益上的争斗或是是非的争斗。而这种争斗,在竞争激烈的工商社会尤其明显。

大部分的人一陷身于争斗的漩涡,便不由自主地焦躁起来,一方面为了面子,一方面为了利益,因此一得了"理",便不饶人,非逼得对方鸣金收兵或竖白旗投降不可。然而"得理不饶人"虽然让你吹着胜利的号角,但这却也是下次争斗的前奏;"战败"的对方也是一种面子和利益之争,他当然要"讨"回来。

——"得理不饶人"是你的权利,但何妨"得理且饶人"?

何谓"得理且饶人"?就是放对方一条生路,让他有个台阶下,为他留点面子和立足之地,这太容易做到,但如果能做到,对自己则好处多多。

得理不饶人,让对方走投无路,有可能激起对方"求生"的意志,而既然是"求生",就有可能是不择手段,这对你自己将造成伤害,好比老鼠关在房间内,不让其逃出,老鼠为了求生,将咬坏你家中的器物。放他一条生路,他"逃命"要紧,便不会对你造成伤害。

——对方"无理",自知理亏,你在"理"字已明之下,放他一条生路,他会心存感激,来日自当图报,就算不如此,也不太至毁了对方,这有失厚道,得理且饶人,也是积德。

——人海茫茫,但却常"后会有期",你今天得理不饶人,焉知他日不二人狭路相逢?若届时他势旺你势弱,你就有可能吃亏,"得理且饶人",这也是为自己留后路。

另外,你也得想:你得理不饶人,到底有多少"好处"可得?"大好处"既"大",何妨也"饶人",因为这对你的"大好处"影响并不大;至于"小好处",好处既小,更没有不饶人的必要。因此:

——做事做人,下手不必过重过毒。

——"理"字既明,言辞何妨圆滑。

况且,饶人也是一种快乐。

第十三篇　情场金点子

第一章　征服女性方法妙

男人通过征服世界征服女人。男人们不得不承认：你即便是有了权力、地位、金钱和相关的种种一切之后，你还得等着女性大众的认可。而女性大众对一个男人最大的认可方式无疑是：你符合他们最理想的择偶规范；你是她们最心仪的性别偶像！要想征服女性，谨记"三从四德"：女友出门要跟从，女友命令要服从，女友说错要盲从；女友化妆要等得；女友生日要记得；女友打骂要忍得；女友花钱要舍得。

爱恨本一家

如果你喜爱一个人，对他（她）说正常和正确的喜爱词儿：你很可爱、你很可亲、你很讨人喜欢等等，这其实只是一般的喜欢，当你对你喜爱的人说你这个小妖精、你这个小鬼头、你这个死样！那才是真正喜爱得要死要活，真正喜爱到发疯的地步。就像两个恋人约会，女方抱歉地说：实在对不起，我迟到了十分钟。男方则客气地回答：没什么，才十分钟。这种彬彬有礼，只能说是感情还不到位。如果女方毫不在乎地说：我不就是晚来十分钟吗？看你丧鼻丧脸的！男方则恶声恶气地反驳：来晚了还有脸说呢，也不看看你自己的倒霉样！听起来挺粗鲁的对话，但你绝对感到这男女两人非一般关系了。有句俗话"打情骂俏"，这一打一骂骂得真是绝妙。所以男人们常半开玩笑地说，宁肯被女人恨，也不能被女人尊敬。因为尊敬是陌生的产物，恨却是来自爱。我们生活的世界真奇怪，打是亲，骂是爱，情到最深处语言就粗俗了。好的事必须用坏的词形容才能感到这是最好的，幸福的时刻往往表现出悲伤的表情才更说明是幸福。看起来这不太合乎逻辑，但哲学家会晃着闪光的脑门微微一笑，告诉我们一个颠扑不破的哲理——物极必反。也就是说，任何事物发展到极端，就会走向这个事物的反面。

我们似乎不太懂得这个实际上并不复杂的哲理。诗人痛苦地吟道：因为你爱她，所以杀死了她。西方的一些名演员和名歌星，整天提心吊胆地怕崇拜者把他杀死,有的不惜重金雇保镖昼夜站岗放哨。即使是这样,还有个著名女明星被她的崇拜者杀死。当然,爱极生恨的恨与仇恨的恨不是一回事,然而这种恨似乎能带来超于仇恨的灾难,不能不发人深省。古人云:怨(恨)无大小,生于所爱。可见我们的老祖宗早已领教了"爱极生恨"的恨了。《红楼梦》中的林黛玉最爱的是贾宝玉,最恨的也是贾宝玉。《杜十娘》中的杜十娘之所以怒沉百宝箱,然后投江自杀,其实就是爱的失望导致,否则她尽可以携巨款飘然而去。正是这些爱极生恨的故事中涌动的痛不欲生的激情,荡涤和淘洗着一代代读者的灵魂。

不轻信错觉

有一个年轻的丈夫,下班后碰到了当年的老同学。因为不能拒绝,所以便一起到了一家饭店吃饭。事情也巧,刚好这个丈夫的妻子也和朋友在这个饭店里吃饭。她一见丈夫和一个陌生的女人来吃饭,当时就醋意大发,不问青红皂白,就将丈夫拉回家。到家里就哭闹,对于丈夫的解释,一句也不听,认定了丈夫和那个老同学有不正当的关系。就因为这一件事,妻子对丈夫总是疑神疑鬼的,到后来,弄得夫妻间根本就无法再生活下去,最后只得以离婚而收场。

造成这种后果的原因,就是由于妻子的认知发生了错觉,产生嫉妒而导致的。

人对于事物的判断,不可能完全是准确的。而这种错误的判断,不仅在恋爱时会发生,在婚姻中也是时有发生的。例如,有的妻子看见自己的丈夫和别的女人说话,便认为是有不正当的关系。有的丈夫发现妻子下班晚回家一会儿,便以为是和别的男人去约会……

夫妻间对于感情发生了错误的认识,这不仅与外部事物间很复杂的关系有关,它往往会因这些而很难区别事物的表面现象与内在的本质。还有一点就是受几千年封建思想的影响。

嫉妒对于爱情的危害很严重,嫉妒与爱情总是同时存在,却又水火不相容的。嫉妒从意识出发,带有很大的主观性,总是从表面出发,从而产生不正确的判断。

看见对方穿得精精神神的,就以为是有了不良的用心,是去招摇,去吸引异性,看见屋子不整齐,就怀疑是否有人来过……这种错误的想法,不能及时地消除,就必然会使夫妻间产生一座难以溶化的冰山,造成双方的心理创伤,而导致感情的破裂。

真实的自我

月亮日复一日,年复一年地围绕着地球旋转,离开了太阳,月亮没有了她自己,她无法向世人显示她的存在,也无法证明她的作用。有人说,女人就是月亮,而男人是太阳,月亮围绕着太阳转,而女人就围绕着男人转。

这种说法,在古时可能成立,那时候的女性没有一点自由,完完全全地被政权、族权和夫权所束缚。"女正位乎内,男正位乎于外","女子无才便是德"把女人牢牢地禁锢在男人的身上,一点也不能反抗,永远地处于夫权和父权的从属地位中,直到今天这种思想仍然存在,虽然不那么严重了,但在一定程度上还是束缚着很多人的思想。

在宇宙中,如果没有了月亮,太阳一样可以按着他固有的轨道运行,而人类是由男人和女人组成的,如果没有了女人,那么社会就很难再维持下去。女性在人类的历史中扮演着很重要的角色,有时候,甚至起着决定的作用。

吴王夫差为了爱恋西施,放弃了一切,最后国破家亡,但仍不悔。晋代的石崇为了爱恋绿珠,不但贱视他富可敌国的家财,甚至牺牲了自己的生命。而秦始皇为了阿房女,不惜重金,修建了阿房宫。

女人不是月亮,女人是世界的一半,和男人共同主宰着整个世界,女人的光和热足以照亮整个世界并影响着男人的生活。男人因女人而欢乐,因女人而悲伤,因女人而潇洒。

女人不是月亮,女人要发出自己的光和热,来照亮世界,照亮自己。这就需要女人有自己的生活,她们需要走出家庭,走到社会上,走到经济生活中去。她们要同男人一起分享那些光荣与辉煌。

那么,女人凭什么去赢得这些光荣与辉煌呢? 凭着工作和能力。

原为中央电视台《正大综艺》的节目主持人杨澜,就是凭着对工作的热情和过人的能力而得到全国观众的喜欢的。

一个人,尤其是一个女人,只要你有信心、有决心、有恒心,就会取得成功,就会有一片属于自己的天地。

那种为家庭所累的女人,没有真正地活出真实的自我,可以说,她们的生活是残缺的,她们是一颗星,但却没有发出自己的光和热。

在提倡个性化的今天里,女人最重要的就是展现自我,寻找真正属于自己的最佳位置,同男人一样,拥有洒脱、激情的胆识。

打造完美约会

孙女在翻看奶奶的相册时,好奇地问:"奶奶,你长得这么高,爷爷却长得这么矮,你当时为什么会嫁给他呢?"奶奶沉浸在对往事的回忆中,笑着说:"我和你爷爷的第一次约会是在公园里的座椅上开始的,我们从下午一直说到黄昏,等我们站起来要离开的时候,我才发现他那么矮,可是,已经晚了,因为那时候,我已经爱上他了。"

恋爱的最初便是好感,接下去如果要想感情得到进一步的发展,那就是约会了。第一次约会的重要性,是非常大的,它往往决定着一切,你和他是否要继续交往还是中止交往,这都是由第一次约会所决定的。

两个没有任何关系的人相遇、相知、相爱,在这样一个过程中,约会在其中的作用是极为重要的,一个完美的爱情故事,其中的约会也是十分精彩的,为了使爱情甜美,恋爱的人都有必要掌握一些约会的技巧。

首先,要注意自己的仪表和行为。对于前者,人们往往很看重,知道"人是衣服马是鞍"的道理,总是要求在着装上做到尽善尽美,以期达到最好的效果,给人留下一个好的印象,而对于后者,却很容易忽略。行为表现在很多方面。如在约会中,男性总是不太希望女友晚到,但女性却总是故意迟到,来考验对方是否有足够的忍耐力。又如受传统思想的影响,男性总是不太希望自己的女朋友太多地"抛头露面",因为约会毕竟不同于到火车站去接人,你可以举着一个牌子大声地喊谁是谁。约会是两个人的爱情,甚至可以说是比较隐蔽的,所以,女性在选择约会场所的时候,也应是一个较隐蔽的地方。还有在约会的时候,要尽量注意自己的语言和动作,是否表现得体,说明你是一个很有涵养的人。

其次,在刚刚确定恋爱关系的时候,约会中不能表现得太过于热情。对于男性而言,他们都喜欢一种征服的过程,如果热情过了火,就会让他们觉得没有意思,更会让他们产生一种误解和一种逆反心理,觉得你这个人太不自重。虽然你是无心的,只是想多了解一下对方,但往往会是事与愿违。根据有关的心理学家分析,男性在没有投入较深的感情的时候,一般是不会听从女性的摆布的,更不会被女性所束缚,如果女性有亲昵的动作或是更进一步的要求,很可能会让对方产生厌恶的感觉。

再次,还要注意谈话的内容。在约会的过程中,女性的热情往往要高于男性,她们在兴奋的时候,经常会有些口不择言,或许是由于太兴奋了,还是别的什么原因,女性总是喜欢把生活中一些鸡毛蒜皮的小事说个没完没了,有些时候,还会把自己心里的秘密,自己的烦恼及家里的一些事情都说出来。这从一方面可以理解是对于对方的充分的信任,觉得既然大家是恋爱的关系了,没有什么不可以说的。但凡事都应讲一个"度"字,如果长期这样下去,很可能不会收到预期的效果,有时还会把对方给吓跑了,觉得你在约会中就这样,那么以后如果真的结了婚还不知会是什么样呢?约会时的谈话正确的是,说一些双方都感兴趣,健康而又有意义,还能促进彼此间感情的话题。

还有一点是特别重要的,那就是在约会时,男女双方都想极力展示自己的优点和长处。某一方总是不自觉地以自我为中心,谈个没完没了。这样,事实上却形成了对对方的一种忽略。如果次数多了,效果与你所期望的就会背道而驰。

双方谈的话题最好是双方都了解的,千万不能为了展示自己的博学而专挑一些对方一无所知的话题来谈。一则使自己提不起兴趣感到难堪,二则会让对方怀疑自己有卖弄的嫌疑。

最后,在约会中要对自己充满信心。很多的女性在约会中总是感觉特别紧张,心神恍惚地说话语无伦次,对自己一点信心也没有。在电视剧里我们经常可以看到这样的情节:两个女孩子,其中一个要和男朋友见面约会,让另外一个陪伴,可是到了约会的地点,约会的女孩子由于紧张而导致局促不安,说话颠三倒四。相反

情场金点子

图文珍藏版

的,另外一个却自然大方,一切自如。结果是可想而知的,男孩子看上了女友的女友。

每个人都有每一个人的特点,在约会的时候,也没有什么值得紧张的,充分地表现出一个真实的自我。如果行,那么以后继续交往,如果不行的话,那么大家还可以做一个朋友,放下这一段感情,再去寻找新的爱情,这是很平常的事情。这样想来,心情就会放松很多,在约会的时候也能自如了。

掌握了一些约会的技巧固然重要,但还是远远不够的,还要注意一些约会中出现的问题:

第一,男人和女人都是两个独立的个体,所以在约会中,要尽量做到尊重对方的个性、爱好。说话做事要顾及对方的心情和特点,千万不能由着自己的性子来,更不能强迫对方服从自己的想法。

第二,什么话不能说得太明白了,表达要含蓄一点,因为这样更有利于"心有灵犀一点通",更能为日后的生活形成某种默契而做下一个很好的铺垫作用。

第三,人之所以是高级的动物,是因为人是有思想,有感情的,而这其中一个突出的表现就是人会有生厌的心理。如果双方在一起的时间太长了,往往会产生一种厌恶的情绪。所以,约会的时间和次数要适中,不能太多也不能太少,不能太长也不能太短。多了、长了会让对方生厌,而短了、少了又会让感情生疏。

恋爱方式的性别差异

一个小伙子爱上一个姑娘,立即会像火一样地燃烧起来:或热烈地进攻,或痛苦地徘徊,或东奔西颠狂喜不已,或长吁短叹垂头丧气。一旦他成功了,姑娘接受他的爱,这通疯狂燃烧的一切就迅速消失,像一场倾泻完了的暴风骤雨,天空更加晴朗和宁静,似乎什么事都没发生过。姑娘们恰恰相反,她们对爱的到来忐忑不安,躲躲闪闪,几乎像面对一件坏事那样惊慌,俨然一头小鹿或一只小鸟被虎鹰追赶,拼命地挣扎和逃脱。当小伙子失去信心,傻呆呆地不知怎么办才好时,她们却又异常微妙地以难以觉察的大胆,向小伙子发出暗示和鼓励,重新点燃他们的勇气。爱情的序幕最终被揭开时,姑娘们往往是全神贯注,一心一意地进入,表现出相当的持久和稳定。

小伙子的情感似霹雳闪电,来得急来得快,但也走得急走得快;姑娘们则如一条潺潺流水的小溪,缓缓而来却能久久流淌。也许这是造物主故意在男女之间造出的两种情感方式,给这个世界增添五彩缤纷的喜怒哀乐。然而,正因为如此,爱情的麻烦滚滚而来!古今中外流传多少"痴情女薄情郎"的故事,尽管其中有这样那样的原因,但两种情感方式也是不可忽视的潜在因素。当然,我们不能因性别和性格本身的差异来原谅哪一方。然而,我们如果不认识和不重视其中的利害差异,将会痛苦不堪。以宏观的大视角来透析爱情的纠纷,你往往会发现如下规律:一般男人易犯"喜新厌旧"的错误,女人则长久地陷在恋情中不能自拔。常常可以听到新婚不久的妻子对丈夫抱怨——你当初那个劲头哪去了？一天能追我一百次！可以得出这样的结论：在初恋时，男人大多是狂热的积极分子；在成家后，女人却日渐显示出情感的模范力量。男人似乎爱得太用力了，爱一阵得歇一阵；女人则不紧不慢，永不松懈，有时甚至把男人爱得焦头烂额，喘不过气来。

第二章　征服男性策略奇

要想征服男人，女人必须要付出，要给予男人鼓励，要倾心交流，要给男人自尊和自由的空间，最重要的是给男人关爱。其实男人也很脆弱，有时他更需要女人的关爱，甚至女人的哄。来自女人的一声问候、一个善意的微笑、一个充满柔情的吻……都会让男人感受到一种母性的抚慰，在心灵上获得某种慰藉和情感的升华。这时的男人很容易被女人所征服。

大抬条件　吓退对方

1913 年某日，辫子军头目张勋在北京的江西会馆庆贺其 60 大寿生日（实为 59 岁）。他把京津地区的名伶召至会馆，唱了三天堂会戏。征歌逐舞，好不热闹。台上戏子一白一曲地演唱，台下贵显指手画脚，品头论足。这时的刘喜奎刚到北京不久，一炮打响，顿时走红，这次的堂会戏自然少不了她的演唱。张勋见过无数个标致的女子，但还没有见过刘喜奎这样的艳姿丰采。刘刚一上台，就令张勋目瞪口呆。三天的堂会戏演唱结束，张辫帅便派了一名副官到刘家去传唤喜奎，准备随意花几两银子将她收下为妾，养在府中。谁知刘喜奎洁身自爱，既不畏惧权贵，又不贪图钱财，她在学戏之前便有言在先："只唱戏，不卖身。婚姻大事自己做主，父母不加干涉。"副官找到刘家，即被喜奎及其父母逐出，回府交差，张勋傻了眼，他万万没有想到一个戏子竟敢这样不识抬举。于是吩咐副官，不惜代价，一定要将刘喜奎弄到手。副官领命后一趟一趟地往刘家跑，银两一加再加，直加到 10 万大洋。刘的父母对这巨额款子有点怦然动心了，可是刘喜奎仍不屑一顾，坚决拒绝卖到张府。不久，"二次革命"爆发，张勋率军南下，后迁任江苏督军，在南京的秦淮河畔觅得了王克琴为三姨太太，终日沉醉于酒色之中，这样也就把北京城里的刘喜奎暂时淡忘了。

1917 年 6 月 30 日，张勋返回北京，张府又唱起了堂会戏。名伶齐集一堂，台上莲步轻移、一颦一笑的刘喜奎勾起了张勋的回忆，为此神魂颠倒起来。时为"忠勇亲王"的张勋又开始做美梦了，再次想纳刘喜奎为姨太太。刘喜奎仍然敬谢不敏，回答张府差人的话说："张大帅要娶我当姨太太是万万办不到的事。软的也好，硬的也好，我都不从。到我走投无路的时候，我就以死相拒，看他怎么办？"张勋听完

国学经典文库

中华点子库

情场金点子

图文珍藏版

票报,倒也有些担心,怕真的逼得紧了,她会去寻死,香消玉殒岂不可惜! 他张勋岂不是一场空。于是决定不来硬的,派人前去正式"求婚"。多次"求婚",均遭拒绝。但是,张勋"不到黄河心不死",仍不作罢。

刘喜奎正在苦于无计可施的时候,某晚报社长张汉举替刘喜奎出主意,要她提出几条使张勋无法接受的条件而使其主动放弃"求婚"。一天,刘喜奎向张府的人说:"张大帅如果一心要娶我,必须答应我三个条件。"来人说:"别说是 3 个,就是30 个条件张大帅也答应,你说吧。"刘喜奎不紧不慢,说出三个条件:

第一个条件是,张大帅要把嘴上的胡须全部剃光;

第二个条件是,力行一夫一妻一妾制,请张勋立即遣走全部姨太太,保证今后不纳妾;

第三个条件是,提供爱情保证金 20 万大洋,以我的名义存入国外银行。

张汉举帮助想出的这三个条件,无非是一个缓兵之计,明知张勋不能接受才这样提出来的。特别是第一个条件,简直像是要张勋的性命一样。原来,张勋其貌不扬,全仗那三绺胡须装点门面,使他的神情模样显得威武一些,要让张勋割去这命根子一样的胡须,真是比登天还难。其结果与张汉举的预料的完全一样。张勋表示:第二、三条保证立即照办,唯第一条要求豁免。刘喜奎见第一条正中要害,表示半点也不肯让步。张勋派人传话说:"咱们王爷身为国家栋梁,不能为娶一房姨太太而把蓄留多年的胡子剃掉,这码子事张扬出去,会腾喧中外,贻笑大方。"但是,刘喜奎很快做出反应:"内阁总理唐绍仪在结婚时能奉夫人之命,剃光胡子,王爷又为什么不可以这样做呢?"这时的张勋一心想得到刘喜奎,心痒难搔,一咬牙,便答应让步:先剃去颌下的部分,上唇的胡子留着充充门面,等到洞房花烛夜过后再剃光。可是,刘喜奎坚决不依,声称:只要张勋的嘴巴上还留着一根胡子,那就宁死也不嫁过去。

正当张勋在死皮赖脸地为讨刘喜奎做姨太太而讨价还价的时候,段祺瑞组织的讨逆军开始向张勋的定武军发起了反攻。1917 年的 7 月 8 日,讨逆军派飞机向紫禁城的一块空地上投下了中国军事史上的第一枚炸弹,几乎把张勋的魂都要炸飞了,他慌忙逃入荷兰驻华大使馆,通电下野,后逃往天津。刘喜奎也逃过了张勋这个色狼的追逐。

针锋相对

就在张勋拼命追逐刘喜奎的同时,还有一个人也在那里厚颜无耻地追求着同一个女性,此人便是曾出任北洋政府的陆军总长陆锦。

陆锦,字秀山,天津人,与刘喜奎是同乡,自幼曾在一起玩耍过。陆锦的父亲是一名吹鼓手,后到天津衙门当差,做了职业吹鼓手。陆锦全家也随之搬到天津居住。陆锦长大后投入淮军,住在天津东南小站。

刘喜奎父母到天津来谋生,陆锦父亲看在乡亲的面子上也曾给予过一些帮助,两家也时常走动。陆锦已成家,而且子女有三。看到刘喜奎如花似玉的容貌既惊且喜。常言道:女大十八变越变越好看,站在陆锦面前的喜奎与儿时的小姑娘大不一样了。陆锦第一次见到便看得发呆,贪婪地全身上下打量着她。从此以后,陆锦有事没事常往刘家跑,有时一天跑二三趟,有话没话总要搭讪几句。其实他的心事是:占有喜奎,讨作偏房。袁世凯就任民国大总统以后,陆锦当上了陆军部次长,追逐刘喜奎的热情和干劲有增无减。刘喜奎因是一个普通的农村姑娘,见识不多,对陆锦的热情深表感激,总认为还是同乡好,互相有个帮助,因此开始尚能与之接近,也愿意接受陆的有限的帮助。1913年刘喜奎从天津改赴北京唱坤戏,这中间当然少不了陆锦的帮忙和支持。刘喜奎的走红,陆锦鼓吹得最力。1917年,北京《顺天时报》举办票选戏剧大王、第一童伶、第一坤伶的竞赛活动。陆锦倾全力支持刘喜奎,四处游说,拉选票,找关系,在报刊上公然吹捧刘喜奎是当之无愧的第一坤伶,非其莫属。票选结果是:戏剧大王梅兰芳、第一童伶尚小云、第一坤伶刘喜奎。为了这事,陆锦还受到舆论的指责:他身为政府要员,竟屈尊去为一个戏子捧场,有损官箴。陆锦全然不顾,他的肚子里有着一本账,认为刘喜奎当选第一坤伶,得归功于他,刘喜奎定会以德报德。向她求婚,收为偏房,焉有不从之理?

　　刘喜奎虽是农村姑娘,但她自幼聪明机灵,也读过一些书,又是在天津城边长大,自然不同于头脑闭塞、缺乏社会经验的山村姑娘。几年的城市生活也使她逐渐成熟起来,学会如何提防人,保护自己。她对任何人都保持距离,不完全听信和依附于别人。开始,刘喜奎对陆锦的关心和帮助真心感激,但同时又感到有一种说不出来的威胁存在着,特别是陆锦看刘喜奎的眼神使她很不是滋味。在与陆锦的来往中时时都提防着,嘴上不说,心里有数。果真不假,就在报上登出刘喜奎当选为第一坤伶的第三天,陆锦喜滋滋地跑到刘家,先大言不惭地吹嘘自己在喜奎当选坤伶第一问题上的贡献,紧接着就向刘的父母提出要娶喜奎做偏房的要求。刘的父母起先为这一惊,又难于找到适合的词来回答。过了一会,刘母说话了:"陆大人对我全家对喜奎都是恩重如山,礼应厚报,陆大人的要求理应答应。只是事关小女终身大事,我们和小女曾有言在先,她的婚事由她自己做主,我们做父母的不好强求。"喜奎听了陆锦提出要娶自己为妾的事,虽感意外,但也不觉得突然,母亲的一番话她已听出眉目。喜奎对陆锦是感激有余,但如要自己以身相许,特别是做妾,那是不会同意的。苦思良久,只说了一句话:"娘,儿还年轻,还想再跟师父好好学戏,儿的事以后再说吧。"说完转身进了自己的房间。

　　陆锦满以为对刘家是有功之臣,要娶喜奎的要求,只要自己提出,是不会遭拒绝的。万没料到碰了一鼻子灰,脸上红一块白一块,极不自在。好在他是见过世面的人,很快就恢复了镇静,像没事的一样,便起身告辞。不几天,陆锦又来到刘家,花言巧语地说了很多,没有奏效。以后仍三番五次登门,不是老调重弹,就是竭力吹嘘,还夹之以责备、埋怨之意。喜奎及全家就是不允。当后来打听到刘喜奎爱上了内务部一小职员崔承炽时,几乎要发疯。转念一想,光气不能解决问题,于是便像上战场前一样,认真分析了彼此的有利条件和不利因素,决计发挥自己的优势,去战胜内务部的那名小职员。主意已定,情场上的角逐开始了。重点放在物质的角逐上。陆锦认为崔承炽只是一名寒士,当时北京各衙门职员的薪水都发不出,人人穷得要命,崔承炽哪里有钱来买得刘喜奎的欢心。而我陆锦则是堂堂的陆军次长,军饷由我掌握,自己拿剩下来的发到各军旅中去。因而拼命向刘喜奎献殷勤,今日送钱,明日送物,连几百块大洋一件的猞狲狲皮大衣也买来送去。刘喜奎有心拒绝陆锦,钱物一概不收,但陆锦厚颜无耻,一送再送,使刘家退都来不及,你退的快,他送的勤。喜奎看苗头不对,决定采取新的对策:她把那皮大衣要崔承炽穿在身上去上班,逢人便讲其来历,当众揭陆锦的丑。陆锦大为恼火,串通内务部逼崔承炽辞职。理由是:凌辱陆部长官,傲慢本部同事,轻蔑政府神圣,品行不端,人格堕落。刘、崔也运动各方,制造舆论,针锋相对,说陆锦品质不佳,运用权力,争风夺爱,扬言要告到总统那里去。陆锦心虚,怕偷鸡不成蚀把米,也就收起了起先的念头,再作计较。

　　1921 年 12 月,四省巡阅使曹锟要在保定庆祝他的 60 大寿生日,传谕北方著名男女优伶,赴保定堂会。陆锦认为这是个千载难逢的机会,想借送陪的名义到保定,在异地他乡金屋藏娇,成其美事,到时候崔承炽将绝无办法了。谁知事与愿违,刘喜奎唱完堂会戏后竟被曹锟留在府中。曹锟准备强行收喜奎为小妾。陆锦的如意算盘又没打对。

　　刘喜奎脱离曹府回到北京,对陆锦的态度比过去更强硬了,有时还戏弄他。陆锦深深地感到,要想得到刘喜奎,不除掉情敌崔承炽是不行的。于是再赴保定,编造了一套鬼话,对曹锟说:"喜奎原是不忘大帅厚恩的,只是内务部崔某自恃年轻貌美,多方诱惑,才使她变了心。崔某对

曹锟

喜奎说大帅身居高位,心存叵测,将来一定没有好结果。还有许多混账话崔某说得出口,我却传不来。大帅政务劳神,本不敢以小事相扰,只因崔某这小厮信口造谣,胆大妄为,大帅 60 大寿后崔某又变本加厉地在北京城里说您的坏话,我怕于大帅名誉有碍,特来禀报。"曹锟一听,脸色陡变,吓得陆锦不敢再说了。还是曹锟开了口:"你说,他还说了些什么?"陆锦又添枝加叶地说了一些,并说:"依小的看法,如果任其下去,恐引起政府的误会,对大帅发生恶感。在大帅本身,名誉尤为重要。"曹锟问:"你看如何处置为好?"陆锦说:"依小人意见,电告国务院,崔承炽造谣诽谤大帅,实在难容,一定要严加处理。"曹锟听完陆锦一席话,决心要重办小崔,解其心头之恨。遂召来秘书,拟就电稿,发到北京去了,崔承炽不知是从何处得到消息,就在北京接到曾锟电报的当天晚上和刘喜奎双双乘上火车到天津去了。在租界里居住下来。不几日,各地报纸纷纷刊出崔承炽、刘喜奎在天津结婚的消息,报上还

登出两人结婚照片。还有那么一家小报,竟连带将曹、陆两方情场角逐,失败于小崔之手的一段内幕也尽情刊布。陆锦万没想到借刀杀人不成,反倒成全了他们,心中一急,竟吐出一口血来。事后刘喜奎托人传话给陆锦说:"陆大人一心娶我做他的二房,叫他做梦也休想。甭说二房了,便是明媒正娶的大太太,我也不干。咱们家从前固然是穷些,但却就耕读传家。他呢,瞧他那个德性,不过是个吹鼓手的儿子罢了。"陆锦听后几欲气死,决心报复。1924 年 1 月,陆锦就任陆军总长,便串通有关人员撤了崔承炽的差事。

给爱找帮手

小李在一家私营公司里任副总经理一职,他是一个事业心很强的人。在这个商品经济大潮的社会里,要和很多比他更强而有力的对手竞争,就得用去很大的一部分时间和精力,但有时问题还是得不到解决,实在太累了,受不了了,就在办公室里打一个盹,就迷迷糊糊地坐着,而自己的这个样子还不能让属下人看见,如果看见了,那下属还怎么做事啊?他想回到家里向妻子说一下自己的苦处,好好地休息一下。可是,等他到家里还没有坐稳,妻子对于他整天不回家所积下的埋怨就全来了,她不明白,为什么这个家里留不住他。

男人不能没有事业,这是无数事实证明了的。男人不同于女人,女人没有自己的事业,但女人可以找一个好老公,老公会承担起照顾她的责任和义务。但是男人呢?男人在没有本事的时候,讨个有能力的老婆,让老婆来养活他吗?这样的事不是没有,但却少之又少。

在男人的眼里,他们本身就代表着强大,他们有保护弱小(妻子和孩子)的本能,他们不可能让自己当作弱者,而让别人来保护。一般情况下,一个女人在事业上取得很大的成功,而她的丈夫却在家里一无所成,面对这种情况,但这个丈夫在很多时候,都会放下那优越的环境而选择离婚,因为很少有男人能容忍自己的妻子比自己强。

男人不能没有事业,只有通过事业才能将他们的人生价值和自我价值体现出来。高尔基说过:"一个男人,必须为自己的事业而保重自己,必须深知通向自己事业的通道。"

男人要想在事业上取得一定的成功,就需要有很广阔的交际圈,需要认识各式各样的朋友,正如,"一个好汉三个帮,一个篱笆三个桩"。我们可以想象得出,因为婚姻而使男性没了那必要的交际,那么他们的事业会是怎么样,又谈何发展,又有何发展呢?那时候,他的事业也就被婚姻给埋葬了。因此,如何解决婚姻家庭与事业之间的问题,就成了每一对夫妻要面临的首要问题。

然而,对于男人来说,是不能没有事业的,假使一个男人成天待在家里,是会被人笑话的,被人看不起的。小李因此在心里也埋了一肚子的火,但无论怎样也不能放下工作不管啊!回家不图别的,就希望能得到妻子几句关心的话,可这些他也没能得到,他没有把这些讲出来,而是放在了心里。在以后的日子里,他回家的次数越来越少了。

这样的做法可想而知,最后造成了恶性循环,小李越不回家,妻子的心里越是火,她越是火,小李就越是不回家。在小李的眼里,家里实在没什么幸福和温暖可言,有时候,即使有时间,他宁愿待在办公室里,也不愿回到家里面去。

小李的家庭矛盾主要是由恶性循环所导致的,如果任其自由发展,最终会使夫妻双方的感情破裂,导致家庭悲剧的发生。

婚姻的美满是靠夫妻双方共同来维持的,对于夫妻来说,由于个性等各个方面的不同,难免会有不适应的感觉。这就要求双方都应该努力地按照自己在家庭中所充当的角色的要求来做,只有这样,才能使双方的感情稳定,才不会给家庭带来这样或是那样的麻烦。

千百年来,当人们谈到家庭生活美满幸福时,常会用恩爱来说,强调爱的重要性,然而,并不是所有的爱都是家庭婚姻美好的基础。我们谁能说,小李的妻子不爱他或是说他不爱他的妻子,他妻子的爱是希望他能多陪陪她,而他对妻子的爱则是希望妻子能够体谅他。可是我们也看到了这种爱所产生的后果啊!

所以,仅仅有爱是不够的,更重要的是你是否对你所爱的人表现出了你的爱,我们可以想象得出,如果小李的妻子能体谅小李在事业上的努力,而小李也能体谅妻子在一天的繁重的家务劳动后却看不到他的心情,双方都对对方多一些体贴,双方都做出一些让步,那么他们的结局,会不会是很美好呢?

记住,仅有爱,还远远不够,在爱的基础上还需要彼此的了解和关心。

做行动的巨人

有种男人在女人面前总是侃侃而谈的,女人会因他的精辟、前卫的论述而迷上他。他对于女人,像一个完美的补充物,他接受女人的感情,鼓励女人要表现本性,要让人看到她的温柔、感性、易受伤害、富于表情。因此,女人觉得他是一种受欢迎的,一个会共享情爱的男人。

女人即使觉得这类男人的表现太过分,却并不想离开他,她对男人比较富于表现和比较易受伤害加以容忍,她轻易不离开他。

这类男人对如何能使他和女人的关系更好一些,并不感兴趣,他似乎要的只是一个听众,能够听他滔滔不绝地谈论他的人生洞察。

一个女人说:"他在我面前总是不停地说话,并看着我征求我对他说的表示赞成。他喜欢谈我们的关系和他自己,却不喜欢谈其他事情。他总是不停地谈,不停地要求注意,不停地分析我们的恋爱到什么程度了。最后,我感到精疲力竭,觉得他只是一块情感的沙漠,只是一个索求者。"

这种男人表现自己的时候,很高兴能有这样一个机会使自己的不安和需要合法化,他并不了解自己是只取不给的。他相信自己在情感上的敏捷表现,觉得那是自己美好的天赋。他把自己的恐惧和被动藏在温柔和感性的虚伪外衣之下,他知道女人不会很快看穿他的伪装。

这种善于表现的男人非常耀眼。他在语言上的表达会使每一个女人感动,而他却小心地把自己的需求藏在内心里。她耐心地听他谈话,内心却感到寂寞。因为她渐渐发现,他感兴趣的谈话内容,只是他自己或两人之间的关系。她想要喜欢他,可是喜欢不起来,虽然他富于表现,却使她内心枯竭。最后她得出结论:他只想谈论关系,并不想拥有关系。

这类男人很感性,他会给人一种新鲜感。但随着时间的推移,问题就出现了。因为他的感性只是单方面的,总是越来越明显地指向他自己。

每个女人都想确切知道一个男人对自己的感觉,她不想一天到晚都听他的叙述,她内心在呐喊:"为什么不闭上你的嘴,过来拉起我的手!不要再和我无止境地讨论了,我们已经发展到……"不论女人怎样想,这类男人依然故我地谈论有关他对她的感觉,他通常只是谈论而已,却不愿去实践它。

这类男人在感情上无可救药,聪明的女人会越过这类男人,不管他在表面上多么令人感兴趣或令人兴奋,和他相处长了,就会使女人陷入深深的失望。

爱情拒绝冷漠

一般情况下,女人的冷漠、含蓄常常是不得已的,在不至于使自己难堪、窘迫的条件下,她是胆大的、挑逗的。面对着女人大胆的爱情,胆怯的男人不是回应,而是回避,使爱情处于冷漠之中,这就是为什么有的男人爱美食胜过爱美女的原因。

吃饭是一个人的事,爱女人却是两个人的事,吃饭是因为食欲,爱女人是为了爱欲。吃饭有香甜感觉,爱女人同样有这种感觉。但吃饭只要有钞票,就可以吃山珍海味,爱女人却不知有多麻烦,而且还有许多更大的麻烦在后面排队。

一个男人说:"当我爱上一个女人后,我就知道不那么简单了,我陪她上餐馆,听音乐会,去江边游泳,安排约会,买房子,买家具,去旅行。我为她牺牲了很多东西,我感到了婚前的激动不安,我又渴望家庭,最后我们结婚了,婚后又出现另外一种情形:做饭,养猫狗等小动物,性格的冲突,感情的阴影,逃避责任,家庭生活的无聊,夫妻之间的不平等,不和谐,矛盾,吵架,还有许多大大小小的问题,弄得我焦头烂额,十分苦恼。我想如果当初我能预料到这些麻烦,我可能考虑去追求美食,而不是去追女人,我会选择一个恬静的小餐馆,在那里静静地品尝美味佳肴。"

这个男人虽然这样想,但他最终并没有这样做。生活是比较现实的,每个男人都要组织家庭,这个男人所以有这样古怪的想法,是因为他对爱情比较冷漠。

还有一种男人,他并不直接否定爱情,但在恋爱中,他会躲避女人亲昵的要求和举动。

在约会中,当一个女人和这个男人谈得很融洽,就会觉得她和这个男人很合得来,她有了这个念头,就会情不自禁地轻轻碰一下男人,以表示自己对他的好感。

如果是在餐馆,她会在桌下与他膝与膝轻碰,这个举动轻如落花拂面,表达的却是温柔纤细的意思。一个正常的男人在这时通常会接受女人的碰撞,并且会反着再碰她一下,他不会拒绝这种情感的暗中交流。而冷漠的男人就不会这么做,他会不假思索地把自己的膝盖挪开,只有挪回膝盖,他才能使自己恢复平静,不然他就会语无伦次或手足无措。他所以不敢对女人的表示做出反应,是害怕因这种亲昵动作而产生的心理效应,他担心这种效应会让他的自信心丧失。

他会这样想:"她是不是有意思?还是无意中碰上了我?我还是不要轻举妄动,否则她会认为我不是正人君子。我若回碰她,打开这个缺口,以后就可能经常出现这种情况,她会不会认为我很轻浮?"

其实,男人对女人的表示做出反应,是不会带来什么损害的。当一个女人喜欢一个男人的时候,她就怕你不动手动脚。

有一个年轻、聪慧、多情的女人爱上了一个男人,想嫁给他,她曾很多次有意识轻碰那个男人,但每次都得不到任何反应,最后她不再去追他,因为他对爱太冷漠。

走进二婚

王君出于朋友义气,为别人背了黑锅,在监狱里面待了 3 年。3 年中,他的妻子只来看过他一次。3 年后,当他走出监狱的大门,回到以前的家时,早已是人去楼空,妻子带着孩子改嫁了。他找到妻子,想见孩子一面,但却被妻子拒绝了,理由是,不想让孩子幼小的心灵上留下阴影,知道自己有一个曾经坐过监狱的爸爸。

王君的心里很难过,但他却并没有怨恨妻子,与此相反的,他开始奔走,四处找工作。由于他有坐过牢的污点,好一点的单位根本就没人用他,没办法,只好做苦力来维持生活,其艰难程度是可想而知的。但他却并没有感觉出苦,反而觉得很充实,在周围人那异样的目光里,他活得也很坦然。他的这种豁达乐观的态度,被邻居一个好心的姑娘看在眼里,深深地爱上了他,并不顾流言决然地嫁给了他。

琼瑶说:"第一次婚姻,往往是人们在不大成熟的时候缔结的,渐渐地思想成熟了,彼此才觉得相距十万八千里,尤其是知识分子,彼此吸引了太多的东西,彼此个性很强,一旦维持不下去,就要分离。在台湾,离婚不是悲剧,而维持一个不幸的婚姻才是悲剧。而第二次婚姻,你才懂得你是个什么样的人。所以我认为,第二次婚姻自然比初婚要成熟,至于是否美满,很大程度上仍看你的眼力,这是我一直的观点。"

这一段话是很值得人思考的,有很多离婚的人,在离婚之后,不能持正确的态度来对待再婚,不是认为这个世界上没有爱情而心灰意冷,并发誓再也不嫁了,就是草草地再找一个嫁了算了。

笛卡尔说过:"人活着的价值在于爱。"我们不仅要珍惜、爱护自己,还要去爱别人。如果我们没有了爱,没有了人情味,那么我们在这个世界上的生存将是毫无意义的。

持有一颗爱别人的心,是你能否有一个美满幸福家庭的前提。如果你连最起码的爱心都没有,那么你的家庭何谈幸福呢?那结果的不幸也是必然的。爱存在于心,是你自己的东西,拥有爱,本身你就拥有幸福,因为爱是一种幸福,无论是爱自己,还是爱他人。

爱自己与爱他人,都是一个人应该具有的,如果只知道爱自己,是一种自私的表现。但又不能泛爱,如果对所有的人都是一样的爱,那么就会有人说你是放荡。爱,并不是一个轻松的话题,只有知道怎样去爱,要知道什么是爱,爱什么样的人,才是真正的爱。

在现实的生活中,有很多的女性为了与自己所爱的人长相厮守,而宁愿放弃一切,但结果却有很多不尽如人意。老公移情别恋另有新欢,或是因爱生厌而使爱变质……,这种爱就是不健康的,甚至是愚蠢的。爱,建立在现实生活中,不是空中楼阁。爱有责任也有义务,在付出爱之前,首先要清楚自己是否能够承担这份爱,如果不能承担,那么最好就别爱。

如果你有了正确的爱自己和爱他人的心,你就有了永远也用不完的能源,你也就可以带着这些能源,去寻找你真正的幸福。

爱情价可高

夫妻是一家子的人,谁挣得钱多,谁挣得钱少,那都是无关紧要的事情,反正大家挣钱放在一块花。这是上一辈子对于家庭里钱的看法。但是现代的夫妻的思想却越来越偏离了这种想法,他们时常因为经济在钱上发生矛盾,有的甚至走上了法庭。"钱",在某种意义上说,已经演化成了一杆秤,夫妻双方各是一方,可以随时称量双方的地位和重量,但这杆秤却总是不能平衡,一会儿向这边倾斜,一会儿又向着那边倾斜。

她和他的结合,真的可以说是感天地泣鬼神。他除了一个人外,可以说是一无所有,而她却偏偏要嫁给他,家人反对,动之以情,晓之以理,话都说尽了,可是她就是不改初衷,说什么也要嫁给他,因为她看到了他身体内潜在的能量,她知道他日后一定会出人头地,有一番作为的。

他们顶着别人的白眼和不理解结婚了。

婚后,他们的生活很美满,他没有因为比妻子挣得钱少而感到失去了男子汉的尊严,她也没有因为丈夫挣得少,而有所抱怨,更没有说看不起丈夫或是拿他不当一回事,让他干这干那。他们互尊互敬,小日子过得让别人都羡慕。

她果然没有看错,他也没有让她失望。几年后,经过努力,他成了一家小有名气的投资公司的总经理,穿上了世界名牌,腰里多了 BP 机,手里也拿上了大哥大,他有了自己的专车和私人秘书。

看到喜欢的东西,他往往是连问都不问一声就买下来,可回到家里,却连看都不看一眼,就丢掉了。

她开始没有说什么,但到了后来,她实在忍不住了,就轻声地对他说,以后别这样了,可是她的话还没有说完,他就火了:"这是我挣得钱,我想怎么花就怎么花。"

她也生气了:"当初我比你挣得多的时候,我怎么没有说,想怎么花就怎么花,现在你有钱了,可是你变了,变得让我不认识了。"

她是个很有修养的女人,经过了那一次,从此就再也不过问他的事情了。他没有变,依然是那样,但每一次见到,她都当作没有看见一样,但是她的心里却总有一种失重的感觉,感觉一边沉沉的,而一边却又是轻轻的,极难平衡。

她慨叹地说:"一个男人的现在和他的过去是完完全全不一样的,你拥有了他的过去,那么你很可能就会把握不住他的现在,尤其是以前没有钱,而以后有了钱的那种。男人有了钱之后都变了,变得让女人把握不住,变得让女人的心里失去了平衡。"

没有钱的婚姻是不完美的,但有钱的婚姻也存在着缺陷。钱,在生活家庭中不能没有,但无论到什么时候,钱,终归是钱,它只是婚姻的一个附属物,不是真正的婚姻。爱情才是婚姻中最本质的东西,在这个越来越商品化的社会里,钱在婚姻中的地位是一日高于一日,但无争的事实却是,钱无论在什么时候也取代不了爱情。在这样一个商品经济的社会里要想得到一份真正的爱情,那么,就应该警惕男人们在没有钱的时候听话,而在有了钱后就不听话的现象。

跟男人玩"迷藏"

聪明的女人,清楚地知道自己的喜爱和憎恶,并把这些感觉确切地运用到生活当中。当一个你喜欢的男人能够感觉到你的爱与恶,他就能知道你是独立的女性,他因此会爱你。

一个女人的矜持和游移不定的个性,是刺激男人思念的法宝,你的若即若离的独立,使得他在心里永远对你保持惊奇和趣味。

想让男人爱你,就不要以男人为重心,如果你做不到,他们就会觉得很烦。你的倾囊之爱,对他只是一种累赘。所以你千万要记住,即使你很爱他,也不能让他确定你已经死心塌地爱上他了。你的生活的重心应放在工作上或放在其他业余的爱好上。

你狂热地爱上一个男人,也许在刚开始时,你的爱会令他受宠若惊,但你若不对你的爱审时度势,一味地柔情似水,像一贴膏药粘住他,时间一久,他就会觉得你十分乏味。

相反,一个有信心肯定自我的女人,男人会对她兴趣无穷。男人通常都是这样,他不喜欢太尊敬他的女孩子。尊敬过了头,会使男人觉得无聊。

刚开始恋爱时,大部分男人会讲述自己的故事来吸引女性。过一段时间以后,他们会对讲述自己感到厌烦,他们很想听听女人的故事。

一个男人说:"在每一次约会上,谈话的重点永远围绕着我,她似乎对我的生活和职业产生很大的兴趣。她不断地问我相同的问题,有时候问得语无伦次。事实上,我非常喜欢听女人讲她们的生活,讲她们的职业和幻想。"

想让男人爱你,还要注意保有你的隐私权,不要向男人公开太多秘密。"黔驴技穷"的女人是傻女人,你的每一份公开都将成为你的致命伤。

恋爱刚开始时,彼此有一种新鲜感,不断的坦白和公开,导致彼此的距离越来越近,最后"图穷匕首现",原来你很苍白。

保有隐私不是叫你保守,男女之间适当地倾诉一下自己可以增强彼此的信任,但你若感情用事,像黄河决堤一样滔滔不绝地顺嘴乱说,你的爱情就危在旦夕了。

你总在表露:"我为什么属于你?"这种不安全感,会使男人对你的爱加倍努力。如果你对这个恋爱不满足或不自信,那么男人就不敢松一口气,他也不会觉得爱情的空虚和枯竭,这种不安全的爱,使男人牵挂和担忧,他总为这种爱检查自己的誓言和承诺。

想让男人爱你,个人的兴趣也很重要,聪明的女人都知道培养自己独特的个人兴趣,以便日后和心爱的男人分享。当然,在分享彼此兴趣的时候,聪明的女人也会很吝啬。她知道两个人的兴趣分享,可以造成生活上的许多乐趣,但也知道太多的分享,同样会造成彼此的厌倦。

发展个人的兴趣,并恰当地分享,领略彼此的经验,可以使男人对你的爱情有常新的感觉。

一个女人如果总是一个样子,没有变化,也不努力创造生活中新的经验和恋爱中新的刺激,男人会说她是"硬杂木",把她当成又呆又傻的人。

所以,做一个聪明的女人,在你公式化的生活中,要搞几个战略迂回,变一变新花样。有变化的生活,男人才会觉得更有兴趣和挑战性。

一个男人说:"我知道自己有时了解她,有时又不了解她,但我实在太爱她了。她常以特殊的、预料不到的观点和趣味来引起我的注意。"

想要男人爱你,请试用下面的等式:

女人建立自我＝不去担忧男人的看法＝自然发生爱情＝不确定＝闪烁不定的恋爱游戏＝男人热恋。

借肩给丈夫一靠

作为一个男人,他总是特别矛盾的,外表坚强的他,内心却非常的脆弱,特别是婚后的男性,因为他承担起家庭的责任,身上的担子重了,在外面他可以装出一副无所谓的样子,但到了家里,却有一种找寻归属感的依赖的心理,并且还表现得特别明显。

小王的丈夫是一家公司的经理,他能够把公司里的员工管理得井井有条,员工也对他服服帖帖的,但回到家里,却完完全全地变了一个人,像一个小孩子一样。有时候小王不在家里,没有人做饭,丈夫也就只能饿着肚子,一直等到小王回家。

小张的丈夫,在结婚前,在精神上就特别依赖小张。前不久,丈夫所在的单位由于经济效益不好而倒闭了,丈夫也只好下岗待业在家,丈夫以前全心全意地工作,小张并没有发现,现在才发现丈夫对她的依赖远远超过了想象中的,每天总往小张的单位打几个电话,一会儿问问这个,一会儿又问问那个,弄得整个办公室里的人都知道了小张的丈夫。

但小张并没有因为丈夫这样而看不起他,他说:"他现在没有工作,心里肯定是很难过的,我能理解他,我们是相互的,他这样需要我,同样我也一样地需要他……"

男人往往是以最好的精神状态和出色的工作业绩来掩饰自己内心的脆弱,他们在证明自己是强者,能遮风挡雨的同时,也证明了自己也是一个弱者,迟早有一天也要别人为自己来当避风港。否则的话,他们又为什么要去争强好胜呢?但很多的女性,恰恰看不清这一点,她们只看到了丈夫那坚强的外表,但却没有看到他们软弱的另一面。

在生活中,会看到很多这样的现象。女性,尤其是生育过的女性,总是在自然而然中就扮演了"母亲"这一角色,不仅仅是对于孩子,也相对于丈夫。丈夫希望家庭能够成为他受伤后治伤的地方,而妻子则更愿意成为丈夫的避风小港。丈夫在外工作一天,到家里后,得到妻子的关爱,而妻子也能在这关爱中,由于能够把握丈夫而获得满足。

做妻子的最重要的,不仅仅是在生活中关心,体贴丈夫,给他无微不至的关怀照顾,更重要的还是做丈夫精神上的支柱。当丈夫表现出特别强烈的依赖性时,也要仔细地分析一下。这种现象,也是很可能会走向衰败的,通过分析,如果你发现那种倾向很大时,就必须采取最及时也最恰当的方法——逼他放弃对你的依赖,同时在精神上给他更大的支持,让他从你这里获得更大的力量,这样,你改造丈夫相对来说,就是比较成功的了。

第三章　把握婚恋筑爱巢

要想把握婚恋,男女之间一定要敞开心扉,赤诚相待,及时沟通,互相包容。同时,也可以时时制造些小浪漫与小惊喜,以这些温馨的举动经营爱情小窝,使爱情"保鲜"。

恋爱中切忌暧昧

你在恋爱,刚好晚上有空,便打电话给女朋友:"今晚有没有时间?"

女朋友:"我看看吧!"

你又说:"我们去夺月楼还是去吃西餐?"

女朋友:"我不知道哪个好一点,让我想想看……我一时想不出,到时候再说吧!"

女朋友没有明确的回答,你觉得她真有涵养。但是,又过了一段时间,她突然提出要和你分手,你对她的干脆态度大为惊讶,接下来她说的一句话使你更为惊讶:"我再过三天就和小 D 结婚了!"

怎么这么快? 你以为她在开玩笑。但她说的是真的,她的确要和小 D 结婚了。你不知道的是,她早就认识小 D,她一直在小 D 和你之间游移不定,在最后关头,她选择了小 D,离开了你,而你却一直蒙在鼓里。望着她离去的背影,你懊悔地想:如果我表现得好一点,她说不定会嫁给我。

其实,你的失恋原因不在你的表现,而在于你女朋友的暧昧个性。她本来喜欢小 D,早就该拒绝你的追求,但她一直拿不定主意,这是她性格上还不成熟,她的个性上还有儿童的特点:儿童总是既想吃冰激凌,又想吃巧克力,让他在两个之间选择,他总是拿不定主意。

人生,其实是个自我决定的连续过程。一个人长大成人的过程,就是在人生道路中不断舍弃遇到的人物以及思想的过程。觉得这个男人体贴、温柔、有魅力,而那个男人强大伟岸、有前途,一时难以决定选择哪一个的女人,是不成熟的女人。

举棋不定的暧昧态度不利于女人。这种女人让男人觉得太贪婪,不可靠,永远也满足不了她。

让了解做钟情的媒人

在古时,一见钟情成了青年男女自由恋爱的唯一的方式。那时候,男女授受不亲,不能轻易地接触,更无法说彼此交往了解了。女子整天足不出户,她们在这种封建主义的束缚下,只能在内心里勾勒心上人的形象,一旦有机会遇到与想象中相吻合的人,就出现了一见钟情,紧跟着的就私订终身,如果遭到家长的反对,还会出现私奔的现象。但因为彼此知之甚少,大多以悲剧收场,并不像电视小说里所写的那样幸福美满。

因一见钟情而产生的爱情,富有浪漫主义色彩,令人向往,为人所憧憬,被认为是天赐良缘,这是否对呢?

钟情,是指男女相爱,爱得深,爱得专一,爱情是需要钟情的,但何为一见钟情? 一见钟情到底好还是不好?

要回答这个问题,就要用辩证的唯物的理论来解释,任何一个事物都有其好的一面也有其不好的一面。同样的,一见钟情也是这样的一个道理,它缔结了许多美好的良缘,如崔莺莺和张生的西厢佳话,司马相如与卓文君的琴瑟之好,但它同时也酿成过一杯杯爱情的苦酒。

当社会发展到了今天,一见钟情的定义已和以往有了很大的区别,因为,在提倡自由恋爱的口号下,男女青年可以以更积极的态度把爱情建立在深入了解和稳定牢固的基础之上。

一见钟情通俗一点讲,就是在某个时候,某个人突然出现在你的面前,从而引起你的心跳加速,不能自己的现象,而后觉得他走进了你的心里,他的影子在你面前出现,挥也挥不去。

这是恋爱的一种常见的现象,不是真正的爱情,但对爱情却有着积极的作用,也可以说是产生爱情的基础。一见钟情可以使感情继续向前发展,继而慢慢地成为爱情。如果一见无情,你连再看他一眼都不愿意,那么还有什么爱情可言呢?

有人说,一见钟情,那只有在电视小说里才会出现,在现实生活中,哪有那么多的一见钟情呢?这话不全对,但也不全错。仔细分析起来,一见钟情也并不是没有,它的存在也并非空中楼阁,毫无根基。爱情是人生中很重要的一个组成部分,人到了一定的年龄,对爱情就会自觉不自觉地出现一种渴望,并在心中勾勒自己理想中情人的大致形象,并开始在生活中寻找。一旦发现某人与理想中的人基本吻合,就会被之吸引,这也就是所说的一见钟情。

但有人也许又会出现了这样的疑问:一见钟情产生的爱情靠得住吗?它能不能健康持久地发展下去呢?

不能否认,古今中外的确有不少人在一见钟情后产生了爱情,携手并肩地踏上了爱情的旅程,最终到达了幸福的彼岸,成就了一生的幸福。

王刚和李华,原本两个素昧平生的人,只因为是在朋友的婚礼上,一个做伴郎,一个做伴娘,使他们一见如故,大有相见恨晚之意。自从第一次相见,两个人就相互留了电话和地址,在以后的日子里,经常约会,最终也携手走进了婚姻的殿堂。

这样的例子,平凡人有,知名人也有。法国著名政治家戴高乐将军的恋爱史,就是一个很典型的例子。

1920年,戴高乐上尉第一次遇到叶凤·汪格洛小姐,当时,戴高乐30岁,叶凤小姐20岁。上尉强硬而孤独,叶凤则温顺而贤淑,不知是因为害羞还是莽撞,上尉竟笨手笨脚地打翻了杯子里的茶,溅湿了叶凤小姐的裙子,这使两个人都感到很难堪。

一星期后,在一个舞会上,身材高大的戴高乐又出现在叶凤小姐的面前,并请她跳舞,有趣的是,当他们跳完第六支舞曲的时候,叶凤小姐就挽着上尉的胳膊来到她妈妈的面前说,戴高乐上尉刚才向我求婚,我接受了。

几十年过去了,戴高乐从上尉升到将军,在战争生涯和政治风云中,历经艰险,而他和叶凤的爱情却始终是诚笃和甜蜜的,而且,在半个世纪的朝夕相处中,这位被人称为硬汉将军的戴高乐,对其夫人却总是流露出似水的柔情。

因一见钟情而一生幸福的人有,但因一见钟情而造成的悲剧也不少。

高雅,人如其名,给人一种可望而不可即的感觉。李吉在看到她的第一眼,就感觉到她好像是为他而存在的,简直就是按他的要求做出来的,而高雅也被李吉不凡的才华和气质所吸引,两人一见钟情,结了婚。

结婚后的朝夕相处中,李吉才发现高雅在那华丽的外表下面,却有一颗被铜臭熏黑了的心,她不准他与朋友一起到外面去吃饭,不准他往家里面寄钱,不准……

一次,李吉分别多年的老同学从家乡赶来看他,当准备好一桌饭菜正准备吃的时候高雅回来了,看到这些,火冒三丈,翻了脸,又起了腰,撒起泼来:"你们当我这里是什么地方啊,大酒店啊,到这里来骗吃骗喝,花天酒地……"

朋友放下酒杯,红着脸走了。李吉则气白了脸,失去了男性的自尊,以前所发生的一切又一次清晰地浮现在他面前,他不理智地拿起了菜刀……

由此可见,由一见钟情产生的爱情,并不都是美满的。当然,仅凭这几个例子还不能让人信服,一见钟情到底好还是不好,这实在是一个很难让人回答的问题。因为一见钟情可以分为很多种,可以是偶然的一见,而有下次再见的愿望,也可能是听别人说这个人很好,一见觉得果如其言,而产生好感……无论哪一种形式都可能产生美好的爱情,但也可能会是悲剧的发生。

这样说,并不是排斥也不是反对一见钟情,男女青年因为一见钟情而被对方的才华、气质、相貌或是其他方面所吸引,撞击出爱情的火花,这也并不是一件坏事,但很多情况,钟情往往发生在仅此一见的基础上,这就显得很轻浮,多半是停留在外表或口头上,是直观的也是肤浅的,也是经不起风雨的。真正想得到稳固的爱情,应该在一见钟情的基础上,更进一步地了解、认识,从整体上把握才是最好的。

有些女性不知是电视、小说看多了,还是身边现实生活中这样的事情太多了,她们总有一种错觉,好像爱情是个来无影去无踪的怪物,不知道它从哪里来,什么时候来,也不知要到哪里去,什么时候去。于是就产生一种错觉,好像一见钟情是获得爱情的最佳方式,甚至还觉得很浪漫。还有人把一见钟情与爱情画上等号,认为一见钟情也就等于有了爱情。有这两种想法的人,大多会自酿一杯苦酒,痛饮一生。真正的爱存活于现实中,最实际最有保障的爱情也应该从现实生活中来。

让爱行动

某男和某女从小一起长大,青梅竹马,两小无猜。等到了朦胧年岁,双方都情心深系,然而男孩羞于说出口,害怕对方会拒绝,而女孩子见男孩子不说话,以为是男孩无意,于是,时间就这样过去了。

女孩子最后嫁给了一个她不爱的追求者,男孩悲痛欲绝,志愿支边,以远离伤心地,一生不娶。20年后,远在海南的男子得知女子的丈夫在一次车祸中死去,想重续旧情,但却由于同样的胆怯,而将写完的一封长长的信放在了柜子里,他期盼她会来个音讯或是暗示,等待又过了十几年。音讯终于来了,他心上的女子病危,他放下一切,赶回了家乡,望着心上人那青春不再的面容,悲声说:"你,为什么?我,一直在等你啊!"

"我……也一直在等你……"女子说出这句话,便闭上了眼睛。

这个悲剧给人的教训是惨痛的,但这样的悲剧却无时不在上演。爱了,但因为种种原因,爱没有向对方说出来,从而造成了一生的遗憾。

法国著名作家雨果在逝世前一天写下:"爱就是行动。"这句话揭示了人类爱情的一个最根本的原则,爱情只有凭借人的主动性,才能变成现实,当爱情成熟时就要勇敢地对所爱的人表达出来,抓住爱情,避免因错过机会而造成一个人的痛苦,两个人的悲剧。

一对恋人,随着交往的逐渐加深,产生心灵的撞击,当双方的感情都比较炽热时,就需要彼此能够有勇气向对方表白自己的爱情,以便能让感情向更深更广的方向发展。也许有些女性会有这样的想法,自古以来,都是男人追女人,这是天经地义的事,男人追求女人,创造幸福,而女人则期待等待幸福,对爱情的追求是男人的天职,那么表达也就非男人莫属了。

这种想法的产生,多半是受中国几千年封建文化思想的束缚,也和女性自身的性格有关,腼腆、矜持似乎成了女性特有的代名词,虽然时代在进步,现代女性对于这些也远远地与古时不同了,女性现在有了自己的一切行动自由,但这些在女性身上仍残留着,这样的女性大多把爱情的种子放在心里,不让它萌芽,从而造成终生的遗憾,现实中这样的事情真的是太多了。

有这么一位年轻的姑娘,她在与一位小伙子的长期相处中,深深地爱上了这个小伙子,姑娘温柔大方,就是性格内向了些,小伙子对她也有好感,只是觉得可望而不可即,如果姑娘肯于向小伙子有所表示,他们完全可以成为很幸福的一对。然而,她只是等待,等待。后来,另一位姑娘主动向这个小伙子表达了爱情,并很快得到了相应的回报。这时她才后悔莫及。但一切都晚了,她再也不能控制自己,痛哭了起来,向亲友哭诉道:"究竟是谁夺走了我爱的权利,为什么我这样无能?"

其实这只是由于她缺少主动性,她不知道,等待往往意味着失败了一半。

对意中人怀有羞怯的感情,对自己的行为采取克制的态度,这是大多数女性的天性,她们想在对方的心里有一个美好的印象。她们总有这样的想法,如果女性先开口说爱,会不会让人觉得你太轻浮,太唐突,太不自重了呢?有这样的想法,不能说它错,这是思想、性格成熟的一个表现,但过分在乎这些,反而适得其反,以上的这两个例子就是很好的典型。

写到这里,也许有的女性会问,我很喜欢他,但却并不知道他是不是也很喜欢我,我向他表白了,那么如果他不喜欢我,怎么办?

一般来说,异性之间都是异常敏感的,他喜欢不喜欢你,你在大多数的时候都能感觉得到,他是不是很喜欢和你在一起?和你在一起的时候,他是不是表现得很兴奋?他是不是时常找一些借口和你在一起?他是不是给了你很多的帮助?……这一切对于当事人本人想必会比任何一个人都清楚,这样想来,那些无足轻重的担心也就显得无所谓了,如果你能感觉到对方不喜欢你,那么你面对着两种选择,一是放弃,重新寻找,另一种是仍旧耐心地等待,耐心地培育,当然,后者的前提是你很喜欢他,或是你很在意他,甚至到了你不能没有他的地步。

但如果是双方都有意,那么千万别犹豫,当机立断地捅破那层纸,大胆进攻,不能坐失良机,俗话说,"人误地一时,地误人一年",警惕,有爱不示爱而抱憾终生啊!

恋爱的尺度

王丽和刘亮谈恋爱的时间还不是太长,但他们之间的关系却和他们相处的时间极不相称,在别人看来,谁也不会相信,他们相处只有两个星期,因为他们的亲热程度已经到了让人难以置信的地步。不管在什么地方,大街上也好,商场里也罢,只要想接吻、拥抱,双方都可以旁若无人地大胆进行,全然不顾周围人异样的目光。在他们而言,已经扯下了那层神秘的面纱,再也没有什么羞怯心可言了。

话说到这里,也许有人会不在乎,说这算什么,西方都提倡性解放了,接个吻、拥抱一下嘛,这只不过小事一桩,这也叫前卫嘛。其实,接吻、拥抱等行为本身没有错,只是恋人的行为要与恋情发展程度相适应,过与不及都不利于感情的进一步深入。

恋爱中的人,也许都会有这样的感觉,当两个人在一起的时候,虽然很想与对方有较亲近的接触,但却又不敢主动行动,并且也总是避免谈到双方都比较敏感的话题,诸如性等等,也很想说一说与彼此双方都有关的事情,如,现在的恋爱,以及今后的婚姻生活等等。但大多数的时候,都觉得不好意思,觉得很难说出口,都显得有些拘谨,不自然,最明显的表现则是脸红,说话语无伦次,支支吾吾,或是手足无措……这些都是因为在恋爱中有羞怯心理所产生的现象。

在恋爱中有这种羞怯的心理是很自然的事情,也是很好的现象,虽然这种现象是很短暂的,它会随着交往的逐渐加深而消失,但却是一个人道德情操的表现,讲得明白一点,也就是说这个人有修养,有道德。有这种羞怯心理的恋爱,比起那些在恋爱中有急躁、狂妄的情绪,有放纵亲昵动作和轻佻不文明行为的恋爱要纯洁得多,真实得多。

不能否认,时代在向前进步,人们再也不像以前那样保守,更不会再有以前那种男女授受不亲的道理了,但过分地放纵自己好吗? 就如同性解放一样,它好吗?它除了带来淫乱和更多的性病外,又有什么可取之处呢?

因此,恋爱的初始阶段,双方有必要保持一定的距离,怀有羞怯心理,以便使爱情建立在更牢固的基础之上,最起码不能太过放纵自己,让人在背后指指点点,说三道四。

肯定羞怯心理,这并不意味着反对恋人们充分地表达自己的内心世界,也不是说两个人坐在一起非要离得很远。之所以这样说,就是想提醒恋爱中的人,做什么事都应该把握好分寸。什么时候,该做什么,自己应该掌握好,不至于给自己造成伤害,又引起别人的非议。

挥剑斩情丝

李芳和张明,这一对恋人,刚开始相恋的时候,张明并没有感觉到两个人的差距这么大,等相处一段时候后,才发觉他们原本是两种完全不同的人,想提出分手,但看着李芳那高兴的笑容,又有些不忍,毕竟当初是自己主动地追的人家,现在自己又提出分手,那算什么啊,可这样下去结果肯定不会幸福的。张明很难,也不知怎么办才好,只能是渐渐地冷淡感情,到最后实在不得已了,才开口跟李芳说。但是他却并没有那么明白地说,只是含糊其词地说,感情先放一下,现在还都不是太成熟,等过一段日子再说。李芳并没有完全理解张明的意思,所以,她并没有放弃张明。而张明却以为自己把话说明白了,也就没有什么可在意的了,两个人经常在一起说说话什么的,但突然有一天,当张明把新的女朋友带到李芳面前时,李芳呆住了:"你为什么这样? 话不说明白,还让我自己感觉还好呢,可你却又交了新的女朋友……"

恋爱本是一件很美好的事,但由爱生出恨来的也很多很多。爱为什么会变成恨呢? 这在很大的程度上是恋爱的双方没有把握好"心理相斥"的原因。

事物和事物之间,往往有着吸引力,但也有着相排斥的力,如,恋人之间有相吸引的力,但是同事,或者是其他的人,则没有这种相互吸引的力量,爱情是专一的,具有排他性。爱上了这个,就不能再爱那一个,接受了这个的感情,就不能再接受那个的感情,那样,你就可能会让另一个人失望、伤心、痛苦。

正因为这样,把爱和不爱区分开来,把相吸和相斥区分清楚,是丝毫不能含糊的。

当然,在恋爱中,谁也不能说,我的恋爱肯定会一帆风顺,遇上挫折、犹豫、动摇也是在所难免的,由爱走向不爱,由相吸走向相斥,也都是情理之中的。这时候,女性朋友们最理智的做法就是,从这些苦恼中走出来,对自己所爱的,坚决去爱,对自己不爱的,或者是不能去爱的,坚决分手,不能给自己或对方留下任何幻想。那种恋爱不成做朋友的想法,在现实面前,往往是苍白无力的,既然有了恋爱,就再也很难再转到朋友的立场去。对于一个一般的朋友来说,可能不会产生什么误会,但对一个对你钟情的人来说,就不一样了,如果你想继续保持交往,不想中断特殊的感情又不想伤害他,这必然会给他带来误解,让他感觉你对他仍然有情,也许以后,会给他带来更大的痛苦,你本不想让他伤心,结果,你让他伤得更深。记住:爱情不相吸,就相斥,中间是没有选择的。

男性是这样,女性朋友们也是,她们认为,一个人不能没有爱,包括广泛的爱,那么为什么对一个男性除了爱情而不能再有别的感情呢?

对于一位男性有其他的感情,但却不是爱情。这个前提就是,你必须让对方明白,你对于他真的是没有爱情可言的。千万不能让他产生一种错觉,觉得那是爱情,如果这样的话,那么,可能就会有一出出悲剧要上演。因为爱情具有相斥心理,具有排他性，爱一个人就不能再爱另一个人，这就是爱情。

体贴适度

小华的男朋友因为工作需要在单位附近租了一间房，她心里想，一个人居住，一日三餐也没有人来料理，真让人可怜。于是每天她都帮着准备一份中饭，准时送去。一开始，她的男朋友还特别高兴，觉得小华每天工作已经很累了，可还要中午来给他送饭，心里有不尽的感激。但小华每次来，带来的热情都过了火。告诉他吃饭要慢慢吃，吃过饭要吃一点水果或是喝一杯水。吃完后，还要帮他把一切都收拾好了才离开。害得他的同事们取笑他说小华像他妈妈。

于是过了没多久，她的男朋友便常在吃中饭时借故外出。这令小华感到很困惑，她不知道为什么会这样，其实这就是体贴过了头而带来的负面作用。

一名著名的女歌手，曾写过这样一首曲子："从未想成为十足的女人，亦不曾认为会被男人呼为美女，仅在自己心爱的人面前，保持一颗赤子之心，真挚的感情，这是我愿意选择的唯一的生活。"这首歌道出了女人纯情和真诚的心态。

要想成为一个真正的女人，保有一颗体贴对方的心，在平时言行中善解人意是十分重要的。

艾丽丝并不是一个十分漂亮的姑娘，但她有一颗温柔而体贴的心。当有人问起她如何把握住自己那出色的男友时，她说了这样的一件小事。在一次吃饭的时候，男友曾无意间说出了"忘不了小时候吃的糖果，真想再吃"这句话。于是聪明的她，马上去寻找他所喜欢的那种糖果，第二天便拿了一些给他。至今她还记得男友那一刻是多么惊喜地注视着她，那目光里充满了深情。

其实任何人都知道，他人知道自己所喜欢或是不喜欢的东西，自己都会感到很欣慰，从而对这个人产生一股特别亲密的感觉。对于恋人无意中说出的话，应该记下来，在合适的时候，送一件他想要的小礼物，这对于增进彼此间的感情会起到很大的帮助。

女性对男性的体贴会让他感动，但凡事都要有个度的限制，不能毫无保留地过了头，否则，反倒会吃力不讨好。

体贴是需要的，但要看情况而定，应该站在对方的立场上想一想，然后再去做。像小华这样，就导致了让其男朋友接受不了。现在这样，那么将来会怎样，她这么热烈的感情怎么能一下子全部接受？她这样，单位里同事们会怎么看？这些原因可能都是其想避开的理由。

中国有句成语叫"过犹不及"，讲的就是这个道理，这一点是应该引起重视的。

恋爱要专一

某书上曾刊载了这么一件事。一天晚上，一个青年写了两封情书，打算寄给与他同时恋爱的女朋友，但因夜半粗心，装错了信封，第二天，当那两个人打开信一看，才知道原来他同时占有着两个人的感情，不由自主地大骂，其结果也可想而知。还有一个大学生，他先找了一个部队里的军人，后来又和一个搞翻译的扯上了，觉得两个人各有千秋，一个穿军装，工资高，一个会外文，有专长，哪一个也舍不得，确定不下来，于是，谁也没有放弃，今天同这个谈明天同那个谈，忙得不亦乐乎，可谁知，有一天晚上，正当他与其中的一个在宿舍里谈得热闹的时候，另一个因为有事经过，恰巧看见，结果三个人闹翻了。

很多女性也许都有这样的体验，有时候你的身边会有很多的异性，他们对你很好，你自己也搞不清楚，到底是爱着谁？他们都风度翩翩，温文尔雅，这时你就会感到疑惑，到底该选择谁啊？在面对这种情况的时候，你就应该慎重地考虑。不能随便地去爱一个，但又不能谁都去爱。如果做法不是很好的话，就会产生三角恋爱，或是多角恋爱。什么是三角恋爱和多角恋爱呢？它产生的形式都有哪些呢？

三角恋爱或多角恋爱就是指一个人同时同两个或两个以上的人发生了恋爱关系，它的产生大致有以下几种情况：

第一种，当两个人已经确立了恋爱关系后，出现了第三者，其中的一个人，在没有同另外一个人中止恋爱关系时却主动和第三者产生了恋爱关系，想为自己将来的爱情多创造一份机会，看谁最好，到最后就要谁。

第二种，当两个人确定了恋爱关系后，出现了第三者插足，这不同于第一种情况，这是第三者不知退，而使原来的一方对第三者产生了情感，导致了三焦关系的产生。

这是极端自私的利己主义者，他们为了寻找自己的幸福，抱着我愿意和谁谈就和谁谈的态度，把这当作了一项权利，同时和几个人发生恋爱关系。

这些现象都是在恋爱中时有发生的，但无论从哪一方面来讲，恋爱发展成为三角恋爱或是多角恋爱，都是一种不道德的行为。

恋爱不像是做商品交易。商品可以全拿来然后慢慢地选择，或是同时占有几个，这些是商品，没有生命，可以任由你摆布。可是恋爱不同，恋爱面对的是一个活生生的生命，是一个有血有肉有感情的人，恋爱是需要付出诚与信的，不可以说不要就不要说分手就分手，恋爱是有责任的。

每一个人都把恋爱看成是人生中的一件大事，如果受到挫折打击，是会很痛苦的，更何况是三角恋爱，多角恋爱呢？

三角恋爱多角恋爱，是一种很不自重的表现，这样的人往往也不会有什么好结果，即害人又害己，到最后不但弄了个鸡飞蛋打，还会落得个不好的名声，让人在背后说三道四。有人说第三者有时也很可怜，但那大部分也是自己找的，明明知道人家已经有了爱人，即使是你很喜欢他或她，但你不能把自己的幸福建立在别人的痛苦之上啊，你笑了但却有人哭了。换一个角度想一想，如果有一个喜欢你恋人的人，突然间闯入你们之间，将他抢走，那么你又会是怎样的一种感受呢？

无论是第三者，还是先移情别恋的一方，在感情上讲，都是不道德的，最后往往也不会有什么太圆满的结局。

正确疏导逆反心理

小王和小李是一对热恋中的情人，但他们的爱情道路却并不顺利，家长们都持反对意见，因为小王的家里面很富有，而小李家则是个普通的工人家庭，两家家长都认为门不当，户不对的，到头来肯定不会幸福。但小王和小李却不这样认为，两个觉得家庭条件只是一个方面，两个人将来结婚后，不可能和家长在一起生活，自己过自己的日子，只要两个人真心相爱就行了。可家里面却并不理解他们，甚至将他们关起来，不让他们见面，但这并不能阻碍他们感情的发展。一天晚上，他们偷偷地从家里跑出来，各自留了一张条，告诉家里，他们之间的感情有多重，是不能分开的，带着简单的行李，他们离开了家乡。他们想如果家里的人什么时候能够接纳他们了，他们再回到家乡里来。

小王和小李的情况就是典型的逆反心理所产生的结果。所谓逆反心理，就是在一定的条件下，某些人的言行，给当事人产生了与其主观愿望相反的感觉，从而引起一种负向的要求和行动。

高中校园里，明文规定，不准谈恋爱，为什么会出现那么多恋人？家长总是劝说年轻的时候，不能太多地吸烟喝酒，对身体不好，为什么还会有那么多的青年人沦为烟民、酒民？黄色录像带禁止不让看，为什么还有那么多的人偷偷摸摸地看？究其原因，除了身体、生理的原因外，还有更主要的，那就是逆反心理。逆反心理最明显的特征就是越得不到的越想得到。

如有些女同志，为了表达自己对恋人的一片真情，过早地献出了自己的身体，以为对方会觉得自己付出的越多，对方对自己的责任就越大，爱情也就越牢固，其实这是一种很不理智的做法，殊不知，这样做反而会适得其反。你这样，对方会觉得你这样轻而易举地就得到了，没有什么意思，反而会使感情变淡，更有的人会产生一种轻视你的态度，觉得你这是送上门的，不知廉耻，不自重。这其实也是一种逆反心理。还有的一些恋人，恋爱遭到家长朋友的极力反对，在这种情况下，爱恋关系不但没有终止，反而越来越热烈，有的甚至用私奔或者自杀来表示对抗。

那么，产生逆反心理的原因有哪些呢？

第一、好奇心。

每一个人都有很强的好奇心，对于不知道的事物，总是有着浓厚的兴趣，如果一个人或者是一件事，没有解释说为什么他好或是不好，更没有分析他的利害关系,往往会使人产生猜测,好奇心就会使他们集中注意力,弄清楚为什么。同样的,如果对一个人,当周围的人都对他表现出了很大的热情和关注,而唯独你与人不同,那么那被注意的人很可能会对你产生很大的兴趣,他会怀疑你为什么会和其他人不一样,想要探个究竟,因为你使他产生了逆反心理。

第二、自尊心。

一些较有个性的女性朋友,在恋爱时受到朋友的冷落,或者是父母亲人朋友的阻碍后,往往会使自尊心受到伤害,于是,那种"越得不到的越想得到"的逆反心理会越来越强烈。恋爱中的人,都想自己的恋爱得到别人的肯定,如果得到别人的否定,她们的自尊心就会受到伤害,就会产生一种对立的情绪,她们为了表示不满,表示反抗,往往会做出一些令人意想不到的事情,有的甚至很危险。某报刊上就曾登过,一个女孩因为家里面反对她与男朋友的恋情,为了表示反抗,在一个晚上从6楼的楼顶跳下来,当场就死了。

第三、心理发展的必然。

恋爱是个过程,需要逐渐地了解,慢慢地才会产生过分亲昵的动作,如果过早地出现一些不合时宜的动作,就会使对方产生反感,使感情出现危机,如果按照循序渐进的方式进行,除了那必然的结果外,外界的任何阻力,都不会使之受到影响,相反的还会化为动力,使爱情更加牢固。

给爱一点距离

得到,是厌倦的开始。世上最好的东西,就是那些永远得不到的东西。所以,在你追女孩时,要懂得若即若离。千万不要没完没了地向女孩大献殷勤,那样会令女孩觉得你很乏味。

有一个男孩看上一个女孩,他追她,保护她,无微不至关心她,但这个女孩却离开了他。过一段时间,她突然又找他,说她也爱他,她也不知为什么,一旦与他在一起时,就好像没有爱的感觉。

对于男女来说,爱,有时是一种互相的折磨。这就是人性的弱点和矛盾。

那个女孩其实很爱那个男孩,只不过因为那个男孩爱她爱得太深了,所以才令她觉得无所谓。

他爱她若没有那么深,她说不定反而会更爱他。

你若是个聪明的男孩,就不要愚蠢地做那些令女孩熟视无睹、无动于衷的傻事。就算你很想得到她的爱,你也不要患得患失,做出一副害怕失去的样子。你要知道,你想得到的越急切,失去的可能性就越大。

有一个男孩去外地工作,认识了一个女孩,两人由相识到相爱。男孩觉得幸福极了,他将全部的爱都倾注给了女孩。后来他的工作告一段落,必须返回原来的住地,尽管舍不得她,他还是暂时离开了她,分手时他们决定半年后结婚。婚期将近,男孩来到女孩家。女孩高兴地迎接他的到来,但男孩觉得女孩已不似从前热情了。到了晚上,女孩借故出去,整夜都没有回来。等她第二天早上回来的时候,身边跟了一个男孩。她告诉他,就在他离开的日子,她认识了这个男孩。这个男孩常常令她为他紧张,她觉得这种紧张很愉快,她已经离不开那个男孩了,她说这才是真正的爱。

你一旦坠入情网,就一定要注意,不要沉迷于爱情中那令人眩目的沉沦。

你一定要清醒地知道,全部付出情爱会有什么后果。对有些女孩来说,扑朔迷离的情感更美也更好。她们一旦觉得你的爱失去刺激,没有继续下去的可能,就会和你告别,去寻求另一场新奇的爱情。

女孩都有这样的浪漫情怀,认为爱情就是男孩向女孩臣服,而越是不肯轻易臣服的男孩,她们会越感兴趣。

如果你投降了,你就已变成了女孩的"奴隶"。天底下没有人爱自己的奴隶,奴隶对主人的爱也通常不是情爱而是敬爱。这时你们的爱情就到了尽头。

真诚的丘比特神箭

1935 年 2 月,已近古稀之年的前中华民国国务总理,时香山慈幼院负责人熊希龄与大学教授毛彦文结婚,在社会上引起了轰动。

毛彦文,浙江江山人,少时就敏学好思,展现了其过人的才华。1914 年,她考入了杭州女子师范学校讲习科学习,因品学兼优,受到了老师和同学的交口称赞。正当毛彦文在学业上大踏步前进的时候,一件突发而来的事情向人们展示了她性格的另一个侧面,毛彦文的父亲毛华东背着她接受了人家的聘礼,把她许配给了衢州布店的一个小老板为妻。听到母亲悄悄托人传过来的消息,毛彦文大为震惊,自然不肯答应,她要求父亲退掉这门包办的亲事,但毛父财迷心窍,不但不把女儿的意见放在心上,反而采取极端手段,要男方在翌年的暑假前来迎娶。事先毫不知情的毛彦文在花轿即将进门时才知道了父亲的安排,在同学的帮助下,悲愤交加的她迅速从后门逃了出来,这件婚事自然也就没能办成,面对倔强的女儿,毛父无可奈何。

从杭州女师毕业后,毛彦文自作主张,与表兄、清华大学学生朱君毅订了婚。毛彦文和未婚夫相约,待朱君毅从美国获得博士学位归来再举行婚礼。朱赴美后,毛彦文又考入浙江吴兴湖群女校学习英语,因勤奋刻苦,加上天资聪颖,毛彦文进步很快,深得同学朱曦等人的钦佩。朱曦是前内阁总理熊希龄的内侄女,也是以后为毛彦文和熊希龄牵线搭桥的关键人物。在湖群期间,毛彦文结识了前来探望侄女朱曦的熊夫人朱其慧,两人还做了一番交谈,毛彦文的开阔胸襟,不凡谈吐给熊夫人留下了深刻印象。1920 年,毛彦文从湖群毕业后,又辗转考入北京女子高等师范学校,二年后,又转入南京金陵大学学习,与熊希龄的大女儿熊芷同班。1923年,朱君毅在美国取得博士学位后返回国内,国外生活的熏陶使朱的心性在几年间发生了大变,他不愿履行婚约,而是移情别恋,爱上了别的少女,面对未婚夫的寡情绝义,毛彦文忍着巨大悲痛,主动提出了解约。这次婚姻的挫折对毛彦文的打击非常之大,她再也不愿把过多的精力耗费在感情问题上,决定集中精力干出一番事业。1927年,毛彦文只身赴美,进入密歇根大学教育系深造,获得了硕士学位,回国后,先后在暨南大学、复旦大学任教。

1931年8月,毛彦文在金陵大学老同学熊芷的盛情邀请下,前往北平参观了熊芷父亲熊希龄负责的北京香山慈幼院。香山慈幼院创办于1918年,初建时主旨是收容孤幼儿,设幼稚园、小学,后又增设中学、师范、职业等部,还兼设了农业、工业实习工场。可以说香山慈幼院是熊希龄夫妇为解决教育、就业而进行的一次实验,随着试验的初步成功,香山慈幼院的规模和影响都日渐扩大,熊希龄夫妇亦声誉日隆。熊夫人朱其慧确实是当时的一位女中豪杰,她除了注意帮助丈夫解决后顾之忧外,还着力加以协助,奔走各地。可是这时候的熊夫人已经是重病缠身,即将走到生命的尽头。亲眼看见了香山慈幼院的方方面面,亲自走过了她的每一寸土地,毛彦文触动很大,感受良多,她觉得这就是自己梦里追寻千百度的地方,是自己梦寐以求,而又无力实现的乐土。置身慈幼院之中,毛彦文对其的创始人熊希龄的钦佩之情不禁油然而生。

此时的熊希龄正沉浸在失去贤妻的悲痛之中,朱其慧夫人的撒手离去使熊希龄痛惜之余万念俱灰。不久他就辞去了此前担任的一切社会职务,整日在悲伤中度日。内侄女朱曦见姑父意志消沉,十分担心,就极力地劝说熊希龄向毛彦文求婚。对毛彦文,熊希龄一点也不陌生,他曾在其后一封给毛女士的情书中这样写道:"彦文女士:久未晤为念,仆有所达于左右者,请先恕仆之唐突。溯自与季儿同学时,当称道君之贤淑,为彼第一知交。迨君与某之解除婚约,熊夫人屡屡打抱不平,言君之温和而多情,某某之薄幸而负心。种种印象深入于仆之脑筋,未尝忘一日也……"毛彦文乃民国一奇女子,熊希龄对此早有耳闻。听了内侄女的建议,他不禁怦然心动,就默许"季儿、香儿"二人对毛彦文女士旁敲侧击。毛彦文一时拿不定主意,毕竟熊希龄和她年龄差

毛彦文

距太大,和熊希龄这样的老者结合是她平时连想都不敢想的。但她又考虑到自己的事业,事业是她的生命,如果藉借此能实现自己的事业、自己的梦想,"委屈"一下自己又何妨呢? 她有些想通了。熊希龄见毛彦文女士长期没有回信,有些焦急,赶忙写了一封信引经据典地劝说她:"昔史欧阳文忠公之父,年龄大于其母27岁,欧母贤声,古今罕有,然只限于欧阳氏之家庭而已。君助我发展教育,幼吾幼,及人

之幼,则更赖欧母之贤淑也。"熊希龄言辞恳切的一番话深深打动了毛彦文女士的心,在朱曦和熊芷的极力撮合下,毛彦文很快就同意了熊希龄的求婚,唯一的条件是熊必须剃去蓄留20余年的胡须。

1935年2月9日,熊希龄和毛彦文在上海举行了婚礼。当天和次日的上海滩各家大报都竞相报道了这则消息,2月10日《申报》在显著位置做了报道,摘录部分如下:

"前国务总理熊希龄氏,现年66岁,悼亡四载,昨日下午三时,借慕尔堂与毛彦文女士行婚礼。毛女士为留美女学生,任大学教授,芳龄三十有八,红颜白发,韵事流传,沪上闻人咸往道贺,汽车塞途,极一时之盛。"

婚后,毛彦文从丈夫的肩上接过重担,出任香山慈幼院院长一职。

第四章 走入围城情久长

给青年夫妇的赠言
平等——平衡夫妻情爱的砝码
尊重——夫妻之间的向心力
理解——夫妻情趣的谐曲
宽容——弥合夫妻裂痕的粘结胶
信任——确保夫妻心灵纯洁的净化剂
支持——驱动夫妻向上的动力机
商讨——夫妻矛盾的消融灵
克制——防止夫妻感情焚毁的灭火器
互爱——催化夫妻情愫的发酵粉
互珍——永保夫妻性爱的青春素

幽默是金

新婚宴尔,新娘对新郎说:"今后咱们不要说我的了,也不要说你的,要说我们的。"

新郎去洗澡良久不出来,新娘问,"你在干什么呢?亲爱的。"新郎回答说:"亲爱的,我在刮我们的胡子呢!"

幽默不仅能让人感觉你这个人随和、可亲,还可以为严肃凝滞的气氛带来一些活力。好的幽默是一个人智慧、自信的显示,有了幽默感的人,很多时候,都是要比平常人快乐的,不仅自己快乐,而且还能给其他人带来快乐。在家庭中,如果有了适当而又健康的幽默,则会使家庭变得更加温馨和谐,更有助于夫妻间感情的交流和沟通。

这位丈夫就是把幽默带入到了夫妻间的对话中,为生活增加了一点美丽的色彩,让人感到生活是那么美好。

幽默是以一种让人轻松发笑的方式表现出一个人的心理活动。在夫妻的相处和家庭生活中,如果多一点幽默,生活中就会少一点烦恼和不快活,幽默能让人忘记那些不开心的事情,在欢乐时发展彼此愉悦的情趣。如果一个家庭中的一对夫妻整天都是你绷着脸,我苦着脸,总也看不到笑容,那样的日子多么地没有意思啊。幽默是一种艺术,能让平淡的生活多一些美丽的色彩,促进夫妻间感情的发展,营造温馨美满的家庭生活。

以幽默的态度来面对人生,你会觉得人生所有的不如意都是不值一提的,它会让你有一种豁达乐观的人生态度,不仅你自己觉得活得轻松,让别人看了也会觉得你活得自如,更重要的是,你的幽默还会帮助许多人忘掉那过去的不如意。

一位中年妇女,当别人问到她的恋爱史时,她笑着说:"我们之间,什么也没有,他没有那么迷人的外表,也没有特别高的学历,但他有一样别人没有的东西,那就是他有幽默感,和他在一起,你永远也不知道苦,不知道累,更不知道愁,和他在一起是那么的开心。当初我怎么也没有想到过他会是我一生中的伴侣,因为当时他真不出众,当时只是想和他做一个普通朋友,可谁知,这普通的朋友做的,做着做着就再也离不开了。"当别人又问到她如果再有一次选择的机会,她会怎样选择时,她毫不犹豫地说:"还是选择他。"人们问她最怕的是什么时,她笑着说:"就怕他不再幽默了。"

从这位妻子的谈话中,不难看出幽默在家庭和婚姻中的重要性。

及时沟通　共渡难关

美美与文明是结婚二十年的夫妻。美美在中学任教,孩子已经读大专,先生却在半年前因公司裁员而下岗。四十八岁的中年人,想再工作的确不容易,他又拉不下脸来跟从前的同事询问,宁可自己找报上广告一一应征。但这个年纪又不是被聘跳槽,实在很难找到既合兴趣且薪水满意的工作。最近一次应征,对方只肯出六万,与目标相去两万之多,文明非常受挫。妻子看在眼里,心里焦虑,却不敢说出来,自己的薪水只够家庭开销,房屋贷款、小孩学费、各种税款,还要孝敬两家父母,实在是手头拮据。

有好长一段时间,夫妻俩避而不谈文明找工作之事。美美视丈夫找工作为正事,他每天在外面跑,绝不过问,而文明也理所当然地认为自己的事情,不应该让妻子操心,所以回家也不说。双方动机都是在为对方着想,不想让对方操心。然而,丈夫失业的确影响到夫妻的心情、家庭共同目标的走向以及家庭气氛。两个人愈不谈，愈玩猜谜游戏，就愈容易引起误会，也无法同心去达成某些特定目标。

文明心里难过了好一阵子，实在不愿意伤妻子的心，自己又觉得太没有能力，才会落得今天的下场。思考良久，想到一个方法，乃在某日下课时到学校去接妻子，将其带往西餐厅，说有事要谈。美美觉得很奇怪，丈夫乃煞有介事地说，他决定双管齐下，一边慢慢找工作，一边做股票，小小的炒作，应该是没有问题，希望征求妻子的同意，将预备金六十万自银行提出，同时文明还排好每天工作流程，早上做股票，下午买菜做饭打扫家里，或去公司面试，晚上则在家读报、剪报、寄履历表等等，并跟家人相处，希望能够获得妻子的支持。

美美对于丈夫的计划甚为震惊，她没想到丈夫如此明说。此计划是有其冒险性，但是丈夫十分诚意，绞尽脑汁，想出在过渡时期的做法，理应予以支持。只是大男人买菜做家事，不会委屈他吗？六十万做股票，不是挺冒险吗？接到问题之后，美美放在心中，盘桓了两夜，辗转难眠。

换作是从前的她，必然会断然拒绝，还会指责丈夫。但值此非常时期，她非常体谅丈夫怀才不遇的失意，尽量压抑负面情绪，全力支持文明，与他携手同心度过此一过渡时期，并对孩子宣称父亲有重要兼职，不算失业，且父亲决定在家里学习家事，做新好男人。有了妻子的肯定，儿子觉得自己的父母非常有现代感，还笑着跟爸爸说："做股票赚钱要分红。"文明觉得被看重，而且责任重大，一定要小心操作，更要维持新好男人形象。

通常丈夫失业太久，又适逢中年，高不成低不就，结婚多年的妻子，总会因担心而把焦虑诉诸言行之中，化成唠叨表现出来。而丈夫也会因之反弹或逃避，顿时两人常会变得背道而驰，只以家庭生活为联系。如果丈夫继续不能够找到理想的工作，夫妻感情有可能因此而每况愈下。然而，美美与文明都很爱对方，不舍得去伤害对方，但刚开始时不知所措，只是避之不谈，容易造成双方的鸿沟。

知己知彼，在没有办法之中想出一套看似可行的策略来赚钱，并替妻子分担家务。他的细心及周全，令美美感动不已，所以也没有点破，就在思考之后，立刻全心支持，付诸施行。

处理好家庭琐事

王太太年轻的时候就常为生日礼物与丈夫吵架。王先生每次都送一些很实用的东西，从健康拖鞋、按摩器到影碟机，都是他看了又看，几家店比价之下才买的，结果王太太并没有绽开笑容，只是淡淡地说声谢谢，事后就开始抱怨。但是王太太又不肯说她到底要什么，她认为王先生应该知道她要什么。有一次口角中带出这件事，王太太就骂先生："你连一朵玫瑰花也不曾买过给我。"然后眼泪潸潸而下。王先生看在眼里，怜在心里，却没有说什么。隔几天，王先生下班时正好看到桌上女同事买的插花材料忘记带回家，他想反正第二天就会凋零，不如带回家插。当太太看到先生带一把花回来,惊喜之情掩饰不住,什么都没说,抓了花瓶装满了水就开始插花;吃晚饭时对丈夫倍加体贴,整个晚上笑容常开,就寝时像初恋小女生般地对先生说:"你真好,我就知道你对我好。"先生听了也非常受用,于是他们度过了一个美好的夜晚。

这是个小意外事件,无心插柳柳成荫,因为有这样的起头,王先生无意间的行为受到增强。他学习到如何取悦太太,而太太也领悟到她必须要说出自己要什么,丈夫才会明白,亦即表达自己的想法及感受,说出对配偶的期望。然而夫妻相处并不是如此的简单,因为一天相处至少十二小时以上,生活琐事到底是由谁来做也很难区分。

当王太太忙不过来,就希望王先生多帮点忙,即使王太太说要王先生去倒垃圾,他也常常因为手边正忙着别的事情,或一时发懒,甚至答应了却忘记而没有去,夫妻也因这种小事而唠叨、回嘴,常常在垃圾车来的时候,两个人大呼小叫,最后王太太气冲冲地带着垃圾冲出来,于是就寝时总是两个人背部相向,不语而眠。

王太太认为这样下去也不是办法,就决定要训练先生倒垃圾,首先当然要控制自己的情绪,不要再用命令或唠叨的口吻,然后就是注意对方的感受。她会说:"你今天工作很辛苦,应该早点休息,麻烦你做最后一件事情,然后我就帮你放洗澡水,洗完澡看电视好不好?"口气温和,态度关怀,王先生在温柔攻势之下,不好也得说好,于是王太太就将垃圾交到先生手上,自己空手陪着王先生下楼,一起走到垃圾车旁,看着王先生将垃圾丢进车。如此反复陪几次,一路又聊一些愉快的事情,先生也就渐渐习惯倒垃圾,不认为是苦差事,以后每当垃圾车的音乐响起,王太太就将垃圾交给先生,他就自动下楼执行任务,夫妻间不再因为这件事情而吵架了。

疼爱也需要学习

夫妻在日常生活中容易起冲突,在生活有改变时,也会因观念不同而意见不一致。

李先生受公司指派到德国参加产品展览会,欲带太太同行,工作之余可以夫妻同游。由于李先生搭商务舱,他希望妻子能购买同等舱位,两个人可以一路聊天相伴,但李太太认为花费过大,坐经济舱即可,一前一后并无不妥。丈夫则坚持夫妻同坐,他认为一在前一在后,会被同事耻笑自己是小气的大男人。太太则认为此为家务事,与别人无关。李先生几次要求李太太将已订好的经济舱位改为商务舱位。李太太反唇相讥,说他不懂得节俭,喜欢摆场面,甚至转而向朋友们诉苦。当然大部分的死党都认为商务舱较经济舱贵出甚多,颇不划算,而支持李太太的做法,李太太也就更振振有词地与丈夫反驳。

正好有一次李太太无意中听到先生在跟他大姊通电话,听到先生说:"她平常这么忙,照顾小孩,为家里节省,我帮她买一张商务舱的票一起出去,两个人可以坐在一起,既有私密性,又有亲密感,来回二十几个钟头,就是我们两个人的世界。她都不懂得享受,坚持要坐在后面的经济舱睡大觉,一点都不懂得体会我的心意,还去跟别人说我是大男人主义。"李太太听后非常感动,她才知道丈夫是表面的大男人主义,其实骨子里是非常疼爱妻子的,只是不懂得表达自己而已,跟自己的姊姊反而说得出口,为什么跟自己的太太不肯说真话呢?原因在于太太喜欢顶撞,喜欢坚持自己的理由。不过李太太肯学习,所以立刻就将经济舱改成商务舱,然后告诉先生:"我决定跟你双坐双飞,一起到德国过二度蜜月。"

孩子是支点

　　一个鲜活的小生命诞生了,怜花君成了爸爸,那一刻的高兴与激动是无法用语言可以表达出来的。从医院里将儿子与妻子接回家里,怜花君的脸上一直都挂着阳光般灿烂的笑,回到家里,又是买这个又是买那个地为妻子补身体,抱着儿子也总是舍不得放下,一会儿说孩子像妈妈,一会儿说孩子像爸爸,真是高兴得不知该如何是好。妻子看着他如此疼爱小宝宝心里更是高兴。他们每天上班,下班,做饭,看孩子,一整天都在忙,但却也不觉得累,相反倒觉得过得很充实,很高兴。

　　在美满幸福的家庭中,孩子与父母就像是一架天平,孩子是中间的那个支点,而父母则各居一端,三者是保持平衡关系的。但如果双方所放的重量不相等,或是有一方脱离了,那么,这个天平就会发生倾斜,也就是意味着这个家庭面临着危机。

　　夫妻两个人是以孩子为支点而互相联系起来的,通过孩子进行感情和其他各个方面的沟通和联系。正是因为这样,通过孩子进行爱的传递,家庭生活才变得丰富多彩。

　　夫妻间突然多了一个孩子,有些时候难免会把更多的心思放在孩子的身上,而忽略了对方,彼此间缺少了情感的交流。夫妻间如果一旦认识到这一点,就要及早补救,千万不可一拖而再拖,否则时间长了,到了无法挽回的时候,想后悔都来不及了。

　　妻子正在做饭的时候,突然孩子哭了,妻子急急忙忙地从厨房里跑出来,那么丈夫看见,就应该放下手里的事情,到厨房去帮一下忙,做妻子没有做完的事情。这样的做法,比夫妻间用语言的交流会产生更大的、更好的效果,这说明你们之间已达到了某种默契的配合,虽然没有说话,但彼此能知道对方心里所想的,这也是彼此间了解比较深的反映。

　　当丈夫把饭做好后,放在桌子上,但妻子手里的孩子还不能放下,那么做丈夫的轻轻地走过去,把孩子接过来,对妻子说:"你够累的了,去吃饭去吧,我先来抱一会儿孩子。"当丈夫把这些话说完的话,试想会有哪一个妻子不高兴呢? 就是这普通的话语,夫妻间的爱意在自觉不自觉中就已表达得淋漓尽致了。孩子小的时候的确很累人,但是当他长大以后,天真可爱,不仅会给家里带来无限的乐趣,还会让夫妻两个人得到满足,因为孩子是他们两个人共同的结晶。

夫妻间的情感,有很大一部分是靠孩子来传递的。当妻子看见丈夫在桌子旁边工作,可以把孩子叫来,倒上一杯茶,对孩子说:"把茶给你爸爸送去,让他休息一会儿。"当孩子把茶递到丈夫面前,丈夫抬起头来,对妻子看一眼,彼此相视一笑,难道那不是爱的表现吗?

父母与孩子同时也组成了一个稳定的三角形框架,支撑起家的结构,这三者在家庭中互相联系、相互依靠、不可分割,只要有一方发生了倾斜,那么,另外两方就会随着倒塌,只有三方都保持一个良好的状态,才会是一个很好的家庭。

当金钱冲击婚姻

红帅是一个小有名气的作家,在前些年,被人羡慕得不得了,每个月除了固定的工资外,还可以得到一笔很可观的稿费。可是,现在写书的越来越不吃香了,他在家里的境况也是越来越差了。

他的妻子在一家外资企业里做事,每个月能拿好几千块钱,可他一个大老爷们儿,在家里竟然还没有一个妇道人家挣得多,他自己感觉好像是和妻子差了点什么,而妻子也不再把他当作一家之主看了,动不动就对他发脾气,说些难听的话。渐渐地,夫妻两个越走越远,最后,不得不走上法庭,选择离婚这条路。

两口子过日子,过好了谁心里都高兴,可是因为过好了,而导致分手的夫妻也不少。有的家庭因为妻子比丈夫有本事,在家庭经济中占主导地位,从而伤害了丈夫那敏感的自尊心,导致离婚。还有的因为丈夫有钱了,喜新厌旧而嫌弃自己同甘共苦的妻子……

的确,人活在这个世界上,没有钱,谁也活不了,但有了钱却也并不是一件好事。它往往会对家庭产生负面的影响。当家庭完全被金钱占有,什么都要用钱来衡量的时候,那么因离婚而导致家庭破裂的悲剧就在所难免。即使维持着家庭的存在,感情在其中所占的分量也一定是很轻的。

挣钱的时候,应该问一问自己,我挣钱的目的是为了什么?不是为了让家人生活得更好一点吗?可是,当钱挣足了的时候,你的家庭又是怎样的呢?

我们不提倡离婚,因为那毕竟会给无论是自己,还是别人带来一定的伤害,但我们却也并不反对离婚,如果两个人真的一点感情也没有,那么这样的婚姻维持与解散又有什么分别呢?离婚,不同于儿戏,慎重考虑,什么样的婚该离,什么样的不该离,要权衡后才能做决定。

有份无缘　及早放弃

亮和辉,是在同一所大学里读的书,毕业后,两个人分配到了一个单位,正值怀春的年岁,两个人很快就相爱了,并于几个月后结了婚。

他们是旅行结的婚,去大连玩了近两个星期才回来。回来的那天晚上,辉很累了,本打算回去休息,但亮却硬是拉着她去和他的那些朋友们聚一聚,亮和他的那些朋友海阔天空地说着笑着,把辉放到了一边,辉觉得很无聊,就示意他想回去,但却遭到他的白眼,辉见亮不高兴了,也就没敢再言语。

几天后,当辉正准备回娘家有事的时候,亮的朋友送来两张音乐会的票,辉说她回家有急事,亮听了就很不高兴,说:"以后有的是时间,什么时候回家不行,你怎么这么不给我面子?"为了两个人的感情,辉也就没说什么,跟着亮去听音乐了。

就这样两个人过了2年,感情慢慢地冷了下来,但这却不是说,谁不爱谁了,辉有一点小病也会让亮急得不得了,而亮有什么事,也让辉牵肠挂肚的,但他们却都感觉活得很累,在两个人中间产生了一种无法说清楚有多远了距离,他们总是看着对方的脸色说话办事。

虽然活得很累,但两个人都知道彼此深爱着对方,只是很难做到互相协调。两个人又都觉得如果提出了分手,那么无疑会伤害对方,辜负了对方的那一份爱,于是仍然那样地生活下去。

在生活中,有很多家庭是名存实亡的,但却仍在维持着。其中原因,有很多方面,但总结起来,不外乎这么几条。一是因为孩子,毕竟夫妻离婚受到伤害最大的是孩子,双方出于对孩子的爱,而维持着这个婚姻。二是因为经济方面的原因,有可能是有很雄厚的物质基础,而一旦离开了这些,生活就会变得很困难。三是社会的原因,这是一个很复杂的问题,涉及方方面面,比如说社会的评论、道德、良心等等,迫使他们不得不维持着没有意义的婚姻。四是彼此仍有感情,但却在很多方面很难协调,为了不伤害对方,不辜负对方的爱,而维持着婚姻。

有这样一对夫妻,他们的结合完全是受了父母之命,他们本不是同一个阶层的人。丈夫是一个大学生,而妻子却是一个连初中都没有念完的农民。他们的生活很单调,一年四季都是这样:丈夫上班回到家里,吃饭,睡觉,看电视,而妻子在家里就做家务。他们之间是没有什么感情而言的,丈夫所说的一切妻子都不懂,他们也没有共同的语言,他们就这样的生活了20年。他们之所以没有离婚,总是想女儿还小,如果离婚了对于她的伤害一定很大,所以一直等到女儿参加工作,可他们也老了,想到这么一大把年纪了还闹离婚会让人笑话,所以也就放弃了。

拒绝悲剧

小芹和丈夫从小就认识,小学是同桌,初中高中也都是同班同学,然后双双考上了同一所大学。4年的大学恋爱生活,让他们的感情更加深厚,毕业后,很自然地就举行了婚礼。

结婚后,两个人恩恩爱爱,让人好不羡慕。可是,一年多的时间过去了,和他们同时举行婚礼的人都已当上了爸爸妈妈，而唯独他们没有。家长、亲朋、邻里的眼睛慢慢地就变得神秘起来，时不时地在背后说一些难听的话，她的心情变得越来越不好。虽然丈夫一个劲儿地对她说："没事的，不要紧。"但她还是看出了丈夫那失落的眼神。

她自己偷偷地到医院做了检查，结果让她很吃惊，她患有先天性的不孕症。丈夫爱她，可是，人活在这个世界上，并不只是为了某一个人，她知道公公婆婆是不允许这个家庭没有孩子的。迫于各方面的压力，最终他们还是分手了。

这样的事情在生活中实在是太多了，严重的甚至还会弄出人命来。有一对夫妻，因为妻子不能生育，迫于无奈，而与丈夫离了婚。但事情并没有因为离婚而停止，别人看她的目光带着很多看不起的成分，言语中间还有一些很难听的话。到最后，因为实在受不了人们那样的眼光和话语，她竟自杀了。

中国有句古话："不孝有三，无后为大。"那么，那些因为种种原因而不能生育的家庭，要面对的是什么呢？一个很严肃的问题：离婚。

这些都是悲剧，但悲剧的产生就是源于那些传统的观念。那么，就不能不让人思考"香火"真的那么重要吗？比两个人的感情两个人的幸福都重要吗？中国自古就说："养儿为防老"。可是，再看一看今天的社会，为什么又有那么多的不孝子，不孝女，他们真的起到防老的作用了吗？人之所以那样强调生儿育女的重要性，其实，从内心深处讲，对他们来说，有或者是没有，并不是那么的重要，只是他们太注意别人的目光了，总活在别人的世界里，他们怕别人说他们绝后或是更难听的话。

继承香火的思想，在很大程度上是受到周围人的影响，又加之中国的传统思想，久而久之，人们的思想就会变得趋于一致，认为人的一生中不能没有孩子。而对于那些不孕的人来说，来自周围的大多是嘲笑，讽刺，或是一些廉价的同情。这样，他们就会感到很自卑，好像是自己做了什么见不得人的事。离婚的悲剧往往是因为承受不了这些而产生的。

异质整合

有这么一对夫妻。妻子性格内向，是一所小学的教师。而丈夫却性格开朗，自己经营了一家公司。虽然性格不同，却没有阻碍他们相知相爱并结婚，但在婚后，他们却因个性失调而导致了离婚。

据说，他们之间的矛盾，在结婚后不长时间就体现出来了。妻子不爱说话，总像别人欠了她多少钱似的，让丈夫看了心里不好受。而丈夫呢？不说话，觉得心里有点难受，而妻子对于丈夫没完没了的话语，又接受不了。两个人在一起生活，根本就不像是过日子。

夫妻间的个性相容，有利于感情的发展，但如果个性失调了，则会阻碍夫妻感情的进展。与相容相对应的失调，是指夫妻间在性格、爱好、兴趣等各个方面达不到一致，也就是合不来。

夫妻间的个性对于夫妻感情是一个很重要的因素。如果达不到和谐，那么对感情的影响是很严重的。如：一方喜欢看电视剧，而另一方却总想着要看什么比赛，一方喜欢待在家里，而另一方却喜欢到外面去游玩……这些不和谐的现象，都会影响到夫妻间感情的发展。

所以，夫妻间无论是在婚前还是在婚后，对于个性失调都要引起很高的重视。如果在婚前就发现个性不能和谐，那么就千万不能把它放在婚后来解决，应该在婚前就做一个了断，免得到后来痛苦更大。

做个好媳妇

当初小兰和明立是大学同学，大四才迸出爱情的火花。等明立当完兵后，两个人各有职业，就结婚了。过年过节时跟着丈夫回南部婆家，才发现丈夫与母亲不和。母亲非常唠叨，管的事情很多；丈夫则是爱理不理，而且很少愿意向小兰倾吐早期母子不和的原因，令小兰一直觉得丈夫的态度不好，不应该对母亲疏离与冷漠。

婚后住在一起才发现丈夫与姑妈的感情特别好，情同母子，有事就跟姑妈诉苦，在公司受了委屈，或者有关事业上的抉择，他都会先跟姑妈商量，有了决定才告诉小兰。他也经常带小兰去看姑妈及姑丈，一定要买很多姑妈喜欢的东西带去，而姑妈也常打电话来。小兰无法了解为什么明立对姑妈比对自己妈妈还好，甚至把姑妈放在自己太太之前，有时候还会产生醋意。

小兰的个性正直，颇有家庭观念，她比较倾向于弱者，深深觉得婆媳关系应是良好，但是丈夫毫不支持，她也不愿意光听婆婆抱怨。而基于嫉妒的心理，小兰也不高兴明立一天到晚找姑妈聊天，或者接姑妈的电话，一聊就是半小时，所以小两口偶尔吵架时，小兰就无法就事论事，反而将对丈夫的不满一一数落，经常把他对母亲的态度搬出来批评。明立当然非常生气，也因此吵得更凶。有一次小兰还听到明立在电话上跟姑妈数落妻子的不是，引起小兰妒火中烧，她愤怒不已，大声叫道："你到底是要你姑妈，还是要我？"小夫妻为此事冷战了三天三夜。

小兰跟老公的老大姐诉苦，老大姐直说她太单纯了，看事情不是从表面，而是要看表面事情背后的种种。小兰应该心平气和地多跟丈夫聊天，了解他的过去，尤其是成长历程。很有可能明立的父亲从前与妹妹感情很好，当明立父亲早逝之后，明立将对父亲的感情转移在姑妈身上。而明立的父母本来感情就平淡，所以姑妈也就兼具父母的角色，给予明立最多的爱与关心。老大姐指出，小兰这样嫉妒姑妈是自己的想法不对，她未能设身处地去感受丈夫成长历程中的缺陷及所需要的爱，以及从姑妈身上所得的爱心与慰藉。因此，小兰如果能够先了解丈夫的感觉，给予支持与鼓励,亦即她可以跟丈夫站在一条线上,爱其所爱,尊敬姑妈,毕竟姑妈是长辈,对老人家好,会让丈夫高兴,又可以增加自己婚姻的稳固性,何乐而不为?

夫妻感情若能真正建立,让丈夫不觉被扯后腿,感到很有安全感,然后小兰就可以试着去引导丈夫对自己的母亲好一点了。虽说多年的疏离很难在短期内变得很亲密,但至少因为小兰的用心经营,丈夫也可以发现小兰对自己的家人都非常好,感激之余,他也会试着改变态度,顺着小兰的做法,对母亲尽一点心意。母子间的互动可以随之逐渐增加,由小兰当催化剂,母子间的关系是可以愈来愈正向,而明立幼时的缺陷亦可以逐渐得到弥补,与母亲的关系也会逐渐恢复正常,与姑妈的关系则愈来愈浓密。"家和万事兴",对明立来说会有完整满足感。而以后小兰与明立有了下一代,孩子们也可以感受到大家庭的亲情与父母的同心教育,对以后孩子的人格培养会有莫大的助益。

给婆媳独立的空间

大雄在美认识玉英,结婚七年后返台就业,暂住寡母家,先为事业打拼,等决定要长期定居时再以分期付款购屋。

玉英带着孩子开始适应台湾生活,每天除了接送小孩上下学外,就是逛街购物。由于和婆婆没话讲,白天小孩上课,玉英在外闲逛或约朋友吃中饭,回家时总会买些家人爱吃的食物回去。

买菜是婆婆的每日功课,大雄太习惯吃母亲的菜了,狼吞虎咽,对玉英买的食物浅尝即止,小孩吃得又不多,每次均有剩。玉英要大雄带便当,母亲却老早将大雄的便当装好了,嘴里会念着:"菜够吃就好了,买了不吃太可惜了。"大雄也跟着搭腔:"每次都买那么多,吃不完浪费钱!"

玉英心里很不舒服,觉得大雄有了娘就忽略妻,连下班回家都先叫妈,向丈夫抱怨的次数开始增加了。

而婆婆也向大雄诉苦,媳妇冷漠而客气,一天到晚不在家,一出去就花钱买些不必要的吃的、用的,在家就看看儿子做功课,从不教导儿子亲近奶奶,都是奶奶主动叫他吃这吃那的。大雄为此一一提醒玉英,别忘了尽人媳之职。玉英就开始抱怨在美国住得好好的,偏要回到台湾,她结婚是要为人妻的,不是来当媳妇的,老人家本来一个人过得好好的,回来后人多事杂她又爱管,不仅自己不开心,还干扰到儿子的婚姻生活。

大雄觉得妻子不可理喻,且因工作忙碌,也就没有心情去讨论及疏通,任夫妻及婆媳关系僵化,但心中总有郁闷。有一天在公司聚餐喝过几杯酒,拗不过部门几位女同事的询问,他也发了牢骚,说太太认为与婆婆理念不合,两人无法谈天,更别说合作无间了,这是他心中的痛。正巧女同事中有一位是玉英高中同学,就打电话告知。玉英怒不可遏,居然在外面说自己太太不好,家丑外扬之罪不可恕,由冷战变热吵。婆婆来劝架才知道自己也是主角之一,家不和事难兴的观念令她老泪纵横,自闭三天不与儿子说话。

大雄这下子才知事态严重,于是不耻外问,请教了几位资深同事及其夫人们,发现一山不容二虎,母亲早已确立自己的生活方式,后来者应尽量配合,而玉英也有自己管理小家庭的一套方法,在大家庭内用之则发生冲突。自小没有学会如何与长辈相处的玉英,没有能力去化解冲突,而做丈夫的却一再企盼她能自己去处理,且一直认为女人为家里的小事起争执过去就好,并不重要。自己置身度外且较倾向母亲,母子关系虽不错,但各自并不快乐,而夫妻感情却因此而疏离,乃至产生误会。

大雄向妻子道歉自己酒后失言,并约妻子在外用餐,两人言归和好,商量了一星期,决定在母亲家附近另找公寓居住,让母亲过原来清静的生活,而玉英也可以有一个专属自己的小窝。但是言明周末要回婆家陪老人家,一切顺她意,有空带她去出游访友,而夫妻若有事出门则尽量将孩子寄放奶奶处,促进祖孙交流,教导家庭伦理观念。

搬家也是一种分离,母亲虽然不舍,但儿子一再保证会常常出现在她身旁。她相信儿子,也希望儿子一家能过得快乐些。媳妇既然不能如女儿亲,只要她能做个好妻子好母亲,自己是不应该再要求太多的。

宽恕让婚姻海阔天高

曾经有这样一对夫妻,当记者的妻子,由于经常在外面跑,结识了一个很有才华的男人,这个男人对这位妻子是一见钟情,而这位妻子也有些心动。但是天下没有不透风的墙,这件事不久后,就被这个妻子的丈夫发现了。夫妻两人间的感情一下子就拉远了好多。

经过很长时间的考虑,妻子终于决定放弃这段婚外的恋情,重新回到丈夫的身边,但是丈夫却不肯原谅妻子,认为彼此的感情出现了裂痕,就再也无法复合了,到最后还是分手了。

有句名言说:"不能宽恕别人,就是拆自己的桥。"人非圣贤,孰能无过,学会宽恕别人,既对自己非常有益,又能促使人改正错误。

其实这出悲剧是完全可以避免的,如果丈夫仔细冷静理智地分析,他就会发现妻子依然是爱着他的,出现婚外恋,那只是一时的冲动,况且妻子并没有因为这段恋情而做出什么越轨的事情。而他却没有能够这样想,反倒从坏的方面理解,结果发生了人们不愿看到的离婚这一幕。

当对方做错了某一件事,千万不可抓住不放,更不应去责备他。说一些理解性的话,学会宽恕别人,那是一种品德。你会让对方深深地感谢你,更会使你们的感情更好。

给爱情放个假

红和军,这一对恋人,在人们看来真是天造地设的一对,他们自己也为能和自己心爱的人在一起而有说不出的快乐。

但婚后,这样那样的繁杂琐事一出现,原来的那些柔情蜜意全部都被吞没了,红觉得军没有了往日恋爱时的风度翩翩,也好像不再那么体贴人了,而军觉得红也不如恋爱时漂亮大方了,有时他觉得红在他的眼里还不如那无聊的电视剧,为此红感到特别的委屈。

中国有句俗话说:"久别胜新婚。"这句话说得真很对。

夫妻两个人长年在一起,时间太长了,就会感到没意思,而夫妻之间适当的暂时的分别,使双方在短时期内产生一种感情饥渴的心理,使之在分开一段时间后,有种迫切想要见到对方的那种欲望,当他们再重新见面时,就会显得格外的亲热。

一次军出差了将近一个月。有一天晚上,本来说好要明天才能回到家里的军提前了一天回来,一进门,什么话也没有说,就抱住了惊喜交加的红。在路上的时候,他对红就有一种前所未有的依恋和想念,他那一时刻才知道他自己有多么地爱红。所以,他提前了一天回来,想给红一个意外的惊喜。

那一夜,他们过得甚至比新婚之夜还要好。以后,他们就尝试着用这种暂时分离的方法,来使感情获得更大的进展。

普通人的感情如此,伟人其实也是这样的。马克思在写给妻子燕妮的信中这样说:"经常的接触会显得单调,日常生活琐事,会因此而胀大,而真挚的热情由于对象的亲近而表现为日常的习惯,人们只要分离一段时间,一切就会恢复原状,原先被当作重要大事的不愉快的事,现在又成为小事,而真挚的感情在分别的魔术般的影响下会壮大起来,并重新具有它固有的力量。"这段话可以说是至理名言。

但是夫妻的分离,也得有一些讲究,人的感情可以分为"钟情期"和"冷淡期"这两个阶段,在"冷淡期"分开一段时期,渡过"冷淡期"进入"钟情期"会使夫妻间的感情更好,但却不能太长时间分离,过那种牛郎织女的生活。因为长时期的分离,会使人的感情变得生疏,最后可能会导致夫妻感情不和。

当夫妻间准备要分开一段时间的时候,在分离前,不能给双方增加心理上的负担,要让他走得轻松走得愉快,在夫妻分开的日子里,还要保持着一定的联系,如打个电话,或是写一封信都可以。

夫妻间要懂得,暂时的分离是为了今后更好地生活。

切莫相敬如"冰"

张先生与妻子结婚十八载,婚姻不好不坏,本来也没有二心,但因工作的关系认识了在贸易公司上班的小美，从此即奏出变调的悲歌。小美是一位三十出头的单身女贵族，张先生受不了她不断地示好及热烈追求，终于难过美人关，背着太太有了外遇关系。起先小美表明绝不破坏其家庭，只希望两人相处的时候愉悦甜蜜。张先生也就抱着这种瞒天过海的投机心理，享受与小美的二人世界。

一年之后，小美自恃受宠，察觉张先生的婚姻平淡无波，突生奇想，想要打进他的生活圈，走入他的家庭人际关系，乃雇用侦探社人员窃听张先生家的电话，并观察其亲戚朋友互动情形。小美也经常出现在家人聚餐或郊游的场所，假装巧遇，前来搭讪。起初家人以为是张先生与朋友在外面偶遇，也与之聊天，渐渐觉得不对，张太太加以盘诘。张先生心生畏惧乃和盘托出，也开始躲避小美。

没多久他接到小美来信说："手头不方便，想借款一千万，看在彼此交情，希望能帮助渡过难关。"张先生知道这是一封威胁信，就找太太商量，决定搬家换电话。太太伤心之余，一再询问先生为什么会爱上这个心态不正常的女人？不止一次，张先生的眼光望着远方，一字字地吐出："她真的很温柔、很体贴。"每一个字都像刀割般地刻在张太太的心中。

本来是要夫妻同仇敌忾的张太太，却因丈夫说了三次对方很温柔、很体贴，自然就牢记这些字眼，并且把对小美的恨全部都加在先生身上，几次自杀未遂醒来就哭着嚷叫："你为什么要去爱那个心理变态的女人？她有多温柔、多体贴告诉我！"张先生吓得噤若寒蝉，逼不出半个字。从此张先生虽然是晚出早归，但在家里除了与小孩的互动外，经常一言不发，夫妻已经到了相敬如"冰"的地步了。

张先生说小美温柔体贴不是没有原因的，有的女人天生跋扈，或者比较豪爽，大而化之，感情表达直接；但有的人就是温柔典雅，不管是先天特质或后天学习，男人通常很吃这一套，尤其在家里，男女平等说话直来直往，婚姻虽然不错，但就欠缺那么一点柔性。

男人本来就肩负着家庭责任，提供照顾，但他也有脆弱的一面，有时候也会像小孩一样地渴望母性的抚慰，此时妻子的温柔体贴就可以发挥作用，因为夫妻相处久了，一旦爱情化为平实的感情，一定觉得有所欠缺，只是当事人身在其中却看不到原因罢了。太太的询问让丈夫看得清楚，小美有其温柔体贴的优点，但因她蓄意破坏其家庭关系，权衡轻重之下，张先生当然要抽身而逃。此时张太太不应该断章取义，只听到"很温柔，很体贴"六个字，就种下怀恨的种子，做出毁灭自己的傻事。本来可以顺势收拾残局，赶走第三者，修正自己大声说话、颐指气使态度，夫妻一起平心静气地检讨过去的种种疏离，重新开始新生活，却因为自己的非理性认定与自杀吵闹、不信任，使得本来就不稳定的夫妻关系更加恶化，婚姻问题也就更趋复杂，即使短期内要改善还真不容易呢！

尊重，婚姻的基架

互相尊重是爱情能够得以存在的一个很重要的因素，恋人间没有互相尊重就不可能产生真正的爱情，夫妻间没有互相尊重也就没有幸福美满的夫妻生活，互相尊重是夫妻婚姻幸福中不能忽视也不可忽视的。要想使家庭幸福，婚姻幸福，夫妻之间就必须要学会互相尊重，千万不能气势凌人，更不能轻视看不起对方。

那么夫妻间怎样才能互相尊重，而又尊重些什么呢？

第一是彼此间都要互相尊重对方的学习、工作和生活。

夫妻间在一起工作的人不少，但也有很多不在一起工作的人，有的可能是妻子的工作好一点而丈夫的工作差一些，也有的是丈夫的工作好而妻子的不好，这就很有可能使夫妻产生彼此不尊重，但这种做法就是很明显的错误。在商品经济社会里的今天，社会分工不同，但却都是一样平等的。没有因职业好，你这个人就高贵，也没有说因职业不好，你这个人就低下的说法。无论职业怎样，每个人都是平等的人，夫妻间切不可因为职业而不尊重对方，真正的夫妻应该彼此尊重对方的职业和对方的工作。

中国自古以来，就有"君子远庖厨"的说法。男人以家务是女人的专利而敬而远之，其实这是不对的。这往往会引起夫妻间的矛盾而导致感情不和。夫妻之间对于家务劳动应该是互相分配的，夫妻间没有绝对的分配说女人只能做家务而男人不能做家务。最好的办法是，能者多劳，谁有时间，谁有能力就多做一些，夫妻之间又没有所谓的谁亏或是谁不亏。现在的女性不同于以往，在家里足不出户，现在的女性也有一份自己的职业，在外面忙碌了一天，到家里还要忙着做家务，这在整天提倡的男女平等中，本身就是一个不平等，但大部分妻子并没有说什么，仍然是做了，而却有很多做丈夫的却不能体谅妻子，认为做家务是妻子理所当然的，是分内的事，因而就不太尊重妻子的劳动，经常是这不对那也不对的，衣服没有洗干净，饭做得不好吃等等。妻子每天为做家务付出了很大的代价，但到头来却没得个好话，这种对于妻子的劳动的不尊重，对于夫妻感情的发展是极为不利的。

第二是要尊重对方的兴趣爱好。

夫妻之间，有很多的兴趣爱好都存在着很大的差异，不可能完全相同。例如，妻子喜欢看电视剧，而丈夫却想着看一场足球比赛，妻子喜欢去逛商店而丈夫却喜欢到酒店里去坐一坐，妻子爱听音乐，而丈夫却想看书……在生活中这样的事真的是太多了，这就要求夫妻双方都要了解和尊重对方的爱好，并努力使两个人的爱好、兴趣向一起靠拢，以使矛盾尽可能少地发生。夫妻之间，爱好兴趣不同，和以往的环境，受过的教育有关，但也和职业有着一定的关系。如：丈夫是个教师而妻子只是个普通的工人，他们的兴趣爱好就很可能不同，这时候，就需要夫妻间互相尊重、支持和配合，切不可根据自己的所需，而强迫对方服从自己，让对方和自己的爱好相同,这样就会使夫妻之间的共同语言逐渐地减少,到最后导致感情破裂。

第三是要尊重对方的人格。

夫妻之间互相挖苦讽刺,说一些不好听的话,或是动手打起来,都会给对方带来很大的伤害并久久不能愈合,最终成为关系恶化甚至破裂的导火索。现在不同于旧社会,丈夫可以打骂妻子,现在提倡男女平等,但却也并不是说现在没有丈夫打妻子的现象,只是相对于以前少了很多。夫妻之间的打骂,是对对方人格的侮辱和不尊重,这对于家庭的稳定会产生很大的破坏作用。

夫妻间互相尊重人格,就是要求彼此说话和和气气的,遇到什么事,大家商量解决的办法,两个人之间互尊互敬,这是夫妻生活中最基本的。丈夫不能有大男子主义,以为我是一家之主,想干什么就干什么,想说什么就说什么,妻子是我的私有财产,我想打就打,想骂就骂。做妻子的也要防止出现"妻管严"的意识,不能对丈夫的什么事情都要问一个为什么,不给他一点自由,使他失去作为男子汉的尊严,而是应该努力做到夫妻间互相尊重。

个性互补　和谐婚姻

一个姑娘和一个小伙子,两个人都是烈性子的人,小伙子办事痛快淋漓,姑娘办事也喜欢干净利落,小伙子认准一条路非走到底不可,姑娘也是认准一个理宁可撞南墙也不回头。两个人脾气相投,都觉得对方很好。于是,很快就确定了恋爱关系,然后不久又举行了婚礼。

可结婚后问题就越来越多了,姑娘想这样做,而小伙子不同意,两个人谁也不让谁,他坚持他的理,她也坚持她的理,谁都想把对方压下去,但就是谁也压不下对方。他们的日子不像是过日子,倒像是两个不懂事的娃娃在斗气,整天也见不到好脸,到后来,双方都不能忍受了,于是提出了分手。

个性表现在兴趣、爱好、志向、气质和脾气等各个方面。一般的说法是,两个人的个性一致或是比较接近,夫妻生活会较那些差得很远的夫妻要好一点,这话对,但却是不完全对。

夫妻在兴趣、志向等方面比较一致,会使两个人共同的话题多一些,不觉得无话可说,会增进彼此的感情。但如果在气质、脾气上一致,好像就没有这么乐观,可能会因为一点小事而发生不愉快的事情。因为两个人都很倔强,谁也不肯向谁说一声对不起。其实,只是一句话而已,没有什么大不了的,但两个人都僵着,就可能会产生一些不必要的麻烦,更会伤害夫妻间的感情。

夫妻组合,最好的是夫妻两个人在个性上互为补充,而在志向上又彼此相近,能够彼此适应,做到相互谅解,自觉协调夫妻关系。

夫妻在个性上互为补充,能避免很多矛盾的产生,有时候,还可以避免灾难。有这样一对夫妻:

丈夫姓卢,是个汽车司机,性格爽朗大方,乐于助人,但对自己生活要求不严,吃饭时,总爱喝两杯酒。他的爱人小苏,为人小心,生活中严格要求自己,就是有点小气,爱要面子。

他们的邻居小孩做手术住院了,因为没有医药费,小卢什么也没有说,把自己的车子推到寄售商店就卖了,把钱送给了邻居。小卢的同事,家乡遭了水灾,他就不声不响地寄去了 50 元钱。可小苏却心里面有老大的火,有时还会吵几句。小卢认为自己的钱也没有乱花,是为了别人,是助人为乐,也没有什么错。所以,也没怎么太劝她。小卢知道小苏爱面子,只要一吵架,他就叫别人来评理,小苏不想让外人知道,就赶快让步。遇到这样的事,总是小卢占了上风,但小苏却对小卢的酒管得更严了。

有一个星期天,小卢想反正也不出车了,就把酒拿出来,准备喝点,小苏看见了,抢过酒瓶子,说什么也不让喝。也巧,就在这时候,小卢的领导来电话说,要用车。

在路上,小卢的车在过铁路的时候,突然熄了火,车发动起来的时候,火车鸣着笛开过来了,小卢赶紧把发动机摇起来,车尾刚离开铁路,火车便冲过去了,吓得小卢脸都白了,庆幸小苏没有让他喝酒,否则命就没了。

还有一次,在小卢到外出差时,小苏因为做饭,不小心把家具衣服都点着了,到后来,根本就没有剩多少,而小卢平时帮助的那些人,见他家里出了事,都从自己家里拿来了东西,帮助小苏把家又重新建了起来。

家和万事兴

王太太婚后因先生赴国外受训,小两口在国外过了半年的新婚生活,非常愉快。返国后与父母同住,生活就没有以前那么自由,凡事以公婆为主,说话不能太随便,也得穿戴整齐才能走出房门。不过,卧房内柔情蜜意暂时盖过她对这些生活上的不适应。

几个月住下来,最大的问题是和婆婆没话讲。她讲的东西婆婆听不懂,婆婆的想法她也不能接受,所以有时会有分歧,甚至摩擦产生。为了息事宁人,王太太干脆闭嘴不与婆婆争。可是婆婆却老大不高兴,跑去跟儿子诉苦。儿子就要太太多让着婆婆,多顺从老人家的话,也就引起太太心理不平。所以日常起居除了必要说的话如打招呼、叫吃饭等,太太便惜言如金。当然她没有恶劣的态度或傲慢的脸色,但是婆媳处于僵硬的气氛中,就像没有私人关系,只是在家人面前扮演媳妇的角色而已。

有一天王太太接到好友张小姐的电话,张小姐是先生公司里的同事,先生是主管。某日中午与部门同事聚餐,该部门女同事居多,谈起夫妻、婆媳关系,没想到王先生跟她们说太太与婆婆处得不好,深以为憾。张小姐听出话中之话,就打电话给王太太,王太太为此非常生气。她觉得丈夫怎么可以把这些事情跟外人讲,为什么不直接跟她说呢?她觉得这才是婚姻最大的危机,比婆媳问题更重要,于是去请教婚姻咨询专家。婚姻咨询专家指出,问题的根本还是在婆媳问题。丈夫本身也有压力,虽然他是回到自己父母家住,但他必也眷恋小两口单独相处的快乐时光。在家里既要顾到太太,又得回到原本跟父母相处的方式,所以他的应付方式是力劝太太顺从婆婆。他没有想到该用或能用什么新的方式来调适两代间的关系与相处。而王太太已经开始逐渐了解婆婆的个性,本来两个人就是生活在不同时代跟世界里。婆婆没读什么书,生活圈狭窄,当然观点就不同,所以不要嫌与婆婆没有话讲。

专家建议王太太找话题跟婆婆聊,当然先观察婆婆喜欢什么,虽然不一定要去分享她的生活,但是关心她的喜好,分享家庭内的生活。比如说婆婆喜欢听邓丽君的歌,若看到第四台有播放邓丽君的节目,立刻告诉婆婆,或者买婆婆没有收集到的邓丽君的 CD 送给她;如果婆婆关心米的价格,害怕日常生活用品涨价,王太太不妨耐心安慰物价上扬是必然趋势。

有时看电视时,不妨泡两杯好茶,坐在婆婆旁边。虽然没什么话讲,却是观看同样的连续剧。由连续剧的内容及婆婆的喜爱中找话题,开始有话聊,而且坐在婆婆旁边,坐久了彼此很习惯,有一种自然的亲近,也可以拉近婆媳之间的距离。有些小动作是可以用心去策划、去实行的。也因为婆媳之间有话讲,王先生也会加进来谈,人多话题就多,气氛就会更好。除家庭中找共同话题外,由于彼此有感情互相关心,家庭之外的话题,如媳妇的工作、上班生活或者是婆婆在外的交友圈等均可谈开来,大家共同分享。

王太太生丈夫的气是自然现象,先生就因夹在母亲与妻子之间,压力很大。所以他才会在同事间聊家庭琐事的情境中,不知不觉地也说出自己的苦处。其实那是蛮好的一个警号,而张小姐告诉王太太,也正是提醒王太太,这是一个相当好的时机,重新来整理夫妻、婆媳的问题。

吵闹也是磨合

一次开会,偶然坐进一辆才出厂的高级轿车,车内一片豪华崭新,各种指示灯闪闪发光,正巧又跑在高速公路上,我想这下可过瘾了,新车肯定会风驰电掣般地飞奔。谁知,司机却始终慢慢悠悠地控制着速度。我问其故,司机笑道,新车哪敢快跑呢,没过磨合期呀!我听后一怔,却又觉得有点意思。按道理讲,新车新马,力量强大,应该是放心大胆地使用。然而不行,必须得先小心翼翼地让各种齿轮和轴承咬合摩擦一番,相互适应一段时间之后,才能进入高速运行。这种机械磨合使我一下子联想到人与人之间的情感交流,特别是刚结婚的新家庭,是否也应该有段情感磨合的过程呢?

一般来说,新婚夫妇蜜月之中,爱得天翻地覆忘乎所以,理智早已飞到九霄云外。但是爱的暴风雨过去之后,一切又很快地恢复正常。家庭的存在形式并不是只靠爱情支撑,还有工作学习,还有上班下班,还有做饭扫地洗衣服,还有时时刻刻逼你费神的经济问题。这一切光靠爱情是融化不掉的。于是,因爱而结合的家庭里却生出恶言恶语:当初我怎么瞎了眼,跟了你这个窝囊废! 早知你这么多毛病,我宁愿打一辈子光棍! 不难看出,这些迅速反目的夫妻是缺乏感情的磨合。人与人之间有思想的差异,道德的差异,体质强弱的差异,这已经够麻烦的了,但更重要的是还有性格的差异。例如,有一个丈夫,勤劳正派而且脾气极好,可是由于胃口强健,所以吃什么都香得要命,香得吃饭时不由自主地发出"吧唧吧唧"的声响,特别是喝稀粥,更是香喷喷地"呼噜呼噜"。这其实不算什么毛病,但他瘦弱并神经过敏的妻子却承受不了,每到吃饭时便厉声呵斥:你吧唧什么! 你呼噜什么! 胃口强健的丈夫尽管被呵斥时立即噤声,可过后即忘,又情不自禁地"吧叽"和"呼噜"起来。后来事情发展到妻子骂丈夫是猪是狗,甚至闹到要离婚的地步。有的人好动,有的人好静;有的人愿说笑,有的人愿沉默;有的人酷爱清洁,有的人比较邋遢。诸如此类的差异,就像无数个小齿轮,一旦碰撞在一起,不经过细致的磨合,就会发生针尖对麦芒似的刺激。在现实生活中,每个人都有这样那样的性格,这样那样的想法,这样那样的生活习惯。如果两个人长期生活在一起,各自不同的东西就会顶撞对方。人的大错误一般是不理智造成的,反而好改正;人的小毛病却是性格和生活习惯形成的,往往不易消除。生活中的朋友交往和夫妻结合,往往并不重视对方的思想立场和观点什么的,而更多的是看重道德和举止行为。你是否诚实,你是否温柔,你是否讲卫生有礼貌,你打呵欠、你打喷嚏、你擤鼻子时是否面朝众人,你走路的脚形是否外八字或里八字,你坐着是否愿哆嗦腿,你睡觉是否梦呓磨牙打呼噜,甚至你愿梳什么样的发型,穿什么颜色的服装,都能成为别人反感和讨厌的缘由。正是这些小得不能再小,简直可以说不是毛病的毛病,却能使千百万家庭里大吵小闹,风风雨雨。

感情磨合是人与人最初相识时的一种相互了解、理解和谅解。每个人都在这种最初的交往中将自己的个性棱角切入对方个性棱角的间隙,也就像一凸一凹的齿轮咬合,才能正常运转,才能避免碰撞。严格地说,人几乎永远也改变不了自己的小毛病,磨合的内涵充其量是相互躲避对方的棱角而已。我们大多数家庭没有磨合意识,也不懂磨合,你硬我更硬,你吵我更吵,或吹胡子瞪眼地对骂,或喋喋不休地数落,彼此都想战胜对方,结果相互折腾了一辈子,各自带着各自死不悔改的毛病去见上帝了。结婚前,男女相互注重的是对方的相貌;结婚以后过日子靠的却是性格。倘若你认真观察,恋爱时甜蜜得要死要活的夫妻,婚后竟打得不可开交。有一对过得很亲热的夫妻幽默地对我说,我俩的架,在结婚以前都吵完了! 也许,这恋爱时的吵吵闹闹就是一种磨合。

第十四篇　公关俏点子

第一章　打造形象信心足

做事要规规矩矩,走路要抬头挺胸,步伐适度。不论在什么地方,一举一动,一俯一仰,都要表现得端正庄重,就像在机关或舞会上一样。衣服要穿得清洁整齐,态度要庄严端正,就是随便走动,或是抬头远望,都要时时注意自己的仪表风度。形象邋遢,与愚蠢糊涂的人一样会受到人们耻笑。

笑脸相迎　买卖自成

L先生就曾因为某个女性极具魅力的笑容,心甘情愿从腰包掏出钱来。

可别误会,他并非一看到小姐甜美的笑容就成了老迷糊,说钱,其实指的是募款的献金。

他非常赞成帮助社会贫苦无助的人,但因其中募金流向不明的欺诈亦时有所闻,所以对"街头募款"的劝诱通常都不加理睬。有一天,他在车站遇到了一个为救济外国灾民而组织募金活动的女性。正打算视若无睹侧身而过时,冷不防她却把一个献金箱挪到他面前:"谢谢!"虽然他猛摇手"不",她也不移开。

他以不快的强硬语气说道:"我不会捐的!"但她一点也没有厌恶的神色。

"这样子吗?那,还是谢谢你了!"说着,她露出洁白的牙齿亲切地微微一笑。

那笑容不仅爽朗而且深具魅力。不知不觉

笑脸相迎,买卖自成。

他追上转身离去的她,掏出百元大钞投入募金箱里。这不就充分地说明了笑容的魅力较之能言善道的推销话术更具有说服力吗?

也许你正在感慨"算了吧！恋爱、结婚、健康，那些根本不成问题，我只担心自己没有钱而已……"在现今这个世界，没有钱确实悲惨。但即使如此，亲切的笑，也说不定会有如带来幸福的青鸟般解决所有的烦恼。"有钱"跟"笑容"也同样有着密不可分的关联。

有一次，L先生的诊所来了一位推销保险的女业务员，年纪约三十五六岁，算得上是个活泼又富行动力的美女。她说："由于自知齿形外观不雅，所以无法有足够的自信龇齿而笑，希望能带给初见面的准客户更好的印象。"在齿形治疗的一个月中，他指导她做"微笑训练操"，同时告诉她笑的魅力。

三个月后，她以明朗快活的语调打电话到诊所来，说她的营业额竟然增了一倍。对自己的笑容有了自信，就能带给客户好的印象，而自己也会因此变得更积极更有活力，这绝对不是偶然的侥幸。

此外，L先生还曾被某个推销牙齿百科全书的业务员之笑容所感，购买了一部近千元的百科全书。而他一打听，其他牙医朋友们也几乎全买了。

据说他是推销该百科全书的公司里的一流业务员。L先生私下请教，他才带点不好意思地说，他的秘密在于，在准客户的门前，一定先确认自己的笑容后才敲门拜访。

"笑招好运来"。想要赚更多的钱，亲切的笑容，是无上至宝。实际上，在上海有家百货公司，两年前就开始在开店的前五分钟，集合员工做微笑训练操，演练与客户应对的要求。

笑能让你变成一个令人欢迎的人。上司肯与你探讨问题，同事肯与你倾诉衷肠，客户肯与你保持联络：你成功了。

记住，这是笑带给你的。

笑容是一个最具风情的表情。如果一个人每天都是春风满面，笑容可掬，别人对他的感觉和印象肯定会特别深刻。无论你是应聘工作、洽谈业务，还是赶赴约会、出席酒宴，微笑都能使你魅力大增，收到意想不到的效果。

微笑一方面是一个人良好心境的外在表现，同时也会使周围的环境融洽，使自己获得一个升迁与发展的好机会。

有人说，笑容是支点，能力是杠杆，有了这两样，能撑起整个地球。在美国能在工作上出类拔萃的女性，大多也是具有细心周到和亲切笑容这两项优点的人。竞争愈是炽烈，胜负的关键与其说取决于能力，倒不如说取决于能让自己显得更出色、更如虎添翼的魅力。

在你心里想着"对那种老顽固主管，我才懒得一笑呢！"或"客户公司里的烂部长，光皮笑肉不笑就足够！"时，何不试试相信微笑的力量，诚心地以笑脸应付呢？绝对不会有什么损失吧？！

笑脸迎怒骂

"挨骂的高手是笑容高手"。

在成长过程中从高龄的祖母那里学到这句教训的梅小姐，在对方发怒的时候就会自然地展现笑容的效果。

她就职于某中型证券公司，任董事长秘书。该董事长从一介股票捎客苦熬出身，短时间内建立了公司的规模。虽说对外很善于交际应对，但对公司员工却极其严苛，常常当面就显露个人激烈的好恶。

董事长秘书的职位从来没人待得长久，梅小姐已经是第五位接任该职的人。而至今她已在该职服务了八年，薪水也不断地调高，这使得公司从业员工震惊不已。

有一次，某位员工问董事长之所以长期任用梅的理由。董事长以少见的温和笑容回答："即使在我心情恶劣大声怒斥她的时候，她也绝对不会显露不悦的脸色，总是以笑容应对。一看到那笑容，不知为什么就觉得自己乱发脾气实在有如笨蛋一般。以前的秘书则是一挨骂就摆出一副臭脸或哭丧脸，而令人更火上加油……"

像这样，被上司或前辈斥责的时候，以笑容应对能使对方尽早息怒。

微笑着面对上司，面对同事，不但能避免被炒鱿鱼的危险，还能为自己赢得工作上的协助。

有人曾在烧烤店听到某位年轻的上班族和同事的对话："我真服了公司的 S 小姐了。做事慌慌张张老是失败。不仅如此，还粗心大意、漏洞百出。但是，失败时总是红着脸说'对不起'，同时还不好意思地微笑。一看到那笑容，最后只能是包庇她，而自己的工作负担反倒加重了。"

听了这话，不难想见 S 小姐微笑的力量。

笑容可以补充我们缺欠不足之处。虽然做事老是失败，似乎没什么工作实力，S 小姐却以漂亮的笑容带给工作场所明朗的气氛，给同事好感，这是超乎工作实力之上的能力。

由此可见，特别是失败时能率直地道一声："对不起!"再赔上笑容，就已挽回了失败的一大半了。

通常工作能力愈强的人，自尊就愈高，也愈不能率直地承认自己的失败。但有些失败并不是只靠自己的能力就能修复的，这时如能仰仗同事或上司的协力就万事 OK。所以何不抛弃那种虚假的自尊，以笑脸道歉，并请求协助，这才是真正的聪明人。在这种时刻，你必须更相信微笑的力量。

但在此需注意，当你的失败使得上司或同事发火动怒的时候，首先必须严肃正经地道歉，然后才以笑脸说明事情的缘由。否则就被认为是嬉皮笑脸，可能会火上加油，惹来无妄之灾。

对自己的外貌负责

据《清史稿·曾国藩传》记载,每逢选吏择将,他必先面试目测,审视对方的相貌、神态,附会印证相书上的话,同时又注意对方的谈吐行藏,二者结合,判断人物的吉凶祸福和人品才智。在他的日记中,有多处记载着初识者的相貌特征和他对其人的评价,曾国藩正是依靠这些积累来用人的。

一个人的内在品质常常能通过外貌举止而反映出来,所以举止外貌要注意得体,而不能轻浮,以免给人不信任感和厌恶感。正因为如此,清代名臣曾国藩反复告诫兄弟及子女说:"形貌举止很轻浮,这是一大弊病,以后应当时时注意。无论是行还是坐,都必须庄重。早起床,有恒心,举止稳重。"除了坐与行之外,曾国藩认为说话速度也是一个重要方面,他对自己的儿子说:"说话速度过快,举止不端庄持重,是品德不佳的表现,而说话速度迟缓,举止庄重,就表明你在品德修养方面大有长进了。"曾国藩自己就是一副沉稳而缓言的外貌,而这是数十年磨砺和反复修炼的结果。

换句话说,反映一个人这种内在气质的外貌举止,它是"一个人性格的外观"。所以我们不能不关心自己的脸啊!如果不注意外貌举止,很有可能会耽误一个人的前程。

豪爽惹出的麻烦

老邓是某县委书记,其领导班子内,有三个年轻的秘书,都是女士。本来这三位女士工作能力都挺强的,也经常受到老邓的赞扬,可他们之间关系总是好像有堵墙一样,老邓的称赞,也激不起这三位女士内心的激动。原来老邓为人豪爽,颇有大男子汉气度,讲话不避嫌,在称赞用语中经常用一些"牛×"或者"他妈的绝了"等词。虽说这些赞语对于那些老同事或下属来说都已习以为常,但这三位刚刚从高校中出来,受过正规教育的女士却感到极不舒服,毕竟她们脸皮薄。可老邓没有考虑到这几点,于是这三位年轻下属总是有意拉远与他的距离,这使待人热情、平易近人的老邓感到非常尴尬。有一次,他发现,他刚刚称赞了其中的一位女士"这次工作报告写得不错,真是太牛×了"。三位女士都借故走了出去,这使他很是纳闷。

后来,当三位秘书中的一位交入党积极分子思想汇报时,老邓连哄带"威胁",才搞清楚了,他没有注意到自己的下属是三个女性,并且是年轻的女士。意识到这一点后,老邓就非常注意自己的措词了,在关系熟的老同事面前,粗话还不时"蹦"出,可一到了陌生的场合,或者是年轻下属面前,讲话真是字斟句酌,对他们的称赞,也变得含蓄委婉起来。如此一来,老邓和三位女士之间的关系轻松多了,她们再也不躲着他了,日常工作中的合作很愉快,老邓还为她们中的一个作了大媒呢。

在这个事例中,老邓对年轻下属的赞扬,没有考虑到她们是女性,且刚从学校里出来不久,称赞的言词欠考虑,于是出现了这种尴尬的局面。等到老邓意识到这一点之后,对自己的言辞做了调整,他们之间的关系就好多了。另外,领导对年轻女下属的赞扬也不可太热情,这样有时会引起误解。也许对当事人没什么,但对于其他的人来说,就会感到有"情况"了。所以领导对年轻下属的赞扬,首先要考虑其性别。另外,由于每个人的出生环境不同,性格也不一样,那么,领导对年轻下属的赞扬也要考虑其个性的差异。

俗话说"一母生百般",即使亲兄弟之间的性情脾气也有所不同,更何况是来自五湖四海的职员了。每个人由于其个性的差异,其所喜欢的赞扬方式也就有所不同,有的人喜欢含蓄委婉,有的人喜欢直露,有的人喜欢日常工作中的一个眼神及一个手势般的赞扬,有的人喜欢在正式场合的称赞。这就要求领导者要熟悉年轻下属的个性,照顾到年轻人的特点。如果你对喜欢含蓄的人用直来直去的赞语,就难以达到赞美的预期效果;若你对喜欢直露的年轻下属用较为含蓄的赞语,也许他根本不能领会。领导者在不能了解年轻下属的个性之前,不要轻易运用赞语,这时的赞语就要是试探性的。

幽默敲开心扉门

一位将军到基层检查工作,他召开了一个士兵座谈会,想了解一下士兵们学习马列主义基本常识的情况。尽管将军深入浅出地启发、平易近人地引导,但士兵们还是有点紧张,显得拘谨。突然,事情有了转机,将军问一名士兵:"你知道马克思是哪国人吗?"那名士兵"啪"地立正,并不假思索地回答:"马克思是苏联人。"刹那间,知道答案的士兵和在场的军官都想笑而又不敢笑,有的人甚至为这名士兵担忧,以为将军会对他严加批评。可谁也没料到,将军却笑容可掬地说:"是呀,马克思也有搬家的时候呵!"话音一落,笑声四起,座谈会的气氛顿时变得活跃起来,士兵们大都说出了自己的心里话。

又有一次,一位女主人给两位登门造访的老同学端上两杯咖啡,一位老同学开玩笑地对另一位同学说:"秃子跟着月亮走——我是沾你的光。"不料女主人的丈夫满脸不悦地走开了,原来这位丈夫是中年谢顶的人。这种使人张口结舌、面红耳赤的尴尬处境,大部分人都体验过。

马有失蹄,人有失手,有时因自己幽默不慎造成交际气氛不顺畅,那就需要当事人随机应变,说话知趣,化遗憾为情趣,变被动为主动。

说出这种使人窘迫的话的人,往往是熟悉的朋友、同事、亲戚或客人。他们依仗亲密的关系肆无忌惮地出人丑,或者公开揭你的隐私,讲述你过去干过的傻事和闹过的笑话。当然有时对方也是在无意中,说出了你的隐痛之处。下面几种方法可以帮助你应付这种尴尬处境。

人们受到影射讥讽之后，最容易花很多时间去想对方为什么这样与我过不去，一定是对我有什么"深仇大恨"才使我当众出丑。其实有的人不仅对你，对别人也常调侃取笑，是一种以我为主的性格，并不是有什么恶意。有了这种认识后，心境就不会那样紧张激动。

如果对方出于口误或语意的巧合，你完全可以装着一无所知、不动声色，这样可以防止自投罗网，不打自招。即使对方真是趁机羞辱你，如果在场的人并没领悟其意，也可采取前面的方法对待，防止落入众人调笑的境地。如果是众所周知的调笑，也要看他是谁，是亲密的朋友，可以用善意的讥讽去回敬他。

幽默可以能使人在生活中化险为夷，有时不妨试试幽默的武器。萧伯纳有一次遇到一位胖得像酒桶似的牧师，他挖苦萧伯纳："外国人看到你这样干瘦，一定认为英国人都在饿肚皮。"萧伯纳谦和地说："外国人看到你这位英国人，一定可以找到饥饿灾难的根源。"

言多必失

新参加工作的同事孙小姐，非常令人感到厌烦。孙小姐虽然是个可爱的姑娘，但她满不在乎的样子实在让人手足无措。迟到、打私人电话等，别人指出时就说"对不起"，但转眼又会重复同样的事情。过多地对她唠叨，她就说你欺负她。男同事还对她姑息迁就……

一次，当孙小姐正在与领导交谈的时候，外面来了两个人，一男一女。他们笑容可掬地忙向领导递出了名片。领导一看，是电台的，问他们有什么事。那个年龄稍大一点的男士说："听说咱们单位的工作今年搞得不错，电台想把咱们单位宣传一下。"话说得很甜，用了"咱们"一词，好像是一家人似的。

不过，这个领导心里十分明白，电台是要钱来的，领导太熟悉这个了。领导沉吟了半天没说话，因为不想出这笔冤枉钱，也不想出这个风头。只是一时想不出用什么办法来应付电台的人，这种人是惹不起也躲不起的。

这时，孙小姐见领导没说话，便对电台的人说："我们领导可是好样的，你们应该把我们领导好好宣传一下。"领导见孙小姐多嘴，便忙向孙小姐使眼色，孙小姐却不知其意，继续对电台的人说："你们要宣传，就要选择一个比较合适的时间，如果你们的宣传不适时，就会对我们单位的工作不起作用。"

电台的那个女士说："这好说，我们一定会按你们的要求来安排播放时间的。咱们的工作都是为了互相支持嘛！"

领导看孙小姐好像就要和人家定时间了，便打断孙小姐的话说："这样吧，让我考虑一下，我感觉发一个短讯就行了。"这话的目的是想一方面不得罪电台，也不花冤枉钱，至少是少花冤枉钱。

孙小姐却说："怎么能只发个短讯呢？那有什么宣传力度？"电台的男士说：

国学经典文库

中华点子库

公关俏点子

图文珍藏版

"说得也是啊，咱们出色的成绩怎能只发一个短讯呢?"领导白了孙小姐一眼，孙小姐仍不知自己的话已经让领导十分恼火，准备张口。领导见状，没好气地说:"你不说话行不行?"这时，孙小姐张开的嘴才闭上了。领导对电台那一男一女说:"这样吧，让我考虑考虑再说。"电台的人走了。领导十分生气地对孙小姐说:"你这人为什么话这么多!"

这样的人，在生活中被人们称作无趣的讨厌鬼，他们不知道该在什么情况下说话，在说话时该说什么话。本来电台来的人是找领导的，孙小姐作为一个闲人，如果有一些交际常识，便会立即走开，因为人家并不是来找孙小姐的。退一步说，即使没走开，也不应该插嘴。孙小姐却不但插了嘴，而且话说得又让领导十分难堪。

任何一个有一些生活常识的人，都知道在一定的场合中自己应该怎么做，但就有一些人，不能管住自己，特别是不能管住自己的嘴。这样的人必定是言多必失。

恶语不可言

汉代有个官吏叫杨恽，特别爱发牢骚。由于他好揭人隐私、爱发牢骚的老毛病总也改不了，自然就结了好多仇家，与他势不两立，可他却仍我行我素，自以为得意。结果别人也就以其人之道，还治其人之身，向皇帝上书密告他诽谤，图谋不轨。皇帝看了之后，还念着他以同样手段替他除去霍光的功劳，不忍心像对待霍光那样，把他处死，而只是革去官职，免为庶人。

按说，在那个"人吃人""人咬人"的社会里，深知"伴君如伴虎"之秘密的杨恽，理应吃一堑长一智，在各方面有所收敛了。谁知，杨恽竟是一个生来认死理儿的人，不但不知自检，反而把一肚皮怨气用另一种方式发泄出来，向自己的政敌乃至主子示威。为此，他花钱大治产业，每日大宴宾客，饮酒高歌，闹得乌烟瘴气，很不像话。这事不久被他的一位好朋友孙会宗知道了，他预感到杨恽这样搞是十分危险了，为了两人的友谊，也是不忍看到他再遭遇什么不幸，孙会宗就很诚恳地给杨恽写了一封信，劝他收敛锋芒，自加检束，不要再惹是生非，免遭不测。

谁曾想，杨恽一看这封原为善意而写的书信，竟然如火上浇油，愈加发出了牛劲儿，公开给孙会宗写了一封充满"棱角"的回信，说什么"窃自思念，过已大矣，行已亏矣，当为农夫以没世矣。田家作苦，岁时伏腊。烹羊羔，斗酒自劳。酒后耳热，仰天拊缶而呼乌乌。其诗曰:'田彼南山，芜秽不治。种一顷豆，落而为萁。人生行乐耳，须富贵何时?'诚荒淫无度，不知其不可也。"

这信，表面上看似乎也在检查自己，但骨子里是在发牢骚，述不平，怨恨之气跃然纸上，这些当然逃不过他那些政敌的眼睛，恰好这时又发生了日蚀，这在那个科学尚不昌明的时代，正是捕风捉影、造谣生事的好机会。于是，杨恽的政敌就拿着他写的这封信，向皇帝进谗言说:"杨恽这个人早就怀有野心，现在更加骄奢淫逸，一肚子牢骚，拒不悔过。这次日蚀之变，全是因为他触犯上天才发生了的，应该重重治罪！"

这一下白纸黑字，可把皇帝惹怒了，立刻命人把杨恽抓来，草草杀掉了。

牢骚于事无补，从上面的事例中可见一二。

有人用发牢骚、讲怪话的方式来表达自己的不快、不满和不幸。这种方式显然是消极的，但在某种特定情况下，也不失为一种消除烦恼、宣泄不满的办法。

发牢骚，主要是发泄"怨气"，讲自己的倒霉事。爱发牢骚的人常常有一种颓废情绪，说的话是"真没劲！""干什么都没精神！"他们有的是真的没精神：做事懒洋洋的、办事没有效率、遇事总往坏处想、看什么都不顺眼，这是精神颓废、思想空虚的结果。有的人每时每刻都在享受着大自然的无私奉献，而社会也待他们十分宽厚，给予他们名誉、地位、美满的家庭、舒适的工作、很高的待遇。可他们却整天牢骚满腹，怨天尤人，散布悲观的论调。他们并不是真正感到了生活的无聊，只是没有意识到自己正生活在幸运之中，所谓身在福中不知福，或是不愿在大家面前承认这种幸运。相反地，却将"无聊""没劲"当作时髦的语言，故作"风雅"，做出一种鄙视人论、不随俗流、看破红尘的样子。假如真的让他们隔断尘缘，放弃人生，他们是不会答应的。

爱发牢骚的人，喜欢向好发牢骚的人发牢骚。牢骚的情绪互相传染。当一个人开启话头，有同样感受的人就会引起共鸣，互相传播无聊的情绪。仿佛事物的性质会因发发牢骚而改变。

其实，我们都知道，发牢骚丝毫改变不了事物的状态和性质，它能起的作用仅仅是把不满的情绪表达出来，赢得一些赞同或附和，使因不满和怨气造成的心理压力减轻一些。

从根本上来讲，发牢骚是知识分子对自身价值得不到实现的一种发泄，但这种情绪是一种消极因素，最终会给自己带来伤害。

盛情之下　岂容推辞

马副厂长要辞职了！这个消息不啻一颗炸弹，在平静的咖啡厂里"炸"出了阵阵涟漪。

许多人都想不通，马副厂长为什么要走呢？马副厂长是厂里数一数二的技术尖子，还是区里的人大代表，现在正是红得发紫的时候呢！

事情还得从一年前说起。

一年前，马副厂长参加了局里组织的休养团，到千岛湖去放松放松。徜徉在美丽的山光水色之间，马副厂长长年绷紧的神经难得地有了一点放松。

那天，休养团自由活动，他买了张竹筏票，乘在竹筏上，任凭思想自由飞翔。

与他同乘一张竹筏的，有一位南方来的客人。闲聊之中，南方客知道了马副厂长的身份，兴趣大增，热情地说："我们是同行！"

南方客进一步向马副厂长说,他们的食品厂是一家新开的企业,缺少技术,缺少人才,因此,他很欢迎马副厂长能够到他们厂里去指导工作。

马副厂长没有把他的话当真,只是礼貌地点了一下头。

马副厂长没有想到,第二天晚上,南方客就来到了他住的宾馆,不知他用什么办法打听到了马副厂长的房间。一阵寒暄之后,他从口袋里掏出了汽车票、飞机票,一脸诚恳地说:"马厂长,我向我们厂长汇报过了,我们厂长非常欢迎你到我们广东去做客。"

"这……"马副厂长一下子给搞懵了,"这怎么行呢,我很快就要回上海了。"

南方客说:"你一个厂长,还做不了主吗?"

马副厂长推辞着送到他手边的票子,说:"以后有机会我一定去。"

南方客以不容置疑的口吻说:"马厂长,咱们已经是朋友了,你可不能拂了我的面子呀。我们是真心实意地要向上海老大哥学习。厂长已经交代我了,不把你请到,下个月的工资就不要拿了!"

马副厂长实在缠不过南方客,只得苦笑着说:"让我考虑考虑……"

"好!"南方客高兴地说:"咱们后天一起走!"他把车票、飞机票塞给马副厂长,就告辞了。

恭敬不如从命,马副厂长终于登上了南下的飞机。在广州,他受到了从来没有过的礼遇,一共只待了三天,可厂长天天陪着他,又是逛名胜,又是洗桑拿。

马副厂长是个干事业的人,他很想到他们厂里去看看生产情况。可这回他们却并不着急了,厂长说,以后有的是机会,还是先好好地休息再说吧。三天过去了,马副厂长只是在他们厂里转了一圈。

当马副厂长离开广州的时候,他们厂里送给他一大堆的礼品:西装、手表、全套邮票,还有2万元现金。无功不受禄,马副厂长怎么也不好意思收下这么多贵重的东西,双方推来挡去,最后马副厂长没有收下现金,而那些礼品则只能笑纳了。

从此,马副厂长与南方的这家工厂结下了不解之缘,那位千岛湖上结识的南方客,更与马副厂长成了好朋友。

马副厂长回到上海不久,南方客就来到了他家里。时值盛夏,看着他大汗淋漓地背着一大麻袋西瓜,气喘吁吁地爬上自己居住的六楼,马副厂长实在感到不好意思。

南方客坐定以后,四处打量了一周,说道:"马厂长啊,你就住这样的房子?"

马副厂长不好意思地笑了笑。凭良心说,马副厂长的房子在上海不算档次太低的了,两室一厅,像他这样的四口之家住着也不算拥挤,当然,马副厂长一直想能有一间像样的书房,但是他深知自己这个想法恐怕只能在下辈子再实现了,厂里几千号人,有许多工人至今还睡在阁楼上呢!

南方客说:"马厂长,像你这样的人才,在我们那边,起码住四室一厅,外加空调!"

马副厂长笑了笑,说:"你们南方,改革开放跑在前边,住房舒适一点,也是应当的。"

南方客趁热打铁,"马厂长,我看你还是到我们厂去工作吧。我回去跟厂长说说,你仍旧当你的副厂长,我们决不会亏待你的!"

一顿晚饭,他与南方客两个人整整干掉了一大瓶泸州大曲。两个人的话也越说越投机。

随着马副厂长与南方客的友谊不断加深,他家的生活也得到了明显改善。终于,马副厂长告别了他工作几十年的咖啡厂,合家老小移居南方了。

时刻尊重别人

一位求职人员收到某公司寄来的一份拒绝通知,他已知道自己不被录取的消息。

即使如此,他还是很客气地对介绍者说:"承你帮忙,只可惜我自己的能力不够,实在非常抱歉。不过,我还是写了封信给对方,感谢他们曾经给我机会,也希望你能代为致意。"于是,当下介绍者就给那家公司的朋友打了个电话。

几天以后,这位朋友又给了介绍者一个电话:"请你转告你的朋友,让他近日到我们公司上班。"

事情就是这样戏剧化,原本只是一个考试不合格、未被录用的人,由于他懂得如何尊重别人,反倒给自己带来意外的收获(另一次机会)。事实上,当他那亲切、有礼的来信,在各主试者之间传阅的同时,大家突然发现——他正是公司最需要的人才,一位懂得尊重别人也尊重自己的人。

生活中,我们只要花一点脑筋尊重别人,就可以使别人快乐,而你对他人的尊重也必定会赢得人们对你的首肯。

做人难,做好人更难,这是许多人感叹的一件难事,而做人最重要的一点是能尊重别人。所以,古代人在《郁离子》中指出:用人之法首先要尊重对方,让对方觉得自己有被对方重视的感觉,这样他才有可能全心全意地去做你让他做的事。由此可见,尊重他人既是一种美德,也是一种文明的社交方式。

《世说新语》记载,郗超与谢玄原来不和。苻坚将要进攻晋国,已经占领了梁州和岐山,又虎视眈眈地注视淮阴。于是朝廷决定派遣谢玄领兵北伐苻坚,社会上很有些不同的议论。只有郗超说:"这次北伐一定能成功。我过去曾和他在桓宣武府中共过事,被他使用的人都能人尽其才,即使是一些极普通的人,也能得到任用。由此看来,他一定能立大功。"大功告成以后,当时人们都感叹郗超有先见之明,又尊重他不因为自己的爱憎隐瞒别人的优点。

即使是政敌,如果借机攻击与自己不和的人,也是不道德的。如果能够实事求是地尊重对方,这对于缓解双方矛盾和提高自己的声誉都是有益的,郗超是深明此理的。

以和为贵

在三国历史上,也有个以"和"胜"杀"的故事。马超归顺刘备后,就被任命为平西将军,还封都亭侯。马超见刘备待他宽厚,就大大咧咧地不注意君臣礼节了。他经常和刘备说话时直呼刘备的名字。关羽对此很生气,请求杀了马超,刘备不同意。当然杀马超是不对的,但任其这样放肆下去,也是不行的。张飞想出了一个计谋,他说:"我们给他做出礼节的示范。"一天,刘备召集全体将领,关羽、张飞一同带着刀恭恭敬敬地站在刘备身旁。马超过帐后,看座席上没有关羽和张飞,抬头一看,见他俩站在那儿侍候,很受震动。论关张二人的地位及与刘备的亲密关系都绝非马超可比。他们尚且如此执君臣之礼,怎能不令马超意识到自己的疏忽之处呢?此后马超再也没有越礼的举动,对刘备非常尊敬。

张飞不用一句话,也不伤一点和气,就教马超心服口服,知错改过。这种方法既符合"和气"原则,又平和地解决了问题,看似简单,确实是最为有效的管理手段。

俗话说:"和气致祥",和气相处可以带来吉祥。在一个家是如此,在一个单位和一个社会更是如此。如何保持和气呢?古人指出"长傲""多言"是破坏和气的两大因素,更是历代战争和残杀的原因,而要做成熟的人就应该谦虚而少语。

"和气"是团结的基础,也是生财的基础,现代人更要讲究一团和气。

暗中调停

宋英宗刚即位时,一天慈寿太后差人送给韩琦一封密札。密札中说皇上和高皇后不侍奉她,要韩琦"为孀妇做主",并敕命太监等着韩琦回报。韩琦只说:"领圣旨。"将太后派来的太监打发走了。

一天韩琦上了封札子,说有重要事请示,需要单独见皇帝。于是英宗单独召见了他。见面后,韩琦对英宗说:"您不要吃惊,有一封信必须给您看,把事情说明白,只是不能泄露……皇上能有今天,全靠慈寿太后的力量,此恩不可忘记。然而既不是亲生母子,只要多加奉承,便可以相安无事了。"英宗说:"一定接受先生的教益。"韩琦又说:"太后的这封信,臣不敢留。希望能在宫中秘密烧掉,如果泄露出去,谗言将会趁机兴起。"英宗连声赞同。这以后,太后与皇帝、皇后的关系很融洽,人们根本看不出曾发生过矛盾。

韩琦把皇帝家的家务纠纷解决得如此漂亮,不愧为一代名臣。他的计谋总的出发点是以大局为重,不激化矛盾,采取了暗中调停的办法。我们今日如遇到此类问题,不妨也向韩琦学一学。

俗话说:"清官难断家务事。"对一些棘手的家庭问题,不论是自家的还是别人的,都应该本着"和为贵"的原则,这样才能照顾到方方面面,大事化小,小事化了。

让对方有被器重感

我们从一家旅馆经理的口中学习到一项重要的人际交往原则。这位经理惯作的口头禅是:

"不告诉对方理由,而用高压态度命令别人做事,是不会成功的。"

有一天,这位经理叫一位男服务生到一个房间关窗户。在这位男服务生可能埋怨不应该叫他去做只要女佣就可做的事之前,经理已经以非常慎重的态度告诉他:

"那个房间里的窗帘价格非常昂贵,你现在必须赶快去把窗户关好,否则待会儿台风刮来,窗帘如果损坏,那将是我们相当严重的损失。"

这位男服务生听完之后便飞奔而去。我们必须向各位说明的是:这位男服务生认为自己负担的责任将不仅是关窗户而已,他是要去挽救价值昂贵的窗帘。

并不是所有的人都有强烈的责任感,因此,请各位务必铭记下面的规则——让对方知道他必须如此做的理由:让对方认为他是担负某项任务;让对方了解他的工作非常重要。根据心理学家的说法,每个人都盼望自己受人瞩目、受人欢迎。我们应该设法满足别人的这些企盼。

西屋公司对员工做过一项实验,此项实验的目的,在于调查影响工厂生产力的变因。

他们选出一部分员工作为实验对象。首先,他们改善这些员工工作环境中的照明设备,以探究照明设备是否影响生产力,结果显示生产力因此大大提高。然后,他们把照明设备恢复原状,结果生产力仍然提高。因此他们控制的变因包括:工作时间长短、休息时间长短、膳食好坏等,结果均发现,不论变因改善,或是恢复原状,这些人的生产力均能提高。调查的结果,似乎说明了没有任何一项的变因可以影响生产力。

但是,谜底终究还是被解开了。这些被选为实验的员工,因为自己的人选而感到责任重大,因而产生荣誉感,这就是他们工作情绪和效率提高的主因。过去,他们感觉自己不过是大机械中的小零件罢了,没有人会特别认真卖力工作。可是现在却是完全不同,他们已经成为全工厂瞩目的焦点。他们已经被赋予重任,他们知道自己已经不再只是领薪名单的一员,而是被人赏识、被人当作是真正的人才。所以,他们必须有所改变。

各位不妨好好深思其中道理。当我们和别人相处时,也一定要能够满足对方的企盼,如此我们才能充分掌握对方的心思和行动。

微笑溶解矛盾

一位顾客从食品店里买了一袋食品，打开一看，都发霉了。他怒气冲冲地找到营业员，"你们店里卖的什么东西，都发霉了！你们这不是拿顾客的健康开玩笑吗?!"

几个顾客闻声过来。

营业员面带笑容，连声说："对不起。对不起。没有想到食品会坏，这是我工作失误，非常感谢您给我指出来，您是退钱还是换一袋呢？"

面对这诚恳的微笑，顾客还能说些什么呢？

看，笑的内涵多丰富，多含蓄！这是一种武器，是一种寻求和解的武器。

一对闹了别扭的情侣又在公园见面了。男的沉默了半天，终于开口说："你——能原谅我吗？"言语恳切，表情紧张。

女的看着他，羞怯地笑了。

男的笑了，笑得很开心。

可见，难以用语言表达心境的情况下，笑，是最好的交流工具。

微笑是琼浆、是蜜液，带给人们快乐、温馨、鼓励。微笑是友好的标志，是融合的桥梁。微笑可以化干戈为玉帛，协调人与人之间的关系，可以为办事儿创造快乐的气氛。

我们国家很早就发现了微笑的妙用，而且人人皆知："抬手不打笑脸人。"笑能将怒气挡在对方体内，阻止他的进攻，从而使自己不受伤害。

一些不懂得利用微笑价值的人，实在是很不幸的。要知道，微笑在社交中是能发挥极大效果的：无论在家里、在办公室，甚至在途中遇见朋友，只要你不吝惜微笑，立刻就会收到你意想不到的良好效果来。难怪有许多专业推销员，每天清早漱洗时，总要花个两三分钟时间，面对镜子训练自己的微笑，甚至将之视为每天的例行工作。

"笑是人类的特权"。微笑是人的宝贵财富。微笑是自信的标志，也是礼貌的象征。人们往往依据你的微笑来获取对你的印象，从而决定对你所要办的事的态度。只要人人都献出一份微笑，办事将不再感到为难，人与人之间的沟通将变得更加容易。

微笑在办事时的奇特魅力表现在：

一、微笑是以柔克刚的"妙招"。

法国作家阿诺·葛拉索说："笑是没有副作用的镇静剂。"办事时，遇到的人有爱发脾气者，有刻薄挑剔者，有出言不逊、咄咄逼人者，也有与你存有隔阂芥蒂之人，对付这些"难对付之人"，"含蓄的微笑往往比口若悬河更可贵"。面对别人的胡搅蛮缠、粗暴无礼，只要微笑冷静，你就能稳控局面，用微笑缓减对方的刺激，以微笑化解对方的攻势,从而以静制动,以柔克刚,摆脱窘境。我国乒乓球选手陈新华,在一次与瑞典选手比赛时,总是面带微笑。也正是这微笑,使他在输赢的关键时刻,镇定自若,愈战愈勇,使对手束手无策,心慌手乱,败于陈新华手下。微笑和球技使陈新华获得了世界冠军的殊荣!

二、微笑是融洽气氛的"润滑剂"。

当客人来访或是你走入一个陌生的环境,由于陌生或羞涩,往往会端坐不语或拘谨不安。此时,你若微笑,就能使紧张的神经松弛,消除彼此间的戒备心理和陌生感,相互产生良好的信任感和亲近感。记住:要使他人微笑,你自己得先微笑。

三、微笑是巧妙回绝的"借口"。

在喧闹的影剧院入口,小王正忙着检票。忽然看见一个熟人无票挤至门口,想凭关系入场。只见小王微微一笑,面带歉意地摇摇头。那人见此"信号",也只好以含笑作答而离开。

"上山擒虎易,开口求人难"。当别人有求于你,往往都有惴惴不安的心理。此时,你想拒绝又无法说明原因,也不便向对方多说什么道理,但不得不让对方"下台"。说"行"不好,说"不行"又会使对方不安心理加剧而产生强烈的反应。怎么办? 微笑。它既能缓和紧张的情绪不使对方难堪,又能免去言语不周而导致的麻烦,取得"此时无声胜有声"之效。而且,微笑还能为你赢得思考时间,借以找到巧妙的处理方法。

四、微笑是传递歉意的"载体"。

微笑不是奴颜婢膝,而是一个人涵养的外化,是对他人和蔼友善的表示。它能反映出你控制和表现自己情绪的能力,也能显示你主动热情、坦率大方的个性。当你不慎得罪了你的朋友和同事,当你无意冒犯了你的上司和长辈,你很想向他们解释道歉,却又碍于颜面难于启齿,这时,只要你主动真诚地向他们报以微笑,一切便会和好如初。

寻求别人理解

80年代初,著名的引滦入津工程曾一度因炸药供不上,面临停工、延误工期的困境。领导心急如焚,派李连长带车到东北某化工厂求援。

李连长昼夜兼程千余里赶到化工厂供销科,可得到的答复只有一句话:眼下没货! 他找厂长,厂长忙,没时间听他多解释,他跟进跟出,有机会就讲几句;他软缠硬磨,厂长不为所动,硬邦邦地对他说:"眼下没货,我也无能为力。"

有时候你去托人办事,对方推着不办,并不是不想办,而是有实际困难,或心有所疑。这时,你若仅仅靠行动去"泡",很难奏效,甚至会把对方"泡"火了,缠烦了,更不利于办事。

如遇这种情形,嘴巴上的功夫就显得十分重要了。

在上述情景中,厂长劝李连长另想办法并给他倒了一杯茶水。李连长并不死心,他喝了一口茶,看到这水又找到新话题:"这水真甜啊!天津人可是苦啊,喝的是从海河槽里,各洼淀中集的苦水,不用放茶就是黄的。"他一眼瞥见厂长戴的是天津产的手表,接着说:"您也是戴的天津表?听说现在全国每十块表中就有一块是天津的,每四个人里就有一个人用的是天津的碱,您是办工业的行家,最懂得水与工业的关系。造一辆自行车要用一吨水,造一吨碱要160砘水,造一吨纸要200砘水……引滦入津,解燃眉之急啊!没有炸药,工程就得延期……"

他说得很动情,很在理。厂长理解了他的急切心情,同他聊了起来,问:"你是天津人?""不,我是河南人,也许通水时,我也喝不上那滦河水!"厂长彻底折服了,他抓电话下达命令:"全厂加班三天!"三天后,李连长拉着一车炸药胜利返程了。

言语谦和

某单位的一个车间主任说话很是啰唆。车间主任掌管着整个车间人员休假的审批权,工人要休假没有他签字便休不成。于是这位车间主任"充分"地利用了这一权利,每当有工人找他批假条时,他就做出一副居高临下的神态,嗯嗯啊啊地问这问那,那派头跟法官审犯人差不多,每一次都至少要"审"上半个钟头才能把他的大名签到工人们的休假条上。工人们对此既讨厌又无奈,背后都称他为"碎嘴蟹"。"蟹"是霸道的意思,可见工人门对这位车间主任的愤恨了。

小王曾经在一个报社干过编辑,他们当时的主编沈先生五十多岁。每天一到报社,小王都能见到沈先生带着一脸的微笑,并且和每一位编辑记者乃至勤杂打招呼。如果有什么问题向他汇报或请教,沈先生也总是微笑着,身体微微前倾,认真地听完你的话,然后以感激的口吻说:"辛苦了!"或者以商量的口吻说:"你看是不是这样……"所以小王说他每次从沈先生的主编室出来,心里都是暖暖的,哪怕是有些建议没有被采纳,也会从沈先生那儿得到一句让人心暖的话:"这个主意不错,只是还不成熟,让我们一起再酝酿酝酿。"遇到这样的领导,你还有什么好说的。

在日常应酬中,往往会出现这样的情形,某人在你的面前显得畏畏缩缩,不敢朗声而言,因为他的地位或是学识没有你高;某人在交往中对你低声下气,因为他有求于你;某人面对你总是藏头藏尾,不敢正视你,因为他做过对不起你的事……等等。在这种情况下,你应该更注意言谈举止,切忌透露出咄咄逼人之气。

生活中,像"碎嘴蟹"这样的人并不在少数,而且几乎在任何场合都能够碰到。所以我们在日常应酬中,无论你的谈话对象是谁,都应该给对方一个谦和的感觉,而不要露出一副逼人之态。一位哲学家曾经说过:"尊重别人是抬高自己的最佳途径。"这话算是一语道破了天机。

谦和会给人亲切感,从而赢得人心。如果像"碎嘴蟹"那样,一味地咄咄逼人,一味地耍派头,唯恐别人不知道他"身居要职",那么最终只能是所有人都讨厌他。

所以在日常应酬中,无论你是面对什么样的人,要想赢得对方的赞赏,最好做到以下几点:

(1)认真倾听对方所说的话;

(2)面带微笑;

(3)言辞恳切;

(4)多用协商的口吻;

(5)不要使用令对方难堪的词句;

(6)不要摆出居高临下的姿态;

(7)不要在言辞上让对方有压迫感;

(8)不要对对方露出不屑一顾的神态;

(9)把对方当朋友;

(10)维护对方的形象。

言简意赅　忌拖泥带水

我有一个朋友F,是搞文学创作的,虽然本身的水平并不怎么样,但是他的那张嘴巴却是许多朋友所公认的废话连篇的楷模。无论什么话只要一开了头,他便会给你来一番洋洋洒洒的长篇大论,别人根本插不上半句。于是朋友们一听到F的声音便条件反射般地皱起眉头,最后给他送了个"大师"的绰号。在所有朋友们中间,我还算是比较有耐心的一个。有一次"大师"的一个电话却让我的耐心全失。其实所要说的事只要一两句话便可说明:他写了一篇稿子,我看完后说不行,建议他再修改一下,可他没听,很自信地送到了杂志社,最后果然没发表。于是他呼我,向我解释稿子没发表的原因。

"我的这篇稿子本来是要发表的,已经讲好了,可是情况突然有了改变,上午还说发的,到下午变了。主要是因为……"接着便是近十分钟的解释。我开始还耐着性子听他的解释,虽然明知他的稿子之所以没发的真正原因,但是为了照顾朋友的面子,没有反驳他。但是眼看着时间在一分分地过,电话费也在三毛三毛地涨,最重要的是我的一个约会时间已到,于是我再也忍耐不了了,只好打断他,急忙挂断了电话。

其实这件事根本不需要解释,即使解释也只不过是两句话的事:"因为情况有了变化。稿子没有发。"如此而已,一分钟内便可解决。可是F竟用了十几分钟,最终仍没有将问题真正说清。我想就算是比我更有耐心的人,也不会忍受得了的。

所以在应酬中,交谈的话宁简勿繁、宁精勿滥,特别是在电话应酬中,更应该注意掌握时间。掌握好交谈的时间,给对方留有余地,同时给对方以发言的机会。你便会在应酬中赢得主动。

时间对于现代人来说,真可谓是千金一刻。"时间就是金钱"的口号也早已为人们所接受。所以现代人对时间的重视，与对金钱的重视几乎可以画上等号。在现代应酬中，几乎没有人愿意听某一个人滔滔不绝地论东论西，口若悬河。但是交谈又是应酬中必不可少的一个重要部分，如果没有了交谈，也就不存在应酬了。人们正是通过交谈，才达到互相了解，互相亲近的。不过问题是，你将如何去把握交谈。

所谓把握交谈，一是指把握交谈的方式，二是把握交谈的时间。

把握交谈的方式，往往是应酬成功与否的关键。选择一个好的交谈方式，往往会让交谈双方都感到轻松愉快，于心情舒畅之中解决所要解决的问题。在把握好方式的同时，对交谈的时间的把握也非常重要。每一次应酬之前，都必须对本次交谈做到心中有数，该谈哪些话，不该谈哪些话，心里要有一本账，不要坐下之后，一谈起来便滔滔不绝，没完没了，这样会令人生厌。柏拉图曾经告诫他的弟子说："拖泥带水的谈论，会让人对你产生厌倦。"这说明在应酬时，谈话应当以得体而简洁为好。如果一旦让人产生厌倦感，那么最终不仅不能达到应酬的目的，还很可能适得其反。

注重礼节　讲究卫生

有一位公司经理，不管在什么场合，一到得意处，便不自觉地抠自己的鼻孔，并且还将抠出的脏物随手弹出。一次，他与外商进行有关合资立项的谈判，双方谈得非常顺利，马上就将进行到签订合同的程序了。可是就在这时，这位经理旧病复发，得意忘形，手指不自觉地便伸进了鼻孔。这位经理一边与外商谈笑风生，一边肆意地抠着自己的鼻孔。这个细节被外商注意到了，于是外商皱起了眉头。就在这时，这位经理大人手指甲带着一块脏物抽出鼻孔，随即一弹，那一块小小的脏物便飞到了地毯上。外商一见，眉头皱得更紧了，立即阻止了正要往协议书上签字的双方代表，随后向中方表示，这份合作意向还需再重新探讨，然后领着自己的人扬长而去，留下经理及其他莫名其妙的中方人员。合作就此以失败告终。

事后，有人问过那位外商，究竟是什么原因使他在关键时刻阻止了协议签字的。外商说："在那样庄重的场合，中方经理先生竟然当着客人的面抠自己的鼻子，而且还随意地抛掉脏物，说明经理先生的素质是非常低的。经理的素质如此之低，他的员工的素质也便可想而知了。与低素质的人合作，是要冒极大风险的。我们不愿意拿自己的资金来冒这样大的风险。"

有些人就是这么一个坏习惯，无论在什么场合，不是抠鼻子，就是挖耳朵，殊不知这种坏习惯，正是人们所讨厌的，而有着这种习惯的人，在应酬场合不遭到人们的反感那才是怪事呢。

第二章　妙语连珠善言辞

相聚在一个屋里,一定有发议论的。在一个乡里,一定有争辩的。争辩一定有曲直,议论一定有是非。不对的和理亏的就败,正确的有理的就胜。有的靠着能说善辩,言辞比喻滔滔不绝取胜;也有的因为言辞笨拙,说话结巴不连贯而失败。凭口论辩,就如用剑戟争斗一样。使用快剑长戟,手脚矫健利落的就胜;使用钝刀短矛,手脚迟顿的就失败。

善找借口　智慧应答

回答问题需要智慧,特别是回答左右为难的问题,就更需要聪明的头脑和敏捷的反应。例如两亲家好开玩笑。一次,一家办喜事,宴请亲家,请柬上写道:"来,就是好吃;不来,就是见怪。"另一亲家看了这个请柬,也没在意,还是大大方方地去参加宴会。

这位亲家没有空手,他带了一份礼物,礼单上写道:"收下,就是爱财;不收,就是嫌礼轻。"

请客者的请柬写得真"苛刻":或者好吃,或者见怪,两者都将使对方难堪。若认真探究,请客者设置的二难推理并不高明,因为它不是在特定的语境中自然形成的,而是挖空心思编造的。如果故事只发展到此,无疑是缺乏机智、缺乏幽默的。被请者以其人之道还治其人之身,才显得棋高一着。因为他具备答辩的机智,他同样以请客为题,巧妙地反击,把难堪还给了东道主。至此,故事才获得了强烈的幽默效果。

有一位聪明的妻子,很爱打扮,常喜欢把自己打扮得珠光宝气、花枝招展,她有不少首饰,但没有项链。她一直想叫她丈夫为她买一条24K的金项链,但又担心说出来丈夫不答应,于是,一天早晨,夫妻两人醒后,妻子想到了一个俏点子。她故作闷闷不乐,丈夫很着急,一直追问原因。

妻子说:"你知道吗? 昨天夜里,我做了一个噩梦!"

丈夫听了,极力安慰:"不要紧,梦是反的。"妻子说:"真的吗? 你可不许骗人!"

丈夫说:"不骗你。"妻子要求他发誓。

"我发誓,"丈夫说,"不过,你到底做了个什么梦呢?"

妻子说:"我梦见咱俩一起去首饰店,我想买那条24K的金项链,你偏不肯,今天咱们去好吗?"

妻子是个会施展伎俩的人,她不直说自己的要求,直说恐怕丈夫回绝。她先用一个问句要把丈夫降服住,再逼他就范。她使用的法宝就是巧设两难。她的闷闷不乐,原来是装出来的,目的是诱导丈夫落进自己的圈套。她让丈夫发誓,把丈夫牢牢地拘禁在自己的语言陷阱里,当妻子亮出"谜底",丈夫才发觉上当,已经为时太晚了。他陷入两难困境:如果"梦是反的"为真,那么他就得为妻子买金项链;如果"梦是反的"为假,那么他的誓言就不真实。妻子的计谋天衣无缝,顺理成章,丈夫只好俯首听命。

因此,对于许多突如其来的问题,回答之前,要给自己一些思考的时间。在未完全了解问题之前,千万不要回答,要知道有些问题并不值得回答。有时候回答整个问题,倒不如只回答问题的某一部分。

逃避问题的方法是:环顾左右而言他。以资料不全或不记得为借口,暂时拖延,让对方阐明他自己的问题。倘若有人打岔,就姑且让他打扰一下。针对问题的答案不一定就是最好的回答,相反,甚至可能是愚笨的回答,所以不要在这上面花费工夫。

消灭"法西斯"

50年代的一天,周恩来总理在中南海勤政殿设宴招待外宾。客人对中国菜肴花样之繁多、风味之独特、味道之鲜美都赞不绝口。

这时,上来一道汤菜,汤里的冬笋、红菜、荸荠等都雕刻成各种图案,色、香、味俱佳,简直是工艺品。然而,冬笋片是按民族图案卍刻的,在汤里一翻身恰巧变成了法西斯的卐标志。贵宾见此,不禁大吃一惊,当即向周总理请教。

对于这个棘手问题,周总理感到十分突然,但他头脑一转,眼睛一亮,随即便泰然自若地解释说:"这不是法西斯标志!这是我们中国传统中的一种图案,叫万字,表达'福寿绵长'的意思,是对友人的良好祝愿!"接着他又风趣地说:"就算是法西斯标志也没有关系嘛!我们大家一起来消灭法西斯,把它吃掉!"

话音未落,宾主哈哈大笑,气氛更加热烈,这道汤也被客人们喝个精光。一个突发性的事情,就这样被周总理在机智巧妙的谈笑中解决了。

周总理对于突发出现的卐形图案,除进行必要的解释外,还使用了假设敌手的方法,即"假设卐就是法西斯,我们大家一起消灭它"这样的策略,使人们觉得十分顺理成章,并对主人的机智不由得从心里佩服。

反应须敏捷

口才好的人常反应迅捷,能准确分析自己的处境并迅速找到巧妙言辞为自己开脱。这种人如能再有忠厚之性,则是大将文臣之才。

三国时的郭淮,年轻时在曹操手下做官。魏文帝曹丕继位庆典时,郭淮迟到,这对前程会带来什么样的后果?郭淮挖空心思寻找着对策。

曹丕是一位很会作诗的皇帝,知识懂得也多,就用历史掌故责问迟到的郭淮:"当年大禹在涂山召集诸侯,防风氏无故迟到,受到斩首的处罚。你今天迟到,该受什么处罚?"郭淮脑子一转,回答:"臣听说尧舜用教育引导的方法,因此后人尊他们为圣王,禹却不如尧舜那么有贤名,因为他用惩罚的方法。臣今天遇到的是尧舜之君,所以不会受到防风氏那样的处罚。"曹丕听了很高兴,不但没处罚,反而升了他的官,提拔为雍州刺史。郭淮后来成为魏国的一员大将。

迟到本来是一件坏事,面对严厉的皇帝则更有可能遭受危厄,但郭淮的随机应变和敏捷口才很快就使这种危险化解,变成了一件喜事。

1940年4月,周恩来总理在尼泊尔首都加德满都举行记者招待会,当谈到中国和尼泊尔两国对珠穆朗玛峰的划法不一致时,美国《时代》周刊一位记者问:"关于埃佛勒峰的问题(即珠峰划分方法),您在这次会谈中是否已做出决定?您刚才讲过的话,含义是由中尼两国把它平分,尼泊尔是否同意?"这一问,可以如实回答,但容易伤了两国的感情,给外界一种两国恩断义绝的印象;敷衍过去,含糊其辞,有失泱泱大国领导人的风度,又授人以柄。对于这种不能轻易做出"是""否"式回答的随机性问题,周恩来的做法又给我们提供了一个借鉴。

周总理如此作答:"无所谓平分,我们还要继续进行友好的协商。这个山峰把我们两国联结在一起,不像你所设想的会把我们分开!"

一"分"一"联",寥寥数语,滴水不漏。周总理借纠正记者提问之机,重申了我国对邻国的友好睦邻政策,语气亲切,应酬圆满。

陈毅妙语劝岳父

善于提问的人,往往也就是善于对答的人。因为很难设想向对方提出的问题连提问者本人也解答不了。这其中的奥秘也许在于,提问者常常把他的观点和结论隐含在问题之中。然而,由于提问者与应答者的关系多种多样,便使得回答的性质有时候并不在于难倒对方,而是为了达到统一看法的目的。有些问题和提问者本人一样包含着善意。解放初期新任上海市长的陈毅和他岳父的对话就是如此。

请看陈毅与他岳父张大爷的一段对话。

陈毅:好,老人家,我也来问你。你是喜欢国民党,还是喜欢共产党?

张大爷:你问这个干什么?

陈毅:我看你老人家是喜欢国民党。

张大爷:(发火)什么?我喜欢国民党?!

陈小妹:哥哥!

陈毅:(打断陈小妹)不要你插嘴!(对张大爷)这么说,你不喜欢国民党?

张大爷：我喜欢国民党干什么？

陈毅：那又为何不喜欢？

张大爷：(没好气地)国民党腐败！

陈毅：怎么腐败？比如人事上？

张大爷：这我们都见过的嘛，任人唯亲，裙带关系，一人得道，鸡犬升天。

陈毅：说得好！所以国民党要倒台！老人家喜欢不喜欢共产党也这样？

张大爷：那我当初就不会同意张茜到新四军去了！

陈毅：好！那你喜欢不喜欢你的女婿也这样？

张大爷：这……

陈毅

陈毅预设了一个圈套，采用巧妙的提问——答案和观点隐含在提问中，说服了岳父，使他放弃了利用裙带关系的思想。

循循诱导　攻心为上

战国时，秦宣太后在宫中守寡，与大臣魏丑夫暗中勾搭，情投意合。后来太后重病不起，临死前感到离不开魏丑夫，就命令丑夫陪葬。

魏丑夫听说此事吓得面无人色，到处找人说情。大臣康芮自告奋勇找太后，一见就说："死人还有知觉吗？"

太后支支吾吾地回答："没有知觉。"

康芮说："既然没有知觉，为什么还要把生前所爱的人活活弄到坟墓里同死人埋葬在一起呢？再说，如果死人有知觉，那么在阴间的先王积怨也应该很久了。太后到了阴间连请罪还来不及，哪有什么时间去与魏丑夫相好呢？"

太后沉吟了半晌，咬咬牙说："罢了。"

宋神宗时，孙觉出任福州知州，有一些贫苦人因拖欠官府的钱而被送进监狱。孙觉非常同情他们，当时正好有一些富人想出大钱来整修佛殿，富人们向孙觉请示。孙觉想了想说："你们施舍钱财，为的什么？"回答曰："愿意得福。"孙觉说："佛殿没怎么坏，菩萨像也好好的。假若用这些钱为关在监狱里的人偿还他们所欠的官钱，使之脱离枷锁之苦，那样所得的福岂不更多吗？"富人们不得已只好答应了。

辩论的关键在于攻心，攻心的策略要高于攻形千万倍。攻心有正攻有反攻，所谓正攻者，即正面说服，循循善诱是其特征。特别是当被说服的对象处于一种对道理不了解的状况时，正面诱导就能起到画龙点睛的作用。从以上的事例中我们可以学到如何运用诱导攻心法来说服别人听从你的劝告：

其一、逼迫问法。

康芮以死人是否有知觉为前提一开始就将太后逼到了没有退路的地步,然后采用顺势问话迫使太后放弃了陪葬的主意,这种说理方式显然是值得令人好好学习借鉴的。

其二、顺势问法。

孙觉从施舍钱财这一角度出发,将捐钱的目的顺势引到了救人积福方面,使富商们无话可说,解救了不少人的危难。

在古今中外许多事件的重要场合,诱导攻心法所产生的作用是采用别的方法所不能代替的。

欲擒先纵　后发制人

三国杨修口才出众,思维敏捷,连曹操也说不过他。张松来到曹操处,与杨修展开了一场舌战。张松来个后发制人,使杨修败在他的手下。

张松知道杨修是个能言善辩之人,有意要难倒他。杨修也仗着自己的才干,小看天下之士,不把张松放在眼里,见张松话中带刺,于是邀请张松到书院里,分主宾坐下。杨修对张松说:"蜀道崎岖不平,远道而来,辛苦了。"张松说:"奉主公之命,即使赴汤蹈火,也不敢推辞。"杨修又问:"蜀中人才怎么样?"张松说:"文人有司马相如那样的天资之才,武将有严君平那样的精英。三教九流,出类拔萃的,记也记不清,不能数尽!"杨修又问:"当今刘季玉手下,像您这样的人还有几个?"张松说:"能文能武,智勇双全,忠义慷慨之士,数以百计。像我这样的无才之辈,车载斗量,不可胜数。"杨修问:"您现在任什么职?"张松说:"滥竽充数做了伴驾的差事,非常不称职。大胆请问您在朝廷做什么官?"杨修说:"现任丞相府主簿。"张松说:"早就听说您家中世代都是做大官的,您为什么不在朝为相,辅佐天子,却洋洋得意地做相府门下的一名吏员呢?"杨修听到这些话,满脸羞红。

后发制人,语出《荀子·议兵》:"后之发,先之至,此用兵之要术也。"后发制人在军事、政治、舌战中用法有异,但都有共通之处,即先让一步,等待对方暴露弱点,避敌之长,乘敌之短,再一举战胜对方。

军事上的后发制人,往往出于强而避之,虚而乘之。

政治上的后发制人,乃在于争取道义上的优势,让对方充分暴露,借以赢得民心,争取主动,郑庄公克段于鄢,欲擒先纵,后发制人,先让共叔段面目充分暴露,然后在鄢一举灭之。郑庄公之所以如此,乃在于暴露共叔段的野心,争取自己道义上的胜利。

舌战上的后发制人,在于捕捉对方的虚弱之处,在迂回之中寻找后发制人的战机。

杨修与张松的对辩,一主一客,一攻一守,杨修占攻势,张松居守势。一问一答,虽然彬彬有礼,却唇枪舌剑暗藏其中。杨修四问,张松四答,随口而出,又出口成章,不假思索,当问到"公居何职时",突然反击,这一击,击中杨修的痛处,使之"满脸羞惭"。张松胜杨修,防中待机,抓住对方弱点,给以致命的一击,显示出张松高超的口才。

后发制人,往往是一场持久战,这里耐心是必要的,退让一步也是必要的。迂回之中,寻找战机,因而必须耐心沉着,切不可操之过急。杨修想难倒张松,四处出击,却忘了自卫,结果被张松抓住了破绽。张松虽居守势,却沉着应付,滴水不漏。

另外战机也有瞬间性,一晃而过,要及时捕捉,如果错过战机,不仅"制人"不能达到,反而或许会为人所制。

有"钱"要发言

鲁迅担任厦门大学教授时,校长常常克扣教学经费。这钱不能花,那钱没有预算,再一笔钱又可以不花。老是这样刁难师生,弄得大家意见很大。

这天,校长又决定把经费削减一半。他把各研究院的负责人和教授们召集起来。一说出削减方案,马上遭到教授们的反对。大家说:"研究经费本来就少得可怜,好多科研项目不能上马。正进行的一些研究工作也步履维艰,不能往纵深发展。再说,许多研究成果、论著因没钱不能印刷,再削减经费怎么得了? 不行,不行!"校长根本不认真倾听教授们的意见,强辞夺理地说:对于经费问题,你们没有发言权。学校是有钱人掏钱办的,只有有钱人才可以发言,在这问题上应充分重视有钱人的意见。

对校长的专权,鲁迅先生是怎么做的呢?

校长话音刚落,鲁迅霍地起身,从长衫里摸出两个银币,"啪"的一声放在桌上,说:"我有钱! 我有发言权!"接着,他力陈经费只能增加不能减少的道理。论据充分,思路严密,无懈可击,驳得校长哑口无言,只得收回主张。教授们胜利了。鲁迅先生在这里巧妙地将校长所说的"钱"(即财富,广义的钱)偷换成一分二分零花钱的狭义的"钱"。从而以两个银币的"钱"为引子提出了自己的理由,使校长无话可说。

当头棒喝　促人猛醒

《红楼梦》中,凤姐使用"掉包计",诱骗贾宝玉与薛宝钗成婚。婚后,宝玉对林黛玉朝思暮想,以至病势日见沉重。贾母等为了不刺激贾宝玉,不敢对他言明黛玉已死的事实。薛宝钗冷眼旁观,知宝玉之病因黛玉而起,欲使其好转,也必应以黛玉为契机。宝钗具体是怎么做的呢? 请看她的俏点子。

宝钗为使宝玉病有好转,因而在一次他们两人谈话提及黛玉时,果断地告诉宝

公关俏点子

图文珍藏版

玉:"林妹妹已经亡故了。"宝玉听到后,痛不欲生。但大痛过后,想到人死再不能复生,也就无可奈何了,就这样心中多日郁结的牵挂思念,被宝钗猛一点破,身体竟慢慢地好了。

宝钗这一做法,确是比贾母等高明多了,实际上,窗户纸不点破,有的人便心存侥幸。遇到此种情况,何不学学薛宝钗,令其一时痛苦,以解日后烦恼。从而能够真正面对现实,重新振作起来。

赞扬对方　解除戒心

老洪经营服装行业,开始生意清淡。经过一段时间的留心观察,老洪总结出一个方法,并坚持应用,生意居然渐渐兴隆起来了,这便是"卑而骄之"法的收益。

一天,来了一对年轻恋人。老洪立刻上去迎接,笑容可掬地进行介绍。不一会儿,就成一笔交易,我们来看看老洪有什么俏点子。

老洪满脸堆上笑容,向顾客介绍道:"这种裙子是刚从上海进的货,这几天买的人很多,想不到你们一下子就看中了,真有眼力呀!"

年轻人点头微笑。老洪又对女的说:

"小姐,这条裙子很适合你苗条的身材,好像是专门为你做的,你可以拿到那边试试看!"

姑娘穿在身上,果然光彩照人。老洪趁机恭维:"哎唷! 看看,你简直像个时装模特!"

年轻人笑容满面,合不拢嘴。俏姑娘左顾右盼,看个不停。

"多少钱?"年轻人主动开口。

"按质论价吧! 你看看这料子、款式。"

"250 元,行不?"姑娘问。

"看你怪内行的,不跟你多说了,280 元给你算了!"

小伙子和姑娘嘀咕了一阵,高兴地付了钱。老洪获胜而且双方满意。

适当地赞美对方,满足对方的自尊心和虚荣心,使之产生一种优越感,处在沾沾自喜之中,从而分散其注意力,解除对方的戒备心理,这是善用口才者的一贯做法。

此法对购物同样行得通。例如,春节老王上街买橘子。卖主刚开张,老王上前打招呼:

"老板,恭喜发财! 橘子怎么卖?"

"两元五角一斤。"

"看你这么早就卖橘子,肯定懂得做生意。一定发财吧? 今天开张卖橘子,今年一定吉祥如意的。价钱合适点儿,我买几斤。"

"多少你才要?"

"二元一斤,少一点儿不算少,开张大吉,我买了别人也跟着买,不就很快卖完了吗?"老王终于说动卖主,达成一笔交易。

当然,使用这类赞扬促销之法时,应注意:夸奖对方高兴的事,讲价前夸奖;有理有据,夸而符实;为对方所了解和接受;要有针对性。

巧借"炒饼"

著名相声演员马季发现他的学生姜昆写相声段子时,一写就是写唱的,他感到这固然是因为姜昆嗓子好,想充分发挥自己的特长,但是只写唱段,不利于全面发展,提高技艺。为此,马季总想找个机会向姜昆指出这一点。

一天晚上,姜昆来到马季家,见马季正在做晚饭,便问道:"你在做什么饭吃呀?"马季答:"炒饼。"姜昆问:"早上吃的什么?"马季答:"炒饼。"姜昆又问:"中午呢?"马季答:"还是炒饼。"姜昆很有感触地说:"呵!你怎么搞的,一天三顿都吃炒饼。"马季朝姜昆一笑,说道:"其实,吃饭和你那聊话(即相声段子)一样,总吃一样饭就让人腻,只有隔三岔五地变变花样才有新鲜感。再说,要想把饭做好了,就得练着蒸花卷,焖米饭的本领……"

这些话听似寻常,但从中引发出来的深刻含义给姜昆一定的启示,从此他不仅丰富完善了唱段的写作,也不断开拓新的表现手法,从而使自己的相声技艺得到了很大提高。

日常生活中充满了哲理和智慧,借用日常事例来阐述道理要比引经据典的论证更能给人以启示。

杯酒释兵权

宋太祖赵匡胤统一北宋以后,见天下大业已定,他听取宰相赵普的建议,吸取历史上韩信、彭越反判刘邦的教训,决定及早剥夺功勋显赫、至今重权在握的石守信、王审琦等人的军权。

有一次,借晚朝的机会,宋太祖请石守信等人留下饮酒。酒酣耳热、意兴正浓之际,赵匡胤借着酒意屏退左右说:"我若没有诸位的鼎力相助,不会有今天的地位。但身为天子,日子并不好过呀!还不如做一个节度使舒心。"他又诉说自己没有一个晚上睡过踏实觉。石守信等听到这里,不知道赵匡胤葫芦里卖的什么药。忽听赵匡胤说:"我这皇帝的宝座人人都盯着呢!"石守信等人一听此言,几乎吓出一身冷汗,一个个急忙表态说他们绝无二心。赵匡胤说:"我当然相信诸位,然而谁能保证你们的部下不会为了富贵把黄袍加在你们身上呢?"听到这里,石守信等人早已诚惶诚恐,泪流满面地请求宋太祖能给他们指一条生路。赵匡胤顺势说道:"其实人生一世,能享受时就尽情享受,诸位何不交出兵权,出外镇守边境,选些好田产,为子孙后代创下家业,再多置些美貌的歌舞女子,尽情欢娱,颐养天年。"赵匡胤这一席话,石守信等人早已心领神会,于是纷纷拜谢皇恩浩荡。

第二天,石守信等人称病,交出各自兵权。宋太祖派任他们为各路节度使,出守边境去了。这就是历史上有名的"杯酒释兵权"。

将非常严肃的政治事件用笑谈的方式来处理,一是可以淡化问题的严重性;二是可以缓和气氛,加深当事人双方的感情沟通。这也许就是"杯酒释兵权"之所以能够成为权力更替的成功范例的一大原因。

幽默是金

在一次语言学课堂上,有几个女同学嗑瓜子,"嗑嗑……"之声令人心烦,许多认真听课的同学不好意思制止,只好眼巴巴地望着正在讲解的代课老师。突然,老师停下来,扫视了一下教室。大家鸦雀无声,拭目以待,等着老师大动肝火,批评那几个馋嘴的女孩子。可沉寂片刻后,老师却微笑着问:"请问你们班 1972 年出生的同学有多少个?"同学们莫名其妙,不知是谁冒出了一句:"有 20 多个。"接着她又问:"1972 年出生是属什么的?""属耗子""哦!是耗子,怪不得嗑瓜子的声音这么响。"话一出口,笑声四起,而那些嗑瓜子的同学不得不知趣地放弃手中的美食,心悦诚服地听老师讲课。

有一位年轻人新近当上了董事长。上任第一天,他召集公司职员开会。他自我介绍说:"我是陈刚,是你们的董事长。"然后打趣道:"我生来就是个领导人物,因为我是公司前董事长的儿子。"参加会议的人都笑了,他自己也笑了起来。他用幽默的口吻和"反语"的修辞手法来证明他能以公正的态度看待自己的地位,并对此有着充满人情味的理解。实际上他仅仅采取这种方式来委婉地表示:正因为如此,我更要跟你们一起好好地干,让你们改变对我的看法。我是靠自己的努力登上董事长的位置的。

幽默的谈吐往往惹得人们捧腹而笑,而且,谈吐的风趣也是一种美,给人以美的享受。生活中的幽默既可以随意发挥,也可以刻意设计,它们都是生活的一种重要的调剂方式。善于运用它们的,都是对生活充满热爱的人。我们可将社交场上的幽默做以下分类。

1.对话幽默。这种幽默将对话双方的智慧都调动起来,一唱一和,相映成趣。

2.随机幽默。这种幽默根据看到的事物随意联想而成,让人忍俊不禁。

3.交际幽默。这种幽默完全是为了交际的需要而刻意设计的,除了谈笑之外,还有他的深意。真正会开玩笑的人从不轻易伤害别人,只会使别人和自己的生活时时刻刻充满风趣和快乐。他们是令人快乐的成功的交际家。

说"不"的技巧

北洋军阀统治时期,杭州城有个杜宝林,外号"小热昏",以唱独角戏闻名全城。杜宝林以卖梨膏糖为生。为了招徕买主,编了滑稽小段在湖边上一边演出,一边兜售梨膏糖。由于他的演出时而说,时而唱,妙语连珠,生动有趣,南腔北调,手舞足蹈,因而观者无数,许多人按时等候在他演唱的地方,"风雨无阻,四季不分"。

浙江警察厅长夏超仗势欺人,私生活又糜烂不堪,杭州百姓无不深恶痛绝。杜宝林决计代民解恨,搜集了夏超种种丑闻秽行,编成节目,用嬉笑怒骂方式给以嘲讽,并在桌围上大书"小热昏警世笑话"七个字,杭州百姓听了他的笑话,无不捧腹大笑,拍手称快。杜宝林因此声誉鹊起,成了杭州城妇孺皆知的人物。

因为杜宝林的演出,如匕首刺痛了夏超,杜宝林的厄运接踵而至。一天,他突然被警察局传讯,罪名是"招摇撞骗,煽动闹事",勒令不许再演,"如不听令,立即枪决"。杜宝林不为所屈,把戏中过分明显的地方改得隐晦一些,照旧在街头巷尾演出。夏超得悉后,再次传讯他,问他何以不服从命令。如何对付这个蛮横无理的官僚呢?面对万分恼火的夏厅长,杜宝林笑哈哈地回答说:"夏厅长何以如此当真,我本就是热昏颠倒,说三道四说说笑笑,所以叫小热昏,厅长是浙江头面人物,教养极高,难道会相信热昏颠倒的人说三道四?"经他这么一说,夏超竟然语塞无对。杜宝林继而一本正经地说:"我若不热昏颠倒说三道四,谁来买我的梨膏糖?一家老小岂不是要活活饿死?夏厅长只要答应养活我一家七口,我就不做小热昏了。"夏超啼笑皆非,末了叮嘱他以后小心点,就让他走了。

此后,夏超虽派密探盯梢,也无济于事。因为杜宝林的独角戏实在精彩非凡,那些密探常常被杜宝林的表演吸引住了。竟然忘了自己的任务,与观众一起捧腹大笑。票报时便说杜宝林已改邪归正,循规蹈矩。

小热昏戏骂夏厅长,自然要惹恼这位大人物,夏超下令让杜宝林停演,以"独角戏、卖利膏糖"为生的杜宝林,是很难拒绝这个命令的。但是他拒绝了,而且是当着厅长面拒绝的,奇妙的语言令夏超无言以对,啼笑皆非,只好收回原来的命令。

这个故事妙就妙在杜宝林运用自己的职业特点,说自己是热昏颠三倒四之人,为的是有人看自己的演出,从而养家糊口,厅长是有教养的人,怎么能相信热昏颠倒的说三道四呢?您让我停演,我的一家老小谁养?如果厅长答应养的话,我就不演了。杜宝林的话环环相扣,不卑不亢,入情入理,使警察厅长毫无办法。这就是语言的威力。

正话反说

小王和小李是一对好朋友。有一天,小王来到小李的单位请求小李帮他一件事,为他的未婚妻报仇。原来小王的未婚妻被车间主任欺侮了,小王发誓要为未婚妻报仇,并买了一把锋利的弹簧刀,要放倒那小子,但考虑到车间主任人高马大,自己对付不了他,于是请小李帮忙。小李听后,心中很明白,尽管车间主任不是好东西,应该教训教训他,但如果感情用事,放倒了他,那是会触犯法律的。因此,小李决定说服小王,问小王:"你爱你的未婚妻吗?""爱,当然爱,不然我就不理这件事儿了。"小王回答说:"这就好,爱一个人不容易,真正爱上一个人,不管她遇上多么大的不幸,都是不会动摇爱的决心的,相反,还要帮助她从不幸之中解脱出来。如果你感情用事,并不是爱她,而是在害她,她不会为此而感谢你,相反会恨你。坏人总是要受到惩处的,这要靠法律。车间主任的行为是犯法的。这样吧,我帮你和你的未婚妻运用法律的手段来惩处车间主任吧,我相信,法律会给你们一个满意的答复的。"小王听了小李的一番话,打消了复仇的念头,并最终运用法律惩处了那位车间主任。

敷衍含糊　哼哈拒绝

有一次庄子向监河侯借贷,监河侯敷衍他,说道:"好!再过一段时间,等我去收租,收齐了,就借你三百两金子。"

监河侯对庄子的敷衍很有水平,不说不借,也不说马上借,而是说过一段时间收租后再借。这话有几层意思:一是我目前没有,现在不能借给你;二是我也不是富人;三是过一段时间不是确指,到时借不借再说。庄子听后已经很明白了,但他不会怨恨什么,因为监河侯并没有说不借,只是过一段时间再说而已,还是有希望的。

敷衍式的拒绝具体可分为以下几种:

一是推托言辞。在不便明言拒绝的时候,推托其辞是一种比较有策略的方法。人处在一个大的社会背景中,互相制约的因素很多,为什么不选择一个盾牌挡一挡呢? 如:有人托你办事,假如你是领导成员之一,你可以说,我们单位是集体领导,像你的事,需要大家讨论,才能决定,不过,这件事恐怕很难通过,最好还是别抱什么希望,如果你实在要坚持的话,待大家讨论后再说,我个人说了不算数。——这就是推托辞,把矛盾引向了另外的地方,意思是不是我不给你办,而是我办不了。听者听到这样的话,一般都要打退堂鼓,会说:"那好吧,既然是这样,我也不难为你了,以后再说吧!"

二是答非所问。答非所问是装糊涂,给请托者以暗示。如:"此事您能不能帮忙?""我明天必须去参加会议。"答非所问,婉拒了对方,对方会从你的话语中感受到,他的请托不会得到你的帮助,因此也就收回了自己的请求。

三是含糊拒绝法。如:"今晚我请客,请务必光临。""今天恐怕不行,下次一定来"。下次是什么时候,并没有说定,实际上给对方的是一个含糊不定概念。对方若是聪明人，一定会听出其中的意思，而不会强人所难了。

敷衍式的拒绝法还有很多，在此不再一一列举。方法来源于实践，如果你是生活的有心人，一定会找到许多切实可行的方法。

暗设圈套　令其就范

抓住有利时机制造话题，是许多口才高手的一贯手段，例如幽默的制造者常利用歧义词语或句子来钻别人的空子捉弄人。

有一个故事，说的是阿凡提当理发匠，大阿訇来剃头，总是不给钱。阿凡提很生气，想狠狠整他一下。

有一天，大阿訇又来理发。阿凡提先给他剃光了头，在给他刮脸的时候，问："阿訇，您要眉毛吗？"

"当然要！这还要用问！"

"好，我就给您！"阿凡提说着，嚓嚓几刀就把阿訇的两条眉毛刮了下来，递到他的手里。大阿訇气得说不出话。

"阿訇，胡子要吗？"阿凡提又问。

阿訇连忙改口说："不要，不要！"

阿凡提连连说好，又嚓嚓几刀，就把大阿訇的胡子刮下来，甩在地上。

在日常生活中，有些人遇到有人上门求他办事，便产生一种优越感，侃侃而谈，越扯越远。或者，对方故意说些不着边际的话，以此来消耗见面的时间，最终拒绝、搪塞。这样的人我们最难说服他。如用一般手法，会中对方的计。但一味地沉默，也等于承认对方占了上风。所以应采取措施，将对方拉入自己的正题上来。

对付这类棘手的人物，要先干扰他的决策。最好的办法是很频繁地说："有点道理"，"是这样的吗"之类的话来打岔，或是故意注意别的东西，或是故意注视旁边。这些动作会打断他的思考逻辑，结果纰漏百出，从而获得插话的机会。

这种心理技巧在西方议会争论时常被使用。官员们在议会所说的话，都是事先准备好的，议员不是很容易能破坏他们的逻辑思路的。老经验的议员会赞成官员所说的一切，并审时度势，抓住机会采取手段打断他的一连串话题，使其原则崩溃，说出真心话。

曲语妙答　巧言拒绝

曾被刘少奇赞誉为"红色资本家"的王光英，在20世纪80年代初复出后，曾受命赴香港创办光大实业公司，未料一下飞机就被香港记者围住，其中一个记者向他提出了一个很难回答的问题："请问您这次到香港来办公司，您带来多少钱？"

这一问题问得很棘手，肯定与否定的答复均不妥，钱的数目说多或说少了也会给人钻空子。好在王光英仔细一看对方是个女记者，便随机应变地做了如下回答："对女士不能问岁数，对男士不能问钱数，记者小姐，您说对吗？"

王光英的一句妙答，既自然随意，又富有人情味和幽默感，它比"无可奉告"或支支吾吾地掩饰，不知强过多少倍。

被人请求有时会使我们感到为难，但只要我们洞察人情的善恶，依据自己的智慧也不难处理好这一类的问题。

有时面对对方的追问，答话时更应该增强"现场意识感"，敏于思辨，随时注意对方的反应，并由此决定说话的长短、内容的深浅以及是否需要变换话题等。

当然，对于那些突如其来的请求，也不能一概敷衍了事，而应预先有充分的思考时间，特别是多假设一些难度较大的棘手问题来思考，并准备好应答策略。对没有清楚了解真正含义的问题，千万不要随意回答。对一些不值得回答的问题，或一些不便回答的问题，最好的回避办法是：顾左右而言他。同时，也可用"资料数据不全"或"需要请示领导"为借口，拖延或拒答。把握应答的范围，对只需作局部答复的问题，决不"和盘托出"。对于可能难以回答的问题，其技巧往往在于给对方提供一些等于没答复的答复。

转意回避　歪曲话意

中国第三届上海市大学生辩论赛关于"经济的发展不可避免环境污染"的辩论中有几个片段：

反方：请问对方辩友，你们刚才说环境污染，是可以减少的，这不是靠经济发展吗？

正方：对啊，是可以减少，但是不可避免呀！（掌声）

反方：对方已经退出了第一步，经济发展可以减少环境污染，谢谢！

正方：你说我们退步我们就退步了，难道我们的腿是长在对方身上的吗？（热烈掌声）

转意回避就是故意歪曲对方问话原意，然后进行答辩，借以达到回避对方问话的目的。

本来反方说的对方已经退出了第一步是指观点有了改变，可是正方却将它换成是在用双腿走路，并向对方发出责难，这样答辩既幽默又风趣，还巧妙地达到了回避对方的目的，博得了观众热烈的掌声。

使用转意回避必须注意，在曲解对方问话原意时必须隐蔽自然，不留痕迹。

请假的学问

一位职员想请假，他走进股长的办公室便说："我明天想休息一天，是否可以?"虽然请假是办公人员的权利,但股长还是说:"为什么要请假?"职员很坦白,他说:"有人约我去钓鱼。"其实股长也是个钓鱼迷,但他还是拉下脸来说:"为什么非要明天,星期天不行吗?"职员最后说明约他的人是女友,并且女友星期天不休息。股长这才勉强答应,然而从此股长心里对这个职员有了工作不认真负责的成见。

另一个职员有一次也想请假和女友约会,他想起了上次同事得到的教训,没有在办公室去找股长。下班时他对股长说:"股长,近来去滑雪了吗? 我女朋友明天休息,约我去滑雪,股长愿意带太太和我们同车去吗?"股长听了以后一边笑一边说:"啊,去滑雪,真让人向往啊,可惜明天不放假,我还是星期天去吧。当然你是佳人有约啊,明天我来给你请假吧。"

前后两个职员虽然都是向上级请假,前一个得到了不愉快的结果,后一个顺利且没有什么不好的影响。原因何在? 就在于说话的场合。当股长埋头工作,忙得不可开交时,你去请假钓鱼,当然让上级恼火。而当临下班时,工作已经结束,股长正一身轻快地准备回家,此时委婉地请假肯定是会得到理解的。

以情感人

在很久以前,有这样一个非常有趣的小故事:

一位母亲在和别人聊天的时候,谈到了自己的儿子。原来这个儿子要求母亲为自己买一条牛仔裤,一个简单得不能再简单的要求。

但是,儿子怕遭到拒绝,因为他已经有了一条牛仔裤,而母亲是不可能满足他所有的要求的。儿子是采用什么方式向他母亲提出这个要求的呢? 请看他的俏点子。

儿子采用了一种独特的方式向他母亲提出买一条牛仔裤的要求,他没有像其他孩子那样或苦苦哀求,或撒泼耍赖,而是一本正经地对母亲说:"妈妈,你见过没见过一个孩子,他只有一条牛仔裤?"

这颇为天真而又略带计谋的问话,一下子打动了母亲。事后,这位母亲谈起此事,说到了当时自己的感受:"儿子的话让我觉得若不答应他的要求,简直有点对不起他,哪怕在自己身上少花点,也不能太委屈了孩子。"

就是这样一个未成年的孩子,一句话就说服了母亲,满足了自己的需要。

平实切耳　动之以情

秦市义老师是山西省临汾地区教委督学。他自愿放弃城市生活和机关工作,深入贫困山区,走村串户,鼓动群众集资办学,使临汾地区 7000 多所学校的教学条件有所改观。秦老师也得到了"当代武训"的美誉。秦老师有什么锦囊妙计取得这样辉煌的成绩呢?

下面是秦市义老师一次演讲的片段:

我来过咱们村好几回啦!咱这里山在变,水在变,工农业生产都在变;家在变,户也变,就是咱学校没有变。咱村的学校依旧是明朝的桌子,清朝的凳,阎锡山时代的土窑洞。(大笑)毛主席他老人家在世的时候,把我们小学生比作祖国的花朵,解放40多年啦,花朵没有被栽到花盆里,接受党的阳光雨露的滋润而茁壮成长,而是栽到了土盆盆、烂碗碗、罐头盒子一点点,一个盔盔还没眼眼。咋不心疼?……

我这么些年,一见到咱娃娃在那古庙破窑里,就禁不住老泪纵横!有福人生在京城圣地,无福人生在穷山苦沟。人家生在城里的娃娃,上学坐电车,上楼坐电梯!吃的是饼干、葡萄加苹果,喝的是牛奶、果茶、营养液。咱娃娃也是娃娃,咋就该坐在这石头块块、土蛋蛋上。阴暗潮湿,通风不良,采光不足,把咱娃害得近视眼、关节炎、罗圈腿、背锅腰,浑身上下全闹病。这都是教室不标准、桌凳不规格造成的。咱那破教室,老实说还不如县大牢哩!要是我的娃在那儿坐一天,我都舍不得!(秦市义哭了,大伙也跟着哭)咱大家好好想一想,大人们住的是好房子,可娃娃们咋就在这地方受洋罪?咱娃娃可有话要对你们说哩(大哭)。我看咱山里有的是煤,有的是土,有的是树。咱把村里闲散的劳力组织起来,土加煤加劳力就等于砖,砖加灰加木材加劳力就等于几间明光彩朗的大教室。我看花不了多少钱。(鼓掌)咱有钱的出钱,有物的出物,有力的出力,没有力就干些力所能及的……盖学校咱要家家有份,人人尽责,学校竣工之后,咱要根据不同情况树碑立传挂图。

秦老师用实实在在的乡村俗语,入耳入心地激发了村民们集资助学的积极性。我们都有这样的体验,当老乡用平凡的家乡话向你问候时,关系一下就近了好多。平实的语言让你我的心靠近,让你在社交场上结识更多的朋友。

指桑骂槐　心明事理

五代后唐的开国皇帝庄宗李存勖,有一次打猎兴致来了,纵马奔驰。等到中牟县,鞭急马快,老百姓田地的庄稼被他践踏了一大片。中牟县令为民请命,挡马劝阻。没想到引起庄宗大怒,当面斥退县令,并要将县令斩首示众,随行大臣没有一人敢进谏言。过了一会儿,伶人中一个叫敬新磨的从背后转到庄宗马前,并立即率人追回被砍头的县令,押至庄宗马前,愤怒地指责县令道:

"你身为一个县官,难道还不知道我们的天子喜欢田猎吗?你为什么纵使老百姓在田地里种庄稼来交纳国家的赋税呢?你为什么不让你们县的老百姓饿着肚子而空着地,好让天子来此驰骋打猎取乐呢?你的罪该死!"

怒斥之后,他请庄宗对中牟县令立即行刑,其他伶人也随声附和。庄宗听着、看着,然后哈哈一笑,纵马而去,遂免了中牟县令的罪,让其回府了。

在上述情景中,这个敬新磨对皇帝的一段谏言,真是奇特,而且取得奇效,他指桑骂槐,指东说西,逗乐了庄宗皇帝,又免去了中牟县令的死罪。由此也可见敬新磨的煞费苦心。

我们每一个人都处在一定的社会关系中,几乎每时每刻都与别人打交道,经常会遇到劝导别人的事情,我们每个人都是劝导者和被劝导者。为协调人际关系,把各种事情办好,有必要掌握一定的劝导说服技巧。

说服技巧中有一种很重要的方法就是声东击西。对于固执己见或执迷不悟者,最好的说服办法是声东击西,明说是"东",其暗示的却是"西",让人从中领悟到你的用意,从而接受你的意见。

让对方选择答案

据销路很高的某生活类杂志记载,某位国外男演员在自己发表的文章中说,他每次说服女性留宿时,总是说:"你要回家,还是去吃宵夜?"他绝不会说:"你要去吃宵夜,还是回家?"他不愧是一位说服能手,不少人对他的说服术感到很钦佩。

当女性听到"你要回家吗?"就会有安心感。同时也会有轻微的失望感,因为,她潜意识里会期待对方有别的提议,但事实上却出乎自己的意料。因此,再添上一句"还是要去吃宵夜?"刹那间,失望感全无。此时,她如果不回答,而保持沉默,便是答应的一种表示。

这位男演员的确很了解女性心理。假定在两个人气氛甜蜜时说:"你要去吃宵夜,还是要回去?"这对女性而言,是最紧张的场面。此时,应该假装尊重对方的意思,让对方选择。

这样对于那些做事迟疑的人最有好处。有位夫人,很擅长做媒。她曾说:"对婚姻没有信心的男女,我有百分之百恢复他们自信心的把握。"她的诀窍是:问迟疑不结婚的人:"你觉得与别人介绍的人结婚和自己找对象结婚,那一种较好?"而不问他迟迟不结婚的理由。那么,对方一定会在二者之间选择一种。只要他进行选择了,那就成功了一半,你可依他选择的那一种去撮合。这种方法的妙处就在于,当你设立可供选择的问题时,事实上已经将不选择其中的任何一种而不结婚这种可能排除出选择之外了。通过这种心理诱导的发问方法,这位夫人成功地为多位大龄青年解决了婚姻问题。

第三章　面子十足有分寸

中国人最在乎面子,"士可杀不可辱"一句话就道出了面子比生命更重要的道理。所以在社会中要懂得既保存自己面子，又给他人留面子的社交原则。

妙搭台阶　失而复得

有一次，特级教师王洁在浴室洗澡时，不小心将手表给弄丢了。当时，浴室里只有两人，另一人是学校工友李师傅，而李师傅平时常有小偷小摸行为。王老师找到李师傅，耐心地对他说："老李，昨天洗澡，我的手表忘记拿了。这事我也没有声张，你看见了没有？"李师傅一口回绝。王老师说："我上课要用，只怪我自己。""你找过了吗？"王老师明明找过，但马上说："没有找过。老李，我们关系不薄，能不能帮我找找？"

到了浴室，王老师在淋浴室找，李师傅在更衣室里找。不一会儿，只听李师傅叫道："找到了，你看，表不是在这里吗？"王老师赶紧过去，一看，表在更衣箱最下一层。王老师拿起手表，发觉手表还是温的，他不露声色，连忙对李师傅表示感谢。李师傅脸红红的，连声说："没什么，没什么。"事后从旁人那儿知道那天王老师洗完澡，把表放在椅子上，后来忘记拿了。李师傅一看没人就将表放进自己的口袋里了。

李师傅一念之差，忘了拾金不昧的道理。怎么要回手表呢？王老师深知"知止"的道理。首先是悄悄地说理，并不声张，其次是耐心地说理，而且要让对方有个台阶下，王老师责备自己粗心，并请李师傅帮忙找表，让他有机会将表拿出来。相反，如果一开始就将怀疑告诉对方，而且穷追猛打，那么只会适得其反。

新媳妇巧夸公婆

高素华结婚后，她主动地将在外面生活的疯婆婆接回家，又把瘫痪在床的公公照料得很好。在她的精心照顾下，疯婆婆不疯了，而且还帮她做些家务活，而瘫在床的公公，在她的护理下，也逐渐能下床行走了，并能帮助她丈夫收拾点农活，在门口看小货摊。这一来家庭充满了欢笑。时间久了，由于高素华忙里忙外地干活，与公公和婆婆相处的时间少了，与街坊邻居打的交道多了，有时发现公公和婆婆脸色不好，才知道原来街坊说她的风凉话。于是，她利用自己刺绣技术好、经常去邻居街坊那里指点一下的机会在闲谈时经常赞赏自己的公婆，这样一来，没多长时间，整条街，整个村子都知道高素华的公公和婆婆很能干。街坊邻居每碰到高素华的公公和婆婆，都和他们攀谈一番，说一下素华对他们的赞美，并再加上自己的称赞，日子久了，高素华的公公婆婆也更能干了，脸上经常带着笑，开始夸自己的儿媳了。

高素华在这种情况下，巧妙地运用了邻里家传话的渠道，通过背后赞美公婆，达到了与公婆和睦相处的目的。由此可见，对公婆的赞美，方法是很多的，只要能够根据身边的实际情况，就能达到赞美的目的。

在丈夫面前赞美公婆,可以使丈夫感到,自己的妻子和父母相处得很好,并对自己妻子的能力表示认同。在丈夫面前,可以"今天妈妈……,妈妈这些事做得真好,她老人家家务活做得好,并且治家有方,会过日子。能有这样的婆婆,我真幸福。""爸爸这两天……,爸爸对孩子的教育方法非常独特,孩子在他手里,肯定会成长为有用之才的,能有这样的公公,真好!"当然,在丈夫面前称赞公婆,也要注意丈夫与公婆的关系,若是融洽,你大可赞扬不止。若是紧张,媳妇的赞扬就要循序渐进,这样会使全家关系更加和睦、幸福美满。

媳妇在父母面前称赞公婆,可以使自己的父母感到亲家的慈爱,感到自己的女儿是嫁对了人家了,会让父母对女儿的未来幸福感到放心,使两家的关系更亲近。在同事面前称赞自己公婆,也会使自己与同事的关系处理得很好。一个能同公婆和睦相处的媳妇,在外人面前夸赞自己的公婆的媳妇,是受人尊重的,也是人们希望结交的朋友。

微笑、赞美换来的合作

郭鹏是富豪油漆股份有限公司的推销员,这个公司刚刚开发出一种新型油漆,虽然广告费用了不少,但收效甚微。这种新油漆具有色泽柔和,不易剥落,防水性能好,不褪色等很多优点。郭鹏决定以市内最大的家具公司为突破口,来打开销路。郭鹏又是如何打开这一突破口的呢?

一天,郭鹏直接来到光华家具公司,找到他们的总经理:"我听说,贵公司的家具质量相当好,特地来拜访一下。久仰您的大名,您又是本市十大杰出企业家之一,您经过这么短的时间,就取得了这么辉煌的成就,您的才干肯定了不起。"总经理就向他介绍本公司的产品、特点,并在交谈中谈到他从一个贩卖家具的小贩到成为大家具公司经理的历程,还领郭鹏参观了他的工厂。在上漆车间里,总经理拉出几件家具,向郭鹏炫耀那是他亲自上的漆。郭鹏顺手将喝的饮料倒了一点在家具上,又用一件螺丝刀轻轻敲打,总经理很快制止了他的行为,还没等总经理开口,郭鹏发话了:"这些家具造型,样式是一流的,但这漆的防水性不好,色泽不柔和,并且易剥落,影响了家具的质量,不知对不对?"总经理连连点头称是,并提出,听说富豪公司推出新型油漆,但并不了解,没有订购。郭鹏从包里掏出了一块六面都刷了漆的木板,只见它泡在一个方形的瓶子里,还有另外几块上着各种颜色漆的木板。郭鹏声称,泡在水中的木板,已浸了一个小时,木板没有膨胀,说明漆的防水性好,用工具敲打,漆不脱落,放到火上烤,漆不褪色。于是这家公司很快就成了富豪公司的大客户,双方都从中受益。

在这则事例中,郭鹏一开始并没有直接称赞自己的油漆多好,而是从赞美这家公司的产品入手,又赞美了总经理的奋斗历程。受到赞美的总经理非常高兴,带客人去参观其产品。郭鹏在其心情愉快之后,在车间内,点出了光华家具公司的产品油漆性能差,直接影响到了家具的质量,并在此刻,展示了公司最上乘的产品。相比之下,凸现了公司的新型油漆。于是,总经理很自然地接受了其建议。郭鹏用微笑、赞美争取了这家客户,达到了推销产品的目的。

一杯羊羹亡了国

中山是战国时代的小国,一次,国君设宴款待国内的名士,正巧羊羹不够,无法让全场的人都喝到。司马子期因没喝到羊羹而怀恨在心,他跑到楚国,劝楚国攻打中山。楚是强国,中山被攻破国君外逃时,发现有两个人拿着武器一路保护他,他问这两个人来干什么,二人答:"我父亲因您赐他一盘食物而免于饿死,他去世前叮嘱,要我们必须竭尽全力报效您。"中山君听罢,感叹说:"给的东西不在乎多少,在于别人是否需要;施怨不在深浅,在于你是否伤了别人的心。我因一杯羊羹亡了国,却因一盘食物得到两位勇士。"

在一些小事上,让朋友"赢"上一把,高兴一次,照顾照顾友人的自尊,这也是一个获得多方面好感的好办法。一个人如果损失了金钱,那还不会怎么样,一旦自尊受到了伤害,问题可大了。因为金钱没了,还可赚回来,心灵受了伤害,就不是那么容易弥补的。也许你并无伤友之意,但往往因为一句话一件事伤害了别人,甚至可能为自己竖起一个敌人。

除了朋友交往时伤害自尊以外,"生活中的陷阱和深渊中,最可怕的就是'自己不尊重自己',这种毛病又是最难克服的。因为它是由我们自己亲手设计的深渊,用我们自己的一句话可以总结出来:没办法,我做不到。"

自甘落后、失去自尊的后果非常严重。只需动脑筋想一想就会发现,低估自己并不是一种美德,而是一种罪恶。自尊与自我形象的破坏有重要的关系,要自尊需要的是自己喜欢自己。有的人由于到中年,有了几条皱纹或者长了几根白发,她便失去了自我尊重,对家里人的无意的话和举动都过于敏感,就常常导致很严重的后果。解决这种问题的方法是不要在心里把自己描绘成一个失败的、毫无价值的形象,不要把自己变成怜悯和不公平的对象。运用练习方法建立一个适当的自我意象。另外,开始多欣赏别人,要有所尊敬,你和别人打交道时要留心考虑。训练自己把别人当作有价值的人来对待,这样,你会惊奇地发现,你的自尊心也加强了。因为真正的自尊并不产生于你所成就的大业,而是对你自己的欣赏。

含糊应对不法客

在某个大商场,有一位顾客拿了几个西红柿,然后混杂在已经称过重量并交完款的蔬菜中转身就走。这时,售货员发现了这一情况。如果他高喊"捉贼",这样势必会影响商场的秩序,损害商场的声誉,甚至可能会大吵大闹一番。社交活动中,常会遇到此类难以应付的棘手场合,也会有非说不可却难以启齿的局面。怎么办呢?

这位富有经验的售货员没有大喊起来,而是灵机一动两手一拍说:"哎呀,请您慢走一步。我可能刚才不注意,把蔬菜的品种拿错了,您再回来查查看。"这位顾客无奈也只得回来,售货员把蔬菜重新称过,随手就将西红柿拣了下来。售货员此时说"可能""查查看"都是暗示的词语,他明知顾客的行为,但他不想使自己的商场受损失,又不想引起争吵,就把责任推到自己身上,然后顺水推舟,巧妙地把事情处理得相当圆满。此时这位顾客也只能佯装不知,不了了之。

暗示语言在某些场合下使用,故意说得不确定、不说透,这样就给自己留下回旋的余地,也使对方不窘困。

妙语解死结

清代著名学者纪晓岚快捷灵巧,机智过人。有一次,乾隆想开个玩笑为难纪晓岚,便问他:"纪卿,忠孝怎么解释?"

纪晓岚答:"君要臣死,臣不得不死,为忠。"

乾隆立即说:"我以君的身份命你现在去死!"

而对此情,纪晓岚该怎么化险为夷呢?

毕竟纪晓岚是个十分机智的人。

"这……"纪晓岚没料到皇上竟然会这么说:"臣领旨!"

"你打算怎样死?"

"跳河。"

"好,去吧!"

但纪晓岚走了不一会儿,又跑回来了。

乾隆问:"纪卿,你怎么没死?"

纪晓岚答:"碰到了屈原,他不让我死。"

"此话怎讲?"

"我到河边,正要往下跳时,屈大夫从水里出来,拍着我的肩膀说:'晓岚,这就不对了,想当年楚王是昏君,我不得不死。你应该先问问当今皇上是不是昏君,如果皇上说是,你再死不迟啊!'"

就凭这一句,不仅抵制了皇帝的"圣旨",也化解了困境。

果戈理有一句话:"理智是最高的才能,但是如果不克制感情,它就不可能有获胜。"如果说,我们在遇到尴尬的局面时都是心慌意乱,不能控制自己的感情的话,在这种特殊场合下自然会穷以应付。这时,我们不妨来个自娱娱人,将错就错。

巧言安慰

美国在欧战爆发时,当时罗斯福总统的亲信郝斯权倾一时,深得罗斯福的器重,罗斯福把许多重大的事务都委由郝斯办理,因此郝斯虽然未谋得一官半职,但在政坛上却是个炙手可热、呼风唤雨的人物。当时国务卿拜里安将此看在眼中,很不是滋味。但是,郝斯这个人却并不会恃宠而骄,对拜里安依旧执礼甚恭。

当时,罗斯福把赴欧协调停战事宜的重大责任交给了郝斯,这是美国的和平大使,如果成功,其声望便可直追罗斯福总统,郝斯该如何把这消息告诉拜里安呢?

这真是个棘手的难题,就好像要当面把拜里安全身的"刺"给拔光一样。如果讲话的语气不得体的话,拜里安一定以为郝斯是在挖苦他、讽刺他,或者是向他示威。

果然,拜里安在听到这个消息时,脸上明显地露出一丝失望的神色,好像是在嘀咕:"这么重要的事也不交给我去办,分明是没把我这国务卿给当回事嘛!"郝斯看到后,立刻说道:"国务卿先生,总统的意思是认为如果正式派任何一个官高位重的人前去都极为不妥,恐怕因此会引起各国媒体及大众的注意力,这样会谈的效果自然大打折扣!况且国内还需要您的坐镇指挥,否则,罗斯福总统怎么忙得过来?"

国务卿拜里安心头的挫折感,就被郝斯的三言两语给抚平了。

借错指错给面子

60年代初期,某一外国贵宾来我国访问,在上海市参观期间,东道主为他举办了招待宴会。

宴会上使用的酒杯是一套价值连城的九龙杯,其形古朴苍劲玲珑剔透,特别是龙口上那颗光耀夺目的明珠更是巧夺天工。有人被这精美而又珍贵的艺术品深深吸引住了,拿在手上仔细欣赏赞不绝口,啧啧称奇。也许是由于饮酒过多,他竟将一只九龙杯有意无意地顺手装进了自己随身携带的公文包。

我方陪同人员见状后,说也不是,不说也不是,直接索要不太礼貌,甚至还会影响到两国的关系,眼见客人夹起公文包兴冲冲地离去。

有关人员及时将这一情况向当时正在上海视察工作的周恩来总理做了汇报。周总理听后指示道:"九龙杯是我国的稀世珍宝,一套36只,缺一岂不可惜?不要就这样让他轻易拿走,当然追回也应采取最为合适的办法。"当周恩来得知这位贵宾将要去观看杂技表演时,思忖片刻,心生一计,便把有关人员召来,如此这般吩咐了一番。我们来看看聪明的周总理是怎样既要回九龙杯,又不失体面的。

晚上,明亮的表演大厅里笑语欢声,热闹非凡,精彩的杂技表演令观众如痴如醉。特别是那位贵宾被中国演员精湛的技艺所折服,一个劲地热情鼓掌。台上表演正是高潮，只见一位魔术师轻步走上舞台，很是潇洒地将三只杯子摆放在一张桌子上，观众定睛一看，原来是奇光耀眼的九龙杯。再看魔术师举起手枪，朝九龙杯扣动扳机，随着一声枪响，转眼间那三只九龙杯只剩下了两只，另一只不知去向，观众们兴趣热烈，既为魔术师的技艺叹服，又都在纳闷：那只九龙杯到底去了什么地方？

这时，那位魔术师对观众说道："观众朋友们，那只杯子刚才被我一枪打进了坐在前排的那位尊贵客人的皮包里了。"说完，便轻步走下台来，对那位贵客欠身道："先生，能打开您的包吗？"贵客明知是计，但不好作声，便从包里将九龙杯取了出来，当他看到满场的观众都在热烈鼓掌时，也高兴地笑了起来。

拉拢人心给面子

言必信，行必果是领导者们一定要遵守的原则，如果答应下属的事迟迟不去执行，该给面子时常常不给很容易弄出乱子来，汉高祖刘邦就差点因此惹出个大麻烦。

刘邦在打败项羽之后论功行赏，对于二十几个主要功臣早就决定封赏了，但对其他人则因评定太慢而迟迟未能决定。有一天，刘邦在走廊上忽然看到花园里聚集了好几个小集团，似乎在商量什么大事。刘邦百思不解，于是回过头来询问张良是否知道他们在讨论什么。张良的回答吓了刘邦一大跳："陛下难道不知道吗？他们正在企图谋反。"刘邦赶紧问是什么原因。

张良回答说："陛下原来只是一介庶民，因为有了他们效力才得到了天下。然而陛下成为天子，却只有萧何那些一开始就得陛下欢心的大臣们获得赏赐。而另一方面受到处罚的，仍是那些平常陛下不喜欢的人。现在虽然有专人负责评定功绩，但是合计一下封地，即使把全国土地都封给功臣们，也是不够啊。他们害怕陛下不能让每个人都获得封地，或是因为过去的失败而受到惩罚，所以才聚集到这里计划谋反。"

张良

刘邦听后沉吟良久，又问："那么这件事应该如何处理呢？"张良回答："是不是有一个陛下平日最讨厌的人，而大家又都心里知道呢？"刘邦回答："雍齿这个人是我早就厌恶的，他最喜欢跟我作对，我早就想杀掉他，但是因为他的功劳卓著，所以只好忍耐住。"张良说："那么，请陛下赐雍齿封地，而且当众宣布吧！只要雍齿得到封地，大家自然会安静下来。"

于是刘邦采纳了张良的建议，大开筵席，封雍齿为侯，然后趁机告诉众人他已督促负责人尽快评定出每个人的功绩,请大家稍安勿躁。如此一来,将领们都停止喝酒,大声欢呼,并且交相耳语:"连雍齿都受封为侯,我们一定也能很快受封。"

把握两端站中间

如果你常常遇到别人在你面前说另一个人的坏话,对此,你就得端正态度,用辩证的思维去考虑这种事。因为说对方坏话的人,总是有着各种各样的原因。充分地分析讲话者的心理及原因,对做到端正自身大有益处。

阿东朋友中,有两个朋友因为一个女人而闹得互相之间很不愉快,两个人虽然平时见面还都装着一副无所谓的样子,但是一旦分开,就会对第三者发起"攻击",将对方的"坏"处添油加醋地讲出来。身为朋友,阿东当然成了他们双方发泄对对方不满的汇集点。

阿东知道他的两个朋友之间的一切原因,所以当甲对阿东说乙的坏话时,阿东尽可能地保持沉默,在适当的时候加进一两句劝导的话,不对乙加任何评论;当乙对阿东说甲的坏话时,阿东也同样不对甲加任何评语,同样在适当的时候对乙劝导几句。同时阿东还做到一点:所有的话,无论是甲说的还是乙说的,都让它们到自己这里截止,再不外传。一段时间过后,当甲乙二人都冷静下来时,回想起在阿东面前所说的那些话,他们自己都觉得不好意思。由于阿东处理得当,致使他们之间的矛盾没有进一步激化,好朋友终究还是好朋友,后来甲乙二人都对阿东感激不尽,对他更加尊重,并且愿意将所有的心里话对他倾诉。

如果换一种情形,阿东对他们一意奉承,在甲面前附和着说乙不好,在乙面前附和着说甲坏话,那么结果可想而知。当二人和好如初,握手言欢以后,阿东肯定是猪八戒照镜子——里外不是人了。

从这件事中,我们可得到这样一个教训,那就是当别人对你说第三者的坏话时,无论你是否明白其中的原因,你都必须保证做到一点,那就是"入耳封存",同时还得充分了解对方,如果发现对方是无缘无故,只是天生有背后说第三者坏话的习惯,那么你就得注意,以后有意识地疏远他。

当你当着对方把第三者说得一无是处的时候,你自己的形象在对方的心目中也同样已经一无是处了。所以我们尤其应该注意,尽可能地不在交谈对象面前说第三者的坏话。如果别人有什么缺点,你可以寻找适当的机会当面向他提出,背后议论别人的方法绝不可取。

以神借喻留面子

借用封建迷信来达到自己的政治目的,在中国屡见不鲜,朱元璋在未做皇帝之前投奔郭子兴,一次,他遇到了一件棘手的事情,便是以此法化解。

明朝开国皇帝朱元璋聪明而有谋略，早年投奔郭子兴领导的农民军，冲锋陷阵，出谋划策，受到郭子兴的器重，招为女婿。

郭子兴自称滁阳王后，他将部下数万人马都交与朱元璋率领，这引起郭的两个儿子的不满。他们十分瞧不起朱元璋，尤其是朱执掌军权，位在他俩之上，更是愤愤不平，认为是父王偏心，准备伺机把毒药偷放于酒，害死朱元璋。此事被朱元璋得知，他不露声色，心想，这二人是岳父爱子，公开点明此事不但有损岳父形象，更不利于团结，最好的办法是找机会巧妙地向他们点出其用心，使之愧惧不敢付之行动。

一次，三人相约外出，行至中途，朱元璋突然跃马而起，仰头望天，好像看见什么东西似的，并厉声责问郭氏二子："我有何处亏待你们二位？刚才天上神人传话给我说你们想加害于我！"哥俩一听，吓出一身冷汗，半天说不出话来，他们信以为真，从此视朱元璋为神明保佑之人，再也不敢萌生歹念。

由此，朱元璋在郭子兴队伍中的地位更加巩固了。

恕以待人给面子

孔子说："其恕乎！己所不欲，勿施于人。"这里的恕是凡事替别人着想的意思。其意是，自己不喜欢做的事，不要强加在别人身上。这句话可视做面子学的基本修养。

战国时，梁国与楚国接界，两国在边境上各设界亭，亭座们也都在各自的地界里种了西瓜。梁亭的亭座勤劳，瓜身长势极好，而楚亭的亭座懒惰，瓜身又瘦又弱，与对面瓜田的长势简直不能相比。楚亭的人觉得失了面子，有一天夜里偷跑过去把梁亭的瓜秧全给扯断了。梁亭的人第二天发现后，气愤难平，报告给这个县的县令宋就，说我们也过去把他们的瓜秧扯断好了！宋就把面子丢了，他该怎么做呢？

宋就说，我们再去扯断别人瓜秧的做法当然是很卑鄙的。可是，我们明明不愿他们扯断我们的瓜秧，那么为什么再反过去扯断人家的瓜秧？别人不对，我们再跟着学，那就太狭隘了。你们听我的话，从今天起，每天晚上去给他们的瓜秧浇水。让他们的瓜秧长得好，而且，你们这样做，一定不可以让他们知道。梁亭的人听了宋就的话后觉得有道理，于是就照办了。楚亭的人发现自己的瓜秧长势一天好似一天，而且是梁亭的人在黑夜里悄悄为他们浇的，便将此事报告楚国边县的县令。县信听后感到十分惭愧又十分敬佩，于是把这件事报告了楚王。楚王听说后，也感到梁国人修睦边邻的诚心，特备重礼送梁王，既以示自责，亦以示酬谢，结果这一对敌国成了友好的邻邦。

降至日常生活的处理，又何尝不是这样？因为在各人的眼中，每个人的位置是各不相同的，并没有统一的标准可以提供给你。那不妨就按照"己所不欲，勿施于人"的原则，反求诸己，推己及人，则往往会有皆大欢喜的结果。反求诸己，易入情，由情入理,自然会生羞恶之心而知义,辞让之心而知礼,是非之心而知耻。自私自利之人,往往不懂推己及人的道理,往往毫无顾忌地损害他人的利益,把苦恼转嫁到旁人身上。以这种方式做人,无论走到哪里,都会被人骂到哪里,真正是既损人又损己。

幽默之中给面子

有一次,著名京剧老生演员马连良先生演出《天水关》,他在剧中饰演诸葛亮。开演前,饰演魏延的演员突然病了。一位来看望他的同行毛遂自荐,替演魏延这一角色。

当戏演到诸葛亮升帐发令巧施离间计时,这个演员想和马连良开个玩笑,该魏延下场时,他偏不下场,却摇摇摆摆地向诸葛亮一拱手,粗声粗气地说道:"本将不知根底,望丞相明白指点!"

那"魏延"作的这个突如其来的情况并没有难倒马连良。他先是微微一怔,旋即向"魏延"莞尔一笑,说道:"此乃天机,岂可明言?"遂请魏将军站过来。

"魏延"一听,只好走到"诸葛亮"跟前,只见"诸葛亮"稍微转了一下身体,俯在"魏延"耳边轻声说了句什么,那"魏延"口中连呼"丞相妙计,丞相妙计!"然后赶忙匆匆下场。

原来,马连良的"妙计"只不过是压低嗓门,笑着对这位捣蛋的同行骂了一句:你这个王八蛋还不快点滚下去!

用计拍马贴面子

北洋政府时期,曾两度受命组阁、出任内阁总理的靳云鹏,是当时政治舞台上的风云人物,可谁曾料到,他是通过与段祺瑞下棋拍马起家的。

靳家本是十分清贫的家庭,靠卖煎饼度日。靳云鹏是家中长子,他19岁那年,在实在过不下去的时候,应募进了袁世凯的"新建陆军",以后又入随营武备学堂第一期,这个学堂的监督(校长)是段祺瑞。1902年初,袁世凯在保定创设北洋军政司,段祺瑞任该司所属参谋处的总办。靳云鹏在该处任提调(内勤人员),是个很辛苦的差使。

段祺瑞平时喜欢下围棋,以此表明自己的高深莫测,并与幕僚张某等人经常对弈。靳云鹏苦于高升无术,十分苦恼,知道段祺瑞有此癖好后,决心从围棋着手,伺机拍马求荣。从此,他不论寒暑隆冬,阴晴雨雪,自己摆棋厮杀,两年时间,自觉棋艺大有长进,便默默地等待机会。

一天,恰好张某不在,而段祺瑞的棋瘾大发,非常难受。正在苦恼之际,靳云鹏看在眼里,即上前请求:"大人,学生原来也曾下过几次,不知能否陪大人解闷?"段祺瑞求之不得,两人即摆棋杀将起来。

第一盘,靳云鹏惨败,段祺瑞内心十分高兴,待下第二盘时,段祺瑞感到赢得很难;第三盘,也是这样,总之,以后段与靳下棋,无论多么艰难,总是胜者。后来,段祺瑞又与张某对弈,段即邀请靳云鹏观战,在紧要关头,靳云鹏往往能献妙招,较段原来的打算确胜一筹。段祺瑞满腹狐疑,便问靳:"翼青(靳云鹏字),我看你棋下得有章法,布局也较我合理,缘何从未胜我一盘?"靳云鹏赶紧上前,一揖到地,说:"大人,学生与长官下棋,是为了给长官解闷,岂敢犯上求胜?"段祺瑞听后十分高兴,认为他目有师长,聪颖能干,很快将他提拔为标统。

自古以来的官老爷们都有一个共同的毛病:权力越大,捧场的人越多,就越发觉得自己高高在上,无所不能。久而久之,就连一些不足挂齿的雕虫小技也容不得别人胜己一筹。这是特定环境中形成的恶习,往往难以自悟。机智圆滑的人对此洞明于心,懂得掩藏起自己的本领,甘当大人物的"上马登""垫脚石",为他们捧场子、搭架子,不露痕迹地让他们体会凌驾于人的快感。大人物脸上风光,心中得意,自然会对你另眼相看。

当然,这种用计拍马的行为乃旧时代官场中人汲汲钻营、明势保身的伎俩。不过,现实中某些场合下也不失为一种处世方式的借鉴。

巧设漏洞贴面子

清代的乾隆皇帝,应当说是一个比较有知识和修养的皇帝了,但他同样自命不凡。他几下江南,遍游名山古刹,所到之处不是题字就是赋诗。然而他那些诗,没有几首是值得传之后世的。

御用文人纪晓岚看透了乾隆自命不凡这一弱点,便在主编《四库全书》时,故意在容易发现的地方留下一两处错漏之处,上呈御览,有心让乾隆过过"高人一筹"的瘾,乾隆当然发现了这些错误,发下谕旨加以申斥,心里十分得意,他甚至还召见纪晓岚,当众指出他的错误,纪晓岚乘机对乾隆的"学识"倍加赞颂,此后他一直在乾隆手下官运亨通。

像纪晓岚这样圆滑的人物深深懂得,没有人喜欢别人比他更高明,当一个人自以为处在居高临下的境地时,他的宽容心会来得更多,他的权力给人带来的私利也会更多,因而奉承也有其独特的效应,而用心研究如何"捧"人的方法,必然能领略到其中的好处。

将相和好留面子

在武则天执政时期,宰相狄仁杰和将军娄师德同在朝廷中管理朝政,但狄仁杰认为娄师德不过是武将,不大瞧得起他,常推举他出外任职,因此,娄师德在讨伐契丹凯旋回来后,又被外调为陇右诸军大师,管领屯田军,后又调任荆州长史兼天兵道大总管。

在朝文武将不和,是执政的大忌,武则天岂能视而不见,于是导演了一出"将相和"。

有一天,武则天故意问狄仁杰:"你看娄师德这个人怎么样?"

狄仁杰:"娄师德做个将军,小心谨慎守卫边疆,还不错,至于有什么才能,我就不知道了。"

武则天又问:"你看娄师德能不能识别人才?"

狄仁杰说:"我同他一起共事,没有听说过他能发现人才。"

武则天这才笑着说:"你就是娄师德推荐给我的啊。"说完,拿出了娄师德当初推荐狄仁杰的奏章给狄仁杰看。

狄仁杰感到很惭愧,认为娄师德为人厚道,自己不如他。从此,文武两大臣相敬如宾。

关注到每个人

"让每一个人都感到你在重视他的存在,你的事业便成功了一半。"这是我在应邀观看过一次日本来中国交流钢琴演出的排演后所得出的经验。其实我对音乐是个外行,只是喜欢音乐的旋律,所以对音乐界著名人物的名字知之甚少。当时率队来中国的据说是一位在日本乃至世界音乐界都极有名的日本指挥家,只是我当时并没注意到这一点,只注意听他们演练的乐曲。没想到等到排演结束,那位指挥却主动绕排练场一周,与每一个前来观看他们排练的人握手,并用生硬的中国话对每一个人说"谢谢"。我当时便产生了这样的感觉:这位著名指挥家重视我的存在!虽然我直到今天仍然不知道他的名字,但是他的形象,将会被我永记在心里,而且当天在场的每一个人也同样都会记住他的这一形象。这便是一种应酬的周到,虽然这种周到对他来说轻而易举,但是给人留下的印象,却是涂抹不去的。我想会有许多人,就因为他的这一举动,而花上几十元钱去看看他们的这场演出。这也是一种做人的魅力所在。

我们常常会听到周围有这样的评价:某某人做事真周到。这样的话,肯定就是对那些善于在日常应酬中做得圆满者的赞赏,同时也说明了被赞赏者是日常应酬的成功者。

在应酬场合中,如果有三个人,那么其中一个人可能会是本次应酬的"次要者"。如果在应酬过程中,这位"次要者"遭到了冷落,在心里产生不被重视的感觉,那他的心里将会是非常尴尬的,而且以后他便会找出各种各样的理由,拒绝出现在这样的场合。这样,你就有可能因此而失去一个可以在某个方面合作的伙伴。

适当地让"次要者"参与到你们的谈话中,不仅可以打消"次要者"的尴尬,同时还可以为你赢得朋友的心。

让"次要者"感到他的存在，可以有以下四种方式：

（1）常常向"次要者"微笑；

（2）不时地向"次要者"询问一些平常的问题；

（3）常常示意"次要者"喝茶或吃点心；

（4）让"次要者"参与到你们的谈话之中。

不揭他人之短

有这样一个故事：春秋时期，齐国宰相晏子是个矮子，有一次到楚国去出访。楚国的国君故意要以晏子的矮来要笑一番，于是吩咐只开大门旁的小门。晏子一看，便知楚王的用意，于是对门卫说道："我代表齐国出访，通常都是到大国从大门进，到狗国从狗洞进，只是没想到堂堂楚国竟然也会用狗国的礼仪来迎接我，看来我是来错了。"楚国君本想羞辱晏子，却反过来被晏子好一顿羞辱。

每一个人都有自己的自尊，在应酬中如果能够极好地维护自己及他人的自尊，便会得到更多人的尊重。"当着锉子不说矮话"，是告诫人们在应酬中不要伤他人自尊的意思。人生在世，各有所长，各有所短。若以我之长，较人之短，则会目中无人；若以我之短，较人之长，则会失去自信。这是应酬中尤要注意的一点。

所以在应酬中，尽可能地避开对方的短处，也是应酬成功与否的关键之一。

每一个人都有自身无法消除的弱点，就像个子矮是天生的一样。如果我们老是把眼光盯在别人的弱点当成攻击的对象，那么只会出现这两种情况：一是别人不愿意再与你交往。如此一来，你的朋友会越来越少，别人都躲着你，避开你，直到剩下你自己孤家寡人。二是别人对你进行反攻，揭露你的短处。这样势必造成互相揭短，互相嘲笑的局面，进而发展到互相仇视。如此，你在应酬中便会彻底失败，你在人们的印象及评价中，也不可能好到哪里去。

大凡矮人都有一种自卑，有短处的人都怕人提及。俗话说："打人不打脸，骂人不揭短"，就是这个道理。当然这也并非是绝对的，在日常应酬中，我们一方面尽可能地避免提及对方的短处，一方面也完全可以从真正关心对方的角度出发，善意地为对方出谋划策，使他的短处变为长处，或者使他不为自己的短处而自卑，那么，你同样便会得到别人的认可，而且还会因此得到别人的信任乃至感激。

第四章　察言观色巧应对

察言是同考察的对象交谈，以考察他的性格。如果某人声气宽厚柔和，神色检点而不谄媚,先于人施礼,后于人发言,每每主动向人公开自己的缺点和不足之处,这样的人是对人有益处的人。如果某人神色傲慢,盛气凌人,说话往往压人一筹,隐藏自己的不足之处,才能不及之处也不虚心请教,这样的人是于人有损的人。如果某人外貌刚直而不可欺侮,说话正直无私,不粉饰自己的美德,也不隐瞒自己的错误,也不掩盖自己的过失,这样的人是质朴的人。如果外貌曲婉媚人,说话阿谀乖巧,对自己所做的事情多方修饰,以显示自己,这样的人是不具备质朴品德的人。观色,是说内在的心气都可从气色上观察出来。富于智慧的人必然有内蕴丰富的知性气色;仁慈的人必然有令人尊敬的气色;勇敢的人必然有无所畏惧的气色;忠心耿耿的人必然有令人敬畏的气色;高雅廉洁的人必然有不可玷污的气色;贞洁的人必然有令人信赖的气色。表现一个人本质的气色浩然博大,具有稳定性;不能表现一个人的本质的伪装的气色,蔓然纷乱。这是"观色"的方法。

从其行为中察其本意

古人列子穷困潦倒,脸上出现饥饿的颜色,但决不接受郑国宰相子阳赠送的粮米。因为,列子知道自己并没有和子阳打过交道,子阳凭什么给自己送粮食?还不是听他手下的人说:"列子是大大的贤人,他就在您治理的国家里,他现在连饭都没吃的。这样,您岂不成了不爱贤才的宰相吗?"

列子谢绝了子阳送来的粮米,列子的妻子深深叹息。她埋怨说:"只听说有道德有才学之人的老婆子女都能过上快乐安逸的日子。可你,把我们一家子养得只有皮包骨头了。当权的宰相既然已派人来慰问,又送来粮米给我们,你为什么偏偏不接受呢?你自己不要紧,难道身家性命也不要?"

列子到底为什么不要子阳送的东西呢?我们来看看列子是怎样察人的。

子阳是为了自己获得好名声而给列子送吃的东西,并非真正爱惜贤才。

列子笑着向妻子解释道:"宰相并不是真正了解我,只不过听别人讲起我,他叫人给我送粮食。现在救济我是如此,如果有一天有人在他面前说我的坏话,他必然依别人的只言片语来加罪于我。这怎么行呢?这就是我不接受粮食的理由。"

列子所言不幸为后来的事实所应验。子阳为官,确实为所欲为,不久老百姓起来反抗,杀死了子阳。列子虽然穷困,却依旧平安,并且依靠道德学问依旧贤名远扬。

听其声　察其人

郑子产一次外出巡察,突然听到山那边传来妇女的悲恸哭声。随从们都望着子产,听候他的命令,准备救助,不料子产却命令他们立刻拘捕那名女子。随从不敢多言,遵令而行,逮捕了那位女子,当时她正在丈夫新坟前面哀哭亡夫。人生有三大悲：少年丧父、中年丧夫、老年丧子，可见该女子的可怜。以郑子产的英明，不会对此妇动粗，其中缘由，是因为郑子产的闻声辨人之术也。郑子产解释说，那妇人的哭声，没有哀恸之情，反蓄恐惧之意，故疑其中有诈。审问的结果，果然是妇女与人通奸，谋害亲夫之故。

高层次的理解是，由声音听出一个人的心性品德、身高体重、学历身份、职业爱好等。这是一个很复杂的判断过程，既有经验的总结，又有灵感的涌动。

声音最能陶冶性情，战鼓军号能使人精神抖擞，小鸟的啭鸣能让人心旷神怡。所谓"声色犬马"，声音给我们带来的享受竟是排在首位的，就连人类的求偶活动也同鸟一样，是从婉转的声音开始的，所以人在青春期对各种甜言蜜语和流行歌曲的反应都很强烈。

从生理学和物理学的角度看，声音是气流冲击声带，声带受到振动引起空气振动而产生的，这既是一种生理现象，又是一种物理现象。但人的社会属性，又使人的声音有着精神和气质方面的特性。古人讲，心动为性——"神"和"气"——性发成声。意思是讲，声音的产生依靠自然之气（空气），也与内在的"性"密不可分。声音又与说话者当下的心理活动密切相关，大小、轻重、缓急、长短、清浊都有变化，这与人的特性也是息息相关的，这就是闻声辨人的基础。

言谈举止显德行

有一对刚谈恋爱的恋人，到一个小岛上玩耍，因为天气的原因，被迫在岛上的一间荒废了的房子里过夜。房子里有一里一外两间屋，姑娘住在里面，男子住在外面。女孩用一根长头发在门栓处打了一个结，而并没有将门关得严严实实。第二天早上醒来，发现发丝打的结完好无损。于是，女孩当即就下决心非此位男士不嫁，因为她从其行为上已判断出他是位正人君子。民间传说中也有类似的故事，一家欲娶媳妇，有一天媒婆先后带来了三位女子前来"应聘"。这家女主人故意将扫帚横放在显眼的地方，前两位对此熟视无睹，只有第三位女子在临走时，不动声色地将扫帚收拾到了墙角。此女子最终成了这家的媳妇。

"善观人者索其终，善修己者履其始"，识别人的方法虽然多种多样，但最方便最易于操作，也是人们在有意无意中运用得最多的识人方法，还是在于观察其行为。评价一个人是否是人才以及他的好坏优劣，主要就是看他的行为。古代思想家荀子早就告诉我们，相心不如论心，论心不如择术。人们常感慨画龙画虎难画骨，知人知面不知心，只知一个人的面容怎么可能清楚他的本质呢？所以，识人的妙方还在于对他的一举一动的观察。

"探仁人之心，必以信，勿以财；探勇士之心，必以义，勿以惧；探智人之心，必以忠，勿以欺"。这就是说，对不同类型的人，要用不同的方法和态度去了解，但这也必须在观察其行为的基础之上。

公关俏点子

图文珍藏版

观察人的行为,还要看他对待名利的态度。古今中外,各个领域的杰出人才,虽然对人类社会有着丰功伟绩,但大多都视功名淡如水。人如果对名利刻意追求,就会丧失进取心,他的生活的意义和价值也将在物质生活中荡然无存,而且这种人不可能与用人者同舟共济、共赴危难。

用人者的行为如何,也影响着人才的聚集和使用。"凤择良木而栖,臣择贤主而事",没有哪个人才会愿意跟从一个德行败坏的用人者。

在对人的行为进行观察时,要充分注意到人的复杂性。人既能通过语言来掩饰自己,也能通过行为来掩饰自己内心的真实意图。这就决定了对人的行为观察是长期的、艰巨的,绝不能通过一时的行为来鉴别人。历史上大奸臣的"潜伏期"往往是很长的,直到其得势掌权后,才会露出狰狞的面目。但人在无意时的举动很能表明他的内心,只是这种观察人的机会难得。如果有,只要几次,或者一次,就能判断其人的优劣了。

以德取才

宋真宗想拜王钦若为相,王旦制止说:"王钦若受陛下赏识提拔,地位与待遇已相当优厚,我还是希望他能留在枢密使的位置上,这样,枢密府与相府之间也可以保持平衡。我朝从太祖开国以来,还没有任用南方人当宰相的先例,虽然古人说唯才是举,但也必须是真正的贤才方可破例提拔。我身为宰相,不敢压抑贤才,但不同意王钦若当宰相,这是公众的意见。"由于王旦反对,真宗便暂时放弃了自己的想法。直到王旦去世后,王钦若才被起用,因此,王钦若逢人便说:"是王旦使我当宰相的时间延迟了十年!"当初,王钦若与陈尧佐、马知节同在枢密院任职,因为汇报工作,当着皇帝的面发生了争吵。真宗把王旦叫来处理纠纷时,王钦若还在大骂不已。马知节哭着说:"我愿与王钦若一起到御史府对质,请求公正评判。"王旦怒斥王钦若退下,才平息了这场纷争。事情发生后,真宗非常愤怒,立即下令要将王钦若三人投入监狱。王旦严肃地说:"王钦若等人多年来一直凭借着陛下的特殊宠爱,所以才敢如此肆无忌惮。陛下要责罚他们,也应当选择公开正式的场合。今天,请您暂且回宫休息,明天我再来领取圣旨。"

真宗召见王旦,问他是否安排了处罚王钦若的事情。王旦回答:"王钦若等人理当处罚,但不知陛下要冠以什么样的罪名?"

真宗说:"判他们纷争无礼的罪名。"

王旦说:"陛下治理天下,却用纷争无礼的罪名将大臣入狱,如果这件事传到国外,恐怕会因处罚失当而损害您的威信。"真宗问:"你说该怎么办呢?"王旦说:"应该通过中书省传达您的旨意,把王钦若叫来宣布陛下对他们宽大为怀的态度,同时对他们予以警告。等过一段时间,再将他们罢免也为时不晚。"真宗同意了王旦的处理办法,并说:"如果不是您说了话,我真是难以容忍他们这样放肆。"一个多月后,王钦若等人都受到了免职的处分。

王旦曾经与杨亿在一起品评当朝人物,杨亿问:"丁谓这个人日后的前途和表现会是什么样子?"王旦评论说:"丁谓是个有才华的人,但在品德修养上还有所欠缺。日后担任了高级职务,假使有品德高尚的人帮助他,可能会有一个好的晚节;如果是他单独掌权,一定会给晚节带来不幸。"后来,丁谓的发展果然证实了王旦的预见。

王旦作为皇帝使者负责修理兖州景灵宫,太监周怀政与他一起同往。有一次,周怀政趁便请求与王旦相见,王旦却一定等随从的人都来到后,才穿着官服在大庭广众下与他见面,说完了正事就立即告别。后来,周怀政因为策划政变而被杀,众人才知道王旦识人之准与深谋远虑。另一名太监刘承规因为忠厚老实受到真宗的喜爱,在他将要病死的时候,请求皇帝能封他做节度使。皇帝对王旦说:"如果不答应他,刘承规会死不瞑目的。"王旦却执意不批准,并说:"如果今后有人临死前请求封为枢密使,难道也要答应他吗?"刘承规的遗愿终于没有实现。而且自此以后,北宋的太监们没有一个人做官到枢密使这一级别的。

今天看来,王旦并没有什么惊人之举,也算不上千古留名,但他在处理日常事务中能够时时处处以知人为先,又能有理、有利、有节地具体安排每件事的处理方案,把事情做得既符合公忠体国之道又稳妥有条理,从中可以看出王旦的水平。对我们来讲,也极富有借鉴意义。

中国历代的统治者都极其注意收罗人才,能否收罗住人才,在其有无德行,但能否认识人才,却在于其眼力了。所以,得人在其德,知人在其智。仅能得人而不能识人,则所得皆庸才;只能识人而不能得人,则人才皆为他人所用。所以,得人与知人是不可分割的整体。但在用人上面,却以知人为首。无其才而使当其任,必遭摧折;有其才而不使当其任,则必不能久居。无其德而使居其位,则必败亡,有其德而不使居其位,则必远遁。若在征战之事、权力之争中,一旦知人有误,必有大祸,这样的例子,也就不必再举了。百智之道,知人为上。若能知人善任,事业自成功了一半,再兼有雄才大略,就不虞其他了。

察人先察其朋

据《新序·杂事》记载:战国时楚国有个非常善于相面的人,他相人从来都没有失误。而且他与别人相面不同,别人是根据"骨相""手纹"来进行推测,而他"能观人之交"。楚庄王听说有这么一个人,便召他前来,问他相人为何如此准确。他回答说:"臣非能相人,能观人之交也。布衣也,其交者孝悌,笃谨畏令,如此者,其家必日益,身必日安,此所谓吉人也。官,事君者也,其交皆诚信,有好善,如此者,事君日益,官职日进,此所谓吉士也。主明臣贤,左右多忠,主有失,皆敢分事正谏,如此者,国日安,主日尊,天下日富,此之谓吉主也。"楚庄王听了此番话,高兴地说:

"善!"于是招聘四方贤士时,亲近贤者所荐之人,因而得到孙叔敖、子重等贤臣辅佐,终于成就了霸业。

西方有句谚语:"要了解一个人,只需看看他所交的朋友。"英国丘尔契曾说过:"世界上没有比交友不慎危害更深的东西了,因为它种下的是疯狂,收获的是死亡。"中国古人则云:"审其好恶,则长短可知也;观其交游,则其贤不肖可察也。"孔子也说过,与那些正直、能体谅人、见闻广博的人交朋友,是会得益匪浅的。而那些谄媚奉承、心术不正、华而不实的人,千万不可与之为伍。通过对一个人交什么样的朋友,以及对朋友的态度如何进行观察,也就能够判断其人的好坏了。物以类聚,人以群分,古人的这种识人方法对我们今天也是有借鉴意义的。

人与人之间总是因情绪、兴趣、爱好、性格的相互融洽而成为朋友的,有的是志同道合,有的则是臭味相投。有以友情为重结为朋友,有以事业为重结为朋友,有的是为了一个共同的革命目标,从五湖四海走到了一起来,也有人为了达到不可告人的目的而内外勾结,狼狈为奸。近墨者黑,近朱者赤,我们可以根据人交结的是什么样的朋友,来考察这个人是否是贤才。看一看与他经常往来的朋友的品性怎样,也就清楚他的人品如何了。

观其敬爱察性情

吴起是用兵带兵的能手。有个战士患疮疽,数月不愈,吴起在查营时发现了,竟亲自帮他吸吮疮口,那个战士为之感动,疮疽也很快好了。这本是件好事,但战士的母亲听到这件事后,竟大哭起来。

别人很奇怪,问:"他儿子只是一名普通战士,将军却亲自为他吮疮,为什么不感谢,反而哭呢?"

母亲答道:"当年,吴将军为孩子他爸吮疮,孩子他爸感谢将军的恩情,因此在战斗中舍命相报,终于死在战场上。现在,将军又如此对待我的儿子,我不知道我的儿子又会在什么时候为将军献身啊!因此我才痛哭。"

上例体现了爱多于敬的感染力量。但在爱的同时,又必须少不了敬,否则上下级关系亲密有余,严肃不足,会不利于推动工作。因为毕竟有的下属存在许多缺点,有爱无敬,会纵容他们,造成纪律松散,自然会干扰工作。

如果敬多爱少,过于严肃,过于紧张,除了主张相同的人士能归服、遵从外,其他带有若干懒散思想作风的人就可能因畏惧严格的管束而投靠他处。这也是用人者应该注意的地方。

爱能使上下齐心,彼此同力;敬能够严肃礼节,端庄行止。有爱无敬,不足以严肃纪律;有敬无爱,又不足以抚慰人心。爱敬双重,爱大于敬,则既得人心又不乱纲纪,团结一心,众志成城,以此行于天下,谁能敌?

在人类社会中,爱与敬是最主要的道德规范,"爱心"一词更是近年来十分流行的词语。通过对一个人在"爱"与"敬"这两方面的实践情况，就能够预测其在社会活动和所从事的行业中的人际关系，是通达还是闭塞。

"敬"作为一种道德规范，能使人们分清等级差别，但过于严格，会使人际关系疏远、淡漠。而"爱"能使人与人之间的感情日趋亲密，这种情真意厚的爱可以说是更高层次的敬。在"敬"与"爱"中，如何掌握两者的比例，对于用人者来讲，显得尤其重要。虽然"宽严相济，恩威并举"的管理手段人人皆知，但在运用中却不太好把握分寸。上级与下级之间既不能称兄道弟，亲密无间，也不能无话可说，形同路人。但在商品社会人心隔肚皮的今天，爱显得比敬更为重要。

对人才来说，有爱心、尊重别人的人，易于得到别人的支持和帮助，有利于事业的发展。对用人者来说，对待下属以爱多于敬为更妙。得民心者得天下，能以爱心待下属，下属则会拼命回报。"滴水之恩，当涌泉相报"是经过几千年文明智慧积淀下来的传统道德观念，时间的流逝并未洗褪它积极的意义。用人者在强调个人理念、个性回复的今天，能多给一些爱心给下属，是可以令员工精诚奉献的。人才流动是谁也阻止不了的，如果只凭制度和钞票管理人，没有丝毫爱敬，制度再好，钞票再多，也难做好工作。

从性格来察人

陶朱公，即范蠡，助越王勾践兴越称霸后，料"勾践为人可与同患，难与处安"，便辞别勾践，渡海到齐，经营产业，后又到陶，从事耕畜，并做买卖，成为巨富，天下称他为陶朱公。朱公有子三人，次子杀人，被囚于楚。朱公拟派小儿去探望，从中营救。朱公给他黄金千镒，作为营救费用，将启程时，长子坚决要求代其少弟前往，朱公不听。长子说："家有长子曰家督，今弟有罪，大人不遣，乃遣少弟，是否不当。"并说如不让他去，就要自杀。他母亲也为他求情说："派小儿去还不一定能将次子救出，却先死了长子，那又该怎么办？"朱公不得已派长子前往，写一信让他带去交给在楚的故交庄生，叮嘱说："至则进千金于庄生所，听其所为，慎无与争事。"长子自己也带上私蓄数百金，以防意外之用。

朱公长子到楚，前往拜访庄生，将信和金交给他。庄生对他说："可疾去矣，慎毋留！及弟出，勿问所以然。"朱公长子没有听他的话，他因见庄生家很穷，所住屋很破漏，对他缺乏信心，担心不能救他的弟弟，仍留在楚，从事营救活动，将其带来的私蓄数百金献给有权势的楚国贵人。

庄生虽穷，但其人廉直，以此名闻于楚国，自楚王以下都尊他为师。朱公送金，他并非想要，他想等办成事后送还金，以取信于朱公。他收金后，告诉他的妻子：这是朱公金，应当交还，不要动用。庄生入见楚王，说有其星出现，将对楚不利。楚王问有何办法？庄生说："独以德为可除之。"楚王便决定要大赦。朱公长子得知消息后，认为其弟遇救与庄生无关，不甘心白白送给庄生千金，遂往见庄生觊兄弟遇赦事。庄生知其意，便将钱还给他，朱公长子暗自庆幸，弟既遇赦又不花钱。

庄生认为朱公长子不信任他觉得是对他的羞辱，于是恼羞成怒，又人见楚王说："臣前言某星事，并言以修德报之。今臣出，道路皆言陶之富人朱公之子杀人囚楚，其家多持金贿大王左右，故王非能恤楚而赦，仍以朱公子故也。"楚王大怒说："寡人虽不德尔，奈何以朱公子而施惠乎？"即令斩杀朱公之子，次日才下赦令。朱公长子只好以所坐来的牛车载弟尸归。

到家后，家人都痛哭，只有朱公独笑，说："吾固知必杀其弟也！彼非不爱其弟，顾有怕不能忍者。是少与我俱，见苦，为生难，故重弃财。至如少弟者，生而见我富，乘坚策肥逐狡兔，岂知财所从来，故轻弃之，非所惜吝。前日吾所为欲遣少子，因为其能弃财故也。而长者不能，故卒以杀其弟，事之理也，无足悲者。吾日夜固以望其丧之来也。"

"知子莫若父"。朱公之所以早就料到长子救不回次子，只有少子才能担此重任，是因为他对两个儿子的性格了若指掌。因为少子出生时家庭已经富裕，不知创业的艰难，生活在花天酒地之中，所以养成了放任、挥霍的性格。所以不会吝啬钱财，而且他阅历不多，心地单纯，将会按照朱公的话去办。而长子曾与朱公一道创业，知道钱财来之不易，所以养成了吝惜、严谨、精打细算等性格，加上经验丰富，又是势利眼，看不起庄生，为了救弟又去行贿楚国官员，反而坏了大事。正是朱公长子的性格决定了他行动处事的方式，最终也是这种性格害了其弟。也可以说是朱公意志的软弱害了其子，如果他不理会长子的自杀要挟和妻子的求情，坚持正确的主见，派少子去救人，岂能不让次子生还？

用人者在用人时，不仅应考虑其智力、技术、文化水平，更应考虑其性格特点。例如，在选择公关、推销人员时，应选择性格开朗、善于交际、热情、真诚、谦和、礼貌的人；选择组织部门的干部，则应该选择性格内向。办事严谨、细致、认真的人。但性格并不是一成不变的，可以人为地来锻炼。"已非昔日吴下阿蒙"这句俗语讲的是三国鼎立时期，东吴孙权麾下的大将吕蒙。吕蒙年轻时勇敢舍命，但做事不动脑筋，往往一味蛮干。后来孙权督促他读书，他的鲁莽习性逐渐收敛，智谋成分逐渐丰富，成长为东吴著名的军事将领。后来设计攻破荆州，逼使威震华夏的关羽演上一出"败走麦城"的历史悲剧。著名京剧艺术家梅兰芳，小时候生性腼腆，怯见生人，记忆力不太好，动作也比较僵硬，这和艺术家的性格相比较，可以说是相距甚远。但是，他通过后天的刻苦努力，反复磨砺，终于战胜了自己性格中的薄弱面，从而使自己成为蜚声中外的艺术大师。

察人胸襟　明确志向

陈胜最初当佃农时，虽然和其他佃农一样面朝黄土背朝天，但他有不同于一般农民的远大理想和抱负。他说"苟富贵，勿相忘"时，也许并没有意识到今后会揭竿而起，去造秦始皇儿子的反，但惹来的却是一片嘲笑，他长叹一声，"燕雀安知鸿鹄之志哉！"他后来的举事尽管有其历史必然性，但是如果没有远大的抱负肯定也不会落在他的肩上。

陈胜的起事搭档吴广被部下杀死时，陈胜不仅不为此惋惜，反而重赏了那个部下，封其为上将，这是在事业未完成时。也许陈胜还暗自感谢那部下替自己除去了一个潜在的争天下的对手。陈胜称王后，昔日耕田的同乡们去找他，想弄个一官半职，竟被门卫拦住了，无奈之下，同事们大呼其名，陈胜斩杀了其中一人，其余人就离开了。由此一而再、再而三地表明，陈胜的胸襟气度太小。

陈胜最终失败了，除了他个人本身不能超越和克服的困难外，他性格上的局限也是一个原因。他有坚定的目标和远大的理想，但胸襟气度却还是不够。要成就大事，必须团结一切可以团结的人，容忍他们的缺点、错误，充分发挥他们的优点（哪怕只有一处），这方面陈胜差得多，比毛泽东更差远了。毛泽东不仅把这点看得很透，做得也很精妙，很早就明确了"谁是我们的敌人，谁是我们的朋友"这个论断。

胸襟气度是预见一个人未来成就的重要参考。随着时代的变化，个人英雄主义在今天已越来越多地失去了阵地，当今时代需要的是更多的合作精神，不能与他人和环境共处互惠的个性将会越来越少地发挥其应有的力量。

拥有宏博奇伟胸襟的人，必定会有远大、坚定而又明确的人生目标。某个伟人说过："伟大的毅力是为伟大的目标而产生的。"所以他们会产生出天赋神授一般的精神力量和旺盛斗志，他们既不会接受失败，也不会承认失败，反而会激出潜在于体内的巨大勇气和超人毅力，推动、鼓励着他们去克服阻力战胜困难。这样的人才有勇气、有毅力、有智慧，并能在奋斗中碰撞出灵感的火花来。

具备了如此品性的人，也就具备了对自己的信心、勇气和力量，因而也有了成功的可能，成功也就成为他奋斗航程上看得见桅杆的船，有了坚定、明确的目标，也就有了人生的动力。

以实践察人　不靠人言识才

精明的上司能够识才不拘出身。商代时，武丁继位，将国家大事委任给冢宰大臣处理，留心寻访王佐之才。发现奴隶傅说颇有才能，想任他为相，治理国家。但怕朝中显宦不同意。于是，他终于想出借天命之法。

一天晚上，武丁入睡以后，故意大笑不止，手下人连忙向他道贺，武丁微笑着说："振兴商朝大有希望。刚才我梦见先王商汤给我推荐一个大贤人，名叫傅说。"文武百官又听说傅说是商汤介绍的大贤人，谁都不敢不相信。武丁故意把眼前的人看了一遍，摇摇头说："诸位没有一个像。"文武百官只好跪在武丁面前，向他讨教："请问君王，你梦见的那位大贤的相貌如何？"

武丁便把傅说的长相、特征,活灵活现地讲了出来,不久,寻访傅说的人告诉商王武丁说,在傅岩有个奴隶叫傅说。武丁忙派自己的侍从去察看,果然,傅说的长相和武丁所描述的一模一样。

武丁早已等候在宫前,一见傅说来了,急忙迎上前去,大声喊道:"不错!不错!此人正是先王在梦中推荐的那位大贤人。"于是叫傅说赶快脱掉奴隶的衣服,换上一身崭新的贵族服装,并当即宣布解除他的奴隶身份,拜他为相,辅佐治国。

傅说果然极富治国才干,仅仅三年时间就帮助武丁将商朝治理得很好,使商朝再次兴盛起来。武丁能够深入观察自己的部下并大胆使用,所以,赢得了商朝的大好江山。

孟子说:"国君选拔贤人,如果迫不得已要用新进,就要把卑贱者提拔到尊贵者之上,把疏远的人提拔在亲近的人之上,对这种事能不慎重吗?因此,左右亲近之人都说某人好,不可轻信;众位大夫都说某人好,也不可轻信;全国的人都说某人好,然后去了解;发现他真有才干,再任用他。左右亲近的人都说某人不好,不要听信;众位大夫都说某人不好,也不要听信;全国的人都说某人不好,然后去了解;发现他真不好,再罢免他。左右亲近的人都说某人可杀,不要听信;众位大夫都说某人可杀,也不要听信;全国的人都听说某人可杀,然后去了解,发现他该杀,再杀他。这样,才可以做百姓的父母。"所以古人认为对下属的贤人要能够在实践中体察而使用,这是强国利民的关键。

察其"神" 观其"情"

清咸丰年间,曾国藩广招人才,有的是经人推荐,有的是自愿投效,曾国藩必定召见面试、谈话之后才决定是否任用。有一次,曾国藩约了三个人次日在会客室等候被召见,过了正午很久,尚未被召见,一人静坐沉思,一人走来走去,一人脸上十分生气,一副不耐烦的样子。到了傍晚时,曾氏派人告诉他们三个人,可以回家等候被用,不必见面了。有人问他说:"三个人为何不用召见,就被录用?"曾国藩说:"此三人在屋内时,我已观察过了,那个沉思的人,心情不畅,活得不久,但为人却很稳重;来回踱步的,气度胆识不凡,刚强沉着,实在是不可多得之才;那个不耐烦的,英勇果敢,一定可败敌,然而有点心急,成功之后可能会殉国。这三人都是军中所需要的人才。"于是各自分配了他们的职责。后来经过事实证明,沉思的人是王某,年余病发,功劳不显扬。踱步的是彭玉麟,立军功建水师,官至兵部尚书,人们皆佩服他。不耐烦的是江忠源,勇敢好战,常常建军功打胜仗,官至安徽巡抚,在庐州三沙镇力战殉国,被追加封号为忠烈,于是大家都佩服曾国藩慧眼识人,确实不同凡响。

精神是本质,情态是现象,要知人的本质,必须从神入手,而情态能佐神之不足。考察人物时,有浅和深两个层次,浅就是初观情态,深就是通过情态透析精神。

情态的表现虽然千姿百态,却可以在瞬间中看到其变化,说得容易做得难,精神的本质实在不易知晓,连以识人闻名的曾国藩在考察江忠源时,也是在关注良久的前提下,方才断定将会"名扬天下,壮烈惨节而死"。

情态以动为主,所以情态只是考察的内容之一,犹如局部与整体的关系,局部有缺陷,整体尚好,大体不坏;局部虽佳,整体已坏,则难以当用。犹如一株大树,枝丫坏死,而整株树仍有生命力,仍不失去根深叶茂之美;如果大部坏死,虽余有一枝半丫的绿意,终失其整体完美,终难逃枯死之厄运,叫人叹惜。

考察情态就如同考察"神"一样,也是先辨清浊,再论表现。清浊之道,是从外貌鉴人察性的最基本原则,清者贵,浊者贱。莲花出淤泥而不染即是以物取象。清浊原则是从宏观、整体上去分辨把握。在详论细处时,又要遵循互补互逆、兼顾取舍的原则。神不足的,取情态可用可佳处补之,骨不足的,取容貌可用可佳处补之。人之神不能明白考察时,考察情态;相见短暂,无时间细审精神时,考察情态容貌。有羞涩女儿之态时,考察其本性是否闲雅中淡,有小儿般行止的,考察其本性是否自然纯朴,以上种种都是兼顾取舍的实际应用。

用财色识小人

某日下午,一个妙龄女郎用娇滴滴的声音在电话中向一家高级饭店服务员预订了房间。深夜 12 点左右,一位绝色丽人仅带着一只手提包出现在前厅,自称是白天订房的客人,她照章预付了租金后,请了一名男侍者带她到预留的房间。她边走边和侍者搭讪,一反刚才故作高雅的姿态,显露出风骚的表情,挑逗得老实而幼稚的侍者有点神魂不定。他按工作程序向这位女客人说明了电灯开关位置,冰箱和冷暖气机的使用方法之后,刚要离去,那个女人嗲声嗲气地说道:"多谢您的照顾!现在夜深了,你的事大概也忙完了,能和我聊会儿天吗?我热得实在睡不着。"侍者手足无措地说了句:"饭店有规定,不允许我这样,对不起,失陪了!"便要出屋。突然,那女子的玉臂挽住了他的手:"你真好!我看见你头一眼就动心了。要不你忙完了,再到我房里坐坐,今天夜里我就在这儿等你,你一定要来啊!"侍者对美貌女郎的调情惊讶不已,支支吾吾后,便飞也似的从客房里溜了出去。

午夜过后,忙活了一阵子,那侍者到值班室歇息抽烟。吞云吐雾中,忽然想起那美人儿——刚才忙得晕头转向,已经忘了这件事,现在脑海中总有她卖弄风情的影子晃来晃去。侍者暗自想:"她那样勾引大概不是出于真心,怕是想捉弄人吗。"他越想越情不自禁地要弄个究竟。

侍者蹑手蹑脚地走到那女子房间一看,不觉吃了一惊:房门虚掩着,从外面望进去,可以看见那美貌女郎,穿着鲜艳的睡装,酥胸微露,斜倚在大床的靠背上,正目不转睛地向门这边看着。当那女子看准是他之后,马上显出高兴的样子,向他招手,嘴里还不停地说:"一直等着你哩。"侍者心想:难道她真的在等我?犹豫了片刻后,终于悄悄地溜进屋去。

刚一进门,那女子就迅速地锁上了房门,口里嘟哝着:"真叫人好等啊!"说着,一把搂住他,翻倒在床上。这位一向老实的侍者,在妙龄女郎肉感的诱惑下,也无法控制男子汉的本能了。那女子喃喃地催促着:"快点快点。"随手将早就放在桌上的剪刀硬塞到侍者手里,"行啦,我等不及了。"就用剪刀把衣服从下往上"嘶"地一铰,不等侍者从困惑中醒过来;她已经用手把着他提剪刀的手,开始"嘶啦嘶啦"地铰了起来,事已至此,服务员便一口气把女子上装的前身全铰开了,然后把自己的上衣甩在地毯上……

不料此时,那女子却偷偷地松开手,按下床头柜上录音机的录音键,并抄起床边的电话听筒,拨通了夜间值班室经理的内线电话,大呼:"××房间有流氓!强奸啊!救命啊!"说完,便摔掉听筒,一把扭住侍者的手腕,当经理急匆匆地赶到房间时,侍者茫然地呆立着。美女胸前的衣服被铰开了,正发疯似的喊着:"快快抓住这个色狼!他要对我非礼。"

"由于一时马虎,好像是忘了锁上房门。我正睡得迷迷糊糊的,这个人闯了进来,袭击了我,还用这把剪刀,就这样……现场你们都看到了。这个流氓是你们店的服务员吗?你看怎么办吧!"经理受了这顿抢白,怒气冲冲地对于了混账事的服务员追问道:"喂,这到底是怎么一回事!"

"完全是一派胡言,是她主动勾引我,又将这把剪刀硬塞给我,强行让我铰开她的衣服。""你说什么?你这个不知羞耻的坏蛋。"那女子愈发火冒三丈起来。

经理对下属了如指掌,经初步考虑断定,这个一向老实的侍者绝不敢做出这种事来,这里面定有什么蹊跷,便一面诚恳地道歉说:"唉!真对不起您了。"一面又劝慰激动的女郎:"不管怎么说,今天夜里已经太晚了,我们还要向这个职员了解事情的原委,明天早晨再拜访并协商处理办法,现在请您先休息吧!"

女郎似乎怒气未消:"经理先生,这种精神上肉体上的打击我实在无法忍受,而且这套法国巴黎高级时装店最好的礼服也撕成这个样子,简直难以置信,这一切是你们这家第一流饭店的职员干的!我一定要起诉,索赔!"

经理再三道歉:"实在让您受委屈了,明天我们一定给你一个满意的答复。"忙乱中,他根本不知道这一切已经原原本本地录到了磁带上。

回到自己的房间,经理向侍者询问了事情的全部过程,又让饭店保卫人员连夜进行调查,了解到那女郎就是附近一个中等俱乐部的服务员。此刻,他对事件的原委已经明白了八九分,当即把想法报告了总经理。

原来那个俱乐部因为管理混乱,经营不善,服务水准太差,生意清淡,几乎要倒闭。而俱乐部的经理认为连年亏本的原因是这个一流饭店抢了他们的生意,多次派人上门找岔子,这一次竟用了"美人受辱计",想达到不可告人的目的。

第二天早晨,妙龄女郎果然威胁饭店经理,要到法庭告状,并让记者曝光,而且还提出了一笔令人咋舌的赔偿费用。饭店经理断然拒绝:"我们不可能接受你无理的要求,悉听尊便,请到法庭上见吧。"女郎气冲冲地离开了饭店。

不出所料,俱乐部的经理下午打来了电话:

"听说你们店里昨晚出了点麻烦,要是丑闻让公众知道了,恐怕对你们不利吧!"

"贵经理的消息真灵通啊! 不过,我们不在乎。"

"实话告诉你吧,那个女子是我派去的。如果贵店不想让事情闹大,就如数付款吧。"

"如果我们否认此事,你拿得出证据吗?"

"我这里有当时的全部录音,要放给你听听吗?"

于是,一场敲诈与反敲诈的商业纠纷开始了。

上例中的那侍者到底是经不住美色的诱惑,以致中了美人计,虽不能断定他绝对是小人,却已显露出本心了。

"美人计"是用软刀子制服敌人的一种有效方法。在现代激烈的竞争中,美人计实际也成为某些商人们不择手段、唯利是图的惯用计谋,私心妄念多一点,就有可能落入网中。

人生活在世界上,都有七情六欲,都有自己的权利和责任。君子不能是生活在真空中的不食人间烟火的活神仙,因而也未必不要财不爱财,不近色不爱色。"食色,性也"。这是《孟子》早就讲过的。不过"君子爱财,取之有道",用之有度,无非分之求,弃不正之道,任何时候都能自己把握自己,做物质财富的主人。相反,小人则不是这样。他们是物欲的奴隶,诱惑的俘虏,欲求之大之多,往往几近无限。这就使得他们很难保持清白,很难不做坏事。

识别伪君子

春秋时齐国宰相管仲临终之前,齐桓公前来探望,谈话间问起将来管仲百年之后由谁来接替宰相之位合适。管仲当即做了这样的分析:隰朋为人忠厚正派,可以放心委重任;易牙、竖刁、卫公子开方,从以往的为人方式和性格看,都属于下小一类,遇大事不宜重用。齐桓公说"过去易牙曾烹杀自己的儿子为我做肉羹,难道能说他不是真心对我好吗?"管仲说:"每一个人都有他起码的为人标准,这个标准就是人性,试想一个连自己亲生儿子都不爱的人能说他有人性吗? 一个没有起码人性的人,他怎么可能真正忠于国君呢?"齐桓公又问:"竖刁过去曾不惜残伤自己的身体来侍奉我,这样的人难道也要怀疑他对我不忠吗?"管仲说:"没有哪个人不首先爱惜自己身体的,不爱惜自己身体的人是违反人情的,违反人情的人也不会永远忠于国君。"齐桓公又问:"公子开方跟随我已有15年了,为了侍奉我连自己的父亲去世也没有回去奔丧,这样的人难道还不值得信任吗?"管仲说:"凡是正常的人都会有父子亲情,连父子亲情也没有的人,他怎么可能会忠于国君?"管仲去世3年之后,齐桓公被这三个貌似忠诚、而实际上为人恶劣的亲近佞臣害死了,从反面证明了管仲预言的敏锐和卓见。

小人最擅长的是阿谀奉承,他们这样做的最终目的是为了从执权者身上得到回报,一旦他们取得执权者的信任或任命,就会很快地使自己的羽毛丰满起来,到那时,他们的真实嘴脸就会暴露出来,说不定会对有知遇之恩的执权者反咬上一口。

所以凡是诚心要干事的人,一定要留意自己身边一味顺着自己的意志说好话的人,切不可因为他说的都是自己爱听的话就重用他,提拔他,那样做无异于养虎为患。

管仲

君子本是品格高尚,道德、学问极高之人,且足以为民众之表率。但是若表面伪装得一副道貌岸然的模样,暗地里却做着违反常伦、伤天害理、阴险狡诈的事情,那便是个令人寒心的伪君子。

俗语云:"明枪易躲,暗箭难防。"因为小人之为恶,是明显易知的事,我们可以心存防范之意,而不至于被骗或受到伤害。但是伪君子便不同了。他明里是个君子,使我们信任他,而疏于防范。但他背地里所施行之不义恶行,反而使我们所受到的伤害更大了。

虚情假义　骗财骗物

20 世纪 90 年代末期,随着香港、澳门回归祖国的时刻来临,许多风靡港台的顶级歌星,争先恐后地来内地举办个人演唱会,以争取大陆追星族的认可,进一步发展自己。

票贩子高睿,平时靠几千元周转小打小闹地倒买倒卖演唱会入场券,也发了些财,可比起人家腰包鼓鼓的同行,却是小巫见大巫了。他心里一直憋着一股劲,哪天有机会,一定玩把大的,赚一笔就改行,也弄个买卖,过一回老板瘾。

一场接一场的大型演唱会频频爆棚,一茬接一茬的广告宣传层出不穷,所有举办单位皆花大价钱炒作,境内外明星又都摩拳擦掌,眼见着一场娱乐圈的竞争,在北京愈演愈烈。高睿瞄准机会,想大手笔地搞一次,可演唱会的票价与售票方式在不断地变换中,慢慢地切断了票贩子靠倒票为生的财路。高睿一筹莫展。然而,他并不肯就此罢手,仍然绞尽脑汁地苦思冥想,终于在一场大型演唱会开幕之前,一个预谋已久的诈骗方案成型了。

为了应付主办单位只预售团体票的规定,高睿来到北京甘家口附近找到一个

专门做假证明的团伙，花几百元做了一整套的假介绍信、假身份证、假名片以及最关键的作案工具——一张加盖好公章的假支票，一切准备就绪，他开始经常出没在一些售票点观察售票过程，寻找突破口。

这一天，高睿身穿一件洁白的衬衫，系着领带，手拿一个名牌公文包出现在位于朝阳区的某售票接待站。

接待小姐热情有礼地迎上来："请问先生是购买团体票吗？"

"对！"他彬彬有礼地来了个半鞠躬。

"您如果购买100张以上，就请到贵宾室接洽。"小姐见他的派头猜出他将是出手不凡的大户。

"谢谢！"他一侧身进了贵宾室。

"您好！感谢先生光临，请问您需要多少张，中意哪些价位的票？"坐在办公桌前的焦先生礼貌而直截了当地问到正题。

"我是花红商贸有限公司的，专做进出口贸易，现在想买你们这次名声在外的演唱会的入场券作为馈赠礼券，来答谢客户的支持。"

"一看先生就是潮流中人，现在人们追求精神文明，注重丰富自己的文化生活，您送这样的礼券，保证能收到比预先想象更佳的效果。"

"没错，我们前几次这样做过，的确不同凡响。"

"原来先生有过经验，您是受过益的，不知您对我们组织过的活动是否满意？"

"就因为相信你们的能力，我才有些打算。可以说你们公司是当今组织演唱会的门中老大，目前来讲，还没发现有哪家公司搞的水平比你们还高。"

"谢谢夸奖，我们也在不断摸索经验，还存在一些不足，请多提意见！"

"客气了！焦先生，请给我介绍一下您这里的票价情况好吗？"

"好的。我们最贵的票是380元一张，其他各种价位不等。如像您这种情况，我推荐您多订一些280元的票，既体面又不贵。"

"您是行家，就全仰仗您给安排吧！我粗算了一下，大约需要150张票，您就随便吧！从今往后，咱们就是朋友，假如您在国内待腻了，跟我通个话，我马上聘请您到我们公司，然后安排您公派出国。"

"谢谢！谢谢！承蒙您看得起，有朝一日需要您的帮助我会叨扰的。您看好，我给您安排了三种不同的票：一种是180元一张的，50张；280元一张的，70张；380元一张的我们就剩下35张，全给您能接受吗？"

"150张已经足够了，不过没关系，那多余的5张送给你，作为我们兄弟一场的见面礼。"

"不敢当，不敢当。您的心意我收下，这么贵的礼我可接受不起。"

"太客气就没意思了，咱们将来打交道的地方会很多，你不接受我的票是不是不想认我做朋友啊？"

"没有这个意思，有您这样的朋友是我的福分。得，我不多说，您的盛情我接受了。"

"这样多好！我用支票结账有麻烦吗？"

"一般团体票都用支票结账，您是老客户，以前备过案吗？"

"我不清楚，要不您调档查一下？"

"不用了，把您的身份证号码写在支票背后，留下单位电话。"

"是不是要等划账之后才能取票呢？"

"原则是那样的，不过我一会核对之后，您可以先拿走。"

"真的吗？太感谢了！"

高睿伪装得像一个真正的大老板，此时表演已经接近尾声，他为自己如愿以偿而暗自庆幸，清点票券的手也微微颤抖起来。

他拿出假名片递给焦先生，为将来保持联系之用。拿出假身份证交给焦先生进行核查。拿出假介绍信押给焦先生留底。拿出假支票完成了他罪恶的交易。

三个工作日之后，焦先生拿着银行退回的假支票，如坐针毡一般四处奔波，寻找可能找到高睿的线索。然而仅在半小时之内就查明高睿的单位并不存在，他的身份证也是伪造的。试想，如果在高睿购票时焦先生就核查他的身份，结果就完全不同了；而焦先生没有这样做的原因，是否应了"拿人家的手短，吃人家的嘴软"的俗话了呢？

识破假身份

2001 年 7 月下旬，两名以江苏某省长名义、强行推销大批领带的犯罪嫌疑人被北京警方抓获，在其身上竟查出大量各级政府领导的通讯电话号码，并在其住所获得赃款 20 多万元。这两名江苏男子的诈骗工具只有电话号码和几部手机，何以骗钱无数？人们啊，不得不警惕这些盗权骗财的社会毒瘤。

6 月中旬，江苏省周庄镇党委书记接到一个神秘电话，电话里的男子自称是江苏省某位省长。

这名男子在寒暄一番后"坦率"地说："我的朋友有一批进口领带，每条 300 元。你能不能帮我推销一下？"听说是某省长，镇党委书记当然不敢怠慢，爽快地答应了下来。随后不久，6 万元人民币按照那位"某省长"的要求，被划入了指定账号。

此时自称"某省长"的男子正在北京，见到周庄方面似乎已相信了自己，便来到位于木樨园附近的京温市场摊位上，订购了 200 条"进口领带"。随后又雇了一名出租司机，将领带送到了周庄驻京办事处。

周庄镇领导已感觉到这位"某省长"不对劲，于是向江苏警方报了案。7 月 9 日，江苏省公安厅刑侦总队与北京市公安局刑侦总队联合派出警力进行侦查。通过某银行营业厅内的监控设备，侦查员们不久便将一名曾在营业厅提出周庄方面贷款的男子照片制作出来。经京温市场几位摊主辨认，正是那位订购领带的"某省长"。

24日，浙江、安徽警方也向北京警方通报，两地发现了与江苏类似的案情。26日凌晨1时，已赶往天津的浙江、安徽警员传来重要消息，照片上的男子叫顾永生，目前正住在大红门宾馆。

挂断电话，四队副队长王庆中带领刘国兵等5名侦查员连夜奔扑大红门宾馆。一名服务员见到侦查员出示的照片后脱口而出："这不是218房间的那个南通人吗？"随后，正在睡梦中的两名犯罪嫌疑人被抓获。

据了解，江苏南通市籍犯罪嫌疑人顾永生、黄宝贤今年6月底来京后，买了6个手机卡和几本中国重点单位名录本，并在银行开了3个账户。

一切就绪后，两个人便躲在大红门宾馆218房间里，以省委、省政府领导的名义分别给一些地方政府部门打电话，要求这些部门以每条300元的价格购买自己的领带。领带托运出去后，俩人便从银行提取货款。在半个多月的时间里，俩人分别以此方法向江苏、浙江和安徽等省多家单位进行诈骗，共获得赃款20多万元。

眼见未必为实

孔子带领颜回周游列国，因被误解，而被困在陈国与蔡国之间，整整饿了一个星期。有一天，孔子正在午睡，颜回从外面讨了些米来煮好稀饭后，用手指插进锅中的米粥内，然后又把手指放进口中吸吮起来。这些动作被孔子看见了，孔子心想，颜回一向识礼重义，从未有过差错，此次举动是另有原因还是他本性如此？孔子想出一个方法来。

一会儿，颜回盛了米粥给孔子端来，孔子想颜回自己先偷吃而后才敬老师，实在有失大礼，应委婉批评才是。于是孔子造谎说："我刚刚梦到先父，因此，我想先供奉先父，再用饭。"

颜回慌忙回答说："千万不可，供奉先父的东西要干干净净的，刚才我看到锅里有脏东西，就用手把脏东西捞出来。但这脏东西上沾满了米粥，扔掉了又太可惜，我就放到嘴里吃了。如要供奉先父，就再重煮一些吧！"

孔子听了颜回的话，深感错怪了颜回，于是喟然叹息说："我一直相信自己亲眼看到的就是事实，没想到亲眼看到的也并非全都可靠啊！以前以为自己的心是最可以信赖的，现在才知道自己的心也并非是完全可以信赖的。弟子们记住，知人难啊！"

以诚对谎

一位大公司主管，给手下布置工作任务，把规定的时间、完成的情况、报酬说得一清二楚,但由于工厂停电,该完成的工作却没有完成,他手下的人知道他为人严厉,觉得如实汇报,肯定会受到批评,扣发奖金,于是大家便合伙对他说谎,这位主管又怎么处理这件事的?

这位主管知道工厂停电,就已料定大家不能在规定时间内完成任务,但大家汇报上来的结果却又分明完成了,他心里颇有些怀疑,便私下里做了调查,发现大家串通起来造谎骗他。他当时很生气,但过了一阵子他冷静下来想了一下,就不再生气了。因为摆在他面前的有两种处理方法,一种是按原则办事,毫不留情地揭穿谎言,对大家进行一定的处罚和教育。这样一来,固然可以让大家知道一下他的厉害,他的明察秋毫、不好糊弄、不好欺负。但这样一来,他的人缘可也就大成问题了,让大家下不了台,他一个人成了众矢之的,大家会记住这一次羞辱,而在以后寻机报复,最可怕的是这将是一群人抱成一团同自己作对,这样的局面无论对一个公司还是一个领导者来说,都是应该竭力避免的。

经过再三掂量,他决定用一种比较宽厚的方式处理这个问题,在月末总结会上,他对大家说:"我看了大家报上来的工作总结,那些数字让我感到很吃惊,由于这个月出现意外的市场波动,在我的预料中,大家是根本无法完成任务的。不料大家还是按时完成了任务,我为大家感到高兴,也感谢大家的精诚合作。我已与其中的一些合作单位联系过,对他们给予我们大家的支持表示了感谢,他们也表示愿意继续同我们合作。"之后,他按当时协议规定的标准付了报酬。

这位主管于是深得大家的拥戴和尊崇,在以后的几年间,他同手下的一批人合作得非常好。

甜言蜜语　诱人上当

一位推销二手电器的商人,来到一所看来富有而整洁的农舍前叫门。敲门声过后,对方只将门打开一条小缝,户主太太从门内探出头来。当她看见来人是一位推销商时,猛然把门关闭了,商人再次敲门,敲了很久,她才又将门打开,但仅仅是勉强地开了条小缝,而且,还未等对方说话,她就不客气地朝对方破口大骂。

虽然一开始十分不顺利,但商人却不服输,决心换个法子,碰碰运气。他改变口气说:"太太,很对不起,我拜访你并非是来推销商品的,只是想向你买一点鸡蛋。"

听到这里,太太的态度稍微温和了一些,门也开大了一点。商人接着说:"您家的鸡长得真好,看他们的羽毛长得多漂亮。这些鸡大概是多明尼克种吧? 能不能卖给我一些鸡蛋?"

这时,门开得更大了。

太太问商人:"你怎么知道这是多明尼克种鸡?"

商人知道自己的话已经打动了太太,便接着说:"我家也养了一些鸡,可是像您所养的这么好的鸡,我还未见过呢! 而且我饲养的来亨鸡,只会生白蛋。夫人,你知道吧,做蛋糕时,用黄色的蛋比白色的蛋好。我太太今天要做蛋糕,所以我便跑到你这里来了……"

太太一听这话,顿时高兴起来,由屋里跑到门廊来。

商人利用这短暂的时间,瞥了一眼四周的环境,发现他们拥有整套的务农设备,于是继续说道:"夫人,我敢打赌,你养鸡赚的钱一定比你先生养奶牛赚的钱多。"

这句话说得太太心花怒放,因为长期以来,她丈夫虽不承认这件事,而她总想把自己得意的事告诉别人。

于是她便把这位商人当作知己,带他参观鸡舍。参观时,商人不时发出由衷的感叹。他们还交流着养鸡方面的常识和经验。

这样,二人越来越亲近,几乎无话不谈。最后,太太谈到孵化小鸡的一些麻烦和保存鸡蛋的一些困难,商人不失时机地向老太太推销了一台孵化器和一只大冰柜,而且,看上去价格比买新的要便宜许多。

但太太的孵化器刚用了不到两次,就出了毛病,几千粒种蛋给烤熟了。冰柜还好,几次修理花了上百元的修理费,至今还能够凑合用。

农场女主人一开始的确对骗人的商人存有戒心,但她意志不够坚定,以致最后被商人的谎言所蒙蔽。

晏子巧谏

战国时,齐王喜爱的一匹马死掉了,齐王很悲伤,决定用大夫的葬礼仪式来埋葬这匹马,他的理由是那匹马战功赫赫,理当受到厚葬。其实这是个托辞,那匹马只是一匹赛马,从来没有上过战场。

晏子听说了齐王要厚葬死马的消息后,决定规劝齐王,但齐王脾气十分执拗根本不听规劝,还把几位前去谏议的官员给杀了。晏子知道,如果像前面几位官员一样,肯定不会有好结局。

于是,他来到朝廷,这样对齐王说:"大王,我听说你准备用埋葬大夫的礼仪来埋葬你心爱的马匹,难道你不觉得这样的丧仪规格太低了吗?"

齐王第一次听到这样的话,感到很诧异,问道:"你认为该用什么样的规格来安葬这匹马呢?"

晏子说:"你用葬王侯的礼仪为其下葬,让举国上下的人都披麻戴孝,为其哀悼,全国停止舞乐,斋戒三日,让大臣为它举着引魂幡,武将跪在路旁迎悼。这样,全天下的人就知道大王你把马看得比文武大臣还重,你的名气就大了。"

齐王听了这番话,羞愧得脸上红一阵白一阵的,霎时明白自己举止的荒唐,于是改变了主意,将马剥皮剐肉,分给文武大臣吃。

本来,齐王用谎言为托辞,把马当大夫对待,使朝中大夫受到羞辱,事情显得十分荒诞不稽,晏子给他出主意时,针对齐王的脾气性格,不再像之前的几位谏臣那样直谏,而是进一步扩大其谎言的荒诞性,使其看到这种荒唐举止背后的可怕结局:重马轻人,让文武大臣离心离德,让天下人耻笑,君臣失和,君民失信。从而收到了预期的效果。

第五章　官场社交讲原则

官场社交的原则只八个字:真诚为人,圆转涉世。如果交往中没有一点真诚恳切的心意,就会变成一个绣花枕头,不论做任何事情都不实在。但如果没有一点圆通灵活和随机应变的情趣,就等于是一个木头人,不论做任何事情都会处处遇到阻碍。

择木而栖　弃暗投明

1954 年的一天,毛泽东在中南海宴请前国民党长春守将郑洞国,这时他已是新中国的国防委员会委员了。可在 1948 年 10 月,我军攻克长春时他却拒不投降,直到攻下长春他才承认自己的失败。此时,他当然是百感交集、心绪不宁了。

毛泽东主席主动迎上去握住郑洞国的手,说:"郑洞国,郑洞国,你这个名字好响亮啊!"

郑洞国羞愧难当,话不成语:"主席,我……"

主席说:"坐下,坐下去! 这下,我们终于同坐在一条凳子上了吗!"态度诚恳,语言风趣,却是言中另有所指。

毛泽东又对郑说:"你还是对人民有功的吗!"接着又回忆起当时的情况以及郑洞国回电蒋介石使六十军免遭飞机轰炸的事。主席还以自己接触工农的亲身体验说明立场的转变是不容易但又是可能的,使这位老乡深为感动。

"听君一席话,胜读十年书。"

郑洞国当即表示,愿以有生之年报效祖国。"如果台湾当局愿意和谈,我自愿报名,在去台湾和谈的名册上写上我郑洞国的名字。"

顺水推舟理自明

据《晏子春秋》记载,齐景公爱打猎,非常喜欢养老鹰捉兔子。一次,烛邹不慎让一只鹰逃走了,景公下令把烛邹推出斩了。晏子为了营救烛邹,立即上前拜见景公说：

"烛邹有三大罪状，哪能这么轻易杀了呢？请让我一条条数出来后再杀他，可以吗？"

齐景公说："可以。"

晏子指着烛邹的鼻子说："烛邹，你为大王养鸟，却让鸟逃走，这是第一条罪状；你使得大王为了鸟的原因要杀人，这是第二条罪状；把你杀了，天下诸侯都会责怪大王重鸟轻士，这是第三条罪状。"

齐景公听后对晏子说："别杀了，我明白你的意思了。"

就这样，烛邹躲过了一场杀身之祸。

辩说争论是一种没有硝烟的战争，它的战术与军事战争并无不同，上面例子正话反说术恰恰是反战之术在这方面的运用。

晏子运用假设"罪状"的方法对没有罪的烛邹设立了三条明显违背常理的罪名，并数给齐王听。而这些罪名又明显是从齐王的角度来设立的，因而使齐王作为旁观者，自己也觉得不合理。从而明白了晏子的用意，放过了烛邹。

重视同乡关系

阎锡山是山西五台人，当时山西就流传出一句话："会说五台话，就把洋刀挂"；韩德勤是江苏洋河人，他当江苏省主席时，那里的百姓则说："会说洋河话，就把洋刀挂。"

阎锡山重用五台同乡，山西省政府的重要位置，大多被五台人占据。陈炯明是广东海丰人，他做了广东都督后，大用海丰人，省政府里到处都听到海丰话。孔祥熙是山西人，他在他的金融系统重用山西人，理由则是"只有山西人会理财"……

蒋介石是奉化人，他倒并不在乎别人讥讽他重用奉化人。他的侍卫长，多用奉化人，如俞济时、蒋孝生等；而侍卫官则几乎一律是奉化人，因为在他眼中，奉化人是最可靠的。他的秘书中，有9任是奉化人，是不是只有奉化人的文章最好，可能连他自己也不相信，但是奉化同乡可信。奉化并不出武夫，也不是国民革命的中心区，但国民党军界里，奉化出过55位将军（其中中将以上20人），这种"人杰地灵"，与蒋介石的提拔不无关系。

在一个地区中，出过一个显赫人物，往往就会带出一大帮。到了近代，这个现象似乎特别明显。大批的同乡做了官，形成一定的势力圈之后，这个地方自然要被说成是"人杰地灵"。

中国社会当时的文明程度，制约着用人制度。影响着用人之风。既然"人治"的痕迹还很深，任用人才还不得不靠少数人举荐的形式，那么出于保证行政效率，保证意见比较集中，一句话，保证权力不被其他势力所威胁，任用同乡就成为非常现实的事。只不过这种做法的最终结果，是给时代打下"乡党政治"的落后烙印。

中国人有着强烈的乡土观念,其表现之一就是对同乡人有一种天生的热情,尤其是到外地上学或谋生之时,这种同乡感情就愈发强烈。

在大学里,经常可以见到某地学生组织有同乡会性质的"联谊会",有人觉得这些人落后狭隘,后来发现有些教师也参加其活动,更感到不可思议。但后来的事实证明,他们那"抱成团"宗旨确实给大多数同乡带去了"实惠",解决了不少困难。再后来,这种同乡会性质的团体几乎到处都能见到。它的形式虽是松散的,但"亲不亲,故乡人",这种同乡观念,有一定的凝聚力,它在"对外"上要保持一致性。对内互相提携,互相帮助,对外则团结一致,抵御困难和外来的威胁。

如果乡土观念过重,同乡关系,也有过火的时候,也有种种危害之处。我们无意探讨这种"乡党政治"的种种害处,也不想对借乡情观念拉帮结派的行为做深入的批判。引用上面例子只是想提醒大家:既然同乡观念在人们头脑中根深蒂固,足以影响一个人的思想感情和人际关系态度,那么我们在日常交往中就不可忽视它。最起码,可以为你在有求于人时提供一条"跑关系"的线索。对于同乡关系,只要不搞歪门邪道,没有到"结党营私"的程度,是完全可以用的。

以诚待人　忌心不在焉

楚汉相争时,韩信在项羽军中未受到重用,于是投奔汉营。但是在刘邦军中,开始仍然没有受到重用,于是韩信在一气之下逃离汉营,从而演出一段萧何月下追韩信的佳话。

萧何追回了韩信,极力向汉王刘邦推荐。刘邦对韩信本无信任可言,只是经不住萧何的再三保举,这才答应接见韩信。韩信应招进帐来见刘邦,可是一见之下,韩信对刘邦当时的行为便极为反感。原来刘邦正在洗脚,见了韩信,不仅没有停止,反而仍然悠闲自得地呈享受状,对韩也是一副爱理不理的样子。韩信皱着眉头,回头便走。

若不是萧何不放心守在帐外,再者若不是韩信一心想借汉王之势建功立业,刘邦便会因此失去一员为他争得天下的大将,那么楚汉相争最终将鹿死谁手,还真不好说。

在这个故事中,我们不难看出,韩信对刘邦的反感,正是由于刘邦在接见韩信时心不在焉,虚与委蛇。也许,韩信在为刘家争得天下之后便起了造反之心,也正是由于当时的反感而埋下的种子呢?

因此在日常应酬中,不论你的身份如何,也不论你的应酬对象与你的身份地位有多大的差异,在你与对方的应酬过程中,一旦你表现出了心不在焉的神态,对方同样会对你失去好感,同样会对你虚与委蛇。这样的应酬,将毫无意义。

乒乓外交　打开僵局

1949 年新中国成立后，由于美国政府对中国采取封锁、孤立、遏制和敌视的政策，中美两国关系和人民交往隔断长达二十多年。20 世纪 70 年代初，随着世界局势的变化和美国对华政策的日益破产，终于出现打开两国关系的历史性机遇。身为新中国外交政策的主要制定者和执行者的周恩来，审时度势，敏锐地抓住时机，协助毛泽东做出打开对美关系的战略决策，并亲自付诸实施，使中美两国进入一个逐步加强接触和实现关系正常化的新时期。

1971 年春，由毛泽东决策，周恩来具体领导开展的"乒乓外交"，就是这一时期打开中美关系大门的重要事件。

早于 1969 年初，周恩来就看出美国政府试图调整对华政策的一些苗头，指示有关部门加强研究美国的外交政策动向，摸清其战略意图，以探讨同美国政府接触的可能性。与此同时，新任美国总统的尼克松本人，也在一些场合多次表示愿同中国接触，示意要把改善美中关系作为美国政府的外交目标之一。1969 年 2 月初，他要美国国家安全事务助理基辛格注意研究对华政策，试探重新同中国人接触的可能性。同年 3 月中苏珍宝岛事件后，美国政府于 7 月宣布对中国放宽人员来往和贸易交流的限制。接着，尼克松和基辛格利用出访亚洲、非洲一些国家的机会，先后请巴基斯坦总统叶海亚和罗马尼亚总统齐奥塞斯库向中国领导人传话：美国政府不同意苏联领导人关于建立"亚洲集体安全体系"的建议，不参加孤立中国的行动安排，希望同中国方面对话。10 月，美方又通知中国，它将停止派驱逐舰到台湾海峡巡逻。12 月初，在波兰华沙文化宫举办的南斯拉夫时装展览会上，美国驻波兰大使主动向中国使馆人员表示愿意同中国驻波兰代办会晤。对于美国政府做出的一系列试探性外交举动，中国方面都不失时机地做出了反应。在这个过程中，周恩来始终处于第一线，直接指导部署中方所采取的每一重要外交步骤。1970 年 1 月 20 日，中断了两年多的中美华沙大使级谈判开始恢复。同年 3 月，由于美国入侵柬埔寨事件，中方中止了同美国的联系，直到美军撤出柬埔寨并再次发出愿打破美中关系僵局的信号时，双方的联系才又恢复。10 月下旬，尼克松总统通过有关渠道表示，他愿派一高级使节秘密访华。12 月，毛泽东直接表明他打算同尼克松会谈的意愿。以上两年时间里中美双方尚处于"秘密接触"、传达信息阶段，它为后来进一步打开中美关系奠定了基础。

1971 年 3 月下旬至 4 月上旬，第 31 届世界乒乓球锦标赛在日本名古屋举行。赛前，日本友好人士、日乒乓球协会会长后藤钾二曾专程来华邀请中国乒乓球队赴日参赛（此前，因"文化大革命"中国未派团参加前几届世乒赛）。后藤钾二在华期间，中日乒协在北京举行会谈，具体研究两国进行乒乓球交流和赛事的有关原则。周恩来直接对会谈做出指示，肯定日方提出的会谈纪要草案（其中表明当遵守中日关系"政治三原则"),批评了中方会谈人员一些"左"的思想倾向和做法。之后,周恩来又多次检查落实有关赴日参赛的各项准备工作,并亲自接见参加第31届世乒赛的中国乒乓球队队员,鼓励他们刻苦训练,准备打出好成绩来。3月中旬,有关参赛准备工作全部完毕。周恩来亲自起草关于派中国乒乓球队赴日参赛的请示报告,提出"友谊第一,比赛第二"的方针。毛泽东批准了这个报告。中国乒乓球队抵日后,根据周恩来多次指示的精神,努力克服形式主义和强加于人的倾向,在比赛中表现出色,同外国乒乓球运动员的交往也落落大方,亲切自然,受到日本舆论界及各国记者的普遍注意和好评。参赛期间,一些国家的乒乓球队主动要求访华,其中也有美国乒乓球队。

4月7日,毛泽东根据周恩来和外交部汇报的情况,做出正式邀请美国乒乓球及其他国乒乓球队访华的决策。消息传出,举世震动,各国舆论将中国领导人的这一重要举动称之为"乒乓攻势"。与此同时,周恩来亲自部署来访问的美国及其他国家乒乓球队日程安排。同日,周恩来宣布:从1971年起,我们展开新的外交攻势,首先从中国乒乓球队开始。4月14日,周恩来在北京接见应邀来华访问的美国乒乓球全体队员,在谈话当中,周恩来提出:美国乒乓球队的来访,打开了中美两国人民友好往来的大门,我们相信今后两国人民的这种友好往来,将会得到两国大多数人的赞成和支持。周恩来还请美国乒乓球队回国后转达他对美国人民的问候。

"乒乓外交"之后,中国和美国高级领导人之间频繁传递信息,加强往来,最终促成1971年7月基辛格秘密访华和1972年尼克松正式访华。

原则坚定　策略灵活

1971年春,根据毛泽东决策、周恩来具体实施开展的"乒乓外交",打开了中美两国彼此紧闭了二十多年的交往大门,由此"小球"转动了"大球",在全世界引起了巨大反响。同年4月21日,周恩来转达给美国政府一个口信,表示愿意接待美国特使基辛格博士或美国国务卿乃至美国总统尼克松本人来北京会谈。5月中旬,尼克松答复中国方面,他本人准备在北京同中国领导人直接会谈,并建议由其国家安全事务特别助理基辛格同周恩来、或同另一位适当的中国高级官员举行一次秘密的预备会议,磋商美中两国领导人会晤的具体事宜。6月2日,美国白宫接到中国方面同意尼克松建议的答复,尼克松称此为"第二次世界大战后美国总统收到的最重要的信件"。随即,美方将基辛格首次来华之行定为"波罗行动",以13世纪意大利旅行家马可·波罗来中国"探险"之举与之比拟。为准备中美之间谈判,周恩来曾多次主持有关会议,透彻分析国际形势和美国情况,反复讨论会谈方案。基辛格来华前夕,尼克松在美国堪萨斯城发表演讲,阐述"世界五大力量中心"之说,认为中国是美国潜在的竞争者,美国必须采取步骤结束与中国大陆隔绝的状态。周恩来十分重视这篇讲话,当即要外交部印送有关人员参考,并以此来分析美方的战略意图。经过反复分析研究,周恩来认为:美国在二次大战后地位下降,目前它最急于要解决的是印支问题,而要解决印支问题,就要同中国打开关系,以改善其被动地位;作为中国来说,利用这一时机打开中美关系,将有利于反对扩张主义和霸权主义的斗争,有利于维护亚洲和世界和平,有利于中国的安全和争取祖国和平统一大业。

基于这种分析,周恩来主持制定了同美方会谈的方针,有针对性地做出部署。强调要原则坚定,策略灵活,在重大问题上旗帜鲜明地表明立场,同时也要提出解决问题的合理办法,争取谈判取得一些成果。

1971年7月9日至11日,基辛格一行秘密来华,周恩来同基辛格举行了多次会谈,主要是谈了台湾问题。周恩来从台湾问题是中美关系中的原则问题和正确解决这个问题是中美关系正常化的前提出发,坚持美方必须承认台湾是中国的一个省,台湾问题是中国的内政,因而不容外人干涉,美国必须确定撤走驻台美军的期限,必须废除美蒋共同防御条约。这样,中国方面从一开始就明确提出了断交、撤军、废约三个原则问题。对此,美方虽未完全接受中方的观点,但其态度已较过去有了明显改变,双方达成尼克松访华的协议。7月16日,中美双方发表会谈公告,宣布应周恩来邀请尼克松访华一事。公告的发表,引起全世界震动。

1972年2月21日至28日,美国总统尼克松和夫人、美国国务卿罗杰斯和基辛格等应邀来华访问。2月21日,毛泽东、周恩来在北京会见了尼克松,双方就中美关系和国际局势等问题广泛而坦率地交换了意见。中美两国领导人有机会直接会晤,谋求两国关系正常化,并就共同关心的问题交换意见,这是符合中美两国人民愿望的积极行动,是中美两国关系史上的一个创举。尼克松一行在北京、杭州、上海等地访问过程中,周恩来和尼克松、姬鹏飞和罗杰斯,继续就中美两国关系正常化和双方关心的其他问题进行了多次会谈。由于双方立场、观点差异很大,在许多问题上出现激烈交锋,对此,周恩来既表现出高度的原则性,又显示了必要的灵活性。2月27日,中美双方在上海达成中美联合公报的协议。2月28日,中美联合公报发表。《联合公报》说:中美两国的社会制度和对外政策有着本质的区别。但是双方同意,各国不论社会制度如何,都应根据尊重各国主权和领土完整、不侵犯别国、不干涉别国内政、平等互利、和平共处的原则来处理国与国之间的关系。国际争端应在此基础上予以解决,而不诉诸武力和武力威胁。美国和中华人民共和国准备在他们的相互关系中实行这些原则。中国方面重申自己的立场:台湾问题是阻碍中美两国关系正常化的关键问题;中华人民共和国政府是中国的唯一合法政府;台湾是中国的一个省,早已归还祖国;解放台湾是中国的内政,别国无权干涉;全部美军和军事设施必须从台湾撤走。中国政府坚决反对以任何旨在制造"一中一台""一个中国、两个政府""两个中国""台湾独立"和鼓吹"台湾地位未定"的活动。美国方面声明:美国认识到,在台湾海峡两边的所有中国人都认为只有一个中国,台湾是中国的一部分。美国对这一立场不提出异议。它重申它对由中国人自己和平解决台湾问题的关心。考虑到这一前景,它确认从台湾撤出全部美国武装力量和军事设施的最终目标。

根据周恩来提议而摆明双方分歧的这种公报,在国际外交史上是前所未有的,它体现出周恩来为推进中美两国关系正常化而付出的巨大智慧和心血。中美联合公报的发表,标志着在中美两国领导人共同努力下,中美两国关系开始走向正常化。

当机立断　毫不留情

东汉班超出使西域(公元73年),到了鄯善,鄯善王广十分礼遇班超,但不久,态度就变了。

班超告诉属下的官员说:"觉不觉得鄯善招待我们的态度变得不够周到了呢?这一定是匈奴有使者来的缘故,所以鄯善王犹豫不决。明眼人在事情尚未发生时就看得很清楚,何况事态已很明显了呢?"

于是召来当侍役的胡人,经过诘问,胡役害怕,就照实说了。

班超就将胡役关起来,会集属下三十六人,说:"你我都在西域,现在匈奴的使者到了鄯善,才不过几天,鄯善王对我们的态度就变了。如果让鄯善俘虏我们,送给匈奴,我们可能就会葬身在豺狼的口腹之中了,怎么办呢?"

属下都说:"不论生死,听令行事。"

班超说:"不入虎穴,焉得虎子。唯一的办法,就是借着夜色,火攻匈奴的使者,让他们不知道我们有多少人,趁其慌乱,将他们一举歼灭。匈奴一旦被灭,鄯善自然吓破胆,大功也就告成了。"

于是率领属下,奔向匈奴的营地,当天恰好是刮大风的天气,班超下令十个人带鼓,藏身在匈奴房舍的后头。约定:看到火,然后击鼓、叫喊,于是匈奴大乱。班超杀了三人,属下则杀了匈奴使及其手下三十余人,其他大约一百人,都被火烧死。

第二天,班超面见鄯善王广,拿匈奴使者的首级给他看。鄯善全国上下都惊恐非常,就交出王子作为人质。

第十五篇　领导妙点子

　　领导工作是一门博大精深、奥妙无穷的学问,是一门永无止境没有顶峰的科学。它是领导者在实施领导活动过程中所表现出的学识、胆略、品德和创造性思维的综合。

　　领导工作既是一门科学,又是一门艺术。科学的领导工作方法是完成领导任务的重要手段,科学的领导工作方法是正确贯彻党的路线方针政策的保证。毛泽东曾经指出:"领导者的责任,归纳起来,主要是出主意、用干部两件事。"一切计划、决议、命令、指示等,都属于"出主意"一类。使一切主意付诸实践,必须团结干部,推动他们去做,属于"用干部"一类。做好这两件事的艺术,就是领导艺术。

第一章　养大气,顾大局,风物长宜放眼量

　　大气的人精神境界高,气场也大。领导干部要成大器,必先有大气。有大胸怀、大格局,还要一切从大局出发,认识大局、把握大局、服从大局、服务大局。凡事既要立足局部,又要考虑全局;既要立足当前,又要考虑长远。

要成大器,必先有大气

　　老子首先提出了要大气做人。"大丈夫处其厚,不居其薄;处其实,不居其华。"(《老子·三十八章》)可以概括为:处厚不薄,处实不华,意为抱朴守拙。抱朴:保持自己纯真朴实的本性;守拙:坚守鲁直憨厚的本性。总之,做人要不世故,不圆滑。

　　领导干部要成大器,必先有大气。"大器"指的是能够担当大事的人。"大气"则是指博大的胸襟、宽宏的气度。人们常用"宰相肚里能撑船,将军额上好跑马"来赞誉那些胸怀宽广的人。在中国革命和建设的历史上,共产党造就了毛泽东、周恩来、邓小平这样的伟人和焦裕禄、孔繁森、牛玉儒等一大批杰出的领导干部。他们具有热爱祖国、热爱人民的伟大情怀,具有排除万难、无私奉献的坚强意志和崇高品德。在他们身上体现出的这种影响力和感染力是共产党人革命气节的体现,

也是党员领导干部应有的"大气"。这种"大气"源于内形于外，是党员领导干部必备的政治素质。

大气的人精神境界较高，气量越大，往往见识越高，涵养越好。战国时代赵国有一个"将相和"的故事，其中的蔺相如就有大气量。他不惧声威煊赫的秦王，却甘受本国大将廉颇的羞辱。而他之所以一再忍让，倒不是怕廉颇，而是因为他有"以先国家之急，而后私仇也"的思想。也正是这种先公后私的远见卓识和宽宏博大的胸怀，才使廉颇感动得负荆请罪，二人最终言归于好，协力抗秦，护卫了赵国的安宁。宏大的气量，使蔺相如站得高、看得远，这正是他的力量所在。

领导干部有大气，主要体现在这样几个方面，要有容人的雅量，有海纳百川、有容乃大的胸怀，不计自己对他人之恩，不计他人对自己之怨，对待群众的批评，乐闻直言，从善如流，能以谦虚

老子

的态度认真听取，有则改之，无则加勉，即使别人批评错了，也不能打击报复。在日常工作中，领导干部要能容人之长、容人之功，少听顺耳的话，多听逆耳的话，要经得起误会、冲撞乃至受得了一些委屈，绝不能搞"一言堂"。要善于团结志同道合的人，更要团结与自己意见相左的人，特别是反对自己的人，变消极因素为积极因素，共同促进事业的蓬勃发展。领导干部要"以人为本"，有容人纳贤的气魄和度量，用人之长，敢用那些比自己强的人，并善于容人之短，略人小过。

大气是一种海纳百川的胸襟，一种从容不迫的气度。领导者的心胸关乎个人形象，事业成败。要成为优秀的领导干部，心胸广阔，待人大气必不可少，不但要接纳支持者，还要接纳反对者，善于听取不同意见，及时发现自己的不足，并在工作中不断改进。

大气是一个领导干部的必备修养，是领导干部个人魅力的展示，也是非权力影响的体现。领导干部有了虚怀若谷、海纳百川、兼容并蓄的大气，对人对事才能海阔天空，身边才能有更多人聚集，才能以大气磅礴的气势、挥洒恣意的气概去绘就蓝图，才能谋大事、干大事、成大事，真正成为一个能够担当重任的人。

大气需要有大度量

大度量是一种大气的体现，也是成就大事的前提。一个人如果拥有宽容之心，就会让他周围的人产生安全感与感激之情，进而靠近他、拥护他。所以，为人处世要有容人之量，尤其是当领导的，更应有大度量，这样才会有人与你共同进退。在

工作和生活中,每个人都有着自己的个性、爱好和生活方式,生长环境不同,受的教育程度不同,生活习惯也不相同,不可能所有的人都是同一个节拍,也不可能都随顺我们的心意。如果因为看不惯哪个人,就与他断绝一切往来,那用不了多久就会成了孤家寡人了。

1975 年,撒切尔夫人当选为英国保守党领袖后,立即把目标对准了唐宁街 10 号的首相官邸。但是,在刚刚过去的竞选斗争中,撒切尔夫人与希思两军对垒,裂痕颇深,保守党的内部团结受到了严重损害。

在英国这种国家,欲当首相必须是一个政党的党魁,因此,党内的争夺斗争一向十分激烈。争夺各方常常是撕破脸皮,竭尽排斥、贬低和打击之能事。撒切尔夫人不赞成希思的政策主张,先是支持基思·约瑟同希思竞选,继而又亲自向希思挑战,使希思感到她是有意与自己作对,心中大为不快。在竞选期间,希思的人马故意打出"我支持杂货商,但不支持他的女儿"的口号(撒切尔夫人的父亲是一个杂货商),把撒切尔夫人的家庭身世也翻出来,作为攻击目标。这种做法,使撒切尔夫人十分气恼。双方的对立情绪一度达到空前的程度。

撒切尔夫人当选后,认识到为了团结全部力量参加首相大选,必须弥合与失败者的裂痕,恢复保守党的团结,稳定自己的后院。她获胜后的第一个行动就是去拜会希思,热情地邀请他参加她领导下的影子内阁。但被希思一口回绝。她不灰心,其第二个行动是请希思手下的总督导员怀特洛出任保守党副领袖,怀特洛接受了邀请。由于撒切尔夫人的做法符合许多保守党人的心愿,得到了广泛的支持。

接着,撒切尔夫人于 1976 年 10 月的保守党年会上再次主动发出和解的信号。她在讲话中赞扬希思过去的政绩,在政策主张上做了些调整和修补,又采纳了希思的一些观点,使两派在对内对外政策上明显接近。在此情况下,希思也发表了对撒切尔夫人"完全相信",支持影子内阁的内外政策声明。至此,撒切尔夫人在党内的领袖地位便最终确立了,为坐稳首相宝座奠定了坚实的基础。

当领导的胸怀宽广,才能招天下人归服。一个统御他人的人,要最大限度地发挥自己的影响力,胸怀宽广既是重要思想作风,又是权谋手段。"君子之德如风",宽容大度必能感召部属,赢得人心,从而营造大格局。撒切尔夫人的做法正是显示了一个优秀政治家的素质和风度。

大度量并不仅仅是一种心智上的远大,还包括日常为人处世上显现的胸襟气象。这正如明代洪应明《菜根谭》所言:"气象要高旷,而不可疏狂;心思要缜密,而不可琐屑;趣味要冲淡,而不可偏枯;操守要严明,而不可激烈。"唐代武则天手下有名大臣叫娄师德,为人厚道,品性大器,为官 40 年不与人计较恩怨。狄仁杰做宰相是娄师德推荐的,但狄仁杰不知道,上台后还排挤娄师德。一次,武则天问狄仁杰:"娄师德贤明吗?"狄仁杰说:"作为将帅,他能谨慎小心地保卫边疆,是不是贤明,臣不知道。"武则天又问:"娄师德识才吗?"狄仁杰说:"我和他同过事,没听说他推荐过谁。"武则天说:"你就是娄师德向我推荐的。他还推荐过其他人,可是从来不向别人说。"狄仁杰听了，顿时非常惭愧。说："大德不求报。娄公是一个大德之人。我不了解他、排挤他，可他从来没有说推荐过我。他包容我、宽恕我的时间也太久了，我真无颜面对他。"

娄师德的弟弟被派到代州驻守。娄师德一再嘱咐他，与人相处要学会忍让。他弟弟说："哥，你放心。就是有人朝我脸上吐唾沫，我也不会还口，用手擦掉就算了。"娄师德说："不可以擦。别人把唾沫吐在你的脸上是想出气，你把唾沫擦了，他的气还是出不了。让它自己干就是了。"陆游在《闻里中有斗者作此示之》一诗中说："唾面使自干，彼忿自消磨。"

君子坦荡荡，有宽容平和之心，这不仅是一种魅力，更是事业有成之必备习惯。称得上大度量的领导者，大凡处世豁达大度，宜于相处；而小度量的领导者，喜欢斤斤计较，你很容易得罪他。与这类领导者共事，你得处处小心谨慎。明人吕坤指出："夫为上者，最怕器局小，见识俗。"身居高位的人，最怕的是心胸狭小、见识庸俗的人。

庄子的《逍遥游》似乎通篇都在谈大器与小器的分野。其中，也谈到了领导者的气度品性问题，他说："故夫知效一官，行比一乡，德合一君而微一国者，其自视也亦若此矣。"庄子指出：某些领导者才智胜任一官之职，言行顺应一乡之俗，德性投合一君之心，并且得到一国信任。他们自鸣得意，也就像小池塘旁的麻雀一般。庄子对此"犹然笑之"。

"莫听声声催去棹，桃溪浅处不胜舟。"大度量不是靠"装"的。庄子指出："水之积也不厚，则其负大舟也无力。"水如果不够一定的深度，就承载不了大船的重量。大度量是靠底蕴支撑的。这也是林则徐所谓"海纳百川，有容乃大；壁立千仞，无欲则刚"之义。毫无疑问，领导干部要注重多修炼内质，多优化"内存"，更多地具备大度量深厚的气质、气象和品性。

大气需要放眼世界的战略思维

"会当凌绝顶，一览众山小。"世界眼光、战略思维，是各级领导干部特别是高级干部的必备素质。在当今这样一个各国、各地区之间联系日益增强的开放世界里，是否有战略的眼光、开放的思维，是否善于取他人之长、补自身之短，是决定一个国家、一个地区经济社会发展水平的关键因素。

何谓战略思维？毛泽东关于战略问题最经典论述的著作是《中国革命战争的战略问题》，这是我们党军事战略系统的奠基之作，也是政治战略学的奠基之作，是中国共产党对马克思主义战略学说的重要贡献。毛泽东在这篇文章中指出："研究带全局性的战争指导规律，是战略学的任务。"因此，所谓战略思维，就是全局性思维，是指导规律的思维，是高瞻远瞩的思维。战略思维至少有三大特征或"三个着眼于"。

其一，具有全局性。即着眼于全局观察问题和处理问题的思维。提高战略思维能力,也就是提高总揽和驾驭全局的能力。一个胸无大局,不讲大局的领导者,是不可能成为战略家的。

其二,具有前瞻性。即着眼于长远发展观察问题和处理问题的思维。具有战略思维的领导,他的本事不在于他总看到别人做了些什么,而在于他善于看到别人还没有做什么,是做一看二想三的预言家。抗日战争时期,美军驻延安观察团成员谢维思说:"我曾问过很多中国共产党的朋友们,毛主席为什么能战胜他的很多敌人成为公认的领袖,他们的答案都是一致的,归根到底,他'高瞻远瞩'。"在抗日战争初期,毛泽东就预见到战争由战略防御到战略相持,再转入战略反攻的发展逻辑,成为领导预见的成功典范。

其三,具有规律性。即着眼于事物的内部必然联系的思维。优秀的战略思维,源于对规律的认识和把握,对规律的洞察力越强,战略能力就越强。任何一种战略选择和确定,都应是深化规律认识的结果。邓小平关于允许一部分人和一部分地区先富起来,最终实现共同富裕的战略,正是源于社会一定阶段发展的规律的深刻把握。

有位外国友人在邓小平100周年诞辰纪念仪式上发表讲话,称赞邓小平是中国伟大的领导人,具有立足中国、放眼世界的雄才大略。他说,邓小平对国际形势的判断、对中国在世界格局中的定位是独特的,具有远见卓识,邓小平理论在当今世界仍然具有现实意义。

"在其位,谋其政",领导者所处的地位就是必须谋战略、谋大事、谋全局。但是,"重战术、轻战略;重微观、轻宏观;重局部、轻全局;重应酬、轻思考"的现象比较突出地存在于领导干部中,从而导致各种形式主义、急功近利、短期行为以及地方保护主义等不断出现。就会使得人们眼光看不远,思路放不开,缺包容性、开明性和兼容性。这说明领导干部确实需要树立战略思维。

领导干部要学会训练自己的战略思维,开阔视野,放远眼光,提高自己对未来趋向的把握能力,辨别方向的能力,洞察事物本质的能力,以及在变化无穷的环境中做出战略选择的决策能力。远见卓识并不是先知先觉,而是在面临危机之时镇定地、扎实地指明发展方向,确定未来战略目标。那么领导怎样才能树立起战略观念呢?

1.要敢于面对现实,勇于正视现实

善于从现实出发,把握历史前进的趋势,追踪时代发展的潮流,使自己工作的小环境适应社会的大环境,把自己的工作小气候带进大气候中去,去影响它。如果忽视现实或逆潮流而动,注定是要灭亡的。因此审时度势,把握时代特点是树立战略观念的前提。

2.要牢固树立全局观念

善于处理全局和局部的关系,在服从全局的前提下,使局部也获得充分的发展。当前经济建设是中心任务,因此一切都要围绕着它来运行。但是在这一主要任务下又不能忽视其他方面的发展,因此领导者要善于协调局部与全局的矛盾。

3.要高瞻远瞩,富有远见卓识

用发展、变化的眼光科学地预见和把握未来发展的趋势,恰当处理当前和长远、现在与未来的关系。席卷全球的新科技革命将对人类产生深远的影响,作为领导者不仅要看到它的现在,还要能预见到它对未来社会发展的作用及采取相应的对策。

4.要准确地选择战略目标、战略重点和战略步骤

正确处理可能与现实的关系,把发展战略建立在科学的基础之上。如我国预定到 20 世纪末工农业总产值翻两番的战略目标,选择农业、能源、交通、教育和科学为战略重点分两步走的步骤,都是科学的。

识大体有大气方能做大事

领导干部办事情要识大体、顾大体、有大气,不识大体、不顾大体、没有大气,事情就会办糟,工作就会失误,就会给党、国家和人民带来损害,最后还要自食恶果。只有识大体、有大气的干部才能成就大事。

看看古代的例子:

赵孝成王四年(公元前 262 年),秦国进攻韩国,韩国割让上党地区予秦。韩上党守将冯亭不想归顺秦国,而愿降赵,派使者向赵王游说。当时平阴君赵豹反对,平原君赵胜贪图 17 座城邑,劝赵王接受冯亭的投降,于是引起了长平之战,赵军 40 万人被秦军坑杀。司马迁说:平原君是混乱的战国时代的风流洒脱、很有才华的公子,可是却不识大体。

北宋著名宰相吕端自幼身历五代后期国家由分裂走向统一的过程,又从年轻时开始从政,勤政廉明,识大体、顾大局,每每在遇到事关国家安定危亡的大事面前,不惜牺牲个人利益和局部利益,保全国家和朝廷的政治安定。时人称之"识大体,以清简为务"。

再来看看现代的例子:

周恩来、叶剑英、邓小平等老一辈党和国家领导人,在无产阶级革命和国家现代化建设的征程中,虽曾多次遇到个人坎坷,甚至冤屈,但他们无不有大气、识大体,高风亮节,忍辱负重,淡然处之;而面对党和国家生死存亡的紧要历史关头,在大是大非面前,却从不退缩,毫不含糊,始终旗帜鲜明,立场坚定地站在正确路线一边,竭力维护党和人民的根本利益。如叶剑英在长征途中获悉张国焘要陈昌浩南下的电报,及时报告毛泽东,保证了中央和中央红军按原定计划北上。因此,1954年 10 月,毛泽东曾送叶剑英一句话"诸葛一生唯谨慎,吕端大事不糊涂",以表扬叶剑英识大体、顾大局,在政治上的坚定性。

抗日战争时期,汪精卫本为国民政府的要人,后来卖国求荣,投靠日本。因为不识大体,大家对他的人格评价自然不高。很多情报人员因为识大体,即使被逮

捕,宁死也不招供;杜月笙在上海处境艰难,但是他识大体,所以始终没有被日伪所利用。

人,要识大体,才能有所为有所不为。领导干部的识大体就是要认清当前的政治形势、把握党的大政方针、坚定正确的前进方向。那么,在新形势下,什么是"大体"呢? 当前的"大体"就是改革开放。经过 30 多年的实践,改革和开放得到了全国人民的拥护,"改革开放是强国之路"已经成为人们的共识。胡锦涛 2007 年 6 月 25 日在中央党校省部级干部进修班发表重要讲话时强调:改革开放,是党在新的时代条件下带领人民进行的一次新的伟大革命。新时期 29 年来,我国改革开放和社会主义现代化建设的成就举世瞩目。事实雄辩地证明,改革开放是发展中国特色社会主义、实现中华民族伟大复兴的必由之路。面对新形势新任务,我们要继续解放思想,坚持改革开放。

作为新时期的领导干部,识大体就是要坚持以中国特色社会主义理论为指导,深入贯彻落实科学发展观,继续解放思想,坚持改革开放,推动科学发展,促进社会和谐,为夺取全面建设小康社会新胜利而奋斗。

识大体有大气,还要有洞察未来的深邃眼光和统揽全局的宽阔视野。邓小平曾经强调领导干部"眼界要非常开阔"。他明确指出,"考虑任何问题要着眼于长远,着眼于大局";"眼界要非常开阔,胸襟要非常开阔";"要从大局看问题,放眼世界,放眼未来,也放眼当前,放眼一切方面"。

"风物长宜放眼量"。领导干部是一任接一任的,而党和人民的事业是长久的。领导干部想问题、办事情、做决策,都应着眼未来、着眼长远,从最广大人民的根本利益出发,不断增强工作的前瞻性、预见性。决不能为了个人的"政绩"和升迁做表面文章,搞短期行为。尤其是领导干部,更要站得高,看得远,想得深。洞察未来,还要求领导干部在实际工作中有一种未雨绸缪、见微知著的能力和本领。

战略思维从一定意义上讲,就是大局思维。古人讲,不谋全局不足以谋一域,不谋长远不足以谋一时。目无全局的将军,即使争得一城一池,最终难免全军覆没;目无全局的棋手,纵然围得一子一目,最终难免满盘皆输;目无全局的领导,即使每天两眼一睁,忙到熄灯,也难有大的作为。毛泽东同志说:"指挥全局的人,最要紧的,是把自己的注意力摆在照顾全局上面。"

领导干部应当要树立全局观念,培养系统思想,讲究辩证思维,善于在千头万绪的工作和错综复杂的矛盾中,牢牢把握和处理好各种重大关系,统筹兼顾好各方面的工作。要抓方向、谋大势、管大局,注重研究和思考带有全局性、前瞻性、战略性的重大问题,善于把自己所从事的工作和担负的责任放到现代化建设的全局中去把握,放到改革、发展、稳定的大局中去衡量。只有这样,才能站得高、看得远、抓得准,才能在一些重大问题上分清是非,不断提高驾驭复杂局面的能力,保证各项工作始终沿着正确的方向前进。

不审天下之势,难应天下之务。领导干部只有具备了识大体、胸怀全局、面向未来的宽广视野,才能多一点大气,造就干大事、创大业、迈大步的超人气魄,才能在工作上从远处、大处着眼,未雨绸缪,创造辉煌的业绩。

从大局着眼观察和思考问题

大局意识在各类教科书里都不乏相关篇章,尤其在政治领域更是放在非常特殊的地位。大局,是指总的局面或形势。大局观念,也就是全局意识,是指人们通过感觉、思维等各种心理过程对整个局面或形势的综合认识和反映。大局观念的基本内涵是:从大局着眼观察和思考问题,正确处理大局和小局、全局和局部、大道理和小道理的关系,自觉服从和服务于大局。

1947年夏,刘伯承和邓小平率领的晋冀鲁豫野战军在陇海路一线连续作战,十分疲劳,亟须休整和补充。但邓小平却突然收到了毛泽东以个人名义发来的"三A"紧急密电:"陕北情况甚为困难!"提醒刘邓部队两个月内尽快挺进大别山,中途不能再犹豫,以牵制敌人,减轻陕北压力。刘邓看完电报二话没说,马上复电:半个月内行动! 不到10天就出发了。8月中旬,刘邓大军克服了后有追兵、前有黄泛区阻隔的严峻困难,到了汝河。这时,前面敌火力阻击猛烈,后面敌追兵只有30里。刘伯承高呼:"狭路相逢勇者胜,杀开一条血路!"邓小平要求:"不惜一切代价打过去!"为了全局,指战员以血肉之躯果敢行动,千里跃进大别山,揭开了人民解放军战略反攻的序幕。

几十年过去后,邓小平回忆起这事来仍激动不已,反复告诫大家:"要提倡顾全大局。有些事从局部看可行,从大局看不可行;有些事从局部看不可行,从大局看可行。归根到底要顾全大局。"

讲大局,顾大局也是历代杰出政治家必备的基本素质之一。邓小平在长达70多年的革命和建设实践中,总是以无产阶级革命家、政治家的远见卓识高屋建瓴地提出问题、分析问题、解决问题,为全党树立了洞悉大局、驾驭大局的光辉典范。早在20世纪50年代,毛泽东就盛赞他办事公道,顾全大局。江泽民对此评价说:"他目光远大,胸襟开阔,善于从全局观察和处理问题,并且总要求党的高级干部着眼大局、顾全大局,一切从大局出发。"1989年,邓小平告诫领导干部说:"考虑任何问题都要着眼于长远,着眼于大局。许多小局必须服从大局,关键是这个问题。""领导这么一个国家不容易呀! 责任不同啊! 最重要的问题是要胸襟开阔。要从大局看问题,放眼世界,放眼未来,也放眼当前,放眼一切方面。"邓小平善于从政治上考虑问题,对一些事关全局的大问题,看得远、想得深、抓得准,并能够做出及时而明智的决断,显示出一代战略家的恢弘气魄。

只有讲大局,才能保持清醒的头脑,坚持高尚的操守,才能不斤斤计较于蝇头小利,不拘泥于个人的恩怨得失,真正洞悉世情,体察民意,做时代发展的先行者。

在中国,大局观尤其重要。众所周知,中国是一个人口多、民族多、宗教信仰差异大、文化传统丰富的国家,这些都可能成为影响政治发展的重要因素。比如说,中国人口众多。人多力量大,人多出智慧,但人多也就有太多的差异,也就容易产生矛盾,产生分歧,不易形成合力。利与弊,关键就是看如何协调各方利益,如何凝聚13多亿人口的智慧。就一个发展中的大国而言,在发展中如果忽视这样一个大局,就可能一叶障目,丢西瓜捡芝麻,就不可能处理好各种矛盾,不可能有安定团结的局面,社会就会乱套,民主与法制建设就可能力不从心,经济也就谈不上发展,保障群众的利益也就无从谈起了。因此,领导干部要培养大局观,坚持一切从大局出发来思考问题,解决问题,尊重民众,借智于民,才能推动地区的发展。

树立大局意识至关重要

大局,即"整个的局面,整个的形势"。尽管大局是会转移变化的,但无论何时何地,大局观念、大局意识断然不能淡薄。因为大局事关战略部署,事关整体合力,事关人心向背。建设中国特色社会主义,建设一个富强、民主、文明、和谐的社会主义现代化国家,是一个需要全党和全国人民共同努力奋斗才能最终实现的伟大目标。这个全局的目标,绝不是局部的利益、局部的成功所能代表和代替的。离开了这个大局,离开了这个整体,局部的利益没有多大意义,也很难存在下去。

比如,中国,对非洲的无条件支援,眼下损失的是人力物力财力,但可以赢得非洲人民的好感,更进一步使非洲各国政府对华友好,这样可以为中国赢得更长远的政治利益,还可能得到更大的经济利益,这就是政府大局意识的一个体现。

就拿现在的改革来说。在一些时候和一些方面,可能给我们带来阵痛或局部的损失,但从长远看,它要为将来的可持续发展奠定良好的基础,要给我们的子孙后代以更大的利益。深化改革不仅功在当代,而且功在未来。因此,不论今天付出多少代价,冒多大的风险,改革都要义无反顾地坚持下去。这是大局。只有维护这个大局,我们才能赢得未来,才能争取中华民族世世代代的繁荣昌盛。

这里强调大局意识,是因为在领导干部队伍中存在不识大体、不顾大局的现象。有些干部,信息闭塞,目光短浅,急功近利,只顾眼前,不顾长远,有的心胸狭窄,不顾大局,以邻为壑,只谋一地、一己之利。这是需要领导干部经常注意和认真解决的一个重要问题。

那么,领导干部应该如何树立大局观念呢?

党的正确路线、方针、政策,是建立在分析大局、明确大局基础上的,是理论联系实际的产物,是反映大局、指导大局的。所以,领导干部应通过学习和贯彻执行党的路线、方针、政策,去了解大局、认识大局、理解大局,做到有令必行、有禁必止,把党和国家路线方针政策贯彻落实好。

领导干部一定要明确,凡是涉及全局的事,涉及人民群众的根本利益,涉及国家命运前途的事,就是大局。每一个领导干部所从事的工作,都是整个事业的组成部分,只有胸怀大局,将自己所负担的责任与大局联系起来,认清自己的方位,才能使工作有方向、有意义、有章法、有轻重缓急。

只有强化大局意识，才能正确处理好局部与全局、个人与整体、当前与长远的关系。在事关大局和自身利益的问题上，必须坚持少数服从多数、下级服从上级、局部服从全局，必要时牺牲个人和眼前利益，服从长远和整体利益。

高瞻远瞩，驾驭全局

大凡杰出的政治人物，都是经天纬地之才，而毛泽东又是其中最杰出者之一，他在制定政策策略和领导革命、建设中，总是全局在胸，凡事都能从更加广阔的范围和背景考虑问题，而不局限在一个狭小的范围就事论事。在利害得失上，他总是妥善地处理全局与局部、当前和长远的利益关系，避大害，谋大利，而不计较一时的利害得失。这也是他高人一筹和立于不败之地的关键因素之一。

"事未至而预图，则处处常有余；事既至而后计，则应之常不足。"领导干部必须思考战略问题，全局问题。成功的决策，总是和统揽全局、高瞻远瞩的战略眼光连在一起的。

邓小平就是一位高瞻远瞩、驾驭全局的政治家。想大局，顾大局，为大局，在大局下行动，是邓小平一以贯之的领导作风。邓小平无论在中央工作，还是在地方工作或军队工作进行决策过程中，始终善于从战略全局的高度上认识问题和处理问题，不仅自觉地坚持局部服从整体，战役服从战略，在中央统一战略部署下，坚定而卓有成效地工作，而且善于从本地区本单位的实际出发，创造性贯彻执行中央正确的战略方针和战略决策，提出许多高瞻远瞩的战略见解，创造一流的工作成绩，体现驾驭全局的能力。

邓小平驾驭全局的能力在革命战争年代得到了高度表现和展示。邓小平一直是我军的高级将领。他所领导和指挥下的战略区本身也是一个全局，但相对中国革命而言，它又是一个局部。所以，他总是深刻领会中央和毛泽东的战略意图，一切着眼于战略全局，一切服从战略全局。

1945年9月，抗日战争刚刚结束，蒋介石一面邀请中共中央主席毛泽东率代表团去重庆谈判，一面图谋挑动内战，破坏重庆谈判，密令阎锡山以13个师的兵力向我上党地区发动进攻。为了打击敌人的内战阴谋，赢得战略上和政治上的主动地位，邓小平与刘伯承根据中央军委指示，坚决果断地发起"上党战役"。邓小平在对部队指战员做动员时说："我们上党战役打得越好，歼灭敌人越彻底，毛主席就越安全，毛主席在谈判桌上就越有力量。"（《我的父亲邓小平》上卷，第508页）

在邓小平、刘伯承的指挥下，我军以迅雷不及掩耳之势，歼灭了来犯的国民党军队。这一战略行动有力地配合了毛泽东赴重庆谈判，促成了"双十协定"和停战协定的签订。

1945年10月17日，毛泽东给刘、邓的电报称："在你们领导下打了一个胜利的上党战役，使得我军有可能争取下一次相等的或更大的胜利……这个战役的胜负，关系全局极为重大。"

新中国成立以后,邓小平无论是主政西南期间,还是在中央工作期间,做出任何重大决策,始终站在维护全党大局上,从来不搞小团体主义和地方保护主义。1975年邓小平领导全面整顿,一开始就强调"全党讲大局,把国民经济搞上去"。十一届三中全会后,全党工作重点转到经济建设上来,他要求军队要服从国家经济建设这个大局,照顾这个大局,不能妨碍这个大局,要紧密配合这个大局,要在这个大局下面行动。在改革开放的新形势下,他讲到沿海地区与内地关系时说:"沿海地区要加快对外开放,使这个拥有2亿人口的广大地带较快地先发展起来,从而带动内地更好地发展,这是一个事关大局的问题。内地要顾全这个大局。反过来,发展到一定的时候,又要求沿海拿出更多力量来帮助内地发展,这也是个大局。那时沿海也要服从这个大局。"

我国农村改革的成功,城市改革的深入发展,社会主义市场经济体制的建立,以及财税制度、金融制度、价格制度、现代企业制度、工资制度、劳动人事制度、公务员制度等重大配套改革措施的出台,充分表明了邓小平具有统筹全局、驾驭全局的领导能力和高超的领导艺术。

1993年11月2日,江泽民在学习《邓小平文选》第3卷报告会上指出:邓小平目光远大,胸襟开阔,善于从全局着眼来观察和处理问题,并且总是要求党的高级干部都要着眼大局,顾全大局,一切从大局出发。全党同志特别是领导干部要认真学习、大力发扬这样的革命风格,使我们党永远保持旺盛的战斗力和创造力。学习邓小平驾驭全局的能力,在实际工作中,各级领导干部要重视总体构想,不顾此失彼,人为失衡;做工作要有序进行,不能不分先后,不分主次地打乱仗;要正确处理局部与全局、现实与长远的关系,不能搞本位主义,不能急功近利。

唯物辩证法认为:在大局和局部这对矛盾中,大局居于主导地位,对局部起着决定、支配、制约和协调的作用;局部处于从属地位,对大局具有很强的依赖性,同时局部也具有相对的独立性,能够反过来影响大局。大局与局部是辩证的统一。大局高于局部、统率局部,对局部的发展变化起着主要的决定的作用。大局与局部密不可分,相辅相成。有了大局才有局部,没有大局就没有局部,离开了大局,任何局部都不可能得到充分发展。同样,大局是由局部构成的,离开了局部,大局也不可能得到真正的发展。

毛泽东早就告诫全党:"一定要顾全大局,当局部利益和全局利益发生矛盾时,要自觉服从大局,以维护党的整体利益。"邓小平指出:"要提倡顾全大局。有些事从局部看可行,从大局看不可行;有些事从局部看不可行,从大局看可行。归根到底要顾全大局。"他在《坚持四项基本原则》一文中说:"在社会主义制度下,个人利益要服从集体利益,局部利益要服从整体利益,暂时利益要服从长远利益,或者叫做小局服从大局,小道理服从大道理。"

放眼全局,抓住局部

领导干部在处理全局和局部的关系时,既要通观全局,又要抓住关键的局部;既要局部服从全局,又要注意调动局部的积极性。全局代表着局部的根本利益,全局的协调是各个局部顺利发展的条件。为了使各个地方、各个部门在统一指挥下有计划按比例地协调发展,使全局的人力、物力、财力得到合理的使用,每一个领导干部都要有全局观念。

要通观全局,就一定要学会全面地看问题,发展地看问题。不仅要看到全局的今天,而且还要看到全局的明天和未来。在打第一仗之前,必须想到第二、第三、第四以致最后一仗大体上如何打法——若第一仗胜了,全局将如何变化?假若败了,又将如何变化?这些都必须仔细地切实地想明白。没有全局在胸,是不会真正下出一盘好棋的。

在作战中,为了确保主力安全,指挥官往往会忍痛舍弃一支小部队,让他们担任后路阻击,以掩护大部队的安全。这不是残忍,也不是自私,如果损失不可避免,那么牺牲局部以保全局无疑是明智的选择。

东汉将领马武被叛将苏茂打败,在敌军的追击下,率败军逃到王霸的驻地,大叫开门。王霸正在后院饮酒,命令守城士兵不得开门。马武大骂王霸见死不救、不得好死。王霸神态自若,充耳不闻。王霸的部将劝他开门,救马武一命。王霸说:"苏茂的部队素来骁勇善战,号称'铁骑雄师',以一当十。马武的兵卒已成惊弓之鸟,非但不能协助防守,还会冲乱我的部署,如果苏茂的军队乘机进攻,我们就有全军覆没的危险。马武因嫉恨我,必然整顿军队,反身死斗,虽不能战胜,但也能暂缓苏茂的锋芒,这正是置之死地而后生的道理。"

果然,马武见后退无路,只好抱定必死之心,跟追兵激战,虽然死伤惨重,但敌军一时也无法将其消灭。马、苏激战一天,王霸趁敌疲惫,派精锐骑兵绕城而出,抄袭苏茂的后路,将苏茂杀得大败而逃。

过了不久,苏茂重整旗鼓,向王霸挑战。王霸不予理会,坐在城头举杯痛饮。苏茂命弓箭手向城内射箭,有一支箭竟射中了王霸前面的酒杯,王霸仍安坐不动,继续饮酒。众将都请求出城迎敌。王霸说:"苏茂远道而来,刚打了一个败仗,马上返回来攻击,必是粮草缺乏,以求速战速决。我闭门不出,其奈我何?这正是兵法'不战而屈人之兵'的道理。"

果然,苏茂求战不得,粮草殆尽,不久就撤兵而去。

王霸对友军"见死不救",似乎很不仗义,但在生死存亡的竞争中,私情私义只能让位于胜负,胜利才是第一位的。忍受局部损失以保全局,是很有大局观的做法。所谓"帅才",只是比平常人更有全局观念而已,甚至可以说,只是比平常人更能摆脱情绪困扰,更狠得下心肠,能够忍受牺牲而已!

在毛泽东的领导思想中,全局观整体观具有独特和永恒的思想魅力。毛泽东最善于从整体上、全局上去观察解决问题。

俗话说:"一着不慎,满盘皆输。"毛泽东在领导中国革命战争和国家建设时,经常要求各地方干部要有全国一盘棋的思想,想问题做事情要从全局着想,互相配合。

1947年毛泽东率中共中央转战陕北期间,不顾环境的危险,密切注视着全国战场敌我形势的变化,逐步形成了一个完整的"三军配合,两翼牵制"的战略部署。

1947年9月,毛泽东在陕北起草了人民解放军作战任务的文件,指出在解放战争中的第二年要举行全国性的反攻。以我军主力打到外线去,把战争引向国民党区域,在外线大量歼敌,彻底破坏国民党的战略方针。国民党的战略是把战争引向解放区,进一步破坏和消耗解放区的人力物力,使我军不能持久。我军的任务是,以一部分主力和广大地方部队继续内线作战,消灭内线敌人,收复失地。

山东解放区传来了好消息,我军在孟良崮战役中全歼国民党军五大王牌主力之一的整编七十四师,击毙中将师长张灵甫。这一胜利极大地鼓舞了人民解放军的士气。毛泽东立即起草了中央军委致刘伯承、邓小平、陈毅、粟裕、谭震林和东北局的电报,建议刘邓所部"下决心不要后方,以半个月行程,直出大别山";要求陈粟谭率山东兵力并在刘邓到达大别山后,指挥陈士榘、唐亮担负整个内线作战任务;要求陈赓、谢富治集团到豫西后,接受刘邓指挥作战。

这是一个完整而又大胆的战略构想。这个构想意味着不等敌人的进攻被完全粉碎,不等人民解放军在数量上装备上超过敌人,立即由战略防御转入战略进攻,以敌人兵力薄弱的中原地区为主要突击方向,实施中央突破,转入外线作战,直插敌人战略后方,将战争引向国民党区域,从而改变整个战争的态势。

根据毛泽东的部署,刘邓、陈谢、陈粟三路大军分别部署到位,在北黄河、中淮河、南长江、西汉水之间的中原地区,结成了一副"品"字形状、互为犄角的有利态势,把敌人进攻我解放区的重要后方变成了夺取全国胜利的前进基地。

在三路大军向南挺进的同时,彭德怀指挥西北野战军吸引胡宗南的兵力北调,以便陈赓兵团挺进豫西,配合刘邓大军向大别山进军。此外,华东野战军在胶东发动进攻,把国民党的15个旅的兵力吸引到海边,有力地配合了陈毅、粟裕在山东西线和刘邓大军挺进中原的作战。

这一战略使蒋介石的防御体系完全被打乱。国民党也不得不承认"全盘战略形势,乃由此陷入被动"。解放战争的形势开始向有利于我们的方向转变。"三军配合,两翼牵制"的战略是毛泽东统筹全局的大手笔。

要正确处理好全局和局部的关系,还必须善于抓住关键的局部。这是因为各个局部在全局中所处的地位和所起的作用是不同的。有些时候,局部的工作没有做好,甚至失败了,但对全局不起重大作用。而有的局部的成败,直接决定着全局的成败,攸关着其他局部的命运。这种局部从它的地位和作用来说,就是属于全局中的关键部分。领导者要抓好全局,正确处理全局和局部的关系,就必须抓好这些关键性的局部,为最后夺取全局的胜利奠定牢固的基础。不能什么事情都由全局统一起来,把局部卡得死死的,一点儿机动权力也不给。若是那样的话,既不利于调动局部的积极性,也不利于全局的发展。所以,要在全局统一领导下,尽可能地给局部以较多的自主权,使之能够从自己的实际出发,发挥自己的优势和主动性。

"八仙过海,各显神通。"使局部得到尽快的发展,同时,也为全局的发展创造必要的条件,这是有远见的领导艺术。

大处着眼,小处着手

陈云说过:"政府的事情很多,如果抓不住重点,那就如同在大海航行中把握不住方向。"苏格拉底说过:"不先将最重要的问题解决,也许以后永远没机会解决了。"还有人说领导工作要领悟到"抓住要点、突出重点、攻克难点、干出亮点"的智慧。

"大事"是指管方向、做决策的事,是全局上的事。作为一名领导干部当然要切记不忘,始终抓住不放,这是衡量一个领导干部讲不讲政治的重要标志。

现代领导工作千头万绪,要求领导干部必须善于抓大事,解决主要矛盾。特别是高级领导干部是管全局、管方向的,主要的精力应放在抓战略问题、全局指导和宏观决策上。把全局性的大事抓住了,抓好了,就能纲举目张,突出重点,带动一般,工作就能做得更好,收到事半功倍的效果。

西汉有一个丞相叫丙吉。有一天,他到长安城外视察,路边有人打架斗殴,把人打死了。看到丞相出巡,有人便拦轿喊冤。丙吉吩咐绕道而行,不要管他。走了不远,丙吉看到一头牛在路边直喘气,于是下轿,围着这头牛转了好几圈,左看右看。对于人们所说"丞相关心牛远远胜过关心人"的质疑,丙吉解释说,我是丞相,打架斗殴,自有地方官按律处理,我不能越权去过问。现在天气还不够热,这头牛就喘气,我怀疑今年会有大瘟疫流行,预防瘟疫流行是天下大事,丞相应该管。

丙吉干自己该干的大事,将小事让下属去各司其职,使各级官员职责分明,上下有序,朝廷大政井井有条。据《汉书》记载:丙吉当政时,国家一天比一天繁荣富庶,广大百姓安居乐业,社会风气良好,连刑狱案件都很少发生,史称"昭宣中兴"。

一位领导给部属传授为官之道时,归结为一句话,就是"既要抓好大事,又要抓好大家的事"。笔者闻之,不禁为之击掌。

作为一个单位、一个部门的领导,对"大家的事"漠不关心,不去真心实意地为群众谋利益,这样的领导群众会拥护吗?能有人格魅力吗?答案是不言而喻的。得不到群众拥护,就无法充分地把群众的积极性调动起来、凝聚起来,抓大事也就成为一句空话。

领导者最大的浪费,就是把宝贵的精力无谓地分散在许多事情上。毕竟领导精力也是十分有限的,想要面面俱到是不可能的。所以,领导者不要仅拘泥于琐碎的日常事务,而要放眼未来、总揽全局,干好自己该干的大事,让事业更上一层楼。

领导干部如果贪多求全,四面出击,就很难集中精力抓关键、攻重点;如果看不到全局的要求,陷于具体的事务工作中,就可能顾此失彼,造成严重的失误,如果越权去管那些不该管、管不了、管不好的事,既耗费时间和精力,又影响部属的积极性和责任心。

毛泽东曾经说过:"任何一级的首长,应当把自己注意的重心,放在那些对于他所指挥的全局来说最重要、最有决定意义的问题或动作上,而不应当放在其他问题或动作上。"只有抓住主要矛盾、突出工作重点、解决重大问题,才能重点突破、带动全局、开拓创新。所以说,提高解决事关全局重大问题的能力,是领导干部能力、素质建设的重点。

领导干部要集中精力抓好大事,应注意从以下几方面努力:

1.明确自己的职责

领导干部的职责最重要的在于制定战略规划、制定政策,进行组织管理和使用干部,也就是毛泽东所说的"出主意、用干部"。领导干部的工作重点是抓大事、明方向,而非事必躬亲,更不能为琐事纠缠。应尽量少参与无关的小事,集中更多的时间,抓好事关政策性、全局性、倾向性的工作和问题,一揽到底,落实到位;对于事务性、一般性、个别性的工作和问题,应当放手。

2.善于抓主要矛盾

无论干什么工作,领导干部必须集中精力和时间解决重大问题,把注意力放在全局性的工作上,一定要学会抓重点,要做善弈者,"谋势不谋子",总揽而不包揽。应在综合分析全局工作的基础上,抓住主要矛盾,确定工作重点,然后把大家的积极性调动起来,把各方面的力量凝聚起来,围绕这个重点工作去努力、去奋斗。

3.善于整合力量和资源,发挥整体效能

领导干部要运用权力、影响力进行统一调度,形成拳头,推动大事的解决;要提高组织协调能力,在整合力量、处置矛盾、统一步调上下功夫。要善于上下沟通、横向协调、整合力量、把握全局,既能独当一面,又能协同作战,善于发动和带领群众共谋发展。要善于从大局出发搞好协调配合,利用协调配合机制推动工作,调动方方面面的积极性,妥善处理好各种关系,形成合力。

诸葛亮曾经说,治世以大德不以小惠。一个有智谋的人,会在别人注意小事时,从大处着眼;别人看得近,他会看得远;别人愈忙而事情愈乱,他会不动声色把事情自然理顺;在别人束手无策的时候,他会游刃有余,思路深入于无声无患的细微之处,举动却出乎于人们思索意料之外。这样,再困难的事情对于他都会易如反掌,再多的问题他都可一笑置之。

领导干部要学会"有所为,有所不为",集中力量抓大事。"为"与"不为"乃一对矛盾,有所不为才能有所为,有所不为便能"为必成",有所不为是大有所为的必要前提;反过来说,如果不分主次、轻重、缓急,什么事都"为",势必"无为"又"无成"。领导者的时间和精力都很有限,只能统筹全局议大事,集中精力抓关键,积聚力量攻重点,才能取得比较好的效果。

统筹兼顾,抓住中心

有这样一个笑话:为了惩罚一个违反了戒律的教徒,主教列出了三个处罚的方式让他自己选择:第一种是罚款 100 元,第二种是吊在树上两个时辰,第三种是吃50 个辣椒。

那个人想:还是吃辣椒划算,既不破财,也不痛苦。于是他选择了第三种。他拿起辣椒吃起来,刚吃了几个感觉还可以,当他吃到第 10 个时,他感觉到嘴里火辣辣的痛,心里像烧着一团火,他难受极了。他又勉强吃了 10 个,但实在坚持不下来了,他流着泪说:"我再也不吃这要命的辣椒了。我宁愿被吊起来。"

他又被一条结实的绳子吊了起来,不一会儿,他就感觉头晕目眩,遍身像是被砍了下来一样,绳子勒进了肉里,痛得他大声叫起来,他再也不想为了 100 元钱而受这个罪了,他高声地叫道:"快放我下来,我要选择第一种方式,我情愿被罚 100元钱。"

他转了一圈,折磨也受了,最后,依然没有逃脱罚款的方式。如果,他一开始就能想到,选择第一种方式,就不必再去尝试另外的痛苦,也不会受两种罪了。

这个故事告诉领导干部:有时我们面对众多选择时,我们只能选择一个。只要把你选择的这一个干好、经营好,就是最大的收获。当你什么都想选择时,结果往往是你什么也得不到。

在领导工作中统筹兼顾,抓住中心,关系到一个领导者工作的成效,每一个领导者都应该把自己领导的地方、部门、单位看作一个全局,既要统筹安排,又要抓住重点,才能很好地胜任自己的工作。

主要矛盾和矛盾的主要方面是唯物辩证法中的一对重要概念。主要矛盾是复杂事物中处于支配地位,对事物发展过程起着决定作用的矛盾。它要求我们在实际工作中要善于抓中心、抓重点,集中力量去解决主要矛盾。矛盾的主要方面是在矛盾双方中,处于支配地位起着主导作用的一方。事物的性质主要的是由矛盾的主要方面所规定的。它要求我们在分析矛盾时要分清主次,看问题要分清主流和支流。

有这样一则寓言故事:赵国有一个人,因为家中老鼠成灾,吃尽了苦头,就向中山国要了一只猫。这只猫很会捉老鼠,但也很爱吃鸡,过了一个月,他家的老鼠确实没有了,可是鸡也没有了。他的儿子为这件事发愁,对其父说:"为什么不把猫赶走呢?"父亲说:"这个道理不是你所能懂得的。咱们家的祸害在于老鼠,不在于没有鸡。老鼠偷吃粮食,咬坏衣服,穿通墙壁,毁坏家具,我们就要挨饿受冻了,这不比没有鸡的害处大吗?没有鸡,只不过不吃鸡罢了,离挨饿受冻还远着呢!为什么要把猫赶走呢?"

故事中的父与子的不同认识究竟谁对谁错呢？这就涉及了主要矛盾和矛盾的主要方面的方法论运用。在养猫和养鸡的选择中，做父亲地抓住了猫鼠这个主要矛盾，在分析猫的利害时，抓住了"利"这个矛盾的主要方面，他的做法和看法是正确的。做儿子的由于颠倒了主次，将猫鸡作为矛盾的主要方面，混淆了事物的性质，因而是错误的。该故事启示我们在实际工作中，要分清主次，善于抓关键；分析问题时，要分清主流和支流，抓住事物的本质。

邓小平就是个工作会"牵牛鼻子"的高手，邓小平曾说，1983年，他只做了一件事，打击刑事犯罪分子。

在通常情况下，打击犯罪是一种部门工作，不必由主要领导人亲自抓。但当犯罪问题对大局产生影响或与反映了大局的变化时，性质就不一样了。

1980年至1982年，由于有人对依法办案没有正确理解，担心出新的冤假错案，公安部门对刑事犯罪分子心慈手软，导致刑事犯罪活动猖狂，大案上升。根据公安部的统计：1980年全国大案5万多起；1981年大案6.7万多起；1982年大案6.4万起。1983年头几个月，连续发生了多起影响极坏的恶性案件，其中，最著名的是东北"二王案"。

1983年2月12日大年三十，王姓二兄弟在沈阳持枪杀人抢劫后潜逃，在抢劫现场和潜逃过程中，"二王"共杀死10名、杀伤11名解放军、公安干警和人民群众，最终于1983年9月18日在广昌山林中被击毙。此案被称为"新中国成立以来第一匪案"，影响极其恶劣。

在这种背景下，1983年7月19日，邓小平把公安部负责人召去，对公安部一份文件中"不该抓的坚持不抓，该从宽的坚持从宽"等用语提出了尖锐批评，明确指出：

"这样四平八稳，解决不了问题。……稳稳当当的，就不能解决问题。"

"搞得不痛不痒的不行，这样搞是不得人心的。"

"不能让犯罪的人无所畏惧。"

"我们保护最大多数人的安全，这就是人道主义。"

在邓小平的亲自领导下，公安部从当年8月底至年底实施了第一战役的第一仗。短短四个来月，共摧毁犯罪团伙7万多个，逮捕流氓犯罪分子数以10万计，群众扭送犯罪分子4.7万多名，投案自首的犯罪分子10万多名。

在现实工作中，有一些领导不能认清形势，看不到工作的中心和关键，分不清主要矛盾和次要矛盾，从而不能制定正确决策，结果将大量精力白白耗费在一些细枝末节的工作中，这样不仅无助于关键问题的解决，并且由于不解决好主要矛盾，活局变成僵局，僵局变成死局。以前有的地方政府领导，一心追求GDP的增长，而忽视了环境的恶化、社会矛盾增多、治安秩序不稳定等问题，结果导致经济社会不能协调发展，最终还是阻碍了地区的发展。经验告诉我们，抓重点并不是放弃非重点，因此，领导者应该对主要矛盾和次要矛盾的辩证关系有一个清晰的认识，这样才易于制定正确的决策。

从小事入手抓大事

古人说："一室不扫，何以扫天下。"要做好一些重大事情，绝不能忽略小事情，特别是领导工作，必须做到"抓大顾小"，以小促大，从小处着手，始终以认真的态度、踏实的行动，完成每一个任务。要做到大处着眼，小处着手，必须在思想上明确以下几点认识："大事"与"小事"是相对的。小事做好了，也能产生大的影响。所谓"不积跬步，无以至千里"，好事总是多磨，我们只有通过做好一件一件的小事，点滴积累，方能做成大事。

我们来看看温家宝总理对小事的态度。据媒体报道，2004 年全国农村教育工作会议在北京召开，面对 200 多名来自各地各部门的领导和会议代表，温家宝总理先讲了他放心不下的三件小事。那满怀深情的讲述，令在场的省长、部长和代表们听了，感慨不已。是哪三件小事呢？摘录如下：

"第一件事，1993 年 7 月 4 日，我到山西省吕梁山区临县的一个村里去考察。那天下着大雨，到了一所小学。那是一个非常简陋的窑洞，只有十多套破旧的桌椅，五个年级的同学混班上课，学生面朝里，光线很暗。这幕情景我一直不能忘怀。我有几年没去临县了，不知这个窑洞学校还在吗？那里的孩子现在上学条件怎么样？我放心不下。"

"第二件事，1995 年 6 月 11 日，我到甘肃省靖远县，那是一个贫困县。我走到一户农家，主妇双目失明，丈夫是个痴呆人。她身边有个六七岁的女孩儿，家里收拾得干干净净。这位主妇拉着我哭个不停。我问她有什么困难，她说，我希望我的孩子能上学，上希望小学。我瞎了一辈子，就希望孩子能上学，不当睁眼瞎。她看不见这个世界，但对社会的进步很有眼光。她希望下一代能够上学，就是希望摆脱长期的贫困、愚昧、落后。"

"第三件事，2002 年陕西秦岭发大水，6 月 25 日我赶到佛坪县的沙坝村，那里灾情很重，连整个县城都被淹没了，唯独学校还有琅琅的读书声。这是灾后那里唯一幸存的学校，老师在带着孩子们上课。有的孩子已成了孤儿，他们的父母在水灾中遇难了。我到教室看望师生，领着孩子们大声朗读了黑板上写着的几句话：我是中国人，我爱中国。我要克服重重困难，为重建我的家因而努力。"

温家宝总理说："我说这三件事的意思是，我们是共产党，我们的宗旨是实践'三个代表'，执政为民。执政为民，就要想着广大群众，想着 8 亿农民，想着一亿六千万儿童的就学问题。现在，农村的情况让我们关注，农村的教育让我们关注，农村的孩子能否上好学，更让我们关注。中国现代化靠什么？靠人才，靠未来一代、几代人，靠高素质的建设者和接班人。想到这些，我觉得这次会议意义重大。大家正在着手做一件对民族、对国家有长远意义的大事。"

大事固然考验才干，而小事却锻炼一个人的品质，反映一个人的素养。工作中也有这样一些人,心里只装着大事,一心只想做几件大事,一展才干,一鸣惊人,于是整天脚步轻浮,日常工作蜻蜓点水,老等着"大事"的到来,从来无意于身边事情,无意于工作中的小事。如招商引资,要把项目引进来,必须从每个细节上优化服务态度,从每个环节上提高办事效率,通过反复磋商,做到不厌其烦,实现与投资者的良好交流,才能以诚引商,最终达成交易。所以,每一件大事的完成背后总是需要大量的辅助工作,正是这些一件件小事促成了我们最终的目标。

什么事算小事?对于大局而言,下属的家务肯定应属小事之列,如果领导工作细化到这个程度,恐怕再没有什么不轨的人和事能逃过领导者的法眼。

随着全球变暖趋势的越发显现,世界各国都开始在节能、环保方面探索更多"绿色"措施。我们来看看欧美国家一些领导是如何在自己的生活中从小事做起的?

时任美国总统布什位于得克萨斯州的农场安装着一套先进的水循环装置。根据白宫环境政策办公室成员克丽斯廷·赫尔默的描述,农场用水全部来自井水。经过使用后,这些水会分为两种接受再处理。其中,农场住所的洗澡水、水池废水流入地下的净化水池,它们同雨水一起被当作"轻污染水",而厨房及厕所排水则被当作"重污染水"存入另一个蓄水池。经过不同程度的净化后,它们将再被用于花园浇花、浇树等。

为节约能源,时任英国首相托尼·布莱尔把唐宁街 10 号首相府的暖气长期调低了 1 摄氏度,以达到减少二氧化碳排放的目的。

时任意大利总理罗马诺·普罗迪是一个自行车运动爱好者,早在他担任欧盟委员会主席时就开始倡导使用自行车作为绿色交通工具。

……

我们有的基层干部认为,自己手中掌握的权力是有限的,职位低,左右不了群众的命运,但是他们别忘了,虽然权力小,改变不了整个单位的风气,却可以影响一方水土一方人。所以说"不积跬步,无以至千里;不积小流,无以成江海",能扫一屋,则可以"修身齐家治国平天下"。

在基层,真正影响群众的往往是一些关系着他们切身利益的事情,比如民生、医保等,这些事情与单位整体建设和全面发展相比,也许是小事,但对于群众个体而言,却可能是头等的大事。所以,此类"小事"不可小视。

树正确"官念",领导就是服务

马克思、恩格斯批判地吸收了前人的文化成果,在总结巴黎公社经验的基础上,创立了马克思主义公仆理论:所有的公职人员都是人民的勤务员,"社会的负责的公仆",必须为人民服务;对不称职的人员随时可以撤换、罢免,防止国家机关和国家工作人员由社会的公仆变为社会的主人。

我们党和国家历届领导人在领导革命、建设和改革的过程中也反复强调：所有的领导干部都是为人民服务的，都是人民的公仆，是人民的勤务员，决不允许做官当老爷。

无产阶级革命家张闻天说过："领导就是服务，领导人民就是为人民服务。"邓小平在新的历史时期重申和坚持了张闻天的观点。1985 年 5 月 19 日他在中共中央、国务院召开的全国教育工作会议上的讲话中，对热衷于发指示、说空话而不为群众干实事的领导作风进行了严肃的批评，强调指出："什么叫领导，领导就是服务。"这些重要论述集中反映了无产阶级领导观的实质，需要各级领导干部进一步加深对"领导就是服务"的再认识。

马克思

毛主席曾经说过："所谓领导权，不是要一天到晚当作口号去高喊，也不是盛气凌人地要人家服从我们，而是以党的正确政策和自己的模范工作，说服和教育党外人士，使他们愿意接受我们的建议。"毛主席的这些话对我们很有教益。

邓小平说："执了政，党的责任就加重了，共产党员的责任就加重了，我们领导干部的责任就加重了。我们要负担什么责任呢？在过去我们无非是闹革命，革命胜利以后，我们党执了政，掌了权，就要担负起把国家引导到社会主义道路去和进行建设的艰巨任务。"新中国成立后，邓小平作为第一代中央领导集体中的重要成员，作为党的总书记、国务院副总理，协助毛泽东和周恩来，在为社会主义制度建立和巩固，为社会主义建设的开展，为探索适合中国情况的建设社会主义道路，为总结经验，纠正失误，调整政策。他直到晚年，仍在为国家的前途，人民的幸福，呕心沥血，运筹帷幄。以实际行动体现了服务与职责的统一，实现了他"全心全意为人民服务"和做"中国人民的儿子"的诺言。

2003 年 8 月 28 日，胡锦涛总书记视察江西赣州，在解放街道办事处中山路社区一个职工家中，当他了解了这位职工的家庭情况后，饱含深情地说："你们家两口子都下了岗，生活遇到困难，作为总书记，我感到很歉疚；但看到你们在社区帮助下困难逐步解决，我又感到欣慰。孩子还在上学，一定要保证他们读好书。要相信党和政府，会帮助你们克服困难，生活一定会好起来。"

胡锦涛总书记的言行，体现了人民公仆的形象和精神：公仆关心主人，与主人促膝谈心，问寒问暖；公仆认为自己的工作没做好，让主人生活遇到了困难，向主人表示歉疚；公仆与主人心连心，为主人的困难逐步解决而欣慰；公仆为主人着想，要让孩子读好书；公仆向主人做出承诺，会让主人的生活好起来。在这方面，胡锦涛总书记为各级领导干部做出了表率。

河南内乡县保存了完整的清代县衙,其中一副对联发人深思。上联是"得一官不荣,失一官不辱,勿说一官无用,地方全靠一官";下联是"吃百姓之饭,穿百姓之衣,莫道百姓可欺,自己也是百姓"。上联讲如何看"官",下联讲如何看"民",点睛之笔全在最后一句。

树正确"官念",就要对人民常怀有感恩之情。共产党人的权力是人民给的。各级官员的进步台阶也是人民垒起来的。各种成就,最终还是广大群众共同奋斗的结果。对于官员的领导有方,人民是会感恩的,但官员更应该对人民常怀感恩之情。

2006年2月7日上午,温家宝总理在国务院小礼堂主持召开座谈会,征求企业界人士和基层群众代表的意见。河北省藁城市南孟镇南孟村村支部书记冯志华最后一个发言。发言完毕,冯志华站起来,激动地对温家宝说:"借此机会,我代表广大农民兄弟向总理当面表示感谢!"温家宝连忙摆手:快坐! 快坐! 接着,温家宝诚恳地说:"刚才,农民代表冯志华说到感谢,我听后心里感到很不安。我们的政府是人民的政府,我们的权力是人民给的,我们应该对人民负责。我们做得对的、干得好的,那是我们履行职责,应该做的。我们做得不好的、不对的,应该接受人民的监督,修正错误,改进工作。"

2005年11月26日,温家宝在哈尔滨市民杜继亮家,告诉他们政府采取了很多措施保证居民用水。杜继亮的大女儿说:"我们的生活井井有条,社会秩序也很好。谢谢党和政府,把群众放在心里。"温家宝听后意味深长地说:"你这话要倒过来说,应该是党和政府谢谢你们,谢谢群众的理解、支持和配合。"

中国的政府是人民的政府,政府的权力是人民给的,政府应该对人民负责,根本不存在"感谢"一说——这是现代民主政治的基本意识和理念。温家宝一再纠正老百姓的"感恩"思想,一片苦心值得深思和牢记。

放下当官架子,干出当官样子

所谓"官念",指当官的念头,指对"为何当官、如何当官"的认识,说白了就是一个领导干部的权力观、利益观和地位观问题。领导干部树立正确的"官念",就应当"好好想一想参加工作是为什么? 现在当官应该做什么? 将来身后应该留点什么?"这些问题想清楚了,处理好了,就能"不畏浮云遮望眼",放下官的架子,以身作则地干出样子,真正肩负起"为官一任、造福一方"的重任,真正成为人民群众满意的领导者。

当官到底图什么? 不同的人可能有不同的回答:

有人为名,做官可以光宗耀祖,衣锦还乡;

有人为利,做官可以以权谋私,中饱私囊;

有人为生,做官可以养家糊口,吃穿不愁;

有人为民,做官可以为民请命,造福于民。

当官图什么,可以反映一个官员的思想境界和人格品德的高低,可以反映其世界观、人生观、价值观、权力观、利益观、地位观的正确与否。领导干部应当树立正确的权力观,时刻提醒自己手中的权力是人民赋予的,认清"官"是为人民服务的岗位,"权"是为人民服务的工具,自觉做到立党为公、执政为民、勤政廉洁、严格自律,以满腔热情和高度负责的精神对待人民群众,诚心诚意地为群众办好事、办实事。

正确认识和解决好"当官图什么"的问题,是一个长期的艰苦奋斗和思想修养过程。古人说:"今日居官受禄,当思昔日秀才时,又思日后解官时。思前则知足,思后则知慎。"领导干部应该树立正确的世界观、人生观、价值观,在权力的考验面前保持头脑清醒,严格自律,切实为人民掌好权、用好权,把为官的心思放在为老百姓谋利益上。这样,才可能政途平稳、持久。

当官不是为了走到哪里都前呼后拥,派头十足,也不是为了光宗耀祖,荫及子孙,更不是为了发财,把"升官"与"发财"联系在一起。抱着"升官不发财,请我都不来;当官不收钱,退了没本钱"的官财心理,一门心思为自己和亲友牟取私利,甚至不择手段,铤而走险,贪污受贿,买官卖官,损公肥私,疯狂敛财,损害国家、集体和人民的利益,最终堕入犯罪深渊。近些年,一些贪官案件一再警示为官者,可仍有前"腐"后继的现象出现,就是因为这些人一开始就存在着"当官发财"的念头,经受不住权、钱、色的诱惑,抱着侥幸心理,一步步走向自我毁灭之路。

作为人民公仆的领导干部,应该明白"当官为什么"。还是那句老话说得好:为人民服务!刘少奇在接见淘粪工人时说:"你当淘粪工人是为人民服务,我当国家主席也是为人民服务;我们只有分工不同,没有高低贵贱之分。"岗位虽然不同,但"为人民服务"的本质是相同的。

1.当官应该取信于民

在政治生活中,由于思想认识和体制、机制等多方面的原因,一些领导干部真正重视的只是取信于上,对取信于民则置之度外。

已于2004年2月12日被注射执行死刑的安徽省原副省长王怀忠有一条重要的当官经验,那就是通过制造虚假政绩来骗取上级信任。王怀忠一次酒后对一名关系密切的部属说:"只要你能搞出政绩,就算你能,能上,但关键不是让百姓看到政绩,要让我(领导)看到政绩。"

王怀忠本人对制造虚假政绩有过很多表演。有一次,他得知上级领导要来某村考察,就令人将该村最穷的一个村民找来,令他搬到一间事先腾空的房屋里,把别人家的牛、羊、猪以及家具等统统借来,再让村长、村支书等教那村民说一套"由贫致富"的经过,并在言辞中体现出"感谢现任市领导的帮助"等。

这仅仅是一个小把戏,更为惊人的是王怀忠曾说阜阳市一年的财政收入达到了400亿元人民币,超过了安徽全省一年的财政收入。一些工作人员在被迫制造假纳税发票时,把秦始皇、克林顿、叶利钦等古今中外政要名人列为阜阳的纳税人名单之中。

王怀忠之流的一再高升，反映了中国用人体制中的一些问题，即得到上级的信任比取信于民更重要。这种弊端，使一些干部不思如何造福一方，而思怎么出人头地，政绩押在讨好领导上，升迁押在关系背景上。台上作秀，台下作案，当面装人，背后做鬼，惯于逢场作戏，醉心于迎来送往，热衷于表面文章。各种虚假政绩，花样翻新，层出不穷。

施政立足于取信于民，就必然真心诚意，真抓实干，为政就会走正道。通过制造虚假政绩来骗取上级信任，则势必用一个谎言来掩盖另一个谎言，用新的谎言来骗取新的信任，为官必然走邪道。

2.当官应该心系群众

党的领导干部是人民的公仆，这句话喊了几十年，为什么总是不能真正在一些干部的头脑中扎下根来呢？这恐怕还是受了几千年封建制度遗留下来的"官贵民贱"思想的影响，是"官本位"观念在作怪。在民与官谁为本的问题上，理所当然是先有民而后有官，是民众生产生活发展到了一定的阶段，需要有人为大伙儿的事情、需要发展公益事业时才选出人来做"官"的。

毛泽东不仅反复要求所有共产党员要牢固树立全心全意为人民服务的宗旨观念，而且早在抗日战争即将全面胜利的时候就告诫全党："我们一切工作干部，不论职位高低，都是人民的勤务员，我们所做的一切，都是为人民服务，我们有些什么不好的东西舍不得丢掉呢？"邓小平提出，判断我们工作成败的标准是人民群众"高兴不高兴，满意不满意，答应不答应"。还多次强调"领导就是服务"。胡锦涛担任党的总书记后反复强调"权为民所用，情为民所系，利为民所谋"。

虽然密切联系群众、心系群众是我们领导干部转变作风、摒弃不良风气的关键所在，但由于人的思想活动是活跃的、复杂的，一个干部在各种诱惑面前意志坚定，不为所动，并不是能够轻易做到的。那么，领导干部到底怎样才能做到心系群众呢？最主要的是要在灵魂深处解决干群关系如何正确定位的问题，也就是说要搞清楚干部与群众到底谁是主人、谁是公仆。解决了这个问题，其他的问题就很容易找到答案，实践起来也就不那么难了。

我们应该清醒地认识到，人民群众是真正的主人、领导干部是人民的公仆并不是冠冕堂皇的口号，恰恰相反，它反映的正是社会生活的实际，是事物的本原。各级领导干部只有在思想观念上、在灵魂深处认识到这一点，体会到这一点，才会把心态调整过来，使自己的目光由过去那种居高临下俯视群众变为贴近群众、尊重群众，才会自觉克服那种高高在上、盛气凌人、群众到机关办事"门难进、脸难看、话难听"的不良现象，见了群众才可能谈得来、谈得拢。

做官先做人，万事民为先

2004年9月23日，胡锦涛总书记就学习党的好干部牛玉儒做出重要批示，号召全党"向勤政为民、鞠躬尽瘁的牛玉儒同志表示崇高敬意和深切怀念,党需要这样的好干部,人民需要这样的贴心人,我们应该学习他,宣传他,让千千万万个牛玉儒式的好干部涌现出来"。

牛玉儒同志生前是内蒙古自治区党委常委、呼和浩特市委书记。2003 年 4 月"非典"期间,牛玉儒调任呼和浩特,"让呼市发展更快些"——抱着这样的宏愿,牛玉儒走马上任。上有自治区党委的重托,下有对 200 万呼市人民的承诺,牛玉儒为了加快这座自治区首府城市的发展,改善城市的面貌,提高人民群众的收入水平和生活质量,呕心沥血,殚精竭虑。他在呼市的 493 天,几乎天天都要工作十几个小时,而呼和浩特的面貌,也在日新月异。经济发展势头良好,城乡居民收入增加,财政收入节节攀高,城市建设的变化之大更是让人惊喜。但让人痛心的是,2004 年 8 月 14 日,牛玉儒终于积劳成疾,因病医治无效,在北京逝世,享年 52 岁。

正是因为具有这样的品质,让牛玉儒成就了自己人生的辉煌,树立起了良好的领导形象。

在现实生活中,人们一说起兢兢业业、勤勤恳恳,可能意识里马上就觉得应该是那些"老黄牛"式的人,在工作上做出了突出贡献的劳动模范等。虽然现在已经进入信息时代了,但是仍然需要这种勤勤恳恳的务实精神。

我们来看共产党员的先进代表郑培民的先进事迹。1990 年 5 月,时任湘潭市委书记的郑培民被调往湘西土家族苗族自治州,出任州委书记。湘西是全国著名的少数民族贫困山区。每逢青黄不接时,全州有三四成百姓断粮。为此,自治州开始推行"双两大"地膜玉米新技术。从这一年起,全州的粮食开始自给。两年多时间,郑培民跑遍了全州 218 个乡镇,住过 30 多个乡镇。

"做官先做人,万事民为先。"凡是群众写给他的信,郑培民总是坚持自己拆看。下农村,郑培民要到农民家去,掀开锅盖,瞧瞧吃的什么饭,看看猪圈牛栏的家畜,撩开蚊帐摸摸农民床上的被褥。郑培民还爱在农民家吃饭,粗糙的饭食也嚼得津津有味。有时,他还会宿在农家。2002 年 3 月 11 日,郑培民因突发心肌梗死逝世。凡是他工作过的地方的群众一提起他,都会热泪盈眶,因为郑培民的光辉形象已经深深地烙在了老百姓的心中。

联系群众、深入群众是个老话题,也是个一直没有得到完美解决的新课题。不断听到一些领导干部说,我们经常深入基层,到群众中调研,有时还与群众同吃同住同劳动,但群众总与我们不近乎,也不大愿意说实话,有情况也不报告,出了事弄得我们还挺被动,真的令人头疼。"令人头疼"的不是取决于你是否走到了群众之中,而是看你与群众究竟保持了一种什么样的关系。

原江西省副省长胡长清,在丢帽掉头之前,贯以"清正廉明"自居。他在位期间每次回老家,都不带随从,坐的是普通型的桑塔纳轿车,总是摆出一副平易近人、清正廉洁的样子,既不抽烟又不喝酒。每次到乡下老岳父家,总喜欢到附近的村民家里去走走,他会到地上满是鸡屎的村民家里去喝茶,也会抱起满身泥土的孩子去亲脸……他这一番廉洁亲民的行动，感动得村民们连呼他是清官，他的亲属也莫不以有他这样的清官而自豪，可是朴实、厚道的百姓们又哪里知道胡长清的这副简朴、爱民、清正廉洁的样子都只是装出来给人看的，他们眼里的清官在担任江西省副省长期间，平均每月受贿 33 万元，平均每天收受的贿赂相当于江西省 5 个农民一年的收入！

如果把一滴油滴在水上，表面看来油与水是亲密接触了，但油是油，水是水，谁也没有渗透到对方中去。这也好比一些领导干部与群众的关系，虽然你人也下到了基层，但像油一样总是浮在水面上。下基层说是深入群众了，但多是随从一大片，坐着轮子转，隔着玻璃看，中午吃顿饭，下午回机关。如此，心与群众想不到一块儿，话与群众说不到一起，事情也办不到群众的心里。这种"油水关系"，正是目前一些领导干部深入群众的真实写照。

作为一名领导者，无论你所从事的是什么行业，无论你的地位高与低，只要你能够工作勤恳，勤政爱民，忠于职守，干一行爱一行而且精一行，那么，你一定受到人们的拥护和尊崇，就必然能够在人们的心坎上树立起高大的形象。

坚持原则，是责任，更是要求

所谓原则，就是说话和行事所依据的法则和标准。所谓"讲原则"，就是做事一切按"法律""规定""要求"办，对人、对事立场坚定，旗帜鲜明，该肯定的就肯定，该否定的就否定，对的就拥护，错误的就反对，敢于批评，敢于表态。这是对一名领导干部的根本要求。坚持讲原则既是领导干部为官从政的基本准则，也是必备的素质和能力。只有坚持讲原则，才能正确对待和处理复杂的工作局面，推进经济社会更好更快地发展。

没有原则的人往往禁不住他人的诱惑，意志力比较薄弱，遇到什么事情，最初还能遵循自己的原则，但经别人三言两语一劝，马上防线就崩溃了。举个日常生活中最简单、最普遍的小例子，拿喝酒来讲，几个朋友坐在一起，常常要推杯换盏，边喝边聊。几杯酒下肚之后，本来规定自己只喝三杯，开始时尚能坚持，但没过多久，在朋友的再三劝说之下，脑袋一热，什么三杯原则，五杯又能怎么样？于是，原则丢在了脑后，放开肚子喝了起来。结果常常是酩酊大醉，误了其他的事不说，对自己身体的损害也极大。做什么事情都要有个度，不能过度，否则就是没有原则。做事情没有原则，只会带来不良后果，而不会有什么好的结局。

讲原则是领导干部履行党的宗旨的内在要求。毛泽东在概括集体决策和部门分工时说："大权独揽，小权分散；党委决定，各方去办；办中有决，不离原则。"邓小平也强调："不讲党性，不讲原则，说话做事看来头、看风向，满以为这样不会犯错误。其实随风倒本身就是一个违反共产党员党性的大错误。"讲原则是对领导干部的基本要求，是衡量一名领导干部是否称职的重要标准，是领导干部应该具备的素质、应承担的责任。

诚然，讲原则难免得罪人。有的领导干部总想当个老好人，不讲原则，不问是非，这个不得罪，那个不愿惹，遇见矛盾绕道走，处理事情和稀泥。到头来，矛盾解决不了，问题堆积成山，事情越来越糟。一些领导干部之所以遇到矛盾绕道走，碰到困难就回头，甚至用"讲和谐"作为自己不讲原则的挡箭牌，究其原因，在于这些人"怕"字当头：怕得罪人，怕丢选票，怕损害个人利益；从思想根源上看，是缺乏鲜明的党性原则。殊不知，坚持原则、敢于较真、解决问题，才能实现真和谐；不讲原则、掩盖矛盾、敷衍塞责，只能得到假"和谐"。久而久之，群众终于明白了，老好人并不好，老好人私心重，老好人不是好领导。老好人的出发点是不得罪人以维护自己，结果把大多数人都得罪了。这是不讲原则的必然结果。

革命时期，多少优秀共产党人被捕后，宁死不肯泄露党的秘密，不要国民党许诺的金钱、官位、美色，这是对党何等的忠诚！何等的革命英雄气概！现下新时期的少数领导干部，安享着比革命时期好几十倍几百倍的条件待遇，气节和党性却远不如革命时期牺牲的党的先烈们。党性原则还不够坚定的领导同志们，该扪心自问，该好好反省了。

2009年12月，中共中央政治局委员、中组部部长李源潮指出，共产党是讲感情的，但我们决不能也决不愿违背原则做事。我们一定要明白，坚持原则是会得罪人的，但不坚持原则就会得罪人民群众。

身为领导干部，公道正派，坚持原则，敢于动真碰硬，不怕得罪人，是责任，是使命，更是要求。不坚持原则，就是腐败！领导干部们都要时时铭记！

坚持原则是衡量干部的试金石

刘少奇说过，如果在原则上发生错误，那就不只是会发生个别的错误，而会发生系统的、一贯的、一系列实际问题上的错误。能否坚持原则，是衡量一个领导干部政治上是否成熟和坚定的试金石。

当前，党员干部中不敢坚持原则、当老好人的现象值得重视。有的对违反党的原则、损害人民群众利益的事不敢"言"，态度暧昧，睁只眼、闭只眼；有的面对复杂矛盾、棘手问题不敢"碰"，不讲是非，敷衍塞责；有的遇到工作疲沓、不负责任的人不敢"批"，你好我好，得过且过。

领导干部只有坚持原则，才能在大是大非面前把握好方向，真正为人民群众掌好权、用好权。领导干部坚持原则，在大是大非问题上，要态度明朗、旗帜鲜明，要坚决抵制不正之风，不拿原则做交易。

一个地区、一个部门、一个单位的领导者，只有敢讲原则，擅讲原则，才能更好地坚持党的路线，履行党的宗旨，维护人民的利益，推进事业的加快发展。一个平庸、不愿得罪人、没有锐气的领导或班子，必然会人心涣散，失去凝聚力，是不可能也没有力量组织和带领群众共同干好事业的。

现实社会中，不少领导干部都渐渐磨去了敢于恪守职责，敢于碰硬的锐气和刚气，生怕坚持了原则得罪了人，自己会受到打击报复，对歪风邪气不敢抓不敢管，一事当前，首先想到的不是神圣的职责和人民的利益，而是个人利弊得失。这样做的直接后果是党纪国法和组织原则在基层打了折扣，变了样，走了形；往深里说，是助长了社会不良风气，妨害了社会的公平正义，破坏了党在基层的执政形象，危及党的执政基础。

讲原则，需要反对"好人主义"，如果信奉关系至上，对上光说好听的、阿谀奉承，同级之间拉拉扯扯、相互吹捧、一团和气，不敢开展批评与自我批评，这是极其有害的。如果奉行"好人主义""明哲保身"，对同事和下级的问题视而不见、听而不闻，不善意提醒、不严肃批评，这对同志、对自己都不好，最终受损的是党的事业。作为领导干部，不能不讲原则、怕得罪人，不能事不关己、高高挂起，一定要敢抓敢管，同各种歪风邪气作坚决的斗争。

有人会说，讲讲原则也要讲灵活。"原则性"和"灵活性"相结合，是在讲原则前提下工作方式方法的灵活性，绝不是将原则变通。关于"原则上"的话我们经常听到。学校招生，"原则上"不能收取择校费，但事实情况是把择校费换个名字；单位反腐败，"原则上"不能接受吃请，但还是有些吃请了，那也是因为"特殊情况"是"原则下"的；某地规定公务员工作期间"原则上"不能饮酒，但一些单位头头脑脑中午照样脸喝得红彤彤的……

一些党员领导干部一贯总是以"讲原则还要灵活处理"的口吻针对少数人变通原则，这种针对不同人可"灵活"、可不"灵活"的做法实际上是滥用权力、不讲原则，这种领导干部终究会受到大多数群众的唾骂和反对。

对广大领导干部来说，必须时刻牢记党的宗旨，慎用手中的权力，牢记"修身齐家治国平天下""治官事则不管私家"等古训，胸怀法度，善守其本，情系人民，做到既重感情，更讲原则，一定要严格按政策规定办，遵纪守法、严格自律。"不为名所累，不为利所缚，不为欲所惑"，做一名重道德、重操守的好领导、好干部。

不要搞任何特权或例外

"没有规矩，不成方圆。"这句古语很好地说明了规矩的重要性。军队的战斗力来自铁的纪律，单位的战斗力和生命力来源于各级人员良好的精神面貌、崇高的职业道德和严格的规章制度。只有按规则办事，才能明理树信。商鞅立木为信，包公刚正执法，解放军的"三大纪律，八项注意"……哪一个不是"坚明约束"而后大获成功的呢？制定"规则"需要严守"规则"的大力支持！

上帝率领的天使足球队与撒旦率领的魔鬼足球队踢了一场球赛。经过90分钟的大战，比赛结果令人大跌眼镜：实力明显占优的天使队以大比分败北。上帝百思不得其解，只好询问撒旦。撒旦一语道破天机："我请的是瞎眼裁判。"上帝恍然大悟。竞赛需要规则就如同生命需要空气，脱离了规则的限制，上帝也不一定能赢。

在组织规章制度面前,人人平等,一切均依据制度规定行事。不论是领导干部还是下属,都不要搞任何特权或例外,这样,上下才能够上下一心,赏罚分明。

有这样一个故事:黄某原来学的就是安全专业,暑假还去企业实习过,有一定经验,于是兴冲冲地去人才市场递交了个人资料。接到面试通知那天,黄某早早地就去了,到了那家企业才发现别人比他还早,有十二三个人,都是来应试安全主任的。

面试开始了,求职者按顺序进办公室面谈,黄某排在了后面,听先面试完出来的人说,主持面试的是一个分管安全的行政经理,问的问题也不难,都是些日常安全管理中能碰到的问题。轮到黄某了,他忐忑不安地走进办公室,一个靠在椅子上吐着烟圈的中年男人接待了黄某。他先问了黄某一些个人情况,又问了黄某几句专业方面的问题,黄某回答得很轻松,听得那经理微笑着不停地点头。最后,那经理一边夹着香烟一边让黄某跟他去厂区转转,看看能不能为企业提点什么建议。

这是一家生产显示器的电子厂,易燃易爆有毒有害的物质并不多,易发生工业伤害事故的设备也几乎没有,走火通道、各类应急设施都比较齐全。但是,吸烟是绝不容许的。虽然自己只是来应聘的,但看见经理夹着烟,黄某当即就想提出来,但又害怕惹得经理不高兴,自己的饭碗还捏在他手里呢? 可不提吧,这确实是个隐患,而且后果还比较严重。权衡再三,理智和原则终于占了上风,黄某望着经理一字一顿认认真真地说:"贵企业各项安全设施都比较完善,可见平时是下了功夫的,只是个别员工安全意识比较淡薄,就像经理您一样,领我去看货仓也夹着烟,这是很危险的也是极不应该的行为。火灾面前,人人平等,不会因为你是经理火就不烧。"

"哈哈……"那经理听到黄某的话忍不住大笑,让黄某有点莫名其妙。好一会儿,经理才止住笑站起来,向黄某伸出了手,"小伙子,恭喜你加入本公司,从现在起,你就是本公司的安全主任了。我们需要的就是像你这样有原则性的人,不管是谁,不管他官有多大,违反了制度,就得对他提出批评,安全工作来不得半点马虎,前面的好几位应聘者,都是没过得了最后这一关呀!"

走出经理室,黄某开心极了。"讲原则,什么时候都不会错。"国有国法,家有家规,公司有公司的规则,有法规就得遵守。在守法与违法之间是没有什么中间地带的,这就是原则。领导都不会欣赏没有规则意识、不守法的人的。所以,任何时候都别忘了讲原则。

许多单位都有自己的规章制度,大到科研生产、企业管理,小到考勤着装。那些大的方面执行起来似乎要容易得多,然而一些小的方面可就不那么乐观了。比如说,有的单位出台了《禁烟规定》,可就是出台政策的部门领导,却在上班时间大开其门,旁若无人地吞云吐雾,而受罚的都是下面的小职工和老百姓;还有的工厂要求职工上班时统一着装,职工们都统一到一起了,但某些领导就是另类。像这样在制度面前不平等的现象可能并不少见,如果想做到制度面前人人平等,领导应率先垂范。

有这么一个故事:有一天,美国 IBM 的董事长汤姆斯·沃森带着客人去参观厂房,走到厂门时,被警卫拦住:"对不起,先生,你不能进去,我们 IBM 的厂区识别牌是浅蓝色的,行政大楼的工作人员识别牌是粉红色的,你们佩戴的识别牌是不能进厂区的。"董事长助理彼特对警卫叫道:"这是我们的董事长,陪重要的客人来参观。"但是警卫人员回答:"这是公司的规定,必须按规则办事!"

结果,汤姆斯·沃森笑着说:"他讲得对,快把识别牌换了。"所有的人很快就去换了识别牌。

所谓讲原则,不是食古不化,也不是冥顽不灵,它是我们人生的中流砥柱,也是我们道德的底线。有了这个底线,我们无论置身于怎样的环境中,无论有着怎样的经历,都不怕会走错路。只有这样,我们的事业才会走得更稳、更好、更从容。

有前瞻力,有预测未来之智

时代潮流,浩浩荡荡。上者,引领变化潮流;中者,适应变化潮流;下者,反对变化潮流。引者兴,顺者生,逆者衰。变化潮流汹涌澎湃,稍有不慎就会被浪潮吞没,因而只有英雄般的人物才能成为引领变化潮流的角色。

何谓英雄? 中国古代学者刘劭认为:"聪明秀出谓之英,胆力过人谓之雄。"德国古典哲学家黑格尔说:"一代英雄,必然是公认的那个时代目光敏锐的人。他们的业绩、他们的言论,就是那个时代的精华。"

领导干部只有站在一定的高度展望未来才能够深谋远虑,才能更好地把握方向。领导学者福莱特强调:"我们所要面对的是一个时刻处于变化之中的环境,所以决策必须对未来的发展做出预期。决策如果仅仅适用于当前环境,一般都是二流人物的标志,领导者的任务正是对由眼前到未来的过渡能够做出卓越超凡的理解。"可见,一个领导者要想成功,就必须有先见之明,这样才能使下属永远追随在你的鞍前马后。

比如说,现在的世界,和平问题与发展问题是紧密相连、相互依存的。和平的国际环境是发展的必要条件,争取和平是为了发展。世界越是发展,特别是占世界人口 3/4 的发展中国家越发展,和平的力量就越大。

邓小平做出的"和平与发展是当代世界的两大问题"的崭新论断,是基于他的敏锐观察和深刻分析。任何一个领导者,都应该顺应时势的要求来确定大政方针。既然和平与发展是当今世界的主题,那么,用邓小平的话来说:"中国对外政策的目标是争取世界和平。在争取和平的前提下,一心一意搞现代化建设,发展自己的国家,建设具有中国特色的社会主义。"为此,也必须坚持"发展"这个"硬道理"。正是因为有了邓小平对世界局势所做的新的论断,中国人民抓住了世界和平环境这样一个机遇,30 多年来坚持不懈地发展经济,才取得了这样巨大的成就。

对未来的目标能有个清晰明确的看法,是现代领导者的前瞻力的重要表现。前瞻力决定了领导者的工作能力,它是未来组织发展的航向标,是驱使下属激情工作、不断进取的原动力。"有几十年的眼光,可以建立几十年的事业;有千百年的眼光,可以建立千百年的事业。"这是成功者的格言,也是今天的领导者要谨记的领导之道。

再如,现代社会,在新的科学革命的推动下,科学技术高速发展,日新月异,尖端技术被广泛应用,最新科技成果被迅速推广,科技与经济之间,乃至科技与整个社会发展之间的结合越来越密切,引起了国际经济和社会生活的深刻变化。高科技的发展水平,已成为国际间进行经济、军事乃至综合国力竞争的重大因素。许多国家纷纷制订了各自的高科技计划:

1983 年,美国率先推出战略防御计划,即"星球大战计划"。这个计划借同苏联进行军备竞争而占据科学技术的制高点;

苏联、东欧制定"科技进步综合纲要";

法国、西欧制订了"尤里卡计划";

日本制定了"振兴科技政策大纲"。

这些计划都把科学技术领先权列为竞争重点,使这些国家国际政治、经济处于极有利的地位。

邓小平密切观察着这一切动向,并思考着对策。他认为"下个世纪是高科技世纪"。从长远的观点看,我国必须积极发展高科技,为 21 世纪中国的全面发展抢占战略制高点。因此他提出"高科技领域,中国也要在世界占一席之地",他号召"搞科技,越高越好,越新越好"。

他亲自主管我国高科技工作,利用各种方式与有关方面和国内外专家学者商议我国高科技的发展规划。他亲自批准建立我国第一个高能加速器——北京正负电子对撞机国家实验室。

1986 年 3 月王大珩、王淦昌、杨嘉墀、陈芳允等著名的老科学家提出了"关于追踪世界高技术发展的建议"。他们针对世界高科技的迅猛发展和世界主要国家已制订了高科技发展计划的紧迫现实,向中央提出了全面追踪世界高科技的发展,制订中国发展高科技计划的建议和设想。邓小平立即指示,"这个建议十分重要","此事宜速作决断,不可拖延。"在他的过问和支持下,经中共中央政治局扩大会议和国务院会议批准,制订了中国《高技术研究发展计划("863"计划)纲要》。1978 年在全国科学大会上的讲话中,邓小平就看到了"现代科学技术的发展,使科学与生产的关系越来越密切了。科学技术作为生产力,越来越显示出巨大的作用"。到 1988 年 9 月,他做出"科学技术是第一生产力"的崭新论断。邓小平孕育理论创新的过程又直接推动了中国科学技术,特别是高新科技的发展。

邓小平是一个与世界同行的老人。他年纪虽老,但眼光很新,思想很新,理论很新。1992 年他在南方视察时说:"我说科学技术是第一生产力。近一二十年来,世界科学技术发展得多快啊！高科技领域的一个突破,带动一批产业的发展。我们自己这几年,离开科学技术能增长得这么快吗? 要提倡科学,靠科学才有希望。"

拓展眼界,开阔视野,不要仅仅局限于鼻子尖上的一时一事。"欲穷千里目,更上一层楼。"放远眼光,立足现在,才能预测未来,才能具有前瞻力。曾有人把领导者的前瞻力比喻成飞行员式的眼光,这话确实不错。飞行员因为飞得高,所以视野更加开阔。在工作中,领导者就是一个团队的"飞行员",要把握全体成员的飞行方向和飞行安全,这就要求领导者要具备相当的技能和胆识,重要的是需有把握发展方向的能力。

凡事要做长远打算,切不可鼠目寸光。古人告诫:有备无患方可成功。看得远,才能走得远;走得远,才能做得远。事前要有所预见,遇事要深思熟虑再做定夺,千万不能做事后诸葛亮。能看到别人看不到的,能考虑到别人考虑不到的,能计划到别人计划不到的,这才是领导者的前瞻魅力,才是领导者获得下属紧紧跟随、时时倾慕的远谋大略。

根据变化,调整政策

"三天不预测,买卖不归行","常涉水方知水深浅,多预测才晓价高低","按人做饭量体裁衣,望标行船预测经商"。这是商人提前预测来适应变化的俗谚。我们如何根据变化了的客观形势,对原有的政策进行及时的调整。

例如,改革开放以来,中国社会阶层结构发生明显的变化,在中上阶层快速崛起的同时,社会底层也在扩大。这一现象使得当前中国社会阶层面临着日益分化的风险。其中,处于社会底层的主要包括那些生活处于贫困状态的城乡居民、农民工,以及无业、失业、半失业人员。

在过去 10 年中,中国社会底层的规模不是缩小而是扩大了。从社会底层三大群体规模变化来看:外出进城农民工由 2000 年的 1 亿左右上升到现在的 1.3 亿左右;城乡贫困人口按 2009 年国家新的标准,不降反升,超过 4000 万人,而按世界银行的标准,则超过 2 亿人;再次,无业失业半失业人员阶层规模在社会阶层结构中由 2001 年的 4.8%扩大到 2006 年的 5.9%。

目前体制外抗争在社会底层的抗争行动中所占比重呈现上升趋势,由此引发诸多矛盾与冲突,正在引发社会的不稳定与失序。同时也表明,现有维权制度安排并不能有效地维护社会底层的权益。

领导干部要改变社会底层维权难的现状,促进社会稳定,这是当前无法回避的重大任务。

中国古代有一些很好的寓言故事,讽刺那些不顾客观形势的变化,墨守成规,不思变革的人,如"刻舟求剑""守株待兔"等。形势变化了,我们的政策和策略,也要随之发生变化。我们要顺应时势,灵活善变,与时俱进,开拓创新,把今天的改革开放事业推向前进。

政策调整要做到与时俱进,是指思路要与时代合拍,要把准时代脉搏,回应时代的最强音,而不能落在时代的后面,使之成了"明日黄花""出土文物"。与时俱进,是时代的要求,事业的需要。因此,领导干部在根据变化调整政策时,一定要做到与时俱进。

时者,时代、时势也,就是时代和实践。时是一种客观存在,它是历史的、具体的,既有继承性和连续性,又有不断发展和变化着。只有认识时代特征,把握社会发展脉搏,洞察历史前进大势。我们党在长期奋斗的历程中,总结概括出"解放思想,实事求是"的思想路线。这也告诉我们:变是规律,变是道理,变是智慧;故步自封,抱残守缺,亦步亦趋,则是自缚手脚,自误前程。故识时辨势不是一件轻而易举的事,尤其是在我们这样一个大变革、大转折、大发展的时代。在和平与发展的时代主题下,世界多极化和经济全球化曲折发展,科学技术日新月异,各种思潮相互激荡,综合国力竞争日趋激烈。时代大潮汹涌澎湃,难免泥沙俱下,其中何为浮浪、何为深流,何为假象、何为本质,何为偶然、何为必然,需要甄别和明辨。列宁告诫我们:假象以歪曲的形式甚至从反面表现着事物的本质,很容易迷惑人,而人们的认识过程是"从现象到本质、从不甚深刻的本质到更深刻的本质的深化的无限过程"。因此,只有不断深化对"时"的认识,才能做到与时俱进。

对待时势可以有两种态度:一种是努力站在时代潮流的前头,引领社会前进;一种是观潮、惧潮,最后被潮流裹挟而下甚至被潮流淹没。态度不同,结果迥异。这是被历史反复证明了的。不能不看到,在风云变幻、错综复杂的当今世界,形势逼人,不进则退;在改革开放和社会主义现代化建设不断发展的当代中国,思想僵化,难以求进。然而,仅有良好的态度而没有过硬的本领,很可能是想求进而不得。积极求进,就要努力提高能力和本领。经济全球化不断发展,要求我们具有世界眼光;科学技术突飞猛进,要求我们努力掌握它;加入世贸组织,要求我们熟悉有关规则。唯有如此,我们才能不断开创改革开放和社会主义现代化建设的新局面。

千变万变,发展第一不能变

新中国结束百年战乱后,立即致力于恢复国民经济,继而开始大规模的经济建设。1956 年 9 月,中共八大明确指出:国内主要矛盾是人民对于经济文化迅速发展的需要同当前经济文化不能满足人民需要的状况之间的矛盾,全国人民的主要任务是集中发展社会生产力,实现国家工业化,满足人民的经济文化需要。令人痛惜的是,这一路线方针不久后便发生重大变化,直到 1978 年,中国才恢复以经济建设为中心的正常发展路线。

解决一些政治上的问题是必要的,你争我夺,动荡不安,局势混乱,人身安全都没有保障,聚精会神搞建设也不可能。但是,为了政治或社会问题而改变经济建设的中心地位,则是完全错误的。

今天,有很多非经济问题引起了人们的高度重视,这是完全必要的,并且要花

大力气着手解决。但是,千万不能忘记邓小平的告诫:

"现代化建设的任务是多方面的,各个方面需要综合平衡,不能单打一。但说到最后,还是要把经济建设当作中心。离开了经济建设这个中心,就有丧失物质基础的危险。其他一切任务都要服从这个中心,围绕这个中心,决不能干扰它,冲击它。过去二十多年,我们在这方面的教训太沉痛了。"

"现在要横下心来,除了爆发大规模战争外,就要始终如一地、贯彻始终地搞这件事,一切围绕着这件事,不受任何干扰。就是爆发大规模战争,打仗以后也要继续干,或者重新干。我们全党全民要把这个雄心壮志牢固地树立起来,扭着不放,'顽固'一点,毫不动摇。"

当改革开放的步子迈开时,由于没有现成的模式可以遵循,中国的许多具体举措是"摸着石头过河"。但是涉及中国特色社会主义道路的一些根本性问题时,党的几代领导人始终展示出一种"大智慧":千变万变,发展第一不能变。

最近30年间,中国人从一日三餐难饱,一跃而进入一个高楼大厦林立、高速公路四通八达的社会,这得益于一个发现——"发展才是硬道理"。同时,中国人也看到,中国目前的发展,付出的环境、资源、社会等代价太大了,要继续发展下去,必须把路走好,坚持科学发展,走得好才能走得快,走得远。

历史清楚地表明,以经济为中心的各项事业获得发展,人类社会才能进步。但是,由于百年战乱和各种思维、行为惯势,中国直到最近30年,才真正进入以经济建设为中心的时代。这是一个极其难得的历史大转折,必须坚定不移地坚持下去,就如以胡锦涛总书记在中共第十六届中央委员会组成时表示的那样:"聚精会神搞建设,一心一意谋发展。"

中国在过去30年的改革历史包括两个方面:第一是放开价格,或者说价格自由化;第二是整个经济的非国有化。整个过程进行得非常曲折。其他方面的改革都是围绕着这两个方面展开的。过去30年基本上完成了经济体制的转轨。未来30年,中国改革的重点转向政治体制的改革。只有在政治体制改革完成以后,才能巩固经济改革成果。

当今时代是一个大变革、大发展的时代,任何一个国家和民族如果不能跟上时代潮流,就会落伍。尽管从十一届三中全会以来,当代中国的改革、发展、建设进行了30多年,我国经济建设取得举世瞩目的成就,2010年年末经济总量超过39万亿元人民币,稳居世界第二;尽管我们已经总体实现小康,开始向全面建设小康社会迈进,但温家宝总理在哈佛大学的演讲中提到,"无论多么大的经济总量除以13亿都可以变为一个很小的数目,这就成为很低很低的人均水平"。我们的小康仍然是低水平的、不全面的、发展很不平衡的小康。因此,当代中国的生产力发展水平和建立在其上的社会主义制度发展水平,决定了我们仍然处在社会主义初级阶段这一大的发展阶段。我国今天远没有走出社会主义初级阶段,仍然是一个发展中国家,这一发展阶段至少要有100年甚至更长时间。

既然发展阶段没有变,坚持发展是硬道理,坚持以经济建设为中心,发展社会主义生产力水平,夯实社会主义的物质基础就仍然是我们一切工作的重中之重。中国社会坚持党在社会主义初级阶段的基本路线100年不动摇的实践基础没有变,中国共产党人坚持党在社会主义初级阶段的基本路线100年不动摇的决心与态度就不能变。

第二章 有作为,有胆识,直挂云帆济沧海

"当官不带长,放屁也不响。"领导职务的提升,等不来,要不到,要靠本事,一般来说,凡是在工作中有所作为,事业上有所成就,对社会有所贡献的人,就会有一定的位置,这叫"有为才有位",以"为"定"位",反之,则"无为就无位"。

做官要有为,有为才有位

领导干部在其任上,大都希望通过自己的一番作为,干出样子,干出成绩,得到群众的拥护爱戴。绝大多数的领导干部都知道,这既是自己履行领导职责的需要,也是自己升迁的重要砝码。领导职务的提升,等不来,要不到,要靠本事,有为才有位。

来看看邓小平是如何出色工作的。毛毛在《我的父亲邓小平》里回忆说:1931年11月7日,中华民族历史上第一个代表工农大众的全国性革命政权——中华苏维埃共和国临时中央政府在江西省的瑞金成立。瑞金县城成为中华苏维埃共和国的首都,更名为"瑞京"。年仅27岁的邓小平担任起中央直属县县委书记的重任。瑞金是一个贫穷的小县城。初建的中华苏维埃中央政府虽然搭的"架子"不算大,但对于一个小县城,住的、吃的、用的等终归要增加,这给原本就很薄弱的瑞金经济带来很大的困难。所以上任伊始的中共瑞金县委书记,最重要的任务是要把瑞金的生产建设搞上去。邓小平任瑞金县委书记的时间不长,只有十个月。他对他轰轰烈烈的一生中的这段短短的历史如此难忘,也许是由于这是他此生第一次做"父母官",他不仅要指挥战斗,还要指挥建设。现有的资料记载:在这短短的十个月里,年轻的县委书记邓小平大刀阔斧,为瑞金县的经济建设做了很多事。这十个月中,他带领全县人民修水库、修整水坝渠道,建纸材槽厂、纸烟厂、被服厂、硝盐厂,逐成立犁牛合作社、消费合作社、粮食合作社、劳动互助队等等。在很短的时间内"全县局面大为改观"(邓小平语),给瑞金人民留下了深刻的印象。

一切美好愿望都是靠自己艰苦奋斗一步一步地实现的。韩非子说:"宰相必起

于州郡,猛将必发于卒伍。"意思是说,行政长官要从基层地方官中提升,军事长官要从当兵的人中挑选。韩信、卫青、霍去病等名将,都是从刀光剑影的实战经历中成长起来的。

山西省运城市纪委副书记梁雨润,在当地是个有着极高知名度的干部,在他担任夏县纪委书记和运城市纪委副书记的 5 年间,共查处 270 多起案件,其中大案、要案 180 多起,处理局级以上干部近百人。2002 年,梁雨润受到中央纪委的嘉奖,2003 年 7 月山西省委做出向梁雨润同志学习的决定。

在任职期间,由于梁雨润组织查处了数百起长期难以解决的群众上访案件,被当地一些人誉为"梁包公""百姓书记"。但是,也有人说他不务正业,是沽名钓誉,面对这样的怀疑,梁雨润用几句平实的话就回答了:"我认为,即使说这件事是我分外的事,但我认为是人民群众需要我们办的事,既然你是一名党员干部,何况你又是一名党员领导干部,你就更应对人民群众负责。只要是老百姓求到我的,我就解决。"没有豪言壮语,没有澎湃的激情,有的只是一颗爱民的拳拳之心,一份共产党员的社会责任感。也正是这份强烈的社会责任感形成了梁雨润全心全意为人民服务的崇高的职业动机,使他能够真正为群众诚心诚意办实事,尽心竭力解难事,坚持不懈做好事,成为老百姓心目中的好官、清官。

"为人民服务"这句话出自毛泽东在中央警备团追悼张思德会上的讲话,后来成为中国共产党立党宗旨的高度概括。为人民服务的思想教育培养了一代又一代领导干部,为了人民的利益,他们就像一颗颗铺路的石子,默默地奉献着自己,为人民走向富裕铺垫着宽阔平坦的大道。

史来贺是河南省新乡县七里营镇刘庄村党委书记、村委会主任、农工商总公司经理。1952 年 12 月,年仅 21 岁的他当选为村党支部书记,带领全村人用了整整 20 年时间,投工 40 多万个,动土 200 多万方,把 750 块凸凹地改造成收种全部机械化的现代化农业园区。

20 世纪 70 年代初,史来贺把发展重点由种植业转向工副业,他带领群众兴办了造纸厂、机械厂、食品厂等企业,并由此发展出一批有一定技术含量的加工型企业,使刘庄村经济上了一个大台阶。在 20 世纪 90 年代,他带领群众新建了十几幢五层单元式住宅楼,在当地成为一景。

2002 年年底,刘庄村的固定资产已达 9.1 亿元,年总产值达 8.8 亿元,当年纳税 4529 万元,当年人均纳税 2.8 万元,人均年总收入达 1 万元,户均存款 20 万元以上。"方圆十里乡,最穷数刘庄"的穷村在史来贺的领导下变成了闻名全国、富裕文明的社会主义新农村,实现了共同富裕。

2003 年 4 月 23 日,史来贺离开了人世。然而,不仅刘庄老百姓永远不会忘记他,而且他的名字在广大农民中、在全社会家喻户晓,他以他的务实与奉献赢得了全社会的敬仰。

当今各级领导干部大都从基层奋斗,一步步走上来,要想争取自己的位置,就

领导妙点子

图文珍藏版

必须要先让自己有所作为,让领导看得见,让群众感受得到,有了作为,还怕没有位置?

现在很多年轻干部,都是出了家门进校门,出了校门进机关门的"三门"干部。他们有文化、有知识、有较高的理论水平,但缺少艰苦环境和复杂局面的磨炼,因此,他们更需要通过实干取得的成绩证明自己的能力。

打响第一炮,踢好头三脚

俗话说:"新官上任三把火。"这是人们对新任领导走马上任踢的头三脚的形象说法。这里面有褒有贬,有总结,也有警示。钱运录在就任黑龙江省委书记时的回答很耐人寻思:我没有"三把火",刚上任不了解情况就烧火,那不符合唯物主义。若说有,我这儿倒有"三盆水":第一盆水洗脑,保持清醒,不保守、不僵化,解放思想,实事求是,与时俱进,开拓创新;第二盆水洗手,干干净净,清正廉洁,当好人民公仆;第三盆水洗脚,舒筋活血,勤下基层,向群众学习,为人民服务。钱运录履新之后的"三盆水",可谓洗得实在。

"火"是要烧的,问题是看你怎样烧? 新任领导在处理问题的过程中,不能不掌握一定的火候,注意一定的分寸,把握住适当的时机。当时机不成熟、不到火候的时候,就要等待,不能操之过急。否则,欲速则不达;时机一到,就要果断抓住,当机立断,否则错过时机,则要贻误工作。有些人得到升迁,走上了领导岗位,有"春风得意马蹄疾,一日看尽长安花"的感觉是自然的。但是,不要过分张扬,还是低调一点好。毛泽东就曾多次告诫身边的同志"要夹着尾巴做人"。我们党有许多高层人士走上领导岗位时,一般也都采取低调。

要踢好头三脚,要打响第一炮,领导干部就必须做到:

1.求稳当

一般说来,新任领导刚到一个部门或单位,又面临着困难复杂的环境,要想尽快打开工作局面,应首先立足于一个"稳"字。只有稳得住,才能做到情况明,一招一式、一言一行才能准确无误,避免误入歧途;只有稳得住,才能尽快缩短与新的下属和群众之间的距离,打好群众基础,才能够牢牢把握领导的主动权。

首先,不要急于表态。切忌下车伊始,指手画脚,这也批评,那也指责;这也表态,那也评价。领导者即使有看不顺眼之处,也不要说"这件事要这么做才对"或"我以前的地方不是这样的",否则会引起同事、下属的反感。要带着新鲜的心情来开始此项任务,即使对新单位业务已有十足的信心,也要谦虚地对下属说:"我还需要进一步提高,希望诸位能多多指教。"

其次,不要急于求成。新任领导刚到一个复杂环境中,需要有一个对情况和群众熟悉了解的过程,有一个对各种关系的理顺、对骨干的组织、对群众的发动的过程。如果这些条件都不成熟,领导者急于行动,势必造成呼者急急、应者寥寥的冷清局面。这时,领导者如果再进一步生硬地强迫命令,就会失去群众,成为孤家寡人,而招致开局的失败。

最后,不急于做人事变动。新任领导千万不要搞"一朝天子一朝臣"的做法,在现实生活中极个别领导上任没几天,就换办公室主任、换秘书、换驾驶员,甚至连看大门的都要换,这样做其实是不妥的,因为人事问题是十分敏感的,用错一个人会影响一批人。如果人事上出现较大的失误,其后果是很严重的。与新任领导较早接触的大概有三种人:第一种人看不起新任领导,他们与新任领导的交往、交谈都比较冷淡;第二种人对新任领导阿谀奉承,尽说好话——让你听了飘飘然;第三种人对新任领导不卑不亢,以礼相待,坦诚相见。分清这些情况,再做人事变动也不迟。

2.选准战略突破口

战略突破口选准了,就可以步步推进,深入发展。如果一旦选错了,就会造成被动。因此必须做到:

首先,从解决群众最关心、最迫切需要解决的问题入手。对于群众最关心、最迫切需要解决的问题,新任领导不能避而远之,必须迎难而上。如果怕麻烦,怕担风险,而把群众最关心、最迫切需要解决的问题丢在一边,一味地按自己的思路办事,不管你这个思路多么正确,也无法变成群众自觉行动。

俞正声当选为湖北省委书记时,在东湖宾馆接受了各路媒体的联合采访,郑重地宣布"新的领导班子抓的第一件事就是转变作风"。首先砸掉了省直机关的"小金库",省直机关一律停止自行发放津贴,取消一批省厅级机关"重要公务用车通行证"。俞正声的第一炮,是整束吏治。此举,在政府部门引起很大的震动。

小布什在连任竞选中,打的第一炮,是抢占了反恐的制高点。他讲得最多的一句话,是"9·11改变了一切"。恐怖打破了长期以来美国民众自恃国力强大而产生的安全感,认识到威胁从此将成为生活中的一部分,事隔几年,美国人还担心这件事。布什选举班子对民众这种心理的把握和利用十分到位,而他的对手克里只打经济牌、社会牌,竞选失败也就不足为奇了。

其次,要从最薄弱的环节打开。众所周知,邓小平理论的主题是"什么是社会主义,怎样建设社会主义",而一开始邓小平讨论的并不是这个问题。"文化大革命"结束后,我们对搞了几十年的社会主义,却不知社会主义是什么,社会主义建设出现失误是理所当然的。但一开始就讨论这个问题,怕人们一下子接受不了,结果邓小平先从"党是什么样的党,怎样建设党"这个党建领域开始,这是因为党建领域是重灾区。"文化大革命"中提出的"党组织应是无产阶级先进分子所组成,应能领导无产阶级和革命群众对于阶级敌人进行战斗的朝气蓬勃的先锋队组织"所谓"五十字"建党方针,使党的建设偏离了正确的轨道而误入歧途。党的自身建设受到了极大的破坏,全党同志都看在眼里、急在心里,大家都有切肤之痛,从这个问题开始讨论,大家容易接受,容易看得清楚。邓小平从党建领域突破,从而打响了讨论"什么是社会主义,怎样建设社会主义"的第一炮。

3.要从最有把握的地方突破

通过前面的调查研究,新任领导要将遇到的问题,做一个大致的排队。排队的顺序是先易后难,将容易做的、目前条件相对成熟的问题排在前面;相对比较难的、目前条件还不太成熟的往后推推。这样,容易解决的问题先解决了,也为解决后面的问题奠定了基础。

敢闯敢试,有胆有识

干部不能不干事。只有在于事中,才能不断发现问题、解决问题;只有干成事,才能有效推动发展,为人民群众带来实实在在的利益。干成事首先要敢想敢干。试看古今中外之辉煌成就者,浩浩之伟绩,万里长城,都江堰,无不是敢想敢干之结果? 若不敢想,岂可为之。一个领导干部要想干事创业,就必须要有敢想敢干、敢作敢为的勇气。干事创业并不是一帆风顺、轻而易举的,必然会碰到困难和阻力,如果缺乏敢闯敢试、敢为人先、敢于负责的精神和干劲,只能被动落后、举步维艰。领导干部要创造新业绩,就要在科学发展观的指导下,始终保持敢想敢干、敢作敢为的昂扬斗志。

邓小平就敢作敢为,以后在改革开放中发展为"敢闯敢试"理论,鼓励人们在改革开放大业中勇于开拓创新,勇于打破旧的条条框框,有力地促进了人们思想的解放,推动了有中国特色社会主义现代化建设的飞跃发展。

经过二十几年的艰辛探索,改革开放已经取得很大成绩。但是正如邓小平所说,恐怕再有 30 年的时间,我们才会在各方面形成一整套更加成熟、更加定型的制度,我们的时代需要开拓创新精神。那种"不求有功,但求无过",因循守旧,墨守成规的精神状态是不可取的。那种以国家利益、人民利益为重,无私无畏、敢为天下先、敢当出头鸟,冲破束缚生产力发展的旧框框的精神才是最可贵的,只要是有利于发展社会主义的生产力,有利于增强社会主义国家的综合国力,有利于提高人民生活水平的事,就可以大胆地试、大胆地闯。只有克服困难,真抓实干,才能促其实现。

昆明市委书记仇和就是一位大刀阔斧、敢想敢干的人物,仇和在沭阳、宿迁任职时,就曾以强制推行"仇氏新政"而著称。调任昆明后,先后刮起了公布官员联系电话、勒令开会打瞌睡官员辞职、开会三小时不喝水、大面积整治城中村、党政机关全员招商引资、让国有医院和学校走民营化发展道路等"仇和旋风"。2008 年,他又在昆明市"解放思想、深化改革、扩大开放、科学发展"大讨论动员会上提出"没有明令禁止都可以想、可以干""敢试敢闯、敢为人先"、不"唯上""唯书"等观点。昆明市委书记仇和说得好:"允许在探索中有失误、不允许无所作为。"其实,解放思想,首先就是砸碎因循守旧的枷锁,敢为人先,敢于任事。

敢想敢干,就要敢于承担风险。四平八稳,当太平官,不求有功,但求无过,这样的"为官之道",不仅自己得不到锻炼,更重要的是贻误了党和人民的事业。领导干部就是要有"明知山有虎,偏向虎山行"的胆识。干工作总会遇到困难,困难面前方显英雄本色。敢干事,就是要有从战略上藐视困难的气魄,拿出胆识,对认准的事情果敢拍板,随时对工作中的一些脱离实际的做法敢于认账、勇于纠正。领导干部要做有胆识的人,在需要力排众议的时候,不要瞻前顾后;发现百年难得一遇的机会,不要犹豫不决。

对于领导干部而言,"胆"体现为决策与干事的勇气和决心,"识"体现为分析问题、解决问题、判断和决策的能力。胆识不可偏废,有胆无识,则易妄为、乱拍板;有识无胆,则难成事、要误事。胆识是检验领导干部的工作责任心、领导能力和决策水平的重要标尺。

有"胆"而无"识",则胆虽大,却易妄为、乱为。工作中常常会少分析,乏思考,乱拍板,不顾实际蛮干一气。拍脑袋决策、拍胸脯保证、拍屁股走人的"三拍"干部,就是有胆没识的写照。

有"识"而没"胆",则识虽高,却难成事、易误事。虽然分析准确,思考周全,考虑极细,但常常是"等等看,跟着别人干",面对发展机遇犹豫不决,裹足不前。这样的干部,空有一番学识,干不得大事,终而成为庸官、太平官。一个地方、一个单位,让这样的干部领导几年,往往变成一潭死水、了无生气,表面上平平安安,实际上人心离散,发展的机遇错失了,部属的士气丧失了,留下一个涣散怠惰、矛盾丛生的烂摊子。

有胆有识才有为。想问题、办事情、做决策时,举轻若重,准备得充分,思考得周全,抓住要害,分清主次;应对突发事件,破解工作难题,举重若轻,从容镇定,有章有法,张弛有度,有大将之风,有沉着稳定之静气。这样的干部多能举大策,干大事。

"识"来源于学习。"胆"有天生的成分,而"识"只能靠后天取得。学习是锻炼胆略、增广学识的重要途径。通过学习,掌握分析、处理事情的方式方法,洞明事理、明辨是非,分清什么是丑、什么是美、什么是荣、什么是耻,明白什么事情可为、什么事情不可为。学识在胸,胆识自来。增强领导干部的胆识,先要学习知识,增长见识。人们有了一定程度的知识和见识,自然会产生一定程度的胆识,在此基础上将会有更高的眼界和目标,因而也需补充更多的知识和见识,从而其胆识也会更上一层楼。

胆识来源于实践。"实践出真知,锻炼长才干。"实践的风雨是胆识最好的历练。

想干事、会干事,还必须干成事

领导干部关键在"干",要做出好榜样,以身作则,言行一致,要有过硬的"做功"。一名领导者要树立良好的形象,一个简单而有效的方法是放下架子,以身作则。领导者可以通过自身的行动来传播价值观和传达各种期望。作为主政一方的官员,你的言行往往能影响一时一地的风气,所以领导者必须塑造好自己的形象,以身示范,才有足够的资格施治。

湖北省宣恩县椿木营乡民政办的助理周国知便是这样一名基层干部。20多年来,周国知坚持为群众做好事、办实事、解难事,把温暖送到了千家万户。当地人都知道,周国知有"三件宝":背篓、手电、解放鞋。在山高谷深、地广人稀、人称"交通基本靠走,通信基本靠吼,治安基本靠狗,取暖基本靠抖"的地方,手电和解放鞋,对于周国知这样经常走村串户的乡干部是必备的行头。周国知的"公文包"很特殊,很别致,也很引人注目。他的"公文包"是一个山民常用的竹背篓,里面装的东西也与众不同,都是农民急需的农药、化肥、粮食、衣被等。周国知翻山越岭不知磨破了多少双鞋,靠着一肩肩背回的水泥为百姓造起了"幸福桥";他还帮助百余茅屋户建起了新房,自己的木屋却仅仅靠着一张塑料布遮风挡雨。他为无数的村民带来了幸福,自己却强忍着晚期肝癌病痛的折磨继续忘我地工作;他在生命的最后时刻,惦记的仍是福利院里的老人、没住上新房的茅棚户。周国知去世后,那么多的群众用各种方式去追思他的举动,再次告诉了我们这样一个朴素的真理:民心如镜。

在我们身边,那些拥有优秀个人形象的领导者之所以能给人留下令人深刻的印象,是因为他们的表现与众不同。在现代生活中,他们成功地向世人展示出一个鲜明的领导形象:他们真实的自我是什么样,他们看重什么,他们如何始终如一地贯彻着自己的承诺,他们怎样赢得信任和信赖,这些都是取得成功的条件。

做事以尽心为基础,为人以谦恭为有礼,是非以不辩为解脱。用心谋事,尽心做事,全心成事,则事必有成。今天,我们讲的"尽心"做事,主要是亲民顺民之心,恤民富民之心,爱民为民之心,其理念是以人为本。对于群众的事情,要件件尽心,桩桩用心,时时铭心。从"人民最关心、最直接、最现实"的问题出发,尽力解决"学有所教、劳有所得、病有所医、老有所养、住有所居"等社会问题。领导干部要把握这个方向。

吴金印在担任新乡市委副书记时,新乡市委安排他主抓卫辉市唐庄镇的工作,兼任唐庄镇党委书记。他任劳任怨,带领群众脱贫致富。修桥筑路时,有他熟悉的身影;闸沟造田时,有他挥洒的汗水;建蔬菜温室大棚时,有他的足迹;孤寡老人的床前,有他送去的温暖。为了开发西山,他吃住在夏天蚊虫叮咬、冬天寒气逼人的低矮破旧的指挥部。累病了,怕干部群众担心,他没有告诉镇里任何人,借跑项目之机,在家人的陪护下悄悄到北京做了手术。刚下手术台,他就打电话到西山指挥部,询问西山开发进度。刚一出院,他便直奔西山,仍然吃住在工地。在他看来,干事创业是干部的天职,"为民而官"是领导干部的座右铭。

为政之要,在于少说空话、多办实事。领导干部要真正把精力集中在抓落实上,把目标锁定在成事上,凡认准的事情,要千方百计去办,切不可议而不决,决而不行,结果不仅使工作落空,也会失去干部群众的信任。领导干部干事情、抓工作都要高标准、严要求，尽量做到干一件事像一件事，干一件事成一件事，一步一个脚印，一项一项地去抓，使各项工作越干越好。

干成事才是真本领

想干事、会干事，还必须干成事。一个人只有干成了事，才能证明他能干事，也才说明他真正想干事。干成事，是检验领导干部执政能力、领导水平的标准，是评判领导干部成败是非的主要依据，是凭实绩选用领导干部的依据。

干成事，应当是领导干部追求的目标，是一切工作的落脚点。工作干得好不好，干到什么程度，要用"干成事"来检验。人要有所作为，就需要干成事。工作不干则已，干就要干成、就要干好。就要干漂亮。作为一名领导干部，干工作仅有一个良好的愿望和浓厚的热情是远远不够的，必须要牢固树立科学的发展观和正确的政绩观，掌握要领，把握技巧，善于筹划，能谋善断，勇于成事。

干部干部，是干出来的，是干部靠素质和才干干出来的，是组织根据工作需要，按照严格的程序，并听取各方面的意见来确定的，并不是干部自己跑出来、说出来的。评判一名干部，不能只看他说得如何，在领导面前表现如何，主要看他是否干事，主要看他干事过程中的表现及其结果。

在任职期间，人民群众不是看你干了什么，而是看你干成了多少让群众满意的实事，特别是看你干成了哪些有利于经济快速持续发展、有益于人民群众的事情，人们常说"为官一任，造福一方"，这"造福一方"就是干成事。因此，领导干部任何时候都不能干那些急功近利、徒有虚名、劳民伤财的事情，要多为人民群众谋长远、谋发展、谋福祉。

领导干部要集中精力干好人民群众特别关心的问题，例如人民群众特别关心而又不敢报以很大希望的问题，可以概称为老、大、难问题。老，就是由来已久；大，就是关系重大；难，就是难以解决。各个时期、各个地区的老大难问题是不同的。我们来看看邓小平是如何解决老、大、难问题的。

1975 年 2 月，邓小平亲自抓火车正点问题。铁道部部长万里率领工作组，先后在徐州等地，对问题严重的铁路局进行了重点整顿。集中解决领导班子问题，法办了 33 个煽动闹派性、武斗、停工停产的坏人，重新配备领导班子。经过一两个月的整顿，全国铁路平均日装车数创历史最高水平，列车正点率大为提高。更为重要的是，各个领域、各个方面的规章制度也以此开始得到恢复和健全，中国开始出现一

邓小平

个把国民经济搞上去的新局面。

胡锦涛总书记 2006 年 7 月 28 日至 29 日视察河北唐山时提出"各级干部都要把造福人民作为基本原则,要把真抓实干作为基本准则,要把清正廉洁作为基本守则",守好这"三则"对于领导干部干成事至关重要。

喊破嗓子不如干出样子,一个行动抵过万句口号。事业是干出来的,想法再好,本事再大,不干等于白搭。能不能干成事,用行动来说话,用事实来证明。人要有作为,就得干成事。工作不干则已,干就干好、就干漂亮、就干成精品。

在现实中,有的人不仅自己不干事、干不成事,还见不得别人干事,更受不了别人干成事。这种人无见贤思齐之心,有嫉贤妒能之意,对能干事、干成事之人横挑鼻子竖挑眼,竭尽讽刺挖苦、造谣诬陷、打击中伤之能事。对于极少数不琢磨事、光琢磨人的人,要严厉批评,严肃处理,绝对不容许"干的不如看的、看的不如捣蛋的"。

干成事,就要办群众急需的事,办多数人受益的事,办起长远作用的事。干没干成事,必须由实践来检验,由人民群众说了算。如果工作不讲大局、决策不讲科学,习惯做表面文章,热衷于摆花架子,搞"形象工程""政绩工程",那就不仅不是政绩,反而是败绩、劣绩。领导干部应扑下身子,深入群众,统筹兼顾、突出重点,力求在解决突出矛盾和关键问题上取得实效,以实际行动取信于民,才能不辜负党和人民的信任和重托。

只有骄人成绩,才能证明自己能力

世界上的事情都是干出来的。一个地区的发展,不是喊口号喊出来的,不是说大话说出来的,是通过大家不断辛勤劳动,一件事一件事干出来的。

"会干事"是一种能力,是领导干部政策理论水平、文化专业知识、综合决策能力、组织指挥能力和协调配合能力的体现。所谓"会干事",就是不仅要会谋划,而且要会操作。会是条件、过程,是一种能力、一种水平。只"想干事"而不"会干事",是"空谈的巨人、行动的矮子",只有"唱功"而不练"做功",是出不了业绩的。"为官一任,造福一方。"对领导干部来说,发展经济,造福百姓,必须干出成绩。通过扎实勤奋的工作,为党和人民做出突出贡献、建立突出政绩,这是奋发有为的领导干部应有的追求。

只有骄人的成绩,才能证明自己的能力,才能得到上级的认可与下级的拥护,才是一个好领导。领导者是干事业的,对于事业而言,只有两条路,要么成功,要么失败。成王败寇,这是古往今来永恒不变的道理,这个道理也许领导者在一帆风顺时感觉不到,但到了失败之时,就能深刻地体会了。到那时,就算乌纱帽还在,但自身的威信、上级的信任、下级的服从、同僚的掌声都不复存在了。

1940 年 10 月,日军冈崎大队长率 600 多人冲至山西省黎城县东南的黄崖洞外,严重威胁黄崖洞里八路军兵工厂的安全,后来日军虽然被击退到了关家垴据点,但彭德怀还是咽不下这口气,命令一二九师坚决消灭冈崎大队。战斗虽然胜利了,但八路军的伤亡也很大。

在随后的总结大会上,彭德怀认识到了自己的过失,他第一个发言:"同志们,从结果上看我们赢了,从过程中看敌人赢了。这一切我有不可推卸的责任。今天的大会,大家就认真总结一下我这个人,狠狠地批,决不要手软。伯承同志,昨天我对你发了火,是我不对,我向你道歉。今天,你可以冲我发火,谁让我不听你的劝告,给部队造成了这么大的损失。"

彭德怀话音刚落,得到的不是批评,而是与会者热烈的掌声。大家都被彭老总这种诚恳的态度感动了,没有人会不原谅他,更没有人会责怪他工作中的失误。

干事是一个人成长进步的前提。"实践出真知",一个人只有通过干事,才能增长才干,增长智慧;一个干部只有多干事、干成事,才能为群众所认可,为工作所需要,才能在更宽广的舞台上展现自己。

正如邓小平强调,世界上的事情都是干出来的,不干,半点马克思主义也没有。只有把嘴上说的、纸上写的、会上定的,变成具体的行动、实际的效果、人民的利益,工作才算做到了位、做到了家。作为一名领导干部,为官一任,就要尽全力完成人民赋予的使命,不辜负群众的期望。

领导干部与一般人员办事不同之处在于,领导干部是事业的指导者、组织者和监督者。做事既不能事无巨细,陷入事务主义;又不能当甩手掌柜,放任自流。领导的方法和作风非常重要,要学会"弹钢琴",善于抓重点、抓关键、抓突破口,以收纲举目张之效。

1.虑事要高远

古语说:"为一身谋则愚,而为天下谋则智。"干事的起点高不高,对于一个领导干部来讲至关重要。下棋讲究一个谋势,要通观全盘。领导干部干事也是一样,必须站在是否有利于全局形势发展的高度,从人民群众的根本利益出发,通盘谋划,全方位考虑。能成就大事的人,不会被眼前的暂时利益所蒙蔽,能够清晰地辨识事情的轻重缓急,从而正确地进行取舍。

2.谋事要高明

一个领导干部工作水平的高低,主要取决于其谋事的能力。凡事按规矩去做,不会出问题,但是也不会出亮点。做事前谋与不谋,效果是截然不同的。谋事的水平取决于谋事者的素质。要通过经常不断地学习、思考,提高自己谋事的能力。要抓方向、议大事、管全局,集中精力谋划带有全局性和前瞻性的重大问题,使工作更富科学性,思路更有前瞻性,发展更具主动性。

3.干事要高效

干事需要讲求干事的艺术、干事的方法。事之所成,需硬功,也需巧劲。"将军赶路,不追小兔。"有所得必有所弃。既讲原则性,又讲灵活性。要做到事半功倍,工作方法很重要。凡事要化繁为简,要事急于,急事早办,动必量力,举必量技,切不可把简单的事情复杂化,更不可把复杂的事情离奇化。领导干部要勇于突破,创造性地开展工作,切实提高干事的水平。

危难关口,要勇于担当

政治风云中有一个不变的规律:有危机的地方就有机会!对庸人来说是危险的地方,对强者来说反而是挺身而出、树立形象的最好时机。对他们来说,一次危机就是一次跃升的大好时机。当危急时刻来临,有的人拼死奋力一搏,发挥了中流砥柱的作用,树立了领导者的地位。而大多数人则只能听任指挥。可以说,沧海横流方显英雄本色。

吴仁宝,1928年出生,1954年加入中国共产党。1957年担任江阴县华士乡23社党支部书记,直到2003年7月才离任,共做了46年的基层党支部书记。

吴仁宝是一名忠诚的共产党员,对于上级指示,吴仁宝说:"50年代的时候,只要上面说的我就听,只要官比我大的说的我就听。"后来,吴仁宝开始注意全面正确地理解和执行上级的指示精神。他说:"干部说假话,受苦的是老百姓。要能坚持实事求是不说假话,就得心里没有包袱,不想升官,不想当先进,只有这样,你讲的话才能真正为老百姓负责,为党的事业负责!"在这种思想指导下,华西村很早就成了与众不同的地方。

华西村自然条件不好,人称:"高田岗,高田岗,半月不雨苗枯黄;低田塘,低田塘,一场大雨白茫茫。旱灾水灾无法抗,农民见了心发慌。"、"户户茅草房,家家吃米糠,土地不成片,一雨成汪洋。"1961年成立大队时,集体资产2.5万元,人均年分配53元。

1961年至1968年,吴仁宝和社员们起早贪黑,冒严寒,战酷暑,"头昏肚痛不算病,腰酸腿疼不脱劲,烂手烂脚不缺勤"。他们肩扛手推,白天干大活,晚上干小活,硬是用人工把原来1300多块七高八低的零星田块,改造成了400多块能排能灌的高产稳产大田。

华西大队在苦干的同时还巧干,1968年偷偷地办了一个小五金厂,白天有领导和外人检查参观,厂子就关门息声,人下大田;检查参观的人一走,大家又回来加班加点。

1972年,全大队200多户社员都住进了新盖的瓦房,由此迈出了共同致富的第一步。华西大队还建成了当时连大部分县城都没有的5层大楼,用来办托儿所、中小学,被华西人自豪地称为"教育大楼"。

1978年,华西的工业产值已达到69万元,银行存款100万元,人均分配220元。当时的中国,平均每个生产大队的集体积累不到1万元,农民人均收入是134元。

显而易见,不论在什么样的历史条件下,多一些吴仁宝这样的领导,中国的建设事业都会取得更大的成就。

部队的许多干部都是在一线战斗中提拔起来的,火线入党、火线提干是常有的事。这是因为他们在关键时刻敢于挺身而出。

胡修道曾任中国人民解放军某集团军副参谋长。1931 年生,四川省金堂县人。1951 年 6 月参加中国人民志愿军赴朝作战,1953 年 2 月加入中国共产党。1952 年 11 月,在上甘岭战役中,他和班长及另一名新战士负责坚守 597.9 高地 3 号阵地。5 日拂晓,敌军在飞机、火炮掩护下向阵地发起进攻。他们在班长指挥下英勇还击,连续作战 3 小时,打退敌人 10 余次进攻。后来班长调去支援 9 号阵地,他和新战士继续坚守,又连续打退敌人 10 余次进攻。当发现 10 号阵地危急时,他抱起爆破筒,带领战友主动支援,冒着敌人机枪火力封锁,抢先登上制高点,将已冲上阵地的敌人击退。

经过一天激战,共打退敌军 40 余次进攻,歼敌 280 余人,创造了战争史上的奇迹。1953 年 1 月 15 日,中国人民志愿军领导机关为他记特等功,授予"一级英雄"称号。

在一些重要的关头,工作上也会碰到棘手的难题,如果在此关键时刻,其他人都束手无策,你却挺身而出,使问题迎刃而解,那么,不仅你的同事会佩服你,你的领导也会高看你一眼。

关键时刻的难题最能考验人,所以必须具备冲上去的勇气。有的下属确实有才能,但害怕困难,或者采取事不关己高高挂起的明哲保身态度,因而不敢在紧要关头站出来,自己的才能也不会被人发现。培根先生曾说过一段与此关联的话:"如果问:在政治中最重要的才能是什么? 那么回答是:第一,大胆;第二,大胆;第三,还是大胆。"同样,如果要问:在关键时刻获得领导赏识的东西是什么? 那么回答是:第一,勇气;第二,勇气;第三,还是勇气。

危难当头、紧要关口,需要有人挺身而出,勇于担当。"智谋出于急难,巧计生于临危。"大危难孕育着大作为,大挫折磨砺着大机智,大困难蕴涵着大机遇。担当危难,是一种睿智和本领,是一种清醒和坚定,是一种宽广胸怀和至高境界。"挽狂澜于既倒,扶大厦之将倾",是担当危难的生动写照,"沧海横流,方显英雄本色",是对担当危难的真情赞美。勇于担当危难是中华民族的优良传统。无论是外寇入侵之时,还是内忧丛生之秋,这种品质和精神历经磨砺而不衰。虎门销烟、抗日救亡是对民族危难的担当,抗洪抢险、抗击"非典"是对人民生命财产危难的担当。在维护国家和人民生命财产安全时挺身而出、勇于牺牲,在应对突发事件时处变不惊、见义勇为,这都是担当。

领导要担当大事难事,发挥出中流砥柱的作用,就要有把握时势的睿智,善于着眼全局、顺势作为,抓住机遇、乘势而上,克难奋进、逆势自强;就要有舍我其谁的气魄,善于敢于承担,有强烈的角色意识、出位意识和开拓意识,敢于竞争,敢于行动,要有自强不息的品格,自强不息,能耐得住寂寞,战胜逆境,增智增力;要有脚踏实地的风范,努力办好小事,勤勉办好实事,尽力办好难事。总之,无论是在顺境中,还是在逆境里,不论是苦差事,还是棘手事,领导干部都要敢于担当,尽到自己应尽的义务。

在危机时期挺身入局

领导者要有挺身入局的政治理念。有人说,是"9·11"成就了纽约前市长鲁道夫·朱利安尼。

的确,当世界贸易中心双塔倒塌时,朱利安尼第一时间赶了过来,直接或间接地下达了数百道命令,他亲自指挥在场的数百名人员进行救援活动,抢救遭摧毁的公共设施,并且前往医院慰问受伤者和罹难者的家属。他说:"我必须露面,我是纽约市市长,如果我没有出现,将对这个城市更加不利。"

在那段时间里,他频繁地出现在全国性媒体的电视画面和广播上,提供各种重要的信息给全国民众。举例而言,他号召大众进行遍及全市的反恐行动,澄清了纽约市并没有遭遇生物或化学武器攻击的迹象,他还说:"明天的纽约就将屹立于此,我们将要重建,而且我们也会变得比之前更坚强……我希望纽约市民们为全国的人民做出榜样,也为全世界的人们做出榜样,告诉他们,恐怖主义不会阻止我们的。"

最终,在朱利安尼坚强、理智的带领下,纽约市民走过了这场前所未有的灾难。"9·11"灾难处理事件可以说是朱利安尼生涯中最闪亮的一刻,他临危不乱的领导能力获得了各方的赞美。从那之后,"美国市长"这一称号便一直伴随朱利安尼。

戴高乐也是一面旗帜——拯救法兰西的旗帜。1940年6月,德军侵占巴黎,刚刚晋升为法国国防部次长的戴高乐即出走英国。6月18日,他向法国国内发表广播演说,号召人民继续抗战。"6·18"讲话改变了法国历史的进程,它使已经亡国的法国人民看到了一颗希望之星在闪烁。人们热血沸腾,奔走相告。此后,戴高乐克服重重困难,以自己的形象鼓舞法国人民的斗志,不使他们丧失信心。他还先后组织和领导了法兰西民族委员会和法兰西民族解放委员会,以抗击希特勒德国的入侵。戴高乐的形象也因此深深地印在法国人民的心上。法国解放后,他也就顺理成章地出任临时政府首脑。

在危机时期挺身入局,并且借助危急时刻一举成名的例子还有很多,最厉害的一位应该算是南朝宋武帝刘裕。当时刘裕还在北府兵的队伍里做普通军官,恰好赶上孙恩起兵,朝廷调卫将军谢琰和前将军刘牢之前往征讨,刘裕也以刘牢之参军的身份随同出征。刚一到战场,他就奉了刘牢之的命令带几十个人去刺探敌情,没想到迎面遇上一支几千人的队伍,他知道已经来不及撤退,于是干脆挥着长刀冲进敌阵一通厮杀。没多久,和他一起的人就死伤殆尽,他也摔到了河岸下面。敌军冲到岸边,他又挥舞着手里的长刀,仰面向上奋力砍倒好几个敌人,重新又跳上岸来,大吼着继续向敌人砍去。跟随孙恩起兵的这些人都是宗教徒,对于怪力乱神的事情极为迷信，现在看到刘裕勇猛的样子，几乎以为他是个砍不死的天神，于是纷纷恐慌起来，转身落荒而逃，一时间兵败如山倒，刘裕又追上去继续砍杀，一个人追着几千人跑，壮观的情景可想而知。

刘牢之的儿子刘敬宣看到刘裕长时间不回来，就带人上前线去找，没想到看见刘裕一个人正在和几千人纠缠，也大吃了一惊，从此拿刘裕当战神看待，刘裕也一战成名。这是他生命中的第一次成功亮相，从此英勇无敌的声名远播，也赢得了上司刘牢之的重视。

他还曾经坚守力量薄弱的小城海盐，面对着频繁来攻的军队，率领数百人组成的敢死队，脱了盔甲，手持短兵器一路大喊着冲出城来，敌人全都被他们的气势镇住，丢盔弃甲四散奔逃，连大帅姚盛都丢了性命。而且刘裕除了勇武之外还很有头脑，所以在后来的几次绝地反击中，他也没有落过下风，反而把自己的劣势全部转变成优势，打了一个又一个胜仗，树立了自己不可战胜的战神地位，赢得了人们普遍的崇拜。

2006年年底，时任中共深圳市委书记的李鸿忠在一次会议上大引古训，激励同人。他说："为官避事平生耻。"他为此强调了20个"任"字：任劳者任怨，任职者任责，任谋者任作，任事者任议，任为者任过，任绩者任累，任誉者任妒，任得者任失，任人者任难，任仁者任勇。

平日里，大家扎堆在一块儿，你不服我，我也不服你，谁都没有太出类拔萃的表现。但是，危机就是转机，当危机降临的时候，大家张皇失措，谁能横刀立马、指挥若定，那领导者的地位就自然地形成了。只有把握这样的机会，才能实现"超常规，跳跃式"的发展。

一个领导者是否能够做到顾全大局，无疑是由多方面的因素所决定的。这不仅需要领导者具有勇于献身的可贵精神，绝不能"趋福避祸"、明哲保身，而且最重要的是，领导者必须具备"大智大勇"的非凡修为。

恪尽职守，大事难事看担当

四川宜宾流杯池公园有一石刻，上面有这样一段话："大事难事看担当，顺境逆境看襟度，临喜临怒看涵养，群行群止看识见。有作为者定有不凡。"这四"看"讲的是在人生的各种关口，最能看出一个人的品性、胸怀、修养和境界。遇"大事难事"，能不能"担当"，集中体现了当事人人格力量的强弱和道德境界的高低。对担负着领导责任的领导干部来说，更是如此。

何谓"担当"？按词典的解释，担当就是"接受并负起责任"。在现实生活中，担当与人们关于责任、良心、价值、奉献、牺牲、勇气和才干等方面的思考联系在一起，从而被赋予丰富的内涵。它既代表着"在其位、谋其政"的履职尽责，也体现着"先天下之忧而忧，后天下之乐而乐"的海阔胸怀；它既代表着"知其难为而为之"的执着理想，也体现着"明知山有虎，偏向虎山行"的无畏勇气。

古往今来,担当价值千金,担当任重千钧。深刻认识和把握担当问题,做一个勇于担当、有所担当的人,对于个人和社会都具有非同一般的意义。

"我有一个信念,就是处事不避难,勇于担当,奋勇向前。"这是温家宝总理曾经两次在全国"两会"记者招待会上发出的心声。温总理倡导的"事不避难,勇于担当",就是告诫所有领导干部:为官就得敢于负责,勇于担当,越是困难越向前。

"文革"之后,邓小平同志大刀阔斧地拨乱反正,否定了"两个凡是"的错误思想路线,在全党号召要全面准确地评价毛泽东思想,在把握大是大非的理论和路线问题上体现了非凡的勇气和魄力。不仅如此,他还打破常规,大胆提拔起用优秀年轻干部,培养接班人,有力地维护了政局的稳定。十一届三中全会后,又果断地实行对内改革、对外开放之路,敢于在沿海 14 个城市试验"特区",敢于提出"一国两制"等重大战略思想。尤其值得一提的是,安徽凤阳小岗村的 18 户农民率先提出了"大包干""包产到户"的设想,这一新生事物,从一开始就遭到来自各方的非议,但小平同志坚定地支持这种"试验",最终在全国推行了家庭联产承包责任制,闯出了农村改革发展的新路子。所有这些果敢的行为,无不表现了小平同志敢于担当的精神。

诺曼底登陆前夕,盟军司令艾森豪威尔曾写了一份新闻稿,他写道:"我们在瑟堡-阿弗尔地区登陆时未能找到令人满意的据点,我已下令撤回部队。我是依据我得到的最佳情报做出发动进攻的决定的。空军和海军部队表现出了英勇无畏和忠于职守的精神。如果这次登陆行动因为失败而受到任何指责的话,那都由我一人承当。"这是外国式的担当。

敢于担当,是领导干部一项极为重要的领导素质,是领导干部激发斗志、凝心聚力,团结带领部属干事创业的基本条件。

职务就意味着责任,权力就意味着压力。有职务没有责任,有权力没有压力的好事应该找不到。而且领导干部的职位越高、权力越大,肩上的责任就越重。充满热情地干好本职工作,认真负责地处理好每件事情,不论在哪个地方、哪个部门的工作都干得有声有色,应该成为领导干部追求的目标和快乐。领导干部应当对党组织负责、对人民负责、对事业负责、对自己负责、对家庭负责,特别是对自己的工作要恪尽职守,敢于担当,在岗一日,尽责一天。

人生一世,没有人能逃脱这样那样的责任,不管是对工作、对家庭,还是对社会。拖延,不放过盲点和死角,问题不上交、矛盾不乱推、困难不下转,不做老好人,更不能拿上级领导当"挡箭牌",积极主动地解决工作中遇到的问题。在组织实施决策中,按照分工切实履行好个人的职责,宏观在胸,微观在握,通过抓根本、抓主要矛盾,促进全局工作。在谋划好全局工作的同时,带头抓棘手问题的解决,带头抓具体事情的处理,不搞大而化之,不搞层层批示,不当甩手掌柜,千斤重担大家挑,齐心协力排难求进;同时,要勇敢地支撑起一片天地,充分调动各方面的积极性,善于为部属承担责任,善于做部属的坚强后盾,让部属大胆工作、放手工作,以开拓进取的姿态创造性地开展工作。

反观现实社会,有一些领导干部,遇"大事难事",不敢担当、不愿担当。有好处可得时趋之若鹜,要承担责任时则唯恐避之不及。面对各种责任,有的人认为自己不在其位,不谋其政,无法担当;也有的人认为自己职权有限、能力有限,无力担当;有的人则认为讲责任太沉重,担责任太劳累,不愿担当;还有的人干脆说:"天塌下来有高个子顶。"自己无须担当。在日常工作中,人浮于事、推诿扯皮的现象常常出现;在危难和考验面前,逃避退缩、冷漠无情者也不乏其人。缺乏担当精神的人就像是被抽空了血液、拆散了骨架,空有躯壳,难以立身于天地。杜甫在《奉送严公入朝十韵》中说:"公若登台辅,临危莫爱身。"挑担子、负责任不正是各级领导干部的应有之义?"当官遇事不担当,不如回家挑箩筐。"特别是面临"大事难事"时,领导干部更要挺身而出,如此,才会有威望、有感召力和凝聚力。

关键时刻要大显身手

2008年5月12日14时28分,大地突然出现一阵剧烈的颤抖。从惊愕中清醒过来的郫县人防办党组书记、主任任朝霞第一反应是:地震发生了并且后果一定相当严重。灾情就是命令,时间就是生命。他紧急召开党组会,并启动了应急预案。第一时间,他指挥人员在通信几乎中断的情况下,一对一、多渠道集合了全县人防专业队。截止到5月31日,在整整20天的抗震救灾中,他带领人防办干部职工、人防专业队员和应急民兵们一起按时完成了抗震救灾指挥部分配的一个又一个任务。救出幸存者13人,挖出遇难者尸体数具,协助疏散安置群众上千人。"5·12"汶川地震发生以后,任朝霞主任每天都在抗震救灾第一线,由于忙碌劳累和生活无规律,他胆囊发炎,全靠吃药控制,就这样,他也没有离开过一线。在他身先士卒的带领下,郫县人防有效地完成了抗震救灾指挥部交给的工作和任务,得到了国家、省、市以及县委、县政府、人武部领导的充分肯定。

在紧要关头大显身手,替上级分陇解难,不仅可以表现自己的才华,赢得上级的垂青,拉近彼此间的距离,而且还能给上级留下深刻而持久的好印象。

你还记得抗洪中感人的情景吗?当堤坝上出现缺口的时候,谁在附近谁就用身体堵了上去,因为那是到了关键时刻,刻不容缓。单位的各项规章制度也是堤坝,但是有时候事情不是一成不变的,总会出现许多意外的事件,给上级带来棘手的问题,有些迫在眉睫,必须马上解决,这时候你就要在知道自身能力的情况下,挺身而出,帮上级解决所遇到的问题或困境。但是,单凭满腔热情和勇气并不够。关键时刻表现出色还必须知彼知己,方能百战不殆。老古语也说:"没有金刚钻,不揽瓷器活。"不能正确估价自己的能力,也不能估计事情的难度,势必有很大盲目性。

在知彼知己的基础上,基本上能心中有数。知己者明,知彼者智。如果认为关键时刻有把握解决好难题,要毫不犹豫地承担下来,取得领导的赏识。如果认为自己把握不大,也不要打肿脸充胖子,不要硬着头皮上。如果是领导安排的要向他说明自己的难处,须知,推辞掉的代价并不比失败的代价大,这样做也可以把机会让给别人。

一位处长买了一张新的电脑桌,下属小刘主动要求把桌子安装起来。小刘动手能力平时就很差,加上对电脑桌的结构不了解,忙了一上午,满头大汗也没安装好。处长很不高兴,就让下属小张去帮着做,桌子很快安装好了。处长当面把小张表扬了一番,转过来批评快快不乐地小刘道:"你干不了,早说不就结了?何必装腔作势,不懂装懂。"这种情况下,小刘讨了个没趣,承担了超出自己能力范围的任务,真可谓犯了大忌。或许小刘会埋怨自己好心成了驴肝肺,但主要原因还得从他自身找起,这种适得其反的事情千万不要硬着头皮去做。

善于把握关键时刻获得领导的信任和重视,一方面要善于发现某些关键时刻,另一方面也要善于把某些时刻变为关键时刻,善于创造关键时刻。一般来讲,关键时刻主要有以下几种情况:

·上级派下难度较大而且影响较大的任务时,做好这样的工作对领导而言至关重要,下属应当全力以赴,协助领导圆满完成任务,不可袖手旁观。

·其他同事忙于某些事情,人手不足但事情却很多时,也要多承担任务,井井有条地把每一件事情都干得相当出色,领导自然会看在眼里,喜在心头,所以不要推卸责任。

·遇到意外的突发事件,领导与大多数同事都拿不出办法时,要冷静、稳妥地出谋划策,把问题解决好,表现你超群的才干。

·假如你刚到某单位工作或新调来一位领导,这也是推销自己的重要机会。

·领导陷入逆境时,如果你能在他最需要下属的支持和帮助时,伸出你援助的手。"雪中送炭千金难买,锦上添花一文不值。"这句话有一定的道理。

对关键时刻的把握是一个人能力的体现。有的下属平时并不见得有什么过人之处,但在一些领导非常关注的场合下,他却表现得尽善尽美,受到领导的赞赏,不能不说他高明。

只要你智勇双全,又善于把握住关键时刻表现自己,就很容易得到领导的赏识。

突发事件的应急能力

突发事件来势凶猛,整个事件过程发展变化迅速,有时甚至无章可循或者没有先例可以借鉴,而且由于信息不畅通或者不全面,其发展与结果往往带有不确定性,难以预料。加之突发事件巨大的破坏性、危害性及其负面影响,事件一旦发生,时间因素就显得尤为重要。

2007 年 10 月 5 日,受台风"利奇马"的影响,海面风大浪急,广东省台山市下川岛旅游航线停运,3000 多旅客滞留在岛上。在此期间,政府有关部门没有向旅客发布天气信息以及航务信息，导致旅客出现过激行为，拥堵售票口且砸碎玻璃，公安部门维持秩序仍未能控制住局面。到晚上10点，政府有关部门公布该事件的相关信息并作出相应安排，事态才得到平息。

政府是公共信息最大的拥有者和控制者，尤其是在应对突发事件的过程中，政府更是处在核心地位，这使得政府在突发事件的应对中具备了实现信息公开的可能性。而且突发事件具有影响社会秩序的潜在危险，应对必须迅速准确，这更决定了政府信息公开的高度必要性。

2008年7月30日，重庆3名城管当街打死一名摊贩，引起了众怒。此时距北京奥运会开幕时间较近，如果处置不当，极易引发事端。渝中区政府在事件发生后仅5小时，就通过互联网发布了有关这一事件的新闻，让网站率先发出了"政府声音"。事件发生8小时后，即召开新闻发布会，向境内外媒体说明了事件过程，并公布了对3名城管的司法处置情况。由于反应迅速，使谣言没有了生存空间，各媒体都转载和引用发布会内容。一位驻渝的境外记者这样表示："情况政府讲得很清楚，的确也挖不出什么内幕。"

2011年7月4日上午约10时，故宫博物院古陶瓷检测研究实验室科研人员在对古器物部提取的宋代哥窑青釉葵瓣口盘（一级乙）进行无损分析测试时发生文物损坏。

7月30日下午，网友"龙灿"在微博上公布了这一消息，短短三个小时之内，转载次数过万。7月31日，故宫博物院才姗姗来迟地"证实"了这一事件。国家一级文物被损坏，公众的叹息和愤怒可想而知，这一事件的关键不仅在于国宝被损坏，更在于损坏之后，故宫方面迟迟不报。正是因为公开的严重不足，导致故宫多事故，引起社会舆论强烈质疑。

2011年7月23日20时34分，注定会是一个铭记在数以亿计国人心中的时刻，从北京开往福州的D301次列车与从杭州开往福州的D3115次列车在温州方向双屿路段下岙路追尾相撞，造成了几十人死亡，数百人受伤。事故的惨烈，叠加上事故公开存在的诸多不尽如人意，导致公众"质疑追尾"，相关方面疲于"否认"。仅就事故本身而言，并不能说是极致。想想汶川地震、舟曲泥石流两起灾难激发的民族凝聚力，再看看动车追尾事故的舆论口水，两者的差距，不仅仅因为一个是天灾，一个是人祸。很重要的一点，就是突发事件发生后公开的程度和力度不同。

突发事件包括自然灾害和各种人为事故等。它的社会影响大，如何处理它，成为考验领导能力的一个重要方面。因此，领导干部要努力提高处理突发事件的能力。

提高领导干部处置群体性突发事件的能力，既是领导干部全面履行职责的迫切需要，也是加强党的执政能力建设的重要任务，对构建和谐社会起着保障和促进作用。

每临大事有静气

"每临大事有静气,不信今时无古贤。"这是清朝三代帝师翁同龢的名句。意谓面临紧要事情,尤其是人生中重大的事件时,一定要镇静,不要慌张,要处变不惊。

危急之时,领导者的镇定自若,对于稳定局势、安定民心、解除危难起着决定性的作用。每临大事有静气,方是英雄本色。在古人中,东晋的谢安是一个被誉为"每临大事有静气"的典型人物。淝水之战中的东晋大都督谢安,面对前秦苻坚九十万大军的进攻,仍稳如泰山,白天驾车出游,晚上弈棋到深夜。"唯大英雄能本色,是真名士自风流。"他之所以这般从容悠闲,是因为他统观全局,胸有成竹,稳操胜券,充满信心。这种驰骋自如的境界,是一种大将气度。

前秦皇帝苻坚率领几十万大军南犯,晋帝遣谢安为征讨大都督,出兵与苻坚决战,这就是历史上有名的"淝水之战"。谢安命令他的弟弟谢石、侄儿谢玄为前敌总指挥,自己则在后方坐镇。谢安正与人下围棋时,忽然有人飞送前线战报,谢安看了,不说什么,又转向棋盘。客人问何事,他淡淡说道:"前线儿郎打了胜仗。"消息传出,举国欢庆,而谢安仍强压自己内心的喜悦,甚至木屐被门槛磕缺,都没有发现。

史书上记载,谢安有时故意锻炼自己的镇静,有一次他和当时几个名士坐小船,在江上忽然狂风大作,小船在惊涛骇浪里飘摇,众人都吓坏了,急叫船夫靠岸,但谢安却神态悠闲地唱着歌,于是船夫也没靠岸,过了一会儿风浪更急了,大家都吓得站起来,不敢坐着了,这时谢安才从容地说,既然这样,就上岸吧!正因为谢安平时注意修养,才能有淝水之战的从容。

作为一名领导干部,他应能约束自己的情感、掌握自己的心境、控制自己的言行,无论遇到什么刺激,都能保持沉着、冷静,而不产生冲动的行为,不说不该说的话,不做不该做的事。如果不善于控制自己的情绪,一遇刺激就易兴奋、冲动,感情用事,处理问题冒失、轻率,不顾后果,往往把事情弄得更糟,使事态朝着有害的方向发展,这样就不可能完成领导任务。

每临大事有静气,这是一个领导干部应该具备的修养。遇到不平不顺心的事情,要沉得住气,要能像苏洵告诫的那样:"泰山崩于前而色不变,麋鹿兴于左而目不瞬。"只有保持冷静的态度,遇事后才能正确处置,才不会忙中出错。

领导干部的静气,还表现于在复杂问题和突发事件面前要临危不惧、处变不惊。大的风险和灾难突如其来,惊天动地,心理素质过硬的领导者,能处变不惊、镇定自若,有条不紊地带领部属沉着应对。因此,在关键时刻,领导干部一定要镇定自若,要有政策观念,特别是遇到突发事件,一定要从容不迫,要有扭转局面的魄力。面对随时都可能出现的风险和突发事件,领导干部必须加强心理修养,锤炼良好的心理素质。毛泽东有一句诗,"不管风吹浪打,胜似闲庭信步";鲁迅先生有一句话,"泰山崩于前而色不变,炸弹落于侧而身不移"。这些应是领导干部锤炼过硬心理素质、增强定力的努力目标。

每临大事有静气,是一个人综合素质的反映,需要经过多方面的努力才能实现。一个领导者无论遇到什么样的变故,都应保持清醒、冷静和果断,这种清醒、冷静和果断不仅可以稳定自己的情绪,重要的是可能对组织、对社会产生深刻的影响,同时,能给他人一种信念、一种力量。因此,领导干部应当不断加强自己的理智思维的训练,涵养镇定自若、处变不惊、沉着冷静的静气。

通权达变,不拘泥成规

根据实际情势灵活变通,这就是古人所谓的"通权达变"。通、达,即通晓、懂得;权、变,即权宜、变通。通权达变也可以称作"通达权变"。在日常生活中,有很多反映僵化的词语,比如"呆板""顽固""墨守成规"等。很多人之所以做不好自己的事情,其中很重要的原因就是他们不知道变通。

有一年,列宁去某地视察时,遭遇一伙持枪匪徒抢劫。警卫员们拔出枪来,想跟匪徒干一仗,列宁却命令交出随身所带的全部财物。事后,警卫员们都对列宁的表现很失望:贪生怕死,革命领袖的斗争精神哪里去了?列宁却说:要讲斗争策略。随后,他命令地方军区出动一支军队,将这伙匪徒一网打尽。有时扬眉吐气,有时委曲求全,这就是通权达变。

任何事物的发展都不是一条直线。精明的领导者,在于看到直中之曲和曲中之直,并不失时机地把握事物的迂回发展规律,通过通权达变,达到既定的目标。

毛泽东同志在《论持久战》一书中阐述:"灵活,是聪明的指挥员,基于客观情况,'审时度势'(这个势,包括敌势、我势、地势等项)而采取及时的和恰当的处置方法的一种才能。"在战争中,指挥员根据主客观情况,果敢出击,往往能取得预料不到的胜利。在改革的年代,也是如此,一个领导者所处理的事情往往是复杂多变的,高明的处事艺术是根据所掌握的实际情况,不拘泥于成规,从客观实际出发,即兴发挥,灵活行事。

许多领导者走向成功,其秘诀就在于"通权达变"。穷则变,变则通,通则久。遇到困难就要善于变通,只有变通才能克服困难,从而顺利完成任务。由此看来,变通就是领导者化解困难时所必备的手段之一。变通有两大特点:一是根据客观情况的变化而改变自己;二是在深入了解变化的原因后,努力去引导变化,驾驭变化。

日本在丰臣秀吉当政时期,有一天,下起了特大暴雨,河堤溃决。当时,情况非常危险,丰臣秀吉立刻赶往现场,指挥部下抗洪抢险。然而,溃决的河堤必须用沙袋才能堵塞得住,而制作沙袋需要很长的时间,雨势越来越凶猛,水位不断上涨。

就在大家束手无策之时,石田三成跑过来。他打开粮仓,命令将士们用米袋去堵塞堤防的决口。由于这项随机应变的措施,避免了一场溃堤大灾难的发生。不久,雨势渐缓,河水水位也下降了。

这时,石田三成告示村民:如果附近的居民能够制造出可以堵住河堤缺口的沙袋,就用大米做奖赏。村民们纷纷响应,一时间制作了许多坚固的沙袋。因此,在短短的时间内,堤防就修复好了,而且比以前更加结实。看到这种情形,丰臣秀吉赞叹不已。

石田三成的随机应变,给了今天的领导干部一个启示:面对不断变化的事物,要冷静处理,善于变通,这样才能够使问题迎刃而解。大千世界的千变万化,构成了它恒久的魅力。变,才有生命;变,才有魅力。死板拘泥,不懂得变通,自然会给领导工作带来麻烦。

思路常新,勇于创新

通权达变的基本点,是善于根据不同情况做出不同的应对。明朝张恺任江陵县令时,征讨的明军从江陵经过,督军要张恺当天下午立即送几百个火炉和炉架到军中。张恺通权达变,广泛征集方案,并命令木匠把方桌的腿锯去一半,在桌面中央凿个洞,中间放上铁锅,按期交送到军队里,受到了督军的夸奖。不久,军队又要张恺做一千多个马槽。张恺召来县城中会做针线活的妇女,用土布缝成马槽的形状,在槽口部位缀上绳子,再用木桩把布马槽的四角撑开,很快就完成了任务。这种布马槽,喂完马后还可以收卷起来,便于携带。军队不管行进到哪里,马槽都够用。后来,许多军队纷纷效法。

这里还有一则近于黑色幽默的故事:美国铁路两条铁轨之间的标准距离是4.85英尺。这个令人惊奇的标准,究竟从何而来? 原来,这是英国的铁路标准,因为美国的铁路最早是由英国人设计建造的。那么,为什么英国人用这个标准呢? 英国的铁路是由建电车轨道的人设计的,而这个4.85英尺正是电车所用的标准。电车轨道标准又是从哪里来的呢? 其实,最先造电车的人以前是造马车的,而他们是用马车的轮宽作标准。好了,那么马车为什么要用这个一定的轮距标准呢? 因为如果那时候的马车有任何其他轮距的话,马车的轮子很快就会在英国的老路上撞坏的。

这是为什么呢? 因为这些路上辙迹的宽度为4.85英尺。这些辙迹又是从何而来的呢? 答案是古罗马人定的,4.85英尺正是罗马战车的宽度。如果任何人用不同的轮宽在这些路上行车的话,他的轮子的寿命都不会长。我们再问:罗马人为什么用4.85英尺作为战车的轮距宽度呢? 答案很简单,这是两匹拉战车的马的屁股宽度。这个宽度有利于战车的驰骋。

这就是经济学中的一个著名现象——锁定效应。

该效应是由美国圣塔菲研究所研究员、斯坦福大学经济与人口学教授布莱恩·阿瑟提出的。他认为事物的发展过程对道路和规则的选择有依赖性,一旦选择了某种道路就很难改弦易辙,形成行为规划后就很难改变这种规则。

很多人在工作中找不到方法,就是因为我们的想法做法与别人一样,这种习惯性传统性的思维模式,把我们带进了一个找不到通道的迷宫。其实,不妨回头去换一个角度和位置,换一个思维方式,甚至反过来从通常认为荒唐不可取的相反方面去寻找方法,就有可能云开雾散,打开局面。

通权达变有的是由于客观情况的变化,如军事上的随着军情的变化而变更计划;有的可能是因为错综复杂的多方因素,使主事者不得不改变原来的初衷;还有的则可能是原有的计划在实践中行不通,碰了壁,而不得不进行变更。但其最根本之处在于,要从当时的具体情况出发,灵活机动地处理问题,这样才能在关键时刻取得成功。

不必拘泥于原来的局面

无论对于个人还是领导干部来说,求变都是一种极高的应对变局的境界,因为其采取主动,所以往往能变不利为有利,变落后为领先。正因如此,一般人很难达到。对一般领导干部而言,他们更注重的是维护眼前的利益,保持目前状态,一旦发生变化,要么措手不及、一败涂地,要么仓促应变、根基不稳。只有高明之人,才能在其中巧妙应对,化险为夷。

“谋”和“变”都是指大脑的思维过程,对领导者来说,就是体现你的观察力、决断力和操纵力,简而言之,就是看你的适应能力如何。是不是能够随机应变,或者是呆板机械,这也是领导艺术的体现。

对于一个领导者来说,胸怀大志的人,不可能在一个职位上、在一个单位待一辈子。单位和职务的变迁需要领导者必须具备适应环境的能力。每到一个新地方,换一个新单位,面对的是一张张新面孔,接触到的是一个个新问题,这时候,适应能力就显得特别重要。

从1961年建立社会主义制度开始,古巴一直实行严格的计划经济体制。然而,计划经济体制的一系列弊端制约了古巴经济的发展。劳尔·卡斯特罗说,如果古巴现在不掉船头,那就可能要沉没。他认为古巴改革的目的是“使社会主义制度更加完善”,而不是放弃社会主义,要排除激进的“休克疗法”。古巴这种渐进、温和又实在的改革方式,顺应自身发展需要,劳尔·卡斯特罗的求变让古巴百姓对未来充满期待。

来看这样一则故事:那英曾是我国流行乐坛上的一颗耀眼明星。她独具魅力的演唱风格征服了一大批青年人,她演唱并参与创作的一批脍炙人口的力作成为广为人知、风行不衰的流行歌曲。

那英从小就具有非常强的语言模仿能力,在音乐感觉方面也有很高的天赋,这使她有一种学什么像什么的特殊本领。由于她的特殊音色,在她早期的演唱活动中,以模仿而为人所知,她的演唱简直可以达到乱真的程度。

1990 年以后,那英在听苏珊·薇格和赛德等世界级歌星的歌曲中突然有所领悟。她后来说:"我从她们的歌声中发现,流行歌曲的演唱并不就是'西北风'式的唱法,也许在本能的音色上才能唱出真正动人的东西,这给我以很大的启示,她们的风格并不连喊带叫。我恍然大悟,以前总认为只有连喊带叫才能证明自己是个实力派,尤其是从 1988 年到 1990 年这段时间,回头一想真是幼稚和无知。"

从这以后,那英在许多作曲家的帮助下,开始逐渐地脱离了模仿,利用自己的嗓音条件,走自己的路并形成自己的风格。她开始成熟,开始走向一个新的高度,从而使自己的音乐事业上升到了一个新的阶段。

在 1992 年《奥林匹克风》演唱会上,那英与许多海内外知名歌手同台献艺,但此时那英的声音和风格与以往相比已完全不一样了。那英终于找到了最能显现自我个性的声音位置,表现出不凡的实力和良好的发展潜力。

那英的成功告诉我们:模仿只能跟在别人身后,亦步亦趋,终究不会有什么发展;要想使自己有所成就,就必须学会突破自我,不断改变,不断创新。

而对于想成就大事者来说,他们绝不是甘于被动、被外界力量牵着鼻子走的人。他们不仅有处变不惊的胆气、有随机应变的智慧,更重要的是,他们更善于高瞻远瞩,主动求变,掌握先机。

有一则故事:

老鹰是世界上寿命最长的鸟类,它一生的年龄可达 70 岁。要活那么长的寿命,它在 40 岁时必须做出困难却重要的决定。当老鹰活到 40 岁时,它的爪子开始老化,无法有效地抓住猎物。它的喙变得又长又弯,几乎碰到胸膛。它的翅膀变得十分沉重,因为它的羽毛长得又浓又厚,使得飞翔十分吃力。它只有两种选择:等死,或经过一个十分痛苦的更新过程。

它必须经过 150 天漫长的操练,很努力地飞到山顶,在悬崖上筑巢,停留在那里。

老鹰首先用它的喙击打岩石,直到完全脱落,然后静静地等待新的喙长出来。它用新长出来的喙把爪子一根一根地拔出来。当新的爪子长出来之后,它再用利爪把羽毛一根一根拔掉。

5 个月以后,新的羽毛长出来了。老鹰开始飞翔。从而赢得后 30 年的崭新生活。

在我们的工作中,有时候我们必须做出困难的决定,开始一个更新的过程。我们必须把旧的习惯、旧的传统摒弃,使我们可以重新飞翔。只要我们愿意放下旧的包袱,愿意学习新的技能,我们就能发挥自己的潜能,创造新的未来! 领导干部需要的是自我改革的勇气与再生的决心……

不打"太极拳",无功即有过

《菜根谭》里面曾讲过:无过即功,无怨即德。说的是:处世不必邀功,无过便是功;与人不求感德,无怨便是德。李白的《春日醉起言志》有云:"处世若大梦,胡为劳其生。"这种消极遁世思想影响着一些领导干部,他们不思进取,无所事事,满足于做"太平官"'而对群众疾苦漠不关心,整天为自己的"位子、房子、妻子、孩子、票子"着想,见成绩就抢,见工作就推,见困难就躲,当一天和尚撞一天钟。一些干部认为进了政府机关工作就是捧上了"铁饭碗","一杯茶一支烟,一张报纸看半天",工作稳定而清闲。这是典型的无过即功、甘于平庸的心理。一些庸官懒官严重败坏了党和政府的形象。他们"天天都在岗,坐下不动弹,满脸堆起笑,月月领香钱"。

对于平庸,民众的反映最为准确,民众的"口碑"对平庸有着深刻的、形象的刻画。人们这样描绘官场新"官"念:"安排工作,对着稿子念念;检查工作,隔着玻璃看看;项目动工,镜头前面站站;接待上级,酒桌殷勤献献;群众上访,糊弄糊弄劝劝;出了问题,藏藏掖掖按按。"关于如今一些干部的"业绩",人们这样描绘:"事迹登在报上,措施写在纸上,口号喊在嘴上,决心表在会上,利欲挂在心上,精力耗在玩上。"对于"下基层"作秀、搞花架子的昏官庸官,人们这样评说:"下去像个工作的样子,吃饭像个过年的样子,娱乐像个结婚的样子,回家像个打猎的样子。"平庸还大量反映到官场作风上。在老百姓眼中,有些领导者可谓是忽悠、糨糊的高手。"三大法宝"成了"理论联系实惠,密切联系领导,表扬与自我表扬"。有些领导同志工作十分简单,除了会开会,其他什么都不会。

清代纪晓岚的《阅微草堂笔记》中有一则关于庸官的故事,可警之于领导干部。

一位着官服者昂然面见阎罗王,说自己很清廉,"所至但饮一杯水,今无愧鬼神",阎罗王便笑他:"……但不要钱即为好官,植木偶于堂,并水不饮,不更胜公乎?"说的是你虽然清廉,却不是好官,如果没什么作为,那还不如让一个木偶来当官,它连水都可以不喝人家的,比你还强。这位官老爷又辩解说:"某虽无功,亦无罪。"阎罗王数落他:"公一生处处求自全,某狱某狱,避嫌疑而不言,非负民乎?某事某事,畏烦重而不举,非负国乎?三载考绩之谓何?无功即有罪矣。"

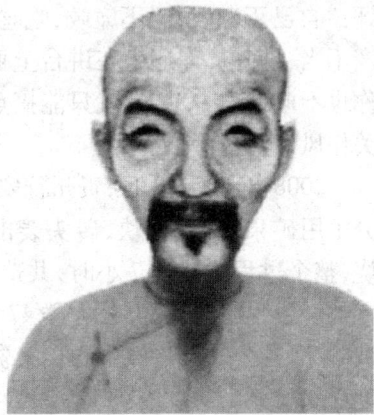

纪晓岚

无功即有罪。上海市委书记俞正声 2009 年 11 月 11 日在上海市委九届九次全会上曾指出，我们应该看到，所有制的多元、价值观的多元、利益主体的多元，必然反映到党内。一些领导干部党性原则不强，奉行好人主义，甚至搞"亲亲疏疏"，对班子和干部队伍中的一些苗头性、倾向性问题不敢抓、不敢管，对一些违纪违法现象不斗争、不批评、不制止。一些同志小富即安，沉湎于天伦之乐，游弋山水之间，只思无过，不顾大局，不求进取。一些同志事业心、责任感不强，见困难就躲、见矛盾就藏，不愿攻坚、不敢碰硬，办事拖拉。这些说明，党内消极腐败现象是严重的，它极大损害了党在群众中的影响力。

俞正声所说的就是要让广大干部明白不尽责就是失职，即使无错也是"过"，是一种消极腐败。

时下部分领导干部的思想状况和工作心态离解放思想、开拓创新的要求有一定差距。有的事事都等上面拿主意、定调子，满足于按部就班；有的该做的工作不做，该抓紧落实的工作亦不落实，整天不思进取，满足于得过且过；更有的满足于老经验、老办法，畏首畏尾、怕得罪人，奉行好人主义，满足于做"太平官"。有的班子面对迫在眉睫的问题，该做的决定不做，有的领导班子仍以所谓的尊重市场选择等似是而非的理由按兵不动，这种干部的观望、拖、耗心态背后的实质是一些领导干部不敢负起应负的责任。也有干部认为，负责任是有政治风险的，还是随大流为好。

邓小平 1979 年就批评过，有些干部在家里办公，"把文件传来传去，尽画圈，这不是官僚主义？有的事画圈画了半年还解决不了，究竟是赞成还是反对，也不知道"。这些保险而无用的"圈阅"或者"批示"，不论后果如何，批示者是不需要负任何责任的。

朱镕基在出任中国人民银行行长期间，曾对银行行政系统的"庸官"提出了批评："自己不勤政，又不廉政，吃吃喝喝，乱批条子，任人唯亲，到处搞关系，把国家财产不当一回事，你还坐在讲台上面做报告，下面能不骂你？更不会照你说的去做。你也不敢处理一个人，就只能搞点福利主义，给大家发点奖金，形成一种庸俗的机关作风，这要害死人。"

2008 年 6 月 28 日，贵州瓮安县发生震惊全国的冲击政府机关事件。一些不法分子用矿泉水瓶、泥块、砖头袭击民警，对瓮安县委和县政府大楼进行打、砸、抢、烧，整个过程持续近 7 小时，共造成县委大楼被烧毁，县政府办公大楼 104 间办公室被烧毁，县公安局办公大楼 47 间办公室、4 间门面被烧毁，刑侦大楼 14 间办公室被砸坏，县公安局户政中心档案资料全部被毁等财产损失；还造成 150 余人不同程度受伤。

在与瓮安的人大代表、政协委员座谈时，贵州省委书记石宗源厉声痛斥了当地一些党员领导干部的渎职行为。石宗源大声问大家："这样的庸官、懒官、拿钱不干活的官，该不该下课啊？"代表委员激动地齐声应答："应该！"石宗源说："对！该下课的统统下课，决不姑息！"

现实生活中,有多少需要迅速处理的大事都耽误在这些"庸官"手里。由于他们的不负责任,出现了多少安全事故,给人民的生命财产造成了多么重大的损失。这从近年来媒体的报道中可见一斑。全国人大代表、黑龙江省纪委原书记杨光洪在谈到官员平庸而导致决策失误时说,2007 年 1 月至 11 月,全国审计机关共查出因决策失误和工程建设、公务消费等活动中的损失浪费问题金额达 271 亿元。

为官是否合格,光有廉洁不行,还得勤政、爱民。如果在其任上,不问官事,只求自保"自全",面对矛盾与斗争,睁只眼闭只眼,打"太极拳",放任发展机遇的丧失,又畏首畏尾,不敢承担责任,等等,这样的官仍然是不合格的,只能是庸官。

中国的干部被称为公仆,做公仆的自然要为人民服务,要接受人民群众的监督和考核。人民叫你上任你就上任,人民叫你退下你就下岗。中央新的五年反腐规划提出建立"公务员正常退出机制",该机制直指贪官、庸官,改变以往官员"只能上不能下"的局面,有利于激发官员队伍的活力。作为监督者,社会公众最有权威。一个官员庸不庸、懒不懒,只有人民群众最清楚。所以,治理庸官懒官,社会公众必须行使监督权。人民是真正的巨人,在他们面前,庸官懒官无以遁形。

领导干部肩上有责任、有使命

朝气,是指一种奋发向上、蓬勃发展的精神。一个具有蓬勃朝气的人,就会生机勃勃、活力四射,就有排除万难、勇于攀登的干劲,不屈不挠、永不言败的斗志。由这股朝气所产生的强大精神力量,反映到工作和事业上,就是积极性、主动性、创造性的充分发挥,就是责任感、使命感、光荣感的不断增强。

作为一名领导干部,需要这样一种精神、一种朝气。不管是焦裕禄、孔繁森,还是郑培民、牛玉儒,在他们的身上,都体现着一种年轻的心态,一种精神的朝气。与之形成鲜明对比的是一种暮气、一种"病气"。暮气,原指傍晚之气,白日将尽。在生活和工作之中,则是指不振作的精神或疲疲沓沓、不求进取的作风。一个人一旦沾染上暮气,意志衰退、精神萎靡、悲观消沉,就会抱残守缺、怨天尤人、不思进取。即使有好的机遇也不珍惜、抓不住,再好的事情也不愿干、干不好。

在干部队伍中,确有一些人沾染暮气,经久不散,表现繁多:

· 有的思想不够解放,缺乏创新意识,没有文件等文件,有了文件等经验,有了经验还要再看看;

· 有的不思进取,因循守旧,对各项改革冷眼旁观,甚至风言风语;

· 有的无事业心,无责任感,工作中没有朝气,在矛盾和困难面前怨天尤人,畏难情绪严重;

· 有的精神状态不佳,工作主动性不强,推一下动一下,不推不动,甚至是推也不动;

· 有的只求过得去,不求过得硬,缺乏争先创优的意识和奋发有为的干劲;

· 有的感叹于"退休尚有时日,提拔已无希望",做一天和尚撞一天钟,得过且过；

·有的在顺境中能够表现出蓬勃朝气，稍一遇到挫折就变得萎靡不振；

·有的倚老卖老，瞧不起比他年轻的，看不惯比他多做事的，容不下比他能干的；

·有的官职不大，官气却不小，大事做不来，小事又不做；

·有的刚到一个新的工作岗位时朝气蓬勃，时间久了就显得动力不足，缺乏斗志……

暮气，不一定与年龄成正比。有的人，年龄虽大，但老骥伏枥，志在千里，青春焕发，壮心不已，执着事业；有的人，正值青壮年，恰是做工作、干事业的黄金时期，却暮气沉沉，胸无大志，对做工作、干事业缺乏热情，毫无兴趣，更无动力，一事无成。

暮气的源头，从表象上看，似乎是自身受到了不公正的待遇，欲望未能得到满足，家庭、生活方面受到了挫折，等等；而从深层次看，还是主观原因：暮气缠身的人，往往心理不平衡，有失落感，往往信念丧失，理想动摇，失去了目标和追求，往往"看破红尘"，得过且过……无论何种原因，都可归结为对生活、对工作丧失信心，理想、信念动摇，因而在事业上无所作为。

领导干部是为人民服务的勤务员，肩上有责任、有使命。人生短暂，工作时间更为有限。为事业、为理想、为百姓，更为自己、为生计，无论从哪方面看，都不应该有暮气。

1.要朝气，不要暮气

要朝气，不要暮气，就是紧跟时代步伐，站在时代潮流的前头，明白差距和落后，有一种时不我待、只争朝夕的紧迫感、责任感和使命感，消除得过且过、不求有功、但求无过的思想；有争创一流的雄心壮志，保持"一日不为，三日不安"的工作劲头，永不自满，永不懈怠，拼命想干事，力争干成事，在自己的工作岗位上，努力创造一流的工作业绩。

要朝气，不要暮气，要经得起现实的考验和利益的诱惑，正确处理好"年限"与"奉献""进步"与"晋职""到站"与"到位"的关系，坦然面对个人得失，始终保持昂扬的精神状态和一流的工作干劲，并且以自身实际行动影响和带动部属尽心尽责，开拓进取，再立新功。把眼光放长远，不断进取，自强不息，一个人就会永远年轻。所有的成绩都会成为过去，但前面的路更长，没有任何理由满足懈怠、止步不前。保持朝气，防止暮气，是时代的召唤，是事业的需要，也是领导干部应有的选择。

2.要锐气，不要暮气

锐气，就是知难而进的英雄气概，是一往无前的坚强斗志，是敢为人先的创新精神。凡成大事者，必有锐气。勾践因锐气而卧薪尝胆，率三千越甲吞吴复国；项羽因锐气而破釜沉舟，使百里秦关终归西楚；岳飞因锐气而壮怀激烈，为还我河山纵横驰骋；共产党人因锐气而指挥人民军队在抗日战争、解放战争中横扫千军、摧枯拉朽。

锐气是朝着既定目标前进的开路先锋,是披荆斩棘、开路架桥的巨斧利器;锐气是战胜疲惫的清醒剂,是使人勇挑重担、突破难关的精神之源;锐气是意志消沉的克星,是克服畏难情绪的法宝。锐气是一个人思想、见识、品行、修养、魄力的综合表现,是一种惜时如金、快马加鞭、只争朝夕的工作态度,更是一种知难而进、披坚执锐、不达目的誓不罢休的坚强意志和拼搏精神。

领导干部要始终保持昂扬锐气,必须活到老、学到老,不断地充实自己的头脑、净化自己的心灵、丰富自己的思想、锤炼自己的意志。只有这样,才能做到心里装着百姓、脑子想着事业,才能逢山开路、遇水架桥,才能勇往直前,到达胜利的彼岸。

解放思想,不怕犯错

有错误的战士还是战士,没有错误的庸人仍然是庸人。朱镕基曾说过,允许在创新过程中走弯路。在国外,一些成功的大企业家对本企业聘用的经营人员,提出这样一条原则:在受聘一年内,允许而且必须犯一次以上的"合理错误",如果做不到这一点,此人第二年将被解聘。风险越大,有时往往希望越大,获利越高。害怕犯"合理错误",谨小慎微,畏惧不前,可能不会犯什么错误,但也永远不可能创新,不可能取得辉煌的成就。

邓小平同志说过,"搞改革完全是一件新的事情,难免会犯错误。但我们不能怕,不能因噎废食,不能停步不前"。对于出自公心,动机纯正,决策符合组织程序的创新失误,要宽容并给予纠错的机会。作为特区的深圳,在改革法制化和鼓励"试错"方面首开先河。2006年7月1日,《深圳经济特区改革创新促进条例》正式实施,该条例规定:"只要改革创新方案制订程序符合规定,个人或单位没有牟取私利、没与其他单位或个人恶意串通,即使工作发生失误、改革创新未达到预期效果甚至造成一定损失,有关人员可予免责。"

革命战争时期,邓小平长期独立或与刘伯承等少数几个人共同全权负责一个方面的工作,有时与中央失去联系,有时来不及请示,有时是中央明确授权无须请示,从而养成了敢于负责的作风和习惯。这是邓小平成功的基本因素之一。敢于负责的一个突出特点就是不怕犯错误。

1992年1月23日,邓小平离开深圳前往蛇口考察。在车上,深圳市负责人李灏又抓住机会向邓小平汇报了深圳近期发展的一些设想。邓小平听完后说:"我都赞成,大胆地干。每年领导层要总结经验,对的就坚持,不对的就赶快改,新问题出来抓紧解决。不断总结经验,至少不会犯大错误。"

李灏回应说:"我们要争取少犯错误,不犯大错误。"

邓小平马上指出:"我刚才说,第一条是不要怕犯错误,第二条是发现错误赶快改正。"

不怕犯错误,是邓小平革命70多年,特别是1975年主持整顿和1977年以来领导中国进行改革开放的一条重要经验。

不怕犯错误,最主要的是要大胆实践。中国革命和中国改革开放,都是前人从未从事过的事业,即使是前人从事过的事业,也因新的情况、新的条件而会有新的变化,同样也要用新的方法来处理。总之,都要从实际出发,从现在的实际出发,根据现在的条件大胆实践。实践是检验真理和是非的唯一标准,是对还是错,只能在实践一段时间之后才能得到证明,因此,首先就要不怕犯错误。

不怕犯错误不仅是一个大胆实践的问题,此外还涉及一个人的见识、胆量、人品和一个组织的作风等一系列问题。

首先还是个人问题,邓小平三次受批判、受处分,还有一次被冷落、被降级使用。对一般人来说,有了一两次这样的经历,就会很怕犯错误了。但邓小平还是不怕,也正因为这样,邓小平也就成了邓小平。否则,早就被历史所湮灭了。当然,对一个组织、一个领导人来说,还是要允许人们犯错误,鼓励人们不怕犯错误,因为绝大多数人还是怕受处分的。但也正因为如此,不怕犯错误又成了成功人士的一大特点。

邓小平把勇于承认错误、勇于改正错误视为中国共产党伟大的一个重要表现,这同样也是他自己伟大的重要表现之一。对改革开放,邓小平说"大错误没有犯,小错误没有断",先后承认过通货膨胀、经济过热等不少错误。特别有名的还是公开承认了两个著名的"大失误""很大的失误",一是教育,一是上海的开发开放。这两个失误并不小。教育失误,不论从思想政治教育还是从教育事业意义上说,都是大失误。上海的开发开放晚了,也非同小可,邓小平非常遗憾地说:"要不然,现在(1992年)长江三角洲,整个长江流域,乃至全国改革开放的局面,都会不一样。"值得注意的是,这两大失误,都是在邓小平已经"半退"和"全退"后总结出来的,这是成功人士共同的一个思维习惯,即经常想一想自己在哪些方面做错了。

20世纪80年代,邓小平同志在回顾往事时说,在我重新出来工作以后,摆在我面前有两种选择,一个是当官(指当太平官),一个是为人民干点事。我选择了为人民干点事,谁让我是一名共产党员呢。相比之下,我们有的干部只想当官,不想干事。主要表现在:上怕"高压线",担心一旦出现工作失误或涉足不合时宜的政策"禁区"会"触电"落马,身败名裂;下怕百姓怨,安于现状,求稳怕乱;横怕遭诬陷,事业未成,反惹一身是非。究其原因是,这些人被"出头椽子先烂"的古训吓怕了,于是谨守"木秀于林,风必摧之;堆出于岸,流必湍之"的处世格言,虽然不能犯大错和小误,却也干不成大事,创不了大业,从政多年,山河不改,面貌依旧,真是愧对百姓。

邓小平早就指出,世界上的事情都是干出来的,不干,半点马列主义都没有。试想,不干,怎么会有三峡大坝、青藏铁路、西气东输、南水北调这些宏伟工程?怎么会有新中国成立60多年来特别是改革开放30多年来我国经济社会发展的巨大成就?所以,"为发展就不要害怕犯错",就是要解放思想,有胆有识,敢想敢干。

作为领导干部,就要在胆识、气魄上不等不靠不要、敢想敢闯敢干、有胆有识、敢于决断、勇于实践,要坚决摒弃循规蹈矩、瞻前顾后、怕担风险的作风。在实干精神上,对认准了的事,雷厉风行,说干就干。在发展理念上要最大限度地放开、搞活,打破旧的体制、机制。在为官的心态上,要有为发展不怕犯错误、不怕担风险、不怕丢官帽,想问题、做事情不是为了求官、保官、升官,要把心思和精力都放在做事上、放在抓发展上。

允许犯错误是以允许改正错误并能够改正错误为前提的。犯错误是在不知错的情形下发生的意外,也就是主观上没有故意。如果说主观上就是故意的明知故犯,这不仅在不允许之列,而且所受到的处罚也会不同。有人打着允许犯错误的旗号贪污受贿1000万元以后再想改正,这显而易见是片面的诡辩论,不仅是故意犯错误而且是故意犯罪了。虽然允许犯错误,这也是一种无奈,但人还是不犯少犯为好,特别是不能犯原则性的错误,也就是说,允许犯错误不是任何人犯错误的理由。

毛泽东说过,"完全不犯错误的人在世界上是从来没有的"。既然一个人"不犯错误"不可能,那么人与人的差别就不在于是否犯错误,而在于犯错误的"多少"与"大小"(或"轻重")。作为党的领导干部,一旦犯错误,所造成的影响普通群众不可相提并论。凡事考虑怎样才能"少犯错误"和"不犯大错误"便是领导干部工作中自觉的要求。

第三章　戒浮躁,养静气,实实在在成大器

作为领导干部,力戒浮躁是提高个人素质的重要内容,领导干部遇事要沉得住气,不要急躁,以沉制浮、以稳制躁,才能提高自己的执政能力。要深刻认识"惟静识乃远,惟朴力乃充"的道理,平平淡淡才是真,实实在在方为功。

戒除急躁,潜心静气能成大事

《郁离子》中记录了这样一个故事:在晋国郑国之间的地方,有一个性情十分暴躁的人。他射靶子,射不中靶心,就把靶子的中心捣碎;下围棋败了就把棋子儿咬碎。人们劝告他说:"这不是靶心和棋子的过错,你为什么不认真地想一想,问题到底出在哪里呢?"他听不进去,最后因脾气急躁得病而亡。遇事急躁,心浮气盛的例子还不止这一个。不少领导办事都想一蹴而就,应该知道,做什么事都是有一定规律、有一定步骤的,欲速则不达。

战国时期魏国人西门豹性情非常急躁,他常常扎一条柔软的皮带来告诫自己。魏文侯时,他做了邺县令。他时时刻刻提醒自己,要努力克服暴躁的脾气,要忍躁

求稳求安求静,才在郏县做出了成绩。

当前有些地方的部分领导干部,浮躁之气看涨。有些领导干部热衷于迎来送往,沉溺于酒桌、牌桌,相互间喝大酒、打麻将、拉关系、找靠山,整日花天酒地、浑浑噩噩,分不清天南海北。他们不思进取、不学无术、碌碌无为,深陷在频繁的应酬事务中不能自拔,然而他们对权力地位、功名利禄却有很强的敏锐性,甚至绞尽脑汁、不遗余力。有的急于升迁,工作沉不下底,干事静不下心,心中不解实情,眼中只有权位,在迎来送往中虚耗光阴,在密切联系领导中脱离群众。

有一副对联形容当今某些领导干部的作风,上联是:"上级压下级,层层加码,马到成功",下联是:"下级骗上级,层层掺水,水到渠成",横批是:"数字出官,官出数字"。有些领导"公仆"意识淡化了,使命感没有了,熙熙攘攘,只为名利往。他们相信的,只是左道旁门,只想"曲径通幽",只想投机取巧,由于在价值取向上出了问题,深深地陷入"浮躁"之中,失去了宁静和方向。

情绪急躁看似是一个简单的脾气问题,但从中可以反映出党员干部的党性修养和个人素质。任何一个领导者,要想创造出色的领导绩效,都必须戒除急躁情绪,努力做到沉着冷静,豁达大度。

在明朝宣德和正统年间,赵豫任松江知府。他对老百姓问寒问暖,关怀备至,深得松江老百姓的爱戴。赵豫处理日常事务,有他自己的一套工作方式。每次他见到来打官司的,如果不是很急的事,他总是慢条斯理地说:"各位消消气,明日再来吧。"起先,大家对他的这套工作方法不以为然,甚至还暗地里编了一句"松江知府明日来"的顺口溜来讽刺他。这句顺口溜慢慢地在老百姓中间流传开来,老百姓见到他都叫他"明日来"。听到这个绰号,赵豫总是仁慈地笑笑,从不责备叫他绰号的人。

赵豫曾对人说起过"明日再来"的好处:"有很多的人来官府打官司,是乘着一时的愤激情绪,而经过冷静思考后,或者加以劝解之后,气也就消了。气消而官司平息,这就少了很多的恩恩怨怨。"

"明日再来"这种处理一般官司的做法,是合乎人的心理规律的。以"冷处理"缓和情绪,不急不躁,才能理智地对待所发生的一切,避免不必要的争执,忍一时的不冷静,对人对己都有好处。

有什么样的"心态"就有什么的"气"。领导干部浮躁之气源于存在三种错误、片面的心态:一是唯求仕途的"上进心"。把所做的工作、所取得的成绩,当作当官晋级的筹码,一旦没有达到目的,就牢骚满腹,甚至消沉衰落。二是失去平衡的"攀比心"。总认为自己工作能力强,对别人的经验不顺眼,以我看齐,唯我独尊,甚至跑官要官。三是胸窄眼红的"嫉妒心"。没有远大的理想和长远目标,缺少宽宏大量的胸怀。领导干部要戒除这些浮躁之气。

作为领导干部,不该有浮躁的心理,尤其是面临困难、无法解决问题时,领导浮躁,必将引起组织的不安,这对解决问题无益,却会破坏组织的稳定,还会引起下属对领导的不满,使领导形象受损。

古人云:"神静而心和,心和而形全;神躁则心荡,心荡则形伤。"心浮气躁,则易失心智,使人难以做出正确的决断,不能潜心静气地干自己该干的事,或急功近利、随波逐流,或患得患失、怨天尤人,或迷失自我、身心疲惫。如此不但于工作事业有害,于自己亦是苦不堪言。唯有戒浮戒躁,静思干工作图的是什么,做的是否科学正确,才会不受干扰、不受诱惑,脚踏实地、坚定不移地干下去,如此必心安。安在尽责尽职地实干事、干实事、干成事。

心浮则气必躁,气躁则神难凝

浮躁,按照字面意思理解,就是轻浮急躁之义,是踏实、沉静的反面。浮躁是轻率、浅薄、烦躁,是形式主义、官僚主义的助长剂,是浮夸求名、沽名钓誉的根源。浮躁是一种有害的心态、情绪和精神面貌。古人云:"心浮则气必躁,气躁则神难凝。"所谓"神难凝",引申来讲,就是做人不踏实、做事不扎实,心猿意马,志大才疏。浮躁在不少人身上或多或少地存在着,一些领导干部也染上了这种毛病,所以必须引起大家的注意和反思,并尽力克服。

少数领导干部的浮躁之气主要表现在三个方面:

一是漂。作风漂浮,不务实;只追求对上负责,不愿意对下负责;浮在上面多,深入基层少,决策拍脑袋,办事拍胸脯,出事拍屁股。

二是急。急于升迁,本职工作还没做好,就开始设计自己的"升迁图";在领导面前急于表现,在工作面前急功近利,热衷于"短、平、快",喜欢"显山露水";板凳没坐热就开始跑官要官,在一个岗位上没干几年就急不可耐地往上够,或想方设法调入认为实惠的部门。

三是虚。虚报浮夸,华而不实,拍胸脯完成任务,用水分制造政绩;讲成绩夸大其词,谈问题轻描淡写;爱出风头,经不得批评,看不到自己的不足。

领导干部是党和人民事业发展的骨干力量,其作风如何,直接关系到党的形象。领导干部滋生浮躁,就无法深入实际,难以认识和把握事物发展的客观规律,不愿打基础、使长劲、求实效,甚至拔苗助长、竭泽而渔,最终必然会导致脱离实际,脱离群众,官僚主义盛行,做官当老爷。很难设想,一个浮躁的领导干部能够设身处地地替老百姓着想,与他们同甘共苦、同心同德。

唐朝人皇甫嵩是一个出了名的脾气急躁的人。有一天,他命儿子抄诗,儿子抄错了一个字,他就边骂边喊,叫人拿棍子来要打儿子。棍子还没送来,他就急不可待地狠咬儿子的胳膊,以致咬出了血。如此急躁的人,怎能宽容别人?这样教育后代,能教育得好才怪呢!后来他也意识到这样急躁,气性过大,对人对己都没有好处,便开始学习忍耐。

相反,为人要忍躁不乱行事,于人于事有从容的风度。东汉时的刘宽,就是这样。汉桓帝时,他由一个小小的内史迁升为东海太守,后来又升为太尉,他性情柔和,能宽容他人。有一次,刘宽正赶着要上朝,时间很紧,他衣服已经穿好,夫人想试试他的忍性,就让丫鬟端着肉汤给他,故意把肉汤打翻,弄脏了刘宽的衣服。丫鬟赶紧收拾盘子,刘宽表情一点不变,还慢慢地问:"烫伤了你的手没有?"他的性格气度就是这样。其实汤已经洒在了身上,时间也确实很紧,即便是把失手洒汤的人骂一顿、打一顿,时间也不会夺回来,急又有什么用处呢?倒不如像刘宽那样,以自己的容人雅量,从容对事,再换件朝服,更为现实和有用。

力戒浮躁之气,关键靠领导干部自身主观努力。最根本的是要坚守做人的操守、从政的道德和党员的标准,把浮躁转化为提高个人素质和做好工作的紧迫感。

1.保持一颗平常心

在当官的问题上,没有哪个位置是先天给谁准备好的,领导干部走到今天的岗位,大多是靠自己的真才实学和实绩上来的。上来了就有更大的展示舞台和发展空间。领导干部应当树立新的奋斗目标,更加谦虚谨慎。

保持一颗平常心,不是说什么事情都平平常常,要做到宁静,更要做到致远。要化急躁为急迫,在日常的学习、工作和生活中保持紧迫感,增强进取心,着急提高水平、着急做好本职工作、着急为党和人民的各项事业添砖加瓦,而不是着急出名、着急当官。

2.用变化的眼光待人做事

领导因为用固定不变的眼光待人做事而导致失败的例子很多,美国陆军五星上将麦克阿瑟在朝鲜战争中就犯了这样的错误,导致美军被中国人民志愿军打了一个措手不及,损失惨重。他自己也因此而被美国总统撤掉了职务,从此结束了他的军事生涯。

在以美军为主的联合国军队参加朝鲜战争的初期,朝鲜军队无法与机械化部队对抗,节节败退。联合国军队很快就打过了三八线,逼近鸭绿江,并不断在中朝边境骚扰中国领空。我国政府一再严正警告美军不要侵犯中国领土和领空,否则中国将参战。但是联合国军总司令麦克阿瑟却毫不在意,他仍用以前的老眼光看待中国军队,认为中国军队只不过是一些不堪一击的乌合之众,而且中国刚经过了多年的战争,中华人民共和国刚刚成立,肯定只是口头上的恫吓,绝对不敢出兵入朝。即使中国军队入朝作战,也肯定会被联合国军轻而易举地打败。基于这样的认识,他不仅完全不顾中国政府的警告,还命令军队加速前进,甚至叫嚣"要在圣诞节前结束战斗"。

我国政府在再三警告没有作用的情况下,果断地派出了以彭德怀为司令员的志愿军入朝作战。此时的联合国军还沉浸在轻松打败朝鲜军队的喜悦中,他们在麦克阿瑟的命令下,贪功冒进,致使两支部队之间出现了很大的空当,我志愿军抓住这个空当，果断实施穿插包围的战术，一举将这两支部队打败，重创了联合国军。听到这个消息后，麦克阿瑟惊得目瞪口呆，半天说不出话来，到这时候，他才知道自己对新中国的军队太不了解了。以老眼光看待中国军队和中国政府使他付出了重大的代价——部队伤亡惨重，防线被迫后退了100多公里。中国人民志愿军取得了入朝后第一次作战的重大胜利。

麦克阿瑟在此次战役后，甚至要求美国政府动用核武器对中国政府进行报复，从而成为一个不折不扣的战争狂人，美国总统最后不得不解除他联合国军队总司令的职务。

此次战役的胜利，固然是志愿军英勇战斗、领导指挥正确的结果，但是麦克阿瑟用老眼光看待刚刚诞生的中华人民共和国，犯了急躁、冒进的错误也是重要的原因之一。

3.求真务实

工作靠实，事业靠干，只有务实、实干，才能有效地解决好浮躁问题。求真务实是消除领导干部浮躁做派的一剂良方。每一个领导干部，都要把个人进步与党和人民的事业发展有机地结合起来，埋头苦干，扎实工作，讲真话，报实情，用"板凳须坐十年冷，文章不写一句空"的劲头去求真知、察实情，用"不到长城非好汉"的毅力去抓落实，推动事业快速发展。领导干部只有在实干中才能体会到人生的乐趣，才能充实地工作、学习和生活，这样浮躁才会退避三舍，真正远离我们。

宁静致远，保持一颗沉静的心

人们往往看到领导干部位高权重，受人尊敬，物质需求和精神需求都得到很大的满足，认为领导干部很开心。实际上，领导干部的心情，有时候并不比普通人好。领导干部有权必有责，在重大决策上有风险，在复杂局面中往往处于风口浪尖，主管或分管的工作出了问题要负领导责任。特别是处在安全生产、公共安全、社会稳定等领域的领导干部，常常神经绷得紧紧的。出现重大安全事故后，一大批领导干部被问责，这种情况从一个侧面反映出领导干部的责任和压力越来越大。

在一个机关里，涉及上下、左右、内外方方面面的关系，领导干部特别是一把手，处于各种利益关系的交织点，领导班子的团结、队伍的凝聚、赏罚的处理都需花费大量精力，矛盾分歧常常有，协调关系很费劲。大矛盾、小矛盾、工作中的矛盾、人际关系的矛盾，通过各种渠道最终汇集到一把手那里。有的问题中层干部、副职能回避，但一把手回避不了。

领导干部还是被人说闲话的对象。在社会生活中，领导干部一般是公众人物，受到人们的高度关注，容易陷入舆论的漩涡。领导干部，不做事可能被人说无能，做事会被说逞能，做了大事说是搞政绩工程。在一个机关内部，有的人工作不好好干，爱打小报告，捕风捉影，热衷于告状，弄得领导疲于应付。在机关外面，有的人在你做事时冷眼旁观,抓住一点小问题就肆意放大,搞得沸沸扬扬。

不同类型的领导干部有各自的难处。年纪大的领导干部,对年轻干部传帮带,有时被人误解为倚老卖老、管闲事,说既不需要老同志扶上马,也不需要送一程。年纪轻的干部,敢创新、有魄力,容易被说成不沉稳不成熟,如果谨慎一点,又容易被说成没出息。女性领导干部职务上晋升得快一些,更容易被说闲话。

古人云:"天下根本,人心而已。"通俗地讲,"心"就是人的思想活动。领导干部"治心",就是要做到政治坚定、思想先进、心理健康、心态平稳、心情良好、心境超脱,以心平知足对己、以心胸博大爱人、以心志刚健做事。总之,通过"治心",达到整治领导思想、严格领导纪律、规范领导行为的目的。

领导干部可以从以下两方面来"治心":

1.治心躁,养心静

一个有能力、有水平的领导,应该是一个很有修养、很有忍耐性的领导。北宋周敦颐提出"静虚则明",强调为官者要"主静",就是要保持一种内心清明、心静如水的心态。静能养生,静能生慧,静能悟道。诸葛亮提出"宁静致远"。也就是说,只有心静的领导,才能看到自己的不足,才能在静中思动、厚积而薄发,从而干出一番大事业。

2.治心浮,保心稳

古人说:"浮名浮利过于酒,醉得人心死不醒。"心浮者难成大器,心浮者难创大业。领导干部克服心浮,主要是要在心理上克浮躁,思想上克浮浅,工作上克浮事,成绩上克浮面。要净化自我,保稳求胜。老子在《道德经》中说,善于带兵的人,不逞勇武;善于作战的人,不易发怒;善于用人的人,对人谦下;善于战胜敌方的人,不与敌人正面冲突。要保心稳,就是要不断丰富自己的知识,不断提高自己的能力,不断修身养性。有知识才能稳己,有能力才能胜任,有智慧才能胜人。

克服急躁最好的方法就是保持一颗宁静的心。能在一切环境中保持宁静心态的人才能冷静地应对世间的千变万化,坦然地对待身边事。领导干部要努力培养自己的抗干扰能力,"任凭风浪起,稳坐钓鱼台"。

有两位著名的画家,一时兴起,相约用同一个题目一起作画,想要看看两人为了一较长短,在彼此认真的脑力激荡之下,会有什么样的杰作产生。他们抽中的题目只有一个字:"静"。两位画家用心冥想了片刻,便开始提笔在画纸上着墨。

过了不久,两人的作品几乎同时完成。第一位画家自豪地将他的画作摊开来,只见长长的画轴上,一片碧绿动人的湖水无尽地延伸开来,湖面不见一丝波澜,岸边的垂柳,婆娑摇曳的倩影,倒映在清澈见底的湖水当中,又似乎留有无尽的低回之意,整个湖畔的画面看来,当真只有一个"静"字得以形容。

第二位画家由衷地夸赞了几句,缓缓地将自己的作品展示出来。

那是一道雨后山中的雄伟瀑布,湍急的水流猛烈地冲向陡峭的山石,颇有万马奔腾的架势；令观看者的耳中，依稀可以听到瀑布不断地传来的隆隆声。

在气势壮阔的瀑布半腰处，有着一处突兀横生的枯枝，正随着水波的冲击，不断地晃动着。而在摇曳不停的枯枝树梢，凌空悬着一个简陋的鸟巢，鸟巢当中正有一双幼小的雏鸟，安详地闭着双眼，沉沉地睡着。对于瀑布巨雷般的声响，雏鸟仿若不觉。

第一位画家呆呆地看着这幅画。不知经过了多少时间，方似大梦初醒一般，轻轻地摇着头，口中讷讷地道："我只能描绘情景，你却能诠释出情境，的确是你高明得多了。"

所谓"静"，是指心界的空灵，不是指物界的沉寂，物界永远是不沉寂的。人生亦是如此，静与闲也不同，许多闲人不一定能领会静中趣味，而能领略静中趣味的人，也不一定得闲。一颗安静的心才能承载梦想，浮躁的人是难以体会到成功意境的，若要抓住成功之手，就一定要克服急躁的习惯。

领导干部要努力做一个沉静类型的领导，沉静类型的领导非常清楚，无论自己权势多大，领导个人的意愿、理想和能力也都只能是决定事态发展的若干力量中的一小部分。因此，他们倾向于用一种非常实际的、着眼于当下的、稳妥低调的、注重团队的方式去迎接各种挑战。其通常采取的基本策略是：静心观察、争取时间、把握时机、变通规则、投石审势、精明出手、巧妙妥协，以克制与谦逊且执着的态度去小心驾驭并实施着基本策略。

如今的社会瞬息万变，人们行事的动机花样繁多，这就要求领导干部在许多情势下都必须要在"两利相权取其重，两害相遇择其轻"中去艰难取舍、在复杂错综的矛盾中困难地去做出抉择。由此，领导干部需要沉稳谨慎，凭着耐心、智慧、耐性、毅力、理性去超越困境并奔向目标。

不踩底线，操守是为官大智慧

操，指品德，品行；守，本义是官吏的职责，后指遵守，奉行。操守，简而言之，就是平素的品行。操守是一种道德要求，过去用来指女人的贞操，现在更多用来指人的精神层面的道德要求，常常被看作是一个人安身立命的基石。《新唐书·裴度传》中就有"神观迈爽，操守坚正"的说法。古代官员是很注意操守的，林则徐说："观操守，在利害时。"古代多有贤明之士，正是在个人利害攸关之际，表现出"财贿不以动其心，爵禄不以移其志"的高尚情操。

操守是心理和行为都善于自律，以正义、正直、正派为自己的精神旗帜和行为导向。反之，见利忘义，见物生欲，见色思淫，见上多媚，见下常欺，是无操守的常见表现。马克思曾说："不可收买是最崇高的政治道德。"人平时的行为、品德就是操守。曾国藩说："士人第一要有志，第二要有识，第三要有恒。有志则不甘为下流；

有识则知学问无尽，不敢以一得自足；有恒则断无不成之事。三者缺一不可。"包拯有诗："清心为治本，直道是身谋；秀干终成栋，精钢不作钩。"气节操守如何培养，应秉持做人做官良知，常修"七慎"（慎始、慎微、慎欲、慎好、慎权、慎独、慎终）之德，常炼"四自"（自重、自省、自警、自励）之道。一定不能走邪线、不能踩底线、不能触红线。

讲操守还要注意小节。唐小说集《玉泉子》一书中记载了这样一则故事：吕元膺在任东都洛阳留守时，有个门客常陪他下棋。有一次，两人正在对局，突然来了公文，吕元膺只好一边下棋，一边批阅公文，门客便趁机偷偷更换了一枚棋子。结果，门客胜了吕元膺。说来也巧，偏偏门客这个小动作让吕元膺看到了。本来，吕元膺赏识他的才气，准备留他在身边供职，这样一来，吕元膺改变了想法，第二天便客客气气地对那个门客说：我这儿难免会耽误先生的前程，还是另谋高就吧！

更换一枚棋子，似乎是一件微不足道的小事，不值得计较。但吕元膺却从这个小动作中发现了对方缺乏诚信。众所周知，不诚信是一种恶德，世间的无数不幸和灾祸的根源，无不是由恶德所滋生、引发的。小节其实不小，小节暴露出来的是人性的善恶，小节可见品行，小节能显精神。

生而为人，不能没有操守。从某种意义上说，操守是作为个体的人被社会和群体认同，并得以自由生存和共处的基本前提。自古以来，对官员的气节操守就有诸多论述。《礼记》上有："临财勿苟得，临难勿苟免。""见利不亏其义，见死不更其守。"……这种气节，这种操守，绝非一朝一夕所能养成，它需要培养！

2007年年初，胡锦涛总书记在中纪委第七次全会上发表了重要讲话，再次指出各级领导干部要"讲操守、重品行，注重培养健康的生活情趣，保持高尚的精神追求"，无疑是吹响了重建社会操守的号角。为官者更当身先士卒，勤政爱民，不负百姓之厚望，钟天地之正气，树官员之楷模，传民族之精神。

改革开放以来，随着经济大潮的涌起，党内有极少数干部，有的甚至是手握重权的领导干部，在金钱和美色的诱惑下，经不起考验纷纷落马了。这些人并不是天生的腐败分子，大多数都出身贫寒，是凭着自己的才干和努力走上领导岗位的。上任伊始，他们都有一番抱负，也取得了非常好的业绩，少有腐败行为。从清廉到腐败大多都经历了一个蜕变的过程，而导致这个过程发生的原因，既有客观上环境及周边风气的影响和行贿者的拉拢腐蚀，更重要的是他们对自己约束不严，没有坚守住操守的最后防线。当成为巨贪被绳之以法时，再"回首沧桑梦，醒时懊悔人"，已为时晚矣。

官大权大，真理也要"大"

马克思主义认为：实践是检验真理的唯一标准。权力是属于政治范畴，而真理是属于认识论的范畴。真理不是来源于权力，而是来源于实践。

官越大，权力越大，认识事物就会越全面、越正确，就越能较多地反映真理和维护真理、发展真理，就会为人民办好事情；矛盾的一面是权力有时与真理完全背离，甚至发生尖锐的对立，在这种情况下，官越大，权力越大，对人民的危害也就越大。所以，有时权力与真理不是成正比例的，甚至会出现官越大真理越少的现象。苏联的赫鲁晓夫在一次参观美术作品展览时，就曾对讽刺他不懂艺术的雕塑家涅伊兹维斯内说过这样的话："我当矿工时不懂，我做基层干部时也不懂，在我逐步升迁的每个台阶上我都不懂，可我现在是部长会议主席和党的领袖，难道我还不懂？"

在现实生活中，有些领导干部一旦官做大了，就开始飘飘然了，以为官越大，就所有的真理全在手中。有些领导干部官升了就脾气长。过去不显山不露水时，见人三分笑，和蔼可亲。一旦挂个什么长，那感觉一个美，立马气粗了，腰板直了，肚子挺了，派头有了，眼里也不大能瞧见人了。颐指气使，在他的一亩三分地，他就是"土皇上"。有些领导干部官升就自以为学问大了，一当上领导，好像立马换了一个人，成了上通天文、下晓地理、无所不知的"全才"。

1964年9月30日，刘少奇给江苏省委第一书记的江渭清写信，严肃地批评了江苏一些领导干部脱离实际、脱离群众的缺点，要求他们下决心长期下去蹲点，听听群众呼声，指出："如果我们不是这样做，则官越大，真理越少；官做得越久，真理也越少。"毛泽东在对刘少奇给江渭清复信的批语中这样写道："下决心长期下去蹲点，就能听到群众的呼声，就能从实践中逐步地认识客观真理，变为主观真理，然后再回到实践中去，看是不是行得通。如果行不通，则必须重新向群众的实践请教。这样就可以解决框框问题，即教条主义问题了，就可以不信迷信了。如果不是这样做，则官越大，真理越少。大官如此，小官也是如此。"

官员是权力的载体，权力容易使人膨胀，使人骄妄。由于权力者掌握着公权，是形式上的公共利益代理者，时间一长，他们很容易自以为是，以为自己是真理的化身。

2008年10月29日晚，深圳海事局党组书记林嘉祥在深圳南山区科技园新梅园海鲜大酒楼晚餐喝酒后，上厕所找不到路，要求正在酒楼玩耍的女孩带路。在进入洗手间时，林嘉祥强行将女孩拉入洗手间，并掐她的脖子，女孩挣脱后告知父母。在遭到女孩父母质问时，林嘉祥态度极其恶劣。"你知道我是谁吗？我是北京交通部派下来的，级别和你们市长许宗衡一样高，和市委书记刘玉浦是山东老乡。我卡了小孩的脖子又怎么样，你们这些人算个屁呀！敢跟我斗，看我怎么收拾你们。""我就是干了，怎么样？要多少钱，你们开个价吧。我给钱嘛！"事后，交通运输部党组决定免去林嘉祥党内外职务。

中央纪委、中央组织部巡视组负责同志曾在做客央视新闻会客厅时说，天津李宝金案是巡视组在与他进行个人谈话时发现的线索。李宝金跟巡视组谈话，吹嘘自己在天津怎么能干，最后说："你们来天津想办什么事儿就找我，市长办不了的事儿我都可以办。"李宝金"办事果断",在天津"没有办不成的事",就是这种霸气、权势、骄横形象,引起了巡视组怀疑,从而进一步发现了李宝金犯案的重要线索。巡视组曾问过跟李宝金熟悉的老板,老板说李宝金当然"能办","你不给他办,他办你"。在霸气的掩护下,李宝金极尽贪钱之能事。

周恩来指出:"官"越做越大,脾气越来越坏,生活要求越来越高。房子越大越好,装饰越贵越好,供应越多越好。领导干部这样,必定引起周围的人铺张浪费,左右的人上下其手。邓小平也指出:在一些单位,有些领导人"官气十足,动辄训人,打击报复,压制民主,欺上瞒下,专横跋扈,徇私行贿,贪赃枉法""不少地方和单位,都有家长制式的人物,他们的权力不受限制,别人都要唯命是从,甚至形成对他们的人身依附关系""……家长制作风,除了使个人高度集权以外,还使个人凌驾于组织之上,组织成了个人的工具"。邓小平认为:"不彻底消除这种家长制作风,就根本谈不上什么党内民主,什么社会主义民主。"

2006年3月4日胡锦涛总书记在参加全国政协十届四次会议民盟、民进界委员联组讨论时指出:"在我们的社会主义社会里,是非、善恶、美丑的界限绝对不能混淆,坚持什么、反对什么,倡导什么、抵制什么,都必须旗帜鲜明。要在全社会大力弘扬爱国主义、集体主义、社会主义思想,倡导社会主义基本道德规范,扶正祛邪,扬善惩恶,促进良好社会风气的形成和发展。要教育广大干部群众特别是广大青少年树立社会主义荣辱观,坚持以热爱祖国为荣、以危害祖国为耻,以服务人民为荣、以背离人民为耻,以崇尚科学为荣、以愚昧无知为耻,以辛勤劳动为荣、以好逸恶劳为耻,以团结互助为荣、以损人利己为耻,以诚实守信为荣、以见利忘义为耻,以遵纪守法为荣、以违法乱纪为耻,以艰苦奋斗为荣、以骄奢淫逸为耻。"

官位、职位像一把魔椅,总在制造幻觉。心理上有些自卑感的人,一坐上去就感觉聪明了许多,能干了许多,人缘也好了,威望似乎也长了不少。于是,独断专行、颐指气使,感觉特好。胡锦涛总书记的"八荣八耻"为官越大真理越少的领导干部指明了改正的方向。

在小事上注意,在小节上检点

"千里之堤,溃于蚁穴。"任何事物都有一个由量变到质变的演变过程,在小事上不注意,小节上不检点,久而久之就会出大格,甚至走上违纪违法的道路。一些领导干部在走上违纪违法道路时,大多存有"不会被发现"的侥幸心理。第一次面对不义之财时都是忐忑不安的,经过一番激烈的思想斗争,最终经不住诱惑,以"仅此一次,下不为例"为由自我宽慰;初次染指尝到"甜头"后,发现一切太平,又以"已有先例,没啥可怕"为由为自己壮胆,结果"胃口"越来越大,在罪恶的深渊里越陷越深。

纵观一些领导干部的蜕变史,虽然职务各有高低、年龄差别较大、学历层次不等,走向犯罪道路的心路历程也不尽相同,但都有一个共同之处:并非一开始就是"狮子大张口",而往往是没有严格执行廉洁自律的有关规定,从接受吃吃喝喝、贪图蝇头小利开始,逐渐私欲膨胀,得寸进尺,发展到大肆收受贿赂,最终大节不保,坠入了犯罪的深渊。

赵士春,男,1951年3月生,沈阳市国税局原局长。因犯受贿罪、巨额财产来源不明罪,被判处有期徒刑十五年零六个月。他悔恨地说:

"我曾经有过令人羡慕的过去。党和人民给了我许多荣誉,但是随着地位的提高,手中权力的增大,我逐渐放松了世界观的改造,放松了自我约束,价值观念开始倾斜,最终陷入犯罪的泥潭。"

"我不是法盲。我的堕落始于没有过好金钱关、人情关,最终成为金钱、人情的俘虏。"

"我为一些有事相求之人办了一些事情,事成之后难免有些答谢。后来我能办到的不再是些鸡毛蒜皮的小事,安排工作、职务升迁,这些难题只要不出大格我都会'帮忙',我和这些人的交往也就逐渐变厚,其实真正变厚的是礼金。利用职务'帮助'他人再接受对方的答谢,成为我走向犯罪的第一步。我的权力被加进了无原则的情感,对'帮忙'后的'回报'贪婪攫取,使我在罪恶的泥潭里越陷越深,最终不能自拔。"

"我当上局长后,权力的监督形同虚设,小事说了算,大事不研究,我混淆了自己的权力和能力,混淆人们对我权力的青睐和对我人格的看中,以为自己能办事,是群众信赖我、支持我,朋友之间的往来'过一点'也没事,最后被'感情投资''套牢'——收了人家的礼,花了人家的钱,自然什么忙都得帮,我得到的是充满铜臭的情感,给出的是腐败变质的权力。有人遇到难题,我用权力为其沟通联络;有人犯了错误,我为其说情开脱;有人犯了法,我也利用权力,尽量使'大事化小'……"

"1996年,一位年轻干部在春节期间给我送来2000元钱,说是拜年,我实在推托不过,收下了。正是这2000元钱没有拒绝,我同该干部的'感情'在不断加深。到我被捕前,他几乎每年都要给我拜年,前后共送了1万余元,我也再没有了开始往兜里揣钱时的忐忑不安。后来以各种各样'得体'理由来给我送钱的人越来越多,一次生病住院,我收受20万元;一次出国,我收受近万元的美金……从忐忑不安地收下人家的烟酒,到心安理得地揣入腰包万元美金,是人的罪恶积累。开始是收单位同事的钱,后来是收企业纳税人的钱,以权谋私的雷池就这样轻松越过,也一步步陷入泥潭。我的罪恶一直持续到被查处前的最后一刻。如果我再干三五年,后果不堪设想,到那时,我恐怕是要掉脑袋了。"

有一本书叫《鹤林玉露》,书中讲了"一钱斩吏"的小故事。崇阳县令发现一库吏(管库的小官)从库中出来,鬓边的巾下藏着一文钱,便要打库吏。库吏喊冤道:一钱何足道,你能打我,还能杀我吗? 县令道:一日一钱,千日千钱。绳锯木断,水

国学经典文库

中华点子库

领导妙点子

图文珍藏版

滴石穿。遂拔剑怒斩其首。"一钱斩吏"的故事给我们的启示是很深刻的。不去说县令斩库吏是不是得当,这个故事说明了领导干部在自我价值的实现过程中,要时刻提醒自己,对于不正之风要做到防微杜渐。

清乾隆年间有位号称"江南第一廉吏"的督抚张伯行,曾说过这样一句话:"一丝一粒,我之名节;一厘一毫,民之脂膏。宽一分,民受赐不止一分;取一文,我为人不值一文。"这番箴言,至今仍振聋发聩,警世醒人。是的,平时我们"吃、喝、拿、收、占"的那一"点",有时也的确算不了什么,但其行为却侵占了"民之脂膏",损害了公仆"名节"。至于那些"小玩玩"的"一点",既有伤民风良俗,又背离道德规范,同时也有损党员干部的形象。

在一些党员干部看来,只要不索人家钱财,不收人家"红包",不包"二奶",平时吃点、喝点、拿点、收点、占点、玩点,属"小儿科",乃人之常情,既谈不上什么羞耻,更够不上违法乱纪。有很多警言格句说得好,"因小失大""小洞不补,大洞吃苦""千里之堤,溃于蚁穴"等,都是"小"与"大","量"与"质"的辩证关系。任何事物的变化不是凭空产生的,都是首先从量变开始的,没有量变做准备,就不会有质变发生。所以,我们每位干部,一定要加强学习,学古识今,高度认清廉政与"小事"的辩证关系,在日常工作和生活中,要冷静思考,谨慎对待每一个对象,每一件物品,每一件事情。要时刻注意守住小节,注意小事,防微杜渐。

明朝海瑞是著名的清官,他一生廉洁、俭朴。海瑞一上任,就明令严禁学生给自己送礼。本来,学生给先生送点礼,是人之常情,微不足道,但是这个"微不足道"也被海瑞堵住了。习近平2007年1月25日在浙江省纪委第十次全体会议上说:有的干部信奉吃点喝点、玩点乐点是人之常情,只要不犯大错误、不搞大腐败,有点小毛病,组织上也会宽容、原谅。正是这种"小节无害"的心理,让他们慢慢放松自我约束,在"温水"中越陷越深。我们要亲商爱商,但要注意分寸,还要学会包公的"黑脸",该拒绝时就要拒绝,不要被人情和面子所累。

海瑞

小节的本意是非原则性的细小事情,但纵观这些年查处的一些干部违法违纪案件,很多都是因为平常不注意小节而逐步滑入犯罪深渊的。

对干部来说,小节不"小",把干部的"小节"管起来,做到干部小违纪时就能及时发现,就有人管、有人抓,以防止其"裂变",滑向违法犯罪。只有把干部的"小节"抓起来、管起来,才能保证干部队伍的清正和纯洁,更好地为民执政。

小节不洁，必将酿成大害，这是事物发展的辩证规律。一瓶酒、一条烟、一餐饭，看似很平常、很普遍，与腐败沾不上边，却往往包藏了祸心、掩藏着陷阱，身为干部、官员，必须时刻对此保持清醒的头脑，做到慎独、慎思、慎为。

有好个性才能有好的执政策略

性格是人格的重要组成部分，是个体在一定社会条件下表现出来的习惯化了的行为反应与情感。培根在论述人的"天性"时说："人的天性虽然是隐而不露的，但却很难被压抑，更很少能完全根绝。即使勉强施以压抑，只会使它在压力消除后更加猛烈。只有长期养成的习惯才能多少改变人的天生气质和性格。"

这里说的个性，不是指一般的脾气性格，而是指领导者内在逻辑结构的个性魅力和工作风格。我们以网上一度流传的"'俞正声风格'为何能震动上海官场"一文为例：俞正声赴沪担任市委书记短短一个月，各级官员已逐渐感受到俞正声那独特的"俞式风格"。在今天的调研中不避讳的"问题"，有可能明天就成了你的"政绩"。俞正声的"提问式调研"，让人感受到了明显压力。在各区县调研时，俞正声不时打断汇报进行提问，内容多是汇报数据和表象背后的深层次问题，并要求汇报者主要谈问题、找差距。俞正声要求党政一把手亲自回答，不得由分管副书记、副区长或者秘书代劳。

这就是俞正声的领导个性。

领导干部要有好个性，首先要摆正自己领导的角色。领导角色，就是指领导者在领导活动中，按照所处的领导地位、身份相一致的权利规范和行为模式要求，扮演的特定人物。这就是说，领导角色要求领导者应该成为一个什么样的人。

2006年1月28日，也就是农历除夕的那一天，胡锦涛总书记来到地处山区的陕西省安塞县沿河湾镇侯沟门村看望农民群众。他走到一位老红军面前，紧紧握着老红军的手，怕老人听力不好，便大声介绍自己说："我是胡锦涛！"

2006年7月23日，胡锦涛总书记专程来到北京军区总医院，看望具有杰出贡献的军医华益慰。在病床前，胡锦涛总书记俯下身子，握住华益慰的手亲切地说："华老，我是胡锦涛，我来看望您！知道您的病情，我心里一直惦记着。"

这些情景通过电视传播到千家万户，很多人为"我是胡锦涛"这一自我介绍而感慨万分。

2006年12月，零点研究咨询集团公布了中国第一个针对省市长公众支持度的实验性调查结果。此次调查对大中城市（其中5个是省会城市）的1592名16～60岁常住居民进行了入户访问，结果显示，近七成受访者无法正确说出本省省长的姓名。这种调查结果提醒官员，不要自视过高。虽然你位高权重，风风光光，但人民群众不一定认识你。因此，官员们要向胡锦涛总书记学习，多向普通老百姓介绍介绍自己的姓名。这是谦虚谨慎、平等待人的具体表现,也有助于人民群众认识你。

此外,领导干部要保持好的个性还有:

1.不人云亦云

长期以来,从政者中"人云亦云""随大流"的现象比较严重。官员们比较习惯左看右看,上看下看,大家都这么认为,我也就这么认为;大家都这么做,我也就跟着这么做。领导干部是社会上的精英人物,水平高,理性强,不应该盲目从众。但有些领导干部还是遇事不能冷静清醒,对形势不能进行客观正确的分析,因而也会人云亦云、盲目追风赶潮。或套用左邻右舍的方法、踏着别人的脚步走;或不顾国情、把国外的东西生搬硬套拿到国内来推广。从20世纪80年代的"村村点火,户户冒烟",到前些年的办"开发区",搞"房地产","建广场""上项目",再到近几年的"拉郎配组建集团、卖企业"等,都是跟风跑、随大流。拔苗助长的故事讲了两千多年,但人们还是经常重复这样的错误。

2.闻过则喜

有这样一则故事:作为森林王国的统治者,老虎几乎饱尝了管理工作中所能遇到的全部艰辛和痛苦。它终于承认,原来老虎也有软弱的一面。它多么渴望可以像其他动物一样,享受与朋友相处的快乐;能在犯错误时得到哥们儿的提醒和忠告。

它问猴子:"你是我的朋友吗?"

猴子满脸堆笑地回答:"当然,我永远是您最忠实的朋友。"

"既然如此,"老虎说,"为什么我每次犯错误时,都得不到你的忠告呢?"

猴子想了想,小心翼翼地说:"作为您的属下,我可能对您有一种盲目崇拜,所以看不到您的错误。也许您应该去问一问狐狸。"

老虎又去问狐狸。狐狸眼珠转了一转,讨好地说:"猴子说得对,您那么伟大,有谁能够看出您的错误呢?"

和老虎一样,许多领导也时常会体味到"高处不胜寒"的孤独。由于组织结构上的等级制度,领导和部属之间隔着一道深深的鸿沟。所有的部属对你的态度,都像对待老虎一样敬而远之。这是因为:指出你的错误容易,可万一你恼羞成怒,他们不是自取其祸吗?更何况,由于立场不同,有些部属不仅不会阻止你犯错,反而会等着看你的笑话。更有甚者,个别有野心的下属可能等的就是你倒台的这一天,他正好可以取而代之。

作为领导,要学会闻过则喜,要把敢于提出批评意见的人当朋友,文过饰非,一时保住了面子,但人们不再对你说真话,朋友也就越来越少。

1960年冬,湖南华容县生产队长贺凤生到北京向毛泽东告御状。

贺凤生是个心直口快的人,一见毛泽东就把憋了一肚子的话全倒了出来:"主席,您晓得农村现在的情况吗?您想不想听听这些情况?"

毛泽东高兴地说："好哇，我正需要听听这方面的情况，越具体越好，要真实情况，不要掺水，有一说一，有二说二，只有贺晓秋的儿子才有这么好的礼物送给我。"

贺凤生不假思索地掏出一摞子"大跃进"集体食堂油印餐票递给毛泽东，说："主席，我想请您到我们那里去吃几餐钵子饭，吃食堂饿死人啦，食堂不散我不回去了。"

"好一个开头炮。"毛泽东诙谐地说，并催道："讲下去，讲下去。"

贺凤生讲了很多："现在的干部都兴放卫星，不再实事求是，搞假场面的是英雄，还可以升官。红薯烂在田里犁掉，稻谷不想收放火烧掉。仓里没有几粒谷，还硬说亩产达几千斤。为了迎接上级的检查，把好几块田里的稻谷移栽到一亩田里，还硬说是亩产达几千斤，是'大跃进'带来了大丰收。做假事说假话的那些人，往往升官受表扬，还比群众吃得好喝得好。干部当老爷，严重脱离群众，老百姓饿得要死，只能在背后冲天骂娘。"

毛泽东耐心地听了三个小时，贺凤生流着泪再也讲不下去了。后来，党中央国务院决定，解散大食堂，恢复生产队，坚决制止浮夸风。

毛泽东闻过则喜，与广大群众心连心，使他不但成为人民领袖，而且也成为人民群众的朋友，"我们有多少知心的话要对您讲"，反映了一个时代的心声，并且至今仍在神州大地回响。

不要依附于人，莫做"风派"人物

所谓人身依附关系，这里指上级决定下属的前程命运，下属则把个人前程命运寄托在上级身上的一种不正常的上下级关系。早在 1980 年，邓小平就尖锐指出："不少地方和单位，都有家长式的人物，他们的权力不受限制，别人都要唯命是从，甚至形成对他们的人身依附关系。"这是一种极不正常的现象。中共党内同志之间是平等的关系。"不应当把上下级之间的关系搞成毛泽东同志多次批评过的猫鼠关系，搞成旧社会那种君臣父子关系或帮派关系。"随着政治体制改革的深化，这种情况有所改变，但一些地方和单位党内实际存在的人身依附关系，并没有完全消除。

在现实生活中，人们耳边不是经常可以听到"谁是谁的人，谁和谁是一条线上的"这样的私下议论吗？一些人离开靠山站不住，离开后台立不直，总想把自己当成某位领导的人。一些人心目中只有领导，兴奋点集中于领导，万事以领导之是非好恶为是非好恶。这是干部个人的利益观、价值观不正确。他们认为上司握有"生杀予夺大权"，就等于扼住了下属的咽喉，下属不仅要唯命是从，而且越是善于攀龙附凤，越是发迹得快。在现实生活中，的确有那么一些小人容易"得志"，而一些德才兼备、忠诚老实、刚正不阿的干部却是"李广难封"。

事实上，这种追求人身依附关系的做法，不仅不会给个人的成长带来好处，而且还极易断送自己的政治前程。如果把自己一生的兴衰荣辱与政治生命压在哪一个人身上,也许可以得益于一时一事,捞到一些好处,但决不会长久。因为靠人身依附往上爬,走的是一条危险的路,一条"一荣俱荣,一损俱损"的路。你说不定在什么时候就会倒霉,最后落个谁也靠不住,结局往往不妙。

和领导处好关系是理所应当的,但这种关系应当是正常的、健康的,应当是那种思想上互相帮助、工作上互相配合、生活上互相关心的同志式的关系。只有这样,才会赢得领导和组织的信任,自己也会有真正的发展和美好的前程。

与依附于人类似,有的领导干部在政治立场上根据势头左右摇摆,做"风派"人物,遇事迅速改变自己立场或观点。

这些"风派"人物,党性原则不强,政治立场不坚定,趋炎附势、爱看"风向",对党的政策阳奉阴违,对领导见风使舵,对同志两面三刀,影响了党的干部形象,给党的政治生活带来负面影响。"风派"人物的画像是:"风吹两面倒,哪有好处往哪跑""软软腰肢,弯弯膝盖,朝秦暮楚,门庭常改"。这些爱看"风向"的人,常采用察言观色、逢迎拍马、投上所好、打小报告、拉关系等手段来达到个人的目的,有奶便是娘,根本不在乎什么党性修养;是鼠目寸光、泯灭良知、委曲求全和丧失自我的精神侏儒。他们没有自己的立场原则,不会独立思考,谁的权大就依附谁。

在生活中,"风派"人物也被人称为"两面派""骑墙派",说他们人前人后两张嘴,识毛辨色,见风使舵,跟风掀浪,"风吹两面倒",甚至到了不顾原则立场,不分是非曲直,睁着眼睛说瞎话,昧着良心说黑话的地步。这种人做人的原则就是不辨是非、不分黑白、不要尊严、不顾人格,一切只看是否对他个人有利。当然,最后其实也未必对他有利,因为当这种人的丑恶嘴脸被事实揭露以后,他们就将被所有的人抛弃。

风派习气虽然只存在极少数干部身上,但其影响是恶劣的、可怕的。这类人多了,一个地方或一个单位的邪气就会上升,正气就得不到弘扬,就会"一只死老鼠坏一锅汤",就会损害一个单位的风气,甚至贻害一方。

美国总统林肯说过:"最高明的骗子,可能在某个时刻欺骗所有人,也可能在所有时刻欺骗某些人,但不可能在所有时刻欺骗所有的人。"列宁在《决不撒谎!我们的力量在于说真话》一文中警告:"吹牛撒谎是道义上的灭亡,它势必引向政治上的灭亡。"列宁这句至理名言,值得人们记取。自以为变得熟练、玩得顺溜,其实这种经不起众人推敲、考证的小把戏早已或迟早要被人看穿、拆穿!

作为领导干部,首先力争不做"风派"人物,不被风儿左右,进而像中梳砥柱那样挺起腰杆做人,做一个堂堂正正的人。同时,要警惕"风派"人物。"风派"人物多半是小人,小人只图私利,没有远谋,让他们得势,好人就要受气,事业就将被毁。因此,对"风派"人物,要坚决提防之、批评之、远离之。历来的有识之士对其无不嗤之以鼻。尤其是领导干部,更须时刻保持清醒的头脑,引起高度警惕,明是非,辨真伪,勿以喜好取人,善于识别"风派"人物的伎俩,下决心远离他们;要敢于批评"风派"人物,以压邪气扬正气;坚决不起用"风派"人物,使他们失去逐利的市场。

大官小做,热官冷做

当前,有些领导干部急功近利、好大喜功,热衷于铺大摊子,搞大手笔,追求政绩工程、形象工程,结果往往劳民伤财,遗患一方。也有部分党员干部,自认为是无名小卒,一见提拔无望,就消沉萎靡,怨天尤人。凡此种种,不一而足。这都是要坚决防止和反对的。

领导干部要学会大官小做,热官冷做。

所谓大官,就是职位高的官。小做,就是在工作品德上坚持低调、谦虚,在工作思路上坚持"细节决定成败""群众利益无小事"。这"大官小做"说的是,你的官越大越要做一做小官员的事,多下基层。没有了中间官员对原始信息的层层过滤,这就大大降低或消除了信息失真的可能,这样才能够真正了解最底层的民情,从而了解到政策的执行效率如何,了解到广大群众盼望解决的当务之急的是什么等重要资料,以便做出迅速而正确的决策。如此一来,广大群众获得了真正想要的,定会赞不绝口,感恩戴德;官员们也定是以为榜样,认真学习。人心所向,才能"前途无量"。

温家宝身为总理,在地震救援中主动给伤者让路,在中学听课坐最普通的课桌并自己打电话给新华社请求更正自己即兴发言的错误"将火山岩改为变质岩"。从这些小事中,人们看出了总理的亲民爱民,他被人民尊称为"平民总理"。大官小做,不但增进了对群众的了解,增进对群众的感情,也让群众真心接受你。

大官到底怎么小做?

一是不要好大喜功,而要联系实际。好大喜功是一些"大官"的习惯毛病,在现实生活中,一些领导干部喜欢抓"大事",做"大事",不顾所在地方或单位的财力和群众生活水平,搞大广场、上大项目,建无关紧要的"大建筑",劳民伤财,最终留下千古骂名。

二是不要急功近利,而要脚踏实地。急于求成,贪图眼前利益,不愿意打基础利长远,在决策上以牺牲长远利益为代价,对关乎民生的问题如环境、卫生等熟视无睹,对影响群众生活的问题如水、电、路等不屑一顾。这种"大官",深深伤了百姓的心,也损害了党和政府在人民群众中的形象。

邓小平同志指出:"全党要始终把人民拥护不拥护、人民赞成不赞成、人民高兴不高兴、人民答应不答应作为党的一切工作的出发点和归宿点。"为大官而低调做人,不摆官架子,这是大官小做的表现形式;能从思想上平等地对待下属和人民群众,从民生的小事出发,从为群众办"小事"做起,着力解决人民群众最关心、最直接、最现实的利益问题,这是大官小做的最高境界。

说完了大官小做，再来谈谈热官冷做。

何为"热官"，就是那些有职有权的"肥缺"，诸如有拍板权、人事权、财权、审批权等等，一些世人有求而痒眼，本人有利而耀眼的爵位。这"热官冷做"指的是身处要职，手掌大权时不能心高气傲，觉得自己高高在上，"一览众山小"；更忌拉帮结派、狂妄自大、飞扬跋扈。"热官"为人处世须低调，不张扬不招摇，要做到公正廉洁，要净化社交圈，尤其与刻意奉承拍马却心怀不轨之徒保持距离，是为"冷做"。

强势部门的"热官"如果再热上加热，就难免头脑发热，得意忘形。最风光的部门也是风险最大的部门。近些年一些腐败高发、多发领域官员前"腐"后继、相继落马，个中原因即在于此。对"热官"们来说，难免有很多人想亲近你、靠近你，甚至巴结你，这时候你万不可飘飘然。要知道，别人看重你，不是你有多大的能耐，而是你手中有权力和资源。

这就要求领导干部做到以下几点：

一是原则面前冷峻些，在党性原则和大是大非面前保持清醒头脑，顶得住招呼压力，抗得住人情关系，严格按政策法规办事，讲党性、讲原则、讲政治。

二是吹捧面前冷静些，远离趋炎附势的小人、刻意吹捧的别有用心之人。

三是名利面前冷淡些，耐得住寂寞，守得住清贫，经得起诱惑，千万不要把公权当私权用，把找上门来的大款当朋友看，把投怀送抱的美人当知己信，一旦大权在握就利令智昏。热官冷做，才能热出长久，热出精彩。

山东寿光市委原书记王伯祥热官冷做，从寿光离任时，一辆130小货车就拉走了他一家的全部家当，但他离任18年，被群众赞颂了18年，他用自己的行动赢得了人民群众的爱戴。

热官冷做，并非得过且过，而是要心静如水，把官不当官，把官当事做。古代陶弘景老先生有句话："静者寿，燥者夭。"虽说是养生之道，但也说出了为人、为官的道理。对一个身居显位的人，要有"宠辱不惊，任庭前花开花落，去留无意，看天上云卷云舒"的心态。切忌焦安浮躁，耀武扬威。唐太宗李世民感叹道，"人主唯有一心，而攻之盛多，或以辩口，或以勇力，或以奸诈，或以谄谀，或以嗜欲，辐凑而攻之，各求其售，以取宠禄，人主稍懈，或受其一，则为亡随之。"意思是说皇帝自己每时每刻都在面对各式各样的人，用各种各样的手段，在对付他，诱惑他，争得他的宠禄，就像车轮的辐辏一样，只要稍不留神，损其一根就会灭亡。

老子说："祸莫于不知足。"面对那些奸诈者，要横眉冷对；面对那些谄谀者，要从容冷静；面对自己的欲望冲动，要多浇冷水，耐得了寂寞。陈毅早就告诫我们："莫伸手，伸手必被捉。"当官不发财，发财不当官，只有立身唯清，清则无欲，才能在官场上平安无事。

多读书，"以书施政"养静气

古人云："勤学如春起之苗，不见其增，日有所长；辍学如磨刀之石，不见其损，日有所亏。"由于长期忽视学习，致使一些领导干部理论水平低、文化素养差，思想境界不高，工作穷于应付。据中共中央组织部对某省921名县处级以上领导干部、后备干部的调查，有34%的人答不出《共产党宣言》的作者是谁。有的同志迷恋于经验主义，吃经验的老本，一天到晚忙于事务，认为只要凭经验就能干好工作，不屑于学；有的满足于浅尝辄止、一知半解，不肯努力学；有的面对五光十色的社会生活，心浮气躁，目眩神迷，追求金钱，追求享受，没有心思学；有的忙于迎来送往，接待应酬，热衷于到处"考察""取经"、游山玩水"混"日子，没有工夫学；有的沉湎于酒楼饭肆、乐池舞厅，吃喝玩乐，纸醉金迷，忘记了学；有的忙于拉关系、走后门，追求"进步"，谋求"升迁"，没有精力学；有的即便进了党校，也往往是"串串门儿，认认人儿，养养神儿"，不真心学等。

一项调查显示，有近一半的干部在一年中没有读过一本书。不少干部平时基本上不读书、不看报。究其原因，一些同志对读书抱有不正确的态度。有的认为自己现有的知识差不多了，不用读书也能应付工作；有的认为干比学重要，读不读书无所谓；有的认为工作太忙，顾不上读书；有的认为社会上潜规则太多，需要的是关系而不是知识，书读多了反而适应不了社会，照书上的道理做会吃亏。正是这些"差不多""无所谓""顾不上""会吃亏"的思想观念，影响了一些领导干部的读书学习。

读书是一种习惯，更是一种意识。要求领导干部读书，不是要拿本书去装饰门面，去一味地包装，而是要通过不断读书，培养领导干部一种良好的读书习惯和意识，树立起领导干部读书的能力。读书更不能有什么功利性，而应该是领导干部的一种爱好和需要。毛泽东同志经常在床头放一本《史记》，一有时间就去读，并批点；温家宝总理的床头放着一本《沉思录》，许多段落都能背诵。

纵观中国古代历朝官员，他们大多自幼入学，熟读经史子集，以秉持"达则兼济天下，穷则独善其身"的价值信念，将读书当作格物致知、修身齐家治国平天下的永恒追求，并经过多年的严格训育和伏案阅读，终能知晓为人处世之理，感悟治乱兴衰之道。相反，时至今日，中国近半干部在一年之内不会主动读书，其宝贵的阅读时间浪费在"文山会海"和冗长无聊的应酬客套之中。相比于中国古代官员"读书乐道"的旷世情怀，所谓"养心莫若寡欲，至乐无如读书"的价值追求，对如今"厌学""弃学"之风盛行的官场却是极大的反讽。如今的官员其读书好学之心却日渐尘封，他们所关心和牵挂的是其官位能否再上一级，手中权力能否再大一点，并为了巩固和拓展其精心编制的"关系网"，主要精力用在去研究和揣度上级领导的心思,讨好上级领导和做好表面文章成为其为官执政的根本要义,至于读书,已经不再是职业习惯的需求。

事实上,读书提升的是自我精神的品格,渐达高远的是思想的境界,正所谓"人有三宝精气神,腹有诗书气自华"。广东省委书记汪洋则把《世界是平的》从中共中央党校带到重庆,然后再带至在主政的广东,并积极倡导领导干部应带头读书,少一些浮躁喧嚣,多一些笔墨书香,要让城市充满思想的活力,充满知识的动力,充满文化的魅力。

国家发改委原主任马凯则以创作《读书者言(十首)》总结自己对读书的认识和感悟。海南省委书记卫留成则亲自编辑《〈人民日报〉人民论坛文章选编》送给各级领导干部学习。还有宁夏回族自治区党委书记陈建国,在批示中督促官员读书和加强学习。

哈利·杜鲁门是美国历史上有名的总统之一。他虽然没有上过大学,经历过多次生意的失败,在他最终担任政府职务时,已年过五旬,但常年的阅读使杜鲁门的知识变得非常渊博,并拥有坚如磐石般的价值观。在他14岁之前,他就从头到尾通读了好几遍《圣经》,他还一卷一卷地细读了《大英百科全书》,而且还阅读了所有查理斯·狄更斯和维克多·雨果的小说。此外,他还认真读过威廉·莎士比亚的所有戏剧和十四行诗等。

由于杜鲁门的广泛阅读,使他获得了丰富知识,最终使他能带领美国顺利度过第二次世界大战结束后的经济萧条时期,并使美国很快进入战后的繁荣。他懂得读书是成为一流领导人的基础。阅读还使杜鲁门在面对各种有争议的、棘手的问题时,能迅速做出合理的决定。例如,在20世纪50年代初,他顶住巨大压力把人们敬佩的第二次世界大战的名将道格拉斯·麦克阿瑟解职。

他相信:"不是所有的读书人都是一名领袖,然而每一位领袖必须是读书人。"

阅读可以通过洞察力产生力量,并立即转变你的人生,它还可以积聚使人生发生改变的知识。无论采用哪种方式,阅读都能扩大你的视野,并且以各种你所不能预测的方式使你成长。阅读是如此有力量,哪怕是单独一本书,甚至一个简单的句子,都可能重新书写你的一生;阅读是如此有力量,它能让你停止走向死路,完全改变你一生的前进方向。

时代召唤高知识素养的领导者

进入21世纪以来,时代对领导者的道德素质提出新的要求。在一个优秀领导者身上,德和才应该是统一的,相辅相成的。有德无才,无才有德,都不具备优秀领导者的基本条件。

在现实生活中,领导素养不足的报道常常见诸各类媒体。例如,有记者在两会上问人大代表、某地方农业部门负责人,如何看待毒奶粉等食品安全问题接连出现,代表却回答:这么敏感的问题你问我干啥? 同样面对记者的追问,有的领导竟然说:"你是准备替党说话,还是准备替老百姓说话?"……这显然都是缺乏领导应有的媒介素养的表现。

面对今天这个日新月异的世界,人们难免产生一种知识恐慌和本领恐慌。如何正确对待? 毛泽东在延安时期就曾经说过:"我们队伍里有一种恐慌,不是经济恐慌,也不是政治恐慌,而是本领恐慌。过去学的本领只有一点点。今天用一些,明天用一些,渐渐告罄了。好像一个铺子,本来东西不多,一卖就完,空空如也,再开下去就不成了,再开就一定要进货。我们干部的'进货',就是学习本领,这是我们许多干部所迫切需要的。"

知识经济时代,广大领导干部更要有加强学习的紧迫感。身处在社会变革的风口浪尖上的领导干部,应该具备渊博的知识,这是实际工作中迫切需要的。在摄取知识的时候,领导干部不能不考虑其实用性、功效,应时时把社会生活中的各种难题、挑战记在心中,并与自己的知识储存结合起来,发挥其作用。

当今时代,瞬息万变,知识素养的重要性就更加突出了。领导干部只有不断提高知识素养,才能跟上时代的步伐。做领导的最怕什么? 最怕缺乏威信,被下属瞧不起。而一个知识贫乏的领导是难以树立威信的。在知识经济时代,对领导者的知识素质要求越来越高。俗话说:"打铁先要自身硬。"领导者只有具备丰富的知识储备,才能在工作中充满底气,时刻准备应对新的挑战。

广博、完整、严谨的知识结构是领导能力的重中之重。许多领导者在工作中时而能出语惊人,发人之未能发,言人之未能言;或一针见血,语锋犀利,体现出很高的理论素质,其背后就是以广博的知识作为铺垫的。毛泽东作为伟大的革命家,也是学识渊博的学问家。1939 年 1 月他在延安的一次演说中讲:"有了学问,好比站在山上,可以看到很远很多的东西;没有学问,如在暗沟里走路,摸索不着,那会急煞人。"

如果说知识经济是当今世界经济发展的本质特征的话,那么"知识政治"更已成为当今世界的一种大趋势。全球化时代公共事务的繁杂、社会生活的变迁、民主法治和社会公平正义的长足推进,对于领导者群体的学养、知识结构在持续提出新的挑战。

越南现任总理阮晋勇在政坛脱颖而出,他被誉为"越南革新开放的先锋",他总是勇于接受各种挑战,出色的表现使他赢得了越来越多的关注。越南一家媒体评价阮晋勇说:"他是一个有着现实观念的学习狂。"正是由于不断学习、勇于创新的精神,加之多年的积淀,阮晋勇成为潘文凯后总理的不二人选。

在当今,一个领导人合理的知识结构必须包括以下几方面的知识:即社会生活知识、政治理论知识、经济理论知识、管理专业知识和成才创建知识等等。

一个人的知识素养往往可以通过他受教育的程度来加以衡量。当今社会活动

领导妙点子

图文珍藏版

家,包括政治、外交、经济、军事、学术、文化社会等各界的领导人中,受过大学教育的约占71.9%。往往职务越高,受教育的程度也越高。

总之,时代召唤着具有高知识素养的领导者。曾以《未来世界》《第三次浪潮》两书而闻名全球的未来学家阿尔文·托夫勒在他的《权力变移》一书中充分论述了知识对于权力的作用。他认为,高质量的权力来自知识的应用,知识是用途最广的社会控制的根本来源。知识实际上是一切事务的放大器,是未来权力变移的核心。他指出:"知识的控制,是明天世界上的每一个人类机构争夺的关键所在。"

阅读给人力量,树立读书人形象

今天,"学习型社会"的建立,首先得有"学习型"的官员队伍和领导者群体。一名领导者,"书生气"不好,但"书卷气"则是需要的。毛泽东当年曾批评干部队伍中一些人"不读书、不看报","不知有汉,无论晋魏"的状况,今天并未完全改变。领导群体中读书越来越少,是一个值得十分警觉的现象。

2006年4月23日"世界读书日",中国出版科学研究所披露了"国民阅读与购买倾向抽样调查"。结果显示国民中有读书习惯的,只占全部中国人口的5%。读书习惯离人们渐行渐远了。与前几次调查相比,人们认同"读书越来越重要"的比例,降低到1999年首次调查以来的最低点。在图书阅读者中,每人每年平均读书4.5本;与前几次调查相比,读书率呈下降趋势,1999年阅读率为60.4%,2001年为54.2%。2005年为48.7%,国民图书阅读率已连续6年下降。

说到领导干部不读书的缘由,有人会不无调侃地告诉你:"领导多忙呀,哪有时间读书啊?"这话至少包含了三层含义:一是领导不同于一般人,二是领导从来都是很忙的,三是读书不在领导忙的范围。概言之,即领导自然要有比读书学习更紧要的事情要做要忙。论当领导,毛主席当然是中国最大的官;论做事忙,毛主席自然也是为国操劳、日理万机。但毛主席读的书,"却并不一定比一些终生治学的人少,甚至比一些学问家还要多。人们很难相信,这却是事实"。毛主席终生以书为友、与书为伴,强忍父亲的责打也要偷着看书,没有书就是徒步数里地也要借来一读,眼睛不好看不了书就叫身边工作人员读给他听……眼前毛主席的"读书人"形象,无疑是现在领导干部的一面镜子。

读书、学习对每个人都是非常重要和有意义的,对领导者来说,就显得更加重要了。

康熙能成为"千古一帝",深层次的原因恐怕就是他的求知欲望与勤奋治学。他不爱美人爱读书,五更就起床苦读,夜里读书也常常熬夜。不仅使历史上许多庸碌懒惰的皇帝黯然失色,也使那些专为科举考试而读圣贤书的汉族士人相形见绌。多年的苦读精修,不断完善了康熙的治国思想。

培根说过:"读书在于造成完全的人格。"多读一些书,对于提升领导力、提高领导绩效有好处。没有良好的读书习惯,不可能形成良好的领导人格。马克思是读书人,恩格斯是读书人,列宁是读书人;毛泽东、周恩来、刘少奇等老一辈叱咤风云的革命家都是读书人。

《纽约时报》载文(《参考消息》2001年3月16日转)美国开国迄今43任总统中,有22位是爱书人,其爱书的程度,恰与其治国的出色程度成正比。就藏书量而言,老罗斯福达15000册,杰斐逊7000册,菲尔莫干4000册,华盛顿1000册……克林顿书多得在白宫都难找地方安置。他聚书不是为了收藏,而是为了满足阅读的胃口。

在第二次世界大战后美国历届总统中,奥巴马可能是最爱读书的,而且读的书也的确很多。从他自传广博的知识和优雅流畅的语言中也可以看出他的阅读是非常丰富的。美国媒体也认为,他是美国很长时间以来难得一见的"有文化的总统"。2009年暑假,奥巴马来到马萨诸塞州玛莎葡萄园岛,尽管只是一个短暂的暑假,但他制订了详细的读书计划。按照计划,他必须每天阅读300页以上,才有可能顺利完成阅读任务。在这次假期中,奥巴马携5本书,包括历史、环境与推理小说,总计约2300页。

除了度假期间爱看书,奥巴马每天晚饭后,等孩子去睡觉了,总要抽出半小时来看小说。美国人喜欢列清单,面对奥巴马的孜孜不倦,一家名为巴诺的书店专门列出了一个"奥巴马书单"。从这份书单上看,奥巴马看过的书包括历史和传记,如《美国历史的反讽》《罗斯福传》《和而不同》,也包括很多文学作品,如《土生子》《所罗门之歌》《金色笔记本》《莎士比亚全集》《圣经》《白鲸》等。

温总理曾在2003年接受《华盛顿邮报》总编唐尼专访时说:"我最大的爱好就是读书。读书伴随着我的整个生活。"温总理说过:"我非常希望提倡全民读书。我愿意看到人们在坐地铁的时候能够手里拿上一本书,因为我一直认为,知识不仅给人力量,还给人安全,给人幸福。多读书吧,这就是我的希望。"

多学习、多读书、读好书,能让人静心、淡泊、明智。书读多了,知识多了,境界就会相应提高,凡事看得开、想得开,心胸宽阔,有助于树立正确的人生观、权力观、地位观、政绩观、名利观……一句话,读书能让领导者不断提高自身的修养。

位子是干出来的,不是跑出来的

社会上流传着"只跑不送,原地不动;又跑又送,提拔调动"的顺口溜。每到逢年过节,基层公款"跑"官之风最盛,一些地方把"给领导送温暖"当作了头等大事。当然,"跑"官之旅的费用不会是一个小数目。有人说:"公开不如胡来,公正不如进贡,公平不如官评。"

有一则消息,讲的是四川农民杜太平,因为在北京冒充"中共中央组织部处长、局长"，竟然把时任四川省犍为县的县委书记忽悠了，结果因涉嫌招摇撞骗罪被诉至北京市东城区人民法院。杜太平只是四川省仪陇县新政镇大东村的一个农民，他怎么能够把县委书记玩弄于股掌之间呢？就是因为他抓住了某些领导干部想要找靠山、寻求升迁门路的心理。有些干部认为，自己想要得到提拔重用，上面没有人是万万不行的。他们往往苦于想要送礼都找不到门路。在这样的情况下，杜太平出现了，那些人就好像遇到了救星一样，怎么能不如蝇附膻、趋之若鹜呢？2003年，他一次就骗得时任四川省犍为县委书记田玉飞（已判刑）人民币47万多元。

在官本位思想泛滥成灾的今天，一些人为了升官达到了变态、疯狂的程度。河南南阳国税局干部邓军因为痴信和处女发生关系可以升官，而且是越多越好，在不到一年的时间内先后奸污17名16岁以下少女。尤其令人骇异的是：他的犯罪行为后来发展为团伙作案，除他本人之外，其余犯罪嫌疑人，包括和他接触最频繁的人，基本都是16岁以下的少女——而她们又是最初的受害者。"破处见红"与职位升迁之间本来没有任何关系，黄色网站的说法自然是无稽之谈，但邓军却视为秘籍，不惜残害那么多无辜的少女。其结果，不仅升官梦彻底破灭，而且沦为十恶不赦的罪犯。

为什么这么多人热衷于升官呢？如果我们听一听一些贪官的"肺腑之言"，就知道原因了。山东省泰安市原市委书记胡建学说："官做到我这一级，就没有什么能管得着的了。"胡长清则说："当上副省长后，就好像小猫进了牛圈，天马行空，来去自由。"江苏省宿迁市原市委记、开发区党工委书记曾鸿翔甚至如此狂言：当上县级干部后，只要不杀人放火，什么都可以干！当然，一些体制上的缺陷也使这些贪官有恃无恐。

两千多年封建统治的结果，使"官本位"思想在国人的思维意识中根深蒂固。在现实政治生活中，总有那么一些人出于这样那样的动机对官位加以神秘化和偶像化，把官位高低、权力大小作为衡量自身社会地位高低的标准，将其作为自己人生价值的第一杠杆和唯一取向。官场中的一些人对谋取官位使出浑身解数，上演了一幕幕谋官"丑剧"。

有的干部，在追逐权力上施展的种种招数常常使领导眼花缭乱：

·媚。他们专在领导身上动脑筋、用心计，花言巧语，吹吹拍拍，专说悦耳话，善寻痒处挠。

·恭。他们在领导面前表现得温良恭顺，盲目吹捧领导决策正确、思路清晰；曲意逢迎，恭维领导有水平、有能力。

·投。有的人为了实现自己卑鄙的官欲，一味地讨好领导，精心揣摩领导的心理，察言观色，投其所好，以博取领导的欢心。

·送。他们千方百计和领导套近乎，慷慨地进行"感情投资"。他们的"投资"理念是"与其分散'投资'，不如集中'投资'；与其普遍撒网，不如重点捉鱼"。更有

"精明"者,经常把单位的财物向领导家中转移,既不用自己掏腰包,又与领导建立了深厚感情。这样,循序渐进、日积月累,领导者必然受其潜移默化的影响,投资者还少得了加官晋爵、揽权发财的机会吗?

还有些人把"生命在于运动,当官在于活动"作为自己的仕途升迁秘诀。他们四处奔波,为提高自己的职务、级别、待遇,想方设法找门路、托关系。更有甚者,置党纪国法于不顾,搞非法活动拉选票、买选票。曾被新闻媒体披露的一些贿选事件,就是例证。

在众多的谋官者中,"一手交钱,一手交货"的买官方式颇受青睐,可以说是一条屡试不爽的捷径。因此,在当前"拿钱开路"对那些想走捷径升迁的干部们来说,早已不是什么奇闻了。海南省工商局原党组书记、局长马招德在当地卖官还卖出了"诚信"。工商系统内部的人说,只要你舍得"送宝",马局长就会"论钱行事",决不让你吃亏。吴某送了20万元后,马将吴任命为海口市工商局下属的分局任副局长;叶某进贡15万元,马就将叶调任海口市保税区工商局做负责人。琼海市工商局原局长林某献上人民币5万元和港币1万元很快就被提拔为省工商局经检总队副总队长(副处级);白沙县工商局原局长符某来个"中美结合":人民币2万元、美元1万元,也顺利升迁为省工商局商标广告处助理调研员(副处级)。据统计,马招德在担任省工商局局长期间有8人向其进贡近50万元,结果这8人全部拿捏到了马的命门,也就无一例外地得到了提拔或重用。

作为人民选出来的官员,应当对权力的实质主体,也就是人民负责,为人民服务。关于这一点,早在60多年前,毛泽东在《为人民服务》中就已明确指出:"我们的共产党和共产党所领导的八路军、新四军,是革命的队伍。我们这个队伍完全是为着解放人民的,是彻底地为人民的利益工作的。""为人民服务"始终是我党遵循的行为宗旨和权力运行的价值取向。之所以如此,就在于它是我党的立党之本和执政基础。"以人为本"的执政理念就是"以民为本"。2007年,胡锦涛总书记在"七一"讲话中强调,要"把人民的根本利益作为党全部工作的出发点和落脚点"。

那种把人民赋予的权力当作自己升迁工具的官员,往往是"带病提拔"或"带病在岗"的官员。从干部任选的标准看,这种无为人民服务之心的人,不仅没有资格继续为官,而且也根本配不上"共产党员"的称号。组织部门在选任干部时应对这类只会看领导眼色,领会领导意图、阿谀奉承,满嘴涂蜜、只会鞍前马后伺候领导的人提高警惕。

在下民身上做工夫,不在上官眼底做工夫

在今天官场上,下级对上级、特别是对一把手真诚的"诤言""谏言"已十分稀缺,阿谀奉承在不经意间已然成风。有些领导者在他们的上级面前,言辞、行为、表情、动作等各方面,都表现出一种令人难以置信的"自我卑微"。阿谀之风也反映

到各个方面,如对领导活动的报道中,阿谀之风亦浸润甚深,滥词媚词多且烂。例如,"听您一席话,胜读十年书!""高见,高见,您的决策太英明了!"、"您真是运筹帷幄、大手笔啊!"、"有您这样的领导,真是我们的福分!"这些都在相当程度上影响着领导者的整体形象。

有一个年轻的阿谀者,到处阿谀奉承别人,以此度日。有一天,他遇到一位德高望重的老人。老人教导他:"年轻人,不要老是这样混下去,阿谀奉承挣不到饭吃。要学点真本领,才能立足,才能创业,才能发展。"阿谀者点头称是,并说:"要像您老人家一样有本事,人人尊敬,德高望重,多好呀。"老人闻谀大悦,力留阿谀者进餐。

阿谀之风不仅仅只是领导者的形象问题、人格问题,而是关系到官场风气、公共利益、公共绩效乃至关系到国家兴衰的大问题。《尹文子》载:周宣王酷爱射箭,他用的那把弓非常普通,只用三石力气就能拉开。可周围的人都奉承他力气过人,搞得他忘乎所以,不知几斤几两。一天,他命令他的侍卫们试试他用的那把弓,侍卫们都装着只能拉开一半就拉不动了,异口同声地夸赞道:"这真是一把世上少有的硬弓,起码也要用九石力气才能拉开;除了大王,谁有力气能拉开这把弓呢?"周宣王开心极了。他一直到死都以为自己拉的弓是九石硬弓,自己是了不得的射箭高手。

谀上媚上,古今皆然。阿谀历来为古今中外官场之一大恶习,这也更是值得我们深思的地方。明人吕坤说:"古之居官也,在下民身上做工夫;今之居官也,在上官眼底做工夫。古之居官也尚正直,今之居官也尚谀阿。"就是说,古时候的官吏,主要关心的是民众的疾苦;当今的官吏,主要是做样子给上司看。古时候的官吏崇尚正直清廉,当今的官吏竞相阿谀媚上。

今天,在一些领导者群体中,恭维、谄媚、讨好的表情反复上演,十分抢眼。在一定的体制、情境中,此风更甚。至于"是!是!是!"、"好!好!好!"、"对!对!对!"之类的话语,更是极为习常。当然,阿谀奉承之人常常并不是出于内在由衷地对于上峰的臣服,而是出于一种讨好,急于表现自己"忠诚"之类。这当中,又有两种不同:一种是出于纯粹的表演,是一种讨好和迷惑上司的"行为艺术";另一种是以此营利。一个无可否认的事实是,一些才气平庸、干事不力的人却因"好谀"而平步青云。

河南省卢氏县原县委书记杜保乾贪赃枉法,索贿受贿。在被告席上,杜保乾仍摆出做报告的姿态进行"表演",向杜保乾行贿、被传来作证的一名公安局副局长听了杜的"演讲",竟情不自禁地鼓起掌来。杜保乾继父去世,县乡两级机构几乎停止运转,干部们争先恐后到杜家去"吊孝"。一个想升副县职的干部,在杜老大人的灵前呼父叫爹、悲恸欲绝,旁边人劝不住,拉不起。杜保乾用脚狠狠地踢了他两下说:"算啦,我知道啦,起来吧。"至此,这位"孝子"才收住两行热泪。事后,这位认权作父的"孝子"因哭功卓越,被提拔为常务副县长。

历朝历代,阿谀为甚、官员人格普遍低下而导致国家衰败的事情实在是不胜枚举,教训深刻不已。《吕氏春秋》记载,鲁昭公丧失国家逃奔齐国,在谈到自身失败原因时对景公这样说:"谄我者甚众。譬之犹秋蓬也,孤其根而美其叶,秋风一至,根且拔矣。"

鲁昭公对景公说,自己当政时献媚奉承的人十分多。好比秋天的蓬草,草根孤单而枝叶茂密,秋风一到,根子就拔出来了。今天也是如此。凡是阿谀之风强甚的地方,一定风气不正,那地方也不可能真正管理好。

今日之"官场",是为人民服务的场所而非旧日之皇家朝廷;今日之领导者,是为公众谋利的公共管理者而非旧官吏,因此更应该革故鼎新,坚决荡涤阿谀之风、媚上习性,恪守真理,实事求是,还官场以清正气象、树官场之尚正之风。作为领导干部,听信阿谀之言,是非颠倒,到头来,没有不带来祸患的。因此,一个成熟的领导干部,一定要善于拒斥阿谀之言。

百姓可以"作秀",领导要谨慎"作秀"

"作秀"有贬义义项。其主要特征表现在:不实事求是,并且表里不一。譬如,曾身居人大常委会副委员长之职的成克杰说:"想到广西还有 1000 万人还没有脱贫,我这个当主席的觉也睡不好。"背后呢? 伙同情妇合伙贪污人民币 4000 万元。安徽阜阳市原市长肖作新说:"反腐倡廉是摆在我们面前的一项长期任务,要坚决惩治腐败现象,严厉查处贪污贿赂、弄权渎职、敲诈勒索、以权谋私等不法行为。"然而在说这个话的当天晚上,他却"笑纳"了以荣升市长为由的"红包"100 多万元。

现在是个"秀"的时代。人人皆可"秀",唯独官场政治"秀"要谨慎。一些领导干部为了制造轰动效应,吸引公众眼球,在公路沿线,特别是国道边大兴"窗口工程",让南来北往的行人特别是上级领导观赏,留下美好的印象。你追我赶,竞相攀比,大手笔一个比一个气派,超常规一个比一个离谱,跳跃式一个比一个惊险,凭想当然决策,靠单相思拍板,任思维无限放纵,任狂想穿越时空。他们竞相在当政期间搞些"形象工程"来包装自己,作为升迁的本钱,久而久之,形成"谁不造假谁吃亏"的现实,而继任者面对烂摊子有苦难言,索性也变着花样搞政绩,结果是劳民伤财,债台高筑,贻害无穷。这种做法是"贴了干部脸上金,失掉人民群众心"。

为民治国理政毕竟要拼硬功夫、真本事。对那种劳民伤财、误国误民的"秀",更要从制度上坚决制止。归纳起来,主要有以下几种现象:

1.形象工程

安徽省淮南市打算为当地兴建地标性建筑——一座 150 米高的"乒乓球拍"形状的宾馆大厦,外配"足球""篮球"等 4 座体育馆。淮南政府领导表示,政府将不出一分钱,3 亿元资金将全部通过招商引资融资解决。到 2011 年 3 月还没有一家投资商有意投资。

河南省郸城县斥资近千万元建设一条4.5公里长的观光铁路,铁路沿线无任何景点可供观赏。这条观光铁路建成4个月来,一直没投入运营。观光铁路是郸城县委、县政府2010年"以人为本"重点工程之一,但据当地市民说:"去年12月份第一次试车就翻了。"

2011年3月,中国青年报社会调查中心通过民意中国网和新浪网,对1620人进行的一项调查发现,97.5%的人表示自己身边存在形象工程,其中50%的人表示"很多"。

有的人把"做事"当作"做官"的敲门砖,谋官的本领大于谋事,比如某自治区的移民建房,原本是扶贫济困的移民建设项目,由于该镇领导先后两次搞"献礼",镇政府背上了700多万元的沉重债务。为此,该镇挪用上级政府部门安排的专项扶贫款,甚至还挪用了部分群众200多万元的建房集资款。

2011年3月15日,《学习时报》刊登时任中共中央政治局常委、国家副主席习近平题为《关键在于落实》的文章。文章指出,部分领导干部追求表面政绩,搞华而不实、劳民伤财的"形象工程",一些地方和单位"文山会海"屡禁不止,这些行为严重损害党和政府威信、影响工作实效,亟待纠正。

习近平要求说:各级领导干部要牢固树立正确政绩观,把抓落实的出发点放到为党尽责、为民造福上,而不是树立自身形象、为自己升迁铺路;把抓落实的落脚点放到办实事、求实效上,而不是追求表面政绩,搞华而不实、劳民伤财的"形象工程";把抓落实的重点放到立足现实、着眼长远、打好基础上,而不是盲目攀比、竭泽而渔。

2.数字出官

当前,一些官员迷恋、迷信GDP,陷入GDP崇拜不能自拔,唯GDP马首是瞻,究其原因,就是因为GDP是指挥棒。GDP上去了,乌纱帽就会提高了。于是现实中就有一些人弄虚作假,欺上瞒下,贪图虚名,不求实效,玩数字游戏,搞数字政绩。

目前世界上许多国家都强调用体制和法律来保障国家统计的"中立性",强调统计只对客观事实负责,只对数字和法律负责,避免统计和经济研究的科学性受到损害。如挪威中央统计局,虽只是政府的一个部门,但局长从属于文官系列,不受政府内阁更替的影响。挪威中央统计局成立于1876年,到1983年已有107年的历史,而统计局局长只6次易人。这对我国是个很好的借鉴。

3.急功近利

一些单位的领导目光短浅,只愿抓眼前的、有形的、见效快的工作。中原某省一个山区贫困县的县委书记为了在短时间内造出"惊人的政绩",便把目光投向了该县漫山遍野的栎树林。1998年春,他在该县西南7乡镇公路沿线搞起了"食用菌百里长廊",掀起了空前的砍树行动。然后,动员群众铲除公路两侧长势良好的小麦,把香菇架等堆放在公路沿线,目的是便于上级领导参观。按林业资源调查标准计算,毁林 16 万立方米 6400 公顷,破坏了该县的生态环境,给今后经济的发展留下了极大隐患。

"作秀"为何如此盛行? 说穿了,那就是在一些官员看来,"作秀"是赚取政绩资本最为廉价的手段,一言以蔽之:能够引起上级领导注意,博得上级领导好感。作秀能用来造政绩,政绩是升迁的资本。所以一些人挖空心思搞作秀,方法千变万化,行为千奇百怪,构思神鬼难测,手段极其巧妙。

当前,我们的社会和政府正面临着严重的信任危机,官员"作秀"而具有的欺骗性已经严重助长和加剧了百姓对政府的信任危机。这一腐败现象如果不能尽早除根,它的后果必将影响到经济的长远发展。

目前,农村吃不饱、穿不暖,上学无钱买书、得病无钱吃药的人口还很多,据统计还有数千万城镇夫妇双双下岗,缺少最低的生活保障。这是当前国情,也是个令上下揪心的大问题。本来,各地都应结合自己的实际情况,拿出个相对统一、固定的措施,并采用刚性的行政、法律手段,向所有的贫困、失业者施以援手才是正理。可是,某些干部偏偏不这样做。他们热衷的是,在过节前夕,特别是在中国人传统的中秋节、春节等节庆前夕,拿一块猪肉、抱两床棉被、扛三袋面粉,在随员的前呼后拥下和记者的镜头扫射下,满面笑容、和蔼可亲地送往贫困之家或孤寡老人手中。事后,就再也不管不问了。

干部为何会有如此"政绩工程"心理呢?

1.短跑心态

一些领导干部刚上任就急于出政绩,盲目踢出头三脚,以显示自己的能耐,热衷于"短平快"项目,大张旗鼓地招商引资,不惜成本,不顾环保,不计民生。只要能引进项目,什么优惠条件都会答应,甚至与国家大的方针政策相悖,搞土政策。

2.赌徒心态

这种心理,在一些领导看来,是"搏"一回。作为此种经济发展观的主要特征,对 GDP 统计总量的片面追逐扭曲了正常的发展思路,造成了能源、土地、环境等被看作是必要的牺牲品。例如,长三角机场密度已经超过美国的 1/3,以及安徽阜阳在王怀中任职期间,透支地方未来 10 年财力,动员全市人均举债几百元,耗资 3 亿多元修建阜阳"国际化机场"的新闻之后,又出现了财政赔钱也要包机的新闻。2005 年 5 月,面对长期萧条、陷于瘫痪的本地航空市场,河南洛阳市政府决定,财政斥资包租两架波音 737 飞机,恢复开通 5 条洛阳航线,每年预算在 2 亿元以上,三个多月来,财政已经补贴了将近 1000 万元。这种只管播种、不问收获的背后,其实是一种畸形的政绩心理在作祟。

领导干部"作秀"问题,反映的是领导干部的从政伦理和作风问题。在这个问题上,颁布施行的《中国共产党党员领导干部廉洁从政若干准则》中第八条有明确规定。比如，不准搞劳民伤财的"形象工程"和沽名钓誉的"政绩工程"，不准虚报工作业绩，不准以不正当手段获取荣誉、职称、学历学位等利益。这些禁止行为，都是在官员作秀中常见的表现。

原河南省省长李成玉针对领导干部中存在的不正之风，曾讲了这样一段话："我们有些同志，心中没有群众，习惯于对上级负责，不是做事，而是作秀。作起秀来认真到位，驾轻就熟，做起事来却马虎应付；作秀的本事日见长进，做事的本领每况愈下。"对不正之风的批评实在是鞭辟入里。

"作秀"的干部，只图"政绩"，不管百姓。他们"秀"掉了民心，"秀"坏了党的形象，"秀"蚀了群众的根本利益。这种现象如不加以遏制，必将对党和国家的事业造成严重危害。因此，要从源头上杜绝干部"作秀"的现象，不让做事的干部吃亏。全国优秀组工干部王彦生将自己用人导向和做法，总结归纳为干部工作的"四对"原则："对千里马型干部不亏待，让开拓者无忧；对老黄牛型干部不忽视，让实干者无悔；对包青天型干部不挑剔，让公正者无畏；对智囊型干部不嫉妒，让谏言者无虑。"

官员"作秀"，多是为了仕途升迁。2009年，中央出台了党政领导干部考核机制的意见，中央组织部出台了领导干部综合考核评价的三个实施办法。一个意见、三个办法，对改变GDP崇拜，树立正确政绩观，强化部门和干部政治意识、责任意识，确立了新的导向。

温家宝总理在2010年《政府工作报告》中强调指出：坚决避免以扩大内需为名，搞劳民伤财的形象工程和政绩工程。这"避免"二字，让人立即掂量出当下"政绩工程"负面影响的程度和趋势；这"坚决"二字，告知国人中央政府治理、整顿这一问题的决心和态度。

别让低俗、媚俗毁了你的前途

有组数据令人震惊：95%的贪官有情妇，领导干部的腐败60%以上与"包二奶"有关。而官员傍大款的现象也越来越多，与大款老板们为伍，出入豪华酒店，穿名牌，喝洋酒，乐在其中。一些干部四处打听谁升谁降的小道消息，关注领导什么时候生日，领导的爹妈什么时候大寿。一些人追求低级、庸俗甚至反动、没落的所谓"爱好"，沉溺于酒色、赌毒之中的，无异于自掘坟墓："爱"敛财者如胡长清被处以极刑，"好"女貌者如成克杰意志变节，都为这种纸醉金迷的"爱好"作了最好的注脚。一些干部中存在着一种不正常的现象，相互发送、欣赏低俗、不健康的手机短信，不以为耻，还津津乐道。近年来，"荤段子"之类的低俗之风，在领导干部当中非常泛滥，甚至到了非禁不行的地步。

领导干部的低俗媚俗的无聊心态主要表现在：

1.天命心理

一些人认为"风水"可以"造人","地灵"而后"人杰"。有了好"风水",就可以财源广进,仕途大顺。腐败者有的迷信"风水"好坏,有的相信数字、日子吉凶,有的热衷烧香拜佛、笃信占卜算命。可以说,五花八门,丑态百出,穷形尽相。

河北省原省委常委、常务副省长丛福奎为求仕途升迁,曾找一个寺庙的住持给他算命。住持说他有三步高升,一是当省长,二是当省委书记,三是升到国务院。为了受到"神"的保佑,他遍访名山,周游名刹,同时在住宅内设佛堂、供佛像,还专设供道台、供神台,每月初一、十五烧香、念经、拜佛。丛福奎还专程往山西省五台山白云寺,拜谒住持释昌隆,释昌隆为他"灌顶",并赐法号"妙全"。为表示对佛的赤诚,丛福奎将贪污受贿来的大笔钱财捐给寺庙,并送给寺庙住持一部轿车。

2.迷信风水

一些地方主要领导由于政绩不突出,长期得不到升迁,就认为是自己工作的单位风水不好,所以就积极地"补风水"。山西交口县委、县政府机关大院内就曾埋藏有所谓"镇邪"之物:写有符咒的方砖一块、瓦四片,木刻罗盘一个,铜镜一个,砚台一套。"镇邪之物"埋藏在大院正中长达6年之久。它原是6年前,当时的交口县领导请来的一个名叫马明生的风水先生埋的。据马明生说:交口县四大班子所在的机关大院"风水"有问题,县委、县政府所在的主楼偏低,县人大所在的西楼比东楼高,是"白虎压了青龙",不利于主要领导升迁,只要补补"风水",保证县里能出四个地市级、两个省级干部。风水先生马明生也因而得到县主要领导的赏识,一时成为交口的大红人。

3.为色而贪

俗话说,每一个成功的男人身后都有一个伟大的女性。殊不知,在每一个堕落的男人身边,也往往会有一个或几个不知廉耻的女人。从近年来被揭露出来的腐败分子来看,莫不如此。这并不是说贪官身边的哪一个或几个女人坏事,而是想证明一个事实:一个贪官在疯狂聚敛财富的时候,也多半是他疯狂追逐女人的时候。鉴于此,对于美色的诱惑,就成为一个领导干部慎之又慎的问题。

古人对色的态度是很讲辩证法的,他们一方面承认凡人都有情欲,"食色,性也",也就是说食与色是人与生俱来的天性;另一方面又告诫人们:"酒色便佞,乱德之基也,不可以不戒。"不仅如此,古人还树立了若干个拒色的典型,以教范后人引以为道德的楷模。

最著名的当属柳下惠坐怀不乱的故事。古籍上还记载了一个"曹鼎不可"的故事:明代曾有个曹鼎,年轻时任山东泰和县典史,相当于现在的公检法干部。他在一次捕捉盗贼的时候,抓获了一名绝色女贼,由于离县衙路远,夜宿在一座庙中,女贼为逃避惩罚,千方百计以色相来引诱他,三番两次,曹鼎"将把持不住",理智却告诉他"不可"。他将写有"曹鼎不可"的纸条贴在墙上,撕去,又贴上,一连十多次，终于一夜过去，"平安无事"。

"为色而贪"已成为腐败官员犯罪的主要动力之一，他们为了情妇大肆敛财，将手中权力发挥到极致，演绎了一幕幕利用职权换色、买色、养色的丑剧。权生钱，钱生色，他们在物质上得到了极度满足后，便在"色"上动念头，而贪官一旦与贪色有染，立即助长和加剧了贪官贪财的升级与膨胀，恶性循环，从此走上了不归路，自毁了前程和人生。

权能生钱，钱能生色；色胆包天，欲望无边。但是，权力一旦与金钱，金钱一旦与女色为伍，其祸莫大焉。领导干部如果不严格要求自己，最终必将沦为情欲的囚徒。"色"字当头一把刀，为了满足自己的私欲，葬送自己的美好前程乃至生命，孰轻孰重，领导干部应静下心来细算这笔账。

柳下惠

卜卦算命乃属小技，治国安邦方显大能

一个坚定的马列主义者和共产主义者是不会去搞封建迷信活动，不会去搞腐败的。之所以搞迷信活动，是因为他对马列主义失去了信心，而一个人总得有精神信仰，有精神寄托，不信马列主义就要信别的东西，这时候他的信仰就转变成两个"拜"字，一个拜金主义，一个拜物教。求天拜神活动是掩盖在迷信形式下的拜金主义和拜物教。

一些干部把入党和组织的提拔使用当"入股"，指望获得"红利"，有的在贯彻党的路线方针政策的时候，搞上有政策下有对策，不讲党性，不讲原则，只讲有利可图；当党的干部政策强调年轻化时，想尽办法把自己变得年轻，好让组织提拔重用；当强调知识化时，又选择了有利的那一头，如晋升职称为了达到"免试"这个目的，就把自己的年龄由小改大，或者想办法背弃党的原则请人代考，蒙混过关；有的不惜一切代价花公款去买"本科"或"研究生"文凭，好储备被组织提拔的资本；有的到处拉关系、找靠山，跑官要官、买官卖官、造假骗官，这些问题的存在，是个人"私欲"作怪，有了这些私欲，就失去了对党的忠诚之心，"私欲"越膨胀，忠诚之心越微妙，就这些少数领导干部而言，已经丧失了执政资格，更谈不上有什么执政能力了。

我们党的官员干部，受党的教育多年，他们岂不知身为公仆当为民众鞠躬尽瘁，岂不知贪赃腐化与党纪国法水火不容？在这种强大的心理压力下，他们中的一些人寄望于风水，认为将风水方术与政府工程相融合，即可借助巍然的公共建筑获得命运与神灵的庇佑，让自己的行径永世不见阳光，消弭灾祸，长保平安。

2007年6月初,被中纪委通报的山西省粮食局原局长挪用国家粮食储备库资金,在国家级风景名胜区擅自修建专用于接待的宾馆,并在宾馆附近建起了"粮神殿",在殿中为个人歌功颂德、树碑立传;并将各省(区、市)粮食部门负责人的题词刻在石碑或牌位上,与神像一并供奉。升官发财被该局长抽象到了"神坛"的高度,凝聚到公共建筑中,也算是种境界。

常言道:儒治世,道治身,佛治心。卜卦算命乃属小技,治国安邦方显大能。个别领导干部求神拜佛,只是出于利用,而非信奉。有一副寺庙对联讲得好:

贪人财害人命夺人妻坑蒙拐骗,光磕头有何用;

忠于国孝于亲守于法诚信公正,不烧香也无妨。

大凡贪官,都贪得无厌,但贪得过多又心中害怕,于是便求神拜佛,祈求平安,企图借助鬼神逃避法律的制裁,但这只能是自欺欺人。这些人对天理神道倘若还心存一丝敬畏,就应该记住这样的箴言:

泪酸血咸悔不该手辣口毒莫道人间无苦海;

金黄银白但见了眼红心黑岂知头上有青天。

天上并无佛祖神灵,人间自有公理法网,做了伤天害理违法事儿,迟早受到法律惩罚。正是:求佛求神不如求己,多做善事不为恶。

"物必自腐而后虫生。"理想的动摇是最致命的动摇,信念的滑坡是最可怕的滑坡。动摇了政治信仰,丧失了理想信念。理想信念的滑坡是一些领导干部堕落、蜕变的最主要的根源。他们把政治理论学习当作是软任务、虚指标,打着工作忙的幌子逃避学习,或者即使参加学习了也是心不在焉,久而久之在思想意识里,理想信念逐渐丧失,革命意志逐渐衰退,正气被邪气所压制,最终在金钱物欲诱惑面前经不起考验,在大是大非面前迷失了方向,酿成了终身的后悔。

目前一些党员干部的信仰处于信仰的"亚健康"状态,信仰的"亚健康"状态是信仰危机的温床,继续发展下去就会逐渐发生质变;而由质变导致的信仰崩溃,又是产生腐败的根本原因。没有信仰也导致一些干部心理失衡。不少党员干部正是心理的失衡导致了心态的失落和行动的失态。有的是侥幸心理,有的是攀比心理,有的是从众心理。许许多多由失去正常心态而导致的案发后果,不能不令人深思和警醒。

句容市茅山道观中有副楹联说得好:"欺心子莫来点烛,正直神不受赃香。"还有:"贪婪奸邪,任尔烧香亦无益;存心公正,见吾不拜又何妨。""晨钟暮鼓惊醒世间名利客,经声佛号唤回苦海歧路人。"党员领导干部一定要多一点安分心、平常心,多一点得之不喜、失之不忧的平静心境,多一点对社会的奉献和对百姓的爱心,才能使自己处变不惊。若能达到"耕而为食,蚕而为衣,衣食周身,则余天下之财。犹渴者饮河,快然以足,不羡洪流"的境界,也是一种快事。

色是惹祸根苗,远离才是上智

中纪委研究室原副主任刘春锦在广东省委第一批深入学习实践科学发展观活动专题讲座上的一段讲话说:"近年来,发生在党员干部中的经济大案居高不下,占了经济案的77%,受处分的厅局级干部中,党政一把手占49%,90%落马贪官包养情人……"坊间一直流传着这样一句话:"男人有钱就学坏,女人学坏就有钱。"就这些官员来说,有哪个是年轻倜傥,貌比潘安?而这些委身他们的女人,又哪个是半老徐娘、黄瓜老菜?没有,他们之所以能引蜂招蝶,全凭的是权力。权力能给有色女人带来金钱,带来利益,带来享受。于是美女自然如云而至,权色交易,一桩无本生意就做成了。美色的诱惑力对好色男人、有权有势男人实在是太强烈了。正是基于这一点,90%的贪官包养情人才不足为怪。

2006年10月16日《东南快报》发表的一篇文章说:"如今贪官们包二奶、养情妇似乎已成为一种潮流,即大凡'贪绩'卓著的贪官,十之八九都要在其桃色履历表上写上重重的一笔。一些贪官们不仅比别墅、比汽车、比排场、比气派,也比谁的情人漂亮、谁的情人更年轻,谁的情人更有名。'小蜜'居然成为当今一种'有身份、有气派'的标志;更有甚者,有的人到基层视察工作还带着三陪女,以示'风光'。"

古人云:"万恶淫为首。"何谓"淫"?《尚书·大禹谟》"罔淫于乐",淫,过分也。《论语》"乐而不淫""郑声淫,佞人殆",淫,放荡、淫秽;《小尔雅》:"男女不以礼交,谓之淫。"从我国历史实践看,因淫乱误国丧国的屡见不鲜。殷纣王从妲己,周幽王烽火戏诸侯,陈灵公宣淫朝堂,汉成帝纵情声色,唐玄宗沉迷杨贵妃,宋徽宗玩物丧志,完颜亮强占人妻,淫乱宫闱,同治帝骄奢淫逸……凡此种种,没有一个不是从淫乐开始,而以亡国亡身而告终的。

作为现代领导者,应该经得住美色的考验,尤其是男性领导者在与女性下属相处的时候,更应该严格要求自己。正如一位管理学研究者所说:一个好的领导者在管理女性下属时,应嘉奖她出色的工作而不是她出色的外貌;应注重她的思想,而不是她的身材;应认识她的价值,而不要去看她的性别。领导者在与女性下属相处的过程中,由于性别的差异,一定要合理避嫌,要注意时间、地点、场合和自己的言谈举止,使彼此之间的距离不越过正常的工作关系的界限。

首先,不要轻易到女性下属的家里去。家相对于工作场合来说,是一个完全属于个人生活的空间,这个空间是拒绝陌生人的。所以,男性领导者决定到女性下属家里去的时候,一定要慎重。因为一方面这是一种超过了上下级工作关系的人际距离,容易让下属误以为你在有意靠近她;另一方面,对于那些心术不正的下属,这种做法无疑是在给她提供实现不良企图的机会,引发种种问题。再者,异性上下级之间这种私下的接近,处理不好就会引起不良的社会舆论,影响彼此正常的生活。

其次,不单独与女下属去娱乐场所。领导者与女下属相处,要讲究交往的分寸和距离,单独去娱乐场所是不适宜的,特别是一方或双方有了家庭以后。因为这种已超过了上下级之间工作交往范围的行为,很容易出问题。为你的领导形象和你的事业长远着想,还是要洁身自好。

越王勾践为灭吴复国能卧薪尝胆,更谈不上近女色,待功成业就后,不也花天酒地,甚至还遍寻美人,想将施美人计时奉送给吴王夫差的美女西施占为己有。古时一位州官张咏为一名妓女所迷,欲火难耐,急得在屋中转圈,大骂自己"张咏小人,张咏小人",可见此关之难过。

领导干部手中有权有势,本身就遭人羡慕,平常有多少人欲巴结、讨好都没机会,现在只要自己抛个媚眼,还愁无异性主动投送怀抱?再说了,"美人关"本来就是一道魔坎,比"金钱关"更难跨越,有几个贪官见了搔首弄姿的"美女"不是垂涎欲滴?如安徽省宣城市原市委副书记杨枫,不仅利用职务之便,非法收受、索取巨额贿赂,而且同时包养了7个情妇。河南南阳某县公安局的局长陈中天看中了局里的警花,一番权力运作后终于可以行鱼水之欢了,哪知事情终被警花的丈夫知晓,"冲冠一怒为红颜",局长大人生生地被拉下了马!

有些领导干部不贪钱,也可以"六亲不认",不顾情,但是面对秀色可餐的"肉弹",立马变得情不自禁,色胆包天,就是再难办的事在美人的软磨硬泡下也一路"绿灯",这就是"英雄难过美人关"的最好诠释。翻开腐败分子的人生档案,可以说绝大多数都在"美色"的陷阱里栽了跟头。云南省原省长李嘉廷为博情人一笑,大笔一挥,便将300万元财政资金"借"给了情人还债。广西壮族自治区原主席成克杰为与情妇享受余生,收受贿赂和攫取的钱财竟达4000万元之巨。广东省顺德市原一银行行长一次就甩给按摩小姐人民币10万元,民间有"一次按摩费,百户村提留"之说。可想成千上万贪官花在"色"上的钱,几近天文数字。

要经受住美色的考验,也要把握好两条:

1.不要过分自我陶醉

人家看中的并不是你这个人,而是你手中的权,换成张三李四,阿狗阿猫,照样有人去巴结,所以,不要忘乎所以,不知道自己姓什么。"贪官好色,情人捞钱,百姓埋单。"贪官的情人们无一例外,都是权力的情人。她们看中的,仅仅是贪官手中的权和钱。

2.不要以权谋色

感情的东西不能掺杂进权力的因素。如今的腐败分子贪污受贿,其中一大半的原因是因为满足领导者权色交易的需要。要挡住"美色"的诱惑,必须"第一想到不忘本,来自人民莫作恶;第二想到党培养,无党岂能有所作;第三想到衣食住,若无人民岂能活;第四想到虽有功,岂无过失应愧作"。

另外,领导干部还要加强自身素质的提升,应做到:

1.重操守

对自己、家庭、配偶、子女负责,绝不能倒在美女的石榴裙下,反对男女之间拉拉扯扯、关系暧昧,搞不正当的两性关系,与配偶之外的异性始终保持一定的距离,以严谨的作风,规范的行为,检点的生活,塑造共产党员的光辉形象。

2.重品行

加强党性修养,常修为政之德,广胸怀、正人品、讲德性。追求高尚,远离低俗,近君子,远小人,淡泊名利、宁静致远,洁身自好。抵得住侵袭,抗得住腐蚀,保得住人格,守得住节操。

3.重修养

多读书、多看报,多关心国家大事,广泛涉猎、拓宽视野,增长才干,做到活到老,学到老,改造到老。养成良好的生活习惯,培育正直优雅的性格。始终做到自重、自省、自警、自励,慎微、慎独、慎始、慎终。做到忙有成果,闲有情趣,玩有格调。

国学经典文库 图文珍藏版

中华点子库

王艳军⊙主编

线装书局

第四章　贵自重，洁心灵，慎独时刻记心间

慎独，指个人独处时仍能严格恪守道德原则，领导干部不仅在公众场合要注意自己的一言一行，检点自己，就是出入"无人之境"时，在舆论监督不到的"盲区"，也应依靠"慎独"严格要求自己、约束自己。

领导清廉才是持久之道

清廉谈不上高尚，却是一名领导干部职业生涯的底线。《晏子春秋》说："廉者，政之本也。"王文禄《竹下寱言》说："廉者，仕之本。"说的都是一个意思，那就是清廉是领导者政治人格的第一阶梯。

清廉是领导者形象建构的"必要条件"。领导者品格的底线是恪守清廉，所谓"万分廉洁只是小善，一点贪污便为大恶"。如果你想做一名"称职"的领导干部，首先你得是真正的清廉。如果一位领导干部失去了清廉，就失去了民意支持，就失去了从政的基本资格。

作为领导干部，贪图名利是倒霉的根源，两袖清风才不会招惹是非。清初时期，出现了于成龙、张伯行等一大批清官，其中汤斌更是号称清代第一清官。汤斌是著名理学家，宗法程朱，自律极严。他在担任江宁巡抚时，刚一上任，就召集各级官员加以训斥，对贪婪受贿的，轻则强劲罢免，重则抄没家产，累及子孙。经过严厉整治，江宁一时吏治大靖。汤斌死后，谥为文正。

世间万事始于初。加强"官德"修养，保持自身廉洁，关键在于"第一次"。第一道防线如

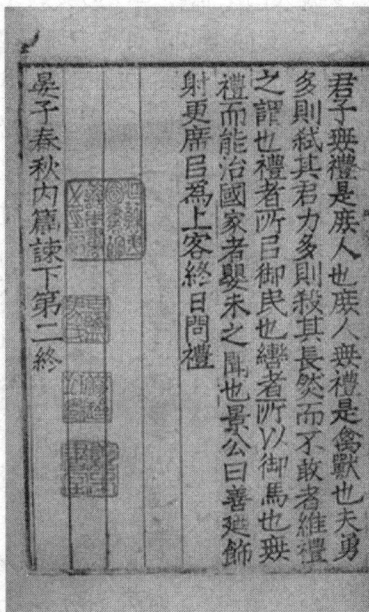

《晏子春秋》书影

果被冲破，往往会"兵败如山倒"；第一道"闸门"一旦被打开，欲望的"洪水"就会一泻千里。由此可见，在不义之财面前，慎重对待"第一次"、果断拒绝"第一次"，对各级领导干部来说是至关重要的。

中国几千年的历史中，确也有一些领导者，以清廉、公正、无私为本，以廉生威，拨乱反正，造福一方，赢得人民的信赖。历史上的包拯就是其中之一。他一生清廉

俭朴。史书说,包拯后来做了大官,地位虽高,可是穿的衣服、用的器具、吃的东西,都和他布衣时没什么两样。据说他被任命陕西转运使后,本该穿绘有新等级标志的"章服"上任,以示尊荣,他倒好,穿着原来的衣服就去了。宋仁宗听说此事,十分赞赏,特地派人骑快马去追包拯,把三品图纹的章服授给包拯。端州盛产砚石,早在隋唐之际,端砚即负盛名。历任官员在向朝廷交纳砚台时,都要借机向民勒索,额外增加数量,结果百姓怨声载道,不堪重负。包拯到任后,一改旧习,命砚工按进贡数制作,自己一块不留,深受百姓欢迎。包拯离任时,砚工特精制一方好砚赠送给他作为纪念,他婉言谢绝,"不持一砚归"。包拯一生如自己所言:"清心为治本,直道是身谋。"晚年时为教育后代,留下遗训:"后世子孙仕宦有犯赃滥者,不得放归本家,亡殁之后,不得葬于大茔之中。不从吾志,非吾之孙。"

清廉就如清朗的天空。澄澈的晴空、白云、蓝天总使人愉悦。在苏联领导人中,安德罗波夫的功过是非历史自有评说,但他"廉洁自律"赢得的良好形象却至今口碑流传。苏联解体后,楼墙上勃列日涅夫和契尔年科的纪念碑被人敲掉,而安德罗波夫的纪念碑迄今仍安然无恙。安德罗波夫住在库图佐夫大街临街的一栋公寓里,一套面积两三百平方米的四居室。身为总书记,安德罗波夫的月薪同其他中央政治局委员一样,1200卢布,相当于当时苏联职工平均月薪的5~6倍。安德罗波夫常常把工资的一部分交给秘书,让他给一所孤儿院的孩子们买衣服。安德罗波夫的一个亲属是某剧团的二三流演员,一般都演配角。但在安德罗波夫出任总书记后,他的这位亲属跟着得到提升,突然演起了主角。安德罗波夫得知后,立即打电话给剧团团长:"为什么您让我这亲属演主角?他还不配!他只能跑龙套!"苏联解体后,几乎所有苏联最高领导人都遭人诟病,安德罗波夫是唯一的例外。不仅如此,他于20世纪30年代—40年代任共青团领导的卡累利阿,2004年6月为他新立了一座3.5米高的不锈钢纪念碑。这是苏联解体后首次为苏联领导人立碑。

世界上因腐败而倒台的政党、领导人不胜枚举。曾轰动全瑞典的"巧克力事件"中,当时担任副首相的萨林年仅38岁,舆论对她政治前途一致看好。但在1995年10月瑞典《快报》披露,萨林"用公务信用卡购买了巧克力等食品"。尽管这位副首相"只是把公家和个人的信用卡用混了而已",并且后来及时作了还款,但在巨大的舆论压力下,萨林被迫辞职。就这样,"巧克力"结束了这名政治家的职业生涯。这就是"清廉逻辑",谁违反这一逻辑,谁就或早或迟要被人民撵下台。

正因廉有如此大用,中国古代就把廉作为好官的主要标准了。《三国志·魏书·李通传》中记载,司马懿提出:"为官长当清,当慎,当勤,修此三者,何患不治乎!"把清廉置于为官的首要条件。南宋吕祖谦在《东莱吕太史别集》中又提:"当官之法惟有三事:曰清,曰慎,曰勤。"还是清廉在先。

在这个物欲横流的社会,领导干部只有抵住诱惑,管住自己的口,管住自己的手,管住自己的人,坚守清廉底线,固守清廉本色,才能理直气壮地扬一身正气,才能胸怀坦荡地执政为民,才能全心全意地服务群众,才能在人民赋予的权力中正确行使职责,实现自身价值,留下千古美名。

不要以为得势而心生贪婪

在一次百兽舞会中,狮子因为舞跳得很好,被推举为王。一只狐狸很嫉妒,看到猎人设的陷阱里有一块肉,就说找到了宝物,但不愿独占,要献给国王,力劝狮子去拿那块肉。狮子听了很欢喜地走了过去,结果掉入陷阱,很生气地说:"你为什么要骗我?"狐狸说:"啊!狮子先生,像你这么愚蠢,怎能当百兽之王呢?"

这个故事说明:那些不假思索便伸手索取实惠的人,注定会失败。不要以为得势便可生贪婪,或天下人都应归顺,将所有的好处都留给自己。在任何一个单位里,若当上领导,应会分辨什么是应得的,什么是不应得的,千万不可来者不拒,从而给别人以可乘之机。官场是有禁区的,官员是有禁忌的。

比如,领导干部要保持八小时内外一个样,从现实情况看,不少党员干部在"八小时之内"能遵纪守法,积极工作,形象比较好,但在"八小时之外"却出了问题。河南省人大常委会办公厅原副主任李国富在忏悔书中写道:"领导干部廉洁自律,管好'八小时之外'的生活最重要。我在称兄道弟的酒场上被捧抬,是在'八小时之外';寻求精神刺激、追求畸形情感,是在'八小时之外';从接受大批现金到低三下四向大款要钱,是在'八小时之外';不惜精力为送了钱的人当'奴隶',也是在'八小时之外'。"可见"八小时之外"最容易出问题。党员干部要保持好"八小时之外"的形象,情趣要高雅,在兴趣爱好追求上应把握好度,傲不可长、欲不可纵、志不可满、乐不可及。

进入公务员队伍,在党政机关担任一定的领导职务,用老百姓的话来说,就是进入了官场。对于官场中人,党纪国法却有着更多的约束,人民群众也有着更高的要求。官场有禁区,官员有禁忌。在这点上,古代的公孙休给现代领导干部做出了榜样。

公孙休在鲁国为相,很有权势。但他奉法循理,无所变更。公孙休喜欢吃鱼,据说每顿饭都是无鱼不欢。全国上下知道了他这个嗜好,就都争着买鱼给他。但公孙休只吃自己买的鱼,别人的鱼一概不收。他的身边人劝他:"先生爱吃鱼,别人送你鱼,却又不要,这是为什么?"

公孙休回答:"正是因为我爱吃鱼,才不接受别人送的鱼。"听的人一脸茫然。公孙休笑了笑,解释说:"道理很简单。我接受了别人的鱼,就要替别人办事;为别人办事,就难免营私舞弊,触犯法律;触犯了法律,我的相国就当不成了。那时候就算我喜欢吃鱼,也不会有人送我鱼了。我又不能自己养鱼,因此就吃不上鱼了。按现在这个样子,我不接受别人的鱼,就不会被免除职务,虽然喜欢吃鱼,凭着自己的俸禄还是买得起的。"

听的人大为服气。

公孙休的道理很简单,实实在在,并不深奥,就是在位者不要贪图钱财;得势时不能占势利者的便宜,这样才能保持长远。但很多人却无法做到这一点。究其实,那些人太贪,又抱有侥幸的心理,总是想吃免费的午餐,但天底下哪有那样的好事?吃别人的嘴短,吃了人家的鱼,就得给人家办事,这样,就会一步步地陷到了里面不能自拔。这些人自以为聪明,其实很愚蠢,但偏偏天底下又多是这种愚蠢而又自以为聪明的人,所以贪污受贿之风代代不绝。其实,这些人吃到嘴里的不是鱼,而是钩上的钓饵。他们才真的是鱼。

有道是"一失足成千古恨",这失足处,往往就是自己心中的"邪念"。俗话说:"吃人家的嘴软,拿人家的手短。"有些人看中了你手里的权力,千方百计贿赂你。你若拒腐蚀,永不沾,自然能堂堂正正,秉公办事。你若贪念渐长,照收不误,日后必然腰杆子不硬,受制于人。有的人一生清廉,但晚节不保,就是因为在物欲的冲击中自毁。

不控制自己就会被别人控制

一个人在事业上和生活中的成就主要取决于他的态度,而不是学历或能力。尤其是作为一名领导干部,如果你不能控制自己的欲望,那么终有一天,你会被控制。事实上只有那些能够控制自己的人才能避免被他人控制。

有个故事:有一次,几个老板在一家高档饭店聚会,有人想来点儿刺激,说:"今天谁要是把李省长(云南省原省长李嘉廷)叫到这饭桌上来,我输给他 10 万元。"另一个老板随口答道:"这有何难! 看我的。"于是,手机一拨,不一会儿,李嘉廷便乐颠颠地赶来了。

有一个人为了供奉一尊神,花了许多钱财,所有的供品都用最上等、最名贵的。一天夜里,神现身对他说:"你不要再把大笔的钱花在我身上了,否则一旦你没钱了,一定会把所有的罪过都归在我身上。"以财货讨好人者,必有所求,受者不可不慎。

有些人会找出领导干部感情上的弱点,使你在不自觉中,落入他的思维陷阱,从而做出他期望你做的事。哈麻是元朝末年的奸臣,他才疏学浅,又是在元时属于第二等的色目人。他之所以爬上高位,完全得力于他的揣摩人意本领。

哈麻的母亲是元宁宗的乳母,靠着这层关系,哈麻同皇族才有一些来往。元宁宗即位仅五十三天就死了,元顺帝继位后便召他入宫充当宿卫。

哈麻为人机诈,城府很深,他知道这是一个向上爬的大好时机,于是他对同是宿卫的弟弟雪雪说:"我们兄弟能在皇上身边当差,并不是可以马上高升。如果我们不事事用心,结果只能错失良机。"

雪雪粗直无心,他叹道:"身为宫中宿卫,这已是别人想都不敢想的荣耀了,还图什么呢?我没有你那么多心眼,不过我要提醒你,我们不是蒙古人,皇上是不会重用你的。"

哈麻能言善辩,心思缜密,他利用当宿卫的机会,从此仔细观察元顺帝的一举一动,常常思考应对之道。元顺帝喜欢什么,他就说什么;元顺帝不喜欢的事,他从来不提;哈麻的乖巧给元顺帝留下了深刻印象。元顺帝不知不觉喜欢上了哈麻,于是不断提拔他,不久就让他当了殿中侍御史。

初步得手,哈麻并没有大意。他深知要想进一步赢得元顺帝的欢心,必须时刻抓住元顺帝的心意,让他感到不能离开自己。

元顺帝喜欢玩双陆游戏,一般人都不是他的对手。哈麻见状,于是苦心钻研此术,常常把自己关在房中。他的弟弟雪雪见他不务正业,责怪他说:"你侥幸得官,便不知天高地厚了,你天天玩这个游戏,有何用处呢?"

哈麻小声对弟弟说:"此中用处大了,似你粗心之人,哪里知晓呢?皇上沉迷于此,我若学会此技和皇上对弈,胜负随心,皇上能不赏识我吗?做皇上的玩伴那才是最亲密的,公事上的交往谁还不会?那自然无足轻重。"

哈麻技艺练成,便和顺帝过招。顺帝开始并不以他为意,哈麻于是连连赢他。几番较量,元顺帝又惊又喜,自以为找到了对手,接二连三地召他玩耍。

日子一久,二人成了"玩友",高兴时,元顺帝也忘了自己皇帝身份,哈麻也无拘无束了。

一次哈麻和元顺帝玩过双陆游戏之后,哈麻的弟弟雪雪向他说:"昨日你一场未赢,输得很惨,今日为何场场取胜,让皇上难堪呢?"

哈麻自负地一笑说:"看似游戏,非游戏也。昨日皇上不喜,为了让皇上高兴,我只能输了。今日皇上心情愉悦,我赢他只能让他心底发痒,不仅不会怪我不知趣,反而认为我技高心诚,不故意作巧。如此一来,皇上怎会不宠爱我呢?"

当时脱脱为相,权大位尊,哈麻也不忘讨好他。他苦思冥想,不知如何应对脱脱,于是派人了解脱脱的喜好,最后才决定改变策略,不只当面恭维他。

一日,他怀揣托人写就的治国之策去拜见脱脱,极尽恭维脱脱的功绩之后,哈麻掏出治国之策双手呈上,口道:"丞相为国操劳,披肝沥胆,此举感召世人,下官自愧不已,今受丞相激励,草拟治国之策献上,恳请丞相教诲。"

脱脱改革旧制,极重人才,素以"贤相"自居,哈麻今上治国之策,就是他多日揣摩之果。果然,哈麻的投其所好让脱脱对他另眼相看了,一下就喜欢上了他。

有了元顺帝和脱脱的"关爱",哈麻官运亨通,声势日隆。

俗话说,"上梁不正下梁歪"。领导者须端正自身态度,谨慎处事,以身示范。反之,如果不能慎对自己的言行和喜好,就会被小人钻空子,亲君子、远小人也就成了一句空话。

历来聪明的当权者一般都喜欢把自己的思想感情隐藏起来,不让别人窥出自己的底细和实力,这样部下就难以钻空子了。领导如同在暗处,下属如同在明处,控制起来就比较容易了。

2009 年 3 月,时任中共中央政治局常委、国家副主席习近平在一个组织工作座谈会上指出,现在多数年轻干部从家门到校门,再到机关大门,经历比较单一,道德防线脆弱,一些别有用心的人往往利用这个特点,把他们当作"潜力股"加以投资,他们中有些人最后沦为某些不法之徒豢养的家奴,将党和人民赋予的权力拱手相送。

领导干部要避免自己的弱点被利用。要知道,无论是谁,只要稍有智力,便多多少少练就了察言观色的本事,有些人会根据你的喜怒哀乐来调整和你相处的方式,并进而顺着你的情绪来为自己谋取利益。这样一来,如果你的情绪表达失当,你的意志也会在不知不觉中受到别人的掌握。因此,高明的领导干部一般都不随便表现这些情绪,以免被人窥破弱点,予人以可乘之机。

领导有爱好,更要有底线

爱好是人们在生活中形成的一种习惯,平民或领导干部皆有,这是再正常不过的事。然而,领导干部应该拥有怎样的爱好,领导干部应该怎样看待自己的爱好,领导干部应该如何把握自己的爱好,这确实值得每一位领导干部认真研究和慎重对待。领导爱好不是小事,把握不好,它有可能拖你下水,甚至成为你人生路上的一口陷阱。

赖昌星曾有句"名言":不怕什么法律条文、规章制度,就怕领导干部没有兴趣爱好。这句话发人深思,因为它击中了人性的要害。不少官员的嗜好成为他们致命的软肋,半生清明栽倒在自己的嗜好里。

浙江省临海市文化广电出版局原局长周华清,因贪污受贿罪被判处有期徒刑 12 年。引人注目的是,法院认定的受贿财物金额共计 35 万余元,其中收受的兰花就价值 20 万元。年轻时的周华清一次偶然在山上采了一株野兰花,放在单身宿舍里,越养越香。兰花的高洁吸引着周华清踏上了爱兰之旅,种养兰花的规模越来越大。2003 年在浙江省第二届蕙兰展中,他养的下山新梅还获得过银奖。但是,随着对兰花的痴迷不断加深,周华清的"胃口"开始变大。稀有名贵的兰花一苗就几万几十万元,周华清无法满足自己的欲望。于是,一些想找他帮忙办事的人,就借着以兰会友的名义,将购买的昂贵兰花送给了周华清。他在忏悔书里写道:"正是自己养兰、爱兰,让别有用心的人有机可乘,最终被兰花俘虏。"

领导干部有自己的爱好本无可厚非,但领导干部的爱好又有与普通人不一样的地方。因为"上有所好,下必甚焉",领导干部的爱好容易产生示范、导向作用,影响部属、影响他人。领导干部的爱好容易被一些别有用心的人所利用，往往会有宵小之徒、无耻之辈，利用领导干部的生活爱好大做文章，投其所好，拉其下水，成为权与利交换的"突破口"。因此，领导干部的爱好绝非小事。

古人云："好船者溺，好骑者堕，君子各以所好为祸。"作为领导干部，因手中有权力，社会上一些别有用心的人便专门研究其"小爱好"，以便投其所好，打开缺口。这一点必须引起领导干部的高度警惕。作为领导干部，不仅要谨防玩物丧志，还要明白"上有所好，下必甚焉"的道理。特别是掌握重权的领导干部，一定要深思和警醒，一定要提高认识，增强鉴别力，凡事三思而后行，严把嗜好关，不要成为居心叵测者"曲线投资"的对象。

孔子曰："为人君者，犹盂也；民，犹水也。盂方水方，盂圆水圆。"可见自从古以来，无论大"君"小"君"，"民"都喜欢看着你做，跟着你学。据史载，春秋时期，齐桓公一次无意中说了一句玩笑话："寡人尝鸟兽虫鱼之味几遍矣，所以不知者，人肉味何如耳？"易牙听到后，回家就把自己三岁的儿子杀掉了，并亲手烹得味道鲜美送给齐桓公品尝，还面不改色心不跳地对齐桓公说："忠臣者不有其家。"易牙终于如愿以偿，成为齐桓公的宠臣，被委以重任，掌握重权。只是，这样的人，能心中装着黎民百姓吗？能为官一任造福一方吗？

历史上，因沉湎所好、败事甚至亡国的教训不胜枚举。商纣王迷恋酒色而丧邦；楚王好细腰，宫中多饿死；齐王好紫色，国内多紫衣；梁武帝信佛，百官从之，以致亡国；卫懿公好鹤而国破……可见，这爱好之事，不小心怎么得了！

金钱、美色、颂歌……有人爱这，有人爱那，有人兼而爱之。都是肉体凡胎，四大皆空、清心寡欲、心如止水的人从来都是凤毛麟角。有"爱好"，对于无权无势者来说往往是件好事，但对于领导来说却可能成为陷阱。这为无数的事实所证明，领导干部对此必须保持清醒的认识。

爱好看似小事，但意义重大，领导干部千万要当心自己的爱好！我们的领导干部在对待爱好的问题上必须提高党性责任意识、加强法制观念，"练好内功"，护住"命门"，抵挡外力侵袭，保自己的一生清白。应"一日三省吾身"，时刻严格自律，做到不该去的地方不去，不该干的事不干。如此，领导干部才能始终保持政治坚定、清正廉洁。领导干部，一定要防微杜渐，时时警惕，当心陷阱，谨"爱"慎"好"。莫从"爱好"这一毫厘之差，走向千里之谬。慎之，慎之！

领导爱好不是简单的"个人小事"

人生在世，总有所好。积极健康的业余爱好，对于陶冶性情、丰富个人生活不失为一种好方法。但值得注意的是，要防止"爱好"变成"嗜好"。特别是领导干部，有着特殊的身份和地位，其一言一行、一举一动，无形中在营造一种风气、提倡一种追求、引领一种方向，而且职位越高，影响越大。正所谓"上有所好，下必甚楚王好细腰，国人尽饿死。从前楚灵王喜欢瘦腰男子，因此灵王的臣子们每天只吃一顿饭来节制自己的体形，在长吸一口气后，赶紧扎住腰带，时间长了饿得面色黧黑，四肢无力，要扶着墙才能站起来。这事让后来人夸张了点，说因此楚国人饿死了不少。

有个笑话，说一位领导爱好钓鱼，在他下基层后，基层单位在两天前就没给鱼塘里的鱼喂食，结果这个领导一钓一个，竟怀疑这水中的鱼是"傻子!"

领导干部的爱好不是简单的"个人小事"。领导干部的兴趣爱好事关重大：

一是事关导向。一个地方群众的兴趣爱好往往能从领导的兴趣爱好中找到影子和渊源。比如，领导干部喜欢学习，单位就会学习成风。领导干部喜欢"搓麻"，他周围必然有"筑城"大军。领导干部喜欢喝酒，他手下有几个"刘伶""李白"，也就确定无疑了。作为一个领导干部，带出如此这般的兴趣爱好，虽不是什么大问题，但也绝不是什么贡献。

二是事关政务。每个人的时间和精力都是有限的，只能在一些方面有所作为或有所成就，作为今天的领导干部负责一个方面或者一个区域的工作，责任重大，需要学习的东西更多，需要做的事情也更多，全身心投入都未必能做好。屈指算来，一个人从参加工作到退休，不过短短30多年的时间。如果在这有限的时间里，只沉湎于个人喜好，不分主次，一味地与那些专家学者比长短，争高低，纵使这爱好健康高雅，对党的事业、人民的利益，又有何益呢？

三是事关廉洁。别有用心的人认为，官员的爱好，是他们最好攻击的"软肋"，从官员的爱好入手，就一定可以把他们放倒，为我所用。你嗜吃，他就投之甘饴；你嗜酒，他就投之佳酿；你嗜色，他就投之粉黛；你嗜捧，他就投之谄言……就这样，他以票子、车子、房子、美色等为诱饵，使一个个高官成为他谋私的工具。虽然有些领导干部起初也有所警觉，但久而久之就会放松警惕，等发觉上当时已悔之晚矣！

爱好，人皆有之，各有所好，无可厚非。然而"爱好"却有是非之分、良莠之别。作为领导干部如何选择并管好"爱好"是一个十分严肃的课题。在近些年反腐斗争中的落马者，十有八九都是"爱好"的俘虏。成克杰爱好美色，结果被李平牵着鼻子走上断头台；张新政爱好"搓麻"，结果与"麻友"沆瀣一气，以致在阳原形成"麻友执政"的荒唐局面；丁仰宁爱好钱财，三年收受"红包钱"逾百万元，暴露出"当官不发财，请我都不来"的贪婪嘴脸。

当然，上述那些人的"爱好"本身就有问题，或是属于低俗的"爱好"，或是以非法途径去满足自己的"爱好"。这些有隙可击的"爱好"，恰似有缝之蛋，很容易被苍蝇叮上，被别有用心者"开发"利用。

在我们身边，总有那么一些喜欢打听领导干部的喜好，对领导干部喜欢什么、不喜欢什么摸得一清二楚，以备紧要关头投其所好，派上用场。领导爱好高尔夫，就有下属专练高尔夫,然后风雨无阻地陪领导;领导喜欢打篮球,所辖各单位就纷纷组织篮球队;领导喜欢打牌,于是在他的势力范围内,学牌打牌之风盛行;领导喜雅的,那就送名人字画、珍贵图书,既显得领导品位高雅,送礼的人也不落俗套;领导好色的,就给领导送"三陪"小姐;等等。那些违法乱纪的人,许多的时候就是由于放纵了自己所谓的"爱好"而成为阶下囚。成克杰喜欢唱歌,他所到之处,下面的人就高价为他请来当地的女演员;被称为"五毒书记"的张二江好色,就有人出钱送女人或为他包女人。这些高官最终都没有落得好结果。从这个角度讲,爱好是领导干部为官的"护城河",谁死死地锁住了爱好,投其所好的人就难以"过河"。

让我们来看看周总理是如何对待爱好的吧:1973年10月14日,周总理陪同加拿大总理特鲁多到洛阳参观访问。在龙门石窟有卖魏碑书法代表作《龙门二十品》拓本的。周总理很喜爱,拿在手里不停地翻阅,连连赞赏,想买一套。一问价钱:500元,他又恋恋不舍地放回原处。在场的洛阳市领导见状说:"总理,我们送一套给您吧!"周总理严肃地回道:"你这个同志怎么能这样讲? 国家的财产怎么能随便送人?"人们都掂得出这话的分量,谁也没再坚持送他。后来,在别的货摊上又见到同样的书,因随行的人员带的钱也不够,周总理最终空手而归。

作为一个泱泱大国的总理,接受地方政府赠送的一套书,实在算不上什么大事。可在周总理看来,爱好也要有"底线",希望周总理的故事能为现在的领导干部借鉴。

远离低级趣味,慎重培养爱好

人活一世不能没有爱好,一张一弛乃生活之道。整天只为工作而忙碌,人生则失去了乐趣。良好的爱好,比如垂钓、集邮、旅游、琴棋书画,可以放松紧张的情绪、驱赶身心的疲惫,享受生活的美好,陶冶高尚的情操,甚至可以提升人格魅力。其实,每个人的爱好不是与生俱来的,而是在长期的学习生活工作中养成的,与一个人的学识水准和道德修养有关,并不在于当不当官或官大官小,同样是当官掌权,为啥有那么多的局长作家、县长书法家、厅长演唱家和部长科学家,而同样是局长县长厅长部长的官员,不是也有贪污受贿、贪酒贪色的爱好吗? 看来领导的爱好不是坏事,关键是要看一个人的品质好坏。爱因斯坦一生钟情于小提琴演奏。孔子爱好音乐,听得一段好曲,能"三月不知肉味"。毛泽东喜欢游泳,"万里长江横渡",显示出他那"不管风吹浪打,胜似闲庭信步"的宽广胸怀和坚定信念。

古往今来,伟人也好,凡人也罢,都有自己的爱好,爱好本无贵贱之别,但有好坏之分。领导干部掌握着党和人民赋予的权力,更要自觉远离低级趣味,慎重培养爱好。

曾有人总结说:不少腐败分子都有一个苦难的童年,有一个奋斗的青年,有一个上升的中年,有一个悲惨的晚年。强调领导干部加强自身修养的同时,外在的监督必不可少。如果我们不正视体制机制的缺陷,不重视在公权力运行机制中更多引进公众监督,从而打破权力的封闭结构,手握权力的贪官们就依然会"乐逍遥"。

领导干部应该拥有怎样的业余爱好,如何处理好本职工作与个人爱好的关系,很值得认真研究和慎重对待。

1.选择健康有益的业余爱好

许多领导干部到了中年以后,往往都会面临这样的状况:职务越来越高、责任越来越大、各种应酬越来越多,与此同时年龄越来越大,精力一日不如一日。因此,领导干部应该选择有利于身心健康的业余爱好,使自己拥有强健的体魄、充沛的精力,这是做好本职工作的重要基础条件。

2.个人兴趣爱好要把握好方向

个人兴趣爱好也是一把"双刃剑",既可以陶冶情操,完善内在气质;也可能"玩物丧志",沉迷于个人享受中。追求兴趣爱好,一定要把握好不违反法律法规、不伤害他人、不影响个人身心健康、积极向上的方向,以避免把个人兴趣爱好的"小车"开进了不能自拔的"泥沼阴沟"里。

3.把握好追求个人兴趣爱好的"度"

既然是业余爱好,就不能把爱好当作生活和工作的全部。如果沉迷于个人的兴趣爱好,不务正业,那就很可能造成工作上的失职、渎职,危害百姓的利益,同时自己也要承担责任,可谓是害人害己。个人的兴趣爱好,只能用来丰富业余生活,调节因工作造成的紧张情绪,一定要分清楚主次,切不可玩物丧志。

古人把嗜好称为"祸媒",并以"好船者溺,好骑者坠,君子各以所好为祸"警戒世人。历史和现实中的教训,也让我们醍醐灌顶。作为领导干部,一定要防微杜渐,管住自己的爱好:据《清朝野史大观》记载:清道光年间,刑部大臣冯志圻酷爱碑帖书画。但他从不在人前提及此好,赴外地巡视更是三缄其口,不吐露丝毫嗜好心迹,以防有人投其所好。一次有名下属献给他一本宋拓碑帖,冯原封不动地退回,有人劝他打开看看也无妨。冯志圻说,这种古物乃稀世珍宝,我一旦打开,就可能爱不释手,不打开,还可想象它是赝品。"封其心眼,断其诱惑,怎奈我何?"冯志圻谨防有人投其所好和狙击欲望的做法在今天仍有借鉴意义。

重庆沙坪坝区征地办公室原干部丁萌,对国际顶尖名牌的皮鞋、衣服等奢侈品有着强烈的爱好,检察官从其家中搜出的国际顶级名牌皮鞋就有200多双,衣服100多件。这些价值不菲的奢侈品花费,都来自他损公肥私的征地拆迁工作;因被网友"人肉搜索"而"走红"的南京市江宁区房产局原局长周久耕,以抽名烟、戴名表来彰显身份与身价。而这场由一包烟、一块表开始的网络"人肉搜索",在极短时间里,不仅引起了纪检人员的关注,最终使得一个手中握有"房管大权"的领导干部成了"阶下囚"。

领导的爱好需要保密,需要偷偷地爱,小心翼翼地爱。也许有人意志很坚定,警惕性高,但即使这样,保密爱好,也能为自己省去许多不必要的麻烦,不给他人以可乘之机。

有策略,有智慧,把握好"欲"的度

古往今来,凡成大事者,必有强烈的欲望,有欲望并不可怕,关键在于不要被欲望牵着鼻子走。"贪"一般与"欲"联系在一起,由"欲"而起。"欲"本是人的七情六欲,属于正常现象,但"欲"有度,不把握度,就成了"贪"。作为掌握一定权力的领导干部,更应把握好"欲"的度,否则,贪心不足是自掘坟墓。

清代乾隆年间权臣和珅,利用职权索贿受贿,财产不计其数。查抄和珅家产时,所列清单共 109 号,内有 83 号尚未估计,已估 23 号,就合白银二亿三千二百九十万两,这些就已超过清政府 3 年总收入;据全部估计,和珅家产相当于白银八亿两。可是,财产如山又有何用,嘉庆四年,他终因贪污被处以极刑,当时还不到50 岁。

古人云:"祸莫大于知不足,咎莫大于不节欲。"对于讲道德、有修行的人,贪欲并非是不可控制的。古代有一位金碧峰禅师,过分喜爱他乞食的玉钵,因为一念贪执,差点因此送命,幸亏他觉醒得早,掷破玉钵,舍去贪念。他说:

若人欲拿金碧峰,

除非铁链锁虚空:

虚空若能锁得住,

再来拿我金碧峰。

这位禅师摒弃了贪执的观念,眼前一切都变得月朗风清。

作为共产党员和领导干部,在控制贪欲方面应该做得更好,应按老一辈革命家陈毅同志的诗中所要求的:"岂不爱权位,权位高高耸山岳。岂不爱粉黛,爱河饮尽犹饥渴。岂不爱推戴,颂歌盈耳神仙乐。第一想到不忘本,来自人民莫作恶。第二想到党培养,无党岂能有所作? 第三想到衣食住,若无人民岂能活? 第四想到虽有功,岂无过失应惭怍。"

在现实中,只要为官,必然要经受是与非、义与利、得与失、恩与怨、生与死、权与钱、情与色的考验。面对这些考验,能否做到谨小慎微,大义凛然,关键就是看为官者能否正确地把握住自己。

浙江某区国税局基建办主任李某有个《拒贿记录本》,记的是在其负责建造办公大楼期间发生在自身的每一笔送礼者的姓名、单位、地点、金额,上交或退还经过以及证明人等等,共计 45 笔,总额 50 余万元。当涉嫌行贿的包工头因其他人受贿案发而被调查时,该包工头主动向司法机关举报,还给李某送过钱,于是,司法机关找李某调查,这时李某拿出了他的"本子"给办案人员看,经核实,笔笔属实,结果,他坦然走出了司法机关的大门。

现在有些人贪污受贿的"力度"为什么那么吓人,少则几百万,多则上千万。有的人"官"做得那么大了,却贪心比官欲更大。善良的人不明白:贪污那么多钱有什么用? 其实,这么浅显的"道理",贪得无厌的人早懂。但贪心一起,就似魔鬼出瓶,贪得再多,也没有满足的时候,很难打住,也很难自己管住自己。前几年被枪毙的几个大贪官贪污受贿有超过一千万的,也有达到一百万的,但都到"东窗事发"时才打住,并没有"见好就收"。

托尔斯泰有篇小说《一个人需要多少土地》,就是讲一个惩罚贪婪的故事:

从前有个人老是想着当财主,就请魔鬼帮忙,魔鬼告诉他:"在太阳下山之前,只要你能回到早晨出发的地点,途中经过的土地就都是你的!"这人立即出发赶路,恨不得一直走到地角天边,以便攫取更多的土地,结果反因筋疲力尽活活累死了。小说的结尾是,人们在他的坟前立了一块碑,碑上大字赫然:"墓穴宽三俄尺,长六俄尺。"而这也就是他最终得到的土地。

还有则故事说猎人妙用"小陷阱"的方法而捉猴。猎人只要将其诱饵(椰子)挖空,便留下了一个小洞,洞口大小恰好只能让猴子空着手伸进去而无法将握着食物的拳头伸出来为宜,而后在挖空的洞里面摆放上一些食物,后用绳子绑起,拴在树上或地上,每当猴子闻着扑鼻香味而来,且将其手伸进去抓食物之时,抓着食物的拳头便退不出洞口。当猎人来时,惊慌失措的猴子,更是无法逃脱得掉。如果猴子不贪心,或它能将手放开,就会快速地逃走。但猴子的本能与贪心使它无法这样做,结果它自然会被猎人抓住,而失去了自身的自由。

人与物,本来人是主宰,物是被主宰。但人一沾上"贪",就被物死死缠着,为物所累,为利所害。

我们要谨记邓小平的谆谆告诫:"我们拿到这个权以后,就要谨慎。不要以为有了权就好办事,有了权就可以为所欲为,那样就非搞坏事情不可。"古往今来贪腐者并不缺少钱物。缺的是自重、自省、自警、自律和助人为乐的精神境界;缺的是坦荡胸怀和浩然正气;缺的是廉耻两字。"手莫伸,伸手必被捉。党和人民在监督,众目睽睽难逃脱。"对此要铭记在心,终身莫忘。

和光同尘,但不要过分

我们的社会是一个人情的社会,人们往往把人情看得过重,所以总有些下属和其他人会不断登门拜访领导干部。当然,不可否认,这里面有时有一些功利的目的,但也并非都是如此。

有一位校长,为人正直善良,对社会上的"请客""送礼"之风深恶痛绝。一天,一位学生家长找上门来,想为自己的孩子开一张转学证明。校长一听,理由很合理也很充分,二话不说,立即给他们办了。

那名学生很顺利地转了学。于是,这年中秋节,家长送来了两盒精致月饼外加一袋茶叶。校长一见,惊慌失措地说:"都是熟人熟事的,不许来这个,再说我的禀性你又不是不知道。"

但家长再三解释:"爷爷奶奶见孙子过去了都非常高兴,也要我们表示感谢。"

而校长坚决不收:"你们的情我全领了,但是礼物我坚决不能收。"

"这算什么礼呀,这只不过是我们的一份心意罢了。"

家长执意要送,而校长呢,坚持不收。纠缠再三,最后拗不过那位校长,家长只好把礼品带了回去。

不久,校长发现:以前他们见面时问寒问暖,挺热乎的,现在反而淡了,迎了面也只是作个程序性的对答。校长大惑不解,经过打听他才明白,自己错就错在没收下他的那份礼物。

那位家长事后对别人说:"真没想到这么不给面子,不知道我双脚当时是怎样跨出他家门槛的。"

这件事教育了那位校长。他终于明白了:有时候,人们以礼相赠并非有求于你,而是发自内心的一种感情,这种感情是人间很宝贵的情感。

时隔不久,还是这位校长,下班回到家正上楼梯时,住在楼下的一位大婶跑上来递给他一把青菜,热情地说:"我兄弟自己家种的,尝尝鲜吧!"这次,这位校长破例收下了,还不住地夸道;"多好的菜,真嫩! 怎么种出来的,多谢啦!"

事后几天,那位大婶看见校长老远就亲切地打招呼,两家之间的关系无形之中融洽了很多。

其实,在生活中,下属给上司送点小礼物,只要不是特别珍贵或价值特别大的东西,你就不妨收下。因为,在我们这个讲究礼仪的国度,你为他人出力了,他过意不去总想寻个方式表达一下,当他感动的语言太苍白时,便会以物代情。你大可不必太敏感,并非每个给你送礼的人都存有非分之想。

老子《道德经》中有一个词——"和光同尘",意思是如果自己的形象太光辉了,就使它柔和一些,而不至于太显著;如果别人身上有尘土,那么自己就不应该显得太洁净,而应该与别人保持一致。显而易见,这是与群相处自我保护的一种好方法。人要做一个全身成事的英雄,而不是一个舍生取义的莽汉。在周围人都沉醉不醒的情况下,不怕危险,自恃孤高以殉其节的态度当然很了不起;不过,如果还想实现自己志向的话,和光同尘也可以算是避免灾祸的一种生活准则。

晋时嵇康跟随隐士孙登在山林间遨游三年,嵇康向他请教问题,他从来不回答。将要分别时,嵇康对他说:"先生,您难道在最后分别时也无话可说吗?"

孙登于是说:你认识火吗? 它生来就有亮光,如果不用,那就浪费了它人的才能就像暗夜的火光一样,如果不用,也会浪费殆尽! 保存火光的关键在于免遭外部的风雨,发挥才能的关键在于顺应外界的事物,有十分清醒的见识,只有这样才能长久。我看你不随流俗,刚有余而韧性不足,才气多而见识浅,在当今世上恐怕很难有所作为!

不出孙登所料,嵇康后来一直没有被朝廷任用,最后竟然因吕安事件牵连入狱,被司马氏杀害了。

古人说:诽谤不实之词太多了,金子也会被熔化。羽毛数量多了,也能把船压沉。尘土多了,同样能把车轴压断。不实之词太多了,能把人的名声搞臭。因此,老子要去西域时,提前换上胡人的装束,大禹路过裸人国时,就主动脱下衣服,孔尼与武人交朋友时,就比试射猎。散宜生为了达到目的,也曾行贿,更有仲雍为了自保,剪掉头发,裸体文身。有人会说,原来圣贤的智慧也有用尽的时候。但事实上,这不表明圣贤黔驴技穷了,而是说明他们从来都不是故步自封的,而是能够灵活多变地顺水行舟,用以实现更大的理想。

在现在的文明社会里,领导干部跨出了单位的大门之后,就要做大家的热心伙伴,无私的盟友。有时候拒绝,会损害威信。

"高科长,今天我们科里的同事约好一起去市工人文化宫舞厅,庆贺小余夜大毕业,请您一起参加好吗?"科员小王笑容可掬地对高科长说。

"哎呀,我可不会跳舞,免了吧。"高科长也笑容可掬地说。

类似的邀请发生了几次,他都拒绝了。后来高科长再没接到过诸如此类的邀请。本来,他也没放在心上。他还以为下属的科员们没再搞过类似的活动呢。但有一天,当他来到一家酒楼喝外甥的喜酒时,意外地发现,下属的科员正团团圆圆坐成一桌,又吃又喝,又说又笑。当发现了邻桌的高科长时,彼此的神情都非常尴尬。

高科长这才想起,科员们这些日子来同自己一直是疏远的。有时,他明明听到办公室里人声鼎沸,正在热烈地讨论什么事情,但只要他一跨进去,立刻变得鸦雀无声。即使上班时间未到,每个人也都正襟危坐在自己的办公桌前,不苟言笑。他有时也想说些亲切的话,把气氛搞得轻松点,但回答他的总是一张张讪讪的笑脸。高科长不明白,问题就出在他总是拒绝参加下属的那些活动上。

首先,他没有表示应该去和很想去。其次,也没有提出充分的理由,说明他为何不能去。他只说不会跳舞,这显然是个借口。要知道,下属让你参加一次"活动",并不一定要你跳舞,更没有要求你会跳舞。"不会跳",可以不跳,或者学着跳,却不应该成为"不去"的理由。所以,下属们便以为你在摆架子,认为你在强调自己的地位和他们不一样,不屑与他们同乐。自然,他们也就不会再有和你亲近的感觉和愿望了。你虽是他们的上级,但他们都对你敬而远之。

事实上,高科长那个部门的科员后来曾不止一次地搞过活动,但都是瞒着高科长的——也免得他又要找借口。说不定他拒绝参加还意味着压根儿反对这种活动呢。让他知道了,又不能不邀请他。这就是高科长与他的下属疏远的由来。

参加下属的活动是接近和了解他们的绝好机会,也是联络感情的好时机,千万不要错过。在酒席上、舞厅里,你可以听到许多平时绝对听不到的话;下一盘棋,跑一次接力,与下属联络感情的作用也可能远胜于一次谈话或家访。一个与下属在感情上有隔膜的、对下属情况又不甚了解的领导,无论如何是不会真正有威信的。至多,也是有威无信罢了。

　　当然,也不是说,凡下属的活动一定要参加。可以去,也可以不去。不去,又有两种情况,一种是不能去。如上所述,你必须把理由向下属说明,并明确表示自己应该去也很想去,只是迫不得已罢了。另一种是不该去。那就是活动本身内容不够健康。比如说赌博,那时不仅自己不去,还要劝阻下属不搞这种活动。

　　还有一点也须注意,就是参加下属的活动,必须自掏腰包,以表示自己是普通一员。活动中也要放弃指挥的习惯,让下属充分发挥。

跨越金钱关,对钱财不能看得太重

　　对金钱的贪得无厌,可能是人性与生俱来的弱点吧。世上最难过的可能就是金钱关。面对金钱的考验时。人类贪婪吝啬的本性一览无遗,我们作出的反应往往会使我们丧失了面对自己的勇气。有时便会想,所谓"试金石",可能就是因为人对金钱的态度最接近本性吧,所以要用钱来试探。这个"金"字,可能本来就指钱吧。

　　金钱,可以使穷人变成富人,也可以使人变成鬼。自古以来没有几个做官的死于饥寒,但死于敛财的不乏其人。腐败分子的"覆灭",无不是为"金钱"所累。

　　每个领导都要树立正确的金钱观,自觉抵制拜金主义思想,通过正当合法的途径获得收入;时刻做到见钱想党性,不违原则;见钱想廉政,不坏形象;见钱想后果,不陷深渊,决不做金钱的俘虏。但在一些领导干部眼里,权力不会永远掌握在自己手中,金钱才是最可靠的。因此,极易产生"有权不用、过期作废"的心理。一朝权在手,便把财来敛。行政审批、资金支配、人事安排、招标投标、物资采购、逢年过节、婚丧嫁娶等都是最容易导致权钱交易的环节。有些执政者不恰当地把人民委托的为人民服务的权力用来作为牟取私利的筹码,在实际生活中往往会奉行"不给好处不办事,给了好处乱办事"的潜规则,比如说,做什么事都要"意思意思",否则就不够意思。民间的说法更为传神,某些官员执政能力并未见提高,但卡拉 OK 唱得越来越好。就是无论什么人前来办事,第一步必然是"卡",能办的事也不让办。等到当事人来"拉",把官员请到饭店吃饭、歌厅唱歌、浴室洗浴……这一切就绪后,事情就 OK 了。这就是"不给好处不办事"的经典诠释。

　　人们吃饭穿衣要钱,看病购物要钱,生活的方方面面都要钱。领导干部也是人,生活中自然也离不开钱。对于领导干部来说,要适应市场经济条件下的新形势,为政清廉,不为金钱所动。现在领导干部与金钱接触的机会很多。比如在工程建设、企业重组、招商引资等过程中,就会有一些心术不正之徒,想方设法投机取巧,送礼行贿,以牟取暴利;还在干部选拔中有些人为了提拔也会送礼行贿。面对这些,领导干部切不可见钱贪婪,应该做到"三想":

一是见钱想党性,不违原则。必须想一想拿了钱,是否违背了党性原则,凡违背了党性原则的,必须坚决拒之。

二是见钱想廉政,不破坏形象。党政干部是党和政府形象的体现者,党政干部代表人民行使权力,必须正确使用好人民给予的权力,坚持勤政为民,廉洁奉公。

三是见钱想后果,不陷深渊。拿了来路不正的钱不会有好的结果,"心存侥幸""偶一为之",最后必然导致溃堤之危,逃不出法律的严惩,悔之晚矣。

在市场经济条件下,领导干部只有不为金钱所动,不为金钱所惑,淡泊金钱、物欲,远离不义之财,始终保持健康正常的心态,知足常乐,才能顶得住诱惑、抗得住腐蚀,才能真正守住一方清廉的圣堂。

当然,提倡树立正确的金钱观,绝不是主张"口不言钱""眼不视利",永远过清苦贫穷生活。正当的收入是必要的,但最要紧的是千万不能把安逸和享乐当成生活的唯一目的,钻到钱眼里,甘心做金钱的奴仆。

正如一位哲人所说:

钱能买到床铺但不能买到睡眠,

钱能买到房屋但买不到家庭,

钱能买到药物但不能买到健康,

钱能买到书籍但不能买到知识,

钱能买到婚姻但不能买到幸福,

由此可见,人最宝贵的是高尚的情操和崇高的事业心,这些都是用金钱买不来、换不到的。

钱财乃身外之物,家有黄金数吨,吃饭不过三顿;人不能把金钱带进坟墓,但金钱却能把人送入坟墓。所以,对钱财不能看得太重。在金钱暗流涌动的今天,能在领导岗位守得住"清贫",就能永远立于不败之地。

管好身边人左右着领导干部的政治命运

我国是个礼仪之邦,在儒家思想的影响下,历来重视亲情、友情,因此,少数党性原则不坚定的领导干部往往碍于亲情、友情,从最初的开"绿灯",到后来为身边人行使特权,最终丢掉乌纱帽。领导干部的"身边人"是一个特殊群体,主要指领导身边的秘书、司机、警卫、家属等。管好"身边人"看似简单,实际上是领导政治生涯中的头等大事,他们在某种程度上左右着领导干部的政治命运。

早在 2009 年年底,新华社就已经报道过一组统计数据,十七大至 2009 年年底,有185940名领导干部申报登记了配偶、子女的从业情况,493名领导干部配偶、子女违规的问题得到纠正,82名领导干部因配偶、子女违反从业的有关规定受到查处。

当今之世,领导干部身边总是不乏副手、秘书、司机等身边人。少数身边人也会欺上瞒下、越俎代庖、狐假虎威、牟取私利,有的甚至把领导本人也拉下了水。有句俗话说:"打铁还须自身硬。"掌权者自己是非分明、廉洁奉公,他的身边人才会遵纪守法,即便作恶,也要有所顾忌、不敢肆意妄为。倘若手握重权者本身就不过硬,他的身边人才会有恃无恐。

胡锦涛总书记在中纪委三次会议上讲道:"我们作为共产党员,不仅自己要清正廉明,还要管住家人,管好'身边人',不能让他们牵着鼻子走。办事、干工作一定要慎之又慎,要时刻想着人民的利益。"

古语有"相府门人七品官"的说法。"身边人"与领导干部朝夕相处,了解领导的很多信息,这些信息是很多人所热衷的。"身边人"可以用这些信息换取自己所需之物。而且,"身边人"的言行能够影响领导干部。一些心术不正的人想方设法与领导干部的子女、配偶、秘书、司机等工作人员拉关系、套近乎,利用他们与领导干部的密切关系和特殊身份,进行买官要官、徇私枉法等一些端不上台面的交易。种种情况表明,能否管好领导干部"身边人",已经成为各级领导严肃对待的重要课题。

绝大多数领导干部对"身边人"的要求是严格的。他们深知,"身边人"的言行举止,从某种意义上说也是领导干部的形象,如不谨言慎行,极容易被人利用。领导者与"身边人"应该保持一定距离,保持一种正常的工作关系、同志式的关系、上下级的关系。假如到了亦步亦趋、如同一体的程度,生活上不分你我,享受上不分彼此,那就是质的变化了。

把亲属管好是门学问

纵观近些年来查处的领导干部违纪违法案件,尤其是领导干部中出现的一些腐败案件,往往是一家几口都涉案,因亲情观扭曲而滥用权力者不在少数。

现在,确有一些领导干部包括个别高级干部在亲情与党性的矛盾面前丧失原则,对其妻子、孩子依仗其权势,经商谋利、胡作非为的行为,熟视无睹,不管不教,甚至还利用职权批条子、打招呼,给予支持、纵容和庇护,最后犯下严重错误。尤其令人痛惜的是,领导干部对自己配偶、子女非法经商谋利和收受贿赂不进行有效制止,逐步酿成严重后果,不但自己犯了违纪违法的错误,而且还往往导致全家一块毁灭的悲剧,真是害国、害家、害自己,教训极其沉痛。

无数事实证明,亲情因素对领导干部从政行为的影响是不容忽视的。剖析这些人从一名国家干部逐渐走向犯罪,蜕化变质为腐败分子的轨迹,留给我们一个重要的警示:领导干部必须牢固树立正确的亲情观,经受住亲情的考验,注意管好自己的配偶、子女和亲属,清正廉洁过好亲情关。

曾国藩虽身居高位,但时时不忘对家人的劝诫和教育,使他们养成勤劳、俭朴的家风。曾国藩认为,持家教子应注意十件事:

一是勤理家事,严明家规;

二是尽孝悌,除骄逸;

三是以习劳苦为第一要义;

四是居家之道,不可有余财;

五是联姻"不必定富室名门";

六是家事忌奢华,尚俭;

七是治家八字:考、宝、早、扫、书、疏、鱼、猪;

八是亲戚交往宜重情轻物;

九是不可厌倦家常琐事;

十是择良师以求教。

从长远讲,严明的家风可使曾家长盛不衰,代出英才;从现实讲,家人不骄纵,便不会给自己添乱、惹祸。治家有方,也是曾国藩赢得时人敬重的一个重要因素。

周恩来也有十条家规:

一是晚辈不准丢下工作专程来看望他,只能在出差顺路时去看看;

二是来者一律住国务院招待所;

三是一律到食堂排队买饭菜,有工作的自己买饭菜票,没工作的由总理代付伙食费;

四是看戏以家属身份买票入场,不得用招待券;

五是不许请客送礼;

六是不许动用公家的汽车;

七是几个人生活上能做的事,不要别人代办;

八是生活要艰苦朴素;

九是在任何场合都不要说出与总理的关系,不要炫耀自己;

十是不谋私利,不搞特殊化。

爱家有度,计之深远。关爱家人,都是人之常情,领导干部也不例外。但关爱什么,怎样关爱,却值得我们深思。在关爱家人的问题上存在两种截然不同的态度:一种是以德为先,对自己的配偶子女,经常进行政治、思想、道德教育。教育他们谦虚谨慎,不借权谋私,不追求特殊待遇。

李先念有三女一男。孩子们小的时候,由于工作繁忙,李先念没有更多的时间和孩子们在一起,但是,他对孩子们的要求并没有降低。他规定了许多不准,包括不准穿着背心、拖鞋上桌吃饭等。他希望孩子们能够在艰苦的环境里得到锻炼,而不是娇生惯养。

管了一辈子钱的李先念对自己的孩子却有着明确的交代,那就是不允许经商赚钱。对此,二女儿李紫阳说:"有人说,你父亲管着经济大权,你干什么都可以。做几笔生意就能发财了。可我爸爸从来不让我们经商下海。其实,我们的生活也不富裕,我也和他提过,但他从来不同意我们经商。他一再讲,现在的生活已经很好了,要珍惜。所以,我们家到现在都没有一个经商下海的。"

亲情是人世间最美好的感情,谁不曾有舐犊之情、手足之情?人总是有感情的,领导干部也要讲亲情,但怎样对待亲情,不少违纪违法者留下了深刻教训。如果帮助和纵容亲属子女搞特殊化,甚至为他们谋"官路",开"财路",这种所谓的"亲情关爱",其实是地地道道的"亲手加害"。

在当前纷繁复杂的社会环境下,领导干部要特别树立正确的亲情观。要真正明白,教育亲属当好社会的普通一员,拥有良好的品行,提高自立自强的品行能力,才是对他们最大的关爱,也是造福家庭、有益社会之举。

"黄金万两,日食三餐;大厦千间,夜眠八尺。"非分之得"利禄驱人万火牛",这些至理名言,多少年来一直被人们所推崇。领导干部要在管住自己的同时,管好家人,使自己保持公仆之心,使家庭保持平民之风,时时以人民利益为重,处处严守党纪国法防线,切实过好亲情关。

不为亲友谋私,不拿原则交易

毛泽东曾经把处理亲情问题的办法归结为"三原则":恋亲不为亲徇私,念旧不为旧谋利,济亲不为亲撑腰。领导干部要管好"身边人",要警惕被自己的家人、亲友和身边人打倒。就要经常给他们敲敲警钟,绝不能放任自流,更不能包庇恣意、姑息养奸,在亲属问题上有向私心私情开刀的勇气。自己忠于职守,又教育好亲属为社会多做贡献,才算尽了领导干部应有的责任。

新中国成立后,毛泽东虽作为开国领袖,但他仍和亲友保持着密切的联系和情谊。他爱亲友,但他从不为亲友而以权谋私;他重情谊,但他从不拿原则做交易,始终严守共产党人的党性和原则。

解放不久,杨开慧的哥哥杨开智写信给毛泽东,谈到自己对工作安排问题的一些想法和要求。杨开智不仅是毛泽东的妻兄,为革命牺牲了妹妹杨开慧,而且其女儿杨展也在1941年的华北抗日战争中为革命献出了宝贵的生命。对这样一位亲人的要求如何作答?毛泽东在信中坦诚地对杨开智说:"希望你听候中共湖南省委分配合乎你能力的工作,省委派你什么工作就做什么工作,一切按正常规矩办理,不要使政府为难。"

毛泽东的表兄文运昌,是毛泽东二舅的儿子,儿时也是毛泽东最好的朋友。但当他请毛泽东出面为其介绍工作时,毛泽东说:"运昌兄的工作,不宜由我推荐,宜由他自己在人民中有所表现，取得信任，便有机会参加工作。"

毛泽东说："只要我们党的作风完全正派了，全国人民就会跟着我们学，党外有这种不良风气的人，只要他们是善良的，就会跟着我们学，改正他们的错误，这样就会影响全民族。"无论在革命的年代还是在社会主义建设时期，毛泽东从不搞"一人得道，鸡犬升天"。他的教子风范，他的生活作风，他的待亲待友原则。都体现了一名共产党员，一个党的领导干部应有的风格。

从某种程度上讲，家庭是廉政建设的第一道防线，能否保持一个良好的家风，对于领导干部廉洁从政至关紧要。要严格要求自己的子女和家人。严是爱，宽是害，留下金山银山，不如教子做人。领导干部应当给家人多留些精神财富，教育家人依靠自身的勤奋劳动实现人生价值。

俗话说："一室不扫，何以扫天下。"身为领导，连自己身边的人都没管好，又怎能治理好一方百姓呢？因此，作为领导者，对身边的人，一定要严管厚爱，加强对他们的教育与管束，要经常性地进行敲打。一旦他们在外边惹是生非，也绝不姑息迁就，包庇袒护。只有如此，才能正本清源，维护好党和政府的良好形象，在人民群众中树立起崇高的威信。如果领导干部能把立党为公、执政为民牢记在心，时刻把群众的利益放在第一位，不贪图个人私利，不在亲情面前放弃原则，做到对上级不开"口子"、对同级不破"例子"、对亲友不顾"面子"、对身边人不留"空子"，对歪风邪气敢撕破脸皮，秉公办事，依法行政，就不会为亲情所累。

古语云："能吏寻常见，公廉第一难"。解决领导干部家属、身边工作人员借权利谋私利的问题，除了靠外界的监督和法律的裁外，更靠领导自身的自律。就是领导干部要树立正确的价值观和权利观，在感情与原则发生矛盾时，要始终牢记手中的权力属于人民，只有努力为人民工作的职责，而没有为自己或亲友谋私利的权力。不但管好自己，还要管好下属、子女和身边的工作人员，绝不能为家属和身边工作人员谋取不正当利益，更不能为他们违纪违法行为充当保护伞。领导干部要严于律己，严格治家。切实为人民掌好权，用好权，管好自己的配偶子女和身边的工作人员，真正做到"当官为民做主，掌权为民服务"。

"慎独"是领导干部应有的修养境界

"慎独"一词最早出自《礼记·中庸》："道也者，不可须臾离也，可离非道也。是故君子戒慎乎其所不睹，恐惧乎其所不闻。莫见乎隐，莫显乎微。故君子慎其独也。""君子慎其独"的意思是，君子在独处、无人注意的时候，也小心谨慎，严格要求自己，不做违背道德的事。

对领导干部来说，"慎独"是加强自我修养的一个重要要求，应把"慎独"作为人生的重要信条，终生坚持。领导干部做人行事，就应该说老实话，干老实事，做老实人,不给党和人民的事业抹黑,不做不该做的事,不伸不该伸的手,不拿不该拿的物,不说不该说的话,不去不该去的地,不吃不该吃的饭,八小时之内和之外一个样,在家在外一个样,对熟悉的不熟悉的一个样,对老弱病残一个样,对党员群众一个样,对领导下属一个样……

而那些腐败分子,往往也是从"独"时、"独"处不"慎",滑向犯罪深渊的。他们有的言行不一、口是心非,台上一套、台下一套,当面一套、背后一套。有的嘴上说"国家利益高于一切",行动上却是"为了个人利益不惜鱼肉百姓";嘴上说"密切联系群众",行动上却是"密切联系帮派";嘴上说"艰苦奋斗",行动上却是"铺张浪费、挥霍无度"。一些腐败分子,之所以走上违法犯罪道路,一个重要原因就在于不注重为官的道

《礼记》书影

德修养,面对各种私欲没有"慎独"克己的能力。"千里之堤,溃于蚁穴"。在那些违法犯罪者中,许多是从不拘小节开始的。"细微之处见精神"。领导干部慎独就要始终坚持从小事、小节入手,在一点一滴中加强修养,提高素质。

历史上有很多"慎独"的例子。康熙将"慎独"概括为"暗室不欺"。林则徐在居所悬挂一幅醒目的中堂,上书"慎独"二字。晚清名臣曾国藩在遗嘱中第一条说到的就是"慎独"。他说:"慎独则心安。自修之道,莫难于养心,养心之难,又在慎独。能慎独,则内省不疚,可以对天地质鬼神。人无一内愧之事,则天君泰然,此心常快足宽平,是人生第一自强之道,第一寻乐之方,守身之先务也。"

领导干部"慎独",具体应做到"十慎":

一是慎始,把好"第一次"关口,防止"千里之堤,溃于蚁穴"。

二是慎终,做到精神支柱不倒、权力期权不用,防止晚节不保。

三是慎权,防止滥用权力,以权谋私,买官卖官。

四是慎欲,不被钱、色、名等私欲俘获,做到"体民之情,遂民之欲"。

五是慎内,管好自己的配偶子女,防止"一人得道,鸡犬升天"。

六是慎友,交有德之朋,绝无义之友,防止被损友"拉下水"。

七是慎微,做到"不以恶小而为之,不以善小而不为",防止小节上的蜕变。

八是慎言,要敢于讲真话,讲话要利于团结,防止口无遮拦。

九是慎断,要深入调研,科学决策,防止违背规律、主观武断。

十是慎威,不滥施权威,不压制民主,不压制人才。

领导的位置看起来舒服,但坐上去可就没那么惬意了。上上下下多少双眼睛

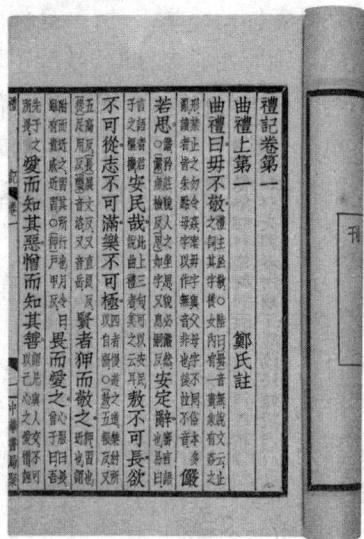

都在盯着你的一举一动,一旦你出现了某些不该出现的行为,或者你的某些秘密和缺陷被别有用心者知晓,就等于将小辫子直接塞到下属手中,这对你来说,是非常不利的。当你在指挥下属时,他们会在背地里说:"他干的那点好事我都知道,还好意思命令我!"当你因为下属违反了某项制度而要对其实施惩罚时,他们就会拿着你的把柄或明或暗地要挟你。这样一来,你名为顶头上司,实则等同于他们手中的傀儡。

古往今来,大凡有志之士,都能做到慎独。汉灵帝时的南阳太守羊续为拒礼物,悬鱼于庭。一代伟人毛泽东,虽身为国家主席,无论走到哪里,该自己付粮票的都自己付。至今韶山毛泽东纪念馆保存有毛泽东交粮票收据93张。相反,有些领导干部人前道貌岸然,人后五毒俱全。原沈阳市常务副市长马向东,八小时之外,大部分时间用在吃喝玩乐上,即使组织上安排他到中央党校学习期间,他也多次偷偷地飞到境外去赌博。一个人独处时的行为相差是何其之大。

东汉汉安帝时,杨震任东莱太守期间,一次因公务途经昌邑(今山东巨野东南),昌邑县令正巧是他任荆州刺史时举荐的秀才王密。王密一直心存感激,想寻找一个答谢的机会。当晚王密前来拜见(杨震),闲谈一阵,王密便从怀中取出10斤金子想送给杨震。杨震一看,便笑道:"我们俩认识多年,也算是朋友了。我了解你,你却不了解我,为什么呢?不要这样嘛。"王密急忙声明此乃自家之物,绝非贪污受贿所得,敬奉老师也是聊表寸心,别无他意,并说:"现在已是深夜,不会有人知道的。"杨震听后,笑意全无,语气很坚定并一字一句地说:"天知,神知,我知,你知。怎么说没有人知道呢?"王密仿佛是当头棒喝,顿时清醒过来,连忙感谢老师的教诲,(拿着金子)羞愧地出去了。不久,"四知太守"故事也不胫而走,风传海内。

要想避免被动,领导干部就要在平时注意自己的言行。不可把过多的私人关系卷入办公室。领导干部的一些重要的私人关系,不宜向下属、同事透露。如果管理者的亲人、朋友过多地出入于他的办公室,也会造成单位里的人对你不信任。公是公,私是私,二者不可混淆。一些与工作无关的私人交往,或者不易于公开的私下交往,最好到自己家中,而不宜在办公室密谈。

慎独是对为官者人格、品质、意志和情操的考验。自古以来,为官者无论职位高低,只要握有实权,便会有人来"献媚",大凡是乘无人注意之机,暗中进行。因此,"居官者"要拒腐防变,"必慎其独也"。一些党员干部犯罪,很多是抱着无人知晓的侥幸心理,以为人所不知而放松了自我约束,结果,侥幸只能是不幸。

全国防沙治沙标兵石述柱同志任甘肃民勤县薛百乡宋和村党支部书记几十年,独自经手资金几百万元,始终是公私分明,廉洁自律,未占公家一分一厘。这些时代的先锋之所以能够做到一尘不染、两袖清风,其中一个重要原因就是他们能够始终坚守"慎独"之宝。

慎独实质上是一种强大而持久的自我约束力和自我控制力,也是一种高尚的精神境界。它要求党员领导干部越是在监督薄弱、无人注意的时候,越是在八小时之外,越要做到自重、自爱,自觉地改造主观世界,固守思想道德和法纪防线,淡泊名利,克己奉公。达到慎独的精神境界,应该是党员领导干部先进性的一个重要标志。

不妨摆起"架子",维护领导者的权威

说起"架子",似乎就让人很讨厌,认为是脱离群众的表现;但实际上,它既然存在就必然有其存在的理由或者说合理性。现代汉语词典对"架子"一词的解释是:自高自大、装腔作势的作风。这的确是人们对"架子"的普遍印象和产生反感的原因。但从另一个方面来看,"架子"绝不仅仅是一个消极、负面的东西,而有着它积极而微妙的意义,成为领导管理下属的一种十分有效的艺术性方法。

历史上,不少人尽情展示自己强大的决断力——犯强汉者,虽远必诛! 这种强势的姿态,就足以令挑战者退避三舍,甚至更加服从你,支持你。比如汉朝的张敞就是一位,这是个颇有诗人气质的另类酷吏,按说诗人的浪漫情怀和酷吏之间似乎很难联系到一起,可是张敞偏偏就能把这两者结合得天衣无缝。他曾经是负责都城事务的京兆尹,在任期间遭到弹劾,眼看就要被罢官,他手下有个负责捕捉盗贼的官吏猜想这位上司肯定难逃一劫,干脆也不再理会张敞的命令,把手头的事务都搁置起来,回家休息去了。有人劝他应该尊重张敞的权威,这个官吏却不以为然:"这个上司在任的时候我还有理由听他的话,现在他马上就要丢掉官职了,顶多还能当5天的京兆尹,我还怕他做什么?"张敞得知这个消息,原本就因遭到弹劾而极度糟糕的心情变得越发暴怒,立即命令人将这个官吏抓来,决心杀掉他以维护自己的尊严。此时距离春天已经只剩下短短的几天,按照汉朝的规定,每年处决犯人的时间都在年底,春天之后就不能再执行死刑。张敞抓紧时间,派人对这个官吏日夜审讯拷打不停,终于屈打成招,给他罗织了许多罪名,在春天到来之前的最后几天里给他判处死刑,立即处决。在将其处死之前,张敞还特意让人带话给这个官吏:"就算我只能做5天的京兆尹又怎么样? 冬天很快就要过去了,你还能活命吗?"

"摆架子"会给领导者带来威严感,会给下属这样一种印象:即他可以随时行使他的权力来达到自己的目的。威严感会使领导者形成一种威慑力,使下属感到"服从也许是最好的选择",而"不服从则会给自己造成不利"。

"架子"其实可以理解为一种"距离感"。黑格尔曾说过:"仆人眼里无英雄。"仆人眼里为什么没有英雄? 因为仆人每天和他无距离接触,服侍他吃喝拉撒睡,任何人在这方面都无所谓英雄表现的,相反却看到他与常人表现一样的方面,是以仆人们总是不能发现英雄。而在寻常人眼里,英雄都是以一种居高临下的姿态出现,前呼后拥,一般人也不能靠近,只能仰视,因此,眼里的英雄一定十分完美、神秘,也符合大众的审美趋向。

与下属保持一定距离,可以树立并维护领导者的权威,因为"近则庸,疏则威"。有些领导想把所有的下属团结成一家人似的,这个想法是很可笑的,事实上也是不可能的,人们都对神秘的东西保持敬畏,一个被别人看透的人,自然被人轻视,也就无从有效领导了。人与人之间,太过于亲近就会看到对方的缺点,或是自己不喜欢的,甚至是深恶痛绝的,或是可以拿来当笑柄的,甚至是可能拿来当出卖朋友、亲人筹码的。因此,走得太近的人,问题往往最多。

孔子曾说过:"临之以庄,则敬。"其意无外乎是上司与下属保持距离,不要太亲近,留给下属一个庄严的形象,下属就会对其产生敬畏感、服从感。

与下属保持一定距离,可以减少下属对自己的恭维、奉承、行贿等行为。戴高乐曾经说:"没有神秘就不能有威信,因为对于一个人太熟悉了就会产生轻蔑之感。"聪明的领导者一般都喜欢把自己的思想感情隐藏起来,喜怒不形于色,不让别人窥出自己的底细与实力,这样就能保持一定的神秘性。一般来说,城府不深的人易受操纵。为防止这类事情发生,就应保留一点神秘感,让人产生一种深不可测的畏惧。既然别人不知道你会有何反应,他们便会小心翼翼地对待你,而不敢试图利用你。

与下属过分亲近,可能使领导者对自己所喜欢的下属的认识会失之公正,干扰用人原则。与下属关系密切,往往带来许多麻烦,导致领导工作难以顺利进行,影响领导形象。所以,要保持与下属的一定心理距离,这样可以避免与下属走得太近后,有些下属会提出一些不合理的要求。

许多下属都有这样的感触,有"架子"的领导就仿佛是一座云雾缭绕、幻象纷呈的山,看上去高深莫测,不可捉摸。其实,这种效果正是许多领导所追求的。领导者为什么要这样做呢?是因为领导处于各种利益、各种矛盾的焦点上,他必须懂得掩藏自己,使自己的心机不被窥破。如果下属很容易就揣摩到领导的心思,他就很可能利用之来达到自己的某种目的,从而危及或破坏领导意图的实现。而不暴露自己的最好办法,莫过于增加与下属的距离,使自己保持一种神秘莫测的状态。这就是领导者爱"摆架子"的另一个原因。可见,有时领导的"架子"绝不仅仅是为了炫耀,还是一种防范性措施。

保持一定的距离,不可太过于亲密

江泽民说:"现在有些干部职务升了,权力大了,直接监督他的人少了,利用他,为他抬轿子的人多了。在这种情况下,能够做到慎独尤为重要。"党的好干部、呼和浩特原市委书记牛玉儒同志曾向机关各部门宣布:有事找他,不论公事私事一律办公室谈,家门免进。

他对家人约法三章:有上门送礼者,不准开门,不准受礼,不准说情。很多人抱着试一试的想法走到他家门口,都被拒之门外,无法进去。以致在牛玉儒追悼大会上，很多干部和企业家才第一次见到牛玉儒的妻子。

有些领导干部认为，越平易近人，越和下级打成一片，沟通得就越好。其实，这种看法是错误的。如果你是领导干部，请你回想一下，你是否经常与你的下属共同出入各种社交场合？你是否对你的某一位知心的下属无话不谈？你的下属是否当着其他人的面与你称兄道弟？如果已经出现了上述几种情况，那么危险的信号灯已经亮了，你需要立即采取行动，与你的下属保持一定的距离，不可太过于亲密。

中国有句俗话"城隍爷不与小鬼称兄弟"。作为一名领导者，要善于把握与下属之间距离的远近亲疏：即使你再"民主"，再"平易近人"，也需要有一定的威严。当众与下属称兄道弟只能降低你的威信，使人觉得你与他的关系已不再是上下级的关系，而是哥们儿了。于是其他下属也开始对你的命令不当一回事。你可以是下属事业上的伙伴，工作上的朋友，但你千万不要与他成为"哥们儿"。

具体来说，领导者不跟下属称兄道弟，会有以下一些好处：

一是不让自己犯错。领导与个别或者部分下属走得比较近，这些下属自然就会对领导感恩戴德，为了报答领导的"知遇之恩"，就会对领导阿谀奉承，请吃请喝，送礼行贿甚至拉领导下水。如果对下属保持庄重的态度，自然就不会发生这些事情，领导者也不会担心犯错误了。

二是减少用人失误。领导者与下属过分亲近，就可能对自己所喜欢的下属偏爱有加，对其优点无限夸大，对其缺点视而不见。在用人的时候，就会出现"小材大用"的现象，结果往往会以失败告终。

有这样一个故事：办公室的刘主任既善解人意，又宽容厚道。在她手下干事，可以有相当高的自由度。这不，小孙常常迟到，主任一问起来，他就抱怨说家住得远，迟到在所难免。结果主任动了恻隐之心，对小孙迟到也不再计较了。这倒好，小孙觉得这迟得天经地义，索性每天9点半以后才姗姗而来。各家有各家的难处，都有迟到的理由，于是乎，办公室的下属迟到成了家常便饭。

主任发现年轻的下属上班时间玩电脑游戏玩得干劲冲天的，实在有碍观瞻，便出面劝阻。哪知下属狡辩说，工作累了就要休息休息，这玩游戏就是放松一下紧张的神经嘛！主任一听在理，于是听之任之了。结果，办公室几乎成了一个游戏室。

还有，小马有严重的脚汗，他喜欢把鞋脱掉，让两脚好好透透气。这一透气可不要紧，很快屋里就弥漫着一股臭脚味，令人蹙眉捂鼻。刘主任劝他注意点，小马说："我这脚闷在鞋里，就似百爪挠心，坐卧不宁，我是为了不影响工作，才让它出来透透气的。"主任妥协道："得了，人多的时候你别散味，等没人时你再透气吧。"谁知没人的时候散的味，常常留到人多时仍有余臭。主任赶紧喷香水，弄得屋里香臭香臭的一股怪味。

终于有一天，局长有急事踏进办公室找刘主任。刚一进门，先是闻见一股怪味，再就看见对面的小马光着脚丫子。气得局长骂"成何体统！"再一听电脑热热闹闹"丁冬"作响，几个小青年的游戏大战还没来得及收拾残局，见到局长，一个个呆若木鸡。局长憋着火，向刘主任要一份文件，刘主任说在小孙那里，小孙还没到呢！局长一看表，火了！都9点半啦，怎么还没到！主任打圆场说"小孙家远，怎么也得晚来一会儿。"局长的火终于暴发了："你马上到我办公室来一趟！"从局长办公室出来后，刘主任就调任为工会副主席，这个位置还真适合这个好大姐。

刘主任的继任者赵主任是个转业军人。到底是当兵的，赵主任重申了办公室纪律，而且对于违反者该责罚就责罚，毫不手软。结果，小孙因迟到被扣几次奖金后，每天乖乖地赶在8点钟之前到，还又擦桌子又打开水的。小马的脚被赵主任批了个狗血淋头，说办公室不是洗脚屋，再看见你脱鞋就给我到洗手间坐着去！对于电脑游戏，再也没人敢玩了。从此，办公室的工作秩序井井有条，而且大家从内心觉得，还是这样好。

这个故事告诉领导者的是：管理的不二法门就是严字当头。只有通过严格的管理，才能让下属恪尽职守，培养出团队严谨、有序、高效的工作作风。反之，松懈的管理会导致纪律松弛、作风松散、战斗力下降。

两只困倦的刺猬，由于寒冷被冻得浑身发抖，为了取暖，它们相互靠拢，挨得太近，身上会被刺痛；离得太远，又冻得难受。就这样反反复复地分了又聚，聚了又分，最后，两只刺猬终于找到一个合适的距离：既可以相互取暖，又不至于被彼此刺伤，这就是刺猬法则，它强调人们在人际交往中要保持心理距离。作为一个领导者，应该与你的下属保持适当的距离，以正确引导双方关系的良性发展。这个距离分寸的把握，与领导者平衡能力密切相关。领导者一方面应该与下属保持亲密关系，但不可与下属称兄道弟、吃喝不分；另一方面应该与下属保持不远不近的恰当合作关系。这样既可以获得下属的尊重，又能避免在工作中丧失原则。恰如其分的距离让下属对管理者产生的印象是"和蔼可亲，又威严睿智"。

领导工作提倡"到群众中去，从群众中来"，"到群众中去"是下去了解下属的疾苦；"从群众中来"就是搜集下属对工作的意见与建议，以便制定相应的政策，提高工作效率与工作业绩。但有一些领导曲解了这一有效的管理方法，整天与下属称兄道弟，纠缠在一起打牌、喝酒、K歌、搓麻，这就不是走群众路线，而是沆瀣一气、同流合污了。

干好本职工作，赢得上司的大力支持

想要工作得到认可、事业得到发展、自身得到进步，我们务必要千方百计让上司大力支持自己。在一个单位里想升职，一方面必须搞好关系，不断争取同事与上司的谅解和信任；另一方面，也要经常做出自我检讨和纠正错误。特别是身处高位的领导干部，更要与自己的上级协调好。德意志铁血宰相俾斯麦的故事，值得我们深思。

在德意志的统一过程中，俾斯麦成了民族英雄。他的权力欲望越来越强烈。他制定了1871年德意志帝国的第一部宪法，把宰相规定为"一人之下，万人之上"的大权独揽者。他只对皇帝一人负责，不对议会两院低头，议会不能提出对宰相的信任或不信任的决议案。各部大臣事实上是由宰相任命。宰相不仅是皇帝之下的帝国最高行政长官，还是议会的领袖。因为他兼任联邦议会主席，监督议会工作，皇帝公布帝国法律时，须由宰相副署。这种政体既非标准的议会内阁制，又非典型的君主立宪制，集中体现了俾斯麦的意志。

俾斯麦呼风唤雨，是靠威廉一世的信任。威廉一世性格软弱，为了德国统一大业不计个人得失，宽恕俾斯麦。每当威廉一世不听俾斯麦的意见时，他就以辞职相威胁。1889年3月，威廉二世继位，年轻气盛，不能忍受俾斯麦。

普鲁士过去有项法令，规定内阁大臣不得越过宰相直接向国王反映情况。威廉二世要俾斯麦立即废除它，俾斯麦则坚称这条法令必不可少。不久，一个陆军将军奉皇帝之命，登门询问俾斯麦，那项法令何时取消，俾斯麦傲慢地答道："这项法令不能取消！"

第二天早上，汉克军长带着皇帝的命令来了，要他立刻取消旧的法令，"不然的话，皇帝要你立刻辞职，而且必须于今日下午两点亲自入宫面呈！"俾斯麦则声称："我身体不好，不能出门，我写信给皇帝。"

当天下午，俾斯麦召开内阁会议，竭力鼓动内阁全体大臣与他一起辞职，逼迫皇帝收回成命。过去大臣们敬重俾斯麦是因为皇帝厚爱俾斯麦，如今眼见皇帝要赶走俾斯麦，便拒绝了他。

开完会，俾斯麦回到家，才知道他刚才不在时，皇帝又派人登门催促他递交辞职书。夜深了，俾斯麦正要沐浴入睡，内阁厅长奉皇帝之命敲门，质问为何还没看到他的辞职书。俾斯麦此时的脑子清醒了许多，客气地说道："我做了28年的官，为国家做了很多事，我要在历史的审判台前表白我自己！"

他口授辞职书，马上得到了皇帝的批准。

俾斯麦辞职后，威廉二世还严加防范。他派密探监视看望俾斯麦的人。凡寄给俾斯麦的公函，威廉二世都要到邮局亲自拆开审查。在1897年庆贺威廉一世百年冥寿时，威廉二世向先皇的许多旧臣表示诚意，只字未提俾斯麦。

这时，俾斯麦明白了，离开了皇帝支撑，他一无所有。"我过去的尽职行为，也许恰巧是造成德意志走向衰落、没有骨气的原因。现在我们最要紧的事情就是巩固帝国议会，使它不再退化。"

如果我们经常读那些优秀领导人的传记，我们就会得到这样的经验：他们之所以成功，就是因为经常在关键的时刻得到了上面的某位上司或者多位上司的大力支持，或提拔其担任更重要的职务。或在政策、资金、人力方面予以大力的支持。

一个领导的事业前程是与他上面的领导息息相关的,如果能得到上司的信赖与支持,得到他们的提携和帮助,就能节约奋斗的成本与时间,在有限的人生中实现更多的理想。

在一家财政局里,王志利算不上出类拔萃。应聘一段时间后,他知道局长的家在外地,自己孤身一人,但不像有些有权就变坏的领导对酒色有着特别的嗜好,因而工作之外的时间显得清静了些。王志利因此对局长多了几分敬重,得知局长喜欢下象棋,便常常邀请一些朋友与局长对弈。在酒桌上应酬时,对不善饮酒的局长格外保护,有时利用自己海量的优势,对要向局长敬酒的人立下"规矩":先过他的三杯大关。相处久了,他和局长常能说些在办公室里不说的私下话题,有了良好的感情沟通。但他有个"规矩":上司没有主动谈起办公室里的事,他决不会提起,不去评论其他同事和副职领导。由于多了沟通,局长对他的为人较其他下属有了更深入的了解,也更为信任。当办公室主任退休后,局长提议让王志利接替他的工作,负责局里的对外联络和财务。

法国有一本名叫《小政治家必备》的书。书中教导那些有心在仕途上有所作为的人,必须起码搜集20个将来最有可能做总理的人的资料,并把它背得烂熟,然后有规律地按时去拜访这些人,和他们保持较好的关系。这样,当这些人之中的任何一个当起总理来,自然就容易记起你来,很有可能请你担任一个部长的职位。

这种手法看起来不太高明,但是非常合乎现实,一个政治家在其回忆录中提道:一位被委任组阁的人受命伊始,心情很是焦虑。因为一个政府的内阁起码有七八名阁员(部长级),如何物色这么多的人去适合自己? 这的确是一件难事。因为被选的人除了有适当的才能、经验之外,最要紧的一点,就是"和自己有些交情"。

"店里有人好吃饭,朝里有人好做官""朝中有一人,强似拾金银"这些谚语说明了上司的欣赏与提携对于一个人的重要性。

如何才能得到上级的重视、支持与信赖呢? 那就是要干好本职工作。领导者的工作大多是在上司的直接领导和指导下进行和完成的,领导者有了业绩、政绩,上级领导自然也有了业绩、政绩。因此,上级领导对自己的信任和支持程度,很大程度上取决于你自身的工作搞得怎么样。

龚遂是汉宣帝时一名能干的官吏。当时渤海一带灾害连年,百姓不堪忍受饥饿,纷纷造反,当地官员镇压无效、束手无策。不得已,宣帝只好亲自选拔能治之才。丞相、御史等多人都举荐龚遂,但龚遂当时已70多岁,而且身体短小,相貌平庸。宣帝召见时心生轻蔑之意,没将他当回事。但龚遂在宣帝面前陈述的诸多良策正中皇帝心思,就派龚遂去任渤海太守。龚遂单车简从到任,安抚百姓,与民休息,鼓励农民垦田种桑,规定农家每口种一株榆树,100棵薤白,50棵葱,一畦韭菜,养两口母猪,五只鸡。对于那些心存戒备,依然带剑的人,他劝谕道:"干吗不把剑卖了去买头牛?"经过几年治理,渤海一带社会安定,百姓安居乐业,温饱有余。龚遂也由此得到了汉宣帝的信任,被他留在身边做了一个显要又清闲的官。

做好本职工作是对上级领导的最大的安慰,因为上司用你的目的就是让你做好事情。

俗话说"有为才能有位",在工作上有所作为,干出了一番牛气冲天的成绩,自然就会引起上级领导的重视,就可能给你一个更利于发挥的位置。所以,领导者首先要保证自身的工作态度、工作能力以及工作业绩都是无可挑剔的,才可能得到上面的关心、支持和提拔。

学会服从是干部的必备素质

执行文化,在很大程度上是一种"服从文化"。个人服从组织、少数服从多数、下级服从上级、全党服从中央,如此等等。没有各种服从,任何法律法规、政策方针、法令政令都得不到执行,整个社会就会陷入无政府状态。服从并不是单向的、绝对的。懂得服从的人,就是更能领会和代表共同意志的人,因而也就能够成为真正的领导者。

邓小平性格坚强,被毛泽东称为"钢铁公司",但他同样也很懂得服从。例如,他在留学法国时被人称为"油印博士",这表明他对油印这种简单的工作也极其认真负责。邓小平的"三落三起",并不包括他由红七军、红八军总政委改任县委书记,表明他只要能为党工作,就不在乎职位高低。

不懂得服从,不善于服从,就无法成为一个好的领导,而且根本就当不上领导,因为没有哪个组织和领导人愿意选拔一个不服从组织和领导的人当领导。

美国第37任总统尼克松说过:"唯一雷打不动的原则是:一旦最高的领导人做出决定,争辩就停止,所有的人都必须支持他的决定。"第41任总统乔治·布什也重述:"在某个问题上,副总统可以与总统持不同见解,并把这种不同见解在决策的过程中表达出来。但是,一旦总统最终做出决定,分歧就不复存在了。"这就是说,下级服从上级,是上下级之间关系运筹的基本原则,中层领导自然要遵守这一原则。作为下级,应该认识到,一个部门、一个组织都是通过对上级的服从来建立其秩序的,下级对上级的抗拒和反抗必然会使各种秩序遭到破坏。因此,这种行为是绝不能允许的。

1941年12月7日,日本偷袭珍珠港后,美国总统罗斯福发布了战争令。一向以好战著称的巴顿将军立即摩拳擦掌,破口大骂道:"这帮狗娘养的!咱们战场上见,我倒要让你们见识见识我巴顿的厉害!狗杂种们,等着瞧吧!"但出乎意料的是:他并没有被派往海外,而是接到命令去加利福尼亚州因迪奥附近创建沙漠训练中心。渴望参战的巴顿惊讶万分,心里虽然不停地骂"狗娘养的",但他仍然大声地对上司说"是!"

尽管巴顿为此暴跳如雷,但气归气,之后他还是立即收拾行装,马不停蹄地奔赴加利福尼亚,并全身心地投入到沙漠训练工作中去了。

也许在美国军事史上,巴顿是最桀骜不驯的一位将军,但正是他的坚决服从,使从来没有沙漠作战经验的美国陆军,在他的训练下,不但成了全美最守纪律的军队,而且还成了美国第一支能征善战的沙漠劲旅。当然,巴顿由此声名大振,他的军旅生涯也攀上了一个更高峰!

巴顿相信:艾森豪威尔将军如此安排,一定有他运筹帷幄的理由。事后,他在战争回忆录中写道:"虽然我当时非常反感艾森豪威尔将军的安排,但我仍然想,也许他的计划是全局的,我的想法是片面的、局部的,还是服从吧……"对上司说"是",成就了巴顿的出色。

在西柏坡,有一个简陋的不能再简陋的中央军委指挥所:一间土坯砌成的房子里,摆放着一张满是洞疤的长方形桌子,挂着几乎一面墙大的军用地图。当初,毛主席和其他几位中央领导就是在这世界上最小、最简陋的指挥所里,指挥了震惊中外的三大战役。

据介绍,当时这里在物质方面几乎什么也没有——没有雄厚兵力支援前方,没有武器弹药供给前方,没有军饷给养保障前方,有的只是源源不断的电报,把作战命令、指示下达给前线各路指挥员。那时,各野战军的条件都相当艰难,但接到中央的指示、命令,无一人叫苦,谈条件,讲价钱。没有兵力自己招募,没有粮草自己征集,没有弹药自己想办法。中央不负责诸如此类的具体事宜,只管发指示、下命令、收捷报。也正是在下级坚决执行上级指示的条件下,才保证了一次次战役的胜利。中层领导服从上级,就应该做到这样的坚决、无条件。

对下级说来,领导下达的命令无论如何也得全力以赴、忠实执行。这是下级必须严守的第一大原则。现实中,许多政策得不到落实,或执行中经常被打折扣,群众说这是政策打折扣的"十大顽症":

一曰对抗执行,有令不行,有禁不止;

二曰逃避执行,推诿扯皮,推卸责任;

三曰歪曲执行,上有政策,下有对策;

四曰附加执行,加塞搭车,地方保护;

五曰盲目执行,素质不强,能力平庸;

六曰机械执行,照抄照搬,唯上唯书;

七曰选择执行,断章取义,为我所用;

八曰被动执行,不推不动,消极怠工;

九曰越位执行,贪权争利,胡乱插手;

十曰虚假执行,敷衍应付,流于形式。

政策执行,是政府执行力最重要的内容。除了政策执行以外,行政机关的执行力,还包括下级完成上级交办的任务、完成本职岗位的日常工作等内容。这些不一定与政策执行密切相关,但都是政府执行力的重要内容。政府机关工作人员的个人执行力也存在一些问题。

一是囫囵吞枣式的盲目执行,只是简单重复上级文件和讲话精神,对上级精神消极敷衍。

二是遇到问题总是两眼向上,寄望于上级领导干预解决,而不重视增强自身处理复杂问题和依法执政的能力。

三是习惯于用开会、发文的办法抓工作,似乎工作就是开会,发文就是工作,把开会发文当成推动工作的"万能钥匙",以致形式主义和官僚主义盛行。

四是热衷于"审批创收""罚款创收""收费创收",对于上级政策"各取所需",对己有利的抢着执行,对己不利的绕着执行,使好的政策法规不能得到很好贯彻。

一个单位都会有一些矛盾和问题,既有历史遗留的,也有改革发展中遇到的。既包括单位的职能定位不清、内设机构不科学、岗位职责模糊等客观因素,也包括单位领导的理念、中层的技巧、基层的习惯等主观原因,这些都在不同程度上影响着执行力。

在与上级的关系中,中层领导一定要树立起这样的观念:对领导做出的决定、指示和要求,要不讲条件,不讲价钱,想尽千方百计,吃尽千辛万苦,排除千难万险,也要认真贯彻执行。"有条件要完成,没有条件创造条件也要完成。"如果领导的命令没有被严格执行,或者没有被完成,首先你就会给领导留下"执行指示不坚决"的印象,其次还会给领导留下"此人太无能"的印象。领导有了这些印象,你很难再获取领导的好感。

关系学上有一条重要的原则,就是服从的原则:下级对上级的命令必须服从,下级没有权力判断上级指令的对错,上级的对错只能由上级自己或上级的上级来裁定,决不能因为自认为上级的指令不正确不合理,就不去执行。这就告诉中层领导,在服从上级的过程中,无论如何,都不能犯抗上的低级错误。这是与任何类型的上级交往都必须遵循的关系法则。

中层领导抗上的后果,一是不利于工作,二是本人要付出代价。领导的过错你可以议论,也可以提出不同意见,但是一定要注意方式、地点。尊重领导是因为他在那个位置上,服从领导是因为他手中有组织赋予他的职权。领导是法人或是受法人之托,他的行为是一种组织行为,不尊重领导、不服从领导甚至抵抗领导,就是对单位整套管理指挥系统的破坏和对抗,最后受惩罚的还是你自己。

当然,上级也是人,在许多方面并不比普通人强多少。有出色的上级,有无能的上级,有不负责的上级,有大权独揽的上级,有严厉的上级,也有滑头的上级。上级有各种各样的类型,都很难尽善尽美。但不管是什么样的上级,只要你在他的手下工作,就必须听从他的命令——这就是原则。

学会理解，和领导少冲突

与上级领导的冲突却是很多人工作和生活中不可避免的。也许是因工作分配，也许是因报酬问题，也许是因沟通不畅，一些干部和上级发生冲突是很常见的。那么作为单位干部，当你与上级发生冲突时，该如何去做呢？首先尝试接受与领导事实上不平等的现实。对人生的不完美应采取顺其自然的态度，把更多精力投入到自己能做好的事情上，高质量履行自己职责。完成工作任务是与上司建立良好关系的前提，千万不要忽略了这一点。有的人通过消极怠工的方式来反抗领导，这并不是明智的做法，反而容易使与领导之间的关系进一步恶化。还要加强与上司之间的互相理解，减少可能的误会。在工作中要善于把自己的强项表现出来，让上司知道你有这个能力去很好地完成任务，让自己的能力得到肯定。记住：领导不是高不可攀的，有事情多和领导谈谈，他会理解你的。这对一些干部来说不难做到。

刘晓庆说过：做女人难，做名女人更难！这句话放在单位应改为：做下属难，做一个优秀的下属更难。作为一名下属，你必须得理解你的上司的难处，因为每一个人处事都不可能十全十美、面面俱到。有时候上司有可能误解你，你就得多一份宽容；有时候上司与你有利益冲突，你就得多一份退忍；有时候上司非常为难，你就得多一份理解，与人为善。

你要做到以下几点：

1.理解上级的人事安排

人都有一颗进取之心。因而对上级进行的人事安排特别敏感。在这方面，常常会出现一些出人意料，甚至感情上难以接受的安排。比如说，与你同时毕业，一道参加工作，无论从理论水平或是实际工作能力看都不如你的同事，却得到了提拔，一跃而成为你的顶头上司。这在感情上似乎难以接受。但是，面对现实，你切记要冷静，要认真地理解上级的安排，正确地处理好你与新上司的关系。如果在晋升这个问题上，你表现出如海的度量，经受了关键性的考验，深信，你的晋升之时也指日可待了。

2.理解上级的苦衷

在日常生活与工作中，任何人都有为难之处，上级也会有难言的苦衷。你要做生活中的有心人，敏锐地捕捉上级的苦衷，洞察源于何事，并且想办法巧妙地为其出主意，主动地为其分忧，这样，你不知不觉中就成为顶头上司的贴心人了，那么，上司忘不了你。

3.理解上级对你的评价

一旦知悉上级对自己的评价并不是很高，或者由于某种原因，甚至对自己做出否定的评价时，一些下级常常沉不住气，就此与上级闹起来，以至于对立情绪长期蔓延。要知道，这种做法，于上级、于自己、于工作都是极为不利的。其结果，往往走上你愿望的反面。正确的做法是：首先，尽可能地平心静气，从上级对你的不高的评价中找到合理的依据，从自己身上找原因，理解上级的评价。其次，找个合适的时机与上级对对话、谈谈心，进一步征求上级对你的具体看法，并且诚恳地希望上级给你提出更高的要求。再次，在今后的生活工作中严格要求自己，发挥自己的特长，改正缺点，以自己的积极行动去影响上级对你重新做出评价。这岂不是变不利为有利，化被动为主动的行动。

下属在与上级相处中，需要讲究一点处世待物的艺术，作为下级方可显示其存在的作用。然而，归根结底最终起决定作用的是要有一颗善于理解上级的心。反之，你只是关心自己的地位与工作，只想引起上级及同事们的注意和如何去影响别人，以致不能虚心地倾听上级的劝诫与意见，一意孤行，我行我素，甚至有意无意地伤害上级及周围人，缺乏一颗与人为善的理解之心，你的工作将很难开展。

除了理解上级之外，还有一点很重要的就是下级要学会有限度地忍耐。

为了维护良好的上下级关系，下级必须学会忍耐。中国文化历来崇尚谦让和忍耐，但这并不是无原则地去委曲求全，也不是让我们一味地忍耐，否则，某些领导将被长期纵容下去，而越发为所欲为。我们这里说的只是适当地忍耐和节制。

比如，当领导不客观地批评你时，你自己感到委屈，甚至想与上级闹翻。但此时你应该冷静下来，要以"路遥知马力，日久见人心"的信念来安慰自己，相信会有弄清事实的一天，不要在领导的火头上冲撞领导，把关系搞僵。你要学会选择时机，同时也要学会用适当的方法说明领导委屈了自己，证明自己的正确。

在抗美援朝时期，中国人民志愿军与美军的第五次战役就要打响了。就在这时，第六十军从前线给彭德怀司令员发来电报，说该军已进入战役发起前的待机地域，可是有的部队已经断粮了，开始用衣服换粮食，请求赶快补给。

看完电文之后，一向爱兵如子的彭德怀司令员怒不可遏，他派人把管后勤的副司令员洪学智叫来，把电报扔给他，怒气冲冲地说："你这个洪学智是怎么搞的！仗还没打就让部队饿肚子，这怎么得了！"

洪学智听到总司令的训斥先是一惊，但是他很快恢复了平静，他对彭德怀说："总司令，你先别着急，我早就给六十军运送了补给，可能是出了什么误会，这个电报情况反映得可能不准确。"

彭德怀更加愤怒了，他大声说："六十军那边明明缺粮食，部队都开始拿衣服换粮食吃了，你还说不缺粮。总攻马上要开始了，你说这个仗还怎么打？你误了我的军机！"

洪学智明白此时和彭德怀辩论是没什么结果的，他悄悄退出来，火速派人调查，并要求彭德怀的秘书一同前往。到了前线，第六十军军长一脸歉意地解释说："我们这儿有三天的存粮，电报反映的情况不准。"

在总部的彭德怀司令员听到这个消息才放心，后来他邀请洪学智到自己的住处，请洪学智吃梨。他说："我错怪你了，给你一个梨，吃梨，吃梨，我给你赔个梨（礼）！"就这样，一场误会烟消云散了。

正是因为洪学智将军没有在当时与上司彭德怀进行激烈的辩论，才使他们这场误会没走得太远。他在受到委屈时保持平静的心态，不急于申辩，拿出事实证明自己的正确，这很值得我们一些干部学习。

任何领导都喜欢那些能够听从自己命令的下属，这首先是一种上下级权力分工的需要，其次也是上级领导在感情上的一种需要。在被领导错怪后，下级应客观地认识现实和尊重领导，对非原则性问题，必要时应从大局出发，勇于承担责任，以下级对上级的宽容心去维护领导的威信，日后再寻找适当的时机、以适当的方式证明事实的真相，就可以很好地维护你与上级的关系，并巩固你的地位。

第五章　勤自省，明分寸，一张一弛文武道

领导干部会因日常事务、被人所求而缠身，往往忽略了自省。自省，贵在自觉。正视自己，敢于自省，才能真正做到自重、自警、自励；才能从思想上筑牢拒腐防变的堤防，经得起权力、金钱、美色的考验；才有可能做到"仰不愧于天，俯不愧于人"的境界。

从自省中提升领导力

自省是指认识自我和善于自我反省的能力，即一个人对自己的看法。自省的人能够了解自己的优缺点和处世风格，具有强烈的自律精神和自尊心，喜欢独立思考问题。只有敢于正视自己，敢于自省，才有可能提高自己，改正不足，才有可能做到"仰不愧于天，俯不愧于人"的境界。

恽代英是中国共产党初创时期的重要领导人之一，他早在少年时期就立志献身革命事业，并且十分重视自身品德修养，认为"欲立人者，不可不先己立"。从14岁开始，恽代英就通过写日记的方式来督促自己上进，整整坚持了10年之久。在日记中，他不仅记录自己的进步和收获，也检查自己的缺点与不足。在他的日记中，每天都有自省记录。有一天，他这样写："自省，有轻人态度。"还有一天，他在日记中写道："自省，因日病做事甚少，上课好作闲言语。"他给自己订了"慎独自省"八条戒约：一不谈人之过，二不失信，三不恶待人，四不做无益事，五不浪费，六不轻狂，七不染恶嗜好，八不骄矜。他那种严于解剖自己、敢于揭短亮丑的胆识和毅力值得我们当今的领导干部学习。

自省，对领导干部来说，就是要经常反思自己的行为，检点自己的作风。《论语

·里仁》篇里说："见贤思齐焉,见不贤内自省也。"自省,就是要反省自己和检查自己,看自己有没有与"不贤者"相同的地方,提醒自己不犯错误。

我们的领导干部在政治修养和道德修养中,也应该经常自省。领导干部坚持自省,就可以减少犯错误,使自己的道德品质更加完善。领导干部坚持自省,不是老想自己的长处和优点,而是多想自己的缺点和不足,经常反思自己的行为,检点自己的作风。坚持自省,就可以强化政治上、道德上的自律,防止小错不改而铸成大错。

内省的方法很多,常见的主要有三种:

·反省法。即通过对自我言行的回顾和反思来实现自我认识和自我评价的方法。如记日记、写总结、独立思考等,都属于这种方法。

·对照法。也就是对自己的言行做出规定,然后经常对照检查。对照法还有一种更为简单的形式,即"座右铭"的办法。针对自己所要努力的方向或改正的缺点,选择一些警句名言,书写出来,挂在室内,或压在办公桌的玻璃板下,时时对照提醒自己,改正缺点,不断进取。

·比较法。是指人们在交往过程中通过彼此间的认识和比较,从而形成的自我认识和评价的方法。

没有高山,显不出低谷,别人的优点是衡量自己的尺度。领导干部在日常工作、学习和生活中,应经常注意观察、发现他人的优点和长处,用自己的言行和其他人比较对照,特别是同优秀的领导们进行比较,从中认识自己的缺点和不足,努力向他们看齐,不断地在工作中改正自己的缺点,从而实现自省修身的目的。

无论是哪种方法,最终的目的都是要反省自己,正视自己。意大利画家阿马代奥·莫迪里阿画的画有个特点,画中的许多成年人都是一只眼,有人问他这是为何,他回答说:"这是因为我用一只眼睛观察周围的世界,而用另一只眼睛审视自己。"

如果说,"内省"是为官者的修养方法和良心的表现形态之一,那么,"慎独"就不仅是一种修养方法,而且是一种很高的道德境界。"慎独",指个人独处时仍能严格恪守道德原则,这是中华民族的美德之一。此语出自《礼记·中庸》:"君子戒慎乎其所不睹,恐惧乎其所不闻。莫见乎隐,莫显乎微,故君子慎其独也。"意思是在最隐蔽的时候最能看出人的品质,在最微小处最能显示人的灵魂,有君子之德的人,即便在一个人独处时,也会慎重行事,检点行为,不会因别人不在场或不注意而做有违道德之事。

在道德实践中,我们常常可以看到,有些为官者在人前尚能遵守道德规范,不做坏事,那是因为他们害怕舆论谴责,怕丢掉乌纱帽;而在人后做些不符合道德规范的事情却处之泰然,不会感到丝毫内疚。"慎独"就要求领导干部、共产党员能够说到做到、言行一致、表里如一,不能台上一套,台下一套;会上一套,会后一套;办公室一套,家里一套。我们必须看到,贪污腐败、跑官要官、以权谋私、行贿受贿等,既是荣辱观念出现错位的后果,也是某些人没能做到"慎独"的结果。

领导干部、共产党员的举止,既是社会的镜子,也是人民大众的表率,理应牢记社会主义荣辱观。不仅在公众场合注意自己的一言一行,检点自己,就是出入"无人之境"时,在舆论监督不到的"盲区",也应依靠"慎独"严格要求自己、约束自己。这也应成为我们考察任用干部的重要条件之一,不能做到"慎独",阳奉阴违、表里不一、言行不一,甚至放纵自我、胡作非为、不能自律的人,当然不能成为我们的公务员。

学会自制,提高修养

曾有人对各监狱的成年犯人做过一项调查,发现了一个惊人的事实:这些犯人之所以沦落到监狱里,有90%的人是因为他们缺乏必要的自制,就是这一点,对他们的生活造成了极为严重的改变。由此可见,失去自制的后果是多么可怕。难怪一位著名哲人曾说过这样一句话:"上帝要毁灭一个人,必先使他疯狂。"

自制是一个人工作生涯的平衡器,它体现了人类的勇气,是人类所有品格的精髓。不能进行自我控制,你就不会在单位里担任重要的职责,也很难取得成功。

在儒家看来,一个人的优秀品质的养成,全在于自己修炼的功夫,全在于自己人生行为修养的实践。所以一个真君子就是能自知自爱的人。

领导干部需要在以下三个方面提高自己的自制能力:

1.不要过于自夸

当领导者有一件值得称赞的事情被人发现之后,人们自然予以称颂;但若领导者自我夸耀地叙述出来,只会得到别人的反感和轻视。爱自我夸耀的领导者,不会得到下属的认可。常言道:"面子是别人给的,脸是自己丢的。"这话足以发人深省。

2.不要锋芒太露

有些领导者眼看生米要煮成熟饭,便锐气旺盛,锋芒毕露,处事则不留余地,咄咄逼人,有十分的才能与聪慧,就十二分地表现出来。有一个单位的处长,听说自己已被内定为局长候选人,便对单位这也看不惯,那也看不顺,未到3天,他就给单位领导上了洋洋万言的意见书,上至单位领导的工作作风与方法,下至单位员工的福利,都一一列举了现存的弊端,提出了改进意见,显露自己的锋芒。但效果却适得其反,他被单位仍掌握实权的领导视为狂妄、骄傲,没有采纳他的意见,而且很快在候选人名单中消失了。

真正做到自省自制,领导干部需要在以下几方面想一想。

·在对待名利上,想一想当官为什么?是否为人民谋取到了最大的利益。是否做到了大公无私、公而忘私,先天下之忧而忧,后天下之乐而乐,全心全意为人民服务。

·在为人处世上,是否严格要求自己,处处以身作则,起好模范带头作用。对待领导要尊重,维护其权威。对同事要互相尊重,宽容大量,求同存异不计私怨。正确处理个人与党和国家、人民的关系,自觉地为党分忧,用自己的行为带领广大干部群众同心同德地干工作。

·在社会交往上,想一想是非标准,做到交往不越线、不失节。有的领导干部热衷于"傍大款",经常在一起吃吃喝喝,甚至演变成权钱交易的商业关系;个别领导干部还与黑社会头目称兄道弟,拉拉扯扯,成为黑社会的"保护伞",到头来成了阶下囚。请你想一想,在社会交往中,是否把私人关系看得比党和国家、人民的利益更重要。只有在社会交往中坚持党的原则,才能赢得人民的拥护。

·在生活作风上,想一想什么是正确的生活方式。作为领导干部一定要坚持"吾日三省吾身"原则,自重、自省、自警、自律、自励,保持高尚的精神境界和健康的生活方式,筑牢和坚守思想防线,确保廉洁从政,拒腐蚀,永不沾。

"自天子以至于庶人,皆以修身为本。"修身是人生的基点,是成长的必修课。作为领导干部,更要时刻把修身放在第一位,视之为一种目标、一种手段、一种超越,不断完善人品操行,提高人生境界。当前一些干部作风建设中存在的突出问题,凸显出干部修养的重要性和紧迫性。

为什么一些干部习惯做官当老爷,遇到发生群众利益矛盾时怕见群众,与不同阶层、不同群体的群众打交道时又感到难以对话?

为什么一些干部独断专行或者软弱涣散?

为什么不少政府官员讲排场、比阔气,铺张浪费、大手大脚?

为什么一些干部的生活作风问题突出,沉湎于声色犬马、灯红酒绿,个别的甚至骄奢淫逸、腐化堕落,身带"匪气"?

凡此种种,都在提醒我们,领导干部必须下大力气提高修养。

修养是一个自我锻炼和改造的过程。首先要学会正确对待寂寞。郑板桥有诗曰:"衙斋卧听萧萧竹,疑是民间疾苦声;些小吾曹州县吏,一枝一叶总关情。"他将个人的寂寞与人民的疾苦相关联,就显出崇高的境界。在社会转型的过程中,领导干部因为所处职位的要害性和工作的重要性,手中掌握着一定的权力,常常是社会各个层面关注的对象,也极易成为一些别有用心的人拉拢腐蚀和公关的目标,要固守精神家园,保持灵魂的高尚与纯洁是很不容易的。

古训有言:"恒守道德者,一世寂寞;宁受一世寂寞,勿取万古凄凉。"近些年来出现的因抵御不了金钱美色、灯红酒绿等形形色色的诱惑,耐不住寂寞而走向堕落乃至毁灭的"典型"教训,已经为我们敲响了警钟。要当好共产党的"官",就要准备一辈子经受世俗欲望和诱惑的考验,心静如水,甘守寂寞;一辈子慎思、慎独、慎行,自重、自省、自警;做一名真正优秀的领导干部,交一份党和人民满意的答卷。

讲修养,还要注重小节。抓小问题则成大节,重小节方成大器。小事修炼的是

领导妙点子

图文珍藏版

人品,大事检验的是官德。要重小节。人民群众正是从发生在领导干部身上的小事小节,来评价干部,看待党风的。一个在小事小节上过不了关的干部,也很难在大事大节上过硬。

领导干部要从历史和现实的教训中深刻领悟"舟必漏而后入水,土必湿而后生苔"的道理,在平时生活工作的方方面面管好自己,做到生活正派、情趣健康,讲操守、管小节、重品行,注重培养健康的生活情趣,保持高尚的精神追求。为此,要做到"无病早防""人病我防""小病大防"。每个党员干部都应以此为标准,加强党性锻炼和修养,保持严肃的生活态度,树立良好的生活作风,培养高尚的道德情操,在生活小节中同样经得起权力、金钱、美色的考验。

孔子曰:"道千乘之国,敬事而信。"意思是说:领导一个大国或是一个单位,领导要通过敬业来取得下面的信服。因此,领导干部自省、自律非常重要,做到了,你所带领的队伍就会朝气蓬勃,无往不胜;做不到,你就快不用做了。

平和心态,做情绪的主人

一个人的成功,20%依赖智商,而80%依赖情商。若你想在工作上取得成功,你就必须学会控制自己的情绪。作为领导干部就必须有效地调整自己的情绪,控制自己的情绪,做生活的主人,做情绪的主人。

做情绪的主人,首先得意莫忘形。

得意忘形,语出《晋书·阮籍传》:"嗜酒能啸,善弹琴;当其得意,忽忘形骸。"常用来形容人高兴得失去了常态,忘乎所以。做人为官都有得意的时候,有一些干部,把握不住自己,升了官掌了权以后,顿时"官升脾气长","官升胆子大","一阔脸就变",飘飘然忘记自己姓甚名谁,自以为高人一等,常常唯我独尊,处处喜欢显示自己比别人高明,俨然摆出一副独步天下的架势,恣意妄为,胆大妄为,为所欲为,结果反误了大好前程。

人生可以得意,但不能忘形。得意如果忘形,很可能就迷失了自我,而忽略了潜在的危险;会满足于现状而失去进取精神,可能被掌声和鲜花所埋葬。

有一个神话故事,父子俩被囚禁在一座山峰的高塔中,为了逃走,他们把鸟儿停驻高塔时所脱落的羽毛用蜡黏合在一起,做了两对巨大的翅膀,想借此飞出高塔。当他们飞出高塔的时候,儿子觉得在天空遨游的感觉太美了,十分得意,便不顾父亲的劝告,越飞越高,结果由于太接近太阳了,蜡开始融化,儿子因此跌入深渊。

做情绪的主人,就要做到胜不骄,功不傲。

在古代,皇帝御驾亲征的时候,即使正与敌人对阵的将军,可以一举把敌人击溃,但是只要听说御驾亲征,就常常按兵不动。一定要等着皇帝来,再打着皇帝的旗子,把敌人征服。这按兵不动,可能姑息养奸,让敌人缓口气,而造成很大的损失,为什么不一鼓作气,把敌人彻底打败呢?此外,御驾亲征,劳师动众,要浪费多少钱财？何不免掉皇帝的麻烦，不是更好吗？如果你这么想，那就错了，错得可能有一天莫名其妙地被贬了职，甚至掉了脑袋。你要想想，皇帝御驾亲征是为什么？他不是"亲征"，是亲自来"拿功"啊！所以就算皇帝只是袖手旁观，由你打败敌人，你也得高喊"吾皇万岁万万岁！"说"都是皇上的天威，震慑了顽敌"。所以说，懂得胜不骄、有功不傲的人是真正懂生活、会做事的人，他们会因此而成为强者，成为前途平坦、笑到最后的人。

做情绪的主人，还要别让心理倦怠。

心理倦怠最明显的征兆是对生活或工作渐渐失去了目的性和应有的热情，领导干部是易产生心理倦怠的主要人群之一。领导干部责任重大，社会关注度高，并且有些人为自己制定了很高的目标，非自己能力所及，或是自我要求过高，长此以往，工作中非但不能体验到快乐，反而因经常遭受挫折而烦闷。再加上工作中充满矛盾和冲突，工作开展不顺利；领导班子不团结，所在单位缺乏民主气氛，缺乏和谐的人际关系和宽松的工作氛围；工作评价与升迁不公等。

如何防范心理倦怠，让自己的身心摆脱倦怠感，重新找回工作的乐趣呢？

1. 树立良好的工作信念

如果人生追求不端正，当干部只是为了荣华富贵、为了光宗耀祖、为了满足贪欲和虚荣心，就很容易把工作当成谋利手段，把岗位当成谋利的跳板，就容易蝇营狗苟、患得患失，就不会把工作当事业，就不会有强烈的事业心和工作激情，就会产生敷衍了事、得过且过的倦怠心理，就容易厌倦本职工作。因此，领导干部要树立正确的奋斗目标，为社会和群众多办实事、好事，通过创造社会价值来实现个人价值，提高工作成就感。

2. 正视工作压力

感到自己有工作压力，并不是个人能力差的表现，而是人人都可能有的正常心理体验。对此，不要过于责备自己。有时适度的压力反而是进步的原动力，正是有了压力才会使工作充满挑战。当然，领导干部对个人的时间、精力、能力要有清醒的认识，凡事尽力而为、量力而行、忙而有度，化压力为工作的动力，保持良好的工作状态。

3. 要学会调适

领导干部要学会调适自己的工作、生活节奏，在忙碌中留点空闲给自己，以避免因工作安排太满而产生心理窒息。要有意地摆脱各种意义不大的信息的干扰，为自己营造一个安静的心灵小岛。为此，八小时以外可以关掉手机，离开文件与书报，在没有外界干扰的情况下，度过一段属于自己的平静时光，也可以拒绝一些不必要的人际应酬，腾出时间欣赏一下音乐和自然美景，或尽情享受家庭生活。

人的一生，总是有许多人际关系和事业上的不如意，这些不如意需要以智慧和耐心去解决，而不是靠你的喜恶和脾气。一定要记住，控制自己的情绪是很重要的,因为在任何时间、任何场合,都有不尽如人意的问题存在。

我们一生当中会遇到很多问题,控制不住情绪往往会把事情搞糟,如果你学会了控制情绪和心志,以后碰到大的问题,自然也能以平和的心态对待,寻找到最好的时机再把问题解决,这样才能成就大事业,才是一个当领导的人所必备的姿态。

从今天开始,练习一下情绪控制吧,因为你还有一大段路要走呢!

宽容是做领导之本

有人说宽容是做人之本,其实宽容也是做领导之本。胸襟开阔、雍容大度是历代贤君名臣修身养德的高境界,是一个现代领导干部应有的基本素质。海纳百川,有容乃大。领导干部如果胸怀狭隘,没有容人、容物的肚量,不仅难以成就大事业,恐怕也难以与人亲切地交往,和睦地与人相处。

我们先来看看古代具有宽容大度的人。

宋代富弼小的时候,有人骂他。一个人告诉他说:"他骂你呢!"富弼说:"恐怕是在骂别人吧!"那人又对他说:"他指名道姓地骂你,怎么是骂别人呢!"富弼说:"恐怕是同名同姓吧!"骂富弼的人很是惭愧。

宋代还有一个叫娄东顾的人与富弼有同样的度量,在处理同一件事时,用的是同样的态度和方法。娄东顾,其人勤奋好学,品行端正,在邻里间有很高的威望;他待人接物,和蔼平易,从不恶声恶气,给人脸色看。有一次,邻居某人夜里喝醉了酒,到他家门前骂街。仆人告诉娄东顾,娄东顾说:"他骂他的,与我有什么相干?"醉人又指名道姓地骂他,仆人又告诉了娄东顾。娄东顾说:"同名同姓的人多了,怎么知道他骂的一定是我?"也丝毫不在意。邻居酒醒之后,非常惭愧,登门道歉。娄东顾好心宽慰他,对他很有礼貌,当时人们被他的美德所感动,互相劝诫,一心向善。

再来看看现代具有宽容大度的人。

大家都知道,中国改革开放的总设计师邓小平在政治生涯中有过"三落三起"的经历,而且每一"起"都是一个新的起点、新的高峰。他曾幽默地对别人讲:"如果对政治上东山再起的人设立奥林匹克奖的话,我很有资格获得该奖的金牌。"无论是在中国,还是在世界的政治舞台上,像邓小平这样"三落三起"的传奇经历是极为罕见的,没有虚怀若谷的胸怀和超人的气量是绝对达不到这种境界的。

历览人生多少事,成败常常在胸襟。修炼宽阔的胸襟,无论是达官贵人,还是普通百姓,不仅于事业有利,而且于己有益。而作为一名领导干部,其胸襟大小主要体现在三个方面:

一是有容人的度量。人各有所长,人无完人,都有其所短,能否容人之长,又能容人之短,是搞好工作、团结同志的重要一环。

二是乐闻直言,从善如流。只有听得进不同意见包括反对自己的意见,才能集思广益,做出正确的判断。

三是甘于吃亏,不计小事。所谓计较小事,就是在个人名、利、权、面子等非原则问题上,以至在鸡毛蒜皮的琐事上,争长竞短,斤斤计较。计小事不是领导干部应有的胸怀的气度。能舍一池之水,便能做一池之主;能舍一江之水,便能成一江之气。对个人的名权利禄,则应尽量看得小些、淡些,真正做到大事讲原则,小事讲风格,不为琐事所累。

当然,宽容不同于软弱,为了追求一团和气,使人感到自己宽宏大度、和蔼可亲,而从不当面批评下属的过失。放弃原则,遇事采取规避、妥协的态度,就是软弱。软弱的结果只能削减领导的权威,甚至会有群小乱政的事发生,对组织造成极大的危害。

既然宽容能带来如此好处,我们一定要掌握宽容的要诀:

1.不要要求别人都和我们自己一样

就像天上的星星,虽然在一个共同的天空里,但却是千差万别的。社会上的人也是各不相同的。每个人都有他不同的性格、爱好和要求,我们不能要求人们都和我们自己一样。美德和智慧是有多种表现形式的,我们不能只用一种标准来要求,要容忍别人与自己有不同的观点和志趣。不要企图改变别人,这不仅不能实现,甚至还损害了与对方的关系。

2.不要吹毛求疵

我们自己不可能是十全十美的。但是我们常用十全十美去要求别人。因此我们常常为别人一些失误或缺陷而恼怒,这种做法除了带来我们同他人之间的裂痕或反目外,恐怕是一无所获。

3.不要怀恨

尤其对别人的过错不要怀恨在心。怨恨是一种以自我为中心的破坏友好的情绪表现。怨恨不仅会影响我们与他人的友情,还会严重地挫败自己,怨恨使你被苦恼所束缚,会引起你的疾病,扰乱你的思维,使你头脑混乱,效率低下。其实怨恨别人常常是一种不公平的事,因为我们或许就常爱犯这种错误。但是我们常常错误地以为自己的过错要比别人的过错轻微得多。这大概是由于我们了解自己所犯下错误的原因,于是就对自己容易原谅吧!那么当别人错怪了你的时候,你试着去站在他的角度想问题,也许就会谅解对方了吧!

容不得人的领导者是最危险的

江泽民曾经指出:"中国古语中有雅量这个词,就是倡导人们特别是从政为官的人,要有容人容事的大气量。我们共产党人是为人民服务的,党的各级领导干部应该具有心胸宽广的雅量。"不弃土石,泰山才巍峨;吸纳百川,大海才无边。"江海所以能为百谷王者,以其善下之。"身为领导干部,在待人处世和处理大小事情时,应当反躬自问,是不是已经有了大海般宽广的胸襟。

不能容人的领导者是最危险的。领导者的个性若是多疑闭锁,和周围的人斤斤计较,没有宽容豁达的心态,就会给组织和个人带来难以估量的损失。明朝的崇祯皇帝,虽一直想中兴大明的百年基业。但由于生性多疑,刚愎自用,中了敌人的反间计,错杀了国家的栋梁之材袁崇焕,结果使自己落得个国破家亡的下场。可见,心胸小,本事大,容不得人的领导者是最危险的。

宽容是一种涵养的体现。它包含了人与人之间最珍贵的谦让和理解,它要求人们在明白事理后,适当地放弃和忍让。

宽容大度是赢得拥护的法宝。一名领导者,如果拥有宽容之心,就会让你的下属对你产生感激之心,进而更加忠实于你。

公元 199 年,曹操与实力最为强大的北方军阀袁绍相持于官渡,袁绍拥众十万,兵精粮足,而曹操兵力不及袁绍的十分之一,又缺粮,明显处于劣势。当时很多人都以为曹操这一次必败无疑了。曹操的部将以及留守在后方根据地许都的好多大臣,都纷纷暗中给袁绍写信,准备一旦曹操失败便归顺袁绍。

相持半年以后,曹操采纳了谋士许攸的奇计,袭击袁绍的粮仓,一举扭转了战局,打败了袁绍。曹操在清理从袁绍军营中收缴来的文书材料时,发现了自己部下的那些信件。他连看也不看,命令立即全部烧掉,并说:"战事初起之时,袁绍兵精粮足,我自己都担心能不能自保,何况其他的人!"

这么一来,那些动过二心的人便全部都放了心,对稳定大局起了很好的作用。

这一手的确十分高明,它将已经开始离心的势力收拢回来。不过,没有一点气度的人是做不到的。具有这样的胸怀的人,别人当然愿意尽心竭力地为他做事。

可见,宽容能得到别人的拥戴。胸怀宽广的管理者,在工作和生活中会游刃有余,既能成就大事,又能活得轻松。

容人就要做到贤人、能人、庸人等都能以诚相待。

1.“容人”,要能容与自己意见不同的人

作为领导者,不能搞“一言堂”,不能搞“唯我独尊”,要广开言路,能听得进不同意见。所谓“持不同意见者”,绝大多数是真心帮助领导,真心想把工作搞好的人,他们常有“高见”与“高招”,对其若能从善如流,为我所用,对工作则大有裨益。

2.“容人”,要能容比自己能力强的人

身居领导岗位,不能搞“武大郎开店”那一套:凡比自己高的都不要。俗话说“人外有人,天外有天”,做一把手的不一定事事都比副手强,做领导的不一定事事都比下属强。很多地方和单位都可能“藏龙卧虎”,各色能人无处不在,若碰上比自己强的人,决不可嫉贤妒能,施以压制、排挤或打击,应该把强者的长处充分利用起来,把他的“高见”取过来化为己有。这样,既可提高自己,又能集众人智慧之大成,把工作搞得有声有色。此实乃领导者应有的大智慧。

3."容人",要能容有毛病、有缺点的人

领导者要有大气量,包括别人的一些缺点,该宽容时须宽容,只要他大节不亏,小节不可过于计较,不可处处求全责备,更不可拿着放大镜去看别人的缺点,以致把人家的优点也掩盖起来,把人完全看"走样"。领导者应具备这样的气度与本领:在共同的目标下,各色人等都能容纳,而且都能用其所长,避其所短,或说容其所短,在此前提下再尽量帮助克服其"所短"。这样,就能把每个人的积极性都充分调动起来,齐心协力投入工作。

能否"容人",对于领导者而言确非小节,它直接关乎大事全局,甚至关乎事业的成败。领导者能否大度容人尤为重要,它对于人心的向背、力量的分合都有着直接的影响。因此,领导者应立公心除私念,弃"小气"而树"大度",努力做个襟怀坦荡能容人、会办事的高明领导者。

有容德乃大,无私品自高。领导干部要做到心胸开阔、宽容无私,就要在处理工作和人际关系中,不计个人恩怨,不搞亲疏远近,更不能搞"窝里斗",从事业的大局出发,大事讲原则,小事讲风格,求大同存小异,遇事多沟通。思想境界提高了,心胸才能宽广,品德情操才能日臻完善,才能做到胸怀宽广如海洋、心灵明亮如日月。

越是地位高,越是要懂得容忍

在生活中,我们会见到这样一些人:他们有了一些权力和地位后,就横行霸道,听不进去别人的劝告,为一点蝇头小利而费尽脑筋。而到最后,他们却并没有在高位上停留多久。其实,越是身处高位的人,越是要懂得容忍,否则升上去容易,跌下来就更容易了。宽宏大量是一种美德,尤其对于一个身居高位的人来说,心胸是否宽阔在一定程度上决定了他是否拥有良好的人际关系,进而影响他在仕途上的升降与否。

在安徽省桐城市的西南一隅,有一条全长约 180 米、宽 2 米的巷道,当地人称之为"六尺巷"。据作家姚永朴《旧闻随笔》和《桐城县志略》等史料记载:

清朝名臣张英便住在这里,张英历任礼部侍郎、兵部侍郎、工部尚书、翰林院掌院学士、文华殿大学士、礼部尚书等职,名声显赫,桐城人习惯将他称为"老宰相",其子张廷玉称为"小宰相",父子二人合称为"父子双宰相"。

当年张英家和一户姓吴的人家比邻而居,房屋之间有块空地被吴家给占用了,张家的人就写信给张英,让他出面干预。张英看罢来信,就写了一首诗给家人,诗上说:"一纸书来只为墙,让他三尺又何妨。长城万里今犹在,不见当年秦始皇。"家人见书明理,遂撤让三尺,吴家见此情景深感惭愧,亦退让三尺,这样张吴两家之间就形成了六尺宽的巷道,后人称为"六尺巷"。

张英轻启朱毫,四两拨千斤,简简单单的几句诗,就化解了原本剑拔弩张的邻里矛盾,为时人也为后人做出了谦逊礼让,与人为善的绝好榜样。

事实上,张英的做法不仅是与人为善,而且他身居官场,实在处处都是陷阱,步步都得小心,正如古人所说,如临深渊,如履薄冰。否则,稍不留神,就可能遭遇灭顶之灾,顷刻之间,身毁人亡。所以,张英从大局着想,也还是忍让为好,免得事情闹大了,虽然不至于影响他的前途,但从长远来看,未尝不是个祸患。而让他三尺,却不仅化解了无形的隐患,又解决了邻里的纷争,实在是一举两得。

宋太宗时,有一天官拜殿前都虞侯的孔守正和另一位大臣王荣侍奉太宗酒宴,孔守正喝得酩酊大醉,就和王荣在皇帝面前争论起守边的功劳来,二人越吵越气愤,把太宗晾在一边,理也不理,完全失去了为臣应有的礼节。侍臣实在看不下去了,就奏请太宗将两个人抓起来送刑部去治罪,太宗没有同意,而是让人把他们两人送回了家。第二天,二人酒醒了,想起昨天的行为,不禁害怕,一起赶到金銮殿向皇帝请罪。太宗却不以为然,对昨天两人的行为不做追究,而是说:"朕也喝醉了,不记得这些事了。"

宋太宗说自己也喝醉了,对两位臣属对自己的冒犯不加追查,既没有丢失自己的面子,又让两位大臣警觉自己的言行,这是两全其美的事,何乐而不为呢?

古人云:"壁立千仞,无欲则刚;海纳百川,有容乃大。"为人处世,当以宽大为怀。宽容,不仅是中华民族的一种传统美德,更是一门高深的领导艺术。据史载,苏轼21岁进京应试,适逢欧阳修任主考官。欧阳修是当时北宋文坛领袖,当他读完苏轼的文章后,为其才气所动。因那时的考卷均为无记名。他怕是自己门生曾巩写的,为避嫌,才将他列为第二名。后来,他逢人就说:"读轼书,不觉汗出。快哉!快哉!老夫当避路,让他出一头地!"

正是有了这种能容超过自己的人的宽阔胸襟,他才提携了曾巩、"三苏"、王安石等人,为北宋文坛的繁荣奠定了基础。

宽容,这是领导者的一种美德和修养。领导宽容待人,就是在组织内部创造友好和谐的气氛、民主平等的环境,这不仅是工作顺利开展的重要保证,而且有助于解除下属的后顾之忧,并最大限度地发挥他们的聪明才智。

在三国时期诸葛亮收姜维的典故中,常胜将军赵云在天水关一战中被姜维大败,丞相诸葛亮不但没有怪罪他,反而在客观分析敌我态势后主动检讨了自己的指挥失误,主动承担失败的责任,并宽慰赵云,使赵云备受感动,日后对蜀国更加忠心耿耿。

对领导来说,宽容、容忍是一种管理风格。为人不宽则孤独,为民不宽将离群。在管理模式中,并非只有严厉一种,宽容也是;如何把严格与宽容结合好,掌握精妙者是为"大师"。因此,请领导在工作中千万别忘了宽容。有宽容才有沉稳,有沉稳才有冷静;有冷静才有智慧,有智慧才能获胜!

以品德修养为做官根基

领导者的品德对个人权力具有极其重要的影响。俗话讲"德高望重",领导者如果具有高尚的品德,如正直、诚实、谦虚、果断、乐于助人等就可以扩大领导者的个人权威;反之,不良的品德,如虚伪、悲观、武断等会减小领导者的个人权威。

高尚的品德,是修身之本,立业之基,中国古代圣贤先哲非常重视人的品德修养,认为"万事德为本,百善孝为先",强调:"可以一生不仕,不可一日无德。"孔子强调"修己以敏""修己以安百姓"。意大利诗人但丁曾经说过:"道德常能填补智慧的缺陷,而智慧永远填补不了道德的缺陷。"对领导干部而言,人品修养更为重要,应以超越普通群众和党员的标准,不断进行自警、自省、自励,不断修正自己的品德缺陷,努力做到心胸开阔、公平正义、诚信豁达、阳光坦荡,逐步达到修身以立业、修德以立威、修性以齐家的目的。

哈佛大学教授兼精神病专家罗伯特·科尔斯认为,品德胜于知识,一个高德商的人,会赢得更多的信任和尊重,拥有更多的发展机会。这其实与著名企业家鲁冠球先生的"用人心得"不谋而合:

· 有德有才者,大胆聘用,可三顾茅庐,高薪礼聘;
· 有德无才者,委以小用,可教育培训,促其发展;
· 无德有才者,坚决勿用,如伪装混入,后患无穷;
· 无德无才者,做人失败,社会渣滓,难以生存!

这句话反映了企业家用人时的普遍心理,可以预见,品德在工作中的重要性将会进一步升级,也必将成为单位选拔人才的首要标准。

的确,做人必须从"德"字开始,树立有德之人的品牌,这样才能成大事。什么是"德"呢?德者,道德、品德。古人说"德行谓人才堪任之优劣",道德、品德关系到一个人的行为动机,是做人的首要问题。一个人只有守住"德"字,才能为自己的人生找到立足点,否则你在欺骗别人的同时,别人也会欺骗你。那么做人的"德"的标准是什么呢?就是在对道义与功利的取舍上。一句话,舍利而取道,即为做人之本。这是一切成大事者都恪守的做人原则。

邓小平指出:"党和政府愈是实行各项经济改革和对外开放的政策,党员尤其是党的高级负责干部,就愈要高度重视、愈要身体力行共产主义思想和共产主义道德。"在新形势下,从积极推进党的执政能力和先进性建设着眼,抓好领导干部思想品德建设,不断提高领导干部的品德素质。

孔繁森出任西藏阿里地委书记后,经常深入群众中调查研究,虚心向当地群众请教,尊重当地人的习俗,关心群众的疾苦,从而得到了广大群众的认同和拥护。他去世后,阿里地区的老百姓自发地组织起来参加了他的葬礼,他们为失去这样一位好领导而万分难过。这就是孔繁森同志虚心的品德赢来群众信赖的结果。

高尚的品德，是领导者树立形象的主体素质和内在要求。与才相比，任何时候德都是第一位的。德好才不好，干不成大事；才高德不好，小才干小坏事，大才干大坏事。一位名作家曾经说："好人不见得是好官，但好官必须是好人。没有一流的人品作底子，从政肯定要摔跤子。"这是因为：

·高尚品德是领导干部凝聚人心的吸铁石。群众眼中领导干部的品德如何还影响到执政党的形象。只有拥有良好形象的领导干部，才能吸引人民群众和团结到自己的身边；只有能够正确处理好各种矛盾的领导干部，才能克服领导和群众之间的隔阂和离心力；只有具有高尚品德的领导干部，才能凝聚人心。

·良好品德是领导干部推动政治经济发展的助推器。领导干部只有以德服人，才能做好干部群众的思想工作。在经济建设、民主法制建设等各项实际工作中，具有高尚品德的领导干部的推动作用也不可低估。

中国有古语云："服人者，以德服为上，才服为中，力服为下。"把"才"服放在"德"服之下，这种思想是正确的。以才智和能力树立起的威信，常常是不牢固的，一旦下级的才能超过自己，或者自己在工作中出现重大失误时，这种威信就会动摇，甚至消失。而以自己的高尚品德树立起的威信，则会经久不衰，永存于下级心中。

外表厚重，内质沉静

所谓厚重，就是思想、行为、风格保持分寸而处于"适度"范围内，避免那种极端、夸张、轻浮、怪诞。孔子认为："君子不重则不威，学则不固。"古代儒者把厚重、庄重看得极重。因为士人是社会楷模、政治精英。暴慢轻浮，将何以定社稷、安天下、孚众望？所以孔子告诫有志于斯道的士人，厚重是根本的德行。

厚重是包含着"大智若愚"等内容在内的某种政治家风度。陈云在谈到领导者的工作风格时说："特别是政治家，对不认识和认不清的事物要持慎重态度，这不会丢脸，轻率才易丢脸。""地位靠做好工作，不靠搞形式，摆架子。搞形式，摆架子，统统靠不住。提高地位在于自己少犯错误或不犯错误，绝不是靠压低别人来抬高自己。"

2002年加拿大G8峰会上，各国首脑谈笑风生，有"日本通"之称的法国前总统希拉克在谈到日本人行礼时说，根据对方的地位高低，鞠躬的程度也不同。这时小泉走到布什面前说："如果对方是你的话，那大概就必须要这样了吧。"随即屈膝，在布什面前行了个跪拜大礼。当时法国著名摄影家罗斯坦拍下了这一场景。跪拜曝光后，有舆论说：没有什么比这更足以说明日本人对美国的附庸地位了——这就是领导不厚重的一种表现。

厚重是一种内在的修养。陈寿《三国志》记载，张昭有一种庄重威严的风度，

"昭每朝见,辞气壮厉,义形于色","昭容貌衿严,有威风,权常曰:'孤与张公言,不敢妄也。'"

曾国藩也认为,做人做事厚重(他称为"重厚")很重要。他说自己曾仔细观察,星冈公(曾国藩祖父曾玉屏)仪表超出常人,全在一个"重"字上。自己走路、仪容、举止也很厚重,就是在仿效星冈公。曾国藩指出长子曾纪泽的仪容举止很轻率,缺乏重厚,这是一种大毛病,以后应该经常留意。不论走路起坐,都应该厚重。咸丰九年(1859年)十月十四日,曾国藩在湖北巴河写信给曾纪泽,教导他注意三件事:第一要早起,这是曾家的家风;第二要有恒;第三就是要厚重,要求曾纪泽克服轻率的毛病。

官场上风云际会也风云变幻,各种事情纷繁复杂。没有克制力、没有钝感力,其领导生涯就不能很好地"可持续发展"。"大肚能容,容天下难容之事",这是大政治家的风度。

2007年10月,法国总统萨科齐接受美国哥伦比亚广播公司(CBS)新闻节目"60分钟"采访,当他被问及他的婚姻情况时,出现了"喜剧性"场面:萨科齐拂袖而去,就此突兀地结束了这次采访,他还骂他的秘书"真是个蠢物",留下一脸错愕的CBS女记者。萨科齐说,自己没时间接受这样一场"愚蠢"的采访。其实,这也是不厚重的一种表现。

由于领导职业的某种特殊性,厚重这一品性就显得十分必要了。任何人对所处的环境、情境都是有反应的,有的反应弱一些,有的则反应强一些。领导者职业要求有相当的克制力。

厚重有时表现为沉静,就是沉得住气。如果一名领导者是有雄才大略的,那他必须能沉得住气。"诸葛一生唯谨慎,吕端大事不糊涂。"作为一名领导者,应该"不管风吹浪打,胜似闲庭信步"。不急不躁,不浮不夸,没有沉静便没有从容。自大、自狂、自负、自卑都是与克制、沉静、钝感力相对的。

厚重多显于外表,沉静则多依于内质。一个有水平并且有沉静的人,才是一个可做大事的人,才是有成功希望的人。所谓"仁者无敌"是也!克制力、钝感力、沉静力是需要修炼的,或者说,是以一定内性修养为其基础的。

沉静就要求领导干部学会恬淡。"草色人心相与闲,是非名利有无间"。恬淡是领导者品性的大境界。所谓恬淡,关键是对功名利禄这些玩意儿的看淡。领导者对功名利禄必须看淡,而不能争名于朝,争利于市,抗尘走俗,乐此不疲。老子弘扬水的精神,主张为人处世要与水一样,"上善若水,水善利万物而不争","夫唯不争,故无尤"。老子认为,有道德的上善之人,有像水一样的柔性。水能滋养万物而不与万物相争,有功于万物而又甘心屈尊于万物之下。正因为这样,有道德的人,效法水的柔性,温良谦让,恬淡而不多奢望。水性柔而能变形:在海洋中是海洋之形,在江河中是江河之形,在杯盆中是杯盆之形,在瓶罐中是瓶罐之形。领导工作也是这样。你会处在各种不同的环境中,遇到各种不同的问题,水的理性、水的智慧非常重要。

南北朝学者颜之推说:"君子当守道崇德,蓄价待时,爵禄不登,信由天命。"颜之推进一步论述说,人们看到那些抗尘走俗、碌碌奔走钻营而获取官职的人,就说:"不去钻取,怎么能有收获?"殊不知,时运到来之时,不钻营也会到来的。人们看到那些恬静退让而没有得到官职的人,就说:"不去争取,怎么能成功?"殊不知,时运未到来,纵然去追求也是徒劳的。世上那些不求而得,求而未得的事例,多得不可胜数。

颜之推的这种"仕途观""从政观",反映的是一种从政和为官的恬淡精神。当今社会,要做一名抗尘走俗的领导者易,而做一名淡泊名利、不趋炎附势的领导者难。官场逻辑和行政生态在不断催发人的权力激情,人们权欲官望欲壑难填无有穷期的事太多了。有权在手时炙手可热,无权在手则感到失落彷徨。

"天地间真滋味,唯静者能尝得出;天地间真机活,唯静者能看得透;天地间真情景,唯静者能题得破。"这也是宁静致远的意思。"积极人世"与"淡泊名利"是统一的。当一名领导者能淡定如水时,他的人格形象应该是天高云淡、恬淡而清澈的。

以德为先,德才兼备

为官从政,必须坚持以德为先,为官先修德。宋代司马光说过:"才者,德之资也。德者,才之帅也。才德全尽,谓之圣人。才德兼亡,谓之愚人。德胜才,谓之君子。才胜德,谓之小人。君子挟才以为善,小人挟才以为恶。"这就清楚地告诉我们如何看待德才之间的辩证关系。德,是才的方向和灵魂,是才发展的内部动力;才,是人得以发展的成功的基本条件和基础。所以,德才应该是统一的,相辅相成的。可以说,德是才之枢,才是德之户,无德,户门无枢旋;无才,枢纽无户设。

宋代司马光曾根据德才情况将人分成四类,德才兼备的叫作"圣人",德才全无的叫作"愚人",德胜过才的叫作"君子",才胜过德的叫作"小人"。他认为选人用人须重用圣人、君子,倘若无圣人、君子,宁可用"愚人"也不用"小人"。明代洪应明也主张"应以德御才,勿恃才败德"。

有才无德,人前,你是领导;人后,你被万众唾骂。作为领导,德才兼备,才能让众人对你口服,心更服。德才兼备就是要求领导既要有强烈的事业心,责任感、使命感,又要有能驾驭本单位的复杂工作的能力,处置各种复杂问题的能力,这是当今对领导干部的基本要求。

时任国家副主席习近平在 2008 年全国组织部部长会议上讲到,在选拔干部时,"要掌握德才兼备,以德为先的用人标准,什么样的人该用,什么样的人重用,都要把德放在首位,在这个前提下注重选拔那些确有才干,成绩突出的干部"。

当前，少数领导干部存在的无德之行，败坏了社会风气，损害了人民利益，也直接影响了党的形象。"有才无德"比"无才无德""有德无才"更可怕。因此，强调领导干部的"德"比过去任何时候都显得更加重要。不管一个人的能力再强，只要他不具备"德"，都不能提拔使用。

早在 20 世纪 30 年代，毛泽东就提出了德才兼备的用人观。毛泽东指出："中国共产党是在一个几万万人的大民族中领导伟大革命斗争的党，没有多数德才兼备的领导干部，是不能完成其历史任务的。"

1940 年，中共中央组织部部长的陈云具体阐述了德才兼备标准，强调："德才并重，以德为主。"1943 年，周恩来强调："挑选干部的标准，政治标准与工作能力，两者缺一不可，而政治上可以信任是先决问题。"

在新的历史条件下，胡锦涛总书记强调选人用人要坚持德才兼备、以德为先，真正把那些政治上靠得住、工作上有本事、作风上过得硬、人民群众信得过的干部选拔到各级领导岗位上来，这更加鲜明地突出了德在干部标准中的优先地位和主导作用。

这种德才兼备、以德为先的用人标准，是我们党吸纳英才、成就伟业的重要保障，也是我们党提高执政能力、更好地立党为公执政为民的重要基础。

对领导干部来说，有德无才者误事，有才无德者坏事，有德有才者成事。领导干部有德无才的结果是平庸，有才无德的结果是危险，德才兼备方是优秀人才。

才气是一个人的知识素养和能力的综合体现。所谓才，对领导干部而言，即是才干，能力、本领，是指领导才能和工作能力。人没有才不行，没才就是没本事。领导干部缺乏应有的才能，能力不足，是什么事情也做不好的，道德再好，也没有用武之地。古有唯才是举，今有择优录取，也正是看中了才能。历史已经证明，有才无德的干部，往往是成事不足、败事有余，有德无才的干部，是庸官，大多碌碌无为，往往尸位素餐，一事无成。

作为领导干部，应当德才兼备，才华出众。如果仅有为民服务的思想而没有为民服务的本领，是不可能真正为群众谋利益的。随着改革开放的深入和社会主义市场经济的发展，领导干部工作上面临的挑战和难度明显增加，要履行好职责就必须具备解决各种复杂矛盾、推动事业发展的本领。当领导就得有真本事，工作上没本事的人，用了会误事。"本事"的要求是多方面的，就是要求领导干部要有与履行岗位职责相应的专业知识和领导、管理能力，有与所担任职务相适应的宏观决策能力、统揽全局能力、组织协调能力、知人善任能力和处理突发复杂事件的应变能力等。

才气来自天赋，更来自后天。领导干部在加强道德修养，提高精神境界的同时，一定要注重增长才气，多练本领，多学本事。增加才气，唯有学习，只有选择终生学习这条道路，才能担当重任。因此，要不断强化学习意识；把学习作为履职的第一要务,尽责的第一要求,作为成长、成熟、成功的台阶,勤于学习,不断增长才干,防止"知识透支""本领恐慌",做到以才兴业,以才服人。

衡量一个干部是否是好干部,不能只片面地追求有"才",而应以德为先,坚持品行为本,因为"百行德为首,德为首之魂"。对那些有德有才的人重用,对那些有德才浅的人培养着使用,对那些无德无才的人坚决不用,对那些无德有才的人拒绝使用。官德正,则民风淳;官德劣,则民风降。所以,我们的干部要做个好官,就要常修为政之德,做到廉洁奉公,执政为民,抵御各种诱惑,耐得住清静、心静、安静、平静,把我们的才华用在刀刃上,用在为老百姓服务、办事的效率上,为党风、干风、民风的纯洁贡献自己的力量。

远离小圈子

现在,有少数领导干部在工作和生活中爱搞"小圈子"。圈中人对内抱团结盟、互相静忙,吹喇叭、抬轿子;对外以人画线、排斥异己、掣肘使绊。有句顺口溜"进班子没进圈子等于没进班子,进圈子没进班子等于进班子,进班子又进圈子是班子中的班子",就是对这种"小圈子"现象的生动描述。

"小圈子"是封建官场哲学的产物,是市场经济趋利性生出的"怪胎"。一个单位如果"小圈子"盛行,领导干部行使公共权力就会出现偏差,党性原则就会让位于"哥们儿"义气,党的民主集中制原则就会被践踏,选人用人就谈不上公平、公正。久而久之,还会严重败坏党风政风,滋生各种腐败。近年来查处的大案要案中,有不少是窝案、串案,被查处的人员大多是"圈中人"。因此,对"小圈子"的危害绝不可低估。

2010年5月,重庆市政法委书记刘光磊告诫政法干警"不能沉迷于自己的'小圈子'、结交'小兄弟'、放纵'小嗜好'"。重庆黑恶势力最大的黑保护伞文强的沦落正是因为沉迷于建立小圈子、结交小兄弟、放纵小嗜好。

文强建立了以自己为"伞尖",以黄代强、陈涛、赵利明、徐强等"四大金刚"为"伞骨"的"小圈子"。正是有了这个"小圈子",才让文强在官场如鱼得水、在地下江湖"大展身手"。相比"文局长"的称呼,文强更喜欢别人叫他"强哥"。"有事找大哥",自然而然,文强"小圈子"里面的"四大金刚",以及三教九流的一干"牛鬼蛇神"都成了文强的"小兄弟"。这些"小兄弟"陪侍在文强的鞍前马后,不断地投其所好,给文强送钱送物,取悦于"大哥",同时自己也取需于"大哥"。

一些领导干部为何钻进圈子呢?"小圈子"的本质就是利益联盟。结"圈"之人虽心态各异,但目的无二,无非是为了从"圈里"获得好处,达到权力的"利益共享"的目的。

有的是为了仕途顺利、不断升官。圈里人会封官许愿,拿职位送人情、做交易,给行贿受贿、买官卖官者牵线搭桥;会为自己或他人的提拔调动拉关系、打招呼、请客送礼、"跑官要官"；会拉帮结派，搞亲亲疏疏、团团伙伙，采取各种非组织活动为自己或他人拉票贿选。时下在一些地区和部门，用"小圈子"里的人，已成为安排使用干部中见怪不怪的规则。

有的是为套住财神好发大财。当前社会上存在的因傍大款而形成的圈子，多是抱着发财目的而相拥牵手的。贪官用权力为大款的生意铺路搭桥，大款从利润中给贪官回扣，彼此发财，弄个盆满钵满，受损害的却是国家和百姓。

有的是为危难时刻有人罩着。圈子的另一个特点就是紧紧抱团、一致对外、排斥异己。圈内人相互吹着捧着、哄着拥着，有人出了问题，大家保着护着，形成铜墙铁壁、针插不进、水泼不进的坚固堡垒。

有的是为平时办事相互照应。圈内人不约而同地形成默契，对圈里人的事情不遗余力、有求必应，政治生活私人化，"圈内兄弟"好办事。你的事我办，我的事你办。我把你的儿子提拔为科长，你把我的女儿培养成主任。私事公办，化私为"公"，是圈里人相互谋私时驾轻就熟的拿手好戏。大凡进入圈子中的人在圈子内需要办什么事，往往是一路绿灯，畅通无阻，哪怕是违规违法的事，只要一个电话、一张条子，也照样办成。圈子的魔力由此可见一斑。

作为领导干部，晋升是仕途中的大事，没有人拉一把，是很难脱颖而出的。朝中有人好做官。曾国藩在道光朝依靠穆彰阿，在咸丰朝依靠肃顺，在同治朝依靠恭亲王奕䜣。这些人都是当时最大的权臣，但是三人最后都失权丢势，曾国藩却青云直上，官越做越高，权越来越大，居高不危，可见找靠山也要有技巧。

在封建官场中，"朝中有人好做官"被称为为官之道的首招。对于那些谄媚求官的人来说，这似乎是一个铁则。但对曾国藩来说，却并非如此。不过他也知道，千里马如果没有伯乐来发现，其命运甚至还不如一般的马匹，作为一个志向远大、不甘平庸的人，固然不能把自己绑在别人的战车上，同时也应当充分利用各种有利的条件，帮助自己实现目标。在刚开始的时候，更要少树敌，多交友。但是有一条是最忌讳的，千万不能搞"小圈子"，结党营私。权臣之所以成为权臣，主要靠的是结党，而这一点正是最高统治者最担心的。为什么权臣绝大多数没有好下场呢，原因就在于此。

"小圈子"背后是大圈套，文强在《悔过书》中声称："我是被下了几个套：老板下了套，我糊涂钻；部下下了套，我勇敢钻；女人下了套，我乐意钻；朋友下了套，我仗义钻。"我们党内一贯倡导五湖四海，坚决反对一切派别组织和小集团活动。毛泽东曾多次对党内出现的山头主义倾向提出批评。邓小平 1989 年曾讲过："小圈子那个东西害死人呐！很多失误就从这里出来，错误就从这里犯起。"作为党的干部，尤其是党的领导干部，如果搞自己的"小圈子"，拉帮结伙，就会结成既得利益集团，大搞腐败，祸国殃民，严重的甚至会破坏党的形象和团结，给党的事业带来严重损失。

古语云："君子群而不党,小人党而不群。"领导干部不进人"小圈子"或从"小圈子"走出来,这个单位、这个部门、这个地方的和谐风气就会盛行。"我们都是来自五湖四海,为了一个共同的革命目标走到一起来了。"作为一个领导干部,要光明磊落,搞"五湖四海",绝不能搞"小圈子",害人害己害事业,是没有一点好处的。

有称雄能力,也有守雌的气量

军事上讲究能进能退,最好的地形就是进可攻,退可守,关键时刻可进可退,才能够赢得最后的胜利。对领导干部来说,能进能退才能在工作中立于不败。有的人一味前进而不懂得后退,仅有匹夫之勇是成不了大事的。一个只知道勇敢往前冲却不知道后退的人,结局往往是悲壮的。"力拔山兮"的项羽是个大英雄,不知道退一步看世界,在乌江自刎了,以致后人写下了"至今思项羽,不肯过江东"的诗句。

俗话说,大丈夫能屈能伸,这句话可以这样理解,只有能屈能伸,能退能进才是真正的大丈夫。有时,后退并不是懦弱,也不是没有原则,而是一种自我调整的方式,就像放风筝,如果一味地放线,风筝未必能长久地高飞,真正懂得放风筝的人是不停地收线放线的,只有这样,手里的风筝才不会掉下来,工作顺心的人的秘密大概就是如此吧!想事业发达就要学会扬长避短,当进则进,当退则退!既得有称雄的能力,也得有守雌的气量!

首先,守雌就要明白"高处不胜寒"。

几乎每一个组织机构都像一座金字塔。网络上说:单位是一棵爬满猴子的大树,高处的往下看全是笑脸,低处的往上看都是屁股,左右一看,都处是耳目。

当你向塔顶越爬越高时,最重要的空位子也就变得越来越少。与此同时,身为领导者所面临的各种危险也在逐步增大。常言道:身居领导之位的人既不比被领导者更轻松,也不如被领导者更安全。只有那些具有较多领导经验的人,才会明白"领导位子是非多"这句话的真切含义。

被清廷誉为"中兴重臣"的曾国藩,有感于历史上无数经验教训,在为人处世上显得极为小心谨慎。他总是反复叮嘱儿子曾纪泽要谨慎立身治事,甚至在大门外不要悬挂"相府""侯府"之类的匾额。他说:"余尝谓享名太盛,必多缺憾,我实近之;聪明太过,常鲜福泽,尔颇近之;顺境太久,必生波折,尔毋近之。""惟圣眷太隆,责任太重,深以为危,知交有识者亦皆代我危之。只好刻刻谨慎,存一临深履薄之想而已。"

从曾国藩的这些话中,可以看出他心里的确有种"高处不胜寒"的感觉,深恐位高权重而给自己和家人招来祸患。虽然时代不同了,但曾国藩的话对于今天的领导者仍然具有一定的启迪和借鉴意义。

其次，守雌就要学会"妥协"。

"妥协"是双方或多方在某种条件下达成的共识，在解决问题上，它不是最好的办法，但在没有更好的方法出现之前，它却是最好的方法，因为它有不少的好处。

一是，妥协可以避免时间、精力等"资源"的继续投入。在"胜利"不可得，而"资源"消耗殆尽日渐成为可能时，"妥协"可以立即停止消耗，使自己有喘息、整补的机会。也许你会认为，"强者"不需要妥协，因为他"资源"丰富，不怕消耗；理论上是这样子，问题是，当弱者以飞蛾扑火之势咬住你时，强者纵然得胜，也是损失不少的"惨胜"，所以强者在某些状况下也需要妥协。

二是，妥协可以借妥协的和平时期，来扭转对你不利的劣势。对方提出妥协，表示他有力不从心之处，他也需要喘息，说不定他根本要放弃这场"战争"；如果是你提出，而他也愿意接受，并且同意你所提的条件，表示他也无心或无力继续这场"战争"，否则他是不大可能放弃胜利的果实的。因此"妥协"可创造"和平"的时间和空间，而你便可以利用这段时间来引导"敌我"态势的转变。

我们来看看孔子是如何妥协的。

孔子落魄于野，弟子去向当地富人求食。富人一听是孔子的徒弟在讨饭，就写一"真"字，问他是什么字，弟子说是个"真"字，可是富人非说不对，不给食物。孔子听弟子一说就去了，说："直八。"富人连呼："厉害厉害，果然不愧是大师。"弟子疑惑，明明不是"真"吗？孔子说："认真，认真我们就不该讨饭了，现在就是认不得'真'的时候啊。"

适度妥协，并不是没有原则的妥协，关键是要把握"度"。不能因为妥协，而被视为一个单纯的没有思路的执行者；不能因为妥协，而影响了计划的进展速度；不能因为妥协，而破坏了工作的质量。一句话，适度妥协是为了达到更好的效果。妥协本身是一个积极的举措，而不是消极的行为。比如，邓小平在处理香港问题上所采取的"一国两制"，就是适度妥协的典范。处理如此重大而复杂的历史遗留问题都能找到各方均能接受的共同点，在单位里，只要围绕一个目标，相互理解和信任，求同存异，总会发现共同之处，总会找到共同点。再难的问题，也是完全可以协商解决的。

最后，守雌就不要把事情做绝。

留余地，就是不把事情做绝，不把事情做到极点，于情不偏激，于理不过头。在现代工作，给别人留有余地，也就等于给自己留了余地。我国古代就有"处世须留余地，责善切戒尽言"的说法。领导干部千万不要让事情发展到极端，而应在做事过程中充分认识其各种可能性，以便有足够的条件和回旋的余地，采取主动的应付措施。

留余地，其实包含两方面的意思：一方面，给别人留余地，无论在什么情况下，也不要把别人推向绝路，万不可逼人于死地，迫使对方做出极端的反抗，这样一来，事情的结果对彼此都没有好处;另一方面,给别人留余地的同时,自己也就有了余地,让自己有进有退,以便日后更能灵活地处理工作事务,解决复杂多变的问题。

滋味好的食物,减三分留给别人吃,路径窄的路,留一步与人行。留人宽绰,于己宽绰,与人方便,于己方便。只有这样,你才不会招致损害,而且还能使自己在未来的职场生涯中进退有据,上下自如。

总之,要让自己在职场上进退自如的走向成功,就要避免以下"四绝":

事情不可做绝;

言语不可说绝;

金钱不可用绝;

权力不可使绝。

守拙养晦,低调做人

洪应明在《菜根谭》中说:"居盈满者,如水之将溢未溢,切忌再加一滴;处危急者,如木之将折未折,切忌再加一溺。"意思是说,生活在幸福美满之中,就好像已经装满了水的水缸,绝不要再增加一滴水,一旦增加之后就会流出来;生活在危险急迫之中,就好像快要折断的树木,绝不要再施加一点压力,否则就会有立刻折断的危险。洪应明在这里进一步强调,不可放纵自己的欲望,贪心永无满足的时候。为官者欲求晋升以获得高官厚禄,与商人经营欲获得更多的财富一样。唯当得之有道,且应适可而止。若贪得无厌,必为欲望所累,导致不测。

从政的人一般都有强烈的表现欲或政绩欲。但是,官场是一个特殊的场所,表现欲太强、锋芒太露,一定会招致麻烦。三国时代的魏延之死,足以给那些有本事、有想法、有条件但暂时没有机遇又不善守拙的人前车之鉴。魏延称得上是蜀国有战略眼光的大将,他关于潜出子午谷径取长安的战略思想,堪与"隆中对"战略思想相媲美。这一谋略如能实施,三国的历史将被改写。司马懿曾说:"诸葛亮平生谨慎,未敢造次行事。若是吾用兵,先从子午谷径取长安,早得多矣。"但魏延毕竟不是政治家,缺乏沉静的气度和守拙养晦,多有意气用事之处,常有怀才不遇不平之气,形之于色,郁郁寡欢。这使他战略思想的实现更为不可能。虽然诸葛亮对他的屡屡打压责不可推,但魏延的不善守拙,亦为其因。

有动物学家研究发现,经过千百年的演变,海滩上出现了一种有趣的现象,强悍凶猛的蓝甲蟹成了濒危动物,而较柔弱的蓝甲蟹反而繁衍昌盛,遍布世界许多海滩。蓝甲蟹有两种,一种较凶猛,不知躲避危险,跟谁都敢开战,一种则较温和,遇有危险便翻过身子,四脚朝天,任你怎么叫它踩它都不理会。强悍的蓝甲蟹因好斗、相互残杀而先灭绝了一半,又因强悍不知躲避被天敌吃掉一半。而柔弱的蓝甲蟹则因善于保护自己,反而扩大了自身。

苏轼论述过:"古之圣人将有为也,必先处晦而观明,处静而观动,则万物之情,毕陈于前。"苏轼的意思是,古代圣人要做一件大事时,一定要先置身暗处观察明亮处其他人的行动,自己保持静默从而细心观察别人的动作。这样所有人的内外情形都真实地展现在自己眼前了。

《菜根谭》云:"多藏者厚亡,故知富不如贫之无虑;高步者疾颠,故知贵不如贱之常安。"意思是,当财富聚集太多时,就会整天担心财产被人夺去,可见富有还不如贫穷那样无忧无虑;当身份地位很高时,就会经常忧虑会丢官,可见高官厚禄还不如常人那样安闲。

这就是告诉人们,高官厚禄往往会导致灾祸。财富积聚太多的,就会整天担心财产的安全问题,因为"财帛动人心",见钱眼开的人处处皆有。身份地位很高的人,就会整天担心权位的安全问题,因为"爬得越高摔得越重",那些身居高位的人,虽然为此表面上得意扬扬,但是内心里非常恐惧。因此,他们不得不绞尽脑汁,维护自己的地位不被动摇,这种人与常人的无忧无虑比起来,自然是非常可怜的。这就是人们常说的,"无官一身轻"的道理。

古代有个叫陈元达的官员认为:人生际遇都有一定缘分。我以前不来是机遇不到。我若早来,恐怕你会封我做九卿,但这不是我应得的职位;如果得了,就承受不起。所以,我有意抑制自己的欲望,等待合适的机会才来。这样,才不会因职位过高而遭受诽谤,也不会因为担任超过我本分的官职而招致祸难,两全其美,多好啊!

陈元达这种做法,同样蕴涵着不凡的处世智慧。

身在官场,人必须学会低调和"夹紧尾巴做人"。明人杨慎认为,木秀于林,风必摧之;人拔乎众,祸必及之,此古今不变之理也。"夫藏木于林,人皆视而不见,何则?以其与众同也。藏人于群,而令其与众同,人亦将视而不见,其理一也。"把一棵树藏到树林里,人们都视而不见,这是为什么?因为它和别的树没有什么区别。

鹰立如睡,虎行似病,这是"养晦"的最佳状态。要调整好自己的锋芒,收好自己的棱角,这是养晦、守拙的必由之路。

早年的张良何尝不想使自己成为天下无敌者,所以凭自己的力量,想去暗杀秦始皇,即使以他的智慧和狂热,最后仍是功败垂成。黄石老人所教他的,便是"守拙"的智慧,不要争强,让自己永远成为弱者,日后张良的确将此原则彻底奉行,所以成为中国史上最有智慧的人物之一。

守拙,还包括一定程度上自觉地遵从一时一地的潜规则。如果你不能改变现状,那么你只能改变你自己。虚己处世,千万求功不可占尽,求名不可享尽,求利不可得尽,求事不可做尽。如果自己感觉到处处不及人,便要处处谦下揖让人;自己感觉到处处不自足,便要处处恬退无争。

总之,领导干部要将守拙养晦、低调做人做事内化为不事张扬、平和、浑厚的工作风格。

学会低头，懂得退让

有人问大哲学家苏格拉底："据说你是天底下最有学问的人，那我想请教一个问题：请你告诉我，天与地之间的高度到底是多少？"苏格拉底微笑着答道："三尺！""胡说，我们每个人都有四五尺高，天与地的高度只有三尺，那人还不把天给戳出许多窟窿。"苏格拉底微笑着说："所以，凡是高度超过三尺的人，要能够长久地立足于天地之间，就要懂得低头呀！"苏格拉底可谓是深得人生的真谛：懂得低头。

美国著名的政治家和科学家、《独立宣言》起草人之一的富兰克林，有一次到一位前辈导师家拜访，当他准备从小门进入时，因为小门的门框过于低矮，他的头被狠狠地撞了一下。出来迎接的前辈微笑着对富兰克林说："很痛是吧，可是，这应该是你今天拜访我的最大收获。你要记住：要想平安无事地活在这人世间，你就必须时时记得低头。"高明的领导者并不一味地争强好胜，在必要的时候，后退一步，学会低头，反倒可以见识到更广阔的天空。

富兰克林

冯梦龙在《智囊》中收集了许多这样的例证。

清河人胡常和汝南人翟方进在一起研究经书。胡常先做了官，但名誉不如翟方进好，在心里总是嫉妒翟方进的才能，和别人议论时，总是不说翟方进的好话。翟方进听说了这事。就想出了一个应付的办法。胡常时常召集门生，讲解经书。一到这个时候，翟方进就派自己的门生到他那里去请教疑难问题，并一心一意，认认真真地做笔记。一来二去，时间长了，胡常明白了，这是翟方进在有意地推崇自己，为此，心中十分不安。后来，在官僚中间，他再也不去贬低翟方进了。

还有个故事：明朝正德年间，朱宸濠起兵反抗朝廷。王阳明率兵征讨，一举擒获朱宸濠，立了大功。当时受到正德皇帝宠信的江彬十分嫉妒王阳明的功绩，认为他夺走了自己大显身手的机会。于是，他散布流言说："最初王阳明和朱宸濠是同党。后来听说朝廷派兵征讨，才抓住朱宸濠以自我解脱。"在这种情况下，王阳明和张永商议道："如果退让一步，把擒拿朱宸濠的功劳让出去，可以避免不必要的麻烦。假如坚持下去，不做妥协，那江彬等人就会狗急跳墙，做出伤天害理的勾当。"为此，他将朱宸濠交给张永，使之重新报告皇帝：朱宸濠捉住了，是江彬的功劳，这样，江彬等人便没有话说了。王阳明称病休养到净慈寺。张永回到朝廷，大力称颂王阳明的忠诚和让功避祸的高尚事迹。皇帝明白了事情的始末。免除了对王阳明处罚。王阳明以退让之术,避免了飞来的横祸。

如果说翟方进以退让之术,转化了一个敌人,那么王阳明则依此保护了自身。

老子曰:"功成、名遂、身退,天地之道。"这话真是造就了中华民族的性格。中国人做事情一般来讲是不太彻底的,在封建官场上,多信奉"功成身退",在战场上,又讲究"穷寇勿追",在商场上,往往喜欢"见好就收",可谓深得中庸之道。

确实,这也是中国人生活经验的总结。在《易经》里,就有"否极泰来""剥极而复"的话,意思是说倒霉到了极点,好运就会来临,反之,鼎盛到了极点,也就快倒霉了。

汉光武帝时期,五溪一带的当地人反汉。新息侯马援已经80多岁了,还在皇帝面前"据鞍顾盼",以表现自己的英雄气概。光武帝对他大加赞赏说:"老将军真是神勇不减当年!"于是,任他为帅,领兵平叛。后来在壶头死于军中,真是应了他的话:"男儿当马革裹尸而还!"

唐朝代国公李靖本来是在家养病。这年正遇上吐谷浑族侵犯边境。他听说后马上去见丞相房玄龄,对他说:"我虽然年迈,但对付蛮夷之人尚可,平叛还是没问题的。"但他平叛归来后却遭受到别人的陷害,差一点招来杀身之祸。到唐太宗伐辽时,征求他的意见,他还说:"我现在虽然是年老体衰,如果陛下不嫌弃,我照样可以披甲出征。"

郭子仪80多岁还任关内副元帅和朔方、河中节度史。实际上他早已功成名就,该自动让位给后来人了,可他一直不求身退,最后的结局是让德宗罢免。

历史上这几个人,哪个不是英雄,堪称人中豪杰? 但他们都不免被功名牵累,何况那些不如他们的人呢? 文臣以运筹之才辅国,武将凭决胜之勇定邦,人们成就功名的欲望就是为了得到这个名声,古往今来的贤卿大夫们很少去琢磨这道理,不去珍重自身,真是让人感叹急流勇退的人太少了!

退一步海阔天空,以退为进才能得到更大的收获。退一步你可以重找到一条生活的出路。至少也要停一步,想一想,做进一步的调整,充实,准备再战。"江东子弟多才俊,卷土生来未可知。"留着青山在,不怕没柴烧。在无法改变现实,无法对抗他人的情况下,要学会低头,学会退让,谋求东山再起。

团结班子,提高领导效率

团结对于一个班子来说,是全部战斗力的基础;团结对于一个干部而言,是觉悟高低和党性强弱的体现。毛泽东说:"要像爱护我们的眼睛一样爱护党内的团结。"邓小平说:"没有一个安定团结的局面,就不能安下心来搞建设。"江泽民说:"党的团结,特别是各级领导核心的团结,是压倒一切的重要问题。"胡锦涛总书记也指出,坚持党的团结统一是党和人民事业成功的根本保证。

无论是机关、军队,或学校、企业,在任何一个组织中,要想提高领导效率,增强团队凝聚力,取得工作业绩,最起码的前提就是领导班子要团结。要达到班子团结,需要班子成员之间的互相理解、互相支持、互相欣赏,这样才能产生坚强的领导力量。班子团结与否这个话题时常被上面的领导放在嘴边,也是上级部门考察下级部门的一个重要指标,可见班子团结是多么重要。

刘伯承与邓小平,他们在战场上配合默契,得心应手,在工作中珠联璧合,相得益彰,带出了一支英勇善战的刘邓大军。在刘邓手下工作过的同志都知道,刘邓二人紧密配合,通力合作。只要邓小平表过态的事情,你去问刘伯承,刘伯承一定说:"按邓政委讲的办。"同样,凡是刘伯承说过了话,再去请示邓小平,邓小平也必定说:"照刘师长讲的办。"好多刘邓的下属都记得刘伯承常说的一句话:"政委说了,就是决定,立即执行。"

刘邓不仅是工作上的好搭档,在日常生活中也是互相关心、互相牵挂的好战友。邓小平常常提醒工作人员:师长年纪较大,视力也弱,大家要特别注意,小事多找我和参谋长,大事才找师长决策。为了照顾刘伯承的身体,邓小平总是把许多组织实施、起草报告、签发电报等任务担当起来,尽量减轻刘伯承的体力负担。有一次,部队经过黄泛区,天上有敌机轰炸,脚下是没膝深的烂泥,行走十分困难,邓小平就搀着刘伯承,一直走完了几十里的路程。在刘邓合作的13年中,两人一个是军事主官,一个是政治主官,他们精诚团结、配合默契,带出了气冲斗牛的一二九师和第二野战军,创造了抗日战争和解放战争一个又一个奇迹与胜利。

对于一个领导班子来说,团结才有凝聚力,才有战斗力。一个团队要干事业,不能光靠一把手唱独角戏,必须靠班子成员的齐心协力才能共襄盛举。如果团结搞不好,就会互相猜忌,互相扯皮,甚至阳奉阴违,互相掣肘,一把手就算再牛,能力也会在相互扯皮中抵消,本事也会在钩心斗角中耗尽。

搞好领导班子的团结,不仅要在日常工作中格外注意,尤其还要把握住易于产生分歧、摩擦,乃至纠葛的几个特殊期:

1.班子调整的磨合期

每遇班子调整,原本不很熟悉的人,由于事业的需要,组成了一个新的领导班子,随之就有一个相互磨合的过程。此时,班子成员对彼此的人生经历、思维方式、工作风格、性格脾气等不甚知晓,容易产生误解。所以,这个阶段关键是班子成员间要尽快磨合,奠定团结的基础,防止留下影响团结的隐患。

2.重大改革的决策期

在决策诸如管理体制改革、人事制度改革、分配制度改革等重大问题,尤其是其中涉及具体人的切身利益时,班子成员之间产生分歧、矛盾的可能性较大。如果缺乏民主气氛,轻视事前事后的交流沟通,必然会埋下"火种",日积月累,一旦暴发,将对团结造成难以挽回的影响。当决策形成后,对仍然持异议的班子成员要个别做好说服解释工作,这样既有利于决策的实施,又避免其心里留有"疙瘩"。

3.年度考核的敏感期

年度考核是上级组织综合各方面意见后,对领导干部一年来德、勤、能、绩的总结和评价,涉及领导干部的政治荣誉、发展前途和经济待遇。由此,有时可能导致担心、猜疑,甚至戒备的心理,影响班子的融洽。作为党委主要领导,要注意做好这个敏感期的团结工作。本着客观公正的原则对待班子成员,着眼实绩,找准问题,防止以偏概全,正确行使民主监督权利。尤其是主要领导本人要平等地对待每一位副职,不以个人亲疏、好恶评价下属。

中国共产党90年的历史证明,领导班子只有搞好团结,才有凝聚力和战斗力,政策才有权威、讲话有人听。讲团结,就是讲成功。清朝雍正皇帝时有个大臣鄂尔泰有句名言:"大事不可糊涂,小事不可不糊涂,若小事不糊涂,则大事必至糊涂矣。"大家能有今天的岗位和成绩,除了靠个人的努力外,主要还是靠父母的养育、老师的教育、组织的培养,如果不团结、老闹矛盾,彼此之间非要在一些小事上争个高低、争个雄雌,势必导致无原则的纠纷,对班子的团结不利,对个人的成长也不利,这多么不值得啊!

班子不团结,相互拆台的结果就是都下台;班子精诚团结,相互补台的结果就是都上台。团结就是大局,团结就是力量,团结就是胜利。团结问题,关乎个人荣辱,关乎事业发展,关乎党的兴衰。每位领导者都应当像珍视自己的眼睛那样珍视团结,争做团结的模范。

领导干部要搞好团结,要有对路的方法。一要有公正处事的方法。公正处事是赢得人心的重要砝码,是争取别人支持的重要条件。二要有平等待人的方法。人格是平等的,尊重别人,才能受到别人的尊重。三要有民主的方法。一个领导者如果自以为是,轻视同事,搞一言堂,势必成为孤家寡人,众叛亲离,最终失去人心,失去领导资格。四要有自律的方法。古人云:"其身正,不令则行;其身不正,虽令不从。"只有自己先做到不利于团结的话不说,不利于团结的事不做,才能影响和带动其他人这样做。

领导者要搞好团结,还要不断增强团结的艺术:

1.讲尊重

对同志不尊重就会伤害了别人的自尊心,反过来就是对自己的不尊重。尊重是相互的,下级要尊重上级,上级也要尊重下级;资历浅的要尊重资历深的,资历深的也要尊重资历浅的;年轻人要尊重老同志,老同志也要尊重年轻人。一般来说,年老的、资历深的同志阅历广,工作经验较丰富,考虑问题较周全;而年轻同志则富有朝气,敢想敢干。因此,在工作中大家应互相尊重,以诚相见,相互学习,取人之长,补己之短。

2.多理解,少猜疑

多从正面看别人的长处、优点和所做的工作,多想别人所遇到的困难和所处的环境;少从反面无端揣度,"杯弓蛇影"。很多时候,一些不团结的问题,大都发生在对别人的不理解和无端猜测、揣摩上。多理解,少猜疑,关键是理解,只有真正理解了,才会不猜疑、少猜疑。要做到多理解,就要有"换位"意识,设身处地为别人多想想,有些事情就这样想开了,不要庸人自扰。

3.多谅解,少挑剔

谅解包括对别人缺点、不足的宽容,也包括直言不讳地善意指出别人的缺点。人非圣贤,孰能无过?只要不是原则性问题,就应当有容人之量,不要把非原则问题无限上纲。同志之间最忌的就是当面不说、不及时说,而是攒着,一旦时机到来,就来个"翻锅底""算总账",结果"两败俱伤,群众遭殃"。

4.要讲民主

充分发扬民主,坚持商量办事。有了不同意见要多商量、多通气,在充分讨论的基础上求得统一。每个班子成员都要严格遵守组织纪律,做到有话当面讲,有不同看法和意见在会上提。绝对不能当面不说,背后乱说;会上不说,会后乱说,把会上的不同看法透露给无关人员。一定要坚持个人服从组织、少数服从多数的原则,个人的意见只能在执行组织决定的前提下保留,绝不能按个人意志办事,更不能个人意见被否决之后在行动上有任何反对的表示。

治众如寡,当好"班长"

我们常讲,过硬的部队要靠坚强的班子带,坚强的班子要靠合格的书记抓。办好中国的事情,关键在我们党。抓好发展这个党执政兴国的第一要务,一把手是关键;加强执政能力建设,"班长"起着关键作用。《孙子兵法》云:"治众如治寡,分数是也。"毛泽东说:"党的委员会有一二十个人,像军队的一个班,书记好比是'班长'。"像中国这样一个十几亿人口的大国,任何一级领导都好比是"班长",可以对其领导对象进行有效的组织管理。

想当好"班长",就要加强班子的凝聚力。一个篱笆三个桩,一个好汉三个帮。领导班子的战斗力,不仅在于班子成员个体能力的强弱,更在于集体的凝聚力上。

"一把手"在决定和处理问题特别是在重大原则问题上,善于从全局的高度分析和思考问题,能够为领导班子指引出正确方向的能力。榜样的作用是巨大的。"一把手"在领导班子中率先垂范、以身作则,靠自己的模范带头作用来影响和带动大家,领导班子就会作风正派,清正廉洁,下属会跟着学,就会形成一个风正气清、团结战斗的集体。

焦裕禄与百姓同吃同住,带领兰考人民抗沙治水,成为县委书记学习的好榜样。河南林县县委书记杨贵为改变老百姓因缺水而造成的穷困,带领全县人民在艰苦的条件下,奋战于太行山悬崖绝壁上,逢山凿洞,遇沟架桥,终于建成了"人工天河"——红旗渠。北京京郊"第一村"韩村河,在村支书田雄的带领下,经过27年的艰苦创业,奋力拼搏,闯出了一条建筑兴村的成功之路,建设了一个和谐美丽的社会主义新农村。

领导干部,要做"班长",就应该从内心应该先要做好公仆,把做公仆与做"班长"结合起来,把自己的人生抱负融入本单位工作中去,一心一意为民办实事,诚心诚意带领群众谋发展。

当好"班长",还要关注班子的常见问题,班子的常见问题包括:

"一把手"独断专行,搞一言堂、一边倒,不讲民主,凡事一人说了算,造成"一把手绝对真理、二把手相对真理、三把手没有真理"的不正常现象。有的班子成员认为单位扛大旗的是正职,自己的责任不过是敲敲边鼓而已,甚至认为单位有己无己与全局关系不大,于是开会靠边,表态在后,当说不说,当断不断。有的班子成员担心工作揽多了、管宽了、抓细了,会给同事们以越权和争权的印象。有的班子成员认为正职的工作能力和业务水平不如自己,委身副职,感到屈才,旁边看"戏",暗中拆台。

此外,正职与副职坐不到一起去,特别是党政"一把手"闹矛盾,相互指责,对领导班子的团结影响很大。正职与副职即使坐到一块儿去,也难以形成一致意见。形成一致意见后,也不能得到正确迅速地实施。甚至拉帮结伙搞宗派,你在谋事,他在谋人。部分领导干部在下属之间搞小圈子,在班子内部搬弄是非,挑拨离间,甚至挟嫌报复。有的成员把班子的决议随意向外扩散,严重违反组织原则。

作为"班长",如果带不好"一班人",就是不称职。"班长"既是领导班子中平等的一员,又在领导班子中处于关键位置,负有特别重大的责任。一个地区、一个部门、一个单位、一个方面工作做得如何,领导班子状况怎样,同"班长"的关系很大、很直接,因而各级领导班子的"班长"必须严格要求自己。领导班子的"班长"应当在以下几个方面严格要求自己:

一是把握全局。所谓把握全局,就是要从大局看问题,既善于抓住主要矛盾,又善于照顾全盘,能够协调各方面的关系和力量,调动一切可以调动的积极性。在领导班子内部,要用大局来统一思想,妥善处理各种矛盾,协调行动,使战略决策目标得以圆满实现。

二是团结同志。团结同志,就是要胸襟开阔,光明磊落,互相学习,互相尊重,以理服人,以德服人,表里如一,不当面一套背后一套,更不阳奉阴违,不搞分裂,不搞阴谋诡计。

三是加强修养。要克服庸俗的权力观念,增强对党、对人民、对同志的责任意识,不被各种各样的关系网所束缚。要有"雅量",善于听取各方面的意见,包括反对自己的意见。

"班长"要知道"众人拾柴火焰高"。个人智慧再高也是有限的,只有兼听广纳,才能防止工作失误。现实生活中,有的"班长"认为自己"帅"印在手,一切都应由自己下命令;有的自以为是,独断专行;等等。究其根源,除了缺乏有效的制约机制外,从主观方面看,一个重要的原因就是缺乏自知之明。当"班长"而不当家长,贵在"以众人之明为一明,以众人之聪为一聪"。在领导活动中,"班长"应坚持不搞"一言堂",多搞"群言堂",努力做到广开言路、集思广益,善于集中班子各成员的智慧;应宽宏大度,善于容人,有容言、容过、容才之量,善于团结意见不同的副手一道工作,严于律己,乐于闻过,勇于改过。只有这样,才能在全面建设小康社会的征途上,不负时代重托,不辱"班长"使命。

宽容对待班子成员

古人说:"孤则易折,众则难摧。"这说明团结的重要性。人生不过匆匆数十载,在我们的工作历程中,能有一段时间与同事同舟共济,同议发展之计,共商振兴之策,这是难得的缘分。大家在合作共事中表现出的求真务实的精神,在日常生活中建立的肝胆相照的友谊。单位领导班子都要以长远的眼光、宽阔的胸怀、平和的心态来处理好班子成员之间、班子成员和集体的关系。有人把领导班子好比团队的发动机,如果缺乏宽容这个润滑剂,机器运转就会干涩、低效,长期"磨损"还会导致发动机报废。一个班子之内,尽管成员的分工不同,职责不同,但工作是一个整体,班子更应该是一个整体,成员之间应该相互关联、相互影响、相互依存。如果班子成员既有合作精神,又有补台意识,大家就能在一个心情舒畅的环境下工作。要达到这个目的,需要坦诚相见、和睦相处。更多的时候,还需要互相理解、互相忍耐,用宽容之心来维护班子团结这个大局。

北宋的宰相范质曾有一句名言:"能以鼻子吸进三斗醋,才可以当得宰相。"范质历经后梁、后唐、后晋、后汉、后周、北宋六朝,五朝为官,两朝为相,这句话可以说是他为官最中肯的心得。用鼻子吸醋,而且多达 3 斗,无疑是一件十分痛苦的事,这需要多大的忍耐力! 在这方面,历史上的能臣干吏给现在的领导者做出了榜样。

有一次,唐初名相房玄龄得了重病,一个口气轻佻的官吏开玩笑道:"宰相小病去探访有好处,如果病得快要死了,去探访也就没什么用了。"有人将这话传到房玄龄那里,房玄龄的反应是,见到那个随众来探访自己的官吏时,笑着调侃了一句:"你都肯来看我,那我一时半会儿还死不了啊!"

宋代政治家吕蒙正,因为幼时生活艰难困窘,与母亲一起被父亲赶出家门,后来虽然考中进士第一,被太宗赵光义任命为副宰相,但还是有一些朝官看不起他。他初入朝堂时,有人在背后指着他讥笑:"这小子也是当官的料吗?"对于此事,也有人为之不平,要追查说此话者是谁。但吕蒙正制止道:"我如果知道是谁了,就会恨他一辈子,还是不知道为好。"吕蒙正的雅量赢得了下属对他的敬重。

宽容是维系班子成员团结的黏合剂、润滑剂。班子成员的性格、脾气、爱好、工作方法、领导风格都不尽相同，如果大家缺乏宽容精神，势必会闹矛盾，搞内耗，影响团结，贻误工作。一把手要有宰相的肚量，用宽容之心来团结班子成员，甚至是反对过自己、得罪过自己的人。正如毛泽东所说："所谓团结，是团结跟自己有意见分歧的，看不起自己的，不尊重自己的，跟自己闹过别扭的，跟自己做过斗争的，自己在他面前吃过亏的那一部分人。"

在现代社会，作为单位"一把手"要有宽容的心态，去团结一班人协调好工作。大家在一起工作，难免会有磕磕碰碰的，人无完人，而且年龄、经历不同，性格脾气、思维方式不同，处理问题的方法和态度、为人处世的习惯和原则不同，就决定了在工作中可能会产生分歧，甚至发生不愉快。工作中遇到这些情况，只要是善意的，就需要识大体顾大局，不要看得过重，去斤斤计较。

作为领导干部，不要总认为自己了不起，别人不行就你行。往往忙于对别人的批评，就没有多余的时间和精力来改正自己，容易自以为是，目中无人。不能太注重自我，否则就会造成成员之间关系的不和谐甚至紧张。只有心目中自我的地位淡化了，纷争、计较和怨愤，才会少起来，气量才能大起来，关系也才能和谐，班子也才能团结。

要有容人容事、不计恩怨的雅量。容得下与自己有不同政见甚至对自己有反对意见的人一起共事，能够认真地去发现别人的长处和优点，不断培养自己取人之长的风格，丰富自我、完善自我。要有闻过则喜、从谏如流的胸襟，对别人提出的有益意见和建议，能够勇于接受并切实加以改正。对别人的误解，不能斤斤计较，更不能睚眦必报。

此外，还要能够客观、公正地看待别人的失误和错误。在工作中，还应讲究领导艺术和工作方法，时刻筑起一道控制自己感情的"闸门"，容得下人、容得下事、容得下话，与班子成员一道努力营造心齐气顺、和谐共处的良好氛围，共同打造团结奋进的领导集体。

副职要摆正位置，搞好团结

1979年，老布什在竞选失败后，出任里根政府的副总统。里根总统就职后不久遭枪击，当时正出访的老布什立刻乘直升机赶回白宫。途中一位参谋官认为，先飞到附近的停机坪再驾车前往白宫会浪费很多宝贵的时间，不如直接在白宫南草坪降落，这样就可以赶在新闻联播开始之前出现在电视屏幕上，向全国、全世界宣布，副总统正在领导着美国。老布什却予以反对，他说："只有总统才能在南草坪上着陆。"因为他知道自己作为副职的权限，副总统应当用行动来遵守原则，决不能超越自己的职权范围。因此，老布什才能在里根手下当了8年的副总统，积累了丰富的政治经验,也赢得了里根总统与共事者的赞誉,最终成为美国的第41任总统。

副职,就是"辅职","辅佐正职之职"。正职难做,副职其实更难做。因为副职在正职手下工作,其"夹层"的感觉更加明显。因此如何对待正职,如何配合正职的工作,对副职来说就很见做人艺术和处事水平。老布什作为副职的关系运筹之术就十分明智。

副职在班子中的作用发挥如何,对维护班子团结关系极大。在具体工作中,必须做到以下几点:

一是配合不争权。副职是正职的左右手,其职责就是配合、协助,要牢记自己是在正职领导下进行工作的。副职要有甘当配角的精神,自觉地把自己摆在辅佐的位置上,要根据党组和正职分给自己的工作,在职责范围内用好权,维护好正职的权威,主动与正职搞好团结。

二是处事不越位。副职在工作中应积极发挥主观能动性,大胆地去处理自己分工内的工作,但对正职的工作不轻易插手,对同级副职分管的事情不随意干涉,做到处事认真但不越权不越位,才能增强副职自身的威信和班子整体的形象,加强班子的团结。如果不顾大局,超越自己的职权和工作范围,影响他人甚至严重妨碍他人履行职责和职权,必然导致领导集体间的内耗,单位的工作秩序也会由此混乱,人心浮动。

三是负责不推卸。作为副职,对于自己分管的工作,要有一个清晰的思路,在决策的执行过程中,力求准确体现班子整体意图,当工作中出现棘手和难以处理的问题时,要知难而上,勇挑重担,特别是分管的工作发生问题时,要敢于负责,积极处理,不能上推下卸,开脱自己。

四是尽职不争功。所在单位在某方面工作取得成绩,有时副职起了主要作用,作为副职,对此应有正确的态度,把功记到集体和正职的功劳簿上;当工作中有了失误,副职应主动承担责任,给正职以缓冲和应变的机会,不至于使正职感到为难。

美国五星上将乔治·马歇尔一生中大部分时间都处于副手位置,但却被人称为"最伟大将领中的伟大将领",而被载于史册。这其中的缘由就在于,马歇尔以其卓越的才干和智慧使自己变成了一个其他人无法替代和超越的人。

比如,在做陆军部长史汀生的副手时,马歇尔以其出众的才华赢得了史汀生的信任和赞赏,成为他最重要的帮手。1941年3月,当罗斯福总统要史汀生派一些高级军官去欧洲视察时,史汀生最先的反应便是:"我不愿马歇尔这个时候离开,他在这里太重要了。"有时,马歇尔去观看演习,他都在日记中写道:"我觉得他去得太久了。"1942年1月,当丘吉尔要求让马歇尔陪他去美国南方旅行时,史汀生忍不住抱怨起来:"我并不反对丘吉尔去休息,但是,我感到不安的是,他要马歇尔将军陪他一起去南方……马歇尔很忙,有做不完的工作,也不应该让他离开工作岗位……我认为,这是总统不应该做的轻率决定之一。"可以看出,马歇尔赢得的不仅仅是上级的信赖,他让自己的上级在任何时候都感觉到离不开他,迫切地需要他。这就是最成功的副职。

中层副职能否像马歇尔一样,在有所作为中搞好与正职的关系,一个重要的标准就是看他能否以健全的人格、高超的应变能力在参谋辅助过程中发挥不可替代的作用,为自己开辟足够的用武之地。具体来讲,以下几点需要副职特别注意:

一是辛苦不诉苦。一个称职的副职要想做好分管的具体工作,做出突出的政绩,必须全身心地投入工作,是十分辛苦的。这个时候可以认真总结成功的经验和存在的败笔,并向正职汇报,但特别注意不要在正职面前诉苦,尤其在工作进行过程中,如果老是强调工作有难度,推进不容易,不但不会给正职留下你工作不遗余力地正面印象,反而会造成干工作力不从心的不良印象。

二是有为不胡为。有的副职仗着一把手对自己的信任,对自己刚刚萌生的贪欲之心、腐败之举,明知不对,却对自己姑息迁就;本来可以经过努力去克服的,却千方百计替自己寻找不去克服的理由;加上制度不健全、监督有缺陷,领导干部便会由健康人格演变为病态人格,贪婪、腐败的最终结果只能是自毁前程。

三是联动不盲动。副职之间是既相互合作,又相互竞争的关系。副职之间应该摆正心态,以和为贵,宽容大度,配合默契,做到工作上相互支持,思想上互相沟通,生活上相互关心,分歧时相互理解,为实现全局的整体目标而协作联动,而不能相互猜疑、以邻为壑,甚至相互出难题、别苗头。

是"第二"而非"第一"

在现实工作中,作为一名副手,假如角色定位不准或不清晰,就很容易出现角色错位、角色越位、角色不到位或角色迷失等不良现象。最终导致的结果通常是"种了人家的田,荒了自己的地",费力不讨好。所以,要想成为一名优秀的副手,一定要对自己有一个准确的定位,正确认识到自己是"第二",而不是"第一"。

不可否认,副手是"第二",是配角。含有居次要地位的一面,但同时,副手又含有主角、居主要地位的一面。所以,在实际工作中,副手既要乐于为副,当好配角,又要积极为主,当好主角;既要做好分管工作,又要了解全面情况;既要做好纵向沟通,又要注意横向协作。从而创造性地做好自己的本职工作。

把分管的工作抓实、抓好、抓出成效是副职为"一把手"负责的本职要求,也是支持正职工作的重要体现。要愉快地服从正职的领导,支持正职的工作,要到位,不越位,遇事既要敢于负责,又要注意请示汇报;要补台,不拆台,工作中紧密配合,多沟通、常交流、不较劲,形成和谐良好的共事氛围。当然讲规矩,更要讲理解,要尽职尽责,管理好自己的下属,抓好分管的工作。副职只有找准了自己的位置,才能有利于班子整体合力的形成。

此外副职还要学会注重配合,当好参谋。对工作要积极主动,敢于直言,善于提出自己的意见。不能唯唯诺诺，四平八稳。副职给正职当好参谋是分内的事，也是副职必须具备的素质。"互相补台，好戏连台，互相拆台，共同垮台。"这就要求副职必须多思考，善于跳出自己分管工作的小圈子，站在大局的高度考虑问题、发现问题、分析问题，反复权衡论证把情况吃透。特别是对正职的工作思路和意图，要开诚布公地发表自己的看法，积极主动地协助正职决策，不能明知正职决策有问题却闭口不言，只待事后当诸葛，看笑话，甚至另搞一套，阳奉阴违；不能一味地迎合奉承，好坏没有自己的责任；也不能把自己分管的部门看成是"自留地"和"独立王国"，不允许别的领导过问，听不进不同意见。"智者千虑，必有一失。"任何人的工作难免出现疏漏，当正职考虑问题不周时或出现失误时，要及时补缺，不能袖手旁观；正职面临困境时，要挺身而出为其解难排忧。

副职还要避免伤害与领导的感情。什么情况最容易伤害跟上级的感情呢？就是背后议论，犯自由主义。因此，作为副职来说，可千万要注意，不要背后拨弄是非，不要说三道四，更不要无中生有，诬陷自己的领导。当自己的上级领导遇到麻烦，受到别人诬陷的时候，你知道的情况不是这样，你要敢于挺身而出、仗义执言，为领导说几句公道话。避免伤害与上级的感情，这是处理好关系的前提。

副职特别要注意的是，不要藐视上级领导。从某种特定的角度上看，副职是在给上级工作，对上级负责，所做的一切都是上级交给的任务。所以，副职应该时刻想着上级，尊重上级，甘心为上级效力，这是处好上下级关系的前提。

有时"一把手"或其上级领导的本领可能还不如一位副职领导。这时，如果副职领导恃才傲上，就是不会善待自己的职位，不会善待自己的才能，就要惹来麻烦。越是才华出众，越是要慎重地处理同上级领导的关系。就好比越是长得高大的树木，越要埋下头来，才不至于被风吹折。一些副职领导，自恃有才而骄傲自大，目无人，往往与上级领导的关系搞得很紧张，结果非但搞不好工作，还会给自己带来诸多不利。

副职领导恃才傲上，目无上级领导，最终吃亏的只能是自己，这对副职领导的成长无疑是极为不利的。要克服轻视上级的毛病，应做到以下几个方面：

1.不挑上级领导的毛病

轻视上级的副职往往不尊重上级领导，喜欢挑上级领导的毛病。他们在内心里是看不起上级领导的。这样，上下级关系就很难得到正常的发展。上级领导往往会因下级故意损害自己的威信，轻者批评他，重者则把他"炒了鱿鱼"；做得公道点，便以纪律要求他，做得稍过点儿，便是处处给他穿小鞋。

2.不能敷衍上级领导交办的工作

轻视上级领导，往往看不起上级领导的能力，对上级命令更是百般挑剔，不愿用心思去落实，或是敷衍了事。

这种副职领导存在于组织中，势必涣散人心，瓦解斗志，为上级领导所不容，加之又多爱卖弄,上级领导更是不愿亲近他,更不会把重要的任务交给他去完成。

由于很难与上级领导融洽相处,这样的副职领导往往很难做出什么业绩来,甚至不受同事们的欢迎。所以,人固有才,却难得重任。最后只能落得碌碌无为,没有发展。

3.不可卖弄自己

轻视上级的副职领导除了把精力用在挑剔上级的毛病,不愿意认真做事外,还常常卖弄自己的才学。因为卖弄,结果他往往使自己真正的才能也难以得到发挥,渐渐地敬业爱岗之心日益减少,个人才华逐渐消失,时间长了,便成为无所用心的庸人。卖弄虽终与其说是"损人不利己",倒不如说是"损人害己"。

摆正位才能有所作"为"

先从社会上流行的关于副职的两个段子说起。

其一曰:

副职——不干不够意思,干着意思意思,干了没啥意思,干好你啥意思。

其二曰:穿衣穿布的,吃饭吃素的,当官当副的。

第一个段子,有人比照"不带长的参谋"的角色处境,附会为副职在正职面前的职业尴尬。第二个段子,则在另一方面道出了副职一定意义上的"优越性",凡事特别是在事故面前有正职在前面撑着,副职可以躲在大树下好乘凉。

现在人们常说"有为才能有位",实际上,"有位才能有为"这句话也是非常有道理的。"有位"是摆正自己的位置,在自己位置的时空内有所作为,力求达到作为的最大值。副职只有找准自己的"位置",才能最大限度地发挥自己的潜能,有所作为。

而且,在一个组织的领导层内部,如果副手不能摆正自己的位置,那么事与愿违的事情就会屡屡发生,尴尬的厄运也会不时地降临到他的头上。

在一家公司中,有一天临下班时,杰克逊找到修理工人大卫,说是机器上的一个螺母掉了,让大卫去装一下。大卫随口答应,然后拿着钳子、扳手等工具和一大铁盒型号各异、新旧不一的螺母,去了杰克逊所在的那个操作间。刚要动手时,下班的铃声骤然响起。大卫心想,机器并没有什么大毛病,只不过是需要换一个螺母而已,还是不要把手弄脏了,明天上班的时候再换吧。

第二天,刚上班,大卫便带着所有的工具到了杰克逊的操作间,意外地,他看到杰克逊的老板正站在机器的旁边。

"你必须在两分钟之内让机器恢复运转。"老板非常生气地说。

大卫心想:"两分钟换一个螺母,这实在是太容易了,实际上连一分钟都用不到。"却不料,一盒子的螺母竟没有一个是与螺丝的型号、尺寸搭配得当的,大卫陷入了尴尬的沉默之中。

这时,老板一字一顿地说:"对于这台机器来说,只有那个与螺丝吻合得天衣无缝的,才能叫作螺母,其他的只能叫作废铁,现在,你盒子里的全是一块一块的废铁,没有一个'螺母',而工厂就好比这台机器,每个工人就如同一个简单而不可或缺的'螺母'。"

这则关于"螺母"的故事,或许会让每个副手对于找准自身位置的重要意义可以得到启示:螺母只有在与螺丝相吻合的时候,才能体现螺母的价值,这时螺母才能真正地称为螺母。反之,不能与螺丝相吻合的螺母则毫无价值可言,只能称为废铁而已。

同样的道理,在适合的工作岗位上工作的副手就是一个公司的"螺母";反之,对公司来说,不能在适合的工作岗位上工作的副手不过是公司毫无用处的"废铁"而已。

党政机关的工作与企业、部队等岗位都有很大的不同,应该说,党政机关的副手工作起来难度更大、要求更高、困难更多。因为副手在党政机关中是一个极其特殊的岗位,他们既是决策者,又是执行者;既是领导者,又是被领导者;既唱主角,又当配角。这就要求党政机关的副手,在工作中要全面准确领会一把手的意图,使各项工作不偏离中心和方向,与一把手在思想上、行动上保持一致,而保持了一致,就有工作的大环境和氛围,工作就容易开展,就会出成绩。

此外,副手要善于区分工作的轻重。对于党政机关的工作,一般来说头绪较多,事无巨细,每件事都要做好,但副手不能眉毛胡子一把抓。要分轻重,保证重点,兼顾一般,否则面面俱到,往往顾此失彼。要知道该抓什么,该放什么,不要该抓的没抓,不该抓的却抓了。副手在自己分管范围内的工作一定要做到思路明确、统筹兼顾。有的副手整天忙忙碌碌,几年下来回头看看什么成绩也没有。原因就在于他没有抓重点、抓关键、抓牛鼻子。

实际上,作为一个副手不管任职时间有多长,但走的都是上坡路。一把手与副手是相对而言的两个名词,如果没有副手又哪来的一把手呢?可见副手和一把手是对立统一的关系,有其存在的必然性和合理性。华尔街上的老板这样要求他的副手:"你要站起来比他高,但是你要弯腰行动,让任何人看不出你比他高。"这也许是副手如何作为的"技巧"。副手要有作为,但不能乱作为,副手必须摆正自己的位置,在恰如其分的"位"中"有所作为"。

无论谁来承担副手这一特定的角色,其职能、权力、责任和行为规范,以及基本行为模式都是既定的。所以,身为副手,在树立"乐于为副,当好配角"的同时,也要做好发挥主角的作用,具体表现为:

1.在排忧解难时是主角,在涉及名利时是配角

在领导活动中,一把手的工作没有副手配合不行,但人们通常会把功劳都记在一把手身上,这就要求副手在功名面前要甘当配角。同时,在各种矛盾出现时、在

需要排忧解难时,副手要勇于冲锋陷阵,充当主角。

2.在分管工作上是主角,在领导职务上是配角

在一个组织或一个企业的领导班子里,相对于一把手而言,副手无疑是配角。处于从属和辅助地位。但在其分工管辖范围内,又要唱主角,扮演主要角色。这既是副手在团队中所处地位的客观要求,又是发挥副手应有作用的内涵所在。

3.在单项工作中是主角,在全局工作中是配角

在领导班子中,副手有明确而具体的分工,就全面工作来讲,副手只对其中的某一方面或某一项工作负责,充当配角,而对某一方面或某一项工作而言,副手又总是处于具体把关的主体地位,充当主角。

总之,副手要有"乐于为副,当好配角"的精神,但这并不是简单的被动受制、不思进取,而是要去主动成一把手之美,在必要的时候发挥主角的作用,这样才能与一把手一起共创伟业,才能发挥自己的最大潜能,与一把手鼎力配合,使自己最终成为事业上的佼佼者,顺利实现自己的职业理想和目标!

国学经典文库

中华点子库

领导妙点子

图文珍藏版

第十六篇　为政金点子

第一章　善揽人才事业成

富于进取精神的人未必有高尚的德行；具有高尚德行的人未必有进取的精神。重要的是让人才的特长得以充分发挥，掌握对人才的鉴识和正确使用的方法。所以，孔子说："人有五仪：有庸人，有士人，有君子，有圣，有贤。审此五者，则治道毕矣。"

广揽谋士　助己决策

刘备三顾茅庐，终于听到诸葛亮对于天下形势的分析，形成"三足鼎立取其一"的战略规则，这一想法终于使刘备能够雄踞一方，为争夺天下打下了良好的基础。

领导一般都是非常重视谋士型的人才的。历史证明，大凡夺得天下者，大凡善治天下者，身边都有一大批多谋善断的谋士。从张仪、萧何、陈平、魏征，到赵普、朱升、范文程等等，无不为皇帝出过无数奇谋，帮助其主人渡过无数的危机。可以说，没有他们的竭力辅佐，其主人就很难夺得天下，更不要说坐稳天下了。也正因为如此，历史上统治者

三顾茅庐

都提出，欲得天下必广揽贤才，这其中谋士便占了很重要的成分。

谋士可以弥补领导的智力不足。一个领导不可能是处处超群出众的，他可能有胆识、有气魄、有决断和有远见，甚至只是因为有正统血脉，但他绝不可能什么事情都能预料到，都通晓。而谋士型的人才一般都是智力超群，胸有奇谋，令领导者

茅塞顿开,幡然惊醒。谋士型人才能够帮助领导看清当前的形势格局,看清未来发展的基本趋向,并能帮助领导采取最恰当的办法。

对于领导来说,一个谋士恐怕还不足以使领导事事成功,但是,谋士的一点看法,往往却能点破迷津,确定大局,使形势开始朝着有利于己的方向发展。

有了谋士之后,领导的工作剩下来的有两种:一种是你作为领导者所必须做的,另一种是你的部下应该做的。

下一步就是把所有部下能做的工作恰到好处地委派给他们。这是唯一能使你避免在细节问题上耗费精力,而又在不影响最终效果的情况下减少工作时间的办法。

在授权部下的同时,领导者还需要建立一种适当控制手段,即发生什么差错时能立刻采取补救措施。

重视人才　能养善用

1929 年,毛泽东在担任红四军的领导时,就四处搜罗马克思主义的书籍,让从事政治、军事工作的同志学习。在延安时期,在他领导下,成立了中央研究组和高级研究组,有计划、有组织地学习马克思主义。正是由于注意科学世界观的武装,中国共产党造就了一大批新型的会治党、治军、治国的骨干。

为了培养大批的革命干部,毛泽东在民主革命时期就领导建立了一系列的学校,以培养各种专门人才。他在中央苏区办了红军学校。1936 年,为了给即将来临的伟大的民族解放战争培养一批能独当一面的优秀人才,6 月 1 日在瓦窑堡正式建立了中国人民抗日红军大学,并由毛泽东兼任学校政委。毛泽东为红军大学安排了阵容空前的教员队伍:毛泽东本人讲授中国革命战争的战略问题,在中央党校授课的则有毛泽东、张闻天、刘少奇、胡乔木、艾思奇、何干之等人。这样多的高级领导人和党内秀才担任教员,说明了毛泽东对培养干部的高度重视。

自古以来领导成在用人,败也在用人。所以说人才问题是领导的根本问题。

称职的领导在用人问题上,不能停留在满足于起起武夫、满足于深情世故、满足于老庄孔孟子的情况上,必须用崭新的科学世界观培养造就一代人才,因为没有科学世界观的指导,就难以适时代要求。例如,毛泽东把转变世界观作为培养人才的根本问题。

知人于前　能断于后

八月,壬子,太宗对司徒长孙无忌等说:"人们苦于不知道自己的过失,你可以为朕说明。"无忌答道:"陛下的文德武功,我们这些人承顺都应接不暇,又有什么过错可言呢?"太宗说:"朕向你们询问朕的过失,你们曲意逢迎使我高兴,联想当面列举你们的长短处以相互借鉴改正,你们看怎么样?"众人急忙叩头称谢。

太宗说:"长孙无忌善于避开嫌疑,应答敏捷,断事果决超过古人;然而领兵作战,不是他的长处。高士廉涉猎古今,心术明正通达,面临危难不改气节,做官没有私结朋党;所缺乏的是直言规谏。唐俭言辞敏捷善辩,善解人意,事奉朕三十年,却很少讲到朝政得失。杨师道性情温和,自身少有过失;但性格怯懦,缓急之事不可以依托。岑文本性情质朴敦厚,文章写得华美,然而持论多引经据典,自然与事理不合。刘洎性格最坚贞,讲究功德,然而崇尚许诺信用,对朋友有私情。马周处事敏捷,性情正直,评论人物,直抒己见,朕以前委任他做事,多能称心如意。褚遂良年龄大学问也大,性情也耿直坚定,每每倾注他的忠诚,亲附于朕,就像飞鸟依人,人见了自然怜悯。"

知人才能善任。唐太宗对大臣了若指掌,所以用人能扬长避短,从而使得大臣们能各司其职,忠于职守。

求才若渴　举贤任能

曾国藩重视人才,对于发现、造就人才的方法,他概括为八个字。他说:"得人不外四事,曰广收、慎用、勤教、严绳。"

"广收",指广泛访求、网罗人才。这是延揽人才之道。主要有以下三点:

其一,"衡才不拘一格"。

曾国藩反对以出身、资历衡量人,"凡有一技一长者,……断不可轻视"。他说衡人"不宜复以资地限之。卫青人奴,拜相封侯,身尚贵主。此何等时,又可以寻常条例困倔奇男子乎!"曾国藩认为,当今不是没有人才,而是只待人们搜罗、发现而已:人才"无人礼之,则弃于草野饥寒贱隶之中,有人求之,则足为国家干城腹心之用。"为此,曾国藩认为不能因求全责备而埋没人才。他说:"衡人者但求一长可取,不可因微瑕而弃有用之才。如果过于苛求,则庸人反得幸全。"曾国藩本人对于人才的延揽正是不拘一格的。薛福成说他"在藉办员始,若塔齐布、罗泽南、李续宾、李续宜、王鑫、杨岳斌、彭玉麟,或聘自诸生,或拔自陇亩,或招自营伍,均以至诚相与,俾获各尽所长。"并说李世忠、陈国瑞在湘军将领中以"桀贪骜许"闻名,曾国藩对他们仍予以讽勉,"奖其长而指其过,劝令痛改前非,不肯轻率弃绝。"

其二,求才不遗余力。

曾国藩说,"求人之道,须如白圭之治生,如鹰隼之击物,不得不休。"

白圭,战国时周人,以善于经营、贱买贵卖著名。他捕捉赚钱的时机,就如同猛禽猎取食物一样迅速。自称:"吾治生产,犹伊尹、吕尚之谋,孙吴用兵,商鞅任法"。他的这一套生财之术引起当时天下商人的效法。曾国藩主张求才要像白圭经营生产一样，一旦看准，就要像鹰隼猎取食物一样迅速，有不达目的不罢休的决心。曾国藩平日注意对僚属的才能的观察了解，并善于从中发现人才。他的《无慢室日记》列有"记人"一类，其中开列的名单中，有的为官员所推荐，有的为该员师友所推荐，也有毛遂自荐的。均附有曾国藩亲身察访所得的记录。

尤为可贵的是曾国藩无论是办团练之初，还是人困兵危的"未发迹之时"，甚至在身兼封圻的显达之后，都始终把网罗人才作为成就大事的第一要义。在办团练的时候，他时时谍府县，托朋友，"招致贤俊"，"山野材智之士，感其诚，虽或不往见，皆为曾公可与言事。而国藩逢乡里士来谒，辄温语礼下之，有所陈，务毕其说，言可用，则其斟酌施行；即不可行，亦不加诘责。有异等者虽卑幼与之抗礼，故人人争磨濯，求自效，一时中兴人才，皆出其门。"

曾国藩困顿祁门时，李鸿章已回江西，幕僚也大多离开。幕府仅有程尚斋(桓生，字尚斋)等几人，奄奄无生气。面对越来越冷落的"门庭"，曾国藩困窘不堪。一天，对其中一人说："死在一堆何如？"众幕僚默不作答悄悄将行李放在舟中，为逃避计，曾国藩一日忽传令曰："贼势如此，有欲暂归者，支付三月薪水，事平，仍来营，吾不介意。"众幕僚听到这段话，大受感动，都表示生死同之，"人心遂固"。

曾国藩担任两江总督之后，百事丛集，愈感人才之匮乏，而对人才的聚集、培养、选拔、使用问题亦愈加急切。他经常与人讨论人才问题，虚心体察自己在用人问题上的缺失。当他发现自己不如胡林翼对士人更有吸引力，不少人愿投胡林翼处而不愿跟他做事时，立即改弦更张，幡然悔过，与之展开一场广揽人才的竞争。他在给胡林翼的信中说："台端如高山大泽，鱼龙宝藏荟萃其中，不觉令人生妒也。"

每到一地，曾国藩即广为寻访，延揽当地人才，如在江西、皖南、直隶等地都曾这样做。他的幕僚中如王必达、程鸿诏、陈艾等人都是通过这种方法求得的。与捻军作战期间，曾国藩在其所出"告示"中还特别列有"询访英贤"一条，以布告远近："淮徐一路自古多英杰之士，山左中州亦为伟人所萃。""本部堂久历行间，求贤若渴，如有救时之策，出众之技，均准来营自行呈明，察酌录用。""如有荐举贤才者，除赏银外，酌予保奖。借一方之人才，平一方之寇乱，生民或有苏息之日。"薛福成就是在看到告示后，上《万言书》，并进入幕府，成为曾国藩进行洋务的得力助手。在直隶总督任内，为广加延访，以改当地士风，曾国藩除专拟《劝学篇示直隶士子》一文广为散布外，还将人才"略分三科，令州县举报送省，其佳者以时接见，殷勤奖诱。"曾国藩与人谈话、通信，总是殷勤询问其地、其军、其部是否有人才，一旦发现，即千方百计调到自己身边。他幕府中的不少幕僚都是通过朋友或幕僚推荐的。为了增强对人才的吸引力，以免因自己一时言行不慎或处事不当而失去有用之才，曾国藩力克用人唯亲之弊。同时，自强自砺，"刻刻自惕"，"不敢恶规谏之言，不敢怀偷安之念，不敢妒忌贤能，不敢排斥异己，庶几借此微诚，少补于拙。"从其一生的实践看，他基本上做到了这一点。曾国藩周围聚集了一大批各类人才，幕府之盛，自古罕见,求才之诚,罕有其匹,事实证明其招揽与聚集人才的办法是正确的和有效的。

严格选拔　任人唯贤

郁离子对执政者说:"如今用人才,是只凭凑数呢? 还是认为贤良而倚靠他来图谋治国呢?"执政者说:"也是选取那些贤良者而录用的!"郁离子说:"倘若是这样,那么相国您的执政和您说的话就不大一样了。"执政者说:"为什么这样说呢?"

于是,郁离子向执政者谈了用人的道理。郁离子说:"我听说,农民耕田,不用羊负轭;做买卖的商人赶车,不用猎担任骖服。因为知道它们不可能成事,恐怕被它们弄坏了事啊。所以夏、商、周三代取士的办法,首先必须学习,而后才可做官;必须用处理政事考核他,若有才能,然后才录用他。不管他的世系家庭如何,只看他是否贤良,不轻视那些有才德而位卑微的人。如今担任法度和纲纪职务的人,担负着像耳朵和眼睛那样重要的使命,要严格选拔。只看仪表服饰吗? 只听言谈词语吗? 您却不能公平对待天下的贤士,而全部录用那些世家贵族的后代、与自己关系亲近的纨绔子弟为官。您这样爱国家的做法,还不如农民爱耕田、商人爱车的做法呢。"执政者虽然口头上同意他的话,但内心却不以为然。

识人本质　实践察人

越王派大夫子余监造船只,船造成了,有一个商人要求做掌船舵手,子余不愿用他。商人离开越国到了吴国,由王孙率引荐拜见吴王,并且说越国大夫不会使用人才。后来王孙率和他在江边察看船只。突然,江上飓风大作,江中的船只乱撞,他就一边收船一边指着船对王孙率说:"某某船将要沉没,某某船不会沉没。"结果全被他说中了。王孙率更认为他有奇才,就荐举给吴王,让他做了船长。越人听到这个消息,都埋怨子余错失了人才。

子余说:"我并不是不了解他,我曾经和他在一起相处过,这个人好吹嘘,并说越国的人没有比得上他的。我听说凡喜欢夸耀自己的人总是自以为是,向来善于阿谀逢迎;说别人不如自己的人,对别人的观察必定精心,而对自己的省察却愚昧不明。如今吴国重用他,将来坏他们事的必定是这个家伙了!"越人不相信子余的话。不久,吴国攻打楚国,吴王派那个商人操纵大战舰"余皇"号,飘浮过五湖而驶出三江,在迫近扶胥口时,沉没在那里。越人这才佩服子余有先见之明,并且说:"假如这个人没有沉船而死,那么子余大夫将受到失去人才的诽谤,即使是有皋陶那样贤明的法官在世也不能使他得到公正的评判啊。"

德才兼备　择才有方

"人才"既经"广收"而致，又以"慎用"各尽其才，然后饬以"勤教""严绳"，自然陶冶而成，能挑起镇压农民革命、维护封建统治的重任。

薛福成说，曾国藩"遭值时变，一以贤才为夷难定倾之具。其取之也，如大匠之门，自文梓楩柟以至竹头木屑之属无不储；其成之也，始之以规矩绳墨，继之以斧斤锥凿，终之以磋磨文饰；其用之也，则楶栋榱桷，位置悉中度程，人人各如其意志，斯所以能回轮轴而变风气也。"薛福成以其地主阶级思想家的眼光看到了曾国藩在造就人才上所费的苦心。

在人才标准上曾国藩更多强调德与朴实。

曾国藩认为，官场、吏治的风气直接影响到社会，欲从吏治人心上正本清源，就应在"人才"标准上将封建道德修养摆在首位。他说："治世之道，专以致贤养民为本，其风气之正与否，则丝毫皆推本于一己之身与心。一举一动，一语一默，人皆化之，以成风气。故为人上者，专重修身，以下效之者，速且广也。""德若水之源，才即其波澜；德若木之根，才即其枝叶。德无才以辅之，则近于愚人；才而无德主之，则近于小人。两者既不可兼，与其无德而近于小人，宁无才而近于愚人。自修之方，观人之术，皆以此为衡可矣。"

曾国藩选择人才重"纯朴"。他说："于纯朴中简择人才，庶可蒸蒸日上。"曾国藩所谓"纯朴"主要是指尚实、无官气、不虚夸，不是以大言惊人、巧语媚上，而是具有踏实、苦干的作风。他说："求人之法须有操守而无官气，多条理而少大言。大抵人才约有两种，一种官气较多，一种乡气较多。官气较多者好讲资格，好摆样子，办事无惊世骇俗之像，语言无此防彼碍之弊；其失也，奄奄无气，凡遇一事但凭书办、家人之口说出，凭文书写出，不能身到、心到、口到、眼到，尤不能苦下身段去体察一翻。……吾欲以'劳苦忍辱'四字教人，故且戒官气，而姑用乡气之人，必须遇事体察，身到、心到、眼到、口到者。"曾国藩治湘军，选择将领素重有"乡气"之人，塔齐布、彭玉麟、杨载福等均属此类。他说："楚军水陆之好处全在无官气而有血性，若官气增一分，则血性必减一分八九。""楚军历不喜用善说话之将。""凡不思索考核，信口谈兵者，鄙人不乐与之尽言。"

曾国藩在品衡人才上，还提出了勤、恕、廉、明的要求。他说："勤以治事，恕以待人，廉以服众，明以应物。四字兼全，可为名将，可为好官。""明"有高明、精明二端。"人见其近，吾见其远，曰高明；人见其粗，吾见其细，曰精明。""勤""恕""廉""明"四字中，"唯勤字最要紧"。曾国藩尝以"忠勤"开举说："以人事与天事争衡，莫大于'忠勤'二字。乱世多巧伪，唯忠者可以革其习。末俗多偷惰，唯勤者可以遏其流。……能剖心肝以奉至尊，忠至而智亦生焉。能苦筋骨以捍大患，勤至而勇亦

尊重人才 量才用人

郁离子的马生了一匹骏马。人们说:"这是一匹千里马,必须送交给皇家马厩喂养。"郁离子听从了人们的话,把马送到了京城。皇帝派太仆检验后才准进献。太仆说:"这马虽然是匹好马,但却不是北方冀地产的。"于是就把它放在外厩饲养。

南宫子朝对郁离子说:"熹华之山原是南方天帝的住处,那里有一种长着绀色羽毛的鸟,雏鸟时就跟任何鸟不一样,想想天下的鸟类,只有凤凰的形状能和它的外形相似,于是讲凤凰的才德,立凤凰的志向,想发出像凤凰一样的叫声来惊动天下。爽鸠鸟听了就对它说:'你也知道那用木偶做神主和泥偶做神主的事吗? 上古的圣贤帝王用木偶做神像侍奉神,后世人改用泥偶做神像,这并不是先王不如今人考虑得周到,只是要求对神主的心要虔诚,而不是要求神主的外貌像不像。可如今的人们却正相反(只求貌肖,不求心诚)。现在你又用古人的做法(只求心诚,不求貌肖),把伯乐做法反过来了。你不鸣叫还好,一鸣叫就必定招致罪名。'最后,绀羽鹊没听从爽鸠的话,终于鸣叫了起来,那叫声响亮、动听,掠过梧桐的枝条,响彻云霄,激荡洞穴并震动了山岩,松、杉、柏、枫等也无不被振动起枝条而与绀羽鹊共鸣,各种鸟兽也无不被它的鸣叫声流露出蠢态和惊恐的样子。鸷鸟听了却大为的恐惧,它害怕绀羽鹊夺取了自己的地位,便派鹦鸟在西王母的使者面前谗言说:'绀羽鹊的叫声奇异不吉祥。'西王母的使臣便让鸪鹊每天去追绀羽鹊,一直把它追逐到远的天空。后来绀羽鹊被逐到海边,羽毛脱落,鸷遇见了它,又把嘴中叼着的箭射向它,正击在它的脖颈上,它奄奄一息,几乎死去。如今天下不收纳您的千里马,您的千里马不是被驱逐到遥远的天空,也要落得像绀羽鹊那样的下场啊,(这世俗)我算认清它了。"南宫子朝用绀羽鹊的故事来说明人才常得不到重视,反受人嫉妒,受人迫害,抨击了世俗的偏见。

求贤若渴 唯才是用

汉建安二十一年,大名士崔琰以"腹诽心谤"罪赐死。朝野上下为其冤死而叹惋,更为其罪名而感到莫名其妙。

崔琰,少时好舞刀弄枪,直到二十九岁时才顿悟读书的重要,于是出门游学,并逐渐名震中原。当时,正值东汉末年国阀割据,连年混战,百姓流离失所。一度十分繁华的中原地区到处是"百里无人烟"的荒凉景象,面对满目疮痍的国土,崔琰痛心疾首,立志要建功立业,救民于水火。

袁绍当时与曹操对峙,正广延人才,听说崔琰乃中原名儒,便把他请来,并拜为骑都尉。崔琰只想发挥自己的才智,以统一国家,结束战乱,他劝袁绍厚树恩德,收买人心,并且在军事上给袁绍提过许多建议,但袁绍轻视他书生之见,未予采纳。

官渡之战失利后的第二年,袁绍病亡,他的两个儿子袁谭、袁尚争相夺权,双方剑拔弩张,势不两立,也都想得到崔琰的辅助。崔琰见他们鼠目寸光,难成大器,便称病辞官。这下惹恼了袁氏兄弟,他们把崔琰关进了大牢。后来崔琰经朋友相救才得以逃离虎口,

不久,曹操攻下冀州,袁谭被杀,袁尚仓皇逃走。

一心向往"周公吐哺,天下归心"的曹操求贤若渴,他早听说袁绍手下有位谋士崔琰,一攻下冀州,他便四处寻访,并亲自去请崔琰。

在几年的对垒中,崔琰也意识到曹操是他可以依赖成就大志的一代枭雄,于是便爽快地答应"出山",被曹操拜为别驾从事。

一天,曹操喜形于色,对崔琰说:"昨天我查看了一下户籍,我们可得三十万兵丁。冀州真是个大州啊!"说完,便察言观色静候崔琰的反映。

崔琰静默半晌,才慢腾腾地答道:"如今天下战火频繁,生灵荼炭,你自己不是还写过'白骨露于野,千里无鸡鸣'的诗句吗?冀州百姓,连年为战争所累,已苦不堪言,没见广施恩惠,使其安居乐业,反而先要招募兵丁,这难道是冀州百姓所希望于你的吗?"

崔琰的一席话,使曹操茅塞顿开,他急忙离座,向崔琰大礼拜谢道:"蒙先生教海,三生有幸!先生高瞻远瞩,真是可敬、可佩!"左右的谋臣武将见崔琰竟受曹将军如此大礼,无不又羡又妒。

从此以后,曹操便对崔琰另眼相看,恩赏有加。

后来曹操作了丞相,对崔琰更加倚重。一次,他抚着崔琰的肩,无限慷慨地说:

"你有伯夷的遗风,史鱼的正直,贪夫会因仰慕你而清正廉洁,壮士会因学习你而更加严格自励。你真可谓时人的楷模啊!"

崔琰听了这番赞誉之词,也只是谦逊地摇摇头,没有丝毫骄矜之色。

曹操被封为魏公后,拜崔琰为尚书,当时曹操正为立后嗣的事举棋不定。

按封建惯例,当立长子曹丕,但因其次子曹植颇有文才,为人也谦逊朴实,所以曹操钟爱他。曹操为此心中犹豫,便暗中派人考察两个儿子的言行。崔琰了解到这个情况后,立即出班奏道:

"从古至今,都是立长子继承大统,况且曹丕也仁孝聪明,为什么要破坏祖制呢?祖制一破,难免争权夺利,弄不好会导致自相残杀。所以废长立次显然利少弊多。"

曹植是崔琰哥哥的女婿,崔琰的一席话慷慨激昂,用心正直公允,不因与自己沾亲而有所庇护,朝中人无不叹服,曹操更是感慨不已。

群策群力　相辅相成

曾国藩同幕僚之间是一种相辅相成的关系,幕僚们助曾国藩功成名就,曾国藩使幕僚们升官发财,多年来,幕僚们为曾国藩出谋划策、筹办粮饷、办理文案、处理军务、办理善后、兴办军工科技等等,真是出尽了力,效尽了劳。可以说,曾国藩每走一步,每做二事,都离不开幕僚的支持和帮助。

曾国藩镇压太平天国一事,他之所以获得成功,并非靠他一人之力,而是依靠一支有组织的力量,其中他的幕僚尤占有一定比重,起了相当大的作用。西汉初年刘邦在向诸将解释为什么张良足不出户而封赏最高时,曾把战争比为狩猎,以猎人喻张良,以猎犬喻诸将,称指示之功胜于奔走之劳,诸将为之悦服。而在安庆、江宁两役中,曾国藩的幕僚则不仅有指示之功,尤有筹饷之劳,可谓功兼张(良)、萧(何)。自咸丰十年(1860)六月至同治三年(1864)六月,四年之中曾国藩报销军费一千六百多万两。其中绝大多数来自厘金与盐税。这笔巨款主要靠幕僚筹集,没有它湘军早已饥溃,何成功之有? 曾国藩所谓"论功不在前敌猛将之后",绝非夸大之词,至于曾国藩刊行《王船山遗书》和《几何原本》等重要书籍,引进西方科学技术、兴办军事工业等,更是离不开幕僚的努力。否则,他很难挣得洋务派首领的地位。

曾国藩对幕僚的酬报亦为不薄。众幕僚入幕之初,官阶最高的是候补道员,且只是个别人,知府一级亦为数极少,绝大多数在六品以下。他们有的刚被革职,有的只是一般生员,还有的连秀才都不是,而数年、十数年后,红、蓝顶戴纷纷飞到他们头上,若非曾国藩为他们直接间接地一保再保,是根本不可能的。

善于育才　方能用才

韩非子在韩国从政将近十年时间,韩国贵族被法家治死的没有留下完整的一家,于是韩国的许多官职空缺,韩王对公叔说:"我需要用人,可是韩国的群臣都不够为官的资格,你看怎么办呢?"

公叔回答说:"你知道种树的道理吗? 我的家乡的都城的东郊,世世代代以种树为业,树成材的有松、楠、栝、柏,可以做栋梁,种植它们必须得三五十年以后长成。树中下等的有柽、柳、楸,一种就活,只不过可以当柴烧。所以按天计算它们,得栋梁材的利慢,而得木柴的利快;按年计算它们,那么得木柴的利是一,而得栋梁材的利就是百。我全都栽种它们,世世代代享受它的好处,所以在韩国是最富有的。我的邻居中有一个贫寒老人,羡慕的心情急切而想仿效,种植松、栝不到三年,不等成材就砍伐了它,认为这样能常获利,但仅能供他吃一日两餐,没有剩余。如今君王用人的方法也是这样,不等他老练成熟,在他还不能担负重任就以法杀了他,栋梁之材用尽了。一旦房屋坏了,我担心捆起来的木柴是不足以支撑起它的。"公叔用培育木材的例子生动地说明了育人的意义。

知人准确　识人善用

曾国藩的发迹以及身后的影响,在近百年国史上堪称一大奇迹!

他崛起湘湖,既不如封疆大吏握有实权,也没有钦差大臣那样的生杀予夺,他无职、无权,有的只是"在籍侍郎"这个空衔,用当时大学士祁春圃的话说"在籍侍郎犹如匹夫"一般。可是,不论是湖广总督、旗籍大吏杨霈,还是清廷倚为干城的官文,一个个都走死逃亡,败倒在穿长衫的曾国藩脚下。

当烽火四起,警报频传的时候,清廷先后令湘、苏、直、皖、豫、鲁、赣等九个省四十二位官员举办团练。但遗憾的是,激荡的年代早已把其他四十一位团练大臣抛到了历史的某个角落,只有在尘封的档案中才能经意地找到他们早已模糊的名字。曾国藩则不同,他不但打败了几倍、十几倍乃至几十倍于己的强大的对手,而且破天荒在清朝的历史上,让马背上的皇帝不得不倚重汉族官僚。

曾国藩卒于周甲之年后的第一百天。然而,曾国藩的影响远没有结束。主宰晚清大政的李鸿章"薪尽火传",内政外交,一脉相承,清末学者夏震武说:"合肥(李鸿章)南皮(张之洞)一生所为,其规模皆不出湘乡(曾国藩),数十年来朝野上下所施行,无一非湘乡之政术、学术也。"

曾国藩在统治阵营中是个成功的化身,颂扬他的人甚至说,孔圣人所言人生三不朽(立德、立功、立言),他兼而有之,集精神偶像与事业偶像于一身。

曾国藩之所以"成功",可能有诸多原因,但他能够网罗人才,把一大批有各方面才能的人聚集在自己的周围,成为他的幕僚,为他出谋划策,是十分重要的原因。《花随人圣庵摭忆》说:"文正之事业,所以不可及者",原因就在于此。

曾国藩以培植、宏奖人才自讯。他说:"君子有三乐,而'宏奖人才,诱人日进'为其一乐。"对于曾国藩的知人善用,封建阵营普遍评价甚高,曾氏的故旧门生尤多褒辞赞语,郭嵩焘为曾国藩作墓志铭,说他"以美化教育人才为己任,而尤以知人名天下"。俞樾说曾国藩"尤善相士,其所识拔者,名臣名将,指不胜屈。"就连刚直自负的左宗棠,后期与曾国藩龃龉甚深,但曾国藩死后,仍寄联挽曰:"知人之明,谋国之忠,自愧不如元辅。"

曾国藩为人威重,长着漂亮的胡须,三角眼睛棱角分明。每次接见幕客,注视很长时间却一言不发,被接见者精神不免紧张,悚然不安。幕客走后,曾国藩记其优劣,从没有差错。又说"尤知人,善任使,所成就荐拔者,不可胜数。一见辄品目其材,悉当。"

《见闻琐录》"曾文正知人"条则记载这样一件事：

曾国藩善知人，预卜终身，在两江总督时，陈兰彬、刘锡鸿颇富文藻，下笔千言，善谈天下事，并负重名。有人推荐到幕府，接见后，曾国藩对人说："刘生满脸不平之气，恐不保令终。陈生沉实一些，官可至三四品，但不会有大作为。"

不久，刘锡鸿作为副使，随郭嵩焘出使西洋，两人意见不合，常常闹出笑话。刘写信给清政府，说郭嵩焘带妾出国，与外国人往来密切，"辱国实甚。"郭嵩焘也写信说刘偷了外国人的手表。当时主政的是李鸿章，自然倾向于同为曾门的郭嵩焘，将刘撤回，以后不再设副使。刘为此十分怨恨，上疏列举李鸿章有十可杀大罪。当时朝廷倚重李鸿章办外交，上疏留中不发，刘气愤难平，常常出语不驯，同乡皆敬开远之。设席请客，无一人赴宴，不久忧郁而卒。

陈兰彬于同治八年（1869）经许振祎推荐，进入曾国藩幕府，并出使各国。其为人不肯随俗浮沉，但志端而气不勇，终无大见树。

作者说，观曾国藩预决二人，真如天算一般。然其衡鉴之精，尚不止此。在军命将，说某可为营官；某人可为大帅，某人福薄，当以死难著名；某人福寿，当以功名终。皆一一验证。

曾国藩识人，近乎神明的态度，当然少不了附和之言。倒是曾国藩自己，有一个客观的看法。

同治三年（1864），方宗诚应邀到曾国藩幕府，主持忠义局修志工作，曾问曾国藩"何以知塔（齐布）、罗（泽南）、李（续宜）、彭（玉麟）、杨（岳斌）、鲍（超）诸公能成大功？"曾国藩回答说："此皆幸而遇者。当时与诸人共事，不过识其忠勇勤朴，各任以事，幸仰天威，稍能成就，人遂谓吾能知人，实则知人甚难，予未敢自信也。"

燕昭王求才

燕王哙临死前把王位传给他的宰相子之。子之主持朝政不力，燕国大乱，百姓怨恨，而早已对燕国虎视眈眈的齐国乘机进攻燕国，燕国大败，子之被杀。两年之后，燕国人民推举哙的儿子为国王，这就是燕昭王。

燕昭王想好好治理国家，决心罗致人才，改革政治，复兴国家。他向郭隗先生请教，如何才能招致贤士以报齐国灭燕之仇。郭隗对他说：

"我听说古代有个国君，愿花千金购买千里马。于是让人四处寻马。三年都没买到。这时宫中有个侍臣对国君说：'请让我去买吧'，国君就派他去。侍臣各国各处奔走，历经三个月果然找到一匹千里马，可是那匹马已经死了。侍臣就用五百两黄金买下那匹马的骨头，回来报告君王。国君一见侍臣买回的竟是马骨头，便大发雷霆说：'我要的是活马，死马有什么用？白白丢了五百两黄金！那个侍臣说：'一匹死马还用五百两金子买来，何况活马呢！人们必定认定大王不惜重金买良马,千里马很快就会送上门来了。'不到一年,果然有人送来了三匹千里马。现在大王真要招致人才,就从我开始吧。像我这样的人还能受到您的重用,何况比我更有才干的人呢?哪怕千里之外,他们也会来的!"

燕昭王采纳了郭隗的建议,把对人才的重视落实到实际的行动和具体的做法上来,专为郭隗筑宫并尊他为师,放下自己的架子,恭恭敬敬地向他学习,燕王此举之后,结果造成了"士争凑燕"的局面。投奔而来的有魏国的军事家乐毅,有齐国的邹衍等等,使燕国恢复了元气,成为战国七雄之一,后来还雪了国耻,把齐国打得只剩下两座孤城。

重选才之法

俗话说:姜太公钓鱼一愿者上钩,不愿的当然就可以溜掉。姜太公在选将的问题上,却毫不含糊,要衡量,要查证,要辨伪,看上了,选中了,便再不放手。

姜太公选人才的标准有六种。他说:"富之而不犯者,仁也;贵之而不骄者,义也;付之而不转者,忠也;使之而不隐者,信也;危之而不恐者,勇也;事之而不穷者,谋也。"(富有而不奢侈,这是仁德;高贵而不骄纵,这是义气;给与而不转送,这是忠诚;使用而不隐瞒,这是信用;遇危险而不恐惧,这是有勇敢;做事而不停顿,这是智谋。)

在考察人才的时候,姜太公又提出了八种方法,称"八征",即:"一曰问之以言,以观其详;二曰穷之以辞,以观其变;三曰与之间谋,以观其诚;四曰明白显曰,以观其像;五曰使之以财,以观其廉;六曰试之以色,以观其贞;七曰告之以难,以观其勇;八曰醉之以酒,以观其态。"用问对、论辩、计谋、小事、财物、美色、危难、醉酒等八种办法,来考验被选人的口才、应变能力、忠诚、品德、廉洁、操守、勇敢、神态等八个方面的修养才能。

姜太公还指出了用人时候应该警惕和注意的事项,即识别、不用以下六种人:巧言令色、谄媚奸邪者;内贪外廉、沽名钓誉者;假公济私、欺上瞒下者;谋私废公、互相拆台者;拉帮结派、任人唯亲者;纵容坏人、打击贤能者。

察人知类

诸葛亮是我国历史上著名的军事家,也善于用人。他能用人之所长,而避其短,他根据自己的摸索、观察,曾把手下专长各异的将领分为九类:

能用道理、礼法管理部队,关心部下冷暖,并能与将士同甘共苦是"仁将";

做事能从长远着眼,不为名利所累、以献身为荣、苟活为耻的,为"义将";

屡建功勋而不以此自傲、性情刚烈又能忍辱负重的将为"礼将";

作战时,战术灵活多变、遇事足智多谋、能转败为胜、转危为安的将,为"智将";

能对战斗中英勇杀敌的将士予以奖赏,对临阵怯战、胆小怕死的将士予以赏罚,处罚又公正严明,不论贵贱,这样的将领为"信将";

作战时行动敏捷、气概豪迈、善使用兵器,且能固守阵地的将领,为"步将";

能攀高山,行险地,善骑兵,会射箭,进攻冲在前,撤退走在后的将领为"骑将";

气盖全军,小仗打得认真,大仗打得勇猛的将为"猛将";

对贤士能虚心请教,接受他人的意见,宽厚而又刚强,勇猛而又智的将为"大将"。

诸葛亮用将,不仅能先知将领的"三板斧",用兵同样也能先晓兵士的几"刷子"。

他曾按性格、持能的不同,把手下兵卒分为六大类;

好斗乐战,敢于进攻顽敌者的战士为"报国之士";

气盖三军,身强力壮的战士勇猛善斗者为"突阵之士";

健步如飞的战士为"搴旗之士"。

善骑善射,箭无虚发的战士为"先锋之士";

拙于骑而善于射的战士为"飞驰之士";

善于使用强弩、尽管射程不远但百射百中的战士为"攻坚之士";

知晓了手下将士的"斤两",了解了他们的脾气、性格、能耐,这样,诸葛亮便能因其才而选择之,因其能而使用之,就像一个深谙马性的驭手。

杨戏,搞司法工作的一把好手:典刑断狱,论法决疑,"号为平当",公允。颇有"信将"之才。尽管他很年轻,二十挂零,是个嘴上没毛的小伙子,诸葛亮还是让他当了督军从事。

邓芝、董恢,能言善辩,机智善变,颇有"智将"之能,是块搞外交的料子,诸葛亮就让他们做说客,出使东吴,以修盟好。

姜维,兼有"智将""仁将""猛将"之长:忠勤职守,思虑精密,又通晓军事,深解兵意,是个担当重任、指挥全盘的角色,诸葛亮就委以中监军、征西将军的重职。诸葛亮撒手归西前,还留下遗言,让他承担北伐中原的重任。

知人长短　善用其优

后梁末帝朱友贞昏愦而又淫乱,一些奸臣专权用事,功臣老将大多被排挤离间。公元 923 年夏天,后唐夺取了郓州,局势变得非常危急,梁帝惊恐不安。

宰相张敬翔见此情景,不由十分着急,于是,他把一根绳子放在靴筒里,然后进宫去见梁帝,哭着说道:"当初太祖取天下时,我所献的计无不被采纳,如今强敌未灭,可我的建议你却不听,这样我还不如去死!"说着,便扯出了那根绳子。梁帝见状,忙令人阻止他,并问他有何建议。张敬翔说道:"目前形势十分危急,必须任用王彦章才可破敌。"梁帝封王彦章为招讨使,问他何时能打败敌军,王彦章回答说:"三天。"周围的人都暗笑他口出狂言。

王彦章率军疾行来到了滑州,他在滑州张灯结彩,大摆宴席,装出一副要狂欢痛饮的样子。但是暗中却派人到杨村准备船只,并找了几名铁匠准备好鼓风器具和木炭,随同六百名手持利斧的士兵一同乘船,顺流而下。此时,王彦章正在大宴宾客。酒刚喝到一半时,王彦章假装出去上厕所,其实他却率领几千精兵,沿海直奔德胜城。船上的铁匠和士兵烧断铁索,砍断浮桥,使得南城孤立无援。这时,王彦章大军冲入,南城随之被攻破,到此时恰好是三天时间。他自此延缓了后梁的危势。

细察人才

西汉开国皇帝刘邦是一个传奇式的历史人物,他曾以微弱的兵力起家,却最终战胜拥兵四十万的西楚霸王项羽。他成功的妙诀在哪里呢?

在刘邦的身上,有着政治家所最应具备的优秀才干之一,那就是择人善用。

刘邦即皇帝位后,最初把首都设在洛阳。在一次洛阳酒宴上,刘邦曾向群臣提出一个问题,他说:"诸位王侯,诸位将军,我为什么能夺得天下,项羽又是怎样失去天下的? 大家不必顾忌,各自发表自己的见解,让朕听听。"

当时大臣们各自发表自己的意见,其中,最有代表性的是大将王陵的回答。王陵是刘邦的老乡,和刘邦交情不错,所以言语坦率。他说:"皇上比项羽善于用人。皇上虽然对人粗暴,好发脾气,但却赏罚分明,使群臣争相效力,充分地调动了大家的积极性。而项羽则嫉贤妒能,出力的将士得不到封赏,最终导致失败。"刘邦点头称善,然后他又补充说:"在军营中出谋划策,制定正确方略,使军队在千里之外打胜仗,我不如张良;坐镇后方,安抚百姓,源源不断地给前方供应粮饷,我不如萧何;能够统率大军攻城略地,我不如韩信。他们三人就是杰出的人才,我虽然在某些方面比不上他们,但我能重用他们,充分发挥他们的才干,所以才能战胜项羽,夺得天下。项羽虽然有个豪杰范增,但不能信任他,重用他,所以才失败了。"

观人当试以艰危

建安二十四年,刘备大将关羽领兵对襄樊发动进攻。这时,曹仁在庞德的协助下驻守樊城。关羽很快渡过汉水想先拿下樊城。曹操得知关羽进攻樊城的消息,便派左将军于禁率兵来支援曹仁。曹仁让于禁和庞德率领七队人马在樊城以北安营屯驻与樊城互相呼应。

这时汝南太守满宠协助曹仁守樊城，成为曹仁的参谋。满宠建议曹仁采取坚守不战的方针。正在双方相持不下的时候，襄樊地区一连下了十多天大雨，汉水暴涨，溢出堤外，平地水深数丈，樊城被洪水包围。驻守城北的于禁、庞德等七军屯营被水淹没，于禁等只得率领将士到高阜之处避水。关羽趁涨大水之机，安排好船只，自己乘坐大战船率领水军猛攻曹军，于禁被逼得无路可退率众投降。关羽把于禁送回江陵关在大牢里，将其部众收编为自己的军队。

庞德和部将董超、董衡等带领一部分士兵避水到一个河堤上，关羽又率领水军向他们围攻，命弓箭手向河堤上射箭，庞德手下的士兵死伤不少。这时庞德披着铠甲，拿着弓箭回射，箭无虚发，关羽军也被射死一些。董衡和董超想要投降，庞德骂他俩没骨气，拔剑把他俩砍死在堤上。庞德的箭用完了便叫士兵们用短兵器进行搏斗。从早晨一直战到中午，身边的将士或死或降。庞德对身边的将士说："我听说良将不会为了怕死而逃命，烈士不会为了活命而失节。今天就是我死的日子了。"

最后，庞德带着三个士卒，从蜀军士兵手中抢了一只小船，想逃到樊城去，不料一个浪头袭来把小船掀翻了。庞德掉在水里抱着木板漂浮着，关羽的水军赶上来把他活捉了。

早在曹操安排庞德对付关羽之初，曹军之中有人议论说，庞德原为马超部将，马超已被刘备所重用，庞德的堂兄庞柔也在刘备处为官，庞德是不会真心同关羽作战的。当时，庞德听到这种议论，便表态说："我深受国恩，立志为国捐躯。我要亲自带兵攻打关羽。此时不是我杀关羽，就是关羽杀我。"

当关羽将士把庞德押来后，庞德立而不跪，关羽劝他投降说："你哥哥在汉中，我想让你做将帅为什么不早点投降呢？"庞德大骂说："小子，说什么投降！魏王带兵百万，威震天下。你们的主人刘备只不过是个庸才，怎么能和魏王匹敌呢？我宁肯做国家的鬼，也不愿当你们的将军。"

关羽只好下令把庞德杀了。

曹操知于禁投降、庞德宁死不屈的消息，感叹地说："我信任于禁三十年，怎么也没想到在面临危险时他还不如庞德！"

于是曹操封庞德的两个儿子为列侯。

换个身份　见人真心

1728 年（雍正六年）元宵节，清政府内阁中的官员、听差大都回家过节了，只有一位姓蓝的供事留在阁中，他摆下酒菜，自斟自饮，观赏着天上的明月。

一会儿，有一人来到内阁。来者身材魁伟，面容富态，衣冠华丽讲究。蓝某以为此人是内阁官员，要在这里借宿，便急忙起身相迎，请他入座共饮。来者便大大方方地坐在蓝某对面,与他边饮边聊起来。

那人询问蓝某许多问题,如姓甚名谁,任什么职务,管什么事情,有多少同事,今夜他们都做什么去了,等等。当问到别人都放假回家,蓝某为何独自留守时,蓝某说:"内阁是朝廷最重要的部门,不能一刻无人,一旦因疏忽而出了意外,责任可就大了。"来者听着,脸上露出满意的微笑。他又问蓝某,在内阁当差有何要求。蓝某说:"将来差满,只希望朝廷能给委派一个小官职。"来者让他说得具体一些,蓝某说:"如果运气好,能够在广东河泊所当官,就心满意足了。"来者笑着点了点头,又饮了几杯酒,便告辞而去。

翌日上朝,雍正帝问大臣:"广东河泊所有官缺吗?"吏部尚书答有。雍正帝说:"内阁供事蓝某勤于公事,忠于职守,可以补授这个缺。"大臣们心里纳闷,皇帝怎么对一个供事都了解得那么清楚。后来得知:正月十五日晚上,雍正帝微服访察了内阁办公处。当蓝某得知那天晚上与自己对酌交谈的,竟是威严天下的皇帝时,惊讶极了。

洞察世事　重用人才

曾国藩十分重视人才问题。他认为"国家之强,以得人为强"。并说:善于审视国运的人,"观贤者在位,则卜其将兴;见冗员浮杂,则知其将替。"观察军事也应如此。他将人才问题提到了关系国家兴衰的高度,把选拔、培养人才作为挽救晚清王朝统治危机的重要措施。

曾国藩认为,导致晚清社会危机的原因主要在于吏治的败坏,而吏治的败坏又是由于人才的缺乏。

咸丰元年(1851)他在给友人胡大任的信中说:"两千里中几无一尺净土。推寻本原,何尝不是有司虐用其民,鱼肉日久,激而不复反顾。盖大吏之泄泄于上,而一切废置不问,已非一朝一夕。"太平天国起义后,曾国藩把治军与吏治并重,说:"细察今日局势,若不从吏治人心上痛下功夫,涤肠荡胃,断无挽回之理。"因此,曾国藩在战争期间每控制一个地区就治理一个地区,整顿吏治,恢复地方政权,力求把它建设成筹饷基地。

咸丰十年(1850),他在给左宗棠的信中,希望左"能物色循良,携以俱来","安危得失均系于此。"他还举例说,湖北省城三次克复后,地方凋敝,与今日安庆相同,但因胡林翼罗致人才,多方培养,不数年间吏治渐振。

面对内忧外患,曾国藩说:"非得忍辱负重之器数十人,恐难挽回时局也。"而这些人才从何处得来呢?他认为,"世人聪明才力,不甚相悬,此暗则彼明,此长则彼短,在用人者审量其宜而已。山不能为大匠别生奇木,天亦不能为贤主更出异人",而"大约上等贤哲当以天缘遇之,中等人才可以人力求之",所以,人才之有无全靠当权者之发现、培养及使用得当。

太平天国革命爆发以后,其势如暴风骤雨,摧枯拉朽,席卷东南。对此,曾国藩无比感慨地说:"无兵不足深虑,无饷不足痛哭,独举目今世,求一攘利不先、赴义恐后、忠愤耿耿直,不可立得;有时即使得到,又屈居卑下,往往抑郁不伸。或遭遇挫折、或离职而去、或抑郁而死。而贪婪庸劣的人,位高而权重,而富贵、而名誉、而老健不死,此其可为浩叹者也。"面对严重的社会危机,曾国藩呼吁封建地主阶级重视人才问题。他一再对胡林翼说:"默观天下大局,万难挽回,我们所能做的,引用一班正人,培养几个好官,以为种子。""吾辈所慎之又慎者,只在'用人'二字上,此外竟无可着力处。""求人自辅,时时不可忘此意。人才至难。"

不拘一格用人才

门客中有一个在魏武侯面前说吴起的短处,他说:"吴起贪财,不可重用他啊。"武侯就疏远了吴起。公子成进见武侯说:"你为什么要疏远吴起呢?"武侯说:"有人说吴起贪财,我因此不喜欢他了。"

公子成说:"君王错了,吴起的才干,天下的士人没有超过他的。正由于他有贪欲,所以来侍奉你,要不然你怎么能用他做你的臣呢?再说你自己觉得同商汤、周武王相比,谁贤明呢?务光、伯夷是天下没有贪欲的人,但殷汤不能用务光做臣,武环能用伯夷做臣。如今像这个人那样不贪婪的人,他肯做你的臣吗?如今君王的国土,东面与齐国对抗,南面与楚国对抗,北面与韩、越对抗,西面有如狼似虎的秦国,你独自处在四战之地的包围中,而那五国屯驻军队,坐而静观,但却不敢窥测魏国,原因是什么呢?就是因为魏国有吴起做大将啊。周《诗》有这样的诗句:'赳赳武夫,公侯干城。'吴起就是这样的武夫啊。你如果考虑国家的利益,只要吴起想要的和喜欢的,你就给予他,使吴起满足了欲望而没有别的要求,你才能坐享魏国军队的威势,这样所失去的很小,所得到的很大。而如果让他吃糙米,吞蔬菜,空短衣,徒步行走而供你驱使,那么吴起必定离开魏国。吴起离去,而天下有像吴起这样才能的人,就会却步不到(魏都)大梁来了,君王的国家就没有人才可用了。我私下为你担忧的就是这个。"武侯说:"讲得好。"又重新重用吴起。

量才适用 才职相配

唐德宗年间,刘晏长期担任转运使,执掌财政大权。

刘晏精力充沛,机智多谋,善于处理复杂多端的事务,不管多么曲折,他都能办得恰到好处。他曾以优厚的待遇招募善于奔走的人,把他们第次安置在前后相望的地方,以探测上报各地的物价情况。即使偏远之地,几天之内,也能报到转运使司。他把钱粮轻重权变,都掌握在自己手中,国家获利的同时,百姓也无物价涨落的忧虑。

刘晏主张:"要处理好事务,关键在于用人得当。所以一定要选择通达敏捷、精明强干、廉洁勤勉之人加以任用。至于考核簿籍文书,支付钱粮等事宜,就要交给读书人去做,作吏人的只能书写公文,不应随便讲话。"他常说:"读书人一旦贪赃受贿,就会被时世所抛弃,由于声名重于财利,所以大多数读书人注重清廉自修;而吏人即使廉洁自守,最终也不能获得显贵殊荣,由于财利重于名望,所以大多数吏人贪污受贿。"然而,只有刘晏才能实行这些主张,别人效法他,始终也赶不上。刘晏的下属即使在数千里之外奉行刘晏的命令,也还是和在他面前一样,说话办事,不敢有欺骗行为。当时,有些权贵把自己的亲朋故旧托付给刘晏,刘晏也应承下来,所给薪俸,升迁官阶,都符合他们的意愿,但从不让他们亲理事务。他负责的交场、船场、巡院等处,凡是重要职位,必要选拔当时最得力的人担任。所以,刘晏死后,掌管财赋的有名人物,大多是刘晏以前的旧部下。

敢用人才　不论身份

秦兵攻赵,邯郸告急。信陵君的姐姐是平原君的夫人,数次写信给魏王及信陵君,请求魏国发兵援救。魏王派将军晋鄙率兵十万去救赵国。秦王派使者告诉魏王说:"我旦暮之间就要攻下赵国,谁敢救赵国,我攻下赵国后必定先移兵征伐他。"魏王害怕了,急忙让人止住晋鄙,驻军于邺,名为救赵,实际上坐视观望。

平原君的使臣对信陵君说:"平原君所以和魏国联姻,是仰慕公子的高义,能急人之困。今邯郸危在旦夕,而魏国救兵不至,公子急人之困的高义又在哪里?况且公子即使不在乎平原君,难道就不爱怜您的姐姐吗?"

信陵君很是担忧,数次请魏王下令救赵,魏王不听。于是,信陵君就约请愿意同往的宾客,率车百余乘,要与赵国共存亡。

行至夷门,见侯嬴,信陵君一五一十地把要去同秦军拼命地实情都告诉了他,辞别的时候,只听侯嬴说:"公子好自为之吧,才臣不能相从了。"

信陵君行了几里,心中不快,暗暗想道:我待侯生颇厚,天下无人不知,我现在就要死了,而侯生却不曾有一言半语送我,难道说我的行为有什么不对的地方?于是又折了回来问侯嬴。

侯嬴笑道:"我早就知道公子会返回来。公子喜士,名闻天下。如今有难,没有其他办法,要赴秦军,如同以肉投饿虎,又有何用呢?况且又怎么对得起这些宾客呢?公子待臣甚厚,公子走而臣不送,所以公子必然恨我,故而返回来。"

信陵君再次施礼,讨教对策。两人避开众人,暗语说道:"我听说晋鄙的兵符一般放在大王的卧室内,大王最宠爱如姬,如姬能够把它给拿出来。我听说当年如姬的父亲被人杀害,如姬对此刻骨铭心,自大王以下都想替她报仇,然而过了三年,也没有办到。如姬对公子哭泣,公子让宾客斩其仇人之头,敬献如姬。如姬即使为公子死也在所不辞,只是没有机会报答您。公子如果开口的话,如姬必然会许诺,那么就可以用虎符夺晋鄙的军队,去救赵国。"信陵君按计行事,如姬果然盗出兵符。

信陵君将行,侯嬴又说:"将在外,主令有所不受,只要对国家有利,公子对兵符时,若晋鄙不交给公子军队,您再请求他,耽误了时间,事情就危险了。朱亥可以和你一块去,此人是个力士。晋鄙听你的,皆大欢喜;不听你的,可让朱亥击杀他。"

信陵君听后,就哭泣起来。

侯嬴问:"公子难道怕死吗?哭什么?"

信陵君说:"晋鄙将军资格老,势气盛,恐怕他不会听我的,必然得杀他,所以我才哭泣,哪里是就怕死呢!"于是就去请朱亥。

朱亥笑着说:"臣不过是个市井之中操刀的屠夫,公子数次来看我,我却不曾谢公子,只是认为小人无所用。今公子有急难,这正是我效力的时候。"

信陵君和朱亥过夷门时,侯嬴对信陵君说:"臣本应跟从,但年迈不能,我数着公子的行日,到晋鄙军队之日,我面向北方,自刎以送公子。"

信陵君和朱亥来到邺,假托魏王之令要代替晋鄙。晋鄙验过兵符,心存疑虑,看着信陵君说:"今我拥有十万之众,屯兵边境,担负着国家征途,现在你却单车来替我,怎么能相信你呢?"不听信陵君所言。

朱亥用袖中藏着的四十斤重的铁锤,猛然把晋鄙打得脑袋开了花,顿时身亡。

信陵君接管晋鄙的军队,传令军中:"父子都在军中的,父亲可以回家,兄弟都在军中的,兄长可以回家;没有兄弟的独子,可以回家赡养父母。"这样,选得精兵八万人,进兵攻打秦军。秦军不敌而逃。

赵王和平原君都来欢迎信陵君,平原君背着箭袋为他引路。赵王称赞信陵君说:"自古贤人没有能赶得上公子的。"当此之时,平原君不敢自比于信陵君。侯嬴也如言自刎而亡。

求才于市井之中

魏国有个隐士,名叫侯嬴,年至七十,家中贫寒,在都城大梁夷门当一个看门差事。

信陵君听说后,就前去请他,还要厚赠他,侯嬴却不肯接受。他对信陵君说:"臣修身洁行数十年,不会因当看门人贫困而接受公子的财物。"

信陵君于是摆酒大会宾客,众人坐定,信陵君亲自赶车,让出左边上座,请侯嬴赴宴。侯嬴就穿着破旧的衣服,径直坐到上座,毫不谦让,想看看信陵君的反应。只见信陵君手执缰绳,颜色温和谦恭。

侯嬴又对信陵君说:"臣有一位朋友叫朱亥,在集市上做屠夫,希望能从那儿经过。"信陵君驾车入市,侯嬴见到朱亥,故意交谈很久,同时斜眼看信陵君的神色。只见信陵君更加谦和。

这时,将相宗室宾客满堂,等着信陵君归来举杯饮酒。市集中的人都来围观信陵君驾车。跟从信陵君来接侯嬴的人,都暗暗地骂侯嬴。侯嬴又看信陵君的脸色,始终谦和不变,于是就谢客上车。到家,信陵君引侯嬴坐上座,遍告宾客。宾客都惊奇不已。

酒至正酣,信陵君起座为侯嬴祝寿,侯嬴对信陵君说:"今日我已为公子做了足够多的事。我只是夷门的一个看门人,而公子却屈身亲驾车骑,于大庭广众之中迎接我,不应该这样过分,公子却故意这样做。然而我想成就公子的贤名,所以故意久立市中,过客围观公子,却见公子颜色谦恭。市人都以侯嬴为小人,而认为公子能礼贤下士。"于是,信陵君以侯嬴为上客。

侯嬴又对信陵君说:"臣所过访的屠夫朱亥,人很贤能,但世莫能知,所以隐身于屠户之中。"

信陵君数次去请,他都故意装出一副毫不客气的样子。信陵君感到十分奇怪。最后,信陵君终于用诚意打动了朱亥。

唯才是用　不论贵贱

公元前550年,晋国首府绛都,在逃臣栾盈的人马和齐庄公军队的两面夹击下,腹背受敌。晋国战将范匄、赵武等人率兵迎战。哪料,栾盈手下有一虎将,名叫督戎,猛勇无敌,碰其者伤,阻其者亡,直杀得晋军几乎无人敢与他对阵。赵武手下的两员骁将解薤和解肃哥俩联手上阵,刚一交手,解薤重伤致死,解肃侥幸逃得性命。晋军又连忙调来勇士牟刚、牟劲兄弟俩,与解肃三人合战督戎,仍然不能获胜。正在范匄、赵武二将领无计可施之时,有一名叫斐豹的奴隶对范匄说,我因受原主人株连,变成您的奴隶,若您能免我为奴,我可去杀死督戎。

范匄将信将疑,说:你若真的战败督戎,我即请晋侯免你为奴,并提升你为牙将。

斐豹手提一把大铜锤,单身来战督戎。他对督戎说,你是否敢把兵车退掉,与我单个较量?督戎根本没把斐豹放在眼里,立即跳下兵车,与斐豹徒步对战。大约战了二十回合,斐豹佯装败阵,奔向一道短墙越碍而过。督戎中计,穷追不舍,就在他跨墙而入的一刹间,躲在墙下的斐豹举锤砸向督戎头颅,可怜一员虎将,立时脑浆迸裂,惨死在一名小奴隶手下。晋军人马趁机冲杀敌阵,栾盈兵败被杀。在另一面,本欲配合栾盈攻打晋国首府的齐庄公,闻讯后立即撤军回国了。战后,斐豹自然被免奴升将。

取长弃短　长短相协

毛泽东在早期革命实践中,在知人用人方面积累了许多宝贵经验。他强调只有识人之长,方能用人之长。他能抓住人的品质个性的优点,根据每个人的专长,安排干部的工作,做到人尽其才。

1930年春末夏初,毛泽东为安排红四军政委一职颇伤脑筋。因为红四军军长林彪个性古怪,别人颇难同他共事。

最后,毛泽东经过慎重考虑,选中了罗荣桓。毛泽东在革命斗争中,发现罗荣桓是个老实人,但又有很强的原则性,能顾全大局,一向对己严,待人宽,是个做政治工作不可多得的人才。

罗荣桓走马上任,不少人为他捏一把汗。但罗荣桓在红四军开展既生动活泼又扎扎实实的政治工作,使全军指战员始终保持了非常旺盛的战斗情绪。他把军事训练,后勤工作抓得井井有条。性格偏狭的林彪也感到没有什么好挑剔的了。于是,军长和政委之间,一时也相安无事。老实、厚道、忍让,有时不免要吃亏,在有些人看来是软弱的表现。但毛泽东却从罗荣桓的朴实中,发现了他在原则问题上的坚定不移,在非原则问题上的容人之量。毛泽东发现的这位人才,成了人民军队政治思想工作的巨匠。罗荣桓后来历任八路军一一五师政委、解放军第四野战军政委、中央军委总政治部主任,并且是军队政治干部中唯一获得元帅军衔的人。

德才不求兼备

周勃、灌婴等人对汉王说:“陈平虽然外表俊美如帽子上面的秀玉,但腹中未必有什么真才实学。我们听说陈平在家时曾与他的嫂子私通;为魏王做事因不被容纳而逃奔楚国;在楚国仍得不到信任,就又逃奔来降汉。现在大王您却这么器重他,授他以高官,让他监督各部将领。我们听说陈平接受将领们送的金钱,送得多的,就能得到较好的对待,送得少的,就会受到极差的待遇。如此看来,陈平是个反复无常的乱臣贼子,望大王您明察!”汉王于是对陈平有了疑心,便召他的引荐人魏无知前来责问。

魏无知说:“我推荐陈平时讲的是他的才能,陛下所责问的是他的品行。如今若有人虽有尾生、孝己那样的德行,却无对决定胜负命运有所补益的才能,陛下又哪会有闲心去使用他啊!现在楚汉抗争,我荐举怀有奇谋异计的人,只是考虑他的计策是否确实对国家有利,至于私通嫂子、收取贿赂,又有什么值得怀疑的呢!”汉王随即召陈平来见,责问他说:“你侍奉魏王意不相投,事奉楚王而又离去,如今又来与我交往,守信义的人原本都是这样地三心二意吗?”陈平说:“我事奉魏王,魏王不能采纳我的主张，所以我才离开他去为项羽服务。项羽不能信任使用人才，他所任用宠爱的人，不是项姓本族，就是妻家兄弟，即便是有奇谋的人他也不重用。我听说汉王能够使用人才，因此才来归附大王您。但我空手而来，不接金钱就无法应付日常开销。倘若我的计策确实有值得采纳的地方，希望大王您采纳它；假如计策毫无价值不堪使用，那么金钱还都在这里，请让我封存好送到官府里，我请求辞官而去。"汉王于是向陈平道歉，并重重地赏赐他，授任他为护军中尉，监督全军所有的将领。众将领便再也不敢说三道四了。

厚侍归顺者　抚今安后

建安十九年十一月，张鲁率全家来到南郑，向曹操表示臣服。

曹操亲自出城迎接，立即任命张鲁为镇南将军，封阆中侯，食邑一万户，以客礼相待。张鲁的五个儿子也都被封为列侯，曹操还为自己的儿子娶了张鲁的女儿。

曹操对于张鲁表现了异乎寻常的优待。张鲁虽有归附之心，但毕竟是战败以后才来投降的，而曹操却将他封为万户侯，五个儿子也全都封了侯，曹操的着眼点不仅仅是为了优待张鲁一个人，而是为了以张鲁为榜样，影响、动摇和吸纳与张鲁类似的割据者。在曹、刘、孙三方鼎立的局面下，只有在经济实力、军事实力和所施恩信等方面都超过对手才有最后取胜的可能，曹操对此自然不会不明白。此

曹操

外，汉中僻远艰险，得来不易，以后要坚守更不易，必须施以重赏，以安定人心、利于今后，这也是曹操不得不考虑的问题。

刘雄鸣的情形也与此类似。刘雄鸣是蓝田人，年轻时以采药打猎为业，常居覆车山下，每天早晚出入云雾之中，从不迷路，人们说他能兴云吐雾。李傕、郭汜为乱时，不少人前去归附他。马超反叛时，他不肯随从，被马超打败，后去投曹操。曹操拉着他的手说："我刚进关中时，梦得一神人，这神人就是你吧？"

于是以厚礼相待，任他为将军，让他回去招揽部属。谁知刘雄鸣回去后，部属不肯投降曹操，逼着他一起反曹，于是聚众数千人，扼守武关道口。曹操派夏侯渊前去讨伐，获胜，刘雄鸣南奔汉中。曹操平安汉中，刘雄鸣无处可逃，又来投降曹操。曹操一见面便说："老贼，真把你捉住了！"但并未予以追究，而是恢复了刘雄

鸣的官职,把他调往渤海了事。

此外,程银、侯选在建安十六年(公元211年)曾随马超一起起兵反抗曹操,兵败后南逃汉中,这时也来投降曹操,曹操同样既往不咎,也都恢复了他们原有的官爵。这些措施,对安抚人心无疑具有很大的作用。

三下举贤令 用人不求全

曹操对于人才的渴求,越到后来越加迫切。特别是赤壁战败后,面对孙权、刘备日益强大、三分天下逐渐形成的时候,曹操深切感受到了事业的艰难。他认识到,要完成统一天下的大业,必须网罗更多的人才,以最大限度地充实自己的力量。

为此,曹操专门先后三次下令,要求部属不拘一格地举荐和录用人才。

第一次是建安十五年春,令文认为自古以来的开国帝王和中兴之君没有一个不是得到贤才和他一起治理天下的。而所得贤才,又往往不出里巷,并不是侥幸碰到的,而是当政的人访求得来的。接着点明形势,说明当时正是迫切需要寻求贤才的时候,必须不拘一格加以选用。曹操想成就齐桓公那样的大业,于是怀急切的心情问道:现在天下难道没有像姜子牙那样身穿粗布衣服、怀有真才实干而在渭水之滨垂钓的人吗?没有像陈平那样蒙受"盗嫂受金"的污名而还没有遇着像魏无知那样举荐的人吗?曹操要求左右僚属帮助他发现那些因身处贫贱、地位低下而被埋没了的人才,只要有才能就可以推举,他都可以加以任用。曹操在这里明确提出了"唯才是举"的方针。

建安十九年十二月,曹操又下了一道求贤令,令文说夫有行之士,未必能进取,进取之士,未必能有行也。陈平岂笃行,苏秦岂守信邪?而陈平定汉业,苏秦济弱燕。由此言之,士有偏短,庸可废乎!有司明思此义,则士无遗滞,官无废业矣。

这道令着重提出德行、才能和作为往往不能兼具的问题。要求人事主管部门不要求全责备,即使有这样那样的缺点的人也不能废置不用。这样有才能的人就都会得到发挥才能的机会,官府也不会有旷废的事了。曹操在这里提到了陈平、苏秦,他指出陈平虽没有淳厚的品行,苏秦虽不守信用,但他们一个辅佐刘邦奠定帝业,一个救助了弱小的燕国,其才能还是可堪大用的,因此"士有偏短"也不能因此废置不用。

第三道求贤令发布于建安二十二年八月。

这道令又明确提出了只要有治国用兵之术,即使不仁不孝也"勿有所遗"的问题。令文列举了历史上一些出身微贱、名声不雅、品行不端而才能卓著、立了大功的人物,萧何、曹参原来都是县吏,后来辅佐刘邦,位至丞相。韩信年轻时乞食漂泊,受胯下之辱,但后来却做了刘邦的大将。吴起是战国初卫国人,在鲁国时,齐人攻鲁,鲁君想任他为将,但因其妻是齐人,有些猜疑,他便杀妻换取信任作了鲁将,打败了齐国。吴起年轻时,为了出外求官,花光了家产,被人讥笑,他杀掉讥笑者三十余人,继续外出,临行与其母告别,发誓不至卿相不还乡,不久母死,果然不归。但他先后辅佐鲁、魏、楚国,历任将相,建立了卓著的功勋。这些人在历史上都曾声名远播,家喻户晓。举以为例,从而为"举贤勿拘品行"提出了有力的论据。令文最后要求部属将那些流落民间而道德高尚的人;果敢勇猛能奋不顾身对敌作战的人;普通文墨小吏才高质异能做将军、郡守的人,背着不光彩的名声、有着被人讥笑的行为或不仁不孝而有治国用兵才能的人统统推举出来,不得有所遗漏。语气恳切,态度坚决,充分表露出曹操求贤若渴、迫不及待的心情。

三道求贤令的核心都是"唯才是举",即不管其德行如何,只要有才能就一律加以任用,这种"唯才是举"的方针,使得大批出身低微,甚至曾经反对过曹操的人被选拔在曹操的周围,成为曹操的重要将领。

不分流派　唯才是用

齐国出兵攻打楚国,子发带领军队抵抗,大军连着撤退三次,楚国的大夫都已尽了最大的力量,齐国军队却愈来愈强。

有一个街上的小偷进来请见,说:"属下有一点技术,希望能为你做一点事。"

子发说:"好。"

也不问任何问题,就派他去了。

小偷趁着夜里拆下齐国将军的蚊帐,把它献给子发。

子发于是派人将蚊帐送回,说:"士兵有人出去砍柴,捡到将军的蚊帐,特地派人将它归还将军。"

第三天又窃取他的枕头,子发又派人送回。

齐国将军大为惊怕,说:"今天不赶快离开,楚国的军队可能就取了我的头。"

任人不唯亲

公元220年,曹操病死于洛阳。这时,有人给曹丕进言说:趁这个非常时期,应当把各城的守官,换为家乡的人。

话没落地,魏郡太守徐宣厉声喝道:现在举国一致,人心向魏,为什么把守官全换成谯沛人? 这不是伤害大家的感情吗?

曹操一生征战,创立魏国,所任用的文臣武将,来自全国各地,用毛泽东的话说是实行"五湖四海"政策。他的家乡谯县及邻郡,也出了不少人,但重要干部并不多。徐宣一声断喝,制止了这个以家乡划线,组织用人"小圈子"的馊主意,保证了曹操葬礼的顺利进行及魏国各项工作的正常运转。

　　"小圈子"这个词形象的概括了这样一种怪现象:看人总是有远有近,用人总是有亲有疏;远近亲疏的界线,或以乡属籍贯而分;或以同学故旧而划;或以意气相投而划,把圈以外的统统视为陪衬。给曹丕进言的人,其意图就是鼓动曹丕以乡属籍贯关系确定亲疏,划个小圈儿。

　　然而谁搞"小圈子"必然要丢掉大多数,越想用"少数中坚"控制大多数,就越是控制不住,最终要失败。就从上例来看,当时曹操尸骨未寒,如果把各城的守将全换成谯沛人,广大官兵肯定不能接受,天下不大乱才怪。徐宣敢于厉声一喝,说到底,也是由于有绝大多数人的力量作后盾。

　　曹爽是曹真的儿子。曹睿死时,命他和司马懿一道辅佐小皇帝曹芳。曹爽的本事远远比不上司马懿,又想独掌大权,他想来想去,先通过小皇帝的手把司马懿明升暗降为"太傅"。实现了这一步,曹爽即把四个弟弟全提拔上来,安插在重要岗位,紧接着,又把与自己和弟弟们意气相投的、曹睿时限制使用的何晏、邓飏、李胜、丁谧、毕轨等几人划进了圈内。正在曹爽自以为得意时,被司马懿一举摧垮了。

　　袁绍就是一个因搞"小圈子"而丧失绝好机会的一个典型范例。袁绍吞并公孙瓒后,由于北方地盘大,开始搞袁氏小圈子。他派长子袁谭任青州都督,沮授劝谏袁绍说:"这一定会成为祸乱的开始。"袁绍不听他的建议,说:"我想让四个儿子各自占据一州的土地,来看他们的才能如何。"沮授退出时说:"祸患大概会从这里产生吧!"袁绍搞"小圈子"不但让将帅寒了心,也让谋士们离他而去。后来袁绍兄弟相残,终于败亡。

　　刘备、孙权死后,其继承者也搞小圈子。刘禅把诸葛亮教导他的"近贤臣,远小人"整个颠倒过来,近小人,远贤臣,吓得连姜维这样的大将都不敢在成都住。孙权的儿子孙亮,用人唯宗室是举,连被父亲指定的顾命大臣诸葛恪也信不过,纵容孙峻把诸葛恪杀掉了。蜀吴两国都是因先在用人上出了问题,乱了干部队伍,丧失了民心,而后被魏国一一灭掉的。

食客三千　能人自聚

　　孟尝君养士三千,其中各色人等应有尽有,而孟尝君也因此大难不死,可谓千古美谈。

　　齐相国田婴病卒,子田文嗣为薛公,号为孟尝君。田婴有子四十余人,田文乃贱妾不子,以五月五日生。初生时,田婴戒其妾弃之勿育,妾之忍弃,乃私育之。既长五岁,妾乃引见田婴,婴怒其违命。文顿道:"父所以见弃者何故?"婴曰:"世人相传五月五日为凶日,生子者长与户齐,将不利于父母。"文对曰:"人生受命于天,岂受命于户耶? 若必受命于户,何不增而高之?"婴不能答,然暗暗称奇。及文长十余岁,便能接应宾客,宾客皆乐与游,为之延誉。诸侯使者至齐,皆求见田文。于是田婴以文为贤,立为适子,遂继薛公之爵,号孟尝君。孟尝君既嗣位,大筑馆舍,以招天下之士。凡士来投者,不问贤愚,无不收留,天下亡人有罪者皆归之。孟尝君虽贵,其饮食与诸客同。一日,待客夜食,有人蔽其火光,客疑饭有二等,随即辞去,田文起坐,自持饭比之,果然无二,客叹曰:"以孟尝君待士如此,而吾过疑之,果然无二。"客叹曰:"以孟尝君待士如此,而盍过疑之,吾真小人矣!尚何面目立其门下?"乃引刀自刎而死。孟尝君哭临其丧甚哀,众客无不感动。归者益众,食客尝满数千人。诸侯闻孟尝君之贤,且多宾客,皆尊重齐,相戒不敢犯其境。正是:"虎豹踞山群兽远,蛟龙在水怪鱼藏。堂中有客三千辈,天下人人畏孟尝。"

平原君同孟尝君一样,是一位礼贤下士深受门客拥戴的公子。平原君之府第有画楼,置美人于上,其楼俯临民家,民家之主人腿瘸,晓起蹒跚而出汲,美人于楼上望见,大笑。少顷,瘸者造平原君之门,请见。公子胜揖而进之瘸者曰:"闻君之喜士,士所以不远千里集于君之门者,以君贵士而贱色也。臣不幸有罢癃之病,不良于行,君之后宫,乃临而笑臣,臣不甘受妇人之事,愿得笑臣之头!"胜笑应曰:"喏。"瘸者去,胜笑曰:"愚哉,此竖也!以一笑之敌,遂欲杀吾美人乎?"平原君门下有个常规:主客者,每月一进客籍,稽客之多少,料算钱谷出入之数。前此客有增无减,至是日渐引去,岁余客减半。公子胜怪之,乃鸣钟大会诸客,问曰:"胜所以待诸君者,未尝敢失礼,乃纷纷引去,何也?"客中一人前对曰:"君不杀笑瘸之美人,众皆蹙然,以君爱色而贱士,所以去耳,臣等不日亦将辞矣!"平原君大惊,引罪曰:"此胜之过也!"即解佩剑,令左右斩楼上美人之头,自造瘸者之门,长跪请罪,瘸者乃喜。于是门下皆称颂平原君之贤,宾客复聚如初。时人为三字语云:"食我饱,衣我温,自其馆,游其门。齐孟尝、赵平原,佳公子,贤主人。"

举贤任能　人尽其才

1935年,经过两个月的激烈辩论,美国国会终于通过了紧急救济拨款法案,以代替旧的救济制度,并授权总统建立新的救济机构。这项紧急救济拨款法案是美国国会迄今通过的数额最大的一项拨款法案,总计48亿美元,罗斯福也由此获得了自己行动的权力。

获得这项拨款后,罗斯福面临的主要问题就是建立机构来使用这笔款项,而哈里·霍普金斯和哈里斯·伊克斯都想坐这个机构的第一把交椅。他们两人都受到众人的非议,如果出任最高首长,新机构可能受到影响。但是要挑选的对象与其说是人,毋宁说是计划。伊克斯的方针是复兴经济而不是提供救济,强调应兴办大规模公共工程项目,通过花钱购买生产资料帮助企业发展。霍普金斯则希望让那些靠救济谋生的人尽快找到工作,以便靠他们领取的工资投放市场来促进经济的回升。霍普金斯的方针投合了罗斯福的心意,因为它可以很快地收到成效。但是,总统还想留用伊克斯,因为他有能力使工程项目杜绝贪污弊端。如何同时启用两人,又都不得罪呢?罗斯福以他独特的作用,开始实施一整套行政手段。

解决的办法是成立一个头重脚轻、臃肿庞大的官僚机构。机构搞得如此复杂,以致总统不得不举行4次记者招待会加以解释。罗斯福居于这个名为"全国工程局"的金字塔的顶端,下面是"三马齐驱":弗兰克·沃克担任申请和情报处处长,负责接收和审查开支建议;然后将合格的建议提供给伊克斯领导的分配顾问委员会,他负责向总统推荐工程项目;霍普金斯担任工程兴办处处长,负责提出报告和建议。为确保自己意愿的实现,罗斯福在其行政命令中加进了一句不起眼的话,允许霍普金斯"推荐和兴办各种有益的小项目,以确保各地区实现最大限度的就业"。霍普金斯抓住这一机会,利用这段表面上看来好像是后加的文字,在工程兴办处的项目上共花了100亿美元。

这样,罗斯福通过这一项目的做法,使各方皆大欢喜,实现了他的初衷和目的。

不纳谤言　终为我用

春秋时代,齐国靖郭君田婴对齐貌辨非常好,齐貌辨为人有很多毛病,门客都很不喜欢,向田婴诉说。孟尝君(田文,田婴之子)也私下劝止他。

田婴很生气地说:"即使除去你们这些人,毁了我的家产,如果能让齐貌辨高兴,我会乐意去做,一点也不会推辞。"

于是让齐貌辨住最好的房舍,派长子为他驾车,早晚侍奉他进餐。

过了几年,齐威王去世,宣王即位。田婴与宣王的关系非常不好,所以辞离王朝,到薛地去,与齐貌辨一起。留在薛地不久,齐貌辨向田婴辞别,要去求见宣王。

田婴说:"君王对婴很不高兴、不喜欢,公前去拜见,定会被处死。"

齐貌辨说:"本来就不求保全性命,请让我一定成行。"

到了齐都,宣王压下怒意来接待他。

齐貌辨拜见时,宣王说:"你,是靖郭君最喜欢、最信从的人吧!"

齐貌辨说:"最喜欢,是没错;最信从,则没有。君王为太子时,我告诉靖郭君说:'太子面相不仁慈,耳后见腮,眼光下斜偷视——像这样的人一定反复无常,不如废了太子,重新立卫姬的儿子郊师。'靖郭君落着泪说:'不可以,我不忍心这样。'这是不信从的第一件事。"

"至于薛地,楚相国昭阳希望拿数倍的土地来换,我对靖郭君说:'一定要和他换。'靖郭君说:'薛地是先王(威王)所赐,虽受后主厌恶,可是我怎么向先王交代呢?况且先王的庙就在薛,怎可将先王的庙给楚国呢?因此,又不肯听我的意见。这是不信从的第二件事。"

宣王听完,慨叹一番,神色改变许多,说:"靖郭君对待我,竟然到这样好的地步。寡人年少,全不知道这些。你肯替我请靖郭君回朝吗?"

齐貌辨说:"谨遵命。"

田婴穿上先王的衣冠,拿着先王的剑。宣王亲自到城外迎接他,远远望见田婴,不觉落泪。

当时田婴可以说真正能够认识、了解人才,有知人之明,所以虽然他人批评诽谤这个人才,而自己依旧不受影响。这就是齐貌辨所以能够不顾性命,乐于为田婴解决危难的原因所在。

爱才惜将　百般争取

自从张辽说降关羽后,关羽暂时归顺了曹操,但是,关羽的心却仍在刘备处。他一见到曹操便声明:"关某若知皇叔所在,虽蹈水火,必往从之"。面对这样的情况,曹操对关羽仍然表现出一种超乎一般人的爱意。在许昌,曹操便分拨一府给关羽住,并引关羽朝见献帝,封为偏将军。次日,设大宴,召集所有文臣武将,以迎接贵宾的形式礼待关羽,并赠送绫锦及金银器皿。在许昌的日子里,曹操厚代关羽,"小宴三日,大宴五日",又送美女10人,侍候关公;以后,更赠赤兔马,封官汉寿亭侯,真可谓费尽心机。

曹操盛待关羽是他千方百计争夺、网罗人才中的精彩一幕,充分体现了曹操越是难得人才越要百般争取的态度。曹操的出发点只有一个,就是要获得关羽的真心归顺,让他离弃刘备,淡忘过去,追求在曹操这里的地位、待遇和享乐,最后,一心一意跟着曹操打天下。应该说,曹操用心良苦,巧用计谋,其做法令人叫绝。怎奈他遇上的是关羽——一个执着而重情义的人,尽管关羽对曹操的知遇之恩十分感激,但是,在大方向上,却丝毫没有为之所动。

第二章　当机决断敢决策

必须首先明辨盛衰之道,精通成败之数,精审治乱的形势,练达用舍之宜,然后方能做到面临复杂的局面而不迷惑,遇到疑难的问题而能决断。凡祸患产生于疏忽大意,灾祸从细微处萌发。事情一旦失败,后悔莫及;时机一旦丧失,难以再来。善于决断,是智慧的主宰;狐疑不定,是事功的奴隶。时机一旦失去,不会再来。

持正允平　不挟情断狱

上官均,字彦衡,邵武人,宋神宗熙宁年间亲策进士,御笔亲点第二名,自此踏处仕途。以其弹纠不避嫌隙，持正论法饮誉同僚，史称"其为人若可观"。

元丰年间，经蔡确举荐，上官均出任监察御史里行。当时相州发生了一起劫掠杀人案，经地方法司审理后，大理寺详断官也予以认同。但审刑院及刑部对此有疑义，京师中有流言称大理详断官窦莘等受贿，所以才徇私枉法地认同相州法司的处断意见。最后这涉嫌受贿案由御史台负责审理，时任谏院的蔡确也受命参预。

蔡确引荐数十名以猜忌、险刻为能事的刻薄之徒，严厉追查此案。涉嫌此案的大理寺官员被"枷缚暴于日中，凡五十七日，求其受贿事。"审理此案前后两个月间，蔡确"持法刻深，言不及仁，穷治诘问，不考情实，以必得奸弊为事。"完全是先入为主的主观臆断审讯法，以酷刑逼供为能事。并且深文巧诋地追查其余，无限上纲上线地追查到当朝宰相。一时间搞得人心惶惶，"无敢明其冤"。身为此案审判官的上官均目睹蔡确的暴虐，心中十分不满，但却又无力制止，并且设身处地想，上官均也有难言之隐。不仅蔡确于他个人有举荐之情，而且在蔡确的酷刑逼讯下，"所勘官吏语言多连及权要迹涉阿蔽，亦恐蔡确藉此为说。"在此情势下出面，会为自己招来阿蔽谀附权要之祸，用上官均本人的话讲就是"虽有区区之诚，无由获信。"

但上官均不愧是心存平恕，持正守法的正直之士。经反复思虑，他毅然上书神宗要求秉公审理此案。在奏章中，上官均慷慨激昂地表示："职在风宪，又当弹举，避嫌不言，退为身谋，则是臣不忠、不直，上负朝廷设官任使之意。"因此建议神宗：司法断案应推崇的是"推见情实，不致冤滥"。翌日，上官均再次上书神宗，态度鲜明地指出：大理、审刑，法令所系，所以持天下之平。若官司挟情轻重其手，此固人臣之所同嫉，朝廷之所宜深治也。

表达自己对蔡确挟情断狱的不满。在奏章中，上官均还坦率地阐述了自己与被审的大理详断案窦莘等并非亲故，所以拳拳不忘在于秉持一个法官的良心与断狱原则。对于疑难案件的审理，上官均认为应该：

参验彼此，以察其诚；虚心审听，以考其意。诚意所之，真伪斯得。若逆其疑似而不究其情，案其单辞而不参证左，则所疑者未必真，所治者未必有罪也。

实际上这是在直接指斥蔡确"逼胁穷治，不尽情状，或及无罪。"

虽然上官均的上书如重磅炮弹切中要害，但在蔡确的诡诈及恶意中伤之下，上官均反而被贬谪为光泽县令。但事实胜过雄辩，此案最终的结局是"莘等卒无罪"。因而天下人都叹服上官均的持正允平，"天下服其持平。"

宋哲宗元祐初年，上官均再次出任监察御史。经历磨难与挫折的上官均仍旧痴心不改。在他心目中，唯一的标准就是"法度唯是之从，无彼此之辩。"

当朝宰相蔡确之弟蔡硕盗贷官钱以万计，该狱审理定案后，上官均上疏弹劾蔡确身为宰相，"挟邪挠法，当显正其罪，以励百官"。张诚、李清臣执政，"俯首随和，碌碌固宠"，在上官均的弹劾下，相继离任罢相。刑部侍郎崔台府迎伺庙堂风旨，以残酷为狱。上官均首发其恶,使之贬为知潞州。

在监察御史任上,上官均曾向皇帝上奏疏阐述了自己的法律思想。他认为:

治天下道二,宽与猛而已。宽过则缓而伤义,猛过则急而伤恩。术虽不同,其蠹政害民,一也。间者,监司务为惨核,郡县望风趣辩,不暇以便民为意。陛下临御,务从宽大,为吏者又得苟简纵弛,猛宽二者胥失。愿明诏四方,使之宽不纵恶,猛不伤惠,以起中和之风。

对待政敌　绝不手软

抗战时期陈诚与何应钦的矛盾十分尖锐,不仅表现在个人的争夺上,也表现在对抗日的态度上。在民族危机空前严重的情况下,陈诚持抗日态度,而何应钦持亲日态度。何应钦宣扬"今天我们不是要不要抗战,而是我们的力量允许不允许我们抗战"等投降论调,在代理军委会北平分委员长期间,何与日寇订立了臭名昭著的《何梅协定》,为抗日将士所藐视,连亲日派黄郛也骂何应钦是汉奸。

当何应钦极力散布投降论调时,陈诚则强调:"今日不是与日本战与和的问题,也不是和日本开战以后,中国有没有胜算可操的问题,而是不和日本开战,中国还有没有存在的可能的问题。"

在八·一三淞沪抗战中,陈诚的十八军在上海宝山罗店地区与日寇展开血战,罗店被称为"血肉磨房",该军九十八师第三营在营长姚子青率领下,500名官兵与日寇肉搏两昼夜,最后全部壮烈牺牲,使日寇胆战心惊,长了中国人志气。虽我十八军损失惨重,但赢得了赞誉。战后十八军扩充为3个军,陈诚也得到升迁。

何应钦不仅主张亲日,而且还乘陈诚抗战失利之机打击陈诚。陈诚在宜昌战役失利后,何应钦等人立即提出处理陈诚的两个办法:(1)放弃政治兼职、专任军事职务。(2)放弃军事,专任政治。何应钦希望陈诚放弃军事,专任政治。陈诚放弃政治职务后,在报上发表谈话;"目前在后方确实有许多现象令人看不惯,尤其政治上的,兄弟此次辞去政治的职务,便是想离开后方,专心前线的工作。"

宜昌战役是一个十分难打的战役。首先宜昌的地形于我守军不利,"宜昌以东地形平夷,有利敌之快速部队,我除预筑之野战工事外,几无险可守"。其次为战役物资保障困难,因长江流急滩险,普通船只均难上驶,而夜间行船又绝不可能,白天运输虑及空袭,致使由内地运送粮弹致宜昌前线极为不易。而陈诚又是在日寇四面包围宜昌的局势下接受保卫宜昌这个战略要点的任务的。早在陈诚离开重庆赴宜昌就任时,张治中就对他说:"你太老实,这是任何人都不愿去的。"军令部长徐永昌当时在给蒋介石、何应钦的呈现中写道:"查敌自宜城以北渡过襄河以后,陈部长始兼任第五战区右兵团长,于六月一日夜离渝下驶固守宜昌,但目下仍在努力反攻之中。所报自请处分一节,似应免予置议,并复慰勉。"蒋介石也曾对陈诚说:

"因为没有办法才叫你去。"陈诚率军民在宜昌地区与敌激战近一月,给敌以沉重打击,始失守。在这种情势下,何应钦利用陈诚之失守宜,打击陈诚,显然是不得人心的。

不久陈诚又组织了反攻宜昌的战役,曾一度攻进宜昌城内,迫使敌人向湘北撤退。何应钦等又乘机攻击陈诚出师无功,陈诚写道:"领袖颇多加慰之,然同时亦有因此心怀嫉妒者,真不知是何居心也。"

正是陈诚能够坚持抗日,并在危难时刻敢于受命,在国内外赢得了一定的声誉,也使陈诚系有了较大发展。陈诚系的迅速发展是在抗战期间,在此期间陈诚势力从十八军1个军迅速扩展到十八、五十四、七十五、七十九、八十七、九十四、九十九7个军,陈诚及其亲信还担任了很多重要职务。而何应钦则常常处在声名狼藉的境地,何派势力锐减,使陈、何的派系力量对比发生了根本的转变。而在此之前,何应钦派一直占优势。

由于亲日派在国民党内有相当势力,何应钦虽然名声不好,但仍不肯对陈诚系让步,而是利用一切机会打击陈诚系,陈无可奈何,给蒋介石写信,大意谓:"辞修回到重庆后,所闻皆为敬之对辞修之恶意攻击,及种种不利于领袖之活动,其居心实令人莫测,我爱护领袖,实不得不赤诚以告领袖。"从这些话中可以看出陈、何交恶已非同一般了。

1943 年,陈诚任中国远征军司令长官,主持滇缅地区的对日作战。在远征军内,陈诚派与何应钦派争斗激烈。陈诚基本部队五十四军划在关麟征集团军内。何应钦在远征军的亲信关麟征诬告陈的宠将、五十四军军长黄维破坏军需独立,公积金不发不缴,请予撤职查办。而实际情况是黄维发现士兵每天一斤半大米分量不足,且发霉掺砂,每人每月 6 元菜金,由于物价高涨,根本买不到什么蔬菜;部队因吃不饱而导致军心涣散。黄维为确保部队战斗力,自己决定部队每人每天增发口粮 2 两,曾几次向军政部长何应钦报告请求解决;并将质量低劣的军粮用小口袋包好呈送军政部。关麟征说这是"黄维故意与军政部为难。"何接到关等人的诬告,立即撤了黄维的军长职务,呈报蒋介石。蒋介石批示:黄维"可调本部高参"。关麟征即拟派他的参谋长张跃明接任黄维,并以五十二军二十五师师长姚国俊与五十九军五十师师长关峰对调,这显然是吞并他人部队的手法。陈诚也是此中高手,怎能容关麟征班门弄斧,便拟派十八军副军长罗广文接黄维的职,何应钦以罗广文非黄埔将领为由加以阻止,陈诚便改派十八军军长方天赴任五十四军军长。罗广文升为十军军长。方天是黄埔二期和陆大十一期,在国民党高级将领中,有黄埔、陆大双重资历的人很少,何应钦再无法阻拦了。只恨恨地说:"哼,靠陈诚系能救中国吗?"而陈诚则支持五十四军的师长、团长们联合控告关麟征企图吞并五十四军,使关非常难堪。为了报复陈诚。关跑到陈诚那里,当面对陈说:"辞公钧座是即将掌握全国军事的领袖人物,不应该再封闭在小圈子里,一个军长的职务都不肯放手,这不是干大事业的应有的心胸啊!"陈气得一时无言以对。几天后,陈诚与郑同赴一宴会,席间有道名菜叫"一声雷"(油炸锅巴),这时关麟征故意微笑着对陈诚说:"司令最爱吃锅巴?"陈诚瞠目不解。关解释说:"我家乡有句老话叫'不吃锅巴,不围着锅台转!'现在司令老围着锅台转,难道不想吃锅巴?"关暗指陈诚想吃掉杂牌军。陈拍桌说:"放肆!"关借酒也破口大骂。陈气得胃溃疡症夜半剧发,吐血不止,导致昏迷。病稍愈后,陈向蒋请辞远征军司令职务,给何、关以压力。这时正好蒋介石赴开罗参加国际会议去了,何应钦便乘机免了陈的职,任命与陈诚有矛盾的卫立煌接任远征军司令。

在远征军,关是陈的下属,关之所以敢如此猖狂,完全是依仗着何应钦的势力。关、陈冲突的背后是何、陈的争斗。

1944年,蒋要保陈诚任军政部长,对何应钦说:"敬之啊,我看你身兼数职,实在太忙了,你保个人任军政部长吧!"何答道:"不忙、不忙,我一个人完全忙得过来。"过了几天,蒋又旧调重弹,何闻弦歌而知"雅意",却深恨陈诚与其争宠,故意散布说:"陈诚算个什么东西。我当师长时,他才当连长,要我保个人,我就保墨三(顾祝同),看他(指蒋)怎么办?"但陈诚仍当上了军政部长。何应钦在卸职前曾下令肢解陈诚的基本部队七十九军,命该军的士兵、武器移交给汤恩伯部,由军长带领军官入川另行补充部队。但陈诚一上任就收回前令,并把七十九军调入四川,担任卫戍部队,归军委直辖,编制也由12个师扩充为4个师。接任后,陈猛烈攻击何主持军政部的贪污腐化。陈取代何出任军政部长是陈何势力对比的一个重大转折点。

时势急变　善抓关键

蒙古的忽必烈,尽管后来即位成了皇帝,并做了元世祖。可早年他却只能以皇帝蒙哥汗(宪宗)兄弟的身份率兵征战。由于他是蒙歌汗兄弟中最堪委大任的一个,其兄便把扫平江南,一统中国的兵将大任交给这个能干的弟弟完成,命其"领治蒙古,汉地民户","乃属以漠南汉地军国庶事"。而忽必烈也果不负众望。

蒙(宪宗)二年秋七月,奉诏率师远征云南大理,以使形成对宋的包围之势。八月驻兵临洮,修利州城,命军士屯田以作攻巴长久计。三年九月壬寅,大兵至忒利地,分三路以进,十月渡大渡河,乘革囊及筏过金沙江慑降摩娑蛮王,冬十二月丙辰进至大理城,与其主段氏一同榜示安民,收服大理。宪宗八年蒙古兵大举攻宋,忽必烈奉命"统诸路蒙古、汉军伐宋",并告"戒诸将毋妄杀"以求收揽宋地民心,减小对抗心理。八月丙戌渡淮,辛卯入大胜关,一路势如破竹,至壬辰次黄陵。就在忽必烈的节节胜利中,宪宗军受阻于四川钓鱼城,连宪宗自己也中箭驾崩于前敌军帐,士气大为损伤。九月壬寅朔,始得蒙哥汗死讯和请其北归旨,忽必烈反而以"奉命南来,岂可无功遽还?"相拒,统兵急进围攻鄂州城,以冀有所得好作为资本去争帝位。就在这紧要关头,他的妻子遣脱欢、爱莫干急驰军中,告以大臣阿蓝答儿、浑都海、脱火思等人谋立阿里不哥事,急得忽必烈顾不了许多,急议退兵,令南宋使者来见,便语之曰"汝以生灵之故来请和好,其意甚善,然我奉命南征,岂能中止,果有事大之心,尚请于朝"。连软带硬逼南宋权相贾似道结盟,在接受了宋称臣纳贡的条件后,便率心腹干将,大军而北,到斡难河滩争皇位去了。

谋势夺嫡　建功立业

照常理说大隋朝太子与第二代皇帝的位置本没有杨广的份。其兄杨勇,早从隋公世子隋王太子到皇太子,已牢牢固据其位,且也颇得人心。何况杨勇早在隋禅周以前就已出镇洛阳,佐辅隋公故建殊功。可偏偏杨广生而聪慧、敏捷,长于弓箭和攻城兵法,在兄弟行列中最为杨坚与独孤氏欢喜。隋代周后,吞并江南之心不死,以杨广为并州总管与贺若弼、韩擒虎等一同执事。

开皇八年(588)以晋王广领行军大元帅,节制行军元帅秦王杨俊、清河公杨素、蕲州刺史刘仁思、荆州刺史王世积、庐州总管韩擒虎、吴州总管贺若弼、青州总管弘农蓝荣等总管九十、兵五十一万八千,皆出所守之地,"其势东接沧海、西拒巴蜀,旌旗丹楫、横亘数千里"欲越江而定吴越。大兵所至,势如破竹。最后竟得陈后主、张丽华(贵妃)、孔(贵嫔)于井中,灭陈而檄定江南。同时,以陈大臣"施文庆受委不忠、曲为谄佞以蔽耳目、沈客卿重赋厚敛以悦其上,与太史令全阳慧朗、刑法监徐析、尚书郎令史暨慧皆为民害"故"斩于百阙下,以谢三吴",表示出隋人灭陈,只是替天征伐无道而已。并命高颖、裴矩"收图籍、封府库、资财一无所取"如刘邦入咸阳故事,"天下皆称广,以为贤"。对杨广来说出兵灭陈,乃天赐其建功立业谋势夺嫡再好不过的机会。

不过,在杨广伐陈中,历史上长期以来便传道着一个小小的插曲。杨广久慕张丽华之娇容,此行有必得而纳之意。当隋兵入城后,从井中捞得陈后主夫妻。为高颖军获押后,杨广便急命晋王记室高德弘,前往其父高颖处说情,以留下张氏归自己享用。谁想高颖傻得厉害,好好的人情不卖,反而以"昔太公蒙面以斩妲己,今岂可留丽华"重责其子,并立斩张氏于青溪,一代倾城倾国美貌歌喉的女子顿时香消玉殒。杨广得报,恨恨而曰"昔人云'无德不服',或必有以报高公矣",遂生杀颖之心。可他哪里知道正是高颖所为,才为他日后夺得太子位铺平了道路。若非此,杨坚、独孤后焉会以杨勇好内故而改立他呢?娶了张丽华不就等于向天下说"见好就收",来者不拒吗?恐杨坚、独孤氏早就会恨掉牙齿了。从这一点看后来做了皇帝的杨广倒是应该感谢高颖,而不该以怨报德。

战而不屈人之谋

唐太宗李世民在唐建立以前与唐建立以后多有功于国,此乃不争之史实,原无可诋毁之处。尤其于大业十三年(617),其父立乃兄陇西公建成为唐王世子和武德元年(618)禅隋晋建成为皇太子以前,李世民与建成等人曾并肩作战,同建勋功,为国家、自己均博得了应有的一切。

唐朝的建立、李建成之为太子,并没有削弱和打击李世民内心深处实现"异人"与"伟岸"的阴谋,而是借助自己秦王的地位优势多次率乘胜之军出战。首平秦帝薛举、薛仁果父子,夺取陇右,从根本上解除长安李氏政权东征的后顾之忧。次伐盘踞代州的刘武周,此人小说演义中说其相貌不同常人,鸠首伟岸必有大福,多年盘踞代北,所部"人性劲悍,习于戎马",自晋阳而长安一直是李渊父子的劲敌和心腹之患,经一年有余的实力消耗战后,李世民所率唐军为国家收复了山西全境,并拥有代北诸州。而李世民自己的最大收获则是在介休招降了武艺高强的尉迟敬德并引为心腹。这个敬德也颇够义气,洛阳城外刺单雄信于马下,败王世充军救秦王驾,在后来的秦王、太子、齐王争位中,屡却太子、齐王的贿赂和策反、招降,并在玄武门事变中冒失而进,手刃齐王李元吉,武力恃迫高祖李渊封世民为太子,委以军国庶事,报了李世民的知遇之恩。第三出戏是武德三年七月奉诏东征关东王世充、窦建德部,扫平中原。李世民以其心战、兵战两方面的优势,击败了固守东都洛阳的郑帝王世充,为唐朝的统一全国取得了政治上的先声。而李世民自己又从浑水中捞到了秦叔宝、程知节(咬金)、罗士信等大批军将的"活鱼",使"东方诸州望风款服"兵不血刃地为唐所有。虎牢关败俘窦建德,灭靠农民军起家的夏政权;武德四年与窦建德旧部刘黑闼战洛州,迫其败逃突厥;武德七年,力排众人迁都避突之意,廷折乃兄太子建成等人,壮心豪言"不出十年,必定漠北",并与元吉一起督军幽州,抵抗突厥骑兵……

正是这些军功的累计,造就了他位在诸王之上的优势,并得住西宫,与住在东宫的太子建成分庭抗礼,逼得太子建成冒着"无力则从此受祸矣"的危险,置己身绝境,率兵出征山东,进讨世民不能讨平的窦建德旧部。这时李世民潜在内心深处的权利欲也在长孙无忌、杜如晦、房玄龄、尉迟敬德等人的挑拨下恶性膨胀。一面畜养死士扩大武力,一面纳贿后宫、结交权臣,开始了谋嫡的勾当,最终于武德九年六月三日夜四日晨在玄武门发动了武装政变,亲手射杀同母兄太子建成、呼引朋类格杀同母弟齐王元吉,武力夺得了太子的地位和处理军国庶事的权力,并在不久后的武德九年八月癸亥,仅距玄武事变数十日后,便以势迫逼其父禅位为太上皇,甲子日自己在东宫显仁殿即位,爬上了大唐王朝天子的宝座,而君临天下。

谋大权　识大断

明成祖朱棣皇位的得来深层意义或本质和李世民差不多。只是后者选择的方式是实质意义的"武装暴乱"而已。朱棣为明太祖朱元璋第四子，妃徐氏所生，太子朱标异母庶弟。洪武二年（1369）封为燕王，分府燕京，与晋王、代王桂、辽王植边镇诸王一起担起了抗击蒙元残余势力的大任。

正是借助于此时国家政权不稳固而不得不委皇子兵权重任的机会，在抗击蒙古贵族的骚扰中大发"国难"横财。洪武二十三年，诏命燕王、晋王等辽燕诸王出兵漠北，进讨蒙古丞相咬住、太尉乃儿不花。可是拥有八万带甲之士的晋王却偏偏在蒙古方面强劲骑兵的重点防御下前进不得，而朱棣又听纳傅友德等能兵善战的将领的计谋，统兵避实就虚而进，直捣乃儿不花部老巢迤都山，咬住等归降，获其辎重、牛羊、妇女以归，声名大振。二十五年夏四月癸未，顷督傅友德诸将出塞，败敌而还。二十六年春三月协晋王节制沿边诸将"诏二王军务大者"上报，余可自专，为其势力的发展创造了先决条件。二十八年春率总兵官国兴出辽东塞征敌，六月辛巳大军自开原追敌至甫答迷城，无功而还。二十九年春二月辛亥率部巡大宁边。三月甲子遇敌于撒儿山，败之。又追败之于兀良哈秃城，漠北震动。明军勒石告天而还，如霍去病燕然山刻铭故事，军功盖于朝廷。至洪武三十一年五月戊午，一辈子疑神疑鬼的朱元璋临死前为了确保朱明江山万年及年幼的孙子朱允佑皇位永固，诏明"都督杨文从燕王棣、武定侯郭英从辽王植，备御开平，俱听燕王节制"，为其死后朱棣以功、势发动意在夺取皇位的靖难战争提供了一切条件，而等到颇类乃父、朱棣的儿子汉王朱高煦，再想以自己在靖难之役即乃父从其堂兄建文帝手中夺位时立下的功劳为资本，从自己的侄子宣德皇帝手中夺取皇位时，却在宣宗御驾亲征的战斗中困败，投降于武宁州，落得个永锢高墙的结果。

做一个成功的破坏者

李世民兄弟争持不下时，世民和他的对手建成都明晰李世民之所以有竞争的资格就是他所谓的盖世功劳。于是，日后的斗争中李世民必须不折不扣地继续建功立业，反过来建成要干的就是不能让世民的计谋得逞。

先是武德五年刘黑闼二次反于山东时，李建成便急急请命前往征讨，以太子天下之储君的身份督军前进，一举克复山东，非但没让世民夺去功劳，反而给自己添了一项资本，这一点李世民当然会铭记在心，所以他天天就祈盼着机会的降临，以便好"外托御寇之名，内欲总兵权，成其篡夺之谋"。正在这个时候，突厥颉利可汗公然武装反击，并立下"不出十年，必定漠北""系颉利之颈，致之阙下"的豪言壮志。尽管他的建议包含着抗击外侮的正义一面，可是欲借抗击侵略的军事胜利，改变来自乃兄方面的强大攻势造成的不利，是他坚决反对建成、元吉等主张迁都的根本原因。不过，到了这个时候，建成、元吉自不会让他一人去捡便宜，拼争的结果是世民、元吉二人共同督师豳州，以抵御突厥军队。到武德九年，突厥贵族再次入侵时，建成、元吉等人考虑到李渊不可能同意迁都避敌，便决定把建功立业的机会留给自己，奏请由元吉领导出击，同时还要把秦府将领尉迟恭、段志玄、秦叔宝、程知节等拨归其指挥，以肢解李世民的势力，好从根本上消灭世民。可他们万没想到，狠毒的手段反逼得李世民不得不先下手为强，发动了玄武门事变，一举歼灭了李建成、李元吉之势力，真应了哪里有压迫哪里就有反抗的老话。不过他们彼此争夺建功机会的心理，却到死都不会泯灭。

不以人废言

汉朝时吴王刘濞造反，吴国一位年轻的桓将军建议吴王说：

"吴国多步兵，在地形险恶的地方作战比较有利。而汉朝王室较多战车和骑兵，在地势平坦的地方作战比较有利。希望大王一路上经过城镇的时候，如攻不下，就直接放弃，赶紧往西占据雒阳储备物资的武库，用敖仓的粮食作军粮，隔着山，占据险要的地势，来号令诸侯；如此虽没有入关，天下大局却定下来了。大王如果慢慢行军，滞留部队，攻打城镇，一旦汉军战车、骑兵到来，长驱直入梁、楚的郊野，大事就不妙了。"

吴王于是征询其他老将领的意见，老将领都说："这位将军年纪轻，对敌时能挫杀敌人的锐气，却怎么会有什么大谋略呢？"

吴王因此不用桓将军的计策，最后失败了。

南辕北辙

魏王想攻击邯郸。

季梁听到消息，在外出途中，急忙赶回，风尘仆仆地晋见魏王说：

"今天我来的时候，看到有人坐在向北行的马车上，告诉我说：'我想到楚国去。'我说：'先生要到楚国，应朝向南方，为什么却朝向北方呢？'他说：'我的马好。'我说：'马虽然好'，但这不是到楚国的路啊！'他说：'我的钱多。'我说：'钱虽然多，但这条路不能到楚国。'他又说：

南辕北辙

'我的车夫技术很好。'但我知道这些条件愈好,离楚国将越远。现在大王想称王称霸,想在天下之中取得威信,却凭恃着国大兵精而去攻打邯郸,希望开疆拓土,提高威望,大王愈是如此做,离称霸天下的目的就愈远,就像要到楚国却往北走一般。"

见事速决　莫失良机

汉末以来,天下大乱,王室衰微,天子身价已经暴跌,但是毕竟还是一国之主的象征。因此拥戴天子以讨伐群雄尚不失为一个争霸天下的良策。谁先拥戴了天子,谁就会取得政治上的主动权,但像董卓之流专横暴戾,虽有此机遇,但却不具备此能力。董卓之后,袁绍和曹操集团也都有智士献"奉戴天子"之策,奉迎天子之争,相当激烈。然而,当时奉迎献帝,又有着极大的风险,因此,每个集团内部都会发生争论,袁绍集团亦不例外。

袁绍出身于四世三公的大官僚家庭。在汉末群雄混战中,起初他的势力最大,曾是讨伐董卓的盟主。后地广兵多,手下谋臣武将也不少。在奉迎天子的问题上,几乎在荀彧等向曹操提出此建议的同时,袁绍的首席幕僚沮授也向他建议:"主公的世家好几代都荣任辅佐皇帝的宰相,忠义之名天下皆知。如今,皇上和朝廷被迫西迁长安,宗庙遭到破坏。而全国各地州郡,虽都以勤王之名起事,但实际只求扩张自我势力,根本没有人有保卫皇室、安定天下百姓之心。如今本州初定,我们已有了较稳定的力量,就应该奉迎皇帝到邺城安顿,一方面表示我们安定天下的志愿,一方面可以'挟天子以令诸侯',用堂堂正正的名义,来讨伐不守臣节的州郡,相信没有人能抵挡得住我们的。"

袁绍初听之下,也很赞同,便交付讨论办理。

审配及大将淳于琼同时表示反对,他们的理由是:"汉王室衰颓已久,即使想帮他们重建也是很困难的。如今天下群雄割据,各拥庞大军团,有道是'秦亡其鹿,先得者王',现在应是大家再公平打天下的时候了。如果把皇帝请到邺城,任何行动理当请示,这样会严重损害军事行动的机密性和机动性,得不偿失。更何况皇帝身旁还有很多公卿大臣,过分尊重他们会使我们的权力变小;不尊重他们则会有违抗皇权的麻烦,实在值得考虑。"

沮授立刻反驳道:"奉迎皇帝,必得天下大义之名,这个利益对我们的发展比什么都重要。以时机而论,目前皇帝正愁没有去处,执行起来最轻松;如果不乘机行事,一定有不少人会抢着去做。通权变者从不放弃任何机会,能立大功者在于不延误时机,希望主公尽速考虑这件事。"

袁绍是个优柔寡断又怕麻烦的人,他最大的愿望是巩固黄河以北政权,对全国性的规划也缺乏谋略,因此对沮授的建议,迟迟不敢决定。最终,曹操抢占先机,挟持了汉献帝,而袁绍终失良机。

前车之鉴　吸取教训

曹操意欲挟天子以令诸侯之时,董卓的前车之鉴如何汲取,曹操阵营内部谋士们的不同意见如何采纳,是对曹操能力和胆识的严峻考验。对于这样一个重大问题的决策,曹操的重要将领们是有分歧的。建安元年,曹操在贺年节的会议中向重要的幕僚和将领提出了这个问题。

富于谋略的大胡子将领程昱首先表示意见:"依情报显示,皇上在杨奉、董承等挟持下离开关中,进驻于安邑,如果能趁机奉迎皇上,必能取得竞争优势。"

荀彧也表示:"豫州离司隶区最近,目前有一半以上已在我们的控制中,如果要迎接皇帝,应以洛阳及许都最为合适,因此要准备这件工作,须先清除豫州境内的其他力量。"

首席猛将曹仁则有不同意见:"虽然张邈的势力已清除,但吕布、陈宫等雄踞徐州,和袁术勾结,随时可能再度威胁兖州。因此属下认为应先稳定东方,彻底摧毁袁术及吕布力量,再行经营豫州。"

夏侯惇的意见也差不多:"就军事形势观察,豫州连接司隶区和荆州,目前拥有部分倾向袁术和刘表的小军团部署,正好可作为缓冲。清除豫州反而会使自己陷入北方袁绍、东方吕布、南方刘表、西北面西凉及司隶区军团的层层包围中,是相当不利的。"

几乎大部分将领及幕僚都赞同夏侯惇的看法。

曹仁更进一步表示:"奉迎天子并不一定有利,董卓便成了众矢之的,以我们现有的实力,'挟天子'不见得能'令诸侯'。万一掌握不好,未蒙其利反将先受其害。"

满庞也表示:"目前最重要的是探询袁绍的动向,奉迎天子来讲,袁绍最有实力。如果这个时候因此事和袁绍闹翻,很可能会遭到倾覆危机,应审慎对待。"

曹操回答道:"由冀州府传来消息,袁绍阵营里为了奉迎天子之事,意见分歧很大,大老派的审配坚持反对意见,袁将军本身似乎兴趣不大,况且和公孙瓒间的战争仍在持续中,依目前情报判断,或许不至于有所行动。"

荀彧大声表示:"奉迎天子绝非纯为功利,从前高祖(刘邦)讨伐项羽,便以为义帝复仇作为出师之名,因此得到天下诸侯响应。董卓之乱起,天子流亡关中,将军便首倡义军勤王,只因山东秩序混乱,才使我们无力兼顾关中。虽然战事连连,我相信将军仍然心向王室,以平定天下为己任吧!今皇上脱离西军掌握,正是大好机会啊!拥戴皇帝顺从民望,此乃大顺;秉持天下公道以收服豪杰,此乃大略;坚守大义网罗人才,此乃大德。即使会遭到其他势力围剿,也难不倒我们的。如不及时决定大计,等到别人也有所行动,就来不及了啊!"

在众人争执不休中,曹操突然想起当年反董联盟时自己和袁绍间的对话。

袁绍曾问曹操:"如果这次举兵失败,您看我们应以何处为据点最为适当?"

曹操反问:"以阁下的意见呢?"

袁绍:"我认为我们应以黄河以北的冀州山区为据点,争得北方异族的协助,以向南争取霸权。"

曹操当时并不同意袁绍的看法,他认为地利固然重要,但更重要的是人心。的确如荀彧所言,汉献帝虽早已名实不符,但在一片混乱的改局中,他仍是天下人心之所系呢!

曹操于是当机立断,决心奉迎汉献帝。

当机立断引敌兵

楚汉相争之时,刘邦在荥阳遭项羽大军围攻,难以脱身,向韩信求援,韩信援兵又迟迟不到,荥阳朝不保夕。张良、陈平决定:先救刘邦出城,入关收集散兵,留御史大夫周苛、魏豹、枞公死守荥阳,再会同韩信部队三路围攻项羽。

陈平与张良密谋后,对汉王说:"请大王速写一封投降信给霸王,约霸王在东门相见。霸王定会把他的大军布置在东门,我再想办法把西、北、南各门卫士引到东门口来,大王就可以从西门冲出去了。"

汉王说:"请你安排吧!"

不一会儿,陈平领着一位貌似汉王的将军来见汉王,这就是不惜性命来保汉王的纪信。纪将军说:"现在敌人四面围城,大王无法坚持下去了,我愿打扮成大王的样子出去投降,吸引敌人把兵力集中围住东门,大王就可趁机从西门突围。"

汉王说:"不可,不可!纵令我逃出去了,将军岂不是要遭毒手吗?"

纪信说:"父亲有难,做儿子的应当替父亲死;大王有难,做臣下的应当替大王死!"

汉王道:"我刘邦大业未成,将军还没有得过什么好处,你替我慷慨而死,我倒偷偷地溜走了,怎么对得起你呢?还是请陈平再想办法吧!"

陈平说:"这是没有办法的办法了!"

纪信抢着说:"现在火已烧到眉毛上了,要是大王不让我去,荥阳城攻破后,大家也同归于尽;还不如舍了我一个人,既保全了大王,将士们也有了生路。"

汉王皱起了眉头,下不了决心。纪信忽地拔出宝剑,说:"大王如果不同意,就让我先死在您的面前!"说着就要自刎。

汉王急忙拦住,说:"将军的心可以感天地、泣鬼神。我知道将军还有母亲和夫人、儿女,将军的母亲就是我刘邦的母亲,将军的夫人就是我刘邦的嫂子,将军的儿女就是我刘邦的儿女,请将军放心吧。"纪信磕头谢恩,刘邦泪流满面……这样纪信假冒汉王引开敌兵,刘邦终得寻机逃脱。

沉着冷静

没有坚定的意志或强烈的自信,任何人都不能成为重要的领袖人物。而毛泽东自幼年就显现出独立自主、敢想、敢做的品质和强烈的自尊自信。他曾豪迈地宣称:"自信人生二百年,会当水击三千里"。与他的挚友们"指点江山,激扬文字,粪土当年万户侯"。青年时期,为了求真知,他曾报考多个学校,一旦看到学校的教学方式对自己不适合,又毅然退学,自学自修。他信仰马列主义,但对那些满口马列词句而不懂中国实际的教条主义者却绝不盲从,因为他认为真理不在他们手中。他虽然已在实践中总结经验,开辟了农村包围城市、武装夺取政权这条具有中国特色的革命道路,但仍对教条主义者给他扣上的"狭隘经验论"的大帽子耿耿于怀,因此,"到延安就发愤读书",终于写出煌煌大著,从理论高度确立了中国革命道路,丰富了马克思主义理论宝库。"独立自主"成为毛泽东思想的灵魂之一,除了是长期革命实践的经验总结,也打上了毛泽东个性的烙印。

毛泽东还集沉稳忍耐与果敢决断于一身。他讲话、走路、办事从容不迫,从不疾言厉色,大有"不管风吹浪打,胜似闲庭信步"的风度。越是在危急的情况下,他越镇定自若、稳如泰山。我军主动撤离延安时,毛泽东坚持"老百姓走完我才走"。炸弹震破窗纸,泥土落了满桌,他拂去泥土继续伏案办公。警卫员把落在院内的弹片给他看,他掂了掂,风趣地说:"很好啊,可以打两把菜刀!"在牵着敌人的鼻子转战陕北时,经常要与敌人近距离行动。许多人为他的安全担心,他总是说:"大路朝天,各走一边。他走他的,我走我的,他上那个山头,我上这个山头,怕什么?"

毛泽东勇于坚持他认为是正确的意见,但从不鲁莽。需要忍耐时,比谁都有耐心。他知道,在政治上,两点之间的最短距离往往不是直线,一个懂得成功的领导人必须知道什么时候应当强硬,什么时候需要妥协,什么时候可以为所欲为,什么时候需要缄默不语。王明路线统治时期,他受到不公正的待遇,几乎被打入冷宫,但他都沉得住气,因为他相信真理在自己手上,他能够耐心等候,耐心启发别人,等待别人的觉悟,直到时机成熟,在遵义会议上一举解决问题。

成功地以自己的意志影响历史的领袖们,在做出决策时,有时是正确的,有时也会犯错误,但从不犹豫不决。毛泽东也是如此。只要需要,他就当机立断,化险为夷。长征途中,张国焘搞分裂,甚至有挟持中央和右路军的企图。毛泽东接到报告后,立即与周恩来等人商量,在这千钧一发之际,果断决定让红一、三军团等部队先行北上。然而,毛泽东和军委纵队的驻地却处于张国焘的四方面军部队的营地中。毛泽东布置军委纵队以"打粮"的名义离开驻地,自己却在晚饭后,像平时外出散步一样,神情自若、从容坦然地带着警卫员出发了。直到离开张国焘部队控制的警戒线后,他才跨上马,连夜安全地到达红三军团驻地。当张国焘发现情形不对要派兵阻拦时,毛泽东已于拂晓带领部队沉着自如地脱离了险境。1971年林彪武装政变的阴谋,也是在毛泽东的智慧、果敢沉着、冷静之下被粉碎的。

当机立断　暂缓渡江

1935年12月底,时值隆冬季节,贵州北部的遵义城宛如江南的初春,毫无一丝寒意。清晨,太阳冉冉升起,喷射出万道彩霞,在蔚蓝天空的映衬下,给美丽而古老的遵义城披上了节日的盛装。人们欢声笑语,喜气洋洋,走街串巷,奔走相告。"红军回来了! 红军又回来了!"遵义城内鞭炮齐鸣,锣鼓喧天,男女老少夹道欢迎,家家户户张灯结彩,他们在迎接自己的恩人,怎能忘记红军初到遵义,纪律严明,秋毫无犯,心中想着的只是人民,怎能忘记是红军把他们从苦海中解救出来,使他们明白了革命的道理;又怎能忘记红军为了革命,必须北渡长江,开辟新的革命根据地。洒泪送红军,恋恋不舍离亲人的景象历历在目。仅隔一个月,红军队伍又回来了,遵义人民不敢相信眼前发生的一切,他们怎能压抑住内心的激动呢? 然而兴奋之余,人们在暗暗思虑:红军为什么后退了呢? 难道红军受挫了吗? 一个多月的时间,亲人们在哪儿呢?

那是遵义会议刚开过不久的一个深夜,遵义城中心的红军指挥部里油灯一闪一闪,室内静得出奇,几乎能听人们的心跳声,这里正在召开最高层领导紧急会议。只见红军军事总负责人毛泽东一会儿伏案看地图,一会儿又低头沉思,他十分清楚,局势对红军极不利。蒋介石已纠集150多个团、40多万人,从四面八方向遵义地区的红一方面军合围。时间紧迫,情况危急,红军只有一条出路:乘敌人尚未形成合围之前,由遵义地区向川南前进、北渡长江,与红四军方面军会合,在川西或川西北建立新的根据地。

1935年1月19日,红军离开遵义地区,分兵三路挥师北上,向赤水方向前进,准备在宜宾、泸州之间的江安、大渡口、兰田坝北渡长江。战士们一路急行军,于27日队伍集结在土城、赤水一带。这时,尾随红军而来的川军郭勋祺旅,仍紧追不舍,在土城镇东北的青杠坡、礁嘴一带与红军形成对峙,北面的川军已先抵赤水并阻截红军北上,而西面又有赤水河横陈。在这种情况下,毛泽东、周恩来、朱德亲临前线,决定在青杠坡歼灭川敌郭勋祺部,占领赤水城。

1月28日凌晨,红军趁敌人毫无察觉之时,向郭勋祺发起攻击。敌人凭借有利地形,拼命抵抗,双方激烈搏斗,往复冲杀,鏖战终日,歼郭敌近一团,红军也伤亡很大。这时,敌援军纷纷赶来,企图合围红军,原定占领赤水的目的,已不能实现,敌人又不断增援,与敌人硬拼消耗只能对红军不利,于是,中央军委决定,连夜撤出战斗。在 1 月 29 日拂晓前，红军在猿猴（元厚）、土城等渡口第一次渡过了赤水河。

蒋介石判断红军可能要北渡长江。急电命令潘文华组成"川南剿匪总指挥部"，进驻泸州，调集国民党 10 多个旅 36 个团的兵力，于长江南岸赤水、古蔺、叙水一带严密封锁长江，堵击红军；并在宜宾至江津、宜宾至金沙江（长江上游）滩头的北岸，修筑碉堡和工事，还动员了民团和地方保安武装，倾其全力阻拦红军北渡。

面临各路敌军蜂拥而至的新情况下，毛泽东当机立断，毅然决定暂缓执行渡江，改为在川、黔、滇三省交界地区实行机动作战，相机歼灭敌人，同时命令红军由叙永、古蔺地区折向去东北部的扎西（威信）集结。

果断灭敌　巩固己位

周朝末，郑武公娶申侯之女姜氏为妻，生两子，长子叫寤生，次子叫段。寤生是在梦中出世的，姜氏很讨厌他；次子段长得气宇轩昂，很得姜氏宠爱。

姜氏时常在丈夫面前说长子的坏话，赞次子能干，劝他改立段做继承人。武公却说："长幼有序，不可紊乱，况寤生又无过失，依情依理，说不过去！"即立寤生为世子，只以一个小小的共城（今河南辉县）给次子为食邑。

及至武公去世，世子寤生即位，叫郑庄公，袭父职为周朝卿士。姜氏见到次子屈居在一个小城，毫无权威，心里十分不舒服，便对庄公说：

"你今日继承了父业，拥有几百里土地，但同胞的弟弟却困守在一个偏僻的小城里，你于心何忍？"

庄公说："母亲的意思要怎样？"

"那还用说？"姜氏一副教训的口气说："当然给他一个大城了，以制邑封给他吧（即河南汜水县）！"

庄公告诉她说："制邑是一个险要地方，父亲遗命是不能封给任何人的，除了这个地方之外，什么地方都可以！"

"那么把京城（即河南京县）封给他亦可！"姜氏说。

庄公听此一说，默不作声，沉思起来，不表同意，也不反对。

姜氏生气了，袖子一指，悻悻地说："你再不同意的话，那把老二赶出国去好了，落得干干净净！"

"不敢，不敢！"庄公连声告罪："孩儿遵命！"

次日，庄公上殿，宣布封段于京城。大夫祭足上前启奏："不可！天无二日，民无二主，京城是一个险要地方，地广人多，其政治军事价值不下于皇城。何况段是夫人爱子，若以大邑封给他，无形中有了两个国君，一旦他恃宠生骄，后果真不堪设想！"

庄公无可奈何地说："不要说了，这是母命！"遂封段于京城。

段在走马上任前，入宫与母亲辞行，姜氏屏退左右，暗地告诉段："这次封邑是很勉强的，将来一定会变卦，你应及早打算，到京城之后，要聚兵积粮，时刻准备着，一旦有机可乘，我会给你内应，只要推倒了寤生，才慰我平生之愿。"

段领命出城，趾高气扬的赴任去，即位视事之日，附近的西鄙和北鄙的首长都来庆贺。太叔段对二人说："你两人管辖的地，属于我的封地，此后，所有收税进贡，要到我处交纳，军马要听我指挥，不得违误！"

两人已知道太叔段是国母的爱子，有做国君希望，又见他丰采昂昂，人才出众，自然不敢违抗，乐于听命。

从此，太叔段积极训练军队，扩充编制，借故侵袭鄢邑及廪延两地，属土一天天的扩大，实力一天天的增强。

情报人员把太叔段练军扩军之事奏报庄公，庄公笑而不答。班中有一位官员高声大叫："可速诛太叔段！"

庄公抬头一看，原来是上卿公子吕，便问："卿家有何高论？"

公子吕说："从来被封子不能过问军事，有拥兵自重的必杀无赦，今太叔段内挟母后之宠，外恃京城之固，日夜谈兵练武，不是想篡夺是什么？请授权给我，率兵征讨，以除后患！"

"但段未见有反叛行动呀！"庄公答。

公子吕愤愤地说："今两鄙被收，廪延被取，这不是叛变行动？国家土地，岂可以被蚕食下去！"

庄公笑起来，说："段是母后爱子，是我的弟弟，宁可失地，不可伤兄弟之情，拂母后意。"

公子吕复进一步说："我不是怕失地，实怕失国。今人心已惴惴不安，见太叔段势力日强，都存观望态度，若再容忍下去，怕一发不可收拾。主公今日容太叔段，将来太叔段未必容得主公！"

"不得乱说！"不等公子吕说完，庄公愤然把他制止，说："我会设法感化他！"立即起身退延。

公子吕出外，对祭足说："主公念念宫闱私情，忽略了国家大计，我很为此担心。"

祭足告诉他："主公是一个足智多谋的人，断不会忽略这点，不过在大庭广众里，不便泄露，你是他的亲戚，不妨私自去见见他，一定会有真心话说出来的！"

公子吕听了他的指示，乃入宫去见庄公。庄公问他有什么事，公子吕便说："我就是为了刚才在朝廷上说过的那件事再来拜请。主公当日继承王位，大家都知道并非国母的意见，她是属意太叔段的。今日太叔段的横行嚣张，必然是一种夺权阴谋，万一内外合谋，发动政变，恐怕——"

庄公说："此事闹起来，怕碍着国母面子呢。"

"岂不闻周公诛管蔡的事吗？当断不断，反受其乱。到那时候，后悔都来不及了！"公子吕说。

庄公忽然长叹一声，说："唉！这件事我已经想到了。段虽然有夺权阴谋，却没有公开叛变行动，如果我把他镇压了，国母必会从中作梗，又惹外人议论，说我没有兄弟情义，骂我不孝！我现在只是装聋作哑，任他所为，等到他真的有叛变行动时，就可以明正其罪了。"

公子吕才恍然大悟，说："主公远见，非臣所及！但恐怕日复一日，养成他势力庞大，便会尾大不掉了，不如及早设法挑起来，使他提前暴露，及早镇压便了。"

这话正说中庄公心事，庄公连忙问："计将安出？"

公子吕再详告："主公久已未入过周朝，无非为太叔段的缘故，现在不如乘机说要入朝去见周天子，故意引他起事，带兵前来，我却预先伏兵在京城附近，待他出动，便乘虚而入占领他的根据地，然后主公返师进攻，那时他飞也飞不出去了。"

庄公听说，点头称善："好计，好计！"

公子吕辞出宫门，才暗叹一声："祭足可谓料事如神了！"次日早朝，庄公假传一道命令，要大夫祭足代理国政，自己往韩见周天子去。

姜氏得此消息，认为机会已至，即密使人带信给太叔段，约他在五月初起兵袭郑。

这时是四月下旬，公子吕早已先差人伏於要道，把那个带信的人杀了，将信送给庄公看。庄公说："自作孽的人，必会自食其果的！"便另遣心腹假称姜氏亲信，把信带交京城，并得太叔段回信，说及决定在五月五日起事，请于城楼竖起一面白旗，以便接应等语。

庄公得书大喜，说："证据在此，看你还有什么话说？"立即入宫辞别母亲，说要入朝谒见天子，姜氏也敷衍几句好话。

庄公率领仪仗队，浩浩荡荡的朝廪延方向慢慢前进。这时公子吕已部署好伏兵在京城附近，专等猛虎离山。

太叔段自得了姜氏密报，立即准备，他派儿子公孙滑到卫国去借兵，自己便动员所有属军，托言庄公出国。要往监政，于是祭旗犒军，得意扬扬地朝皇城进军。

这时，公子吕的便衣队已混进京城，见太叔段的军队已经出动了，便在城楼放起火，城外伏兵，一见讯号，立即杀进去，占领了京城，出榜安民，揭发太叔段的阴谋。

太叔段率军行到路上，就得了京城失陷的坏消息，尽皆着慌起来，即命回宫，屯扎城外，准备反攻。

可是军心开始动摇了，士兵纷纷交头接耳，议论纷纷，都说太叔段心怀不轨，要篡夺朝政。原来公子吕也有密探混入了军营，散布消息，顷刻间一传十，十传百，整个军营都哄起来，一夜之间，军队散去大半。太叔段着了慌，便率领残兵，跑到鄢邑去,想再行招兵买马,重张旗鼓。

不料庄公早已占领了鄢城,此路已行不得,不得已又跑回自己过去的封地共城去闭门自守。但庄公和公子吕的追兵逼近了,这区区一个小城,无险可守,怎挡得这两路大军夹攻呢?这时他已感到绝路,叹道:"都是妈妈害死我了,有什么面目再见兄长呢?"遂自刎而亡。

庄公搜出了姜氏和太叔段的来往密信,使人带回郑国,叫祭足转交姜氏,并送她去颍地安置。姜氏看了信件,羞惭无措,自家亦无颜与庄公见面,即刻离宫搬到颍地去了。

逮住机会　该断就断

吴起走出孔门后,他觉得儒学太迂,根本不适合他的性格和抱负。要想找个终南捷径,短平快高效益的路子才行。于是就自学起兵法来。他在这方面很有天才,不久就学得颇有名气,于是被鲁君起用为一个小官。生活有了着落,就在鲁国娶妻安家了。

不久,齐国发兵攻打鲁国,朝野上下一片慌乱,鲁国本是圣人的家乡,大小官吏多是孔门弟子,风气淳古,修文偃武,施行仁政,雍容揖让,谁都认为兵法乃小人之所为,君子所不齿,所以在这样一个君子国里无人懂得军旅之事。无奈齐国可不管鲁国的仁义礼智信,只知道胳膊粗的是老大,我就想要你的土地。秀才遇着兵,这可如何是好!

可别说,人急了脑袋转得快,这帮君子急病乱投医,想起了吴起,只有他还懂得兵法。但这时还有君子仁人说:"吴起的妻子是齐国人,人孰无仁义?与其妻有仁义则必与齐国仁义,与齐国有仁义就不忍伤害齐国军队,不能用吴起。"这一番以"君子"之腹度"小人"之心的宏论,倒让鲁君犹豫起来。吴起听说了这件事,心里十分着急。平常人人都认为他不忠不恕不仁不孝,到了这时偏偏人们又认为他又仁且义,这荣誉来得真不是时候。他知道这也许是一生中唯一的机会,他要把握住,由此建功立业,留名于后世。于是他决心把这项仁义的帽子给挡回去,毅然把老婆给宰了向鲁君表明心迹,一定尽心为鲁国打仗,绝不会依附齐国。

于是鲁君任命他为统帅,带兵与齐国作战,他初出茅庐,就大显身手,把强大的齐军打得落花流水,直把鲁国的君子们惊得目瞪口呆。

吴起立了功,拯救了鲁国,但一旦危机化解,那帮君子们就又拾起那套仁义道德来了。认为吴起杀妻求将不仁不义,婉言把他轰走了。

因为这一仗,吴起名扬天下,他有了入仕成名的资本,此处不留爷,自有留爷处,于是走得很潇洒。他去魏国做到西河守,到楚国做到令尹,到哪里都被当宝贝,战功赫赫。他一生中打过近百次战争,从未失败过。他还很有政治才能,在楚国实行变法,革新政治,成为历史上著名的改革家。

如果没有吴起抓住机遇,杀妻求将这件事,中国历史上或许就少了一位最伟大的军事家,吴起是何许人也?人们就会这样问。

循规蹈矩　当可为用

曹玮提任秦州经略使很久了,多次上书请求朝廷派人来接替他。宋真宗问枢密使王旦:“谁可以接替曹玮?”王旦荐举李及,真宗同意了。大家都疑心李及虽然谨慎忠厚,行为端正,但并不是经略边关的合适将才。韩亿将这一情况告诉王旦,王旦没说什么。

李及到秦州后,那里的将领、官吏心里也轻视他。

当时有一个屯戍的禁军士兵大白天在街市上抢夺妇女的银钗,州吏抓住他来向李及报告。李及正坐着看书,传令将士兵带上前来,略加盘问,士兵就认罪了。李及不再将士兵交给狱史,立即下令将士兵处斩。接着像原来那样继续看书。秦州的文武官员都很吃惊并心服口服了。

没过多久,李及的名声就传到了京城。韩亿听到后,再次来见王旦,详细地讲了李及的事迹,并称赞王旦有知人之明。王旦笑着说:“士兵做盗贼,将领将他斩首,这是平平常常的事情,怎么值得惊奇称赞呢?我任用李及,并不是因为这一点。曹玮管理秦州长达七年,少数民族害怕并服从他。曹玮处理边疆的事务已经是最为合适了,如果派其他人去接替他,一定会自作聪明,大肆更改,破坏曹玮治边的成绩。之所以要任用李及,只因他谨重忠厚,一定能谨慎地沿守曹玮定下的规矩和格局。”韩亿于是更加叹服王旦的见识和度量。

康熙智擒鳌拜

康熙八年五月,年仅十六岁的康熙皇帝在不露声色的情况下,以迅雷不及掩耳的手段,逮捕了专权跋扈的辅政大臣鳌拜,实现了大权独揽,从而开始了清朝政治史上新的一页。年轻的康熙皇帝在极其困难的情况下,采用人们意想不到的方式迅速瓦解了鳌拜集团,踢开了前进路上的绊脚石。

顺治十八年,八岁的康熙皇帝即位。当时,国家政务由索尼、遏必隆、苏克萨哈、鳌拜四个辅政大臣掌管。

由于四个辅政大臣中索尼年老,遏必隆软弱,苏克萨哈势力小而且与鳌拜不合,结果造成了鳌拜的专权,他广植党羽,排除异己,对于“相好者荐拔之,不相好者陷害之”,于是,出现了“文武各官,尽出伊门”的情况,从中央到地方遍布他的心腹。鳌拜依仗权势,专权横行,经常在少年天子面前“施威震众”,而且多次背着皇帝"出矫旨",事事凌驾于其他辅政大臣之上。他"办事不求当理,稍有拂意,即将部臣叱喝",轻则辱骂,重则治罪;他甚至把官员给康熙皇帝的奏疏私自带回去,同心腹亲信商议,"凡事在家议定,然后施行"。鳌拜恣意妄为,独断专行,俨然成了太上皇。

康熙五年鳌拜以当年多尔衮在圈地时偏袒正白旗为由,提出要与正白旗换地,并声称,如果土地不足,"别圈民地补之,"企图以换地为名,再次掀起大规模的圈地高潮。这实际上是要重演入关之初的虐政暴行,尽管这一主张遭到各阶层的反对,但鳌拜全然不顾,派遣自己的亲信到京畿一带"踏勘"旗地,以这些旗地"沙压水淹,不堪耕种,镶黄旗地尤不堪"为由,坚持要换地,并强令有关各旗办理圈换旗地事务。此令一出,当地满汉人民十分恐慌,"所在惊惶奔诉","哭诉失业者殆无虚日"。对一些敢于反映群众情绪,请求停止换地的官员,鳌拜大施淫威,要求皇帝将这些人处死,年轻的康熙皇帝虽然不同意鳌拜的做法,但也阻止不住他的一意孤行。结果,反对换地敢于直言的官员被绞杀,家产被籍没。这次换地事件,严重地破坏了生产,使大批农民失去土地,激化了社会矛盾。

康熙六年康熙帝亲政。按理说,辅政大臣应将权力移交给皇帝了。但鳌拜仍把持权力,不肯归政,企图把年轻的皇帝变成任凭自己摆布的傀儡。辅政大臣苏克萨哈鉴于皇帝已亲政,要求辞去辅政大臣的职务,把权力归还皇帝。这一举动刺中了鳌拜的要害,将了鳌拜的军。鳌拜当然不肯轻易退出历史舞台,他以极其专横的态度诬陷苏克萨哈是"背负先帝","欺藐皇上","紊乱朝政",罗织了二十四大罪状,要把苏克萨哈斩首抄家。康熙帝不同意,骄横成性的鳌拜便在康熙帝面前挥拳捶胸,疾言厉色,以示要挟。最后,康熙皇帝也无法改变鳌拜的决定,苏克萨哈被绞死。

康熙皇帝虽已亲政,但不能亲掌大权,这使他极为烦恼。而鳌拜却不断将亲信安插到重要部门,企图继续架空皇帝。一次在群臣向康熙帝朝贺新年时,鳌拜身穿黄袍,俨如皇帝,仅其帽与康熙帝所戴不同。还有一次,鳌拜托病不上朝,康熙帝亲自前往探视时,鳌拜卧床,席下置刀,根本不把已经亲政的皇帝放在眼里。这一切,都深深刺痛着年轻的康熙皇帝的心。

康熙帝自幼读书,有抱负,特别是亲政后欲一展宏图,他痛恨鳌拜的专权跋扈,倒行逆施,但鉴于条件不成熟。还不能一下子除掉鳌拜,因此不能采取鲁莽行为。经过长期的考虑,一个周密的计划在他脑海中酝酿成熟。

为了夺回权力,康熙帝陆续将一些忠于自己的人安排在自己的周围,并将一批亲信提拔到要害部门,如提拔索额图为吏部右侍郎,提拔明珠为刑部尚书。这样,一个新的势力集团已悄悄地在年轻的皇帝周围形成。随后,康熙又派亲信掌握了京师的卫戍权。为了最后解决鳌拜,康熙皇帝精心挑选了一批少年侍卫,在宫中练习布库游戏,他自己也经常和这些布库少年摔打玩耍,故意做出胸无大志的样子,以迷惑鳌拜。鳌拜每次上朝，都见到皇帝与少年们玩耍，竟以为"帝弱且好弄，心益坦然"，毫无戒备之心。

康熙八年五月，康熙帝与索额图等设下计谋，事先在宫中埋伏了布库少年，并约鳌拜进宫。当鳌拜单身入宫时，十几个少年连说带笑地迎了上去，声称要与他练练功夫。鳌拜以为这些少年与其逗闹，本想喝退了事，不料少年们近身之后立即动起手来。当鳌拜被五花大绑推到康熙帝面前时，他才如梦方醒，不过为时已晚。接着，康熙帝宣布了鳌拜的三十条罪状，将他永远拘禁。同时迅速捉拿其兄弟子侄、心腹党羽，并全部处死。顷刻之间，鳌拜集团土崩瓦解。

康熙帝夺回权力之后，立即宣布永停圈地，并对鳌拜集团制造的冤假错案进行了平反，重新甄别官吏，奖励百官上书言事。康熙帝计除鳌拜，扭转了倒退的政策趋势，使清王朝的进一步封建化得以实现，为恢复发展生产，消除割据势力，实现国家统一扫清了道路，从而开始了清朝政治上的新篇章。

退而忍辱　悦主取信

春秋末年，吴越交战越国失利。勾践得知吴王夫差可以纳降，但要他给夫差为臣为奴三年时，越王有如五雷轰顶，气得说不出话来。大臣们用商汤曾经被夏桀囚于夏台、周文王曾被殷纣王拘于羑里、晋国的重耳曾流亡十八年之类的历史规劝他。范蠡也劝道："当今越国绝无还手之力，犹如一个伤重流血过多的人，只要稍一动弹，就会气绝身亡！"

勾践怔怔地看着范蠡，突然抓过短剑，在自己的左臂上猛砍一刀，殷红的血顺着衣袖流了出来……

经过几番波折，范蠡陪同勾践夫妇终于来到了吴国姑苏。夫差把他们发落在阖闾坟墓旁边的一间石屋内，这石屋一半落进地面上，阴冷潮湿，终年不见阳光。

越后常做噩梦；勾践则变得沉默寡言，偶尔发出一声粗重的叹息；而范蠡呢，则很坦然，——他要在危难的处境中试一试自己的才智。他考虑的不是个人的安危和得失，是怎样才能加深吴王君臣之间的矛盾，诱发伯嚭和伍子胥的争斗；怎样才能让吴王觉得勾践臣服于他；怎样才能充分利用伯嚭达到麻痹夫差的目的（临行之前，他已经嘱咐了文种，每月给伯嚭进献珍贵礼物）……

不久，夫差安排勾践为他养马，每次坐车出去，也总是让勾践给他牵马。为求得夫差对勾践的欢心，范蠡把喂养马匹的一些绝密办法传授给勾践。不久，勾践喂养的马便毛皮光泽，膘肥体壮，夫差非常高兴；范蠡又把擦洗车辇的方法教授给勾践，经勾践擦拭的车辇便光亮耀眼，夫差更加高兴了。

勾践在吴国为臣二年多以后，伍子胥向吴王提议杀死勾践，但都被伯嚭阻拦下来。而勾践也听从范蠡的劝告，一直忍耐着吴王的恶语饥诮，日夜忙碌，为夫差铲草养马,清扫马圈,或者擦试车辇。吴王也暗暗派人察看勾践的情况,想知道勾践是否已真心臣服于他。那回报的人总是称赞越王并没有因为干这样污贱的差事而有什么怨言,连不高兴的神色也没有,那越王在清扫马圈时还唱歌哩。而范蠡对勾践、越后对勾践也始终保持着君臣、夫妇的礼节:越王让他们坐,他们才坐,越王吃完了最后一口饭,范蠡和越后才拿起筷子……夫差有些不相信。一天,他悄悄登上山头,从上往下察看。这时候勾践正坐在马槽上吃饭,而范蠡和越后则十分恭敬地站在两边……夫差看得目瞪口呆,他找到伯嚭问道:"勾践在我们这里有多久了?"

"快三年了。"

"应该放他回去了,"夫差感叹道:"想不到一个区区的越王,竟会有这样的臣子和王后,在污贱的环境中,竟还保持着君臣礼仪。杀了这样了人,以至囚禁这样的人,也是会遭报应的。"

有一天,看守告诉范蠡,今天不必准备车马了。又过了几天,夫差都没有来调遣车辇。范蠡想,肯定发生什么事了,一打听,才知道夫差病了。

夫差一病就是两个多月。范蠡想出了一个讨好夫差的妙计。他对勾践说:"您应该向伯嚭写一封信,就说范蠡少时习过医术,且知道许多珍技秘方,可以把夫差的病治好,如果治不好情愿服罪。"

伯嚭把信交给夫差,夫差同意范蠡治病,但要求范蠡先尝药汤,而后再由吴王服用。

范蠡摸摸夫差的脉,察看了夫差的脸色,向内侍询问夫差的便溺情况,故作惊讶地说:"大王已病入膏肓,亏得大王贵体超人壮健,换了别人早有性命之忧了。"并且,把医生们开的处方看了一遍,气愤地说:"大王的病本可以早日痊愈的,只怪庸医投错了药。"说完就开了一个药方,对伯嚭说:"按这药方服一剂看看,如果明天大王有了大便,很快就会康复的。但是,大便必须请人用嘴尝过后,把气味告诉我,才能够开第二个药方。"

范蠡回到石屋后,对勾践说:"夫差有病已经快好了,正处在痊愈前的恢复时期。我开了个药方,故意下一点泻药,明天早晨他必定大便。我对伯嚭说,这粪便必须要有忠心大王的人亲自用嘴尝过,并把滋味告诉我,我才能决定用什么药。"

"谁会干这种事?恐怕夫差的儿子、王后,以至于伯嚭也不肯这么干啊!"

范蠡大笑,附耳向勾践说了几句,勾践恍然大悟。

第二天一大早,吴王果然便溺了。勾践早早等在王宫的门前,接过内侍端出的粪便,掀开马桶盖看了看,用嘴尝了尝,然后跑到夫差的床前,磕了个响头,高兴地说:"恭喜大王,大王的粪便如果有了苦咸之味,那就证明肚里的毒气散发出来了,刚才我尝了大王粪便正是此味。罪臣预祝大王龙体早日康复,这是罪臣和罪臣的妻子所日夜期望的!"说着,又把头叩在地上发出嘭嘭的响声。

吴王夫差感动得声音发颤,他用不屑的神情望着身边的伍子胥说:"把越王安顿在宫殿里,不要让他洗车喂马了,要范大夫也从石屋里搬出来陪越王同住。等我的病一好,就送越王夫妇回国……"

范蠡诡谲地笑了。随即又向勾践使了个神秘的眼色。

"只要大王早日康复,"勾践泣不成声地说:"罪臣情愿在吴国侍奉大王,罪臣已经无心返还越国了!"

在范蠡的策动下,由于勾践处处小心侍奉夫差,再加上伯嚭不断地向夫差报告越国国内十分平静,没有一点反叛吴国的迹象,夫差对勾践的臣服深信不疑,他觉得越国对吴国已经没有什么威胁,于是下诏放越王回国。

公元前 491 年,夫差亲自送勾践夫妇回国。临行前,夫差召见范蠡:"寡人曾闻,'贤妇不嫁破落之家,名士不仕灭绝之国'。如今,越国已亡,先生何不弃越归吴?果如此,寡人一定委以重任。"勾践唯恐范蠡变节,暗自坠泪。只见范蠡委婉地推辞说:"罪臣尝闻:'亡国之臣不敢语政,败军之将不敢言勇。'臣在越国不能辅助勾践行善,以致得罪大王。如今侥幸不死,臣已十分满足,岂敢攀求富贵?"

夫差不再强求,把勾践一行送出城门。范蠡回头,意味深长地对夫差说道:"罪臣必将选择吉日,叩见大王……"

勾践回国后,奋发图强,终于消灭了吴国,报了自己的亡国之仇。

有舍方有得

东汉末年,刘表的后妻蔡氏,宠爱自己的儿子刘琮,厌恶前妻之子刘琦,和自己的弟弟蔡瑁天天诽谤他。

刘琦自觉得很不安全,和诸葛亮研究维护自己安全的办法,可是诸葛亮不愿作答。

后来与诸葛亮一起爬到楼上,随即叫人拿掉梯子,然后对诸葛亮说:"现在上不到天,下不到地,话从你口中说出,就只有我一个听到,可以说了吗?"

诸葛亮说:"你没看到申生留在国内而遭受危险,重耳在外流亡却很安全吗?"

刘琦有所领悟,从此暗中规划离去的事宜。适逢黄祖去世刘琦请求代替他的职位,刘表就派任他为江夏太守。

第三章　谋求大局定乾坤

刘邦说过:"在营帐中筹策运谋就可以决定千里之外战场上的胜利,我不如子房(张良);稳定国家局势,安抚百姓,保障军饷军粮源源不断输往前线,我不如萧何;统帅百万雄师,战无不胜,攻无不取,我不如韩信。这三个人都是人中豪杰。但却都能为我所用,这就是我之所以能够夺取天下的原因。"所以领导不必事必躬亲,而要顾全大局。

目标明确　团结一心

战役、战术上的错误,所造成的大都只是局部损失;而战略一错,则必将一败涂地。目前有一部分领导同志,总觉得"战略问题"是上级的事情,而不愿意纳入自己的议事日程。殊不知,层层都有自己的战略问题,稍不注意都会出大错,引起大的失败。又有一些同志,看不起战略研究,强调自己是"干实事"的,硬说制定战略"等于是在说空话,不解决任何实际问题",这是一种由小生产狭隘观念所生出的偏见。有这种偏见的同志,极易陷在具体的事务堆里而难以自拔。一位厂长,即便非常熟悉本企业的情况,对厂内一切都能如数家珍,谈得头头是道,却对企业的发展目标说不出一句有真知灼见的话来,那他也很难成为一名优秀的厂长,充其量只配称作"勤勤恳恳的事务主义者"。就是说,制定目标规划对每一个现代领导者来说都是必须做的第一要务,而在这方面做得如何,又最能检验出一个领导者水平的高低。

领导的责任就是要把群众的经验集中起来,并把群众分散的、自发的力量组织起来,"拧成一股绳",形成一支巨大的力量。

斯大林认为,所谓"正确的领导,这就是说:第一,正确地决定问题,而要正确地决定问题,就非考虑群众的经验不可,群众能亲自体验到我们领导的结果;第二,组织对正确决定的执行,但是要做到这一点,就非有群众方面的直接帮助不可;第三,组织对这种决定的执行情况的检查,要做到这一点,还是非有群众的直接帮助不可。"

他把正确领导归结为三个环节,而且强调指出其每个环节都离不开群众的行动。怎么把群众中的力量动员组织起来? 这是领导、管理工作必须解决的问题。大量的组织工作要靠具体管理部门的干部去做,但真正能使群众发动并团结起来的力量,却是领导所指明的目标方向。一个明确的目标能使分散的群众聚集起来,形成力量,共同奋斗。否则,再好的组织管理措施也只能像一群麻雀被绑在绳索上那样,是决计飞不远的。可见,目标规划不仅是领导者动员、组织群众共同奋斗的纲领,也应是一个领导者的接受上级考核自己的工作的准则,同时也是让下级和每一个群众以此来监督和检查自己工作的标准。目标方向错了,一切皆错。

胜敌不如胜己

夏侯伯启与同姓有扈氏在甘泽大战,而夏侯伯启不能取胜,六卿大臣请求再战一次。

夏侯伯启说:"不能再打了。我的地盘已经不小,我的百姓已经不小,然而没有胜利,是我的品德修养不够,教化不好的原因造成的。"从此以后,他的住处不铺双层席子,吃饭不要第二样菜,不再听琴瑟之音,不再闻钟鼓之声,不再打扮修饰子女,尊敬长者,亲近亲族,尊重和任用品德高尚和有才能的人。过了一年,没有通过战争的方式,而有扈氏自己主动归顺。因此,想要战胜别人,首先应该战胜自己;想要议论别人的短处,首先应该议论自己的过失;想要了解别人,首先应该了解自己。

拒皇子诫胞弟　威正如山

鄂尔泰,字毅庵,满洲蓝旗人。历事康熙、雍正、乾隆三朝,曾任内务府员外郎、江苏布政使、广西巡抚、云贵总督、保和殿大学士兼兵部尚书、军机大臣等职,是雍正帝、康熙帝的重臣,尤得雍正帝的赏识。

鄂尔泰家祖祖辈辈为人作牛马,他们家没有房子住,只好在祠堂里过夜。但是,鄂尔泰的父亲是个有远见的人,他想尽一切办法供孩子们念书,指望他们将来成为国家的栋梁,做个一尘不染的清官,惩治那些豪势权贵和贪官污吏,出民于水火。

鄂尔泰通过发愤攻读,终于金榜题名。康熙五十五年,他被授任内务员外郎。这一官职虽然只有五品,因为负责管理供应皇室的各种物品,所以又有一定的实权。

这时,后来的雍正帝还是雍亲王,住在宫外。有一次雍亲王得知少数民族附属王国向朝廷进献了许多奇珍异宝,他想通过鄂尔泰求得内务府的特殊关照,弄些宝物。结果遭到了鄂尔泰的严辞拒绝,他就:"作为皇子,你更应该注意自己的德行,为表率于天下,不可随意结交外臣,享受特权,若是其他皇子都和你一样多吃多占,那我们做下官的如何掌握? 朝廷怪罪下来,谁来负责呢?"

雍亲王见遭到拒绝,只好作罢。同僚们听说后,都怨他死心眼,太不会办事。他们说像这种事别人跪着送去,人家都不一定接受,况且这次是人家求你,你即使拒绝也要找个脱身的理由啊,千不该万不该奚落人家一遍,等日后雍亲王登基了,看你还有什么好下场。

六年后,康熙帝病故,雍亲王即位。有一天,雍正帝召见鄂尔泰入宫,他的好友同僚都为他捏了一把汗,因为他曾得罪的皇子如今已是君临天下的皇帝了。大家都劝他外逃,以免杀头之祸。

鄂尔泰却镇定自若地说:"身为朝使官,按理说谁当皇帝听从谁的,何况当时我做事时并没亏心。眼下既然雍正帝要计较此事,君让臣死,臣理当效命,人不能为苟保性命而当叛匪。"

鄂尔泰说完，从容地应召入宫。行完君臣大礼后，雍正帝让鄂尔泰落座，鄂尔泰原以为须臾之间要灾祸临头了。孰料，雍正帝和颜悦色地对他说：

"你曾敢以员外郎这样的五品微官而拒皇子，足见你执法严明。今天我委任你为大臣，一定不会接受他人的请托和贿赂的，对于你，朕是十分放心的。"

于是雍正帝当即授鄂尔泰为江苏布政使。不久，又破格提拔为云贵总督。

鄂尔泰做了云贵总督这样的高官，依然生活俭朴，从不敢骄奢妄为。可他的弟弟借哥哥的权势，出外做了官，随着官越做越大，奢靡之举也越来越甚。等升到吏部尚书兼步兵统领后，更加忘乎所以，甚嚣尘上。

有一次，鄂尔泰退朝之后，路过鄂尔奇家，想进去探望一下。当他步入宅院后，感到庭院布置得过分豪华，掀帘进入

雍正帝

书斋，只见室内的摆设十分考究，在座宾客们的穿戴也个个不凡。鄂尔泰非常生气，掉头便走。鄂尔奇见哥哥连句话都没说就走了，很纳闷，忙追上去，问道："哥哥掀帘不入，莫非嫌小弟书斋寒碜？"

鄂尔泰当着众人的面，严厉斥责说："我不是嫌你的书斋寒碜，而是嫌太奢侈了。你身居正卿，不为朝廷尽忠尽力，只图个人享受，有何脸面面对列祖列宗？你可否记得当年你我弟兄无屋可住，只得夜宿祠堂？如今你刚刚得志就如此奢侈，如若不改，日后必由此生出灾祸！"

鄂尔奇听罢，跪在哥哥面前，佯装悔过，并表示把不属于自己的东西退还给户部。鄂尔泰看到弟弟有悔改的愿望，才算作罢。

以后，鄂尔奇听说哥哥要来，事先把珍宝收藏起来，然后才请哥哥进屋。鄂尔泰到户部查访，想证实一下弟弟的悔改的诚意，结果，户部的官员说从没收到过鄂尔奇送来的东西。

鄂尔泰这才知道弟弟并没有听从自己的劝诫，一怒之下，向雍正帝奏了弟弟一本，鄂尔奇因贪赃枉法被治了罪。

数百年来，鄂尔泰上拒皇子下诫胞弟的高风亮节，一直在百姓中间传颂着。

犯颜直谏　为民请命

王恕祖籍陕西三原，是明朝成化、弘治年间位极一时的名臣，当时民间流传着"两京十二都，独有一王恕"的说法，意思是说在北京和南京各六部门的众多官吏

中，最称得上刚直无私的，要首推王恕了。

成化末年，王恕任南京兵部尚书。在成化一朝，他曾先后应诏上疏二十一次，主动上疏三十九次，平均每年有两三次，这些上疏多是针对皇帝和权贵的胡作非为进行批评。

因此，人们都知道王恕敢于直言。每逢朝中出现了影响很坏的事情，众人就寄希望于王恕，不停地念叨"王尚书的奏疏快要到了。"果然，事隔不出两天，王恕的奏疏就递到皇帝面前了。

王恕的犯颜直谏，深得百姓的推崇和爱戴，却弄得那帮权贵们又气又恨，连皇帝也觉得他常给自己弄难堪，于是找个借口，免了他的官，勒令他退休回家。

唇亡齿寒　应相扶相助

秦国憎恶楚国而对齐国友好。秦将王翦统帅军队讨伐楚国，田忌对齐王说："为什么不去援救它？"齐王说："秦王和我关系友好。如果援救楚国那就是断绝同秦国的关系啊。"邹克说："楚国不是秦国的对手，楚必定灭亡，不如发兵去援助秦国，这样可以在有德于秦而巩固了同秦国的关系。"

田忌说："不能这样。秦国是虎狼啊，天下的强国有六个，秦已经夺取了其中的四个，所存在的只有齐国和楚国了。就像摘果子一样，先摘近的然后摘远的，那些还没有被它夺取的地方，是因它的力量还达不到，它能最后把你保留下来吗？如今秦国难道真的是恨楚爱齐吗？齐、楚两国倘合力，还足以能抗拒秦国。按地理位置来说，就是楚国近而齐国远。结交远的而攻打近的。这是秦国一贯使用的手段。所以它要攻打楚国就首先同齐国友好。楚国灭亡了，齐国又怎么能单独存在呢？有句谚语说：'把箭聚集在一起折断它，不像分别折断它那样容易。'这是秦国的成功之计啊。楚国在早晨被消灭，齐国必定在晚上被灭亡。"后来秦国果然先吞并了楚国，接着就讨伐齐国，最后消灭了它。

聆听众言　自有定见

得到曹操要东来的消息时，孙权便与诸将领进行商议。大家都劝孙权迎降曹操，唯独鲁肃一言不发。孙权起身上厕所鲁肃追随到屋檐下，孙权知道他的意思握住鲁肃的手说："您有什么话说？"鲁肃答道："刚才我仔细考虑众人的议论，简直是要害将军，不值得和他们共商大事。现在我鲁肃可以迎降曹操，像将军您是不可以的。为什么这么说呢？我迎降曹操，曹操就会把我交付给乡里，评定我的名位，还可以做个从事，乘着牛车，带着吏卒和士人们交游，积功提升，还可以做到州郡长官。将军迎降曹操想要得到什么呢？希望将军早定大计，不要采用众人的意见。"

孙权叹息道:"这些人所持的议论,使我大失所望,现在您阐明的大计正与我意相同,这是上天把您赐给我啊!"结果采用联蜀之策,大败曹军于赤壁,奠定鼎足而立的大势。

坚持己见　不为令动

吴楚七国谋反,汉景帝任命周亚夫担任太尉去攻打反叛部队。周亚夫的军队从京师长安出发后,已经到了霸上,他的部下赵涉向他进言说:"吴王搜罗敢死之士已经很久了。这次知道您将要去,一定会在您所要经过的殽黾之间地形险要的地方布下伏兵。再说军事活动看重的是神奇机密,您何不从这里往右走,经过蕊田,通过武关,从这条路到洛阳,时间晚不了一两天,您直接进入国家的武库,然后敲响战鼓。这样,叛乱的诸侯听到后,就会认为你是从天而降似的。"太尉周亚夫听从了他的计策。到了洛阳后,他派人去殽黾之间搜查,果然发现了对方设下的伏兵。太尉周亚夫在荥阳集合了各路军队后,坚守在壁垒中不出来迎战。当时吴王正在攻打梁国,梁国情势很紧急,梁王请周亚夫出兵援助。

周亚夫坚守有利地形不出兵,想把梁国舍弃给吴国,不肯前去援救。梁王上书亲自向景帝提出请求援助。景帝派使者带来诏书,命令周亚夫援助梁王,太尉周亚夫还是不接受援梁的诏命,而是派轻骑兵断了吴楚军队后路,绝了他们的粮道。吴国军队求战不成,粮食又运不到,被饿跑了,这时周亚夫派精兵出击,大败吴军。

以信为本

诸葛亮在第五次出祁山之前,长史杨仪曾向他进了一个分兵轮战的建议:"数次兴兵,军力疲惫,粮草又很难供应及时;现在不如把军队分成两班,以三个月为期,循环作战,徐徐而进,中原就有希望攻下了。"诸葛亮采纳了杨仪的建议,率一半军队前去作战,另一半军队休整、种田,以百日为期限,轮流作战。

却说这日轮流作战的日子来了,诸葛亮便令前线部队各自收拾起程,准备返回后方。谁知刚刚下令,哨兵来报告,说曹军二十万前来助战,司马懿亲自点兵欲攻卤城。在这新兵未到,老兵欲行,敌人即将发起大规模进攻的危急时刻,部将都极力劝诸葛亮将换班人马暂且留下,待新兵来到再返回后方。

面对部将的劝说,诸葛亮说道:"我孔明用兵命将,以信为本;既然已经有令在先,怎么可以失信于他们呢?况且应该回去的蜀兵都已经收拾好,他们的父母妻子在家里倚门而望,盼望他们的亲人回家。我现在即使面临大难,决不能再留他们了。"于是,孔明传令:"叫那些应该回去的士兵,当天便起程吧。"当众军听说此事后,群情激奋,他们一致要求留下来抗敌。他们发誓说:"我们就是舍上一条命,也要杀退魏兵,报答丞相的恩德信义。"孔明不允许,但众军坚决要战,不愿回家。于是,诸葛亮下令部队出城安营,以逸待劳,迎击魏军。结果,当倍道而来、人疲马乏的曹魏西凉援军到达城下,刚要扎营歇息时,群情激昂的蜀军突然发起猛烈进攻,他们个个奋勇,人人争先,把雍、凉人马杀得尸横遍野,血流成河。

"信盖天下,然后能约天下。"这里讲的"信",就包含着信任、信誉、信义之意。无论是统帅用兵命将,还是领导布置工作只有守信用,严格照章办事,不徇私情,才能取得下属的信任。而信任本身就是力量,就是希望之光,成事之本。因此,做出决策之时,一定要注意一个"信"字,背信弃义的决断,千万要不得。

只求目的　不问成规

燕文公走到半路上,马死了,有人告诉他说:"卑耳氏的马好,求求他吧。"卑耳氏推辞说:"我的马都是野马,不能用来充当君王的驷马。"燕文公派人强夺他的马,结果人和马都逃跑了。苏代一伙想把他们的马卖给燕文公,燕文公却不要。巫闾大夫进言说:"君王寻求马是用它来驾车乘坐的,何必舍近求远,想卖的你却不要,不想卖的你却非要买不可呢?"燕文公说:"我厌恶那些自卖自夸的人。"

巫闾大夫接着说:"从前中行伯向齐国求婚,高、鲍两家都答应了他,中行伯找叔向帮他参谋,叔向说:'娶妻是为了传宗接代,侍奉祭礼,不可草率啊,只要看她是否贤惠就是了。'如今你寻求马,也只是看它是否好而已,只要是好马,就可以了。从前尧帝把天下让给许由,许由不接受就逃走了,但尧帝不强求他,而终于得到了舜帝;宁戚养牛而自荐给齐桓公,齐桓公录用了他,而终于得到了管仲。倘使尧帝不听任由,怎么能得到舜帝? 齐桓公不录用宁戚,怎么能得到管仲? 君王你何必固执己见呢?"

欲取先予

相传,汉初北方有一个东胡国,向邻国寻衅,派一位使臣到邻国晋见国王,要国王送东胡一匹千里马。邻国国王冒顿觉得自己的实力还不够强大,不足以与东胡抗衡。

便采用欲取姑与的策略,答应将本国最好的一匹宝马送给东胡。冒顿的大臣们认为,我国的这匹千里马是先王遗留下来的,不可轻易送人。冒顿却微笑着说:"我与胡为邻,不能为了一匹马失了和气。"随即叫使者把马牵了回去。过了一段时间,东胡使者又带来国书,说东胡国王看上冒顿王妻子的美貌,要冒顿王把夫人送给东胡国王。冒顿的大臣们听后气愤万分,纷纷请求冒顿斩掉来使,发兵进讨东胡。冒顿又摇摇头说:"他既然喜欢我的夫人,给他便是了,岂可为了一个女人,失去一个邻国?"东胡国王得了冒顿的良马、美人,日夜荒淫,并认为冒顿真的惧怕自己。于是,得意忘形,过了一段时间,他又遣使者向冒顿索要两国交界的宝地。冒顿群臣得信后,对如何应付意见不一,有的主张给予,有的则强烈反对。冒顿此时勃然大怒,说:"土地乃国家之根本,怎能给人!"接着喝令左右将东胡来使斩首,迅即向东胡出兵,东胡军队猝不及防,连战皆败,顷刻全军覆灭。冒顿直冲宫中,杀了东胡国王,尽灭其国。

失小得多

郑武公是一个足智多谋、穷兵黩武的诸侯,他要扩张地盘,便打邻邦胡国(即后之匈奴)的主意。但当时胡国是一个强大的国家。国王勇猛善战,经常骚扰边疆。用武力固然不容易,想政治渗透根本也不可能,因为当时胡国的内情实在是一无所知。

在这样文武无所施其技的时候,唯有采取逐步渗透的战略,不得不忍耐一下,派遣一个亲信到胡国去,说要攀个亲戚,把自己的女儿嫁给胡国国王。国王听说自然万分高兴。这样,郑武公就做了胡国国王的岳父。

这位新夫人是负有使命的。她到了胡国,下足媚劲,把国王迷惑得昏头昏脑,日日夜夜,花天酒地,连朝也懒得上了,对国家大事简直置之不理。

郑武公知道了,心里暗自高兴。过了相当时期,他忽然召开了一个公开的秘密会议,出席的全是文武高级官员,商议着要怎样开拓疆土,向哪一方面进攻。

大夫关其思说:"从目前形势看,要扩张势力,相当困难,各诸侯国都是守望相助的,有攻守同盟的,一旦有事,必会增强他们的团结,一致与本国为敌。唯有一条路比较容易发展,那就是向'不与中国'的胡国进攻,既可以得实利,名义上又可替朝廷征讨外族,巩固周邦。"

郑武公一听,把脸一沉反问他:"你难道不知道胡国国王是我的女婿吗?"

关其思还继续大发议论,口沫横飞地说出一大套非进攻胡国不可的理由,特别强调国家大事,不可牵涉儿女私情的话。

"放狗屁!"郑武公火了,厉声斥责他:"这话亏你说得出口!你要陷我于不仁不义吗?你想要我女儿守寡吗?好吧,你既然有兴趣叫人家做寡妇,就让你老婆先尝尝这滋味吧!左右!绑这家伙去斩了!"

关其思被斩的消息很快传到了胡国,国王更加感激这位岳父大人。他认为郑国再也不会找本国闹事,便放心了,更加纵情于声色之后,渐渐地连边关都松弛下来,而且郑国的情报人员也可以自由出入。

郑武公已掌握了胡国军政内情,认为时机成熟了,突然下令挥军进攻胡国。

各大臣都莫名其妙,连忙问:"大王!关大夫过去是因为劝进兵胡国而被斩首的,为什么隔不多久,又要伐胡呢? 岂不是出尔反尔?"

"哈哈,哈哈……"郑武公大笑一阵后,摸摸胡子,向群臣解释:"你们根本、不知兵不厌诈的妙用,这是我的'欲取姑予'的计谋呀! 我对胡国早就打定了主意,肯牺牲女儿嫁给他,是为了刺探其国防秘密,斩关其思也不外想坚定他的无外忧之虑的信心,使其放松防备,一到时机成熟,就出其不意,一下子就可以把胡国拿到手。"

"可是,大王"其中一人说,"这样您的女儿不是要守寡吗!"

"还是关大夫说得对,国家大事,怎么可以牵涉儿女私情呢?"

果然,郑国所到之处,势如破竹,仅几个回合,整个胡国已入了郑国版图,那位快婿只空留一个脑袋去朝见岳父大人了。

行使此计谋,既要有一定的远见、智慧,也要有过人的耐心。

引而不发威慑取利

公元204年,韩信平定赵国后,准备攻打燕国。这位燕王惟力是从,强则附之,弱则叛之。

韩信向李左本讨教破燕之计,李左本说:"如今替将军打算,不如按兵休甲。平定赵国后,扶其孤寡,让百里之内,每天进奉牛和酒,以飨其士大夫和兵士,再派遣能说会道的人,给北面燕国的国王送去一封显示自己威力的信,燕王必然不敢不从。燕国慑服后,再派人去告诉东边的齐国,齐国必然望风披靡,即使智谋高强的人,也无能为力了。如果真是这样,那么天下的事都可以图谋了,这便是兵法所说的先声后实。"

据李左本的策略,定赵以后,一路节节胜利的声威昭示天下,向燕国摆出引而不发的态势,展示自己的力量,在这基础上再说服齐国投降,燕降齐必然随而以之,这便是以攻心为上,逐个慑服敌手的策略。

后来,韩信采用了这个策略,燕齐先后归降。以上说的是军事谋略,却也反映了舌战谋略的内涵。

郑板桥赶小偷

晚年的郑板桥辞去官职后,"一肩明月,两袖清风"带着一盆兰花和一条黄狗回乡隐居。一天晚上,天寒月黑,风雨交加,郑板桥躺在床上辗转难眠。这时,一个小偷悄悄溜进了屋子。

郑板桥略微思索了一下,转身低吟道:"细雨蒙蒙夜沉沉,梁上君子进我门。"小偷恰好已近床边,闻声暗惊。只听郑板桥又吟道:"腹内诗书有千卷,床头金元无半文。"小偷听罢赶忙转身出门。他刚想爬上墙却又听见:"越墙莫损兰花盆。"小偷一看,果然墙上一盆兰花,就小心避开,他脚刚一落地,就又听得屋里传出:"天寒不及披衣送,趁着月亮赶豪门。"小偷自觉有愧,飞也似的逃走了。

以公取贤

孙权在哥哥孙策率领的队伍中当兵时,只有十四五岁。因过不惯军中的苦日子,免不了要搞点"特殊"。孙策帐下主管财政的官员叫吕范,吕范这个人"性好威仪,勤事奉法"当家理财,一是一,二是二,无论对谁,不徇私情。孙权要弄钱私用,不能不走吕范的"后门",可是吕范坚决不开,每次都请示孙策后再答复。这惹得孙权很不高兴。孙权当了阳羡这个地方的长官,在财物上还是不够清廉,孙策就加强了对弟弟的控制,不时亲自查弟弟的账目。孙权身边有个叫周谷的人,专为孙权在借贷往还的单据上做手脚,使孙策查不到问题,孙权自然喜欢。孙策死了,孙权掌了大权。当家才知柴米贵。照一般人看来,这回孙权可该重用周谷,给吕范穿一下"小鞋"了。

可是孙权仔细思量之后,却认为,周谷改审账目,欺骗孙策是个心术不正的人,不能用;而吕范一心为公,忠诚可靠,才值得重用。孙权以公取贤,使吕范在二十多年的时间里,从一个裨将军一直升到大司马,为孙权破曹操于赤壁、杀关羽于麦城、治都于建业,直接或间接地立下了很多大功。吕范死后,孙权每路过其坟墓,都呼着吕范的名字"言及流涕"。

择善而从　不以人废言

汉景帝时,爆发了以吴王刘濞为首的"七国之乱",周亚夫被汉景帝任命为太尉,负责统帅各路军队平定叛乱。

周亚夫率军队从京师长安出发后,很快便赶到灞上。他准备从灞上出发,经过殽黾之间的山路,向叛军进攻。正当他准备发布进军命令的时候,有一个部下叫赵涉的,向他提出了自己的意见,他说:"吴王早就网罗了不少亡命之徒,这次他知道您将前去,必定会在您所要经过的殽黾间的地形险要之处设下埋伏。如果您从殽黾之间走,肯定就会被吴王的叛军伏击。我认为,最好从灞上往右走,过硖田、武关两地后,直奔洛阳,虽然这样会绕些远,但能出敌不意,反而更安全更快。等您进入洛阳,敲起战鼓,竖起战旗,各地叛乱的王侯一定会认为您是从天而降的,肯定会大吃一惊。这样就能扰乱他们的军心。"

周亚夫听了,觉得很有道理,经过再三考虑,他决定采纳赵涉的建议,不再走殽黾之间的山路了,按赵涉遮的路线,果然顺利到达了洛阳。到洛阳后他派人到殽黾之间侦查,果然发现了叛军的一支精兵,正等着伏击周亚夫呢!

佯弱痹敌 伺机而击之

嘉庆四所正月初三,高宗崩逝于乾清宫,仁宗亲政。四年之后,他下令将秉权达二十余年的军机大臣和珅逮捕入狱。大丧之日,清仁宗为何迫不及待地采取这一使朝廷内外大为震惊的措施呢? 原来,清仁宗是想以惩治和珅为契机,加强专制主义中央集权,整顿乃父留给他的积重难返的政治局面,以使祖宗开创的"亿万年之丕基"永世长存。

和珅,姓钮祜禄氏,满洲正红旗人,以官学生在銮仪卫充当校尉。后因聪明敏捷,少有才华,仪表俊伟,记忆力强,办事精明干练,深受清高宗乾隆帝的青睐。因此,他的官位越做越大,兼职越来越多。从乾隆四十年至嘉庆三年的二十年间,历任内务府大臣、户部尚书、兵部尚书文华殿大学士、京师步军统领、军机大臣。他还因长子丰绅殷德娶了高宗第十四女和孝固伦公主,而成为皇亲国戚。这样,和珅在乾隆一朝,"宠任冠朝列矣",位极人臣,掌握着朝廷的内外大权。

和珅充分利用自己手中的权力,独断专行,飞扬跋扈。他曾行文各省,令凡有奏折,先将副本呈交军机处,由其过目批示后然后上闻。他还遍置私党,对于不附己者,就在乾隆帝面前进谗言加以陷害。和珅还是清代中叶贪黩之风的总根子。当时,朝廷内外文臣武将侵亏公帑,聚敛行贿,动则数十万甚至上百万两银之多,都以和珅为后台。仁宗嘉庆初年,在镇压川、楚、陕白莲教大起义的过程中,各路将帅虚报功绩,坐冒粮饷,也以和珅为靠山,和珅自己也竭力聚敛自丰,当政二十余年,搜刮的财富价值可达亿两白银。

仁宗嘉庆帝当皇子时,被高宗选为储君。和珅密知此事,于乾隆六十年九月初二日,即定府位诏书发布的前一天,给仁宗呈递一柄如意,暗示他的继位完全是自己拥戴的结果。和珅这种以邀功为名、实欲揽权的做法,使仁宗极为恼火,及至高宗以太上皇训政,和珅成为左右乾隆意旨、出纳帝命之人,其专擅程度更甚,满朝文臣武将、甚至嗣皇帝都不得不畏惧几分。嘉庆三年春天,仁宗发布了谕决定冬季举行大阅典礼。然而,和却鼓动高宗下了一个相反的谕旨:"现在川东北教匪虽将次剿除完竣,但健锐营、火器营官尚未撤回,本年大阅著行停止。"这就给人们造成了一个印象:皇帝决定的事,太上皇可以轻易否决,而太上皇所做的决定,谁都知道多半是和珅怂恿的结果。还有一次宴席上,和珅奏请高宗减掉太仆马匹,这将影响到皇帝乘骑,因此仁宗很不高兴地自语说:"从此不能复乘马矣。"仁宗有事要奏报太上皇,也须由和珅代转。

但是,仁宗是一个很有心计的人,尽管对和珅的行为十分不满,外表上却不动声色,任和珅所为而从不加干涉,甚至总是显示出对和珅极为尊重的样子:"和珅或以政令奏请皇旨,则辄不省曰:'惟皇爷处分,朕何敢与焉!'"所以,当时人均称赞仁宗说:"自即位以来,知和珅之必欲谋者,凡于政令,惟珅是听,以示亲信之意,俾不生疑俱,此智也。"仁宗这样做,即麻痹了要相和珅,又瞒过了太上皇高宗,博得了仁、孝两全的美名。

嘉庆四年年正月初三日,清高宗乾隆帝病逝于养心殿,仁宗得以亲政。他再也不能容忍和珅削弱皇权的行为了。初四日,他命令和珅和户部尚书福长安昼夜守值殡殿,不得擅自出入,借机剥夺了和珅的军机大臣、九门提督之职。接着,他又下了一道谕旨,若有所指地说,由于内外文武大臣通同为弊,因此在"剿办"白莲教起义的过程中丧师辱国,均"赖有上皇近臣,为之缓颊,日复一日,几目朝廷法律犹同儿戏,长此以往,国体何存?威信奚在?且查历年兵部,……国家坐耗巨饷,非养兵也,乃为权臣谋耳!"命令各部院大臣要着实下力查办。

此旨一下,给事中王念孙等人心领神会,立即纷纷上疏弹劾和珅。于是,清仁宗下令将和珅革职,逮捕入狱,并宣布他的二十大罪状。上谕称:"苫块之中,每思《论语》所云'三年无改'之义,……皇考所简用之重臣,朕断不肯轻为更易。即有获罪者,若稍有可原,犹尝不思保全。……今和珅情罪重大,并经科道诸臣列款参奏,实有难以刻贷者,是以朕于恭颁遗诰日,即将和珅革职拿问。"仁宗起初要将和珅凌迟处死,但由于皇妹和孝公主再三涕泣求情,加之大臣董诰、刘墉的劝阻,最后决定照率雍正诛年羹尧例,赐令和珅狱中自尽,并将没收的和珅家产赐给宗室。

和珅被处决后,他的党羽和一些亲近的官员皆惴惴不安。有的朝廷大臣趁机上疏,主张追究余党。仁宗为此发布上谕说,和珅专擅蒙蔽,以致下情不能上达,为肃清庶政,整饬吏治,必须除此元恶;而和珅余党及一时失足者,只要痛改前非,既往不咎。此谕一下,人心始安。从此。朝廷的政治、军事及用人大权皆归于皇帝。

先安后取

吴国孙琳拥立琅琊王为皇帝之后,十分放肆,一家五位侯爵,都是带领禁军,权力足以倾压国君。

有一次孙琳献牛、酒给皇帝,皇帝不接受,孙琳就去找左国张布,酒喝得半醉时,对张布说:"当初废掉少主时,许多人劝我自己登基为王。而我认为当今陛下贤明,所以就拥立他登基,当今皇上如果不是我,就登不上王位。如今我献上礼物却被拒绝,将我看得跟一般臣子一样,我要慢慢想法子了。"

张布将这番话向皇帝禀告,皇帝记在心里,担心政事发生变化,就时常对孙琳大加赏赐,暗中对张布说:"狐狸捕鸡的时候,一定先伏下身体,垂下耳朵,等到鸡来,鸡一看就相信狐狸没有企图,所以狐狸能够抓到鸡。假使狐狸瞪大眼睛看看对方,露出一副要扑杀猎物的样子,鸡也晓得要飞走,以逃避狐狸的气势。现在孙琳比鸡还狡猾,而我没狐狸聪明,不知怎么办才好?"

张布点头说："事情实是如陛下所说的一般,如果一定要办,非丁奉不可。"

皇帝于是召见丁奉,告诉他说:"孙琳仗着威权,想图谋不轨,我希望与丁将军一起除掉他,如何?"

丁奉说:"孙丞相兄弟朋党很多,怕到时大家想法不同,不能完全制服。但是可以借聚在一起打猎的时机,用陛下的武士杀掉他。"

皇帝接纳丁奉的计策,就举办猎会,邀请孙琳。孙琳假装生病,皇帝硬要他起身,连续派了十几个使者去催促,孙琳不得已,只好去了。

孙琳一到,张布用眼色示意武士将孙琳捆绑,杀了。张布拿着孙琳的首级,对众人说:"与孙琳同谋的人,一概不予追究。"

孙琳威权盛大,皇帝竟然在不动声色的情况下杀了他,臣子们称赞他比汉灵帝贤明得多。

能屈能伸　以屈求存

关羽遭东吴杀害后,魏、蜀、吴之间的关系立时紧张起来。孙权为移祸于人,将关羽首级星夜送往魏都洛阳,企图教刘备知道是曹操的原因,关羽才被杀,让刘备痛恨曹操,不至于向自己进兵。曹操却将关公的首级,取一香木身躯配之,封官加冕,以王侯之礼葬于洛阳南门外,意在使刘备心恨孙权,尽力南征。刘备念念不忘兄弟之情,所以在称帝之后,就不顾群臣谏言,大举进攻东吴。

孙权在这种不利的条件下,权衡利弊:如果东吴当时只是单纯对付前来报仇的刘备,还不是力不能及。然而刚刚称帝的曹丕如果同时来袭,东吴就难以招架了。在这种艰难处境下,为了摆脱被动局面,孙权采取了政治上和外交上忍辱负重的灵活政策,获得极大成功。

首先,孙权力争和刘备讲和。他不惜屈尊下就,向刘备"上表求和",并做出了重大的让步:一,将孙夫人送回成都;二,缚还糜芳、傅士仁等降将;三,将荆州仍旧还给西蜀;四与刘备永结盟好,共反曹丕。孙权的这些让步,就是要回到以前的策略上来,使吴、蜀重修归好,孤立曹魏。从长远的利益来看,这对吴、蜀两家都有好处。

但刘备念弟心切,断然拒绝孙权的建议,做了一次鲁莽错误的决定。孙权看到吴蜀交兵已不可避免,又立即对曹丕"写表称臣"。曹丕也想乘机孤立刘备,先反西蜀,他派使者到东吴,封孙权为吴王。当时东吴文武百官纷纷劝谏道:"将军应自称上将军,九州伯之位,不应当受魏国帝王的封爵。"孙权反驳道:"当日沛公刘邦受项羽的封号,只是出于彼时罢了,现在我的处境也像刘邦,为什么要推却曹丕的封号呢?"他不顾顾雍、徐盛等人的极力阻挠,亲自率领百官出城迎接魏使,恭顺地接受了曹丕的封爵。这样,使魏国在吴蜀交战时起码能站在中立的位置,不致使东吴两面受敌。

孙权用屈辱忍耐的方式求得一种生存方式,他在吴蜀交战中终于取得胜利,表现了他能屈能伸的英雄本色。

以退逼进　以守为攻

公元 959 年后周皇帝周世宗薨,他的 7 岁幼子柴宗训即位,就是周恭帝,周恭帝年少难以治理朝政,国家出现了大厦将倾的局面。此时,一向工于心计的大将赵匡胤由于一直跟随周世宗东征西杀,屡立战功,逐渐取得了周世宗的信任,被安排在重要岗位上,他兼殿前都点检、检校太尉、归德节度使于一身,掌握着京城禁军的统帅权,在朝廷中又是一个举足轻重的实力派。面对幼主无措,政局动荡的局面,赵匡胤决心以赵代周,建立自家的封建王朝。

960 年正月,赵匡胤以镇、定二州的名义,谎报军情,假称契丹勾结北汉政权大举南侵,请求急速发兵抵御,宰相范质、王溥等轻易相信,即刻派赵匡胤率大军北征。大军出城的时候,城内已经哄传开"策点检为天子"的谣言,满城风雨搅得人心浮动,百姓极为慌乱,计划着出城逃难。其实宫廷里的人并不知道这个消息,可见有人故意在城中制造舆论。赵匡胤率领大军来到距开封四十里的陈桥驿,看着天色甚晚,就命令军队就地宿营,天明再启程。扎营已毕,赵匡胤的军中有一个自信能观看天象的军校苗训,站在营中空地上仰面观察天象,有人就从旁边问他:苗先生,你夜观天象,看到了什么? 苗训神秘地说:你没有看到太阳背后还有一个太阳吗? 后一个太阳发出的光芒将淹没前一个的辉煌,这是上天的命令。前一个太阳应验在周,后一个太阳应验在点检身上。由于军队出城时已听到传言,这一说法很快在军中传播开,将士们聚在一起议论纷纷:现在皇上年幼无知,我们在疆场上拼死征杀,也没有人犒劳我们,不如我们拥立点检为皇帝,然后再北征也不晚。议论中,都押衙李处耘、归德掌书记赵普、赵匡胤弟赵匡义等在一起商议册立天子的具体事宜,他们还悄悄派人回开封告知殿前都指挥使石守信、都虞侯王审琦,以便里应外合,这些都是赵匡胤平时的亲信。

赵匡胤对政变并不陌生,他曾帮助郭威兵变,推翻后汉建立后周。他对亲信们的想法十分清楚,为了使他们听从自己的调遣,必须给他们以活动的自主权,因此,那天晚上他并没有参与出谋划策,而是假装喝醉酒去睡觉,把事情交给了亲信赵普和弟弟赵匡义去办理。第二天早晨,将士们拿着皇帝穿的黄袍来到赵匡胤的寝室,给他穿上黄袍说:朝政不稳,诸将无主,愿册立点检为天子。赵匡胤装出一副被逼无奈的样子说:你们贪恋富贵,使我做天子,如果不能完全听命于我,那我还是不能做这个皇帝。大家都表示愿意服从指挥。于是赵匡胤带着兵马返回了京城开封,突然入城。此时正值早朝,文武百官听到这个消息,吓得面如死灰,束手无措,只有侍卫军副指挥使韩通,驰马而出准备抵抗。走到街上正遇到赵匡胤的前部都校王彦升,韩通不敌,被王追至家中一刀劈死,然后把他的家人斩尽杀绝。范质不得已,率领文武百官前来迎接。赵匡胤见到他们流着眼泪说:周世宗待我恩重如山,而今我被六军胁迫,不得已才这样。范质刚要说话,赵匡胤部将罗彦环厉声喝道:我们无主,自立点检做皇帝,谁若有异议,那么就问问我的宝剑。说着,拔剑在手。范质、王博等人吓得面如土灰,带领百官跪拜听命。翰林学士陶谷拿出一篇事先准备好的禅让诏书,宣布周恭帝退位,将皇位禅让给赵匡胤。于是赵匡胤正式做了皇帝,改国号为宋,是为宋太祖。这就是"陈桥兵变,黄袍加身"的历史由来。

坐看深远　以退为进

从前晋献公想借道于虞国而去攻打虢国。荀息说:"您用垂棘产的玉璧和屈产出产的良马去贿赂虞国国君,请求借道给我们,他必然会借道给我们。"献公说:"垂棘产的玉璧,是我先祖留下来的宝物;屈产出产的良马,是我喜爱的骏马。假如虞国接受了我们的贿赂而不借给我们道路,那怎么办呢?"荀息说:"他不借给我们道,必然不敢接受我们的贿赂。假如接受了我们的贿赂而借道给我们,那就好像把宝物从宫内仓库取出来放进宫外仓库一样,骏马就好像从宫内的马棚里牵出来拴到宫外的马棚里一样。"

晋献公说:"好。"于是派荀息用垂棘出产的美玉和屈产出产的骏马去贿赂虞国君主,请求借道。虞国君主贪图美玉和骏马,准备允许晋国的借道请求。宫之奇劝虞公说:"不可以允许晋国借道。虞国与虢国就像车子两边有保护的木棍一样。棍靠着车,车靠着棍,虞虢两国的地理形势正是这样的。假如假道晋国去攻虢国,那么虢早晨灭亡虞国晚上也就灭亡了。希望您千万不要答应。"虞国君主没有听从宫之奇的意见,终于借道给晋国。荀息率兵攻打虢国,并战胜了虢国。回来过了三年,晋国起兵攻虞国,又战胜了虞国。荀息牵着骏马,拿着美玉给献公。献公高兴地说:"美玉还和以前一样,虽说如此,可马却长了几岁了。"

以迂为直

南朝宋武帝刘裕是一个颇富心计的人。他先后接受了相国,宋公的官职和封号,又受九锡之命。元熙元年,又由宋公晋爵为宋王。这时候,登极称帝取代晋朝只是时间问题。

刘裕认为登基之事还是由他手下的心腹人去办最好,于是在从彭城移镇寿阳后,他召集群臣宴饮,并装作随便地样子对大家说,桓玄要篡位,晋朝的天下眼看就要完了,是他帮助复兴晋室,南征北战,平定四海。现在大功已成,事业也就,他推托自己年事已高，要告老回京安度晚年，在场的大臣们并没有猜透他的真意，只是一味地称颂他的功德。只有个叫傅亮的臣子，聪明过人，悟出了刘裕告老还乡的真正含义，是要登基做皇帝，于是就去叩见刘裕，见到刘裕后，他只说了一句应当暂时回京师去一趟，刘裕便知他已明白自己的心思，于是就派了几十个人随他回京师，傅亮到京师后，立刻逼晋恭带将皇位禅让给宋王。刘裕得到禅诏，谦恭了一番，就登基做了皇帝，改国号为宋。

以退存身　伺机而进

汉惠帝死后，其子刘恭立为皇帝，称为"少帝"。因为少帝还是个婴儿，不能统治天下，吕太后名正言顺地替少帝临朝，主持朝政。

吕太后为了巩固自己的政权，欲封娘家的兄弟子侄为王，故意问大臣们可不可以。右丞相王陵是个直性子，愣头愣脑地说："高帝宰了白马，大臣们都宣过誓，非刘氏不得封王。"

吕后问陈平，陈平违心地说："可以。高祖平定天下，分封自己的子弟为王，是对的；现在太后临朝，分封自家子弟为王，也是对的。"

散朝后，王陵批评陈平背弃高祖的盟约。陈平意味深长地说："现在在朝廷上抵制吕太后，我比不上你；将来除吕保刘，您可比不上我啊。"

王陵只是冷笑。可冷笑有什么用？吕太后不再让王陵做丞相，而表面上升迁王陵为汉少帝太傅，实际上是架空于他。王陵肚里没有撑船的海量，索性谢病辞职，闭门不出，7年后病逝，非刘氏不王的盟约并没有成为现实。

王陵免相后，升陈平为右丞相，命辟阳侯审食其为左丞相，吕太后的内侄和内侄孙先后被封为王，出现了诸吕当权，一统天下的格局。

审食其是沛县人。当初汉王刘邦在彭城战败向西转进时，楚霸王到沛县虏取汉王父亲和妻子为人质，审食其则以舍人身份侍候刘妻，相处日久，两人关系暧昧。现在审食其得幸于刘妻才当了左丞相。陈平深知审食其底细，亦深知太后欲让审食其掌权，就故意不管朝事，国家大事全由审食其决定。

吕须因为以前陈平替高帝出谋拘捕樊哙，曾多次向太后进谗，说："陈平当了右丞相，却天天酗酒、玩乐。"陈平知道后，更加纵情于酒色之中，这正中太后下怀。太后曾当着吕须的面对陈平说："常言道，'小孩和女人的话不能听'，你不用畏惧吕须进谗。"

陈平为了保全禄位，凡事都秉承吕后的意旨，不敢专擅，照样吃喝玩乐。表面上有些麻木不仁，其实，他心如刀绞。无奈诸吕专权，日盛一日，不敢轻举妄动。

陈平的忧思独被大中大夫陆贾看出，并对他说："天下安，注意相；天下危，注意将。将相和睦，众情归附。"又说："今日社稷大计，在两个人的掌握之中，一是足下，一是太尉周勃……"

陈平本来与周勃不和，当年他归汉时，周勃曾说过他受金盗嫂，当然心存芥蒂。但诸吕日盛，势必危及国家和自家安全，陈平决定捐弃前嫌，以五百金厚礼向周勃祝寿，博取将相交好。周勃亦隐假诸吕，自然与陈平情投意合，两人常在一起议事，决计合力对付诸吕。

公元前180年，吕太后重病，临终前立吕产为相国，吕禄为上将军，分别统管南军、北军。吕太后死后，诸吕果然谋乱，弄得天下乌烟瘴气。

陈平得知曲周侯郦商之子郦寄与吕产、吕禄有交情，遂托称议事，把郦商邀了过来。软禁郦商后，再召郦商之子郦寄胁迫他诱劝吕禄，交出将印，回朝就职。吕禄本来没有什么才识，又因与郦寄是好友，乃信以为真取出将印，匆匆出营，直奔长安。

郦寄把将印交给太尉周勃。周勃手持将印，召集北军，下令道："为吕氏右袒，为刘氏左袒！"北军纷纷袒露左臂，表示要忠于刘氏。

这时，陈平已与朱虚侯刘章取得联系，与周勃联手，以势不可挡之势冲进未央宫。刘章杀了吕产，周勃杀了吕禄，然后鞭杀吕须，斩杀诸吕。

纵横相较　进退自如

战国时的张仪，学了一套"纵横术"，带了几位同乡跑到楚国去求富贵。因一时找不到门路，在楚国潦倒起来，生活异常困难，同去的人挨不下去了，便怨气冲天地嚷着要回家去。

张仪就说："你们是不是因为穷了，享受不到什么就要回去？那根本不成问题。这样吧，再等几天，不是我夸口，只要见楚王之后，我包管大家吃穿不尽，否则的话，你们可敲碎我张仪的门牙！"

那时候，楚王宠爱着两个美人，一个是南后，一个是郑袖。

张仪那天见到了楚王，楚王十分不悦。

张仪就说："我到这里相当久了，大王还没有给我一点事做。如果大王真的不想用我的话，请准我离开这里，去晋国跑一趟，到那边碰碰运气！"

"好吧，你只管去吧！"楚王巴不得他快些离开，便一口答应。

"当然，不管那边有没有机会，我还是要回来一次的。"张仪说："但请问大王，需要从晋国带些什么？譬如那边的土特产，您若喜欢，我可顺便带一些回来！"

楚王冷眼向他扫一扫，淡淡地说："金银珠宝，象牙犀角，本国多的是，对于晋国的东西没什么可稀罕的。"

"大王就不喜欢那边的美女吗？"张仪问。

楚王一听这话，肌肉立即放松，眼一亮，连忙问："什么？你说什么？"

"我说的是晋国的美女。"张仪一本正经地说，还做起手势向楚王解释："哦——，那真是妙呀！漂亮极了！晋国的女人，哪一个不似仙女一样？粉红的脸蛋儿，雪白的肌肤，头发黑得发亮，走起路来风吹杨柳，说话娇娇滴滴，简直比银铃还清脆。正所谓比花花枯，对月月无光，云鬓压衡岳，裙带系湘江。"

这一席话引得楚王的眼珠一直跟着张仪的手势转，连嘴巴也合不拢了，说："对！对！对！本国是一个荒僻地区，我从未见过晋国的那些小娃们，你不说，我倒忘了，那你就给我去办，多带些这样的名土特产回来吧！"

"不过，大王……"

"那还用说，货款是需要的。"楚王立即给了张仪很多银子，纷咐从速办理。

张仪又故意把这消息传开，直传到南后和郑袖的耳朵里。两人听了，大为恐慌，连忙派人去向张仪疏通，告诉他说："我们听说张先生奉楚王之命到晋国去买土特产，特地送上盘缠，给先生做路费！"因此，张仪又捞了一把。

张仪要向楚王辞行了，装出依依不舍的样子，说："我这一次到晋国去，路途遥远，交通不便，不知哪一天可回来，请大王赐我几杯酒，给我壮壮胆吧。"

"行，行！"楚王客气地叫人赐酒给张仪。

张仪饮了几杯，脸红起来，又装模作样地再拜请楚王说："这里没有别的人，敢请大王特别开恩，叫最信得过的人出来，亲手再赐我几杯，给我更大的鼓励和勇气。"

"可以，不成问题，只要你能早日完成任务！"

楚王看在"土特产"份上，特别把最宠爱的南后和郑袖请了出来，轮流给张仪敬酒。

张仪一见，连酒都不敢饮了，"扑通"一声跪在楚王面前，说："请大王把我杀了吧，我欺骗大王了。"

"为什么？"楚王惊讶不已。

张仪说："我走遍天下，从未遇见有哪个女人长得比大王这两位贵妃漂亮的。过去我对大王说过要去找'土特产'，那是没有见过贵妃之故。现在见了，觉得已把大王欺骗了，真是罪该万死！"

楚王松了口气，对张仪说："我以为什么呢！那你不必起程了，也不必介意。我明白，天下根本没有谁比得上我的爱妃，是不是？"

南后和郑袖同时眨两下眼，嘴一撇："嗯！"

这样张仪以其如簧之舌虚构了一种现象，从中大捞了一把。

知祸于前　激流勇退

李善长是明朝的开国元勋之一，学问渊博，富有智谋，明太祖攻克滁州后，李善长就一直在明太祖身边担任军师。明太祖登基以后，李善长被封为左丞相，因为右丞相徐达常年征战在外，朝廷政务事无巨细全由李善长处理。李善长历史知识丰富，处事干练、裁决如流，又善于文辞，明初许多重要条令均出自他手。所以，洪武三年大封功臣时，明太祖对大臣们说："李善长虽无汗马功劳，然而跟随我这么久，出了不少好主意，这个功劳不是一般军功可以相比的。"于是便授李善长为"开国辅运推诚守正文臣，特进光禄大夫、左柱国、太师、中书左丞相，封韩国公，岁禄四千石，子孙世袭。"

李善长外表宽和，但处理朝政极为顶真。有一次，参议李饮冰、杨希圣稍有点越权办事，侵犯了丞相的权限，李善长认为这是绝对不允许的事，便向明太祖奏报，要贬黜李饮冰、杨希圣。御史中丞刘基为此与他争论法律问题，他争辩不过，竟出口大骂刘基。刘基见李善长摆出丞相的架子，惹不起他，便向明太祖辞职。明太祖虽然没有因这件事怪罪李善长，但对李善长如此看丞相的权限而且有点骄傲的态度，心里颇有点厌恶。李善长是个聪明人，觉察到明太祖对自己的态度已发生微妙的变化，便急流勇退，于洪武四年正月以生病为由，向明太祖辞去左丞相的职务。明太祖亦顺水推舟，未加挽留，同意李善长辞职，还赐了临濠地方若干顷土地给他。

明太祖开始对李善长不信任时，曾打算提拔杨宪为丞相，便向御史中丞刘基征求意见。刘基虽与杨宪私人关系很好，却认为不可。明太祖感到很奇怪，刘基解释道："杨宪有当丞相的才能，但没有当丞相的器量。当丞相，须持心如水，以义理为权衡，个人利益应置之度外才行。杨宪是做不到这一条的。"明太祖又问道："你看汪广洋这个人怎么样？"刘基答道："汪广洋人品和器量都是好的，就是才能上差了一些。"明太祖再问："那么，胡惟庸这个人你以为如何？"刘基笑了笑道："他始终不过是个牛犊，要拉丞相这副犁恐怕是吃不消的！"于是明太祖道："我看丞相这副架子还是由先生来挑吧！"刘基忙推辞道："不可，不可！臣自己知道，我这个人容易得罪人，且身体也不好，丞相这样的职务是担当不起的。其实天下何患无才，愿陛下悉心求之。"

过河拆桥

晋献公二十六年夏，献公病重，临死时，将年少的儿子奚齐托付给老臣荀息，并且任命他为宰相，主持国政，辅佐少主。

晋卿里克在先前献公逼死太子申生、逼走公子重耳、夷吾时，为了避祸全身，一直采取中立的立场。这回献公一死，里克无所顾忌，他与邳郑一起，召集原属申生、重耳、夷吾的党羽，策划了废掉奚齐、拥立重耳的阴谋。他先劝说宰相荀息改变立场，但荀息执意不肯违背献公托孤时自己立下的誓言，他便不再理会荀息，而在献公停尸的地方杀掉奚齐。荀息下葬了献公后，拥立奚齐的弟弟悼子为君，里克又在朝上把悼子杀死，荀息无奈只得以身殉死。

晋国的君位空出后，里克和邳郑派屠岸夷去翟对重耳说："现在国内形势混乱，百姓不安，正是坐江山收民心的时候，您何不归国呢？如您回国即位，我们为您开道。"重耳征求咎犯的意见，咎犯以为时机不成熟，重耳便拒绝屠岸夷道："我违背父命，出逃在外；父亲去世，又不能谨守孝道，侍丧亡父身边。我怎敢回国即位！大夫还是拥立先父其他的儿子吧。"

此时，客居于梁的夷吾极想回国即位，里克派人去迎请他时，他马上就想答应下来，但他的部下吕省、郤芮劝他道："现在国内还有可以拥立的其他公子，但里克却派人来国外找您，这不能不教人怀疑。看来非得凭借秦国的势力回国不可，否则恐怕有些危险。"夷吾采纳了他们的建议，一方面派郤芮去重重地贿赂秦国，约好如得秦国的鼎助回国即位，就把晋国的河西之地送给秦国；另一方面又写信给里克说："如果真能即位，我就把汾阳的一百万亩田地封给您。"于是，秦穆公便发兵护送夷吾归国，齐桓公听得晋国内部动乱，也率领诸侯去晋国；秦、齐诸国共送夷吾至晋后，里克等人就拥立他为君主，这就是晋惠公。

晋惠公即位后，不想实践自己的诺言，他派郤郑前往秦国，婉转地说道："当初我许诺把河西土地奉送给您，而今有幸归国得以即位。言及土地事时，大臣们都说：'土地是先君的，您逃亡在外，有什么权力擅自决定把土地送给秦国？'我据理力争，但无法改变他们的意见，所以现在只好向您道歉。"至于对给里克汾阳田地之事，晋惠公压根儿再没提过。不仅如此，他还剥夺了里克的实权。想到重耳还在国外，惠公对已无权力的里克还是放心不下，总是担心他会像对待奚齐、悼子那样对自己使用杀手，于是决定赐里克自杀。他仿佛有些不得已似的对里克说道："如果没有您的帮助，我也当不上君主。虽然如此，但您到底杀了两位君主、一位大夫，现在做您的君主，实在令人为难啊！"里克愤然说道："不废掉旧有的势力，您如何能够继承君位？真是欲加之罪，何患无辞！您居然说出这种话来，我俯首听命就是。"说完便伏剑而死。

明里相忍　暗植羽翼

阖闾是春秋时吴国国君，姓姬，称公子光。吴国的强盛，是公子光即位称王以后的事情。公子光的父亲吴王诸樊临死的时候，由于种种原因，没能按照约定俗成的习惯，将王位传给公子光，而是将王位传给了他的弟弟余祭。此后吴国的王位应该是传于兄弟之间，到了余祭时，却改变了这一做法。余祭死后他的儿子僚继承了王位。吴国王族内部争权夺位的现象日趋显露。公子光处事，善用心计，斗争讲究策略，心胸宽广，目光远大。对于早就应该属于他的王位，一再被别人所得，公子光不但愤慨万分，内心也十分痛苦。

然而,这种愤恨痛苦的情感,公子光并没有外露,在自己羽翼未丰的时候,如果这种怨恨的情绪表现出来,必招杀身之祸,所以他一直忍而不露。

公子光能在以后夺得王位,成就大业,可以说功归于忍。这正是作为一个能深思远虑的政治家,所必须具备的品质和气度。在条件还未成熟的时候,在"忍"中寻找时机,在"忍"中积聚力量,公子光正是以小忍而谋长计。

这个阶段,公子光进行了诸多的准备,一方面在要害部位安插心腹,四处访贤纳士,笼络各种人才,以备将来之用。另一方面使所做的一切深藏不露,尽做出使吴王僚感到满意的事情,吴王僚以为公子光十分效忠自己,逐渐地减少了对他的猜疑。

这一切,为他实现最终目的,奠定了坚实的基础,发挥了十分重要的作用。

阖闾

公子光后来政变的成功,以及在位期间取得的功绩,还有一个重要的因素善于择才用人。此时公子光发现了时刻难忘父兄被害大仇的伍子胥。当时吴王僚也想向诸侯显示自己的力量,对伍子胥伐楚的提议表示赞同,但公子光却从中阻挠说:楚国很强大,并与吴国远隔千里,以吴国的实力,现在伐楚难以取胜,劝谏吴王僚打消伐楚的想法。吴王僚沉思后,觉得公子光的话不无道理,于是,不再提伐楚的事了。

公子光劝阻吴王僚伐楚的真正用意,绝不是因为不能取胜。公子光早就看出伍子胥的才能过人,一直在寻找机会接近伍子胥,使其成为自己的心腹。他暗地里早已和吴王僚讲过伍子胥一再鼓动伐楚,是想借吴国的力量,报自己的私仇。公子光的良苦用心是想离间伍子胥和吴王僚的君臣关系,而在伍子胥受到冷遇时,借机把他笼络到自己的手下。以后,吴王僚果然疏远了伍子胥。

伍子胥在以后和公子光的交往中,对公子光有了较深的了解,看清了要想报父兄被杀的大仇,必须依靠公子光才能达到。公子光也看到了要想取得王位,一定要有伍子胥的协助才能实现。伍子胥和公子光互有利用,不谋而合。此后,伍子胥为公子光的谋权篡位,出谋划策,四处寻访得力人才。

一切具备后,公子光以预祝吴国出兵伐楚大获全胜的名义,宴请吴王僚以及众臣,这是整套计划的核心,也是最关键的部署,成败在此一举。宴会过程中,公子光向吴王僚献上美味的鲜鱼。一位粗壮的侍者,手端着装鱼的银盘,由殿下慢慢走

来。距离吴王僚的餐桌还有 10 多米远的时候,被吴王僚的武士喝住,经过一番严格搜查后才放他过去接近吴王僚的餐桌。侍者十分沉稳地走到吴王僚面前,将银盘放在桌上,就在放下盘子的一瞬间,以迅雷不及掩耳之势,飞快地抽出事先藏在鱼腹里的短剑,狠狠地向吴王僚刺去。短剑透过甲衣,穿入胸腔,吴王僚一声惨叫,顿时身亡。就在吴王僚倒下的同时,侍者也被吴王僚的近身侍卫刺得血肉模糊,一命呜呼。

刺杀吴王僚的"侍者"名叫专诸,是伍子胥刚来吴国时在街上遇见的一位勇士,后来跟随了伍子胥。

行刺吴王僚顺利得手,这时公子光和伍子胥率领事先埋伏在殿外的人马,杀进大厅。由于吴王僚已死,他的卫士成了无头之鸟,没有人拼死厮杀,所以局势很快就被公子光控制住了。公子光对在座的其他人大声说道:"吴王僚的王位是抢来的,祖父临终时说,将王位传给他的长子,但以后要将王位传给兄弟,不许再传儿子。可是吴王僚的父亲却将王位传给了儿子,违背了我祖父的遗愿,是不忠不孝,如果恢复将王位传给儿子的制度,那么,王位不也应该属于我吗?"接着又说:"如果大家对我的做法有什么异议,可以讲出来。"说完瞪着眼睛看着在座的人,公子光的兵士更是剑拔弩张,杀气腾腾。此时此刻谁还敢站出来说公子光的做法不对呢?

暂退求存

春秋初期,楚国日益强盛,楚将子玉率师攻晋。楚国还胁迫陈、蔡、郑、许四个小国出兵,配合楚军作战,此时晋艾公刚攻下依附楚国的曹国,深知晋楚之战迟早不可避免。

子玉率部浩浩荡荡向曹国进发,晋文公闻讯,分析了形势。他对这次战争的胜败没有把握,楚强晋弱,其势汹汹,他决定暂时后退,避其锋芒。于是对外假意说:"当年我被迫逃亡。楚国先君对我以礼相待。我曾与他有约定,将来如我返回晋国,愿意两国修好。如果迫不得已,两国交兵,我定先退避三舍。现在,子玉伐我,我当实行诺言,先退三舍(古时一舍为三十里)"

他撤退九十里,仗着临黄河,靠太行山,相信足以御敌。他又在事先派人往秦国和齐国求助。

子玉率部追到城濮,晋文公早已严阵以待。晋文公已探知楚国左、中、右三军,以右军最薄弱,右军前头为陈、蔡士兵,他们本是被胁迫而来,并无斗志。子玉命令左右军先进,中军继之。楚右军直扑晋军,晋军忽然撤退,陈、蔡军的将官以为晋军惧怕,才要逃跑,就紧追不舍。忽然晋军中杀出一支军队,驾车的马都蒙上老虎皮。陈蔡军的战马以为真虎,吓得乱蹦乱跳,转头就跑,骑兵哪里控制得住。楚右军大败。晋文公派士兵假扮陈、蔡军士,向子玉报捷:"右师已胜,元帅赶快进兵。"子玉登车望，晋军后方烟法蔽天，他大笑道："晋军不堪一击。"其实，这是晋军诱敌之计，他们在马后绑上树枝，来往奔跑，故意弄得烟尘蔽日，制造假象。子玉急命左军并力前进。晋军上军故意打着帅旗，往后撤退。楚左军又陷于晋国伏圈内，遭到歼灭。等子玉率中军赶到，晋军三军合力，已把子玉团团围住。子玉这才发现，右军、左军都已被歼，自己已陷重围，急令突围。虽然他在猛将成大心的护卫下，逃了性命，但部队伤亡惨重，只得悻悻回国。

应变之计极多，但三十六计，有时还是走为上计为好。

走为上，指在敌我力量悬殊的不利形势下，采取有计划的主动撤退，避开强敌，寻找战机，以退为进。这在谋略中也应是上策。

这则故事中晋文公的几次撤退，都不是消极逃跑，而是主动退却，寻找或制造战机。所以，"走"是上策。

佯败而走

楚庄王为了扩张势力，发兵攻打庸国，由于庸国奋力抵抗，楚军一时难以推进，庸国在一次战斗中还俘虏了楚将杨窗。但由于庸国疏忽，三天后，杨窗竟从庸国逃了回来。杨窗报告了庸国的情况，说道："庸国人人奋战，如果我们不调集主力大军，恐怕难以取胜。"

楚将师叔建议用佯装败退之计，以骄庸军。于是师叔带兵进攻，开战不久楚军佯装难以招架，败下阵来。庸军不由得骄傲起来，不把楚国放在眼里，于是军心麻痹，斗志渐渐松懈，慢慢失去了戒备。

这时，楚庄王率领增援部队赶来，师叔说："我军已七次佯装败退，庸人已十分骄傲，现在正是发动总攻的大好时机。"楚庄王下令兵分两路进攻庸国。庸国将士正陶醉在胜利之中，怎么也不会想到楚军突然杀回，仓促应战，抵挡不住。楚军一举消灭了庸国。

师叔七次佯装败退，是为了制造战机，一举歼敌。

砺心磨志　转败为胜

在尧的时候，天下洪水泛滥，大水冲毁了田园房屋，人们只能逃到树上和山中去居住，无法种植庄稼。作为部落首领的尧心急如焚，他决心治水，但因年老只能苦心寻找能降服洪水，为民造福的能人。禹是颛顼的孙子，他勤奋敏捷，聪明能干，深受民众喜爱。接受了尧的命令之后，大禹和伯益、后稷开始了治水的工程。而此时禹才刚刚成婚4天，他毅然告别新婚的妻子涂山女，投入了治水大业。在禹之前，他父亲鲧也曾治水，鲧采用沿河堵截，拦水筑坝的方法治水，在水患不太严重的时候还行,但一有大水,则无济于事,所以治水9年。一事无成,最后被杀了。禹面对这种艰难的局面,不气馁,不后退,认真总结了父亲治水的经验和教训,虚心地向有经验的老人请教,慢慢地摸索出了疏通河床,开渠凿道,把水引导到旷野之中去的办法。

然而,治水谈何容易!当时人们不知道河水的源流、走向和地理环境,怎么去疏导洪水呢?于是大禹亲自带人跋山涉水,与野兽斗,与恶劣的自然环境斗,考察山川形势,克服了各种难以设想的困难,总算制定出了制服洪水的方案。

但是治水依然无法进行。一些异族部落如三苗,不听劝说,拒不合作治水,成为治理水患的严重障碍,而对此种状态,大禹只好发动战争,征服了三苗。扫清了治水障碍以后,大禹夜以继日地与治水群众一起大干。有一次禹路过家门,本想去看一看离别几年的妻子,这时从远处走来了一群扶老携幼的灾民,禹看见了以后,毅然转身离开赶往别处治水去了。就这样,历经失败、成功,大禹治水13年三过家门而不入,最后终于消除了水患。

面对一次又一次的困难,大禹没有被挫折吓倒,而是坚定不移地进行治水,以至于大腿不长肉,小腿也不长毛,吃尽百般苦,才换得人民拥戴他为王。所以《劝忍百箴》中讲:"不受触者,怒不顾人;不受抑者,奋不顾身。一毫之挫,若达于市;发上重冠,岂非壮士!不以害人,则必自害。不如忍耐,徐观胜败。名誉自屈辱中彰,德量自隐忍中大。黥布负气,拟为汉将,待以踞洗,则几欲自杀,优以供帐,则大喜过望。功名未见其终,当日已窥其量。噫,可不忍欤!"

这段话的意思是:不能忍受别人冒犯的人,发起怒来不会顾及别人;不能忍受别人压抑的人,怨愤时不会考虑自身。受到一点挫折,就好像在大庭广众之下受到侮辱,气得头发竖起来把帽子都顶了上去。不能忍受挫折,不是害了别人,就是害了自己,不如忍耐性情从旁慢慢观察胜败。名誉在屈辱中得到显扬,力量从隐忍中增大。

人的一生之中,遇到挫折是正常的,对于挫折,要勇于接受这种挑战,不能因为遇上一点困难,就怒气冲天,不能忍耐。在《论语》中孔子说:"一时发起怒来,不顾自身和亲戚。这难道不是发怒而忘记了自己的安危吗?"

对此《孟子》也说:"北宫黝守养自己的勇猛,觉得有一点打击就好像在大庭广众之下受到了侮辱。他平常不理睬平民百姓,也不害怕大国国王。哪个诸侯攻击他,他就马上加以还击。"

人的一生谁没有挫折?有几个是一帆风顺的?自古以来,凡成大事者,无不屡受挫折。他们全都以自己大无畏的勇气,战胜了挫折。司马迁在《报任安书》中列举了一系列敢于忍受挫折,面对逆境的挑战,毫不气馁,奋发向上的例子。他说:"盖西伯拘而演《周易》;仲尼厄而作《春秋》;屈原放逐,乃赋《离骚》;左丘失明,厥有《国语》;孙子膑脚,《兵法》修列;不韦迁蜀,世传《吕览》;韩非囚秦,《说难》《孤愤》。《诗》三百篇,大抵圣贤发愤之所为作也。"

像这样遭受挫折的例子,举不胜举。

古人认为,能够屈居在一个人之下,取得君王信任的人是汤王和周武王,汉高祖效法他们能够忍耐,终于带着部下取得了天下,建立了400多年的汉家王朝,这是能伸能屈的典型。

西汉人黥布,是楚国的大将,封九江王,听从随何的劝说投降了汉王。到了汉之后,恰巧汉王正坐在床上洗脚,便召黥布进去。黥布非常生气。后悔归附汉王,想自杀。等出来后到住地,吃的、随从、居住的地方都和汉王差不多,黥布大喜过望,因为待遇超过他的想象。这就是还没有看到他将来立的功名如何,先知道了他的气量怎样的例子。这是不能在挫折面前忍耐的人。后来黥布造反,被诛灭了。

屈身求安　以图大计

陈平因在惠帝左右,当然消息灵通。他又时常接近吕太后,留心察看朝中动向,着意防范政敌构陷。因此,吕须屡屡进谗加害陈平,都不能如愿。陈平在两种势力的明争暗斗中存身下来,并潜心构制日后的行动计划。

当初,汉高祖刘邦病危时,吕后曾问道:"陛下百岁后,萧相国即死,令谁代任?"刘邦答道:"曹参可。"吕后又问其次,刘邦答道:"王陵可。然(王)陵少戆(憨厚而刚直),陈平可以助之,陈平智有余,然难以独任。周勃重厚少文,然安刘氏者必勃也,可令为太尉。"

按照高祖遗嘱,萧何死后,即以曹参代相。

汉惠帝五年(前190年)八月,曹相国死。吕后细思高祖遗嘱,无非是说陈平鬼点子过多,难以全信无疑,不能独托相国大任,务需一个忠厚老臣从旁节制。以她的政治经验和聪明才智,自会领略汉高祖的深意,遂于汉惠帝六年(前189年)十月,拜安国侯王陵为右丞相,以曲逆侯陈平为左丞相,以绛侯周勃为太尉。汉代以右为尊,陈平便是屈居副丞相位置。

王陵、陈平并相的第二年,汉惠帝死,吕太后临朝听政。

高(吕)后元年(前187年)冬,吕太后欲立诸吕为王,便先去征询王陵意见。王陵好直言,回答说:"高帝刑(斩杀)白马歃血立盟,宣誓说:'非刘氏而王者,天下共击之。'现今立诸吕为王,即是违约。"吕太后不悦。随后再问陈平、周勃,二人皆说:"昔日高帝定天下,即以刘氏子弟为王;现今太后称制,欲以吕氏兄弟子侄为王,无所不可。"太后大喜。

罢朝以后,王陵责备陈平、周勃:"当初与高帝歃血立盟,诸君岂不在场?现今高帝驾崩,太后欲封吕氏为王,诸君却阿谀逢迎,背盟违约,日后有何面目见高帝于地下!"陈平坦然对答:"今日面折廷事,我不如君;日后保全社稷,定刘氏之后,君却不如我。"王陵满怀气愤,恨恨无言。

这年十一月,吕太后恼恨王陵忤旨,夺回他的相权,改任为皇帝太傅。王陵肚里没有撑船的海量,也就难以咽下这口恶气,索性谢病辞任,闭门不出。其后十年(一说七年)而死,确于朝政无大建树。

自从王陵免相,吕太后升陈平为右丞相。吕须因记前嫌,几次谗毁陈平,说他:"为丞相不理事,日饮醇酒,玩弄妇人。"这些小错,吕后根本不会放在心上,而且这正是陈平有意为之,故意让人知道他心无大志只图享乐,这就更对吕后不构成威胁了。陈平听后,暗自庆幸自己的计谋得逞。

说来话长,自从汉高祖刘邦死后,陈平眼见主弱臣强,又兼吕后机诈阴狠,生性多疑。他自思才兼文武、志向远大之人必添震主之威,反会招致疑忌,或许酿成杀身之祸。因此,他便故意装得胸无大志。在家中时,常常伴着美酒和妇女,似醉非醉;在朝廷上,事事随声附和,若即若离。现今听到吕须进谗,更加放荡自流。

吕太后看到陈平的作为,果然心中窃窃自喜。一次,她竟当着吕须、陈平的面,公然套起交情来,对陈平卖弄道:"俗语说'妇人、小儿的口舌,万万不可听信。'想您与我是何等关系,再不要畏惧吕须的谗言。"陈平将计就计,从此与吕氏彼此相安。太后封诸吕为侯、为王,陈平无不听命。他只是千方百计把住丞相要位,留待日后举大事时,也要居中调度。

第四章　治国济民顺自然

做帝王的人,如果能够遵守顺应天地运行的自然规律,有言有令,天下就会太平无事。君臣礼让,相互推让已有的功劳,德化流遍四海,百姓深受其恩德却不知恩德从何而来。所以,任用臣子,不必实行礼法奖赏制度,就能做到美满而无害。做君王的要以道制人,使人心悦诚服。设立制度规矩,是为了防备衰败的事情发生,虽有督察的政体和机构,虽有坚甲利兵的武备,但却没有挑起战乱、涂炭生灵的用心。天下太平时,君臣之间互不猜疑,国家稳定,君主安心,做大臣的能以义引退,上下关系也能美满而无害。天下的霸主控制士人靠权变和谋略,招揽结交士人靠守信用,任用驱使士人则靠奖赏。如果信用衰败,那么士人就会疏远他;奖赏不行,则士人就不为所用。所以说,治理国家的根本是"刑"和"德"。二者互为依存的条件,相辅相成。如同天必须依靠白天黑夜、春夏秋冬等阴阳的变化才能形成岁月的更替运行一样,人则必须依靠刑和德两个方面才能达到天下大治的目的。所以说,即便圣人治国理政,也不能偏用一方而舍弃了另一方。

拗韧不废　大事终成

　　窦光鼐,字元调,山东诸城人,乾隆七年进士,改庶吉士。至乾隆二十年被提拔为左副都御史,督浙江学政。但官运不好,七年后乾隆帝以其"识见迂拙,不克胜副都御史之任",将他调离此任。至乾隆四十七年复督浙江学政。其间原因乾隆帝在一份谕旨中说到,"窦光鼐科分较深,学问亦佳,从前未经升用,即因其性情偏执,遇事辄挟私见,是以迟迟耳。近念其学问尚优,历俸最深,仍用至侍郎,留学政之任,理宜安分守职,承受朕恩。"但窦光鼐秉性难改,颇有些"死不改悔"的味道。

　　乾隆四年(1782),查办闽浙总督陈辉祖抽换侵吞原巡抚王亶望被查抄没收金子的案件时,乾隆帝下旨清查各府州县仓库钱粮数,当年就查出亏空130万两。虽然经乾隆帝多方敦促,但在通省大小官员的有意延宕民抗违下,限期内难以全数补齐。乾隆五十一年二月,浙江巡抚福嵩报告四年来已弥补96万两,尚余33万两旧欠,请求延缓期限上交。乾隆十分生气,下谕严加斥责,并宣布委派尚书曹文植、侍郎姜晟、巡抚伊龄阿前往浙省,彻底清查。随即福嵩及布政使盛住被革职。曹文植等三位钦差都是乾隆时著名的审案能臣,但在浙省长达两个月之久,不仅没有贯彻乾隆的意旨,反而有将就了事之心,准备将浙省亏空案草草了结。但平地起风云的是"不识进退"的浙省学政窦光鼐竟使此案急转而下。窦光鼐参奏了浙江各省官员贪婪亏空,而且数额远远超过三位钦差奏明皇帝的33万两。巡抚、布政使尚且因未能按期补完33万两旧欠而被革职,窦光鼐还说亏空不止此数,还将置福嵩、盛住于何处?置州府县于何处?如系属实,必将难脱革职、抄家,甚至诛戮发配的命运,势必遭到他们拼死反噬!更何况三位钦差已奏明浙省亏空只有33万两,窦光鼐此举使他们相当难堪,这不只是脸面的问题,更将犯有辜负重任、徇情失职之罪而遭严惩。因此他们也十分恼恨窦光鼐的多此一举。

　　但接到窦光鼐奏折的乾隆帝却没想到这些,他下诏褒奖了浙江学政窦光鼐的据实参奏,训诫钦差大臣曹文植不要回护瞻徇、将就了事,责令他们彻底清查。乾隆五十一年五月初,乾隆帝收到了曹文植与窦光鼐分别奏报亏空之事的奏折。曹文植坚持己见,硬说没有亏空,所欠之数比福嵩呈报的还少,只欠27万2000两银。而窦光鼐奏折中弹劾浙省永嘉知县席世维借生监谷输仓备查;平阳知县黄梅借亏空数目科敛累民,并且在母丧之日演戏,大伤风化;仙居知县任徐廷翰殴毙临海县生员马擎,殊干法纪;以及市政使盛住上年进京,携赀过丰,颇招物议。看到他的奏折后,乾隆帝立即指令大学士阿桂急速赶往浙江审理,谁知阿桂审理后,汇报说"查明永嘉、平阳等县实无挪移勒派之事。平阳县知县黄梅丁忧演戏之事,查系该县为伊母庆九十生辰,于演戏夜痰壅猝故。"而且指斥窦光鼐的奏折是无中生有、捕风捉影的无稽之谈。

阿桂、曹文植、伊龄阿等都是乾隆帝御前走红的心腹重臣，乾隆帝在奏折上曾公然的批示道："朕之信窦光鼐，自不如信阿桂等。即令窦光鼐反躬自问，亦必不敢自以为在阿桂等上也。"因此，遭到这些人的联合攻击，使得窦光鼐陷入四面楚歌的困窘之境。他是学政，追查贪案不属于他的职责范围，而且听信阿桂等诬陷的乾隆帝多次下谕旨训饬他"以无根之谈，冒昧陈奏，实属荒唐。"窦光鼐似乎应识些时务，或暂避一些风头了。但这位学政，真是"拙迂"的可爱，不仅坚持己见。"再疏论梅事，言阿桂遣属列诣平阳谘访，未得实，躬赴平阳覆察"，亲自赶赴平阳访查。乾隆帝对此极不理解，在奏折中批示道，"今窦光鼐之固执己见，晓晓不休者，以为尽职乎？以为效忠乎？且窦光鼐身任学政，校士是其专责……平阳去省返往二千里，该学政必欲亲往访查，而置分内之事不办，殊属轻重失当。且其固执辩论意在必伸其说，势必蹈明委科道盈廷争执，各挟私见，而不顾国是之陋习，不可不防其渐。窦光鼐著交部议处，并将此通谕知之。"刑部议以光鼐祖庇劣生、擅离职守，例应革职。尚不明乾隆帝底蕴的窦光鼐在这场力量对比极为悬殊的搏斗中，真是黯出去了。在平阳县调查时，一位名叫吴荣烈的组织全县几百名秀才，联合写了一道呈文，递交给窦光鼐，用确凿的证据和大量的事实揭发了黄梅罪状，听了大家的控告，窦光鼐义愤填膺，立即拟写了一份奏折，列举了平阳知县黄梅敲诈勒索钱粮的罪行，并指出"该县在任八年所侵吞谷价与勒损之钱，计赃不下二十万。且于颁赏老民钱及廪生廪饩亦未给贴。至其母丧演戏，缘欲缓报丁忧，借演戏以便催粮，家人窃物外逃，事遂泄漏，邑人皆知。今将田单、印票、飞头、谷领、收贴、催贴、借票，各拣一纸进呈。"在从平阳返回省城时，窦光鼐对那些证人表示："不欲做官，不要性命"，也要将此案追查到底。

但在窦光鼐的奏折到达之前，那些极力庇护下属的权臣们却抢先一步在乾隆帝处告了窦光鼐的状。和阿桂沆瀣一气的巡抚伊龄阿也趋炎附势地落井下石，先是上奏折诬蔑窦光鼐"未到平阳之先，差人招告；既到，则招集生童，发怒咆哮，用言恐吓，并勒写亲供，锁拿书役，用刑逼喝。"乾隆看罢奏本，认为窦光鼐举止乖张，应交刑部议罪，部议革职。但伊龄阿觉得处罚得还不够分量，继续诬奏窦光鼐在平阳县城隍庙多备刑具，追究书吏、生监、平民，一概命坐，及由平阳回省，携带多人，晓晓执辩。乾隆帝阅罢奏折，勃然大怒，下谕旨称："看来窦光鼐竟系病疯，是以举动癫狂如此……如此乖张瞀乱，不但有乖大臣之体，且恐煽惑人心……仅予革职，不足蔽辜，窦光鼐著拿交刑部治罪。"

咆哮发怒的乾隆帝发出谕旨后不久，态度有了急转而下的变化，原来他接到窦光鼐在平阳调查后写的奏折。乾隆帝发热的头脑冷静下来，他毕竟是一代英明之主，从有关天下吏治兴衰的角度，极力重视严惩贪官污吏。因此乾隆并未文过饰非，看到窦光鼐证据确凿的奏折后，认为黄梅确有勒派侵渔之事。窦光鼐呈阅的田单、印票、借票及收贴一半"钤有官印及伊私用图记，断非捏饰"，"确凿可据，岂可以人废言?"并且在谕旨中称"若朕惟阿桂、曹文埴、伊龄阿之言是听,而置此疑案,不明白辨理,不但不足以服窦光鼐之心,且浙省现值乡试,生监云集,众口籍籍,将何以服天下舆论? 此事关系重大,不可不彻底根究,从服众惩贪!"并认为伊龄阿等"不免为属员所欺矣",表示"朕不回护,唯有大公至而已。"随即乾隆帝下旨让已经回京的阿桂再赴浙江秉公办案,并加派江苏巡抚闵鄂元协办。阿桂、闵鄂元回奏乾隆帝,窦光鼐所言确有其事。结果阿桂、曹文埴、姜晟、伊龄阿皆交付刑部议罪。窦光鼐则升三级,署光禄寺卿,六年后升任左都御史。

保存力量　以退为进

1916 年护国战争初期,护国军顺利占领了沪州,叙府等军事要地,袁世凯的前线 3 万多部队受到重创,袁世凯惊骇不已,慌忙大规模地调整增援部队。

2 月中下旬,袁世凯援川部队陆续到达,仅在沪州附近集结部队就达 10 万多人,袁军倚仗人多势众和刚出师的锐气,在重机枪的掩护下轮番向护国军发起猛烈进攻。

护国军昼夜战斗,一点也得不到休息,消耗很大,伤亡渐多。而唐继光由于称霸西南野心作怪,为保存实力,在第三军外,昆明留守兵力,迤南迤西各两千,总共七八千人,蔡锷第一军入川部队,总共才七千来人。面对非常时期,蔡锷一面宣布要尽力节省弹药,用铁桶放鞭等方法来迷惑敌人,一面将总司令部移至纳溪,冒着枪林弹雨,亲临前线督战,官兵士气百倍,英勇冲杀,他们坚定地表示,跟蔡将军为国家,为人民而战,将军死在哪里,我们也都死在哪里。

一个多星期后,官兵们已极度疲倦,弹药也已供应不上。蔡锷沉思,如果再死战下去,护国军必将全军覆没,护国讨袁革命计划也就只能付之东流。

为了保存有生力量,避免不必要的牺牲,2 月中旬,蔡锷采纳总参谋长罗佩金的建议,实施战略撤退:中路出泸州,在纳溪与北洋军隔江对峙;左翼 3 月 2 日出叙府,右翼也退至黔边。这次战略撤退有条不紊,首尾相应,老百姓也都含泪送别,嘱托早日迎回,沿途城中居民都在门前点上一盏灯,照着部队行路,许多士兵感动地流下眼泪。

曹锟占领叙府、泸州后,立即向袁世凯报捷,大肆宣扬"辉煌战果"。陈宦也报告,川军统领柏起光率一支奇兵进入了滇北。几手同时,周文炳在湘西占领麻阳,龙观光侵入漠桂边界,龙少卧由云南江边逢春岭进入建水。

袁世凯兴高采烈,欣喜若狂,放弃了缓办帝制的意图,又积极筹备登基,以为蔡锷再没有力量,再也不敢讨伐自己。

而蔡锷退却后,不但没有消沉,而是积极筹备更有效的进攻。

蔡锷先给唐继尧去了一份电报,晓以大义,鼓舞他们的革命斗志,并派赵仲奇和黄毓成两部回援,同时宣布前方少校以上军官各降一级,作为战事失利的处分。

当护国战争处于危急的关头,一些事先答应举义的省份,都纷纷坐视观望。特别是广西的陆荣廷云粤起义前态度本来相当明确,坚决起义,但是现在却是"荏苒两月音哨转寂。"而广西不响应,第二军李烈钧就无法通过桂省,进取湖南江西,与第一军在武昌会师。

于是,蔡锷急电梁启超,请其加速策动广西举义。梁即派与日本政界较熟的密友周善培赴日,得到日本犬养毅无条件提供的价值百万日元的枪械援助,在梧州交付广西,以解决枪械之不足。随后,陆荣廷派唐伯珊,陈协五到上海,邀请梁启超去广西,表示所到之日,即为独立之时。梁启超考虑到"滇黔生死,且全国国命所托",一路上历经艰险,终于到达广西。15日,陆荣廷即与梁启超联名发表致北京最后通牒电和致各省通电,宣布广西独立、陆荣廷就任都督兼护国军两广总司令。

袁世凯被如此当头一棒,没料到形势会发生急转直下的变化。

3月17日,蔡锷看到部队经过整休,体力恢复,广西独立又大振军心,遂命令部队全线反攻。

经过七昼夜的激战,护国军占领了纳溪、江岁、南川、彭水、綦江等要地。袁世凯的两张王牌吴佩孚、张敬尧部队尸横遍野,几乎全军覆灭。

做着皇帝梦的袁世凯惊慌失措,被迫于3月22日取消帝制,委派徐世昌、黎元洪、段祺瑞与护国军议和。

护国战争终于取得彻底胜利。

以理成名

崔仁师,定州安喜人。有"才堪史职"之称,参与过梁史与魏史的修撰。贞观初年担任殿中侍御史。

贞观元年,青州发生了一起谋逆造反的案子,州县追捕余党,致使俘囚满狱。诏命崔仁师迎前往复审此案。

贞观十六年,崔仁师被提拔为给事中。这时,刑部对《盗贼律》中的规定的"反逆者缘坐兄弟没官"的条文产生异议,认为太轻,应该改为从坐处死,并将此项建议提交八座会议集体商议。讨论中意见产生了分歧,右仆射高士廉、吏部尚书侯君集等人议请从重,而民部尚书唐俭,礼部尚书江夏王李道宗,工部尚书杜楚客等认为原条文允当,议请依旧不改。最后,鉴于汉、魏、晋三朝谋反的人都要夷灭三族,"咸欲依士廉等议"。

崔仁师到当地后,立即命人将囚犯的枷锁去掉,还供给饮食汤沐,安定人心,并"以情讯之"。经过仔细的审问后,崔仁师只将为首的十几个人定为死罪,其他的盲目跟从者,都将被免予处罚,释放回家。

崔仁师回朝奏报复审结果后，朝廷派敕使前往青州宣判和处决。大理少卿孙伏伽素来以心胸豁达、强颜谏主知名于世，他久历法曹，深知其中利害，因此他忧心忡忡地对崔仁师说："此案牵连的人数极多，而被你昭雪平反的人也太多了！人的本性都是好生畏死的，谁肯心甘情愿地被处死呢？一旦判决时，那些死囚心怀侥幸翻供或反咬你一口，说你滥纵重囚，那可怎么办？"但崔仁师坦然答道："治狱以仁恕为本，所以有句谚语说：杀人刖足，亦皆有礼。断狱的司法官怎能为求得自身的安全，就明知冤枉而不为申理呢？如若真有什么差错，使吾以一介易十囚命，固吾愿也。"语调虽很平缓，话却说得堂堂正正，掷地有声，体现了一个封建执法者为求公正而置个人利益于度外的宽阔胸襟。孙伏伽听罢非常感动，又感到有些惭愧。

敕使到了青州再次讯问囚犯，并宣读判决。诸囚纷纷叩头说："崔公仁恕，事无枉滥，请伏罪。"没有一名死囚有异议，更不用说有什么过激的行动了，这真是一个奇迹。此事传开后，崔仁师名声大噪，"由是知名"。

当时，给事中崔仁师却站出来反驳。他历数自伏羲、神农以降，历代刑法轻重与治世兴衰的关系后，简单明了地阐述了自己的意见：现今条文允当，即所谓"断狱数简，手足有措，弄清化治，未有不安。"而众位大臣所引以为据的"暴秦酷法，为隆周中典，乘恻隐之情，反惟令之行。进退参详，未见其可。"同时，立法目的不是为了杀戮，而是为了使人产生警惕之心，减少犯罪。他还从血缘亲疏角度进一步论证说，即使议改从重，对冥顽不化之徒仍是无济于事，"且父子天属，昆季同气，诛其父子，足累其心，此而不顾，何爱兄弟？"恳请众位大臣"既欲改法，请更审量。"

他的话从治世兴衰、立法的目的与血缘亲疏多方面进行了论证，既有高度，又有深度，可为有理有据，在一千多年后的今天看来，仍不无借鉴意义。唯其如此，才说得各位大臣心服口服。为此，朝廷采纳了崔仁师的意见，驳回了刑部之议。

文武分离　妙策集权

杨广是一个很有创见的明智的政治家，尤其是在中央与地方关系的处理上，他很有创见。

第一手是完成了州刺史文武职能的分离。在隋以前，刺史的职权是双重的，既有管理地方行政事务的"文权"，又有统掌军队的"武权"。这双重权力的统一使中央权力受到极大剥离。但杨坚识时务，杨广集大成。杨广在其父已开始工作的基础上，完成了文武职能的分离，刺史还保留有残存的军事官衔，但其职能纯粹是文职的。这项改革标志着政府职能合理化和巩固中央政府手中权力努力的组织化、制度化。

第二手是改革军事制度。605年，炀帝对军事制度进行了重大改革。这一改革旨在把兵力进一步集中，归中央指挥机构控制。命令的主要特征是，总管府率的所有部队从此直接归京师十二个卫和府控制。平定南方前,总管府(各州军区司令部)到处都是;南方统一后,总管府的数字已经减少,但在604年仍有36个。605年,炀帝毫不犹豫地撤销了诸州总管府,把部队纳入中央军事机构。这一改革具有重要意义,它能轻而易举地对付地方小规模的骚乱,又可以布置精兵进行大战役,镇压地方大的割据叛乱。

第三手是同时运用强力手段和怀柔政策来处理中央与地方的关系。隋炀帝是一个识时务者,他从不计较名分,也不想为某种既定规范所限。在该运用军事打击力时,他毫不手软;在该使用怀柔政策时,他也不惜气力,甚至不顾招致灭亡的危险去大挖特挖大运河。

在运用强力打击上,他第一个对准的就是其弟、汉王杨谅。杨坚在世时,汉王担任并州总管,自崤山以东,直到东方大海;南到黄河,共52个州,全属他的辖区;皇上特别授他应变全权,不受法律规章拘束。604年,杨坚去世后,杨谅发动兵变,其中有19个州参与了兵变。杨广极不含糊,他任命令人生畏的杨素为前锋,大举反攻。经过2个月的大战,汉王被俘。杨广毫不留情地开除了杨谅的官籍,从皇家户籍中剔除姓名,杨谅遂被囚禁而死。这使地方政府受到震动,不敢公开反对中央政府。

在运用怀柔政策上,杨广可谓是一高手。他把自己的政治集权融入其文化战略中。他个人的文化修养和艺术家的气质,使他在说服南中国地方政权特别是那些最敢于顶撞中央政权的文化人的过程中显示出无与伦比的个人魅力。这种个人魅力使很多南中国有名望的地方人士发现,他们的新统治者并不是想象中的荒村野夫。不仅如此,杨广在南中国广建道佛寺院、藏经之馆、杏礼之坛。文化人、宗教大家纷沓而来。这很快折服了南中国地方政府的人士。

第四手是建立有条理的和稳定的行政体系。炀帝将文帝的州、县二级体制改为郡、县二级体制。他设置190个郡,设1225个县,平均每个郡管辖6.5个县。

炀帝时期的郡县长官由中央政府直接任命,由皇帝直接控制。但是,在当时历史条件下,由中央政府直接统治上百个郡、上千个县,这种过分集中的权力,从长期来看,势必要削弱中央的统治。因为,皇帝个人陷于行政事务的泥潭中,他必然没有充裕时间来考虑战略问题和全局性关系问题。

这样,隋王朝所面对的问题与秦王朝也有了相似之处:人们对地方郡县官吏统治的不满就转化为对中央的不满,反贪污官吏必反皇帝。因此,隋朝与秦朝的历史命运也同样有了相似之处:秦王朝历史是15年(前221~前207),隋王朝的历史是37年(581~618),历史短暂;秦灭亡于农民起义大潮中,前者被陈胜吴广起义动摇,后者被王薄、窦建德起义冲毁。

第五手就是完善科举制,使科举制成为处理中央与地方关系的一个重要工具。杨坚虽首开科举并没有多少建树,而杨广却成就了科举大业。他在夺权继任的第二年即大业二年，就首先下令开设进士科考试，把分科考官提到了一个较高的层次，使官吏的任命有了考试制度的保证。从此，春来秋往，寒来暑去，举子们络绎不绝于长安大道，繁华的商埠，边远的山乡，都依照国家的法令，把自己的优秀儿女送上一展头角的竞争场，让他们充分展示自己的才华，摘取仕林桂冠。历经唐宋元明清，于1904年，科举历经1371年的长路，为国家培养了1000万各类官员。

正是这些充满创新性的措施的实施，在炀帝登基后的四五年内，出现了"隋世之盛"。经济、政治、儒学、交通、文化、生产等，都出现了繁荣的景象。

严法治乱邦

王猛，字景略，北海剧人。他出身贫贱，博学且喜爱读兵书，胸怀大志，期望能遇到明主，一展才华，匡世济民。

东晋桓温北伐入关时，曾与王猛相见。王猛一边谈论时局，一边提着虱子，旁若无人。桓温觉得他是个难得的人才，班师南返时，赐给他车马，并授予高官督护，请他一起归晋。但王猛认为东晋朝廷看重门阀，不会重用他这样的寒士，就婉言拒绝。

前秦苻坚一心想成就霸业，十分注意收罗人才。他听说了王猛的名声后，急忙派人把他找来，两人都感到相见恨晚。苻坚和王猛纵谈天下大事，意见竟不谋而合。苻坚登上皇位后，便任命王猛为中书侍郎。

当时始平一带社会秩序非常混乱，豪门大户横行霸道，为非作歹；盗贼土匪到处都有，无恶不作，历任县令都无力治理，善良百姓受尽欺压，无处申冤。苻坚就把王猛调去当始平县令。

王猛一上任，就申明法令，有胆敢违抗者定严惩不贷。他决心用严峻的刑罚来管制豪强，分辨善恶，整顿秩序。不多久，就杀了好几个民愤很大的恶霸。

有个官吏是个地头蛇，但在朝廷中又有后台。他在当地作威作福，肆无忌惮。他根本不把王猛放在眼里，对他发布的法令，更是不屑一顾。一次，他触犯了王猛的法令，王猛一点也不客气，依法严惩，将他用鞭子打死。当地豪强就像炸了锅，联合起来上书告王猛草菅人命，竟然鞭杀了颇有权势的官吏。这些豪强在朝中都有为他们说话的人。于是有关部门就弹劾王猛，把他抓起来，用囚车押到廷尉所设的诏狱。

苻坚接到报告，亲自质问王猛。

苻坚说："为政之本，以道德教化为先。你刚上任几天，却杀了那么多人，怎么这么残酷啊?!"

王猛回答说："我听说：'宰宁国以礼，治乱邦以法。'这就是讲，礼是用来治理安宁太平国家的，对于混乱污浊的地方就要用法来治理。陛下不嫌弃我才疏学浅，派我去治理难以管理的地方。我决心恪守职责,不辜负明君的重托,为国家翦除凶险狡猾之徒。现在我刚刚杀死一个奸人,剩下的还有上万个坏蛋。倘若责备我未能除尽残暴的恶人,肃清不法分子,那么,我甘心受刑处死,以谢辜负陛下重托之罪;倘若指控我为政残酷无道,那么,我是实在不敢接受的。"

符坚听了这番话,大为感慨地对群臣说:"王景略真是春秋时管仲、子产一样的人啊!实在了不起!"于是赦免了他,并且加以重用,一年之内升了五次官。

王猛由于严格执法,纪律严明,所以他率领的部队没有骚扰百姓的事情发生,他所管辖的地区盗贼不敢出没,人民能够安居乐业。在他执政的 15 年里,前秦的吏治得到了整顿,政治比较清明,社会比较安定,因而增强了国家实力,逐渐统一了除前凉、代之外的全部中原地区。

秉公执法　不畏强权

司马芝是河内郡温县人。他为人正直,善于断案,不徇私情,是个杰出的清官。

曹操平定荆州之后,司马芝任济南郡营县长官。当时战争刚刚结束,地方上秩序混乱,特别是一些豪门家族,经常违法乱纪,百姓都极为愤恨,却又无可奈何。

郡主簿刘节,是豪门家族子弟出身,他手下有一千多个宾客,经常在官署中扰乱治安,还盗窃抢劫百姓财物,当地官吏都不敢管。

司马芝上任不久,就开始征兵,司马芝派遣刘节的门客王同等人去当兵。手下人劝司马芝说:"刘节家里从来没有人服过兵役,恐怕他们不会同意去当兵的,到时候他们躲起来,你这里就会缺额了,不如改派别人为好。"

司马芝不同意改派别人当兵,写信警告刘节:"您在郡里担任要职,黎民百姓对您的宾客经常不服兵役早有怨言,我已了解到这个情况。现在召征王同等人入伍当兵,希望您遵纪守法,按时派遣他们到郡里集合。"

但刘节不听,还是将王同等人藏起来了。县里管征兵工作的掾吏无法完成征兵人数,只好请求让自己顶替王同服役。

司马芝见状,立即写了一封信,信上详细列举刘节的种种罪状,派人骑马将信极快地送到郡城济南太守郝光那里。郝光历来信任司马芝,立即决定由刘节本人顶替王同去服兵役。

老百姓听说司马芝竟然敢令郡主簿去当兵,人人赞颂,拍手称快。

这样的事例还有很多。

广平县有个叫刘勋的征虏将军,横行霸道,他的宾客和子弟在他纵容下,经常胡作非为。司马芝后来调到广平县当县令,刘勋的宾客仍无收敛。刘勋还经常给司马芝写信,要求司马芝看在原来同事的情面上,不要追究他手下犯罪的人。

司马芝连信都没有回,一律依法办事,惩处了刘勋手下犯罪的人。后来刘勋自已也因触犯刑律被诛杀,那些与刘勋案情有牵连的人,无一漏过,全部判罪。司马芝不徇私情,秉公执法的事迹被当地人民到处传颂。

魏明帝即位后,赐封司马芝为关内侯。不久魏太祖曹操堂弟的奶妈和临汾公主的侍者,私下祭祀无涧水神。这属于当时禁绝的淫祀,因此,触犯了法令,被关入监牢。卞太后知道后急忙要找司马芝说情,要求减轻惩罚。司马芝回避不见。卞太后就派了黄门官到官府中传达她的命令,企图逼迫司马芝服从。司马芝下令不许通报,同时立即命令洛阳监狱的狱吏,以审讯为名将两人拷打至死。

事情完毕司马芝才给明帝奏章说:"按照常规,凡是判处死刑的人,都应当先上表奏明,等候圣上批准,再施行死刑。而这两个犯人兴妖作怪的罪行,刚刚开始审讯出供词,太皇太后就命黄门官传来懿旨。臣不敢接受太皇太后的命令,害怕命令中有祖护罪犯的内容,圣上知道后,会不得已将犯人保护下来。故臣违反了先奏后斩的规定,已将犯人拷打至死,请圣上给臣处罚。"

魏明帝看了奏章,明白司马芝的真实用心,不但没有责怪他,还亲自批复说:"你为了执行禁止淫祀的法律,所以才权宜行事,做得对啊!有什么可论罪的呢?这只能说明你的忠心,以后黄门官再去你那里,你一定要小心谨慎,千万不要轻易接近他们啊!"

司马芝后来做过大司马、河南尹。是魏国历任河南尹中最杰出的清官,当他死在官任上时,家里并没有余财。

因势留法度

汉武帝的妹妹隆虑公主有个儿子叫昭平君,从小就胡作非为。隆虑公主久病之后,自感不久于人世,知道自己的儿子将来肯定要捅乱子,临死前以金千斤、钱千万为昭平君赎死罪,汉武帝含泪答应了。

隆虑公主去世以后,昭平君无人约束,一天比一天骄横起来。一次喝醉酒,竟把公主的老师给杀了,司狱官把昭平君关了起来。

因为是公主的儿子,司狱官请皇上来裁定。

这时皇帝身边的人都说:"以前已经缴钱赎罪,陛下您也答应了,还是免了吧。"

这可难坏了汉武帝:"妹妹到老来只有这一个儿子,死的时候又托付给我,这可怎么办呀?"他又是叹息,又是哭泣。

汉武帝

过了很久，汉武帝又说："法令是先帝制定的，因为妹妹的缘故而亵渎先帝的法令，我有什么脸面再去高祖庙呀！对下又辜负了老百姓！"于是，批准了司法官依法判刑的奏折。

批是批了，汉武帝哀痛难抑，左右的人也都悲戚戚的。

而东方朔这时来给汉武帝祝寿，他说："我听说圣明的帝王治理国家，奖赏不避开仇人，刑罚不避开骨肉。《尚书》就说'不偏私、不袒护，帝王之道光明远大'。这两条是上古五帝所推崇，上古三王办起来也有些犯难的。陛下您实践了，四海之内的黎民百姓各得其所，安居乐业，这是天下的幸事！我东方朔捧着酒杯，冒死叩拜，祝您万岁。"

汉武帝听后，心里大安，认为自己处置侄儿的事是公正的。

罪刑相当　依法办事

汉文帝出巡，经过一座桥时，突然有一个人从桥下出来，惊了驾舆车的马。骑马的捕快逮住了那人，送给了最高法官张释之。

张释之审问那人，原来那人是乡下人，听说皇上的圣驾经过，便躲在了桥下，过了很久，本以为圣驾已经过去了，便出来；看到马车，吓得拔腿就跑，因此惊了圣驾。

按照当时刑律，这是应该判死刑的。于是张释之向汉文帝奏告说：这个人惊了圣驾，应该罚款。

皇上一听，大怒道："此人惊了我的马，所幸这马还比较温顺，要是别的马，岂不把我伤了？罚款就了结了吗？"

面对皇上的震怒，张释之并不屈服，说："法律是天子您和天下人民共同制订的合约，应该共同遵守。现在，按法律应当如此，如果从重处罚，法律就不能取信于民了。要是当时皇上派人杀了他，也就罢了。现在既然交给了法官，而最高法官又是天下的天平，一有偏向，天下各级施行法律的时候就都效法，任意轻重，老百姓以什么为标准？还是请陛下您好好考虑考虑。"

汉文帝想了一会，说："应该是这样的。照刑律行事吧。"

后来，又有人偷汉代开国皇帝汉高祖庙内神座前的玉环，被抓住，也交给了张释之处置。按照法律，偷盗宗庙器物的，应该判弃市（斩首后陈尸街头）。张释之把依法做出的判决向皇帝做了汇报。

汉文帝又是大怒："人没有一点道德，才会去偷先帝的器物。我把他交给法官，是想判他族刑（满门抄斩）而你依法判处，这不是我的意思了！"

张释之听罢，很镇静地脱了帽子，拜了拜，说道："按法律就应当如此。罪行和刑罚是相适应的。如果现在偷盗宗庙器物的判了族刑，万一有一天有什么不开窍的人取了行帝长陵的一捧土，陛下您又怎么加重他的刑罚呢？"

汉文帝听罢，无话可说。他把这事和皇太后说了，皇太后认为张释之做得对。

严明赏罚　制定规矩

将帅在国家中的地位历来是非常重要的，有所谓"将者，国之辅也"之说。历代统治者都十分重视将帅的作用，但一国之将帅并非全是明帅良将，对于封建王朝最高统治者皇帝来讲，是否善于驾驭将帅就成为国家对军队是否能进行有效管理的重要一环。它的得失与否直接关系到战争的胜利和国家的安危。清朝的乾隆皇帝在驭将方面可以说是一位杰出的帝王，他为了巩固封建国家的统一和清朝江山的稳固统治，运用"赏固信，则罚亦严"的驭将方法，取得了明显的成就，较好地发挥了将帅的作用。

清朝初年，武功之赏较轻，魏源在《圣武记》中说："国初斩将搴旗，殉难死绥之人，往往仅荫一子入监读书。"对在战争中立有大功的清军将帅，其封赏是有所限制的。如崇祯十五年降清的洪承畴，在清军中任总督、经略，率军从关外杀入关内，镇压江南抗清义军，立下汗马功劳。顺治十年，受命经略湖广、两广、滇黔，镇压各部农民起义军，收复五省。顺治十六年攻占云南后胜利回京，仅予三等阿达哈哈番世职。明朝降将中，除吴三桂、孔有德、尚可喜、耿仲明四将外，洪承畴可以算是地位较高，归降较早，立有大功的战将，但得到封赏的确不是算很高。清初其他降的封赏也大致如此。清军从士卒当中提拔起来的将领，在战争中立有战功，其封赏也是较低的。康熙时期的名将宁夏提督赵良栋，平凉提督王进宝，十八年出兵参加平定三藩之乱，分兵定秦州、西和、礼县。赵良栋所部进破密树关，克徽县，下略阳，进取阳平关。王进宝军出凤县定汉中，与良栋会师宁羌。一路所向披靡。十九年，复成都。二十年，赵良栋再破叛军，平云南。两将在平三藩之乱中战功显赫，但论封赏，赵良栋却因失建昌之过，以功抵罪被夺官。至康熙二十五年，康熙帝"念良栋克云南，廉洁守法纪，复将军，总督原衔"。到三十四年才仅授一等精奇尼哈番。王进宝也大致如此，康熙十五年平定平原、固原后论功，授一等阿思哈尼哈番。可见清朝前期赏功封爵有所限制，控制较严。

只由于朝前期军风使治较为肃整，将帅治军也较为严格，将士在战场上还能奋勇效力。但选将如不能破格拔擢，其封赏不足以鼓励军心，久而久之将帅军士忠义奋勇之心必受其挫。且汉人封五等爵位，又无世袭例，消极影响颇大。

随着清军统一全国，大规模军事行动随之停止，清朝进入繁荣发展的阶段。然而承平日久，则人习宴安，清朝军队开始变得没有朝气，将疲士惰。乾隆即位后，边疆叛乱不断，人民起义也相继而起。乾隆善文好武，自称文治武功为古今第一人，为振励戎行，巩固自己的统治，他重视驭将励士，注重明赏严罚，一改过去封赏较低的做法。从乾隆三十二年始，概予以汉人封爵位，世袭罔替，追授了一批名将爵位。

国学经典文库

中华点子库

为政金点子

图文珍藏版

乾隆四十七年追进赵良栋、王进宝一等伯,世袭罔替。《啸亭杂录》中说道:

"国初定制,凡旗员阵亡者,荫以世爵,汉员犹沿明制,惟荫以难荫,官及其身已。纯皇念一体殉节而有等差,其制不偏袒之势,下诏命凡汉员文武各员如有阵亡者皆荫以世,虽微员末吏亦得荫云骑尉。故人皆感激用命。三省教匪之役,殉难以数千计,盖上恩泽论浃之深也。"

为了明确赏罚之制,乾隆帝在四十九年颁布了《行军简明军律》,严格规定了下几十条赏罚条例,用以"整饬戎行"。《军律》阐明:"赏与罚,皆为军令所重,兹以军令各条谨加登载,至于计功叙赏,亦有一定之典,所以鼓励戎行,振兴士气。"将士在战场上只要勇于作战,都可获得从赏银到授予世职的不等奖赏。魏源在《圣武记》中论述说:"国朝武功之赏,至乾隆而始重。"在用将方面,乾隆帝也是"尤多破格用人,不次拔擢。"最为著名的要数任举、高天喜二将。乾隆十一年,固原兵变,夜攻提署。固原游击任举闻乱,单骑诣鼓楼鸣角,叛兵惧而退,追斩十余人,擒四十余人,击败攻城叛军,即擢参将。十二年,征金,骁勇善战,乾隆帝谕谓:"在军诸将狃于瞻对之役,庸儒欺蒙,已成夙习。今别用举等,皆未从征瞻对,无所掣肘,宜鼓励勇往。"总督张广泗也上奏说:在川镇将,忠诚勇于无出任举右者。遂破格拔至重庆镇总兵。前后一年时间,任举由游击升至总兵。可见乾隆破格用将的气魄,任举战死于金川后,乾隆"阅疏为泣下",并谕:"举忠愤激发,甘死如饴,而朕以小丑跳梁,用良臣于危地,思之深恻。"命视提督例赐恤,加都督同知,谥勇烈,祀昭忠祠。以示厚爱之心。

高天喜是乾隆帝一手破格提拔起来的另一位清朝名将。乾隆二十二年(1757)高天喜以甘州守备,随参将迈斯汉授副将军兆惠击噶尔部于北路,风雪道梗单骑往探,奋欲赴授,为迈斯汉所阻,乾隆诏革迈斯汉职,即以高天喜代为参将,寻迁金塔协副将,再迁西宁镇总兵,授领队大臣。一年之内由守备升至总兵,连跳数级,在有清一代也实属罕见。高天喜在乾隆二十三年,回疆之役中战死。乾隆御制诗悼之,称其为"绿旗中第一人","祀昭忠祠,予骑都尉兼云骑尉世职,……图形紫光阁。"乾隆御制赞曰:"爪牙之将,用不拘资,感予特达,授命何辞?百战百进,义弗旋踵,怒则面赤,是为血勇。呜呼!听鼓鼙之声,则思将帅之臣,听馨声,则思死封疆之臣。"爱将之心溢于言表。乾隆帝破格用将,不次拔擢。重封重赏高天喜之例最为典型。在这种重赏擢拔政策下,乾隆一朝涌现出一批打仗勇猛、能征善战的将领,取得了一系列战争的胜利。

乾隆帝驭将,赏固信,罚亦严。对有功之将予以重赏,对于无功败将则处以重罚。平定大小金川之战,总督张广泗以三万清军在近两年时间里仅下五十余碉,进展迟缓,且死伤惨重。十三年,乾隆加派大学士讷亲为经略,至川指挥作战。张广泗与讷亲闹矛盾,各持己见。进攻四月有余,损兵折将,仍毫无进展。乾隆将张广泗、讷亲撤职诛杀,以示军威。此次统后将帅出征不能努力作战,故意迁延,教训惨痛，为此乾隆帝于十三年针对将帅贻误军机而"刑律内玩寇老师有心贻误，毫无正条"的问题，特意研究讨论增军律三条："一、统兵将帅苟图安逸，故意迁延不将实在情形具奏，贻误军机者，斩立决。二、将帅因私忿娟疾推诿牵制，以致糜饷老师贻误军机者，拟斩立决。三、身为主帅，不能克敌，转布流言蛊惑人心，藉以倾陷他人贻误军机者，拟斩立决。"乾隆帝强调："此非朕欲用重典，实以昭示武臣肃纪律而励勇敢。"此三条针对将帅的军律制定后，乾隆帝对于那些再敢"玩寇老师"不努力作战者，坚决严惩不贷。

乾隆二十一年，平定阿睦尔撒纳之战，清将军永常及蒙古王额林沁拥精兵数千，坐视清大臣班第失败而不救，清帝诛额林沁，逮永常治罪，以玉保、达尔党阿为参赞大臣，分道进攻阿睦尔撒纳。玉保与将军策愣互相推诿，停军不前，致使阿睦尔撒纳逃逸，乾隆大怒，将策愣、玉保撤职，逮拿槛送京师。再以达尔党阿、哈达哈二人代之，而两将军腐败无能，中敌缓兵之计，使阿睦尔撒纳再次逃脱，弘历逮达尔党阿、哈达哈治罪，诏曰："二臣皆勋贵子孙，袭爵专阃，而因循观望，坐失军机"，尽夺其官，发热河披甲。最后用兆惠平定了阿睦尔撒纳的叛乱。

另外，乾隆一朝严惩的败将还有：在回部之役，诛杀将军雅可哈善，参赞哈宁阿，都统顺德纳，提督马得胜。乌什之役，诛参赞纳世通，办事大臣卡塔海。缅甸之役，诛大学士经略杨应琚，提督李时升，参赞额尔登额。兰州之役，诛总督勒尔谨，布政使王延赞等等。经过屡次惩戒，结果"众皆悚惧，每遇战伐，无不致命疆场，罔敢怀敬安之念也。"乾隆帝的赏固信，罚亦严的驭将政策起到了励将奋进的作用。

乾隆一朝武功极盛，大的战役有十次，均获胜利，乾隆帝为此志骄意满，夸耀"十全武功"，晚年自号"十全老人"。这十次战役的起因和性质不同，如何评价是一个复杂的问题，需要进行具体的分析，我们姑且不论。但这十次战役清军之所以最后均获全胜，与乾隆帝实施信赏严罚的驭将政策有着直接的关系。每次战役他亲自遴选将帅，批答奏章，每克一城，都要举行盛大仪式，祭告宗庙，重赏有功的将士，破格拔擢将弁，并在紫禁城建紫光阁，将战役中有大功之臣绘于其上，为其赋诗立传，极尽渲染之能事，以励将帅奋进之心。与此同时，乾隆帝对那些在战场上不能勇敢作战，畏阵退缩的将帅；不能和军共济，争功嫉能的将帅；不能遵守军纪，腐败无能的将帅，均严惩不贷。在十次战役中乾隆帝诛杀身为皇亲国戚、王公权贵的高级将领不下数十人，可谓用典严峻。

抑外戚　制宗室

光武帝以"柔道"治天下，宽松而非放任，柔和而非软弱，刚柔相济。为了巩固汉王朝的统治，他总结前朝经验教训，进一步加强中央集权。

退功臣，抑外戚，制宗室。在东汉王朝的建立中，跟随光武帝打天下的将帅们，位高权重。他们既是王朝的辅佐,又是潜在的威胁。对这些开国的元勋,光武帝采取"高秩厚禄,允答元功","不任以吏职"的办法对待。即给予显赫的荣誉,丰厚的待遇,而解除他们的实权,不授以执政的官职。光武帝封功臣百余人为列侯,除了少数在边疆任将的以外,多数是在京中"以列侯奉朝请",不能参与政事,功臣位尊无权,减少了对皇权的威胁,保持了上层统治集团的和谐稳定,功臣并非都有治国之才,不任官职,避免了堵塞进贤之路,有利于新政权的建设。光武帝"退功臣"之举,于其时可谓是治国之良策。

对外戚,光武帝在经济方面尽量优容,但是鉴于王莽以外戚篡汉的教训,光武帝不让外戚干预朝政,并规定凡后族、宫戚,都"不得封侯与政。"

对地方行政体制,光武帝也和西汉一样,实行"郡国并行"制。东汉时期,全国大约有70余郡,50个国。但东汉的王国封区小,诸侯王只有经济上的食封权,无政治上的治民权。多数侯王久居京师,不就国。对待宗室,光武帝严加限制,重申旧制"阿附蕃之法"。对外戚、宗室诸王的抑制,加强了以皇权为中心的中央集权。

进文吏,虚三公。重台阁。光武帝在组建政权方面,不用功高的勋臣,而选拔有治国安邦之才的文士为官,尤其器重那些有节气,不仕王莽新朝的儒流名士。光武帝屡次下诏求"天下俊贤""天下义士",要公卿、御史、列侯等举"贤良""方正""茂才"。刘秀虽行黄老的"柔道",但同样重视儒家的经术,"未及下车,而先访儒雅"。因此,四方学士"莫不抱负坟策,云会京师",光武帝亲自接待,授官任职。但是,对任职的官吏,特别是近臣、大臣,光武帝则以法理督责极严,对不称职或失职者,严加惩罚;对于事涉刑律的大臣,更是决不宽容;对于秉公执法的官吏,则予以奖励。光武帝治国之术,宽以待民,严以责吏,确保了吏治清明,社会秩序的稳定。

为了加强皇权,光武帝削弱三公的权力,集权于尚书台。王莽时期为了削弱相权,将汉朝的丞相、御史大夫、太尉改为大司徒、大司空和大司马,称为"三公"。东汉初期,一切典章制度皆复西汉旧制,惟三公之官不废王莽之制。光武帝改三公为司徒、司空、太尉。三公职位虽高,徒有虚名,并无实权,而权力集中于直接听命于皇帝的尚书台,加强尚书台的权力是从汉武帝开始的。至成帝时,尚书台的机构有所扩大。光武帝即位,进一步扩大尚书台机构,下设六曹。尚书台设尚书令、尚书仆射各一人,另有左、右丞各一人,佐令、仆之事。六曹各设尚书一人,主管本曹事。六曹为:三公朝,主管考课诸州郡事务;吏曹,主管选举、祭祀;民曹,主管修缮功作、盐池园苑事务;中都官曹,主管治安;二千石曹,主管诉讼;客曹,主管少数民族及对外事务。尚书台成了决策和发号施令的中枢机关。"三公备员而已。"尚书台的官员职位很低。尚书令秩千石,品极相当的大县之令;尚书仆射和六曹尚书秩仅六百石。这样一来,位高者无权,权重者位卑。尚书台官员官卑职小,皇帝可以随意操纵。于是皇帝集所有大权于一身,防止了大臣擅权。

强监察,集军权。光武帝为了加强对中央和地方官吏的控制,加强监察机构。

西汉时,副丞相御史大夫主管监察。光武帝将御史大夫改为形同虚设的司空,以原隶属于御史大夫的御史中丞主管御史台。御史中丞不再隶属于三公,改为隶属于少府。御史中丞秩千石,掌察举官吏违法,接受公卿、郡吏侍奉,权力仅次于尚书令。西汉武帝时帝设司隶校尉,成帝时废除。东汉初期,光武帝复置司隶校尉,主管察举中央百官犯法者和本部各郡事务。其监察权之大,“无所不纠,惟不察三公。”秩比二千石。司隶校尉参与议朝政时,位在九卿之上;朝贺时,位在九卿之下,公卿朝见皇帝时,尚书令、御史中丞、司隶校尉监察以外,全国分为 12 州,每州设刺史一人,秩六百石。刺史每年八月巡行所属郡国,考察长吏政绩,年终奏于皇帝。三套监察机构的恢复加强,使全国的各级官吏全在皇帝的掌握之中。

光武帝在军事上一再削弱地方军权,加强中央的军权。建武七年,光武帝下诏罢撤了地方常备军,还取消了每年一次的都试制度。郡、国的军队很少,没有独立作战的能力,光武帝在削弱地方兵力的同时,逐步扩大中央军队。军制承西汉旧制,中央军分南、北二军。南军掌宫城和宫廷的警卫,北军掌戍卫京师,如有重大军事行动,南、北均可出动。另外,东汉时期在重要沿边地区设有边防军,也属于中央军队的一部分。

东汉初期,在中央原执掌军权的太尉,已无统兵实权。军队的最高统率权直接控制在皇帝手中。中央军事力量强大,足以控制地方。皇帝直接掌握军权,确保了统治集团的稳定。不过,光武帝取消地方兵也造成严重弊端,地方一旦有事,需要远方来支援。仓促集中起来的民众,未经军事训练,毫无战斗力,所以每战必败,造成国势软弱。后来,汉王朝竟要依赖边疆少数民族雇佣兵来作战。光武帝过分削弱地方兵力,可谓是顾此失彼。

光武帝是在西汉自成、哀、新莽以来社会积弊日深、天下大乱的基础上重建汉王朝的统治的。所以在位的 33 年中,“量时度力,举无过事”,不求赫赫之功,唯求恢复、稳定。他所建立的国家,虽然声称是承袭西汉旧制,但实际上,无论是在统治机构方面还是在统治政策措施方面,都比西汉更加完备、有力,为东汉王朝奠定了近 200 年的统治基础。

以才治国　不可断才

楚王担忧他的令尹娆吕臣不胜任其职,想撤掉他,向审申访询。审申说:“不可。”楚王问:为什么呢?

审申说:“令尹是楚国的宰相,国家的大事,没有比设置相职再大的了,不可轻动。如今你想撤去他的相职,必须选择好接替他的人,有替代他的就可以了!”楚王皱眉蹙额地说:“令尹不能够辅佐楚国,这不仅是各位大夫及国人知道,就是鬼神也知道的。独有你认为不可撤他,我感到糊涂了。”审申说:“不是这样。我的家乡有一户世家大族,他家的屋梁被虫蛀得将要塌了,要更换它,于是招请来工匠尔,工匠尔说:'屋梁确实被虫蛀得不能不换了,但必须先找到梁材,不然就不能换。'那个人不能等待,就去请别的工匠,捆起许多小木料充作屋梁来替换了旧梁。那年冬天十一月,天下大雪,屋梁承受不住,就梁断屋塌了。如今令尹虽然不能胜任,但承接了他祖父的余威,国人和他是老交情了。而楚国的一代新臣还力弱,没有能接替他的,这就是我说不可撤他的原因啊。"

仁德治国　远胜权术

柳下惠的弟弟跖在鲁国起义,鲁国人把他看成是祸患。公孙无人对展季(柳下惠)说:"舜的父亲是瞎子而讲孝悌,舜因孝能够同他和谐相处,淳厚有才德,不受奸邪阻碍。有这回事吗?"展季伤心得无言以对。第二天展季到跖处,跖身环甲兵而自卫,他很快就坐下,洋洋得意地问道:"圣人聚集人有办法吗?"展季说:"有。"

跖便向他请教,展季说:"最好的办法是用德,其次是用政治,最下等是用钱财。用德长久便使人感怀,政治松弛就使人涣散,钱财用尽了就使人背离。所以德为主,政为佐,财为使。招引君子没有比用德更好的办法了,招引小人不如用钱财好,既对君子也对小人,就用政治开导他们,引导他们行善而阻止他们作恶。圣人兼用这三样而又不颠倒它们的上下关系,因此天下的百姓没有不能聚集的了。"跖的脸上变色说:"我聚集人和你说的这些不一样。我用刀刃驱赶他们,用血污渍染他们。服我的人就留下,不顺从我的人就杀掉,焚烧他们的房屋,除尽他们的妻子儿女,使他们的田地荒芜,割断他们的恩爱之情。断绝他们的顾念,使他们的不掠夺就没饭吃,离开我就无处去。我将以此横行于天下,而不像兄弟那样迂腐啊。"展季哑口无言地返回说:"原先我说人无论贤和不肖,都和禽兽不同,从今天看来,恐怕有人就不如禽兽了。"于是展季隐居在柳下,而为了同他的家族区别开就叫"柳下氏"。

抑制豪强　盐铁包营

盐、铁是关系国计民生的两项重要产品,西汉武帝前,由民间经营,全被地方上的豪强大姓所垄断,他们从中获取暴利,最大的盐铁商财富累积达到万金。一些怀有政治割据阴谋的人,也常私自聚众煮盐冶铁,借此积蓄经济力量和军事力量。武帝无狩四年,桑弘羊被任为理财官,根据他的建议,开始实行盐铁官营政策,办法是在产盐区设置盐官,经营采、冶和铸造,并发卖铁器。这样做从豪强手中收回了盐、铁经营权,既增加了国库收入,同时也避免了豪强操纵市场,使物价暴涨的局面。一些有割据野心的人,也受到了很大的遏制。昭帝始元六年时,曾召开过一次盐铁会议,对盐铁官营的利弊仍然坚持这一政策展开了激烈的争论,争论的结果,仍然保留了盐铁官营。东汉章和二年章帝死,年仅 10 岁的和帝继位,窦太后听政伊始,即宣布:"罢盐铁之禁,纵民煮铸"。此以后,豪强大族(他们又往往兼有大商贾的身份)又重新公开煮盐冶,富力大增,政治野心也随着加强,一些人还私造兵器,为后来的武装割据创造了条件。

曹操逐渐认识到盐、铁私营的弊端,因此在平定冀州后,即明确宣布恢复盐、铁官营,这样有力地抑制了豪强势力,同时也为增加政府的财政收入创造了条件。

在抑制兼并的同时,曹操还采取了一些恢复和发展农业生产的措施,特别是在邺城周围及冀州地区抓了一些兴修水利的工作。这一带传统农业生产本来就比较发达,曹操攻占邺城后,又在魏郡、钜鹿、阳平、顿丘等地屯田,并在战国西门豹所修筑的漳水十二渠的基础上,修建了天井堰,在漳水上每隔三百步修一道堤堰,共修了十二道,然后从堤堰的一端开渠引水,都安上引水闸门,共凿成十二渠,绵延二十里,给农业生产提供了便利条件。

西门溉其前,史起灌其后。澄流十二,同源异口。畜为屯云,泄为行雨,陆葚稷桑泰。黝黝桑柘。均田画畴,蕃庐错死。姜芋充茂,桃李荫翳。

描绘了一幅渠道纵横、庄稼繁茂、人烟稠密的富饶景象。由于有了渠水灌溉,北方也有了水稻种植,显示了农业生产的进步。此外,曹操在建安九年为进攻邺城修建了白沟,在建安十一年为北征乌桓修建了平虏渠和泉州渠,后来在建安十八年,又开凿利漕渠引漳水入白沟以通河,虽主要出于军事需求的目的,但通过人工手段把漳水同黄河、海河及其他河流乃至黄河和渤海连接了起来,不仅获得了四通八达的漕运之便,给农业生产带来的好处也是显而易见的。

学《春秋》巧攀龙

汉家的制度并非纯任德教,而是以"霸王道杂之"。不过,这种治国手段始自汉武帝时,汉初与秦朝固然不同,儒家及其思想有所复苏和抬头,但当时占统治地位的社会思潮是以黄帝、老子相标榜的道家,治国的手段也是采用"无为而治",儒家的德教礼义只是一种点缀。至汉武帝即位后,情况发生很大的变化。汉武帝推崇儒术,甚至罢黜百家,独尊儒术,可是,他在管理国家方面,并非重用儒生,纯任德教,而是依靠那些有才干的文士和精通法律的刀笔吏。汉武帝将原始的儒学改造成一种儒术;于是流于空谈的儒家思想就成为实际运用的治国手段。他把儒术看成是一种装点,用来掩饰当时严酷的法治。这实际上是一种"外儒内法"的思想。

武帝的"外儒内法",从他重用公孙弘和张汤也可以看出。公孙弘是一名儒生,可是他比董仲舒要幸运得多。董仲舒是汉代的儒学大师,他对策所上的《天人三策》,深受武帝的赏识。但是,他只是理论家,缺乏实际的统治经验,因此毕生官运并不亨通,后来为推演灾变还差一点被武帝治罪处死。公孙弘早年当过狱吏,到四十岁后才学《春秋》杂说。他的儒学修养并不高。但是,他懂得趋时奉势,讨好皇帝。

公孙弘在对策中巧妙地把刑法和礼义结合起来,把原本被人们看成互相对立的这两种统治手段统一起来:"故法不远义,则民服而不离;和不远礼,则民亲而不暴。故法之所罚,义之所去也;和之所赏,礼之所取也。礼义者,民之所服也,而赏罚顺之,则民不禁也。"结果大受武帝常识,特地把他从下等提为第一名,拜为博士,每次朝会时,公孙弘只表达个人的看法,让皇帝自己拿主意,从来不当面与武帝争辩。武帝认为其品行慎厚,又熟习文法吏事,缘饰以儒术,于是在一年中将公孙弘提拔为左内史,最后意封侯拜相。西汉王朝以布衣拜相者,公孙弘是第一人。公孙弘升官的秘诀,就是用儒家的经术为文法吏事做缘饰,这一点深合武帝崇儒的真意。

与公孙弘异曲同工的是张汤。张汤是个典型的治狱吏。他任廷尉时,廷尉府重用的都是文史法律之吏。后来,张汤碰上一件很棘手的案件,处理的结果总是不合武帝的心意,属下的掾史不知如何是好。恰巧府中有个地位很低的儒生名叫儿宽的,从中出了一点主意,掾史立即依照他的意思写成报告,呈递给张汤。张汤上奏武帝,武帝一看就知道非一般俗吏所为。张汤体会武帝的用心,于是学习儒家经典,并且重用儿宽为奏谳掾,即专门用经义来处理疑难案件,从而形成一种以《春秋》决狱的风气,实际上是假借经义来秉承和执行武帝的意旨。《汉书·张汤传》说:

是时,上方乡多文学,汤决大狱,欲傅古义,乃请博士弟子治《尚书》《春秋》,补廷尉史,平亭疑法。奏谳疑,必奏先为上分别其原,上所是,受而著谳法廷尉挈令,扬主之明。

张汤这种"经义决狱"的做法,居然得到标榜儒术的武帝的称赞,可见儒家的仁义教化与当时的刑法治狱是互为表里,相辅相成的。所谓"霸王道杂之"的真谛即在于此。

不敢爱身　只知爱人

武则天执政整整半个世纪,对于唐代社会的发展有着重要的影响。这里,仅择数事,以见其"忧劳天下""不敢爱身"之处。

武则天名?十四岁进宫封为才人。唐太宗死后,出宫为尼。高宗永徽三年再入宫,封为昭仪。六年,为皇后。由于百司奏事,皇后决之,"处事皆称旨"显庆五年高宗"始委以政事"。至麟德元年,高宗视朝,武后"垂帘于后,政无大小、皆预闻之","中外谓之二圣"。

武则天"预闻"朝政之后,首先考虑的便是安定天下,劝课农桑。咸亨元年,四十余州遭虫、霜、旱灾，百姓饥馑，关中尤甚，朝廷急调江南谷米赈济。武后对灾表示出极大的关注，以致要求避位，冀以减轻灾害。上元年间，她连年亲祀蚕神，以示重视农桑。同时，上书高宗，提出著名的"建言十二事"：

一、劝农桑，薄赋徭。二、给复三辅地。三、息兵以道德化天下。四、南北中尚禁浮巧。五、省功费力役。六、广言路。七、杜谗口。八、王公以降皆习《老子》。九、父在为母服齐衰三年。十、上元前勋官已给告身者九追封。十一、京官八品以上益禀入。十二、百官任事久，材高位下者得进阶申滞。

前5条都是属于劝农、安定的内容，高宗下诏实施，收到较为显著的效果。仪凤三年大旱，高宗、武后避正殿。武后更亲自审阅案卷，亲自批复，释赦无辜。

弘道元年，高宗卒，武后临朝执政。经过一番努力，使动乱的社会安定下来。一天，她对群臣言道："朕辅先帝逾三十年，忧劳天下"，"先帝弃群臣，以社稷为托，朕不敢爱身，而知爱人。"她在平定了裴炎、徐敬业、程务挺等人的叛乱，稳定了朝政之后，紧接着又于垂拱二年，正月编成《兆人本业记》，颁发各道，鼓励发展农业生产。由于社会安定，农业发展，人口增长较快。永徽三年，全国三百八十万户，到神龙元年增至六百一十五万户。

武则天"躬勤"的另一重要政务便是广开言路，招揽人才。垂拱元年二月，下令：西朝堂的登闻鼓、东朝堂的肺石，不再派人看守，不论什么人都可以击鼓或立石，表示有意见向朝廷外申诉，御史必须受理。第二年，更铸铜匦置于朝堂，接受天下上书。其中，一曰"招谏"，凡言朝政得失的，都可投入；一曰"伸冤"，凡有冤抑者，皆可投入，设专人受理。这两项措施，保证了下情上达，打通了上下蔽塞的状况。一些重要的建言或冤情，武则天都要亲自处理。天授元年，武则天登基为女皇。这一年，她亲自考试举人于洛阳洛城殿，贡士殿试的制度自此始。长寿二年正月，武则天又亲自引见诸道巡抚使所举荐的人才，分别试用，试官制度由此始。于是，一些地位低下的人才通过试官制度，得以发挥其才智，进位将相。相反，对于那些不称职的试官，一经发现，立即罢免。至于冒充人才，混入官场者，则加刑诛。由于武则天能够"明察善断"，"故当时英贤亦竞为之用"。武则天执政五十年间，共用宰相七十八个。刘仁轨、狄仁杰、娄师德、徐有功等，都是有功于国于民的正派能臣。玄宗时的名相姚崇、宋璟，也是武则天亲自选拔上来的。长安二年，已年近八旬的武则天，仍然不忘选拔人才。正月，又新设武举之制，以选将帅之才。武举制度，亦自此始。"安史之乱"中为李唐皇室所倚重的郭子仪，便是武举出身而成为国之栋梁的。德宗时的名相陆贽，对于武则天拔擢人才有两句评语，十分恰当："进用不疑，访求无倦。"

武则天所表现出的"不敢爱身，而知爱人"之情以及为人才"访求无倦"的做法，既表明她是一位"忧劳天下"的女皇，又使后人可以从中汲取某种养分。

国学经典文库

中华点子库

为政金点子

图文珍藏版

萧规曹随

西汉王朝建立后,汉高祖鉴于亡秦的教训,加以当时社会经济凋敝,民不聊生,于是实行休养生息政策,诸如轻徭薄赋,宽缓刑狱,务劝农桑等,而丞相萧何则是协助汉高祖制订和推行这一政策的核心人物。由于这一政策使饱经战乱的百姓得以安定地从事生产,因此很快就收到了成效。

萧何死后,曹参接任相国的职务,继续推行这一既定政策,历史上称之为"萧规曹随"。

曹参原是一位勇敢善良的大将,在协助刘邦夺取天下的一系列战争中立有汗马功劳。刘邦称帝后,他担任齐国丞相九年,实行黄老无为而治,人称贤相。惠帝二年,他继萧何为相国,举事无所变更,一遵萧何约束。选择丞相属吏悉取郡国官吏年长而不善言词的忠厚长者;言广刻深、欲务声名的人一概不要。他自己则日夜饮酒。卿大夫和属吏见曹参根本不理政事,都想谏劝他。可是,一见面还未张口,就被曹参拉着喝酒,喝得烂醉如泥,结果什么意见也未能提出来,时间一长,也就习以为常了。上行下效。曹参身为长官如此作为,吏员也是日夜畅饮,歌呼呜呜,有些官员觉得太不像话,于是请曹参到吏舍去视察,希望他将那些喝酒闹事的吏员治罪,不料,曹参到了吏舍,反而一起饮酒作乐,歌呼相和。

消息传到惠帝耳中,惠帝很不高兴,认为曹参不理政事是瞧不起他。一天,他让曹参的儿子中大夫曹窋回去问他的父亲:高祖刚死,皇帝年轻,君为相国却日夜饮酒,怎能治理天下呢?曹窋回家后将惠帝的话学说了一遍,却遭到他父亲的痛打。曹参让儿闭嘴,不要对天下事说三道四。不久,曹参上朝,惠帝责怪曹参。君臣之间有这样一番对话:

帝让参曰:"与窋胡治乎?乃者我使谏君也。"

参免冠谢曰:"陛下自察圣武孰与高皇帝?"

上曰:"朕安敢望先帝!"

参曰:"陛下观参孰与萧何贤?"

上曰:"君似不及也。"

参曰:"陛下言之是也。且高皇帝与萧何定天下,法令既明具,陛下垂拱,参等守职,遵而勿失,不亦可乎?"

惠帝曰:"善。君休矣!"

曹参为相国三年,百姓歌之曰:"萧何为法,讲若画一,曹参代之,守而勿失。载其清靖,民以宁壹。"

义勇助国　不期回报

汉元狩年间，汉武帝多次派出将领出击匈奴，耗费了国家大量财力、物力。在想尽了各种敛财方法以后，仍然入不敷出。

这时，河南郡人卜式得知朝廷抗击匈奴而缺经费，便书奏皇上，愿意捐出一半家财资助边防。卜式长期以来，以种田、畜牧为主，父母亲死后，他为脱出身来搞畜牧，便和弟弟分了家。他只要了一百多头羊，其他田地、住宅等财物全都给了弟弟。十年后，卜式放牧的羊达到一千多头。有了经济实力，他想到了资助国家抗击匈奴。

汉武帝阅罢上书，觉得奇怪，便派出使者去查个究竟。使者问卜式说："捐出资财，是想做官吗？"卜式回答说："我从小放牧羊群，从来没学习过做官，也不想当官。"使者又问道："莫非你家有冤案，想借此申诉吗？"卜式答道："我生来就与世无争。对乡里人，谁贫穷我就借贷给他钱物；对品行不好的人，我就加以劝导，乡里人都愿意听从我的话，哪里有什么冤屈呢？我没有什么可申诉的。"使者又问道："那么你这样做究竟是图什么呢？"卜式申辩说："天子出兵讨伐匈奴，我以为贤能的人应该在疆场上为国尽忠，有钱的人应该捐献钱财支援国家，这样，匈奴就可消灭了。我只是怀有这个志向，并不贪图什么其他东西。"

使者返回朝廷，把卜式的话原原本本讲给皇上听。皇上把卜式的话又讲给丞相公孙弘听。但是公孙弘却说："这不合乎人之常情。对这样不守本分的人，不能作为榜样给予宣扬，希望陛下不要接受他的捐献。"于是，皇上很久没有答复卜式的请求。几年以后，朝廷正式拒绝了卜式。这样，卜式就回到故里，依然以放牧为生。

过了一年多，汉朝的军队又多次出击匈奴，浑邪王等匈奴人来投降汉朝，国家的开支很大，仓库都空了。第一年，灾民大规模迁移，吃穿全靠国家，政府已无法满足供给了。这时，卜式拿出二十万钱交给河南太守，用来接济贫苦移民。河南太守把资助贫民的富人造了花名册上报朝廷。天子看到卜式的名字，想起了他的往事，说道："他在很久以前就想捐献一半家财资助国家了。"于是，天子便把四百人交纳的用以代替戍边的"费用钱"赏赐给他卜式，卜式又把这些钱捐献给国家。天子终于认定卜式是个德行高尚的长者，便召来卜式，任命他为中郎，赐给他左庶长的地位，赏赐良田十顷，并颁发通告于天下，用来教育全国的老百姓。

一开始，卜式执意要辞去郎官的职务。汉武帝对他说："你不必辞官，我有很多羊在上林苑里，想要叫你去放牧呢！"卜式这才接受了任命当了郎官。他身披麻布衣服，脚穿草鞋，辛勤地放牧羊群。一年以后，羊长得又肥又壮，繁殖得也很快。汉武帝到上林苑来游玩，看到卜式放牧的羊群，禁不住连声称赞。

借此机会，卜式对皇帝说："不但放牧羊群应当如此，治理百姓也如同放牧羊呢！要让他们按时起居劳作，出现坏种就要及时淘汰，不能让他败坏了一大群。"皇上认为卜式是个有本领的人，回宫后便发出诏令，任命他为缑氏县令。结果，缑氏县人都感到他治理有方，皇上又调任他到成皋县当县令，他把那里的水运管理得很出色。

后来，卜式又当过齐王的太傅、齐相国、御史大夫等职务。一个以牧羊为生的人，后来却当上了"牧民"的官吏，而且还得到过皇帝的赞赏，也许他真是按照"治理百姓也如放羊"的道理来行事的呢！

政令不一　难以取胜

屠龙子和都黎下棋，都黎连败数局。馆人因怜悯而帮助他，又败了。观看的人感到惊愕，都在那里相助，屠龙子的随从请求停止，说："我听说寡不敌众，对方聚集众人智慧，我担心你再战不胜就前功尽弃了。"屠龙子不应声，坐着不动照旧下棋。都黎又大败，不能坚持了，帮助的人相视都变了脸色，拿着棋子儿而叫骂。让他们再下，却都不敢下了。随从的人高兴地说："你老夫子的棋艺真是妙极了！"

屠龙子说："不对啊，你没见那野兽搏斗吗？那野兽中老虎最凶猛，如今用虎斗虎，那么一只虎不能胜过一群虎，这是明摆着的了：用狐狸斗虎，那么即使一千只狐狸，又怎么能斗过一只虎呢？多了就越被它们自己搞乱了。从前六国用合纵而排除秦国，说客替秦国用连衡开导它，六国果然不胜，正如说客所预言的。现在下棋，就像这件事一样啊。我曾经在田野里游玩，见一条两个头的蛇，它的头一个要向东，而另一个要向西，两个头互相牵扯，始终也不能离开那地方，我为了它感到可悲呀。所以建造大屋的工程，工匠即使多，必须有个大工匠在那里，没有他的筹划就不敢决定；操纵大船的，人即使多，也必须有舵师在那里，不是他的指引就不敢航行。因此视听专一而事情就不会覆败，所以四海的百姓听从一君的命令就安定，百万军队听从一将的指挥就胜利。《易经》里说：'长子统帅军队，次子抬运战死者的尸体，这是祸凶。《诗经》中说：'如同那大道在筹划建造房屋一样，倘若人多嘴杂，意见不一，采用那样的办法是不能达到成功的。'这样即使让奕秋（著名棋手）来做，也还有失败的可能啊，而何况不是奕秋这样的棋手呢？我还有什么不安的呢？"

剩腹啖腹　国将不国

楚王派蒍叔担任地方官，他征收的赋税最多，楚王非常高兴，在朝廷上赞誉他。孙叔敖仰天大笑，三噫而三停。楚王不高兴地说："令尹看我有做得不够的地方吗？为什么不予以指教，却在朝廷上羞辱我，我认为令尹不该采取这样的态度。"

孙叔敖回答说："我的家乡有一个靠洼池而得利的人，吴国一个使者路过楚国，见他的洼池里充满了鱼鳖,对我的乡人说:'我善于捕鱼'。我的乡人感到高兴,就给他准备了渔网、舟楫,资助他去,而他却奔到那个洼池边,说:'我在这里捕鱼'。我的乡人皱起眉头说:'我还以为你能捕获江湖里的鱼来为我增益,如果在这里捕鱼,那么我本来就有这些鱼了,怎么还用得上你捕呢?'如今楚国的百姓都是你的臣民,塞叔是地方官吏,没听说用善政来安抚百姓,却从君王所固有的赋税中多加索取来显示他收的赋税最多。这样做是剜下君王腿上的肉而给君王吃啊。这话的话,君王的左右都能做得到,不只是他能啊。如今君王在朝廷上对着群臣赞誉他,显得群臣无才智,由此而揣度君王的心理,就都共同去敬慕效法了,而那样做就要受敌国的驱使了,这就是国家的忧患啊。"楚王听了说:"讲得好啊。"就罢免了塞叔,并对全国下令说:"各地大夫,若有效法塞叔那样盘剥我的百姓而征收赋税最多的,就要服大刑。"楚人非常高兴,三年的时间楚国就称霸于诸侯。

乱而思治　治当应时

有人向郁离子问道:"井田可以恢复吗?"郁离子说:"可以。"那人又问:"为什么说它可恢复呢?"

郁离子说:"以大德平定大乱是可能的。百姓的性情长久安逸了就想乱,乱极了而后又愿意安定。想谋治的人必须顺乎百姓愿意安定的心愿制订法度,然后疆土无阻塞,扰乱无空隙,因此政令下达,不用忧虑就能实行。"那人向他请教,郁离子说:"天下逸乐时,人不吃苦辛,不知道世乱使他无处容身,并容易对上怨恨。所以一触动他的欲望,就激愤而思变,有追随并提倡的,动乱就发生了。所以老成的人对纷乱变更很谨慎,决不随便苟同,害怕没有得到好处而先见到害处。因此百姓就像马一样,在马厩里喂养使它安定,用豆粟使它饱食,一旦放了它,无不振而狂奔,母马嘶鸣而公马应和,由它随心所欲,不可追挡和阻拦。等到它拉着盐车,经过羊肠小路,流汗屈足,饥不得草料,倦不得休息,越过千百里而返回,希望见到槽厩而得不到时,见了养马人就嗑齿吐沫,这样即使用鞭子抽打它,让它跑也跑不动了。到了这个时候再调治它,哪有不服的呢?所以圣人与时机共行。时机不到而去做,叫作急躁;时机已到,而不去做,叫作愚陋。现在民风不淳,而古道的废兴,想的和不想的各占一半。所以凭大德平定大乱,那么井田也就可恢复了。"

行法有道　令出必从

有人向郁离子问道:"货币不流通而要使它流通,有什么办法吗?"郁离子说:"有,办法在于治理根本。"那人又问:"什么叫治理根本?"

郁离子说:"货币是没有用的东西,而能使它流行的,是法令啊。施行法令有办法,用德政作为它的根本,用严刑辅助它,使天下人相信法令的威力,然后,无用的东西就可以使它有用。现在盗贼兴起不讨伐,百姓不知道法令的威力可信。法令不能施行了,有用的东西尚且变成无用之物,而何况对货币呢? 怎么能使它流通呢?"

只见树木　不见森林

瓠里子到了老年,对那些大夫说:"往日国君的左服马病倒了,人们说用了活马的血给了就可以治好。国君的圉人派人杀我的骖马,我拒斥,没有给。"大夫说:"用杀马来救马,这不合乎人情,那怎么敢呢?"

瓠里子说:"我私下里也感到疑惑了。即使如此,也已经了解国君的心了,愿由此而有所告知。我听说执掌国政的人心须依靠农耕和兵战,农夫和兵哪个不个国君的百姓呢? 由于兵力不足,那么农夫就没有安全保障;农耕不足,那么士兵就没有粮食吃了。士兵和农夫相比就像脚和手一样,不可缺少一个。如今国君的士兵对农地施暴行,而国君却不禁止,农夫和士兵发生诉讼案件,而农夫必定失败,耕田的人困窘了,这是只看见手看不见脚啊。现在国君的圉人,只见国君不可没有左服马,不见我不可没有骖马。从前陈胡公元配夫人大姬喜欢舞蹈,于是宛邱一带的人们都拔了那里的桑树而植上了柳树,我内心替国君害怕这样的事发生。"

举贤致福

宓子贱是孔子的学生,他在任单父宰时,政绩斐然,好评不断。孔子想起那次宓子贱辞行时的问对来,师行间交流了不少治政主张;经过实践的宓子贱,政见又如何呢? 孔子真想见见这位学生,印证一番。

恰巧,宓子贱来访,孔子便问:

"听说你治理单父得到众人的好评,能不能告诉我,你是如何做的呢?"

宓子贱回答:"我像对待自己的父亲一样对待老百姓的父亲,像爱护自己的子女一样爱护老百姓的子女,抚恤所有的孤儿,为百姓的丧事而哀痛。"

"喔? 还行。"孔子不动声色,"不过,这是小节,只能让平民亲附。这还很不够呀!"

宓子贱又说:"被我当作父亲一样对待的有三人,当作兄长一样对待的有五人,所结交的朋友有十一人。"

"嗯! 当作父亲对待的三人,可以用来教导人们尽孝道了;当作兄长对待的五人,可以用来教导人们敬爱兄长了;结交朋友十一人,可以用来教导人们互相学习了。"孔子面色稍缓,淡淡说道,"这是中间环节,能让中等阶层的人们亲附,也还不够呢!"

宓子贱接着说:"当地有五位比我贤明的人,我向他们请教,他们都教给我一些治政方法。"

"对了! 想成就大事业,关键就在这里了!"孔子掩抑不住自己的欣悦之情,话语中颇有称许之意。接着,他看着弟子,意味深长地说:

"当年尧、舜放下架子,虚心谦和,广泛观察、了解天下的人才,千方百计地罗致贤人。这推举贤人,可是各种福佑的根本,也是神明主宰的要务呀!"

因法强暴

商鞅(前390~前338)复姓公孙,名鞅,出身于卫国国君疏远的宗族,也称卫鞅。后因功被秦封于商(今陕西商县西南),故又称商鞅。他是战国中期秦国的一位不顾个人身家性命,坚持以法治国,"内不阿贵宠,外不偏疏远",最终以身殉法的改革家。

秦孝公元年(前361),在魏国抑郁不得志的商鞅带着李悝的《法经》,投奔秦国,经奏孝公宠臣景监的推荐,得见秦孝公,陈说变法图强的道理,深得秦孝公的器重。秦孝六年(前356),商鞅出任左庶长,实行第一次变法。但是,变法和改革必然要遭到守旧势力的反对,商鞅变法也是如此。虽然新的法令颁行全国已有一年,竟然还有数以千计的人来到秦的国都,公然表示反对新法。尤其令商鞅为难的是,秦孝公的儿子太子驷竟铤而走险,以身犯法。太子驷当时不过是一个幼童,商鞅真正的对手是隐身于太子背后的太子师公子虔和太子傅公孙贾,他们唆使太子驷出头,向商鞅提出了挑战。于是,如何惩处违法的太子驷,成为国人瞩目的焦点。

商鞅否认儒家那种:"刑不上大夫"的法律不平等说,坚持法的平等性。司马迁称法家的这种法的普遍适用的平等性为"不别亲疏,不殊贵贱,一断于法。"而商鞅本人则称之为"壹刑"。他认为"所谓壹刑者,刑无等级,自卿将军以至大夫庶人,有人不从王令、犯国禁。乱上制者,罪死不赦。有功于前,有败于后,不为损刑。有善于前,有过于后,不为亏法。"因此,面对太子犯法这种形势,商鞅并没有因太子就是未来的王位继承人,直接掌握着自己的生死祸福而做出让步。他斩钉截铁地说:"法之不行自上犯之",准备依法惩处太子驷。但怎样惩处却令商鞅颇费踌躇,因为太子驷是王位继承人,不能施加刑罚;而又要追究太子犯法这一事实。最后,商鞅决定将负责训导太子的老师施加刑罚,以惩处其教导无方而使太子犯罪的过失。因此,商鞅刑太子傅公子虔,黥太子师公孙贾,使法律的威力贯彻到当时能够达到的最高限度。自此以后,商鞅"日绳秦之贵公子",凡是犯法的、阻挠法令执行的、对新法进行攻击的人都予以严厉的镇压。甚至于一天内在渭水边杀死了七百余人,"渭水尽赤,号哭之声动于天地"。秦孝公十二年(前350),商鞅进行了第二

中华点子库

为政金点子

图文珍藏版

次变法。四年后,公子虔又违反新法,商鞅毫不犹豫地处以劓刑,令人割去了公子虔的鼻子,令他无脸见人,自此杜门不出。

王霸兼施　威猛治乱

元帝是宣帝长子,地节三年,被立为太子。黄龙元年十二月,宣帝病死,即皇帝位。元帝时期,西汉王朝已历经150余年,积弊累累。元帝愚弱,除弊无方,加之宦官用事,政治腐败,西汉王朝由此而走上衰亡之路。

西汉王朝主要的社会积弊便是地主豪强势力发展,土地兼并日趋激烈,广大农民破产流亡。早在宣帝末年,胶东、渤海等地的破产农民,不断举行暴动,连宣帝本人也不得不承认当时"民多贫,盗贼不止。"

元帝面对前朝各弊,非但不除,反而任其发展。史称元帝"柔仁好儒"。元帝所好之儒,基本上是孔子所提倡的以"宽柔温厚"为主要特征的儒学。汉自武帝以来,虽然重儒,但实际上是王霸兼施。正如宣帝所说:"汉家自有制度,本以霸王道杂之,奈何纯任德教。"宣帝生前对元帝的"纯任德教"的俗儒主张,即非常不满,并深为之忧虑。他曾说道:"乱我家者,太子也。"为此,宣帝欲以"明察好法"的淮阳王刘钦代替元帝为太了,只是由于顾念其母许氏的旧情才没有实现。

元帝即位后,"征用儒生,委之以政",儒生贡禹、薛广德、韦贤、匡衡相继为相。元帝为政,动则引证《诗经》等儒典,迂腐地推行"纯儒政治"。应该说元帝一朝确实地实行了不少"爱民"的"仁政"。但是元帝却以"不与民争利"为名,放弃了对豪强地主进行打击、限制的政策,实行所谓的"宽政"。元帝放弃打击限制豪强的传统政策,并非仅仅是由于元帝个人"柔仁好儒"的性格所致。元帝的"柔仁好儒"乃是时代的产物。元帝时代的豪强已经不同于武帝时代以前的"土豪",而是与达官显贵融为一体的。朝廷中的公卿将相已经成为他们政治上的代表。在这强大的政治势力面前,元帝也只好采取"柔仁"的宽政。"宽政"之下,土地兼并愈发不可遏制,吏治腐败等社会积弊也随之恶性发展。

元帝认为宦官少骨肉之亲,无婚姻之家,最可信可靠,因而尤其信重宦官中书弘恭、仆射石显。当时辅政大臣前将军萧望之在政治、军事方面颇有见地。他认为,中书参与国家大政,应选用贤明,不宜任用刑余的宦官,所以奏请元帝使用士人。弘、石二阉为了保住自己的权位,盗弄权柄,遂与外戚史高内外勾结,排挤、陷害萧望之等重臣。元帝迂腐昏昧,屡中弘恭、石显圈套,迫使萧望之自杀,与萧望之共同辅政的周堪、刘更生等加罪免为庶人。不久,弘恭病死,石显专权。

元帝不仅昏昧,而且荒淫。宫中佳丽多"不得常见",只好"使画工图形,案图召幸之"。元帝虽然治国昏庸,却多才多艺,善书法,精通乐理、乐器,"鼓琴瑟,吹洞箫,自度曲,被歌声"。他终日淫乐,不亲政事,委政于石显等宦官。当时,汉廷事无大小，都要禀报石显，由他裁决。石显"贵幸倾朝"，自公卿以下，无不畏惧。

宦官专权，政治日趋黑暗，致使吏治腐败，纲纪失序。从中央到地方的大小官员，贪财慕势，纷纷经商，掠夺百姓，敛财聚富。他们互相间钩心斗角，陷人于罪，以至于连元帝都不得不承认"在位多不任职"。在黑暗的政治下，社会风气大坏。不仅皇帝、皇室、贵族极度奢侈，一般的官僚地主也"贪财贱义，好声色，尚奢靡。廉耻之节薄，淫辟之意纵。""缘奸作邪，侵削细民"。整个统治阶级都在腐朽、堕落。

元帝时期，又连续发生水灾、旱灾、地震和瘟疫等自然灾害。天灾人祸，使百姓流散道路，不胜饥寒，"嫁妻卖子，法不能禁"，或"人至相食"，阶级矛盾日益尖锐。

借人之力为己力

陆俟，北魏高宗时期人机智过人，办事干练。

陆俟年轻时被任命为内都下大夫，最善于为人处事，对上谦恭，对下平和，小心谨慎，左右逢源。他与人交往行事时，先要细细观察，揣摩对方的心思，心中有了数，因此讲话自然十分得体，办事自然灵活、顺利。同僚们与他共事都非常融洽，愿与他往来。

高宗文成帝兴安初年，陆俟被赐爵为聊城侯，先后出任散骑常侍、安南将军、相州刺史，代为长广公。在他主持州政期间，扶正压邪，敢于打击横行乡里的豪强恶徒，扶助正直善良贫弱者，为他们撑腰做主。经过陆俟的治理，一向为非作歹的恶徒渐渐收敛，社会秩序大为改善，百姓们终于有了一个比较安定的生活环境。

陆俟治理地方方法与诸多官员不一样，但相当有效。他一到任，首先明察暗访，将州中那些德高望重、有权威、有影响的老者恭恭敬敬请到府上，待为上宾，虚心求教，征询他们对州政的意见，请他们就如何治理各抒己见。这些老人见多识广，对全州的大小事情、历史与现状都了如指掌。长者多智，本就有许多良谋妙计，又见陆俟礼贤下士，尊重民意，征询意见非常诚恳，都愿意助刺史一臂之力。双方一拍即合，老者们将心中的想法一一道出，毫无保留。如此，陆俟大有收获，不但州中的方方面面了然于胸，而且集中了老者们的经验和智慧，如虎添翼，信心倍增。这些老者也就理所当然地成了他长期合作的智囊团。

陆俟的另一妙招更令人叹服。他也是先调查了解，摸清底细，再挑选各豪强之家的子弟百余人，将他们统统收为养子，殷勤招待，引导教化，并赏给衣物。然后让他们各归其家，并要求他们回去后老老实实生活，不能惹是生非，给刺史和官府找麻烦。同时让他们充作自己的助手，平时务必留心州中发生的大小事情，一旦有异，及时禀报，对恶人恶行尤要随时监视举报。这些年轻人平日放纵，多有劣迹，为州人所鄙视，但刺史却并不轻辱，倍加关心，和善相待，严加教诲，他们岂能无动于衷，也不好再像过去那样公然作奸犯科，渐渐归入正途。这一百余人，一百余双眼睛、耳朵,使陆俟有了千里眼、顺风耳,州中事无巨细都难瞒过他。有些不法之徒刚刚作案得手,很快就被查得明明白白,抵赖不得。不论多复杂的案件,用不了多久就水落石出,该罚则罚,该判则判,快刀斩乱麻,都迅速有了公正的结果。全州上下,又佩服又惊讶,奇怪刺史明察秋毫,料事如神,凡他说的事没有不灵验的,不明底细的人,真以为他做事有神灵相助。那些作案的恶徒,心惊胆战,主动伏罪;那些心存邪恶,图谋不轨的奸人也都龟缩起来,不敢轻举妄动。经过陆俟大力整治,全州很少再发生抢劫偷盗之类的案件,风气大变,百姓安居,大家都庆幸遇到了一个清正睿智的刺史。而陆俟呢,在州为官七年,贫寒节俭如故,两袖清风,一身正气。

陆俟治州,政绩斐然。当他被调任散骑常侍时,州中百姓都自动聚集起来,苦苦挽留,有千余人联名请愿,无论如何也要恩准陆俟留任。

仁政治国　凝聚民心

郁离子说:"老百姓就像散沙一样,占有天下的人是由于能把他们捏成团罢了。"

尧舜时的百姓,就像是用漆抟起来的沙子一样,没有分开的时候。所以尧死后,老百姓如同丧失父母一样哀痛,三年中,全国停止一切音乐活动,这并不是用权势强迫他们如此肃穆。夏、商、周三代老百姓,就像用胶抟和起来的沙子样,虽然有时融为一体,但不用分就能离散。所以子孙传了数百年,必定有无道的君王出现而最后衰亡,又接着得到贤明的君王就又复兴起来。随后又必定有更无道的君王如桀和纣出现,而又有贤圣诸侯如商汤、周武王出现,间隔一段时间又最后衰亡。那些无道的君王没有一个不是像桀、纣那样迅速衰亡;无道的君王如同桀纣一样,并且贤圣诸侯不能恰好在那时间隔出现的,也没有一个不衰不亡的。靠武力统治下的老百姓,就像用水抟和起来的沙子一样,他们合在一起好像是不可分开,就仿佛水凝成冰的样子,一旦消融,就涣散分离了。他的下属暴力聚拢他们,就像用手抟沙子一样,攥紧掌就合,放开手就散。不寻求聚拢他们的方法,却指责百姓顽劣喜欢反叛。这是不假思索而做出的恶行。

吉祥自求　不在天降

楚王喜好吉祥,有人献给他白乌鸦、白八哥和连理枝,群臣都来祝贺。荀卿没有来,楚王召他来并对他说:"我没有才智,有幸依赖先君的遗德,群臣和睦,四面边界平安无事,鬼神认可而降吉祥,大夫独自在那里不高兴,我愿听听其中的原因。"

荀卿回答说:"我小时曾经受到老师的教育。你听说的吉祥事,不是我所认为的吉祥啊。我听说君王的吉祥事有三件:得到圣人为上,丰收年景为次,得到凤凰、麒麟为下。而可以认为是吉祥的,也可以认为是不吉祥的,是不包括在上述之列。所以凡是形状特殊,颜色怪异而无益于百姓的东西,都可以说它是吉祥的,也可以说它是不吉祥的。所以先王考虑治理国家,看见一种不同一般的东西,必定省察自己的执政情况。认为是吉祥的征兆,就必定自我反省说,我有什么德行而降吉祥?假如果真有德,就更加勉励还没有做到的;倘若没有德,就反躬自省,担忧它不可信,害怕它变福而为祸。认为是不吉祥的征兆,就必定自我反省说,我犯了什么罪却招引它降临? 如果真有罪,不等到天亮就改掉它;没有什么罪过,就早晚恭敬小心,检点自己的视听是否还有注意不到的地方,害怕它被掩盖了,担心它有隐藏的邪恶而不为人知。正是因为这样,因此吉祥就不会白来,而不吉祥的应验就会落空。如今三闾大夫被放逐,死在湘地,鄢、郢、夷等地全被秦国占领,农夫、牧童没有一个不拿起武器来抵抗秦兵,老年病弱的送水送饭。火灾旱灾相继,闹饥荒,没有蓄存的粮食。虽然有凤凰、麒麟每天聚集在郊外,也不能填补楚国的漏洞,何况是变色的鸟,不合常规的草木呢。你如果不省悟,楚国就危险了。”楚王不省悟,荀卿就隐退到兰陵,楚国就不振兴而灭亡。

吃饭穿衣看家当

莒北离公要在莒地修城,效法晋国绛都的样子修筑。

正舆大夫进谏说:“晋国是天下的大国,而修建绛都用了三年的时间才修成,百姓不堪忍受,而何况在小小的莒地呢? 小小的莒国比起晋国不到百分之一大,用百分之一的力量希图达到百分之百的力量所能完成的事,这和用羊羔拉象车有什么不同呢? 再说即使把城修成了,而给它守卫的是百姓啊,把莒国全部的人都用上,也不到晋国一个城的人多,却怎么敢效法绛都。如果有了战争,老百姓只能集中守城的一个角,其余三个角就没有人把守了。”莒北离公不听,就拆除旧城而修建新城,老幼残疾全部被驱赶服劳役,修了五年,而还未完工。楚国出兵讨伐它,百姓不战就溃逃。君子说莒北离公的智慧还不如蚂蚁,蚂蚁都知道算计一下它的同伙多少而筑穴,有警报就迁移,迁徙时各干各的事,有蚁卵的就背着它的卵而行。如今离公建设国家而不考虑自己的能力,量力而行,不丧亡还等着什么呢?

恩威并施　赈民救灾

清朝道光年间,江忠源出任浙江秀水知县。时值江浙一带发生水灾,波及秀水,江忠源不得不全力以赴办理赈灾事项。由于赈济粮款数量不多,再加上一些商人乘机抬高米价,激起了灾民的愤怒,出于无奈,灾民哄抢了几家米店和一些富户,使得地方上的社会秩序一片混乱。

为了应付这个局面,江忠源采取了恩威并施的办法。他首先采用武力,对哄抢事件进行制止,捕捉了100余名带头哄抢的要犯。为了杀一儆百,他将其中一名情节最严重者处以死刑。余者则全部关入牢中。然而他知道,要想真正煞住哄抢之风,只用强硬的手段是不行的,必须要解决百姓们的生计问题,即筹集更多的钱款,赈济灾民。然而,当地的富商大户都吝啬得很,不肯多出。于是江忠源想出了一条迫使他们多出钱的办法。

他下令把全县的绅士召集到城隍庙里,对他们说:"今年水灾严重,灾民多,赈款少,希望在座诸位多出钱粮。凡是愿意多捐钱粮的,官府颁给'乐善好施'的匾额一块,还要给他披红挂彩,予以表彰;如果家有钱粮不捐,对灾民见死不救,也送给他一块匾,上面书写'为富不仁某某',悬挂在他家大门首,并责令地保监督,不许把匾隐藏起来。"并补充说道:"凡是得到'乐善好施'匾的人家,还要发给'禁抢告示'一张,可以张贴在大门外。谁敢到这家来哄抢,一律处死。"这样,就给那些富户造成了很大的压力。他们既怕落下"为富不仁"的坏名声,又害怕得不到官方的保护而遭抢劫,于是纷纷争着捐粮捐米。数日之内,就捐银达10余万两。

因为有了大批赈灾钱粮,民心很快安定下来。为了防止办事官员贪污舞弊,江忠源亲自监督赈灾钱粮的发放。这次赈灾涉及的钱粮虽然数目很大,但是没有发现一起侵吞的事件。赈务即将结束,有人主张对关在牢里的百余名哄抢犯予以严惩。江忠源反对说:"这些人均犯的是斩、绞、军、流的罪名。但他们是由于饥饿的驱使下才犯的法。与通常犯法不同,值得同情。我看只把他们枷杖发落就行了。"于是这些人得到了从轻处理。

驾驭有方

岳飞善于以少胜多,曾经以八百人击败曹成十余万人于桂岭,以八千人击败群盗王善等五十万人于南薰门。他与金兀术在颖昌作战,只用了八百背嵬军士,在朱仙镇战役中只用了五百亲兵,两次都打败十余万金兵。

每有军事行动,岳飞都召集所有统制一起商议,定下计策后再行动,所以有战无败。即使猝然遇敌,岳家军也能兀然不动,金兵曾有言:"撼山易,撼岳家军难。"岳飞统帅军队,即严厉又宽仁。士卒中有拿了老百姓一缕麻来捆马草的,立即斩首示众。士卒夜宿,老百姓自愿打开门,让他们进屋住,也没有敢入民宅的。军中有号令:"冻死不拆屋,饿死不掳掠。"士卒有病,岳飞亲自为他们调药。众将远征,就派妻子慰劳他

岳飞

们的家属。凡是有将士牺牲的,岳飞都为之痛哭,并养育他们的遗孤。凡是朝廷有颁赏,总是分给军中众官员,不私吞秋毫,每有功劳,必然归之于将士。

第五章　廉洁正身俭修身

为官之法,只有三件事最为重要,叫作清、慎、勤。知道这三件事的官员,可以确保自己的禄位,可以免去耻辱,可以受到上级的赏识,可以得到下级的支援。但是世界上的官吏,面对财产,为官为吏,往往不能自我克制。常常以为自己不会溃败;心中以为自己不会溃败,就会为所欲为,无所不为。但是事情往往到了溃败的时候而自己不能控制自己。所以设心办事,在开始的时候就要加以警戒,这不可不引起人们的高度重视。假使巧用权力和智谋,百端补救,幸而免祸,受到的损失必然很多,最好还不如当初就不干这样的事。司马子微《坐忘论》云:"与其巧持于末,孰若拙戒于初。"这就天下的至明之言。当官处事的大法,在于用力少而收获大,没有比得上这一句话的。人们如果能够反复思考,难道还会出现经常后悔的人吗?

恪勤清慎　上下称许

冯元淑,生卒不详,相州安阳人。从兄冯元常"清鉴有理识,甚为高宗之所赏",武则天时"虽屡有政绩",却为酷吏周兴所陷,下狱死。冯元淑就是在这样一种家庭背景下出任清漳的。在清漳令任上数年,史书记载仅有 10 字:"政有殊绩,百姓号为神明"。要获得这样的评价,是十分难得的。按照唐朝的考课之法,各级官吏在本职内各项规定都为"最"的同时,还必须做到德义有闻、清慎明著、公平可称、恪勤清慎称"四善"。

冯元淑正是以其县令职掌为最和"恪勤""清慎"等,才获得考核的上上,赢得百姓的称颂的。为此,中宗特颂玺书奖励,并命史官编其事迹。同时,调任浚仪今,任满后升畿辅所辖始平令。

冯元淑在赴浚仪、始平二县时,自河北入河南,再进陕西,都是单骑赴职,不曾携带家眷。在任上,因公务所乘马匹,不仅无丝毫装饰,甚至下午连草料都不加,说是让其"作斋"。他本人及仆役,每天也只一餐而已。俸禄结余,一部分"供公用",作为县衙经费;一部分"给与贫士",养鳏寡、恤孤穷。当时,有人讽刺说,他这样做是为了沽名钓誉。冯元淑听了后,很坦然地表示:"此吾本性,不为苦也。"后入朝,卒于祠部侍中任上。

史书虽然主要记载冯元淑自甘清苦,但透过清苦可见其"恪勤"。俸禄结余

"供公用",显然是勤政的反映;其"给与贫士",更是恪勤的内容了。一个封建社会的"县太爷"能够如此自甘勤苦,想的、做的是"供公用"、恤孤贫,不是很应该大加弘扬吗!

清俭修身　治吏医人

卢怀慎,滑州灵昌人,自幼清谨。中宗时为右御史台中丞,曾连上三疏陈时政得失,未被采纳。当时,州牧、县令等官,不尽其力,偷安爵禄,但养资望,甚至不率宪章,公犯赃污,侵牟万姓,剥割蒸人。

在这种"浮竞之风转扇"的年代,卢怀慎以"清俭"自守,"不营产业,器用服饰,无金玉绮文之丽"。所得禄俸,随时分散给亲故,家无余蓄,以致妻儿老小不免饥寒。玄宗先天二年,卢怀慎为黄门侍郎,在东都洛阳分掌选官之事。随身所带用具,仅仅一个布袋。年底调回京师拜相,与姚崇共掌机密,兼掌吏治。开元四年兼吏部尚书,不久患病。宋璟、卢从愿经常来看望他,见其卧床"敝箦单席,门无帘箔每风雨至则席蔽焉"。卢怀慎一向敬重宋璟、卢从愿,见他们来很高兴。"留连几日,命设食,有蒸豆两瓯、菜数茎而已,此外翛然无办。"其清俭如此。当其弥留之际,仍不忘吏治,拉着宋、卢二人手说:"二公常出入为藩辅,圣上求理甚切,然享国岁久,近者稍倦于勤,小人乘此而进,君其志之。"在病重自知不久人世之际,卢怀慎还给玄宗写了一份表章,仍然是谈择官、用贤。一是当有表达自己"报国之心,空知自竭;推贤之志,终未克申"的心愿;二是以吏部长官的身份向玄宗推荐宋璟、李杰、李朝隐、卢从愿,认为此四人"并明时重器,圣代良臣",虽"微有愆失",但"所弃者大","望垂矜录,渐加进用。"

乃至临终,"家无留储",仅此遗表一纸。治丧者,"唯苍头自鬻以给丧事。"玄宗览表后,立即以宋璟继卢怀慎,为吏部尚书兼黄门监。同时,有上疏称"怀慎忠清直道,终始不亏,不加宠赠,无以劝善。"玄宗下制赐其家物一百段、粟米二百石。后二年,玄宗自洛阳回京城长安,途经卢怀慎旧居,"望墟落间,环堵卑陋",家人正在斋祭,"悯其贫匮,赐绢百匹"。回到长安后即命中书侍郎苏颋为其撰碑文,玄宗亲自抄录后,立于坟前。

卢怀慎虽然被称为"伴食宰相",却始终未忘自身的职责——吏治问题。中宗时陈时政三疏,论地方吏治之弊。其后分司东都选官之事,成绩显著,八朝拜相,仍知吏部事,直至致仕。临终遗表,谈的还是择官、用贤。在一生致力于吏治的同时,卢怀慎本人处污而不染,始终以"清俭"自守,成为唐代大臣中"清勤"的典范之一。

清政爱民

陈瑸,字文焕,号眉川,广东海康人。康熙三十三年进士,授福建古田县知县。

从这时起，一直到康熙五十七年卒于任，陈瑸在二十几年的工作中，始终把关心百姓疾苦放在首位，同时把自身的廉洁与从政活动紧紧地联系在一起。早在读书时，他就立下了清政爱民的志向，并说："士未有未仕时律身不严，而居官能以清廉著闻者。"

陈瑸初任古田知县时，该县赋役轻重不均，百姓怨声载道。他上任后，清平赋役，百姓得以安居，万民欢跃。不久，他被调往台湾。那时，台湾刚收复不久，一切规制未备。陈瑸到任后，"以兴化易俗为先务，镇以廉静，番民帖然"。康熙四十二年，陈瑸出为四川提学道金事，他"杜请托，一意甄拔人才"，成为四川官吏中之最廉者。后来又调台湾厦门道，他建学宫，兴文教，正学厉欲，使民风为之一变。康熙五十三年，陈瑸被升为偏沅巡抚。他到任后，首先惩治了一些贪官污吏。当时，湘潭县知县王爱瑈纵容手下搜刮百姓，闹得民怨鼎沸，而长沙知府薛琳声又百般包庇王爱瑈，陈瑸奏请皇帝罢了他们的官。随后，他又在巡抚任上办了十件事：禁止征银时增加损耗；废除各府州县之酷刑；将官仓积谷卖给百姓；帮助百姓建立社仓；提倡俭节；禁止百姓向官府、下级向上级馈赠礼物；建学校；办书院；整饬武备；停止民间随意采矿。这些做法，不仅得到了康熙帝的嘉奖勉励，也得到了百姓的拥护。

陈瑸在取得显著政绩的同时，也获得了廉洁的美名。

他为官十几载，一直以清苦著称。史书记载，他"清操绝俗，自奉尤菲，盖草具粗粝，日啖荤少许而已，而特捐置学田"。在台湾任职时，由于当地极为贫困，陈瑸则"率之以廉，衣御布，素食无兼味，所属惊之，治绩甚者。"二十几年中，陈瑸几次调任，从古田到台湾，从四川到湖南，他都是只身赴任，从未带家眷，延幕僚。在赴偏沅巡抚任时，他单枪匹马，一人独行，以至"僚属逆境上，莫知其为公也。"他的儿子几次想去探望，竟无钱雇车船。有人问他的厨子："你的主人经常以什么为食？"厨子答道："瓜蔬为恒膳"，许多人认为陈瑸之清苦是难以忍受的，而陈瑸却"晏然安之。"

陈瑸为官，自甘清苦，几十年中未曾有一丝一毫之苟得。在台湾时，"官庄岁入悉归公，秋毫无所染"。在偏沅巡抚任上，他"屏绝苞苴"，一介不取。按照当时的规定，在官者可以得到一些使用公差的钱，但是陈瑸却从不领取。陈瑸把妄取一分一毫均视为贪，他经常说这样一句话："贪取一钱，即与百千万金无异"。在他看来，为官者应该清廉，贪不在多，即使只贪一钱，亦与百万金无异。在他入朝进见康熙时，也说了这番话。康熙皇帝非常赞赏，并问他过得怎么样。他表示，他的生活已比穷苦百姓好多了。"初任知县便不至穷苦，即一钱不取，臣衣食亦能充足。"康熙皇帝十分感动，当陈瑸退下时，他指着陈瑸的背影感慨道："此苦行老僧，国家之瑞也。"

康熙五十七年，陈瑸病故。在他留下的一份遗疏中写道，有公顷余银一万三千两，应充军饷。康熙皇帝十分感动，命以一万两充军饷，三千两给其子为父置办葬具。同时对阁臣们说："朕亦见有清官,然如陈瑸者实罕见。"

清政爱民,不仅克己修身,还能施仁于天下百姓,为官若此,怎能不为百姓所敬所叹?民心慕而思治,天下太平必为去不远了;清廉奉公,若人人如此,必如康熙所言,"若行老僧",当成"国家之瑞"也。

立身清廉

钱徽,它尉章,吴兴人。出身于书香门第,父亲钱起是天宝十年的进士,著名诗人,是当时十才子之一,官至尚书郎。

钱徽从小受到家庭环境的熏陶,得到了良好的教育。中进士后,到谷城县令王郢幕中充当谋士。王郢豪爽好客,挥金如土,常把公款送给好友,因此犯罪撤职。观察使樊泽负责处理这一案件,涉嫌的人员只有钱徽一文不取,清白无辜,于是把他带在自己身边。

元和九年,吴元济在蔡州起兵反唐,朝廷告急,立即调兵遣将,分路合围。钱徽以干练的谋才被上司看中,很快升官入朝,深得唐宪宗的欣赏。他办事有条有理,筹措得当,被纳入高层决策圈内,参与处理机密事务。

当时,河湟地区久已失陷,宪宗为了恢复失地,在内府悄悄地广积资财,虽然表面上严禁官吏作无名目的进献,但实际上暗中鼓励,对贡品来而不拒。结果,投机钻营者循其所好,在地方上大肆搜刮,普通官吏为情势所迫,不得不随风附和。各级官吏向皇帝进献之举,蔚然成风。鉴于进献之风严重地扰乱了行政制度和秩序,败坏了风气,钱徽上奏皇帝,请求停止收纳贡献,以正身正影,激励群臣。宪宗自知理亏,但不想停止,收纳贡献又害怕被钱徽察觉,因此,密令下级以后进献不要进右银台门,以免被钱学士穷追不舍,不好下台。

长庆元年,钱徽重新入朝,担任礼部侍郎,负责科举考试。宰相段文昌酷爱学习,特别喜欢书法、绘画等。前刑部侍郎杨凭家中古书画收藏十分丰富,为了让儿子杨浑之考上进士,忍痛割爱,把他们全部送给段文昌,请他开方便之门。段文昌四处奔走,面托钱徽,又写信保举。其他权贵如李绅也来活动。钱徽铁面无私,不畏权贵,发榜时,段、李的关系户杨浑之、周汉宾都名落孙山。段文昌大怒,上奏皇帝,诬告钱徽考试营私舞弊,录入唯亲。结果钱徽被贬为江州刺史。在刺史任上,钱徽保持正直清廉不变。按照郡例,有牛田钱百万,供刺史招待费,钱徽说:"此农耕之务,岂为他用。"

钱徽立身清廉,为官不贪,在任太子右庶子时,韩公武贿赂朝廷大官,送他二十万钱,他坚决拒绝。平常尽为社会、为百姓做好事,办实事。所到之处,政绩卓著,深孚众望。

大和三年,这位正直廉洁的吏部尚书悄然逝去。

立身清廉,方是为官的正道,己虽清贫,但时日一久,必能为明主所用,而若能不畏权贵,不止克己修身,还能威正他人,那就更为难能可贵了。

俭约刚正　刺奸奉公

祭遵,是东汉王朝的开国功臣之一。

在西汉亡后,王莽执政的后期,豪强并起,农民起义如火如荼。汉室宗族刘秀为重建汉王朝,以河南南阳为根据地,招兵买马以发展自己的势力。当刘秀挫败王寻统领的王莽军经过颍阳时,县吏祭遵带着一批随从投奔刘秀。刘秀见他仪表非凡,委任为门下吏。刘秀以刘玄政权的大司马身份出征河北,祭遵亦升为督察军纪的军市令。

有一次,大司马府中的一位青年人违犯军纪,依法当斩。于是,祭遵不以自己官职卑微,也不顾这位年轻人乃刘秀的眷属,依法将他处决了。刘秀听罢大怒,将祭遵逮捕下狱。主簿陈副认为祭遵做得对,便要刘秀赦免他。陈副说:"明公常欲众军整齐,今尊奉法不避,是教令所行也。"陈副这一席话,使刘秀恍然大悟,他原谅了祭遵,并提升官职,号为"刺奸将军",意为专门除暴去恶的将军。刘秀对众将说:"当备祭遵,吾舍中儿犯法尚杀之,必不私诸卿也。"换句话说,像祭遵这样的一个严于执法的人,连我的亲属都处死刑了,当然不会对你们讲私情的,你们可得多多防备呀!不久,祭遵右迁为偏将军,并以平河北的战功,封列侯。

建武二年,光武帝刘秀擢升他为征虏将军,封颍阳侯。此后7年中,他大小数十战,屡建大功。后来在进攻陇西地区隗纯等人的割据势力时,以身殉职。

祭遵"为人廉约小心,克己奉公"。每当因战功得到朝廷赏赐时,他"辄尽与士卒",而自己却"家无私财,身衣韦陋",甚至连夫人也勤俭节俭,"裳不加缘。"他认为,一个人应该经常约束自己,严加要求,一心一意做公家的事。直至他垂危之际,仍然遗诫"牛车载丧,薄葬洛阳"。正由于他治军有方,治家有法,使得他"清名闻于海内,廉自著于当世",因此,当光武帝刘秀得知他死于任上时,除追谥他为成侯以外,又亲临他的墓地祭奠。刘秀对于祭遵的为人十分钦佩,他经常叹息着对群臣说:"安得忧国奉公之臣如祭征虏者乎!"

祭遵虽然过早地死了,但"刺奸将军"的绰号却常驻人间。

无私无怨　卫国保民

郭子仪,华州郑县人,武举出身。天宝十四载,安禄山起兵反唐后,玄宗以郭子仪为朔方节度使,诏其率朔方健儿东讨。从此,郭子仪与唐王室的命运便紧紧联系在一起了。受命之后,郭子仪率部长途跋涉,先后击败安禄山在今内蒙古、山西北部的驻军,打通战略要地东陉关。紧接着,分朔方健儿万人,出井陉关,定河北。第二年夏,郭子仪与李光弼联军,大败史思明于嘉山。于是,河北10余郡皆杀安禄山守将而归降,从而切断了在洛阳的安禄山与其根据地范阳之间的通道。"贼往来者皆轻骑窃过,多为官军所获,将士家在渔阳者无不摇心。"

郭子仪等在河北苦战赢得的这一局面,更加重玄宗轻敌的心理,急于要收复东都洛阳。郭子仪闻知玄宗委用哥舒翰率兵出潼关攻洛阳,立即指出:"潼关师,有战必败。关城不守,京师有变,天下之乱,何可平之。"玄宗不听,结果兵败,朝廷西逃。肃宗至朔方即帝位,郭子仪与李光弼率步骑五万自河北急赴灵武。原本"兵众寡弱,军容缺然"的肃宗的宿卫禁军,由于郭子仪等的到来,"军声遂振,兴复之势,民有望焉。"朝廷自此,也"惟倚朔方军为根本。"数月之间,郭子仪率部平定河套,攻破潼关,致使"潼、陕之间无复寇抄"。肃宗至德二载九月,统十五万兵众进攻长安,与安庆绪守将安守忠大战于长安西香积寺北。"自午至酉",奋战四个时辰,安军大败,京城长安光复。十月,又与安庆绪守将严庄等激战于陕州。"遇贼潜师于山中,与斗过期,大军稍却,子仪麾回纥令进,尽杀之。师施至其后,于黄埃中发十余箭,贼惊顾曰:'回纥来!'即时大败,僵尸遍山泽。"王师生人东都洛阳。随即,河东、河西、河南失陷各郡亦皆平定。郭子仪入朝,肃宗遣兵仗戎容迎于灞桥,并说:"虽吾之家国,实由卿再造。"乾元元年七月,郭子仪再度出征,擒安守忠以献,进位中书令。九月,奉诏大举,与李光弼等九节度之师讨伐安庆绪,而不立元帅,用宦官鱼朝恩为观军容宣慰使。郭子仪连破叛军,收复卫州,围安庆绪于邺县。王师虽众,由于"军无统帅,进退无所承禀,自冬徂春,竟未破贼"。史思明率范阳精锐再度南下,王师溃败。郭子仪以朔方军断河桥,退保东都,使唐王室免于再遭播迁之难!

观军容使鱼朝恩素来忌妒郭子仪多次建功,便借九节度之师大败,推诿责任,向肃宗进谗。郭子仪被召回京,"虽失兵柄,乃心王室,以祸难未平,不遑寝息。"不久,史思明又攻占河南,复陷东都洛阳。党项诸羌,亦趁机欲"吞噬边鄙"。乾元三年正月,肃宗用郭子仪为邠宁、鄜坊两镇节度使,假其威名以镇渭北。宦官李辅国欲固已宠,暗示肃宗"今六军将士尽灵武勋臣",离间肃宗与郭子仪。由于当时不少人上言,"天下未平,不宜置郭子仪于散地",肃宗又以郭子仪为诸道兵马都统,率兵七万自朔方直取范阳。诏下十多日,被鱼朝恩从中作梗,"事竟不行。"

上元二年二月,河阳失守,鱼朝恩退保陕州。三月,河中军乱,杀其师。既而,太原节度使亦被部下所杀。当此,"后辈帅臣未能弹压,势不获已"之际,肃宗"遂用子仪为朔方、河中、北庭、潞、仪、泽、沁等州节度行营兼兴平、定国副元帅",出镇绛州。此时,肃宗病危,引子仪入卧内,嘱托道:"河东之事,一以委卿。"郭子仪至绛州后,河东诸镇"率皆奉法"朝廷。

不久,肃宗驾崩,代宗即位。宦官程元振用事,"忌嫉宿将,以子仪功高难制,巧行离间,请罢副元帅,郭子仪又被留在京师。其后,太子李适为天下兵马元帅,代宗欲以郭子仪副之,程元振、鱼朝恩再次作梗。广德元年吐蕃入寇,边将告急,程元振不报。直到吐蕃攻陷泾州,长驱深入,骚扰京畿,满朝上下计无所出之际,才遽诏子仪为关内副无帅,出镇咸阳。"郭子仪自留京师,部曲离散。及直奉诏,部下仅二十骑。赶赴咸阳,吐蕃二十万众已过渭水。立即遣使入秦,请增防卫。程元振竟不召见,致使吐蕃渡过渭水便桥,直逼长安。代宗窜逃,京城再度陷落。郭子仪收整六军溃逃将士。暗接内应,不日收复长安,代宗以其为西京留守。程元振以郭子仪再度立功,"不欲天子还京,劝帝且都洛阳。"郭子仪上书,请车驾回京。代宗后悔地对郭子仪说:"朕用卿不早,故及于此。"

永泰元年九月,回纥、吐蕃分数道逼近京畿,长安震恐,人情危迫。代宗下诏亲征,急召郭子仪自河中至,屯兵泾阳。郭子仪军万余人,杂于敌围数重之间。年近七旬的老将,自率甲骑两千出没敌军左右前后。回纥知是"郭令公",欲与相见。诸将以"戎狄之心,不可信也,请无往。"郭子仪说:"今战,则父子俱死而国家危;往以至诚与之言,或幸而见从,四海之福也!"说罢,免胄释甲投枪而进敌营,指责回纥负约,吐蕃无道,并许以重叙旧好,酹酒盟誓。朔方兵马与回纥部众联合,吐蕃连夜奔退。郭子仪挥军追击,大败吐蕃。代宗诏罢亲征,京城解严。郭子仪被派往径阳(今陕西泾阳),长期驻守,以备吐蕃。

大历二年底,郭子仪父坟被盗。"人以鱼朝恩素恶子仪,疑其使子。子仪心知其故,乃自泾阳将入,议者虑其构变,公卿忧之。"可是,郭子仪入见代宗,竟是一番自责:"臣久主失,不能禁暴,军士残人之墓,固亦多矣。"在此后的岁月中,吐蕃骚扰越来越频繁。郭子仪及其所部兵马,总是出没在征战的第一线,成为李唐皇室所倚重的"根本"。大历九年,郭子仪又入朝专论备吐蕃策:"愿陛下更询谠议,慎择名将,俾之统军,于诸道各抽精卒,成四五万,则制胜之道必矣,未可失时。"同时,自请"抽赴关中,教之战阵",以使"军声益振,攻守必全",为"长久之策"。此时,郭子仪已经七十八岁了。

郭子仪为上将,握兵权二十多年,为振兴唐室东征西讨,可谓"至勤"。程元振、鱼朝恩等肆意谗毁而无怨,朝廷遇有危难,闻声即出,力挽狂澜,堪称历代重臣的楷模。

清廉正身　不贪权财

王恕祖籍陕西三原,是明朝成化、弘治年间位极一时的名臣,当时民间流传着"两京十二都,独有一王恕"的说法,意思是说在北京和南京各六部门的众多官吏中,最称得上刚直无私的,要首推王恕了。

明孝宗即位后,王恕被重新起用,委以吏部尚书重任,然而他虽居高官却过着十分清贫的生活。他经常让老仆人上街打油,从来没向官府要过。

礼部尚书耿裕听说后,感到很惭愧。他对人说:"我打当官之日起,从来没有打过油,全家用的油都是官库供给的。同王尚书相比,真令我汗颜啊!"

王恕有个女儿,出嫁前,花二两银子托人买了块小宝石,还一再叮嘱那人千万别让她父亲知道。因为她知道,在父亲眼里这份花销已属过分了。等出嫁时,只雇了顶平民用的两人抬小轿。

王恕在任吏部尚书期间,他那爱进直言的脾气仍然未改,因此得罪了许多人。后遭人诬陷,他知道纵使辩白也不会使皇帝清醒些许,只好告老还乡了。

明武宗即位时,皇帝专门让人给王恕送去酒肉慰问,并请他继续直言朝廷的得失。这时,王恕已经九十岁了。他不顾年迈体弱,连夜撰写奏疏,以表达自己对百姓的关切,皇帝手捧奏疏,感动得泪湿衣衫。

三年后,王恕魂归西天了。消息传到朝廷,皇帝不无惋惜地对文武大臣说:"王恕爱卿此番仙逝,朕痛失一臂膊,国少一栋梁啊!"

清廉正身,爱民直谏,这些无不是为国为民而为的正直之举,时刻能为国为民思虑,才是真正的保国忠臣。

君子坦荡荡

什么事情都要有个限度,接受别人的好处也是如此。俗话说:"拿人家手短,吃人家嘴短",千万不要因为贪图一点儿实惠而把自己置于进退两难的境地。

战国时代,孟子名气很大,府上每日宾客盈门,其中大多是慕名而来,求学问道,请求签名者都有。这一天,接连来了两位神秘人物,一位是齐王的使者,一位是薛国的使者。对这种人物,孟子自然不敢怠慢,小心周到地接待他们。

齐王的使者给孟子带来赤金 100 两,说是齐王所赠的一点小意思。孟子见其没有下文,坚决拒绝齐王的馈赠。使者灰溜溜地走了。

隔了一日,薛国的使者也来求见。他给孟子带来 50 两金子,说是薛王的一点心意,感谢孟先生在薛国发生兵难的时候帮了大忙。孟子吩咐手下人把金子收下。左右的人都十分奇怪,不知孟子葫芦里装的什么药。

陈臻对这件事大感不解,他问孟子先生:"前天齐王送你那么多的金子,你不肯收,今天薛国才送了齐国的一半,你却接受了。如果你前天不接受是对的话,那么今天接受就是错了,如果你前天不接受是错的话,那么今天接受就是对了。"

孟子回答说:"都对。在薛国的时候,我帮了他们的忙,为他们出谋设防,终于平息了一场战争。我也算个有功之人,为什么不应该受到物质奖励呢?而齐国人平白无故给我那么多金子,是有心收买我,君子是不可以用金钱收买的,我怎么能收他们的贿赂呢?"

左右的人听了,都十分佩服亚圣的高明见解和高尚的操守。

公私分明

春秋时,辅佐齐桓公称霸中原的能臣管仲,与鲍叔牙是朋友,他之所以能被齐桓公破格任用,完全是由于鲍叔牙的推荐,所以管仲常对人说:"生我者父母,知我者鲍叔也"。可见,他对鲍叔牙是十分感激的,当然,也更深深地理解他。但是在他临死时,齐桓公问他:"你死之后,让鲍叔牙来接替你的职务,你看怎么样?"

管仲听说,想了一会儿终于说:"鲍叔牙是我的恩人和好朋友,又是一位至诚君子,但是,我认为他不适合执掌国政。"齐桓公问他为什么,管仲回答说:"鲍叔什么都好,就是对善恶看得过于分明,别人有一点过错他都不能容忍,为人处事,对别人的优点不忘于怀是可以的,但对别人的任何错误和缺点都不能容忍,谁又受得了呢?鲍叔牙看见别人有一点不是,便一辈子不能忘记,这是他的短处啊!"齐桓公同意管仲的话,最后用了隰朋。

不想这话被齐桓公的幸臣易牙听到了,由于管仲曾经劝告齐桓公不要亲近易牙这样的人,所以他一直怀恨在心,现在有了这个机会,就偷偷地鼓动鲍叔牙说:"管仲之所以能当宰相,还不是全靠您的推荐。现在他病危,大王问他谁可为相,他却说您不适宜,另外推荐了隰朋。您瞧,这多不够朋友!"鲍叔牙听了这话,冷冷一笑,对易牙说:"对呀,这正是为什么我要推荐管仲的理由啊!管仲忠于国家,不讲私情,不吹拍朋友,你们如何能够理解?假如大王让我当司寇,专管驱逐佞人,那是很合适的;假如让我主持国家,你们可就没有容身之地了!"说得易牙无地自容,赶快逃走了。

严施家法 为人师表

西汉哀帝时,宠信董贤,外戚丁、傅两家得势,王莽家门前车马日渐稀少,王莽审时度势,决定暂时退职,以图东山再起,他上书请求退职,皇上马上批准了。

王莽虽然退职在家,仍杜门自守,一点也没有放纵自己,对外人以礼待人,对家人严格要求。

一天,王莽刚吃完早饭,正在太师椅上闭目养神,听到门外吵吵闹闹,还夹着女人的哭声,王莽推开大门,走了出去,只见一个妇人抱着个未满周岁的孩子跪在院子中间,大声喊冤,王家仆人怎么劝她,她也不起来。

王莽忙走过去,从那妇女手中接过正在哭的孩子,温和地对她说:"大嫂,你有什么事站起来说吧。我就是王莽,如果有什么我能替你出气的话,我一定帮助你。"

妇人一见王莽,抱着他的双腿,号啕大哭,边哭边诉:"大司马,可找到你了,我这齐天大冤,可有处可伸了,我早就听说大司马办事秉公执法,廉洁公正,从不徇私枉法。"

王莽道:"大嫂,你有什么冤就说出来吧!"

妇人道:"大司马,你有所不知,我家的丈夫是你二儿子王获的家奴,他为人老实,本来在王获那儿干得好好的,可不知为啥,昨天二公子将他活活打死了,我后来才听说是二公子与他因一件小事发生了争执,公子才下此毒手。可怜我们这孤儿寡母的,以后日子可怎么办? 王大人,你可得为我做主啊!"

王莽也知道王获一直在外面惹事,但不知竟闯下如此大祸也不说一声。他脸色阴沉,对家人说:"快去将二公子叫来。"

王获在路上还不以为意:"父亲也是的,为了这么一点小事也值得兴师动众吗?"

见到王莽,王获道:"父亲,你有何事找我?"

王莽气不打一处来:"你还在这儿装糊涂,我问你,昨天你干了什么错事?"

王获道:"昨天? 错事? 噢,不就是打死了一个家奴吗? 有什么大不了的事,谁让他与我顶撞的,如果以后……"

王莽呵斥道:"你给我住口! 你这个畜生,草菅人命,还在这儿胡说八道。我想,你自己该知道如何解决这个问题。"

王获一看父亲真的动怒了,这才害怕起来,求情道:"父亲,你就饶了孩儿这一回吧,以后我一定好好听你的话,不干这种蠢事。"

王莽道:"哼,下次? 以后? 已经晚了,你自杀吧,这样可以落得一个好一点的名声。"

王获浑身发抖,众仆人都呼啦一声跪倒了一大片,纷纷说:"大人,你念公子年幼,又是初犯,姑且饶过他这一次吧。"

王莽道:"王子犯法,也要与庶民同罪,岂可视之如戏言,我一生的英名,怎能因为这件事和这个不争气的儿子而毁了。尤其是王获现在视杀人如儿戏,以后还了得。王获,刀在这儿,你自己了断吧。"

王获还是在那儿跪着叩头,众仆人也在求情,王莽道:"好,好,你杀了人,是因为我这个做父亲的教子无方,你不偿命,就由我来偿命吧。"说完就要往墙上撞。王获无奈,只好当着那孤儿寡母的面自杀身亡。

王莽对那妇人道:"大嫂,凶手已偿命了,你也不要太伤心,你以后的生活问题由我解决,我一直供养你们母子直到老,怎么样?"

那妇人:"王大人可真是大义灭亲,你是天下最最公正无私的人。"

这件事一时间在京城传为佳话,街头巷尾,都能听到人们对王莽的赞美,同时,贤良周护、宋崇等又上书说王莽如何如何贤明,哀帝于是又将王莽召进宫中,服侍太后。

不图名利 敢于退让

东汉光武帝严禁贵戚干政,其子明帝也规定:"后宫之家,不得封侯与政(参与政事)"。尚书阎章的二妹为贵人,阎章通晓经典,早就应该循序升任重要官职,明帝就因他是后宫的亲属,竟不让他升迁。明帝的皇后—马皇后的哥哥虎贲中郎将马廖,黄门郎马防、马光,在明帝统治时期,也没有过任何升迁。马皇后从不利用自己的特殊地位,向皇帝提出什么个人的要求。

永平初,明帝下令图画光武帝中兴以来为国立有大功的28将于京师南宫云台,让人瞻仰。唯独不画出生入死、为光武统一天下立下汗马功劳的马援画像。他的弟弟东平王刘苍看到后,觉到太不公平了,就问明帝道:"马援随先帝出生入死,立有大功,为什么偏偏不画他的画像?"明帝无言可对,搪塞过去。马皇后知道后,若无其事一样,从不向明帝提起父亲画像的事。

明帝一死,朝中给外戚封侯的呼声高涨起来。那些善于投机钻营的人,认为巴结马皇后家族往上爬的时机已到,纷纷制造舆论,要求因袭朝廷旧制,给马家兄弟封侯。

马皇后不让自己的亲属恃仗与皇上的亲戚关系,享受任何特权。她诏令京畿地区长官,凡马氏家族亲属有不法行为,交结郡县官长,扰乱吏治的,一律绳之以法。而皇帝每有封爵马家兄弟的决定,她都坚决反对。

建初元年(67),章帝想封马皇后的三个哥哥马廖、马防、马光为侯,马皇后坚决不答应。第二年的夏天,国家遭受了罕见的大旱灾。一些大臣见有机可乘,上奏章帝说,上天谴怒,赤县千里,是朝廷不封外戚的缘故,希望章帝按朝廷的常制加封马廖等为侯。

当章帝准备下令有关官吏具办此事时,马皇后听到了以后,赶紧下诏说:"说国家遭受大旱是朝廷不封外戚的缘故,这是别有用心的。人们是想讨得我的欢心,而求发财高升。成帝时候,王氏家族5人同日俱封为侯,据说那天黄雾迷漫,却没有下过什么雨。武帝时,田蚡、窦婴以外戚故宠贵,专横跋扈,到头来均得不到好的结果。所有这些,天下人都是知道的。因此先帝警惕,提防贵戚外家,不让他们担任国家重要的职务,给王子封爵,也仅仅只让他们有以前楚藩国、淮阳藩国一半的地盘。而且经常说,'我的孩子不应当与先帝诸子在待遇上平等并列'。现在,你们怎么能把马氏家族与前代阴氏家族来相比呢!我身为天下之母,之所以衣着俭朴,食不求甘美,令部属只穿帛布衣服,不用香薰饰物,就是想自己亲自做出榜样,希望外戚亲属们见了,感愧而改之。谁知他们只是笑着说我本来就喜欢节俭。前不久,我经过濯龙门,看到往外家拜访的人群,车如流水,马如游龙,熙熙攘攘,不可胜数。奴婢穿着绿色的臂衣,一色雪白耀眼的衣领衣袖。回头看我的御者,远远不及。我当时不加斥责，只是回宫后下令减少他们每年的俸禄，就是期望他们有愧于心，能够扪心自省。但他们还是懈怠，没有忧国忘家的志向。知臣莫如君，何况我自己的亲属呢？再说，我又怎能上负先帝的意旨，下亏先人的德行，使国家遭致前朝那样的败亡之祸！"

章帝看到马皇后的手书，悲伤感叹，又一次请求说："皇朝自建立以来，外戚舅舅以恩泽封侯，就像封皇子为诸侯王一样，是国之常例。您确实是心怀谦让，怎么令我唯独不加封舅舅呢？况且大舅已到高龄，二舅、三舅身体也都不好，如果有朝一日，天有不测风云，没有加封三位舅舅，会使我遗憾终身的！"

马皇后把章帝叫到自己面前，轻轻地拍着他的肩膀，让他挨着自己坐下，语重心长地说："我考虑再三，思想两全其美之策。我怎能是想获谦让之名，而让你背上不肯以恩泽封爵外家的名声呢！以前窦太后打算封景帝王皇后之兄王信为侯，丞相周勃说，高祖定下过法规，'无军功，非刘氏不侯'。现在马家兄弟无功于国，我又怎能与阴后、郭后等王室中兴之后相比呢？我阅读史书，看到富贵的家族，禄位重叠，好像一年之内结了二次果实的树木，其根必有伤害一样，一定会败亡。况且人们希望得到封爵，不过是想上奉祭祀，下求温饱而已。如今祭祀祖先的物品足够使用，衣食则国家供给了俸禄。难道还有什么不满足，一定要求封一县吗？我已考虑成熟了，这次不给他们封侯。你不要犹豫不决，最孝的行为是使长辈平安。现在国家遭受多次灾害，谷物上涨了好几倍，我日夜忧虑，坐卧不安。你却怎么能够避开国家大事不顾，先封外戚，违背慈母的心意！我一向性情刚急，胸中有气，是不可不顺的。如果天下阴阳调和，边境安宁了，你再来加封他们，我就只含饴弄孙，不再过问了。"章帝没有办法，只好将加封舅舅之事搁浅。

建初四年(79)，国家谷物获得了大丰收，边境安宁。章帝于是不管马皇后同意不同意，封三位舅舅马廖、马防、马光为列侯。马廖兄弟知道马皇后的脾气，遵守她的教导，都坚决地推辞不受，愿封为空有爵号而居住京城、没有封邑的关内侯。

马皇后知道了此事，即刻乘辇赶往朝廷，叫过章帝和马氏兄弟，大怒道："圣人因材施教，知道人的性情是不一样的。我青少年的时候，就仰慕古代名节卓立、千古流芳的人物，刻写他们的业绩在布帛上，随时仰视，常以为自己的楷模。我立志向他们学习，为了这种志向的实现，我可以献出自己的一切甚至生命。现在人虽然老了，却更加警惕贪婪。不欲滥封我的亲属。因此，考虑降损他们的荣禄。居不求安，食不念饱，但希望能坚持廉俭，不辜负先帝的心意，并用此来化导兄弟，一起实现远大的抱负。期望瞑目的时候，无愧于人生。哪里料到年老了，抱负却不能实现！百年之后，九泉之下我会遗恨终生的啊！"说完，她已声泪俱下。

马廖等没有办法，只好要求退职回家，不再过问政事。章帝无可奈何，也只有批准。

马皇后还亲自撰写《显宗(明帝)起居注》，在书中，她有意不记载外戚的功劳。

哥哥黄门郎马防，在明帝卧病期间，曾参与医药之事，勤勤恳恳，日夜操劳侍候。但在《显宗起居注》中却略而不载。章帝请求说："黄门舅白天黑夜劳碌，侍候汤药一年之久，没有功劳也有苦劳，史书不载，恐怕是做得太过分了吧！"马皇后回答说："我不想让后世人知道先帝多次亲近后宫外戚。"她坚持不载，章帝也只好由她。

马皇后对亲属中有谦让谨慎、广行仁义等美行的，就加以表彰；但有了一点点过错，就严颜厉色地加以训斥责备。如果有奢侈淫逸不遵守法规的，就与他断绝亲属关系，遣归乡里。

建初四年(79)初，马皇后患病。六月，病情恶化。她不信巫祝小医，多次下令，禁止替她祷告和祭祀天地。她于病榻之上，对马廖、马防、马光兄弟再三告诫说："人的一生是短暂的。封侯显赫，富贵荣华就像过眼烟云一般易逝，是不值得追求的。我知道自己将不久于人世，唯一的希望是你们能在后世留下一个好的名声，可不要违背先帝的旨意，不要辜负父亲的教导！"说罢泪如泉涌。三兄弟赶忙答应，马皇后不久与世长辞，享年40岁。

刚正无私　守正不挠

鲍勋，字叔业，泰山平阳人，汉司隶校尉鲍宣九世孙，"清白有高节，知名于世"。

建安二十二年(217)，魏王曹操立曹丕为魏国太子，特意遴选鲍勋为东宫中庶子以辅弼太子。但由于鲍勋秉性刚烈正直，处理论道都有极强的原则性，"守正不挠"，对太子本人从不迁就退让，因而极不得曹丕的赏识。不久，鲍勋就转任黄门侍郎，又出任魏郡西部都尉。恰巧深得曹丕宠爱的郭夫人的胞弟是鲍勋管辖范围内的曲周县吏，因盗窃官布被判死刑。当时曹操远在谯地，由太子留守邺代理庶政，因而他几次三番地给鲍勋写信，要他为郭夫人的弟弟开脱罪责。

一方是法律的尊严，一方是权倾朝野、代理国政的魏国太子，太子曹丕几次求情令鲍勋十分为难。

鲍勋不愧于"守正不挠"这四个字，他没有顺从曹丕的要求，而是将郭夫人胞弟的罪行及据律应予的处罚原原本本地写到奏章上，向魏主曹操做了汇报。最终处死了郭夫人的胞弟。

曹丕眼见自己竟不能从自己的旧属鲍勋处救出爱妻之弟，再联想以前鲍勋冒犯自己的各种事情，心中即怨又恨，"恚望滋甚。"正好魏郡界休兵有未按时到达的，曹丕借机指使执金吾奏免了鲍勋的官衔，以泄心中的怨气。

很久以后，鲍勋才再度出仕，担任侍御史。延康元年(220)，曹操去世，曹丕继承了魏王之位，鲍勋以驸马都尉兼任侍中。

曹丕移汉祚，受祥登其为帝，即魏文帝。鲍勋数次直言强谏，使文帝更加恚怒在心。一次，文帝要出城游猎，鲍勋冒死拦住文帝的车驾，言辞激烈地劝谏文帝。

虽然"勋语殊壮,但不闻谅阴之语,漠无所动。"而且魏文帝还怒气冲冲地将鲍勋的劝谏表撕毁,径自行猎。行猎休息时,曹丕问周围的侍臣:"行猎的乐趣比起礼乐来怎么样?"侍中刘晔顺承文帝意旨奉承说:"行猎当然远远超过欣赏礼乐。"在一旁的鲍勋却毫不客气地指出:行猎根本没法与礼乐相提并论。并严厉批评刘晔阿顺皇帝的戏言,纯粹是佞谄不忠,应该交给司法部门审议定罪。文帝一听,怒形于色,狩猎回来就将鲍勋贬为右中郎将。

黄初四年(223),在群臣的极力举荐下,魏文帝不得已而任用鲍勋为宫正,即御史中丞。自此,"百僚严惮,罔不肃然"。六年(225)之秋,文帝欲征伐东吴,听取群臣意见时,鲍勋又当面切谏,认为不能征伐,惹得文帝很不高兴,将鲍勋左贬为治书执法。

文帝征孙权回师,屯驻陈留郡界内。太守孙邕谒见。出来时顺便去拜访鲍勋。当时营垒未成,只立标埒。为图近便,孙邕没从正道而是抄的小路。军营令史刘曜欲追究,但鲍勋认为孙邕此为是因为堑垒未成,就制止刘曜举劾此事。大军返回洛阳后,曜有罪,鲍勋请旨处刑。为人报复,刘曜将鲍勋私自开脱孙邕的事秘奏文帝。文帝特地下诏称"勋指鹿为马,收付廷尉。"在商议应怎样处罚鲍勋时,廷尉认为应判五年髡钳为城旦舂刑,而廷尉正、监、评三官却认为依律只能罚金二斤。

对鲍勋积怨在心的曹丕岂能如此轻易放过这个机会,看到廷尉送来的商议结果后,他勃然大怒,恶狠狠地说:"勋无活分,而汝等敢纵之!收三官以下付刺奸,当令十鼠同穴。"

太尉钟繇、司徒华歆、镇军大将军陈群、侍中辛毗、尚书卫臻、守廷尉高柔等一起上奏表,以鲍勋之父信有功于太祖为由,请求文帝宽恕鲍勋。但有功于太祖哪比得上得罪过文帝爱妻郭后呢!文帝执意不从,一定要"以宿嫌,欲枉法诛治书执法鲍勋。"官为廷尉的高柔拒绝执行诏命,文帝竟不惜耍手腕召柔到尚书台诣见。将高柔调离廷尉府后,文帝就遣带有密旨的使者到廷尉处死了鲍勋,而后才遣柔还寺。鲍勋死时,所有名将的人都叹恨不已。

公正刚直　不辱名节

西汉元帝在位期间(前49~前33),在京师长安流传着"问何阔,逢诸葛"的俚语,这表现上似乎仅是一句寒暄客套;彼此间怎么隔了这么长的时间未曾谋面呢?原来是碰到了"诸葛";实际上隐含的是对一执法大臣的暗中揄扬、衷心依赖和赞赏,即无论何人,只要犯有过失,都会被"诸葛"绳之以法。这位"诸葛"就是汉元帝时的司隶校尉诸葛丰。

诸葛丰,字少季,琅琊(今山东胶南市琅玡台西北)人。

诸葛丰一步入仕途,就显示出迥异常人之处,"名特立刚直",深受御史大夫贡禹的赏识，特意辟举他为侍御史，成为贡禹的得力助手。在此期间，诸葛丰的刚耿正直也赢得了汉元帝的青睐，被破格提拔为司隶校尉。司隶校尉是汉武帝为了加强京城治安而置的，既可监察朝中百官，又负责京都三辅、七郡之地的督察，位高权重，有"卧虎"之誉。诸葛丰出任此职，真称得上是如鱼得水，虽已是衰暮之年，但"刺举无所避"，为此京城地区衍生出"间何阔、逢诸葛"的口头禅。他的铮铮铁骨使汉元帝嘉赏不已，加秩光禄大夫。

初元四年（前45），官居侍中的外戚许章十分得宠，骄奢淫逸，不奉法度。一次，他的宾客犯事，牵连到了许章。

诸葛丰立即写章弹劾许章。就在他驱车入宫的路上，恰遇许章私自出宫。诸葛丰立即拦住了许章的座车，手中高举着代表"专命击断"权力的竹节，大声呵斥道："下！"准备将他立即收捕。不料窘迫已极的许章竟驾车逃跑，义愤填膺的诸葛丰立即紧紧追赶，直到许章逃入内宫才不得不停止追赶。随即，诸葛丰递上弹章指斥许章私自出宫，抗拒持节使臣，实犯有"大不敬"之罪，应该立即绳之以法。如丧家犬般逃入内宫的许章深知被诸葛丰纠劾的厉害，他直接跑到元帝面前哭诉。先是痛哭流涕地自我谴责，表示诚心悔过，紧接着就倒打一耙地诬告诸葛丰凌辱内臣，依仗"假节"专命之权，擅自追捕、折辱自己。许章的这番表演，在元帝心目中造成了诸葛丰专横跋扈的印象，激起了元帝的怒火。因此，在这场奸佞与刚直，权威与法吏的较量中，汉元帝的天平令人悲哀地倾向了前者。他不仅没有批准诸葛丰的弹章，反而收回了象征着司隶校尉权势的符节，从此司隶校尉不再"假节"，也就丧失了在特殊情况下，不经请示汇报即可处理案犯的专命权，权威大减。汉元帝还写了一封手书，派尚书令尧带给诸葛丰。在手书中他赤裸裸地宣称："夫司隶者刺举不法，善善恶恶，非得专也。免处中和，顺经术意。"看到如此诏书，诸葛丰悲愤填膺。但皇命不可违，只好违心地写了篇《谢罪表》。在表中虽然承认自己有过失、感谢皇帝的恩典，便也时时流露出自己内心深处的不满。他向元帝剖肝沥胆地申述了自己任职司隶时的心境，"臣丰驽怯，文不足以劝善，武不足以执邪。陛下不量臣能否，拜为司隶校尉，未有以自效。复秩臣为光禄大夫，官尊责重，非臣所当处也，又迫年岁衰暮，常恐卒填沟渠，无以报厚德，使论议士讥臣无补，长获素餐之名。"并词气凛然地表达自己的宏愿：

常愿捐一旦之命，不待时而断奸臣之首，悬于都市，编书其罪，使四方明知为恶之罚，然后却就斧钺之诛，诚臣所甘心也！

如此襟怀胆略，确是非同凡响，令人感愧不已。在表中，诸葛丰还坦然道："凡人情莫不欲安存而恶危亡，然忠臣直士不避患害者，诚为君也。"而自己赤诚为国，竟落个专权擅断之罪名，岂能不令"臣窃不胜愤懑！"最后，诸葛丰向元帝提出辞职，"愿赐清宴，唯陛下裁幸。"实际上是对汉元帝皂白不辨，忠奸不分的强烈抗议！但如此剖心沥胆的赤诚，并没有打动汉元帝。他只是没准许诸葛丰的辞职，虽然别的什么也不提，而实际上对诸葛丰的疏远却与日俱增。

诸葛丰在司隶校尉任上了维持了两年，终因"始以刚直特立著称于朝，数侵犯贵戚，在位者多言其短"，永光元年以"春夏系治人"，"专门做奇暴以获虚威"不顺天时的罪名贬为城门校尉。不久被免为庶人，死于家中。

持正不挠　心如铁石

唐临，字本德，京兆长安人。为人端谨，不苟言笑，史称"性旁通，专务掩人过，见妻子，必正衣冠。"

武德末年，他受太子李建成被废牵累，被贬为万泉县丞，因政绩卓著，贞观六年八月，被提拔为殿中侍御史，负责殿廷供奉的礼仪。御史大夫韦待价曾责问唐临何以朝列不肃却不纠举，唐临昂然答道："此亦小事，不足介意。请今日以后之。"恰巧，第二天朝班时，江夏王李道宗和御史大夫韦待价离开班列私谈。

唐临趋进曰：王爷，您扰乱朝班！并准备提出弹劾，道宗不以为意地说：我只是和大夫说几句话，何至于如此郑重纠弹。不料唐临竟接着说：大夫亦乱班！顿时臊得韦待价满脸通红，"失色而退"。在朝群臣都悚然慑服于唐临的持正不挠。不久，唐临奉命出使岭南，按验交州刺史李道彦等狱，使三千多负冤含屈者得以平反昭雪。

贞观二十三年九月，高宗即位后，亲自提拔唐临出任大理卿。次月，高宗垂问唐临现今狱中在押囚犯的数目，精明干练的唐临早已熟稔在胸，立即答道：狱中现有囚犯五十多名，唯有二人应处以死刑。高宗十分欣慰地对唐临说：

"为国之要，在于刑法，法急则人残，法宽则失罪，务令折中，称朕意焉。"

当时刑法断案的潮流是"有司多行重法，叙勋必须刻削，论罪务从重科，非是憎恶前人，止欲自为身计。"所以，高宗语重心长的教诲，既是对唐临以往以宽恕为狱的肯定，又是对未来的期望。他日，高宗驾幸大理寺向囚徒讯察决狱的情况。其中有十几位死囚犯都是唐临的前任判处的，他们大多号呼不已地称冤鸣屈；而问及到唐临刚莅职时判处的死囚时，竟"嘿而无言"。高宗奇怪地问他何以不开口，囚犯丧气地说："唐卿断狱，必无冤溢，所以绝意。"如此令囚犯折服的断狱令高宗惊叹不已，连声说道："为狱固当如是！"并特意为此赦免了那位囚犯死罪。为此，高宗特意为唐临拟写了"形若死灰，心如铁石"的考词。不久，就提升唐临为御史大夫。

永徽二年七月，前任广州都督萧龄之接受左智远及冯盎妻等金银奴婢脏贿事发，但萧龄之是勋贵，享有法律特权，属于"八议"之人，虽犯死罪，但一般的司法官吏不能审理裁决。皆得使其所犯之罪行及应议之由奏请皇帝，由公卿们议定后再奏明皇帝决定。但群官集议时，虽然萧龄之受委大藩重任，赃罪狼藉，"原情取事，死有余辜"。但根据唐律中议法"原情议罪"给予从宽的原则，犯死罪应免予死刑，但议事群官"未尽识议刑本事","议萧龄之事有轻有重,重者流死,轻者请除名",意见不一。不料,将此意见奏报如法时,高宗下诏,令在朝戮死。御史大夫唐临认为"既遣八议,终须近法",而自己既任法官,岂能置若罔闻?因此,他挺身而出,反对高宗的裁决。他引经据典地提出:"律有八议,并依《周礼》旧文,矜其异于众臣,所以特置议法,知重其议贵,议欲缓刑,非为嫉其贤能,谋致深法。今既许议,而加重刑,是与尧、舜相反,不可为万代法。"一席话说得力主"刑法折中"的高宗连连点头,批准了唐临的奏请,免除了萧龄之死罪,将他流放到岭南。

唐临后来官至刑部尚书。显庆四年坐事贬为潮州刺史,卒于任上,终年六十岁。

第六章　防微杜渐绝邪枉

贫穷生于富裕,软弱生于强盛,败乱生于和平,危亡生于安定。英明君主抚养民众,关心他们,慰劳他们,教育他们,引导他们,防微杜渐,来断绝邪枉。因而《易经》赞美"用制度来节制,不损伤财物,不妨害百姓",《诗经》中的《七月》篇颂扬周代先公年复一年以礼教化民的业绩。这样看来,对百姓是一定不能放纵的。

知事于前者重赏

汉朝宣帝时,霍光家族生活奢侈糜烂,茂陵的徐福说:"霍家定败亡。在众人之上,而生活奢侈,这是败亡之所在。"

于是上书皇帝,表示:霍家生活奢靡,陛下即使疼惜他们,也该适时地加以抑制,不要使他们走上败亡之路。三次上书,都获回报知晓此事。

后来霍家果然谋反被除。董忠等人因为发现霍家谋反的行为,而被封为侯。

于是有人替徐先生上书说:

"臣下听说,有一位客人去拜访朋友,看见烟囱是笔直的,旁边又有一堆木柴,就对主人说:'要把烟囱弄弯,把木柴搬开,否则会引起火灾。'主人听了不作声,也不理这些事。没多久果然失火了。邻里的人好心的纷纷过来救火,终于把火扑灭。于是杀牛摆酒席,宴请帮忙救火的

霍光

人;头发被烧,身上被火灼伤的人坐在最上位,其余依客人的功劳入座,但是却不去请建议弄弯烟囱的那位客人。早先若是主人听那位客人的话,根本不必浪费牛、酒,也不会有火灾发生。

"现在茂陵的徐福几次上书,提醒霍家可能会有叛变的行为,应该加以防范、杜绝。若是先前依徐福的话去做,那么就不会有割地封爵的耗费了,并且国家一样安全平静。如今这件事情已经结束,而徐福却得不到封赏,盼望陛下能明察那位客人搬开木柴、弄弯烟囱的建议,而让他居于那些头发烧焦、身上灼伤的人之上。"

书信上奏,皇帝就派人赐徐福帛十匹,任命他为郎官。

迎宾之道　可测兴之

虽然汉光武帝已即王位,蜀地仍有公孙述独立称帝,和汉室抗衡。当时隗嚣割据陇西,对应支持光武帝公孙述犹豫不决。

仔细考虑之后,隗嚣于是决定先派部下马援前往两地探一探究竟。

马援与公孙述是旧友,马援想:"我去的话,他一定如往昔般,亲切地来迎接我。"

不料到蜀都后,公孙述高高在座,阶上文武百官参列,阶下卫士无数,摆出极大排场接见马援,并威严地说:"你是马援吧！不远千里而来,可有事情呈报？"

马援既惊又失望,转头对随从们说:"至今天下仍不知属谁,公孙述应谦恭以迎国士,但他却只顾文饰外表,展现威仪。如此做法必不能得人心。"

于是早早辞别,向隗嚣报告:"公孙述只是井底之蛙,勿与之往来才是上策。"

接着又往访光武帝。进入宫中后,光武帝出乎意料地未带任何侍从,亲自走过回廊,前来迎接。而且衣着普通,戴着头巾,完全不是帝王打扮。

"唉呀！欢迎你来访。到里面休息吧！"

马援闻言,低头恭敬地说道:"您第一次接见我,也不知道我是不是刺客,就如此轻松地迎接我……"

光武帝笑道:"你不但不是刺客,而且是国士。"

听马援报告往访情况的隗嚣,立刻派遣洛阳,臣事光武帝,而公孙述也在不久之后被光武帝所灭。

稳扎稳打　进贡试实力

商汤想伐夏桀。

伊尹说:"可以先用不进贡的方式来试探他的举动。"

于是停止进贡。

桀很生气，发动九夷的部队要攻打商汤。

伊尹说："那我们还不能讨伐夏桀。他既然还能动用九夷的部队，可见是我们不对。"

于是商汤就向夏桀谢罪，又照例进贡。

第二年，商汤又停止进贡，夏桀又发动九夷的部队，但九夷的部队却不听使唤。

这时，伊尹说："时机成熟了。"

商汤于是带兵讨伐夏桀，将夏桀驱逐到南巢。

当忌小人　恶犬为患

齐桓公问管仲说："国内有何忧患？"管仲回答说："土神庙的老鼠为患。"

桓公说："什么意思？"

管仲回答说："土神庙是用木头建造再涂上泥的，老鼠就寄生在里头。如果用火熏，怕烧了木头；如果用水灌，又怕弄坏涂泥。因此老鼠无法剪除，实在是因土神庙的缘故。国内也有土神庙鼠，国君左右亲信就是。在朝廷内，对国君蒙蔽善恶；在朝廷外，对百姓卖弄权势。不杀嘛，就作乱；杀嘛，却顾忌他们是国君所信所爱的人，这就是国内的土神庙鼠。

"我再打个比方吧！有人卖酒，器皿十分洁净，但酒却放到发酸了也卖不出去。向当地人打听原因，当地人说：'店主人的狗很凶猛，有人带着容器进来，要买酒，狗就迎面咬人，这就是酒卖不出去的原因。'国内也有恶犬。国君左右亲信既如土神庙鼠，当权者又像恶犬，有道之人自然不能受到重用，这是国内的忧患。"

借小知大

西汉时，楚元王对申公等人非常礼遇。穆生不喜欢喝酒，元王每次设酒席，经常为穆生特别准备甜酒。

到了刘戊继位以后，起初也时常特别准备甜酒，后来就渐渐忘了。

穆生退席之后说："可以离去了。甜酒忘了准备，表示侯王的心意已经懈怠；再不走，楚人可能用铁枷把我送到刑场。"

于是借辞生病留在家中。

申公、白生一意地劝他，说："难道就不愿念先王对待我们的恩情吗？现在侯王偶然疏忽小小的礼节，也还不至于严重到这样的地步。"

穆生说："《周易》上说：'知道事情变化的征兆契机，谓之神。'征兆契机，是一切变动的隐微表现，也是吉凶事先可见的表征。君子发现征兆契机，就要有所行动，不可等到最后。先王之所以礼遇我们三人，是因为道义犹在的关系。现在疏忽这些礼节,已经是忘了道义。忘了道义的人怎可以长久相处呢?"

后来刘戊因荒淫暴乱,和吴国共同计划叛变,因失败自杀。

为官须谨慎　从小处预防

同光三年秋天,庄宗选将伐前蜀。郭崇韬想再建大功,摆脱危机,制服群小,便提出以庄宗长子魏王李继岌为帅。李继岌年幼,并无战争经验。庄宗意会,便命郭崇韬为招讨使,辅佐继岌,军政大计均由郭崇韬处决。

九月十八日,后唐攻蜀大军出发。十月初,至宝鸡,发布讨蜀檄文。然后兵人散关,直取凤州、兴州、成州,沿途蜀军闻风而降。仅在利州三泉有次遭遇战,以五千蜀兵被杀告终。其后蜀境各州节度使纷纷投降,兵不血刃。十一月二十六日,唐军至成都,前蜀主王衍出降。前后仅七十天,即灭前蜀。

郭崇韬知道伐蜀必成,在进军途中就对李继岌说:"你立下灭蜀大功,凯旋后将得立为太子。将来继位,扇马(阉马)不可骑,更何况任用宦官!应尽去之,专用士人。"这番话传入宦官之耳,对郭崇韬恨之入骨。

成都既下,前蜀旧臣争相拜谒郭崇韬,贿赂珍宝妓乐等。郭崇韬自恃耿耿忠心,不避嫌疑,又有昔日接待后梁旧臣的办法,收下贿赂,安定人心。前蜀降官联名上书李继岌,请求留郭崇韬镇守四川。李继岌大营遭到冷落,随从监军李从袭等宦官显不了威风,捞不到油水,都愤愤不平。

庄宗得报大军灭蜀,遣宦官向延嗣前往劳军。郭崇韬不去郊迎,向延嗣大为生气。向、李两宦官勾结,诬郭崇韬专权自重,广植私党,大收贿赂,有据蜀谋反之心。近几年庄宗与郭崇韬关系本已产生裂痕,听了宦官的报告后更加深了猜疑,于是再派宦官马彦珪入蜀观察,当时已有除郭之心。宦官们必欲置郭崇韬死地而后快,与刘皇后暗商,矫诏(假托帝召)杀郭。

马彦珪入蜀第二天,立即布置杀手,并召郭崇韬前来议事。待郭一到,杀手从背后跳出,以铁锤击碎郭崇韬脑袋,郭立仆而死。郭崇韬随军的两个儿子同被杀死,并以谋反罪诛杀另外三个儿子,家产全部籍没。

郭崇韬是后唐一朝的杰出人才,立国治国皆有建树。可惜上见疑于贪鄙的帝后,下遭诬于奸佞的宦官,终于以身死子灭成了又一出封建社会帝王自伤股肱的历史悲剧。

谨小慎微　处处留心

吕僧珍是东平郡范县人,其家世居广陵。从南齐时起,吕僧珍便追随萧衍。萧衍为豫州刺史,他任典吏,萧衍任领军,他补为主簿。建武二年,萧衍率师援助义阳抗御北魏，吕僧珍随军前往。萧衍任雍州刺史，吕僧珍为萧衍手下中兵参军，被当作心腹之人。萧衍起兵，吕僧珍被任为前锋大将军，大破萧齐军队，为萧衍立下大功。

吕僧珍因有大功于萧衍，被萧衍恩遇重用，其所受优待，无人可以相比。但其从未居功自傲，恃宠纵情，而是更加小心谨慎。当值宫禁之中，盛夏也不敢解衣。每次陪伴萧衍，总是屏气低声，不随意吃桌上的果实。有一次，他喝醉了酒，拿了桌上一个柑橘，萧衍笑着说："卿真是大有进步了。"拿一个柑橘被认为是大有进步，可见吕僧珍谨慎到什么程度。

吕僧珍因离乡日久，上表请求萧衍让他回乡祭扫先人之墓。萧衍为使其衣锦还乡，光宗耀祖，不但准许其还乡，还封他为使持节、平北将军、南兖州刺史，即管理其家乡所在州的最高行政长官。然而，吕僧珍到任后，平心待下，不私亲戚，没有丝毫张狂之举。吕僧珍的从侄，是个卖葱的，他听说自己的叔叔做了大官，就停下生意，跑到吕僧珍那儿要求谋个官做。吕僧珍对他说："我深受国家重恩，还没有做出什么事情以为报效，怎敢以公济私。你们都有自己的事干，岂可妄求他职，你还是好好地卖你的葱吧！"吕僧珍的旧宅在市北，前面有督邮的官府挡着。乡人都劝吕僧珍把督邮府迁走，把旧宅扩建。吕僧珍说："督邮官府自我家盖房以来一直在地，怎能为扩建吾宅让其搬家呢？"坚辞不肯。吕僧珍有个姐姐，嫁给当地的一个姓于的人，住在市西。她家的房子低矮临街，左邻右舍都是做买卖的店铺货摊，一看就是下等人住的地方。但吕僧珍常到姐姐家中做客，丝毫不以出入这种地方为耻。

吕僧珍58岁时病死，梁武帝萧衍下诏说："大业初构，茂勋克举，及居禁卫，朝夕尽诚。方参任台槐，式隆朝寄；奄致丧逝，伤恸于怀。宜加优典，以隆宏命，可赠骠骑将军、开府仪同三司、常侍、鼓吹、侯如故。"不但如此，吕僧珍还被加谥为忠敬侯。吕僧珍善有其终，当与他立身谨慎是分不开的。

牵一发动全身　当重点滴之损

人的一个指头感到寒冷，如果不使它暖和，那么就会影响到他的手脚；一只手脚感到寒冷，若不使它暖和，那就会影响到他的四肢。人体的气脉是互相贯通的啊，忽视了微小的部位，就会影响到全身。所以疾病侵入人体，开始时一部分纹理没有知觉，或者是有知觉而忽视了它，于是就发展到不可挽救，以至于死去'，这不是可悲的吗！

国家之大，丢失一座城，不足为损失，这是人们经常说的。一城不救，就会影响到一州，由一州而到一郡，以至发展到严重的地步，然后即使用尽天下的力量来挽救它也无济于事，而天下的筋骨已经散了。所以说一个国家就好像一个人的全身，全身的肌肉纹理，凡是血脉所到的地方，全都是不可缺少的，必须不得已而去掉的，

为政金点子

图文珍藏版

那也只是爪甲而已。穷荒僻壤的边界，圣人把它当爪甲看待，虽然不是没有可爱之处，但是舍弃它还是可以的，并非像手脚指那样不可缺少，而要看它受害的情况以及对全身的影响。所以治理国家的人只要能知道什么是全身，什么是爪甲，什么是手、足、指，并且不倒行逆施，那么也许就不会违背事理了！"

杀一儆百　防微杜渐

汉朝的韩信，出身寒微，自得到刘邦筑坛拜将，被一班老臣武将瞧不起，背后议论纷纷。他上台后，立律极严。一天，集合操演，限五更时分全体要报到。点名完毕，有监军殷盖未到，韩信亦不追问，开始演习。

中午已经过去了，殷盖方从营外而来，到了辕门，想进去，守门的连忙拒绝，说："元帅已演习半天了，没有命令，不敢放人人！"

殷盖大发脾气，说："什么元帅不元帅？正是小人得志，乱施乱为！好吧，你去说一声吧！"

过一会，传令兵持牌回报一声："请！"

殷盖大模大样的进去，见了韩信，只把两手一拱，尚有余怒。

韩信问："军有禁令，汉王亦有手谕，你身为监军，为何迟到？"转向司晨官："现在是什么时候？"

"已过中午了！"司晨官答。

"早已三令五申，限卯时齐集，你却过了六七个钟头才来，显然蔑视军令，依法当斩！"韩信很严肃地对殷盖说。

殷盖不以为过，还强横争辩，把韩信不放在眼里。

韩信大怒，喝叫左右把他绑起来，跪于帐前，数其罪说："你身为大将，岂不闻受命之日，则忘其家，临军约束，则忘其亲；当临敌杀伐，则忘其身？你以身许国，岂还念及父子亲戚？"召军政司问："殷盖违令，罪在那一条？"

曹参高声说："与军约会，期而后至，得慢军之罪，当斩！"

殷盖这时才知闯了祸，吓得魂不附体，急以目视樊哙，想求他讲情，但樊哙也出不得声，又离不得营，只是跺脚空焦急。辕门外有人知道了这个消息，飞马报告汉王刘邦，刘邦也大吃一惊，急使郦生持手书去求情。

郦生带了随从，飞一般到了辕门，正见殷盖跪在地上，等候行刑，乃高叫："有汉王手谕，且刀下留人！"两骑闯入军营，被守门军士执住，解往见韩信，韩信说："军中不准驰骤，郦大夫素熟兵法，为何故犯军令？"

郦生说："是奉汉王之命来的！"

"既然奉命而来，于法亦有抵触！"韩信说完，问军正司。"郦大夫该当何罪？"

"军法有驰骤军中者，得轻军之罪，当斩首以示三军！"

韩信说："既然有王旨在身,故免本身之死,但要斩马夫,以彰军令!"

不一会,殷盖和马夫被处斩了。从此,各将士凛然不敢再犯军令,死心塌地的听从韩信指挥。这才能逼死项羽于乌江,为刘邦打出个天下来。

第七章　平步青云巧进取

人不可无上进之心,进取之心。然而求取功名当走正途,切忌不择手段。鸡鸣狗盗便有小成,也非人生之大境界。故曰:人间正道是沧桑。

走上层路线

杜周是南阳杜衍手下的人。义纵担任南阳太守时,他就成为他的爪牙在他手下做事。强猛似虎的太守,在换任时启用一些人充当"爪"和"牙"来为他搜刮财物。如同老虎以"爪"和"牙"来袭击的对象,大都限于比自己弱小的动物,像绵羊、鹿和猪,这时,老虎从没想到对方会如何痛苦、如何悲伤。如果老虎本身会这么想的话,不饿死才怪。

对上司,中秋和年终要送礼、生日要去拜寿、搬家时要去帮忙,除了这些经常性的孝敬之外,"爪子"要分割所得猎物,"牙"就要咬紧所得猎物,非得挺身为上级的事业有所贡献不可。

这种工作被认定后,杜周就受到推举而成为廷尉史。这次是在张汤门下做事;张汤若有其事地夸奖他如何优秀,并为他作担保,所以接着他又被提拔为御史。有一次张汤不明不白地将许多人定了罪,并加以处死。

然而,杜周的报告书却很令武帝满意,所以和减宣同时受利和重用。十余年间,他和减宣交替着担任中丞的工作。他的统治法和减宣极为类似,外表上看起来似乎宽大,实际上却是极其严厉的。

后来减宣成为左内史,杜周做了廷射,他就摹仿张汤的做法,经常试探武帝内心的意向。希望武帝排斥的人,就以建议来陷害他;而希望武帝释放的人,就将他先关在狱中等候,然后向武帝暗示这个人是有冤情的。

有人责备杜周:

"你身为天子的司法官而不遵守法律,全依自己的喜恶来判决。所谓的司法,还能算是司法吗?"

"所谓的法律,是出自哪里呢?以前的君主所确定的不过是以法的大纲写成的戒律,后来的君主则以施行细则写成一个个条例作为命令。也就是说,法律应该因时而异,往日的法律已没有意思了。"

由于杜周担任廷尉的官职,所以奉天子之命处理的司法案件也渐渐增多,一年就多达一千余件,大一点的事件,连带着受讯作证的人就有数百人,小的事件也有数十人。涉案人远的往往在数千里之外,近的也得从数百里外的地方赶来,一同接受裁决。

狱史以告状来讯问,申诉弹劾。涉案人若不承认就屈打成招而定罪。因此,只要一听到传讯的风声,大家都赶忙逃亡。长期在狱中的人,没有享受大赦的皇恩,并且过了十几年后,还以大逆不道之罪处置。杜周在担任廷尉和中都官时所追查的事件就有六、七万人涉及,更可怕的是,狱吏另外又追加了十多万人。

杜周中途被停职,改作执金吾(首都的治安长官),专管盗贼逮捕工作。还曾捉拿桑弘羊——卫皇后的兄弟,而且判他重刑。

武帝认为他是个全力以赴,而且没有私心的人,所以就将杜周改任御史大夫。这是西汉三年的事。杜周死于太始三年。他的两个儿子,隔着黄河担任河内、河南太守,统治手段也十分暴虐残酷。

杜周开始当廷尉时,完全像一匹不会说话的马,但长期参与司法工作后,钻营而进入三公(丞相、太尉、御史大夫)之列,甚至使子孙也担任大官,并且坐拥巨万家产。

投其所好谋高位

中国古代的宦官绝对是一个特殊的群体,他们生为男人,但又不能做纯粹的男人;他们原本是奔走宫廷之中,替皇家洒扫屋宇、看门护院的奴仆,算不得什么政治势力,但却又握有一般官僚所不具有的权力。比起一般奴仆来,不用说他们更多一重被阉割的痛苦与不幸,然而正是因为他们拥有了这份痛苦与不幸,才有了在帝王之家、在前朝后宫之间游走穿梭的权力,也因此才有了不同于寻常奴仆的特殊的地位。这群特殊的人,占有一种特殊的地位,对于他们来说,如何忖度皇上的心理,如何赢得皇帝的青睐和信任,并进而凭借皇上的威势而享受荣华富贵,而为所欲为,也便成了每一个宦官朝思暮想、梦寐以求的理想。为了实现这个理想,满足这个愿望,宦官们绞尽脑汁以探讨操纵皇帝、驾驭皇帝的方式和方法,这就于千朝百代之中总结出了许多行之有效、立竿见影的谋略和权术。就是靠着这些谋略和权术,他们不仅操纵皇帝,干预朝政,而且由卑贱下作的被侮辱与被损害者,一跃而成为中国古代政治舞台上一股不可忽视的政治力量,产生了巨大而广泛的政治影响。这是连皇帝老子甚至宦官本人也始料不及的。

一般说来,宦官们的基本职责范围是在前朝后宫之间传递消息、服侍皇帝和后妃的日常生活。他们是皇帝后妃的后勤人员,整天和皇帝后妃打交道。这样,如何凭借这服侍至尊至上的便利来亲近他们,并赢得帝王后妃们的欢心,是宦官们入宫之后第一个要考虑的问题。要想讨帝王后妃们欢心，必须顺着帝王后妃的性子，这样投其所好就成了宦官们打动帝王后妃的第一个办法。他们细心地观察皇帝后妃的所作所为，掌握其喜怒哀乐的规律，明了对方喜欢什么，不喜欢什么，然后抓住对方自身的特点和弱点，尽力投合其意，或讨好谄媚，或卑躬屈膝，更有甚者以自我作践的方式，使皇帝在轻飘飘、软绵绵的幸福欢乐之中忘情和陶醉，从而把朝政大事抛诸脑后。宦官为皇帝开了心、找了乐，皇帝自然越发信任之、抬举之；而皇帝开心之余把朝政大事放在一边，又为宦官大行其道、为所欲为留下了空间。宦官们的此种举动，历朝历代都不少见，比如唐代大宦官仇士良就是相当出色的一位。仇士良在做东宫太子李纯的侍从时，就百般投合李纯的心思，因此很得李纯的赏识。也正因为如此，李纯继位做了宪宗皇帝，仇士良也顺理成章，随迁入宫，当上了皇宫内给事。仇士良处处往宪宗心眼里做事。宪宗皇帝对仇士良的宠爱也就与日俱增。宪宗对仇士良宠爱到什么程度，举一个例子便说明问题。有一次，仇士良外出来到陕西华阳的敷水驿，这天正好监察御史元稹也来到这里。晚上，先期到达的元稹已经住进了敷水驿最好的客房，仇士良来后一定要元稹让出，自己住进这套客房。监察御史是朝廷命官，而且就官阶而言也仅次于宰相，人家又是先到，住进最好的客房按说是理所当然的，但仇士良一定要把元稹赶出来。说话间两不相让，仇士良仗着皇帝的威风竟对监察御史元稹大打出手。官司闹到宪宗皇帝那里，宪宗不但没有处置仇士良，反倒找了个借口把元稹贬为江陵士曹了。这件事当时曾在朝中引起轩然大波，但由于宪宗偏袒仇士良，朝臣的抗议也没有什么结果。

宪宗死后，唐穆宗继位，这个皇帝仅登基4年就去世了，接着是唐敬宗执政。唐敬宗登位时年仅16岁，正是贪玩任性的年纪。老宦官仇士良很明白这一点，于是他便千方百计引诱敬宗游宴玩乐。比如敬宗喜欢打马球，可以说球瘾十足，仇士良就每天都给敬宗安排打球的时间。敬宗打球高兴，就忘乎所以、随口赏赐，由此到底敬宗赏赐给仇士良多少财宝，连史书都称："不可悉记"。仅仅为了打马球，敬宗还把另一个宦官刘克明封为击球将军。其他人如陶元皓、靳遂良、赵士诚、李公定、石定宽等人也因此得到敬宗的宠幸。

不仅如此，仇士良等人还不断仔细揣摩唐敬宗变化的心理，以见机行事。比如他知道敬宗爱玩，便事先准备好多种玩的，马球打累了就让敬宗看舞蹈；舞蹈看腻了，就让敬宗看斗鸡；斗鸡之外，又有射猎。这样，各种把戏穿插进行、花样翻新，总之把时间安排得满满的、紧紧的。敬宗几乎所有的时间都忙于、沉浸于游玩的快乐之中，哪还有功夫和心思想起国家政事。而仇士良就趁这个节骨眼上向敬宗禀奏政事。敬宗耽于玩好，对政事心不在焉，宦官们奏请上来的许多事情都是出于己意，结果敬宗糊里糊涂地答应下来，宦官们却认认真真地执行，结果使许多坏事大畅其道，许多奸人也因此登上要职。比如后来做宰相的李逢吉就是宦官们推举上来的，而此人就是个奸佞之辈。李逢吉手下有个门生李仲言，李仲言手下又有李渎之等 8 名死党,他们这些人相互勾结,朋比为奸,对外号称"八关十六子",在他们执政期间,朝政一片混乱,朝野上下一片责怨之声,以至于闹出染织工人张韶与算命先生苏玄明借进宫献草之机持械打进清思殿的荒唐事件。由此可见宦官的参政给当时的朝政带来的是多么严重的恶果了。即使如此,因为宦官们能给敬宗带来快乐和开心,所以事后查处责任者,敬宗对有关的 35 名把门宦官,也仅仅象征性地打了几板子了事。而宦官们越发尝到了投皇上所好之后,从皇上那里得到的信赖和由此得到的甜头了。收到这么大的效益,而宦官们运用起来却并不怎么费事,可以说他们随时随地就可以"取之于君,用之于君",不花代价而受益无穷,真是何乐而不为呢?对于此道的实行及奏效,宦官本人都感到非常满意。仇士良到了晚年就要退休的时候曾这样对他的弟子传授秘诀,他说:"我们侍候皇上的办法就是千万不能让皇上闲着,皇上一闲下来势必要看书问政,接待儒臣,其结果就会采纳儒臣的建议,把心思放在政事上,也就不再追求吃喝玩乐了。皇上不喜欢声色犬马玩好,我们这些就派不上用场,也就失去皇上的宠信了。失去皇上的宠信,我们在朝中说话还会算数吗?为你们的前程考虑,我告诉你们,你们一定要尽一切办法弄到钱财,以用于皇上的使用。只要你整天把皇上拴在声色犬马上,叫他每天只想着吃喝玩乐,极尽人间的享受,不让皇上有一点空闲,这样皇上就不会留心读书,对朝中的政事也就懒得过问了。皇上不管,这凡事就全靠我们。这样,那宠信、权力还能跑到哪里去!"这就是仇士良之所以要千方百计投皇帝所好的底牌,就是凭这一点,这个别无所长、别无所能的老宦官竟在大唐皇宫中作威作福、为所欲为了 20 多年。他不但历侍数帝而不倒,并且权力越来越大,名望也越来越高,这真是奇中自有不奇之理。

　　这种抓住皇帝弱点,投其所好,献媚讨好的做法,一经仇士良总结,后世宦官运用起来就更得心应手了。明代魏忠贤就是演绎仇氏招术的专家之一。为了讨明嘉宗的欢心,他常常引诱皇帝与戏子、歌伎厮混,纵狗策马,射箭打猎,让皇帝不得空闲,却把国事抛在一边。比如他教唆皇帝选粗大宦官 300 人,手拿黄色龙旗,列队在左,又选宫女 300 人,手持凤旗,列队在右、大搞内操演练,效仿当年吴王宫中练兵之法。谁都知道,宦官是被阉男子,割除男根,影响体内激素的分泌,因此宦官不仅体态上发生变形,不男不女,走起路来屁股一扭一扭的,迈小碎步,声音尖哑,显得易老,40 岁太监看上去犹如 60 岁老人,而且大多体胖无力。所以 300 名宦官手舞三角黄龙旗,阵势很大、却缺少男子铁军的阳刚气势。而 300 个宫女更是弱不禁风,手执六角红凤旗,穿插往来宦官队列之间,飘飘摇摇,还不时引逗出妖媚的欢乐之声。因此这种宫内操练,显得不伦不类,只是取笑胡闹而已。可嘉宗皇帝却觉得很是有趣,常常亲临场阵,摇旗指挥演练,皇帝的好奇,使魏忠贤更加胆大,后来竟然以练兵成卫为名,把内操队伍扩大到上万人,滑稽之极,吴王莫比。因此时人写诗讽刺说"春晴殿阁鼓声高,宣召中宫御内操。不似吴王军令肃,美人欢笑拥旌旄。"又云"天子宫中肆六韬,红妆小队舞蛮刀。一闻炮火心惊战,昨日言官谏内操。"当天启皇帝在操练声中乐而忘返的时候,魏忠贤混水摸鱼,乘机大力排斥打击在朝的东林党人,把赵南星、高攀龙、陈于廷及杨涟、左光斗、魏大中等数十人,先后革职斥逐,还不遗余力地迫害南方知识界领袖,造成震惊朝野的"五人喋血案"。与此同时,他处处安插私党,扩大自己势力,围绕在他周围的竟有所谓"五虎""五彪""十狗""十孩儿""四十孙"之多。魏忠贤在镇压了一大批在朝的反对派之后,更加趾高气扬,也更加专权和腐化,他的私党对他也极尽阿谀吹捧之能事。至明熹宗天启六年,浙江巡抚潘汝祯在西湖首创为魏忠贤建生祠以示"尊崇",从此,全国各地寡廉鲜耻的官吏争相仿效,魏忠贤生祠差不多遍布天下。事情做到这一步,中国历史上的宦官其势重、其意真可以说是达到他的极致和极限了。

由前述可见,宦官们修研好皇帝需求心理学,从而使用"投其所好"之手段,就会大获其利。但如果宦官遇上一个生性精明而又欲励精图治的皇帝,仅靠献媚求宠就不一定灵验了。每当此时,宦官们改用小忠小信手法,往往会收到意想不到的效果。所谓"小忠小信"是从小事做起、既显其忠诚,又掩其大奸或大恶。不信你想想看,一个想有所作为的帝王,一旦登上君位,统御四海,什么成为最重要的问题?那不用说是用人。而所用之人是否忠信可靠,这是帝王君主所要关心的。而宦官们恰是看到了这一点,利用皇帝欲得忠良的迫切心情,随时随地献上些小忠小信,以赢得皇帝的重视,进而取得其信赖。感情拉近之后,再利用机会以售其奸就不困难了。

比如明代三大宦官之一的王振就深通此道。他曾在东宫伴随太子读书,后来9岁太子继位为英宗,王振便想通过控制年幼的皇帝来专权摄政,为所欲为。凭着曾侍从太子的特殊身份,他暗地里不断教唆皇帝如何摆威风,如何显示自己的英明,一步步加紧对英宗的引导和控制。但在当时,英宗处于富有政治才干的张太后管教之下,又有"三杨"辅政,因而为了不引起太后疑心,王振处处小心翼翼,他做司礼太监,每次到内阁传旨,都假模假样地装作不敢进去。当"三杨"请他进去,请他落座时,他才小心翼翼、蹑手蹑脚地走进去坐下。王振就是用这种谦卑谨慎的态度出现在朝中当事大臣面前,其实他内心里却并不这么想。在张太后和"三杨"面前装出的谦卑和胆怯是为了躲过他们的监视和关注,而另一方面,他还要在英宗身上下功夫。因为当时英宗年纪很小,他对英宗需要首先建立起正直的威严感。有一次,王振见小皇帝英宗在院子里和小太监一起打球,王振灵机一动,认为自己制造形象的好机会到了。第二天一早,英宗进入内阁,"三杨"和各位大臣刚刚就座,准备议事的时候,王振诚惶诚恐地走了进来,双膝下跪奏道:"启禀太后,奴才有一句话要说。过去先皇帝为打球几乎误了天下,陛下现今又跟先帝一样,特别喜欢玩球。陛下现在年纪还小,理应严加管教,如不管教,任他个人随便自由下去,那江山社稷可如何是好?"这英宗皇帝毕竟年纪太小,还没见过这样的阵势,经王振这么一说,竟羞愧得脸色通红,头也不敢抬起了。王振这话明着是说给太后听的,同时其中既有震慑小皇帝的想法,又有在大臣中间建立威信的愿望。张太后听了这话以后只是瞥了英宗一眼没有开口,在场的"三杨"却大发感叹,他们说:"陛下年纪小打打球也没什么,只是没想到宦官中居然还有这样忠贞而且有见识之人,真是可喜可贺!"不用多做分析,王振的这个举动不过是一次略表忠诚之心的小小表演,通过这个表演,他既在朝中大臣面前树立了良好的忠诚形象,又在小皇帝心目中造成了威严印象,而且给张太后的感觉也会是:把英宗交给这么个宦官服侍是可以放心的。真是一石三鸟、一举三得,王振此举取得了预期的效果。

一般说来,人的思维判断往往受早期获得的印象与经验的制约,所谓先入为主就是这个意思。既有了这个先入之见,事后出现的另一个同类印象又会加强人的最初印象,强化这种先入之见。宦官们正是利用这种先入之见的道理,不断用小忠小信,伪装自己,掩人耳目,使人由他的一好二好,得出他所企盼的三好四好,最终获得个印象不错,赢得大家一致信任。比如明代汪直就是这样获得宪宗宠信的。成化十二年(1476)七月,京师日食,人们以为这是天帝示警人间之兆,因此民间传说京城有一个金睛长尾怪兽,状如狐狸,出入行走有黑气萦绕,能破窗入室,所到之处人即昏迷,轻者残废,重者死亡。这个消息一传出,弄得整个京城人心惶惶,惊乱不已。这宪宗原本是个企图有所作为的皇帝,对此类神鬼之事十分厌恶,便派汪直乔装打扮,装成一般百姓,身边带上两个随从,秘密出宫去访察民情、查证神鬼之事。汪直听到皇上吩咐,马上应命而去。汪直感到这是皇帝让自己干的第一件事,务必认真仔细,这是向宪宗表示忠心的一次极好机会。汪直很快把访察的结果仔仔细细向宪宗做了汇报,证明所谓神鬼作祟完全是子虚乌有。宪宗听了这个报告,对汪直十分满意。到第二年,宪宗便任命汪直做锦衣卫提督,带领百余个将校,在灵济宫旁建立西厂,以监察民情。这个消息一宣布,汪直马上意识到,这是他去年访察民情的结果,第一次忠诚已经有了收获,而且这次担任锦衣卫提督,更为自己下一步发展提供了新机会。于是他暗自思忖,一定要处处留心,事事在意,以便再显身手,也再为靠近皇帝创造一个条件。

对于有思想准备的汪直来说,机会总是要来的。有一天,有报告说,南京镇监覃力朋进京给皇帝进贡归来,用上百艘大船装载私盐,沿途勒索州县,骚乱百姓,所过之处肆意妄为。经过武城县时,县里典史出来盘问,覃力朋依仗进贡得皇帝嘉奖,正值豪横荣宠之时,于是把手一挥,示意打人。他的走狗爪牙,便挥棍舞棒,蜂拥而上,当场打得典史遍体鳞伤,还用弓箭射死一名前来护卫典史的小校。汪直认真查处,将查证实情一五一十、认认真真向宪宗做了汇报。宪宗根据汪直调查的事实,下令逮捕覃力朋,判处覃力朋死刑。后来宪宗虽然由于其他原因赦免了覃力朋,但汪直却给宪宗留下了极为深刻的印象。在宪宗看来,汪直身为西厂提督,对朝廷忠心赤胆,对官吏不包庇,遇事认真负责,以公心检举不法行为,是十分称职的。从此以后，宪宗皇帝对汪直更加宠信，也更放心地重用起来了。

其实，汪直认真地处理这几件事，心里是有他自己的小算盘的。在他看来，只有头三脚踢得好，让皇帝领略到自己的忠诚，以后的路就会一帆风顺，事情也就会容易办起来。果不其然，等到宪宗对汪直的信任达到顶峰时，汪直的飞扬跋扈也达到了顶峰。汪直控制的西厂不仅人数远多于东厂，而且权力也远大于东厂，朝廷大臣中有数十人遭到汪直西厂的陷害。当时人们流传着一句口头禅，叫作"只知有汪太监，不知有天子"，由此你就不难了解汪直的所作所为了。

虽然人们常不乏幽默和调侃地吟唱"皇帝轮流做，明年到我家"，但一个朝代更迭结束以后，还总是有一段相对稳定的时期。在一个皇朝的相对稳定期，围绕皇位的传承，皇族内又不免展开新一轮的争位斗争。已经夺得皇位的人，总是利用手中至高无上的权力来防范来自宗室内部的颠覆与威胁，或分封安抚或采取不温不火的软控制，如果宽严有度，赏罚得体，往往能收到意想不到的奇妙效果。但是，在争夺皇位继承权的斗争中，失败的一方有时也并不甘心屈居下位，因为他的失败并不是永久性的，如果走好下面的棋，他还有可能挽回败局，有可能夺回帝位。在这种情况下，他便需要网罗和他同样失意的人才，以培植和扩大自己的政治势力。而这时，也正是那些一向默默无闻或失宠宦官们的邀宠晋身的好时机。他们要投靠暂时失意的主子，急新主之所急，想新主之所想。只要看到新主具有未来占据尊位的可能性，他们便不惜孤注一掷，靠心明眼亮、心黑手狠为新主建盖世功勋，也从此获取特殊的尊荣和宠信。

比如说东汉的孙程吧。此人净身入宫的时候，正值樊丰、江京、李闰等大宦官得宠安帝、势倾朝野之时，在这种当口，尽管孙程也经过了百般努力，但仍未受到朝廷重用。出师受挫的孙程第一回合败北，自然在心理上不免产生压抑之感。真是天无绝人之路，正当孙程感到日暮途穷之时，新的机会又走近了他。先是安帝去世，阎太后和外戚阎显立北乡侯刘懿为少帝。时隔不久，这弱小的北乡侯又大病不起，渐渐显出下世的征兆。当时各诸侯王大都在各自藩地，而只有被废太子济阴王刘保，正幽居德阳殿西钟下。如果少帝突然夭折，征召诸王子弟以应主选，无疑往返需要时间。宫廷政局变化常在瞬息，关键时刻，时间就是政权。此时孙程个人却另有算盘，他敏锐地意识到，这时正是迎立济阴王、推倒阎氏外戚的绝好机会。孙程也思虑再三，觉得与其庸庸碌碌一生，不如趁机铤而走险，如苍天助我，事情成功之后，受新皇帝宠幸那是不在话下的。主意打定，他便暗地与济阴王府谒者兴渠谋议迎立之事。他们联合济阴王心腹王康，孙程挚友王国，相约各自联络私党故交，相机而动。延光四年十月二十七日，少帝夭折而去，孙程急忙纠集私党共18人，约定十一月二日共至德阳殿西钟下闹事。届时18人俱到，密谋大事，计议已定，截衣为誓。第二天夜里，众人各持利器，闯入章台门，直登崇德殿。当时江京、刘安、李闰、陈达4人守卫殿中，突然见孙程率众持刀拥入，不知出了何事。江京仗着威势，出来呵止，未及出言，已被砍去脑袋。刘安、陈达等惊慌向内逃跑，也被孙程、王康追上杀死。李闰吓得抖做一团，众人正要下刀，被孙程止住。因为李闰久在宫中，善用权谋，内外畏服。孙程便利用李闰之望，号召大众，迎刘保入宫，登立皇位，并假皇帝诏书之名，逼召尚书仆射以下各官，扈从圣驾。之后，孙程、王康、王国等命尚书郭镇等捕拿外戚阎显、阎景，一并处死，并把阎太后迁居离宫。一场兵变推翻了阎氏外戚，确立了刘保的顺帝皇位。孙程等因拥立有功，大受封赏，参与谋立的19个人，个个封侯，号称"十九侯"。孙程本人因为首起议事，总控全局，被赐封为万户浮阳侯，荣宠至极，成为顺帝朝中最受器重的大臣。可见，奋不顾身，替新主人登位，建帮忙卖命之功，是宦官们赢得皇帝信赖的有效途径。这一做法虽有立储之险，易主之功，但因功获宠，比起沉沦下僚，终身默默乖乖，对于体验现世的幸福而言，那真有天壤之别。

宦官群中靠立功求宠之术飞黄腾达的确实很多，比如明代的曹吉祥就是这样做的。只是曹吉祥帮助作为兄长的英宗赶走了作为弟弟的代宗，这与一向年轻皇帝代替老皇帝有些不同罢了。

明正统十四年八月，蒙古的瓦剌部分四路入侵，北部边境告急。英宗亲率50万大军从北京出发前往迎敌。但因战事不利，明军大败，英宗被俘，从征官员50余人全部战死，将士死伤几十万人，这就是明代历史上著名的"土木之变"。英宗被俘以后，朝中无主，众大臣为了安定人心，于是拥戴英宗之弟继位，是为代宗，遥尊英宗为太上皇。不久，两方战事发生转机，蒙古瓦剌部又放回了英宗。英宗回到北京，做了太上皇，幽居南宫。然而英宗对他眼下的太上皇地位并不满意，一直存心琢磨如何复辟。到了代宗即位的第七个年头，太子朱见济突然夭折，代宗忧思成疾。这时朝中大臣石亨见代宗死多活少，便生出异心，决计拥立英宗复位，以求莫大之功和无穷之富。他勾结曹吉祥、徐有贞等人，经过周密策划，于景泰七年十二月的一个黑夜，巧借边防有警之机，徐有贞以保卫皇宫为名，带兵进驻宫内。四更时分，天色阴沉黑暗，他们毁墙进入南宫，迎请英宗复位。当时早已得报的英宗，亲自举灯照看动静，徐、曹等人伏地叩拜，请太上皇登位。众人抬来早已准备好的乘舆，请上皇登舆，挽舆而行。正好天色突然转晴，星月交辉，吉兆大现。众人簇拥英宗进入大内，登奉天门、顺天门，石、徐、曹等大臣太监，齐呼万岁，向上叩拜。他们又命人打开宫门，号召大臣前来叩贺上皇复位。就这样，英宗复辟成功，史称"夺门之役"。夺门之中，石、徐首谋，但他们身为臣将，难以亲近幽居南宫的孙太后及太上皇朱厚照，于是两相接治联系之任便由曹吉祥承担起来，因此冒险之功不亚石、徐。所以英宗复位以后，本不尊显的曹吉祥突然荣宠备至，升为司礼太监，总督三大营，其嗣子曹钦，从子曹铉、曹铎等都被任为都督，门下冒功之客，以此为官者多至数百上千人，权势之大与忠国公石亨比肩上下，时人并称"曹石"。

察言观色　平步青云

张汤，杜陵人。父亲任长安丞(辅佐官)。张汤小的时候，有一次在家看家，父亲回家后发现肉不见了，非常生气就鞭打张汤。张汤连忙回头挖掘老鼠洞把偷食的老鼠和吃剩的肉找了出来，鞭笞、审问老鼠，替老鼠做了一份罪状，并把审问的纪录附在罪状书上，连同老鼠和肉一起钉贴在前厅。他父亲读过之后，直说张汤真像个熟练的狱吏。

父亲去世后，张汤作了长安的官吏，经过一段时间才得以升官。正当武帝之母王太后之弟周阳侯还只是"卿"的身份时，曾被关在长安的牢狱之中。那时张汤竭尽所能帮助他。大概是在预藏奇货吧！周阳出狱不久就被赐封为侯，结交张汤为亲信，并替张汤广为介绍高官贵戚。

有人很幸运在东京银座的街上捡到一亿日元，却不知道成功的门路在那里。需趁早醒悟的问题中心是在，怎样才能冒着某种危险(实际上或许并没有多少地方有相同的机会)来做预先的投资。张汤找到机会就敢于大胆地投资，以后这么循序渐进晋升。他在内史(行政府)服务时是宁成的部属，宁成上书丞相府说他很有才能，张汤就转而出任茂陵尉(司法官)，治理方中。

后来，周阳侯的哥哥武安侯一上任丞相就指派张汤为辅佐官，而且再三向武帝推荐。不久，张汤就被任命为御史，担当各类案件的审查。有一次，碰巧他处理到已失宠的陈皇后涉嫌谋杀武帝爱妃卫子夫人的案件，他深懂武帝内心的想法，于是严厉追查陈皇后的同党。趁着这个机会，武帝废陈皇后改立卫子夫人为皇后，同时对张汤的才干也深记在心。

后来，张汤更进一步升作太中大夫，和赵禹一同制定各种法令。不久，赵禹做了中尉(同执金吾)，接着又成为少府(九卿之一，负责山、海、地、泽的税收)，张汤做了廷尉。两人相处得极为融洽。

张汤以他朝气蓬勃的性格和智慧驾驭他人。当初，他还只是个小官吏时，就常接受贿赂，并结交长安富豪如田甲、鱼翁叔一伙人。后来官列九卿，就广纳天下名士大夫，即使内心不满，表面上仍装着很有诚意的样子。

当时，武帝极关心儒学。因而，张汤在审判案件时，总会添加上儒学的理论，并委托博士弟子中精通《尚书》《春秋》的人担任廷尉之职，订正所有的疑点。倘若罪名有疑问的，在请求上奏裁决之际，必会先为武帝提出一份基本资料，揣摩武帝的意向来起草判决的内容。而且在内容之中，经常不露痕迹地称颂武帝的贤明，看来拍马屁还真得下一番功夫呢！

若上奏受到谴责时，张汤会一个人担下罪名，然后立刻依照武帝的意思行事。他会说：

"辅助官本来曾对我提出这些意见,我想可能会受到陛下的谴责,所以没采纳,这是我的愚昧,下次我一定会改正。"

张汤所自责的正是武帝责怪他的,所以最后张汤总是能够脱罪。若是上奏受到武帝嘉奖时,他会说:

"我并没想到这样的奏书,这都得归功于正、监、椽、史等等辅助官。"

经常推荐部下,赞颂亲信的优点,亲信如有过失则由自己承担,这正是张汤超人的胆识。张汤对那些应该判罪者,一旦发现他是武帝想要处罚的人,就派较严苛的人来做监吏;若是武帝想要宽恕的人,就派较温和的人来处理。像这样处处为上司设想的马屁专家,当然能获得武帝的宠爱。任何案子,只要张汤帮腔说话:

"虽然按原来法律条文是有罪的,但无论如何,还是请陛下做开明的观察再作判决。"

张汤这样说了之后,涉案人屡次都无罪开释。

张汤做大官时,所作所为也有他独特的一面。他常和宾客交往,饮酒欢笑,并让熟人的子弟做官,对贫困的兄弟,则加以极力保护,而拜访王公贵族则不畏寒暑。平心而论,他虽固守法律,但不致流于苛酷,虽猜疑心重,却能赢取名声。所以,不久就当上了御史大夫,且曾多次代理丞相的职务。

牺牲别人　保全自己

秦始皇是秦庄襄王的儿子,他母亲是吕不韦的爱妾,生于秦昭王48年(公元前259年)正月,是个充满传奇的奇男子。

他13岁时继承父庄襄王的王位,而成为秦王。但因年幼,实权掌握在相国吕不韦手中,他只不过是位名义上的君主而已。22岁时,相国吕不韦因政变而被流放,秦始皇才成为独裁者。

以后他便在李斯、王剪、羌矾、辛胜等优秀人才的辅助之下,将韩、魏、赵、燕、齐、楚等六国一个个地消灭,首度建立了统一全中国的秦帝国。这是秦王政26年(公元前221年)时的事。

李斯是逼迫同门师兄弟韩非子自杀的恶人,但他却从苟卿那里学会了法治主义,而使得秦帝国走上被后世指责不已的严刑苛法之道。

秦王政统一中国之后,就自称为始皇帝,并在琅琊台刻石文加以记载。

"六合以内的地方,到处都是皇帝的领土,西边到流沙,南边达北户,东方拥有东海,北方则越过大夏,只要人们足迹所能过到的地方,没有不俯首称臣的。"

而这个大帝国所直接面对的强敌,便是北方蒙古高原上以游牧生活为生的骑兵民族——匈奴。为了阻止擅长骑射勇猛果敢的匈奴南下,并扩大北方的版图,于是始皇帝便命蒙恬率30万大军向北方进击。而且还将战国时代各国所筑的断断续续的长城加以连接，以作为北方的壁垒，而筑成长一万二千里（秦时长度单位，不同于现在的里）、相当于四千公里左右的万里长城，这座从月球上唯一能看到的人工建筑——万里长城，正是始皇帝用来夸耀其权力的纪念物。但由于连年投入数十万的人力，经年累月建筑，不仅消耗了秦帝国的国力，也在民间造成了许多悲剧，使得广大人民怨声四起。

后来，蒙恬被赐死，情形如下：

蒙恬叹息着说：

"我究竟犯了什么罪过，竟然无罪而死！"

沉默了许久后他又说：

"我的罪过本来就应当被判死刑。从临洮到辽东。筑城墙、挖河沟，一万余里，这中间难保没有断绝地脉，恐怕这便是我的罪过了。"

于是就饮药自尽。

利用鸡鸣狗盗之徒

孟尝君，姓田名文，父亲田婴，有四十几个孩子，田文是卑妾所生。他用出乎意外的方法击败其他兄弟，得以继承父亲的家业，成为"薛"地的领主。

孟尝君成为"薛"的领主之后就招待诸侯、广收食客，不久风声传遍千里，许多人投靠在他的门下，其中还包括在逃的罪犯。孟尝君倾注家产礼遇这些宾客，天底下的人几乎都来了，食客竟达数千人，包括武术家、辩论家、理论家，当然也包括犯罪者、奇术者、偏激者、暴徒、虐待狂、诈骗犯、小偷等等。孟尝君对待他们并没有贵贱的区别，给他们和自己相同的衣、食待遇。

孟尝君和食客谈话时，屏风后总有记录员在抄录，一边记下谈话内容，一边记下所谈及亲友的住址。食客一离开大厅，他就马上去探望食客的亲友，并馈赠礼物。这和现在的送红包差不多，但却可看出主人的用心，这样大概更有效果吧！何况，只求施予不求回报的做法，更会加深食客报恩的意念。不过，这样做他得花大笔财富，好在这些钱都是他剥削领地内百姓的血汗得来的，但他只在不受领地百姓责骂的范围内征收租税，因此使他的声望传播得更远。

有一晚，孟尝君和食客一起吃饭，当时不知道是谁弄灭了灯火。由于突然变暗，其中有个食客胡乱猜想，认为跟食物的好坏有关系，就愤然放下筷子走了出去。孟尝君发现以后。连忙拿了自己饭菜让他比较根本就没有差别。食客当场感到羞愧，竟自刎而死。孟尝君只好将他厚葬。这件事情传遍天下后，天下有才能的人，纷纷汇聚到孟尝君身旁，孟尝君并没有加以挑选，一律以礼相待。很快他的这些食客就成为一支强有力量的军团了。

不知道什么时候，这个军团的名声响遍天下。首先受到秦昭王的注目，他将自己的胞弟泾阳君送到齐国当人质,而且还希望孟尝君到秦国和他相见。秦昭王这样礼遇,孟尝君马上想到秦国去,但食客之中没有一个人赞成。眼见好不容易才得来的机会,实在不能就这样放弃,孟尝君谁的话也听不进去。这时,苏代说:

"今天早上,在到这里来的路上,我看到一个木娃娃和一个泥娃娃在说话。木娃娃说:'如果下雨,你会被溶化掉。'泥娃娃回答说:'因为我是泥土做的,如果溶化也是回归泥土。但下雨时你会被水冲走,不知道流到什么地方。到时候,你就是想停下来也身不由己。'秦国是一个虎狼之国,不知道会怎样对待你。如果你执意要去的话,一旦发生事情回不来了,岂不是连泥娃娃也要笑你吗?"

听到这一段话,孟尝君终于决定不去。因为他怕秦王给他的利益只是个诱饵。

齐滑王 25 年,滑王因无法推掉秦昭王邀请,就命孟尝君到秦国去。秦昭王一见孟尝君。本来想要他马上做秦国宰相,但是有人向昭王进言:

"就算孟尝君真的是这么贤明,但毕竟他仍是齐国的人。如果他做了秦国的宰相,想必一定是把齐的利益摆在第一位。秦国的事一定放在第二位。如此一来,秦国不是更加危险了吗?"

于是,秦昭王立刻打消任用孟尝君为宰相的念头,反而打算除掉他。因为把有能力的人送回敌方,对自己一定是不利的。

孟尝君派出使臣晋见昭王的宠妃。宠妃说:

"我想要你的白裘(指用狐白色腋毛做成的高级皮衣)。"

本来孟尝君确实有一件价值连城的白狐裘,但是在他抵达秦国时已献给昭王,已经没有了其他的皮裘。孟尝君和同行的食客商量,但是一直想不出什么好办法。遇到这种事情,并不是有好的口才就能解决的。虽然,他拥有卓越的武术家,但是和秦的正规军交战,仍是寡不敌众,绝对支持不了多久。更重要的是,如果能够满足宠妃爱美的虚荣心理,就可借着走后门来化解自己的危机,因为昭王这个霸君一心想杀害自己。难道真要变成木娃娃,流向永无止境的天边,束手无策地等死吗?因为想不出办法,大家笼罩在痛苦的阴影下。此时,坐在下座有一个像是狗盗之徒(如奸细或是小偷者)的食客说话了:

"我去把白狐裘拿回来!"

半夜之后,他假装成狗,偷偷地跑进秦国宫殿的藏宝库,偷出了先前献给昭王的白狐裘。孟尝君马上将它献给昭王的宠妃。由于宠妃一高兴,极力替孟尝君说情,昭王也就放了孟尝君。

孟尝君一获释,马上就逃了出去。他们伪造关卡通行证,改名换姓连夜逃走,不久就到达了函谷关——秦国国境的关卡。

秦昭王不久就后悔放了孟尝君,自己因为一个女人的枕边细语就什么也顾不得了。仔细一想,这无疑是放虎归山,太危险了。于是派人搜索孟尝君的住处,但已人去楼空,他又下令各驿马站捉拿孟尝君。

孟尝君心想既到关卡就应该安全了，但是国境本来规定鸡鸣之后旅客才能通行，否则守城的士兵坚持不让他们通过。虽然目前后面仍无追兵，但情势已很危急，真是心急如焚，可是他没有办法，此时，有个门下食客巧妙地学了几声鸡叫。因而引起其他的鸡也一起鸣叫。孟尝君一行人就这样大摇大摆地通过了关卡，没多久，秦的追兵赶到。但已经晚了一步，只好悻悻然撤兵回去。

孟尝君就因为这群鸡鸣狗盗之徒而保全了性命。这两个人当初加入食客之列时，其他食客瞧不起他们，都认为与他们同席为耻。如今经这次遇险经历，大家都为自己的短见感到羞愧，更加佩服孟尝君网罗人才的远大眼光。

齐湣王虽平庸，但是看见秦昭王都这样赏识孟尝君，所以也认为他必定是个有才能的人，由于秦国对孟尝君价值的肯定，齐湣王就任命他为齐国的宰相。

表里不一　瞒天过海

汉武帝时，在朝廷的舞台上有一群争权夺势的臣子。

以魏其侯窦婴和武安侯田蚡为中心的两派敌对者，他们之间所发生的悲惨斗争，大致上说来分不出哪边是奸人，哪边是正义之军，只能说是一场血淋淋的战斗。为了争权夺势，利用外戚的力量，甚至动员辩士及策略家展开大决战。成者显赫一时，败者财富、地位尽失，这些都是历史教训。为了能够保住全家安全，即使是恶名丑行或伪造遗诏，总还是将胜利握在自己的手中。

窦婴在汉景帝时，因亲戚窦太后的提拔做了王室的执事。有一天，景帝和弟弟（梁孝王）举行家族酒宴，由于兄弟之情无话不谈，乘兴说了许多家务事，景帝一时说溜了嘴。

"我还没选定皇太子，如果有那么一天，王位就由你继承吧！"

太后原本中意孝王，听了这很高兴，但是窦婴却在一旁干涉说：

"这么一来，可就违反了传统，父子相传是汉朝的规矩。皇上请为自己的失言罚酒干杯……"

于是太后便很憎恶这个忠义不逊的臣子，窦婴也不满于当时朝政，不久就辞官回乡了。

但是，人们是不会让他一直悠游自在地赋闲在野的。景帝和太后都相信，只有窦婴才能扭转当时的乱世。因此，他又出马做大将军，亲自率军攻破七个叛乱的国家。

景帝一直对他非常信任，但有一天皇太子栗失去王位继承权，身为太傅的魏其侯提出异议不被采纳，因此而抗议辞职。

汉景帝

国学经典文库

中华点子库

为政金点子

图文珍藏版

1535

像他这种为人处世的方法常会得到反效果。据说,不久就有一个不知名的人向他进言,要他再出来做官。其中有些话可供我们参考:

"以往,太后一直非常信任你,再加上平乱有功,难道不会因此而使将军富贵吗?"

"那么以现今的情况,皇太子废立这件事情,就算将军有异议也改变不了,实在不能太过坚持而伤害了自己。"

"我并非不了解你这所以隐世的心情,也能明白你不做官的原因,只是……"

另一方面,武安侯田蚡是景帝之母(王太后)的同胞弟弟。因拜魏其侯为师,外表看来,两人形同父子,魏其侯的生活起居、行为举止全成了他的典范。虽然内心隐藏着野心,但外表仍摆出一副十分尊敬魏其侯的虚伪姿态,然后渐渐地展露自己。

武安侯的身边有一个人,是个能言善道,精于教唆他人,自己却像缩头乌龟般的策士,他就是籍福。

籍福向武安侯进言,劝他舍弃声名以收实效,因为魏其侯的声望远远超过武安侯。尤其因为他是窦太后的亲戚,一定不能和他抢出风头。皇上若要封他作丞相一定要谦让给魏其侯,武安侯自己先屈身太尉。丞相与太尉职位虽有第一、第二的差别,不过,因为身份相同,所以也没什么高低之分。

另一方面,他又怂恿魏其侯,千万得盯住武安侯,还真不愧是个策士。他告诉魏其侯说:

"世上即使好人很多,其中也间杂着无数的坏人。幸而将军托好善的帝王之福,而位极人臣,但可别忘了还有坏人在蠢蠢欲动。如果将军能以清浊并存的宽容之心来处理政务,那是再好也不过了。"以乱世作背景,以王太后作后盾,加上武安侯自己的努力,渐渐的,魏其侯及其党羽的影响力变小;显然,武安侯田分独尊为大的时代来临了。最后竟握有左右汉朝朝臣任免的实权。

借刀杀人

战国时期,楚国大王楚庄王有个弟弟叫春申君,春申君有一名爱姜姓徐。对大部分的女性而言,所谓妻子(正室)的地位,似乎非常有魅力。大概是较为安定的缘故吧!姓徐的妾当然也不例外,一再请求春申君和原配离婚。所谓黑的说久了也会变成白的,在一再的请求之下,有些计划就会实现,这也是人之常情,女人只要一心一意,连岩石也有贯穿的时候。

姓徐的妾,将自己割伤了,再让春申君看,一边还流着眼泪哭诉:

"身为主人的妾,我真的打心底感到幸福。时时都要讨主人的欢心,夫人心里又会不舒服。我要怎么做才好呢?我本来就是个愚笨的人,不会讨你们俩的欢心。想想看,就算要讨你们两人的欢心也难有个人商量。这么一来,我若没有死在夫人手中，索性就由主人来动手杀了我吧！嗯，你一定要杀了我。如果您不杀我，还要把如此愚笨的我放在身旁的话，就请您多加注意，不要让别人笑话了。"

春申君相信这些话，马上休了原配。

姓徐的妾虽然这样得到了妻子的地位，但将来原配的儿子甲继位之后会怎样呢？一想到这里，无论如何也要弄死甲，设法让自己的儿子登上王位，如果不这么做，目前的安定生活将是短暂的。

于是，徐就自己撕破贴身的衣服，边哭边让春申君看。

"啊！真令人气愤。我接受您的感情，已非常深。阿甲应该十分清楚。可是为什么，今天却强要占我的便宜。我因为拼命抵抗，才弄成这个样子。还有什么事比儿子不孝更严重的呢？"

春申君一气之下杀了甲，而徐一直到死，都过着安乐的生活。

顺水推舟

人与人之间，嗜好相同的话，自然而然就扩大彼此间的话题，思想也比较能沟通，还能增加亲切感，人际关系也变得协调。

"噢，董事长是巨人迷吗？而我却是阪神的支持者。"

这么说的人，绝不就表示你是个硬汉子，充其量只不过是增加彼此间的摩擦而已。要捧阪神队的场，自己一个人捧场就好了，其实和自己并没有太大的关系，因为这是职业棒球的事。何况，这是为了支持职业球队甚至杀人的时代，最好还是顺应潮流比较好。

"青木低于标准杆六杆呢！"

"抱歉，我实在不擅长推杆。"

这样谈论着，很有可能谈好一笔大买卖。如果谈话内容投对方所好，就叫作阿谀奉承。

妇人之仁

据说清朝宫廷里有一条规矩，凡是侍候最高统治者的太监、宫女，不论其在宫中服役多长时间，也不管平时多么"有脸"，一旦因事受到最高统治者的处罚，就立即让他远离身边甚至逐出宫去。即使事后最高统治者察觉处罚错了，良心发现，也只不过再说几句好话，赏些钱物，或者吩咐外面替他介绍个好点的工作，但绝不能重新召回身边来侍候自己。这条规矩大概是从几千年封建统治经验中总结出来的。

这其中的道理很简单：怕受过处罚的人万一心里记仇而寻机报复，那可是不得了的事。因为任何最高统治者身边的人进行报复时，几乎无一例外地要害其性命。

春秋时,鲁国的新君王公子斑就因为不懂得这个道理而碰到了这个"万一"上,丢了性命。

公子斑是鲁庄公与党氏长女所生的儿子。鲁庄公晚年,有一次因天旱无雨,鲁庄公要祭神求雨,在邻近祭神求雨之处的大夫梁氏之家演习祭神求雨的礼仪。这时,公子斑也带从人随往,其中就有圉人(主管养马之事的人)荦。公子斑看中了梁家的女公主,可能暗中早有来往。这一次观看鲁庄公求雨礼仪时,公子斑突然发现圉人荦隔墙与梁家的女公主调情,因此醋意大发,还是因圉人荦这样做本身就触犯了等级制度犯了法已不可考论,也无须考论。总之,公子斑大怒,命人抓来圉人荦,打了三百鞭。荦血流满地,再三哀求,公子斑便饶了他,仍让他继续做圉人。

鲁庄公听到这件事,对公子斑说:"不如杀之,是不可鞭。荦有力焉,能投盖(这里指门扇)于稷门(鲁国都城正南之门)。"(《春秋左传·庄公三十二年》)意思是,这种人不能施以鞭笞之刑,要惩罚就应杀掉。荦很有力气,能把都城正南的城门门扇举起来投掷,如果他心怀仇怨对你报复,会对你性命有威胁。但此后公子斑没有找到理由杀掉圉人荦,事情就搁了下来。

鲁庄公即位三十二年后死去。病危时,他安排后事,因他特别宠爱夫人党氏长女,所以有意立公子斑做继承人。但鲁庄公有三个弟弟,即庆父、叔牙、季友。他先问第二个弟弟叔牙,叔牙说庆父有才干,主张让庆父以弟代兄继承君位。鲁庄公心里反对,但口上没有作声。叔牙走后,鲁庄公又召来第三个弟弟季友,季友则表示愿以死保公子斑继立为君。

于是鲁庄公说出自己的心事,并告诉季友说,叔牙主张立庆父。季友说庆父为人残忍不仁,决非人君之器。叔牙因为和庆父关系特别亲密,所以不为国家社稷着想而主张立庆父。鲁庄公点头同意,当即昏死过去。

季友自作主张,大义灭亲。他先假传鲁庄公命令,让叔牙到一个姓黔字季的大夫家待命,然后送去毒酒,命黔季毒死叔牙。对叔牙说:"喝下毒酒自杀,你的子孙可在鲁国世代为官,不自杀你也得死,而且从此在鲁国绝后。"正所谓"武大郎服毒,吃也得死,不吃也得死",主动死了还可以为儿孙留一条后路,于是叔牙饮鸩而死。

接着,季友主持为长兄鲁庄公发丧,并拥戴公子斑继立为鲁国君主,史称公子斑。

但正所谓"庆父不死,鲁难未已"。庆父为人凶狠奸诈,原来就和鲁庄公夫人哀姜私通,暗中商量立同嫁鲁庄公的哀姜妹妹所生的公子开为君。现在见自己继君位不成,立公子开也成为泡影,自然不肯甘心。他决心要杀掉新君公子斑。

他物色的杀手就是当年曾被公子斑打了三百鞭而血流满地的圉人荦。选择的时机是新皇帝公子斑到外祖父党氏家吊丧之机。

原来,公子斑的母亲是大夫党家的长女,当初鲁庄公在党家则近筑台,发现她生得美丽,便追了上去,她闭门拒绝,鲁庄公答应封她为夫人,她才答应和鲁庄公交好,后来生下公子斑。所以党家是公子斑的外祖父家。外祖父家有了丧事,他自然前去吊问。

新君公子斑离了王宫住在党氏家,便给了野心家阴谋家庆父以可乘之机。

庆父找来圉人荦,对他说,"你忘了鞭打之仇了吗? 蛟龙离开江海,就好对付了。现在新君斑在党家吊丧,正是杀他报仇的好机会,事后我替你做主。"

于是圉人荦怀揣利刃,夜里跳墙进入党家,突入新君公子斑的居室。公子斑大惊,问道:"你来此何干?"圉人荦答道:"来报去年鞭背之仇!"说完便拔刀刺来,公子斑也取剑对敌,但哪能抵挡得住力大无比的圉人荦。荦用刀刺入公子斑肋骨,公子斑当即身亡。这一天,据《春秋》记载是周惠王十五年十月己未(公元前 662 年10 月 6 日)。

关于圉人荦的下场,一种说法是当场被公子斑的侍卫与党家人杀死,一种说法是被庆父抓起来然后杀掉,做了庆父塞天下人之口的替罪羊。

总之,鲁国新君即位不到两个月就被他鞭打过的圉人荦杀死了。

搬弄是非

春秋时代,南方楚国若想到中原争霸就得渡过悠悠扬子江,因而使得楚国向中原拓展受到层层阻碍。

况且楚王与周的王室也没有什么特别的渊源,根本不是姬姓王侯(就是锦制御旗上绣有姬姓者),因为在河川对岸蛮地扩张势力的楚是异姓。齐、晋、鲁、卫各国都有三种神器,可是楚却没有,如果向周王要的话,周王会给吗?

但是楚人这样想:若是以楚的国力来镇压许、陈、蔡、不羹等国,所缺乏的三种神器就会成为楚国的东西了。

起先,楚王的地位并不稳固。灵王被杀,继承王位的也遭相同的命运,终于平王的时代来临。在两位先王都被诈术所杀之下,平王继位。他信任文武百官,甚至每一个平民百姓。他一再施恩于人,嘉惠民众,济弱扶贫,从此声名大噪。

上行下效,似乎为必然之理。但却有个大夫——费无忌,他的一生就只为了自身的活命而不断进谗言(搬弄是非)。这并非一般人可循的常规,而是历经一辈子才领悟出的生活体验。

"昭公十五年,夏,蔡的朝吴逃到郑玄。"

"昭公十九年,担任迎接楚太子建之妻的使者,出使秦国。(但)出去一段时间后就劝(楚)王,把她迎娶为夫人。"

"昭公二十五年,杀伍奢。"

"昭公二十一年,冬,蔡侯朱逃到楚,费无忌向楚王进谗。"

"昭公二十七年,楚杀大夫赵宛。"

由于他的谗言,蔡国大夫朝吴、楚国太子建、连尹(官名)伍奢,还有大夫赵宛四人都因此而失势,他到底有何目的呢?

就如同本章开头说的,楚国的王位总是导致一连串的骨肉相残。虽然说两位先王为诈术所屠害,但在战之前,也有浴血争战的场面。第十三代的共王死后,二十四代康王有很多异母弟弟,二十五代的灵王(公子围)是在逐步杀了康王之子(员)与孙(莫、平夏)之后才巩固了地位,其次弟比,察觉到危险而逃到晋国,和三弟子哲共同杀了灵王的太子禄,不久在陈、蔡二地做过事的弃疾,回国即位后,就起用在蔡国时所用的部下,这使得原来在楚做事的部下担心并猜测地位会受到威胁。楚国大夫费无忌对蔡国大夫朝吴暗藏敌意,为了自身的安全,决定要善加利用平王信任朝吴这件事。

费无忌向朝吴说:

"你非常受平王信任。现在平王要派人前往蔡国,我年纪较轻且身份不高,如果我去恐怕有些失礼。只要我向平王美言几句,你就可以代表平王前往蔡国了,怎样呢?"

费无忌又对蔡的高官们(比朝吴还高)说:

"在楚国受到平王信任的只有朝吴一人。这种情形,对于比朝吴地位还高的你们,大概也咽不下这口气吧!如果他成为灾祸之源可就麻烦了。"

这些恶意的传言传到了蔡公耳中,使朝吴失去了地位。虽然平王后来知道了很生气,费无忌说,这是为国家的安全:

——朝吴并非在位的大夫。这么一来,蔡国必定不会叛离我们楚国。现在朝吴既死,蔡国已形同被扭下翅膀,一定在我们控制之下。

于是,平王就这样赞同了费无忌的话。

接下来成为费无忌的政敌的,就是太子建和他的太傅伍奢。当时费无忌位居楚国少傅,相当于护卫工作的副长官。他对这个职位并不满意,但因为原来他就和太子建不和,所以也不会受到重用,为了在平王死后保全自己的地位,也就被迫从现在开始就对太子建想出必要的计谋。

首先,是劝诱太子建娶妻。说秦国的公主是个大美人。在带公主回国的途中,费无忌却先向平王说:

"秦的公主是个美女。大王何不自己娶来为妻。太子就另外为他再找一个。"

费无忌算计着,太子建的生母是蔡国将领的女儿,并非正式迎娶的妃子,说起来也不过是个平凡的女子,而且现在应该已被平王疏远了。用此计策如果能让平王废太子建的话,就太好了。

自从这个横刀夺来的美女,生下可爱的太子熊珍后,平王就渐渐对太子建感到厌恶了。那时太子建和对他忠心耿耿的伍奢共同守护北边。费无忌趁机以精湛的

国学经典文库

中华点子库

为政金点子

图文珍藏版

口才预备将事情一次了结。

"听说太子对于秦公主(现在在楚平王夫人,嬴氏)那件事还怀恨在心。我看他和伍奢图谋积存北边的粮食,和各国任意交往,大概计划不久就要进迫国都。皇上您得留心才是。"

因此,伍奢被召回,加以严厉审问。伍奢和费无忌为取得平王信任展开舌战,但再怎么说,还是跟随太子建的伍奢落了下风,以后就因禁了起来。

以媚功作为武器

"一起睡"可以说是极厉害的武器。对方即便是个暴君、脾气相当暴躁的人,在某些时候也会让人见到他温和的一面。

籍少年和闳少年都是由于婉佞而得到皇上的宠幸。(日夜)和皇上一同生活、吃饭、睡觉,还列于公卿之列。他们还常常在发现美少年时就献给皇上(做事、说话都得很圆滑的美少年)。

汉高祖和景帝平常不让人接近他们,这是连下人都知道的。而到了惠帝时,接近他的却是好色者,用美丽的羽毛戴在帽冠上,用贝壳装饰衣带,涂抹脂粉,整天跟随在皇上旁边,梦想着能够和闳、籍这些美少年一样受宠。

《佞幸传》里两次提到邓通,都说他没有任何技能,既不善唱歌,也不会跳舞,肚子里更是空荡荡的,没有谈论天下国家的才能。司马迁给了邓通这么严厉的评语。

有一天,汉文帝做梦,梦见他想飞上天去。近代的心理学家弗洛伊德有比较合理的解释,一个人在欲望的高点,怎么也达不到目的。

汉文帝正想无论如何也要上去时,来了一个船头郎打扮的人,从后面将他推上去,好不容易达成了愿望。啊,还没完,他回头一看,那个船头郎正专心地推着他的屁股!梦醒后的文帝,来到了渐台,这是长安城内,未央宫苍池中的台子,是泛舟游玩的地方。文帝的眼睛,一直在寻找梦中的男子。

有了,那边那个穿着破旧衣裳的船头郎不就是吗?

文帝非常高兴,于是把邓通召进了宫中,对邓通的宠爱与日俱增。而邓通既不喜欢与外界往来,赐给他洗沐(休假)也不想外出。

他一心一意服侍文帝。醒时眼中只有皇上,梦中亦然,皇上自是加倍宠爱。

于是,文帝赐给邓通巨万财富。

乘虚而入

一般来说,人,特别是女人,在傍晚疲倦或饥饿的时候最脆弱、最有同情心。所以最好利用傍晚疲倦或饥饿的时候,和难以应付的人交涉各种事情。

在看了摩洛哥王妃葛利丝凯丽当明星时所主演的电影《上流社会》后,觉得这部伟大的音乐片,是以路易·阿姆史脱伦的名曲《上流社会》为背景,以她为中心。其中有两个男子都想说服她,而说服的情景都发生在傍晚至入夜的时刻。

恋爱中的情侣,总喜欢在傍晚时分互诉心曲。因为,夕阳散发的光辉,富有柔和的气氛,人的对抗力会薄弱,特别是女性。然而,从心理学上来看,有更深一层的含义。

我们具有支配身心的所谓生理时间,在黄昏的时刻最易迷惑。

生理时间是主管人类生理和心理的自然规律,如果生理时间不协调,就会身体疲劳,思想迟钝,紧张感淡薄。傍晚车祸发生率较高,是因为在此时生理时间不协调的缘故。比起男性,女性情绪更善变化。因此,在傍晚时刻,精神容易陷入不安状态,变得多愁善感,所以说服女性最好利用傍晚。至于男性,因为长时期的社会经验,已培养出一种生活智慧,情绪稳定,生活时间不易发生冲突。

不过,男性也会利用生理时间不协调的现象。譬如,天才的煽动家希特勒,喜欢在傍晚集会,做说服性的演讲,他就是利用人类的心理的倾向,用言语猛加攻击。

心理时间变调的技术,同样可以运用在企业界。譬如,和强硬的顾客接洽生意,或要使开会的结果对我方有利,最好选在黄昏时刻。

还有,在疲倦饥饿时,精神会紊乱,思考力降低,因此,可以利用这种状况来进行事务比较容易收敛。

间其首领

张居正字叔大,号太岳,湖广江陵人,嘉靖二十六年(1547年)进士。他两岁识字,五岁入学读书,十岁通晓六经,十二岁府试得中为生员,十三岁参加乡试。在那个时代,可谓是神童。当张居正在春风得意之时,人生也面临考验。当时的湖广巡抚顾遴看到张居正的文章,认为是"国器也"。但他认为张居正少年得志,不知敛迹,是取败之道,应使他小受挫折,以磨练其意志,故嘱咐主考官不录取他。果然,张居正自此,不再争强好胜,变成"深沉有城府,莫能测也"的人,从而奠定了其立身官场而不败的根基。

张居正进入官场,正是严嵩当权,嫉恨徐阶的时候,"善(徐)阶者皆避匿",张居正照常与徐阶往来,这种行为非但未激怒严嵩,反被严嵩器重。张居正在两大政敌之中立住脚,在官场上初试锋芒。徐阶任首辅之后,"倾心委居正",使他很快进入内阁,而比他早进内阁的是曾与他为同僚的高拱。按明代制度,先入内阁的在前,为首辅者必是最早进入内阁的。

高拱是河南新郑人,嘉靖二十年(1541)进士,入仕比张居正早,而且"负才自恣"。张居正与高拱同在国子监任职时，"相期以相业"，关系相当密切，故张居正帮助高拱争夺首辅之职，彼此合作得很好，但不久还是发生了矛盾。矛盾的起因是徐阶的三个儿子"事居正谨"，而高拱因徐阶起草遗诏不与他相商，与徐阶结下怨恨，徐阶死，高拱欲罪及徐阶诸子。张居正念与徐家的关系，便向高拱为徐家说情，高拱说张居正受徐家贿赂，"二人交遂离"。张居正谋倒高拱之心就是在此时萌生的。恰在此时，高拱又与太监冯保产生了矛盾，张居正借此天赐良机制定了借刀杀人之计。

冯保，深州（今河北深州市）人，在嘉靖年间就是司礼监秉笔太监，隆庆元年（1567年），为提督东厂，兼掌御马监事。当时司礼监掌印太监缺员，冯保按资序应该递升。司礼监掌印太监是宦官中最最有权的职位，这正是冯保梦寐以求的。然而，高拱却推荐了御用监陈洪代补，冯保自然不快。不久，陈洪罢职，高拱又推荐尚膳监孟冲，冯保再次受排挤，使理应获得的职位落空，自此对高拱的怨恨，刻骨铭心，两个更是势不两立。

隆庆六年（1572年）五月，明穆宗因纵情声色，病死于乾清宫，东方九负的朱翊钧即位。穆宗之病，陈皇后和李贵妃痛恨陈洪、孟冲引导纵情所致。冯保就趁此时，借陈皇后和李贵妃之力，取代孟冲，充任为司礼监掌印太监。这当然令高拱不满，便想利用内阁和言官的力量除掉冯保。

在高拱与冯保相争时，张居正决定利用冯保之力除掉高拱。明穆宗去世，内阁只有高拱、张居正、高仪三人。高仪入阁不久，当然要看首辅眼色行事；张居正工于心计，隐而不发，善操胜券；高拱性格外向，又为首辅，对当前政局尤为操心。九岁皇帝在位，不得不使他感觉重任在肩，又感局势艰难，便向同僚感叹道："十岁太子，如何治天下？"说者无心，听者有意，张居正如获至宝，将此语告之冯保。冯保将此语衍变为"太子为十岁孩子，如何做人主"而告知皇后、李贵妃和九岁的朱诩钧，这不得不使皇室警惕，怀疑高拱擅权，除掉高拱的决心也由此下定了。

高拱自认是顾命大臣，于是奏请黜司礼之权，将之归给内阁，又让拿事中雏尊等上疏弹劾冯保，必欲除掉冯保而后快。计划拟定，高拱便告之张居正，希望得到张居正支持。张居正面表答应，暗地里却报告了冯保，使冯保有所防备，率先与陈皇后、李贵妃和小皇帝拟下谕旨。

公元1572年7月25日，小皇帝召见群臣，这是他即位以后第一次接见臣僚。高拱非常高兴，以为驱逐冯保的奏章生效了，快步上朝。然而，当他赶到朝堂，目睹此情景便惊惧。只见小皇帝端然上坐，身边站着冯保，手捧诏书。待群臣齐集，冯保开始宣读：

"告尔内阁、五府、六部诸臣：大行皇帝殡天先一日，召见阁三臣御榻前，同我母子三人，亲受遗嘱曰：'东宫年少，赖尔辅导。'大学士拱揽权擅政，夺威福自专，通不许皇帝主管，我母子早夕惊惧。便令回籍闲住，不许停留。尔等大臣受国厚恩，如何阿附权臣,蔑视幼主!自今宜洗涤忠报,有蹈往,辄典刑处了。"

高拱惊呆了,几乎晕厥,"伏地不能起",亏得张居正扶掖,才勉强走出朝堂,租辆骡车,出宣武门归籍。张居正与高仪上书请留高拱,当然不许。乃请给高拱以公车送还,得到允许。尔后,冯保欲加害高拱,张居正不许,使高拱得以在家亡故。这些手段,使高拱对张居正心怀感激,至死也不知害己者为谁,这正是张居正的高明之处。

故做手脚　无中生有

春秋时期,晋献公征服骊戎,骊戎献出二女,年纪大的叫骊姬,年纪小的叫少姬。骊姬长得非常漂亮,机智多谋,把晋献公给迷住了,两人日夜形影不离。不足一年,骊姬就生下一子,起名奚齐。不久,少姬也生下一子,取名卓子。

晋献公因受惑于骊姬,爱妻及子,便想立奚齐为太子。他把此意对骊姬说了,她心里很高兴。但她想到申生已立为太子,而且与另外两个兄弟重耳、夷吾又那样友爱,这三人虽然不是自己亲生的,但在名义上也是母子关系,今一旦无故变更,恐君臣不服。不仅自己的儿子当不成太子,说不定还会遭到不测之祸。乃跪在晋献公面前哭起来:"太子申生并无大过,据说诸侯没有一人说他的坏话,若是为了我母子而将他废了,人家必说我迷惑于你,我宁可死了也不负这个罪名!"晋献公听她说得通情达理,大赞其贤淑。

骊姬表面上做得光明磊落,暗地里却买通了佞臣梁五、关东五、优施等人,日夜商量着如何陷害申生等兄弟,夺取太子之位。

不久,由关东五出面启奏,把三位公子调开,相互远离,申生往曲沃,重耳往蒲城,夷吾往曲城,以便各个击破。接着又威胁一班老臣与申生等疏远。

孤立的政策做好之后,骊姬便对晋献公说:"申生是我挺心爱的儿子,他在曲沃几年了,我也挺惦念他的,还是把他请回来吧!"

晋献公是个色迷心窍的人,还以为骊姬是真心,便派人往曲沃叫太子立即回来。

申生是个知书达理的孝子,他回来拜见过父亲,又入宫参见骊姬。骊姬设宴摆酒招待,言谈甚欢。第二天,申生又入宫叩谢,骊姬又留他吃了顿饭。没想到,当晚她便跑到献公面前哭哭啼啼编起谎话来。

"怎么了,是谁侮辱了我的美人儿?"

"都是你的好儿子!"

"是申生?他怎么啦?"

"不是他能是谁?"她哭得声音更大了:"我一片好心叫他回来见见面,留他吃一顿饭。没想到他喝了几杯酒就开始调戏我,还说:'我爸年老了,你又年轻!'我当时很生气,本想教训他一顿,可他嬉皮笑脸地说:'这是我家祖传的先例了。我祖父去世的时候,我爸爸就接受了他的小老婆了:现在我爸爸老了,不久就要归天了,按照常理你不归我又归谁呢?'说着还想把我搂住亲嘴,幸亏我躲得快,不然的话……我不想活了!"说罢,扑到晋献公怀里乱捶乱打撒起野来。

"岂有此理,这畜牲竟如此无赖!"晋献公怒气不打一处来。

"唉!他还说明天约我去花园呢。如果你不相信的话,暗中看一下就明白了。"

第二天,骊姬又召申生入宫,带他去花园看花。她今天打扮得格外漂亮,全身香喷喷的,把香糖沾满头发,一路上引来许多蜜蜂、蝴蝶,在她头上飞绕。骊姬叫申生过来帮她赶散这些狂蜂浪蝶,申生从命,于是申生在她后面手挥袖舞。

此情此景,晋献公在楼上看得清清楚楚,他怒不可遏,立即叫人绑起申生推出斩首,吓得申生满头冷汗,莫名其妙。

骊姬又跪在晋献公面前说:"你明白真相就行,切不可处决他,因为他是我叫回来见面的,若杀了他,群臣定会说是我下的毒手。何况这是家事,家丑不可外扬,传出去多不好听。请您饶他这一回吧!"

晋献公无可奈何,下令:"赶这畜牲回曲沃去!"还派人跟踪侦察他的所作所为。

没过多久,晋献公出城打猎去了,骊姬派人去给申生说:"我做了一个梦,梦见你妈妈齐姜向我哭诉,说她正在地府里挨冻受饿,十分凄凉,你做儿子的应该去给她祭祀一番。"

申生是位孝子,自然听话,齐姜的礼祠在曲沃,他前去拜祭。并且照例把胙肉和礼酒送给爸爸,以尽人子之礼。晋献公打猎还未回来,这些胙肉和祀酒只好留在宫中。

过了六天,晋献公才回来,骊姬在酒肉上加上毒药,送给晋献公,告诉他:"我曾梦齐姜在地府受苦,现在申生把胙肉、礼酒送来了,给你尝尝!"晋献公拿起酒要喝,骊姬却说:"酒肉是外来的,不可大意,试一试才可!"

"对!"晋献公顺手把酒泼在地上,地上顿时冒起一股白烟。

"咦!怎么回事?"骊姬诈言不信,又割了一块肉给狗吃,狗吃了都没哼一声,就四脚朝天死了。又拉过来一个小内侍,要他喝酒,小内侍不肯,七手八脚强灌下去,顿时七窍流血而死。

"天呀!天呀!"骊姬呼起冤来。"谁料到太子这么狠心,要毒杀父亲。国君的位置早晚是要传给太子的。多等一两年都不行了。"说着说着,便"扑通"一声跪在献公面前,泪流满面,呜咽着说:"太子此举,无非是针对我和奚齐,请把此酒肉给我吧,我宁可替你去死。"说完,一把抢过酒来,做出倒进口的姿势。晋献公立即把酒抢过来,愤然摔落在地上,气得说不出话来。

骊姬哭倒在地,痛恨地哭诉:"太子真狠毒,连父亲都想杀死,何况别人?当初君王想废了他,我不肯,后来他在花园调戏我,君王想杀他,还是我替他求情。今要杀君王,接着就要杀我了。天呀!这造的什么孽呀!……"

骊姬一把鼻涕一把泪,就这样要活要死地呼号着,把晋献公气得浑身发抖,用力把骊姬拉起:"你起来,我自有主张!"

即刻升殿,告诉群臣,大数申生罪状。群臣心知这是蓄谋已久的诡计,但慑于骊姬的淫威,谁也不敢说些什么。只有关东五说:"太子无道,臣请替君讨之。"晋献公立即批准。

于是以关东五为将,梁五为帅,率领大批军队,威风凛凛地杀奔曲沃。申生闻讯,不听群臣劝谏,既不拥兵抗拒,又不逃往外国,自己吊颈而死。接着,骊姬又向晋献公哭诉说,公子重耳、夷吾与申生同谋,唆使晋献公派人去捉拿两位公子。重耳、夷吾闻讯都跑到外国去了。至此,绊脚石已全部搬掉,于是,晋献公立骊姬所生的奚齐为太子。骊姬的阴谋终于得逞了。

为达目的不择手段

唐高宗李治登位后,依靠褚遂良与长孙无忌辅政,无为而治,倒也国泰民安,但他的后宫却不很平静。太子妃王氏被册立为皇后,一直没有生儿子,后宫虽有刘氏生的皇子李忠和萧淑妃生的皇子李素节,但终究不是嫡出,不便仓促册立为太子。为此,高宗有些烦恼。

王皇后怕萧淑妃的儿子李素节会因母亲得宠而被立为太子,从而动摇她的皇后地位,便通过她母亲魏国夫人去找皇后的舅舅,同中书门下三品(相当于副宰相)柳奭去说服长孙无忌和褚遂良,请立高宗长子李忠为太子。因为李忠母亲刘氏地位微贱且无宠,李忠立为太子后可由皇后抚养,母子感情一旦建立,皇后的中宫地位也就不会动摇了。由于长孙无忌的帮助,李忠果然于高宗登位的第三年被立为太子。萧妃这才看穿了王皇后的意图,很不甘心,就同皇后展开明争暗斗。两人常在高宗面前交相攻讦,弄得高宗左右为难,顿生烦恼,这样,他想起了昔日的意中人武媚娘。

自从高宗把他与武媚娘的那一段风流韵事告诉王皇后之后,皇后一直心烦意乱。萧淑妃尚无法对付,又来了一个武才人,看样子皇上对武才人的喜爱远超过萧淑妃。忽然,她眼前一亮,"有了,何不怂恿皇上把武才人接进宫来,萧淑妃多了一个无法匹敌的对手,而自己则可因引进武才人有恩,使她站在自己一边。"王皇后暗自为这个聪明的决定得意。

高宗听了皇后的主张,正中下怀,立即命内侍去感恩寺传谕,要武媚娘即日起蓄发,等头发长了之后进宫,还派了两个宫女专门侍候她。过了几个月,武媚娘一头青丝,光可鉴人,她添上一些假发,盘成云髻,居然同未出家时一样,而且似乎比当年更有风韵了。高宗将她接进皇宫,先去拜见皇后。武媚娘跪下叩头,感谢皇后对她的大恩大德。皇后连忙还礼,将武媚娘安排在正宫西侧的景福宫居住。

这天傍晚,皇后在景福宫摆下酒宴,为高宗贺喜,替武媚娘接风。等到酒阑人散,皇后回中宫后,高宗再也按捺不住欲火,紧紧抱住相思已久的美人,仔细地端详一番。他发现,媚娘变得更美了,依然是修长苗条的身材,但更丰满;依然是雪白的肌肤,但更润滑细腻;依然是细长的凤眼,但更富有迷人的光彩。

一连几天,高宗都缩在景福宫内,这使萧淑妃感到奇怪。打听之后,才知道高宗又纳一美妾,无比宠爱。曾经集万千宠爱于一身的萧淑妃气愤极了,她强捺住火气等待着高宗。好不容易等到銮驾在宫门前停下,高宗还没有坐定,萧妃就气冲冲地责问:"陛下为何许久不到我这里来? 是不是把妾忘了?"

高宗也觉得这几天对萧妃过于冷淡了些,就用好言安慰:"朕政务颇忙,怎么会忘记淑妃呢?"

萧妃冷嘲热讽:"听说陛下新纳一尼姑,陛下的心许是让尼姑迷住了吧!"

口口声声称尼姑,高宗听了很不高兴,沉下脸来:"怎么能这样说话,淑妃太不顾礼法了!"

"礼法? 陛下纳入先帝姬妾,可曾想到过礼法?"萧妃被宠惯了,任性地脱口而出。

"住嘴!"高宗勃然大怒,那层见不得人的关系一直是深藏在他心头的一块心病,今天一下子被萧妃捅了出来,而且是当着众多内侍,宫女的面。他气得说不出话来,脸色由红变白,猛地,他回过身来,气冲冲地拂袖而去。

回到景福宫,武媚娘见他怒容满面,柔声问他:"发生了什么事?"高宗毫无保留,把萧妃说的话全部倒了出来。武媚娘心中十分恼恨,但她克制住,反用好言好语劝慰高宗,做出比平时更加体贴的媚态来。一个硬得像钢针,且扎在心上,另一个软得像水,可让他随心所欲,高宗怎肯再理睬萧妃呢?

武媚娘十分熟练地运用驭人之术,一方面拼命巴结王皇后,另一方面故意对萧妃倨傲无礼。于是,王皇后站在她一边,拼命在高宗面前说萧妃的坏话。萧妃因无处出气,唯有找到高宗,一通哭骂解恨。日子一久,高宗对萧妃由嫌弃转为憎恨,从此,再也不肯进萧妃的宫门。

武媚娘进宫后第二年,生了一个儿子,高宗高兴极了,给他取名为李弘,对母子二人俱行封赏,正式册武氏为昭仪,封尚在襁褓中的李弘为代王。但是,武氏并不满足,她的目标是夺取皇后宝座。此时,萧妃已被她击败,她的下一个目标便是王皇后了。她分析了一下,觉得王皇后善良柔和,遵循礼法,虽不得宠,但从无过失,又是先帝为皇帝择定的,在后宫上下颇有威信,要想利用高宗之手打倒她颇不容易。当然,武氏自己也有优势,高宗对她言听计从。不过,为了审慎起见,她还是很讲究策略和手段。

先笼络宫中上下的人心,不惜钱财,广为馈赠。宫人们自然感激,心甘情愿为她干事。她的耳目可以做到窥视皇后的一举一动,时时向她报告。皇后因武昭仪遇宠日隆,渐渐地不把她放在眼里,不免有怨言。武昭仪就巧妙地设法让高宗知道皇后在责怪他太宠昭仪,对他有不满。

又过了一年,永徽五年,武昭仪生下一个女儿,长得又白皙又漂亮,高宗很喜欢,时常抱在膝上逗着玩。一天,武昭仪正坐在宫中,忽报皇后驾到,她连忙叫宫女监视皇后的一举一动,自己从后面溜了出去。皇后见武昭仪不在,随即看到小公主正在朝着她笑,没有儿女的人是很喜欢小孩子的,就抱着小公主逗玩了一番,然后将她放回床上,出宫去了。

一会儿,武昭仪回来,知道皇后抱过小公主,忽然心生恶念。她想,如果把公主弄死,嫁祸于皇后。一定能使高宗震怒,从而乘机废掉皇后,她说干就干,见四下无人,竟亲手将自己的骨肉活活扼死,用锦被盖住,然后擦去汗水和泪水,略施粉黛,又溜了出去。

高宗下朝回来,照例先到武昭仪宫中,昭仪假装刚从外面采花回来,把高宗迎入宫去。坐下后高宗问:"小公主熟睡了吗?"武昭仪答道:"熟睡多时了,谅必已经醒来。"命宫女去抱孩子。宫女掀开被子一看,吓得目瞪口呆,一句话也说不出来。武昭仪装出惊疑的样子赶到床前,手刚摸到孩子,便呼天抢地大哭起来。高宗走过来一看,见女儿脸色青紫,手脚冰冷,已死去多时,忍不住也抚尸大哭起来。哭了一会,含泪怒问宫女,这是怎么一回事? 宫女们吓得一齐跪下,说道:"奴婢们没有离开过这里,方才只有正宫娘娘到这里来过,抱起小公主抚弄一番。"武昭仪便口口声声说皇后妒嫉,下此毒手。高宗起初尚不肯相信,说皇后一向贤德,不可能做出这种伤天害理之事,但经不起武氏一番狡言,又数落出许多皇后的不法之事,不由高宗不相信,他恨恨说道:"如此悍妇,天理不容,朕一定将她废去!"

但是要废后,需要得到大臣们的认可,而大臣中有异议。就在武昭仪加紧陷害皇后的同时,王皇后偏偏做出了糊涂事。她在母亲柳氏的怂恿下,想出用巫蛊、厌胜的办法诅咒武氏,很快就被武氏知道。武氏干脆将计就计,与皇后左右的宫人串通起来,用一木偶小人,刻上高宗名字及生日,用钉钉住,悄悄埋在皇后床下。布置完毕,就去向高宗告密。高宗亲自赶到中宫,命内侍发掘床下,果然见到证据,不由大怒,责问王皇后:"朕同你何仇? 竟用这东西来咒诅朕?"皇后吓得浑身乱抖,跪下辩白道:"臣妾实不知此物何来,请陛下查究!"高宗道:"明明在你床下搜出来,还想抵赖吗?"王皇后边哭边说:"臣妾侍陛下多年,陛下也了解臣妾,无缘无故,我为什么要害陛下呢?"高宗哪里肯细细分析王皇后的话,他正愁没有把柄废去王皇后呢!

高宗不顾大臣的反对,终于废了王皇后,册立武昭仪为皇后。她就是历史有名的武则天。

设谋让对方感激自己

战国时期,中山国是一个处在强国夹缝中生存的小国。它的相国司马熹是一位颇有才华和具有谋略思想的政治家,深得中山国君的信赖。但正是这样一位正直、干练的相国,却遭到政敌、国君的宠姬阴简的妒恨和中伤。她常在国王身边说司马熹的坏话,以行攻击。这一切,使司马熹常处于进退维谷的地步,如果公然与阴简作对与挑战,则很可能身败名裂,且可能更助长其气焰;而如果不加以抗争,阴简则将视司马熹此举为软弱可欺,且在政治上会加紧进攻,使佞臣奸人得势。因此,对此一政敌只能使用奇计,巧加制驭和降伏,才能既保相位,又可根绝政敌的干扰和破坏活动。后来,司马熹又进一步具体采用中山国的智者田简所献之策,用"导(速)引"之法,窥准、利用有利时机,以达到与实现其预期的政治目的。

一天,从邻国赵国来了一位赵王的使者。当时,赵国是战国七雄之一,对于中山国这样的小国来说,赵国可随时颐指气使,故在对赵王的使者接待上,丝毫不敢马虎与怠慢,相国司马熹更是寸步不离地陪着这位使者。在招待使者的宴会上,司马熹随便问赵王使者:"听说你们赵国擅长音乐的美女很多,是这样的吗?"使者一听,断然加以否定说:"不!事实并非如此。"但这时,司马熹却故意压低声音,故作神秘之状地对赵王使者说:"但在我们中山国,却有一位足可使贵国的朝野内外和各位勋贵显戚大吃一惊的美女,她就是我们中山国国君的宠姬,名叫阴简,长得简直像天上的仙女一样。"这一番话,使赵王使者,十分动心。回国以后,便迫不及待地向赵王禀告。赵王一听,虽未见此美女,却早已垂涎三尺,急欲获取得手。于是,赵王再派遣使者到中山国,请求中山国君将美女阴简送给赵王,且要求十分急切。按当时国与国之间的政治惯例,后宫的美女,就像珠宝、金银一样,均可作为赠答的礼物送给别人的。至于像赵国这样的强国、大国,向中山小国提出此要求,既很自然,也不过分。而赵王、中山国君、阴简却均不知,这一切恰是司马熹早已设下的计谋圈套而已。

对这一要求,中山国君十分为难。然而,最初中山国君并未答应赵王的要求。从情理上论,这也十分自然与合乎情理,因为谁也不会将自己喜欢的人和物轻易转让给他人所有。但这却使中山国的百官众臣慌乱了,因为赵王不得美女,盛怒之下,很可能就要发兵攻中山,此类事当时十分常见,不胜枚举。国与国之间,为争夺美女、玉帛而相互攻伐兴兵者,几如家常便饭。一时,朝野上下,加上国君与宫中姬妻们,均感到束手无策,不知如何才能渡过这一难关。而赵王的使者,就在中山国驻下,急等回话,且催逼甚紧甚急。

就在此关键性时刻,司马熹十分镇定地对国君说:"我现在有一个好办法,既可以回绝赵王的要求,又可不触怒赵王而确保我国的安全,不受兵灾之苦。"中山国君一听，如获至宝，便急不可耐地对司马熹说："什么？你竟然会有这样的万全之策？"司马熹回答说："您不如索性立即将阴简正式封为您大王的王后，这样一来，既将此事向赵王票报，回绝了他的请求，也不会惹他们生气发怒，同时也使他们死心了，除此之外，便没有什么良策善法了。"中山国君一听，立即采纳了他的建议。就这样，中山国不仅得以保全下来，而且，自此之后，阴简对使自己升到王后地位鼎力相助的司马相国，不仅再不作对，而且感恩戴德了。

暗渡陈仓　消灭对手

　　孙休是由权臣孙琳拥立的吴王，他一直假表心愿同孙琳交好，可暗地里却寻找着诛杀他的时机。公元258年九月，吴国权臣孙琳兵围吴国王宫，夺吴王玺绶，逼群臣同意废吴王孙亮，降其为会稽王。然后接受典正施正的建议，迎立琅琊王孙休为吴主。于是派人送书孙休，指斥废帝孙亮，亲近刘承、全尚等佞臣，沉湎美色，搜取民女，不听劝谏，滥杀无辜大臣，为自己推案旧典，运集大王，且百官立于道侧"迎侯王即帝王"。十月十八日，孙休将到建邺，孙琳的弟弟孙恩代执丞相职事，奉上玉玺，孙休再三辞让，始接受皇帝玺绶。孙琳率士兵千人迎至建邺城郊外，拜于道旁，孙休也立即下车答拜。当天车驾朝廷正殿，宣布大赦天下，改吴国年号为永安。这时，孙琳又上殿交上印绶，自称草莽臣，诣阙上书，说："臣自省才非国家干臣，虽位极人臣，不过因缘肺腑，伤锦败驾、罪负彰霸。陛下以圣德承大统，宜得良辅，但自思无益于朝政，故承上印绶，退还故也，以求避让进贤之路。"吴王孙休赶快引进于殿，以好言慰解，下诏明示：大将军孙琳忠计内发，扶危定倾，为安康社稷，立有赫赫功勋，今以孙琳为丞相、荆州牧，增加封邑五县。孙琳兄弟孙恩为御史大夫，卫将军、中军督、封为县侯。孙据为右将军，封县侯。孙幹、孙闿均授将军职，封为亭侯。

　　孙休由会稽王被拥为吴王，是在吴国朝廷内部权力斗争白热化的形势下，吴王孙亮被黜废，大臣全尚等人遭逐杀，权臣孙琳因为顾及非议，暂时采取的权宜之计。孙休上台后，心里也非常清楚，东吴自孙权晚年以来，朝政人事更迭频繁，互相倾轧残杀从来没有停止过，要想稳固自己的皇位，非除去强臣孙琳不可。但自己在建邺城中力量不强，硬对硬的拼斗，只会重蹈孙亮覆辙。所以，登台伊始，他为稳住孙琳，极力予以笼络。孙琳一门，五人被封侯，且都是典掌禁兵，成为东吴以来，朝臣中罕见享受的荣耀。接着他又对外明示无久居皇位之心松懈孙琳等人的警惕性。当朝臣奏称请立皇太后、皇太子时，孙休明确下诏，"我以微薄之力，继承东吴大业，继位初始，并没有广施恩泽，后妃名号，嗣子之位，并非紧要之事"，一再拒绝朝臣奏请。

　　孙琳拥立吴王，并非出于真心，他一直对帝位跃跃欲试，就是在遣人迎立孙休的时候，他还想占据帝位。当时孙休正在驰往建邺的路上，孙琳打算搬进宫廷居住,且召集京城百官商议,群臣见状,大惊失色。但又畏惧孙琳手握兵权,都一味地沉默,不肯公开表态。只有选曹郎虞氾,挺身而出,说:"明公现在是东吴的伊尹、周公,担当将相重任,执掌吴王废立的大权,居上安定宗庙社稷,下施恩惠于平民百姓,上上下下,大大小小,都为您欢呼雀跃,把您看作是商朝的伊尹,汉代的霍光再现于世。现在琅琊王还未来,您却想入宫,这样群臣百姓之心将为之动摇,人们会疑惑不解,此举非发扬忠孝,扬名后世的做法啊!"虞氾明褒暗贬的劝谏,群臣的沉默态度,孙琳虽然心中不满,但不便公开抗对,入宫打算只好暂时作罢。孙休即位不久,孙琳就带着牛和酒进奉吴王,吴王以群臣送礼一律不收为由婉拒,孙琳干脆转送到左将军张布府里,张布赶紧设宴款待,酒酣意浓时,孙琳大声报怨:"当初废掉少主时,不少人劝我自立为君,我以为皇上贤明,故此迎立。皇上没有我,哪能有今天。现在我给皇上送礼,都遭拒绝,这是把我与其他大臣同样看待,无所区别,我应当再立他人才是。"张布听其言,赶紧报告皇上孙休。

孙休见孙琳已萌发政变之意,急思对策,于是决定施行暗度陈仓之计,佯攻偷袭。先是屡次赏赐孙琳,表示对孙琳宠信有加。一次,有人上朝密告,说孙琳心怀怨恨,欲图谋反,请吴王注意。孙休听后,不仅不予奖赏,反而把他拘起来送给孙琳处理,以示对孙琳坚信不疑。孙琳这时,又通过别人,要求带兵外出驻屯武昌,吴王立即答应,结果孙琳令自己率领中军万人,乘吴王有旨,尽取京都武库中的兵器,一齐装船驰往武昌。孙琳还要求把朝中中书两郎带走典领荆州军事,当时主管者声言中书郎官不应离京外出,但孙休特赦孙琳,允许带走。

吴王以上措施,削弱了孙琳在朝中的力量,执告密者送孙琳处理,表面上显示对孙琳的相信,又是佯攻,暗示孙琳在京谋反不会成功,吴王孙休早有警惕,不可造次。果然,孙琳心虚,把自己的亲信精兵,赶紧运往荆州,甚至要破例带走中书两郎。在吴王孙休看来,孙琳把亲信带走,当然是越多越好,而强留在京,只是增加孙琳的羽翼势力,所以,孙琳此类请求,孙休也痛快地答应。

迎合上意　等待时机

汉元帝刘奭上台后,将著名的学者贡禹请到朝廷,征求他对国家大事的意见。这时,朝廷最大的问题是外戚与宦官专权,正直的大臣难以在朝廷立足,对此,贡禹不置一词,他可不愿得罪那些权势人物。

想来想去,贡禹只给皇帝提了一条,即请皇帝注意节俭,将宫中众多宫女放掉一批,再少养一点马。其实,汉元帝这个人本来就很节俭,早在贡禹提意见之前已经将许多节俭的措施付诸实施了,其中就包括裁减宫中多余人员及减少御马。贡禹只不过将皇帝已经做过的事情再重复一遍,汉元帝自然乐于接受。于是,汉元帝便博得了"纳谏"的美名,而贡禹也达到了迎合皇帝的目的。

《资治通鉴》一书的作者司马光,对贡禹的这种做法很不以为然。他批评说:忠臣服侍君上,应该要求他去解决国家所面临的最困难的问题,其他较容易的问题也就迎刃而解了,应该补救他的缺点,他的优点不用说也会得到发挥。汉元帝在位之初,向贡禹征求意见时,他应当先国家之所急,其他问题可以先放一放。就当时的形势而言,皇帝优柔寡断,谗佞之徒专权,是国家亟待解决的大问题,对此贡禹一字不提。恭谨节俭,是汉元帝的一贯心愿,贡禹却说个没完没了,这算什么? 如果贡禹不了解国家的问题,他算不上什么贤者,如果知而不言,罪过就更大了。

司马光不明白,这正是贡禹老于世故之处。古代的皇帝即位之初或某些较为紧要的政治关头,时常要下诏求言,让臣下对朝政或他本人提意见,表现出一副弃旧图新、虚心纳谏的样子,其实这大多是一些故作姿态的表面文章。有一些实心眼的大臣却十分认真,便不知轻重地提了一大堆意见,时常招来嫉恨,埋下祸根,早晚会招来帝王的打击、报复。

但贡禹却十分精明,专拣君上能够解决、愿意解决、甚至正在着手解决的问题去提,回避重大的、急需的、棘手的问题。这样避重就轻,避难从易,避大取小,既迎合了上意,又不得罪人,表明他做官的技巧已经十分圆熟老道了。

刻意求异　制造新闻

宋朝时,宋仁宗年间,华州人张元、吴昊自恃才华超群,寓意在科场上一显身手,不料屡试不中,遂弃文从军,投奔边境营寨,却又遭到将士的嘲笑和冷遇。二人感到在宋朝前途无望,于是下决心到西夏去施展才能。

二人晓行夜宿,来到西夏的兴庆府,到一家酒楼饮酒。他们商量,到此人地生疏,如何才能面见西夏国主元昊,并为其所用呢?

想来想去,琢磨出一个好办法来。他们在酒楼的墙壁上挥笔题写了一行大字:"张元、吴昊来饮此楼。"

这一下引起轰动,原来他们两个人的姓名各有一字与西夏国主的姓名相同。按照通常的惯例,是要避讳的。可他们却大胆地写在闹市酒楼的壁上,这可不是一件小事。马上就来了一些巡逻的士兵,将二人抓了起来,并报告了元昊。

元昊见二人行动奇特,又是宋人打扮,便亲自审讯。问二人为何来到夏国,竟敢以名讯相犯,难道不怕治罪吗? 二人却说:"'姓'尚不理会,还在乎什么'名'?"这一下说中了元昊的心事。原来元昊一直想割据西北,因实力不够,仍受宋朝管辖,他本姓何。元昊见二人出言不凡,内隐玄机。连忙恭敬地请教他们有何妙策。这时,张元、吴昊才将他们的来意讲明。元昊正求贤若渴,立即封赐官爵,用为谋主。

巧借他人　号令诸侯

秦始皇一死，反抗他的专制暴政的各地英豪纷纷起义。最先揭竿而起的，就是农民出身的陈胜、吴广，楚国的项梁项羽，沛县的刘邦等也唯恐错失机会而相继举兵。

陈胜、吴广所带领的民兵为秦军所剿平，两人也死在混战中，由项梁继续发起组织抗秦联军的行动。

当时军师范增对项梁建议说："陈胜的失败是理所当然的，为什么呢？因为被秦国灭亡的六国中，最憎恨秦国的就是楚国人，但是陈胜不明白这一点，他虽然率先举兵起义，却不立楚王子孙而自己封王，因此短命而死，是不难理解的。而将军在江东举兵时，楚国各地起义的武将都争先恐后投效在将军麾下，这是因为将军家世代为楚国将军，他们期望楚国王室能重振之故，希望将军不要忽略这一点。"

大泽乡起义

项梁觉得有道理，立刻找出流落民间，为人牧羊的楚王孙心，拥立他为楚王，也就是楚怀王。换言之，就是拥护他为抗秦联军的盟主。

于是联军就在怀王名义的号召下重新编组，朝秦都咸阳进攻。但等到秦灭亡后，怀王就再无利用价值，不久就被联军中最具有实力的项羽遣人暗杀了。

时势不同　擅长抓关键

蒙古的忽必烈，后来即位成了皇帝，并做了元世祖。但早年的他却只能以皇帝蒙哥汗（宪宗）兄弟的身份率兵征战。由于他是蒙哥汗兄弟中最堪委大任的一个，其兄便把扫平江南，一统中国的兵将大任交给这个能干的弟弟，命其"领治蒙古，汉地民户"，"乃属以漠南汉地军国庶事"。而忽必烈也果不负众望。

蒙（宪宗）二年秋七月，奉诏率师远征云南大理，以使形成对宋的包围之势。八月驻兵临洮，修利州城，命军士屯田以作攻巴长久计。三年九月壬寅，大兵至武利地，分三路以进，十月渡大渡河，乘革囊及筏过金沙江慑降摩娑蛮王，冬十二月丙辰进至大理城，与其主段氏一同榜示安民，收服大理。宪宗八年蒙古兵大举攻宋，忽必烈奉命"统诸路蒙古、汉军伐宋"，并告"戒诸将毋妄杀"以求收揽宋地民心，减小对抗心理。八月丙戌渡淮，辛卯入大胜关，一路势如破竹，至壬辰次黄陂。就在忽必烈的节节胜利之时，宪宗军受阻于四川钓鱼城，宪宗自己也中箭驾崩于前敌军帐,士气大为损伤。九月壬寅朔,始得蒙哥汗死讯和请其北归旨,忽必烈反而以"奉命南来,岂可无功遽还?"相拒,统兵急进围攻鄂州城,以冀有所得好作为资本去争帝位。就在这紧要关头,他的妻子遣脱欢、爱莫干急驰军中,告以大臣阿蓝答儿、浑都海、脱火思等人谋立阿里不哥事,急得忽必烈顾不了许多,急议退兵,令南宋使者来见,并语之曰"汝以生灵之故来请和好,其意甚善,然我奉命南征,岂能中止,果有事大之心,尚请于朝"。连软带硬逼南宋权相贾似道结盟,在接受了宋称臣纳贡的条件后,忽必烈便率心腹干将,大军而北,到斡难河滩争皇位去了。

不以幼而卑　善于自荐

甘罗,是甘茂的孙子。秦国宰相文信侯吕不韦想派张唐去帮助燕国,希望与燕国合攻赵国,以扩充黄河流域一带的领土。

张唐对吕不韦说:"我曾经帮秦昭王攻打赵国,赵国非常痛恨我,曾悬赏说:'抓到张唐的人,赏百里的土地'如果要我去燕国,一定得经过赵国,我去不了。"

吕不韦很生气,但并未勉强张唐。

甘罗说:"君侯为什么这么生气呢?"

吕不韦说:"我亲自请张唐去帮燕国,他却不肯去。"

甘罗说:"我可以要他去。"

吕不韦叱责说:"滚吧!我亲自去请都不肯了,你有什么办法要他去?"

甘罗说:"项橐七岁就当孔子的老师,而我现已经十二岁了,君侯可以试试让我去劝他呀!何必发这么大的脾气呢?"

甘罗于是对张唐说:"你的功劳比起武安君,谁大?"

张唐说:"武安君曾经挫辱南方强大的楚国,威镇北方的赵国、燕国,屡战屡胜,攻破的城池不计其数,功劳当然比我大。"

甘罗说:"那依你看,应侯在秦国施政,比起文信侯哪一位比较专权?"

张唐说:"应侯比不上文信侯。"

甘罗说:"先生明明知道应侯不如文信侯专权,应该也知道当初应侯想攻打赵国时,武安君作梗,结果一离开咸阳七里路,就死在杜邮的事吧!现在文信侯亲自请你去燕国,你却不肯去,我看你将不得好死。"

张唐说:"听你的,我这就去。"

张唐出发几天之后,甘罗对吕不韦说:"借我五辆车,让我先到赵国为张唐说明。"

吕不韦于是晋见秦始皇,然后派甘罗到赵国。

赵襄王到郊外亲自迎接甘罗。

甘罗说:"大王知不知道燕国太子丹被送到秦国当人质?知不知道张唐到燕国

去的目的?"

赵王说:"我知道了。"

甘罗说:"燕国太子丹到秦国当人质,表明燕国不敢欺骗秦国;张唐到燕国,表明秦国不欺骗燕国。秦、燕一旦合作,是想攻打赵国,以扩充黄河流域的领土。大王不如先给我五座城,用来扩充秦国在黄河流域的领土。然后秦国送回燕国太子,再与赵国合作,攻打燕国。"

赵王立刻割让五座城给秦国,秦酬送燕国太子回燕国,赵国于是攻击燕国,占据了上谷一带三十座城,让秦国分得其中十分之一的领土。

甘罗回报秦国,秦始皇就封他为上卿,又将当年甘茂所有田地、房舍赏给甘罗。

以退为进 扬名于外

东汉末年,刘表的后妻蔡氏,宠爱自己的儿子刘琮,厌恶前妻之子刘琦,和自己的弟弟蔡瑁天天诽谤他。

刘琦自觉得很不安全,和诸葛亮研究维护自己安全的办法,可是诸葛亮不愿作答。

后来与诸葛亮一起爬到楼上,随即叫人拿掉梯子,然后对诸葛亮说:"现在上不到天,下不到地,话从你口中说出,就只有我一个听到,可以说了吗?"

诸葛亮说:"你没看到申生留在国内而遭受危险,重耳在外流亡却很安全吗?"

刘琦有所领悟,从此暗中规划离去的事宜。适逢黄祖去世,刘琦就请求代替他的职位,刘表就派任他为江夏太守。

显山露水 推销自己

卫人公孙鞅原是卫侯之支庶,素好刑名之学,因见卫国微弱,不足展其才能,乃人魏国,欲救事相国田文。田文已卒,公叔痤代为相国,鞅遂委身于痤之门。痤知鞅之贤,荐为中庶子,每有大事,必与计议,鞅谋无不中,痤深爱之。欲引居在位,未及,而痤病。惠王亲往问疾,见痤病势已重,奄奄一息,乃垂泪而问曰:"公叔恙万一不起,寡人将托国于何人? 痤对曰:中庶子卫鞅,其年虽少,实当世之奇才也。君举国而听之,胜痤十倍矣!"惠王默然。痤又曰:"君如不用鞅,必杀之,勿令出境,恐见用于他国,必为魏害。"惠王曰:"诺。"既上车,叹曰:"甚矣,公叔之病也,乃使我托国于卫鞅,又曰:'不用则杀之'。夫鞅何能为? 岂非昏愦之语哉?"惠王既去公叔痤召卫鞅至床头,谓曰:"语适方于君如此:欲君用子,君不话,吾又言,若不用当杀之,君曰'诺'。吾向者先君而后臣,故先以告君,后以告子。子必速去,毋及祸也!"鞅曰:"君既不能用相国之言而用臣,又安用相国之言而杀臣乎?"竟不去。大夫公子荐于惠王,惠王竟不能用。

至是,闻秦孝公下令招贤,鞅遂去魏入秦,求见孝公之嬖臣景监。监与论国事,知其才能,言于孝公。公召见,问以治国之道;卫鞅历举羲、农、尧、舜为对,语未及终,孝公已睡去矣。明日,景监人见,孝公责之曰:"子之客,妄人耳! 其言迂阔无用,子何为荐之?"景监退朝,谓卫鞅曰:"吾见先生于君,欲投君之好,庶几重子,奈何以迂阔无用之谈,渎君之听耶?"鞅曰:"君意不怿,非五日之后,不可言也。"过五日,景监复言于孝公曰:"臣之客,语尚未尽,自请复见,愿君许之。"孝公复召鞅,鞅备陈夏禹画土定赋,及汤武顺天应人之事,孝公曰:"客诚博闻强记,然古今事异,所言尚水适于用。"乃麾之使退。景监先候于门,见卫鞅从公宫出,迎而问曰:"今日之说何如?"鞅曰:"吾说君以王道,犹未当君意也。"景监愠曰:"人主得士而用,如弋人治缴,且暮望获禽耳。岂能舍目前这效,而远法帝王哉? 先生休矣!"鞅曰:"吾向者未察君意,恐其志高,而吾之言卑故且探之,今得之矣。若使我更得见君,不忧不入。"景监曰:"先生两进言,而两指吾君,吾尚敢饶舌以干君之怒哉?"明日,景监入朝谢罪,不敢复言卫鞅。景监归舍,鞅问曰:"子曾为我复言于君否乎?"监曰:"未曾。"鞅曰:"惜乎! 君徒下求贤之令,而不能用才,鞅将去矣。"监曰:"先生何往?"鞅曰:"六王扰扰,岂无好贤之主胜于秦君者哉? 即不然,岂无委曲进贤胜于吾子者哉? 鞅将求之。"景监曰:"先生且从容,更待五日,吾当复言。"

又过五日,景监入侍孝公,孝公方饮酒忽见飞鸿过前,停杯而叹,景监进曰:"君目视飞鸿而叹何也?"孝公曰:"昔齐桓公有言:'吾得仲父,犹飞鸿之有羽翼也。'寡人下令求贤,且数月矣,而无一奇才至者。譬如鸿雁,徒有冲天之志,而无羽翼之资,是以叹耳。"景监答曰:"臣客卫鞅,自言有帝、王、伯三术,向者述帝王这事,君以为迂远难用,今更有'伯术'欲献,愿君省须臾之暇,请毕其词。"孝公闻"伯术"二字,正中其怀,命景监即召开鞅。鞅入,孝公问曰:"闻子有伯道,何不早赐教于寡人乎?"鞅对曰:"臣非不欲言也,但伯者之术,与帝王异。帝王之道,在顺民情,伯者之道,必逆民情。"孝公勃然按剑变色曰:"夫伯者之道,安在其必逆人情哉!"鞅对曰:"夫琴瑟不调,必改弦而更张之,可与乐成,难于虑始。如仲父相齐,作内政而寄军令,制国为二十五乡,使四民各守其业,尽改齐国之旧,此岂小民之所乐从哉? 及乎政成于内,敌服于外,君享其名,而民亦受其利,然后知仲父为天下才也。"孝公曰:"子诚仲父之术,寡人敢不委国而听子! 但不知其术安在?"卫鞅对曰:"夫国不富,不可以用兵,兵不强,不可以摧敌。欲富国莫如力田,欲强兵莫如劝战。诱之以重赏,而后民知所趋,胁之以重罚,而后民知所畏。赏罚必信,政令必行,而国不富强者,未之有也。"孝公曰:"善哉,此术寡人能行之。"鞅对曰:"夫富强之术,不得其人不行;得其人而任之不专,不行;任之专而惑于人言,二三其意,又不行。"孝公曰:"善。"卫鞅请退,孝公曰:"寡人正欲悉子之术,奈何遽退?"鞅对曰:"愿君熟思三日,主意已决,然后臣敢尽言。"鞅出朝,景监又咎之曰:"赖君再三称善,不乘此馨吐其所不怀,又欲君熟思三日,无乃为要君耶?"鞅曰:"君意未坚,不如此恐中变耳。"

至明日,孝公使人来召卫鞅,鞅谢曰:"臣与君言之矣,非三日后不敢见也。"景监又劝令勿辞,鞅曰:"吾始与君约而遂自失信,异日何以取信于君哉?"景监乃服。至第三日,孝公使人以车来迎。卫鞅复入见,孝公赐座请教,其意甚切,鞅乃备述秦政所当更张之事。彼此问答,一连三日三夜,孝公全无倦色,遂拜卫鞅为左庶长,赐第一区,黄金五百镒,谕群臣:"今后国政,悉听左庶长施行,有违抗者,与逆旨同!"群臣肃然。

打动领导的心

在列强纷争、豪杰并起的战国时代,苏秦曾经大出其风头,战国七雄,他一人便挂了六国的相印,真是一举手,风云为之变色,一投足,山河为之震颤。而他之所以能够爬上权力的巅峰,主要的原因便在于他找到了几位能够接受他的主张的国君。

他虽然出生在天子之邦的洛阳,老师又是鼎鼎大名的鬼谷子先生,他走上仕途的最初几步并不是顺利的。周天子不大看得起他,秦惠王也不买他的账,连赵国的丞相都反感他,让他坐冷板凳。

这时,苏秦迈出了自己最为关键的一步,即游说燕国的国君燕文侯。燕国是当时北方一个偏远的小国,地少民贫,一天到晚担心西边的赵、南边的齐这些大国来侵犯。苏秦很了解燕国艰危的处境和燕文侯忧惧的心态,他来到了燕国,先是吓唬燕文侯说:"赵国与燕国紧紧相邻,它要是进攻燕国,号令一发,不出十天,大军便可进逼燕国东部边境,渡滹沱河,涉易水,不用四五天,便能攻至燕国的国都。现在,对燕国来说,最危险的不是强大的秦国,而是邻近的赵国!"

真是哪壶不开提哪壶,一席话立刻击中了燕文侯的心病,正当燕文侯惶惶然的时候,苏秦将话题一转:"请大王与赵国联合起来,天下为一,燕国便没有什么忧患了!"

这正是燕文侯朝思暮想,求之不得的事,二人一拍即合,苏秦轻易地取得了燕文侯的信任,从这里开始走上了成功之路。

盲目取权 欲升不能

周厉王派芮伯统帅军队讨伐西戎,得到了一匹好马,芮伯想把它献给周厉王。

芮季劝阻说:"不如舍弃这主意。大王的贪欲无厌,而且又好听信别人的谗言。现在因班师归来就献马给他,大王的左右近臣必定认为你不止得到一匹好马,就都要向你索求。你没有东西应酬他们,他们就会在大王面前说你的坏话,大王必定相信他们的话。这样做是招引祸患啊。"芮伯不听劝告,终于把马献给了周厉王。荣夷公果然派人向芮伯索求东西,没有得到,就在大王面前诬陷中伤芮伯。君子谈到这件事都说芮伯也有过错。你既然知道大王贪得无厌,却又去诱导他的贪欲,这就是芮伯的过错啊。

买人心挂黄帛

"澶渊之盟"之后,宋、辽出现了相对稳定的局面。寇准对社稷有功,威信大大提高。真宗对他特别信任。而身为副宰相的王钦若却把寇准视为眼中钉。当初,王钦若见局势紧张,劝真宗迁都金陵。他的建议被寇准顶了回去,寇准愤怒地说:这是下策,该当杀头。王钦若对此事一直耿耿于怀。如今,他见寇准倍受真宗的尊重,更是忌妒万分。

为了打击寇准,抬高自己,王钦若千方百计挑拨真宗与寇准的关系。他对真宗说:"敌人兵临城下,被迫缔结盟约,圣人孔子修的《春秋》认为这是耻辱的事情。澶渊之役,陛下以万乘之尊,同契丹订立城下之盟,这是多么耻辱的事啊!""澶渊之役,寇准把陛下当作赌注,真够危险呀……"真宗受到王钦若的挑拨之后,就不那么喜欢寇准了。不久,便罢了寇准宰相的官职,命寇准到陕州做知州。

王钦若见一计得逞,又施一计。他揣摩真宗想洗刷"城下之盟"的耻辱,当有为君主,留名史册,于是就引诱真宗"封禅"。他明知真宗不愿对辽打仗,却故意对真宗说:"陛下只要出兵攻幽、蓟,就可以洗刷这个耻辱了"。宋真宗听罢不同意这个主张,就问他另外还有什么办法。

王钦若说:"戎狄之性,畏天而信鬼神,今天不如大搞符瑞,借天命以自重,戎狄就不敢轻看宋朝了。"接着他便向真宗提出了"封禅"的建议,要真宗亲登泰山,祭拜天地。并强调说"封禅可以镇服四海,夸示戎狄",这是个"大功业"。他还告诉真宗,自古"封禅"必须有"天瑞"出现才能进行,而前代所谓"天降祥瑞"一般都是人为的,只要君主深信不疑,并明示天下,那就变成真的了。真宗听罢觉得这个办法不错,遂决定封禅。

王钦若见真宗采纳了自己的建议,随即便着手有关封禅的准备。他一面配合真宗说服朝中大臣,不要反对封禅,一面策划所谓"天降之书"。当时朝中的陈尧叟、陈彭年、丁谓等人都同王钦若沆瀣一气,只有宰相王旦不与他们同流合污。王钦若担心王旦反对假造"天书",便主动找王旦谈话,并直言不讳地对王旦说:"这是圣上的旨意。"在王旦勉强顺从以后,真宗又亲自召见王旦,请王旦饮酒。王旦临走时,真宗赠给他一尊美酒,让他带回去与妻子同享。王旦回到家中打开一看,哪里是什么美酒,里面装的全是上等好珍珠。王旦心里全明白了,这是真宗要堵住自己的嘴,俗话说:拿人家的手短,吃人家的嘴软。从此,王旦对封禅不敢再有什么异议了。

　　大中祥符元年正月初一，皇城司突然上奏真宗："左承天门南鸱尾上，有黄帛挂在那里，不知是什么征兆，特此启奏陛下。"真宗立即命中使前往观察，未几，中使回来禀报："承天门上果然挂有黄帛，约两丈多长，好像裹着书卷，用青丝缠着，封处隐隐约约还有字迹，真是太奇怪了！"宋真宗听后煞有介事地说："朕于去年十一月二十七日半夜梦见天神下降，让朕设道场敬天迎接'天书'，说一个月后就会有'天书'下降。今天承天门上的黄帛，可能就是'天书'下降了。"王钦若一手炮制了这件事，当然首先出来捧场。随之，王旦也向真宗庆贺了一番。于是君臣齐呼万岁。

　　为了表示虔诚，真宗率群臣步行到承天门，面对黄帛焚香望拜，然后才命身边的内侍周怀政、皇甫继明，顺着梯子爬上承天门。他俩恭恭敬敬地取下黄帛，并把它交给王旦，王旦跪下捧给真宗。真宗再拜接受，放在乘舆上，然后与王旦等人一起步行到道场，把黄帛交给枢密院长官陈尧叟启封。拆开一看，里面有三幅用黄字书写的书卷。一篇大意是真宗能以孝道继承大业，第二篇谕真宗要清净简俭，末篇说宋朝祚运久长。总之，说的全是好话。真宗命陈尧叟读后，重新裹好，藏在存在机密文书的地方。

　　王钦若等人炮制了天书之后，紧接着就制造请求真宗到泰山封禅的民意。这年三月真宗见兖州父老及朝中大臣接连上表，请求封禅，心里很高兴，决定十月份到泰山封禅。为了做好行前准备，真宗命王钦若负责有关事宜，叫周怀政在往泰山的沿途中督修行宫，整修道路，接着又在山上建置园台。他们忙了好长一段时间，花了大批人力物力，总算把事情办妥了。其间，王钦若在干封县又发现了一份"天书"，并把它交给周怀政送回给真宗。这一年的十月，在王钦若的操持下，宋真宗顺利举行了封禅大典。王钦若由此得宠，不久升为正宰相。

第十七篇　管理秘点子

第一章　激励士气讲策略

做将帅的应该达观而充满了信心,不可愁容满面;谋划应该深远果断,不可犹豫不决。将帅忧愁满面,战士就会心存疑虑而失去必胜的信心;谋划优柔寡断,就会使敌人的士气高涨。对战事充满忧虑,谋划犹豫不决,必定导致内乱。

团结是竞争的力量

战国时候,秦国经过商鞅变法后,国力逐渐强大,于是就屡屡侵扰赵国。

有一年,秦王听说赵王得到了稀世珍宝和氏璧,就派使者到赵国说,愿意用15座城来换这块玉璧。赵王左右为难。换吧,又怕秦王说话不算数白拿了去;不换吧,又怕秦王以此为借口派兵前来攻打。

这时,身为门客的蔺相如自告奋勇,前去用璧换城。最后,虽然没有交换成,但玉璧被完整无缺地带回了赵国。于是,蔺相如就被提升为大夫。

后来,秦王又邀赵王到渑池相会。在会上,秦王故意让赵王弹琴。然后叫史官记载下来,想羞辱赵王。蔺相如以命抗争,逼迫秦王也敲了一下瓦盆,为赵王挽回了面子。回国后,赵王立即封蔺相如为相国,官位在老将军廉颇之上。

廉颇是久经沙场的老将,立下赫赫战功后才当上高官。他听说蔺相如当的官比自己还要大,顿时火冒三丈,说:"他凭着三寸不烂之舌,居然敢骑在我的头上,哪天我见了他一定要羞辱他一番。"于是每天上朝时,廉颇都等在大路口,想拦住蔺相如。

蔺相如知道后,故意称病不上朝。他手下的人以为他胆小,都想离去。蔺相如对他们说:"我既然敢在秦王面前以命抗争,难道还怕廉颇将军吗? 只不过是想国家就靠我们两人支撑,我们如果发生争斗,秦国乘机入侵,那么赵国就危险了。"

廉颇听到了这些话,顿时觉得自己心胸太狭窄,对不起蔺相如,于是亲自背着荆条到蔺相如门前赔礼道歉。从此,两人和好,共同辅佐赵王。秦国见赵国君臣如此团结,也长时间不敢再进犯赵国了。秦国与赵国的政治竞争也就这样不了了之。

从这个千古传诵的故事中,我们可以得到这样的启示:在面对强大的竞争对手或敌人时,必须加强内部团结,把大家的力量集中起来,才能抵御强敌的进攻。

企业时刻面临着对手的竞争,更要注意抓好内部的团结。巩固的后方是前线取得胜利的可靠保障。企业有凝聚力,大伙儿心往一处想,劲往一处使,就能提高劳动生产率,增产节支,降低成本,提高产品在市场上的竞争力。企业有困难,职工们一起想办法解决,"三个臭皮匠,胜过一个诸葛亮",更何况全厂、全公司成百上千的人呢!

企业家要注意平时与职工的感情交流,要把职工看作是和自己一样需要受到尊敬和重视的人,及时解决他们的困难,虚心听取他们的意见,使他们觉得自己是一个可以信赖的人,企业的利益就是他们自己的利益。

煽动人心

自尊心较强的人,最好先煽动他的自尊心,使他乐意接受我们拜托的事情。

卡耐基曾说:"把对方当成重要的人物,而以诚意来要求彼此合作的话,那么,敌人也会变成朋友。"

人受到别人尊敬的时候,都会觉得特别愉快,即使明知对方只是一句拍马屁的话,也会有兴奋的感觉,自尊心愈强的人,愈有这种倾向。

自尊心强的人,一般都很难对付,所以,要说服他们,必须费很大的精力,尤其当我们有特别麻烦的事情要拜托他们时,更要小心。

如何让这种人接受我们的意见呢? 最好的办法是在有意无意之间,来煽动对方自尊心,因为自尊心强的人,多半对自己有十足自信,而不喜欢别人把他看成平凡人。

有事求他时,最好先行强调他的重要,说明他是最合适的人选。然后,再把要求的事情说出来,就可以发挥实际的效果。

有一位管理人事的主任,因为种种的理由,而不得不需要把自己的部属调派到乡下服务,于是他采取以下的方式:

首先,他把部属将要调派至的营业所,毫不客气地批评一番,然后说:

"照这个情势下去,那个营业所迟早要关门,所以,一定要尽快想个办法。可是,我们又不能随便派一个人过去,如果没有相当的能力,去到哪里,也是于事无补。因此,想来想去只有你才是最适合的人选。"

经过这样一番话,他情愿地去了乡下。

暴刻寡恩 士卒离心

和军爱兵是部队内部上下团结、关系融洽的反映,是军队建设的一个重要方面。古代有见识的兵学家们认为:"将帅抚士卒,如父兄于子弟;则士卒附将帅,亦如手足之捍头目。"正是基于这样的认识,他们主张爱民恤士:"视卒如婴儿,故可与之赴深溪;视卒如爱子,故可与之俱死。"指出将帅如果只知道用严刑待下,而不能用恩惠结士卒之心,到头来就会走向反面。造成严重的后果:"若爱未加而独用峻法,鲜克济焉"。然而,并不是每一个将帅都懂得这层道理的。历史上曾有不少将帅由于自己缺乏这方面的修养,"暴刻寡恩"、不恤士卒而最终身首异处、破军折师。张飞之死就属于这方面的典型例子。

张飞(? ~221),字翼德、河北涿郡(今河北涿州市)人,三国时期蜀国的著名将领。"少与关羽俱事先主",戎马一生,雄壮威猛,勇冠三军,曾参与平定吕布、当阳长坂坡鏖战,西进益州平定巴蜀等一系列重大战役,"所过战克",多立功勋,为刘备势力的崛起,魏、吴、蜀三国鼎立局面的形成做出重要的贡献。因而当刘备在成都称帝时,他以战功卓著,而被任为"车骑将军","领司隶校尉,进封西乡侯"。

然而,张飞作为一代名将,身上有着重大的缺陷,这就是他性格暴躁,不善于抚恤部属,史称其"爱敬君子而不恤小人""暴而无恩",致使部属与他离心离德,积怨甚深。刘备对他这种为军之道曾深表忧虑,多次告诫他:"卿刑杀既过差,又日鞭挞健儿,而令在左右,此取祸之道也。"这时,刘备仅仅是出于张飞个人安危的考虑而进行规劝的,并未真正说清爱护士卒,搞好上下关系的重要意义。可是就是这么一个问题,张飞也没有引起重视,"犹不悛",我行我素。这样,就为他日后惨遭横死埋下祸根。

蜀汉章武元年(221)七月,刘备因孙权袭杀关羽,夺占荆州而起兵东征。张飞也准备率军一万,"自阆中会江州",参与这场关系到战略要地荆州最终归属的重大战役。可是,就在军队部署就绪,行将出发之时,张飞却死于非命,为曾受过他处罚的帐下将张达、范疆所残杀。张、范两人在行刺张飞成功后,即"持其首,顺流而奔孙权"。

相互猜疑 一败涂地

周赧王三十一年(前284),燕国大举伐齐。燕军大将乐毅率军所向披靡,连克70余城。齐国只剩下莒(今山东莒县)、即墨两城,面临破国之灾。乐毅用右、前军围莒,以右、后围即墨。此时齐幽王被杀,子法章继位于莒,齐国据莒、即墨两城固守,燕军久攻不克,乐毅遂撤军到两城外九里处筑垒,准备与齐军做长期对峙。

即墨被围不久,守将贸然出击,被燕军击杀。任过临淄市掾的田单正在即墨,他有一定的军事指挥才能,且威望很高,即墨军民共推田单为将。即墨地处富饶的胶东,"三里之城,五里之廓",为齐国的大城邑。为了挽救危局,田单集结士卒7000余人加以整顿、扩充,并整修城堡,动员一切力量做好防御准备,他"坐则织蒉(纺织草器),立则杖锸(锹)",深得人心。就这样,即墨与莒两城硬是在燕军的包围圈中熬过了三个年头。

公元前279年,十分信任乐毅的燕昭王去世,其子立,即燕惠王。惠王当年还是太子的时候,就对乐毅有成见,田单掌握了这一情况,便派出间谍进入燕国散布谣言,说:"齐王已死,燕军还不能攻占齐国的最后两座城堡,是什么原因呢?就是因为乐毅与燕国的新王有矛盾,他怕自己遭诛而不敢归燕国,以攻齐为名,控制住军队想当齐王,现在齐国的百姓还没有都归顺他,所以乐毅故意慢慢地攻打即墨,以侍时机称王。齐国人现在已经不害怕乐毅了,最害怕的是燕国又换其他将领来。"燕王本来就与乐毅有隙,又见乐毅三年没有攻下即墨和莒,早就怀疑乐毅另有图谋,一听到齐人传来的这些流言,便信以为真,立即派将军骑劫取代了乐毅,并召乐毅回国。乐毅明白燕王的用心,自知返国后难免杀身之祸,便投奔了赵国。骑劫一来,乐毅一逃,"燕将士由是愤惋不和。"

骑劫上任,不管三七二十一就指挥燕军强攻莒和即墨,仍然不能得手。田单知道骑劫有勇无谋,不足为敌,但即墨被围年久,城内军民人心未定,还不具备反攻的条件,于是采取一系列的措施,假手燕军来激发齐国军民的斗志。他派人扬言:"吾惟惧燕军之劓(割劓子)所得齐卒,置之前行,与我战,即墨败矣!"骑劫强攻即墨与莒不下,正想采用恐吓手段来打击齐军的士气,苦于没有什么好的办法,他一听到齐人散布的这个消息,十分高兴,立即命令部下将投降过来的齐军士卒的鼻子全部割掉,又将这些降卒排列在阵前让即墨守军观看。即墨城中的军民看到燕军如此残酷地对待俘虏,人人愤怒不已,坚定了固守城池的决心。田单没有就此罢休,又派间谍四出散布流言,说:"吾惧燕人掘吾城外冢墓,(侮辱)先人,可为寒心!"骑劫闻讯,觉得这办法妙不可言,更可以震撼齐人,打击他们的信心,便又令部下"尽掘冢墓,烧死人"。城中齐人从城头上远远望见燕军这咱丧尽天良的暴行,无不痛心疾首,嚎啕大哭,全体军民怒增十倍,个个义愤填膺,一致要求主将立即出城与燕军拼个鱼死网破。田单见状,心中暗喜,知道自己的军队可以杀敌报仇了。田单进而又采取一系列麻痹燕军的措施:命令精壮士卒伏于城内,而由老弱、妇女登城守备,使燕军以为城中齐军已损失得差不多了,不得不用老弱、妇女来守城;遣使者面见骑劫,表示齐军愿意投降;又派人从民间收集了黄金千镒,令即墨富豪悄悄地赠送给燕军将领,请求他们待齐军投降后,"愿无掳掠吾族家"。燕军以为即墨即将投降,兴高采烈,个个大喜过望。

就在燕军翘首等待齐军出降之际,齐军正在加紧进行战斗准备。田单令部队尽收城中千余头牛,披上一件件画有五彩龙纹的外衣,在牛角上绑上了锋利的尖刀,尾巴上扎着浸透油脂的芦苇,又在城墙根部挖好几十个洞穴。做好一切准备后，田单选择了一个夜间，下令点燃牛尾巴上的芦苇，牛疼痛不已，从洞穴中狂奔而出，直扑燕军营垒，齐军5000多名精壮勇士紧随牛后冲杀。全城的军民都敲打着各种铜器，声音震天动地。尚在睡梦中的燕军将士突然被震耳欲聋的声响惊醒，又看到一团团火球在急速滚来，夹杂着五颜六色，又带着钢刀，搞不清这是何物，不禁惊慌失措，纷纷夺路逃命。慌乱中燕军互相践踏，齐军的精兵猛卒又掩杀过来，燕军彻底溃败，骑劫也在混乱中被杀。田单奇袭得手，便纵军乘胜追击，燕军兵败如山倒，一发而不可收拾，所占70余城，悉数被齐军收复。

鼓励后进者放弃自卑

在任何单位，无论是公司或企业还是政府机构，都有一些能力较差、工作情绪低落的职员。

每当碰到这样的下级，领导者往往会感到很为难。一般的情况是：领导者都认为这种下级是"朽木不可雕也"，把他们视为包袱和绊脚石。如此一来，就可能导致他们更加自暴自弃，甚至破罐子破摔，不思进取，自甘落后和卑微。

因此，领导者的上述做法是不利于能力较差的下级的成长与进步的。不仅如此，这样做还会影响领导者自身的形象，使下级感到此人缺乏关心和帮助他人的无私作风和人情味。

反过来，如果领导者能够给能力较差的员工以关心和鼓励，帮助他们消除自卑感，培养进取心和卓越的才干，则不仅使他们本人感动，而且也会使其他下级因此受到感染，产生敬佩之心。

正确的做法是，遇到这类员工，领导者应该花一番气力，从根本上去探讨他们的能力无法施展和工作缺乏劲头的根源。要知道，问题的症结往往隐藏在那些员工思想的深处和过去的经历中。

实际上，有许多成功的人士，在最初的时候都不是特别出类拔萃的人才；与周围的人相比，他们可能显得很平庸，甚至很落后。然而，这并不妨碍他们在未来的人生岁月里取得成功。

领导者应当认识到这一点，也应当帮助能力稍差的人认识到这一点，帮助他们消除自卑感，树立自信心，一步步地锻炼和提高自己的能力。

一般而言，在单位里被视作能力差、情绪低落的人，大部分是小时候形成某种自卑感所致，他们最需要的是别人的关心和照顾，最感激的是领导的注意和鼓励。

适时家访　激励部属

小白是刚调到某研究所的助理研究员，母亲做胆结石手术住进了医院。一次聊天，他偶然和所长谈起此事，所长马上表示要到医院探视其母，小白顿时激动得眼睛湿润了。他对一个朋友说:"我在某校干了8年,校领导没去过我家一次,我到这个所不到半年,所长'五一'节去了我家一次,这回一听说老太太病了又去看,人心都是肉长的,我能不认真干嘛!"

精明的领导一般都会采用家访这种方法激励部属(我认识的一位卓有成绩的经理,上任半年时间利用星期天,跑遍了全公司所有干部的家),他在平常与部下相处时,在周末时间问部下孩子考试成绩如何,看见同事脸色不好,询问一下是否病了! 事不大却暖人肺腑,投入不大、用力很少却收益很大。有经验的领导是不会忽略这些"小事"的。

到部属家家访,证明你们不仅正式的"公交"关系好,私交也很好,心灵的距离一下子拉近了,许多在办公室不好说的话在家可以敞开心扉谈,即使以前双方有些不愉快,现在也全冰释了。部属也会有受宠若惊之感,领导真看得起我,放着星期天不休息大老远地跑来看我,领导真给我面子,我也要给领导面子。可以客观地说,中国老百姓是很容易满足的,并不需要非给他一套三居室、一个处长官衔,只要尊重他,承认他的价值就可以了,而家访就是比较有效的尊敬人的一种形式。家访并不需要你带多少东西,人到了就可以了,也并不需要你坐上半天,只需坐上一个小时就可以了。闲谈时只拉家常即可,最好不谈工作中事,以免给人留下"别有用心"的印象,同时尽量不在部属家中吃饭,哪怕对方十分热情。家访后,你会发现,部属对你热情多了,干起活来也来了精神,许多以前他不爱干的事很可能出现转机。

我们是有着领导干部看望部属的好传统的,遗憾的是,近年来,只听说部下提着大包小包去领导家中探望,很少听说领导屈尊下驾的,这个好传统有失传的可能。除了社会风气不好的原因。还可能有部分领导者对家访意义了解不够的原因吧,希望所有的管理者都充分认识家访的意义,做做这笔"吃小亏占大便宜的买卖",效果肯定错不了。

提拔后进 大胆用才

有些员工或许令领导十分头痛,他们是企业中的后进,浑身上下都是毛病。作为领导,对这些人必须报以诚恳的耐心,投入你的热情,去关爱他们,帮助和提拔他们。

提拔后进,大胆使用,这些人必将成为支持领导、帮助领导的力量,至少,可以使他们在工作中不拖后腿。

提拔的方式有很多种。

给他晋级:这是最明确,也最为人所认同的提携,但也要看他的才干如何,扶不起的阿斗反而会害了你自己,成为你的负担;

调整他的职务:这不一定是晋级,但却可让他的才干充分发挥;

给他助力：例如不捆绑他的手脚，让他可以独立自主地做，以便磨炼他的才干；替他解决困难；

在悬崖前拉他一把，明告他、提醒他或暗示他，让他免于毁灭或受伤；

鼓励他：在他灰心的时候、遭遇逆境的时候、被小人打击的时候，在精神上支持他、鼓励他，让他振作起来。这也是一种提拔；

不过提拔后进时，你也要有心理准备。

承担风险的心理准备：看人不可能百分之百准确，有时也会把庸人看成将才，也会因个人的好恶而把后进当先进，因此你提拔了他之后，有时候会有被拖累、遭背叛的危险；

承担流言的心理准备：提拔的动作如过大过广，会被人认为是在培植势力，甚至引起别人的反感和抵制，在大的团体里这种情形尤其常见。

总之，任何事情有利就有弊，但提拔后这件事对个人来说，是利大于弊的，而且也不能因为有弊就不提拔有才干的人。歧视和冷落，只能使"小泥鳅"变为"老泥鳅"；提拔和重用，"小泥鳅"或许可以成"大龙"。很多企业家一直有忠心耿耿的属下追随，这是因为他们乐于提拔后进，用感情绑住了他们，利己也利他，所以，如果你有能力、有条件，那么就伸出你有力的双手吧！

关怀备至　以小见大

领导的下属得了一场大病，请了半个多月的病假在家养病，今天，他恢复健康，头一天来办公室上班，难道作为上司的对他的到来会面无表情、麻木不仁，不加半句客套，没有真诚的问候话语吗？

再比如，你同室的一位年轻人找到了一位伴侣，不久要喜结良缘，或者这位年轻人在工作上取得了突出成就，为本部门做出了杰出的贡献，难道你就不冷不热、无动于衷地不加一声祝贺称赞的话语吗？

这些小事足可以折射出领导人品质的整体风貌，大家会通过一些鸡毛蒜皮的小事，去衡量你、评判你。

上司对下属的长处和优点表示赏识和肯定，仅凭几句称赞的话是远远不够的，还要有实际行动，也就是要求上司要关心和体贴下属，用行动语言去称赞下属。

这种方法有可能使上司变成一个富有人情味的权威。

关心和体贴无疑是对下属的最高赞赏。上司可以在下面几个方面表达自己对下属的关心和体贴：

①为下属庆祝生日。

②留心下属的身体状况。

③关心下属的生活。

④注意欢迎或送别下属。

领导者对下属的关爱，从小事入手，更富有人情味，更能打动人心；反之，则会让下属感到你的冷漠与无情。

伟人毛泽东在担负着领导全国人民进行反帝反封建的斗争重担时，仍然不忘从小处把事情做好。他教育士兵不拿群众一针一线，不做有损于人民的事情；他关心战士，从身边的警卫，到茫茫草地上的"红小鬼"，都倍受他亲切的关怀；他生活朴素，率先垂范，把自己的儿子送上了朝鲜战场。正是这些区别于大工作的小事，使毛泽东的伟人风范更加具体、充实和完美，毛泽东之所以得到人民的拥戴热爱，与这些小事也是分不开的。

小事往往是成就大事的基石，这两者之间是相互联系、相互影响、相辅相成的。领导者要善于处理好这两方面的关系，使两者相得益彰。

如果领导者能在许多看似平凡的时刻，勤于在细小的事情上与下属沟通感情，经常用"毛毛细雨"去灌溉员工的心灵，下属会像禾苗一样生机勃勃，茁壮成长，最终必然结出丰硕的果实。

给每个员工一个升职的希望

人之所以区别于低能动物，就在于人类具有思维，具有永不满足、永远渴望的天性。越是优秀的、具有远大抱负的人，这种天性越是张扬得淋漓尽致。没有谁愿意永远生活在别人的光辉之下，没有谁愿意永远躬身谦卑、经年累月地重复着昨天，没有谁愿意一把交椅坐到老，抬头看不到自己的天。不管是公司底层的职员，还是刚露才华位居中层，只要不是平庸之辈，他都会渴望着头顶上的那把交椅。

升职是人人都梦想的，却不是人人都能梦想成真的。有才华，渴望早日坐上主管的位子，渴望更加有所作为，但可曾知道，主管位子只有一个，盯着它的人数不胜数，若想在事业旅途中一路攀升，又何止是埋头苦干所能换来！公司如果能从人们这一心理出发，设计一个合理的人事制度，对员工将会是一种莫大的激励。

渴望升职，渴望最大限度地释放出生存价值，这就是希望之梦。

所谓"人往高处走"，无非希望出人头地，名利双收，能够在事业发展上步步高升，提拔得当，可以产生积极的导向作用，培养优秀员工积极向上的精神，能够激励全体员工的士气。

领导在决定提拔员工时，要做最周详的考虑，以确保人选的合适。提升还应讲求原则，不能凭个人的喜好而滥用领导职权。

什么是提拔依据呢？一定要根据他过去工作实绩的好坏，这是最重要的提拔依据，其余条件全是次要的。因为一个人在前一工作岗位上表现的好坏，是可以用来预测他将来表现的指标。切忌根据人的个性、你是否喜欢他的性格作为提拔标准。提拔不是利用他的个性，而是为发挥他的才能。这也是最公正的办法。不但能堵众人之口，服众人之心，而且能堵住后门，避免员工间的钩心斗角。

这个道理虽然简单明了,可是许多人往往做不到,主要是因为跟着感觉走,被表面现象欺骗,以致失去了判断力。

很多时候,提拔一个员工往往是因为他同主管投脾气,主管喜欢他的性格。比如主管是快刀斩乱麻的人,他就愿意提拔那些干脆利落的员工;主管是个十分稳当、凡事慢三拍的人,就乐意提拔性格审慎小心、谨慎万分的员工;主管是个心直口快的人,他就不提升那些说话婉转、讲策略的人;主管是爱出风头、讲排场、好面子的人,就不喜欢那些踏实、"迂"的人。这是一个误区。另外还有一点,主管普遍喜欢提拔性格温顺、老实听话的员工,对性格偏犟、独立意识较强的员工不感兴趣。这样提升的结果,很可能用人失当。被提拔者很听话,投主管脾气,也"精明强干",工作却搞不上去,而且浪费了一批人才,一些性格不合主管意而又有真才实学的人却报效无门。

主管在提拔员工时,千万要记住:不管你喜欢他的个性也好,不喜欢也好;也不管他个性乖戾、孤僻也好,温顺柔和也好,都不必过多地考虑,要把注意力集中在他们以前的工作业绩上,谁的工作实绩好,谁就是提拔的候选人。

把奖励设计成"兴奋剂"

领导者可以通过制定目标,让下属知道领导的期望是什么,怎样才能获得奖赏,促进下属的工作愿望,激发他们的工作热情。

由于工作出色受到奖励,下属们还能认识到整个组织的行为方针,认识到领导在时刻注意着他们的工作成绩,会有被承认的满足感和被重视的激励感,保持高昂的工作热情和责任心。

企业的奖励体系对于维持整个组织系统的高水平动作是非常重要的。如果工资只和工作时间及生活费用的增长有关,和个人行为表现关系甚小,属下的经济动力就会减少,不求有功,但求无过。

许多奖励,如额外休假、发奖金、加薪、提升等等,都会增加公司的开支负担。经费紧张的时候,可以采取另外一些奖励方法,如表扬、加重其责任、当着别人的面给予肯定、增进领导和下属的私人关系等等,这些也是很有效的刺激。运用这些方法能使职工期待领导的表扬或肯定,因而更加自觉努力地工作。

至于加重其责任,不仅仅意味着给他更多的工作,还要给他更多的自决权,对后果负更多的责任,减少监督以示信任。这也是一种奖励,它给予下属以发展的机会和个人价值被承认的满足。下属越值得信任,你的监督就越少。

在许多企业中,领导对下属评价过松,几乎每个人都获得过不同程度的奖赏,优秀的工作人员则无法脱颖而出,被埋没在普通人之中。过多过滥的奖赏降低了应有的"含金量",也失去了应有的意义。还有,表现出色的人如果没有获得一定的实际利益(如提升,调他到更喜欢的岗位上以及奖金等),奖赏也同样毫无意义,下属的工作热情就会消退。

领导必须区别每个员工的工作好坏，给予不同的人以不同的评价和物质待遇。可以要求下属们互相注意各自的表现，判断各自获得的评价是否公正。

不公正的评价，不公正的物质待遇不论是过高还是过低，都会打击下属的士气，降低上司的信誉。作为上司，则必须保持自己的信誉，否则各种评价都会为下属们所不屑，也就失去了影响他们的力量。

一定不要让好评语泛滥，要敢于实事求是，褒奖得宜。如果能对下属的工作表现随时记录的话，这其实不成问题。

第二章　树立威信讲方法

一般来说，上级对于下级的管理方式，大致可分为三种层次。一是使下属心服口服，让他们不忍也不敢欺骗长官。这是最好的方式。二是不留下任何可以让下属欺瞒的漏洞。这是次佳的方式。三以严肃的态度对待下属，使他们畏惧，不敢胡乱造次。因此，要使他人心服口服，不忍心欺骗自己，非得"立德"不可；要使自己不留下任何可以让他人利用的漏洞，非得"立名"不可；要使他人心生敬畏，不敢造次，非得"立威"不可。

做不倒的旗帜

王导是东晋初期杰出的政治家，他官居宰辅，能够功成不居，尊君服众。西晋灭吴后，司马睿为安东将军，初到建康，南方士族都不理他。王导为了要在吴境建立以北方士族为骨干的东晋朝，先树立司马睿的威信，于是他精心安排，搞得朝见司马睿的仪式非常威严，望族都敬服拜于道左，司马睿威信大增，王导也因此倍受宠信。318年，司马睿登上皇帝宝座，为感激王导辅佐，多次请王导与他一起接受群臣们的朝贺，王导固执不就，因而更得司马睿的倚重。322年，王导堂兄王敦以司马睿远贤近佞，欲起兵讨伐，另立新主，王导不从，王敦只得作罢。323年，晋明帝司马绍继位，王敦派其兄王含进攻建康，欲推翻司马氏自立，王导言辞讨伐，又用计打败王含，保住了司马氏政权，从而进位太保。他功成不居，不坐御床，深得各朝皇帝的信任和大臣的拥戴。

管理者是下属的旗帜，他的行为和品德是下属学习的榜样，有着很强的影响力。而下面三大美德则是成功的管理者所应具备的：

其一大丈夫就应该顶天立地

项羽年轻的时候，曾和他的叔父项梁结伴同游各地。某一次旅游，赶上了秦始皇出游的车队，非常雄伟壮观。年轻的项羽看得心花怒放，为之神往，不禁冲口而出说："他是人，你也是人，为什么你不取而代之呢？"这句大胆的话，吓得项梁连忙缩头而走。在观众之中，又有另一位年轻人，叹息道："大丈夫该当如此。"这位心存大志的人，便是刘邦。

汉朝以前的时代，一切权力——帝位和爵位，都是以世袭方式来承继。普通百姓，对于权力，根本不能染指。刘邦和项羽，自小便有一种突破当时礼教和制度框框的思想，可见他们究竟不是池中之物。

其二大丈夫不要食言而肥

说到做到是一项无价的礼物，食言而肥的人则是道德的侏儒。若想结交可靠的朋友，要先让自己变得可靠。

其三大丈夫必须勇于进取

一个满足于现状的人，他的精神总是空虚的，其道德人格不会太高。

一个虽勤奋而不思进取的人，他的精神上也许自觉尚好，但在明眼人看来，却是坐着转椅当飞机，虽然累得满头大汗，不过在自己跟自己绕圈子。

一个永不知足的勤奋者，才能在不断地追求当中，感觉到开拓者的幸福和新生活的乐趣。

树威取信　亲同躬身

我国古代的司马穰苴，是由百夫长而一下直升为大将的。他服众的妙诀是准备出师抵抗晋兵时，斩杀庄贾，以立威立信立法而行。他曾经说："士兵的伤亡，饮食生活，问病医药，都要躬身过问，要熟悉军队的粮草、士兵的待遇以及各方面的情况，与士兵们平分食物，与他们较输赢。"三日后才出师，生病的人都要求同行，争着出战，都愿意为他赴战场。晋军听说后，班师回朝；燕军听说了，渡水撤退。

在战争时期要想得到人心，自然有方法，与士兵穿同样的衣服，然后忍受边塞的风霜；与士兵共同生活，然后忍受马上的饥渴；与士兵同行，然后忍受关隘的险阻；与士兵同呼吸、共命运，然后忍受征战的劳苦；忧士兵的忧，将士兵的伤看成是自己的伤，然后忍受刀剑的伤痕。事事都同情而周到，所以战斗安然，死伤不怕，冒刀枪之险以争先为本，也不知道自己所踏上的是危险。这几样都忍受了，处在险处如同平地，食毒也如同甘饴。这就是古代的好将领建立威信的方法。

俗语云："行动是无声的教诲。"一大堆的同情话、亲热语，远不及于援一手、投一足的实际小帮助。人最容易为一些小事情、小恩惠上施与的感情所折服。最重要的一点就是：降低自己的物质欲望与享受观念，使自己与大众无有差异，使自己成为大众中的普通一员。要求他人做到的，自己首先做到，这样说话就响亮，就能感服他人。

成功的企业家常能够及时把握现代管理的趋势，将企业带出艰难的维谷。如日本经济团体联合会名誉会长土光敏夫正是以"走动管理法"管理企业，并一举成为日本享有盛名的企业家。美国的生产经营管理学界和世界人士经过长期的考察研究认为，日本之所以能有世界上第一流的生产力，关键在于其建立和实施了最新管理法，这个经验值得吸取，以下是现代管理的四种趋势：

其一，抽屉式管理法。这是一个通俗的企业管理术语，抽屉式管理的具体内容是指在每个管理的主要步骤，一般可分为五步：第一步，建立起企业各部门组成的职务分析小组。第二步，正确处理好企业内部集权与分权的关系。第三步，围绕企业的总目标、总任务进行层层分解，逐级落实职责权限范围。第四步，编写"职务说明、职务规格"，制定出对每个职务工作的要求准则。第五步，建立起考核、奖惩制度，以严格的考核奖惩保证职责权的一步到位。

其二，和谐管理法。这是目前欧洲普遍推行的一种现代企业管理方法。和谐管理法的核心是强调在企业中集体与个人之间，形成一种既有活力又能协调一致的关系，既充分发挥每个员工的积极性，又能把这种积极性转化为集体的活力。和谐管理法的具体措施，通常应注意：第一，强调个体与整体的不可分割性，让每个员工产生"我就是企业"的使命感；允许企业经营或生产出现波动，并从波动中产生进步和革新。第二，给提出新构想的员工以最大的权限，让他们自行挑选人员组成工作班子，设法吸收每个员工充分贡献自己的才智，以达 1+1>2 的效果。第三，企业整体与员工个人的工作各有节奏和活力，但又能相互配合协调。

其三，"管理合同"管理法。这是目前世界各国正在流行的一种管理方法。"管理合同"管理法是指通过签定一种特殊的合同，建立起商品经济的契约关系而形成的管理方法。"管理合同"使用的规则是管理者承担合同规定的全部责任，对合同指定的企业进行管理和经营，并因其所有的管理技巧而收取报酬。"管理合同"的有效实施，必须具备两个基本条件：第一，企业的基本业务必须是可行的。如果企业的业务处于衰退或面临严重困难的境遇中，则管理合同也只能解决一些有关管理的临时性问题，不可能根本挽救局面。第二，必须存在一个良好的外部政策环境。如果外部环境不利，管理合同的优势就不能发挥出来。第三，企业所有者必须承认，管理合同方式对双方是一种硬的约束，并应全力支持。所有者必须愿意赋予管理者充分的控制权。

其四，走动管理法。走动管理是现代企业管理者坚持身体力行，身先士卒，深入到企业生产第一线，与企业员工打成一片，亲密无间，同甘共苦，共创业绩。使用走动管理法管理企业，在许多国家中都已显示出卓越性。

宽严得宜　言语合体

一天，刚上任的张主任怒气冲冲地走进办公室，把一份报告重重地掷在小周的桌上。办公室里四五个工作人员都愣住了。张主任觉得这是个惩一儆百的好机

管理秘点子

图文珍藏版

会,于是吼道:"你干了这么多年了,竟还写出这样空洞无物的报告。这个报告送到总经理手上时,他就会认为我们这一窝子都是饭桶!希望今后工作时间少往统计室姑娘堆那儿钻,脑子里多装些工作上的事情!"说完,他一甩手就走了。他满以为经他这一顿批评,办公室的效率就能提高一些。可是事与愿违,从此以后大家都躲着他。当他布置工作时,大家不是说手头有要紧事,没时间,就是推托经理安排他搞份材料,没空。张主任这才品出点其中滋味,隐约意识到自己此举之不明智。这是一个管理工作者不善于批评的例子,其效果与初衷恰恰相反。

作为新上任的领导,人们很自然地要把你同老领导比一比;而且群众希望你能带领大家开创新局面,对你的期望值比较高。这时群众一般都要从三个方面来观察你:一是观察你有没有领导水平,二是观察你有没有公仆之心;三是观察你有没有当机立断的气魄。这三个方面往往会从领导者的决策和处事中综合反映出来,第一个决定、头几件事处理的好坏,在群众心目中形成对你信任或者失望的情绪,不仅具有相对的稳定性,而且对后来的认识倾向会发生重要的影响。

因此,作为新经理上任时,一要摸清情况,选准"突破口",这个"突破口"最好是群众最关心、最感兴趣又影响全局的"老大难"问题;二要稳中求快,不能拖延不决,贻误时机;三是全局在胸,初战不忘领导的大目标。

有的领导上任伊始,架子大得很,为了树立威信,批评人时,得理不让人。如果不讲究批评的方法和艺术,只顾一味地发脾气,只会适得其反。

与此作法相反,有的上司为了消除部下反感而采取了十分柔弱的做法,例如在上述故事之后张主任为了消除部属对自己的反感,可采取"我可能过分了点,不过,你也太拘泥于芝麻小事了,算了吧!大男人胸襟放宽些吧"这样的态度,来说服小周。大致说来,一般人都希望能与他人圆满地交往,顺利地进行工作,所以,不会自讨没趣地制造这种不愉快。领导能够巧妙地制造使对方消除反感的机会,对方通常都会顺水推舟地解除"反感的武装"。上司是借着承认自己的错误,同时,并将对方所怀有的反感,指责为"芝麻小事",意图减少对方因拘泥于鸡毛蒜皮之事,所造成之无谓的"心理损失"。

明查暗访

害虫或杂草不除去的话,那么不论谷物的品种多好,依然开花结果;奸诈投机、鸡鸣狗盗之徒不除去的话,那么善良的人就不得安宁。

宋朝钱若水当同州推官时,当地富户的一个小女奴逃亡,不知下落。

女奴的父母一状告到州府,州府命令录事参军审讯。而这个录事参军曾向这富户借钱被拒,于是公报私仇,指责富户父子数人共同谋害女奴,然后弃尸水中,所以找不到尸体。

这么一来,不管是主犯或从犯,都将被处死刑。

富户因受不了拷打逼供，只好承认。这件案子判决以后，呈送州府，州府并无意见，只有钱若水心存怀疑，所以将公文留着，过了十几天也未批，州官催他好几次，也没效。所以怀疑钱若水接受了富户的贿赂，想免他们死罪。

突然有一天，钱若水拜见州官，先摒除左右的人，然后向州官报告说："我之所以留下公文未批，是因为我在暗中派人找女奴，现在已经找到了。"

州官说："在哪里？"

钱若水就暗中安排，带来了女奴。

州官召见女奴的父母，问道："你们见到了女儿，还能认得吗？"

女奴父母说："怎会认不得？"

州官就将女奴推出帘幕，女奴父母一看，哭着说："就是她。"

州官于是召见富户父子，将身上囚具全部解除，但富户父子不肯离开，说："如果不是大人开恩，我们将会灭门。"

州官说："这是钱推官的功劳，与我无关。"

这富户就来到了钱若水的屋前，钱若水关门拒见，说："这是州官的事，跟我有什么关联？"

富户进不去，只好绕着围墙哭泣，回家之后，就变卖家产，供养僧人，为钱若水求福。

百姓犯罪乃君之过

周武王打败暴虐无道的殷纣王后，他想：如何处理殷商的遗民呢？

他首先召见姜太公，问道："该怎样对待殷商的官员和民众呢？"

姜太公回答说："我听说喜欢某个人，就会对他房上的乌鸦也产生好感；憎恨某个人，就会连他房前的篱笆也讨厌。（爱其人者，兼屋上之乌；憎其人者，忍其余胥。）我看还是把这些人都杀掉，不留一个，您看怎样办？"

"不妥！"周武王不假思索地否定了姜太公的意见。

召公进来，武王又提出了同样的问题："对殷商的臣民如何处置呢？"

召公回答说："有罪的杀掉，无罪的留他一条活命，您看怎样？"

周武王还是说："不妥。"

周公进来了，周武王又提出这一问题："如何处置殷商的遗民？"

周公答道："让他们住在自己原来的房子里，耕种自己的土地，对旧人新人一视同仁，只要是仁德的人就亲近他。老百姓有了罪过，那是君王的责任。"

周武王听罢周公之言，不禁赞道："您的胸怀真是广大呀！天下能够太平了！"

恻隐之心乃仁之源

有一次,齐景公在御苑"寿宫"中游玩,看见一些老人面有饥色,却背着沉重的柴禾。此情此景,使景公感到十分悲伤,他长叹一声说:"让官府供养他们吧!"

晏子见状,说道:"我听说,喜爱有才德的人,哀怜寡德不才的人,这是国家长治久安的根本。现在,您爱怜老人,施恩无所不及,这也是治国的根本呀。"

齐景公听了此话,转忧为喜。

晏子乘机进言,道:"圣明的帝王见到贤人就喜欢他们,见到贫弱的人就哀怜他们。现在,我看可以这样办:对那些无人供养的老人,没有家室的鳏夫寡女,分不同情况,都供给他们必需的生活用度吧。"

晏子

"好吧。"景公欣然允诺。从此,年老病弱的人有了国家的供养,鳏寡之人有了安身之处。

齐桓公继景公之位。有一次,他去平陵城,见到有一个年纪很大的老人自己烧火做饭,便问是什么缘故。那老人说:"我虽有九个儿子,却因家里贫穷,未能给他们娶妻。我让他们出去帮工,还没有回来,所以只好由我来做饭。"

桓公闻言,当即让自己的五个外御侍女留下,嫁给老人之子为妻。

大臣管仲知道了这件事,进宫拜见桓公,奏说:"君主所施的恩惠,是不是太小了点吧?"

"为什么这样说呢?"桓公问。

"君王您要是等亲眼看见了才施于恩惠,那齐国有妻室的也就太少了。"管仲说。

"依先生之见,该怎么办呀?"桓公又问。

"规定国内男子20岁必须娶妻成家,女子15岁必须出嫁。"

皮之不存　毛将焉附

元世祖二十年,卢世荣大肆行贿,当上了中书右丞。卢世荣当大官以后,勾结贪婪刻薄的人,对老百姓极尽聚敛之能事。

一次,卢世荣向皇上进谏说:"我准备依法理财,财政收入可以比平常增加一倍,但又不打搅老百姓。"

皇上把卢世荣的计划交给大臣们讨论。大家都知道卢世荣位显势要,且心狠手辣,都不说什么。

这时,尚书董文用站出来说:"请问,这钱是从右丞您家里取呢?还是从老百姓那里取呢?如果是从您家里取,我们就不多问了;要是从老百姓那里取,这里可就大有问题。"

董文用转向众大臣,朗声说:"牧羊人一年剪两次羊毛,如果他每天都剪羊毛献给君王,君王就会高兴得认为羊毛本来就有如此之多了;但是羊没有了躲避冷热的庇护,就要死掉,毛就再也得不到了啊!老百姓的财力是有限的,按时按规定取用,都恐怕伤害他们。现在剥削得干干净净,那一国之中哪里还有老百姓呀!"

卢世荣被董文用一番"剪羊毛"的理论,驳得哑口无言。

丞相安同感叹道:"董尚书真是没有白拿俸禄的大臣。"

那些参加讨论的大臣们出来后,都感谢董文用,说:"你的一席话,挫败了那些搜刮民财的大臣,巩固了国家的基础,真是仁人志士的金玉良言啊!"

天时莫违　民心勿背

有一年,晋平公要在春天筑高台,大夫叔向劝谏说:"不行啊!古代的圣王注重德政,并且尽力施行,减缓刑罚,顺应农时。现在您却在春天筑台,会耽误农时的呀!如果德政不能施行,民心就不会归顺,刑罚不减轻,百姓就有怨愤,再加上违背农时、耽误农耕,这是对他们沉重的压榨呀。王者统治百姓,应该是养育他们,现在却要压榨百姓,怎么能够长治久安、扬名后世呢?"

"噢,对呀!"晋平公肯定了叔向的观点,也就停止了筑台。

晋平公择善而从,压抑了自己的欲望,停止了"夺民时"的徭役,可称明君。如果自己本身就是圣君,压根儿就不会有春筑台的举动。

晋国大夫赵简子在邯郸春筑台了。可是天不佑他,春雨不停,赵简子也知道"春雨贵如油",正是播种的好时候,他对手下的官员说:"该催促下种子了吧?"

家臣尹铎说:"公事紧急,安排下种吧,又挂念筑台,即便想催促下种,也难以办到呀!"

尹铎这么一说,赵简子马上警醒过来,停止了筑台,停调劳役。他感慨地说:"我把筑亭台当作要紧事,但它不如百姓播种的事急迫。我放弃筑台,老百姓会认为知道我对他们的仁爱。"

治政何必言利

梁惠王下诏欲见孟子。孟子风尘仆仆赶到京都见了惠王,惠王说:"您既然不辞辛苦千里而来,对我们的国家一定会有很大的好处吧?"

孟子答道:"大王！您为什么一开口就说到好处？只要讲仁义就行了。您是国王,假如您整天说'怎样才对我的国家有利呢？',您手下的大夫就会说'怎样才对我的封地有利呢？',那下边的百姓也都说'怎样才对我本人有利呢？',这样全国上上下下互相追逐私利,国家便会发生危险了。"

梁惠王闻言,不由颔首点头。

孟子接着说:"在拥有一万辆兵车的国家里,杀掉国君的,一定是拥有一千辆兵车的大夫;在拥有一千辆兵车的国家里,杀掉国君的一定是拥有一百辆兵车的大夫。在这些国家中,大夫的产业可以说是很多了,但是如果轻公义、重私利,那大夫的私欲永远不会满足,他们势必要把国君的产业夺去。讲'仁'的人,是不会遗弃他的父母的,讲'义'的人也不会对君王怠慢。所以,您只讲'仁义'就行了,为什么张口就要讲好处利益呢？"

救民如救火

洪熙元年,明仁宗即位不久,就遭遇到了饥馑,山东、淮安、徐州一带粮食严重歉收,但为了应付朝廷的庞大开支,有关部门不断加强征收税粮,以至百姓不堪重负,怨声载道。仁宗知道了这件事后,心想一定要减免这些地方的税粮。

一次,仁宗故意当着众臣的面,问一位刚从南京来到京城的地方官员说:"你所经过的地方情况如何？"这位地方官支支吾吾不敢直说,在仁宗一再地逼问下,才回答说:"淮安、徐州、山东,很多百姓缺乏粮食,已到了难以为继的地步,而有的部门却征税粮,造成地方上的混乱,还出现了抗税不交的现象。"仁宗听完,又问众大臣:"众卿以为如何？"众大臣缄言不语,面面相觑。他见众臣不说话,便说:"民可载舟,也可覆舟,这是关系到社稷安危的大事！朕要免去这些地方的税粮,以稳民心。"

随后他招来少保兼兵部尚书杨士奇,令其起草诏书,免掉这三地的税粮。

杨士奇听到皇帝的吩咐后,心想:此事应由户部、工部负责,我替皇帝起诏,下令免税,岂不有超越职权之嫌？于是,他对仁宗说:"此事可先令户部、工部知道,方为妥善。"仁宗略加思索,便断然说道:"不必通过他们了！救百姓的穷困,应当像救火和救溺水者一样急迫,不能迟疑。有司总考虑国家用度不足,必定犹豫不决,一旦推托下来,岂不误了大事？"杨士奇仍不动笔,仁宗见杨士奇还在思虑,索性让太监取来纸笔,逼着杨士奇就立在说话的门楼上,把诏书写完。

仁宗将诏书仔细阅览一遍,随即派遣使臣火速前往山东等地颁诏。然后,回头看了一眼立在那儿的杨士奇,开心地说:"现在,你可以去户部、工部了,告诉他们:朕对这些地方,已免去粮税了！"

当诏书颁布以后,有些大臣还曾提出异议,说:"这些地方总共有千余里,未必都是颗粒不收,应该有所区别,减免一部分就可以了。这样,才不至于滥施恩德。"

仁宗针锋相对地回答："抚恤百姓宁可过厚,广施恩德。朕为天下之主,能与百姓斤斤计较吗?"

仁至还须义尽

魏太宗登基后,对先帝太祖的重臣崔玄伯仍旧十分信赖,每遇大事必定先与崔玄伯商议,还曾下诏命崔玄伯与南平公长孙嵩等人在朝廷中坐堂,审断狱案。

魏时各地都有许多豪强大族,权势极大,常有人聚众滋事,作奸犯科,对抗官府,骚扰百姓,危害社会秩序。太宗担忧日久天长,他们羽毛丰满,势力日盛,就会失去控制,因此下道诏书,要把这些豪门大姓迁徙到京城,加强控制,防患于未然。

这些人家,久居本土,又有根基,何等自在;再说,"越鸟栖南枝,狐死必首丘",人恋故土,难舍难离,都不愿意背井离乡远迁。负责督办此事的那些地方官吏办事不力,频频向他们施加压力,强令迁离,弄得怨声载道,人心惶惶。于是,一些不良子弟、好事之徒借机到处煽动,互相联络,聚集起来寻衅生事。而西河、建兴等地的盗寇乘机纷纷起事,四处劫掠。加上当时战事不断,民生艰难,铤而走险的人很多,一时间群寇蜂起,一片混乱,民怨沸腾。当地的官府弹压不住,连连向朝廷告急。

太宗见状,十分担忧,急忙召集崔玄伯及北新侯安同、寿光侯叔孙建、元城侯元屈等商议对策。太宗说:

"过去那些凶顽狂放之徒侵扰百姓,因此征召他们到京城加以节制,而各地的守官又不能妥善安抚督管,致使许多人逃亡流离,作了违纪犯法之事,但不能全部诛杀,朕欲实行大赦,一律宽免,安定人心,你们以为如何?"

元屈回答:"刁民潜逃,触犯律条,不予治罪,却施恩赦免,似乎是在上者反而有求于下,无形之中助长刁民气焰,不若先斩杀为首凶犯,再赦免余党。"

玄伯则不这么认为,他说:"为君者治理天下,以安定民心为其根本,不可拘泥于细小是非曲直,执行法律也须审时度势,合乎实际。立法与执法,应当琴瑟和谐,否则就应改弦更张,法律如不合理恰当,就需要改修。大赦虽不是上策,但为今日情势所迫,唯有此法暂且可行。自秦汉以来,都是这样相互效法,灵活处置。元屈主张先斩后赦,臣以为不妥,不宜又杀又赦,可一律大赦,仁至义尽,如仍有不思悔过者,再杀不迟。"

太宗也怕施行高压会激起民变,认为玄伯的主张比较稳妥最终还是采纳了他的做法。

毁契买仁义

田文很喜欢招揽宾客,他的家里常常会聚集几千人,田文对待他们无贵贱之分,饮食起居和自己一样,他就是后来的孟尝君。

有一次，田文在晚上招待客人，其中有一个客人被遮住了光亮，认为自己的饭菜与大家不同，顿时大发雷霆，不吃不喝，打算立即离开这里。于是田文拿着自己的饭菜过去同那个客人相比较，结果一模一样，那人觉得自己无颜见人，羞愧难当，当晚自杀了。

当时还有一个人叫冯谖，穷得揭不开锅，全家几天粒米未进，后来听说孟尝君非常喜欢招揽门客，于是即刻去拜见孟尝君，孟尝君立即收留了他，并将他安排在自己家舍住下。但过了不久，冯谖弹着佩剑一边唱一边吟道："长剑啊长剑，这儿没有鱼吃，我们还是回家吧！"孟尝君听说后将他又转到了幸舍，因为那里吃饭的时候有鱼吃。

即便如此，没有过多久，冯谖又唱了起来："长剑啊长剑，这儿没有车子坐，真没意思，我们还是回家吧！"孟尝君闻言又将他转到代舍里住下，在代舍里住的人，出门都有车子坐。但过不了几天，冯谖还是唱道："长剑啊长剑，在这里我只能保我自己一个人，又怎能养活家人啊，我们还是回去啊。"其他的人听了冯谖唱的这些话，都十分讨厌他，认为他是一个永不知足让人讨厌的穷小子。田文知道以后问冯谖家里还有哪些人，他回答道："只剩一个老母亲了。"于是田文又派人为他家老母亲送去了许多粮食和日常生活用品。打这以后，再以没有听到他唱这些歌了。

有一次，田文要收账，他对所有的食客们说："不知哪位能够替我到薛地收债？"冯谖自告奋勇地说："我愿效劳。"田文把他请来说："我由于公务繁忙，得罪了你，你非但不见怪，反而愿意帮助我，真是太难得了啊！"冯谖临走时，对孟尝君说："我收齐了债务，回来的时候您需要带点什么东西吗？"田文笑着说："那就请您带点家中没有的东西吧。"

冯谖到达薛地后，见那里的农民食不果腹、衣不蔽体，根本没有能力偿还这笔债务，于是他自作主张，当众把债券全部烧毁了。他驾车回到了齐国，一大清早求见，孟尝君对他的回来感到非常奇怪，根本不相信他这么快就能够回来。于是穿好衣服就去见他说："您怎么这么快就回来了，带来了什么好东西给我？"冯谖立即回答说："您宫中稀世之宝，金银绸缎，山珍海味，牛、羊、马、狗应有尽有，数不胜数，您最缺少的就是'仁义'，所以我给你带回了'仁义'，我到薛地，到处宣扬您的美名。"孟尝君听后，连忙道谢，对冯谖的做法十分赞赏。

一年以后，田文回到了薛地，还隔一百多里地，沿路就有老百姓站在道路上欢迎田文，所到之处都是一片赞许声，孟尝君对一同前往的冯谖说："你为我带回的仁义，我今天亲眼看到了。"

当断则断　不留后患

某市农产品贸易公司欲招聘经营人才。广告一经刊出，应聘者纷至沓来。主管该公司的商业局副局长老周亲自主持，公开向社会招聘。结果，在众多的应聘者中，小宋过五关斩六将，脱颖而出，被老周选中。

小宋原来是个服装个体户，在生产场中摔打了好几年，能说会道，相貌堂堂。应聘会上谈经营打算，说得有板有眼，头头是道。老周认定他是个人才，就拍板任命他为农贸公司业务经理，并授予相应权力。

小宋也不含糊，当场就立下豪言壮语："请局长大人放心，我一定不负公司上下的厚望。"

上任后，小宋搞的第一笔生意竟然是倒卖钢材。老周知道后问："小宋，这超出经营范围的生意，我们能做吗？"

小宋满不在乎，反倒开导起老周："周局长，这年代农产品贸易这么难做，我们搞一点钢材生意，正是'以工补农'啊。"

老周听小宋一说，觉得似乎有道理，想了想又问："钢材属于国家专营的物资，咱们私自倒卖，岂不是非法倒卖？"

小宋心里一惊，随即反应过来，立刻保证道："局长您放心，我们做的生意神不知，鬼不觉。我小宋作为业务经理，一定会把公司几十号的饭碗保住的。"

老周还不放心，叮嘱道："那你就好自为之吧，千万别露了把柄，那样你我可就都难以对上级交差啦。"

不久，小宋又从某钢铁公司倒了一笔钢材，花了12万元，卖得18万元，但发票上他却让买方写了17.2万元，另8000元自然流进了他自己的腰包。公司也得到2.2万元。

年终，工商部门来检查，发现该公司超营业范围倒卖钢材，决定处以4万元的罚款。小宋四处活动，请客送礼拉关系，使这件事不了了之。

可是小宋并未就此罢手，相反胃口越来越大。对公司正当的农产品贸易，他已经不感兴趣了。当地农民种的大蒜，原本由农贸公司收购销往外地。但小宋觉得利润太小，做这种生意划不来。他就找出种种借口，百般刁难那些送货的蒜农。不是嫌蒜的水分太大不收，就是说蒜头个儿太小而拒之门外。蒜农辛辛苦苦种出来的大蒜无法卖出去，全部堆积在农贸公司门前的马路上，适逢天气阴雨，一车一车的好蒜很快就发霉烂掉了。

而小宋却趁机干着种种非法勾当，倒卖钢材、假酒，获取大笔回扣。批发化肥、农药等紧俏物资，到手之后加价出售，获得巨额好处费。甚至暗地里与投机奸商勾结，走私各种进口小轿车。而这一切，全是打着公司的旗号，以法人代表老周的名义干的。而老周却没有丝毫的警惕性，看到公司账户上的数目直线攀升，老周十分高兴，直夸小宋能干，并准备上报上级部门，对小宋委以重任……

纸里终究包不住火，农贸公司把蒜农们逼上绝路，蒜农再也忍耐不下去了。他们把整车霉烂的大蒜倒在公司门前，成群的人到市政府门前上访告状。有的人了解小宋的底细，向纪检部门写了检举信。事情终于得到重视，上级很快派人来农贸公司，查出了该公司的各种违法行为。

而小宋截留下一笔倒卖假烟的款项,准备逃之夭夭,在一家旅店里嫖暗娼时被民警抓获。审讯中顺藤摸瓜,查清了小宋大量违法犯罪的事实,被依法提起公诉……

老周也被上级机关撤职,受到党内严重警告处分。受到如此沉重打击,老周感到压力太大。想当初公司创业之初,每个职工一块钱一块钱地集资,好不容易干出点成绩,没想到晚节不保,栽在一个自私自利、法律意识淡薄、品质败坏的年轻人手中。老周提前写了请退报告,心灰意冷,回家安享晚年去了。

老周作为一名很有经验的企业领导,应当知道使用人才必须坚持德才兼备的原则,不能偏废任何一方。在觉察到小宋从事不法投机经营时,更应当机立断,把他赶下台去。不应听之任之,最终只得自己咽下自酿的苦果……

以信取胜

一些企业为了眼前利益,大量制造、倾销低次产品,把自己很响的牌子砸了,这无异于杀鸡取卵,只有愚人才会这样做。1987 年 6 月 19 日,四川绵阳市个体户十万春,当众把一批价值 1020 元的假劣香烟、奶粉销毁,对于他来说虽然损失了 1020元,但他不出售伪劣商品的行为,为他赢得了信誉,赢得了社会赞许,这是比金钱更宝贵的。

管理的根本是什么?是信用。老板用信用去管理他的下属,而下属通过信用来获得报酬。古时候,作为统帅需要对下属和士兵保持信誉,严必信,信必果,从而确立自己的威信。所以,古代军事家指出:"凡与敌战,士卒蹈万死一生之地,而无悔惧之心者,皆信令使然也。上好信以任诚,则下用情而无疑,故敌无不胜。法曰:信则不欺。"可见,作为老板,如果讲究信誉,任用忠诚的人,那么部下就会尽力而不是三心二意地作战,只有这样才能战无不胜。兵法上说:将帅讲究信誉,部下对将帅就忠诚。

战国时期,商鞅实行变法。为了取信于民,他先做了件立信的事。一天,他指着南门的一根三丈长的木杆说,谁能把它搬到北门,赏给十金。很多人不信,认为这根木头连小孩都扛得动,哪用得了十金?商鞅又说:有能扛去的,赏五十金。这时有人抱着试试看的心理,把木头扛到了北门。商鞅果然赏给此人五十金。这时老百姓才相信了,说:"商鞅是一个守信用的人。"这时他再推行变法,秦人皆信,变法很快推开了。由此可见,"言必信,行必果"是立信的关键。

纵观已趋合理竞争的商业市场,信誉之战已成为企业生存的生死之战。取信于民作为企业发展的重要手段,"凡是应承的,都要做到"。这是作为企业管理者所必须做的。

销毁次品　赢得信誉

在新宿一条名为多多博的街道上,常常有三名普通的家庭主妇在此购物。她们都是四十多岁的中年妇女,都是同住一幢公寓的老朋友,几乎每天都结队一同上街。

为首较高大的一名妇人名叫佐贺,另外两名分别叫作良多幸子和勾本代。像天下妇人一样,这三名妇女,每天总喋喋不休的议论这议论那,但主要的还是她们花钱买的东西。

一天早上,佐贺告诉她的两个同伴:

"你们知道吗? 有人吃了黄瓜中农药毒,就在我们多多博街。"

两人一惊,异口同声问:"真的吗?"

"还有假的吗? 今早的报上说的,还有中毒人的照片,他差点死了。"

"那我们真该小心了。"勾本代说。

"怎么小心呢? 你不可能一辈子不吃黄瓜吧。"良多幸子说。

"何止黄瓜,你敢肯定别的菜如白菜、番茄等没有毒吗?"佐贺的话冲口而出。

"这么一说好像真的没办法啦,"勾本代叹了一声。

"听天由命吧。"良多幸子也叹惜道。

三人沉默一会儿,佐贺突然说话了:

"一定行! 一定行! 开一个食品店,保证食物绝对新鲜,没有农药污染,让人吃了绝对放心,一定会有许多人光顾。"

二人不禁犯疑:"你哪有钱,哪有时间?"

"钱,我们几个人合股,家务活嘛,我们可以请保姆……"佐贺不容分辩地说道。

几天后,在佐贺的作俑下,这事就决定了。她们又另外拉了几个主妇合股,一共筹得 200 多万日元,在多多博街租下了一间铺面,既做老板又当工人,忙忙活活地干起来了。

给店起名时,大家都觉得此次功在佐贺,且"佐贺"听起来也顺口,于是大家一致同意叫"佐贺主妇店"。

佐贺店刚开始时,主要经营蔬菜、鱼和水果。由于店主是一群家庭主妇,她们都很熟悉妇女们的购物心理,首先采用薄利多销的手法吸引那些贪图便宜的顾客,并让菜果杂乱无章地堆放在柜台上任她们一窝蜂围着选购,造成"热效应"。新店一开张便招来了许多家庭主妇。

但这样还没有达到她们的目标,她们的目标是让人们感到佐贺店的菜果是质量最好,绝对让人放心的,使之成为本店的最大特色,以此在顾客心中建立信任感。

为此她们严格规定批发货物的质量,从不贪便宜在不可靠的公司或小贩手里批发东西,宁愿花多点成本从大的有信誉的公司批发,还特地把卫生管理局发的卫生许可证放大,挂在店面显眼的地方。

佐贺是个很活泼又很有口才的人,她常常站在店门口大声吆喝:"本店有全市最新鲜的蔬菜、水果和鱼,全部食品都有卫生局的检查认可书……快来买呀!"招徕了众多顾客。

有一次,良多幸子从北海道贩回一批鲜鱼,因天热路远,回来时,鱼已有些异味。拉到店里时,佐贺坚决反对摆卖。但因为量多,扔了可惜,许多人建议用点除臭剂混一下就行了。佐贺坚持己见,终于当着众多顾客把所有的鱼扔进了垃圾桶。良多幸子因此大为不满,退出了佐贺主妇店。

后来,佐贺店又开始出售牛奶。一天早上,因为下大雨,很多人都没有出门买东西,佐贺店的牛奶剩下很多没有卖完,佐贺又坚持当着众人面倒掉了。

佐贺店的这些举动赢得了众多顾客的赞赏和信赖,佐贺她们趁机把价格提高一点。顾客依旧盈门。她们的生意越做越红火,分店也越开越多。

有一天,一个佐贺店的常客来买东西,她对一名店员说:"我们都是常来光顾佐贺店的,对你们这么有交情,怎么你们也得给一点优惠呀!"

虽是顾客随便说的话,但这个职员细心一想,觉得这是个值得考虑的主意。因为日本的女人大都是家庭主妇,女人大都是急功近利的人,都很计较小恩小惠的。虽是小小一点恩惠,给与不给却有很大区别。

她把这个想法向已是大老板的佐贺提出来,佐贺当即就同意。从此顾客只要在佐贺店购买满200日元就可以得到一张优惠券,10张以上优惠券就可以在店兑换东西。

优惠券之类的东西大多是在商场出现,一般的小店很少有。佐贺店发行优惠券一下子被大家传开了,许多家庭主妇都认为食物是每天都需要的,10张优惠券很快就能积够,因此大家都涌向佐贺店。

住在多多博街的家庭主妇们,一说上街必定要到佐贺店走一遭。以后,佐贺店同时又经营生活用品。这样,大多数家庭主妇们外出购物时,只要到佐贺店一家就可以买到全部想买的东西,既节省时间又免走许多路。佐贺店因此更受欢迎。

佐贺主妇店非常注重公关意识,每间佐贺店都雇请了一名能说会道又善解人意的妇女作"公关主妇"。她们日常的工作是站在门口,为顾客指点要买的东西,还和顾客拉家常,与顾客建立亲密关系。

许多妇女都有这样心理,平时购买东西总想和熟人说说话,评评所买的东西,因此她们非常愿意往有熟人的地方去。佐贺店正是利用妇女的心理,投其所好。

有些妇人经过佐贺店时,本不想进去买东西,但一听到"公关主妇"老远的吆喝声,心中有了一股亲切感,不由得又前来了。

佐贺主妇店就是靠多种多样的"攻心"术,使得其由小小一间食品店发展成拥有许多间连锁店的大型公司。佐贺主妇店也成了日本国内的名店。

第三章　提高效率创佳绩

设置各级负责人，主管各项事务，奖赏公正，惩罚严格，执法严肃，处理果断，以考核、统计来监管，分配个人的任务明确，区别事情的轻重缓急，后勤供应充足，下情上达，上情下通，这些都是提高工作效率的方法。

引入风险机制

广州塑料软包装厂是一家民政福利小厂，全厂 100 多名职工中，残疾人占了54％。1986 年的审计结果显示：27 万元流动资金亏得一干二净，欠下技改债务 40多万元，已经到了破产的境地。包装厂的领导想破了头皮，也没有回天之术。

此时，谢耀临危受命。上任厂长之后便引进风险机制，逐步把车间推向风险承包的险地。他先是在厂内实行车间集体承包，很快使企业扭亏为盈。1988 年，又通过招标实行风险承包：承包人要先交纳 2 万元的风险抵押金，确保上交厂部的利润每年递增 7％，并保证车间职工的收入每年也递增 7％。

风险机制促使承包人在经营中使出浑身解数，尽全力拓展业务多盈利。因为纸盒、纸箱、塑料 3 个车间都是独立的产品车间，承包者可以自主经营，使他们摆脱了业务科室的繁琐牵制，能够调度产、供、销，用活业务费，业务经营异常活跃。他们在车间内对工人实行按件计工，对供销人员实行任务承包，体现重奖重罚，一下子调动起了工人的积极性。塑料车间六班的机台利用率从承包前的 40％提高到97％。工厂的生产呈现出蒸蒸日上的好势头。

三年下来，风险承包的经营方式使全厂利润连创历史最高纪录。1991 年，盈利 38 万元，是承包前的 5 倍。职工月均收入比 3 年前增长 84％。此外，他们还增添了 8 台机器设备，还清了技改债务。

诚招天下客　财源自来之

春秋时的大政治家管仲所著《管子》一书中记载了这样一个故事。

一日，齐桓公将管仲召到宫中，向他请教国内民众安置的方法。

"爱卿，我都城内人口越来越多，居住繁杂，应该怎样安置才能井然有序？"

"主公，人口日众表明国运昌盛，是主公治国有方，可喜可贺！"管仲答。

"那怎样才能让士农工商各得其业，各安其居呢？"

"主公，可让士人居在城中悠闲自在，以缄其口舌，不讲不利主公的话。"

"好!"齐桓公同意。

"可让工匠组织起来,到官府的各制作兴建之地,为官府的各种需用服务,以利军国。"管仲又说道。

"善!"齐桓公又赞成道。

"可把农夫安置于田野,让他们力耕农作,以生产富国。"

"那商民呢?"齐桓公追问道。

"应将商民安置在市场附近。"管仲答。

"为什么?"

"因为将他们安置在市场附近,他们可交流商业知识,交换商品信息,还能结帮搭伙贩运四方,以利互通有无,以利军民之用。"

"爱卿言之有理。"齐桓公点头称赞道。

后来,齐桓公又召管仲来商议强国之策。

"爱卿,齐国地处东陲,地多盐碱,山无珍宝,如何富国强兵?"

"陛下,齐国地虽非在中原,但地多湖泽靠近大海,故有鱼盐之利,海产之丰。"管仲回答道。

"虽有鱼盐之利海产之丰,但我国民缺少衣食,故人口稀少如之奈何?"

"我国当减税撤下关卡,建馆舍以通四方来客,由此与中原各国互通有无。"

"所言极是,就如此办理。"齐桓公听了连连点头。

不久管仲在齐国发布通告,鼓励本国和外国的商人,凡将齐国的鱼、盐、手工业品输往各国的全部免税,对输入齐国关系民生和用来制造武器的,如骨筋、竹箭、羽毛、粮食等也免税。

不久管仲又下令,在齐国通往中原各国的境内干道上,每三十里修一驿站,站内积储粮食和饲养马匹,以供各国及齐国商人途中休息和换乘之用。

对于到齐国都城贸易的客商,不但建有大量馆舍以供食宿,条件还更优惠。规定凡一人驾四匹马拉车的商人,供本人食宿免费;凡三人驾四匹马拉车的商人,加供一份马料;若是五人乘二辆经商的车,加供一个仆人的饮食等等。

由于齐国颁布了这些优惠政策,不久"天下之商贾归齐若流水"。齐国的都城临淄很快就成了天下闻名的大商城。齐国产的珠贝、海鲜、手工业品也行销天下,而齐国需要的粮食、布麻及制造弓箭的材料也不匮乏了。齐国由此富强起来,终于成为春秋首霸。

非正式晋升　开发潜能

不少主管擢升员工时都有这种担心:员工未擢升前工作成绩十分突出,威信也比较高,表现很突出;擢升后却令人失望,缺乏领导才能,打不开局面,组织目标不能实现。尽管建立了能上能下的机制,但毕竟对员工心理上是个打击,挫伤了士气,严重者从此一蹶不振。这种担心不是多余的,一个人在没有担任某项职务之前,任何人都无法保证他是否称职,任何升迁都有一定的风险,失败并不少见。但如果员工确有领导才能,不及早提升,便发挥不了更大的作用,也是企业的损失。所以,主管经常处于犹豫不决的地步:想为员工发挥作用提供机遇,又怕遴选失误,反为不美。在这一进退两难的境地下,领导者该怎么办呢?

有些企业主管采用了非正式晋升的方式,巧妙地解决了这个问题。所谓的非正式晋升,就是在不正式授予职务的情况下,让他担负起这项职务的实际责任。具体操作上讲,在擢升某些没有把握能否胜任的员工时,先不正式宣布任命,而是授予临时负责人、召集人等非正式职务头衔,但实际负起全科室的、全部门的责任(原主管调出或晋升)。经过半年或更长时间的全面考核,如果他表现得很称职,就可以正式任命他为部门主管了。如果表现得不尽人意,缺乏主管的素质,就免去他的临时负责人、召集人身份,让他回原岗位工作。需要注意的是,宣布免去非正式任命时必须非常自然、正常。比如,免去临时负责人时,先宣布新任主管的任命,那临时负责人的使命自然结束了,大家都能理解,觉得很自然。

这个方法好处就在于回旋余地大,主管可进可退,既为员工提供了展示才能的机遇,便于选准人才;下来时又为对方保全了面子,将冲击减少到最小程度。对方即使心里明白,也好受多了。这好比一场科学试验,成功了皆大欢喜,失败了波折不大。

大胆任用年轻人　激励员工上进心

不少单位的人才分布总有这样一个特点,那就是处于领导阶层的,居于重要环节上负责任的,总是年龄大的人特别多,当然这一点与中老年人经验丰富,阅历广有关系,年轻人好像只有听话的份,只能从较低的位置一点一点地往上爬。其实在实际工作中很多领导都有这样的体会,单位里某几个年轻人着实才华超众,对于这种年轻人,若不及时给他们一个担当重任的机会,就会大大妨碍他们的成才。

一般的主管,对于年轻人总怀有戒心,通常总喜欢留置他们而不给予重用。要知道,这样是有碍人才发展的。

正确的做法是,对于真正有才能的年轻人,应该是一开始,就把他们当成能独当一面的人,委以重任,让他们有机会去表现自己的能力,即使任务稍重得过头,也无妨。万一失败了,就要他负起责任,或向有关部门道歉,或追究有关原因或处理善后工作。总之,这一切责任都要由他一肩挑起,如此,才容易促进他的成长。若是他成功了,自然就给予其应得的奖励。

大多数年轻人有一个好处,就是对失败不畏惧,打不败,压不垮,初生牛犊不畏虎,有一股子勇气。在他们的心目中,没有哪一种失败是不可挽回的。因此,他们从不推卸责任。所以,作为一个领导,应多给年轻人重任,使他们浑身的劲有处使,在磨炼下迅速走向成熟。

当然，多让年轻下属担当重任，也并不意味着自己责任的减轻，反而会增加自己的心理负担，有时候辅导一个年轻人做成一件事，可能比自己单独做花费的心血还要多。但是作为领导也不能因怕增加心理负担和麻烦，而放弃了教导下属培养人才的重任。

搭起信任的桥梁

调查显示，76%的公司员工会有一种感觉：在完成工作后没有成就感，为什么会这样呢？领导者们错在哪儿，该怎么改进？

领导者要信任下级，放手让下级大胆地行动，发挥其主现能动性和创造能力。一定要记住：关键在于信任。

一般说来，人在受到信赖的时候，都会产生快乐和满足的感觉，进而诱发出全力以赴的心情。

可以肯定地说，对别人信而不疑的人，如果具备了力量和睿智，那么被信赖的人就很难产生"离心"的念头。他不仅会被上司信赖自己的态度深深打动，而且会被上司的能力和成就深深吸引。

说到底，一个真正信赖别人的人，一定也会受到大多数人诚心诚意的信赖。毕竟，人是有感情的动物，几乎每个人都有"投桃报李""以心换心"的想法。相反，那种漠视他人对自己的责任、时刻想利用领导对自己的信任的人，只是成千上万人中的极少数。

用人不疑是用人的一个重要原则。当然这个"不疑"是建立在自己择用人才之前的判定、考核决策上。不用则罢，既用之则信任之。做领导的人只有充分信任部属，大胆放手让其工作，才能使下属产生强烈的责任感和自信心，从而焕发出下属的积极性、主动性和创造性。所以说，一旦决定某某担任某一方面的负责人后，信任即是一种有力的激励手段，其作用是强大的。试想一下，使用别人，又怀疑他，对其不放心，是一种什么局面；在你的公司里，如果下属得不到你起码的信任，其精神状态、工作干劲会怎样？假如你的公司职员情绪欠佳，精神沉郁，怨懑丛生，上下级关系怎么能融洽？这种彼此生疑生怨的状况，常是导致企业瘫痪的主要原因。

信任你的下属，实际上也是对下属的爱护和支持。古人云：木秀于林，风必摧之。特别是对于担当生产、销售、试验、拓展、探索者角色的下属而言，容易受人非议、蒙受一些流言蜚语的攻击，那些敢于直面领导错误提建议、意见的，那些工作勤勉努力犯了错误并努力改正的，领导的信任是其最后的精神支柱，柱倒而屋倾，在此种状态下，领导者切不可轻易动摇对他们的信任。

企业领导对下属的信任与下属感受到的责任感常常是一致的，但生活中误解也是常常发生的，因此领导对下属一定要坦诚。如果出现变故及不利因素，有话要说到当面,不要在背地里议论下属的短处,对下属的误解应及时消除,以免积累成真,积重难返。有了错误要指出来,是帮助式的而不是非难指责式的,相信你的下属不是傻子,好意歹意自会心中自明。总之,与下属经常保持思想交流非常重要。

说到信任问题,其实它是两个彼此相处的人应该具有的一个基本的和必要的要素。两个陌生的人在一起,彼此防范没有什么信任。而一旦人们通过某种渠道互相认识熟悉以后,彼此渴望的就是一种信任。互相看不惯的人很难有信任可言,嫌隙的存在是关系恶化的起端,离自己越近越亲的人,你应该给他越多的信任。对朋友,应该推心置腹。在一个企业里,副经理、部门经理之于总经理,一般职员之于部门主管,可称为手足或臂膀,理应得到很多的信任。如果你不给他们或给他们的信任不够多,都会影响到他们的工作。在家庭生活中也是这样,夫妻两个人的关系应该说是再好不过了,但如果你不给对方最多的、最大限度的信任,夫妻也会反目为仇。

因此,企业领导用人重在"信而不疑"既然选准了就要信任,大胆使用。企业领导要有正确的用人态度,有清醒的用人意识,有坚定的用人信心。要谨慎对付各方面的反映,不因少数人的流言蜚语而左右摇摆,不因下属的小节而止信生疑,不宜捕风捉影、无端地怀疑。而且在信任的程度上,也应该是离自己最近的最亲的,给他们以更多的信任,更广泛的更高质量的信任,因为他们非常需要,一定要记住这一点。

制定目标管理系统

邯郸钢铁公司 1958 年建厂。1998 年钢铁行业的企业利润排名,邯钢以盈利 5 亿元,仅次于宝钢列第二位,然而邯钢的规模却与此并不对称,企业只有 2.8 万人,占行业内企业总人数的 0.7%。

邯钢为什么能取得如此骄人的业绩呢?

这不能不使人想起邯钢卓有成效的"模拟市场"和"成本倒推"。回想起来,邯钢实施成本管理已经八年了,全国学习邯钢经验也已经三年。邯钢这几年仅接待各方参观学习者就不下十万人之众。

邯钢经验的核心是成本意识。许多人对此不屑一顾,认为企业最根本的问题不就是成本吗?这有什么可谈的?还有许多人感到邯钢的经验学不了。

国有企业的问题大同小异,普通国有企业遇到的所有问题,邯钢也都有,那么,邯钢又是怎样抓成本的?

总结邯钢的管理模式,我们可以发现邯钢是从市场人手来确定管理目标的。

从财务角度看,可能是没有区别的。但是从管理角度来看,却差别巨大。

因为,对于国内大多数钢铁企业而言,价格是他们进行市场竞争的最重要的要素。在产品质量差别不大,技术水平相当的条件下,要想使企业的产品价格有竞争力,只有尽可能降低成本。

邯钢就是这样思考的,也是这样把成本作为他们的管理目标的。

当邯钢通过思考、分析,确定了企业的管理目标——成本管理后,邯钢主动走向市场,开始在企业内部实行模拟市场机制,将企业内部核算的计划价格一律改为市场价格,并且根据市场上产品售价和采购原料的市场价格来计算目标成本和目标利润。

企业的总目标一旦确定,邯钢就开始用"倒推"的方式分解总的目标成本。从产品在市场上承认能接受的价格开始,一个工序一个工序剖析其潜在效益,从后向前核定,直至原材料采购。

在分解成本目标时,邯钢领导层强调降低成本是企业上至厂长、下至每一个员工的事,每个人都要分担成本指标或费用指标。邯钢规定,厂里不论是谁,没(成本控制)指标的没奖金! 结果,厂里的司机、厨师都给自己制定了成本控制的指标。这样,就从根本上,保证将企业的总目标分解成为一个具体、明确的成本目标体系,实行全员、全过程的成本管理。

在通过目标管理实现成本目标的过程中,邯钢在全厂进行反复动员、统一思想。而且制定了一系列成本管理制度,特别是"成本否决"制——完不成成本指标,别的工作干得再好,也要否决全部奖金。

同时,邯钢也将业绩考评与成本指标的完成情况挂钩,真正做到了全厂工作"以目标成本管理"为核心。

通过目标成本管理,邯钢形成了一套有特色的管理模式,并且在实际管理中发挥了重大的作用。比如,1997 年 9 月,邯钢兼并了武钢,实现了企业间的优势互补。兼并以后,对武钢的领导班子进行了改组,撤换了原来的"一把手",保留了原有的干部。新班子成立后,全面推广邯钢的"模拟市场核算,实行成本否决"的机制,实行按劳分配,调动广大职工的积极性。结果,从 1998 年 1 月就开始扭亏为盈。

从实而论,邯钢的成本管理经验,并不是新东西。许多企业也都懂,甚至总结起来更有水平。但是,邯钢之所以成为今天的邯钢,而其他企业却未能成为"邯钢第二",就在于邯钢做事情动真格的,做永远比说更有效。

邯钢的管理特色是不留死角。据统计,邯钢抓成本管理,把成本指标分解到下面,一共有十万多个指标,层层负责,人人堵漏洞,一般企业面对这样繁琐复杂的指标,不一定会有行动的勇气和信心。

从上面的介绍中,我们可以看到,邯钢的成本管理过程处处体现了目标管理的思想和原则。其中,最值得企业界学习的是邯钢确定企业管理目标的思路和过程。不同行业、不同企业的情况不同,管理的目标不可能都是成本。但是确定企业管理目标的思考过程都应该是相似、相通的。

我们相信,深深理解目标管理内涵的邯钢人会在新目标的引导和激励下取得更为突出的业绩。我们也希望,更多的企业能理解目标管理,踏踏实实地做一做目标管理。

用定量化的目标激励员工

制定目标是对下属的行为和业绩进行考察的重要方面。如何利用这个目标作为驱使员工努力工作的发动机呢?

制定目标总要比根本就不制定目标强。制定目标有利于员工集中精力和干劲。企业心理学的研究表明,目标的制定有利于提高员工的工作业绩。也有研究表明,以书面形式制定目标对某一些员工来说是很难做到的。

目标明确要比模棱两可或模糊不清好。在制定目标时,"明确"通常是指尽可能地定量化。许多培训怎样制定目标的课程都重点放在如何才能写出明确具体的目标上。然而,带有严格期限的定性化目标也是很有效的,特别是对那些复杂的、专业性强的工作而言。

承认定性化目标的合理性是非常重要的。这是因为在实际工作中,许多关键的地方是无法用定量化目标来加以衡量的。特别是在较短的时期里,对活动的目标制定出严格的期限,这比不制定任何目标要好。但一般说来,定量化目标更受欢迎,因为它们很少是模棱两可的,好比一个供人瞄准射击的清晰的靶子。然而,并不是所有的目标都可以完全定量描述,所以定性化目标从未被忽视过。因此,我们应该承认定性化目标的合理性与有效性。实际上,正是因为实施了超过最低要求的定性化目标所取得的成绩,才会使公司绩效得到真正的提高。

此外,领导者应该鼓励员工去制定自己的个人发展目标。这样的目标应针对个人而言,而非针对工作而言。它们可能包括为满足当前目标需要提高个人在技术上、管理上以及自我领导上的技能,或者为承担将来的职责而做好准备工作。

定量化目标提供了一个可以衡量的标准,但它不对结果进行检查,也不涉及具体的时间跨度与期限。这样的目标是基于最终结果的,运输公司的经理们普遍采用这样的目标。而定性化目标则涉及事件是否在具体期限内已经发生。这样的目标是基于"活动"或"工程"的。职业管理者普遍采用这种目标。个人发展目标涉及的是个人技能的发展而不是工作目标本身。这类目标同样也是基于活动的,其重点在于发展自我领导的技能方面。

领导者的主要目标是通过培养下属自己的自我领导能力来提高他们的工作业绩。我们知道,自我领导的一个重要因素是制定自我目标。因此,领导者需要做出的主要努力就是鼓励下属制定他们自己的目标。

需要注意的重要一点是,制定目标是一种在工作中学到的行为,是指员工们在一段时期里培养出来的技能或从事的一系列相关活动。对每一个新员工而言,制定目标并不是他们生来就能带到工作中去的行为,而是在工作中慢慢学到的,因此,领导者要扮演的将是一个模范教练或老师的角色。

教导员工如何制定目标时,应该遵从一个基本框架:首先是给员工提供一个可以效仿的模型;其次允许员工有指导地参与;最后是让他承担起自我领导的重任。作为领导者,你有责任对其他员工效仿的目标行为亲自进行说明,以让他们制定更加明确而准确的目标。从属目标,甚至那些自定目标,都需要与上一层次的,甚至整个企业的目标保持一致。

是否由员工参与制定目标,这是企业文化讨论中一个多次提及的主题。其思想是,如果让员工参与制定对他们自己的工作具有影响的决定,那么他们会更有干劲,能够取得更好的成绩。但是光讲到"参与"还不够,还应把注意力集中在时间因素和经验因素,随着员工逐渐变得成熟、老练、富有经验,使他们修改所设定的目标。

选择恰当的会议形式

很多经营者都喜欢"以和为贵"这句话,有些公司还将它作为经营方针。

但有一点要注意的是,很多人误解"和睦"就是指"多一事不如少一事",这种态度太消极了。

有些领导者发现团体里有人意见对立、想法不同时,就认为他们是"破坏和睦",于是将他们排除在外,然后做一些似是而非的结论。更糟的是,有些会议就在不知道结论是什么的情形下,竟然草草结束了。

应将开会方式分成以下两种类型来举行:

X方式(以传达公司方针和指示为目的);

Y方式(以彻底讨论为目的)。

在Y方式中,大家提出自己的想法互相讨论,也就是所谓脑力激荡法的开会方式。

但事实上,若在一个会议中,同时使用X方式和Y方式,结果却是"人多反而误事"。

一般开会时,领导者都只重视一些数字资料的报告,似乎下属只要把这些东西都准备好,然后再说一些好听的话就可以含混过去。像这样的会议一点意义也没有,大家只不过是在浪费时间罢了。

其实,针对"没有达成目标的原因是什么?""要达成目标需怎么做?"这些问题,大家能提出意见才是最重要的。

因为很少有这样的机会,所以大家不敢说自己的想法,彼此都在刺探对方的心情,这样一来,团体的想法就更无法确定了。

领导者在开会前,应该先告诉下属这次会议的目的(今天采用X方式或Y方式),让大家做好准备后再来出席会议。

经常有些人是糊里糊涂地参加会议,根本不知道为什么要开会。这时候,主席就必须先提出说明,否则,分给他们一大堆资料也没有用。

应该尽量采用 Y 方式的开会方式,不要怕有冲突发生。至于一些指示的传达,就采用 X 的开会方式,这样比较不会浪费时间。

除了让大家在奠定基础与达成目标上有共识之外,互相确认"现在应该做什么",也是绝对必要的。

确定想法的步骤,第一要先有"将来要实现这样的梦想(展望)。而且在不久的将来,就要达到某种程度(基础)"的构想,再就是要有实际行动。

明示当前的目标(问题点),经常讨论以下的问题:

达成(解决)目标(问题点)的手段、方法是什么?

要达成目标(解决问题),必须在职务上做怎样的分配?

同时,领导者要尽量避免用命令式的指派方法。

吩咐下属"你做这个! 你做那个!"无形中会使下属有压迫感。

但是,过度让下属们恣意而为,也会有意见分歧的问题产生。因此,领导者要明示目标的大纲,并就具体化的细部计划,让下属们提出方案和意见。

虽然大家都期望下属能自动自发地积极参与,但事实上,在刚开始的时候,多半都会有阻碍。

所以,领导者必须要去"激发"他们的灵感。

要做到想法统一和职务确认,各部门一定要定期开会。

有些公司很久不开会,这样自然无法了解大家的想法。或是虽然开会,但是领导者只做联络事项的传达,所以工作就成了每天唯一的事。

其实,每家公司一星期至少要开一次会。然后每个月利用一两次的机会,来互相做问题和工作过程的报告,并提出意见。

会议的时间不要太过冗长,事先针对讨论内容安排时间,10 分、30 分、1 小时、2 小时都可以。必须要注意的是,一定要在预定时间内结束,不能拖延。

如果认为"开会会使工作停顿",就不肯参加会议,那么大家的想法就无法统一,对参加会议的人而言,反而浪费了时间。

所以,如何让会议变得有意义,就成了一件很重要的事。

用三分钟　抓住三点

许多领导在演讲时滔滔不绝讲了一大堆事,自认为讲得很透彻,殊不料底下已经东倒西歪,大打瞌睡了! 这时领导会很恼火,但又苦于找不到一个好的办法来解决。

许多专家在谈到演讲的秘诀时,均认为演讲应以 3 分钟为限。

因为,演讲一旦超过 3 分钟,听众的紧张感便会逐渐松懈,如此,演讲者便不易将真正想表达的话语传达给听众。

其次,另一个理由则是,3 分钟乃是命题演讲者感到意犹未尽、恰到好处的最佳时间。

因为,虽然大部分的演讲者事先已经定好了主题,但是在谈话过程中仍会想出许多补充。由此一来,反而易使听者的接收效果大打折扣。

所以,演讲者应注意务必使内容简明扼要、直截了当地表达出来。相信此点也适用于教导下属方面。

教导下属——尤其指导新进人员,教导者必定希望他早日学好有关工作的一切知识,所以往往恨不得让他一次便将东西全部学会。

但是,学习者当时也许安静聆听,但在事后通常却是印象模糊,甚至完全遗忘!对于教导者而言,自己这般卖命的教导,对方根本不记得,当然会感到愤怒不已。

以学习者的立场而言,他们也有不得已的苦衷。因为初入一个新的环境,对于一切根本毫无概念,上司以这种填鸭的方式不断地进行资料输入,他们当然无法将之深刻地留在脑中。

其次,演讲者一再延长时间,不但会使听讲者失去紧张感,甚至可能造成"只闻其声,不解其意"的恶劣情况。所以,教导者一味地想在一次的机会中传达很多观念给对方,必然无法收到良好的效果。

为了有效地传达教导的内容,应在教导前先将内容整理妥当,并将时间定为 3 分钟,再编排教法。

须知,如果教导者意识到教导的时间充裕,则往往容易使内容脱轨,甚至流于不知所云。欲将内容传达给对方,自然相当困难了。

我们不难发现,每逢职业球队老教练离休、新教练就职时,许多球队往往会使用醒目的字眼作为标语。这些新鲜的标语不但能重振士气,也能使球队的气氛焕然一新。印象中的会令人产生偏爱的是某队所呈现出来的是这样标语——"战、快速、新颖"。

何以使用 3 个字句便会使人产生良好的印象呢?

要知道,"黑或白、是或非、得或失"的相互对立理论,是我们日常思考的习惯。然而,在此复杂的世界中,很多事情实际上并非如此单纯,也不是以两项对立的分法即可予以论定的。

例如,既不是 Yes,也不是 No,虽然是失,也是得的情况,在我们日常生活中可谓随处可见。倒是"正反合并""三位一体"等,以"三"作为思考基础来说明事物,往往更具说服力。

其实,我们所居住的宇宙也是时间、空间、物质此三种要素组成的,而立体也可说是由长宽高此三维所形成。

所以,在教导复杂的事物时,尽量将谈话的内容浓缩成三项重点。

虽然现实中有些问题,即使浓缩成三项仍无法概括地加以说明;然而,超过 4 项以上的重点,虽可使兴趣的范围扩大,通常却不易令人理解。而若浓缩成三项重点,则可舍去许多琐碎的异议,成为一种人们较能接受的谈话重点或摘要。

和下属"吵闹"

我们大家都知道,三国时,诸葛亮以天时、地利和人和来分析汉末魏、蜀、吴三个政治集团的情况。刘备占的是"人和"。但他却未能完成统一天下的大业。就连足智多谋的诸葛亮也"出师未捷身先死"。刘备政治集团为什么失败?原因是多种多样的。但这个史实至少证明了一个问题,即光靠"人和"是不能解决问题的。其实这也不是真正的"人和"没有提出问题来,没有争执不是真正的"人和",那么领导应怎样处理争吵与安静呢?

我们现在有些企业的领导干部更把"人和"理解得简单化了。认为不吵闹,没有反对意见,开什么会都掌声雷动,一致通过,这便是"人和"。

他们通常不愿下属间发生任何争端。当下属间稍有异议时,就皱眉说:"你们在一起工作,像这种小问题都无法获得一致的见解,你反对我,我反对你,怎么行呢?"

同样,这种领导也不喜欢下属反对他的意见。如果恰巧有四、五种不同的看法同时提出来,他往往会觉得焦头烂额,不知所措。最镇静的办法也不过是说:"今天有许多很好的意见被提出来了,因为时间关系,会议暂时就到此为止吧。以后再找机会,大家好好讨论。"想尽办法要追求他心目中的"人和"。

这种害怕反对意见的领导,忘记了一件最重要的事,那就是,一致的意见,不见得就是最好的。

假如下属对你的方案没有异议,并不能证明此项提案就是完美无缺的,也许别人只是不好意思当面批评你而已。这时,做领导的,切不可沾沾自喜,而应该尽量鼓励别人发表不同意见。

鼓励的办法有两种:一是放弃自信的语气和神态,多用疑问句,少用肯定式。不要让人觉得你已然成竹在胸,说出来不过是形式而已,真主意假商量。

二是自己光选一些薄弱环节暴露给人看,把自己设想过程中所遇到的难点告诉别人,引导别人提出不同意见。

只有集合多方面的意见,不断改进自己,才能使自己更上一层楼。

良好的相处,往往不是相互忍耐而得的,有很多时候,反而是争吵的结果。

"奖励"拖拉者

方总弄不明白许新秀到底怎么回事。刚到这儿时,她对一切都充满希望,而且为能在这个公司工作而兴高采烈。现在方总真看不透她那种"这有什么用"的态度。方总说得越多,她干得越慢。因为每天公司要处理大量资料,如果许新秀完不成她那份活儿,方总就只好把她剩下的工作交给干得快的人。那些人当然不高兴增加负担,觉得自己干得快反而要多受累,不公平。方总遇到了一个影响士气的大难题。

心灰意冷者做事不起劲,老盼着下班。他们处世冷漠,脸上常常挂着"那与我无关"的神情。

这些下属看上去懒懒散散,若无其事,就像多余人似的。他们回避工作,不去开会,也不接手工程项目。心灰意冷者工作能力很强,但却拒绝多付出哪怕是一点点努力。造成他们冷漠的原因是对公司的产品/服务或者他们负责的具体工作缺乏自豪感。不曾有人对他们说过他们的工作很重要,也不曾有谁欣赏过他们的工作。有的时候,如果你能抛开他们冷漠的外表细细查一查,你不难发现他们忍受不了繁琐的公事程序,或是不愿循规蹈矩。工作的时候,如果感到没意思、缺乏挑战或者大材小用,他们仅仅为了找点刺激而故意拖拉,迟迟不完成交给他们的任务。他们也许会用拖拖拉拉的办法先给你找点麻烦,然后再帮你解决,由此引起你对他们的重视。

许新秀就是这么说:"我刚到这个办公室的时候,经理曾对我说什么他们一直在找能胜任这些工程的人员,因为这些工程将推动本部门的工作。我真希望录下来当时我们的谈话,现在好放给他听听!我对这里的一切都烦透了。由于我的才华没人赏识,每次去交活儿对我来说简直就是一种折磨。尽管有好几次我所想的办法比他们目前采用的办法好得多,然而却没有我发挥的机会。在这儿唯一能引起别人注意的办法便是拖延工作。"

领导者的目的是让心灰意冷者认识到他们有义务按时完成自己承担的那份工作,平等地对待员工,保证每个人的工作量公平合理。

不要唠唠叨叨指责拖拉者,而要弄清楚他们拖拉的原因。多数心灰意冷者都期待向上发展,尽管有能力,但是他们却因为常常受到工作条例束缚或是没有机会发挥而感到灰心丧气,并由此觉得自己被困在不重要的小事之中,雄心壮志难以实现。然而当领导者考虑发挥他们的才能时,务必不要让其他员工感到那是对他们拖拉的奖赏(比如,"我干得那么快,却要替他拉晚儿;他干得那么慢,上面却把培训的机会给了他!")领导者应该从大局出发,制定学习和工作交流计划,从而使得每个人都能为全局的蓝图画上一笔,为其增添光彩。

事事厌烦,处处害怕,满腹牢骚,或是不务正业,吊儿郎当,这样的人会与其他下属发生很大的矛盾。听之任之,将会导致工作效率严重下降。但是解决这三种常见的拖延者之前——能干不干者,干不了不干者,滋事好斗者之前应该检查一下办公室里的工作气氛。如果它过于紧张,过于僵硬或是过于冷漠,那么致使下属拖拉的部分原因在于公司的制度而不在那些人。

满足下属　激励下属

在一个单位中如果领导者不以努力和成就作为提升下级职务或职称的必要条件,那么人们就不会去努力工作。被提升的本人,在获得地位后也不会对工作本身感兴趣,而会对权力和权利感兴趣。这种思想情绪如果蔓延,则会成为涣散组织的腐蚀剂。又如,如果有人对办公室的位置是朝南还是朝北,办公桌是靠近领导还是靠近房门,办公桌的质量好坏、坐车的级别等,都看作是领导是否尊重自己的问题,有必要妥善处理,使大家得到应有的心理满足;另一方面则要引导大家树立潜心为事业奋斗的远大理想,而鄙视斤斤计较个人得失的庸俗思想。在目前条件下尚难满足的一些人的合理需要,如解决住房困难、子女就业困难等,领导人一方面要积极创造条件,以求早日满足大家的需要;另一方面也要说明困难情况,取得大家的谅解,并积极引导大家为实现这一目标共同努力奋斗。在物质需要方面,只要领导上处理得公平合理,自己又能以身作则,先人后己,即使暂时条件比较困难,也不会影响大家的积极性,而且还可能变成团结大家共同奋斗的压力和动力。

领导人要善于发现和分析下级人员各种不同的精神需要,尽可能合理地满足这些需要,以激励他们的积极性,为国家做出更大贡献。

由于每个人的思想觉悟不同,以及限于社会和组织对个人需要满足的能力,有些需要是不合理的,有些是他们的暂时不可能满足的。这就需要领导进行深入细致的思想政治工作,对人们的动机进行诱导。

当人们在工作中取得成就或遇到挫折时,领导人应及时进行动机诱导,以激励人们继续努力。人们在取得成就或遇到挫折时,可能产生两种不同的反应:一种是积极的进取态度,另一种是消极的防范态度。此时,领导人的任务是通过动机领导,激励人们采取积极的进取态度。"木秀于林,风必摧之",当一个人取得成就后,有可能受到个别人的讽刺挖苦,甚至打击。这时,领导人必须惜才护才,及时支持,打击歪风,树立正气,及时给予精神鼓励和物质奖励,激发人们再接再厉不断奋斗,才能做出更大的贡献。如果领导人对打击先进人物的歪风邪气听之任之,或者对有贡献者不予奖励,采取干好干坏一样吃"大锅饭"的做法,则必将严重地挫伤群众的积极性。另外,有些人在取得成就后可能产生松劲情绪,领导人应及时帮助并采取有效措施予以制止。例如,有人评上教授获得地位后,对科研和教学失去兴趣,对此,领导人除从思想上进行引导外,可采取职称浮动、不称职的解聘做法,这样才能起到奖勤捉懒的积极作用。

当人受到挫折时,更容易产生消极的防范态度。特别是从事科研工作的人,会经常遇到由于研究失败而引起的挫折。这时领导人需要及时引导,鼓励他们再接再厉地进行科学探索,以增强其取胜的信心。而对个人因犯错误而产生的挫折,领导人应诚恳地批评帮助,激励他纠正错误,轻装前进。

莫随意打断下属工作

许多下属经常这样抱怨他们的管理者,由于上司无法有效管理时间,贬损了潜在宝贵资源的价值。许多下属指出,到最后关头才赶着在期限前完工的管理者,往往让他们虚耗整天的时间,结果得在晚上赶工。似乎被办公桌黏住的上司无法赶上现代人快速的生产效率,总是在人手不足的情况下赶工,让每个人都紧张兮兮。最后大家纷纷放下手边的工作,直到全力完成迫在眉睫的计划为止。

有位下属说:

"他是我的领导,而像他这种工作伙伴其实还真不少。他会打内线电话给我说:'到我办公室来。'在我还来不及回应之前就挂上电话。他多半是用扩音喇叭这类电话的,我想这并不是要求别人服务的最好方式,因为这么做实在有点不礼貌。不管我是不是有别的事在忙着,他总是要求我在两分钟内到他的办公室。当然,不论我当时是否刚好忙到一半,都得暂时把事情搁下来。结果我得整晚加班,完成白天被他耽误的工作进度。"

如果你是一个上司,禁忌出现以下情况:

表现之一:"如果我订好自己的工作进度和时间表,突然间又必须把这些计划抛开,配合主管火烧眉毛的时间去完工,这时的工作压力就很大。主管总是丢下'尽快完成'的命令,说:'我昨天就需要这个了'。即使我的时间管理良好,但是如果我的主管时间管理不良,还是得由我去面对后果、付出代价。本来可以做好计划的事情却被安排得一团糟,这确实是时间管理的问题。因为他是如此没有效率,我被迫得在本来应有更多时间的情况下赶工。这时,我总是面临工作表现较大的风险,当然会使我的工作不那么愉快。如果时间充裕,我可以从容地完成任务,但是在这种压力大的环境下,我实在无法享受我的工作。"

表现之二:"这里根本没有管理可言,倒是有一种防火演习的心态。不到最后一分钟,没有一件事会完成;一旦开始做,往往已经是火烧眉毛了,因为根本没有时间安排。我如果从早上八点工作到晚上十一点,这样还好。问题是我们在白天什么事也没做,或只是完成芝麻小事,因为主管还不晓得该分派什么任务给我们。一旦他想好要如何分派任务,突然间已经是十万火急,甚至没有时间给予我们详细的指示。"

表现之三:一位下属这样评价他的主管:"经常,我虚耗了整个白天,什么事也没做,接着得在晚上挑灯夜战。这意味着我没个人生活,没办法做任何计划。如果能够稍加安排,尽可能在白天上班时间把大部分工作做好,顶多晚上加几个小时的班,我也不会那么不愉快了。很多人最讨厌的是主管早在数天、数星期或甚至数个月前就知道最后期限,却到最后一分钟才分派工作。结果突然间所有律师都得加班,甚至熬夜赶工。其实这种紧张状况根本是可以避免的。人们当然比较不乐意替这种人工作,因为这很容易让人对工作心生不满。"

表现之四:一位秘书这样说:"文书处理的秘诀是基于紧急情况来决定工作的先后顺序,而不是基于接受工作指令的先后来决定。无论何时,一旦接获文书处理的工作,我便得停下手边其他的工作,整天做文书处理。而其他计划也会被我这么一忙,就拖到了最后期限。譬如我原来的工作进度超前一个星期,却可能因为突然插入的工作而使原来的计划被扔在一旁一个星期,直到它变成紧急任务为止。我完全没法去控制。在最后期限的前一天晚上,我在文书处理机前加班,抓住每个人来帮忙。这完全是缺乏管理而不只是管理不良了。"

表现之五:另一位下属指出:"我和一名资深编辑工作时,我觉得他耽误了我的工作,他花四天阅读我给他的稿子,当他还给我时,我可能还得花一天的时间去修改,如果他可以快一点看完,我便可以从容地在期限内完成我的工作。"

在上面的例子里,上司通常坚持控制时间,却又不懂得妥善利用,许多下属遇到这种管理者会更谨慎地保护下属自己的时间。如果他们让下属自己去安排工作进度,便会有更好的成果。

第四章 科学经营树长青

一万个企业,就有一万种经营管理方式,关键是要根据不同的情况,决定不同的经营战略,采取不同的经营战术。适时而动,随机应变,才是不败之根本。

激流勇退 见好就收

美籍华人蔡志勇是美国商界巨头之一,被称为"股票大王"。他出生于上海,18岁时赴美留学,在波士顿大学攻读经济学硕士学位。毕业后,他担任证券分析员,因几次大胆推算和预测两家大公司的走势,结果一炮走红。

不久,蔡志勇创立"蔡氏管理与研究中心",推出一种"曼克顿互惠基金",只刊登几天广告,第一天就吸纳了近3亿美元,创下了华尔街的最高纪录。一时间,人们对这位黄皮肤、黑眼睛的投资家刮目相看,送他一个"金融魔术师"的称号。

蔡志勇的成功之道是见好就收。譬如,你创办了一家餐馆,赚了一些钱,后来生意做大了,会出现如下情况:一是自己没有精力管得了越来越大的生意,二是单凭自己的财力,可能不够应付餐馆的发展。这个时候,你就得考虑趁高价卖给大财团,由大财团把生意"发扬光大"。至于自己得到的好处,就是套回一笔可观的现金,有了现金在手,又可以开始新的动作。

运用这种"钱滚钱"的方法,蔡志勇积累了巨额的财富。当"曼克顿互惠基金"

赚了大钱后,他把基金卖给了名叫 CNA 的大保险公司,并换回了 CNA 的股份,稳坐钓鱼台,而基金的股价在第二年便下跌了。1973 年,他又把 CNA 的股份卖掉,一年之后,CNA 的股价便大幅度下跌。蔡志勇由于及时撤退,不仅未受分文损失,还赚了一大笔钱。

后来,蔡志勇又成立了一家蔡氏公司,经营证券业务老本行。1978 年,他突然宣布,他控制的麦迪逊保险公司发明了一种低成本的人寿保险推销方法。结果引来大量投资者,公司的股价直线上升。1981 年,蔡志勇"故伎重演",把麦迪逊公司卖给美国罐头公司,既套回了现金,又换来了美国罐头公司副总裁的职位。

以后几年,蔡志勇动用数亿美元收购一些金融保险公司,并当上了美国罐头公司的首脑。1986 年,他又把美国罐头公司变成一家财务公司,专门经营保险、邮售及其他金融业务。到了 1988 年,蔡志勇又把这家财务公司卖给商业信贷公司。人们普遍认为,他又赚了一笔,因为当时财务公司的生意已大不如以前。

竞争"空当"

20 世纪 60 年代末,渐露头角的王安电脑公司设计出一种新型计算机。在推向市场之际,它却面临着 IBM 公司的雄关铁壁。当时,IBM 公司是这一领域的霸主,无论谁要购买计算机,首先都会想到 IBM 公司,对于王安电脑公司只是偶尔听说过而已。

王安电脑公司自信其新产品在性能上确实胜过 IBM 公司产品一筹,但怎样才能在市场上占有一席之地呢?

首先,王安电脑公司经过深入调查,了解到对购买计算机的政府用户有很多规定。凡购买电子产品时,只要一出现"计算机"一词,各种限制、手续就会铺天盖地而来,并且要得到本部门最高管理机构的批准。若购买一台计算器,即使价格高于计算机,其限制和手续也相对少得多,即使级别很低的部门也能迅速做出决定。于是,王安电脑公司决定将新型计算机改为计算器,但其中的功能保持不变,并宣布新产品将于半年后问市,以此来吸引顾客的注意力。

接着,两个月后他们不失时机地参加了一个展销会,把尚未最后完成的新产品一分为二,已成型的外部设备放于展销大厅,尚未微型化的电子部分放在展厅的隔壁,然后,用导线把它们连接起来。当看到这台正在工作的新型计算器的功能远远超过 IBM 公司的同类产品时,许多客户纷纷与王安电脑公司签订了购货合同。就这样,王安公司将 IBM 公司远远地抛在了后面。

抓住时机　速战速决

20 世纪 60 年代初,香港人刘文汉在一次与美国朋友的交谈中,偶然得知假发在美国很有市场。后来,他通过认真仔细的调查了解,发现美国的"假发热"确实有其深刻的社会原因:当时美国黑人反对种族歧视、争取平等权利的斗争与风起云涌的反对越战的学生运动,汇合成一股巨大潮流,冲击着美国社会。动荡不安的美国社会中,出现了以长发为标志的一代嬉皮士,戴假发成了当时的时尚。美国市场对假发的需求量空前之大,这无疑给假发制造业开创出了一个史无前例的黄金时期。

刘文汉看清了假发的广阔市场前景后,立即马不停蹄地开始调查制造假发的原料来源和制作人员、制作工艺。当时香港有人利用从印度和印尼进口的真发制成各种发型的发笠,成本相当低廉,而成品售价都高达300港币。刘文汉经过一番估算,立即做出重大决策,决定在香港创办"假发"工厂,向美国市场销售。

可是,当时香港没有一家生产假发的工厂,连一个美国人所需要的假发样品也弄不到,刘文汉对这一行也一无所知。他请来专门替粤剧演员制造假须假发的师傅,并对传统的假发制作工序进行现代化改造,购进制造假发的机器和原料。终于,第一批假发被生产出来了。

刘文汉拿着自己公司制造的新型假发向连卡佛公司推销时,连卡佛公司的高级职员简直不敢相信这样质地优良的假发会是香港的工厂制造的。因为在此之前,香港还没有一家像样的假发制造厂,美国进口的假发大多数是法国工厂制造的。

连卡佛公司对刘文汉公司生产的假发质量颇为满意,当即和他签订合同,每月进货100个,每个价格是500港元,仅是法国同类制品的1/3。第一炮打响后,消息不胫而走,数千张订货单雪片似的飞来,刘文汉的钱袋迅速鼓起来,很快就成了香港的一大富豪。

一年之后,香港出现了300家假发制造厂,雇佣工人数千名。在60年代的10年里,香港假发的出口总值高达10亿港元之巨,在香港制品出口中占第四位,刘文汉当选为香港假发制造商会的主席,被誉为"假发业之父"。

高效率出击

1984年9月底,正在联邦德国考察的常州市技术改造办公室的同志从一位来访的德国朋友那里得知,德方有家"能达普"摩托车厂倒闭了。中方立即向该厂表示:我们准备买下这个厂,但需回国后研究确定,一周之内,必有回信。与此同时,印度、伊朗等几个国家的商人也准备购买该厂。

回国后,常州市政府领导拍板决定全部购买"能达普"厂的设备和技术,并立即通知德方。随即组成专家团,准备赴德进行全面技术考察,商谈购买事宜。就在这时,联系人从联邦德国发来急电:伊朗人抢先一步,已签署了购买"能达普"的合同,合同上规定付款期限为10月24日,如果24日下午3时,伊朗汇款不到,合同便告失效。在这种突然发生的情况下,常州市该怎么做出决定,与伊朗人竞争呢?

常州市领导分析了整个情况后认为国际贸易竞争中也存在偶然因素,虽然伊朗商人在签订合同方面抢先,但能否付款尚属悬案。如果伊朗方面逾期付款,中方还有争取主动的机会。10月22日上午10时,常州市做出决定,立即派团出国,从伊朗人手中抢回这条生产线。代表团用了11个小时办完了要办15天的出国手续,10月23日,飞到了慕尼黑。他们立即与德方联系。10月24日下午3时,当打听到伊朗方面款项尚未到的消息时,中国代表成员立即奔赴"能达普"摩托车厂。慕尼黑市债权委员会主管倒闭企业事务的米勒先生面带笑容地接待了中国代表团。他说:"伊朗商人因来不及筹款已提出延期合同的要求。如果你们要购买,请现在就谈判签订合同"。原来,债权委员会已规定,"能达普"的财产必须于10月30日前出售完毕,以保证债权人的利益。如果逾期,将被迫拍卖,就是把全部固定资产拆散零卖,不仅使厂方蒙受巨大经济损失,而且使这个有67年历史的、生产名牌产品的厂化为乌有。我方意识到对方急于出卖的迫切心理,但又不能干闭着眼睛买外国设备的蠢事。经过几个回合的交涉,终于达成了中国专家先进行全面技术考察后再谈判的协议。

25日早晨,中国专家来到"能达普"厂,对全厂的设备、机械性能、工艺流程进行全面考察,最终结论是:该厂设备先进,买下全部设备非常合算。25日下午2时整,合同谈判在中国专家驻地正式举行。经过紧张的讨价还价,在次日凌晨签订了合同。常州专家团以1600万马克(合500多万美元)的价格,买下了"能达普"厂的2229台设备和全套技术软件。后来得知,这个价格比伊朗商人所要支付的价格低200万马克,比另一些竞争对手准备支付的价格低500万马克。

避实击虚　围魏救赵

范旭东先生是中国近代著名的企业家,为民族化学工业做出过突出贡献。毛泽东称赞他为"工业先导,功在中华"的民族资本家。他原来从事盐业生产。第一次世界战爆发后,输入中国的"洋碱"大幅度减少,中国的碱市场出现了异常稀缺的状况。于是他抓住难得的机会,创建了中国第一家制碱企业——永利制碱公司。

当时,英国卜内门公司一直垄断着中国碱市场。第一次世界大战结束后,它卷土重来,见到中国自己的制碱企业诞生了,便恼羞成怒地向永利制碱公司发起猛烈进攻,但是没能成功。卜内门公司不甘心与永利制碱公司共享中国市场,便又调来了一大批纯碱,以低于原价的40%在中国市场上倾销,企图以此挤垮永利制碱公司。

永利制碱公司老板范旭东见自己公司与卜内门公司实力相差悬殊,无法与其正面抗衡,如果永利制碱公司也降价销售产品,用不了多久,实力就会损失殆尽;如果不降价销售,产品卖不出去,资金无法回收,再生产也无法进行,用不了多久,永利制碱公司照样得破产。

在这个生死存亡的紧要关头,范旭东想起了自己年轻时因参加"戊戌变法"失败后逃亡日本的情形。触景生情,他想:自己当年因为躲避清政府的拘捕不得不东渡扶桑,现在为什么就不能暂避卜内门公司的锋芒而在日本发展呢?

生意既定,范旭东先生立即着手市场调查分析及计划的实施。日本是卜内门公司在远东的大市场。战争刚刚结束,百废待兴,卜内门公司的产量有限,能运到远东来的碱不会太多。卜内门公司现在在中国市场上倾销这么多的碱,那么运到日本的数量一定不会多,日本碱市场肯定缺货。

经过仔细调查和分析,范旭东发现,当时日本的两大财团"三菱"和"三井"在争夺商界霸主地位,两者竞争十分激烈。三菱公司有自己的碱厂,三井物产公司没有,依赖进口,这不是天赐良机吗?范旭东立即与三井物产公司取得联系,委托它为日本总经销,以低于卜内门公司的价格销售永利制碱公司的红三角牌纯碱。三井物产公司欣然应允,因为代销不占用资金,又有利可图,还解决了自己的燃眉之急。这样,双方很快就达成了协议。

水利制碱公司的红三角牌纯碱,虽然在日本的销量只有卜内门公司产品的1/10,但是却如一支从天而降的轻骑兵,依靠三井财团遍布日本的网状销售点,向卜内门在日本的碱市场发起了突袭。红三角牌纯碱跟卜内门公司产品的质量相同,价格却便宜很多,于是很快就造成了日本碱市场的大跌价,卜内门公司产品也不得不随之降价。

日本工业发达,碱需求量大,卜内门公司在日本市场的碱销售量远比在中国的销售量大。这么一降价,损失相当惨重。而永利制碱公司产品在日本的销量只有卜内门公司的1/10,价格比卜内门公司在中国的降低价还要高一些,所以损失较小。

卜内门公司在日本市场上手忙脚乱,疲于应付,被永利制碱公司的红三角牌纯碱搅得团团转。最后,卜内门公司为了保住日本大市场,不得不主动求和,表示它愿意停止在中国市场进攻永利制碱公司,同时也希望永利制碱公司能在日本停止挑战行动。范旭东见自己的"围魏救赵"战略已取得胜利,就乘机提出条件:停战可以,但卜内门公司今后在中国市场上变动碱的价格时,必须先征求永利制碱公司的意见,得到同意后方能行动。卜内门公司别无选择,只好同意了。

独辟蹊径

厨房里烟熏油呛所形成的一层油垢,清除它可是一件令人伤脑筋的事。

这黑乎乎、粘糊糊的一层,用水洗不掉,布也擦不干净着实让人头疼。于是,各种各样的"克星"应运而生。除垢灵、清洗剂;液体的、膏状的;特效的、强力的举不胜举,种类多得市场上到处可见。

河北保定华仪器械厂也要凑一下热闹，吃一口"去污饭"。但市场上已经出现了"特效""特特效"，要想挤进这个市场，似乎非得推出个"特特特效"不行。

"华仪"绞尽脑汁，经过科研攻关，终于推出了新产品——"换扇清"。但它压根就没有洗涤油垢的功效，更没有一点特效。

原来，他们是给厨房穿上一层"衣服"。只要将这种新产品涂抹在厨房用具上，20分钟之后，便在其表面生成一层透明的防护膜。它不会爆层、卷皮，可以延缓油垢形成的时间，油垢积多的时候，可以像妇女涂的面膜一样一撕就可以掉下来。

北京市厨具餐具公司的经理傅维顺慧眼独具，决定让"换扇清"在自己的公司亮相。

"换扇清"刚一摆上柜台，其销售量马上令各种各样的洗涤用品坐了冷板凳。

以优质的服务求生存

扬州光明眼镜公司是一家国营的老字号。有一段时间，这家公司对顾客服务欠周到，使许多人无可奈何离去。1989年，扬州城有几十家个体眼镜店纷纷开张，使光明眼镜公司的顾客一天比一天少。

光明眼镜公司的女经理蔡德庆面对这种情况马上提出：抓质量保信誉，重振国营雄风。

学生是近视眼镜的主要需求对象。蔡德庆就带人跑遍全市35所学校，在5万名师生中开展常年咨询活动，聘请眼科专家做专题讲座，使他们在光明眼镜公司既配上了合适的眼镜；又学到了保护眼睛的知识。配镜所需时间也由过去的一个月缩短为不到一个星期。

近年来，扬州几十家个体眼镜店不断抛出花样繁多的促销手段吸引顾客：开始是有奖销售，接着是削价配镜，再后来买一送一，一时间场面很红火。光明眼镜公司却从不凑这个热闹，他们只在服务的硬、软件上下功夫。先后花数十万元从日本进口了两台电脑验光仪，邀请香港、英国及国内著名的验光师来公司为观众验光，并讲解屈光等原理。店里还常年供应美、日、德等7个世界名牌厂家近500种镜架、12个种类、8486个光度的镜片，开设了上门服务、电话服务、夜间服务等将近20个服务项目。

在扬州光明眼镜公司与60多家个体眼镜店4年的竞争过程中，已经使得20多家倒闭，还有的已经开始向"光明"学习，注重质量守信誉。扬州眼镜公司又见"光明"。

兼并重组　科学融通

20世纪80年代,台湾新台币大幅升值,而且股市热闹,股价上涨,上市公司易于筹资以及国际化经营思想的传播这几个因素促使台湾企业积极进行跨国收购,寻求海外技术、市场与生产基础。

在收购最积极的1989年,台湾成立"收购外国企业"专案小组,同时建立收购信息中心提供服务,就当时,对3000家绩优厂商进行问卷调查,结果显示约有3/4的企业愿意或考虑到海外投资,其中以信息、电子电器、纺织、机械,石化等行业对海外收购最感兴趣,且以北美为主要收购对象,这显示出台湾企业赴海外收购已蔚然成风。

有的企业虽然已在抢滩收购中阵亡,但成功者已取得被收购公司的控制权、技术、行销渠道,成为跨国经营的企业。部分企业受到美国经济不景气与收购后整合无法顺利完成的拖累,尚处于亏损状况,但有些企业已经获得利润,而且利润率已超过美国的基本放款利率。

1987年,宏碁公司以2亿新台元的价格收购生产微型电脑的美国康点公司,借以获得迷你电脑的生产技术。根据宏碁公司董事长施振荣的电脑金字塔理论,位于底部的个人电脑厂商,若想摆脱激烈竞争,必须升级往大中型电脑发展。为了突破技术发展的瓶颈,收购康点公司是取得技术的终南捷径。在此之前,宏碁公司曾收购美国桑德克公司,使宏碁比其他国内电脑公司提早一年到半年熟悉32型的系统环境,进而确定宏碁在个人电脑技术领域领先的地位。凭此成功的经验,使宏碁公司认为收购是获取技术的最好方法。

然而收购之后,由于管理上的失误,康点研究人员大量流失,而康点公司的订单也大为减少,32型个人电脑对微型电脑产生严重压力,内忧外患使康点经营每况愈下,3年的累积亏损达4亿台元。到1986年6月,宏碁公司只好撤资,将康点公司与宏碁科技公司合并,成立宏碁美国分公司,简称美国宏碁公司。宏碁公司经过调查研究后认为,失败的原因在于"人员聘用"上,成功的公司必须能够聘用有能力的人并将他们安置在适当的工作上。无论收购前后,康点公司都发生了人才断层的危机,因此才产生亏损。而宏碁公司缺乏管理人才,无法派员填补这个组织的缺口!这印证了德鲁克所提出的收购成功条件之一:"购并后一年内,买方必须有人才可替代卖方的高级主管。"

不经一事,不长一智。1990年8月宏碁公司收购美国阿图斯公司时,对管理可行性的评估更为谨慎。在评估阶段,宏碁公司确信阿图斯公司的高级主管对此收购表示欢迎,不致在收购后有人才流失的困扰。而且在收购后,在宏碁公司方面的协助下,阿图斯原任总裁康威进行人事、制造与研究部门的整合,百余名研究人员仅裁掉10多名不胜任者。

这一次,宏碁公司的收购行动获得了成功。

冷静分析　不战而胜

安氏公司和吉远公司是香港两家著名的房地产开发公司。两家本为一体。吉远公司的老板陆吉远精通房地产业,在银行的支持下,从安氏公司中独立出来,并抢走了安氏公司的一些项目。因此,两家公司的关系一直很紧张。安氏公司视吉远公司为"叛逆",一直想以雄厚的实力和丰富的经验挤垮吉远公司。可是吉远公司的老板陆吉远在房地产业中混了多年,经营有方,而且还有银行的支持,所以它非但没有被挤垮,反而一天天壮大起来。

安氏公司虽然暂时失利,但公司老板安邦并没有灰心。他苦心经营着公司内外事务,等待时机东山再起。

中国实行改革开放后,安邦凭着他敏锐的商业意识,觉得这是发展安氏公司的大好时机。于是,他赴大陆考察,不久就揽下了几个大项目。就在安氏公司想在大陆大展宏图时,情况发生了变化。

就在安邦准备到大陆签合同的前一天,电视新闻中播出了一则消息:"建筑业新霸主陆吉远,为求迅速发展,将于近期展开攻势,收购其'老家'安氏公司。陆先生称,他正调集足够资金,准备从明天起大规模收购安氏公司股票。社会上零散的安氏股票很多,如果收购顺利,不愁做不了'安氏'的最大股东。金融界认为,陆先生此举定会引起股市的波动。"

安邦听完这条新闻报道后,大吃一惊,心想:吉远公司这几年发展迅速,又有银行的支持,如果他这次收购成功的话,自己大半生的辛劳岂不是白费了吗?不行,不能让他得手。他想收购,我就来个反收购!

但是,当安邦把吉远公司的全部资料找来,从头到尾仔仔细细地看完一遍后。心中顿起疑窦。资料表明,吉远公司尚不具备收购安氏公司的实力。安氏公司如果组织反收购,吉远公司不仅不会成功,而且还会积压不少资金。陆吉远不可能干这样的蠢事,银行也不会同意做傻事。再说,即使他真想收购安氏公司股票,又怎么可能把消息透露给兴风作浪的新闻机构呢?其中必定有诈。安邦想到这里,已经猜到了八九分:陆吉远"醉翁之意不在酒",他是想借此破坏我在大陆的投资计划。

想到这里,安邦冷笑几声,找来助手,交代了对策,然后就到大陆签订合同去了。

新闻播出后,第二天股市一开盘,吉远公司果然开始大量收购安氏公司股票,"安氏"股票价格直线上升。持股市民争相抛售。吉远公司的收购工作非常顺利。下午,安氏公司开始出来回收股票,但只收购了一会儿就停止了。第三天早上,"安氏"股票价格进一步攀升,吉远公司照旧大规模收购,有多少吃多少。安氏公司却没有在股市上露面。新闻媒体纷纷报道："吉远公司攻势凌厉，安氏公司无招架之力，不敢应战。'安氏'可望易姓。"

又一天过去了，安氏公司的股票持续大幅度上升，吉远公司开始力不从心，宣布停止收购。当天晚报刊出一条消息："'安氏'老板在大陆签订大宗工程合同，'安氏'安然无恙"。到了第4天，"安氏"股票价格大幅度下跌，安氏公司开始低价回收本公司股票。吉远公司收购安氏公司的阴谋不攻自破了。

原来，当吉远公司第一天开始大规模收购"安氏"股票时，安邦的助手在股市秘密抛售了部分股票，下午又故作姿态回收少量股票后就撤出了，造成"无力反收购"的假象，刺激股价持续上升。吉远公司本来就无心收购安氏公司的股票，只不过想激怒安氏公司来进行反收购，借此破坏对手去大陆签约的计划。谁知安邦并没有上钩，吉远公司自讨没趣，又没钱继续高价收购，只好急忙停止收购。吉远公司高价购进股票，股价下跌使它赔了一大笔钱，而安氏公司利用吉远公司收购"安氏"股票的时间，去大陆谈成了几笔大生意。回港后，又趁着股价下跌，大规模低价收购了自己公司的股票，又赚了一大笔。

安氏公司在这场收购战中，采取了以静制动的战术，凭自己雄厚的实力，置吉远公司的进攻于不顾，在大陆谈成了大生意。等吉远公司精疲力尽撤退后，安氏公司乘机大举反攻，不但自己未损一根毫毛，而且获利不少，同时还重创了吉远公司，可谓"一箭三雕"。如果安氏公司轻信吉远公司的谣言，进行反收购，那么它非但失去了进军大陆的大好机会，而且还会损失一大笔宝贵的资金。

让利销售　皆大欢喜

历时三年的朝鲜战争结束了，刚过而立之年的霍英东已由一个一文不名的"舢板客"，成为一个千万富豪。

在航运业获得的巨大成功，使霍英东对自己的事业更充满信心，并使他以更大的勇气寻找新的发展途径。他认为香港由于航运事业的繁荣，必然会带来金融贸易的发展，而香港的商业及住宅楼宇的不足，又必将影响到金融贸易的开发。于是他将目光和经营重点转移到楼宇住宅建设上去。

1954年12月，霍英东在香港铜锣湾买下了他的第一幢大厦，并创办了"立信建筑置业有限公司"。他收购和拆卸旧楼，建筑新楼，开始进入他事业的全新时代。

在创业之初，霍英东也并非一帆风顺。1967年，轰动香港的"左派暴动"正如火如荼，地产市道急剧下跌，而霍英东恰在此时建立了星光行大厦，坐落在九龙天星码头之前。由于租主吓跑了，星光行只好廉价售给怡和洋行旗下的置地公司。结果，置地在半年内将星光行数百间办公室全部租出，而霍英东却眼巴巴地损失了3000万港元。

失败使霍英东饱尝了痛苦，但痛苦又磨炼了他的意志。在如何经营的问题上，霍英东的创新意识发挥了作用。

他通过精心观察分析发现，当时只是有钱阶层才能够购置物业。如果要买一幢楼，你必须预先准备几十万元的现金，一次付清，即一手交钱，一手接房，少不得一毫一厘，拖不得一时半刻，一点通融的余地也没有。这种房地产生意对于买卖双方来说都是一件苦事。

经过不断探讨，他领悟到只有最大限度地扩大购买对象，房地产业才能普及并发展起来。

于是，霍英东发明了楼宇预售的办法，顾客只要预先交付10%的现金，就可以购得即将破土动工兴建的可供出售或出租的楼宇。也就是说，买一幢10万港元的楼宇只需准备1万元现金就可以买得居住权，9万元和利息按合同以后分期付款偿还。

对房地产商来说，以前你只能建造一座楼宇，现在用同样的资金加上预收的款项，在建筑工价是售楼价三分之一的情况下，你可以兴建4座楼宇。

而对购屋者来说，更具有极大的诱惑力，你可以先付一小笔钱，待到楼宇建成，房价上涨，转手倒卖，也是白花花的银子。

这就是香港盛行的"炒楼花"。

楼花的发明，使一般市民也有机会买楼住了。用霍英东自己的话说："今天，一个佣人也可以拥有一层楼，她只需先付一小笔钱。"

霍英东这种大胆的创举扩大了购买范围，使房地产生意越做越活，资金运转快，效益日增。很快，其他房地产商亦竞相仿效。

在短短的十多年里，霍英东就成为国际知名的香港房地产业巨头、亿万富翁。

不认"天命"认"拼命"

欧阳德平刚刚长到两岁，左腿就因病致残。祖父忧心忡忡地抱着小德平，天天都在哀叹："长大了，这孩子靠什么生活？"

欧阳德平15岁就告别了学校，一步一摇地走进了一家服装店，当了一名学徒。出师那天，师傅拍着他的肩膀说："凭你这双巧手，挂牌开个店，穷不了。"

他没有急于开店，先后走进几家服装企业当设计师，继续学习和锻炼。当他的"欧阳德平服装店"终于开张之后，师傅的话兑现了，仅一年多，他就盖起了楼房，还娶上了媳妇。

正在这时，一件偶然的事情改变了欧阳德平的人生之路。

欧阳德平生活在湖北省天门市车湾村。村里有一个有15名职工的人造革手套厂。由于经营不善，已累计亏损2万多元，工资发不出去，40平方米的厂房破烂不堪，12台缝纫机快生锈了。村党支部书记找到欧阳德平，请他帮忙办好这个厂子。

到这样的厂子去,这意味着抛弃自己的"小康"之家,与手套厂、全村共患难。但欧阳德平立即答应了,连一点点附加条件也没提,从此,他就一步一摇、一步一晃地走进了手套厂。

进厂后,他的职务是特派技术员。他想的第一件事是给厂子找个出路,让大家早日致富。经过调查了解,欧阳德平拿出了自己的建议:人造革货不对路,最好转产服装。1982年7月,湖北天门东方红服装厂诞生了。有人劝他说:"全国服装厂家多达上万,你腿脚不便,信息不灵,搞不好就会身败名裂。"

欧阳德平激愤地说:"瘸子也是人,不认'天命'认'拼命',豁出去也要闯一番事业!"

欧阳德平决心开发新产品,但苦苦思索仍然没个眉目。他到电影院看了一场《追捕》,影片主人公杜丘的服饰引起了他的遐思。散场了,他赶紧又买了几张票,连续看了好几场。回家后,熬了个通宵,设计出一种新颖别致的灯芯绒"杜丘服"夹克衫。适逢武汉正举办省二轻产品展销会,欧阳德平带着他的样品在展销会上一露面,颇有见地的客商们就纷纷围上来,询问、洽谈、订货,10万、100万、200万……

一夜之间,企业起死回生。新厂房盖起来了,二百多名新职工招进来了。此后,欧阳德平又相继推出"瓦尔特衫""光夫衫""幸子服"……

1984年,欧阳德平当上了厂长,这年他只有25岁。

认定商机 反道而行

陈嘉庚是当代海外游子中的著名爱国实业家。20本世纪初,30岁的陈嘉庚就在新加坡开始了他的创业生涯,最早经营的是一个罐头厂。有一天,他从一位英国朋友那里听到英国一家股份公司在新加坡高价收买橡胶园的信息,便敏锐地意识到这项事业的前景将十分广阔。于是,他开始转而投资经营橡胶园。到20年代初,其橡胶园的规模已发展到5000英亩。这时,他遇到一个巨大的逆浪,由于种植橡胶成本轻而获利重,英商、日商纷纷拥来。一时间,胶园遍布南洋,产量大幅度增加,超过了市场的需求量,从而导致市场出现了供过于求,价格急剧下跌,陈嘉庚的胶厂也因亏损而部分停产。

陈嘉庚

面对这扑面而来的逆浪,陈嘉庚并没有退缩,而是勇敢地同逆浪搏击。他通过对大量信息资料的分析,从满天阴霾中看到了无限的光明。他预测由于橡胶用途之广无与伦比,20世纪将是橡胶的时代,眼前

的生产过剩和利润减少只是暂时的。同时他还了解到,南洋一带的橡胶业是英国政府的重要税收来源,他们绝不会坐忍橡胶价格继续下跌。于是,陈嘉庚做出了一个大胆的决策,就在人们纷纷出卖胶园、胶厂时,他却到马来西亚等地,耗资30多万元买下了9所胶厂,随后又投资10多万元扩充和改造了这些胶厂的设备,并对自己原有的胶厂也都进行了整修。同时,他还看到熟胶制造在当时多为英商所独占,而自己的胶园只能向他们提供橡胶原料,便又筹集10万元资金,新建了橡胶熟品制造厂,从而,形成了胶园种植、原料加工、熟品制成等系列化生产。不出陈嘉庚所料,1922年11月,英国政府果然采取强制性措施,使胶价开始回升,橡胶业又恢复了生机,陈嘉庚与他的橡胶事业进入了新的发展时期。

善于适时决策

鲁冠球是杭州万向节厂厂长。10年来,他把一个名不见经传的乡办企业,发展成为中国汽车工业公司配套生产万向节的三家重点企业之一,成为配件行业中的佼佼者、乡镇企业的楷模。他主持的杭州万向节厂,1984年就有6个产品获部优产品称号,并被浙江省汽车工业公司批准为免检产品。它独家生产的63种进口汽车的万向节,填补了国内市场的空白,为国家节约大量外汇。1984年3月,美国钢铁改良和锻造公司总裁奥东尼等人到该厂订购3万套万向节,这是我国首次向发达国家出口万向节。该厂为何能取得如此显著的成就呢?

首先是填补空白决策。1979年,由于我国能源紧张,压缩汽车的生产。这种情况直接波及生产汽车配件的企业,用户要求修改合同,减少订货。杭州万向节厂的产量、产值都直线下降,处境日趋困难。上级部门规劝这个厂与其他乡镇企业联营转产自行车。鲁冠球没有盲目服从,而是通过大量的市场调查了解到国产汽车的万向节已供过于求,进口汽车的万向节国内则无人生产。其原因是进口汽车型号多、批量小、工艺复杂、利润低,国家只好每年花一大笔外汇进口。若能填此空白,将为国家立一大功。鲁冠球果断决策,半年时间要把它搞出来。结果是他带领全厂职工克服了诸如设备、技术力量、资金、产品质量等方面的困难,硬是搞了出来,且质量达到了同类进口产品的要求。

其次是提高企业素质决策。10年前的某天,鲁冠球得知,机械工业部要在全国生产万向节的50多家工厂中进行整顿并进行遴选。择优选出三个作为国家定点生产厂。这个信息使鲁冠球意识到"整顿"中不合格的要被淘汰。为了使企业在竞争中立于不败之地,关键是提高企业的素质。他聘请13名专家、教授、工程师为顾问,同时狠抓了在职培训。他一方面选择文化程度较高的47名职工去学习化验、质检、计量、统计、资料管理等技术,回厂后成为技术骨干;另一方面聘请大学老师来厂授课,进行全员培训,学习成绩好的给予奖励,促进了职工学习的积极性。目前,全厂职工已轮训2次。他每年支付培养费8万元,从高考落榜中招考44名高中生,分送到 5 所大学攻读 2 年制专科和 4 年制本科。1983 年 10 月,2 年制专科毕业生回厂,鲁冠球把他们分配到生产第一线。他认为,大学专科生当技工,保证了企业的技术素质。他还支付 2.4 万元迎接来 4 名大学生。根据本厂要求调来 1 名工程师、2 名助理工程师,加强了企业的技术力量。

为了提高企业素质,他狠抓了企业全面质量管理,亲自担任质量管理小组组长。他派出 30 人回访全国用户,背回不合格产品,加上从仓库检查出来的,共有不合格产品 3 万套,价值 43 万元。鲁冠球把这些不合格产品全部报废,毫不将就。鲁冠球对全厂职工说,我们要的是优质产品、合格产品。以后不合格产品一律报废,不能将就,将就等于自杀。他撤销了建厂房、宿舍和食堂的计划,把钱用来搞技术改造。在计划、生产、技术、物资、财务、人事、考勤、纪律、经济合同、文明生产等方面都制定了管理制度,全面推行岗位责任制,企业素质大大提高。在中国汽车工业总公司组织的整顿验收检查评比中,获得总分 99.4 的好成绩,居全国 50 多家同业榜首。从此,这家乡镇企业同青岛、广州的两家国营企业成为全国定点厂。10 年来,在产品、质量、品种、全员劳动生产率、资金利润率、资金利税率和万元固定资产产值等 7 个指标,一直为全国同行第一。事后,鲁冠球说,要办成一流的企业,就要有一流的职工素质。随着企业素质的提高,产品质量和产量都跨上了新台阶。1984 年春季广交会上,一批加工精细的汽车万向节吸引了外商,一次就拿到出口 3 万套万向节的合同,开创了中国汽车万向节进入国际市场的历史。1986 年生产万向节 140 万套,占全国总产量的 35% 和 3 个定点厂的 50%。各种规格达 110 种,有的被评为部优产品,鲁冠球也被评为省特等劳动模范。

再次是薄利多销的价格决策。在全国汽车配件订货会上,鲁冠球发现国产汽车万向节销售情况不妙,几乎没有买主。鲁冠球探得这种冷场是买卖双方在"抗衡",买主等待削价。他立即召开会议,根据手中掌握的各家成本及利润的资料,决定薄利多销,以只赚 5% 的微利而降价 20% 销售。第二天贴出布告:杭州万向节厂的各类产品,按部订价格下降 20%。这样一来,客户蜂拥而至,排队签订合同,订货额达 212 万元之巨。2 年多后,一批国营同行才跟着降价 20%,但这时杭州万向节厂的成本又下降了 39.5%,仍然具有极大的竞争力。

第五章　圆桌谈判抓弱点

弱马易骑,弱点好攻。任何事物都是由点和面组成的统一体。"面"是事物的整体和发展的全过程,"点"则是事物的某一方面、某一部分或某一阶段。在谈判过程中可以针对对手的某些弱点进行突破,以点带面,迫使对手让步,最终取得谈判的胜利。

互惠退让

1993 年夏,广州市某外贸公司同新加坡某电器公司商洽进口电子产品事宜,双方在广州举行谈判。

由于双方签字数量多,交易标的额大,所以双方对这次谈判都十分重视,都组织了精干的谈判班子,特别是作为买方的中方,在谈判之前,已做好了充分的国际市场行情预测,并对日本、韩国、台湾同类产品的价格做了调查摸底,由于新加坡公司的产品质量比较好,所以把谈判重点放在同新加坡公司的交易上。

谈判一开始,按照国际惯例,首先由卖方报价,卖方谈判代表深谙报价之道,他们深知报高了会给买方一种没有诚意的印象,甚至会把对方吓跑,报低了,则会让买方轻而易举地占了便宜。卖方谈判代表先发制人,报盘单价每件 300 美元,这一报价实际偏离正常价格许多,卖方以此作为讨价还价的基础。

中方谈判代表单刀直入,明确指出这一价格过高,中方绝对不能接受。卖方知道中方对国际市场行情已经作了调查了解,因而自己的目标过高恐怕很难成交,于是便采取迂回前进的方法来支持自己的报盘,开始详细介绍产品的特点、性能及质量,证明自己所要价格并不高,这种手段十分巧妙,既回避了正面冲突,又宣传了自己的产品,最后又表示诚意,说:"我们充分考虑到了贵公司的要求,为了我们合作愉快,我们决定对贵公司提供最大限度的优惠,每件价格降至 280 美元。"

卖方谈判代表以为这样一来,我方就会做出欢迎的表示,却想不到我方谈判代表毫不买账,明确提出,经中方调查了解到的情况,卖方报价 280 美元一件仍然过高,中方只能接受单价 200 美元的价格。卖方代表想不到中方如此还价,顿时陷入了为难的境地,但经过片刻沉默,老练的卖方谈判代表立刻放弃了"友好"姿态,转而采取了强硬的态度,反复强调,280 美元是最便宜的价格,在此基础上,不能再低,希望中方能从产品的性能、质量着眼,接受这一价格。

第二轮谈判开始,卖方谈判代表的态度有所缓和,提出,如果中方同意增加订货量,降价问题可以考虑,中方谈判代表看出卖方的意图,在我方增加订货量的基础上降价,卖方实际上利润仍然毫不受损。卖方实际上是在利用迂回前进策略,但中方谈判代表佯作不知,而是将计就计,答复道:"如果贵公司有这样的要求,我方可以考虑,但我方增加订货的基础是贵公司首先提出一个令我方容易接受的价格。"卖方谈判代表再次降价,单价为 260 美元,以为我方会满意应允,谁知我方代表又说:"我们对贵公司的进步表示欢迎,但是并非我方无理压价,最近,我们连续接到日本、韩国公司的要约邀请,请看价目表。"说完,中方谈判代表将日本、韩国公司的价目表给卖方谈判代表看,他们深知碰上了对手,提出关于价格问题要请示总公司,请求暂时中止谈判。

休会期间,中方谈判人员认真分析了形势,认为,卖方代表请示的结果,将会对我们有利,但仍然不会接受我方200美元的回盘价,因为日本、韩国公司的同类产品价格虽然是200美元,但质量、功能远不及新加坡公司,为了争取主动,中方应主动做出让步,换取对方更大的让步,争取双方互利互惠、达成协议。

三天后,第三轮谈判开始,中方谈判代表首先发言,提出中方同意增加订货40%,但要卖方将单价降至220美元。卖方谈判代表当即表示同意,说:"中方的态度和总公司的指示相符,虽然总公司指示单价只能降至230美元,但由于中方增加了订货量,所以谈判代表有权接受这一条件。作为对中方友好态度的回报,卖方愿意承担全部运输、保险费。"卖方谈判代表的话音刚落,会议室里顿时响起了一片热烈的掌声。

冷静应战

在锅里炒鸡蛋必须反复翻动,炒蛋战术的目的是故意把谈判的正常程序搅乱,使对方心烦意乱,难以应付。我国一家企业与外商谈判,合资生产矿泉水,当我方谈判代表对矿泉水的一个技术参数提出质疑时,对方竟然气势汹汹,从包里倒出一大堆资料,要我方代表核对。这就是使用炒蛋战术。

遇到这种情况,一定要沉着冷静,稍安毋躁,以柔克刚,不怕麻烦,不怕耽误时间,不怕谈判失败,耐心细致地核对材料,分析情况,解决问题,使谈判从无序重新走向有序。

蚕食战术又名切香肠法,其做法是通过逐渐获得一点一滴的"寸利",最后达到取得"尺利""丈利"的目的。

匈牙利前总统拉科西说:"对方有一根意大利香肠,你不要去抢,而是恳请对方给你切薄薄的一片,日复一日,整根香肠终于归你所有。"

蚕食战术在谈判中最为常见,在讨价还价中,对方经常说:"不就多一角钱嘛!?""不就多运一站路嘛!?""不就多耽搁一天嘛!?"似乎是"小菜一碟",不值得再去纠缠;遇到此种情况,要特别提高警惕,这正是对方的"蚕"在食一片片桑叶。

声东击西

某公司在一次商业谈判中作为买方与作为卖方的某外商就一批家用电器的交易进行了谈判,在谈判过程中,卖方报盘价较高,经我方争取,卖方虽然做了让步,但我方仍觉得价格偏高,而卖方又不肯继续让步,我方又不忍放弃已经取得的成果,左右为难。

这时,我方抛开这一主题,指出对外商同类产品的来件装配很感兴趣,恰好外商也正想寻找合作伙伴,马上表现出极大的热情,我方提出双方就来件装配问题进行合作,我方将扩大订货量,搞批量组装,但对方必须提供优惠。外商觉得买方订货数量可观,表示愿意就这一问题开始谈判,结果双方的谈判议题竟从成品交易转移到来件组装方面,买方趁机与卖方进行来件组装方面的讨价还价,卖方感到买方订货量可观,同意大幅度降低价格,最后双方先就来件组装问题达成协议。其后,双方继续商谈成品贸易问题,外方仍坚持原立场,我方谈判人员先从外方同类产品配件的供给我方价格谈起,加上组装费用,算出该类产品的成本远低于外方的要价,外商坚持原价格是没有道理的。这时外商才发现中了我方声东击西之计,不得不面对现实,按我方的要求做了退让。我方不仅在成品贸易上未受损失,还达成了一笔来件装配交易,真是意外的收获。

装糊涂挫锐气

我国某外贸公司在与美国某工业集团在某项贸易合同谈判过程中,美方自恃财大气粗,执意要求将谈判地点定在美国,我方谈判代表看出其中必有文章,便同意了美方的要求,看其到底施用什么手段。

谈判在愉快的氛围中开始了,但一上场,美方谈判人员就没把我方放在眼里,作为卖方主动报盘,陈述情况,其气势凶猛,滔滔不绝。从上午8点开始,一直僵到11点,美方谈判代表共三个小时,并配合有数字图表,精心备置的计算机显影,大屏幕投影仪不时打出深奥难懂的图像,以证明他们的要价是完全合理的。当报盘结束后,美方谈判人员带着满意的笑容,充满自信地转向我方谈判代表,问道:"噢——,就介绍到此为止了,你们认为怎么样?"此时,我方谈判代表一直一声未吭,只是静静地坐在沙发椅上,听到买方人员提问,便平静地回答:"很遗憾,我们不明白您的介绍。"美方谈判人员一听,顿时脸色突变:"你们到底什么地方不明白,我可以为你们解释。"我方谈判代表微笑着说:"对您所介绍的内容全部不明白。"美方谈判人员一下子像泄了气的皮球,沮丧地坐到沙发上,问道:"请问,这到底是怎么回事?"我方谈判代表笑而不答,只是静静地看着美方代表,眼看时针已经指向12点,美方谈判代表有气无力地说:"好吧,我是不会再讲一遍了,那样也没有用。下午,我们重新开始谈吧。"

下午的情况不用介绍也能猜想得到,显然美方的要价地位已经大打折扣了。

不急于求成

一次,深圳一家公司欲从某港商处引进一种比较先进的机械设备,港商得知买方欲更新设备,扩大生产规模,对这种设备十分需要,在谈判中提出了很高的开盘价,我方谈判代表在谈判桌上与对方展开了激烈的较量,但由于港商态度坚决,没有取得任何进展。

假设深圳该公司如果没有这种设备,扩大再生产的计划就无法实现,如果答应港商的条件我方则要被重重地宰一刀,这是我方所不情愿的,就在我方进退两难之际,公司谈判代表突然宣布谈判暂时中止,我方对港内的条件需要请示董事会,请求港商等待我方的答复。谁知一拖就过去了半个月,港商慌了,再三请求恢复谈判,我方均以董事会成员一时难以召集,无法达到法定人数,因此无法召开董事会讨论这一问题作为答复,又过了一个星期,港商又来催问,我方仍是如此答复,这下港商慌了手脚,急忙派人打听消息,结果令他大吃一惊,原来深圳公司正在着手与日本一家公司商洽同类商品的进口问题,双方对达成这笔交易很感兴趣。须知在商场上时间就是金钱,市场就是生命。港商眼看着要失去一个十分重要的市场,对自己产品的竞争十分不利,马上转变了态度,表示愿意用新的价格条件同我方继续商谈,我方看着目的已经达到,就同意了港商的要求。在谈判桌上,港商如同斗败了的公鸡,连连退步,谈判达成协议时港商大呼赚头少得可怜,而深圳公司则大大节省了一笔外汇支出,靠施缓兵计取得了重大胜利。

听出话外音

一位世界著名谈判家的邻居是一位医生,在一次台风过后,医生的房子受到了严重的损害。医生希望能从保险公司多获得一些赔偿,但自感自己没有这种能力,于是想找这位谈判家为自己参谋参谋。

谈判家答应帮忙,并问医生:"你希望能得到多少赔偿呢?"医生回答说:"我希望通过你的帮助,保险公司能赔偿我 500 美元。"

谈判家点点头,然后又问道:"那么请你实实在在地告诉我,这场台风究竟使你损失了多少钱?"

医生回答道:"我的房子实际损失在 500 美元以上。"

几个小时以后,保险公司的理赔调查员找到了谈判家,并对他说:"我知道,像您这样的专家,对于大数目的谈判是权威。但这次你恐怕无法发挥才能了,因为根据现场的调查情况,我们不可能赔得太多。请问,如果我们只赔你 300 美元,你觉得怎么样?"

谈判家沉吟了一会,然后对调查员说:"你的顾客受到这么大的损失,你居然还有心思开玩笑? 任何人都不可能接受这样的条件。"

双方沉默了一会儿,理赔调查员打破了僵局:"好吧,你别把刚才的价钱放在心上,不过我们最多也就能赔 400 美元了。"

谈判家回答说:"看一看毁坏的现场,你就会知道这点钱是多么可怜。绝对不行!"

"好吧,好吧,500 美元总该行了吧?"

"小伙子,别轻易下结论,我们再一起去看看现场吧。"

在谈判家的一再坚持下,这一桩房屋理赔案的谈判,最终竟以不可思议的 1500

美元的赔偿费了结,这大大地出乎了医生的预料。

谈判家到底从理赔调查员的谈话里听出了什么,以致他放心大胆地与对方讨价还价,甚至当对方已出到他和医生预先设定的价格时仍不让步。

原来,聪明而富有经验的谈判家从理赔员说话时的口气里,发掘出了谈判事实的真相,找到了隐含在对方谈话中的重要信息。理赔调查员一开口就说:"如果我们只赔你 300 美元,你觉得怎样?"注意,关键就在于这个极易被忽视的"只"字上,它显示理赔调查员自己也觉得这个数目太小,不好意思张口。因此,他第一次所出的价格只是一种试探,绝不是最后的出价。在第一次出价后一定还有第二次,甚至第三次。在做出了这种判断后,谈判家在谈判过程中牢牢地控制着局面,决不轻易让步。

虚张声势　瞒天过海

1992 年,某电子仪器厂要引进一条电子产品生产流水线。该厂技术人员到日本考察后认为,日本的生产线,在质量和技术方面都是世界上最先进的,只是日方自恃技术力量雄厚,要价偏高,针对日方的置难,中方正着手研究对策。

我方决定与日方谈判。第一轮谈判于当年 6 月在该电子仪器厂所在城市举行,电子仪器厂为使谈判能够成功,特意把工厂主管全厂质量工作的电子专家调进谈判组充当主谈人。在谈判开始前,中日双方为此都进行了大量的准备工作,日方专派精通中国商务并会讲汉语的公司中国课课长和公司销售专务、驻华总代理兼翻译等三人为主体的谈判班子来同我方谈判。

日方在谈判一开始就给人以盛气凌人的印象,高报底盘,高出中方考察人员所掌握的外汇底盘 210 万美元。中方与之进行了 4 轮谈判。但日方总是盛气凌人,寸步不让,声称他们的生产线是世界之冠,独一无二,宁不成交也不降价;谈判陷入了僵局。这时,中方派往日本考察的技术人员报告了一个重要信息,日方的生产受到韩国几家同类工厂产品的冲击,韩国生产线目前正在与日方争夺市场,日方对此深感头痛。我方谈判代表当即决定中止谈判,请日方等待我方的最后答复,给日方以我方无力支持的假象。而电子仪器厂则另派专家赴韩国考察,结果发现,韩国产品不如日本,价格也不低。但尽管如此,中方还是向韩国厂家发出了谈判邀请,同年 8 月,韩国谈判代表来到中国,受到中方的热烈欢迎,其热烈气氛超过对日方代表,并大造声势,宣布中韩双方已有了初步合作的意向。

日方谈判代表得知这一消息大为震惊,立即把情况向日本公司进行了通报。日本人素来以竞争取胜,有时为争取市场而不惜代价,他们深知这种生产线在中国不止一家需要,失去一笔买卖就意味着失去中国整个市场;日方主动要求恢复谈判,我方以"暂不需要日方产品"为由予以拖延,想不到日方竟派中间商对中方进行游说,表示愿让利销售,中方同意恢复谈判。

在谈判桌上，日方的态度来了个 180 度的大转变，大谈中日合作，日方愿支持中国的现代化建设，愿意给予最大限度的优惠。中方谈判代表听后不紧不慢地说："我为课长先生(日方主谈人)的友好表示感到高兴，我们已经注意到了贵公司在生产线价格问题上的转变，平等互利是国际经济交往的基本原则，任何一方都不应当运用优势向对方索要高价，请问课长先生是否赞同？"

日方谈判代表马上应道："当然，当然。"

我方谈判代表语锋一转，针对日方的痛处说道："平等的竞争与选择是商业贸易的惯例，我们愿意倾听贵方的再次报价。"

此话即暗示日方，我方已同韩国开始讨论价格问题，日方谈判代表马上明白了中方的意思，在再次报盘中提出一个比较合理的价格，我方乘胜追击，最后终于以满意的价格同日方达成了谈判协议。

通过介绍　暗示实力

A 公司是一家实力雄厚的房地产开发公司，在投资的过程，相中了 B 公司所拥有的一块极具升值潜力的地皮。而 B 公司正想通过出卖这块地皮获得资金，以将其经营范围扩展到国外。于是双方精选了久经沙场的谈判干将，对土地转让问题展开磋商。

A 公司代表："我公司的情况你们可能也有所了解，我公司是×公司、××公司（均为全国著名的大公司）合资创办的，经济实力雄厚，近年来在房地产开发领域业绩显著。在你们市去年开发的××花园，收益很不错，听说你们的周总也是我们的买主啊。你们市的几家公司正在谋求与我们合作，想把他们手里的地皮转让给我们，但我们没有轻易表态。你们这块地皮对我们很有吸引力，我们准备把原有的住户拆迁，开发一片居民小区。前几天，我们公司的业务人员对该地区的住户、企业进行了广泛的调查，基本上没有什么阻力。时间就是金钱啊，我们希望能以最快的速度就这个问题达成协议，不知你们的想法如何？"

"很高兴能与你们有合作的机会。我们之间以前虽没有打过交道，但对你们的情况还是有所了解的。我们遍布全国的办事处也有多家住的是你们建的房子，这可能也是一种缘分吧。我们确实有出卖这块地皮的意愿，但我们并不是急于脱手，因为除了你们公司外，兴华、兴运等一些公司也对这块地皮表示出了浓厚的兴趣，正在积极地与我们接洽。当然了，如果你们的条件比较合理，价钱比较优惠，我们还是愿优先与你们合作的，可以帮助你们简化有关手续，使你们的工程能早日开工。"

双方的谈判代表都不愧是久经沙场的谈判行家，三言两语的自我介绍，就把己方的实力充分地显示出来。特别是 A 公司代表的发言，简直就是 A 公司的"实力宣言"。"×公司、××公司合资创办"的背景已令人刮目相看，而"去年开发的××花园"又把 A 公司的实力立刻具体化,"几家公司正在谋求与我们合作,想把他们手里的地皮转让给我们"更是让对方感到扑面而来的压力,最后提及的该公司业务人员的调查结果也让人不得不赞叹该公司工作的高效率和无孔不入。

面对如此实力强大的谈判对手,B 公司的代表表现得相当镇静,不卑不亢,在对对方的合作愿望予以回应的同时,三言两语地介绍了己方不可小视的实力。"遍布全国的办事处"意味该公司并不是局限于某市的小角色,而是有着雄厚实力和广泛影响的全国性公司。而更可贵的是,这样意在显示实力的意图却隐藏在一句似乎轻描淡写、意在联络感情的客套话中,足见其谈判技巧的娴熟与高超。"我们并不是急于脱手,兴华、兴运等一些公司也对这块地皮表示了浓厚的兴趣"则是针对对方制造的压力,反将一军,增强己方谈判实力的同时让对方也有一种危机感,使己方不致在未来的讨价还价中处于下风。

点住谈判对手的"穴道"

诸葛亮初到江东,作为弱国的使者,而且独自一人,看上去势单力孤。江东的那些怕硬欺软的谋士们,倚仗着坐在家中,人多势众,一个个盛气凌人。诸葛亮决心先打掉他们的气焰,所以出手凌厉,制人要害,像张昭这样的江东首席谋士,凭他的嚣张气势,也不过勉强与诸葛亮周旋了三个回合。他突出的弱点是主张降曹,投降是既无能又无耻的表现。

诸葛亮瞅准这一点,在历数刘备一方怎样仁义爱民、艰苦抗击曹操之后,话锋一转:"盖国家大计,社稷安危,是有主谋。非比夸辩之徒,虚誉欺人:坐议立谈,无人可及;临机应变,百无一能。——诚为天下笑耳!"这样就一下子点到了张昭的痛处,使他再也不能开口。

张昭以下的虞翻、步骘、薛综、陆绩、严峻、程德枢之流,都是上来一个回合就翻身落马的。如薛综与陆绩出于贬低刘备,抬高了曹操的身份,这就犯了当时士大夫阶层中的舆论大忌。诸葛亮一把抓住这点,斥责他们一个是"无父无君",一个是"小儿之见",说得两个人"满面羞惭",先后"语塞"。严峻与程德枢完全是迂腐儒生,一个问诸葛亮"适为儒者所笑",诸葛亮尖锐地指出:"寻章摘句,世之腐儒也,何能兴邦立事?""小人之儒……笔下虽有千言,胸中实无一策。"甚至屈身变节,更为可悲。准确有力地击中对方的弱点,使对方垂头丧气,理屈词穷。

在唇枪舌剑中,对手总有说漏嘴的时候,这正是穷追猛打的好机会。这种办法用以对付傲气十足的对手较易奏效,因为傲者一丢丑便像斗败的公鸡一样,会垂头丧气,沮丧不已。因此傲者比谦虚的人更容易打败。

英国驻日公使巴克斯是个傲气十足的人,他在同日本外务大臣寺岛宗常和陆军大臣西乡南州打交道时,常常表现出不屑一顾的神态,还不时地嘲讽两人。但是每当他碰到棘手的事情时,总喜欢说"等我和法国公使谈了之后再回答吧!"寺岛宗常和西乡南州商量决定抓住这句话攻击一下巴克斯这种傲气十足的行为。一天，西乡南州故意问巴克斯："我很冒昧地问你一件事，英国到底是不是法国的属国呢？"

巴克斯听后又挺起胸膛傲慢无礼地回答说："你这种说法太荒唐了。如果你是日本陆军大臣的话，那么完全应该知道英国不是法国的属国，英国是世界最强大的立宪君主国，甚至也不能和德意志共和国相提并论！"

西乡南州冷静地说："我以前也认为英国是个强大的独立国，现在我却不这样认为了。"

巴克斯愤怒地质问道："为什么？"

西乡南州从容地微笑着说："其实也没有什么特别的事，只是因为每当我们代表政府和你谈论到国际上的问题时，你总是说等你和法国公使讨论后再回答。如果英国是个独立国的话，那么为啥要看法国的脸色行事呢？这么看来，英国不是法国的附属国又是什么呢？"

傲气十足的巴克斯被问得哑口无言。从此他们互相讨论问题时，巴克斯再也不敢傲气十足了。

西乡南州抓住巴克斯语言上的弱点展开攻势取得令人满意的效果。毫无疑义，任何人都不可能是十全十美的，难免有自己的弱点，而傲气者，一旦被别人抓住弱点进行攻击，也就瓦解了其傲气的资本。

以谈取谋　以谋断势

诸葛亮的"隆中对"——"三分天下"之构想，在中国策划史上，可谓精彩的一笔，试想，一段半个多世纪的历史，竟然在事先就策划了个准，可谓前无古人。"三分天下"策划的精彩，每每被人们津津乐道。其光焰无形中就掩盖了与"三分天下"策划息息相关的，同样也很精妙的一项策划。这就是《三国演义》中尚未被人们品味出的，诸葛亮的"出山策划"。

诸葛亮出山策划了吗？他不是被刘备三顾茅庐请出去的吗？人们总这样认为。

诸葛亮出山，确确实实是煞费脑筋策划了的。由于策划得实在是精巧绝伦，痕迹不露，才造成了人们长期忽之略之的状况。但仔细品味分析，我们却能很分明地把握诸葛亮出山策划的良苦用心和超凡智慧。

要品出诸葛亮出山策划的妙处，先得澄清一个问题。那就是：诸葛亮为何对好心荐他出山的徐庶"作色"回避？他真的认为辅助刘备是去送死，当"享祭之牺牲"吗？

《三国演义》第36回曾写道：徐庶走马荐诸葛之后，曾专门绕道卧龙冈，告知好友诸葛亮，言刘备不日即来相请出山。而诸葛亮当时仅以"君以我为享祭之牺牲乎?"作答,且"拂袖而入"。表面看,诸葛亮的言行,煞是符合一个隐士清高的心理:不愿轻易去追逐名利。这也符合当时的现实:刘备正寄身于刘表篱下,仅借据弹丸之地的新野小县,很难成气候。但细细思之,却是另一番情景。诸葛亮"每常自比管仲、乐毅",胸怀大志,老死卧龙冈终非所愿。而刘备来请他出山,则恰是他的夙愿,也很可能是唯一一次一展鸿图的机会。他再清高,也不至于"清高"到把人生、事业的机会轻易放过。当时的刘备,虽然势单力薄,偏居一隅,但其仁义之名声已满布天下,连一代枭雄曹操煮酒论英雄时,也称天下英雄唯有刘备与他二人而已;在司马徽转述荆州襄阳一带的民谣中,也把"天命有归""龙向南飞"应在刘备身上;连徐庶之母斥责曹操时也称赞刘备"仁声素著,世之黄童、白叟、牧子、樵夫皆知其名:真当世之英雄也";而在"隆中对"时,诸葛亮更是当面称刘备"信义著于四海"。显然,诸葛亮心中早已有明君刘备。

他数落回避徐庶,是有他的谋划的。那就是他已断定徐母召徐庶到曹营的书信有诈。《三国演义》第37回曾写道:司马徽一听说徐母信召徐庶,就立即断言:"此中曹操之计矣!吾素闻徐母最贤,虽为操所囚,必不肯召其子:此书必诈也。"而司马徽认为"胜吾十倍"的诸葛亮,与徐庶又是密友,以其智慧与对徐母的熟悉程度,均胜过司马徽,又岂能不知徐母书信有诈?知徐母书信有诈,而不向徐庶说破,却"作色"回避,诸葛亮是有其深意的:如绝大多数怀才俊彦一样,诸葛亮此时虽为隐士,心却在高堂之上,"等待春雷惊梦回,一声长啸安天下"。如今,徐庶离开刘备而去尽孝,无疑是为诸葛亮腾出位子来;但一说破徐母书信有诈,徐庶则可能重返刘备之侧,刘备也就不一定非要请他诸葛亮出山了。为难中,诸葛亮只有佯怒作色,拂袖避过徐庶。

这时,诸葛亮面临的问题是:刘备不日即将来卧龙冈请他出山,而他出山后辅助刘备的战略构想尚未策划出来,倘若仓促出山,整日陷入战事之中,无暇再进行战略策划,事业成功的可能性就要大打折扣了。这就需要时间,使他能在出山之前去搞一番调查研究,进行一番战略策划。但在此期间,又必须稳住刘备,让刘备对自己欲舍不能。而且有了这段时间的缓冲,对徐庶也是一个无形的交代,即:我是不想去当牺牲品的,我不是没有立即被刘备请出山吗?至于最后终于出山,那也是无可奈何啊!于是,诸葛亮就对自己的出山做了周密的策划,其主要内容为:

1.策划目标:争取时间,为即将辅助的明主刘备完成战略策划,并随之出山。

2.策划要求:

(1)争取到半年时间,以便自己外出调查,制定战略;

(2)烘托自己的才干,使来访的刘备更添渴求之情;

(3)谈论自己出山的意向,以取得舆论上的主动,并借机考验刘备的诚心。

3.策划实施:

(1)借助密友崔州平、石广元、孟公威、兄弟诸葛均、岳父黄承彦、童子等至亲知己,与来访的刘备接触周旋,既为自己争取时间,也可侧面烘托自己的才干;

（2）自己以"云游不定""归期亦不定"为借口，外出调查打听消息，并策划制定出战略方针；

（3）一旦出山定天下的战略策划完成，自己便在茅庐中半掩柴门，高卧休整，以待刘备再次来访，从而用慧眼独具的战略策划折服刘备，从容出山。

《三国演义》中，诸葛亮这一出山策划完满地得到了实施，并取得了如期效果。这可以从如下几方面看出：

其一，刘备一顾茅庐是头一年秋耕时分，二顾茅庐是寒冬飘雪时分，三顾则为次年春暖花开的季节，前后约半年，正好让诸葛亮完成调查与战略策划。

其二，在"隆中对"时，诸葛亮纵论天下大势，如数家珍，言毕，还挂出一轴西川五十四州图，显然，这都是诸葛亮历时半年调查的结果。在当时的交通条件下，要完成这样的调查，没有半年当然是不可能的。更可供推理的，则是诸葛亮如不想出山，不去调查，他何苦要绘来一幅西川地图？又何以为刘备先取荆州，再取益州，三分天下，鼎足而立之后再图天下的战略策划得如此头头是道？这绝不是躬耕于陇田、高卧于草堂之隐士信口可道、随手可为的。

其三，在刘备前两次顾临茅庐的过程中，诸葛亮相交最厚的四个密友，除徐庶已人曹营，崔州平、石广元、孟公威，以及诸葛亮的岳父、弟弟、童子皆悉数出面，唯不见诸葛亮；而诸葛亮的这些亲友的言行举止，以及卧龙冈上且耕且歌的农人，其不露面其实均指向一个相同的目的，即烘托出一个高士隐居的人文氛围，使刘备更加倾慕这个尚未露面的高士。

其四，经过一番策划实施，诸葛亮赢得了时间，完成了调查研究与战略策划，刘备也更"仰望（诸葛）先生仁慈忠义，慨然展吕望之大才，施子房之鸿略"，并留书表示"再容斋戒薰沐。特拜尊颜"。这时，诸葛亮便在茅庐中从容等到三顾而来的刘备，并以一席"隆中对"折服对方。面对刘备的诚心相请，诸葛亮只是稍做推辞，便慨然表示"愿效犬马之劳"，"不容不出山"了。可见，诸葛亮出山经过一番精心策划，这是毫无疑问的。

疲劳谈判术

一个人过于疲劳，其聪明才智就会暂时处于相对抑制状态，其工作兴趣和责任心也会大大减弱。在这种情况下，或对问题考虑不周，或在无意中泄露机密，或做出无可挽回的错误决定。

日本人谈判中惯于使用疲劳战术。对方谈判人员下机伊始，就盛宴款待，负责人轮番会见，还有舞会和演出，把对方搞得精疲力竭，再开始谈判。

我国有一个大县，希望通过某一工厂为中介，争取得到北京某机构的一笔贷款。工厂代表抵达该县，县领导热情款待，接见、宴会、舞会演出，连中午也不能休息，晚上开始谈判，工厂代表已极度疲劳，该县领导人提出：请再同北京贷款机构进行电话联系，工厂代表在十分倦怠的状态下毫无戒备，当场拨通了贷款机构负责人的家庭电话，并让该县负责人直接与贷款机构负责人通话。

此后三天，工厂代表住在宾馆中，无人前来谈判，到了第四天，该县的负责人宣布已与北京某机构直接谈妥了贷款事宜，把充当中介人的工厂代表甩开。

因此，在谈判中一定要注意休息，一切应酬活动（接见、宴会、舞会、演出、逛名胜古迹）都要服从谈判需要，时时提高警惕，谨防落入对方设置的疲劳战术的圈套之中。

用而示之不用

某无线电厂进行技术改造，从日本引进引线框架模具生产线。此项目急待上马。卖方是日本的S厂，他们的设备是世界一流的；S厂委托H商社做商务代理，H商社是世界上著名的大公司。他们的业务渠道广阔，技法也出类拔萃。H商社的一位部长和S厂的厂长来上海谈判。

谈判之前，卖方已搞到了我方政府部门批准的进口用汇额度。这对我方来说极其不利。谈判开始时，日方报价350万美元，经我方首席谈判代表邹国清先生的努力，反复地讨价还价，价格逐渐降至293万美元。这个价格符合引进厂的要求。本来是可以成交的了，但邹国清先生估量了目前的情况，凭他的经验，觉得价格仍有进一步下降的可能性。于是，他对日方代表说："你们在设备的报价上做出了不少努力，我们深表感谢。可问题是经过我方核算比较，还是觉得有些高。希望你们进一步考虑，明天上午报一个更优惠的价格来。"第二天上午9点双方在H商社上海事务所继续谈判。H商社的部长发言说："S厂经过反复核算，价格实在不能再降了，再降就亏本了。"邹先生听后郑重地说："如果情况确实是这样，双方的谈判只能到此为止了，不能成交，我们很遗憾。不过，对方为了这个项目多次来上海，我们深表感谢。"他一边说，一边离开座位，我方其他谈判人员也纷纷离开谈判室。邹先生在告辞时对H商社社长说："今天晚上六点，我方在上海大厦宴请，欢迎光临。"对方由于此事太出乎意料，生意不成，心情很不好，于是说："邹先生，我们不去了，好吗？"邹先生镇定自若地说："我方安排今晚举行宴会，事前是征得对方同意的。至于去不去，你方自行考虑，而我方照常举行。"这次谈判只有29分钟，谈判破裂了。我方代表想到急待上马的项目，都心急如焚；但为"用而示之不用"的策略运用成功，他们表现得临阵不乱。

我方代表出于礼节提前到达了宴会厅，随后H商社代表和S厂的代表也到了。待坐定后，邹先生很随意地问身边的H商社的部长说："上午我们离开后，你们对这个项目有什么新的想法吗？"部长急忙说："喔唷，邹先生，不瞒你说，你们一走，我们就开始了紧急商量，S厂表示再降价就亏本了，而不降价你们又不答应，为了促成这笔交易，我们H商社愿从佣金中拿出5万美元，不知贵方能否接受？"邹先生听后,一阵喜悦袭上心头,可他表面上还是不经意地说:"今晚我们好好喝一杯吧,业务上的事嘛,既然贵方愿意做出让步,那就明天再谈吧。"S厂的厂长本来已买好了回日本的机票,为了第二天的谈判,他决定延期一天返回。第二天的谈判中,日方让价10万美元,以5万美元成交。

第六章　获得人才事业兴

圣贤所称誉的莫过于聪明,聪明的最可贵之处莫过于知人。能够洞察人的全貌,了解人的长处,那么各种各样的人才便会得到适合发挥各自才能的位置,随之,各项事业也就会繁荣兴旺。所以获得人才有三点:一、识别人才;二、了解人才;三、使用人才。

以人为本　营造企业文化

随着业务的扩展,机构酌增大,陈光甫日益重视银行人事制度的建立与完善,注意人才的选拔、培训和管理。上海银行初创时,职员多曾从事过银行或钱庄工作。这些人大多有丰富的经验,但有因循守旧的弱点。

为了选拔人才,陈光甫开始从大学毕业生中录用职员。经过一段时间的考察,陈光甫感到,普通学校毕业的还须经过专业教育才能胜任工作,于是下决心自办学校培养。1920年,上海银行开始设立"实习学校",招收高中、大学预科毕业生及大学毕业生入校学习,一年为期,毕业后即成为该行职员。实践证明,这种方法效果很好,实习学校培养的人才,基本上满足了上海银行业务发展的需要。

对于在职行员的培训提高,陈光甫也很重视。为了培养学员的读书风气,他把自己的私人藏书移存行内,供大家借阅。其他高级职员纷纷仿效,相继捐赠图书。在此基础上成立了一个规模不小的图书馆。为了沟通银行内部的状况,提高职员的业务水平,上海银行还编辑出版了《海光月刊》和介绍国内外经济、金融状况和经验的《经济论述》杂志。

为了培养行内职员热爱事业,忠于职守的思想,陈光甫提出了"银行是我,我是银行"的口号。陈光甫的"扣储特储"可说是这一口号的具体化。所谓扣储特储,即从每人每月的工资中扣下十分之一存入银行,银行另赠给每人同额款项,二者加在一起作为"行员特储"。这笔存款需存满10年后方能提取。这样,职员为了到期能取得这笔巨款,就安心积极地工作。

为了贯彻"银行是我,我是银行"的口号,陈光甫还动员该行职员购买本行的股票。1930年,上海银行资本额由250万元增至500万元。在陈光甫的提议下,董事会决定,新增股本的半数由原股东认购,其余的半数则分配给职员认购,如一时拿不出钱的,银行方面还可给予贷款资助。

陈光甫一方面向职员提出了较高的要求,另一方面又为他们发挥才干提供了精神与物质两方面的支持,这种做法,在当时是颇有独创性的。从表面上看,上海银行职员的工资与福利都高于同行业,陈光甫似乎为此付出了较大的代价。但实际上,职员的高效率劳动和创造性工作实为上海银行发展神速的重要因素之一。

需要控人才

段永平毕业于浙大无线电系,1989 年于怡华集团下的日华电子厂任厂长。1992 年,段永平瞄准了国内市场的空白,致力于开发学习机,企业更名为中山市小霸王电子工业有限公司。小霸王学习机投放市场之后,以一系列创意十足的营销策略和广告攻势,横扫杂牌军,迅速成为学习机行业的霸主,市场份额最高时占到80%。小霸王的电视广告"拍手歌"几乎成了这个儿歌稀缺年代的新儿歌代表。而著名影星成龙天天在中央电视台循循善诱地念叨"同是天下父母心,望子成龙小霸王",更使小霸王家喻户晓。有关机构对小霸王的品牌评估价值为 5 个亿。1995年 9 月,段永平突然提出辞职,失去段永平的小霸王迅速地跌入黑暗的深渊,首先是大批骨干员工随段永平一起出走,继而到 1997 年,小霸王的 24 位经销商又集体投奔步步高。仅仅两年多,小霸王便已黯然退出家电第一梯队的竞争行列。

段永平正处于专业的高峰,他突然提出了辞职,他对此解释道:"发展受限制,观点有分歧。"而据观察,段永平渴望做一个真正的企业家,想做中国的李嘉诚,想把企业办成中国的松下,但是在小霸王里不可能。凌驾于企业之上的怡华集团一方面把小霸王的盈利不断抽走,使其发展后劲不足;另一方面,段永平提出的对小霸王进行股份制改造的建议被多次否决。有专家认为,像段永平这类企业家往往有极强的市场推广能力,而不以科技开发见长,他们多在广告上舍得大投入,往往因初始产品符合需求、市场推广有力而迅速崛起,却往往因第二种产品跟不上,或科研后劲不足而面临危机。

段永平离开小霸王后,去了东莞长安镇,成立了步步高电子有限公司。他离开小霸王时带走了开发部的"四大天王"和总经理助理、外销部长、内销部长、工程部长、计调部长、生产部长、计财产长、后勤部长、供应部长、仓储部长……几乎抽空了中层,并让他们在新企业担任相似的职位。小霸王因而元气大伤。

由上面我们可以看出,小霸王失败的直接原因是段永平及一批骨干的离开,是人才的流失而不是品牌的失名。段永平把小霸王带向辉煌正是由于他有做市场的核心能力,他是在市场上发现需求再上马而不是有了技术领先的产品再占市场。

于善则宽　于恶则猛

朱元璋带兵起义,在南京建都,黄袍加身,便开始思考治政的问题了。一次,他对刘基说:"以前群雄争霸,民不聊生。现在,天下相继平定,想到与民休养生息,该怎么办呢?"

刘基回答说:"让人民休养生息的办法,在于实施仁政。"(生民之道,在于宽仁。)

明太祖朱元璋说:"没实际的恩惠,笼统地说仁政也没有用呀。依我看,要使人民依从你,一定要使人民富有,减少徭役。如果不节俭用度,人民的财源就会枯竭;如果不减省徭役,人民的力量就会困顿;不进行教化,人民就不知道礼义;不禁止暴力,人民就不会安生。"

刘基听了朱元璋的话,觉得有理,说:"这就是人们所说的'以仁心行仁政'了。"

朱元璋

一年以后的一个春日,明太祖朱元璋到奉天门,召集元朝的旧臣,询问他们元朝政事的得失。有个叫马翼的说:"元朝因为宽厚得到天下,也是因为宽厚失去的。"

朱元璋不同意马翼的看法,他说:"因宽厚而得,听说过;因为宽厚而失,还没有听说过。路走得急了就会跌倒,弦绷紧了就会断,人民管得急了就会生乱,所以统治之道,正应是施用仁政。元朝晚期的君王和臣子们,沉迷于安逸享乐,因此灭亡,它的过失在放纵松懈,不在宽厚。大凡圣王的治政之道,总是宽厚而有节制,不把荒废放弃当作宽厚;简明而有节律,不把怠慢容易当作简明;能够适中地施行,也就没有什么坏处了。(大抵圣王之道,宽而有制,不以废弃为宽;简而有节,不以慢易为简;施之适中,则无弊矣。)"

没有百姓　何来国君

齐桓公问管仲道:"当君主的人,以什么为贵?"管仲说:"以天为贵。"桓公仰面视天,不解其意。管仲说:"我所说的天,并非苍天。君主,应以百姓为天。百姓拥护,就能安宁;百姓辅佐,就能强盛;百姓反对,就很危险;百姓背弃,就要灭亡。如果百姓聚在一起埋怨国君,国家不亡,那是没有的事。"

齐王派使者到赵国去聘问威后,威后未及打开书信,便问使者:"今年收成好吗? 你们的百姓好吗? 齐王也还好吗?"使者很不高兴,不解地问道:"我奉命出使赵国聘问威后,现在您不先问齐王如何,而先问年成与百姓,这岂不是把卑贱者放

国学经典文库

中华点子库

管理秘点子

图文珍藏版

在前面,把尊贵者摆在后面了吗?"威后回答说:"不是这样。如果没有年成,怎么会有百姓?如果没有百姓,怎么会有国君?那有丢开根本不问而去问细枝末节的呢?"

太子犯法与民同罪

楚庄王执政时,虽说三大宫门矗立,街巷纵横,民有所居,但那些王公大臣出出进进,高头大马,驱车直进,横冲直撞,竟然把车停在宫门以内,没有一点规矩礼数;竟然把马蹄踏到民户的屋檐下,简直太跋扈了。他认为该治治这种状况!

这天,太子把车驾停在三宫门之一的茅门之内,辅佐天子的少师庆毫不客气地把车马撵走了,太子见状大怒,跑进宫里见庄王说:"少师庆赶走了我的车子,我请求您处置他!"

楚庄王想:是你自己有违礼法,却想要难为别人,真是岂有此理。他对太子说:"你就原谅他吧!他能够在老国君不久于人世的时候,谨遵他的法令;能够在新国君快要继位登基的时候,并不急着讨好新的国君,这是国家最难得的大臣呀!"

为了纠正王公大臣目无礼法、目无百姓的骄纵习气,楚庄王颁布了有关法令,规定王公大臣入朝时,有马蹄践踏到房檐下的人,砍断他的车辕,杀他的车夫。

法令刚刚颁行,太子入朝时又把马蹄踩到了屋檐下,刑狱官依法砍断了他的车辕,杀了他的车夫。

太子怒气冲冲地跑进宫里,在楚庄王面前哭闹:"父亲,太不像话了,给我杀了刑狱官吧!"

楚庄王没有答应,却板起面孔教训道:"国法是维护国家利益的,是用来让人们尊重国家的。能够确立国法、服法律令,遵奉国家,就是国家的栋梁之材。如果违犯国法,废弃律令,不尊敬国家,这就是臣下背弃君主,就是以下犯上。臣子背弃国君就会使其丧失权威,以下犯上就会使主上地位不稳。保不住国家,我用什么来传给你呢?"

太子听了父王的这一番教导,立刻退避很远,诚恳地拜了又拜,请求治他的罪。

为主仁爱　天下从之

唐武德二年,窦建德奉命率兵讨伐宇文化及,经过一番苦战,大破宇文化及。宇文化及退保聊城,窦建德纵撞车抛石,四面攻城。攻陷聊城之后,拘捕了所有参与杀害隋炀帝一事的宇文智及、杨士览、元武达、许弘仁、孟景等人,召集所有隋朝文武官员,将五名弑君的罪犯当众斩首。将宇文化及和他的两个儿子装上囚车,押至大陆县斩首。

窦建德每次攻陷城邑所得的资财,都散发赏赐给随同的战士,而自己不取一毫。他不吃肉，平时用餐，只有蔬菜、粗米。他的妻子曹氏，只穿布衣，从来不穿绸缎衣。他家的奴婢只有十来个人。攻破聊城之后，得到的宫女数以千计，她们容貌都十分秀丽，窦建德都将他们遣散。捉到隋朝的文武官员和骁勇的宫廷卫士，也都将他们遣散，任其所去。有愿意前往关中和东都的，送给他们衣服粮食，让军队护送他们出境。隋义城公主先嫁突厥，至窦建德灭宇文化及之后，她派遣使者来迎接萧皇后，窦建德派一千多名骑兵进入突厥护驾，并且把宇文化及的首级献给公主。

唐武德二年九月，窦建德南攻相州，河北大使淮安王李神通大败，退守黎阳。窦建德又攻陷黎阳，唐左武卫大将军李世绩、皇妹同安公主及李神通都被窦建德俘获。滑州刺史王轨被他的奴仆所杀，这个奴仆携带着王轨的首级来投奔窦建德。窦建德说："奴仆杀主人是大逆不道的，我怎么能接纳这样的人呢？"于是命令立即将那个奴仆斩首，而命人将王轨的首级送回滑州。滑州的官吏深受感动，当天就献城，投降窦建德。齐、济二州及兖州义军首领都闻风而献城投降。窦建德释放了李世绩，让他领兵镇守黎州。

武德三年一月，李世绩却丢下他的父亲逃了回去，执法者请求处死他的父亲，窦建德说："李世绩本是唐朝的臣子，被我们俘虏，却不忘其主，逃还本朝，这是忠臣，他父亲有什么罪过？"窦建德始终没有处死李世绩的父亲。窦建德把同安公主和李神通安置在客馆里住下，以客礼招待他们。唐高祖李渊派遣使者表示欲与窦建德联合，窦建德随即让同安公主与使者一同返回。

过去窦建德曾经攻破赵州，俘获了刺史张昂，攻破荆州俘获了刺史陈君宾、大使张道源等人，因为是突袭对方领土，窦建德准备将他们统统处死。而窦建德部下的国子祭酒凌敬进谏道："狗对他们主人以外的人都要狂吠，现在邻人坚守其上，力绝被擒，这是忠诚刚强的人。可是对这样的人加以残害，那您又能用什么来劝诚您的臣下呢？"窦建德闻言大怒道："我到了城下，他们还执迷不悟，仍不投降，使我的军队劳顿，这样的罪过怎能赦免呢？"凌敬又说："若大王让大将军高士兴在易水抗御罗艺，敌兵才到城下，高士兴就投降，大王认为这样做是否可以呢？"窦建德听了这话才省悟过来，立即命部下将那几个人释放。

一个农民能成为一支起义军的领袖，除了时局本身迫使别人去拥护他，与他所具有的特殊品质也密不可分。窦建德的特殊品质就是具有仁爱之心，有了它，才会使很多人拥护他。

当然窦建德起义的结果以失败而告终，他虽输掉了战争，但赢得了自我。他没有成为控制全国的皇帝，却成了人们能接受的明主。由此可见，一个人的人格与风格，比他所建立的事业并不差。

第十八篇　商战金点子

第一章　经营决策顺时势

能够在商场上立足的老板，必须首先明辨盛衰之道，精通成败之数，精审治乱的形势，练达用舍之宜，然后方能做到临复杂的局面而不迷惑，遇到疑难的问题而能决断。要真正成为企业经营的决策者，不做到这些，是不够资格的。

拓宽领域　节约成本

对一般企业而言，开发一个新产品，一切都要从零开始，投资大、费时长、见效慢不说，成功率相对来讲也比较低。对于一般企业的经济实力而言，只有开发一条路可走吗？

苏州市的部分轻工企业则通过对原来产品的改造，千方百计增加其功能，拓宽其使用领域，开发变型派生产品，取得了事半功倍的效果。

苏州时钟总厂是以生产石英电子钟为主的专业工厂。该厂 1990 年上半年生产的 16 万只"天灵"牌电子钟都积压在仓库里，企业的资金周转相当困难。厂子在这种情况下集中力量对现有产品进行了大胆的革新改造，在电子钟的基础上引入光导纤维工艺。或加上景泰蓝装饰，或增加抽拉式功能，还有的把钟表改得更薄、更具装饰性，一下子开发出 60 多种变型派生产品，使产品在市场上的竞争力大大增强，下半年销售额达两千多万元，是上半年的两倍多。

苏州春花吸尘器厂在市场疲软的情况下，也全力以赴地开发变型派生产品。他们根据一般的吸尘器只能吸尘，不能吸水的情况，开发出了干湿两用吸尘器，新产品投入市场后颇受许多家庭青睐，在很短的时间内被一扫而光。

据估算，在原来产品的基础上开发变型派生产品所耗费的资金、时间只有从零开始开发一种新产品的 1/3，而成功率是后者的 3 倍以上。

先行麻痹　然后痛击

清朝末年,清政府要求各地商会认报京票。在福州,卢俊辉坐在会首的位置上,理应率先认报,以身作则,带动其余。但他不愿吃亏,目光在老板们当中搜寻,希望找个软柿子捏,让他认第一笔数目。通常情况下,第一个报数者起点不能低,否则其余难以出口,故吃亏显而易见。卢俊辉忽然发现胡雪岩在人群中。于是,他对胡雪岩拱手,要求胡雪岩认报20万京票。

胡雪岩哭笑不得,分号不足10万存银,怎能认报20万? 到时不能兑现,必罹欺诳朝廷大罪,胡雪岩已处危难之际也只好应承,但心头难解一结呀!

胡雪岩苦苦思索对付之策。他到福州开阜康分号,原本扩大业务,吸收福州资本,染指地方经济。不料开张伊始,就遭这记闷棍,危及阜康根本。胡雪岩做生意,一贯主张与人为善、和气生财,并无挤兑同行、置人于死地之意。谁知卢俊辉不晓得天高地厚,张牙舞爪扑来,只好被迫应战,寻找胜者。打蛇须打七寸。胡雪岩暗忖:若只是图个站稳脚跟,略施小计,给元昌盛一点厉害,让它知难而退,占个平手,并不难办到。但他以多年钱庄经历深知,一旦对方扼住自己喉头,要置自己于死地,便不能轻饶对方,反击必须沉重有力,务求击中要害,将对方打得趴下,再无翻身之日。卢俊辉既然胆大包天,敢在老虎头上拔毛,那么就该自食其果,彻底垮台,最终让他乖乖把门面拱手相让,阜康乘机取而代之,世人谓之"打码头",才是最终目的。

这念头,胡雪岩本来并不明晰,在卢俊辉的发难下,愈见清楚,迫在眉睫,非实现不可。虽然手段不免狠毒,在商场上,只有胜利和失败之分,别无选择,胡雪岩必须为保护阜康的信用而拼力反扑。

只用了半个时辰,胡雪岩便想好了全部策略,对付卢俊辉这样的毛头小子,他自信胜券在握,并非太难。

胡雪岩急于要弄明白"元昌盛"钱庄现在的本钱究竟有多大? 发出的银票有多少? 两者之间的差额如何? 这是钱庄的机密。知己知彼,百战不殆。胡雪岩决心弄到对方机密,再作打算。

胡雪岩亲自出马,像老练猎手,明察暗访,寻找猎物。

"元昌盛"伙计赵德贵,近来心绪烦乱、愁眉不展。他赌运奇差,连连告负,已欠债累累、一身赌账。而这一切,都是可恶的卢俊辉造成的。赵德贵恨死了他。

于是胡氏巧妙利用赵德贵打听对手内情,几天后,对手的情况胡雪岩了如指掌。卢俊辉执掌钱庄大权后,一反前任稳慎作风,大量开出银票以获厚利。"元昌盛"现有存银50万两,却开出近百万两银票,空头银票多出40万,这是十分危险的经营方式。倘若发生挤兑现象,存户们把全部银票拿到柜上兑现,"元昌盛"立刻就要倒闭破产。幸而"元昌盛"牌子硬,没有人会怀疑它的支付能力,便永远不会发生同时挤兑的现象。卢俊辉正是基于此,把赌注压在钱庄的信用上,而出此大胆举措。

胡雪岩暗暗叫好:"真乃天助我也!"他估计了自己的力量,目前尚有70万现银的头寸可调,只要设法收集"元昌盛"70万银票,便掌握了对手的命运,扼住了卢俊辉的咽喉。只要高兴,随时用劲一勒,对方便呜呼哀哉!

胡雪岩立即行动,调集头寸,收购"元昌盛"银票,一切有条不紊,暗中进行。而卢俊辉尚蒙在鼓中,全然无知觉。

"元昌盛"的银票尚未收集够数,卢俊辉又做出一项加速自己破产的蠢举。他不知道胡雪岩正在囤积自己的银票,反而见存户少有兑现,钱庄存银白白放在库中未免可惜,便取出20万两现银,筹办开设一家赌场。致使"元昌盛"库中能兑现的银子仅30来万,只够应对日常业务,达到十分危险的程度。

赵德贵及时送来消息,令胡雪岩大喜过望。他数数手中掌握的"元昌盛"银票,已有50万两之多,凭着这些银票,可以轻而易举击败对手,令卢俊辉败走麦城。为了看看猎物在倒闭之前模样,胡雪岩趁卢俊辉举办30大寿之际,备办厚礼,新自登门致贺。卢俊辉以为胡雪岩拱手称臣,并不防备,两人以礼相待,说些热烙中听的话语,频频举杯,喝了不少陈年花雕。

没过两天,"元昌盛"柜上,忽然来了一批主顾,手持银票,要求提现银,一天之中,顾客提走20万库银。卢俊辉听伙计报告,以为偶然现象,并不在意。谁知第二天,更多的顾客蜂拥而至,纷纷挥舞手中银票提现。没等卢俊辉反应过来,库银已提取一空。

挤兑现象在"元昌盛"这家老钱庄门前发生了!

卢俊辉明白事态严重,连忙向同行各家钱庄告贷,请求援手支撑局面。但他平常少年得志,飞扬跋扈惯了,人缘极差,大家只是袖手旁观看热闹,并无行动。更有人嫉恨他人财两得,发迹太易,巴不得他垮下去。

"元昌盛"门前闹哄哄一片,不能兑现的顾客骂声不绝,义愤填膺。卢俊辉叫伙计关了店门,缩头乌龟一般不敢露面。眼看事情将要闹大,官府已派人来钱庄弹压,声言庄主若不拿出银子平息民愤,将按律治罪,抄家拍卖。意味着老板流放,妻儿拍卖为奴,家破人亡。

卢俊辉思前想后,唯有把店门抵押给他人,钱庄易主,才可免祸。但同行钱庄老板谁也不愿多事,只隔岸观火,作壁上仙人。这当口胡雪岩翩然而至,他同卢俊辉谈妥,以接收"元昌盛"银票为条件,接管钱庄铺面。并当场向顾客宣布:凡"元昌盛"银票,均可以阜康分号兑现,决不拖欠分毫。持银票的顾客大多系胡雪岩有意安排而来,听他此说,一哄而散。一场风波,顿时云开雾散。

接着便清盘,"元昌盛"房屋家具,小到一根铁钉,俱一一作价。算到后来,卢俊辉只剩一身便服,狼狈滚出庄门。一场富贵梦,终究成黄粱。

胡雪岩则名正言顺,将阜康分号搬进元昌盛旧址。胡雪岩的势力又扩张了一倍。

烧冷灶

著名红顶商人胡雪岩的阜康钱庄开业不久,就遇到了这样一件事:浙江藩司麟桂捎了个信来,想找阜康钱庄暂借两万两银子,胡雪岩对麟桂也只是听说而已,平时没有交往,更何况雪岩听官府里的知情人士说,麟桂马上就要调离浙江:这次借钱很可能是用于填补他在财政的空缺。而此时的阜康刚刚开业,包括同业庆贺来的"堆花"也不过只有四万现银。

胡雪岩很为难,借了,人家一走,岂不是拿钱往水里扔,声音都听不到?即使人家不赖账,像胡雪岩这样的人,也不可能天天跑到官府去逼债。两万两银子,对阜康来说也是一个不少的损失。

按通常情况看,根据"人在人情在,人去人情坏"原则办事,一般钱庄的普通老板大约会打马虎眼,阳奉阴违一番,四两拨千斤,几句空话应付过去。不是"小号本小利薄,无力担些大任",就是"创业未久,根基浮动,委实调动不动"。或者,就算肯出钱救麟桂之急,也是利上加利,活生生把那麟桂剥掉几层皮。

但是胡雪岩考虑到,一旦在人家困难的时候,帮着解了围,人家自然不会忘记,到时利用手中的权势,行个方便,何愁五万两银两拿不回来?据知情人讲,麟桂这个人也不是那种欠债不还、死皮赖脸的人,现在他要调任,他不想把财政"空缺"的把柄授之于人,影响了他仕途的发展,所以急需一笔钱来解决问题。

想到这一点,胡雪岩决定冒一次险。他不惜动用钱庄的"堆花"款项以超低利率,悉数把钱贷给麟桂,这样做,钱庄大伙刘庆生有些不解,胡雪岩则说:"调度,调度,做生意讲究的就是调度,所谓'调',就是调得动,所谓'度',就是预算。生意要做得活络,有进有出,什么时候有银子进来,什么时候银子该用出去,要有计划。银子调来调去,只要不穿帮崩盘就可以。"

胡雪岩这一宝,倒是押对了。尽管麟桂就要调走,但他临走前,送了"阜康"钱庄三样礼物:

一、请朝廷户部明令褒扬"阜康",这等于是浙江省政府请中央财政部发个正字标记给"阜康",不但在浙江提高"阜康"名声,将来京里户部和浙江省之间的公款往来,也委托"阜康"办理汇兑。

二、浙江省额外增收,支援江苏省围剿太平天国的"协饷",也委由"阜康"办理汇兑。

三、将来江苏省与浙江省公款往来,也归"阜康"经手。

这样的一招"烧冷灶",使得胡雪岩的阜康钱庄不仅不愁没有生意做,还将生意做到了上海和江苏去。"烧冷灶"的利益回报,一下就显出来。

文商合一　财源滚滚

"商"与"文"自古以来各不相通,"文"人的清高、自命不凡与商人的市侩、玩世不恭似乎永远也搅不到一块儿。然而,在新加坡这个南洋岛国,却有一位腰缠万贯,既精通商贾之道,又酷爱文艺、著书立说的人,他把文化融于商业之中。他经营的酒楼充满着浓郁的中华文化气氛。他就是集商务与文学于一身的新加坡著名华人企业家兼作家周颖南先生。他是怎么把"商"与"文"结合在一块儿的呢?

周颖南在新加坡开设了8间高档酒家,每间餐馆都有一个美妙动听的名字:"金玉满堂"酒家、"楼外楼"酒家、"湘园"酒家、"百乐"酒家、"芳园"酒家、"灵芝"素食馆、"明珠"酒家和"同乐"酒家。周先生这8间酒店不仅在新加坡久负盛名,而且在马来西亚和印尼也有很高的知名度。周先生以其独树一帜的经营方式荣登行业之尊,成为新加坡酒楼餐馆业公会会长、世界中国烹饪联合会副会长。

周颖南经营饮食业纯属偶然。他本与友人合办纱厂、植物油提炼厂、针织厂、漂染厂等多家工厂,准备在工业企业大显身手,他开餐馆只是为了亲朋好友闲暇集会、饮酒吟诗有个好去处,不料"有意栽花花不活,无心插柳柳成荫",在新加坡办工厂举步维艰,而餐馆生意却兴旺无比,于是,他把办厂的股权大部分出让了,抽出资金来开了一间又一间餐馆。由于他顺应行情,终于获得成功。

对文学和艺术的爱好,是他的天性,他天资聪颖,文笔挥洒自如,尤以散文见长,每篇文章都富有生活气息和丰富的感情,曾出版个人散文集《迎春夜话》,引起国际文艺界的轰动。接着又出版了《颖南选集》,又一次引起强烈的反响。林懋义在文章中说:"周先生的诗歌、散文是由感而发,加上渲染恰当,叙事的抒情,细雨滔滔,情意绵绵,令人读时如步入其境。"

由于他把对文学的喜爱融入酒楼的建设中,所以,不论走进周先生开办的哪一间酒楼,人们都可以看到中国文化的体现。他把中国文化、中国饮食、烹饪技术融为一体,每一间酒楼都充满着浓郁的中华文化气氛。"同乐鱼翅酒家""芳园酒家""楼外楼酒家"都陈设着中国南北杰出画家的名作,琳琅满目,使人一走进餐馆就好像进入画展,令你赏心悦目,乐而忘返。

坐落在新加坡河畔的"同乐鱼翅酒家",外壁镶以金黄瓷砖,辉煌壮丽,是新加坡极有名气的高档酒家,以烹调鱼翅而享有盛名。

周先生在"同乐鱼翅酒家"主办了由扬州西园饭店演出的"红楼宴",赴宴的有中国红学专家和电视剧《红楼梦》中的主要演员。由此在东南亚掀起了一场《红楼梦》热。为了促进中国和新加坡文化交流,他参与策划和赞助了在新加坡举行的

《中国红楼梦文化艺术展》。在新加坡"世界贸易中心"的展览大厅里,造了个以假乱真的大观园,大观园砌以粉红色围墙,园中假山石形态逼真。使游人如临其境。中国电视剧《红楼梦》中的主要演员分别在"潇湘馆""蘅芜院"等现场接待群众,人们排着长队与她(他)们合影和请求签名留念。《红楼梦》热又掀起一个小高潮。新加坡国立大学文学暨社会科学院与中文系联合主办了"红楼梦研讨会"。新加坡文报纸《联合早报》《联合晚报》和作家协会联合举办了"红楼梦与中国传统文化"座谈会。马路上时常可以听到路边商店里传出的《红楼梦》越剧曲调,书店里《红楼梦》小说成了抢手货,新加坡电视台连续播放电视剧《红楼梦》,吸引了大批观众。

为了促进饮食文化的国际交流,周颖南常到北京、山东、上海、挑选中国名厨到新加坡餐馆举办中国食品展销。

他邀请了北京仿膳饭庄到新加坡举办"中国宫廷宴"和"满汉全席精选",邀请山东孔府和济南齐鲁宾馆舜耕山庄等联合在新加坡举办"中国孔府喜宴",邀请北京钓鱼台国宾馆、北京饭店及香港、台湾名厨联合举办"中华美食世纪之宴"。

在举办"中国孔府喜宴"之前,他潜心研究提出的"食不厌精"的含义,剖析了孔府所设"喜、寿、家"三种宴会的渊源。他认为孔府宴形式隆重,菜肴成系配套,有章有谱,十分讲究,是中国文化宝库中的一笔宝贵财富。如果把这种古代饮食文化用到现代餐饮业,其中既有美学、色彩学和营养学,又符合现代卫生原则,一定会产生新的生命力,发出灿烂光华。他特意邀请古筝名家韩秀英现场表演古筝,为孔府宴助兴;又请孔子第七十五代孙孔祥林讲解孔府宴的形式、历史、规格等,把宴会变成了介绍中国文化的研讨会。这一创举深受欢迎,举办期间,座无虚席,几天后的预订票都销售一空。

将文化融于餐饮业,周颖南的文化酒楼办得有声有色,生意兴隆,不尽财源滚滚来。

树立文化大旗　永保海尔精神

1998 年的一天,中国和许多国家的报纸都报道了同一则消息:海尔集团总裁张瑞敏应邀前往哈佛大学商学院,指导那里的 MBA(工厂商管理硕士生)讨论"海尔文化激活休克鱼"的案例。十多年前,海尔集团还是一家名不见经传的集体所有制企业,如今已迅速成长为拥有冰箱、冷柜、空调、洗衣机、电视机等二十七大门类、七千多个规格品种的中国家电企业集团,1997 年集团销售收入达到 108 亿元人民币,提前 3 年实现了销售收入过百亿元的目标。"海尔文化激活休克鱼"案例讲述的就是海尔在 1995 年兼并国有企业青岛红星电器厂后,短短 3 个月扭亏为盈、并用两年多时间成为中国大陆洗衣机行业中品种最多、销量最大企业的成功故事。

这是享誉世界的哈佛商学院第一次用中国企业作案例,也是第一次邀请中国企业家走上哈佛的讲台。

海尔是怎样创造出奇迹的?

集团总裁张瑞敏把这一切归结为海尔人的奇迹,而集团长期有意识地培育和形成的独特的海尔企业文化正是激发全体海尔人创造奇迹的强大动力。

人是决定一切的因素,海尔的成功首先在于他们实施了"以人为中心"的管理。集团从总经理到一般管理人员都把人看作是企业第一位的财富,认识到"海尔的发展需要各种各样的人才来支撑和保证",为了吸引人才、留住人才制定了一系列强有力的措施,在企业内部形成了调动和发挥每个员工积极性、创造性的良好氛围。为了人才,总裁张瑞敏不但专程赴清华大学为研究生举行专题讲座,而且专门派人为青岛大学的困难学生送去千元资助金。过年过节,张瑞敏等企业领导还分别到单身集体宿舍和青年员工座谈,到宿舍看望残疾员工。正因为海尔坚持"同心于,不分你我;比贡献,不唯文凭"的人才观,企业才能大胆起用年轻骨干挑重担,才能每年吸引大量的大学生、研究生加盟,把许多旁人看作是不可思议和不可能的事能变为现实和可能。

企业作为社会最小的经济单元,获得利润当然是其存在的目的,但赚钱绝对不是企业存在的唯一目的,也不是终极的最高目标。海尔正是这样一家不把赚钱作为主要目标的企业,他们有一个比利润要高远得多的远大理想。张瑞敏在《海尔是海》一文中这样写道:"海尔应像海……一旦汇入海的大家庭中,每一分子便紧紧地凝聚在一起,不分彼此地形成一个团结的整体,随着海的号令执着而又坚定不移地冲向同一个目标,即使粉身碎骨也在所不辞。因此,才有了大海摧枯拉朽的神奇。"海尔人悟透了一点:用户是人民,社会主义生产的目的,就是不断满足人民群众物质文化的需求。正是有了这样的远大目标,海尔人才会用"敬业报国"四个字激励自己在占领国内市场的同时,不断开拓国际市场,力争在中国的制造业中率先跻身世界最大企业 500 强。正是有这样的远大理想,他们才会千方百计为用户着想,把用户的利益和满意放在首位。有这样一件事,在顾客购买的空调被"的士"拐走后,海尔不计自身损失马上又送去一台,并且责怪自己要是早点用公司的车为顾客送货就好了。海尔就是这样坚持"国际星级服务",关心用户胜关心利润,不断从用户角度开发让社会满意的新产品,最后赢得了市场,换来了自身的超常规发展。

人活着,需要一种精神;一个企业的生存发展,也需要一种精神来支撑。"无私奉献、追求卓越"就是海尔的精神,是鼓舞一个大企业全体员工奋发向上的强大精神力量。青年女工马颖从幼师职业班毕业被分到冰箱厂当焊工,她本着"没有不好干的活,只有干不好的工作"的想法,认真跟着师傅学习技术,刻苦钻研;仅两个月就可独立操作,终于创下了 121 万个焊点无泄漏的纪录。1995 年在冰箱实行生产线无氟改造时,年轻的分厂厂长助理唐海北带领同事坚持工作三天三夜,完成了德国专家认为必须两周才能完成的工作任务,最后晕倒在刚刚启动的机器旁。安装维修工毛宗良在送货车辆被扣的情况下,在38℃的高温下背着洗衣机走了两个多小时,终于保证产品按时送到用户手中。这样为了产品质量和公司信誉的动人故事在海尔数不胜数,这些企业英雄们身上表现出来的正是海尔"无私奉献、追求卓越"的企业精神,正是这种精神使产品和服务质量不断提高,使"海尔"成为一个在中国家喻户晓、在世界上颇有影响的著名家电品牌。

企业的健康发展,离不开正确的发展战略。海尔确立并实施了"名牌国际化"战略,并以此成为中国最大的家电出口企业。海尔认为,"名牌"必须经过国际市场认证,因此他们"先难后易",首先把重点放在发达国家的市场,再向发展中国家进行辐射。几年来,海尔人创造了骄人的战绩:电冰箱居亚洲出口德国和美国第一、洗衣机出口日本第一、空调器出口欧共体第一,进而形成对发达国家规模出口的局面,大大提高了海尔品牌的国际地位和影响。为保证"名牌国际化"战略的实施,海尔坚持"技术创新、创造市场"的产品开发原则,通过提高产品质量来增强市场竞争力,通过科研开发拉开与竞争对手的差距,实现差别化经营。目前,海尔已经在全球31个国家建立了经销网,正成为一个强有力的国际品牌。

在美国《财富》杂志每年公布的世界最大500家公司中还不曾有过中国制造企业的名字,但海尔集团常务副总裁杨绵绵已向新闻界明确表示:跻身世界500强是海尔既定的目标。有海尔文化的巨大力量,人们不禁要问:什么奇迹是不可能的呢?

导入 CI 打造形象

从1989年杉杉(当时的宁波甬港服装总厂)创西服品牌,走名牌战略之路,一直到1993年,杉杉西服的销售额达到2.54亿元,五年时间杉杉创成了一个中国西服名牌。与此同时,企业和品牌如何向更高层次发展,企业到底该确立什么样的发展模式,企业如何才能获得新的动力,作为一个新的重要课题,摆在了企业的面前。

市场调查显示,在大众印象中,"杉杉"只是西服的一种品牌,缺少整体丰满的集团概念以及缺乏鲜明的形象和品位,因此没有强烈的号召力,尚未形成的偏爱或认牌购买心理。

从竞争品牌来看,国外如皮尔·卡丹、鳄鱼等,皆挟洋自威,无论是广告策划还是形象塑造都先声夺人,在中国市场上抢占了较大份额。而国内的一些品牌在市场竞争中的营销策略和手段,尚处于价格竞争等低层次的水准。因而,杉杉集团在广告和公关策略上应突出体现企业的整体化形象,突出企业自身的文化意蕴,使企业性格、品牌性格和产品性格得以统一、升华并广为人知。

一个偶然的机会,杉杉找到了一家资深策划公司——台湾艾肯形象策略公司。

1994 年初,杉杉的决策层经过对 CI 的深入研讨,确立了导入 CI 的计划,并由总裁郑永刚作为 CI 决策委员会召集人,企业形象策划部部长王仁定担当此计划的总干事。

经过杉杉 CI 委员会与艾肯公司的共同规划,把杉杉导入 CI 的目标确定为:

1.定位并提升企业形象,创建一流的企业经营文化系统。

2.创造第一,系统科学地进行有形资产和无形资产的经营,提高综合竞争能力。

3.以 CI 为载体,与世界先进企业经营惯例接轨——创立中国的世界级服装品牌。

至此,杉杉集团斥资 200 万元人民币,整体导入 CI。

杉树,伟岸挺拔,英俊潇洒,生命力极为旺盛,它与中华民族五千年文明史积淀下来的坚韧不拔、蓬勃向上、生生不息、挑战未来的精神和谐一致。而面对迎接新世纪,体制转轨的企业发展的重要阶段,杉杉集团不仅要塑造恒久弥新的品牌,而且要营造含义丰蕴的企业文化,建立起经营集约化、市场国际化、资本社会化的现代化国际化产业集团。正如总裁郑永刚所说:"今天的杉杉已经超越以品牌宣传为第一要旨的阶段,未来的竞争更重在企业形象。"

据此,杉杉集团确立了"立马沧海、挑战未来"的企业精神和"奉献挚爱,潇洒人间"的品牌宗旨;确立了"我们与世纪的早晨同行"这一对外诉求标语。从而,从自身的品牌诉求出发,紧扣 21 世纪"环保、生态平衡、绿化"的世界性主题,把杉杉品牌提升到爱人类、爱地球并与人类生存环境息息相关的高度,确立了杉杉企业及品牌在社会中的位置和宣传定位。

杉杉集团标志以音译 Shahshan 及象征中国特有"杉树"CHINAFIRS 作为设计题材,将大自然的意蕴融入设计,以"S"字体象征有如流水般生生不息,杉树则有节节高升之意。杉杉标志色彩采用自然沉稳的青绿色与象征现代清新的水蓝色搭配组合,视觉上令人耳目一新、生动有力。结构上以两个作 S 阴阳曲线之拓展变化,意谓杉杉集团迈向多元化发展。而耸立挺拔的杉杉树图形,令人联想到杉杉从传统到现代的串联,更象征集团创新突破的成长。

1994 年 6 月 28 日,杉杉集团有限公司正式成立,并举行了盛大的杉杉集团 CI 标志发布会,向社会公众广泛告知新的集团标志。同时,通过建立 CI 走廊和全体员工的 CI 知识培训,使广大员工深深感受到企业发展的新动力和即将进入一个新的高峰,员工们的凝聚力和积极性进一步被调动起来。中短期企业发展战略因为有了 CI 工程系统的指导也在紧张地筹划和确立。在很短的时间内,全国范围内的电视报纸广告、灯箱、霓虹灯等都换成了统一的全新的杉杉标志和企业精神用语,专卖店(厅)外观和内部布置也经过重新装饰,以焕然一新的面貌出现,企业形象的推广宣传全面启动。

1995年3月初,杉杉推出了精心设计,由四个环节组成的CI行动。首先,3月11日在北京香格里拉饭店举行了以"我们与世纪的早晨同行"为主题的CI发布会,全面大规模地向公众推介CI开展的成果,同时还进行了体现杉杉理念和标准色彩的时装表演。第二个环节是当晚杉杉集团和中央电视台联袂推出"95植树节大型文艺晚会——'我爱这绿色家园'",紧扣21世纪人类危机问题——绿化、环保主题,把关心人类生存这一企业行为特征告知公众。第三个环节是杉杉独家赞助以绿化为主题的全国性海报张贴。第四个环节是在上海、南京、杭州、苏州、青岛、合肥、武汉、南昌、西安等城市的分公司,在杉杉企业形象策划部配合下,同时推出"让大地披上绿装"的绿化宣传活动,赢得了广泛良好的口碑。

杉杉集团的CI导入使企业受益匪浅,这具体表现在如下几个方面:

1.确立了杉杉在社会和公众中的绿化环保代言人的地位,表现了杉杉企业一种现代、清新、富于社会责任感的美好形象,极大地丰富了杉杉品牌文化的内涵,提升了社会美誉度。

2.通过CI导入及深化推广行动,促进了企业发展战略的完善,使杉杉集团逐步建立起富于特质的企业经营文化系统,并以此为依托走上了有形资产与无形资产相结合的企业发展新路。据"中企资产事务中心"的审慎评估,导入CI后,杉杉品牌的无形资产价值迅速升值,至1995年末已达到2.654亿元人民币,成为企业自身的又一笔巨大财富。

3.据调查资料显示,杉杉集团和品牌的认知率,在华东和华中市场已从1994年初的50%上升到1995年末的92%;在华北和东北市场,从1994年初的6%迅速上升至1995年末的23%左右,使这两个原本薄弱的市场迅速得以开辟,并辐射到更为广阔的西北、西南等市场,从而使杉杉品牌作为全国性品牌的地位进一步确立。与此同时,杉杉集团的销售额从1993年末的2.54亿元迅速上升至1995年的8.5亿元和1997年的21.7亿元,实现了持续跳跃式发展。

4.凭借导入CI的扩张效力,杉杉集团以服装服饰为基础产业,迅速向金融、期货、证券、广告、房地产、高新技术和文化出版等产业拓展。目前已在全国建立分、子公司48家,遍及各大中城市的专卖店(厅)近500家,营业面积3万平方米,形成了自成一体的强大的市场网络。

5.杉杉集团的CI导入,富于鲜明的民族特色。纽约全美平面设计艺术研究院院长、伦敦皇家学术学会皇家工业设计师柯林弗贝斯先生对杉杉集团的CI导入与推广做出评价:"作为亚洲企业之新锐,在成功地完成了VI设计的同时,也体现了该领域的系统化、科学化的共同特性——具有鲜明的BI个性特征,成功地塑造和提升了优美的企业形象,表现了亚洲企业在CI领域的独创性和成熟性。"

戒欺务真

绝大多数企业也都知道,"质量是企业的生命",在社会主义市场经济条件下质量同样是企业走向市场的通行证。因此,质量对企业的发展来说是至关重要的,企业生产的产品或提供的服务若没有质量就等于没有生命,企业若不注重和讲究质量同样等于自我消亡。

产品技术是产品最重要的组成要素,没有产品技术就没有产品。产品质量既是产品最重要的特性之一,又是产品生产过程中最主要的生产特性和生产依据。没有质量的产品,也没有产品的质量。

胡雪岩也深知此中的道理:他的胡庆余堂药店要生意红火,关键在于药品的质量。而药品的质量又主要取决于两个方面:一是原料选购地道,一是加工制作精细,"采办务真"是胡雪岩保证药店产品质量的首要前提。由于作为中成药主要原料的天然物、植物和矿物品种多、分布广、属性复杂,仅典籍所载就有 3000 多种,而中药特点是多味配方,每味药材的真伪优劣直接关系到药品质量,一味掺假,疗效就大不一样。有鉴于此,胡雪岩不通过药材行采办原药材,而是利用有官场做靠山,有钱庄、银号、当铺构成的金融网作后盾的优势,隔年贷款给药材产区的药农,使他们资金周转灵活,乐于献出上品,并派熟悉药材产地、生长季节、质量优劣的专人到全国各地的药材产区自设坐庄,收购地道药材,同时还抓了以下两项事务:

一是严格挑选。原料进来后,先要拣去杂质,胡庆余堂药工宁精勿滥,即使像麝香之类高级原料,他们也仔细地把混在麝香粉里的细毛、血衣一一剔出,虽然这样做原料损耗往往高于其他药店,但确保了药效。

二是精心贮藏。为防止药材霉烂变质,胡雪岩购地 4 亩,造起东、西、南三个药材仓库,另设一个设计独特,阴凉透风,温度适宜的胶库,在此贮藏的驴皮膏历时近百年也不变质。

中药贵在纯。采办地道药材为制造良药提供了必要前提,接着,就进入修制阶段。修制包括修治和制剂两个环节。修治也叫炮制,即对动物、植物、矿物等"生药材"进行必要的漂、剪、熬、煮、淬、泡、炸、煨、炒、灸、炼等加工,使其达到药用要求;制剂就是将炮制过的药材做成丸、散、膏、丹、酒等成药。

胡雪岩要求员工遵循"修制务精"的准则,就是在原料加工到成品制作的全过程中要精工细作,绝不允许偷工减料。

在胡庆余堂就挂着这样一副对联:"修合虽无人见,诚心自有天知",这是胡雪岩对顾客的诚恳告白,也是他对药工的谆谆训诫。对联中的"修"是指对"生药材"作加工炮制,去除其中的毒素,保持药效;"合"是指对药材做搭配组合。由于当时中药的修合大多沿袭单方秘制的传统,不允许外人偷看,笼罩着神秘的迷雾。人们看到的已是成品,其中的优劣良莠,不是内行人是看不出来的,这就为一些不法店家用次充好、以假乱真来牟取暴利提供了方便,这就需要制药者自觉以严格的职业道德自律,"诚心自有天知",这是用冥冥之中的天地鬼神的超自然力量来规范商业行为。然而,话说回来,一片诚心由天地来鉴察岂非虚无缥缈,产品的质量倒是实实在在的一面镜子。具体到胡庆余堂来讲,药效就是人们判断这家国药号的经营者是否心诚的最实际的标准,而人们建立在判断基础上的对胡庆余堂的口碑又直接关系到胡庆余堂的信誉及其产品在市场上的竞争力,所以"心诚"实际上也关系到胡庆余堂自身的商业利益,胡雪岩能不高度重视吗?

胡庆余堂力行"戒欺""采办务真,修制务精"的结果是成功地推出了一大批名牌产品,有:四川白银耳、直指香莲丸、女科八珍丸、关东鹿茸、诸葛行军散、局方紫寻丹、十全大补丸、八宝红灵丹、局方黑锡丹、大补全鹿丸、精制猴枣散、喉症锡类散、八仙长寿丸、梅花点舌丹、立马回疗丹、人参再造丸、神香苏合丹、琥珀多寐丸、外科六神丸、百益镇惊丹、大山人参、胡氏避瘟丹、小儿回春丸、佛兰西洋参、安宫牛黄丸、局方牛黄清心丸、六味地黄丸、圣济大活络丹、杞菊地黄丸、万氏牛黄清心丸、明目地黄丸、太乙紫金锭、济生归脾丸、石斛夜光丸、妇科白凤丸、纯阳正气丸、茱连金丸和丢砂云君丸。以上产品为胡雪岩开辟了滚滚利源,也在顾客心目中竖起一块"雪记"金字招牌。

由上观之,胡雪岩在产品质量上的认识程度及通过严抓产品质量来做市面场面之做法,的确有超过同时代生意人之处。

抓质量求生存

一个毫无名气的企业要想参与激烈的市场竞争,在市场博得一席之地。致胜的策略是多种多样的,也是纷繁复杂的,其中最重要的就是靠一流的产品质量,以质量为企业生存之本。

农民企业家鲁冠球领导的杭州万向节厂,成为我国乡镇企业中第一个向工业发达国家出口汽车配件万向节的厂家。他们成功的奥秘就是"抓质量求生存,靠信誉闯天下"。

鲁冠球在经营生活中走出了三步妙棋:

第一步,1980年,他召集厂里精明能干的生产、技术人员30人,要求他们把厂子几年生产销售出去的3万套质量不合格的万向节从全国各地"背"回厂子,以信守质量信用。

第二步,不合格产品都运回来之后,他要求把从全国各地运回来的有毛病的万向节作为不合格产品进行展览,并以"废品展览会"的名称"亮丑,示众"。有些同志对厂长的做法议论纷纷:废品并没全废,还能凑合用。鲁冠球则晓之以理:质量就是生命。最后又把所有的展览品拉到了废品收购站。

第三步,他发动全厂上下展开了"企业靠什么占领市场"的大讨论。

面对乡镇企业何必太认真的种种言论,鲁冠球力排众议,在全厂大会上慷慨陈词:"钱潮"产品也要像钱塘江潮一样名扬四海。名扬四海,不能靠吹,不能靠贿,更不能靠混,要靠质量,靠过硬的产品质量,靠信誉占领市场。鲁冠球以超人的魄力狠抓质量,使产品的合格率由 85.5% 上升到 98.8%,有 6 个产品荣获部颁优质产品证书,还被浙江省汽车工业公司批准为免检产品,产品畅销全国 29 个省、市、自治区。太平洋彼岸的美国客商也纷纷慕名而至。在很短的时间里,杭州万向节厂就与美国数家公司签订了 13 万套万向节的供货合同。

质量为重　服务并行

中医药是勤劳勇敢的炎黄子孙几千年与疾病做斗争的经验总结,是中华民族灿烂文化宝库中的一朵艳丽奇葩,其独特的理论体系和丰富的临床经验受到全世界的瞩目。而提起中药,许多人会不约而同地想到"同仁堂"三个字。

同仁堂是北京久负盛名的老药铺,由曾任清朝太医院医官吏目的乐显扬于 1669 年创建,至今已有 300 多年的历史。从最初的同仁堂药室、同仁堂药店到现在的北京同仁堂集团,经历了清王朝由强盛到衰弱,几次外敌入侵、军阀混战到新民主主义革命的历史沧桑,其所有制形式、企业性质、管理方式也都发生了根本性的变化,但"同仁堂"历数代而不衰,在海内外信誉卓著,树起了一块金字招牌,真可谓药业史上的一个奇迹。"同仁堂"的金字招牌为何三百年不倒?

同仁堂从开业之初就十分重视质量,并且以严格的管理作为保证。创始人乐显扬的三子乐凤鸣子承父业,于 1702 年在同仁堂药室的基础上开设了同仁堂药店,他不惜五易寒暑之功,苦钻医术,刻意求精丸散膏丹及各类型配方,分门汇集成书。乐凤鸣在该书的序言中提出"遵肘后、辨地产,炮制虽繁,必不敢省人工;品味虽贵,必不敢减物力",为同仁堂制作药品建立起严格的选方、用药、配比及工艺规范,代代相传,开创了同仁堂的良好声誉。

三百多年来,同仁堂为了保证药品质量,首先坚持严把选料关。在旧社会,北京同仁堂为了供奉御药,也为了取信于顾客,建立了严格选料用药的制作传统,保持了良好的药效和信誉;新中国成立后,同仁堂除严格按照国家明确规定的上乘质量用药标准外,对特殊药材还要用特殊办法以保证其上乘的品质。例如,制作北京白凤丸的纯种乌鸡由市药材公司在无污染的北京郊区专门饲养,饲料、饮水都严格把关,一旦发现乌鸡的羽毛骨肉稍有变种蜕化即予以淘汰。这种精心喂养的纯种乌鸡质地纯正、气味醇鲜、其包含多种氨基酸的质量始终如一,保证了北京白凤丸的质量标准。

中成药是同仁堂的主要产品,为保证质量,除处方独特、选料上乘之外,严格精湛的工艺规程是十分必要的。如果炮制不依工艺规程,不能本现减毒或增效作用,或者由于人为的多种不良因素影响质量,不但会影响药效,甚至会使良药变毒品,危害患者的健康和生命安全。同仁堂生产的中成药,从购进原料到包装出厂,总有上百道工序,加工每种药物的每道工序,都有严格的工艺要求,投料的数量必须精确,各种珍贵细料药物的投料误差控制在微克以下。例如,犀角、天然牛黄、珍珠等要研为最细粉,除灭菌外,要符合规定的罗孔数,保证粉齐的细度,此外还要颜色均匀、无花线、无花斑、无杂质。长期以来,同仁堂总是根据每种药品的医疗要求,制定每项药品的工艺规程,逐步总结,日臻完善,条理清楚地用文字记录存档,终于形成了一套科学精湛的中成药生产工艺规范。

同仁堂的经营特色是"品种全、质量好、服务优、管理严",其中"想顾客之所想,急顾客之所急"的优质服务也是赢得广大患者和顾客的重要因素。早在清朝,同仁堂就在店内为患者提供服药的开水等服务,是京城药铺中最早这样做的。代顾客煎药是药店的老规矩,冬去春来,尽管煎药岗位上的操作工换了一茬又一茬,但从未间断,也从未发生任何事故;在1985年,每煎一副药就要赔5分钱,但药店为方便群众,把这一服务于民的工作始终坚持下来。现在药店每年平均要代顾客煎药几万副,深受患者和顾客欢迎。早在二三十年代,同仁堂就有了邮购业务的雏形,新中国成立后成立了邮寄部,对患者有信必答、有求必应,深得人心。1954年,药店设立了咨询服务台,为患者介绍适应证的药品,解答顾客提出的问题,四十多年来接待上千万人次。

斗转星移,但同仁堂的"顾客至上,竭诚服务"却始终不变。1984年,一外地顾客来店求购4克天仙腾,一位老售货员收方后说:"这药4克值4厘钱,给你10克,收1分钱。"顾客满意地笑了,为了这一分钱的生意,这位老售货员柜前堂后跑了两趟。事后,顾客投书经济日报称赞同仁堂可贵的风格,认为像同仁堂这样的大药店,在实行经营承包责任制后,仍能保持做好小生意的精神,确实难能可贵。

同仁堂历经沧桑,"金字招牌"长盛不衰,主要在于同仁堂人注重把崇高的精神、把中华民族的传统文化和美德,熔铸于企业的生产经营之中,化为员工的言行,形成了具有中药行业特色的企业文化。1992年,江泽民同志为新成立的同仁堂集团题词:"发扬同仁堂质量第一的优良传统,为人民保健事业服务。"的确,"质量"与"服务"是"同仁堂"金字招牌的两大支柱,坚持质量第一、一切为了患者是同仁堂长盛不衰的最根本原因。

在同仁堂三百多年形成的优良企业传统中,质量与服务已经成为同仁堂文化的核心,成为数代同仁堂员工的共识和自觉行为。在社会主义市场经济条件下,质量第一、服务至上是企业在竞争中生存和发展的关键,同仁堂的发展史深刻地揭示这一企业竞争的客观规律。在现实社会中,一些企业虽然把"质量就是生命"用大标语写在墙上，把"顾客就是上帝""顾客就是衣食父母"写进服务规范，但是质量第一、服务至上的正确观念并没有真正成为企业广大干部群众的自觉认识，就更谈不上时时刻刻体现、事事处处落实了。更有甚者，把经济效益摆在首位、把赚钱作为唯一的目标，这样的企业可以做虚假广告、可以坑蒙拐骗，虽能"灿烂"一时，但终究必然是昙花一现。同仁堂三百年的金字招牌实际上就是同仁堂优良传统与企业文化树立和巩固的三百年，任何企业都应该从这段历史中受到一些启迪，扎扎实实狠抓产品质量、抓优质服务，把这样的理念注入企业的方方面面，以此来树立本企业不倒的"金字招牌"。

误策盲动　名牌丢命

　　1993年以后，随着万家乐的崛起，顺德市一夜之间冒出无数燃气具生产企业，仅政府批准领有"身份证"的企业就多达30家，而招之即来、挥之即去的地下工厂更是无法统计。万家乐在这些有形无形的竞争对手的夹击下，虽然苦苦保持住了国内市场1/3份额的"大哥"级地位，但经营成本则始终无法降下来，而与此同时，由于竞争企业的急剧增多，热水器以平均30%的售价下降，也让万家乐难以提高主营业务的利润水平。

　　"万家乐，乐万家"，这曾是一句风靡全中国，数次被评为中国十大广告创意的广告词。万家乐公司于1988年诞生于顺德市，曾一度被视为"新粤货"的代表企业，在1997年的"顺德"名优产品博览会上，它为人们展示了一组惊人的数字：电风扇产量占全国1/3，微波炉占1/3，电饭锅占1/2，冰箱占1/8，热水器占1/2。不过这些数字的背后却掩藏着一个令人担忧的事实：产业严重重复，盲目投资趋多。20世纪90年代中期以来，国内热水器市场逐渐出现电热水器走俏的趋势。然而，作为业界老大，万家乐出现了判断上的重大失误。决策层始终顽固坚持燃气热水器的发展思路，在1997年的统计数字中，万家乐电热水器产量只有6.5万台，是燃气热水器产量的1/8。失去战机等于失去生机，万家乐由此逐渐失去市场主导权。

　　万家乐是中国热水器行业第一家上市公司，无可比拟的融资空间却并没有给企业带来应有的发展效益。早在1995年，公司决策层发现燃气具市场的疲软信号，他们因此认为该市场已无所作为，由此开始探索多元化发展道路，其中两个主导投资项目分别为空调压缩机和大型电话程控交换机。

　　以电话程控交换机为例，这是一个和加拿大北方电讯公司及中国邮电部联合投资的项目，总金额高达1.28亿美元，万家乐股份有限公司占有26%的股权，按照原计划，该项目应于1996年下半年正式投产。根据当时的乐观估计，年利润会达到4789万美元。但是不久之后，万家乐方面便发现"项目庞大、技术水平高、组织和协调工作难度大"的问题。正是这个项目，令万家乐1996年的年终账面上出现了 3740 万元的亏损。

经营策略上的失误还表现在股份公司在万家乐品牌的使用上出现了左右摇摆的紊乱。一方面,公司对万家乐品牌十分珍惜,认为不是百分之百成功的产品决不能用这一商标,另一方面则"创"出了一大堆子品牌,股份公司一度拥有 23 家子公司和关联企业,生产从缝纫机到化妆品的多类产品,且不说其多元化所带来的种种经营错乱,单是品牌管理一项便漏洞百出。

1998 年,不堪亏损的万家乐突然宣布,以 3.2 亿元的价格将其 29.8% 的法人股出让给同城一家知名度不高的企业——新力集团,由此退居第二大股东并交出了品牌经营权。

借势行善　　救人救己

在清朝末年,著名商业家胡雪岩十分善于把握时局来为自己谋取利润。当太平军占领的杭州被官军收复的消息一传到上海,胡雪岩就立即起身赶赴杭州,投入到了杭州战后繁忙的善后赈济工作之中。时局对做生意的影响太大了,否则,为何海湾局势紧张石油价格就飘升? 美国政坛一出事则华尔街股市暴跌? 地区战事一起则生意难做? 可见,做好时局生意还是大有学问呢。

胡雪岩首先做的一件事,就是将一万石大米无偿捐献给杭州用于军粮和赈济灾民。一年多以前,杭州被太平军包围,弹尽粮绝以至到了人吃人的地步。胡雪岩冒死出城,到上海筹款买到两万石大米,运往杭州却进不得城去,只好把米转道运往宁波。胡雪岩捐献杭州的就是这批大米。当初胡雪岩将这批大米转道运往宁波时,宁波刚被太平军攻下,城中难民无数,粮食奇缺,这一万石大米正好救急。只是当接收这批大米的米行要开价讨款时,胡雪岩却分文未要,只要求不管什么时候,只要杭州收复,三天之内以等量大米归还。

就从做生意的角度来看,这无疑是将一大笔钱搁置在那儿。因为就当时的时局来看,杭州能否收复,收复之日何在,真是无法确定。而且,即使在三五年之内能够收复,如此之长的时间,这笔钱利上滚利,一石米也翻成了两石米了。然而,红顶商人胡雪岩却有其独到之想法,如果他留着大米不捐献出去,等杭州收复,可以随时起运,这样固然稳妥,但是获利不大,况且如果时局万一把握不准,即可就是老本赔尽了。于是,不如干脆将米捐了。

当然,胡雪岩如此行事,从他个人的考虑来说,自然也是出于他尽心乡梓的诚意。他当初冒死出城,采买大米,又冒死将大米运往杭州,就是希望能为赈济乡梓饥民尽一份力,这诚意确实不容怀疑。客观说来,从胡雪岩生意人的用心来看,他要用这一万石大米为自己重新在杭州站稳脚跟"垫"底,也是确实的。他把这一万石大米捐献杭州,就使他在杭州士绅、百姓中名声大振,也使他一下子就得到左宗棠的信任,委他负责杭州的赈济善后事宜。但不管从主观上看,还是从客观上看,胡雪岩此举都有要尽快振兴杭州市面的用意。在胡雪岩看来,杭州战后当务之急就是振兴市面。而市面要振兴、要兴旺,关键在于安定人心、安定市面。人心安定,市面平静,人们才会放心大胆地来做生意,这样于公于私,都有莫大的好处。而民以食为天,粮食不起恐慌,人心就容易安定。献出这一万石大米,"这是救地方,也是救自己。"

第二章　企业策划眼光远

企业策划应该深思远虑,不可只顾眼前;应该坚毅果断,不可犹豫不决;应该充满信心,不可忧愁满面。只顾眼前,就会丧失长远利益;犹豫不决,就会丧失良机;心存忧虑,就会失去必胜的信心。

创造"美的"企业形象

"美的集团"是广东美的集团股份有限公司的简称,在 1980 年,它是广东省顺德县一个小镇的小作坊,"美的"创业之初,其经历并非"美的"。在全国几千家电风扇厂竞争冲杀中,论设备和技术,"美的"是小弟弟;论生产电风扇历史,"美的"亦是较短的。

"美的"人没有因为自身的弱点而裹足不进,相反,敢于开拓,敢为人先。该公司在全国电风扇大战中,率先采用塑料外壳代替金属外壳,大大降低成本,使其在激烈的竞争中杀出一条生路。此时"美的"人在市场风浪的搏击中,逐渐意识到市场需求不断发生变化,电扇产品不应是公司的唯一产品。

随着人们生活水平提高,空调必将是其替代品,应当及早开发研究和生产出自己的空调产品。空调是高科技产品,是高层次享受的象征,自己原来的形象显然过于落后。应当树立一个全新的形象。1984 年公司全面实施它的品牌战略。

首先从创立的"美的"名字开始。"美的"美在其真善美,美在巧妙。它作为企业、产品、商标"三位一体"的统一名称,作为表述产品质量和企业形象的美恰如其分,定能博得市场大众的认可。

"美的"的决策人还充分考虑到它足以涵盖各个产品、各行各业、国内国际市场。它是一种"美的事业",公司永远作业,无限发展;它的形象,给社会公众和消费者以亲切感、优美感、愉悦感,并产生无尽联想。其次,"美的集团"在其广告策略上,把广告定位和促销活动提高档次,突出品位高、质量高,目标是造就名牌和名流企业形象。它除了在全国主要报刊和中央电视台做广告外,还推出巩俐电视广告片。他们在设计名人效应与名牌行销过程中，非得争取当今最红的影坛明星巩俐出场不可。利用明星做广告，其核心是突出"美的"是以"创造完美"作为企业精神、经营理念和行为准则的。

"美的"人把创造美渗透到每一空间，贯穿全员行动，见诸一切媒体，同其企业文化水乳交融。该集团的建筑文化、广告文化、销售文化、开拓文化、车间班组文化，均具特色。"美的"CIS中的标准色，表现为蓝、白二色，有如蓝天白云。美的工业城的现代建筑群、写字间、标牌、名牌、办公用具、事务用品、运输工具、包装设计、食堂餐具、洗手间等等，皆是一体的蓝白相间的色调，同其生产的"美的风扇"，"美的空调"器等产品色泽相谐，给人赏心悦目、清凉优雅的感觉。这样精心的设计对于挑剔的现代消费者来说，也不能不产生一种挡不住的诱惑，对该企业及其产品油然产生一种良好形象。

"美的集团"实施其品牌战略中，更加注重科技进步的作用。多年来，它对科技投入从不吝啬，对人才引进和培养更是不遗余力。该集团除了从大专院校、科研机构物色人才外，还登广告公开以重金招聘人才。几年来，"美的"从全国各地招聘的各类人才达600多人，其中不乏博士和高级工程师。现在，该企业的4600多名员工中，12%以上为大学文化程度。"美的"由于人才配套，其产品一问世便起点高。创业10多年来，除了开发出各种电风扇外，还开发出窗式、分体式、柜式3个系列的27种型号的空调器，并已实现批量生产和批量出口。现在，"美的"成为国内空调出口量最大的厂家。1994年5月，由国内贸易部、中国制冷空调工业协会等单位主办的空调调查活动中，"美的"被评为国产名牌空调，"美的"当家人何享健也被命名为"中国首届空调大王"。"美的"产品一直按国际标准组织生产，因此也先后获得了美国UL、德国GS、英国BS、加拿大CSA等国际标准认证，为其产品走向国际市场铺了路，到目前为止，其产品已销向世界五大洲36个国家和地区。

"美的集团"进一步扩展自己的产品品种，开发了电饭煲、吸尘器等小家电，也深受用户欢迎。经过14年的艰苦而有效的经营，发展成为全国日用电器制造业最大的企业之一，是全国500家工业大企业之一，是世界上最大的电风扇厂。它从5000元资本起家，现有资产已达23亿元；企业已形成年产600万台电风扇、50万台空调、100万台微机、50万台小家电和50万只高档电饭煲的生产能力。1994年实现销售收入20多亿元，出口创汇近3000万美元。现在，在广珠高速公司旁的北滘镇那10多幢蓝白相间组成的宏伟厂房，就是今天的"美的集团公司"，它占地24万平方米，建筑面积28万平方米，那简直是一座美的工业城。谁也没有想到，14年前，这里还是一块荒芜的小坡地呢！

招牌上镏"金"

胡雪岩在湖州的大兴丝行开张后，七月里他到了湖州。一到湖州，他就吩咐他的丝行"挡手"李仪做一件能够给人以实惠的好事:时令在七月中旬,正是"秋老虎"肆虐的时节,丝行要在自己店前向路人施茶、施药,而且说做就做,当天就办。李仪听了疑团不解,不明白这胡老爷壶里卖的什么药。

李仪知道胡雪岩的脾气,做事要又快又好,钱上很舍得,于是当天就在大兴丝行门前摆出了一座木架子,木架子上放了两只可装一担水的茶缸,装在茶缸里的茶水还特意加上清火败毒的药料,茶缸旁边放上一个安了柄的竹筒当茶杯,路人可以随意饮用。另外,丝行门上还贴了一张广告,上写"本行敬送辟瘟丹、诸葛行军散,请内洽索取"。如此一来,丝行门前一下子热闹起来,上午就送出去两百多瓶诸葛行军散,一百多包辟瘟丹。丝行"挡手"李仪深以为患,一怕如此下来花费太多,难以为继,二怕前来讨药的人太多,影响丝行生意。

但胡雪岩却仍然坚持照此办理不辍。他的意思很明确,施茶施药是件实惠的好事,既已开头,就要做下去,再说一来丝已收得差不多了,生意不会受大影响,二来前来讨药的人虽多,但实际花钱有限。再说,丹药不是银子,越多越好,讨过药的人会不好意思再来讨,施药的第一天人多是一定的,过两天必然会逐渐减少。

事实上,胡雪岩坚持施茶送药,成了他的丝行收丝时节必有的节目,后来还扩大到药店。而且不仅如此,他还做了许多好事,比如饥荒战乱年景他设粥场、发米票,天寒地冻之时他施棉衣、舍棺材……胡雪岩做的这些好事,使他在江浙一带获得了一个响当当的"胡大善人"的名声。

胡雪岩为一个善人的名声如此地散财施善,似乎有些让人不好理解。生意上将本求利,一分钱的用度总要有一分利的回报才是正理,连胡雪岩自己都说"商人图利,只要划得来,刀头上的血也要去舔"。散财施善,分文不取,用自己从刀头上"舔"来的血仅仅换来一个善人的名声,何苦来哉!因此,如胡雪岩似的赚了钱能去做好事、善事,实际上为许多生意人所不为。

其实,胡雪岩说做生意赚了钱要做好事,正显示出他的超出于一般人的见识和眼光。他做好事,无疑有他行善求名,以名得利的功利目的,比如他自己就说过:"好事不会白做,我是要借此扬名。"但他做好事还有一个十分明确的目的,那就是因为"做生意第一要市面平静,平静才会兴旺",因此,他做好事也是在"求市面平静",也是他做市面的一种方式。

为名牌"雪耻"

1985 年,县办的邯郸羽绒制品厂因为生产的羽绒服一个袖子朝前、一个袖子朝后而被挂在商场里"展览",厂名因此改为"雪驰",取"雪耻"之义。1998 年,邯郸雪驰集团已经成为全国服装行业销售收入、利税总额双百强企业,也是河北省最大的服装集团,他们生产的"雪驰"牌羽绒服被评为"中国 8 大名牌羽绒服"。从商场的"展品"到今日的名牌,雪驰是一只从谷底飞出的凤凰。

全国有 6 万多家服装企业,雪驰能够进入双百强,首先靠的是领导人的事业心和高素质。集团总裁王自修从 1985 年承包企业起,一心扑在事业上,带领全厂员工团结拼搏、共渡难关。他前几年乘火车出差外地舍不得买张卧铺票,按合同逐年累计应得的 60 多万奖金分文未取,面对澳大利亚企业的高薪聘请不为所动。企业选定什么产品、如何树立品牌? 王自修北上南下多次进行市场调研,终于选准羽绒服作为主导产品。其次,以观念领先为方向、科技创新为突破。雪驰集团认为,在人们满足温饱的需要后,健康长寿将成为重要需求,保健服装不像传统方法,它将能够在不改变生活习惯的同时为人们带来健康。为此,在不断推出全国知名的羽绒服、羽绒被、床上用品及各式服装的基础上,雪驰集团从 1996 年起集中 30 多名专家、耗资 300 多万元、历时 20 个月,开发研制出具有高科技含量的磁疗远红外系列保健品。在羽绒服市场激烈竞争中,雪驰突然拿出杀手铜,震动了整个服装界。中国服装集团公司方玉根总经理评价说:"这是高科技与服饰文化的完美结合"。中国轻工总会潘培蕾副会长指出:"雪驰保健制品必将对人类健康做出巨大贡献"。正是这样"生产一代、储备一代、开发一代",雪驰以产品科技含量高、更新换代快而确立了品牌优势。

第三,独创"秒管理法",促进管理科学化。"秒管理法"又叫"单秒计件工资制",意思是将一件羽绒服从原料到产品分解为 160 多道工序,科学地确定每道工序的耗时、耗物和质量指标,并将指标层层落实到个人,根据单件产品所含活劳动费用和所需平均劳动时间,确定一个时期内相对稳定的单秒工资值,作为劳动分配和奖罚的依据。该方法充分调动了员工的积极性,大大提高了劳动效率,单机日产量超过外贸标准的 3 倍。由于产量节节上升、质量指标落实,雪驰集团创造名牌有了坚实的基础。

据王自修总裁向新闻界透露,雪驰近期启动了专卖店"千店工程"经营计划。一条从名牌产品到名牌企业的发展道路,中国企业的名牌战略必将被雪驰等优秀企业变为现实。

以品牌信誉代替盲目扩张

提起康力品牌,略知家电掌故的人自然会想到曾经在内地风靡一时的康艺8080 收录机。20 世纪 80 年代中期,当日本生产的大屏幕彩电充斥中国市场的时候,中国的消费者曾经憧憬有一天能够看到中国人自己设计和生产的大屏幕彩电。然而很少有人知道,早在 1986 年,由内地派往香港的工程师就在香港亲手设计生产了销往美、加等国的 25、28 英寸大屏幕彩电,这就是获得香港最高工业奖的康艺和康力彩电。

也许人们会问,为什么这么多年没有像长虹、TCL等国产品牌那样听到康力的名字,只是90年代突然冒了出来?话得从1991年说起,当康力(CONIC)品牌初闯国内市场时,由于缺乏驾驭国内市场的经验,"洋"而不能"中"用,当年生产的16万多台彩电只销出3万台,负债3.8亿元,濒临破产的边沿,许多人都认为如果不换牌子将回天无术。面对危机和将被砸掉的品牌任何一个人都会感到其中的责任重大,任务艰巨,回天无术,谈何容易?

1992年新任的领导班子走马上任,凭借顽强的毅力和重塑康力品牌的坚强信念,不仅使企业重现生机,而且回广东惠州组建了康惠电子公司,悄然加入国内众多品牌竞争的队伍,使康力品牌跻身到中国彩电前十强的行列。

几年来支撑康力品牌从小到大,从逆境迈向成功,并走向持久深远的根本法宝是什么?用公司总经理沈达彬的话来说,就是始终不断地营造良性循环的内部系统。他们认为,企业名牌必有其独特的精神内涵和物质内涵,其中经营理念、企业文化、产品质量、技术水平是体现名牌特征的核心内容,而树立企业名牌的关键,取决于企业内部的运转状况。他们把解决企业内部系统各个环节的正常运转作为再树康力品牌的突破口,以对内部系统的调整和整治作为公司名牌战略实施的根本出路。他们提出了"严谨、科学、求实、创新"的企业格言,树立全体员工共创名牌的精神支柱,坚持"以市场为龙头、以技术为先导、以质量为生命、以效益为目标、以应变求发展"的指导思想,以企业文化推动内部管理。

公司按照市场经济法则,坚持现款交易,摆脱了三角债困扰,提高了资金使用效率。他们先后在香港、惠州、上海组建了三个新产品开发基地,保证平均每年十多个新产品源源不断地问世,力争处于彩电技术革命的前沿。

名牌效应

企业形象是企业的产品、服务、人员素质、经营作风及公共关系等要素在社会公众中留下的印象。它是企业素质的综合体现,是企业文化的外在反映,是社会公众对企业的总体评价。树立和维护良好的企业形象,是现代市场经济中企业成功的必由之路,对企业形象进行精心策划获得丰厚的回报,正逐渐成为创富者们的重要选择。

在激烈的市场竞争中,名牌出尽了风头,让同行羡慕不已。

有人说,每一个名牌商标都是一笔看不见、摸不着的巨大财富。不错,从商标价值的形态上讲它是企业的无形资产。不过,现代经济发展到今天,名牌商标已能换算成实实在在的钞票,而且它的价值之高让人咋舌。1993年8月,在国内享有盛誉并打开了国外市场的青岛啤酒,因实行股份制改造,它的商标被第一个推上了评估台。采用收益现值法和超额收益法,青岛啤酒商标价格被评估为2.1亿多元人民币。在一般企业看来,这实在是个不小的数字。可是,要是和世界名牌商标相比就小巫见大巫了。1992 年,"金融世界"评选出全球 42 家最高价值的名牌。荣登榜首的是"万宝路"(香烟),价格达 301 亿美元;第二位是"可口可乐",价格为 244 亿美元;以下为美国的"百威"(啤酒),价格为 102 亿美元;"百事可乐"96 亿美元;"雀巢"速溶咖啡 85 亿美元……青岛啤酒的价格不要说与"百威"的 102 亿美元相比,就是和并不十分出名的海尼根啤酒的 27 亿美元比较,也显得够可怜的。不过,我们毕竟迈出了重要的第一步,驰名商标的评选,商标价值的评估,名牌在市场竞争中赢得的巨大利益,都使我们的企业切身体验到,"名牌商标就是财富"这句话是千真万确、实实在在的。它和企业所拥有的动产不动产一样,既有自身的价值,还可以创造价值对于那些拥有着世界名牌商标的企业而言,也许它的所有物质财富加在一起,还抵不上那张方寸大小的彩纸的价值高。美国可口可乐公司经理在 1967 年曾说过一段著名的话,之后又被人们无数次地引用以说明名牌商标的价值:"如果可口可乐公司在全世界的所有工厂,一夜之间被大火烧得精光,但只要'可口可乐'的商标还在,就可以肯定,大银行家们会争先恐后地向公司贷款。因为'可口可乐'这牌子进入世界任何一家公司,都会给它带来滚滚财源。"

使用名牌商标推出新产品可以节省广告费用,缩短进入市场的时间,更快的拓展市场,提高市场占有份额和销售价位等。上海生产的优质收录机以 37 美元卖给索尼公司,索尼公司拿去贴上自己的"SONY"商标,转手就以 80 美元的价钱卖出。我国的丝绸历史悠久,声名远扬。这些年丝绸制品出口量虽占世界总出口量的90%以上,但由于没有自己的名牌,就只能在国外的低档商店甚至地摊上卖,价钱有时比在国内还便宜;而欧洲一些国家把我们的丝绸买去,略做加工,加上他们的名牌商标,价钱就增长几倍,甚至十几倍。可见,有了名牌商标,企业就能获得较一般品牌高得多的收益。

名牌商标既然能为企业带来超额利润,那么要取得名牌商标的使用权就必须付出代价。宁波欧罗兰服装有限公司花费了 600 万美元的巨资,只是从意大利买回了"金狮"男士服装商标在东南亚地区一定时间内的使用权。欧罗兰公司总经理还直说,这"买卖"值! 同样,在涉及企业转让、兼并、合资、联营等产权交易时,拥有名牌商标者,就可以将其"作价"。1987 年,美国科尔贝格·拉维斯·罗伯特公司以 250 亿美元巨资兼并了纳比斯科公司。代价如此之大仅仅是因为纳比斯科公司的名牌不少,像云丝顿和骆驼牌香烟、迪尔·蒙蒂牌水果罐头等。这些名牌的价值已超过了该公司的有形资产。

随着近些年市场经济的发展,我国企业家也逐渐意识到名牌商标的价值,一些企业将自己的品牌作为资本投入,实现了名牌商标应有的价值。前几年,北京一位个体企业家将自己研制头盔的商标"飞翔"作价 10 万元入股,成立了一家合资企业——中美飞翔有限公司。1988 年,杭州第二中药厂将"青春宝"商标作价 800 万

商战金点子

图文珍藏版

所以,有人说,名牌是企业最能保值和增值的长久资产。厂房、设备只能通过折旧实现其价值,人员也躲不过生老病死的新陈代谢规律,二者都必然经历由新而旧、由盛而衰的过程,而名牌经代代培植、创新,非但不会衰落,反而会愈益兴旺,不断增值。

用"名牌承诺"

深圳市医药生产供应总公司为了结束全市个体诊所和药店泛滥、假药充斥、庸医误人的局面,于1997年创办了"一致药店"。药店开业之初,当市民们带着一种新鲜和好奇走进这些装饰一新、宽敞明亮、标识新颖的药店购药时,谁也不曾想到两年中"一致药店"如雨后春笋般在深圳的每个新建小区和边远屋村都冒了出来,成为全市人人皆知的"名牌商店"。

"一致药店"一问世就向市民做出了三项承诺、展示了五个"一致"。三项承诺是:绝不购销假冒伪劣药品,严格遵守国家物价政策,热情为每一位客户服务。五个"一致"是:一致的品牌,一致的配送,一致的价格,一致的质量管理,一致的服务规范。"一致"战略实施以后,深圳的医药销售市场面貌焕然一新,社会效益、经济效益都十分明显,基本实现了"政府满意,市民高兴,企业赢利"的目标。

"一致"战略的实施,产生了三方面的效应。一是集约化效应,通过集中采购权,确保了采购质量、降低了采购费用和药品价格,并减少了内部摩擦、提高了人员效益。二是市场控制效应,"一致药店"的药品质量和经营理念得到市民认同,"到一致去买放心药"成了深圳人的共识,原来药店泛滥、假药猖獗的混乱状况很快消失。第三是品牌效应,也是"一致"战略最成功之处。深圳作为一个年轻城市,不像北京、上海、杭州、南京等拥有许多"百年老店"、品牌信誉卓著的"名点"。

"一致"有意识地展开品牌战略,靠品牌来打开市场,靠品牌来培育产品,也靠品牌来建立"一致"的医药生产以应体系。"一致"的品牌不仅得到了广大市民的接受和认可,而且也得到了国家有关医药管理部门、医药同行们的赞赏和认同。如今,"一致"品牌已经成功地从商业流通领域跨入生产制造领域,一致建立了华南地区最大的医药配送中心,一致头孢原料基地也投产了,"一致"企业集团开始筹建。

一致领导班子认为:品牌是一个产品区别于另一个产品、一家企业区别于另一企业的标识和符号,而只有名牌才是把优秀产品同一般产品区别开来、把优秀企业同一般企业区分开来的旗帜和航标。创造中国自己的名牌,是振兴民族经济的一条必由之路。"一致"总经理刘晓勇等人对这一点有清醒的认识和坚定的追求,为了实现"一致"品牌向名牌飞跃,刘晓勇等一班经营决策者两年来做了许多营造品牌优势、积聚品牌能量的工作。在"一致"战略成功实施的基础上,一致集团通过集团强强联合、区域配送联手、终端市场联动的"三联"战略,把"一致"从两年多前的"品牌"逐渐带人"名牌"的行列。

现在,"一致"不仅得到深圳乃至一些香港市民的认同、成为质量和信誉的保证,而且在深圳医药市场上的占有率也从最初的30%猛长到70%,营业额连年翻了两番,遥遥领先于同行业其他企业。

多品牌战略

科龙的前身是广东顺德一家靠9万元起家的小乡镇企业,生产单一品牌——"容声牌"电冰箱。1992年,科龙开始自创品牌,另一主导产品"科龙"空调问世,公司名称同时更改为广东科龙电器股份有限公司。随着企业向规模化、集约化方向发展,"容声"冰箱连续7年全国销量第一,"科龙"空调也连续5年进入全国销量前5名,两大支柱产品均成为行业的"尖子"。面对这样的战绩,科龙集团的决策者们喜中有忧,因为解决双品牌在宣传力量上的分散和品牌形象统合的困难毕竟不是轻而易举的事情。

1996年7月,科龙H股在香港上市以后,一直成为走势强劲的龙头股;同年,科龙在日本设立研究所,始终保持与世界先进制冷技术同步。紧接着,科龙在辽宁营口、四川成都两地设厂,与广东顺德的总部形成三足鼎立之势,强化了在全国冰箱行业的龙头地位。随后,科龙与日本三洋公司合作推出了"三洋科龙"冷柜,1998年又与一桥之隔的"华宝"空调强强联合,四大品牌的格局基本形成。

与我国的海尔、长虹等名牌家电企业的单一品牌战略不同,科龙在实践中形成了多品牌战略。科龙实施多品牌战略,主要依据在于:(1)科龙的多品牌路线是随着企业按照市场规律在实践中的发展自然形成,而不是人为规定的;(2)科龙的四个品牌均有各自不可取代的竞争优势,其中有三个已经是全国名牌产品,没有必要、也不可能用其中一个品牌去取代或统一其他三个;(3)国际上有许多品牌的成功先例,如美国的宝洁公司、德国的西门子公司等等;(4)实施多品牌战略是企业迈向国际化、争创国际名牌的需要,是科龙"全球战略"的组成部分。

科龙集团总裁王瑞国认为,多品牌战略的确立,是科龙实施"全球战略"、争创国际名牌的需要,是指引科龙集团迈向国际化、现代化、高层次发展的战略性和方向性的重大决策。

创造"大名牌"

1998年9月8日,江苏森达集团在人民大会堂宣布:意大利的尼科莱迪、百罗利、法尔卡三家著名鞋厂将定牌生产森达皮鞋。这标志着中国制鞋业开始向皮具王国意大利输出自己的名牌。

森达从毫无名气的普通企业成长为名牌企业,靠的就是"实施名牌战略,创造名牌产品"。有一年广州某家皮鞋总汇搞展览,柜台前人头攒动,顾客争着选购一种皮鞋。森达集团董事长朱相桂也拿起一双,一看竟是自己企业的产品,仅仅换了一个外国的品牌,价格就比森达的出厂价高出5倍多。当森达刚刚进入北京燕莎购物中心的时候,尽管售货员再三推荐,可顾客使劲摇头:"没听说过这个牌子。"从以上事例中朱相桂悟出一个道理:牌子没名气,再好的货也不会成为大众的消费热点。

1992年元旦前夕,朱相桂针对名牌战略展开了攻势。名牌是无形的财富,名牌是特殊的生产,森达要发展,就必须创名牌。从此,"打出中华民族的世界名牌"就成了森达人不懈的追求。当年企业就拿出500万元投入广告宣传,几年来投资做广告、建卖场的资金累计达3亿多元。

从牛棚起家,21年风雨历程,森达终于拿到全国皮鞋行业唯一的驰名商标。森达不仅叫响了自己的牌子,也获得了丰厚的回报,接连夺得"中国首届鞋王""畅销国产商品金桥奖第一名""中国驰名商标"等殊荣。据国家贸易局统计,1997年森达的市场份额就已经占到全国鞋类产品市场的31.9%。在愈演愈烈的价格大战中,你会在商场里看到"森达不打折"的字样,即使这样,日产1.5万双皮鞋仍然供不应求。

在1998年9月召开的"森达大名牌战略研讨会"上,森达董事长朱相桂又提出了"大名牌"的概念,即"各行各业、为国内国外消费者赞誉的名牌产品",受到与会的领导和专家的充分肯定。森达的大名牌战略包括五方面内涵:(1)大市场——21世纪初让全国各地的大多数消费者和西欧发达国家的朋友穿上森达鞋;(2)大份额——争取在所进商场皮鞋销售份额绝对第一;(3)大规模——兴建二期工程、产量增加一倍,缩小与国际名牌企业的规模差距;(4)大形象——用最短时间,进一步提升企业形象,使森达成为中国鞋业的代表品牌屹立于世界名牌之林;(5)大文化——广泛吸纳东西方鞋业文化,提高企业和产品的文化含量。森达的大名牌战略,无疑是跨世纪的中国优秀企业向世界名牌们发出的一份挑战书。

乡村旅游

当今中国,随着城市化步伐的日益加快,城市的规模与数量日益扩大。与此相对应的是人口膨胀,空气污染、噪音袭扰、交通阻塞等"城市病"也越来越严重。

大凡在钢筋水泥笼子里被"囚禁"日久的城市居民都有一种渴望回归自然的迫切心情。

而工作时间缩短造成得闲暇时间的增多，收入水平提高带来的消费多元化，都为城市上班族提供了消费的经济基础和条件。

过去人们总习惯于饱览名山大川、楼阁庙宇，人造景点。但是当你去了好几遍后，新意也就日渐缺乏，"千山一面，万水莫异"，人就爱喜新厌旧。

也许对大多数市民来说，平时没有财力和时间游遍天下。或者很多人不愿意受舟车劳顿之苦，只求在周末闲暇时在城市近郊享受享受，那么如何满足他们的需求？纵然城郊比市中心空气好，污染少。但其他一无所有，如何吸引客源？

如果你家住城市的郊区，或者在并不远的农村里租有几亩薄田，可以搞成旅游与农业相交叉所形成的旅游产品，它融农业生产、观光旅游、习农参与、品尝购物、修身度假等于一体，很有大自然的浓厚野趣，适合人们日渐兴起的"返璞归真"的消费胃口。它主要重在参与和体验。

你可以搞个"租地自种"。为城里人在乡下租一块"自由地"，租期可长可短，地面栽种什么由租地者说了算（但最好是花卉和蔬菜）。假日里，偕妻带子，呼朋引伴，到乡下自家地里翻土耕种，施肥浇水，采摘时令蔬菜花卉，好不乐哉！平地则由农场主负责照看农园。此思路宜针对城市"有车族"，或把租种地集中在交通便利，环境幽雅之地。

出卖"命名权"

在我们这个时代，经济、社会都面临着转型，社会生产与生活已不再由政府规定，企业生产与经营须得靠自己的努力去开拓自己生存的领地，人们的生活需要无数丰富多彩的活动与经历来装点。因此，策划作为一门科学与艺术，作为一种新兴的产业，已处在推动时代与社会前进的"前沿阵地"。

策划就是面壁思索对墙壁的超越，策划就是从浪漫中捕捉住一个精妙的现实。策划产生在现实困境与浪漫想象之间的一个临界点上。

而今，策划正不断地向各个领域伸延，因为策划的本质是创新，是突破旧的观念，旧的经验理论，旧的行为及思考决策模式——是让我们想得更好，想得更精彩，想得更绝。从而创造了新的决策模式。

拍卖、出售高楼、桥梁、道路、街巷以及公交车船的若干年限的"命名权"！

一幢在某处很有标志意义的高楼，售其10年命名权，起码可得百万元资金；

一座大型桥梁，其10年命名权，恐怕其价要在千万元以上；还有那些新建的公路、地铁、街巷或者是新的住宅小区，拥有其若干年的"命名权"，那可是大商家与大富豪们乐于争夺的"宝物"！

棺材的妙用

别出心裁,是指在营销活动中,充分调动和发挥经营者的主观能动性,同中求异,在别人未想、未做的方面下功夫,改变惯有的营销方式,超出常规,出人意料,取得生意上的成功。

如今的柳州人又发起了棺材财,走起了棺材运。原来,随着改革开放的深入,来柳州旅游的港澳同胞越来越多。他们中间流传着这样一句话:"棺材棺材,升官发财",游客们慕名来,希望买些小棺材,图个时来运转。

策划专家马金章先生了解到这一风俗,便把生财的点子出在本地的棺材上(所不同的是,棺材不是用于丧葬,而是作为玩具)。吩咐柳州商人用上好的楠木、樟木、杉木制成精致小巧的棺材,小的拇指大小,两元多一具。大的约有 10 厘米,一具 10 元多。旅游者来到这里,第一件事就是购买小棺材,一挑一大堆,带回去作为礼物送人,既经济简便,又颇受欢迎。柳州人由此开辟了一项可观的财源。

深挖产品潜力

广东汕头有一家生产罐头的食品厂,原来生产橘子罐头。厂里进来鲜柑橘,橘瓣装进瓶里,橘皮几分钱一斤卖给了药材收购站。可这两年橘子大丰收,一个村就能办好几家罐头厂,罐头一多也就不好卖了。

厂子出于无奈,于是打起了橘子皮的主意。他们组织科技人员,下功夫"深挖"橘子皮,结果挖出个"珍珠陈皮"这种食品,企业的日子也一天比一天好过了。

如果您有空去王府井百货大楼食品部看看,会发现橘子皮身价倍增地躺在玻璃柜台里,而且雅称"珍珠陈皮"。它每大盒有 10 小盒,每小盒净重 15 克,每大盒售价 10 元。算一下,正好 1 斤 33 元。

买"珍珠陈皮"的顾客多为妇女、儿童。即使是肯花钱的年轻女士,第一次见到它也会对它的价钱咋舌,但惊叹之后,不但自己要买要尝,还要介绍别人来买来尝。好像真的有"挡不住的诱惑"。1990 年,北京亚运会期间,北京展览馆的"购物中心"评定单项商品销售冠军,这 33 元一斤的"珍珠陈皮"便一举夺冠。

借变化找机缘

当年,胡雪岩的生意正在蒸蒸日上之时,太平军攻占杭州,就使他经历了一次大的变故,而且这次的变故几乎将他逼入绝境。

这次变故有三个方面:

第一,胡雪岩的生意基础如最大的钱庄、当铺、胡庆余堂药店以及家眷都在杭州,杭州被太平军占领,等于他的所有生意都将被迫中断。不仅如此,他还必须想办法从杭州救出老母妻儿。

第二,由于胡雪岩平日里遭忌,如今战乱之中,顿时谣言四起,说他以遭太平军围困的杭州购米为名骗走公款滞留上海;说他手中有大笔王有龄生前给他营运的私财,如今死无对证,已遭吞没。甚至有人谋划向朝廷告他骗走浙江购米公款,误军需国事,导致杭州失守。这意味着胡雪岩不仅会被朝廷治罪,而且即使杭州被朝廷收复之后,他也无法再回杭州。

第三,即使不被朝廷治罪,他也不能顺利返回杭州,因为失去了王有龄这个官场靠山,他的生意也将面临极大的困难。他的钱庄本来就是由于王有龄这一官场靠山得以代理官库发迹,而他的蚕丝销"洋庄",他做军火,都离不开官场大树的荫蔽。胡雪岩那个时代做生意,特别是做大生意,本来就不能没有官场靠山。

不过,面对这一变故,胡雪岩并不惊慌失措。之所以如此,是他从表面对他不利的因素中,准确预见出了可利用的因素:

其一,如今陷在杭州城里的那些人,其实已经在帮太平军做事,他们之所以造谣生事,是因为太平军也在想方设法诱胡雪岩回杭州帮助善后,而那些人不愿意放他回杭州。他们造谣虽为不利,但却并不是不可以利用。胡雪岩根据这一分析,确定了两条计策:首先,他不回杭州,避免与这些人正面交锋,他知道他的这一态度一旦明确,这些人就不会进一步纠缠;其次,胡雪岩不仅满足他们不让自己回杭州的愿望,而且他还决定自己出面,特别向闽浙总督衙门上报,说是这些陷在杭州城里的人实际上是留作内应,以便日后相机策应官军。这更是将不利转化为有利的极高妙的一招——表面上是给了这些人一个交情,暗地里却是把这些人推上一堆随时可以引爆的火药,因为如果这些人不肯就范,加害胡雪岩,他可以随时将这一纸公文交给此时占据杭州的太平军,说他们勾结官军,这些人无疑会受到太平军的责罚。

其二,胡雪岩此时手上还有杭州被太平军攻陷之前为杭州军需购得的大米一万石。当初这一万石大米运往杭州时无法进城,只得转道宁波,赈济宁波灾民,并约好杭州收复后以等量大米归还。这也是一个可以利用的有利因素。胡雪岩决定,一旦杭州收复,马上就将这一万石大米运往杭州,这样既可解杭州赈济之急,又显胡雪岩做事的信义,诬陷他骗取公款的谣言也可以不攻自破。实际上,胡雪岩不仅在杭州一被官军收复,便将一万石大米运至杭州,而且直接向带兵收复杭州的将领办理交割,这样不单是收到了预期的效果,更一下子得到了左宗棠的信任,将他引为座上客,并委他鼎力承办杭州善后事宜。由此,胡雪岩又得到了一位比王有龄还要有权势的官场靠山。胡雪岩的红顶子,也就是这一举措的直接收益。原来看似不利的因素,实际上成了胡雪岩日后重新崛起的机会,真可谓把不利之中的有利因素充分利用到了极致。

能如胡雪岩从变化中找出机缘者,可不就是一等一的本事? 可不就是一等一的俊杰?

资金不足　服务来补

江苏银行总行原设苏州,不久即迁上海。在苏州时,应得闳为银行正监督,陈光甫为副监督,迁沪后,陈光甫专任总经理,额定资本为 100 万元。

陈光甫坚持银行经营应独立于政治的宗旨,把银行迁到上海,目的是在一定程度上摆脱省政府当局对银行业务的干预。同时,陈光甫又把自己在美国所学的近代金融知识实际运用到银行的经营和管理之中,并取得了初步的成效。

1913 年,正当江苏银行出现生机时,政局发生剧变。孙中山发动的"二次革命"惨遭失败。袁世凯下令捕杀革命党人,他得到消息,说肇和兵舰炮轰江南制造局,这项军费是从江苏银行支取的。袁世凯大怒,下令杀掉陈光甫,幸亏友人、总统府秘书长张一说情,陈光甫才保全性命,幸免一死。

袁世凯的干将、军阀张勋取代了程德全出任江苏都督。张勋上任不久,就令陈光甫抄报江苏银行的存户名单。陈光甫以银行有责任为存户保守秘密为由予以拒绝,张勋悍然下令,免去陈光甫江苏银行总经理的职务。

江苏银行的一番经历使陈光甫感到,官办银行必定会受到政府当局的多方掣肘,无法发挥他个人的创造才能,只有以民营商业银行为基地,才能在金融界施展鸿图。

陈光甫将自己的想法同两位好友张嘉璈和李馥荪商量。张嘉璈时任中国银行上海分行副经理,李馥荪时任浙江银行上海分行副经理。他们俩对陈光甫的想法并没有马上赞同。因为此时,中外银行都集中于上海,可谓山高林密。中国金融的命脉操纵于外国在华银行之手,此外,旧式钱庄也占有很大的势力,民族资本银行只能在两者的夹缝中求生存、图发展。

但陈光甫认为自己的资金不足,可以用服务来弥补。他说,自己的银行可以为已有的大银行服务,只需其服务能力足以取信于大银行,即可利用大银行的资金。另一方面,可以利用优质的服务,吸收储蓄存款。洋商银行只注重与政府进行交易,以及同外国商人打交道,而忽略一般小商平民。洋商银行的高楼广厦使一些小商平民望而止步,不敢问津。如果有服务周到的银行出现,正应合这些人的需要,可以不动声色地与各洋商银行进行竞争。

"先期集资 5 到 10 万元,银行即可开办。开办之后,如果真正能够有良好的服务,就可以逐步增加存款。到那时,资本的积累和运用这两大难题,都可以迎刃而解。"陈光甫很有信心地这样分析道。

张嘉璈和李馥荪很佩服陈光甫的勇气和胆识,于是 3 人同心协力,开始着手筹建。

1915年4月17日,召开了首次股东会。股东共有7名,出席会议的仅4名,他们是陈光甫、庄得之、李馥荪、王晓籁。会上选出7名董事,也就是仅有的7名股东。

仅以10万元资本开设的上海商业储蓄银行,其资本额是当时上海各家银行中最少的。与其同年成立的商业银行中,资本最多的是盐业银行,190万元。中华商业储蓄银行虽然规模不大,但也拥有25万元。

上海银行开业时,招待客人的仅是茶点。当时,人们把这家银行叫作"小小银行",或者叫作"小上海银行"。大上海中的小银行,倒也名实相当。

上海银行开业时,国内政局动荡,变故频仍,内地的官僚、士绅、地主等有钱人,多把资财转到上海,存入租界内的洋商银行,凭借外国银行在租界内享有的特权,寻求对财产的安全保障。同时,一些中产者及广阔的民间,尚有许多闲散资金。

对于当时的情况,陈光甫早已了如指掌。他拿定主意,想通过大量吸收储蓄存款的办法,迅速扩大银行资本。为此,他明确提出"服务社会""辅助工商实业,抵制国际侵略"的口号,并以此为行训,要求全体行员严格遵守,这一口号获得社会各界的普遍好感。

陈光甫还根据当时银行业的状况,确定上海银行的办行方针是:"人争近利,我图远功;人嫌细微,我宁繁琐",他把中、小厂商和广大市民定为上海银行的主要服务对象。

储蓄是上海银行的主要业务项目之一。当时各银行、钱庄在吸收存款方面,只注重大宗的,看不起涓涓细流的小额储蓄。陈光甫认为,大户存款变化无常,众多的小存户的储蓄反倒是最稳定的银行资金来源。

为了广泛吸收社会闲散资金,陈光甫开办的银圆存款,数额不限,不论多少一概欢迎。更为独特的是,他在金融界首倡一元即可开户的小额储蓄。起初,有些人讥讽这种吸收存款的方式为苟且于蝇头小利,并将它传为笑谈。

一天,上海银行接待了一位特殊储户。这人带来银圆100元,要求上海银行为他开立了100个户头。

银行的工作员面带笑容耐心细致地为他开了100个存折。工作人员认真负责的精神和彬彬有礼的周到服务,使这位储户心悦诚服。

此事传开后,大家无不赞扬上海银行的这种真正热心于小额储蓄的举动,因而吸引了更多的小额储户前来存储。

上海商业储蓄银行"一元开户"的消息也传到了陈光甫的家乡镇江。

镇江的旧式钱庄势力很盛,对于新式银行的发展颇不甘心,并已感到来自新式银行的难以抗拒的压力和威胁。陈光甫"一元开户"的举动,使他们更加不能服气。

于是镇江的几家钱庄联合起来,派人抬着几口大箱子,分别装有5000银圆和

3000 银圆,到开设不久的上海银行浙江分行,要求开 8000 个存折。

这是存心找茬。镇江分行的职员一方面热情接待,好言周旋,使对方答应把款项暂由分行封存;一方面紧急报告总经理陈光甫。

事情很棘手,弄不好,不仅陈光甫要在家乡父老面前栽尽面子,而且整个上海银行也会在储户面前失去信用。陈光甫处变不惊,方寸不乱,设法化解矛盾。

他想到了上海银行董事黄静泉。黄静泉是镇江几家钱庄的股东之一,跟镇江银钱业关系不错,又有一定影响力。于是陈光甫派黄静江专赴镇江相机处理。同时,又请镇江商会会长陆小波出面调停。如此双管齐下,终使事态平息下来。

小额储蓄业务的局面打开以后,陈光甫为适应不同储户的需要,又在上海银行及其各分行,逐步开办了活期储蓄、定期储蓄、零存整取、整存零取、存本付息、子女教育储金、养老储金、礼券储金等等,多姿多彩,五花八门。

其礼券储蓄尤其别出心裁。社会之上,无论达官贵人,富商巨贾,还是里巷平民,婚丧嫁娶,红白喜事,家家户户,每每难免。遇见此类事项,出于礼仪,亲朋故旧之间馈酬应酬之举,势所必须。为了适应人们这种特殊需要,陈光甫发行储蓄礼券。

这种礼券有两种,一为红色,一为素色。红色礼券供人们喜庆场合之用,如婚娶嫁迎、小儿满月周岁、成人金婚银婚、老者高年寿诞等。素色仅供奔丧吊孝场合应用。

礼券金额分为 1 元、2 元、5 元、10 元、50 元等多种,购买时只需交付与票面相同的币值,不收印制礼券的工本费。用礼券兑取现金时,不分地域,可以在上海商业储蓄银行的总行或任意一个分支机构办理兑现。如果存期较长,银行还要付给持券者相当于活期存款利率的息金。

储金礼券的出现颇受社会各阶层人士青睐。

为了树立上海银行的良好形象,增加储蓄存款,他们非常注重广告和多种形式的宣传。

陈光甫非常重视上海银行的服务态度,要求全体行员服务周到,态度和悦,仪容整洁,礼待顾客。他宣布行员在接待顾客时禁止吸烟。他有感于外商银行往往门面豪华阔气,使人望而却步,因而要求上海银行及其分支机构做到门面朴素,不求奢华,以便中下层储户产生亲近感。后来,上海银行已跻身上海有名的大银行之列,但新建的总行大楼外表依然较为朴素。

为了达到银行形象的平民化效果,陈光甫动了不少心思。他对于营业室的设计,业务窗口的开设,工作程序的改进,记账工具与方式的革新等方面,都经过细心思索,以方便顾客为宗旨。

陈光甫当年的许多做法,时至 20 世纪 90 年代仍在沿用。比如上海银行不惜工本,印制年历,制作皮夹等,赠送顾客。再比如,他们代厂方向工人发放工资,有的发给现金，有的发给储蓄折，此举今天依然流行。

当然，上海银行也决不轻视大额存款，各位股东利用各种社会关系，尽力争取上层社会各界人士的支持。

张公权与陈光甫相交甚厚，上海商业储蓄银行开业之初，张公权即把中国银行的资金 7 万元存入上海银行，而且多年一直未动，实际上等于使上海银行开业之初的资金增加到 17 万元。后来陈光甫就此事专门写信给张公权向他表示感谢。

1917 年，上海银行实力大增，还专门成立了储蓄部，又组织了储蓄协赞会，广泛宣传，使储户大增。

第三章　资本运作回报高

资本运作是钱上生钱，要利用空档，关注投资回报率，增加风险意识，独辟蹊径，稳重操作，摆正心态。切忌急功近利，孤注一掷。

利用空档投资生财

胡雪岩的生丝生意做成之后，在筹划投资典当业、药店的同时，胡雪岩还想到另一项与国计民生有关的大事业——他准备利用漕帮的人力、漕帮在水路上的势力以及他们现有的船只，承揽公私货运，同时以松江漕帮在上海的通裕米行为基础，大规模贩运粮食。

胡雪岩要为自己打开水路货运和粮食买卖这两片前景广阔的天地。

当时的上海已成为中国近代最大的贸易口岸，实际上也就是以海运、河运的大力发展为龙头的。当年中国商办公司与洋商之间第一次最大规模的"斗法"，就发生在中国"官督商办"的轮船招商局和英国怡和、太古轮船公司、美国旗昌轮船公司之间，"斗法"的焦点即是争夺水运利润。仅从这一点，我们就可以想见投资水路货运在当时的巨大前景。

胡雪岩

撇开这一点不说，胡雪岩要投资大规模贩运粮食，本身也是一桩有大利可图的事业。这桩生意有利可图，是因为此时已经具备了三个条件，这三个条件都与时局有关：

其一，时值太平军沿长江一线大举进攻东南，战乱之中，大片田地撂荒，粮食出产锐减，正是乱世米珠薪桂之时，贩运粮食必然有利可图。

其二，兵荒马乱，战事迫近，或稻熟无人收割，或收割之后又因交通不便无法运出来，白白糟蹋，而漕帮既有人手又有水路势力，此时组织起来贩运粮食，天时、地利、人和都占全了，弄好了就是没有竞争对手的"独门生意"。

其三，官军与太平军必有一战。常言道"兵马未动，粮草先行"，粮食对于交战双方都是大事。双方在同一块地面上拉锯，如果抢运出粮食，不让太平军得到，进出之间关系极大，必然会得到官军的支持，粮食贩运也会顺利许多。

有如此三个条件，这桩生意可不就是必定有利可图了吗？

在这兵荒马乱的年月，一般商人大约更多地想到是收缩，而胡雪岩却始终想到的是发展，并且总能在乱世夹缝中为自己开出一条条的财路。胡雪岩不断为自己寻找投资方向，并且敢于大胆投资的气魄，的确让人钦佩。

胡雪岩曾经有过一种很是大气的宣示："我有了钱，不是拿银票糊墙壁，看看过瘾就完事。我有了钱要用出去！"生意人就应该有这股子大气。

关注投资回报率

近几年投资理财活动之所以有着巨大的吸引力，就是因为通过它可以获得利润与回报。然而，怎样的回报才能令人满意呢？

关键要看以什么标准来进行评估。比如说一年赚了100万元，如果押1000万元本钱一年赚了100万就要比200万元在一年内赚回100万元要差得多。因为前者的投资回报只有10%，而后者却已达到了50%。所以，要正确评估、衡量投资回报率要以百分比来表示盈亏，而不能自我陶醉于绝对金额数。要以相同期间来衡量投资回报率，通常都以年为基础来换算回报率。同样获利20%，如果甲是六个月投资的回报率，而乙是两年的投资回报率。显然甲要好于乙，因为甲的年投资回报率为40%，而乙才达10%。

在进行投资理财时，人们对赚与赔的看法上常陷入思维的误区，因此，正确看待赚与赔的关系，这样才能将可能发生的亏损减至最小程度。

必须指出的是，赔钱后再将亏损赚回，并不是想象的那么容易。人们可能会想，炒股票赔了20%，只要等股票回涨20%就又打平了。其实并非如此，由于你的资金赔掉了20%，剩下的只是80%；以本钱的80%想赚钱打平，所要赚回的剩下的80%的四分之一，即25%。也就是说，必须再涨25%才能捞回已损失掉的那20%。

这样的涨跌关系可能很多人都没太注意，总感觉到赔掉几个百分比，再赚几个百分比就行了。要做到"回本"，就要以所剩资金再赚回一倍方可；如果赔掉75%，就必须赚回所剩资金的三倍。如果赔钱后再想捞回来，要比想象的难得多。

由于仅靠赔剩的资金再捞回本钱，确实相当困难。但如果再加上手边的资金，采取一些技术性操作措施，相对就容易些。

最后需要强调的是，当股价处于高价位时，有必要减量经营，手边留点钱以备不测之需，千万不能倾其所有再加借贷死命加码。

区别对待选择投资模式

1999年初，五年期国债开始发行了，年利率为5.13%，比五年银行款利率4.50%仅高0.63个百分点。也就是说，如果你在1999年3月10日买10000元五年期国债，到2003年3月10日能获本息之和共计2565元整，五年的增值才25.65%。如果在目前买入沪深两市任何一种股票，以持有五年期国债的心态来持有股票，应该说用不了五年即可增值25.65%；而且五年之后股票也许能给你带来翻倍的盈利。

有了这种心态，做股票就不会为一时的涨涨跌跌而烦恼。就个人家庭而言，应该将股票投资仅仅作为家庭投资的一个组成部分，而不是它的全部内容。这个道理说起来简单，做起来却是很难的。现在许多家庭有钱了，那么，有钱怎么进行组合投资呢？

模式之一：一个有家底10万元钱的家庭，首先应该满足最基本的生活，应保证吃的用的没问题，具备必需的家用电器，然后再来买国债和股票。在比例分配上，用一半的钱买国债，另一半钱买股票。作为散户不能什么股票都买，最好专买小盘绩优股。买后持有一段时间，不要频频进出。在一年中相对低位买进，在一年中相对高位抛出即可。不必沉湎于市场而频频追涨杀跌。一年下来要赢得比银行同期利息更高的收入是比较容易做到的。关键要沉得住气，耐心要好。

模式之二：一个有100万元以上资金的家庭，管理难度比10万元家庭要大得多。有100万元的资金，以钱来赚钱的本钱多了，但操作的难度也明显增加。其实，如果你用一种经营的观念来处理这100万元，也许比天天在市场中东抓西摸要好得多。用100万元去注册一家公司，烦也烦死了，每年要与工商、税务、街道等部门打交道。如果你用100万元资金来经营股票，等于你自己开了个公司，自任董事长兼总经理，财务出纳也自己兼着不用求人。然后，你可将这100万元分成若干份额，用一部分作为流动资金，买一点短期国债；再用一部分买入绩优成长股作长期投资项目；剩下一块可作为天天练练手气的炒作资金，哪儿有热点就往哪儿去。每隔半年，自己给自己做做中期财务报告，年终做一下年报告，评价一下自己的资产总值，只要年年有增值且增值幅度高于市场平均利润率，那就是成功的。

当然，对于有100万元以上的资金大户，前提是要安排好家庭生活。房子先买好,有房子的可再买一辆车。家庭生活的所有需求满足之后,再来考虑经营股票。上海有些大户,经营股票失败之后,家里连件像样的东西也没有,很惨。有钱不享受,到没钱时想享受已来不及了。什么叫"追悔莫及"?喏,这就是。所有股票经营者,在确定自己经营思路之时,生活的最后一道防线绝对不能突破;否则的话,枉费了自己的一生,也对不起家人。

模式之三:拥有千万以上的资金大户的管理。这种大户在股市和期市中已为数不少。千万是个极神圣的数字,至少在目前中国是许多人梦寐以求的。就像《圣经》中马太效应中讲到的:过了这个分界线,财富等于是自动奉送。贫者愈贫、富者愈富。到了千万这条线,就是什么也不做,将1000万元资金经银行一送,一年也能拿到18万元的利息。

操作千万以上的资金难度在于操作人往往难以摆脱散户心态或者是一般大户心态。同样一年赚20%,10万元的人赚20%操作比较容易,1000万元的人就比较难,每年得赚200万元!所以,操作思路两者不能同日而语。

千万以上身价的人,首先要将生活基础安排好,有与自己身价相适应的生活方式。

其次,有更大范围层次内寻找投资机会,最好有一家属于自己的公司,以公司的名义从事一些个人难以做的投资项目。譬如国债回购、期货交易;参与法人股投资;既以法人名义争取到银行贷款,从而做大自己的盘子,又可以法人名义招募人才,借用外脑做大自己的事业,以发挥自己的作用。

第三,在经营股票上,千万资金量的个人大户要做庄难度较大,最好的方法是选几个股票,以绩优、盘子适中、企业盈利有保障的题材,做2~3个股票即可。长期介入,根据股价波动及大盘指数波动来调整自己的持股比例。而且手持千万资金的大户最好能成为公司个人大股东,有条件的话,与公司经常保持沟通,能介入董事会最好。做股票做到这种份上,既能使个人资产增值,又能丰富自己的阅历,这属于在较高层次上参与股市了。

背道而驰　投资成人玩具店

玩具不只是为小孩准备的,大人同样需要玩具。其实,当一个童心未泯的大人在玩玩具时往往会忘却生活的烦恼、工作的挫折,或许玩起来比小孩子更执着。难道这也能为我们的投资提供什么灵感吗?

开成人玩具店首先要考虑的问题是定位,也就是玩具的品类要有相应的需求者,一般的成人玩具可以分以下类型:

智力型。这类玩具需要多动脑筋、多思考,其中包括各种棋类和解疑类玩具,有些看起来并不复杂,但操作起来却绝对不简单,而有的却是复杂而繁琐,需要花费很长的时间,甚至需要和别人共同合作才能完成。这种玩具考验人们的可不仅仅是智力,还有毅力和忍耐力。这种玩具的适应者应该是从事脑力劳动的年轻人,可以增加他们对解决问题的耐性,也可以为他们充沛的精力找一个消耗的办法。

休闲型。这种玩具更多的是为了帮助我们打发闲散的时间,难度不大,又比较有趣,比如一个人出远门,漫长的旅途一定备感孤寂,这时便需要一个自娱自乐的玩具来解除寂寞。这种玩具还可以帮助在繁重的生活与紧张的工作中承受很大压力的人们释放压力,放松自己。回归童真,还有一种在游戏中发泄的愉快感觉。除了一个人玩的休闲玩具之外,还有一家人一起玩的轻松玩具,这类玩具可使家庭格外和睦、愉快。

观赏型。玩具除了具有玩耍的作用,如果设计巧妙、精致,富有艺术性,放在家里做摆设也会别有情趣。比如精致的漏沙玩具、形象生动的刺猬下坡、憨态可掬的情人跳海、旋塔等等可玩又可赏的摆设类玩具。

了解成人玩具的各种类型和特点,便可根据自己选定的适应者有侧重地去组织货源。一般投资一个成人玩具店大约需要 2 万~5 万元左右的货款与流动资金;店内装潢一定要有特点,预计装潢费用至少也在万元左右;店铺要选择客流量大的地方,最好是在大商场租一个小的精品室,这笔费用就要根据行情而定了。一般精品玩具的毛利润大约都在 40%~60%,所以投资收益情况也要视营业情况而定。

在孩子身上做文章

在中国六七十年代,孩子们没有自己的"时装",特别是收入较低的家庭,多是母亲亲手缝制孩子的衣服,然后便是弟弟穿哥哥的旧衣裤,妹妹穿姐姐的旧裙子,那时的儿童装,以结实耐用为主导,没有刻意在款式上搞花样。

时至今日,物质丰富,人们越来越重视生活的质量。

加上计划生育政策的实施,一般一个家庭只有一个孩子。作为父母,在经济能力许可的情况下,总愿意把自己的孩子打扮得漂漂亮亮,因此,构想开设儿童时装店一定会成为一种热门行业。

虽然儿童时装所需的手工与成人服装差不多,但所用的布料较少,所以售价方面回旋的余地也较大。如果店铺开在消费力高的地区,货品售价可相对提高。

若想做大众生意,则店铺最好设在市场附近,一些单层房的小铺位便是极佳的选择。这样的铺子一定要给人物美价廉的感觉,尽量将售价压低。有条件的话,还可以集合几个懂裁缝的店员,按顾客的要求加工制作童装,既便宜,又实惠。

孩子穿衣服最容易弄破弄脏,再加上孩子们成长迅速,童装的销售量大增。只要在货品组织和宣传上多下些功夫,一定能获得丰厚的利润。

紧盯投资热点

胡雪岩为生丝生意逗留上海,他在上海的基地是裕记丝栈。这天他到裕记丝栈处理生意上的事务,顺便在丝栈客房小歇。他躺在客房藤躺椅上,本想考虑一下自己生意上的事情,无意中却听到了隔壁房中两个人的一段关于上海地产的谈话。这两个人对于洋场情况及上海地产开发方式都相当熟悉,他们谈到洋人的城市开发方式与中国人极不相同,中国人常常是先开发市面再行修路,市面起来了,走的人多了,便有了路。但以这种方式进行市面开发,有一个很大的弱点,往往等到要修筑道路,扩充市面的时候,自然形成的道路两旁已经被市房摊贩挤占,无法扩展。而洋人的办法是先开路,有了路便有人到,市面自然就起来了。如今上海的市面开发就是这种办法。在谈到上面情况之后,其中一人说道:"照上海滩的情形看,大马路,二马路,这样开下去,南北方面的热闹是看得到的,其实,向西一带,更有可为。眼光远的,趁这时候,不管它苇荡、水田,尽量买下来,等洋人的路一开到那里,乖乖,坐在家里发财。"

两个不相识的人这一番谈话,使胡雪岩一下就躺不住了,等到他从湖州带到上海跟着自己学生意的陈世龙回到裕记丝栈,他马上雇了一辆马车,拉上陈世龙,由泥城墙往西,不择路而行,去实地查勘,而且在查勘的路上,就报出了两个可供选择的方案:第一,在资金允许的情况下,乘地价便宜,先买下一片,等地价上涨之后转手赚钱;第二,通过古应春的关系,先摸清洋人开发市面的计划,抢先买下洋人准备修路的地界附近的地皮,转眼之间,就可发财。

不用说,胡雪岩眼睛盯到上海的地产生意上,又是一下子为自己发现了一个绝对可以大发其财的财源。胡雪岩"进军"上海之时正是上海开埠、开始大发展的时候,当时虽然太平军正顺江东下,试图一举占领江浙一带富庶之地,但英、法等国为了自己的在华利益,朝廷为了借助洋人对付太平军,他们之间心照不宣地定下"东南互保"的策略,联合起来坚守上海,当时的上海其实是没有受到太平军炮火影响的"孤岛"。而由于太平军的进攻,从东南各地逃难至上海租界的人却越来越多,上海市面也随之更加兴旺。事实上,这个时候也正是上海历史上第一次房地产生意高潮到来前夕,到上上个世纪末期,上海每亩地价已由几十两涨到两千七百两,其后不数年间,上海外滩地界的地价甚至一度高达每亩三十六万两白银之巨。这一方面的内容,可不就是一个一本万利的大财源。

以投资理财的方式做股票

1998 年以来,中国股市实践证明,中国股市的暴利时代已经结束。市场实践同样也证明了凭借以往抓黑马、搏消息、跟庄家的办法来炒股票,已越来越困难了。

市场行为方式的变化需要人们用投资理财的思路来做股票。

第一,减少买卖次数,一并做几个波段足矣。现在许多人抱着老思路,天天跑进跑出,一年到头,手中交割单一大堆,却还是不赚钱。其实做股票很容易,一年做三次就够了。在低点买进,然后离开市场,当人们发疯抢购之时抛出即可。

第二,在个人财产计划中,股票仅是组合投资一部分,而不是全部。现在有许多人倾其家产,将全部现金投入市场,一旦套牢。由于身无分文,最终影响个人的家庭生活。实际上,这是十分误人的。上海一批最早的大户原来就是这样做的,到最后被市场消灭之时,家里一无所有。正确的做法应给自己留下现金、房产之后,将多余的钱投资股市,这样才不至于被动。

第三,选股一两个足矣,不要天女散花。现在好多人抱着“不要将鸡蛋放在同一个篮子里”的想法,手中股票一大堆,用 10 万元钱买了 10 个股票。这完全没有必要!做股票盯着一两个就够了。选那些新上市的、盘子小、业绩尚可、成长性好的股票一路持有,不计较短线差价。一般而言,一个新股票上市,在两三年之内总能翻上一两倍。套牢也不可怕。只要上市公司有送配股能力,总能解套获利。只要将两年以来新上市公司股票的走势研究一下,就能证明这一点。

第四,投资要有计划、决算。现在许多人股票炒到哪算哪,也不知为何赚、为何亏,这种盲目操作是不可取的。投资者每年初要给自己制订计划,特别是已有一定资金量的人必须做到这点,到六月底和年底要做一下中期报告和年报,以总结经验教训。这比赚钱更重要。

第五,投资理财要能挣会花,学会科学地消费。现在许多投资者有一种误区,平时省吃俭用,不舍得打的(坐出租车),不舍得花钱;可股票一套就是几万元,个人财产就这样流失在电脑符号之中。科学的理财不仅仅是怎样赚钱,还应包括科学的消费。从某种意义上来说,不懂得花钱就不懂得赚钱。在这点上,炒股的人的特点使套牢的人真应该领悟点什么。

独辟蹊径　集币赚钱

当集邮已成为一种时尚,其功能从收藏、文化鉴赏、保值、投资繁衍开来,越来越为投资人熟识的时候,人们纷纷将眼光转向新的投资领域。集币就是在我们身边一个随手可得的投资渠道。

集币的对象大致上可分成三类:

第一,是收集中外古币。世界各国各年代的古钱币始终是各国收藏家所追逐的目标。古币收集领域浩瀚复杂,相当一部分珍品非一般人所能收集。

第二,是收集各种纪念币。各国央行为某个纪念日经常发行可流通纪念币,一般投资者都能收藏。

第三,是各国已废止或发行流通量极少的纸钞或硬币。

在上述三类集币中,第一类涉足的往往是一些收藏家,且需有相当功底的鉴赏水平、渊博的人文知识和雄厚的经济实力,非一般工薪阶层所能介入;而第二类和第三类的集币则容易得多。在第二类中,纪念币是我国钱币市场的主角。

我国在1993年开始形成纪念币收藏高潮。纪念币的投资价值开始为投资者所注意。目前,20世纪80年代发行的普通1元硬币(长城币)已值4~5元;广西、内蒙古1元流通纪念币已升值到12元;新疆币升值至24元;宁夏币升值至40元;1993年6月央行发行的面值为5元、质地为紫铜的特种纪念币熊猫币,目前已升值至60元左右一枚。

目前,由于这些纪念币发行数量极其有限,甚至少于邮票小型张的发行量,而且纪念币不可能像股票那样由于增资配股而扩容,所以其流通量就决定了纪念币的增值势头不会减弱。

另外,在集币中还要注意纪念章和纪念币的区别。我们这里所说的纪念币是指由央行发行的可流通币,它具有流通性;而市场上流行的诸如“十大元帅”之类,它们是纪念章,不可流通,因此,此类物品没有收藏价值。

纪念币具有投资价值。在市场中流通的我们天天可见的硬币也具有收藏价值。目前,随着时间的推移,硬分币的流通、沉淀、损耗,加上个别年份铸造量少,因而有些年份的硬币在市场上已很少见。例如:1979年版的5分币市价也已达300多元,1975年的5分、1980年的5分币市价已达300多元,1975年的5分、1980年的2分或5分以及1981年的1分或5分每枚价值均值160元以上。值得一提的是,在目前消费市场中,1分、2分和5分的硬币相对应的消费已经逐渐消失,这些硬币都可收藏。

除硬币外,已绝版的纸币也开始大大升值,成为市场的宠儿。1955年3月发行的第二套人民币,由于在市场中早已退出流通,在民间所剩无几,因此,它的含金量逐日上升。

眼光长远　投资邮票

近二三十年来,邮品的增值速度远远大于储蓄、红木家具、房产等领域的增值速度。小小方寸之间给捷足先登者带来极大的财富。那张1980年发行的金猴邮票,面值0.80元,现在市场价已超过1000元,近20年增值1万倍。

投资人在组合投资方案时,如将集邮作为一种娱乐和理财之道,尽管短期内不会见效,但数年之后,也许会给你带来一份惊喜。

当然,上述个案是个比较极端的例子,但随着时间推移,邮票的增值率都是以百倍、千倍速度计。因此,投资人在做各种投资选择时,忙里偷闲,瞄一眼邮市是值得的。

作为投资理财的渠道,投资人只能将邮市作为一个方面来考虑,不值得倾其全部精力,仅仅是瞄一眼而已,为什么呢? 因为几年来股市所经历过的牛市熊市、政策调控、加速扩容等市场现象,如出一辙地在邮市上全部经历过了。现在邮市也处于大调整期,偶尔出现盘整小幅向上的“短多”行情,但真正值得投资的却是一些“小盘”的“老纪特”邮票、“文革”票和 20 世纪 80 年代初邮市扩容以前的“小盘”票。

邮市与股市相同,其价格在相当大的程度上取决于供求关系。

然而,邮票毕竟与股票不同。

股票表明的是一份股权;而邮票仅仅是靠人的观念所支撑的价值体系,它是建立在观赏价值基础之上的。一旦这种观赏价值的根基动摇,它的含金量就会大大贬值,因为邮票的原始价值仅仅只有作为邮资的面值而已。更何况,随着盗版技术的不断更新,以假乱真的赝品充斥于市,如同股市中上市公司为配合庄家拉高出货而用虚假报告蒙骗股东。因此,在投资领域中,不仅要掌握价值判断的能力,更要有一套鉴别假货的本领。

炒股千万不能成为个人爱好,而集邮无论如何必须以个人爱好为前提;否则的话,大批吃进、套牢比被股票粘住更难受。股市中出货 10 万股马钢,只需报一个价,在几秒钟内可跑得无影无踪;邮市中拿几万张小型张,卖给谁呢? 设摊一天卖掉几张就了不得了,纯属赔钱赚吆喝的买卖。因此,流通性差是邮市的一大弱点。投资者也只能将其作为投资理财的一部分。有空瞄一眼。

管好口袋秘招

人人都希望能够投资理财赚钱。

人们将辛辛苦苦攒的钱换成其他东西,然后再将其卖出收回更多的钱。然而,人们往往管不好自己口袋里的钱。在股市“熊”起来的时候,大家都在进行“减肥”运动。有人戏言:“机构变大户,大户变中户,中户变散户,散户不成户,众人翘着盼底部。”因此,投资人如何管好自己口袋已是一个老掉牙的问题。

首先,管好自己的口袋需量力而行,视能力大小进行各种投资领域的操作。如今,相当多的人将个人的钱全部买成了股票,当指数一下跌,许多股票都套在里面,再想买已没钱了,割肉则结果惨不忍睹。个别透支者如强制平仓,自己不但一无所有,还欠券商一大笔钱。对于这种状况,市场发明了一个专业名词为——打穿!

打穿的大户相当一部分人在股市操作中很有经验,曾经有过很辉煌的赚钱经历,对市场具有非常强的分析判断能力,自信心很强,并且也非常看淡金钱,仅仅将股票操作当作一种数字游戏。这些股票族之所以无法动弹,究其原因,管不好自己口袋里的钱,将股市仅仅当作了一种博弈的场所。

其次,任何投资行为均应在满足个人生活需要后才进行。时下,相当一部分投资者实际上活得很累,尽管也称是大户、中户什么的,但平时生活极其节俭,出租车舍不得坐,而在股市中一输就是一辆桑塔纳。金钱没有给人带来财富和享受,而人却为金钱所套牢,实在得不偿失。投资人在管好自己口袋时,时刻得注意,任何投资行为都不应建立在省吃俭用之基础上。

第三,管好口袋里的钱,要将钱进行有效组合。人无远虑,必有近忧。如一个30~40岁的人,不仅要考虑未来养老,也要考虑现行生活的改善,还要考虑子女的抚养;在资金投向上,既要考虑在市场上能获得高利润,又要考虑安全保值。因此,从这一系列角度出发,投资人在现行的市场背景中,起码要有半数的资金投至国债、储蓄、外汇等保险性强的投资渠道;至于风险性投资,则以小部分投入为好。

眼观长线　踏准节奏

老陈原是国税局干部,现因病提前领了小"红本",留在家里看起了股市阴阳线,由于没有专业的知识,让国税局的老干部赔了个底朝天,整天叫苦不迭,就是在股市操盘上悟不出个真经来。

每年到底,投资人都算计着自己资金卡的年线是拉阴线还是拉阳线,算计着自己在全年的股市操作中盈面是否跑赢大市。这种操作理念是非常重要的。

1999年的市场着实给投资人带来了大机会。1999年,上证指数拉出阳线已经是不争的事实。1999年年开盘指数1144点,最高上影线摸至1756点,下影线操至1042点,年收盘不管收到何处,收在1144点之上这是肯定的。也就是说,历史再度证实这样一个规律,每年年初买的股票有一年之中总有一段盈利机会,只不过是盈面大小而已。1999年年初买的股票哪怕是放到年底,尽管盈利抹去许多,但总是盈利的。这个盈面幅度比目前的1.8%的银行存款年投资回报率要高出许多。

假定1999年上证指数收到1450点,那么从理论上讲,1999年股市大盘给投资者创造了26.74%的盈利幅度。当然,这个已有的盈利是指真金白银到手,而不是套在股票上的纸上富贵。这个盈利幅度超过26.74%,那你就是一个成功的投资者;如果盈面基本与这个26.74%的水准相当,那你也就应该心平气和;至于一年下来,盈盈亏亏,到年底没赚着什么钱,那你就应该反省一下自己的操作策略和心态了。

大盘拉出阴线,个人账户上的资金走阴的人大有人在,到年底"今年反而亏了"的声音多了起来,在1999年,个人资金年底比年初抹去一半的也大有人在。极端的例子是那个基金湘证,上市之日买进之人,哪怕买在2.40元最低价,由于无钱去拿扩大 6.5 倍的低成本筹码,眼看着这个除权除掉老命。在牛市中还大幅亏损,主要的失误在于一脚踏入陷阱而不能自拔。至于那些喜欢炒上市新股之人,套在顶楼"天花板"上而被抽去楼板,那在 1999 年的股海搏杀中也不鲜见。

1999 年行情的结束,也就是 20 世纪的结束。如果我们回首看 20 世纪 90 年代初指数从 100 点起步,几次高低折腾,市场的底部不断从 300 点升到 500 点,从 500 点升到 700 点,又到 1000 点的强支撑,中国股市正在走一个上升通道。在这个上升通道中,市场提供了许许多多的机会。我们再展望下一个世纪,中国股市的容量正在不断扩大,股市作为"国民经济晴雨表"的作用正在日益显现。如果我们的眼光放得更远一些,就会对市场看得更清楚,就不会为一时的得失而烦恼。

金融投资

随着人们生活水平不断提高。人们除了满足个人生活需要外,家庭的剩余资金要寻找出路,假如有 100 万元的闲置资产,在投资时组合得好的话,每年能产生 20% 以上的利润。这比拿这些钱办一家公司要省力得多,既不要办营业执照,又自动缴税,也省得与各方面的人打交道,仅凭个人的智力就能开展"经营活动"。所以说,一个好的投资计划就等于开了一个公司,资金的统筹均由一个人全权掌握,这是一种智力型的"头脑公司",那么,究竟利用哪种投资渠道,才能实现自己的利益最大化呢?

就中国目前市场背景而言,个人金融投资理财最方便的还是两个渠道——国债和股票。如果在这两个投资领域中合理组合,就可能使你获利匪浅。

股票投资尽管可能使你快速致富,但也能使你在短短的时间内从大户变成散户。天天坐在电脑面前的人,跑进跑出,输输赢赢,一年一结账未必能获利。股市中有许多机会,但真正的大机会一年往往只有几次,台湾有位著名的市场分析专家曾说过:"做股票最容易,一年做三次",说的就是这个道理。股市并非天天有机会。

债券投资具有安全性好、保值性强且流通方便的特点,比较受工薪阶层投资人的欢迎;但债券投资也有一定的风险,主要还是表现在易受利率波动因素影响以及通货膨胀等经济因素的影响。债券投资虽然不如股票投资那样刺激且惊心动魄,但毕竟是一种安全的资金避风港。

在当今的许多投资者中,似乎炒股票的人不买国债,而买国债的人不炒股票。两条投资渠道的人要么天天将资金在股市中翻来覆去,似乎钱放在那里是一种浪费似的;要么不如将钱空放在证券公司里,天天收取活期利息。实际上,这两种行为都有缺陷。

上海有一位投资者在国债和股票的两者组合投资上做得较为成功,用他的话来说,"两只眼睛一只盯在国债上,一只瞄在股票上。"他平时将 90% 的资金买进国债,将钱"捂"在国债中等着慢慢生息;而又将精力放在研究股市上,将其余10%的资金来回做点小差价,以找市场感觉。一旦市场有重大行情,如买新股、控股题材出现、个股超跌,马上迅速抛出手中债券,将资金扑向股市做一段行情,快进快出后,抽回资金又将其"捂"入国债之中。这样的操作,充分利用资金的时间差,即使在"熊"市中,也能跑赢大市。

该退则退

最近,股票界出了件稀奇事儿,叫板员老张向中国证监会叫板了,不过惊讶归惊讶,沪深股市每年都有回档行情。回档行情既可以是大牛市中的一段合理调整,也可以是个股的小幅调整。而老张就是不情愿让它把该阳的回档,心中一直不快。

股价上扬,涨得越快越能引入买盘;而股价一旦回档,且回档幅度越深,则越使人感到悲观。市场评论似乎也是涨时都说好,跌时都说糟。这市场后知后觉的人太多,而先知先觉的人太少。其实,股市操作中大可不必如此急躁。世界上无一股市永远上涨,也无一股市天天下跌。任何一国股市总体说总是向上的。可以说下跌有底,而上涨却无顶。所以,在股市中后退一步,海阔天空。不必为每日每时的小行情而烦神,要么不做,要做便做一段中期或长期行情。

天天在市场中追涨杀跌的短线客,实际上也在为国家、市场、券商做贡献,如每天做100万元的成交额,向国家上缴税收4000元,那么股民绝对是个纳税守法户,无一天偷税漏税;除此之外,还要向券商缴纳3500元佣金及少量过户费。如果天天盯着屏幕,追涨杀跌,15元买入的股票,一看苗头不对,15元抛出,还庆幸自己仅损失了点手续费,但这样的操作一年来个65次,就可将个人资金卡上的数字全部抹得一干二净,"自动毕业",淘汰出局。如果买了割、割了买,那就损失更大,"提前毕业"。难怪在一个大熊市中股民损失的那么大,可谓多做多错,少做少错,不做不错。

在股市操作中,有两大类型的操作手法:一是以持币为核心,另一种以持股为核心。前一种类型对钱币感兴趣,一年之中大部分时间持币,有行情就入市捞一把,"为卖而买",不久留市场;后一种操作则是对股票一往情深,一年365天,天天持股,抛出股票是为了在更低价买入更多的股票。前者以赚钞票为主,后者则以赚股票为主,孰优孰劣,因人而异。

关注涨跌停板

上海的老股民都知道,1999年底上交所成立之时,当时实施的5%涨跌停板制度。由于严重供求失衡,天天靠抛1股股票来"吊"价位。为制止这种技术行为,后来就发明了流量控制法,即一定要成交到多少股票才能上一个5%的台阶。后来,这种方法也不行,只得将涨跌幅度限制到3%、1%、0.5%。老股民对此都记忆犹新。但毕竟时过境迁,这种方法搬到现在来用已经过时了。

沪深股市从1996年底开始实施10%上下幅度的涨跌停板制度。在这种交易制度下,投资人在操作理念和操作方法上如何去适应涨跌停板,是一项很现实的问题。

目前,沪深两地上市公司的公司数已超过900多家,全国股民开户数已逾4000多万。在这种市场背景中,实行涨跌停板制度,与以往实行的这种完全为了解决当时的现实问题而实行的特定限度完全是两码事。

在当前涨跌停板制度下操作股票,应注意如下几点:

1.透支做股票的人危险性极大

在我国证券市场上,透支信用交易一直为法律所不允许,但事实上许多人对此置若罔闻。尽管在多年市场中透支可以赚得钵满盆溢,但最后一套,三个跌停板下来,可以将这些人彻底打穿。特别是在跌停板之时,抛盘只能按"时间优先"的原则成交,持股人想抛也抛不掉,无法止损。可以这样说,实行涨跌停板制度对那些违法炒股者是个"杀手锏"。

2.涨跌幅比例并不等同

从数学的角度看涨跌停板问题,十分简单。三个涨停板与三个跌停板安全是两码事。如10元的股票跌三个停板,其价格为7.29元;而7.29元的股票涨三个停板却不是10元,而是9.70元。由于计算基数不同,其答案也就不同。所以在股市中,人们常有一种跌起来快而涨起来慢的感觉。

3.在涨跌停板制度下,盘中震荡幅度会比较大,特别是一些成交量大的主力品种,短线机会较大

这样,在操作之时应该注意调整持股与持币的结构,在盘中将手中筹码与资金作为当日了断交易的筹码,一撞击跌停板即可进,一打开停板则派发手中筹码。这样,短线机会实际上反而比较大。

4.涨跌停板对操作行为有心理导向作用

我们经常会发现这样的情况:想抛股票但看到涨跌停板就不想抛了,寄希望于第二天再来个涨停板;而想买进的时候,一看到跌停板则吓得不敢动弹,寄希望于第二天再打九折买到更便宜的货。这种心理行为往往会妨碍人们对市场的判断。

5.市场主力利用涨跌停板做市

由于上述的心理偏差,现在有些主力利用涨停板出货,反之则利用跌停板进货。一封涨停板,市场就会跟风追涨,而此时,主力就将自己排在前面的买单撤掉,像喂"鸭子"那般让想买的人统统买进,而自己则溜之大吉。这种操作手法在当今市场中比比皆是,容易上当的一般是中小散户,而设局者往往能得到较大利益。关于这点,中小散户应仔细斟酌。

亮个红灯给自己

股市震荡行情每年在股市中都会重复出现。与盘整行情不同,震荡行情不仅在指数空间上波动较大,而且伴有成交量的放大。因此,在操作上难度就相应增大。综合起来说,股民应注意以下几点:

1.在心态上,留一半清醒留一半醉;在投资结构组合上,留一半资金留一半筹码

中国股市历来盘不住,不进则退,不退则进。因此在操作中,及时调整自己的持股持币比例,越是高位越要减少股比例;而在急跌时加码买进,一手握股,一手持币。这样,就不会由于暴涨或暴跌造成心态失衡,也不至于把自己推到无回旋余地的角落中去。

2.拿自己的钱炒股,不要透支及借贷

股市中透支之风和借贷行为屡禁不绝,每次震荡行情中,其结果是消灭一批大户,冒出一批新的大户。在股市中,用自己的资金操作,永远不会被消灭;而市场总是在消灭那些贪婪的人。信用交易、靠信贷炒股,即使炒赢九次,一次闪失,就可能被消灭得无影无踪。

3.震荡行情中切忌"挂蓝头"

在行情较稳定时,很多股民喜欢"挂篮头",即埋一个低价买进或挂一个高价卖出。有时候,此种方法能捡到便宜货或跑一个好价格,可在市场震荡激烈,特别是日成交量达到百亿元时,"挂蓝头"操作法风险较大。因为,当行情急起急落时,电脑主机报单极其紧张,撤单亦不方便。撤不了单你只能眼睁睁地看着股价下跌而无能为力,或自以为挂了高价,但因股价涨势较猛而被一冲而过,只能望洋兴叹。因此,在震荡行情中还是以见机行事为好,见上不去就沽安,下不去就入货。要进要退按现行市价成交,免得活活被困在盘中而无法行事。

4.与行情显示板保持一定距离,保持超脱的心态

在震荡行情中,由于天天放量,证券交量柜台会出现少有的人丁兴旺。股民喜欢天天到市场去报到,好像一天不看盘就无法生活、一天没见股票就睡不着觉。这其实是一种使人思维陷入误区的行为。天天盯着屏幕做,差价算得十分精确,未必能赚大钱。股市历来有"憨人有憨福"之说,即"有意栽花花不开,无心插柳柳成荫。"在台湾股市中,经常有这样的笑话,赚大钱的人通常是"憨仔";聪明人反而赚不了大钱,因为他们太过于斤斤计较微幅涨跌,见涨心里就痒,见跌则茶饭不思。

会开车的人都知道,保持车距是安全行车的首要法则,遵守这个法则就不会出事。炒股票的道理与此类同,须与行情显示屏保持一定距离。你看来,那就买一点

股票回家睡觉;你看空也不必急吼吼,场也不会一下子跌下深渊。更何况,在目前中国股市中,无所谓多方空方,多空本是同一个人,只不过转变得太快而已。

借鸡生蛋

商务运作过程中,一个最基础的工作,应该是资金的筹措。所谓"巧妇难为无米之炊",因此,做生意一定先要有本钱,生意越大,所要的本钱也就越大,这是谁都知道的。就商务运作的实际情况来看,当然是有多大本钱做多大的生意,或者想做多大的生意就先尽量筹集多大的本钱。在一般人想来,手上分文没有,却一上手就要做大生意,而且居然就做成了,这一定是一个神话。

胡雪岩实实在在给我们留下了这样一个神话。

胡雪岩一上手就要开自己的钱庄,对外号称拥有本钱 20 万两,其实,此时的胡雪岩真正是身无分文。虽然王有龄已回浙江任海运局坐办,但除了让胡雪岩有了一点官场势力之外,银钱方面事实上也还没法帮他多少,而胡雪岩的钱庄要开办得有点样子,至少需要五万银子。

但胡雪岩仍然要把自己的钱庄开起来。在他看来,眼前只要弄几千银子,先把场面撑起来,钱庄的本钱,不成问题。

胡雪岩有如此把握,是因为此时他心中已有了自己的"成算",这"成算"也就是所谓"借鸡生蛋"。

所谓"借鸡生蛋",说穿了,也就是拿了别人的银子,来做自己的生意。此时的胡雪岩想到了两条"借鸡"的渠道。一条渠道是信和钱庄垫支给浙江海运局支付漕米的二十万银子。王有龄一上任,就遇到了解运漕米的麻烦,要顺利完成这一桩公事,需要二十万银子。胡雪岩与王有龄商议,建议让信和先垫支这二十万,由自己去和信和相商。这在信和自然也是求之不得。一来王有龄回到杭州,为胡雪岩洗刷了名声,信和"大伙"张胖子正巴结着胡雪岩,二来信和也正希望与海运局接上关系,一方面海运局是大主顾,为海运局代理公款往来必有大赚。另一方面,也是更重要的,海运局是官方机构,能够代理海运局公款汇划,在上海的同行中必然会被刮目相看。声誉信用就是票号钱庄的资本,能不能赚钱倒在其次了。有这两条,这笔借款自然一谈就成。本来海运局借支这二十万只是短期应急,但胡雪岩要办成长期的,他预备移花接木,借信和的本钱,开自己的钱庄。

胡雪岩"借鸡生蛋"的第二个渠道,则是一个更加长远的渠道,那就是借助王有龄在官场的势力,代理公库。胡雪岩料定王有龄不会长期待在浙江海运局坐办的位置上,一定会外放州县。到时候他可以代理王有龄所任州县的公库,按惯例,道库、县库公款往来不付利息,等于白借公家的银子开自己的钱庄。他把自己的钱庄先开起来,现在虽然大体只是一个空架子,但一旦王有龄外放州县,州县公库一定由自己的钱庄来代理，那时公款源源而来，空的也就变成了实的。

就这样，胡雪岩先借王有龄的关系，从海运局公款中挪借了五千银子，在与王有龄商量开钱庄事宜的第二天，就着手延揽人才，租买铺面，把自己的钱庄轰轰烈烈地开起来了。

胡雪岩这一招"借鸡生蛋"，真如变戏法一般。不过，生意场上的戏法如何去"变"以及"变"得好坏与否，又的确显示着经营者的眼光、胆略和技巧的高低。而生意场上，许多时候也确实需要能够变一变戏法。能够利用一切可以利用的条件，在并不损害他人利益的前提下，变出别人变不出的戏法，无论如何都是让人叹服的。当然，生意场上的"戏法"，说到底也就是一种必要的经营技巧，而不是心术不正的蒙人，所以，胡雪岩也说："戏法总是假的，偶尔变一两套可以，变多了就不值钱了，值钱的还是有真东西拿出来。"

"空手套白狼"

L君现任香港某大公司的总裁。当他出任这家拥有 2 亿资产的公司总裁时，他只有 25 岁。也许有人怀疑他一定有一个大后台，或者他父母极为有钱。其实不然，L君没有任何后台，他出生在一个平民家庭，他完全是靠白手起家的。

他的第一笔买卖是在初中一年级做成的。他从小爱书如命，童年时代最大的愿望就是能有钱买许多他想看的书。那年的暑假，他悄悄地把父母给他的 10 元零花钱拿到收购店去买了一大堆旧书，拿回家整理干净，自己看完后又卖给了旧书店。这一次倒腾他净挣了 8 元钱，他用这钱买了一套自己极为喜欢的《格林童话选》。童年的许多类似经历使他逐渐明白了"生意经"的奥妙所在。

L君自立意识极强，从 12 岁开始他就想法挣自己的学费和零花钱，不再向家里要钱。他做过很多"小买卖"，后来又成了马路上的报童。尽管卖 5 份报纸才能挣一分钱，从学校到回家的途中只有一毛钱的收入，而且还常受无赖的欺侮和被治安人员驱赶，但他坚持不懈，从不放弃。L君的这段经历，使他更加具备了一个成功创业者的素质，有了吃苦耐劳的精神、良好的经商意识，培养了他的能力，增加了他的经验。他在以后又是怎么登上总裁的宝座，成为商界骄子的呢？

L君事业的第一个真正起点是从经营看似不起眼的邮票开始的，他已经习惯了从低层做起。他先想尽办法凑了 3000 元钱，然后向邮商预定了价值 2 万多元的邮票，定金 2000 元，双方约定如果 L君 2 个月内取货，定金分文不退。L君用剩下的钱办了一份邮报，免费寄给集邮爱好者传阅。经过自己的努力，仅一个月后，2 万多元的邮票销售一空，获利不少。直到现在，L君仍然在做邮票生意，有人说他光做这项生意已挣了几百万元。

1982 年，他凭自己敏锐的观察力意识到房产生意有利可图。他当时并没有能力买房地产,但却有好点子。他买旧房子,先交一部分定金,然后在香港的报纸上登广告找买主。很快就有人来洽谈了。L君由买主出一个装修方案,他代为装修并安装电话。这样一来,买价 2000 元 1 平方米的旧房竟然以 4000 元 1 平方米的高价卖出。

L君的生意十分兴隆,财源滚滚。这种类似"空手套白狼"的做法使他的事业得到了成功。

借风吹火

有这么一家 H 服装公司,说是公司,实际上除了三个活人外加一肚皮知识之外,别无余物。资金? 无形的,就是脑海中的智慧。有形的呢? 一个子儿也没有。

这家服装公司没有资金,但有的是智力、精力、组织能力,有的是发财点子。成立之初,他们便决计使一招发财空手道,赚它一笔大钱。

他们做了一番市场调查,掌握了服装业市场供求情况,找出了入手处:就从生产服装的原材料之一——原棉入手。

他们了解到,河北某县棉农卖棉难,棉农手中的大量棉花积压无买主,叫苦不迭,于是,他们直奔而去。果然有不少好棉库存,无人问津。几经谈判之后,便以先货后款的方式,签订了供销合同。

棉农自然高兴,因为积压下去,不如现货赊销,反正早晚也得付款收钱,管他呢。

而 H 公司有了这批好棉,使用发财空手道便有了依托。

棉花收购之后,便由棉农负责发运,运到了 H 公司指定的某地。这里有许多家县级棉纺厂因材料不足,早已停工待料了。他们对于大卖主的来临,奉若贵宾,形如上帝下凡一般。几经交涉,便签订了来料加工合同,加工款项在交货后一个月分两次支付。棉纺厂反正没活干,又何必考虑那么多呢? 于是,便先垫支,开工上机了。这样,没过多久,棉花便变成了棉布。H 服装公司便由棉纺厂发货,再运往服装加工厂。

服装加工厂接下这批加工业务之后,日夜加班加点,一个月后,全数加工成了各式各样的时髦服装。

与此同时,H 服装公司又立刻在都市招聘时下遍布大街小巷的各种流动摊贩,各种销售点及二级批发小商。签订供销合同,现钱现货,约定取货日期,交款后马上取货,当日办妥。由于这一大批服装款式新潮,利润折扣极大,一下子,全部都批发出去。

于是,买主们便到服装加工厂拿着现款等发货。工厂加工一批,就卖出一批,没有半点时间停留。这样,H 服装公司坐地收钱发货,不多时间,全部批发完毕。

之后,便逐个付加工费,付棉布加工款,付棉花钱。剩下的,就是 H 服装公司的利润了。在这整个运作过程中,省却了许多费用,不掏一分钱,就发了大财。

没有本钱能不能发财? 本题就是答案:能! 办法之一就是先货后款,借风吹火! 只要你熟悉国情,熟悉世情,熟悉行情,精通流通术数,那么,使起空手道来,就全不费力了。

第四章　产品销售讲服务

没有销售出去的产品永远没有价值,在市场经济中,产品销售永远是第一位的。产品是最终销售到顾客手中的,所以要抓住顾客心理,巧妙宣传,微笑服务,提供个性化服务,大处着眼,小处入手——目标只有一个:把产品卖出去。

故弄玄虚

胡雪岩在没有发家之前,家中颇为困难,但是家中可典当之物已没有多少,于是他就想把自己家中一只猫卖掉。但是一只猫肯定卖不了多少。他老婆也说他尽出荒唐点子。突然胡雪岩灵机一动,同夫人耳语一阵,老婆听后顿时拍手称妙。

有一天,胡雪岩外出,他在门口大声地告诫他老婆:

"好好照看我的猫儿,这种猫全城找不出第二只。千万不能让外人知道。要是被人偷走了,那就要我的命了。这猫就如同我的儿子了。"

胡雪岩天天都要这么说上一通,邻居们耳朵里听多了,心里止不住地好奇,很想看看这猫究竟长得啥模样。可是,胡雪岩老婆管得紧,谁也见不到那只猫。

有一天,那只猫猛然挣断绳子跑到了门口,胡雪岩老婆赶紧把猫抱了进去。正巧在场而又眼快的人,看到那只猫是干红色的,且全身上下连尾巴和脚上的毛须都是一片干红色。见到的人没有一个不惊奇不眼红的。当时,消息就纷纷扬扬传开了。

胡雪岩回家后,一听有人见到了他的猫,就痛骂他老婆,把她打得呼天喊地。

不久,这消息传到了当地的一个富绅的耳朵里,于是这个富绅就派人用高价来买这只猫,胡雪岩坚决不肯卖。越是如此,富绅越不肯罢休,一定要买,价格越出越高,胡雪岩还是不肯卖。后来好说歹说,允许富绅看一次猫。看了之后,富绅更觉稀罕,无论如何要得到这只猫。最后,终于以三十万文钱把猫买走。

富绅把猫带走的那天,胡雪岩哭得一把眼泪一把鼻涕的,还狠揍了他老婆一顿,整整一天长吁短叹,惆怅不已。

富绅得到猫后高兴极了,想将它调教好了献给皇上。可是,不久便发现猫的颜色渐渐淡了下去,才半个月就成了一只普通的白猫了。富绅马上带着猫去找胡雪岩,哪知胡雪岩早就搬走了,不知去向。

原来,胡雪岩是用染马缨的办法把猫的颜色给染了,染的次数多了就成了干红色,而他以前所有告诫老婆的话和打骂老婆的行为,不过是借以引起人们注意的手段而已。

巧妙宣传　哗众取宠

四川农村的一个供销社,因为快要到收割季节了,急需进一批镰刀,但上级供销部门硬要每把镰刀搭配一口带双耳把的铁锅,不然的话就不卖给镰刀。这可急坏了供销社的经理,买吧,手里资金本来就少,几年前进的铁锅到现在还有几个没卖出去,再进一批的话,肯定要积压。不买吧,大家都急等着用镰刀。

正在这个时候,供销社有个小伙子不急不忙地说:"铁的分子式是Fe,铁离子能补血。"

于是,这个小伙子写了张通知贴在供销社的门前,上面写着:今我店进一批优质Fe耳锅,可治人体缺铁性贫血,可治高血压,并有防癌作用。由于数量有限,凭票供应。每张票只许买一个,请大家谅解。

随后又写了与铁锅数目相同的票发下去。

第二天一早,供销社门前挤了一堆人,有票的得意扬扬,没票的想尽办法去找票。就这样,不一会儿工夫,这批铁锅就被一抢而光。不但如此,就连几年前进的,没卖出去的铁锅也被抢购去了。

让顾客当师傅

别出心裁,是指在营销活动中,充分调动和发挥经营者的主观能动性,同中求异,在别人未想、未做的方面下功夫,改变惯有的营销方式,超出常规,出人意料,取得生意上的成功。

面包店以让顾客"亲手做,自己尝,有的吃,有的玩"为广告主题的促销活动。

顾客进入店中,青春靓丽的售货员小姐微笑促销,使顾客仿佛哈密瓜泡冰糖——甜上加甜,面包师傅便搓粉调味,把原料分给每人一份,在师傅的指点下,成为刚进庙的和尚念佛经——现学现唱,顾客可把面料捏成各种形态,然后烘烤成点心。

此活动一推出,显示出活力。

顾客多为少年儿童,"淘气"的情侣以及"玩世不恭"的成人。只要交付港币15元,便可一饱口福,得到一场欢笑。

别开生面的经营,客源不断,使得这家店生意兴隆。

无本营销

温州的家庭工厂是全国闻名的,而起步时,却销路不畅。有些产品,如服装,虽然很有特色,却积压成堆。因此,服装加工厂便大皱眉头,面对积压产品发愁。

小L在温州土生土长,那年高考,他以全校最高分考入了北京一所重点大学。因为家穷,他一到京城就开始琢磨做些生意,补贴学习生活费用。温州人素有小犹太人之称,精明的头脑在小L身上表现得尤为突出。一个学期之后,小L对北京的服装行业有相当的认识,便决心做一回"倒爷"。寒假结束后,他便与一些产品滞销的服装厂联系,由他捎上两个旅行袋的牛仔装,拿到北京投石问路,探探行市。然而他一介书生,怎么才能打开门路呢?

起初,小L也没有把握,只权作一试。因为这是厂家的试销样品,又不用先付款,做工特别考究,所以小L一到学校便在校园试开了。

"什么价?"小L的同学发问。

"十二,哥们优惠,十元。"

这种价钱在北京不可想象。因为市面上,同样做工同样质地的少说也得20元。

第二天开始,小L便利用课余时间,开始走出校门,到别的学校去推销。

每到一个学校,他便直奔宿舍,直接入手,每次他都开价18元,比市价便宜2元,然后便双方交涉,讨价还价,一般砍到15元为底价。因为这已经比市价便宜了5元多。

等两个旅行袋的牛仔装全部售完,一合计,居然收入了1800多元,扣除应支付厂家的出厂价成本,净赚1000元!每条牛仔裤的平均获利率,在150%以上。

牛刀小试,就如此惊人,小L此时此刻已明白了推销别人产品将意味着什么。尤其是厂家的滞销产品,只凭老乡关系,就可以先货后款,卖完结算了。这不是无本生意吗?何乐而不为呢?于是,他决定充分利用课余时间,大干一场。

经过一个星期的流连之后,小L对服装行有了深刻的认识。他便以小老板的身份同商贩们侃起生意经来了。他还特地花钱,印了一盒相当精致的名片,打上家乡温州某某服装加工厂驻北京办事处主任之头衔。这一招果然奏效,不仅从这帮服装倒爷们的口中挖出了不少信息,还同一位财大气粗的摊主一拍即合,合伙联手大批特批牛仔服。

小L便俨然以办事处主任的身份,同摊主谈服装的款式、价格、数量、发货时间等等。一切都谈妥,签订了供销合同之后,小L便拍发电报回温州那家服装厂,要厂里火速发货过来,越快越好。服装厂没料到小L有如此神通,喜不自胜,当即发了大宗牛仔衣。货到了，小 L 便拿着提货单和供销合同，找到摊主，一手交钱一手交货，钱货两讫，小 L 便大大赚了一笔。而这宗牛仔服，因为设计与众不同，做工也相当出众，一上摊，就被众多小商贩一抢而空。那大摊主也称小 L 有眼力，表示愿意继续合作。

光靠这宗生意，小 L 便有了六位数的存款，他尝到了甜头。

代销代购，倒转腾挪，最常用的技巧就是以信息为向导，通过市场调查，利用时间差、地域差、价格差，来推销积压或滞销产品，达到谋利目的。在运作方式上，它不同于一手交钱，一手交货的店销，也不同于超级市场的开柜自选，它是一种主动出击，上门推销的方式。这种方式在地域选择上、交货时间上、付款方式上，都有空白地带，可供无本者广施拳脚。因此，它是一种没有本钱发大财的营销运作模式。小 L 小试牛刀后，一发而不可收，于是，一代服装界空手道大师就这样诞生了。

找积压

在滞销和失业者有增无减的不景气时代，加上通货膨胀，消费者的购买力越来越降低，在市面一片萧条时期，销售方法也该求新，求变，才能生存，才能发展。

北京市有个经营小百货的个体老板名叫王刚，深感"生意难做，一筹莫展，不知怎样才能财源滚滚"？

一天，经朋友面授"妙计"，定位在"专找积压产品卖"。

一次，听说昌平县有一家乡办袜厂生产的尼龙袜大量积压，厂子面临停产的危险。王老板星夜兼程赶到昌平县，一下子购回 10 万双袜子，虽然式样陈旧，但价格比深圳市便宜 1/3，每天能销出（批发兼零售）3000 多双。后来他胃口越来越大，干脆动用集装箱往深圳运这种积压袜子。

实践是检验真理的唯一标准。当一些"跃跃欲试"的老板们问成功了的王刚为什么会瞄准"积压品"时，他分析说："中国 13 亿人口，国之大，人之多，需求千差万别。城里积压不等于乡下积压，乡下积压也不一定城里不需要。还有区域差别，这个城市饱和，那个城市需求，如此等等。"

积压货最大的优势是价格低。价廉，货就俏，中国人收入低，大都贪图便宜，这就是专找积压产品卖的道理。

直销策略

分类广告中，常常可以看到列出的下述条件：

· 世界最大化妆品公司，只需经验无须资金投入。

· 电视广告的知名品牌。

·弹性工作时间——专、兼职皆宜。

·属于自己的事业,无限的赚钱机会。

·按部就班的训练,送货上门的服务。

以上五大条件实在是够诱人的,大概算得上最优秀的征人广告了。有空闲的女士们看了这则广告焉能不动心,这种好事哪儿找得到呢?

这是以直销化妆品为专业的雅芳(AVON)公司,为推销它的化妆品所精心构思,诱人入道的"策划"。

雅芳公司在美国是以独特的直销方式推销它的化妆品而闻名。1982年开始进军亚洲,初期的市场开拓并非十分顺利,但是在锲而不舍的耕耘之下,已逐渐为爱美的女士们所接受,成为台湾化妆品市场中独树一帜的一种品牌。它没有经销商,也不设美容专柜,完全走直销的路线,在建立特殊的行销渠道上,它是最成功的典型。

所谓直销、无店铺行销,诸如像安利、伟新、松柏和一些保险公司,就是以直销的方式开拓市场,为了支付庞大的管理费用,在产品价格和销售技巧上,就不免有可议之处,这是直销一直受到争论的难题。

雅芳虽然也是采取直销,但是却很少受到批评,主要的原因是产品的品质较有信赖感,另外就是制度和专业训练的完善,使得加入者不会有受利用或被欺骗的感觉,这是它成功的关键。

目前雅芳在许多大城市已经建立了相当固定的行销通道,而正着手于城乡的开发,它的策略是"围点打面,各个击破",一镇一乡以地毯式的方法渗透市场。尽管这种战略方式较为辛苦,但效益却是十分可喜的。

提供个性化服务

眼下,皮鞋厂多如牛毛,市场竞争的激烈程度自不必说,北京第二皮鞋厂的仓库里已"鞋满为患",但北京第二皮鞋厂凯达门市部推出的系列产品却总能"炮炮走红",占领了一大片市场。不知妙招为何。

经过市场调查和产品分析发现,不同职业的消费者对皮鞋有各自不同的要求。于是,在新产品的设计、生产中注重搞出与众不同的"个性"特色来。

厨师工作的灶间里,地上难免遍地是水,炒菜时经常油星四溅。这些因素都会影响厨师的工作效率和工作情绪。于是,他们就根据厨师特殊的工作环境特点,设计、生产出了耐油、防水的"厨师鞋"。

在医院里,每当有手术或急诊病人时,护士往往要穿梭似的来回奔忙。在病房时巡视、查看病人时,还要静悄悄的,以免打扰了病人休息。他们又根据护士工作要快速、要"静"的特殊要求投产了轻便、防滑、走起路来又无声无息地护士鞋。颇受护士的青睐。

北京第二皮鞋厂突出自己产品"个性"的营销策略,具有很强的商品意识,使职业鞋的开发大获成功,在市场上领尽风骚。

企业要赢利,开发新产品是一个重要手段。怎样使自己研制的新产品畅销不衰呢? 实现产品的"个性化"是一个妙方,不但企业可以提供个性化商品,酒楼业也可以提供个性化服务。

香港的一家酒楼推出了"满汉华筵"。这个"满汉华筵"是从清朝皇帝的"满汉全席"衍化出来的。

酒楼分两大部分,一部分是娱乐,另一部分是"御膳",可安排 40 桌的宴会。

一进酒楼,就好像是到了清朝的皇宫。门的两旁站着身穿清朝服装的"宫女"和"侍卫"。酒楼内更有酷似皇宫的亭台楼阁,身临其境,使人仿佛真的来到清朝皇宫。

最有趣的是酒楼备有皇帝的"龙袍",顾客可以穿上"龙袍",扮成皇帝就餐。席间有古乐伴奏,"舞女"翩翩起舞,甚至有民间艺人献艺。

再说餐具,全部是镀金的和特制瓷器。

用餐前侍卫代主人宣读"赐宴圣旨"之后,宾客们便可以享用美味"御膳"了。

这种专门为"皇帝"安排的特别"御膳"吸引了不少顾客,他们愿意吃一顿"御膳",当一时"皇帝",或扮一次"皇亲国戚",享受一次排场,而花费 10 万港币。

因此,这家酒楼以个性化来服务虽价钱昂贵,但顾客不绝。这正是抓住了有钱人的猎奇心理个性需求,满足了顾客想高高在上的虚荣心。

请劳模做"明星"

1996 年 2 月,江西宾馆晋升为江西省唯一一家四星级宾馆,同时荣获全国旅游行业"百优""五十佳"先进酒店称号。其软、硬件设施均达到了省内酒店行业中的最高水平。

宾馆规模上了档次,管理上了水平,评上了四星级,按理说客房率和营业额都应有所提高,可实际上却不是这样,贵宾增加不多,普通百姓更是望而却步。

面对这种情况,宾馆管理层觉得有必要拓宽自己的经营渠道,变单一形式为多种经营。他们认为,目前市场竞争激烈,不能把眼光停留在贵宾和大款阶层,也可面向大众阶层。他们把目光瞄准了市场。为此,总经理与公关部人员一起慎重研究讨论公关方案。

1996 年 5 月 1 日是国际劳动节,又是宾馆 35 周年纪念日。但到底以何种方式来庆祝建馆开业纪念暨今年 2 月份宾馆所获得的殊荣,以达到宣传促销的目的? 宾馆管理层展开了热烈的讨论:有的认为应该请政府官员,有的认为应该请一些知名人士,还有的认为应该请商界大腕。

宾馆总经理认为:服务行业应始终奉顾客为上帝,视劳动人民为衣食父母。江西宾馆今天虽然取得了一些成绩,但这是江西人民及海外人士对我们的厚爱,江西宾馆应该感谢他们,回报他们,不能因为评了四星级,就把普通劳动者拒之门外,与普通劳动者的距离太大,将不利于江西宾馆的发展。我们酒店历史悠久,是南昌一流的酒店,是否可以利用这次馆庆机会,结合"五一"劳动节,把活动定位在"劳动"一词上,搞一个体现对劳动者的尊重、对劳动者创造价值的肯定的活动?要花钱不多,影响要大,能够展现江西老区对外交流的窗口。于是,前厅部的公关人员根据总经理的要求,策划出邀请劳模代表的活动。其主题是:"做客江宾,共度佳节"。江西宾馆邀请到四位全国劳模和省市劳模。其中有工人、农民和商场营业员。公关人员还撰写了制作"五一"劳模专访的电视片文稿,将活动信息提供给有关新闻单位。

上午,轿车载着四位胸佩奖章的劳模驶进了江西宾馆院内,一时间鲜花簇拥,掌声四起,银灯闪烁,笑语欢声。劳模代表们在总经理的陪同下,参观了宾馆的接待场所和设施设备(其中有毛主席曾居住过的地方),还向宾馆员工介绍了自己爱岗敬业、全心全意为人民服务,在平凡岗位上做出优异成绩的体会和感受。宾馆员工亲耳聆听了劳模们立足平凡岗位,为祖国做出无私贡献的先进事迹,受到了一次极大的教育和鼓舞。下午 3 时,江西宾馆召开"五一"国际劳动节暨馆庆 35 周年新闻发布会,江西省、南昌市所有新闻单位及中央新闻单位驻江西记者站均派记者到会。宾馆总经理介绍了江西宾馆全体员工以坚定的信念,经过艰苦卓绝的努力,终于如期实现创评江西省首家四星级宾馆的目标,取得优异成绩,邀劳模为座上宾就是借助这个形式体现对劳动者的尊重,对劳动者价值的肯定,对庆典活动中的不正之风的抵制。几位劳模谈了在江西宾馆的所见所闻,对被江西宾馆邀为贵宾的感激之情溢于言表。下午,劳模及新闻单位记者一同参加了宾馆新经营项目——"熹庐啤酒花园"开业仪式。晚上,劳模们及其家属下榻在宾馆豪华套房。次日劳模们带着对江西宾馆无限美好的记忆离去。

此次活动,赢得了馆内外的普遍赞扬,一时成为省、市新闻单位庆"五一"活动竞相报道的热点,在当地造成轰动效应。使江西宾馆这家具有 35 年历史的老宾馆再次以全新的形象展示在社会公众面前,加之配合实行房价折扣优惠等系列让利销售举措,巩固了老住户,招来了新客户,从而掀起了一个经营高潮,住房率、营业收入、社会效益和经济效益均有大幅度提高,达到了商业公关预期的效果。

第五章 市场宣传巧借力

市场宣传是企业经营的重要组成部分。酒香也怕巷子深，再好的产品，没有市场宣传开路，也无法得到顾客的认可。市场宣传可以采取多种广告形式，最常见的是在媒体上刊登或播放的硬广告，其他如软广告、公益广告、慈善事业、赞助、有奖销售、让利销售等等都是市场宣传的好方法。

利用电影院做广告

北京××科技开发有限公司筹建之时，由于确保拥有自主知识产权，研究开发高新科技产品的费用过大，资金紧缺，无力做电视广告，许多顾客不知道有这个新的公司诞生。为了提前进入市场，为了快速推广、提高知名度，让更多的人知道这个企业及其产品，公司领导可煞费思量，苦思冥想不知该如何做一笔少花钱的广告。

酒香不怕巷子深，药好不需多摇铃。商品，品质优良就能畅销，在即将迈入知识经济时代的今天，这种中国千百年来的传统观念与想法已经"破产"，已经不现实了。酒香也还要方便群众购买，尽可能不在"深巷"之中；药好也要注意宣传，让更多的人知道它的性能和特点。做到两者兼顾，不可偏废。因此，你不宣传或是不以服务顾客的手段来"引诱"，顾客是不会来的。

要做免费广告，关键要选择在何处获得灵感。

夜幕降临，华灯初上高楼巨屋林立，文人艺人荟萃，影剧院常常爆满，酒吧舞厅通宵达旦，银行的营业时间不得不延长到午夜。午夜，成了北京凝聚的气质和深蕴的文化。

总裁兼首席执行官张先生吩咐公司主管广告宣传的公关策划部经理，每天晚上派30人"兵分五路"去卖座较好的大剧院、立体声影院、艺术中心、娱乐广场等各大电影院，发出所谓的"寻人启事"，通过银幕找"北京××科技开发有限公司的×××先生或北京××科技开发有限公司的××小姐"。每次"寻人启事"，都有成百上千的人听到。时间长了，人们都知道了它的存在，名声扩散起来，尚未正式开业就已经喜马拉雅山上公鸡叫——名(鸣)声远扬，或预订产品的、或投资合作的、或代理经销的的人和单位也越来越多。

其实广告的实质就是让尽可能多的人知道，不一定眼睛非要盯住报纸、电视。只要有尽可能多的人知道的形式和方法，都可以尝试。

反其道而行

当云南西双版纳的"诗风绿"西蕾莲果汁冒冒失失地闯进北京时,正值朔风凛洌的隆冬时节。此刻,已是饮料销售淡季。北京市场的饮料广告大战已偃旗息鼓,各路"诸侯"正准备打道回府,谋划来年入夏更加激烈地厮杀。

"冬天推广饮料?"南方某大饮料公司驻京代表,对"诗风绿"的冒失既惊愕又好笑。早在11月份,他就把用于北京市场的200万元广告费花完了。如今,他正瞪大眼看看这个冒失鬼怎样"白扔钱"。

按常理,在"三九"严寒推广饮料,就像在"三伏"酷暑推广皮袄一样不合时宜。接下"诗风绿"西蕃莲果汁推广业务的北京"惊喜公共关系事务所",起初也感到有点手足无措。但是,"惊喜"不循常规,硬是在朔风凛洌的冬天把"诗风绿"推进了北京市场!

"惊喜"之作,是在选择广告时机时,运用逆向思维的成功之作。逆向思维,不是故意唱反调,也不是你向东我偏向西的"小情人"之间的种种别扭,更不是不受约束的瞎抬杠。"惊喜"的成功,是建立在周密的市场调查研究基础上的。

通过调查,"惊喜"有三大发现:其一,西蕃莲果汁是欧美流行的新口味,货真价实的"新潮一族";而中国只有西双版纳生产风味纯正的西蕃莲果,名副其实的得天独厚。"诗风绿"USP(独特的销售主张)跃然纸上,市场潜力不言而喻;其二,中高档饮料的市场突破口不在商场、副食店,而在中高档的餐厅,酒楼。此类场所,"回头客"多,销量大,季节因素影响小,且食客品位较高,多为消费方面的"意见领袖",饮料一旦被他们认同,人际传播的效果非同寻常;其三,受"冬季是饮料淡季"这一常规思维约束的各大饮料厂家,此时,已停止广告战,正是"诗风绿"这个"小矮人"自由施展的绝妙时机。人们大概都有这样的一种感觉:在万籁俱寂的时刻,哪怕是一根绣花针落在地上,往往也会产生撼人心魄的效果。于是,在坚实的市场调研的基础上,支撑起一个匠心独运的创意——北京百家美食名店联合推荐"诗风绿"。

实施这个创意,"惊喜"使了两记"绝招"。

第一招,谓之"先下雨,后打雷"。广告推出之前,他们先策划了一个经济实惠的SP(促销)活动。一周内,包括香港美食城、大三元酒家、全聚德烤鸭店、马克西姆餐厅在内的北京百家美食名店,都收到了一箱免费赠送的"诗风绿"西蕃莲果汁和一封品尝意见回执。又一周,百张品尝意见回执如数寄回,各名店老板为"诗风绿"的品位倾倒。接着而来的是,"诗风绿"北京总经销商的办公电话整日铃声不停,各店纷纷要货,仅香港美食城一次就要去了150箱。首批运到北京的1000箱"诗风绿",在仓库里还没有放稳就销售一空。

第二招,谓之"四两拨千斤"。在能量储足,水到渠成之后,"诗风绿"隆重推出《北京百家美食名店联合推荐"诗风绿"》的报纸广告。顷刻间,"雷""雨"交加,气度不凡。但是,所费财"力"却不大。由美食名店推荐美食——"诗风绿",对消费者的说服力自然强劲,而代价却是微乎其微的100箱"诗风绿"西蕃莲果汁。这与一挥百万金,雇佣徒有其表的影视明星来搔首弄姿相比,其"成本与效益比"差距之大,不可以里程计。此举,堪称"四两拨千斤"。这只有"内功"深厚者才能办到,绝非花拳绣腿之流所能望其项背。

择途茫茫回头望,反路而行惊四乡,这句诗用来作为"诗风绿"现象的写照倒也贴切。"惊喜"用心良苦,穿越常规思维的厚重屏障,在传播噪音最低的时刻,一声清啸,用很少的花费,就把"诗风绿"那热带雨林特有的清新气息,吹进了北京万千消费者的心中。

"惊喜"之作,看似平易却崎岖,恰似旱天的一声惊雷,震得各路饮料"大王"坐卧不安。他们清醒地意识到,来年饮料大战重开之时,他们将面对一个难于对付的新对手——"诗风绿"!

落井下石

青岛伏特加酒进入美国市场后,好一阵子处于坐冷板凳状态。原因很明白,无论在哪里,伏特加酒的市场,都是俄国人的天下。伏特加之于俄国,犹如茅台之于中国,是一个民族酒文化的象征。当一种商品成为一个民族文化的象征时,其他民族再生产同样的商品就无论如何也无法与之匹敌,即使你的产品质量同样好,甚至更好,也无济于事。因为商品独具的民族文化内涵是无法复制的。看来,青岛伏特加只好认命了。

有道是,天无绝人之路。俄国人自己跟自己过不去。1980年,当俄国还是苏联的时候,他们大举入侵小国阿富汗,引起环球公愤。

青岛伏特加的美国代理商——蒙那克进口公司,却从一片切齿声中听出了千载难逢的商业机会,策划出一场"细佬仔"挤倒"大只佬"的喜剧。

不久,《纽约时报》登出一则广告。广告画面上有两瓶伏特加,一瓶是俄国的,一瓶是青岛的。俄国的那瓶伏特加上插着一面苏联国旗。广告语是:"俄国人估计错了吗?"用意很明显,是在暗示俄国人侵略阿富汗,大家别买侵略者的东西。这则广告产生了强烈的反响。纽约一些著名饭店立刻拒绝销售俄国伏特加,改为销售青岛伏特加。

在芝加哥,另有一番景象。100多家报刊对俄国人侵阿富汗大肆笔伐,电台、电视台也群起而攻之,在每晚的黄金时间里对俄国的入侵行径大加谴责。这里的各大报也刊载了一幅漫画广告,画面上也是两瓶伏特加,不过夸张得特别大,一瓶是俄国的,另一瓶是青岛的,分别靠在两个扶梯上,连绵不断的酒客从靠着俄国伏特加的扶梯上走下来,走上靠着青岛伏特加的扶梯。广告语是"俄国伏特加与中国伏特加相比,缺点千千万。"结果可想而知,纽约、芝加哥及美国其他城市的酒吧、饭店纷纷销售青岛伏特加。1980年,青岛伏特加在美国的销量增加了一倍,而俄国伏特加的销量却减少了一半。

俗话说,苍蝇不叮没缝的蛋。俄国伏特加往日的强劲地位,在于它的文化内涵的不可取代性。要向俄国伏特加挑战,就必须寻找它的文化"缝隙"。既然俄国入侵阿富汗引起了公愤,导致伏特加这只"蛋"裂了缝,就莫怪蒙那克进口公司这只"苍蝇"在它身上"下蛆"了。这似乎有点"落井下石"的味道。不过,损一损侵略者的产品形象,也在情理之中。美国消费者抵制俄国伏特加与8年抗战时期国人抵制日货的情形相仿。

蒙那克的广告,属于竞争性比较型广告。欧美国家对此类广告的合理性尽管有争议,但一般还是允许的。原本不允许的意大利,议会也在1993年11月通过了允许比较型广告的提案。不过,在我国的广告法规中,这种广告是不允许的。我们借鉴蒙那克的经验,主要是领悟它视"缝隙"强烈而敏锐的"寻找"意识,而不必依样画葫芦地去搞比较广告。其实,"缝隙"是多种多样的,有情感的、品质的、功能的、包装的、价格的……只要睁大眼睛仔细地观察,竞争者的"缝隙"就无所不在;只要把耳朵贴在地上倾听,并与消费者保持同一"波长",就能听到消费者的心声。把竞争者的"缝隙"与消费者的心声匹配起来,就能乘虚而入,攻占滩头阵地。

北京卡夫食品有限公司的"雪凝"牌酸奶抢占北京市场一仗,就打得很出色。多年来,北京的酸奶市场一直被十几家老企业霸占着。他们做梦也没有想到,竟然会栽在半年前才在北京西三旗立脚的"卡夫"手下。他们哪里知道"卡夫"已将他们的"缝隙"——收入眼底,而且针锋相对地推出"雪凝"。"卡夫"没有搞对比型广告,但处处都在对比。不过,其锋芒所向是老产品的"缝隙"而不是具体的某一品牌。一上阵,就拳脚交加——密集广告先行,SP活动周密配合,强攻擂台,志在必得。广告语很对消费者的胃口;"将容杯倒过来,酸牛奶不会出现倒流"的承诺。没有哪家老企业敢于应战;机械化铝箔密封保鲜包装,让蜡纸加橡皮筋的老产品自惭形秽;组建一支完备的冷藏车队为零售商进货,赠送800台冰柜给京城各地零售商售货,又使老企业自叹弗如。"雪凝"以高于老产品一倍的价钱反而深得消费者喜爱,连从不销售酸奶的中发公司、燕莎商城这样一些高档购物场所也把"雪凝"摆上了自己的冷饮柜台。

"注意"广告

打开"注意"之门,是广告产生效果的前提。在广告原理的AIDAS模式中,"注意"（即第一个"A"），是第一道大门。如果打不开这道门，后面的事就统统免谈。也就是说，阁下的广告费白扔了！如果还想弄个广告奖什么的，打开"注意"之门就更具决定意义了。台湾的颜伯勤教授担任过许多广告奖的评审，他说："初审有点残忍。"只有一眼就让人看上的，才有可能通过初审这一关。为了打开这道"门"，广告人真是绞尽脑汁，挖空心思，各种招儿，元所不用其极。

作家雷达给我们讲了一个故事。他到意大利的西西里岛去参加一个国际会议。该西西里岛就是意大利黑手党老巢所在地的那个西西里岛。雷达没见着黑手党，倒对岛上的广告关注起来，还听人说了这么一回事：某晚电视屏幕上突然出来一个绝色女子，一上来就把大衣脱下，而且声言，从今夜起，每晚这个时间她都将在屏幕上脱一件衣服。每晚都脱？"她会脱光吗？"一时间议论纷纷，一传十，十传百，每晚这个时刻有越来越多的人等在电视机前看该美女脱衣服。该女也不食言，果真一件一件地脱下去，脱了十好几天，也就在脱下最后一件衣物的同时，镜头立即空格，变成了一幅不俗的人体艺术照。直到此刻，屏幕上才出现字幕："说到做到。××××保险公司。"天哪！原来是保险公司的广告！

这个广告，为了引起注意，使了两招——性和悬念。悬念手法可资借鉴，色情吸引为我国《广告法》所不容。

打开"注意"之门的方法，往细里说，可谓数不胜数；往大处说，往往就是要使信息保持差异。心理学家们的实验表明，差异越大的信息越容易引起注意。

差异，就是不同。从视觉上说，有色彩的不同，形状体积的不同。比如，人家的电视广告片都弄得五彩缤纷，你突然来个黑白片，就反而比彩色片还引人注目。一种治疗感冒的药片广告，就很得此要领。它在一大堆彩色广告片中，突然来个黑白片，而且让信号不稳定，让观众产生"电视出毛病了"的错觉，当你正着急的当儿，这才来了一句"感冒了，怎么办？你可选择白+黑的方法。"接着就兜售白、黑两色药片——白天吃白色药片（不瞌睡），晚上吃黑色药片（可以睡得很稳）。这个片子很是引人注意，且印象深刻。至于用形状、体积的差异引起注意的事例就更是唾手可得，在这方面玩出了新闻话题的，要算"上菱"空调 1994 年在《南方日报》发布的"白版广告"。在整版空白中，只在右下角有一行小字，说空调质量好，维修记录"一片空白"。其视觉冲击力之强，引发的争论之多，堪称奇观。能在广告设计上，把中国绘画的"以白计黑"美学原则运用得这样出色，实属不易。

从听觉上说，有音高、音量、音色以及节奏诸多方面的差异，善加利用，都有助于引起注意。国内电视广告，声音用得出色的，"脚癣一次净"的"踢踏舞篇"，可算一个。那几乎不成曲调的萨克斯管演奏与那类似挠痒的"嘶嘶"声，不仅引人注意，而且印象深刻。只要听到这种"音乐"，不看画面也立即能判断这是"脚癣一次净"的广告。对广播广告来说，声音几乎是唯一的表现手段。北京"菲利浦音响"的广播广告，创造出有个性的"音画"，把听众"粘"住，值得借鉴。

视觉、听觉之外，还有人在嗅觉、味觉、触觉等领域做了许多探索。比利时某啤酒广告甚有创意。比利时首都布鲁塞尔的城徽是一个撒尿的小孩，传说该小孩一尿救了这个城市。为此，到布鲁塞尔观光的人都要去瞻仰该小孩撒尿之宝相。啤酒商灵机一动，让小孩撒出啤酒来。国外观光者闻出一股香味，大胆者用舌一试，发现竟是美味啤酒，观光客大哗，争相寻觅这种啤酒，加上媒体炒作，这酒商没花多少传播费用，就把自己的啤酒打到了国外。利用嗅觉、味觉引人注意，该啤酒商几近化境。

以上诸"觉"尚属信息外感刺激范围，更深一层的，是对深层心理的冲击。引起心理冲击，从差异的角度看，主要的手段是弄些出人意料的东西来，即是说与人们的习惯相悖。新闻界所谓"狗咬人不是新闻"，而"人咬狗"则成大大的新闻，即比。

用点有理论色彩的话来说，这"出人意料"即韦伯·扬所说的"广告的功能就是打破现状"。智威汤逊广告公司的总裁兼总经理伯特·曼宁说，"打破现状"的科学命名是——断念！而断念的定义是"符合情理的意外"，即"突然、故意地打断预想。"他认为，断念是最快速、最强化的学习方法，是开启人们心灵的金钥匙。具有情理的断念的广告不仅能赚钱，还可以省钱，而"在人们预料之中的广告是成本最昂贵的广告。"另一位广告大师李奥·贝纳对创意的诠释是造成"与生俱来的戏剧性"，而戏剧性的核心正是推翻预料，制造惊奇甚至震动。

美国一家银行旅行支票的广告就使了"断念"这一招。一般旅行支票广告都说如何方便，如何安全。说多了，就有点像鲁迅笔下的祥林嫂。该祥林嫂见人就说她那宝贝儿子在山里被狼叼走的故事。说多了，不仅得不到同情，反而讨嫌。美国这家银行反其道而行之，旅行支票广告不说方便，也不说安全，而说"不安全"！广告画面是一个小偷正在摸游客的口袋，旁白是："你将亲眼看见一宗罪行！"观众自能得出"还是用旅行支票安全"的结论。

悬念、恐惧、幽默之类的手段，都是吸引注意的手段。信息论里信息的定义是"不确定性的排除"，而"悬念"之类就是反其道而行之，老不让你排除"不确定性"，让作者处在"且听下回分解"的状态。

当然，"差异性"不是吸引注意的唯一方法，而且并不总是差异越大越好。"匹配性"是吸引注意的另一招。

什么是"匹配性"？卢泰宏在《信息文化导论》一书中归纳出人的信息行为的五个法则，其中一"则"就是"匹配"法则。人吸收信息时，效果如何，要看与自己原有信息结构，已有经验是否匹配。比如，见到黄金、钻石，人们眼都发亮。但是，原始人也许就视之如粪土了。因为它的价值远不如一只能充饥的鸟蛋或者一条鱼。这就是匹配与不匹配的问题。把握、利用匹配原则，前提是认识、了解你的目标消费者。这一原则的利用，更具现代营销学的精神。

吸引注意的方法虽多,也不是见方法就可用,它还得受法律和伦理的约束。譬如我国乃至汉文化圈内的国家和地区对广告使用"性诉求"都有较严格的限制,在伊斯兰世界这个问题更是"没商量",在欧美则宽松得多,但近几年也有收敛的势头。

模特表演促销

随着人们生活水平的提高,人们,特别是妇女,对首饰的佩戴越来越注意了。但是,北京首饰厂的产品销售情况却不理想。如何打开新局面,迈上一个新台阶呢?

北京首饰厂的领导琢磨出一个办法:举办"北京现代首饰展示会",以此为突破口,开发新产品,推销新产品,掀起消费潮。

为了搞好这次展示会,工厂鼓励设计人员和其他职工,拿出自己的新产品。在两个多月的时间里,就开发出2000多种新产品。人们追求"个性美",工厂特意拿出一批量少、质优、价高的产品,给一些人提供了显示自己身份、气质、修养的机会。男性首饰像是"被遗忘的角落",工厂又用心在这块"沃土"上"播种",开发出各种能体现男子汉阳刚之气的胸饰、戒指、手镯、腰带扣等新产品。

为了搞好这次展示会,他们事先还请来一批模特儿,特意为之设计服装和首饰。

展示会开幕了,轻松优美的音乐回旋在展示大厅,十几位模特轮番登台表演,不停地变换着最新款式的服装、首饰。

于是,展示会产生了出人意料的现场效应:凡是模特穿戴的服装、首饰立即成了抢手货。200元一条的项链,人们争相购买,唯恐人后;300元一件的连衣裙,就有很多人不嫌贵。

尽管首饰展示会的门票2元一张,但闻风而至的八方来客,人如潮涌,把展示会的柜台玻璃挤碎了两次。在短短的8天展示时间里,零售额达40万元,订货商达,380多万元。京城掀起了一股前所未有的首饰热。

北京首饰厂的副厂长曾一兵自豪地说:"是我们鼓动起了北京的'现代首饰热'。"

自揭家丑

事情是这样的,1987年3月,全国胶鞋大量积压,原材料又大幅度提价,就在这个时候,青岛橡胶九厂销售科收到几封顾客来信,反映新购老人健身鞋的质量有问题。于是厂长召集有关部门的人员进行调查,最后定出四条措施:1.由于这批鞋有

6000 双,大多数顾客还没有发现潜在的质量问题。所以要做广告,让这些顾客来换鞋、修鞋;2.流水线马上停产,什么时候找出问题什么时候开工;3.把退回的鞋进行展览,让全厂职工都来参观;4.抓紧上新产品,把损失补回来。

青岛橡胶九厂作过这样一个广告:"青岛第九橡胶厂谨向2月份购买'双星'老人健身鞋的顾客深深致歉。这批鞋的质量有问题,请顾客立即到青岛第九橡胶厂门市部或各代销点换鞋、修鞋"。

第二天晚上,当千家万户围坐电视机旁时,看到了中国第一个"反广告",无不为之震动。

当时,青岛橡胶九厂的日子十分艰难,但是这只是暂时的。不久,九厂的所为,赢得了顾客的信赖,赢得了同行的赞扬,也赢得了竞争对手的尊重。1988年3月,全国各大胶鞋厂厂长汇聚洛阳橡胶厂,从生产、经营、管理、服务等17个方面进行全国胶鞋业的评比,青岛橡胶九厂得了最高分。

质量是企业的生命,质量的好与坏直接影响着企业的发展。青岛橡胶九厂抓住质量问题做文章,哪怕赔本也要夺回市场信誉。既然质量问题已经出现,那么决不回避,唯一的策略只有正视它,才能赢得信赖、赢得市场。

创意跟着感觉走

号称"没有打不响的品牌"的美国P&G公司(中译"宝洁公司"),20世纪80年代末以来,进军中国内地市场,自"海飞丝"洗发水起,接连打响了飘柔、潘婷、舒肤佳、碧浪等一个又一个洗洁用品的牌子。

洗洁用品,向来被广告界看成是消费者"低关心"的"软性"商品。换句话说,消费者对此类商品凭感觉购买,而不像汽车、彩电、空调那类"硬性"商品那样,在购买之前会仔细研究商品信息,"理性"地进行购买决策,因此,流行的观点认为,"软性"商品广告一般使用情感诉求,形象策略。

但是,P&G却依仗USP策略,加上卓越的创意表现,使它的系列洗洁用品狂潮般地占领了中国的高档洗洁用品市场。且看,它的各个品牌的USP:

海飞丝:去头屑。

飘柔:洗发、护发二合一,令头发飘逸柔顺。

潘婷:含有维他命原B5,兼含护发素,令头发健康、加倍亮泽。

舒肤佳:洁肤而且杀菌。唯有舒肤佳香皂取得中华医学会认可。

碧浪(洗衣粉):对蛋白质污渍有特别强的去污力。

P&G的每一个广告,都成为广告界的话题。其中最典型地体现LISP策略的是潘婷、舒肤佳和碧浪。

潘婷,在广告上用动画解说维他命原B5的独特功用——从发根彻底渗透至发尖,营养头发。此外,还特别在中央电视台播映《潘婷护发锦囊》专题片,请来美国加州大学伯克利分校的营养学者余文诗(原香港影星),现身说法,详加解释。这也是 P&G 在海外惯用的新闻式广告。P&G 的苦心经营,使潘婷在中国名牌榜上,几度名列首位。

舒肤佳,以杀菌为突破口,宣传新的皮肤清洁观念——不仅要去污,而且还要杀灭皮肤上的细菌。它的电视广告,通过显微镜下的对比,表明使用舒肤佳比用普通肥皂,皮肤上残留的细菌要少得多,强调了它强有力的杀菌功能。后来的广告,还请医师登场说教。它那"唯一通过中华医学会认可"的说辞,则暗喻其他香皂是没有经过中国权威医学机构认可的。舒肤佳广告,手法平实,但冲击力极强。原来长期居中国香皂市场龙头地位的力士牌香皂,再也不能高枕无忧了。在北京市场,舒肤佳与力士的销售量之比是 7∶3。

碧浪,强调它对顽固的蛋白类污渍的去污能力。领口、袖口污渍就是典型的蛋白类污渍,也是洗衣人最头痛的地方。以往人们只好用专门的"领口净"来对付,或者用力反复洗刷。而碧浪声称,只要使用它,浸泡 30 分钟,不必搓揉就能干干净净——"真真正正"的"干干净净"。这简直就成了洗衣概念的革命了!它的说词,引诱得消费者心痒难忍,不惜花高于国产洗衣粉几倍的价钱,争相购买。北京市场竟然一时脱销。从此,国产洗衣粉的王牌产品白猫、熊猫、活力 28,顿时从高档品牌跌落为中档品牌。

P&G 的广告,不仅策略有力,创意表现也很出色。北京国际广告研究所进行的"北京人最喜欢和最讨厌的电视广告"调查结果表明,北京人最喜欢的 8 个电视广告中,P&G 占了 4 个。而且飘柔位居 8 个广告之首。其余为潘婷(第三)、碧浪(第四)、海飞丝(第七)。

有趣的是,碧浪在"喜欢的广告"中位居第四;在"讨厌的广告"中也榜上有名,且位居第三。统计分析发现,喜欢碧浪广告的,男女几乎各半;讨厌它的,女性是男性的 2 倍。女性里头,喜欢碧浪的比讨厌碧浪的年轻,文化程度更高。这是否意味着,有文化的年轻女性,并不像有些论者所说的那样——消费跟着"感觉"走?

P&G 广告的成功启迪我们:USP,是不朽的广告智慧。

明办教育　暗卖楼盘

碧桂园是一处具有田园风光的别墅区的"雅号",位于广东顺德市陈村水道的碧江之畔桂山之侧,坐落于顺德与番禺的交界地,前不着村,后不靠镇。尽管投资逾亿元的开发商反复宣传,说此地乃为"金三角的交汇点",又请名望极高的广东省前省长叶选平亲笔题写园名,但前来看楼买房的人依然寥寥无几。

为了"救市",农民出身的碧桂园老板曾多次邀请有关专家、学者实地考察,希望他们能教给他出奇制胜的高招,但最终还是大失所望。

有一天,碧桂园老板在参观一所"贵族学校"时,忽然灵机一动:为什么不在自己的楼盘建一所学校? 别墅区本来就要教育配套。于是老板决定山路不通走水路,决定先办学。

然而,一帮农民出身的建筑商如何能办起一个高档次的贵族学校呢? 在长江三角洲的田园地带办学,能吸引大都市的有钱人吗? 如何取信于民,取信于社会?

一系列问题困扰着碧桂园老板,令其寝食不安。后来一个偶然的机会,老板认识了王志刚。王志刚的一番话语令他豁然开朗,于是毅然决定聘请王出任碧桂园的总策划。

王志刚出任总策划后,他对设计人员说:中国房地产广告大多是直截了当地、简单地理性诉述,诸如"交通便利,环境优美,价格低廉"一类;也有一些感性诉求广告,但往往哗众取宠,目标不明。我们面对房地产市道低迷,必须出奇制胜。广告设计也必须改换思路,从总的战略着手,不鸣则已,一鸣惊人。接着,他提出了一个令人瞠目的设计意念。

于是,1994年的新年伊始,广东发行量最大的《羊城晚报》上,刊出了一则引起轰动的广告,标题赫然入目:"可怕的顺德人。"

之后,"可怕的顺德人"一再在报纸上出现,几百万读者迫不及待地想知道广告的谜底。

1月25日,"可怕的顺德人"全面揭开谜底,在《羊城晚报》的一整版套红广告中,出现令人心动的话语:

"中国古谚云:富不过三代。今天的成功人士进言:要使事业有续,最明智的投资莫过于投资子女。儿女需要什么? 孩子在呼吁什么? 做父母的最明白。"

接着,王志刚和他的策划助手们又精心设计了一个"为什么"系列广告,在商云密布的社会大背景上,打上了一个个令人警醒的问号:

电视屏幕上,一个成功人士得意地回到家中,不料开门之后,家中乱七八糟,太太正追打自己的爱子。何故? 原来是一张张不及格的考卷令"大款"太太非常生气,"大款"也涨大了脑袋。正当一家人愁眉苦脸之时,突然(画外音)插入一小孩清脆的声音:"为什么不去碧桂园学校?"

"为什么不去碧桂园学校?"这孩子的提醒,在电台的广播中也一再出现,一再被强调。

王志刚策划的一个个"出奇"行动,果真取得了"制胜"的成功。几个月后,草创而成的碧桂园学校人头涌动,车水马龙,一些大款甚至退掉已定好的其他贵族学校的学位,宁肯不要预付款,也把子女送来碧桂园。"碧枝园"一跃成为广东高价学校的"大哥大"。

学校这步棋下活了,第二步就是推销楼盘的策划。

王志刚对老板讲："碧桂园的策划,一定要跳出房地产概念,加大文化内涵,上升到'全新的生活方式'的高度,才能令人耳目一新。"他定下的广告语是:"碧桂园给你一个五星级的家,碧桂园,成功人士的家园。"

一年之后,当碧桂园楼盘取得旺销战果时,一位房地产大亨颇为内行地说:"关键在于启动的定位。'给你一个五星级的家'和'成功人士的家园'这两句广告语是无价之宝,起码值2000万元!"

铺天盖地的广告攻势迅速打响,王志刚策划的"碧桂园生活方式"深入人心,而碧桂园别墅区从此也就成了"永不落幕的广交会",客似云来。销售别墅最旺的一天,收入竟达上千万元。一场战役打下来,楼盘推广总额超亿元。

碧桂园成功了! 王志刚成功了!

悬念广告

吉林省通化白山制药五厂的"销售王"宋瑞就是用这悬念的广告方法赢得了顾客。这种方法就是要抓住用户及顾客的心理,制造悬念,使人们的注意力更为集中。

1991年,白山制药五厂的宋瑞要求在《福州晚报》上做一个广告。第一天,他在该报买下一整版,可是上面只写了几个大字——"请看明天本版!"这句话给读者留下了悬念,好奇心的驱使让人们街头巷尾地议论,不知明天此版会出现什么内容。等到第二天,读者急不可待地打开报纸一看,仍是一片空白,不同的是几个醒目大字变成了——"喜讯就在明天!"这下更是抓住了读音的心,读者迫切地想知道究竟发生了什么。终于到了第三天,当人们打开报纸的时候,展现在人们眼前的是整版的"镇脑宁"广告,当地人们街头巷尾议论该报当天的内容,并争相购买该报,达到了预想的效果。

香港有家报纸爆出一大新闻,它整版几乎是全部的空白,只有版面的中央印着一个小红点,还有3个字母"HRC"。读者莫名其妙,只好加倍注意该报第二天的举动。可是第二天该报却依然如此。于是引起了越来越多的人的注意。无数读者去信或打电话质问编辑先生搞的是什么名堂,这"HRC"又到底是个什么东西。谁知该报却一连数日皆如此。人们都想知道谜底何在。一周后,该报以整版的篇幅刊登了"HRC"的广告。原来"HRC"是一新型手表的牌子,红点是手表中的红色日历。接着"HRC"手表的强大广告攻势开始了。报纸、刊物、电视、路牌甚至连霓虹灯都在宣传。形成铺天盖地的洪流,闯进了每个人的眼里,于是市民们很快接受了它。

"HRC"从一开始的广告就是以奇取胜的,这个"奇"在于它构思的巧妙,宏大的气势。这就达到了广告的目的。

高空投表　验证质量

西铁城手表初入香港市场,没有名气,市民不认,销路滞塞。西铁城公司为打开销路,占领香港市场同时向大陆渗透,就别出心裁地想了这么一个办法。

1985 年 5 月份的一天,风和日丽,万里无云。香港某闹市区的一个空场上,人头攒动,水泄不通。人们的眼睛都向天上望着,好像在等待空中出现什么。不知是谁的眼睛最尖,高喊一声:"直升机来了!"只见一架标有"西铁城公司"字样的直升机姗姗而来,盘旋在人们头顶,至空场中央。只听"刷、刷"两声响,两幅巨大标语从舱门滚落出来。

一幅是:用我西铁城手表,绝对无烦恼。

另一幅是:百米高空赠产品,看好与不好。

人们看罢,不禁拍手叫好。紧接着,白花花、亮晶晶的各式各样的西铁城手表从飞机上投掷下来,人们争相接着,唯恐得不到免费手表。投掷的绝大部分手表都被人们接住了,偶尔也有掉在地上的,还没等人们看清摔坏没摔坏,就被人迅速捡了起来,赶快揣到口袋里,生怕被别人抢走。

该公司几天前就已在香港的几家有名报刊做广告,说明了空投手表的时间、地点,并言明:为证明手表质量之可靠,空投摔坏的手表,持有者可到指定地点领取十倍于西铁城手表价值的现款;如有做假者则也以十倍的相同价格予以处罚。

结果,坏表持有者寥寥无几。香港市民对西铁城钟表公司掷表第二天公布的坏表率 0.8‰的数字惊呆了,无不交口称赞该表的质量。甚至连该表原本很一般的式样、款式,也被人们说成是香港市场上最好的。

仅此一举,西铁城手表誉满香港,波及大陆。

望"文"生义　别显情趣

汉字只要"望文"便能"生义"。它给人们的不仅仅是视觉冲击力,而且还能启动灵感,造成巨大的心灵震撼。从"拆字算卦"之术在人们心中搅起的无穷喜悦或者不安,就可体察汉字魅力之一斑。

别以为"拆字"仅仅是方士骗人之术,只要善加把握,也可以成为启动广告创意的手段。台湾近来有一个提醒人们保护森林的广告,为把"拆字"术用于广告创意提供了一个范例。

这个广告由四幅画组成。第一幅"画"是一个"森"字,第二幅是个"林"字,第三幅是个"木"字,第四幅则把木字的撇、捺去掉成了"十"字架。这个由"森"字一路"拆"下去的广告,十分简练而深刻地诉说了一个哲理——人们如果一天天地毁坏森林,就等于是毁坏自身的生存环境,最后落个自掘坟墓自插"十字架"的下场。试问,有哪一种文字能给广告人提供这样有力的创意?

奥美广告公司(台湾)创意总监孙大伟先生,为"保德信"人寿保险公司(美商)在台湾所做的主题广告(印刷平面广告),也是以"拆字"发展创意的。"保德信"三个黑体字居中。横排,几乎占了广告画面的三分之一。三条顶天立地的大黑杠,把"保德信"三字的立人偏旁(两个单人旁,一个双人旁)反向托出,画面右上方是广告标题:"三个字就有四个人。保德信的企业理念,就是重视人的价值。"简洁、平实、庄重而又形象地阐释了企业理念,体现出作者对汉字内涵的深刻认识与把握。

孙大伟先生依"拆字"之法而创作的30秒电视广告,简洁、明白、晓畅得令人赞叹。脚本很短,抄录以飨读者:

画面

黑背景

保德信三个反白字淡出,只剩下"保"字的立人

淡入"信"字的立人

淡入"德"的双人

左边立人,随着碰撞声消失

中间双人与右边立人陆续淡出

保德信三字一一淡入

三字溶合成"没有恐惧,永远安心"

再淡入 logo

音效、旁白

每个人在世界上都不孤单

一定有人对他关心在意

一定有人与他息息相关

但是,人生变幻无常……(音效)

(刹车声由远而近,碰撞声!!)

他的任何遭遇

都会影响身边的人

保障、道德、诚信

没有恐惧,永远安心

美商保德信人寿

相比之下,内地广告中以汉字创意的力作尚嫌太少。近来风行同声异义字的替换,诸如"肠(常)吃肠(常)新""鳖(别)来无恙"之类,比比皆是,很是别扭。差强人意者有"桂龙咳喘宁"的"咳(刻)不容缓篇"电视广告。画面全由汉字构成开始,一片漆黑中出现一个反白的"口"字,随着一阵痛苦的咳嗽声,"口"与"亥"汇合

成一个"咳"字,咳嗽声转为跳荡不安的空音鼓声,弹簧圈似的"咳"字也含着鼓点跳动。继而出现的楷体"刻不容缓"四个红色大字,给人些微暖意,随之画面又换成白底黑字的"刻不容缓",有魏碑韵味的字体,略含劝诫之意。两次"刻不容缓"出现时,都伴有急促有力的男声旁白:"刻不容缓,请服桂龙"。这支广告还算简洁、凝练,有新鲜感,非那些简单"换字"的广告可比。

汉字,不仅对中国人有魅力,而且在整个汉文化圈都有魅力。日本工业展览会的标志,就是用"日"与"工"两个汉字巧妙组合而成的。日本最新款式的电视机用汉字"画王"为品牌名称,反映出日本以汉字命名的新取向。

汉字的魅力还越过汉文化圈,日渐为西语国家所喜爱。上海一位青年设计家用汉字书法设计的系列作品,获得国际广告奖银奖,就是英语国家理解汉字魅力的一个标志。

遗憾的是,在某些舆论中,长期以来汉字被认为是保守落后的象征,是阻碍中国科技发展的绊脚石,认定中国文字改革只有拉丁化一途。一度这个认识误区甚至成为国策。汉字计算机处理的突破性进展,使汉字输入速度超过了西文,才使人们对汉字的优越性有了崭新的认识。但历史错误的惯性,加上近年的崇"洋"风,国内仍然有不少人舍汉字而求洋文。一窝蜂地以洋文为企业、品牌命名,以洋文为依据来设计标徽,走到极端,就是一种本土文化失落症的表现。殊不知,"外国之土,就是中国之洋;中国之土,就是外国之洋。"(毛泽东语)失落了自我的人,从来没有面向世界的底气。

"越是中国的,就越是世界的。"鲁迅的话,至今仍然值得想走向世界的中国广告人记取。

利用怀旧占市场

纪文风以一支"点只汽水不简单"电视广告,为维他奶洗去了岁月的尘埃,使这只"有益健康"的老产品注入了"青春""活泼"的内涵,顿时销量大增,成就了华人广告史上的一段佳话。

进入20世纪90年代,维他奶的广告代理转为香港灵智(BallPartnership)广告公司。1994年,灵智公司推出一支引起很大反响的维他奶新广告片——"背影篇"。该广告在1995年1月获香港十大优秀电视广告奖。

"背影篇"再没有重复以往的主题,而从"饮维他奶,更高、更强、更健美""点只汽水不简单""唯味唯美,唯一感受",转为"始终的维他奶"。这个转变,标志着维他奶的广告策略,更偏向感性路线。

"背影篇"以浓郁的怀旧情调,从容展开画面:

一位少年暑假回香港的乡村探望从未见过面的祖父,很有些"近乡情更怯"的神色。待他终于见到爸爸不断提及的严肃的祖父时，心境不免忐忑。初到乡村，既新鲜又有些不适，连走路都有些磕磕碰碰的。祖父替孙子在碰青了的膝盖上擦跌打药水，祖、孙一道翻着昔日的家庭生活照……淳厚真挚的亲情，似流淌的清泉，融化了隔辈人之间的一切隔膜。

快乐的暑假过去了，祖父送孙子上火车。开车前，祖父越过铁轨，爬上对面的月台，在小吃店买回一盒纸包装的维他奶给孙子途中解渴。火车开动了，祖父的音容渐渐远去，而他脸上淡淡的愁容却永远刻进了孙子的心田。此时，画面水到渠成地显现字幕："始终的维他奶"。

据说，广告播出之后，产生了很强的心灵震撼。许多人看过之后，眼中都有泪光。在广告天地里，恐怖的、怪诞的、搞笑的广告多到数不胜数，而催人泪下的广告如"背影篇"者，则难得一见。

"背影篇"的成功，最根本之处在于它为维他奶糅进了中国式的浓郁的亲情。它就像一支悠深的歌。我们似乎从中听到了绿叶与树根的对话，感受到嫩苗对土地的眷恋。这种情感，西方人不以为然，感到肉麻。以父子、夫妻情感刻画为题材的日本广告在 1993 年坎城广告大赛上极不讨好，就是明证。这种情感，在香港也是久违了。灵智公司大中国区的副董事长及创意总监林俊明先生说："香港广告一般欠缺情感、欠缺真挚的人性，也欠缺文化修养。这是长期接受殖民式教育的香港广告创作人的悲哀"。本土意识的失落，是一种"失心失肺"般的痛楚。"背影篇"创作者的过人之处，就在于以深刻的文化洞察力，摆脱了殖民文化的束缚。在"港人治港"的日子逐渐迫近，文化解释的"主权意识"开始苏醒的时刻，"背影篇"受欢迎应是情理之中的事了。

"背景篇"的成功，还得力于广告艺术与散文艺术的嫁接。导演黎萃文酷爱散文大师朱自清的《背影》，他执导的"背影篇"在怀旧中发掘出一缕缕新意，可看成散文《背影》的现代阐释。

朱自清的散文以婉约、清丽的风格名世，而《背影》则是一篇十分质朴的作品。叶绍钧先生十分称许，认为此篇佳作，字用得很少，给人的印象却很深。

朱自清在《背影》中简叙其祖父逝世，他由北京到徐州与父亲一道回家奔丧，事毕一同北上，于南京浦口火车站分手。车站一幕，感人至深。朱自清三次写父亲的背影，一次是父亲穿过铁道去为他买橘子的背影，二次是其父离去时融入人群的背影，三次是作者泪光中再现父亲的背影。尤以买橘子那次最为动人心魄。父亲弯着身躯爬过铁道之后，上月台成了难题。只见父亲双手攀住月台，两脚向上缩，肥胖的身子向左微倾，显得很吃力。寥寥几笔，点染出感人肺腑的人间挚爱之情。

广告片中，祖父匍匐着越过铁轨的背影，简直就是朱自清的父亲艰难地爬上月台的背影的具体化。一位中学教师看过广告后激动不已，认为广告片把朱自清的散文诠释得栩栩如生。他要求学生加倍留意这支广告，并在课堂内讨论。为人师表者,意以一支广告片作为熏陶学子情操的教材,此举既反映了师者的敏锐和广告片的深刻内涵,也反映了人们对人间挚爱的渴求。

"感性"路线的极致,是表达一种基本的人类情感。可口可乐公司的 J·W·乔戈斯说:"你不会发现一个成功的全球名牌,它不表达或不包括一种基本的人类感情。"维他奶虽说还够不上全球名牌,但是,自从罗桂祥先生 1939 年在"大豆,中国的母牛"这一观念的启发下,开发出维他奶这个产品,至今已有近 60 年历史。罗先生的初衷,是为贫苦大众提供一种比较廉价而又丰富的蛋白质。经过 60 年惨淡经营,无论在品质、口味还是包装、广告等方面都做过诸多改进。20 世纪 70 年代后,产品由香港扩展到东南亚、非洲、美洲等几大洲的 20 多个国家。可以毫不夸张地说,维他奶已是一只具有世界性影响的品牌。在返璞归真、崇尚自然成为时尚的今天,大豆,不再仅仅是中国的"母牛"。美国《经济展望》杂志曾撰文说:"未来 10年,全球最成功最畅销的商品不是汽车、电视机、收录机……而是中国的大豆制品。"维他奶为越来越多的国家所接受,就是《经济展望》观点的一个例证。

利用学子做广告

1993 年 7 月,长沙市美术广告公司和长沙酒厂为新产品"白沙矿泉水"的上市,紧紧围绕高考这一热点,共同策划了一次声势浩大的公关活动。7 月 6 日,他们在《长沙晚报》刊出广告:"祝愿全市考生高考一举成功——'白沙'在你身边,你在'白沙'心里";7 月 9 日刊出"临行更饮家乡水,京城长忆故园情"——祝贺高考圆满结束,涌泉相报父老乡亲,预告今年所有录取北京重点高校的长沙学子可免费乘坐"白沙矿泉"包租的专机赴京入学;7 月 16 日刊出"有利家国书当读,无愧儿孙事莫辞";8 月 6 日又刊出"'白沙矿泉水'免费品尝服务活动日"的广告;最后刊出"天生我材必有用,不拘一格显神通"。连续六次《长沙晚报》上刊出上述公益性广告,并借助新闻媒体告知考生:凡是录取北京重点大学的考生可凭准考证到长沙酒厂公关部登记,落第者可参加该厂的直销队伍,厂方将提供优惠的价格。这些广告刊出后,引起省会及驻长沙新闻单位浓厚的报道兴趣,他们竞相对酒厂这一义举进行了报道,并在公众中掀起轩然大波。8 月 26 日,厂家又在《湖南日报》刊出整版广告,主题是:"喝口'白沙'飞北京",并将 50 多位赴京学子的名单一一刊登其上。在此期间,酒厂还派人到录取新生的母校向校长和班主任报喜,赠送锦旗。8 月 28日,厂家在湖南宾馆举办了欢送宴会,邀请了省政府两位副秘书长、市政府一位副市长、全体赴京新生及其家长、班主任、校领导和新闻记者参加。宴会结束时,大家照了一张全家福,厂长李化南、副厂长欧阳忠凯当场向考生赠送机票。省市新闻媒体及时报道了这些场面。8 月 29 日,长沙酒厂派车将录取新生送上飞机,临行前还给每人赠送了 8 瓶矿泉水。到北京后,他们又派车将每位新生送到各自的学校,并给他们办理了报名手续。长沙酒厂公关人员又与他们在校园合影留念,同时确定驻京的联系人负责厂家与新生之间日常情况的沟通。在这一公关广告实施过程中,中央电视台、中央人民广播电台等新闻单位都予以报道。通过媒体传播,长沙酒厂声名远播,知名度和美誉度随之大增。这次成功的公关策划得到了公众的普遍好评。

恐惧诉求

恐惧,是人们失去安全感时的一种心理状态。安全需求,在马斯洛的人类需求五层次中处于第二层次,是基础性的人类需求。而恐惧,则可看成是安全需求的反面表达。因此,恐惧针列人们普遍存在的害怕、担忧心理,常常被广告人拿来作为基本的诉求主题。

美国广告人常常用恐惧手法来劝说人们注意安全,改变抽烟、酗酒、吸毒、滥交等不良行为。一个劝说人们开车要系安全带的广告中,玩具木轮小车装着两枚鸡蛋从斜坡冲下来,遇障而猛然停下。结果,系了安全带的蛋完好无损,没系的蛋却弹出车外打得稀烂。这支广告片家喻户晓,深受好评。

恐惧诉求做得最具震撼力的,恐怕要数伯恩巴克的"采花姑娘"。这是为约翰逊竞选美国总统时攻击对手戈德华特而作的电视广告之一。广告一开始,一位天真可爱的小姑娘哼着歌谣在野外采野花。蓝天碧草,令人神往。但是,突兀而入的刺耳音乐把人们平和的心境搅得粉碎。接着出现男子深沉的倒数数的声音,令人想起导弹发射的情景。小姑娘一点没有感觉到这些变化,仍然专心地数着她手中采到的野花,小姑娘的顺数与男子的倒数交相吻合。当倒数到"1"时,一声惊天动地的巨响,整个画面被一团蘑菇云吞没,姑娘、鲜花、蓝天、碧草,顿时灰飞烟灭。

这个广告片震动了全美国。人们第一次对核战争有了非常具体的认识,为核战争摧毁人类的恐怖景象而颤栗。因此,鼓吹核威慑的戈德华特被选民所唾弃。

在恐惧诉求方面,华人也有上乘之作。奥美广告公司(台湾)创意总监孙大伟先生为美商保德信人寿保险公司所做的"智子篇"就是一例。广告的巨大震撼力,为它赢得了台湾"时报"第 15 届广告金像奖的最佳杂志广告金像。

广告是依据一份空难遗书而设计的。画面很简洁,左边 1/3 是文案,右边 2/3 是一片沉重底色上的遇难者的模拟遗书手稿。有很强的视觉冲击力。广告标题是"智子,请好好照顾我们的孩子!"即遇难者谷口先生遗书的全部内容。文案类似新闻报道,平实中透着巨大的震撼力。兹录于下:

"日航 123 航次波音 747 班机,在东京羽田机场跑道升空,开往大阪。时间是1985 年 8 月 18 日下午 6 点 15 分。机上载着 524 位机员、乘客以及他们家人的未来。

　　45分钟后,这班飞机在群马县的偏远山区坠毁,仅有4人生还。其余520人,成为空难记录里的统计数字……

　　在空难现场的一个沾有血迹的袋子里,智子女士发现了一张令人心酸的纸条,在别人惊慌失措、呼天抢地的机舱里,为人父、为人夫的谷口先生,写下给妻子的最后叮咛:'智子,请好好照顾我们的孩子',就像他要远行一样。

　　你为谷口先生难过吗?还是你为人生的无常而感叹?免除后顾之忧,坦然地面对人生、享受人生。这就是保德信117年前成立的原因。走在人生的道路上,没有恐惧,永远安心——如果你有保德信与你同行。"

　　据说,在审稿会上人们听孙大伟念了这篇文案后,都惊呆了。这则广告,浅易中见精深,平实中显崎岖,恐惧中蕴含着脉脉温情,堪称无技巧之技巧——最高境界的技巧。

　　恐惧诉求,常常引发关于广告伦理乃至广告法规的话题,且不乏诉病之议。"采花姑娘"播出后,美国人既为之震撼又为之不满,认为不该在电视上播放如此惨无人道的景象。台湾舆论界也有人指责"智子篇"不道德,"违反人性"。因此,有些广告主生怕引起观众反感,对恐惧诉求不免有点谨小慎微。

　　其实,恐惧与幽默或者欢娱一样,都是正常的广告表现手法,只要心正,不妨大胆运用。研究表明:在各种诉诸人们感情的劝服力量中,恐惧最容易促使对象改变其行为而不涉及改变对象观念这些问题。改变一个人的观念是极困难的。恐惧这一劝服力量则恰好可以把一个人的观念与行为分隔开来。一个人可以在观念上坚信自己行为的正确性,而在恐惧的影响下却很容易在实际上接受与自己观念不符的行为。"智子篇"就是例证。一些人原本认为自己身体健壮、行为谨慎,没有必要去买人寿保险。当看过广告之后,害怕如果遇上空难之类主观力量不可抗拒的灾难,将给家人生活造成巨大的困难。于是,就不为自己而为了家人去买人寿保险了。美国的一个劝人戒烟的广告也用了相似的诉求方法。瘾君子顽固地认为吸烟对自己无害或害之甚微。但是,他们虽不在乎自己的健康却关心子女的前途和健康。广告就以吸烟对子女前途和健康的巨大影响来劝诫吸烟者。一些瘾君子看到子女仿效父母吸烟及间接"吸烟"的危害后,果真戒烟了。

　　就吸烟而言,恐惧诉求好比"风月宝镜"的反面,而"万宝路"之类的"潇洒""温馨"则恰好似"风月宝镜"的正面。看来,对执迷不悟者吓一吓,是很有必要的。台湾著名广告学教授颜伯勤亦考证指出,在台湾各种类型的形形色色的减肥广告中,最有效的减肥广告莫过于采用恐吓诉求的广告。

　　当然,恐惧诉求也不能滥用。国内有一种抑制螨虫的护肤霜广告,宣扬90%多的人都有螨虫,而且在显微镜下显现螨虫的可憎样子。够吓人,也够贪心,竟想网罗90%的人用这种产品。有人买来试用,也不见有什么特别之处,反而对其吓人战术失去信任。凡事都不能做过头,运用恐惧诉求也一样。

假"戴妃"之虚　售珠宝之实

独特新奇的广告创意,可以使默默无闻的品牌成为知名品牌,也可以使企业老板财源滚滚。伦敦一家珠宝店老板的广告,就使这个名不见经传的珠宝店一夜之间成为名店。

一则电视广告正在伦敦播出:傍晚,某珠宝店灯火通明,衣冠楚楚的老板站在门口,似乎正在恭候某位贵宾的到来。一会儿,一辆豪华轿车缓缓驶入画面,车停了,老板急忙上前拉开车门,轻轻扶出一位仪态非凡的女士。几乎所有看电视的人都睁大了眼睛,这不是英国的戴安娜王妃吗?

电视里,情节在继续发展:路上的行人一下子围拢过来,争睹芳容,更有少数勇敢者上前去吻"戴妃"的手,老板奋力分开人群,笑容可掬、毕恭毕敬地把"戴妃"让进店内,店员拿出了五光十色的珠宝首饰送到"戴妃"的面前,"戴妃"仔细挑选一番,然后带着选中的商品在围观者的簇拥下离去,画面最后出现了醒目的珠宝店招牌。

这则电视广告从头到尾没有一句解说词,实际上片中的女士也并非戴安娜本人,而是珠宝店老板特意挑选的酷似戴妃的演员,但"戴妃"光顾此店的消息还是不胫而走。第二天,这家珠宝店立刻门庭若市,众多的好事者及戴妃的崇拜者纷纷来到这里,争购"戴妃"选中的东西,结果该珠宝店当天营业额就创了开业以来的最高纪录。

创造名人

名人广告,虽说有大量成功之作,但也并非都尽如人意。首先,花钱太多。百事可乐请麦克·杰克逊代言,酬金高达500万美元;尚在发展中国家的中国,让巩俐在广告上回眸一笑,代价也得近百万元人民币。其次,风险也大。代言的名人只要出点事,比如绯闻、健康状况什么的,巨大的投入就成"泥牛入海无消息"了。比如说,"人头马"请赛马名手摩加利拍了一支广告片,表现他骑术精湛,身手敏捷。但广告播出不久,该摩加利就在比赛中落马受伤,广告主只好忍痛停播这支广告片。最惨的还是百事可乐与麦当娜的合作。1989年,百事花350万美元请性感巨星麦当娜拍了《像个祈祷者》这支广告片,权威人士认为拍得棒极了,肯定能引起轰动。但因麦当娜与广告片同名的MTV录像带有亵渎宗教的情节,累及这支广告片只在美国播出一次就在教会与全美家庭协会的强大压力下被迫停播,几百万美元酬金及制作费就像打了个水漂儿。

1955年,美国有两位教授对名人广告的研究表明:当一个家庭主妇看到一个她所喜欢(或不喜欢)的明星在为一个她所喜欢(或不喜欢)的产品做广告时,她对明星和对产品的喜欢(或不喜欢)程度都按正比增强,当她看到一个她所喜欢的明星在为一个她所不喜欢的产品做广告时,她对明星的喜欢程度就开始下降,而对不喜欢产品的厌恶感却略有减轻,当她多次看到该明星为她所不喜欢的产品做广告后,就会不再喜欢该明星,对商品的态度也不再受其影响。

可见,请名人做广告代言人并非万全之策,更不是唯一之道。一些有创意的广告人在怎样选择广告代言人的时候,往往另辟蹊径。1992 年,日本广告空间中的"金婆婆、银婆婆"热,为我们提供了一个很有启迪意义的事例。

日本名古屋两位 100 岁的孪生姐妹——成田金、蟹江银,在 1992 年的日本敬老节的电视特别节目中亮相,该市市长还亲自登门拜访,金婆银婆即刻成为全日本的知名人物。广告人也因此启动了创意思维,Duskin、狮王、通贩生活等公司纷纷用金婆银婆做广告人物。其中,尤以狮王公司的广播广告"两人加起来满 200 岁篇"为最出色——

(女 1)你变老了。

(女 2)你也是呀!

(女 1)但是气色却不错。

(女 2)是吗? 你也是嘛! 看起来十分硬朗。

(男声旁白)对话中的两位老太太,是现在住在名古屋的成田金、蟹江银老太太。两人是今年刚满 100 岁的双生子。

(女 1)我从来都不生病。

(女 2)我也是一向都很健康。

(女 1)我喜欢红肉的生鱼片。

(女 2)我喜欢白肉的。

(女 1)我平常都自己洗衣服。

(女 2)我也是,一直都还做家庭主妇的工作呢!

(男声旁白)这两位同为 100 岁的老太太现在都还是家庭主妇,名字合起来正好是象征吉利的"金银"。狮王(Lion)公司今年也正好满 100 岁,它创立于明治 24 年,那时还是挽着武士发髻的人随处可见的时候。狮王生产的厨房、洗涤、浴厕用品伴随着日本人至今已满 100 年,今后仍将扮演您日常生活中好伙伴的角色。

(女 1)今后我还有许多有趣的事要做。

(女 2)我也是呀,我觉得人生来日方长呢!

这支广告巧妙地把长寿、健康而且名字也象征着吉利的两位百岁老人与狮王公司 100 周年联系起来,既象征着狮王的长寿、健康、吉利,又表达了该公司对老年人的关注之情。日本是老龄化最严重的国度之一。老龄化问题,是日本各阶层都高度关注的问题。在社会文化的层面上着眼,运用老人形象,把企业形象自然而然地融入大众的情感之中,堪称"伟大的构想"。

如果说"金婆、银婆"这样的广告代言人可遇而不可求,具有较大的偶然性,那么,希腊设计师拉克斯用高薪聘请肥婆安娜为服装模特而大获成功的事例,则昭示只要勤于观察思考,剖破蕃篱,处处都有滋生创意的土壤。

用身材曼妙的美女做服装模特儿,在世人眼中似乎已成不二铁律。其结果,美则美矣,但多数没有这般美妙身材的女人却难于认同,或慨叹、或自卑、或暗妒,不一而足。尤其是那些年事渐高、身躯日胖而又掌握着家中财柄的富婆,更是如此。拉克斯敏锐地体察到这一事实,于是突发奇想——找一位胖子做模特儿。这一创举使体重 200 磅,脸蛋也不漂亮的售货员安娜成了肥胖的希腊妇女的"偶像"。怕胖的心结,终于解开。希腊妇女为不用减肥而兴高采烈。不是吗? 安娜那么肥胖都可以打扮得漂亮,何况我们没有她那么胖呢?

广告人曾使许多像安娜那样原本寂寂无闻之辈大红大紫起来。日本的"宝矿力"广告,使宫泽理惠一炮而红。香港的"百福红豆沙"广告,使鲍翠薇好评如潮,被演艺界相中,炮制"甜过红豆沙"唱片,一举夺得白金唱片奖。"维他奶"广告,曾为朱玲玲当选香港小姐做过垫脚石。张曼玉在"玉泉"汽水、"日航"等广告中亮相,为她应选港姐铺平了道路。如果没有广告,郭富城这位迷倒了港台和内地追星族的红歌星,直到现在恐怕还只有给别的歌星伴舞的份儿……

举这么些广告所创造的名人,并不意味着否定名人作为广告代言人的效力。我们只是想强调,"创造名人"比"依仗名人"更具挑战性,因而也更具魅力。日本的经济"泡沫"破裂后,经济低迷形势下的广告主,转而纷纷选择清纯的无名少女做广告代言人,形成广告空间"少女当道"的奇特景观。而香港广告中,可爱的儿童、可爱的宠物,日见其多。1994 香港十大优秀电视广告片奖中,获奖的香港地铁广告片是一只名为"巴比"的狗做模特,香港煤气公司则以猫为广告模特,而惠康(Welcome)超级市场的广告模特,竟是一位二岁半的日本女孩。颁奖仪式中最吸引人的是给最佳儿童广告演员和最佳动物广告演员颁奖的场面。

第六章　捕捉商机有眼光

商业领域中,有很多机会摆在面前,关键是敢于去想,敢于去做。机不可失,失不再来。有时候没有想到就错失了良机,想到了没有去做也同样如此。所以,捕捉良机是商场成功的关键要素。

毫无声息　积小成大

广州每天都有新公司诞生,也有老公司垮台,公司的经理、厂长像走马灯似的换来换去,其根本问题在于管理。管人,要管得他们开心,管得他们乐意,管得他们心甘情愿地为企业做贡献。

在广东乃至全国,一提起"壹加壹洋服"及其开发者——陈展鸿的名字,人人赞不绝口。这个名不见经传的人,他用了将近10年的时间,积累财富2亿元。不仅成为亿万富翁,还被评为"全国优秀青年企业家",名利双收,可谓事业有成,人生辉煌。他是通过什么途径走上这条宽敞大道的呢?

"信息杂交",就是来自大千世界里的各种信息的碰撞与组合。陈展鸿认为,在当今信息社会,信息千万条,瞬息万变,川流不息。同时,信息有时又是超常而又奇特的组合,风马牛不相及的信息可以杂交成非驴非马的良种骡。

1984年末,陈展鸿异想天开,自己设计、自己剪裁、自己缝制出有生以来的第一件连衣裙。这个处女作一登市,立即得到靓女们的青睐。用第一个"1"树立起创业史上的第一个里程碑。

1985年,他以第一个敢吃螃蟹的胆量,在广州友谊剧场成功地举办了"青年时装展"。时装展在这五羊城下爆棚,产生了轰动效应,他一下子出了名,紧接着就创办了"壹加壹时装设计公司"。"壹"是最基础的数字,比喻事业要从基础做起,一步一个脚印地走下去。时装展成功了,壹加壹的招牌也挂出去了,生意开始红火了,可谓旗开得胜。

就在陈展鸿胜利前进的时候,传来了全国第六届运动会筹备召开的信息。机会难得,千载难逢,于是,陈展鸿眼尖手快,一举买下了六运会会徽和文化衫的使用权以及六运会入场式向导员的服装设计和生产任务。就在这个时候,他又得到省政府为解决六运会资金不足而发行的奖券的信息。

于是,服装、奖券这两个互不搭界的信息在他的脑海里展开碰撞!两者杂交的结果是:争取同步进行,即服装照常干,奖券照常发行。他认为,机遇具有稍纵即逝、一晃而过的特点,谁能抓住它,谁就能取得胜利。

为此,他立即组织手下的员工,对市场进行调查和分析,用最短的时间,写出了可行性报告:决定将原奖券2元一张降为5毛一张;每月8日开奖,绝对说话算数;设大奖5万,激发购买愿望;在奖券上印有"感谢您为全运会做贡献!"的文字;最后是以600万元作风险担保,若砸锅宁肯倾家荡产乃至坐牢。他分析道,发奖券也要遵循"薄利多销"的原则,这是做生意的关键问题。降为5毛钱,谁都能拿得起,既能为全运会做贡献,又能碰碰运气,万一碰上5万元的"大奖",那也真够"刺激":一句话,采取降额措施,就能极大地扩大发行量;再加上风险担保,上级肯定能批。

果然不出所料,他的方案很快得到批准!员工们激动了,都为他的神机妙算竖起了大拇指。

兵贵神速,陈展鸿乘势前进,立即组织员工和有关人力,奔向全省各地。东西南北,马不停蹄,整整两年,深入到每一城镇、村寨,将5毛钱的奖券一举售空!不仅赚了大钱,还出了大名。这是他看透了"大"和"小"的辩证关系,将2元降为5毛的胜利,是对当时广大市民心理分析的结晶!是正确运用市场价格机制的胜利,是他神机妙算的结晶!是信息碰撞、巧妙杂交的硕果!

陈展鸿凭着策划信息杂交,在六运会发行奖券一举成功之后,继续在洋服上神机妙算起来。他认为,现在的广州老百姓,腰包越来越满,开始讲究时髦西装了。神州大地的中国人走出国门的越来越多了,这些人需要考究的西服。中外合资企业如雨后春笋出现在珠江三角洲,加之一座座拔地而起的宾馆,洋服是他们员工的日常便服。当时在广州商店里出售的西装,多是剪裁不佳,做工粗糙的大陆货,而广州还没有一家制作精良考究的洋服店。至于各种特殊体型的人想买一套合适的西装,就更难了。基于这种分析:他马上举起"壹加壹洋服"的旗帜。为保证最佳质量,不惜重金,从香港、上海、广州等地聘请了西装名师,确立了"壹加壹洋服"的特色。技术保证和质量特色有了,陈展鸿又推出占领市场的绝招:"量身定做,手工精细"和"免费终身修改"的广告!这在全国还是第一次。从此,"壹加壹"和陈展鸿的名字飘香神州。在不到一年的时间内,洋服店竟由原来的1间猛增到7间,就是这样,也满足不了顾客的需要。利润,源源不断地流向了壹加壹洋服店,流进了陈展鸿的口袋。这是他别出高招、神机妙算的策划结果。

不仅如此,陈展鸿还巧设智囊团。他的公司里有许多学士、硕士、博士、出洋留学的学子,根据其表现和贡献,吸收进高级管理层,从而成为决策部门——智囊团的成员。不仅调动了他们的积极性,也使他们真正有了用武之地,在竞争的前沿阵地上大显身手。从而使陈展鸿的决策更加迅速、科学,事业更加兴旺、发达。

信息灵通　黄金万两

长沙卷烟厂原是一家从事烟草生意的小厂,由于长期计划经济体制下的恶习,坐、等、靠国家的现象时有发生,企业经营只是为完成任务而完成任务,利润当然不丰,然而规模并不大的湖南省长沙卷烟厂,终于在20世纪90年代初期出现民转机,1991年直接出口8万大箱香烟,换汇3364万美元,在全国同行业中出口换汇名列第一,卷烟厂的业绩给人留下了深深的思考。

长沙卷烟厂能够取得如此令人振奋的成绩,最重要的是他们信息灵通。这个厂注重通过各种渠道收集有关卷烟生产、市场销售及科技等信息。有些收集信息的硬性规定近乎"不近人情"。他们规定:凡是外出学习、出差或出国考察回来不上交信息资料者不予报销差旅费;设备开箱、基建竣工没有信息员参加不能验收;科技成果没有信息员参加不准鉴定等。他们在全厂二百多个关键岗位上都设立了兼职信息员。完整的信息数据、物料的随机投放分析、工作状态的直观监视汇成了庞大的信息流,这些都确保了企业产品的质量、经济效益时刻处于最佳状态。

信息员了解到独联体每月短缺香烟600亿支(约120万大箱),以至莫斯科的市民排大队购买香烟的信息后,便马上将出口重点由东南亚地区转向独联体,并研制出了适合莫斯科烟民口味的新型卷烟。出口成功换回了大量外汇。

如今,长沙卷烟厂不但能系统地检索国际上大型信息网络的有关资料,还和新华社、国家信息中心、轻工业部香料科技情报站等20多家单位建立了包括计算机在内的各种密切联系,还准备与国际卷烟信息咨询网建立联系,为以后的出口创汇做好铺垫工作。

于无声处惊风雷

1985年,天津市为了进一步发展对外经济技术协作,决定派出一个代表团到欧洲进行考察。为了使考察顺利进行,天津市技术改造办公室主任丁焕彩带领一个先遣团出国。先遣团在联邦德国期间,计划安排一项天津自行车工业公司提出的关于引进摩托车生产技术的重点项目。在一次偶然的机会,丁焕彩从一位来访的德国朋友那里得到了一条重要消息:慕尼黑市生产名牌纯达普摩托车的工厂因管理不善,债台高筑,宣告破产,正急于出卖整个工厂。

得到这个信息后,丁焕彩等人喜出望外,立即直奔慕尼黑,并参观了纯达普厂,大致摸清了情况。近年来,由于日本摩托车工业迅猛发展,低价倾销欧洲市场,纯达普的产品受到严峻挑战。在应付这个危机时,纯达普厂经营决策失误,财政出现了困难,处于风雨飘摇之中。但是该厂生产摩托车的主要设备都是20世纪80年代初的先进设备,由于厂方急于清理债务,因而售价非常便宜。

按照过去的一般情况,国外因倒闭而出售的工厂都大大低于引进一条生产线的价格。虽然国内已有引进国外生产线的厂家,但不少都是需要在一段时期内用外汇购买国外零部件的。而购买整个纯达普厂,属于一次性外汇投资,市政府果断决定,购买全部纯达普的设备和技术。10月17日组成15人的专家团,11月2日启程赴德国。

然而,情况突然发生了变化。德方10月19日来电称:伊朗商人已抢先一步签订了购买合同。10月20日又来电:伊朗商人签合同规定付款期限为24日。10月21日,又得到更为明确的信息:24日下午3时前,伊朗方面若不付款,所签合同失效。

情况变得异常严峻,只有一点微弱的希望,原本11月2日启程改为10月22

日,市政府授权专家团有权签署购买合同,有权采取任何随机应变措施。

10 月 24 日,下午三点刚过,伊朗没有付款,所签合同失效。三点过一刻,中国专家代表团到达纯达普厂,德国人对中国方面如此神速而突然地出现甚为吃惊。

经过一番讨价还价,天津专家团以 1600 万马克的价格买下了纯达普 2229 台设备和全套技术软件。此价比伊朗方面所要付的价格低 200 万马克。比另一个竞争对手低 500 万马克,这一切都是因为行动神速才取得的。

四处打探　八面打听

国内中小型电器的主要生产厂家汕头的山河电器实业公司所生产的绕带机产量居国内第一,在外观及质量方面比洋货更胜一筹,应急灯的生产也属国内一流。

“山河”的产品,不仅在国内十分畅销,而且还远销印尼、沙特阿拉伯、法国、朝鲜等国家及香港地区。“山河”能够击败洋货,打出国门的诀窍在哪里呢?

山河电器实业公司靠市场引导生产,靠信息开发产品。公司总经理黄荣泉曾多次带队到香港、美国等地收集最新技术信息,了解市场需求。

一次,他们在日本召开的一场国际博览会上了解到绕带机生产的最新技术信息及市场的需求,立即归国,组织人员研制开发。经过科技人员和有关科研院所的共同攻关,终于在短时间内开发出了 TX—5 型绕带机,并投入批量生产。

产品面市后,无论从外观还是质量上,都比洋货高出了一筹,而且便宜 20 多元,受到用户的普遍欢迎。后来,公司又在香港办了两个分公司,作为总部开发新产品的“先头部队”,及时反馈信息,这就保证了产品在外观、包装线条、色彩等方面始终处于国内同类产品的领先地位。

山河电器公司还依靠信息广揽人才。总经理黄荣泉说得好,只有一流的设计师设计出一流的产品,才能确保企业走在市场竞争的前列。为此,公司通过各种信息渠道,发现人才,招揽人才,使企业不仅拥有一大批技术工人,而且还拥有一批技术水平较高的专业技术人员,其中高级工程师 3 名,全国模具学会副会长也被公司招于麾下。这批人才在生产设计中发挥着重大的作用,企业新产品的开发一代接着一代。

公司追求高新技术,但对洋货并不盲目崇拜。产品生产一方面借鉴国外先进技术,一方面不断进行改造,产品既保持原来的风格又有所突破。公司研制的手提卡拉 OK 机正在投产,新型电脑台灯和新型应急灯等新一代产品也即将问世,独领风骚。

山河电器公司依靠信息的三步战略是:靠信息开发新产品,靠信息广揽人才,靠信息对洋货进行“扬弃”,使“山河”真正成为国内的知名企业。

见人所不见

1991 年,北京旅游工艺美术开发公司要从广州运回 2 吨装饰材料,一打听,运费要 30000 多元,由于公司本小利薄,根本就拿不出这么些钱来,此时,经理吴敏更是愁眉不展,怎样才能既少花钱运回材料,又能从中做成生意呢?

吴敏的妻子是个有心人,她想了一个好办法,让从广州返回北京的空车把材料拉回来,这样运费肯定会少的。

于是,他们贴出广告。没想到广告贴出后仅两个小时,就有五家车主找上门来。结果,公司只花了 1000 元钱便把材料运了回来。

这件事使吴敏开动了脑筋,一方面是货场的货运不出去,另一方面是运货的车单程载货,货到后便空车返回。这样造成了极大的浪费,空车应该利用起来。

吴敏做了一个统计,北京拥有运输车 5 万辆,每天放空率为 52.6%,全国长运汽车约 160 万辆,放空率近 50%。核算下,所造成的浪费近 60 个亿人民币。

于是,吴敏根据自己的小小的成功例子和自己的调查联系起来,决定成立一个交通信息服务部,把空车和客户拉到一起。

吴敏成功了,几年来他的服务中心共为社会提供信息万余条,挖掘社会潜在价值 500 多万元。他自己也从清贫走向了富裕。

巧用信息

山东潍坊第二印染厂是中国 500 家经营规模最大的企业之一,年产量达 1 亿米以上。产品辐射全国 28 个省市,并远销西欧、南美、日本、东欧、香港等 40 多个国家和地区,外销比重高达 80% 以上,成为山东省最大的出口厂家和创汇骨干企业。产品的产值、质量、利润、人均利税率及全员劳动生产率等指标,在全国同行业中均名列前茅。

山东潍坊第二印染厂巧用信息的特点是"一快"带"四快",抢占国际市场,这是看似简单而又现实的成功经验。

"一快"就是信息的收集、传递、利用要快,"四快"就是企业领导决策快、新产品研制开发快、投入产品快、产品销售快。为此,这个厂加强了对信息的管理工作,成立了信息中心,建立了"经营信息卡"。领导凭"卡"组织生产,凭"卡"进行产品开发,凭"卡"将产品投放市场,企业的信息真正发挥了龙头的作用。

一次,这个厂的决策者从信息卡中获悉:有一客商拿着销往新加坡的十几块花色新颖的装饰布样请求加工生产。在此之前,他曾跑了国内许多厂家,都因工艺要求特殊,质量要求高,无人承接。

第二印染厂领导当即决定抓住这个机会,组织科研技术人员攻关。很快生产出了令外商满意的合格产品,受到了外商的高度评价,抢占了市场。

这个厂为了确保信息的快速收集反馈,还在北京、上海、天津、深圳、福州等十多个城市设立了信息窗口,随时观察研究市场动态。

1989年6月,设在深圳的信息窗口,在得到他们生产的89—036版印花纯棉布国内销售很快,外销势头不畅的信息后,当天即给本厂发回电传,他们从安排生产到一次交货10万米,仅用了5天时间。

该厂通过"一快"带"四快",使印花品种的更新周期明显缩短,从投入到产出的时间最短只有2天,最长不超过10天。不仅及时抢占了国内外市场,还使企业经济效益大增。1991年在市场疲软、资金短缺等极其困难的情况下,仍然完成产值3.3亿元,实现利税2200万元,创汇超3000万美元。

潍坊第二印染厂虽没有高技术的信息获取系统,但他们正是依靠了人,以人为获取信息的渠道,最终获得了成功。

顺藤摸瓜

总部设在香港的光大实业公司董事王光英先生,是一位著名的爱国实业家。他凭着那善于捕捉信息的敏锐眼光,惯用信息追踪术的聪明才智,成功地利用一条信息赚回了7000万美元,被海内外人们传为佳话。

有一天,王光英在阅读报纸的时候,从有关资料中获悉了这样一条既引人注目而又模糊不清的信息:有一批二手汽车要出售。但由于信息的来源很模糊,所以所售汽车的型号、数量、价格、产地都没有讲清楚。如何弄清这一消息的全部情况,继而决定是否采取行动是当前重要的问题。

王光英首先同这家报社联系证实了这条消息;为了能进一步完整准确地把握这条信息,他马上派公司业务人员对这一信息线索进行跟踪,采取顺藤摸瓜的战术,逐渐掌握了有关的情况。

几天后,他便收到了关于这一信息的最新报告:在南美智利,一家铜矿最近倒闭。矿主在此之前,已订购了美国道奇牌、德国奔驰牌各类型大吨位载重车、翻斗车共计1500辆,而且全部是清一色的新车。为了偿还债务,矿主决定将这批车折价拍卖。

就在王光英收到这一信息时,他同时还获悉:香港、智利和世界其他许多地方也得到了这一信息。他敏锐地意识到这条信息的价值——1500辆折价拍卖的名牌新车。

他当即决定发动一场闪电战,快速组建一支由业务人员和技术人员参加的采购小分队,并大胆地赋予他们"将在外,君命有所不受"的临时处置权,即把拍板成交的大权交给采购小分队成员。

采购小分队受命后,火速赶到南美智利,对一辆辆汽车认真地进行现场验货,在证实了质量令人满意之后,又经过一番紧张的斗智斗勇,反复的议价磋商,最后终于达成协议:1500辆7吨以上,30吨以下的载重汽车,由智利铜矿主以原价的38%低价全部卖给中国光大实业公司。

就这样,光大公司等于一下节省了2500万美元的购车款。

如果光大实业公司没有得到这样的信息,那么千载难逢的良机就只能是失之交臂。利用信息做生意,最重要的是具有对信息高度的敏感性,能对掌握的信息迅速做出反应和决断,从而不致使战机贻误。

控制"源头"

1980年,广州白云山制药厂正徘徊于倒闭的边沿,厂长贝兆汉和他的谋士们仔细分析市场行情,根据他们所掌握的情况,料定"地塞米松"这种药品很快就会在市场上脱销。当人们买不到"地塞米松"时,各厂家又会竞相生产。白云山制药厂如果在这个时候生产这种药品。无疑会很有销路的。但是,当今的商品信息反馈是非常快的,你还来不及赚更多的钱,就会有无数家药厂起来与你竞争,一个小小的白云山制药厂怎么能控制得了市场呢?

广州白云山制药厂厂长贝兆汉在拯救企业的过程中,紧紧抓住信息这一法宝,搜集全国各药厂的产品情况。终于,他的信息员们从各种渠道打听到了消息:全国许多制药厂竞相停产"地塞米松"。

经过反复研究,他们提出了一个常人想不到的办法,即从原料上控制市场。把各地药厂抛售的原料统统买下来。

当市场需要"地塞米松"时,许多厂正要生产这种药,可是原料却被白云山制药厂控制住了。

市场行情果然按照贝兆汉他们所预测的变了。白云山制药厂在第二年便"财运亨通",几乎独揽了"地塞米松"的生意。这一下,不但挽救了濒临倒闭的白云山药厂,并且为白云山制药厂带来了巨大的利润。这就是无所不能的信息策略在作怪。

利用国际化市场信息系统

随着中国的企业经营日益与世界经济接轨,仔细地观察、分析、分辨国际市场的经济信息越来越重要。于是,许多企业为了及时掌握国内、国际各类经济信息从而做出正确的判断,都成立了相应的部门——信息中心,在企业中发挥重要的作用。

中国国际信托投资集团公司,是1979年开业的,中国最早实现跨国经营的企业之一。这个公司以金融业为主体,实施多元化的跨国经营。目前,中信公司已在美国、加拿大、澳大利亚、日本、新加坡、香港、澳门等10多个国家及地区兴办独资及合资企业30多家。其投资领域遍及资源开发、工业生产、交通运输、金融财务等。中信是怎么样来获得并利用信息的呢?

中信公司之所以能多触角、广延伸、多领域地实施跨国经营,关键是取决于它的信息中心。

中信公司在国内无论从技术、资金还是设备上,都堪称绝对的一流。它的信息中心,早在20世纪80年代初就建立起来,且在公司中地位较高,是直属董事会的一个职能部门。

在中信公司的信息中心里,有花巨资买入的当时世界上最先进的路透社监视系统(RN)和卫星传递系统(TM)。并与国外的许多信息系统实现了联机检索,其中有:美国的DLALOG数据库、DRI数据库及世界贸易中心的信息系统(UTC)。

通过以上的跨国信息网络系统,中信公司可以随时了解到国际金融及贸易市场的行情,同时还可以及时收集到世界主要国家的政治、政策等方面的信息。这一信息系统能够根据这些信息进行国际金融及贸易市场行情的发展趋势预测。

当时全世界的大公司中,拥有类似先进信息接收系统的仅有12家,因此中信在国际贸易市场上的地位是十分可观的。因为它具有先进的信息接收系统,所以对于市场的趋势也有领导的作用。中信公司的系统成为当时中国诸多搞国际贸易公司咨询的对象,也为中国创造了不少的效益。

中信公司灵通的国际市场信息,准确的行情分析及预测,使得中信公司在国际上的一些大型投资项目上获得了惊人的经济效益及社会效益。

1986年,中信公司利用这套信息系统进行准确的预测,对加拿大塞尔加纸浆厂进行控股收购,取得了显著的效果。当时的国际纸浆价格处于最低点,每吨仅400元,这时是与厂主进行谈判,要求降价的有利时机。

中信公司信息中心通过掌握的信息做出了判断:纸浆的国际市场价格不久后将看涨。于是中信公司董事会果断拍板成交,以6200万加元收购了该公司50%的股权。

成交后的第二个月,正如中信信息中心预测的一样,纸浆的国际市场价格扶摇直上,翻了一番多。就这样,中信3年就收回了全部投资。现在这个造纸厂每年为中信赢利几千万加元,成了中信公司在海外投资企业中效益最好的企业,中信公司的这次高科技预测也在国际贸易市场上传为佳话。

抓住机遇

胡雪岩是中国历史上第一个以商人身份代表政府向外国引进资本的商人。而在他之前,政府还没有向洋人借款的先例,且有明确规定不能由任何人代理政府向洋人贷款。例如曾是军机首领的恭亲王就曾拟向洋人借银一千万两用于买船,所获批示却是:"其请借银一千万两之说,中国亦断无此办法。"这种情况甚至让一向果敢又决断的左宗棠对向外商借款能否获朝廷批准也心存犹豫。

胡雪岩说:"做事情要如中国一句成语说的,'与其待时,不如乘势',许多看起来难办的大事,居然顺顺利利地办成了,就因为懂得乘势的缘故。"同样是向洋人借款,那时要办断不会获准,而这时要办却极可能获准。这是时势使然,一则那时向洋人借债买船,受到洋人多方刁难,朝廷大多数人不以为然,恭亲王亦开始打退堂鼓,自然决不会再去借洋债。而此时洋人已经看出朝廷决心镇压太平天国,收复东南财富之区,自愿借款以助朝廷军务,朝廷自然不大可能断然拒绝。二则当时军务并不十分紧急,向洋人借款买船尚容暂缓,此时军务重于一切,而重中之重又是镇压太平天国,为军务所急向朝廷提出向洋人借款的要求,朝廷也一定会听从。三则此时领衔上奏的左宗棠本人手握重兵,且因平定太平天国有功而深得内廷信任,由他向朝廷提出借款事,其分量自然也不一般了。借助这三个条件形成的大势,向洋人借款不办则罢,一办则准成。

不用说,事实确实如此。

这里所说的势,是指那些促成某件事成功的各种外部条件同时具备,即恰逢其时、恰在其地,几好合一,好的机会集合而成的某种大趋势。具体说来,这种"势"也就是由时、事、人等因素交互作用形成的一种可以助成"毕事功于一役"的合力。这里的"时"即时机。所谓"彼一时,此一时",同样一件事,彼时去办,也许无论花多大的力气都无法办成,而此时去办,可能"得来全不费功夫"。这里的"事"是指具体将办之事。一定的时机办一定的事情,同样的事情此时该办亦可办,彼时却也许不可办亦不该办。可办则一办即成,不可办则绝无办成之望。这里的人即具体办事的人。一件事不同的人办会办出不同的效果,即使能力不相上下的两个人,这个人办得成的某件事,另一个人却不一定能办成。所谓乘势而行,也就是要在恰当的时机由恰当的人选去办理该办的事情。

借机生财

温州人是精明的,说中国最会经商的人在温州,不过分,说中国最会无本生财的人在温州,也不过分。

温州人最善于无本生财,在这方面有许多生动诱人的例子。比如捡破烂,也捡得有特色,拣出了一家家工厂来。

有位姓李的温州老板,如今已家财 8000 多万元了。当初,一无所有,穷得连件像样的衣服也没有。当看到别人做生意,赚大钱,过上好日子时,他眼热了,但自己没有本钱,咋办呢? 左思右想,毫无办法,他就到处走走,看看有没有出路。这一走,就走出了一条路来了。他是怎么发家致富,当上老板的呢?

他发现,城里人开始讲究了,居室都布置得很好,清洁卫生每日都得做,比如拖地,用一块布抹很费时费事,如果改用棉质拖把,那就方便简单多了。制作棉拖把有何难呢? 于是,他就四处去打听,看看能否弄些材料,结果,他在一家大棉纺的垃圾堆里,捡回了许多厂家丢弃的碎棉布条。他便利用它们,分理出来扎成各种拖把。拿到街上试销,每把还可卖到 2 元钱。对,就先干这个无本生意。于是,他便放手干开了。一年之后,他居然积蓄了 5000 多元。

有了这 5000 多元,他便考虑,怎样才能迅速致富呢? 想来想去,还是觉得这一行最有搞头。于是他又改变了只制扎拖把的单一产品结构,东借西凑,弄了点资本,购买了缝纫机。他把捡来的破碎棉布中稍大的布块,拼缝成童装,细小的,仍扎拖把。这样干了半年之后,赚了 50000 多元。

这时候,李老板的眼光放得更远了。

他瞄准市场上毛毯的热销这一点,专门从上海杭州等大城市棉纺厂、化纤厂中收购各种边角料,花费本钱并不多,运回后,筛选分拣,那些大块的制作成童装,细小的,不再制作拖把,而是剥理成丝,纺成丝线,编织成为各种毛毯,或者挂毯。

比如童装,每件成本相当低廉,原材料连同人工及各项开支打进去,也不过 3~4 元,而大宗批发,一般都在 10 元以上。

那些用彩色化纤边角料编织而成的毛毯,则色彩鲜艳,构图巧妙,又结实密匝,因此,深受用户欢迎。产品销往内地 10 多个省份。

尝到甜头后,李老板又扩大投资,扩大生产规模,除了生产加工童装、毛毯之外,他还把业务扩展到饮食业上来。一年之后,他又开始涉足家电行业。当时,家电市场正在起步。李老板便率先行动,专营日本进口原装件产品,很快,便发了大财,一跃成为百万富翁。

每次回忆起他自己的白手起家道路时,他都很有感触。他说,没有本钱不要紧,地上就有金银财宝,去把它捡起来吧。

是的,李老板就是靠捡地上的金银财宝发家致富的。

积极利用废物,是社会所提倡的,政府和人民都赞许的。对于没有本钱的人来说,要想发大财,一时又想不起什么好办法,不如放下架子,去拾破烂。不要小看了垃圾里的破烂东西,或者路旁巷尾的废弃物,有时它们所蕴含的财富,连富豪们也会大吃一惊。

敢为人先

天安门广场是我国举行国家级重大政治、文化、外交活动的地方。开国大典在这里举行,国庆活动、大型阅兵式、迎接外国元首的仪式都在这里举行,其象征意义是不言而喻的。在人们的心目中,天安门就是一块圣地,绝不容许有商业性质的活动在这里出现。国家的有关政策和法规也不允许在天安门广场上做广告,于是,许多想打天安门广场主意的企业家只能望洋兴叹了。

可是,在 1994 年 6 月 28 日,这种不可能的事情却发生了。当时,天安门广场彩旗飘扬、锣鼓震天。当有关领导同志宣布"逛北京、爱北京、建北京"大型旅游文化活动正式开幕时,数千只信鸽同时飞起,在众目睽睽之下,12 个巨大鲜艳的彩色气球拖起长长的书写着"华懋双汇集团漯河肉联厂祝逛北京活动圆满成功!"的巨幅广告冉冉飞向蓝天。

这是新中国成立以来,企业广告首次被允许进入天安门广场。双汇集团这一行动引起了人们的普遍关注,加之各种新闻媒介把它"炒"得沸沸扬扬,"双汇"的品牌于是就传遍了全国,被广大消费者所知道、所接受。

双汇集团是怎样创造出这个奇迹的呢? 其实,双汇集团为此次活动仅耗资 12 万元,却获得巨大的商业利益。他们成功的秘诀在于巧妙地利用了大型群众活动在天安门举行的机会,花一小笔赞助费即达到了其他方法所不能得到的意外效果。

双汇集团领导层得知"逛北京、爱北京、建北京"大型旅游活动将在天安门广场隆重开幕时,就酝酿要制造一起轰动全国的重大新闻。这个时机他们已等待很久了。

于是,他们派出了最得力的公关人员,以"反正开幕式活动需要气球助兴,何不在气球下面挂个企业名称,而使国家多收入 12 万元"的说法获得了批准。他们利用了别人尚未意识到这将是新中国成立以来企业广告首次进入天安门广场的有利条件,以 12 万元制造了这一巨大的轰动效应。

在双汇集团成功之前,曾有许多企业想以重金购寸土做广告,但都被天安门广场管理委员会拒绝了。在天安门广场做广告被认为比登天还难,而这次却被双汇集团巧妙地实现了。

双汇集团成功地制造这一轰动效应的诀窍是:他们利用组织活动人员的心理倾向、晓之以理、动之以情,仅用 12 万元作为一点心意就获得同意。反之,如果他们愿出一大笔赞助费,那就会引起有关人员的注意,弄不好整个计划就会泡汤。

巧换口味

1965 年,华人范先生到丹麦首都哥本哈根谋生。他想起许多华人在海外都靠开饭馆谋生,就想利用自己的手艺也干一番事业。于是他就开了一家中国春卷店,开始时生意并不好。范先生想尽一切办法,提高服务质量,但都不是很有效,怎么回事呢?

范先生琢磨后明白了,纯粹的中国式春卷并不合欧洲人的胃口。他重新进行精心选择和配制,不再运用中国人常用的韭菜肉丝馅心,而是采用了符合丹麦人口味的馅心。经过这一改变,原来生意清淡的小店变得顾客不断,应接不暇。积累了一笔钱后,范先生决定扩大生意。他放弃了以前的手工操作采用自动化滚动机新技术来生产中国春卷,并投资兴建了"大龙"食品厂,还建了相配套的冷藏库——豆芽厂。

生意越做越大,范先生的春卷开始向丹麦以外的国家出口。他坚持中国春卷西方口味这一秘诀,针对欧洲各国人的不同口味,采用豆芽、牛肉丝、火腿丝、鸡蛋或笋丝、木耳、鸡丝、胡萝卜丝、白菜、咖喱粉、鲜鱼等不同原料来制作,生产出来的春卷营养卫生、香脆可口,风格各异,因而深受欧洲各国人的喜欢。由于大龙春卷价格稳定,又适合西方人口味,范先生的订单滚滚而来,生意扩展到欧洲各国。

20世纪70年代末,经美国国会的专家化验鉴定后,美国政府每天向范先生订购10万只符合美国人口味的大龙春卷,以供给美国驻德国的5万士兵食用。1986年,墨西哥举办了第13届世界杯足球赛,大批球迷忙于看球连吃饭都顾不上。范先生抓住这个机会,按照墨西哥人的口味习惯,生产了一大批辣的春卷销往墨西哥,结果被抢购一空。

范先生就这样不断抓住机会扩大自己的生意,从白手起家成了大富翁。由于大龙公司一流的食品、一流的服务,范先生多次受到丹麦政府和美国政府的表彰和奖励,他使中国菜在国外的名声更加响亮了。

有许多人做生意总想做几千万、上亿元的大生意,但对大多数白手起家的人来说,这只是一种想象而已。其实,小生意可以带来高利润,小东西一样可以赚大钱。范先生就是慧眼独具,靠小春卷白手起家,成了大富翁。

机遇是找来的

当我们提起某一个成功者时,总是用羡慕的目光赞许道:"瞧,他多运气!"
然而,难道真的是运气吗?

白手起家者的起点比普通的你我要艰辛多少!对于他们而言,迈出第一步又是何其的困难!谁能说这是他们的"好运气"!那些只见别人取得成就,哀叹自己"我的机会太少了"的人,只能永远裹足不前,成为真正无能的人。我们承认人的能力有大有小,然而经商才能从开始时并无很大差别,相信自己的能力,勇敢前进,适时抓住机遇的人能产生超过自身的能力。坚持不懈的努力,下功夫,是撩开罩在

"可能性""机遇"上面的面纱的唯一方法。白手起家者始终认为,保持自己的速度前进,把自己当作长跑运动员,就可以不紧不慢地去突破挡在机遇面前的障碍,没有人能把自己的机会夺走。

对所有的人而言,身后都隐藏着一个"可能性",它绝不是哪一个人的专利品,并且不会因为某人抓住了"可能性"或"机会",就使其绝对量有所减少。真正的问题在于,我们身边的人究竟有无人能及时把握住自己面前的机遇。"机遇"并不是凭空降临的,只有那些具有坚毅性格,不断尝试并从中不断吸取教训的勇敢者,才能在商场的竞赛中敏捷地掌握机遇,并使它成为登上成功宝座的"天梯"。由此可见,"机遇"并不是投机者的游戏,在它背后,隐藏着更多的血汗,更多的付出与更多的果敢。

改革开放初期,全国范围内,自由市场都未形成,怀揣几百元钱的宋治开始东奔西走,"总得挣点钱养活家里老小",他就这样跑遍大半个中国,差不多半年多没回家,家里只从他寄回的两封信中,得知他还活在世上。他搞各式各样的小百货,什么童鞋、帽子、袜子、手帕、针头线脑的啥都卖,都是平平淡淡,没有起色。当时长春兴起了养兔子、鸽子和狗,一对好鸽子卖几百元。听说广州有鸽子,他与人结伙去了,但到了广州才知道人家是搞活动的,不卖。听人说广西桂林鸽子多,他又赶到广西,机遇、机遇,哪里有主动来即你的门的!

到了桂林,有人说,广西真有鸽子,但不在桂林,在柳州,那儿有专门的鸽子市场。他又急忙奔到柳州。终于找到了鸽子市场,可一看傻眼了:鸽子多是多,可全是像鸡一样的肉鸽。花了身上大半的钱,真是白来了。然而,也正是历经这么多的艰辛,机遇,来闯他的门了。就在他候车准备回家的三个多小时里,呆着没意思,宋治就出去逛大街。突然他发现了一家羽绒服厂。他眼睛一亮,在东北,羽绒服都是提前一年订货还排不上,在这里竟碰到一家羽绒服厂。他高兴地进去询问,没想到这么巧,这家工厂也刚成立,还正愁没销路呢! 宋治留下订金把这家工厂日产500件的货全包了下来。这些羽绒服发到长春,两天全部卖光。他连续奋战,又跑了五六次。从此,他的事业开始起步了。他经营服装、布料,又开办养殖场,谁知不久鸡、鸭因为经营技术不过关全部死光了,他投入的资金几乎全部赔光。跌倒了再爬起来,宋治百折不挠,终于在装潢市场上崛起了。1986年,他看出装潢市场有好苗头,暗下决心,再闯这个缺口,他买房子,办起了"亚东装潢材料部",全力以赴把精力转到装潢上来。

今天,亚东公司正在向海内外伸展自己日趋丰满的羽翼。天下没有常胜的将军,却有越战越强的将军。宋治正是这样一个善于把握机遇、百折不挠的商界将军。

第十九篇　军事奇点子

第一章　率兵讲智谋

善于掌握军队的将帅,用刑法驱使他人,用赏赐调动他人,以刻骨仇恨激发他人的斗志,应该使士兵无所眷恋而有所依靠。无所眷恋,就知道奋力拼杀;有所依靠,就知道不至于一定失败。就是要让士兵认同、拥护将帅的意愿,使得他们能够做到生为将而生,死为将而死,而不害怕危险。所以将帅要足智多谋,赏罚有信,爱护部属,勇敢坚毅,树立威严。

主帅亲征保社稷

宣和七年(1125年),金兵攻占了辽的燕京后,遂乘胜挥师南下,渡过黄河,一路上宋军望风而逃,告急的文书像雪片一样飞向北宋朝廷。宋徽宗慌忙将皇位禅让给他的儿子钦宗后出逃,钦宗委任大臣李纲为兵部侍郎,委以御敌之任。金兵渡过黄河后,直逼开封城下,李纲建议钦宗固守待援。可是钦宗的佞臣白时中、李邦彦等人都连劝带唬地要求钦宗暂避敌锋,逃往襄、邓,钦宗也动心了。宋军本已军心浮动,大有全军崩溃之势,钦宗如果出逃,势必让金人一举攻下京城,甚至趁势南下,消灭宋朝,在这样的危急关头,作为兵部侍郎的李纲该怎样才能稳住军心,确保京城的安全?

李纲坚决反对钦宗出逃,他说:"太上皇帝将国家宗社传给陛下,陛下怎可弃城逃跑呢? 都城是祖宗宗庙社稷、百官万民之所在,除了都城,还有哪里可以去呢? 为今日计,应立即整饬军马,号召军民坚持拒敌,等待各地勤王军队的到来。"钦宗要选择守城的大臣,白、李等人贪生怕死,相继推诿,李纲慨然自

李纲

请指挥京城的保卫战。

白、李等人不断地劝诱钦宗逃离京城，钦宗又动摇了，下诏李纲为东京留守，李纲立即奏见钦宗，他说："唐明皇时，潼关失守，即慌忙逃往四川，结果京师沦陷，宗庙社稷毁于一旦，后人都认为明皇之失在于不能坚守待援。现在天下四方的援兵陆续赶往京师，陛下为何做此轻率之举，重蹈唐明皇的覆辙呢！"钦宗听后有所悔悟，表示愿意留下。这时内侍来奏报，中宫已经开始出行了，钦宗又要出逃，李纲泣拜于地，以死相留说："陛下万不可去，臣愿死守京城。"钦宗不得已，只得暂时留下。可次日清晨李纲入朝时，却见午门内禁卫环甲，乘舆已驾，皇帝即将起程，李纲急呼禁卫道："你们是愿意坚守宗庙社稷呢，还是愿随皇上出幸？"卫士齐声应道："我们的父母妻子都在城中，愿意死守！"李纲即入见钦宗，言辞恳切，他说："陛下既然答应坚守京师，为何又出此下策？今卫士家属尽在城中，军心浮动，万一中途散归，何人护卫陛下？况金兵日益逼近，如果探知陛下出行不远，必然派轻骑穷追不舍，陛下何以御敌，难道要束手待擒吗？"钦宗至此方如梦方醒，断绝了出逃的念头，并亲自登上宣德楼，宣谕军民誓死抗战，军士皆拜伏高呼万岁。钦宗命李纲兼行营使，全权指挥守城大军。宋军听到皇帝仍留在京师，士气大增，军民秣马厉兵，准备迎敌。正月，金军攻到开封城下，李纲募敢死勇士多次出城杀退金兵，夜斫敌营，两河制置使钟师道等勤王兵陆续云集开封，最后宋金双方达成和议，金兵退离开封，东京保卫战最后取得胜利。

一鼓作气胜敌军

公元前 684 年，齐国军队侵犯鲁国。鲁庄公决心抵抗，两军在长勺这个地方摆开阵势，准备打一场恶仗。

在这国家危亡之秋，鲁国的曹刿自告奋勇地去求见鲁庄公。经他和鲁庄公的一番交谈，曹刿觉得鲁庄公是个不错的君主，决心好好帮他一把，便要求和鲁庄公一起到前线去。鲁庄公见曹刿很有见地，自然一口应允。曹刿有什么能力指挥鲁军打败强大的齐军呢？

当齐鲁两军相遇的时候，鲁庄公便想擂鼓下令向齐军冲锋，曹刿马上制止，说："不好，还不是时候哩！"当齐军发动过三次进攻，都没有成功，齐兵士气大减的时候，曹刿及时对鲁庄公说："现在是向齐军发动冲锋的时候了！"鲁庄公赶紧擂鼓下令。鲁军如猛虎出山，势不可挡，一下子把齐军打垮了，齐军溃不成军，抱头鼠窜。眼见这大好形势，鲁庄公想马上下达追缉令，曹刿又加以制止。他跳下战车，察看齐军溃逃时的战地车辙的情况。尔后又登上战车眺望远去的齐军，然后对鲁庄公说："你下令吧！"鲁庄公下达了军令，取得了大胜。

战后，鲁庄公向曹刿请教他为什么那么指挥。曹刿说："打仗凭的是士气。第一次击鼓冲锋时士气最旺盛，第二次击鼓时士气就差了，到第三次击鼓时已经没有劲了。当敌军士气衰竭时,我军的士气正旺盛,这时候向敌军出击自然容易成功。再说追击时机的掌握。齐国是大国,他的退却会不会有诈,前方会不会有伏兵,这很难说,要仔细观察。我下车看到敌方退却时车辙混乱,不像是有秩序地撤退,再看远逃的敌军,指挥旗也倒了,这证明他们是真的被打败逃跑了,没有埋伏,所以我们才可以去追击。"

这一番话,使鲁庄公茅塞顿开。

背水一战

辽天庆三年(1113 年),完颜阿骨打继任为女真部落酋长,在他的侄子完颜宗翰等人的辅佐下,很快就统一了女真诸部。当时,女真处于辽国的统治之下,契丹贵族对女真人进行残酷的政治压迫和经济剥削,严重地阻碍了女真社会的发展,女真诸部人民纷纷要求起兵反辽。宗翰看到辽国政治腐败,主骄而士怯,虽为大国,其实是外强中干,便积极支持阿骨打发动反辽战争。天庆四年(1114 年),阿骨打集合诸部誓师反辽,与辽军在边界开战,女真兵旗开得胜,进而先后取得宁江州和出河店大捷。为了便于号令女真各部,在宗翰等人的拥戴下,天庆五年正月,阿骨打正式称帝,建国号大金,定都于会宁(今黑龙江省阿城区)。(1115 年)八月,辽天祚帝下诏亲征,企图挽回败局。他率领蕃汉兵十余万人,从长春路出发,车骑长达百里,鼓角旌旗,震耀原野,浩浩荡荡地向金国杀来,准备一战而消灭金国。在大兵压境的情况下,金人大惊失色,十分恐慌,都认为众寡难敌,有少数人甚至想投降辽军。

在这万分危急的关头,宗翰看到只有坚定金人的抗辽决心,背水一战,才有可能变被动为主动,扭转战局。他与大臣希尹一道制定了一个巧妙的策略,当着女真军民的面,给天祚帝写信,假装为众人向辽乞求生路,其实是用极不恭敬的语气故意激怒天祚帝。天祚帝看到信后果然大怒,发誓要把金人斩尽杀绝,这样就把金国的军民逼上了一条绝路。宗翰和希尹、娄室等趁机向战士们鼓动说:"我们已经杀死了许多辽人,现在即使是投降也一定要被杀掉,同样是一死,还不如与诸君努力,与辽人决一死战。"同时,阿骨打也采用激将法,把各部的酋长召集到一起说:"起初我与诸位共同起兵,是因为我们不堪辽国的残暴虐待。现在我想为大家请降,却仍逃脱不了被杀戮的厄运。你们不如杀了我一族老幼,向辽人请降,可以转祸为福,保全性命!"诸酋长齐声道:"事已至此,我们愿听您的指挥,与辽兵决一死战。"这样,金军上下同仇敌忾,士气高涨。十一月,双方拉开战幕。当时天气寒冷,雪深尺余,先锋部队接战时,云尘蔽天,日色赤暗,天祚帝亲督大军督战。宗翰一马当先,奋铁挝而前,杀出一条血路,诸将紧随其后。金兵个个奋勇,以一当十,喊杀声震天,辽军大败,天祚帝狂奔五百余里,退保长春州。金兵又乘胜攻取渤海、辽阳等五十四个州的广大地区,获军资、器杖、牲畜无数。此战使辽人大伤元气,精锐部队丧失殆尽,为消灭辽国奠定了坚实的基础。

巧借他物鼓士气

公元 1052 年,广源州依智高起兵反宋,攻破邕州,继而建立大南国,宋王朝任命狄青为宣抚使,率领大军平叛。

狄青率领征南大军一路行至桂林南面,经历了几千里路的跋涉之后,士兵疲惫不堪。面对即将到来的战斗,自己的军队这种状态,狄青心知很难对付叛军,但是,怎样才能鼓舞起大家的斗志,建立必胜的信心呢? 正在这时,他发现路旁边有一座神庙,传说这座神庙里供奉的神异常灵验,狄青心生一计,马上令部队停止前进,自己率领众将官前往神庙而去。

狄青来到神庙前祷告说:"此番出兵,胜负无以证明。"边祷告边拿出一只装满钱币的装子,接着说:"如果能够大获全胜,我撒出去的钱,钱面都是朝上。"

众将听他如此说,不禁大惊失色,因为这种祷告冒险太大,那么多撒出去,要使钱面全部朝上几乎完全没有可能。这不是明摆着会长他人志气,灭自己威风吗! 于是一齐上前苦苦劝止。狄青哪里肯听,挥手一掷,百枚铜钱纷纷落地。众将官提心吊胆往地上一瞧,不禁喜出望外,齐声叫绝:地上的铜钱全部是面朝上的。消息传开,全军欢呼,军心也为之大振。狄青见此情景,也喜形于色,连忙命人取来百枚大钉,将地上的铜钱一一钉在地上,并对将士们说:"等到凯旋之日,再来取钱谢神。"

这以后,狄青率领军队攻破昆仑关,战败依智高,扫平南疆,所向无敌,势如破竹。当狄青凯旋班师路经神庙,再次率众将进庙,拔掉铁钉,取钱与众将看时,他们才恍然大悟。原来狄青抛出的钱两面都是一样的,只有面,没有背。

断敌粮道撼军心

皇太极在即位以后的 10 余年间,曾三次骚扰关内,但都未敢占据城池,长久停留。因为在关外的锦州、宁远及山海关等要地仍然掌握在明军手里,牵制着清军入侵关内的军事行动。皇太极决心扫除这些障碍。

1641 年,皇太极派出精锐部队围困了锦州。明朝蓟辽总督洪承畴得知,便亲率 13 万人马驰援,并采取步步为营的作战方针。他把粮草留在宁远、杏山及塔山外的笔架山一带,只率了 6 万兵马贸然前行,抵达锦州城外后没有立即与清军交锋。

面对粮草充足,兵多将广的明军,皇太极怎么才能取胜呢?

皇太极听说洪承畴增援锦州后,也立即率援军从盛京赶来,陈兵于松山、杏山之间。根据明军部署的态势及战法,皇太极决定更改原来的作战计划,先打明朝援军。这样,一则被围困在锦州城内的明守军难以增援,不会造成腹背受敌之势;二则明援军部署分散等许多弱点可以利用,取胜的把握较大。皇太极计划首先派精兵攻打笔架山,切断明军粮道,动摇其军心,同时在明军各部之间的通道上预设伏兵,以图断绝明军归路,达到全部歼敌的目的。

待一切准备停当后,皇太极派阿济格率军直扑笔架山。由于防守薄弱,在这里保卫粮饷的明军抵挡不住敌人凌厉的攻势,纷纷溃逃,其大批粮草物资全部落入清军之手。笔架山的陷落给洪承畴以很大打击,动摇了明援军军心。为了避免被敌人各个击破,洪承畴命令驻守在乳峰山的明军撤到松山,保持兵力的相对集中。皇太极料想,若切断明军粮道,其必难以长期坚守,于是在乳峰山和松山之间设下伏兵。等到夜晚,走到半路的明军遭到清军的伏击,由于明军大批粮草被敌人夺走,军心严重涣散,这时受清军伏击,纷纷落荒而逃,急忙向海边退缩,恰值海水涨潮,落水而死者不计其数。明军中只有吴三桂、王朴等少数人突围出去,其余则遭到歼灭性的打击。接着,皇太极又在松山和杏山之间的高桥设伏,截杀了从杏山撤退的明军。只吴三桂和王朴逃回宁远。洪承畴只剩下 1 万多残兵。到 1642 年 3 月,松山城粮尽援绝,被清军用里应外合之计攻破。洪承畴做了清军俘虏。至此,明朝在关外,只剩下宁远一座孤城了。

破釜沉舟退强敌

春秋时,秦军大将孟明视,在完成部队的严格训练后,请求秦穆公发兵伐晋,秦穆公同意,并亲自督战,驱动大军,浩浩荡荡杀奔晋国而来。秦国大军渡过黄河,孟明视即下令焚烧了所有渡船,秦穆公对此举大感不解。

孟明视为了激励将士,下令焚烧渡船表示了他只许胜不许败的信心和决心,这一举措把将士们推到了一条路上,那就是打败敌军,只有这样,才能有生还的机会。在他的带领下,秦军长驱直入,一举拿下了五座城,谍报传到晋国都城绛州,晋襄公乃传令,四境坚守,勿与秦军正面接战。秦穆公见晋国屈服,便乘此兵威,奏凯班师。秦国西边的西戎部族和周围的 20 多个小国,这次听说秦军打败了中原霸主,一下子都老实了,秦国的领土扩张了 1000 多里,当上了西戎的霸主。

项羽的楚军在破釜沉舟之后,每人只发了三天的粮食,表示出死战的决心,楚军士气高昂,全部都成了敢死队,"无不以一当十",把秦军包围在巨鹿,断了秦军的运粮后路,一场恶战把秦军打得大败,杀了将军苏角,俘了主将王离,章邯投降。从此项羽成了各地反秦部队的首领。

贻误战机　天京吃紧

1860 年 6 月,曾国藩统率的湘军进逼安庆,形势危急。安庆是太平天国首都天京西面最重要的一个战略要地,一旦失守,后果不堪设想。

为解安庆之围,太平军各部的主要将领于九月间齐集天京,决定采用"围魏救赵"的军事策略,即出兵会剿武汉,迫使围攻安庆的湘军撤军回援。从战略学的角度来看,这个战斗方案,不失为一条上乘良谋。

武汉的地理位置很重要。曾国藩夺取武汉之后,一直把它当成湘军最重要的基地。如果太平军一旦攻下武汉,必定会使敌人产生动摇。然而由于湘军的主力部队大部分散于安徽、江西、浙江等地的战场上,留守武汉的部队人数很少,所以武汉既是湘军的重要战略基地,又是其守备力量薄弱的一环。以武汉为进攻目标无疑是正确的。

为达到"围魏救赵"的战略目的,太平军统帅部决定分兵4路会攻武汉。具体安排是:英王陈玉成从长江以北进军;忠王李秀成由南昌以下横过江面,到达武昌以西地区;侍王李世贤横渡鄱阳湖,再进入湖北,进攻武昌南面;辅王杨秀清取道湖口、九江,从东面攻打武昌。各路必须在次年4月到达指定地点,会齐后合攻武汉。

在这4路大军中,最主要的有两路:一路是陈玉成率领的北路军,另一路是李秀成率领的西路军。因为安庆是陈玉成管辖之地,所以他攻打武汉的态度很积极。军事会议结束后,他便率军出发,渡江北上,转战安徽定远、桐城、霍山等地,并于1861年3月进入湖北境内,攻占了离汉口不到200里的黄冈。由于其他三路大军没有到达,他只好屯兵等待,没有继续向武汉推进。而李秀成的兴趣则在江浙地区,对救援安庆,会攻武汉持消极态度。所以直到陈玉成发兵一个多月之后,才在洪秀全的催促下,率军西进。一路上他只顾招兵买马,行动迟缓,直到第二年6月才进入湖北。这时,陈玉成已经在两个月之前就撤离了湖北,回兵援救安庆去了。陈玉成的离去,加上外国侵略者的恫吓,终于使李秀成放弃了进攻武汉的计划,率军从湖北撤回到了江浙地区。

这一计划的失败,给太平军的战略造成了严重后果。本来,曾国藩听说太平军要会剿武汉,曾一度陷入悲观状态,后来看到武汉安然无恙,已无后顾之忧,便调动全部兵力围攻安庆。尽管太平军顽强苦战了半年多,最终安庆仍然失守。从此,太平天国在长江上游的重镇尽失,天京已无屏蔽,在军事上已经明显处于劣势地位。

李靖敢于破常规

隋朝名将李靖向高祖献了十条灭萧铣的计策,高祖非常满意,就以李靖为行军总管,向萧铣展开了攻势。行军长史李孝恭对行军布阵之事一窍不通,李靖就代替他统领全军。

李靖把军队在夔州集中起来,经过训练整顿后准备出发,这时正值深秋,萧铣又在江南,李靖要攻打他就必须渡江过三峡,所以萧铣就认为李靖这时过不了江,因为江水泛涨,三峡道路险峻,李靖的队伍肯定不会前进。由于他很有把握地这么认为,就让军队休息,不做一点防备,而众将领到了三峡后,也认为只有等水退了才能渡江作战,而李靖呢,却另有打算。

李靖认为,兵贵神速,机不可失,趁水涨时,突然进军,打到城下,以迅雷不及掩耳之势打萧铣一个措手不及,纵使他们发现了,再征集军队,也会为时已晚。李孝恭听从了李靖的话,把军队推进到夷陵,大获全胜。

萧铣的将领文士弘将精兵数万人屯扎在清江一带,李孝恭想攻打他。李靖分析说,文士弘是萧铣的一员虎将,他们又刚刚失掉荆门,全军出战,恐怕不是他们的对手。他建议把军队停在南岸,不与他们相争,等他们士气衰落了,再奋起打击,一定能取胜。李孝恭不听,把李靖留下守营,自己率师与文士弘大战,没有几个回合,李孝恭果然大败,奔逃到南岸。文士弘的军队胜利后,不是乘胜追击,而是大肆掠夺财物,军纪混乱。李靖看到文士弘的队伍军纪涣散,士气不振,就乘机发兵攻打他们,调集兵力,趁敌不备,迅速出击。文士弘军队没有料想敌人刚吃败仗又敢来攻,所以全军溃散。结果李靖大获全胜,获取舟舰四百余艘,斩杀敌人万余人。

隐强示弱战匈奴

战国时期,赵国派李牧率兵驻守代州、雁门一带,抵御匈奴的入侵。

李牧筹集到充足的军饷,每天杀几头牛供士兵食用。他率领士兵骑马射箭,对士兵非常好。他特别嘱咐士兵,一旦发现匈奴入侵,你们赶紧退进关里,关上城门。谁胆敢在关外和匈奴交战,抓匈奴的俘虏,就杀无赦。李牧的这种训兵之法令人不解,又不出去,又不坚守,为什么呢?

士兵都听他的。这样几年,匈奴打不进来,但却以为赵国怯敌。这种讯息传到赵王那儿,赵王也以为李牧胆小,下令他出关迎战匈奴。李牧还是依然如故。赵王火了,把李牧召回来,派人去领兵和匈奴作战,不曾想,打了几仗都败了。

赵王冷静下来想到可能李牧有道理,又重新任命他回去主事。李牧先是推说有病不受命,赵王知道这是托辞,但还是要他赴任。李牧没办法,只好提出:还要我回去干,那还得照我原来的干,赵王同意了。

李牧回到边关,照样善待士兵,坚持练武,不许在关外迎战俘获匈奴。他更进一步悄悄地招兵买马、囤积粮草。

一次,匈奴来了一小股部队,李牧下令迎战,而且告诉下级打几下就装败撤下。

匈奴获了小胜,以为赵国李牧部队真是不堪一击,才不敢出关迎战。于是匈奴单于下令率大部队来侵。这一次李牧早已做好准备,匈奴一入关,马上陷入李牧布下的奇妙兵阵,任凭匈奴怎样左突右冲,还是遭到惨败,10余万骑兵被杀,单于落荒而逃,这才知道李牧的厉害。此后十余年,匈奴再也不敢入侵。

李牧所用的谋略就是《孙子兵法》上说的:"强而示之以弱",让对方轻敌自傲,放松警惕,引敌上钩,诱敌深入,从而围歼消灭之。

巧设口袋阵

公元前631年,楚国派兵攻打晋国。楚兵主帅子玉派使者宛春前去对晋文公说:"你们先前灭了卫国和曹国,现在应该让卫侯复国,封曹侯还当他的国君,这样,我们楚国可以放弃宋国。你们答应了这些条件,我军就撤兵。"晋国大臣咎犯说:"这个子玉也太蛮横了,他凭什么对我们指手画脚的下命令,凭什么他们楚国要独吞卫曹两国?"晋国的元帅先轸则认为:"咱们不能硬顶,那样就害了三个国家,咱就理亏了。不如顺水推舟,让卫曹两国起来跟楚国干。咱们这边把宛春扣下来,以便进一步激怒楚国,咱们再联合其他国家,就能打败楚国。"晋文公接受先轸的计谋,事情就如先轸所预料的那样发展,楚国派得臣率大军来讨伐晋国。楚兵大举进犯,晋文公却下令军队后撤。晋文公为什么要不战而退呢?

部下不理解,纷纷问为什么后撤。晋文公煞有介事地说:"当年我流亡楚国时,曾和楚成王达成协议,一旦晋楚交战,我晋兵一定后退90里。"其实,他是有意退到城濮,这个地方有宋、齐、秦、晋四国的大量军队埋伏。晋国的官兵以为主公是讲信义而后撤,无可奈何地执行了。而楚国的部队却懵里懵懂地往前追,结果钻进人家的口袋,几经冲杀,损兵折将,惨败而归了。

避其锐气　击其惰归

公元561年,北周武帝宇文邕继承皇位后,实行了一系列富国强兵的改革措施,使北周的国力日益强盛起来。宇文邕决心凭借强盛的军事力量统一北方,消灭北齐。

公元575年7月,宇文邕出师伐齐,10月兵败而返。可是他并没有退缩,第二年10月再次亲率六军出征。这次他率军猛攻北齐军事要塞平阳,在攻下平阳后,北齐后主高纬急忙亲率主力增援。宇文邕见齐军浩浩荡荡,军威整齐,如果与之硬战,即便获胜,自己也必受很大的损失,于是他心生一计。

宇文邕留下1万精兵死守平阳,自己却率大军退至玉璧城以作休整。高纬救平阳心切,将人马团团围住平阳,不分昼夜地猛攻。守城的周军拼死守城。齐军陷入了旷日持久的攻坚战,士气逐渐衰落。宇文邕见时机成熟,率大军突然返回平阳,与齐军决战,大败齐军。

佯败取胜

元成宗大德五年(1301年),湖广行省平章刘国杰带兵到贵州,镇压彝族人民起义。由于起义军的战马雄健勇敢,冲杀力极强,刚一交手,元军就被打得落荒而逃。

刘国杰总结了这次战斗失利的教训,意识到要想取得胜利,就必须制服彝族起义军的精锐骑兵。

对付这种骑兵,很重要的一点就是对付战马,所以刘国杰想出了一条杀敌妙策。

事隔数日,刘国杰再次带军前去迎战。其部下每人手持一块盾牌,刚一交锋,元军就装出不堪一击的样子,扔掉手中盾牌,纷纷后退。起义军见状,斗志更加昂扬,你追我赶地纵马奔向败军。不料他们的坐骑一踏上被元军丢弃的盾牌,就被盾牌上的铁钉钉住了马蹄,战马疼痛难忍,被又大又重的盾牌扎住,又奔跑不得,使得连人带马一齐倒在地上。元军借机杀个回马枪,镇压了这次起义。

曹操设计破袁绍

公元200年,袁绍派兵围攻白马,直引军至黎阳,将渡黄河南下,进攻曹操,历史上有名的官渡之战拉开了序幕。在这场战役中,曹操以少于袁绍几倍的兵力却出人意料地战胜了袁绍,其间用计奇巧,波澜起伏,引人遐思。

开始袁绍派人攻打白马,本欲发散曹操兵力,以各个击破。曹操本来也想先解白马之围,谋士荀攸却另有他计。

荀攸献计说:"我军兵少,不可力战。只能设法分散袁绍的兵力,才能以少取胜。您可以引兵到延津,做出要渡河袭击敌人背后的样子,待袁绍引兵应对时,您可以用轻兵突袭白马,出其不意,攻其不备。"曹操听从了荀攸的计策,袁绍果然中计,曹操以很少的代价解了白马之围。官渡之战曹操旗开得胜。

然而,形势依旧是袁绍兵多粮足,曹操的兵力相比很少,死守白马显然是死路一条,袁绍不会让曹操有机会和他对峙的,在这一形势之下,曹操应该怎么办呢?

曹操冷静地分析形势后,主动放弃了白马,引军沿黄河西上。袁绍渡河追赶。到延津地区,曹操突然驻扎下来。等袁绍追兵愈来愈多,曹操命部下把辎重物资置于大道中间,袁绍军队以贪财好利闻名,看到物资,自相抢夺起来,不战自乱。曹操遂命600名骑兵出击,大破袁军。曹操抓住袁军的弱点,促成了两场战斗的胜利。

两战胜利后,曹操进军官渡,袁绍进军阳武,相互对峙起来。曹军毕竟势小力弱,士兵们有些怯战。曹操致书荀彧问计,荀彧给曹操指明了道路。

荀彧说:"袁绍兵力全部汇集官渡,与您决战。如果您不战而逃,袁绍必定尾随追杀,那时的损失可想而知。"曹操认为他的看法正确,决计和袁绍打下去。时值袁绍手下的一个谋臣许攸不满袁绍吝啬,愿意归降曹操,并给曹操出了一条抢夺袁绍军粮的计谋,曹操冒险一试,带军攻打护粮官淳于琼的大营,在袁军救兵来到之前攻下此营。高览等人得知大营已被攻破,率军来降。袁绍领残兵败将渡河而去。官渡之战,改变了袁绍与曹操的力量对比,曹军终于成为中原一带势力最大的

鹬蚌相争　渔翁得利

秦惠王时,韩国和魏国打来打去,相持了一年。秦惠王想趁此出兵,吃掉一个。对于他这个主意,臣下有的赞成,有的反对,弄得秦惠王也无所适从。他听说楚国有个谋士陈轸很有头脑,现来到秦国,便把他请来讨教。陈轸是怎么为秦王献策的呢?

陈轸对秦惠王提的问题,不作正面回答,却慢条斯理地讲起一个故事。他说:"有个农民叫卞庄子,一天,他看见两只老虎在吃牛,气得想立即上去刺杀老虎。这时,有个小孩子劝他:'大叔,别急!这两只虎刚开始吃牛哩,等这两只畜生尝到牛肉的滋味的时候,必定要你争我夺,有你无我,以至于弱的被咬死,强的也要被咬伤。这时候你再下去刺杀那只受伤的,你得到的就是两只虎了。'卞庄子听这小孩说得有理,就耐下性子观虎斗,事情果然不出小孩所料,卞庄子轻易地获得两只虎。"说完故事,陈轸接着说:"大王,国家之间的争夺,不也是这个理吗?"秦惠王仔细想想,"对啊!陈轸把理说透了。"于是,他打定主意不出兵,静观韩魏争斗。结果,当韩魏一亡一伤之时,秦惠王立即出兵,坐收渔人之利。

坐山观虎斗

战国时期,魏国经过改革后,国力日渐强盛,成为当时最强大的国家之一。于是,魏国将国都从安邑迁到大梁,不断地向外扩张,与赵、齐等国发生了尖锐的矛盾冲突。

公元前 354 年,赵国向依附于魏国的卫国发动进攻,迫使卫国屈服称臣。魏国以此为借口,出兵包围了赵国国都邯郸。赵与齐是盟国,眼看邯郸形势危急,赵国急忙派使者向齐国求援。

齐王召集大臣商议救赵事宜。齐将段干朋分析利弊,指出,从当前的战略形势考虑,如果把军队直接开往邯郸去救赵,不但会造成将士伤亡,而且赵国既不会受到损失,魏军也没有消耗实力,这对齐国的长远利益不利。如何才能既削弱两国,又信守盟约呢?

段干朋主张实施使魏与赵相互削弱,然后趁魏军疲惫之时再出兵攻击的战略方针。具体地说,就是先派一部分兵力南攻襄陵,以牵制魏军,待魏军攻打邯郸疲惫不堪后,再予以正面的攻击。他的这一谋略,显然有一石三鸟的用意:其一,南攻襄陵,可使魏国陷于两面作战的困境;其二,向赵国表示援助的姿态,信守盟约,保持两国的友好关系,以坚定赵国抗击魏国的决心;其三,让魏、赵继续互相残杀,最后造成赵国受到重创,魏国实力削弱的结果,从而为齐国战胜魏国和以后称霸中原准备有利条件。

齐王采纳了段干朋的建议，以少量兵力联合宋、卫南攻襄陵，主力则按兵不动，静观势态发展，准备伺机出动。魏军攻打邯郸一年之后，赵、魏两国均已疲惫之极，齐王认为出兵的时机已经成熟，于是就命令田忌为主将，孙膑为军师，统率大军救援赵国。

田忌打算率军直奔邯郸，与魏军主力交战。孙膑不同意这种硬碰硬的打法，提出了"批亢捣虚，疾走大梁"的正确策略。他说："要解开乱成一团的丝线，不能用手硬拉硬扯；要排解别人打架，自己不能直接参加进去打。派兵解围的道理也是这样，不能以硬碰硬，而应该采取'批亢捣虚'的办法，就是撇开强敌，攻击弱点，避实击虚，冲其要害，使敌人感到形势不利，出现后顾之忧，围自然就会解开了。现在魏、赵多年交战，魏军的精锐部队都在赵国，留在自己国内的是一些老弱残兵，您应该迅速向魏国的都城大梁进军，切断魏军的后路，攻击它防备空虚的地方，这样一来，魏军必然被迫回师自救，我们可以一举而解赵国之围，同时又能使魏军疲于回师，便于我们击败它。"

田忌采取了孙膑的建议，统率大军进逼魏都大梁。大梁危急的消息传来，魏军不得不以少数兵力控制历尽艰辛刚攻下的邯郸，而以主力回救大梁。这时，齐军已在桂陵等候多时，设下了埋伏圈。魏军由于长期攻赵，兵力消耗很大，加上长途急行军回师大梁，士兵疲惫不堪，面对占有地利、休整良好、士气旺盛的齐军的攻击，完全陷入了被动挨打的困境，最终遭到惨重的失败，刚占领的邯郸等地，也全都被赵军收复了。

齐王由于善于听取大臣们的意见，正确地采用了不与魏军主力正面作战的策略，掌握了战争的主动权。后来孙膑又用"批亢捣虚"的战术，调魏军匆忙回师救大梁，战争的胜利基本上已成定局，桂陵之战不过是把这种必然性转变为现实而已。所以，我们可以说，齐国对魏国是不战而胜的。

拓跋焘引蛇出洞

大夏赫连勃勃病死后，太子赫连昌即位。北魏太武帝拓跋焘听说大夏内部政权不稳，就亲率大军攻打统万城，但统万城城池坚固，攻城未能奏效。

公元 427 年，魏帝率领三万骑兵，日夜兼程，准备第二次攻打统万城。文武大臣们见拓跋焘只是轻装前进，都劝他不如带着步兵和攻城器械一同前进，万一攻城不破，后退时也好有一些支援。拓跋焘却认为，用兵之道，攻城是下策，如果带着攻城的器械，敌人必定坚守城池，不出战，这样天长日久，粮食吃完了，士兵们都被拖得疲惫不堪，那时就进退两难了。现在敌人看到只有骑兵而没有步兵来，一定会放松警惕，如果能引诱他们出城，就可以战胜他们。因为魏帝的士兵离家都有两千多里地，又隔着黄河，退路已被截断，这就是所说的置之死地而后生，用这样的军队打

军事奇点子

图文珍藏版

仗,决战可以取胜,攻城就不行了。拓跋焘让大部分骑兵埋伏在深谷中,只带少数人马来到统万城下。这时赫连昌的一名将领狄子玉投降了拓跋焘,并报告了一个重要情况:赫连昌听说魏帝要二次攻打统万城,就派人去长安向他弟弟赫连定求助,赫连定让兄长守好统万城,等他捉住了北魏大将奚斤,再回师统万城,内外夹击,一举取胜。拓跋焘得知赫连昌无意出城迎战,自己的计划有可能落空,不免有些担心,如果赫连昌据城不出,自己的粮草不足,就不得不撤军了,所以拓跋焘便只有用计把赫连昌引出城来了。

拓跋焘为了引出赫连昌,就把军队全部撤到城北,装出一副疲弱的样子,等待赫连昌出城攻打。

正巧这时魏军有几个军士因犯军法逃到了统万城内,他们告诉赫连昌魏军粮食已吃完,现在只有用野菜充饥,辎重、步兵都拖在后面,如果出击,必会取胜。赫连昌马上改变了守城的计划,带着骑兵、步兵三万人冲出城来。北魏的司徒长孙翰劝拓跋焘暂时回避,先不要迎战,等待步兵,拓跋焘坚持原来的战术思想,带队假装向北逃跑。赫连昌一看,以为魏军真的败退,便兵分两路,包抄上来。这时吹起了东南风,黄沙蔽日,拓跋焘近前的一个宦者又劝他暂避一时,明日再战;北魏一个大臣却认为千里征战,不应仓促之间改变作战计划,应趁敌人前后脱离,首尾不能相顾时,分路出击,打他个措手不及。拓跋焘点头称是,就吩咐骑兵分路出击夏军,拓跋焘身中流箭,仍奋勇当先,大夏的军队全线崩溃,魏军终于攻占了统万城。

李泌平叛安禄山

公元756年十月,唐肃宗进驻到彭原,时安禄山叛军除盘踞两京外,还控制着河南河北的一些地方,唐军在大将郭子仪、李光弼的率领下,同叛军展开了激烈的战争。朝廷调回西北边地的防秋戍兵,又联络回纥和西北少数民族首领,共同平定叛乱。李泌分析军事形势,对唐肃宗说:"安禄山叛军没有窃据全国的远大志向,因而不足为忧。现在死心塌地为他卖命的全是胡族将士,汉人中只有高尚等几个败类。依我之见,用不了两年,就可以消灭叛军。"他对叛军的判断是从战略上来讲的,之后,李泌又给肃宗定下了战术的安排。

他为肃宗制定用兵策略,说:"陛下不能只图速成,王者之师一定要考虑万全之策和长治久安之计,不要留下后患。现在如果命令李光弼从太原出兵井陉,郭子仪从冯翊出兵河东,那么史思明、张忠志就不敢离开范阳、常山,安守忠、田乾真就不敢离开长安,割据洛阳的安禄山,身边就剩下阿史那承庆了。可诏令郭子仪不要夺取华阴,使叛军往来于范阳、长安之间,朝廷驻兵在扶风,与郭、李两军交替出击,叛军来救其首就袭击它的尾,来救其尾就袭击它的首,让他们往来数千里,疲于奔命。我则以逸待劳,叛军来就避开它的锋芒,撤退时就乘势追击,不攻城邑,不阻道路。等到明年春季,使建宁王李倓沿边进攻范阳北面,抄叛军老窝,这样叛军退则无地盘,守则不安宁,朝廷令各路大军四面围攻,必然获得彻底胜利。"肃宗听完,表示赞同。757年,安禄山被其子安庆绪杀死,史思明据范阳,不听安庆绪的调度,叛军内部出现矛盾。二月,唐肃宗进驻凤翔,西北戍兵都已调至关中,江淮的租赋也运至陕南,李泌请肃宗实施攻打范阳的计划。但肃宗只求早日收复两京,享受做皇帝的尊荣,顾不得久远的利益。李泌对他说:"现在收复两京,一定是马到成功。但叛军暂时受挫,根本却没有动摇,如果卷土重来,我们复受其累,不是久安之策。我们现在依靠的都是西北的戍兵和少数民族士兵,他们耐寒怕热,现在趁他们以逸待劳,必然能收复两京,但关中气候逐渐炎热,西北胡汉士兵也不愿久留,叛军逃向范阳,经过休整,等西北兵一走必然再次南下,我们讨平他们可就遥遥无期了。因此,应把西北兵先调至寒冷的范阳去打仗,只要抄袭叛军老窝,叛军无地可容,就根绝祸乱了。"肃宗没有采纳李泌的意见,结果唐军屡次受挫,安史之乱旷日持久,并导致唐朝中后期的藩镇割据的局面。

后晋示弱胜后梁

朱温建立后梁的第二年,即公元908年正月,李克用病死,他的嫡长子,年仅24岁的李存勖即晋王位。

在李存勖即位之前,晋梁双方相持于晋东南地区,晋地潞州已被后梁大军围困一年之久。后梁围城将士得知李克用病故,李存勖又很年轻,以为潞州指日可待,于是全军松散地前进,没有把李存勖放在眼里。

李存勖利用他们的轻敌心理,准备出兵袭击后梁,以解潞州之围。他对部将说:"朱温知道我有丧事,肯定不能出兵,而且他认为我年轻新登王位,又不熟悉军事,因此他此时必然防备松懈。而我此时出兵,正好出其不意,定能取胜。成就霸业,在此一举!"

于是,这年4月,李存勖率大军从晋阳出发,进入潞州东北黄碾村,然后埋伏在三垂冈。第二天早晨,恰好大雾弥漫,咫尺不辨。李存勖乘机率军直抵潞州城外后梁兵修筑的夹寨。这时,后梁兵马松解懒惰,毫无防范。晋军分几路冲入夹寨,后梁大营一片混乱。夹寨一战,不仅解除了潞州之围,而且歼灭了后梁军队万余名,缴获军粮、兵器无数。这一仗,使晋军士气大振,从而逐渐扭转了晋弱梁强的局面。

李光弼站高望远

公元760年,史思明败于河阳,大伤元气。李光弼乘机兵发怀州。据守怀州的高庭辉和李日越皆是勇猛善战的将领,他们据城固守,李光弼难以获胜。正在双方相持之际,李光弼军队却出人意料地退归河阳,仅留不足一千人马,着部将雍希颢统领把守营寨。李光弼临走时,叮嘱雍希颢:"敌将高庭辉和李日越,皆有万夫不当之勇,我料他们今夜必定前来劫营。你不要与敌交战,只管坚守。假如他请求投降,你就领他来见我。"一番话说得雍希颢莫名其妙,不知他葫芦里装的是什么药,但只得遵令而行。

这一日,天刚拂晓,晨雾朦胧,果然有一敌军将领率部行至唐军营前。雍希颢自然是暗中防守,并不出战。看到唐军有备,敌将惊奇地向唐营喊话:"李太尉何在?"雍希颢答道:"不在!"敌将又问:"统帅何人,留兵多少?"雍希颢直言相告:"统帅是我,留兵只有一千。"并连忙反问道:"来将姓高还是姓李?"来将回答:"姓李。"雍希颢笑着说:"果不出太尉所料。太尉素知李将军忠心,说你过去是被迫投敌,现特令我在此迎候将军弃暗投明。"李日越对部下说:"捉不到李光弼,捉到雍希颢又有何用呢?如此空手而归必死无疑。"就这样,李日越率部投降。

李光弼对前来投降的李日越倍加关照,十分尊重和信任他,使他感动非常,主动提出要去招降高庭辉。而李光弼说:"将军不必如此,不日后,高庭辉自会来降。"几天后,高庭辉果真率部来降。众将领无不为李光弼料事如神而惊讶万分。

事后,李光弼谦虚地对询问此事者说:"我与他二人素不相识,更无什么高深秘诀,我只是根据形势,揣情度理,预测他二人极可能来降。史思明为人蛮横无理,素来凶残。他曾经对属下说我仅会守城却不能野战。当我驻兵怀州城下时,我就预料他定会派李日越来偷袭。而李日越若捉不到我,必然不敢回城,也只有投降了。高庭辉的才干胜过李日越,我如此厚待李日越,定会引高庭辉前来投诚。这些就是我料敌的经过。"

先下手为强

公元 263 年,司马昭发动 18 万大军,大举攻蜀,试图一举灭掉蜀国。其具体作战部署是:征西将军邓艾率兵 3 万向沓中进军,牵制姜维;雍州刺史诸葛绪率兵 3 万切断姜维向东、南方向退兵的归路;镇西将军钟会率主力 12 万人分从斜谷、骆谷、子午谷直趋汉中。

蜀军见魏军蜂拥而来,连忙派廖化率军支援沓中的姜维,派张翼和董厥率军去阳安关助防。同时命令汉中部队退守汉、乐两城。廖化进兵到阴平时,听说魏将诸葛绪正率部前来,就留驻阴平,而将桥头孔道让给了诸葛绪,从而阻断了姜维的退路。张翼的援军行动迟缓,未能及时赶到阳安关。这时,汉中蜀军的力量十分弱小,其防务部署完全陷入了被动。在蜀军处于防务松乱之际魏国大军怎样来消灭蜀军呢?

钟会迅速率军突入汉中平原,袭占阳安关,杀死阳安关蜀军守将傅佥。然后派兵围攻汉、乐两城,自己则率主力部队长驱直入,企图一举夺取剑阁,进逼成都。而此时,魏将诸葛绪被姜维用调虎离山之计夺取了桥头孔道。姜维会合廖化、张翼等诸将退守剑阁。剑阁地势险峻,易守难攻。姜维凭剑阁之险,设防固守,钟会大军久攻不下。因粮道险远,军粮匮乏,钟会无计可施,只得考虑引兵撤退。

驻守在阴平的邓艾见钟会有撤兵之意,连忙向钟会提出:从阴平小道急行军,袭击蜀汉的腹地,形成前后夹击之势,便可灭蜀。否则失去这次良机,等蜀汉恢复元气,再想攻打就困难了。钟会同意了这一建议。

于是,邓艾选精兵1万人,以2万人负粮担仗继后,凿山开道,行经荒无人烟的山陵地带700余里。不久,邓艾率军抵达江油,蜀江油守将马邈毫无准备,只得向魏军投降。魏军得到给养补充,士气大振,邓艾率军迅速向涪县推进。

江油失守后,刘禅派诸葛瞻率军迎击邓艾。诸葛瞻抵达涪县后,停驻不前,部将黄崇再三建议:"宜速行据险,无令敌入平地。"但未被诸葛瞻所采纳。邓艾没有受到任何抵抗,得以逾越险阻到达涪县,击败了诸葛瞻的前军,又在绵竹击杀了诸葛瞻及其子诸葛尚,攻克了绵竹,然后进逼成都。

刘禅眼见邓艾大军兵临城下,无路可逃,只得出城请降。立国43年的蜀汉政权就此覆灭,姜维也在剑阁投降了钟会,后因谋反被杀,蜀军也全部被歼。

魏军能这么顺利地灭掉了蜀国,除了在兵力上占有绝对优势外,主要得益于进兵的迅速果断。钟会乘蜀军主力远在沓中,迅速攻占防守空虚的汉中,取得了第一阶段的胜利,掌握了战争的主动权;邓艾乘姜维率主力固守剑阁,偷渡阴平,突袭江油,然后又乘剑阁蜀军主力不及回防之机,迅速攻占绵阳,夺取成都,扭转了原来对己十分不利的形势,立下了盖世奇功。

拖垮敌军再下手

三国时,司马懿讨伐公孙渊,在襄平包围了他,当时正值雨涝,发洪水,公孙渊的军队照样出来放牧砍樵。司马懿却下令不许攻击,只是静待时机。陈珪不知其意,问司马懿:过去打孟达,八军齐进,昼夜兼行,结果大获全胜;今日如此良机,为何又行动迟缓,延误时机呢? 司马懿说我自有妙计。

原来司马懿的计谋是:现在公孙渊兵多粮少,故而在雨天还派兵出来放牧砍樵,而我军则粮草充足,只需把他稳住,让他不战自败,而如果我们现在就强攻,反而招致敌人的殊死反抗,我军伤亡必大,虽胜犹败。不久,雨水退了,公孙渊粮尽士疲,司马懿一举打败公孙渊,占领了襄平。

虚张声势 扰敌之计

隋文帝早就准备平定江南,完成统一全国的大业。一次,他向高颖商讨平陈的计策。陈朝建都于建康,当时统辖着三十个州,二百万人口。开皇二年(582年),陈宣帝去世,后主陈叔宝即位。隋朝当时也面临阒突厥的威胁,一时还没有力量灭掉陈朝,高颖就向隋文帝献了计策。

军事奇点子

图文珍藏版

高颖向隋文帝献策说："我朝地处长江以北，天寒地冻，庄稼成熟较晚；而陈朝在长江以南，气候炎热，庄稼成熟得早。每年估计到他们快要收割的时候，我们少量调发一些兵马，虚张声势，扬言要去偷袭他们，陈朝定要屯兵防守，这样便使他们耽误了农时。等他们聚集好兵将，我们便解甲不战。三番五次这样做，他们便会习以为常，放松了警惕。以后我们再集结队伍的时候，他们一定不以为然了。等他们麻痹之际，我们就渡过长江，登上对岸，发动进攻，士兵士气定能倍增，每次都能获得全胜。另外，江南土薄地湿，房屋多用竹子茅草修盖，粮食没有地窖存放。我们可悄悄地派过去一些兵士，乘风纵火，烧毁他们的房屋粮食，这样用不了几年，他们自然被拖得精疲力尽，财穷民困了。"文帝采纳了他的建议，果然使陈朝疲于应付，苦不堪言。开皇八年（588年），隋文帝下诏伐陈，以晋王杨广为行军元帅，统兵五十一万余人，大举进攻。高颖任晋王元帅府长史，军务大事，全由高颖裁断。开皇九年（589年），贺若弼、韩擒虎渡过长江，攻下建康，俘获陈后主，灭亡了陈朝。

隋文帝

严令军纪撼全军

建安三年（198年）三月，曹操再度亲临淯水东岸。

这次曹操仍留下荀彧及程昱这对最佳搭档驻守许都，自己带领荀攸、郭嘉、曹仁、曹洪、于禁、吕虔、许褚等浩浩荡荡出发。一路上麦田已成熟，因听到军队路过，居民吓得四处逃散，没有人敢留下来收割粮食。

曹操有感于汉末以来战祸连连，军纪败坏，平民受苦最烈，听说有军队到来无不谈虎色变，逃之夭夭，因此，他向各军下达指令："吾等奉天子明诏，出兵讨伐叛逆，与民除害。方今麦熟之时，不得已而起兵，大小将校凡过麦田，但有践踏者，并皆斩首，军法甚严，尔民勿得惊疑。"

官兵闻知，经过麦田时无不小心翼翼，皆下马以手扶麦，递相传送而过。偏偏只有下命令的曹操轻松自如地坐在马上，欣赏着随风起伏的黄金色麦田，对这次命令的政治效果，正在得意地暗自估评着。

突然，麦田里飞出一只鸠鸟，曹操的坐骑被吓了一跳，窜入麦田中，踩坏一大片麦地。

曹操紧急之下，脑筋一动，立刻到主簿处请罪。

主簿很为难地表示："军令怎可用在丞相（当时曹操已由献帝授以丞相职位）身上呢？"

"我自己下的命令，怎么可先不遵守，这样如何让别人心服呢？"

曹操说完，便做出一副准备自杀的模样。

郭嘉看出曹操的心意，立刻阻拦并表示说："古者春秋之义，法不加于尊，丞相统领大军，怎可自戕？"

曹操想了很久严肃地说："既然春秋有法，不加于尊，我姑且暂免死刑，但乃以头发代替之。"

说完，拔剑割下头发交给主簿，并传送各军营示众："丞相践麦，割发以代。"

于是全军悚然，没有人再敢忽视军令，纪律大整。

严军纪杀一儆百

治军之道在于严明军纪，而军纪之严明又在于将帅的威信，我国古代齐将司马穰苴敢斩监军便是严于治军的一则佳话。

我国春秋时代，齐国景公主政时，晋国和燕国同时来犯，齐国吃了败仗，形势很紧张。这个时候，大臣晏婴向齐景公举荐司马穰苴，说他是位将才，可以担当救亡重任。景公经过面试，欣然采纳。

司马穰苴向齐景公提出个请求。他说：君主把我从军队的底层提拔上来，授以帅印，委以重任，我十分感激。但我出身微贱，官兵不一定服从，百姓不一定信我。请您派一位您宠爱的大臣，来当我的监军。

景公答应了他的请求，派庄贾去当监军。

司马穰苴表示欢迎，和庄贾约定第二天中午在军门相会。

约定的时间到了，庄贾没有来。原来这家伙被君主娇宠惯了，根本没有把这约定当回事。亲朋好友为他送行，喝得他把时间也忘了。到想起来，赶到军营，已经是傍晚时分。这是严重违反军纪的事，但他是齐王的宠臣，怎么办呢？

司马穰苴问明迟到原因之后，愤怒地指责庄贾："当将领的从受命之日起，就应该把自个的家抛在一边；要约束军队，就应该不顾亲情；当掌握播鼓指挥的大权时，就应该忘我。现在敌国长驱入侵，百姓受害，君主寝不安席，食不甘味，把重任委托于你我，你却如此玩忽职守，实在太不应该！"说到这里，他问执掌军法的，像庄贾这样误期的该怎么处罚？回答是"当斩"！

这一下庄贾才知道坏事了，赶紧派人去请齐景公出面说情。司马穰苴知道君主可能出面说情，就下令将庄贾立即推出去斩首。这一下，军中上下无不震惊。

一会儿，齐景公的使者持特赦令，驱马闯进军营，看到庄贾已人头落地，惊呆了。更使他胆颤的事还在后头。司马穰苴问执掌军法的："军营不许骑马狂奔，现在使者却胆敢这么干，该怎么办？"回答也是"当斩"。使者害怕极了。司马穰苴说，看你是君主的使者可免一死，但要杀你的仆从，以示儆戒。遂即传命执行。

正因为司马穰苴敢从大人物身上开刀，执行军法，因此谁也不敢不听从他的指

攻其无备　出其不意

公元前 270 年,秦国派大将胡伤率领二十万大军攻打韩国。韩国国小兵弱,连连败退。韩军退到阏与,秦军包围上来,形成两军对峙的状态。秦军猛力进攻,韩国力不能支,只好向赵国求救。

赵国国君赵惠文王召集群臣商议此事,廉颇、蔺相如、乐乘都说:"阏与是有名的地势险要的地方,又险又窄,战斗力无力施展,还是不去救援的好。"

赵奢力排众议,坚决主张援韩。他说:"唇亡齿寒,韩国败了,赵国就暴露在秦国面前了,那时就很危险了,现在援助韩国,也是为了赵国长远的利益。这是从政治上考虑。从军事上说,地势险阻狭窄,于我不利,于敌也不利。这种形势就好像两只老鼠在洞里搏斗一样,谁勇敢凶猛,谁就是胜利者!"赵惠文王觉得言之有理,便拨给他五万兵马,命他前去解围。

面对强大的秦国,己方只有 5 万兵马,而敌人却有 20 万大军,一强一弱,赵奢要战胜秦军并不是一件容易的事,但如果失败了,秦国就可能乘机攻打赵国。

赵奢接受了命令,并没马上向秦军发起攻击。他领兵走出赵国都城邯郸三十里就停下来修营筑垒,似乎要就地固守了。秦军听说赵国出兵,先是大吃了一惊,现在一看,都又放了心,认为赵国只是给韩国做个样子罢了。因此,秦军对赵奢没做什么防备。赵奢看到麻痹秦军的目的终于达到,立即集合起军队,扔掉辎重,轻装急进,赶到阏与城外。在距城十五里的地方安下营寨。秦将胡伤始料不及,只好仓促应战。赵奢手下有个叫许历的军士,向赵奢建议说:"秦军一开始并没想到我军前来,这次一定是想趁我军立足未稳之际,将我一举攻破。敌人虽出师仓促,其来势一定凶猛。望元帅能厚积其阵,以防冲突。而且,我观察到阏与的北山地势最高,易守难攻,极为险要。趁着秦军还没人防守,现在应该派兵马上去占领。"赵奢连连称是,马上就命许历带兵一万,占据了北山,自己严加戒备,以防秦军突入。

果不出所料,秦将胡伤赶来后,便向北山攻击。赵军在许历的率领下,以逸待劳,有备无虑,使用飞石炮药,把秦军几次进攻都打退了。秦军前进不得,因山路狭窄,一时又难以退去,乱作一团。正当此时,赵奢乘乱攻来,在侧后对秦军发起了强大的攻势。胡伤惊恐万状,从马上摔了下来,差点被擒,秦兵大败。赵奢就这样,凭着智谋和勇猛,解了阏与之围,解除了韩国的危难。

诱敌入围

进入 1948 年,我人民解放军进入了战略反攻阶段。我西北野战军司令员兼政委彭德怀决定率大军南下,策应中原地区的友军作战。

怎么能一举歼灭大量敌军,扭转西北战局呢?选择哪里下手为宜?这篇"文章"该怎么做?彭德怀久久地凝视着西北地区敌我态势的地图,陷入了沉思。渐渐地,他的思路清晰了,一条计策涌上心头。

"对,就这么干!"

他立即通知召开军事会议。在会上,他说道:要先打宜川,这里是我军南下的必经之路。宜川被我包围,胡宗南肯定要命令就近的刘勘率领整编第29军前去解救。胡宗南这家伙骄横得很,总是低估我军实力。他认为派刘勘去,装备精良,兵强马壮,对我围宜川的部队可以内外夹攻。而刘勘呢,上次胡宗南命他增援清涧战斗,他行动迟缓,贻误战机,受到处分,这次肯定不敢怠慢,必然遵命前行,那么,我们就可以暗中运动优势兵力,在他靠近宜川的路上围而歼之。要是一仗吃他一个军,那对战局影响就大了。

大家听彭总这想法,很有道理,都点头表示赞同。

彭总接着说:那么刘勘会走哪条路呢?从他的洛川驻地到宜川,无非南、北、中三条。南北两条路远,中间一条是捷径。从胡宗南自视甚高,又急于替宜川解围来分析,很大可能性要刘勘走中路。而中路靠近宜川的瓦子街,正好两边高山,中间一条狭道,是我围歼刘勘的绝好去处。

经过反复研究,会议决定了围城打援的作战方案。

2月22日,我3纵6纵开始进攻宜川,24日包围宜川。接下来的战局发展完全按照彭总的预料那样进行。

2月26日,刘勘遵照胡宗南命令,率29军走中路急速去解救宜川。27日进入瓦子街以西地区。他虽然也怕中埋伏,派2个旅在前进方向的两侧山梁搜索前进,但是,仍然未能逃脱覆灭的命运。在我小部队的引诱下,刘勘不知不觉地钻入彭总撒下的口袋。我4个纵队75000的兵力,从东西南北4个方向紧缩包围圈,3月1日的总攻终于全歼敌整编29军,刘勘也呜呼哀哉。随后,3月2日,我军乘胜攻克宜川。宜川这一仗只经历10天,便歼灭国民党包括一个整军在内的5个旅3万余人,给敌人以很大的震慑。

对于彭总神机妙算,运筹帷幄,取得宜川大捷,毛泽东连赞三声"好得很"!

瓮中捉鳖

1945年8月,日本宣布投降,我国抗日战争取得胜利之后,蒋介石一方面邀请中共中央主席毛泽东赴重庆谈判,一方面却指使阎锡山派兵进攻我山西上党地区,妄图抢占华北,给蒋介石在重庆谈判中增加砝码。

我党中央派晋冀鲁豫军区司令员刘伯承、政委邓小平去指挥上党战役,给敌人以迎头痛击。

刘邓接到指令后,立即飞赴太行山,部署作战。他们和作战部队指挥员陈赓等人,经过深入的研究,确定了这样的方针:集中优势兵力对付敌人,即以太行主力和冀南部队共 31000 人,迎战 16000 进犯之敌;针对敌人孤军深入和分散守备的弱点,先夺取长治外围 5 城,诱使长治之敌出援,相机歼灭之。这个部署的关键是夺取长治外围 5 城,那么刘邓是怎么样打这一仗的呢?

9 月 10 日凌晨,我军发起上党战役。经过 10 天的战斗,我军先后攻克了被敌占领的屯留、长子、襄垣、潞城、壶关 5 城,长治的守敌已成为我军的瓮中之鳖了。

正当我军准备攻克长治城时获悉,阎锡山派兵南下救援长治守敌,其先头部队 9 月 28 日已到了沁县东南的新店,离长治只有百里左右。情况紧急。刘邓当机立断,一方面继续佯攻长治,吸引敌军赶来增援;一方面派人左右夹击来援之敌,并且切断其退路。10 月 4 日,我军向敌援军发起猛攻。一接触才清楚,敌军不是一个军 7000 人,而是三个军 20000 余人,敌我兵力相当。于是,刘邓又从围城部队抽出一万兵力参加打援,而且围三阙一,北面开个口子,以便我军歼灭溃逃之敌。经过 3 天的激战,我军歼灭援敌,击毙敌第 7 集团军副总司令彭毓斌,俘获 3 个师长在内的数十名高级军官。

当援军被歼灭之后,长治的守敌就绝望了。这时,阎锡山急电守军之首 19 军军长史泽波率领守敌弃城西突逃去。刘邓对此早已料到,下令围城部队紧追,又下令太岳部队火速赶来阻击。追击和阻击从 10 月 8 日开始,到 12 日下午发起总攻,就结束战斗了,俘虏了敌军长史泽波在内的万余官兵。

我军上党战役的胜利,逼使蒋介石在《双十协定》上签字。这个胜利不得不令国民党方面也承认我军"长于机动","灵活迅速","善伺机会,巧于出奇制胜"。

围内打外

1947 年 8 月,陈毅、粟裕领导华东野战军,为了掩护刘邓大军挺进大别山,展开了鲁西南战役。

粟裕对战役提出两个方案,加以比较之后,他认为采取第二个方案虽然冒险,但有利于打击敌人。这个方案是,我华东野战军由河南东渡进入鲁西南之后的第二天,先把敌人诱至我军渡河点三四十公里的适当地区,集中 3 个纵队,包围敌整编第 57 师或整编第 68 师,另以一个纵队钳制敌整编第 5 师;这时,急速让两个纵队赶去参战。这样虽然部队疲劳些,但可以出敌不意,易于取胜。然而这个冒险的行动万一被敌人识破,那么我军的计划将全盘打破,那么怎么来执行这一计划呢?

陈毅同意把这个方案上报中央,经批准后就付诸实施了。

当我大军东渡黄河的时候,敌人发现了,立即以 4 个师的兵力向我扑来。

于是敌我双方在鲁西南的郓城、郓城、巨野、菏泽这一地区展开较量。

根据敌我双方军力的部署,陈毅和粟裕把包围歼灭之敌确定为敌整编第 57 师,因为这个师所处的位置便于我军分割、歼灭,而且这个师多年来又老是我军的手下败将。至于歼敌的地点则确定在巨野到菏泽的公路上的沙土集。我华东野战军的 7 个纵队和中原野战军的 1 个纵队悄悄集结到沙土集的南北两边。

9 月 7 日下午，我军各部队按预定计划向敌整编第 57 师发起攻击。先扫清外围，逼使敌人龟缩于沙土集镇内。8 日，我军从东西南北 4 个方向同时向沙土集发动总攻。同时，在沙土集的东北方向郓城附近，坚决阻止敌人 3 个师对受困于沙土集之敌的救援。这样，沙土集之敌第 57 师在我军的强攻猛打之下，整个师被我吃掉，师长当了俘虏，7000 多官兵举手投降。

沙土集战役是陈毅、粟裕在不占有天时地利的条件下，运用毛泽东军事思想，巧妙捕捉战机、巧妙选择打击对象、巧妙选择歼敌地点、巧妙地调动敌人，集中我方兵力所打的一场成功的歼灭战。

以围耗敌

雅克萨是中国黑龙江省的一座小城，被沙俄军队无理侵占。为了收复失地，康熙皇帝组织了两次雅克萨之战，沉重地打击了沙俄的侵略野心，捍卫了国家的领土主权。

清军在第一次雅克萨战斗中收复失地后，主动撤出。沙俄不甘失败，又派托尔布津和拜顿率领大队俄军卷土重来，一举进占了雅克萨，并修筑了坚固的防御工事。他们此次出动了 670 多人（后增至 800 人）、5 门铜炮、3 门铁炮和大批枪支弹药。俄军再次入侵，清政府不得不再次出兵。1686 年，清军数千人在萨布索的带领下来到雅克萨，揭开了第二次雅克萨之战的序幕。

清军依仗人多势众，包围了雅克萨，通知托尔布津撤去。俄军非但不撤，反而凭借武器上的优势迎战清军。双方打了 4 天 4 夜，俄军撤回加城，托尔布津及 130 多俄军官兵战死。清军初战告捷，接着便强攻雅克萨城。然而由于俄军防御工事坚固、火药充足，强攻未能奏效。在强攻无效的情况下，清军怎么办呢？

为了避免更大的伤亡，清军停止强攻，决定采取围困的战术对付敌人。他们派大军驻扎在雅克萨周围，在城外修了堡垒，挖了壕沟，切断了与外界的联系。得不到武器与粮草的补给，困守在雅克萨城内的俄军处境日益艰难，饥渴威胁着全军的生存，许多伤员因此而死去了。该年年底，城中的俄军只剩下 150 多人，其中不少人得了败血症，能站岗放哨的不过 40~50 人。而到 1687 年初，拜顿手下只剩下 66 个患病的士兵了。清军的围困战取得了重大的效果。

关门打狗

1948 年 9 月，毛泽东认为，领导我人民解放军和国民党军队进行大决战的时机已经到来，于是筹划进行几大战役，首先是在东北打，这个战役后来取名为辽沈战役。

当时,国民党在东北的兵力集中在长春、沈阳、锦州三个孤立地区。是同时打这三个地区之敌,还是先打某一个地区之敌? 若是后者,又该从哪儿下手? 毛泽东深思熟虑之后,果敢地决定,先打锦州之敌。为什么要先打锦州呢? 这中间有什么道理呢?

锦州位于东北的南端,是联结东北和华北的一个战略要点。先打锦州的好处是:首先,吃掉防守这地区的十万余人之敌,就切断了东北之敌和华北之敌的联系,形成"关门打狗"之势,使得长春、沈阳之敌都处于孤立无援之绝境;其次,打锦州,必然使锦州南北之敌前来救援,我们则可以趁机歼灭援敌;第三,这样再打沈阳就容易得手,而长春之敌也可能逼于大军压境而投降。

当然,先打锦州之敌,要把我军主力快速南移,要打空前规模的歼灭战攻坚战,为此需要在短期内准备充足的军需,这些都有不少困难,要冒很大的风险。但是,权衡利弊,还是先打锦州为最佳方案。

后来的事实证明,毛泽东先打锦州的决策,这一棋子一走,全盘皆活,不但打赢了辽沈战役,而且有利于淮海战役和平津战役如期、顺利地进行,促进民主革命在全国胜利的早日到来。

击其弱处　啃其一边

1947 年 7 月的鲁西南战役,解放军在战略上以中央突破的方式粉碎了敌人的钳形攻势(对山东和陕北的重点进攻),解放军的两翼是采取后缩的态势来钳制敌人,以保障中央突破。而解放军的战役突破,则是采取合围钳形攻势进行的。战役之初,解放军分路突破敌黄河防线,分割其防御体系。解放军预先配置于黄河南岸的军区机动部队,围攻郓城,并以一支主力插入敌人纵深,待机打援。

解放军突破黄河防线,敌统帅部大为震动。蒋介石为堵住这一缺口,仓促从豫北战场的豫皖苏战场调集了三个整编师和一个旅赶来增援。分左右两路向定陶、巨野挺进,并调王敬久来统一指挥。敌人的企图是坚守郓城。引解放军屯兵于城下,然后以其右翼主力抵其侧背,迫其背水而战,或将其重新逼过黄河。针对敌人的这一部署,刘伯承将军怎么来对付的呢?

刘伯承将军不仅看穿了援兵的使用钳形攻势的诡计,而且也看清了敌人的钳形攻势是跛足的:其右路使用三个整编师,左路却只有一个旅兵力;他还看透了解放军处于兵家所忌的"背水作战"态势这个表面现象,对王敬久有很大吸引力。于是,刘伯承将计就计。采取"攻其一点,引其来援,啃其一边,各个击破"的战法,一面坚决围攻郓城,及引敌军北上;一面以直插敌人纵深的一支主力,攻取定陶、曹县,歼灭其左路那个旅,另以待机在冉固集、汶上集地区的主力,策应郓城和定陶两个方面的作战。经过几天作战,解放军攻占郓城,同时又攻占了定陶、曹县,歼灭敌左路一个旅,打掉了敌人这个薄弱钳头,从而打破了敌人的钳形攻势。敌右路三个师,由纵深梯次配备队形,转化成没有纵深的纵长队形,其侧背完全暴露在解放军面前,蒋介石的钳形攻势失败了。

围而不打

我东北人民解放军解放东北全境后,立即挥师入关,和人民解放军华北兵团合力围歼华北的国民党军队。当时,在国民党华北"剿匪"总司令傅作义指挥下的60多万国民党军队,为我人民解放军所取得的巨大胜利所震惊,赶忙收缩兵力,企图海运南逃或西窜绥远。毛泽东清醒地看到敌人这种企图。然而,由于巨大的胜利,使我军的某些指战员产生急躁情绪,急于求战。而这种急躁情绪却可能促使华北敌人加紧逃窜,这就很不利于在华北大地上大量歼灭国民党军队。决不能让华北敌人西窜,那怎么防止他西窜呢?

毛泽东和周恩来、朱德、刘少奇、任弼时磋商后,决定了平津战役的谋略:先要把华北之敌分割包围于几个据点,来个"围而不打",或者"隔而不围",目的是防止敌人逃跑。把敌人整个圈住以后,再分别围而歼之,由外而内,最后夺取北平,结束战役。

于是,毛泽东按照上述谋略调兵遣将,逐步实施战役计划:

在1948年的11月中下旬,我军神速将敌分割包围于北平、天津、张家口、新保安、塘沽五个据点,截断了敌方南逃西窜的通路。

这时,对张家口、新保安之敌是围而不打,对北平、天津、通县之敌则是隔而不围,即只作战略包围,隔断诸敌联系,而不作战役包围;在淮海方面,也有意地延缓对国民党的邱清泉、李弥、孙元良诸兵团余部的歼灭,以动摇蒋介石海运平津诸敌南下的决心。同时,我军加强在济南附近的兵力,防止敌人向青岛逃跑。

进入12月下旬,先围歼新保安之敌,后攻克张家口;1949年1月14日,对天津发起总攻,15日解放天津。

1月底,北平守敌傅作义接受和平改编,我军于1月31日进入北平,宣告这个故都的新生。

实践证明,毛泽东对平津战役的决策是完全正确的。

示强痹敌

宋时,陕西的麟州,地处河外,是威胁西夏,进可攻、退可守的咽喉要地。但美中不足的是城中没有水井,用水紧张。庆历年间,有个西夏人为其国王元昊出谋划策:"麟州无井,围上半个月,守军和居民都得渴死,则麟州可不战而下。"元昊从其言,率大军围困麟州,数天之后,城中果然断水,情况万分危急。

在这十万火急的情况下,宋朝军民怎么样才能突破西夏的围困呢?

在这紧急关头,宋营中有个军士叫庞旷的献计道:敌人围困不去,一定是认为我们城中无水了,想困死我们。如果我们在城中挖井,掘出稀泥涂在城中高处的草上,以示城中有水,则敌人一定会主动退兵而去。麟州主帅从其言。而赵元昊却没有想到这些。他看到涂在高草上的稀泥,认为城中有水了,继续围下去已无多大意义,遂撤兵解围而去。

各个击破

蒋介石对红军的第一次"围剿"失败以后,组织起第 2 次"围剿",来个"稳扎稳打,步步为营,紧缩包围"。对蒋介石的这种紧缩包围,红军是怎么破解的呢?

当时的共产党中央部分领导者错误地认为国民党太厉害了,要红军退出江西,到四川去重新建立革命根据地。毛泽东、朱德、彭德怀等同志坚决反对,坚持在江西打垮国民党的再一次"围剿"。

怎么个打法?毛泽东和朱德等人仔细地研究了敌情,决定要让敌人找不到我们,而我们却要狠狠打击敌人。他们来个大胆的部署:把红军主力安插到敌人的"牛角"之中。也就是集中在东固,南边距离敌 19 路军 50 余里,西边距离敌 5 路军40 余里,北边与敌 43 师只相隔 20 余里。这里四周环山,加以封锁,敌人是想不到在他们的眼皮底下会藏住红军的主力。然而这里的物质供应非常困难。我们的红军忍饥挨饿在这里等了 25 天,终于找到了战机。

敌人公秉藩的 28 师,挨不过代总司令何应钦的一再督战,这条蛇终于首先出洞了,孤军深入到我军的包围圈中。经过大半天激烈的战斗,红军把它给吃掉了。这是 5 月 16 日的事。

敌 28 师的被歼,惊动了周围的敌人,敌 43 师郭宗华来个"鞋底抹香油——溜了"。刚刚经历了艰苦战斗的红军一听到敌 43 师要溜,不顾劳累,立即追赶,硬是追上敌 43 师,在白沙把它吃掉! 这是 5 月 19 日的事。

此后,红军又发扬连续作战的精神,在 5 月 23 日歼灭敌 27 师高树勋的大部,26 日又歼灭敌 5 师胡祖钰的部分,30 日又歼灭敌 56 师刘和鼎的全部,15 天内,由西向东,横扫七百里,打破了蒋介石苦心经营的第二次"围剿"。

围城打援

李自成拿下湖北的重镇襄阳、樊城后,遂决定拿下河南要地开封。公元 1642年,他率领百万雄师在攻占了预东的太康、睢县、宁陵、兰考、杞县、拓县、虞城之后,于 4 月下旬把开封包围了起来。

明朝的皇帝听到这个消息,立即从全国各地调集了 20 万兵马和 1 万辆炮车,在开封西南 45 里处的朱仙镇汇集,准备与开封守备里外夹攻李自成的农民起义军。在重兵把守的朱仙镇,李自成怎么办呢?

在这场大会战的前夜,李自成沉着冷静,运筹帷幄。他决定采用围城打援的谋略。留下一小部兵力继续围困开封城,不让城内的敌军与城外的敌军会合;抽出大部分兵力迅速占领朱仙镇南边的高阜,在镇的西南修建炮台,台下挖深沟,驻扎部队。李自成还下令在朱仙镇东南交通线上挖掘百里深沟,沟宽 1 丈 6 尺,不让敌军的粮车通过;同时堵截贾鲁河上游水源,不让敌军人马得到饮水。在作了这些部署之后,李自成鼓励将士奋力作战,打败敌人。

会战开始以后,明朝方面保定总督杨文岳首先率军向农民军发起进攻。可是他们的粮车过不来,饮水供不上,又不能得开封城内明军的配合,锐气一下子没了。明朝方面的另一支部队——左良玉率领的十余万兵马,本是明军的骨干,但是在农民军的猛烈反击下也经不起打击,妄图撤兵溜之乎也。打蛇打七寸,擒贼先擒王。李自成决定先收拾左良玉部队。他看到左良玉要溜,就下令"斗而不鏖,一触即退",也就是只做些骚扰性的出击,给敌以错觉,促敌迅速撤退。在这同时,李自成又派出精兵迅速插到逃跑的左良玉部前面,加以堵截。估计堵截部队到位后,李自成就下令迅速追击左良玉部。在农民军前后夹攻下,左良玉十多万"强兵劲马"溃败了。尔后,李自成分别击破杨文岳、虎大威、丁启睿各部,取得了朱仙镇战役的大胜利,为向北京进军廓清了道路。

第二章　应变慎观察

聪明的人看到敌人的形势无缘无故发生变化而显露出来,必然要谨慎地观察而不敢轻举妄动。这种令人疑虑的现象分为两种情况:微妙的情况使人内心感到可疑的,便可针对这种可疑现象制定应变策略、安排应变措施,从内心深处掌握敌人的准确动向;仅仅让人看到值得怀疑的明显变动,便不必去怀疑他,这是敌人在故意迷惑我方。所以说心里感到可疑就应以谋略来对付,眼睛看到的可疑情况只要静待就行了。

用心体察　坚决打击

1930 年夏,徐向前同志当时任红一军副军长,他率领着红一师,驻防在鄂豫皖边区的青山口,进行休整和扩编。一天,他得到消息,敌军有一个团进驻了花园镇,根据侦察人员报告,敌人的装备只有步枪等轻武器。徐向前同志听后,决定吃掉这个团,于是进行了战斗部署。谁知战斗打响后,就遭到敌人轻重机枪和火炮的还击,当时我军部队才建立不久,更缺乏对重武器作战的经验,这一意外的情况,使许多人都慌张了起来,有的停止了作战,有的埋怨侦察人员没有摸清敌情,有的团指挥员派人来请示还打不打,甚至连师部指挥所的参谋、副官也有点沉不住气了。年轻的红军面对这种突发情况该怎么办?

面对这一突发情况,徐向前同志当时非常沉着、冷静,他没有轻率地下令停止进攻,而是带着参谋和警卫人员离开指挥所,飞快地翻过一个小山头,来到战场前线察看情况,然后,他果断地做出决定,叫身边的参谋:"去命令各团,要用力猛打,把预备队也调上去!"

随后他向大家解释说:"不要被敌人的机枪大炮吓倒了,那是乱放炮。你们听,这机枪、大炮打的是什么名堂? 刚开始我还以为是敌人仓促应战,来不及组织对抗,后来越听越明白,敌人很可能是暂编团或补充的新兵团,这么好的机会,怎能饶了它!"大家仔细一听,敌人的机枪大炮确实是无的放矢,乱放一气,这才知道徐副军长的命令是有充分根据的,无不佩服之至。

战斗结果表明,徐向前同志的判断完全正确,敌人果然是个战斗力不强的补充团,武器虽好,却不能发挥作用。这一仗全歼敌人一千多,并缴获大批精良武器。

联合绞杀　智取江山

由于各种原因,到了 1954 年,我国福建、浙江沿海还有一些岛屿为国民党军队所盘踞。根据中央军委的指示,经过反复研究,决定先攻占浙江沿海大陈列岛中的一江山岛。这个岛虽然不很大,全是光山,没有居民,但是位于战略要地,岛上驻有蒋军的一江山地区司令部,率兵一千余人,各种碉堡、火力点密如蛛网,易守难攻。

在前线指挥这个战役的是当时的华东军区参谋长张爱萍。张爱萍将军如何端掉这一鼠窝呢?

这时已不是解放战争的年代,敌我双方都有很大变化。从敌方来说,虽然盘踞的岛屿不大,但毕竟是在海中称霸,又经多年苦心经营,没有海陆空的联合作战攻击是拿不下来的。而这时的我军,不但陆军更加强大,而且有一支初具规模的空军和海军。海陆空联合作战,既是取得一江山岛战斗胜利的现实需要,也是对付外来入侵者的未来需要。

于是,一江山岛战役的指导思想就是海陆空联合作战。这是我国新中国成立后的首次海陆空联合作战。

经过周密的准备,1955 年 1 月 18 日下午战役开始。先是空军出动机群不断轰炸,同时军舰和海岸炮也不断怒吼,在一江山岛敌人阵地遭到大量摧毁之后,无数的登陆艇冲向目的地,战士无畏地扑向滩头巉岩,只经过两个多小时的激烈战斗,就把守敌一锅端,红旗插上一江山岛的高峰。

欲擒故纵　歼灭土匪

1950年冬,湖南省刚解放不久,国民党的残余势力、土匪的活动十分猖獗,他们大多小股分散在山区,不时偷袭新生的基层革命政权,暗杀革命干部,扰乱社会治安,破坏生产建设。因此,剿灭土匪就成了那时的当务之急。

一天,当时任中共湖南省委书记兼解放军第12兵团政委的黄克诚同志,从一个被抓获的土匪口中得到一个口供,说有一个叫易朗照的土匪司令,要在冬至这天召集各路土匪头子到铁山庙,举行"双庆"大宴,庆祝他荣升"华南反共救国军"师长和40大寿,但又怕被人民政府知道了遭到围歼,所以还没有下定最后决心。这个消息,黄克诚同志听后很重视,心想如果确有其事,倒是一个难得的消灭土匪的机会。怎么样才能让土匪们放心地设宴呢?

还有三天就是冬至了,仍举棋未定的易朗照,突然得知担任剿匪任务的解放军部队大队人马奉命撤走了,据说是开往抗美援朝前线。真是谢天谢地,易朗照一颗悬着的心这才落了地,立即命令筹办"双庆"大宴,并通知各路匪首铁山庙宴会按时举行。

冬至这天,铁山庙十分热闹,易朗照布置好岗哨后,亲自在庙堂前迎接前来贺喜的各路匪首,然后他放心大胆地让手下1000多名弟兄大吃大喝,自己则陪着本县的和外县来的土匪头子尽情畅饮。这时,铁山庙四周突然响起了激烈的枪炮声,人民解放军18个加强连,已经将铁山庙团团围住,并展开了凌厉的攻击,匪徒们被大部歼灭,易朗照等匪首被擒。

巧设"空城计"

公元前666年,楚国的令尹子元率领600辆战车突然进攻郑国,打到郑国国都远郊的大门外。大军压境,郑国上下一片恐慌。郑文公召集大臣商讨对策,有的主张求和,有的主张弃城而逃,有的主张关紧城门等待援军,有的主张决一死战。这些计策都不太好,怎么办呢?

正在大家七嘴八舌,各抒己见的时候,大臣叔詹提出一个谁也没有想到的办法:藏好兵力,打开城门,用这个办法来吓退楚军。叔詹阐述他的理由:郑国大军奔袭,力求必胜,可是,他们也害怕失利,因而势必谨慎从事。如果看到我们国门大开,势必怀疑有诈,不但不敢轻易入城,而且可能下令退兵,以免腹背受敌。

郑文公听叔詹言之有理,比之其他办法都棋高一着,只好依从。接着按照叔詹的意见具体部署。

话说楚国子元率军来到郑国城下,只见外城大门洞开,里城护城河上的木桥还吊着没有放下。从城外高处往里看,街上商店正在做买卖,百姓安详地往来,军旗在空中飘动。这种景象把子元看傻了。大战在即,郑国都城竟然如此安静,如果不是诱敌之举,还能做什么解释呢?他不禁感叹地说:"郑国真有人才啊!"正在这时,探马来报,附近几国救援郑国的军队赶来,和楚军后卫干上了。子元更加感到幸好没有入城,于是赶紧下令撤军。

郑国总算躲过一次亡国的危机。

知己知彼　各个击破

公元1619年发生的萨尔浒之战,是明朝与后金政权在辽东地区进行的一次具有决定意义的战略会战。

当时,努尔哈赤建立的后金政权势力日盛,明王朝决定发动一次大规模的进攻,企图一举消灭建立不久的后金政权。明王朝任命杨镐为辽东经略,调兵遣将,筹饷集粮,置械购马,进行战争准备。努尔哈赤也在厉兵秣马,扩充军队,派人刺探明朝军队军情,积极备战。

明朝各路大军24万云集辽沈后,经略杨镐制定了作战方案,即兵分四路,分进合击,直捣后金政治中心赫图阿拉,一举围歼后金军。具体部署是:以总兵杜松部为主力,出抚顺关,从西面进攻;以总兵马林部,出清安堡攻其北;以总兵李如柏部经鸦鹘关,从南面进攻;总兵刘铤会合朝鲜兵,出宽甸攻其东,总兵官秉忠率一部驻扎辽阳,作为机动。杨镐本人则坐镇沈阳,居中指挥,限令明军四路人马于三月初二会攻赫图阿拉。但是明军出动之前,"师期已泄",后金侦察得知了明军的作战意图,努尔哈赤于是得以从容做出对策。努尔哈赤的意图是什么呢?

当时,后金的八旗兵力只有6万人,与明军相比,处于劣势。但是努尔哈赤在掌握明军的作战行动计划后,正确分析判断敌情,认为明军东、南、北三路道路险远,不能即至,于是决定采取"凭尔几路来。我只一路去"的集中兵力、逐个击破的作战方针。

首先,努尔哈赤把6万精锐集结于赫图阿拉附近,歼灭了孤立冒进的明西路军杜松部。然后,他又挥师进攻明北路军马林部,明军主将马林仅一身免,逃回开原。这样,北路明军又被消灭了。

努尔哈赤击败马林军后,立即移兵南下,迎击明东路军刘铤部。刘铤以治军严整著称,行则成阵,止则成营,炮车火器齐备,装备精良。努尔哈赤根据刘铤军的这一特点,采取诱敌速进、设伏聚歼的打法,全歼了刘铤军。

杨镐坐镇沈阳,掌握着一支机动部队,但对四路明军却未能做任何策应。等到三路丧师的消息传来,他才急忙叫南路李如柏部撤退。

萨尔浒之战,后金军以劣势兵力,在5天之内,连破三路明军,歼灭明军10多万人,取得了决定性的胜利,这不能不归功于战前努尔哈赤派人刺探到作战情报。正因为"知己知彼",努尔哈赤才能从容布置歼灭三路明军的作战方案。也正是因为不知道对方的情况,又把自己的作战方案泄露出去,明军才遭到如此惨败。

随势用兵

唐朝初年,薛仁杲割据一方称王称霸,并不把李氏父子的唐军看在眼里。李世民刚刚打了败仗,领着队伍来到高邮,薛仁杲就派他的一员大将宗罗睺领兵来打李世民的队伍。面对盛气凌人的敌人,李世民怎么用兵呢?

李世民的部下经过一场败仗本来窝了一肚子的火,现在看到薛仁杲也敢来欺负,火更大了,纷纷要求出兵迎战。可是,李世民坚决不同意。他对部下说:"咱们刚打了败仗,士气不高,不宜迎战,应当坚守堡垒,等待战机。"他看一时说服不了,就下死命令:"谁再敢提出要打,就斩首示众。"这一下压住了,李世民就命令加固城防,筹集粮草,加强练兵。这样过了 60 天,对于城下薛军的辱骂挑战硬是置之不理。

这时,不断有薛仁杲的士兵悄悄跑来投降,一打听,原来薛军粮食快吃光了,士兵饿得受不了。李世民觉得战机到了,就派梁实领一支人马到浅水原那个地方安营扎寨,目的是引诱宗罗睺来应战。果然不出所料,宗罗睺领兵来攻打。但久攻不下,疲惫了。这时,李世民又派庞玉领一支人马到浅水原的南边布阵,引诱宗罗睺再战。当宗罗睺猛烈攻击,快取得胜利时,李世民却带领大军从浅水原的北边猛击宗罗睺的队伍。这完全出乎宗罗睺的意外,宗的士兵一下子被打蒙了,四处溃退。于是,李世民身先士卒,率领部队趁着余勇追穷寇,如秋风扫落叶,打得薛仁杲只好屈膝投降,李世民一下子便收编了 1 万多人马。

示弱佯败　诱敌上钩

公元 200 年,袁绍派大将文丑率领近 6000 的骑兵,渡过黄河,占领了延津。而这时驻扎在延津以南不远处南坂的曹操才有 600 骑兵。大军压境,两军兵力悬殊,曹操心里是一清二楚的。但是雄才大略的曹操,临危不乱,依然自若地调兵遣将。他先让人领着百姓往西河去,尔后自己领着士兵去迎战袁兵。他让粮草在先,军兵在后。有人问为什么这样安排?曹操回答说:"粮草在后,多被剽掠,所以让其在前。"

"倘若遇到敌军,被劫去,怎么办?"

"到时候再说吧。"曹操显得毫不在乎。然而他的话却让一些人大惑不解。

走着走着,忽然探马奔驰而来报道:"不好了。袁绍手下大将文丑来了,咱们前头押运粮草的害怕了,纷纷撒下粮草,跑了。队伍又在后头远着哩,咋办?"

曹操用马鞭指向南边的山冈说:"队伍可以暂时避到那儿去。"而且接着让一部分骑兵下马,卸下马鞍,把马放到大路上去。

好些士兵不懂得这是什么意思。"敌人快到了,怎么能下这种命令? 还不赶快收马奔向白马那个地方去?"

这个时候,曹操的谋士荀攸说:"这是引诱敌人上钩的诱饵,退什么!"

曹操赶紧向荀攸使眼色,荀攸也就不再说什么了。

一会儿,文丑的队伍冲过来,眼看满大道都是粮草马匹,纷纷下马收拾,一下子队伍全乱了套。正当他们陶醉在意外收获之中时,忽然从南边山冈上冲下曹操的骑兵,抡起锋利的大刀就是一阵砍杀。紧接着,从文丑的后面也追来一支兵马,为首的是名将关羽,没有几个回合,便把不可一世的文丑的脑袋砍下。

袁绍

相机行事　如影随形

陈庄位于河北省灵寿县西北,太行山麓,抗日战争时期是晋察冀边区政府和军区的许多后方机关团体所在地。

1939 年 9 月,日军独立第 8 混成旅团长水源接到情报:贺龙带领八路军 120 师到达陈庄附近。

水源经过精心策划,带领了日伪军 1500 人和大批辎重,于 9 月 25 日由灵寿县向陈庄扑去。水源率领的日伪军装备精良,气势汹汹,贺龙如何消灭这支部队呢?

贺龙得到消息以后,琢磨出对策:你水源既来占便宜,我便将计就计,叫你来有来无回。他立即进行了部署,在水源必经之路上设下埋伏,等水源率队来钻。

水源是个狡猾的家伙,他生怕中埋伏,走到半路突然改了路线,让小部队兵力带着辎重撤回,以迷惑我军;而他自己则带着大部分兵力绕小路,躲过我军,袭击陈庄,而且得逞了。

水源占领陈庄正好是中秋节(阳历 9 月 27 日),他让部下肆意抢掠百姓财物,大吃大喝,"庆贺胜利"。

可是,他高兴得太早了。贺龙这边一方面派出两支小队伍连夜骚扰陈庄,闹得水源一伙夜不能寐;另一方面估计到水源孤军深入,必定及早撤兵,就在他回归的路上布下天罗地网。

果然不出贺龙所料,水源第二天就下令撤兵。虽然他挖空心思,重施故技,像来时走了半路突然改变路线,但他仍然没有跳出如来佛的手心,还是陷入贺龙设下的包围圈。

水源发现他被围,奋力指挥反击,同时向有关方面呼救。于是敌之援军立即出动,向陈庄方向赶来。这也在贺龙的预料之中。他一边调遣部队坚决堵住援敌,一边加紧向困兽水源发动进攻。经过两天激战,29 日夜击毙水源,30 日拂晓全歼敌军。

有道是:魔高一尺道高一丈,狡猾的日酋水源终于死在英勇的中国名将贺龙的手下。

乘败而击

胜可以转为败,败可以转为胜,关键在于指挥官是否善纳人言。五代十国时期,李存勖在胡柳陂的败胜,很能说明这点。

胡柳陂在今河南省濮阳县东。公元 918 年冬,后梁军队和李存勖军队在这里展开一场大战。起先,李存勖不听部属周德威的正确建议,轻举妄动,贸然进攻,造成失败,损兵折将。当他把部队溃散的队伍收集起来时,已经被后梁军队围困在一座土山上。这时眺望山下,只见敌军旌旗飘飘,人走马动,将士们感到势孤力单,很是恐惧。于是,有的将领建议鸣金收兵,择时再战。

这时,大将阎宝站出来说:"现在千万不可退却!咱们的部队还没有完全集合起来,散在四周的部队正军心不定,气只可鼓而不可泄,泄则自溃。现在后梁方面,骑兵已经进了濮阳城,战场上只剩下步兵。这时,我们自高而下冲进敌阵,完全有可能战而胜之!"另一位大将李嗣昭也站起来说:"我赞成阎将军的所见。现在天时将黑,敌方士兵都惦着休息,吃饭,搭篷。如果我们派出骑兵前去骚扰,使他们吃不上饭,他们只好退却,而我们却可以乘他们退却予以追击。如果这时候我们收兵,给敌人以喘息的时机,那么往后的胜负就难说了。机不可失,时不再来,主帅你要当机立断。"

已有前车之鉴的李存勖,听二位说得实在有理,便下决心立即出击。于是阎宝、李嗣昭等将领带领士兵,杀入山下,取得大胜,后梁军却转胜为败,死伤近 3 万人。

当机立断

1938 年冬,驻守北岳地区的八路军三五八旅旅长张宗逊,突然得到一个情报,说五台县的日寇主力蚋野大队,偷袭了离五台 70 里之外的高洪口抗日武装。张宗逊一听,顿时想到这是一个难得的战机,决不能放过。

于是张宗逊立即召开有旅政治部主任张平化、七一六团团长黄新廷和政委廖汉生,以及七一四团的干部参加的作战会议。根据分析,敌人没有多带给养,必然很快就要撤回据点,在高洪口与五台之间,有一条长达几里的山沟,大路就沿沟底经过,这个山沟名叫滑石片,两边全是高山,是一个很好的伏击战场。问题是要和敌人抢时间,因为从高洪口到滑石片只有 20 里,而从北岳到滑石片却有 50 里,若能先于敌人之前赶到,则能稳操胜券。接着,会上又明确了七一六团负责在滑石片两侧设伏,歼灭敌人,七一四团负责阻击五台方向可能出动的增援部队,并截击滑石片漏网的逃敌。作战任务部署完毕以后,部队来了个急行军,果然先于敌人到达阵地,并迅速占领了有利地形。这时毫无准备的蚋野大队,经过连续两天的行军,又打了一仗,已是疲惫不堪,当他们一步一步进入伏击圈后,我指挥员一声令下,两侧居高临下的部队立即向敌群射击。这一突如其来的袭击,打得日寇鬼哭狼嚎,蒙头转向,仅数小时,蚋野大队 700 余人除 21 人被俘外,全部被歼,并缴获了很多战利品。

第三章　借天时定胜负

决定战争胜负的第二个因素是天时。所谓天时,是指昼夜、晴雨、寒暑等气候季节的变化。此外,用水来辅助进攻,威力强大;用火来辅助进攻,效果明显。水和火是用兵打仗的重要辅助手段。

风起河冻　渡水追击

前燕大将慕容垂,乘苻坚淝水战败之机,重建燕国,史称后燕。太元十七年(392 年),他攻陷滑台,灭掉了丁零族翟氏建立的魏国。十九年(394 年)兼并西燕,一跃而成为中原地区最强大的国家。次年五月,他派太子慕容宝、赵王慕容麟率军八万讨伐北魏,又派慕容德、慕容绍领兵一万八千人为后继,准备一举灭掉北魏。燕军大兵压境,气势汹汹,在敌强我弱的情况下,拓跋珪采纳了谋士张衮的意见,采取了避敌锋芒、保存实力的作战方针,把部落、牲畜和二十万大军转移到黄河以南地区。燕军没有遇到什么抵抗,就悬军深入到五原,沿途只掳掠到北魏老弱三万余户,收割穄田百余万斛。于是燕军在黄河北岸赶造船只,准备渡河。燕军从五月占领五原,到这年九月。已经暴师于荒野四个月之久,始终找不到与魏军主力决战的机会,他们制造的数十艘船只又被大风刮到黄河南岸,无法渡河,士气开始低落,军心逐渐开始涣散。

拓跋珪在黄河以南积极进行军事部署,调兵遣将,准备反击。这时见燕军的船被大风刮走。更加坚定了他的信心,决定抓住这稍纵即逝的天赐良机。九月,他率军进驻黄河南岸,与燕军隔河对峙。他派遣军队将后燕往返于途中的使者全部抓获,封锁燕军与后方的联系,并让使者隔河对燕军大呼道:"慕容垂已死,你们为什么不回国发丧呢?"慕容宝在出兵时已知慕容垂患病,当他听到慕容垂已死的消息后,十分忧虑恐惧,唯恐大权落入他人之手。将士也为之惊骇,再加上塞外严寒,燕军已丧失斗志。十月,慕容宝烧毁船只,乘夜遁去。拓跋珪派拓跋遵统兵七万,堵塞了燕军南归的后路,自己亲率精骑两万人,乘北风骤起、河水结冰之机,渡过黄河,跟踪追击。十一月九日黄昏,悄悄地到达燕军宿营的参合陂,登上蟠羊山。第二天早晨燕军醒来,忽见山上布满魏兵,顿时惊慌失措,争相赴水逃命,拓跋珪纵兵追杀,燕军被践踏溺死者以万计。拓跋遵的七万魏军又在前面掩杀。燕军在前后夹击之下,纷纷投降,生还者不过数千人,慕容宝、慕容麟仅以身免。后燕自参合陂战后,国力衰竭,从此一蹶不振。

雨夜杀敌获奇效

公元 1140 年,南宋大将刘锜率军两万余人,坚守顺昌,以阻止金兵的大举南侵。金兵数十万之众在金兀术的指挥下包围了顺昌城,其大本营设在距顺昌二十里的东村。

刘锜见敌人初来乍到,刚扎下营寨,便决定趁敌立足未稳,先发制人,主动出兵,以阻止敌人的进攻。这天黄昏,天忽然大变,乌云密布,雷声隆隆,闪电不时划过夜空,闪电之中,只见城外金兵帐篷林立。

刘锜忽然灵机一动,产生了雨夜杀敌的想法,于是一个夜袭金营的计策在心中酝酿成熟。随即他把勇将阎充唤入,令其带精兵五百,前往东村金营如此如此。

阎充领着五百勇士,乘金军夜黑无备,分头摸进了村庄,闯入金营,一阵刀斧挥舞,正在睡梦中的金兵、金将,被砍杀声和惨叫声惊醒,一个个胆战心惊,乱成一团。金将只得下令退却,到十五里外才稳住阵脚。第二天,大雨还是终日不止,刘锜又想利用雨夜袭击敌人。黄昏时分,他挑选出一百名精兵,交代了任务,让他们每人带短刀一把,竹哨一个,乘着雨夜摸进金营。在敌营中,他们闪电一亮就猛吹竹哨,大杀大砍;闪电一灭,就潜伏不动。金军先是惊慌失措,继而也奋力地挥舞起刀枪拼死砍杀起来。夜暗中,也不知你我,逢人便杀。结果,整整一个晚上,金兵都在不停地混战,自相残杀,直杀得尸骸纵横,血流成河。而宋军一百健儿早就安全离开了金营。好不容易到了天亮,竟不见一个宋兵,金将懊恼莫及,只得退回老婆湾休整。

顺风放火

公元 1363 年,朱元璋和陈友谅两军为争夺天下,曾经在鄱阳湖展开了一场恶战。当时,陈友谅为便于作战,把他的巨舰全都连在一起,摆成长蛇阵,船上高擎战旗和瞭望台,远远望去像坚不可摧的座座高山;而朱元璋船只太小,不能仰攻。双方在鄱阳湖连战三日,朱元璋逐渐显出劣势。

后来,朱元璋的部将郭兴建议用火破敌。于是,朱元璋命令准备七条小船,船上装上火药等易燃之物,并命令士兵扎许多手持武器、顶盔贯甲的草人排列在小船上。

这天,七条装好火药、草人的船已整装待发。下午,恰好东北风起,朱元璋命令对陈友谅军船发起进攻,船顺风飞速而行,将近敌船时,朱元璋令点燃船中的草人、火药。陈友谅军见朱船进攻,以为船上都是士兵,光顾了迎战,却疏忽了防火。火船点燃后,乘风势瞬间就燃着了敌船。一时间,火借风势,风助火威,只见烟焰冲天,陈友谅连在一起的几百只船同时被点燃,湖水都被映得通红。陈友谅军一半被烧死或者淹死。朱元璋乘机指挥大军掩杀,大获全胜。

借风点火破强敌

蒙古部落的速把亥、歹青等人集兵,准备大举进犯辽沈地区。王杲闻讯后,急忙集结各部五千余骑,欲与之配合,并打算从东州附近的五味子冲发动进攻。明将李成梁急调重兵,紧张部署,决定用武力围剿。当王杲率三千骑袭来时,遭到明军强有力的还击,王杲受挫退守古勒寨,试图凭借深池高垒固守抵抗。

万历二年(1574年)十月十日,明军发起全面猛烈进攻,一时间,火炮、火枪、火箭齐发,但无法轰开坚密的木栅,用斧子砍也不能短时间砍开,明军士兵只好攀缘木栅而过。这时,王杲命部下射箭,抛石头,其势如雨,明军攻势受挫。李成梁亲自督阵,下令后退者斩。明军再次拼死往上冲,终于攻克了东北和西南两面。王杲部退到了寨中一座高大的台子处,居高临下,以射箭、投石子再次阻遏了明军的攻势。李成梁心急如焚。这时刮起风来,且越刮越大。在这千钧一发的时刻,刮起了大风,而明军是顺着风攻击,能不能利用风呢?

突然,一个念头在李成梁脑中闪现,"火攻"。他立即令明军借风纵火。霎时间,火势大起,迅速蔓延,很快就烧掉了王杲寨中五百余间房子和全部粮草,王杲部顿时土崩瓦解。

博望坡放火断路

刘备三顾茅庐之后,终于将诸葛亮请出山,拜为军师,待之以老师之礼,经常说:"我得孔明,就像鱼得到水一样。"关羽和张飞见刘备重用一介书生,不明白其中的原因,心中有些不服。

正巧曹操派夏侯惇领兵10万,杀奔新野而来,当时刘备军队只有几千人,可以说与曹军作战胜利的可能性很小。但诸葛亮却胸有成竹。虽然他自从受聘以来，这是第一次与敌人对阵，而且众将不服，但刘备很信任他，赐予尚方宝剑，命他指挥战斗。

这天，诸葛亮有了尚方宝剑在手，召集众将前来听令。他说："博望坡左边有山，名叫豫山；右边有林，名叫安林，可以埋伏兵马。关羽领兵1000埋伏于豫山，敌人到时，不可与敌交战，放过来便是。敌人的粮草辎重必在后面，只要看到南边起了火，就出兵进攻，放火烧他们的粮草。张飞领1000人去安林后面山谷中埋伏，看到火起，便去博望坡放火烧敌屯粮之所。关平、刘封带领500人，预备引火物，到博望坡两边守候，等到敌人兵到，便可放火。赵云领兵为先锋前去迎敌，不许赢，只许输。主公您领兵1000为赵云后援。大家要依计而行，不许违令。"众将只见孔明一人清闲无事，心中不平，但尚方宝剑在，又不能说什么，只好依计而行。

孔明又命人准备庆功喜筵，准备记功簿，专等诸将得胜回朝。

却说夏侯惇与于禁等人领兵到了博望坡，留一半人保护粮草在后慢行，自领一半精兵向前赶来，赵云领兵1000前来应战。战不多时，赵云诈败回走，夏侯惇率军追赶。赵云且战且退，赶到博望坡，忽听一声炮响，刘备引军冲杀而来，夏侯惇大笑说："这便是敌人的埋伏了，不过千人而已。"引军上前，刘备、赵云战不多时，败回便逃，夏侯惇穷追不舍。这时天色已晚，浓云密布，风越来越大，道路越来越窄。于禁急劝道："小心敌人火攻。"一语未完，只听背后喊声大起，关平、刘封所率士兵四处放火，烈焰滚滚，曹军人马大惊。赵云回军掩杀，曹军争相逃命，自相践踏，死伤不计其数。曹军粮草被张飞放火烧净，博望坡被关羽抢占。这一仗直杀到天明，杀得曹军尸横遍野，血流成河。夏侯惇收拾残军，惊魂未定，回许昌去了。关、张、赵、刘等人率军得胜回师。

借风放烟得天时

我国五代十国时期，南方的吴国和吴越国之间发生了战争。公元919年3月，两国在狼山江摆开了战场，准备做一番厮杀。吴越舰队的统帅钱传瓘在思谋着取胜之策。

钱传瓘想到，为将者要抓住天时、地利、人和这三条。现在军中上下斗志旺盛，"人和"一条可以无虑。那么，怎么利用天时与地利呢？这时，他抬头看天，看到军旗飘飘，指向敌方。"噢，近日风大，我军正处在上风头，何不利用这风……"一条计策在他脑中形成。他立即传令各船将士都要准备三样东西：灰、豆、柴。

将士都莫名其妙。"你们别问，只管快弄去，特别是灰土越多越好。"

当这三样东西准备齐了以后，钱传瓘把各船的首领找来，如此这般布置了一番，首领听了高高兴兴地走了。

不久,下令开船,向吴国舰队进发。当快要靠近吴舰时,吴越舰队突然改变队形,一字向吴舰靠拢。说时迟,那时快,吴越舰上的士兵突然向吴舰扬起草灰、白灰和豆子,弄得吴舰上的士兵既睁不开眼睛,又站不稳脚跟,无法还击,紧接着吴越兵又向吴舰扔火把。火借风力,风助火势,弄得吴兵纷纷投江逃命。

以烟幕战开道,以火战相随,钱传瓘取得了一个大胜仗。

乘雾进军

朱元璋攻克了大都,推翻了元朝,但边远地区还残存元朝的势力。公元1383年,他派义子沐英和傅友德将军等一起去消灭云南的元朝残部。他们两个怎么消灭元朝残部的呢?

沐英率领部队乘浓雾,悄悄地进抵曲靖附近的江边。当雾散时,对岸的元军大吃一惊,明朝的大军已经到达。这时主将要下令渡江,沐英劝道:"我们一夜奔袭,将士们都很疲劳了,不如下令休息,以免被敌人利用。"傅友德听了感到有理,也就同意。沐英所说的休息不过是做给对岸敌人看的,为了麻痹敌人,松懈他们的警戒。而这时,他却暗中派兵从下游渡江。敌人在下游的布防很松,很快就被明军突破防线。明军上岸后,立即登山,竖起明朝的旗帜,还有意把军号吹得十分响亮。守卫曲靖的元军眼看下游山巅上明朝旌旗飘扬,山间回响明军的号角,感到大势已去,军心涣散。沐英这时就指挥部队渡江,向曲靖杀去。由于元军丧失斗志,明朝便不很费力地渡过江,击败守敌,活捉元军主帅。曲靖这关键一仗打下来,明军便如秋风扫落叶,很快消灭了云南境内残余的元军。

学诸葛黑夜借箭

《三国演义》中有个诸葛亮草船借箭的故事老少皆晓,而唐朝有个张巡草人借箭的故事却鲜为人知。

唐朝天宝年间,安禄山叛乱,河南雍丘的县官令狐潮起来响应,打了一些胜仗,抓了一批唐朝士兵,又带队出城打仗去了。在这当口,他的老窝却让忠于唐王朝的张巡领兵占了。这时,城内张巡只有兵千余人,城外令狐潮的兵却有几万人。在敌强我弱之下,张巡知道只能智取,不能硬拼。

他探听到令狐潮从河上运来一批盐粮,而他城中正缺这个。于是,趁黑夜派出一支部队,悄悄地去偷袭对方的盐粮,弄回一批,其余的都烧了。

盐粮解决后,他就想法解决缺箭这件事。造,没原料;那就学诸葛亮,向敌人借。

张巡命令士兵搜集各种草料,扎了1000多个草人,趁黑夜用绳把草人放到城外,尔后鸣锣击鼓,大声呐喊,使令狐潮方面以为城内出兵。敌人果然上当了,马上下令朝着密密麻麻动幌的黑影射箭。将近一个时辰,张巡下令收草人,城楼上的士兵高兴地拽上射满了箭的草人。天亮后,令狐潮才知道上当了。

第二天晚上,又是夜黑风高,张巡下令把五百壮士腰间结上绳子,从城头放下去。令狐潮方面以为张巡又来昨晚上草人借箭那一套,不予理睬。谁知这五百壮士下到城外,解去绳索,却悄无声息地爬近令狐潮的军营,然后,一跃而起,大砍大杀,还放火烧营房,吓得令狐潮的士兵抱头鼠窜。

张巡就是这样用计谋,以少胜多,在雍丘城坚持了 4 个月。

雾中袭击　乱中取胜

隋朝时,窦建德在河间府地界,筑坛封赏,自称长乐王,后改称夏王。隋王朝见窦建德的力量一天天发展壮大,就命令薛世雄领兵 3 万前去征讨。薛世雄进驻到河间城南的七里井,准备一举歼灭义军。窦建德却将精锐部队埋伏在附近的草泽中,又命所属各县城官员撤退,借以麻痹敌人。薛世雄果然中计,以为起义军害怕他们,就放松了戒备,不但自己饮酒作乐,而且还让部队放心休息。窦建德一切准备就绪,专等有利时机发起战斗。

一天早晨,浓雾弥漫,到处是白蒙蒙的一片,看不清远处的人烟。窦建德认为作战时机已到,于是就向隋军发起了进攻。只听见一声巨响,起义军从四面八方向隋军进攻,隋军遭到突然袭击,顿时乱作一团。薛世雄对当地的地形不熟悉,加上大雾弥漫辨不清方向,不知怎么办才好。起义军熟悉地形,主动出击,英勇顽强,把隋军打得到处乱逃,溃不成军,薛世雄在慌乱中仅带着数百名骑兵夺路奔逃。起义军取得了河间之战的重大胜利,创造了乘雾歼敌的典型战例。

风雨困敌

1231 年秋,蒙古大军兵分三路,会攻金国都城汴京。拖雷与速不台率领的右路军经宝鸡入关,假道宋境入唐、邓两州,与已经聚结于邓州以西的金将完颜合达的大军相遇。

当时完颜合达统步兵二十五万,骑兵二万人,而拖雷仅驻有三万多兵马,众寡悬殊。速不台对拖雷说:"金军将士习惯生活于城市之中,不耐劳苦,不善野战,我军要不断地挑战,诱使敌人奔波于山野之间,待其疲惫不堪之时,再与之决战,定能取胜。"

此时,金兵已在邓州西南的禹山分据了有利地形,严阵以待。拖雷与速不台与金人短兵相接,诈败诱敌,金将不敢追击,坚守不动。几天后,蒙军伏兵打败了入邓州就粮的金军,进而围攻邓州。为了诱敌出城,达到在运动中歼灭敌人的目的,三日后蒙军撤嗣北进,摆出要深入金国内地,进攻汴京的姿态,连续攻克所过的州县。完颜合达不敢怠慢,急忙率步骑十五万尾随其后。

拖雷按速不台的计策,派三千骑兵绕到敌军背后,伺机袭扰,而蒙古大军在前徐徐行进。金军欲战,蒙古人则退,金军虽穷追不舍,怎奈步兵行动迟缓,无法追上蒙古骑兵,与蒙古军始终保持一定的距离。入夜,速不台又令蒙古军小队骚扰金军营盘,让他们彻夜不得安宁。金军由于连日行军,且行且战,昼夜受到蒙古骑兵骚扰,加上天寒地冻,粮草不继,战斗力锐减。

1232 年正月,拖雷军与口温不花亲王统率的万余骑兵会合,在钧州以西的三峰山待机迎敌。

时逢雨雪交加,看不见前方 500 米,金军行至三峰山,距钧州仅十余里,发现蒙古军已在前方不远的地方布阵,遂匆忙列阵近战。战斗开始后,蒙军佯败,退却诱敌,金军万余骑自山上向下攻击,遇到蒙军的猛烈反击。由于山地狭窄,金军十几万人马无法展开,一部分军队在前面作战,另一部分只好在后面观看,而蒙军却充分展开兵力,将金军团团围住,四面进攻。战斗正酣时,天空忽降大雨,战地内积水盈尺,人马践踏,泥沼没胫。被困于山野的金军将士,被甲僵立雨中,许多军士已二三日没有进食,疲劳饥寒,难以支持,无心恋战。蒙军则轮番休息吃饭。战斗过一段时间,速不台料敌人已完全丧失了斗志,便下令在包围圈的东北方留出一个缺口,有意放敌人逃奔钧州。求生心切的金军将士立即夺路而逃,喧哗之声如山崩地裂,顷刻间全线崩溃,蒙古骑兵则在逃命的金军两侧猛烈追杀,如同猛虎驱羊群一样。在金军奔逃的十几里路途上,尸横遍野,败逃的金兵中途又遭蒙古伏兵的截杀,完颜合达仅率数百骑进入钧州。蒙古军迅速攻破钧州,合达被俘。此战致使金国精锐的陕西、河南两省十几万军队全部覆没。蒙古军以少胜多,创造了中国战争史上的又一个奇迹。1233 年,速不台率军攻克汴京,翌年春,金哀宗自焚,金灭亡。

天气助战　突然袭击

传说中的黄帝部落是生活在黄河流域的一个大的部落,而另一个大的部落蚩尤部为了争夺黄河流域肥沃的土地就与黄帝部落发生了激烈的争斗,蚩尤有神力,能呼风唤雨,在与黄帝的战斗中,他常常借助这些天气来助阵,但是都被黄帝一一化解了,于是蚩尤就使出了杀手锏。

这个杀手锏就是雾,蚩尤唤来大雾,在伸手不见五指的雾中袭击黄帝。黄帝因此损失巨大,如何才能破这个战术呢?黄帝也绞尽脑汁,终于想出了好办法,他发明了指南车,通过这个指南车,他就可以在雾中辨明方向,指挥军队了,最后把蚩尤部打得大败,巩固了他在黄河流域的领导地位。

诸葛亮草船借箭

在《三国演义》小说中，周瑜是东吴大将，他英俊潇洒，颇有才华，但是心胸狭窄。他见诸葛亮才华横溢，智谋无比，日后若辅佐刘备，蜀汉发展难以估量，于是便心生杀念。鲁肃是东吴的一位谋臣，是个仁慈宽厚的人，他劝周瑜说："既然孙刘两家结为盟友，再杀孔明，只怕名声不好。"周瑜不听，说："我杀他个有因有果，死而无怨就是了。"

第二天，文武百官汇集于大帐前，周瑜请诸葛亮前来议事。周瑜说与曹军作战，急需用箭，希望诸葛亮监造箭枝。诸葛亮不好推辞，忙回答说："既然是周都督的委派，我自然应当效劳。不知要在多少天内造多少支箭。"周瑜说："给你十天时间，造十万支箭。"诸葛亮这才明白周瑜是想找机会除掉自己。因为无论如何，也不可能在十天内造出十万支箭来。于是他略一考虑，说："曹军近日便到，如等十天，必然耽误大事。我看三天就可以。"周瑜心想诸葛亮的死期到了。诸葛亮不慌不忙，还立了军令状，如果三天内造不出十万支箭来，愿意伏法。

回去之后，周瑜心中暗暗得意。诸葛亮也毫不慌张。他对鲁肃说："周都督前几次用计对付曹操，都被我识破。我曾告诉过你，千万别跟他说我识破了他的计策，看来你是没听我的话。如今他要设法杀我，只能你来相救了。"鲁肃说："今天是你自愿立状请命，我如何救你？"诸葛亮说："我只希望你借我二十只船，每船上有三十个人，扎起一千个草人分布在船的两边，即可。"鲁肃答应帮忙，并应允他不向周瑜透露这件事。

直到第三天的四更左右，诸葛亮来请鲁肃，说"前去取箭"。鲁肃不明白，心想三天来未见你打出一支箭，现在却突然去取箭，能到哪里去取呢？诸葛亮也不解释，只命二十条船用长索连好，然后上船直往长江北岸开去。此时天降大雾，看不清人影。小船五更时分来到曹操水寨前，一字排开。军士在船上擂鼓呐喊。曹操心疑有伏兵，不敢出战，只命弓箭手射箭。只见曹军一万多人，矢如雨发，尽向江中吴兵呐喊处，箭皆扎入草人身中。待到日出雾散时分，只见二十只船已插满了箭，每船约有五、六千只，总数十万还有余。诸葛亮下令收船回兵，却叫船上士兵高声叫喊："谢曹丞相送箭！"一路顺风使舵，回岸交差去了。

鲁肃目瞪口呆。诸葛亮对他说："周瑜想用这个计策杀我，怎么可能呢？我身为军师，哪能不懂天文地理、阴阳之变呢？我三天前便知今日必有大雾，所以与周瑜约好三日取箭！"鲁肃将经过缘由说与周瑜听，周瑜长叹道："诸葛亮果然神机妙算，我实在是比不上啊！"

雾天败敌舰

朱元璋与陈友谅两军大战于江西鄱阳湖,由于陈友谅的战船都配有机关轮轴,只要一踩动机关,战船就如离弦之箭,速度异常之快。朱元璋与之交战,每每不能取胜。怎样才能制服敌人的快船呢? 如果是与陈友谅硬拼的话,只会带来更大的损失,只有通过妙计把敌人的船制服才能打败陈友谅。

军师刘伯温向朱元璋献上一计,派士兵购买了大批稻草备用。

翌日近五更时分,细雨绵绵,雾气蒙蒙,朱元璋暗发水军靠近陈友谅水军,陈发觉后,慌忙派船出战。双方的战船越靠越近,朱元璋命令悄悄地将战船上的稻草抛入江中,然后快速后撤。陈友谅见敌人败走,下令追击。谁知轮轴被稻草缠住,机关失灵,战船只能在江中打转。朱军连忙拨转船头,闯入敌船中,大败陈友谅军。

第四章　借地利决成败

决定战争胜负的第三个因素是地利。所谓地利,是指路途的远近、地势的险峻或平坦、作战地域的宽阔或狭窄、战场是否有利于攻守进退等地形条件。不熟悉山林、险阻、沼泽等地形情况,就不能行军;不用向导,就不能得到地利。根据用兵的原则,战地可以分为散地、轻地、交地、衢地、重地、圮地、围地、死地。考察各种不同的战地采用不同的策略,因地而宜,方可不败。

设坑伏敌

公元 1120 年 11 月底,驻守两浙的都监蔡遵、颜坦领宋兵五千,连同本地县令陈光,杀气腾腾地前来扑灭兴起才一个多月的方腊起义军。方腊得知此消息后便与起义军将领拟定了一个设伏息坑,聚歼敌人的作战计划。

方腊是怎么聚歼敌人呢?

离碣村不远的息坑,是一条夹在薪安江和潮山之间的狭小地带,依山傍水,地势险要。方腊农民军就在此布下天罗地网。11 月 28 日黄昏,寒风凛冽,蔡遵、颜坦率领的宋军急匆匆赶到了离息坑不远的威坪镇。一路上,没有见到一个起义军,他们以为起义军闻风而散了,于是趾高气扬,不可一世。蔡遵、颜坦下令在威坪镇安营下寨,埋锅造饭,准备次日一早进山围剿。宋营浓烟刚起,附近山头便传来阵阵呐喊,等候已久的起义军杀下山来。霎时,宋营中人叫马嘶,乱作一团。蔡遵等先是惊慌失措,继而看见起义军力量单薄,也就不放在眼里,当即下令停炊迎战。起义军佯攻一阵后,往后山而退。宋军尾随不放,待转过一条羊肠小道,起义军忽然无影无踪。这时,天色已晚,狡猾的蔡遵、颜坦周围一瞧,见此地三面险峰陡峭,一面江水汹涌,疑心中了起义军之计,心中大为恐惧,急忙传令退兵。但已为时太晚,只听得一阵锣响,四处火光冲天,杀声动地。埋伏在息坑的起义将士手持竹刀、竹枪,铺天盖地地杀向官军。宋军晕头转向,虽奋力拼杀,仍突不出重围。经过一夜激战,宋军尸横遍野,蔡遵被竹枪戳死,颜坦眼见全军覆没,走投无路,无奈拔剑自刎而死。

崤山伏击战

春秋战国时期,秦军中了商人弦高设的"犒师计"后,绕路返回。

先轸为晋国中军元帅,他认为秦国力量日趋强大,是晋国称霸的绊脚石,于是在秦军撤退途中设下埋伏。

秦军撤到渑池大约要在四个月之后,这是先轸早已预测好的。渑池是秦、晋之交界,有东西两座崤山,相距三十五里,这是秦军回国的必经之路。那里地势险峻,树木丛生,道路崎岖,是组织伏击的好地方。

先轸经周密思索,在此布下天罗地网:先且居引兵五千伏于崤山之左;胥婴引兵五千伏于崤山之后;孤射姑引兵五千伏于西崤山;梁弘和莱驹引兵五千伏于东崤山。

公元前627年,不出先轸所料,秦军进入了伏击圈。晋军的战术为卡头、断尾、斩腰,秦军队伍被截成数段,分别围困在上天梯、堕马崖、绝命岩、落魄涧、鬼愁窟、断云峪等险要地带。当秦军发现被困入埋伏圈时,已是欲进不能,欲退无路。正如晋襄公所料,如此天罗地网,秦军插翅难飞。就这样,万名秦军在此断送了性命。

巧用海湾地利退南汉

公元937年,皎公羡杀死杨廷芝,篡夺了他的安南节度使之位。翌年,杨廷芝旧将吴权起兵攻打皎公羡,战于交州。南汉王刘龑本有吞并交州的企图,听说皎公羡派人前来求援,正中下怀。于是,派他儿子刘弘操率战船去援救皎公羡,自己领大军后援。崇文使萧益劝刘龑:阴雨连绵已有十天之久,海路险远,且吴权狡诈多谋,万不可轻敌冒险。大军出动要多用向导,发兵要持重。刘龑不听,命刘弘操立即率战舰开往交州。刘龑轻敌冒进,以为自己兵多粮足,战舰巨大,一战就能打败吴权。吴权对来势汹汹的敌人,采取什么办法呢?

就在刘龑父子率军来犯时,吴权已除掉皎公羡,占领了交州,正准备全力应战南汉大军。他令士兵找来许多木桩,又在桩上端安好铁尖,再把木桩钉置在海湾入口的水底,因河水涨潮,水下木桩不露痕迹。待南汉战舰接近海湾入口时,吴权派出小船前去挑战。南汉军见如此小船,立刻趋舰围歼。吴权小船佯装败退,诱敌靠近钉置木桩处,南汉战舰紧追不舍。就在此时,河水开始落潮,这早在吴权预料之中。吴权船小而轻,迅速退去,南汉战船大而重,全部撞在水下木桩的铁尖上,进退两难。吴权率军攻来,南汉军被动挨打,想逃也无法行船,士兵多半掉进水里淹死。吴军杀死刘弘操,大败南汉军。

巧渡沼泽地

公元 1723 年夏,青海的蒙古封建主发动叛乱,进攻西宁,劫掠牲畜。清政府派川陕总督年羹尧、四川提督岳钟琪率军平叛。一次,在敌人阵地前,有一片沼泽地。这段地带虽然不宽,但到处是积水和淤泥,杂草下掩盖着许多深不见底的暗坑,人踩上去立即就会陷进淤泥里,并有落入暗坑的危险。这对守敌来说确是一道天然防线。他们以为凭着这道防线,清军无论如何也难打过来。因此,当他们闻知年羹尧率数万大军前来攻打时,并不十分恐惧,防守得很松弛。

年羹尧和岳钟琪想利用敌人防守松弛,迅速出击,但是他们怎么渡过沼泽地呢?

清军来到这片沼泽地之前,年羹尧传令部队扎营,自己只带少数侍卫前去察看阵地,思考着破敌的办法,终于想出一条过沼泽破敌兵的妙计。回营后,年羹尧马上传令:要求全军将士每人准备一块木板和一束干草,准备次日发起进攻。将士们都很诧异,说:"往日临阵之前,大将军总是要求磨快刀,擦亮枪,可这次却让带上这些东西。"

次日凌晨,年羹尧率大队人马来到沼泽地带。当将士们面对着眼前这片人迹罕至的淤泥地区时,全都愣住了。到这时,大家才明白了大将军的意图,无不钦佩他的远见和智谋。在年羹尧的指挥下,清军先把草束抛到淤泥中,上面再铺上木板,在泥水上搭成了一条道路,保证了大队人马的顺利通过。

当清军攻进敌人营盘时,驻守的敌军将士以为是神兵天降,乱作一团。冲入敌阵的清军,个个精神抖擞,斗志高昂,把敌人打得溃不成军,取得了这场战役的最后胜利。

冰墙阻逃敌

明洪武十八年(1385 年)冬天,明军占据辽东。负隅顽抗的纳哈出率兵进犯金州,一时间搞得那里人慌马乱,鸡犬不宁。太祖朱元璋闻讯,遂命叶旺、马云二将军为都指挥使,率部队前往金州增援。

待叶、马带援军马不停蹄地赶到那儿时得知,进犯的敌人已被英勇的守军击退。

"不能让这股敌人逃回辽东!"二人不约而同地说道。他们研究了敌人逃跑的路线,发现盖城南十里柞河是敌人败逃的必经之路,一个筑冰墙阻逃敌的计划遂形成了。他们是怎么样阻挡逃敌的呢?

叶旺、马云二人带着部下先至柞河边。他们连续奋战,刨冰挖河,将沿河从连云岛到窟驼寨的十余里长地带垒成一道冰墙后,浇上河水。冬日的北方,天寒地冷,滴水成冰。一夜之间,十里长的冰墙宛如一条坚不可破的银带横在河岸。

冰墙屏障制好,叶旺将部队分成两部分,在冰墙两端挖掘大片陷阱,井中布满锋利的钉板,在敌人的退路上设下了天罗地网。一切准备完毕,他命令部队埋伏在敌人必由之路上,只等冰墙陷阱发挥威力后,冲上前去收拾残局。

再说纳哈出带着败兵残将,慌慌如惊弓之鸟,忙忙如落网之鱼地逃至此地,忽见眼前一道银光,一望无边的冰墙横在眼前。前有屏障,后有追兵。乱作一团的纳哈出士兵们别无选择,只好匆匆奔向冰墙两端,试图绕道而过。岂料这正中了明军的埋伏,跌入早已为他们准备好的陷阱中。一片惨叫声还没断,叶旺,马云又带人马从两边杀来。纳哈出见状,只得抛弃他的人马,只身逃了出去。明将叶旺、马云取得了这次歼敌的彻底胜利。

毒水破金兵

公元1140年,金军统帅兀术率大军南犯。当他得知他的先头部队在顺昌屡次被宋将刘锜所挫时,大为恼火,遂亲自率领十万精兵向顺昌进发,扬言要把顺昌踏为平地。

刘锜得知兀术兵进顺昌的消息,便想利用金兀术的狂妄轻敌,设计打击他。于是他派人给金兀术下了一道战书,说:"如果你敢率军过颍河与我交战,我愿为你架设五座桥,迎接你过河。"如此相激。兀术看罢战书,怒发冲冠。他立即给刘锜回书,答应来日渡河应战。按兵家规律,守卫的一方隔河相恃是很有利的,但刘锜却反其道而行之,弃己之长,这是什么缘故呢?

兀术回书的第二天,刘锜果然如约在颍河上架起了五座浮桥,同时又派人在颍河上游和金军作战的地方撒放毒药。金军过河后即摆开阵势,准备决一死战。刘锜却高垒深沟,拒不出战。刚刚远道赶来准备战斗的金兵后续部队,早已疲惫不堪,但又不敢卸下盔甲休息。当时正烈日炎炎天气酷热,金兵人马饥渴,争相去颍河喝水,马匹往河边吃草,结果俱因中毒困乏不支,到了交战时已都精疲力竭。刘锜见时机已到,即派出几百人马从西门突然冲出,杀向金兵。当金军的注意力在西门时,从南门又杀出数千宋军。金兵措手不及,顾此失彼,死伤惨重。金兀术屡遭宋军痛击,却硬不认输,并拉出其"王牌军"——"铁浮图""拐子马"亲自出阵督战。可是因为王牌军也中了毒,战斗力大减,加上刘锜发明了破金兵王牌军的武器,结果金兵上阵后一败涂地。金兀术自知难以挽救败局,只得撤军而去。

水中突击

在南宋时期,洞庭湖一带曾有一支杨幺领导的农民起义军,他们英勇善战,闹得封建王朝的统治者坐卧不安。他们便派王瓘、崔增、吴金率领4万人马去围剿。

公元1133年11月初,王瓘打前锋,气势汹汹地向义军扑来。他们先打高癞子寨,不费多大劲就取胜,继而又轻而易举地拿下扬钦大寨和金琮寨。他们以为义军是乌合之众,不堪一击,便志满意得,更加骄狂,驱船直捣杨幺大寨。可是来到寨前,寨中竟然空无一人。

"他们上哪儿去了?"王瓘傻眼了。而这时杨幺早已带领义军战士摇船来到崔增、吴金管辖的部队附近。杨幺下令几条大船开出芦苇荡,船中暗藏士兵,顺流向官军漂去。狂妄自大的官兵们以为这是在上流被官军击败的义军空船,便争着撑篙摇橹去夺取这批胜利品。当他们快接近"空船"时,却突然从四周苇荡中冲出无数义军的战船,顿时流矢木石狂风般扫来,吓得官兵目瞪口呆,无处逃藏。而那些在水乡长大的义军士兵,个个生龙活虎,或是跃过船来无情砍杀,或是从水中冒出把官兵拽下水去。于是,崔增、吴金率领的数百只船,没有多大功夫便沉落湖底,滞留沙滩的官兵也全被消灭。

这一场战斗,是杨幺精心导演的。王瓘的"取胜",不过是杨幺的佯败,避敌锋芒,把队伍转移到官兵意想不到的地方;而"空船"的放流,则是杨幺的"引蛇出洞",寻找战机,以便集中兵力,歼灭有生之敌。贯穿全过程的则是尽力骄纵敌人,使敌人丧失警惕,以便战胜敌人。

彦师巧借地利除李密

公元618年,李密与王世充交战失败,投降李唐王朝,但对于朝廷所给待遇十分不满,因此又图谋反唐。十一月,高祖李渊派他尚未归附的余部,于是李密乘机起兵。

十二月三十日,李密骗桃林县官说:"我奉旨暂离京师,请求将家留居县衙。"于是挑选八十名勇士,身着女装,戴着面罩,把刀藏在裙子下面,假充妻妾,李密自己带着他们进入县衙,转眼间,又突然换了服装,乘机占据县城,驱赶百姓,直奔南山,凭借险要向东行进,并派人告诉其旧部将领伊州刺史襄城人张善相,命令他派兵接应。

右翊卫将军史万宝镇守熊州，对行军总管盛彦师说："李密是个骁贼，又有王伯当辅佐，现在反叛，几乎不可抵御。"彦师笑着说："用几千兵马攻打，就能砍下李密首级。"万宝说："您有什么办法吗？"彦师说："兵法推崇使诈，现在还不能对您说。"彦师有什么妙计呢？

彦师率兵越过熊耳山，占据山南要道，命令弓箭手埋伏在道路两旁的高处，手持兵器的士卒埋伏在溪谷，下令说："等贼兵有半数过河后，立刻发起攻击。"有人问："听说李密要去洛州，可您却进了山，为什么？"彦师说："李密扬言去洛州，其实想出人不意，去襄城投奔张善相，如果贼兵进了谷口，我们从后面追击，山路险隘，兵力无法施展，贼军一人殿后，我们就不能制敌。现在我们抢先进谷，肯定能捉住他们。"

李密过了陕州，以为其余的地方都不足为虑，于是率兵缓缓行进，果然越熊耳山从南面出山。盛彦师发起攻击，使李密部众首尾断绝联系，不能互相救援。于是杀了李密和王伯当，把首级送到长安。彦师因功被封为葛国公，仍然镇守熊州。

地道战

在我国南北朝时期，公元 422 年 10 月，北方的魏国向南方的宋国大举进攻，连夺数城，当攻打虎牢时却屡攻不下。原来虎牢的守将毛祖德是一位有勇有谋的将领，他得知北魏来势汹汹，就早做准备，加固城防，囤积粮草，准备坚守抗敌。虽然北魏屡攻不下，但是，这么旷日持久下去也不是上策。

毛祖德日思夜想，琢磨出一个计谋来：他马上招募 400 名身强力壮的汉子，让他们自带锹镐之类的工具，从一处城墙根开挖，要求民工往下挖，挖一条通向城外的地道，工程越快越好，还尽量不出声。而城楼上继续加紧巡逻，做出加固工事的姿态。

地道很快就完成了。在一个深夜，当敌方人困马乏之时，毛祖德让一位将领带领一支人马，偷偷爬出地道，袭击敌营，放火焚烧敌人的营帐。当敌营混乱之时，毛祖德下令大开城门，大批人马立即冲出，杀向敌营。北魏军毫无思想准备，经不起里外夹攻，马上溃不成军，纷纷落荒而逃。

转弊为利　出敌不意

自古道："两军相逢勇者胜"。民族英雄郑成功能够收复台湾，关键一着是敢走险棋。

1661 年 3 月，他率领水陆战士 2 万余人，大小战船百余艘，从厦门附近的科罗湾出发，穿过台湾海峡，到达澎湖列岛。稍事停留，本当继续上路时，天公不作美，风狂雨骤,波浪汹涌,3 天不止。郑成功水军带的粮食不多,经不起中途多耽搁。在这一恶劣天气下,郑成功军该继续走还是等雨停?

望着满天阴霾,滚滚波涛,郑成功决心不再停留,开船向台湾进军。这时上路,虽然狂风巨浪无情,有可能翻船葬身海底,但是,这种天气逼近台湾也是侵略者荷兰守军意想不到的,只要大伙儿精心驾驶船只,是有可能闯过风浪的。于是 3 月 30 日夜郑成功下令开船。风雨中,将士们同舟共济,拼尽全力,经过一夜拼搏,于第二天拂晓到达台湾南端的外沙线及鹿耳门附近。

接下来的问题是,登陆走哪条道?从鹿耳门登陆有南北两条航道。南航道水深,登陆方便,但敌筑有炮台,不易攻破;北航道水浅,行船困难,而且容易触礁,造成船毁人亡,但是那边敌人没有什么防备。权衡利弊,郑成功决定走北航道,给敌人以出其不意的打击。他换乘小船,在浅海区前进,一接近岸边,他第一个跳下船,踏上了台湾岛。他身先士卒的表率行为,使得将士们个个奋勇争先,踏过滩头,跃上岸边,为收复祖国的领土、战胜侵略者前仆后继。

第五章　使离间破敌

征战争中运用间谍,并不是一朝一夕的事情了。间谍有五种类型:因间、内间、反间、生间、死间。五种间谍同时使用,就能使敌人误入歧途,摸不着头脑。所谓因间,就是利用敌国的普通人做间谍;所谓内间,就是利用敌国的官员做间谍;所谓反间,就是收买敌方派来的间谍为我所用;所谓生间,就是派出间谍到敌方侦察情报,然后回国报告;所谓死间,就是故意散布假情报,让我方的间谍了解真情,等待敌人的间谍来搜取情报,然后回国报告。

张仪六里土地绝齐楚

公元前 313 年,秦国企图攻打齐国,但是楚国和齐国合纵亲善。秦惠王决定首先破坏楚齐合盟,然后再攻打齐国。但是谁能担当这一重任呢?于是,秦惠王想到了谋略家张仪。他先免去张仪的宰相之职,然后派他到楚国游说楚怀王。

楚怀王,即芈槐,战国时楚国国君。公元前 328～前 299 年在位。他在位期间,多次受绐,但齐、楚绝盟的代价是最惨重的一次。张仪是怎么游说他,使他与齐国断交的呢?

张仪来到楚国后了解到楚怀王是个喜好被奉承的人。于是张仪便尽量拣好听的说。

他说:"我们秦王最喜欢的人莫过于你楚怀王,而我心甘情愿为其效劳的人,也没有超过你楚怀王的。我们秦王最憎恶的人莫过于齐王，而我讨厌的人也莫过于齐王。但遗憾的是大王你却和齐国友善，因此，我们秦王不能够支持你楚王，我也不能为你效劳了。如果你能听我话，跟齐国断绝同盟，你就可以派使者跟我到秦国去，收回秦王过去从楚国兼并的六百里商於之地。这样，齐国就变弱了。你这样做的结果是削弱了北面的齐国，施恩德于西面的秦国，自己又得了六百里的商於之地，这是一举两得三利的事啊！"

楚怀王是个头脑简单的人，听了张仪的一席话，心里很高兴。他不假思索地把宰相的印信交给了张仪，每天请他欢饮作乐，好像六百里土地已经到手了。

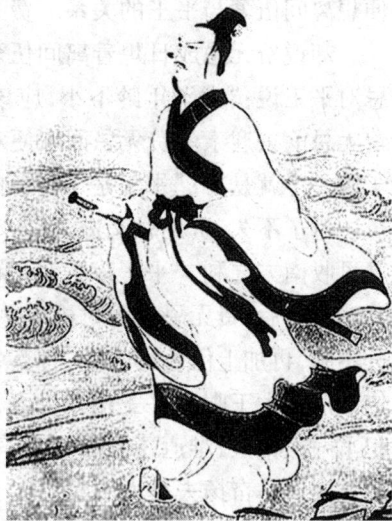

张仪

楚怀王的大臣们都向他祝贺，只有陈轸感到忧虑不已。楚怀王问其缘故，陈轸向楚怀王说出了张仪离间楚齐合盟的真实目的。

但楚怀王利令智昏，根本听不进陈轸的忠告，当即派一将领同张仪一道到秦国去接受土地。

张仪回到秦，马上改变了态度。他假装生病，三个月不见人，把转让土地之事束之高阁。楚怀王觉得张仪迟迟不提土地的事，一定是嫌楚国与齐国断交不坚决，于是派人去侮辱齐王，齐王大怒，把象征着友好的楚国兵符也折断了，同时与秦国修好。

张仪见齐、楚同盟被拆散了，于是开始上朝。他对跟随他入秦的楚将说："你为什么不接受土地？从某地至某地，宽广一共六里。"楚将说："我奉命接受的是六百里，不是六里。"于是，回国报告楚怀王。

楚怀王一听，方知中了张仪的计谋。楚怀王在大怒之中，准备发兵伐秦。陈轸劝他不要去攻打秦国，而应联秦伐齐，从齐地找回失去的土地。

楚王一心想复仇，不听陈轸的规劝，于是大举攻秦。秦、楚会战于汉中的丹阳，楚军大败。楚怀王怒不可遏，动员全国的军队再度攻打秦国，蓝田一战，又遭惨败。韩、魏两国见状乘机南袭楚国，直到邓地。楚王听到韩、魏入侵，不得不回兵自救。

谗小间君臣

春秋时，楚平王手下有个叫费无忌的，被平王任命为太子建的少傅。费无忌是个阴险狡诈的小人。当时太子建的太傅伍奢很受平王和太子的信任宠爱，费无忌便想离间伍奢与平王的关系。费无忌如何用计来离间伍奢与平王的君臣关系呢？

却说费无忌成日想着离间伍奢与平王的关系。终于找到了机会。一次，费无忌对平王说："太子年龄不小，应该给他娶个妻子。"平王就为太子从秦娶妻，并派费无忌前去迎亲。费无忌回来便对平王说："秦女绝色美人，王应该自娶，另外为太子聘一个就是了。"平王是个贪色的人，就听从了费无忌的意见，自娶了秦女。

过了不久，费无忌又进言道："城父是北方重镇，如派太子镇守，既可与北交通，又可收南方之利。"平王以为对，就派太子到北方去了。

一年后，费无忌认为时机成熟，便向平王诬陷说："听说太子因大王娶亲的事十分不满，再加上伍奢的唆使，打算领方城外的人反叛，占据方城，在齐、晋两国的辅佐下危害大王呢！"平王信以为真，便把伍奢召来质问。伍奢便说："大王因为娶妾犯了一次错误，难道还要听信诬陷之辞吗？"平王大怒，就命人把伍奢囚禁起来，并派方城司马奋扬去杀太子建。太子建听到风声，只得逃奔到宋国去了。后来，在费无忌的谗言下，平王杀害了伍奢和他的儿子伍尚。

晏婴巧借二桃杀三士

齐景公时，田开疆、古冶子、公孙捷因对景公立有大功，被嘉奖为五乘之宾，一时显赫非常。他们结为兄弟，自号"齐邦三杰"，耀武扬威，盛气凌人，对景公有时也以你我相称，景公爱惜他们的才能和勇气，都容忍下来。日长天久，三杰成为国家之患。相国晏婴对此深为忧虑，每每想除掉他们，又怕景公不听，反而与三人结怨。晏婴想尽了办法，总是不行，这样下去，国家势必会削弱，怎么办？

晏婴终于等到了机会，一天鲁昭公带着大夫叔孙婼来访。齐国是晏婴执相礼。三杰佩着剑目中无人地站在阶下。晏子奏道："园中金桃已熟，可命人摘来为两位国君祝寿。"景公准奏，晏子便亲自监摘，献上六只红香异常的大桃。两位国君吃了桃后，又赐叔孙婼和晏婴各一只桃。然后晏子奏道："还有两个桃，主公可传命诸位大臣述说自己的功劳，确实功大的赐一只桃以示表彰。"景公准奏。

公孙捷首先站出来夸耀说："我当初随主公打猎，杀死猛虎，救了主公之驾，这功劳如何？"晏子说："功劳实在是大！可赐一爵酒，一个桃。"古冶子说："杀虎算不得什么稀奇。我曾经在黄河斩掉一只妖鼋，使主公转危为安，这功劳如何？"景公说："真是盖世奇功啊！毫无疑问，应当赐给酒和桃。"晏子立刻进酒赐桃。田开疆说："我曾奉命讨伐徐国，大败徐军，斩名将嬴爽，使我国威名大振，主公成为盟主。这功劳够得上吃桃吧？"晏子奏道："开疆的功劳比两位大十倍，可惜无桃可赐，可赐酒一杯，等待来年。"景公说："你的功劳最大，可惜说得太迟了。"田开疆拔出剑说："斩鼋杀虎都是小事，我跋涉千里，血战成功，反而不能吃桃，在两国君臣面前受辱，遭万代耻笑，我还有何面目站在朝廷之上？"说完挥剑自刎而死。公孙捷大惊，说:"我们立小功吃了桃,田君立大功反而没得到。得桃不让,不算廉,眼看人死而不跟从,不是勇。"也拔出剑自杀了。古冶子大叫道:"我们三人结义,誓同生死,他们两人已死,我独独苟活于世,心中怎么能够坦然?"也自刎而死。景公急忙叫人阻止。但已经迟了。

范雎重金离赵将

自古道:三军易得,一将难求。由此可见将帅在驾驭战争中的重大作用。因此,历来对将帅打主意的不乏其例。战国时期秦赵相争中秦胜赵败,原因之一就出在"将"字上。

公元前 260 年,秦和赵是我国七雄中的两大国。秦昭王一直想吃掉六国,独霸天下。当时赵国是他要打倒的一个强敌。他找臣下商量对策。丞相范雎说:"赵将廉颇是我们的心腹之患。这个老头筑垒坚守,任凭我们怎么挑战,就是不理睬。要是把他从将位上撤下来,换个无能之辈,就好对付了。"另一位大臣说:"听说老将赵奢的儿子赵括本领不大却自视甚高,雄心勃勃。要是让他取代廉颇那就好办了。"怎么才能搞掉廉颇,让赵括去做赵将呢?

范雎说:"那就使用离间计,搞掉廉颇。"秦昭王听了大喜,下令派人带着重金到赵国去实施离间计,散布廉颇胆小无能,不敢应战,妄图投降;散布唯有赵括年轻有为,青出于蓝,可委以重任。野心大但见识浅的赵孝成王果然中计,派赵括取代了廉颇。

缺乏实践经验,又惯于纸上谈兵的赵括一上任,就轻率地改变廉颇坚守待机的战略,挥师出击,一下子落入秦军的圈套,不但自己性命丢了,还使赵军全军大败。

曹操一书间马韩

东汉末年,曹操与袁绍在官渡相持不下,曹军粮草告急,袁绍的粮草却源源不断,曹操十分焦虑,请教贾诩胜敌之计,贾诩说:"您的明察、勇敢、用人和临机决断要远远胜过袁绍,现在您与袁绍相持半年而未定胜负的原因在于您过分谨慎,为求万无一失,而将战线拉得过长。如果您能看准机会采取行动,可以很快定大局。"不久,曹操采纳贾诩的建议,派兵袭击乌巢守军,放火烧掉那里屯集的军粮,一战平定了冀州,使战争局势发生了根本变化。曹操也由此战以后,逐渐统一黄河以北。

赤壁之战以后,三国鼎立形成。曹操开始平定关中地区,以稳固自己在北方的势力。关中诸将恐危及自己的安全,于是马超与韩遂、杨秋、李堪、成宜等联合反叛曹操。曹操亲自率兵征讨马超,夺取了潼关,在渭南安下营寨,不久又向北渡过渭水。马超几次与曹营挑战不成,只好请求割地、送子做人质以求和。曹操见马超与韩遂结盟,势力非同小可,想拆散这一同盟,正苦于无计可施,这一次曹操终于等到了机会。曹怎么离间马、韩呢?

贾诩为曹操出谋划策说:"可以先答应他的请求,再设法离间马超与韩遂的关系,以便各个击破。"曹操接受了他的建议。正巧韩遂求见曹操以叙旧情,曹操同意和他单独会面。于是两人各自离开本营,交马会谈一个多时辰,十分投机,不时拊掌欢笑,显得很亲密。叙谈完毕之后,韩遂回营,马超问他:"刚才曹操同你说了些什么?"韩遂说:"不过是谈谈往日的旧交情,与今天的战事丝毫无关。"马超顿生疑心。几天后,曹操又派人送给韩遂一封书信,字里行间似乎有被人改动的痕迹。马超见信,更怀疑韩遂与曹操之间有鬼。于是两人之间产生隔阂。曹操知道时机已到,便下书与马、韩交战,关陇诸将大败,成宜、李堪被斩,马超、韩遂等人落荒而逃。曹操采用贾诩离间之计,轻而易举地平定了关中地区。

"锦袍"妙计

北宋庆历年间,西夏王朝与北宋朝廷兵戎对峙。西夏王赵元昊手下有两员心腹上将,一个叫野利王,另一个叫天都王,两人各统一支精兵,作战非常勇敢,北宋的种世衡很想派间谍打入敌巢,离间赵元昊与他的猛将之间的关系,只是苦于找不到值得信赖的人来施行其计谋。

种世衡寻觅了好久都没找到合适的人选,后来,他物色到一个法名叫法嵩的和尚,先是说服他参战,后又对他进行了长时间的考查,知道他是一个讲信义有能力的人。不久。种世衡便让他潜往西夏,告诉他到了西夏后,首先要设法见到野利王,并说不通过此人就不能打入他们内部。临行前又将自己所着锦袍赠给法嵩,异常关切地说:"北边冬天太冷,这件袍子就送给你上路吧。"

法嵩穿着种世衡赠送的锦袍,按照种世衡的嘱咐,来到西夏王元昊的防地。他千方百计地想接近野利王,结果引起了西夏王的怀疑。在对他搜查和审问过程中,从种世衡所赠的那件锦袍领子里查出一封密信,密信是写给野利王的,措词亲切而又神秘,信的落款是种世衡。法嵩根本不知道袍领里藏有密信,所以尽管敌人严刑逼供,也没有说出真情。而赵元昊却由此怀疑野利王将反叛,因此把野利王杀死了。

第六章　使奇诈败敌

用兵打仗必须依靠诡诈多变来争取成功,依据是否有利来决定自己的行动,按照分散或集中兵力的方式来变换战术。所以,军队行动迅速时就像疾风骤起,行动舒缓时就像林木森然不乱,攻击敌人时像烈火,实施防御时像山岳,隐蔽时如同浓云遮蔽日月,冲锋时如迅雷不及掩耳。分遣兵众,掳掠敌方的乡邑;分兵扼守要地,扩展自己的领土;权衡利害关系,然后相机行动。懂得以迂为直方法的将帅就能取得胜利,这是争夺制胜条件的原则。

神速援平津

当解放战争中有决定意义的三大战役之最大战役辽沈战役刚刚结束,第二个战役淮海战役正酣之时,毛泽东又马上组织了第三战役——平津战役。可谓是环环相扣,妙不可言。

当时华北战场上的敌军,在华北人民解放军的牵制与打击下,又受到辽沈、淮海两大战役的震撼,已成惊弓之鸟。国民党这时在战略上唯一可能机动的兵力就是华北的傅作义集团了。因此,蒋介石一方面企图利用这个集团阻止我们部队南下,以便掩护他们在江南重整军力;一方面又企图诱使这个集团经塘沽海运南下,增援华东战场,以解刘峙集团之围或扼守长江,进行垂死挣扎。而这个集团本身当时还有沿平绥线西撤绥远的企图。敌人无论撤退还是收缩,都将对战局的发展产生不利的影响。因此,不使敌人撤退、不让敌人收缩就成为平津战役的关键所在。怎样才能拖住敌人,不让敌人退缩呢?

当辽沈战役快要结束时,在北平的傅作义已预感到,解放军的下一目标将对准自己了。因此,他进行战略收缩,将零散的部队集中在几个据点,防止被分割歼灭,并考虑在作战不利情况下的退路问题。但他错误地估计,东北林彪部队刚刚打完一次大战役,需要一段时间休整,又气候日趋严寒,林彪部队最早入关也应在1949年初,迟迟没做最后的决定。毛泽东老早料到敌人会犯这个错误,在辽沈战役一结束,立即下令林彪率部迅速秘密入关,配合华北人民解放军的两个兵团,出其不意地对华北敌人实施战略包围,力求将敌人全部就地歼灭。为了造成敌人的错觉,不使蒋介石、傅作义迅速决定海运平津的敌军南下,又命令华东战场我军对杜聿明集团残部在两星期内不做最后歼灭的部署,又命令山东方面集中若干兵力控制要点,做好防止敌军向青岛逃跑的准备。这样就可以稳住敌人,完成战略包围和战役分割,使华北敌人完全陷入收不拢、逃无路的绝境。

1948年11月23日至26日,东北人民解放军不顾疲劳,增援平津战场,到12月20日,东北解放军80万全部入关,会同华北解放军迅速将敌分割包围在北平、天津、塘沽、新保安和张家口五个孤立据点。12月22、24日,分别攻克新保安、张家口,切断其西逃之路。1949年1月15日又攻下天津。傅作义最后接受我军和平改编,1月31日,北平和平移交给我军。平津战役取得胜利。

奇兵袭刘忠

南宋时候，名将韩世忠奉命前去讨伐占据蕲阳白面山的刘忠。韩世忠军到白面山下，却不急于发起攻击，而是先饮酒下棋，坚壁清野，表面无战事，暗地里却派出密探四出侦察，掌握了敌人的大量情报。

在掌握了敌军情报后，韩世忠便打算以奇取胜，出敌不意地部署兵力，那他是怎样部署兵力的呢？

一天夜里，韩世忠埋伏精兵二千人于白面山下，约定第二天官兵大部队与刘忠军交战时，冲击敌人中军，夺取敌瞭望台。第二天天刚亮，韩世忠即引全军向刘忠发起总攻击。由于事前没有一点儿迹象表明官军要发动进攻，突然间的袭击，使刘忠像热锅上的蚂蚁，将其全部人马拉出对付韩世忠。这时，千载难逢的机会到了，伏兵见刘忠后方空虚，立即攻入了中军，迅速控制瞭望楼，换上官军的旗帜下并齐声呐喊。与官军正战得激烈的刘忠部队，听到瞭望台上官军的喊叫，知道大势已去，遂无心恋战，纷纷夺路而逃，刘军大败，刘忠自己也只有投奔了刘豫。

鼓停而攻

宋代名将狄青曾担任过泾源路副都总管，经略招讨副使。在他任内，有一次西夏兵大举进攻，而狄青所部迎战的军队为数甚少，敌强我弱，且悬殊较大，如何能退敌？

狄青认为在敌强我弱的情况下只有出奇谋才能取胜，于是命令部下尽弃弓弩，全部配以短兵器。同时，一反常规，改变了钲鼓的信号，规定听到钲鼓一响就停止前进，再响则严阵以待，然后又佯为退却，钲鼓一停，则立即返身杀向敌军。两军接触之后，西夏兵见到宋朝军队不像往常那样闻鼓而进，反而闻鼓退却，以为是狄青和宋军吓破了胆，都放声大笑，不做丝毫戒备。当宋军在钲鼓声停止以后，突然返身冲锋，一时间杀声震天，西夏兵顿时惊愕，手忙脚乱，士兵们互相践踏，死伤者不计其数。狄青以奇谋取得了以少胜多的战绩。

背水而战　出奇制胜

在中国古代战争史上，有过多次以奇制胜的战例，其中比较著名的是韩信的"背水一战"。

公元前205年，韩信奉刘邦的命令，北渡黄河，先后灭了魏、代两国。正当他准备以得胜之师进攻赵国时，刘邦却把他的精兵全都调到荥阳一带去正面抗击项羽的进攻。没有办法，韩信只好率领几万名刚招募来的士兵，翻越太行山，向东推进，攻击赵国。

井陉口是太行山有名的八大隘口之一,易守难攻,不利于大部队的行动。当时,赵王歇和赵军主帅陈余集中了20万人马于井陉口,凭险据守,准备与韩信决战。这种易守难攻的险关本来就很难击破,韩信所带之兵又是新兵,怎么破敌?

赵军的谋士李左车认真地分析了敌情和形势。他向陈余献计:韩信刚攻破两国,士气正旺,不能与他正面交锋。他们的粮草从远处运来,补给很困难。井陉口道路狭窄,车马不能并行,他们的粮草一定在后面。您给我3万人马,从小道出击,夺取韩信的辎重,切断他的补给线。您带领赵军主力据险坚守。这样一来,韩信求战不得,欲退无路,不出10天,军队就会不战自乱。陈余依仗自己在兵力上占有优势,拒绝采纳李左车的意见,执意要和韩信一决雌雄。

韩信得知李左车的计策未被采纳,赵军主帅陈余有轻敌情绪后,非常高兴,立即指挥部队开进到距井陉口30里的地方驻扎下来。当天夜里,韩信传令部队向前推进。同时,他选出两千骑兵,让他们每人手持一面汉军的红色旗帜,从小路迂回到赵军大营附近隐藏起来,等第二天打仗赵军离营追击韩信的军队时,乘机抢占赵军营寨,把汉军的红旗插在赵军营寨上。接着,他又派出1万多人背靠河水列阵,以迷惑赵军,增长其轻敌情绪。赵军望见汉军背水列阵,无路可退,都认为韩信不懂兵法,对汉军更加轻视了。

第二天清晨,韩信亲自率领大军向井陉口开进。赵军果然离营出战。几个时辰后,韩信假装战败向河边撤退。赵王歇和陈余以为汉军真的支持不住了,于是率领大军追击而来。汉军士兵见前有赵兵后有河水,无处可逃,只好拼死抵抗。这时,埋伏在赵军营垒两侧的汉军骑兵乘机抢占了赵军营寨,迅速插上汉军旗帜。赵军久战不胜,陈余只得下令收兵。这时,赵军突然发现自己大营上已全部插上汉军旗帜,顿时惊慌失措,四处逃窜。韩信见赵军溃乱,就指挥部队全线发起反攻,形成前后夹击之势。赵军被杀得大败。陈余被杀,赵王歇被俘,赵国就此灭亡了。

战斗结束后,有些将领疑惑不解地问韩信:"兵法上说,列阵要'右倍山陵,前左水泽',而你韩将军背水列阵,反而取得了胜利,这是为什么呢?"韩信回答说:"背水阵在兵法上也是有的,即所谓'置之死地而后生,置之亡地而后存'。汉军大多是新招募来的,没有经过训练,如同赶着集市上的人群去作战一样。因此,必须把他们置于后无退路的'死地',才能使他们拼死战斗,否则只会导致失败。"

单人震万敌

韩世忠是南宋时代与岳飞齐名的抗金英雄,有一次他奉命率所部人马前去征讨叛将李复。时叛军人马有几万,而韩世忠所部才不过一千,面对敌众我寡的形势,韩世忠依然镇定从容,当部队追击至临淄河时,韩世忠把队伍分成四队,并布设铁蒺藜自堵归路,通告全军:进则胜,退则死,逃命者后队剿杀。于是全军将士拼命冲杀,一意向前,义无反顾,终于大破叛军,李复也被杀于乱军之中。韩世忠乘胜率军追至宿迁。这时叛军尚存万人,正在饮酒作乐,韩世忠感到以千敌万,取胜的把握不大,于是决定从心理上震撼敌人,然而要在万人面前使用心理战术却非易事,必须要出奇制胜才行,韩世忠怎样出奇制胜呢?

韩世忠匹马一人于夜里突然来到叛军营内,呼喊道:"大军已到,你们可速收兵卸甲,我可以保全你们的生命!"叛军大惧,向韩世忠跪进敬酒,韩世忠从容地下马解鞍,吃完酒肉。叛军看到韩世忠从容的气度,全部请求投降。

飞渡长江

西晋咸宁五年(279年),晋武帝发兵二十万,兵分六路,大举伐吴。太康元年(280年),杜预统领荆州兵马出江陵,命参军樊显、襄阳太守周奇等人率军溯江西上,一路上攻无不克、战无不胜,接连攻下许多城邑,下一步是要攻打乐乡,杜预便出谋划策,制定了一套奇兵渡江的计谋,他是怎么设计打乐乡的呢?

杜预派牙门将管定、周旨等人率领八百勇士,乘轻舟在深夜偷渡长江,突袭乐乡,在离城不远的巴山上虚张旗鼓,广设疑兵,燃起篝火,好似晋朝的千军万马已控制了江防要地。吴军果然闻风丧胆,军无斗志,守将孙歆急忙写信给江陵守将武延说:"北来诸军,怕不是飞过长江的吧!"吴军仓促迎战晋军,被杜预打得大败,一万多人投降。此时晋将王浚率领的水军也连战皆捷,攻下东吴军事重镇西陵、荆门城、夷道,一帆风顺地直逼乐乡,来和杜预大军会合。当孙歆迎战王浚水军时,又被打得大败,仓惶溃入城中,埋伏在乐乡城外的杜预部将周旨等人乘机混入城中,直入孙歆的军营,孙歆还未弄清是怎么回事时,已经作了晋军的俘虏。

这样杜预兵不血刃,便攻克了乐乡。由于杜预的足智多谋,出奇制胜,军中将士无不叹服,称他是"以计代战一当万"。杜预攻克乐乡,遂乘胜攻占长江上游最重要的城市江陵,军威大振,长江以南的荆、湘、交、广诸州守令望风迎降,纷纷送来印绶。此役其俘斩吴军都督、监军以上军官十四人,牙门、郡守一级官员一百二十余人,其他人员不可胜计,晋军获得全面的胜利。

佯装败逃

公元前606年,楚庄公率兵北伐,此时楚国将领斗越椒率兵企图乘机反叛。

斗越椒先派士兵占领了国都郢,他估算楚庄公要回国,于是派兵在途中设下埋伏。庄公行至漳澨,与斗越椒相遇,庄公很快就明白了他的意图,但并不想兵戎相见,可斗越椒却斗志旺盛,挥刀舞剑。双方展开激战,由于庄公的部下准备不足,损失较重,庄公见状,决定以智取胜。庄公怎么以智胜敌呢?

楚庄公命部下退却,却使多数士兵埋伏起来,令一队兵马引诱敌人,让其拼命直追,以消耗敌军的体力。此后庄公亲率一队退走,令士兵佯装成当地百姓,大肆宣扬庄公已败阵而逃。

斗越椒听了这消息,信以为真,便率兵追击,并扬言要活捉楚庄公。行至清河桥,发现一群狼狈而逃的士兵正在桥北休息,并且炊烟点点。楚庄公军队似乎发现了他们,弃炊而逃,直奔河对岸。斗越椒哪里知道这里暗伏杀机,率军冲过清河桥,此时四周冒出伏军,杀声震天,斗越椒方知中了埋伏,急忙掉头后撤,可清河桥也不复存在。他此时不知所措,最后中箭而亡。

假犒劳

北周叛将尉迟迥的一名属将席毗罗,聚兵十万屯扎沛县,欲攻打徐州。大将于仲文原打算进攻沛县,而后探知席毗罗的家眷和部属住在金乡,随即改变计划。他为什么要改变计划,不进攻沛县了呢?他又是怎样来打败席毗罗的?

于仲文命令一部属假扮成席毗罗的军使,来到金乡,诈称:"明日午前,尉迟迥要派人前来宣布将令,同时犒劳守城将士,望尔等及早准备迎接。"守城官徐善净毫不怀疑,连连称是。翌日,一支人马打着尉迟迥的番号先行,于仲文率大军随后,向金乡进发。徐善净在城楼上望见尉迟迥旗号,急忙率文武官员迎出城来。行至近前才发现是诈,但为时已晚,不得不听敌调遣,带领敌军进入金乡城。于仲文未动干戈占领席毗罗老巢,料他必定来攻,便将自己的精兵埋伏在麻田里,仅以少部排列于城外,等候迎战敌军。席毗罗率军赶到,见于仲文兵力单薄,加之夺城心切,即刻挥军而上。哪料麻田里突然杀出伏兵,将席军截成数段,大砍乱杀,席军溃败而逃。

假死诱敌

三国时周瑜与曹仁作战,在南郡城内中箭落马,被众将合力相救,才从乱军中杀出一条血路,仓皇而归。曹仁得胜回营。周瑜在自己营帐内静养,忽然想出一条诈死败敌的妙计。周瑜怎么诈死败敌呢?

第二天,曹仁在寨前骂战,伤未痊愈的周瑜突然起身下床,不顾众将阻拦,披甲上马,率领数百骑冲出寨外,迎战曹军。部将潘璋刚一出马,未及交锋,周瑜在马上忽然大叫一声,口中喷血,坠于马下。周瑜被众将救回营后,便趁机装起死来,他令军士挂孝举哀,然后又遣心腹军士前往南郡诈降,散布周瑜"已死"的消息。

曹仁听说周瑜已死,以为偷袭的机会到了。而周瑜也在安排机关,准备迎战。

这晚,曹仁率领人马偷偷前来劫寨,被吴军杀得大败。曹仁知道中计,率军急退,在撤退途中,被吴军的埋伏部队截杀,最后,只得放弃南郡,奔命而走,狼狈不堪地沿着襄阳大路,逃之夭夭了。

苦肉计

北宋庆历年间,宋名将种世衡率军驻守宋清涧城。有一次,因为军中出了一点小小的毛病,种世衡迁怒于手下一员蕃将,并对他处以杖背的重刑。

种世衡是个名将,善待部众,这次为了一点小事,迁怒于手下,这里面有什么原因呢?

种世衡的下属对他这种行为都愤愤不平,一齐来向种世衡求情,但最终未能得到他的宽免。这蕃将受刑后,当天就投降了西夏王赵元昊。赵元昊对他非常信任,准许他自由出入西夏王国的枢密院。过了一年多,当他了解到相当多的西夏军事秘密以后,他又悄悄地回到了种世衡的身边。直到这时,人们才知道种世衡杖责蕃将用的是苦肉计。

虚张声势

公元前 207 年,魏王豹背叛了汉王刘邦,把队伍在黄河东岸的蒲板、临晋关一带排开,阻止汉军东渡。

这时,汉军的统帅韩信来到河边,远望河东招展的旌旗,近看上下起伏的山岗,他默默地思索着,一个决策在他胸中酝酿成熟,韩信是怎么破这个天险的呢?

回到帐篷,韩信传令把一部分兵力调到临晋关渡口的西边,把附近的船只也集中到对准临晋关的岸边,派人在岸边做渡河的操练。汉军的行动都让对岸的魏军看得一清二楚,探马很快向魏王豹做了报告。魏王豹冷冷一笑:"都说韩信会用兵,也不过如此而已。我这一夫当关,万夫莫敌,看他奈我何!"下令加紧防守,切勿懈怠。他等待着当汉军刚踏上滩头,立脚未稳之时,就给予迎头痛击。

可是,过两天,突然探马来报:"汉军从上游夏阳渡过黄河,正奔袭我军的后方。"这好像晴天霹雳,把魏王豹打晕了过去。他知道后方空虚,不堪一击,而救援已经是来不及了,但他不甘心就这样失败,就下令从临晋关出发迎战汉军。可是,他哪里是韩信的对手,他上了韩信的圈套,成了韩信的阶下囚。

将计就计

三国时周瑜设计杀了蔡张二人后,曹操后悔不迭,除了厚葬蔡张,优抚眷属之外,也寻思用计报复:他派了蔡瑁的弟弟蔡和、蔡中,让他俩过江投吴,说是为兄报仇,实是在东吴埋下两颗钉子。

这个诈降计没有瞒过周瑜,他收下蔡氏兄弟,将计就计。

这时,周瑜已经琢磨到要战胜曹军,必用火攻。但如何使火攻计划能实施得了?

他苦思不得其解。正在这时的一天深夜,老将黄盖求见。

"老将军这么晚来,一定有好主意教我。"

"是的,我想要打败曹军,可以用火攻,烧他们的战船。"

"您和我想到一块儿去了。我之所以留下蔡氏兄弟这两个假降人,就是想让他们传递假情报,可现在就缺一个去曹营传递假情报的人。"

"我愿意去。"

"您要是不受皮肉之苦,曹操怎么相信您呢?"

"老夫受主君孙权家的厚待,即便牺牲性命,也死而无悔。"

周瑜深受感动,立即向他致谢。

第二天,他俩在军中就演了一出戏:黄盖违抗军法,周瑜怒而要处死他,经大伙相劝,黄盖被打五十大板,被打得皮开肉绽。

于是,蔡中、蔡和以为有机可乘,便暗中策反黄盖降曹,尔后又通过阚泽,把黄盖受辱、决心降曹的书信送给曹操,使曹操信以为真。后来,周瑜又通过庞统向曹操进连环计,用铁链把战船联起来。当一步步引曹操钻入他所设得圈套之后,便派黄盖驾舟向曹营水军驶去,当接近曹船,便引燃舟中干柴烈火,抛向曹船,演出轰轰烈烈的火烧赤壁的历史活剧来。

欲取先予　使敌懈怠

石勒是汉王刘渊麾下的大将,在西晋末年纷起的武装纷争中,他不同于一般的割据者,是个有抱负有作为的人物,又得到谋士张宾为其运筹帷幄,势力迅速发展起来。刘渊死后,部将王弥趁其子刘聪在山西作战,无暇东顾之机,欲联络曹嶷,吞并石勒,但密信被石勒截获。

石勒得知了王弥的诡计,欲诛杀王弥,因此便与张宾谋划,设了一计,那就是⋯⋯

当时正值永嘉五年(311年)七月,王弥部将徐邈、高梁因不满王弥的统治,带兵出走,王弥的实力遭到很大削弱。这时石勒在东攻蒙城时,擒获晋将苟晞,授以左司马之职。王弥得知后,大恨,但仍假意地给石勒写信,谦卑地说:"石公新获苟晞而赦免了他,委以司马,真是英明之举,如果苟晞为公之左臂,我王弥为公之右臂,那么天下就可以平定了。"石勒对张宾说:"王弥身为刘聪的大将军,封齐公,地位尊崇而对我言辞如此卑微,必定有图谋我的野心。"张宾为他谋划说:"王弥有独霸青州之心，之所以不敢去攻打青州，是顾虑明公从背后袭击他。王弥久蓄害公之心，只是没有适当的机会而已。如果现在不除掉王弥，将来一旦与曹嶷合兵，前后夹击，到那时晦不及矣。现在徐邈、高梁已领兵他去，王弥元气大伤，可诱而歼之"。石勒表示赞同。当时石勒正和流人陈午战于蓬关，王弥和刘瑞激战正酣，王弥向石勒请兵助战，石勒没有答应。张宾急忙向石勒献计说："明公常恐没有消灭王弥的机会，现在时机已来，岂能失之交臂。陈午不过是一个跳梁小丑，不足为患；王弥却是人杰，必将为我害，当早除之。"石勒依计，率军回击擒斩刘瑞。王弥大喜，以为石勒真心推奉自己，放松了对他的警惕。于是，石勒邀王弥到己吾赴宴，弥不知有诈，不听谋臣劝阻，当即赴会，酒过三巡，王弥喝得昏昏欲睡，烂醉如泥之时，石勒手起刀落，斩王弥于宴席之上，将其部众收编，上书汉主刘聪，称王弥叛乱，已被我诛杀。刘聪看罢上书，勃然大怒，但由于鞭长莫及，也只得好言安抚。

刘秀率军捣中营

昆阳大战时，王莽数十万军队包围了刘秀义军。刘秀突围出去，召来援兵，但数目很少，即使再加上守城的部队，与庞大的敌军相比也处于绝对的劣势。经过反复考虑，刘秀想出了这样一个作战方案，把作战目标选定为莽军的统帅部——中营。具体做法是，组织先锋队，全力冲击敌人统帅部，使敌军陷入混乱，同时通知守城部队出击配合，造成内外夹攻的有利形势。这是个大胆而巧妙的计划，如果成功，则能取得昆阳之战的胜利，如果失败，就有可能全军覆没。

刘秀对王莽的这一战能否成功呢？这一招直接攻打中营能不能奏效呢？

刘秀率领敢死队从昆阳城东迂回到城西，渡过昆水，来到靠近敌军中营的地方，出其不意地向敌营发起了猛攻。莽军统帅王邑、王寻被这突如其来的袭击蒙住了，一时弄不清这支军队的来意，命令各营不许擅自行动，自己只率一万人马前来迎战。刘秀先锋军三千人像狂风一样扑向敌人，勇不可当，敌军大乱。其余各部因统帅有成命在前，都不敢擅自来救，眼睁睁地看着义军援军把自己的中营打得人仰马翻。

坚守昆阳的守军见敌军混乱，乘机大开城门，呐喊着冲杀出来，配合援军夹击敌人，这时老天有眼，下起了倾盆暴雨。王莽的军队更加无心恋战，四散奔逃。溃败的军队在抢船渡江时，又淹死了一大批。王寻被杀死，王邑只带几千残兵败将，逃回洛阳。得胜的义军缴获了众多战利品，高奏凯歌而还。